Ulbrich
Formularbuch des Fachanwalts Bau- und Architektenrecht
4. Auflage

Downloaden Sie die Formulare des Werkes zur weiteren Bearbeitung mit Ihrem Textprogramm. Rufen Sie dazu die Website

http://download.wolterskluwer.de

auf und registrieren Sie sich mit dem folgenden Zugangscode:

WK5UJ7VHM

Eine genaue Anleitung finden Sie unter der oben genannten Website.

Ulbrich

Formularbuch des Fachanwalts Bau- und Architektenrecht

Herausgegeben von

Dr. Sebastian Ulbrich
Rechtsanwalt und Fachanwalt für Bau- und Architektenrecht,
Fachanwalt für Vergaberecht, Würzburg

4. Auflage

Werner Verlag 2018

Bibliografische Information der Deutschen Bibliothek

Die Deutsche Bibliothek verzeichnet diese Publikation in der Deutschen Nationalbibliografie; detaillierte bibliografische Daten sind im Internet über http://dnb.ddb.de abrufbar.

ISBN 978-3-8041-5153-6

Dieses Formularbuch bietet Arbeitshilfen und kann dem Benutzer nicht die eigene Verantwortung für seine Verträge abnehmen.

Deshalb besteht keine Haftung des Verlages, des Herausgebers und der Verfasser.

---

www.wolterskluwer.de
www.werner-verlag.de

Alle Rechte vorbehalten.
© 2018 Wolters Kluwer Deutschland GmbH, Luxemburger Straße 449, 50939 Köln.

Das Werk einschließlich aller seiner Teile ist urheberrechtlich geschützt. Jede Verwertung außerhalb der engen Grenzen des Urheberrechtsgesetzes ist ohne Zustimmung des Verlages unzulässig und strafbar. Das gilt insbesondere für Vervielfältigungen, Übersetzungen, Mikroverfilmungen und die Einspeicherung und Verarbeitung in elektronischen Systemen.

Umschlag: Martina Busch, Grafikdesign, Homburg Kirrberg
Satz: WMTP Wendt-Media Text-Processing GmbH, Birkenau
Druck: Williams Lea & tag GmbH, München

Gedruckt auf säurefreiem, alterungsbeständigem und chlorfreiem Papier

Vorwort zur 4. Auflage

Aufgrund des Wechsels der Herausgeberschaft von meinem Vater auf mich erlaube ich mir, allen bisher an dem Formularbuch Beteiligten für Ihr Engagement zu danken. Der Dank gilt auch dem Wolters Kluwer Verlag, dort insbesondere Herrn Kolbe, die das Werk von Anfang an großartig unterstützt haben.

Wenn auch die Vorauflage erst im Jahr 2015 erschienen ist, war dennoch eine Neuauflage notwendig, da die Reform des Bauvertragsrechts zum 01.01.2018 in Kraft tritt und bereits vor diesem Termin entsprechende Bauverträge abgeschlossen werden sollten. Es steht den Verwendern dieses Formularhandbuches deshalb frei, Bauverträge bereits in der 2. Jahreshälfte 2017 im Wege der Vereinbarung nach neuem Recht abzuschließen, da die Abwicklung eines Bauvertrages üblicher Weise längere Zeit in Anspruch nimmt und die Neuregelungen für die Abwicklung von Bauverträgen überwiegend sinnvoll sind.

Ab 01.01.2018 tritt die Reform in Kraft, weshalb die Bauverträge, die nach dem 01.01.2018 abgeschlossen werden, nach neuem Recht zu behandeln sind.

Wir haben deshalb darum gebeten, in dem Formularhandbuch die Bezeichnung »BGB« nur für die Neuregelung ab 01.01.2018 zu verwenden, während die Altregelungen mit dem Zusatz »a.F.« zu versehen sind.

Abschließend bringen wir unser Bedauern darüber zum Ausdruck, dass es der Arbeitsgruppe Bauvertragsrecht im Bundesjustizministerium nicht gelungen ist, Verfahrensbeschleunigungsmaßnahmen auf den Weg zu bringen. Dies ist zwar überwiegend Ländersache, wäre aber nach unserer Auffassung wichtiger gewesen als manche monatelang diskutierte Einzelheit.

So nutzt es nichts, wenn z. B. am Landgericht Würzburg eine Baukammer eingerichtet wird, wenn nicht gleichzeitig der Vorrang der Kammer für Handelssachen eliminiert wird. Sollten daher an manchen Gerichten zwar Baukammern neu geschaffen werden, die Mehrzahl der Bauverfahren aber bei Handelskammern landen, sollte dies dazu Anlass geben, über eine entsprechende Prorogation nachzudenken.

Würzburg im September 2017

Dr. Sebastian Ulbrich

Fachanwalt für Bau- und Architektenrecht
Fachanwalt für Vergaberecht
Lehrbeauftragter für Baurecht an der Hochschule für
angewandte Wissenschaften Würzburg-Schweinfurt

Bearbeiterverzeichnis

Dr. Michael Börgers
Rechtsanwalt, Notar und Fachanwalt für Bau- und Architektenrecht, Partner der Kanzlei BÖRGERS Rechtsanwälte in Berlin. boergers@boergers.com

Jörn Bröker
Rechtsanwalt und Fachanwalt für Bau- und Architektenrecht, Rechtsanwälte Heinemann & Partner in Essen. Broeker@raehp.de

Dr. Martin Gessner, LL.M.
Rechtsanwalt und Fachanwalt für Bau- und Architektenrecht sowie IT-Recht, Partner der GESSNER Rechtsanwälte PartGmbB in Saarbrücken. m.gessner@gessnerlaw.de

Matthias Goede
Rechtsanwalt und Fachanwalt für Bau- und Architektenrecht, Partner der Kanzlei Rembert Rechtsanwälte in München. Lehrbeauftragter an der Hochschule München (FH). Matthias.Goede@rembert-rechtsanwaelte.de

Prof. Dr. Winfried Grieger
Rechtsanwalt und Fachanwalt für Bau- und Architektenrecht in Essen. Lehrbeauftragter der TU Darmstadt und der FH Münster sowie der Leuphana-Universität Lüneburg, Mediator und Schlichter der Deutschen Gesellschaft für Baurecht und Schlichter der ARGE Baurecht im DAV. Winfried.Grieger@t-online.de

Stefan Hanke
Rechtsanwalt, Leinemann & Partner Rechtsanwälte mbB in Köln. Stefan.Hanke@leinemann-partner.de

Dr. Dieter Herrmann
Rechtsanwalt und Fachanwalt für Bau- und Architektenrecht in Würzburg. Partner der Kanzlei Fries Rechtsanwälte in Würzburg/Nürnberg. herrmann@fries-recht.de

Olaf Jaeger
Rechtsanwalt und Fachanwalt für Bau- und Architektenrecht, Partner der GESSNER Rechtsanwälte PartG mbB in Saarbrücken, Lehrbeauftragter an der Hochschule Darmstadt für öffentliches und privates Baurecht. O.jaeger@gessnerlaw.de

Ralf Kemper
Rechtsanwalt, Partner der Kanzlei KNH Rechtsanwälte Kemper Hochstadt und Partner PartGmbH in Berlin. kemper@knh-berlin.de

Thilo Krumb
Rechtsanwalt und Fachanwalt für Bau- und Architektenrecht in Frankfurt a. M., Partner und Gesellschafter der SMNG Rechtsanwaltsgesellschaft mbH. t.krumb@smng.de

Angela Leschnig
Rechtsanwältin und Fachanwältin für Arbeitsrecht. Partnerin der Kanzlei LESCHNIG & COLL. in Würzburg. Leschnig@leschnig.de

Dr. Christoph Lichtenberg
Rechtsanwalt (Syndikusanwalt) und Fachanwalt für Bau- und Architektenrecht in Wiesbaden. christoph.lichtenberg@implenia.com

Henning Manhardt
Rechtsanwalt und Fachanwalt für Bau- und Architektenrecht sowie Miet- und Wohnungseigentumsrecht. Partner der Kanzlei Zimmermann Rechtsanwaltssozietät in Ravensburg. ra.manhardt@z-r-s.de

Bearbeiterverzeichnis

Christian Meier
Rechtsanwalt und Fachanwalt für Bau- und Architektenrecht sowie Fachanwalt für Vergaberecht, Partner der Kanzlei Schramek, Meier & Collegen in Weimar. Lehrbeauftragter an der Bauhausuniversität Weimar.
Christian.Meier@schramek-meier.de

Jürgen F. J. Mintgens
Rechtsanwalt und Fachanwalt für Bau- und Architektenrecht, Lehrbeauftragter der FH Köln, Partner der Kanzlei GTW in Düsseldorf. Juergen.Mintgens@g-t-w.com

Simon Parviz
Rechtsanwalt und Fachanwalt für Bau- und Architektenrecht, Partner der Kanzlei Leinemann & Partner Rechtsanwälte mbB in Frankfurt a.M. Simon.parviz@leinemann-partner.de

Kilian von Pezold
Rechtsanwalt und Fachanwalt für Bau- und Architektenrecht, Partner der Kanzlei von Pezold, Freiherr vom Imhoff & Leyde in Coburg. Lehrbeauftragter an der Hochschule Coburg für das Lehrgebiet Baurecht II. pezold@pezold-imhoff-leyde.de

Ulf Prechtel
Rechtsanwalt und Fachanwalt für Verwaltungsrecht, Partner der Kanzlei GTW Rechtsanwälte in Düsseldorf. ulf.prechtel@g-t-w.de

Dr. Klaus Saerbeck
Rechtsanwalt und Notar, Fachanwalt für Bau- und Architektenrecht, Partner der Kanzlei Heimann-Hallermann in Hamm. k.saerbeck@heimann-partner.com

Dr. Andreas Schmidt
Rechtsanwalt und Fachanwalt für Bau- und Architektenrecht in Köln, Partner und Gesellschafter der SMNG Rechtsanwaltsgesellschaft mbH. a.schmidt@smng.de

Martin Steiner
Rechtsanwalt und Fachanwalt für Bau- und Architektenrecht sowie Vergaberecht, Partner der Kanzlei BÖRGERS Rechtsanwälte in Berlin. steiner@boergers.com

Michael Stemmer
Rechtsanwalt und Fachanwalt für Bau- und Architektenrecht, Kanzlei HFK Rechtsanwälte LLP in München. stemmer@hfk.de

Bert Stenger
Regierungsrat, hauptamtlicher Hochschullehrer an der Hochschule für den öffentlichen Dienst in Bayern – Fachbereich Allgemeine Innere Verwaltung, Hof. bert.stenger@aiv.hfoed.de

Prof. Hans-Benno Ulbrich
Rechtsanwalt und Fachanwalt für Bau- und Architektenrecht, Kanzlei FRIES in Würzburg, Honorarprofessor für Baurecht, Hochschule für angewandte Wissenschaften Würzburg/Schweinfurt. b.ulbrich@fries-recht.de

Dr. Sebastian Ulbrich
Rechtsanwalt und Fachanwalt für Bau- und Architektenrecht, Fachanwalt für Vergaberecht, Partner der Kanzlei FRIES in Würzburg/Nürnberg. s.ulbrich@fries-recht.de

Dr. Franz Wagner
Rechtsanwalt, Kanzlei REMBERT.RECHTSANWÄLTE in München.
muenchen@rembert-rechtsanwaelte.de

Inhaltsübersicht

- A. Allgemeine Muster für die Abwicklung von Bauprojekten nach VOB/B 1
- B. Bauverträge 23
- C. Architekten- und Ingenieurverträge 291
- D. Sonstige Verträge 459
- E. Arbeitsverträge 624
- F. Prozessuale Muster 698

Inhaltsverzeichnis

Vorwort	V
Bearbeiterverzeichnis	VII
Inhaltsübersicht	IX
Inhaltsverzeichnis	XI
Literaturverzeichnis	XXI
Abkürzungsverzeichnis	XXV

A.	**Allgemeine Muster für die Abwicklung von Bauprojekten nach VOB/B**	1
I.	Vorbemerkung	1
II.	Muster für den Auftraggeber	1
1.	Mängelrüge vor Abnahme nach § 4 Abs. 7 VOB/B	1
	a) Muster	1
	b) Erläuterungen	2
2.	Kapazitätsrüge nach § 5 Abs. 3 VOB/B	2
	a) Muster	2
	b) Erläuterungen	3
3.	Kündigung gemäß § 8 Abs. 3 VOB/B	3
	a) Muster	3
	b) Erläuterungen	4
4.	Kündigung des Bauvertrages gemäß § 8 Abs. 1 VOB/B	5
	a) Muster	5
	b) Erläuterungen	5
5.	Fehlende Prüffähigkeit der Abschlags-/Schlussrechnung gem. § 14 Abs. 1 VOB/B	5
	a) Muster	5
	b) Erläuterungen	6
6.	Abnahmeprotokoll	6
	a) Muster	6
	b) Erläuterungen	7
7.	Abnahmeverweigerung gemäß § 12 Abs. 3 VOB/B	8
	a) Muster	8
	b) Erläuterungen	8
8.	Mängelrüge nach Abnahme nach § 13 Abs. 5 VOB/B	8
	a) Muster	8
	b) Erläuterungen	9
III.	Muster für den Auftragnehmer	9
1.	Mehrkostenanzeige nach § 2 Abs. 6 VOB/B	9
	a) Muster	9
	b) Erläuterungen	10
2.	Nachfrage zur Anordnung geänderter Leistungen bzw. Verlangen zusätzlicher Leistungen	10
	a) Muster	10
	b) Erläuterungen	10
3.	Nachtragsforderung nach § 2 Abs. 5/6 VOB/B	11
	a) Muster	11
	b) Erläuterungen	11
4.	Vereinbarung eines neuen Preises wegen Mengenüberschreitung gem. § 2 Abs. 3 VOB/B	12
	a) Muster	12
	b) Erläuterungen	12
5.	Vereinbarung eines neuen Preises wegen Mengenunterschreitung gem. § 2 Abs. 3 VOB/B	13
	a) Muster	13
	b) Erläuterungen	14
6.	Bedenkenanzeige gem. § 4 Abs. 3 VOB/B	14
	a) Muster	14
	b) Erläuterungen	15

7.	Behinderungsanzeige gem. § 6 VOB/B	15
	a) Muster	15
	b) Erläuterungen	16
8.	Mahnung fälliger Abschlagszahlungen gem. § 16 Abs. 1 Nr. 3 und § 16 Nr. 5 Abs. 3 VOB/B	16
	a) Muster	16
	b) Erläuterungen	17
9.	Forderung einer Sicherheitsleistung gem. § 650f BGB n.F.	17
	a) Muster	17
	b) Erläuterungen	18
10.	Nachfristsetzung zur Mitwirkung oder Zahlung gem. § 9 Abs. 2 S. 2 VOB/B	18
	a) Muster	18
	b) Erläuterungen	19
11.	Kündigung gem. § 9 VOB/B	19
	a) Muster	19
	b) Erläuterungen	19
12.	Abnahme durch Fertigstellungsanzeige nach § 12 Abs. 5 VOB/B	20
	a) Muster	20
	b) Erläuterungen	20
13.	Abnahmeverlangen gemäß § 12 Abs. 1 VOB/B	20
	a) Muster	20
	b) Erläuterungen	21
14.	Antwort auf Ihre Aufforderung zur Mangelbeseitigung gem. § 13 Abs. 5 VOB/B	21
	a) Muster	21
	b) Erläuterungen	22
B.	**Bauverträge**	**23**
1.	VOB-Vertrag, Einzelgewerkvergabe	23
	a) Vorbemerkung	23
	b) Muster Einheitspreisvertrag (aus Sicht des AG)	24
	c) Erläuterungen	32
2.	Einheitspreisvertrag	66
	a) Muster Einheitspreisvertrag (aus Sicht des AN)	66
	b) Erläuterungen	71
3.	Generalunternehmervertrag	92
	a) Vorbemerkung	92
	b) Mustervertrag	94
	c) Anmerkungen	109
4.	Generalübernehmervertrag	116
	a) Vorbemerkung	116
	b) Muster Generalübernehmervertrag	119
	c) Erläuterungen	128
5.	Subunternehmervertrag	138
	a) Vorbemerkung	138
	b) Muster Verhandlungsprotokoll	140
	c) Muster Selbstauskunft des NU	146
	d) Muster Bedingungen für Nachunternehmer NUB	154
	e) Muster Arbeitnehmer-Erklärung zum Mindestentgelt	159
	f) Erläuterungen	161
6.	Garantierter-Maximal-Preis-Vertrag (GMP-Vertrag)	174
	a) Vorbemerkung	174
	b) Muster GMP-Vertrag	177
	c) Erläuterungen	184
7.	Bauträgervertrag	188
	a) Vorbemerkung	188
	b) Muster Kauf- und Bauherstellungsvertrag über ein mit einem Einfamilienhaus zu bebauendes Grundstück	191
	c) Erläuterungen	202

8.	Vertrag über eine Eigentumswohnung		210
	a) Muster Kauf- und Bauherstellungsvertrag		210
	b) Erläuterungen		223
9.	Vertrag über die Errichtung einer Arbeitsgemeinschaft (ARGE-Vertrag)		229
	a) Vorbemerkung		229
	b) Muster Arbeitsgemeinschaftsvertrag		234
	c) Erläuterungen		239
10.	Vertrag über die Errichtung einer Bietergemeinschaft (BIEGE-Vertrag)		247
	a) Vorbemerkung		247
	b) Muster BIEGE-Vertrag		248
	c) Erläuterungen		248
11.	Konsortialvertrag		250
	a) Vorbemerkung		250
	b) Muster Konsortialvertrag		250
12.	Werklieferungsvertrag		260
	a) Einleitung		260
	b) Werklieferungsvertrag (aus Sicht des Bestellers)		264
	c) Anmerkungen zum Vertrag aus Sicht des Bestellers		269
	d) Werklieferungsvertrag (aus Sicht des Lieferanten)		280
	e) Anmerkungen zum Werklieferungsvertrag aus Sicht der Lieferantin		283

C. Architekten- und Ingenieurverträge — 291

1.	Architektenvertrag aus Auftragnehmersicht		291
	a) Vorbemerkung		291
	b) Vollarchitekturvertrag aus Auftragnehmersicht		293
	c) Erläuterungen		310
2.	Vollarchitekturvertrag aus Auftraggebersicht		327
	a) Muster Architektenvertrag aus Auftraggebersicht		327
	b) Anmerkungen		342
3.	Architektenvertrag betreffend Leistungen der Objektüberwachung aus Auftragnehmersicht		348
	a) Vorbemerkung		348
	b) Architektenvertrag (Objektüberwachung) aus Auftragnehmersicht		348
	c) Erläuterungen		361
4.	Architektenvertrag (Objektüberwachung) aus Auftraggebersicht		363
	a) Muster Architektenvertrag (Objektüberwachung) aus Auftraggebersicht		363
	b) Anmerkungen		374
5.	Fachplanerverträge (Tragwerksplanung und Technische Ausrüstung)		374
	a) Vorbemerkung		374
	b) Muster Fachplanervertrag Tragwerksplanung		375
	c) Erläuterungen		390
6.	Fachplanervertrag Technische Ausrüstung		403
	a) Muster		403
	b) Erläuterungen		419
7.	Architekten-Ingenieur-ARGE-Vertrag		420
	a) Vorbemerkung		420
	b) Muster Ingenieurarbeitsgemeinschaftsvertrag		421
8.	Generalplanervertrag		422
	a) Vorbemerkung		422
	b) Muster Generalplanervertrag (aus Sicht des Auftraggebers)		422
	c) Erläuterungen		429
9.	Generalplanervertrag		438
	a) Muster Generalplanervertrag (aus Sicht des Auftragnehmers)		438
	b) Erläuterungen		445
10.	Projektsteuerungsvertrag		448
	a) Einleitung		448
	aa) Der Begriff Projektsteuerung		449
	bb) Abgrenzung zum Projektmanagement		450

XIII

Inhaltsverzeichnis

		cc)	Abgrenzung zum Projektcontrolling	451
		dd)	Abgrenzung zu Planungsleistungen	451
		ee)	Praxis	453
		ff)	Vertragsgestaltung	453
	b)	\multicolumn{2}{l}{Erstellung eines Projektsteuerungsvertrages aus einem Projektmanagementvertrag gemäß Kap. D.1. ....}	453

D. Sonstige Verträge 459
1. Projektmanagementvertrag 459
   - a) Vorbemerkung 459
   - b) Muster Projektmanagementvertrag (Version für den Auftraggeber) 460
   - c) Erläuterungen 477
2. Sicherheits- und Gesundheitsschutzkoordinator (SiGeKo) – Vertrag 481
   - a) Vorbemerkung 481
   - b) Muster SiGeKo-Vertrag (aus Sicht des Bauherrn/Auftraggebers) 485
3. Sicherheits- und Gesundheitsschutzkoordinator (SiGeKo) – Vertrag 492
   - a) Muster SiGeKo-Vertrag (aus Sicht des Auftragnehmers) 492
   - b) Anlagen 499
4. Sachverständigenvertrag 505
   - a) Vorbemerkung 505
     - aa) Voraussetzungen der Tätigkeit als Sachverständiger 505
     - bb) Rechtsnatur eines Sachverständigenvertrags 506
     - cc) Besonderheiten eines Sachverständigenvertrags 506
     - dd) Vertragstypische Pflichten des Auftragnehmers 507
     - ee) Vertragstypische Pflichten des Auftraggebers 507
     - ff) Abnahme der Sachverständigenleistung 507
     - gg) Grundsätzliches zum Zustandekommen eines Sachverständigenvertrags, Form und Haftung 507
     - hh) Die HOAI und weitere Vorschriften 509
   - b) Muster Sachverständigenvertrag 509
   - c) Erläuterungen 513
     - aa) Allgemeiner Vertragsabschluss 513
     - bb) Gegenstand, Zweck und Umfang des Vertrages 514
     - cc) Unterlagen, Grundlagen und Mitwirkung des Auftraggebers 514
     - dd) Durchführung und Grundlagen der Feststellungen und sachverständige Würdigung . 515
     - ee) Haftung und Ausführungsfristen 515
   - d) Erläuterungen zur Vertragsgestaltung 516
     - aa) Gegenstand 516
     - bb) Zweck des Gutachtens 517
     - cc) Honorar 517
     - dd) Nebenkosten, Mehrwertsteuer usw. 517
     - ee) Zahlungsvereinbarung 518
     - ff) Haftpflichtversicherung 518
   - e) Kurzbeauftragung einer Sachverständigenleistung 518
   - f) Wertermittlungsgutachten 519
   - g) Erläuterungen 522
5. Energieberatervertrag 524
   - a) Vorbemerkung 524
   - b) Muster Energieberatervertrag 527
   - c) Erläuterungen 531
6. Außergerichtliche Streitbeilegung und Schiedsgerichtsverfahren bzw. Adjudikation . 536
7. Schlichtung/Mediation 539
   - a) Vorbemerkung 539
   - b) Muster Schlichtungs-/Mediationsvertrag 541
   - c) Erläuterungen 543

8.	Schiedsgutachtervertrag		545
	a)	Vorbemerkung	545
	b)	Muster Schiedsgutachtervertrag	547
	c)	Erläuterungen	549
9.	Schiedsgerichtliches Verfahren		551
	a)	Einleitung	551
	b)	Muster Schiedsgerichtsvereinbarung	553
	c)	Erläuterungen	555
10.	Adjudikationsverfahren		557
	a)	Vorbemerkung	557
	b)	Muster Adjudikationsvereinbarung	560
	c)	Erläuterungen	562
11.	Adjudikatorendienstvertrag		563
	a)	Muster Adjudikationsdienstvertrag	563
	b)	Erläuterungen	565
12.	Interimsvereinbarung		567
	a)	Vorbemerkung	567
	b)	Muster Interimsvereinbarung	568
	c)	Erläuterungen	572
13.	Städtebauliche Verträge		575
	a)	Vorbemerkung	575
		aa) Formbedürftigkeit	577
		bb) Vertretung	578
		cc) Vorabbindungsverbot	578
		dd) Kopplungsverbot	578
		ee) Kausalitätsgebot	578
		ff) Angemessenheitsgebot	579
		gg) Verbot der Planungsgewinnabschöpfung	579
	b)	Muster Städtebaulicher Vertrag	579
	c)	Erläuterungen	587
14.	Anlagenbauvertrag		594
	a)	Einführung	594
	b)	Begriff des Anlagenbaus	594
	c)	Internationale Bezüge	594
	d)	Rechtsnatur des Anlagenbauvertrages	595
		aa) Vertrag sui generis	595
		bb) Sonderproblem: § 651 BGB	596
		cc) Zusammenfassung	596
	e)	Vertragsparteien und typische »Einsatzformen«	597
	f)	Typische Vertragsgestaltung und Vertragsinhalte	598
	g)	Vertragsmodelle	599
	h)	Abnahme	601
	i)	Gewährleistung	602
		aa) (Grundsätzliche) Gewährleistungsregeln nach Kauf- und Werkvertragsrecht	602
		bb) Gewährleistungsfristen	603
		cc) Sonderproblem: Garantie	604
	j)	Haftungsbeschränkungen	605
	k)	Vorzeitige Beendigung des Anlagenbauvertrages	605
		aa) (Freie) Kündigung des Auftraggebers nach § 649 BGB	606
		bb) Kündigung des Auftragnehmers nach § 643 i.V.m. § 642 BGB	606
		cc) Kündigung des Auftragnehmers nach § 648a Abs. 5 BGB	606
		dd) Kündigung aus wichtigem Grund	606
		ee) Weitere Möglichkeiten der Vertragsbeendigung	607
	l)	Sicherheiten für die Vertragsparteien	607
15.	Internationale Verträge		608
	a)	Einführung	608
		aa) Probleme auf internationaler Ebene	608

Inhaltsverzeichnis

			bb)	Gerichtsstandsvereinbarungen	608
			cc)	Sicherheiten	609
		b)	Materielles Recht		609
			aa)	Bestrebungen zu einem »einheitlichen Recht«	610
			bb)	Nationales Kollisionsrecht und EG-Verordnungen	610
				aaa) Rom I	610
				bbb) Rom II	612
				ccc) EGBGB	613
			cc)	Standardisierte internationale Verträge, FIDIC-Verträge	613
				aaa) Entstehung und die verschiedenen FIDIC Books	613
				bbb) Rechtsverständnis der FIDIC-Regelungen	614
				ccc) FIDIC-Regelungen als Allgemeines Geschäftsbedingungen	614
				ddd) Vertragsbeteiligte eines FIDIC-Vertrages	615
				eee) Abschluss eines Vertrages unter Geltung der FIDIC-Regelungen	617
				fff) Frei verhandelte Verträge	618
		c)	Muster Gliederung eines frei verhandelten internationalen Anlagenbauvertrags		618

E.	Arbeitsverträge	624
I.	Einführung	624
II.	Einstellung eines Arbeitnehmers	624
1.	Muster Innerbetriebliche Stellenausschreibung	624
2.	Muster Einladung zum Vorstellungsgespräch	625
	a) Mit Kostenübernahme	625
	b) Ohne Kostenübernahme	625
3.	Muster Einstellungsfragebogen	625
	a) Muster	625
	b) Erläuterungen	627
III.	Arbeitsverträge	627
1.	Muster unbefristeter Arbeitsvertrag unter Bezugnahme auf einen Tarifvertrag	627
2.	Muster Arbeitsvertrag ohne Bezugnahme auf einen Tarifvertrag	632
3.	Muster unbefristeter Arbeitsvertrag mit einem Prokuristen/leitenden Angestellten (das Arbeitsverhältnis hat bereits bestanden)	637
4.	Muster Befristete Arbeitsverträge (mit Sachgrund, das Muster kann auch für eine Befristung ohne Sachgrund herangezogen werden)	642
5.	Muster Zweckbefristeter Arbeitsvertrag mit sachlichem Grund	646
6.	Muster Arbeitsvertrag für geringfügig Beschäftigte	647
7.	Besondere Arbeitsbedingungen	650
	a) Muster nachvertragliches Wettbewerbsverbot	650
	b) Muster Dienstwagenüberlassungsvereinbarung	651
	c) Muster Vertragsstrafe	654
IV.	Verträge, mit Personen, die keine Arbeitnehmer sind	654
1.	Freier Mitarbeitervertrag	654
	a) Vorbemerkung	654
	b) Muster Rahmenvertrag	655
2.	Muster Geschäftsführervertrag	657
V.	Anträge des Arbeitgebers an Behörden	664
1.	Antrag des Arbeitgebers beim Integrationsamt	664
	a) Muster Antrag an das Integrationsamt auf Zustimmung zur Kündigung eines schwerbehinderten/gleichgestellten Menschen	664
	b) Muster Widerspruch gegen die Ablehnung des Integrationsamtes	665
2.	Muster Antrag auf Zustimmung zur Kündigung während der Elternzeit	665
3.	Anzeigepflichtige Massenentlassung	666
	a) Vorbemerkung	666
	b) Muster Unterrichtung des Betriebsrats bei einer anzeigepflichtigen Massenentlassung nach § 17 KSchG	666
VI.	Vorbereitung einer Kündigung	667
1.	Anwendbarkeit des Kündigungsschutzgesetzes	667

2.	Anforderungen an eine Kündigung		668
	a) Bei einer betriebsbedingten Kündigung		668
		aa) Betrieblich veranlasste Gründe	668
		bb) Soziale Auswahl	668
	b) Bei einer personenbedingten Kündigung		668
		aa) Krankheit	668
		bb) Mangelnde Leistungsfähigkeit	669
	c) bei einer verhaltensbedingten Kündigung		669
		aa) Verschuldete Gründe	669
		bb) Vorherige Abmahnung	669
		cc) Muster Abmahnung wegen Zuspätkommens	671
		dd) Muster allerletzte Abmahnung	671
	d) Anhörung des Betriebsrats vor Ausspruch einer Kündigung		671
		aa) Vorbemerkung	671
		bb) Muster Beispiel für eine Betriebsratsanhörung gemäß § 102 BetrVG	672
		cc) Muster Stellungnahme des Betriebsrats	673
VII.	**Kündigungen**		**674**
1.	Muster Fristgerechte ordentliche Kündigung		674
2.	Betriebsbedingte Kündigung mit Abfindung nach § 1a KSchG		675
3.	Muster Änderungskündigung		676
4.	Muster Außerordentliche Kündigung eines Arbeitnehmers		676
5.	Muster außerordentliche Kündigung eines Azubi nach Ablauf der Probezeit		677
VIII.	**Aufhebungsvertrag**		**677**
1.	Muster des Vertrages		677
2.	Dienstanweisung der Agentur für Arbeit zur Vermeidung einer Sperrzeit beim Abwicklungsvertrag		681
IX.	**Das Urlaubsverfahren in der Bauwirtschaft**		**681**
X.	**Das Arbeitnehmer-Entsendegesetz**		**682**
1.	Allgemeines		682
2.	Anwendungsbereich des Arbeitnehmer-Entsendegesetzes		682
3.	Mindestlöhne im Sinne des Arbeitnehmer-Entsendegesetzes und des Tarifvertragsgesetzes (Stand 01.06.2017)		684
4.	Generalunternehmerhaftung		689
5.	Muster Haftungsbeschränkung durch Bürgenhaftung		690
XI.	**Arbeitnehmerüberlassung**		**691**
XII.	**Zeugnisse**		**694**
1.	Muster Einfaches Zeugnis		694
2.	Muster Qualifiziertes Zeugnis		695
3.	Muster Ausbildungszeugnis		696
4.	Zeugnissprache		696
	a) Leistungsbeurteilung		696
	b) Führungsbeurteilung		697
XIII.	**Allgemeinverbindliche Tarifverträge im Baugewerbe**		**697**

F.	**Prozessuale Muster**	**698**
1.	Werklohnklage	698
	a) Vorbemerkung	698
	b) Muster einer Werklohnklage nach Fertigstellung der beauftragten Arbeiten	699
	c) Erläuterungen	705
	d) Klage auf Abschlagszahlungen	706
	e) Werklohnklage bei einem teilgekündigten Pauschalvertrag	707
	f) Muster Klage bei teilgekündigten Pauschalvertrag	708
	g) Erläuterungen	713
2.	Honorarklage eines Architekten	713
	a) Vorbemerkung	713
	b) Muster Honorarklage eines Architekten	713

Inhaltsverzeichnis

		c)	Erläuterungen	716
		aa)	Vorbemerkungen	716
			aaa) zur HOAI 2002	717
			bbb) zur HOAI 2009	717
			ccc) zur HOAI 2013	718
		bb)	Zu 1. Gerichtsstand	719
		cc)	Zu 2. Vertragspartner	719
		dd)	Zu 3. Vortrag zur Anspruchsgrundlage	720
		ee)	Zu 4. »Akquisitionsleistungen«	720
		ff)	Zu 5. Anwendungsbereich der HOAI 2002, 2009 und 2013	720
		gg)	Zu 6. Architektenvertrag	722
			aaa) Unverbindlichkeit und Kostenlosigkeit	723
			bbb) Aufschiebende Bedingungen	723
			ccc) Stufenweise Beauftragung	723
			ddd) Unwirksamkeit des Vertrages	723
		hh)	Zu 7. Darlegung des konkreten Leistungsumfangs	724
		ii)	Zu 8. Honorarvereinbarung	725
			aaa) Innerhalb der Mindest- und Höchstsätze	725
			bbb) Unmittelbare und mittelbare Verstöße	725
			ccc) Im Übrigen freie Vereinbarung	725
			ddd) Schriftform	726
			eee) Bei Auftragserteilung	726
			fff) Prozessuales	727
		jj)	Zu 9. Grundzüge der Honorarermittlung	727
			aaa) nach der HOAI 2002	727
			bbb) nach der HOAI 2009	727
			ccc) nach der HOAI 2013	728
		kk)	Zu 10. Ermittlung der Honorarzone	728
		ll)	Zu 11. Anrechenbare Kosten	728
		mm)	Zu 12. Anrechenbare Kosten beim Bauen im Bestand	729
		nn)	Zu 13. Baukostenvereinbarung	730
		oo)	Zu 14. Besondere Leistungen nach der HOAI 2002	731
		pp)	Zu 15. Besondere Leistungen seit der HOAI 2009	732
		qq)	Zu 16. »Abweichungen« vom Vertragsinhalt	733
		rr)	Zu 17. Bauzeitverlängerung	734
		ss)	Zu 18. Honorar bei freier Kündigung	735
		tt)	Zu 19. Honorar bei außerordentlicher Kündigung	736
		uu)	Zu 20. Fälligkeit des Honoraranspruchs	738
		vv)	Zu 21. Vertragsgemäß erbrachte Leistung	738
		ww)	Zu 22. Prüffähigkeit der Honorarschlussrechnung	738
		xx)	Zu 23. Fälligkeit trotz fehlender Prüffähigkeit	739
3.	Vorschussklage für Mängelbeseitigungskosten			740
	a)	Muster Vorschussklage		740
	b)	Erläuterungen		749
		aa)	Gerichtsstand	749
		bb)	Antrag	749
		cc)	Abrechnung des Vorschusses	751
		dd)	Schadensersatz	751
		ee)	Zinsen	751
4.	Schadensersatzklage nach § 4 Abs. 7 i.V.m § 8 Abs. 3 VOB/B			751
	a)	Vorbemerkung		751
	b)	Muster: Schadensersatzklage nach § 4 Abs. 7 i.V.m § 8 Abs. 3 VOB/B		752
	c)	Erläuterungen		756
5.	Schadensersatzklage nach § 13 Abs. 7 VOB/B			758
	a)	Vorbemerkung		758
	b)	Muster: Schadensersatzklage nach § 13 Abs. 7 VOB/B		760
	c)	Erläuterungen		764

6.	Streitverkündung		766
	a) Vorbemerkung		766
	b) Muster einer Streitverkündung		767
	c) Erläuterungen		768
7.	Selbständiges Beweisverfahren		781
	a) Vorbemerkung		781
	b) Muster Antrag gem. § 485 Abs. 2 ZPO		782
	c) Erläuterungen		784
		aa) Zuständigkeit	784
		bb) Antragserfordernis	784
		cc) Antragsinhalt	784
		dd) Kostenvorschuss	787
		ee) Zustellung/Hemmung der Verjährung	787
		ff) Beendigung des Verfahrens	787
		gg) Verwertung im Hauptsacheprozess/Präklusion	788
		hh) Kosten des Verfahrens	788
		ii) Streitverkündung	789
8.	§ 650e BGB – Sicherungshypothek des Bauunternehmers		790
	a) Vorbemerkung		790
		aa) Verhältnis der beiden gesetzlichen Sicherungsrechte zueinander	790
		bb) Abdingbarkeit	791
		cc) Praktische Handhabung, taktische Überlegungen	791
	b) Muster Antrag auf Eintragung einer Vormerkung für eine Bauhandwerkersicherungshypothek im Wege der einstweiligen Verfügung		792
	c) Erläuterungen		795
		aa) Zu den Anträgen	795
		bb) Zum Streitwert	795
		cc) Zur Zuständigkeit	796
		dd) Zum Sachvortrag	796
		ee) Zu den rechtlichen Grundlagen	796
		ff) Zum Verfügungsgrund	798
9.	Isolierter Antrag auf Eintragung der Vormerkung		798
	a) Muster		798
	b) Erläuterungen		799
10.	Antrag auf Zustellung der einstweiligen Verfügung		799
	a) Muster		799
	b) Erläuterungen		800
11.	Hauptsacheklage auf Bewilligung einer Bauhandwerkersicherungshypothek (verbunden mit der Werklohnklage)		801
	a) Muster		801
	b) Erläuterungen		804
		aa) Zu den Anträgen	804
		bb) Zum Streitwert	804
		cc) Zur Zuständigkeit	804
		dd) Zum Sachvortrag	805
		ee) Zu den rechtlichen Grundlagen	805
12.	Schutzschrift gegen eine einstweilige Verfügung auf Eintragung einer Vormerkung		806
	a) Muster		806
	b) Anmerkungen		808
		aa) Zum anzurufenden Gericht	808
		bb) Zu den Anträgen	808
		cc) Zum Sachvortrag und zu den rechtlichen Grundlagen	809
13.	§ 650f BGB – Bauhandwerkersicherung		809
	a) Vorbemerkung		809
		aa) Verhältnis der beiden gesetzlichen Sicherungsrechte zueinander	810
		bb) Sicherungsmittel	810
		cc) Rechtsfolgen	811
		dd) Unabdingbarkeit	811

Inhaltsverzeichnis

			ee) Praktische Handhabung/taktische Überlegungen	811
			ff) Zwangsvollstreckung aus einem Urteil auf Stellung der Sicherheit	811
		b)	Muster Aufforderung zur Leistung einer Sicherheit nach § 650f BGB	812
		c)	Erläuterungen	812
			aa) Berechtigter, Verpflichteter	812
			bb) Sicherbare Ansprüche, Höhe der Sicherheit	813
			cc) Aufforderung und Fristsetzung	814
			dd) Art der Sicherheitsleistung, Wahlrecht	814
		d)	Muster Klage auf Stellung einer Sicherheit nach § 650f BGB	814
		e)	Erläuterungen	816
			aa) Zu den Anträgen	816
			bb) Zum Streitwert	816
			cc) Zur Zuständigkeit	817
			dd) Zum Sachvortrag und den rechtlichen Grundlagen	817
14.	Berufungsschrift			817
	a)	Vorbemerkung zum Berufungsverfahren		817
	b)	Muster Berufungsschrift		819
	c)	Erläuterungen		820
15.	Berufungsbegründungsschrift			824
	a)	Muster		824
	b)	Erläuterungen		828
16.	Berufungserwiderung			836
	a)	Muster		836
	b)	Erläuterungen		838
17.	Anschlussberufung			841
	a)	Muster		841
	b)	Erläuterungen		842
18.	Stellungnahme zu Hinweis nach § 522 Abs. 2 S. 2 ZPO			844
	a)	Muster		844
	b)	Erläuterungen		845

Stichwortverzeichnis 847

Literaturverzeichnis

AHO	Nr. 9 der AHO-Schriftenreihe, Projektmanagementleistungen in der Bau- und Immobilienwirtschaft, 4. Aufl. 2014
Bamberger/Roth	Kommentar zum Bürgerlichen Gesetzbuch, 3. Aufl. 2012
Basty	Der Bauträgervertrag, 8. Aufl. 2014
Baumbach/Hopt	Handelsgesetzbuch: HGB, 37. Aufl. 2016
Beck'sches Prozessformularbuch	hrsgg. von Mes, 13. Aufl. 2016
Beck'scher VOB- und Vergaberechts-Kommentar VOB Teil B	hrsgg. von Ganten/Jansen/Voit, 3. Aufl. 2013
Boisserée	Die Haftung der Baubeteiligten für Schäden an Nachbargebäuden, 2002
Boldt	Vorläufige Baubegleitende Streitentscheidung durch ein Dispute Adjudication Boards in Deutschland, 2008
Brüssel	Baubetrieb von A-Z, 5. Aufl. 2007
Bschorr/Zanner	Die Vertragsstrafe im Bauwesen, 2003
Dirk	Energieeinsparverordnung, 6. Aufl. 2014
Drittler	Nachträge und Nachtragsprüfung, 3. Aufl. 2017
Dornbusch/Fischermeier/Löwisch	Kommentar zum gesamten Arbeitsrecht, 8. Aufl. 2016
Drees/Paul	Kalkulation von Baupreisen, 12. Aufl. 2015
Eichele/Hirtz/Oberheim	Berufung im Zivilprozess, 5. Auflage 2017
Englert/Bauer	Rechtsfragen zum Baugrund, 2. Aufl. 1991
Englert/Grauvogl/Maurer	Handbuch des Baugrund- und Tiefbaurechts, 5. Aufl. 2016
Englert/Katzenbach/Motzke	Beck'scher VOB- und Vergaberechtskommentar, Teil C, 3. Aufl. 2014
Englert/Motzke/Wirth	Baukommentar, 2. Aufl. 2009
Eschenbruch	Projektmanagement und Projektsteuerung, 4. Aufl. 2015
Etzel/Bader/Fischmeier	KR-Gemeinschaftskommentar zum Kündigungsschutzgesetz, 11. Aufl. 2016
Fickert/Fieseler	Baunutzungsverordnung, 12. Aufl. 2014
FIEC	1997 Internationaler Europäischer Verband der Bauwirtschaft – FIEC (Hrsg.): Europäische Prinzipien für den Generalunternehmervertrags, 1997
Franke/Kemper/Zanner/Grünhagen/Mertens	VOB Kommentar, 6. Aufl. 2017
Früh	Die »Sowieso-Kosten«, 1991
Fuchs	Kooperationspflichten der Bauvertragsparteien, 2004
Fuchs/Berger/Seifert	Beck'scher HOAI- und Architektenrechtskommentar, 2016
Genschow/Stelter	Störungen im Bauablauf, 3. Aufl. 2013
Glatzel/Hofmann/Frikell	Unwirksame Bauvertragsklauseln, 11. Aufl. 2008

Literaturverzeichnis

Grziwotz/Koeble	Handbuch Bauträgerrecht, 2004
Halm/Krahe/Engelbrecht	Handbuch des Fachanwalt Versicherungsrecht, 5. Aufl. 2015
Hartmann	HOAI, Aktueller Praxiskommentar, Loseblattausgabe
Hegner	Energieausweise für die Praxis, 3. Aufl. 2014
Heidland	Der Bauvertrag in der Insolvenz, 2. Aufl. 2003
Heiermann/Franke/Knipp	Baubegleitende Rechtsberatung, 2002
Heiermann/Riedl/Rusam	Handkommentar zur VOB, Teil A und B, 13. Aufl. 2013
Herig	Praxiskommentar VOB Teile A, B, C, 5. Aufl. 2012
Höfler/Bayer	Praxishandbuch Bauvergaberecht, 3. Aufl. 2012
Hök	Handbuch des Internationales und ausländischen Baurechts, 2. Aufl. 2012
Ingenstau/Korbion	VOB Teile A und B – Kommentar, 20. Aufl. 2017
Jagenburg/Schröder/ Baldringer	Der ARGE-Vertrag, Kommentar, 3. Aufl. 2012
Jacob/Ring/Wolf	Freiberger Handbuch zum Baurecht, 2009
Jochem/Kaufhold	HOAI-Kommentar, 6. Aufl. 2016
Jäde/Dirnberger	BauGB, BauNVO, Kommentar, 8. Aufl. 2016
Kapellmann	Juristisches Projektmanagement, 2. Aufl. 2007
Kapellmann	Schlüsselfertiges Bauen, 3. Aufl. 2012
Kapellmann/Messerschmidt	VOB Teile A und B – Kommentar, 5. Aufl. 2015
Kapellmann/Schiffers	Vergütung, Nachträge und Behinderungsfolgen beim Bauvertrag, Band 1: Einheitspreisvertrag, 6. Aufl. 2011, Band 2: Pauschalvertrag incl. Schlüsselfertigbau, 5. Aufl. 2011
Kapellmann/Vygen	Jahrbuch Baurecht
Keil/Martinsen/Vahland/ Fricke	Kostenrechnung für Bauingenieure, 12. Aufl. 2011
Keldungs/Brück	Der VOB-Vertrag, 9. Aufl. 2008
Kemper/Wronna	Architekten- und Ingenieurvertrag nach HOAI, 2. Aufl. 2013
Kleine-Möller/Merl/ Glöckner	Handbuch des privaten Baurechts, 5. Aufl. 2014
KLR Bau	Hauptverband der Deutschen Bauindustrie (Hrsg.): KLR Bau. Kosten- und Leistungsrechnung der Bauunternehmen, 7. Aufl. 2001
Kniffka	ibr-online-Kommentar Bauvertragsrecht
Kniffka	in Jahrbuch Baurecht 2001: Die Kooperationspflichten der Bauvertragspartner im Bauvertrag
Kniffka/Koeble	Kompendium des Baurechts, 4. Aufl. 2014
Kochendörfer/Liebchen/ Viering	Bau-Projekt-Management, 4. Aufl. 2010
Koeble	Gewährleistung und selbständiges Beweisverfahren bei Bausachen, 2. Aufl. 1994
Korbion	Baurecht, 2005
Korbion/Locher/Sienz	AGB und Bauerrichtungsverträge, 4. Aufl. 2006

Literaturverzeichnis

Korbion/Mantscheff/Vygen	HOAI, 9. Aufl. 2016
Krause-Allenstein	Handbuch Bauversicherungsrecht, 2013
Kuffer/Wirth	Handbuch des Fachanwalts für Bau- und Architektenrecht, 5. Aufl. 2017
Kulartz/Kus/Portz/Prieß	Kommentar zum GWB-Vergaberecht, 4. Aufl. 2016
Kulartz/Marx/Portz/Prieß	Kommentar zur VOB/A, 2. Aufl. 2013
Kulartz/Marx/Portz/Prieß	Kommentar zur VOL/A, 3. Aufl. 2013
Lauer	Die Haftung des Architekten bei Bausummenüberschreitung, 1999
Leinemann	VOB/B – Kommentar, 6. Aufl. 2016
Leinemann	Die Vergabe öffentlicher Aufträge, 6. Aufl. 2016
Leinemann/Jacob/Franz	Die Bezahlung der Bauleistung, 5. Aufl. 2013
Locher	Das private Baurecht, Kurzlehrbuch, 8. Aufl. 2012
Locher/Koeble/Frik	Kommentar zur HOAI, 13. Aufl. 2017
Löffelmann/Fleischmann	Architektenrecht, 6. Aufl. 2011
Marcks	Makler- und Bauträgerverordnung, Erläuterte Ausgabe, 9. Aufl. 2014
Markus/Kaiser/Kapellmann	AGB-Handbuch Bauvertragsklauseln, 4. Aufl. 2013
Meier	Bauversicherungsrecht, IBR online und Print, 2008
Messerschmidt/Niemöller/ Preussner	HOAI, Kommentar, 2015
Morlock/Meurer	Die HOAI in der Praxis, 9. Aufl. 2014
Motzke/Bauer/Seewald	Prozesse in Bausachen, 2. Aufl. 2014
Motzke/Pietzcker/Prieß	Beck'scher VOB-Kommentar, Teil A, 2. Aufl. 2009
Müller-Wrede	Kommentar zur VOF, 5. Aufl. 2014
Münchner Kommentar	zum Bürgerlichen Gesetzbuch, Band 2, 7. Aufl. 2016; Band 3, 7. Aufl. 2016
Neuenfeld/Baden/Dohna/ Groscurth	Honorarordnung für Architekten und Ingenieure, Kommentar, Loseblatt
Nicklisch/Weick/Jansen/ Seibel	Kommentar zur VOB, Teil B, 4. Aufl. 2016
Palandt	Bürgerliches Gesetzbuch, 76. Aufl. 2017
Pause	Bauträgerkauf und Baumodelle, 5. Aufl. 2011
Pott/Dahlhoff/Kniffka/Rath	Honorarordnung für Architekten und Ingenieure, 10. Aufl. 2016
Prütting/Gehrlein	ZPO Kommentar, 9. Aufl. 2017
Putzier	Der Pauschalpreisvertrag, 2. Aufl. 2005
Reidt/Stickler/Glahs	Vergaberecht Kommentar, 3. Aufl. 2011
Reister	Nachträge beim Bauvertrag, 3. Aufl. 2014
Roquette/Otto	Vertragshandbuch privates Baurecht, 2. Aufl. 2011
Schneider/Herget	Streitwertkommentar, 14. Aufl. 2015
Soergel/Siebert	Bürgerliches Gesetzbuch mit Einführungsgesetz und Nebengesetzen, Kommentar
Steinert/Theede/Knop	Zivilprozess, 9. Aufl. 2011

Literaturverzeichnis

Thode/Wirth/Kuffer	Praxishandbuch Architektenrecht, 2. Aufl. 2016
Ulbrich	Leistungsbestimmungsrechte im Bauvertragsrecht, 2007
Ulrich	Der gerichtliche Sachverständige, 12. Aufl. 2007
Ulrich	Selbständiges Beweisverfahren mit Sachverständigen, 2. Aufl. 2008
Vygen/Joussen	Bauvertragsrecht nach VOB und BGB, 5. Aufl. 2013
Vygen/Joussen/Lang/Rasch	Bauverzögerung und Leistungsänderung, 7. Aufl. 2015
Walz	Das ADR-Formularbuch, 2. Aufl. 2017
Warnecke	Die Unternehmereinsatzform Generalübernehmer, 2005
Werner/Pastor	Der Bauprozess, 15. Aufl. 2015
Würfele/Gralla	Nachtragsmanagement, 2. Aufl. 2011
Zöller	Zivilprozessordnung Kommentar, 31. Aufl. 2016

Abkürzungsverzeichnis

a. A.	anderer Ansicht
a. a. O.	am angegebenen Ort
Abs.	Absatz
a. F.	alte Fassung
AG	Amtsgericht
AGB	Allgemeine Geschäftsbedingungen
AGB-Gesetz	Gesetz zur Regelung des Rechts der Allgemeinen Geschäftsbedingungen
AnwBl.	Anwaltsblatt
ARGE	Arbeitsgemeinschaft
AuA	Arbeit und Arbeitsrecht
AVA	Allgemeine Vertragsbedingungen zum Einheits-Architektenvertrag
BAG	Bundesarbeitsgericht
BAnz.	Bundesanzeiger
BauFordSiG	Bauforderungssicherungsgesetz
BauR	Baurecht, Zeitschrift für das gesamte öffentliche und zivile Baurecht
BauRB	Der Bau-Rechts-Berater, Zeitschrift
BayObLG	Bayerisches Oberstes Landesgericht
BayVBL.	Bayerische Verwaltungsblätter
BB	Der Betriebsberater, Zeitschrift
Beschl.	Beschluss
bestr.	bestritten
BGH	Bundesgerichtshof
BGHZ	Entscheidungen des Bundesgerichtshofs in Zivilsachen
BrBp	Baurecht und Baupraxis, Zeitschrift
BTR	Der Bauträger, Zeitschrift für Recht und Praxis im Bauträgerwesen
BVerfG	Bundesverfassungsgericht
BVerwG	Bundesverwaltungsgericht
DAB	Deutsches Architektenblatt
DB	Der Betrieb, Zeitschrift
d.h.	das heißt
DIN	Deutsches Institut für Normung e. V.
DNotZ	Deutsche Notarzeitung
DÖV	Die Öffentliche Verwaltung, Zeitschrift
DRiZ	Deutsche Richterzeitung
DS	Der Sachverständige, Zeitschrift
DVBl.	Deutsches Verwaltungsblatt
ErbVO	Erbbauverordnung
e. V.	eingetragener Verein
ff.	folgende
GBO	Grundbuchordnung
GRUR	Gewerblicher Rechtsschutz und Urheberrecht
GSB	Gesetz zur Sicherung von Bauforderungen
GU	Generalunternehmer
GÜ	Generalübernehmer
GVG	Gerichtsverfassungsgesetz

Abkürzungsverzeichnis

Hs.	Halbsatz
HGB	Handelsgesetzbuch
h. M.	herrschende Meinung
HOAI	Honorarordnung für Architekten und Ingenieure
HWiG	Gesetz über den Widerruf von Haustürgeschäften und ähnlichen Geschäften
IBR	Immobilien & Baurecht, Zeitschrift
i.d.R.	in der Regel
InsO	Insolvenzordnung
i.S.v.	im Sinne von
JA	Juristische Arbeitsblätter, Zeitschrift
JMBl. NW	Justizministerialblatt für Nordrhein-Westfalen
JR	Juristische Rundschau, Zeitschrift
JurA	Juristische Analysen, Zeitschrift
JurBüro	Das juristische Büro, Zeitschrift
JVEG	Justizvergütungs- und -entschädigungsgesetz
KG	Kammergericht
LAG	Landesarbeitsgericht
LG	Landgericht
Lit.	Literatur
LS	Leitsatz
MaBV	Makler- und Bauträgerverordnung
MRVG	Gesetz zur Verbesserung des Mietrechts und zur Begrenzung des Mietanstiegs sowie zur Regelung von Ingenieur- und Architektenleistungen
MüKo	Münchener Kommentar
m.w.N.	mit weiteren Nachweisen
n. F.	neue Fassung
NJW	Neue Juristische Wochenschrift
NJW-RR	NJW-Rechtsprechungs-Report, Zivilrecht
Nr.	Nummer
NVwZ	Neue Zeitschrift für Verwaltungsrecht
NZBau	Neu Zeitschrift für Baurecht und Vergaberecht
NZM	Neue Zeitschrift für Mietrecht
OLG	Oberlandesgericht
OLGR	OLG-Report
OLGZ	Rechtsprechung der Oberlandesgerichte
OVG	Oberverwaltungsgericht
Rdn.	Randnummer (innerhalb dieses Werkes)
Rn.	Randnummer
RGRK	Kommentar zum BGB, herausgegeben von Reichsgerichtsräten und Bundesrichtern
RGZ	Entscheidungen des Reichsgerichts in Zivilsachen
Rpfleger	Der Deutsche Rechtspfleger
Rspr.	Rechtsprechung
SchRModG	Schuldrechtsmodernisierungsgesetz
str.	streitig
st. Rspr.	ständige Rechtsprechung
SV	Sachverständiger

u.	und
UrhG	Urheberrechtsgesetz
Urt.	Urteil
UStG	Umsatzsteuergesetz
u. U.	unter Umständen
v.	vom
VergabeR	Vergaberecht, Zeitschrift
VersR	Versicherungsrecht
VerwGO	Verwaltungsgerichtsordnung
VgV	Vergabeverordnung
VO	Verordnung
VOB	Vergabe- und Vertragsordnung für Bauleistungen
WEG	Wohnungseigentumsgesetz
WM	Wertpapiermitteilungen
ZfBR	Zeitschrift für deutsches und internationales Baurecht
ZfIR	Zeitschrift für Immobilienrecht
ZIP	Zeitschrift für Wirtschaftsrecht
ZMR	Zeitschrift für Miet- und Raumrecht
ZPO	Zivilprozessordnung
ZS	Zivilsenat
zust.	zustimmend

A. Allgemeine Muster für die Abwicklung von Bauprojekten nach VOB/B

I. Vorbemerkung

Die nachfolgenden Musterbriefe betreffen typische im Projektablauf entstehende Szenarien und orientieren sich an den Regelungen der in Bauverträgen üblicherweise einbezogenen Vertragsordnung für Bauleistungen Teil B – VOB/B. Die Einbeziehung der VOB/B ist zu Beginn jeder Tätigkeit im Mandat als erstes zu prüfen, weil auch der nachträglich aufgebaute Schriftverkehr, der auf die VOB/B verweist, nicht dazu geeignet ist, dass die VOB/B als in den Vertrag einbezogen gilt (BGH, Urt. v. 26.06.2003 – VII ZR 281/02, BauR 2003, 1559). Weiterhin ist vorab zu prüfen, ob im Vertrag eine Klausel dahingehend enthalten ist, dass Schriftverkehr auch über Email abgewickelt werden kann, weil die VOB/B vielfach die Schriftform voraussetzt, z.B. in § 8 Abs. 5 VOB/B, und die Wahrung der Schriftform für Emails rechtlich umstritten ist.

Führt der Anwalt selbst den Schriftverkehr mit dem Vertragspartner des Mandanten, muss wie stets gerade bei Fristsetzungen und einseitigen Willenserklärungen auf die Vorlage einer Vollmachtsurkunde geachtet werden, um nicht eine Zurückweisung gem. § 174 BGB zu riskieren. Schließlich hat sich der Anwalt insbesondere für Fristsetzungen mit der Frage auseinanderzusetzen, welche Frist angemessen ist. Hierzu gibt es keine pauschalen Aussagen, sondern ausgehend von der jeweiligen Regelung ist der ergänzende Blick in die einschlägige Kommentarliteratur notwendig, weil teilweise die Angemessenheit von Fristen bei jeder Regelung höchst unterschiedlich und auch streitig angesehen wird. Aus anwaltlicher Vorsorge ist – wie nachfolgend bei den Musterbriefen vorausgesetzt – der sicherste Weg zu beschreiten. So wird z.B. in den Mustern vor Kündigung das Setzen zweier Fristen empfohlen, falls sich eine Frist als unangemessen herausstellten sollte.

Auf Musterbriefe für Architekten und Ingenieure wurde vorliegend verzichtet, weil diese seltener benötigt werden und hierzu Spezialliteratur vorliegt (z.B. Kemper/Wronna, Architekten- und Ingenieurvertrag nach HOAI, 2. Aufl., Rudolf Müller Verlag, Köln 2013).

Zum 01.01.2018 ist das neue Bauvertragsrecht im BGB eingeführt, d.h. alle danach abgeschlossenen Verträge sind auf Basis des neuen BGB abzuwickeln und zu beurteilen. Wann und wie die VOB/B hinsichtlich dieser Neuregelungen geändert wird, steht zum Zeitpunkt der Bearbeitung noch nicht fest. Die Diskussion über die Wirksamkeit der VOB/B-Regelungen bei einer Klauselkontrolle nach dem AGB-Recht der §§ 305 ff. BGB steht zwar noch am Anfang, wird in den folgenden Musterbriefen und ihren Kommentierungen aber angerissen. Die hier überarbeiteten Muster sind bei Bauverträgen, die nach dem 01.01.2018 geschlossen wurden, verwendbar (für davor abgeschlossene Bauverträge siehe die Vorauflage). Eine Neuregelung der VOB/B steht an, liegt zur Zeit der Neubearbeitung dieser Auflage jedoch noch nicht vor.

II. Muster für den Auftraggeber

1. Mängelrüge vor Abnahme nach § 4 Abs. 7 VOB/B

a) Muster

per Einwurf-Einschreiben und per Telefax:

Datum: .....

Bauvorhaben .....

gemäß Bauvertrag vom .....

hier: Mängelrüge vor Abnahme nach § 4 Abs. 7 VOB/B

A. Allgemeine Muster für die Abwicklung von Bauprojekten nach VOB/B

Sehr geehrte Damen und Herren,

wir haben folgende Mängel an den bisher von Ihnen erbrachten Leistungen festgestellt:

..... [Mängelliste]

Wir fordern Sie auf, vorgenannte Mängel unverzüglich, spätestens bis zum ..... zu beseitigen. Gleichzeitig setzen wir schon jetzt eine Nachfrist zum ..... . Für den Fall der nicht rechtzeitigen Mangelbeseitigung drohen wir die Kündigung gem. § 8 Abs. 3 VOB/B an.

Mit freundlichen Grüßen

.....

b) Erläuterungen

6 Während beim BGB-Vertrag mittlerweile geklärt ist, dass aufgrund der gesetzlichen Regelung bereits vor Abnahme der Auftraggeber Mängelansprüche gegenüber dem Auftragnehmer nicht geltend machen kann (BGH, Urt. v. 19.01.2017 – VII ZR 301/13, BauR 2017, 875; vgl. zuvor schon Joussen, BauR 2009, 319), hat die VOB/B in § 4 Abs. 7 VOB/B eine hierauf zielende Regelung aufgenommen, die den praktischen Erfordernissen am Bau entspricht. Diese Regelung dürfte auch bei einer AGB-Einzelklauselkontrolle im Falle von vertraglichen Abweichungen von der VOB/B als Ganzes oder bei der Verwendung gegenüber Verbrauchern wirksam sein: zwar liegt eine Abweichung vom gesetzlichen Leitbild vor, jedoch ist dies keine unangemessene Benachteiligung des Auftragnehmers, weil es auch in seinem Interesse liegen kann, bereits frühzeitig erkannte Mängel schon vor der Abnahme zu beseitigen.

Die Mängel sind entsprechend der Symptomrechtsprechung nur nach ihrem äußeren Erscheinungsbild zu beschreiben (BGH, Urt. v. 28.10.1999 – VII ZR 115/97, BauR 2002, 61) und lokal zu bezeichnen (vgl. Donner, in: Franke/Kemper/Zanner/Grünhagen/Mertens, 6. Aufl., § 13 VOB/B Rn. 116). Da dem Auftragnehmer die Wahl der Mangelbeseitigungsmethode überlassen bleibt (BGH, Urt. v. 16.10.1997 – VII ZR 249/96, BauR 1998, 123), sollten ihm möglichst auch keine konkreten Vorgaben zur Art der Mangelbeseitigung gemacht werden.

Sollten die Mängel nicht beseitigt werden, so kann nach Ablauf der Nachfrist zur Kündigung nach § 8 Abs. 3 VOB/B geschritten werden, wozu das separate Muster A. II. 3 dient.

2. Kapazitätsrüge nach § 5 Abs. 3 VOB/B

a) Muster

7 per Einwurf-Einschreiben und per Telefax:

Datum: .....

Bauvorhaben .....

gemäß Bauvertrag vom .....

hier: Kapazitätsrüge nach § 5 Abs. 3 VOB/B

Sehr geehrte Damen und Herren,

Wir mussten feststellen, dass die Baustelle von Ihnen nur unzureichend mit Geräten, Materialien und Personal ausgestattet ist. So konnten wir am heutigen Tage keine Baustellenbesetzung / eine Baustellenbesetzung mit nur ..... Mitarbeitern Ihres Hauses *) feststellen. Aufgrund der unzureichenden Ausstattung der Baustelle mit Arbeitskräften, Geräten, Gerüsten, Materialien etc. steht zu befürchten, dass die mit Ihnen vereinbarten Ausführungsfristen offenbar nicht eingehalten werden. Wir haben Sie daher aufzufordern, unverzüglich, spätestens jedoch bis zum ..... Abhilfe zu schaffen. Gleichzeitig haben wir Sie binnen gleicher Frist aufzufordern, einen konkreten Kapazitätenplan zu übergeben und darzustellen, wie die vereinbarten Ausführungsfristen von Ihnen noch einzuhalten sind. Sollte die hier gesetzte Frist fruchtlos verstreichen, stellen wir in Aussicht, eine Nachfristsetzung mit Kündigungsandrohung nach § 8 Abs. 3 VOB/B i.V.m. § 5 Abs. 4 VOB/B zu übersenden.

Mit freundlichen Grüßen

.....

*) Unzutreffendes bitte streichen

b) Erläuterungen

Die Kapazitätsrüge nach § 5 Abs. 3 VOB/B ist dann ein taugliches Instrumentarium zur Durchsetzung der getroffenen Terminvereinbarungen, wenn die betreffende Ausführungsfrist, die Vertragsfrist gem. § 5 Abs. 1 VOB/B ist, noch nicht überschritten ist, jedoch der Kapazitäteneinsatz des Auftragnehmers erkennbar unzureichend ist. Da es sich um eine unsichere Prognose handelt, ist bei einer hierauf aufbauenden Kündigung für den beratenden Anwalt allerdings große Vorsicht geboten (vgl. Kemper, in: Franke/Kemper/Zanner/Grünhagen, 5. Aufl. § 5 VOB/B Rn. 33). In einer Nachfristsetzung ist die Kündigung anzudrohen, weil bei Fehlen dieser Ankündigung die Kündigung als freie Kündigung mit entsprechend nachteiligen Rechtsfolgen für den Auftraggeber angesehen wird (vgl. BGH, Urt. v. 10.05.2007 – VII ZR 226/05, BauR 2007, 1404).

3. Kündigung gemäß § 8 Abs. 3 VOB/B

a) Muster

per Einwurf-Einschreiben und per Telefax:

Datum: .....

Bauvorhaben .....

gemäß Bauvertrag vom .....

hier: Kündigung gemäß § 8 Abs. 3 VOB/B

Sehr geehrte Damen und Herren,

hiermit kündigen wir den Bauvertrag*) / folgende in sich abgeschlossene Teile der Leistungen*):....., weil Sie innerhalb der Ihnen mit unserem Schreiben vom ..... gesetzten, angemessenen Nachfrist
- die gerügten Mängel an den von Ihnen ausgeführten Leistungen nicht beseitigt haben (§ 4 Abs. 7 VOB/B) *),
- die Ausführung der Leistung verzögert bzw. die vereinbarten Fristen überschritten haben (§ 5 Abs. 4 und 3 VOB/B) *),
- die Ausführung der Arbeiten nicht im eigenen Betrieb aufgenommen haben (§ 4 Abs. 8 VOB/B)*).

Wir werden die noch nicht von Ihnen ausgeführten Teile der Leistungen zu Ihren Lasten durch ein Drittunternehmen ausführen lassen. Wegen der voraussichtlichen Mehrkosten haben Sie einen Vorschuss in Höhe von ..... zu leisten, zu dem wir vorsorglich die Aufrechnung gegenüber bereits fälligen Zahlungsansprüchen aus Abschlagsrechnungen erklären. Ohnehin ist Schlussrechnung zu legen.

Die zur Weiterführung der Arbeiten erforderlichen Geräte, Gerüste, auf der Baustelle vorhandenen anderen Einrichtungen sowie angelieferte Stoffe und Bauteile werden wir in Anspruch nehmen (§ 8 Abs. 3 Nr. 3 VOB/B). Hierfür werden Sie eine angemessene Vergütung erhalten. Gegenüber dieser Vergütung werden wir jedoch die uns gegen Sie zustehenden Ansprüche aufrechnen.

Zur Feststellung des bisher erreichten Leistungsstandes laden wir Sie für morgen, 09:00 Uhr auf die Baustelle ein und fordern Sie auf, an der gemeinsamen Bautenstandsfeststellung mitzuwirken. Die Kurzfristigkeit der Einladung bitten wir mit der dringend notwendigen zügigen Fortführung der Arbeiten nachzuvollziehen.

Mit freundlichen Grüßen

.....

*) Unzutreffendes bitte streichen

b) Erläuterungen

10 Bevor der AG nach § 8 Abs. 3 VOB/B die außerordentliche Kündigung aus wichtigem Grund erklärt, müssen er und sein Anwalt sorgfältig die formalen und materiellen Kündigungsvoraussetzungen prüfen. Liegen diese nämlich nicht vor, gilt die Kündigung im Zweifel als dennoch wirksam erklärt, die Rechtsfolgen bestimmen sich dann aber nach der für den AG wesentlich nachteiligeren Vorschrift des § 8 Abs. 1 VOB/B (BGH, Urt. v. 10.05.2007 – VII ZR 226/05, BauR 2007, 1404; BGH, Urt. v. 24.07.2003 – VII ZR 218/02, BauR 2003, 1889). Die Kündigung muss schriftlich erfolgen (§ 8 Abs. 6 VOB/B, § 650h BGB n.F.).

Hinsichtlich einer Teilkündigung, die § 8 Abs. 3 Nr. 1 Satz 2 VOB/B ausdrücklich zulässt, sind die strengen Voraussetzungen der Rechtsprechung zu beachten (BGH, Urt. v. 20.08.2009 – VII ZR 212/07, BauR 2009, 1736). Das neue BGB-Werkvertragsrecht knüpft die Teilkündigung aus wichtigem Grund an geringere Anforderungen: nach § 648a Abs. 2 BGB n.F. muss es sich lediglich um einen »abgrenzbaren Teil des geschuldeten Werks« handeln. Wenn der Auftraggeber der Verwender der VOB/B ist, bleibt die Regelung der VOB/B auch bei einer Einzelklauselkontrolle wirksam, denn der Auftraggeber kann sich engere Voraussetzungen vorgeben als das Gesetz bestimmt. Umgekehrt, also wenn der Auftragnehmer der Verwender der VOB/B ist, muss dies allerdings als problematisch angesehen werden, d.h. in Ansehung des neuen BGB und damit des neuen gesetzlichen Leitbilds dürfte diese Regelung unwirksam sein und der Auftraggeber kann nach der neuen gesetzlichen Regelung leichter teilkündigen.

Nach erfolgter Kündigung sind Ansprüche aus Abschlagsrechnungen nicht mehr durchsetzbar, sondern der Auftragnehmer muss durch Vorlage einer prüffähigen Schlussrechnung nachweisen, dass er die erhaltenen Abschlagszahlungen behalten darf (Retzlaff, in: Franke/Kemper/Zanner/Grünhagen, 5. Aufl., § 8 VOB/B Rn. 118).

Die Höhe der Vergütung für die nach Kündigung weiterhin benutzten Einrichtungen des Auftragnehmers nach § 8 Abs. 3 Nr. 3 VOB/B, d.h. auf der Basis der kalkulierten Preise oder der angemessenen Preise, ist rechtlich umstritten (vgl. Kemper, in: Franke/Kemper/Zanner/Grünhagen, 5. Aufl., § 8 VOB/B Rn. 75 m.w.N.).

Der bis zur Kündigung erreichte Leistungsstand ist im Interesse beider Parteien für die Abrechnung sowohl der bis zur Kündigung erbrachten Leistungen als auch der infolge der Kündigung nicht mehr zu erbringenden Leistungen, die seitens des Auftraggebers durch ein Drittunternehmen ausgeführt werden, notwendig und in § 8 Abs. 6 VOB/B entsprechend vorgesehen. Diese Bautenstandsfeststellung ist nach Möglichkeit gemeinsam vorzunehmen, um spätere tatsächliche Streitfragen, die sich in der Folge einer erfolgten Kündigung in der Regel ergeben und nicht selten in einem Rechtsstreit münden, möglichst zu begrenzen.

4. Kündigung des Bauvertrages gemäß § 8 Abs. 1 VOB/B

a) Muster

per Einwurf-Einschreiben und per Telefax:

11

Datum: .....

Bauvorhaben .....

gemäß Bauvertrag vom .....

hier: **Kündigung des Bauvertrages gemäß § 8 Abs. 1 VOB/B**

Sehr geehrte Damen und Herren,

wir sehen uns gezwungen, gemäß § 8 Nr. 1 VOB/B den mit Ihnen abgeschlossenen Bauvertrag zu kündigen. Wir bitten Sie kurzfristig eine Bautenstandsfeststellung gemeinsam mit uns durchzuführen und sich wegen eines Termins mit uns abzustimmen. Im Nachgang bitten wir, Ihre Leistungen unter Berücksichtigung von § 8 Nr. 1 Abs. 2 VOB/B dann unverzüglich abzurechnen.

Mit freundlichen Grüßen

.....

b) Erläuterungen

Der AG ist jederzeit berechtigt, den Bauvertrag zu kündigen (§ 649 BGB a.F. bzw. § 648 BGB n.F., § 8 Abs. 1 VOB/B). Er muss dann allerdings den AN so stellen, als wäre der Vertrag durchgeführt worden. Neben einem anteiligen Vergütungsanspruch für die bereits erbrachten Leistungen hat der AN also auch Anspruch auf die vertragliche Vergütung abzüglich der infolge der Kündigung ersparten Aufwendungen und eines durch die Kündigung möglicherweise erlangten Ersatzauftrages. Die Kündigung muss schriftlich erfolgen (§ 8 Abs. 6 VOB/B, § 650h BGB n.F.).

12

Im Nachgang zur Kündigungserklärung verlangt § 8 Abs. 6 VOB/B Aufmaß und Abnahme der bis zur Kündigung erbrachten Leistungen, wobei die Abnahme auch beim gekündigten Bauvertrag als Fälligkeitsvoraussetzung für die Geltendmachung der Werklohnforderungen gilt (BGH, Urt. v. 11.05.2006 – VII ZR 146/04, BauR 2006, 1294).

Wesentlich günstigere Rechtsfolgen für den AG lassen sich bei Vorliegen der Kündigungsvoraussetzungen des § 8 Nr. 3 VOB/B erzielen (siehe anderen Musterbrief dazu, A. II. 3), sodass der den AG beratende Fachanwalt in diese Richtung Tatsachen zu ermitteln hat, die eine solche Kündigung rechtfertigen könnten.

5. Fehlende Prüffähigkeit der Abschlags-/Schlussrechnung gem. § 14 Abs. 1 VOB/B

a) Muster

per Einwurf-Einschreiben und per Telefax:

13

Datum: .....

Bauvorhaben .....

gemäß Bauvertrag vom .....

hier: Fehlende Prüffähigkeit der Abschlags-/Schlussrechnung*) gem. § 14 Abs. 1 VOB/B

Sehr geehrte Damen und Herren,

gemäß § 14 Abs. 1 VOB/B haben Sie Ihre Leistungen prüfbar abzurechnen. Diese Voraussetzungen weist Ihre Abschlags-/Schlussrechnung*) jedoch insgesamt / in den nachfolgen genannten Positionen*) nicht auf.

Dies begründen wir wie folgt:

.....

Wir fordern Sie auf, Ihre Abschlags-/Schlussrechnung*) unverzüglich in Ihrem eigenen Interesse prüffähig aufzustellen und uns neu einzureichen. Vorsorglich weisen wir darauf hin, dass eine Fälligkeit durch Ihre bisherige Rechnungsstellung aufgrund fehlender Prüffähigkeit noch nicht begründet wurde, eine Zahlungspflicht daher nicht besteht und wir daher auch nicht in Zahlungsverzug geraten können.

Mit freundlichen Grüßen

.....

*) Unzutreffendes bitte streichen

b) Erläuterungen

14 Das Erfordernis der Prüffähigkeit ist bei allen Rechnungen zu berücksichtigen, hinsichtlich von Abschlagsrechnungen sogar bei Pauschalpreisverträgen (OLG München, Urt. v. 06.12.2011 – 9 U 1741/11, IBR 2012, 78 – Sienz). Die Rüge der Prüffähigkeit ist nach BGH-Rechtsprechung zu begründen und bei der Schlussrechnung spätestens innerhalb von zwei Monaten dem AN zuzusenden, ansonsten der AG mit diesem Argument in einer späteren gerichtlichen Auseinandersetzung ausgeschlossen wird (BGH, Urt. v. 23.09.2004 – VII ZR 173/03, BauR 2004, 1937). Sind nur einzelne Positionen betroffen, ist allerdings nicht die gesamte Rechnung nicht prüffähig, sondern entsprechend nur in Teilen, worauf der Fachanwalt in der Beratungspraxis zu achten hat, weil die Forderung dann doch zumindest in Teilen fällig wird. Die Frage der Prüffähigkeit einer Rechnung richtet sich nach dem Informations- und Kontrollinteresse des AG (BGH, Urt. v. 08.10.1998 – VII ZR 296/97, BauR 1999, 63).

6. Abnahmeprotokoll

a) Muster

15 **ABNAHMEPROTOKOLL**

Bauvorhaben: .....

Gewerk: .....

Vertrag vom: .....

Teilnehmer   Auftraggeber: .....

              Auftragnehmer: .....

1. Die nachstehend bezeichneten Leistungen wurden am ..... zum Zwecke der Entscheidungsfindung über die Abnahme nach § 12 Abs. 1 VOB/B besichtigt:
   .....
   Es handelt sich um die*)

   .....   Teilabnahme der vorstehenden aufgeführten Teilleistungen

   .....   die Gesamtabnahme des vorstehend genannten Gewerks

2. Es wurden die Mängel gemäß **Anlage 1** festgestellt und laufend durchnummeriert. Die Rechte aus den bereits vor Abnahme gerügten, aber noch nicht beseitigten Mängeln und den bei der Abnahme festgestellten Mängeln (**Anlage 1**) bleiben ausdrücklich vorbehalten.

3. Der Auftragnehmer erkennt die in der **Anlage 1** aufgeführten Mängel an und wird diese bis zum ..... beseitigen. Soweit er sie nicht anerkennt, wurde dies in der Anlage 1 ausdrücklich vermerkt. Insoweit erklärt der AN bis zum ....., ob die Mangelbeseitigung endgültig verweigert wird, und begründet dies näher.
4. Die Abnahme der Leistung*)

..... ist hiermit erklärt. Die vertraglich vereinbarte Verjährungsfrist für Mängelansprüche beginnt an dem der Abnahme folgenden Tag.

..... wird im Hinblick auf die in **Anlage 1** festgestellten Mängel und erheblichen Restleistungen verweigert. Als wesentlich werden insbesondere folgende Mängel angesehen: lfd. Nr. .....

5. Die Abnahme erfolgt unter dem Vorbehalt der Geltendmachung von Vertragsstrafe durch den Auftraggeber.
6. Einwände des Auftragnehmers:
.....
....., den .....

....
Auftraggeber   Auftragnehmer

*) Zutreffendes bitte ankreuzen

b) Erläuterungen

Das Abnahmeprotokoll dient der Dokumentation über die Feststellungen im Rahmen einer Abnahmebegehung bei Durchführung der förmlichen Abnahme (§ 12 Abs. 4 VOB/B). Ein solches Protokoll sollte auch dann aufgesetzt und beidseitig unterschrieben werden, wenn die Abnahme scheitert, weil der AG die Abnahme wegen wesentlicher Mängel nach § 12 Abs. 3 VOB/B verweigert. Denn auch die Abnahmeverweigerung und ihre Gründe sollten schriftlich dokumentiert werden. Zudem sollte klargestellt werden, ob es sich um eine Teilabnahme einzelner in sich abgeschlossener Leistungen (§ 12 Abs. 2 VOB/B) handelt oder um die Gesamtabnahme aller Leistungen. Die Voraussetzungen der Teilabnahme sind allerdings stets zu prüfen, weil die Rechtsprechung hierzu erhöhte Anforderungen stellt (BGH, Urt. v. 20.08.2009 – VII ZR 212/07, BauR 2009, 1736; s. auch Zanner, in: Franke/Kemper/Zanner/Grünhagen/Mertens, 6. Aufl., § 12 VOB/B Rn. 84 ff.).

16

Im Abnahmeprotokoll sind die Vorbehalte der Mängelansprüche wegen der festgestellten (und am besten in einer gesonderten Anlage mit genauer Bezeichnung und Nummerierung der Mängelpunkte festgehaltenen) Mängel und der Vertragsstrafe zu erklären, weil sonst der AG einen Verlust seiner Rechte auf Mangelbeseitigung bzw. Geltendmachung der Vertragsstrafe erleidet.

Vorteilhafter ist es zudem, wenn der AN seine Einwände gesondert im Protokoll festhalten kann, als wenn an unterschiedlichen Auffassungen über die Mangelhaftigkeit einzelner Leistungen die Protokollierung der Abnahmebegehung und ihrer Feststellungen gänzlich scheitert. Im Nachgang kann dann auf der Grundlage der Dokumentation eine abschließende Entscheidung getroffen werden. Kann sich der AN noch nicht sogleich auf ein Anerkenntnis der Mängel einlassen, weil er noch den Vertrag, die Planung, einschlägige technische Vorschriften wie z.B. DIN etc. überprüfen möchte, sollte ihm eine Erklärungsfrist eingeräumt werden, wie in Ziff. 3 letzter Satz enthalten, der so formuliert ist, dass nach endgültiger Mangelverweigerung direkt in die Ersatzvornahme übergegangen werden kann (vgl. Donner, in: Franke/Kemper/Zanner/Grünhagen/Mertens, 6. Aufl., § 13 VOB/B Rn. 143 m.w.N. f.d. Rspr.).

7. Abnahmeverweigerung gemäß § 12 Abs. 3 VOB/B

a) Muster

17 per Einwurf-Einschreiben und per Telefax vorab:

Datum: .....

Bauvorhaben .....

gemäß Bauvertrag vom .....

hier: Abnahmeverweigerung gemäß § 12 Abs. 3 VOB/B

Sehr geehrte Damen und Herren,

die von Ihnen ausgeführten Leistungen weisen wesentliche Mängel auf, wie wir anlässlich einer heute erfolgten Vorbegehung feststellen mussten. Im Einzelnen handelt es sich um die in der beigefügten **Anlage** näher bezeichneten Mängel (insgesamt ..... wesentliche Mängel).

Aufgrund dieser wesentlichen Mängel sind wir gemäß § 12 Abs. 3 VOB/B berechtigt, die Abnahme zu verweigern. Ihr Abnahmeverlangen weisen wir daher schon jetzt zurück. Wir fordern Sie bereits jetzt auf, diese wesentlichen Mängel unverzüglich, spätestens bis zum ..... zu beseitigen. Zugleich setzen wir Ihnen eine Nachfrist zur Mangelbeseitigung bis zum ..... . Sollte die Mängelbeseitigung auch nicht innerhalb der Nachfrist erfolgt sein, kündigen wir schon jetzt an, nach Ablauf der Nachfrist Ihnen den Auftrag zu entziehen und eine Ersatzvornahme auf Ihre Kosten zu veranlassen (§§ 4 Abs. 7, 8 Abs. 3 VOB/B).

Mit freundlichen Grüßen

.....

b) Erläuterungen

18 Die Abnahme kann nur wegen wesentlicher Mängel verweigert werden, d.h. allein das Vorhandensein von Mängeln unwesentlicher Art genügt noch nicht (grundlegend: BGH, Urt. v. 15.06.2000 – VII ZR 30/99, BauR 2000, 1482 m.w.N. f.d. Rspr.). Möglich und u.U. vorzugswürdig ist die Abnahmeverweigerung im Rahmen einer gemeinsamen Abnahmebegehung und Festhalten im Abnahmeprotokoll (siehe Muster »Abnahmeprotokoll«, A. II. 6). Die Fristsetzung mit Kündigungsandrohung ist erforderlich, um im Bedarfsfall die formalen Voraussetzungen für eine Kündigung nach § 8 Abs. 3 VOB/B erfüllt zu haben.

8. Mängelrüge nach Abnahme nach § 13 Abs. 5 VOB/B

a) Muster

19 per Einwurf-Einschreiben und per Telefax:

Datum: .....

Bauvorhaben .....

gemäß Bauvertrag vom .....

hier: Mängelrüge nach Abnahme nach § 13 Abs. 5 VOB/B

Sehr geehrte Damen und Herren,

am oben genannten Bauvorhaben haben wir folgende Mängel Ihrer Leistungen festgestellt:

..... [Mängelliste]

Wir haben sie aufzufordern, diese Mängel unverzüglich, spätestens bis zum ..... zu beseitigen. Nach fruchtlosem Ablauf dieser Frist werden wir auf Ihre Kosten die Mängel durch ein anderes Unternehmen beseitigen lassen (§ 13 Abs. 5 VOB/B).

Im Hinblick auf notwendige Abstimmungen mit dem Mieter / Nutzer bitten wir um frühzeitige Mitteilung, wann Sie die Mangelbeseitigungsarbeiten im Objekt durchführen möchten.

Mit freundlichen Grüßen

.....

b) Erläuterungen

Die Mängel sind entsprechend der Symptomrechtsprechung nur nach ihrem äußeren Erscheinungsbild zu beschreiben (BGH, Urt. v. 28.10.1999 – VII ZR 115/97, BauR 2002, 61) und lokal zu bezeichnen (vgl. Donner, in: Franke/Kemper/Zanner/Grünhagen/Mertens, 6. Aufl., § 13 VOB/B Rn. 116). Da dem Auftragnehmer die Wahl der Mangelbeseitigungsmethode überlassen bleibt (BGH, Urt. v. 16.10.1997 – VII ZR 249/96, BauR 1998, 123) sollten ihm möglichst auch keine konkreten Vorgaben zur Art der Mangelbeseitigung gemacht werden. Die Fristsetzung muss auf die Mangelbeseitigung, nicht auf deren Beginn oder die Abgabe von Erläuterungen bezogen sein (vgl. Donner, in: Franke/Kemper/Zanner/Grünhagen/Mertens, 6. Aufl., § 13 VOB/B Rn. 141).

III. Muster für den Auftragnehmer

1. Mehrkostenanzeige nach § 2 Abs. 6 VOB/B

a) Muster

<u>per Einwurf-Einschreiben und per Telefax:</u>

Datum: .....

Bauvorhaben .....

gemäß Bauvertrag vom .....

hier: Mehrkostenanzeige nach § 2 Abs. 6 VOB/B

Sehr geehrte Damen und Herren,

mit Schreiben vom ..... / im Rahmen der Besprechung vom .....*) verlangten Sie die Ausführung folgender zusätzlicher Leistungen:

.....

Wir weisen Sie darauf hin, dass es sich dabei um zusätzliche Leistungen im Sinne des § 2 Abs. 6 VOB/B handelt, für die wir eine besondere Vergütung über die im Hauptvertrag vereinbarte Vergütung hinaus verlangen können. Die Geltendmachung dieser Mehrkosten wird hiermit angekündigt. Ein Nachtragsangebot geht Ihnen alsbald zu. Bereits jetzt weisen wir darauf hin, dass uns unabhängig davon, ob Sie die Nachtragsforderung für berechtigt ansehen oder nicht, im Falle der unterbleibenden Einigung aufgrund der gesetzlichen Regelung in § 650c Abs. 3 BGB ein Zahlungsanspruch jedenfalls i.H.v. 80 % der Nachtragsvergütung zusteht.

Mit freundlichen Grüßen

.....

*) Unzutreffendes bitte streichen

b) Erläuterungen

22   Die Mehrkostenanzeige nach § 2 Abs. 6 VOB/B ist noch immer echte Anspruchsvoraussetzung für die Geltendmachung zusätzlicher Vergütungsansprüche für zusätzliche Leistungen (BGH, Urt. v. 20.12.1990 – VII ZR 248/89, BauR 1991, 210; Keldungs, in: Ingenstau/Korbion, 20. Aufl., § 2 Abs. 6 VOB/B Rn. 13; zu möglichen Ausnahmen: BGH, Urt. v. 23.05.1996 – VII ZR 245/94, BauR 1996, 542). Die schriftliche Übersendung einer solchen Mehrkostenanzeige unmittelbar nach der vom Auftraggeber getroffenen Anordnung bzw. dem Verlangen zur Ausführung solcher zusätzlichen Leistungen ist daher dringend anzuraten. Die Mehrkostenanzeige ist unmittelbar an den Auftraggeber selbst zu richten, nicht an den Bauleiter oder Architekten (es sei denn diese können als Empfangsboten im Sinne des § 130 BGB angesehen werden, OLG Hamm, Urt. v. 11.02.1977 – 6 U 16/76, BauR 1978, 146). Ist unklar, ob der das Verlangen aussprechende Mitarbeiter oder Architekt hierzu bevollmächtigt war, ist der Musterbrief »Nachfrage zur Anordnung geänderter Leistungen bzw. Verlangen zusätzlicher Leistungen«, A. III. 2, zu verwenden. Es erscheint angebracht, den Auftraggeber schon frühzeitig auf die neuen gesetzlichen Möglichkeiten der Durchsetzbarkeit von Nachtragsforderungen hinzuweisen, um den Verhandlungs- und Einigungsdruck zur einvernehmlichen Klärung über die Folgen des Verlangens zusätzlicher Leistungen aufzubauen.

2. Nachfrage zur Anordnung geänderter Leistungen bzw. Verlangen zusätzlicher Leistungen

a) Muster

23   per Einwurf-Einschreiben und per Telefax:

Datum: .....

Bauvorhaben .....

gemäß Bauvertrag vom .....

hier: Nachfrage zur Anordnung geänderter Leistungen bzw. Verlangen zusätzlicher Leistungen

Sehr geehrte Damen und Herren,

in vorbezeichneter Angelegenheit machen wir darauf aufmerksam, dass Ihr Mitarbeiter / Ihr Architekt / Ihr Bauleiter *) mit Schreiben vom ..... / im Rahmen der Besprechung vom ..... / heute auf der Baustelle mündlich *) folgende Leistung verlangt hat:

.....

Hierin sehen wir eine geänderte Leistung im Sinne des § 2 Abs. 5 VOB/B bzw. eine zusätzliche Leistung nach § 2 Abs. 6 VOB/B. Wir bitten um Mitteilung, ob Sie mit dieser Anordnung bzw. diesem Verlangen einverstanden sind. Ohne eine solche gesonderte Mitteilung von Ihnen können wir diesen Anordnungen nicht folgen, weil uns unklar ist, inwieweit eine Bevollmächtigung Ihrerseits vorliegt. Wir machen darauf aufmerksam, dass mit der Ausführung dieser Leistungen höhere Kosten verbunden sind, die wir gesondert geltend machen werden.

Mit freundlichen Grüßen

.....

*) Unzutreffendes bitte streichen

b) Erläuterungen

24   Häufig werden auf der Baustelle Anordnungen von hierzu nicht bevollmächtigten Dritten getroffen. Im Grundsatz gilt, dass Architekten und Bauleiter nicht bevollmächtigt sind, Änderun-

gen nach §§ 1 Abs. 3, 2 Abs. 5 VOB/B anzuordnen bzw. zusätzliche Leistungen nach §§ 1 Abs. 4, 2 Abs. 6 VOB/B zu verlangen (OLG Düsseldorf, Urt. v. 08.09.2000 – 22 U 47/00, BauR 2000, 1878; OLG Düsseldorf, Urt. v. 06.11.1997 – 5 U 89/96, BauR 1998, 1023). In allen diesen Fällen ist es daher für den Auftragnehmer dringend notwendig, auf einer Anordnung bzw. einem Verlangen durch den Auftraggeber selbst zu bestehen. Ansonsten hat er nach § 2 Abs. 8 Nr. 1 VOB/B zu befürchten, dass er für diese vom Vertrag abweichende Ausführung keine Vergütung erhält und gegebenenfalls sogar diese Leistungen im Nachgang als Mangel beseitigen muss.

3. Nachtragsforderung nach § 2 Abs. 5/6 VOB/B

a) Muster

<u>per Einwurf-Einschreiben und per Telefax:</u>

Datum: .....

Bauvorhaben .....

gemäß Bauvertrag vom .....

hier: Nachtragsforderung nach § 2 Abs. 5/6 VOB/B

Sehr geehrte Damen und Herren,

mit Schreiben vom ..... hatten wir Ihnen eine Mehrkostenanzeige zum Verlangen geänderter bzw. zusätzlicher Leistungen übersandt. In der Anlage erhalten Sie unser Nachtragsangebot. Dieses haben wir

..... auf Basis unserer Urkalkulation erstellt*)

..... nach den tatsächlich erforderlichen Kosten mit angemessenen Zuschlägen für allgemeine Geschäftskosten, Wagnis und Gewinn errechnet*).

Wir bitten um Beauftragung des Nachtrags, ggfs. Nachtragsverhandlung bis spätesten zum ..... Bereits jetzt weisen wir darauf hin, dass uns unabhängig davon, ob Sie die Nachtragsforderung dem Grunde oder der Höhe nach für berechtigt ansehen oder nicht, im Falle der unterbleibenden Einigung aufgrund der gesetzlichen Regelung in § 650c Abs. 3 BGB ein Zahlungsanspruch jedenfalls i.H.v. 80 % der Nachtragsvergütung zusteht.

Mit freundlichen Grüßen

.....

*) Unzutreffendes bitte streichen

b) Erläuterungen

Die Übersendung des Nachtragsangebots erfolgt unter Berücksichtigung der neuen gesetzlichen Regelung in § 650c BGB n.F. Diese sieht eine Alternativität der Geltendmachung der Mehrkosten entweder auf Basis der Urkalkulation (§ 650c Abs. 2 BGB) oder der tatsächlichen Kosten zuzüglich angemessenen Zuschlägen (§ 650c Abs. 1 BGB) vor. Die VOB/B gestattet demgegenüber die Berechnung nur ausgehend von der Urkalkulation, was im Rahmen einer AGB-rechtlichen Einzelklauselkontrolle bei Verwendung der VOB/B durch den Auftraggeber mit Abweichungen als unwirksam – da mit dem gesetzlichen Leitbild nicht übereinstimmend und den Auftragnehmer auf den Kalkulationspreis festlegend und damit benachteiligend – anzusehen ist.

A.   Allgemeine Muster für die Abwicklung von Bauprojekten nach VOB/B

4. Vereinbarung eines neuen Preises wegen Mengenüberschreitung gem. § 2 Abs. 3 VOB/B

a) Muster

27   per Einwurf-Einschreiben und per Telefax:

Datum: .....

Bauvorhaben .....

gemäß Bauvertrag vom .....

hier: Vereinbarung eines neuen Preises wegen Mengenüberschreitung gem. § 2 Abs. 3 VOB/B

Sehr geehrte Damen und Herren,

wir haben festgestellt, dass in den nachfolgend aufgeführten Positionen des Leistungsverzeichnisses der ursprünglich vorgesehene Mengenansatz um mehr als 10 % überschritten worden ist:

Position Nr.: ..... um .....% (LV-Menge: .....; Menge lt. Aufmaß: .....)

Position Nr.: ..... um .....% (LV-Menge: .....; Menge lt. Aufmaß: .....)

Position Nr.: ..... um .....% (LV-Menge: .....; Menge lt. Aufmaß: .....)

Position Nr.: ..... um .....% (LV-Menge: .....; Menge lt. Aufmaß: .....)

Da nach § 2 Abs. 3 Nr. 2 VOB/B in solchen Fällen auf Verlangen ein neuer Preis zu vereinbaren ist, möchten wir Ihnen für diese Positionen hiermit folgende neue Einheitspreise für die 110 % der LV-Menge überschreitenden ausgeführten Mengen anbieten:

Position Nr.: ..... zu ..... €/pro .....

Position Nr.: ..... zu ..... €/pro .....

Position Nr.: ..... zu ..... €/pro .....

Position Nr.: ..... zu ..... €/pro .....

Die vorgenannten neuen Einheitspreise wurden auf der Grundlage der Preisermittlungsgrundlagen für diese Positionen des Hauptangebotes unter Berücksichtigung der Mehrkosten und des vertraglich vereinbarten Nachlasses berechnet. Wir bitten Sie, diese neuen Preise spätestens bis zum ..... zu bestätigen. Falls Sie Rückfragen haben, bitten wir um unverzügliche Benachrichtigung, ggf. um die Benennung eines Besprechungstermins.

Mit freundlichen Grüßen

.....

b) Erläuterungen

28   Beim Einheitspreisvertrag sind nicht die im LV angegebenen Mengen für die Berechnung der Vergütung des AN maßgebend, sondern die mittels Aufmaß nachgewiesenen tatsächlich ausgeführten Mengen. Diese sind mit den vertraglich vereinbarten Einheitspreisen zu multiplizieren. Dies gilt bis zu einer Abweichung von 10 % der im LV genannten Mengen. Eine Preisanpassung bei Mengenüberschreitungen erfolgt nur auf Verlangen einer der Parteien, ansonsten bleiben die vertraglichen Einheitspreise ohne Änderung (§ 2 Abs. 3 VOB/B). Der AN ist gut beraten, zunächst die Kostenauswirkungen genau zu prüfen, bevor er ein solches Verlangen stellt, weil häufig mit Mehrmengen Einsparungen und EP-Reduzierungen einhergehen können. Errechnet er auf der Basis der Urkalkulation Mehrkosten, dann ist das vorliegende Musterschreiben nötig, um dieses Verlangen auszusprechen und die neuen Preise ab der Menge von 110 % (10 % über LV-Menge) mit den neuen Preisen abrechnen zu können. Die Menge bis 110 % wird nach wie vor nach den alten

5. Vereinbarung eines neuen Preises wegen Mengenunterschreitung gem. § 2 Abs. 3 VOB/B   A.

Einheitspreisen abgerechnet (Kemper, in: Franke/Kemper/Zanner/Grünhagen, 6. Aufl., § 2 VOB/B Rn. 61).

Bei Pauschalpreisverträgen ist eine Änderung des Pauschalpreises erst bei einer Überschreitung von ca. 20 % – bezogen auf den Pauschalpreis, nicht auf eine Position – möglich, denn § 2 Abs. 3 VOB/B gilt dort nicht (Keldungs, in: Ingenstau/Korbion, 20. Aufl., § 2 Abs. 3 VOB/B Rn. 6).

5. Vereinbarung eines neuen Preises wegen Mengenunterschreitung gem. § 2 Abs. 3 VOB/B

a) Muster

<u>per Einwurf-Einschreiben und per Telefax:</u> 29

Datum: .....

Bauvorhaben .....

gemäß Bauvertrag vom .....

hier: Vereinbarung eines neuen Preises wegen Mengenunterschreitung gem. § 2 Abs. 3 VOB/B

Sehr geehrte Damen und Herren,

nach § 2 Abs. 3 Nr. 3 VOB/B ist bei einer über 10 % hinausgehenden Unterschreitung des vertraglichen Mengenansatzes auf Verlangen der Einheitspreis für die tatsächlich ausgeführte Menge der Leistung oder Teilleistung zu erhöhen, soweit nicht durch die Erhöhung der Mengen bei anderen Positionen oder in anderer Weise ein Ausgleich erfolgt. Diese letztgenannte Voraussetzung liegt hier nicht vor, sodass wir nachfolgend unsere Mehrkosten geltend machen.

Wir haben festgestellt, dass in den nachfolgend genannten Positionen des Leistungsverzeichnisses der ursprünglich vorgesehene Mengenansatz um mehr als 10 % unterschritten worden ist:

Position Nr.: ..... um .....%

Position Nr.: ..... um .....%

Position Nr.: ..... um .....%

Position Nr.: ..... um .....%

Da nach § 2 Abs. 3 Nr. 2 VOB/B auf Verlangen des Auftragnehmers ein neuer Preis zu vereinbaren ist, möchten wir Ihnen für diese Positionen hiermit folgende neue Einheitspreise anbieten.

Position Nr.: ..... zu ..... €/pro .....

Position Nr.: ..... zu ..... €/pro .....

Position Nr.: ..... zu ..... €/pro .....

Position Nr.: ..... zu ..... €/pro .....

...../2

Seite 2 zu unserem Schreiben vom .....

Die vorgenannten neuen Einheitspreise wurden auf der Grundlage der Preisermittlungsgrundlagen für diese Positionen des Hauptangebotes unter Berücksichtigung der Mehrkosten berechnet. Wir bitten Sie, diese neuen Preise spätestens bis zum ..... zu bestätigen. Falls Sie Rückfragen haben, bitten wir um unverzügliche Benachrichtigung, ggf. um die Benennung eines Besprechungstermins.

Mit freundlichen Grüßen

.....

b) Erläuterungen

30 Beim Einheitspreisvertrag sind nicht die im LV angegebenen Mengen für die Berechnung der Vergütung des AN maßgebend, sondern die mittels Aufmaß nachgewiesenen tatsächlich ausgeführten Mengen. Diese sind mit den vertraglich vereinbarten Einheitspreisen zu multiplizieren. Dies gilt bis zu einer Abweichung von 10 % der im LV genannten Mengen. Eine Preisanpassung bei Mengenüberschreitungen erfolgt nur auf Verlangen einer der Parteien, ansonsten bleiben die vertraglichen Einheitspreise ohne Änderung (§ 2 Abs. 3 VOB/B). Die Mengenunterschreitung um mehr als 10 % führt nach der Regelung des § 2 Abs. 3 Nr. 3 VOB/B immer zu Mehrkosten, so dass das vorliegende Musterschreiben nötig ist, um dieses Verlangen auszusprechen und die neuen Preise unter der Menge von 90 % (bis 10 % unter LV-Menge bleibt im Toleranzrahmen) mit den neuen Preisen abrechnen zu können.

§ 2 Abs. 3 Nr. 3 VOB/B kommt auch bei sog. Mengenreduzierungen auf Null zur Anwendung, wo also im Leistungsverzeichnis vorgesehene Mengen und Leistungen überhaupt nicht zur Ausführung kommen (BGH, Urt. v. 26.01.2012 – VII ZR 19/11, BauR 2012, 640).

Bei Pauschalpreisverträgen ist eine Änderung des Pauschalpreises erst bei einer Überschreitung von ca. 20 % (bezogen auf den Pauschalpreis, nicht auf eine Position) möglich, denn § 2 Nr. 3 VOB/B gilt dort nicht (Keldungs, in: Ingenstau/Korbion, 20. Aufl., § 2 Abs. 3 VOB/B Rn. 6).

6. Bedenkenanzeige gem. § 4 Abs. 3 VOB/B

a) Muster

31 per Einwurf-Einschreiben und per Telefax:

Datum: .....

Bauvorhaben .....

gemäß Bauvertrag vom .....

hier: Bedenkenanzeige

Sehr geehrte Damen und Herren,

gemäß § 4 Abs. 3 VOB/B melden wir hiermit Bedenken*)

..... gegen die vorgesehene Art der Ausführung an: Die Planung des Architektur- /Ingenieurbüros XY vom ..... verstößt gegen anerkannte Regeln der Technik. Es ist deshalb mit ..... (z.B. Undichtigkeiten, Abplatzungen o.ä.) zu rechnen.

..... gegen die Güte der von Ihnen gelieferten Stoffe und Bauteile, weil diese ..... .

..... gegen die Leistungen des Vorunternehmers, weil diese nicht den anerkannten Regeln der Technik entspricht, insbesondere weil ..... .

Sollten wir nicht umgehend von Ihnen eine Anordnung zur Änderung der beauftragten Leistungen erhalten, werden wir die Leistungen entsprechend der vertraglichen Vereinbarungen trotz der hier angezeigten Bedenken ausführen. Wir sind dann allerdings von der Haftung für etwaige später auftretende Mängel befreit (§ 13 Abs. 3 VOB/B).

Mit freundlichen Grüßen

.....

*) Zutreffendes bitte ankreuzen

b) Erläuterungen

Die Bedenkenanzeige hat eine Informations-, Schutz- und Warnfunktion, die den Auftraggeber vor Schaden bewahren soll (BGH, BauR 1987, 79). Sie ist auch dann notwendig, wenn der Auftraggeber selbst über Fachkenntnisse verfügt (KG, Urt. v. 23.12.2008 – 27 U 62/08, IBR 2009, 209 – Schulz; OLG Düsseldorf, Urt. v. 11.12.2001 – 21 U 92/01, BauR 2002, 802). Die Schriftform ist einzuhalten, ansonsten keine Haftungsbefreiung gem. § 13 Abs. 3 VOB/B die Folge ist (BGH, Urt. v. 10.04.1975 – VII ZR 183/74, BauR 1975, 278). Zwar lassen einzelne Oberlandesgerichte hierzu Ausnahmen zu, jedoch sollte der den Auftragnehmer beratende Fachanwalt hier auf Wahrung der Schriftform unbedingt achten.

7. Behinderungsanzeige gem. § 6 VOB/B

a) Muster

per Einwurf-Einschreiben und per Telefax:

Datum: .....

Bauvorhaben .....

gemäß Bauvertrag vom .....

hier: Behinderungsanzeige

Sehr geehrte Damen und Herren,

hiermit müssen wir Ihnen anzeigen, dass wir aufgrund folgender Umstände an der ordnungsgemäßen Ausführung unserer Leistungen behindert sind:*)

..... es liegt ein Umstand aus Ihrem Risikobereich vor: ..... (*z.B. es fehlt die Ausführungsplanung, es fehlt die Baugenehmigung, die Leistungen des Vorgewerks sind im Bereich x noch nicht fertiggestellt etc.*).

..... unser Betrieb bzw. der unmittelbar für uns arbeitende Betrieb der Fa. ..... wird bestreikt und mit Aussperrungen belegt.

..... höhere Gewalt bzw. andere für uns unabwendbare Umstände, nämlich ..... (*z.B. unvorhergesehenes Überschwemmungsereignis, unverschuldete Zerstörung von Materialien auf dem Transportweg o.ä.*).

Aufgrund dieser Behinderungsumstände können folgende Leistungen, deren Ausführung jetzt vorgesehen war, nicht erbracht werden:

.....

Wir fordern Sie auf, soweit die Umstände aus Ihrem Risikobereich stammen, unverzüglich für Abhilfe zu sorgen. Sobald die Behinderung weggefallen ist und wir unsere Arbeiten wieder aufnehmen können, werden wir Sie hiervon benachrichtigen.

..... Da für uns derzeit nicht absehbar ist, wann die vorgenannten Behinderungsumstände wegfallen, bitten wir um zeitnahe Nachricht, sobald Ihrerseits die Umstände ausgeräumt wurden.

Mit freundlichen Grüßen

.....

*) Zutreffendes bitte ankreuzen

b) Erläuterungen

34 Die Behinderungsumstände sind in § 6 Abs. 2 Nr. 1 VOB/B genannt. Aus dem Risikobereich des Auftraggebers werden insbesondere fehlende Pläne, fehlende Genehmigungsunterlagen etc. als Behinderungsgründe in Betracht kommen. Auch die unterbliebene Koordination verschiedener Unternehmer, die gem. § 4 Abs. 1 Nr. 1 Satz 1 VOB/B dem Auftraggeber obliegt, kann eine Behinderung darstellen, wenngleich die bloße verspätete Erstellung des Vorunternehmergewerks für sich genommen nach der Rechtsprechung keine Behinderung im Sinne des § 6 Abs. 1 VOB/B darstellt (BGH, Urt. v. 21.10.1999 – VII ZR 185/98, BauR 2000, 722: insoweit sind Ansprüche nach § 642 BGB aber eröffnet, wofür ebenfalls eine Behinderungsanzeige im Sinne eines wörtlichen Angebots verlangt wird).

Witterungseinflüsse, mit denen bei Abgabe des Angebots zu rechnen war, gelten jedoch nicht als Behinderung (§ 6 Abs. 2 Nr. 2 VOB/B). Erst außergewöhnliche Witterungsbedingungen, mit denen aufgrund der durchschnittlichen Witterungsverhältnisse der vergangenen 20 Jahre nicht zu rechnen war, können als höhere Gewalt und damit Behinderungsumstand nach § 6 Abs. 2 Nr. 1 lit.c) VOB/B angesehen werden.

Die Behinderungsgründe sind ebenso konkret zu benennen, wie die Auswirkung der Behinderung auf die vorgesehenen Arbeiten, d.h. worin die Behinderung konkret besteht (BGH, Urt. v. 21.10.1999 – VII ZR 185/98, BauR 2000, 722).

Das Ende einer Behinderung ist gem. § 6 Abs. 3 Satz 2 VOB/B ebenfalls mitzuteilen. Eine solche schriftliche Mitteilung ist im Hinblick auf die von der Rechtsprechung verlangten umfassenden Dokumentation des gestörten Bauablaufs (vgl. BGH, Urt. v. 21.03.2002 – VII ZR 224/00, BauR 2002, 1249 und BGH, Urt. v. 21.10.1999 – VII ZR 185/98, BauR 2000, 722) auch dringend anzuraten, da eine Bauzeitverlängerung nach § 6 Abs. 4 VOB/B einen Behinderungszeitraum mit Beginn und Ende voraussetzt und die Behinderungsanzeige selbst nur über den Beginn einer Behinderung Auskunft gibt, nicht aber über deren Ende. Der den Auftragnehmer beratende Anwalt muss also darauf achten, dass z.B. der Behinderungsanzeige 17 auch die Mitteilung über das Ende der Behinderung Nr. 17 folgt. Die fehlerhafte Dokumentation des gestörten Bauablaufs geht ansonsten zu Lasten seines Mandanten.

8. Mahnung fälliger Abschlagszahlungen gem. § 16 Abs. 1 Nr. 3 und § 16 Nr. 5 Abs. 3 VOB/B

a) Muster

35 per Einwurf-Einschreiben und per Telefax:

Datum: .....

Bauvorhaben

gemäß Bauvertrag vom

hier: Mahnung fälliger Abschlagszahlungen gemäß § 16 Abs. 1 Nr. 3 und § 16 Abs. 5 Nr. 3 VOB/B

Sehr geehrte Damen und Herren,

am ..... haben wir Ihnen unsere Abschlagsrechnung Nr. ..... vom ..... übersandt. Gemäß § 16 Abs. 1 Nr. 3 VOB/B werden Abschlagszahlungen binnen 21 Tagen nach Zugang der Rechnung fällig. Diese Frist ist überschritten.

Wir fordern Sie deshalb auf, die Abschlagszahlung in Höhe von ..... bis spätestens zum ..... an uns auf das Ihnen bekannte Konto vorzunehmen.

Wir möchten schon jetzt darauf hinweisen, dass wir nach § 16 Abs. 5 VOB/B berechtigt sind, die Arbeiten einzustellen, sofern auch innerhalb der Nachfrist keine Zahlung geleistet wird, was hiermit ausdrücklich angedroht wird, und daneben Verzugszinsen geltend machen können.

In der Hoffnung, dass dies nicht notwendig werden wird und die Zahlung noch rechtzeitig erfolgt, verbleiben wir

mit freundlichen Grüßen

b) Erläuterungen

Beim VOB/B-Bauvertrag ist die Mahnung notwendig, um den AG in Zahlungsverzug zu setzen und die Arbeitseinstellung bei nicht rechtzeitiger Zahlung zu erreichen. Die Nachfrist ist mit einer Woche oder sechs Werktagen angemessen. Die Zinsansprüche sind erheblich (8 % über dem Basiszinssatz gemäß § 247 BGB, der auf der Website der Bundesbank www.bundesbank.de aktuell und für den jeweiligen Verzugszeitraum angezeigt wird). Verzug kann aber nach § 286 Abs. 3 BGB auch ohne Mahnung innerhalb von 30 Kalendertagen nach Zugang der Rechnung eintreten und Zinsansprüche – jedoch nicht das Recht zur Arbeitseinstellung – begründen (BGH, NJW 2009, 3717). Für die Arbeitseinstellung bleibt in jedem Fall die Nachfristsetzung nötig, weil § 286 Abs. 3 BGB bzw. § 16 Abs. 5 Nr. 3 VOB/B nur die Zinsansprüche betreffen.

9. Forderung einer Sicherheitsleistung gem. § 650f BGB n.F.

a) Muster

<u>per Einwurf-Einschreiben und per Telefax:</u>

Datum: .....

Bauvorhaben

gemäß Bauvertrag vom

hier: Forderung einer Sicherheitsleistung gemäß § 650f BGB

Sehr geehrte Damen und Herren,

hiermit fordern wir Sie auf, uns bis spätestens zum ..... eine Sicherheitsleistung gemäß § 650f BGB in Höhe von zu übersenden.

Die Höhe begründet sich wie folgt:

Vergütung gemäß Hauptvertrag	.....
Vergütung gemäß Nachtragsvereinbarungen	.....
Zwischensumme Vergütung	.....
Abzüglich erhaltener Sicherheiten	.....
Abzüglich erhaltener Abschlagszahlungen	.....
Zwischensumme	.....
Zuzüglich 10 % Nebenforderungen	.....
Summe	.....

Die Ihnen durch die Stellung der Sicherheitsleistung entstehenden üblichen Kosten werden wir Ihnen jeweils zum Abschluss eines Kalenderjahres ersetzen, unter der Voraussetzung, dass Sie uns eine prüffähige Abrechnung über die Kosten dieser Sicherheitsleistung seitens des Bürgen übersenden.

Vorsorglich möchten wir darauf hinweisen, dass die gesetzliche Regelung des § 650f BGB, auch in VOB/B-Bauverträgen, nicht vertraglich ausgeschlossen werden kann und wir für den Fall der nicht rechtzeitigen Übergabe der Sicherheitsleistung gem. § 648a BGB berechtigt sind, die Arbeiten einzustellen oder den Vertrag zu kündigen. Diese Rechtsfolgen werden für den Fall des Ausbleibens der Sicherheitsleistung hiermit ausdrücklich angedroht.

Mit freundlichen Grüßen

b) Erläuterungen

38 Der AN hat nach der gesetzlichen Vorschrift des § 650f BGB n.F. Anspruch auf Sicherheit, um sein Vorleistungsrisiko (erst muss er seine Bauleistungen erbringen, bevor er einen Zahlungsanspruch gegenüber dem AG erhält) abzusichern. Die Höhe orientiert sich an der vereinbarten Vergütung im Hauptvertrag oder in schon getroffenen Nachtragsvereinbarungen. Nach überwiegender Auffassung kann nur wegen vom AG bestätigter Nachtragsforderungen Sicherheit nach dieser Vorschrift verlangt werden (Joussen, in: Ingenstau/Korbion, 20. Aufl, Anhang 1 Rn. 166; Schwarz, in: Franke/Kemper/Zanner/Grünhagen/Mertens, 6. Aufl, Anhang zu § 17 VOB/B Rn. 195; a.A. Rodemann/Bschorr, BauR 2013, 845). Auch für schon erbrachte, aber noch nicht bezahlte Leistungen kann Sicherheit verlangt werden. Zu berücksichtigen sind aber bisherige Abschlagszahlungen und schon vom AG eingeräumte Sicherheiten. Nicht zu berücksichtigen sind dagegen Zurückbehaltungsrechte, etwa wegen Mängeln an den Leistungen des AN.

Nebenforderungen können mit pauschal 10 % hinzugesetzt werden (§ 650f Abs. 1 Satz 1 BGB).

Das Kündigungsrecht entsteht bereits mit Ablauf der gesetzten Frist. Für Verträge, die vor dem 31.12.2008 geschlossen wurden, ist demgegenüber noch eine Nachfristsetzung mit Kündigungsandrohung erforderlich, um die Kündigung des Vertrages – dann allerdings mit Fristablauf, d.h. ohne dass eine gesonderte Kündigungserklärung nötig wäre – herbeizuführen.

10. Nachfristsetzung zur Mitwirkung oder Zahlung gem. § 9 Abs. 2 S. 2 VOB/B

a) Muster

39 per Einwurf-Einschreiben und per Telefax:

Datum: .....

Bauvorhaben .....

gemäß Bauvertrag vom .....

hier: Nachfristsetzung zur Mitwirkung oder Zahlung

Sehr geehrte Damen und Herren,

zu unserem größten Bedauern müssen wir die Kündigung des mit Ihnen geschlossenen Bauvertrages gem. § 9 VOB/B androhen, weil Sie bisher*)

..... folgender Mitwirkungspflicht nicht nachgekommen sind:
 .....

..... die fällige Zahlung auf unsere Abschlagsrechnung trotz unserer Mahnung vom ..... nicht bis zum ..... geleistet haben.

Für die Nachholung der Mitwirkungshandlung bzw. Zahlung setzen wir Ihnen eine Frist bis zum ..... . Bei fruchtlosem Ablauf werden wir den Vertrag aus wichtigem Grund kündigen.

Mit freundlichen Grüßen

.....

*) Zutreffendes bitte ankreuzen

b) Erläuterungen

Der AN ist im Gegensatz zum AG nicht jederzeit berechtigt, den Bauvertrag zu kündigen, sondern bedarf eines wichtigen Kündigungsgrundes nach § 9 VOB/B. Als Kündigungsgründe kommen das Unterbleiben von dem AG obliegenden Mitwirkungspflichten, die vor allem in §§ 3 und 4 VOB/B näher geregelt sind, oder die unterbliebene Begleichung einer fälligen Abschlagsrechnung innerhalb der in § 16 Abs. 1 Nr. 3 genannten Fälligkeit binnen 21 Tagen nach Zugang beim Auftraggeber, in Betracht. Der den AN beratende Fachanwalt muss dabei allerdings berücksichtigen, dass bei einer auftragnehmerseitigen Kündigung aufgrund des Verweises in § 9 Abs. 3 VOB/B auf den Entschädigungsanspruch nach § 642 BGB äußerst umstritten ist, ob dieser Entschädigungsanspruch auch den kalkulierten Gewinn beinhaltet (bejahend: OLG Celle, Urt. v. 24.02.1999 – 14a U 4/98, BauR 2000, 416, 419; Kapellmann/Schiffers, Band 1, Rn. 1650; Kemper, in: Franke/Kemper/Zanner/Grünhagen/Mertens, 6. Aufl., § 9 VOB/B Rn. 23; verneinend: BGH, Urt. v. 21.10.1999 – VII ZR 185/98, BauR 2000, 722, 725; Joussen/Vygen, in: Ingenstau/Korbion, 20. Aufl., § 9 Abs. 3 VOB/B, Rn. 15).

11. Kündigung gem. § 9 VOB/B

a) Muster

<u>per Einwurf-Einschreiben und per Telefax:</u>

Datum: .....

Bauvorhaben

gemäß Bauvertrag vom

hier: Kündigung gemäß § 9 VOB/B

Sehr geehrte Damen und Herren,

hiermit kündigen wir den Bauvertrag, weil Sie innerhalb der Ihnen mit unserem Schreiben vom ..... gesetzten, angemessenen Nachfrist
– nicht Ihren Mitwirkungspflichten nachgekommen sind. *)
– nicht die längst fällige Zahlung auf unsere Abschlagsrechnung geleistet haben. *)

Zur Feststellung des bisher erreichten Leistungsstandes laden wir Sie für morgen, 09:00 Uhr auf die Baustelle ein und fordern Sie auf, an der gemeinsamen Bautenstandsfeststellung mitzuwirken. Die Kurzfristigkeit der Einladung bitten wir mit der dringend notwendigen Dokumentation der Arbeiten nachzuvollziehen. Sollten Sie an dem Termin verhindert sein oder eine spätere Uhrzeit am morgigen Tag wünschen, bitten wir um umgehende Mitteilung.

Unsere Leistungen werden wir kurzfristig getrennt nach erbrachten und infolge der Kündigung nicht mehr zu erbringenden Leistungen schlussabrechnen.

Mit freundlichen Grüßen

*) Unzutreffendes bitte streichen

b) Erläuterungen

Bevor der AN nach § 9 VOB/B die außerordentliche Kündigung aus wichtigem Grund erklärt, muss er sorgfältig die formalen und materiellen Kündigungsvoraussetzungen prüfen (Verzug mit Mitwirkungspflicht oder Zahlungsverzug, die zuvor schon mit dem Muster »Nachfristsetzung zur Mitwirkung oder Zahlung«, A. III. 9, angefordert wurde). Liegen diese nämlich nicht vor, gilt die Kündigung im Zweifel als nicht wirksam erklärt. Dann kann der AG zur Wiederaufnahme der Arbeiten unter Androhung der seinerseitigen Kündigung auffordern. Die Rechtsfolgen bestimmen sich dann aber nach der für den AN wesentlich nachteiligeren Vorschrift des § 8 Abs. 3 VOB/B.

Im Hinblick darauf, dass die Erstattungsfähigkeit des Gewinns auf die infolge der Kündigung nicht mehr zu erbringenden Leistungen äußerst streitig ist (vgl. Kemper, in: Franke/Kemper/Zanner/Grünhagen/Mertens, 6. Aufl., § 9 VOB/B Rn. 24 m.w.N.) und vom BGH verneint wurde (BGH, Urt. v. 21.10.1999 – VII ZR 185/98, BauR 2000, 722), ist in der anwaltlichen Beratungspraxis für den AN von diesem Weg nur ausnahmsweise und nach Aufklärung über die Rechtsfolgen Gebrauch zu machen.

12. Abnahme durch Fertigstellungsanzeige nach § 12 Abs. 5 VOB/B

a) Muster

43   per Einwurf-Einschreiben und per Telefax:

Datum: .....

Bauvorhaben .....

Bauvertrag vom .....

hier: Abnahme Fertigstellungsanzeige

Sehr geehrte Damen und Herren,

hiermit möchten wir Ihnen mitteilen, dass die von uns auszuführenden Leistungen für das oben bezeichnete Bauvorhaben durch uns fertig gestellt wurden. Wir fordern Sie deshalb auf, entsprechend den vertraglichen Vereinbarungen möglichst umgehend die förmliche Abnahme durchzuführen, spätestens bis zum ..... .

Mit freundlichen Grüßen

.....

b) Erläuterungen

44   Die einfache Fertigstellungsanzeige ist nur ausreichend, wenn – in der Praxis selten – keine förmliche Abnahme nach § 12 Abs. 4 VOB/B vereinbart wurde, weil nur dann die fiktive Abnahme gem. § 12 Abs. 5 Nr. 1 VOB/B erreicht werden kann. Als Fertigstellungsanzeige dient dann allerdings auch die Übersendung der Schlussrechnung (BGH, Urt. v. 20.04.2989 – VII ZR 334/87, BauR 1989, 603).

13. Abnahmeverlangen gemäß § 12 Abs. 1 VOB/B

a) Muster

45   per Einwurf-Einschreiben und per Telefax:

Datum: .....

Bauvorhaben .....

Bauvertrag vom .....

hier: Abnahmeverlangen gemäß § 12 Abs. 1 VOB/B

Sehr geehrte Damen und Herren,

hiermit möchten wir Ihnen mitteilen, dass die von uns auszuführenden Leistungen für das oben bezeichnete Bauvorhaben durch uns fertig gestellt wurden. Wir fordern Sie deshalb auf, entsprechend den vertraglichen Vereinbarungen möglichst umgehend die förmliche Abnahme durchzuführen, spätestens bis zum ..... . Als Termin schlagen wir den ..... ab 9.00 Uhr vor.

14. Antwort auf Aufforderung zur Mangelbeseitigung gem. § 13 Abs. 5 VOB/B A.

Sollte der Termin für Sie nicht akzeptabel sein, so bitten wir Sie, mit uns innerhalb vorgenannter Frist einen neuen Termin zu vereinbaren.

Mit freundlichen Grüßen

.....

b) Erläuterungen

Das Verlangen nach förmlicher Abnahme sollte vom AN nur ausgesprochen werden, wenn im Vertrag bereits die förmliche Abnahme nach § 12 Abs. 4 VOB/B vereinbart oder sie sonst vom AG verlangt wurde. Ist dies nicht der Fall und schließt der Vertrag § 12 Abs. 5 VOB/B nicht aus, so sollte das Muster »Abnahme Fertigstellungsanzeige«, A. III. 11, verwandt werden, um die Wirkungen der Abnahme nach Ablauf von zwölf Werktagen zu erreichen. Die Fristsetzung hier dient der Erreichung der Abnahme nach § 640 Abs. 2 BGB (der auch im Rahmen von VOB/B-Bauverträgen gilt, vgl. Zanner, in: Franke/Kemper/Zanner/Grünhagen/Mertens, 6. Aufl., § 12 VOB/B Rn. 162 m.w.N.).

46

14. Antwort auf Aufforderung zur Mangelbeseitigung gem. § 13 Abs. 5 VOB/B

a) Muster

<u>per Einwurf-Einschreiben und per Telefax:</u>

47

Datum: .....

Bauvorhaben .....

gemäß Bauvertrag vom .....

hier: Antwort auf Ihre Aufforderung zur Mangelbeseitigung gemäß § 13 Abs. 5 VOB/B

Sehr geehrte Damen und Herren,

zu Ihrem Schreiben vom ..... nehmen wir wie folgt Stellung*):

..... Der gerügte Mangel ist nicht näher bezeichnet, sodass wir diesen nicht prüfen können;

..... Die örtliche Lage des Mangels ist nicht angegeben, sodass wir nicht vor Ort prüfen können, inwiefern es sich um einen unser Gewerk betreffenden Mangel handelt;

..... Die gesetzte Frist zu Mangelbeseitigung ist unangemessen kurz. Wir werden unverzüglich den Mangel prüfen und hierzu schriftlich Stellung nehmen, falls wir uns nicht in der Verantwortung sehen, bzw. innerhalb angemessener Frist die Beseitigung vornehmen;

..... Die Mangelbeseitigung hängt von Ihren Mitwirkungspflichten ab, die wir in einer Besprechung erörtern sollten. Als Termin schlagen wir vor: .....

..... Die Verjährungsfrist für Mängelansprüche ist gemäß § 13 Abs. 4 VOB/B bereits abgelaufen, sodass wir nicht mehr zur Mangelbeseitigung verpflichtet sind.

..... Der Mangel betrifft die Ausführung von Leistungen, gegen die wir mit Bedenkenanzeige vom ..... gem. § 4 Abs. 3 VOB/B Bedenken angemeldet hatten. Gem. § 13 Abs. 3 VOB/B sind wir daher nicht mehr verpflichtet, den Mangel zu beseitigen. Gerne können wir Ihnen ein ergänzendes Angebot unterbreiten, sofern wir gleichwohl den Mangel für Sie beseitigen sollen.

..... Der Mangel beruht auf einem Planungsfehler. Da Sie sich das Verschulden des Architekten als Ihren Erfüllungsgehilfen zurechnen lassen müssen, haften wir nur in Höhe von 33 % der notwendigen Mangelbeseitigungskosten und bitten daher um einen Kosten-

Kemper 21

zuschuss in Höhe von ....., € eingehend bis zum ....., alternativ um Sicherheitsleistung nach § 648a BGB in gleicher Höhe. Ansonsten werden wir mit den Mangelbeseitigungsarbeiten nicht beginnen.

Mit freundlichen Grüßen

.....

*) Zutreffendes bitte ankreuzen

b) Erläuterungen

48   Dieses Muster versteht sich als Ansammlung möglicher, teils nur vorläufiger Antworten für den Fall, dass der Auftragnehmer dem Mangelbeseitigungsbegehren nicht oder erst später nachkommen möchte.

Bei Planungsfehlern wird der AN nur von der Mangelbeseitigungspflicht frei, wenn er die nach § 4 Abs. 3 VOB/B erforderliche schriftliche Bedenkenanzeige – siehe Musterschreiben »Bedenkenanzeige« – versandt hat (§ 13 Abs. 3 VOB/B). Ist diese nicht versandt worden, bleibt der AN in der Haftung, kann aber eine Kostenbeteiligung entsprechend dem Mitverschuldensanteil der fehlerhaften Planung, für die der AG nach § 278 BGB einzustehen hat, verlangen, die in der Regel 50–70 % der Mangelbeseitigungskosten ausmacht (vgl. Donner, in: Franke/Kemper/Zanner/Grünhagen/Mertens, 6. Aufl., § 13 VOB/B Rn. 56 f.).

B. Bauverträge

1. VOB-Vertrag, Einzelgewerkvergabe

a) Vorbemerkung

Bei den folgenden Vertragsmustern handelt es sich um Vorschläge für Standardverträge zur Beauftragung von einzelnen Gewerken, und zwar zum einen unter Berücksichtigung der besonderen Interessenlage des Auftraggebers und zum anderen aus Sicht eines Auftragnehmers, je nachdem, wer den Vertragstext vorschlägt.

Bei beiden Vertragsmustern wird vorausgesetzt, dass es sich um reine Werkverträge im Sinne von §§ 631 ff. BGB handelt und nicht um solche, auf die gem. § 650 BGB Kaufrecht mit den in dieser Vorschrift genannten Modifikationen anzuwenden ist. Kaufrecht ist auf sämtliche Verträge mit einer Verpflichtung zur Lieferung herzustellender oder zu erzeugender beweglicher Sachen anzuwenden, also auch auf Verträge zwischen Unternehmern. Verträge, die allein die Lieferung von herzustellenden beweglichen Bau- oder Anlagenteilen zum Gegenstand haben, sind nach Maßgabe des § 650 BGB nach Kaufrecht zu beurteilen. Die Zweckbestimmung der Teile, in Bauwerke eingebaut zu werden, rechtfertigt keine andere Beurteilung (BGH BauR 2009, 1581). Die Abgrenzung, wann ein reiner Werkvertrag vorliegt und wann über § 650 BGB auf das Vertragsverhältnis das Kaufrecht anzuwenden ist, ist noch nicht abschließend geklärt, ebenso wenig inwieweit die werkvertraglichen Regelungen abweichend von den kaufrechtlichen Bestimmungen vertraglich – insbesondere in AGB – vereinbart werden können (vgl. zum Meinungsstand und den Konsequenzen der Anwendung des Kaufrechts u.a.: Beck'scher VOB-Komm./Sacher, VOB/B Einleitung Rn. 200 ff.; Kniffka/Jansen, ibr-online-Kommentar Bauvertragsrecht, Stand 12.05.2017, § 651 Rn. 8 ff. und 61 ff.).

Einzelgewerkvergabe bedeutet, dass diese Vertragsmuster von einem Generalunternehmervertrag abzugrenzen sind, in dem der Auftragnehmer sämtliche Arbeiten zur Erstellung des Bauwerks übernimmt. Bei den Verträgen, für die diese Muster empfohlen werden, kann es sich um Aufträge für ein einzelnes Gewerk (z.B. Heizung-, Lüftung-, Sanitärinstallation oder Rohbau) handeln, räumlich oder sachlich beschränkte Teile eines solchen Gewerks (z.B. Silikonfugen in den Sanitärräumen) oder aber auch um einen Auftrag für mehrere Gewerke zusammen (z.B. Estrich, Beschichtung und Bodenbeläge).

Wie bei allen Vertragsmustern dieses Buches ist darauf hinzuweisen, dass die Regelungsvorschläge in erster Linie Beispiele enthalten, was und wie etwas geregelt werden kann. Die Muster müssen selbstverständlich auf die konkrete Situation der Vertragsparteien und die besonderen Umstände des Bauvorhabens abgestimmt werden. Einige der vorgeschlagenen Klauseln müssen abgeändert werden, andere können ganz entfallen. Die Muster können auch nicht den Anspruch erheben, für jedes Bauvorhaben zumindest beispielhaft alle regelungsbedürftigen Sachverhalte aufzuzählen. Sicherlich werden weitere Bestimmungen notwendig sein, die das Formular nicht enthält. Wer es als Muster verwendet, muss also zunächst seine Interessen bzw. die der von ihm vertretenen Partei umfassend analysieren. Bei dieser Analyse kann ihm jedoch das Formular als Checkliste dienen.

Die Vertragsverhandlungen am Bau erfolgen häufig wenig koordiniert und manchmal unter großem Zeitdruck. Meist beginnen sie mit der Einholung von Angeboten auf Grundlage der vom Architekten oder Fachplaner im Auftrag des Bauherrn gefertigten Leistungsverzeichnisse. Bereits die Angebote der Bauunternehmen enthalten oft eigene Eintragungen und Streichungen im Leistungsverzeichnis oder einschränkende bzw. zusätzliche Bedingungen in Begleitschreiben. Hinzu kommen Nebenangebote oder Sondervorschläge. Meist werden sodann vom Bauherrn oder seinen Planern mit einzelnen Bietern Vertragsverhandlungen geführt. Dabei werden dann nicht nur technische Details zur Bauausführung oder zum Bauablauf besprochen, sondern auch vom Angebotsleistungsverzeichnis abweichende Inhalte des Leistungssolls oder vom Angebot abweichende

Preise festgelegt. Über den Inhalt dieser Verhandlungen wird in der Regel ein handschriftliches Protokoll geführt, das aber die Ergebnisse nur stichwortartig zusammenfasst.

Häufig kommt es vor, dass im Anschluss an dieses »Vergabegespräch« vom Auftraggeber in einem Brief an den Auftragnehmer »auf Grundlage des Angebots vom … zu den Bedingungen des Verhandlungsprotokolls vom …« der Auftrag erteilt wird. Kommt es später zu Streitigkeiten zwischen den Vertragsparteien kann in vielen Fällen aus dem Angebot des Auftragnehmers und dem Inhalt des Verhandlungsprotokolls weder das Leistungssoll noch die vereinbarte Vergütung mit Sicherheit festgestellt werden. Auch ist zu beobachten, dass die handschriftlichen Aufzeichnungen im Verhandlungsprotokoll sogar vom Verfasser selbst nach einiger Zeit nicht mehr inhaltlich erklärt werden können. Es beginnt sodann die mühsame Arbeit der Juristen, das von den Parteien wirklich Gewollte anhand der vorliegenden Unterlagen und aller Begleitumstände durch Auslegung zu ermitteln.

Das A und O der Streitvermeidung am Bau ist es jedoch, dass die Bauvertragsparteien möglichst umfassend Klarheit über die tatsächlich geschuldete Leistung und die weiteren gegenseitigen Verpflichtungen haben. Aus diesem Grunde sollte stets ein schriftlicher Bauvertrag erstellt werden, auf den bei sich anbahnenden Meinungsverschiedenheiten zurückgegriffen werden kann und der – je eindeutiger er verfasst ist – meist die Unstimmigkeiten aufklären kann.

Allen Beteiligten sei daher dringend empfohlen, von Anfang an klarzustellen, dass der Bauvertrag erst mit Unterzeichnung beider Parteien unter einer Vertragsurkunde zustande kommen soll.

b) Muster Einheitspreisvertrag (aus Sicht des AG)

2

Werkvertrag

(Nr. ..... Gewerk .....)

Zwischen

.....,

vertreten durch .....

..... straße 2

..... Bauherrenstadt

– Auftraggeber (AG) –

und der Fa. ..... GmbH,

vertreten durch den Geschäftsführer .....

..... straße 5

..... Bauhausen

– Auftragnehmer (AN) –

wird folgender

Einheitspreisvertrag

geschlossen:

1. Vorbemerkung, Vertragsgegenstand und Vertragsbestandteile

1.1 Vorbemerkung

Der AG errichtet auf dem Grundstück ..... Straße 11, ..., ein Wohn- und Geschäftshaus.

1. VOB-Vertrag, Einzelgewerkvergabe B.

Der AN wird hiermit durch den AG mit der Ausführung der Leistungen des Gewerkes ..... für dieses Bauvorhaben beauftragt. Der nähere Leistungsumfang ergibt sich aus diesem Vertrag und den Vertragsbestandteilen gem. Ziff. 1.2

1.2 Vertragsbestandteile sind:
(1) dieser Einheitspreisvertrag;
und hierzu nachrangig:
(2) die Baugenehmigung Nr. BG ..... des Bauordnungsamtes ..... vom ....., Anlage 1;
(3) das Auftragsleistungsverzeichnis des Planungsbüros ..... vom ....., Anlage 2;
(4) die dem AN bereits übergebenen Pläne gemäß Planliste vom ....., Anlage 3;
(5) die Bemusterungsliste vom ....., Anlage 4;
(6) die Baustellenordnung des AG, Anlage 5;
(7) die VOB/B Fassung 2016, Anlage 6.

1.3 Ausschluss sonstiger Bestimmungen/Widersprüche

Für den Vertrag gelten nur die unter 1.2 aufgeführten Bestandteile. Es gelten insbesondere nicht das Angebot des AN, etwaige Vorverträge, unter 1.2 nicht aufgeführte Protokolle oder sonstige Korrespondenz im Zusammenhang mit dem Abschluss dieses Vertrages.

Liefer-, Vertrags- und Zahlungsbedingungen des AN sind nicht Vertragsbestandteil.

Der AN hat vor Vertragsschluss die in Ziff. 1.2 aufgeführten Vertragsbestandteile sorgfältig überprüft und bestätigt, dass er in diesen keine Widersprüche bezüglich des Leistungsinhaltes festgestellt hat. Sollten insoweit dennoch Widersprüche bestehen, gehen die in diesem Vertrag ausdrücklich getroffenen Bestimmungen zum Leistungsumfang des AN und der Art und Weise der Ausführung den anderen Vertragsbestandteilen vor. Sofern ansonsten unter den weiteren Vertragsbestandteilen oder innerhalb der einzelnen Vertragsbestandteile bezüglich des Leistungsumfangs und der Art und Weise der Ausführung Widersprüche bestehen sollten, ist der AN verpflichtet, den AG hierauf schriftlich hinzuweisen. Der AN hat den AG unverzüglich, spätestens vor der Ausführung der betroffenen Leistung aufzufordern, die Unstimmigkeiten in der Leistungsbeschreibung zu klären und eine Entscheidung über Art und Umfang der tatsächlich geforderten Leistung zu treffen. Der AG bestimmt in diesem Fall die vom AN zu erbringende Leistung innerhalb des sich aus den Vertragsbestandteilen ergebenden Rahmens nach billigem Ermessen.

Bei allen anderen Regelungen gilt bei Widersprüchen unter den Vertragsbestandteilen die durch die Nummerierung in Ziff. 1.2 vorgegebene Reihenfolge, die Regelung in dem zuvorderst genannten Vertragsbestandteil geht dann vor.

2. Besonderheiten der Leistung

2.1 Der AN erstellt auf Basis der ihm vom Planungsbüro ..... übergebenen bzw. noch zu übergebenden Ausführungs- und Detailpläne eine Werkstatt- und Montageplanung.

2.2 Für die in der Bemusterungsliste (Anlage 4) aufgeführten Bauteile, Produkte und Materialien findet eine Bemusterung durch den AG zu den in der Bemusterungsliste festgelegten Terminen statt. Der AG hat, soweit die vorgelegten Muster der geschuldeten Leistung entsprechen, innerhalb einer Woche nach dem Bemusterungstermin die von ihm gewünschte Ausführungsart festzulegen. Bei seiner Zeitplanung hat der AN diesen Ablauf zu berücksichtigen.

2.3 Der AN hat die für den Nachweis der Zulässigkeit der von ihm verwendeten Bauprodukte erforderlichen Nachweise, insbesondere Werkszertifikate, Werksbescheinigungen, Übereinstimmungsbescheinigungen, Zulassungen im Einzelfall etc. auf eigene Kosten zu beschaffen und dem AG vor Abnahme zu übergeben. Er ist selbst für die nach den öffentlich-rechtlichen Bestimmungen und vor allem nach der Bauregelliste A und den darin genannten DIN- bzw. EN-Normen zu erbringenden Nachweise verantwortlich.

2.4 .....

3. Planfortschreibung, Alternativ- und Bedarfspositionen

3.1 Das vom AG beauftragte Planungsbüro ..... wird dem AN im Rahmen des Planungs- und Baufortschritts die vom AN benötigten Ausführungspläne zur Verfügung stellen. Auf dieser Grundlage erstellt der AN seine Werkstatt – und Montageplanung. Der AN hat die Werkstatt- und Montageplanung binnen 14 Tagen nach Übergabe der Ausführungspläne dem Planungsbüro ..... zur Prüfung und Freigabe vorzulegen. Bei Beanstandungen der Werkstatt- und Montageplanung durch das Planungsbüro ..... ist diese unverzüglich nachzubessern.

Die Prüffrist für das Planungsbüro ..... beträgt 1 Woche. Hat der AN Bedenken gegen die vom Planungsbüro ..... gemachten Vorgaben, gilt § 4 Abs. 3 VOB/B; Bedenkenanmeldungen sind direkt an den AG und im Durchschlag an das Planungsbüro ..... zu senden.

Fühlt sich der AN in der vertrags- und fristgemäßen Ausführung seiner Leistungen dadurch behindert, das von ihm benötigte Ausführungspläne nicht rechtzeitig übergeben und/oder seine Werkstatt- und Montageplanung nicht rechtzeitig durch das Planungsbüro ..... freigegeben werden, ist er verpflichtet, dies dem AG unverzüglich unter genauer Angabe der fehlenden Pläne bzw. der nicht freigegebenen Werkstatt- und Montageplanung schriftlich mitzuteilen, damit der AG insoweit für Abhilfe sorgen kann. Es gilt Ziff. 5.2 des Vertrages entsprechend.

3.2 Ob und inwieweit Bedarfs- oder Alternativpositionen zur Ausführung gelangen, entscheidet der AG während des Bauablaufs. Der AN hat dem AG rechtzeitig schriftlich mitzuteilen, wann er eine solche Entscheidung des AG für seine Material- und Personaldisposition benötigt; es gilt Ziff. 5.2 des Vertrages entsprechend.

4. Leistungsänderungen und zusätzliche Leistungen

4.1 Der AG ist berechtigt, Änderungen des Bauentwurfs vorzunehmen sowie geänderte oder zusätzliche Leistungen des AN anzuordnen. Der AG ist auch berechtigt Anordnungen zu treffen, die den Bauablauf und die Bauzeit betreffen oder auf diese Einfluss nehmen; hierbei hat er nach billigem Ermessen Rücksicht auf die berechtigten Interessen des AN zu nehmen. Ist die vom AG angeordnete Änderung nicht zur Erreichung des vereinbarten Werkerfolgs notwendig, ist der AN zu deren Ausführung nicht verpflichtet, wenn sie für ihn unzumutbar ist.

Zu solchen Änderungen und Anordnungen ist nur der AG selbst berechtigt, es sei denn, er hat gegenüber dem AN ausdrücklich und schriftlich einen insoweit Bevollmächtigten benannt.

Ist der AN der Auffassung, dass ihm die Ausführung einer vom AG erteilten Anordnung zur Änderung des vereinbarten Werkerfolges unzumutbar ist, hat er dies dem AG unverzüglich schriftlich unter genauer Angabe der Unzumutbarkeitsgründe mitzuteilen. Der AN trifft im Falle eines Rechtsstreites die Beweislast für die Unzumutbarkeit, auch wenn er andere als betriebsinterne Gründe hierfür geltend macht.

4.2 Die Vergütungsfolgen solcher Änderungen und Anordnungen richten sich nach den Regelungen dieses Vertrages und nachrangig nach den Bestimmungen der VOB/B, insbesondere nach § 2 Abs. 4, 5 und 6 VOB/B. Die geänderte bzw. zusätzliche Vergütung ist dabei aus der vom AN zu übergebenden Auftragskalkulation (Ziff. 14.1 des Vertrages) zu entwickeln. Bei Änderungen des Bauentwurfs oder anderen Anordnungen des AG, bei denen der AN davon ausgeht, dass sich durch diese die Grundlagen der Preise für im Vertrag vorgesehene Leistungen ändern (§ 2 Abs. 5 VOB/B) hat er analog § 2 Abs. 6 Nr. 1 VOB/B dem AG die voraussichtlich entstehenden Mehr- oder Minderkosten unverzüglich anzuzeigen, möglichst bevor er mit der Ausführung der Leistung beginnt. Ohne die vorherige Ankündigung hat der AN keinen Anspruch auf eine Preisanpassung oder eine zusätzliche Vergütung, es sei denn, dass der AG an der Entgeltlichkeit objektiv keinen ernsthaften Zweifel haben kann, dass keine Alternative zur sofortigen Leistung durch den AN bleibt oder der AN die Ankündigung ohne Verschulden verabsäumt hat.

Ändern sich nach Auffassung des AN die Grundlagen der Preise für im Vertrag vorgesehene Leistungen oder beansprucht er für im Vertrag nicht vorgesehene Leistungen eine besondere Vergütung, hat der AN dem AG zudem so bald wie möglich ein entsprechendes schriftliches Angebot vorzulegen. In diesem sind die Preisänderungen bzw. die für die zusätzlichen Leistungen anhand der Auftragskalkulation (Ziff. 14.1 des Vertrages) und den entstehenden Mehr- und Minderkosten im Einzelnen darzulegen. Benötigt der AN für die Erstellung des Angebotes Planungsunterlagen, in denen die geänderten oder zusätzlichen Leistungen dargestellt oder beschrieben sind und liegen diese dem AN noch nicht vor, hat er dem AG dies unverzüglich nachdem der AG die Anordnung erteilt hat, dem AG dies schriftlich unter genauer Bezeichnung der benötigten Planungsunterlagen mitzuteilen.

Die Parteien sollen möglichst vor Ausführung der geänderten oder zusätzlichen Leistung eine Vereinbarung über die geänderte oder zusätzliche Vergütung treffen. Der AG ist jedoch berechtigt die Ausführung der geänderten oder zusätzlichen Leistungen anzuordnen, auch wenn die Parteien eine solche Vereinbarung noch nicht getroffen haben; ein Leistungsverweigerungsrecht steht dem AN in diesem Fall nicht zu, es sei denn, der AG verweigert unberechtigt endgültig eine Vergütung für eine zusätzliche Leistung oder eine Preisanpassung.

Ist der AN der Auffassung, die Ablehnung der zusätzlichen Vergütung oder Preisanpassung durch den AG sei zu Unrecht erfolgt, hat er die Ausübung eines Leistungsverweigerungsrechts mindestens 1 Woche zuvor schriftlich anzukündigen. Der AG kann das Leistungsverweigerungsrecht des AN abwenden, wenn er ihm eine Sicherheit in Höhe des zwischen den Parteien streitigen Betrages stellt.

Macht der AN im Falle einer fehlenden Einigung über die geänderte oder zusätzliche Vergütung von der Möglichkeit nach § 650c Abs. 3 VOB/B Gebrauch, steht ihm kein Leistungsverweigerungsrecht zu, auch wenn der AG keine Sicherheit in Höhe des zwischen den Parteien streitigen Betrages stellt. Die Rechte des AN wegen Zahlungsverzuges des AG bleiben unberührt.

4.3 Ist der AN der Auffassung, dass eine vom AG angeordnete Änderung des Bauentwurfs oder geänderte bzw. zusätzliche Leistung die Ausführung seiner Leistungen verzögert oder sich auf die vertraglich vereinbarten Termine auswirkt, so hat er dies dem AN unverzüglich schriftlich anzuzeigen und diese Auswirkungen im Einzelnen mit ihren zeitlichen Folgen darzulegen. Es gilt Ziff. 5.2 des Vertrages entsprechend.

Trifft der AG eine Anordnung, die sich unmittelbar oder mittelbar auf den vorgesehenen Bauablauf oder die vorgesehene Bauzeit für die Leistungen des AN auswirkt, und sieht sich der AN z.B. wegen nicht ausreichender technischer oder personeller Kapazitäten nicht in der Lage der Anordnung Folge zu leisten, hat er dies dem AG unverzüglich schriftlich mitzuteilen. Die Mitteilung muss die Situation des AN so detailliert darstellen, dass der AG in die Lage versetzt wird, ggf. die Anordnung unter Berücksichtigung der Interessen des AN anzupassen.

5. Termine und Fristen

5.1 Als Vertragstermine gelten:

(1)	Beginn der Ausführung auf der Baustelle	09.10.2017
(2)	Zwischentermine:	
	Fertigstellung Unterkonstruktionen	03.11.2017
(3)	Fertigstellung der Gesamtleistungen des AN	*22.12.2017*

5.2 Ist die Fortführung der Leistungen des AN von Vorleistungen anderer Gewerke abhängig, und fühlt sich der AN durch die fehlende Fertigstellung solcher Vorgewerke in der Ausführung seiner Leistung behindert, oder liegen andere Umstände vor, durch die sich der AN in der Ausführung seiner Leistung behindert fühlt, hat er den AG unverzüglich schriftlich über den Grund, das Ausmaß der Behinderung und die Folgen für den weiteren Bauablauf zu informieren. Unterlässt er die Anzeige, so hat er nur dann Anspruch auf Berücksichtigung der hindernden Umstände, wenn dem AG offenkundig der Grund und das Ausmaß der Behinderung sowie deren Folgen für den weiteren Bauablauf bekannt waren. Dem bauleitenden Planungsbüro hat der AN gleichzeitig eine Durchschrift der Behinderungsanzeige zu übersenden.

5.3 Der AN kann keinen Schadens- oder Aufwendungsersatz wegen einer Bauzeitverlängerung beanspruchen, soweit ihm aus einer Anordnung des AG zur Bauzeit (Ziffer 4.1 des Vertrages) eine Vergütung nach § 2 Abs. 5 oder Abs. 6 VOB/B zusteht.

6. Vertragsstrafe

6.1 Für den Fall des Verzuges des AN mit dem/den unter 5.1 (2) genannten Zwischentermin/Zwischenterminen verwirkt der AN je Werktag der verschuldeten Terminüberschreitung 0,1 % der Nettoabrechnungssumme, die auf die bis zu diesem Zwischentermin fertig zu stellenden Leistungsteile entfällt, maximal 5 % dieser Nettoabrechnungssumme.

Für den Fall des Verzuges des AN mit dem unter 5.1 (3) genannten Gesamtfertigstellungstermin verwirkt der AN je Werktag der verschuldeten Terminüberschreitung 0,1 % der Nettoabrechnungssumme.

Nettoabrechnungssumme ist die Vergütung, die der AN nach den vertraglich vereinbarten Preisen und den tatsächlich ausgeführten Arbeiten bzw. Mengen abzurechnen berechtigt ist, ohne die darauf entfallenden MwSt.

6.2 Soweit der Verzug mit einem Zwischentermin oder dem Gesamtfertigstellungstermin auf den Verzug des AN mit einem vorangegangenen Zwischentermin zurückzuführen ist, fällt für die Anzahl der Werktage, die sich in diesem Sinne der Verzug mit dem Zwischentermin beim Verzug mit dem weiteren Zwischentermin oder dem Termin zur Gesamtfertigstellung fortsetzt, nur die Vertragsstrafe für die Überschreitung des weiteren Zwischentermins oder des Gesamtfertigstellungstermins an; d.h. es zählt insoweit der letzte Verzug.

6.3 Die Summe der Vertragsstrafen wird auf insgesamt 5 % der Nettoabrechnungssumme begrenzt.

Die Vertragsstrafe kann bis zur Fälligkeit der Schlusszahlung geltend gemacht werden, auch wenn der AG sich diese bei Abnahme nicht vorbehält. Die Vertragsstrafenvereinbarung gilt auch, wenn die Parteien neue Zwischen- oder Gesamtfertigstellungstermine vereinbaren. Sie bezieht sich dann jeweils auf die neu vereinbarten Termine. Dasselbe gilt entsprechend, wenn sich die Zwischentermine und/oder der Gesamtfertigstellungstermin nach Maßgabe des § 6 Abs. 1, 2 und 4 VOB/B verschieben.

Trifft der AG Anordnungen, die die Bauzeit verkürzen (vgl. Ziff. 4.1 Satz 2 des Vertrages), verbleibt es in Bezug auf die Vertragsstrafe bei den in Ziff. 5.2 genannten Terminen, es sei denn, die Parteien vereinbaren ausdrücklich etwas anderes.

7. Abnahme/Mängelansprüche

7.1 Die Abnahme erfolgt nach Fertigstellung der Leistung des AN. Ein Anspruch auf Teilabnahmen besteht nicht.

7.2 Es hat eine förmliche Abnahme stattzufinden, die fiktive Abnahme gem. § 12 Abs. 5 VOB/B ist ausgeschlossen. Der AN hat bei der Abnahme mitzuwirken und die erforderlichen Arbeitskräfte und Messgeräte zur Verfügung zu stellen. § 12 Abs. 4 Nr. 2 VOB/B bleibt unberührt.

7.3 Für die Mängelrechte des AG gilt § 13 VOB/B, jedoch beträgt die Verjährungsfrist für die Mängelansprüche des AG für alle Leistungen des AN generell 5 Jahre (Gewährleistungsfrist). Sie beginnt mit der Abnahme der vertraglich geschuldeten Leistungen. § 13 Abs. 4 Nr. 1 und 2 VOB/B gelten nicht.

7.4 Nach einer Mängelrüge hat der AN mit der Mängelbeseitigung unverzüglich zu beginnen und die Mängel in angemessener Frist zu beseitigen. Auch vor erfolgter Abnahme kann der AG den AN auffordern, bereits erkannte Mängel zu beseitigen und ihm hierfür eine angemessene Frist setzen. Kommt er seiner Pflicht zur Mängelbeseitigung nicht innerhalb der gesetzten Frist nach, ist der AG berechtigt, jedoch nicht verpflichtet, die Mängel auf Kosten des AN durch ein anderes Unternehmen beseitigen zu lassen. Einer Kündigung oder Teilkündigung des Vertrages bedarf es in diesem Fall nicht, sie ist jedoch nicht ausgeschlossen.

Bei Mängelrügen nach Abnahme sind Nachbesserungsarbeiten ebenfalls förmlich abzunehmen; auch hier gilt § 12 Abs. 5 VOB/B nicht. Für Nachbesserungsleistungen beginnt die in diesem Vertrag vereinbarte Gewährleistungsfrist nach Abnahme der Nachbesserung erneut.

8. Vergütung

8.1 Für die vertraglich geschuldete Leistung erhält der AN eine Vergütung auf Basis der im Auftragsleistungsverzeichnis (Anlage 2) vermerkten Einheitspreise. Die vorläufige Auftragssumme beläuft sich demnach auf

..... € zzgl. 19 %MwSt.

1. VOB-Vertrag, Einzelgewerkvergabe

8.2 Soweit im Auftragsleistungsverzeichnis bei den Positionen kein Gesamtpreis, sondern nur ein Einheitspreis angegeben ist, handelt es sich um Bedarfspositionen. Dies gilt auch, wenn zwar Mengen und ein Gesamtpreis genannt sind, die Position im Auftragsleistungsverzeichnis aber als Bedarfsposition bezeichnet ist. Kommt eine solche Leistung nicht zur Ausführung, ist hierfür keine Vergütung oder anderweitiger Ersatz geschuldet. Dasselbe gilt wenn Bedarfspositionen nicht in der im Auftragsleistungsverzeichnis angegebenen Menge zur Ausführung gelangen.

8.3 Sollten für Leistungen des AN gem. § 2 Abs. 5 VOB/B neue Preise zu vereinbaren sein, oder steht dem AN nach § 2 Abs. 6 oder Abs. 8 Nr. 2 VOB/B eine zusätzliche Vergütung zu, sind bei der Preisbildung die vom AN bei der Vereinbarung der Preise nach Ziff. 4.1 eingeräumten Nachlässe ebenfalls zu gewähren. Dies gilt nicht, wenn die Parteien bei Nachtragsaufträgen ausdrücklich vereinbaren, dass der Nachlass nicht gewährt wird.

8.4 Für die Fälligkeit der Abschlagszahlungen und der Schlusszahlung gilt § 16 VOB/B.

Der AN gewährt dem AG auf alle Zahlungen innerhalb von 10 Werktagen ein Skonto von 3 %. Die Skontofrist beginnt mit Eingang der Rechnung beim AG und der Rechnungskopie beim Planungsbüro (vgl. Ziff. 8.5). Ist die Fälligkeit des Rechnungsbetrages ganz oder zum Teil von der Stellung einer Sicherheit durch Bürgschaft abhängig, beginnt die Skontofrist frühestens mit Zugang der vertragsgemäßen Bürgschaft beim AG.

8.5 Alle Rechnungen sind im Original einfach und adressiert an den AG direkt und als Mehrfertigung einfach beim Planungsbüro

..... GmbH,

Architekten,

..... straße 5,

..... Weimar

einzureichen. In jeder Rechnung sind Mengen und Preise aller bis zum Abrechnungszeitpunkt erbrachten Leistungen und die bis dahin erhaltenen Zahlungen mit gesondertem Ausweis der darin enthaltenen MwSt. anzugeben (Stapelrechnungen).

9. Abzüge/Umlagen

Für folgende vom AG dem AN zur Verfügung gestellten Leistungen, werden durch den AG vom AN Kostenumlagen in v.H. auf die Bruttoabrechnungssumme erhoben.

Bauleistungsversicherung:	0,2 %
Baustrom:	0,5 %
Bauwasser:	0,2 %

Diese werden anteilig bereits von den Abschlagsrechnungen abgezogen.

10. Sicherheitsleistungen

10.1 Als Sicherheit für die Vertragserfüllung werden 5 % der vorläufigen Brutto-Auftragssumme (vgl. Ziff. 8.1) vereinbart.

Die Sicherheit für Vertragserfüllung erstreckt sich auf die Erfüllung sämtlicher Verpflichtungen aus dem Vertrag, insbesondere für die vertragsgemäße Ausführung der Leistung einschließlich Abrechnung, Mängelrechte, Vertragsstrafe und Schadensersatz sowie auf die Erstattung von Überzahlungen einschließlich der Zinsen. Sie ist nach der Abnahme und der Stellung der Sicherheit für Mängelrechte zurückzugeben, soweit sie zu diesem Zeitpunkt noch nicht verwertet ist oder der AG nach § 17 Abs. 8 Nr. 1 VOB/B die Sicherheit zurückhalten darf. Bis zur Übergabe der Sicherheit für Mängelrechte gem. Ziff. 10.2 haftet die Sicherheit für Vertragserfüllung auch für die Mängelrechte des AG nach Abnahme der Leistungen des AN.

10.2 Als Sicherheit für die Mängelrechte des AG werden 5 % der Bruttoabrechnungssumme vereinbart. Bruttoabrechnungssumme ist die Vergütung, die der AN nach den vertraglich vereinbarten Preisen und den tatsächlich ausgeführten Arbeiten bzw. Mengen abzurechnen berechtigt ist, inkl. der darauf entfallenden MwSt.

Die Sicherheit für Mängelrechte erstreckt sich auf die Erfüllung der Mängelansprüche des AG einschließlich Schadensersatz auch für Verzugsschaden, Vertragsstrafe sowie auf die Erstattung von Überzahlungen einschließlich der Zinsen. Sie ist abweichend von § 17 Abs. 8 Nr. 2 VOB/B nach Ablauf der Gewährleistungsfrist zurückzugeben. Die übrigen Regelungen des § 17 Abs. 8 Nr. 2 VOB/B bleiben unberührt.

10.3 Entscheidet sich der AN, eine von ihm zu stellende Sicherheit durch selbstschuldnerische, unbefristete Bürgschaft zu leisten, muss diese inhaltlich den Vorgaben nach Ziff. 11 des Vertrages entsprechen.

10.4 Ist der AG berechtigt, als Sicherheit vom Guthaben des AN einen Betrag in Höhe der vereinbarten Sicherheit einzubehalten, ist die Pflicht zur Einzahlung des einbehaltenen Betrages auf ein Sperrkonto nach § 17 Abs. 6 VOB/B ausgeschlossen.

11. Bürgschaften

11.1 Ist Sicherheit durch Bürgschaft für
- Vertragserfüllung,
- Gewährleistung,
- Vorauszahlungen

zu leisten, gilt folgendes:

11.2 Die Bürgschaft ist von einem in der Bundesrepublik Deutschland zugelassenen Kreditinstitut oder Kreditversicherer zu stellen. Der Bürge muss seinen Sitz in der Bundesrepublik Deutschland haben.

11.3 Die Bürgschaftsurkunden müssen folgende Erklärung des Bürgen enthalten:
- Der Bürge übernimmt für den Auftragnehmer die selbstschuldnerische Bürgschaft nach deutschem Recht.
- Auf die Einrede der Vorausklage gemäß § 771 BGB wird verzichtet.
- Auf die Einrede der Aufrechenbarkeit gem. § 770 Abs. 2 BGB wird verzichtet, es sei denn die aufrechenbare Gegenforderung ist rechtskräftig festgestellt oder vom AG nicht bestritten.
- Die Hinterlegungsbefugnis des Bürgen ist ausgeschlossen.
- Bei einer Bürgschaft zur Sicherung der Mängelrechte des AG haftet der Bürge auch dann, wenn die Abnahme der Werkleistung nicht in der nach den Regelungen des Vertrages zwischen AG und AN vorgesehenen Form sondern in anderer Weise erfolgt ist.
- Bei einer Bürgschaft zur Sicherung der Mängelrechte des AG haftet der Bürge auch für solche Mängel, wegen der sich der AG seine Rechte bei der Abnahme vorbehalten hat, sowie für Schadensersatz auch für Verzugsschaden, Vertragsstrafe und für die Erstattung von Überzahlungen einschließlich der Zinsen.
- Die Bürgschaft ist unbefristet; sie erlischt mit der Rückgabe der Bürgschaftsurkunde.
- Der Anspruch des AG gegenüber dem Bürgen verjährt nicht vor der gesicherten Forderung, spätestens aber nach 30 Jahren.
- Ausschließlicher Gerichtsstand für alle Streitigkeiten aus dem Bürgschaftsvertrag ist der Ort des Bauvorhabens.

Die Bürgschaft zur Sicherung der Mängelrechte darf nicht die Einschränkung enthalten, der Bürge hafte nur für unbeanstandet oder vorbehaltlos abgenommene Leistungen.

11.4 Bei Bürgschaften für Vorauszahlungen hat sich der Bürge zu verpflichten, auf erstes Anfordern an den Auftraggeber zu zahlen.

11.5 Die Bürgschaft über den Gesamtbetrag der jeweiligen Sicherheit ist in nur einer Urkunde zu stellen.

11.6 Die Urkunde über die Vorauszahlungsbürgschaft wird auf Verlangen zurückgegeben, wenn die Stoffe bzw. Bauteile, für die Sicherheit geleistet worden ist, eingebaut sind und der von der Vorauszahlung umfasste Leistungsstand erreicht ist.

12. Bauleiter des AG und des AN

12.1 Der AN benennt zum Vertragsschluss einen verantwortlichen Bauleiter und dessen Vertreter. Diese sind vom AN zur Abgabe und zum Empfang jeglicher Erklärungen im Zusammenhang mit diesem Vertrag bevollmächtigt. Der verantwortliche Bauleiter oder sein Vertreter haben während der Ausführung der vom AN zu erbringenden Arbeiten ständig auf der Baustelle anwesend zu sein.

Der Bauleiter des AN ist: ..... .

Dessen Stellvertreter ist: ..... .

Bauleiter, dessen Stellvertreter und Vorarbeiter des AN bzw. seiner Subunternehmer müssen der deutschen Sprache in Wort und Schrift mächtig sein.

12.2 Der AG hat das Planungsbüro ..... mit der Objektüberwachung beauftragt. Dieses stellt demnach den Bauleiter des AG.

Der Bauleiter des AG ist: ..... .

Der Bauleiter des AG erteilt die technischen Anordnungen auf der Baustelle. Er ist berechtigt dem AN Stundenlohnarbeiten bis insgesamt:

10 Facharbeiterstunden und

10 Helferstunden

zu beauftragen. Darüberhinausgehende Stundenlohnarbeiten bedürfen der vorherigen Beauftragung durch den AG. Ansonsten ist der Bauleiter des AG und die anderen Mitarbeiter des Planungsbüros ..... nicht bevollmächtigt, den AG rechtsgeschäftlich zu verpflichten.

13. Gefahrtragung, Versicherungen

13.1 Anstelle von § 7 VOB/B gilt die Gefahrtragungsregelung des § 644 BGB.

13.2 Der AN verpflichtet sich, eine Betriebshaftpflichtversicherung mit folgenden Deckungssummen abzuschließen:

Personenschäden: 1.000.000,00 €

Sach- und Vermögensschäden: 1.000.000,00 €

13.3 Der Abschluss der vorgenannten Versicherung ist dem AG vor Baubeginn durch Übersendung von Kopien der Police und der Versicherungsbedingungen unaufgefordert zu belegen. Auf Anforderung des AG ist der AN zudem verpflichtet, in angemessenen Abständen das Weiterbestehen des Versicherungsvertrages durch Bestätigung des Haftpflichtversicherers nachzuweisen.

13.4 Für das Bauvorhaben wird vom AG eine Bauleistungsversicherung abgeschlossen, von deren Versicherungsschutz auch der AN mit umfasst ist. Der AN trägt für jeden ihn betreffenden Schaden eine Selbstbeteiligung, deren Höhe von der Art des Schadens abhängt. Die Versicherungsbedingungen werden dem AN auf Wunsch zur Verfügung gestellt. Führen verspätet eingereichte Schadensmeldungen oder andere Obliegenheitsverletzungen des AN zum Verlust des Versicherungsschutzes, hat der AN dem AG den daraus resultierenden Schaden zu ersetzen.

14. Zu übergebende Unterlagen

14.1 Der AN ist verpflichtet, unverzüglich nach Vertragsunterzeichnung die Auftragskalkulation für die im Auftragsleistungsverzeichnis aufgeführten Einheitspreise dem AG zu übergeben. Diese hat alle maßgeblichen Kalkulationsfaktoren (z.B. Lohn, Material, allgemeine Geschäftskosten, Baustellengemeinkosten, Wagnis, Gewinn) aufzuführen. Bis zur Vorlage der Auftragskalkulation kann der AG von dem Guthaben des AN auf Abschlagszahlungen einen Betrag in Höhe von 3 % der vorläufigen Auftragssumme gem. Ziff. 8.1 zurückbehalten.

14.2 Der AN hat dem AG eine Freistellungserklärung des Finanzamtes über die Bauabzugssteuer zu übergeben. Der AN ist verpflichtet, einen möglichen Widerruf der Freistellungserklärung dem

AG unverzüglich mitzuteilen. Ebenso ist er verpflichtet, rechtzeitig vor Ablauf der zeitlichen Befristung der Freistellungserklärung, dem AG eine Anschluss-Freistellungserklärung zu übergeben.

14.3 .....

15. Schlussbestimmungen

15.1 Abreden und Vereinbarungen, die nicht in diesem Vertrag und seinen Bestandteilen enthalten sind, wurden nicht getroffen, insbesondere auch keine mündlichen Nebenabreden. Änderungen und Ergänzungen des Vertrages sind aus Beweisgründen schriftlich abzufassen.

15.2 Bei Auslegung des Vertrags ist ausschließlich der in deutscher Sprache abgefasste Vertragswortlaut verbindlich. Erklärungen und Verhandlungen erfolgen in deutscher Sprache. Für die Regelung der vertraglichen und außervertraglichen Beziehungen zwischen den Vertragspartnern gilt ausschließlich das Recht der Bundesrepublik Deutschland unter Ausschluss des Wiener UN-Abkommens über den internationalen Warenverkehr (CISG). Für ein eventuelles gerichtliches Verfahren gilt das Prozessrecht der Bundesrepublik Deutschland.

15.3 Ausschließlicher Gerichtsstand für Streitigkeiten aus diesem Vertrag ist im kaufmännischen Verkehr der Ort des Bauvorhabens.

Bauherrenstadt, den

....
Auftraggeber   Auftragnehmer

c) Erläuterungen

3 Die Interessenlage des Auftraggebers unterscheidet sich naturgemäß von der des Auftragnehmers. Dies soll in diesem Vertragsmuster berücksichtigt werden.

Zumeist holt der Auftraggeber bzw. dessen Architekt oder Fachplaner mehrere Angebote ein, indem er an Bauunternehmen oder Handwerker Leistungsverzeichnisse und zum Teil auch bereits Pläne verschickt und sie darum bittet, durch Eintragung von Preisen in das Leistungsverzeichnis ein Angebot zu unterbreiten.

Häufig werden bereits mit den Ausschreibungsunterlagen auch Besondere Vertragsbedingungen (BVB) und Zusätzliche Vertragsbedingungen (ZVB) verschickt. Hierbei handelt es sich um meist vom Architekten oder Fachplaner entworfene oder von anderen Bauvorhaben einfach übernommene, vorformulierte Vertragsbedingungen, die im Falle der Beauftragung gelten sollen. Bei der öffentlichen Vergabe von Bauleistungen ist ein solches Vorgehen deshalb notwendig, weil das Leistungssoll und auch die Vertragsbedingungen bereits mit den Verdingungsunterlagen den Bietern endgültig bekannt gemacht werden müssen. Die Angebote der Bieter müssen auf Grundlage dieser Vertragsbedingungen erfolgen, Nachverhandlungen sind (bis auf wenige Ausnahmen bei der freihändigen Vergabe oder im Verhandlungsverfahren) ausgeschlossen und der Bauvertrag kommt durch einfaches Zuschlagsschreiben des Auftraggebers an den Auftragnehmer zu Stande.

Muss eine Bauleistung jedoch nicht öffentlich ausgeschrieben werden, wird fast immer nach Eingang der Angebote nicht nur über den Preis, sondern auch über den Leistungsinhalt und die Vertragsbedingungen verhandelt. Aber auch hier kann es hilfreich sein, die Bauunternehmen, die zu einem Angebot aufgefordert werden, im Vorfeld darüber zu informieren, welche Vertragsbedingungen sich der Auftraggeber vorstellt. Oftmals hängt die Kalkulation der angebotenen Preise von solchen Vertragsbedingungen ab, wie zum Beispiel die Beteiligung an den Kosten für die Baumedien wie Strom und Wasser im Wege einer Umlage. Aber selbst wenn bei einer solchen, nicht öffentlichen Vergabe, Vertragsbedingungen vorab mit dem Leistungsverzeichnis an die Bieter versandt werden, sollte man im späteren Bauvertrag nicht allein auf diese Bezug nehmen, sondern diese Regelungen und deren Änderungen ausdrücklich in den endgültigen Bauvertrag einarbeiten. Nur auf diesem Wege wird Klarheit darüber geschaffen, was wirklich vereinbart sein soll.

1. VOB-Vertrag, Einzelgewerkvergabe B.

Bezeichnung der Vertragsparteien. 4

Dass die Vertragsparteien genau mit Namen und zutreffender Anschrift bezeichnet werden, ist eine Selbstverständlichkeit. Sind auf Seiten einer Vertragspartei mehrere beteiligt, sollten sie vollständig aufgezählt werden, vor allem, um diese bei einer späteren prozessualen Auseinandersetzung genau identifizieren zu können. Dies gilt besonders für die Gesellschaft bürgerlichen Rechts, bei der, wenn ein identifizierbarer Gesellschaftsname fehlt, die Gesellschafter im Klagerubrum anzugeben sind (Zöller § 50 Rn. 18), oder wenn neben der Gesellschaft selbst, deren gesamtschuldnerisch haftende Gesellschafter mitverklagt werden sollen.

Wenn auf Auftragnehmerseite eine Arbeitsgemeinschaft (ARGE), also ein für dieses Bauvorhaben gebildeter Zusammenschluss mehrerer Unternehmer, beteiligt ist, sollte nicht nur die Bezeichnung der ARGE, sondern auch die einzelnen ARGE-Mitglieder aufgezählt werden. Dann muss im Vertrag auch geregelt werden, wer für die ARGE rechtsgeschäftliche Erklärungen gegenüber dem Auftraggeber abgeben und entgegennehmen kann.

Zu 1.1 Vorbemerkung. 5

Die Vorbemerkung enthält die grobe Beschreibung des Bauvorhabens und der örtlichen Lage des Baugrundstücks. Außerdem wird das Gewerk genannt, das Leistungsgegenstand ist. Dabei handelt es sich zwar um Selbstverständlichkeiten, die die Parteien kennen und voraussetzen. Verträge sollen aber auch für Dritte, die an den vorangegangenen Verhandlungen nicht beteiligt waren, aus sich heraus verständlich sein. Ohne diese grundsätzlichen Vorbemerkungen müsste man um festzustellen, um welche Leistung und welches Bauvorhaben es geht, bereits auf die in der folgenden Ziffer 1.2 genannten Vertragsbestandteile zurückgreifen.

Zu 1.2 Vertragsbestandteile. 6

Es ist meist nicht möglich, den Umfang der geschuldeten Bauleistungen ausschließlich verbal zu beschreiben. In der Regel muss dabei auf Pläne und Zeichnungen verwiesen werden. Außerdem sind fast immer Randbedingungen zu beachten, die sich aus diversen Unterlagen, wie z.B. der Baugenehmigung, ergeben. Zwar wäre es auch möglich – bis auf die zeichnerischen Darstellungen in den Plänen – auch all das in den Vertragstext aufnehmen, was man zum Vertragsinhalt machen will; dies würde aber in den meisten Fällen zu einem an Buchstärke grenzenden Bauvertrag führen und unnötige Schreibarbeit verursachen. Also wird man auf die Unterlagen zurückgreifen, die v.a. die Leistung beschreiben, aber auch auf solche, in denen Ausführungen darüber gemacht werden, was der Auftragnehmer schuldet und was er zu beachten hat.

Hierbei sollte man sich aber darüber im Klaren sein, dass eine zu große Zahl von Vertragsbestandteilen auch schnell dazu führt, dass der genaue Vertragsinhalt nicht mehr fassbar wird. Nur solche Unterlagen sollten zu Vertragsbestandteilen gemacht werden, die auch tatsächlich den geschuldeten Leistungsumfang beschreiben oder Regelungen enthalten, die für das konkrete Vertragsverhältnis von Belang sind. Die Parteien sollten darauf achten, dass die in Bezug genommenen Unterlagen auch den letzten Stand der Verhandlungen zum Zeitpunkt des Vertragsschlusses wiedergeben. Ist dies nicht der Fall, steht z.B. bei Vertragsschluss bereits fest, dass bei der Bauausführung in einzelnen Punkten vom Leistungsverzeichnis oder von den vorliegenden Plänen abgewichen werden soll, das Leistungsverzeichnis bzw. die Pläne aber noch nicht entsprechend korrigiert werden konnten, muss dies im Vertragstext ausdrücklich festgehalten und die Abweichung beschrieben werden. Andernfalls droht später Streit über den geschuldeten Leistungsumfang und auch darüber, ob eine Änderung des Bauentwurfs mit den entsprechenden Vergütungsfolgen (vgl. § 2 Abs. 5 VOB/B) vorliegt.

Außerdem ist den Parteien zu raten, die in Bezug genommenen Vertragsbestandteile den beiden unterschriebenen Ausfertigungen des Vertrages auch tatsächlich beizufügen (ggf. in einem separaten Anlagenordner), damit beide Seiten von denselben Unterlagen ausgehen und jeder der Vertragspartner bei Unklarheiten sofort auf diese Anlagen zurückgreifen kann. Manchmal werden auch sämtliche Seiten der Anlagen von beiden Partnern paraphiert, um spätere Streitigkeiten über den Inhalt der Anlagen bei Vertragsschluss von vorn herein zu vermeiden.

Die einzelnen Vertragsbestandteile:

(1.) **Der Vertrag**

7   Der Vertragstext gibt den Inhalt der gegenseitigen Leistungspflichten wieder, auf den sich die Parteien am Ende ihrer Verhandlungen abschließend geeinigt haben. Er geht allen anderen Vertragsbestandteilen vor; dies sollte durch das Wort »nachrangig« vor der Aufzählung der anderen Vertragsbestandteile kenntlich gemacht werden.

Während der Verhandlungen werden meist handschriftliche Verhandlungsprotokolle erstellt. Diese geben aber in der Regel nur stichwortartig einzelne Punkte wieder, über die die Verhandlungspartner sich tatsächlich oder vermeintlich geeinigt haben, und sind, ohne dass man an den Gesprächen beteiligt war, aus sich heraus kaum verständlich. Daher sollte man nicht, um die Schreibarbeit zu umgehen, auf das oder gar mehrere Verhandlungsprotokolle Bezug nehmen, sondern das Verhandlungsergebnis in ausformulierten Sätzen in den Vertragstext aufnehmen. Dies bietet nochmals Gelegenheit, die einzelnen, meist nur in Stichworten festgehaltenen Punkte dahingehend zu überprüfen, ob man wirklich Einigkeit hierüber erzielt hat, und ob die im Gespräch gefundene Lösung tatsächlich durchführbar ist.

(2.) **Die Baugenehmigung**

8   Beide Parteien sind verpflichtet, sich an den Inhalt der Baugenehmigung zu halten. Dies gilt vor allem auch für die darin enthaltenen Auflagen und Nebenbestimmungen. Wird bei der Bauausführung gegen die Vorgaben der Baugenehmigung verstoßen, läuft der Auftraggeber Gefahr, dass behördlicherseits ein Baustopp verhängt wird, im Extremfall kann gegen ihn sogar eine Abrissverfügung ergehen. Der Auftragnehmer wiederum darf nach den Landesbauordnungen genehmigungspflichtige Baumaßnahmen nur ausführen, wenn eine entsprechende vollziehbare Baugenehmigung vorliegt. Bei der Ausführung der übernommenen Arbeiten hat er sich an die erteilte Baugenehmigung, die genehmigten Bauvorlagen, die erteilten Auflagen sowie an die damit übereinstimmenden Einzelzeichnungen und einzelnen Berechnungen zu halten (Kleine-Möller/Merl/Eichberger, § 11 Rn. 69).

Die erteilte Baugenehmigung und die darin enthaltenen Anlagen gehören zu den behördlichen Bestimmungen, die der Auftragnehmer bei der Ausführung seiner Leistungen gem. § 4 Abs. 2 VOB/B zu beachten hat. Er hat die Pflicht sich nach dem Inhalt der Baugenehmigung und etwaiger Auflagen zu erkundigen; diese Erkundigungspflicht besteht selbstständig neben der Pflicht des Auftraggebers, dem Auftragnehmer den Inhalt der Baugenehmigung mitzuteilen. Der Auftragnehmer darf sich nicht darauf verlassen, dass die Baugenehmigung ohne Auflagen erteilt wird (BGH BauR 1998, 397).

Wird die Baugenehmigung ausdrücklich zum Vertragsbestandteil gemacht, bestimmt sie den Inhalt der Herstellungspflicht. Der Auftragnehmer ist dann verpflichtet, den Auftraggeber auf etwaige Abweichungen der Baugenehmigung von der sonstigen vertraglichen Baubeschreibung oder anderen Vertragsbestandteilen aufmerksam zu machen (Kleine-Möller/Merl/Eichberger, § 11 Rn. 71).

Manchmal werden Bauverträge abgeschlossen, bevor die Baugenehmigung erteilt ist. In diesen Fällen empfiehlt es sich zumindest, den Bauantrag nebst allen Anlagen zum Vertragsbestandteil zu machen. Solange die Baugenehmigung nicht vorliegt, ist der Auftragnehmer nicht verpflichtet, seine Arbeiten aufzunehmen, seine Leistung ist nicht fällig, sodass er grundsätzlich nicht in Verzug geraten kann (Ingenstau/Korbion/Döring, § 5 Abs. 1 bis 3 VOB/B Rn. 9; Ingenstau/Korbion/Oppler § 4 Abs. 1 VOB/B Rn. 31).

Wird die Baugenehmigung in Abweichung vom Bauantrag, insbesondere mit Auflagen erteilt, und entspricht die sich daraus ergebende baugenehmigungskonforme Ausführung nicht der sich

1. VOB-Vertrag, Einzelgewerkvergabe

aus den Vertragsbestandteilen ergebenden Leistungsbeschreibung, sind entweder Änderungen des Bauentwurfs oder bisher nicht vorgesehene zusätzliche Leistungen erforderlich. Die Vergütungsfolgen richten sich dann nach § 2 Abs. 5 und Abs. 6 VOB/B (vgl. Ingenstau/Korbion/Keldungs § 2 Abs. 5 VOB/B Rn. 19).

(3.) Das Auftragsleistungsverzeichnis

Beim klassischen Einheitspreisvertrag werden in einem Leistungsverzeichnis die einzelnen vom Auftragnehmer zu erbringenden Leistungen, aufgegliedert in einzelne Teilleistungen, verbal beschrieben. In der Regel erfolgt eine grobe Gliederung in so genannte Titel (zum Beispiel Baustelleneinrichtung, Erdarbeiten, Betonarbeiten, Maurerarbeiten usw.) und innerhalb der Titel eine genauere Beschreibung der Einzelleistungen in so genannte Positionen. Bei den Positionen werden wiederum in den Vordersätzen die voraussichtlich von dieser Teilleistung zu erbringenden Mengen (z.B. 1000 m³), der Einzelpreis je Einheit (z.B. 30 €/m³) und in der Multiplikation von Menge und Einzelpreis der Gesamtpreis der Position angegeben.

Falls bei Vertragsabschluss noch nicht feststeht, ob eine Teilleistung zur Ausführung kommt, weil sich dies erst im Rahmen der Bauausführung feststellen lässt oder sich der Auftraggeber die Entscheidung hierüber noch offenhalten will, können so genannte Bedarfspositionen in das Leistungsverzeichnis aufgenommen werden. In einem solchen Fall wird meist, da sich auch die voraussichtlich zu erbringenden Mengen noch nicht festlegen lassen, nur der Einzelpreis je Einheit in das Leistungsverzeichnis eingetragen, also ohne Gesamtpreis.

Für den Fall, dass eine Leistung in unterschiedlicher Art und Weise ausgeführt werden kann (z.B. Betonstein- oder Natursteinplatten) können im Leistungsverzeichnis auch Alternativpositionen (auch »Wahlpositionen« genannt) vorgesehen werden, so dass bereits die Preise beider Ausführungsvarianten feststehen.

Es ist ratsam, unmittelbar vor Vertragsschluss ein Auftragsleistungsverzeichnis zu fertigen. Meist werden im Rahmen der Vertragsverhandlungen vom Angebot abweichende Vereinbarungen über Details der Bauausführung oder aber auch über einzelne Einheitspreise getroffen. Damit diese Änderungen nicht einzeln im Vertragstext aufgeführt oder Verhandlungsprotokolle, aus denen sich die einzelnen ändernden Abreden ergeben, zum Vertragsbestandteil gemacht werden müssen, sollte unter Einarbeitung der Änderungen ein endgültiges Auftragsleistungsverzeichnis erstellt werden. Dies dient allen Beteiligten dazu, ohne Rückgriff auf unterschiedliche, im schlimmsten Fall sich widersprechende Vertragsbestandteile, sich über den tatsächlich geschuldeten Leistungsinhalt zu orientieren.

In den meisten Fällen enthält das Leistungsverzeichnis im 1. Teil vor den detaillierten Beschreibungen der einzelnen Positionen Vorbemerkungen. Diese sollen Bestandteile der Leistungsbeschreibung enthalten, die für alle Positionen oder zumindest für eine Vielzahl von Positionen gelten. Leider werden diese Vorbemerkungen häufig von den Planern aus den Leistungsverzeichnissen anderer Bauvorhaben kritiklos übernommen, ohne genau zu überprüfen, ob diese insgesamt für die im konkreten Fall zu erbringende Leistung überhaupt Sinn machen. Die Planer sollten deshalb angehalten werden, die Vorbemerkungen individuell zu überprüfen, um Widersprüche zu vermeiden. Auch sollte darauf geachtet werden, dass der Inhalt der Vorbemerkungen nicht im Widerspruch zu den anderen Vertragsbestandteilen steht.

(4.) Pläne gemäß Planliste

Nach § 3 Abs. 1 VOB/B hat der Auftraggeber dem Auftragnehmer die für die Ausführung nötigen Unterlagen unentgeltlich und rechtzeitig zu übergeben. Bei den Ausführungsunterlagen handelt es sich um Schriftstücke, Zeichnungen, Berechnungen, Anleitungen usw., die im Einzelfall erforderlich sind, um dem Auftragnehmer im Einzelnen genau den Weg für die technisch und damit vertraglich ordnungsgemäße Baudurchführung zu zeigen (Ingenstau/Korbion/Döring § 3 Abs. 1 VOB/B Rn.2).

In erster Linie handelt es sich hierbei um die so genannte Ausführungsplanung, also Einzel-, Detail- und Gesamtzeichnungen, mit den darin enthaltenen Maßen und schriftlichen Anleitungen. Während sich aus dem Leistungsverzeichnis die Art und ungefähre Menge der auszuführenden Einzelleistungen in verbaler Beschreibung ergibt, lassen sich aus den Plänen der Gesamtumfang der Bauleistung, Ort der Ausführung und technische Details entnehmen. Die Pläne definieren – gegebenenfalls im Zusammenspiel mit dem Vertragstext und der Baubeschreibung als Vorbemerkungen zum Leistungsverzeichnis – den vom Bauherrn gewünschten Bauentwurf.

Ohne Zuhilfenahme dieser Pläne ist es im Normalfall kaum möglich, das vertraglich geschuldete Bausoll festzulegen.

In den meisten Fällen wird zum Zeitpunkt der Einholung von Angeboten nicht nur die Genehmigungsplanung, sondern bereits auch ein Teil der Ausführungsplanung vorliegen. Diese Pläne sind nicht nur Grundlage für das im Normalfall vom Architekten oder Fachplaner erstellte Leistungsverzeichnis, sondern auch für die Kalkulation des Auftragnehmers. Die Ausführungsplanung wird jedoch bei Vertragsschluss zumeist noch nicht endgültig fertig gestellt sein. Erst im Verlauf der Bauausführung werden weitere Details, teilweise auch Änderungen der ursprünglichen Planung vom Auftraggeber nachgeliefert. Die Pläne, die zum Vertragsbestandteil gemacht werden, lassen dann in Zusammenschau mit dem Leistungsverzeichnis eine Beurteilung zu, ob eine Änderung des Bauentwurfs vorliegt (§ 2 Abs. 5 VOB/B) oder zusätzliche Leistungen gefordert werden (§ 2 Abs. 6 VOB/B).

Um nicht die gesamten Pläne der Vertragsurkunde beiheften zu müssen, kann eine Planliste erstellt werden. In dieser sollten jedoch die Pläne, die Vertragsbestandteil werden sollen, einzeln unter Angabe des Plandatums und der Index-Nummer aufgelistet werden, um spätere Missverständnisse zu vermeiden.

(5.) Die Bemusterungsliste

11   Wenn die Beschreibung der gewünschten Leistung bei einzelnen Positionen des Leistungsverzeichnisses nicht ausreicht, oder trotz dieser Beschreibung immer noch diverse unterschiedliche – meist optische – Abweichungen möglich sind, wird der Auftraggeber Bemusterungen durchführen wollen. Das heißt, dass er sich vor der Ausführung unterschiedliche Ausführungsvarianten oder Baustoffe (z.B. Fliesen, Bodenbeläge usw.) vorlegen lässt und sodann entscheidet, welche hiervon zur Ausführung kommen sollen. Hier sollten die Parteien rechtzeitig festlegen, für welche Leistungen Bemusterungen stattfinden sollen.

Die genaueren Regelungen hierzu finden sich in Ziffer 2.2 des Vertrages.

(6.) Die Baustellenordnung des AG

12   Nicht nur bei größeren Bauvorhaben sollte (gegebenenfalls vom Architekten) eine »Baustellenordnung« erstellt werden. Diese soll Regelungen enthalten, die alle am Bau beteiligten Unternehmen betreffen, deren Übernahme in den Vertragstext diesen jedoch überfrachten würde.

In einer solchen Baustellenordnung können z.B. aufgenommen werden:

– zulässige Arbeitszeiten, gegebenenfalls differenziert zwischen »normalen« Arbeiten und solchen mit erhöhter Lärm- oder Staubbelastung;
– die Verpflichtung des Auftragnehmers ein Bautagebuch zu führen und genaue Vorgaben über dessen Inhalt und Form;
– Anforderungen über den Inhalt und die Angaben bei Regieberichten/Stundenzetteln;
– Vorschriften für den Baustellenverkehr;
– die Angabe von Versorgungsunternehmen oder anderen Stellen, bei denen Auskünfte über möglicherweise das Baufeld kreuzende Versorgungsleitungen zu bekommen und bei denen die ggf. notwendigen Grabegenehmigungen (Schachtscheine) einzuholen sind;

– Angaben darüber, wo und unter welchen Bedingungen Bauwasser und Baustrom entnommen werden kann. Falls vom Auftraggeber Bauschutt- und Abfallcontainer bereitgestellt werden, unter welchen Bedingungen diese vom Auftragnehmer benutzt werden können.

(7.) Die VOB/B Fassung 2016

Es sollte die VOB/B zum Vertragsbestandteil gemacht werden. Dabei ist darauf zu achten, dass die VOB/B wirksam in den Vertrag einbezogen wird.

Da es sich bei der VOB/B um Allgemeine Geschäftsbedingungen handelt, werden diese nach § 305 Abs. 2 BGB nur dann Bestandteil eines Vertrages, wenn der Verwender bei Vertragsschluss die andere Partei ausdrücklich auf sie hinweist, ihr die Möglichkeit verschafft, in zumutbarer Weise von ihrem Inhalt Kenntnis zu nehmen und wenn die andere Vertragspartei mit ihrer Geltung einverstanden ist.

Verwender in diesem Sinne ist diejenige Vertragspartei, die die Einbeziehung der VOB/B in den Vertrag verlangt oder vorschlägt. Wird – wie hier – ein schriftlicher Vertrag geschlossen, gilt der als Verwender, der den Vertrag vorbereitet und der anderen Partei vorlegt.

§ 305 Abs. 2 BGB findet nach § 310 Abs. 1 S. 1 BGB keine Anwendung auf Allgemeine Geschäftsbedingungen, die gegenüber einem Unternehmer, einer juristischen Person des öffentlichen Rechts oder einem öffentlich-rechtlichen Sondervermögen verwendet werden. Ist also der Vertragspartner des Verwenders ein Unternehmer usw., genügt die ausdrückliche Vereinbarung, dass die VOB/B Vertragsbestandteil ist.

Ist der Auftraggeber Verwender, wird man wohl regelmäßig davon ausgehen können, dass der Auftragnehmer ausreichend »baukundig« ist und somit Kenntnis vom Inhalt der VOB/B hat. Außerdem dürfte er in der Regel Unternehmer i.S.d. § 14 BGB sein, sodass § 305 Abs. 2 BGB keine Anwendung findet.

Um spätere Unsicherheiten zu vermeiden, welche Fassung der VOB/B gelten soll, sollten nicht lediglich die Begriffe »neueste« oder »zum Zeitpunkt des Vertragsschlusses gültige« Fassung verwendet werden (vgl. zu dieser Problematik: Kapellmann/Messerschmidt/von Rintelen, Einl. VOB/B Rn. 95–100).

Deshalb empfiehlt es sich, die gewünschte Fassung namentlich zu benennen, zum Beispiel die derzeit gültige »VOB/B 2016«.

Zu 1.3 Ausschluss sonstiger Bestimmungen/Widersprüche.

Da Bauverträge in der Regel in einem mehr oder weniger langen Verhandlungsprozess zustande kommen, ist es nur natürlich, dass sich die einzelnen zeitlich aufeinander folgenden Unterlagen zumindest in einigen Punkten widersprechen. Deshalb ist es erforderlich, einerseits solche Widersprüche möglichst zu tilgen und andererseits, sollten dennoch Widersprüche verbleiben, eine Regelung für deren Auflösung zu treffen.

Im Streitfall beruft sich die eine oder andere Partei oft darauf, sie habe bereits in ihrem ersten Angebot oder in einem Brief Vorbehalte erklärt oder auf eigene Vertragsbedingungen verwiesen. Um insoweit Klarheit zu schaffen, sollte im Vertrag ausdrücklich erwähnt werden, dass für die Rechtsbeziehung zwischen den Parteien ausschließlich der Vertrag und die in ihm angegebenen Vertragsbestandteile gelten. Dies dient der Übersichtlichkeit und nicht zuletzt auch der Streitvermeidung.

Insbesondere was die technischen Fragen und die Einzelheiten der Bauausführung angeht, wird im Normalfall der Auftragnehmer die größere Erfahrung und Fachkompetenz besitzen als der Auftraggeber. Die Regelung, nach der der Auftragnehmer bestätigt, er habe die Vertragsbestandteile überprüft und darin keine Widersprüche feststellen können, soll keinen bloßen Formalismus oder eine »Erklärungsfiktion« darstellen. Vielmehr sollen die Parteien diesen Satz ernst nehmen; überprüft der Auftragnehmer vor Vertragsabschluss nochmals die zu diesem Zeitpunkt vorliegenden Pläne, Baubeschreibungen, Leistungsverzeichnis etc., dürften die meisten Widersprüche aufgedeckt und rechtzeitig geklärt werden.

Art und Umfang der auszuführenden Leistung lässt sich jedoch nicht aus dem Vertrag oder einem seiner Bestandteile allein abschließend festlegen. Vielmehr ergibt sich nur aus einer Zusammenschau mehrerer Vertragsbestandteile, was der Auftragnehmer konkret auszuführen hat und was der Auftraggeber als Ergebnis der Bauleistung erwartet (vgl. Quack, BauR 1992, 18 ff.; Leitzke, BauR 2007, 1643 ff.).

Von einer solchen Ergänzung der Vertragsbestandteile untereinander sind jedoch Widersprüche unter den Bestandteilen oder gar innerhalb einzelner Bestandteile zu unterscheiden. In einem solchen Fall bleibt eben gerade ungeklärt, ob eine Leistung auf die eine oder andere Art und Weise erbracht werden muss.

Ist ein Vertragswerk in sich zum Teil widersprüchlich, ist das wirklich von den Parteien gewollte grundsätzlich durch Auslegung zu ermitteln.

Eine Rangfolgeregelung führt aber zumindest bei der Frage von Leistungsart und -umfang, eher dazu, dass eine Auslegung des wirklichen Parteiwillens nicht mehr möglich ist. Die vorrangige Regelung bzw. Leistungsbeschreibung geht nicht nur vor, sie ist sogar die einzige verbindliche, weil die nachrangige wegfällt bzw. gar nicht Vertragsbestandteil geworden ist (Kapellmann/Messerschmidt/von Rintelen § 1 VOB/B Rn. 27).

Ein Irrtum beim Verfassen des Leistungsverzeichnisses oder der Pläne wäre dann nur noch im Wege einer späteren Änderung des Bauentwurfs durch den Auftraggeber oder Beauftragung einer zusätzlichen Leistung zu korrigieren.

Darum sieht dieser Mustervertrag in Bezug auf die leistungsbeschreibenden Regelungen nur einen Vorrang des Vertrages selbst, bei den anderen Vertragsbestandteilen jedoch keine bestimmte Rangfolge vor. Widersprüche in oder zwischen den einzelnen Vertragsbestandteilen sollen, sobald sie bemerkt werden, zwischen den Parteien besprochen werden. Das letzte Wort über die Art der Ausführung muss dabei aber der Auftraggeber behalten, da er derjenige ist, der später mit dem Ergebnis der Bauleistung leben muss. Sein Leistungsbestimmungsrecht muss er, wie im Gesetz vorgesehen, nach billigem Ermessen im Sinne von § 315 BGB ausüben. Der Verweis auf den sich aus den weiteren Vertragsbestandteilen ergebenden Rahmen ist eine Auslegungshilfe dafür, in welchen Grenzen sich das billige Ermessen bewegt. So kann der Auftraggeber entweder die in dem einen oder anderen Vertragsbestandteil dargestellte Lösung wählen, oder beide zu einem sinnvollen Ganzen verbinden.

Soweit es Vertragsbedingungen betrifft, die nicht den Umfang oder die Art und Weise der Bauausführung, sondern die weiteren rechtlichen Regelungen enthalten, sollten diese sich weitestgehend aus dem Vertrag ergeben. Jedoch können auch Vorbemerkungen zum Leistungsverzeichnis oder die »Baustellenordnung des AG« solche Regelungen enthalten. Nicht zuletzt finden sich solche nicht leistungsbezogenen Bestimmungen in der VOB/B und auch der VOB/C (z.B. Aufmaßvorschriften).

Soweit es um Regelungen geht, die nicht leistungsbeschreibend sind, sondern die Rechtsbeziehung ansonsten betreffen, sollte aber eine Rangfolge festgelegt werden. Da es sich bei allen diesen Klauseln in den Vertragsbestandteilen im Zweifel um Allgemeine Geschäftsbedingungen handelt, erfordert bereits das Transparenzgebot, dass bei Widersprüchen von Anfang an klargestellt wird, welche Klausel den Vorrang hat.

15 **Zu 2. Besonderheiten der Leistung.**

Die Leistungsbeschreibung, also was und wie der Auftragnehmer zu bauen hat, ergibt sich grundsätzlich aus den in Ziff. 1.2 des Vertrages aufgeführten Vertragsbestandteilen; dort wiederum insbesondere aus dem Auftragsleistungsverzeichnis und den benannten Plänen. Einerseits gibt es jedoch auch Leistungen, die dort nicht ausreichend beschrieben werden konnten oder nicht berücksichtigt wurden. Andererseits kommt es häufig vor, dass kurz vor Abschluss des Vertrages Änderungen besprochen werden, die aus Zeitgründen nicht mehr in das Leistungsverzeichnis aufgenommen oder in den Plänen fortgeschrieben werden konnten. Solche Änderungen werden dann meist in Verhandlungsprotokollen handschriftlich festgehalten. Wie oben bereits ausgeführt, sollen jedoch diese Verhandlungsprotokolle nicht zum Vertragsbestandteil gemacht und als Anlage hinzugenommen, sondern die vereinbarten Änderungen oder weiteren Leistungen im Vertragstext ausformuliert werden.

Die hier in Ziff. 2 enthaltenen Regelungen, stellen lediglich Beispiele für mögliche regelungsbedürftige Einzelheiten dar. Es gibt eine Vielzahl denkbarer Vereinbarungen, die an dieser Stelle in einen Vertrag aufgenommen werden können. Es können im Leistungsverzeichnis enthaltenen Positionen wegfallen oder neue Leistungen hinzukommen. Ist bei Vertragsschluss bereits klar, dass Einzelleistungen entfallen, sind die entsprechenden Positionen aber noch im Leistungsverzeichnis enthalten, führt eine entsprechende Klarstellung im Vertrag dazu, dass die Leistung auf der einen Seite nicht geschuldet ist, auf der anderen Seite der Auftragnehmer für die entfallenden Leistungen auch keine Vergütung erhält (§ 2 Abs. 4/§ 8 Abs. 1 VOB/B). Kommen Leistungen hinzu, für die bisher noch keine Position im Leistungsverzeichnis vorgesehen ist, sollten die Parteien nach Möglichkeit bereits hier einen entsprechenden Einheitspreis vereinbaren und vertraglich festhalten. Ist dies noch nicht möglich, sollte darauf verwiesen werden, dass nach § 2 Abs. 6 VOB/B ein neuer Preis zu bilden ist.

Nebenleistungen nach Teil 4.1 der einschlägigen DIN der VOB/C bedürfen keiner gesonderten Erwähnung; diese sind soweit erforderlich ohne gesonderte Vergütung vom Auftragnehmer zu erbringen. Etwas anderes gilt für die besonderen Leistungen nach Teil 4.2 der entsprechenden DIN. Sie gehören nur dann zur vertraglich geschuldeten Gesamtleistung im Sinne von § 2 Abs. 1 VOB/B, wenn sie in der Leistungsbeschreibung (oder im Vertragstext) besonders erwähnt sind. Andernfalls handelt es sich um zusätzliche Leistungen, die entsprechend § 2 Abs. 6 VOB/B gesondert zu vergüten sind (Beck'scher VOB-Kommentar/Jansen § 2 Abs. 1 Rn. 34). Steht bei Vertragsschluss bereits fest, dass besondere Leistungen vom Auftragnehmer erbracht werden, können sie hier in Ziff. 2 des Vertrages aufgeführt werden, wenn sich dies noch nicht aus dem Leistungsverzeichnis ergibt.

Zu 2.1 Werkstatt- und Montageplanung.

16

Nach § 3 Abs. 1 VOB/B sind dem Auftragnehmer unentgeltlich und rechtzeitig die für die Ausführung nötigen Unterlagen zu übergeben. Hierzu gehören vor allem die vom Architekten gefertigten Ausführungspläne (je nach Gewerk auch die des Fachplaners), statische Unterlagen, Berechnungen sowie Schal- und Bewehrungspläne (Ingenstau/Korbion/Döring § 3 Abs. 1 VOB/B Rn. 2).

§ 2 Abs. 9 VOB/B bestimmt, dass, wenn der Auftraggeber vom Auftragnehmer Zeichnungen, Berechnungen oder andere Unterlagen verlangt, die der Auftragnehmer nach dem Vertrag, besonders den technischen Vertragsbedingungen oder der gewerblichen Verkehrssitte, nicht zu beschaffen hat, hierfür eine Vergütung zahlen muss. Die besonderen technischen Vertragsbedingungen, also die Einzelbestimmungen der VOB/C, erwähnen nur bei einigen Gewerken die Erstellung der Werkstatt- und Montageplanung bzw. von Verlegeplänen als mitzuliefernde Unterlagen, (z.B. für Fassadenarbeiten – Nr. 3.1.3 der DIN 18351; Raumtechnische Anlagen – Nr. 3.1.2 der DIN 18379; Heizanlagen und zentrale Wassererwärmungsanlagen – Nr. 3.1.2 der DIN 18380; Gas-, Wasser- und Abwasser-Installationsarbeiten – Nr. 3.1.2 der DIN 18381; Gebäudeautomation – Nr. 3.1.2 der DIN 18386). Andererseits wird die Werkstatt- und Montageplanung aber auch bei vielen anderen Gewerken benötigt, und ist sinnvollerweise vom Auftragnehmer zu erbringen, der die eigenen Anforderungen besser kennt, als der Architekt oder Fachplaner. Soweit diese Pläne jedoch nicht in der entsprechenden DIN in der VOB/C erwähnt werden, ist es meist fraglich, ob das Beibringen der Werkstatt- und Montageplanung durch den Auftragnehmer nach der Verkehrssitte geschuldet ist. Um hier Streit zu vermeiden, die Werkstatt- und Montageplanung vom

Auftragnehmer nur gegen zusätzliche Vergütung nach § 2 Abs. 9 VOB/B zu erbringen ist oder ob sie ohnehin geschuldet und mit den vertraglich vereinbarten Einheitspreisen abgegolten ist, empfiehlt es sich daher bereits in den Vertrag diese Leistungspflicht aufzunehmen.

17 Zu 2.2 Bemusterung.

Ist eine Bemusterung gewünscht, sollten bereits bei Vertragsschluss die zu bemusternden Bauteile etc. und auch die Bemusterungstermine festgelegt werden, damit der Auftragnehmer sich bei seinen Bestellungen insbesondere zeitlich darauf einstellen kann.

18 Zu 2.3 Werkszertifikate/Übereinstimmungserklärungen.

Nach den Landesbauordnungen (vgl. z.B. § 24 ThürBauO) bedürfen Bauprodukte einer Bestätigung ihrer Übereinstimmung mit den technischen Regeln, den allgemeinen bauaufsichtlichen Zulassungen, den allgemeinen bauaufsichtlichen Prüfzeugnissen oder der Zustimmung im Einzelfall. Die »Technischen Regeln« werden in der sog. Bauregelliste A vom Deutschen Institut für Bautechnik im Einvernehmen mit der obersten Bauaufsichtsbehörde für Bauprodukte bekannt gemacht. Für Bauprodukte, die in der Bauregelliste aufgeführt werden, muss ein Nachweis vorliegen, dass das Produkt mit diesen technischen Regeln usw. übereinstimmt (Werksbescheinigung, Werkszeugnis). Bauprodukte, die ausschließlich nach dem Bauproduktgesetz oder nach sonstigen Vorschriften zur Umsetzung von Richtlinien der Europäischen Gemeinschaften in Verkehr gebracht und gehandelt werden dürfen, deren Anforderungen aber nicht erfüllen, sowie nicht geregelte Produkte, bedürfen einer Zulassung im Einzelfall durch die oberste Bauaufsichtsbehörde (vgl. im Einzelnen: Beck'scher VOB-Kommentar/Junghenn § 4 Abs. 2 Rn. 149 ff.).

Das Fehlen von Übereinstimmungserklärungen oder der Zulassung im Einzelfall stellt einen Mangel der Werkleistung dar (Kapellmann/Messerschmidt/Weyer § 13 VOB/B Rn. 31; BGH BauR 1981, 69).

Dennoch wird dies häufig nicht beachtet und vor allem werden dem Auftraggeber die erforderlichen Nachweise nicht zur Verfügung gestellt. Dieser kann hierdurch noch Jahre nach Fertigstellung der Baumaßnahme in erhebliche Schwierigkeiten vor allem mit der Bauordnungsbehörde geraten. Man denke z.B. daran, dass eine Überkopfverglasung bei Wind- oder Schneelast versagt und einen Passanten verletzt.

Schon allein damit alle Beteiligten an die Notwendigkeit der Bescheinigungen und Nachweise denken, sollte eine solche Regelung in den Vertrag aufgenommen werden. Auch ist vielen Auftragnehmern nicht bewusst, dass sie für eine mangelfreie Leistung die entsprechenden Nachweise vorzulegen haben, und vor allem, dass hierfür kein gesonderter Vergütungsanspruch besteht.

19 Zu 3. Planfortschreibung, Alternativ- und Bedarfspositionen.

Selten wird bereits bei Vertragsschluss die vollständige und endgültige Ausführungsplanung vorliegen. I.d.R. werden die Pläne zu Ausführungsdetails nachgereicht, während der Auftragnehmer seine Arbeiten bereits ausführt. Zwischen der Ausführungsplanung des Architekten oder Fachplaners und der Werkstatt- und Montageplanung des Auftragnehmers besteht meist eine Wechselbeziehung. Vom Planer zu liefernde Ausführungsdetails können zum Teil erst dann geliefert werden, wenn Einzelheiten der Werkstatt- und Montageplanung vorliegen. Zwar trägt grundsätzlich der Auftragnehmer die Verantwortung für seine Werkstatt- und Montageplanung, jedoch sollte diese regelmäßig dem Architekten oder Fachplaner vorgelegt werden. Dies dient nicht nur zur Überprüfung darauf, ob diese mangelhaft ist, sondern dem Planer sollte rechtzeitig Gelegenheit gegeben werden, die Werkstatt- und Montageplanung daraufhin durchzusehen, inwieweit sie Einfluss auf die noch fortzuführende Ausführungsplanung oder die Leistungen anderer Gewerke (z.B. Trassenführung von Rohr- und Kabelleitungen) haben kann.

Da die rechtzeitige Vorlage der noch ausstehenden Ausführungsplanung und der Werkstatt- und Montageplanung, sowie die notwendige Prüfung jeweils durch Planer und Auftragnehmer wichtig für den kontinuierlichen Bauablauf ist, sollten hierzu entsprechende Regelungen in den Vertrag aufgenommen werden. Dasselbe gilt für die Entscheidung des Auftraggebers bei der Wahl zwischen Alternativpositionen.

Zu 3.1 Vorlage und Prüffristen.

20

Nach § 3 Abs. 1 VOB/B muss der Auftraggeber dem Auftragnehmer die für die Ausführung nötigen Unterlagen unentgeltlich und rechtzeitig übergeben. Hierzu zählt insbesondere auch die Ausführungsplanung. Vgl. Anmerkungen zu Ziff. 1.2 (4) des Vertragsmusters. Die Übergabe muss so rechtzeitig erfolgen, dass der Auftragnehmer etwa im Hinblick auf vereinbarte Vertragsfristen ausreichend Zeit zur Überprüfung der Pläne, zur Umsetzung in seine Werkstatt- und Montageplanung sowie zur Umsetzung bei der Bauausführung hat (vgl. i.E. Beck'scher VOB-Kommentar/ Hartung § 3 Abs. 1 Rn. 24 ff.).

Zwar hat der Auftraggeber die Verantwortung für die von ihm gelieferten Pläne etc., jedoch trifft den Auftragnehmer nach § 3 Abs. 3 S. 2 VOB/B eine Prüfungs- und Hinweispflicht hinsichtlich aller übergebenen Unterlagen. Der Auftragnehmer hat die gesamten Unterlagen zu überprüfen, insbesondere auf Unstimmigkeiten in technischer Hinsicht. Dazu zählen Auslassungen, Widersprüche oder Unklarheiten, die dem fachkundigen Bauunternehmer auffallen müssen.

Jeder Unternehmer muss sich die notwendigen Kenntnisse zurechnen lassen, auch wenn er sie konkret nicht besitzt. Handelt es sich um Kenntnisse, die man von einem entsprechenden Fachunternehmer erwarten darf, kann er sich nicht darauf berufen, er selbst würde über solche Kenntnisse nicht verfügen (BGH BauR 1974, 125; Kuffer/Wirth, Kapitel 1 Rn. 488).

§ 3 Abs. 3 S. 2 VOB/B enthält zwar eine Hinweispflicht des Auftragnehmers, regelt jedoch nicht, dass diese schriftlich zu erfolgen hat. Ein lediglich mündlicher Hinweis bereitet nicht nur Nachweisprobleme bei einem späteren Streitfall, sondern kann auch zu Missverständnissen führen. Eine schriftliche Bedenkenanmeldung erfordert, dass der Auftragnehmer sich ausreichend Gedanken über seine Bedenken und deren Auswirkungen macht, da er sie zunächst zu Papier bringen muss. Auch können sich manchmal Auftragnehmer und Planer nicht darüber einigen, ob die Angaben in den Plänen oder anderen Vorgaben des Planers tatsächlich zu Mängeln in der Bauausführung führen würden, von den Vorgaben der Baugenehmigung abweichen, eine Änderung des Leistungsinhalts bedeuten usw. Hier ist es notwendig, dass der Auftraggeber möglichst frühzeitig und so detailliert von den Bedenken Kenntnis erlangt, dass er regulierend eingreifen kann, bevor es zu Auswirkungen auf den Bauablauf kommt. Dies ist nicht sichergestellt, wenn Bedenkenanmeldungen ausschließlich an den Planer gerichtet werden (auch nicht »an den Auftraggeber über das Planungsbüro«). Hier besteht die Gefahr, dass der Architekt oder der Fachplaner die an ihm geäußerte Kritik vor dem Bauherrn geheim halten will (vgl. Ingenstau/Korbion/Oppler § 4 Abs. 3 Rn. 73). Deshalb sollte verlangt werden, dass Bedenkenanmeldungen sowohl an den Auftraggeber als auch (in Kopie) an den Planer zu senden sind.

Zu 3.2 Zeitpunkt über Entscheidung zu Bedarfs- und Alternativpositionen.

21

Zur Bedeutung der Begriffe Bedarfs- und Alternativposition vgl. Anmerkungen zur Ziff. 1.2 (3).

Wenn mithilfe eines Leistungsverzeichnisses Angebote verschiedener Bauunternehmen eingeholt werden und in diesem neben den Grundpositionen für eine andere Ausführungsart der Teilleistung Alternativpositionen vorgesehen sind, wird vertreten, dass mit Auftragserteilung bzw. Vertragsschluss, nur der Preis für die Grundposition als vereinbart gilt (vgl. KG BauR 2004, 1779).

Wird nur das vom Auftragnehmer mit Preisen ausgefüllte Leistungsverzeichnis (Angebotsleistungsverzeichnis) zum Vertragsbestandteil gemacht, sollte im Vertragstext deshalb klargestellt werden, dass sich der Auftraggeber auch nach Vertragsschluss die Entscheidung zwischen Grundposition und Alternativpositionen offen hält (siehe auch Anmerkung Schulze-Hagen IBR 2004, 183).

22 Zu 4. Leistungsänderungen und zusätzliche Leistungen.

Mit der Anordnungs- und Änderungsbefugnis nach § 1 Abs. 3 und 4 VOB/B wird dem Auftraggeber ein einseitiges Leistungsbestimmungsrecht (§ 315 BGB) eingeräumt, dass den besonderen Erfordernissen des Bauwerkvertrages angepasst ist. Bei fast jedem Bauvorhaben ergeben sich erst während der Bauausführung im Vergleich zur ursprünglichen Planung notwendige oder zumindest für den Bauherrn wünschenswerte Änderungen.

Ohne eine solche Änderungsbefugnis könnte der Auftraggeber bei einem einmal abgeschlossenen Bauvertrag solche Änderungen des Leistungsinhalts nur durch eine Kündigung und den Abschluss eines neuen oder anderen Vertrages erreichen. Eines der Hauptziele der VOB/B ist es jedoch, den ungestörten Bauablauf sicherzustellen, und dabei auf die jeweiligen Interessen von Auftraggeber und Auftragnehmer Rücksicht zu nehmen.

Das Interesse des Auftraggebers liegt darin, am Ende ein seinen Vorstellungen entsprechendes Bauwerk zu bekommen, das Hauptinteresse des Auftragnehmers ist es, für seine Leistungen die vereinbarte Vergütung zu erhalten. Demgemäß steht dem Anordnungsrecht des Auftraggebers der Anspruch des Auftragnehmers auf Anpassung seiner Vergütung bzw. auf eine zusätzliche Vergütung gem. § 2 Nrn. 4 bis 7 VOB/B gegenüber (Leinemann/Leinemann VOB/B § 1 Rn. 65; Ingenstau/Korbion/Keldungs § 1 Abs. 3 VOB/B Rn. 2).

Dies hat auch der Gesetzgeber erkannt und im neuen Bauvertragsrecht in § 650b BGB ein Anordnungsrecht des Bestellers aufgenommen. Die Regelung ist aber nicht vollständig deckungsgleich mit § 1 Abs. 3 und 4 VOB/B. Das Gesetz unterscheidet zwischen »Änderungen des vereinbarten Werkerfolges« (§ 650b BGB Abs. 1 Nr. 1 BGB) und »Änderungen, die zur Erreichung des vereinbarten Werkerfolges notwendig« sind (§ 650b BGB Abs. 1 Nr. 2 BGB).

In der Begründung des Regierungsentwurfs zum neuen Bauvertragsrechts heißt es hierzu:

> »Eine Änderung des Werkerfolgs nach Absatz 1 Satz 1 Nummer 1 ist nicht an bestimmte Ziele gebunden. So kann sie darauf zurückzuführen sein, dass sich die Vorstellungen des Bestellers geändert haben oder er bei der Planung Umstände, etwa unterzubringende Möbel oder sonstige Gegenstände, nicht berücksichtigt hat. Anordnungen nach Absatz 1 Nummer 2 dienen dazu, den vereinbarten Werkerfolg zu erreichen. Solche Anordnungen des Bestellers können aus verschiedenen Gründen veranlasst sein, etwa durch Änderungen der Rechtslage oder behördliche Vorgaben. Betroffen sind auch Fälle, in denen die ursprüngliche Leistungsbeschreibung des Bestellers lücken- oder fehlerhaft ist und ihre Umsetzung deshalb nicht zur Herstellung eines funktionstauglichen Bauwerks führen würde.« (BT-Druck. 18/8486 S. 53).

23 Zu 4.1 Umfang der Änderungsbefugnis.

Der neu in das Gesetz aufgenommene § 650b BGB Abs. 2 S. 2 BGB regelt, dass der Unternehmer Anordnungen, die eine »Änderungen des vereinbarten Werkerfolges« darstellen nur befolgen muss, wenn diese ihm »zumutbar« sind. Mit dieser Zumutbarkeitsgrenze dürfte der Gesetzgeber wohl in erster Linie § 1 Abs. 4 VOB/B im Auge gehabt haben, nach dem er Auftragnehmer angeordnete nicht vereinbarte Leistungen, die »zur Ausführung der vertraglichen Leistungen erforderlich werden«, nur ausführen muss, wenn sein Betrieb darauf eingerichtet ist, andere also zur Ausführung der vertraglichen Leistungen nicht erforderliche Leistungen aber nur, wenn er der Anordnung zustimmt.

Die gesetzliche Regelung geht einerseits über die Anordnungsbefugnis nach § 1 Abs. 4 VOB/B hinaus, in dem sie dem Auftraggeber die Anordnungsbefugnis für zusätzliche Leistungen ohne Zustimmung des Auftragnehmers auch für Änderungen des vereinbarten Werkerfolges gibt, wenn diese Leistungen nicht erforderlich für die Ausführungen der vertraglichen Leistungen sind. Andererseits macht sie dies von der »Zumutbarkeit« für den Auftragnehmer abhängig. Dies geht weiter als die Voraussetzung, dass der Betrieb des Unternehmers darauf eingerichtet ist; es können auch andere Gründe zur Unzumutbarkeit führen, so z.B., dass der Auftragnehmer zurzeit keine ausreichenden Personalkapazitäten hat.

Da es bislang noch an Rechtsprechung zum neuen Bauvertragsrecht fehlt, sollte man sicherheitshalber davon ausgehen, dass das Verweigerungsrecht des Auftragnehmers bei Unzumutbarkeit ein gesetzliches Leitbild darstellt, dass bei der AGB-rechtlichen Beurteilung des § 1 Abs. 3 und Abs. 4 VOB/B herangezogen werden könnte. Daher sieht dieses Vertragsmuster vor, dass der Auftragnehmer eine solche Änderungsanordnung ablehnen kann, wenn eine Änderung, die nicht erforderlich ist, für ihn unzumutbar ist.

§ 650b Abs. 1 S. 3 BGB enthält eine Beweislastregel. Macht der Unternehmer geltend, ihm sei die Anordnung einer Änderung des vereinbarten Werkerfolgs unzumutbar, trifft ihn für die Unzumutbarkeitsgründe nur dann die Beweislast, wenn er hierfür »betriebsinterne Vorgänge« vorbringt. Das Vertragsformular enthält eine hiervon abweichende Regelung dahingehend, dass der Auftragnehmer die Unzumutbarkeitsgründe nicht nur unverzüglich genau mitzuteilen hat, sondern dass ihn im Falle eines Rechtsstreits auch dann die Beweislast trifft, wenn er andere als betriebsinterne Gründe geltend macht. Das Änderungsrecht des Auftraggebers beschränkt sich grundsätzlich auf den Bauentwurf, also den Bauinhalt. Damit gemeint ist alles, was durch die gesamte Leistungsbeschreibung in technischer Hinsicht Vertragsinhalt geworden ist und jetzt geändert werden soll (Ingenstau/Korbion/Keldungs, § 1 Abs. 3 VOB/B Rn. 3; Kapellmann/Messerschmidt/von Rintelen, § 1 VOB/B Rn. 51 ff.).

Der sonstige Vertragsinhalt, wie Abrechnungs- und Zahlungsvereinbarungen, Bestimmungen über die Abnahme, Mängelrechte usw. sind nicht vom Änderungsrecht umfasst.

Keine einheitliche Meinung lässt sich zu der Frage feststellen, inwieweit die Änderungsbefugnis auch in die Bauumstände eingreifen kann. Insbesondere zu der Frage, ob der Auftraggeber auch Anordnungen zur Bauzeit treffen darf, ist höchst umstritten (vgl. zum Meinungsstand: Ingenstau/Korbion/Keldungs, § 1 Abs. 3 VOB/B Rn. 4; Maase, BauR 2017, 781 – 797 und 929 – 943; Luz, BauR 2016, 1065 ff.; Zanner, BauR 2006, 177 ff.; Thode, BauR 2008, 155 ff.; Tomic, ZfBR 2010, 315; Wirth/Würfele, Jahrbuch Baurecht 2006, 119, 152 ff.; Kniffka/Jansen/von Rintelen, ibr-online-Kommentar Bauvertragsrecht, Stand 12.05.2017, § 631 Rn. 952 ff. jeweils m.w.N.).

Daran hat sich durch das neue Bauvertragsrecht nichts geändert. Eine Anordnung des Auftraggebers, die sich auf die Bauzeit bezieht, ist i.d.R. weder eine »Änderung des Werkerfolgs«, noch eine »Änderung, die zur Erreichung des vereinbarten Werkerfolgs erforderlich« ist (§ 650b BGB).

Die auch bauzeitbezogene Abänderungsbefugnis des Auftraggebers ist jedoch eine wichtige Voraussetzung dafür, dass er als Bauherr seine Koordinationspflicht unter den einzelnen Gewerken (§ 4 Abs. 1 Nr. 1 VOB/B) erfüllen kann. Erkennt der Auftraggeber, dass sich unterschiedliche Gewerke bei ihren Arbeiten nach dem bislang vorgesehenen Bauablauf behindern würden, muss ihm das Recht zustehen, einen der Unternehmer »umzuleiten«. Dies kann dadurch erfolgen, dass er ihn anweist, seine Arbeiten an anderer Stelle des Bauvorhabens fortzusetzen, oder veranlasst, dass der Auftragnehmer die Arbeiten unterbricht oder mit verringerter Kapazität fortführt. Andererseits muss ihm auch die Möglichkeit gegeben werden, beschleunigende Maßnahmen anzuordnen, wenn dies den geordneten Bauablauf vor allem im Verhältnis zu den anderen Gewerken sicherstellt oder erst ermöglicht.

Aus diesem Grund sollte man dem Meinungsstreit aus dem Wege gehen und das bauzeitbezogene Anordnungsrecht des Auftraggebers im Vertrag festschreiben. Der Auftragnehmer wird durch eine solche Befugnis des Auftraggebers auch nicht unbillig benachteiligt. Das bauzeitbezogene Anordnungsrecht ist eine Ausformung des einseitigen Leistungsbestimmungsrechts nach § 315 BGB. Der Auftraggeber muss also bei der Ausübung seines billigen Ermessens auch die Interessen des Auftragnehmers berücksichtigen (Leinemann/Leinemann, VOB/B § 1, Rn. 58). Er kann vom Auftragnehmer keine Maßnahmen verlangen, die die Kapazität seines Unternehmens nicht erlaubt. Er kann nicht erwarten, dass der Auftragnehmer Arbeitskräfte von anderen Baustellen abzieht oder, abgesehen von großen, lang andauernden Baumaßnahmen, zusätzliches Personal für

Beschleunigungsmaßnahmen einstellt. Ob der Auftragnehmer die Hilfe von Subunternehmern in Anspruch nehmen muss, um die Anordnung des Auftraggebers zu erfüllen, dürfte eine Frage des Einzelfalls sein.

Ob eine Vertragsklausel, die dem Auftraggeber auch ein Anordnungsrecht bezogen auf die Bauzeit einräumt, einer AGB-rechtlichen Kontrolle durch die Gerichte standhält, kann allerdings mangels einschlägiger Entscheidungen nicht garantiert werden. Markus und Kapellmann halten ein in AGB vereinbartes Bauzeitbezogenes Anordnungsrecht des Auftraggebers zumindest dann für bedenklich, wenn die Interessen des Auftragnehmers nicht berücksichtigt werden (vgl. Markus, NJW 2007, 545, 547 und Kapellmann, NJW 2008, 257, 259). Von Rintelen ist der Auffassung, dass eine Erweiterung des Änderungsvorbehalts auf Bauzeit und Bauumstände ist zulässig, soweit die Belange des Auftragnehmers und seine Dispositionsrechte angemessen berücksichtigt werden (Kapellmann/Messerschmidt/von Rintelen § 1 VOBB/B Rn. 102).

Um dem Rechnung zu tragen, sind die Interessen des Auftragnehmers, die der Auftraggeber bei seiner Anordnung zu berücksichtigen hat (vgl. Ziff. 4.3 des Vertrages), in der hier vorgeschlagenen Regelung näher bezeichnet. Auch soll nach der hier vorgeschlagenen Lösung für den Fall einer Vertragsstrafe weiterhin die ursprünglich vereinbarte Frist gelten, wenn der Auftraggeber Anordnungen trifft, die die vorgesehene Bauzeit verkürzen sollen (vgl. Ziff. 6.3 des Vertrages).

Streit entsteht regelmäßig über die Vergütung von Nachtragsleistungen, die von der Bauleitung angeordnet wurden. Es geht dabei um die Frage, ob der Bauleiter des Auftraggebers berechtigt ist, Anordnungen zu treffen oder zusätzliche Leistungen zu verlangen. Hier sollte klargestellt werden, dass hierzu nur der Auftraggeber berechtigt ist, es sei denn, es ist ausdrücklich etwas anderes geregelt oder der Auftraggeber hat eine dementsprechende Vollmacht erteilt (siehe hierzu die Anmerkung zu Ziff. 12. 2 des Vertrages).

24 Zu 4.2 Vergütungsfolgen der Änderung/Abwendung des Leistungsverweigerungsrechts.

Dem Recht des Auftraggebers durch Anordnungen den vertraglich vereinbarten Leistungsinhalt einseitig zu ändern, steht der Anspruch des Auftragnehmers auf eine entsprechende Preisanpassung gegenüber, wobei auch der Auftraggeber eine Anpassung des Preises verlangen kann, wenn durch die Anordnung Minderkosten entstehen.

Die Vergütungsfolgen sind in § 2 VOB/B geregelt. Entfallen Teilleistungen, weil der Auftraggeber diese selbst ausführt, durch ein anderes Unternehmen ausführen lässt oder auf die Ausführung ganz verzichtet, steht dem Auftragnehmer nach § 2 Abs. 4 i.V.m. § 8 Abs. 1 VOB/B die hierfür vereinbarte Vergütung zu, wobei er sich die ersparten Aufwendungen sowie das, was er aufgrund des Wegfalls der Teilleistung durch andere Aufträge erwirbt, anrechnen lassen muss; dies entspricht in der Rechtsfolge den Regelungen bei einer Teilkündigung. Haben Änderungen des Bauentwurfs oder andere Anordnungen des Auftraggebers Auswirkungen auf die Grundlage der vereinbarten Preise, findet nach § 2 Abs. 5 VOB/B unter Berücksichtigung der Mehr und Minderkosten eine Anpassung der jeweils betroffenen Einheitspreise statt. Für zusätzliche, also zunächst im Vertrag nicht vereinbarte Leistungen, kann nach § 2 Abs. 6 VOB/B der Auftragnehmer eine zusätzliche Vergütung verlangen. Hier sind neue Einheitspreise zu bilden, wobei Grundlage für die Preisermittlung die Kalkulation des Auftragnehmers für die im Vertrag bereits vereinbarten Preise ist. Auf welcher Grundlage die Preisberechnung zu erfolgen hat, wird derzeit jedoch heftig diskutiert (siehe zum Meinungsstand auch unter Berücksichtigung des neuen Bauvertragsrechts von Rintelen, NZBau 2017, 315).

In der hier vorgeschlagenen Klausel erfolgt zunächst eine Klarstellung, dass vertragliche Regelungen über die Preisbildung, die eventuell von den Vorgaben der VOB/B abweichen, vorgehen. Dies kann z.B. eine Regelung über die Frage sein, ob vom Auftragnehmer auf die zunächst angebotenen Preise gewährte Nachlässe auch bei der Preisermittlung für die geänderten oder zusätzlichen Leistungen zu berücksichtigen sind. Der Verweis auf § 2 Abs. 4 bis 6 VOB/B stellt klar, dass auch bei bauzeitbezogenen Anordnungen dieses Preisanpassungssystem anzuwenden ist.

§ 2 Abs. 6 VOB/B schreibt vor, dass, wenn der Auftragnehmer für eine im Vertrag nicht vorgesehenen Leistung eine zusätzliche Vergütung beanspruchen will, er diesen Anspruch vor Ausführung der Leistung dem Auftraggeber ankündigen muss. Die Erfüllung dieser Ankündigungspflicht soll zwar nach herrschender Meinung Anspruchsvoraussetzung für den Mehrvergütungsanspruch sein, jedoch werden hiervon umfassende Ausnahmen gemacht, so dass der Anspruch auf eine besondere Vergütung auch ohne vorherige Ankündigung meist durchsetzbar ist. So soll die Ankündigung entbehrlich sein, wenn für den Auftraggeber nach den Umständen des Einzelfalls hinreichend klar erkennbar ist, dass die Zusatzleistung nur gegen Vergütung erbracht werden wird, oder der Auftraggeber nach Lage der Dinge keine Alternative zur sofortigen Ausführung der Zusatzleistung hat (BGH BauR 1996, 542; OLG Düsseldorf, Urt. v. 23.08.2002 – 22 U 25/02 – bei ibr-online; Ingenstau/Korbion/Keldungs § 2 Abs. 6 VOB/B Rn. 20 ff.).

Dem Auftragnehmer bleibt auch dann der Anspruch erhalten, wenn er die Ankündigung schuldlos versäumt hat (BGH a.a.O.).

§ 2 Abs. 5 VOB/B sieht eine solche Ankündigungspflicht nicht vor. Dies wird damit begründet, dass bei Änderungen des Bauentwurfs oder anderen Anordnungen dem Auftraggeber in der Regel klar sein soll, dass er damit Vergütungsänderungen herbeiführt, während im Gegensatz dazu der Auftraggeber vielfach nicht erkennen könne, was eine zusätzliche Leistung ist oder was zum geschuldeten Leistungsumfang gehört, und er deshalb im Fall des § 2 Abs. 6 VOB/B durch die Verpflichtung zur vorherigen Anzeige geschützt werden müsse (Ingenstau/Korbion/Keldungs § 2 Abs. 6 VOB/B Rn. 17).

Tatsächlich ist es in der Praxis jedoch meist umgekehrt. Verlangt der Auftraggeber Leistungen, die bisher im Vertrag nicht vorgesehen waren, ist dies im Normalfall problemlos durch einen Vergleich mit der Leistungsbeschreibung bzw. dem Leistungsverzeichnis erkennbar.

Ob allerdings eine Änderung des Bauentwurfs oder eine andere Anordnung die Grundlagen der vereinbarten Preise ändert, kann in der Regel nur der Auftragnehmer erkennen, da er bei der Preisermittlung den voraussichtlichen Aufwand und die vermutlichen Kosten kalkuliert hat. Es ist daher ratsam, den Auftragnehmer für beide Fälle zu verpflichten, den Auftraggeber auf die Kostenfolgen seiner Anordnung hinzuweisen. Eine Klausel in AGB des Auftraggebers, die die Ankündigungspflicht auch auf geänderte Leistungen ausdehnt ist zulässig, wenn sie die Ausnahmetatbestände in Anlehnung an oben dargestellten Grundsätze der Rechtsprechung des BGH enthält und auf die einschneidenden Folgen der unterlassenen Ankündigung deutlich hinweist (Kapellmann/Messerschmidt § 2 VOB/B Rn. 202; Kapellmann/Schiffers Bd. I Rn. 929).

Das Vertragsformular sieht vor, dass der Auftragnehmer, wenn er meint eine geänderte oder zusätzliche Vergütung beanspruchen zu können, dem Auftraggeber sobald wie möglich ein schriftliches Angebot vorzulegen hat. Dies entspricht im Grundsatz § 650b Abs. 1 S. 2 BGB. § 650b Abs. 1 S. 3 BGB bestimmt aber, dass wenn der Besteller die Verantwortung für die Planung des Bauwerks oder der Außenanlage trägt – was der Regelfall sein dürfte – nur dann zur Erstellung eines Angebotes verpflichtet ist, wenn der Besteller die für die Änderung erforderliche Planung vorgenommen und dem Unternehmer zur Verfügung gestellt hat. Dies ist eine sinnvolle Regelung, da der Auftragnehmer ohne die entsprechende Planung kaum in der Lage sein dürfte ein konkretes Angebot zu unterbreiten. Das Vertragsformular regelt hierzu jedoch, dass der Auftragnehmer gegebenenfalls für die Erstellung eines Angebotes benötigte Planungsunterlagen dem Auftraggeber entsprechend zu bezeichnen hat.

Bei alldem ist jedoch zu berücksichtigen, dass der Bauablauf nicht durch übertriebene Förmlichkeiten gehemmt oder durch die Verpflichtung der Parteien, zunächst eine endgültige Einigung über streitige Punkte zu finden, sogar unterbrochen wird. Dem Bedürfnis nach einer kontinuierlichen Fortführung der Bautätigkeit trägt § 2 Abs. 5 und Abs. 6 Nr. 2 VOB/B dadurch Rechnung, dass eine Vereinbarung über die Preisänderung zwar vor Ausführung getroffen werden soll, dies jedoch nicht verpflichtend ist. In manchen Bauverträgen wird geregelt, dass der Auftragnehmer geänderte oder zusätzliche Leistungen nur dann ausführen darf oder muss, wenn diese zuvor vom Auftraggeber schriftlich beauftragt werden; im Gegenzug soll er auch nur bei Vorliegen eines schriftlichen Zusatzauftrags hierfür eine Vergütung erhalten. Bedenkt man jedoch, dass sich die meisten Änderungsanordnungen und Zusatzleistungen nur aus der baubegleitenden Detailplanung ergeben, sind durch solch eine Regelung ständige Bauunterbrechungen vorprogrammiert. Den Interessen sowohl der Auftraggeber- als auch der Auftragnehmerseite wird ausreichend Genüge getan, wenn der Auftragnehmer, sobald er höhere Kosten bzw. einen Mehrvergütungsanspruch erkennen kann, hierauf hinweisen muss. Falls der Auftraggeber das Kostenrisiko scheut, und ihm die Sicherheit auf der Kostenseite wichtiger ist als der kontinuierliche Bauablauf, kann er jederzeit die Ausführung der geänderten oder zusätzlichen Leistung stoppen.

Erst recht sollte von den Parteien nicht verlangt werden, dass zwingend vor Ausführung der Leistung zunächst eine Vergütungsvereinbarung getroffen werden muss. Zum einen benötigt der Auftragnehmer in der Regel einige Zeit, um die Mehrforderung nachvollziehbar zu kalkulieren. Zum anderen muss der Auftraggeber das Nachtragsangebot prüfen, wobei er insbesondere bei größeren Bauvorhaben meist gleichzeitig mit einer Vielzahl von Nachträgen konfrontiert wird. So ist es in der Zwischenzeit üblich, dass der Bauherr, auch wenn Mehrvergütungsansprüche angezeigt werden, zunächst die Ausführung »dem Grunde nach« anweist und sich eine Prüfung der Nachtragsforderung vorbehält.

Aus diesem Grunde enthält das vorgeschlagene Vertragsformular die Regelung, dass der Auftraggeber die Ausführung der geänderten oder zusätzlichen Leistung anordnen kann, auch wenn sich die Parteien noch nicht über die Vergütung geeinigt haben.

§ 650b BGB des neuen Bauvertragsrechts verfolgt das Ziel, möglichst auf ein Einvernehmen der Vertragsparteien hinzuwirken, bevor der Besteller von seinem Anordnungsrecht Gebrauch macht (BT-Drucks. 18/8486 S. 53). Daher sieht § 650b Abs. 2 BGB vor, dass der Besteller erst dann die Ausführung der Änderung anordnen kann, wenn die Parteien innerhalb von 30 Tagen nach Zugang des Änderungsbegehrens keine Einigung erzielt haben. Ob eine solche »Wartepflicht« als gesetzliches Leitbild anzusehen ist, von dem in AGB nicht abgewichen werden kann, wird die Auseinandersetzung mit dem neuen Bauvertragsrecht in Literatur und Rechtsprechung zeigen. Nach der hier vertretenen Auffassung ist dies jedoch nicht der Fall.

Können sich die Vertragsparteien nicht über eine zusätzliche Vergütung einigen, kann dies zum einen daran liegen, dass der Auftraggeber davon ausgeht, es handle sich weder um eine zusätzliche noch um eine geänderte Leistung, oder zum anderen daran, dass der Mehrvergütungsanspruch dem Grunde nach zwar unstreitig ist, der Auftraggeber aber die Höhe der Forderung nicht akzeptiert. Eskaliert ein solcher Streit, reagiert der Auftragnehmer nicht selten mit der Einstellung seiner Arbeiten oder gar mit einer Kündigungserklärung. Auf die Einstellung der Arbeiten wiederum folgt oft eine Kündigung durch den Auftraggeber.

Ob und wann dem Auftragnehmer ein Leistungsverweigerungsrecht zusteht, wenn der Auftraggeber ein Nachtragsangebot nicht annimmt oder zumindest keine Einigung über die Vergütungshöhe erzielt werden kann, hängt von den Umständen des Einzelfalls ab (Kniffka/Koeble, Kompendium, Teil 5 Rn. 159 m.w.N.). Mit einer solchen Eskalation bei den Nachtragsverhandlungen ist keiner der beiden Seiten gedient. Ob ein Nachtrag dem Grunde oder der Höhe nach berechtigt war oder nicht, ob der Auftraggeber bereits endgültig und ernsthaft die Verhandlungen verweigerte und ob der Auftragnehmer zur Arbeitseinstellung berechtigt war, wird sich in den seltensten Fällen mit abschließender Sicherheit feststellen lassen. Eine Kündigung des Auftraggebers, ohne dass tatsächlich ein wichtiger Grund vorlag, kann für diesen ebenso erhebliche finanzielle Nachteile mit sich bringen, wie die unberechtigte Leistungsverweigerung für den Auftragnehmer.

Auch wenn die Parteien keine Einigung über einen Nachtrag erzielen können, sollten sie nicht voreilig zur Arbeitseinstellung oder Kündigung greifen. Ein akzeptabler Ausweg ist die hier vorgesehene Möglichkeit, ein mögliches Leistungsverweigerungsrecht des Auftragnehmers durch das

Stellen einer Sicherheit abzuwenden. Zwar erhält der Auftragnehmer hierdurch noch nicht die von ihm gewünschte Zahlung und damit Liquidität, aber zumindest eine Sicherheit; der Avalrahmen des Auftraggebers wird durch die Bürgschaft zwar eingeschränkt, er muss jedoch noch nicht auf eine möglicherweise unberechtigte Forderung zahlen. In Anbetracht der hohen Risiken, denen beide Parteien ausgesetzt sind, lassen sich diese Nachteile verkraften.

Der neue § 650c Abs. 3 BGB eröffnet dem AN die Möglichkeit, bei der Berechnung von Abschlagszahlungen 80 Prozent einer in einem Nachtragsangebot genannten Mehrvergütung ansetzen, wenn sich die Parteien nicht über die Höhe geeinigt haben oder keine anderslautende gerichtliche Entscheidung ergeht. Dabei handelt es sich um eine vorläufige Höhe der Nachtragsvergütung. Die zutreffend ermittelte Nachtragvergütung, die im Zweifel gerichtlich festzustellen ist, wird dann erst nach der Abnahme bzw. der Stellung der Schlussrechnung fällig. Macht der AN von dieser Möglichkeit Gebrauch, wäre es treuwidrig, wenn er dennoch die Leistung verweigert, weil der AG nicht die volle Höhe der geforderten Nachtragsvergütung anerkennt. Dies wird im Vertragsmuster klargestellt. Zahlt der AG die so in den Abschlagsrechnungen angesetzte Mehrvergütung nicht, kann der AN selbstverständlich seine Rechte wegen Zahlungsverzuges wahrnehmen, z.B. das Kündigungsrecht nach § 9 Abs. 1 Nr. 2 VOB/B.

Ist der AG der Ansicht, dass dem AN keine oder eine geringere als die nach § 650c Abs. 3 BGB in Ansatz gebrachte Mehrvergütung zusteht, muss er gerichtliche Hilfe im Wege des einstweiligen Rechtsschutzes in Anspruch nehmen.

Zu 4.3 Gegenseitige Pflichten bei bauzeitbezogener Anordnung. 25

Nach § 6 Abs. 2 Nr. 1a) VOB/B werden Ausführungsfristen verlängert, soweit eine Behinderung durch einen Umstand aus dem Risikobereich des Auftraggebers verursacht ist. Ein Verschulden des Auftraggebers ist insoweit nicht erforderlich. Solche Ursachen können vom Auftraggeber auch dann gesetzt werden, dass er veränderte oder zusätzliche Leistungen verlangt (BGH BauR 1990, 210; OLG Koblenz NJW-RR 1988, 851).

Nach § 6 Abs. 1 VOB/B muss der Auftragnehmer eine von ihm angenommene Behinderung dem Auftraggeber unverzüglich schriftlich anzeigen. Die Einzelheiten der Behinderungsanzeige sind in diesem Vertrag in Ziff. 5.2 geregelt. Der Verweis auf die entsprechende Anwendung der Ziff. 5.2 ist erforderlich, da der Auftraggeber nach Ziff. 4.1 des Vertrages berechtigt ist, bauzeitbezogene Anordnungen zu treffen, es aber für ihn nicht immer ersichtlich ist, ob und inwieweit seine Anordnung in die zeitliche Disposition des AN eingreift.

Ordnet der Auftraggeber Beschleunigungsmaßnahmen an, muss er darauf Rücksicht nehmen, ob der Auftragnehmer personell und evtl. auch technisch hierzu in der Lage ist. Führt die Anordnung des Auftraggebers zu einer Verlangsamung oder kurzzeitigen Unterbrechung, und hat dies zur Folge, dass der Auftragnehmer, weil er z.B. bereits Folgeaufträge angenommen hat, nach der im Vertrag vorgesehenen Bauzeit weniger oder gar kein Personal für die Baumaßnahme des Auftraggebers zur Verfügung hat, muss er auch dies berücksichtigen und im Rahmen ihrer Kooperationspflicht müssen beide Vertragsparteien eine Lösung suchen. Dies wäre aber auch dann der Fall, wenn sich die Bauzeit aus anderen Gründen als der Anordnung des Auftraggebers verschieben würde. Um den Parteien einen Anhaltspunkt zu geben, welche Interessen zu berücksichtigen sind, nennt die hier vorgeschlagene Klausel beispielhaft die personelle und technische Kapazität des Auftragnehmers. Diese Aufzählung kann aber nicht abschließend sein, da auch noch andere Gründe denkbar sind. Um die Interessen des Auftragnehmers berücksichtigen zu können, bedarf der Auftraggeber aber auch Anhaltspunkte hierfür, weshalb dem Auftragnehmer hier eine Mitteilungspflicht auferlegt wird.

Zu 5.1 Termine, Fristen, Zwischenfristen. 26

Haben die Parteien für den Baubeginn keinen Termin vereinbart, hat nach § 5 Abs. 2 VOB/B der Auftraggeber dem Auftragnehmer auf Verlangen Auskunft über den voraussichtlichen Beginn zu erteilen. Der Auftragnehmer hat innerhalb von 12 Werktagen nach Aufforderung zu beginnen. Ist keine Fertigstellungsfrist vereinbart, hat der Auftragnehmer die übertragenen Leistungen innerhalb eines angemessenen, nach Treu und Glauben zu bestimmenden Zeitraumes zu erbringen (BGH BauR 2001, 946).

Es empfiehlt sich dringend, zumindest für den Baubeginn und die Fertigstellung der Gesamtleistung des Auftragnehmers Fristen oder Termine zu vereinbaren. Der Auftragnehmer muss auch im Hinblick auf andere Aufträge seine Arbeitskräfte und Geräte disponieren und wird den vorgesehenen Zeitraum für seine Leistungen in seine Kalkulation einfließen lassen. Der Auftraggeber benötigt für die Koordination der einzelnen Gewerke untereinander und für die Frage der Fertigstellung des gesamten Bauvorhabens auch in zeitlicher Hinsicht eine gewisse Planungssicherheit.

Als Termin bezeichnet man einem festen Zeitpunkt, meist ein Datum. Unter Frist versteht man einen Zeitraum, also zum Beispiel »Fertigstellung 4 Wochen nach Baubeginn«. Die größte Klarheit wird natürlich durch die Vereinbarung fester Termine im Vertrag erreicht. Dies wird jedoch nicht immer möglich sein, z.B. wenn der Vertrag abgeschlossen wird, bevor die Baugenehmigung erteilt wurde. In diesem Fall wird man Zeiträume, also Fristen vereinbaren.

§ 5 VOB/B enthält detaillierte Regelungen über die Ausführungsfristen. So muss der Auftragnehmer auf Verlangen des Auftraggebers unverzüglich Abhilfe schaffen, wenn Arbeitskräfte, Geräte, Gerüste, Stoffe oder Bauteile so unzureichend sind, dass die Ausführungsfristen offenbar nicht eingehalten werden können (§ 5 Abs. 3 VOB/B.). § 5 Abs. 4 VOB/B regelt ausdrücklich, dass der Auftraggeber den Vertrag aus wichtigem Grund kündigen kann, wenn der Auftragnehmer den Beginn der Ausführung verzögert, seine Verpflichtung aus § 5 Abs. 3 VOB/B nicht nachkommt oder mit der Vollendung seiner Leistungen in Verzug gerät; er muss dem Auftragnehmer jedoch zuvor einer angemessenen Nachfrist setzen und die Kündigung androhen. Alternativ kann der Auftraggeber auch am Vertrag festhalten und vom Auftragnehmer Schadensersatz nach § 6 Abs. 6 VOB/B verlangen.

Für den Ausführungsbeginn und für die Gesamtfertigstellung vereinbarte Fristen oder Termine sind immer verbindliche Fristen (Vertragsfristen) im Sinne von § 5 Abs. 1 VOB/B; es sei denn, sie werden durch die Formulierung im Vertrag ausdrücklich relativiert, z.B. »voraussichtlicher Baubeginn« (Ingenstau/Korbion/Döring, § 5 Abs. 1 bis 3 VOB/B Rn. 3).

Anders verhält es sich mit Zwischenfristen oder Zwischenterminen, die für die Fertigstellung einer Teilleistung gelten sollen. In einem Bauzeitenplan enthaltene Einzelfristen gelten nur dann als Vertragsfristen, wenn dies im Vertrag ausdrücklich vereinbart ist (§ 5 Abs. 1 S. 2 VOB/B). Das Eingriffsrecht des Auftraggebers aus § 5 Abs. 3 VOB/B, also das Recht vom Auftragnehmer Abhilfe zu verlangen, wenn die Baustelle nicht ausreichend mit Personal, Gerätschaften oder Baustoffen ausgestattet ist, besteht nur, wenn Ausführungsfristen offenbar nicht eingehalten werden können. Ausführungsfristen in diesem Sinne sind aber nur die verbindlichen Vertragsfristen oder -termine (Kapellmann/Messerschmidt/Langen § 5 VOB/B Rn. 83, 84; Beck'scher VOB-Komm./ Althaus VOB/B § 5 Nr. 3 Rn. 2; a.A.: Ingenstau/Korbion/Döring, § 5 Abs. 1 bis 3 VOB/B Rn. 22).

Sind keine verbindlichen Zwischenfristen vereinbart, kann als Beurteilungsmaßstab für das »offenbar nicht einhalten können« nur der Fertigstellungstermin für die Gesamtleistung dienen; dies wird aber gerade in der Anfangsphase der Bauleistungen nicht ausreichen.

Aus diesem Grunde sollten Zwischenfristen/Zwischentermine ausdrücklich im Vertrag als »verbindlich« bzw. »Vertragsfristen« bezeichnet werden. Weniger sinnvoll ist es, sämtliche in einem Bauzeitenplan enthaltene Fristen/Termine zu Vertragsfristen zu erklären oder zu viele Zwischenfristen/-termine zu vereinbaren. Aus diesen Zwischenfristen/Zwischenterminen kann nicht nur der Auftraggeber, sondern auch der Auftragnehmer Ansprüche und Rechte herleiten. Der Auftraggeber muss im Rahmen seiner Koordinationspflicht dafür Sorge tragen, dass die für den Auftragnehmer zur Einhaltung der Zwischenfristen notwendigen Vorarbeiten rechtzeitig fertig gestellt werden. Der Auftragnehmer wird die Reihenfolge seiner Arbeiten in erster Linie darauf abstellen, welche Zwischenfristen er einhalten muss und nicht darauf, welche Arbeiten am sinnvollsten und effektivsten im Hinblick auf die Gesamtfertigstellung zur Zeit erbracht werden können. Beiden Parteien wird damit die Flexibilität in der Bauablaufgestaltung und dem Auftragnehmer ein Großteil an eigener Entscheidungskompetenz genommen.

Andererseits sollte man nicht ganz auf die Vereinbarung von Zwischenfristen/-terminen verzichten. Zwar kann sich der Auftraggeber auch anhand eines Bauzeitenplans, der nicht verbindliche Vertragsfristen enthält, einen Überblick darüber geschaffen, ob der Auftragnehmer zügig und effektiv arbeitet. Ihm fehlen jedoch die Möglichkeiten durch ein Abhilfeverlangen nach § 5 Abs. 3 VOB/B regulierend einzugreifen oder im Falle des Verzuges mit Zwischenfristen/-terminen durch eine frühzeitige Kündigung des Auftragnehmers »die Reißleine zu ziehen«, bevor der Bauablauf vollständig aus den Fugen gerät.

Zudem kann es auch Teilleistungen des Auftragnehmers geben, deren pünktliche Fertigstellung als Vorleistung für andere Gewerke besonders wichtig ist. Hier verleiht die Bezeichnung der Zwischenfrist als Vertragsfrist dieser das nötige Gewicht und es kann auf den Verzug mit dieser auch eine Vertragsstrafe vereinbart werden.

Zu 5.2 Behinderungsanzeige. 27

Ist der Auftragnehmer bei der Ausführung behindert, kann dies zu einer Verlängerung der Ausführungsfristen führen, insbesondere wenn der hindernde Umstand aus den Risikobereich des Auftraggebers herrührt (vgl. § 6 Abs. 2 VOB/B). Hat der Auftraggeber den hindernden Umstand zu vertreten, kann der Auftragnehmer nach § 6 Abs. 6 VOB/B Schadensersatz verlangen. Aber auch dann, wenn den Auftraggeber kein Verschulden trifft, die Behinderung jedoch aus seinem Risikobereich stammt, z.B. fehlende Vorleistungen anderer Gewerke, kann dem Auftragnehmer unter Umständen für Stillstandszeiten, höhere Kosten durch längere Bauzeit usw. ein Aufwendungsersatzanspruch nach § 642 BGB zustehen. Voraussetzung für die Verlängerung der Ausführungsfristen und/oder für die Ansprüche des Auftragnehmers auf Schadens- oder Aufwendungsersatz ist jedoch regelmäßig eine ordnungsgemäße Behinderungsanzeige; dies gilt nur dann nicht, wenn die Behinderung offenkundig ist (§ 6 Abs. 1 VOB/B).

Wird die Behinderung angezeigt, muss die Anzeige alle Tatsachen enthalten, aus denen sich für den Auftraggeber mit hinreichender Klarheit die Gründe der Behinderung ergeben (BGH BauR 1990, 210). Der Auftragnehmer hat Angaben zu machen, ob und wann seine Arbeiten, die nach dem Bauablauf nunmehr ausgeführt werden müssten, nicht oder nicht wie vorgesehen ausgeführt werden können. Bei unterlassener Anzeige besteht nur dann Anspruch auf Berücksichtigung der Behinderung, wenn dem Auftraggeber offenkundig die Tatsachen und deren hindernde Wirkung bekannt waren.

Bei nicht offenkundiger Behinderung und unterlassener Behinderungsanzeige verliert der Auftragnehmer seine Rechte aus § 6 Abs. 2 und 6 VOB/B (Ingenstau/Korbion/Döring, § 6 Abs. 1 VOB/B Rn. 2; BGH BauR 1971, 202; BGH BauR 1979, 245) sowie aus § 642 BGB (so ausdrücklich § 6 Abs. 6 S. 2 VOB/B). Dem Auftragnehmer ist es aber nicht verwehrt, sich gegenüber Schadensersatzforderungen des Auftraggebers nach § 6 Abs. 6 VOB/B darauf zu berufen, dass er die Behinderung nicht verursacht bzw. zu vertreten. Dies gilt auch für den Fall, dass der Auftraggeber den Auftragnehmer auf Zahlung einer Vertragsstrafe wegen Verzuges in Anspruch nimmt (BGH BauR 1999, 645).

Die hier vorgeschlagene Klausel gibt daher weitestgehend nur die in § 6 Abs. 1 VOB/B enthaltene Regelung wieder und hat somit in erster Linie eine Warnfunktion für den Auftragnehmer. Wichtig ist aber die Bestimmung, dass Behinderungsanzeigen direkt an den Auftraggeber und an den bauleitenden Architekten zusätzlich in Kopie zu senden sind.

Denn ob richtiger Adressat der Behinderungsanzeige ausschließlich der Auftraggeber ist oder diese auch an den bauleitenden Architekten/Ingenieur geschickt werden kann, ist höchst umstritten.

Teilweise wird vertreten, dass eine Behinderungsanzeige nur dann wirksam ist, wenn sie direkt an den Auftraggeber gerichtet ist, es sei denn, dieser habe den Architekten ausdrücklich zur rechtsgeschäftlichen Vertretung bevollmächtigt (Franke/Kemper/Zanner/Grünhagen § 6 VOB/B Rn. 15).

Die andere Meinung lässt es jedoch genügen, wenn der Auftragnehmer die Anzeige an den mit der Objektüberwachung beauftragten Architekten oder Ingenieur richtet, es sei denn, die Ursache der Behinderung oder der Unterbrechung geht auf diesen zurück und er verschließt sich berechtigten Vorhaltungen des Auftragnehmers (Ingenstau/Korbion/Döring, § 6 Abs. 1 VOB/B Rn. 8; OLG Köln BauR 1981, 472; Beck'scher VOB-Komm./Berger VOB/B § 6 Abs. 1 Rn. 48; Kapellmann/Messerschmidt/Markus § 6 VOB/B Rn. 9).

Nach dieser Auffassung ist es eine Frage des Einzelfalls, ob die an den Architekten oder Ingenieur gerichtete Anzeige ausreicht. Dies ist wenig hilfreich für den Auftragnehmer. Aber auch der Auftraggeber hat ein berechtigtes Interesse daran, dass er über mögliche Bauablaufstörungen direkt informiert wird und nicht darauf vertrauen muss, dass die Bauleitung Behinderungsanzeigen an ihn weiterleitet.

Es ist leider zu oft zu beobachten, dass Architekten Behinderungsanzeigen zu spät oder gar nicht weiterleiten, um nicht gegenüber dem Bauherrn in Erklärungsnot zu geraten. In Anbetracht der gravierenden Auswirkungen von Behinderungen sowohl auf den Bauablauf als auch auf die Kostenseite, sollte der Auftraggeber zumindest die Möglichkeit haben, unverzüglich regulierend einzugreifen.

28 **Zu 5.3 Kein Schadens- und Aufwendungsersatz bei bauzeitbezogenen Anordnungen.**

Wie bereits unter Ziffer 4.1 ausführlich erörtert, sieht dieses Vertragsmuster ein bauzeitbezogenes Anordnungsrecht des Auftraggebers vor. Trifft der Auftraggeber Anordnungen in Bezug auf die Bauzeit, verhält er sich somit vertragskonform, was einen Schadensersatzanspruch des Auftragnehmers ausschließt. Der Auftragnehmer erhält jedoch stattdessen einen Anspruch auf Vergütungsanpassung, die die ihm durch die Änderungen der Bauzeit entstehenden Kosten ausgleicht. Da es sich um eine Vergütung handelt, werden ihm auch noch ein Anteil zur Deckung seiner allgemeinen Geschäftskosten und ein Gewinnanteil entsprechend seiner Zuschlags- oder Umlagenkalkulation gewährt. Somit steht er sich in der Regel durch die Vergütungsanpassung besser, als wenn er einen Schadensersatz – oder Aufwendungsersatzanspruch hätte.

29 **Zu 6. Vertragsstrafe.**

Vertragsstrafen können für unterschiedliche Pflichtverletzungen einer Vertragspartei vereinbart werden. Der häufigste Fall in Bauverträgen ist jedoch die Vertragsstrafe für verspätete Fertigstellung. Für die Wirksamkeit einer Vertragsstrafenvereinbarung in Allgemeinen Geschäftsbedingungen hat die Rechtsprechung sehr hohe Anforderungen aufgestellt. Individuell ausgehandelte Vertragsstrafen sind hingegen nur dann unwirksam, wenn sie gegen die guten Sitten verstoßen (§ 138 Abs. 1 BGB). Ein solcher Sittenverstoß wird nur in seltenen Fällen vorliegen, wenn die Höhe der Vertragsstrafe offensichtlich gänzlich unangemessen ist. Aber auch wenn die Vertragsstrafenhöhe nicht sittenwidrig ist, jedoch unangemessen hoch erscheint, kann der Auftragnehmer bei Gericht beantragen, dass die Vertragsstrafe auf einen angemessenen Betrag herabgesetzt wird (§ 343 Abs. 1 BGB). Dies gilt aber nicht für Kaufleute (§ 348 HGB), was auf die meisten Auftragnehmer im Baugewerbe zutreffen wird.

Individuell ausgehandelte Vertragsstrafen sind in der Praxis äußerst selten zu finden. Auftraggeber, wenn diese den Vertrag vorgeben, verwenden meistens Vertragsmuster, die ihnen der Architekt oder ein Anwalt zur Verfügung stellt. Auch wenn der Auftraggeber dieses Vertragsmuster nur einmal verwendet, handelt es sich dennoch um Allgemeine Geschäftsbedingungen (BGH BauR 2006, 106).

1. VOB-Vertrag, Einzelgewerkvergabe

Manche Vertragsformulare haben für die Vertragsstrafe zwar einen vorgedruckten Text, darin sind aber Aussparungen enthalten, in die die Höhe des einzelnen Tagessatzes und die maximale Höhe der Vertragsstrafe als Prozentzahl eingetragen werden kann. Dies bedeutet noch nicht, dass die Höhe der Vertragsstrafe nicht als Allgemeine Geschäftsbedingung gilt (BGH NJW 1993, 1651).

Die Höhe des einzelnen Tagessatzes und die maximale Höhe der zu verwirkenden Vertragsstrafe muss tatsächlich ausgehandelt worden sein, d.h., der Auftraggeber muss nicht nur mit dem Auftragnehmer darüber gesprochen, sondern die Vertragsstrafenhöhe ausdrücklich zur Disposition gestellt haben. Er muss also dem Auftragnehmer zu erkennen gegeben haben, dass er insoweit durchaus verhandlungsbereit ist und von der von ihm vorgeschlagenen Höhe abweichen würde (BGH BauR 2003, 870).

Zudem muss der Auftraggeber, in einem Rechtsstreit beweisen, dass die Vertragsstrafenhöhe tatsächlich frei ausgehandelt wurde; was ihm selten gelingen wird.

Die Wirksamkeit einer Vertragsstrafenklausel in Allgemeinen Geschäftsbedingungen setzt voraus, dass der Auftragnehmer die Vertragsstrafe für die Fristüberschreitung nur im Falle des Verzuges verwirkt. Verzug bedeutet, dass er die Fristüberschreitung auch verschuldet hat, sie also nicht auf Gründe zurückzuführen ist, die der Auftragnehmer nicht zu vertreten hat. Ist für einen Vertrag die Anwendung der VOB/B vereinbart, muss dieses Verschuldenserfordernis nicht ausdrücklich in der Vertragsstrafenklausel erwähnt werden (BGH BauR 2003, 870; BGH BauR 2002, 782; BGH BauR 2004, 1611).

Das folgt aus § 11 Abs. 2 VOB/B, welcher klarstellt, dass die Vertragsstrafe für die Überschreitung der Frist nur fällig wird, wenn der Auftragnehmer in Verzug gerät. Dennoch erspart es unnötige Einwände und Diskussionen, wenn sich die Worte »Verzug« und »Verschulden« in den Vertragsklauseln wiederfinden.

Zu 6.1 Vertragsstrafe bei Verzug mit Zwischentermin/Zwischenfrist, Höhe des Tagessatzes. 30

Die Wirksamkeitsanforderungen für Vertragsstrafen auf Zwischentermine sind sehr streng. Zunächst darf die für die Überschreitung des Zwischentermins anfallende Vertragsstrafe nicht außer Verhältnis zu dem Schaden stehen, der dem Auftraggeber durch die Fristüberschreitung droht, wobei die Rechtsprechung meist davon ausgeht, dass im Regelfalle der Auftraggeber erst bei Überschreiten der Gesamtfertigstellungsfrist einen höheren Schaden zu befürchten hat (OLG Hamm BauR 2000, 1202).

Die für die Einzelfrist vorgesehene Vertragsstrafe darf auch nicht so hoch sein, dass bereits mit ihr in kurzer Zeit die maximale Summe der Vertragsstrafe erreicht wird. Deshalb wird bei Vertragsstrafen auf Zwischenfristen eine Anknüpfung des Tagessatzes an die Gesamtvergütung für unzulässig gehalten (BGH NZBau 2013, 222; OLG Jena BauR 2003, 1416; Leinemann/Hafkesbrink VOB/B § 11 Rn. 26 m.w.N).

Weiterhin gilt das so genannte Kumulationsverbot. Wird die Vertragsstrafe an die Überschreitung mehrerer Fristen geknüpft, kann sich der an sich ausreichend niedrige Tagessatz durch den gleichzeitigen Anfall mehrerer Vertragsstrafen für Zwischenfristen (Kumulation) zu einem unangemessen hohen Tagessatz wandeln. Auch in diesem Fall soll die Vertragsstrafenklausel unwirksam sein (OLG Bremen NJW-RR 1987, 468; OLG Hamm BauR 2000, 1202).

Aus diesem Grunde wird im vorliegenden Muster vorgeschlagen, die Höhe der Vertragsstrafe auf die Zwischentermine nur an die Vergütung zu knüpfen, die auf die bis zum Zwischentermin fertig zustellende Leistung entfällt (vgl. hierzu auch BGH BauR 2003, 870, 875; Leinemann/Hafkesbrink VOB/B § 11 Rn. 27; Kniffka/Koeble, Kompendium, 7. Teil Rn. 68).

Die von der Rechtsprechung aufgestellten Grundsätze berücksichtigen nicht, dass es in manchen Fällen wichtiger ist, dass einzelne Zwischenfristen eingehalten werden, als der für die Leistung vorgesehene Endtermin. Dies kann z.B. der Fall sein, wenn der mit dem Gewerk Fenster und Türen beauftragte Unternehmer in erster Linie zunächst die Teilleistung Fenster fertig stellen soll, um das Gebäude für die anderen Ausbaugewerke dicht zu bekommen. Seine anderen Leistungen sind dann evtl. nicht so dringend, weil hiervon der weitere Bauablauf nicht zwingend abhängt (kritischer Weg). Da Allgemeine Geschäftsbedingungen jedoch einer generalisierenden Betrachtung unterliegen, sollte man sich nicht darauf verlassen, dass man in einem späteren Rechtsstreit das Gericht davon überzeugen kann, dass im vorliegenden Fall ausnahmsweise die hohe Vertragsstrafe auf die Zwischenfristen wirksam ist. In einem solchen Fall muss die Vertragsstrafe individuell ausgehandelt werden. Das bedeutet, dass mit dem Auftragnehmer über den Problempunkt Zwischenfrist und Vertragsstrafe offen gesprochen werden muss, und ihm für die hohe Vertragsstrafe auf die Zwischenfrist ein anderer Vorteil eingeräumt wird, so z.B. ein Verzicht auf die Vertragsstrafe für die Gesamtfertigstellung oder zumindest dort ein geringerer Betrag. Die Tatsache dass solche Verhandlungen stattgefunden haben, und auch der Inhalt der Absprachen, sollte dann unbedingt entsprechend dokumentiert werden, am besten durch eine individuelle Formulierung im Vertrag.

Eine unangemessene Benachteiligung des Auftragnehmers kann auch in der Höhe der Vertragsstrafe liegen. Unangemessen kann sowohl der Tagessatz als auch die Gesamthöhe der Vertragsstrafe sein. Eine Vertragsstrafe bis zu 0,3 % der Abrechnungssumme pro Arbeitstag für die Überschreitung des Fertigstellungstermins ist vom BGH nicht beanstandet worden (BGH BauR 2008, 508; BGH BauR 1999, 645; Kniffka/Koeble, Kompendium, 7. Teil Rn. 66 m.w.N.).

Das gleiche gilt für eine Vertragsstrafe von 0,2 % pro Kalendertag, was bei einer Umrechnung auf Werktage unter Einschluss des Samstags einen Tagessatz von 0,28 % ergibt (BGH BauR 2001, 791) 0,5 % der Abrechnungssumme soll hingegen als Tagessatz unangemessen hoch sein, unabhängig von der Höhe der Obergrenze (BGH BauR 2000, 1049; BGH BauR 2002, 790).

Unglücklich ist, dass sowohl in der Rechtsprechung als auch in der Kommentarliteratur, bei der Frage über die zulässige Höchstgrenze des Tagessatzes bzw. der gesamten Vertragsstrafe stets auf die Auftragssumme Bezug genommen wird.

Dies kritisierte auch der BGH (BauR 2008, 508):

Die Bezugnahme auf die Auftragssumme genüge nicht dem Bestimmtheitsgebot für Allgemeine Geschäftsbedingungen. Der Begriff der Auftragssumme lässt mehrere Deutungen zu. Unter Auftragssumme kann zunächst die nach der Abwicklung des Vertrages tatsächlich geschuldete Vergütung zu verstehen sein, man kann darunter aber auch den Wert verstehen, der sich nach der von den Parteien vor der Ausführung des Auftrags vereinbarten Vergütung bemisst. Unter Auftragssumme dürfte eher der Betrag zu verstehen sein, von dem die Parteien bei Vertragsschluss, also der »Beauftragung« ausgehen. Diese ist aber nicht der richtige Ansatzpunkt für die Berechnung der Vertragsstrafe. Bei einem Einheitspreisvertrag ist die Auftragssumme lediglich vorläufig. Die tatsächliche Vergütung ergibt sich erst aus der Abrechnungssumme, also der Vergütung für die tatsächlich ausgeführten Leistungen. Diese Abrechnungssumme stellt auch den Wert der vom Auftragnehmer erbrachten Leistung dar. Diese kann deutlich höher aber auch deutlich niedriger ausfallen als die Auftragssumme. Für die Beurteilung der angemessenen Höhe der Vertragsstrafe sollte deshalb nicht auf die Auftrags-, sondern auf die Abrechnungssumme abgestellt werden.

31 Zu 6.2 Vertragsstrafe bei Verzug mit mehreren Zwischenterminen.

Um nicht gegen das Kumulationsverbot zu verstoßen, sollte ausdrücklich geregelt werden, dass bei Verzug des Auftragnehmers mit der Einhaltung einer Einzelfrist die Vertragsstrafe für die Überschreitung weiterer Einzelfristen sich dann nicht aufaddiert, wenn und soweit kein neuer Verzug hinzukommt, sondern sich der einmal eingetretene Verzug lediglich fortsetzt. Meist wird für diese Konstellation vorgeschlagen, dass die Vertragsstrafe für die weitere Zwischenfrist bzw. der Endfrist nicht anfällt, wenn lediglich der bereits eingetretene Verzug bestehen bleibt.

Bei der hier vorgeschlagenen Formulierung wird ein anderer Weg gewählt. Es soll, soweit sich der Verzug »fortsetzt«, die Vertragsstrafe für die vorangegangene Frist entfallen, aber die Tage des Verzuges werden auf die nächste Frist berechnet. Dies hat den Vorteil, dass dem Auftragnehmer Gelegenheit gegeben wird, kontinuierlich seinen Verzug aufzuholen und so die Vertragsstrafe »abzuschmelzen«. Der Anreiz ist umso größer, als die Vertragsstrafe bei der Überschreitung des Gesamtfertigstellungstermins die Abrechnungssumme für alle Leistungen als Berechnungsmaßstab hat.

Zu 6.3 Höchstgrenze und Vorbehalt der Vertragsstrafe. 32

Nach der derzeitigen Rechtsprechung des BGH darf die Obergrenze der gesamten Vertragsstrafe 5 % der Abrechnungssumme nicht überschreiten (BGH BauR 2003, 870). Bei Verzug nur mit einer Zwischenfrist ist die Anknüpfung der 5 %-igen Höchstsumme an die gesamte Abrechnungssumme allerdings AGB-rechtlich unwirksam (BGH NZBau 2013, 222). Daher ist in Ziff. 6.1 dieses Formulars die Höhe der Vertragsstrafe bei Überschreitung eines Zwischentermins auf maximal 5 % Nettoabrechnungssumme, die auf die bis zu diesem Zwischentermin fertig zu stellenden Leistungsteile entfällt, begrenzt.

Grundsätzlich muss sich der Auftraggeber bei der Abnahme die Geltendmachung der Vertragsstrafe vorbehalten. In Allgemeinen Geschäftsbedingungen das Erfordernis des Vorbehaltens bei der Abnahme gänzlich auszuschließen, ist unwirksam (BGH BauR 1983, 80).

Eine Verschiebung des Vorbehalts bis zur Schlusszahlung ist hingegen zulässig (BGH BauR 1983, 80; BGH BauR 2000, 1758; BGH BauR 2003, 870), wenn hinreichend deutlich gemacht wird, dass damit der Zeitpunkt der Fälligkeit der Schlusszahlung zu verstehen ist (Ingenstau/Korbion/Döring, § 11 Abs. 1 VOB/B Rn. 15 m.w.N.).

Vereinbaren die Parteien nachträglich neue Termine, ist fraglich, ob die Vertragsstrafe auch für diese gelten soll. Nach einer Meinung soll die Vertragsstrafenvereinbarung stillschweigend auf die neuen Termine übertragen werden (OLG Köln BauR 2001, 1105).

Eine andere Ansicht verlangt eine ausdrückliche Regelung (OLG Celle BauR 2004, 1307).

Auch für den Fall, dass sich die Termine nach Maßgabe von § 6 Abs. 1, 2 und 4 VOB/B verschieben, sind die Auffassungen darüber, ob die Vertragsstrafe auf die verschobenen Termine bezogen weiter gilt, nicht einheitlich (vgl. hierzu Kapellmann/Messerschmidt/Langen, § 11 VOB/B Rn. 26 ff.). Aus diesem Grunde sollte klargestellt werden, dass die Vertragsstrafe auch für neu vereinbarte oder verschobene Termine gelten soll. Ob eine solche Vereinbarung auch für den Fall, dass sich die Termine verschieben, bereits im Vertrag, also im Voraus, zulässig ist (dafür OLG Dresden BauR 2000, 1881) vor allem in Allgemeinen Geschäftsbedingungen (unwirksam meint LG München IBR 2005, 1149) ist allerdings umstritten.

Wenn jedoch massive Störungen im Bauablauf aus Gründen, die der Auftragnehmer nicht zu vertreten hat, eine durchgreifende Neuordnung des gesamten Zeitplans erforderlich machen, entfällt die Vertragsstrafenvereinbarung ganz (BGH BauR 1999, 645; Kapellmann/Messerschmidt/Langen, § 11 VOB/B Rn. 28 m.w.N.).

Hier müssen die Parteien eine erneute individuelle Vereinbarung zur Vertragsstrafe treffen, wozu der Auftragnehmer sicherlich nicht bereit sein wird.

Wenn sich die Termine allerdings aufgrund einer vom Auftraggeber getroffenen bauzeitbezogenen Anordnung verkürzen, kann die Vertragsstrafenvereinbarung insoweit keinen Bestand mehr haben; andernfalls würde der Auftragnehmer unbillig benachteiligt, da er wegen des Anordnungsrechts des Auftraggebers auf die Termine keinen Einfluss mehr hat.

Zu 7.1 Abnahme/Teilabnahme. 33

Das Gesetz sieht einen Anspruch des Auftragnehmers auf Teilabnahmen nicht ausdrücklich vor (vgl. § 640 BGB). Ein solcher Anspruch besteht daher nur dann wenn dies zwischen den Vertragsparteien vereinbart ist (Glöckner/v. Berg § 640 BGB Rn. 67). Eine solche Vereinbarung enthält § 12 Abs. 2 VOB/B. Danach sind in sich abgeschlossene Teile der Leistung auf Verlangen besonders abzunehmen. Obwohl nur selten echte in sich abgeschlossene Leistungsteile vorliegen, und daher meist kein Anspruch des Auftragnehmers auf eine Teilabnahme besteht, wird sie immer wieder verlangt und es entstehen Streitigkeiten darüber, ob ein solcher Anspruch besteht. Der Auftraggeber hat aber i.d.R. ein Interesse daran, die Abnahmewirkung (Gefahrübergang, Beweislastumkehr, Beginn der Verjährungsfrist für Mängelrechte) auf einen Zeitpunkt zu konzentrieren, und zwar erst nach Fertigstellung der Gesamtleistung des Auftragnehmers. Aus diesem Grund sollten Teilabnahmen grundsätzlich ausgeschlossen werden, was auch in AGB zulässig ist (Ingenstau/Korbion/Oppler, § 12 Abs. 2 VOB/B Rn. 4).

34 Zu 7.2 Förmliche Abnahme.

Nach § 12 Abs. 4 Nr. 1 VOB/B hat eine förmliche Abnahme stattzufinden, wenn eine Vertragspartei es verlangt. Das Verlangen kann schon im Bauvertrag erhoben werden. Der Abnahmetermin kann entweder einvernehmlich durch beide Parteien festgelegt oder einseitig durch den Auftraggeber bestimmt werden (Ingenstau/Korbion/Oppler, § 12 Abs. 4 VOB/B Rn. 10).

Die förmliche Abnahme ist sowohl für Auftraggeber als auch für Auftragnehmer vorteilhaft, da sie sowohl die Tatsache der Abnahme an sich als auch die vorbehaltenen Mängel dokumentiert und im Streitfall den Beweis erleichtert.

Wenn die Parteien ausdrücklich eine förmliche Abnahme vereinbart haben, kommt grundsätzlich eine fiktive Abnahme nach § 12 Abs. 5 VOB/B nicht in Betracht (BGH BauR 1984, 166, 167; Werner/Pastor, Rn. 1856).

Dennoch sollte die in § 12 Abs. 5 VOB/B vorgesehenen Abnahmefiktionen durch Fertigstellungsmeldung bzw. Inbenutzungnahme ausdrücklich ausgeschlossen werden. Teilweise wird nämlich vertreten, dass trotz ausdrücklich vereinbarter förmlicher Abnahme, davon auszugehen ist, dass auf die förmliche Abnahme verzichtet wird, wenn innerhalb der Frist des § 12 Abs. 5 Nr. 1 VOB/B kein Abnahmetermin anberaumt und die Abnahme auch nicht ausdrücklich verweigert wird. Dann gelte nach Ablauf von 12 Werktagen nach Erhalt der Schlussrechnung gemäß § 12 Abs. 5 Nr. 1 VOB/B oder durch Inbenutzungnahme gemäß § 12 Abs. 5 Nr. 2 VOB/B die Abnahme als erfolgt (KG BauR 2006, 1475; KG Beschl. v. 08.11.2013 – 7 U 103/13 – ibr-online).

Dieser für den Auftraggeber ungewollte Effekt, lässt sich durch einen ausdrücklichen Ausschluss des § 12 Abs. 5 VOB/B in beiden Alternativen vermeiden.

Setzt der Auftraggeber nach Fertigstellung der Leistungen keinen Termin zur Abnahme an, und gelingt es dem Auftragnehmer auch nicht, mit ihm einen Abnahmetermin zu vereinbaren, kann der Auftragnehmer dem Auftraggeber eine angemessene Frist setzen, bis zu der er die Leistung abnehmen soll. Mit Ablauf der vom Auftragnehmer gesetzten Frist gilt das Werk als abgenommen, es sei denn, der Auftraggeber verweigert innerhalb der Frist die Abnahme »unter Angabe mindestens eines Mangels« (§ 640 Abs. 1 S. 3 BGB). Für die vergleichbare Vorgängernorm § 640 Abs. 1 S. 3 BGB a.F. vertritt die h.M., dass diese Regelung auch dann gilt, wenn die VOB/B Vertragsbestandteil ist, selbst dann, wenn eine förmliche Abnahme vereinbart wurde (Kapellmann/Messerschmidt/Havers, § 12 VOB/B Rn. 6 und 7 m.w.N.). Dies wird man für die neue Fassung des § 640 Abs. 1 S. 3 BGB ebenfalls annehmen müssen.

Die Regelung des § 640 Abs. 1 S. 3 BGB kann als Leitbildregelung des gesetzlichen Werkvertragsrechts nicht durch Allgemeine Geschäftsbedingungen ausgeschlossen werden (so zur alten Fassung: Kleine-Möller/Merl § 14 Rn. 70; Kniffka ZfBR 2000, 227, 231).

Die »konkludente Abnahme« durch schlüssiges Verhalten kann der Auftraggeber nicht in Allgemeinen Geschäftsbedingungen ausschließen. Eine solche liegt vor, wenn dem Verhalten des Auftraggebers zu entnehmen ist, dass er die Leistung als im Wesentlichen vertragsgerecht billigt (BGH BauR 1999, 1186).

Dies kann z.B. darin liegen, dass der Auftraggeber das Gebäude bezieht. Im Unterschied zur fiktiven Abnahme durch in Benutzung nehmen nach § 12 Abs. 5 Nr. 2 VOB/B ist aber erst dann von einer konkludenten Abnahme auszugehen, wenn der Auftraggeber nach dem Einzug binnen einer angemessenen Prüffrist keine wesentlichen Mängel rügt und sich aus den Umständen auch nichts anderes ergibt (BGH NJW-RR 1992, 1078, BGH BauR 1985, 200).

Haben die Vertragsparteien allerdings eine förmliche Abnahme vereinbart, setzt eine konkludente Abnahme voraus, dass die Vereinbarung einvernehmlich aufgehoben wurde, was jedoch ebenfalls konkludent erfolgen kann. An die Voraussetzungen eines konkludenten Verzichtes auf die vereinbarte förmliche Abnahme sind strenge Anforderungen zu stellen (BGH BauR 1977, 344 ff.; BGH NJW 2001, 818). Dazu müssen Tatsachen festgestellt sein, aus denen sich der Verzicht unzweideutig ergibt (OLG Düsseldorf BauR 2014, 848).

Zu 7.3 Verjährungsfrist für Mängelrechte (Gewährleistungsfrist). 35

Die Verjährungsfrist für Mängelansprüche an Werkleistungen bei einem Bauwerk, einschließlich der mit der Bauwerkerrichtung im Zusammenhang stehenden Planungs- oder Überwachungsleistungen, beträgt nach § 634a Abs. 1 Nr. 2 BGB fünf Jahre. Abweichend hiervon sieht § 13 Abs. 4 VOB/B, wenn für »Mängelansprüche keine Verjährungsfrist im Vertrag vereinbart« ist, eine 4-jährige Verjährungsfrist vor. Bei bestimmten Gewerken, wie zum Beispiel vom Feuer berührten Teilen von Feuerungsanlagen oder maschinellen Anlagen, gelten noch kürzere Fristen, teilweise in Abhängigkeit davon, ob mit dem Auftragnehmer einen Wartungsvertrag geschlossen wird.

Zumindest in Verträgen, die vom Auftraggeber gestellt werden, ist es gängige Praxis, die Verjährungsfrist für Mängelansprüche einheitlich auf 5 Jahre festzulegen. Bei bestimmten Leistungen lässt die Rechtsprechung auch in Allgemeinen Geschäftsbedingungen des Auftraggebers eine deutliche Verlängerung dieser Verjährungsfrist zu, wenn typischerweise bei dieser Leistung Mängel erst nach Ablauf geraumer Zeit zu Tage treten. So hat der BGH eine Verlängerung der Verjährungsfrist für Mängelansprüche bei Flachdacharbeiten auf 10 Jahre für wirksam erachtet (BGH BauR 1996, 707). Falls der Auftraggeber ein solches Bedürfnis nach einer längeren Verjährungsfrist hat, empfiehlt es sich dennoch hierüber im Einzelfall eine individuelle Vereinbarung mit dem Auftragnehmer zu treffen; es ist nicht vorherzusehen, für welche Werkleistungen die Rechtsprechung eine solche Verlängerung der Verjährungsfrist in Allgemeinen Geschäftsbedingungen akzeptieren wird.

Zu 7.4 Neubeginn der Verjährung/Selbstvornahme vor Abnahme. 36

Bessert der Auftragnehmer nach der Abnahme nach, wird bei Vereinbarung der VOB/B die Gewährleistungsfrist grundsätzlich gehemmt, bis die Mängelbeseitigungsarbeiten abgenommen sind (BGH BauR 2008, 2039). Die Verjährung beginnt erneut, wenn der Unternehmer dem Auftraggeber gegenüber den Mängelanspruch anerkennt, § 212 Abs. 1 Nr. 1 BGB. Die Nachbesserung durch den Auftragnehmer ist in der Regel als ein solches Anerkenntnis anzusehen. § 13 Abs. 5 Nr. 1 S. 3 VOB/B gibt vor, dass für die Mängelbeseitigungsleistungen nur eine zweijährige Verjährungsfrist neu beginnt, die jedoch nicht vor Ablauf der Regelfristen des Abs. 4 oder der vereinbarten Frist (z.B. wie in diesem Vertragsmuster vorgesehen, 5 Jahre) endet. Da die Mängelbeseitigung ein Anerkenntnis darstellt, beginnt nicht nur diese zweijährige Frist, sondern auch die ursprünglich vereinbarte, längere Verjährungsfrist für diese Mängelbeseitigungsarbeiten erneut (BGH BauR 2005, 710; BGH BauR 2008, 2039; Ingenstau/Korbion/Wirth § 13 Abs. 5 VOB/B Rn. 23; Kapellmann/Messerschmidt/Weyer § 13 VOB/B Rn. 248; a.A.: Franke/Kemper/Zanner/Grünhagen § 13 VOB/B Rn. 110). Da dies aus dem Wortlaut des § 13 Abs. 5 Nr. 1 VOB/B aber nicht herauszulesen und auch nicht unumstritten ist, wird hier vorgeschlagen, dass im Vertrag klargestellt wird, dass für Mängelbeseitigungsmaßnahmen die vereinbarte Verjährungsfrist von 5 Jahren neu beginnt.

Zu beachten ist, dass die Verjährungsfrist bei einem VOB-Vertrag erst nach Abnahme der Mängelbeseitigung beginnt (§ 13 Abs. 5 Nr. 1 S. 3 VOB/B). Um den Beginn der erneuten Verjährungsfrist in Gang zu setzen, ist allein die Beseitigung der Mängel durch den Auftragnehmer nicht ausreichend (Ingenstau/Korbion/Wirth § 13 Abs. 5 VOB/B Rn. 126; OLG Saarbrücken IBR 2005, 419). Es bedarf einer Abnahme der Nachbesserungsarbeiten (BGH BauR 2008, 2039). Dies wird in der Praxis selten beachtet. Im Vertragsmuster ist vorgesehen, dass auch diese Abnahme förmlich zu erfolgen hat.

Nach § 4 Abs. 7 VOB/B ist der Auftragnehmer verpflichtet, die schon vor Abnahme erkannten Mängel zu beseitigen. Wenn er aber einer entsprechenden Aufforderung des Auftraggebers nicht nachkommt, bleibt diesem nur der Weg, nach erfolglosem Ablauf einer Frist und Androhung der Kündigung, dem Auftragnehmer den Auftrag ganz oder in Teilen zu entziehen (§ 4 Abs. 7 i.V.m. § 8 Abs. 3 VOB/B). Dies kann für beide Vertragsparteien jedoch sehr unangenehme finanzielle Folgen haben und wird sich stets negativ auf den Bauablauf auswirken (vgl. auch Ingenstau/Korbion/Oppler § 4 Abs. 7 VOB/B Rn. 62 ff.). Daher sieht dieses Vertragsmuster vor, dass der Auftraggeber – wie im Fall von Mängeln nach der Abnahme – nach fruchtlosem Ablauf einer dem Auftragnehmer gesetzten Frist, die Mängel auf Kosten des Auftragnehmers durch ein anderes Unternehmen beseitigen lassen darf, ohne dass er den Vertrag kündigt. Das Kündigungsrecht soll dadurch aber nicht ausgeschlossen sein, da der Auftraggeber, je nachdem, ob sich der Auftragnehmer durch den Mangel oder die Nichtbeseitigung als unzuverlässig erwiesen hat, dennoch an einer Kündigung interessiert sein könnte.

37 **Zu 8.1 Vergütung nach Einheitspreisen.**

Auch wenn hin und wieder andere Arten der Vergütungsberechnung vereinbart werden, ist der Einheitspreisvertrag in der Baupraxis am weitesten verbreitet. Beim Einheitspreisvertrag wird die Gesamtleistung in einzelne Teilleistungen zerlegt (Positionen im Leistungsverzeichnis) und jeweils einer Mengeneinheit (z.B. m², m³, Stück usw.) ein Preis zugeordnet, der sog. Einheitspreis; vgl. Anmerkungen zu Ziff. 1.2 (3) des Vertrages. Die endgültige Vergütung errechnet sich dann je Position aus der tatsächlich ausgeführten Menge jeder Einzelleistung multipliziert mit dem jeweiligen Einheitspreis. Die Gesamtvergütung ist die Summe der so ermittelten Vergütungen für die Einzelpositionen.

Die genauen Aufmaß- und Abrechnungsvorgaben regeln § 14 VOB/B und die jeweiligen Abschnitte 5 aller ATV DIN 18299 ff. in der VOB/C.

38 **Zu 8.2 Bedarfspositionen.**

Bei Bedarfspositionen (zum Begriff siehe Anmerkungen zu Ziff. 1.2 [3] des Vertrages) ist eine Vergütung nur dann und insoweit zu zahlen, wie diese Bedarfspositionen auch tatsächlich zur Ausführung kommt (Beck'scher VOB-Komm./Jansen § 1 Abs. 1 Rn. 47). Der Auftragnehmer muss dies also bei seiner Kalkulation berücksichtigen, insbesondere muss er seinen Deckungsbeitrag für die Baustellengemeinkosten und allgemeinen Geschäftskosten so auf die anderen Positionen umlegen, dass der Auftrag auch dann noch auskömmlich ist, wenn keine der Bedarfspositionen anfällt. Mit dieser Klausel wird hier dieser Umstand nur noch einmal deutlich gemacht.

Leider werden Bedarfspositionen in den Leistungsverzeichnissen nicht immer eindeutig genug gekennzeichnet. Nicht bei jeder Bedarfsposition wird nur ein Einheitspreis abgefragt, sondern entgegen der üblichen Praxis auch eine bestimmte Menge im Vordersatz angegeben. Um klar zu stellen, dass bei diesen Positionen nur die tatsächlich ausgeführte Menge vergütet wird, auch wenn im Nachhinein durch eine Änderung des Bauentwurfs Teile der zunächst ins Auge gefassten Bedarfspositionen entfallen, sollte dies ausdrücklich erwähnt werden.

39 **Zu 8.3 Berücksichtigung von Nachlässen bei Nachträgen.**

Manchmal gelingt es dem Auftraggeber, dem Auftragnehmer in den Vertragsverhandlungen noch einen Nachlass auf die von ihm zunächst angebotenen Preise abzuringen. Dieser Nachlass wird meist prozentual »auf die Einheitspreise« gewährt. Wird das vom Auftragnehmer als Angebot mit Einheitspreisen versehene Leistungsverzeichnis zum Vertragsbestandteil gemacht, und sodann in den Verhandlungen ein solcher Nachlass gewährt, enthält das Leistungsverzeichnis die noch nicht reduzierten Einheitspreise. In einem solchen Fall muss in den Vertrag eine Formulierung wie:

»Der AN gewährt einen Nachlass von ... % auf alle Einheitspreise«

Beim vorliegenden Vertragsmuster wird davon ausgegangen, dass der während der Vertragsverhandlungen eingeräumte Nachlass bereits im Auftragsleistungsverzeichnis eingearbeitet ist. Welche Nachlässe gewährt wurden, lässt sich aber aus einem Vergleich des Angebots- mit dem Auftragsleistungsverzeichnis ersehen; außerdem werden die Parteien den Verhandlungsverlauf auch durch andere Unterlagen wie Verhandlungsprotokolle dokumentiert haben.

Bei der Vereinbarung neuer Preise nach § 2 Abs. 5 VOB/B oder einer zusätzlichen Vergütung nach § 2 Abs. 6 oder Abs. 8 Nr. 2 VOB/B sind diese neuen Preise auf der Grundlage der ursprünglichen Preisermittlung für die vertraglichen Leistungen zu kalkulieren. Streitig ist dabei, ob bei den Preisverhandlungen gewährte Nachlässe zu dieser Preisermittlungsgrundlage gehören, also auch bei Nachträgen zu gewähren sind (so z.B. OLG Düsseldorf BauR 1993, 479; OLG Hamm BauR 1995, 564). Hiergegen wird vorgebracht, dass diese Nachlässe meist als »akquisitorisches Element« zur Erlangung eines Auftrags gegeben werden, und von der Kostenkalkulation unabhängig sind (Kapellmann, NZBau 2000, 57; Kapellmann/Schiffers, Band 1, Rn. 1045; Ingenstau/Korbion/Keldungs § 2 Abs. 5 VOB/B Rn. 59). Teilweise wird vertreten, dass die Frage, ob der Nachlass auch für spätere Nachträge gilt, eine Sache der Vertragsauslegung, §§ 133, 157 BGB, sei, die von den Umständen des Einzelfalls abhänge (Beck'scher VOB-Komm./Jansen, § 2 Abs. 5 Rn. 90; vgl. auch BGH BauR 2003, 1892; OLG Köln NJW-RR 2003, 667).

Ist der Nachlass bereits in die Einheitspreise des Auftragsleistungsverzeichnisses eingeflossen, dürfte eigentlich klar sein, dass er zu den Grundlagen der vertraglich vereinbarten Preise gehört. Dennoch sollten die Parteien um jeden Streit zu vermeiden, im Vertrag klarstellen, ob dieser Nachlass auch bei der Ermittlung neuer Preise einzubeziehen ist. Dies kann selbstverständlich durch individuelle Vereinbarung jederzeit wirksam erfolgen. Streitig ist es aber, ob in Allgemeinen Geschäftsbedingungen des Auftraggebers eine Klausel, wonach ein vertraglich eingeräumter Nachlass auch auf Nachträge zu erstrecken sei, unwirksam ist (unwirksam: Kapellmann/Schiffers, Band 1, Rn. 1046, 1047; Kapellmann, NZBau 2000, 57; Leinemann/Eichner VOB/B § 2 Rn. 336; wirksam: Franke/Kemper/Zanner/Grünhagen § 2 VOB Rn. 138; Beck'scher VOB-Komm./Jansen, § 2 Abs. 5 Rn. 90).

Es muss daher jeder Auftraggeber selbst entscheiden, ob er in seinen Vertrag eine solche Klausel aufnimmt, auch wenn er zu diesem Punkt nichts individuell mit dem Auftragnehmer ausgehandelt hat; er muss damit rechnen, dass bei einem Rechtsstreit ein Gericht die Klausel für unwirksam hält und der Nachlass auf Nachträge nicht zu gewähren ist.

Falls die Klausel verwendet wird, sollte aber auf jeden Fall klargestellt werden, dass dies nicht gilt, wenn die Parteien bei Vereinbarung des Nachtragspreises die Nachlassgewährung ausdrücklich ausschließen. Da individuelle Vereinbarungen immer denen in Allgemeinen Geschäftsbedingungen vorgehen, könnte eine Klausel ohne diese Einschränkung unwirksam sein (LG Berlin NZBau 2001, 559, 561).

Zu 8.4 Skonti. 40

Das Skonto ist ein Betrag, um den die Rechnungssumme gekürzt werden darf, wenn innerhalb einer bestimmten Frist gezahlt wird. Auch auf dem Bau gibt es keine Verkehrssitte, nach der ein Auftragnehmer dem Auftraggeber immer ein Skonto gewährt. Es muss ausdrücklich vereinbart werden. Daher stellt § 16 Abs. 5 Nr. 2 VOB/B klar, dass nicht vereinbarte Skontoabzüge unzulässig sind.

Zur wirksamen Skontovereinbarung gehört es, dass eindeutig geregelt ist, für welche Zahlungen der Skontoabzug gilt (Voraus-, Abschlags-, Schlusszahlung). Ausreichend ist, wenn klargestellt wird, dass Skonto auf alle Zahlungen gewährt wird (Ingenstau/Korbion/Locher, § 16 Abs. 5 VOB/B Rn. 7).

Die Dauer der Skontofrist muss eindeutig geregelt werden. In Allgemeinen Geschäftsbedingungen des Auftraggebers ist eine Skontofrist, die über den Fälligkeitstermin der Rechnung hinausgeht, unwirksam, da Skonto dem Auftraggeber ja gerade einen Anreiz zur Zahlung vor Fälligkeit geben soll.

Der Beginn des Zeitraums, für den Skonto gewährt wird, wird frühestens durch den Zugang der Rechnung bestimmt. Bei einem Vertrag, bei dem die VOB/B anwendbar ist, beginnt die Skonto-Frist erst mit Zugang einer prüffähigen Rechnung. Üblicherweise wird für den Beginn der Skontofrist auf den Eingang der Rechnung beim Auftraggeber abgestellt. Dieser wird jedoch die Rechnung zunächst von seinem Architekten prüfen lassen, bevor er eine Zahlung vornimmt. Durch die Versendung der Rechnung an den Planer, geht wieder einiges von der wertvollen Skontofrist verloren. Regelt man, dass die Rechnung direkt an den Architekten geschickt werden soll und der Eingang dort den Beginn der Skontofrist darstellt, fehlt dem Auftraggeber die Kontrollmöglichkeit, ob der Architekt die Prüfung auch zügig vornimmt. Unwirksam ist allerdings eine Vertragsklausel in Allgemeinen Geschäftsbedingungen, die den Beginn der Skontofrist vom Eingang der vom Architekten geprüften Rechnung beim Auftraggeber abhängig macht (OLG Frankfurt NJW-RR 1988, 1485; OLG Stuttgart OLGR 1998, 59; OLG Saarbrücken NZBau 2010, 248).

Um aber sicherzustellen, dass die Frist möglichst effektiv ausgenutzt wird, sollte man regeln, dass der Auftragnehmer die Rechnung sowohl an den Auftraggeber als auch an den Architekten schicken muss und erst mit Zugang bei beiden die Frist beginnt.

Es kann vorkommen, dass der Auftragnehmer erst nach geraumer Zeit einen Bareinbehalt des Auftraggebers (Vertragserfüllungs- oder Gewährleistungssicherheit) durch Bürgschaft ablöst. Für diesen Fall sollte klargestellt werden, dass die Skontofrist erst mit Zugang der Bürgschaft beim Auftraggeber beginnt.

41 Zu 8.5 Rechnungsstellung.

In § 16 Abs. 1 Nr. 1 VOB/B ist der Anspruch des Auftragnehmers auf Abschlagszahlungen in Höhe des Wertes der jeweils nachgewiesenen vertragsgemäßen Leistungen geregelt. Mit den Abschlagsrechnungen muss der Auftragnehmer die Leistungen durch eine prüfbare Aufstellung nachweisen. Ansprüche auf Abschlagszahlungen werden nach § 16 Abs. 1 Nr. 3 VOB/B binnen 21 Kalendertage nach Zugang der Aufstellung fällig. Um die Leistungs- und Kostenentwicklung übersichtlich und nachvollziehbar zu machen, sollte vom Auftragnehmer verlangt werden, die Abschlagsrechnungen aufeinander aufbauend (kumulativ) als so genannte Stapelrechnungen zu gestalten. Das heißt, dass jede Abschlagsrechnung alle bis zu diesem Zeitpunkt erbrachten Leistungen enthält und die bis dahin geleisteten Abschlagszahlungen von der Rechnungssumme in Abzug gebracht werden.

Nach Fertigstellung und Abnahme der Leistung tritt die so genannte Schlussrechnungsreife ein. Der Auftragnehmer hat dann keinen Anspruch auf Abschlagszahlungen mehr, sondern muss zur Durchsetzung seines Vergütungsanspruchs eine prüfbare Schlussrechnung vorlegen (§ 16 Abs. 3 Nr. 1 VOB/B). Die Anforderungen an die Prüfbarkeit der Schlussrechnung sind in § 14 Abs. 1 VOB/B geregelt: die Rechnung ist übersichtlich aufzustellen, es sind die in den Vertragsbestandteilen enthaltenen Bezeichnungen zu verwenden, vor allem die Positionsnummern des Leistungsverzeichnisses und es sind die zum Nachweis von Art und Umfang der Leistung erforderlichen Mengenberechnungen, Zeichnungen und anderen Belege beizufügen. Änderungen und Ergänzungen des Vertrages (Nachträge) sind in der Rechnung besonders kenntlich zu machen und auf Verlangen des Auftraggebers getrennt abzurechnen. Alle Zahlungen sind zwar aufs äußerste zu beschleunigen (§ 16 Abs. 5 Nr. 1 VOB/B), die Prüffrist des Auftraggebers beträgt aber nach § 16 Abs. 3 Nr. 1 VOB/B 30 Kalendertage, die Schlusszahlung ist also nach 30 Kalendertagen fällig. Hat der Auftraggeber die Rechnung bereits vor Ablauf der 30 Kalendertage geprüft, und hat er den aus seiner Sicht berechtigten Rechnungsbetrag festgestellt und dem Auftragnehmer mitgeteilt, ist er verpflichtet, den sich aus dem Prüfergebnis ergebenden Schlussbetrag alsbald zu zahlen (BGH BauR 1982, 377; Ingenstau/Korbion/Locher, § 16 Abs. 3 VOB/B Rn. 25).

Nach § 16 Abs. 3 Nr. 1 Satz 2 VOB/B kann eine Prüffrist bis zu 60 Kalendertagen vereinbart werden, »wenn sie aufgrund der besonderen Natur oder Merkmale der Vereinbarung sachlich gerechtfertigt ist«. Hiervon sollte auf keinen Fall formularmäßig Gebrauch gemacht werden. Die Rechtsprechung und Literatur tendierte für die vor der VOB/B 2012 geltenden Fassungen, die noch eine Prüffrist von 2 Monaten vorsahen dazu, diese Klausel wegen unbilliger Benachteiligung des Auftragnehmers für unwirksam zu erklären, wenn die VOB/B nicht als Ganzes vereinbart war (OLG Celle BauR 2010, 1764; OLG München, Urt. v. 26.07.1994 – 13 U 1804/94 – ibr-online; OLG Düsseldorf BauR 2006, 120; Ingenstau/Korbion/Locher, 17.Aufl. § 16 Abs. 3 VOB/B Rn. 12; Kapellmann/Messerschmidt VOB/B 3. Aufl. § 16 Rn. 191; Franke/Kemper/Zanner/Grünhagen 4. Aufl. § 16 VOB/B Rn. 237).

Wenn tatsächlich die Voraussetzungen für die Verlängerung der Prüffrist im konkreten Fall vorliegen (vgl. dazu im Einzelnen Ingenstau/Korbion/Locher § 16 Abs. 3 VOB/B Rn. 20 f.), sollte hierüber eine individualvertragliche Vereinbarung getroffen werden.

Um die Einhaltung der Zahlungsfristen, vor allem aber der Skontofrist zu erleichtern, sollte im Vertrag vorgeschrieben werden, dass Rechnungen sowohl an den Auftraggeber, als auch an das Architektur- bzw. Ingenieurbüro geschickt werden sollen, das in der Regel die Prüfung der Rechnungen übernimmt.

Zu 9. Abzüge/Umlagen.

42

Wenn nichts anderes vereinbart ist, hat der Auftraggeber vorhandene Anschlüsse für Wasser und Energie dem Auftragnehmer kostenlos zu überlassen. Die Kosten für den Verbrauch und die für Verbrauchsmesser oder -zähler trägt aber der Auftragnehmer, mehrere Auftragnehmer tragen sie anteilig (vgl. § 4 Abs. 4 Nr. 3 VOB/B; DIN 18299 Ziff. 4.1.6). Es kann über Verbrauchsmesser oder -zähler eine Abrechnung nach dem tatsächlichen Verbrauch erfolgen, es ist aber auch die unkompliziertere pauschale Umlage in Form von Prozentsätzen von der Abrechnungssumme möglich. Solche Klauseln sind unabhängig von der Höhe des Prozentsatzes wirksam, da es sich um eine Gegenleistung des Auftragnehmers für eine Leistung des Auftraggebers handelt, und somit um eine Preisabrede, die der gerichtlichen Inhaltskontrolle nach § 307 Abs. 3 BGB entzogen ist (BGH BauR 1999, 1290; OLG Hamm BauR 2000, 728). Der Auftraggeber kann die Umlage aber nur dann verlangen, wenn der Auftragnehmer nachweislich von seinem Angebot das von ihm zur Verfügung gestellte Wasser bzw. den Strom zu nutzen auch tatsächlich Gebrauch gemacht hat (BGH BauR 1999, 1290).

Auch der Abschluss einer Bauleistungsversicherung, von deren Versicherungsschutz auch der Auftragnehmer umfasst ist, stellt eine Leistung des Auftraggebers für den Auftragnehmer dar, sodass er hierfür eine Gegenleistung in Form einer Kostenbeteiligung wirksam vereinbaren kann (BGH BauR 2000, 1756).

Unwirksam ist aber eine Klausel, in der vom Auftragnehmer eine Umlage für die Baureinigung oder die Bauschuttbeseitigung verlangt wird. Zunächst wird dem Auftragnehmer das Recht genommen, den von ihm verursachten Mangel selbst zu beseitigen. Zudem wird er mit einer Pauschale an den Beseitigungskosten beteiligt, unabhängig davon, ob er überhaupt Abfall hinterlassen hat (BGH BauR 2000, 1756).

Es sollte hervorgehoben werden, dass die Umlagen bereits anteilig von Abschlagsrechnungen abgezogen werden können. Ein Abzug erst von der Schlussrechnung könnte problematisch werden, wenn die Vergütung durch die Abschlagszahlungen bereits voll bezahlt ist und somit kein Spielraum für einen Abzug verbleibt. Der Auftraggeber müsste dann eine Rückzahlung vom Auftragnehmer verlangen.

Zu 10. Sicherheitsleistungen.

43

Da jeder Bauvertrag mit größeren Risiken verbunden ist, besteht für beide Parteien ein entsprechendes Sicherungsbedürfnis. Der Auftragnehmer erbringt erhebliche Vorleistungen, bevor er Abschlagszahlungen auf seine Vergütung erhält. Andererseits besteht für den Auftraggeber aufgrund der Abschlagszahlungen das Risiko, dass er den Auftragnehmer überzahlt. Außerdem trägt er ein Vertragserfüllungsrisiko, dass sich bei Verzug, Kündigung oder Insolvenz des Auftragnehmers verwirklichen kann. Ebenso hat der Auftraggeber ein Interesse daran, dass er für seine Mängelansprüche gegenüber dem Auftragnehmer gesichert ist.

Zur Absicherung des Vorleistungsrisikos des Auftragnehmers gibt ihm das Gesetz in § 650f BGB die Möglichkeit eine Bauhandwerkersicherheit zu verlangen, wobei dies allerdings nicht gilt, wenn der Besteller eine juristische Person des öffentlichen Rechts oder ein öffentlich-rechtliches Sondervermögen ist, über deren Vermögen ein Insolvenzverfahren unzulässig ist, oder ein Verbraucher, und es sich um einen Verbraucherbauvertrag nach § 650i BGB oder einen Bauträgervertrag nach § 650u BGB handelt.

Ein gesetzlicher Anspruch des Auftraggebers auf eine Sicherheit besteht – mit Ausnahme der Sicherungsansprüche für Abschlagszahlungen nach § 632a Abs. 1 S. 6 BGB und, ebenfalls für Abschlagszahlungen, beim Verbraucherbauvertrag nach § 650m Abs. 2 BGB – jedoch nicht. Auch § 17 VOB/B enthält keinen solchen Anspruch, sondern regelt nur Einzelheiten für den Fall, dass die Parteien Sicherheiten für den Auftraggeber vereinbart haben. In den meisten Bauverträgen sind Sicherheiten ausdrücklich vorgesehen, insbesondere die Vertragserfüllungssicherheit und die Sicherheit für Mängelansprüche (Gewährleistungssicherheit).

Auch wenn § 17 Abs. 1 Nr. 2 VOB/B eine Auslegungshilfe dafür gibt, zur Absicherung welcher Ansprüche die Sicherheiten dienen (»die vertragsgemäße Ausführung und die Mängelansprüche«), ist es hilfreich, im Vertrag einzelne Ansprüche zu erwähnen, auf die sich die Sicherheit erstreckt. So ist unter anderem umstritten, ob die Vertragserfüllungssicherheit ohne ausdrückliche Regelung auch die Absicherung der Mängelansprüche für den Zeitraum nach der Abnahme umfasst (zum Meinungsstand: Ingenstau/Korbion/Joussen, § 17 Abs. 1 VOB/B Rn. 19).

Dies sollte darum unbedingt klargestellt werden, damit der Auftraggeber auch in dem Fall abgesichert ist, wenn der Auftragnehmer die Vertragserfüllungssicherheit durch Bürgschaft abgelöst hat, keine Gewährleistungsbürgschaft stellt und vollständig bezahlt ist, so dass der Auftraggeber keinen Einbehalt von der Werkvergütung mehr machen kann.

Rückforderungsansprüche nach einer Überzahlung des Auftragnehmers sind ohne ausdrückliche Erwähnung im Vertrag nicht von der Vertragserfüllungssicherheit gedeckt, da sie mit einer vertragsgemäßen Ausführung der Leistung des Auftragnehmers im Sinne des § 17 Abs. 1 Nr. 2 VOB/B nichts zu tun haben (Ingenstau/Korbion/Joussen, § 17 Abs. 1 VOB/B Rn. 18 m.w.N.).

Auch die Sicherheit für Mängelrechte umfasst grundsätzlich nicht den Anspruch auf Rückerstattung von Überzahlungen. Im Vertrag sollte jedoch auch die Sicherheit darauf erstreckt werden, da sich möglicherweise die Überzahlung erst nach Rückgabe der Vertragserfüllungssicherheit herausstellt, zum Beispiel bei der Schlussrechnungsprüfung.

§ 17 Abs. 8 Nr. 1 VOB/B bestimmt, dass eine nicht verwertete Sicherheit für die Vertragserfüllung zum vereinbarten Zeitpunkt, spätestens nach Abnahme und Stellung der Sicherheit für Mängelansprüche zurückzugeben ist, es sei denn, dass Ansprüche des Auftraggebers, die nicht von der gestellten Sicherheit für Mängelansprüche umfasst sind, noch nicht erfüllt sind. Die Sicherheit für Mängelrechte umfasst grundsätzlich nicht den Anspruch auf Ersatz eines Verzugsschadens oder auf Zahlung der Vertragsstrafe. Jedoch kann meist erst nach Prüfung der Schlussrechnung festgestellt werden, ob noch ein ausreichender Anteil der Vergütung verbleibt, von dem diese Beträge abgezogen werden können. Daher sollte vertraglich vereinbart werden, dass die Sicherheit für Mängelrechte auch Ansprüche Verzugsschaden und Vertragsstrafe umfasst.

Die Sicherheit für Mängelansprüche ist nach § 17 Abs. 8 Nr. 2 VOB/B nach Ablauf von 2 Jahren zurückzugeben. Da aber manche Mängel sich erst zu einem späteren Zeitpunkt zeigen, sollte für die Rückgabe der Sicherheit der Ablauf der Verjährungsfrist für die Mängelansprüche vereinbart werden. Gegen die formularmäßige Vereinbarung des Rückgabezeitpunkts auf das Ende der vereinbarten Gewährleistungsfrist bestehen keine AGB-rechtlichen Bedenken (Kapellmann/Messerschmidt/Thierau § 17 Rn. 230; Ingenstau/Korbion/Joussen § 17 Abs. 8 Rn. 15).

Der Auftraggeber kann von der fälligen Vergütung des Auftragnehmers einen der Sicherheit entsprechenden Betrag einbehalten; der Auftragnehmer kann die Auszahlung dieses Betrages verlangen, sobald er dem Auftraggeber die entsprechende Bürgschaft (Vertragserfüllungsbürgschaft oder Gewährleistungsbürgschaft) stellt. Solche einbehaltenen Beträge sind nach § 17 Abs. 6 VOB/B vom Auftraggeber auf ein Sperrkonto einzuzahlen. Die Verpflichtung zur Einzahlung auf ein Sperrkonto kann jedoch auch in Allgemeinen Geschäftsbedingungen ausgeschlossen werden, wenn dem Auftragnehmer die Möglichkeit eingeräumt wird, den Einbehalt gegen eine selbstschuldnerische Bürgschaft abzulösen (BGH BauR 2004, 325; LG Stuttgart BauR 2014, 1004).

Zu 11. Bürgschaften.

44

Die wichtigsten Voraussetzungen, die eine Bürgschaft zur Ablösung einer Sicherheit erfüllen muss, sind bereits in § 17 Abs. 2 und Abs. 4 VOB/B geregelt. Dennoch ist es zu empfehlen, nähere Einzelheiten im Vertrag zu regeln.

Um Ansprüche gegen den Bürgen leichter durchsetzen zu können, kann vereinbart werden, dass dieser seinen Sitz in der Bundesrepublik Deutschland haben muss; auch eine Beschränkung des Kreises der Bürgen auf Kreditinstitute und Kreditversicherer ist in Allgemeinen Geschäftsbedingungen zulässig (OLG Dresden BauR 2004, 1992).

Auch sollten nähere Einzelheiten zum Inhalt der Bürgschaftsurkunde festgelegt werden. Hat die Bürgschaft nicht den geforderten Inhalt, kann sie zurückgewiesen werden.

Für Klagen gegen den Bürgen richtet sich die örtliche Zuständigkeit des Gerichts (Gerichtsstand) grundsätzlich nach dem Sitz des Bürgen. Für den Auftraggeber ist es allerdings vorteilhaft, dass der Gerichtsstand für Streitigkeiten aus dem Bürgschaftsvertrag mit dem für gerichtliche Auseinandersetzungen mit dem Auftragnehmer übereinstimmt, z.B. wenn er den Auftragnehmer und den Bürgen gemeinsam als Gesamtschuldner verklagen will. Dieses Vertragsmuster sieht in Ziff. 15.3 für Streitigkeiten aus dem Bauvertrag als ausschließlichen Gerichtsstand den Ort des Bauvorhabens vor. Daher sollte auch für den Bürgschaftsvertrag eine übereinstimmende Erklärung zum Gerichtsstand verlangt werden. Es ist jedoch zu beachten, dass Gerichtsstandsvereinbarungen vor Entstehen der Streitigkeit nach § 38 Abs. 1 ZPO wirksam nur zwischen Kaufleuten, juristischen Personen des öffentlichen Rechts oder öffentlich-rechtlichen Sondervermögen geschlossen werden können. Erfüllt der Auftraggeber diese Voraussetzung nicht, ist die Gerichtsstandsvereinbarung sowohl im Bau- als auch im Bürgschaftsvertrag unwirksam.

Der Verzicht auf die Einrede der Aufrechenbarkeit nach § 770 Abs. 2 BGB kann nur mit der Einschränkung verlangt werden, dass der Bürge nur mit rechtskräftig festgestellten oder vom Auftraggeber anerkannten Forderungen aufrechnen darf (BGHZ 153, 293).

Auch wenn im Bauvertrag die förmliche Abnahme vereinbart ist, kann es geschehen, dass es nicht zu dieser förmlichen Abnahme kommt. Die Parteien können einvernehmlich darauf ausdrücklich oder konkludent verzichten (Ingenstau/Korbion/Oppler § 12 Abs. 4 VOB/B Rn. 5), oder die Abnahme wird vergessen, sodass nach Ablauf einer gewissen Zeit ohne dass wesentliche Mängel gerügt werden, die Leistung als abgenommen gilt (Beck'scher VOB-Komm./Bröker § 12 Abs. 4 Rn. 10). Nimmt die Bürgschaftsurkunde auf den Bauvertrag Bezug – was regelmäßig der Fall sein wird – und ist darin die förmliche Abnahme vereinbart, haftet der Bürge nicht, wenn die förmliche Abnahme unterblieben ist, sondern die Leistung in anderer Weise abgenommen wurde (OLG Celle BauR 2007, 1780; OLG Rostock BauR 2006, 1947; OLG Frankfurt BauR 2007, 762).

Daher sollte verlangt werden, dass der Bürge erklärt, auch bei einem solchen Wechsel der Abnahmeform zu haften.

Meier

In Bürgschaften für Mängelansprüche findet man häufig die Einschränkung, »für unbeanstandet oder vorbehaltlos abgenommene Leistungen«. Dies hat zur Folge, dass der Bürge nicht haftet, wenn sich der Auftraggeber bei der Abnahme Mängel vorbehalten hat (OLG Hamm IBR 2004, 500; OLG Frankfurt OLGR 2006, 601).

Daher sollte im Vertrag ausdrücklich ein solcher Vorbehalt in der Bürgschaftsurkunde ausgeschlossen werden. Enthält die Bürgschaft dennoch eine solche Einschränkung, kann sie zurückgewiesen werden.

Nach § 17 Abs. 4 S. 3 VOB/B darf der Auftraggeber keine Bürgschaft auf erstes Anfordern verlangen. Individualvertraglich kann natürlich etwas anderes vereinbart werden. In Allgemeinen Geschäftsbedingungen des Auftraggebers ist jedoch eine Klausel, die eine Vertragserfüllungsbürgschaft oder Gewährleistungsbürgschaft auf erstes Anfordern vorschreibt unwirksam, und zwar auch dann, wenn dem Auftragnehmer das Recht vorbehalten bleibt, die Einzahlung des Sicherheitseinbehaltes auf einem Sperrkonto zu verlangen (für die Erfüllungsbürgschaft: BGH BauR 2004, 500; BGH BauR 2002, 1533; für die Gewährleistungsbürgschaft: BGH NJW-Spezial 2007, 360–361).

Eine Umdeutung der Klausel dahingehend, dass stattdessen eine selbstschuldnerische Bürgschaft zu stellen ist, auf die nicht auf erstes Anfordern gezahlt werden muss, kann nicht erfolgen (BGH BauR 2011, 1324; BGH BauR 2005, 539; BGH BauR 2002, 463).

Anders sieht es bei Vorauszahlungsbürgschaften aus. Hier kann auch in Allgemeinen Geschäftsbedingungen des Auftraggebers eine Bürgschaft auf erstes Anfordern verlangt werden, da sie dem gesetzlichen Leitbild des Vorleistungsprinzips entsprechen (OLG Düsseldorf BauR 2004, 1319; OLG Frankfurt/a.M. BauR 2008, 1165; BGH BauR 1988, 594, 595; Kapellmann/Messerschmidt/Thierau § 17 Rn. 187). Es ist aber gleichzeitig zu vereinbaren, dass diese zurückgegeben wird, wenn die Vorauszahlung durch Verrechnung mit fälligen Vergütungsansprüchen des Auftragnehmers aufgebraucht ist (vgl. Ingenstau/Korbion/Joussen, § 17 Abs. 4 VOB/B Rn. 67).

45 Zu 12.1 Bauleiter/Bevollmächtigter des Auftragnehmers.

Für die Bauabwicklung ist es vorteilhaft, die Vertretungsverhältnisse klar zu regeln. Gerade bei größeren Bauunternehmen ist es für den Auftraggeber nicht immer nachvollziehbar, wer sein Ansprechpartner für Anordnungen, Zusatzaufträge und andere Erklärungen im Zusammenhang mit dem Bauvertrag ist. Idealerweise wird vom Auftragnehmer ein Bauleiter benannt, der während der Bauausführung ständig anwesend und zudem auch zur Abgabe sowie Entgegennahme auch rechtsgeschäftlich bindender Erklärungen bevollmächtigt ist. Bei kleineren Bauvorhaben oder bei weniger aufwändigen Gewerken wird man vom Auftragnehmer allerdings kaum verlangen können, dass permanent ein Bauleiter vor Ort ist. In diesem Fall kann aber z.B. ein Polier oder Vorarbeiter als Stellvertreter benannt werden; wobei die Vollmacht zur Abgabe von (rechtsgeschäftlichen) Erklärungen auf den Bauleiter beschränkt werden kann.

Ist der Auftragnehmer ein Zusammenschluss mehrerer Unternehmer, eine sog. Arbeitsgemeinschaft (ARGE), sollte unbedingt im Vertrag geregelt werden, welcher ARGE-Partner rechtsgeschäftliche Erklärungen für den Auftragnehmer abgeben und entgegennehmen darf. Dabei dient es der Klarheit, wenn eine bestimmte Person angegeben wird. Dies kann wie folgt formuliert werden:

»Der AN wird durch den ARGE-Partner Fa. ... GmbH, diese wiederum durch ihren Geschäftsführer Herrn ..., gegenüber dem AG vertreten. Unbeschadet der weiteren Vertretungsregelungen in diesem Vertrag, ist dieser allein berechtigt, für den AN rechtsgeschäftliche Erklärungen abzugeben und entgegenzunehmen.«

46 Zu 12.2 Bauleitender Architekt/keine Vollmacht für Auftraggeber.

Fast noch wichtiger ist eine explizite Regelung darüber, welche Vollmachten der vom Auftraggeber benannte Bauleiter, meist der Architekt oder ein Ingenieur, hat.

1. VOB-Vertrag, Einzelgewerkvergabe

Bei der Beauftragung von Leistungen, die im Vertrag zunächst nicht vorgesehen waren, wird in der Literatur weitgehend vertreten, dass der bauleitende Architekt grundsätzlich keine Vollmacht hat, den Bauherrn rechtsgeschäftlich zu verpflichten, insbesondere zusätzliche Leistungen zu beauftragen, wenn ihm der Auftraggeber nicht eine solche Befugnis eingeräumt hat. Allein die Tatsache, dass der Architekt oder Ingenieur mit der Objektüberwachung, also der Bauleitung, beauftragt wurde, beinhaltet noch keine solche Bevollmächtigung (Quack BauR 1995, 441, 442; Werner/Pastor Rn. 1343, 1344; Ingenstau/Korbion/Keldungs § 2 Abs. 6 VOB/B Rn. 10 m.w.N.).

Leider ist die Rechtsprechung insoweit nicht einheitlich. So sollen zumindest geringfügige Zusatzaufträge ohne ausdrückliche Erklärung des Auftraggebers vom Architekten in seinem Namen beauftragt werden können (BGH BauR 1975, 138; BGH BauR 1978, 114, 316; OLG Köln BauR 1986, 443; OLG Düsseldorf BauR 1998, 1023; OLG Hamburg IBR 2001, 491 – das eine »originäre« Vollmacht des Architekten annimmt, wenn das Volumen der einzelnen Zusatzaufträge jeweils unter 5 % und das Gesamtvolumen aller Zusatzaufträge unter 10 % der ursprünglichen Auftragssumme nicht überschreitet) oder es wird eine Duldungs- oder Anscheinsvollmacht angenommen, so dass solche Zusatzaufträge dem Auftraggeber zugerechnet werden (OLG Koblenz BauR 2010, 1110). Bei den Änderungen des Bauentwurfs oder anderen Anordnungen im Sinne von § 2 Abs. 5 VOB/B ist die Rechtsprechung uneinheitlich. Teilweise wird es für ausreichend erachtet, dass die Veranlassung zur Änderung des Bauentwurfs oder die andere Anordnung aus »dem Umfeld des Auftraggebers« stammt. Hierzu sollen sogar Anordnungen des Bauordnungsamtes oder anderer Behörden gehören, selbst wenn der Auftraggeber hiervon keine Kenntnis hat (OLG München BauR 1980, 274; OLG Frankfurt BauR 1999, 43; OLG Düsseldorf BauR 1996, 267).

Zur Rechtssicherheit für beide Bauvertragsparteien empfiehlt es sich daher, ausdrücklich festzuschreiben, dass ausschließlich der Auftraggeber Anordnungen erteilen oder Zusatzleistungen beauftragen kann, es sei denn, er hat ausdrücklich und schriftlich dem Auftragnehmer gegenüber einen Bevollmächtigten benannt. Hierauf kann sich der Auftragnehmer berufen, falls der Bauleiter von ihm eine zusätzliche Leistung verlangt; solange die Bevollmächtigung nicht nachgewiesen ist, braucht er diese Leistung nicht auszuführen. Umgekehrt kann der Auftraggeber sich zusätzlichen Vergütungsforderungen gegenüber auf die fehlende Vollmacht des Bauleiters berufen.

Andererseits ergeben sich während des Baugeschehens oft Situationen, in denen schnell reagiert werden muss; dies betrifft vor allem kleinere Leistungen, die nicht im Leistungsverzeichnis beschrieben sind, aber auch nicht einen solchen Umfang haben, als dass hierfür Einheitspreise kalkuliert werden müssten. Solche Arbeiten (Regiearbeiten) werden in der Praxis oft auf Stundenlohnbasis abgerechnet. Wegen der Unkalkulierbarkeit von Stundenlohnarbeiten für den Auftraggeber soll dies aber die Ausnahme sein. So regelt § 2 Abs. 10 VOB/B, dass Stundenlohnarbeiten nur vergütet werden, wenn sie »als solche vor ihrem Beginn ausdrücklich vereinbart worden sind«. Um die notwendige Flexibilität des Bauleiters zu gewährleisten, andererseits aber den Auftraggeber davor zu schützen, dass aus Bequemlichkeit umfangreiche Zusatzarbeiten auf Stundenlohnbasis angeordnet werden, ist zu empfehlen, dem Bauleiter des Auftraggebers ein »Kontingent« an Regiestunden zur Verfügung zu stellen, für dessen Beauftragung er bevollmächtigt ist. Durch die Regelung wird aber auch klargestellt, dass für darüber hinausgehende Leistungen ein Auftrag durch den Auftraggeber selbst erforderlich ist.

Während der Bauausführung muss der Auftraggeber jedoch auch darauf achten, dass die Vertretungsregelung auch tatsächlich eingehalten wird. Wenn die Voraussetzungen einer Duldungsvollmacht vorliegen, kann eine als Bauleiter bezeichnete Person für den Auftraggeber rechtswirksam Verpflichtungen begründen unbeschadet einer entgegenstehenden schriftlichen Vertragsklausel (OLG Jena, BauR 2008, 1899).

Zu 13.1 Gefahrtragung. 47

Der Auftragnehmer trägt nach § 644 BGB bis zur Abnahme grundsätzlich die Leistungs- und die Vergütungsgefahr. Das bedeutet, dass er zur Leistung verpflichtet bleibt, wenn die von ihm erbrachten Bauarbeiten auch ohne sein Verschulden untergehen, gestohlen oder beschädigt werden und eine Reparatur oder Neuherstellung noch möglich ist (Leistungsgefahr). Dafür kann er keine besondere Vergütung verlangen (Vergütungsgefahr). Nach § 7 VOB/B hat der Auftragnehmer jedoch einen Anspruch, dass die bis dahin erbrachten Leistungen nach den Regelungen des § 6 Abs. 5 VOB/B vergütet werden, wenn die ganz oder teilweise ausgeführten Leistungen vor der Abnahme durch höhere Gewalt, Krieg, Aufruhr oder andere objektiv unabwendbare vom Auftragnehmer nicht zu vertretende Umstände beschädigt oder zerstört werden. Die Vergütungsgefahr wird also durch die VOB-Regelung zum Teil auf den Auftraggeber übertragen.

Die hier vorgeschlagene Klausel schließt dies aus und stellt die im Gesetz vorgesehene Gefahrtragung wieder her.

Der Auftragnehmer ist aber zumindest zum Teil abgesichert, wenn eine Bauleistungsversicherung besteht. Hat der Auftraggeber eine solche abgeschlossen, ist er insoweit von deren Versicherungsschutz mit umfasst (vgl. Anmerkung zu Ziff. 13.4 des Vertrages). Im Regelfall wird der mitversicherte Unternehmer, zu dessen Lasten der Schaden geht, in eigener Regie die Aufräum- und Wiederherstellungsarbeiten durchführen. Dafür erhält er vom Versicherer nur die Selbstkosten ersetzt. Zuschläge für Wagnis und Gewinn, allgemeine Geschäftskosten und nicht schadensbedingte Baustellengemeinkosten hat der Unternehmer bereits vom Auftraggeber auf seine Bauleistungen erhalten.

48 **Zu 13.2 und 13.3 Betriebshaftpflicht des Auftragnehmers.**

Die Betriebshaftpflichtversicherung des Auftragnehmers versichert nicht dessen Werkleistung selbst, steht also nicht für die Mängelansprüche des Auftraggebers ein. Versichert sind aber Ansprüche aus §§ 311 Abs. 2 i.V.m. 341 Abs. 2, 280 Abs. 1 BGB (culpa in contrahendo), §§ 280 i.V.m. 281 bis 283 BGB (positive Vertragsverletzung), unerlaubter Handlung und Ansprüche aus nachbarrechtlichem Ausgleichsanspruch, wenn die Einwirkung zu einer Substanzbeschädigung beim Nachbargrundstück führt und der Auftragnehmer gegenüber dem ebenfalls verpflichteten Auftraggeber Freistellung oder Ausgleich schuldet (Meier, Bauversicherungsrecht, Stand 20.02.2007, Kapitel D II. 4).

49 **Zu 13.4 Bauleistungsversicherung.**

Bauherren und sonstige Auftraggeber (z.B. Generalunternehmer) können ihr Bauherren- bzw. Auftraggeberrisiko bei Gebäudeneubauten und -umbauten versichern. Mitversichert sind dabei alle vom Bauherrn beauftragte Unternehmer einschließlich der Nachunternehmer, jeweils mit ihren Lieferungen und Leistungen. Der genaue Versicherungsumfang und die Obliegenheiten des Auftraggebers bzw. der mitversicherten Auftragnehmer ergeben sich aus dem jeweiligen Versicherungsvertrag, der meist den allgemeinen Versicherungsbedingungen, den ABN 2011 – Allgemeine Bedingungen für die Bauleistungsversicherung durch Auftraggeber, entspricht.

50 **Zu 14.1 Übergabe der Auftragskalkulation.**

Bei Preisanpassungen nach § 2 Abs. 5 VOB/B und bei der Vereinbarung neuer Preise nach § 2 Abs. 6 VOB/B dienen die Grundlagen der Preisermittlung für die vertraglich vereinbarten Leistungen als Ausgangsbasis. Ohne genaue Kenntnis dieser »Grundlagen der Preisermittlung« ist es dem Auftraggeber unmöglich, Nachtragsforderungen des Auftragnehmers auf ihre Berechtigung der Höhe nach zu überprüfen. Daher benötigt er die Auftragskalkulation des Auftragnehmers. Diese ist nicht identisch mit den bei öffentlichen Ausschreibungen geforderten »EFB-Preis-Blättern«, da diese lediglich die Zuschlags- bzw. Umlagesätze angeben. Die Auftragskalkulation ist eine Aufgliederung der einzelnen Einheitspreise in die Kalkulationsfaktoren, aus denen sich schließlich der Einheitspreis zusammensetzt. Sie ist die Kalkulation der Preise für das bei Auftragserteilung/Vertragsschluss vereinbarte Bausoll (vgl. Kapellmann/Schiffers, Band 1, Rn. 27).

Der Auftraggeber hat ein besonderes Interesse daran, möglichst frühzeitig an die Auftragskalkulation zu kommen, damit der Auftragnehmer diese nicht erst dann, wenn ein Nachtrag ansteht, seinem »Preisinteresse« entsprechend gerade für diese Zusatzleistung anpasst. Andererseits wird er sie nicht bereits bei Vertragsschluss verlangen können, zumindest dann nicht, wenn bis kurz vor Vertragsschluss noch Änderungen an Leistung und Preis vereinbart wurden; diese müssen dann erst in die Angebotskalkulation eingearbeitet werden, damit sie zur Auftragskalkulation wird. Der hier vorgesehene (moderate) Einbehalt soll gewissen Druck auf den Auftragnehmer ausüben, die Kalkulation möglichst schnell zu übergeben.

Wenig Sinn macht die häufig anzutreffende Regelung, die Kalkulation sei in einem verschlossenen Umschlag beim Auftraggeber zu deponieren und dürfe nur in Anwesenheit des Auftragnehmers geöffnet werden. Zum einen kann dann der Auftraggeber nicht überprüfen, ob die Auftragskalkulation den vertraglichen Bedingungen entspricht. Zum anderen wird mit großer Wahrscheinlichkeit mehr als eine Nachtragsforderung gestellt werden, die der Auftraggeber auch zügig prüfen soll. Es würde einen enormen Aufwand bedeuten, wenn er nur gemeinsam mit dem Auftragnehmer Einsicht nehmen dürfte; was bei einer sorgfältigen Nachtragsprüfung auch dem Auftragnehmer unnötig Zeit kosten würde.

Zu 14.2 Freistellungserklärung. 51

Die Übergabe der Freistellungserklärung über die Bauabzugssteuer dürfte eine Selbstverständlichkeit sein, da dies ja auch im Interesse des Auftragnehmers liegt. Andernfalls müsste der Auftraggeber 15 % der jeweils fälligen Vergütung einbehalten und an das Finanzamt abführen. Die dabei zu erstellende Steuererklärung ist aber für den Auftraggeber ein erheblicher Aufwand, weshalb er den Auftragnehmer zur Übergabe drängen sollte. Achtung: Liegt keine Freistellungsbescheinigung vor und verfügt der Auftragnehmer auch nicht über eine solche, zahlt der Auftraggeber aber dennoch ohne Steuerabzug an den Auftragnehmer, haftet er bis zu dem eigentlich einzubehaltenden Betrag für evtl. Steuerschulden des Auftragnehmers.

Zu 14.3 Weitere Unterlagen. 52

An dieser Stelle können weitere Unterlagen eingefügt werden, die der Auftragnehmer übergeben soll, wie z.B. Wartungsanleitungen, Revisions- und Bestandspläne, Abnahmebescheinigungen von TÜV/DEKRA usw. Es ist auch möglich, die Abnahme von der Übergabe bestimmter Unterlagen abhängig zu machen. Der BGH hat jedoch entschieden, dass es gegen das Transparenzgebot verstößt und damit zur Unwirksamkeit der Klausel führt, wenn die Übergabe »aller Revisions- und Bestandspläne« zur Abnahmevoraussetzung gemacht wird (BGH BauR 1997, 1036).

Es ist also notwendig, dass die Unterlagen in diesem Fall genau und einzeln bezeichnet werden. Außerdem darf es sich nur um Unterlagen handeln, deren Übergabe der Auftragnehmer auch schuldet und dementsprechend auch selbst besorgen kann.

Zu 15.1 Vollständigkeitsklausel/Schriftform. 53

Eine weitergehende Schriftformklausel als die hier vorgeschlagene kann in Allgemeinen Geschäftsbedingungen nicht wirksam vereinbart werden. Der Verwender der Klausel kann sich nicht auf das Schriftformerfordernis berufen, wenn er selbst eine ansonsten wirksame Vereinbarung geschlossen hat (MüKo-Basedow, § 305b BGB Rn. 13). Zulässig sind aber so genannte Vollständigkeitsklauseln, in der die Parteien erklären, dass bis zum Vertragsschluss keine weiteren, vor allem mündliche Nebenabreden getroffen haben (BGH NJW 1985, 623, 630; BGH NJW 2000, 207).

Zu 15.2 Rechtswahl bei Verträgen mit ausländischen Partnern. 54

Bei Verträgen mit Partnern, die ihren Sitz nicht in Deutschland haben, sollte vereinbart werden, dass auf das Vertragsverhältnis ausschließlich deutsches Recht anwendbar ist. Dass erleichtert nicht nur dem deutschen Vertragspartner die Einschätzung des Vertragsverhältnisses, sondern auch den Gerichten im Falle einer Auseinandersetzung die Prüfung, welches Recht anzuwenden ist. Der Ausschluss der Internationalen Regeln, hier des UN-Kaufrechtes (CISG) ist deshalb gesondert zu erwähnen, da diese bei Rechtsbeziehungen mit ausländischen Partnern aufgrund ihrer gesetzlichen

Einbeziehung ebenfalls deutsches Recht darstellen und die Regelungen des BGB und HGB insoweit verdrängen (vgl. z.B. OLG Saarbrücken, Urt. v. 12.05.2010 – 8 U 75/09 – ibr-online).

55 Zu 15.3 Gerichtsstandsvereinbarung.

Bei Baurechtsstreitigkeiten ist im Regelfall das Gericht örtlich zuständig, in dessen Zuständigkeitsgebiet das Bauvorhaben liegt. Der Auftragnehmer kann aber den Auftraggeber – wenn keine wirksame Gerichtsstandsvereinbarung vorliegt – auch an dessen Wohnsitz bzw. Unternehmenssitz verklagen. Umgekehrt kann der Auftraggeber zwischen dem Ort des Bauvorhabens und dem Sitz des Auftragnehmers wählen, wenn er gegen diesen gerichtlich vorgehen will. § 18 Abs. 1 VOB/B bestimmt, dass, wenn die Voraussetzungen für eine Gerichtsstandsvereinbarung vorliegen, sich der Gerichtsstand nach dem Sitz »der für die Prozessvertretung des Auftraggebers zuständigen Stelle« richtet; also im Normalfall der Sitz des Auftraggebers. Nach herrschender Auffassung in der Literatur gilt diese Regelung sowohl für öffentliche als auch für private Auftraggeber (Ingenstau/Korbion/Joussen § 18 Abs. 1 VOB/B Rn. 19 m.w.N.). Der BGH hat jedoch in einem obiter dictum zu erkennen gegeben, dass nach seiner Auffassung die in § 18 Abs. 1 VOB/B enthaltene Gerichtsstandsbestimmung nur auf öffentliche Auftraggeber anwendbar sei, für private also nicht gelte (BGH BauR 2009, 1001).

Aus Praktikabilitätsgründen sollte im Vertrag der Ort des Bauvorhabens als Gerichtsstand festgeschrieben werden. Zum einen erspart dies bei einer Beweisaufnahme durch Augenschein oder durch Sachverständige hohe Fahrtkosten. Zum anderen sollte auf einen einheitlichen Gerichtsstand aller am Bau Beteiligten geachtet werden, damit mehrere Personen (Streitgenossen) mit unterschiedlichem Allgemeinem Gerichtsstand, am selben Gericht verklagt werden können.

Es ist jedoch zu beachten, dass Gerichtsstandsvereinbarungen vor Entstehen der Streitigkeit nach § 38 Abs. 1 ZPO wirksam nur zwischen Kaufleuten, juristischen Personen des öffentlichen Rechts oder öffentlich-rechtlichen Sondervermögen geschlossen werden können. Erfüllt der Auftraggeber diese Voraussetzung nicht, ist die Gerichtsstandsvereinbarung, sowohl im Bau- als auch im Bürgschaftsvertrag unwirksam.

Aber auch, wenn der Auftraggeber selbst Kaufmann ist, kann er z.B. mit Freiberuflern wie Architekten oder Ingenieuren (es sei denn sie sind z.B. als GmbH wiederum selbst auch Kaufleute), keine wirksame Gerichtsstandsvereinbarung schließen. Rechtsstreite mit diesen können aber am Ort des Bauvorhabens ausgetragen werden, wenn deren Leistungen über das reine Planungsstadium hinausgegangen sind. Daher sollte einheitlich dieser als ausschließlicher Gerichtsstand vereinbart werden, wo dieses zulässig ist.

2. Einheitspreisvertrag

a) Muster Einheitspreisvertrag (aus Sicht des AN)

56 **Werkvertrag**

(Nr. ..... Gewerk .....)

Zwischen

der Fa. ..... GmbH, vertreten durch den Geschäftsführer ....., ... straße 5, ... Bauhausen

– Auftragnehmer (AN) –

und

....., vertreten durch ....., ... straße 2, ... Bauherrenstadt

– Auftraggeber (AG) –

wird folgender

Einheitspreisvertrag

geschlossen:

1. Vorbemerkung, Vertragsgegenstand und Vertragsbestandteile

1.1 Vorbemerkung

Der AG errichtet auf dem Grundstück ..... Straße 11, ..., ein Wohn- und Geschäftshaus.

Der AN wird hiermit durch den AG mit der Ausführung der Leistungen des Gewerkes ..... für dieses Bauvorhaben beauftragt. Der nähere Leistungsumfang ergibt sich aus diesem Vertrag und den Vertragsbestandteilen gem. Ziff. 1.2

1.2 Vertragsbestandteile sind:
(1) dieser Einheitspreisvertrag;
und hierzu nachrangig:
(2) das Angebot des AN mit Leistungsverzeichnis vom ..... Anlage 1;
(3) die dem AN bereits übergebenen Pläne gemäß Planliste vom ..... Anlage 2;
(4) die Baugenehmigung Nr. BG ..... des Bauordnungsamtes ..... vom ....., Anlage 3;
(5) Terminplan zur Lieferung der Ausführungspläne Anlage 4;
(6) die VOB/B Fassung 2016 Anlage 5;
(7) die DIN 18299, DIN ..... Anlage 6;
(8) [*ist der AG Verbraucher dann zusätzlich:* Widerrufsbelehrung gem. Muster Anlage 10 zu Artikel 249 § 3 EGBGB]

1.3 Ausschluss sonstiger Bestimmungen/Widersprüche

Für den Vertrag gelten nur die unter 1.2 aufgeführten Bestandteile, nicht das Leistungsverzeichnis des AG, etwaige Vorverträge, unter 1.2 nicht aufgeführte Protokolle oder sonstige Korrespondenz, insbesondere im Zusammenhang mit dem Abschluss dieses Vertrages.

Im Fall von Widersprüchen unter den Vertragsbestandteilen gilt die durch die Nummerierung in Ziff. 1.2 vorgegebene Reihenfolge, die Regelung in dem zuvorderst genannten Vertragsbestandteil geht dann vor.

2. Besonderheiten der Leistung

2.1 Abweichend von Titel ..... Pos. ..... des Angebotsleistungsverzeichnisses (Anlage 1) wird statt der dort genannten ..... die Leistung mit ..... ausgeführt. Der für die Leistung in dieser Position angegebene Einheitspreis bleibt unverändert.

2.2 .....

3. Planfortschreibung

3.1 Das vom AG beauftragte Planungsbüro ..... wird dem AN im Rahmen des Planungs- und Baufortschritts die vom AN benötigten Ausführungsunterlagen (Pläne, Berechnungen usw.) zur Verfügung stellen. Die Pläne sind vom Planungsbüro in der zur Ausführung freigegebener Fassung spätestens zu den im Terminplan (Anlage 4) angegebenen Terminen dem AN zu übergeben.

3.2 Die übergebenen Ausführungsunterlagen müssen einen ausdrücklichen Freigabevermerk des Planungsbüros tragen. Der AN ist nicht verpflichtet, anhand von Vorabzügen oder anderen, nicht endgültig freigegebenen Unterlagen, seine Arbeiten zu beginnen oder fortzusetzen.

3.3 Enthalten die freigegebenen Ausführungsunterlagen Änderungen des Bauentwurfs oder sind zur Ausführung der Leistungen nach den Vorgaben dieser Unterlagen geänderte oder zusätzliche Leistungen des AN erforderlich, liegt in der Übergabe der freigegebenen Ausführungsunterlagen an den AN zugleich eine Anordnung des AG im Sinne von Ziff. 4 des Vertrages. Das Planungsbüro ..... ist insoweit durch den AG bevollmächtigt.

4. Leistungsänderungen und zusätzliche Leistungen

4.1 Der AG kann nach Maßgabe des § 1 Abs. 3 und Abs. 4 VOB/B Änderungen des Bauentwurfs vornehmen sowie geänderte oder zusätzliche Leistungen des AN anordnen. Der AN hat solchen

Änderungen nur dann auszuführen bzw. den Anordnungen nur dann Folge zu leisten, wenn diese durch den AG oder einen von ihm hierzu ausdrücklich bevollmächtigten (vgl. Ziff. 10 des Vertrages), schriftlich gegenüber dem AN ausgesprochen werden oder sich aus den zur Ausführung vom Planungsbüro ..... freigegebenen Ausführungsunterlagen ergeben (vgl. Ziff. 3.3 des Vertrages). Begehrt der AG eine Änderung des vereinbarten Werkerfolges, kann der AN die Befolgung der Anordnung verweigern, wenn die Ausführung der Änderung für ihn unzumutbar ist.

Der AG ist verpflichtet, dem AN die für die Ausführung der Änderung erforderliche Planung zur Verfügung zu stellen.

Der AG ist jedoch nicht berechtigt Anordnungen zu treffen, die die Bauzeit betreffen oder auf diese Einfluss nehmen.

4.2 Die Vergütungsfolgen solcher Änderungen und Anordnungen richten sich nach den Regelungen dieses Vertrages und nachrangig nach den Bestimmungen der VOB/B, insbesondere nach § 2 Abs. 4, 5 und 6, mit der Maßgabe, dass ein Anspruch auf Vergütungsanpassung und/oder eine besondere Vergütung nicht von einer vorherigen Ankündigung des AN abhängig ist.

Der AN kann vor Ausführung der geänderten oder zusätzlichen Leistung den Abschluss einer Vereinbarung über die zusätzliche oder geänderte Vergütung verlangen; in diesem Fall wird er dem AG ein entsprechendes Nachtragsangebot vorlegen. Können die Parteien sich nicht über die Höhe der Vergütungsanpassung oder der zusätzlichen Vergütung einigen, ist der AG verpflichtet, dem AN die von ihm als berechtigt anerkannte Höhe zu benennen. Der AG ist weiterhin verpflichtet, bei den Abschlagszahlungen und der Schlusszahlung auf die vom AN für die geänderten oder zusätzlichen Leistungen berechneten Positionen zumindest den von ihm anerkannten Betrag zu zahlen. Die rügelose Entgegennahme der gekürzten Zahlung ist insoweit kein Anerkenntnis des AN.

Verweigert der AG den Abschluss einer solchen Vergütungsvereinbarung, verzögert er den Abschluss unangemessen oder kommt er seiner Verpflichtung zur Benennung der anerkannten Höhe und Zahlung des Teilbetrages nicht nach, so kann der AN ihm für den Abschluss der Vereinbarung eine angemessene Nachfrist setzen. Kommt der AG auch innerhalb der Nachfrist den vorbenannten Mitwirkungshandlungen nicht nach, ist der AN berechtigt, die Arbeiten zur Ausführung der geänderten oder zusätzlichen Leistungen einzustellen oder zu verweigern, bis der AG die Mitwirkungshandlung nachholt.

Haben sich die Parteien nicht über die Höhe der zusätzlichen oder geänderten Vergütung geeinigt und ist keine anderslautende gerichtliche Entscheidung ergangen, und beträgt die vom AG als berechtigt anerkannte Höhe der zusätzlichen oder geänderten Vergütung weniger als 80 % der im Nachtragsangebot des AN angesetzten Mehrvergütung, oder kommt der AG der Verpflichtung die anerkannte Höhe der Mehrvergütung zu benennen nicht nach, kann der AN bei der Berechnung von Abschlagszahlungen 80 % der in seinem Nachtragsangebot genannten Mehrvergütung ansetzen In diesem Fall steht ihm das im vorangegangenen Absatz genannte Leistungsverweigerungsrecht nicht zu. Die Rechte des AN im Falle des Verzuges des AG mit Abschlagszahlungen bleiben jedoch unberührt.

4.3 Treten Widersprüche zwischen den in Ziff. 1.2 genannten Vertragsbestandteilen bezüglich des Umfangs sowie der Art und Weise der auszuführenden Leistung zu Tage, ist der AG berechtigt, die Ausführung entsprechend eines nach Ziff. 1.3 nachrangigen Vertragsbestandteils anzuordnen. In diesem Fall gilt Ziff. 4.2 des Vertrages entsprechend.

5. Termine und Fristen

5.1 Als Vertragstermine gelten:

Beginn der Ausführung auf der Baustelle 09.10.2017

5.2 Für die Arbeiten des AN ist ein Ausführungszeitraum von 6 Wochen vorgesehen.

6. Abnahme/Mängelrechte

6.1 Für die Abnahme der vom AN zu erbringenden Leistungen gilt § 12 Abs. 1 bis 4 VOB/B sowie ergänzend die gesetzlichen Bestimmungen, insbesondere § 640 Abs. 2 BGB.

6.2 Die Mängelrechte des AG richten sich nach § 13 VOB/B. Mängelrügen des AG führen jedoch nicht zum Beginn einer neuen Verjährungsfrist für den Anspruch auf Mängelbeseitigung.

Das Rücktrittsrecht des AG nach § 634 Nr. 3 BGB ist ausgeschlossen, soweit zwischen den Parteien nichts anderes vereinbart wird.

7. Vergütung

7.1 Für die vertraglich geschuldete Leistung erhält der AN eine Vergütung auf Basis der im Angebotsleistungsverzeichnis (Anlage 1) vermerkten Einheitspreise, zuzüglich der jeweils zum Zeitpunkt der Leistungserbringung gültigen gesetzlichen MwSt. Die vorläufige Auftragssumme beläuft sich demnach auf

..... € zzgl. MwSt. (zur Zeit 19 %)

7.2 Für Abschlagszahlungen gilt § 16 Abs. 1 VOB/B.

Ist der AG ein Verbraucher gilt folgendes:

Der Gesamtbetrag der Abschlagszahlungen ist auf 90 % der Gesamtvergütung einschließlich der Vergütung für Nachtragsleistungen begrenzt.

Der AN hat dem AG bei der ersten Abschlagszahlung eine Sicherheit für die rechtzeitige Herstellung des Werkes ohne wesentliche Mängel in Höhe von 5 % der vereinbarten Gesamtvergütung zu leisten. Erhöht sich der Vergütungsanspruch infolge einer Anordnung des AG oder in Folge sonstiger Änderungen oder Ergänzungen des Vertrages um mehr als 10 %, ist dem AG bei der nächsten Abschlagszahlung eine weitere Sicherheit in Höhe von 5 % des zusätzlichen Vergütungsanspruchs zu leisten. Auf Verlangen des AN ist die Sicherheitsleistung durch Einbehalt dergestalt zu erbringen, dass der AG die Abschlagszahlungen bis zu dem Gesamtbetrag der geschuldeten Sicherheit zurückhält.

7.3 In Abweichung von § 16 Abs. 3 Nr. 1 VOB/B sind Schlussrechnungen spätestens innerhalb von 2 Wochen nach Zugang zu prüfen und der Anspruch auf Schlusszahlung spätestens 2 Wochen nach Zugang der Schlussrechnung zur Zahlung fällig. Auch Einwände gegen die Prüfbarkeit der Rechnung hat der AG innerhalb von 2 Wochen gegenüber dem AN zu rügen und mitzuteilen, aus welchem Grund die Rechnung für ihn nicht prüfbar ist, andernfalls kann sich der AG nicht auf die fehlende Prüfbarkeit berufen.

Die Bestimmungen über die vorbehaltlose Annahme der Schlusszahlung nach § 16 Abs. 3 Nr. 2 bis 5 VOB/B gelten in diesem Vertragsverhältnis nicht. Ebenso ist die Anwendbarkeit des § 16 Abs. 6 VOB/B ausgeschlossen.

7.3 Der AN gewährt dem AG ein Skonto von 3 %, wenn alle Rechnungen in der berechtigten Höhe innerhalb von 10 Werktagen gezahlt werden. Die Skontofrist beginnt mit Eingang der prüfbaren Aufstellungen für Abschlagszahlungen (Abschlagsrechnungen) und der prüfbaren Schlussrechnung beim AG. Für die Einhaltung der Skontofrist ist die Wertstellung der Zahlung auf dem Konto des AN maßgeblich; verzögert sich die Wertstellung aus einem Grund, den der AN oder dessen kontoführendes Kreditinstitut zu vertreten hat, ist der Zeitpunkt des Eingangs der Zahlung/Gutschrift beim kontoführenden Kreditinstitut des AN maßgeblich.

7.4 Alle Zahlungen des AG an den AN haben per Überweisung auf folgendes Konto des AN:

IBAN: .....

BIC .....

Bank .....

zu erfolgen. Barzahlungen oder Zahlungen per Scheck sind ausgeschlossen.

7.5 Der AG kann gegenüber Zahlungsansprüchen des AN nur mit Mängelbeseitigungs- oder Fertigstellungskosten aus dem vertragsgegenständlichen Bauvorhaben, im Übrigen nur mit rechtskräftig festgestellten oder vom AN unbestrittenen Forderungen aufrechnen.

8. Baustelleneinrichtung/Baumedien

8.1 Der AG hat für eine ständige Befahrbarkeit der Baustelle bis zu einem Abstand von 2 m zum Rand der Baugrube (nach Verfüllung der Arbeitsräume zur zukünftigen Gebäudeaußenwand) mit LKW bis zu ..... to Sorge zu tragen. Er stellt dem AN einen Lagerplatz für Baustoffe und Container mit mindestens ..... m² Fläche bis zur Beendigung der Arbeiten des AN zur alleinigen Nutzung zur Verfügung. Muss die Lagerfläche aus Gründen, die der AN nicht zu vertreten hat vor Beendigung der Arbeiten des AN verlegt werden, hat der AG ihm die hierfür entstehenden Kosten auf Nachweis zu erstatten.

Der AG hat dafür Sorge zu tragen, dass je Geschoss des Gebäudes bis zur Beendigung der Arbeiten des AN für die Einbringung des Materials und der Baugeräte eine Öffnung in der Außenwand von ..... m Breite und ..... m Höhe verbleibt.

8.2 Der AG stellt dem AN kostenlos Baustrom und Wasser auf dem Baugrundstück zur Verfügung.

9. Sicherheitsleistungen

9.1 Zur Sicherheit für alle vertraglichen Zahlungsansprüche des AN, auch für solche, die sich aus nach Abschluss dieses Vertrages aus vom AG angeordneten geänderten oder zusätzlichen Leistungen ergeben, übergibt der AG dem AN eine selbstschuldnerische, unbefristete Bürgschaft eines in Deutschland ansässigen Kreditinstituts in Höhe von 10 % der vorläufigen Auftragssumme zzgl. MwSt. (Ziff. 7.1 des Vertrages).

9.2 Die Zahlungsbürgschaft muss folgende Erklärungen des Bürgen enthalten:
- Der Bürge übernimmt für den Auftraggeber die selbstschuldnerische Bürgschaft nach deutschem Recht.
- Auf die Einrede der Vorausklage gemäß § 771 BGB wird verzichtet.
- Auf die Einrede der Aufrechenbarkeit gem. § 770 Abs. 2 BGB wird verzichtet, es sei denn die aufrechenbare Gegenforderung des Hauptschuldners sind Mängelbeseitigungs- oder Fertigstellungskosten aus dem vertragsgegenständlichen Bauvorhaben, im Übrigen nur, wenn die Gegenforderung rechtskräftig festgestellt oder vom AN nicht bestritten ist.
- Die Hinterlegungsbefugnis des Bürgen ist ausgeschlossen.
- Die Bürgschaft ist unbefristet; sie erlischt mit der Rückgabe der Bürgschaftsurkunde.
- Der Anspruch des AN gegenüber dem Bürgen verjährt nicht vor der gesicherten Forderung, spätestens aber nach 30 Jahren.
- Ausschließlicher Gerichtsstand für alle Streitigkeiten aus dem Bürgschaftsvertrag ist der Ort des Bauvorhabens.

9.3 Die Zahlungsbürgschaft ist spätestens 2 Wochen nach Abschluss dieses Vertrages dem AN zu übergeben. Gerät der AG mit der Übergabe in Verzug, ist der AN berechtigt, bis zur Übergabe der Bürgschaft den Beginn der Arbeiten bzw. deren Fortführung zu verweigern.

9.4 Als Sicherheit für die Mängelrechte des AG werden 5 % der Nettoabrechnungssumme vereinbart. Der AN hat diese mit der Schlussrechnung zu stellen.

10. Bevollmächtigter des AG

10.1 Der AG hat das Planungsbüro ..... mit der Objektüberwachung beauftragt. Dieses stellt demnach den Bauleiter des AG.

Der Bauleiter des AG ist: ..... .

10.2 Der in 10.1 genannte Bauleiter *(zutreffendes bitte ankreuzen)*

- ☐ erteilt ausschließlich technischen Anordnungen auf der Baustelle; zur Anordnung von zusätzlichen oder geänderten Leistungen ist er nicht berechtigt, ebenso wenig zur Abgabe und Entgegennahme von Erklärungen, die den AG rechtsgeschäftlich binden. Er ist jedoch bevollmächtigt, für den AG bindend gemeinsame Aufmaße mit dem AN aufzunehmen oder Aufmaße des AN und Stundenlohnbelege anzuerkennen, sowie rechtsgeschäftliche Abnahmen zu erklären.

2. Einheitspreisvertrag

☐ ist bevollmächtigt für den AG die vertraglichen Anordnungsrechte auszuüben und für den AG alle rechtsgeschäftlichen oder rechtsgeschäftsähnlichen Erklärungen abzugeben und entgegenzunehmen; hiervon ausgenommen ist die Kündigung des Vertrages. Er ist bevollmächtigt zusätzliche oder geänderte Leistungen zur Anpassung des vertraglichen Bausolls an den jeweiligen Stand der Ausführungsplanung anzuordnen und/oder Vereinbarungen hierüber mit dem AN im Namen des AG zu schließen; dies umfasst auch Vereinbarungen zur Vergütung. Er ist berechtigt Stundenlohnarbeiten zu beauftragen. Ebenso umfasst die Vollmacht mit dem AN Vereinbarungen zur Bauzeit, insbesondere zur Änderung von Vertragsfristen zu treffen.

Der AG kann die erteilten Vollmachten durch Erklärung gegenüber dem AN für die Zukunft widerrufen, einschränken oder auf eine andere Person übertragen. Dies hat zu Beweiszwecken schriftlich durch Einschreiben/Rückschein zu erfolgen. Wird die Vollmacht nach Alternative 2 eingeschränkt oder widerrufen oder nicht erteilt, gilt Ziff. 4.1 des Vertrages.

11. Nachunternehmer

Der AG erklärt bereits jetzt seine Zustimmung, dass der AN folgende Leistungen an Nachunternehmer vergibt:

..... .

..... .

Der AG kann die Zustimmung zur Vergabe weiterer Leistungen an Nachunternehmer nur verweigern, wenn hierfür ein wichtiger Grund in der Person des vorgesehenen Nachunternehmers vorliegt.

12. Schlussbestimmungen

12.1 Abreden und Vereinbarungen, die nicht in diesem Vertrag und seinen Bestandteilen enthalten sind, wurden nicht getroffen, insbesondere auch keine mündlichen Nebenabreden. Änderungen und Ergänzungen des Vertrages sind aus Beweisgründen schriftlich abzufassen.

12.2 Bei Auslegung des Vertrags ist ausschließlich der in deutscher Sprache abgefasste Vertragswortlaut verbindlich. Erklärungen und Verhandlungen erfolgen in deutscher Sprache. Für die Regelung der vertraglichen und außervertraglichen Beziehungen zwischen den Vertragspartnern gilt ausschließlich das Recht der Bundesrepublik Deutschland unter Ausschluss des Wiener UN-Abkommens über den internationalen Warenverkehr (CISG). Für ein eventuelles gerichtliches Verfahren gilt das Prozessrecht der Bundesrepublik Deutschland.

12.3 Ausschließlicher Gerichtsstand für Streitigkeiten aus diesem Vertrag ist im kaufmännischen Verkehr der Ort des Bauvorhabens.

Bauhausen, den ..... .

....
Auftraggeber   Auftragnehmer

b) Erläuterungen

In diesem Vertragsmuster werden Regelungen für einen Einheitspreisvertrag bei der Beauftragung mit einem oder mehreren Einzelgewerken vorgestellt, bei denen die besonderen Interessen des Auftragnehmers im Vordergrund stehen.

Wie bei fast allen in diesem Buch vorgestellten Mustern für Bauverträge ist die VOB/B einbezogen. Bei den Klauseln der VOB/B handelt es sich um Allgemeine Geschäftsbedingungen, deren Wirksamkeit davon abhängt, ob sie einer Inhaltskontrolle nach den §§ 307 ff. BGB standhalten. Ob und inwieweit die einzelnen Klauseln der VOB/B einer AGB-rechtlichen Inhaltskontrolle bei Vereinbarung der VOB/B »als Ganzes«, entzogen sind, ist bei einer Verwendung gegenüber Unternehmern einerseits und Verbrauchern andererseits unterschiedlich zu beurteilen. Wegen der

Einzelheiten zu dieser Problematik wird auf die Ausführungen im Vorwort dieses Buches verwiesen.

Eine Einbeziehung der VOB/B im Ganzen, also ohne Abweichungen und Änderungen, ist in der Praxis fast unmöglich, und somit auch beim vorliegenden Vertragsmuster nicht eingehalten. Dies wiederum führt dazu, dass einzelne – auch auftragnehmerfreundliche – Regelungen der VOB/B unwirksam sind. Soweit dies erforderlich ist, wird in der Kommentierung zu den einzelnen Klauseln des Vertrages hierauf nochmals eingegangen.

In den Fällen, in denen der Auftragnehmer dem Auftraggeber den Vertragswortlaut vorschlägt, sind meist keine sehr umfangreichen und komplizierten Verhandlungen vorausgegangen. In der Regel hat der Auftragnehmer auf Grundlage eines vom Architekten des Auftraggebers gefertigten Leistungsverzeichnisses ein Angebot abgegeben. Der Bauunternehmer, der einen Vertragsvorschlag unterbreiten kann, entlastet damit häufig den Auftraggeber oder auch dessen Architekten, die in vielen Fällen selbst nicht über ein stimmiges Vertragswerk verfügen. Der Auftragnehmer sollte jedoch auch in der Lage sein, die einzelnen Klauseln des von ihm vorgeschlagenen Vertrages schlüssig zu erklären, um beim Auftraggeber kein Misstrauen zu wecken. Es wird daher angeregt, dem Mandanten, dem dieses Vertragswerk empfohlen wird, den Inhalt der einzelnen Klauseln entsprechend der folgenden Anmerkungen zu erläutern.

Mit dem neuen Bauvertragsrecht wurden weitere Regelungen zum Schutz von Verbrauchern eingeführt. §§ 650i ff. BGB enthalten speziell für den Verbraucherbauvertrag konzipierte Vorschriften, von denen nicht zum Nachteil des Verbrauchers abgewichen werden kann. Hervorzuheben ist v.a. das dem Verbraucher vorbehaltene Widerrufsrecht nach § 650l BGB, über das der Auftragnehmer den Verbraucher auch in ordnungsgemäßer Form zu belehren hat.

Im hier vorliegenden Vertragsmuster sind die für den Verbraucherbauvertrag erforderlichen Vertragsbestimmungen alternativ enthalten, können also im Vertrag mit einem Auftraggeber, der nicht Verbraucher ist, weggelassen werden.

In der folgenden Kommentierung wird auf die verbraucherspezifischen Klauseln soweit erforderlich eingegangen.

58 Zur Bezeichnung der Vertragsparteien.

Dass die Vertragsparteien genau mit Namen und zutreffender Anschrift bezeichnet werden, ist eine Selbstverständlichkeit. Sind auf Seiten einer Vertragspartei mehrere beteiligt, sollten sie vollständig aufgezählt werden, vor allem, um diese bei einer späteren prozessualen Auseinandersetzung genau identifizieren zu können. Dies gilt insbesondere für die Gesellschaft bürgerlichen Rechts, bei der, wenn ein identifizierbarer Gesellschaftsname fehlt, die Gesellschafter im Klagerubrum anzugeben sind (Zöller § 50 Rn. 18) oder wenn neben der Gesellschaft selbst, deren gesamtschuldnerisch haftende Gesellschafter mitverklagt werden sollen. Besonders wichtig ist dies auch bei Bauherrengemeinschaften auf Auftraggeberseite (vgl. Kleine-Möller/Merl, § 2 Rn. 84).

In einem solchen Fall sollten auch die Vertretungsverhältnisse im Vertrag klar und eindeutig geregelt werden (vgl. Erläuterungen zu Ziff. 10).

59 Zu 1.1 Vorbemerkung.

Die Vorbemerkung enthält die grobe Beschreibung des Bauvorhabens und der örtlichen Lage des Baugrundstücks. Außerdem wird das Gewerk genannt, das Leistungsgegenstand ist. Dabei handelt es sich zwar um Selbstverständlichkeiten, die die Parteien kennen und voraussetzen, Verträge sollen aber auch für Dritte, die an den vorangegangenen Verhandlungen nicht beteiligt waren, aus sich heraus verständlich sein. Ohne diese grundsätzlichen Vorbemerkungen müsste man um festzustellen, um welche Leistungen und um welches Bauvorhaben es sich handelt, bereits auf die in der folgenden in Ziff. 1.2 genannten Vertragsbestandteile zurückgreifen.

Falls der Auftraggeber nicht selbst Eigentümer des Grundstücks ist, sollten auch die Eigentumsverhältnisse klargestellt bzw. beschrieben werden. Dies hilft dem Auftragnehmer, sollte er beabsichtigen, seinen Werklohnanspruch mit einer Bauhandwerkersicherungshypothek nach § 650e BGB zu sichern oder falls er später gegen ein Organ seines Auftraggebers wegen zweckwidriger Verwendung von Baugeld nach dem Bauforderungssicherungsgesetz (BauFordSiG) persönlich vorgehen will.

Zu 1.2 Vertragsbestandteile.

60

Um den genauen Umfang der geschuldeten Bauleistung genau zu definieren, reicht weder allein der Vertrag, noch das Leistungsverzeichnis aus. In der Regel müssen Pläne und Zeichnungen hinzugezogen werden, auf die der Vertrag verweist. Auch andere Unterlagen können notwendig sein, um die Randbedingungen der Bauleistung festzulegen, so z.B. die Baugenehmigung.

Andererseits führt eine zu große Zahl von Vertragsbestandteilen schnell dazu, dass der genaue Vertragsinhalt nicht mehr greifbar ist. Nur solche Unterlagen sollten zu Vertragsbestandteilen gemacht werden, die auch tatsächlich den geschuldeten Leistungsumfang beschreiben oder Regelungen enthalten, die für das konkrete Vertragsverhältnis von Belang sind. Die Parteien sollten darauf achten, dass die in Bezug genommenen Unterlagen auch den letzten Stand der Verhandlungen zum Zeitpunkt des Vertragsschlusses wiedergeben. Ist dies nicht der Fall, steht z.B. bei Vertragsschluss bereits fest, dass bei der Bauausführung in einzelnen Punkten vom Leistungsverzeichnis oder von den vorliegenden Plänen abgewichen werden soll, sind diese nach Möglichkeit zunächst zu korrigieren und die geänderten Fassungen als Vertragsbestandteil hinzuzuziehen. Ist eine solche Überarbeitung z.B. aus Zeitgründen nicht mehr möglich, müssen die Änderungen im Vertragstext ausdrücklich festgehalten und die Abweichung beschrieben werden. Andernfalls droht später Streit über den geschuldeten Leistungsumfang und auch darüber, ob eine Änderung des Bauentwurfs mit den entsprechenden Vergütungsfolgen (vgl. § 2 Abs. 5 VOB/B) vorliegt. Außerdem ist den Parteien zu raten, die in Bezug genommenen Vertragsbestandteile den beiden unterschriebenen Ausfertigungen des Vertrages auch tatsächlich beizufügen (ggf. in einem separaten Anlagenordner) damit beide Seiten von denselben Unterlagen ausgehen und jeder der Vertragspartner bei Unklarheiten sofort auf diese Anlagen zurückgreifen kann. Häufig werden auch sämtliche Seiten der Anlagen von beiden Seiten mit Namenskürzeln versehen, um spätere Streitigkeiten über den Inhalt der Anlagen bei Vertragsschluss von vornherein zu vermeiden.

Zu den einzelnen Vertragsbestandteilen:

(1) Der Vertrag

Der Vertragstext gibt den Inhalt der gegenseitigen Leistungspflichten wieder, auf den sich die Parteien am Ende ihrer Verhandlungen abschließend geeinigt haben. Er geht allen anderen Vertragsbestandteilen vor.

61

Werden Vertragsverhandlungen geführt, werden hierzu meist von der einen oder anderen Seite handschriftliche Protokolle geführt. Diese geben aber in der Regel nur stichwortartig einzelne Punkte wieder, über die die Verhandlungspartner sich tatsächlich oder vermeintlich geeinigt haben. Fast immer sind diese Protokolle aus sich heraus kaum verständlich, wenn man an den Gesprächen nicht beteiligt war. Deshalb sollte man nicht, um die Schreibarbeit zu umgehen, auf das oder gar mehrere Verhandlungsprotokolle Bezug nehmen, sondern das Verhandlungsergebnis in ausformulierten Sätzen in den Vertragstext aufnehmen. Dies bietet nochmals Gelegenheit, die einzelnen, meist nur in Stichworten festgehaltenen Punkte dahingehend zu überprüfen, ob man wirklich Einigkeit hierüber erzielt hat und ob die im Gespräch gefundene Lösung tatsächlich durchführbar ist.

(2) Das Angebot des AN mit Leistungsverzeichnis

Beim klassischen Einheitspreisvertrag werden in einem Leistungsverzeichnis die einzelnen vom Auftragnehmer zu erbringenden Leistungen, aufgegliedert in einzelne Teilleistungen, verbal be-

62

schrieben. Das Leistungsverzeichnis enthält für jede einzelne Teilleistung die voraussichtliche Menge. Im Angebot gibt der Unternehmer jeweils Einheitspreise an. Das Leistungsverzeichnis kann sowohl vom Architekten des Auftraggebers stammen oder auch vom Auftragnehmer selbst aufgrund einer verbalen Baubeschreibung und auf Grundlage ihm übergebener Pläne erstellt worden sein.

(3) Pläne gem. Planliste

63 Nach § 3 Abs. 1 VOB/B hat der Auftraggeber dem Auftragnehmer die für die Ausführung nötigen Unterlagen unentgeltlich und rechtzeitig zu übergeben. Bei den Ausführungsunterlagen handelt es sich um Schriftstücke, Zeichnungen, Berechnungen, Anleitungen usw., die im Einzelfall erforderlich sind, um dem Auftragnehmer im Einzelnen genau den Weg für die technisch und damit vertraglich ordnungsgemäße Baudurchführung zu zeigen (Ingenstau/Korbion/Döring § 3 Abs. 1 VOB/B Rn. 2).

In den meisten Fällen wird zum Zeitpunkt der Einholung von Angeboten nicht nur die Genehmigungsplanung, sondern bereits auch ein Teil der Ausführungsplanung vorliegen. Diese Pläne sind nicht nur Grundlage für die Erstellung des Leistungsverzeichnisses, sondern auch für die Kalkulation des Auftragnehmers. Die Ausführungsplanung wird jedoch bei Vertragsschluss zumeist noch nicht endgültig fertig gestellt sein. Erst im Verlauf der Bauausführung werden weitere Details, teilweise auch Änderungen der ursprünglichen Planung vom Auftraggeber nachgeliefert. Die Pläne, die zum Vertragsbestandteil gemacht werden, lassen dann eine Beurteilung zu, ob eine Änderung des Bauentwurfs vorliegt (§ 2 Abs. 5 VOB/B) oder zusätzliche Leistungen gefordert werden (§ 2 Abs. 6 VOB/B).

Der Auftragnehmer sollte also darauf bestehen, die Pläne, die er zur Grundlage seiner Kalkulation gemacht hat, als Vertragsbestandteile ausdrücklich zu erwähnen und einzubeziehen. Im Zweifel wird er nur so nachweisen können, dass später nachgelieferte Ausführungspläne Abweichungen vom ursprünglichen Bauentwurf enthalten und ihm deshalb ein Anspruch auf eine angepasste oder zusätzliche Vergütung zusteht.

Um nicht die gesamten Pläne der Vertragsurkunde beiheften zu müssen, kann eine Planliste erstellt werden. In dieser sollten jedoch die Pläne, die Vertragsbestandteil werden sollen, einzeln unter Angabe des Plandatums und der Index-Nummer aufgelistet werden, um spätere Missverständnisse zu vermeiden.

(4) Die Baugenehmigung

64 Beide Parteien sind verpflichtet, sich an den Inhalt der Baugenehmigung zu halten. Dies gilt vor allem auch für die darin enthaltenen Auflagen und Nebenbestimmungen. Wird bei der Bauausführung gegen die Vorgaben der Baugenehmigung verstoßen, läuft der Auftraggeber Gefahr, dass behördlicherseits ein Baustopp verhängt wird, im Extremfall kann gegen ihn sogar eine Abrissverfügung ergehen. Der Auftragnehmer wiederum darf nach den Landesbauordnungen genehmigungspflichtige Baumaßnahmen nur ausführen, wenn eine entsprechende, vollziehbare Baugenehmigung vorliegt. Bei der Ausführung der übernommenen Arbeiten hat er sich an die erteilte Baugenehmigung, die genehmigten Bauvorlagen, die erteilen Auflagen sowie die damit übereinstimmenden Einzelzeichnungen und einzelnen Berechnungen zu halten (Kleine-Möller/Merl/Eichberger, § 11 Rn. 69).

Allein wegen dieser Verpflichtung sollte der Auftragnehmer auf die Übergabe der Baugenehmigung mit allen Bestandteilen bestehen. Die erteilte Baugenehmigung und die darin enthaltenen Anlagen, gehören zu den behördlichen Bestimmungen, die der Auftragnehmer bei der Ausführung seiner Leistungen gem. § 4 Abs. 2 VOB/B zu beachten hat (BGH BauR 1998, 397).

Er hat die Pflicht sich nach dem Inhalt der Baugenehmigung und etwaiger Auflagen zu erkundigen; diese Erkundigungspflicht besteht selbständig neben der Pflicht des Auftraggebers, dem Auftragnehmer den Inhalt der Baugenehmigung mitzuteilen. Der Auftragnehmer darf sich nicht darauf verlassen, dass die Baugenehmigung ohne Auflagen erteilt wird (BGH BauR a.a.O.).

Wird die Baugenehmigung ausdrücklich zum Vertragsbestandteil gemacht, bestimmt sie den Inhalt der Herstellungspflicht. Der Auftragnehmer ist dann verpflichtet, den Auftraggeber auf etwaige Abweichungen der Baugenehmigung von der sonstigen vertraglichen Baubeschreibung oder anderen Vertragsbestandteilen aufmerksam zu machen (Kleine-Möller/Merl/Eichberger § 11 Rn. 71).

Manchmal werden Bauverträge abgeschlossen, bevor die Baugenehmigung erteilt ist. In diesen Fällen empfiehlt es sich zumindest, den Bauantrag nebst allen Anlagen zum Vertragsbestandteil zu machen. Solange die Baugenehmigung nicht vorliegt, ist der Auftragnehmer allerdings nicht verpflichtet seine Arbeiten aufzunehmen, seine Leistung ist nicht fällig, sodass er grundsätzlich nicht in Verzug geraten kann (Ingenstau/Korbion/Döring § 5 Abs. 1 bis 3 VOB/B Rn. 9; Ingenstau/Korbion/Oppler § 4 Abs. 1 VOB/B Rn. 31).

Wird die Baugenehmigung in Abweichung vom Bauantrag, insbesondere mit Auflagen erteilt, und entspricht die sich daraus ergebende baugenehmigungskonforme Ausführung nicht der sich aus den Vertragsbestandteilen ergebenden Leistungsbeschreibung, sind entweder Änderungen des Bauentwurfs oder bisher nicht vorgesehene zusätzliche Leistungen erforderlich. Die Vergütungsfolgen richten sich dann nach § 2 Abs. 5 und 6 VOB/B (vgl. Ingenstau/Korbion/Keldungs § 2 Abs. 5 VOB/B Rn. 19).

(5) Terminplan zur Lieferung der Ausführungspläne

Einer der häufigen Streitpunkte zwischen den Bauvertragsparteien ist eine tatsächliche oder vermeintliche Verzögerung der Bauausführung wegen verspäteter Planlieferung. Es ist zu bedenken, dass die Planer (Architekten und Fachplaner) meist mehreren Gewerken Ausführungsunterlagen zuarbeiten müssen. Leider wird oft das Unternehmen bevorzugt, dass den meisten Druck ausübt. Wenn bereits bei Vertragsschluss ein Terminplan für die Planübergabe – und sei es in groben Zügen – vorliegt, kann der Auftragnehmer hierauf verweisen und die Planlieferung zu einem bestimmten Datum fordern. Auch fällt es ihm leichter nachzuweisen, dass eine verspätete Planübergabe tatsächlich für eine Behinderung ursächlich war. 65

(6) Die VOB/B Fassung 2016

Die VOB/B sollte zum Vertragsbestandteil gemacht werden. Dabei ist darauf zu achten, dass die VOB/B wirksam in den Vertrag einbezogen wird. 66

Allein der Verweis darauf, dass die VOB/B Vertragsbestandteil ist, reicht nur in Ausnahmefällen aus. Da es sich bei der VOB/B um Allgemeine Geschäftsbedingungen handelt, werden diese nach § 305 Abs. 2 BGB nur dann Bestandteil eines Vertrages, wenn der Verwender bei Vertragsschluss die andere Partei ausdrücklich auf sie hinweist, ihr die Möglichkeit verschafft, in zumutbarer Weise von ihrem Inhalt Kenntnis zu nehmen, und wenn die andere Vertragspartei mit ihrer Geltung einverstanden ist.

Verwender in diesem Sinne ist diejenige Vertragspartei, die die Einbeziehung der VOB/B in den Vertrag verlangt oder vorschlägt. Wird – wie hier – ein schriftlicher Vertrag geschlossen, gilt der als Verwender, der den Vertrag vorbereitet und der anderen Partei vorgelegt hat.

Ist der Vertragspartner des Verwenders ein Unternehmer, genügt die ausdrückliche Vereinbarung, dass die VOB/B Vertragsbestandteil ist. Der Bauherr wird jedoch in den seltensten Fällen Unternehmer sein.

Ist der Vertragspartner kein Unternehmer, reicht nach der ständigen Rechtsprechung des BGH der bloße Verweis auf die VOB/B im Vertrag zu einer wirksamen Einbeziehung nur dann aus, wenn die andere Vertragspartei im Baugewerbe tätig bzw. im Baurecht bewandert ist (BGH

BauR 1983, 161 bis 164; BGH BauR 1992, 503, 504; BGH BauR 1994, 614; BGH BauR 1999, 239, 240).

Es wird auch vertreten, dass der bloße Hinweis auf die VOB/B zu deren wirksamen Einbeziehung führt, wenn beim Vertragsschluss auf Seiten des Auftraggebers ein in Baurechtsfragen erfahrenen Fachmann (z.B. Architekt Baubetreuer etc.) mitwirkt (Werner/Pastor, Rn. 1249; Kapellmann/Messerschmidt/von Rinteln, Einleitung VOB/B Rn. 87; OLG Düsseldorf 1997, 647, 648; OLG Hamm NJW-RR 1998, 885).

Andererseits genügt es nicht, dass der Architekt das Angebot beim Bauunternehmer einholt und zusammen mit dem Vertragstext, der auf die VOB/B Bezug nimmt, an den Bauherrn weiterleitet (OLG Brandenburg BauR 2008, 878).

In den Fällen, in denen der Auftragnehmer Verwender des Bauvertrages und damit der VOB/B ist, sollte er sich nicht darauf verlassen, dass der Auftraggeber »baukundig« ist, oder die Vertretung durch einen »Baukundigen« ausreicht. Dem Vertragspartner des Verwenders muss ausreichend Gelegenheit gegeben werden, den vollen Text der VOB/B zur Kenntnis zu nehmen. Auch eine Formulierung im Vertragstext wie »die VOB/B wird auf Wunsch kostenlos zur Verfügung gestellt« oder »kann jederzeit in den Geschäftsräumen eingesehen werden« führt nicht zur wirksamen Einbeziehung (BGH BauR 1999, 1186; OLG Düsseldorf BauR 1996, 712, 713).

Es empfiehlt sich also, dem Vertragspartner den vollständigen Text der VOB/B vor Vertragsschluss auszuhändigen und zudem als Anlage dem Vertrag beizufügen. Die Aushändigung der VOB/B im vollen Text sollte sich der Auftragnehmer vom Auftraggeber schriftlich bestätigen lassen.

Zur AGB-rechtlichen Kontrolle der einzelnen VOB/B-Klauseln, insbesondere bei der Verwendung gegenüber Verbrauchern, siehe Vorwort des Herausgebers zu diesem Buch.

(7) Die DIN 18299 ff.

67 Über § 1 Abs. 1 VOB/B werden die allgemeinen technischen Vertragsbedingungen für Bauleistungen (ATV), also die in der VOB/C zusammengefassten DIN-Vorschriften, grundsätzlich ebenfalls Vertragsbestandteil. Jedoch handelt es sich auch bei diesen um Allgemeine Geschäftsbedingungen (Thomas Vogel und Olrik Vogel, BauR 2000, 345, 346; BGH BauR 2004, 1438; OLG Celle BauR 2003, 1040, 1041).

Deshalb sollten zudem die Texte der maßgeblichen ATV der VOB/C, vor allem auch immer das Grundregelwerk, die DIN 18299, sowie die anderen für seine Gewerke einschlägigen DIN aus der VOB/C im Vertrag aufgeführt und nachweisbar dem Auftraggeber ausgehändigt werden (Kuffer/Wirth, 1. Kapitel A Rn. 199 und Rn. 204, 205).

Ob und inwieweit die einzelnen Regelungen in den DIN der VOB/C einer AGB-rechtlichen Inhaltskontrolle standhalten, wird derzeit in der Literatur diskutiert und wird teilweise angezweifelt (vgl. Beck'scher VOB- und Vergaberechtskommentar VOB Teil C, Syst. V Rn. 37 ff. Siehe auch Anmerkungen zu Ziff. 7.1 des Vertragsmusters).

(8) Widerrufsbelehrung (nur bei Verbrauchern)

§ 650l BGB gesteht dem Auftraggeber, wenn dieser Verbraucher ist, bei einem Verbraucherbauvertrag ein Widerrufsrecht nach § 355 BGB zu. Der Unternehmer ist verpflichtet, den Verbraucher nach Maßgabe des Art. 249 § 3 EGBGB über sein Widerrufsrecht zu belehren. Die Widerrufsfrist beträgt 14 Tage, wenn dem Verbraucher spätestens bei Vertragsschluss eine ordnungsgemäße Widerrufsbelehrung ausgehändigt wurde. Die Widerrufsfrist beginnt nicht, bevor der Unternehmer den Verbraucher dementsprechend über sein Widerrufsrecht belehrt hat.

Art. 249 § 3 EGBGB regelt die zeitlichen und formalen Anforderungen an die Widerrufsbelehrung näher und sieht vor, dass der Unternehmer bei Verwendung der als Anlage 10 dem EGBGB hinzugefügten Musterwiderrufsbelehrung seiner gesetzlichen Belehrungspflicht genügt.

Zu 1.3 Ausschluss sonstiger Bestimmungen/Widersprüche.

68

Da es sich bei allen Klauseln in den Vertragsbestandteilen im Zweifel um Allgemeine Geschäftsbedingungen handelt, erfordert das so genannte Transparenzgebot, das bei Widersprüchen von Anfang an klar gestellt wird, welche Klausel den Vorrang hat. Deshalb sollte genau angegeben werden, welche Vertragsbestandteile den Vorrang genießen. Dies ist selbstverständlich zunächst der Vertrag, in dem die Parteien über alle anderen Vertragsbestandteile hinaus die wesentlichen und zuletzt verhandelten Einzelheiten ihrer Vertragsbeziehung regeln. Sodann hat der Auftragnehmer jedoch ein Interesse daran, dass die weiteren Vertragsbestandteile das Bausoll so angeben, wie er seine Preise kalkuliert hat.

Grundsätzlich ist bei einem Bauvertrag davon auszugehen, dass die Leistung widerspruchsfrei angeboten wird. Dabei kommt dem Wortlaut einer schriftlichen Leistungsbeschreibung gegenüber etwaigen Plänen jedenfalls dann eine vergleichsweise größere Bedeutung zu, wenn dort die Leistung im Einzelnen genauer beschrieben wird (BGH BauR 2003, 388). Bei der Auslegung ist aber die im Vertrag als maßgeblich angegebene Reihenfolge zwischen den einzelnen Vertragsbestandteilen zu berücksichtigen (OLG Oldenburg BauR 2011, 530). Deshalb sollte die Reihenfolge der Geltung der Vertragsbestandteile festgelegt werden.

Sollte im Leistungsverzeichnis die Leistung anders beschrieben sein, als sie sich aus den Plänen ergibt, ist bei einer solchen eindeutigen Regelung über die Reihenfolge die verbale Beschreibung im Leistungsverzeichnis auf jeden Fall maßgeblich. Besteht der Auftraggeber auf eine Ausführung abweichend vom Leistungsverzeichnis entsprechend den Plänen, handelt es sich um eine Änderung des Bauentwurfs mit entsprechender Vergütungsfolge.

Zu 2. Besonderheiten der Leistung.

69

Die Leistungsbeschreibung, also was und wie der Auftragnehmer zu bauen hat, ergibt sich grundsätzlich aus den in Ziff. 1.2 des Vertrages aufgeführten Vertragsbestandteilen; dort wiederum insbesondere aus dem Angebot bzw. Leistungsverzeichnis und den benannten Plänen. Einerseits gibt es jedoch auch Leistungen, die dort nicht ausreichend beschrieben werden konnten oder nicht berücksichtigt wurden. Andererseits kommt es vor, dass kurz vor Abschluss des Vertrages Änderungen besprochen werden, die aus Zeitgründen nicht mehr in das Leistungsverzeichnis aufgenommen oder in den Plänen fortgeschrieben werden konnten. Solche Änderungen werden dann meist in Verhandlungsprotokollen handschriftlich festgehalten. Wie oben bereits ausgeführt, sollen jedoch diese Verhandlungsprotokolle nicht zum Vertragsbestandteil gemacht und als Anlage hinzugenommen, sondern die vereinbarten Änderungen oder weitere Leistungen im Vertragstext ausformuliert werden.

Die hier in Ziff. 2.1 enthaltene Regelung stellt lediglich ein Beispiel für mögliche regelungsbedürftige Einzelheiten dar. Es gibt eine Vielzahl denkbarer Vereinbarungen, die an dieser Stelle in einen Vertrag aufgenommen werden könnten. Es kann vereinbart werden, dass im Leistungsverzeichnis beschriebene Arbeiten z.B. mit anderen Baustoffen ausgeführt werden. Im Vertragstext kann dann festgehalten werden, ob der Einheitspreis dennoch unverändert bleibt oder welcher neue Einheitspreis für diese Leistung vereinbart wurde.

Es können aber auch im Leistungsverzeichnis enthaltene Positionen ganz wegfallen oder neue Leistungen hinzukommen. In diesem Fall sollte klargestellt werden, ob die hierfür vorgesehene Vergütung ganz entfällt oder welcher Einheitspreis für die zusätzliche Leistung gezahlt werden muss.

An dieser Stelle können jedoch auch bereits jetzt vom Auftragnehmer geäußerte Bedenken gegen die vorgesehene Art der Ausführung festgeschrieben werden, was die Funktion einer Bedenkenanmeldung im Sinne von § 4 Abs. 3 i.V.m. § 13 Abs. 3 VOB/B erfüllen würde.

Weiterhin könnten hier gegenseitig übernommene Pflichten festgelegt werden, z.B. welche Vermessungsleistungen vom Auftraggeber im Einzelnen zur Verfügung zu stellen sind.

70 Zu 3.1 Vorlage der Pläne und Übergabetermine.

Selten wird bereits bei Vertragsschluss die vollständige und endgültige Ausführungsplanung vorliegen. In der Regel werden die Pläne zu Ausführungsdetails nachgereicht, während der Auftragnehmer seine Arbeiten bereits ausführt. Da die rechtzeitige Vorlage der noch ausstehenden Ausführungsplanung wichtig für den kontinuierlichen Bauablauf ist, sollten hierzu entsprechende Regelungen in den Vertrag aufgenommen werden.

Nach § 3 Abs. 1 VOB/B muss der Auftraggeber dem Auftragnehmer die für die Ausführung nötigen Unterlagen unentgeltlich und rechtzeitig übergeben. Hierzu zählt insbesondere auch die Ausführungsplanung (vgl. Anmerkung zu Ziff. 1.2 [3] des Vertragsmusters). Die Übergabe muss so rechtzeitig erfolgen, dass der Auftragnehmer etwa im Hinblick auf vereinbarte Vertragsfristen ausreichend Zeit zur Überprüfung der Pläne, zur Umsetzung in seine Werkstatt- und Montageplanung sowie zur Umsetzung bei der Bauausführung hat (vgl. i.E. Beck'scher VOB-Kommentar/ Hartung § 3 Abs. 1 Rn. 24 ff.).

Für die Planübergabe sollte nach Möglichkeit ein Terminplan erstellt werden, so dass für beide Seiten überprüfbar ist, ob benötigte Pläne rechtzeitig zur Verfügung gestellt wurden.

71 Zu 3.2 Freigabevermerk.

Es sollte klargestellt werden, dass zu den vereinbarten Terminen nicht Vorabzüge oder andere vorläufige Planungen übergeben werden, sondern bereits die zur Ausführung freigegebene Fassung vorliegen muss. Andernfalls kann es nicht nur darüber zu Streitigkeiten kommen, ob ein Plan rechtzeitig vorgelegt wurde, sondern auch, ob eine spätere Änderung des endgültigen Planes im Vergleich zum Vorabzug zu einem zusätzlichen Vergütungsanspruch des Auftragnehmers führt, insbesondere wenn er aufgrund der vorläufigen Planung bereits Leistungen erbracht hat, die abzuändern sind.

Der Freigabevermerk durch das Planungsbüro befreit den Auftragnehmer aber nicht von seiner Prüf- und Hinweispflicht. Zwar hat der Auftraggeber die Verantwortung für die von ihm gelieferten Pläne etc., jedoch trifft den Auftragnehmer nach § 3 Abs. 3 S. 2 VOB/B eine Prüfungs- und Hinweispflicht hinsichtlich aller übergebenen Unterlagen. Der Auftragnehmer hat die gesamten Unterlagen zu überprüfen, insbesondere auf Unstimmigkeiten in technischer Hinsicht. Dazu zählen Auslassungen, Widersprüche oder Unklarheiten, die dem fachkundigen Bauunternehmer auffallen müssen.

Jeder Unternehmer muss sich die notwendigen Kenntnisse zurechnen lassen, auch wenn er sie konkret nicht besitzt. Handelt es sich um Kenntnisse, die man von einem entsprechenden Fachunternehmer erwarten darf, kann er sich nicht darauf berufen, er selbst würde über solche Kenntnisse nicht verfügen (BGH BauR 1974, 125; Kuffer/Wirth, Kapitel 1 A Rn. 488).

72 Zu 3.3 Änderungsanordnung durch Ausführungsunterlagen.

Wie in den Anmerkungen zu Ziff. 4.1 noch ausgeführt wird (s.u.), ergeben sich die meisten Änderungen des Bauentwurfs oder zusätzlichen Leistungen aus den fortgeschriebenen Ausführungsplänen. Ob der Auftragnehmer bei solchen Änderungen durch die Ausführungsunterlagen verpflichtet, aber auch berechtigt ist, diese geänderte Leistung auszuführen, kann genauso streitig sein, wie die Frage, ob ihm hieraus ein Mehrvergütungsanspruch entsteht. Dies hängt in erster Linie davon ab, ob die Planer, die die Ausführungsunterlagen erstellen, vom Bauherrn bevollmächtigt sind, Änderungen anzuordnen, auch wenn hierdurch für den Auftraggeber höhere Kosten entstehen.

Mit der hier vorgeschlagenen Klausel wird zunächst klargestellt, dass sich aus den Ausführungsunterlagen ergebende Änderungen des Bauentwurfs oder zusätzliche Leistungen als ausdrückliche Anordnung im Namen des Auftraggebers gelten. Das Planungsbüro ist durch den Auftraggeber hierzu bevollmächtigt. Dies führt auch dazu, dass der Auftragnehmer hieraus Ansprüche auf eine Vergütungsanpassung ableiten kann.

2. Einheitspreisvertrag

Zu 4. Leistungsänderungen und zusätzliche Leistungen. 73

Mit der Anordnungs- und Änderungsbefugnis nach § 1 Abs. 3 und 4 VOB/B wird dem Auftraggeber ein einseitiges Leistungsbestimmungsrecht (§ 315 BGB) eingeräumt, dass den besonderen Erfordernissen des Bauwerkvertrages angepasst ist. Bei fast jedem Bauvorhaben ergeben sich erst während der Bauausführung im Vergleich zur ursprünglichen Planung notwendige oder zumindest für den Bauherrn wünschenswerte Änderungen. Ohne eine solche Änderungsbefugnis könnte der Auftraggeber bei einem einmal abgeschlossenen Bauvertrag solche Änderungen des Leistungsinhaltes nur durch eine Kündigung und den Abschluss eines neuen oder anderen Vertrages erreichen.

Eines der Hauptziele der VOB/B ist es jedoch, den ungestörten Bauablauf sicherzustellen und dabei auf die jeweiligen Interessen von Auftraggeber und Auftragnehmer Rücksicht zu nehmen.

Das Interesse des Auftraggebers liegt darin, am Ende ein seinen Vorstellungen entsprechendes Bauwerk zu bekommen, das Hauptinteresse des Auftragnehmers ist es, für seine Leistungen die vereinbarte Vergütung zu erhalten. Demgemäß steht dem Anordnungsrecht des Auftraggebers der Anspruch des Auftragnehmers auf Anpassung seiner Vergütung bzw. auf eine zusätzliche Vergütung gem. § 2 Abs. 4–7 VOB/B gegenüber (Leinemann/Leinemann VOB/B § 1 Rn. 65; Ingenstau/Korbion/Keldungs § 1 Abs. 3 VOB/B Rn. 2).

Dies hat auch der Gesetzgeber erkannt und im neuen Bauvertragsrecht in § 650b BGB ein Anordnungsrecht des Bestellers aufgenommen. Die Regelung ist aber nicht vollständig deckungsgleich mit § 1 Abs. 3 und 4 VOB/B. Das Gesetz unterscheidet zwischen »Änderungen des vereinbarten Werkerfolges« (§ 650b BGB Abs. 1 Nr. 1 BGB) und »Änderungen, die zur Erreichung des vereinbarten Werkerfolges notwendig« sind (§ 650b BGB Abs. 1 Nr. 2 BGB).

In der Begründung des Regierungsentwurfs zum neuen Bauvertragsrechts heißt es hierzu:

> »Eine Änderung des Werkerfolgs nach Absatz 1 Satz 1 Nummer 1 ist nicht an bestimmte Ziele gebunden. So kann sie darauf zurückzuführen sein, dass sich die Vorstellungen des Bestellers geändert haben oder er bei der Planung Umstände, etwa unterzubringende Möbel oder sonstige Gegenstände, nicht berücksichtigt hat. Anordnungen nach Absatz 1 Nummer 2 dienen dazu, den vereinbarten Werkerfolg zu erreichen. Solche Anordnungen des Bestellers können aus verschiedenen Gründen veranlasst sein, etwa durch Änderungen der Rechtslage oder behördliche Vorgaben. Betroffen sind auch Fälle, in denen die ursprüngliche Leistungsbeschreibung des Bestellers lücken- oder fehlerhaft ist und ihre Umsetzung deshalb nicht zur Herstellung eines funktionstauglichen Bauwerks führen würde.« (BT-Drucks. 18/8486 Seite 53).

Zu 4.1 Berechtigung zur Ausübung der Änderungsbefugnis/Umfang der Änderungsbefugnis 74

Die Art und Weise, wie Anordnungen zu geänderten oder zusätzlichen Leistungen erfolgen, ist in der Baupraxis vielfältig. Macht der Auftragnehmer später wegen solcher Änderungen einen Anspruch auf eine höhere Vergütung geltend, wird ihm oft entgegengehalten, die Änderung sei vom Bauherrn gar nicht angeordnet worden bzw. die Bauleitung oder der bauplanende Architekt sei zu einer solchen Anordnung nicht bevollmächtigt gewesen. Der Auftragnehmer sollte also darauf achten, dass der Vertrag insoweit klare Regelungen enthält.

Die hier vorgeschlagene Klausel sieht vor, dass der Auftragnehmer Anordnungen grundsätzlich nur dann befolgen muss, wenn sie vom Auftraggeber selbst stammen oder er hierfür eine andere Person ausdrücklich bevollmächtigt hat. Ziff. 10 des Vertrages wiederum gibt zwei Möglichkeiten vor, zwischen denen den Auftraggeber wählen kann. Entweder kann er dem Bauleiter Vollmacht erteilen Anordnungen zu treffen oder nicht. Entscheidet er sich gegen eine solche Bevollmächtigung, muss er jede einzelne Änderungsanordnung selbst gegenüber dem Auftragnehmer treffen. Macht man den Auftraggeber auf diese Konsequenz aufmerksam wird er wohl bereits aus praktischen Erwägungen bereit sein, seinen Bauleiter entsprechend zu bevollmächtigen.

Wichtig ist es klarzustellen, dass Änderungen, die sich aus den vom Planungsbüro freigegebenen Ausführungsunterlagen ergeben, als Anordnungen des Auftraggebers gelten. Häufig sind diese Änderungen erst nach genauer Prüfung, teilweise erst im Rahmen der Bauausführung als solche erkennbar. Es wäre unpraktikabel, wenn der Auftragnehmer bei jeder sich aus der Planung ergebenden Änderung die ausdrückliche Zustimmung des Auftraggebers einholen müsste.

Der neu in das Gesetz aufgenommene § 650b BGB Abs. 2 S. 2 BGB regelt, dass der Unternehmer Anordnungen, die eine »Änderungen des vereinbarten Werkerfolges« darstellen, nur befolgen muss, wenn diese ihm »zumutbar« sind. Mit dieser Zumutbarkeitsgrenze dürfte der Gesetzgeber wohl in erster Linie § 1 Abs. 4 VOB/B im Auge gehabt haben, nach dem er Auftragnehmer angeordnete nicht vereinbarte Leistungen, die »zur Ausführung der vertraglichen Leistungen erforderlich werden«, nur ausführen muss, wenn sein Betrieb darauf eingerichtet ist, andere also zur Ausführung der vertraglichen Leistungen nicht erforderliche Leistungen aber nur, wenn er der Anordnung zustimmt.

Die gesetzliche Regelung geht einerseits über die Anordnungsbefugnis nach § 1 Abs. 4 VOB/B hinaus, in dem sie dem Auftraggeber die Anordnungsbefugnis für zusätzliche Leistungen ohne Zustimmung des Auftragnehmers auch für Änderungen des vereinbarten Werkerfolges gibt, wenn diese Leistungen nicht erforderlich für die Ausführungen der vertraglichen Leistungen sind. Andererseits macht sie dies von der »Zumutbarkeit« für den Auftragnehmer abhängig. Dies geht weiter als die Voraussetzung, dass der Betrieb des Unternehmers darauf eingerichtet ist; es können auch andere Gründe zur Unzumutbarkeit führen, so z.B., dass der Auftragnehmer zurzeit keine ausreichenden Personalkapazitäten hat.

Ob und inwieweit dieses Recht des Auftragnehmers die Ausführung der Änderung bei »Unzumutbarkeit« zu verweigern, über die Regelungen in § 1 Abs. 3 und 4 VOB/B hinausgeht, und ob bei Vereinbarung der VOB/B dieser weitergehende Zumutbarkeitsaspekt nicht greift, ist mangels Rechtsprechung und Literaturmeinungen zum neuen Bauvertragsrecht bisher nicht geklärt. Daher sieht dieses Vertragsmuster ausdrücklich vor, dass der Auftragnehmer eine solche Änderungsanordnung ablehnen kann, wenn eine Änderung, die nicht erforderlich ist, für ihn unzumutbar ist.

Das Änderungsrecht des Auftraggebers beschränkt sich grundsätzlich auf den Bauentwurf, also den Bauinhalt. Damit gemeint ist alles, was durch die gesamte Leistungsbeschreibung in technischer Hinsicht Vertragsinhalt geworden ist und jetzt geändert werden soll (Ingenstau/Korbion/Keldungs, § 1 Abs. 3 VOB/B Rn. 3; Kapellmann/Messerschmidt/von Rintelen, § 1 VOB/B Rn. 51 ff.).

Der sonstige Vertragsinhalt, wie Abrechnungs- und Zahlungsvereinbarungen, Bestimmungen über die Abnahme, Mängelrechte usw. sind nicht vom Änderungsrecht umfasst.

Inwieweit die Änderungsbefugnis auch in die Bauumstände eingreifen kann, ist nicht abschließend geklärt. Insbesondere zur Frage, ob der Auftraggeber auch Anordnungen zur Bauzeit treffen darf, ist höchst umstritten (vgl. zum Meinungsstand: Ingenstau/Korbion/Keldungs, § 1 Abs. 3 VOB/B Rn. 4; Maase, BauR 2017, 781 – 797 und 929 – 943; Luz, BauR 2016, 1065 ff.; Zanner, BauR 2006, 177 ff.; Thode, BauR 2008, 155 ff.; Tomic, ZfBR 2010, 315; Wirth/Würfele, Jahrbuch Baurecht 2006, 119, 152 ff.; Kniffka/Jansen/von Rintelen, ibr-online-Kommentar Bauvertragsrecht, Stand 12.05.2017, § 631 Rn. 952 ff. jeweils m.w.N.).

Daran hat sich durch das neue Bauvertragsrecht nichts geändert. Eine Anordnung des Auftraggebers, die sich auf die Bauzeit bezieht, ist i.d.R. weder eine »Änderung des Werkerfolgs«, noch eine »Änderung, die zur Erreichung des vereinbarten Werkerfolgs erforderlich« ist (§ 650b BGB).

Da durchaus vertreten wird, dass bauzeitbezogene Anordnungen durch den Auftraggeber zulässig sind, solche jedoch, die Kalkulation sowie die personelle Disposition des Auftragnehmers erheblich beeinflussen können, sollte zur Klarstellung das Anordnungsrecht bezüglich der Bauzeit ausgeschlossen werden.

2. Einheitspreisvertrag

Zu 4.2 Vergütungsfolgen/Nachtragsvereinbarungen. 75

Dem Recht des Auftraggebers durch Anordnungen den vertraglich vereinbarten Leistungsinhalt einseitig zu ändern, steht der Anspruch des Auftragnehmers auf eine entsprechende Preisanpassung gegenüber, wobei auch der Auftraggeber eine Anpassung des Preises verlangen kann, wenn durch die Anordnung Minderkosten entstehen.

Die Vergütungsfolgen sind in § 2 VOB/B geregelt. Entfallen Teilleistungen, weil der Auftraggeber diese selbst ausführt, durch ein anderes Unternehmen ausführen lässt oder auf die Ausführung ganz verzichtet, steht dem Auftragnehmer nach § 2 Abs. 4 i.V.m. § 8 Abs. 1 VOB/B die hierfür vereinbarte Vergütung zu, wobei er sich die ersparten Aufwendungen sowie das, was er aufgrund des Wegfalls der Teilleistung durch andere Aufträge erwirbt, anrechnen lassen muss; dies entspricht in der Rechtsfolge den Regelungen bei einer Teilkündigung. Haben Änderungen des Bauentwurfs oder andere Anordnungen des Auftraggebers Auswirkungen auf die Grundlage der vereinbarten Preise, findet nach § 2 Abs. 5 VOB/B unter Berücksichtigung der Mehr- und Minderkosten eine Anpassung der jeweils betroffenen Einheitspreise statt. Für zusätzliche, also zunächst im Vertrag nicht vereinbarte Leistungen, kann der Auftragnehmer nach § 2 Abs. 6 VOB/B eine zusätzliche Vergütung verlangen. Hier sind neue Einheitspreise zu bilden, wobei Grundlage für die Preisermittlung die Kalkulation des Auftragnehmers für die im Vertrag vereinbarten Preise ist. Auf welcher Grundlage die Preisberechnung zu erfolgen hat, wird derzeit jedoch heftig diskutiert (siehe zum Meinungsstand auch unter Berücksichtigung des neuen Bauvertragsrechts von Rintelen, NZBau 2017, 315).

§ 2 Abs. 6 VOB/B schreibt vor, dass, wenn der Auftragnehmer für eine im Vertrag nicht vorgesehene Leistung eine zusätzliche Vergütung beanspruchen will, er diesen Anspruch vor Ausführung der Leistung dem Auftraggeber ankündigen muss. Die Erfüllung dieser Ankündigungspflicht soll nach herrschender Meinung Anspruchsvoraussetzung für den Mehrvergütungsanspruch sein, auch wenn hiervon umfassende Ausnahmen gemacht werden, so dass der Anspruch auf eine besondere Vergütung auch ohne vorherige Ankündigung meist durchsetzbar ist. So soll die Ankündigung entbehrlich sein, wenn für den Auftraggeber nach den Umständen des Einzelfalls hinreichend klar erkennbar ist, dass die Zusatzleistung nur gegen Vergütung erbracht werden wird, oder der Auftraggeber nach Lage der Dinge keine Alternative zur sofortigen Ausführung der Zusatzleistung hat (BGH BauR 1996, 542; OLG Düsseldorf, Urt. v. 23.08.2002 – 22 U 25/02 – bei ibr-online; Ingenstau/Korbion/Keldungs § 2 Abs. 6 VOB/B Rn. 22). Dem Auftragnehmer bleibt auch dann der Anspruch erhalten, wenn er die Ankündigung schuldlos versäumt hat (BGH a.a.O.).

Diese Ankündigungspflicht wird bei der hier vorgeschlagenen Regelung als Anspruchsvoraussetzung ausgeschlossen. Dies bedeutet aber nicht, dass der Auftragnehmer keinesfalls verpflichtet ist, den Auftraggeber auf drohende Mehrkosten, die sich aus seiner Anordnung ergeben, Aufmerksam zu machen. Der Auftragnehmer kann im Einzelfall aufgrund seiner Kooperationspflicht verpflichtet sein, den Auftraggeber, der erkennbare Fehlvorstellung von den Auswirkungen seiner Anordnung hat, auf ausgelöste Mehrkosten hinzuweisen. Das Unterlassen eines solchen Hinweises stellt sich dann als Pflichtverletzung dar, die Schadensersatzansprüche gem. § 280 BGB auslösen kann (Ingenstau/Korbion/Keldungs, § 2 Abs. 5 VOB/B Rn. 86). Das soll allerdings ausscheiden, wenn der Auftraggeber einen mit den Leistungsphasen 6 bis 8 des § 34 HOAI betrauten Architekten eingeschaltet hat, weil dieser im Rahmen seiner Leistungspflichten eine Kostenkontrolle durchzuführen hat. In einem solchen Falle kann der Auftragnehmer regelmäßig davon ausgehen, dass der Auftraggeber von seinem Architekten hinreichend auch hinsichtlich der etwaigen Kostenveränderung beraten wird, bevor er Änderungsanordnungen erteilt (Ingenstau/Korbion/Keldungs, a.a.O.).

§ 2 Abs. 5 und Abs. 6 Nr. 2 VOB/B tragen dem Bedürfnis nach einer kontinuierlichen Fortführung der Bautätigkeit dadurch Rechnung, dass eine Vereinbarung über die Preisänderung zwar vor Ausführung getroffen werden soll, dies jedoch nicht verpflichtend ist. In manchen Bauverträgen wird geregelt, dass der Auftragnehmer geänderte oder zusätzliche Leistungen nur dann ausführen muss, wenn vor Ausführung der Leistung eine Vergütungsvereinbarung getroffen wurde. Solche Regelungen erweisen sich meist als unpraktikabel. Zum einen benötigt der Auftragnehmer in der Regel einige Zeit, um die Mehrforderung nachvollziehbar zu kalkulieren. Zum anderen muss der Auftraggeber das Nachtragsangebot prüfen, wobei er insbesondere bei größeren Bauvorhaben meist gleichzeitig mit einer Vielzahl von Nachträgen konfrontiert wird. So ist es in der Zwischenzeit üblich, dass der Bauherr, auch wenn Mehrvergütungsansprüche angezeigt werden, zunächst die Ausführung »dem Grunde nach« anweist und sich eine Prüfung der Nachtragsforderung vorbehält.

§ 650b BGB des neuen Bauvertragsrechts verfolgt das Ziel, möglichst auf ein Einvernehmen der Vertragsparteien hinzuwirken, bevor der Besteller von seinem Anordnungsrecht Gebrauch macht (BT-Drucks. 18/8486 S. 53). Daher sieht § 650b Abs. 2 BGB vor, dass der Besteller erst dann die Ausführung der Änderung anordnen kann, wenn die Parteien innerhalb von 30 Tagen nach Zugang des Änderungsbegehrens keine Einigung erzielt haben.

Können sich die Vertragsparteien nicht über eine zusätzliche Vergütung einigen, kann dies zum einen daran liegen, dass der Auftraggeber davon ausgeht, es handele sich weder um eine zusätzliche, noch um eine geänderte Leistung, oder zum anderen daran, dass der Mehrvergütungsanspruch dem Grunde nach zwar unstreitig ist, der Auftraggeber aber die Höhe der Mehrforderung nicht akzeptiert. Eskaliert ein solcher Streit, reagiert der Auftragnehmer nicht selten mit der Einstellung seiner Arbeiten oder gar mit einer Kündigungserklärung. Auf die Einstellung der Arbeiten wiederum folgt oft eine Kündigung durch den Auftraggeber.

Ob und wann dem Auftragnehmer ein Leistungsverweigerungsrecht zusteht, wenn der Auftraggeber ein Nachtragsangebot nicht annimmt oder zumindest keine Einigung über die Vergütungshöhe erzielt werden kann, hängt von den Umständen des Einzelfalls ab (Kniffka/Koeble, Kompendium, Teil 5 Rn. 159 m.w.N.). Mit einer solchen Eskalation bei den Nachtragsverhandlungen ist keiner der beiden Seiten gedient. Ob ein Nachtrag dem Grunde oder der Höhe nach berechtigt war oder nicht, ob der Auftraggeber bereits endgültig und ernsthaft die Verhandlungen verweigerte und ob der Auftragnehmer zur Arbeitseinstellung berechtigt war, wird sich in den seltensten Fällen mit abschließender Sicherheit feststellen lassen. Eine Kündigung des Auftraggebers, ohne das tatsächlich ein wichtiger Grund vorlag, kann für diesen ebenso erhebliche finanzielle Nachteile mit sich bringen, wie die unberechtigte Leistungsverweigerung durch den Auftragnehmer.

Mit der hier vorgeschlagenen Regelung soll, unter Berücksichtigung der Kooperationspflicht der Bauvertragsparteien, ein gangbarer Weg aufgezeigt werden. Insbesondere werden hier die Voraussetzungen, unter denen der Auftragnehmer die Fortführung der Leistungen verweigern kann, im Einzelnen aufgeführt. Außerdem wird klargestellt, dass der Auftraggeber, auch wenn noch keine abschließende Einigung über die berechtigte Höhe des Nachtrages erzielt wurde, zumindest den von ihm akzeptierten Betrag zu zahlen hat und nicht jegliche Zahlung auf die Vergütung für die zusätzliche oder geänderte Leistung verweigern kann.

Der neue § 650c Abs. 3 BGB eröffnet dem AN die Möglichkeit, bei der Berechnung von Abschlagszahlungen 80 Prozent einer in einem Nachtragsangebot genannten Mehrvergütung ansetzen, wenn sich die Parteien nicht über die Höhe geeinigt haben oder keine anderslautende gerichtliche Entscheidung ergeht. Dabei handelt es sich um eine vorläufige Höhe der Nachtragsvergütung. Die zutreffend ermittelte Nachtragvergütung, die im Zweifel gerichtlich festzustellen ist, wird dann erst nach der Abnahme bzw. der Stellung der Schlussrechnung fällig. Macht der AN von dieser Möglichkeit Gebrauch, wäre es treuwidrig, wenn er dennoch die Leistung verweigert, weil der AG nicht die volle Höhe der geforderten Nachtragsvergütung anerkennt. Dies wird im Vertragsmuster klargestellt. Zahlt der AG die so in den Abschlagsrechnungen angesetzte Mehrvergütung nicht, kann der AN selbstverständlich seine Rechte wegen Zahlungsverzuges wahrnehmen, z.B. das Kündigungsrecht nach § 9 Abs. 1 Nr. 2 VOB/B.

Ist der AG der Ansicht, dass dem AN keine oder eine geringere als die nach § 650c Abs. 3 BGB in Ansatz gebrachte Mehrvergütung zusteht, muss er gerichtliche Hilfe im Wege des einstweiligen Rechtsschutzes in Anspruch nehmen.

Zu 5. Termine und Fristen. 76

Als Termin bezeichnet man einen festen Zeitpunkt, meist ein Datum. Unter Frist versteht man einen Zeitraum, also zum Beispiel »Fertigstellung 4 Wochen nach Baubeginn«. Die größte Klarheit wird natürlich durch die Vereinbarung fester Termine im Vertrag erreicht. Dies wird jedoch nicht immer möglich sein, z.B. wenn der Vertrag abgeschlossen wird, bevor die Baugenehmigung erteilt wurde. In diesem Fall wird man Zeiträume, also Fristen vereinbaren.

Haben die Parteien für den Baubeginn keinen Termin vereinbart, hat nach § 5 Abs. 2 VOB/B der Auftraggeber dem Auftragnehmer auf Verlangen Auskunft über den voraussichtlichen Beginn zu erteilen. Der Auftragnehmer hat innerhalb von 12 Werktagen nach Aufforderung zu beginnen.

Der Auftragnehmer sollte versuchen, mit dem Auftraggeber einen festen Termin für den Beginn seiner Arbeiten zu vereinbaren. So erhält er Klarheit für die Disposition seiner Arbeitskräfte und Geräte, sowie für die Bestellung von Baustoffen. Er muss sich jedoch auch darüber im Klaren sein, dass dem Auftraggeber ein Kündigungsrecht zusteht, wenn er den vereinbarten Beginntermin nicht einhält.

§ 5 VOB/B enthält detaillierte Regelungen über die Ausführungsfristen. So muss der Auftragnehmer auf Verlangen des Auftraggebers unverzüglich Abhilfe schaffen, wenn Arbeitskräfte, Geräte, Gerüste, Stoffe oder Bauteile so unzureichend sind, dass die Ausführungsfristen offenbar nicht eingehalten werden können (§ 5 Abs. 3 VOB/B). § 5 Abs. 4 VOB/B regelt ausdrücklich, dass der Auftraggeber den Vertrag aus wichtigem Grund kündigen kann, wenn der Auftragnehmer den Beginn der Ausführung verzögert, seine Verpflichtung aus § 5 Abs. 3 VOB/B nicht nachkommt oder mit der Vollendung seiner Leistungen in Verzug gerät; er muss dem Auftragnehmer jedoch zuvor einer angemessenen Nachfrist setzen und die Kündigung androhen. Alternativ kann der Auftraggeber auch am Vertrag festhalten und vom Auftragnehmer Schadensersatz nach § 6 Abs. 6 VOB/B verlangen.

Für den Ausführungsbeginn und für die Fertigstellung vereinbarte Fristen oder Termine sind immer verbindliche Fristen (Vertragsfristen) im Sinne von § 5 Abs. 1 VOB/B; es sei denn, sie werden durch die Formulierung im Vertrag ausdrücklich relativiert, z.B. »voraussichtliche Fertigstellung« (Ingenstau/Korbion/Döring, § 5 Abs. 1 bis 3 VOB/B Rn. 3). Ist keine Fertigstellungsfrist vereinbart, hat der Auftragnehmer die übertragenen Leistungen innerhalb eines angemessenen, nach Treu und Glauben zu bestimmenden Zeitraumes zu erbringen (BGH BauR 2001, 946), erst dann ist die Leistung fällig. Fehlt es an einer verbindlichen Fertigstellungsfrist, gerät der Auftragnehmer erst in Verzug, wenn der Auftraggeber nach Fälligkeit, also nach Ablauf der angemessenen Frist zur Fertigstellung, den Auftragnehmer mahnt.

Für den Verbraucherbauvertrag bestimmt § 650k Abs. 3 BGB, dass der Bauvertrag verbindliche Angaben zum Zeitpunkt der Fertigstellung des Werks oder, wenn dieser Zeitpunkt zum Zeitpunkt des Abschlusses des Bauvertrags nicht angegeben werden kann, zur Dauer der Bauausführung enthalten muss. Eine Relativierung wie »ca. 6 Wochen«, ist in diesem Fall nicht zulässig.

Zu 6.1 Abnahme. 77

Wird die VOB/B – wie hier – nicht als Ganzes vereinbart, sind die in § 12 Abs. 5 VOB/B enthaltenen Regelungen über die fiktive Abnahme unwirksam (Ingenstau/Korbion/Oppler, § 12 Abs. 5 VOB/B Rn. 7). Daher können in vom Auftragnehmer gestellten Allgemeinen Geschäftsbedingungen nur die Abnahmeregeln der § 12 Abs. 1 bis 4 VOB/B wirksam aufgenommen werden. Die Abnahmefiktion des § 640 Abs. 2 BGB gilt auch, wenn die VOB/B vereinbart ist (so zur vergleichbaren Vorgängernorm § 640 Abs. 1 S. 3 BGB a.F.: Kniffka/Koeble, Kompendium Teil 4. Rn. 30); der Verweis auf diese Vorschrift dient somit nur der Klarstellung. In § 640 Abs. 2 BGB ist geregelt, dass die Leistung als abgenommen gilt, wenn der Unternehmer dem Besteller nach Fertigstellung des Werks eine angemessene Frist zur Abnahme gesetzt hat und der Besteller die Abnahme nicht innerhalb dieser Frist unter Angabe mindestens eines Mangels verweigert hat. Ist der Besteller allerdings ein Verbraucher, so tritt die Abnahmefiktion nur dann ein, wenn der Unternehmer den Besteller zusammen mit der Aufforderung zur Abnahme auf die Folgen einer nicht erklärten oder ohne Angabe von Mängeln verweigerten Abnahme hingewiesen hat; der Hinweis muss in Textform erfolgen.

Da eine schriftlich erklärte Abnahme nicht nur die Tatsache der Abnahme an sich, sondern auch deren Zeitpunkt und damit den Beginn der Verjährungsfrist für Mängelrechte belegt, sollte der Auftragnehmer von seinem Recht, eine förmliche Abnahme zu verlangen (§ 12 Abs. 4 Nr. 1 VOB/B), nach Möglichkeit Gebrauch machen.

78 Zu 6.2 Mängelrechte.

Die Verjährungsfrist für Mängelansprüche an Werkleistungen bei einem Bauwerk, einschließlich der mit der Bauwerkerrichtung im Zusammenhang stehenden Planungs- oder Überwachungsleistungen, beträgt nach § 634a Abs. 1 Nr. 2 BGB fünf Jahre. Abweichend hiervon sieht § 13 Abs. 4 VOB/B, wenn für »Mängelansprüche keine Verjährungsfrist im Vertrag vereinbart« ist, eine 4-jährige Verjährungsfrist (Regelfrist) vor. Bei bestimmten Gewerken, wie zum Beispiel vom Feuer berührten Teile von Feuerungsanlagen oder maschinelle Anlagen, gelten noch kürzere Fristen, teilweise in Abhängigkeit davon, ob mit dem Auftragnehmer ein Wartungsvertrag geschlossen wird. Diese die gesetzliche Verjährungsfrist verkürzenden Regelungen sind jedoch – wenn der Auftragnehmer Verbraucher oder wie hier die VOB/B nicht als Ganzes vereinbart ist – unwirksam, wenn der Auftragnehmer die Einbeziehung der VOB/B vorschlägt oder verlangt, also »Verwender« ist (Ingenstau/Korbion/Wirth § 13 Abs. 4 VOB/B Rn. 25; Kapellmann/Messerschmidt/Weyer § 13 VOB/B Rn. 12 und 223, 224).

Nach Abnahme ausgeführte Mängelbeseitigungsarbeiten muss sich der Auftragnehmer vom Auftraggeber erneut abnehmen lassen, bis zu dieser Abnahme ist der Ablauf der Verjährungsfrist gehemmt (BGH BauR 2008, 2039). Die Verjährungsfrist beginnt für die Nachbesserungsarbeiten sodann erneut, aber während sie nach dem Gesetz nochmals fünf Jahre läuft, wird sie nach § 13 Abs. 5 Nr. 1 S. 3 VOB/B, nur für weitere zwei Jahre erneut ausgelöst (BGH BauR 2008, 2039; BGH BauR 2005, 710; Ingenstau/Korbion/Wirth § 13 Abs. 5 VOB/B Rn. 23); sie endet aber nicht vor Ablauf der Regelfrist. Jedoch soll nach einer Meinung auch diese Bestimmung unwirksam, wenn der Auftragnehmer Verwender der VOB/B ist, diese aber nicht als Ganzes vereinbart ist (Markus/Kaiser/Kapellmann, Rn. 96). Hinzu kommt: Da die Mängelbeseitigung ein Anerkenntnis darstellt, beginnt nicht nur diese zweijährige Frist, sondern auch die ursprünglich vereinbarte, längere Verjährungsfrist für diese Mängelbeseitigungsarbeiten erneut (BGH BauR 2005, 710; BGH BauR 2008, 2039; Ingenstau/Korbion/Wirth § 13 Abs. 5 VOB/B Rn. 23; Kapellmann/Messerschmidt/Weyer § 13 VOB/B Rn. 248; a.A. Franke/Kemper/Zanner/Grünhagen § 13 VOB/B Rn. 110). Träfe dies zu, führte die Abnahme der Mängelbeseitigungsarbeiten nicht zum Neubeginn einer 2-jährigen, sondern der gesetzlichen 5-jährigen Verjährungsfrist.

Um den Beginn der erneuten Verjährungsfrist in Gang zu setzen, ist allein die Beseitigung der Mängel durch den Auftragnehmer ist nicht ausreichend (Ingenstau/Korbion/Wirth § 13 Abs. 5 VOB/B Rn. 126; OLG Saarbrücken IBR 2005, 419). Es bedarf einer Abnahme der Nachbesserungsarbeiten (BGH BauR 2008, 2039).

Nach § 13 Abs. 5 Nr. 1 S. 2 VOB/B führt eine schriftliche Mängelrüge des Auftraggebers zum Neubeginn einer 2-jährigen Verjährungsfrist für den Anspruch auf Mängelbeseitigung. Diese für den Auftragnehmer nachteilige Regelung kann wirksam im Vertrag ausgeschlossen werden.

Weigert sich der Auftragnehmer Mängel zu beseitigen oder schlägt die Mängelbeseitigung fehl, kann der Auftraggeber nach den gesetzlichen Bestimmungen vom Vertrag zurücktreten. Es ist streitig, ob dieses – eigentlich nicht zur Natur eines Bauwerkvertrages passende – Rücktrittsrecht

2. Einheitspreisvertrag

allein durch die Vereinbarung der VOB/B ausgeschlossen ist. Deshalb sollte der Ausschluss ausdrücklich im Vertrag erwähnt werden.

Zu 7.1 Vergütung nach Einheitspreisen.

79

Auch wenn hin und wieder andere Arten der Vergütungsberechnung vereinbart werden, ist der Einheitspreisvertrag in der Baupraxis am weitesten verbreitet.

Beim Einheitspreisvertrag wird die Gesamtleistung in einzelne Teilleistungen zerlegt (Positionen im Leistungsverzeichnis) und jeweils einer Mengeneinheit (z.B. m², m³, Stck. usw.) ein Preis zugeordnet, der so genannte Einheitspreis. Die endgültige Vergütung errechnet sich dann je Position aus der tatsächlich ausgeführten Menge jeder Einzelleistung multipliziert mit dem jeweiligen Einheitspreis. Die Gesamtvergütung ist die Summe der so ermittelten Vergütungen für die Einzelpositionen.

Die genauen Aufmaß- und Abrechnungsvorgaben regeln § 14 VOB/B und die jeweiligen Abschnitte 5 aller ATV DIN 18299 ff. in der VOB/C. Die Aufmaß- und Abrechnungsvorschriften, vor allem wenn sie dem Auftragnehmer gestatten größere Öffnungen zu übermessen, werden z.T. bei der Verwendung der VOB/B wegen Verstoßes gegen § 307 BGB für unwirksam gehalten (vgl. Beck'scher VOB- und Vergaberechts-Kommentar VOB Teil C/Vogel, Syst. V Rn. 37 ff.; Englert/ Katzenbach/Motzke/Oppler/Schneider, DIN 18363 Rn. 93).

Das OLG Stuttgart hielt in einer Verbandsklage eines Verbraucherschutzverbandes gegen ein Unternehmen des Dach- und Fassadenbaus die Übermessungsvorschriften in Allgemeinen Geschäftsbedingungen des Auftragnehmers wegen unangemessener Benachteiligung des Auftraggebers für unwirksam, wobei die VOB/C insoweit nicht »als Ganzes« vereinbart werden sollte. Das Gericht stellte aber – im konkreten Fall nicht entscheidungserheblich – Überlegungen an, ob die Übermessungsklauseln der DIN 18363 dann einer Inhaltskontrolle standhalten könnten, da sie bei einer Anwendung der DIN als Ganzes auch Regelungen zu Gunsten des Auftraggebers enthalten, z.B. die Übermessung von Laibungen (OLG Stuttgart Urt. v. 21.02.2008 – 2 U 84/07 – bei ibr-online).

Die weitere Entwicklung der Diskussion in Rechtsprechung und Literatur bleibt abzuwarten.

Da in den Leistungsverzeichnissen meist Nettopreise angegeben werden, bedarf es einer ausdrücklichen Vereinbarung, dass auch die auf die Preise entfallende Mehrwertsteuer (MwSt.) vom Auftraggeber an den Auftragnehmer zu zahlen ist. Die MwSt. (oder auch USt.) ist ein rechtlich unselbständiger Teil des zu zahlenden Preises. Sie ist, wenn sich aus den Umständen nichts anderes ergibt, auch bei Angeboten an einen zum Vorsteuerabzug berechtigten Unternehmer in dem angebotenen Preis enthalten (BGH NJW 2002, 2312; BGH NJW 2001, 2464; a.A.: Ingenstau/ Korbion/Keldungs, § 2 Abs. 1 VOB/B Rn. 28 aber nur bei beiderseits im Handelsregister eingetragenen und vorsteuerabzugsberechtigten Bauvertragsparteien).

Auch wenn im Angebot des Auftragnehmers bereits ein Hinweis darauf enthalten ist, dass auch die MwSt. zzgl. zu den angebotenen Preisen geschuldet ist, sollte im Vertrag eine ausdrückliche Klarstellung erfolgen.

Da nicht ausgeschlossen ist, dass vor Beendigung der Arbeiten eine Mehrwertsteuererhöhung erfolgt, sollte der Mehrwertsteuersatz nicht als fester Prozentsatz angegeben werden, sondern auf die gesetzliche MwSt. abgestellt werden. Die Höhe der MwSt. wird nach dem Satz berechnet, der zum Zeitpunkt der Leistungserbringung gültig ist. Bei einer Werkleistung ist der »Zeitpunkt der Leistungserbringung«, die Fertigstellung, wobei die Abnahme im Zweifel der maßgebliche Zeitpunkt ist. Erfolgt die Abnahme also zu einem Zeitpunkt nach der Erhöhung des MwSt.-Satzes kann der Auftragnehmer auch diese höhere MwSt. auf die gesamte Vergütung berechnen, auch wenn er bereits zuvor Abschlagsrechnungen mit dem geringeren MwSt.-Satz gestellt hatte.

80 Zu 7.2 Fälligkeit/Schlusszahlungserklärung.

Nach § 16 Abs. 1 VOB/B hat der Auftragnehmer einen Anspruch auf Abschlagszahlungen in Höhe des Wertes der jeweils nachgewiesenen vertragsgemäßen Leistungen. Mit den Abschlagsrechnungen muss der Auftragnehmer die Leistungen durch eine prüfbare Aufstellung nachweisen. Ansprüche auf Abschlagszahlungen werden gem. § 16 Abs. 1 Nr. 3 VOB/B binnen 21 Kalendertagen nach Zugang der Aufstellung fällig.

§ 632a BGB in der durch neue Bauvertragsrecht geänderten Fassung sieht ebenfalls einen Anspruch auf Abschlagszahlungen für den Auftragnehmer vor, der in weiten Teilen der Regelung in § 16 Abs. 1 VOB/B nachgebildet ist.

Für Verbraucherbauverträge enthält § 650m BGB spezielle Regelungen für Abschlagszahlungen. So darf nach Abs. 1 der Gesamtbetrag der Abschlagszahlungen 90 % der vereinbarten Gesamtvergütung nicht überschreiten, wenn »der Unternehmer nach § 632a BGB verlangt«.

Zudem muss er nach Abs. 2 dem Besteller Sicherheiten für die rechtzeitige Herstellung des Werkes ohne wesentliche Mängel stellen. Außerdem regelt § 650m Abs. 2 BGB, dass der Unternehmer dem Besteller mit der ersten Abschlagszahlung eine Sicherheit für die rechtzeitige Herstellung des Werks ohne wesentliche Mängel in Höhe von 5 % des Vergütungsanspruchs zu leisten hat. Erhöht sich der Vergütungsanspruch infolge von Änderungen und Ergänzungen des Vertrages um mehr als 10 % ist bei der nächsten Abschlagsrechnung eine weitere Sicherheit in Höhe von 5 % des zusätzlichen Vergütungsanspruchs zu leisten.

Zwar sind § 632a und § 650m BGB in der Aufzählung der Vorschriften, von denen nicht zu Lasten des Verbrauchers abgewichen werden darf (§ 650o BGB) nicht enthalten. In der Begründung des Regierungsentwurfes heißt es jedoch ausdrücklich, dass von den Regelungen der § 632a und § 650m BGB »durch Individualvereinbarung« abgewichen werden könne (BT-Druck. 18/8486 Seite 66). Daraus muss geschlossen werden, dass die in § 650m BGB enthaltenen Regeln als »gesetzliches Leitbild« anzusehen sind; somit würden abweichende Vertragsklauseln in AGB unwirksam sein.

Ob mit der Vereinbarung von Abschlagszahlungen nach § 16 Abs. 1 VOB/B der Anspruch des Auftraggebers – auch wenn dieser Verbraucher ist – auf Sicherheitsleistung automatisch ausgeschlossen ist, dürfte eher zweifelhaft sein. § 16 Abs. 1 VOB/B trifft gerade keine Aussage zum Anspruch des Auftraggebers auf Sicherheitsleistungen (vgl. Beck'scher VOB-Komm./Kandel VOB/B § 16 Abs. 1 Rn. 10, der gerade deshalb keinen Verstoß gegen § 307 BGB annimmt).

Allerdings hat der BGH – vor Inkrafttreten des neuen Bauvertragsrechts – ausgeführt, der Gesetzgeber habe zwischen dem Anspruch auf Abschlagszahlung des Unternehmers aus § 632a Abs. 1 BGB und dem Recht des Verbrauchers auf Sicherheitsleistung bei erster Abschlagszahlung aus § 632a Abs. 3 BGB (a.F.) eine untrennbare Verknüpfung vorgenommen. Eine AGB-Klausel, die den Anspruch auf Abschlagszahlungen regelt, ohne auf den Anspruch auf Sicherheitsleistung hinzuweisen, könne den Besteller davon abhalten eine solche zu verlangen. Damit ist die Klausel nach § 307 Abs. 1 BGB unwirksam (BGH BauR 2013, 228). Dies deutet darauf hin, dass gegenüber Verbrauchern nicht nur der formularvertragliche Ausschluss des Sicherungsanspruchs unwirksam ist, sondern bereits die fehlende Erwähnung dieses Anspruchs zur Unwirksamkeit der Klausel führt.

Aus diesem Grunde sind die Bestimmungen des § 650m BGB in diesem Vertragsmuster ausdrücklich (nur bei Verbrauchern) wiedergegeben.

Nach Fertigstellung und Abnahme der Leistung tritt die so genannte Schlussrechnungsreife ein. Der Auftragnehmer hat dann keinen Anspruch auf Abschlagszahlungen mehr, sondern muss zur Durchsetzung seines Vergütungsanspruchs eine prüfbare Schlussrechnung vorlegen (§ 16 Abs. 3 Nr. 1 VOB/B).

2. Einheitspreisvertrag

Alle Zahlungen sind zwar aufs äußerste zu beschleunigen (§ 16 Abs. 5 Nr. 1 VOB/B), die Prüffrist des Auftraggebers beträgt aber nach § 16 Abs. 3 Nr. 1 VOB/B 30 (Kalender-)Tage, die Schlusszahlung ist also erst nach 30 Tagen fällig (Bis zur VOB/B 2009 waren dies noch 2 Monate).

Diese dreißigtägige Prüffrist mag bei einigen umfangreichen und komplizierten Bauvorhaben bzw. Gewerken berechtigt sein; § 16 Abs. 3 VOB/B lässt es in Ausnahmefällen sogar zu, dass die Frist durch Vereinbarung auf 60 Tage verlängert wird. Für den Auftragnehmer ist diese Frist, auch wenn er bereits Abschlagszahlungen erhalten hat, in der Regel zu lang. Aus diesem Grunde sollte die Prüffrist verkürzt werden, hier werden zwei Wochen vorgeschlagen. Innerhalb dieser Frist ist eine ordnungsgemäße Prüfung der Schlussrechnung zumutbar.

Eine nicht prüfbare Schlussrechnung wird grundsätzlich nicht fällig, der Auftraggeber muss allerdings nach der Rechtsprechung des BGH innerhalb der 30 Tage-Frist die fehlende Prüffähigkeit der Schlussrechnung rügen und dem Auftragnehmer mitteilen, weshalb die Rechnung für ihn nicht prüfbar ist. Andernfalls wird die Schlussrechnung trotz der fehlenden Prüffähigkeit nach Ablauf der Prüffrist fällig und der Auftraggeber kann sich insbesondere in einem späteren Prozess nicht auf die mangelnde Prüfbarkeit berufen (BGH BauR 2004, 1937; BGH BauR 2006, 678 – beide Entscheidungen bezogen sich auf die 2-monatige Prüffrist der VOB/B bis zur Fassung 2009, dürften aber wohl auf die jetzt geltende 30-Tage-Frist übertragbar sein).

Dieser Grundsatz wird hier entsprechend der verkürzten Prüffrist dahingehend angepasst, dass die mangelnde Prüfbarkeit der Rechnung innerhalb von zwei Wochen gegenüber dem Auftragnehmer zu rügen ist.

Nach § 16 Abs. 3 Nr. 2 VOB/B schließt die vorbehaltlose Annahme der Schlusszahlung den Auftragnehmer mit Nachforderungen aus, wenn der Auftragnehmer über die Schlusszahlung schriftlich unterrichtet und auf die Ausschlusswirkung hingewiesen wurde. Diese für den Auftragnehmer sehr einschneidende und nachteilige Regelung ist als Allgemeine Geschäftsbedingung zwar unwirksam, wenn die VOB/B nicht als Ganzes vereinbart wurde (BGH BauR 2004, 668).

Der Verwender von Allgemeinen Geschäftsbedingungen kann sich jedoch gegenüber seinem Vertragspartner selbst nicht auf die Unwirksamkeit von ihm nachteiligen Klauseln berufen (BGH NJW-RR 1998, 594).

Aus diesem Grund sollte der Auftragnehmer, der den Vertrag und damit auch die VOB/B stellt und daher Verwender ist, die Regelung des § 16 Abs. 3 Nr. 2 bis 5 VOB/B ausdrücklich ausschließen.

Dasselbe gilt für die Regelung in § 16 Abs. 6 VOB/B. Hiernach kann der Auftraggeber unter bestimmten Voraussetzungen Zahlungen direkt an Nachunternehmer des Auftragnehmers leisten, wobei diese Zahlungen auf den Vergütungsanspruch des Auftragnehmers angerechnet werden. Auch hier empfiehlt sich der ausdrückliche Ausschluss dieser VOB-Regelung im Vertrag.

Zu 7.3 Skonti. 81

Das Skonto ist ein Betrag, um den die Rechnungssumme gekürzt werden darf, wenn innerhalb einer bestimmten Frist gezahlt wird. Auch auf dem Bau gibt es keine Verkehrssitte, nach der ein Auftragnehmer dem Auftraggeber immer ein Skonto gewährt. Es muss ausdrücklich vereinbart werden. Daher stellt § 16 Abs. 5 Nr. 2 VOB/B klar, dass nicht vereinbarte Skontoabzüge unzulässig sind.

Auftragnehmer gewähren Auftraggebern jedoch häufig ein Skonto, um den Auftraggeber in Anbetracht der langen Fälligkeitsfristen, die die VOB/B vorsieht, zur frühzeitigen Zahlung zu veranlassen.

Zur wirksamen Skontovereinbarung gehört es, dass eindeutig geregelt ist, für welche Zahlungen der Skontoabzug gilt (Voraus-, Abschlags-, Schlusszahlung). Die hier vorgeschlagene Formulierung »wenn alle Rechnungen in der berechtigten Höhe innerhalb von 10 Werktagen gezahlt werden« bedeutet, dass der Auftraggeber nur dann die Vergünstigung des Skontos erhält, wenn tatsächlich alle Rechnungen innerhalb der Skontofrist und in der berechtigten Höhe bezahlt werden (OLG Celle BauR 2004, 860).

Das heißt, dass kein Abzug vorgenommen werden darf, wenn einzelne Abschlagszahlungen oder die Schlussrechnung nicht innerhalb der Skontofrist bezahlt werden. Wird auch nur eine Rechnung nicht innerhalb der Skontofrist beglichen, sind zuvor abgezogene Skonti nachzuzahlen.

Für die Rechtzeitigkeit der Zahlung gilt die Leistungshandlung. Das ist bei Zahlungen per Scheck, soweit die Zulässigkeit von Scheckzahlungen zwischen den Parteien vereinbart ist oder der Auftragnehmer den Scheck annimmt, der Tag der Aufgabe des Schecks bei der Post bzw. Einwurf in den Postbriefkasten. Bei Zahlungen durch Überweisung wurde für die Rechtzeitigkeit der Leistungshandlung bislang der Eingang des Überweisungsauftrags bei der Bank des Auftraggebers angenommen (OLG Köln BauR 1990, 367; OLG Düsseldorf BauR 2000, 729).

Seit der Neufassung des § 676a Abs. 1 BGB wird der Zeitpunkt der Leistungshandlung auf den Abschluss des Überweisungsvertrages verlegt, der in der Regel erst durch die Bearbeitung der Überweisung durch die Bank des Auftraggebers zustande kommt (Ingenstau/Korbion/Locher, § 16 Abs. 5 VOB/B Rn. 14 – der aber unter Berufung auf die Zahlungsverzugsrichtlinie 00/35/EG auch die Auffassung vertritt, dass im Verkehr zwischen Unternehmern es für die Rechtzeitigkeit der Zahlungshandlung auf die Gutschrift des geschuldeten Betrages auf dem Konto des Gläubigers ankommt).

Demzufolge ist die Skontofrist auch dann gewahrt, wenn erst am letzten Tag der Skontofrist der Überweisungsauftrag durch die Bank des Auftraggebers bearbeitet wird. Bis zum Eingang des Betrages auf dem Konto des Auftragnehmers können sodann noch mehrere Tage vergehen. Um dieser Verzögerung vorzubeugen, wird in diesem Muster vorgeschlagen, dass die Skontofrist nur dann gewahrt sein soll, wenn der Betrag bis spätestens zum letzten Tag der Frist dem Konto des Auftragnehmers gutgeschrieben wird. Nur in dem Fall, in dem eine Verzögerung durch den Auftragnehmer selbst oder seiner Bank eintritt, also der Auftraggeber auf diese Verzögerung keinen Einfluss hat, soll der Eingang des Betrages bei der Bank des Auftragnehmers maßgeblich sein.

Um die oben beschriebene Verzögerung bei Bezahlung durch Scheck zu vermeiden, sieht Ziff. 7.4 des Vertrages vor, dass eine Bezahlung ausschließlich durch Überweisung erfolgen darf.

82 Zu 7.5 Aufrechnungsverbot.

Häufig kommt es zu Streitigkeiten, weil der Auftraggeber der Vergütungsforderung des Auftragnehmers vermeintliche oder tatsächliche Gegenansprüche entgegenhält und die Aufrechnung erklärt. Ein vollständiger Ausschluss der Aufrechnung in Allgemeinen Geschäftsbedingungen ist unwirksam. Zulässig ist es jedoch, die Aufrechnung auf vom Auftragnehmer unbestrittene oder rechtskräftig festgestellte Forderungen zu beschränken (BGH NJW 1989, 3215).

Hierbei ist darauf zu achten, dass auch das Wort »unbestritten« und nicht etwa stattdessen »anerkannt« verwendet wird. Ein in Allgemeinen Geschäftsbedingungen enthaltenes Aufrechnungsverbot ist auch im kaufmännischen Geschäftsverkehr nichtig, wenn es nicht dem Wortlaut des § 309 Nr. 3 BGB entspricht (OLG Koblenz Urt. v. 30.08.2007 – 5 U 105/07 – IBR 2008, 322).

Allerdings hat der BGH nunmehr auch entschieden, dass ein Aufrechnungsverbot in vom Auftragnehmer verwendeten AGB, selbst wenn es die Einschränkung für unbestrittene oder rechtskräftig festgestellte Forderungen enthält, den Auftraggeber i.S.v. § 307 Abs. 1 BGB unbillig benachteiligt, wenn er durch das Verbot der Aufrechnung in einem Abrechnungsverhältnis eines Werkvertrages gezwungen würde, eine mangelhafte oder unfertige Leistung in vollem Umfang zu vergüten, obwohl ihm Gegenansprüche in Höhe der Mängelbeseitigungs- oder Fertigstellungskosten zustehen. Denn hierdurch würde in das durch den Vertrag geschaffene Äquivalenzverhältnis von Leistung und Gegenleistung in für den Auftraggeber unzumutbarer Weise eingegriffen (BGH

BauR 2011, 1185). Dieses Urteil erging zwar bezüglich eines in einem Architektenvertrag enthaltenen Aufrechnungsverbot, ist jedoch sicherlich auch auf andere Werkverträge zu verallgemeinern (vgl. auch bereits BGH BauR 2005, 1477).

Deshalb wird man vom Aufrechnungsverbot Mängelbeseitigungs- und Fertigstellungskosten aus demselben Vertragsverhältnis ausdrücklich ausnehmen müssen. Es verbleibt nur noch der Ausschluss der Aufrechnung mit bestrittenen und noch nicht rechtskräftig festgestellten Ansprüchen, die nicht mit dem Vergütungsanspruch im Synallagma stehen, z.B. aus andern Bauverträgen.

Zu 8. Baustelleneinrichtung/Baumedien.

83

Nach § 4 Abs. 4 VOB/B hat der Auftraggeber, wenn nichts anderes vereinbart ist, dem Auftragnehmer die notwendigen Lager- und Arbeitsplätze auf der Baustelle, vorhandene Zufahrtswege sowie vorhandene Anschlüsse für Wasser und Energie kostenlos zur Verfügung zu stellen. Die Kosten für den Verbrauch von Wasser und Energie sowie für den Messer oder Zähler trägt nach dieser Regelung in der VOB/B jedoch der Auftragnehmer.

Je nach Bedarf des Auftragnehmers sollte diese Pflicht bezüglich der benötigten Lagerplätze, Kranstandorte, Zufahrtsmöglichkeiten usw. konkretisiert werden. Dies dient nicht nur dazu, dass der Auftraggeber sich darauf einstellen kann, sondern gibt auch eindeutige Anhaltspunkte für eine Behinderung des Auftragnehmers, wenn der Auftraggeber Lagerplätze usw. zwar zur Verfügung stellt, aber nicht im vereinbarten Umfang.

Nach der DIN 18299 Tz. 4.1.9 gehört auch ohne Erwähnung im Vertrag das Befördern aller Stoffe und Bauteile, von der Lagerstelle auf der Baustelle zu den Verwendungsstellen und die etwaige Rückbeförderung zu den mit den Einheitspreisen abgegoltenen Nebenleistungen des Auftragnehmers. Wenn dieser bei seiner Kalkulation von bestimmten Einbringungswegen ausgegangen ist, z.B. mit einem Schrägaufzug und durch Öffnungen in der Außenwand des Gebäudes, sollte dies im Vertrag ausdrücklich festgehalten werden. Andernfalls kann ihn der Auftraggeber auch auf andere, möglicherweise aufwändigere Einbringungswege verweisen.

Ob der Auftragnehmer durchsetzen kann, dass der Auftraggeber die Verbrauchskosten für Energie und Wasser entgegen der Regelung in § 4 Abs. 4 VOB/B übernimmt, ist eine Frage des Verhandlungsgeschicks.

Zu 9.1 Zahlungsbürgschaft.

84

Auch wenn der Auftragnehmer nach § 16 Abs. 1 VOB/B Anspruch auf regelmäßige Abschlagszahlungen hat, ist er einem erheblichen Vorleistungsrisiko ausgesetzt. Für die vor den einzelnen Abschlagszahlungen erbrachten Bauleistungen, trägt er jedes Mal das Ausfallrisiko. Zwar gibt ihm das Gesetz in § 650f BGB die Möglichkeit vom Auftraggeber eine Sicherheit in Höhe der voraussichtlichen Gesamtvergütung zzgl. 10 % für Nebenforderungen zu verlangen, jedoch ist vieles an dieser Regelung unpraktikabel. Die Sicherheit wird i.d.R. in Form einer Bürgschaft gestellt. Der Bürge darf aber erst dann an den Auftragnehmer zahlen, wenn der Auftraggeber die Forderung anerkannt hat oder sie gerichtlich durch vorläufig vollstreckbares Urteil festgestellt wurde. Erkennt der Auftraggeber die Forderung nicht an, muss der Auftragnehmer ihn also zunächst verklagen, auch wenn die Gefahr besteht, dass er inzwischen mittellos ist. Zudem hat der Auftragnehmer die Avalkosten der Sicherheit nach § 650f Abs. 3 BGB bis zur Höhe von 2 % des gesicherten Betrages dem Auftraggeber zu erstatten. Außerdem ist § 650f BGB nicht auf Verträge mit (insolvenzsichern) öffentlichen Auftraggebern und Verbrauchern anwendbar.

Deshalb ist zu empfehlen, eine Zahlungssicherheit durch eine selbstschuldnerische Bankbürgschaft zu vereinbaren. Hier kann sich der Auftragnehmer direkt an den Bürgen wenden bzw. ihn auch verklagen, ohne zuvor einen Prozess gegen den Auftraggeber führen zu müssen. Hierbei ist es meist ausreichend, lediglich einen Bruchteil der voraussichtlichen Vergütung (z.B. 10 %) besichern zu lassen, da die Bürgschaft nicht nur den Avalrahmen des Auftraggebers einschränkt, sondern auch je nach Höhe der Bürgschaftssumme erhebliche Kosten verursacht. Die Höhe der

Bürgschaft sollte so gewählt werden, dass sie das Vorleistungsrisiko zwischen zwei Abschlagszahlungen abdeckt. Gerät der Auftraggeber mit einer Abschlagszahlung in Verzug, kann der Auftragnehmer nach vorheriger Ankündigung die Arbeiten einstellen (§ 16 Abs. 5 Nr. 5 VOB/B) und gegebenenfalls den Vertrag kündigen (§ 9 Abs. 1 Nr. 2 VOB/B). Außerdem bleibt es dem Auftragnehmer unbenommen, nachträglich zusätzlich eine Sicherheit nach § 650f BGB zu fordern, wobei die schon geleisteten Zahlungen und die durch die selbstschuldnerische Bürgschaft bereits erhaltene Sicherheit natürlich von der geforderten Höhe der voraussichtlichen Vergütung abzuziehen sind.

Bei Verbraucherbauverträgen enthält § 650m Abs. 4 BGB die Einschränkung, dass, wenn der Unternehmer Abschlagszahlungen verlangt, eine Vereinbarung unwirksam ist, die den Verbraucher zu einer Sicherheitsleistung für die vereinbarte Vergütung verpflichtet, die die nächste Abschlagszahlung oder 20 Prozent der vereinbarten Vergütung übersteigt. Dieser Einschränkung ist mit der hier vorgesehenen Sicherheit i.H.v. 10 % der Vergütung genüge getan.

85 **Zu 9.2 Inhalt der Bürgschaftsurkunde.**

Um Ansprüche gegen den Bürgen leichter durchsetzen zu können, kann vereinbart werden, dass dieser seinen Sitz in der Bundesrepublik Deutschland haben muss; auch eine Beschränkung des Kreises der Bürgen auf Kreditinstitute ist in Allgemeinen Geschäftsbedingungen zulässig (OLG Dresden BauR 2004, 1992).

Auch sollten nähere Einzelheiten zum Inhalt der Bürgschaftsurkunde festgelegt werden. Hat die Bürgschaft nicht den geforderten Inhalt, kann sie zurückgewiesen werden.

Für Klagen gegen den Bürgen ist grundsätzlich der Sitz des Bürgen Gerichtsstand. Für den Auftragnehmer ist es allerdings vorteilhaft, dass der Gerichtsstand für Streitigkeiten aus dem Bürgschaftsvertrag mit dem für gerichtliche Auseinandersetzungen mit dem Auftraggeber übereinstimmt, z.B. wenn er den Auftraggeber und den Bürgen gemeinsam als Gesamtschuldner verklagen will. Dieses Vertragsmuster sieht in Ziff. 12.3 für Streitigkeiten aus dem Bauvertrag als ausschließlichen Gerichtsstand den Ort des Bauvorhabens vor. Daher sollte auch für den Bürgschaftsvertrag eine übereinstimmende Erklärung zum Gerichtsstand verlangt werden.

Durch den formularmäßigen Ausschluss der Einrede der Aufrechenbarkeit wird der Bürge unangemessen benachteiligt, wenn der Ausschluss auch für den Fall gilt, dass die Gegenforderung des Hauptschuldners unbestritten oder rechtskräftig festgestellt ist. Der Verzicht auf die Einrede der Aufrechenbarkeit nach § 770 Abs. 2 BGB kann nur mit der hier erfolgten Einschränkung verlangt werden (BGH NJW 2003, 1521).

Auch hier sollte man in Anbetracht der in den Erläuterungen zu Ziff. 7.5 zitierten Entscheidung des OLG Koblenz (Urt. v. 30.08.2007 – 5 U 105/07 – IBR 2008, 322) besser das Wort »unbestritten« statt »anerkannt« verwenden. Da der BGH (BauR 2011, 1185) ein Aufrechnungsverbot bei Gegenforderungen wegen Mängelbeseitigungs- und Fertigstellungskosten aus demselben Bauvertrag (siehe Anmerkung zu 7.5 dieses Vertragsmusters) für unwirksam hält, sollte wegen der Akzessorietät der Bürgschaft dieselbe Einschränkung auch für den Bürgen aufgenommen werden.

86 **Zu 9.4 Gewährleistungssicherheit.**

Ein gesetzlicher Anspruch des Auftraggebers auf eine Sicherheit – mit Ausnahme der Sicherungsansprüche für Abschlagszahlungen nach § 632a Abs. 1 S. 6 BGB und, ebenfalls für Abschlagszahlungen, beim Verbraucherbauvertrag nach § 650m Abs. 2 BGB – besteht nicht. Auch § 17 VOB/B enthält keinen solchen Anspruch, sondern regelt nur Einzelheiten für den Fall, dass die Parteien Sicherheiten für den Auftraggeber vereinbart haben. In den meisten Bauverträgen sind Sicherheiten ausdrücklich vorgesehen, insbesondere die Vertragserfüllungssicherheit und die Sicherheit für Mängelansprüche (Gewährleistungssicherheit).

Da die meisten Bauherren, zumindest aber deren Architekten, falls sie den Auftraggeber bei den Vertragsverhandlungen unterstützen, sowieso eine solche Sicherheit verlangen werden, wirkt es vertrauensbildend, wenn der Auftragnehmer von sich aus eine Gewährleistungssicherheit anbietet.

Dabei bedarf es keiner weitergehenden Abreden, als dass eine solche Sicherheit gestellt wird. Die in § 17 VOB/B geregelten Einzelheiten sind ausreichend und für den Auftragnehmer nicht nachteilig. Vor allem ist dort auch die Möglichkeit vorgesehen, dass der Auftragnehmer einen Sicherheitseinbehalt gegen Bürgschaft ablösen kann.

Zu 10. Bevollmächtigter des AG. 87

Meist wird der Auftraggeber die Bauleitung nicht selbst übernehmen, sondern einen Architekten oder Bauingenieur damit beauftragen. Es sollte von Anfang an klar gestellt werden, wer dies ist und welche Kompetenzen er hat.

Bei der Beauftragung von Leistungen, die im Vertrag zunächst nicht vorgesehen waren, wird in der Literatur weitgehend vertreten, dass der bauleitende Architekt oder Ingenieur grundsätzlich keine Vollmacht hat, den Bauherrn rechtsgeschäftlich zu verpflichten, insbesondere zusätzliche Leistungen zu beauftragen, wenn ihm der Auftraggeber nicht eine solche Befugnis eingeräumt hat. Allein die Tatsache, dass der Architekt oder Ingenieur mit der Objektüberwachung, also der Bauleitung, beauftragt wurde, beinhaltet noch keine solche Bevollmächtigung (Quack BauR 1995, 441, 442; Werner/Pastor, Rn. 1343, 1344; Ingenstau/Korbion/Keldungs § 2 Abs. 6 VOB/B Rn. 10 m.w.N.).

Die Rechtsprechung ist insoweit nicht einheitlich. So sollen zumindest geringfügige Zusatzaufträge ohne ausdrückliche Erklärung des Auftraggebers vom Architekten in seinem Namen beauftragt werden können (BGH BauR 1975, 138; BGH BauR 1978, 114, 316; OLG Köln BauR 1986, 443; OLG Düsseldorf BauR 1998, 1023).

Zur Rechtssicherheit für beide Bauvertragsparteien empfiehlt es sich daher, die Vertretungsverhältnisse ausdrücklich festzuschreiben. Hierbei sollte der Auftragnehmer dem Auftraggeber die Wahl überlassen, ob er einen Bauleiter vollumfänglich bevollmächtigt oder nicht. Entscheidet sich der Auftraggeber, dass ausschließlich er selbst Anordnungen erteilen oder Zusatzleistungen beauftragen darf, kann sich der Auftragnehmer hierauf berufen, falls der Bauleiter von ihm eine zusätzliche Leistung verlangt; solange die Bevollmächtigung nicht nachgewiesen ist, braucht er diese Leistung nicht auszuführen. Umgekehrt kann der Auftraggeber sich zusätzlichen Vergütungsforderungen gegenüber auf die fehlende Vollmacht des Bauleiters berufen. Man sollte aber den Auftraggeber auch darauf hinweisen, dass er dann jede Änderung oder zusätzliche Leistung ausdrücklich selbst beauftragen muss. Um den flüssigen Bauablauf nicht zu gefährden muss er dann nicht nur kurzfristig erreichbar sein, sondern seine Entscheidungen auch zügig treffen.

Sind auf Seiten des Auftraggebers mehrere (natürliche oder juristische) Personen beteiligt, sollte der Vertrag auch eine Regelung enthalten, wie die Vertretungsverhältnisse des Auftraggebers gegenüber dem Auftragnehmer gestaltet sind. Auch hier empfiehlt es sich eine Person genau zu bezeichnen, die für alle auf Auftraggeberseite beteiligte Personen rechtsgeschäftliche Erklärungen allein abgeben und entgegennehmen kann.

Zu 11. Nachunternehmer. 88

Nach § 4 Abs. 8 Nr. 1 VOB/B hat der Auftragnehmer die Leistungen im eigenen Betrieb auszuführen. Will er Nachunternehmer einsetzen, bedarf er der schriftlichen Zustimmung des Auftraggebers, es sei denn, sein Betrieb ist auf die an den Nachunternehmer weiter vergebenen Leistungen nicht eingerichtet. Durch diese Regelung ist der Auftragnehmer in seiner Personaldisposition aber auch in seiner Kalkulation erheblich eingeschränkt, sodass es wünschenswert wäre, wenn er völlige Entscheidungsfreiheit über den Nachunternehmereinsatz hätte.

Daher sollte der Auftragnehmer sich für die Nachunternehmer, deren Einsatz er bereits fest eingeplant hat, schon im Vertrag die Zustimmung des Auftraggebers einholen. Dies ist nach h.M. auch in vom Auftragnehmer gestellten AGB möglich (Ingenstau/Korbion/Oppler § 4 Abs. 8 VOB/B Rn. 9 m.w.N.). Es spricht auch nichts gegen eine Regelung, nach der der Auftraggeber beim Einsatz weiterer Nachunternehmer die Zustimmung nur aus einem in der Person des Nachunternehmers liegenden Grund (z.B. Unzuverlässigkeit, mangelnde Fachkunde) verweigern darf.

89 Zu 12.1 Vollständigkeitsklausel/Schriftform.

Eine weitergehende Schriftformklausel als die hier vorgeschlagene kann in Allgemeinen Geschäftsbedingungen nicht wirksam vereinbart werden. Der Verwender der Klausel kann sich nicht auf das Schriftformerfordernis berufen, wenn er selbst eine ansonsten wirksame Vereinbarung geschlossen hat (MüKo-BGB/Basedow, § 305b Rn. 13).

Zulässig sind aber so genannte Vollständigkeitsklauseln, in der die Parteien erklären, dass bis zum Vertragsschluss keine weiteren, vor allem mündlichen Nebenabreden getroffen haben (BGH NJW 1985, 623, 630; BGH NJW 2000, 207).

90 Zu 12.2 Rechtswahl bei Verträgen mit ausländischen Partnern.

Bei Verträgen mit Partnern, die ihren Sitz nicht in Deutschland haben, sollte vereinbart werden, dass auf das Vertragsverhältnis ausschließlich deutsches Recht anwendbar ist. Dass erleichtert nicht nur dem deutschen Vertragspartner die Einschätzung des Vertragsverhältnisses, sondern auch den Gerichten im Falle einer Auseinandersetzung die Prüfung, welches Recht anzuwenden ist. Der Ausschluss der Internationalen Regeln, hier des UN-Kaufrechtes (CISG) ist deshalb gesondert zu erwähnen, da diese bei Rechtsbeziehungen mit ausländischen Partnern aufgrund ihrer gesetzlichen Einbeziehung ebenfalls deutsches Recht darstellen und die Regelungen des BGB und HGB insoweit verdrängen (vgl. z.B. OLG Saarbrücken, Urt. v. 12.05.2010 – 8 U 75/09 – ibr-online.

91 Zu 12.3 Gerichtsstandsvereinbarung.

Bei Baurechtsstreitigkeiten ist im Regelfall das Gericht örtlich zuständig, in dessen Zuständigkeitsgebiet das Bauvorhaben liegt. Der Auftragnehmer kann aber den Auftraggeber – wenn keine wirksame Gerichtsstandsvereinbarung vorliegt – auch an dessen Wohnsitz bzw. Unternehmenssitz verklagen. Umgekehrt kann der Auftraggeber zwischen dem Ort des Bauvorhabens und dem Sitz des Auftragnehmers wählen, wenn er gegen diesen gerichtlich vorgehen will. § 18 Abs. 1 VOB/B bestimmt, dass, wenn die Voraussetzungen für eine Gerichtsstandsvereinbarung vorliegen, sich der Gerichtsstand nach dem Sitz »der für die Prozessvertretung des Auftraggebers zuständigen Stelle« richtet; also im Normalfall der Sitz des Auftraggebers. Nach herrschender Auffassung in der Literatur gilt diese Regelung sowohl für öffentliche als auch für private Auftraggeber (Ingenstau/Korbion/Joussen § 18 Abs. 1 VOB/B Rn. 19 m.w.N.).

Der BGH hat jedoch in einem obiter dictum zu erkennen gegeben, dass nach seiner Auffassung die in § 18 Abs. 1 VOB/B enthaltene Gerichtsstandsbestimmung nur auf öffentliche Auftraggeber anwendbar sei, für private also nicht gelte (BGH BauR 2009, 1001).

Es ist jedoch zu beachten, dass Gerichtsstandsvereinbarungen vor Entstehen der Streitigkeit nach § 38 Abs. 1 ZPO wirksam nur zwischen Kaufleuten, juristischen Personen des öffentlichen Rechts oder öffentlich-rechtlichen Sondervermögen geschlossen werden können. Erfüllt der Auftraggeber diese Voraussetzung nicht, ist die Gerichtsstandsvereinbarung unwirksam.

Für Baurechtsstreitigkeiten sollte aber stets ein Gerichtsort in der Nähe des Bauvorhabens gewählt werden. Dies erspart dem Gericht und den meisten Beteiligten, vor allem auch Sachverständigen für Ortstermine unnötige Reisen und damit den Parteien im Endeffekt auch Kosten. Daher sollte einheitlich der Ort der Baumaßnahme als ausschließlicher Gerichtsstand vereinbart werden, wo dieses zulässig ist.

3. Generalunternehmervertrag

a) Vorbemerkung

92 Der Abschluss eines Generalunternehmervertrages wird von dem Wunsch getragen, eine möglichst weitreichende Kosten- und Terminsicherheit zu erhalten und den eigenen Koordinierungs-

aufwand auf einen Vertragspartner zu beschränken. Diese Ziele lassen sich am wirksamsten durch die Beauftragung eines Generalunternehmers (GU) realisieren, da der AG alle Bauleistungen einschließlich weiterer Planungsleistungen aus einer Hand erhält. Der GU ist der AN, der Bauleistungen aller Gewerke für ein Bauvorhaben erbringt, wobei typischerweise auch Planungsleistungen hierzu zählen. Regelmäßig übernimmt der GU sämtliche Planungsleistungen nach Vertragsabschluss (insbesondere die Ausführungsplanung), in der Regel auf Grundlage der Baugenehmigung und ggf. vorgegebener architektonischer Leitdetails.

Der AG erstellt eine Leistungsbeschreibung und erteilt den Auftrag meist zum Pauschalpreis. Der GU lässt regelmäßig einen Teil der ihm übertragenen Arbeiten durch Nachunternehmer erbringen. Der Nachunternehmer ist nur vertraglich an den GU, nicht aber an den AG gebunden. Der Nachunternehmer ist grundsätzlich dem AG gegenüber als Erfüllungsgehilfe des GU anzusehen. Unmittelbare Vertragliche Rechte und Pflichten zwischen dem AG und dem Nachunternehmer bestehen nicht. Dies betrift die Mängelhaftung genauso wie die Zahlungsverpflichtungen. GU und Nachunternehmer sind nicht Gesamtschuldner im Verhältnis zum AG. Das Prinzip der Selbstständigkeit der Vertragsverhältnisse wird nur durch die Durchgriffsfälligkeit gem. § 641 Abs. 2 BGB, die Direktzahlung gemäß § 16 Abs. 6 VOB/B sowie die verbleibende deliktische Haftung des Subunternehmers gegenüber dem AG durchbrochen, wobei der Nachunternehmer nicht Verrichtungsgehilfe des GU i. S. d. § 831 BGB ist (Korbion in Ingenstau/Korbion, VOB Kommentar Anhang 2 Rn. 131).

Der geschuldete Leistungserfolg des GU wird meist als schlüsselfertige Herstellung umschrieben. Dies verdeutlicht, dass der GU sämtliche Leistungen erbringen muss, die für die Herstellung eines funktionsfähigen und benutzbaren Bauwerks erforderlich sind.

Konfliktbeladen ist die Bestimmung und Konkretisierung des Leistungsinhalts und des Leistungsumfangs, insbesondere bei einer funktionalen Leistungsbeschreibung gepaart mit einem Pauschalpreis. Der GU wird die Ansicht vertreten, dass alleine die Leistungen, die in der Leistungsbeschreibung genannt sind, geschuldet werden und Lücken und Unstimmigkeiten zu Lasten des AG gehen. Das Interesse des AG geht dahin, dass sämtliche zur schlüsselfertigen Erstellung des Vorhabens erforderlichen Leistungen von dem Vertrag erfasst werden (»komplett«) und nicht zusätzlich zu vergüten sind, auch wenn diese nicht ausdrücklich in der Leistungsbeschreibung enthalten sind.

In der Praxis haben sich zwei Vertragstypen herausgebildet, der Detailpauschalvertrag und der Globalpauschalvertrag:

– Der Detailpauschalvertrag beschreibt die Leistungen zum Zeitpunkt des Vertragsabschlusses hinsichtlich der Ausführungsart und Planung genau, sodass für die Preisbildung nur noch die Massen zu ermitteln sind. Pauschal ist also nur die Vergütung (Kapellmann/Schiffers, Vergütung, Nachträge und Behinderungsfolgen beim Pauschalvertrag Bd. 2 S. 4).
– Der Globalpauschalvertrag beschreibt die Leistungen zum Zeitpunkt des Vertragsabschlusses auf der Grundlage einer funktionalen Leistungsbeschreibung, also ohne Vorgabe von konkreten Spezifikationen abstrakt; auf dieser Grundlage muss der GU die konkrete Leistungsverpflichtung selbst ermitteln (Kapellmann/Schiffers a.a.O. S. 8). Hier sind also die Leistung und die Vergütung pauschaliert.
– Neben dem reinen Detailpauschal- und Globalpauschalvertrag kommen auch Mischformen zum Einsatz, bspw. wenn bei einem Detailpauschalvertrag einzelne Leistungen nur funktional beschrieben werden (etwa die Gerüststellung).

Vorteil des GU-Vertrages ist, dass der AG den Steuerungsaufwand reduziert und Schnittstellenrisiken minimiert (Eschenbruch/Leicht, Handbuch des Fachanwaltes für Bau- und Architektenrecht, S. 873, Rn. 3).

Nachteil des GU-Vertrages ist, dass der AG je nach Detaillierungsgrad der Leistungsbeschreibung an Einfluss auf die konkrete Bauausführung verliert.

Zu berücksichtigen ist auch, dass später durchzuführende Änderungen, ggf. hervorgerufen durch eine unzureichende Leistungsbeschreibung, das Bauvorhaben erheblich verteuern können.

GU-Verträge kommen in der Praxis kaum jemals in der Weise zustande, dass eine Seite der anderen ein Vertragsmuster vorlegt, welches dann unverändert unterzeichnet wird. Typischerweise wird anfangs ein Vertragsentwurf vorgelegt, dessen Regelungen sodann in mehreren Verhandlungsrunden abgeändert, ergänzt und in Teilen gestrichen werden. Gleichwohl ist in späteren Streitfällen dann regelmäßig der Einwand zu hören, bestimmte Regelungen des Vertrages seien als vom Vertragspartner gestellte AGB unwirksam. Derjenige, der einen Vertragsentwurf als Grundlage für die Verhandlungen zur Verfügung stellt (meist der Auftraggeber), tut also gut daran, die Verhandlungen und die dabei vorgenommenen Änderungen des Entwurfs sorgfältig zu dokumentieren, um später belegen zu können, dass gerade keine formularmäßig gestellten Bedingungen im Sinne des AGB-Rechts verwendet wurden. Die Anforderungen der Rechtsprechung an ein »individuelles Aushandeln« sind bekanntlich sehr hoch.

Insofern mag der nachfolgende Entwurf – ungeachtet seiner Bezeichnung – nicht im Sinne eines klassischen »Musters« missverstanden werden; er kann lediglich als Verhandlungsgrundlage für die Vertragspartner dienen. Dabei handelt es sich weder um eine Auftraggeber- noch um eine Auftragnehmer-Version. Stattdessen wollen wir den Versuch unternehmen, der Praxis ein ausgewogenes, dem Gedanken der partnerschaftlichen Projektabwicklung Rechnung tragendes Beispiel zur Verfügung zu stellen. Dies geschieht aus der Überzeugung heraus, dass gerade GU-Verträge eine partnerschaftliche Zusammenarbeit der Vertragsparteien erfordern, um das Bauvorhaben zum Erfolg - für beide Seiten – zu bringen.

Schließlich sei darauf hingewiesen, dass das nachfolgende Muster nicht zur Verwendung bei Verbraucherbauverträgen im Sinne der §§ 650i ff. BGB bestimmt ist.

b) Mustervertrag

93

GU-Vertrag

Zwischen

.....

– nachfolgend »AG« genannt –

und

.....

– nachfolgend »AN« genannt –

wird folgender GU-Vertrag geschlossen.

Inhaltsverzeichnis:

Vorbemerkung

§ 1 Vertragsgegenstand

§ 2 Vertragsbestandteile

§ 3 Leistungsumfang

§ 4 Ausführung der Leistung

§ 5 Geänderte und zusätzliche Leistungen

§ 6 Nachunternehmer

§ 7 Vertretung der Vertragsparteien

§ 8 Ausführungsfristen

§ 9 Vertragsstrafe

§ 10 Vergütung

§ 11 Abrechnung und Zahlung

§ 12 Abnahme

§ 13 Mängelansprüche

§ 14 Sicherheiten

§ 15 Gefahrtragung, Versicherungen und Haftung

§ 16 Kündigung

§ 17 Abtretung und Aufrechnung

§ 18 Urheberrecht, Nutzung, Verwertung und Änderung der Planung und des Werkes

§ 19 Außergerichtliche Streitbeilegung (Adjudikation)

§ 20 Schlussbestimmungen

Vorbemerkung

Die Parteien beabsichtigen, das in § 1 näher beschriebene Bauvorhaben partnerschaftlich zu realisieren. Ziel dieses Vertrages ist, die Grundlage einer kooperativen Zusammenarbeit der Parteien zu schaffen, um die in diesem Vertrag näher beschriebenen bauvertraglichen Ziele zu erreichen.

§ 1 Vertragsgegenstand

1. Der AG beabsichtigt auf dem Gelände ..... Gemarkung, ..., Flur ....., Flurstück ....., die Errichtung eines .....

Das Baufeld ist in dem als Anlage ..... beigefügten Lageplan farbig umrandet.

2. Der AG beauftragt hiermit den AN mit der schlüsselfertigen und funktionsgerechten Planung und Errichtung des vorbezeichneten Bauvorhabens nebst Außenanlagen, Verkehrsflächen und Parkplätzen nach Maßgabe dieses Vertrages sowie seiner Anlagen. Vertragsgegenstand sind sämtliche Lieferungen und Leistungen, die nach dem Inhalt dieses Vertrages zur schlüsselfertigen und funktionsgerechten, behördlich abgenommenen sowie mangelfreien Fertigstellung der dem AN übertragenen Leistungen gehören. Vertragsgegenstand sind insbesondere erforderliche Planungs- und Gutachterleistungen einschließlich der etwa erforderlichen Leistungen von Sonderfachleuten einschließlich der Koordination sämtlicher vom AN beauftragter Nachunternehmer, Planer, Gutachter etc.

Die Einholung der für seine Leistungen erforderlichen Genehmigungen – mit Ausnahme der Baugenehmigung – obliegt dem AN. Die damit anfallenden Kosten werden von diesem getragen, mit Ausnahme der Kosten, die durch ggf. erforderliche nachbarschaftliche Genehmigungen oder Zustimmungen ausgelöst werden; solche Kosten trägt der AG.

Nicht Gegenstand dieses Vertrages sind folgende Leistungen:

.....

§ 2 Vertragsbestandteile

1. Für diesen Vertrag gelten die folgenden Vertragsbestandteile:
    a) die Bestimmungen dieses GU-Vertrages nebst Lageplan zum Bauvorhaben (Anlage .....);
    b) die Verhandlungsprotokolle vom ..... einschließlich Anlagen (Anlage .....);
    c) die Baugenehmigung vom ..... (Anlage .....) sowie weitere Baugenehmigungsunterlagen: Ergänzungsbescheid vom ..... (Anlage .....), Prüfstatik vom ..... (Anlage .....)
    d) die Leistungsbeschreibung vom ..... (Anlage .....);
    e) sämtliche Planungsunterlagen in den Anlageordnern ..... einschließlich sämtlicher statischer Berechnungen (Anlage .....);
    f) der Terminplan vom ..... (Anlage .....);

g) der Zahlungsplan vom ..... (Anlage .....);
h) die Einheitspreisliste vom ..... (Anlage .....);
i) das Planlaufschema (Anlage .....);
j) das Baugrundgutachten vom ..... (Anlage .....);
k) die Grundwasseruntersuchung vom ..... (Anlage .....);
l) die Altlastenuntersuchung vom ..... (Anlage .....);
m) das Brandschutzgutachten vom ..... (Anlage .....);
n) die Bürgschaftsmuster für die Vertragserfüllungs- und die Mängelansprüchebürgschaft (Anlagen ..... und .....);
o) die Versicherungsbestätigung für die kombinierte Haftpflicht- und Bauleistungsversicherung der ..... vom ..... (Anlage .....)
p) für Bauleistungen die Regelungen der VOB Teil B in der zum Zeitpunkt des Vertragsabschlusses aktuellen Fassung;
q) das Werk- und Bauvertragsrecht des BGB (§§ 631 ff.);
r) die Streitlösungsordnung für das Bauwesen (SL Bau) in der Fassung vom 1. Juli 2016, Abschnitte I. und IV. (Anlage .....);
s) alle für das Bauvorhaben geltenden anerkannten Regeln der Technik sowie alle technischen Normen und Richtlinien, insbesondere DIN-Normen und EN-Normen in der bei Abnahme der Vertragsleistung gültigen Fassung, soweit sie den anerkannten Regeln der Technik entsprechen, alle Vorschriften und Auflagen von Versorgungsunternehmen, Berufsgenossenschaften und des TÜV, die VDE-, VDI-, VdS-Vorschriften, Herstellerrichtlinien und -vorgaben sowie alle einschlägigen Arbeitsschutzbestimmungen;
t) öffentlich-rechtliche Gesetze, Verordnungen und sonstigen Vorschriften des Bundes, der Länder und sonstiger öffentlich-rechtlicher Körperschaften.
2. Bei Unklarheiten oder Widersprüchen gibt die obige Reihenfolge die entsprechende Rangfolge vor. Die leistungsbeschreibenden Vertragsbestandteile gelten als sich ergänzende Bestandteile des Leistungsumfangs des AN und sind damit grundsätzlich gleichrangig. Ein Widerspruch besteht nur dann, wenn Anforderungen oder Leistungen in den Vertragsbestandteilen unterschiedlich definiert sind. Der AN hat die Vertragsbestandteile mit der Sachkunde eines erfahrenen GU auf Widersprüche, Unstimmigkeiten und Unklarheiten geprüft. Bestehen Widersprüche, Unstimmigkeiten oder Unklarheiten in den oben näher genannten Vertragsbestandteilen, hat der AN den AG vor der Ausführung der entsprechenden Leistung aufzufordern, diese zu klären und eine Entscheidung über den Umfang und die Art der tatsächlich geforderten Leistung zu treffen.
3. Die vorstehenden Anlagen haben die Vertragsparteien bei Vertragsabschluss paraphiert.
4. Weitere Vertragsbestandteile sind nicht vereinbart. Angebotsbedingungen sowie sonstige Allgemeine Geschäftsbedingungen des AG oder des AN oder sonstige nicht unter Ziff. 1 aufgeführte Unterlagen werden nicht Vertragsbestandteil.
5. Alle Paragraphenangaben im Vertragstext ohne Gesetzesangabe beziehen sich auf diesen Vertrag.
6. Für etwaige Nachtrags- oder Ergänzungsleistungen geltend die vorstehenden Bestimmungen entsprechend.

§ 3 Leistungsumfang

1. Allgemeiner Leistungsumfang

Der AN hat das Bauvorhaben nach Maßgabe der Vertragsbestandteile in § 2 dieses Vertrages schlüsselfertig zu planen und zu erstellen, soweit nicht einzelne Bestandteile von seinem Leistungsumfang ausdrücklich ausgenommen worden sind. Die Planung und Errichtung umfasst die komplette, schlüsselfertige, funktionsgerechte, bezugs- und gebrauchsfähige, mangelfreie und termingerechte Planung und Herstellung des Bauvorhabens nebst zugehöriger Außenanlagen einschließlich sämtlicher Ver- und Entsorgungsleitungen, angeschlossen an die betreffenden Ver- und Entsorgungsnetze bis zur definierten Schnittstelle. Sie umfasst auch sämtliche weiteren Planungs- und Koordinierungsleistungen, die zur schlüsselfertigen Errichtung erforderlich sind.

Dem AN ist bewusst, dass in diesem Vertrag nicht alle für die vertragsgemäße Herstellung des Bauvorhabens erforderlichen Leistungen beschrieben sind. Auch nicht in der Leistungsbeschreibung aufgeführte Nebenleistungen und bei Vertragsabschluss erkennbare Besondere Leistungen nach ATV (VOB/C) gehören zum Leistungsumfang des AN und werden vom Pauschalpreis gemäß § 10 dieses Vertrages umfasst.

Der AN verpflichtet sich ausdrücklich, alle Planungs-, Liefer- und Bauleistungen zu erbringen, die erforderlich sind, um das Bauvorhaben zur vertraglich vorgesehenen Nutzung betriebsbereit und funktionsgerecht herzustellen. Der AN hat insbesondere die Ausführungsplanung einschließlich der statischen Berechnungen und Nachweise sowie Werkstatt- und Montageplanungen zu erstellen und dem AG vier Wochen vor Ausführung entsprechend dem Planlaufschema (Anlage .....) zur Genehmigung vorzulegen. Der Ausführung dürfen nur Unterlagen zugrunde gelegt werden, die von dem AG freigegeben worden sind. Dies gilt mit Ausnahme der Schal- und Bewehrungspläne; solche sind nicht vom AG freizugeben.

AN und AG vereinbaren, dass prüffähige Unterlagen innerhalb von ..... Werktagen seitens des AG geprüft werden. Erfolgt innerhalb dieser Frist keine ausdrückliche Freigabe, Stellungnahme oder Widerspruch des AG, gilt die Freigabe als erteilt.

Sollte der AG Änderungen und/oder Ergänzungen zu den vom AN eingereichten Unterlagen vornehmen, sind diese so präzise und detailliert darzustellen und zu beschreiben, dass der AN diese unverzüglich in seine Planung mit aufnehmen kann und diese danach dem AG innerhalb von ..... Werktagen zur Bestätigung vorlegen kann.

Die Freigabe von Unterlagen durch den AG enthebt den AN nicht von seiner alleinigen Verpflichtung zur vertragsgerechten Planung und Herstellung seiner Leistung. Der AN bleibt auch dann verpflichtet, die von ihm geschuldeten Pläne, Zeichnungen und sonstigen Unterlagen vertragsgerecht zu erstellen.

Hat der AN gegen die Anwendung der von dem AG übergebenen Unterlagen, Anordnungen, Vorgaben, Anregungen oder der einzuhaltenden Bestimmungen oder Richtlinien Bedenken oder stellt er Lücken, Überschneidungen, Unklarheiten oder Widersprüche bei der Leistungserbringung anderer Beteiligter fest, hat der AN den AG unverzüglich hierauf hinzuweisen und darzulegen, wie diesen Bedenken Rechnung getragen werden kann oder wie diese Lücken, Überschneidungen, Unklarheiten oder Widersprüche geschlossen, verhindert oder beseitigt werden können.

Der AN ist verpflichtet, vom AG abgerufene Leistungen, die in Bedarfspositionen oder Wahlpositionen beschrieben sind, auszuführen. Der AG ist berechtigt, die Ausführung der Bedarfs- oder Wahlpositionen auch noch nach Vertragsabschluss abzurufen.

Der AG hat die Bedarfs-/Wahlpositionen so rechtzeitig vor deren Ausführung beim AN abzurufen, dass dieser dadurch in der Erbringung der übrigen Leistungen nicht eingeschränkt oder behindert wird.

2. Leistungs- und Kostenabgrenzung

Ver- und Entsorgung

Sämtliche Ver- und Entsorgungsleitungen, insbesondere für Strom, Gas, Fernwärme, Wasser, Abwasser, Regen- und Schmutzwasser, Telefon- und Kabelanschlüsse werden vom AN bis zum jeweiligen Anschlusspunkt an die betreffenden Ver- und Entsorgungsnetze verlegt. Der AN ist verpflichtet, die Leistungen der Versorgungsunternehmen in technischer und zeitlicher Hinsicht mit den von ihm im Übrigen zu erbringenden Leistungen zu koordinieren.

Die Erschließungsbeiträge nach dem Baugesetzbuch einschließlich der Anschlussgebühren der kommunalen und öffentlich-rechtlichen Versorgungsträger trägt der AG.

Behördliche Genehmigungen und Auflagen

Der AN beschafft alle weiteren notwendigen Genehmigungen, Zustimmungen im Einzelfall und sonstige Erlaubnisse, erfüllt die diesbezüglichen behördlichen Auflagen und Bedingungen und trägt die hierfür entstehenden Gebühren und Kosten.

Der AN haftet dafür, dass seine Leistungen sämtliche behördlichen Auflagen und Genehmigungen berücksichtigen. Soweit bei Vertragsschluss mit zukünftigen Auflagen gerechnet werden konnte, ist deren Erfüllung mit dem Pauschalpreis abgegolten. Ist dies nicht der Fall, so kann der

AN eine besondere Vergütung verlangen. Für die Berechnung der Mehrvergütung gilt § 5 dieses Vertrages.

Der AN hat die für die Durchführung der Baumaßnahme und Inbetriebnahme des Bauvorhabens erforderlichen öffentlich-rechtlichen Genehmigungen einschließlich der erforderlichen Genehmigungen des Prüfstatikers zu beschaffen, mit Ausnahme der Baugenehmigung.

Soweit der AN die Genehmigungen nicht selbst beantragen kann, hat er alle hierfür notwendigen Unterlagen rechtzeitig unterschriftsreif vorzubereiten, dem AG zur Prüfung vorzulegen und nach Unterzeichnung durch den AG bei der jeweiligen Behörde einzureichen.

Baugrund

Hinsichtlich der Geeignetheit und Güte des Baugrunds einschließlich der Grundwasserverhältnisse und etwaiger Altlasten hat der AG drei Gutachten erstellen lassen (Anlagen ....., ... und .....). Die Gutachten sind dem AN bekannt und wurden bei seiner Kalkulation berücksichtigt.

Der AN übernimmt alle Risiken der Gründung, soweit mit ihnen auf der Grundlage der vorliegenden Gutachten gerechnet werden konnte; solche Risiken sind mit dem Pauschalpreis abgegolten.

3. Einzelleistungen des AN
- Absteckung des Bauwerks, Einhaltung der amtlichen Bauflucht und Höhen, Schaffung der notwendigen Höhenfestpunkte in unmittelbarer Nähe des Bauwerks, die notwendigen amtlichen Vermessungen sowie alle Kontrollmessungen.
- Tragung sämtlicher Energie- und Wasserkosten sowie Kanalgebühren sowie die Unterhaltung der Wasser- und Stromanschlüsse und Entnahmestellen bis zur Abnahme.
- Errichtung, Erhaltung und Unterhaltung der Baustraßen einschließlich der Zufahrten zum öffentlichen Straßenland inklusive der hierfür erforderlichen Genehmigungen.
- Kampfmittelsondierung und -beräumung.
- Abbruch der auf dem Grundstück befindlichen folgenden Gebäude:
  .....
- Beseitigung des Bauschutts und der Abfälle.
- Beprobung und ordnungsgemäße Entsorgung des Baugrubenaushubs sowie des Bauschutts und der übrigen Abfälle.
- Durchführung aller Maßnahmen hinsichtlich der Wasserhaltung, einschließlich der anfallenden Gebühren für Entnahme und Einleitung.
- Aufbau und Vorhalten, Er- und Unterhaltung, Abbau und Transport der gesamten Baustelleneinrichtung einschließlich der Bauzäune und Einfriedungen, regelmäßige Reinigung der Baustelle, Zwischen- und Endreinigung als Feinreinigung.
- Die Durchführung einer Beweissicherung in Bezug auf die Nachbarbebauung vor, während und nach der Ausführung der von ihm geschuldeten Leistung.
- Soweit der AN fremde Grundstücke für die Durchführung seiner Leistungen in Anspruch nehmen will, gehört es zum vertraglichen Leistungsumfang, die Zustimmung der jeweiligen Eigentümer einzuholen. Die Kosten für die Benutzung fremder Grundstücke trägt der AG.
- Schutz der angrenzenden umliegenden Bauteile sowie der Nachbar- und öffentlichen Grundstücke, Straßen und Wege vor Beschädigungen und Verschmutzungen.
- Durchführung notwendiger Probeläufe zur Inbetriebnahme.
- Die rechtzeitige und ausreichende Einweisung in die Bedienung und Wartung der von dem AN erbrachten Leistungen.
- Die rechtzeitige und ausreichende Zusammenstellung, Aufstellung und Überlassung aller Bestands- und Revisionspläne, sowie Aushändigung der Bedienungsunterlagen und Vorschriften für Betrieb, Unterhaltung und Wartung aller technischen Anlagen und sonstiger wartungsbedürftiger Gebäudeteile nach Maßgabe der Festlegungen in der Leistungsbeschreibung vom ..... (Anlage .....), ausgedruckt in .....facher Ausfertigung sowie elektronisch auf geeignetem Datenträger (Schlussdokumentation).
- Sämtliche Maßnahmen zur Sicherung der Baustelle einschließlich der erforderlichen Maßnahmen zur Sicherung und Aufrechterhaltung des Baustellenverkehrs, der notwendigen Absperrungen, Beschilderungen und Beleuchtungen, Beschaffung etwa erforderlicher Genehmigungen für die Inanspruchnahme (Nutzung und Wiederherstellung) öffentlichen Verkehrsraums,

- Beschaffung der für die Durchführung der Baumaßnahme erforderlichen privaten Flächen außerhalb des Baugrundstücks und Tragung hierfür etwa entstehender Gebühren und Kosten.
- Die Herbeiführung der erforderlichen Abnahmen und Übernahmeprüfungen durch Behörden, Bezirksschornsteinfegermeister, Verbände, Sachverständige und TÜV einschließlich aller notwendigen Materialprüfungen.
- Übernahme der Verkehrssicherungs-, Reinigungs- und Streupflicht für das Baugrundstück und fremde Grundstücke, die der AN für die Durchführung seiner Leistungen in Anspruch nehmen will, sowie für die angrenzenden öffentlichen Wege und Straßen gemäß der gültigen Ortssatzung für die Dauer der Bauzeit bis zur Abnahme, soweit diese betroffen werden.
- Sicherung aller erbrachten Leistungen bis zur Abnahme, auch während etwaiger Unterbrechungen der Baumaßnahme.
- Wahrnehmung aller gemäß öffentlich-rechtlicher Vorschriften den AG betreffenden Anzeigepflichten, Führung aller von den Behörden, insbesondere auf Grund der Landesbauordnung geforderten Nachweise.
- Übernahme aller aus der jeweiligen Bauordnung im Abschnitt über die am Bau Beteiligten für den Unternehmer sich ergebenden Verpflichtungen sowohl im Verhältnis zu den Behörden als auch im Verhältnis zum AG.
- Übernahme sämtlicher Verpflichtungen aus der Baustellenverordnung sowie Freistellung des AG von diesen Verpflichtungen.
- Übernahme der Tätigkeit des Sicherheits- und Gesundheitskoordinators (SiGeKo) gemäß Baustellenverordnung.
- Stellung eines deutschsprachigen verantwortlichen Bauleiters nach der Landesbauordnung, der spätestens ..... Wochen vor Baubeginn zu benennen ist.
- Bereitstellung von Räumlichkeiten auf der Baustelle für den AG.
- Führung eines Bautagebuches, wöchentliche Übergabe der jeweiligen Bautagesberichte an den AG. Der AG sowie sein beauftragter Projektsteuerer können jederzeit Einsicht in das Bautagebuch nehmen und die Aushändigung von Kopien verlangen. Die Bautageberichte müssen alle für die Vertragsausführung und -abrechnung relevanten Angaben enthalten wie beispielsweise Baufortschritt, Wetter, Temperatur, Zahl und Art der auf der Baustelle beschäftigten Arbeiter, Zahl und Umfang der eingesetzten Großgeräte, Beginn und Ende von Leistungen größeren Umfangs, Abnahmen, Unterbrechungen der Arbeitszeit mit der Angabe der Gründe, Unfälle, behördliche Anordnungen und sonstige besonderen Vorkommnisse.
- Folgende Leistungen hat der AN nicht zu erbringen:
  .....

§ 4 Ausführung der Leistung

1. Die Lieferungen und Leistungen des AN zur kompletten Herstellung des Bauvorhabens haben zumindest den anerkannten Regeln der Technik sowie den Grundsätzen der Wirtschaftlichkeit im Hinblick auf Energieverbräuche, Betriebs-, Wartungs- und Instandhaltungskosten zu entsprechen. Der AN steht dafür ein, dass die fertiggestellte Leistung insbesondere folgende Beschaffenheit hat:

.....

Der AN hat nur zugelassene und erprobte Baustoffe, Materialien, technische Einrichtungen und Ausführungsmethoden zu verwenden, welche nicht gesundheitsgefährdend oder gesundheitsbeeinträchtigend sind und insbesondere keine negativen Auswirkungen auf die speziellen Nutzungsformen des Bauvorhabens haben. Der AN ist verpflichtet, dem AG auf dessen Aufforderung die Herkunft und Beschaffenheit der von ihm verwendeten Baustoffe und Bauteile, deren Güteüberwachung und deren bautechnische Zulässigkeit nachzuweisen.

Der AG hat in den Vertragsgrundlagen zum Teil bestimmte Materialien vorgesehen und es dem AN überlassen, ggf. gleichwertige Materialien anzubieten. Soweit der AN von der Möglichkeit der Benennung von gleichwertigen Materialien vor der Auftragserteilung keinen Gebrauch gemacht hat und solche Materialangaben nicht Gegenstand des abschließenden, aktuellen Verhandlungsprotokolls geworden sind, gilt das von dem AG in den Vertragsgrundlagen genannte Material als vom AN geschuldet. Abweichungen des AN von dem geschuldeten Material sind nur mit vorheriger schriftlicher Zustimmung des AG zulässig.

Der AN wird keinerlei Material aus auslaufenden Serien einbauen. Hat der AN wegen der vom AG im Leistungsverzeichnis konkret benannten Materialien Bedenken in Bezug auf die Nachlieferbarkeit, wird er den AG vor seiner Bestellung hierauf in Textform hinweisen.

Der AN hat Leitungen sowie deren Verlauf im Erdreich und in Bauteilen eigenverantwortlich festzustellen und diese zu schützen; derartige Maßnahmen sind mit dem Pauschalpreis abgegolten.

2. Durch die Projektsteuerung des AG werden wöchentlich, bei Bedarf aber auch öfter, zu einem mit dem AN abzustimmenden regelmäßigen Termin (jour fixe) Baubesprechungen durchgeführt. Der AN ist verpflichtet, an diesen Baubesprechungen durch ausreichend informierte und bevollmächtigte Mitarbeiter teilzunehmen, der AG darf daran teilnehmen.

Der AN kann sich in keinem Fall darauf berufen, nicht oder nicht ausreichend überwacht worden zu sein. Seine Haftung wird nicht dadurch ausgeschlossen oder beschränkt, dass von ihm vorgelegte Unterlagen zur Durchführung von Leistungen durch den AG oder dessen Erfüllungsgehilfen gesichtet, geprüft oder genehmigt worden sind.

3. Der AN hat die erforderliche Altlastenentsorgung und Dekontamination auf seine Kosten zu übernehmen, soweit diese sich für einen erfahrenen GU aus dem Baugrundgutachten (Anlage .....), aus dem Bericht über die Grundwasser- (Anlage .....) oder über die Altlastenuntersuchung (Anlage .....) ergeben.

Sollte der AN bei der Ausführung seiner Leistung kampfmittelverdächtige Gegenstände finden, hat er die Arbeiten sofort zu unterbrechen und die zuständigen Behörden zu verständigen.

Der AN hat nachzuweisen, dass er kontaminierte oder sonstige umweltgefährdende Materialien entsprechend den öffentlich-rechtlichen Vorschriften entsorgt hat.

4. Der AN verpflichtet sich, die notwendigen Versuchsläufe und Inbetriebsetzungen aller technischen Anlagen und Maschinen vor der Abnahme durchzuführen und hierbei dem AG Gelegenheit zur Teilnahme zu geben. Der AN hat das Bedienungspersonal des AG oder der künftigen Nutzer in die Bedienung aller technischen Anlagen und Maschinen rechtzeitig einzuweisen.

§ 5 Geänderte und zusätzliche Leistungen

1. Die Anordnung von geänderten und zusätzlichen Leistungen sowie deren Vergütung richten sich nach den gesetzlichen Vorschriften, insbesondere den §§ 650b, 650c BGB, soweit nachfolgend nichts abweichendes vereinbart ist. Dieses Recht umfasst auch das Recht, Änderungen der Bauumstände, der Bauzeit und Ausführungsfristen anzuordnen, es sei denn, eine solche Anordnung ist dem AN nicht zumutbar. Anordnungen in diesem Sinne sind aus Beweisgründen in Textform zu fertigen und dürfen nur von Personen erteilt werden, die vom AG hierzu bevollmächtigt sind.

2. Eine geänderte oder zusätzliche Leistung liegt vor, soweit der AG nach Vertragsschluss die Ausführung von Leistungen verlangt, die über die schlüsselfertige und funktionsgerechte Planung und Ausführung der Leistung nach diesem Vertrag hinausgehen oder davon abweichen.

3. Sofern der AG die Ausführung geänderter oder zusätzlicher Leistungen verlangt, hat der AN umgehend unentgeltlich ein prüfbares Nachtragsangebot vorzulegen; § 650b Abs. 1 S. 2 BGB bleibt unberührt.

Im Nachtragsangebot muss dargelegt sein, inwiefern die auszuführende Leistung von der vertraglich vereinbarten Leistung abweicht oder es sich um eine zusätzliche Leistung handelt.

Abweichungen von den vertragsgegenständlichen Leistungen werden vom AN planerisch und in einer Änderung zur Baubeschreibung erfasst. Wenn der AN seine Nachtragsanforderung auf eine Anordnung des AG stützt, hat er diese im Nachtragsangebot zu bezeichnen. In dem Nachtragsangebot müssen etwaige Auswirkungen der Leistungsänderung oder der zusätzlichen Leistung auf den Bauablauf und die Vertragsfristen sowie sonstige etwaigen Auswirkungen der Leistungsänderung oder der zusätzlichen Leistung angegeben werden. Im Nachtragsangebot müssen alle kostenmäßigen Auswirkungen der geänderten oder zusätzlichen Leistung angegeben werden. Dies schließt die Kosten einer etwaigen Bauzeitverlängerung und von Beschleunigungsmaßnahmen ein.

4. Die Berechnung der Vergütung muss nachfolgenden Vorgaben entsprechen:

Die Parteien vereinbaren als Grundlage für die Berechnung der Mehr- und Minderkosten die dem Vertrag als Anlage ..... beigefügte Einheitspreisliste. Dabei ist auch ein gewährter Nachlass zu berücksichtigen. Soweit dies keine einschlägige Berechnungsgrundlage darstellt, ist die Vergütung für die geänderte oder zusätzliche Leistung gemäß der Preisermittlungsgrundlage des Hauptvertrages (Urkalkulation) zu berechnen.

Der AN hat dem AG innerhalb von zwei Wochen nach Vertragsabschluss seine Urkalkulation (Auftragskalkulation) in einem verschlossenen Umschlag zu übergeben. In der Kalkulation müssen ausgewiesen sein:
– die Kosten der Planung,
– die Kosten der Koordination der Nachunternehmerleistungen und der Bauleitung,
– die Kosten der Baustelleneinrichtungs-, Baustellenvorhaltungs- und Baustellenabbaukosten,
– die Einzelkosten der Teilleistungen,
– die Zusammensetzung des GU-Zuschlags, aufgegliedert mindestens nach Baustellengemeinkosten, Bauleitungskosten, Allgemeinen Geschäftskosten sowie Wagnis und Gewinn,
– Angaben über den Mittellohn einschließlich Lohnzulagen und möglichen Lohnerhöhungen in der Ausführungsphase,
– die Auftragssumme insgesamt ohne Umsatzsteuer.

Der AG hat bei Streit über die Nachtragsvergütung das Recht, den verschlossenen Umschlag mit der Auftragskalkulation zu öffnen und im Hinblick auf die Nachtragsvergütung Einsicht in diese zu nehmen. Dem AN ist rechtzeitig Gelegenheit zu geben, an der Einsichtnahme teilzunehmen.

Soweit die vom AN geltend gemachten Ansprüche nicht nach Maßgabe der Auftragskalkulation zu ermitteln sind, erfolgt die Vergütungsanpassung gemäß § 650c Abs. 1 BGB.

Der AN kalkuliert mit einem GU-Zuschlag in Höhe von ..... %.

5. Der AG hat das Recht, die Ausführung von Leistungsänderungen auch dann anzuordnen und die Ausführung zusätzlicher Leistungen auch dann zu fordern, wenn die Vertragsparteien innerhalb eines angemessenen Zeitraums nach Zugang des Änderungsbegehrens beim AN noch keine Preisvereinbarung hinsichtlich der geänderten oder zusätzlichen Leistungen oder bezüglich der terminlichen Auswirkung getroffen haben. Die Vertragsparteien sollen die geänderte bzw. zusätzliche Vergütung und etwaige terminliche Auswirkungen in diesem Fall nachträglich innerhalb einer angemessenen Frist unter Zugrundelegung des vorstehenden Vergütungsmaßstabes gemäß Ziff. 4 festlegen.

Ein Leistungsverweigerungs- oder Zurückbehaltungsrecht steht dem AN in diesem Falle nicht zu, es sei denn, der AG lehnt erhebliche Mehrvergütungsansprüche des AN zu Unrecht und endgültig ab.

6. Durch geänderte oder zusätzliche Leistungen bedingte Verzögerungen führen nicht zu einer Verlängerung der Vertragsfristen, soweit nicht etwas anderes in der Nachtragsvereinbarung festgelegt wird.

7. Für die geänderten und zusätzlichen Leistungen gelten die Vertragsbedingungen dieses GU-Vertrages einschließlich vereinbarter Nachlässe, soweit nicht etwas anderes in der Nachtragsvereinbarung festgelegt wird.

8. Bei Uneinigkeit über die Anordnung von Leistungsänderungen oder zusätzlichen Leistungen oder über die daraus resultierende Vergütungsanpassung versuchen die Vertragspartner zunächst, diese im Wege einer außergerichtlichen Streitbeilegung gemäß § 19 dieses Vertrages auszuräumen. Das Recht, eine einstweilige Verfügung zu beantragen (§ 650d BGB) bleibt hiervon unberührt.

§ 6 Nachunternehmer

1. Der Einsatz von Nachunternehmern entbindet den AN nicht von seiner alleinigen Verpflichtung gegenüber dem AG zur vollständigen Vertragserfüllung. Die Koordination der Vertragsleistungen und die Projektleitung hat der AN mit eigenen Mitarbeitern zu erbringen.

Der AN steht dafür ein, dass alle Nachunternehmerleistungen nur an fachkundige, leistungsfähige und zuverlässige Unternehmer vergeben werden. Der AG ist berechtigt, Nachweise über die Fachkunde, Leistungsfähigkeit und Zuverlässigkeit der vorgesehenen Nachunternehmer zu verlangen. Die Nachweise müssen – soweit dies im Rahmen der gesetzlichen oder behördlichen Vorgaben möglich ist – mindestens eine Gültigkeitsdauer von 6 Monaten haben, laufend erneuert und jederzeit auf Verlangen des AG vorgelegt werden.

2. Der AN trägt die volle Verantwortung dafür, dass bei der Baumaßnahme nur solche Arbeitskräfte beschäftigt werden, deren Einsatz rechtlich und behördlich zulässig ist. Sämtliche Arbeitskräfte, auch der Nachunternehmer, müssen über sämtliche behördlichen Genehmigungen (z.B. Aufenthaltsgenehmigungen und Arbeitserlaubnisse) verfügen und ausreichend versichert sein. Der AN hat dafür Sorge zu tragen, dass alle in seinem und im Auftrag seiner Nachunternehmer auf der Baustelle Tätigen jederzeit Personal- und Sozialversicherungsausweise bei sich führen. Sollte der AN hiergegen verstoßen, ist der AG befugt, ihm eine angemessene Frist zur Erfüllung der betreffenden Verpflichtungen mit Kündigungsandrohung zu setzen und nach fruchtlosem Fristablauf den Vertrag aus wichtigem Grund zu kündigen.

3. Der AN stellt hiermit den AG von allen Ansprüchen der Arbeitnehmer des AN, der Arbeitnehmer seiner Nachunternehmer und allen Arbeitnehmern aller weiteren nachgeordneten Nachunternehmer und etwaigen Verleiher und der Sozialkassen gem. allen eine entsprechende Haftung des AG anordnenden gesetzlichen Vorschriften frei (z.B. nach § 14 AEntG, § 13 MiLoG, § 28e Abs. 3a bis 4 SGB IV).

4. Die Auswahl der Nachunternehmer ist vor Beauftragung mit dem AG abzustimmen. Die Nachunternehmer sind dem AG unter Angabe des jeweiligen Leistungsumfanges mindestens 14 Tage vor Vergabe zu benennen. Der AG ist berechtigt, Nachunternehmer abzulehnen, deren Fachkunde, Leistungsfähigkeit oder Zuverlässigkeit der AN nicht nachgewiesen hat.

5. Der AN hat in den Verträgen mit seinen Nachunternehmern Vereinbarungen über Mängelansprüche und deren Verjährung sowie zur Besicherung der Vertragserfüllungs- und Mängelansprüche zu treffen, die den Regelungen des vorliegenden Vertrages entsprechen.

§ 7 Vertretung der Vertragsparteien

1. Vertretung des AN

Der AN benennt nachfolgende Mitarbeiter, die berechtigt sind, den AN gegenüber dem AG und Dritten zu vertreten. Beschränkungen ihrer Vertretungsbefugnisse im Innenverhältnis sind gegenüber dem AG und von diesem beauftragten Dritten unwirksam. Sie sind jeweils einzeln zur Vertretung des AN in allen vertragsrechtlichen Belangen berechtigt.

Projektleiter: .....

Bauleiter: .....

Der AN trägt dafür Sorge, dass die zuvor benannten Mitarbeiter sowie die nach der Bauordnung verantwortlichen Personen die ihnen übertragenen Aufgaben während der gesamten Projektdauer wahrnehmen. Ein Austausch dieser Mitarbeiter bedarf in jedem Einzelfall der vorherigen Zustimmung des AG, die dieser nur aus wichtigem Grund verweigern kann. Der AG darf seinerseits einen Austausch der zuvor genannten Personen verlangen, wenn hierfür ein wichtiger Grund vorliegt.

2. Vertretung des AG

Der AG wird durch ..... in allen vertragsrechtlichen Belangen umfassend vertreten.

(Falls es sich bei dem Vertreter um eine Gesellschaft handelt): Ausgeübt wird die Vertretungsberechtigung durch folgende Personen:

.....

.....

3. Projektsteuerung des AG

Der AG hat mit der Projektsteuerung das Büro ..... beauftragt. Die Projektsteuerung ist nicht bevollmächtigt, kosten- oder terminrelevante Entscheidungen für den AG zu treffen; solche bleiben grundsätzlich dem AG vorbehalten.

Der AN hat sämtliche an den AG gerichtete Korrespondenz betreffend die Abwicklung des Bauvorhabens in Kopie an die Projektsteuerung zu senden.

§ 8 Ausführungsfristen

1. Der AN wird unverzüglich nach Vertragsunterzeichnung und ohne gesonderten Abruf des AG mit seinen Vorleistungen (Planung und Baustellenvorbereitung) beginnen.

Die Parteien vereinbaren folgende verbindliche Ausführungsfristen gemäß § 5 Abs. 1 VOB/B:

1.1 Baubeginn: .....

1.2 Verbindliche Zwischentermine als Vertragsfristen gemäß § 5 Abs. 1 VOB/B:

1.2.1 Zwischentermin 1: Fertigstellung ..... : .....

1.2.2 Zwischentermin 2: Fertigstellung ..... : .....

1.2.3 Zwischentermin 3: Fertigstellung ..... : .....

1.2.4 Zwischentermin 4: Fertigstellung ..... : .....

1.2.5 Zwischentermin 5: Fertigstellung ..... : .....

1.3 Gesamtfertigstellungstermin: .....

Bis zum Gesamtfertigstellungstermin hat das gesamte Bauvorhaben schlüsselfertig, funktionsgerecht und abnahmereif einschließlich der Zuwegung und der verkehrstechnischen Erschließung fertiggestellt zu sein.

2. Der vereinbarte Terminplan (Anlage .....) ist von dem AN ständig fortzuschreiben. Der AN muss dem AG jederzeit Auskunft über die aktuelle detaillierte Terminplanung geben. Der AN stellt dem AG monatlich oder nach Aufforderung durch den AG einen Soll-Ist-Vergleich des detaillierten Terminplanes in elektronischer Fassung zur Verfügung (Dateiformat: .....).

3. Der AN ist verpflichtet, sich abzeichnende oder schon eingetretene Verzögerungen unverzüglich dem AG und der Projektsteuerung anzuzeigen.

Im Falle von Verzögerungen kann der AG Beschleunigungsmaßnahmen anordnen, um die Vertragsfristen dennoch einzuhalten oder deren Überschreitung zu reduzieren, z.B. durch den Einsatz von zusätzlichem Personal und Gerät durch den AN. Daraus entstehende Kosten trägt der AG, soweit die Verzögerungen auf Behinderungen beruhen, die nicht vom AN zu vertreten sind. Dem AN bleibt der Nachweis freigestellt, dass Beschleunigungsmaßnahmen nicht möglich oder ihm nicht zumutbar sind.

4. Bei Behinderungen, die zur Verlängerung der Vertragsfristen führen, hat der AN einen neuen Terminplan gemäß vorstehender Ziff. 2 unter Berücksichtigung der ursprünglichen Vertragsfristen und der eingetretenen Verzögerung aufzustellen und mit dem AG zu vereinbaren.

§ 9 Vertragsstrafe

1. Vertragsstrafe auf den Gesamtfertigstellungstermin

Gerät der AN mit dem in § 8 dieses Vertrages bezeichneten Gesamtfertigstellungstermin in Verzug, so ist er verpflichtet, dem AG für jeden Werktag (Montag-Samstag), um den der Termin schuldhaft überschritten wird, eine Vertragsstrafe in Höhe von 0,1 % der Nettoauftragssumme ohne Umsatzsteuer pro Werktag, insgesamt jedoch höchstens 5 % der Nettoauftragssumme ohne Umsatzsteuer, zu zahlen.

2. Vertragsstrafe auf Zwischentermine

2.1 Zwischentermin 1:

Gerät der AN mit dem in § 8 dieses Vertrages bezeichneten Zwischentermin 1 (Fertigstellung .....) in Verzug, so ist er verpflichtet, dem AG für jeden Werktag (Montag-Samstag), um den der Termin schuldhaft überschritten wird, eine Vertragsstrafe in Höhe von 0,1 % des auf die Teilleistung, die bis zur Zwischenfrist 1 zu erbringen ist, entfallenden Anteils der Nettoauftragssumme ohne Umsatzsteuer pro Werktag zu zahlen. Insgesamt hat der AN in diesem Fall jedoch höchstens 5 % des auf die Teilleistung, die bis zur Zwischenfrist 1 zu erbringen ist, entfallenden Anteils der Nettoauftragssumme ohne Umsatzsteuer zu zahlen.

Die Vertragsstrafe für den Zwischentermin 1 beträgt also 0,1 % von EUR ..... pro Werktag und ist auf maximal 5 % von EUR ..... begrenzt.

2.2 Zwischentermin 2:

Gerät der AN mit dem in § 8 dieses Vertrages bezeichneten Zwischentermin 2 (Fertigstellung .....) in Verzug, so ist er verpflichtet, dem AG für jeden Werktag (Montag-Samstag), um den der Termin schuldhaft überschritten wird, eine Vertragsstrafe in Höhe von 0,1 % des auf die Teilleistung, die bis zur Zwischenfrist 2 zu erbringen ist, entfallenden Anteils der Nettoauftragssumme ohne Umsatzsteuer pro Werktag zu zahlen. Insgesamt hat der AN in diesem Fall jedoch höchstens 5 % des auf die Teilleistung, die bis zur Zwischenfrist 2 zu erbringen ist, entfallenden Anteils der Nettoauftragssumme ohne Umsatzsteuer zu zahlen.

Die Vertragsstrafe für den Zwischentermin 2 beträgt also 0,1 % von EUR ..... pro Werktag und ist auf maximal 5 % von EUR ..... begrenzt.

(Evtl. Vertragsstrafen auf weitere Zwischentermine entsprechend ergänzen.)

2.3 Entfall der Vertragsstrafe auf Zwischentermine bei Einhaltung des Gesamtfertigstellungstermins

Falls der AN trotz schuldhafter Überschreitung eines oder mehrerer Zwischentermine den Gesamtfertigstellungstermin einhält, entfallen die Vertragsstrafen auf die Zwischentermine.

3. Keine Kumulierung einzelner Vertragsstrafen

Überschreitet der AN schuldhaft mehrere, mit einer Vertragsstrafe belegte Vertragstermine, so wird die für vorhergehende Vertragstermine verwirkte Vertragsstrafe auf nachfolgend verwirkte Vertragsstrafe angerechnet. Eine Kumulierung einzelner Vertragsstrafen ist somit ausgeschlossen. Auch bei einer Überschreitung mehrerer, mit einer Vertragsstrafe belegter Vertragstermine, beläuft sich die Vertragsstrafe also auf insgesamt maximal 5 % der Nettoauftragssumme ohne Umsatzsteuer.

4. Die Vertragsstrafe kann vom AG bis zur Schlusszahlung vorbehalten und geltend gemacht werden. Der AG kann einen über den Vertragsstrafenanspruch hinausgehenden Verzugsschaden vom AN unter Anrechnung etwaiger Vertragstrafen ersetzt verlangen.

5. Werden die in § 8 dieses Vertrages bezeichneten verbindlichen Vertragsfristen verlängert oder einvernehmlich neu festgelegt, gilt die vorstehende Vertragsstrafenregelung entsprechend für die verlängerten oder neu vereinbarten verbindlichen Vertragsfristen.

Eine bereits verwirkte Vertragsstrafe entfällt nicht durch die Vereinbarung neuer Vertragsfristen.

§ 10 Vergütung

Die vereinbarte Vergütung für alle vom AN auf Grundlage dieses Vertrages zu erbringenden Planungs- und Errichtungsleistungen beträgt:

..... € (in Worten: Euro .....)

zuzüglich der Umsatzsteuer in gesetzlicher Höhe. Dies ist ein Pauschalpreis, durch welchen alle nach diesem Vertrag durch den AN zu erbringenden Leistungen abgegolten werden, die für eine schlüsselfertige und funktionsgerechte, vollständige und mangelfreie Planung und Errichtung des vertragsgegenständlichen Bauvorhabens notwendig sind.

Mit diesem Pauschalpreis sind insbesondere alle Mengen und Massen der zu erbringenden Teilleistungen abgegolten. Materialpreis- und Lohnschwankungen sind hierauf ohne Einfluss.

§ 11 Abrechnung und Zahlung

1. Abschlagszahlungen

Die Abschlagszahlungen erfolgen nach dem als Anlage ..... beigefügten Zahlungsplan gemäß Baufortschritt. Der AN hat den tatsächlich erbrachten Leistungsstand dem AG nachzuweisen.

Sind die erbrachten Leistungen nicht vertragsgemäß, kann der AG die Zahlung eines angemessenen Teils des Abschlags verweigern; angemessen ist regelmäßig das Doppelte der für die Mängelbeseitigung erforderlichen Kosten.

Bei Uneinigkeit hinsichtlich des erreichten Leistungsstandes, der Vertragsmäßigkeit der Leistung des AN oder der Höhe eines Mängeleinbehaltes versuchen die Vertragspartner zunächst, diese im Wege einer außergerichtlichen Streitbeilegung gemäß § 19 dieses Vertrages auszuräumen.

Abschlagszahlungen werden 21 Tage nach Zugang der prüffähigen Abschlagsrechnung beim AG fällig.

2. Schlussrechnung und Schlusszahlung

Die Schlussrechnung ist innerhalb von ..... Wochen nach Fertigstellung der Leistung und Durchführung der Abnahme nach diesem Vertrag mit allen notwendigen Unterlagen in prüffähiger Form in dreifacher Ausfertigung einzureichen. Die Fälligkeit der Schlussrechnung setzt in jedem Fall die Abnahme nach diesem Vertrag (§ 12) voraus. In der Schlussrechnung müssen die bisher geleisteten Abschlagszahlungen einzeln aufgeführt werden.

Die Schlusszahlung wird 30 Tage nach Zugang der prüffähigen Schlussrechnung beim AG fällig.

3. Freistellungsbescheinigung

Der AN verpflichtet sich, dem AG unverzüglich, spätestens mit seiner ersten Abschlagsrechnung, eine gültige Freistellungsbescheinigung des zuständigen Finanzamtes zum Steuerabzug bei Bauleistungen vorzulegen, die den AG im Rahmen der Durchführung dieses Vertrages von der Pflicht zum Steuerabzug gem. § 48b EStG entbindet. Der AN verpflichtet sich, jede vom Finanzamt vorgenommene Änderung in Bezug auf die vorgelegte Freistellungsbescheinigung dem AG unverzüglich in Textform mitzuteilen.

§ 12 Abnahme

1. Die rechtsgeschäftliche Abnahme der Leistung des AN erfolgt ausschließlich förmlich nach Maßgabe des § 12 Abs. 4 VOB/B. Die Abnahme wird weder durch eine frühere Benutzung, Inbetriebnahme oder behördliche Abnahme noch durch die Mitteilung des AN über die Fertigstellung ersetzt. Die in § 12 Abs. 5 VOB/B vorgesehenen Möglichkeiten einer fiktiven Abnahme sind ausgeschlossen. § 640 Abs. 2 BGB bleibt unberührt.

Der AN hat die förmliche Abnahme mindestens ..... Wochen vor dem Abnahmetermin beim AG in Textform anzumelden und mit der Anmeldung einen Terminplan für die Vorbegehung und die Abnahme vorzulegen.

2. Der AN ist verpflichtet, dem AG die Unterlagen, die für den Betrieb und die Nutzung des vertragsgegenständlichen Bauvorhabens und seiner Anlagen erforderlich sind, spätestens ..... Werktage vor der Abnahme zu übergeben. Dazu gehören insbesondere:
– sämtliche zur Inbetriebnahme des Bauvorhabens erforderlichen behördlichen Genehmigungen und Abnahmen, Prüfbescheinigungen etc. von den hierfür zuständigen Stellen (z.B. TÜV)
– .....
– .....
– .....

Insbesondere müssen bis zur Abnahme alle erforderlichen Anzeigen (z.B. Fertigstellungsanzeige) gegenüber der Bauaufsichtsbehörde erfolgt sein und alle sonstigen gesetzlichen Nutzungsvoraussetzungen vorliegen.

Die vollständige Schlussdokumentation gemäß § 3 Ziff. 3 hat der AN spätestens ..... Wochen nach der Abnahme vorzulegen. Bis zur vollständigen Vorlage dieser Schlussdokumentation ist der AG berechtigt, am Werklohn einen angemessenen Einbehalt vorzunehmen.

3. Zur Vorbereitung der Abnahme findet eine gemeinsame technische Vorbegehung statt. Bis zur Vorbegehung wird der AN die zuvor durch den AG gerügten Mängel im Wesentlichen abgearbeitet und freigemeldet haben. Der AN erstellt während der Vorbegehung Protokolle, in die alle gemeinsamen Feststellungen und Erklärungen aufgenommen und streitige Feststellungen gesondert gekennzeichnet werden.

Die Protokolle stellt der AN dem AG in elektronischer Fassung im Format Excel zur Verfügung. Das Layout der Excel-Liste ist mit dem AG vorab abzustimmen. Die Liste muss eine Sortierung nach strittigen und unstrittigen sowie nach erledigten und noch nicht erledigten Feststellungen erlauben.

4. Über die förmliche Abnahme wird ein Protokoll angefertigt, das von beiden Vertragsparteien zu unterzeichnen ist. Für die bei der Abnahme festgestellten Mängel sowie für die bereits zuvor festgestellten und noch nicht beseitigten und freigemeldeten Mängel erstellt der AN einen Mängelbeseitigungs- und Nachbegehungsplan. Nach erfolgter Mängelbeseitigung und Freimeldung durch den AN in Textform erfolgt eine gemeinsame Nachbegehung, die wiederum vom AN zu protokollieren ist.

Scheitert die förmliche Abnahme, weil die Leistungen des AN wesentliche Mängel aufweisen, hat der AN die daraus resultierenden Kosten und Schäden zu tragen, insbesondere die Kosten des AG und der fachlich Beteiligten für wiederholte Abnahmebegehungen und der erneut zu bearbeitenden Mängellisten etc.

5. Bis zur Abnahme nicht mehr sichtbare oder nicht mehr zugängliche Teilleistungen des AN sind nach ihrer Fertigstellung, die der AN dem AG unverzüglich anzuzeigen hat, auf Verlangen einer Vertragspartei gemeinsam zu überprüfen. Solche »Technischen Zustandsfeststellungen« stellen weder eine rechtsgeschäftliche Teilabnahme, noch eine Zustandsfeststellung im Sinne des § 650g BGB dar.

§ 13 Mängelansprüche

1. Die Mängelansprüche des AG für Bauleistungen richten sich nach der VOB/B, soweit nachfolgend nichts abweichendes vereinbart ist.

Abweichend von der VOB/B beträgt die Verjährungsfrist für Mängelansprüche für Bauleistungen fünf Jahre.

Für nachfolgende Leistungen werden abweichend hiervon folgende Verjährungsfristen vereinbart:
- für die Dichtigkeit des Dachs: .....
- für die Dichtigkeit der Fassade: .....

Für wartungsbedürftige Teile der maschinellen und elektrotechnischen/elektronischen Anlagen gilt eine Verjährungsfrist für Mängelansprüche von zwei Jahren, wenn der AG den AN oder dessen Nachunternehmer nicht mit der Wartung dieser Anlagen beauftragt. Wird der AN oder dessen Nachunternehmer für die Dauer der Verjährungsfrist mit der Wartung beauftragt, verlängert sich die Verjährungsfrist für Mängelansprüche für die wartungsbedürftigen Teile auf fünf Jahre.

2. Die vereinbarten Verjährungsfristen für Mängelansprüche beginnen mit der förmlichen Abnahme gemäß § 12 dieses Vertrages.

3. Mängelbeseitigungsarbeiten sind unter Berücksichtigung der betrieblichen Erfordernisse des AG bzw. des Nutzers auszuführen, erforderlichenfalls auch außerhalb der regulären Arbeitszeiten.

§ 14 Sicherheiten

1. Vertragserfüllungsbürgschaft

Als Sicherheit für die Vertragserfüllung, insbesondere für die vertragsgemäße Ausführung der Leistung einschließlich der Abrechnung, für Mängelansprüche wegen bei Abnahme vorbehaltener Mängel und für Schadensersatzansprüche übergibt der AN dem AG spätestens zwei Wochen nach Vertragsabschluss eine unwiderrufliche, unbefristete, selbstschuldnerische Vertragserfüllungsbürgschaft eines in Deutschland zugelassenen Kreditinstituts oder Kreditversicherers in Höhe von 10 % des Pauschalpreises (netto ohne Umsatzsteuer) gemäß § 10 dieses Vertrages.

Der Wortlaut der Bürgschaft muss dem als Anlage ..... beigefügten Mustertext entsprechen.

Übergibt der AN die Vertragserfüllungsbürgschaft nicht, ist der AG berechtigt, vom Guthaben des AN einen Betrag in Höhe der vereinbarten Sicherheit einzubehalten (§ 17 Abs. 7 Satz 2 VOB/B).

Der AG gibt die Vertragserfüllungsbürgschaft nach Abnahme und Vorliegen der vereinbarten Mängelansprüchesicherheit zurück, es sei denn, dass Ansprüche des AG, die nicht von der gestellten Sicherheit für Mängelansprüche umfasst sind, noch nicht erfüllt sind; dann darf der AG für diese Ansprüche einen entsprechenden Teil der Vertragserfüllungssicherheit zurückhalten.

Die Kosten der Bürgschaft trägt der AN.

2. Mängelansprüchesicherheit

Als Sicherheit für die Erfüllung der Mängelansprüche des AG vereinbaren die Parteien einen Sicherheitseinbehalt in Höhe von 5 % der Abrechnungssumme (netto ohne Umsatzsteuer). Der AG ist berechtigt, diese Sicherheit von der Schlussrechnungssumme einzubehalten.

Der AN darf diesen Einbehalt durch eine unwiderrufliche, unbefristete, selbstschuldnerische Bürgschaft für Mängelansprüche eines in Deutschland zugelassenen Kreditinstituts oder Kreditversicherers in Höhe von 5 % der Abrechnungssumme (netto ohne Umsatzsteuer) ablösen. Der Wortlaut der Bürgschaft muss dem als Anlage ..... beigefügten Mustertext entsprechen.

Nach Ablauf der vereinbarten Verjährungsfrist für Mängelansprüche von fünf Jahren kann der AN eine Reduzierung der Sicherheit von 5 % der Abrechnungssumme (netto ohne Umsatzsteuer) auf dann noch ..... % der Abrechnungssumme (netto ohne Umsatzsteuer) verlangen. Nach Ablauf der vereinbarten Verjährungsfrist von ..... Jahren kann der AN die vollständige Rückgabe der Sicherheit verlangen.

Sollten jedoch zu den genannten Zeitpunkten (Ablauf der Verjährungsfristen von fünf Jahren und ..... Jahren) seine geltend gemachten Ansprüche noch nicht erfüllt sein, kann der AG einen entsprechenden Teil der Sicherheit zurückhalten.

Die Kosten der Bürgschaft trägt der AN.

§ 15 Gefahrtragung, Versicherungen und Haftung

1. Die Gefahrtragung richtet sich ausschließlich nach § 644 BGB.

2. Der AG hat für das vertragsgegenständliche Bauvorhaben eine kombinierte Bauleistungs- und Haftpflichtversicherung einschließlich der Umwelt- und Planungshaftpflicht für alle am Bau Beteiligten abgeschlossen.
– Die Versicherungssummen in der Haftpflichtversicherung betragen je Schadensfall (3-fach maximiert für die Versicherungszeit):
– für Personenschäden: ..... €,
– für Sach- und sonstige Schäden: ..... €.

Zu weiteren Einzelheiten wird auf die diesem Vertrag beigefügte Versicherungsbestätigung (Anlage .....) verwiesen. Die Kosten dieser Versicherung trägt der AG.

Die Regelungen zur Haftpflichtversicherung begründen keine Haftungsbegrenzung des AN.

3. Der AN tritt für alle Personen-, Sach- und sonstigen Schäden ein, die bei der Durchführung der übernommenen Leistungen entstehen. Der AN stellt den AG von allen Ansprüchen Dritter, z.B. aus §§ 1004, 906 BGB sowie Schadensersatz- und Entschädigungsansprüchen Dritter frei, soweit der AN oder seine Nachunternehmer das Entstehen dieser Ansprüche zu vertreten haben.

Der AN trägt bis zur endgültigen und vollständigen Räumung der Baustelle für alle für die Baumaßnahme in Anspruch genommenen Flächen die Verkehrssicherungspflicht. Der AN kann sich in keinem Fall darauf berufen, nicht oder nicht ausreichend überwacht worden zu sein.

§ 16 Kündigung

1. Für die Kündigung des Vertrages gelten die einschlägigen Bestimmungen des BGB und der VOB/B, insbesondere in §§ 8 und 9 VOB/B, sofern nicht in diesem Vertrag ausdrücklich eine abweichende Regelung getroffen wurde.

2. Über die in § 8 VOB/B vorgesehenen Kündigungsgründe hinaus ist der AG zur Kündigung aus wichtigem Grund insbesondere dann berechtigt, wenn
   – der AN bezüglich des Bauvorhabens unzulässige Preisabsprachen mit Dritten trifft,
   – der AN oder von ihm Beauftragte Personen, die auf Seiten des AG mit der Vorbereitung, dem Abschluss oder der Durchführung des Bauvorhabens befasst sind, Vorteile bietet, verspricht oder gewährt oder angeboten, versprochen oder gewährt hat oder
   – der AN oder seine Nachunternehmer gegen Bestimmungen des Gesetzes zur Bekämpfung der Schwarzarbeit, des Mindestlohngesetzes, des Arbeitnehmerentsendegesetzes oder des SGB IV verstößt und derartige Verstöße trotz Abmahnung und Kündigungsandrohung nicht unterlässt.

3. Der AN kann den Vertrag nur nach Maßgabe des § 9 und des § 6 Abs. 7 VOB/B oder aus sonstigem wichtigen Grund kündigen.

4. Wird der Vertrag gekündigt, hat der AN die Leistungen so zu übergeben, dass der AG diese reibungslos übernehmen und die Fertigstellung durch einen Dritten veranlassen kann. Der AN hat dem AG unverzüglich, spätestens innerhalb von ..... Tagen nach Zugang der Kündigung den erreichten Leistungsstand hinsichtlich aller erbrachten Leistungen nachzuweisen und zu dokumentieren. Der AN hat dem AG sämtliche ihm vorliegenden und von ihm bis zur Kündigung gefertigten Unterlagen, Zeichnungen, Protokolle, Bauunterlagen etc. unverzüglich, spätestens innerhalb von ..... Tagen zu übergeben. Ansprüche gemäß § 648a Abs. 3 BGB bleiben unberührt.

5. Jede Kündigung bedarf der Schriftform.

§ 17 Abtretung und Aufrechnung

1. Abtretung durch AN an Dritte

Die Abtretung einer Forderung durch den AN an Dritte, gleich welchen Inhalts, bedarf der vorherigen Zustimmung des AG. Der AG darf die Zustimmung nur aus wichtigem Grund verweigern.

2. Abtretung durch AN an AG

Der AN verpflichtet sich, seine Erfüllungs- und Mängelansprüche aus den noch abzuschließenden Verträgen mit seinen Subunternehmern für den Fall der Beantragung oder Eröffnung des Insolvenzverfahrens über das Vermögen des AN an den AG abzutreten. Die eigenen Verpflichtungen des AN bleiben hiervon unberührt.

3. Abtretung durch AG

Der AG ist berechtigt, alle ihm nach dem Vertrag zustehenden Ansprüche gegen den AN ganz oder teilweise an Dritte abzutreten. Diese können die abgetretenen Ansprüche gegenüber dem AN geltend machen.

4. Aufrechnung durch AN

Der AN ist zur Aufrechnung mit eigenen Forderungen gegenüber Ansprüchen des AG nicht berechtigt, es sei denn, die Forderung des AN ist vom AG unbestritten oder rechtskräftig festgestellt.

§ 18 Urheberrecht, Nutzung, Verwertung und Änderung der Planung und des Werkes

1. Für den Fall, dass der AN urheberrechtlich geschützte Leistungen erbringt, bleibt sein Urheberpersönlichkeitsrecht unberührt.

2. Der AN überträgt dem AG das ausschließliche, unwiderrufliche und unbeschränkte Recht, Planungen und Unterlagen sowie sonstige vom AN erbrachte Leistungen für das Bauvorhaben ganz oder teilweise ohne Mitwirkung des AN – auch bei vorzeitiger Beendigung des Vertrages – zu nutzen und zu verwerten. Das übertragene Recht umfasst die Befugnis des AG, sämtliche Planungen

und Unterlagen sowie das Bauwerk zu ändern, zu nutzen oder zu verwerten. Dies gilt auch im Hinblick auf Änderungen zum Zwecke eines Umbaus, Erweiterung oder Aufstockung des errichteten Bauwerkes.

Der AG ist berechtigt dieses Recht auf Dritte zu übertragen.

3. Der AN ist verpflichtet, entsprechende Vereinbarungen mit etwa von ihm beauftragten Architekten und Ingenieuren herbeizuführen. Der AN steht dafür ein, dass die von ihm im Rahmen dieses Vertrages zu erbringenden Leistungen frei von Schutzrechten Dritter sind. Von dennoch etwaig bestehenden oder entstehenden Ansprüchen Dritter wegen der Verletzung von Urheber- oder Leistungsschutzrechten stellt der AN den AG hiermit ausdrücklich frei.

4. Mit dem vereinbarten Pauschalpreis sind sämtliche Ansprüche des AN aus der Übertragung der Nutzungs-, Verwertungs- und Änderungsrechte abgegolten. Dies gilt auch für den Fall der vorzeitigen Beendigung des Vertragsverhältnisses.

§ 19 Außergerichtliche Streitbeilegung (Adjudikation)

1. Die Vertragspartner vereinbaren hiermit, im Falle von etwaigen Streitigkeiten während der Planung oder Errichtung des Bauvorhabens ein Adjudikationsverfahren nach der SL Bau in der Fassung vom 1. Juli 2016, Abschnitte I. und IV., durchzuführen.

Gegenstand der Adjudikation können etwaige Streitigkeiten sein, die geänderte oder zusätzliche Leistungen und die daraus resultierende Vergütungsanpassung betreffen (§ 5 Ziff. 8) sowie etwaige Streitigkeiten hinsichtlich des erreichten Leistungsstandes oder der Vertragsmäßigkeit der Leistung des AN (§ 11 Ziff. 1).

Die Parteien vereinbaren die Beauftragung von Herrn/Frau ..... als Adjudikator/in (oder: die Herren/Frauen ..... als Adjudikatorengremium).

Für das Adjudikationsverfahren gelten die §§ 1-10 und §§ 22-29 der SL Bau (Anlage .....), die die Vertragspartner zur Kenntnis genommen haben.

2. Im Übrigen gilt für etwaige Streitigkeiten im Zusammenhang mit diesem Vertrag der Rechtsweg zu den ordentlichen Gerichten.

§ 20 Schlussbestimmungen

1. Mündliche Nebenabreden wurden nicht getroffen. Für Änderungen und Ergänzungen dieses Vertrages ist Schriftform erforderlich. Dieses Schriftformerfordernis ist seinerseits nur schriftlich abdingbar.

2. Sollten Bestimmungen dieses Vertrages unwirksam sein oder werden, oder sollte sich in dem Vertrag eine Lücke herausstellen, so berührt dies die Gültigkeit der übrigen Regelungen nicht. Die Parteien haben sich so zu verhalten, dass der mit der unwirksamen Bestimmung zum Ausdruck gebrachte Parteiwille unter Berücksichtigung des damit angestrebten wirtschaftlichen Zwecks erreicht wird.

3. Es gilt das Recht der Bundesrepublik Deutschland. Vertragssprache ist Deutsch.

4. Gerichtsstand für alle Streitigkeiten aus diesem Vertrag ist ....., soweit beide Vertragsparteien Kaufleute und/oder juristische Personen des öffentlichen Rechts sind.

Ort, den .....   Ort, den .....
....
AG   AN

c) Anmerkungen

Zu § 1 Vertragsgegenstand

94

Die direkt am Anfang des Vertrages vorgenommene Leistungsbestimmung ist für die Leistungsabgrenzung von größter Wichtigkeit, da im Laufe des Bauvorhabens die Frage, was vom AN geschuldet wird, Gegenstand umfangreicher Auseinandersetzungen sein kann. Für die Bestimmung des Leistungsinhaltes kommt es darauf an, welcher Vertragspartner welche Planungs- und Ausführungsleistungen in welchem Umfang zu erbringen hat.

Liegt ein Detailpauschalvertrag vor, werden vom Pauschalpreis alle im Leistungsverzeichnis aufgeführten Leistungen erfasst, aber nur diese Leistungen. Hieraus folgt, dass sich die Vergütung erhöht, wenn nicht beschriebene Leistungen später gefordert oder notwendig werden. Andererseits kann der Wegfall von zunächst erfassten Leistungen zu einer Reduzierung der Vergütung führen (vgl. OLG Bamberg, Urt. v. 01.06.2011, 8 U 127/10, IBR 2013, 521).

Verbleibt es bei einem detaillierten Leistungsverzeichnis und wird die vertragliche Formulierung gewählt, wonach die Leistung für eine komplette, in sich abgeschlossene, gebrauchs- und nutzungsfähige Ausführung geschuldet wird, so handelt es sich nicht um einen Globalpauschalvertrag. Im Rahmen einer Kündigung kann demzufolge der AN die ausgeführten Leistungen gemäß den Positionen des Leistungsverzeichnisses nach Masse und Stückzahl abrechnen. Soweit die Leistungsbeschreibung detaillierte Festlegungen enthält, bleiben diese gegenüber dem funktionalen (globalen) Leistungsziel vorrangig und bestimmen den vertraglichen Leistungsumfang (vgl. OLG Rostock, Urt. v. 19.05.2009, 4 U 84/05, IBR 2011, 504).

Wichtig ist aus Sicht des AN, dass im Wege der Verhandlung das Detailleistungsverzeichnis nicht umfunktioniert wird in ein Leistungsverzeichnis mit Komplettheitscharakter. Letzteres führte dann dazu, dass ggf. im Ausgangsangebot nicht aufgeführte Leistungen mit erfasst werden und somit letztlich einer Vergütung nicht zugänglich sind (KG Urt. v. 18.12.2001, 15 U 49/01, IBR 2003, 343).

Soweit die Ausführungsplanung vom AN geschuldet wird, bleibt es ihm überlassen, mit welcher Planungstiefe er diese erstellt, da es für den AG nicht darauf ankommt, in welcher Art und Weise der AN seine vertragliche Verpflichtung zur Errichtung des schlüsselfertigen Bauvorhabens erfüllt. Wichtig ist genau zu definieren, welche Leistungen der AN außerhalb des eigentlichen Bauvorhabens zu erbringen hat (Außenanlagen, Verkehrsflächen, etc.).

95 Zu § 2 Vertragsbestandteile

Vereinbaren die Vertragsparteien eine Rangfolge in Bezug auf die Geltung der einzelnen Vertragsbestandteile, ist diese Festlegung im Rahmen der Vertragsauslegung von ausschlaggebender Bedeutung für die Bestimmung des vom AN geschuldeten Leistungsumfangs (vgl. OLG Köln, Urt. v. 27.10.2010, 17 U 128/09 IBR 2001, 514; OLG Oldenburg, Urt. v. 06.05.2010, 8 U 190/09, IBR 2011, 127). Zu beachten ist allerdings, dass vorgenannte Klauseln nur bei Widersprüchen im Vertrag zur Geltung kommen. Ob die getroffene Vereinbarung überhaupt widersprüchlich ist, ist durch eine allgemeine Auslegung gemäß der §§ 133,157 BGB zu ermitteln. Erst wenn sich der Widerspruch nicht auflösen lässt, kommt eine vertragliche Rangklausel zur Anwendung. Unklarheiten in der Ausschreibung darf der AN nicht einfach hinnehmen und durch eigene, für ihn günstige Kalkulationsannahme ausfüllen, sondern muss diese vor Angebotsabgabe durch Rückfragen beim AG ausräumen (vgl. OLG Naumburg, Urt. v. 22.02.2013, 12 U 120/12). Es besteht aber keine Auslegungsregel, dass ein Vertrag mit einer unklaren Leistungsbeschreibung alleine deshalb zu Lasten des AN auszulegen ist, weil dieser die Unklarheiten vor der Abgabe seines Angebots nicht aufgeklärt hat (Vgl. BGH, Urt. v. 13.03.2008, VII ZR 194/06, IBR 2008, 372).

Im Rahmen der Vertragsauslegung sind das gesamte Vertragswerk und dessen Begleitumstände zu würdigen, insbesondere die konkreten Verhältnisse des Bauwerks (BGH IBR 2008, 311 »Bistro-Fall«). Oft stellt sich die Frage, welche Beschreibung der Leistung – die aus dem Leistungsverzeichnis oder aus den Plänen – zu Grunde zu legen ist. Es existiert kein Grundsatz des Inhalts, dass bei Widersprüchen zwischen Plänen und Leistungsverzeichnis stets die Pläne vorrangig sind (Vgl. OLG Düsseldorf, Urt. v. 22.11.2011, 21 U 9/11, IBR 2012, 250). Im Falle eines Widerspruchs zwischen Plänen und Leistungsverzeichnis ist der vom AN geschuldete Leistungsumfang vielmehr durch eine Auslegung der gesamten Vertragsunterlagen unter Berücksichtigung von Treu und Glauben sowie der Verkehrssitte zu ermitteln (vgl. OLG Naumburg, Urt. v. 22.02.2012, 12 U 120/12, IBR 2013, 197). Weiter ist zu berücksichtigen, dass unauflösliche Widersprüche zu Lasten des Vertragsverfassers gehen (vgl. OLG Oldenburg, Urt. v. 06.05.2010, 8 U 190/09, IBR 2011, 127). Zu berücksichtigen ist auch, dass sich die Herstellverpflichtung des AN nicht auf die Einhaltung der vereinbarten Leistungs- bzw. Ausführungsart beschränkt. Selbst wenn Ausschreibungsunterlagen, Planungsleistungen und sonstige Leistungsvorgaben des AG unzureichend sind und es deshalb zu einem Mangel kommt, ist der AN grundsätzlich haftbar. Er wird nur dann von der Mängelhaftung frei, wenn er seiner Prüfungs- und Bedenkenhinweispflicht nachgekommen ist (vgl. OLG Oldenburg, Urt. v. 06.05.2010, 8 U 190/09, IBR 2011, 127).

Kommt es während der Ausführung zu Änderungen (z.B. Grundrissplanung), so kann der AN auch bei funktionaler Leistungsbeschreibung einen Nachtragsanspruch gem. § 2 Abs. 5 VOB/B geltend machen, da er regelmäßig nicht das Risiko einer Planänderung übernommen hat (BGH IBR 2008, 311).

Wichtig ist, dass dem AN vor Vertragsabschluss ausreichend Zeit verbleibt, um die in § 2 näher dargelegten Unterlagen sorgfältig zu prüfen und auf Grundlage dieser Unterlagen den Pauschalpreis zu kalkulieren. Können zum Zeitpunkt des Vertragsabschlusses nicht alle erforderlichen Unterlagen vorgelegt werden, so ist bereits bei Vertragsabschluss eine Regelung zu treffen, ob diese Vertragsbestandteil werden sollen und wann diese von wem vorzulegen sind.

Die VOB/B wird nur Gegenstand des Vertrages, wenn der geschäftlich unerfahrene Vertragspartner diese bei Vertragsabschluss zur Kenntnis nehmen kann, was nur durch Wiedergabe des vollständigen Textes erfolgen kann und sie ausdrücklich als Gegenstand des Vertrages vereinbart wird. Das vorliegende Vertragsmuster ist indes nicht zur Verwendung im Verbraucherbereich bestimmt (vgl. §§ 650i ff. BGB).

Hinsichtlich der Regelungen des BGB ist zu berücksichtigen, dass § 650e BGB (Sicherungshypothek des Bauunternehmers) durch AGB nicht ausgeschlossen werden kann, durch Individualvereinbarung hingegen schon. Die Regelung des § 650f BGB (Bauhandwerkersicherung) kann grundsätzlich nicht abbedungen werden (§ 650f Abs. 7 BGB).

Die anerkannten Regeln der Technik zum Zeitpunkt der Abnahme sind grundsätzlich Gegenstand jeder Beschaffenheitsvereinbarung, ohne dass sie ausdrücklich dazu erklärt werden (KG IBR 2008, 509). Die Leistung des AN muss also zum Zeitpunkt der Abnahme den anerkannten Regeln der Technik entsprechen. Hinsichtlich der »anerkannten Regeln der Technik« ist zu berücksichtigen, dass DIN-Normen diesen unterzuordnen sind. Bei den DIN-Normen handelt es sich nicht um Rechtsnormen, sondern um private technische Regelungen mit Empfehlungscharakter, die nicht zwingend den anerkannten Regeln der Technik entsprechen müssen. Sind die anerkannten Regeln der Technik eingehalten, aber das Werk für die beabsichtigte Verwendung dennoch ungeeignet, so ist das Werk mangelhaft. Dies beruht auf dem sogenannten funktionalen Mangelbegriff, nach dem der AN ein funktionstaugliches Werk schuldet (OLG Oldenburg IBR 2008, 567, BGH IBR 2008, 77).

Zu § 3 Leistungsumfang

96

Die von dem AG begehrte Kostensicherheit kann dieser nur dadurch erlangen, dass er die vom AN zu erbringende Leistung vollständig und fehlerfrei erfasst. Das Interesse des AG besteht insbesondere darin, mit dem vereinbarten Pauschalpreis auch solche Leistungen mit zu vergüten, die für die schlüsselfertige Erstellung des Objektes erforderlich sind, aber nicht konkret in dem Leistungssoll beschrieben werden. Geht der Aufwand für die Erreichung des geschuldeten Erfolges über die konkret vereinbarte Leistung hinaus, so kann dem AN eine Preisanpassung gem. § 2 Abs. 6 VOB/B zustehen. Es gilt der Grundsatz, dass der vereinbarte Pauschalpreis grundsätzlich nur die Leistungen erfasst, die sich den vertraglichen Unterlagen entnehmen lassen, nicht jedoch geänderte oder zusätzliche Leistungen, die über die Leistungsbeschreibung hinausgehen (OLG Koblenz IBR 2010, 313).

Dieses so genannte Vollständigkeitsrisiko versucht der AG durch Vollständigkeitsklauseln (Bestätigungsklauseln, Schlüsselfertigkeitsklauseln sowie Widerspruchsklauseln) dem AN zu übertragen. Die Verwendung von Vollständigkeitsklauseln ist nur bei einem Individualvertrag zulässig, da sie – sollten sie als Allgemeine Geschäftsbedingungen verwandt werden – gegen § 307 ff. BGB verstoßen können. Nach Auffassung der Rechtsprechung sind Vollständigkeitsklauseln zu unbestimmt und damit nicht mehr kalkulierbar, so dass sie aus diesem Grunde als AGB gegen die Regelungen der §§ 320 ff. BGB verstoßen können (OLG München IBR 1990, 677).

Wird dem GU wie im Muster auch die Ausführungsplanung mit übertragen, dürfte die Verwendung des Begriffs »schlüsselfertig« auch in Allgemeinen Geschäftsbedingungen unproblematisch sein.

97 Zu § 4 Ausführung der Leistung

§ 4 dient ausschließlich der Konkretisierung der Leistungsziele und soll von vornherein Streitigkeiten über den Umfang der von dem GU zu erbringenden Leistungen vermeiden.

Den AG trifft nicht die Pflicht, den GU während der Bauausführung zu überwachen. Von der zivilrechtlichen Objektüberwachung ist die Tätigkeit als verantwortlicher Bauleiter i. S. der jeweiligen Bauordnung zu unterscheiden, da der Bauleiter öffentliche Pflichten gegenüber der Baubehörde wahrnimmt. Da die zivilrechtlichen Bauleitungsaufgaben dem GU übertragen sind, wird im Muster vorgeschlagen, ihm wie üblich auch die öffentlichen-rechtlichen Verpflichtungen zu übertragen.

Der AG ist verpflichtet, alle für die Ausführung und die Preisermittlung erforderlichen Umstände hinsichtlich der Wasser- und Bodenverhältnisse dem GU mitzuteilen. Entsprechend sieht der Mustertext vor, dass der GU nur die Risiken der Wasser- und Bodenqualität übernimmt, die sich aus den Baugrundgutachten für ihn ergeben. Ergeben sich Risiken, die den Gutachten nicht zu entnehmen waren, hat der AG die Kosten der Beprobung und der Entsorgung sowie der notwendigen Leistungsänderungen zu tragen.

98 Zu § 5 Geänderte und zusätzliche Leistungen

Hier wird versucht, in Anlehnung an die neuen gesetzlichen Regelungen in §§ 650b f. BGB eine ausgewogene Lösung für beide Parteien zu erzielen, wenn im Laufe der Baumaßnahme Leistungsänderungen eintreten oder zusätzliche Leistungen verlangt werden. Die Vertragsparteien sollten eine schriftliche Nachtragvereinbarung vor Durchführung der Leistung treffen. Häufig kann aber eine solche vor Durchführung der Leistung nicht getroffen werden, weshalb sie nicht zur konstitutiven Voraussetzung für die Ausführung geänderter oder zusätzlicher Leistungen gemacht werden sollte.

Hinsichtlich Leistungsänderungen ist die von der Rechtsprechung des BGH entwickelte Kooperationsverpflichtung der Vertragspartner zu berücksichtigen, welche besagt, dass beide Vertragsparteien eine einvernehmliche Lösung der Meinungsverschiedenheiten herbeizuführen haben. In diesem Sinne verstehen sich auch die neuen Regelungen in § 650b BGB, die davon ausgehen, dass sich die Parteien vor einer Anordnung des Auftraggebers zunächst um eine einvernehmliche Regelung bemühen. Die gesetzlich nunmehr vorgesehene Möglichkeit, bei Streit über Anordnungen oder die Vergütungsanpassung eine einstweilige Verfügung zu beantragen (§ 650d BGB), wird, wenn überhaupt, allenfalls individualvertraglich ausgeschlossen werden können. Das Muster sieht einen solchen Ausschluss auch nicht vor, sondern enthält die Regelung, dass in Streitfragen zunächst eine Adjudikation nach der SL Bau durchgeführt werden soll (s. § 5 Ziff. 8 i.V.m. § 19 des Vertragsmusters). Denn ob die Klärung von Nachtragssachverhalten im gerichtlichen einstweiligen Verfügungsverfahren sachgerecht ist, wird die Praxis erst erweisen müssen.

Die Vergütungsanpassung erfolgt nach dem Muster in erster Linie anhand einer Einheitspreisliste, die als Vertragsbestandteil zu vereinbaren ist. Diese wird nicht in allen Fällen genügend Anhaltspunkte für die Höhe der Nachtragsvergütung bieten. Sodann wird in zweiter Linie auf die Urkalkulation des AN abgestellt und, falls auch diese nicht weiterführt, auf die gesetzlich vorgesehene Vergütung nach erforderlichen Kosten zzgl. Zuschlägen (§ 650c BGB).

Zu § 6 Nachunternehmer 99

Da der AN in der Regel nicht alle Leistungen selbst erbringt, bedient er sich im Rahmen separater Bauverträge Nachunternehmern. Im Verhältnis zum AG sind die Nachunternehmer Erfüllungsgehilfen des AN mit den sich daraus ergebenden Folgen (§§ 276, 278 BGB). Das Bauvertragsrecht des BGB kennt keine Verpflichtung des Werkunternehmers, seine Leistung persönlich zu erbringen. Die eigene Leistung des Unternehmers wird nicht geschuldet. Im Muster ist aber vorgesehen, dass der AN zumindest die Koordination der Vertragsleistungen und die Projektleitung mit eigenen Mitarbeitern zu erbringen hat, um zu vermeiden, dass der AN den kompletten Vertrag an einen Dritten »weiterreicht«.

Die Benennung der Nachunternehmer dient dem Schutz des AG, der das Recht hat zu erfahren, ob die jeweiligen Nachunternehmer zur ordnungsgemäßen Leistung in der Lage sind. Die Verpflichtung des AN, keine illegalen Arbeitskräfte zu beschäftigen, soll ihn dazu anhalten, bspw. das Gesetz zur Bekämpfung der Schwarzarbeit einzuhalten.

Zu § 7 Vertretung und Mitwirkung des AG 100

Im Sinne eines partnerschaftlichen Miteinanders soll bereits im Vertrag eindeutig festgelegt werden, wer jeweils berechtigt ist, die Parteien zu vertreten. Bei Bedarf kann hier auch eine Projektsteuerung des AG benannt und zugleich festgehalten werden, dass diese nicht bevollmächtigt ist, kosten- oder terminrelevante Entscheidungen für den AG zu treffen.

Zu § 8 Ausführungsfristen 101

Ist für die Ausführung der Leistung nur ein Beginn- und ein Fertigstellungstermin vereinbart, so kann der AN nach Ausführungsbeginn über die Bauzeit grundsätzlich frei disponieren und den Bauablauf so gestalten, dass der Fertigstellungstermin eingehalten wird. In diesem Falle kann der AG im Nachhinein keine verbindlichen Zwischenfristen und -termine festlegen und so in die Dispositionsfreiheit des AN eingreifen.

Bei größeren Bauvorhaben ist es wichtig, verbindliche Zwischentermine für die Fertigstellung wichtiger Bauabschnitte oder Gewerke als Vertragsfristen festzulegen. Zwischentermine, die mit den entsprechenden Folgen als Vertragstermine von den Parteien betrachtet werden, müssen auch als verbindliche Vertragstermine ausdrücklich vereinbart werden. Das Muster sieht vor, solche Termine ausdrücklich (und abschließend!) im Vertrag aufzuzählen, da ein Verweis auf Terminpläne zu Unklarheiten führen kann. Verbindliche Zwischentermine haben den Vorteil, dass der AG nicht erst den Endfertigstellungstermin verstreichen lassen muss, um den GU-Vertrag wegen Verzuges sicher kündigen zu können.

Kommt es zu Verschiebungen von Vertragsfristen mit der Folge, dass diese neu festgelegt werden müssen, so sollte die Festlegung einvernehmlich und verbindlich erfolgen, um Streitigkeiten zu vermeiden. Kommt es zu schwerwiegenden Eingriffen und Veränderungen im Bauablauf, sollte der Bauablaufplan einvernehmlich neu geordnet werden und neue Ausführungsfristen und Fertigstellungstermine vereinbart werden. Gerade hinsichtlich der Vertragsstrafenregelung, evtl. anfallender Nachträge sowie den Folgen aus einem gestörten Bauablauf sollte sorgfältig mit der Bestimmung der Fristen umgegangen werden.

Zu § 9 Vertragsstrafe 102

Vertragsstrafen sind ausdrücklich zu vereinbaren. Die Vertragsstrafe ist in doppelter Hinsicht zu begrenzen, einmal im Hinblick auf die Höhe des verwirkten Tagessatzes und zum anderen hinsichtlich der Gesamthöhe. Werden mehrere Termine mit einer Vetragsstrafe belegt, ist eine Kumulierung ausdrücklich auszuschließen.

In jedem Falle muss eine Vertragsstrafenvereinbarung transparent sein. Für AGB ergibt sich dies schon aus § 307 Abs. 1 Satz 2 BGB, auch für Individualverträge ist es unbedingt empfehlenswert, um im Zweifel einen Anspruch auf Vertragsstrafe erfolgreich durchsetzen zu können. Das Muster sieht daher vor, dass für jede einzelne Frist, die mit einer Vertragsstrafe belegt werden soll, exakt angegeben wird, wie sich die Vertragsstrafe berechnet. Dies ist insbesondere bei Zwischenfristen wichtig, da hier als Bezugsgröße nicht die gesamte Auftragssumme dienen kann, sondern nur ein Anteil entsprechend der bis dahin zu erbringenden Leistung; dieser sollte bereits im Vertrag beziffert werden.

In § 9 Ziff. 2.3 ist vorgesehen, dass eine Vertragsstrafe auf Zwischentermine entfällt, wenn der Gesamtfertigstellungstermin eingehalten wird. Dies kann dazu geeignet sein, den AN zur termingerechten Fertigstellung trotz zwischenzeitlicher Verzögerungen zu motivieren. Wenn die Einhaltung der Zwischentermine für den AG im Einzelfall von überragender Bedeutung ist, mag auf diese Regelung verzichtet werden.

103 **Zu § 10 Vergütung**

Mit der Vereinbarung eines Pauschalpreises wird dem Bedürfnis des AG nach Kostensicherheit Rechnung getragen (vgl. Vorbemerkung). Hierbei ist allerdings Folgendes zu berücksichtigen: Haben die Parteien eines Bauvertrages den Umfang der geschuldeten Leistungen durch konkrete Angaben im Leistungsverzeichnis näher festgelegt, bestimmen diese konkreten Vertragsgrundlagen Art und Umfang der für den insoweit vereinbarten Pauschalpreis zu erbringenden Bauleistungen. Der Pauschalpreis bezieht sich also auf den im Einzelnen festgelegten Leistungsumfang. Nur das Mengenermittlungsrisiko ist abgegolten. Später geforderte oder notwendige Zusatzarbeiten oder geänderte Leistungen sind in diesem Fall nicht mit dem Pauschalpreis abgegolten

104 **Zu § 11 Abrechnung und Zahlung**

Die Abschlagszahlungen sollten grundsätzlich nach einem Zahlungsplan erfolgen, der dem tatsächlichen Bautenstand entspricht. Der Zahlungsplan schützt den AG vor Überzahlungen und ermöglicht dem AN das Bauvorhaben entsprechend zu kalkulieren. Gleichzeitig hilft der Zahlungsplan dem AN, seine Liquidität entsprechend zu planen.

Bei Streit hinsichtlich des erreichten Leistungsstandes oder der Vertragsmäßigkeit der Leistung des AN wird auch an dieser Stelle vorgeschlagen, zunächst eine außergerichtliche Streitbeilegung gemäß § 19 (Adjudikation) durchzuführen.

105 **Zu § 12 Abnahme**

Das Muster sieht vor, dass die Abnahme ausschließlich förmlich zu erfolgen hat. Die Abnahmefiktion aufgrund Fristsetzung nach § 640 Abs. 2 BGB bleibt allerdings unberührt, da diese Regelung kaum wirksam abdingbar sein dürfte, jedenfalls nicht in AGB. Gleichwohl kommt eine stillschweigende Abnahme trotz vereinbarter förmlicher Abnahme dann in Betracht, wenn das Verhalten der Parteien als Verzicht auf die förmliche Abnahme zu werten ist. Ein derartiger Verzicht kann beispielsweise dann anzunehmen sein, wenn der AN die Schlussrechnung übersendet, ohne die förmliche Abnahme zu fordern und der AG seinerseits keine förmliche Abnahme verlangt (vgl. OLG Düsseldorf, Urt. v. 11.04.2013, 5 U 127/12, IBR 2013, 608, OLG Dresden, Beschl. v. 13.02.2012, 9 U1050/11).

Die Vorbereitung der Abnahme durch Vorbegehungen hat sich bei größeren Bauvorhaben bewährt (s. § 12 Ziff. 3.). Das im Muster vorgeschlagene Procedere kann im Detail an die Bedürfnisse im Einzelfall angepasst werden. Bei Leistungsvolumina, die erfahrungsgemäß Mängellisten von einigen Tausend Positionen erwarten lassen, erscheint es zweckmäßig, auch zum Format solcher Listen Regelungen zu treffen.

Im Hinblick auf die neue Regelung der Zustandsfeststellung gemäß § 650g BGB wird im Muster klargestellt, dass »Technische Zustandsfeststellungen« nicht unter die genannte Vorschrift fallen.

Zu § 13 Mängelansprüche   106

Der Vertrag geht von einer Verjährungsfrist für Mängelansprüche von grundsätzlich fünf Jahren aus. Die Vereinbarung längerer Fristen für bestimmte Leistungen (Flachdach, Fassade) sollte ggf. individuell vereinbart und im Text ergänzt werden. Für wartungsbedürftige Teile von maschinellen und elektrotechnischen/elektronischen Anlagen schlägt das Muster eine Regelung vor, die sich an § 13 Abs. 4 Nr. 2 VOB/B orientiert.

Zu § 14 Sicherheiten   107

Das Muster sieht eine Vertragserfüllungssicherheit von 10 % und eine Mängelsicherheit von 5 % vor. Eine Kumulation von Vertragserfüllungs- und Mängelsicherheit ist unbedingt zu vermeiden. Daher sieht das Muster vor, dass die Vertragserfüllungssicherheit ausdrücklich nur die sich aus dem Vertrag bis einschließlich zur Abnahme ergebenden Verpflichtungen des AN sichert. Um Wirksamkeitsrisiken zu vermeiden, dürfen im Vertrag nicht weitere, den AN belastende Zahlungsregelungen enthalten sein, etwa Einbehalte bei Abschlagszahlungen. Solche Regelungen können in der Gesamtschau zur Unwirksamkeit wegen Übersicherung des AG führen – mit der Folge, dass dieser dann auch keinen Anspruch auf die Vertragserfüllungssicherheit hat.

Die Vereinbarung einer Mängelsicherheit i. H. v. 5 % der Schlussrechnungssumme ist üblich und rechtlich nicht zu beanstanden. Auszuschließen sind Gestaltungen, die vorsehen, dass die Vertragserfüllungsbürgschaft noch längere Zeit nach der Abnahme behalten werden kann und zugleich eine Mängelsicherheit gestellt werden muss, da auch dann eine Übersicherung des AG vorliegen kann.

Zu § 15 Gefahrtragung, Versicherungen und Haftung   108

Bei größeren Projekten hat es sich bewährt, wenn der AG eine kombinierte Bauleistungs- und Haftpflichtversicherung abschließt, die allen Projektbeteiligten Versicherungsschutz gewährt. Hierdurch ist auch bei Großschäden sichergestellt, dass eine Regulierung über eine Versicherung erfolgen kann und die ansonsten üblichen Auseinandersetzungen der Projektbeteiligten reduziert werden.

Die Kostenregelung zulasten des AG ist von der Überlegung bestimmt, dass der AG die Kosten der Versicherung letztlich auch dann trägt, wenn eine Kostenbeteiligung des AN in Vertrag vereinbart wird; diese wird der AN im Zweifel bei der Preisbildung einkalkulieren.

Zu § 16 Kündigung   109

Das Muster sieht für den AG die ordentliche und außerordentliche Kündigung vor, während der AN nur aus wichtigem Grund kündigen kann.

Wenn abweichend von § 648a Abs. 2 BGB und § 8 Abs. 3 Nr. 1 Satz 2 VOB/B eine Teilkündigung durch den AG nicht auf in sich abgeschlossene Teilleistungen beschränkt sein, soll, wird dies nur wirksam möglich sein, wenn eine entsprechende Regelung individuell ausgehandelt wird. Das Muster sieht derartiges wegen der AGB-rechtlichen Unwirksamkeit solcher Regelungen nicht vor.

Das Schriftformerfordernis entspricht der gesetzlichen Regelung in § 650h BGB.

Zu § 17 Abtretung und Aufrechnung   110

Bei dem im Mustertext enthaltenen Aufrechnungsverbot zulasten des AN muss der Wortlaut des § 309 Nr. 3 BGB wiedergegeben werden, da die Regelung sonst auch im kaufmännischen Geschäftsverkehr nichtig ist (BGH IBR 2008, 322).

Zu § 18 Urheberrecht, Nutzung, Verwertung und Änderung der Planung und des Werkes   111

Gleichgültig, ob das Bauwerk, die Baupläne, Entwürfe oder technische Konstruktionszeichnungen Urheberrechtsschutz genießen, sollte zur Vermeidung von Rechtsstreitigkeiten im Rahmen des Vertrages geklärt werden, dass die urheberrechtlichen Nutzungsbefugnisse dem AG eingeräumt werden. Letzteres ist insbesondere dann von Bedeutung, wenn später an dem Baukörper Änderungen vorgenommen werden sollen/müssen, da bei Eingriffen in den Kernbereich des Urheberrechts diese nicht ohne Zustimmung des Urhebers zulässig sind.

112 **Zu § 19 Außergerichtliche Streitbeilegung (Adjudikation)**

Das Muster sieht vor, dass die Vertragspartner bei Streitigkeiten während der Planung oder Errichtung des Bauvorhabens ein Adjudikationsverfahren nach der SL Bau in der Fassung vom 1. Juli 2016, Abschnitte I. und IV., durchführen. Angesprochen sind etwaige Streitigkeiten im Zusammenhang mit der Anordnung von Leistungsänderungen oder zusätzlichen Leistungen (§ 5 Ziff. 8). Hier sieht das Gesetz die Möglichkeit eines einstweiligen Verfügungsverfahrens vor (§ 650d BGB), was ausdrücklich unberührt bleiben soll. Aus heutiger Sicht (Herbst 2017) ist jedoch unklar, ob sich dieses im Rahmen der Einführung des gesetzlichen Bauvertragsrechts zum 01.01.2018 eingeführte Instrument in der Praxis bewähren wird. Die hier vorgeschlagene Adjudikation kann eine Alternative zu dem gerichtlichen Verfahren darstellen und zu einer höheren Akzeptanz der Ergebnisse bei den Parteien führen – schließlich haben diese sich aus freien Stücken zu diesem Verfahren entschieden.

Weiterer Gegenstand der Adjudikation können Streitigkeiten hinsichtlich des erreichten Leistungsstandes oder der Vertragsmäßigkeit der Leistung des AN sein (§ 11 Ziff. 1). Die SL Bau ist als Vertragsbestandteil zu vereinbaren und als Anlage zum Vertrag zu nehmen. Das Muster sieht im Übrigen für Streitigkeiten der Parteien den Rechtsweg zu den ordentlichen Gerichten vor. Alternativ kann eine Schiedsvereinbarung getroffen werden (im Muster nicht vorgesehen).

4. Generalübernehmervertrag

a) Vorbemerkung

113 Der Begriff »Generalübernehmer« bezeichnet eine Unternehmereinsatzform im Bauwesen.

In der baurechtlichen Literatur und Rechtsprechung wird das Generalübernehmer-Vertragsverhältnis keineswegs einheitlich definiert. Die Abgrenzung zu anderen Unternehmereinsatzformen sind fließend. Vom Generalübernehmer wird gesprochen, soweit ein solcher die Ausführung der Bauleistungen aller Gewerbezweige für ein Bauwerk übernimmt, jedoch selbst keine Bauleistung im eigenen Betrieb ausführt (Franke/Kemper/Zanner/Grünhagen § 4 VOB/A Rn. 62).

Der Generalübernehmer ist vom Generalunternehmer zu unterscheiden. Die Unterscheidungskriterien sind unscharf. So soll der Generalunternehmer auf der Auftragnehmerseite stehen während der Generalübernehmer sich auf der Seite des Auftraggebers befindet (Ingenstau/Korbion Anhang 2, Rn. 123).

Der Generalübernehmer übernimmt im Verhältnis zum Auftragnehmer die Rolle des Auftraggebers, ohne dadurch allerdings selbst Bauherr zu werden. Missverständlich können in diesem Zusammenhang Erläuterungen sein, wonach ein Generalübernehmer lediglich als Vermittler auftritt, der Planungs-, Koordinierungs- und Überwachungsleistungen erbringe.

Der beauftragte Vertragspartner des Generalübernehmers ist derjenige, der das Bauwerk errichten lassen will (Warnecke, Seite 26).

Während der Generalunternehmer für den Auftraggeber die Bauausführung übernimmt, gehört zum Generalübernehmer die Übernahme nicht nur aller Bauleistungen, sondern in der Regel auch die Erbringung der Planungs- und Architektenleistungen und die Leistungen der Sonderfachleute (Werner/Pastor Rn. 1314 b; Warnecke Seite 102).

Bei der Vergabe der Bauleistungen, Planungs- und Architektenleistungen sowie Leistungen der Sonderfachleute handelt der Generalübernehmer in eigenem Namen und auf eigene Rechnung. Er wird keinesfalls vom Bauherrn/Auftraggeber bevollmächtigt in dessen Namen Verträge mit den Baubeteiligten zu schließen. Eine vom Generalübernehmer in einem Vertrag über die Errichtung eines schlüsselfertigen Hauses verwendete Klausel, nach der er bevollmächtigt ist, die Bauleistung im Namen des Auftraggebers zu vergeben, ist für den Auftraggeber zudem überraschend. Sie wird nach einer Inhaltskontrolle nicht Bestandteil des Vertrages (vgl. BGH-Urt. v. 27.06.2002, SFH Z 1.05 Bauvertrag – Nichtigkeit, Anfechtung – Nr. 42).

Der Generalübernehmer errichtet das Bauwerk auf dem Grundstück des Auftraggebers. Jedenfalls ist es charakteristisch für das Generalübernehmermodel, dass der Auftraggeber bereits vor Abschluss eines Generalübernehmervertrages und vor Beginn der Bauarbeiten Eigentümer des zu bebauenden Grundstückes ist.

Demgegenüber errichtet der Bauträger das Bauwerk auf einem in seinem Eigentum stehenden oder von ihm noch zu beschaffenden Grundstück. Der Bauträger verpflichtet sich, das Grundstück mitsamt dem zu errichtenden Bauwerk an den Erwerber zu übertragen (Ingenstau/Korbion Anhang 2 Rn. 144).

Dennoch lassen sich folgende Grundstrukturen für ein Generalübernehmer-Rechtsverhältnis herausarbeiten:

– Der Auftraggeber/Bauherr beauftragt nur einen Unternehmer – den Generalübernehmer –, der das gesamte Bauobjekt zu errichten hat und alle Leistungen, Lieferungen und wesentlichen Planungsarbeiten erbringen muss, die dafür erforderlich sind.
– Der Auftraggeber/Bauherr steht somit nicht in einem direkten Vertragsverhältnis zu den ausführenden Bauunternehmen, Handwerkern, Architekten, Sonderfachleuten und sonstigen Baubeteiligten. Deshalb haftet (für die vertragsgerechte Leistungserbringung) nur der Generalübernehmer gegenüber dem Auftraggeber/Bauherrn. Der Generalübernehmer muss sich gegenüber seinem Auftragnehmer/Bauherrn sämtliche Fehler und Mängel der von ihm selbst beauftragten Baubeteiligten anrechnen lassen.
– Der Generalübernehmer vergibt die zur Verwirklichung des Bauvorhabens erforderlichen Leistungen in eigenem Namen und auf eigene Rechnung an die Bauunternehmen, Handwerksfirmen, Planer, Architekten oder sonstigen Baubeteiligten.
– In Abgrenzung zum Generalunternehmer erbringt jedoch der Generalübernehmer die Leistungen in der Regel nicht im eigenen Betrieb. Häufig wird das Unterscheidungskriterium zwischen Generalübernehmer und Generalunternehmer daran gemessen, inwieweit Arbeiten tatsächlich im eigenen Betrieb ausgeführt werden (dann der Generalunternehmer) oder die Bauleistungen weitervergeben werden.
– Typischer Weise übernimmt der Generalübernehmer auch weitgehend Bauherrenaufgaben, wie Planungsleistungen. Übernimmt der Generalübernehmer neben der Ausführungsplanung auch die Gesamtplanung, einschließlich der Entwurfsplanung, so spricht man dann von einem Unterfall des Generalübernehmers, nämlich einem Totalübernehmer.
– Der Generalübernehmer – dies zur Abgrenzung zum Bauträgervertrag – errichtet das Bauvorhaben nicht auf einem eigenen Grundstück. Vielmehr ist Grundstückseigentümer der Auftraggeber des Generalübernehmers, also der Bauherr selbst.
– Typisch für die Qualifizierung des Generalübernehmervertrages ist in der Regel die sogenannte »Schlüsselfertigkeitsvereinbarung«. Das Vertragsziel ist demnach die vollständige, uneingeschränkte und betriebsbereite Errichtung des Bauvorhabens. Die vertragsgemäße Benutzbarkeit richtet sich nach den vereinbarten Vorgaben des Auftraggebers.
– Da in der Regel dem Generalübernehmer lediglich die Entwurfsplanung bzw. Genehmigungsplanung und eine grobe Funktionsbeschreibung für das zu erstellende Bauvorhaben bauseits zur Verfügung gestellt wird, ist als Leistungspflicht des Generalübernehmers auch die Erbringung der Ausführungsplanung, Detailplanung sowie die Erstellung einer detaillierten Leistungsbeschreibung geschuldet.

– Die vertragliche Leistungspflicht eines Generalübernehmers basiert somit meistens lediglich auf einer funktionalen bzw. globalen Leistungsbeschreibung. Wie der Generalübernehmer diese Funktionsanforderungen dann tatsächlich erfüllt und für die Verwirklichung des benutzungsfähigen Bauvorhabens sorgt, ist seiner Planungshoheit und seiner Ausführungswahl überlassen.
– Typischer Weise wird beim Generalübernehmervertrag auf der Vergütungsseite ein Pauschalpreis vereinbart. Die Parteien tragen dabei dem Umstand Rechnung, dass erst der Generalübernehmer das detaillierte Leistungsverzeichnis und die Art der Bauausführung selbst bestimmt.

Aufgrund der wechselseitig geschuldeten Leistungen der Vertragsparteien sind Generalübernehmerverträge als Werkverträge im Sinne des §§ 631 ff. BGB zu klassifizieren.

Der Generalübernehmervertrag enthält Leistungsbilder aus Bau-, Architekten- und Ingenieurverträgen, die nach ständiger Rechtsprechung des BGH als Werkverträge im Sinne der §§ 631 ff. BGB behandelt werden.

Viele Regelungen der §§ 631 ff. BGB passen genauso wenig, wie Regelungen der VOB/B auf die typische Vertragsstruktur eines Generalunternehmervertrages:

So hat beispielsweise nach § 3 Abs. 1 VOB/B hat der Auftraggeber die Pflicht, dem Auftragnehmer die für die Ausführung des Bauvorhabens notwendigen Unterlagen unentgeltlich und rechtzeitig zu übergeben und alle für die reibungslose Bauerrichtung notwendigen Entscheidungen zu treffen. Die Interessenlage beim typischen Generalübernehmervertrag ist genau umgekehrt; Der Auftragnehmer, als der Generalübernehmer, übernimmt typischer Weise derartige Bauherrenaufgaben.

Gemäß § 4 Abs. 8 Nr. 1 Satz 1 VOB/B ist der Auftragnehmer grundsätzlich zur Ausführung der Leistungen im eigenen Betrieb mittels des dort tätigen Personals und der dort zur Ausführung stehenden Sachmittel verpflichtet. Dagegen liegt es in der Natur der Generalübernehmerverträge, dass der Generalübernehmer Leistungen an Subunternehmer oder sonstige Baubeteiligte vergibt.

Nach § 1 Abs. 3 VOB/B bzw. § 650b BGB sind zugunsten des Auftraggebers Anordnungsrechte was die Leistungsausführung angeht, geregelt. Für den Generalübernehmervertrag ist es dagegen typisch, dass der Generalübernehmer das Leistungsbestimmungsrecht hat, in wie weit er den geschuldeten Werkerfolg erzielt.

Unabhängig von der Frage, ob bei einem GÜ-Vertrag die VOB/B als Ganzes überhaupt wirksam einbezogen werden kann, folgt daraus das Erfordernis der Vertragsparteien, die wechselseitigen Interessen im Generalübernehmervertrag individuell und einzelfallbezogen niederzulegen. Es versteht sich somit von selbst, dass der Mustervertrag stets auf die konkrete Sachverhaltskonstellation, Interessenlage und dem Verhandlungsergebnis der Parteien anzupassen ist. Der nachfolgende Mustervertrag berücksichtigt in ausgewogener Form die an sich unterschiedliche Interessenlage zwischen Auftraggeber und Generalübernehmer.

Bauherr/Auftraggeber für die Errichtung eines schlüsselfertigen und funktionstauglichen Bauwerks mit der Unternehmereinsatzform eines Generalübernehmers wird häufig ein Verbraucher sein. Im Wege der Betriebsaufspaltung wird das Bauwerk häufig von natürlichen Personen errichtet, deren formeller Zweck überwiegend nicht ihrer gewerblichen oder selbstständigen Tätigkeit im Sinne des § 13 BGB zugerechnet werden kann. Deshalb sind im nachfolgendem Muster auch die unabdingbaren Klauseln nach der Reform des Bauvertragsrechts mitberücksichtigt.

b) Muster Generalübernehmervertrag

Generalübernehmervertrag

zwischen

.....

– nachfolgend »Auftraggeber (AG)« genannt –

und

.....

– nachfolgend »Generalübernehmer (GÜ)« genannt –

1.0 Vertragsgegenstand

1.1 Der AG ist Eigentümer des Grundstücks ..... Gemarkung ..... Flurstück-Nummer ....., Straße ..... .

1.2 Der AG überträgt dem GÜ die schlüsselfertige und funktionsbereite Erstellung des Bauvorhabens (Getränkeabholmarkt nebst Kundenparkplatz) auf seinem Grundstück nach Maßgabe des Leistungsinhaltes gemäß Ziffer 3.

1.3 Der GÜ wird in der Unternehmereinsatzform eines Generalübernehmers tätig. Ihm steht es somit frei, in wieweit er Tätigkeiten zur Erfüllung der Leistungspflichten teilweise im eigenen Betrieb erfüllt oder im eigenen Namen und auf eigene Rechnung Leistungen an Unternehmer, Handwerker, Architekten, Fachingenieure oder sonstige Sonderfachleute und Baubeteiligte vergibt.

2.0 Vertragsbestandteil

2.1 Die zwischen den Parteien geltenden Vertragsbedingungen richten sich in erster Linie und vorrangig nach diesem Generalübernehmervertrag.

2.2 Für die Ausführung und Definition der Vertragsleistungen sind weitere Vertragsbestandteile
– die funktionale Leistungsbeschreibung Stand ....., Anlage ..... .
– der Baugenehmigungsantrag vom ..... in der Fassung vom ..... nebst allen dazugehörigen Plänen, Schnitten und Grundrissen, insbesondere auch der Tragwerksplanung, Anlage ..... .
– der Baugenehmigungsbescheid der Stadt ..... vom ....., Anlage ..... .
– das Baugrundgutachten des Geotechnischen Instituts vom ....., Anlage ..... .

2.3 Ergänzend zu den Vertragsbedingungen, aber nachrangig zu den Regelungen dieses GÜ-Vertrages werden einbezogen die Regelungen der VOB/B in der zum Zeitpunkt des Vertragsschlusses geltenden Fassung als Anlage. In weiterer nachrangiger Reihenfolge werden einbezogen die Regelungen Allgemeiner Teil, Recht der Schuldverhältnisse und Werkvertragsrecht des BGB.

2.4 Für die Ausführung der Vertragsleistungen gelten ergänzend
– die allgemein anerkannten Regeln der Technik einschließlich der allgemeinen technischen Vorschriften für Bauleistungen (VOB/C) in der jeweils bis zur Abnahme geltenden Fassung
– alle DIN-Normen und EN-Normen in der bis zur Abnahme aktuellen Fassung
– die Herstellerrichtlinien- und Vorschriften für die vom GÜ verwendeten Bauteile und -stoffe

2.5 Weitere Vertragsbestandteile sind die für die Durchführung und Verwirklichung des Bauvorhabens zu beachtenden einschlägigen öffentlich-rechtlichen Vorschriften, insbesondere auch die Vorschriften zum Arbeitsschutz wie z.B. AEntG, AÜG, ArbPlSchG, ArbSchG, ASiG und SchwarzArbG.;

Satzungen und Bestimmungen der jeweiligen Versorgungsträger/Versorgungsunternehmen betreffend der Versorgungsanschlüsse wie Gas-Wasser-Strom-Fernwärme.

2.6 Weitere Vertragsbestandteile sind nicht vereinbart. Insbesondere werden allgemeine Geschäftsbedingungen und/oder allgemeine und besondere Vertragsbedingungen der Parteien nicht Vertragsbestandteil.

3.0 Leistungspflicht des GÜ

3.1.0 Allgemeiner Leistungsumfang/Leistungsbestimmungsrecht des GÜ

3.1.1 Der GÜ verpflichtet sich gegenüber dem AG, auf dessen Grundstück ..... das Bauvorhaben (Getränkeabholmarkt, bestehend aus SB-Verkaufsfläche und Kassenbereich ca. 300 m²; Leergutlager ca. 100 m²; Kühlraum ca. 50 m²; Technik- u. Heizungsraum; Büro ca. 40 m²; Sozialraum ca. 30 m²; Toiletten, sowie Anlieferungsrampe und Kundenparkplatz mit mindestens 20 Stellplätzen) in vertragsgemäß benutzbarer Weise zu erstellen.

3.1.2 Das Vertragssoll wird durch die funktionale Leistungsbeschreibung »Stand .....«, die als Anlage ..... wesentlicher Vertragsbestandteil ist, konkretisiert.

Variante-AG:

Gesondert wird vereinbart, dass (ein Industriefußboden der Herstellermarke ..... Farbe ..... in den Verkaufsraum eingebracht wird).

3.1.3 Der GÜ hat die weitere Planung und die Bauausführung darüber hinaus an folgenden Vertragsgrundlagen, die als Anlagenkonvolut ..... ebenfalls wesentlicher Vertragsbestandteil sind, auszurichten:

Baugenehmigungsantrag vom ..... in der Fassung vom ..... .

allen dazugehörigen Plänen, Schnitten und Grundrissen, insbesondere auch der Tragwerksplanung; Baugenehmigungsbescheid der Stadt ..... vom ..... unter Berücksichtigung der dortigen Auflagen und Befreiungen.

3.1.4 Die Parteien sind sich jedoch einig, dass darüber hinaus – soweit in der Leistungsbeschreibung sich nichts weiteres ergibt – der GÜ über Art und Weise der Detailplanung und Bauausführung selbst entscheidet. Der GÜ hat das Leistungsbestimmungsrecht die Baustoffe, Bauteile die Konstruktionsart selbst zu bestimmen, soweit damit der geschuldete Leistungserfolg erbracht wird. Die ENEV in der zum Zeitpunkt des Vertragsschlusses gültigen Fassung und das Wärmeschutzgesetz ist bei den baulichen Anforderungen mit zu berücksichtigen.

3.1.5 Die Leistungen des GÜ sind im Übrigen unter Einbeziehung der VOB/C sowie aller DIN-Vorschriften nach den anerkannten Regeln der Technik zu erbringen. Sofern und soweit DIN-Vorschriften nicht dem neuesten anerkannten Stand der Wissenschaft und Technik entsprechen gilt nicht die DIN-Vorschrift. Die Leistungen sind in diesem Fall vielmehr entsprechend dem neuesten, anerkannten Stand der Regeln und Technik zu erbringen.

3.1.6 Der GÜ ist in der Auswahl und in der Art und Umfang des Einsatzes von Nachunternehmern, Lieferanten, Architekten, Ingenieuren und sonstigen Baubeteiligten frei.

Variante-AG:

Die Parteien vereinbaren, dass für das Gewerk Liefern und Verlegen des Industriefußbodens die Firma ..... gewählt wird.

3.2.0 Planungsverantwortung

3.2.1 Der GÜ bestätigt, dass er sämtliche Unterlagen, die das Vertragssoll beschreiben insbesondere die funktionale Leistungsbeschreibung und die als Gegenstand des Bauantrags vorgelegten Pläne nebst Tragwerksplanung sowie den bestandskräftig erteilten Baugenehmigungsbescheid der Stadt ..... vom ....., eigenverantwortlich überprüft hat.

Bedenken hinsichtlich der Verwirklichung des Bauvorhabens nach dem Vertragsinhalt sind vom GÜ nicht vorgebracht.

3.2.2 Im Übrigen ist es Aufgabe des GÜ sämtliche weiteren zur Fertigstellung des Bauvorhabens erforderlichen Planungsleistungen, insbesondere die Ausführungs-, Detail- und Konstruktionszeichnungen selbst zu erbringen.

3.2.3 Soweit zur Erbringung der vertraglichen Leistungspflichten auch die Einschaltung von Fachplanern, Fachingenieuren und Sonderfachleuten erforderlich ist, hat dies der GÜ auf seine Kosten zu veranlassen.

3.3.0 Leistungsänderung

3.3.1 Die Parteien sind sich einig, dass das einseitige Leistungsänderungsrecht des AG im Sinne des § 1 Abs. 3 VOB/B und § 650b BGB nicht besteht.

3.3.2 Vom AG nach Vertragsschluss ausdrücklich erwünschte Leistungsänderungen bedürfen einer zusätzlichen Vereinbarung unter den Parteien. Der GÜ darf den Abschluss einer Vereinbarung und die Durchführung der vom AG gewünschten geänderten Leistung nur verweigern, wenn dadurch der Vertragszweck und die Bauabwicklung in einer für den GÜ unzumutbaren Weise gestört wird.

Grundlage der Preisvereinbarung für den Abschluss einer Vereinbarung auf geänderte Leistung ist insoweit nicht die Kalkulation der hierfür vertraglich vereinbarten Pauschalvergütung. Vielmehr hat der GÜ Anspruch auf die angemessene übliche Vergütung für die durch geänderte Leistungen anfallenden Mehraufwendungen.

Soweit durch die Änderung im Pauschalpreisvertrag einkalkulierte Leistungen entfallen, bleibt der Vergütungsanspruch des GÜ bestehen. Er muss sich jedoch anrechnen lassen, was er infolge der Änderung des Vertrages an Kosten spart.

3.3.3 Für vom AG erwünschte im Vertrag nicht vorgesehene Leistungen (zusätzliche Leistungen) gilt Ziff. 3.3.2 entsprechend.

3.3.4 Soweit nach Vertragsschluss durch vom AG veranlasste Leistungsänderungen und/oder Erbringung von im Vertrag nicht vorgesehener Leistungen geschuldet sind, verändert sich der verbindliche Fertigstellungstermin entsprechend. Dabei ist die Abwicklungszeit, wie Umplanungsdauer, Zeitbedarf für die Ausschreibung und Beauftragung von Nachunternehmern, Koordinierung der geänderten/zusätzlichen Leistungen mit den anderen Baubeteiligten, angemessen zu berücksichtigen.

4.0 Leistungs- und Kostenabgrenzung

4.1.0 Baugrund

4.1.1 Hinsichtlich der Geeignetheit und Güte des Baugrunds wurde vom AG das Gutachten des Geotechnischen Instituts ..... vom ..... erstellt. Dieses Gutachten ist wesentlicher Bestandteil des Vertrags. Dem GÜ ist das Gutachten zu Planungszwecken und Kalkulation bekannt.

Danach besteht keine Altlastenproblematik.

Die Grundwasserverhältnisse, Bodenklasse und der Schichtenaufbau des Baugrunds ergeben sich im Einzelnen aus dem Gutachten.

Nach Maßgabe dieser Grundlagen des Gutachtens hat der GÜ eine den Regeln der Technik entsprechende Gründung zu konzipieren und auszuführen.

Diese Kosten sind in der Pauschalvergütung mit einkalkuliert und abgegolten. Soweit allerdings dem GÜ höhere Aufwendungen entstehen, weil der tatsächlich vorgefundene Zustand des Baugrunds von den Feststellungen des Gutachtens nachteilig abweicht, so besteht für den GÜ Anspruch auf die tatsächlichen daraus resultierenden Mehrkosten.

4.2.0 Behördliche Auflagen und Genehmigungen

4.2.1 Der GÜ verpflichtet sich, bei seiner fortlaufenden Planung und Leistungserbringung den Inhalt des bestandskräftigen Baugenehmigungsbescheides der (Stadt ..... vom .....) nebst den erteilten Auflagen zu berücksichtigen.

Soweit zukünftig weitere behördliche Auflagen erteilt werden deren Einhaltung nur durch geänderte oder zusätzliche Leistungen möglich ist, kann der GÜ eine besondere Vergütung verlangen.

Der GÜ hat – über die bereits erteilte Baugenehmigung hinaus – die für die Durchführung der Baumaßnahme und Inbetriebnahme des Objekts erforderlichen öffentlich-rechtlichen Genehmigungen zu beschaffen.

4.3.0 Ver- und Entsorgung

4.3.1 Die vom GÜ zu erbringenden Leistungen umfassen auch die Lieferung und den rechtzeitigen gebrauchsfertigen Einbau aller Ver- und Entsorgungsleitungen, insbesondere für Strom, Gas, Fernwärme, Wasser, Abwasser, Regen- und Schmutzwasser, Telefon- und Kabelanschlüsse sowie sämtlicher übrigen baubedingt erforderlichen Leitungen.

4.4.0 Genehmigungsgebühren und Erschließungskosten

4.4.1 Sämtliche öffentlich-rechtliche Genehmigungsgebühren (einschließlich Kosten des Prüfstatikers) sowie erforderliche behördliche Abnahmen und Abnahmebescheinigungen (wie beispielsweise der Bauaufsichtsbehörde, der Brandschutzbehörde, des technischen Überwachungsvereins und des Kaminkehrers), die für die Durchführung der Baumaßnahme und Inbetriebnahme entstehen, sind nicht im Pauschalpreis beinhaltet und somit vom AG zu erstatten.

Die Erschließungsbeiträge nach dem Baugesetzbuch, öffentlich-rechtlichen Verträgen und Satzungen einschließlich sämtlicher mit dem Bauvorhaben zusammenhängender Anschlussgebühren der jeweiligen Versorgungsträger trägt der AG.

4.4.2 Der GÜ hat sämtliche Energie- und Wasserkosten, Kanalgebühren sowie die Unterhaltung der Wasser- und Stromanschlüsse und Entnahmestellen bis zur Abnahme des Bauwerks längstens bis zur Ingebrauchnahme des Objekts durch den AG zu tragen.

5.0 Sonstige Einzelleistungen des GÜ

Zwischen den Vertragsparteien besteht Einigkeit, dass nachfolgende weitere Einzelleistungen vom GÜ zu erbringen und im vereinbarten Pauschalpreis einkalkuliert und beinhaltet sind.

5.1 Die Bestellung eines verantwortlichen Bauleiters, der spätestens vier Wochen vor Baubeginn zu benennen ist, gemäß den einschlägigen Vorschriften der jeweiligen Bauordnung.

5.2 Aufbau und Vorhalten, Er- und Unterhaltung, Abbau und Transport der gesamten Baustelleneinrichtung einschließlich der Bauzäune und Einfriedung.

5.3 Die An- und Abfuhr von Geräten, Gerüsten, einschließlich deren Vorhaltung; alle Maßnahmen zur Sicherung der Baustelle, wie Einplankung, Beleuchtung, Straßenabsperrung.

5.4 Soweit der GÜ fremde Grundstücke für die Durchführung seiner Leistungen in Anspruch nehmen will, gehört es zu dem vertraglichen Leistungsumfang, die Zustimmung der jeweiligen Eigentümer einzuholen. Die Kosten für die Benutzung fremder Grundstücke trägt der GÜ.

5.5 Die Beschaffung des Bauwassers und Baustroms sowie die Installation von Strom- und Wasserzuführungen von der Hauptentnahmestelle zu den Verwendungsstellen, soweit die Zuführungen nicht bereits vorhanden sind, sind vom GÜ geschuldet. Der GÜ hat zudem etwaige erforderliche Zwischenzähler einzubauen.

5.6 Die Beseitigung seines Bauschutts und Abfälle.

5.7 Die Reinigung der Baustelle, insbesondere die Endreinigung als Feinreinigung.

5.8 Der GÜ hat die notwendigen Zufahrten zu den Baugrundstücken zu schaffen und zu erhalten und hierbei mit den zuständigen Behörden abzuklären, welche Straßen hierfür zur Verfügung stehen. Die Kosten hierfür sowie für etwaige verkehrsregelnde Maßnahmen und/oder Sperrungen trägt der GÜ.

5.9 Der GÜ hat – ungeachtet der nach Ziffer 4.4.0 geregelten Kostentragungspflicht -sämtliche erforderlichen behördlichen Abnahmen und Abnahmebescheinigungen, insbesondere der Bauaufsichtsbehörde, der Brandschutzbehörde, des technischen Überwachungsvereins und des Kaminkehrers, rechtzeitig zu beantragen und einzuholen.

5.10 Der GÜ hat alle erforderlichen Maßnahmen zu treffen, dass die Hausanschlüsse rechtzeitig abgenommen und in Betrieb genommen werden können. Auflagen und Bedingungen der Behörden und der Versorgungsträger, die in diesem Zusammenhang gestellt werden, sind vom GÜ zu erfüllen.

5.11 Der GÜ hat die Aufgaben des Sicherheits- und Gesundheitsschutz-Koordinators zu übernehmen.

6.0 Ausführung der Leistung / Herausgabe von Unterlagen

6.1 Die Lieferungen und Leistungen des GÜ zur kompletten Herstellung des Vertragsobjektes haben den anerkannten Regeln der Technik/Baukunst zu entsprechen. Der GÜ hat nur Baustoffe, Materialien, technische Einrichtungen und Ausführungsmethoden zu verwenden, welche nicht gesundheitsgefährdend oder gesundheitsbeeinträchtigend sind und insbesondere keine negativen Auswirkungen an die speziellen Nutzungsformen des Bauvorhabens haben.

6.2 Der GÜ ist verpflichtet, dem AG auf dessen Aufforderung die Herkunft und Beschaffenheit der von ihm verwendeten Baustoffe und Bauteile, deren Güteüberwachung und deren bautechnische Zulässigkeit nachzuweisen.

6.3 Der GÜ verpflichtet sich, die notwendigen Versuchsläufe und Inbetriebsetzungen aller technischen Anlagen vor der Abnahme durchzuführen und hierbei dem AG Gelegenheit zur Teilnahme zu geben. Der GÜ hat das Bedienungspersonal des AG und/oder der künftigen Nutzer in die Bedienung aller technischen Anlagen rechtzeitig einzuweisen.

6.4 Bis zur Abnahme nicht mehr sichtbare oder nicht mehr zugängliche Teilleistungen sind nach ihrer Fertigstellung, die dem AG schriftlich anzuzeigen ist, gemeinsam zu überprüfen. Hierüber ist ein schriftliches von beiden Parteien zu unterzeichnendes Protokoll zu erstellen. Derartige Überprüfungen und Protokolle haben nicht den Charakter von Teilabnahmen.

6.5 Der AG und/oder von ihm beauftragte Dritte sind befugt, die vertragsgemäße Ausführung der Leistung zu überwachen. Hierzu hat er Zutritt zu der Baustelle und zur Lagerstätte der hierfür bestimmten Stoffe und Bauteile.

6.6 Mit Beendigung der Arbeiten hat der GÜ dem AG folgende Unterlagen zu übergeben:
– Bestandspläne,
– Revisionspläne der technischen Ausrüstung,
– Installationspläne,
– Bedienungsanleitungen und Betriebsvorschriften der verwendeten Bauteile,
– Genehmigungsanträge und Bescheide, soweit diese nicht direkt von der Behörde dem AG zugestellt wurden,
– Prüfzeugnisse, soweit nicht allgemein zugelassene Bauteile verwendet wurden

6.7 Spätestens mit Fertigstellung des Werkes hat der GÜ diejenigen Unterlagen zu erstellen und dem AG herauszugeben, die dieser benötigt um gegenüber Behörden den Nachweis führen zu können, dass die Leistung unter Einhaltung der einschlägigen öffentlich-rechtlichen Vorschriften ausgeführt worden ist.

7.0 Termine

7.1 Dem GÜ ist bekannt, dass der Baugenehmigungsbescheid bestandskräftig bereits erteilt ist.

7.2 Als Baubeginn ist der ..... festgelegt. Der GÜ garantiert die Fertigstellung aller Vertragsleistungen innerhalb einer Frist von ..... Monaten.

7.3 Somit vereinbaren die Parteien als verbindlichen Fertigstellungstermin den ..... .

7.4 Etwaige Behinderungen, die nicht in der Sphäre des GÜ liegen, verlängern die Ausführungsfristen.

8.0 Vertragsstrafe

8.1 Kommt der GÜ mit dem vereinbarten Fertigstellungstermin in Verzug, hat er an den AG für jeden Werktag der Terminüberschreitung eine Vertragsstrafe in Höhe von 0,15 % der Netto-Abrechnungssumme zu bezahlen.

Die vom GÜ insgesamt zu bezahlende Vertragsstrafe beträgt höchstens 5 % der vereinbarten Netto-Abrechnungssumme .

8.2 Ist der GÜ der Auffassung er habe die Terminüberschreitung nicht verschuldet, hat er dies zu beweisen.

8.3 Falls die Parteien einvernehmlich anstelle des vertragsstrafenbewehrten Fertigstellungstermins einen anderen verbindlichen Fertigstellungstermin vereinbaren, gilt die Vertragsstrafenregelung der Ziff. 8.1 auch bei einer schuldhaften Überschreitung dieses neu vereinbarten Fertigstellungstermins.

8.4 Die Geltendmachung einer etwaigen Vertragsstrafe hat sich der AG bei der Abnahme vorzubehalten.

8.5 Der AG ist berechtigt, den die Vertragsstrafe übersteigenden tatsächlichen Verzugsschaden vom GÜ ersetzt zu verlangen.

9.0 Vergütung

9.1 Der GÜ erhält für die Erbringung der vertraglich geschuldeten Leistungen einen

Pauschalfestpreis

in Höhe von ..... € (in Worten: ..... EUR)

zzgl. Umsatzsteuer in Höhe des gesetzlichen Steuersatzes.

9.2 Soweit dieser Vertrag nicht ausdrücklich Änderungsmöglichkeiten vorsieht, ist der Pauschalfestpreis unabänderlich. Insbesondere sind Materialpreis- und Lohnschwankungen hierauf ohne Einfluss.

10.0 Zahlungen/Abrechnungen

10.1 Der AG hat an den GÜ den vereinbarten Pauschalfestpreis nach folgendem Zahlungsplan und den dort genannten Vom-Hundert-Sätzen aus der vereinbarten Gesamtvergütung zu zahlen:

10 % nach Errichtung der Bodenplatte

30 % nach Rohbaufertigstellung einschließlich Herstellung der Außenwände, Dachfläche und Dachentwässerung

25 % nach Herstellung der Rohinstallation für Heizung, Klima, Lüftung, Sanitär- und Elektroanlagen, Estrich, Industriefußboden, Innenputz

25 % nach vollständiger benutzbarer Fertigstellung des Objekts, insbesondere auch Zufahrts- und Stellplatzbereich

10 % nach erfolgter Abnahme

10.2 Diese Zahlungsansprüche sind nach ..... Kalendertagen nach Zugang jeweiliger Rechnungen fällig, wenn die entsprechenden Arbeiten vollständig und vertragsgerecht durchgeführt sind.

Mehrvergütungsansprüche aufgrund zusätzlicher Vereinbarungen werden analog den vorbezeichneten Bauphasen, in denen diese entstehen, fällig.

Der GÜ hat über den erreichten Bautenstand eine Bestätigung des Projektleiters mit der Rechnung vorzulegen.

10.3 Mängel an erbrachten Leistungen hindern den Eintritt der Fälligkeit nicht. Dem Auftragnehmer steht insoweit das Leistungsverweigerungsrecht des § 320 BGB zu; der einbehaltene Betrag muss wertmäßig in angemessenen Verhältnissen zum Mangel stehen, wobei der AG von den voraussichtlichen Mängelbeseitigungskosten zusätzlich einen Druckzuschlag von 50 % daraus ziehen darf.

10.4 Abrechnungen des GÜ sind 3-fach zu überreichen, wobei bei allen Teilrechnungen und Schlussrechnungen die jeweils bereits entrichtete Akontozahlung auszuweisen ist.

11.0 Abnahme

11.1 Der GÜ hat dem AG das Bauwerk zum Zeitpunkt der Abnahme vollständig und vertragsgemäß benutzbar sowie frei von wesentlichen Mängeln zu verschaffen. Das Bauwerk ist bei der

Abnahme frei von wesentlichen Mängeln, wenn es vertragsgemäß gebrauchsfertig und funktionsfähig ist. Das Recht des AG vom GÜ zu verlangen, dass noch bestehende Mängel und offene Restarbeiten erledigt und ein vertragsgemäßer und den Regeln der Technik entsprechender und völlig mangelfreier Zustand erreicht wird, bleibt davon unberührt.

11.2 Nach Fertigstellung des Werkes oder vorzeitiger Beendigung des Vertrages findet zwischen den Parteien eine förmliche Abnahme statt. Die Parteien verpflichten sich nach Fertigstellungserklärung des GÜ den Abnahmetermin förmlich zu vereinbaren.

Der Abnahmetermin hat spätestens 14 Werktage nach Verlangen des GÜ zur Abnahme stattzufinden.

Der Abnahmetermin ist in einem Protokoll schriftlich niederzulegen. In der Niederschrift sind etwaige Vorbehalte wegen bekannter Mängel und wegen Vertragsstrafen aufzunehmen. Jede Partei erhält eine Ausfertigung. Der AG ist berechtigt, die Abnahme wegen wesentlicher Mängel bis zu deren Beseitigung zu verweigern.

11.3 Die Abnahme wird weder durch eine frühere Benutzung, Inbetriebnahme oder behördliche Abnahme, noch durch die Mitteilung des GÜ über die Fertigstellung ersetzt.

12.0 Mängelbeseitigungsansprüche im Erfüllungsstadium

12.1 Die im Abnahmetermin festgestellten Mängel und noch offenen Restarbeiten hat der GÜ innerhalb einer vom AG einzuräumenden angemessenen Frist zu beseitigen.

12.2 Auch vor erfolgter Abnahme kann der AG den GÜ auffordern, bereits erkannte Mängel zu beseitigen und ihm hierfür eine angemessene Frist setzen.

12.3 Kommt der GÜ seiner Pflicht zur Mängelbeseitigung nicht innerhalb der gesetzten Frist nach, ist der AG berechtigt, jedoch noch nicht verpflichtet, dem GÜ eine weitere Nachfrist zu setzen, verbunden mit der Androhung des Ausspruchs einer Teilkündigung bezogen auf den Vertragsteil, der von der gerügten Mangelhaftigkeit betroffen ist. Nach erneut ergebnislosem Fristablauf und Ausspruch der Teilkündigung ist der Auftraggeber berechtigt, jedoch nicht verpflichtet, die Mängel auf Kosten des GÜ durch ein anderes Unternehmen beseitigen zu lassen. Dem AG steht dann auch das Recht zu, die voraussichtlichen Mangelbeseitigungskosten als Vorschuss vom GÜ zu verlangen.

13.0 Gewährleistung

13.1 Die allgemeine Gewährleistungsfrist für die vom GÜ zu erbringenden Leistungen und Lieferungen beträgt 5 Jahre.

13.2 Für nachfolgende Leistungsteile wird abweichend hiervon eine Verjährungsfrist von 10 Jahren vereinbart:

Dichtigkeit der Dächer, alle Abdichtungen gegen Bodenfeuchtigkeit, drückendes und nicht drückendes Wasser.

13.3 Wie zwischen den Parteien im Einzelnen besprochen, wird für nachfolgende Leistungsteile abweichend von Ziff. 13.1 eine Verjährungsfrist von 2 Jahren vereinbart:

Mechanische und elektronische Teile der Heizungs-, Klima-, Kühl- und Lüftungsanlagen, sowie der elektronischen und mechanischen Teile der Eingangsanlage.

Dabei haben die Parteien sich darauf geeinigt, dass die Wartung der aufgeführten Anlagen nicht vom GÜ übernommen wird.

13.4 Die Gewährleistungszeit beginnt mit der Abnahme.

13.5 Bei nach der Abnahme (während der Gewährleistungszeit) festgestellten Mängel, hat der GÜ die Mängelbeseitigung ordnungsgemäß und vertragsgemäß durchzuführen.

Kommt der GÜ innerhalb einer vom AG zu setzenden angemessenen Frist der Mängelbeseitigung nicht nach, so kann der AG die Mängelbeseitigungsmaßnahmen auf Kosten des GÜ durch ein anderes Unternehmen beseitigen lassen.

13.6 Die Art und Weise der Mängelbeseitigung bestimmt jeweils der GÜ. Er ist jedoch verpflichtet, die Mängelbeseitigung so durchzuführen, dass jeder einzelne Mangel nachhaltig beseitigt und der vertragliche sowie den Regeln der Technik entsprechende Zustand erreicht werden kann.

13.7 Liegen die Voraussetzungen vor, dass der AG berechtigt ist, auf Kosten des GÜ Mängelbeseitigungsmaßnahmen anderweitig vornehmen zu lassen, so ist er ebenfalls berechtigt, die hierfür voraussichtlich erforderlichen Kosten vom GÜ als Vorschuss zu verlangen.

13.8 Der GÜ macht hiermit dem AG das unwiderrufliche und unbefristete Angebot auf Abtretung sämtlicher Gewährleistungsansprüche gegen Nachunternehmer, Lieferanten und sonstigen dritten Baubeteiligten wie Planer, Fachplaner, Sonderfachleute.

Ebenso macht der GÜ dem AG das unwiderrufliche und unbefristete Angebot auch alle Ansprüche aus Gewährleistungsbürgschaften, die seine Gewährleistungsansprüche gegenüber Nachunternehmern und sonstigen am Bau Beteiligten absichern, abzutreten.

Nimmt der AG dieses Angebot auf Abtretung an, so bleiben aber die Gewährleistungsansprüche gegenüber dem GÜ daneben bestehen. Der GÜ hat dem AG die Vertragsunterlagen, Abnahmebescheinigungen und Korrespondenzen, sowie die Originalbürgschaftsurkunden aus den von der Abtretung betroffenen Rechtsverhältnissen mit den Baubeteiligten in Abschrift herauszugeben.

14.0 Sicherheitsleistung

14.1 Dem AG ist bei der ersten Abschlagszahlung eine Sicherheit für die rechtzeitige Herstellung des Werkes ohne wesentliche Mängel in Höhe von 5 % der vereinbarten Gesamtvergütung zu leisten. Im Übrigen gilt § 650m Abs. 2 BGB.

14.2 Von der vereinbarten Gesamtvergütung darf der AG 5 % für die Dauer der Verjährungsfrist für Mängelansprüche einbehalten.

Der GÜ kann den Barsicherungseinbehalt durch Übergabe einer Bürgschaft in Höhe des Barsicherungseinbehaltes ablösen.

14.3 Sämtliche vorbezeichneten Bürgschaften müssen unwiderruflich, unbedingt, unbefristet und selbstschuldnerisch sein, von einem in der Bundesrepublik Deutschland zugelassenen Bankinstitut oder Kreditversicherer stammen und den Verzicht auf die Einreden der Anfechtbarkeit und Aufrechenbarkeit sowie auf ein etwaiges Recht zur Hinterlegung des Bürgschaftsbetrages enthalten.

15.0 Gefahrtragung, Versicherungen und Haftung

15.1 Der GÜ trägt die Gefahr für die Verschlechterung oder den Untergang seiner Werkleistung bis zur Abnahme des Werkes.

15.2 Der GÜ unterhält folgende Betriebshaftpflichtversicherung:

Versicherungsanstalt .....

Versicherungsscheinnummer .....

Mindestdeckungssumme für Personenschäden ..... €

Mindestdeckungssumme für Sach- und sonstige Vermögensschäden ..... €

Der GÜ verpflichtet sich diese Versicherung während der gesamten Vertragsdauer aufrechtzuerhalten und sie auf Verlangen dem AG nachzuweisen.

15.3 Der AG hat für die Leistung des GÜ eine Bauleistungsversicherung einschließlich Feuerversicherung abgeschlossen.

In dem vereinbarten Pauschalfestpreis ist die Kostenerstattung für die Kosten der Bauleitungsversicherung eingepreist.

15.4 Der GÜ trägt für das gesamte Baustellengelände einschließlich der Zufahrtsstraßen während der gesamten Bauzeit bis zur Abnahme die Verkehrssicherungspflichten in vollem Umfang. Er übernimmt die erforderlichen Sicherheitsvorkehrungen entsprechend den bau- und feuerpolizeilichen sowie den berufsgenossenschaftlichen Vorschriften.

16.0 Kündigung

16.1 Der Vertrag kann von dem AG unter den Voraussetzungen des § 8 VOB/B mit den dort genannten Kündigungsfolgen gekündigt werden.

16.2 Darüber hinaus ist der AG berechtigt, den Vertrag außerordentlich aus wichtigem Grund zu kündigen, wenn durch ein schuldhaftes Verhalten des GÜ der Vertragszweck so gefährdet ist, dass dem AG die Fortsetzung des Vertragsverhältnisses nicht mehr zugemutet werden kann.

16.3 Eine Kündigung des Vertrages durch den AG ist insbesondere zulässig, wenn fest steht, dass der GÜ den Endfertigstellungstermin aus von ihm zu vertretenen Gründen nicht einhalten wird, und wenn der GÜ trotz Abmahnung die Arbeit nicht aufnimmt, unterbricht oder so langsam ausführt, dass eine rechtzeitige Vertragserfüllung ausgeschlossen scheint.

16.4 Der GÜ kann den Vertrag gegenüber dem AG unter den Voraussetzungen des § 9 VOB/B mit den dort geregelten Kündigungsfolgen kündigen.

16.5 Die Kündigung ist schriftlich zu erklären.

17.0 Schriftformklausel/Salvatorische Klausel

17.1 Alle Änderungen und Ergänzungen dieses Vertrages, insbesondere auch etwaige Vereinbarungen über geänderte und/oder im Vertrag nicht vorgesehene Leistungen, bedürfen zu ihrer Wirksamkeit der Schriftform. Die Schriftform gilt auch für die Aufhebung dieser Klausel.

17.2 Sollte eine der Bestimmungen dieses Vertrages unwirksam sein oder werden, so wird die Wirksamkeit der übrigen Bestimmungen dadurch nicht berührt. Die Parteien sind gehalten, die unwirksame Bestimmung durch eine solche wirksame Bestimmung zu ersetzen, mit der das wirtschaftlich gewollte Ergebnis am Besten erreicht wird.

Variante: beim AG handelt es sich um einen Verbraucher

18.0 Widerrufsbelehrung

Der GÜ weist hiermit den AG darauf hin, dass ihm nach § 650l Satz 1 BGB ein Widerrufsrecht zusteht.

Der GÜ erteilt dem AG hiermit folgende Widerrufsbelehrung:

Der AG hat das Recht binnen 14 Tagen ohne Angaben von Gründen diesen Vertrag zu widerrufen.

Die Widerrufsfrist beträgt 14 Tage ab dem Tag dieses Vertragsabschlusses. Sie beginnt nicht zu laufen, bevor der AG diese Belehrung in Textform erhält.

Um das Widerrufsrecht auszuüben, muss der AG mittels einer eindeutigen Erklärung (z.B. Brief, Telefax oder E-Mail) über seinen Entschluss, diesen Vertrag zu widerrufen den GÜ, hier

(Genaue Firmenbezeichnung des GÜ, ...

Anschrift, ...

Telefonnummer,.....

Telefaxnummer, ...

E-Mailadresse .....)

informieren.

Zur Wahrung der Widerrufsfrist reicht es aus, dass der AG die Erklärung über die Ausübung des Widerrufsrechts vor Ablauf der Widerrufsfrist absendet.

Folgen des Widerrufs:

Wenn der AG diesen Vertrag widerruft, hat der GÜ diesem alle Zahlungen, die der GÜ vom AG erhalten hat, unverzüglich zurückzuzahlen.

Der AG muss dem GÜ im Falle des Widerrufs alle Leistungen zurückgeben, die der AG bis zum Widerruf vom GÜ erhalten hat. Ist die Rückgewähr einer Leistung ihrer Natur nach ausgeschlossen, lassen sich etwa verwendete Baumaterialien nicht ohne Zerstörung entfernen, muss der AG Wertersatz dafür bezahlen.

c) Erläuterungen

115 **Zu 1.0 Vertragsgegenstand.**

Der Auftraggeber ist Eigentümer eines Grundstücks, das er mit einem bestimmten Bauvorhaben (Getränkeabholmarkt nebst Kundenparkplatz) bebauen will. Zur weiteren Planung, Koordinierung und Funktionsbereitstellung des Bauvorhabens beauftragt er einen Generalübernehmer. Für die Verwirklichung des Bauvorhabens hat sich der Generalübernehmer an die bereits bestehende Baugenehmigung und einer funktionalen Leistungsbeschreibung zu orientieren. Der Generalübernehmer wird die Leistungen und Lieferungen nicht im eigenen Betrieb selbst erbringen, sondern sich durchgängig Nachunternehmern für die Planung und Ausführung bedienen.

Es wurde hier eine typische Sachverhaltskonstellation gewählt, die die üblichen Kriterien für die Qualifizierung einer Bauvertragsabwicklung in Form eines Generalübernahmevertrages erfüllen.

Von einem Generalunternehmervertrag unterscheidet sich die hier gewählte Konstellation jedenfalls insoweit, als der Generalunternehmer ihm übertragene Bauleistungen zumindest teilweise im eigenen Betrieb selbst erbringt.

Deutliche unterscheidet sich der Generalübernehmervertrag vom Bauträgervertrag. Wesentliche Kriterien für den Bauträger sind: Der gewerbsmäßige Bauherr baut auf eigenem Grundstück, in eigenem Namen und auf eigenes Risiko. Er ist Herr des Baugeschehens, Partner der Behörden, Empfänger der Baugenehmigung. Der Generalübernehmer baut dagegen in der Regel auf dem Grundstück des Auftraggebers und verschafft dem Auftraggeber nicht erst nach Errichtung des Bauwerkes das Eigentum an der Immobilie.

Im Unterschied zum Baubetreuer, der mit den bauausführenden Firmen nicht in eigenem Namen und auf eigene Rechnung Verträge schließt, ist der Generalübernehmer Vertragspartner und Berechtigter/Verpflichteter gegenüber dem ausführenden Nachunternehmer.

Eine vom Generalübernehmer in einem Vertrag über die Errichtung eines schlüsselfertigen Hauses verwendete Klausel, nach dem er bevollmächtigt ist, Bauleistungen im Namen des Auftraggebers zu vergeben, ist nach der Rechtsprechung für den Auftraggeber überraschend. Sie wird gemäß § 305c. Abs. 1 BGB . nicht Bestandteil des Vertrags (BGH IBR 2002, 462).

Der Generalübernehmervertrag wird – wie alle anderen Bauverträge auch – als Werkvertrag im Sinne der §§ 631 ff. BGB eingeordnet (vgl. Warnecke, Seite 88.)

Der Generalübernehmer hat ein bestimmtes Werk herzustellen, er schuldet seinem Auftraggeber einen Werkerfolg und nicht allein die Arbeit, Lohn oder den Dienst.

116 **Zu 1.1 Form.**

Soweit Auftraggeber Verbraucher im Sinne von § 13 BGB ist, bedarf der Generalübernehmervertrag der Textform, § 650i BGB.

Sobald aber der Generalübernehmer dem Auftraggeber zunächst das Baugrundstück mitveräußert oder auch nur eine Abhängigkeit eines Grundstückskaufvertrages zum Abschluss des Generalübernehmervertrages besteht, gilt die notarielle Beurkundungspflicht nach § 311b Abs. 1 BGB.

Eine Beurkundungspflicht wird bereits dann vorliegen, soweit ein vertragliches Rücktrittsrecht im Grundstückskaufvertrag für den Fall des Nichtabschlusses oder der Kündigung des Generalübernehmervertrages vereinbart ist (vgl. zur Beurkundungspflicht bei Vorliegen einer rechtlichen Einheit zwischen Grundstücksgeschäft und dem an sich formfreien Bauvertrag BGH NJW 2002, 2559, 2560).

Zu 1.3 Nachunternehmereinsatz. 117

Das Werkvertragsrecht des BGB kennt an sich keine persönliche Leistungsverpflichtung des Werkunternehmers. Nach der gesetzlichen Regelung über den Werkvertrag ist es durchaus möglich, dass der Werkunternehmer von sich aus einen Dritten mit der Erledigung der Vertragspflichten betraut. Demgegenüber regelt § 4 Abs. 8 VOB/B die grundsätzliche Verpflichtung des Auftragnehmers zur Selbstausführung der nach dem Vertrag geschuldeten Bauleistung. Wenn beim Generalübernehmervertrag die Parteien die VOB/B einbeziehen wollen, so muss aus Sicht des Generalübernehmers in jedem Fall § 4 Abs. 8 VOB/B abbedungen werden. Ansonsten würde der Auftraggeber gegen das Gebot der Selbstausführung verstoßen. Nach § 4 Abs. 8 Nr. 1 Satz 2 VOB/B darf der Auftragnehmer nur bei einer schriftlichen Zustimmung des Auftraggebers die Leistung an Nachunternehmer übertragen. Die Zustimmung zur Vergabe an Nachunternehmer kann bereits in der dem Vertragsabschluss vorangehenden Ausschreibung oder in dem später zum Vertrag gewordenen Angebot bzw. Angebot des Unternehmers oder – wie hier – im schriftlichen Bauvertrag liegen (vgl. auch Ingenstau/Korbion zu § 4 Abs. 8 VOB/B Rn. 9).

Der GÜ wird naturgemäß in der Auswahl seiner Nachunternehmer und sonstigen Baubeteiligten völlig frei sein wollen.

Will der AG auf die Auswahl der Nachunternehmer Einfluss nehmen, oder vielleicht einzelne Gewerke unbedingt von ortsansässigen/besonders zuverlässigen Unternehmen ausgeführt wissen, so müsste er dies im Einvernehmen mit dem GÜ in diesem Vertrag regeln, vgl. Ziffer 3.1.6 des Vertragsmusters.

Zu 2.0 Bezugnahme auf weitere Vertragsinhalte. 118

Die von dem Generalübernehmer zu erbringenden Leistungspflichten können kaum in der eigentlichen Bauvertragsurkunde umfassend erschöpfend beschrieben werden. Die Einbeziehung weiterer Vertragsgrundlagen ist dann unerlässlich. Gerade die Definition des Werkerfolgs und des vereinbarten Werksolls ergibt sich aus Bezugsurkunden, die zum wesentlichen Vertragsbestandteil gemacht werden müssen. Es führt in der Praxis oft mehr zur Verwirrung als zur Klarstellung, wenn aus Musterverträgen die dort üblicherweise erwähnten Vertragsbestandteile unkritisch übernommen werden. Um die Vertragslage zweifelsfrei zu bestimmen, helfen dann auch oft Klauseln wie »*... bei Unklarheiten oder Widersprüchen gibt die obige Reihenfolge die entsprechende Rangfolge vor ...*«, nicht weiter. In der Regel stehen Vertragsbestandteile wie das Leistungsverzeichnis – der Bauzeitenplan – der Zahlungsplan – die DIN-Vorschriften – das Baugrundgutachten – nicht in einer bestimmten Reihenfolge, sondern es handelt sich um unterschiedliche Regelungsebenen des Vertrags, die in einen entsprechenden Bezug gesetzt werden sollten.

So genannte Rangklauseln sind in Generalübernehmerverträgen meist wirkungslos. In einem vom OLG Celle (IBR 2003, 233) entschiedenen Fall war in einem GÜ-Vertrag geregelt, dass die dem Vertrag beigefügten Zeichnungen und Pläne keine selbständigen Leistungspflichten begründen und nur die vorrangige Leistungsbeschreibung erläutern. Jedoch musste es sich der Generalübernehmer gefallen lassen, dass gerade bei Lücken der Leistungsbeschreibung trotzdem die Pläne, die die Ausführungsart konkretisieren nach Auslegung des Vertrags eine Leistungsverpflichtung begründen. Nichts anderes gilt für sogenannte Klarstellungsklauseln, die verhindern sollen, dass Pläne und Zeichnungen eigenständige Leistungsverpflichtungen begründen. Der Generalübernehmer muss somit Baubeschreibung und beigefügte Zeichnungen genauestens aufeinander abstimmen, weil Unklarheiten zu seinen Lasten gehen.

Zu 3.1.0 Werkerfolg. 119

Typisch für den Generalübernehmervertrag ist, dass in der Regel die zu erbringenden Leistungen lediglich funktional beschrieben werden.

Bei dieser Form der Leistungsbeschreibung wird das Leistungsziel in den Vordergrund gestellt. Wesentliche Teile der Planung und Konzeptionierung des Vertragsobjektes werden üblicherweise als Leistungspflicht auf den Generalübernehmer übertragen.

In der VOB/A wird die funktionale Leistungsbeschreibung auch als Leistungsbeschreibung mit Leistungsprogramm (§ 7 Abs. 13 bis 15 VOB/A) bezeichnet. Die Ausschreibungsgrundsätze, die in § 7 VOB/A verankert sind, gelten unmittelbar zwar nur im Falle einer Vergabe nach dem Teil A der VOB.

Jedoch liefern § 7 Abs. 13 bis 15 VOB/A Anhaltspunkte dafür, was bei einer ordnungsgemäßen Leistungsbeschreibung mit Leistungsprogramm auch außerhalb der VOB/A zu beachten ist.

Die funktionelle Leistungsbeschreibung beschreibt insbesondere den Zweck der fertigen Leistung, aber auch die an sie gestellten technischen, wirtschaftlichen, gestalterischen und funktionsbedingten Anforderungen.

Der GÜ kann sich nicht darauf berufen, er habe die mit einer funktionalen Leistungsbeschreibung verbundene Risikoverlagerung nicht erkennen können oder nicht zu erkennen brauchen.

Die Erfolgsbezogenheit des Werkes wurde eindrucksvoll in dem vom BGH (BauR 2000, 411) entschiedenen Fall demonstriert. Das OLG Düsseldorf als Ausgangsgericht hatte vereinfacht über folgenden Sachverhalt zu entscheiden: Der Auftraggeber beanstandete gegenüber dem Bauunternehmer, der eine Lager- und Produktionshalle errichtet hatte, dass das Dach der Halle nicht regendicht sei. Der Unternehmer lehnte eine Nachbesserung ab mit der Begründung, das Dach entspreche den anerkannten Regeln der Technik. Das OLG Düsseldorf hat eine Vorschussklage des Auftraggebers abgewiesen mit der Begründung, eine vertragswidrige Errichtung des Daches sei nicht feststellbar, weil der Auftraggeber nicht vorgetragen habe, dass das Dach regensicher zu sein habe. Der BGH hat das Urteil aufgehoben und die Sache an das OLG zurückverwiesen. Die Leitsätze der Entscheidung des BGH lauten wie folgt: »*Im Rahmen der getroffenen Vereinbarung schuldet der Auftragnehmer ein funktionstaugliches und zweckentsprechendes Werk. Ergibt sich aus den getroffenen Vereinbarungen nichts anderes, muss das zum Betrieb einer Lager- und Produktionshalle errichtete Dach auch ohne entsprechende Hinweise des Auftraggebers so dicht sein, dass es nach heftigen Regenfällen nicht zu Wassereinbrüchen kommt.*«

Wichtig ist es, bei der Vertragsgestaltung darauf wert zu legen, dass aus Sicht des Auftragnehmers der eigentliche vom Generalübernehmer zu erbringende Werkerfolg genau definiert wird (Begrifflichkeiten wie Funktionstüchtigkeit, Bezugsfertigkeit und Ähnliches sollten auf den speziellen Nutzungszweck des Bauwerkes ausgerichtet werden).

120 Zu 3.1.2 Modifizierung der funktionalen Leistungsbeschreibung.

Da der GÜ über Art und Weise der Detailplanung und Bauausführung nach dem Vertrag selbst bestimmen kann und spätere Bemusterungen nicht mehr vorgesehen sind, müsste der AG seine gesonderten Wünsche im Vertrag im Einzelnen niederlegen.

Bei einem Verbraucherbauvertrag, § 650i BGB, zudem auch der Generalübernehmervertrag, der auf die Errichtung eines neuen Gebäudes oder zu erheblichen Umbaumaßnahmen an einem bestehenden Gebäude gerichtet sein wird, ist § 650j BGB zu beachten. Danach hat der GÜ den Verbraucher über den Inhalt der Baubeschreibung zu unterrichten, Artikel 249 § 2, Informationspflichten bei Verbraucherbauverträgen. In der Regel wird beim GÜ-Vertrag aber davon auszugehen sein, dass der Verbraucher die wesentlichen Planvorgaben durch Überreichung einer eigenen funktionellen Leistungsbeschreibung macht. Dann ist die Informationspflicht nach § 650j BGB entbehrlich.

121 Zu 3.1.3 Kalkulationsrisiko des GÜ.

Dieser Mustervertrag ist davon geprägt, dass ein bestandskräftiger Baugenehmigungsbescheid bereits vorliegt. Bei anderen Sachverhaltskonstellationen, bei denen dem GÜ als Leistungspflicht auch die Genehmigungsplanung übertragen wird, müssten noch individuellere Regelungen erfolgen. So kann der GÜ sich in diesem Stadium kaum auf Pauschalfestpreise festlegen, da er nicht absehen kann, inwieweit das vorgesehene Bauvorhaben genehmigt wird, bzw. inwieweit Auflagen erteilt werden, die die Bauausführung verteuern oder sogar unwirtschaftlich machen.

Da der GÜ so keinen Einfluss auf die Dauer des Genehmigungsverfahrens hat, kann er sich dann auch nicht auf einen bestimmten Fertigstellungstermin einlassen.

Es sind auch Sachverhaltskonstellationen denkbar, bei denen der Generalübernehmer einen Schlüsselfertig-Bauvertrag zu einem Pauschalpreis abschließt, obwohl der Werkerfolg von einer erst noch zu erstellenden Entwurfsplanung eines vom Auftraggeber noch zu beauftragenden Architekten abhängig ist. In einem spektakulären Bauprozess hatte das OLG Düsseldorf (IBR 2003, 345) über folgende Sachverhaltskonstellation zu entscheiden: Der Generalübernehmer zur Errichtung eines Bekleidungshauses in Köln hat sich auf eine Vertragsvereinbarung eingelassen, in dem er die erst noch zu erstellende Entwurfsplanung des vom Auftraggeber beauftragten Stararchitekten zum Gegenstand seiner Vertragspflichten und des für die Erbringung der Bauleistungen vereinbarten Pauschalpreises machte. Die entscheidenden Passagen des Vertragstextes lauteten: »*Zur Sicherung der angestrebten hohen architektonischen Qualität ... beabsichtigt der AG, in Abstimmung mit der Stadt K. das Architekturbüro ..., oder ein vergleichbares Architekturbüro mit der Erbringung von Architektenleistungen ... zu beauftragen. Ferner soll das von dem AG beauftragte Architekturbüro das Projekt insbesondere unter künstlerischen Gesichtspunkten begleiten.*«

Der Generalübernehmer hat nicht nur den Bauvorbescheid und den Bebauungsplan sowie die von ihm selbst einzuholende Baugenehmigung und etwaige Befreiungen zu berücksichtigen, sondern vor allem auch die Planung des von dem AG beauftragten Architekturbüros in der von dem AG freigegeben Form ... adäquat und in enger Abstimmung ... umzusetzen. Dem Generalübernehmer ist schließlich auch bewusst, dass eine Leistung zum Zeitpunkt des Vertragsabschlusses noch nicht in allen Einzelheiten feststeht und dass insbesondere das funktionale Leistungsprogramm während der Planungs- und Baudurchführungsphase voraussichtlich eine Fortschreibung erfahren wird.

Schließlich mündete der Vertrag in folgender Abrede: Der GÜ hat insbesondere auch in sein Preisangebot einkalkuliert, dass sich Änderungen des Leistungsprogramms und/oder der Planung ergeben können; ferner dass sich Positionen des Leistungsprogramms im Rahmen der funktionalen Zielsetzung ändern können oder das Programm entsprechend ergänzt werden muss. Ihm ist auch bewusst, dass sich Änderungen der Planung aufgrund der Umsetzung des Entwurfs des von dem AG beauftragten Architekturbüros aus dem Spannungsverhältnis zu deutschen Bauvorschriften ergeben können, wobei jederzeit darauf zu achten ist, dass die Hohe gestalterische Anforderung des von dem AG beauftragten Architekturbüros eingehalten wird.

Das OLG Düsseldorf entschied, dass der Generalübernehmer wirksam das Kalkulationsrisiko übernommen hat. Er kann sich nicht darauf berufen über den Umfang der zu erbringenden Leistung bei Vertragsschluss im Unklaren gewesen zu sein. Nach Auffassung des Gerichts konnte der Generalübernehmervertrag durch den GÜ weder wirksam gekündigt noch angefochten werden.

Zu 3.1.5 Beschaffenheitsvereinbarung. 122

Die DIN-Vorschriften und die allgemein anerkannten Regeln der Technik beschreiben lediglich den Mindeststandard, nach dem das Bauvorhaben zu verwirklichen ist. Nach ständiger Rechtsprechung (vgl. KG IBR 2008, 509) sind die anerkannten Regeln der Technik zum Zeitpunkt der Abnahme grundsätzlich Gegenstand jeder Beschaffenheitsvereinbarung, ohne das sie ausdrücklich dazu erklärt werden. Sind die Regeln der Technik eingehalten, ist aber das Werk für die beabsichtigte Verwendung ungeeignet, so ist das Werk mangelhaft. Dies beruht auf den sogenannten funktionalen Mangelbegriff der besagt, dass der Auftragnehmer ein funktionstaugliches Werk schuldet (BGH IBR 2008, 77; OLG Oldenburg IBR 2008, 567).

Will der Auftragnehmer insgesamt oder für einzelne Bauteile einen höheren qualitativen Standard oder bestimmte Ausführungsarten, so muss dies entweder im Vertrag selbst oder in der funktionalen Leistungsbeschreibung, auf die Bezug genommen wird, gesondert geregelt werden (beispielsweise Hervorhebung ästhetischer Bestandteile bei einem Zweckbau, OLG Schleswig IBRRS 2012, 1148).

123 Zu 3.1.6 Einschränkung des Bestimmungsrechtes des GÜ.

Falls der AG darauf Wert legt, dass ein Gewerk von einem aus seiner Sicht bestimmten (vielleicht als besonders zuverlässig erachteten oder ortsansässigen) Nachunternehmern ausgeführt werden soll, so muss dies im Vertrag geregelt werden. Der GÜ muss naturgemäß bereit sein, darüber zu disponieren. Das Anordnungsrechts des Bestellers, § 650b BGB kann abgedungen oder eingeschränkt werden.

124 Zu 3.2.1 Komplettheitsklausel.

Im Rahmen seiner Verpflichtung hat der Generalübernehmer typischerweise alle Ergebnisse der Planung auf Vollständigkeit und Funktionsfähigkeit für das Gesamtobjekt zu prüfen und fehlende für die schlüsselfertige Herstellung erforderliche Leistungen zu erbringen. Häufig finden sich in Vertragsmustern Klauseln wie »*... gegen die vereinbarte Vergütung übernimmt der Auftragnehmer alle Leistungen, die erforderlich sind, um das Werk vollständig zu erbringen, selbst wenn sie in den Vertragsunterlagen nicht erwähnt sind*«.

Wird eine solche sogenannte Komplettheitsklausel im Rahmen Allgemeiner Geschäftsbedingungen verwendet, verstößt sie gegen das in den §§ 320 ff. BGB für gegenseitige Verträge verankerte und durch § 307 BGB geschützte Äquivalenzprinzip (BGH 1997, 1036; OLG München IBR 1990, 677).

Das Prinzip der Gleichwertigkeit von Leistungen und Gegenleistungen wäre nicht eingehalten, weil der GÜ zu einem inhaltlich unbestimmten Leistungsumfang verpflichtet wird, ohne hierfür eine Gegenleistung zu erhalten.

Ergänzend finden sich Bestimmungen, nach denen der Generalübernehmer bestätigt, alle Umstände zu kennen, die für seine Leistungserbringung erforderlich sind und dass er aufgrund der Vertragsgrundlagen in der Lage ist, das Bauwerk schlüsselfertig in der geforderten Qualität zu erstellen, sogenannte »Bestätigungsklauseln«. Selbst in komplexen Globalpauschalverträgen, die dem Generalübernehmer Planungsfreiheit zur Konkretisierung der allgemeinen Angaben in der Leistungsbeschreibung mit Leistungsprogramm gewähren, ist die Wirksamkeit von derartigen Komplettheits-/Schlüsselfertigkeitsklauseln bei einer Inhaltskontrolle nach §§ 305 ff. BGB nur dann gewährleistet, wenn dem Unternehmer auch die Ausführungsplanung übertragen ist (str.; vgl. auch OLG München BauR 1990, 776).

In Individualvereinbarungen begegnen Komplettheitsklauseln in der Regel keine Wirksamkeitsbedenken (BGH BauR 1997, 464).

Allerdings wird in der Rechtsprechung der Obergerichte einschränkend gefordert, dass die nicht beschriebene, aber erforderliche Leistung bei Angebotsabgabe für den Auftragnehmer erkennbar gewesen sein musste oder die Leistung zu den Maßnahmen gehört, die nach den örtlichen und sachlichen Gegebenheiten jeder Fachmann als notwendig erachtet hätte (OLG Oldenburg BauR 1993, 228, 229; OLG Hamburg NJW-RR 1989, 530).

125 Zu 3.2.2 Anwendungsbereich der HOAI.

Formulierungen in Musterverträgen wie »*... der GÜ hat die Architektenleistungen zur Durchführung des Bauvorhabens zu erbringen. Zu den Architektenleistungen rechnen die für die Errichtung des Bauwerks notwendigen Leistungen gemäß HOAI.*« sind aus Sicht des GÜ nicht interessengerecht.

Zu Bedenken ist, dass ein Verweis insbesondere auf die Leistungsbilder des § 33 i.V.m. Anlage 11 HOAI bewirken könnte, dass der GÜ jeweils Teilerfolge in Ausrichtung an die Arbeitsschritte der Leistungsphasen des § 33 HOAI schulden würde. Darauf kann sich ein Generalübernehmer kaum einlassen, da er dann in Anlehnung an die Entscheidung des BGH (BauR 2004, 1640) mit einer Kürzung seiner Vergütung zu rechnen hätte, so er nicht alle Grundleistungen nach den Leistungsbildern der HOAI erbringt. Bei der Bepreisung soll auch die Heranziehung der Mindestsätze der HOAI beim Generalübernehmervertrag nicht in Betracht kommen (vgl. OLG Frankfurt IBR 2013, 218).

Zu 3.3.1 Leistungsbestimmungsrecht des GÜ. 126

Der AG muss bei einem typischen Generalübernehmervertrag mit lediglich funktionaler Leistungsbeschreibung wissen, dass er seine Planungshoheit und sein Anordnungsrecht über Art und Weise der Detailplanung und Bauausführung aus den Händen gibt. Will er das nicht, so muss er seinen Bauvertrag anders aushandeln. Zu verweisen ist hier etwa auf die Vertragsregelungen eines Generalunternehmervertrages.

§ 1 Abs. 3 VOB/B und § 650b BGB würde dem AG ermöglichen, noch nach Vertragsschluss Änderungen des Bauentwurfs anzuordnen, ohne den Bauvertrag kündigen zu müssen. Dieses einseitige Leistungsänderungsrecht des AG würde dem Interesse des GÜ zu wider laufen, selbst über die Art und Weise der Detailplanung und Bauausführung zu entscheiden. Der GÜ hat den vereinbarten Pauschalpreis so kalkuliert, dass er im Rahmen der Vorgaben einer funktionalen Leistungsbeschreibung über die verwendeten Baustoffe und Konstruktionsart ein eigenes Leistungsbestimmungsrecht hat. Aus Sicht des GÜ sollte daher § 1 Abs. 3 VOB/B und § 650b BGB abbedungen werden.

Will dagegen der AG das Anordnungsrecht, Leistungsbestimmungsrecht und seine Planungshoheit, also an sich typische Bauherrenaufgaben, behalten, so muss ein anderer Vertragstyp gewählt werden. Verwiesen wird auf die Ausführungen zum Einheitspreisvertrag und zum Generalunternehmervertrag.

Zu 3.3.2 Änderung der Preisgrundlage. 127

Da nach diesem Muster das Leistungsänderungsrecht des AG abbedungen wurde, findet sich hier ein Formulierungsvorschlag, nach dem der GÜ verpflichtet ist, unter den dort genannten engen Voraussetzungen mit dem AG eine Nachtragsvereinbarung zu schließen.

Oft liegen dem GÜ-Vertrag standardisierte und zur mehrfachen Verwendung bestimmte Konzepte, (Gewerbegebäude zum Betreiben bestimmter Discountmärkte, Tankstellen, Fast-Food-Restaurants) zugrunde, so dass der GÜ den Pauschalpreis günstig kalkulieren konnte. Wenn nun durch Änderungswünsche von diesen typisierten Konzepten abgewichen werden muss, so wird er Interesse daran haben, die Mehraufwendungen eher nach der üblichen Vergütung, als der im Vertrag kalkulierten Vergütung zu berechnen.

Zu 4.0 Leistungs- und Kostenabgrenzung. 128

Der Generalübernehmer übernimmt typischerweise eine Reihe von Aufgaben im Planungs-, Abwicklungs- und Koordinierungsbereich, die bei üblichen Bauverträgen eigentlich Bauherrenaufgaben sind. Er beauftragt oft selbst Sonderfachleute, Prüfstatiker oder Prüfingenieure und übt manchmal auch noch Geschäftsbesorgung bei der Finanzierung oder der Vermietung des Bauobjektes aus, teilweise wird bei der Übernahme umfangreicher Planungsleistungen und Geschäftsbesorgungen vom Totalübernehmer gesprochen (Ingenstau/Korbion Anhang 2, Rn. 123).

Zum Aufgabenbereich des Generalübernehmers gehören manchmal umfangreiche Maßnahmen im Bereich der Erschließung des Grundstücks. Es muss daher im Vertrag genauestens abgegrenzt werden, welche Aufgaben und Kostentragungspflichten in der Sphäre des Auftraggebers liegen und welche Leistungsverpflichtungen und Kostenübernahmen der Generalübernehmer zu erfüllen hat. Im Vertragsmuster wurde daher in eigenen Vertragsklauseln die Leistungs- und Kostenabgrenzung niedergelegt. Diese ist naturgemäß jeweils auf den Einzelfall auszuverhandeln und anzupassen.

129 Zu 4.1.0 Baugrundrisiko.

Häufig stellt sich nach Auftragserteilung heraus, dass das Baugrundstück im Bezug auf die Bodenklasse, Grundwasserverhältnisse, Altlasten etc. nicht dem entspricht, was zum Zeitpunkt des Vertragsschlusses von den Vertragsparteien vorausgesetzt wurde. Das Baugrundrisiko wird in den Fällen, in denen diese Erschwernisse für beide Seiten nicht erkennbar waren, dem Besteller/Auftraggeber zugewiesen (vgl. Ingenstau/Korbion VOB/B § 2 Abs. 1 Rn. 19 ff.).

Wenn nichts Besonderes vereinbart ist, schuldet der Auftragnehmer keine eigenen Baugrunduntersuchungen. Ebenso wenig muss grundsätzlich der Auftragnehmer ein ihm von dem Auftraggeber zur Verfügung gestelltes Baugrundgutachten eingehend fachlich prüfen. Dazu wird er ohnehin nicht in der Lage sein, weil das Gutachten von einem Sonderfachmann erstellt wurde (OLG Düsseldorf BauR 1994, 764).

Inwieweit diese Grundsätze auch beim Generalübernehmervertrag gelten ist insoweit fraglich, als der Generalunternehmer auch Planungsarbeiten übernimmt. Oftmals ist gerade vom Generalübernehmer die Prüfung der konstruktiven Planung, wie Tragfähigkeit, Stärken und die Prüfung der Genehmigungsfähigkeit der Baumaßnahme geschuldet.

Um diese sachlichen und rechtlichen Unwägbarkeiten von vornherein zu vermeiden, sollte wegen des Baugrundrisikos eine klare Regelung im Vertrag mit eingearbeitet werden. Hier wurde zur Geschäftsgrundlage der Parteien ein vom Auftraggeber erholtes Fachgutachten erhoben. Es wird klargestellt, dass nur nach Maßgabe dieser Grundlage des Gutachtens die Gründung konzipiert wird und im Pauschalpreis einkalkuliert ist. Mehraufwendungen die entstehen, weil der tatsächliche Baugrund von dem im Gutachten festgehaltenen Zustand nachteilig abweicht, sollte sich nicht der Generalübernehmer aufbürden lassen.

130 Zu 4.2.0 Nachträgliche behördliche Auflagen.

Der GÜ sollte durch einen Pauschalpreisvertrag auch keine für ihn nicht kalkulierbaren Risiken übernehmen, falls im Nachhinein durch nicht vorhersehbare behördliche Auflagen Mehraufwendungen und damit Mehrkosten entstehen.

131 Zu 4.4.0 Genehmigungs- und Erschließungskosten.

Derartige grundstücksbezogene Kosten sollten vom Grundstückseigentümer, also dem Auftraggeber/der Bauherrschaft, getragen werden. Da der Generalübernehmer weitgehende Bauherrenaufgaben übernimmt, muss aber zur Klarstellung im Vertrag diese Kostenzuordnung aufgenommen werden. Soweit solche Kosten der GÜ übernehmen soll, wäre konsequenterweise die kalkulierte Pauschalvergütung von vornherein anzupassen.

132 Zu 5.0 Weitere Leistungspflichten des GÜ.

Die aufgeführte Übernahme von Einzelleistungen durch den GÜ darf nicht unkritisch übernommen werden, sondern muss je nach Einzelfall zwischen den Parteien ausgewogen, auch im Hinblick auf den kalkulierten Pauschalpreis, ausverhandelt werden.

133 Zu 6.2 Prüfzeugnisse.

Bestimmte Bauteile (etwa bestimmte Glastypen) können vom AG nicht durch Sichtkontrolle auf ihre Ordnungsgemäßheit überprüft werden. Deshalb sollte es sich der AG vorbehalten, die Beschaffenheit entsprechender Baustoffe und Bauteile durch Prüfzeugnisse belegen zu lassen.

134 Zu 6.5 Bauleiter.

Die zivilrechtlichen Bauleitungsaufgaben hat typischerweise der Generalübernehmer zu übernehmen. Der AG muss Interesse daran haben, schon während der Bauphase zu überprüfen, inwieweit die vertraglich geschuldeten Leistungen und Lieferungen ordnungsgemäß und vollständig erbracht werden. Sinnvollerweise sollte im Vertrag klargestellt werden, dass auch die öffentlich-rechtliche Verpflichtung einen verantwortlichen Bauleiter nach der jeweiligen Bauordnung einzusetzen, ebenfalls eine Verpflichtung des Generalübernehmers darstellt.

Zu 6.6 Dokumentationspflicht.

135

Da der GÜ für den AG sämtliche Gewerke des Bauvorhabens erbringt und der AG nicht in die Vertragsverhältnisse mit den jeweiligen Nachunternehmern und Baubeteiligten involviert ist, sollte sich der AG die Art und Weise der tatsächlichen Bauausführung möglichst umfassend dokumentieren lassen.

Zu 7.0 Leistungszeit.

136

Dieses Vertragsmuster ist davon geprägt, dass der Baugenehmigungsbescheid bereits bestandskräftig erteilt ist. Ein GÜ kann sich ansonsten nicht auf bestimmte und verbindliche Fertigstellungsfristen einlassen, falls durch ein schwebendes Baugenehmigungsverfahren noch nicht einmal sicher bestimmbar ist, wann mit den Arbeiten begonnen werden kann bzw. welche Bedingungen und Auflagen noch erteilt werden. Nach Artikel 249 § 2 Abs. 2 Informationspflichten bei Verbraucherbauverträgen ist eine verbindliche Angabe zum Zeitpunkt der Feststellung des Werkes anzugeben bzw., so der Beginn der Baumaßnahme noch nicht feststeht, deren Dauer anzugeben.

Zu 8.0 Verzugsfolgen.

137

Das Vertragsmuster geht von der Sachverhaltskonstellation aus, dass bereits eine bestandskräftige Baugenehmigung erteilt ist. Vorsicht ist für den Generalübernehmer geboten, sich auf verbindliche Fertigstellungstermine einzulassen, wenn es zu seinem eigenen Leistungsumfang gehört, die Baugenehmigung zu erwirken. Zwar gilt bei Bauverträgen im Allgemeinen, dass der Unternehmer mit der Erfüllung seiner Bauleistung nicht in Verzug gerät, solange die Baugenehmigung nicht erteilt ist, weil der Anspruch des Bauherrn auf Herstellung des Werkes noch nicht fällig ist (dazu Werner/Pastor Rn. 2329).

Da der Generalübernehmer üblicherweise ausschließlich mit Nachunternehmern arbeitet, muss er, bevor er sich auf verbindliche Fertigstellungsfristen einlässt, sehr sorgfältig prüfen, ob aufgrund der vorhandenen Unterlagen die einzelnen Gewerke detailliert ausgeschrieben werden können und leistungsbereite Nachunternehmer zur termingerechten Erledigung der Arbeiten zur Verfügung stehen.

Zu 9.0 Kalkulation der Vergütung.

138

Bei Generalübernehmermodellen werden üblicherweise Pauschalpreise vereinbart. Einheitspreisvereinbarungen sind selten (vgl. Analyse von Warnecke, Seite 248).

Kennzeichnend für den komplexen Globalpauschalvertrag ist die pauschale Beschreibung der Leistung, wie z.B. die Verwendung eines reinen Leistungsprogramms mit Zieldefinition und damit einhergehend der Gebrauch von sogenannten Komplettheits- und Schlüsselfertigkeitsklauseln im Vertrag. Der Generalübernehmer muss also dann immer wissen, dass mit der Pauschalierung der Vergütung weitgehend auch das Risiko der Unvollständigkeit und Lückenhaftigkeit der vom Auftraggeber bereitgestellten Leistungsbeschreibung übernommen wird.

Zu 10.0 Fälligkeit/Zahlungen der Vergütung.

139

Der Generalübernehmer kann Empfänger von Baugeld im Sinne des § 1 Abs. 1 BauFordSiG sein. Es ist gerechtfertigt, den Anwendungsbereich des § 1 BauFordSiG durch eine großzügige Auslegung des Tatbestandsmerkmals auszudehnen, damit der Schutz der am Bau beteiligten nicht umgangen werden kann (OLG Düsseldorf IBR 2005, 1191). Die Zweifelsfrage, in welcher Höhe der Generalübernehmer insbesondere in Verbraucherverträgen Abschlagszahlungen zu seinen Gunsten regeln kann, ist nunmehr in § 632a i.V.m § 309 Nr. 15 BGB geregelt.

140 Zu 11.0 Abnahme.

Die Abnahme kann, sofern keine Teilabnahmen vereinbart sind, nur verlangt werden, wenn das Vertragsobjekt vollständig – nicht notwendig mangelfrei – fertig gestellt ist. Der Auftraggeber nimmt beim Generalübernehmervertrag typischerweise nicht jedes Gewerk einzeln ab, sondern die Abnahme erfolgt nach Gesamtfertigstellung das Gesamtobjekt. Der Generalübernehmer sollte nun ein Interesse daran haben, dass im Vertrag die Abnahmereife so definiert wird, dass auf die vertraglich vereinbarte Benutzungsfähigkeit und Funktionstüchtigkeit abgestellt wird. Es mag sein, dass beispielsweise ein noch nachzuerfüllender Farbanstrich der Außenfassade begrifflich einen wesentlichen Mangel darstellt, auch wenn dadurch die Benutzungsfähigkeit und Funktionstüchtigkeit des Gesamtobjektes nicht weiter gemindert ist. Umgekehrt sind Fallkonstellationen denkbar, dass die Werkleistung des Generalübernehmers zwar den Regeln der Technik entspricht, jedoch die geschuldete Funktionstauglichkeit des Werkes nicht erreicht werden kann. Die Definition der Abnahmereife korrespondiert somit im Generalübernehmervertrag mit dem vertraglich vereinbarten Werkerfolg. Maßgeblich für die Beurteilung, ob das Werk des Unternehmers vertragsgerecht ist oder nicht, ist der aufgrund des Vertrags geschuldete Werkerfolg und nicht die Ausführung des Werkes; dies selbst dann nicht, wenn der Unternehmer das Werk entsprechend der vertraglichen Vereinbarung ausführt (vgl. dazu BGH BauR 2000, 411; BauR 2002, 1446; BauR 1999, 37).

Beim Verbraucherbauvertrag ist zu beachten, dass nach § 650o BGB i.V.m. § 640 Abs. 2 Satz 2 BGB Regelungen über Abnahmefiktionen eingeschränkt sind. Die Regelung des § 640 Abs. 2 Satz 2 BGB ist im Verbraucherbauvertrag unabdingbar.

141 Zu 12.0 Erfüllungsansprüche.

In diesem Vertragsmuster wird unterschieden zwischen den Ansprüchen auf Erledigung von Mängelbeseitigungsmaßnahmen und Restarbeiten bis zur Abnahme (Erfüllungsstadium) und solchen Ansprüchen, die nach Abnahme entstehen (Gewährleistungsansprüche, vgl. § Ziff. 13.0 des Vertragsmusters). Da die Regelungen der VOB/B nicht als Ganzes im Generalübernehmervertrag vereinbart werden, sollte eine individuelle Regelung für die Durchsetzung der Ansprüche auf Mängelbehebungsmaßnahmen und Restarbeiten eingearbeitet werden. Nach dem FoSiG kann im Falle von Mängeln das Leistungsverweigerungsrecht hinsichtlich Zahlungen nicht mehr mit mindestens dem »Dreifachen« angesetzt werden, sondern in der Regel nur noch mit dem »Doppelten« der für die Beseitigung des Mangels erforderlichen Kosten. Letzteres ist in § 641 BGB n.F. integriert. Nach dieser gesetzlichen Neuregelung kann wegen unwesentlicher Mängel die Abschlagszahlung durch den Auftraggeber nicht verweigert werden. Bei wesentlichen Mängeln besteht dagegen, anders als nach der VOB/B, kein Recht auf Abschlagszahlungen. Um keine Zweifel aufkommen zu lassen, ob nach dem Vertrag die gesetzliche Regelung oder die Regelungen der VOB/B anzuwenden sind, sollte von vorneherein eine individualisierte Vertragsregel aufgenommen werden.

Der GÜ wiederum wird einen Druckzuschlag auf voraussichtliche Kosten für die Mängelbeseitigung und Restarbeiten deckeln wollen, um ausreichende Liquidität zu erreichen.

142 Zu 13.0 Gewährleistungsansprüche.

Typisch für den Generalübernehmervertrag ist die Leistungserbringung unterschiedlichster Bauteile mit verschiedenen Anforderungen. Eine einheitliche Gewährleistungszeit (z.B. 5 Jahre) kann für den Generalübernehmer Risiken in sich bergen. So etwa für mechanische/elektronische Teile, deren Haltbarkeit von Wartungen abhängt bzw. oftmals nicht zum üblichen Verschleiß des Bauteils abgegrenzt werden kann.

Dagegen wird der AG ein Interesse daran haben, dass für bestimmte Bauteile (Dichtigkeit des Flachdaches) eine längere Gewährleistungszeit vereinbart wird. Die üblichen Verlängerungen von Verjährungsfristen für Mängelansprüche im Hinblick auf die Dichtigkeit des Daches oder einer weißen Wanne auf 10 Jahre dürften AGB-rechtlich halten. Jedenfalls hat der BGH (BauR 1996,

707) eine vorformulierte Verjährung der Gewährleistungsfrist auf 10 Jahre für Flachdacharbeiten für unproblematisch gehalten.

Der GÜ muss darauf achten, dass seine Gewährleistungsverpflichtung gegenüber dem AG nicht länger ist, als seine Regressierungsmöglichkeit gegenüber seinen Nachunternehmern/sonstige Baubeteiligten. Der Beginn von Gewährleistungsfristen aus den Rechtsverhältnissen des GÜ zu seinen Nachunternehmern für die Einzelgewerke differenziert in der Regel zum einheitlichen Beginn (Abnahme des einheitlichen Gesamtobjektes) der Gewährleistungszeit aus dem Generalübernehmervertrag. Der GÜ sollte diese Gesichtspunkte in der Gewährleistungsregelung mit seinen Nachunternehmern berücksichtigen.

Der AG hat nur einen Vertragspartner und somit einen Anspruchsgegner, den GÜ. Falls der GÜ in Insolvenz gerät, können ihm gegenüber wirtschaftlich gesehen (bis auf die in der Regel auf 5 % der Auftragssumme gedeckelten Ansprüche aus der Gewährleistungsbürgschaft) keine Gewährleistungsansprüche realisiert werden.

Durch die Abtretung tritt der AG in die Rechte (und damit auch in die Gewährleistungsansprüche) des GÜ aus seinen Rechtsverhältnissen zu den jeweils von ihm beauftragten Nachunternehmern bzw. sonstigen Baubeteiligten ein.

Zu 14.0 Wechselseitiges Verlangen von Sicherheiten. 143

Die Vertragserfüllungsbürgschaft sichert den AG für Erfüllungsansprüche (bzw. bei Schlechterfüllung des Vertrags durch den GÜ daraus resultierende Schadensersatz- und Folgeansprüche) bis zum Erfüllungsstadium – also bis zur Abnahme – ab.

Nur im Extremfall bleibt der GÜ nach Vertragsschluss völlig untätig und das Vertragsverhältnis muss gekündigt werden. Der AG erleidet hohe finanzielle Schäden durch Beauftragung einer Drittfirma mit der kostenträchtigen Selbst- und Ersatzvornahme. Dem AG entsteht ein weitergehender Schaden, weil er den vorgesehenen Betrieb in dem Vertragsobjekt nicht aufnehmen kann. Bei der Höhe der Vertragserfüllungsbürgschaft mag der AG dies berücksichtigen.

Der GÜ wiederum möchte die Höhe der Vertragserfüllungsbürgschaft betragsmäßig niedrig gedeckelt wissen, um Avalkreditprovisionen bzw. Liquiditätsprobleme zu vermeiden.

Zu 15.0 Haftung. 144

Der Generalübernehmer trägt grundsätzlich die Gefahr bis zur Abnahme der Bau- bzw. Werkleistung im Zusammenhang mit den Regelungen der Gefahrtragung nach §§ 644 Abs. 1 Satz 1, 645 BGB. Der Unternehmer trägt insbesondere die Leistungsgefahr. Ein Vor Abnahme zufällig untergegangenes/verschlechtertes Werk muss der Unternehmer nochmals herstellen. § 644 BGB ist abdingbar. Bei Änderungen im Rahmen von Allgemeinen Geschäftsbedingungen ist § 307 Abs. 2 BGB zu beachten. In Rechtsprechung und Literatur ist man sich einig, dass nach Baubeginn in erster Linie der Unternehmer die Verkehrssicherungspflicht trifft, da er mit seinen Bauarbeiten die Gefahrenquelle unmittelbar schafft und auch die tatsächliche Verfügungsgewalt hat, um die notwendigen und zumutbaren Sicherungsmaßnahmen zu treffen um für geordnete Verhältnisse auf der Baustelle zu sorgen. Die Verkehrssicherungspflicht des Unternehmers bezieht sich sowohl auf die eigenen Betriebsangehörigen, wie auch gegenüber den übrigen Bauhandwerkern (OLG Brandenburg, BauR 2001, 656) und dem Schutz Dritter (vgl. umfassend Werner/Pastor Rn. 1847).

Zur Klarstellung sollte die Haftungs- und Risikoverteilung im Vertrag mit aufgenommen werden. Der Generalübernehmer sollte im eigenen Interesse darauf Wert legen, dass die damit einhergehenden Risiken soweit möglich durch Versicherungen abgedeckt werden.

Zu 16.0 Kündigung. 145

Da die Regelung des § 8 VOB/B (Kündigung durch den AG) einige spezielle Konstellationen (Insolvenzeintritt des GÜ; Bauzeitverzögerung) erfasst, sollte ein Auffangtatbestand eingearbeitet werden, wonach die Kündigung des Vertrags bei besonders gravierenden und für den AG unzumutbaren Vertragsverstößen des GÜ möglich ist.

Das Kündigungsrecht des GÜ gegenüber dem AG aus § 9 VOB/B bezieht sich insbesondere auf die Fallgruppen Annahmeverzug und Zahlungsverzug des AG. Die dort geregelten Voraussetzungen, um überhaupt den Anspruch auf Auftragsentziehung auszulösen, sind gesondert zu beachten.

146 **Zu 17.0 Schriftformklausel.**

Die Schriftformklausel dient den Parteien zur Rechtssicherheit und Rechtsklarheit, welche vertraglichen Abreden zwischen ihnen verbindlich (auch geänderte und tatsächliche Abreden) gelten.

147 **Zu 18.0 Widerrufsrecht**

Die Einfügung der Widerrufsbelehrung ist der Neuregelung unter Artikel 249 § 3 der Informationspflichten bei Verbraucherbauverträgen geschuldet. Das Muster der Widerrufsbelehrung bei Verbraucherbauverträgen ist in Anlage 10 zu Artikel 249 § 3 vorgegeben.

5. Subunternehmervertrag

a) Vorbemerkung

148 Der Subunternehmervertrag – auch Nachunternehmervertrag (NU-Vertrag) –, wie er nachfolgend dargestellt wird, berücksichtigt zum einen den in diesem Werk verwendeten Aufbau des Generalunternehmervertrages (GU-Vertrag), da er mit diesem eng verwoben ist. Zum anderen berücksichtigt er die am Markt üblichen Gepflogenheiten (vorgeschaltetes Verhandlungsprotokoll, welches Bezug nimmt auf den GU-Vertrag einerseits und die Nachunternehmerbedingungen – NUB – andererseits), ferner auch die Markt(-macht)verhältnisse (vom GU gestellte AGB).

Der Nachunternehmervertrag wird in der Regel vom Generalunternehmer (GU), aber auch vom Generalübernehmer (GÜ) verwendet und einseitig gestellt. Wie bei der Definition des Generalunternehmervertrages bereits dargestellt, lässt der GU regelmäßig einen Teil der ihm übertragenen Arbeiten durch Nachunternehmer erbringen. Der GU, der häufig zum Beispiel die Erd-, Maurer- und Betonarbeiten selbst erbringt, bedient sich hinsichtlich der Spezial- und Ausbaugewerke, wie auch der Haustechnik etc. solcher Fachfirmen, die er bereits zuvor zum Zwecke der Preisfindung seines GU-Preises angefragt hat und – im günstigsten Falle – durch einen **Vorvertrag** (häufig in der Form eines **Verhandlungsprotokolls**) vertraglich und preislich dergestalt gebunden hat, dass er im Auftragsfalle auf die jeweiligen Nachunternehmer zurückgreifen kann.

Der Gesamtpreis des GU setzt sich daher regelmäßig zusammen nicht nur aus eigenen Erfahrungswerten und einer eigenen Kalkulation der betreffenden Gewerke, sondern auch aus einer vorherigen Markterkundung, wobei der GU häufig seinerseits eine beschränkte Ausschreibung vornimmt, indem er die jeweiligen gewerkespezifischen Teile des Hauptleistungsverzeichnisses aus seiner GU-Leistung herauslöst und separat auf den Markt gibt. Er erhält dann einzelne Bausteine (nämlich die jeweiligen Preise der jeweiligen Gewerke) als Angebote potentieller Nachunternehmer. Diese fließen dann ein in seinen GU-Gesamtpreis und seine GU-Kalkulation, wobei der GU aus Gründen zeitlicher Enge (weil häufig sein GU-Angebot innerhalb einer gewissen Frist abzugeben ist, z.B. zum Submissionstermin einer Öffentlichen Ausschreibung) noch keinen fest verhandelten Endpreis seines jeweiligen potentiellen Nachunternehmers kennt/in Ansatz bringen kann.

Insoweit setzt sich also der GU-Preis häufig zusammen aus Annahmen und Erwartungen, in denen der GU in Ansatz bringt, dass er davon ausgeht, dass er ein jeweiliges ihm vorliegendes Nachunternehmerangebot noch herunterhandeln wird (prozentuale Nachlässe, Skonti). Im Übrigen beaufschlagt er jedoch in seiner eigenen Kalkulation den NU-Preis auch noch um seinen sogenannten GU-Zuschlag (z.B. 10 %) für seine eigenen Regiekosten und Gewinnanteile.

Aus dieser Konstellation resultiert eine gewisse Marktmacht des GU, der auf diese Art und Weise regelmäßig eine Reihe von Nachunternehmern an sich bindet, jedoch jeweils sich offenhält, auf den konkret günstigsten zurückzugreifen. In seltenen Fällen werden auch sogenannte Rahmenverträge mit Nachunternehmern abgeschlossen, mit welchen bereits Preise oder häufig relevante Preise für einen gewissen Zeitraum verbindlich festgeschrieben werden. Derartige Rahmenverträge werden hier nicht behandelt.

Aufgrund der vorstehend skizzierten Konstellation liegt der Schwerpunkt der Vertragsanbahnung und Vertragsgestaltung beim Nachunternehmer nicht auf dem eigentlichen Vertrag, der häufig – so auch in dieser Darstellung – nur als sogenannte **Nachunternehmerbedingungen** (NUB) dem jeweiligen Nachunternehmer in Form Allgemeiner Geschäftsbedingungen vorgegeben wird, sondern der Schwerpunkt liegt auf dem sogenannten **Verhandlungsprotokoll**. Mit dem Verhandlungsprotokoll wird das seitens des NU unterbreite Angebot zu einem – häufig mit einer Bindefrist versehenen – Vorvertrag, da der GU seinerseits häufig zu diesem Zeitpunkt noch nicht genau weiß, ob er den GU-Auftrag selbst akquirieren wird. Der GU will sich also noch nicht selbst binden bzw. einen Vorbehalt/eine Bedingung des Zuschlags des Hauptauftrages vereinbaren, aber in jedem Falle den NU an sich binden.

Dies korrespondiert im Falle einer europaweiten Ausschreibung mit § 6d EG Abs. 1 S. 1 und 2 VOB/A (2016), die lauten:

»Ein Bewerber oder Bieter kann sich zum Nachweis seiner Eignung auf andere Unternehmen stützen – ungeachtet des rechtlichen Charakters der zwischen ihm und diesen Unternehmen bestehenden Verbindungen (Eignungsleihe). In diesem Fall weist er dem öffentlichen Auftraggeber gegenüber nach, dass ihm die erforderlichen Kapazitäten zur Verfügung stehen werden, indem er beispielsweise die diesbezüglichen verpflichtenden Zusagen dieser Unternehmen vorlegt.«

Hierzu sieht das Vergabehandbuch (VHB) Ausgabe 2008 (Stand April 2016) ein Formblatt Nr. 236EG »Verpflichtungserklärung anderer Unternehmen EG« vor, nach welchem der NU sich mit Unterschrift verpflichtet, im Falle einer Auftragsvergabe an den GU diesem mit den Fähigkeiten (Mittel/Kapazitäten) seines Unternehmens für genau benannte Leistungsbereiche zur Verfügung zu stehen.

Mit dem Verhandlungsprotokoll werden sodann Konkretisierungen des Angebots vorgenommen, im übrigen jedoch zahlreiche wesentliche vertrags- und preisrechtliche Absprachen bereits fixiert, wie z.B. Sicherheiten, Gewährleistung, Vertragsstrafe, Nebenkostenumlage, Abnahmemodalitäten, Nachträge etc.

Mit der hier folgenden Darstellung soll deshalb das Rad nicht neu erfunden werden, es soll vielmehr diesen üblichen Gepflogenheiten Rechnung getragen werden. Da die Marktmacht des GU dominierend ist, wird auch nicht der Versuch unternommen, einen NU-Vertrag aus Sicht des AN zu entwerfen, da dieser in der Praxis nicht durchsetzbar sein wird. Da der GU bestrebt ist, möglichst viel an Vertragsbedingungen, die in seinem GU-Vertrag mit dem Bauherrn beinhaltet sind, an den NU durchzustellen, kann hinsichtlich der Kommentierung einzelner Bestimmungen und Regelungen häufig vom Grundsatz her auf die diesbezügliche Kommentierung beim GU-Vertrag verweisen werden. Gesondert kommentiert werden daher im Wesentlichen die Abweichungen hiervon bzw. die Besonderheiten.

Eine Besonderheit gerade beim Einsatz von Nachunternehmern ist der Einsatz ausländischer Arbeitskräfte und ausländischer Unternehmen. Aufgrund der hier geltenden besonderen Gesetze aus dem Bereich des Sozial- und Steuerrechts mit Bußgeldandrohungen gegenüber den GU im Falle der Nichteinhaltung findet sich als weiterer Vertragsbestandteil in dieser Darstellung eine sogenannte **Selbstauskunft** mit entsprechenden Zusicherungen, näheren Angaben und Erklärungen, schließlich eine von jedem Arbeitnehmer des Subunternehmers zu unterzeichnende **Arbeitnehmer-Erklärung zum Mindestentgelt**.

b) Muster Verhandlungsprotokoll

149 für das Bauvorhaben .....

Bauherr .....

zwischen Firma .....

(im Nachfolgenden GU)

und Firma .....

(im Nachfolgenden NU)

rechtsgültig vertreten durch ..... .

Telefon .....

Telefax .....

Mobilnummer .....

Weitere Teilnehmer der Verhandlung: .....

1. Verhandlungsgegenstand

Der GU beabsichtigt, dem NU die Ausführung des Gewerkes .....

Bei Bedarf: Die Pos. ..... aus dem Haupt-LV des Bauherrn (Seite ..... bis Seite .....)

des oben genannten Bauvorhabens zu übertragen.

Das Angebot des NU vom .....

schließt mit einer Angebotssumme von netto € .....

rechnerisch geprüft netto € .....

Änderungen:

☐ Es entfallen folgende Leistungen/Pos. .....

☐ Zusätzliche Leistungen: ..... gem. Angebot ..... zum Preis von netto € .....

Nachlass:

☐ prozentual ..... % oder

☐ absolut in € .....

Endgültiger Preis netto € .....

Dieser Preis gilt

☐ als vorläufige Summe, Abrechnung erfolgt nach ausgeführten Massen laut anerkanntem Aufmaß zu Einheitspreisen gemäß dem Angebot zugrundeliegenden und diesem Verhandlungsprotokoll beiliegenden Leistungsverzeichnis (LV) – Einheitspreisvertrag –

☐ als Pauschalsumme – Pauschalvertrag –

jeweils als Festpreis bis zur endgültigen Fertigstellung. Nachlässe gelten für die Abrechnungssumme inklusive aller Zusatz- und Nachtragsaufträge

2. Vertragsbestandteile

Für den Vertrag gelten die folgenden Vertragsbestandteile:
a. Dieses Verhandlungsprotokoll nebst dazugehörigem (späterem) Auftragsschreiben des GU
b. Das Leistungsverzeichnis bzw. die Leistungsbeschreibung nebst Vorbemerkungen vom ..... Seiten ..... (Anlagen Nr. .....)
c. Der GU-Vertrag des Bauherrn nebst dazugehöriger Besonderer Vertragsbedingungen, Zusätzlicher Vertragsbedingungen, Technischer Vertragsbedingungen etc. vom ..... Seiten ..... (Anlage Nr. .....)

d. Die Pläne gemäß Planliste vom ..... (Anlage Nr. .....) einschließlich der statischen Berechnungen (Anlage .....)
e. Die Baugenehmigung vom ..... (Anlage Nr. .....)
f. Der Terminplan/Rahmenterminplan vom ..... (Anlage Nr. .....)
g. Das Baugrundgutachten vom ..... (Anlage Nr. .....)
h. Die Grundwasseruntersuchung vom ..... (Anlage Nr. .....)
i. Die Altlastenuntersuchung vom ..... (Anlage Nr. .....)
j. Das Brandschutzgutachten vom ..... (Anlage Nr. .....)
k. Die Bedingungen des GU zum Werkvertrag für Nachunternehmer (NUB) gemäß Anlage/umseitig aufgedruckt
l. Die VOB/B in der bei Vertragsabschluss, die VOB/C in der bei Abnahme jeweils gültigen Fassung
m. Das Angebot des NU vom ..... (Anlage Nr. .....)
n. Die Selbstauskunft des NU mit Angaben zu Mindestarbeitsbedingungen und Arbeitnehmereinsatz (Anlage Nr. .....)

3. Leistungsumfang

Der Leistungsumfang gemäß vorstehenden Vertragsunterlagen

☐ ist bereits abschließend definiert

☐ kann sich bis zum Ablauf der Angebots- und Bindefrist noch ändern, so dass unter Umständen ein Zuschlag/eine Angebotsannahme abweichend vom Angebot/Verhandlungsprotokoll erfolgt

4. Ausführung der Leistung

Gemäß § 4 Abs. 2 VOB/B hat der NU die Leistungen unter eigener Verantwortung nach dem Vertrage auszuführen. Im Übrigen gilt § 4 Abs. 8 VOB/B, der Einsatz von Nachunternehmern durch den NU bedarf der Zustimmung des GU mit Ausnahme der unter Ziff. 6 dieses Verhandlungsprotokolls bereits benannten Nachunternehmer.

Als Fachbauleiter des NU im Sinne der LBO wird benannt: ..... .

Der verantwortliche Bauleiter bzw. sein Vertreter hat während der normalen Arbeitszeiten ständig auf der Baustelle anwesend zu sein und ist erreichbar per Handy unter ..... .

Der Bauleiter des NU ist verpflichtet, an den vom Bauherrn anberaumten Jour-Fix-Terminen teilzunehmen.

5. Leistungsänderungen

Für zusätzliche im Vertrag nicht vorgesehene Leistungen sind dem GU vor der Ausführung schriftliche Nachtragsangebote zu unterbreiten. Eine Vergütung derselben setzt voraus, dass vor der Ausführung eine Beauftragung durch den GU erfolgt, bei Leistungen in einem Wert von über € ..... in schriftlicher Form.

Stundenlohnarbeiten werden nur vergütet, wenn sie vom GU ausdrücklich angeordnet wurden. Die Stundenberichte sind spätestens am darauffolgenden Arbeitstag der zuständigen Bauleitung ..... /dem zuständigen Polier ..... zur Unterzeichnung vorzulegen.

Bei Arbeiten im Stundenlohn gilt folgender Verrechnungssatz als vereinbart:

€ ..... /Stunde für Bauleiter/Polier,

€ ..... /Stunde für Meister/Facharbeiter,

€ ..... /Stunde für sonstige Mitarbeiter (einschl. Hilfsarbeiter und Lehrlinge)

6. Nachunternehmer

Der NU beabsichtigt, für folgende Teilleistungen seinerseits Nachunternehmer einzusetzen:

Gewerk/Los/Pos. ..... (Seiten des Haupt-LV .....) Name:

Gewerk/Los/Pos. ..... (Seiten des Haupt-LV .....) Name:

Gewerk/Los/Pos. ..... (Seiten des Haupt-LV .....) Name:

Gewerk/Los/Pos. ..... (Seiten des Haupt-LV .....) Name:

7. Vertretung und Mitwirkung des GU

Zur Wahrnehmung der Interessen des GU benennt dieser folgende Personen:

..... als Oberbauleiter

..... als Bauleiter/Polier

8. Ausführungsfristen

Ausführungszeit

- ☐ Voraussichtlicher Ausführungszeitraum zwischen ..... KW und ..... KW
- ☐ Gesamtausführungsdauer für die gesamte vereinbarte Leistung ..... Werktage einschl./ohne Samstage oder ..... Wochen, oder ..... Monate.

Beginn der Ausführung

- ☐ innerhalb von ..... Kalendertagen nach Aufforderung/Leistungsabruf durch den GU oder
- ☐ voraussichtlich/exakt am .....

Fertigstellungstermin

- ☐ Fertigstellungstermin am ..... oder
- ☐ Fertigstellung gemäß Bauzeitenplan (Anlage Nr. .....)

Zwischentermine

- ☐ Vereinbarte Zwischentermine für Teilleistungen:

    Vorlage der Werkstattzeichnungen am ..... /bis zum ..... / ..... Tage nach Auftragserteilung und/oder

    ..... Werktage für die Teilleistung .....

Die sich aus den vorstehenden Eintragungen ergebenden Anfangs- und Endtermine sind verbindliche Vertragstermine (Vertragsfristen) im Sinne von § 5 Abs. 1 VOB/B. Die vereinbarten Ausführungsfristen gelten auch, wenn der NU ohne schriftlichen Abruf seitens des GU mit den Arbeiten beginnt. Im übrigen sind auch in Nachträgen enthaltene und sonstige zwischen GU und NU schriftlich vereinbarte (Zwischen)Termine verbindlich.

9. Vertragsstrafe

Gerät der NU mit dem vereinbarten Fertigstellungstermin/dem vereinbarten Zwischentermin in Verzug, so beträgt die Vertragsstrafe je Werktag der Überschreitung des jeweiligen Termins 0,15 %, maximal 5 % der Netto-Abrechnungssumme.

Werden Fristen oder Termine verschoben, gilt die Vertragsstrafe gleichermaßen für die neuen Fristen oder Termine. Eine bereits verwirkte Vertragsstrafe entfällt nicht durch die Vereinbarung neuer Vertragsfristen.

Der GU weist ausdrücklich darauf hin, dass seine Vertragspartner (Bauherrschaft) in der Regel hohe Vertragsstrafen im GU-Vertrag vereinbaren, die für den Fall eines Verschuldens/einer Verantwortlichkeit des NU an diesen als konkreter Schadensersatz weiterbelastet werden. Insoweit zahlt der GU bei Überschreitung von folgenden Terminen: .....

gegenüber seinem Auftraggeber folgende Vertragsstrafen:

Zwischentermine ca. € .....

Fertigstellungstermin ca. € .....

5. Subunternehmervertrag

pro Werktag/Kalendertag/Arbeitstag

insgesamt nicht mehr als ca. € .....

Die Gesamtvertragsstrafe gegenüber dem Auftraggeber des GU ist limitiert auf ca. € .....

Die Vertragsstrafe kann vom GU gegenüber dem NU bis zur Vorlage der Schlussabrechnung vorbehalten und geltend gemacht werden.

10. Vergütung/Kostenbeteiligung

Die vereinbarte Vergütung gemäß Ziffer 1 reduziert sich um die Kostenbeteiligung des NU an folgenden Nebenkosten, wobei ein Abzug auch an Abschlagszahlungen vorgenommen werden darf:

a. Baustrom ..... % der Brutto-Schlussrechnungssumme

b. Wasser ..... % der Brutto-Schlussrechnungssumme

c. Sanitäreinrichtungen ..... % der Brutto-Schlussrechnungssumme

oder

d. Gesamtpauschale (a.–c.) € .....

e. Bauschild ..... % der Brutto-Schlussrechnungssumme

f. Gerüst ..... % der Brutto-Schlussrechnungssumme

g. Bewachung ..... % der Brutto-Schlussrechnungssumme

h. Müllentsorgung ..... % der Brutto-Schlussrechnungssumme

oder:

☐ Müll und Schutt sind durch den NU vorschriftsmäßig selbst zu entsorgen.

i. Alternativ zu f. Benutzung der Baukräne und Gerüste und auf eigenes Risiko und nur für den Fall, dass Termine rechtzeitig abgestimmt werden mit der Bauleitung des GU sowie die Arbeiten auf der Baustelle dies zulassen, € ..... /Stunde/m²/Monat.

j. Unterkünfte € ..... /Bett/Kalendertag/Monat

k. Telefon/Fax im Baucontainer € ..... /Einheit

l. Bauwesenversicherung gemäß Ziffer 15 € ..... / ..... % der Brutto-Schlussrechnungssumme

11. Rechnung und Zahlung

a. Abschlagszahlungen erfolgen in Höhe von ..... % der jeweils nachgewiesenen Netto-Leistung (in der Regel 90 %, gegebenenfalls zu erhöhen bei vorheriger Gestellung einer Vertragserfüllungsbürgschaft gem. Ziffer 14 um den dortigen Prozentsatz).

☐ nach Baufortschritt

☐ gemäß beigefügtem Zahlungsplan (Anlage Nr. .....)

☐ unter Abzug von ..... % Skonto bei Zahlung binnen ..... Kalendertagen nach Zugang der Rechnung. Als Tag der Berechnung für die Skontierungsfrist gilt der Tag der Abgabe der Überweisung/des Überweisungsauftrages an das Geldinstitut, eine ausreichende Kontodeckung vorausgesetzt.

b. Schlusszahlung erfolgt in Höhe von 95 % der geprüften Schlussrechnungssumme

☐ unter Abzug von ..... % Skonto bei Zahlung binnen ..... Kalendertagen nach Zugang der Rechnung

oder

☐ ohne Abzug, ferner

☐ binnen ..... Kalendertagen nach Zugang der Rechnung

oder

☐ gemäß VOB/B.

Die Umsatzsteuer ist

☐ gemäß § 13b UStG vom AG zu zahlen, da dieser Bauleistender ist (zum Nachweis übergibt der GU dem NU eine aktuelle Bescheinigung USt 1 TG nach § 13b UStG)

oder

☐ an den AN auszuzahlen (Bagatellgrenze 500 €).

☐ Der AN hat eine gültige Freistellungsbescheinigung nach § 48b EStG seines Finanzamtes ..... vom ..... vorgelegt, so dass Bauabzugsteuer nicht abzuziehen ist. Bis zur Vorlage derselben ist der GU gesetzlich verpflichtet (§ 48 EStG), 15% des ansonsten fälligen Rechnungsbetrages (d.h. nach Abzug der o.g. Anteile) an das für den NU zuständige Finanzamt abzuführen und vertraglich berechtigt, diese 15% von der Rechnung einzubehalten.

12. Abnahme

Die Abnahme der Leistung des NU erfolgt förmlich. Der NU ist

☐ verpflichtet oder

☐ nicht verpflichtet,

am Abnahmetermin des GU mit dem Bauherrn teilzunehmen.

Zur Abnahme des Bauvorhabens durch den Bauherrn hat der NU folgende Unterlagen zu liefern:

☐ Bestandspläne ..... -fach

☐ Beschreibungen und Bedienungsanleitungen ..... -fach

☐ TÜV-Abnahme ..... -fach

☐ sonstiges ..... -fach

Bis zur vollständigen Übergabe der vertraglich geforderte Revisionsunterlagen hat der AG das Recht, neben den vertraglich bereits vereinbarten Einbehalten von der letzten Zahlungsrate vor Abnahme und eventuellen weiteren Zahlungsraten nach Abnahme einen weiteren Betrag in Höhe von ..... einzubehalten

13. Mängelansprüche

Es gelten die Regelungen der VOB/B, wobei die Gewährleistungsfrist geändert wird auf

☐ 5 Jahre

☐ ..... Jahre

Dies gilt auch für Anlagenteile gem. § 13 Abs. 4 Nr. 2 VOB/B, selbst wenn kein Wartungsvertrag abgeschlossen worden ist.

14. Sicherheiten

☐ Der NU stellt eine Vertragserfüllungsbürgschaft (einer deutschen Bank oder eines deutschen Kreditversicherers i.S.v. § 17 Abs. 2 VOB/B) in Höhe von ..... % der Brutto-Auftragssumme; vorzulegen spätestens ..... Werktage/Wochen nach Auftragserteilung.

☐ Der Bareinbehalt gemäß Ziffer 11a. und b. ist ablösbar durch Hinterlegung von Geld oder eine Bürgschaft (einer deutschen Bank oder eines deutschen Kreditversicherers i.S.v. § 17 Abs. 2 VOB/B) in gleicher Höhe.

15. Gefahrtragung/Versicherung und Haftung

Die Gefahrtragung richtet sich ausschließlich nach § 644 BGB.

Der NU ist verpflichtet, für die Dauer der Bauzeit auf seine Kosten folgende Versicherungen bei einem deutschen Versicherer abzuschließen und auf Verlangen dem GU nachzuweisen:

- ☐ Bauleistungsversicherung
- ☐ Betriebshaftpflichtversicherung mit folgenden Deckungssummen je Schadensfall,

  für Personenschäden € .....,

  für Sach- und sonstige Schäden € .....

oder

Der GU schließt für die Dauer der Bauzeit eine Bauwesenversicherung ab, in welcher auch Subunternehmerleistungen miteingeschlossen sind. Der Selbstbehalt je Schadensfall beträgt im Bereich des allgemeinen Rohbaus € ..... / ..... %,

im Bereich des Tiefbaus € ..... / ..... %.

Hierfür werden ..... % der Brutto-Schlussrechnungssumme von der Schlussrechnung des NU in Abzug gebracht (vgl. Ziff. 11).

16. Kündigung

Hinsichtlich der Kündigung gilt § 16 (bzw. die entsprechende Regelung) des GU-Vertrages.

17. Leistungsverweigerungs- und Zurückbehaltungsrechte

Es gilt § 17 (bzw. die entsprechende Regelung) des GU-Vertrages.

18. Abtretung, Zurückbehaltungsrecht und Aufrechnung

Der GU ist berechtigt, die Aufrechnung zu erklären mit Gegenansprüchen, auch wenn diese aus einem anderen Bauvorhaben, bzgl. dessen der GU und der NU einen Werk- oder sonstigen Vertrag abgeschlossen haben, resultieren, bzw. wegen solcher Ansprüche ein Zurückbehaltungsrecht auszuüben.

19. Urheberrecht

Es gilt § 19 (bzw. die entsprechende Regelung) des GU-Vertrages.

20. Veröffentlichungen/Bauschild

Es gilt § 20 (bzw. die entsprechende Regelung) des GU-Vertrages

21. Schlussbestimmungen/Gerichtsstand

Sämtliche Anlagen, die diesem Vertrag beigefügt sind, stellen einen wesentlichen Bestandteil des Vertrages dar, alle Anlagen sind zu paraphieren.

Mündliche Mehrabreden wurden nicht getroffen, für Veränderungen auch dieser Regelung und Ergänzungen dieses Vertrages ist Schriftform erforderlich.

Gerichtsstand für beide Beteiligten ist das für den Sitz des GU zuständige Gericht.

Alle gerichtlichen Streitigkeiten werden vor

- ☐ den örtlichen Gerichten
- ☐ einem Schiedsgericht (nach der Schieds- und Schlichtungsordnung .....)

ausgetragen.

Es gilt deutsches Recht.

Die in den Ziffern 1–21 dieses Protokolls festgelegten Punkte wurden durch die Parteien am ..... im einzelnen ausgehandelt und vereinbart. Der NU erklärt, dass er sich an sein Vertragsangebot vom ..... und die im vorliegenden Verhandlungsprotokoll gemeinsam verhandelten Änderungen und Ergänzungen bis zur Auftragserteilung gebunden hält. Im Auftragsfalle werden dieses Verhandlungsprotokoll mit den darin genannten Anlagen Bestandteil des Vertrages, ebenso die weiteren Erklärungen vom ..... .

Wird der Auftrag über die verhandelten Leistungen durch den GU bis zum ..... schriftlich erteilt, so gilt der Auftrag als angenommen; die Zuschlagserteilung erfolgt per Telefax und/oder per Einschreiben/Rückschein.

Hiermit entfällt für den NU das Erfordernis eines Bestätigungsschreiben; sollte gleichwohl ein solches Schreiben dem GU zugeleitet werden, so wären darin gegebenenfalls gemachte Änderungen oder Ergänzungen ohne Gültigkeit.

Der NU erklärt, dass er sich an sein Angebot einschließlich sämtlicher Regelungen aus dem Verhandlungsprotokoll gebunden hält bis zum ..... . Der Auftrag kommt nur unter der Bedingung zustande, dass der GU seinerseits vom Bauherrn den Auftrag erhält und der Bauherr keine Bedenken gegen eine Beauftragung des NU hat.

Der NU ist verpflichtet, auf erste Anforderung durch den GU diesem eine separate schriftliche Verpflichtungserklärung (z.B. Formblatt 236 EG VHB Bund) unterzeichnet unverzüglich zur Verfügung zu stellen, andernfalls macht er sich schadenersatzpflichtig, wenn der GU aus diesem Grunde einen Zuschlag/eine Auftragserteilung nicht erhält.

Ort der Verhandlung .....

Datum der Verhandlung .....

.....
Unterschrift GU

.....
Unterschrift NU

c) Muster Selbstauskunft des NU

150 Selbstauskunft des Auftragnehmers

Firma	.....	Inhaber	.....
Straße	.....	Geschäftsführer	.....
PLZ /Ort	.....	Bevollmächtigter/Vertreter	.....
Telefon	.....	Fachbauleiter	.....
Telefax	.....	Niederlassung/Zweigbetrieb	.....
E-Mail	.....		
1. Eingetragen im Handelsregister/in Handwerkrolle		von	.....
		Nummer	.....
		Amtsgericht/Handwerkskammer	.....
2. Gewerbeanmeldung		Gewerk/e	.....
		seit	.....
		bei	.....
3. Mitglied bei Berufsgenossenschaft		seit	.....
		bei	.....
		Mitgliedsnummer	.....
4. Betriebshaftpflichtversicherung/Mindestdeckung		bei	.....
		Versicherungsnr.	.....
		Personenschäden	.....
		Sachschäden	.....
		Vermögensschäden	.....

5. Subunternehmervertrag   B.

5. Betriebskonto-Nr. bei der ZVK des Baugewerbes .....

6. Betriebskonto bei der SOKA Bau bzw. Befreiung gem. Bescheinigung SOKA Bau — Nummer ..... — Nummer .....

7. Krankenkassen, an die Sozialversicherungsbeiträge abgeführt werden — bzw. Befreiungsbescheinigung Soz.Vers.Abk. .....

8. Zuständiges Finanzamt ..... — Steuernr. ..... — USt.-Ident-Nr.: .....

9. Zahl der Mitarbeiter (Vorjahr) .....

10. Durchschnittlicher Jahresumsatz der vergangenen drei Kalenderjahre

11. Präqualifikation — PQ-Stelle ..... — PQ-Registriernummer .....

Bei ausländischen Nachunternehmern zusätzlich auszufüllen:

NU aus EU-Ländern: ....

12. Benennung eines Zustellungsbevollmächtigten ...

(Es muss sich um eine natürliche Person handeln, die der deutschen Sprache in Wort und Schrift mächtig ist, ihre zustellungsfähige Anschrift in Deutschland hat und vom NU separat bevollmächtigt ist, Zustellungen mit Wirkung für und gegen diesen entgegenzunehmen, was hiermit vom NU und vom Zustellungsbevollmächtigten bestätigt wird. Der Zustellungsbevollmächtigten verpflichtet sich hiermit, den GU unverzüglich darüber zu informieren, sollten sich seine zustellungsfähige Anschrift oder sonstige Kontaktdaten ändern, und ihm die neuen Daten schriftlich mitzuteilen.)

Name .....
Adresse .....
Tel. .....
Fax
E-Mail .....

Ort, Datum, Unterschrift des Zustellungsbevollmächtigten

13. Bankverbindung des AN und Vergütungsberechtigter ....

14. Kopie der Anzeige nach § 18 AentG

(Meldung bei der zuständigen Zollbehörde samt Zugangsnachweis des Eingangs der Anzeige bei der Zollbehörde.)

15. Vorlage A Ziffer 1 Bescheinigung zum Nachweis der Zahlung für Sozialversicherungsbeiträge im Ausland für in Deutschland arbeitende Arbeitnehmer

Zusätzlich für NU aus Nicht-EU-Ländern:

16. Kopien der Arbeitserlaubnisse und Aufenthaltstitel für sämtliche beim Bauvorhaben eingesetzten Arbeitnehmer

Ort, Datum Stempel, Unterschrift NU

Verpflichtungserklärung

1. Abführung von Steuern und Beiträgen

Der NU versichert,

☐ bei Sitz in Deutschland:
- bis zum heutigen Tag seinen Steuer- und Beitragspflichten gegenüber dem Finanzamt, den für den NU einschlägigen Sozialkassen, den Sozialversicherungsträgern und der Berufsgenossenschaft nachgekommen zu sein,

☐ bei Sitz in einem anderen EWR-Staat (der Europäische Wirtschaftsraum, Stand November 2008, besteht aus den 27 EU-Mitgliedstaaten: Belgien, Bulgarien, Dänemark, Deutschland, Estland, Finnland, Frankreich, Griechenland, Großbritannien/Vereinigtes Königreich, Irland, Italien, Lettland, Litauen, Luxemburg, Malta, Niederlande, Österreich, Polen, Portugal, Rumänien, Schweden, Slowakei, Slowenien, Spanien, Tschechien, Ungarn, Zypern sowie den EFTA-Staaten, Island, Liechtenstein und Norwegen- ohne die Schweiz) /Drittstaat:
- einen regelmäßigen Geschäftsbetrieb im Herkunftsstaat zu unterhalten

und

- bis zum heutigen Tag seinen Steuer- und Beitragspflichten gegenüber dem Finanzamt und den für soziale Sicherheit der Arbeitnehmer zuständigen Stellen nachgekommen zu sein,

und wird dem GU auf dessen Wunsch entsprechende Bescheinigungen vorlegen.

2. Anmeldung bei IHK/HWK

Der NU wird, soweit für ihn und sein Gewerk einschlägig, einen Auszug aus dem Handelsregister und eine Bescheinigung des Berufsregisters seines EWR-Herkunftsstaates oder – falls das Unternehmen in der Schweiz ansässig ist – der Schweiz in deutscher Sprache unverzüglich nach Auftragserteilung durch den GU (siehe nach Ziffer 21 des Verhandlungsprotokolls) der für die Baustelle zuständigen deutschen
- Industrie- und Handelskammer (Industrieunternehmen)
oder
- Handwerkskammer (Handwerksunternehmen)

vorlegen bzw. – soweit es sich um ein ansässiges Unternehmen aus einem Drittstaat handelt – sich dort zur Mitgliedschaft anmelden.

3. Anmeldung beim Finanzamt

Der NU wird sich wird sich – falls vorstehend kein deutsches Finanzamt benannt wurde – unverzüglich nach Auftragserteilung durch den GU (siehe nach Ziffer 21 des Verhandlungsprotokolls) anmelden beim deutschen Finanzamt ..... zwecks Erteilung einer deutschen Umsatzsteuer-Identifikations-Nummer und einer Freistellungsbescheinigung von der deutschen Einkommensteuer (§ 48b Einkommensteuergesetz).

4. Erholungsurlaub/Urlaubskasse

Der NU ist für die Bezahlung des Erholungsurlaubs seiner Arbeitnehmer (d.h. Urlaubsdauer, Urlaubsentgelt und zusätzliches Urlaubsgeld) an die deutschen Bestimmungen gebunden gemäß § 8 Abs. 1 Arbeitnehmer-Entsendegesetz (AEntG) und § 5 Nr. 2 AEntG in Verbindung mit § 8 Bundesrahmentarifvertrag für das Baugewerbe vom 4. Juli 2002 in der jeweils geltenden Fassung (vom 17. Dezember 2003, 14. Dezember 2004, 29. Juli 2005, 19. Mai 2006, 20. August 2007, 31. Mai 2012 und 17. Dezember 2012) bzw. – soweit einschlägige deutsche Tarifverträge weder allgemeinverbindlich noch für den NU sonst verbindlich sind – gemäß § 2 Nr. 2 AEntG in Verbindung mit dem Bundesurlaubsgesetz.

Dies vorausgeschickt erklärt der NU, dass er

- ☐ am deutschen Urlaubskassenverfahren teilnimmt gemäß 8 Abs. 1 AEntG in Verbindung mit dem deutschen Tarifvertrag über das Sozialkassenverfahren im Baugewerbe vom 3. Mai 2013 in der Fassung vom 3. Dezember 2013/in der jeweils geltenden Fassung und unterhält bei den deutschen Sozialkassen des Baugewerbes (SOKA-BAU) in Wiesbaden ein Betriebskonto (Angaben s. umseitig)

oder

- ☐ nicht am deutschen Urlaubskassenverfahren teilnimmt, da der NU hiervon gemäß Bescheinigung der deutschen Sozialkassen des Baugewerbes (SOKA-BAU) (Angaben hierzu s. umseitig) aufgrund Teilnahme an einem vergleichbaren Urlaubskassensystem am Unternehmenssitz im EWR-Staat /Drittstaat und Fortzahlung der Beiträge für entsandte Arbeitnehmer auch während ihrer Tätigkeit in Deutschland befreit ist (Befreiungen, Stand August 2014, bestehen für Belgien, Dänemark, Frankreich, Italien, Niederlande, Österreich).

5. Soziale Sicherungssysteme

Der NU unterfällt hinsichtlich der sozialen Sicherheit seiner Arbeitnehmer (d.h. Versorgungssysteme bei Krankheit, Pflegefall, Berufsunfall, Arbeitslosigkeit, Ruhestand)

- ☐ den deutschen Rechtsvorschriften und führt Sozialversicherungsbeiträge an die deutschen Krankenkasse/n als Einzugsstelle/n ab und ist Mitglied der deutschen Berufsgenossenschaft (Angaben s. umseitig)

oder

- ☐ bei Unternehmenssitz im EWR-Staat oder in der Schweiz den dortigen Bestimmungen,

soweit

- die in diesem Protokoll verhandelte Leistung in Deutschland voraussichtlich nicht länger als 12 Monate dauern wird und der NU gültige E-101-Bescheinigungen (voraussichtliche Entsendung bis 12 Monate), ausgestellt durch die für soziale Sicherheit zuständige Stelle des EWR-Herkunftsstaates oder – falls das Unternehmen in der Schweiz ansässig ist – der Schweiz, für jeden nach Deutschland entsandten Arbeitnehmer vorlegt, bei späterer – und ursprünglich nicht vorhersehbarer – Fristüberschreitung ergänzt um E-102- Bescheinigungen (nach Verlängerungsantrag) der zuständigen deutschen Sozialversicherungsträger

bzw.

- im Einzelfall unabhängig von den vorstehend genannten Fristen eine zwischenstaatliche Ausnahmevereinbarung besteht, die der NU durch Bescheinigung, ausgestellt durch die für soziale Sicherheit zuständigen Stelle nachweist

oder

- ☐ bei Unternehmenssitz im Drittstaat den dortigen Bestimmungen,

soweit

- die Bundesrepublik Deutschland mit dem Drittstaat ein Sozialversicherungsabkommen geschlossen hat (Sozialversicherungsabkommen, Stand August 2014, bestehen mit Australien,

Bosnien und Herzegowina, Brasilien, Chile, China, Indien, Israel, Japan, Kanada und Quebec, Kosovo, Marokko, Mazedonien, Montenegro, Serbien, Südkorea, Türkei, Tunesien, USA)

bzw.

- der NU die im Drittstaat vorgenommene Sozialversicherung nach den Bestimmungen des Sozialversicherungsabkommens durch gültige Bescheinigung/en, ausgestellt durch die für soziale Sicherheit zuständigen Stelle (Ansgaben s. umseitig), für jeden nach Deutschland entsandten Arbeitnehmer nachweist

Der NU ist verpflichtet, unverzüglich nach Auftragserteilung durch den GU (siehe nach Ziffer 21 des Verhandlungsprotokolls) die Aufnahme seiner Tätigkeit der für die Baustelle zuständigen deutschen Berufsgenossenschaft der Bauwirtschaft schriftlich anzuzeigen (örtlich zuständige Bezirksverwaltung bzw. bei Tiefbaumaßnahmen Bezirksverwaltung München).

Der NU ist verpflichtet, dem GU auf dessen Wunsch entsprechende Bescheinigungen vorzulegen.

6. Weitergabe der Verpflichtungen

Beauftragt der NU im eigenen Namen und auf eigene Rechnung Nachunternehmer gemäß Ziff. 4 und 6 des Verhandlungsprotokolls, hat der NU dafür zu sorgen, dass auch diese Nachunternehmer und deren Vertragspartner den Inhalt dieser Verpflichtungserklärung zur Selbstauskunft.

(Ort, Datum) .....

(Unterschrift NU) .....

Erklärung zum Arbeitnehmereinsatz

Zur Einhaltung der steuer-, sozial-, handwerks-, gewerbe- und ausländerrechtlichen Verpflichtungen nach Schwarzarbeitsbekämpfungsgesetz (SchwarzArbG) / Aufenthaltsgesetz (AufenthG) / Arbeitnehmer-Entsendegesetz (AEntG) / Mindestlohngesetzes (MiLoG) / Sozialgesetzbuch (SGB) gibt der NU folgende Erklärungen ab:

1. Verpflichtungserklärung

Der NU verpflichtet sich,

1.1 dass er und alle vom NU beauftragten Nachunternehmer, deren Nachunternehmer und weitere Vertragspartner für das vorliegende Bauvorhaben ausschließlich Mitarbeiter einsetzen, die

- nach deutschem Recht weder eine Arbeitsgenehmigung-EU noch einen Aufenthaltstitel gemäß Aufenthaltsgesetz benötigen

oder

- im Besitz einer gültigen und dem GU vorzulegenden deutschen Arbeitsgenehmigung-EU sind

oder

- im Besitz eines gültigen und dem GU vorzulegenden deutschen Aufenthaltstitels gemäß Aufenthaltsgesetz sind

und

1.2 bei Unternehmenssitz im Ausland alle Arbeitnehmer, die nach Deutschland entsandt werden sollen, vor der Entsendung anzumelden gemäß § 3 AEntG mit dem vorgeschriebenen Formblatt bei der

Bundesfinanzdirektion West

Wörthstraße 1–3

50668 Köln

Telefax: 0049221/9648 70

Telefax: 00492 21/3 79 93-741

und

1.3 dem GU spätestens bei Arbeitsbeginn Anzahl, Namen und Tätigkeitsdauer der zum Einsatz kommenden Arbeitnehmer zu benennen

und

1.4 dem GU nach deutschem Recht erforderliche Arbeitsgenehmigungen-EU oder Aufenthaltstitel gemäß AufenthG auch für Arbeitnehmer der vom NU beauftragten Nachunternehmer, deren Nachunternehmern und weiteren Vertragspartner vorzulegen, und dem GU Änderungen unverzüglich mitzuteilen

und

1.5 sofern der NU für die soziale Sicherheit seiner für das Bauvorhaben eingesetzten Arbeitnehmer den deutschen Rechtsvorschriften unterliegt, den Tag des Beginns eines Beschäftigungsverhältnisses spätestens bei dessen Aufnahme an die Datenstelle der Träger der Rentenversicherung (DSRV) gemäß § 28a Absatz 4 SGB IV zu melden. Die Sofortmeldung muss den Familien- und die Vornamen des Arbeitnehmers, seine Versicherungsnummer (soweit bekannt, ansonsten die zur Vergabe einer Versicherungsnummer notwendigen Angaben), die Betriebsnummer des Arbeitgebers und den Tag der Beschäftigungsaufnahme enthalten

und

1.6 gemäß § 2a Absatz 2 SchwarzArbG
- sämtliche vom NU für das Bauvorhaben eingesetzten Arbeitnehmer nachweislich und schriftlich auf deren gesetzliche Pflicht hinzuweisen, bei der Erbringung von Dienst- oder Werkleistungen ihren Personalausweis, Pass, Ausweisersatz oder Passersatz bei sich zu führen und dieses Dokument im Falle einer Überprüfung der Baustelle den Behörden der Zollverwaltung auf deren Verlangen vorzulegen, und
- seinen Hinweis für die Dauer der Erbringung der Dienst- oder Werkleistung aufzubewahren und im Falle einer Überprüfung der Baustelle den Behörden der Zollverwaltung auf deren Verlangen vorzulegen. Der GU ist berechtigt, sich den Hinweis des NU vorlegen zu lassen sowie die Mitführung der Ausweise – auch stichprobenweise – unmittelbar bei den vom NU für das Bauvorhaben eingesetzten Arbeitnehmern zu kontrollieren.

Der NU verpflichtet sich darüber hinaus,

1.7 seinen Arbeitnehmern im Rahmen des vorliegenden Bauvorhabens jedenfalls das vorgeschriebene Mindestentgelt in Höhe der verbindlichen deutschen Bestimmungen des AEntG und der allgemeinverbindlichen deutschen Tarifverträge sowie des MiLoG zu zahlen

und

1.8 Urlaubskassenbeiträge nach den verbindlichen deutschen Bestimmungen des AEntG und der allgemeinverbindlichen deutschen Tarifverträge sowie des MiLoG zu zahlen

oder

falls die deutschen Sozialkassen des Baugewerbes (SOKA-BAU) das Unternehmen von der Pflicht zur Teilnahme am deutschen Urlaubskassenverfahren befreit haben, die nach den Regeln der vergleichbaren ausländischen Einrichtung vorgeschriebenen Beiträge an diese Einrichtungen zu zahlen

und

1.9 bei Sozialversicherungspflicht in Deutschland Gesamtsozialversicherungsbeiträge gemäß § 28e SGB IV und gesetzliche Unfallversicherungsbeiträge nach § 150 Absatz 1 SGB VII zu zahlen

oder

bei Sitz in einem anderen EWR-Staat oder der Schweiz und vorgelegter E-101-Bescheinigungen (voraussichtlich nicht mehr als 12-monatige Entsendung von Arbeitnehmern nach Deutschland) bzw. E-102-Bescheinigungen (bei späterer – und ursprünglich unvorhersehbar – längerer Dauer mit Zustimmung der deutschen Sozialversicherungsträger ausnahmsweise bis zu 12 weiteren Monaten) bzw. einer etwaigen im Einzelfall unabhängig von Fristen bestehenden zwischenstaatlichen Ausnahmevereinbarung Beiträge gemäß den Sozialvorschriften des EWR-Herkunftsstaates oder der Schweiz zu zahlen

oder

bei Sitz in einem Drittstaat, mit dem ein Sozialversicherungsabkommen besteht, die nach den Sozialvorschriften des Drittstaates vorgeschriebenen Beiträge zu zahlen

und

1.10 die Lohnunterlagen und die Beitragsabrechnung so zu gestalten, dass eine Zuordnung der Arbeitnehmer, des Arbeitsentgelts und des darauf entfallenden Gesamtsozialversicherungsbeitrags – oder entsprechender Sozialbeiträge des zuständigen EWR-Staats, der Schweiz oder Drittstaats – zu diesem Werkvertrag möglich ist (§ 28f Absatz 1a SGB IV).

Gleiches gilt für Arbeitnehmer, Arbeitsentgelte und geleistete Arbeitsstunden der Versicherten hinsichtlich gesetzlicher Unfallversicherungsbeiträge (§ 165 Absatz 4 SGB VII)

und

1.11 im Falle des Abschnitts 13 dieses Verhandlungsprotokolls auch Nachunternehmer des NU ausdrücklich zur Einhaltung der vorstehenden Bestimmungen sowie zur Weitergabe dieser Verpflichtung an etwaige weitere Nachunternehmer zu verpflichten und die entsprechenden schriftlichen Erklärungen dem GU vorzulegen

und

1.12 dem GU bei Sozialversicherungspflicht in Deutschland spätestens bei Arbeitsbeginn Unbedenklichkeitsbescheinigungen der Einzugsstellen der deutschen Sozialversicherungsträger für die vom NU eingesetzten Arbeitnehmer vorzulegen, die spätestens nach Ablauf von 3 Kalendermonaten oder bei einem Wechsel der Arbeitnehmer erneuert bzw. angepasst werden müssen.

Das Gleiche gilt hinsichtlich der vom NU gegebenenfalls beauftragten Nachunternehmer bzw. deren Nachunternehmern.

Der GU ist berechtigt, den Einzugsstellen der deutschen Sozialversicherungsträger auf Verlangen Firma und Anschrift des NU zu benennen (§ 28e Absatz 3c SBG IV).

2. Freistellungsvereinbarung

Der NU stellt den GU von sämtlichen Haftungsansprüchen frei, die gegen den GU

2.1 gemäß § 14 AEntG und § 13 MiLoG wegen Mindestentgelt und/oder ausstehender Beiträge zum deutschen Urlaubskassenverfahren im Rahmen des vorliegenden Bauvorhabens geltend gemacht werden für Arbeitnehmer des NU und/oder für Arbeitnehmer eines vom NU, von dessen Vertragspartner und/oder gegebenenfalls in der weiteren Vertragskette beauftragten Unternehmers,

2.2 gemäß § 28e Absatz 3a SGB IV wegen ausstehender Sozialbeiträge für die vorstehend genannten Arbeitnehmer geltend gemacht werden durch deutsche Sozialversicherungsträger, deren Einzugsstellen oder zuständige Stellen eines anderen EWR-Staates, der Schweiz oder Drittstaates,

2.3 gemäß § 150 Absatz 3 SGB VII und § 28e Absatz 3a SGB IV wegen ausstehender Unfallversicherungsbeiträge für die vorstehend genannten Arbeitnehmer geltend gemacht werden durch deutsche Berufsgenossenschaften oder zuständige Stellen eines anderen EWR-Staates, der Schweiz oder Drittstaates.

2.4 Die Freistellungspflicht besteht auch für den Fall, dass Mitarbeiter der durch den NU eingesetzten weiteren Nachunternehmer oder die Urlaubskasse den GU in Anspruch nehmen.

3. Weitere Pflichten und Ermächtigungen

Ergänzend

3.1.

☐ legt der NU dem GU die in Anlage zu diesem Verhandlungsprotokoll befindliche, von jedem eingesetzten Arbeitnehmer einzeln unterschriebene Erklärung zum Erhalt des Mindestentgelts vor.

3.2

☐ ermächtigt der NU den GU, die vorgenannte Erklärung bei Zweifeln – vorbehaltlich einer Zustimmung der betroffenen Arbeitnehmer – auch unmittelbar von den eingesetzten Arbeitnehmern zu verlangen.

3.3

☐ bestätigt der NU dem GU, vom zu zahlenden Mindestentgelt keine weiteren als die gesetzlichen Abzüge und Einbehalte vorgenommen zu haben.

3.4

☐ weist der NU dem GU spätestens bis zum 16. Tag eines jeden Folgemonats
  – soweit einschlägig die gezahlten Urlaubskassenbeiträge durch Bescheinigungen der deutschen Sozialkassen des Baugewerbes (SOKA-BAU) nach, es sei denn, der Arbeitgeber ist aufgrund seiner Teilnahme an einem vergleichbaren ausländischen Urlaubskassensystem befreit und hat dies dem GU durch wirksame Bescheinigung der SOKA-BAU nachgewiesen.

Dies gilt auch hinsichtlich aller vom NU eingesetzten Nachunternehmer bzw. deren Nachunternehmern und weiteren Vertragspartnern.

3.5

☐ ermächtigt der NU den GU, Auskünfte über die Zahlung der Urlaubskassenbeiträge bei den deutschen Sozialkassen des Baugewerbes (SOKA-BAU, Urlaubs- und Lohnausgleichskasse der Bauwirtschaft, Hauptabteilung Europa, Wettinerstraße 7, 65189 Wiesbaden) einzuholen, insbesondere Name der gemeldeten Arbeitnehmer, gemeldete Bruttolöhne sowie Höhe der Beitragsrückstände für das Sozialkassenverfahren pro Monat.

3.6

☐ ermächtigt der NU den GU, Auskünfte bei den deutschen Sozialversicherungsträgern, deren Einzugsstellen oder den zuständigen Stellen eines anderen EWR-Staates, der Schweiz oder Drittstaates über die Zahlung der Sozialbeiträge einzuholen.

3.7

☐ ermächtigt der NU den GU, Auskünfte bei BG Bau, Hildegardstraße 29-30, 10715 Berlin, einzuholen, insbesondere eine Unbedenklichkeitsbescheinigung, und Zugang zum Extranet bezüglich der Angaben des NU einzuräumen. Die BG Bau ist hiermit befugt, Auskunft über die Erfüllung der bisherigen Zahlungsverpflichtungen des NU gegenüber der BG Bau, über die vom NU bei der BG Bau veranlagten Unternehmensteile und die Arbeitsentgelte des NU, die den aktuellen Beitragsvorschüssen zu Grunde liegen, zu erteilen, bzw. eine begründete Ablehnung für den Fall, dass eine Unbedenklichkeitsbescheinigung nicht ausgestellt werden kann, zu erteilen.
Mit dieser Ermächtigung und Vollmacht wird zugleich die Einwilligung des NU über die Weitergabe seiner jeweiligen bei der SOKA-BAU, den Sozialversicherungsträgern oder der BG Bau gespeicherten Daten an den GU gemäß §§ 4, 4a Bundesdatenschutzgesetz erteilt.

4. Vertragsstrafe

GU und NU vereinbaren

4.1

☐ keine Vertragsstrafe.

4.2

☐ folgende Vertragsstrafe:

Für jeden Fall schuldhafter Zuwiderhandlung gegen seine Verpflichtungen aus vorstehendem Abschnitt verpflichtet sich der NU zur Zahlung einer Vertragsstrafe in Höhe von

EURO .....

in Worten .....

je betroffenem Mitarbeiter.

Die zu zahlende Vertragsstrafe beträgt insgesamt höchstens

..... % der Netto-Auftragssumme (siehe Abschnitt 2 dieses Verhandlungsprotokolls).

Die Geltendmachung weiter gehender Schadensersatzansprüche bleibt vorbehalten.

Die verwirkte Vertragsstrafe wird als Mindestschaden angerechnet.

5. Kündigung/Zurückbehaltungsrecht

Darüber hinaus ist der AG berechtigt, den Vertrag mit dem NU aus wichtigem Grund zu kündigen (§ 8 Abs. 3 VOB/B), wenn der NU trotz schriftlicher Aufforderung mit angemessener Fristsetzung und Androhung der Kündigung pflichtwidrig dem AG die genehmigungspflichtige Beauftragung weiterer Arbeitnehmer oder Nachunternehmer nicht anzeigt, gegen die vorgenannte Pflicht verstößt oder der AG wegen Pflichtverletzungen des NU oder vom NU weiter beauftragte Sub-NUs in Anspruch genommen wird. Im Falle der Kündigung oder der Aufhebung des Hauptauftrages durch den Bauherrn kann der AG den Vertrag mit dem NU gleichfalls mit sofortiger Wirkung entschädigungsfrei kündigen.

Legt der NU die vorgenannten Unterlagen, Nachweise, Erklärungen und Bevollmächtigungen nicht vor, so besteht ein Zurückbehaltungsrecht des GU (§ 273 BGB). Werklohnansprüche des NU sind erst bei Vorlage sämtlicher erforderlicher Unterlagen sowie Nachweise in der vertraglich vereinbarten Form zur Zahlung fällig. Bis zum Eintritt dieser Fälligkeitsbedingung ist der GU berechtigt, Werklohnzahlungen aus Abschlagsrechnungen oder der Schlussrechnung ganz oder teilweise zurückzuhalten, auch wenn die Vertragsleistung vom NU bereits vollständig erbracht worden ist.

d) Muster Bedingungen für Nachunternehmer NUB

1. Vertragsgrundlagen

1.1 Bestandteile des Vertrages sind im Falle der Auftragserteilung die im Verhandlungsprotokoll aufgeführten Unterlagen, insbesondere dort unter Ziff. 1.1 bis 4.

1.2 Soweit Geschäfts-, Lieferungs-, Montage- u.ä. Bedingungen des AN nicht besonders vereinbart werden, sind diese nicht Vertragsbestandteil.

1.3 Alle Ergänzungen und Änderungen des Vertrages bedürfen der Schriftform.

2. Vergütung

2.1 Durch die Einheits- oder Pauschalpreise werden alle Leistungen einschließlich Nebenleistungen des NU abgegolten, die nach den Vertragsgrundlagen zur vollständigen und termingerechten Ausführung der vertraglichen Leistungen und Lieferungen notwendig sind (z.B. auch Arbeits- und Schutzgerüste, Einweisungen des Personals des Bauherrn in Bedienung und Wartung). Der NU hat sich vor Abgabe seines Angebotes über die Baustelle und alle für die Preisfindung und Durchführung wichtigen Umstände zu unterrichten.

2.2 Auf Verlangen ist der NU verpflichtet, seine Angebotskalkulation in einem verschlossenen Umschlag beim GU zu hinterlegen. Bei Unstimmigkeiten über die Preisbildung ist der GU berechtigt, in die Unterlagen Einblick zu nehmen.

2.3 Die Mehrwertsteuer wird nach den zum Zeitpunkt der Fälligkeit geltenden gesetzlichen Bestimmungen vergütet.

2.4 Werden aus Sicht des NU Leistungsänderungen oder Zusatzleistungen im Sinne von § 1 Abs. 3 und 4 VOB/B angeordnet, für die ihm zusätzliche Vergütungsansprüche zustehen könnten (z.B. gem. § 2 Abs. 5 und 6 VOB/B), so hat er dies dem GU unverzüglich schriftlich mit Hinweisen auf terminliche Auswirkungen mitzuteilen und ein schriftliches Nachtragsangebot mit einer Darlegung der Entwicklung der Preise aus der Urkalkulation vorzulegen. Erfolgt dies nicht, so hat der NU dem GU den hieraus entstehenden Schaden zu ersetzen, insbesondere falls der GU deshalb nicht in die Lage versetzt wurde, einen Nachtrag bei seinem Auftraggeber anzumelden und/oder durchzusetzen.

3. Ausführungsunterlagen

3.1 Der NU hat die für die Ausführung erforderlichen Unterlagen rechtzeitig beim GU anzufordern und zu überprüfen auf Vollständigkeit und Richtigkeit. Alle in den Ausführungszeichnungen angegebenen Maße müssen, soweit sie die Leistungen des NU betreffen, von diesem am Bau überprüft werden. Alle Unstimmigkeiten sind vom NU unverzüglich dem GU bekanntzugeben.

3.2 Der NU hat alle für seine Leistungen erforderlichen Berechnungen und Ausführungspläne, soweit sie nicht vom GU zu liefern sind, ohne besondere Vergütung zu erstellen und dem GU rechtzeitig zur Genehmigung vorzulegen. Dies gilt insbesondere auch für gegebenenfalls erforderliche Montagepläne, notwendige Berechnungen, Statiken sowie für sonstige Angaben und Daten seiner Lieferungen und Leistungen, die für andere Gewerke von Bedeutung sein können. Die hieraus entstehenden Kosten hat der NU bei seiner Preisbildung einzukalkulieren. Mit der Genehmigung übernimmt der GU keinerlei Verantwortung und Haftung. Alle Angaben für die vom NU benötigten Aussparungen, Schlitze, etc. sind vom NU mit dem GU rechtzeitig abzustimmen. Sollte der NU durch falsche, vergessene oder nicht rechtzeitige Angaben zusätzliche Kosten verursachen, so ist der GU berechtigt, diese dem NU in Rechnung zu stellen.

3.3 Soweit für die vom NU auszuführenden Leistungen besondere behördliche Genehmigungen, Zulassungen oder Abnahmen erforderlich sind, müssen diese vom NU ohne besondere Vergütung rechtzeitig eingeholt werden bzw. deren Einholung veranlasst werden. Der GU ist hiervon rechtzeitig vorher in Kenntnis zu setzen, eingeholte Genehmigungen etc. sind dem GU in Kopie zur Verfügung zu stellen.

3.4 Alle dem NU übergebenen Zeichnungen, Berechnungen, Urkunden, Gutachten und sonstigen Ausführungsunterlagen bleiben ausschließliches Eigentum des GU. Sie dürfen vom NU nur im Rahmen des geschlossenen NU-Vertrages verwendet werden und ohne vorherige Zustimmung des GU weder veröffentlicht, noch dritten Personen zugänglich gemacht werden. Ausgenommen hiervon sind bereits mit Vertragsschluss bzw. anlässlich der Verhandlungen vom NU mitgeteilte eigene Nachunternehmer. Der NU verpflichtet sich, sämtliche ihm im Rahmen des NU-Vertrages bekannt werdenden Betriebsgeheimnisse, insbesondere Verfahren, Patente etc., sowie vertrauliche Angaben nicht an Dritte weiterzugeben. Im Falle eines Verstoßes steht dem GU das Recht auf Schadenersatz und Kündigung zu; es gelten die Rechtsfolgen des § 8 Abs. 3 VOB/B.

4. Ausführung

4.1 Der NU hat auf Verlangen des GU ein förmliches Bautagebuch nach den Vorschriften des GU zu führen und dem GU täglich vorzulegen.

4.2 Muster und Proben der zur Verwendung vorgesehenen Materialien und Teile sind einschließlich der Prüfzeugnisse vom NU auf seine Kosten so rechtzeitig zu liefern und montieren, dass noch eine Klärung erfolgen kann, ohne den Baufortschritt zu gefährden.

4.3 Der NU hat ständig den durch seine Leistungen entstandenen Schutt und Schmutz unter Beachtung der einschlägigen Entsorgungsbestimmungen zu beseitigen und den Leistungsbereich in einem ordnungsgemäßen Zustand zu halten. Falls der NU dieser Verpflichtung nicht nachkommt, ist der GU berechtigt, die Reinigung und Entsorgung nach einmaliger erfolgloser schriftlicher Aufforderung zu Lasten des NU durchzuführen. Lassen sich die Reinigungskosten auf mehrere NU nicht eindeutig zuordnen, erfolgt eine anteilige Kostenumlage.

4.4 Soweit Leistungen des NU durch nachfolgende Arbeiten anderer Unternehmer verdeckt oder unzugänglich werden, ist der GU zu informieren und der äußere Zustand der Leistung in einer gemeinsamen Niederschrift festzuhalten.

4.5 Der NU hat sich vor Ausführung seiner Arbeiten über das Vorhandensein und die Lage etwaiger Ver- und Entsorgungsleitungen, Kabel etc. in seinem Aufgabenbereich eigenverantwortlich Gewissheit zu verschaffen.

4.6 Eine eventuell notwendige Beweissicherung hat der NU auf seine Kosten durchzuführen.

4.7 Dem NU wird vom GU ein Platz für die Baustelleneinrichtung und Materiallagerung entsprechend den vorhandenen Möglichkeiten zugewiesen. Notwendige Umlagerungen und Umsetzungen, insbesondere soweit der Baufortschritt auch anderer Gewerke betroffen oder behindert ist, werden nicht besonders vergütet.

4.8 Der NU ist für die sichere und vorschriftsmäßige Verwahrung und Unterbringung seiner Materialien und Geräte selbst verantwortlich. Insoweit übernimmt der GU keinerlei Haftung. Der NU hat das Ableiten des Tages- oder Oberflächenwassers, das seine Leistungen beeinträchtigt, ohne zusätzliche Vergütung durchzuführen. Seine Leistungen hat der NU vor Winterschäden und Grundwasser ohne Zusatzvergütung zu schützen (§ 4 Abs. 5 Satz 2 VOB/B). Das gleiche gilt für die Beseitigung von Schnee und Eis. Die Gefahrtragung richtet sich nach § 644 BGB, sofern nicht in den Vertragsbedingungen des Bauherrn eine andere Regelung vorgesehen ist.

4.9 Der GU ist berechtigt, vom NU zu verlangen, solche Arbeitskräfte, die fachlich oder persönlich ungeeignet sind oder ihrer Verpflichtung zum Tragen von Schutzausrüstungen nicht nachkommen, ferner solche Arbeitskräfte, die keine gültige Arbeitsgenehmigung vorlegen können, von der Baustelle zu entfernen und durch andere zu ersetzen.

4.10 Der NU ist verpflichtet, zur Verhütung von Arbeitsunfällen im Zusammenhang mit seiner Leistung die Baustellenverordnung sowie sämtliche für ihn geltenden Unfallverhütungsvorschriften sowie einen gegebenenfalls vorhandenen SIGE-Plan zu beachten. Vor Benutzung fremder Gerüste oder Einrichtungen hat der NU diese eigenverantwortlich auf Sicherheit und Geeignetheit zu überprüfen. Der NU hat sämtliche auf der Baustelle von ihm eingesetzten Arbeitskräfte einschließlich seiner eigenen Subunternehmer zu verpflichten, die von der zuständigen Berufsgenossenschaften vorgeschriebenen persönlichen Schutzausrüstungen (z.B. Sicherheitsschuhe, Schutzhelme) zu tragen. Arbeitskräfte des NU und seiner Subunternehmer, die ihrer Verpflichtung zum Tragen der Schutzausrüstungen nicht nachkommen, können vom GU von der Baustelle verwiesen werden.

4.11 Der NU ist verpflichtet, für seinen Leistungsbereich Schutz- und Sicherheitseinrichtungen zu stellen. Wenn und soweit diese vom GU gestellt werden, werden diese bei der Übergabe an den NU gemeinsam abgenommen. Sie sind während der Ausführung der Arbeiten des NU von diesem eigenverantwortlich zu unterhalten und erforderlichenfalls zu ergänzen. Der NU hat sie sodann nach Abschluss seiner Arbeiten dem GU ordnungsgemäß zu übergeben. Vorhandene Schutzabdeckungen, Geländer oder ähnliches, seien es solche des NU, seien es solche des GU oder anderer am Bauwerk tätiger Unternehmen, die zur Durchführung der Arbeiten vorübergehend entfernt werden müssen, sind ordnungsgemäß wieder herzustellen. Für die Dauer der Entfernung müssen sämtliche Gefahrstellen durch andere geeignete Maßnahmen unfallsicher unter Berücksichtigung insbesondere der Vorschriften der Berufsgenossenschaften abgesichert und gegebenenfalls beschildert werden. Kommt der NU dieser Verpflichtung nicht nach, so bedarf es keiner Abmahnung, der GU ist berechtigt, auf Kosten des NU gegebenenfalls fehlende Sicherheitseinrichtungen selbst oder durch Dritte herstellen oder ergänzen zu lassen.

4.12 Alle für die zu erbringende Leistung erforderlichen Vermessungsarbeiten sind vom NU eigenverantwortlich durchzuführen. Vermessungspunkte sind zu sichern, auch wenn sie vom NU nicht hergestellt wurden.

4.13 Eine Abnahme durch Ingebrauchnahme ist ausgeschlossen.

4.14 Kommt der NU seiner Pflicht, Leistungen, die schon während der Ausführung als mangelhaft oder vertragswidrig erkannt werden (Mängel vor Abnahme), auf eigene Kosten durch mangelfreie zu ersetzen, nicht nach, so kann ihm der GU eine angemessene Frist zur Beseitigung des Mangels setzen und erklären, dass er den Mangel nach fruchtlosem Ablauf der Frist auf Kosten des NU selbst beseitigen werde.

5. Behinderung

5.1 Der NU hat seine Arbeiten so auszuführen, dass andere am Bau tätige Unternehmen nicht behindert oder geschädigt werden. Er muss rechtzeitig und ausreichend für gegebenenfalls erforderliche Unterrichtungen oder Abstimmungen vor Ort hinsichtlich des zeitlichen und technischen Arbeitsablaufes sorgen und berücksichtigen, dass auch andere Nachunternehmer des GU sowie der GU selbst Arbeiten parallel ausführen.

5.2 Bauübliche Behinderungen (insbesondere durch andere NUs oder den GU selbst) berechtigen den NU nicht zu Ansprüchen gegenüber dem AG, weder finanziell noch hinsichtlich der Bauzeit. Insoweit muss der NU dies in seine Preise mit einkalkulieren. Ist hingegen erkennbar, dass sich durch eine Behinderung oder Unterbrechung nicht nur geringfügige Auswirkungen ergeben, so hat der NU dies dem GU unverzüglich schriftlich mitzuteilen. Unterlässt er schuldhaft diese Mitteilung, so hat er dem GU sämtlichen hieraus entstehenden Schaden zu ersetzen, insbesondere soweit der GU hierdurch nicht in die Lage versetzt wird, seinerseits die Behinderung dem Bauherrn mitzuteilen.

5.3 Wird der NU von anderen Nachunternehmern oder Dritten in der Ausführung seiner Leistung behindert, ohne dass den GU hieran ein Verschulden trifft, so sind etwaige Entschädigungsansprüche des NU gegenüber dem GU auf denjenigen Betrag begrenzt, den der GU gegenüber dem Verursacher zuvor durchsetzen kann.

6. Ausführungsfristen

Auf Verlangen des GU ist der NU verpflichtet, binnen einer noch vorzugebenden Frist einen detaillierten Arbeitsablaufplan, der die vereinbarten Vertragstermine unter Berücksichtigung des Bauablaufes des Bauherrn und eines eventuell vorliegenden Bauzeitenplanes integriert, dem GU vorzulegen und mit diesem abzustimmen.

7. Vertragsstrafe

7.1 Bereits verwirkte Vertragsstrafen entfallen nicht durch die Vereinbarung neuer Termine.

7.2 Eine verwirkte Vertragsstrafe kann bis zur Vorlage der Schlussrechnung geltend gemacht werden. Eines Vorbehalts bei der Abnahme bedarf es nicht.

8. Kündigung durch den AG

Wird der Hauptvertrag vom Bauherrn gekündigt, so ist der GU zu einer entsprechenden Kündigung des NU-Vertrages berechtigt. Der NU hat sodann die bis dahin erbrachten Leistungen zu den Vertragspreisen abzurechnen. Ihm steht lediglich ein Anspruch auf Abrechnung der bereits ausgeführten Arbeiten zu, wenn der GU vom Bauherrn nicht eine weitergehende Vergütung für die Leistung des NU erhält, es sei denn, die Kündigung durch den Bauherrn wäre veranlasst worden durch den GU oder einen anderen NU. Hat hingegen ein Verhalten oder ein Verzug des NU Anlass gegeben zur Kündigung durch den Bauherrn, so ist der GU berechtigt, seinen gesamten ihm hieraus resultierenden Schaden beim NU geltend zu machen.

9. Haftung der Vertragsparteien

9.1 Der NU hat für die gesamte Bauzeit eine Betriebshaftpflichtversicherung gemäß den Angaben im Verhandlungsprotokoll aufrecht zu erhalten. Er tritt schon heute unwiderruflich seine Ansprüche gegenüber dem Haftpflichtversicherer an den GU ab, soweit sie die aus diesem Vertrag herrührende Tätigkeit des NU betreffen. Der GU nimmt diese Abtretung an. Der GU ermächtigt den NU bis auf Widerruf, die abgetretenen Ansprüche im eigenen Namen und auf eigene Rechnung geltend zu machen. Der NU hat seinerseits die Abtretung der Ansprüche an den GU in seinen Verträgen mit seinen eigenen Subunternehmern und Lieferanten vorzusehen.

9.2 Von sämtlichen Schadensersatzansprüchen, die der NU verursacht, stellt er den GU im Falle einer Inanspruchnahme frei.

10. Gewährleistung

10.1 Nach der Abnahme von Mängelbeseitigungsarbeiten richtet sich die neue Gewährleistungsfrist wiederum nach der für das Gewerk im Verhandlungsprotokoll vereinbarten vertraglichen Frist.

10.2 Der NU tritt künftig ihm zustehende Erfüllungs-, Gewährleistungs- und Schadensersatzansprüche gegen seine Lieferanten und Subunternehmer an den GU ab. Der GU nimmt diese Abtretung hiermit an. Außerdem händigt der NU dem GU auf Verlangen eine Liste seiner Lieferanten und der von ihm beauftragten Firmen mit Angabe der einzelnen Gewährleistungsfristen aus.

11. Stundenlohnarbeiten

Die Unterzeichnung der Stundenberichte stellt kein Anerkenntnis einer Vergütungspflicht dar.

12. Zahlung

12.1 Die Abrechnung erfolgt, soweit nicht eine Pauschale vereinbart ist, nach gegenseitig anerkanntem Aufmaß.

12.2 In einer Abschlagszahlung liegt kein Anerkenntnis der Richtigkeit der in der Abschlagsrechnung aufgeführten Massen und Beträge.

12.3 Die Anerkennung oder Prüfung eines Aufmaßes und/oder der Schlussrechnung sowie die Bezahlung der Schlussrechnung schließen Rückforderungen wegen (nachträglich erkannter, fehlerhaft berechneter) Leistungen und Forderungen nicht aus. Ein Wegfall der Bereicherung kann in diesem Fall vom NU nicht geltend gemacht werden. Bei Überzahlung verpflichtet sich der NU zur Erstattung des zuviel gezahlten Betrages zuzüglich 9 % Zinsen über dem Basiszinssatz hieraus seit Zahlung, es sei denn, es werden höhere oder geringere gezogene Nutzungen nachgewiesen.

12.4 Eine Abtretung der dem NU aus dem Vertrag zustehenden Forderungen ist ohne schriftliche Zustimmung des GU nicht gestattet.

12.5 Gewährt der GU eine Abschlagszahlung für Stoffe oder Bauteile, die der NU noch nicht eingebaut hat, oder wird eine Vorauszahlung auf solche Stoffe und Bauteile geleistet, so übereignet der AN die besagten Stoffe und Bauteile dem GU.

12.6 Der AG behält von allen Zahlungen 15 % des Bruttorechnungsbetrages ein und führt diesen Betrag an das für den AN zuständige deutsche Finanzamt ab. Dieser Steuerabzug unterbleibt, wenn der AN spätestens bis zur Erstellung der Rechnung eine gültige Freistellungsbescheinigung nach § 48b EStG des für ihn zuständigen deutschen Finanzamtes vorliegt.

13. Sicherheitsleistung

13.1 Bei verspäteter Vorlage einer Vorauszahlungs- oder einer Vertragserfüllungsbürgschaft ist der GU berechtigt, die Abschlagszahlungen in voller Höhe einzubehalten, bis die Bürgschaftssumme erreicht ist. Diese Sicherheit sichert sämtliche Verpflichtungen bei der Ausführung dieses Vertrages ab, auch Rückzahlungsansprüche aus Überzahlungen, Schadensersatzansprüche sowie alle Ansprüche des GU gegen den NU, falls der GU aus § 13 MiLoG i.V.m. § 14 AEntG, § 14 AEntG, § 28e Abs. 3a SGB IV sowie § 150 Abs. 3 SGB VII i.V.m. § 28e Abs. 3a SGB IV Zahlung an Dritte leisten muss, weil der NU seine Verpflichtungen zur Zahlung des Mindestlohns und der Beiträge zur SOKA-BAU, Gesamtsozialversicherung und/oder Berufsgenossenschaft nicht erfüllt hat.

13.2 Die Sicherheit für die Gewährleistung (Mängelansprüche) in Form eines Einbehaltes, einer Bürgschaft etc. wird abweichend von § 17 Abs. 8 Nr. 2 S. 1 VOB/B erst freigegeben bzw. zurückgegeben, wenn die Gewährleistungsverpflichtung des NU verjährt ist. Soweit bereits zu einem früheren Zeitpunkt (z. B. Ablauf der Regelverjährung) das Sicherungsinteresse des GU sich reduziert auf einen geringeren Betrag als den Bürgschaftsbetrag, ist der GU auf Anforderung des NU verpflichtet, eine Teilenthaftungserklärung gegenüber dem Bürgen oder dem NU abzugeben. Diese Sicherheit sichert auch Rückzahlungsansprüche aus Überzahlungen, Schadensersatzansprüche sowie alle Ansprüche des GU gegen den NU, falls der GU aus § 13 MiLoG i.V.m. § 14 AEntG, § 14 AEntG, § 28e Abs. 3a SGB IV sowie § 150 Abs. 3 SGB VII i.V.m. § 28e Abs. 3a SGB IV Zahlung an Dritte leisten muss, weil der NU seine Verpflichtungen zur Zahlung des Mindestlohns und der Beiträge zur SOKA-BAU, Gesamtsozialversicherung und/oder Berufsgenossenschaft nicht erfüllt hat, ab.

13.3 Sowohl bei der Vertragserfüllungsbürgschaft, als auch bei der Bürgschaft für Mängelansprüche ist auf die Einreden aus §§ 770-772 BGB zu verzichten, auf die Einrede der Aufrechenbarkeit jedoch nur soweit, wie die Gegenforderung des NU bestritten oder nicht rechtskräftig festgestellt ist. Die Bürgschaften dürfen keine Hinterlegungsklausel enthalten und nicht auf bestimmte Zeit begrenzt sein. Die Bürgschaftsforderung verjährt fünf Jahre ab Ende des Jahres, in welchem sie fällig geworden ist. Der Bürger muss auf die Einrede der Verjährung verzichten, soweit dem NU die Einrede der Verjährung noch nicht zusteht. Der Text der Bürgschaft hat sicherzustellen, dass diese auch haftet für

- Nachträge

- vertragliche Verlängerung der Verjährungsfrist für Mängelansprüche nach Vertragsschluss

- vertragliche Änderungen der Ausführungsdauer nach Vertragsschluss

- die sonstigen, nach diesem Vertrag und den NU-Bedingungen abgesicherten Risiken, die ausdrücklich im Text der Bürgschaftsurkunde aufzuführen sind.

14. Abtretung/Aufrechnung

14.1 Forderungen des NU gegen den GU aus diesem Vertragsverhältnis können an Dritte nur mit Zustimmung des GU abgetreten oder verpfändet werden.

14.2 Die Aufrechnung mit vom GU bestrittenen Gegenansprüchen des NU ist ausgeschlossen.

15. Streitigkeiten

15.1 Sofern die Parteien Vollkaufleute oder juristische Personen des öffentlichen Rechts sind, ist Gerichtsstand für alle Streitigkeiten aus diesem Vertrag und über dessen Gültigkeit der Sitz des GU.

15.2 Falls die Parteien ein Schiedsgericht vereinbaren, so gilt für dieses die Schieds- und Schlichtungsordnung der ARGE Baurecht im Deutschen Anwaltverein in der jeweils gültigen Fassung mit der Maßgabe eines 3-Personen-Schiedsgerichts. Für diesen Fall ist das Schiedsgericht zuständig für alle Streitigkeiten aus dem NU-Vertrag, aus allen Zusatzaufträgen sowie für alle Streitigkeiten, die im Zusammenhang mit dem NU-Vertrag oder den Zusatzaufträgen stehen. Das Schiedsgericht ist auch befugt, über alle Gegenforderungen und Rechte aus anderen Rechtsverhältnissen, die im Wege der Aufrechnung, der Zurückbehaltung oder der Widerklage in das Verfahren eingeführt werden, zu entscheiden. Zuständig für die Niederlegung des Schiedsspruchs ist das für den Sitz des GU zuständige Amtsgericht. Ist eine der Vertragsparteien an einem Schiedsgerichtsverfahren beteiligt, welches im Zusammenhang mit dem Bauvorhaben steht, für welches der NU Lieferungen und Leistungen erbracht hat, so kann sie der jeweilig anderen Vertragspartei auch im Rahmen des Schiedsverfahrens den Streit verkünden.

15.3 Vertrag und Streitigkeiten werden nach deutschem Recht und in deutscher Sprache verhandelt.

e) Muster Arbeitnehmer-Erklärung zum Mindestentgelt

Bauvorhaben 152

Beauftragte Leistung .....

Bauauftraggeber (GU) .....

Bauvertragsnummer .....

Für das obige Bauvorhaben hat mein Arbeitgeber ..... als NU einen Bauauftrag des obigen Bauauftraggebers erhalten. Zu diesem Bauauftrag unterrichtete mich mein Arbeitgeber über das deutsche Arbeitnehmer-Entsendegesetz und die einschlägigen deutschen Tarifverträge zum Mindestentgelt von Arbeitnehmern.

Danach gilt Folgendes: Bezahlt mir mein Arbeitgeber während des Bauauftrags nicht mindestens das vorgeschriebene deutsche Mindestentgelt, kann gemäß § 14 des deutschen Arbeitnehmer-Entsendegesetzes (AEntG) [1] auch derjenige Unternehmer auf Bezahlung des Mindestentgelts in Anspruch genommen werden, der meinem Arbeitgeber oder dessen Auftraggeber den Bauauftrag erteilt hat, also z.B. der GU. Nach der deutschen Rechtsprechung gilt diese Haftung nicht für den Bauherrn.

Wegen ihres Haftungsrisikos für das Mindestentgelt ist dem Auftraggeber/GU nachzuweisen, dass mein Arbeitgeber seinen Verpflichtungen zur Zahlung des Mindestentgelts nachgekommen ist.

Dazu bestätige ich,

Name: .....

Geburtsdatum: .....

Adresse: .....

Baustellenausweis-Nummer: .....

dass meine Vergütung für jede tatsächlich geleistete Arbeitsstunde

mindestens EURO ..... brutto

beträgt und ich unter Abzug von Steuern und Sozialversicherung den Nettobetrag daraus für den Zeitraum ..... (Anzahl der Arbeitsstunden) ausbezahlt bekommen habe.

Ich versichere ausdrücklich, dass neben den gesetzlichen Abzügen keine weiteren Abzüge von meinem Bruttolohn erfolgt sind.

Offene Lohnforderungen gegenüber meinem Arbeitgeber habe ich derzeit nicht.

Ich versichere zugleich, dass meine Angaben der Wahrheit entsprechen.

Ich verpflichte mich ausdrücklich, den GU unverzüglich schriftlich in Kenntnis zu setzen, falls der mir zustehende Nettolohn (nach Abzug von Steuern und Sozialabgaben) nicht bis zum 15. des Folgemonats vollständig an mich ausbezahlt wird.

Ich bin damit einverstanden, dass diese Erklärung dem Auftraggeber/GU vorgelegt wird.

Bei einem schuldhaften Verstoß gegen die Pflicht zur Information des GU über die oben genannten Umstände und eventuelle Veränderungen, insbesondere über die Unterschreitung des Mindestlohnes, mache ich mich dem GU gegenüber schadenersatzpflichtig.

....., den .....

(Ort) (Datum) Unterschrift des Arbeitnehmers

▶ Hinweis:

Die Vorschrift des § 14 AEntG lautet:

»Ein Unternehmer, der einen anderen Unternehmer mit der Erbringung von Werk- oder Dienstleistungen beauftragt, haftet für die Verpflichtungen dieses Unternehmers, eines Nachunternehmers oder eines von dem Unternehmer oder einem Nachunternehmer beauftragten Verleihers zur Zahlung des Mindestentgelts an einen Arbeitnehmer oder Arbeitnehmerinnen (...) wie ein Bürge, der auf die Einrede der Vorausklage verzichtet hat. Das Mindestentgelt im Sinne des Satzes 1 umfasst nur den Betrag, der nach Abzug der Steuern und der Beiträge zur Sozialversicherung und zur Arbeitsförderung oder entsprechender Aufwendungen zur sozialen Sicherung an Arbeitnehmer oder Arbeitnehmerinnen auszuzahlen ist (Nettoentgelt)«.

f) Erläuterungen

Der Subunternehmervertrag ist ein Bauvertrag gemäß § 650a BGB im Sinne des ab 01.01.2018 gültigen neuen Bauvertragsrechts. Vertragsparteien sind keine Verbraucher, sodass die diesbezüglichen speziellen Regelungen in §§ 650i ff. BGB keine Anwendung finden werden.

154

Die nachfolgenden Ausführungen orientieren sich am **Verhandlungsprotokoll**. Soweit der jeweilige Gegenstand ergänzt wird durch die Nachunternehmerbedingungen (NUB), wird hierauf jeweils verwiesen. Die NUB haben die Funktion von Zusätzlichen Vertragsbedingungen im Sinne von § 8a Abs. 2 Nr. 1 S. 2 VOB/A, wonach Auftraggeber, die ständig Bauleistungen vergeben, die VOB Teil B für die bei ihnen allgemein gegebenen Verhältnisse durch ZVB ergänzen können.

Sowohl das Verhandlungsprotokoll, wie auch die Nachunternehmerbedingungen werden typischerweise mehrfach verwendet, so dass sie AGB darstellen. Daher muss jeweils auf die Wirksamkeit der Klauseln geachtet werden. Nicht sämtliche der hier dargestellten Klauseln sind insoweit schon Gegenstand von gerichtlichen Entscheidungen gewesen, so dass nicht in jedem Falle mitgeteilt werden kann, ob Wirksamkeitsbedenken bestehen (s.a. die Übersicht bei Joussen/Vygen, Der Subunternehmervertrag, 2011, S. 57 ff., Rn. 121 ff.). Dies gilt umso mehr, als das neue Bauvertragsrecht mit Wirkung zum 01.01.2018 zahlreiche neue Regelungen enthält, bezüglich derer noch nicht absehbar ist, inwieweit sie als gesetzliches Leitbild Auswirkungen auf AGB-Klauseln haben werden.

Zu Beginn des Protokolls sollte das jeweilige Bauvorhaben und der Bauherr benannt werden, da auch dessen GU-Vertrag und dessen Vertragsbedingungen miteinbezogen werden sollen in den Subunternehmervertrag.

Ferner ist es sinnvoll, schon im Verhandlungsprotokoll die Erreichbarkeit (Telefon, Telefax, Mobilnummer) abzufragen, um im Auftragsfalle möglichst schnell den Kontakt herstellen zu können.

Häufig nehmen an den Verhandlungen mehrere Personen, insbesondere auf GU-Seite, teil. Es empfiehlt sich, diese mit in das Protokoll aufzunehmen, so fällt es später bei Streitigkeiten über die Vertragsauslegung auch dem Anwalt leichter, entsprechende Zeugen zu benennen.

Zu 1. Verhandlungsgegenstand.

155

Da der GU das Verhandlungsprotokoll für eine Vielzahl von Gewerken verwendet, sollte bereits eingangs das jeweils betroffene Gewerk möglichst genau bezeichnet werden. Wenn und soweit das LV des Bauherrn auszugsweise zum Gegenstand der NU-Beauftragung gemacht wird, kann es auch genügen, die jeweiligen Positionen oder Seitenzahlen dieses LV zu benennen.

Ausgangspunkt der Verhandlungen ist regelmäßig das jeweilige Angebot des NU. Daher ist dieses mit Datum (häufig gibt es schon vor der Verhandlung mehrere nachgebesserte Angebote, so dass die Datumsangabe eminent wichtig ist) und Betrag aufzuführen. Dieses wurde gegebenenfalls rechnerisch geprüft, ferner kommt es in Betracht, Leistungen entfallen zu lassen oder zusätzliche Leistungen (die eventuell zuvor in einem anderen Gewerk/Angebot beinhaltet waren) hinzuzunehmen. Sodann wird regelmäßig über einen Nachlass verhandelt, dass dieser auch für Zusatz- und Nachtragsaufträge gelten soll, sollte gesondert geregelt werden (vgl. hierzu BGH, Urt. v. 24.07.2003 – VII ZR 79/02 – BauR 2003, 1892 = NZBau 2004, 31 = NJW-RR 2004); und nun wird unter Umständen das Angebot pauschaliert (in der Regel als Detail-Pauschalvertrag). Da dies für den GU der wichtigste Bestandteil der Verhandlungen ist, steht die Preisfindung an erster Stelle.

In den **NUB** Ziffer 2 sind zusätzliche Regelungen dazu, was die Vergütung umfasst, enthalten.

156 **Zu 2. Vertragsbestandteile.**

Erst an zweiter Stelle folgen die Vertragsbestandteile. Hier steht wiederum an erster Stelle das Verhandlungsprotokoll ob seiner zentralen Bedeutung (ebenso Ziffer 1.1 der **NUB**).

Komplexe Subunternehmerverträge bestehen häufig aus zahlreichen Anlagen, so dass durch die enumerative Aufzählung zahlreicher Möglichkeiten versucht wird, dass hier anlässlich der (häufig unter Zeitdruck stehenden) Verhandlungen nichts in Vergessenheit gerät.

Die VOB/B ist von der Reihenfolge her nur nachrangig vereinbart. Es muss darauf geachtet werden, dass keine Abweichungen in den vorrangigen Vertragsbestandteilen beinhaltet sind. Denn durch das FoSiG wurde die Privilegierung der VOB/B für Verträge im Geschäftsverkehr zwischen Unternehmern festgeschrieben, sofern sie als Ganzes vereinbart wurde (§ 310 Abs. 1 S. 2 BGB; die Aufhebung der Privilegierung für Verbraucherverträge spielt für den Nachunternehmervertrag keine Rolle, da an ihm regelmäßig keine Verbraucher beteiligt sind). Hieran hat sich nichts geändert durch das ab 01.01.2018 geltende neue Bauvertragsrecht.

Die Bedeutung der **Selbstauskunft** des NU wird am Ende dieser Erläuterungen näher erklärt.

Die **NUB** enthalten in Ziffer 1.2 eine klassische Abwehrklausel für/gegen AGB des NU.

Das Schriftformerfordernis in Ziffer 1.3 ist insbesondere im Hinblick auf die Abwicklungen vor Ort von Bedeutung, denn der Oberbauleiter oder Polier des GU soll keine mündlichen Anweisungen geben, die dann nicht schriftlich in der Vertragsabteilung/bei der Geschäftsführung des GU dokumentiert sind.

157 **Zu 3. Leistungsumfang.**

Der Leistungsumfang wird grundsätzlich durch die Vertragsunterlagen definiert (Ziffer 2); diese können jedoch unter Umständen nicht abschließend sein, so dass der Vorbehalt einer Änderung oder nur teilweisen Beauftragung in das Verhandlungsprotokoll aufgenommen ist.

Ferner wird an dieser Stelle bereits verwiesen auf die Bindefrist, die erst am Ende der Verhandlungen (und damit auch am Ende des Verhandlungsprotokolls) vereinbart wird. Diese findet ihre Anknüpfung in § 148 BGB, wonach der Antragende für die Annahme seines Angebots eine Frist bestimmen kann. Beim NU-Vertrag sind die tatsächlichen Verhältnisse genau umgekehrt, der GU diktiert diese Frist. Im Falle der Beteiligung an einer öffentlichen Ausschreibung sollte der GU darauf achten, eine längere Frist für den NU vorzusehen, als seine eigene Bindefrist gem. § 10 Abs. 4 S. 1 VOB/A.

Diese Art der Auftragserteilung ist wesenstypisch für den GU. Denn nur damit ist er in der Lage, seiner eigenen »Zwickmühle« Rechnung zu tragen. Einerseits kann er nur so einen Subunternehmer an sich binden (und damit auch den Preis fixieren), ohne seinerseits schon einen verbindlichen Vertrag geschlossen zu haben (mit der Folge, diesen wieder kündigen zu müssen, wenn der GU vom Bauherrn nicht beauftragt wird). Denn regelmäßig werden die Verhandlungen mit den Subunternehmen durchgeführt vor oder parallel zu den eigenen Verhandlungen des GU mit dem Bauherrn. Die verbindlichen Angebotspreise seiner Subunternehmer kann der GU so einfließen lassen in seinen GU-Preis gegenüber dem Bauherrn. Darüber hinaus kann er nach Vertragsschluss mit dem Bauherrn auf der Grundlage des dort vereinbarten Preises mit den Subunternehmen weiter verhandeln (weil er diese z.B. noch weiter »drücken« muss, um das Preisniveau mit dem Bauherrn halten zu können), ohne zu riskieren, dass diese Angebote seiner Subunternehmer überhaupt nicht mehr zuschlagsfähig sind. Er lässt sich also die Option offen, auch nach Vertragsschluss mit dem Bauherrn auf nochmals ganz andere Subunternehmer zurückzugreifen.

In den **NUB** enthält Ziffer 3 nicht nur Regelungen zu den Vertragsunterlagen, die der GU stellt, sondern auch zu solchen, die der NU beibringen muss. Dies sind zum Teil Risiken, die nach der VOB/B der Auftraggeber zu tragen hat (§ 4 Abs. 1 Nr. 1 S. 2 VOB/B), die jedoch typischerweise übertragen werden auf den GU und von diesem dann auf den NU.

Zu 4. Ausführung der Leistung.

158

Da der GU gegenüber seinem Bauherrn die Verantwortung für die Organisation der Baustelle trägt, sollte er rechtzeitig wissen, welches Personal sich auf der Baustelle aufhalten wird. Daher ist nach Möglichkeit bereits im Verhandlungsprotokoll (dort unter Ziffer 6) festzuhalten, welche Subunternehmer der NU seinerseits zu beauftragen gedenkt. Sowohl diese, wie auch der eigene Fachbauleiter des NU sind möglichst frühzeitig zu fixieren, ebenso deren Erreichbarkeit und die Verpflichtung zur Teilnahme am jour fix. Letzteres wird gelegentlich auch mit separaten Vertragsstrafen pönalisiert. Nur eine Erweiterung der Pflicht zur unentgeltlichen Teilnahme auch an anderen Orten als demjenigen der Baustelle (der jour fix findet regelmäßig auf der Baustelle statt) wird als bedenklich im Sinne der §§ 305 ff. BGB angesehen (Glatzel/Hofmann/Frikell, Unwirksame Bauvertragsklauseln, 11. Aufl. 2008, S. 118), wobei es häufig auch für einen Subunternehmer mit nur einem kleinen Leistungsbereich nur schwer erträglich ist, von Anfang an an einem jour fixe teilnehmen zu müssen, der ihn und seinen Leistungsbereich fast gar nicht betrifft. Dies ist jedoch mehr eine Frage der intelligenten Organisation durch den Bauleiter des GU, der einen solchen Subunternehmer dann ad hoc nur zu dem ihn interessierenden Punkt hinzuruft.

In den **NUB** ist sodann eine Vielzahl von Konkretisierungen und Verpflichtungen des NU geregelt.

Diese tragen zum einen den Besonderheiten des Zusammenspiels zwischen dem GU und dem Bauherrn einerseits, aber auch zwischen den diversen Nachunternehmern andererseits Rechnung. Dies betrifft die Bemusterung (Ziffer 4.2), die letztlich mit dem Bauherrn erfolgen muss. Ferner sind die Auswirkungen von Verschmutzungen, Beschädigungen, Behinderungen (Ziffer 5) oder Überbauung von Leistungen und Schutzeinrichtungen anderer Subunternehmer zu regeln.

Schließlich wird dem GU eine Einwirkungsmöglichkeit gegeben, wenn nicht ordnungsgemäß angemeldetes oder gesichertes Personal sich auf der Baustelle bewegt. Denn insoweit riskiert die GU zum Beispiel, von öffentlichen Vergaben ausgeschlossen zu werden, denn er wird in »Sippenhaft« genommen für seine (unzuverlässigen) Subunternehmer.

Ziffer 4.14 der NUB erweitert die Möglichkeiten des § 4 Abs. 7 S. 3 VOB/B. Nach der VOB-Regelung kann der AG bei Mängeln vor Abnahme (im Unterschied zu Mängeln nach Abnahme, siehe § 13 Abs. 5 Nr. 2 VOB/B) nur androhen, dass er nach fruchtlosem Ablauf einer Beseitigungsfrist den Auftrag entziehen werde gemäß § 8 Abs. 3 VOB/B. Eine derartige Teilkündigung scheidet jedoch aus Rechtsgründen in den meisten Fällen aus, weil sie beschränkt ist auf »in sich abgeschlossene Teile der vertraglichen Leistung«, sie setzt also eine funktionelle Eigenständigkeit der mangelhaften Bauteile voraus, bei Leistungsteilen innerhalb eines Gewerks ist dies regelmäßig nicht der Fall (BGH Urt. v. 20.08.2009 – VII ZR 212/07 – BauR 2009, 1736 = NJW 1009, 3717 = NZBau 2010, 47 = ZfBR 2010, 48).

Zu 5. Leistungsänderungen.

159

Kaum ein Bauwerk wird ohne Leistungsänderungen errichtet, die meisten Streitigkeiten entfallen hierauf. Schon vor dem Hintergrund, dass der GU seinerseits darauf achten muss, Ansprüche auf höhere Vergütung auch gegenüber dem Bauherrn anzumelden und durchzusetzen, empfiehlt es sich, die Verpflichtung zur Unterbreitung von schriftlichen Nachtragsangeboten aufzunehmen (obwohl dies in der VOB/B nicht zwingend so vorgeschrieben ist; das neue Werkvertragsrecht sieht dies jetzt explizit in § 650b Abs. 1 S. 2 BGB vor). Zur Überprüfung derselben enthielt bereits Ziffer 2.2 die Verpflichtung zur Übergabe der Urkalkulation.

Im Hinblick darauf, dass die explizite neue Regelung im neuen Werkvertragsrecht zum Änderungs- und Anordnungsrecht des Bestellers in § 650b BGB nicht das Anordnungsmodell der VOB/B aufgegriffen hat, sondern auf eine einvernehmliche Vereinbarung der Parteien abzielt, liegt ein verändertes gesetzliches Leitbild vor, sodass bereits vertreten wird, dass die Anordnungsrechte in § 1 Abs. 3 und Abs. 4 VOB/B einer AGB-rechtlichen Inhaltskontrolle nicht standhalten werden, wenn die VOB/B nicht als Ganzes vereinbart worden ist (Dammert et al., § 2 Rn. 92).

Auch hier wurde aus Gründen der Dokumentation für die Beauftragung ab einem zu definierenden Schwellenwert ein Schriftformerfordernis aufgenommen. Allerdings wurde verzichtet auf eine grundsätzlich in AGB zulässige Regelung (BGH, Urt. v. 14.07.1994 – VII ZR 186/93 – BauR 1994, 760 = NJW-RR 1995, 80), wonach der Bauleiter zu Änderungen, Erweiterungen und Ergänzungen des Vertrages nicht befugt ist, da dies von GU zu GU verschieden ist.

Damit der GU in die Lage versetzt wird, Nachträge beim Bauherrn anzumelden und später auch gegebenenfalls durchzusetzen, enthalten die **NUB** in Ziffer 2.4 eine entsprechende Verpflichtung des NU zur vorherigen detaillierten Darlegung. Andernfalls wäre der GU der Gefahr ausgesetzt, dass der NU noch nachträglich Forderungen geltend macht, obwohl zum Beispiel der GU gegenüber seinem Auftraggeber infolge vorbehaltlos angenommener Schlusszahlung gemäß § 16 Abs. 3 Nr. 2 ff. VOB/B mit Nachforderungen ausgeschlossen ist. Da es im Unterschied zum Architektenrecht keine Bindungswirkung an die eigene Schlussrechnung gibt, ist dieser Hinweis die einzige Schutzmöglichkeit. Denn Ausschlussklauseln gegenüber dem NU, zum Beispiel dass nach Einreichung der Schlussrechnung (BGH, Urt. v. 20.04.1989 – VII ZR 35/88 – BGHZ 107, 205 = BauR 1989, 461 = ZfBR 1989, 212 = NJW 1989, 2124; OLG Hamburg, Urt. v. 06.12.1995 – 5 U 215/94 – ZfBR 1998, 35, Revision nicht angenommen BGH, Beschl. v. 05.06.1997 – VII ZR 54/96 – BauR 1997, 1036 = ZfBR 1998, 41) oder sechs Monate seit Zusendung der Schlussrechnung (OLG Düsseldorf, Urt. v. 19.08.1987 – 19 U 92/86 – BauR 1988, 222) keine weiteren Ansprüche mehr geltend gemacht werden können, sind jeweils unwirksam.

Vorsicht des GU hinsichtlich unwägbarer Kostenfolgen ist vor allem deswegen geboten, weil bereits jetzt erhebliche Bedenken dagegen vorgebracht werden, ob die Regelungen zur Berechnung der Vergütung für Nachtragsleistungen nach § 2 VOB/B überhaupt transparent sind (vgl. nur Kniffka/Koeble, Kompendium des Baurechts, 4. Aufl. 2014, 5. Teil Rn. 138). Noch ist das Modell der vorkalkulatorischen Preisfortschreibung von der Rechtsprechung akzeptiert (vgl. nur BGH, Urt. v. 14.03.2013 – VII ZR 116/12 – NZBau 2013, 369 m.w.N.), nachdem jedoch das neue Bauvertragsrecht dieses Vergütungsmodell ausdrücklich nicht übernommen hat, sondern stattdessen primär nach den tatsächlich erforderlichen Kosten (mit angemessenen Zuschlägen für allgemeine Geschäftskosten, Wagnis und Wind) berechnen will, verstärkt sich die Auffassung einer AGB-Widrigkeit der Regelungen aus § 2 VOB/B (Dammert et al., § 2 Rn. 129). Hierbei wird jedoch verkannt, dass § 650c Abs. 2 BGB ausdrücklich dem Unternehmer die Möglichkeit eröffnet, zur Berechnung der Vergütung für den Nachtrag auf die Ansätze in einer vereinbarungsgemäß hinterlegten Urkalkulation zurückzugreifen, wobei vermutet wird, dass die auf Basis der Urkalkulation fortgeschriebene Vergütung der Vergütung nach Abs. 1 entspricht. Diese Vermutungsregel führt dann doch wieder zur Maßgeblichkeit der Urkalkulation, sodass es tunlich erscheint, wenn im Interesse einer Preissicherheit der GU dies ausdrücklich mit seinem NU vereinbart, dass also die Urkalkulation hinterlegt wird, und dies auch »nach oben« in Richtung seines Bauherrn entsprechend vereinbart. Denn andernfalls klafft unter Umständen eine Lücke zwischen der Nachtragsberechnung des GU gegenüber seinen beiden Vertragspartnern.

Stundenlohnarbeiten fallen beim GU-Vertrag häufiger an, sei es aufgrund von Komplettheitsklauseln im GU-Vertrag, die nicht vollständig auf die Subunternehmer abgewälzt werden konnten, sei es für Ersatzvornahmen bei Gewerken anderer Subunternehmer, für die kurzfristig dann Personal eingebunden werden muss. Da das Haupt-LV des Bauherrn entweder gar nicht oder gewerkeunabhängig am Ende die Vergütung für Arbeiten im Stundenlohn regelt, muss bei jedem NU dies separat abgefragt und vereinbart werden. Hier genügt also nicht der generelle Verweis auf das LV des Bauherrn.

Zur Vermeidung von Streitigkeiten und zur Dokumentation ist zu regeln, dass es einer gesonderten Anordnung bedarf und wie der Nachweis (Vorlage von Stundenlohnzetteln) zu führen ist. In den **NUB** hat Ziffer 11, wonach die Unterzeichnung von Stundenberichten kein Anerkenntnis einer Vergütungspflicht darstellt, nur klarstellenden Charakter (BGH, Urt. v. 14.07.1994 – VII ZR 186/93 – BauR 1994, 760 = NJW-RR 1995, 80; Urt. v. 24.07.2003 – VII ZR 79/02 – BauR 2003, 1892 = NZBau 2004, 31 = NJW-RR 2004, 92; differenzierend OLG Saarbrücken,

Urt. v. 04.09.2003 – 8 U 141/03–33, BTR 2004, 41 = BauRB 2004, 102; vgl. auch OLG Düsseldorf, Urt. v. 10.09.2004 – 22 U 15/04 – BauR 2006, 153; OLG Bamberg, Urt. v. 28.01.2004 – 3 U 65/00 – BauR 2004, 1623; OLG Oldenburg, Urt. v. 30.10.2003 – 8 U 55/03 – BauR 2005, 1521 mit Nichtzulassungszurückweisungsbeschluss des BGH v. 31.03.2005 – VII ZR 334/03 – IBR 2005, 415, jeweils zum deklaratorischen Schuldanerkenntnis).

Zu 6. Nachunternehmer.

160

Mittlerweile gilt § 4 Abs. 8 Nr. 3 VOB/B aufgrund einer Erweiterung des Textes durch den Verordnungsgeber im Verhältnis GU-Bauherr dergestalt, dass der GU auch Sub-Sub-Unternehmer angeben muss, denn auch der Bauherr hat ein Interesse daran, zu erfahren, ob der Subunternehmer seines GU die Leistungen eigenverantwortlich im eigenen Betrieb ausführt. Durch die Benennung der Subunternehmer seines eigenen Subunternehmers wird auch die Abtretungsregelung in Ziffer 10.2 der **NUB** werthaltiger.

Zu 7. Vertretung und Mitwirkung des GU.

161

Mit der namentlichen Benennung seiner eigenen mit Vollmacht handelnden Personen auf der Baustelle durch den GU wird späterer Streit hierüber vermieden.

Zu 8. Ausführungsfristen.

162

Ausführungsfristen müssen gemäß § 5 Abs. 1 VOB/B eindeutig vertraglich vereinbart werden.

Der GU hat häufig das Problem, zum Zeitpunkt der Verhandlungen mit dem NU noch keine verbindlichen Fristen nennen zu können, weil er seinerseits mit seinen Verhandlungen mit dem Bauherrn noch nicht soweit gediehen ist. Daher müssen einerseits möglichst vielfältige Varianten im Verhandlungsprotokoll angeführt werden, andererseits muss die Regelung möglichst flexibel angelegt sein.

Die generelle Qualifikation von Einzelfristen als Vertragsfristen stößt auch AGB-rechtlich nicht auf Wirksamkeitsbedenken (BGH, Urt. v. 14.01.1999 – VII ZR 73/98 – BauR 1999, 645 = NJW 1999, 1108; Kapellmann/Messerschmidt-Langen, § 5 VOB/B Rn. 13; Beck'scher VOB- und Vergaberechtskommentar-Motzke, § 5 Nr. 1 VOB/B Rn. 58).

Um die Möglichkeit zu haben, bei Terminsüberschreitungen durch den NU rechtzeitig eingreifen zu können, enthält Ziffer 6 der **NUB** die Verpflichtung des NU, einen internen Arbeitsablauf vorzulegen.

Zu 9. Vertragsstrafe.

163

Die Vertragsstrafe ist das klassische Steuerungsinstrument zur Einhaltung der Termintreue. Sie erfüllt damit sowohl einen Druckfunktion, damit der Subunternehmer die entsprechenden Termine hält, wie auch – bei Überschreitung – eine Ausgleichsfunktion (BGH, Urt. v. 20.01.2000 – VII ZR 46/98 – BauR 2000, 1049 = NZBau 2000, 327 = NJW 2000, 2106; Versäumnisurteil v. 23.01.2003 – VII ZR 210/01 – BauR 2003, 870 = NZBau 2003, 321 = NJW 2003, 1805).

Da Vertragsstrafen sehr häufig Gegenstand von gerichtlichen Entscheidungen waren, können sie ihrer vorgenannten Funktion nur genügen, wenn sie auch rechtswirksam vereinbart worden sind, mithin den AGB-rechtlichen Anforderungen genügen. Als derzeit unbedenkliche Vertragsstrafe bei Überschreitung eines Endtermins sieht der BGH eine Einzelstrafe in Höhe von 0,3 % der Auftragssumme pro Werktag an (BGH, Urt. v. 14.01.1999 – VII ZR 73/98 – BauR 1999, 645 = NJW 1999, 1108; v. 06.12.2007 – VII ZR 28/07 – BauR 2008, 508 = NZBau 2008, 376 = NJW-RR 2008, 615), maximal jedoch 5 % (BGH, Versäumnisurteil v. 23.01.2003 – VII ZR 210/01 – BauR 2003, 870 = NZBau 2003, 321 = NJW 2003, 1805; Urt. v. 08.07.2004 – VII ZR 24/03 – BauR 2004, 1609 = NZBau 2004, 609 = NJW-RR 2004, 1463), anders jedoch bei Zwischenfristen (BGH, Urt. v. 06.12.2012 – VII ZR 133/11 -, NJW 2013, 1362 = NZBau 2013, 222 = ZfBR 2013, 230).

Die danach mögliche Höhe der Einzelstrafe pro Werktag wurde im Vertragsmuster nicht voll ausgeschöpft; dies hat seinen Hintergrund darin, dass auch Einzelfristen pönalisiert werden sollen. Hierbei gilt es jedoch, das von der Rechtsprechung entwickelte Kumulationsverbot zu beachten; danach darf die Pönalisierung von Einzelfristen nicht dazu führen, dass der Auftragnehmer unangemessen benachteiligt wird durch die Vervielfachung der Strafsanktion (BGH, Urt. v. 14.01.1999 – VII ZR 73/98 – BauR 1999, 645 = NJW 1999, 1108).

Daher wurde der Weg einer nur hälftigen Ausschöpfung des Tagessatzes mit 0,15 % gewählt. Alternativ käme es auch in Betracht, anteilig 0,3 % des auf den jeweiligen Bauabschnitt entfallenden Werklohns in Ansatz zu bringen (dazu OLG Jena, Urt. v. 10.04.2002 – 7 U 938/01 – BauR 2003, 1245 = NJW-RR 2002, 1178), was jedoch bei der späteren Berechnung und Bemessung größere Schwierigkeiten bereitet. Ebenso wäre daran zu denken, eine bereits verwirkte Vertragsstrafe für Einzelfristen im Nachhinein ganz oder teilweise entfallen zu lassen für den Fall, dass der Fertigstellungstermin gleichwohl eingehalten wird. Außerdem darf eine Kumulierung nicht dadurch entstehen, dass eine Vertragsstrafe für eine bereits frühere Zwischenfrist verwirkt worden ist und sodann für alle nachfolgenden Zwischenfrist und den Fertigstellungstermin jeweils wieder neu verwirkt wird (OLG Hamm, Urt. v. 10.02.2000 – 21 U 85/98 – BauR 2000, 1202; OLG Jena, Urt. v. 10.04.2002 – 7 U 938/01 – BauR 2003, 1245 = NJW-RR 2002, 1178).

Sieht ein Formular eine Ankreuzmöglichkeit für mehrere Varianten einer Vertragsstrafenberechnung vor, so ist zwingend durch Ankreuzen eine der Optionen zu wählen, weil andernfalls die gesamte Vertragsstrafe unwirksam ist (BGH, Urt. v. 20.06.2013 – VII ZR 82/12 -, BauR 2013, 1673 = NZBau 2013, 567 = NJW 2013, 2583 = ZfBR 2013, 659). Damit sich der NU nicht »in Sicherheit wiegt«, dass ihm mehr als eine fünfprozentige Vertragsstrafe als Gesamtschadenersatz nicht droht, wurde in das Verhandlungsprotokoll ausdrücklich aufgenommen ein Warnhinweis dergestalt, dass die jeweiligen Fristen auch für den GU gegenüber seinem jeweiligen Bauherren mit (aufgrund höherer Bausumme höheren) Vertragsstrafen pönalisiert sind. Denn nach der Rechtsprechung des BGH kann eine vom GU an seinen Auftraggeber zu zahlende Vertragsstrafe an den NU als Verzugsschaden gemäß § 6 Abs. 6 VOB/B ohne Begrenzung der Höhe nach gebilligt werden (BGH, Urt. v. 18.12.1997 – VII ZR 342/96 – BauR 1998, 330 = NJW 1998, 1493), selbst wenn diese fast 70 % des Vergütungsanspruches des NU ausmacht (BGH, Urt. v. 25.01.2000 – X ZR 197/97 – BauR 2000, 1050 = NZBau 2000, 195 = NJW-RR 2000, 684), wobei der GU den NU nicht mittels eines Zurückbehaltungsrechts so lange hinhalten darf, bis er seinerseits im Hauptsacheprozess mit dem AG eine Entscheidung über dessen Vertragsstrafenanspruch herbeigeführt hat (BGH, Urt. v. 06.09.2012 – VII ZR 72/10 -, BauR 2012, 1946 = NZBau 2012, 763 = ZfBR 2012, 760).

Um sich allerdings nicht dem Mitverschuldenseinwand gemäß § 254 BGB auszusetzen, ist der Hinweis aufzunehmen, dass sich der NU einem ungewöhnlich hohen Schadensrisiko aussetzt bei Fristüberschreitung. Da der NU die jeweilige Gesamtauftragssumme des GU nicht kennt, genügt es nicht, darauf hinzuweisen, dass eine Vertragsstrafe in Höhe von 5 % der GU-Summe durchgereicht werden kann. Es müssen vielmehr konkrete Euro-Beträge genannt werden.

Die **NUB** enthalten in Ziffer 7.2 die Regelung, dass sich der GU die Vertragsstrafe noch bis zur Schlusszahlung vorbehalten kann; dies ist in AGB zulässig (BGH, Versäumnisurteil v. 23.01.2003 – VII ZR 210/01 – BauR 2003, 870 = NZBau 2003, 321 = NJW 2003, 1805; Beschl. v. 13.07.2000 – VII ZR 249/99 – BauR 2000, 1758 = NZBau 2000, 509 = NJW-RR 2000, 1468; Urt. v. 12.10.1978 – VII ZR 139/75 – BGHZ 72, 222 = BauR 1979, 56 = NJW 1979, 212; Ingenstau/Korbion-Döring, § 11 VOB/B Rn. 19) und deshalb sinnvoll, weil trotz entgegenstehender Regelungen gleichwohl eine fiktive/stillschweigende Abnahme möglich ist und in diesem Falle nach der Grundidee des § 11 Abs. 4 VOB/B bzw. § 341 Abs. 3 BGB das Erfordernis des Vorbehalts der Vertragsstrafe bei der Abnahme in der Praxis erhebliche Schwierigkeiten bereitet. Ein vollständiges Abbedingen des Vertragsstrafenvorbehalts in AGB ist hingegen unwirksam (BGH, Urt. v. 18.11.1982 – VII ZR 305/81 – BGHZ 85, 305 = BauR 1983, 80 = NJW 1983, 385 = ZfBR 1983, 78). Dass ein Vorbehalt dann nicht erhoben werden muss, wenn der GU bereits vor Abnahme die Aufrechnung mit der Vertragsstrafe erklärt hat und deshalb der Anspruch auf selbige infolgedessen bereits vollständig erloschen ist (BGH, Urt. v. 05.11.2015 – VII ZR 43/15 – BauR 2016, 499 = NZBau 2016, 93 = ZfBR 2016, 137), muss nicht gesondert geregelt werden.

Demgegenüber ist es formularvertraglich weder zulässig, den Vorbehalt der Vertragsstrafe noch nach der Schlusszahlung zuzulassen, noch die Notwendigkeit des Vorbehalts der Vertragsstrafe gänzlich entfallen zu lassen (BGH, Urt. v. 18.11.1982 – VII ZR 305/81 – BGHZ 85, 305 = BauR 1983, 80 = NJW 1983, 76; Ingenstau/Korbion-Döring, § 11 VOB/B Rn. 11). Schließlich reicht es auch nicht aus, im Vertrag lediglich zu regeln, dass die Vertragsstrafe von der Schlussrechnung abgezogen werden kann (BGH, Nichtannahmebeschluss v. 06.04.2000 – VII ZR 240/99 – IBR 2000, 596; Urt. v. 12.07.1984 – VII ZR 91/83 – BauR 1984, 643).

Zu 10. Vergütung/Kostenbeteiligung. 164

Üblicherweise wird der NU beteiligt, meist im Wege prozentualer Umlegung, an Kosten der Baustelleneinrichtung, die vom GU (oder von einem NU einheitlich für sämtliche am Bau Beteiligten) bereitgestellt wird. Hierdurch entfällt das Erfordernis eines Einzelnachweises. Hierbei handelt es sich um der AGB-Prüfung entzogene Preisabreden (BGH, Urt. v. 10.06.1999 – VII ZR 365/98 – BGHZ 142, 46 = BauR 1999, 1290 = NJW 1999, 3260 zu Wasser; Urt. v. 06.07.2000 – VII ZR 73/00 – BauR 2000, 1756 = NZBau 2000, 466 = NJW 2000, 3348 zur Bauleistungsversicherung), nicht aber um Preisnebenabreden, die der Inhaltskontrolle nur standhalten, wenn sie sich am tatsächlichen Verbrauch (des GU) orientieren (so aber OLG Stuttgart, Urt. v. 25.07.1997 – 2 U 4/97 – NJW-RR 1998, 312).

Eine nähere Ausdifferenzierung, insbesondere zu prozentualen Grenzwerten, hat durch die Judikatur bislang noch nicht stattgefunden, nach der vorstehenden BGH-Entscheidung soll es darauf ankommen, ob der NU überhaupt (im dortigen Fall) Bauwasser bezogen hat, andernfalls könne nicht auf ihn umgelegt werden. Dem entspricht jedoch der Wortlaut der Klausel nicht, diese impliziert eine jederzeitige Umlegungsmöglichkeit.

Ob eine Klausel zur Bauschuttbeseitigung generell unwirksam ist, weil sie gegen das Verursacher- und Verschuldensprinzip verstößt (so OLG Rostock, Urt. v. 30.04.2008 – 2 U 49/07 – BauR 2010, 1079; ebenso Joussen/Vygen, Der Subunternehmervertrag, 2011, S. 148, Rn. 327), wird der vorgenannten AGB-rechtlichen Differenzierung nicht gerecht; der BGH hat gleichwohl die Revision nicht zur Entscheidung angenommen (BGH Beschl. v. 11.02.2010 – VII ZR 113/08 – BauR 2010, 1079). Grundsätzlich hat der NU die Verpflichtung, durch seine Leistungen entstandenen Schutt selbst zu beseitigen, Ziffer 4.3 der **NUB**. Vor diesem Hintergrund macht die Schutzklausel nur Sinn für die nicht eindeutig zuzuordnenden anteiligen sonstigen Reinigungskosten.

Zu 11. Rechnung und Zahlung. 165

Die im Verhandlungsprotokoll enthaltene Regelung, wonach Abschlagszahlungen nur in Höhe von 90 % ausgezahlt werden, entspricht bisherigen üblichen Gepflogenheiten unter Baufirmen und war nur bei längerfristigem Einbehalt umstritten (2 Jahre bei Gerüstvorhaltung: BGH, Urt. v. 23.11.1989 – VII ZR 228/88 – NJW 1990, 482; 5 % über 5 Jahre und mehr bei Architektenvertrag: BGH, Beschl. v. 22.12.2005 – VII ZB 84/05 – BGHZ 165, 332 = BauR 2006, 674= NZBau 2006, 245 = NJW-RR 2006, 597).

Sie ist nunmehr jedoch kritisch zu hinterfragen, nachdem die Neufassung des § 632a Abs. 3 BGB in der Fassung durch das FoSiG bei Verbrauchern einen Sicherheitseinbehalt von 5 % normierte, nunmehr § 650m Abs. 2 BGB. War bislang schon angenommen worden, dass ein 5 %iger Sicherheitseinbehalt in AGB nicht mehr § 16 VOB/B entspricht und auch nicht eine ausdrückliche Regelung im Sinne von § 16 Abs. 1 Nr. 2 S. 2 VOB/B darstellt (Ingenstau/Korbion-Locher, § 16 Abs. 1 VOB/B Rn. 36), so dass ein Verstoß gegen § 307 BGB vorliegt (Glatzel/Hofmann/Frikell, S. 297), so ließe sich nunmehr argumentieren, dass grundsätzlich ein Sicherheitseinbehalt einem neuen gesetzlichen Leitbild entspricht. Dann könnte auch darüber diskutiert werden, ob nicht in AGB unter Kaufleuten der Prozentsatz von 5 % auf 10 % erhöht werden kann. Der BGH hat dies dahinstehen lassen, jedoch eine Kumulation mit einer Vertragserfüllungsbürgschaft in Höhe von 10 % als unwirksam angesehen (BGH Urt. v. 09.12.2010 – VII ZR 7/10 – BauR 2011, 677 = NZBau 2011, 229 = ZfBR 2011, 241).

Da gemäß § 16 Abs. 5 Nr. 2 VOB/B nicht vereinbarte Skontoabzüge unzulässig sind, bedarf es insoweit einer präzisen Regelung. Unzulässig wäre es, den Beginn der Skontofrist anzuknüpfen an Handlungen des Bauherrn, zum Beispiel Abschluss der Prüfung von Abschlags- oder Schlussrechnung (LG Berlin, Urt. v. 18.10.1984 – 93 S 1/84 – BauR 1986, 700).

Nachdem das neue Bauvertragsrecht in § 632a Abs. 1 S. 2 BGB einen weitgehenden Gleichlauf zu § 16 Abs. 1 Nr. 1 VOB/B hergestellt hat (Dammert/Lenkeit/Oberhauser/Pause/Stretz, Das neue Bauvertragsrecht, § 3 Rn. 8) und damit nicht mehr eine Nicht-Fälligkeit von Abschlagszahlungen bei wesentlichen Mängeln normiert, sondern bei nicht vertragsgemäß erbrachten Leistungen dem Besteller nur die Befugnis einräumt, einen angemessenen Teil des Abschlags zu verweigern, dürften sich frühere AGB-rechtliche Bedenken im Hinblick auf das gesetzliche Leitbild nunmehr anders darstellen.

Ziffer 12.5 der **NUB** entspricht nicht nur der VOB/B, sondern auch der neuen Regelung des § 632a Abs. 1 S. 6 BGB.

Bei Bauleistungen oberhalb einer Bagatellgrenze von 500 € (Rundschreiben des Bundesfinanzministeriums vom 31. März 2004, Az. IV D 1 – S 7279 – 107/04), die für einen anderen Unternehmer erbracht werden, der selbst Bauleistungen erbringt, gilt eine Steuerschuldumkehr in Bezug auf die Umsatzsteuer (§ 13b Abs. 2 Nr. 4, Abs. 5 UStG). Damit schuldet der GU die Umsatzsteuer.

Ferner ist steuerrechtlich zu berücksichtigen die so genannte Bauabzugssteuer (§§ 48 ff. EStG). Danach sind Unternehmer, die Bauleistungen in Anspruch nehmen, verpflichtet, von fälligen Rechnungen (hier des NU) einen Betrag von 15 % des Bruttobetrages (auch wenn die Umsatzsteuer vom AG abgeführt wird) einzubehalten und an das für den AN/NU zuständige Finanzamt abzuführen. Der AG haftet für die Abführung und riskiert bei Nichtbefolgung zusätzlich ein Bußgeld bis zu 25.000 € (§ 380 AO). Ein Vorwegabzug muss nicht erfolgen, wenn der NU eine gültige Freistellungsbescheinigung des für ihn zuständigen Finanzamts vorlegt. Dem trägt auch 12.6 der **NUB** Rechnung. Allerdings wird zu beobachten sein, ob nicht der EuGH – wie bei einer ähnlichen Regelung aus Belgien (EuGH, Urt. v. 09.11.2006 – C-433/04 – BauR 2007, 94)– einen Verstoß gegen den EU-Vertrag (Art. 56 und 57 AEUV, ehemals Art. 49, 50 EGV) feststellt.

166 Zu 12. Abnahme.

Es wäre unzulässig, die Abnahme der Leistungen des NU an die Gesamtfertigstellung beziehungsweise Gesamtabnahme des Bauvorhabens durch den Bauherren anzuknüpfen (BGH, Urt. v. 18.01.2001 – VII ZR 247/98 – BauR 2001, 621 = NZBau 2001, 201 = NJW-RR 2001, 519; Urt. v. 17.11.1994 – VII ZR 245/93 – BauR 1995, 234 = NJW 1995, 526 = ZfBR 1995, 77; Urt. v. 23.02.1989 – VII ZR 89/87 – BGHZ 107, 75 = BauR 1989, 322 = NJW 1989, 1602). Die Möglichkeit, die 12-Werktage-Frist aus § 12 Abs. 1 VOB/B zu verlängern, hilft nur bei den letzten Ausbaugewerken zu der vom GU stets angestrebten Parallelschaltung der Gewährleistungsfrist, denn eine derartige Verlängerung wird nur in engen Grenzen als zulässig erachtet etwa bei Verlängerung auf 24 Arbeitstage (BGH Urt. v. 16.12.1982 – VII ZR 92/82 – BGHZ 86, 135 = BauR 1983, 161 = NJW 1983, 816 = ZfBR 1983, 85) oder 4 Wochen ab Übergabe (BGH Urt. v. 19.12.1985 – VII ZR 267/84 – BauR 1986, 202 = ZfBR 1986, 78).

Daher darf die Verpflichtung zur Teilnahme am Abnahmetermin nicht dahingehend missverstanden werden, sie soll nur gewährleisten, dass eventuelle Mängelrügen, die seitens des GU noch nicht vorgebracht worden sind, dann direkt dem NU zur Kenntnis gebracht werden.

Häufig fehlen zum Zeitpunkt der Abnahme vertraglich geschuldete Revisionspläne; je nach Ausgestaltung des GU-Vertrages kann dann sogar seitens des Bauherrn die Abnahme verweigert werden. Ist dies nicht der Fall, können derartige Unterlagen nachgereicht werden. Stellt der NU sie jedoch endgültig nicht zur Verfügung, muss der GU insoweit die Ersatzvornahme durchführen. Um hierfür die erforderlichen finanziellen Mittel zu haben, sollte direkt geregelt werden, welcher weitere Einbehalt vorgenommen wird. Denn häufig existiert im Leistungsverzeichnis des GU-Vertrages keine separate Position für die Anfertigung von Revisionsplänen (auch wenn dies eigentlich eine Besondere Leistung im Sinne der VOB/C ist mit dem Erfordernis einer gesonderten LV-Position). Es ist vielmehr häufig in den Allgemeinen Vorbemerkungen geregelt, dass Revisionspläne anzufertigen und zu übergeben sind. In diesen Fällen empfiehlt es sich also, einen konkreten Betrag bereits zu vereinbaren, der von der letzten Rate eine Abschlagsrechnung, die vor Abnahme gestellt wird, aber auch von eventuellen späteren weiteren Abschlagsrechnungen (je nach Baufortschritt der Mangelbeseitigung) einbehalten wird.

Zu 13. Mängelansprüche. 167

Die vierjährige Verjährungsfrist für Mängelansprüche gemäß § 13 Abs. 4 Nr. 1 S. 1 VOB/B wird regelmäßig – so sieht es auch das Verhandlungsprotokoll vor – auf fünf Jahre verlängert. Ob dies wirksam ist beziehungsweise zwar isoliert wirksam ist, jedoch zur Folge hat, dass andere Regelungen der VOB/B nunmehr einer isolierten Inhaltskontrolle unterzogen werden, weil hierdurch die VOB/B nicht mehr als Ganzes einbezogen worden ist, lässt sich derzeit nicht vorhersagen.

Noch größeren Wirksamkeitsbedenken begegnet die Regelung in Ziffer 10.1 der **NUB**, mit der die ohnehin schon kritisierte mögliche zusätzliche Verlängerung der Verjährungsfrist aus § 13 Abs. 5 Nr. 1 S. 2 VOB/B (Schwenker/Heinze, BauR 2002, 1151; Moufang, BauR 2003, 426; Oberhauser, Jahrbuch Baurecht 2003, 12) nochmals verlängert wird auf die vertraglich vereinbarte Frist (also unter Umständen nochmals fünf Jahre). Andererseits hat der BGH (Urt. v. 09.05.1996 – VII ZR 259/94 – BGHZ 132, 383 = BauR 1996, 707 = NJW 1996, 2155) eine formularvertragliche Verlängerung auf 10 Jahre und einen Monat als zulässig erachtet (bei einem Flachdach mit erhöhtem Bedürfnis der Absicherung).

§ 13 Abs. 4 Nr. 2 S. 2 verkürzt die Gewährleistung für Anlagenteile ohne Wartungsvertrag auf 2 Jahre, auch dies wird verlängert.

Zu 14. Sicherheiten. 168

Die Absicherung des GU darf den NU nicht unangemessen benachteiligen; daher dürfen nicht kumulativ eine Vertragserfüllungsbürgschaft in Höhe von 10 % gefordert werden und zugleich Abschlagsrechnungen nur zu 90 % bezahlt werden (BGH Urt. v. 09.12.2010 – VII ZR 7/10 – BauR 2011, 677 = NZBau 2011, 229 = ZfBR 2011, 241; vgl. zuletzt Urt. v. 16.06.2016 – VII ZR 29/13 – BauR 2016, 1475 = NZBau 2016, 556 = ZfBR 2016, 676).

Die maximale Höhe einer Vertragserfüllungssicherheit in AGB beträgt 10 % (BGH Urt. v. 07.04.2016 – VII ZR 56/15 – BauR 2016, 1306 = NZBau 2016, 422 = ZfBR 2016, 575).

Der Einbehalt einer Vertragserfüllungssicherheit muss durch Bürgschaft ablösbar sein (BGH, Beschl. v. 28.02.2008 – VII ZR 51/07 – BauR 2008, 995 = NZBau 2008, 377 = NJW-RR 2008, 830).

Das Sicherungsbedürfnis des Auftraggebers schließt grundsätzlich auch seinen Schutz vor Überzahlungen ein (BGH, Beschl. v. 22.12.2005 – VII ZB 84/05 – BGHZ 165, 332 = BauR 2006, 674 = NZBau 2006, 245 = ZfBR 2006, 338). Allerdings muss dieser Sicherungszweck ausdrücklich mit vereinbart werden (Joussen/Vygen, Subunternehmervertrag, 2011, S. 145 Rn. 320).

Als Obergrenze für eine Gewährleistungsbürgschaft sind 6 % in Ansatz zu bringen, wobei es sich in der fraglichen BGH Entscheidung (Urt. v. 25.03.2004 – VII ZR 453/02 –, BauR 2004, 1143 = NZBau 2004, 322 = ZfBR 2004, 550) um eine kombinierte Vertragserfüllungs- und Gewährleistungsbürgschaft handelte, mit der gleichzeitig Überzahlungs- und Gewährleistungsansprüche abgesichert worden waren. Ob diese Rechtsprechung Bestand haben wird, ist zweifelhaft, da doch schon seit längerem mittlerweile in § 14 Nr. 2 VOB/A (sehr alte Fassung) bzw. § 9 Abs. 8 VOB/A a.F. bzw. § 9c Abs. 2 VOB/A n.F. für Mängelansprüche nur die Hälfte = 3 % vorgesehen ist. Darüber hinaus hat sich in der Praxis eine Gewährleistungsbürgschaft von höchstens 5 % durchgesetzt (BGH, Urt. v. 05.05.2011 – VII ZR 179/10 – BauR 2011, 2195 = NZBau 2011, 410 = ZfBR 2011, 555 = NJW 2011, 2195), so dass nur dieser Wert »auf der sicheren Seite« ist. In jedem Falle ist zu vermeiden, dass eine 10 %ige Vertragserfüllungsbürgschaft, die auch Ansprüche wegen Überzahlung absichert, weit über den Zeitpunkt der Abnahme hinaus zurückbehalten werden kann (z.B. bis zur vorbehaltlosen Annahme der Schlusszahlung).

Die Verlängerung der Verjährungsfrist einer Bürgschaftsforderung in AGB von drei Jahre auf fünf Jahre ist zulässig (BGH, Urt. v. 21.04.2015 – XI 200/14 – BauR 2015, 1458).

Eine Gewährleistungsbürgschaft ist grundsätzlich zurückzugeben, wenn die abgesicherten Mängelansprüche verjährt sind und der Auftragnehmer die Einrede der Verjährung erhebt (BGH, Urt. v. 09.07.2015 – VII ZR 5/15 – BauR 2015, 1652 = NZBau 2015, 549 = ZfBR 2015, 769). Allerdings stellt es eine unangemessene Benachteiligung des Unternehmers dar, wenn die durchsetzbaren Gewährleistungsansprüche einen geringeren Betrag als den Bürgschaftsvertrag ausmachen, sodass eine entsprechende Teilenthaftungserklärung vorzusehen und abzugeben ist, denn andernfalls wäre die gesamte Klausel unwirksam, da sie regelmäßig § 17 Abs. 8 VOB/B komplett verdrängt (BGH, Urt. v. 26.03.2015 – VII ZR 92/14 – BauR 2015, 1154 = NZBau 2015, 359 = ZfBR 2015, 473).

169 **Zu 15. Gefahrtragung/Versicherung und Haftung.**

Auch die Abweichung von § 7 VOB/B, der wiederum eine abweichende Regelung von § 644 BGB enthält (Letzterer soll nach Verhandlungsprotokoll ausschließlich gelten), könnte es nach sich ziehen, dass im Übrigen zahlreiche Klauseln der VOB/B, die nunmehr nicht mehr vollständig einbezogen ist, als unwirksam erachtet werden.

Die Regelungen zur Betriebshaftpflichtversicherung entspricht hingegen § 10 Abs. 2 Nr. 2 VOB/B. Bauleistungsversicherungen können sowohl vom GU unter Einschluss sämtlicher Subunternehmerleistungen abgeschlossen werden, wie auch von jedem NU separat.

170 **Zu 16. Kündigung.**

Hier darf verwiesen werden auf die Anmerkungen zum GU-Vertrag wie auch zum VOB-Vertrag Einzelgewerkevergabe.

Allerdings enthalten die **NUB** in Ziffer 8 eine gesonderte, ausdifferenzierte Regelung zu Vergütung.

Nachdem das neue Bauvertragsrecht die Kündigung aus wichtigem Grund nunmehr explizit in § 648a BGB regelt, und diese neben den in der VOB/B geregelten außerordentlichen Kündigungsgründen grundsätzlich möglich ist (Ingenstau/Korbion, VOB/B, vor §§ 8, 9 Rn. 10), stellt sich ein weiteres Mal die Frage, inwieweit dies dazu führt, dass die VOB/B-Regelungen AGB-rechtlich problematisch sind (Dammert et al., § 3 Rn. 34). Um jedoch zu vermeiden, dass die VOB/B nicht mehr als Ganzes in den Vertrag einbezogen worden ist, sollte nicht ergänzend auf die neue gesetzliche Regelung als weitere Kündigungsgründe verwiesen werden.

171 **Zu 17. Leistungsverweigerungs- und Zurückbehaltungsrechte.**

Auf die diesbezüglichen Anmerkungen in den anderen Verträgen darf verwiesen werden.

172 **Zu 18. Abtretung und Aufrechnung.**

Zur Abtretung enthält Ziffer 14.1 der **NUB** ein Abtretungsverbot mit Zustimmungsvorbehalt; dieses ist formularvertraglich zulässig (Ingenstau/Korbion-Keldungs, § 2 VOB/B Rn. 81). Sogar ein absolutes Abtretungsverbot dürfte zulässig sein (Glatzel/Hofmann/Frickell, S. 320) trotz der berechtigten Belange des NU, zum Beispiel im Hinblick auf seine Baustofflieferanten, die ihn regelmäßig nur mit verlängertem Eigentumsvorbehalt beliefern, denn diesen kann der NU gegenüber dem GU nicht durchsetzen.

Ob die Aufrechnungsklausel in Ziffer 14.2 der **NUB** wirksam ist, ist zweifelhaft. So hat der BGH zu einer ähnlichen Klausel in AGB eines Architektenvertrages eine Unwirksamkeit judiziert (BGH, Urt. v. 07.04.2011 – VII ZR 209/07 – BauR 2011, 1185 = NZBau 2011, 428 = ZfBR 2011, 472 = NJW 2011, 1729), allerdings hat er dies begründet mit Konstellationen und Auswirkungen, die im Verhältnis GU-NU nicht vorstellbar sind. Denn er hat es ausdrücklich dahinstehen lassen, ob der Ausschluss der Möglichkeit der Aufrechnung mit Ansprüchen, die nicht auf die Fertigstellungsmehrkosten oder die Mängelbeseitigungskosten des Architektenwerkes gerichtet sind, zulässig wäre. Eine unangemessene Benachteiligung hat der BGH darin gesehen, dass der Besteller durch das Verbot der Aufrechnung in einem Abrechnungsverhältnis eines Werkvertrages gezwungen würde, eine mangelhafte oder unfertige Leistung in vollem Umfang zu vergüten, obwohl ihm Gegenansprüche in Höhe der Mängelbeseitigungs- oder Fertigstellungskosten zustehen. Hierdurch würde in das synallagmatische Äquivalenzverhältnis von Leistung und Gegenleistung in unzumutbarer Weise eingegriffen. Vorliegend sind jedoch Gegenansprüche des NU nur denkbar aus anderen Bauvorhaben oder sonstigen Rechtszusammenhängen, denn aus dem Werkvertrag hat er selbst Ansprüche (auf Werklohn). Mit diesem Verständnis liegt eine AGB-widrigkeit einer solchen Klausel nur vor, wenn der Auftragnehmer der Verwender ist. Bei der umgekehrten Konstellation greift die Argumentation des BGH nicht.

Zu 19. Urheberrecht. 173

Auch hier darf auf die Anmerkungen zum Urheberrecht in den anderen Verträgen verwiesen werden.

Zu 20. Veröffentlichungen/Bauschild. 174

Dies gilt auch zu dieser Gliederungsziffer.

Zu 21. Schlussbestimmungen/Gerichtsstand. 175

Aus Klarstellungsgründen sollte jede Seite der Anlagen mit einer Paraphe versehen werden.

Dass mündliche Nebenabreden nicht getroffen sind, lässt sich formularvertraglich wirksam einbinden (BGH, Urt. v. 19.06.1985 – VIII ZR 238/84 – NJW 1985, 2329; Urt. v. 14.10.1999 – III ZR 203/98 – WM 1999, 2475).

Die Klausel, dass Änderungen oder Ergänzungen der Schriftform bedürfen, ist unwirksam (BGH, Urt. v. 15.02.1995 – VIII ZR 93, 94 – NJW 1995, 1488).

Daher wird empfohlen in der Literatur (Kleine-Möller/Merl/Oelmeier, Handbuch des privaten Baurechts, § 6 Rn. 79), eine Schriftformklausel nur zu Beweissicherungszwecken einzuführen (»Aus Beweisgründen ist für Änderungen und Ergänzungen dieses Vertrages die Schriftform zu wählen.«), die jedoch bei Nichtbeachtung ebenfalls keine Sanktionsmöglichkeiten eröffnet.

Für die Schiedsgerichtsklausel ist eine separate Urkunde seit der ZPO-Reform 1997 nicht mehr erforderlich, wenn kein Verbraucher beteiligt ist (§§ 1029 Abs. 2, 1031 Abs. 5 ZPO). Das Nähere (3er-Schiedsgericht und Schiedsordnung) regeln die **NUB** in Ziffer 15.

Die Gerichtsstandsvereinbarung hat im Lichte des § 18 VOB/B nur klarstellende Funktion.

Mit der Schlussformulierung soll erreicht werden, dass die Parteien zum Ende der Verhandlung sich nochmals verdeutlichen, dass sämtliche 21 Ziffern den Vertragsumfang definieren. Da sich zum Teil Verhandlungen über einen längeren Zeitraum oder mehrere Tage hinziehen, besteht die Möglichkeit, hier ein weiteres (vom Eingangsdatum unterschiedliches) Datum einzufügen.

Ferner wird die so genannte Bindefrist des Angebots fixiert. Ob tatsächlich eine vorformulierte Bindefrist, die über 30 Kalendertage (entlehnt § 10 Abs. 4 S. 3 VOB/A) hinausgeht, unangemessen wäre im Sinne von §§ 308 Nr. 1, 307 BGB (so wohl Glatzel/Hofmann/Frikell, S. 104), erscheint in Anbetracht dessen, dass es sich bei der VOB/A nicht um ein gesetzliches Leitbild handelt, eher zweifelhaft. In der Rechtsprechung wurden 24 Werktage als grundsätzlich unproblematisch angesehen (BGH Urt. v. 12.11.1991 – VII ZR 203/90 – BGHZ 116, 149 = BauR 1992, 221 = NJW 1992, 827 = ZfBR 1992, 67), hingegen drei Monate (OLG Düsseldorf, Urt. v. 22.07.1982 – 6 U 220/81 – BauR 1984, 95) oder sechs Monate (OLG Brandenburg, Urt. v. 30.06.2005 – 5 U 118/03 – BauR 2005, 1685) als unwirksam.

Gleichwohl sollte hier ein konkretes und individuelles Datum gewählt werden, welches Rücksicht nimmt auf den Stand der Verhandlungen des GU mit dem Bauherrn.

Schließlich soll durch die Regelung, dass alleine mit Zuschlagserteilung der Vertrag in dem Umfang und mit dem Inhalt des Verhandlungsprotokolls zu Stande kommt, verhindert werden, dass der NU versucht, im Wege eines kaufmännischen Bestätigungsschreibens neue und andere Bedingungen »unterzuschieben«.

Der vorletzte Satz soll dem GU die Möglichkeit geben, sich von einem vorgesehenen NU wieder zu lösen, wenn der Bauherr z.B. Bedenken gegen die Eignung i.S.v. § 6a VOB/A hat.

Der letzte Satz trägt § 6d EG Abs. 1 und 2 VOB/A Rechnung (vgl. hierzu die Einleitung).

176 **Zur Selbstauskunft des NU.**

Die Selbstauskunft des Nu besteht aus einem **Vorblatt**, mit welchem die relevanten Daten des NU abgefragt werden, insbesondere im Hinblick auf seine sozial-, steuer-, gewerbe- und versicherungsrechtlichen Angaben.

Diese Angaben sind im Falle einer öffentlichen Auftragsvergabe gegebenenfalls schon gegenüber der Vergabestelle auch bezogen auf den NU zu machen.

Sodann folgt eine **Verpflichtungserklärung** über die Abführung von Steuern und Beiträgen, die Anmeldung bei IHK/HWK, die Anmeldung beim Finanzamt, Erholungsurlaub und Zahlungen an die Urlaubskasse, Zahlungen an die sozialen Sicherungssysteme sowie die Weitergabe dieser Verpflichtungen an NU des NU.

Mit einer weiteren **Erklärung zum Arbeitnehmereinsatz** (die sich insbesondere bezieht auf den Einsatz ausländischer Arbeitskräfte) werden die Verpflichtungen nach Schwarzarbeitsbekämpfungsgesetz, Aufenthaltsgesetz, Arbeitnehmer-Entsendegesetz sowie den Sozialgesetzbüchern dem NU ausdrücklich auferlegt und abgesichert mit einer Freistellungsvereinbarung sowie mit Vertragsstrafe (vgl. OLG Brandenburg, Urt. v. 08.11.2006 – 4 U 54/06 – BauR 2007, 897) bewehrt und Kündigungsmöglichkeit versehen.

Diese Erklärung enthält auch eine Verpflichtung, von jedem eingesetzten Arbeitnehmer eine **Erklärung zum Erhalt des Mindestentgelts** unterschreiben zu lassen. Diese stellt das letzte Formular dieses Vertragsentwurfes dar.

Die Einhaltung der in den Formularen enthaltenen Verpflichtungen, welche primär den NU selbst betreffen, ist auch für den GU relevant, so dass entsprechende Angaben vom NU verlangt werden. Denn die Nichteinhaltung ist gegenüber dem GU unter gewissen Voraussetzungen mit **Strafe** oder **Ordnungsgeld** sanktioniert. Die Nichtabführung von Sozialversicherungsbeiträgen ist ein Straftatbestand (§ 266a StGB). Voraussetzung hierfür ist Vorsatz.

Bedingter Vorsatz genügt bereits für einen Ordnungswidrigkeiten-Verstoß des GU gegen § 8 Abs. 1 Nr. 2 SchwArbG, wenn der GU Werkleistungen in einem erheblichen Umfang ausführen lässt, indem er Personen beauftragt, die ohne die erforderliche Eintragung in die Handwerksrolle oder eine gegebenenfalls notwendige Anzeige der Gewerbeaufnahme in einem erheblichen Umfang tätig werden (§ 1 Abs. 2 Nr. 4 und 5 SchwArbG). Daher sollten die entsprechenden Angaben des NU gegenüber den Behörden/Kammern (§ 14 Abs. 1 GewerbeO oder § 18 Abs. 1 HandwerksO) abgefragt und Belege verlangt werden, um bedingten Vorsatz auszuschließen.

Ferner haben Generalunternehmer die Vorgaben des Arbeitnehmer-Entsendegesetzes (AEntG) zu beachten; auch hier wird eine Ordnungswidrigkeit normiert (§ 23 Abs. 2 AEntG), wenn ein GU einen NU in einem nicht unerheblichen Umfang beauftragt oder weitere Subunternehmer tätig werden lässt, die gegen diese Vorschriften zu den Mindestarbeitsbedingungen verstoßen. Hierzu gehören im Baugewerbe vor allem die Zahlung des tarifvertraglichen Mindestlohns, die Einhaltung von tariflichen Urlaubsregelungen, wie Dauer des Erholungsurlaubs, Zahlung des Urlaubsentgelts und des zusätzlichen Urlaubsgeldes, und die Abführung der Beiträge an gemeinsame Einrichtungen der Tarifvertragsparteien (zum Beispiel die Urlaubs- und Ausgleichskasse für die Bauwirtschaft ULAK bzw. die SOKA Bau).

Eine Besonderheit stellt die **Durchgriffshaftung** des § 14 AEntG (ehemals § 1a AEntG) dar, der einen Unternehmer verschuldensunabhängig wie einen Bürgen haften lässt, der auf die Einrede der Vorausklage verzichtet hat, wenn dieser einen anderen Unternehmer mit der Erbringung von Bauleistungen beauftragt, für dessen Verpflichtung oder von dessen Nachunternehmer oder eines beauftragten Verleihers zur Zahlung des Mindestentgelts an einen Arbeitnehmer. Diese verfassungskonforme gesetzliche Regelung (BVerfG, Nichtannahme-Beschl. v. 20.03.2007 – 1 BvR 1047/05 – NZBau 2007, 430 = NZA 2007 609) soll den Bauunternehmer veranlassen, verstärkt darauf zu achten, dass seine Subunternehmer die nach dem Arbeitnehmerentsendegesetz zwingenden Arbeitsbedingungen einhalten (BT-Drucks. 14/45 S. 17 f.), GUs sollen verstärkt Aufträge an zuverlässige kleinere und mittlere Unternehmen vergeben, von denen sie wissen, dass sie die gesetzlichen Bestimmungen einhalten (BAG, Urt. v. 12.01.2005 – 5 AZR 617/01 – BAGE 113, 149 = NZA 2005, 627). Nicht in den Geltungsbereich fallen jedoch die Bauherren selbst (BAG, Urt. v. 12.01.2005 – 5 AZR 279/01 – NV, Juris-online), auch wenn sie Bauunternehmer sind (BAG, Urt. v. 28.03.2007 – 10 AZR 76/06 – NZBau 2007, 434 = NZA 2007, 613). Im Falle der Insolvenz des Nachunternehmers erlischt jedoch die Haftung des Unternehmers jedenfalls mit und im Umfang der Zahlung von Insolvenzgeld durch die Bundesagentur für Arbeit (BAG, Urt. v. 08.12.2010 – 5 AZR 95/10 – NZA 2011, 334). Unterliegt der Arbeitnehmer hingegen – zum Beispiel aufgrund besonderer zwischenstaatlicher Vereinbarungen – nicht dem deutschen Sozialversicherungsrecht, so haftet der Unternehmer nicht vollständig, es sind die danach vom Arbeitnehmer zu tragenden Anteile zur ausländischen Sozialversicherung, nicht aber – fiktive – Beiträge zur deutschen Sozialversicherung zu berücksichtigen (BAG, Urt. v. 17.08.2011 – 5 AZR 490/10 – BAGE 139, 39 = NZA 2012, 563).

Eine ähnliche Haftung – allerdings erst ab einem Auftragswert des Subunternehmervertrages von über 275.000 € (§ 28e Abs. 3d SGB IV) – normiert § 28e Abs. 3 a-f SGB IV für die Abführung der Beiträge zur Unfall- und Sozialversicherung (Kranken-, Pflege-, Renten- und Arbeitslosenversicherung). Außerdem ist die Haftung des GU beschränkt auf den unmittelbaren NU, greift also nicht über auf Versäumnisse des Sub-Subunternehmers. Eine Enthaftung für den GU setzt voraus, dass er nachweisen kann, dass er ohne eigenes Verschulden davon ausgehen konnte, dass der NU seine Zahlungsverpflichtungen erfüllt (§ 28e Abs. 3b SGB IV). In Betracht kommen hier entweder eine Präqualifikation des NU (im Sinne des § 6 Abs. 3 Nr. 2 S. 1 VOB/A) oder die Vorlage entsprechender Unbedenklichkeitsbescheinigungen der zuständigen Sozialversicherungseinzugsstelle.

Verstößt der NU gegen seine Verpflichtungen, zum Beispiel fehlende Eintragung in die Handwerksrolle für die beauftragten Leistung, so steht dem GU das Recht zu, den Vertrag fristlos zu kündigen oder ihn wegen Verschweigens der fehlenden Eintragungen anzufechten (BGH, Urt. v. 19.01.1984 – VII ZR 121/83 – BGHZ 89, 369 = BauR 1984, 290). Dieses Recht wurde sicherheitshalber (auch als Warnfunktion) in Ziffer 5 der Erklärung zum Arbeitnehmereinsatz aufgenommen.

6. Garantierter-Maximal-Preis-Vertrag (GMP-Vertrag)

a) Vorbemerkung

177 In den letzten Jahren wird vermehrt auch in Deutschland eine Vertragsform gewählt, die ihren Ursprung im anglo-amerikanischen Rechtsraum hat. Es handelt sich hierbei um den «Guaranteed Maximum Price« bzw. Garantierter-Maximal-Preis-Vertrag (GMP-Vertrag). Durch dieses Vertragskonzept wird versucht, den wechselseitigen Interessen der Vertragspartner bei der Abwicklung eines Bauvorhabens gerecht zu werden und Konfliktpotenziale zu reduzieren. Der GMP-Vertrag ist eine Form des Generalunternehmer-Vertrages, d.h., er setzt die Beteiligung eines Generalunternehmers voraus. Im Wesentlichen handelt es sich beim GMP-Vertrag um einen Pauschalvertrag, bei welchem die Pauschale (der »garantierte« Maximalpreis) nicht überschritten, sondern nach Möglichkeit sogar unterschritten werden soll (vgl. Leinemann, in: ders., VOB/B, § 2 Rn. 592).

Die Parteien eines GMP-Vertrages vereinbaren eine enge, partnerschaftliche und auf Kooperation ausgerichtete Zusammenarbeit. Typische Probleme, wie sie bei der Abwicklung von Bauverträgen auftreten, sollen reduziert, wenn möglich ganz vermieden werden. Insofern wird dieses Vertragsmodell der Rechtsprechung des Bundesgerichtshofes zur Kooperation (vgl. u.a. BGH, NJW 1996, 2185; BGH, NJW 2000, 807) gerecht: Den besonderen Anforderungen, denen Parteien eines VOB/B-Bauvertrages unterliegen, versucht der GMP-Vertrag bereits durch ausdrückliche Regelungen gerecht zu werden. Insofern bildet der GMP-Vertrag eine partnerschaftliche Zusammenarbeit der Vertragspartner ab. Hierzu dient zum einen die frühe Einbindung des Auftragnehmers in die Projektplanung sowie die Einbindung seines Know-how für die Projektdurchführung. Zielsetzung ist es, Kosten- und Terminsicherheit zu erlangen bei einer möglichst hohen Qualität. So wird der regelmäßig auftretende Konflikt, dass der Auftraggeber eine möglichst hohe Qualität, der Auftragnehmer einen möglichst geringen Kosteneinsatz erreichen will, von vornherein einer Lösung zugeführt.

Öffentlichen Auftraggebern im Sinne der §§ 98, 99 GWB steht dieses Vertragsmodell jedoch nicht zur Verfügung, weil der GMP-Vertrag keinem der gemäß § 4 VOB/A zulässigen Vertragstypen entspricht (vgl. Leinemann, in: ders., VOB/B, § 2 Rn. 592).

Ob der GMP-Vertrag in der Praxis tatsächlich eine geeignete Vertragsgrundlage für gemeinsame Lösungen der Vertragsparteien sein kann, hängt aber nicht nur von der Vertragsgestaltung, sondern auch von dem Willen der Parteien ab, gemeinsam das definierte Ziel zu erreichen. Konfliktpotenzial bieten bekanntermaßen alle Abschnitte eines Bauvorhabens, beginnend von der Planungsphase bis zur endgültigen Projektumsetzung. Vornehmlich ist auch die Frage, ob auf Seiten des Auftraggebers tatsächlich Kostenvorteile durch einen GMP-Vertrag erwirtschaftet werden können, vorab nicht eindeutig zu klären und wird auch in der Literatur nicht einheitlich beurteilt. In der Praxis wird der Auftraggeber immer versuchen, den Auftragnehmer an dem vereinbarten Maximalpreis festzuhalten. Dieser wird aber häufig gezwungen, Mehrkosten bei dem Auftraggeber geltend zu machen, weil er beispielsweise der Auffassung ist, dass eine Änderungsanordnung des Auftraggebers vorliegt. In der Regel wird auch das GMP-Vertragsmodell in einem solchen Fall Konflikte nicht vermeiden können. Im Zweifel wird vom GMP-Vertrag vor allem der Auftraggeber profitieren, weil er das Risiko der Budgeteinhaltung auf den Generalunternehmer abwälzen und er bei wirtschaftlicher Nachunternehmer-Vergabe in der Regel an den erreichten Kosteneinsparungen teilhat (Leinemann, in: ders., VOB/B, § 2 Rn. 593).

Die Struktur des GMP-Vertrages ist uneinheitlich. Es haben sich zwei Grundmuster herausgebildet, die man anhand der Beteiligung des Auftragnehmers unterscheiden kann: Zum einen der sogenannte »einstufige GMP-Vertrag« und zum anderen der sogenannte »zweistufige GMP-Vertrag«.

6. Garantierter-Maximal-Preis-Vertrag (GMP-Vertrag)

Beim »einstufigen GMP-Vertrag« wirkt der Auftragnehmer bei der Planung nicht mit. Die Bauleistung wird nach Erteilung der Baugenehmigung ausgeschrieben und mit dem Generalübernehmer/Generalunternehmer, der den Zuschlag erhalten hat, ein Generalübernehmer-/Generalunternehmervertrag mit Maximalpreis abgeschlossen.

Der »zweistufige GMP-Vertrag« ist in der Praxis häufiger anzutreffen. Bei diesem Vertrag ist der Auftragnehmer auch an der Planung beteiligt. Im Bereich der Planung kann der Auftragnehmer sein Know-how von der Erbringung der Planungsleistung bis hin zur Baugenehmigung einbringen. Für den Auftraggeber hat dies den Vorteil, dass er nicht nur bereits in der Planungsphase auf das Wissen und die Erfahrung des Auftragnehmers zurückgreifen kann, sondern auch, dass der Auftragnehmer, mit dem voraussichtlich auch der Generalübernehmer-/Generalunternehmervertrag abgeschlossen wird, das Bauvorhaben von Beginn an kennt und daher für ihn Bereiche zur Kostenoptimierung früher und deutlicher erkennbar sind und auch genutzt werden können.

Allen GMP-Vertragsmodellen ist folgende Grundstruktur gemeinsam (vgl. Werner/Pastor, Der Bauprozess, 15. Aufl. 2015, Rn. 1563):

1. Die Einbindung des Generalunternehmers in einem frühen Stadium und seine Beteiligung an der Planung der Zielsetzung, um eine technisch und wirtschaftlich optimale Bauleistung zu erhalten.
2. Die Begrenzung der Vergütung auf einen gemeinschaftlich vereinbarten Höchstbetrag.
3. Die gemeinschaftliche Auswahl aller Nachunternehmer.
4. Das Prinzip der »open books«, welches in einer vollkommenen Kostentransparenz seinen Ausdruck findet: Der Generalunternehmer legt alle Baukosten offen und der Auftraggeber hat ein uneingeschränktes Informationsrecht.
5. Die Vereinbarung einer Bonusregelung, die einen Anreiz für eine weitere Kostenoptimierung bietet, wobei der Generalunternehmer verpflichtet ist, bei Unterschreitung des Festpreises eine bestimmte quotale Beteiligung des Auftraggebers an den Einsparungen vorzunehmen.

Da Mehrkosten nicht zum GMP zählen und sich im GMP-Vertrag daher ebenso preiserhöhend auswirken wie bei einem klassischen Pauschalvertrag, ist der Abschluss eines GMP-Vertrages in der Regel nur dann sinnvoll, wenn durch die frühzeitige Einbeziehung des Auftragnehmers in der Planungsphase die Optimierung von Leistung und einzuplanenden Kosten für die zu vergebenden Gewerke angestrebt wird, (vgl. Leinemann, in: ders., VOB/B, § 2 Rn. 593). Im Ergebnis empfiehlt sich daher eher die Vertragsvariante eines zweistufigen GMP-Vertrages.

Im Folgenden wird daher das sogenannte »zweistufige GMP-Vertragsmodell« dargestellt. Der Generalunternehmer wird also bereits in der Planungsphase (1. Stufe) beteiligt. Nach Abschluss der Planungsphase schließen der Auftraggeber und der Generalunternehmer/Generalübernehmer den GMP-Vertrag (2. Stufe). Die Einzelheiten zu dem Generalunternehmer-/Generalübernehmervertrag sind den entsprechenden Mustern in diesem Buch zu entnehmen. Insofern darf auf die dortigen Ausführungen verwiesen werden.

In der Phase 1 optimiert der Auftragnehmer, wie betont, Planungsleistungen, die der Auftraggeber bei Dritten bereits beauftragt hat. Der Auftragnehmer wird in die weitere Planung eingebunden und sein Know-how zum Zwecke der Planungs- und Baukostenoptimierung eingesetzt. Gemeinsam versucht der Auftraggeber mit dem Auftragnehmer, bereits auf der Planungsebene ein wirtschaftlich optimales und qualitativ hochwertiges Objekt umzusetzen.

Mit Abschluss der Phase 1 ist die Planung in der Regel zu 50 % bis 75 % abgeschlossen und der Auftraggeber beauftragt den Auftragnehmer mit dem Generalunternehmer-/Generalübernehmervertrag, das Projekt zu errichten. Kommt der Auftraggeber zu der Entscheidung, dass mit dem Auftragnehmer keine weitere Zusammenarbeit möglich oder sinnvoll ist, so trennen sich die Parteien. Das für die Planungsphase vereinbarte Honorar wird fällig und ist von dem Auftraggeber zu zahlen. Im Folgenden muss der Auftraggeber folglich für das Projekt einen neuen Vertragspartner finden.

Der Grundgedanke des GMP-Vertrages ist, dass das Projekt zu einem bestimmten »garantierten« Maximalpreis umgesetzt werden kann. Entgegen seiner missverständlichen Bezeichnung stellt der garantierte Maximalpreis aber kein Garantieversprechen, sondern eine Obergrenze für die vertraglich geschuldete Leistung dar, welche nach der Vorstellung der Vertragsparteien durch besonders wirtschaftliche und unterhalb des kalkulierten Budgets liegende Nachunternehmervergaben möglichst unterschritten werden soll (vgl. Leinemann, in: ders., VOB/B, § 2 Rn. 674).

Der Maximalpreis besteht dabei im Wesentlichen aus drei Positionen:

1. Die Herstellungskosten, diese wiederum aufgeteilt in Herstellungskosten des GMP-Vertragspartners und Nachunternehmerkosten,
2. die Deckungsbeiträge des GMP-Vertragspartners auf die Herstellungskosten (allgemeine Geschäftskosten, Regiekosten, Wagnis- und Gewinn),
3. die Risiko-Marge zu Gunsten des GMP-Vertragspartners, deren nicht verwertete Teile an den Auftraggeber zurückfließen.

Entscheidend ist der Deckungsbeitrag, da dieser Preisbestandteil regelmäßig fix ist. Eine Gewinnoptimierung ist daher umso größer, je höher der Deckungsbeitrag ist.

Daneben findet sich in jedem GMP-Vertrag eine Bonusregelung: Wird der Maximalpreis unterschritten, so werden die hierdurch realisierten Vorteile zwischen dem Auftraggeber und dem Auftragnehmer aufgeteilt. Kann der Generalunternehmer also die Nachunternehmerleistungen günstiger als ursprünglich budgetiert vergeben, so wird der entstehende »Vergabegewinn« zwischen den GMP-Vertragsparteien aufgeteilt (vgl. Leinemann, in: ders., VOB/B, § 2 Rn. 593). In welchem prozentualen Verhältnis dies geschieht, ist Verhandlungssache. Es sind Aufteilungsschlüssel verschiedenster prozentualer Ansätze möglich, wobei sich in der Regel jedoch eine quotale Aufteilung von 50:50 findet.

Das Risiko der Budgetüberschreitung trägt beim GMP-Vertrag jedoch der Generalunternehmer: Wird die vereinbarte Obergrenze überschritten, so geht dies zu seinen eigenen Lasten (vgl. Leinemann, in: ders., VOB/B, § 2 Rn. 593).

Von besonderer Bedeutung ist es, urheberrechtliche Fragen zu regeln: Hintergrund ist die Möglichkeit, dass der Auftragnehmer letztendlich nicht den Gesamtauftrag, d.h. die Phasen 1 und 2 erhält und sich dann im Anschluss die Frage der Verwertung der Planungsleistungen stellt. Ist eine urheberrechtlich relevante Leistung erbracht worden, ist der Auftraggeber gut beraten, wenn von vornherein das Nutzungsrecht zu seinen Gunsten geregelt ist.

Die **Literatur** zu dem GMP-Vertrag ist überschaubar. Zur Vertiefung empfehlenswert sind folgende Veröffentlichungen:

Biebelheimer/Wazlawik, BauR 2001, 1639; Gralla, Neue Wettbewerbs- und Vertragsformen für die deutsche Bauwirtschaft, 1999, 118; Gralla, Garantierter Maximalpreis, Stuttgart 2001; Grünhoff, NZBau 2000, 313; Eschenbruch, NZBau 2001, 585; Leinemann, VOB/B, 6. Aufl. 2016; Oberhauser, BauR 2000, 1397; Moeser, ZfBR 1997, 113; Thierau, Das Bausoll beim GMP-Vertrag, Festschrift für Jagenburg 2002, Seite 895; Werner/Pastor, Der Bauprozess, 15. Aufl. 2015, Rn. 1562 f.

b) Muster GMP-Vertrag

GMP-Vertrag 178

der ..... GmbH,

diese vertreten durch den/die Geschäftsführer/in .....,

– Auftraggeber, nachfolgend kurz »AG« genannt –

und

der ..... GmbH,

diese vertreten durch den/die Geschäftsführer/in .....,

– Auftragnehmer, nachfolgend kurz »AN« genannt –

Präambel

Der AG beabsichtigt, am Standort ..... in der Nähe von ..... den Neubau eines Produktionsgebäudes mit diversen Kühlhallen und angeschlossenen Lagern sowie mehrerer Verwaltungsgebäude. Der AN hat beträchtliche Erfahrung und Fachwissen als Generalunternehmer für die Planung und den Bau von Produktionsgebäuden für den ..... Bereich. Die Vertragspartner sind sich darüber einig, dass der AG ein Interesse an einer qualitativ hochwertigen Leistung und der AN an einer wirtschaftlich optimalen Umsetzung hat. Die Parteien beabsichtigen, die Zielsetzung der jeweils anderen Vertragspartei zu berücksichtigen und einvernehmlich zu fördern. Beide Parteien sind an einer reibungslosen und vertrauensvollen Zusammenarbeit interessiert.

Vor diesem Hintergrund vereinbaren die Parteien den nachfolgend aufgeführten GMP-Vertrag. Die Phase 1 beinhaltet die Planungs- und Beratungsleistungen, die der AN zu erbringen hat. Der AG hat die Grundzüge der Planung bis zur Genehmigungsreife bereits durch das Architekturbüro XYZ durchführen lassen. Die Phase 1 des nachstehend aufgeführten Vertrages dient dazu, die Planung zu vervollständigen und zu optimieren. Beide Parteien werden bereits in dieser Phase versuchen, Einsparungspotenziale zu unveränderter Qualität zu eröffnen.

Im Anschluss an die Phase 1 folgt die Phase 2. Der AG wird bei erfolgreicher Durchführung der Phase 2 des AN auch mit der Errichtung des Objektes beauftragen. Der AG ist hierzu aber nicht verpflichtet. Der AN ist ebenso wenig verpflichtet, den Auftrag – sollte er von dem AG erteilt werden – anzunehmen.

I. Phase 1 – Planungs- und Beratungsleistungen

§ 1 Vertragsgegenstand

(1) Zur Realisierung des Projektes Neubau eines Produktionsgebäudes nebst Lagern und Verwaltungsgebäuden in ..... hat der AG mit Architektenvertrag vom ..... das Architekturbüro XYZ beauftragt. Dem Architekturbüro werden in diesem Vertrag die Leistungsphasen 1 bis 6 des § 34 HOAI übertragen. Das Architekturbüro erbringt daher Planungsleistungen und wird im Rahmen der Leistungsphase 6 des § 34 HOAI eine funktionale Leistungsbeschreibung erstellen. Zudem wird das Architekturbüro im Rahmen der Kostenberechnung eine vorläufige Kostenprognose erstellen.

(2) Der AG beauftragt den AN im Rahmen dieses Vertrages mit Beratungsleistungen. Der AN wird in allen Leistungsphasen, die von dem Architekturbüro XYZ erbracht werden, den AG beraten. In jeder Leistungsphase wird der AN die Planung auf wirtschaftliche und technische Machbarkeit überprüfen sowie Empfehlungen aussprechen, wie und mit welchen Mitteln Planungsschritte und deren Umsetzung im Bauwerk optimiert werden können. Die Beratung beinhaltet auch die Optimierung von Bauabläufen bei der Umsetzung der Planung sowie die Erschließung von Optimierungsmöglichkeiten in zeitlicher Hinsicht. Raum- und Funktionsprogramme sind ebenso zu überprüfen und soweit möglich zu optimieren wie Qualitäten, die von Seiten des Architekturbüros vorgeschlagen werden.

(3) Sind von dem AN Optimierungsmöglichkeiten erkannt worden, hat er diese konzeptionell darzustellen und dem Architekturbüro sowie dem AG vorzuschlagen. Die Parteien verpflichten sich, in einer gemeinsamen Prüfung mit dem Architekturbüro die Optimierungsmöglichkeiten zu er-

örtern und auf finanzielle Einsparungspotenziale hin zu untersuchen. Sofern die Optimierung möglich ist, wird der AN gemeinsam mit dem Architekturbüro deren Umsetzung durchführen.

(4) Führen die von dem AN vorgestellten Optimierungsmöglichkeiten oder Alternativen zu Kosteneinsparungen, hat der AN Anspruch auf Zahlung von ..... % des durch die Optimierung eingesparten Betrages, jedoch maximal ..... € (in Worten: ..... Euro). Der auszuzahlenden erfolgsabhängigen Vergütung ist die Mehrwertsteuer hinzuzurechnen. Die Parteien sind sich darüber einig, dass die Phase 1 in Übereinstimmung mit der Beauftragung des Architekturbüros mit dem Abschluss der Genehmigungsplanung und der Vorbereitung der Vergabe in Form der Vorlage einer funktionalen Leistungsbeschreibung endet. Der AG ist berechtigt, aber nicht verpflichtet, den AN auf Grundlage dieses Vertrages mit der Phase 2 zu beauftragen. Der AN ist berechtigt, aber nicht verpflichtet, das Angebot auf Abschluss eines Generalübernehmervertrages anzunehmen. Nimmt der AN das Angebot an, so gelten die unten unter »Phase 2« vereinbarten Regelungen.

§ 2 Vertragsgrundlagen

(1) Grundlage und Bestandteil dieses Vertrages sind:
a) der Architektenvertrag mit dem Architekturbüro XYZ vom ....., (Anlage 1)
b) die Allgemeinen Vertragsbedingungen für Architekten (AVA), (Anlage 2)
c) das Angebot des AN vom ....., (Anlage 3)
d) der Zahlungsplan vom ....., (Anlage 4)

(2) Der AN versichert mit Unterzeichnung dieses Vertrages, alle aufgeführten Unterlagen vollständig erhalten zu haben.

§ 3 Ziele des AG

(1) Die Zielsetzungen des AG werden zwischen den Parteien wie folgt festgelegt:
    a) .....
    b) .....
    c) .....
    d) .....
    e) .....

(2) Der AN wird diese Zielsetzungen im Rahmen seiner Beratungspflichten mit verwirklichen und den AN bei der Erreichung dieser Ziele unterstützen. Der AG wird dem AN alle erforderlichen Unterlagen, Mitteilungen und Informationen zukommen lassen, die erforderlich sind, damit der AN seine Pflichten aus diesem Vertrag erfüllen kann. Der AG wird das von ihm beauftragte Architekturbüro anweisen, sämtliche Unterlagen und Informationen, die das Architekturbüro dem AG zukommen lässt, unmittelbar auch dem AN zukommen zu lassen. Der AG wird sämtliche Unterlagen und Informationen, die er dem Architekturbüro zukommen lässt, auch unmittelbar dem AN übergeben.

§ 4 Vergütung des AN

(1) Für die übertragenen Leistungen der Phase 1 dieses Vertrages erhält der AN ein Honorar in Höhe von ..... € (in Worten: ..... Euro) zuzüglich der jeweils gültigen gesetzlichen Mehrwertsteuer.

(2) Der AN kann Abschlagszahlungen verlangen. Grundlage der Abschlagszahlungen ist der zwischen den Parteien vereinbarte Zahlungsplan.

§ 5 Urheberrecht

(1) Der AG ist berechtigt, sämtliche von dem AN für das geplante Bauvorhaben erbrachten Leistungen zu verwerten. Dies gilt auch für Leistungen, die zugunsten des AN urheberrechtlich geschützt sind. Der AN räumt dem AG das Recht ein, seine Planung und sonstigen Leistungen zu verwerten und zu nutzen. Das eingeräumte Nutzungs- und Verwertungsrecht ist unbefristet und unwiderruflich und unabhängig davon, ob dem AN ein Auftrag zur Erbringung der Leistungen gemäß Phase 2 dieses Vertrages erteilt wird.

(2) Lässt der AN durch Dritte Leistungen erbringen, wird er dafür Sorge tragen, dass dem AG die Nutzungs- und Verwertungsrechte durch den Dritten eingeräumt werden.

(3) Der AG ist im Rahmen des eingeräumten Nutzungs- und Verwertungsrechtes befugt, die Planungen zu ändern und seinen Bedürfnissen anzupassen.

II. Phase 2 – Generalübernehmervertrag

§ 6 Vertragsgegenstand des Generalübernehmervertrages

(1) Hat der AG den AN beauftragt, Leistungen entsprechend dem nachfolgend vereinbarten Generalübernehmervertrag zu erbringen, so bestimmt sich der vertraglich zu erbringende Leistungsumfang nach dem Angebot des AN vom ..... sowie aus dem Inhalt dieses Vertrages.

(2) Aufbauend auf die in Phase 1 gemeinsam mit dem AG und dem Architekturbüro XYZ erarbeiteten Grundlagen ist der AN zur schlüsselfertigen und betriebsbereiten Errichtung der Produktionsstätte nebst Lagern und Verwaltungsgebäuden in ..... verpflichtet.

(3) Der AN hatte Gelegenheit, vor Ort Kenntnis von allen die Bauausführung beeinflussenden Umständen nehmen zu können. Er schuldet neben den einzeln aufgeführten Leistungen in der nachfolgenden Ziffer 4. alle erforderlichen Leistungen, die für die funktionsfähige und schlüsselfertige Errichtung des Bauvorhabens erforderlich sind.

(4) Zur Erreichung des Vertragszwecks ist der AN verpflichtet, insbesondere die folgenden Leistungen zu erbringen:
    a) Alle Planungsleistungen, die – aufbauend auf der Genehmigungsplanung – erforderlich sind.
    b) Sämtliche Ingenieurleistungen, die erforderlich sind.
    c) Fortlaufende Überprüfung der Wirtschaftlichkeit, auch bezüglich der späteren Nutzung des Gebäudes.
    d) Lieferung aller erforderlicher Materialien und Geräte.
    e) Freimachen des Grundstückes entsprechend dem Baugrundgutachten des Ingenieurbüros ..... vom ..... .
    f) Erschließung des Grundstückes durch Baustraßen und Zuwegungen, soweit nicht vorhanden, einschließlich aller Zu- und Ableitungen.
    g) Ausschachten der Baugrube, Errichtung des Bauwerkes und der Außenanlagen.
    h) Übernahme der Verkehrssicherungspflichten ab dem Tag der Einrichtung der Baustelle.
    i) .....
    j) .....

(5) Nach Abschluss des Bauvorhabens und aller durchgeführter Abnahmen ist der AN verpflichtet, alle Unterlagen und Informationen an den AG herauszugeben, insbesondere
    a) alle Pläne, Zeichnungen und Berechnungen,
    b) alle Abnahmeprotokolle mit den Nachunternehmern im Original,
    c) alle Lieferbescheinigungen für gelieferte und eingebaute Materialien,
    d) alle für die Funktionsfähigkeit und die Benutzung der Gebäude erforderlichen technischen Unterlagen, insbesondere Pläne, Schaltpläne und Gebrauchsanweisungen,
    e) .....,
    f) .....,

§ 7 Vertragsbestandteile

(1) Maßgebend für die Art und den Umfang der auszuführenden Leistungen und Lieferungen sowie für die Abwicklung sind die folgenden rechtlichen und technischen Vertragsbestandteile in der angegebenen Rang- und Reihenfolge:
– die Bestimmungen dieses Vertrages und die darin erwähnten Anlagen
– die funktionale Leistungsbeschreibung vom ....., (Anlage 1a)
– das Pflichtenheft mit den darin angegebenen Qualitäten und Fabrikatsvorgaben, (Anlage 2a)
– Pläne und Schemata, insbesondere:
    (a) .....
    (b) .....
    (c) .....
    (d) .....
    (e) .....
– das Baugrundgutachten des Ingenieurbüro ..... vom ....., (Anlage 3a)

- die Baugenehmigung vom ..... mit sämtlichen Anlagen und Nachweisen, insbesondere zur Statik, Wärmeschutz und Brandschutz usw., (Anlage 4a)
- der Terminplan vom ....., (Anlage 5a)
- das Verhandlungsprotokoll vom ....., (Anlage 6a)
- der Zahlungsplan vom ....., (Anlage 7a)
- die allgemeinen technischen Vorschriften für Bauleistungen sowie alle einschlägigen Gesetze, Vorschriften und Richtlinien, die erforderlich sind, das Bauwerk den allgemein anerkannten Regeln der Technik entsprechend zu erstellen, einschließlich aller Unfallverhütungsvorschriften und berufsgenossenschaftlichen Bestimmungen.
- die Vorschriften der VOB/B, soweit Bauleistungen erbracht werden.

(2) Sollten die vorgenannten Vertragsgrundlagen inhaltliche Widersprüche aufweisen, schließt die jeweils vorgenannte die nachfolgende in ihrer rechtlichen Geltung aus. Ist eine Leistung in nur einer von mehreren Unterlagen beschrieben, ist diese für den Leistungsumfang des AN maßgeblich. Bei Widersprüchen zwischen textlichen Ausführungen und Plänen geht die textliche Darstellung den zeichnerischen Festlegungen vor.

(3) Durch die festgelegten Vertragsbestandteile wird die Vertragsleistung für den »garantierten Maximalpreis« gem. § 8 dieses Vertrages definiert. Die Parteien werden gemeinsam versuchen, zur Erreichung dieser Vertragsleistung insbesondere in der weiteren Planungs- und Optimierungsphase bei gleich bleibender Funktionalität und Qualität, Kosten einzusparen.

§ 8 Vergütung

(1) Die Parteien vereinbaren für die Leistungen des AN, die dieser in der Phase 2 erbringt, einen »garantierten Maximalpreis«. Dieser beträgt insgesamt ..... € netto (in Worten: ..... € netto).

(2) Der garantierte Maximalpreis setzt sich aus folgenden Bestandteilen zusammen:
a) Pauschal für sämtliche Eigenleistungen des GÜ ..... € netto.
b) Vergütung für Nachunternehmerleistungen ..... € netto.
   Die Parteien werden gemeinsam versuchen, den Preis zu optimieren.
c) Für Regieleistungen, Baustellengemeinkosten und allgemeine Geschäftskosten, Wagnis, Gewinn und Risiko, einen GÜ-Zuschlag i.H.v. ..... % auf die erzielten Vergabepreise bezüglich der Nachunternehmerleistungen.

Im Preis ist alles enthalten, was für die ordnungsgemäße, vollständige und termingerechte Ausführung der Leistung notwendig ist sowie alle Kosten, die zur Erfüllung der vertraglichen Verpflichtung des AN anfallen. Eine Haftung des AN für Kosten erhöhende Einflüsse, die er nicht zu vertreten hat und/oder die nicht seinem Risikobereich entstammen, wird ausgeschlossen.

(3) Der AN wird nach Abschluss des Bauvorhabens eine Schlussrechnung wie folgt erstellen:
a) Die Parteien vereinbaren für die Abrechnung sämtlicher vom AN an Nachunternehmer vergebene Leistungen das Prinzip der »open books«. Der AN wird alle erzielten Vergabepreise dem AG unaufgefordert nachweisen.
b) Der AN wird sämtliche Abrechnungen der Nachunternehmer dem AG vorlegen.
c) Überschreitet der Schlussrechnungsbetrag den garantierten Maximalpreis, ist der AG nur zur Zahlung des ursprünglich vereinbarten garantierten Maximalpreises verpflichtet.
d) Unterschreitet der Schlussrechnungsbetrag den garantierten Maximalpreis so gilt folgende Bonusregelung:
   aa) Der Differenzbetrag zwischen dem garantierten Maximalpreis und dem Schlussrechnungsbetrag wird wie folgt zwischen den Parteien aufgeteilt:
   AG: ..... %
   AN: ..... %
   Im Falle der Unterschreitung des garantierten Maximalpreises durch den Schlussabrechnungsbetrag schuldet der AG dem AN den Schlussabrechnungsbetrag zuzüglich des prozentual festgesetzten Betrages nach vorstehender Bonusregelung.
   bb) Im Falle der Überschreitung des garantierten Maximalpreises schuldet der AG dem AN den garantierten Maximalpreis. Dies gilt nicht, soweit zusätzliche oder geänderte Leistungen durch den AG angeordnet worden sind.

§ 9 Zahlungsbedingungen

(1) Der AG leistet Abschlagsrechnungen entsprechend dem zwischen den Parteien vereinbarten Zahlungsplan. Abschlagsrechnungen und die Schlussrechnung sind an ..... zu richten.

(2) Die Fälligkeit von Abschlagsrechnungen tritt in entsprechender Anwendung des § 16 Abs. 1 Nr. 1, 3 VOB/B 21 Tage nach Zugang einer prüffähigen Abrechnung und nach dem im Zahlungsplan aufgeführten Zeitpunkt ein. Die Schlusszahlung ist in entsprechender Anwendung von § 16 Abs. 3 Nr. 1 VOB/B 30 Tage nach Zugang und Abnahme der vollständig und im Wesentlichen mangelfrei erbrachten Leistung fällig.

§ 10 Fristen und Termine

(1) Die Termine und Fristen ergeben sich aus dem diesem Vertrag beigefügten Terminplan. Mit Planungsleistungen wird der AN unmittelbar nach Vertragsschluss beginnen. Entsprechend dem Terminplan wird mit der Bauausführung am ..... begonnen. Als Fertigstellungstermin wird der ..... vereinbart.

(2) Als Vertragsfristen vereinbaren die Parteien folgende Einzelfristen:
a) .....
b) .....
c) .....
d) .....

(3) Der AG hat gemeinsam mit dem AN den genauen Arbeitsablauf und die Erbringung der Einzelleistungen mit Angabe der Einzelfristen im Terminplan festzulegen, sofern dies noch nicht geschehen ist. Verschieben sich Fristen oder Termine, so werden die Parteien einvernehmlich neue Fristen und/oder Termine vereinbaren, sofern die Frist- oder Terminsverschiebung aus dem Risikobereich des AG stammt. Werden Fristen oder Termine verschoben, so gilt die vereinbarte Vertragsstrafe (§ 11 dieses Vertrages) auch für die neue Frist.

§ 11 Vertragsstrafe

(1) Der AG ist berechtigt, bei schuldhafter Überschreitung des Fertigstellungstermins durch den AN eine Vertragsstrafe in Höhe von 0,2 % der Nettoauftragssumme je Werktag zu verlangen. Die Höhe der Vertragsstrafe ist begrenzt auf maximal 5 % der Nettoauftragssumme.

(2) Der AG ist berechtigt, eine verwirkte Vertragsstrafe bis zur Fälligkeit der Schlussrechnung geltend zu machen, auch wenn die Vertragsstrafe bei Abnahme nicht vorbehalten wurde.

(3) Die Vertragsstrafe wird auch für einen möglicherweise während des Bauablaufs neu vereinbarten Fertigstellungstermin vereinbart.

§ 12 Vergabe der Nachunternehmerleistungen

(1) Der AN ist berechtigt, alle in diesem Vertrag vereinbarten Leistungen an leistungsfähige Nachunternehmer zu vergeben.

(2) Alle an Nachunternehmer vergebenen Leistungen aus diesem Vertrag werden vom AN in Abstimmung und unter Mitwirkung des AG ausgeschrieben, ausgewertet, verhandelt und durch den AN nach sachgerechtem Ermessen an den jeweiligen Nachunternehmer vergeben.

(3) Ausgenommen von den zuvor aufgeführten Leistungen sind die Eigenleistungen des AN sowie die Planungsleistungen des AN.

(4) Der AN ist verpflichtet, sämtliche Unterlagen, insbesondere Angebote der Nachunternehmer unverzüglich dem AG vorzulegen. Verhandlungstermine mit den Nachunternehmern wird der AN dem AG unverzüglich mitteilen und ihn zu diesen Terminen einladen. Beabsichtigt der AN die Vergabe von Leistungen an einen Nachunternehmer, so wird er den AG hierüber informieren und ihm 7 Werktage Zeit zur Stellungnahme einräumen und erst nach Ablauf dieser Zeit die Leistungen vergeben. Der AG kann andere Firmen vorschlagen. Die Vergabe der Nachunternehmerleistungen soll einvernehmlich an den wirtschaftlichsten Nachunternehmer erfolgen.

(5) Hat der Nachunternehmer seine Leistungen erbracht, wird der AN die Schlussrechnung gegenüber dem AG offenlegen und diese dem AG unverzüglich zuleiten. Die tatsächlichen Kosten der Nachunternehmerleistung ergeben sich aus der durch den AN geprüften Schlussrechnung zuzüglich des in diesem Vertrag vereinbarten Generalübernehmerzuschlages in Höhe von ..... %. Die Schlussrechnungssumme ist im Verhältnis zwischen AN und AG nicht um Vertragsstrafen, Ansprüchen wegen Verzuges oder Mängeln oder anderweitiger Ansprüche zu reduzieren.

§ 13 Verbot der Vorteilsannahme

(1) Der AN darf keinerlei Lieferungen und Leistungen von Nachunternehmern gegen Gewährung von Vorteilen, seien es finanzielle oder andere wirtschaftliche Vorteile, entgegennehmen. Insbesondere darf der AN nicht Vorteile dafür annehmen, dass er einen Nachunternehmer bevorzugt behandelt oder beauftragt.

(2) Für den Fall, dass der AN gegen vorstehende Ziffer (1) verstößt, ist der AG berechtigt, den Vertrag fristlos zu kündigen. Der AG ist berechtigt, sämtliche Schäden, die durch die fristlose Kündigung bei ihm entstehen, gegenüber dem AN geltend zu machen.

§ 14 Abnahme

(1) Die Abnahme hat förmlich stattzufinden. Eine konkludente Abnahme wird ausgeschlossen.

(2) Voraussetzung für die Abnahme ist die Fertigstellungsmitteilung des AN, dass die Leistung im Wesentlichen fertig gestellt ist und alle Teile des Bauwerks und der erforderlichen Anlagen und Einbauten betriebsbereit sind. Zur Abnahme hat der AN alle erforderlichen Unterlagen, insbesondere Inbetriebnahmeprotokolle und technische Unterlagen vorzulegen. Sind behördliche Abnahmeprotokolle erst nach Abnahme oder nach Inbetriebnahme des Objektes zu erhalten, wird der AN diese schnellst möglich nachreichen. Behördlich vorgeschriebene Abnahmen hat der AN bereits vor Abnahme mit dem AG zu veranlassen.

(3) Der Anspruch auf Abnahme in sich abgeschlossener Teilleistungen im Sinne des § 12 Abs. 2 VOB/B wird ausgeschlossen. Werden Teile der Leistung durch die weitere Ausführung der Prüfung und Feststellung entzogen, so kann der Zustand dieser Teile auf Verlangen des AN gemeinsam mit dem AG festgestellt werden. § 4 Abs. 10 VOB/B gilt entsprechend. In dieser Feststellung ist eine rechtsgeschäftliche Abnahme durch den AG nicht beinhaltet.

(4) Der AN hat die förmliche Abnahme mit einer Frist von zwei Wochen bei dem AG zu beantragen. Bei der Abnahme wird gemeinsam ein Abnahmeprotokoll gefertigt, welches sowohl von dem AN als auch von dem AG zu unterzeichnen ist. Sämtliche Erklärungen der Parteien sind in diesem Protokoll niederzulegen. Dies gilt insbesondere für widersprechende Feststellungen und Mängel. Ausdrücklich ist zu vermerken, ob die Leistungen abgenommen werden oder ob die Abnahme verweigert wird.

(5) Mit der förmlichen Abnahme gilt die Gesamtleistung des AN als abgenommen. Damit bezieht sich die Abnahme nicht nur auf die Bauleistungen, sondern auch auf die Architektenleistungen.

§ 15 Sicherheitsleistung

(1) Der AN hat zur Erfüllung seiner Verpflichtungen aus diesem Vertrag dem AG eine Bürgschaft in Höhe von 10 % der Brutto-Auftragssumme zu überreichen. Die Bürgschaft muss dem AG innerhalb von 14 Werktagen nach Vertragsschluss zugegangen sein. Leistet der AN die Bürgschaft nicht innerhalb der vertraglich vereinbarten Zeit, so kann der AG von der ersten Abschlagsrechnung einen Betrag einbehalten, der der Bürgschaftssumme entspricht. Übersteigt der Betrag den Abrechnungsbetrag der ersten Abschlagsrechnung, so kann der AG den überschießenden Betrag auch von der nächsten Abschlagsrechnung einbehalten. Die Kündigung aus wichtigem Grund ist bei nicht fristgerechter Leistung der Bürgschaft ausgeschlossen.

(2) Der AG ist berechtigt, von der sich aus der Schlussrechnung ergebenden Netto-Abrechnungssumme einen 5-prozentigen Sicherheitseinbehalt vorzunehmen. Der Sicherheitseinbehalt ist nach Ablauf der Gewährleistungsfrist auszuzahlen. Der AN ist berechtigt, den Sicherheitseinbehalt durch Überreichung einer Bürgschaft abzulösen.

(3) Alle Bürgschaften, die der AN überreicht, müssen unwiderruflich, unbedingt, unbefristet und selbstschuldnerisch erklärt werden und von einem in der EU zugelassenen Kreditinstitut ausgestellt sein. Der Bürge muss auf die Einrede der Vorausklage, der Anfechtbarkeit sowie auf das Recht zur Hinterlegung und auf die Einrede der Aufrechenbarkeit verzichten. Das Recht der Einrede der Aufrechenbarkeit wird nur insoweit nicht ausgeschlossen, als die Gegenforderung des AN unbestritten oder rechtskräftig festgestellt ist.

(4) Der AG ist verpflichtet, die Gewährleistungsbürgschaft unverzüglich nach Ablauf der Gewährleistungsfrist unaufgefordert an den AN zurückzureichen.

§ 16 Gewährleistung

(1) Die Gewährleistungsansprüche für Bauleistungen richten sich nach der VOB/B. Die entsprechenden Ansprüche für die Architektenleistungen richten sich nach dem BGB.

(2) Sowohl für Bau- als auch für Architektenleistungen vereinbaren die Parteien eine 5-jährige Gewährleistungsfrist.

§ 17 Versicherungen

(1) Der AN hat Betriebshaftpflichtversicherungen mit den folgenden Mindestdeckungsgrenzen vor Beginn der Arbeiten abzuschließen, sofern solche Betriebshaftpflichtversicherungen noch nicht bestehen:
a) Sachschäden: ..... Mio. € (pro Schadensfall und Jahr)
b) Personenschäden: ..... Mio. € (pro Schadensfall und Jahr)
c) Vermögensschäden: ..... Mio. € (pro Schadensfall und Jahr).

(2) Eine Bauwesenversicherung wird durch den AN abgeschlossen. Der Vertrag wird dem AG unverzüglich nach Unterzeichnung dieses GMP-Vertrages vorgelegt.

III. Allgemeine Regeln für die Phase 1 und Phase 2

§ 18 Verschwiegenheit

(1) Der AN verpflichtet sich, alle Informationen, die er von dem AG im Zusammenhang mit der Abwicklung und Erfüllung dieses Vertrages erhält, streng vertraulich zu behandeln. Er verpflichtet sich, alle Informationen nur in dem Maße zu verwenden, wie es für die ordnungsgemäße Erfüllung dieses Vertrages unbedingt erforderlich ist.

(2) Unter Informationen werden insbesondere alle technischen, gewerblichen und finanziellen Mitteilungen, unabhängig von deren Übermittlungsform verstanden. Der AN verpflichtet sich, alle Maßnahmen zu ergreifen, die verhindern, dass Dritte unberechtigten Zugang zu derartigen Informationen und Dokumenten erhalten, so lange der AG einer Offenbarung nicht zuvor ausdrücklich in schriftlicher Form zugestimmt hat.

(3) Der AN wird sicherstellen, dass seine Mitarbeiter und Nachunternehmer nur dann und nur in dem Umfang Zugang zu vertraulichen Informationen erhalten, soweit dies erforderlich ist, ihren vertraglichen Verpflichtungen nachzukommen. Der AN wird die Verschwiegenheitsverpflichtung gegenüber seinen Mitarbeitern und Nachunternehmern weiterreichen, durchsetzen und den AG unverzüglich informieren, wenn die Verschwiegenheitsverpflichtung verletzt wurde.

(4) Die vorstehenden Verpflichtungen bestehen für den AN dann nicht, wenn dieser dem AG gegenüber nachweisen kann, dass
a) die Information dem AN schon bekannt war, bevor sie ihm von dem AG übermittelt wurden und er wegen dieser Information nicht anderweitig zur Verschwiegenheit verpflichtet war, oder
b) die Information dem AN zulässigerweise von einem Dritten ohne Zutun des AN bekannt gemacht wurde, ohne dass der Dritte den AN zur Verschwiegenheit verpflichtet oder die Verwendung und Information beschränkt hat, oder
c) die Information in dem Zeitpunkt, in dem sie von dem AG übermittelt wurde, bereits allgemein bekannt war, oder

d) die Information nach der Übermittlung durch den AG allgemein bekannt geworden ist, ohne dass eine Verletzung der Verschwiegenheitsverpflichtung aus diesem Vertrag oder einer anderen Verpflichtung zur Verschwiegenheit hierfür ursächlich war.

§ 19 Vertragsbeendigung

(1) Eine Kündigung des Vertrages ist für beide Parteien nur aus wichtigem Grund möglich.

(2) Ein wichtiger Grund ist insbesondere gegeben, wenn eine Vertragspartei die ihr obliegenden Pflichten in gröblichem Maße verletzt, beispielsweise trotz Aufforderung durch die andere Partei unter Fristsetzung erforderliche Informationen oder Unterlagen nicht herausgibt. Ein außerordentlicher Kündigungsgrund liegt auch vor, wenn über das Vermögen des AN ein Insolvenzverfahren eröffnet wird.

§ 20 Schiedsvereinbarung

(1) Sämtliche Streitigkeiten, die sich aus diesem Vertrag oder dessen Verletzung, Beendigung oder Unwirksamkeit ergeben, sollen einer einvernehmlichen Regelung zugeführt werden.

(2) Kann ein Streit oder eine Meinungsverschiedenheit nicht innerhalb von 10 Tagen, nachdem eine der Parteien eine gütliche Streitbeilegung schriftlich gefordert hat, beigelegt werden, ist für die Entscheidung über den Streit oder die Meinungsverschiedenheit oder das Bestehen oder Nichtbestehen eines Anspruches die jeweils gültige Schiedsgerichtsordnung der Deutschen Institution für Schiedsgerichtsbarkeit (DIS) unter Ausschluss des ordentlichen Rechtsweges zuständig. Die Entscheidung des Schiedsgerichts ist für die Parteien endgültig und abschließend.

(3) Schiedsort ist .... Das Schiedsgericht wird mit drei Schiedsrichtern besetzt, von denen die Parteien jeweils einen bestimmen und der vorsitzende Schiedsrichter nach den Regeln der in Ziffer 2. genannten Schiedsorganisation bestimmt wird. Die Kosten des Schiedsverfahrens werden von der unterliegenden Partei getragen, wenn das Schiedsgericht in seinem Schiedsspruch keine andere Entscheidung fällt.

§ 21 Schriftform

Änderungen, Ergänzungen und Nebenabreden bedürfen zu ihrer Wirksamkeit der Schriftform. Dies gilt auch für die Aufhebung des Schriftformerfordernisses.

§ 22 Schlussbestimmungen

Sollte eine der vorstehenden Bestimmungen dieses Vertrages rechtsunwirksam sein, so soll die Wirksamkeit des übrigen Vertrages nicht berührt werden. Die Parteien verpflichten sich, die unwirksame Klausel durch eine gleichwertige, rechtlich zulässige Bestimmung zu ersetzen.

c) Erläuterungen

179 Zur Präambel.

In der Präambel haben die Parteien das Bauvorhaben grob skizziert und ihre wechselseitige Intention bekundet, die Interessen der anderen Partei ausreichend zu berücksichtigen. Zudem ist die Struktur des Vertrages dargestellt, so dass auch für Dritte die Möglichkeit besteht, schnell die Struktur des Vertrages zu erkennen. Häufig wird auch ein Inhaltsverzeichnis vorangestellt. Dies empfiehlt sich insbesondere dann, wenn es sich um sehr umfangreiche Vertragswerke handelt.

180 Zu § 1 und § 2. In dem dargestellten »zwei Phasen GMP-Modell« sucht sich der AG zunächst einen AN, mit dem er zusammen das Projekt umsetzen möchte. Grundlage ist hierbei eine Planung, die regelmäßig von dem AG bei einem externen Architekturbüro in Auftrag gegeben wird. Dieses Architekturbüro wird im Rahmen der Grundlagenermittlung und Vorplanung die Umsetzbarkeit des Projektes prüfen und es planerisch bis zur Genehmigungsplanung vorantreiben, um darauf aufbauend eine funktionale Leistungsbeschreibung zu erstellen. Die Generalübernehmer-

6. Garantierter-Maximal-Preis-Vertrag (GMP-Vertrag)   B.

leistungen werden grundsätzlich funktional ausgeschrieben, da ansonsten der Sinn und Zweck des GMP-Vertrages nicht erreicht werden könnte, auf AG-Seite Kostensicherheit zu erlangen.

Während der Entwicklungs- und Planungsphase ist der AN – entgegen des ansonsten Üblichen – bereits eingebunden. Im Rahmen der von ihm geschuldeten Beratungsleistungen obliegt es ihm, die Planung des Architekturbüros zu optimieren und insbesondere Kosteneinsparungspotenziale zu eröffnen. An den eingesparten »Gewinnen« wird er prozentual oder durch einen Fixbetrag beteiligt.

Damit die Struktur des Vertrages deutlich wird, ist klargestellt, dass die Phase 2 erst beauftragt wird, wenn AG und AN beide ihre Absicht kundgetan haben, miteinander das Projekt aufgrund der entwickelten Planung auch umzusetzen. Mithin sind hierzu nochmals ein Angebot des AG und die Annahme durch den AN erforderlich. Ist der Generalübernehmervertrag auf diese Weise zustande gekommen, geltend die unter der Überschrift »Phase 2« vereinbarten Regelungen.

Wichtig ist, dass als Vertragsbestandteil auch die Architektenverträge aufgenommen werden, damit der AN den beauftragten Leistungsumfang – der sich nicht aus der HOAI ergibt, sondern aus dem Vertrag mit dem Architekten – erkennen kann.

Zu § 3. Wichtig ist, dass die von dem AG beabsichtigten Ziele bereits im Planungsbereich ihre Umsetzung erfahren. Der AN ist verpflichtet, den AG bei Erreichung dieser Zielsetzungen zu unterstützen. Hierfür benötigt er aber Informationen und vor allen Dingen die Planungsunterlagen, die von dem Architekturbüro erstellt werden. Damit keine Reibungsverluste entstehen und Informationen verloren gehen, sollten sich die Parteien verpflichten, sämtliche Unterlagen und Informationen, jeder der am Bau beteiligten Parteien zukommen zu lassen. Damit wird der Gefahr vorgebeugt, dass ein Beteiligter wegen nicht vorhandener Informationen entweder falsch entscheidet oder gar nicht entscheiden kann. Zudem wird sich niemand darauf berufen können, dass ihm notwendige Informationen fehlten und er daher seinen Pflichten aus dem Vertrag nicht nachkommen konnte.   181

Zu § 4. Welche Honorierung die Parteien vereinbaren, ist Verhandlungssache. Das Honorar kann sowohl auf Grundlage von monatlichen Abschlagszahlungen, als auch als Pauschalhonorar gezahlt werden. Eine Bindung an die HOAI besteht zwischen den Parteien nicht, da nach herrschender Rechtsprechung die HOAI keine Anwendung findet, wenn der Auftragnehmer sowohl Planungs-, als auch Bauleistungen erbringt.   182

Problematisch wird diese Fragestellung dann, wenn der Auftragnehmer nicht nur – wie im vorliegenden Fall – Beratungsleistungen erbringt, sondern auch Planungsleistungen und er im Folgenden dann keinen Auftrag für Phase 2 erhält. Folglich erbringt er nach den Planungsleistungen keine Bauleistung. Somit wäre nach der Rechtsprechung des Bundesgerichtshofes kein Ausnahmefall für die Anwendbarkeit der HOAI gegeben. Die Rechtsprechung hat sich zu diesem Problem noch nicht geäußert.

Gegen eine Anwendbarkeit der HOAI würde sprechen, dass die in dem GMP-Vertragsmodell ausgehandelten Preise vor dem Hintergrund der Gesamtleistung betrachtet werden müssen: Bauleistung und Architektenleistung, sofern sie dem AN ebenfalls übertragen wird, stehen in engem tatsächlichen und wirtschaftlichen Zusammenhang, wobei die Parteien bei Abschluss des GMP-Vertrages zunächst davon ausgehen, dass sowohl die Phase 1, als auch die Phase 2 von dem AN erbracht werden. Schließlich sucht sich der AG seinen AN nicht nur vor dem Hintergrund der zu erbringenden Architektenleistung, sondern insbesondere auch vor dem Hintergrund der zu erbringenden Bauleistung aus. Wie betont, ist diese Frage noch nicht abschließend geklärt.

Zu § 5. Der AG muss dafür sorgen, dass er im Falle der Nichtfortführung des Vertrages (Phase 2) berechtigt ist, die erbrachten Planungsleistungen zu verwerten und zu nutzen und gegebenenfalls auch abzuändern. Die Frage, ob ein Urheberrechtsschutz besteht, ist vorab zu klären. Rein vor-   183 sorglich sollte sich der AG von vornherein alle Rechte sichern, weil es dann für ihn keine Rolle spielt, ob das Werk urheberrechtlich geschützt ist.

184 **Zu § 6.** Auch bei dem GMP-Vertrag ist dafür zu sorgen, dass durch eine genaue Definition des Bau-Solls Streitigkeiten, beispielsweise über Nachträge, vermieden werden. Die vorgenannten Inhalte sind keinesfalls abschließend und jeweils vor dem Hintergrund des konkreten Bauwerkes zu ergänzen bzw. zu ändern.

Die in Ziffer 3 dargestellte Komplettheitsklausel ist nach herrschender Auffassung bei einer funktionalen Leistungsbeschreibung auch in Allgemeinen Geschäftsbedingungen wirksam. Hintergrund ist die Tatsache, dass den AN bei einer funktionalen Leistungsbeschreibung sowohl das Preis-, als auch das Mengenrisiko trifft. Es wird durch die Komplettheitsklausel also nur das betont, was bereits vertragsimmanent ist.

185 **Zu § 7.** Häufig finden sich in Verträgen Differenzierungen in »technische Bestandteile« und »rechtliche Bestandteile«. Diese Differenzierung ist nicht sinnvoll. Vornehmlich, wenn es zu Widersprüchen zwischen den Vertragsbestandteilen kommt und daher im Wege der Vertragsauslegung eine Bestimmung des Vertragsinhaltes erfolgen muss, führt eine derartige Untergliederung zu Schwierigkeiten, da nicht erkennbar wird, in welchem Verhältnis die rechtlichen Bestandteile zu den technischen Bestandteilen stehen sollen.

Sinnvoll ist es, zunächst die Unterlagen aufzuführen, die den Werkerfolg definieren. Es sollten daher die Bestandteile aufgeführt werden, die die Anforderungen und zu erbringenden Leistungen für das konkrete Bauvorhaben bestimmen. Danach sollten standardisierte Leistungsbeschreibungselemente erfolgen. Hierbei handelt es sich um die Leistungsbeschreibungselemente, die für eine Vielzahl von Bauvorhaben erstellt werden bzw. vorformuliert wurden. Beispielhaft seien aufgeführt »Zusätzliche Vertragsbedingungen«, »Zusätzliche technische Vertragsbedingungen«, die VOB/C und die VOB/B.

Aufgrund der Tatsache, dass der AN vorliegend auch Planungsleistungen erbringt, war die Anwendbarkeit der VOB/B dahingehend einzuschränken, dass sie nur Anwendung findet, »soweit Bauleistungen erbracht werden«. Hintergrund ist die Tatsache, dass die VOB/B nur bei Bauleistungen anwendbar ist und daher eine Anwendbarkeit für Architektenleistungen ausscheidet.

186 **Zu § 8.** Der garantierte Maximalpreis besteht regelmäßig aus drei Bestandteilen (vgl. auch die Einleitung):

1) Zunächst wird eine Pauschale für die Eigenleistungen des Generalübernehmers vereinbart. Mit diesem Betrag kann der Generalübernehmer seine Kosten decken. Es handelt sich also rein um Deckungsbeträge.

2) Die Nachunternehmerleistungen, die der GÜ beauftragt, sind ihm ebenfalls zu vergüten. Diese Position stellt den Optimierungsbereich dar, den AG und AN gemeinsam wirtschaftlicher gestalten können, als ursprünglich vereinbart.

3) Daneben ist für die sonstigen Kosten und Regiebeträge für Wagnis und Gewinn sowie für das Risiko ein Betrag auszuweisen. Dieser ist im vorliegenden Fall als prozentualer GÜ-Zuschlag auf die Nachunternehmerleistungen ausgewiesen. Denkbar wäre es aber auch, eine Pauschale anzusetzen oder den Betrag in eine Pauschale und in einen prozentualen Anteil im Rahmen eines Generalübernehmer-Zuschlages aufzusplitten. Meistens wird dieser Betrag – wie dargestellt – ausschließlich als GÜ-Zuschlag ausgewiesen.

Nicht unüblich, jedoch nicht in allen GMP-Verträgen zu finden, ist eine Bonusregelung. Eine solche Bonusregelung ist aber sinnvoll, da sie Anreize schafft, die gemeinsam beabsichtigte Optimierung, insbesondere der Nachunternehmerleistungen und Nachunternehmerkosten, umzusetzen.

Das Prinzip der »open books«, welches im vorliegenden Paragrafen nochmals ausdrücklich aufgenommen wurde, ist essentieller Bestandteil eines GMP-Vertrages. Nur auf dieser Grundlage kann das System eines GMP-Vertrages erfolgreich umgesetzt werden.

Zu § 9. Die Zahlungsbedingungen sind in Anlehnung an die VOB/B vereinbart. Hintergrund ist die Tatsache, dass für die zu erbringenden Bauleistungen die VOB/B vereinbart wurde (s.o.).

187

Zu § 10 und § 11. Die termingerechte Fertigstellung hat auch beim GMP-Vertrag erhebliche Bedeutung und ist daher im vorliegenden Falle mit einer Vertragsstrafe für den Fall bewehrt, dass der Fertigstellungstermin nicht eingehalten wird.

188

Häufig wird in GMP-Verträgen allerdings auf die Vertragsstrafe verzichtet. Hintergrund ist die nicht von der Hand zu weisende Tatsache, dass eine Vertragsstrafe dem Grundgedanken eines GMP-Vertrages zu wider läuft: Der gemeinsamen und partnerschaftlichen Abwicklung und Problemlösung steht der Gedanke einer Vertragsstrafe entgegen.

Andererseits ist zu berücksichtigen, dass, wie ausgeführt, der AG auch bei einem GMP-Vertrag ein essentielles wirtschaftliches Interesse daran hat, dass das Bauvorhaben zügig fertig gestellt und vereinbarte Fristen eingehalten werden. Da es einen »goldenen Mittelweg« zur Lösung dieses Konfliktes zwischen partnerschaftlicher Zusammenarbeit und Vertragsstrafe nicht gibt, müssen sich die Parteien von vorneherein überlegen, ob sie auch unter Aufnahme einer Vertragsstrafe in den Vertrag keine Beeinträchtigung des partnerschaftlichen Gedankens sehen.

Nach diesseitiger Auffassung ist eine Vertragsstrafe sinnvoll und geboten. Ansonsten sind die Termine und Fristen lediglich Kontrollfristen ohne besondere Konsequenzen. Bei Nichteinhaltung muss also der AG erst noch mahnen, um beispielsweise Verzugsschäden geltend machen zu können. Danach muss er jeden Schaden konkret nachweisen und kann nicht auf den pauschalierten Schadensersatz einer Vertragsstrafe zurückgreifen. Aus diesem Grund empfiehlt sich die Aufnahme einer Vertragsstrafe, auch wenn diese dem Partnerschaftsgedanken eines GMP-Vertrages an sich widerspricht. Um diesem Gedanken zumindest teilweise Rechnung zu tragen, sind im vorliegenden Vertragsmuster Zwischenfristen nicht mit Vertragsstrafe bewehrt. So wird die Vertragsstrafe nur dann verwirkt, wenn der Fertigstellungstermin überschritten wird.

Zu § 12. Die Bestimmung über Vergaben an Nachunternehmer ist ebenfalls essentieller Bestandteil eines GMP-Vertrages. Genau in diesem Bereich eröffnen sich Einsparungspotenziale, die die Parteien gemeinsam umsetzen können. Das Prinzip der »open books« ist auch in diesem Bereich klar einzuhalten, damit der AG gemeinsam mit dem AN die Vergabe nicht nur durchführen, sondern auch beeinflussen kann, um so möglicherweise eine kostengünstigere Lösung zu finden. Die letzte Entscheidung der Vergabe muss aber bei dem AN liegen. Fehlt eine ausdrückliche »letzte Entscheidungsbefugnis«, kann es bereits im Vergabestadium zu erheblichen Hindernissen bei der Abwicklung des Vertragsverhältnisses kommen. Da der AN den Maximalpreis garantiert, ist es interessengerecht, ihm auch die letzte Entscheidung bezüglich der Nachunternehmer-Vergabe zu überlassen.

189

Zu § 13. In der Praxis besteht die Gefahr, dass der AN sich Nachunternehmerbeauftragungen »abkaufen« lässt. Dies verstößt nicht nur gegen den partnerschaftlichen Gedanken des GMP-Vertrages, sondern kann auch zu erheblichen Nachteilen auf Seiten des AG führen, da wirtschaftliche Einsparungspotenziale, die im Rahmen der Nachunternehmervergabe eröffnet werden könnten, nicht ausgeschöpft werden.

190

Damit der AN deutlich die Gefahr einer solchen Vorteilsannahme vor Augen hat, sollte ein außerordentliches Kündigungsrecht für diesen Fall vereinbart werden. Zu denken wäre auch an eine Vertragsstrafe. Da diese aber grundsätzlich dem partnerschaftlichen Gedanken des GMP-Vertrages widerspricht (s.o. Hinweis zu § 11), sollte eine Strafbewehrung von Handlungen oder Unterlassungen in möglichst geringem Umfange vertraglich fixiert werden.

191 Zu § 14. In Abweichung von den Regeln der VOB/B ist die Abnahme in sich abgeschlossener Teilleistungen ausgeschlossen. Hintergrund ist die Tatsache, dass der AG bei dem vorliegenden Vertragsmodell eine vollständig fertig gestellte Leistung erwartet. Nur für die Bereiche, die im Verlauf der Bauwerkserrichtung überbaut werden, ist eine Regelung entsprechend § 4 Abs. 10 VOB/B aufgenommen. Danach kann eine Bauzustandsbesichtigung durchgeführt werden, wobei jedoch ausdrücklich die rechtsgeschäftliche Abnahme der förmlichen Endabnahme vorbehalten bleibt.

Wie die Praxis zeigt, wird vielfach bei der Erstellung des Abnahmeprotokolls nicht sorgfältig genug vorgegangen. Aus diesem Grunde sind die wesentlichen Inhalte, die in dem Abnahmeprotokoll enthalten sein sollen, in den Vertrag aufgenommen.

192 Zu § 15. Die Vereinbarung einer Sicherheit entspricht den üblichen Regelungen. Bezüglich weiterer Einzelheiten darf auf die Kommentierung zum Generalunternehmervertrag verwiesen werden.

193 Zu § 16. Für Bauleistungen würde gemäß § 13 Abs. 4 Nr. 1 VOB/B eine 4-jährige Gewährleistungsfrist laufen. Die VOB/B lässt aber zu, dass diese Verjährungsfrist abgeändert wird. Im Interesse des AG ist es, dass für das Gesamtbauwerk eine 5-jährige Gewährleistungsfrist läuft.

194 Zu § 18. Im Rahmen der Bauvertragsabwicklung werden vertrauliche Informationen ausgetauscht. Der AG sollte Wert darauf legen, dass diese Informationen auch vertraulich bleiben. Um dies zu gewährleisten, ist vorliegend eine Verpflichtung zur Verschwiegenheit aufgenommen, die der AN den zu beauftragenden Nachunternehmern durchreichen muss.

Auch in diesem Falle wäre daran zu denken, die Verletzung der Verschwiegenheitspflicht mit einer Vertragsstrafe zu versehen. Erneut ist aber darauf hinzuweisen, dass die Strafbewehrung einzelner Handlungen und Unterlassungen dem Grundgedanken eines GMP-Vertrages widerspricht (s.o. Hinweis zu §§ 11 und 13).

195 Zu § 20. Der Schiedsgerichtsvereinbarung liegt der Gedanke der Kooperation zugrunde. Zunächst sollen alle Streitigkeiten einvernehmlich geregelt werden. Hierfür ist ein Prozedere im Vertrag festgelegt. Erst wenn dieses scheitert, soll – unter Ausschluss des ordentlichen Rechtsweges – ein Schiedsgerichtsverfahren eingeleitet werden. Die streitige Auseinandersetzung vor einem ordentlichen Gericht ist daher ausgeschlossen.

196 Zu § 21. Grundsätzlich können die Parteien durch mündliche Abreden den Vertragsinhalt ändern. Aus Gründen der Beweisbarkeit sollen die Parteien durch das Schriftformerfordernis angehalten werden, alle Abreden schriftlich zu fixieren.

197 Zu § 22. Diese so genannte »Salvatorische Klausel« findet sich regelmäßig in Verträgen. Allerdings ergibt sich bereits aus dem Gesetz, dass eine unwirksame Klausel, nicht den ganzen Vertrag unwirksam werden lässt. Sind Vertragsbedingungen unwirksam oder nicht Vertragsbestandteil geworden, so richtet sich ihr Inhalt grundsätzlich nach den gesetzlichen Vorschriften. Vorauszusetzen ist hierbei, dass es sich bei den Klauseln des Vertrages um »Allgemeine Geschäftsbedingungen« und nicht um individualvertraglich ausgehandelte Bestimmungen handelt. Hiervon wird in der Regel auszugehen sein.

7. Bauträgervertrag

a) Vorbemerkung

198 Der Bauträgervertrag spielt in der Praxis eine erhebliche Rolle. Er ermöglicht weiten Bevölkerungskreisen, auf einfache Weise und zu akzeptablen, finanzierbaren Preisen Eigentum an Wohnraum, sei es ein Einfamilienhaus, sei es eine Eigentumswohnung, zu erwerben. Der Bauträger verpflichtet sich im Bauträgervertrag mit dem Erwerber, auf einem ihm, dem Bauträger, gehörenden

Grundstück ein Gebäude nach einer vorher festgelegten, möglicherweise mit dem Erwerber individuell abgestimmten Leistungsbeschreibung zu errichten und nach Fertigstellung des Gebäudes dem Erwerber das Eigentum oder Miteigentum verbunden mit dem Sondereigentum an dem mit dem fertigen Gebäude bebauten Grundstück zu übertragen. Der Erwerber verpflichtet sich, nach Fertigstellung des Gebäudes das Eigentum an dem bebauten Grundstück zu übernehmen und die für Grundstück und fertiges Gebäude vereinbarte Vergütung in Raten schon während der Errichtungsphase zu bezahlen.

Der Gesetzgeber hat mit dem am 01.01.2018 in Kraft tretenden Gesetz zur Reform des Bauvertragsrechts (BGBl. 2017 I S. 969 ff.), in Untertitel 3, § 650u Abs. 1 S. 1 BGB n.F. den Bauträgervertrag als Vertrag definiert, »*der die Errichtung oder den Umbau eines Hauses oder eines vergleichbaren Bauwerks zum Gegenstand hat und der zugleich die Verpflichtung des Unternehmers enthält, dem Besteller das Eigentum an dem Grundstück zu übertragen oder ein Erbbaurecht zu bestellen oder zu übertragen.*« Auf den Bauträgervertrag sind nach § 650u Abs. 1 S. 2 BGB n.F. hinsichtlich der Errichtung oder des Umbaus die Vorschriften des Werkvertragsrechts des Untertitels 1 anwendbar, nach S. 3 hinsichtlich des Anspruchs auf Übertragung des Eigentums an dem Grundstück oder auf Übertragung oder Bestellung des Erbbaurechts die Vorschriften über den Kauf. § 650u Abs. 2 BGB n.F. nennt die Vorschriften aus dem Werk- und Bauvertragsrecht, die auf den Bauträgervertrag <u>nicht</u> anwendbar sind, und zwar Vorschriften, die mit den Strukturen und wirtschaftlichen Zielen des Bauträgervertrages, insbesondere wenn beim Geschosswohnungsbau mehrere Erwerber beteiligt sind, zu weiteren, kaum lösbaren Problemen führen würden.

Der Bauträger organisiert den Bauablauf, er erstellt die Planung einschließlich der Fachplanung, er erwirkt die Baugenehmigung, er beauftragt die Bauunternehmer und nimmt dem Erwerber die Aufgaben und Mühen ab, die an sich einem Bauherrn obliegen; er trägt zu Beginn des Bauvorhabens das finanzielle Risiko. Der Erwerber erhält das fertige Objekt. Für den Erwerber aus seiner laienhaften, vereinfachenden Sicht reduziert sich das Geschäft auf einen einfachen Leistungsaustausch, weshalb häufig im Zusammenhang mit dem Bauträgervertrag von einem Kaufvertrag gesprochen wird. Diese Bezeichnung wird den Strukturen des Bauträgervertrages, der verschiedene Vertragstypen verbindet und Elemente eines Kaufvertrages, soweit es um das Grundstück selbst geht, eines Werkvertrages, soweit das Gebäude zu errichten ist, und eines Geschäftsbesorgungsvertrages enthält, nicht gerecht. Zentrale Bedeutung hat die Herstellung des Gebäudes; im Mittelpunkt steht eine Bauwerksleistung (vgl. Basty, Der Bauträgervertrag, 9. Aufl. 2017; Pause, Bauträgerkauf und Baumodelle, 6. Aufl. 2018 (bei Redaktionsschluss angekündigt); Koeble/Grziwotz, Rechtshandbuch Immobilien). Zum anderen ist zu berücksichtigen, dass es sich um ein Finanzierungsmodell handelt, das dem Bauträger ermöglicht, praktisch ohne bzw. mit nur geringem Eigenkapital ein Grundstück zu erwerben und zu bebauen, wenn eine Bank zur Anschubfinanzierung bereit ist. Ansonsten hat der Erwerber entsprechend dem Baufortschritt Zahlungen zu leisten, möglicherweise sogar Vorausleistungen, mit denen die Kredite des Bauträgers getilgt werden. Der Erwerber zahlt an den Bauträger, obwohl die Wertschöpfung nicht bei ihm, sondern bei dem Bauträger, der Eigentümer des Grundstücks ist, stattfindet. Nach § 94 BGB sind das Gebäude und die zur Herstellung des Gebäudes eingefügten Sachen wesentliche Bestandteile des Grundstücks. Gebäude und die zu seiner Herstellung eingefügten Sachen können nicht Gegenstand besonderer, eigener Rechte sein, sondern teilen das Rechtsschicksal des Grundstücks; nach § 946 BGB erstreckt sich das Eigentum an dem Grundstück auch auf die eingebauten Sachen.

Der Erwerber, der an den Bauträger Raten zahlt, obwohl er nicht Eigentümer ist, geht ein beträchtliches Risiko ein; ohne Absicherung läuft er Gefahr, im Falle der Insolvenz des Bauträgers seine bis dahin geleisteten Zahlungen zu verlieren. Die Absicherung des Erwerbers ist deshalb im Bauträgervertrag vorzusehen. Die Makler- und Bauträgerverordnung (MaBV) sagt nur auf gewerberechtlicher Ebene, wann der Bauträger keine Gelder entgegennehmen darf. Der Schutz des Erwerbers ist durch entsprechende Vereinbarungen im Bauträgervertrag auszugestalten. Besondere

Probleme bestehen, wenn es um den Erwerb einer Eigentumswohnung geht, also der Erwerb eines Miteigentumsanteils an einem Grundstück verbunden mit dem Sondereigentum an einer Wohnung eines zu errichtenden Gebäudes Gegenstand des Bauträgervertrages ist. Dann sind die rechtlichen Beziehungen zwischen den Miteigentümern zu klären, ist weiter zu bestimmen, was zwischen den Eigentümern gelten soll, haben die Erwerber in die Teilungserklärung und in die Gemeinschaftsordnung einzutreten, ist die künftige Verwaltung des gemeinschaftlichen Eigentums zu regeln.

In der Regel handelt es sich beim Bauträgervertrag um einen Vertrag zwischen einem Bauträger/ Unternehmer, mit einem Verbraucher – nach § 13 BGB ist Verbraucher jede natürliche Person, die ein Rechtsgeschäft zu einem Zweck abschließt, der weder ihrer gewerblichen noch ihrer selbstständigen beruflichen Tätigkeit zugerechnet werden kann, – also um einen Verbrauchervertrag, bei dem nach § 310 Abs. 3 Nr. 1 BGB Allgemeine Geschäftsbedingungen als vom Unternehmer gestellt gelten und der Inhaltskontrolle nach § 310 Abs. 3 Nr. 3 BGB auch nur zur einmaligen Verwendung bestimmte Klauseln unterliegen, wenn der Verbraucher aufgrund der Vorformulierung auf deren Inhalt keinen Einfluss nehmen konnte.

Neben den Entgegennahmeverboten der MaBV sind die Bestimmungen des Verbraucherschutzes, die beim Bauträgervertrag eine wesentliche Rolle spielen – die Mehrzahl der Erwerber ist Verbraucher im Sinne des Gesetzes (vgl. BGH, Urt. v. 30.09.2009 – VIII ZR 7/09, NJW 2009, 3780: Rechtsgeschäftliches Handeln einer natürlichen Person ist grundsätzlich als Verbraucherhandeln anzusehen; etwas anderes gilt nur, wenn die dem Vertragspartner erkennbaren Umstände eindeutig und zweifelsfrei darauf hinweisen, dass die natürliche Person in Verfolgung ihrer gewerblichen oder selbständigen beruflichen Tätigkeit handelt; verbleibende Zweifel sind zu Gunsten der Verbrauchereigenschaft zu entscheiden) – zwingend zu berücksichtigen, jetzt vor allem die Vorschriften der §§ 650i ff. BGB n.F. (Kapitel 3 – Verbrauchervertrag), soweit sie nach § 650u BGB n.F. Anwendung finden. Das Gesetz zur Reform des Bauvertragsrechts (BGBl 2017 I S. 969) hat die wesentlichen Schutzvorschriften des am 01.01.2009 in Kraft getretenen Forderungssicherungsgesetzes für Bauträgerverträge mit Verbrauchern übernommen. So können nach § 650v BGB n.F. Abschlagszahlungen nur verlangt werden, soweit sie gemäß einer Verordnung aufgrund von Artikel 244 des Einführungsgesetzes zum Bürgerlichen Gesetzbuch vereinbart sind, also entsprechend den Vorgaben der MaBV. Werden diese Vorgaben nicht beachtet, besteht ein Vergütungsanspruch nur nach der gesetzlichen Regelung des § 641 BGB. Der Bauträger könnte also nur Zahlungen für das vollständig hergestellte Gebäude verlangen. Während § 650m Abs. 1 BGB n.F., wonach der Gesamtbetrag der Abschlagszahlungen 90 % der Gesamtvergütung nicht übersteigen darf, nach § 650u Abs. 2 BGB n.F. auf den Bauträgervertrag nicht anwendbar ist, da Abschlagszahlungen im Bauträgervertrag in § 650v BGB n.F. geregelt sind, hat nach § 650m Abs. 2 f BGB n.F. der Besteller, der Verbraucher ist, einen Anspruch auf eine Sicherung der Vertragserfüllung. Ihm ist »eine Sicherheit für die rechtzeitige Herstellung des Werkes ohne wesentliche Mängel in Höhe von 5 Prozent der vereinbarten Gesamtvergütung zu leisten.« Nach der Begründung geht der Gesetzgeber davon aus, dass der Erwerber, auch wenn er nur Raten entsprechend den mangelfrei ausgeführten Teilleistungen zu zahlen braucht, ein weiteres Sicherungsbedürfnis hat, nämlich im Hinblick auf Mehraufwendungen, die ihm entstehen, wenn das Bauwerk insbesondere im Fall der Insolvenz des Bauunternehmers nicht vollendet oder mangelhaft errichtet wird. Die Sicherheit soll alle Ansprüche abdecken, die darauf beruhen, dass die Leistung des Bauträgers hinter der vertraglich vorausgesetzten Beschaffenheit zurückbleibt, außerdem Ansprüche aus der Überschreitung der Bauzeit. Das Gesetz gewährt dem Bauträger ein Wahlrecht, wie die Sicherheit ausgestaltet werden soll. Der Bauträger kann dem Erwerber entweder eine Garantie oder eine Bürgschaft, also in der Regel eine Vertragserfüllungsbürgschaft stellen oder aber bestimmen, dass der Erwerber die Sicherheit von den zunächst fälligen Zahlungen einbehält. Die Sicherheit ist zurückzugeben, wenn der Sicherungszweck erreicht ist, also Ansprüche wegen Mängeln oder nicht rechtzeitiger Fertigstellung nicht mehr entstehen können, also nach Abnahme, es sei denn, die bei Abnahme vorbehaltenen Mängel sind noch nicht beseitigt. Der Einbehalt ist erst zur Zahlung fällig, wenn das Gebäude ohne wesentliche Mängel hergestellt bzw. vorbehaltene Mängel beseitigt und Ansprüche wegen Bauzeitverzögerungen erfüllt sind.

Wegen der erheblichen Risiken, denen der Erwerber ausgesetzt ist, treffen den beurkundenden Notar erhebliche Prüfungs- und Belehrungspflichten, wobei er vor allem auf die Sicherungsinteressen der Erwerber zu achten hat. Er hat Vertragsgestaltungen vorzuschlagen, die den Interessen aller Vertragsbeteiligter gerecht werden und die eine Benachteiligung der Erwerber verhindern. Er hat entsprechend zu belehren, wenn Bedenken bestehen, und nachzufragen, ob die Risiken verstanden sind (vgl. zu den Prüf- und Belehrungspflichten des Notars BGH, Urt. v. 10.07.2008 – III ZR 292/07 BauR 2008, 1888 = NJW-RR 2009, 199 – Prüfung, ob Erwerber eine riskante Verwahrungsanweisung verstanden haben; OLG Köln, Urt. v. 23.07.2009 – 7 U 25/09 – iuris – zur doppelten Belehrungspflicht bei Erschließungskosten; BGH, Urt. v. 22.07.2010 – III ZR 293/09 zur Belehrungspflicht, wenn im Zeitpunkt der Beurkundung ein Zwangsversteigerungsvermerk zu Lasten des Bauträgers im Grundbuch eingetragen ist). Um dem Verbraucher ausreichend Gelegenheit zu geben, sich mit dem Gegenstand auseinanderzusetzen, bestimmt § 17 Abs. 2 a S. 2 Nr. 2 BeurkG, dass der Notar den beabsichtigten Text des Rechtsgeschäftes dem Verbraucher 2 Wochen vor der Beurkundung zur Verfügung stellt. Nach BGH, Urt. v. 07.02.2013 III ZR 121/12 = BGHZ 196, 166 = NJW 2013, 1451 und BGH, Urt. v. 25.06.2015 III ZR 292/14 = BGHZ 206,112 = BauR 2015, 1657 = NJW 2015, 2646 steht diese Frist nicht zur Disposition der Beteiligten, sodass der Notar, der auf die Einhaltung der Frist nicht achtet, eine zum Schadensersatz führende Amtspflichtverletzung begeht.

Die Formulare gehen, da in aller Regel ein Verbraucher beteiligt ist, von einem Bauträgervertrag mit einem Verbraucher aus.

Zunächst wird ein Bauträgervertrag über ein Einfamilienhaus vorgestellt. Dieses Vertragsmuster ist aus der Sicht eines Erwerbers entwickelt und betont seine Interessen. Es folgt ein Vertragsmuster über den Erwerb einer Eigentumswohnung; dieses Vertragsmuster orientiert sich an der Sicht des Bauträgers.

b) Muster Kauf- und Bauherstellungsvertrag über ein mit einem Einfamilienhaus zu bebauendes Grundstück

Verhandelt zu Musterstadt 199

am

V o r mir

dem unterzeichnenden Notar im Oberlandesgerichtsbezirk Musterstadt

Franz Musternotar

mit dem Amtssitz zu Musterstadt

erschienen:

1. Der Geschäftsführer Emil Baumann, geb. am ....., geschäftsansässig ..... mit der Erklärung, dass er nicht für sich persönlich, sondern als alleinvertretungsberechtigter und von den Beschränkungen des § 181 BGB befreiter Geschäftsführer der

Firma Bau Bauträger GmbH, 00000 Musterstadt, Musterstraße 1,

handele

wegen seiner Vertretungsbefugnis Bezug nehmend auf die Eintragung im Handelsregister des Amtsgerichts Musterstadt HR B ..... Der Notar bestätigt nach Einsichtnahme in einen Auszug aus dem elektronischem Handelsregister des Amtsgerichts Musterstadt zu HRB vom ....., dass der Geschäftsführer Emil Baumann als alleinvertretungsberechtigter Geschäftsführer berechtigt ist, die Firma Bau Bauträger GmbH allein rechtswirksam zu vertreten.

– Firma Bau Bauträger GmbH, nachstehend auch »Bauträgerin« genannt –,

2. Die Eheleute a) Fritz Meier, geb. am ..... und b) Anna Meier, geb. Müller, geb. am ..... wohnhaft Rathausgasse 1, Musterdorf

– Die Erschienenen zu 2a) und 2b), nachstehend auch »Erwerber« genannt –

Die Erschienenen wiesen sich zur Gewissheit des Notars wie folgt aus:

Der Erschienene zu 1) durch Personalausweis m. Lichtbild Nr. ..... ausgestellt von ..... am ..... .

Der Erschienene zu 2a) durch Personalausweis m. Lichtbild Nr. ..... ausgestellt von am ..... .

Die Erschienene zu 2b) durch Personalausweis m. Lichtbild Nr. ..... ausgestellt von ..... am ..... .

Der Notar befragte die Erschienenen zunächst, ob er oder eine der mit ihm beruflich verbundenen Personen in der Angelegenheit, die Gegenstand dieser Niederschrift ist, außerhalb des Notaramtes tätig geworden sei. Die Erschienenen, wie auch der Notar selbst, verneinten dieses.

Die Erwerber bestätigen, dass sie einen Entwurf des Vertrages nebst Anlagen *14 Tage vor der Beurkundung* erhalten haben und dass der Entwurf alle maßgeblichen Bestimmungen des Kaufvertrages einschließlich der zu entrichtenden Vergütung enthalten hat. Die wirtschaftliche Auseinandersetzung mit dem Gegenstand der Beurkundung ist in jedem Fall ausreichend erfolgt und möglich gewesen.

Die Erschienenen erklärten nachstehenden

Kauf- und Bauherstellungsvertrag über ein mit einem Einfamilienhaus zu bebauendes Grundstück

I. Grundbuchbestand

1. Die Bauträgerin ist Eigentümerin des Grundeigentums, eingetragen im Grundbuch des Amtsgerichts Musterstadt von ..... *Blatt* .....

lfd. Nr. 1 Gemarkung ..... Flur Flurstück ..... Gebäude-

und Freifläche, Wohnen, ... groß ..... m²

2. Das Grundstück ist wie folgt belastet:

Abt. II: keine Eintragung

Abt. III, Die Bauträgerin hat zum Zwecke der Finanzierung des Erwerbes und der Baumaßnahmen Grundschulden bestellt, und zwar eingetragen:

lfd. Nr. 1: 200.000,00 € nebst 18 % Jahreszinsen zugunsten der Sparkasse Musterstadt AG

3. Dem Notar lag ein Grundbuchauszug aus dem Internet vom ..... vor.

II. Leistungen der Bauträgerin

Die Bauträgerin errichtet auf dem in Abschnitt I bezeichneten Grundstück ein Gebäude nach Maßgabe der folgenden Bestimmungen und verschafft den Erwerbern nach Fertigstellung des Gebäudes das Eigentum an dem bebauten Grundstück. Dazu gilt Folgendes:

1. Bauverpflichtung

a) Das Grundstück liegt im Bereich des Bebauungsplans 2050 der Stadt Musterstadt.

Die Bauträgerin errichtet nach den Vorgaben des Bebauungsplans das Gebäude schlüsselfertig auf ihre eigenen Kosten unter sorgfältiger Beachtung der Regeln der Baukunst und unter Verwendung mängelfreier Materialien. Maßgebend für die Verpflichtung zur Errichtung des Gebäudes sind die diesem Vertrag als Anlagen beigefügten Anlagen, nämlich
1. Lageplan,
2. Bauzeichnungen mit den Grundrissen von Keller, Erdgeschoß, 1. Obergeschoß und Dachgeschoß und Ansichten,
3. Berechnungen der Grundflächen

– Diese Anlagen sind den Erschienen zur Durchsicht vorgelegt und von ihnen genehmigt worden –
4. Baubeschreibung entsprechend § 650j BGB n.F. i.V.m. Art 249 EGBGB § 2: .....

(Platz für die Baubeschreibung, die das zu errichtende Gebäude und die an das Gebäude zu stellenden Anforderungen in gestalterischer, technischer, konstruktiver, flächenmäßiger, raummäßiger Hinsicht usw. möglichst eindeutig und erschöpfend beschreiben soll)

b) Verlangt die Baubehörde im Verlauf des Baugenehmigungsverfahrens Änderungen, dann darf die Bauträgerin die Planung den behördlichen Vorgaben anpassen. Die Bauträgerin ist zu diesem Zweck berechtigt, von dem Lageplan, den Bauzeichnungen, den Einzelgrundrissen, der Berechnung der Grundrissflächen und der Baubeschreibung abzuweichen, soweit dies durch behördliche Auflagen rechtlich geboten ist. Jedoch dürfen die Anpassungen nur zu unwesentlichen Änderungen des Bauentwurfes führen und müssen den Erwerbern zumutbar sein. Unzumutbare Änderungen berechtigen die Erwerber zum Rücktritt vom Vertrag.

c) Bei Zweifeln über die zu erbringenden Leistungen ist nach § 650k Abs. 1. und Abs. 2 BGB n.F. die vom der Bauträgerin geschuldete Bauleistung unter Berücksichtigung sämtlicher vertragsbegleitender Umstände, insbesondere des Komfort- und Qualitätsstandards nach der übrigen Leistungsbeschreibung auszulegen. Zweifel gehen zu Lasten der Bauträgerin.

d) Als Beschaffenheit des Kaufgegenstandes wird eine Mindestgröße der Wohn- und Nutzflächen vereinbart, die das Maß in der Berechnung der Grundrissflächen um bis zu 2 % unterschreitet. Die Wohnflächenberechnung erfolgt nach der Wohnflächenverordnung. Die Bauträgerin haftet demnach nur, wenn die als Beschaffenheit vereinbarte Mindestgröße der Wohnung unterschritten wird und nur insoweit, als eine Abweichung nicht durch Sonderwünsche veranlasst ist.

e) Die Erwerber erklären, dass über den in dem Lageplan, den Bauzeichnungen und der Baubeschreibung dargestellten Zustand des Kaufgegenstands hinaus keine Beschaffenheitsvereinbarungen getroffen wurden. Einrichtungs- und Ausstattungsgegenstände, die sich aus den Bauzeichnungen ergeben (z.B. Möbel, Pflanztröge, Bewuchs usw.), sind nur dann Vertragsgegenstand, wenn sie in der Baubeschreibung erwähnt werden. Sofern in Plänen die Umgebung des Vertragsgegenstandes oder der angrenzende Bereich dargestellt ist, ist dies für den Vertrag unverbindlich.

f) Die Bauträgerin verpflichtet sich, das Grundstück an die öffentlichen Erschließungsanlagen, die von der Stadtgemeinde Musterstadt oder sonstigen Erschließungsträgern auf gesetzlichen oder vertraglichen Grundlagen errichtet werden, anzuschließen und die Anschlussgebühren zu zahlen. Die Erschließungsmaßnahmen sollen die Zuwegung zu dem Kaufgrundstück und dessen Versorgung mit Elektrizität, Gas, Wasser und Telefon sowie die Ableitung von Abwasser sicherstellen.

Sämtliche Straßenanlieger- und Erschließungskosten für die erstmalige Erschließung sowie die Hausanschlusskosten trägt die Bauträgerin, gleichgültig wann sie beschlossen sind und fällig werden. Die Bauträgerin erklärt, dass von ihr bereits die Straßenanlieger- und Erschließungsbeiträge an die Stadt Musterstadt gezahlt worden sind; sie legt eine Bescheinigung der Stadt Musterstadt über die bereits erfolgte Zahlung der öffentlich-rechtlichen Erschließungskosten vor, die vorgelesen, von den Beteiligten genehmigt und als Anlage zu diesem Vertrag genommen worden ist.

g) Sonderwünsche/Änderungen der Ausführung

Im Rahmen des Baufortschrittes können Sonderwünsche und Änderungen gegenüber der zu lit. a) und b) beschriebenen Ausführung, auch die Übernahme von Bauleistungen als Eigenleistungen berücksichtigt werden. Soweit der Baufortschritt die Ausführung von Sonderwünschen oder sonstige Änderungen erlaubt, keine bautechnischen oder bauordnungsrechtlichen Gründe entgegenstehen (z.B. weil die gewünschte andere Ausführung zu einem Baumangel führt), haben die Erwerber einen Anspruch auf Berücksichtigung ihrer Sonderwünsche oder Änderungsanordnungen, auch auf die Übernahme von Eigenleistungen. Die Abrechnung von Mehr- und Minderkosten sowie der Eigenleistungen erfolgt mit der Bauträgerin auf der Grundlage der ersparten bzw. zusätzlich aufgewandten Beträge; dazu sind von der Bauträgerin ihre Kosten darzulegen.

h) Die Bauträgerin verpflichtet sich, das Gebäude spätestens bis zum 30.11.20 ..... bezugsfertig (Übergabe) herzustellen.

Der Termin der Bezugsfertigkeit wird verlängert, soweit eine Behinderung der Bauarbeiten verursacht ist durch Streik, höhere Gewalt oder Witterungseinflüsse, mit denen die Bauträgerin bei Abschluss des Vertrages nicht rechnen konnte. Die Frist verlängert sich ebenfalls durch Sonderwünsche der Erwerber, durch von den Erwerbern veranlasste Änderungen oder durch Eigenleistungen.

Die Bauträgerin hat Behinderungen oder sonstige Verzögerungen, die zur Hinausschiebung der Bezugsfertigkeit führen, den Erwerbern schriftlich anzuzeigen; ohne schriftliche Anzeige werden Behinderungen oder sonstige Verzögerungen nicht berücksichtigt, selbst wenn diese offenkundig oder allgemein bekannt sein sollten.

Bezugsfertigkeit ist gegeben, wenn der Bau soweit fortgeschritten ist, dass den Erwerbern oder Mietern bzw. anderen Nutzern der Bezug zugemutet werden kann. Dazu ist nicht erforderlich, dass Außenanlagen, Abstellplätze oder Garagen bereits hergestellt sind

Für den Fall einer von der Bauträgerin zu vertretenden Überschreitung hat die Bauträgerin für jeden angefangenen Tag der Überschreitung des vorgenannten Bezugsfertigkeitstermins an die Erwerber einen Betrag in Höhe von 0,2 % des Vertragspreises von 258.000,00 € als Vertragsstrafe zu zahlen, jedoch begrenzt auf einen Höchstbetrag von 5 % des Vertragspreises. Im Übrigen gelten die gesetzlichen Bestimmungen.

i) Hausrecht, Besichtigungsrecht

Die Bauträgerin hat das alleinige Hausrecht auf der Baustelle. Der Bauträgerin obliegt die Bauleitung. Die Erwerber sind nach Abstimmung mit der Bauträgerin berechtigt, die Baustelle zu betreten, um den Bautenstand zu überprüfen und sich von der Ausführung zu unterrichten. Sie betreten das Kaufgrundstück auf eigene Gefahr.

Die Bauträgerin haftet für Personen- und Sachschäden bei Besichtigungsterminen nicht. Hiervon ausgenommen sind Ansprüche auf Schadensersatz aus der Verletzung des Lebens, des Körpers oder der Gesundheit, wenn die Bauträgerin die Pflichtverletzung zu vertreten hat, und auf Ersatz sonstiger Schäden, die auf einer vorsätzlichen oder grob fahrlässigen Pflichtverletzung der Bauträgerin oder eines gesetzlichen Vertreters oder Erfüllungsgehilfen beruhen. Der Ausschluss der Haftung gilt ebenfalls nicht für eine Haftung bei Vorsatz oder Arglist.

2. Verschaffung des Eigentums

a) Die Bauträgerin verkauft an die dies annehmenden Erwerber mit der Berechtigung zu je ½ Anteil das unter Abschnitt I näher bezeichnete Grundeigentum, das, wie oben beschrieben, mit einem Einfamilienhaus bebaut wird.
b) Die Bauträgerin ist verpflichtet, die Auflassung (Einigung über den Eigentumsübergang) zu erklären und das Eigentum an dem bebauten Grundstück zu übertragen, sobald die Erwerber ihre Zahlungsverpflichtungen aus diesem Vertrag gegenüber dem Bauträger erfüllt haben und die Abnahme erfolgt ist.
c) Der Notar wies die Erschienenen auf die Möglichkeit der Eintragung einer Eigentumserwerbsvormerkung hin.

Die Erschienenen erklären, dass zur Sicherung des Anspruchs der Erwerber auf Übertragung des Eigentums an dem verkauften Grundbesitz eine Eigentumserwerbsvormerkung im Grundbuch eingetragen werden solle.

Die Erschienenen *bewilligen* und *beantragen* die Eintragung einer Eigentumserwerbsvormerkung zugunsten der Erwerber mit der Berechtigung zu je ½ im Grundbuch des Amtsgerichts Musterstadt von

Zugleich *bewilligen* und *beantragen* die Erschienenen schon jetzt die Löschung dieser Eigentumserwerbsvormerkung im Grundbuch Zug um Zug gegen die Umschreibung des Eigentums auf die Erwerber mit der Berechtigung zu je ½, soweit keine entgegenstehenden Zwischeneintragungen erfolgt oder Zwischeneintragungsanträge gestellt sind.

III. Gegenleistungen der Erwerber

1. Vertragspreis

a) Die zwischen den Parteien als Festpreis vereinbarte Vergütung für den Vertragsgegenstand beträgt *258.000,00 €* (in Worten: zweihundertachtundfünfzigtausend EURO)
b) Von dem Vertragspreis entfallen auf:

das Grundstück	20.000,00 €
die Bau- und Baunebenkosten	238.000,00 €

Der Vertragspreis ohne Grundstück wurde unter Zugrundelegung des derzeitigen Mehrwertsteuersatzes von 19 % berechnet.
Sofern sich der Mehrwertsteuersatz erhöhen oder ermäßigen sollte, ändern sich dann noch nicht fällige Raten entsprechend.
Dies gilt nicht für die Raten, die innerhalb von vier Monaten ab heute zur Zahlung fällig werden, in keinem Falle für die erste Rate.

c) Kosten etwaiger Sonderwünsche oder sonstiger Änderungen sind in dem Vertragspreis nicht enthalten.
d) Die Bauträgerin unterrichtet hiermit die Erwerber gemäß § 10 Abs. 2 Nr. 2d MaBV (Makler- und Bauträgerverordnung) darüber, dass sie Zahlungen nur im Rahmen des § 3 MaBV entgegennehmen und nur zur Durchführung des Bauvorhabens verwenden darf.
Dies gilt nicht für den Fall der Stellung einer Bürgschaft nach § 7 MaBV.
e) Nicht im Vertragspreis enthalten sind die Gebühren und Kosten, die für den Notar, für das Grundbuchamt und Behörden entstehen, ebenfalls nicht die Kosten für die im Rahmen der Finanzierung durch die Erwerber bestellten Grundpfandrechte und nicht die Grunderwerbssteuer. Diese Kosten, Gebühren und Steuern sind von den Erwerbern zu tragen.

2. Fälligkeit

a) Der Vertragspreis ist in Raten zu zahlen.
b) Grundvoraussetzung für jegliche Zahlungspflicht der Erwerber ist, dass

(1) der Vertrag rechtswirksam ist und die zum Vollzug dieses Vertrages erforderlichen Genehmigungen vorliegen, diese Voraussetzungen durch eine schriftliche Mitteilung des Notars bestätigt und keine Gründe ersichtlich sind, die der Rechtswirksamkeit des Vertrages entgegenstehen, insbesondere der Bauträgerin keine vertraglichen Rücktrittsrechte eingeräumt sind.

(2) zur Sicherung des Anspruchs der Erwerber auf Eigentumsübertragung im Grundbuch die Eigentumserwerbsvormerkung gem. Abschnitt II 2c dieser Urkunde zugunsten der Erwerber eingetragen ist. Im Rang vorgehen dürfen nur die von der Bauträgerin zugunsten der Sparkasse Musterstadt AG bestellten Grundschulden über 200.000,00 € nebst 18 % Jahreszinsen. Unter Mitwirkung der Erwerber bestellten Grundstücksbelastungen, insbesondere Grundpfandrechte, die den Erwerbern zur Finanzierung des Vertragspreises bestellt sind, dürfen der Eigentumserwerbsvormerkung ebenfalls vorgehen. Der Notar teilt den Erwerbern die Eintragung der Vormerkung mit.

(3) die Freistellung des Vertragsgegenstandes von allen Lasten, Beschränkungen, insbesondere Grundpfandrechten, die der Vormerkung im Range vorgehen oder gleichstehen und nicht übernommen werden, gesichert ist, und zwar auch für den Fall, dass das Bauvorhaben nicht vollendet werden sollte.

Die Freistellungsverpflichtungserklärung der Gläubiger der der Eigentumserwerbsvormerkung vorgehenden oder gleichstehenden und von der Bauträgerin herrührenden Grundpfandrechte muss den Bestimmungen des § 3 Abs. 1 Satz 2 und 3 MaBV entsprechen. Die Freistellungserklärung muss den Erwerbern ausgehändigt sein.

Die Freistellungserklärung liegt noch nicht vor. Der Notar weist auf die Verpflichtung der Bauträgerin zur Aushändigung der Freistellungserklärung hin und belehrt über den notwendigen Inhalt der Freistellungserklärung.

Der Notar hat in diesem Zusammenhang ausdrücklich darüber belehrt, dass nach den Bestimmungen der Makler- und Bauträgerverordnung (§ 3 Abs. 1 Satz 2 und 3 MaBV) die Freistellung von nicht übernommenen Grundpfandrechten als gesichert gilt, wenn gewährleistet ist, dass diese im Grundbuch gelöscht werden, und zwar, wenn das Bauvorhaben vollendet wird, unverzüglich nach Zahlung der geschuldeten Vertragssumme, andernfalls unverzüglich nach Zahlung des dem erreichten Bautenstand entsprechenden Teils der geschuldeten Vertragssumme durch die Erwerber.

Für den Fall, dass das Bauvorhaben nicht vollendet wird, kann sich der Grundschuldgläubiger vorbehalten, anstelle der Freistellung alle von den Erwerbern vertragsgemäß bereits geleisteten Zahlungen bis zum anteiligen Wert des Vertragsgegenstandes zurückzuzahlen.

Der Notar wird angewiesen, eine Freistellungsverpflichtungserklärung mit diesem notwendigen Inhalt bei der Gläubigerin einzufordern. Er wird, wenn ihm die Freistellungsverpflichtungserklärung ausgehändigt werden sollte, dies den Erwerbern mitteilen und die Freistellungserklärung an die Erwerber aushändigen. Die Erwerber haben ein jederzeit ausübbares Recht, die Freistellungserklärung vom Notar heraus zu verlangen.

(4) die Baugenehmigung erteilt ist oder eine Bestätigung der zuständigen Baubehörde vorgelegt ist, dass die Baugenehmigung als erteilt gilt oder nach den baurechtlichen Bestimmungen mit der Durchführung des Bauvorhabens begonnen werden kann. Falls eine derartige behördliche Bestätigung nicht vorgesehen ist, hat die Bauträgerin die entsprechende Bestätigung abzugeben. Gibt die Bauträgerin die Bestätigung ab, wird die Zahlung erst einen Monat nach Eingang der Bestätigung bei dem Erwerber fällig.

c) Die Bauträgerin hat den Erwerbern zur Sicherung der Vertragserfüllung eine Sicherheit für die rechtzeitige Herstellung des Werkes ohne wesentliche Mängel in Höhe von 5 % des Vergütungsanspruches zu leisten. Diese Sicherheit kann nach der Wahl der Bauträgerin dadurch geleistet werden, dass die Bauträgerin den Erwerbern entweder eine Garantie oder ein sonstiges Zahlungsversprechen eines im Geltungsbereich des BGB zum Geschäftsbetrieb befugten Kreditinstituts oder Kreditversicherers in Höhe von 12.900,00 € (5 % der Vertragssumme) leistet oder bestimmt, dass die Erwerber aus den zunächst fälligen Zahlungen den Betrag von 12.900,00 € einbehalten. Entscheidet sich die Bauträgerin für eine Sicherheitsleistung durch Garantie oder durch ein sonstiges Zahlungsversprechen, wird die erste Rate erst fällig, wenn den Erwerbern die Originalurkunde über die Garantie oder das sonstige Zahlungsversprechen ausgehändigt worden ist. Die Garantie oder das Zahlungsversprechen sind zurückzugeben, wenn die Abnahme erfolgt ist, bei der Abnahme vorbehaltene Mängel beseitigt und Zahlungsansprüche der Erwerber wegen mangelhafter oder verspäteter Herstellung erfüllt sind. Wird Sicherheit durch Einbehalt geleistet, ist der Betrag von 12.900,00 € zur Zahlung erst fällig, wenn das Gebäude abgenommen und bei der Abnahme vorbehaltene Mängel beseitigt sowie Ansprüche der Erwerber wegen mangelhafter oder verspäteter Herstellung erfüllt sind; die Erwerber sind berechtigt, mit Zahlungsansprüchen wegen mangelhafter oder verspäteter Herstellung des Gebäudes gegenüber dem einbehaltenen Betrag aufzurechnen.

d) Wenn die Voraussetzungen gem. lit. b) erfüllt sind und unter Berücksichtigung der Regelung zur Vertragserfüllungssicherheit zu lit. c), haben die Erwerber entsprechend der Durchführung des geschuldeten Bauvorhabens folgende Raten, berechnet in Vom-Hundert-Sätzen aus der Vertragssumme zu zahlen:
(1) 30 % = 77.400,00 € nach Beginn der Erdarbeiten,
(2) 28 % = 72.240,00 € nach Rohbaufertigstellung, einschließlich Zimmerarbeiten,
(3) 12,6 % = 32.508,00 € nach Herstellung der Dachflächen und Dachrinnen, sowie nach Fenstereinbau, einschließlich Verglasung,
(4) 6,3 % = 16.254.00 € nach Fertigstellung der Rohinstallation der Heizungsanlage, der Rohinstallation der Sanitäranlagen, der Rohinstallation der Elektroanlagen,
(5) 9,1 % = 24.252,00 € nach Fertigstellung des Innenputzes, ausgenommen Beiputzarbeiten, des Estrichs, der Fliesenarbeiten im Sanitärbereich,
(6) 10,5 % = 27.090,00 € nach Bezugsfertigkeit und Zug um Zug gegen Besitzübergabe und nach Fertigstellung der Fassadenarbeiten,
(7) 3,5 % = 9.030,00 € nach vollständiger Fertigstellung der vertraglichen Leistungen.

Die Raten 3) bis 7) können je nach Bautenstand auch abweichend von der vorstehenden Reihenfolge fällig werden.

Der jeweilige Bautenstand wird den Erwerbern von der Bauträgerin unter Vorlage einer Bautenstandsbestätigung des Architekten oder des verantwortlichen Bauleiters schriftlich mitgeteilt. Die jeweiligen Raten werden 14 Tage nach Eingang der Bautenstandsbestätigung bei den Erwerbern fällig.

e) Die Bezugsfertigkeit im Sinne der vorstehenden Zahlungsvoraussetzungen ist gegeben, wenn die Bauarbeiten soweit fortgeschritten sind, dass den Erwerbern oder Mietern bzw. anderen Nutzern der Bezug zugemutet werden kann. Dazu ist nicht erforderlich, dass die Außenanlagen, Stellplätze oder Garagen bereits hergestellt sind

Geringfügige Sachmängel und geringfügige Restarbeiten, die jeweils nicht so schwerwiegend sind, dass sie die Bezugsfertigkeit ausschließen sowie noch ausstehende Arbeiten an Außenanlagen und an Eigenleistungen der Erwerber hindern den Eintritt der diesbezüglichen Zahlungsvoraussetzungen nicht.

Die Verpflichtung der Bauträgerin, die von ihr zu erbringenden Arbeiten unverzüglich ausführen zu lassen, bleibt unberührt.

IV. Zahlungen/Verzug/Rücktrittsrecht

1. Um die Freistellung des Kaufgrundstückes von den von der Bauträgerin herrührenden Grundpfandrechten sicherzustellen, sind die Zahlungen zunächst unmittelbar an die Grundpfandrechtsgläubigerin zu leisten, und zwar unter Anrechnung auf den Kaufpreis. Zu diesem Zweck hat die Grundpfandrechtsgläubigerin bei der Sparkasse Musterstadt das Bausonderkonto Nr ..... eingerichtet. Die Bauträgerin hat die Kosten des Kontos zu tragen.

Erst wenn die Grundpfandrechtsgläubigerin keine Forderungen mehr geltend macht, sind Zahlungen auf das eigene Konto ..... der Bauträgerin bei der ..... zu leisten; dies wird der Notar mitteilen.

2. Die Erwerber kommen in Verzug, wenn sie trotz Mahnung, die nach Eintritt der Fälligkeit der jeweiligen Kaufpreisraten von der Bauträgerin ausgesprochen ist, die fällige Rate nicht innerhalb der gesetzten Frist zahlen. Für die Rechtzeitigkeit der Zahlung kommt es auf den Zahlungseingang an.

Im Falle des Verzuges darf die Bauträgerin die Arbeiten bis zur Zahlung einstellen, wenn eine den Erwerbern zuvor gesetzte Nachfrist, die fällige Zahlung binnen 2 Wochen nachzuholen, erfolglos abgelaufen ist. Außerdem haben die Erwerber – unbeschadet weitergehender Rechte des Bauträgers – jedenfalls die gesetzlichen Verzugszinsen an die Bauträgerin zu zahlen. Der Notar hat darauf hingewiesen, dass der gesetzliche Verzugszinssatz 5 Prozentpunkte über dem jeweiligen Basiszinssatz beträgt.

Zahlungen der Erwerber werden zunächst auf etwa geschuldete Zinsen verrechnet, im Übrigen auf die Kaufpreiszahlungen.

3. Für den Fall, dass eine der Vertragsparteien mit ihren Verpflichtungen in Verzug gerät oder diesen Verpflichtungen nicht vollständig nachkommt, ist die andere Vertragspartei nach erfolgter einmaliger, schriftlicher mit 2 Wochen befristeter Aufforderung berechtigt, entweder einseitig vom Vertrage zurückzutreten und/oder Schadensersatz wegen Pflichtverletzung zu verlangen. Fristsetzung und Rücktritt bedürfen in jedem Fall der Schriftform.

Es ist Sache jeder Vertragspartei, ihre Rechte zu wahren und die dazu erforderlichen Erklärungen abzugeben.

4. Der Rücktritt der Bauträgerin wegen Zahlungsverzuges ist nur wirksam, wenn der schriftlichen Erklärung des Rücktritts die selbstschuldnerische, unbefristete Bürgschaft eines inländischen Kreditinstitutes beigefügt ist, der den Anspruch der Erwerber auf Rückzahlung geleisteter Kaufpreisteile sichert.

V. Übergabe/Abnahme

1. Die Abnahme und anschließende Übergabe des Vertragsgegenstandes erfolgt nach dessen bezugsfertiger Herstellung. Die Bauträgerin verpflichtet sich, die Bezugsfertigkeit und den Abnahmetermin schriftlich mit einer Frist von mindestens zwei Wochen anzukündigen.

2. Außenanlagen und sonstige Arbeiten, die erst nach bezugsfertiger Herstellung zu erbringen sind, werden nach vollständiger Fertigstellung abgenommen.

3. Die Parteien bestätigen einander die Abnahme und die Übergabe des Vertragsgegenstandes durch von beiden Parteien zu unterzeichnende Niederschriften, in denen auch alle noch ausstehenden Leistungen und vorhandenen Mängel aufzunehmen sind. Diese wird die Bauträgerin ohne weitere Aufforderung in angemessener Frist beheben. Sollte dies nicht innerhalb von 4 Wochen gerechnet ab Abnahmedatum geschehen sein, sind die Erwerber nach Mahnung mit angemessener Fristsetzung berechtigt, die noch ausstehenden Leistungen und Mängel auf Kosten der Bauträgerin selbst zu beseitigen oder durch Dritte beseitigen zu lassen.

Wegen unwesentlicher Mängel kann die Abnahme nicht verweigert werden.

Jede Partei kann sich bei der Abnahme und Übergabe durch Bevollmächtigte vertreten lassen, die Vollmacht ist nachzuweisen. Die Erwerber können auf eigene Kosten einen Sachverständigen hinzuziehen. Stellt sich heraus, dass wegen noch ausstehender Leistungen und wegen Mängeln eine Abnahme und Übergabe nicht in Betracht kommt, hat die Bauträgerin die Kosten des Sachverständigen zu erstatten.

4. Die Erwerber können, wenn wesentliche Mängel vorhanden sind, die Abnahme verweigern. Sie haben die von ihnen gerügten Mängel der Bauträgerin mitzuteilen. Verweigern die Erwerber die Abnahme unter Angabe von Mängeln, kann die Bauträgerin gemäß § 650g BGB n.F. verlangen, dass die Erwerber an einer gemeinsamen Feststellung des Zustandes des Werkes mitwirken. Die gemeinsame Zustandsfeststellung ist mit dem Datum der Anfertigung zu versehen und von beiden Vertragsparteien zu unterschreiben. Bleiben die Erwerber einem vereinbarten oder einem von dem Unternehmer innerhalb einer angemessenen Frist bestimmten Termin zur Zustandsfeststellung - und zwar unentschuldigt und ohne unverzügliche Mitteilung an die Bauträgerin - fern, so kann die Bauträgerin nach § 650g BGB n.F. die Zustandsfeststellung einseitig vornehmen. Die Bauträgerin stellt die von ihr gefertigte, mit Datum versehene und unterschriebene einseitig gefertigte Zustandsfeststellung den Erwerbern unverzüglich zur Verfügung.

5. Wenn in der Zustandsfeststellung nach Ziffer 4 ein offenkundiger Mangel nicht aufgeführt wird, wird widerlegbar vermutet, dass dieser Mangel erst nach der Zustandsfeststellung entstanden und von den Erwerbern zu vertreten ist, z.B. durch einen Bedienungsfehler, Beschädigungen usw. Die Vermutung gilt nicht, wenn der Mangel seiner Art nach nicht vom Besteller verursacht sein kann.

6. Die Bauträgerin ist zur Übergabe des Vertragsgegenstandes verpflichtet, wenn die Abnahme erfolgt ist und Zug um Zug gegen den Nachweis der Bezahlung von mindestens 96,5 % des Kaufpreises. Sollte die Sicherheit durch Einbehalt von 5 % der Vertragssumme geleistet sein, bleibt es bei dem Einbehalt bis die Voraussetzungen lt. III Ziffer 2 lit. c erfüllt sind.

7. Von dem Zeitpunkt an, an dem die Erwerber den Vertragsgegenstand aufgrund der Übergabe nutzen dürfen, gehen Besitz und Nutzungen auf die Erwerber über. Ab Übergabe sowie im Falle einer vorzeitigen Nutzung ab Nutzungsbeginn gehen alle Lasten, insbesondere die laufenden Steuern und öffentlichen Abgaben, die Gefahr eines zufälligen Unterganges und einer zufälligen Verschlechterung auf die Erwerber über.

VI. Rechtsfolgen von Sach- und Rechtsmängeln

1. Grundstück

a) Das Grundstück ist ein Bauplatz, der mit dem vertraglich vereinbarten Gebäude bebaut werden kann.

b) Eine Haftung der Bauträgerin wegen der Größe und Bodenbeschaffenheit des Grundstücks wird ausgeschlossen, jedoch nicht die Haftung für die Eignung des Grundstücks für die Errichtung des Gebäudes und für die Nutzung zu Wohnzwecken. Von dem Haftungsausschluss ausgenommen sind Ansprüche auf Schadensersatz aus der Verletzung des Lebens, des Körpers oder der Gesundheit, wenn die Bauträgerin die Pflichtverletzung zu vertreten hat und auf Ersatz sonstiger Schäden, die auf einer vorsätzlichen oder grob fahrlässigen Pflichtverletzung der Bauträgerin oder eines gesetzlichen Vertreters oder Erfüllungsgehilfen beruhen. Der Ausschluss der Haftung gilt ebenfalls nicht für eine Haftung bei Vorsatz oder Arglist.

c) Die Übertragung des Vertragsgrundstücks erfolgt frei von Belastungen in Abt. II und III des Grundbuchs, frei von Baulasten sowie frei von sonstigen privaten Rechten Dritter. Ausgenommen sind davon Belastungen oder Beschränkungen, die die Erwerber übernommen haben oder die auf Veranlassung der Erwerber eingetragen worden sind.

2. Bauwerk

a) Dieser Vertrag unterliegt den Vorschriften des Werkvertragsrechts des Bürgerlichen Gesetzbuches.

b) Die Rechte der Erwerber bei Sachmängeln am Bauwerk richten sich nach den Vorschriften des Werkvertragsrechts des Bürgerlichen Gesetzbuches. Die Mängelansprüche verjähren danach für das Bauwerk (einschließlich etwaiger Bau/Ausbauvarianten) fünf Jahre ab Abnahme.

VII. Mitwirkungspflicht der Bauträgerin bei der Finanzierung des Vertragspreises

1. Um den Erwerbern die grundbuchliche Sicherung der Finanzierung des Vertragspreises und der Nebenkosten zu ermöglichen, verpflichtet sich die Bauträgerin, auf Verlangen der Erwerber und auf deren Kosten Grundpfandrechte an dem Kaufgegenstand für Darlehensgeber der Erwerber zu bestellen und den Vertragsgegenstand der sofortigen Zwangsvollstreckung gemäß § 800 ZPO zu unterwerfen.

2. Dazu werden folgende Vereinbarungen getroffen:

a) Die Bauträgerin bevollmächtigt die Erwerber auch bereits vor Eigentumsumschreibung Hypotheken und Grundschulden in beliebiger Höhe zur Eintragung in das Grundbuch zu bewilligen und zu beantragen und dabei in Ansehung der Grundpfandrechte den jeweiligen Eigentümer der sofortigen Zwangsvollstreckung zu unterwerfen.

Die Vollmacht wird insoweit eingeschränkt, als die Bauträgerin keine persönliche Haftung gegenüber den Gläubigern übernimmt und die Grundpfandrechte bis zur vollständigen Zahlung des Vertragspreises nur zur Sicherung des finanzierten und tatsächlich an die Bauträgerin oder an die von ihr benannte Grundpfandgläubigerin ausgezahlten Kaufpreises dienen.

Die Beachtung dieser Einschränkung ist dem Grundbuchamt nicht nachzuweisen.

b) Zur Sicherung treten die Erwerber bereits jetzt ihre Ansprüche auf Auszahlung der Darlehen bis zur Höhe des Kaufpreises an die Bauträgerin ab.

c) Die Erwerber verpflichten sich darauf hinzuwirken, dass in der Grundschuldbestellungsurkunde folgende Bestimmungen wiedergegeben werden:

aa) Sicherungsabrede

Die Grundschuldgläubigerin darf die Grundschuld nur insoweit als Sicherheit verwerten oder behalten, als sie tatsächlich Zahlungen mit Tilgungswirkung auf die Zahlungsverpflichtung der Erwerber gegenüber der Bauträgerin geleistet hat. Sollte die Grundschuld zurück zu gewähren sein, so kann nur ihre Löschung verlangt werden, nicht jedoch Abtretung oder Verzicht. Alle weiteren Zweckbestimmungserklärungen, Sicherungs- und Verwertungsvereinbarungen innerhalb oder außerhalb dieser Urkunde gelten erst, nachdem der Vertragspreis vollständig gezahlt ist, in jedem Fall ab Eigentumsumschreibung. Ab diesem Zeitpunkt gelten sie für und gegen die Erwerber als neue Sicherungsgeber.

bb) Zahlungsanweisung

Die Gläubigerin wird angewiesen, Zahlungen, durch die das Grundpfandrecht erstmals valutiert wird, nur vorzunehmen mit der Maßgabe, dass sie zur Bezahlung des Vertragspreises gemäß den Regelungen in III dieses Vertrages erfolgen, und zwar nach Maßgabe der Gläubigerin der bestellten Grundschulden über 200.000,00 € bei der Sparkasse Musterstadt sowie einen evtl. Restbetrag auf das Konto der Bauträgerin bei der Sparkasse Musterstadt, Konto-Nr. ..... BLZ ..... .

cc) Persönliche Zahlungspflichten, Kosten

Die Bauträgerin übernimmt im Zusammenhang mit der Grundschuldbestellung keinerlei persönliche Zahlungspflichten. Die Erwerber verpflichten sich, die Bauträgerin von allen Kosten und sonstigen Folgen der Grundschuldbestellung freizustellen.

dd) Fortbestand der Grundschuld

Die bestellte Grundschuld darf auch nach der Eigentumsumschreibung auf die Erwerber bestehen bleiben. Alle Eigentümerrechte und Rückgewähransprüche, die mit ihr zu tun haben, werden hiermit mit Wirkung ab Bezahlung des Vertragspreises, in jedem Fall ab Eigentumsumschreibung, auf die Erwerber übertragen. Entsprechende Grundbucheintragung wird bewilligt.

Die Erwerber stimmen dem gesamten Inhalt dieser Urkunde zu und wiederholen die Zwangsvollstreckungsunterwerfung in den Pfandbesitz wegen der Grundschuld samt Grundschuldnebenleistungen hiermit auch im eigenen Namen.

3. Die Erschienenen bewilligen und beantragen, ein entsprechend dieser Finanzierungsvollmacht bestelltes Grundpfandrecht nebst Zinsen und Nebenleistungen im Rang vor der in Abschnitt II Ziffer 2 lit. c beantragten Eigentumserwerbsvormerkung für die Erwerber einzutragen.

VIII. Mehrere Erwerber

Mehrere Erwerber sind wegen aller Verpflichtungen aus diesem Vertrage Gesamtschuldner. Sie bevollmächtigen sich gegenseitig unter Befreiung von den Beschränkungen des § 181 BGB, rechtsgeschäftliche Erklärungen in Bezug auf diesen Vertrag, auf den Kaufgegenstand und auf die Übergabe/Abnahme abzugeben und zu empfangen.

IX. Kosten und Steuern

1. Die Erwerber tragen die mit diesem Vertrag, seiner Durchführung und der Auflassung verbundenen Notarkosten, die Kosten der Grundbucheintragungen und -löschungen, behördliche Gebühren und Auslagen sowie die Grunderwerbssteuer.

2. Die Erwerber tragen auch alle mit der Finanzierung des Kaufpreises verbundenen Aufwendungen und Kosten sowie die Notar- und Gerichtskosten der Bestellung und ranggerechten Eintragung von Grundpfandrechten für ihre Darlehensgeber, auch die Kosten notarieller Bescheinigungen.

3. Die Bauträgerin trägt etwaige Entpfändungskosten.

X. Durchführung des Vertrages

1. Der amtierende Notar wird mit dem Vollzug des Vertrages beauftragt. Die Erschienenen bevollmächtigen ihn, als Zustellungsempfänger alle zur Wirksamkeit des Vertrages erforderlichen Genehmigungen, Bescheinigungen und Erklärungen entgegenzunehmen; sie werden mit ihrem Zugang bei dem Notar allen Parteien gegenüber wirksam.

2. Der Notar wird ohne Beschränkung auf die gesetzliche Vollmacht nach § 15 GBO ermächtigt, Anträge aus dieser Urkunde getrennt und eingeschränkt zu stellen und sie in gleicher Weise zurückzunehmen. Die Erschienenen bevollmächtigen den Notar, soweit erforderlich, Bewilligungen und Anträge gegenüber dem Grundbuchamt zu ändern und zu ergänzen, überhaupt alles zu tun, was verfahrensrechtlich zur Durchführung dieses Vertrages erforderlich sein könnte. Der Notar ist ermächtigt, die Beteiligten im Grundbuchverfahren uneingeschränkt zu vertreten.

3. Jede Partei beantragt die für den Vollzugsauftrag erforderliche Anzahl von Ausfertigungen und Abschriften des Vertrages sowie außerdem je zwei beglaubigte Abschriften für die Bauträgerin und für die Erwerber.

4. a) Das Finanzamt wird gebeten, den Grunderwerbsteuerbescheid den Erwerbern und die Unbedenklichkeitsbescheinigung dem Notar zu übersenden.

b) Die Erwerber verpflichten sich, die Grunderwerbsteuer unverzüglich nach Erhalt des Bescheides zu bezahlen oder sicherzustellen, damit die Unbedenklichkeitsbescheinigung erteilt werden kann.

XI. Vollmacht

1. Die Bauträgerin und die Erwerber bevollmächtigen die Mitarbeiterinnen des Notars,
a) Frau
b) Frau

beide dienstansässig

einzeln und unter Befreiung von den Beschränkungen des § 181 BGB, alle zur Durchführung dieses Vertrages dienlichen Erklärungen abzugeben und entgegenzunehmen. Die Vollmacht berechtigt auch dazu,
- die Identitätserklärungen und Auflassungen abzugeben und entgegenzunehmen,
- Löschungen, Pfandentlassungen und Rangänderungen aller Art zu bewilligen und zu beantragen,
- Grunddienstbarkeiten, beschränkte persönliche Dienstbarkeiten und Baulasten zu bestellen.

2. Die Erklärungen der Bevollmächtigten dürfen nur gegenüber dem amtierenden Notar, seinem amtlich bestellten Vertreter oder einem Notar (oder dessen Vertreter) abgegeben werden, mit dem er sich zur gemeinsamen Berufsausübung verbunden hat.

3. Die Vollmacht erlischt mit der letzten, aus diesem Vertrag folgenden Eintragung in das Grundbuch; sie erlischt nicht durch den Tod des Vollmachtgebers.

4. Die Vollmacht ist von der Rechtswirksamkeit des übrigen Urkundeninhaltes unabhängig. Ihre Erteilung und Verwendung verursacht keine Kosten. Die Bevollmächtigten sind in dem gesetzlich zulässigen Umfang von jeder Haftung freigestellt.

XII. Erklärungen der Erschienenen zu Hinweisen des Notars

Die Erschienenen bestätigen, von dem Notar folgende Hinweise erhalten zu haben:
1. Die Erschienenen haften aufgrund gesetzlicher Vorschriften für die Kosten und die Grunderwerbsteuer für diesen Vertrag als Gesamtschuldner.
2. Die Erwerber persönlich und der Vertragsgegenstand haften neben der Bauträgerin für etwaige Grundsteuerrückstände. Die Bauträgerin erklärt hierzu, dass zur Zeit keine Grundsteuerrückstände bestehen.
3. Die Erwerber können als Eigentümer in das Grundbuch erst eingetragen werden, wenn die Unbedenklichkeitsbescheinigung für die Grunderwerbsteuer vorliegt.
4. Die Erwerber werden Eigentümer des Vertragsgegenstandes erst mit ihrer Eintragung in das Grundbuch.
5. Alle getroffenen Vereinbarungen sind in dieser Urkunde aufzunehmen, widrigenfalls kann dieser Vertrag unter Umständen nichtig sein. Etwaige mündliche oder privatschriftliche Nebenabreden sind unwirksam und gefährden die Gültigkeit des Vertrages. Unrichtige Kaufpreisangaben können strafrechtliche Folgen haben.
6. Der Grundbesitz haftet für öffentliche Abgaben und Lasten.
7. Der Notar hat den Vertrag vorzulegen:
   a) der Stadt Musterstadt zur Entschließung über ein etwaiges Vorkaufsrecht
   b) der Stadt Musterstadt – Gutachterausschuss – für die Kaufpreissammlung
   c) dem Finanzamt Musterstadt – Grunderwerbsteuerstelle – zur Erlangung der Unbedenklichkeitsbescheinigung

XIII. Abschlusserklärungen der Erschienenen

1. Sollte eine Bestimmung dieses Vertrages unwirksam und/oder undurchführbar sein oder werden – gleich aus welchem Grunde –, so soll die Wirksamkeit der übrigen Bestimmungen nicht berührt werden. Die unwirksamen oder undurchführbaren Bestimmungen sind so auszulegen, umzudeuten oder zu ersetzen, dass der erstrebte wirtschaftliche Erfolg möglichst gleichkommend verwirklicht wird.

Die Vertragsteile verpflichten sich, die unwirksamen oder undurchführbaren Bestimmungen durch eine rechtlich einwandfreie Regelung zu ersetzen, sowie alles nach Treu und Glauben Zumutbare zu tun, um die Wirksamkeit des heutigen Vertragsverhältnisses zu sichern und seine Durchführung zu ermöglichen.

2. Die Erschienenen erklären, dass dieses Protokoll und seine Bestandteile alle den Gegenstand des Vertrages betreffenden Vereinbarungen vollständig enthalten, Nebenabreden nicht getroffen worden sind und dass sie keine weiteren Fragen oder Aufklärungswünsche an den Notar haben.

Vorstehendes Protokoll wurde den Erschienenen von dem Notar vorgelesen, von Erschienenen genehmigt und eigenhändig wie folgt unterzeichnet:

c) Erläuterungen

200 Der Bauträgervertrag muss, da er die Übertragung des Eigentums an einem Grundstück zum Gegenstand hat, notariell beurkundet werden (BGH 22.03.2007, VII ZR 268/05, BauR 2007, 1235 = NJW 2007, 1947: Dies gilt auch, wenn Grundstückskaufvertrag und Bauvertrag in verschiedenen Verträgen geschlossen sind, aber eine rechtliche Einheit bilden. Auf einen solchen Vertrag ist die MaBV anwendbar, wenn der Unternehmer zum Zeitpunkt des Vertragsschlusses Grundstückseigentümer ist). Die Beurkundungspflicht umfasst alle Vereinbarungen, die nach dem Willen der Parteien zu dem Geschäft gehören, also alle Leistungen und Gegenleistungen. Zu beurkunden sind demnach die Erklärungen, durch die die Herstellungspflicht des Bauträgers bestimmt wird, die Lagepläne, die Bauzeichnungen mit Grundrissen, Ansichten, Schnitten, die Baubeschreibung usw. Sind Vereinbarungen, die nach dem Willen der Vertragsparteien Bestandteil des Rechtsgeschäftes sein sollen, nicht mit beurkundet, dann ist der Vertrag, da die notwendige Form nicht insgesamt eingehalten ist, unwirksam (vgl. zur Notwendigkeit, die Baubeschreibung zur Vermeidung der Unwirksamkeit des Vertrages mit zu beurkunden: BGH 15.12.2000, V ZR 241/99, BauR 2001, 391 = NJW-RR 2001, 953; BGH 10.02.2005 VII ZR 184/04, BGHZ 162, 157 = BauR 2005, 866 = NJW 2005, 1356; BGH 03.07.2008, III ZR 189/07. Die Beurkundungspflicht besteht unabhängig davon, ob und inwieweit die geschuldete Leistung bei Vertragsabschluss bereits tatsächlich ausgeführt und fertiggestellt war, BGH 10.02.2005, VII ZR 184/04 a.a.O. Gleiches gilt für die Sanierungspflicht bei Altbauten, BGH 16.12.2004, VII ZR 257/03, BauR 2005, 542 = NJW 2005, 1115. Anders: Ein Bodengutachten, das nach der Baubeschreibung zwar zu beachten ist, aber nicht die vertragliche Beschaffenheit bestimmt, braucht nicht beurkundet zu werden, BGH 14.03.2003, VZR 278/01, BauR 2003, 1032 – NJW 2003, 3/30).

Der Notar hat nach § 17 Abs. 2a BeurkG das Beurkundungsverfahren bei Verbraucherverträgen so zu gestalten, dass die Einhaltung der zugunsten des Verbrauchers, der in aller Regel unerfahrenen ist, bestehenden Prüfungs- und Belehrungspflichten gewährleistet ist (vgl. BGH 02.11.1995, IX ZR 15/95, NJW 1996, 522. Der Notar hat nach § 17 Abs. 1 BeurkG die Beteiligten über die rechtliche Bedeutung ihrer Erklärungen sowie die Voraussetzungen für den Eintritt der bezweckten Rechtsfolge in dem Umfang zu belehren, wie es zur Errichtung einer dem wahren Willen entsprechenden rechtsgültigen Urkunde erforderlich ist. Bei Zweifeln sollen die Bedenken mit den Beteiligten erörtert werden, wie insbesondere auf die mit einer ungesicherten Vorleistung verbundenen Gefahren sowie auf Grundstücksbelastungen, die geeignet sind, das mit dem Geschäft erstrebte Ziel zu gefährden, hinzuweisen ist). Dazu gehört, dass der Verbraucher die zu beurkundenden rechtsgeschäftlichen Erklärungen selbst vor dem Notar abgibt (BGH, Urt. v. 22.07.2010 III ZR 293/09 BauR 2011, 110 zum Umfang und zum Schutzzweck der notariellen Belehrungspflichten, wenn im Zeitpunkt der Beurkundung des Bauträgervertrages ein Zwangsversteigerungsvermerk zu Lasten des Bauträgers eingetragen ist). Ein Vorgehen, wie es früher gang und gäbe war, nämlich dass für den Erwerber ein Mitarbeiter des Notars als vollmachtsloser Vertreter auftrat und der Erwerber dieses vollmachtslose Handeln durch eine lediglich zu beglaubigende Erklärung genehmigte, ohne vom Inhalt der für ihn abgegebenen Erklärungen Kenntnis genommen zu haben, soll ausgeschlossen werden. Der Verbraucher soll die Erklärung selbst abgeben, damit sichergestellt ist, dass er auch von ihrem Inhalt Kenntnis nimmt und bei Unklarheiten nachfragt, sich vom Notar belehren lässt. Außerdem soll der Verbraucher ausreichend Gelegenheit erhalten, sich vorab mit dem Inhalt des Vertrages auseinanderzusetzen. Deshalb soll ihm der Vertragsentwurf nebst allen Anlagen und sonstigen Vereinbarungen, die zum Vertrag gehören, 14 Tage vor der Beurkundung dem Erwerber zur Verfügung gestellt werden. Der Verbraucher soll hinreichend Zeit haben, den Vertragsentwurf selbst zu prüfen oder prüfen zu lassen. Er soll vor einem voreiligen Vertragsabschluss geschützt werden. Nach BGH, Urteil 07.02.2013, III ZR 121/12 BGHZ 196, 166 = NJW 2013, 1451 und BGH, Urt. v. 25.06.2015 III ZR 292/14 = BGHZ 206,112 = BauR 2015, 1657 = NJW 2015, 2646 hat der Notar die Amtspflicht, die Einhaltung der Regelfrist von 2 Wochen zu beachten; er hat, wenn die Regelfrist nicht gewahrt ist, die Beurkundung abzulehnen.

Eine vom Bauträger vorformulierte Bindungsfrist unterliegt der Inhaltskontrolle. Nach BGH, Urt. v. 26.06.2016 – V ZR 208/14 BauR 2016, 1169 = NJW 2016, 2173 sind Klauseln in Allgemeinen Geschäftsbedingungen, nach denen der den Abschluss eines Bauträgervertrages Antragende an sein Angebot länger als drei Monate gebunden ist, nach § 308 Nr. 1 BGB unwirksam, wenn dem Antragenden ein (inhaltlich beschränktes) Lösungsrecht eingeräumt wird. Ebenso ist in Allgemeinen Geschäftsbedingungen eine Klausel unwirksam, wonach das Angebot zum Abschluss eines Bauträgervertrages durch die Erklärung des Antragenden aufschiebend bedingt ist, dass die Finanzierung gesichert ist. Nach BGH, Urt. v. 17.01.2014, V ZR 5/12 – NJW 2014, 857 überschreitet eine vorformulierte Bindungsfrist von 6 Wochen oder länger die regelmäßige gesetzliche Frist des § 147 Abs. 2 BGB wesentlich und ist unangemessen lang. Sie benachteiligt den Erwerber. Sie ist unwirksam und führt, da nicht rechtzeitig angenommen wird, nach § 146 Abs. 2 BGB zum Erlöschen des Angebotes bzw. zur verspäteten Annahme und neuem Antrag nach § 150 Abs. 1 BGB, das in notarieller Form angenommen werden muss.

Zu Abschnitt II Leistungen der Bauträgerin. 201

Die vom Bauträger geschuldeten Leistungen bestehen zum einen in der Herstellung des Gebäudes, zum anderen in der Verschaffung des Eigentums an dem bebauten Grundstück (OLG Celle, OLGR 2001, 113 – Der Erwerber kann in der Regel die Übereignung des bebauten Grundstücks erst verlangen, wenn er seine vertraglichen Zahlungspflichten erfüllt hat). In dem Vertragsmuster werden zunächst in Ziffer 1 die Einzelheiten der Bauverpflichtung geregelt. Ziffer 2 enthält Erklärungen, um den Eigentumsübergang sicherzustellen.

a) Die Bauverpflichtung des Bauträgers ist in sachlicher und zeitlicher Hinsicht möglichst genau zu bezeichnen. Anzugeben ist, wie mit welchen Qualitäten und Quantitäten bis zu welchen Terminen das Gebäude zu errichten ist. Die Anforderungen an Qualität und Quantität ergeben sich aus Lageplan, Bauzeichnungen, Kubatur, Flächenberechnungen und Baubeschreibung, die wie die anderen Vertragserklärungen auch mit beurkundet sein müssen. Im Vertragsmuster über die Errichtung eines Einfamilienhauses sind diese Erklärungen, durch die die Leistungspflicht des Bauträgers konkretisiert wird, wie Lageplan, Bauzeichnungen und die Baubeschreibung, in die Urkunde selbst aufgenommen worden, so dass die Beurkundung gemäß § 9 BeurkG erfolgt; es handelt sich um ein individuelles Bauvorhaben zugeschnitten auf die besonderen Wünsche des Erwerbers. Häufig, nämlich bei Verträgen über Eigentumswohnungen in Wohnanlagen, werden diese Erklärungen einschließlich Baubeschreibung in eine anderweitig notariell beurkundete Bezugsurkunde ausgelagert, auf die gemäß § 13a BeurkG verwiesen werden kann und die nicht verlesen zu werden braucht; diese Verweisung vereinfacht das Beurkundungsverfahren. Die Bezugsurkunde muss jedoch bei der Beurkundung entweder in Urschrift oder als Ausfertigung oder als notariell beglaubigte Abschrift vorliegen.

Die Baubeschreibung ist das Kernstück des Bauträgervertrages. Aus ihr ergeben sich Inhalt und Umfang der vom Bauträger geschuldeten Leistungen. Sie legt die Beschaffenheit, nämlich die Qualitäten und Quantitäten des zu errichtenden Gebäudes fest. Sie bestimmt, welche Standards jeweils erreicht sein müssen, z.B. in schalltechnischer (vgl. BGH 14.06.2007, VII ZR 45/06, BauR 2007, 1570 = NJW 2007, 2983 zur Bestimmung des geschuldeten Schallschutzes) oder energetischer Hinsicht. Sie sagt, mit welchen Materialien die Rohbau- und Ausbauarbeiten nach Art, Menge und Qualität auszuführen sind, welche Bauteile wie auszugestalten sind. Sie regelt Qualitätskontrollen, insbesondere durch laufende Zustandsfeststellungen, eventuell auch durch externe Überwacher. Sie legt fest, welche Pläne, Bestandspläne, Leitungspläne, technische Nachweise und Datenblätter, Wartungsanleitungen, Bedienungsanleitungen, Pflegeanleitungen zu übergeben sind. Das Gesetz zur Reform des Bauvertragsrechts (BGBl. 2017 I S. 969) verpflichtet den Unternehmer, also auch den Bauträger in § 650j BGB i.V.m. Art. 249 EGBGB, dem Verbraucher vor Abschluss des Vertrages eine Baubeschreibung in Textform zur Verfügung zu stellen. Art. 249 EGBGB § 2 listet in einem Katalog den Mindestinhalt der Baubeschreibung auf, nämlich – auszugsweise zitiert -:

1. Die allgemeine Beschreibung des herzustellenden Gebäudes, Haustyp und Bauweise,
2. Art und Umfang der angebotenen Leistungen,
3. Gebäudedaten, Pläne mit Raum- und Flächenangaben sowie Ansichten, Grundrisse und Schnitte,
4. ggfs. Angaben zu Energie-, zum Brandschutz und zum Schallschutzstandard sowie zur Bauphysik,
5. Angaben zur Beschreibung der Baukonstruktion aller wesentlichen Gewerke,
6. ggfs. Beschreibung des Innenausbaus,
7. ggfs. Beschreibung der gebäudetechnischen Anlagen,
8. Angaben zu Qualitätsmerkmalen,
9. ggfs. Beschreibung der Sanitärobjekte, der Armaturen, der Elektroanlage der Installationen, der Informationstechnologie und Außenanlagen.

Außerdem sind nach § 650k Abs. 3 BGB n.F. ebenfalls nach Art. 249 EGBGB § 2 verbindliche Angaben zum Zeitpunkt der Fertigstellung, ansonsten zur Dauer der Baumaßnahme zu machen; fehlen solche Angaben, werden vorvertraglich in der Baubeschreibung übermittelte Daten zum Inhalt des Vertrages.

Auch bei einem Vertrag über die Errichtung eines Einfamilienhauses wird ein Bauträger häufig auf eine früher erstellte Musterplanung zurückgreifen. Nach § 650u Abs. 2 BGB n.F. sind die Bestimmungen der §§ 650b und 650c BGB n.F. auf den Bauträgervertrag nicht anwendbar, da nach den Motiven ein Anordnungsrecht zu erheblichen rechtlichen und tatsächlichen Problemen führen würde, insbesondere im Geschosswohnungsbau mit mehreren Erwerbern und den möglichen Auswirkungen auf das Gemeinschaftseigentum bzw. auf das Sondereigentum der anderen Erwerber. Ein Änderungsvorbehalt ist deshalb individualvertraglich und unter Berücksichtigung der Verhältnisse des konkreten Bauvorhabens zu vereinbaren.

Es besteht jedoch, da andere Erwerber nicht beteiligt sind und auf deren Interessen keine Rücksicht genommen zu werden braucht, eine erhöhte Möglichkeit, die Planung auf die individuellen Bedürfnisse und Vorlieben des Erwerbers abzustellen. Der Erwerber sollte davon Gebrauch machen und in der Planungsphase seine Wünsche artikulieren (unter Umständen kann zur Bestimmung der werkvertraglichen Verpflichtung des Bauträgers nach BGH 25.10.2007, VII ZR 205/06, BauR 2008, 351 ein dem Erwerber übergebener Prospekt maßgeblich sein; die Beschaffenheitsvereinbarung kann sich auch aus sonstigen Umständen ergeben, wenn diese bis zum Vertragsschluss fortwirken). Änderungsvorbehalte sind erforderlich, wenn und soweit im Genehmigungsverfahren die Baubehörde Auflagen macht. Die Anpassungen sind jedoch auf das unbedingt Notwendige zu beschränken und von dem Erwerber nur hinzunehmen, wenn sie unwesentlich sind. Nachträgliche Änderungen können aber nur im Rahmen des Baufortschrittes berücksichtigt werden (BGH 23.06.2005, VII ZR 200/04, BauR 2005, 1473 = NJW 2005, 3420. Ein freier Änderungsvorbehalt im Bauträgervertrag hält einer Inhaltskontrolle nicht stand und ist unwirksam. Ein Änderungsvorbehalt ist nur dann wirksam, wenn für die Änderung ein triftiger Grund vorliegt, z.B. baurechtliche oder bautechnische Gründe).

Zu regeln ist das Verhältnis zwischen den verschiedenen Unterlagen, mit denen die Bauleistung beschrieben wird. Leistungsbeschreibungen, also Bauzeichnungen, Baubeschreibungen usw. sind als sinnvolles Ganzes auszulegen. Wenn sie sich trotzdem in Einzelheiten widersprechen oder Unklarheiten bestehen, dann hatte nach der Rechtsprechung (vgl. BGH 05.12.2002, VII ZR 342/01, BauR 2003, 388 = NJW 2003, 743) das Muster der Baubeschreibung den Vorrang, weil bei einem Bauvertrag davon auszugehen sei, dass die Leistung widerspruchsfrei beschrieben würde. Bei Unklarheiten habe sich die Auslegung an dem Teil zu orientieren, der die Leistung konkret beschriebe, in der Regel an der Leistungsbeschreibung. Jetzt ist § 650k BGB n.F. zu beachten. Danach ist der Vertrag, sollte die Baubeschreibung unvollständig oder unklar sein, unter Berücksichtigung sämtlicher vertragsbegleitender Umstände, insbesondere des Komfort- und Qualitätsstandards nach der übrigen Leistungsbeschreibung, auszulegen, Zweifel gehen zu Lasten des Bauträgers.

Abzugrenzen ist, was einerseits vertraglich geschuldet, was andererseits nicht zu der vereinbarten Beschaffenheit gehört. Bisweilen versuchen Bauträger, durch die Einzeichnung von Einrichtungsgegenständen, Pflanzen, Bäumen usw. das Objekt attraktiver erscheinen zu lassen. Damit keine unzutreffenden Vertragsvorstellungen aufkommen, ist in dem Muster ausdrücklich klargestellt, dass solche Zusätze nicht geschuldet sind (BGH, Urt. v. 25.10.2007, VII ZR 205/06 BauR 2008, 351 NJW-RR 2008, 258: Für die Beurteilung der Frage, welche werkvertragliche Verpflichtung ein Bauträger übernimmt, kann ein dem Erwerber übergebener Prospekt ausschlaggebend sein – OLG Brandenburg, Urt. v. 26.09.2013, 12 U 115/12, BauR 2014, 1005).

Eine besondere Problematik kann hinsichtlich der Erschließungskosten auftreten. Es besteht die Möglichkeit, dass diese von dem Erwerber zu tragen sind; sie wären dann zusätzlich von dem Erwerber neben der sonstigen Vergütung zu tragen und erhöhten die Erwerbskosten. Sie können auch von dem Bauträger zu übernehmen zu sein, was in der Regel wohl vereinbart ist, da der Erwerber das Gebäude zu einem Festpreis schlüsselfertig erwerben will. Nach dem Vertragsmuster hat der Bauträger die Kosten der öffentlichen Erschließung zu tragen. Sollte der Bauträger die Erschließungs- und Anschlusskosten noch nicht entrichtet haben, dann ist nach BGH (Urt. v. 17.01.2008, III ZR 136/07, NJW 2008, 1321 = DNotZ 2008, 280) eine besondere Absicherung des Erwerbers erforderlich.

In Betracht kommen nach dem BGH a.a.O. die Einzahlung eines entsprechenden Kaufpreisteils auf ein besonderes, vor dem alleinigen Zugriff des Bauträgers geschütztes Konto oder die Stellung einer Bürgschaft durch den Bauträger für seine Verpflichtung zur Übernahme sämtlicher Erschließungs- und Anschlusskosten (gegenüber den Erwerbern, möglicherweise aber auch gegenüber der Gemeinde). Denkbar sind die Vereinbarung eines besonderen, betragsmäßig bestimmten Zurückbehaltungsrechts oder eines Einbehaltes. Zu empfehlen ist, dass der Verbraucher, der immerhin zwei Wochen Zeit hat, den Entwurf zu prüfen, sich bei seiner Gemeinde erkundigt, ob solche Kosten bereits veranlagt und bezahlt sind oder ob mit Erschließungs- und Anschlusskosten in welcher Höhe noch gerechnet werden muss.

Das Vertragsmuster nennt im Interesse des Erwerbers, der wissen will, ab wann er das Gebäude nutzen kann, einen bestimmten Fertigstellungstermin (vgl. zur verspäteten Fertigstellung durch den Bauträger OLG München, Urt. v. 11.10.2011, 9 U 5307/10 BauR 2013, 2024). Damit auf den Bauträger ein entsprechender Druck ausgeübt wird, den vertraglich festgelegten Termin auch einzuhalten, wird eine Vertragsstrafenregelung vorgeschlagen, die jedoch auf ca. 5 % des Erwerbspreises (BGH 23.01.2003, VII ZR 210/01 BauR 2003, 870 = NJW 2003, 1805 = BGHZ 153, 311: Eine in Allgemeinen Geschäftsbedingungen enthaltene Vertragsstrafenklausel in einem Bauvertrag benachteiligt dem Vertragspartner unangemessen, wenn sie eine Höchstgrenze von mehr als 5 % der Auftragssumme vorsieht. Dadurch wird dem Erwerber eine erleichterte Schadloshaltung ermöglicht, ohne dass er seinen Schaden im Einzelnen belegen müsste. Der Erwerber kann daneben seinen Schaden auch als Verzugsschaden geltend machen. Er muss ihn aber im Einzelnen nachweisen. Nach BGH, Urt. v. 20.02.2014 – VII ZR 172/13 BauR 2014, 989 = NJW 2014,

1374 = IBR 2014, 275 mit Anm. Pause kann dem Erwerber während des Verzuges des Bauträgers mit der Übergabe des Objektes, wenn er kein dem erworbenen Wohnraum gleichwertiges Objekt zur Verfügung hat, eine Nutzungsausfallentschädigung zustehen. Ein Anspruch sowohl auf die Vertragsstrafe als auch auf Schadensersatz besteht nicht; eine solche Kumulierung ist unzulässig; der Erwerber kann nur den Betrag, der den Höchstsatz der Vertragsstrafe übersteigt, als Verzugsschaden verlangen (BGH 08.05.2008, I ZR 88/06, IBR 2008, 504, Anrechnung der Vertragsstrafe auf Schadensersatzansprüche, jedoch nur soweit wie Interessenidentität besteht). Für den Fall, dass der Baufortschritt durch unvorhergesehene Ereignisse behindert wird, ist eine Verlängerung der Bauzeit um die Behinderungszeit vorgesehen (BGH 06.12.2007, VII ZR 28/07. Eine Klausel, die im Anschluss an die Vereinbarung einer kalendermäßig bestimmten Fertigstellungsfrist regelt, dass die Frist sich nicht durch witterungsbedingte Beeinträchtigungen verlängert, ist als unangemessene Benachteiligung unwirksam).

b.) In Ziffer 2 des Vertragsmusters ist die Verschaffung des Eigentums an den Erwerber geregelt.

Zunächst wird die schuldrechtliche Verpflichtung begründet. In Vollzug der schuldrechtlichen Verpflichtung ist das Eigentum zu übertragen. Es besteht die Möglichkeit, zunächst nur die Verpflichtung zur Abgabe der zum Eigentumsübergang erforderlichen Erklärungen, die als Auflassung bezeichnet werden, in den Vertrag aufzunehmen. Die Auflassung ist später in einem gesonderten Akt zu erklären, wenn die Voraussetzungen erfüllt sind, also der Bauträger das Objekt vertragsgerecht erstellt und der Erwerber die geschuldete Vergütung entrichtet hat; häufig geschieht dies, da es sich nur um einen formellen Akt handelt, durch Mitarbeiter des Notars, denen in Abschnitt in Abschnitt IX eine besondere Durchführungsvollmacht erteilt ist. Dieser Weg der später nachzuholenden Auflassung wird gewählt, um sicherzustellen, dass eine Übertragung des Eigentums an dem Grundstück mit der Umschreibung im Grundbuch erst nach Vorliegen der Voraussetzungen erfolgt.

Möglich wäre es auch, die zur Eigentumsübertragung erforderlichen Erklärungen bereits in dem Bauträgervertrag abzugeben. Es besteht dann jedoch das Risiko eines Missbrauches, wenn z.B. gegenüber dem Grundbuchamt von den Erklärungen Gebrauch gemacht und die Eigentumsumschreibung beantragt wird, bevor die Voraussetzungen erfüllt sind. Wenn die Auflassung im Bauträgervertrag mit beurkundet wird, könnte wie folgt formuliert werden:

Die Erschienenen erklären jedoch bereits jetzt die **Auflassung** *wie folgt:*

Es herrscht Einigkeit zwischen der Bauträgerin einerseits und den Erwerbern andererseits, dass das Eigentum an dem in Ziff. I. näher bezeichneten Grundbesitz von der Bauträgerin auf die Erwerber mit der Berechtigung zu je ½ Anteil übergeht.

Die Erschienenen **bewilligen** *und* **beantragen** *die Eintragung der Erwerber als Miteigentümer zu je ½ im Grundbuch von*

Die Erschienenen verzichten auf ihr eigenes Antragsrecht. Nur der Notar soll die Eintragung des Eigentumswechsels beantragen.

Der Notar wird angewiesen, die Eintragung des Eigentumswechsels erst zu veranlassen, wenn ihm die Zahlung des Vertragspreises nachgewiesen ist und die lastenfreie Umschreibung auf die Erwerber gesichert ist.

Vorher soll der Notar den Erwerbern und dem Grundbuchamt **keine** *Ausfertigung oder beglaubigte Ablichtung dieser Urkunde erteilen,* **die die Auflassung enthält.**

Damit der Grundstückserwerb durch den Erwerber sichergestellt wird, wird vereinbart, dass zugunsten der Erwerber eine Eigentumserwerbsvormerkung eingetragen wird. Verfügungen des Bauträgers, die den Anspruch des Erwerbers auf Erwerb des Eigentums, wie er vereinbart ist, beeinträchtigen, sind dem durch eine Vormerkung geschützten Erwerber gegenüber unwirksam. Die Vormerkung ist ein Sicherungsmittel eigener Art; sie ist abhängig von dem Bestand des Anspruchs auf Eigentumsübertragung, den sie absichern soll. Erlischt der Anspruch auf Eigentumsübergang, dann erlischt die Vormerkung ebenfalls. Deswegen ist der Schutz, den eine Vormerkung dem Erwerber bietet, nur bedingt.

7. Bauträgervertrag B.

Zu Abschnitt III Gegenleistungen der Erwerber. 202

In diesem Abschnitt wird die Gegenleistung des Erwerbers geregelt. Zum einen deren Höhe, zum anderen deren Zeitpunkt (BGH 27.09.2001, VII ZR 388/00, BauR 2002, 83 = NJW 2002, 138. Eine Zwangsvollstreckungsunterwerfung ist in einem Bauträgervertrag wegen unangemessener Benachteiligung des Erwerbers unwirksam).

a) Die Aufteilung des Kaufpreises hat zum einen steuerliche Gründe, da Grundstückskosten steuerlich nicht abschreibbar sind. Zum anderen hat der Erwerber bei Insolvenz des Bauträgers einen Anspruch auf Auflassung und Umschreibung des Eigentums, wenn zu seinen Gunsten eine Eigentumserwerbsvormerkung eingetragen ist und er den Teil des Gesamterwerbspreises, der auf die Übereignung des Grundstücks entfällt, gezahlt hat (§ 106 InsO).

b) Der Erwerber zahlt Raten entsprechend dem Baufortschritt, wobei die Wertschöpfung bei dem Bauträger, der noch Eigentümer des Grundstücks ist, stattfindet. Der Erwerber läuft ohne entsprechende Absicherung Gefahr, seine Zahlungen zu verlieren. Zum Schutz des Erwerbers normiert die Makler- und Bauträger Verordnung (MaBV) Entgegennahmeverbote für den Bauträger. Der Erwerber soll erst Zahlungen leisten müssen, wenn sichergestellt ist, dass er bei Erfüllung seiner Zahlungspflicht auch Eigentümer des Grundstücks, und zwar des unbelasteten Grundstücks wird. Der Bauträger darf deshalb nach § 3 MaBV Vermögenswerte des Erwerbers, also in der Regel Zahlungen nur entgegennehmen, wenn bestimmte Voraussetzungen erfüllt sind, nämlich

— Der Vertrag muss rechtswirksam sein. Die erforderlichen Genehmigungen müssen vorliegen und der Bauträger darf kein vertragliches Rücktrittsrecht haben. Der Notar muss die Rechtswirksamkeit des Vertrages durch eine schriftliche Mitteilung bestätigen.
— Zu Gunsten des Erwerbers muss eine Eigentumserwerbsvormerkung an dem zu übertragenden Grundstück im Grundbuch eingetragen sein. Diese sichert den Anspruch des Erwerbers auf Erwerb des Eigentums an dem Grundstück. Zu sehen ist, dass es sich dabei nur um eine Absicherung des Grundstückserwerbs handelt, nicht aber um eine zivilrechtliche Sicherheit, die die vertragsgemäße Ausführung der Leistung oder die Gewährleistung sicherstellen soll. Die Vormerkung sichert nur den schuldrechtlichen Anspruch auf dingliche Rechtsänderung und ist davon abhängig; sie ist akzessorisch. Erlischt der Übereignungsanspruch aus dem Kaufvertrag, weil z.B. der Erwerber bei Zahlungsunfähigkeit des Bauträgers ein Gestaltungsrecht aus § 634 Nr. 3 oder Nr. 4 BGB geltend macht, dann erlischt der Erfüllungsanspruch und die Vormerkung wird gegenstandslos.
— Die Lastenfreistellung von allen Grundpfandrechten, die der Vormerkung im Range vorgehen oder gleichstehen und nicht übernommen werden sollen, muss sicher gestellt sein. Nach § 3 Abs. 1 S. 2–5 MaBV geschieht dies in der Regel durch das Freigabeversprechen des Grundschuldgläubigers. Es handelt sich um eine schuldrechtliche Verpflichtungserklärung des Grundschuldgläubigers auf Freistellung des Grundstücks vom Grundpfandrecht, sei es durch Löschungsbewilligung, sei es durch Pfandfreigabeerklärung Die Freistellungserklärung sichert lediglich den konkreten Anspruch auf lastenfreien Eigentumserwerb. Der notwendige Inhalt der Freistellungserklärung ergibt sich aus § 3 Abs. 1 S. 2 MaBV; differenziert wird danach, ob das Bauvorhaben vollendet oder nur teilweise fertig gestellt ist (vgl. zur Auslegung der Freistellungserklärung BGH 05.04.2001, VII ZR 498/99, BauR 2001, 1097 = NJW 2001, 2249). Zur Wirksamkeit von Pfandfreistellungsverpflichtungserklärungen trotz unwirksamer Bedingungen BGH, Urt. v. 07.11.2013, VII ZR 167/11 = BauR 2014, 262.
— Das Freigabeversprechen muss dem Erwerber ausgehändigt sein; die Übergabe einer Kopie genügt nicht. Ist das Freigabeversprechen bei Abschluss des notariellen Vertrages bereits abgegeben, muss im Vertrag darauf Bezug genommen werden. Ansonsten muss der Vertrag einen Hinweis auf die Verpflichtung der Bauträgers zur Aushändigung der Erklärung und ihren notwendigen Inhalt enthalten. Das Formular geht von Letzterem aus. Die Klausel »*Die Bürgschaft wird für den Erwerber bei dem amtierenden Notar verwahrt*« ist unwirksam. Für den Fall, dass der Notar auf Wunsch des Erwerbers die Urkunde verwahren soll, und zwar auf Grund eines

öffentlich-rechtlichen Verwahrungsverhältnisses, sind in die Urkunde entsprechende Belehrungshinweise durch den Notar sowie die Klausel aufzunehmen, dass die Erwerber die Bürgschaft jederzeit vom Notar heraus verlangen können und dass der Notar nicht ohne Zustimmung der Erwerber anderweitig über die Urkunde verfüge, sie also nicht heraus- oder zurückgeben werde (BGH, Urt. v. 11.01.2007 – VII ZR 229/05 BauR 2007, 697 = NJW 2007, 1360).

– Bei Verbraucherverträgen hat der Erwerber nach § 632a Abs. 3 BGB einen Anspruch auf eine Sicherung für die »rechtzeitige Herstellung des Werkes ohne wesentliche Mängel in Höhe von 5 vom 100 des Vergütungsanspruches«, also einen Anspruch auf eine Vertragserfüllungssicherheit. Der Erwerber soll geschützt werden, wenn das Gebäude nicht fertiggestellt und nur mangelhaft errichtet wird. Die Sicherheit soll alle Ansprüche abgelten, die darauf beruhen, dass der Bauträger seine Verpflichtungen nicht vertragsgerecht erfüllt, also nicht mangelfrei und nicht termingerecht das Gebäude erstellt. Der Erwerber soll seine Ansprüche auf Kostenvorschuss, Aufwendungsersatz, Schadensersatz wegen Mängeln oder wegen Verzug oder aus einer Vertragsstrafe auch tatsächlich durchsetzen können, wenn der Bauträger zahlungsunfähig wird. Der Bauträger hat das Wahlrecht hinsichtlich der Sicherheitsleistung. Er entscheidet, ob der Erwerber eine Vertragserfüllungsbürgschaft erhält oder ob der Erwerber einen der Sicherheit entsprechenden Betrag von den zunächst fälligen Zahlungen einbehält. Die Sicherheit von 5 % bezieht sich auf die gesamte Vertragssumme, also auch auf den Anteil, der auf das Grundstück entfällt. Die Sicherheit ist zurückzugeben, wenn ein Sicherungsfall nicht mehr eintreten kann. Dies ist mit der Abnahme und der Beseitigung der bei der Abnahme vorbehaltenen Mängel gegeben und der Befriedigung der weiteren Ansprüche wegen mangelhafter oder verzögerter Herstellung. Nach der Gesetzesbegründung ist Abnahmereife, also ein vollständiges, von unwesentlichen Mängeln abgesehen mangelfreies Werk Voraussetzung für die Rückgabe. Gesichert sind Ansprüche wegen bereits vor oder bei der Abnahme gerügter Mängel. Erst nach der Abnahme gerügte Mängel sind von der Sicherheit nicht erfasst und begründen auch kein Zurückbehaltungsrecht gegenüber dem Anspruch auf Rückgabe der Sicherheit. Ist die Sicherheit durch einen Einbehalt geleistet, gilt Gleiches; der Erwerber kann seine Mängelansprüche oder Schadensersatzansprüche wegen nicht rechtzeitiger Fertigstellung gegenüber dem einbehaltenen Betrag aufrechnen.

– Die Baugenehmigung muss erteilt sein; eine Teilbaugenehmigung genügt nicht. Es muss sichergestellt sein, dass das Bauvorhaben auch durchgeführt werden kann, bevor der Erwerber Zahlungen leistet. Sollte die Landesbauordnung vorsehen, dass das Vorhaben genehmigungsfrei ist oder ein vereinfachtes Verfahren greift, ist entweder eine Bestätigung der Baubehörde beizubringen, dass die Baugenehmigung als erteilt gilt oder dass nach den baurechtlichen Bestimmungen mit dem Bauvorhaben begonnen werden darf; diese Bestätigung ersetzt die Baugenehmigung. Besteht gegen die Behörde kein Rechtsanspruch auf eine solche Bestätigung, dann genügt eine eigene Erklärung des Bauträgers, wobei jedoch zwischen Erhalt der Eigenerklärung des Bauträgers und Zahlung ein Monat liegen muss, der Erwerber soll die Möglichkeit erhalten, selbst Erkundigungen bei der Baubehörde anzustellen.

c) Der Bauträger darf nach § 3 Abs. 2 MaBV Zahlungen nur entsprechend dem Baufortschritt entgegennehmen. Die Zahlungen, für die sich der Begriff der Rate eingebürgert hat, auch wenn dieser nicht ganz richtig ist, müssen in einem gewissen Verhältnis zu dem Baufortschritt und damit zu der Wertsteigerung des Grundstücks durch die Bauleistung stehen. § 3 Abs. 2 MaBV bestimmt Höchstsätze, die nicht überschritten werden dürfen und bis zu denen der Bauträger Zahlungen nach Erreichung der jeweiligen Bautenstände entgegennehmen darf (BGH 22.12.2000, VII ZR 310/99, BauR 2001, 391 = NJW 2001, 818: Eine Abschlagszahlungsvereinbarung ist insgesamt nichtig, wenn sie zulasten des Erwerbers von § 3 Abs. 2 MaBV abweicht. An ihre Stelle tritt § 641 Abs. 1 BGB). Die Überschreitung der Höchstsätze führt zur Unwirksamkeit des Zahlungsplanes mit der Folge, dass die gesetzliche Regelung eingreift, nach der die Vergütung erst mit der Abnahme fällig wird. § 3 Abs. 2 MaBV nennt zwar 13 Bauabschnitte und ordnet ihnen

Wert entsprechend Prozentsätze zu. Der Ratenzahlungsplan darf aber nur 7 Raten vorsehen, die aus den 13 Bauabschnitten zusammenzustellen sind; werden mehr als 7 Raten gebildet, ist der Ratenzahlungsplan insgesamt unwirksam mit den geschilderten Folgen (BGH, Urt. v. 10.07.2008 – III ZR 292/07 in BauR 2008, 1888 = NJW-RR 2009, 199 zu der Verpflichtung des Notars, wenn eine Abwicklung der Zahlungen zwischen Erwerbern und Bauträgerin über ein Notaranderkonto vereinbart wird, bei der Formulierung der Verwahranweisung und zur Belehrung der Beteiligten über die Risiken bei Einschaltung eines nicht neutralen Dritten, auf dessen Bautenstandsanzeige hin gezahlt werden soll). Bei falsch testierter Fertigstellungsmitteilung im Auftrag des Verkäufers haftet der Aussteller der Mitteilung (LG Berlin, Urt. v. 03.07.2009 5 O 855/06 BauR 2010, 107).

Da mit der Bezugsfertigkeit die Besitzübergabe erfolgen soll, ist die Klarstellung sinnvoll, dass das Objekt bezugsfertig ist, wenn der Bezug zugemutet werden kann. Dies ist der Fall, wenn die Wohnräume im Rahmen der üblichen Wohnbedürfnisse ohne Bedenken für die Sicherheit genutzt werden können. Wann bei dem Vorliegen von Mängeln Bezugsfertigkeit gegeben ist, kann vertraglich geregelt werden. Im Muster ist gesagt, dass geringfügige Mängel der Bezugsfertigkeit nicht entgegenstehen; sie dürfen jedoch nicht die Sicherheit beeinträchtigen. So würde ein fehlendes Treppengeländer, unter Umständen auch nur auf einem kurzen Stück als Sicherheitsbeeinträchtigung der Bezugsfertigkeit entgegenstehen. Die letzte Rate ist von der vollständigen Fertigstellung abhängig: Wann dies der Fall ist, ist streitig. Teils wird analog § 12 Abs. 3 VOB/B argumentiert und auf die Abnahmereife abgestellt; diese ist gegeben, wenn die Bauleistung funktionell fertig gestellt ist und die Leistung im Wesentlichen mangelfrei ist. Andere gehen aus, dass alle Mängel vollständig beseitigt sein müssen. Nach OLG Hamm (Urt. v. 29.05.2007 – 21 U 73/06, BauR 2008, 1152 und Urt. v. 03.07.2007 – 21 U 14/07, IBR 2008, 273) gehört dazu, dass die bei Abnahme zu Protokoll gerügten Mängel (sog. Protokollmängel) beseitigt sind; später aufgetretene Mängel stehen der »vollständigen Fertigstellung« nicht entgegen.

Zu sehen ist, dass Abnahme und Fertigstellung nicht identisch sind. Sofern der Begriff der Fertigstellung in der MaBV verwandt wird, beschreibt er den Umfang der Entgegennahmeverbote des Bauträgers. Der Begriff der Abnahme gibt an, wann der Bauträger seine werkvertraglichen Verpflichtungen erfüllt hat.

Zu Abschnitt IV Zahlungen/Verzug/Rücktrittsrecht. 203

Gesagt ist, wohin Zahlungen zu leisten sind. Dies empfiehlt sich, damit der Erwerber die Zahlstelle kennt und nicht Gefahr läuft, auf ein falsches Konto zu zahlen. Geregelt ist, wann der Erwerber in Verzug gerät und unter welchen Voraussetzungen ein Rücktritt in Betracht kommt. Wenn der Bauträger den Rücktritt erklärt, hat er eine Bürgschaft beizubringen, die den Anspruch des Erwerbers auf Rückerstattung geleisteter Zahlungen sichert.

Zu Abschnitt V Übergabe/Abnahme. 204

Nach diesem Muster erfolgt die Abnahme im Zusammenhang mit der Übergabe, wenn also das Objekt bezugsfertig hergestellt ist. Dies erscheint sachgerecht, da der Erwerber mit der Übergabe die Sachherrschaft erhält und das Objekt der unmittelbaren Einflusssphäre des Bauträgers entzogen wird. Abnahme ist die körperliche Entgegennahme der Werkleistung in Verbindung mit der Billigung dieser Werkleistung als vertragsgerecht. Zu beachten sind in diesem Zusammenhang § 650u i.V.m. § 650g BGB n.F. über die Zustandsfeststellung bei Verweigerung der Abnahme; die Bestimmungen des Vertrages orientieren sich an den neuen gesetzlichen Bestimmungen.

Zu Abschnitt VI Rechtsfolgen von Sach- und Rechtsmängeln. 205

Die Haftung für das Grundstück, auf dem der Bauträger das Gebäude zu errichten und an dem er dem Erwerber das Eigentum zu verschaffen hat, richtet sich nach Kaufrecht. Die Haftung für die Bauwerksleistung richtet sich nach Werkvertragsrecht. Eine Haftungsbeschränkung bei neu errichteten Gebäuden kommt nicht in Betracht.

Eine Haftungsbeschränkung bei Sonderwünschen, Änderungen oder Eigenleistungen, denen vor der Ausführung die Bauträgerin nicht schriftlich zugestimmt oder die sie nicht nachträglich genehmigt hat, wird für möglich gehalten. Solche Leistungen sind von der Bauträgerin nicht geschuldet und werden von den Erwerbern außerhalb des Vertrages ausgeführt.

206 Zu Abschnitt VII Mitwirkungspflicht der Bauträgerin bei Finanzierung des Vertragspreises.

Der Erwerber muss sehr häufig den von ihm zu zahlenden Preis finanzieren. Die Bank ist in der Regel dazu bereit, verlangt aber eine grundbuchliche Absicherung. Um dies zu ermöglichen, stellt der Bauträger das Grundstück zur Verfügung und bevollmächtigt den Erwerber, zu Lasten des Grundstücks Grundpfandrechte zu bestellen. Dies jedoch nur unter der Voraussetzung, dass in Höhe des Vertragspreises der Darlehnsauszahlungsanspruch an die Bauträgerin zur Sicherheit abgetreten wird und Zahlungen, durch die das Grundpfandrecht erstmals valutiert wird, zunächst der Tilgung des Vertragspreises dienen. Da der Bauträger selbst häufig die Kosten für den Erwerb des Grundstücks und die Anlaufkosten finanziert hat und zu Gunsten seiner Bank Grundpfandrechte eingetragen sind, ist vorgesehen, dass die Zahlungen der Freistellung von diesen Grundpfandrechten dienen und nach Maßgabe der Gläubigerin auf das von ihr genannte Konto zu überweisen sind.

207 Zu den Abschnitten IX–XIII.

Es handelt sich um Bestimmungen, die Aussagen zur Durchführung des Vertrages machen und durch die dem Notar und seinen Mitarbeitern Durchführungsvollmachten erteilt werden; solche sind in Verträgen üblich. Außerdem verweisen sie auf die allgemeinen Belehrungen, die ein Notar zu erteilen hat.

8. Vertrag über eine Eigentumswohnung

a) Muster Kauf- und Bauherstellungsvertrag

208

Verhandelt zu Musterstadt

am

Vor mir

dem unterzeichnenden Notar im Oberlandesgerichtsbezirk Musterstadt

Franz Musternotar

mit dem Amtssitz zu Musterstadt

erschienen:

1. Der Geschäftsführer Emil Baumann, geb. am ....., geschäftsansässig ..... mit der Erklärung, dass er nicht für sich persönlich, sondern als alleinvertretungsberechtigter und von den Beschränkungen des § 181 BGB befreiter Geschäftsführer der

Firma Bau Bauträger GmbH, 00000 Musterstadt, Musterstrasse 1,

handele

wegen seiner Vertretungsbefugnis Bezug nehmend auf die Eintragung im Handelsregister des Amtsgerichts Musterstadt HR B. Der Notar bestätigt nach Einsichtnahme in einen Auszug aus dem elektronischem Handelsregister des Amtsgerichts Musterstadt zu HRB vom, dass der Geschäftsführer Emil Baumann als alleinvertretungsberechtigter Geschäftsführer berechtigt ist, die Firma Bau Bauträger GmbH allein rechtswirksam zu vertreten.

– Firma Bau Bauträger GmbH, nachstehend auch »Bauträger« genannt –,

2. Die Eheleute Fritz Meier, geb. am ..... und Anna Meier, geb. Müller, geb. am ..... wohnhaft Rathausgasse 1, Musterdorf

– Die Erschienenen zu 2) und 3), nachstehend auch »Erwerber« genannt –

Die Erschienenen wiesen sich zur Gewissheit des Notars wie folgt aus:

Der Erschienene zu 1) durch Personalausweis m. Lichtbild Nr. ..... ausgestellt von ..... am ..... .

Der Erschienene zu 2) durch Personalausweis m. Lichtbild Nr. ..... ausgestellt von ..... am ..... .

Die Erschienene zu 3) durch Personalausweis m. Lichtbild Nr. ..... ausgestellt von ..... am ..... .

Der Notar befragte die Erschienenen zunächst, ob er oder eine der mit ihm beruflich verbundenen Personen in der Angelegenheit, die Gegenstand dieser Niederschrift ist, außerhalb des Notaramtes tätig geworden sei. Die Erschienenen, wie auch der Notar selbst, verneinten dieses.

Die Erwerber bestätigen, dass sie einen Entwurf des Vertrages nebst Anlagen *14 Tage vor der Beurkundung* erhalten haben und dass der Entwurf alle maßgeblichen Bestimmungen des Kaufvertrages einschließlich der zu entrichtenden Vergütung enthalten hat. Die wirtschaftliche Auseinandersetzung mit dem Gegenstand der Beurkundung ist in jedem Fall ausreichend erfolgt und möglich gewesen.

Die Erschienenen erklärten nachstehenden

Kauf- und Bauherstellungsvertrag über eine Eigentumswohnung im neu zu errichtenden Mehrfamilienhaus Musterstadt, Schöne Aussicht 10

I. Vorbemerkung/Grundbuchbestand

1. Der Bauträger ist Eigentümer des im Grundbuch des Amtsgerichts Musterstadt von Musterstadt Blatt ..... eingetragenen Grundstücks Gemarkung Grüne Wiese Flur 3 Flurstück 20, Gebäude- und Freifläche, Schöne Aussicht 10, groß 800 qm.

Der Bauträger will auf diesem Grundstück ein Mehrfamilienhaus mit 10 Wohnungen errichten und diese veräußern; er hat deshalb Wohnungseigentum gebildet.

2. Der Bauträger hat zum Zwecke der erleichterten Verweisung gemäß § 13a BeurkG die Verweisungsurkunde vom 22. Juni 2017 – UR-Nr. 317/17 des Notars Franz Musternotar in Musterstadt – mit deren Anlagen errichtet, nämlich:

Anlage (1) die Baubeschreibung vom 01. Mai 2017 entsprechend § 650j BGB i.V.m. Art. 249 EGBGB § 2 mit:
– dem Lageplan,
– den Bauzeichnungen, nämlich Grundrissen aller Geschosse, Ansichten und Schnitte,
– den Einzelgrundrissen der Wohnungstypen im Maßstab von 1 : 100; 1 : 75 und 1 : 125,
– den Berechnungen der Grundrissflächen aller Wohnungs- und Teileigentume,
– textliche Darstellung der Bauaufgabe
– sonstige Angaben

Anlage (2) die Teilungserklärung gemäß § 8 WEG nebst Gemeinschaftsordnung vom 22. Juni 2017

Anlage (3) der WEG-Verwalter-Vertrag zwischen dem Bauträger und der XY – Grundstücksgesellschaft mbH, Musterstrasse in Musterstadt vom 22. Juni 2017

Die Erwerber haben eine beglaubigte Ablichtung der vorgenannten Verweisungsurkunde, die während der heutigen Beurkundung in beglaubigter Abschrift vorlag und erörtert wurde, 14 Tage vor der heutigen Beurkundung erhalten und sich mit ihrem Inhalt vertraut gemacht.

Die Erwerber erklären, dass ihnen der Inhalt der Verweisungsurkunde bekannt ist.

Die Erschienenen verzichten darauf, die Verweisungsurkunde vorzulesen und zur Durchsicht vorzulegen sowie sie dieser Urkunde beizufügen. Der Notar hat die Beteiligten über die Bedeutung des Verweisens auf die Bezugsurkunde belehrt.

3. Nach dem grundbuchamtlichen Vollzug der Teilungserklärung ist
a) der Bauträger eingetragen als Eigentümer des im Wohnungsgrundbuch des Amtsgerichts Musterstadt von Musterstadt *Blatt* eingetragenen Wohnungseigentums bestehend aus 825/10.000stel Miteigentumsanteil an dem Grundstück Gemarkung Grüne Wiese Flur 3 Flurstück 20, Gebäude- und Freifläche, Schöne Aussicht 10, groß 800 qm.
verbunden mit dem Sondereigentum an der im Aufteilungsplan mit Nr. 6 bezeichneten Wohnung im 2. Obergeschoss rechts.
b) Das Wohnungseigentum ist wie folgt belastet:

Abt. II: keine Eintragung

Abt. III: Der Bauträger hat zum Zwecke der Finanzierung des Erwerbes und der Baumaßnahmen Grundschulden zugunsten der Sparkasse Musterstadt AG bestellt, und zwar:

über 2.000.000,00 € nebst 18 % Jahreszinsen

4. Dem Notar lag ein Grundbuchauszug aus dem Internet vom .... vor.

II. Leistungen des Bauträgers

Der Bauträger errichtet auf dem in Ziffer I bezeichneten Grundstück ein Gebäude mit 10 Wohnungen und verschafft den Erwerbern nach Fertigstellung des Gebäudes das Eigentum an dem in Abschnitt I näher bezeichneten Wohnungseigentum eingetragen im Wohnungsgrundbuch des Amtsgerichts Musterstadt von Musterstadt *Blatt* Dazu gilt folgendes:

1. Verpflichtung zur Errichtung des Gebäudes

a) Der Bauträger errichtet das Gebäude und die in diesem Gebäude befindlichen Wohnungen nebst gemeinschaftlichen Einrichtungen/Räumen schlüsselfertig nach Maßgabe der Baubeschreibung, die als Anlage (1) der Verweisungsurkunde vom 22. Juni 2017 – UR-Nr. 317/17 des Notars Franz Musternotar in Musterstadt – beigefügt ist, nämlich
1. Lageplan,
2. Bauzeichnungen mit den Grundrissen von Keller, Erdgeschoß, 1., 2. und 3. Obergeschoß und Dachgeschoß und Ansichten,
3. Berechnungen der Grundflächen
4. Darstellung der Bauaufgabe in der Baubeschreibung entsprechend § 650j BGB n.F. i.V.m. Art. 249 EGBGB § 2

b) Bei Zweifeln über die zu erbringenden Leistungen ist nach § 650k Abs. 1. und Abs 2 BGB n.F. die vom der Bauträgerin geschuldete Bauleistung unter Berücksichtigung sämtlicher vertragsbegleitender Umstände, insbesondere des Komfort- und Qualitätsstandards nach der übrigen Leistungsbeschreibung auszulegen. Zweifel gehen zu Lasten der Bauträgerin.

c) Die Erwerber erklären, dass über den in dem Lageplan, den Bauzeichnungen und der Baubeschreibung dargestellten Zustand des Kaufgegenstands hinaus keine Beschaffenheitsvereinbarungen getroffen wurden. Einrichtungs- und Ausstattungsgegenstände, die sich aus den Bauzeichnungen ergeben (z.B. Möbel, Pflanztröge, Bewuchs usw.), sind nur dann Leistungsgegenstand, wenn sie in der Baubeschreibung erwähnt werden. Sofern in Plänen die Umgebung des Kaufgegenstandes oder der angrenzende Bereich dargestellt ist, ist dies für den Vertrag unverbindlich.

Prospektangaben sind unverbindlich.

d) Als Beschaffenheit des Kaufgegenstandes wird jedoch nur eine Mindestgröße der den Erwerbern veräußerten Wohnung und der zu errichtenden Gemeinschaftsflächen vereinbart, die das Maß aus der Berechnung der Grundflächen um bis zu 5 % unterschreitet. Die Wohnflächenberechnung erfolgt nach Wohnflächenverordnung. Der Bauträger haftet demnach nur, wenn die als Beschaffenheit vereinbarte Mindestgröße unterschritten wird und nur insoweit, als eine Abweichung nicht durch Sonderwünsche veranlasst ist.

8. Vertrag über eine Eigentumswohnung B.

e) Der Bauträger hat die Erteilung der Baugenehmigung beantragt.

Der Bauträger ist berechtigt, von dem Lageplan, den Bauzeichnungen, den Einzelgrundrissen, der Berechnung der Grundrissflächen und der Baubeschreibung abzuweichen, wenn dies durch behördliche Auflagen rechtlich geboten ist oder sich als technisch und/oder wirtschaftlich notwendig erweist und den Erwerbern zumutbar ist.

f) Der Bauträger verpflichtet sich, das Kaufgrundstück an die öffentlichen Erschließungsanlagen, die von der Stadt Musterstadt oder sonstigen Erschließungsträgern auf gesetzlichen oder vertraglichen Grundlagen errichtet werden, anzuschließen und die Anschlussgebühren zu zahlen. Die Erschließungsmaßnahmen sollen die Zuwegung zu dem Kaufgrundstück und dessen Versorgung mit Elektrizität, Gas, Wasser und Telefon sowie die Ableitung von Abwasser sicherstellen.

Die Straßenanlieger- und Erschließungskosten für die erstmalige Erschließung sowie die Hausanschlusskosten trägt der Bauträger.

Der Bauträger erklärt, dass von ihm bereits die Straßenanlieger- und Erschließungsbeiträge an die Stadt Musterstadt gezahlt worden sind; er legt eine Bescheinigung der Stadt Musterstadt über die bereits erfolgte Zahlung der öffentlich-rechtlichen Erschließungskosten vor, die vorgelesen, von den Beteiligten genehmigt und als Anlage zu diesem Vertrag genommen worden ist.

g) Sonderwünsche/Änderungen der Ausführung

Im Rahmen des Baufortschrittes können Sonderwünsche und Änderungen gegenüber der zu lit. a) beschriebenen Ausführung berücksichtigt werden, jedoch nur soweit das Sondereigentum der Erwerber betroffen ist, keine bautechnischen Gründe entgegenstehen und keine Eingriffe in das Gemeinschaftseigentum oder das Sondereigentum Dritter erfolgen. Sonderwünsche bedürfen in jedem Fall vor ihrer Ausführung der vorherigen schriftlichen Zustimmung des Bauträgers. Ein Anspruch des Erwerbers auf Zustimmung des Bauträgers besteht nicht. Die Erwerber werden die Sonderwünsche und Änderungen der Ausführung unmittelbar mit den Handwerkern vereinbaren und unmittelbar abrechnen; ein Vertragsverhältnis hinsichtlich der Sonderwünsche und Änderungen besteht zwischen Bauträger und Erwerber nicht. Der Bauträger erteilt, soweit er leistungsfrei wird, eine Gutschrift. Die Vertragsparteien gehen von folgenden Verrechnungspreisen aus:

Teppichboden	..... 40 €/qm
Bodenfliesen	..... 80 €/qm
Wandfliesen	.....
Sanitär	.....
Elektro	.....
Sonstiges	.....

Der Bauträger übernimmt für Sonderwünsche und Änderungen der Leistung, denen er nicht vor der Ausführung schriftlich zugestimmt oder die er nicht nachträglich genehmigt hat, keine Mängelhaftung.

h) Der Bauträger verpflichtet sich, das Gebäude und die Wohnungen spätestens bis zum 30.11.20 ..... bezugsfertig (Übergabe) herzustellen.

Der Termin der Bezugsfertigkeit wird verlängert, soweit eine Behinderung der Bauarbeiten verursacht ist durch Streik, höhere Gewalt oder Witterungseinflüsse, mit denen der Bauträger bei Abschluss des Vertrages nicht rechnen konnte.

Der Bauträger hat Verzögerungen, die zur Hinausschiebung der Bezugsfertigkeit führen, den Erwerbern schriftlich mitzuteilen.

Bezugsfertigkeit ist gegeben, wenn der Bau soweit fortgeschritten ist, dass den Erwerbern oder Mietern bzw. anderen Nutzern der Bezug zugemutet werden kann; Abnahmereife ist nicht Voraussetzung für die Bezugsfertigkeit.

i) Hausrecht, Besichtigungsrecht

Alleiniger Bauherr ist der Bauträger. Er hat das alleinige Hausrecht auf der Baustelle. Ihm obliegt die Bauleitung. Die Erwerber sind nicht berechtigt, in das Baugeschehen einzugreifen. Die Erwerber sind nur in Abstimmung mit dem Bauträger berechtigt, die Baustelle zu betreten, um den Bautenstand zu überprüfen und sich von der Ausführung zu unterrichten. Sie betreten das Kaufgrundstück auf eigene Gefahr.

Der Bauträger haftet für Personen- und Sachschäden bei Besichtigungen nicht. Hiervon ausgenommen sind Ansprüche auf Schadensersatz aus der Verletzung des Lebens, des Körpers oder der Gesundheit, wenn der Verkäufer die Pflichtverletzung zu vertreten hat und auf Ersatz sonstiger Schäden, die auf einer vorsätzlichen oder grob fahrlässigen Pflichtverletzung des Verkäufers oder eines gesetzlichen Vertreters oder Erfüllungsgehilfen beruhen. Der Ausschluss der Haftung gilt ebenfalls nicht für eine Haftung bei Vorsatz oder Arglist.

2. Verschaffung des Eigentums

a) Der Bauträger verkauft an die dies annehmenden Erwerber mit der Berechtigung zu je ½ Anteil das unter Abschnitt I Ziffer 3 näher bezeichnete im Wohnungsgrundbuch des Amtsgerichts Musterstadt von Musterstadt *Blatt* eingetragene Wohnungseigentum bestehend aus 825/10.000stel Miteigentumsanteil an dem Grundstück Gemarkung Grüne Wiese Flur 3 Flurstück 20, Gebäude- und Freifläche, Schöne Aussicht 10, groß 800 qm. Verbunden mit dem Sondereigentum an der im Aufteilungsplan mit Nr. 6 bezeichneten Wohnung im 2. Obergeschoss rechts.

b) Der Bauträger ist verpflichtet, die Auflassung (Einigung über den Eigentumsübergang) zu erklären und das Eigentum an dem Wohnungseigentum zu übertragen, sobald die Erwerber ihre Zahlungsverpflichtungen aus diesem Vertrag gegenüber dem Bauträger erfüllt haben und die Abnahme erfolgt ist.

c) Der Notar wies die Erschienenen auf die Möglichkeit der Eintragung einer Eigentumserwerbsvormerkung hin.

Die Erschienenen erklärten, dass zur Sicherung des Anspruchs der Erwerber auf Übertragung des Eigentums an dem verkauften Grundbesitz eine Eigentumserwerbsvormerkung im Grundbuch eingetragen werden solle.

Die Erschienenen *bewilligen* und *beantragen* die Eintragung einer Eigentumserwerbsvormerkung zugunsten der Erwerber mit der Berechtigung zu je ½ im Grundbuch von ....

Zugleich *bewilligen* und *beantragen* die Erschienenen schon jetzt die Löschung dieser Eigentumserwerbsvormerkung im Grundbuch Zug um Zug gegen die Umschreibung des Eigentums auf die Erwerber mit der Berechtigung zu je ½, soweit keine entgegenstehenden Zwischeneintragungen erfolgt oder Zwischeneintragungsanträge gestellt sind.

III. Gegenleistungen der Erwerber

1. Vertragspreis

a) Die zwischen den Parteien als Festpreis vereinbarte Vergütung für den Vertragsgegenstand beträgt *160.000,00 €*

(in Worten: hundertsechzigtausend EURO)

b) Von dem Vertragspreis entfallen auf:

das Grundstück	20.000,00 €
die Bau- und Baunebenkosten	140.000,00 €

Der Vertragspreis ohne Grundstück wurde unter Zugrundelegung des derzeitigen Mehrwertsteuersatzes von 19 % berechnet.

Sofern sich der Mehrwertsteuersatz erhöhen oder ermäßigen sollte, ändern sich dann noch nicht fällige Raten entsprechend.

Dies gilt nicht für die Raten, die innerhalb von vier Monaten ab heute zur Zahlung fällig werden, in keinem Falle für die erste Rate.

8. Vertrag über eine Eigentumswohnung B.

c) Kosten etwaiger Sonderwünsche sind in dem Vertragspreis nicht enthalten.

d) Der Bauträger unterrichtet hiermit die Erwerber gemäß § 10 Abs. 2 Nr. 2d MaBV (Makler- und Bauträgerverordnung) darüber, dass er Zahlungen nur im Rahmen des § 3 MaBV entgegennehmen und nur zur Durchführung des Bauvorhabens verwenden darf.

Dies gilt nicht für den Fall der Stellung einer Bürgschaft nach § 7 MaBV.

e) Nicht im Vertragspreis enthalten sind die Gebühren und Kosten, die für den Notar, für das Grundbuchamt und Behörden entstehen, ebenfalls nicht die Kosten für die im Rahmen der Finanzierung durch die Erwerber bestellten Grundpfandrechte, ebenfalls nicht die Grunderwerbsteuer. Diese Kosten, Gebühren und Steuern sind von den Erwerbern zu tragen.

2. Fälligkeit

a) Der Vertragspreis ist in Raten zu zahlen.

b) Grundvoraussetzung für jegliche Zahlungspflicht der Erwerber ist, dass

(1) der Vertrag rechtswirksam ist und die zum Vollzug dieses Vertrages erforderlichen Genehmigungen vorliegen, diese Voraussetzungen durch eine schriftliche Mitteilung des Notars bestätigt sind und keine Gründe ersichtlich sind, die der Rechtswirksamkeit des Vertrages entgegenstehen, insbesondere dem Bauträger keine vertraglichen Rücktrittsrechte eingeräumt sind.

(2) zur Sicherung des Anspruchs der Erwerber auf Eigentumsübertragung im Grundbuch die Eigentumserwerbsvormerkung gem. Abschnitt II 2c dieser Urkunde zugunsten der Erwerber eingetragen ist. Dieser Eigentumserwerbsvormerkung darf nur vorgehen die von dem Bauträger zugunsten der Sparkasse Musterstadt AG bestellte Grundschuld über 2.000.000,00 € nebst 18 % Jahreszinsen. Unter Mitwirkung der Erwerber bestellte Grundstücksbelastungen, insbesondere Grundpfandrechte, die den Erwerbern zur Finanzierung des Vertragspreises bestellt sind, dürfen ebenfalls der Eigentumserwerbsvormerkung vorgehen.

Der Notar teilt den Erwerbern die Eintragung der Eigentumserwerbsvormerkung zu ihren Gunsten im Grundbuch mit.

(3) die Freistellung des Vertragsgegenstandes von allen Lasten, Beschränkungen, insbesondere Grundpfandrechten, die der Vormerkung im Range vorgehen oder gleichstehen und nicht übernommen werden, gesichert ist, und zwar auch für den Fall, dass das Bauvorhaben nicht vollendet werden sollte.

Die Freistellungsverpflichtungserklärung der Gläubiger der der Eigentumsvormerkung vorgehenden oder gleichstehenden und von dem Bauträger herrührenden Grundpfandrechte muss den Bestimmungen des § 3 Abs. 1 Satz 2 und 3 MaBV entsprechen. Die Freistellungserklärung muss den Erwerbern ausgehändigt sein.

Die Freistellungserklärung liegt noch nicht vor. Der Notar weist auf die Verpflichtung des Bauträgers zur Aushändigung der Freistellungserklärung hin und belehrt über den notwendigen Inhalt der Freistellungserklärung.

Der Notar hat in diesem Zusammenhang ausdrücklich darüber belehrt, dass nach den Bestimmungen der Makler- und Bauträgerverordnung (§ 3 Abs. 1 Satz 2 und 3 MaBV) die Freistellung von nicht übernommenen Grundpfandrechten als gesichert gilt, wenn gewährleistet ist, dass diese im Grundbuch gelöscht werden, und zwar, wenn das Bauvorhaben vollendet wird, unverzüglich nach Zahlung der geschuldeten Vertragssumme, andernfalls unverzüglich nach Zahlung des dem erreichten Bautenstand entsprechenden Teils der geschuldeten Vertragssumme durch die Erwerber.

Für den Fall, dass das Bauvorhaben nicht vollendet wird, kann sich der Grundschuldgläubiger vorbehalten, anstelle der Freistellung alle von den Erwerbern vertragsgemäß bereits geleisteten Zahlungen bis zum anteiligen Wert des Vertragsgegenstandes zurückzuzahlen.

Der Notar wird angewiesen, eine Freistellungsverpflichtungserklärung mit diesem notwendigen Inhalt bei der Gläubigerin einzufordern. Er wird, wenn ihm die Freistellungsverpflichtungserklärung ausgehändigt werden sollte, dies den Erwerbern mitteilen und die Freistellungserklärung an die Erwerber aushändigen.

(4) die Baugenehmigung erteilt ist. Der Bauträger unterrichtet die Erwerber über die Erteilung der Baugenehmigung durch die Übersendung einer Ablichtung der von der Stadt Musterstadt erteilten Baugenehmigung.

c) Der Bauträger hat den Erwerbern zur Sicherung der Vertragserfüllung eine Sicherheit für die rechtzeitige Herstellung des Werkes ohne wesentliche Mängel in Höhe von 5 % des Vergütungsanspruches zu leisten. Diese Sicherheit kann nach der Wahl des Bauträgers dadurch geleistet werden, dass der Bauträger den Erwerbern entweder eine Garantie oder ein sonstiges Zahlungsversprechen eines im Geltungsbereich des BGB zum Geschäftsbetrieb befugten Kreditinstituts oder Kreditversicherers in Höhe von 8000,– € (5 % der Vertragssumme) leistet oder bestimmt, dass die Erwerber aus den zunächst fälligen Zahlungen den Betrag von 8000,– € einbehalten. Entscheidet sich der Bauträger für eine Sicherheitsleistung durch Garantie oder durch ein sonstiges Zahlungsversprechen, wird die erste Rate erst fällig, wenn den Erwerbern die Originalurkunde über die Garantie oder das sonstige Zahlungsversprechen ausgehändigt worden ist. Die Garantie oder das Zahlungsversprechen sind zurückzugeben, wenn die Abnahme erfolgt ist, bei der Abnahme vorbehaltene Mängel beseitigt und Zahlungsansprüche der Erwerber wegen mangelhafter oder verspäteter Herstellung erfüllt sind. Wird Sicherheit durch Einbehalt geleistet, ist der Betrag von 8000,– € zur Zahlung erst fällig, wenn das Gebäude abgenommen und bei der Abnahme vorbehaltene Mängel beseitigt sowie Ansprüche der Erwerber wegen mangelhafter oder verspäteter Herstellung erfüllt sind; die Erwerber sind berechtigt mit Zahlungsansprüchen wegen mangelhafter oder verspäteter Herstellung des Gebäudes gegenüber dem einbehaltenen Betrag aufzurechnen.

d) Wenn die Voraussetzungen gem. lit. b) erfüllt sind, haben die Erwerber entsprechend der Durchführung des geschuldeten Bauvorhabens folgende Raten, berechnet in Vom-Hundert-Sätzen aus der Vertragssumme zu zahlen:
(1) 30 % = 48.000,00 € nach Beginn der Erdarbeiten
(2) 28 % = 44.800,00 € nach Rohbaufertigstellung, einschließlich Zimmerarbeiten,
(3) 12,6 % = 20.160,00 € nach Herstellung der Dachflächen und Dachrinnen, sowie nach Fenstereinbau, einschließlich Verglasung,
(4) 6,3 % = 10.080.00 € nach Fertigstellung der Rohinstallation der Heizungsanlage, der Rohinstallation der Sanitäranlagen, der Rohinstallation der Elektroanlagen,
(5) 9,1 % = 14.560,00 € nach Fertigstellung des Innenputzes, ausgenommen Beiputzarbeiten, des Estrichs, der Fliesenarbeiten im Sanitärbereich,
(6) 10,5 % = 16.800,00 € nach Bezugsfertigkeit und Zug um Zug gegen Besitzübergabe und nach Fertigstellung der Fassadenarbeiten,
(7) 3,5 % = 5.600,00 € nach vollständiger Fertigstellung der vertraglichen Leistungen.

Die Raten (3) bis (6) können je nach Bautenstand auch abweichend von der vorstehenden Reihenfolge fällig werden.

e) Der Bautenstand gemäß Ziff. III 2 lit. d) wird den Erwerbern von dem Bauträger unter Vorlage einer Bautenstandsbestätigung des Architekten oder des verantwortlichen Bauleiters schriftlich mitgeteilt. Wenn nicht eine Bürgschaft gemäß lit. c) gestellt ist, ist nach Zugang dieser Mitteilung die jeweilige Ratenzahlung innerhalb von 10 Tagen zu leisten. Für die Rechtzeitigkeit der Zahlung kommt es auf den Zahlungseingang an.

f) Auch wenn die Voraussetzungen gem. lit. b) nicht erfüllt sind, hat der Bauträger das Recht, anstelle der vorstehenden Fälligkeitsvoraussetzungen die Kaufpreisraten entsprechend dem erreichten Bautenstand fällig zu stellen, wenn der Bauträger den Erwerbern eine selbstschuldnerische, unbefristete, unter Verzicht auf die Einrede der Anfechtbarkeit und Aufrechenbarkeit erteilte Bürgschaft gemäß § 7 MaBV in Höhe des Vertragspreises zur Absicherung aller etwaigen Ansprüche der Erwerber auf Rückgewähr oder Auszahlung der von ihm gestellten Vermögenswerte übergibt. Die Kaufpreisraten sind erst nach Übergabe der Bürgschaft an die Erwerber und jeweils 10 Tage nach Zahlungsaufforderung mit Vorlage der Bautenstandsbestätigung fällig.

g) Die Bezugsfertigkeit im Sinne der vorstehenden Zahlungsvoraussetzungen ist gegeben, wenn die Bauarbeiten soweit fortgeschritten sind, dass den Erwerbern oder Mietern bzw. anderen Nutzern der Bezug der erworbenen Wohnung zugemutet werden kann; Abnahmereife ist nicht Voraussetzung für die Bezugsfertigkeit.

Geringfügige Sachmängel und Restarbeiten, die jeweils nicht so schwerwiegend sind, dass sie die Bezugsfertigkeit ausschließen, sowie noch ausstehende Arbeiten an Außenanlagen und an Eigenleistungen der Erwerber hindern den Eintritt der diesbezüglichen Zahlungsvoraussetzungen für die jeweiligen Raten nicht.

Die Verpflichtung des Bauträgers, die von ihm zu erbringenden Arbeiten unverzüglich ausführen zu lassen, bleibt unberührt.

IV. Zahlungen/Verzug/Rücktrittsrecht

1. Um die Freistellung des Kaufgrundstückes von den von dem Bauträger herrührenden Grundpfandrechten sicherzustellen, sind die Zahlungen zunächst unmittelbar an die Grundpfandrechtsgläubigerin zu leisten, und zwar unter Anrechnung auf den Kaufpreis. Zu diesem Zweck wird die Grundpfandrechtsgläubigerin bei der Sparkasse Musterstadt ein Treuhandkonto einrichten und den Erwerbern die Kontonummer mitteilen. Der Bauträger hat die Kosten des Kontos zu tragen.

Erst wenn die Grundpfandrechtsgläubigerin keine Forderungen mehr geltend macht, sind Zahlungen auf das eigene Konto des Bauträgers zu leisten; der Bauträger legt dazu eine Bescheinigung der Grundpfandrechtsgläubigerin vor und teilt mit, wohin die Überweisung erfolgen soll.

2. Die Erwerber dürfen nur mit unbestrittenen oder rechtskräftig festgestellten Forderungen gegen die Forderung des Bauträgers aufrechnen.

3. Die Erwerber kommen ohne Mahnung in Verzug, wenn sie nicht zu den jeweiligen Fälligkeitszeitpunkten gemäß Abschnitt III 2d die Kaufpreisraten zahlen.

Im Falle des Verzuges haben die Erwerber – unbeschadet weitergehender Rechte des Bauträgers – jedenfalls die gesetzlichen Verzugszinsen an die Bauträgerin zu zahlen. Der Notar hat darauf hingewiesen, dass der gesetzliche Verzugszinssatz 5 Prozentpunkte über dem jeweiligen Basiszinssatz beträgt.

Zahlungen der Erwerber werden zunächst auf etwaig geschuldete Zinsen verrechnet, im Übrigen auf die Kaufpreiszahlungen.

4. Für den Fall, dass eine der Vertragsparteien mit ihren Verpflichtungen in Verzug gerät oder diesen Verpflichtungen nicht vollständig nachkommt, ist die andere Vertragspartei nach erfolgter einmaliger, schriftlicher mit 2 Wochen befristeter Aufforderung berechtigt, entweder einseitig vom Vertrage zurückzutreten und/oder Schadensersatz wegen Pflichtverletzung zu verlangen. Fristsetzung und Rücktritt bedürfen in jedem Fall der Schriftform.

Es ist Sache jeder Vertragspartei, ihre Rechte zu wahren und die dazu erforderlichen Erklärungen abzugeben.

5. Der Rücktritt des Bauträgers wegen Zahlungsverzuges ist nur wirksam, wenn der schriftlichen Erklärung des Rücktritts die selbstschuldnerische, unbefristete Bürgschaft eines inländischen Kreditinstitutes beigefügt ist, der den Anspruch der Erwerber auf Rückzahlung geleisteter Kaufpreisteile sichert.

V. Übergabe/Abnahme

1. Die förmliche Abnahme und anschließende Übergabe des den Erwerbern veräußerten Wohnungseigentums erfolgt nach dessen bezugsfertiger Herstellung. Das Gemeinschaftseigentum wird nach dessen vollständiger Fertigstellung von den Erwerbern abgenommen.
   a) Jede Partei kann sich bei der Abnahme und Übergabe durch Bevollmächtigte vertreten lassen. Eine schriftliche Vollmacht ist bei Abnahme und Übergabe vorzulegen. Die Erwerber beabsichtigen hinsichtlich der Abnahme des Gemeinschaftseigentums, dem Beirat der Wohnungseigentümergemeinschaft, der einstimmig zu entscheiden hat, eine jederzeit widerrufliche Vollmacht, für sie das Gemeinschaftseigentum abzunehmen, zu erteilen. Der Bauträger verpflichtet sich, den Abnahmetermin für das Gemeinschaftseigentum schriftlich mit einer Frist von mindestens zwei Wochen den Erwerbern und den Mitgliedern des Beirates anzukündigen, damit die Erwerber entscheiden können, ob sie an der Abnahmeverhandlung selbst teilnehmen oder dem Beirat Vollmacht erteilen.

b) Die Parteien bestätigen einander die Abnahme und die Übergabe des Vertragsgegenstandes durch von beiden Parteien zu unterzeichnende Niederschriften, in denen auch alle noch ausstehenden Leistungen und vorhandenen Mängel aufzunehmen sind. Diese wird der Bauträger in angemessener Frist beheben. Wegen unwesentlicher Mängel kann die Abnahme nicht verweigert werden.

c) Die Erwerber können, wenn wesentliche Mängel vorhanden sind, die Abnahme verweigern. Sie haben die von ihnen gerügten Mängel dem Bauträger mitzuteilen. Verweigern die Erwerber die Abnahme unter Angabe von Mängeln, kann der Bauträger gemäß § 650g BGB n.F. verlangen, dass die Erwerber an einer gemeinsamen Feststellung des Zustandes des Werkes mitwirken. Die gemeinsame Zustandsfeststellung ist mit dem Datum der Anfertigung zu versehen und von beiden Vertragsparteien zu unterschreiben. Bleiben die Erwerber einem vereinbarten oder einem von dem Unternehmer innerhalb einer angemessenen Frist bestimmten Termin zur Zustandsfeststellung - und zwar unentschuldigt und ohne unverzügliche Mitteilung an den Bauträger - fern, so kann der Bauträger nach § 650g BGB n.F. die Zustandsfeststellung einseitig vornehmen. Der Bauträger stellt die von ihm gefertigte, mit Datum versehene und unterschriebene einseitig gefertigte Zustandsfeststellung den Erwerbern unverzüglich zur Verfügung.

Wenn in der Zustandsfeststellung nach Ziff. 4 ein offenkundiger Mangel nicht aufgeführt wird, wird widerlegbar vermutet, dass dieser Mangel erst nach der Zustandsfeststellung entstanden und von den Erwerbern zu vertreten ist, z.B. durch einen Bedienungsfehler, Beschädigungen usw. Die Vermutung gilt nicht, wenn der Mangel seiner Art nach nicht vom Besteller verursacht sein kann.

d) Der Bauträger ist zur Übergabe des Vertragsgegenstandes verpflichtet, wenn die Abnahme erfolgt ist und Zug um Zug gegen den Nachweis der Bezahlung von mindestens 96,5 % des Kaufpreises.

Die Erwerber sind verpflichtet, wenn die genannten Voraussetzungen vorliegen, den Vertragsgegenstand zu übernehmen.

2. Von dem Zeitpunkt an, an dem die Erwerber den Vertragsgegenstand aufgrund der Übergabe nutzen dürfen, gehen Besitz und Nutzungen auf die Erwerber über. Ab Übergabe sowie im Falle einer vorzeitigen Nutzung ab Nutzungsbeginn gehen alle Lasten, insbesondere die laufenden Steuern und öffentlichen Abgaben, die Gefahr eines zufälligen Unterganges und einer zufälligen Verschlechterung auf die Erwerber über.

3. Außenanlagen und sonstige Arbeiten, die erst nach bezugsfertiger Herstellung zu erbringen sind, werden nach Fertigstellung abgenommen.

4. Erscheinen die Erwerber trotz der Ankündigung zu Ziff. 1. zum Abnahmetermin nicht, ist der Bauträger berechtigt, einen zweiten Abnahmetermin festzusetzen und diesen den Erwerbern zwei Wochen vorher schriftlich mitzuteilen. Erscheinen die Erwerber auch zum zweiten Abnahmetermin nicht und verweigern sie innerhalb des genannten Zeitraums nicht die Abnahme unter Angabe mindestens eines Mangels, gilt der Vertragsgegenstand als abgenommen, wenn der Bauträger die Erwerber zusammen mit der Aufforderung zur Abnahme auf die Folgen einer nicht erklärten oder ohne Angabe von Gründen verweigerten Abnahme ausdrücklich hingewiesen hat.

5. Nehmen die Erwerber das Kaufgrundstück ohne förmliche Abnahme und Übergabe gemäß Ziff. 5 in Besitz, gilt das Kaufgrundstück als abgenommen, mit allen sich daraus ergebenden Rechtsfolgen.

VI. Miteigentümergemeinschaft, Teilungserklärung, Gemeinschaftsordnung, WEG-Verwaltervertrag

1. Das Miteigentum an dem Grundstück ist beschränkt durch die Einräumung der zu den anderen Miteigentumsanteil gehörenden Sondereigentumsrechte und Sondernutzungsrechte.

2. Die Erwerber treten in die Bedingungen der Teilungserklärung gemäß § 8 WEG nebst Gemeinschaftsordnung vom 22. Juni 2008–Anlage (2) der Verweisungsurkunde vom 22. Juni 2017 – UR-Nr. 317/17 des Notars Franz Musternotar in Musterstadt – mit Wirkung auf den Übergabetag ein. Sie bestätigen die darin erteilten Vollmachten ausdrücklich. Sie haben ihren Rechtsnachfolgern die entsprechenden Verpflichtungen aus der Teilungserklärung und der Gemeinschaftsordnung weiterzugeben.

3. Der Bauträger behält sich das am 30.11.20 ..... erlöschende Recht vor, die Teilungserklärung und die Gemeinschaftsordnung – gegebenenfalls auch nach deren grundbuchlichem Vollzug und nach Vollzug der Auflassung zu dieser Urkunde –, insbesondere auch im Hinblick auf die Regelungen im § 8 Ziff. II und III der Gemeinschaftsordnung, abzuändern, soweit durch derartige Änderungen nicht die verhältnismäßige Größe des Miteigentumsanteils, das heißt die absolute Größe des Kaufgrundstücks, sowie die Lage und die Nutzungsart des Kaufgegenstands zum Nachteil der Käufer geändert werden.

Der Bauträger ist insbesondere berechtigt, die Größe, die Lage und den Umfang des Gemeinschaftseigentums und der nicht an die Erwerber veräußerten Sondereigentume zu ändern, Wohnungs- und Teileigentume zusammenzulegen und zu trennen, sowie neue Wohnungs- und Teileigentume zu schaffen und dabei Gemeinschaftsflächen, soweit für die Nutzung durch die Erwerber von Interesse, nicht wesentlich verkleinert oder verlegt werden. In diesem Zusammenhang darf der Bauträger auch neue Gemeinschaftsflächen schaffen.

Die Erwerber sind verpflichtet, vorstehenden Änderungen unter den dort genannten Voraussetzungen zuzustimmen. Sie erteilen dem Bauträger Vollmacht, die Änderungen vorzunehmen und die für die Änderungen notwendigen Erklärungen (Anträge und Bewilligungen) gegenüber dem Grundbuchamt abzugeben

4. Die Erwerber treten in den WEG-Verwaltervertrag zwischen dem Bauträger und der XY – Grundstücksgesellschaft mbH, Musterstrasse in Musterstadt vom 22.06.2008 (Anlage 3 der Verweisungsurkunde vom 22. Juni 2017 – UR-Nr. 317/17 des Notars Franz Musternotar in Musterstadt) mit Wirkung auf den Übergabetag ein. Sie bestätigen die darin enthaltenen Vollmachten ausdrücklich.

VII. Rechtsfolgen von Sach- und Rechtsmängeln

1. Grundstück

a.) Das Grundstück ist ein Bauplatz, der mit dem vertraglich vereinbarten Gebäude bebaut werden kann.

b.) Eine Haftung des Bauträgers wegen der Größe und Bodenbeschaffenheit des Grundstücks wird ausgeschlossen, jedoch nicht die Haftung für die Eignung des Grundstücks für die Errichtung des Gebäudes und für die Nutzung zu Wohnzwecken. Von dem Haftungsausschluss ausgenommen sind Ansprüche auf Schadensersatz aus der Verletzung des Lebens, des Körpers oder der Gesundheit, wenn der Bauträger die Pflichtverletzung zu vertreten hat und auf Ersatz sonstiger Schäden, die auf einer vorsätzlichen oder grob fahrlässigen Pflichtverletzung des Bauträgers oder eines gesetzlichen Vertreters oder Erfüllungsgehilfen beruhen. Der Ausschluss der Haftung gilt ebenfalls nicht für eine Haftung bei Vorsatz oder Arglist.

c.) Die Übertragung des Vertragsgrundstücks erfolgt frei von Belastungen in Abt. II und III des Grundbuchs, frei von Baulasten sowie frei von sonstigen privaten Rechten Dritter, mit Ausnahme der in diesem Vertrag ausdrücklich übertragenen Belastungen und Beschränkungen.

2. Bauwerk

a) Dieser Vertrag unterliegt den Vorschriften des Werkvertragsrechtes des Bürgerlichen Gesetzbuches.

b) Die Rechte der Erwerber bei Sachmängeln am Bauwerk richten sich nach den Vorschriften des Werkvertragsrechts des Bürgerlichen Gesetzbuches. Die Mängelansprüche verjähren danach für das Bauwerk (einschließlich etwaiger Bau/Ausbauvarianten) fünf Jahre ab Abnahme.

VIII. Belastungsvollmacht für Bauträger

1. Der Bauträger bleibt bis zur Eintragung des Eigentumswechsels auf die Erwerber in das Grundbuch berechtigt, das Grundstück und den Vertragsgegenstand mit Grunddienstbarkeiten, beschränkten persönlichen Dienstbarkeiten und/oder Baulasten aller Art zu belasten, wenn solche Rechte erforderlich oder auch nur zweckmäßig sind, um die zu diesem Vertrag und zur Errichtung des Gebäudes erforderlichen Genehmigungen zu erhalten und/oder um die Versorgung und Entsorgung des Grundstücks und des Vertragsgegenstandes sicherzustellen. Die Erwerber erteilen

dem Bauträger die dazu erforderlichen Vollmachten, auch die Vollmacht zur Abgabe der erforderlichen Erklärungen gegenüber dem Grundbuchamt.

Die Erschienenen bewilligen und beantragen eine entsprechend dieser Vollmacht bestellte Grunddienstbarkeit oder beschränkte persönliche Dienstbarkeit im Rang vor der in Abschnitt II Ziffer 2 lit. c beantragten Eigentumserwerbsvormerkung für die Erwerber einzutragen.

2. Baulasten dürfen auch bestellt werden zur bauordnungsrechtlichen Vereinigung von Grundstücken wegen nicht ausreichender Abstandsflächen zu den Grundstücksgrenzen, zur Sicherung von Leitungs- und Überwegsrechten.

3. Die Erwerber sind verpflichtet, die demnach von dem Bauträger bestellten Dienstbarkeiten oder Baulasten zu übernehmen.

IX. Mitwirkungspflicht des Bauträgers bei der Finanzierung des Vertragspreises

1. Um den Erwerbern die grundbuchliche Sicherung der Finanzierung des Vertragspreises und der Nebenkosten zu ermöglichen, verpflichtet sich der Bauträger, auf Verlangen der Erwerber und auf deren Kosten Grundpfandrechte an dem Kaufgegenstand für Darlehensgeber der Erwerber zu bestellen und den Vertragsgegenstand der sofortigen Zwangsvollstreckung gemäß § 800 ZPO zu unterwerfen.

2. Dazu werden folgende Vereinbarungen getroffen:

a) Der Bauträger bevollmächtigt die Erwerber, auch bereits vor Eigentumsumschreibung Hypotheken und Grundschulden in beliebiger Höhe zur Eintragung in das Grundbuch zu bewilligen und zu beantragen und dabei in Ansehung der Grundpfandrechte den jeweiligen Eigentümer der sofortigen Zwangsvollstreckung zu unterwerfen.

Die Vollmacht wird insoweit eingeschränkt, als der Bauträger keine persönliche Haftung gegenüber den Gläubigern übernimmt und die Grundpfandrechte bis zur vollständigen Zahlung des Vertragspreises nur zur Sicherung des finanzierten und tatsächlich an den Bauträger oder an die von ihr benannte Grundpfandgläubigerin ausgezahlten Kaufpreises dienen.

Die Beachtung dieser Einschränkung ist dem Grundbuchamt nicht nachzuweisen.

b) Zur Sicherung treten die Erwerber bereits jetzt ihre Ansprüche auf Auszahlung der Darlehen bis zur Höhe des Kaufpreises an den Bauträger ab.

c) Die Erwerber verpflichten sich, darauf hinzuwirken, dass in der Grundschuldbestellungsurkunde folgende Bestimmungen wiedergegeben werden:

aa) Sicherungsabrede

Die Grundschuldgläubigerin darf die Grundschuld nur insoweit als Sicherheit verwerten oder behalten, als sie tatsächlich Zahlungen mit Tilgungswirkung auf die Zahlungsverpflichtung der Erwerber gegenüber dem Bauträger geleistet hat. Sollte die Grundschuld zurück zu gewähren sein, so kann nur ihre Löschung verlangt werden, nicht jedoch Abtretung oder Verzicht. Alle weiteren Zweckbestimmungserklärungen, Sicherungs- und Verwertungsvereinbarungen innerhalb oder außerhalb dieser Urkunde gelten erst, nachdem der Vertragspreis vollständig gezahlt ist, in jedem Fall ab Eigentumsumschreibung. Ab diesem Zeitpunkt gelten sie für und gegen die Erwerber als neue Sicherungsgeber.

bb) Zahlungsanweisung

Die Gläubigerin wird angewiesen, Zahlungen, durch die das Grundpfandrecht erstmals valutiert wird, nur vorzunehmen mit der Maßgabe, dass sie zur Bezahlung des Vertragspreises gemäß den Regelungen in III dieses Vertrages erfolgen, und zwar nach Maßgabe der Gläubigerin der bestellten Grundschulden über 2.000.000,00 € bei der Sparkasse Musterstadt sowie einen evtl. Restbetrag auf das Konto des Bauträgers bei der Sparkasse Musterstadt, Konto-Nr. BLZ.

cc) Persönliche Zahlungspflichten, Kosten

Der Bauträger übernimmt im Zusammenhang mit der Grundschuldbestellung keinerlei persönliche Zahlungspflichten. Die Erwerber verpflichten sich, den Bauträger von allen Kosten und sonstigen Folgen der Grundschuldbestellung freizustellen.

dd) Fortbestand der Grundschuld

Die bestellte Grundschuld darf auch nach der Eigentumsumschreibung auf die Erwerber bestehen bleiben. Alle Eigentümerrechte und Rückgewähransprüche, die mit ihr zu tun haben, werden hiermit mit Wirkung ab Bezahlung des Vertragspreises, in jedem Fall ab Eigentumsumschreibung, auf die Erwerber übertragen. Entsprechende Grundbucheintragung wird bewilligt.

Die Erwerber stimmen dem gesamten Inhalt dieser Urkunde zu und wiederholen die Zwangsvollstreckungsunterwerfung in den Pfandbesitz wegen der Grundschuld samt Grundschuldnebenleistungen hiermit auch im eigenen Namen.

3. Die Erschienenen bewilligen und beantragen, ein entsprechend dieser Finanzierungsvollmacht bestelltes Grundpfandrecht nebst Zinsen und Nebenleistungen im Rang vor der in Abschnitt II Ziff. 2 lit. c beantragten Eigentumserwerbsvormerkung für die Erwerber einzutragen.

X. Mehrere Erwerber

Mehrere Erwerber sind wegen aller Verpflichtungen aus diesem Vertrage Gesamtschuldner. Sie bevollmächtigen sich gegenseitig unter Befreiung von den Beschränkungen des § 181 BGB, rechtsgeschäftliche Erklärungen in Bezug auf diesen Vertrag, auf den Kaufgegenstand und auf die Übergabe/Abnahme abzugeben und zu empfangen.

XI. Kosten und Steuern

1. Die Erwerber tragen die mit diesem Vertrag, seiner Durchführung und der Auflassung verbundenen Notarkosten, die Kosten der Grundbucheintragungen und -löschungen, behördliche Gebühren und Auslagen sowie die Grunderwerbsteuer.

2. Die Erwerber tragen auch alle mit der Finanzierung des Kaufpreises verbundenen Aufwendungen und Kosten sowie die Notar- und Gerichtskosten der Bestellung und ranggerechten Eintragung von Grundpfandrechten für ihre Darlehensgeber, auch die Kosten notarieller Bescheinigungen.

3. Der Bauträger trägt etwaige Entpfändungskosten, ferner die Bankgebühren der Bürgschaft.

XII. Durchführung des Vertrages

1. Der amtierende Notar wird mit dem Vollzug des Vertrages beauftragt. Die Erschienenen bevollmächtigen ihn, als Zustellungsempfänger alle zur Wirksamkeit des Vertrages erforderlichen Genehmigungen, Bescheinigungen und Erklärungen entgegenzunehmen; sie werden mit ihrem Zugang bei dem Notar allen Parteien gegenüber wirksam.

2. Der Notar wird ohne Beschränkung auf die gesetzliche Vollmacht nach § 15 GBO ermächtigt, Anträge aus dieser Urkunde getrennt und eingeschränkt zu stellen und sie in gleicher Weise zurückzunehmen. Die Erschienenen bevollmächtigen den Notar, soweit erforderlich, Bewilligungen und Anträge gegenüber dem Grundbuchamt zu ändern und zu ergänzen, überhaupt alles zu tun, was verfahrensrechtlich zur Durchführung dieses Vertrages erforderlich sein könnte. Der Notar ist ermächtigt, die Beteiligten im Grundbuchverfahren uneingeschränkt zu vertreten.

3. Jede Partei beantragt die für den Vollzugsauftrag erforderliche Anzahl von Ausfertigung und Abschriften des Vertrages sowie außerdem je zwei beglaubigte Abschriften für den Bauträger und für die Erwerber.

4. a) Das Finanzamt wird gebeten, den Grunderwerbsteuerbescheid den Erwerbern und die Unbedenklichkeitsbescheinigung dem Notar zu übersenden.

b) Die Erwerber verpflichten sich, die Grunderwerbsteuer unverzüglich nach Erhalt des Bescheides zu bezahlen oder sicherzustellen, damit die Unbedenklichkeitsbescheinigung erteilt werden kann.

XIII. Vollmacht

1. Der Bauträger und die Erwerber bevollmächtigen die Mitarbeiterinnen des Notars,
a) Frau ..... .
b) Frau ..... .

beide dienstansässig

einzeln und unter Befreiung von den Beschränkungen des § 181 BGB, alle zur Durchführung dieses Vertrages dienlichen Erklärungen abzugeben und entgegenzunehmen. Die Vollmacht berechtigt auch dazu,
- die Identitätserklärungen und Auflassungen abzugeben und entgegenzunehmen,
- Löschungen, Pfandentlassungen und Rangänderungen aller Art zu bewilligen und zu beantragen,
- Grunddienstbarkeiten, beschränkte persönliche Dienstbarkeiten und Baulasten zu bestellen.

2. Die Erklärungen der Bevollmächtigten dürfen nur gegenüber dem amtierenden Notar, seinem amtlich bestellten Vertreter oder einem Notar (oder dessen Vertreter) abgegeben werden, mit dem er sich zur gemeinsamen Berufsausübung verbunden hat.

3. Die Vollmacht erlischt mit der letzten, aus diesem Vertrag folgenden Eintragung in das Grundbuch; sie erlischt nicht durch den Tod des Vollmachtgebers.

4. Die Vollmacht ist von der Rechtswirksamkeit des übrigen Urkundeninhaltes unabhängig. Ihre Erteilung und Verwendung verursacht keine Kosten. Die Bevollmächtigten sind in dem gesetzlich zulässigen Umfang von jeder Haftung freigestellt.

XIV. Erklärungen der Erschienenen zu Hinweisen des Notars

Die Erschienenen bestätigen, von dem Notar folgende Hinweise erhalten zu haben:
1. Die Erschienenen haften aufgrund gesetzlicher Vorschriften für die Kosten und die Grunderwerbsteuer für diesen Vertrag als Gesamtschuldner.
2. Die Erwerber persönlich und der Vertragsgegenstand haften neben der Bauträgerin für etwaige Grundsteuerrückstände. Der Bauträger erklärt hierzu, dass zur Zeit keine Grundsteuerrückstände bestehen.
3. Die Erwerber werden Eigentümer des Vertragsgegenstandes erst mit ihrer Eintragung in das Grundbuch. Die Erwerber können als Eigentümer in das Grundbuch erst eingetragen werden, wenn die Unbedenklichkeitsbescheinigung für die Grunderwerbsteuer vorliegt.
4. Alle getroffenen Vereinbarungen sind in dieser Urkunde aufzunehmen, widrigenfalls kann dieser Vertrag unter Umständen nichtig sein. Etwaige mündliche oder privatschriftliche Nebenabreden sind unwirksam und gefährden die Gültigkeit des Vertrages. Unrichtige Kaufpreisangaben können strafrechtliche Folgen haben.
5. Der Grundbesitz haftet für öffentliche Abgaben und Lasten.
6. Der Notar hat keine steuerliche Beratung übernommen und ist auch nicht damit beauftragt.
7. Der Notar hat den Vertrag vorzulegen:
   a) der Stadt Musterstadt – Gutachterausschuss – für die Kaufpreissammlung
   b) dem Finanzamt Musterstadt – Grunderwerbsteuerstelle – zur Erlangung der Unbedenklichkeitsbescheinigung

XV. Abschlusserklärungen der Erschienenen

1. Sollte eine Bestimmung dieses Vertrages unwirksam und/oder undurchführbar sein oder werden – gleich aus welchem Grunde –, so soll die Wirksamkeit der übrigen Bestimmungen nicht berührt werden. Die unwirksamen oder undurchführbaren Bestimmungen sind so auszulegen, umzudeuten oder zu ersetzen, dass der erstrebte wirtschaftliche Erfolg möglichst gleichkommend verwirklicht wird.

Die Vertragsteile verpflichten sich, die unwirksamen oder undurchführbaren Bestimmungen durch eine rechtlich einwandfreie Regelung zu ersetzen, sowie alles nach Treu und Glauben Zumutbare zu tun, um die Wirksamkeit des heutigen Vertragsverhältnisses zu sichern und seine Durchführung zu ermöglichen.

2. Die Erschienenen erklären, dass dieses Protokoll und seine Bestandteile alle den Gegenstand des Vertrages betreffenden Vereinbarungen vollständig enthalten, Nebenabreden nicht getroffen worden sind und dass sie keine weiteren Fragen oder Aufklärungswünsche an den Notar haben.

Vorstehendes Protokoll wurde den Erschienenen von dem Notar vorgelesen, von Erschienenen genehmigt und eigenhändig wie folgt unterzeichnet:

b) Erläuterungen

Das Muster geht von dem Erwerb einer Eigentumswohnung in einem Neubau aus. Der Vertrag bei einer Altbausanierung ist in gleicher Weise aufgebaut. Bei diesem teilt in der Regel der Bauträger nach Erwerb den Altbau in Wohnungseigentum bzw. Teileigentum auf und veräußert das Wohnungseigentum mit der Verpflichtung des Bauträgers zur Sanierung des Altbaus. Maßgebend ist die Baubeschreibung, auf deren Abfassung dementsprechend besondere Sorgfalt aufzuwenden. Die Sanierungsarbeiten sind nach Umfang und Bedeutung Neubauarbeiten gleichzusetzen, so dass Werkvertragsrecht auf Mängel der Bausubstanz anzuwenden ist (BGH 26.04.2007, VII ZR 210/05, BauR 2007, 1407, BGH 16.12.2004, VII ZR 257/03, BauR 2005, 542 = NJW 2005, 1115). 209

Soweit sich die Formulare entsprechen, finden sich die Anmerkungen beim Vertragsmuster über den Erwerb eines Einfamilienhauses. Eingegangen wird an dieser Stelle auf die Besonderheiten, die sich aus dem Erwerb einer Eigentumswohnung und aus der an den Interessen des Bauträgers orientierten Vertragsgestaltung ergeben.

Wegen des Beurkundungsverfahrens kann auf das oben Gesagte verwiesen werden. Häufig lässt sich bei der Errichtung eines Wohnhauses oder der Sanierung von Altbauten mit der Bildung von Wohneigentum beobachten, dass der Bauträger sich ein ihm vorbereitetes Angebot zum Abschluss eines Bauträgervertrages machen lässt. Die Vertragsabschlussklauseln werden Vertragsbestimmungen, die einer AGB-rechtlichen Inhaltskontrolle unterliegen, gleichgestellt. Eine Frist von 6 Wochen oder länger zur Annahme des Angebotes ist unangemessen lang und unwirksam (BGH, Urt. v. 07.02.2013 III ZR 121/12 – BGHZ 196, 166 = NJW 2013, 1451). Eine verspätet erklärte Annahme ist nach § 150 Abs. 2 BGB ein neues Angebot, das wiederum, und zwar in notarieller Form angenommen werden muss (OLG Dresden 26.06.2003, 19 U 512/03, BauR 2004, 1345). Beurkundet werden müssen alle Vereinbarungen, die nach dem Willen der Parteien zu dem Geschäft gehören (dazu gehören auch Sonderwünsche BGH 11.07.2002, VII ZR 437/01, ZfBR 2002, 975 = IBR 2002, 612). Der Vertrag über eine zu errichtende Eigentumswohnung ist gerichtet auf den Erwerb eines Miteigentumsanteils an einem Grundstück verbunden mit dem Sondereigentum an einer im Aufteilungsplan mit einer bestimmten Nummer bezeichneten Wohnung. Der Erwerber soll Mitglied einer Wohnungseigentümergemeinschaft werden mit entsprechenden Rechten und Pflichten. Diese sind in der Teilungserklärung nebst Gemeinschaftsordnung geregelt, so dass neben der Baubeschreibung auch die Teilungserklärung nebst Gemeinschaftsordnung Inhalt des Bauträgervertrages werden muss. Bei dem Formular wird weiter davon ausgegangen, dass der Bauträger mit einem künftigen Verwalter bereits einen WEG-Verwalter-Vertrag geschlossen hat; auch dieser soll von dem Erwerber übernommen werden, so dass ebenfalls dessen Beurkundung erforderlich ist.

Um nicht in jeden einzelnen Bauträgervertrag die Baubeschreibung, die Teilungserklärung und den WEG-Verwalter-Vertrag einarbeiten zu müssen, wodurch der Vertrag unübersichtlich würde, werden aus praktischen Gründen, aber auch im Interesse des Bauträgers, der nicht immer denselben Text hören und Zeit sparen will, die Baubeschreibung mit Lageplan, Bauzeichnungen, Einzelgrundrissen, Flächenberechnungen und Baubeschreibung, die Teilungserklärung mit Gemeinschaftsordnung und der WEG-Verwalter-Vertrag in einer besonderen Bezugsurkunde zusammengefasst, dem Grunde nach dort ausgelagert und vorab notariell beurkundet. Die Bezugsurkunde ist ebenso wie der Vertragstext selbst dem Verbraucher zwei Wochen vor der Beurkundung zur Verfügung zu stellen, damit er die Einzelheiten überprüfen kann. Auf diese Bezugsurkunde kann gem.

§ 13a BeurkG verwiesen werden, wenn sie bei der Beurkundung entweder in Urschrift oder als Ausfertigung oder als notariell beglaubigte Abschrift vorliegt.

Das Vertragsmuster geht davon aus, dass die beurkundete Teilungserklärung schon im Grundbuch vollzogen ist. Nach § 10 II WEG bindet der Inhalt der Teilungserklärung den Erwerber als Rechtsnachfolger des als Wohnungseigentümer eingetragenen Bauträgers.

210 Zu Abschnitt II Leistungen des Bauträgers.

Neben der Verpflichtung zur Herstellung des Gebäudes und der Eigentumswohnung hat der Bauträger dem Erwerber einen Miteigentumsanteil an dem bebauten Grundstück verbunden mit dem Sondereigentum an der im Aufteilungsplan bezeichneten Wohnung zu verschaffen.

Die Einzelheiten der Bauverpflichtung des Bauträgers ergeben sich aus Lageplan, Bauzeichnungen, Berechnungen der Grundflächen und Darstellung der Bauaufgabe in der Baubeschreibung, die in der Bezugsurkunde notariell beurkundet sind. Das Gesetz zur Reform des Bauvertragsrechts (BGBl. 2017 I S. 969) verpflichtet den Unternehmer, also auch den Bauträger in § 650j BGB i.V.m. Art. 249 EGBGB, dem Verbraucher vor Abschluss des Vertrages eine Baubeschreibung in Textform zur Verfügung zu stellen. Art. 249 EGBGB § 2 listet in einem Katalog den Mindestinhalt der Baubeschreibung auf, nämlich – auszugsweise zitiert -:

1. Die allgemeine Beschreibung des herzustellenden Gebäudes, Haustyp und Bauweise,
2. Art und Umfang der angebotenen Leistungen,
3. Gebäudedaten, Pläne mit Raum- und Flächenangaben sowie Ansichten, Grundrisse und Schnitte,
4. ggfs. Angaben zu Energie-, zum Brandschutz und zum Schallschutzstandard sowie zur Bauphysik,
5. Angaben zur Beschreibung der Baukonstruktion aller wesentlichen Gewerke,
6. ggfs. Beschreibung des Innenausbaus,
7. ggfs. Beschreibung der gebäudetechnischen Anlagen, (Angaben zu Qualitätsmerkmalen,
9. ggfs. Beschreibung der Sanitärobjekte, der Armaturen, der Elektroanlage der Installationen, der Informationstechnologie und Außenanlagen.

Außerdem sind nach § 650k Abs. 3 BGB n.F. ebenfalls nach Art. 249 EGBGB § 2 verbindliche Angaben zum Zeitpunkt der Fertigstellung, ansonsten zur Dauer der Baumaßnahme zu machen; fehlen solche Angaben, werden vorvertraglich in der Baubeschreibung übermittelte Daten zum Inhalt des Vertrages. Da im Falle einer anderweitigen notariellen Beurkundung nach § 13a BeurkG eine eingeschränkte Beifügungs- und Vorlesungspflicht besteht, kann in der Urkunde auf die zuvor notariell beurkundeten Unterlagen, Baubeschreibungen usw. verwiesen werden.

Zu regeln ist das Verhältnis zwischen den verschiedenen Unterlagen, mit denen die Bauleistung beschrieben wird. Leistungsbeschreibungen, also Bauzeichnungen, Baubeschreibungen usw. sind als sinnvolles Ganzes auszulegen. Wenn sie sich trotzdem in Einzelheiten widersprechen oder Unklarheiten bestehen, dann ist § 650k BGB n.F. zu beachten. Danach ist der Vertrag, sollte die Baubeschreibung unvollständig oder unklar sein, unter Berücksichtigung sämtlicher vertragsbegleitender Umstände, insbesondere des Komfort- und Qualitätsstandards nach der übrigen Leistungsbeschreibung, auszulegen, Zweifel gehen zu Lasten des Bauträgers.

Der Spielraum für individuelle Wünsche, für Sonderwünsche und Änderungen der Ausführung ist bei einem Vertrag über den Erwerb einer Eigentumswohnung geringer. Nach § 650u Abs. 2 BGB n.F. sind die Bestimmungen der §§ 650b und 650c BGB n.F. auf den Bauträgervertrag nicht anwendbar, da nach den Motiven ein Anordnungsrecht zu erheblichen rechtlichen und tatsächlichen Problemen führen würde, insbesondere im Geschosswohnungsbau mit mehreren Erwerbern und den möglichen Auswirkungen auf das Gemeinschaftseigentum bzw. auf das Sondereigentum der anderen Erwerber. Das Gesamtkonzept steht fest und ist durch die Teilungserklärung mit Aufteilungsplänen, Abgeschlossenheitsbescheinigung, durch die Baupläne, Baubeschreibung usw. festgeschrieben. Da durch größere Änderungen auch das Gemeinschaftseigentum sowie die im Sondereigentum Dritter stehenden Wohnungen betroffen wären, kommen Änderungen praktisch nur in Betracht, soweit das eigene Sondereigentum berührt ist. In der Regel handelt es sich um Ausstattungsdetails, bei denen der Erwerber von der vom Bauträger vorgesehenen Standardausführung abweichen will oder um Arbeiten, die er selbst auszuführen beabsichtigt, so dass an sich vorgesehene Leistungen entfallen z.B. um die Wahl von Fußbodenbelägen, Gestaltung von Innentüren, Sanitärgegenständen, Elektroinstallation, usw. Teilweise wünscht der Erwerber einen höheren Standard, als vorgesehen ist, teilweise will er diese selbst in Eigenleistung ausführen. Ein Änderungsvorbehalt ist individualvertraglich und unter Berücksichtigung der Verhältnisse des konkreten Bauvorhabens zu vereinbaren.

Sollten Sonderwünsche schon bei Vertragsabschluss feststehen, sind sie als Inhalt der Verpflichtung des Bauträgers mit zu beurkunden. Werden Sonderwünsche erst nach Vertragsabschluss geäußert, braucht der Bauträger an sich nicht auf sie einzugehen. Er kann sich darauf berufen, dass der einmal geschlossene Vertrag einzuhalten ist, dass für ihn keine Verpflichtung zur Vertragsänderung bzw. Vertragsanpassung besteht.

Das Formular ermöglicht die Berücksichtigung von Sonderwünschen, jedoch nur in einem engen Rahmen. Zum einen kommt es darauf an, ob die Sonderwünsche angesichts des gegebenen Baufortschrittes noch realisiert werden können. Zum anderen müssen sich die Sonderwünsche auf das Sondereigentum des Erwerbers beschränken und dürfen nicht in das Gemeinschaftseigentum oder in andere Eigentumswohnungen eingreifen. Nur insoweit gibt der Vertrag dem Erwerber einen Anspruch auf die Durchführung von Sonderwünschen und Eigenleistungen.

Der Vertrag sieht vor, dass Zusatzleistungen aus Sonderwünschen unmittelbar mit den Handwerkern abgerechnet werden. Die Sonderwunschleistungen werden aus dem Bauträgervertrag ausgegliedert. Mit dem Handwerker kommt ein eigener Vertrag zustande, der mit ihm abzurechnen ist. Der Handwerker erteilt wegen des Sonderwunsches eine Rechnung, wobei der Bauträger, soweit er leistungsfrei geworden ist, eine Gutschrift zu erteilen hat. Diese Gutschrift orientiert sich in aller Regel an der Ersparnis des Bauträgers bei den Lohn- und Materialkosten, während die Allgemeinkosten, da bei ihnen eine Ersparnis nicht ohne weiteres feststellbar sind, nicht berücksichtigt werden. Zweckmäßig wäre es, schon im Vertrag die Preise für die Standardausführung und die Gutschriften bei Sonderwünschen und Eigenleistungen festzulegen. Zu regeln ist, wer haftet, wenn bei Änderungen oder Sonderwünschen Mängel auftreten. Nach dem Muster haftet der Handwerker für Mangelansprüche aus Sonderwünschen und Änderungen, nicht der Bauträger. Anderes gilt jedoch, wenn die Mangelursache ihren Grund nicht im Sonderwunsch hat, sondern in der vom Bauträger geschuldeten Leistung.

Soweit in dem Vertrag auf »Bezugsfertigkeit« abgestellt wird, ist nach BGH, Urt. v. 10.10.2013 VII ZR 269/12, BauR 2014, 141 bei einer Bauverpflichtung mit einer Wohnanlage die Bezugsfertigkeit der Wohnanlage, des Vertragsgegenstandes gemeint, nicht die der einzelnen Wohneinheit.

Zu Abschnitt III Gegenleistungen der Erwerber. 211

a) Die allgemeinen Angaben, die zu dem Vertragsmuster über den Erwerb eines zu errichtenden Einfamilienhauses gemacht sind, gelten auch hier. Vermögenswerte des Erwerbers darf der Bauträger nach § 3 MaBV nur entgegennehmen, wenn die allgemeinen Fälligkeitsvoraussetzungen als Mindestsicherungen erfüllt sind, nämlich

– Rechtswirksamkeit des Vertrages nebst entsprechender schriftlicher Bestätigung durch den Notar und die Eintragung einer Eigentumserwerbsvormerkung zugunsten des Erwerbers.
Das Formular geht davon aus, dass die Teilungserklärung im Grundbuch vollzogen und für jede Eigentumswohnung ein eigenes Wohnungsgrundbuch angelegt ist. § 3 Abs. 1 S. 1 Nr. 2 MaBV verlangt ausdrücklich, dass bei Veräußerung von Wohnungs- oder Teileigentum die Begründung des Rechtes im Grundbuch vollzogen sein muss. Der Erwerber soll das Risiko, dass

die Teilungserklärung nicht durchgeführt wird bzw. nicht durchgeführt werden kann, nicht übernehmen müssen.

Sollten sich der Vollzug der Teilungserklärung und die Anlegung von Wohnungsgrundbüchern hinziehen, können die allgemeinen Fälligkeitsvoraussetzungen nicht festgestellt werden. Es käme nur eine Vormerkung am ungeteilten Grundstück, die allein den Eigentumsverschaffungsanspruch und den Anspruch auf Bildung von Wohnungseigentum sichert, in Betracht. Eine solche Vormerkung erfüllt nicht die Voraussetzungen des § 3 MaBV und kann deshalb auch keinen Anspruch auf Ratenzahlungen auslösen. Wenn der Bauträger Vermögenswerte entgegennehmen will, dann nur, wenn die Voraussetzungen des § 7 MaBV erfüllt sind. Der Bauträger muss eine entsprechende Bürgschaft als Sicherheit stellen.

— Lastenfreistellung von allen Grundpfandrechten, die der Vormerkung im Range vorgehen. Insoweit kann auf die Praxishinweise oben verwiesen werden.
— Die Baugenehmigung muss erteilt sein. Auch insoweit bestehen bei dem Erwerber einer Eigentumswohnung keine Besonderheiten.

b) Soweit der Bauträger Ratenzahlungen entsprechend dem Baufortschritt entgegennehmen will, kann auf das oben Gesagte verwiesen werden. Die Raten müssen in einem Verhältnis zur Wertsteigerung auf dem Grundstück stehen. Die in der Makler- und Bauträgerverordnung genannten Höchstsätze dürfen nicht überschritten werden. Die einzelnen Bauabschnitte sind in sieben Raten zusammenzufassen (OLG Hamm 31.05.2007, 24 U 150/04, BauR 2007, 1737 zur Bezugsfertigkeit einer Eigentumswohnung. Sie ist gegeben, wenn dem Erwerber zugemutet werden kann, die Wohnung zu beziehen, dazu gehören die Fertigstellung des Treppenhauses, die Anbringung des Wärmedämmputzes sowie die weitgehende Fertigstellung der anderen Wohnungen, damit aus diesen kein unzumutbarer Baulärm und Bauschmutz dringt).

c) Wenn die allgemeinen Fälligkeitsvoraussetzungen nicht erfüllt sind, darf der Bauträger Zahlungen nur entgegennehmen, wenn er entsprechend § 7 MaBV eine Sicherheit, und zwar in der Regel durch Bankbürgschaft, leistet. Die Verpflichtung des Bauträgers, eine Sicherheit zu stellen, soll Störungen des Gleichgewichts zwischen Vorauszahlungen des Erwerbers und den Leistungen des Bauträgers auffangen. Die Bürgschaft sichert daher nicht nur die Fertigstellung der geschuldeten Bauleistung, sondern auch den Anspruch auf Verschaffung des Eigentums an dem Grundstück (BGH 05.12.2008, V ZR 144/07). Dieser Weg wird gewählt, wenn vorhersehbar ist, dass wegen noch zu klärender Fragen die Teilungserklärung im Grundbuch noch nicht vollzogen und ein Wohnungsgrundbuch noch nicht angelegt werden kann, der Bauträger aber bereits mit der Durchführung des Bauvorhabens beginnen will. Ansonsten müsste der Bauträger entweder mit dem Baubeginn warten oder aber die gesamten Baukosten selbst vorfinanzieren. Das Formular geht davon aus, dass die Bürgschaft nach § 7 MaBV lediglich die allgemeinen Fälligkeitsvoraussetzungen ersetzt und den Erwerber nur zur Leistung von Abschlagszahlungen entsprechend dem erreichten Bautenstand verpflichtet. Zum Umfang der Bürgschaft gemäß § 7 MaBV siehe: BGH 24.05.2005, XI ZR 294/03, BauR 2005, 1156 = NJW-RR 2005, 1101; BGH 22.10.2002, XI ZR 393/01, BauR 2003, 144 = NJW 2003, 1527; BGH 21.01.2003, XI ZR 145/02, BauR 2003, 700 = NJW 2003, 1862; BGH 11.03.2003, XI ZR 196/02, BauR 2003, 1220 = NJW-RR 2003, 959; BGH 10.04.2008, VII ZR 102/07, IBR 2008, 389. Gesichert sind Ansprüche, die auf einer Äquivalenzstörung, beruhen, also Ansprüche, die sich aus einer Störung des Gleichgewichtes zwischen den geschuldeten/geleisteten Zahlungen und dem Wert der geschuldeten oder erbrachten Bautenstände ergeben, also Schadensersatzansprüche wegen Nichterfüllung des Vertrages sowie Ansprüche aus mangelhafter oder unvollständiger Erfüllung. Siehe aber auch BGH, Urt. v. 12.04.2007, VII ZR 50/06, BauR 2007, 1227 = NJW 2007, 1957, wonach der Anspruch des Erwerbers auf Rückgewähr seiner Vorauszahlungen wegen Mängel am Gemeinschaftseigentum durch die Bürgschaft nach § 7 MaBV in Höhe des Anteils gesichert ist, welcher dem Haftungsanteil des Erwerbers im Verhältnis zur Wohnungseigentümergemeinschaft für Aufwendungen der Instandsetzung und Instandhaltung entspricht.

8. Vertrag über eine Eigentumswohnung

Eine Klausel, die eine Verwahrung der Bürgschaft durch den Notar vorsieht ist nach BGH (Urt. v. 11.01.2007, VII ZR 229/05, NJW 2007, 1630) unwirksam. Nach § 7 Abs. 1 S. 2 i.V.m. § 2 Abs. 2 MaBV sind die zu unmittelbaren Inanspruchnahme von Sicherheiten erforderlichen Urkunden dem Erwerber auszuhändigen. Die Verwertung bei dem Notar ersetzt nicht die Aushändigung an dem Erwerber, es sei denn der jederzeitige Zugriff des Erwerbers auf die Urkunde ist gewährleistet. Dementsprechend wäre eine Klausel, die eine Verwahrung durch den Notar vorsieht, um den Zusatz zu ergänzen, dass der Erwerber vom Notar jederzeit die Herausgabe der Urkunde verlangen kann.

Die Verpflichtung des Erwerbers, eine Vorauszahlung zu leisten, muss vertraglich vereinbart sein. Eine solche Vereinbarung, wonach die gesamte Vergütung sofort und ohne Baufortschritt zur Zahlung fällig wird, ist in dem Formular nicht vorgesehen, auch nicht gegen Stellung einer Bürgschaft gem. § 7 MaBV. Zwar verbietet § 7 MaBV nicht die Entgegennahme der vollen Vergütung gegen Bürgschaft, auch wenn noch keine Bauleistungen erfolgt sind; eine Vereinbarung über eine Vorausleistung gegen Stellung einer Bürgschaft würde nicht gegen ein Entgegennahmeverbot verstoßen. Auf der anderen Seite werden in Literatur und Rechtsprechung Vorbehalte gemacht. Es würde sich um eine Allgemeine Geschäftsbedingung handeln. Ob eine Klausel, die eine Vorauszahlung vorsähe, einer Inhaltskontrolle nach § 307 BGB Stand hielte und ob eine solche Klausel nicht gegen Verbraucherschutzbestimmungen verstoßen würde, sei fraglich. Immerhin handele es sich bei dem Bauträgervertrag um einen Werkvertrag, der eine Vorauszahlung nicht kenne und bei dem § 632a BGB Abschlagszahlungen nur für in sich abgeschlossene Teile des Bauwerkes ermögliche. Nach dem gesetzlichen Leitbild kämen allenfalls Zahlungen in Betracht, die durch den jeweiligen Baufortschritt und die dadurch gegebene Wertschöpfung gerechtfertigt seien.

Wegen der rechtlichen Risiken sollte, soweit wie möglich, auf eine Vorauszahlungsabrede verzichtet werden. Ist sie unwirksam, dann greift die gesetzliche Regelung mit der Folge, dass die Vergütung erst bei Abnahme fällig wird. Der Bauträger müsste die Baukosten vorfinanzieren. In der Vergangenheit wurde eine Vorauszahlungsvereinbarung in der Regel aus steuerlichen Gründen getroffen. Der Erwerber zahlte unabhängig vom Baufortschritt gegen Bürgschaft die vollständige Vergütung noch vor Jahresende, um die steuerlichen Vorteile in Anspruch nehmen zu können. Insoweit mag ein entsprechendes Bedürfnis bestanden haben und bestehen. Wenn wegen solcher Gründe auf eine Vorauszahlungsabrede nicht verzichtet werden kann, dann sollten besondere, über die Sicherheit nach § 7 MaBV hinausgehende Sicherheiten vereinbart werden, die sämtliche Risiken des Erwerbers aus der Vorauszahlung ausreichend absichern. Die Absicherung muss zusätzlich Ersatzansprüche des Erwerbers wegen Nichterfüllung sowie sämtliche auf Geld gerichteten Ansprüche wegen mangelhafter oder unvollständiger bzw. fehlender Erfüllung erfassen.

Nach § 7 Abs. 1 MaBV muss die Sicherheit für alle etwaigen Ansprüche des Auftraggebers auf Rückgewähr oder Auszahlung seiner Vermögenswerte geleistet werden. Es handelt sich um die Rückzahlungsansprüche bei Rücktritt vom Vertrag. Im Übrigen hat der BGH in mehreren Fällen zum Sicherungsumfang der Bürgschaft nach § 7 MaBV Stellung genommen, wobei es sich um Vorauszahlungsfälle handelte, also um Fälle, in denen der Erwerber unabhängig vom Baufortschritt gegen eine Bürgschaft nach § 7 MaBV gezahlt hatte. Nach dem Vorlagebeschluss des BGH vom 02.05.2002 (VII ZR 178/01, NJW 2002, 2816 = BauR 2002, 1390) sichert die Bürgschaft »alle Geldansprüche der Erwerber, die sich aus mangelhafter oder unterlassener Erfüllung des Vertrages ergeben können«, also alle Ansprüche, »die sich aus einer Störung des Gleichgewichtes zwischen den geschuldeten oder geleisteten Zahlungen und dem Wert der geschuldeten oder erbrachten Bautenstände ergeben. Darunter fallen Schadensersatzansprüche wegen Nichterfüllung des Vertrages und alle auf Zahlung von Geld gerichteten Gewährleistungsansprüche (Vorschuss auf Mangelbeseitigungskosten, Erstattung der Aufwendungen für Mangelbeseitigung, Schadensersatz, Minderung)«. Durch die Bürgschaft ist auch der Anspruch auf Verschaffung des Eigentums an dem verkauften Grundstück gesichert (BGH 05.12.2008 – V ZR 144/07). Durch eine Bürgschaft mit einem solchen Sicherungsumfang, von dem sämtliche Geldansprüche des Erwerbers, die ihm wegen mangelhafter oder unterlassener Vertragserfüllung zustehen könnten, können nach dem

BGH die Nachteile einer Vorauszahlung ausgeglichen werden. Eine sogenannte Abschmelzungsklausel, d.h. dass sich die Sicherheit entsprechend dem Leistungsstand verringert, ist unwirksam (BGH 06.05.2003 XI ZR 33/02 NJW-RR 2003, 1171).

212 **Zu Abschnitt V Übergabe/Abnahme.**

Die Abnahme der Werkleistung ist die Hauptpflicht des Erwerbers. Nach dem Formular findet sie gleichzeitig mit der Besitzübergabe statt. Vorgesehen ist eine förmliche Abnahme mit Fertigung einer Niederschrift über die noch ausstehenden Leistungen und vorhandenen Mängel. Für den Fall, dass der Erwerber zum Abnahmetermin nicht erscheint, oder für den Fall des vorzeitigen Bezuges, wird die Abnahme fingiert.

Bei dem Erwerb von Eigentumswohnungen ist zwischen der Abnahme des Sondereigentums und des Gemeinschaftseigentums zu unterscheiden, wobei eine gewisse begriffliche Ungenauigkeit gegeben sein mag, da Gegenstand der Abnahme das fertiggestellte Werk, also die Bausubstanz, das Gebäude und die jeweilige Wohnung sind

Die Abnahme ist Hauptpflicht des Erwerbers; er hat in der Regel selbst die Vertragsgemäßheit der Leistung zu prüfen. Fragen stellen sich im Zusammenhang mit der Abnahme des Gemeinschaftseigentums. Der Bauträger ist interessiert, die Abnahme des Gemeinschaftseigentums einheitlich durch einen Dritten vornehmen zu lassen, um die Abnahmewirkungen, insbesondere den Beginn der Gewährleistungsfrist herbeizuführen. Die Möglichkeiten, in der Regel unter Ausschluss des Erwerbers und unter Einschaltung einer vom Bauträger vorgeschlagenen Person, die Abnahme einem Dritten zu übertragen, sind begrenzt. Nach der Rechtsprechung halten Klauseln, mit denen der Erwerber einem vom Bauträger vorgeschlagenen Dritten unwiderruflich die Vollmacht erteilt, für ihn, den Erwerber, bindend die Abnahme zu erklären, und die damit dem Erwerber die Möglichkeit nehmen, selbst das Gemeinschaftseigentum abzunehmen, einer Inhaltskontrolle nicht stand (vgl. Messerschmidt/Leidig, Rechtsfolgen unwirksamer Abnahmeklauseln zum Gemeinschaftseigentum in notariellen Bauträgerverträgen, BauR 2014, 1 ff.; Pause/Vogel, Die Folgen einer unwirksamen Abnahmeklausel im Bauträgervertrag, BauR 2014, 764 ff.) Eine Klausel im Bauvertrag, die vorsieht, dass das Gemeinschaftseigentum durch einen Sachverständigen abgenommen wird, hält einer Inhaltskontrolle nicht stand und ist unwirksam (Sturmberg, BauR 2010, 163). Gleiches gilt für die Klausel, nach der ein vom Bauträger bestimmbarer Erstverwalter das Gemeinschaftseigentum abnimmt (BGH, Beschl. v. 12.09.2013, VII ZR 308/12 BauR 2013, 2020).

Die vorgeschlagene Klausel geht davon aus, dass der Erwerber selbst nicht nur sein Sondereigentum abnimmt, sondern auch das Gemeinschaftseigentum. Die Zuständigkeit zur Abnahme des Gemeinschaftseigentums bleibt bestehen. Der Vorschlag sieht aber auch die Möglichkeit vor, dass er einem Dritten eine jederzeit widerrufliche Vollmacht zur Abnahme erteilt und dass dieser Dritte der Beirat der Wohnungseigentümergemeinschaft ist, der deren Interessen auch sonst zu vertreten hat. Damit der Erwerber prüfen kann, ob er selbst an der Abnahme des Gemeinschaftseigentums mitwirkt oder eine Vollmacht erteilt, ist er von der bevorstehenden Abnahme des Gemeinschaftseigentums mit einer Frist von 14 Tagen zu unterrichten.

Im Übrigen sind in diesem Zusammenhang § 650u BGB n.F. i.V.m. § 640 Abs. 2, § 650g BGB n.F. zu beachten. Die Bestimmungen des Vertrages zur Abnahme und Übergabe orientieren sich an den Vorschriften des neuen Bauvertragsrechtes zum Bauträgervertrag und zum Verbraucherschutz. Auf die Anmerkungen zum Muster B.7 kann verwiesen werden.

213 **Zu Abschnitt VI Miteigentümergemeinschaft, Teilungserklärung, Gemeinschaftsordnung.**

Dieser Abschnitt betrifft die Gemeinschaft der Wohnungseigentümer. Geregelt ist, dass der Erwerber in die Teilungserklärung mit dem Übergabetag eintritt. Geregelt ist weiter die dem Bauträger befristet eingeräumte Möglichkeit, Teilungserklärung und Gemeinschaftsordnung abzuändern. Eine Notwendigkeit besteht insbesondere dann, wenn im Rahmen der Baudurchführung Umplanungen erforderlich sind, wenn aufgrund von Wünschen von Erwerbern Wohnungen zusammengelegt oder geteilt werden sollen oder wenn durch entsprechende behördliche Auflagen bauliche Änderungen notwendig werden, und sei es deswegen, weil bei der Ausschachtung der Baugrube ein Bodendenkmal entdeckt wird und, um dieses zu erhalten, Zugänge, Tiefgarageneinfahrten usw. an anderer Stelle angeordnet werden müssen. Nach Vertragsabschluss kann eine solche Änderung der Teilungserklärung wegen der eingetretenen Bindung nur mit Zustimmung des Erwerbers erfolgen. Damit dies problemlos durchgeführt ist, behält sich der Bauträger ein Änderungsrecht vor und lässt sich von den Erwerbern die Vollmacht erteilen, die Änderungen vorzunehmen und die entsprechenden grundbuchlichen Erklärungen abzugeben. Der Bauträger kann sich in der Teilungserklärung das Recht vorbehalten, über einen bestimmten Zeitraum Sondernutzungsrechte an bestimmten Flächen zuzuordnen und deren Inhalt vorher zu bestimmen (BGH, Urt. v. 02.12.2011, V ZR 74/11, NJW 2012, 676 = MDR 2012, 207).

Zu Abschnitt VII Rechtsfolgen von Sach- und Rechtsmängeln. 214

Der Erwerber einer Eigentumswohnung hat einen individuellen Anspruch auf mangelfreie Herstellung des ihm veräußerten Objektes; Inhaber der Rechte ist der jeweilige Erwerber. Zur Geltendmachung von Gewährleistungsansprüchen durch die Wohnungseigentümergemeinschaft vgl. BGH, Urt. v.12.04.2007, VII ZR 236/05, BauR 2007, 1221 = NJW 2007, 1952 und VII ZR 50/06, BauR 2007, 1227 = NJW 2007, 1957. Die Wohnungseigentümergemeinschaft kann nach entsprechendem Gemeinschaftsbeschluss die Durchsetzung der auf ordnungsgemäße Herstellung des Gemeinschaftseigentums gerichteten Rechte an sich ziehen und in gesetzlicher Prozessstandschaft geltend machen. Es reicht, wenn nur noch einer der Wohnungseigentümer unverjährte Gewährleistungsansprüche innehat. Für andere, nicht der Herstellung des ordnungsgemäßen Gemeinschaftseigentums dienende Ansprüche hat die Gemeinschaft jedoch keine Beschlusskompetenz.

Verwiesen werden kann im Übrigen auf die Anmerkungen zum Vertrag über den Erwerb eines Einfamilienhauses.

Zu Abschnitt VIII. 215

In der Praxis hat sich gezeigt, dass zur Absicherung der Erschließung, zur Absicherung der Ver- und Entsorgung Dienstbarkeiten bestellt werden müssen. Damit der Bauträger solche Dienstbarkeiten auch nach Abschluss des Vertrages bestellen kann, ist durch das Muster dem Bauträger eine entsprechende Vollmacht eingeräumt worden (OLG München, Beschl. v. 27.04.2009, NJW-RR 2010, 443 = IBR 2009, 457 mit Anm. Vogel zur Auslegung einer dem Bauträger erteilten Vollmacht. Eine Vollmacht, die Teilungserklärung zu ändern genügt nicht, um die Eintragung von Grunddienstbarkeiten zugunsten des jeweiligen Eigentümers eines anderen Grundstücks bewilligen zu können. Denn die Teilungserklärung nach § 8 WEG erfasst nur das dingliche Verhältnis der Wohnungseigentümer untereinander, nicht aber die Begründung von Rechten zugunsten Dritter).

9. Vertrag über die Errichtung einer Arbeitsgemeinschaft (ARGE-Vertrag)

a) Vorbemerkung

aa) Eine ARGE ist der bauspezifische Begriff für eine Gesellschaft bürgerlichen Rechts. Viele in 216 der Branche Beteiligte denken gar nicht daran, dass sie mit der Eingehung einer ARGE eine Gesellschaft gründen. Allerdings handelt es sich bei der ARGE um eine BGB-Gesellschaft sui generis, eine Gesellschaft eigener Art.

Eine Gesellschaft entsteht dann, wenn sich zwei oder mehrere Personen zusammenschließen, um ein gemeinsames Ziel und/oder Zweck zu erfüllen. Es besteht keinerlei Formzwang. Zur Entstehung einer solchen Gesellschaft reichen zwei übereinstimmende Willenserklärungen aus.

Die Wesensmerkmale einer BGB-Gesellschaft nach den §§ 705 ff. BGB sind

– eine vertragliche Dauerbeziehung,
– der gemeinsame Zweck,
– die Förderungspflicht,
– die Treueverbindung und
– das Gesamthandsvermögen sowie
– die Verpflichtung mit dem eigenen Vermögen für die Gesellschaft geradezustehen.

Wie eingangs gesagt, handelt es sich bei einer ARGE um eine Gesellschaft sui generis. Im Gegensatz zu der gesetzlich vorgesehenen vertraglichen Dauerbeziehung gehen nämlich die Unternehmen in der Regel eine gemeinsame Bindung im Sinne einer ARGE nur ein, um einen Auftrag abzuwickeln.

Sobald sich jedoch zwei Firmen zusammenschließen, in welcher Form auch immer, um einen Vertrag gemeinsam abzuwickeln, in dem Ziel auch gemeinsam für das Ergebnis geradezustehen, bilden sie insoweit eine BGB-Gesellschaft eigener Art als sie sich für die Zeit der Abwicklung des Auftrages zusammenschließen. Auf solch einen Zusammenschluss sind die Grundsätze der BGB-Gesellschaft nach §§ 705 ff. BGB anzuwenden.

Entsprechend den §§ 705 ff. BGB führt eine ARGE zu einer gesamtschuldnerischen Haftung, d.h. jeder haftet für den Zweck bzw. das Ziel der Gemeinschaft mit seinem gesamten Vermögen. Umgekehrt jedoch kann der einzelne Partner der Arbeitsgemeinschaft, im BGB Gesellschafter genannt, nicht über seinen Anteil an dem Gesellschaftsvermögen und an den einzeln dazu gehörenden Gegenständen verfügen. Hierzu ist er nicht berechtigt. Er ist auch nicht berechtigt, eine Teilung zu verlangen. Auch kann der einzelne Schuldner nicht gegen Forderungen, die zum Gesellschaftsvermögen gehören, aufrechnen mit einer ihm gegen einen einzelnen Gesellschafter zustehenden Forderung.

Diese sehr einschneidenden Folgen sind von den zukünftigen Vertragspartnern zu prüfen. Sie müssen vor allen Dingen abgewogen werden im Hinblick auf das Ziel, den Zweck, den man verfolgt und warum man sich zusammenschließen will. Sei es, dass man nur gemeinschaftlich über das notwendige Gerät verfügt, sei es, dass man nur gemeinschaftlich über das notwendige Know-How verfügt, sei es, dass jeder nur einen Teil des Know-Hows beitragen kann, das Gesamte allerdings ausreichend ist, um den anvisierten Auftrag erhalten zu können. Diese praktischen Ziele muss man abwägen mit den juristischen Verantwortlichkeiten, die mit dem Abschluss eines Arge-Vertrages übernommen werden.

Des Weiteren muss man sich darüber im Klaren sein, dass eine solche ARGE rechtlich selbstständig ist. In seiner grundlegenden Entscheidung vom 29.01.2002 – NJW 2002, 1207 – hat der BGH die Rechtsfähigkeit einer Gesellschaft bürgerlichen Rechts und damit der ARGE bejaht. Sie kann damit als solche am Rechtsverkehr teilnehmen, Rechte erwerben, Verbindlichkeiten eingehen, klagen und verklagt werden. Dabei beschränken sich die Rechte der Partner auf ihre gesamthänderische Beteiligung am Gesellschaftsvermögen. Sie haften für die Verbindlichkeiten der ARGE nach den Grundsätzen der Akzessorietätstheorie. Diese Entwicklung hat zur Folge, dass die ARGE als eigenständige Gesellschaft zu behandeln ist. Auf der Grundlage der zitierten Entscheidung hat der BGH in seiner dazu nachfolgenden Entscheidung (28.04.2011, ZIP 2011, 2013) der Arge auch die Grundbuchfähigkeit zuerkannt.

Die rechtliche Selbständigkeit führt des Weiteren dazu, dass die ARGE auch Eigentümerin eines Hauses sein kann, indem sie als ARGE auch Eigenbedarf für Räumlichkeiten geltend machen kann (vgl. BGH, Urt. v. 14.12.2016, VIII ZR 232/15).

Ebenso kann eine ARGE GmbH-Gesellschafter sein mit der Folge, dass die ARGE und ihre Gesellschafter in deren Gesellschafterliste einzutragen sind (vgl. OLG Hamm, Beschl. v. 24.05.2016 27 W 27/16). Folgen kann dies auch haben, wenn ein Rechtsnachfolger eines Gesellschafters neuer Gesellschafter der ARGE wird. Dieser haftet gemäß § 130 HGB auch für die Altschulden der Gesellschaft (vgl. BGH, Beschl. v. 17.12.2013, II ZR 121/12, JUS 2014, 1036 ff.).

Nach dem Beschluss des BGH vom 23.09.2014 (Beck RS 2014, 2019) ist aber kein Notgeschäftsführer für die ARGE zu bestellen. Es fehle für die entsprechende Anwendung des § 29 BGB an den zwingenden Voraussetzungen für eine Analogie. Das Gesetz habe bereits in § 709 Abs. 1 BGB für den Fall des Wegfalls des einzigen Geschäftsführers eine Lösung gefunden, nämlich die Gesamtgeschäftsführungsbefugnis der verbliebenen Gesellschafter.

Auch bei der ARGE können infolge ihrer rechtlichen Selbständigkeit nunmehr sämtliche Gesellschafter im Wege der Anteilsübertragung ausgewechselt werden (vgl. BGH, Urt. v. 03.11.2015, JUS 2016, 560 ff.). Infolge dieser rechtlichen Situation ist Anspruchsgegner wie auch Anspruchsinhaber immer die ARGE selbst und nicht ihre Gesellschafter (vgl. OLG Frankfurt, Urt. v. 25.04.2013, IBR RS 2014, 320).

Eine besondere Bedeutung hat die rechtliche Selbständigkeit auch für das Vorliegen von Hemmungstatbeständen. Werden Verhandlungen mit nur einem Gesellschafter einer Bau-ARGE geführt, nicht aber mit den Federführern, so führt dies nicht zur Hemmung der Verjährung (OLG Naumburg, Urt. v. 30.04.2014, NJW 2015, 255 ff.). Auch Schreiben an die Muttergesellschaft eines ARGE-Partners haben infolge der Selbständigkeit einer ARGE keine hemmende Wirkung.

Mit der rechtlichen Selbständigkeit wird die ARGE gleichzeitig auch Abgabensubjekt und Steuersubjekt. Diese beiden Gesichtspunkte haben Einfluss vor allem auf die Kalkulation, da hierdurch zusätzliche Kosten anfallen. Hierbei ist zu unter anderem daran zu denken, dass kommunale Abgaben zu leisten sind, dass Baugenehmigungen für fliegende Bauten zu beantragen sind. Auch steuerliche Fragen sind zu prüfen.

Sieht man dies im Zusammenhang mit den Haftungsfolgen und der gemeinsamen Überzeugung der Vertragspartner, dass nur das gemeinsame Vorgehen zum Ziel führen wird, muss man folgende Fragen beantworten:

– Wie lange soll diese Zusammenarbeit erfolgen?
– Wie soll die Leistung verteilt sein, quotenmäßig, d.h. jeder erbringt dieselbe Leistung, allerdings jeder – Partner nur zu einem bestimmten Anteil, oder, ob die Leistung inhaltlich aufgeteilt werden soll?
– Wie die finanziellen Regelungen gestaltet werden sollen?
– Wer ist für die Rechnungsstellung verantwortlich und für den kaufmännischen Rechnungsverkehr?
– Wer wird verantwortlich sein für die technische Abwicklung?
– Wie sieht es mit Personal und Gerät aus?

Dies sind nur einige Fragen, die sich die Partner von Anbeginn an stellen müssen. Ihre Beantwortung entscheidet über die Art und Weise, wie die für den Auftrag zu bildende ARGE inhaltlich geregelt werden muss.

Allgemein bekannt sind die Formen der BIEGE, die Verkürzung für den Begriff Bietergemeinschaft, der Arbeitsgemeinschaft, kurz genannt ARGE und des Konsortiums. Alle drei Formen sind Formen einer BGB-Gesellschaft mit den jeweiligen Abgrenzungskriterien zur OHG und KG.

Die Arbeitsgemeinschaft ist dabei dadurch gekennzeichnet, dass sie diejenige ist, die Vertragspartner des Auftraggebers ist und auch diejenige ist, und zwar unmittelbar selbst mit ihren Nachunternehmern, die die beauftragte Leistung erbringt. Da somit die klassische Bau-ARGE auch die Leistungserbringerin ist, sind an ihre Gestaltung besondere Anforderungen zu stellen, die sicherlich weitergehender sein müssen, als wenn sie keine Eigenleistung erbringen würde.

bb) In Abgrenzung zur normalen Bauarbeitsgemeinschaft spricht man von einer Dach-ARGE, wenn die Arbeitsgemeinschaft selbst überhaupt keine der in Auftrag gegebenen Leistungen erbringt, sondern die Gesellschafter der ARGE als Nachunternehmer der Arbeitsgemeinschaft tätig werden und die an die ARGE beauftragte Leistung als Nachunternehmer der Arbeitsgemeinschaft erbringen. In diesem Fall befinden sich die Partner in der Doppelsituation, nämlich einmal als Auftragnehmer gegenüber dem Auftraggeber und zum anderen als Subunternehmer der ARGE, an der sie selbst wiederum beteiligt sind.

Entsprechend der empirischen Untersuchung des BMWI in Berlin ergibt sich, dass die Arbeitsgemeinschaft in Form der Dach-Arbeitsgemeinschaft, der Dach-ARGE, es ermöglicht auch große Bauvorhaben zu akquirieren, indem nämlich Unternehmen unterschiedlicher Fachrichtungen zusammenarbeiten, wobei die jeweiligen Lose als Subunternehmervergabe durch die Dach-ARGE an die jeweiligen Partner vergeben werden. Bei den Architekten und Ingenieuren wir die Dach-Arge als Zusammenspiel von Planung und Bauen als zukunftsweisendes Modell gesehen (vgl. Jakob, UBB Heft 5 2012 S. 3ff, Fachzeitschrift für Führungskräfte der Bauwirtschaft). In der Handwerkinfo im Internet heißt es, dass die Partner von der Dach-ARGE im Rahmen eines selbstständigen Subunternehmervertrages Teile des Bauauftrages zur Abwicklung in eigener Verantwortung erhalten.

Auch solch eine ARGE, die letztendlich nur verwaltend tätig wird, bedarf einer Federführung, die gegenüber dem Bauherrn auftritt und die kaufmännische Abwicklung vornimmt. Im Übrigen werden jedoch dann, wie oben dargestellt, die Leistungsanteile in Form von Nachunternehmerverträgen an die Partner vergeben, wobei die Leistungen in sich klar und eindeutig abgegrenzt sind.

Von der Grundstruktur eines ARGE-Vertrages unterscheidet sich somit die Dach-ARGE nicht. Sie unterscheidet sich nur insoweit, als diese Form der Arbeitsgemeinschaft keinerlei Ausführungsleistungen erbringt, sondern diese durch ihre Gesellschafter in der Form von Subunternehmerverträgen erbringen lässt. Somit ist auch für Dach-ARGEN letztendlich entscheidend das Muster des ARGE-Vertrages.

Dass diese Form der Zusammenarbeit und Durchführung der Leistungen bei der Ausschreibung im öffentlichen Verfahren darlegungspflichtig ist, liegt auf der Hand. Diese Dacharbeitsgemeinschaft führt keinerlei Leistungen mehr aus, so dass sie im Rahmen ihrer Bewerbung erklären muss, wie sie die Bauleistungen erbringt. Nur so kann sie sich dem Risiko entziehen, ausgeschlossen zu werden, da sie keinerlei Leistungen erbringt, sondern letztendlich nur noch Verwaltungstätigkeit.

Wie bereits ausgeführt, ist der ARGE-Vertrag eine Sondergestaltung der Gesellschaft bürgerlichen Rechts nach §§ 705 ff. BGB. Wenn man über Besonderheiten spricht, ist es zunächst notwendig, sich Klarheit darüber zu verschaffen, wie normalerweise ein GbR-Vertrag gestaltet ist. Daran anknüpfend können dann die Besonderheiten, die in der Baubranche bestehen, diskutiert werden und das Ganze überführt werden in einen Vorschlag eines Mustervertrages, der natürlich der AGB-Rechtsprechung nach den §§ 305 ff. BGB unterliegt.

Eine ARGE-Vertrag oder ein Vertrag über eine Gesellschaft bürgerlichen Rechts enthält folgende gesellschaftsvertragliche Regelungen:

– Rechtsform,
– Name,
– Zweck,
– Gesellschafter und ihre Anteile,
– Einlagen,
– Rechnungsjahr,
– Überschussjahr,
– Verwaltung oder Beitrag oder Aufsichtsrat,
– Überschussverteilung,
– Entnahmen,
– Kündigung der Gesellschaft,
– Abfindung ausscheidender Gesellschafter,

- Geschäftsführung- und Vertretung,
- Gesellschafterbeschlüsse,
- Veräußerung und Belastung von Gesellschaftsanteilen,
- Vererbung von Geschäftsanteilen,
- Schriftform
- und Schlussbestimmungen.

Schon auf den ersten Blick wird deutlich, dass es sich ganz offensichtlich um die klassische Form einer Gesellschaft handelt, die auf unbestimmte Zeit eingegangen wird. Hierdurch ergeben sich eine Vielzahl von sehr allgemeinen, nicht auf den Zweck allein gerichteten, Bestimmungen.

cc) Eine Gesellschaft bürgerlichen Rechts (auch ARGE genannt) kann auch Grundstücke erwerben. Dies hat die höchstrichterliche Rechtsprechung anerkannt. Zu finden ist daher diese Form daher nicht nur bei Bautätigkeiten der verschiedensten Art, sondern auch im Bereich des Bauträgergeschäftes oder der Bauherrnmodelle.

Folgerichtig haben sich die Obergerichte intensiv mit der Frage beschäftigt, wie in diesen Fällen der Nachweis über die Existenz, die Identität und Vertretung bei der Eintragung ins Grundbuch zu führen ist. Das OLG Köln entschied, dass alle angesprochenen Themenfelder, also die Existenz, die Identität und die Vertretung in der Form des § 29 GBO nachzuweisen sind, ZIP 2011, 219 und 713 ff. Dieser Entscheidung schloss sich auch das OLG Bamberg mit seinem Beschl. v. 09.02.2011, ZIP 2011, 812 an, ebenso das OLG Rostock, Der Betrieb 2011, 867.

Das OLG Hamm beschloss pragmatisch, dass die Formulierung in der notariellen Urkunde »an die Käufer als Gesellschafter bürgerlichen Rechts« für den Nachweis der in der Urkunde erfolgten Gründung einer Gesellschaft bürgerlichen Rechts ausreiche (ZIP 2011, 620). Nun hat der BGH (Beschl. v. 28.04.2011) klargestellt, dass es ausreichend ist, wenn die Gesellschaft bürgerlichen Rechts (GbR) und die Gesellschafter in der notariellen Urkunde benannt sind und die für die GbR Handelnden in der Urkunde erklären, das sie deren alleinige Gesellschafter sind. Weitere Nachweise der Existenz, Identität und der Vertretungsverhältnisse bedürfe es nicht (ZIP 2011, 347). Erwirbt die ARGE ein Grundstück oder Wohnungseigentum reicht es aus, wenn alle Gesellschafter der ARGE im notariellen Vertrag benannt sind und diese in der Urkunde erklären, dass sie die einzigen Gesellschafter der ARGE sind.

Findet ein Formwechsel einer ARGE in eine GmbH & Co. KG statt, so hat dies für die im Grundbuch eingetragene ARGE zur Folge, dass nur eine Richtigstellung vorzunehmen ist. Der Voreintragung der GmbH als aufgenommener Gesellschafter bedarf es dabei nicht (vgl. OLG München, Beschl. v. 30.11.2015, ZIP 2016, 269 ff.).

dd) Bei der Vollstreckung stellt sich immer wieder die Frage, ob die im Grundbuch genannten Partner der ARGE noch Partner sind. Insoweit greift der Gutglaubensschutz des § 1148 S. 1 BGB. Dies gilt auch dann, wenn ein Partner verstorben ist (BGH, Beschl. v. 24.02.2011, NJW 2011, 1449). Der Schutz des guten Glaubens bezieht sich allerdings nur auf die Gesellschafterstellung, nicht auf die Geschäftsführungsbefugnis.

Einer Rechtsnachfolgeklausel analog § 727 ZPO bedarf es auch nicht, wenn die aus dem Zwangsvollstreckungstitel ersichtlichen Partner mit denen im Grundbuch aufgeführten identisch sind, a.a.O.

Richtet sich ein Vollstreckungstitel gegen eine ARGE, steht die Befugnis zur Erhebung der Vollstreckungsabwehrklage nicht den Gesellschaftern zu, sondern der Arbeitsgemeinschaft (BGH, Urt. v. 03.11.2015, Der Betrieb, 283 ff.).

ee) Die ARGE ist entsprechend der Entscheidung des BGH vom 29.01.2001, NJW 2001, 1056, rechtsfähig. Sie kann durch ihre Teilnahme am Rechtsverkehr eigene Rechte und Pflichten begründen. Sie kann somit jede Rechtsposition einnehmen, wie sie auch Personenhandelsgesellschaften zustehen. Dementsprechend ist die ARGE, wenn sie Grundstücke erwirbt, auch erschließungsbeitragspflichtig (vgl. VGH Mannheim, NJW 2005, 105 ff.).

ff) Wird eine ARGE aufgelöst und nicht von einem Gesellschafter fortgeführt, kommt eine begrenzte Nachhaftung der Gesellschafter nicht in Betracht. Die ARGE muss allerdings ersatzlos aufgelöst sein (vgl. BGH, Urt. v. 13.02.2014, ZIP 2014, 1782 ff.).

b) Muster Arbeitsgemeinschaftsvertrag

217

ARGE-Vertrag

Präambel

Nachfolgende Unternehmen schließen sich zu einer Arbeitsgemeinschaft (ARGE) zusammen. Sie verpflichten sich, ihre volle unternehmerische Leistung zur Erfüllung der ARGE im erteilten Auftrages vom ..... durch ..... einzusetzen.

Für die Rechtsbeziehung der Partner untereinander und für die Vertretung der ARGE gegenüber Dritten gelten die nachfolgenden Regelungen.

§ 1

ARGE-Partner sind
1. .....
   mit einem Anteil von .....
2. .....
   mit einem Anteil von .....
3. .....
   mit einem Anteil von .....

§ 2 Namen, Sitz und Zweck

Die ARGE führt den Namen ..... .

Sitz der ARGE ist ..... .

Zweck der ARGE ist ..... .

§ 3 Aufsichtsstelle

Die Aufsichtsstelle ist das höchste Organ der Gesellschaft. Jeder Gesellschafter hat in der Aufsichtsstelle eine Stimme.

Versammlungen finden nach Bedarf oder auf Antrag eines Gesellschafters oder eines Geschäftsführers statt.

Die Geschäftsführung beruft die Gesellschafterversammlungen ein und setzt die Tagesordnung und den Tagungsort fest.

Die Ladung hat unter Beachtung einer Frist von mindestens 8 Kalendertagen unter Angabe der Tagesordnung schriftlich zu erfolgen.

Die Aufsichtsstelle ist beschlussfähig, wenn alle Partner vertreten sind.

Beschlüsse bedürfen der Einstimmigkeit. Ist Einstimmigkeit nicht zu erzielen, so entscheidet in einer unverzüglich erneut, frühestens auf den folgenden Tag, einzuberufenden Sitzung die einfache Stimmenmehrheit der erschienenen Gesellschafter.

In eiligen Fällen können Beschlüsse mit Einverständnis aller Partner auch schriftlich gefasst werden.

Über die Beschlüsse der Aufsichtsstelle ist ein Protokoll anzufertigen und den Partnern unverzüglich zuzustellen. Es gilt als genehmigt, wenn nicht innerhalb von 8 Tagen Einspruch zu ihm ergeht.

§ 4 Federführung

1. ..... hat die technische Geschäftsführung. Die technische Geschäftsführung erhält hierfür eine Vergütung in Höhe von ..... .

2. ..... hat die kaufmännische Geschäftsführung. Die kaufmännische Geschäftsführung erhält hierfür eine Vergütung in Höhe von ..... .

3. Die Geschäftsführung verwendet als Briefkopf die Bezeichnung ARGE ..... .

§ 5 Technische Federführung

Der technische Federführer hat insbesondere die Interessen der Partnerfirmen, dem Auftraggeber bzw. seinen Beauftragten gegenüber zu vertreten,
- die koordinierende technische Oberleitung zu übernehmen,
- Korrespondenz, Mitteilungen und sonstige Informationen an die zuständigen ARGE-Partner weiterzuleiten,
- mit dem Bauherrn getroffene Vereinbarungen zu bestätigen und den Partnern mitzuteilen,
- alle technischen Unterlagen in einer für alle ARGE-Partner zu vereinbarenden verbindlichen und gleichen Form zu erstellen,
- die Korrespondenz mit dem Bauherrn und seinen Beauftragten oder sonstigen Dritten zu führen,
- die technische Bearbeitung durchzuführen,
- das Personal zu steuern,
- alle der ARGE zur Verfügung gestellten Unterlagen auf Richtigkeit, Vollständigkeit und Geeignetheit zu überprüfen,
- die Termineinhaltung zu verfolgen,
- entsprechende Behinderungsanzeigen und Nachtragsanzeigen beim Bauherrn rechtzeitig geltend zu machen und diese auch rechtlich durchzusetzen,
- den Rechtsverkehr zwischen der ARGE, dem Auftraggeber und/oder Dritten zu führen.

§ 6 Kaufmännische Federführung

Die kaufmännische Federführung führt die Bücher und erstellt die Bilanzen.

Sie ist in Ergänzung zur technischen Federführung für den Rechnungsverkehr zuständig.

Darüber hinaus ist sie zuständig für den Bereich der Versicherungen, Abgaben und Steuern.

§ 7 Gewährleistung und Haftung

Die Gewährleistung und Haftung der ARGE erfolgt gegenüber dem Bauherrn gesamtschuldnerisch.

Im internen Bereich ist jeder Partner für die von ihm erbrachten Leistungen selbst verantwortlich.

Die ARGE-Partner sind verpflichtet alle aufgetretenen Mängel, soweit sie ihren Auftragsanteil betreffen oder hier ihre Ursachen haben, auf ihre Kosten unverzüglich zu beseitigen, sobald dies von der Federführung oder vom Auftraggeber verlangt wird.

Wenn ein ARGE-Partner der Aufforderung zur Mängelbeseitigung in einer von der Federführung gesetzten angemessenen Frist nicht nachkommt, so kann die Federführung die Mängel auf Kosten des verantwortlichen ARGE-Partners selbst beseitigen oder durch einen anderen ARGE-Partner oder einer Fremdfirma beseitigen lassen. Der verantwortliche ARGE-Partner trägt die Kosten.

Sollte nicht festgestellt werden können, wer die Ursache für einen Mangel gesetzt hat, so haben die ARGE-Partner die Gewährleistungskosten im Verhältnis ihrer Beteiligungsquoten zueinander zu tragen. Für den Fall, dass festgestellt werden kann, dass einzelne ARGE-Partner nicht beteiligt gewesen sind, nehmen sie an der Verteilung der Kosten nicht teil.

§ 8 Personal und Geräte

Die für die termingerechte Durchführung der Arbeiten erforderlichen geeigneten Arbeitskräfte muss jeder Partner den Erfordernissen seines Auftragsteiles entsprechend selbst abstellen, einschließlich des dazugehörigen Führungspersonals. Dasselbe gilt für die notwendigen Werkzeuge und Geräte. Die Oberbauleitung übernimmt die technische Federführung.

Die Kosten für die Arbeitskräfte, für das Material, die Werkzeuge und das Gerät sind von den ARGE-Partnern zum Zeitpunkt des Abschlusses dieses Vertrages endgültig und einvernehmlich festzulegen. Für den Fall, dass die Partner sich nicht einig werden, gelten insoweit die Regelungen dieses Vertrages.

§ 9 Zahlung und Geldmittel

Jeder Partner hat die ihm übertragenden Auftragsanteile selbstständig zu finanzieren.

Die notwendigen Aufwendungen der ARGE haben die Partner entsprechend ihrer Betätigung zu erstatten.

Die vom Auftraggeber eingehenden Zahlungen sind unverzüglich an die empfangsberechtigten Partner zu überweisen unter Abzug der notwendigen Aufwendungen der ARGE.

Für die ARGE wird ein Bankkonto eingerichtet, das von der kaufmännischen Geschäftsführung geführt wird.

Die Aufnahme von Bankkrediten sowie die Ausstellung und Annahme von Wechseln ist ausgeschlossen, es sei denn, die Aufsichtsstelle genehmigt dies.

§ 10 Bürgschaften

Erforderliche Bürgschaften werden von der ARGE gestellt. Wie die Abwicklung im Einzelnen zu erfolgen hat, ist mit dem Auftraggeber abzustimmen. Es kann sich um Bürgschaften der einzelnen ARGE-Partner in Höhe ihres ARGE-Anteils handeln, wie aber auch um eine gemeinsame Bürgschaft, die die technische Federführung zu beschaffen hat, wobei die ARGE-Partner bezüglich dieser Bürgschaft eine entsprechende Rückbürgschaft in Höhe ihrer Beteiligung der technischen Geschäftsführung bzw. der die Hauptbürgschaft gebenden Bank zu übergeben haben.

§ 11 Ausführungsfristen

Der Ausführung des Auftrages liegt der Bauzeitenplan des Auftraggebers zugrunde. Änderungen der Termine durch die ARGE dürfen nur durch Beschluss der Aufsichtsstelle erfolgen. Kosten infolge von Terminverzögerungen durch einzelne Partner sind von demjenigen Partner zu tragen, der die Verzögerung zu vertreten hat.

§ 12 Vertragsdauer und Kündigung

Der Vertrag tritt mit seiner Unterzeichnung in Kraft und endet mit der Erfüllung der sich aus ihm ergebenden Rechte und Pflichten sowie der Erfüllung der Rechte und Pflichten aus diesem ARGE-Vertrag.

§ 13 Kündigung der ARGE durch einen ARGE-Partner

Kündigt ein ARGE-Partner die ARGE aus wichtigem Grund gemäß § 723 BGB, so scheidet dieser ARGE-Partner aus. Die übrigen Partner erklären hiermit bereits ausdrücklich, dass sie den Anteil des fehlenden Partners übernehmen, weiter durchführen und fertig stellen werden nach den von der Aufsichtsstelle festgelegten Modalitäten.

§ 14 Einstellung der Zahlungen, Vergleich, Insolvenz

Stellt ein Partner seine Zahlungen ein oder wird der Antrag auf Eröffnung eines Vergleichsverfahrens oder eines Insolvenzverfahrens gestellt, so scheidet dieser ARGE-Partner automatisch aus der ARGE aus, sofern nicht die verbleibenden ARGE-Partner dem Verbleiben dieses betroffenen ARGE-Partners ausdrücklich schriftlich zustimmen.

Die verbleibenden Gesellschafter erklären ausdrücklich, dass sie die Beteiligung des ausscheidenden Partners übernehmen, weiter durchführen und fertig stellen werden nach den von der Aufsichtsstelle festgelegten Modalitäten.

§ 15 Pfändungen

Wird in den Anteil eines Partners gepfändet und wird die Pfändung nicht binnen einer Frist von 14 Tagen wieder aufgehoben, scheidet dieser Partner aus der ARGE aus. Die Beteiligung des Ausgeschiedenen fällt nach dem Beteiligungsverhältnis den anderen Partnern zu. Diese erklären, dass sie den Auftrag weiter durchführen und fertig stellen werden nach den von der Aufsichtsstelle festgelegten Modalitäten.

§ 16 Kündigung eines ARGE-Partners

Ein ARGE-Partner kann durch einstimmigen Beschluss der übrigen Partner ausgeschlossen werden, wenn er einen wichtigen Grund gesetzt hat. Ein solcher liegt unter anderem dann vor, wenn er seine wesentlichen Pflichten, wie z.B. die Leistung von Bareinlagen, die Gestellung von Bürgschaften, Geräten, Stoffen, Personal, trotz schriftlicher in Verzugsetzung nicht oder nicht gehörig nachkommt. Der Beschluss ist den ausgeschlossenen ARGE-Partnern in einer den übrigen ARGE-Partnern unterschriebenen Ausfertigung durch Einschreiben zu übersenden. Die verbleibenden Partner erklären, dass sie den Anteil des fehlenden Partners übernehmen, weiter durchführen und fertig stellen werden nach den von der Aufsichtsstelle festgelegten Modalitäten. Im Übrigen gilt § 18.

§ 17 Zweier-ARGE

Waren nur 2 Gesellschafter in der ARGE beteiligt, so gehen die Rechte und Pflichten aus der ARGE auf den verbleibenden Gesellschafter über mit dem Recht, den der ARGE übertretenden Auftrag auf seine Rechnungen auszuführen.

Bei einer ARGE die nur aus 2 ARGE-Partnern besteht, kann in Abweichung zu § 16 in ARGE-Partner nur aus wichtigem Grund durch eine Entscheidung des zuständigen Zivilgerichtes oder der in diesem Vertrag festgelegten Instanz ausgeschlossen werden.

Alle Forderungen und Verbindlichkeiten sowie Verpflichtungen aus dem Ausscheiden aus der ARGE sind in § 18 geregelt.

§ 18 Ausscheiden eines Partners

Scheidet ein ARGE-Partner gleichgültig aus welchem Rechtsgrund aus der ARGE aus, so ist zur Ermittlung eines evtl. Guthabens oder einer eventuellen Verbindlichkeit dieses ARGE-Partners eine Auseinandersetzungsbilanz zum Stichtag des Ausscheidens dieses Partners innerhalb von 12 Monaten nach dem Zeitpunkt des Ausscheidens vom Federführer oder bei dessen Ausscheiden von den verbleibenden ARGE-Partnern aufzustellen.

Für ungewisse Verbindlichkeiten und Risiken sind ausreichende Rückstellungen zu bilden. Dies gilt insbesondere für anfallende Gewährleistungsrisiken, die mindestens in Höhe von 10 % bezogen auf den Anteil des ausscheidenden Partners anzusetzen sind. Zusätzlich sind die Mehrkosten zu beachten, die infolge des Ausscheidens des Partners für die Arbeitsgemeinschaft oder aber auch für den Auftraggeber der Arbeitsgemeinschaft hierdurch entstehen werden.

Ebenso sind entsprechende Rückstellungen für drohende Verluste zu bilden.

§ 740 BGB findet keine Anwendung. Allerdings ist der ausscheidende Partner an dem Verlust, der bis zu seinem Ausscheiden eingetreten ist, in Höhe seines Anteiles beteiligt.

Der ausscheidende Partner ist verpflichtet für alle Schäden aufzukommen, die dadurch eintreten, dass durch von ihm zu vertretende Umstände eine termingerechte Abwicklung des Auftrages nicht durchgeführt werden kann. Dies gilt auch für den Teil der Mehrkosten die nicht im Voraus erkannt und daher bei der Rückstellungsbildung nicht oder nicht in ausreichendem Maße berücksichtigt werden konnten.

Die Auseinandersetzungsbilanz ist von den verbleibenden Partnern festzustellen. Sie ist endgültig.

Der ausgeschiedene Partner ist verpflichtet, den verbleibenden ARGE-Partnern jegliche Unterstützung zu gewähren, die für die Fertigstellung, der von ihm nicht erfüllten Lieferung und Leistungen notwendig ist.

Der ausscheidende Partner haftet den verbleibenden ARGE-Partnern gegenüber entsprechend der Höhe seiner früheren Betätigung auch für solche Gewährleistungs- sowie sonstige Verpflichtungen und Verluste in Bezug auf das Gesamtbauvorhaben, die erst nach Aufstellung der Auseinandersetzungsbilanz erkennbar geworden sind, deren Ursache jedoch schon zum Zeitpunkt des Ausscheidens gesetzt war. Diese Haftung entfällt nur dann, wenn der ausgeschiedene ARGE-Partner nachweist, dass die in der Arbeitsgemeinschaft verbliebenen Partner und/oder diese Verluste allein zu vertreten haben.

§ 19 Geräte

Die für die Bauausführung notwendigen Geräte werden von den ARGE-Partnern entsprechend ihrem Beteiligungsverhältnis beigestellt. Die Aufsichtsstelle entscheidet über den Einsatz und ihre Vorhaltezeit. Die Geräte sind entsprechend den zwischen den ARGE-Partnern vereinbarten Sätzen an den entsprechenden ARGE-Partner zu vergüten.

Behält sich der ARGE-Partner vor, dass das bestimmte von ihm beigestellte Gerät nur von seinem eigenen Personal geführt werden kann, so ist dieses Personal zusätzlich zu vergüten. Diese Personalvergütung ist eine gesonderte Vereinbarung durch die Aufsichtsstelle mit dem ARGE-Partner zu treffen.

Reparaturkosten und Schäden, die während der Arbeiten für die Arbeitsgemeinschaft am Gerät entstehen, werden ebenfalls von der Arbeitsgemeinschaft ersetzt.

§ 20 Stoffe

Die Arbeitsgemeinschaft beschafft alle Verbrauchsstoffe und Gebrauchsstoffe. Hierzu gehören auch Ersatz- und Verschleißteile. Soweit die ARGE diese Teile von den ARGE-Partnern kauft, sind die Preise in der Aufsichtsstelle zu vereinbaren.

§ 21 Versicherungen

Die Berufsgenossenschaftsbeiträge und sonstige Zahlungen sind in den Vergütungssätzen an den ARGE-Partner, der das Personal abstellt, enthalten.

Die Gesellschafter haften im Innenverhältnis gemäß dem Beteiligungsverhältnis. Sie haben ihren Anteil bei ihrem Haftpflichtversicherer zu eigenen Lasten zu versichern. Dasselbe gilt für die Kraftfahrzeug- und Sachversicherungen.

Sollte die ARGE in der Aufsichtsstelle beschließen, eine Bauwesenversicherung abzuschließen, trägt sie die ARGE, d.h. jeder ARGE-Partner entsprechend seinem Beteiligungsverhältnis.

Beiträge zu Verbänden, besondere Umlagen und dergleichen können nicht anfallen. Sollten sie anfallen, sind sie von demjenigen ARGE-Partner zu tragen, dessen Leistung davon betroffen ist.

§ 22 Forderungsabtretung

Ein ARGE-Partner kann Forderungen gegen die Arbeitsgemeinschaft, die aus diesen Vertragsverhältnis entstanden sind oder entstehen sollten nur mit vorhergehender schriftlicher Zustimmung aller ARGE-Partner abtreten.

§ 23 Vertragsstrafen

Jeder ARGE-Partner ist verpflichtet sich an die mit dem Auftraggeber vereinbarten Termine zu halten. Die Vertragsstrafe trägt derjenige Partner, der mit seinem Leistungsanteil in Verzug geraten ist bzw. der mit seinem Leistungsanteil den Terminverzug verursacht hat. Lässt sich nicht feststellen, welcher Partner verantwortlich für den Verzug der ARGE ist, tragen die Partner entsprechend ihrem Anteil an der ARGE die Konventionalstrafe.

§ 24 Teilunwirksamkeit

Sollten eine oder mehrere Bestimmungen dieses Vertrages rechtsunwirksam sein oder werden oder sollte sich eine Lücke ergeben, so wird hierdurch die Gültigkeit der übrigen Bestimmungen dieses Vertrages nicht berührt. Die ARGE-Partner verpflichten sich jedoch, anstelle der Unwirksamkeitsbestimmung bzw. für die Lücke eine solche Vereinbarung zu treffen, die rechtlich wirksam ist und den Zielen der ARGE entspricht.

§ 25 Schlichtung, Schiedsgericht/ordentliches Gericht

Im Falle einer Auseinandersetzung verpflichten sich die Parteien, den Rechtsstreit zunächst durch ein Schlichtungsverfahren beizulegen. Sie unterwerfen sich hierzu der Regelung der Schlichtung und Schiedsordnung für Baustreitigkeiten der Arbeitsgemeinschaft für privates Bau- und Immobilienrecht im Deutschen Anwaltverein/ARGE BauR bzw. der Ordnung der Deutschen Gesellschaft für Baurecht.

Sollte die Schlichtung scheitern, d.h. innerhalb der vom Schlichter vorgesehenen Frist dem Schlichtungsergebnis widersprochen worden sein, steht den Parteien die Möglichkeit offen, entweder das Schiedsgericht nach der SO Bau der Deutschen Gesellschaft für Baurecht anzurufen oder aber das ordentliche Gericht.

§ 26 Gerichtsstand

Gerichtsstand ist der Sitz des technischen Federführers.

....., den ....

.....

Unterschriften der ARGE-Partner

c) Erläuterungen

Zur Präambel. 218

Zu der Frage, ob es sich um eine OHG oder eine Gesellschaft bürgerlichen Rechts nach den §§ 705 ff. BGB handelt, kommt es darauf an, ob es sich um eine langfristig angelegte Gesellschaft handelt, die über die Abwicklung eines Vertrages hinaus erhalten bleiben soll. Sobald es sich um eine Gesellschaft im Sinne des HGB handelt, sind die handelsrechtlichen Vorschriften für offene Handelsgesellschaften zu beachten und in den Vertrag einzuarbeiten.

Zu § 1 Die Partner (Gesellschafter). 219

Bei der Darstellung der Gesellschafter ist darauf zu achten, dass nicht nur die aktuellen Adressen angegeben werden, sondern gleichzeitig die aktuelle HRB Nummer sowie die aktuellen rechtlichen Vertreter dieser Gesellschaften. Nur so sind die Gesellschafter ausreichend bezeichnet und nur so wird es immer möglich sein, auch später hierauf zurückzugreifen. Dies gilt allerdings auch für interne Auseinandersetzungen, da es dort darauf ankommt, dass die Partner korrekt identifiziert angeschrieben und soweit möglich und nötig in Anspruch genommen werden können. In diesem Zusammenhang ist es dann natürlich auch erforderlich, dass die Gründungsunterschriften unter den ARGE-Vertrag von solchen Mitarbeitern des jeweiligen Partners geleistet werden, die hierzu auch wirksam bevollmächtigt sind. Dies hat zur Folge, dass entweder Personen mit entsprechenden Vollmachten auftreten müssen oder aber die im Handelsregister eingetragenen Vertretungsberechtigten des Partners die Unterschriften leisten. Nur dann ist wirksam von dem jeweiligen Partner die Partnerschaft eingegangen worden.

Schwierig wird dies natürlich dann, wenn es sich um eine Arbeitsgemeinschaft handelt, deren Gesellschafter in unterschiedlichen EU-Ländern ihren Sitz haben. Ist dies der Fall, ist jeweils in dem dortigen nationalen Recht zu prüfen, ob diese Gesellschaften eine Arbeitsgemeinschaft eingehen können, welche Voraussetzungen dafür vorhanden sein müssen. Es ist dann nach dem jeweiligen nationalen Recht zu prüfen, ob die auftretenden Personen auch tatsächlich wirksam für und gegen dieses Unternehmen Erklärungen abgeben können.

Anders verhält es sich, wenn diese Gesellschaften Niederlassungen in der Bundesrepublik Deutschland haben. In diesem Fall ist zu prüfen, ob diese Niederlassungen im Handelsregister eingetragen sind und wie dort die Vollmachten geregelt sind, insbesondere ob die Vertretungsberechtigten der Niederlassung die Vollmacht haben, eine Arbeitsgemeinschaft, d.h. eine Gesellschaft bürgerlichen Rechtes zu gründen. Diese muss von dem jeweiligen Partner vorgelegt werden sei es durch eine entsprechende Genehmigung durch die Hauptgesellschaft oder auch Handelsregisterauszüge.

Nur wenn so gehandelt wird, ist sichergestellt, dass die Gesellschaft wirksam von den Beteiligten gegründet worden ist.

Ein wichtiges Thema bildet die Frage, ob das Stimmrecht eines Gesellschafters einer ARGE auch ausgeschlossen werden kann.

Der BGH hat in seiner Entscheidung vom 07.02.2013 (ZIP 2012, 917 ff.) verdeutlicht, dass auch in einer ARGE der Grundsatz gilt, dass niemand Richter in eigener Sache sein darf. Wird dennoch abgestimmt, hat dies nur dann die Unwirksamkeit des Beschlusses zur Folge, wenn das Verhalten dieses Gesellschafters die Abstimmung in der ARGE entscheidend beeinflussen kann.

220 **Eintragung von Verfügungsbeschränkungen am Anteil des Partners im Grundbuch.**

Durch ihre Rechtsfähigkeit kann die ARGE auch Grundstücke erwerben. Wie an anderer Stelle dargestellt, ist sie damit auch Beitragsschuldner für Erschließungsbeiträge. Wenn die ARGE grundbuchfähig ist und die entsprechenden Erklärungen der Partner nur um notariellen Vertrag enthalten sein müssen, so stellt sich im Hinblick auf den Schutz des guten Glaubens die Frage, ob nachträgliche Verfügungsbeschränkungen eines Partners an seinem Anteil in das Grundbuch eingetragen werden müssen. Das OLG München hat dazu entschieden, dass diese nachträglichen Beschränkungen nicht eingetragen werden müssen (OLG München, ZIP 2011, 276). Das Grundbuch gebe nur die Rechtsverhältnisse der Gesellschaft wieder, nicht aber die ihrer Gesellschafter.

221 **Zu § 1 Die Beteiligungsverhältnisse.**

Bei einer DACHARGE werden, wie oben dargestellt, die Leistungen durch Nachunternehmerverträge untervergeben. Dort sind daher die entsprechenden Beteiligungsverhältnisse auszuhandeln, wenn nicht die Leistungen vertikal auf die Partner aufgeteilt sind.

Bei einer ARGE, die auch die entsprechenden Leistungen erbringt, gibt das Verhältnis der Beteiligungen zugleich dasjenige Verhältnis der Leistungen wieder, die der jeweilige Partner innerhalb der Arbeitsgemeinschaft durch sein Personal, sein Gerät und sein Material erbringt. Daher ist es auch in der Regel so, dass das Beteiligungsverhältnis im Rahmen der Schlussabrechnung gegenüber dem Auftraggeber noch einmal neu ermittelt wird. Die Schlussrechnung gibt nämlich die aktuelle tatsächlich geleisteten Anteile des jeweiligen Partners wieder, die er für die ARGE erbracht hat. Dieses dann aktualisierte Beteiligungsverhältnis ist das endgültige Beteiligungsverhältnis nachdem sich der Gewinn und Verlust und auch die Rechte und Pflichten verteilen.

Die Beteiligungsverhältnisse der Partner untereinander haben nur Auswirkungen für die interne Haftungsverteilung. Dies ist nur dann anders zu beurteilen, wenn der Auftraggeber der ARGE mit der quotalen Haftung der jeweiligen Gesellschafter auch ihm gegenüber einverstanden ist. Man spricht in diesem Zusammenhang auch von der quotalen Haftung. Nimmt eine solche ARGE Tilgungen aus dem Gesellschaftsvermögen vor oder aus den Erlösen aus der Verwertung von Gesellschaftsvermögen, so BGH ZIP 2011, 914 ff. Die anteilige persönliche Haftung der Gesellschafter ändert sich also durch solche Tilgungen der Gesellschaftsverbindlichkeiten nicht. Es ändert sich lediglich der Bestand der Gesellschaftsschuld. Dieses Urteil des BGH bezog sich zwar nur auf eine Darlehensschuld einer ARGE aus einem Darlehensvertrag, hat aber grundsätzliche Bedeutung.

Ein weiteres Problem stellt sich, wenn nicht alle Anteile der ARGE rechtswirksam übernommen worden sind. Der BGH hat entschieden, dass für den Fall, dass der Vertrag keine Regelung für diesen Fall enthält, durch Auslegung zu ermitteln ist, ob die rechtswirksam übernommenen Anteile sich im Verhältnis zueinander anteilig erhöhen (vgl. BGH NJW 2013, 1089).

Zu § 5 Bauleitung.

222

Letztendlich obliegt die Bauleitung dem technischen Federführer. Dies ist eigentlich das Grundverständnis. Es hängt von den Parteien ab, ob dies klargestellt werden soll oder nicht, oder ob eine vollkommen andere Besetzung der Bauleitung stattfinden soll. Die Notwendigkeit der Feststellung, wer die Bauleitung stellt, hängt vom Einzelfall ab. Letztendlich obliegt der Bauleitung auch die Durchführung des Bauauftrages, d.h. sie hat dieselbe Pflicht, wie die technische Federführung, so dass letztendlich im Endergebnis darauf verzichtet werden könnte. Im Hinblick auf die Bauordnung ist es jedoch wichtig, den verantwortlichen Bauleiter zu nennen, wenn dies je nach Auftragskonstellation notwendig sein sollte. Wird somit ein GÜ- oder GU-Auftrag erteilt mit dem Leistungsanteil Planung, so ist es ohne Zweifel notwendig, auch die Bauleitung zu bestimmen, und zwar durch eine natürliche Person, da sie entsprechend der Bauordnung für das Projekt bauordnungsrechtlich verantwortlich zeichnet. In einem solchen Fall ist auch zu empfehlen, dass eine Bestimmung aufgenommen wird, wer den Bauleiter stellt und wer der Bauleiter ist.

Zu Arbeits- und Gesundheitsschutz.

223

Es ist im ARGE-Vertrag keine Regelung enthalten. Wenn die Baustelle jedoch eine eigenständige Bedeutung erhält, so ist sie auch verpflichtet, evtl. eine Fachkraft für Arbeitssicherheit zu bestellen. Es kann sich darüber hinaus ergeben, dass durch das Abordnungsverhältnis die Arbeitsgemeinschaft auch nach der Betriebssicherheitsverordnung verpflichtet ist, eine befähigte Person zu bestellen, die gemäß Betriebssicherheitsverordnung eine Gefährdungsbeurteilung durchführen muss, eine entsprechende Dokumentation anlegen muss, Maßnahmen treffen muss und regelmäßige Prüfungen durchführen muss. Näheres regelt insoweit die Betriebssicherheitsverordnung. Es wird empfohlen insoweit die Maßnahmen abzustimmen, und zwar mit den entsprechenden Fachkräften bzw. Fachunternehmen.

Ein weiteres Erfordernis kann dadurch entstehen, dass für denjenigen Fall, dass die Arbeitsgemeinschaft auch GÜ-/GU-Leistungen durchführt, sie nach der Baustellenverordnung den Koordinator zu bestellen hat und natürlich auch den SiGeKo.

Für alle diese Fälle sollte eine besondere Regelung in den ARGE-Vertrag mit aufgenommen werden. Diese Regelung sollte sowohl die Leistung als solche umschreiben, als aber auch die Vergütung festschreiben, die die ARGE bzw. ihre Partner bereit sind für diese Leistung zu vergüten.

Zu § 5 technischer Federführer.

224

Entsprechend der Gestaltung des Mustervertrages ist die technische Federführung die Geschäftsführung der ARGE nach außen. Sie ist die Schaltstelle der ARGE, sie führt die Verhandlungen mit dem Auftraggeber und sie ist gewohnheitsmäßig auch diejenige, die in allen technischen Fragen und vertraglichen Fragen vom Auftraggeber angesprochen wird. Hieraus ergibt sich sowohl für das Unternehmen als auch für den das Unternehmen beratenden Anwalt die Aufgabe, sehr viel Sorgfalt in die Formulierung der Befugnisse des technischen Federführers zu legen.

Zu § 6 kaufmännischer Federführer.

225

Der kaufmännische Geschäftsführer tritt, wenn man die vorhergehenden Bemerkungen beachtet, hinter die technische Federführung zurück. Man formuliert es so, dass der kaufmännische Federführer sämtliche kaufmännischen Arbeiten der ARGE ordnungsgemäß durchzuführen und darauf zu achten hat, dass im Übrigen der ARGE Vertrag eingehalten wird. Auch wenn in manchen Kommentaren oder Aufsätzen die kaufmännische Federführung auf den Schild gehoben wird, ist jedoch festzustellen, dass die wesentlichen Diskussionen und Entscheidungen zwischen dem Auftraggeber und dem technischen Federführers getroffen werden. Es ist letztendlich eine Frage des Verhaltens dieses technischen Federführers, wie er den kaufmännischen Federführer einbindet. Im Schwerpunkt ist dieser konzentriert auf sein Büro, um dort die kaufmännischen Belange, wie Buchungen, Rechnungsstellungen, Zahlungsanweisungen vorzunehmen.

Wenn die ARGE danach trachtet, einen eigenen Geschäftsbogen zu führen, dann empfiehlt es sich sowohl aufzuführen, wer technischer Federführer, als auch wer kaufmännischer Federführer ist, so dass beide diesen Briefbogen benutzen können. Entsprechend dem allgemeinen Sprachgebrauch in der Bauwirtschaft ist damit jedem bewusst, welcher Geschäftsführer für welche Handlungen verantwortlich ist.

Falls Änderungen in Abweichung der geübten Praxis vorgenommen werden sollen, dann ist dies ausdrücklich zu formulieren und der Auftraggeber hierauf hinzuweisen. Er stellt sich ansonsten darauf ein, wie es »üblich« ist und verhält sich entsprechend der allgemeinen Verkehrssitte. Dies bindet dann auch die ARGE, es sei denn, diese hat von vornherein gegenüber dem Auftraggeber deutlich gemacht, wie sich tatsächlich die Situation darstellt.

Werden besondere Organisationen, Überwachungen, etc. eingeführt, die ein besonderes Augenmerk haben sollen, dann sind entsprechende Regelungen vorzunehmen.

Ein sich immer wiederholendes Thema ist die Frage, wie die Federführer ihre Bevollmächtigung nachweisen, wenn es um Unterschriften unter ein Dokument geht. In seiner Entscheidung vom 22.01.2013 (IMR 2013,144) hat der BGH ausgeführt, dass das Vertretungsverhältnis dadurch nachgewiesen ist, dass sich auf dem Dokument ein Stempelaufdruck der Firma der ARGE befindet und sich darunter oder darüber die Unterschrift des Auftretenden befindet.

226 **Rechtsstreitigkeiten gegen die Partner als Gesamtschuldner und ihre Wirkung auf die ARGE.**

Nimmt ein Dritter in einem Rechtsstreit die ARGE – Partner gesamtschuldnerisch wegen Handlungen der ARGE in Anspruch, so hat dieser Prozess keine präkludierende Wirkung auf die ARGE (vgl. BGH Urt. v. 22.03.2011, ZIP 2011, 1143 ff.).

227 **Entziehung der Geschäftsführungsbefugnis.**

Wie bereits erörtert, verteilt sich innerhalb einer ARGE die Geschäftsführungsbefugnis normalerweise so, wie zuvor dargestellt. Wird die entsprechende Regelung aber nicht getroffen, so gilt die gesetzliche Regelung. Dies bedeutet, dass gem. § 709 BGB den Partnern die Geschäftsführungsbefugnis gemeinschaftlich zusteht. Im Rahmen der Geschäftstätigkeit der ARGE kann sich die Frage ergeben, ob nicht einem Partner die Geschäftsführungsbefugnis entzogen werden kann. Das BGB kennt einen solchen Fall nicht. Die Literatur scheint immer mehr dazu zu neigen, dies auch möglich sein zu lassen, da sich das Bild der ARGE insgesamt verändert habe. Das OLG Braunschweig hat vor dem Hintergrund der ständigen Rechtsprechung des BGH dies abgelehnt und verdeutlicht, dass bei gemeinschaftlicher Geschäftsführungsbefugnis nach § 709 BGB der Geschäftsführungsentzug nicht möglich ist (OLG Braunschweig EWiR 2011, 181).

228 **Zu § 7 und zur Leistungserfüllung der ARGE gegenüber dem Auftraggeber durch die Leistung der jeweiligen Partner.**

Es kann auf die jeweiligen Vertragsunterlagen und Grundlagen zurückgegriffen werden, wenn sich im Vertragsverhältnis zwischen der ARGE und dem Auftraggeber Sachverhalte ergeben wie Änderung der Leistungen, zusätzliche Leistungen oder gegenseitige Behinderungen. Ein internes Problem ergibt sich jedoch dann, wenn die Partner untereinander verantwortlich dafür sind, das bei dem anderen Partner Mehrkosten bzw. Mehrleistungen durch Änderungen oder zusätzliche Leistungen oder durch gegenseitige Behinderungen entstehen.

Solche Fälle sind im Außenverhältnis zum Auftraggeber nicht diskutabel und werden der Arbeitsgemeinschaft zumindest als Mitverschulden nach § 254 BGB entgegengehalten. Dies führt konsequenterweise zu entsprechenden Mindereinnahmen und ggf. zu Verlusten der ARGE. Innerhalb der ARGE wird dann eine Auseinandersetzung entstehen, wer diese Verluste, die möglicherweise durch einen Partner bedingt sind, zu vertreten hat. Der Verantwortliche, der dies zu vertreten hat, hat dann auch die Mehrkosten zu tragen, die infolge seines Verhaltens bei den anderen Partnern entstanden sind.

Diesem Zweck dienen die Regelungen des ARGE-Vertrages zu dem Leistungsverhältnis der Partner untereinander. Die §§ 705 ff. BGB enthalten zu dieser Problematik keinerlei Regelungen. Es heißt lediglich, dass jeder Gesellschafter ohne Rücksicht auf die Art und Größe seines Beitrages einen gleichen Anteil am Gewinn und Verlust hat. Ansonsten gilt die Regelung über das Beteiligungsverhältnis. In § 722 Abs. 2 BGB heißt es konsequenterweise, dass für denjenigen Fall, dass nur der Anteil am Gewinn und Verlust bestimmt ist, diese Bestimmung grundsätzlich auch für die Verteilung gilt. Weitere Regelungen finden sich im BGB nicht und würden zu gesellschaftsrechtlichen und zivilrechtlichen Auseinandersetzungen der Partner führen. Daher ist es notwendig, dass insoweit Klarheit zwischen den Partnern gefunden wird, insbesondere Klarheit darüber, welche Mechanismen zu beachten sind, wenn Streit unter den Partnern entsteht und dieser nicht zu regeln ist.

Um hierzu eine Regelung zu finden, ist unter dem Stichwort Gerichtsstand auch die Schlichtung vorgesehen. Sollten die Parteien nicht zu einer Regelung und Einigung untereinander führen, ist es häufig sinnvoll, dass gemeinsam mit einem Dritten versucht wird, eine Lösung zu finden.

Ein besonderes Problem stellt sich in dem Fall, in dem die Federführer Verpflichtungen gegenüber dem Auftraggeber eingehen, zu denen sie intern überhaupt nicht bevollmächtigt waren.

Dieses ist sicherlich zum einen ein Thema, das unter dem Punkt Haftung der Federführer zu behandeln ist, zum anderen stellt sich die Frage aber auch bezogen auf das Beteiligungsverhältnis.

Im Außenverhältnis enthält eine Arbeitsgemeinschaft keinerlei Haftungsbeschränkungen. In vielen Ausschreibungen wird gerade darauf hingewiesen, dass die gesamtschuldnerische Haftung bestehen muss. Durch die zweite Grundsatzentscheidung des BGH (BGHZ 142, 315 und BGHZ 146, 341) wurde klargestellt, dass zum einen eine Haftungsbeschränkung nach außen nicht zulässig ist, und zum anderen, dass im Sinne der Akzessorietätstheorie in analoger Anwendung nach § 128 HGB die Gesellschafter haften. Dies entspricht dem allgemeinen Grundsatz, dass derjenige, der in Gemeinschaft mit anderen Geschäfte betreibt, für die sich daraus entstehenden Verpflichtungen mit seinem ganzen Vermögen haftet.

Zu § 7 und Freistellungsansprüche zwischen den ARGE-Partnern. 229

Es ist das besondere Merkmal der Arbeitsgemeinschaft, dass sie nach außen hin gesamtschuldnerisch haftet, so dass der Auftraggeber sich die ARGE oder nur einen einzelnen der Gesellschafter herausnehmen kann und gegen ihn die entsprechenden Ansprüche durchsetzen kann. Der in Anspruch genommene Partner hat gegenüber seinen anderen Partnern einen entsprechenden Freistellunganspruch in Höhe der jeweiligen Anteile.

Zu Änderung der Leistungen unter den Partnern durch die Partner und Änderung durch den 230
Auftraggeber.

Handelt es sich um eine Arbeitsgemeinschaft, die nur prozentual ihre Leistungen aufteilt, können Änderungen an den von der Arbeitsgemeinschaft zu erbringenden Leistungen zu erheblichen Mehrkosten führen, die falls die Arbeitsgemeinschaftspartner selbst die Änderungen bedingt haben, nicht weiterleitbar sein werden. In diesen Fällen ist anzuraten, dass bei Feststellung von Mehrleistungen sofort die Ursachen festgestellt und dokumentiert werden und gleichzeitig festgestellt wird, ob im Hinblick darauf eine andere Verteilung der Mehrkosten aus den Änderungen vorgenommen werden muss. Genau dieselben Feststellungen und Dokumentationen sind durchzuführen, wenn es sich um geänderte oder zusätzliche Leistungen handelt, die der Auftraggeber zu vertreten hat.

Zu § 9 Zahlung und Geldmittel. 231

Die Kontoführung muss klar geregelt sein. Es sollte aus Erfahrungsgründen das 4-Augen-Prinzip herrschen, d.h. die Verfügungsgewalt über das Konto sollte die kaufmännische Federführung zusammen mit der technischen Federführung ausüben.

Was den Finanzbedarf anbetrifft, muss die kaufmännische Federführung ermitteln. Grundsätzlich trägt nur jeder den Finanzanteil, der seinem Beteiligungsverhältnis an der Arbeitsgemeinschaft entspricht. Darüber hinaus ist natürlich Ziel einer ARGE, dass keine eigene Liquidität der Partner eingezahlt werden muss, sondern dass umgekehrt durch die Abrechnung gegenüber dem Auftraggeber ausreichend Liquidität vorhanden ist.

Zum Thema Personal gibt es keine besondere Regelung, da es abgeordnet wird. Sobald die ARGE eigenes Personal einstellt, hat sie alle Regelungen des gesamten Arbeitsrechtes zu beachten. Dies bedeutet einen erheblichen Aufwand. Dies sollte sehr detailliert und genau geprüft werden.

232 Aufwendungsersatzansprüche der Partner während der Vertragserfüllung.

Die Partner haben nach §§ 713, 670 BGB Anspruch auf Rückerstattung der von ihnen für die Gesellschaft erbrachten Leistungen. Dazu dienen auch die innerhalb der ARGE geführten Partnerkonten, auf die Soll und Haben des jeweiligen Partners verbucht werden.

Ist jedoch die ARGE mittellos, so kann der jeweilige Partner direkt Rückgriff auf die anderen ARGE-Partner nehmen (BGH, Urt. v. 22.02.2011, ZIP 2011, 809).

Besteht eine interne bauvertragliche Beziehung unter den Partnern und/oder gibt es interne Zahlungspläne, so können diese ebenfalls durchgesetzt werden, wenn auf dem Konto der ARGE Gelder zur freien Verfügung stehen (OLG Dresden, IBR 2011, 24).

Im Übrigen gilt die Durchsetzungssperre, d.h., dass die auf dem Gesellschaftsverhältnis der ARGE beruhenden Ansprüche erst gegen die anderen Partner geltend gemacht werden können, wenn die ARGE auseinandergesetzt ist.

233 Zu §§ 8, 19 Geräte und Stoffe.

Im ARGE Vertrag ergibt sich hierzu keine besondere Regelung, da die Partner für die auf sie treffende Leistungen eigenverantwortlich tätig sind, d.h. sowohl bezogen auf das Gerät, als auch bezogen auf die Stoffe. Dies ist im Musterformularvertrag auch so vorgesehen. Dementsprechend bedarf es insoweit keiner besonderen Regelung. Wenn Sonderfälle eintreten, sollte eine entsprechende Aufsichtsstellensitzung einberufen werden, die dann über die entsprechenden Sachverhalte befinden sollte.

234 Zu § 21 Versicherungen.

Jeder Partner hat seine eigene Betriebshaftpflichtversicherung, natürlich muss er seine Betriebshaftpflichtversicherung darüber informieren, dass er in der ARGE einen prozentual ermittelten Leistungsanteil erbringt und insoweit keine eigene Versicherung durch die ARGE abgeschlossen wird.

Zum Teil ist jedoch zu prüfen, ob nicht die Arbeitsgemeinschaft eigene Versicherungen abschließt, wie zum Beispiel die Montageversicherung, Bauleistungsversicherung, bei besonderen Maschinen stellt sich die Frage nach einer Maschinengarantieversicherung, eine Elektroversicherung bei dem Einsatz großer Produktionsmaschinen evtl. auch die Frage einer Betriebsunterbrechungsversicherung. All diese Fragen müssen je nach Auftragsinhalt detailliert geprüft und sollten von den Partnern mit entsprechenden Fachleuten diskutiert werden.

235 Zu Steuern.

Die ARGE kann nicht zur Kapitalertragssteuer und Gewerbesteuer herangezogen werden. Allerdings hat sie Umsatzsteuervoranmeldungen und Umsatzsteuererklärungen abzugeben und die entsprechenden Umsatzsteuern an das Finanzamt abzuführen. Die Lohnsteuer entfällt, da das Personal, wie dargestellt, nur abgestellt wird.

Auch Kraftfahrzeugsteuer entfällt, solange die ARGE keine eigenen Fahrzeuge anmeldet.

Zu §§ 10, 14 Bürgschaften. 236

Dieses Thema bedarf immer einer besonderen Betrachtung. Es kommt darauf an, dass sowohl eine externe wie interne Sicherheit besteht. Hierzu ist vorstellbar, dass in Bezug auf Vorauszahlungen und Vertragserfüllungsbürgschaften gleichzeitig entsprechende Rückbürgschaften der Partner für ihren Leistungsanteil hinterlegt werden, entweder bei der ARGE oder bei der hauptbürgenden Bank.

Wichtig sind die Partnerausschüttungsbürgschaften.

Hierzu gibt es einen erheblichen Meinungsstreit mit der Frage, was ist damit abgesichert. Nur die Ausschüttung, oder ist auch abgesichert der Anspruch der Partner der ARGE aus der Auseinandersetzungsbilanz. Der Bundesgerichtshof hat sich hierzu noch nicht festgelegt. In der Diskussion gibt es sowohl obergerichtliche Rechtsprechung, die auch bei einer Partnerausschüttungsbürgschaft und dem insolvenzbedingten Ausscheiden den Anspruch aus der Auseinandersetzungsbilanz absichert. Andere Gerichtsurteile widersprechen diesem Ergebnis. Sicherlich wird es interessant sein, wie sich die Meinungen zu diesem Thema weiterentwickeln. Entscheidend ist jedoch, wie praxisrelevant verfahren werden kann. Ohne Zweifel kommt es den Partnern darauf an, dass die Ausschüttung auch abgesichert ist für den Fall der Insolvenz eines Partners, und dass somit die Bürgschaft auch den Anspruch absichert, der sich aus der Auseinandersetzungsbilanz ergibt. Wenn dies der Fall sein soll, sollte dies ausdrücklich in den Bürgschaftstext aufgenommen werden, damit der oben geschilderte Streit zwischen den Gerichten vermieden werden kann.

Zu Anspruch auf Sicherheiten der Partner der ARGE untereinander gemäß Werkvertrag. 237

§ 648a BGB ist unter den Partnern der ARGE nicht anwendbar. Soweit keinerlei Leistungsverträge zwischen den Partnern untereinander zur Erfüllung der Leistung bestehen oder Leistungsverträge zwischen der ARGE und dem Partner, hat § 648a BGB keinen Raum. Dies ändert sich sofort, sobald eine Dach-ARGE vorliegt. In diesem Fall haben die Vertragspartner Leistungsverträge mit der Dach-ARGE, so dass aus diesen Verträgen heraus die ARGE-Partner Ansprüche auf Sicherheit nach § 648a BGB geltend machen können. Die ARGE selbst ist rechtsfähig und kann wie bereits dargestellt, insolvent werden, so dass diese Sicherungsmöglichkeit gegeben ist. Sie ist nicht gegeben, soweit es sich nur um Gesellschafterleistungen handelt, die nicht in einem gesonderten Werkleistungsvertrag zwischen den Partnern und der ARGE erbracht werden.

Zu § 12 Abnahme und Gewährleistung. 238

Nach der Abnahme ist von der Arbeitsgemeinschaft die entsprechende Schlussrechnung mit allen dazugehörigen Unterlagen zu erstellen. Damit jedoch endet die Arbeitsgemeinschaft nicht. Die Arbeitsgemeinschaft endet erst, wenn die Gewährleistungszeit beendet ist. Häufig wird hierfür der Weg gewählt, dass die ARGE-Partner die Arbeitsgemeinschaft inoffiziell auflösen und die Verantwortung in die Hände eines Partners, in der Regel des technischen Federführers, übertragen. Die Beträge der ARGE werden ausgeschüttet. Sollten sich Gewährleistungsfälle ergeben, werden die Partner von dem Federführer zur entsprechenden Leistung bzw. Zahlung aufgefordert werden. Die Arbeitsgemeinschaft endet erst nach Ablauf der Gewährleistungszeit. Es ist auch erst dann die entsprechende Schlussbilanz zu erstellen.

Zu § 18 Ausscheiden eines Gesellschafters/Auseinandersetzungsbilanz/ARGE Bilanz. 239

Das Gesellschaftsrecht des BGB in den §§ 705 ff. BGB kennt nur den Begriff der Abwicklung des Gesellschaftsvermögens. Die Kündigung oder der Eintritt oder sonstige Auflösungsgründe führen nach den gesetzlichen Regelungen nicht zur sofortigen Beendigung der Gesellschaft, sondern sie wandelt sich in eine Abwicklungsgesellschaft um.

§§ 730 ff. BGB sprechen dann nur noch von der Auseinandersetzung und der Liquidation vom Kontenausgleich. Im direkten Sprachgebrauch des Gesetzes, als aber auch der Kommentarliteratur, wird nicht von einer Auseinandersetzungsbilanz oder von einer Schlussrechnungsbilanz gesprochen, sondern von der Schlussabrechnung und der Auseinandersetzung.

Die Leistungsfeststellungen müssen mit den früheren Leistungsfeststellungen zusammenpassen. Soweit darin auch Nachträge oder Kosten für vorhandene oder in Aussicht stehende Rechtsstreitigkeiten zusätzlich angesetzt sind, müssen diese Ansätze plausibel und durch Belege nachvollziehbar sein.

Scheidet ein Partner aus, wächst sein Anteil entsprechend den Anteilsverhältnissen der anderen Partner, den anderen Partnern zu. Sehr wichtig ist, dass dieser Punkt ausdrücklich im Vertrag geregelt wird, da ansonsten eine erhebliche Auseinandersetzung innerhalb der ARGE entstehen kann. Dies gilt insbesondere für diejenigen Fälle, in denen der ausscheidende ARGE-Partner Federführungsaufgaben innehat.

Ein besonderes Problem stellt das Ausscheiden eines Partners infolge der Insolvenz dar.

Bezüglich der Auseinandersetzung ist zu verfahren, wie oben dargestellt. Es stellt sich allerdings die Frage, welche Rechte die Arbeitsgemeinschaft hat. Ergeben sich Ansprüche gegen die Insolvenzschuldnerin, die zur Insolvenztabelle anzumelden sind, wenn im Hinblick auf das Ergebnis der Auseinandersetzungsbilanz doch Nachschüsse zu leisten sind? Was ist mit den Geräten des ausscheidenden ARGE-Partners? Was ist mit ausstehenden Rechnungen des ARGE-Partners, die jedoch saldiert in der Auseinandersetzungsbilanz sich dann als Minusposition darstellen. Müssen diese Rechnungen dennoch beglichen werden?

Diese Fragen stellen sich mehr denn je, da angesichts der Insolvenzordnung das Ziel dieser Regelung die Aufrechterhaltung des Unternehmens ist. In § 738 Abs. 1 BGB heißt es, dass im Falle des Ausscheidens eines Gesellschafters aus der Gesellschaft sein Anteil am Gesellschaftsvermögen den übrigen Gesellschaftern zuwächst. Diese sind verpflichtet, dem Ausscheidenden die Gegenstände zurückzugeben, ihn von den gemeinschaftlichen Schulden zu befreien und ihm dasjenige auszuzahlen, was er bei der Auseinandersetzung erhalten würde, wenn die Gesellschaft zum Zeitpunkt seines Ausscheidens aufgelöst worden wäre.

Vor diesem Hintergrund hat der BGH entschieden, dass Saldierungen der jeweiligen Leistungen in einer Auseinandersetzungsbilanz ermittelt werden. Daraus ergebe sich, wer von wem noch etwas zu fordern hätte. Die einzelnen Forderungen seien dabei nicht mehr selbstständige, sondern nur noch unselbstständige Rechnungsposten innerhalb der Auseinandersetzungsbilanz. Dementsprechend könne der Insolvenzverwalter die Rechtshandlung der Arbeitsgemeinschaft nicht anfechten, sondern sei auf das Ergebnis der Bilanz angewiesen. Mangels selbstständiger Ansprüche findet im Rahmen einer Auseinandersetzungsbilanz keine Aufrechnung, sondern nur eine Verrechnung statt, so dass § 96 Abs. 1, Ziffer 3 InsO nicht greift (vgl. BGH Urt. v. 14.12.2006, IX ZR 194/05, IBR 2007, 135). Dieses Urteil des Bundesgerichtshofes aus dem Jahre 2006 macht umso deutlicher, wie wichtig es ist, der Erstellung der Auseinandersetzungsbilanz gerade im Falle einer Insolvenz besonderer Aufmerksamkeit zu widmen.

240 In seinem Urt. v. 13.10.2015 bei einer zweigliedrigen Gesellschaft ist im Übrigen eine vereinfachte Auseinandersetzungsrechnung ausreichend (BGH, Urt v. 13.10.2015, Der Betrieb 2016, 287 ff.).

Liquidation der ARGE.

Bei sehr großen Arbeitsgemeinschaften ist es immer wieder denkbar, dass der einzelne Partner von der Auseinandersetzung und Liquidation der ARGE nichts hört und sich nachträglich meldet. Er hat dann gegen den oder die die Abwicklung betreibenden Partner einen Anspruch auf Rechnungsabschluss, der den Anspruch auf Rechnungslegung in sich trägt (vgl. BGH Urt. v. 22.03.2011, Der Betrieb 2011, 1442 ff.).

Neueste Entwicklungen zur außergerichtlichen Streitbeilegung und zum Bauvertragsrecht

Neue Impulse durch das Bauvertragsrecht konnte die Regelung nicht erhalten. In diesem Bauvertragsrecht sind keine Regelungen zur außergerichtlichen Streitlösung enthalten. Es wurde lediglich ein neues Instrument zu den Themen Änderung des Vertrages und Vergütungsanpassung durch die Einführung einer einstweiligen Verfügung nach § 650d BGB geschaffen. Dies wird allenfalls eine Verlagerung der Rechtsprechung auf die einstweilige Verfügung bewirken, aus Sicht des Unterzeichners die Rechtssicherheit aber nicht erhöhen. Insbesondere, und dies gilt es herauszustellen, ist die einstweilige Verfügung nicht ein Instrument, um Parteien wieder aufeinander zuzuführen.

10. Vertrag über die Errichtung einer Bietergemeinschaft (BIEGE-Vertrag)

a) Vorbemerkung

Die Bietergemeinschaft ist der Zusammenschluss mehrerer Baufirmen zum Zwecke der gemeinsamen Angebotsabgabe mit dem Ziel, hierauf den Zuschlag zu erhalten und später den Auftrag durchzuführen.

241

Natürlich handelt es sich um eine BGB-Gesellschaft, die gemäß § 726 BGB aufgelöst wird, wenn der Zuschlag nicht erteilt wird. Ist der Auftrag erteilt, hat diese Bietergemeinschaft auch ihren Zweck erfüllt und sie wird aufgelöst. Wenn sich die Bieter jedoch verpflichtet haben im Falle des Zuschlages gemeinsam die Arbeit fortzuführen, entsteht ohne jegliche Regelung eine BGB-Gesellschaft nach §§ 705 ff. BGB. Dementsprechend ist darauf zu achten, dass der Bietergemeinschaftsvertrag eine Regelung dafür enthält, welche Bedingungen und Regelwerke für den Fall der Auftragserteilung an die Bietergemeinschaft gelten sollen.

Kartellrechtliche Probleme sind hiermit nicht verbunden. Der BGH hat klargestellt, dass es sich hierbei nicht um ein kartellrechtswidriges Kartell im Sinne § 1 GWB handelt (BGH BauR 1984, 302).

Das OLG Düsseldorf hat in seinem Beschl. v. 19.07.2015 (VERG 6/15) ebenfalls deutlich gemacht, dass selbst eine BIEGE aus verbundenen Unternehmen nicht gegen das Kartellrecht verstoße.

Im nationalen wie im europäischen Vergaberecht führt die Bindung in einer Bietergemeinschaft dazu, dass die Partner der Bietergemeinschaft nicht noch einmal selbstständig und unabhängig von der Bietergemeinschaft als Bieter auftreten dürfen.

Hat sich eine BIEGE am Vergabeverfahren beteiligt und entsprechend ein Angebot abgegeben, dann ist es die BIEGE, die ein Interesse am Auftrag hat und damit gemäß § 107 Abs. 2 GWB antragsbefugt ist (vgl. OLG München, Beschl. v. 14.01.2015 VERG 15/14).

Problematisch wird es, wenn die BIEGE sich während des wettbewerblichen Verfahrens auflöst. Besonders interessant ist es hierbei, wie das Vergaberecht sich verhält, wenn die Bietergemeinschaft sich vor der Zuschlagserteilung auflöst und ein Bieter an die Stelle der Bietergemeinschaft im eigenen Namen auftritt. Der europäische Gerichtshof hat entschieden (Urt. v. 14.05.2016, NVwZ 2016, 1545 ff.), dass dies zulässig ist, wenn der Einzelne die festgelegten Anforderungen allein erfüllt und seine weitere Teilnahme an dem Verfahren nicht zu einer Beeinträchtigung der Wettbewerbssituation der übrigen Bieter führt.

Bevor ein Vertragsmuster im Einzelnen erläutert wird, ist darauf hinzuweisen, dass der Begriff Muster bereits beinhaltet, dass die vorgeschlagenen Regelungen natürlich der Überprüfung nach dem AGB-Recht gemäß §§ 305 ff. BGB unterliegen. Das Vertragsmuster ist soweit wie möglich daran orientiert, wie die bisherige Rechtsprechung sich verhalten hat und wie die gesetzlichen Regelungen hierzu aussehen. Eine absolute Rechtssicherheit kann jedoch nicht gewährleistet werden. Es kann lediglich im Hinblick auf die Praxis Hinweise gegeben werden, wie an welchen Stellen verfahren werden sollte.

b) Muster BIEGE-Vertrag

242

Bietergemeinschaftsvertrag

1. Die Firmen .....
   haben sich in Bezug auf das Bauvorhaben .....
   zur Bearbeitung eines vollständigen Angebotes sowie im Auftragsfalle der Durchführung der Arbeiten zu einer Bietergemeinschaft zusammengeschlossen.
2. Das oberste Organ der Bietergemeinschaft ist die Aufsichtsstelle, die sich aus den von den Firmen benannten Bevollmächtigten zusammensetzt. In dieser Aufsichtsstelle hat jede Partnerfirma eine Stimme.
   Die Federführung der Bietergemeinschaft wird von ..... bis zur Auftragserteilung ausgeübt.
3. Die Kosten der technischen Bearbeitung und Kalkulation trägt jeder Partner für seinen Leistungsanteil selbst/werden entsprechend dem Beteiligungsverhältnis der Partner in diesen Bietergemeinschaftsvertrag verteilt.
4. Das vollständige Angebot muss vor seiner Abgabe der Aufsichtsstelle, auf der alle Partner anwesend sein müssen, vorgelegt werden und von ihr einstimmig gebilligt werden. Nur ein Angebot, das einstimmig beschlossen worden ist, kann dem Auslober übergeben werden.
5. Die Partner sind durch die Bietergemeinschaft gebunden. Diese Bindung gilt bis zum Zeitpunkt der Auftragserteilung durch den Auslober.
6. Im Auftragsfalle verpflichten sich die Partner eine Arbeitsgemeinschaft entsprechend den nachfolgenden Regelungen zu vereinbaren. *(ARGE-Vertrag aufführen)*
7. Die Beteiligungsverhältnisse und Stimmen in der zu besetzenden Aufsichtsstelle werden diesem Bietergemeinschaftsvertrag entsprechen.
8. Falls der Auftrag der Bietergemeinschaft nicht erteilt wird, endet dieser Vertrag nach dem alle gegenseitigen Rechte und Pflichten aus diesem Vertrag abgewickelt sind.
9. Eine Erweiterung oder Verkleinerung der Bietergemeinschaft sowie jede Änderung der Beteiligungsverhältnisse bedürfen des einstimmigen Beschlusses der Aufsichtsstelle.
10. Streitigkeiten aus diesem Vertrag werden entschieden:
    (Alternativen:)
    a) Unter Ausschluss des ordentlichen Rechtsweges durch ein Schiedsgericht nach .....
    b) Unter Ausschluss des ordentlichen Rechtsweges durch ein Schiedsgericht nach den §§ 1650 ff. ZPO.
    c) Nach der SO BAU der ARGE Bau- und Immobilienrecht im Deutschen Anwaltsverein.
    d) Nach der Schieds- und Schlichtungsordnung des Deutschen Betonvereins.
    e) Nach der DIS.
    f) Zunächst einer Schlichtung und/oder Mediation und/oder Adjudication zugeführt und erst danach dem ordentlichen Rechtsweg, wenn nach Vorlage des Ergebnisses der Schlichtung und/oder Adjudication und/oder Mediation eine Partei innerhalb von 14 Tagen widersprochen hat.
11. Sitz der Bietergemeinschaft ist .....

.....

Unterschriften

c) Erläuterungen

243 Zu 1. Es ist zu empfehlen, von vornherein sowohl einen Partner zu benennen, der die kaufmännische Federführung oder Geschäftsführung innehat, als auch einen Partner zu benennen, der die technische Federführung innehat. Dies sollte vor allem geschehen vor dem Hintergrund der Klarheit und des Transparenzgebotes im Vergabeverfahren. Die Bietergemeinschaft sollte von vornherein eine klare Struktur haben, die sich auch im Auftragsfalle fortsetzt, um insoweit dem Auslober keine Handhabe zu geben, an dieser Stelle sein Ausschlussrecht auszuüben.

Dies könnte insbesondere dann gegeben sein, wenn zunächst nur ein technischer Federführer benannt wird, der evtl. auch Aufklärungsgespräche führt und im Anschluss daran sich plötzlich zwei Federführer gegenüber dem Auslober vorstellen. Üblicherweise ist es so, dass die kaufmännischen

Angelegenheiten und die technischen Angelegenheiten in zwei verschiedenen Händen sind, wobei dann sowohl die kaufmännische sowie die technische Federführung im Auftragsfalle hierfür auch eine Vergütung erhalten. Ob auch eine Vergütung im Rahmen der Arbeit der Bietergemeinschaft gezahlt werden soll, ist von den Gesellschaftern, den BIEGE-Partnern zu entscheiden. Üblicherweise ist es so, dass wie oben geregelt, jeder seine Kalkulationskosten selbst trägt. Eine andere Lösung ist aber auch denkbar, nämlich dergestalt, dass die Kalkulationskosten von jedem Partner entsprechend seinem Beteiligungsverhältnis zu tragen sind.

Zu 4. Eine Regelung darüber zu treffen, wer schadenersatzpflichtig wird, wenn hiergegen verstoßen wird, ist an dieser Stelle nicht notwendig. Dies regelt das allgemeine Vertragsrecht des BGB. Hinzuweisen ist allerdings darauf, dass sich natürlich die Frage stellt, wer an das Angebot gebunden ist. Wenn im Außenverhältnis die Federführer das Angebot abgegeben haben, obwohl es nicht einstimmig ist, ist die Bietergemeinschaft hieran gebunden, kann jedoch im Innenverhältnis gegen diejenigen Ausgleichsansprüche geltend machen, die entgegen den vertraglichen Regelungen trotz fehlender Einstimmigkeit das Angebot abgegeben haben. 244

Zu 5. Diese Bindung ist notwendig. Wäre diese Bindung nicht gegeben, könnte der Auslober die Bietergemeinschaft ausschließen, da die Gefahr besteht, dass ein Partner einer Bietergesellschaft plötzlich wieder ausscheidet und selbstständig als Bieter auftritt oder im Rahmen einer anderen Bietergruppe ebenfalls Bieter wird. Für den Auslober muss zum Zeitpunkt der Angebotsabgabe klar und eindeutig feststehen, wer Partner der Bietergemeinschaft ist, ansonsten könnten die BIEGE und der Partner von der Ausschreibung ausgeschlossen werden, §§ 25 ff. VOB/A. Umgekehrt ist es ebenso wichtig, dass die Partner alle an ihr Angebot gebunden sind, da ansonsten jeder Partner zu jeder Zeit ausscheiden könnte. Er wäre dann zwar auch von der Auslobung ausgeschlossen wäre, aber das Ausführungsrisiko verbliebe bei den verbleibenden Partnern, ohne dass der Ausscheidende hierfür Ersatz leisten müsste. Um diese Folgen zu verhindern, sollte die Bindung bis zur Auftragserteilung bzw. Auftragsablehnung geregelt sein. 245

Zu 6. Ohne Zweifel ist es möglich, überhaupt keine Regelung hierzu zu treffen. Im Auftragsfalle setzt sich die Bietergemeinschaft fort. Sie ist eine Gesellschaft nach den §§ 705 ff. BGB mit der weiteren Folge, dass jeder Partner geschäftsführungsberechtigt ist. Die technische und kaufmännische Federführung ist nur bestimmt worden für die Zeit bis zur Auftragserteilung, so dass danach alle Partner geschäftsführungsbevollmächtigt sind. 246

Darüber hinaus gelten die allgemeinen Regelungen des BGB mit dem jederzeitigen Kündigungsrecht eines jeden Partners. Die Kündigung eines Partners würde gleichzeitig zur Auflösung der Bietergemeinschaft führen mit der weiteren Folge, dass die gebotene Sicherheit für den Auftraggeber nicht gegeben wäre. Vor diesem Hintergrund ist es zwingend notwendig, dass die Bietergemeinschaft in ihrem Gemeinschaftsvertrag auch gleichzeitig eine Regelung enthält, nach der sie im Auftragsfalle die weitere Abwicklung festlegt.

Zum Vergabeverfahren. 247

Die Rechtsprechung in Deutschland als auch die Rechtsprechung des EuGH setzen sich immer mehr mit der Frage der Zulässigkeit der Angebote von Bietergemeinschaften auseinander. Der Europäische Gerichtshof hat in seinem Urt. v. 10.10.2013 (IBR 2014, 35) deutlich gemacht, dass es Bietern grundsätzlich nicht verwehrt ist, für den Nachweis ihrer Leistungsfähigkeit sich auf die Kapazitäten mehrerer Unternehmen zu stützen. Die Richtlinie erlaube die Kumulation der Kapazitäten mehrerer Wirtschaftsteilnehmer. Ein dem entgegenstehendes nationales Verbot sei mit der Richtlinie nicht vereinbar. In diesem Zusammenhang muss die Entscheidung des KG (v. 24.10.2013) gesehen werden. Dort wird festgestellt, dass das Eingehen einer Bietergemeinschaft im Regelfall eine wettbewerbsbeschränkende Vereinbarung darstelle. Sie scheide nur aus, wenn die Bieter erst durch das Eingehen der Bietergemeinschaft in die Lage versetzt würden, ein Angebot abzugeben. Will man also zur Erreichung des Zuschlages eine Bietergemeinschaft eingehen, muss man sehr sorgfältig prüfen, in welchem Land dies geschieht und wie sich die Rechtsprechung des dortigen Oberlandesgerichtes mit der Zulässigkeit der Bietergemeinschaften auseinandergesetzt hat.

11. Konsortialvertrag

a) Vorbemerkung

248 Die Anmerkungen zum ARGE-Vertrag sind auf den Konsortialvertrag anwendbar. Er ist wie die ARGE eine BGB-Gesellschaft. Man spricht nur deswegen von einem Konsortialvertrag, weil sich die Leistungen der einzelnen Partner inhaltlich unterscheiden.

Die Rechtsprobleme sind identisch. Gerade beim Konsortialvertrag stellt das Thema der gegenseitigen Behinderung, der gegenseitigen Störung, der auf andere Leistungen sich auswirkenden Leistungsänderungen eine gesteigerte Rolle. Daher ist der Vertrag auch ausführlicher gestaltet.

b) Muster Konsortialvertrag

249

Konsortialvertrag

Die Firma	.....	(Rechtsform)
mit Sitz in	.....	
vertreten durch	.....	(Stellung)

die Firma	.....	(Rechtsform)
mit Sitz in	.....	
vertreten durch	.....	(Stellung)

die Firma	.....	(Rechtsform)
mit Sitz in	.....	
vertreten durch	.....	(Stellung)

die Firma	.....	(Rechtsform)
mit Sitz in	.....	
vertreten durch	.....	(Stellung)

schließen sich zu einem Konsortium zusammen. Sie verpflichten sich, im Verhältnis ihrer Beteiligung ihre volle unternehmerische Leistung zur Erreichung des gesellschaftlichen Zweckes einzusetzen und sich hierbei gegenseitig zu unterstützen. Für die Rechtsbeziehungen der Gesellschafter untereinander und bei der Vertretung des Konsortiums Dritten gegenüber gelten in nachstehender Reihenfolge:
a) die Bestimmungen dieses Vertrages
b) die §§ 705 ff. BGB; die Haftung regelt sich nach § 276 BGB, unter Ausschluss der leichten Fahrlässigkeit

I. Zweck, Verwaltungssitz, Dauer

§ 1

Zweck des Konsortiums ist sowohl die Ausarbeitung und Unterbreitung eines gemeinsamen Angebotes für die in Anhang 1 beschriebene und für Rechnung des/der ..... .

..... nachstehend der Auftraggeber genannt, durchzuführende Arbeiten als auch deren Durchführung bei Erteilung des Zuschlags an das Konsortium. Der mit dem Auftraggeber abzuschließende bzw. abgeschlossene Vertrag wird hier nachstehend der Vertrag genannt.

§ 2

Der Verwaltungssitz des Konsortiums befindet sich in ..... .

§ 3

Das Konsortium tritt mit Unterzeichnung dieses Konsortialvertrages durch alle Konsorten in Kraft.

II. Organe des Konsortiums

§ 4

Die Organe des Konsortiums sind:
    4.1 Die Konsortenversammlung
    4.2 Der Federführer

III. Konsortenversammlung, Federführung, Federführungsgebühr

§ 5 Konsortenversammlung

5.1 Die Konsortenversammlung ist das oberste Organ des Konsortiums.

5.2 Zuständigkeit

Die Konsortenversammlung beschließt in allen Grundsatzfragen sowie in Fragen, die aufgrund dieses Konsortialvertrags nicht der Entscheidung des Federführers vorbehalten sind. Darüber hinaus entscheidet die Konsortenversammlung über Anträge eines Konsorten, die von diesem entweder schriftlich einzureichen oder aber direkt auf einer Sitzung gestellt worden sind.

5.3 Einberufung

(1) Die Konsortenversammlung wird von dem Federführer einberufen, wenn es sich als erforderlich erweist, in jedem Fall tagt sie jedoch alle 2 Monate.

(2) Die Einberufung hat schriftlich zu erfolgen unter Einhaltung einer Frist von 4 Arbeitstagen. Im Einberufungsschreiben ist der Tagungsort, die Tagungszeit und die Tagesordnung bekannt zu geben. In dringenden Fällen und/oder auf Verlangen eines Konsorten kann auch mit kürzeren Einladungszeiten einberufen werden.

5.4 Abstimmung und Beschlussfähigkeit

(1) Jeder Konsorte hat eine Stimme. Die Konsorten sind verpflichtet, mit einem bevollmächtigten Vertreter ihrer Firma an der Sitzung teilzunehmen.

(2) Die Konsortenversammlung ist nur beschlussfähig, wenn alle Konsorten rechtzeitig unter Angabe der Tagesordnung eingeladen und alle Konsorten vertreten sind.

(3) Alle Beschlüsse sind einstimmig von den Konsorten zu fassen.

(4) Ist die Konsortenversammlung nicht beschlussfähig, so entscheidet sie über dieselbe Tagesordnung in einer zweiten rechtzeitig einberufenen Sitzung ohne Rücksicht auf die Zahl der erschienenen Konsorten. Die auf dieser Sitzung getroffenen Beschlüsse sind nur wirksam, wenn sie einstimmig von den anwesenden Konsorten getroffen werden.

(5) Mit Einverständnis der Konsorten kann eine Einigung über anstehende Fragen auch telefonisch herbeigeführt werden. Telefonische Vereinbarungen müssen vom Federführer des Konsortiums unverzüglich fernschriftlich bestätigt werden. Ein Einspruch muss vom anderen Konsorten ebenfalls unverzüglich mit Fernschreiben erfolgen.

5.5 Protokoll

Über das Ergebnis der Konsortenversammlung fertigt der Federführer des Konsortiums Protokolle an und stellt sie unverzüglich den anderen Konsorten zu. Diese Protokolle gelten als verbindliches Besprechungsergebnis, wenn ihnen die Konsorten nach Erhalt nicht innerhalb von 14 Tagen widersprechen. Entscheidend für die Rechtzeitigkeit des Einspruches ist der Tag der Absendung.

§ 6 Federführung

6.1 Die Federführung des Konsortiums wird ..... übertragen, nachstehend der Federführer genannt. Der Federführer kann nur aus wichtigem Grund von der Konsortenversammlung abberufen werden.

6.2 Der Federführer hat die Beschlüsse der Konsortenversammlung auszuführen und das Konsortium nach außen zu vertreten, insbesondere gegenüber dem Auftraggeber.

6.3 Unter Berücksichtigung der anderen Bestimmungen des Konsortialvertrages ist der Federführer unter anderem betraut:
– mit der Führung aller Verhandlungen vor und nach Abschluss des Vertrages,
– mit der kfm. und techn. Leitung des Projektes und insbesondere mit der Gesamtplanung und techn. Koordinierung,
– mit der Erstellung und Koordinierung eines Arbeitszeitplanes innerhalb des Konsortiums im Einvernehmen mit dem Auftraggeber.

§ 7 Federführungsgebühr

7.1 Als Vergütung für die Erfüllung seiner Verpflichtungen erhält der Federführer von den Konsorten eine Federführungsgebühr in Höhe von insgesamt ..... % der Abrechnungssumme, der von diesen zu erbringenden Lieferungen und Leistungen, wobei die auf diese Lieferungen und Leistungen entfallenden Steuern, Abgaben und Nebenkosten, wie z.B. Transportkosten, Verpackung und Versicherungen, nicht zu berücksichtigen sind.

7.2 Die Federführungsgebühr ist pro rata des Eingangs der Zahlungen vom Auftraggeber fällig.

7.3 Erhält das Konsortium nicht den Zuschlag, so trägt jeder Konsorte seine Kosten selbst. Federführungsgebühren oder Kosten der Federführung werden nicht erstattet.

IV. Angebot und Abschluss des Vertrages

§ 8 Gesamtangebot

Der Federführer hat die einzelnen Angebote, die ihm von den Konsorten übermittelt werden, zusammenzustellen. Er hat sie in einem Gesamtangebot zusammenzufassen, in dem insbesondere die von jedem Konsorten zu erbringenden Lieferungen und Leistungen genau angegeben sind. Dieses Gesamtangebot ist der Konsortenversammlung vorzulegen und bedarf deren einstimmiger Genehmigung. Erst dann ist es von dem Federführer dem Auftraggeber zu unterbreiten.

§ 9 Vertragsverhandlungen

9.1 Jeder Konsorte ist berechtigt, an den Verhandlungen mit dem Auftraggeber teilzunehmen, wenn der Auftraggeber dieser Teilnahme zugestimmt hat.

9.2 Bei Abschluss der Verhandlungen hat der Federführer die Vertragsvorschläge der Konsortenversammlung zur Genehmigung zu unterbreiten. Die Entscheidung hierüber muss einstimmig sein.

§ 10 Vertragsabschluss

Der Vertrag mit dem Auftraggeber ist nach Möglichkeit so zu gestalten, dass jeder Konsorte gegenüber dem Auftraggeber ausschließlich für seinen in § 11 definierten Lieferungs- und Leistungsanteil haftet.

V. Aufteilungen der Lieferungen und Leistungen unter den Konsorten

§ 11 Aufteilung der Arbeiten

11.1 Der Liefer- und Leistungsumfang ist zwischen den Konsorten aufzuteilen. Diese Aufteilung ist in der Anlage 1 dieses Vertrages festgelegt, und zwar einschließlich aller technischen Einzelheiten sowie der Preise der Anteile der einzelnen Konsorten.

11.2 Der Anteil eines jeden Konsorten an der Erfüllung des Vertrages bestimmt sich nach der Aufteilung der Lieferungen und Leistungen nach 11.1.

§ 12 Nachträgliche Änderungen des Leistungsumfangs

12.1 Verlangt der Auftraggeber bei der Durchführung des Auftrages eine im Vertrag vorgesehene Änderung, so wird der Liefer- und Leistungsumfang, wie er in der Anlage 1 spezifiziert ist, unter den Konsorten entsprechend berichtigt, einschließlich eventuell erforderlicher Änderungen der Zeitpläne und Preise.

12.2 Verlangt der Auftraggeber während der Durchführung des Auftrages Änderungen, die nicht im Vertrag vorgesehen sind, so bedürfen diese Änderungen der ausdrücklichen Zustimmung aller Konsorten. Es ist auf Basis der Änderungen eine Neuaufteilung des Liefer- und Leistungsumfangs, wie er in der Anlage 1 spezifiziert ist, einschließlich eventuell erforderlicher Änderungen der Zeitpläne und Preise vorzunehmen. Sind die sich aufgrund der Änderungen ergebenden Forderungen des Konsortiums gegenüber dem Auftraggeber nicht durchsetzbar, so gilt 12.4.

12.3 Ergeben sich bei der Auftragsabwicklung zusätzliche Lieferungen und Leistungen oder Massenmehrungen, so sind diese dem Auftraggeber anzubieten. Alle Konsorten haben sich dafür einzusetzen, dass der Auftraggeber hierfür einen Zusatzauftrag erteilt. Bei Auftragserteilung ist der Liefer- und Leistungsumfang der Konsorten, wie er in der Anlage 1 spezifiziert ist, entsprechend zu berichtigen, einschließlich eventuell erforderlicher Änderungen der Zeitpläne und Preise. Sind die Forderungen wegen zusätzlicher Lieferungen und Leistungen oder Massenmehrungen nicht durchsetzbar, so gilt 12.4.

12.4 Verlangt der Auftraggeber bei der Auftragsabwicklung Änderungen, ergeben sich zusätzliche Lieferungen und Leistungen oder Massenmehrungen und sind diese gegenüber dem Auftraggeber nicht durchsetzbar, so hat die sich aus den Änderungen bzw. zusätzlichen Lieferungen und Leistungen bzw. Massenmehrungen ergebenden Kosten derjenige Konsorte zu tragen, dessen Liefer- und Leistungsanteil die Ursache für diese Änderungen, zusätzlichen Lieferungen und Leistungen bzw. Massenmehrungen gesetzt hat. Ist die Verursachung selbst oder der Grad der Verursachung nicht festzustellen, so gilt die Regelung des § 27.11. und 27.12.

12.5 Sollte ein Konsorte seinen Leistungsumfang ändern, ohne dass der Auftraggeber dies veranlasst hat, so trägt er auch diejenigen Kosten, die den anderen Konsorten durch diese Änderung entstehen.

VI. Pflichten der Konsorten

§ 13 Pflichten im Hinblick auf Lieferungen und Leistungen

13.1 Die Konsorten verpflichten sich, im Rahmen ihrer sich aus dem Vertrag ergebenden Verpflichtungen alles zur Erreichung des Zwecks des Konsortiums einzusetzen und sich untereinander bei der Durchführung des Vertrages zu unterstützen.

13.2 Soweit nicht anders geregelt, trägt jeder Partner für seinen Liefer- und Leistungsanteil das gesamte Risiko.

§ 14 Technische Prüfung

14.1 Jeder Konsorte hat die technische Prüfung für seinen Anteil an dem Vertrag durchzuführen.

14.2 Jeder Konsorte hat den anderen Konsorten spätestens am ..... diejenigen technischen Daten hinsichtlich seines Anteils an der Arbeit bekannt zu geben, die von anderen Konsorten für die Planung ihrer Anteile benötigt werden. Darüber hinaus werden sich die Partner untereinander abstimmen, damit insbesondere an den technischen Nahtstellen die Vollständigkeit und Ordnungsmäßigkeit sichergestellt ist.

14.3 Jeder Konsorte muss Fehler in Unterlagen und Informationen, die er dem anderen Konsorten zur Verfügung gestellt hat, umgehend nach Entdeckung richtig stellen und bekannt geben. Dasselbe gilt für den Fall, dass die anderen Konsorten Fehler in den Unterlagen und Informationen feststellen.

§ 15 Arbeitsplan

Damit der Federführer einen Arbeitszeitplan aufstellen und koordinieren kann, haben die Konsorten rechtzeitig einen Arbeitsplan zu übersenden, in dem der Zeitpunkt festgelegt ist, von dem ab jeder Konsorte seinen Anteil an der Arbeit erbringen kann.

§ 16 Geheimhaltung

16.1 Die Konsorten verpflichten sich, alle Geschäfts- und Betriebsgeheimnisse der anderen Konsorten vertraulich zu behandeln, weder zu verwerten noch anderen mitzuteilen.

16.2 Die Konsorten, die von anderen Konsorten Unterlagen, Zeichnungen und sonstige Informationen in Bezug auf diesen Konsortialvertrag erhalten, dürfen diese nur für die Zwecke desselben gebrauchen.

16.3 Die Konsorten verpflichten sich, allen Personen, die bei der Durchführung des Vertrages beratend oder auf sonstige Weise mitwirken, diese Geheimhaltungspflicht aufzuerlegen.

§ 17 Konkurrenzverbot

Die Konsorten dürfen während der Dauer dieses Konsortialvertrages keine anderen Vereinbarungen, weder direkt oder indirekt, mit dem Auftraggeber oder mit Dritten im Hinblick auf den Vertrag treffen.

§ 18 Informationspflicht

Jeder Konsorte hat die anderen Konsorten unverzüglich zu unterrichten über alle Ereignisse hinsichtlich seines Anteils an dem Vertrag, soweit diese die Erfüllung der einem anderen Konsorten obliegenden Verpflichtung berühren oder berühren können. Darüber hinaus unterrichtet jeder Konsorte den anderen Konsorten über solche Vorgänge, die für die Gesamtarbeit im Rahmen des Konsortiums von Interesse sind oder sein können.

§ 19 Zulieferung bzw. Untervergabe

Jeder Konsorte ist befugt, innerhalb seines Liefer- und Leistungsanteiles Material- und Warenlieferungen sowie Leistungen zu seinen Lasten unterzuvergeben. Er hat die anderen Konsorten hierüber zu unterrichten. Diese Verpflichtung erstreckt sich jedoch nicht auf Materialien oder unwesentliche Einzelheiten.

§ 20 Kosten

20.1 Grundsätzlich trägt jeder Konsorte die bei ihm anfallenden Kosten selbst.

20.2 Nur diejenigen Kosten, die von der Konsortialversammlung vorher genehmigt worden sind, gelten als gemeinschaftliche Kosten des Konsortiums. Sie werden auf die Konsorten im Verhältnis ihres jeweiligen Liefer- und Leistungsumfanges an dem Vertrag verteilt. Dabei kann die Konsortenversammlung nur über solche Kosten befinden, die das gesamt Konsortium betreffen oder betreffen können.

§ 21 Zahlungen

21.1 Ist im Vertrag festgeschrieben, dass jeder Konsorte für seinen Liefer- und Leistungsanteil einen unmittelbaren Zahlungsanspruch gegen den Auftraggeber hat, so fakturiert er seine Leistungen diesem gegenüber.

21.2 In allen übrigen Fällen fakturiert jeder Konsorte seine Leistungen dem Federführer für Rechnung des Konsortiums. Der Federführer fakturiert dem Auftraggeber im Namen des Konsortiums.

21.3 Werden die Zahlungen an den Federführer geleistet, hat dieser unverzüglich alle Zahlungen an diejenigen Konsorten auszuzahlen, deren Lieferungen und Leistungen mit diesen Zahlungen vergütet werden sollen.

21.4 Entschädigungszahlungen des Auftraggebers, die in keinem unmittelbaren Zusammenhang mit den Rechnungen der Konsorten stehen, werden im Verhältnis der Liefer- und Leistungsanteile der Konsorten verteilt.

§ 22 Versicherungen

22.1 Nach Zustimmung der Konsortenversammlung hat der Federführer im Namen des Konsortiums eine Gemeinschaftsversicherung im Hinblick auf die Risiken abzuschließen, deren Deckung es für notwendig erhält. Mangels anderer Beschlussfassung der Konsortenversammlung hat jeder Konsorte den Teil der Versicherungsprämie zu zahlen, der seinem Liefer- und Leistungsanteil entspricht.

22.2 Fehlt eine entsprechende Beschlussfassung der Konsortenversammlung nach 22.1, so hat jeder Konsorte für seinen Liefer- und Leistungsanteil eine entsprechende Versicherung im Hinblick auf die Risiken abzuschließen. Jeder Konsorte trägt in diesem Fall sämtliche damit im Zusammenhang anfallenden Prämien und Kosten selbst.

§ 23 Steuern und sonstige behördliche Abgaben

23.1 Soweit das Konsortium insgesamt zur Zahlung von Steuern oder sonstigen Abgaben herangezogen wird, übernehmen im Innenverhältnis die Konsorten diese Zahlungen entsprechend dem festgelegten Liefer- und Leistungsanteil.

23.2 In allen übrigen Fällen haftet jeder Konsorte selbstständig und unmittelbar gegenüber den Behörden für die Zahlung von Steuern und sonstigen Abgaben in Bezug auf seinen festgelegten Liefer- und Leistungsanteil. Er ist für die Einhaltung der steuerlichen Verpflichtung insoweit selbst verantwortlich.

§ 24 Sicherheiten

24.1 Falls der Federführer gegenüber dem Auftraggeber eine Sicherheit zu stellen hat, werden sich die Konsorten an den Kosten im Verhältnis des Wertes ihres festgelegten Liefer- und Leistungsumfanges zum Gesamtauftragswert beteiligen und den Federführer insoweit vom Obligo der Garantie oder Bürgschaft freistellen.

24.2 In denjenigen Fällen, in denen der Vertrag mit dem Auftraggeber es zulässt, dass die Konsorten jeweils für ihren festgelegten Liefer- und Leistungsanteil die Sicherheiten stellen können, hat jeder Konsorte für seinen Liefer- und Leistungsanteil entsprechende Sicherheiten zu stellen und ist allein hierfür verantwortlich.

§ 25 Schutzrechte

25.1 Jeder Konsorte stellt sicher, dass durch seine Planung und Ausführung kein Schutzrecht Dritter verletzt wird. Für Entschädigungsansprüche hat derjenige Konsorte einzustehen, der das Schutzrecht verletzt hat.

25.2 Falls bei der Durchführung des Auftrages bei einem Konsorten Erfindungen entstehen, hat dieser das Recht, die Erfindung anzumelden. Die anderen Konsorten erhalten ausschließlich im Bereich des Auftrages ein kostenloses Mitbenutzungsrecht. Die Vergütung für etwaige Arbeitnehmererfindungen wird von den Benutzern nach dem Verhältnis der Benutzung getragen.

25.3 Sollten an dem Zustandekommen der Erfindung die Konsorten beteiligt sein, ist die Anmeldung grundsätzlich gemeinsam von den Konsorten vorzunehmen. Die Angelegenheit wird dann von Fall zu Fall von den Konsorten gemeinsam bearbeitet.

§ 26 Haftung gegenüber dem Auftraggeber und Dritten

26.1 Grundsätzlich haften die Konsorten gegenüber dem Auftraggeber nur für den sie betreffenden Liefer- und Leistungsanteil.

26.2 Mit Ausnahme des Federführers und soweit er im Rahmen der ihm aufgrund des Konsortialvertrages gegenüber Befugnisse handelt, darf kein Konsorte irgendeine Verpflichtung im Namen des Konsortiums eingehen oder bei Geschäften mit Dritten vorgeben, als Konsorte zu handeln.

§ 27 Haftung der Konsorten untereinander

27.1 Soweit keine abweichende Regelung getroffen ist, trägt jeder Konsorte für seinen Liefer- und Leistungsanteil das technische und kommerzielle Risiko.

27.2 Machen der Auftraggeber oder Dritte Ansprüche gegen das Konsortium geltend, so haften der- oder diejenigen Konsorten, auf deren Liefer- und Leistungsanteil die Ansprüche des Auftraggebers bzw. des Dritten zurückzuführen ist.

27.3 Jeder Konsorte, durch dessen Nichterfüllung, verzögerte oder mangelhafte Erfüllung seiner Verpflichtungen aus diesem Konsortialvertrag einem oder mehreren Konsorten ein Schaden entsteht, hat diesem bzw. diesen Konsorten dafür Ersatz zu leisten.

27.4 Hinsichtlich einer Vertragsstrafe treffen die Konsorten folgende Vereinbarung:

Liegt der Grund des Verzuges in dem Liefer- und Leistungsanteil eines oder mehrerer Konsorten, so müssen dieser Konsorte oder diese Konsorten für die geltend gemachte Vertragsstrafe allein einstehen. Im Übrigen stehen die Konsorten für die Vertragsstrafe im Verhältnis ihres Liefer- und Leistungsanteils ein.

27.5 Sollte ein Konsorte oder mehrere Konsorten dem Auftraggeber oder Dritten gegenüber Zugeständnisse machen, die die vertraglichen Rechte und Pflichten der anderen Konsorten betreffen, ohne dass dieser andere Konsorte oder diese anderen Konsorten oder ihr jeweiliger Beauftragter eingewilligt haben, so haften der oder die Konsorten für alle sich daraus ergebenden Schadenersatzansprüche.

27.6 Falls der Auftraggeber vom Vertrag zurücktritt oder den Vertrag wandelt, haften im Innenverhältnis der oder die Konsorten, auf deren Liefer- und Leistungsanteil der Rücktritt oder die Wandlung des Auftraggebers zurückzuführen ist.

27.7 Ist zu erwarten, dass gegen das Konsortium oder eines seiner Mitglieder ein Anspruch geltend gemacht wird oder wird ein solcher Anspruch geltend gemacht, so unterrichten sich die Konsorten unverzüglich und legen ihr Verhalten gemeinsam fest, es sei denn, der Anspruchsteller ist der andere oder die anderen Konsorten.

27.8 Wird ein Anspruch gegen das Konsortium oder gegen eines seiner Mitglieder geltend gemacht, bei welchem der in Anspruch genommene Konsorte ganz oder teilweise Ausgleich unter Berücksichtigung der Grundsätze des § 27 verlangen kann, so werden die oder der ausgleichspflichtige Konsorte unter Berücksichtigung der Vorschriften des § 27 unverzüglich für diesen eintreten.

27.9 Jeder Konsorte wird die Fehler oder Schäden, die an seinem Liefer- und Leistungsanteil entsprechend dem Vertrag mit dem Auftraggeber festgestellt werden, selbst beseitigen, soweit im Einzelfall nicht etwas anderes vereinbart wird. Ist der Mangel oder Schaden des Liefer- und Leistungsanteils des betroffenen Konsorten auf die Liefer- und Leistungsanteile des oder der anderen Konsorten zurückzuführen, so haben die oder der Konsorte diesem Konsorten die hierdurch entstehenden Kosten zu vergüten.

27.10 Die Ansprüche der Konsorten untereinander umfassen nicht den Ersatz indirekter Schäden, insbesondere entgangenen Gewinn, Produktionsausfall, Zinsverlust, es sei denn, es handelt sich um einen Versicherungsfall.

27.11 Ist zwischen den Konsorten streitig, wer letztlich ganz oder teilweise haftet, so treten die Konsorten solange im Verhältnis ihrer Liefer- und Leistungsanteile ein, bis endgültig festgestellt ist, wie gehaftet wird.

27.12 Lässt sich nicht oder nur mit unverhältnismäßig großem Aufwand feststellen, wer und wie die Konsorten zu haften haben, so wird die Haftung von den beteiligten Konsorten im Verhältnis ihres Liefer- und Leistungsanteils übernommen.

§ 28 Haftung des Federführers

Der Federführer hat jeden Schaden zu ersetzen, der den Konsorten infolge fehlerhafter Federführung entsteht, und zwar bis zur Höhe der gesamten Federführungsgebühr. Übersteigen die Forderungen der Konsorten gegen den Federführer den Höchstbetrag der Haftung des Federführers, so wird die Differenz unter den Konsorten entsprechend ihrem Liefer- und Leistungsanteil aufgeteilt.

VII. Ausscheiden aus dem Konsortium

§ 29 Ausscheiden des Konsorten

29.1 Kündigt ein Konsorte aus wichtigem Grund gemäß § 723 BGB, so scheidet er aus.

29.2 Ist an dem Konsortium ein Einzelunternehmen beteiligt und stirbt dessen Inhaber, so wird das Konsortium mit dessen Erben – gleiches gilt für Vermächtnisnehmer – fortgesetzt, wenn sein Unternehmen nur auf einen voll geschäftsfähigen Erben übergegangen ist oder, bei Übergang auf mehrere Erben, diese den übrigen Gesellschaftern innerhalb von 6 Wochen nach Erbfall einen voll geschäftsfähigen Miterben benannt haben, der von ihnen beauftragt worden ist, sie uneingeschränkt im Rahmen des Konsortiums zu vertreten und der Alleinerbe oder der benannte Miterbe oder ein von diesen innerhalb von 6 Wochen nach Erbfall schriftlich Benannter, mit uneingeschränkter Vertretungsmacht ausgestatteter Beauftragter die Gewähr dafür bietet, dass er die Rechte und Pflichten aus diesem Vertrag in gleicher Weise wie der Erblasser wahrnehmen bzw. erfüllen kann.

Hat der Erbe/haben die Erben die vorliegenden Voraussetzungen den übrigen Konsorten nicht bis zum Ablauf von 6 Wochen nachgewiesen, so können diese den Erben/die Erben mit einer Frist von einem Monat zum Monatsende durch Mehrheitsbeschluss – beim zweigliedrigen Konsortium durch Erklärung des anderen Gesellschafters – aus dem Konsortium ausschließen. Dieses Recht erlischt 3 Monate nach dem Zeitpunkt, zu dem das Konsortium Kenntnis davon erhalten hat, wer Erbe geworden ist. Der Ausschluss wird allen übrigen Erben gegenüber wirksam, sobald der Beschluss einem Erben zugegangen ist. Etwaige Ausgleichsansprüche von Miterben können nicht gegenüber dem Konsortium geltend gemacht werden.

29.3 Wird ein Konsorte des Konsortiums, gleich aus welchem Rechtsgrund aufgelöst, so können die übrigen Konsorten den von der Auflösung betroffenen Konsorten mit einer Frist von einem Monat zum Monatsende durch Mehrheitsbeschluss – bei einem zweigliedrigen Konsortium durch Erklärung des anderen Konsorten – aus dem Konsortium ausschließen.

29.4 Ein Konsorte kann durch einstimmigen Beschluss der übrigen Konsorten ausgeschlossen werden, wenn er einen wichtigen Grund gesetzt hat. Ein wichtiger Grund liegt u.a. vor, wenn ein Konsorte wesentlicher Verpflichtungen wie z.B. Leistung von Bareinlagen, Gestellung von Bürgschaften, Geräten, Stoffen, Personal oder Zahlung trotz schriftlicher Inverzugsetzung nicht oder nicht gehörig nachkommt. Dieser Beschluss ist dem auszuschließenden Konsorten in einer von den übrigen Konsorten unterschriebenen Ausfertigung durch Einschreiben zuzusenden. Bei einem zweigliedrigen Konsortium kann ein Konsorte nur durch gerichtliche Entscheidung aus wichtigem Grund ausgeschlossen werden.

29.5 Ein Konsorte kann durch Beschluss mit einfacher Mehrheit der übrigen Konsorten oder bei einem zweigliedrigen Konsortium durch Erklärung des anderen Konsorten ausgeschlossen werden,
a) wenn er die Zahlung einstellt oder wenn über sein Vermögen das Insolvenz- oder Vergleichsverfahren beantragt worden ist,
b) wenn über das Vermögen das Vergleichs- oder Insolvenzverfahren eröffnet worden ist,
c) wenn durch einen Gläubiger des Konsorten in die Konsortialbeteiligung vollstreckt worden ist und der Konsorte nicht innerhalb eines Monats, gerechnet von der Zustellung des Pfändungs- und Überweisungsbeschlusses an das Konsortium, die Aufhebung der Pfändung und Überweisung bewirkt hat,

d) wenn durch einen Gläubiger des Konsorten ein von diesem dem Konsortium zur Verfügung gestelltes Gerät gepfändet worden ist und der Konsorte die Aufhebung der Pfändung nicht innerhalb eines Monats vom Tage der Pfändung an gerechnet bewirkt hat. Der Beschluss ist dem auszuschließenden Konsorten in einer von den zustimmenden Konsorten unterschriebenen Ausfertigung durch Einschreiben zu übersenden.

29.6 Ein Konsorte scheidet aus, wenn ein Gläubiger dieses Konsorten nach § 725 BGB kündigt oder wenn über sein Vermögen das Insolvenzverfahren eröffnet oder die Eröffnung mangels Masse abgelehnt wird.

29.7 Zeitpunkt des Ausscheidens

Als Zeitpunkt des Ausscheidens gilt im Falle des Ausschlusses nach 29.4 das Ende des Monats in welchem der Konsortialbeschluss dem auszuschließenden Konsorten zugegangen ist oder im Falle eines zweigliedrigen Konsortiums am Ende des Monats, in welchem bei Vereinbarung eines Schiedsgerichtes das Schiedsgerichtsverfahren eingeleitet wird, bei Zuständigkeit des ordentlichen Gerichtes die Klage eingereicht wird, sofern die Zustellung demnächst erfolgt, im Falle der Ziffer 29.5a) der Tag der Zahlungseinstellung oder des Antrages auf Eröffnung des Vergleichs- oder Konkursverfahrens, im Fall der Ziffer 29.5b) der Tag der Eröffnung des Insolvenz- oder Vergleichsverfahrens bzw. des Zuganges der Kündigung bzw. der Ablehnung der Erfüllung, im Falle der Ziffer 29.5c) der Tag bis zu welchem der Konsorte die Aufhebung der Pfändung und Überweisung bewirkt haben muss.

29.8 Gegen den Beschluss auf Ausschluss oder die Ausschlusserklärung kann der betroffene Konsorte innerhalb eines Monats, gerechnet vom Tage des Zugangs des Beschlusses an, Einwendungen durch Klage erheben. Die Klage gilt als erhoben, wenn bei Vereinbarung eines Schiedsgerichtes, das Schiedsgerichtsverfahren eingeleitet ist, bei Zuständigkeit eines ordentlichen Gerichtes die Klage eingereicht ist und die Zustellung demnächst erfolgt. Wird innerhalb der Monatsfrist keine Klage erhoben, gilt der Ausschluss vom betroffenen Gesellschafter als gebilligt.

§ 30 Folgen des Ausscheidens und Auseinandersetzung

30.1 In allen Fällen des Ausscheidens eines Konsorten wird das Konsortium von den übrigen Konsorten fortgesetzt. Der Liefer- und Leistungsanteil der übrigen Konsorten wird neu bestimmt. Verbleibt nur ein Konsorte, so übernimmt dieser ohne besonderen Übertragungsakt mit dinglicher Wirkung den Liefer- und Leistungsanteil des ausscheidenden Konsorten. Der verbleibende Konsorte führt die Geschäfte des Konsortiums mit allen Rechten und Pflichten zu Ende. Vollmachten des ausscheidenden Konsorten, wie z.B. Bankvollmachten erlöschen zu dem in Ziffer 29 festgelegten Zeitpunkt des Ausscheidens.

30.2 Scheidet ein Konsorte, gleichgültig aus welchem Grund, aus dem Konsortium aus, so hat der oder haben die verbleibenden Konsorten zur Ermittlung des Ausscheidungsguthabens eine Auseinandersetzungsbilanz zum Stichtag des Ausscheidens zu erstellen. Der ausgeschiedene Konsorte nimmt am Gewinn und Verlust der bis zu seinem Ausscheiden ausgeführten Arbeiten teil; er nimmt nicht teil am Gewinn und Verlust noch auszuführender Arbeiten und schwebender Geschäfte, mit Ausnahme bereits erkennbarer Verluste. Die Haftung nach § 30.4 bleibt unberührt. In der Auseinandersetzungsbilanz sind unabhängig vom Stand des Bauvorhabens im Zeitpunkt des Ausscheidens angemessene Rückstellungen bezüglich des Gesamtbauvorhabens vorzunehmen. Ein etwaiger Geschäftswert des Konsortiums ist nicht zu berücksichtigen.

30.3 Sind der Umfang und die Höhen möglicher Gewährleistungs- sowie sonstiger Verpflichtungen und Risiken nicht hinreichend zu überblicken, so können das Konsortium in den Fällen des Ausscheidens das Ausscheidungsguthaben des ausgeschiedenen Konsorten bis zur Erfüllung aller Gewährleistungsansprüche und sonstigen möglichen Verpflichtungen des Konsortiums zurückbehalten.

30.4 Der ausgeschiedene Konsorte haftet unabhängig vom Ergebnis der Auseinandersetzungsbilanz den verbleibenden Konsorten gegenüber entsprechend der Höhe seines früheren Leistungs- und Lieferungsanteiles auch für solche Gewährleistungs- und sonstige Verpflichtungen sowie Verluste in Bezug auf das Gesamtbauvorhaben, welche erst nach Aufstellung der Auseinandersetzungsbilanz erkennbar geworden sind, deren Ursachen jedoch schon im Zeitpunkt seines Ausscheidens gesetzt waren. Die Haftung entfällt, wenn der ausgeschiedene Konsorte nachweist, dass die dem Konsortium verbliebenen Konsorten diese Verpflichtungen und/oder Verlust allein zu vertreten haben.

30.5 Ein nach § 29 ausgeschiedener Konsorte haftet darüber hinaus für alle Kosten, welche dem Konsortium durch sein Ausscheiden entstehen.

30.6 Einen sich aus der Auseinandersetzungsbilanz ergebenden Verlustanteil hat der ausgeschiedene Gesellschafter unverzüglich auszugleichen.

30.7 Gegenüber Banken und Behörden sowie sonstigen Dritten gilt das Ausscheiden eines Konsorten als gehörig nachgewiesen, wenn es ihnen durch Vorlage dieses Vertrages und des Beschlusses der übrigen Konsorten bzw. der schriftlichen Erklärung des verbleibenden Konsorten oder der gerichtlichen Entscheidung glaubhaft gemacht wird.

30.8 Der nach 29.2 ff. ausgeschiedene Konsorte kann nicht verlangen, dass das Konsortium bzw. der verbliebene Konsorte ihn von gemeinschaftlich fälligen, noch nicht fälligen oder bedingten Verbindlichkeiten befreit, diese erfüllt oder für diese Sicherheit leistet.

30.9 Die Konsorten vereinbaren für den Fall des Ausscheidens eines Konsorten aus dem Konsortium, dass der oder die verbleibenden Konsorten des Konsortiums berechtigt sind, mit allen Forderungen aus diesem Konsortialvertrag sowie mit denjenigen, die sie aus Geschäften außerhalb des Konsortiums gegenüber dem ausgeschiedenen Konsorten erworben haben, gegen die Forderungen aufzurechnen, die der ausgeschiedene Konsorte zum Zeitpunkt des Ausscheidens gegen das Konsortium hat. Können auf diese Art und Weise mehrere Konsorten des Konsortiums gegen den ausscheidenden Konsorten insolvenzwirksam aufrechnen, so sind die Forderungen des ausgeschiedenen Konsorten gegen das Konsortium entsprechend dem Liefer- und Leistungsanteil der verbleibenden Konsorten aufzuteilen.

VIII. Beendigung des Konsortiums

§ 31 Vertragsbeendigung

31.1 Dieses Konsortium endet,
1) wenn das Konsortium den Zuschlag nicht erhält,
2) wenn das Konsortium den Auftrag erhalten hat, mit der Abwicklung des gesamten Auftrages, aller Zahlungen, aller Verpflichtungen und aller Gerichtsverfahren, gleich ob zwischen dem Auftraggeber und dem Konsortium oder zwischen den Konsorten.

§ 32 Anwendbares Recht

Auf diesen Konsortialvertrag findet deutsches Recht Anwendung.

§ 33 Teilunwirksamkeit

Sollten Bestimmungen dieses Vertrages rechtsunwirksam sein oder werden oder sollte sich in dem Vertrag eine Lücke herausstellen, so soll hierdurch die Gültigkeit der übrigen Bestimmungen des Vertrages nicht berührt werden.

Die Konsorten haben sich so zu verhalten, dass der angestrebte Zweck erreicht wird und alles zu tun, was erforderlich ist, damit die Teilnichtigkeit unverzüglich behoben wird.

An Stelle der unwirksamen Bestimmungen oder zur Ausfüllung der Lücke soll eine angemessene Regelung gelten, die – soweit rechtlich möglich – dem am nächsten kommt, was die Vertragsabschließenden gewollt haben oder nach dem Sinn und Zweck des Vertrages gewollt haben würden, sofern sie den außerachtgelassenen Punkt bedacht hätten.

§ 34 Schiedsgericht

34.1 Meinungsverschiedenheiten, die sich aus dem Abschluss unter Zusammenarbeit aufgrund dieses Konsortialvertrages zwischen den Konsorten ergeben, sollen schnellstmöglich von den Beteiligten unter größtmöglichen Bemühungen um das Verständnis für die Stellung der anderen Konsorten untereinander geklärt werden.

34.2. Streitigkeiten aus diesem Vertrag werden entschieden:

(Alternativen:)
a) unter Ausschluss des ordentlichen Rechtsweges durch ein Schiedsgericht nach ....
b) unter Ausschluss des ordentlichen Rechtsweges durch ein Schiedsgericht nach den §§ 1650 ff. ZPO.
c) nach der SO BAU der ARGE Bau- und Immobilienrecht im Deutschen Anwaltverein.
d) nach der Schieds- und Schlichtungsordnung des Deutschen Betonvereins.
e) nach der DiS.
f) Zunächst einer Schlichtung und/oder Mediation und/oder Adjudication zugeführt und erst danach dem ordentlichen Rechtsweg, wenn nach Vorlage des Ergebnisses der Schlichtung und/oder Adjudication und/oder Mediation eine Partei innerhalb von 14 Tagen widersprochen hat.

.....

Unterschriften

12. Werklieferungsvertrag

a) Einleitung

250 Die Notwendigkeit einer vertraglichen Gestaltung von Werklieferungsverträgen i.S.d. § 651 BGB a.F. über die auf diese Verträge ohnehin anzuwendenden Bestimmungen des Bürgerlichen Gesetzbuches hinaus fand seit der Schuldrechtsmodernisierung im Jahr 2002 in der Rechtsprechung und Literatur, aber auch im Rahmen der anwaltlichen Beratungspraxis zunächst nur wenig Beachtung. Hintergrund war die aus der Begründung und den Zielsetzungen zur Einführung des Schuldrechtsmodernisierungsgesetzes zunächst allgemein abgeleitete Auffassung, dass eine gesonderte Regelungsbedürftigkeit aufgrund der Angleichung des Kaufrechtes an das Werkvertragsrecht (Sachgerecht erscheint es, von einer Angleichung des Werkvertragsrechtes an das Kaufrecht auszugehen; zu den teilweise bestehenden, gravierenden Unterschieden, vgl. Leupertz, BauR 2006, 1648 ff.) nicht bestehe.

Erst die richtungweisende »Parkettstäbe«-Entscheidung des Bundesgerichtshofes vom 15.07.2008 (BGH, Urt. v. 15.07.2008 – VIII ZR 211/07 = BGHZ 177, 224; BauR 2008, 1609) weckte in weiten Teilen der Literatur das Problembewusstsein und gab Anlass die zunächst vertretene Auffassung zu hinterfragen. Im Rahmen der nachfolgenden Auseinandersetzung mit der damaligen Neuregelung des § 651 BGB a.F. konnten zahlreiche Problemfelder, insbesondere bei der Anwendung des § 651 BGB a.F. auf Verträge, welche im Zusammenhang mit der Errichtung eines Bauwerkes stehen, herausgearbeitet werden. Der Umgang mit diesen Problemfeldern war und ist auch nach in Kraft treten des Gesetzes zur Reform des Bauvertragsrechtes und zur Änderung der kaufrechtlichen Mängelhaftung in weiten Bereichen offen und wird weiterhin zu Diskussionen in der Rechtsprechung und Literatur führen.

Allerdings konnten einige eklatante Regelungslücken nunmehr durch das Gesetz zur Reform des Bauvertragsrechtes und zur Änderung der kaufrechtlichen Mängelhaftung teilweise geschlossen werden.

So hatte Europäische Gerichtshofes (EuGH) in seinem Urt. v. 16.06.2011 (Rs. C-65/09) (EuGH, Urt. v. 16.06.2011 – Rs. C-65/09), der entsprechende Vorlagebeschlüsse des Bundesgerichtshofes vom 14.01.2009 (BGH, Beschl. v. 14.01.2009 – VII ZR 70/08 = NJW 2009, 1660; IBR 2009, 1207) sowie des AG Schorndorf vom 25.02.2009 (AG Schorndorf, Beschl. v. 25.02.2009 [Az. 2 C 818/08] = IBR 2009, 1266) vorausgegangen waren, zumindest auf europäischer Ebene entschieden, dass der Verkäufer einer beweglichen Sache im Rahmen einer Nacherfüllung gegenüber dem Verbraucher verpflichtet sein kann, die bereits in eine andere Sache eingebaute mangelhafte Kaufsache auszubauen und die Ersatzsache einzubauen oder die Kosten für beides zu tragen. In Folge dessen hatte der Bundesgerichtshof (BGH) in den Entscheidungen vom 17.10.2012, vom

06.04.2013 sowie vom 02.04.2014 klargestellt, dass § 439 Abs. 1 Alt. 2 BGB richtlinienkonform dahin auszulegen ist, dass der Nacherfüllungsanspruch bei einem Verbrauchsgüterkauf neben der Lieferung einer mangelfreien Sache auch den Ausbau und Einbau der mangelfreien Sache umfasst (BGH, Urt. v. 17.10.2012 – VIII ZR 226/11 ; BGH, Urt. v. 06.04.2013 – VIII ZR 375/11; BGH, Urt. v. 02.04.2014 – VIII ZR 46/13).

Diese richtlinienkonforme Auslegung war jedoch auf den Verbrauchsgüterkauf beschränkt und erstreckte sich gerade nicht auf Verträge zwischen Unternehmern oder zwischen Verbrauchern. Folge hiervon war, dass es bei Verträgen zwischen Unternehmern (B2B) oder zwischen Verbrauchern (C2C) zu einem erheblichen Auseinanderfallen des Haftungsumfanges des Werkunternehmers und dessen Lieferanten kommen konnte. Diese Haftungslücke konnte durch vertragliche Regelungen als Allgemeine Geschäftsbedingungen nicht vollständig geschlossen werden, so dass der Werkunternehmer, um diese Haftungslücke zu schließen, auf gesonderte Vereinbarungen der Berufsverbände mit den jeweilgen Herstellern oder entsprechende Versicherungsprodukte angewiesen war.

Zumindest diese Regelungslücke wurde nunmehr durch die Neuregelung unter § 439 Abs. 3 BGB geschlossen, die auf sämtliche Werklieferungsverträge anzuwenden sein wird, welche ab dem 01.01.2018 geschlossen werden.

Demnach ist nunmehr auch ein Verkäufer im Rahmen der Nacherfüllung verpflichtet, nach seiner Wahl entweder selbst den erforderlichen Ausbau der mangelhaften und den Einbau der nachgebesserten oder gelieferten mangelfreien Sache vorzunehmen oder dem Käufer die hierfür erforderlichen Aufwendungen zu ersetzen.

Der Verkäufer ist auf den Aufwendungsersatz beschränkt, wenn dem Ausbau der mangelhaften und dem Einbau der nachgebesserten oder gelieferten mangelfreien Sache durch den Verkäufer ein berechtigtes Interesse des Käufers entgegensteht oder der Verkäufer nicht innerhalb einer vom Käufer bestimmten angemessenen Frist erklärt hat, dass er den Aus- und Einbau selbst vornehmen werde.

Gleichzeitig wurde in § 309 a) Nr. 8 b) cc) BGB dahingehend geändert, dass nunmehr auch eine Vertragsklausel als Allgemeine Geschäftsbedingung unwirksam ist, durch die die Verpflichtung des Verwenders ausgeschlossen oder beschränkt wird, die zum Zweck der Nacherfüllung erforderlichen Aufwendungen nach § 439 Abs. 2 und 3 BGB zu tragen oder zu ersetzen.

Schließlich wurde auch in § 445a BGB ein Rückgriffsrecht des Verkäufers in das Kaufvertragsrecht eingefügt, wonach der Verkäufer beim Verkauf einer neu hergestellten Sache von dem Verkäufer, der ihm die Sache verkauft hatte (Lieferant), Ersatz der Aufwendungen verlangen kann, die er im Verhältnis zum Käufer nach § 439 Abs. 2 und 3 BGB sowie § 475 Abs. 4 und 6 BGB zu tragen hatte, wenn der vom Käufer geltend gemachte Mangel bereits beim Übergang der Gefahr auf den Verkäufer vorhanden war.

Dieses Problemfeld dürfte sich daher weitgehend erledigt haben.

Allerdings sind weiterhin die Besonderheiten des grundsätzlich anzuwendenden Kaufvertragsrechts, aber auch die neuen Vorgaben durch das Gesetztes zur Reform des Bauvertragsrechtes und zur Änderung der kaufrechtlichen Mängelhaftung zu beachten, welche eine vertragliche Gestaltung von Baulieferverträgen i.S.d. § 650 BGB unumgänglich machen, um unbillige Folgen für die Vertragsparteien zu vermeiden. Die nachfolgenden Vertragsmuster sind daher Vorschläge für die Gestaltung von Werklieferungsverträgen i.S.d. § 650 BGB aus Sicht des Bestellers sowie aus Sicht des Lieferanten. Bei der Verwendung dieser Vertragsmuster muss jedoch beachtet werden, dass aufgrund der sich derzeit erst entwickelnden Diskussion in Rechtsprechung und Literatur einzelne Klauseln als Allgemeine Geschäftsbedingungen als unwirksam erweisen können.

Vorab ist jedoch der Anwendungsbereich der hier behandelten Werklieferungsverträge i.S.d. § 650 BGB von Kaufverträgen i.S.d. § 433 BGB und Bauverträgen i.S.d. § 650a BGB abzugrenzen (Vgl. Zur alten Rechtslage Leupertz, Baustofflieferung und Baustoffhandel: Im juristischen Niemandsland, BauR 2006, 1648 ff.; Bamberger/Roth-Voit, § 651 Rn. 1 ff.; PWW/Leupertz, § 651 BGB, Rn. 1 ff.; Englert/Motzke/Wirth-Wirth, Baukommentar, 2. Aufl. 2009, Anhang 1, Rn. 5 ff.; Kniffka/Schmitz, ibr-online-Kommentar Bauvertragsrecht, Stand 12.05.2017, § 651 Rn. 3 ff.; MüKo/Busche, § 651 Rn. 7 ff.).

Im Gegensatz zum Kaufvertrag i.S.d. § 433 BGB schuldet der Auftragnehmer bei einem Werklieferungsvertrag nicht nur die Verschaffung von Besitz und Eigentum an einer beweglichen Sache. Bei einem Werklieferungsvertrag im Sinne des § 650 BGB tritt zu dieser Übereignungsverpflichtung auch noch die Herstellungs- und Lieferverpflichtung des Auftragnehmers hinzu. Dieser wird durch Abschluss eines Werklieferungsvertrages dazu verpflichtet, Bauteile selbst zu produzieren und diese an einen bestimmten Ort, zumeist die jeweilige Baustelle oder ein weiterverarbeitendes Werk des Auftraggebers, zu liefern.

Zwar ist auch bei einem Kaufvertrag die Vereinbarung einer Lieferverpflichtung möglich, im Gegensatz zum Werklieferungsvertrag müssen die jeweiligen Bauteile bei einem Kaufvertrag jedoch durch den Auftragnehmer selbst nicht angefertigt werden.

Der Werklieferungsvertrag wird daher wesentlich von der Herstellungsverpflichtung des Auftragnehmers geprägt.

Allerdings muss der Auftragnehmer diese Herstellungsverpflichtung nicht »höchstpersönlich« erfüllen, sondern kann die Herstellung der Bauteile aus seinem Unternehmen auch »auslagern« (**Str.**, zustimmend Langenecker in Englert/Motzke/Wirth, Baukommentar, 2. Aufl. 2009, § 651 BGB Rn. 11 mit weiteren Verweisen). Soweit jedoch die VOB/B wirksam in den Vertrag miteinbezogen wird, ist auch bei einem Werklieferungsvertrag an die Bestimmung des § 4 Abs. 8 VOB/B zu denken, wonach der Auftragnehmer die Leistung grundsätzlich im eigenen Betrieb auszuführen hat (Nach Auffassung des Autors finden die Regelungen der VOB/B bei wirksamer Einbeziehung in den Vertrag als allgemeiner Geschäftsbedingungen auch bei einem Werklieferungsvertrag Anwendung, da die Anwendung von wirksam einbezogenen Allgemeinen Geschäftsbedingungen nicht davon abhängig ist, zu welchen Zweck derartige Regelungen ursprünglich entworfen wurden, sondern ausschließlich danach, ob die Einbeziehung und Anwendung der AGB auf die vertraglichen Leistungspflichten dem Willen der Vertragsparteien entspricht.; a.A. exemplarisch BGH, Urt. v. 19.09.1987 – VII ZR 166/86 = BGHZ 101, 369 ff.; OLG Rostock, Urt. v. 16.02.2010 [Az. 4 U 99/09] = BauR 2010, 1223).

Im Gegensatz zu einem reinen Bauvertrag im Sinne des § 650a BGB werden die hergestellten Bauteile bei einem Werklieferungsvertrag nicht vom Auftragnehmer in ein Bauwerk eingebaut, sondern nur an die Baustelle geliefert. Der Einbau der an die Baustelle gelieferten Materialien erfolgt durch einen weiteren Unternehmer oder den Besteller selbst. In beiden Vertragsarten schuldet der Auftragnehmer jedoch im Rahmen der Herstellung einen von den vereinbarten Leistungen unabhängigen Erfolg i.S.d. § 631 BGB.

Der Hauptanwendungsbereich des Werklieferungsvertrages erstreckt sich somit auf die Herstellung von Bauteilen, wie Betonfertigteilen, Fenster, Türen, Glasscheiben und sonstige Baustoffe, welche vom Auftragnehmer selbst an den zu bestimmenden Lieferort geliefert werden sollen (vgl. zum Meinungsstand über den Anwendungsbereich Kniffka/Jansen, ibr-online-Kommentar Bauvertragsrecht, Stand 23.06.2014, § 651 Rn. 3 ff. mit weiteren Verweisen; Konopka/Acker, Schuldrechtsmodernisierung: Anwendungsbereich des § 651 BGB im Bau- und Anlagenbau, BauR 2004, 251 [252]; Popescu, Der Anwendungsbereich des § 651 BGB im Lichte der BGH- und EuGH-Rechtsprechung, BauR 2010, 1485 ff.). Trotz der überragenden Bedeutung der Herstellungsverpflichtung des Auftragnehmers finden gemäß § 650 BGB auf Werklieferungsverträge ausschließlich die Regelungen des Kaufvertragsrechtes im Sinne der §§ 433 BGB ff. Anwendung, welche lediglich im Falle von individuell nach den Vorgaben des Bestellers hergestellten Bauteilen um ausgewählte Regelungen des Werkvertragsrechtes ergänzt werden (Nur insoweit hat die vor in Krafttreten des Schuldrechtsmodernisierungsgesetzes auch nach in Krafttreten des

Gesetzes zur Reform des Bauvertragsrechtes und zur Änderung der kaufrechtlichen Mängelhaftung notwendige Unterscheidung zwischen vertretbaren und unvertretbaren Sachen noch Bedeutung. Soweit es sich bei den herzustellenden oder zu erzeugenden beweglichen Sachen um nicht vertretbare Sachen handelt, sind ergänzend zu den kaufrechtlichen Vorschriften auch die §§ 642, 643, 645, 648 und 649 BGB in modifizierter Form anzuwenden).

Diese im Rahmen des Schuldrechtsmodernisierungsgesetzes im Jahr 2002 geänderte Verknüpfung von Werklieferungsverträgen i.S.d. § 650 BGB mit ausschließlich kaufrechtlichen Vorschriften geht zurück auf eine womöglich überschießende Umsetzung der Verbrauchsgüterkaufrichtlinie 1999/44/EG, von deren Anwendungsbereich gem. Art. 1 Abs. 4 der Richtlinie lediglich die Lieferung herzustellender oder zu erzeugender Verbrauchsgüter erfasst werden (Thode, EG-Richtlinie zu bestimmten Aspekten des Verbrauchsgüterkaufs und der Garantien für Verbrauchsgüter – ihre Auswirkungen auf das deutsche Werkvertragsrecht, ZfBR 2000, 363 ff. mit weiteren Nachweisen) Art. 1 Abs. 1 b) der Verbrauchsgüterkaufrichtlinie definiert Verbrauchgüter als bewegliche körperliche Gegenstände, mithin als eine Unterart der Gegenstände (Konopka/Acker, BauR 2004, 251 [252]).

Aus dieser im Rahmen der Einführung des Schuldrechtsmodernisierungsgesetzes im Jahr 2002 geänderten Verknüpfung mit kaufrechtlichen Vorschriften ergeben sich für Werklieferungsverträge zahlreiche Probleme, welche durch entsprechende vertragliche Regelungen zwar nicht vollständig beseitigt, zumindest aber abgemildert werden können (vgl. hierzu Thode, NZBau 2002, 360 ff.; ders., ZfBR 2000, 363 ff. mit weiteren Nachweisen; Voit, Die Änderungen des allgemeinen Teils des Schuldrechts durch das Schuldrechtsmodernisierungsgesetz und ihre Auswirkungen auf das Werkvertragsrecht, BauR 2002, 145 ff.; Leistner, JA 2007, 81 ff.).

Hervorzuheben sind vor allem die auf Werklieferungsverträge zwischen Kaufleuten anzuwendenden Vorschriften des Handelsrechtes, durch die dem Besteller eine Rügeobliegenheit auferlegt wird, welche er, ohne störend in den Bauablauf eingreifen zu müssen, nur in den wenigsten Fällen erfüllen kann (Ulbrich/Ulbrich, Probleme der kaufmännischen Rügepflicht bei Werklieferungsverträgen in Verbindung mit Bauwerken, Festschrift für Reinhold Thode, S. 181 ff.).

Demgegenüber sind auf Werklieferungsverträge die unternehmerschützenden Vorschriften der Sicherungshypothek i.S.d. § 650d BGB und der Bauhandwerkersicherung i.S.d. § 650e BGB nicht anwendbar.

Soweit im Zusammenhang mit der Bestellung eines Erbbaurechtes ein Gebäude auf einem Grundstück durch einen Bauunternehmer errichtet werden soll, kann auch dieser eindeutig dem Werkvertragsrecht zuzuordnende Bauvertrag nunmehr dem Kaufvertragsrecht unterliegen, da ein derart errichtetes Gebäude gem. § 95 Abs. 1 S. 2 BGB kein Bestandteil des Grundstückes wird, sondern weiterhin als bewegliche Sache einzuordnen wäre (Erman/Schwenker, BGB, § 651 Rn. 5; Thode, NZBau 2002, 36; Ulbrich/Ulbrich, Probleme der kaufmännischen Rügepflicht bei Werklieferungsverträgen in Verbindung mit Bauwerken, Festschrift für Reinhold Thode, S. 196 ff.; Konopka/Acker, **a.A.** Staudinger/Peters/Jacoby, Buch 2, Bearbeitung 2008, § 651 BGB Rn. 4; MüKo/Busche, § 651 Rn. 9; Bamberger/Roth-Voit, § 651 Rn. 3 m.w.N.; Kniffka/Jansen, ibr-online-Kommentar Bauvertragsrecht, Stand 21.08.2017, § 651 Rn. 6 ff.).

Schließlich ergeben sich zahlreiche Probleme bei Baulieferungsverträgen aus dem Wahlrecht des Käufers hinsichtlich der Art der Nacherfüllung sowie der Tatsache, dass im Rahmen der Gewährleistung ein Anspruch auf Ersatzvornahme sowie der damit verbundene Kostenvorschussanspruch, sowie ein Anspruch auf Abschlagszahlungen im Kaufvertragsrecht nicht vorgesehen ist (vgl. hierzu Leupertz, BauR 2006, 1648 ff.).

In den nachfolgenden Vertragsmustern wird am Beispiel eines Werklieferungsvertrages über die Herstellung und Lieferung individuell angefertigter Bauteile der Versuch unternommen, die zuvor angeschnittene Problematik durch geeignete Vertragsklauseln zu entschärfen und den jeweiligen Interessen des Bestellers und des Lieferanten anzupassen.

Besonders hinzuweisen ist jedoch nochmals darauf, dass einzelne Vertragsklauseln als Allgemeine Geschäftsbedingungen in Abhängigkeit von der konkreten Verwendungssituation gem. § 307 ff. BGB unwirksam sein können. Die Vertragsmuster müssen daher unbedingt an die konkrete Verwendungssituation individuell angepasst werden und sollen lediglich Anhaltspunkte dafür liefern, welche Problembereiche bei einem Werklieferungsvertrag regelmäßig auftreten und durch entsprechende vertragliche Regelungen berücksichtigt werden können.

Dieselbe Problematik stellt sich ebenfalls bei der Verwendung der VOB/B gegenüber Verbrauchern, welche nach dem Urteil des BGH vom 24.07.2008 auch dann der Inhaltskontrolle unterliegt, wenn sie als Ganzes vereinbart wurde (BGH, Urt. v. 24.07.2008, VII ZR 55/07 = IBR 2008, 557, IBR 2008, 558). Hierauf wird im Folgenden noch eingegangen werden.

b) Werklieferungsvertrag (aus Sicht des Bestellers)

251

Werklieferungsvertrag

zwischen

Fa. .....

– Besteller –

und

Fa. .....

– Lieferant –

Präambel

Der Besteller ist am Bauvorhaben ..... mit der Herstellung und Errichtung von ..... beauftragt. Die ihm übertragenen Arbeiten müssen zwingend bis zum ..... abgeschlossen sein. Bei Überschreitung des vereinbarten Fertigstellungstermins sieht sich der Besteller empfindlichen Schadensersatzansprüchen von seinem Auftraggeber in Form von Verzugsschäden, Vertragsstrafen etc. ausgesetzt. Die Einhaltung der in diesem Vertrag vereinbarten Zwischen- und Fertigstellungstermine ist daher für den Besteller von besonderer Bedeutung.

Der Lieferant ist Produzent von Bauteilen und fertigt diese nach individuellen Vorgaben (Qualität, Abmessungen, Veredelungen etc.) des Bestellers.

§ 1 Gegenstand des Vertrages

(1) Gegenstand dieses Vertrages ist die Herstellung und Lieferung von individuell angefertigten Bauteilen entsprechend der Bauteillieferliste vom ..... für die .....-arbeiten des Bestellers am Bauvorhaben ..... durch den Lieferanten.

(2) Weitere Vertragsbestandteile sind:
1. das Verhandlungsprotokoll vom .....
2. die Leistungsbeschreibung vom .....
3. die dem Lieferanten übergebenen Pläne .....
4. das Angebot des Lieferanten vom .....
5. die Bemusterungsliste vom .....
6. die Allgemeinen Geschäftsbedingungen des Bestellers in der Fassung vom .....
7. die VOB/B, in der zum Zeitpunkt des Vertragsschlusses gültigen Fassung.

Bei Widersprüchen im Vertrag oder in den einzelnen Vertragsbestandteilen ist der Vertrag auszulegen. Ist im Rahmen der Auslegung keine eindeutige Bestimmung des Vertragsinhaltes möglich, wird der Vertragsinhalt durch die einzelnen Vertragsbestandteile in der voranstehenden Reihenfolge, allerdings nachrangig zu den Regelungen dieses Vertrages, festgelegt.

(3) Weitere Vertragsbestandteile sind nicht vereinbart.

Insbesondere werden Allgemeinen Geschäftsbedingungen des Lieferanten nicht Bestandteil dieses Vertrages, auch wenn der Besteller diesen nicht ausdrücklich widerspricht.

§ 2 Leistungsumfang / Beweislast

(1) Der Lieferant verpflichtet sich, zur Herstellung und Lieferung der in der Bauteillieferliste vom ..... nach Größe und Qualität spezifizierten Bauteile für das Bauvorhaben ..... .

(2) Der Lieferant ist bis zur Abnahme der Leistung gem. § 8 des Vertrages dafür beweispflichtig, dass seine Leistungen vertragsgemäß sind. Zum Nachweis der Übereinstimmung der durch den Lieferanten hergestellten Bauteile mit den vertraglichen und gesetzlichen Qualitätsanforderungen hat der Lieferant dem Besteller 12 Werktage nach Aufforderung, spätestens jedoch mit Auslieferung des letzten Bauteils, unter anderem sämtliche erforderlichen bauaufsichtlichen Zulassungen, Genehmigungen, Bescheinigungen, amtlich anerkannte Prüfberichte und sonstige Werkzeugnisse zu übergeben.

(3) Der Lieferant ist darüber hinaus verpflichtet, ein dokumentiertes Qualitätsmanagement-Sicherungssystem (QM-Sicherungssystem) zur Sicherstellung der Erfüllung der Qualitätsanforderungen in seinem Betrieb einzuführen und während der Dauer der Vertragsabwicklung aufrecht zu erhalten und zu dokumentieren und dem Besteller 12 Tage nach Aufforderung, spätestens jedoch mit Auslieferung des ersten Bauteils, diese Dokumentation zu übergeben.

§ 3 Vergütung

(1) Die Abrechnung der Lieferleistung erfolgt nach den vertraglichen Einheitspreisen.

Die jeweiligen Einheitspreise sind Festpreise für die Dauer der Abwicklung des gesamten Auftrages, längstens jedoch bis zum ..... .

Während dieser Zeit auftretende Veränderungen der Kalkulationsgrundlagen, insbesondere Veränderungen der Lohnkosten, Materialpreise, Steuern, Abgaben, öffentliche Tarife, Gebühren, Zölle oder sonstige Änderungen mit preisbildendem Inhalt, begründen keinen Anspruch auf eine besondere Vergütung oder auf eine Änderung der Vertragspreise.

alternativ

Der Lieferant erhält für die Erbringung der vertraglich geschuldeten Leistung eine Pauschalvergütung i.H.v. ..... .

Der Pauschalfestpreis ist bis zum ..... unabänderlich. Bis zum ..... auftretende Veränderungen der Kalkulationsgrundlagen, insbesondere Veränderungen der Lohnkosten, Materialpreise, Steuern, Abgaben, öffentliche Tarife, Gebühren, Zölle oder sonstige Änderungen mit preisbildendem Inhalt, begründen keinen Anspruch auf Änderung oder Anpassung des Pauschalfestpreises.

(2) Der Vergütungsanspruch des Lieferanten wird mit Abnahme der Gesamtleistung sowie Prüfung und Feststellung der von dem Lieferanten vorgelegten prüffähigen Schlussrechnung, spätestens innerhalb von 60 Tagen nach Zugang fällig.

§ 4 Vertragstermine

(1) Als Vertragstermine gelten:

Lieferbeginn:

Zwischentermine:

Ende der kompletten Bauteillieferung:

(Fertigstellungstermin)

Der Besteller ist berechtigt, die Leistung ganz oder in Teilen abzurufen.

(2) Als weitere Zwischentermine gelten die Terminvorgaben in den einzelnen Abrufbestellungen des Bestellers als Eintrefftermine am jeweiligen Lieferort. Diese werden mit Bekanntgabe an den Lieferanten verbindliche Vertragstermine, soweit diese von dem Besteller mit einer Vorlaufzeit

von ..... bekanntgegeben werden. Der Lieferant sichert insoweit eine notwendige aber auch ausreichende Vorlaufzeit von ..... zu.

§ 5 Vertragsstrafe

(1) Gerät der Lieferant mit dem gem. § 4 des Vertrages vereinbarten Fertigstellungstermin in Verzug, verwirkt der Lieferant je Werktag der verschuldeten Terminüberschreitung eine Vertragsstrafe i.H.v. 0,2% der Nettoabrechnungssumme.

(2) Gerät der Lieferant mit einem gem. § 4 des Vertrages vereinbarten Zwischentermin in Verzug, verwirkt der Lieferant je Werktag der verschuldeten Terminüberschreitung eine Vertragsstrafe i.H.v. 0,2% der Nettoabrechnungssumme, die auf die bis zu dem jeweiligen Zwischentermin fertig zu stellenden und zu liefernden Leistungsteile entfällt, maximal aber 3% der Nettoabrechnungssumme der entsprechenden Teilleistung.

(3) Die Summe der Vertragsstrafen wird auf maximal 5% der Nettoabrechnungssumme begrenzt. Der Besteller ist berechtigt, weitergehende Verzugsschäden einschließlich ihm entstehender Vertragsstrafen unter Anrechnung der hier verwirkten Vertragsstrafe geltend zu machen.

(4) Eine einmal verwirkte Vertragsstrafe für einen Zwischentermin wird auf nachfolgend verwirkte Vertragsstrafen für weitere Zwischentermine oder für den Fertigstellungstermin angerechnet.

(5) Die Vertragsstrafe kann bis zur Schlusszahlung geltend gemacht werden, auch wenn diese bei der Ablieferung und Übergabe der Bauteile nicht ausdrücklich vorbehalten wird. Die Vertragsstrafen- vereinbarung gilt auch für die neuen Termine, wenn die Parteien neue Zwischentermine oder einen neuen Fertigstellungstermin vereinbaren oder diese gem. § 4 Abs. 2 des Vertrages durch Bekanntgabe durch den Besteller verbindliche Vertragtermine werden.

(6) Gerät der Lieferant mehr als 8 Werktage mit der jeweiligen Teillieferung oder der Gesamtlieferung in Verzug, so kann der Besteller ohne vorherige Ankündigung geeignete Maßnahmen, beispielsweise Notbehelfe etc., zur Abwendung eines größeren Schadens ergreifen. Sämtliche hierdurch verursachten Kosten und Folgekosten gehen zu Lasten des Lieferanten.

§ 6 Lieferbedingungen

(1) Die Lieferung der Bauteile erfolgt auf Abruf nach Angaben des Bestellers zur o.g. Baustelle.

(2) Die Anlieferung und das Abladen der Bauteile erfolgt auf ausschließliche Gefahr und Kosten des Lieferanten mit lieferanteneigenem oder von dem Lieferanten bereit gestelltem Transport- und Hebewerkzeug.

(3) Die Anlieferung der Bauteile erfolgt auf Paletten, welche die nachfolgenden Anforderungen erfüllen:

Verpackungs- und Anlieferungsmodalitäten (Sortierung etc.) festlegen!

(4) Die einzelnen Bauteile sind wie folgt zu kennzeichnen:

Zur späteren Eingangskontrolle ist die Kennzeichnung der einzelnen Waren zwingend erforderlich.

(5) Zu allen Lieferungen hat der Lieferant Lieferpapiere zu übergeben. Diese müssen folgende Angaben enthalten:

.....

.....

Sind diese Angaben unvollständig, falsch oder die Lieferscheine nicht der jeweiligen Lieferung beigefügt, gehen sämtliche hierdurch entstehenden Kosten oder Schäden zu Lasten des Lieferanten.

§ 7 Annahme der Leistung

(1) Bei Anlieferung der Bauteile erfolgt lediglich eine Sichtkontrolle auf Vollständigkeit und Übereinstimmung der gelieferten Bauteile mit den Angaben auf dem Lieferschein anhand deren Kennzeichnung sowie auf Mängel, die ohne Entfernung der Verpackung visuell erkennbar sind.

(2) Die Kontrolle erfolgt innerhalb einer Woche nach Anlieferung der Bauteile. Werden von dem Besteller hierbei Mängel festgestellt, ist der Besteller verpflichtet, diese innerhalb einer weiteren Woche dem Lieferanten schriftlich anzuzeigen.

(3) Weitergehende Untersuchungen der Bauteile schuldet der Besteller bei Anlieferung nicht. Insbesondere ist er nicht verpflichtet, bei Anlieferung der Bauteile diese auf Übereinstimmung hinsichtlich der Art, der Ausführung oder sonstiger Eigenschaften oder Qualitätsmerkmale mit der geschuldeten Leistung zu überprüfen.

(4) Werden derartige Mängel im Zuge des Einbaues der von dem Lieferanten gelieferten Bauteile oder auch später festgestellt, ist der Besteller verpflichtet, diese dem Lieferanten innerhalb von 2 Wochen nach deren Entdeckung schriftlich anzuzeigen.

(5) Der Lieferant verpflichtet sich, innerhalb von 14 Tagen nach Zugang der Mängelrüge nach Abs. 2 und 4 kostenlos Ersatz für die bemängelten Bauteile zu liefern.

§ 8 Abnahme der Leistung

(1) Die Parteien vereinbaren die förmliche Abnahme.

(2) Die Parteien verpflichten sich einen Abnahmetermin zu vereinbaren, welcher spätestens 14 Tage nach Lieferung des letzten vertraglich vereinbarten Bauteils auf Verlangen des Lieferanten stattzufinden hat.

(3) Bis zur Abnahme der Leistung haftet der Lieferant unter Berücksichtigung des § 7 des Vertrages für die Mangelfreiheit seiner vertraglichen Leistung.

(4) Liegt die nach § 2 Abs. 2 und 3 des Vertrages geschuldete Dokumentation bei Abnahme nicht vor, kann der Besteller die Abnahme verweigern.

(5) Die Abnahme wird weder durch Einbau, eine frühere Benutzung, Inbetriebnahme oder behördliche Abnahme, noch durch eine Mitteilung über die Fertigstellung ersetzt.

§ 9 Gewährleistung

(1) Die Gewährleistungszeit beträgt 5 Jahre und 2 Monate und beginnt insgesamt (auch für sämtliche Teillieferungen) mit Abnahme der Gesamtleistung.

(2) Im Übrigen richtet sich die Gewährleistung nach den Bestimmungen der VOB/B.

(3) Der Lieferant haftet im Rahmen der Nacherfüllung verschuldensunabhängig auch für die Transport-, Wege-, Material- und Arbeitskosten sowie sämtliche Kosten und Folgekosten, die durch den Aus- und Wiedereinbau der von ihm gelieferten mangelhaften Bauteile entstehen.

(4) Der Lieferant haftet ebenso verschuldensunabhängig für Beschädigungen an Leistungen Dritter, welche durch die mangelhafte Leistung des Lieferanten verursacht werden. Ebenso trägt er das komplette Transportrisiko.

§ 10 Vertragserfüllungs- und Gewährleistungsbürgschaft

(1) Als Sicherheit für die Erfüllung der vertraglich vereinbarten Leistungen übergibt der Lieferant dem Besteller eine unbefristete, selbstschuldnerische Vertragserfüllungsbürgschaft eines Kreditinstituts mit Sitz innerhalb der Europäischen Union mit inländischer Niederlassung und inländischem Gerichtsstand in Höhe von 10% der Nettoauftragssumme innerhalb von 20 Tagen nach Vertragsschluss.

(2) Die Bürgschaft muss sich auf sämtliche Erfüllungsansprüche des Bestellers, insbesondere auf die aus geänderten und zusätzlichen Leistungen gem. §§ 1 Abs. 3 und Abs. 4 VOB/B, einschließlich sämtlicher Abrechnungs-, Nachbesserungs-, Wandelungs-, Schadensersatz- und Vertragsstrafenansprüche, sowie auf die Erstattung von Überzahlungen einschließlich Zinsen und auf Rückgriffansprüche des Bestellers, wenn er bei Nichtzahlung des Mindestentgeltes oder der Beiträge zur Urlaubskasse (§ 1a AEntG) oder bei Nichtzahlung von Sozialversicherungsbeiträgen und Steuern durch die Lieferantin von dritter Seite in Anspruch genommen wird, erstrecken.

(3) Die Bürgschaft muss die Erklärung enthalten, dass auf die Einrede der Anfechtung und Aufrechnung sowie der Vorausklage gem. §§ 770, 771 BGB mit Ausnahme unbestrittener oder rechtskräftig festgestellter Gegenansprüche sowie auf die Hinterlegungsbefugnis des Bürgen verzichtet und die Einrede der Verjährung begrenzt durch § 202 Abs. 2 BGB bis zur Rückgabe der Bürgschaftsurkunde nicht erhoben wird.

(4) Die Bürgschaft ist auf Verlangen des Lieferanten zurückzugeben, frühestens jedoch mit Abnahme der Gesamtlieferleistung.

(5) Als Sicherheit für die Gewährleistungsansprüche des Bestellers übergibt der Lieferant dem Besteller eine unbefristete, selbstschuldnerische Gewährleistungsbürgschaft eines Kreditinstituts mit Sitz innerhalb der Europäischen Union mit inländischer Niederlassung und inländischem Gerichtsstand in Höhe von 5% der Nettoabrechnungssumme gegen Rückgabe der nicht beanspruchten Erfüllungsbürgschaft bei Abnahme der Gesamtlieferleistung.

(6) Die Bürgschaft muss sich auf sämtliche Gewährleistungsansprüche des Bestellers, insbesondere auf die aus geänderten und zusätzlichen Leistungen gem. §§ 1 Abs. 3 und Abs. 4 VOB/B, einschließlich sämtlicher Abrechnungs-, Nachbesserungs-, Wandelungs-, Schadensersatz- und Vertragsstrafenansprüche, sowie auf die Erstattung von Überzahlungen einschließlich Zinsen und auf Rückgriffsansprüche des Bestellers, wenn er bei Nichtzahlung des Mindestentgeltes oder der Beiträge zur Urlaubskasse (§ 1a AEntG), oder bei Nichtzahlung von Sozialversicherungsbeiträgen und Steuern durch den Lieferanten von dritter Seite in Anspruch genommen wird, erstrecken.

(7) Die Bürgschaft muss die Erklärungen nach Abs. 3 und die Erklärung enthalten, dass die Einrede der Verjährung der Bürgschaftsforderung bis zum Ablauf der Gewährleistungsfrist nach § 9 des Vertrages nicht erhoben wird.

(8) Die Bürgschaft ist auf Verlangen der Lieferantin zurückzugeben, wenn die Gewährleistungsfrist nach diesem Vertrag abgelaufen ist und die bis dahin entstandenen Gewährleistungsansprüche des Bestellers erfüllt sind.

(9) Als Erfüllungsort und Gerichtsstand für sämtliche Verpflichtungen aus den vorgenannten Bürgschaften wird der Sitz der Bestellerin vereinbart.

(Nur bei vereinbarten Abschlagszahlungen)

(10) Bis zur Übergabe einer entsprechenden Bürgschaft ist der Besteller berechtigt, als Vertragserfüllungssicherheit 10% der Nettoabrechnungssumme von den jeweiligen Abschlagsrechnungen, jedoch maximal einen Betrag i.H.v. 10% der Nettoauftragssumme, bis zu dem in Abs. 4 genannten Zeitpunkt und als Gewährleistungssicherheit 5% der Nettoabrechnungssumme der jeweiligen Abschlags- bzw. Schlussrechnung, jedoch maximal einen Betrag i.H.v. 5% der Nettoauftragssumme bis zu dem in Abs. 8 genannten Zeitpunkt einzubehalten.

§ 11 Produkthaftpflichtversicherung

Die Lieferantin ist verpflichtet, vor Beginn der Lieferung den Abschluss einer Produkthaftpflichtversicherung mit den nachfolgenden Mindestdeckungssummen für die Dauer des Vertrages nachzuweisen:

Personenschäden ..... €

Sachschäden ..... €

Vermögensschäden ..... €

Die Kosten hierfür trägt der Lieferant.

§ 12 Abtretung und Nachunternehmer

(1) Die Vergütungsforderung des Lieferanten darf nur mit vorheriger schriftlicher Zustimmung der Bestellerin abgetreten werden.

(2) Gleiches gilt für den Einsatz von Nachunternehmern seitens des Lieferanten.

§ 13 Kündigung

Der Besteller kann den Vertrag jederzeit sowie aus besonderem Grund kündigen.

Ein besonderer Grund liegt insbesondere vor, wenn
- der Lieferant gegen § 12 des Vertrages verstößt,
- über das Vermögen des Lieferanten von Dritten oder von dem Lieferanten selbst das Insolvenzverfahren beantragt wird,
- gegen ihn Zwangsvollstreckungsmaßnahmen in einer Höhe erfolgen, welche die Erfüllung der vertraglichen Verpflichtungen gefährden,
- der Lieferant selbst oder durch dritte Personen, die mit der Vorbereitung, dem Abschluss oder der Durchführung des Vertrages beauftragt sind oder dieser nahestehenden Person Vorteile anbietet, verspricht oder gewährt.

§ 14 Gerichtsstand

Als Gerichtsstand für sämtliche Verpflichtungen aus diesem Vertrag wird der Sitz des Bestellers vereinbart.

§ 15 Schriftformklausel/Salvatorische Klausel

(1) Alle Änderungen und Ergänzungen dieses Vertrages bedürfen der Schriftform.

(2) Sollte eine Bestimmung dieses Vertrages unwirksam sein oder werden, so wird die Wirksamkeit der übrigen Bestimmungen hierdurch nicht berührt. Die Parteien sind gehalten, die unwirksame Bestimmung durch eine wirksame Bestimmung zu ersetzen, mit der das wirtschaftlich und vertraglich gewollte Ergebnis am Besten erreicht wird.

.....
Ort, Datum

....
(Bestellerin)   (Lieferantin)

c) Anmerkungen zum Vertrag aus Sicht des Bestellers

Zur Präambel

252

In der Präambel sollte eine allgemeine Einführung in den jeweiligen Vertrag, dessen Zweck und die Punkte, die für beide Parteien von besonderer Bedeutung sind, erfolgen.

Dies hat den Sinn, den Vertragsinhalt, den Willen der Parteien und deren Intention bei Vertragsabschluss zu konkretisieren, was bei einer späteren Auslegung einzelner Vertragsklauseln oder aber im Falle der Unwirksamkeit einzelner Vertragsklauseln von Bedeutung sein kann.

Insbesondere im Hinblick auf die im Vertragsmuster unter § 5 enthaltene Vertragsstrafenregelung empfiehlt es sich, die besondere Bedeutung der fristgerechten Lieferung der herzustellenden Bauteile herauszustellen. Dies stellt zum einen eine Rechtfertigung für die entsprechende Vertragsstrafenregelung dar. Zum anderen kann sich der Unternehmer nun nicht mehr auf die Unkenntnis der besonderen Bedeutung der Einhaltung der Lieferfristen berufen.

Zu § 1 Gegenstand des Vertrages

253

In § 1 wird der Gegenstand des Vertrages weiter konkretisiert und festgelegt, welche externen Dokumente und Urkunden Vertragsbestandteile werden sollen. Die Parteien haben hier großen Gestaltungsspielraum.

Bei den in Absatz 2 exemplarisch aufgezählten Vertragsbestandteilen handelt es sich daher lediglich um Vorschläge, welche einen kurzen Überblick über einige Gestaltungsmöglichkeiten geben sollen.

Wie sich in der Praxis gezeigt hat, sollte die Einbeziehung externer Vertragsbestandteile jedoch nicht allzu großen Umfang einnehmen, da die Vertragsparteien hierdurch schnell den Überblick über den genauen Vertragsinhalt verlieren und der Vertrag unübersichtlich wird. In Extremfällen kann der Vertrag sogar unwirksam sein (Nach dem Grundsatz der Privatautonomie müssen die essentialia negotii zumindest bestimmbar, d.h. durch Auslegung i.S.d. §§ 133, 157 BGB ermittelbar, in einem Vertrag zwischen den Parteien vereinbart worden sein. Ist dies nicht der Fall ist der gesamte Vertrag unwirksam).

Zur Vermeidung der Unwirksamkeit des gesamten Vertrages kann es sinnvoll sein, bei Einbeziehung externer Vertragsbestandteile eine Rangfolgeregelung in den Vertrag aufzunehmen, welche bei nicht im Rahmen der Auslegung des Vertrages zu beseitigenden Unklarheiten über die Leistungsverpflichtungen eine Reihenfolge vorgibt, aus welchen Vertragsbestandteilen der Vertragsinhalt vorrangig zu entnehmen ist.

Nachteil eines derartigen Automatismus ist, dass hierdurch unter Umständen der Vertrag einen Inhalt erhält, welcher von einer Vertragspartei so nicht gewollt war, diese Partei aber dennoch an den Vertrag gebunden ist. In diesem Fall wäre es für diese Partei günstiger, wenn der gesamte Vertrag unwirksam ist.

Schließlich empfiehlt es sich für den Besteller sonstige Vertragsbestandteile, insbesondere Allgemeine Geschäftsbedingungen des Lieferanten auszuschließen, da diese ihm zumeist nicht bekannt sein dürften.

Allgemein ist darauf hinzuweisen, dass Allgemeine Geschäftsbedingungen bei Verträgen, an welchen ein Verbraucher beteiligt ist, nur dann Vertragsbestandteil werden, wenn diese dem jeweiligen Vertragspartner vor Vertragsschluss ausgehändigt werden.

Dies gilt selbstverständlich auch für die VOB/B, die gegenüber Verbrauchern seit der Entscheidung des BGH vom 25.07.2008 – VII ZR 55/07 – uneingeschränkt der Inhaltskontrolle unterliegt (BGH, Urt. v. 25.07.2008 – VII ZR 55/07 = IBR 2008, 557, IBR 2008, 558).

Diese uneingeschränkte Inhaltskontrolle einzelner Klauseln der VOB/B wird im Regelfall auch bei der Verwendung der VOB/B gegenüber Unternehmen eröffnet sein, da mit dem Erlass des Forderungssicherungsgesetzes die bisherige Rechtsprechung des Bundesgerichtshofes ebenfalls Einzug in das BGB erhalten hat, vgl. § 310 Abs. 1 Satz 3 BGB. Danach ist eine Inhaltskontrolle einzelner Bestimmungen der VOB/B nur dann ausgeschlossen, wenn diese gegenüber einem Unternehmer, einer juristische Person des öffentlichen Rechts oder einem öffentlich-rechtlichen Sondervermögen verwendet werden und die VOB/B in der jeweils zum Zeitpunkt des Vertragsschlusses geltenden Fassung ohne inhaltliche Abweichungen insgesamt einbezogen ist.

Zwar stellt der Senat in der oben zitierten Entscheidung ausdrücklich klar, dass er bei der Verwendung der VOB/B zwischen Unternehmern an seiner sog. Privilegierungsrechtsprechung festhält. Nachdem jedoch regelmäßig, zum Teil auch unbewusst, Eingriffe in die VOB/B durch andere vertragliche Vereinbarungen der Parteien vorgenommen werden, werden damit zukünftig ein Großteil der geschlossenen VOB/B-Bau- sowie Baulieferverträge der Inhaltskontrolle unterliegen.

Die sich hieraus ergebenden Konsequenzen können teilweise verheerend sein, da sich nur der Verwendungsgegner auf die Unwirksamkeit der ihn benachteiligenden Vertragsklauseln berufen kann; der Verwender bleibt dagegen an den ihn benachteiligenden Regelungen der VOB/B gebunden.

Beispielsweise sind nach Urteilen des BGH folgende Regelungen der VOB/B unwirksam: (Anzumerken ist, dass den Entscheidungen zum Teil unterschiedliche Fassungen der VOB/B zugrunde lagen).

§ 2 Abs. 8 Abs. 1 VOB/B, (BGH, Urt. v. 31.01.1991 – ZR VII 291/98 = BauR 1991, 331) § 12 Abs. 5 Abs. 3 VOB/B, § 13 Abs. 3 VOB/B, (BGH, Urt. v. 19.03.1998 – ZR VII 116/97 = BauR 1998, 614) § 13 Abs. 4 VOB/B, (BGH, Urt. v. 10.10.1985 – ZR VII 325/84 = BauR 1986, 89;

Urt. v. 21.06.1990 – VII ZR 308/89 = BauR 1990, 718; Urt. v. 19.05.1994 – ZR VII 26/96 = BauR 1994, 617) § 16 Abs. 3 VOB/B und § 16 Abs. 6 S. 1 VOB/B (BGH, Urt. v. 21.06.1990 – ZR VII 109/89 = BauR 1990, 727).

An der Wirksamkeit der Regelungen unter § 4 Abs. 7 VOB/B, § 7 VOB/B, § 12 Abs. 4 VOB/B, § 15 Abs. 3 S. 5 VOB/B, § 13 Abs. 5 VOB/B, § 13 Abs. 7 VOB/B, § 16 Abs. 5 Abs. 3 VOB/B bestehen erhebliche Zweifel (vgl. beispielsweise Joussen, Die Privilegierung der VOB nach dem Schuldrechtsmodernisierungsgesetz, BauR 2002, 1759 m.w.N.).

Da auch zahlreiche weitere Bestimmungen der VOB/B einer isolierten Inhaltskontrolle nicht standhalten werden, ist im Rahmen der Beratungstätigkeit ernsthaft zu prüfen, ob die Vereinbarung der VOB/B in der konkreten Verwendungssituation für den eigenen Mandanten überhaupt vorteilhaft ist (Kniffka/Jansen, ibr-online-Kommentar Bauvertragsrecht, Stand 21.08.2017, § 651, Rn. 68). Dies gilt insbesondere auch vor dem Hintergrund des UKlaG (Vgl. § 1 UKlaG »Wer in Allgemeinen Geschäftsbedingungen Bestimmungen, die nach den §§ 307 bis 309 des Bürgerlichen Gesetzbuchs unwirksam sind, verwendet oder für den rechtsgeschäftlichen Verkehr empfiehlt, kann auf Unterlassung und im Fall des Empfehlens auch auf Widerruf in Anspruch genommen werden.«).

Ungeachtet von der Vereinbarung der VOB/B sind grundsätzlich bei der Herstellung und Lieferung von Baustoffen/-teilen, wie bei einem Werkvertrag üblich, auch die anerkannten Regeln der Technik, einschlägige DIN-Normen oder andere gesetzliche Normierungen zu beachten, durch welche der auch bei einem Werklieferungsvertrag im Rahmen der Herstellung geschuldete Werkerfolg i.d.R. konkretisiert wird.

Zu § 2 Leistungsumfang

254

In § 2 werden die individuellen Leistungspflichten des Lieferanten geregelt.

Insbesondere ist die in technischer und qualitativer Hinsicht geschuldete Leistung vollständig und so konkret wie möglich zu beschreiben. Dies kann im Vertrag selbst, aber auch durch Bezugnahme, in diesem Fall auf die Bauteillieferliste, erfolgen.

Besonders hinzuweisen ist auf Absatz 2 und 3 dieses Paragraphen.

Absatz 2 enthält eine Regelung hinsichtlich der Beweislastverteilung für die Mangelfreiheit der gelieferten Bauteile. Zum Nachweis der Mangelfreiheit hat der Lieferant insbesondere eine umfassende Herstellungsdokumentation zu übergeben.

Dies hat folgende Vorteile:

- Bis zur Vorlage einer derartigen Dokumentation kann der Besteller sich auf die Mangelhaftigkeit der gelieferten Bauteile berufen und damit ggf. auch fällig werdende Zahlungen verweigern.
- Die Vorlage einer derartigen Dokumentation wird zumeist vom Auftraggeber des Bestellers ebenfalls gefordert, so dass der Besteller durch das Druckmittel der berechtigten Zahlungsverweigerung den Lieferanten eventuell dazu bewegen kann, seiner Verpflichtung nachzukommen.

Durch Absatz 3 des Paragraphen wird der Lieferant verpflichtet, ein Qualitätsmanagementsicherungssystem in seinem eigenen Unternehmen zu installieren, wodurch sichergestellt werden soll, dass keine mangelhaften Bauteile ausgeliefert werden. Diese Regelung ist somit im Interesse beider Vertragsparteien und dient der Schadenreduzierung. Ob dies bei jeder Art von Werklieferungsverträgen vom Lieferanten abverlangt werden kann, ist jedoch zweifelhaft.

Allerdings ist die Vereinbarung eines derartigen Qualitätsmanagementsicherungssystems nach der überwiegenden Rechtsprechung sowie der maßgeblichen Auffassung in der Literatur zwingende Voraussetzung für eine abweichende vertragliche Regelung hinsichtlich der Untersuchungs- und Rügeobliegenheit gem. § 377 HGB (vgl. hierzu BGH, Urt. v. 11.10.1995 = NJW 1995, 3381;

BGH, Urt. v. 09.10.2001 – X ZR 58/00 = BGHR 2002, 221; Heymann, HGB-Kommentar, 2. Aufl. 2005, § 377 HGB, Rn. 130 ff.; Koller/Roth-Roth, HGB-Kommentar, 7. Aufl. 2011, § 377 HGB, Rn. 31 ff.; Baumbach/Hopt-Hopt, HGB-Kommentar, 33. Aufl. 2008, § 377 HGB, Rn. 56 ff.; MüKo/Grunewald, 2. Aufl. 2007, § 377 HGB, Rn. 108 ff.; Graf v. Westphalen, Vertragsrecht und AGB-Klauselwerke, Kapitel 7, Rn. 22 ff.; Steinmann, Abdingbarkeit der Wareneingangskontrolle in Qualitätssicherungsvereinbarungen, BB 1993, 873 ff.; Lehmann, Just in Time: Handels- und ABG-rechtliche Probleme, BB 1990, 1849; Thamm, Die Mängelrüge im Handelsverkehr im Lichte jüngster Rechtsprechung, NJW 2004, 2710 ff.; Nagel, Schuldrechtliche Probleme bei Just-in-Time-Lieferbeziehungen, DB 1991, 319 ff.).

255 **Zu § 3 Vergütung**

In § 3 wird die Leistungsverpflichtung des Bestellers geregelt.

Die Regelung der Vergütung kann nach Einheitspreisen oder nach pauschaliertem Aufwand erfolgen. Dies ist jeweils an den einzelnen Vertrag anzupassen.

Wichtig ist jedoch, dass aus Sicht des Bestellers in jedem Fall eine Regelung aufgenommen werden sollte, durch welche eine nachträgliche Anpassung der Einheitspreise oder des Pauschalfestpreises aufgrund der Änderung der Kalkulationsgrundlagen weitgehend ausgeschlossen wird.

Bei kurzzeitigen Lieferverträgen kann dies für die gesamte Vertragsdauer geschehen, bei längerfristigen Lieferbeziehungen ist jedoch eine zeitliche Begrenzung aufzunehmen, da andernfalls eine derartig starre Bindung im Rahmen einer AGB-Kontrolle zur Unwirksamkeit der Regelung führen könnte (vgl. hierzu § 309 Nr. 1 BGB sowie BGH, Urt. v. 21.09.2005 – VIII ZR 38/05; OLG Köln, Urt. v. 13.01.2006 – 6 U 148/06).

Die Fälligkeit der Vergütung sollte von der Abnahme der Gesamtleistung abhängig gemacht werden, da der Lieferant damit insgesamt vorleistungspflichtig ist (Ob eine derartige Verknüpfung in Allgemeinen Geschäftsbedingungen wirksam ist, bleibt abzuwarten, da nach den kaufrechtlichen Vorschriften der §§ 433 BGB ff. die Vergütung grundsätzlich mit Übergabe der Sache fällig wird. Damit ließe sich vertreten, dass eine derartige Regelung den Verwendungsgegner unangemessen benachteiligt und gem. § 307 BGB unwirksam ist). Sollte sich der Lieferant hierauf nicht einlassen wollen, wäre an die Vereinbarung von Abschlagszahlungen bzw. an die Vereinbarung eines Zahlungsplanes zu denken, wie dies in den anderen Vertragsmustern enthalten ist und dort nachgelesen werden kann.

Wichtig ist jedoch, dass die Fälligkeit des Schlusszahlungsanspruches weiterhin von der Abnahme der Gesamtleistung abhängig bleibt, da der Besteller hierdurch eine zusätzliche Sicherheit für die vertragsgemäße Ausführung der Lieferleistung erhält.

Besonders hinzuweisen ist in diesem Zusammenhang auf das am 01.01.2009 in Kraft getretene Bauforderungssicherungsgesetz (BauFordSiG). Dieses Gesetz, früher GSB abgekürzt, führte bislang in der Baupraxis eher ein Schattendasein. Im Rahmen des Forderungssicherungsgesetzes wurde der Anwendungsbereich jedoch entscheidend ausgeweitet, so dass Baugeld i.S.d. § 1 Abs. 3 Nr. 2 BauFordSiG auch dann vorliegt, wenn der Empfänger von einem Dritten für ein Werk, dessen Herstellung der Empfänger dem Dritten versprochen hat, Geld erhalten hat, wenn an der Herstellung des Werkes andere Unternehmer aufgrund eines Werk-, Dienst- oder Kaufvertrags beteiligt waren. Dies führt zu einer Baugeldeigenschaft für den Hauptunternehmer zugunsten der Nachunternehmer mit der Folge, dass die Organe des Hauptunternehmers der persönlichen Haftung ausgesetzt sind, wenn sie gegen diese Verwendungspflicht verstoßen (vgl. Stangl, Ein vergeblicher Versuch, nicht vorhandene Zahlungsmoral mit Mitteln des Gesetzes zu verbessern, ibr-online-Aufsatz).

256 **Zu § 4 Vertragstermine**

Die Vereinbarung von verbindlichen Lieferterminen ist bei einem Werklieferungsvertrag von zentraler Bedeutung.

Dies gilt nicht nur für den beabsichtigten Lieferbeginn und den Fertigstellungstermin.

Besondere Bedeutung kommt auch den zu vereinbarenden Zwischenterminen zu. So ist der Besteller zumeist aufgrund seiner eigenen Vertragsgestaltung sowie seines eigenen Bauablaufplanes darauf angewiesen, dass der Lieferant die herzustellenden beweglichen Bauteile (Teillieferungen) fristgerecht an die Baustelle liefert, damit er diese, wie geplant, einbauen und hierdurch seine eigenen Vertragsfristen einhalten kann. Die entsprechenden Folgen aus Lieferverzügen müssen somit konsequent auf den Lieferanten weitergegeben werden, was ausschließlich durch die Vereinbarung von verbindlichen Vertragsterminen möglich ist.

Eine einseitige Vorgabe von Lieferterminen seitens des Bestellers ist hierfür grundsätzlich nicht ausreichend. Aus diesem Grund ist es bereits bei Vertragsschluss zwingend erforderlich, dass sämtliche Liefertermine vereinbart werden.

Sollte dies bei Vertragsschluss nicht möglich sein, empfiehlt sich die Aufnahme einer Regelung entsprechend des Absatzes 2, mit welcher dem Besteller das einseitige Recht eingeräumt wird, die jeweiligen Liefertermine als verbindliche Vertragstermine festzulegen (Nach Auffassung des Verfassers ist ein derartiges Leistungsbestimmungsrecht nicht von § 1 Abs. 3 bzw. § 1 Abs. 4 S. 1 VOB/B umfasst, so dass dieses trotz Einbeziehung der VOB/B gesondert vereinbart werden muss, vgl. hierzu Ulbrich, Leistungsbestimmungsrechte in einem künftigen deutschen Bauvertragsrecht vor dem Hintergrund, der Funktion und der Grenzen von §§ 1 Nr. 3 und Nr. 4 VOB/B, S. 99 ff.; grundlegend hierzu Thode, Nachträge wegen gestörten Bauablaufs im VOB/B-Vertrag – Eine kritische Bestandsaufnahme, ZfBR 2004, 214 ff. ders., Änderungsbefugnis des Bauherren in § 1 Nr. 3 VOB/B. Anwendungsvoraussetzungen und Reichweite, BauR 2008, 155 ff.; Althaus, Änderung des Bauentwurfs und nicht vereinbarte Leistungen: Überlegungen zum Verhältnis § 1 Nr. 3 und Nr. 4 Satz 1 VOB/B, ZfBR 2007, 411 ff.; ders., Notwendige Nachtragsleistungen beim Vertrag nach VOB/B, BauR 2008, 167 ff.; a. A. Kniffka/Jansen/v. Rintelen, ibr-online-Kommentar Bauvertragsrecht, Stand 12.05.2017, § 631 BGB, Rn. 836 ff. mit weiteren Verweisen).

Auch der neu eingefügte § 650b BGB hilft mangels Anwendbarkeit hier nicht weiter.

Die Ausübung dieses Rechtes ist allerdings für den Lieferanten nur dann verbindlich, soweit dies im Rahmen des billigen Ermessens im Sinne des § 315 BGB erfolgt, was beispielsweise durch die Vereinbarung entsprechender Vorlaufzeiten wiederum konkretisiert werden kann.

Zu § 5 Vertragsstrafe

257

Aufgrund der überragenden Bedeutung der Lieferzeit sollte aus Sicht des Bestellers auch eine Regelung hinsichtlich einer zu verwirkenden Vertragsstrafe in den Vertrag einbezogen werden.

Zu beachten ist, dass diese sowohl für die Überschreitung der einzelnen Zwischentermine, als auch des Fertigstellungstermins, vereinbart wird.

In der Höhe ist die Vereinbarung einer Vertragsstrafe in Allgemeinen Geschäftsbedingungen nur unter bestimmten Voraussetzungen möglich.

So setzt die Vereinbarung einer wirksamen Vertragsstrafenregelung neben einem Verschulden des Lieferanten eine Begrenzung auf 0,2% der Nettoabrechnungssumme je Werktag voraus. Alternativ ist auch eine Beschränkung der Vertragsstrafe auf 0,3% der Nettoabrechnungssumme pro Arbeitstag vom Bundesgerichtshof bislang als zulässig erachtet worden (BGH, Urt. v. 01.04.1976 – VII ZR 122/74 = BauR 1976, 279; Urt. v. 18.01.2001 – VII ZR 238/00 = BB 2001, 587; BGH, Urt. v. 18.01.2001 – VII ZR 238/00 = BauR 2001, 791).

Insgesamt ist die Vertragsstrafe auf 5% der Nettoabrechnungssumme zu begrenzen; (BGH, Urt. v. 23.01.2003 – VII ZR 210/01 = BauR 2003, 870; BGHZ 153, 311; DB 2003, 1434; EWiR 2003, 699; MDR 2003, 804; NJW 2003, 1805; NZBau 2003, 321; WM 2003, 870; ZfBR 2003, 447; ZflR 2003, 411; ZIP 2003, 908) allerdings ist darauf hinzuweisen, dass Tendenzen in der Rechtsprechung des Bundesgerichtshofes zu erkennen sind, diese Maximalbegrenzung auf 2% – 3% der Nettoabrechnungssumme herabzusetzen.

Schließlich ist die Aufnahme einer Anrechnungsklausel, wie in Absatz 4 geschehen, zwingend erforderlich, da hierdurch vermieden wird, dass durch die Überschreitung der Zwischentermine bei gleichzeitiger Einhaltung des Fertigstellungstermins die Vertragsstrafe in voller Höhe verwirkt wird. Eine derartige Kumulation wurde von der Rechtsprechung als unzulässig erachtet und würde daher grundsätzlich zur Unwirksamkeit der Vertragsstrafe führen (OLG Hamm, Urt. v. 10.02.2000 – Az. 21 U 85/98 = BauR 2000, 1202).

Durch die Regelung in Absatz 5 wird sichergestellt, dass der Anspruch des Bestellers auf die Vertragsstrafe während des gesamten Vertrages und auch bei der Vereinbarung neuer Zwischen- und Fertigstellungstermine erhalten bleibt.

Ohne diese ausdrückliche Regelung müsste sich der Besteller die Geltendmachung der Vertragsstrafe in jedem Einzelfall gesondert vorbehalten, um diesen Einwand nicht zu verlieren.

Durch die Regelung in Absatz 6 wird klargestellt, dass der Besteller im Falle der Überschreitung der vereinbarten Fristen Soforthilfemaßnahmen zu Lasten des Lieferanten ergreifen kann, ohne dass hierfür eine gesonderte Fristsetzung erforderlich ist.

Zu derartigen Maßnahmen wäre der Besteller aufgrund der eigenen Schadensminderungspflicht zwar ebenfalls verpflichtet, eine ausdrückliche Regelung empfiehlt sich jedoch zur Vermeidung späterer Streitigkeiten.

258 Zu § 6 Lieferbedingungen

In § 6 werden die einzelnen Lieferbedingungen festgelegt, welche selbstverständlich in Abhängigkeit von den jeweils zu liefernden Bauteilen enorm variieren können.

Das Vertragsmuster enthält daher nur eine beispielhafte Aufzählung von ggf. zu berücksichtigenden Lieferbedingungen, welche lediglich als Anstoß für die Vereinbarung von individuell angepassten Lieferbedingungen dienen sollen.

Insbesondere wäre an die Vereinbarung von Verpackungs- und Anlieferungsmodalitäten zu denken, da hierdurch zum einen für den Besteller Schäden durch unnötiges Umsetzen der angelieferten Bauteile vermieden werden, zum anderen auch die Erfüllung der Rügeobliegenheit i. S. d. § 377 HGB seitens des Bestellers überhaupt erst ermöglicht wird.

Zudem wäre ein Verstoß seitens des Lieferanten gegen diese exakten Vorgaben als Pflichtverletzung zu werten, so dass sich hieraus Schadensersatzansprüche des Bestellers ergeben können. Zumindest im Rahmen einer späteren Beweisführung kann sich der Verstoß des Lieferanten gegen die Lieferbedingungen in Form einer Beweiserleichterung positiv auswirken.

259 Zu § 7 Annahme der Lieferung

Gemäß § 377 HGB ist der Besteller bei einem Handelsgeschäft grundsätzlich verpflichtet, die vom Lieferanten angelieferte Ware unverzüglich nach der Ablieferung zu untersuchen und etwaige Mängel dem Lieferanten unverzüglich anzuzeigen.

Unterlässt der Besteller die Untersuchung bzw. die Anzeige der bei einer ordnungsgemäßen Untersuchung feststellbaren Mängel, gelten die angelieferten Waren als genehmigt und somit mangelfrei, so dass auch Gewährleistungsansprüche für die bei einer ordnungsgemäßen Untersuchung erkennbaren Mängel ausgeschlossen sind.

Dies kann zur Folge haben, dass der Besteller von seinem Auftraggeber im Rahmen der Gewährleistung in Anspruch genommen wird, der Besteller seinen Lieferanten wegen dieser Mängel jedoch nicht mehr in Anspruch nehmen kann, da er seiner Untersuchungs- und Rügeobliegenheit im Sinne des § 377 HGB nicht nachgekommen ist (vgl. hierzu Englert/Motzke/Wirth-Wirth, Baukommentar, 2. Aufl. 2009, Anhang 1, Rn. 67 ff.).

Nachdem die Untersuchungs- und Rügeobliegenheit des Bestellers gem. § 377 HGB in Allgemeinen Geschäftsbedingungen nicht vollständig ausgeschlossen werden kann, sollten die Anforderungen an diese Verpflichtungen des Bestellers, soweit zulässig, abgeschwächt werden (vgl. hierzu BGH, Urt. v. 11.10.1995 = NJW 1995, 3381; BGH, Urt. v. 09.10.2001 – X ZR 58/00 = BGHR 2002, 221; Heymann, HGB-Kommentar, 2. Aufl. 2005, § 377 HGB, Rn. 130 ff.; Koller/Roth-Roth, HGB-Kommentar, 7. Aufl. 2011, § 377 HGB, Rn. 31 ff.; Baumbach/Hopt-Hopt, HGB-Kommentar, 33. Aufl. 2008, § 377 HGB, Rn. 56 ff.; MüKo/Grunewald, 2. Aufl. 2007, § 377 HGB, Rn. 108 ff.; Graf v. Westphalen, Vertragsrecht und AGB-Klauselwerke, Kapitel 7, Rn. 22 ff.; Steinmann, Abdingbarkeit der Wareneingangskontrolle in Qualitätssicherungsvereinbarungen, BB 1993, 873 ff.; Lehmann, Just in Time: Handels- und ABG-rechtliche Probleme, BB 1990, 1849; Thamm, Die Mängelrüge im Handelsverkehr im Lichte jüngster Rechtsprechung, NJW 2004, 2710 ff.; Nagel, Schuldrechtliche Probleme bei Just-in-Time-Lieferbeziehungen, DB 1991, 319 ff.). Dies kann vor allem dadurch erfolgen, dass die Anforderungen an eine ordnungsgemäße Untersuchung der Bauteile bei deren Anlieferung reduziert werden.

Vor diesem Hintergrund bestimmt Absatz 1, dass sich eine ordnungsgemäße Untersuchung im Sinne des § 377 HGB lediglich auf eine Sichtkontrolle auf Vollständigkeit und Übereinstimmung der gelieferten Bauteile mit den Angaben auf dem Lieferschein anhand deren Kennzeichnung sowie auf Mängel erstreckt, die ohne Entfernung der Verpackung visuell erkennbar sind.

Weitergehende Untersuchungen obliegen dem Besteller gemäß Absatz 3 nicht. Insbesondere wird in Absatz 3 ausdrücklich klargestellt, dass der Besteller nicht verpflichtet ist, die Bauteile bei Anlieferung hinsichtlich der geschuldeten Qualität zu untersuchen, da dies zumeist nicht möglich bzw. mit erheblichen Kosten verbunden sein wird.

Ob diese, aber auch eine noch weitergehende Einschränkung der Anforderungen an eine ordnungsgemäße Untersuchung im Sinne des § 377 HGB nach der Rechtsprechung des Bundesgerichtshofes (vgl. hierzu BGH, Urt. v. 19.06.1991 – VIII ZR 149/90 = NJW 1991, 2633; Koller/Roth-Roth, HGB-Kommentar, 7. Aufl. 2011, § 377 HGB, Rn. 31 ff.; Baumbach/Hopt-Hopt, HGB-Kommentar, 33. Aufl. 2008, § 377 HGB, Rn. 56 ff.; MüKo/Grunewald, 2. Aufl. 2007 § 377 HGB, Rn. 108 ff.; Graf v. Westphalen, Vertragsrecht und AGB-Klauselwerke, Kapitel 7, Rn. 22 ff.; Steinmann in BB 1993, 873 ff.; Lehmann in BB 1990, 1849 ff.) in Allgemeinen Geschäftsbedingungen zulässig ist, kann nicht abschließend beurteilt werden.

Die Wirksamkeit einer derartigen Regelung wird nach Auffassung des Autors wesentlich von der gleichzeitigen Vereinbarung eines Qualitätsmanagementsicherungssystems (vgl. hierzu BGH, Urt. v. 11.10.1995 = NJW 1995, 3381; BGH, Urt. v. 09.10.2001 – X ZR 58/00 = BGHR 2002, 221; Heymann, HGB-Kommentar, 2. Aufl. 2005, § 377 HGB, Rn. 130 ff.; Koller/Roth-Roth, HGB-Kommentar, 7. Aufl. 2011, § 377 HGB, Rn. 31 ff.; Baumbach/Hopt-Hopt, HGB-Kommentar, 33. Aufl. 2008, § 377 HGB, Rn. 56 ff.; MüKo/Grunewald, 2. Aufl. 2007, § 377 HGB, Rn. 108 ff.; Graf v. Westphalen, Vertragsrecht und AGB-Klauselwerke, Kapitel 7, Rn. 22 ff.; Steinmann, Abdingbarkeit der Wareneingangskontrolle in Qualitätssicherungsvereinbarungen, BB 1993, 873 ff.; Lehmann, Just in Time: Handels- und ABG-rechtliche Probleme, BB 1990, 1849; Thamm, Die Mängelrüge im Handelsverkehr im Lichte jüngster Rechtsprechung, NJW 2004, 2710 ff.; Nagel, Schuldrechtliche Probleme bei Just-in-Time-Lieferbeziehungen, DB 1991, 319 ff.)., aber auch von der zukünftigen anwaltlichen Gestaltung von Bauliefervträgen i.S.d. § 650 BGB abhängig sein.

Dies ergibt sich vor allem daraus, dass der Umfang der Untersuchungspflicht in § 377 HGB nicht abschließend geregelt ist, sondern hinsichtlich des Umfanges der Untersuchungspflicht auf eine im ordentlichen Geschäftsgang tunliche Untersuchung innerhalb dieser Regelung verwiesen wird.

Nachdem sich im Bereich von Bauliefervträgen i.S.d. § 650 BGB aufgrund der relativ nahe zurückliegenden Neuregelung und dem erst dadurch erweckten Problembewusstsein im Hinblick auf den Umfang der Untersuchungspflicht von gelieferten Bauprodukten nach Auffassung des

Autors noch keine umfassende Brachenüblichkeit entwickeln konnte, muss diese somit erst etabliert werden.

Hierbei wird neben weiteren zu berücksichtigenden objektiven Umständen selbstverständlich auch einer üblichen Vertragsgestaltung besondere Bedeutung zukommen, welche das Verständnis eines zukünftig tunlichen Geschäftsgangs beeinflussen kann.

Eine Grenze finden die Gestaltungsmöglichkeiten der Einschränkung der Untersuchungspflicht gem. § 377 HGB im Rahmen von Allgemeinen Geschäftsbedingungen jedenfalls soweit diese zu einem völligen Leerlaufen der Untersuchungspflicht führen.

Der Besteller ist daher in jedem Fall verpflichtet, die jeweils angelieferten Bauteile auf Transportschäden und sonstige sofort erkennbare Mängel unverzüglich zu überprüfen. Die bei dieser reduzierten Untersuchungspflicht nicht erkennbaren Mängel, muss der Besteller grundsätzlich unverzüglich nach deren Entdeckung rügen, vgl. § 377 Abs. 3 HGB.

Der Zeitraum, in welchem eine derartige Rüge noch als unverzüglich angesehen wird, ist nach der Rechtsprechung des Bundesgerichtshofes entscheidend von der jeweiligen Ware abhängig (vgl. hierzu etwa BGH, Urt. v. 18.03.2003 – X ZR 209/00 mit weiteren Verweisen; BGH, Urt. v. 30.01.1985 – VIII ZR 238/83 = NJW 1985, 1333). Ist diese beispielsweise leicht verderblich, muss eine derartige Rüge innerhalb weniger Stunden erfolgen. In anderen Fällen kann auch noch eine Rüge innerhalb einer Woche nach Entdeckung ausreichend sein.

Um Unklarheiten hinsichtlich der Rechtzeitigkeit der Rüge zu vermeiden empfiehlt es sich, wie in Absatz 4 geschehen, eine exakte Frist zu bestimmen, in der nicht erkennbare Mängel grundsätzlich zu rügen sind.

Darüber hinaus sollte auch für den Austausch der mangelhaften Bauteile eine Frist vereinbart werden, da hierdurch Streitigkeiten hinsichtlich späterer Fristsetzungen vermieden werden können und der Besteller im Zusammenspiel mit der Regelung des § 5 Abs. 6 des Vertrages ohne weitere Ankündigung wiederum erforderliche Sofortmaßnahmen treffen kann, um eigene Verzugsproblematiken zu vermeiden.

Abschließend ist darauf hinzuweisen, dass die Rügeobliegenheit der Bestellerin auch dann besteht, wenn die Bauteile direkt an eine dritte Person/Unternehmer ausgeliefert werden (sog. Streckengeschäft) (Zum Streckengeschäft vgl. BGH NJW 1982, 2371; Baumbach/Hopt-Hopt, HGB-Kommentar, 33. Aufl. 2008, § 377 HGB, Rn. 37 ff.; Ostendorf/Kluth, Probleme der Rügeobliegenheit bei vertragswidriger Ware im internationalen Streckengeschäft, IHR 2007, 104 ff.).

In diesem Fall ist der Besteller gehalten, durch entsprechende Vereinbarungen mit dem Drittunternehmer sicherzustellen, dass er der ihm obliegenden Rügepflicht wirkungsvoll und vor allem fristgerecht nachkommen kann. Dies kann beispielsweise durch die Vereinbarung einer Untersuchungs- und Rügepflicht in dem Vertragsverhältnis mit dem Drittunternehmen unter verkürzten Fristen oder durch Stellung von eigenem Personal erfolgen.

260 Zu § 8 Abnahme

Die Abnahme der Bauteile ist von deren Annahme zu unterscheiden.

Grundsätzlich geht bei einem Werklieferungsvertrag die Leistungsgefahr gem. § 446 BGB mit Übergabe der Sache auf die Bestellerin über. Gleiches gilt gem. § 438 BGB für den Beginn der Gewährleistungsfrist. Dies führt bei einer Vielzahl von Teillieferungen zu einer Unübersichtlichkeit und einem Auseinanderlaufen hinsichtlich der einzelnen Gewährleistungsfristen, so dass es sich empfiehlt, einen einheitlichen Zeitpunkt, hier die förmliche Abnahme, für den Gefahrübergang und den Beginn der Gewährleistung zu vereinbaren (Die in der Literatur und Rechtsprechung teilweise vertretene Auffassung, wonach bei Teillieferungen in Rahmen eines Werklieferungsvertrages die Gewährleistungszeit erst mit Übergabe der letzten Teillieferung für die gesamte Vertragsleistung beginne [bspw. OLG Dresden, Urt. v. 15.12.2009 – 14 U 912/08 = BauR 2010,

665, 915 und 1096], ist nach Auffassung des Autors unzutreffend und widerspricht insbesondere den auf einen Werklieferungsvertrag ausschließlich anzuwendenden Bestimmungen des Kaufvertragsrechtes [so auch OLG Naumburg, Urt. v. 13.10.1994 – 2 U 173/93 = IBR 1995, 56; Schmidt, IBR 2010, 1071]).

Inwieweit diese Abweichung von den kaufrechtlichen Vorschriften bei einem Werklieferungsvertrag in Allgemeinen Geschäftsbedingungen vom BGH als zulässig erachtet wird, bleibt abzuwarten. Nachdem es sich jedoch bei einem Werklieferungsvertrag aufgrund der Herstellungsverpflichtung der Lieferantin um einen typengemischten Vertrag handelt, ist eine Abweichung von dem gesetzlichen Leitbild i.S.d. § 307 Abs. 2 Nr. 1 BGB und damit eine unangemessene Benachteiligung der Lieferantin nach Auffassung des Autors jedenfalls nicht evident.

In Abs. 2 wird nochmals klargestellt, dass die Übergabe der vollständigen Dokumentation Hauptleistungspflicht des Lieferanten ist und der Besteller die Abnahme der Leistung von deren Übergabe abhängig machen kann.

Durch Abs. 3 wird eine Umgehung des zwingenden Erfordernisses einer förmlichen Abnahme ausgeschlossen.

Zu § 9 Gewährleistung

Da Werklieferungsverträge, wie bereits zuvor ausgeführt, dem Kaufrecht unterliegen, gilt dort auch die Verjährungsregelung des § 438 BGB.

Gemäß § 438 Abs. 1 Nr. 2b BGB beträgt die Verjährungsfrist für Gewährleistungsansprüche fünf Jahre bei einer Sache, die entsprechend ihrer üblichen Verwendungsweise für ein Bauwerk verwendet worden ist und dessen Mangelhaftigkeit verursacht hat. Damit dürfte die Gewährleistungsfrist eines Werklieferungsvertrages über Bauteile und Baustoffe und die Gewährleistungsfrist eines Werkvertrages über die Herstellung des Gebäudes weitgehend gleichlaufen.

Ein Problem könnte jedoch entstehen, soweit die Bauteile zwar zum Einbau bestimmt sind, diese tatsächlich jedoch nicht von dem Besteller eingebaut werden, da der Wortlaut des § 438 Abs. 1 Nr. 2b BGB dies eigentlich vorsieht (vgl. Palandt, 72. Aufl. 2013, § 438 BGB, Rn. 10).

Es empfiehlt sich daher, die Gewährleistungsfrist für den Werklieferungsvertrag eindeutig im Vertrag festzulegen und diese um einige Monate gegenüber der gesetzlichen Regelung zu verlängern, da der Besteller selbst gegenüber seinem Auftraggeber gewährleistungspflichtig ist und hiermit verhindert werden kann, dass die Gewährleistungszeit des Werklieferungsvertrages vor der Gewährleistung aus dem Werkvertrag abläuft.

Die Verlängerung der Gewährleistungszeit gegenüber der gesetzlichen Regelung sollte jedoch nicht überzogen werden, da dies zur Unwirksamkeit der entsprechenden Vertragsklausel im Rahmen der AGB-Kontrolle führen kann (vgl. aber BGH, Urt. v. 09.05.1996 – VII ZR 259/94 = BGHZ 132, 383). Die Verlängerung der Gewährleistung sollte daher grundsätzlich nicht über 5 Jahre und 6 Monate hinausgehen. In Einzelfällen ist auch eine andere Bewertung möglich.

In Abs. 3 wird der Umfang der Haftung des Lieferanten geregelt, welcher an die Regelung des § 439 Abs. 2 BGB angelehnt ist. Ausdrücklich klargestellt wird in dieser Regelung jedoch, dass der Lieferant verschuldensunabhängig auch für sämtliche Aus- und Wiedereinbaukosten der von ihr mangelhaft gelieferten Bauteile haftet.

Die Wirksamkeit dieser Klausel in Allgemeinen Geschäftsbedingungen war bis zum in Krafttreten des Gesetzes zur Reform des Bauvertragsrechtes und zur Änderung der kaufrechtlichen Mängelhaftung nicht unproblematisch.

Bislang gingen die Auffassungen hinsichtlich des Inhalts und dem Umfang des Nacherfüllungsanspruches des Bestellers bei einem Werklieferungsvertrag in Rechtsprechung und Literatur weit auseinander (vgl. zum Meinungsstand, BGH Urt. v. 15.07.2008 – VIII ZR 211/07 = BauR 2008, 1609 mit zahlreichen Verweisen; BGH, Urt. v. 09.03.1983 – VIII ZR 11/82 = BGHZ 87, 104;

OLG Frankfurt, Urt. v. 14.02.2008 – 15 U 5/07 = IBR 2008, 507; OLG Karlsruhe, Urt. v. 02.09.2004 – 12 U 144/04 = BauR 2004, 1991, BauR 2005, 109; OLG Köln, Urt. v. 21.12.2005 – 11 U 46/05 = IBR 2006, 140; LG Deggendorf, Urt. v. 03.04.2007 – 3 O 370/06 = BauR 2007, 1457; Kniffka/Schmitz, ibr-online-Kommentar Bauvertragsrecht, Stand 12.05.2017, § 651 Rn. 53 ff.; Skamel, Nacherfüllung und Schadensersatz beim Einbau mangelhafter Sachen, NJW 2008, 2820; Leupertz, Baustofflieferung und Baustoffhandel: Im juristischen Niemandsland, BauR 2006, 1648 ff.; Messerschmidt/Hürter, BauR 2009, 1796 ff.; Schreiner/Pisal, Zum Regress des Werkunternehmers bei Materialmängeln, BauR 2011, 571 ff.; Popescu, BauR 2010, 1485 ff.; Konopka/Acker, BauR 2004, 251 ff.; Weidenkaff in Palandt, § 439 BGB, Rn. 11 mit weiteren Verweisen).

Das Spektrum reichte dabei von der vollständigen Ablehnung eines verschuldensunabhängigen Anspruches des Bestellers auf Ersatz der Aus- und Wiedereinbaukosten, bis hin zu einem vollständigen Zuspruch dieser Kosten, was schließlich auch den BGH 14.01.2009 (BGH, Beschl. v. 14.01.2009 – VII ZR 70/08 = NJW 2009, 1660; IBR 2009, 1207) sowie das AG Schorndorf 25.02.2009 (AG Schorndorf, Beschl. v. 25.02.2009 [Az. 2 C 818/08] = IBR 2009, 1266) veranlasste, dieser Streitfrage dem EuGH zur Entscheidung vorzulegen.

Nach der Entscheidung des Europäischen Gerichtshofes vom 16.06.2011 (Rs. C-65/09) (EuGH, Urt. v. 16.06.2011 – Rs. C-65/09), sowie der nachfolgenden Entscheidungen des BGH vom 17.10.2012 sowie vom 02.04.2014 stand fest, dass § 439 Abs. 1 Alt. 2 BGB a.F. richtlinienkonform dahin auszulegen ist, dass der Nacherfüllungsanspruch zwar bei einem Verbrauchsgüterkauf neben der Lieferung einer mangelfreien Sache auch den Ausbau und Einbau der mangelfreien Sache umfasst. Diese richtlinienkonforme Auslegung war jedoch auf den Verbrauchsgüterkauf beschränkt und erstreckte sich nicht auf Verträge zwischen Unternehmern oder zwischen Verbrauchern. (BGH, Urt. v. 17.10.2012 – VIII ZR 226/11 = IBR 2013, 176; BGH, Urt. v. 02.04.2014 – VIII ZR 46/13), was in der Vergangenheit ohne vertragliche Regelung zu einem Auseinanderfallen des Umfanges der Nacherfüllungsplicht zwischen dem Werkunternehmer und dessen Lieferanten führen konnte.

Dieses Problem wurde nunmehr Teilweise durch die neu eingefügte Regelung des § 439 Abs. 3 BGB gelöst, so dass auch die noch in der Vorauflage geäußerten Bedenken in Bezug auf die Wirksamkeit der Vertragsklausel insoweit wohl nicht länger berechtigt sein dürften.

Nicht erfasst von der Regelung des § 439 Abs. 3 BGB sind jedoch weiterhin sämtliche sonstigen Mangelfolgeschäden, welche nach der Rechtsprechung des BGH bei einem Werkvertrag ebenfalls im Rahmen der Nacherfüllung verschuldensunabhängig vom Unternehmer verlangt werden können. (z.B. Architektenleistungen, Rechtsanwalts- und Gutachterkosten).

Dies wird bislang vom BGH im Rahmen der Nacherfüllung bei einem Kaufvertrag anders beurteil, so dass insoweit die in der Vorauflage geäußerten erhebliche Bedenken gegen die Wirksamkeit der in Abs. 3 und 4 verwendeten Vertragsklauseln aufrechterhalten bleiben, da in diesen auch diese Kosten dem Lieferanten verschuldensunabhängig überbürdet werden sollen.

Grundsätzlich wären derartige Schäden nur unter den Voraussetzungen des § 280 I BGB erstattungsfähig. Ein Anspruch gegen den Lieferanten setzt damit ein Verschulden auf dessen Seite voraus, was bei Fehlern im Herstellungsprozess regelmäßig vorliegen wird, auch wenn die Herstellung weitervergeben wurde, § 278 BGB.

Ist dem Lieferanten ein konkretes Verschulden nicht nachzuweisen, beispielsweise weil der Mangel auf einen nicht erkennbaren Materialfehler eines von dem Lieferanten selbst bezogenen Stoffes zurückzuführen ist, kann der Besteller die hierdurch verursachten Folgeschäden nicht gegen den Lieferanten erfolgreich durchsetzen.

In Abs. 4 ist darüber hinaus geregelt, dass die Lieferantin das komplette Transportrisiko übernimmt.

Besonders hinzuweisen ist auch noch auf die Rückgriffsmöglichkeit des Unternehmers gem. § 478 BGB, welche jedoch nur bei Verbraucherverträgen zur Anwendung gelangt. Aufgrund der gesetzlichen Normierung wurde darauf verzichtet, eine derartige Regelung in das voranstehende Vertragsmuster explizit aufzunehmen.

Zu § 10 Vertragserfüllung- und Gewährleistungsbürgschaft 262

Durch § 10 wird zwischen den Parteien vereinbart, dass der Lieferant für die Verpflichtungen aus dem Vertrag eine Vertragserfüllungs- und Gewährleistungsbürgschaft übergeben muss.

Hierbei ist darauf zu achten, dass die Vertragserfüllungsbürgschaft auf 10% der Nettoauftragssumme und die Gewährleistungsbürgschaft auf 5% der Nettoabrechnungssumme begrenzt wird, da die Vereinbarung von höheren Sicherheiten in Allgemeinen Geschäftsbedingungen nicht zulässig ist (vgl. hierzu Joussen in Ingenstau/Korbion, § 17 Abs. 1 VOB/B, Rn. 37 ff. mit weiteren Verweisen).

Wichtig für beide Bürgschaften ist die Vereinbarung eines bestimmten Übergabezeitpunktes. Für die Erfüllungsbürgschaft wurde in Abs. 1 ein Zeitraum von 20 Tagen nach Vertragsschluss gewählt. Selbstverständlich ist auch ein anderer Zeitpunkt möglich, welcher jedoch noch vor Auslieferung des ersten Bauteiles liegen sollte.

In Abs. 2 wird festgelegt, auf welche Ansprüche sich die Erfüllungsbürgschaft erstrecken muss. Hier ist von besonderer Bedeutung, dass sich die Bürgschaft auch auf Nachträge, Abrechnungs-, Nachbesserungs-, Wandelungs-, Schadensersatz- und Vertragsstrafenansprüche sowie die sonstigen aufgeführten Ansprüche erstreckt, da nur so dem Besteller ein umfassendes Sicherungsmittel zur Verfügung gestellt werden kann.

Die in Abs. 3 enthaltenen Bestimmungen entsprechen den Vorgaben in § 17 VOB/B, welcher gem. § 1 Abs. 2 Nr. 6 des Vertrages ebenfalls Vertragsbestandteil ist. Besonders hinzuweisen ist auf die Erklärung, wonach die Einrede der Verjährung bis zum Ablauf der Gewährleistungsfrist nicht erhoben wird.

Die Aufnahme dieser Erklärung in den Bürgschaftstext empfiehlt sich aus dem Grund, da die Bürgschaftsforderung regelmäßig in drei Jahren verjährt, die gesicherte Hauptforderung jedoch erst in fünf Jahren, so dass ohne eine derartige Erklärung die Möglichkeit besteht, dass die Gewährleistungsbürgschaft trotz bestehender Mängel nicht mehr in Anspruch genommen werden kann.

Die Erfüllungsbürgschaft des Lieferanten ist diesem mit Abnahme der Gesamtleistung gegen Übergabe der Gewährleistungsbürgschaft zurückzugeben, da zu diesem Zeitpunkt der Sicherungszweck der Erfüllungsbürgschaft weggefallen ist. Ein Abstellen auf die Erfüllung der vom Auftraggeber erhobenen Ansprüche als Rückgabezeitpunkt empfiehlt sich nicht (vgl. BGH, Urt. v. 01.10.2014, VII ZR 164/12; Urt. v. 22.01.2015 VII ZR 120/14).

In Abs. 9 ist sodann eine Gerichtsstandvereinbarung enthalten, welche grundsätzlich nur zwischen Unternehmern zulässig ist. In diesem Fall empfiehlt sich jedoch die Aufnahme einer derartigen Klausel, da dadurch verhindert wird, dass Erfüllungs- bzw. Gewährleistungsansprüche und Ansprüche aus der Bürgschaft an unterschiedlichen Gerichten geltend gemacht werden müssen, was für den Besteller nicht nur ein höheres Kostenrisiko nach sich zieht. Es besteht vielmehr auch die Gefahr abweichender Entscheidungen, da eine Verbindung der jeweiligen Verfahren nicht möglich ist.

Soweit Abschlagszahlungen vereinbart werden, empfiehlt sich die Aufnahme der Klausel unter Absatz 10 zur Sicherung der Ansprüche des Bestellers auf Übergabe der Bürgschaft.

Zu § 11 Produkthaftpflichtversicherung 263

In § 11 wird der Lieferant sodann verpflichtet, eine Produkthaftpflichtversicherung abzuschließen, wodurch ein entsprechendes Ausfallrisiko abgesichert werden kann.

264 Zu § 12 Abtretung und Nachunternehmer

Durch die Regelung des § 12 wird dem Lieferanten untersagt, Vergütungsansprüche an Dritte ohne vorherige schriftliche Zustimmung des Bestellers abzutreten, wodurch ein Auseinanderfallen der Vergütungsforderung und etwaiger Gewährleistungsansprüche des Bestellers vermieden werden soll.

Auch den Einsatz von Nachunternehmern sollte der Besteller nicht aus der Hand geben, da sie nur so die Einhaltung der Qualitätsanforderungen kontrollieren kann.

265 Zu § 13 Kündigung

§ 13 regelt eine Anzahl von außerordentlichen Kündigungsgründen zugunsten des Bestellers. Durch die Einbeziehung des VOB/B erübrigt sich eine Regelung für den Fall der freien Kündigung durch den Besteller.

Ein Kündigungsrecht des Lieferanten ist ausdrücklich nicht aufgenommen.

266 Zu § 14 Gerichtsstand

Durch die weitere Gerichtsstandvereinbarung in § 13 wird erzielt, dass der Besteller an seinem Sitz klagen kann, aber auch verklagt werden muss, so dass ihm etwaige lange Anreisen zum andernfalls zuständigen Gericht erspart werden. Dieser Gerichtsstand sollte selbstverständlich mit dem Gerichtsstand aus den Bürgschaftsvereinbarungen identisch sein, da in diesem Fall eine Verbindung der Verfahren möglich ist.

267 Zu § 15 Schriftformklausel/Salvatorische Klausel

Dies sind übliche Klauseln, in denen die Parteien ihren Willen zum Ausdruck bringen, dass Vertragsänderungen grundsätzlich nur schriftlich zulässig sind und bei Unwirksamkeit einer Vertragsklausel, die übrigen ihre Wirkung behalten sollen.

Selbstverständlich können die Parteien, insbesondere das Schriftformerfordernis, einvernehmlich wieder aufheben bzw. hierauf verzichten. In vielen Verträgen wird eine sogenannte doppelte Schriftformklausel aufgenommen, bei welcher auch die Aufhebung der Schriftformklausel nur schriftlich möglich sein soll. Dies liegt jedoch meist nicht im Interesse der Parteien und ist oftmals unwirksam bzw. kann auch hierauf wiederum einvernehmlich verzichtet werden (Heinrichs/Ellenberger in Palandt, 75. Aufl. 2016, § 125 BGB, Rdn 19 mit weiteren Verweisen).

d) Werklieferungsvertrag (aus Sicht des Lieferanten)

268

Werklieferungsvertrag

zwischen

Fa. .....

– Besteller –

und

Fa. .....

– Lieferant –

Präambel

Der Besteller ist am Bauvorhaben ..... mit der Herstellung und Errichtung von ..... beauftragt.

Der Lieferant ist Produzent der hierfür benötigten ..... – im nachfolgenden Bauteile genannt – die nach individuellen Vorgaben (Qualität, Abmessungen, Veredelungen etc.) des Bestellers produziert werden.

§ 1 Gegenstand des Vertrages

(1) Gegenstand dieses Vertrages ist die Herstellung und Lieferung von individuell angefertigten Bauteilen entsprechend der Lieferliste vom ..... für die ..... -arbeiten des Bestellers am Bauvorhaben ..... durch den Lieferanten.

(2) Weitere Vertragsbestandteile sind:
1. das Angebot des Lieferanten vom .....
2. das Verhandlungsprotokoll vom .....
3. die Leistungsbeschreibung vom .....
4. die dem Lieferanten übergebenen Pläne .....
5. die Bemusterungsliste vom .....
6. die VOB/B in der zum Zeitpunkt des Vertragsschlusses gültigen Fassung.

Bei Widersprüchen im Vertrag oder in den einzelnen Vertragsbestandteilen ist der Vertrag auszulegen. Ist im Rahmen der Auslegung keine eindeutige Bestimmung des Vertragsinhaltes möglich, wird der Vertragsinhalt durch die einzelnen Vertragsbestandteile in der voranstehenden Reihenfolge, allerdings nachrangig zu den Regelungen dieses Vertrages, festgelegt.

(3) Weitere Vertragsbestandteile sind nicht vereinbart.

Insbesondere werden die Allgemeinen Geschäftsbedingungen des Bestellers nicht Bestandteil dieses Vertrages, auch wenn der Lieferant diesen nicht ausdrücklich widerspricht.

§ 2 Leistungsumfang

(1) Der Lieferant verpflichtet sich, zur Herstellung und Lieferung der in der Lieferliste vom ..... nach Größe und Qualität spezifizierten Bauteile für das o.g. Bauvorhaben.

(2) Die Parteien sind sich einig, dass ein Leistungsänderungsrecht gem. § 1 Abs. 3 VOB/B nicht besteht. Vom Besteller nach Vertragsschluss gewünschte Leistungsänderungen bedürfen ausdrücklich einer zusätzlichen Vereinbarung zwischen den Parteien.

§ 3 Vergütung

(1) Die Abrechnung der Lieferleistung erfolgt nach den vertraglichen Einheitspreisen.

alternativ

Der Lieferant erhält für die Erbringung der vertraglich geschuldeten Leistung einen Pauschalfestpreis i.H.v. ..... €.

(2) Die im Angebot vom ..... enthaltenen Einheitspreise wurden auf Grundlage der zum Zeitpunkt der Angebotsabgabe geltenden (marktüblichen) Materialpreise kalkuliert. Sollten sich die zum Zeitpunkt der Angebotsabgabe geltenden (marktüblichen) Materialpreise während der Auftragsabwicklung um mehr als 10% erhöhen, so wird die gesamte Preiserhöhung zzgl. eines Materialgemeinkostenzuschlags an den Besteller weitergegeben.

eventuell

(3) Zur Vermeidung von Streitigkeiten über den Grund und die Höhe der Preiserhöhung übergibt der Lieferant dem Besteller bei Angebotsabgabe die den angebotenen Einheitspreisen zu Grunde liegende Angebotskalkulation in einem verschlossenen Briefumschlag, welcher nur unter Anwesenheit des Lieferanten von dem Besteller geöffnet werden darf.

(4) Der Lieferant ist berechtigt, Abschlagszahlungen in Höhe des Wertes der jeweiligen vertragsgemäßen Teillieferung zu fordern. Die Leistung ist durch eine prüffähige Aufstellung nachzuweisen. Der Anspruch auf Abschlagszahlung wird 21 Tage nach Ablieferung und Zugang des Nachweises der jeweiligen Teillieferung an die Bestellerin fällig.

alternativ

Zahlungsplan vereinbaren! *(Bsp. 50% der vereinbarten Vergütung bei Auftragserteilung etc.)*

(5) Der Anspruch auf Schlusszahlung wird 30 Tage nach vertragsgemäßer Ablieferung des letzten Bauteils und Zugang einer prüffähigen Schlussrechnung i.S.d. Absatzes 4 fällig.

§ 4 Vertragstermine

(1) Als Vertragstermine gelten:

Lieferbeginn:

Ende der kompletten Bauteillieferung:

(Fertigstellungstermin)

Zwischentermine sind nicht vereinbart und bedürfen als verbindliche Vertragstermine der ausdrücklichen schriftlichen Vereinbarung zwischen den Parteien.

§ 5 Lieferbedingungen

(1) Die Anlieferung und das Abladen der Bauteile erfolgt mit werkseigenem Transport- und Hebewerkzeug des Lieferanten oder durch einen von ihm beauftragten Drittunternehmer innerhalb von ..... Tagen nach Abruf des Bestellers zur o.g. Baustelle.

(2) Hierzu muss von dem Besteller freier Zugang zur Baustelle, eine für das Lieferfahrzeug tragfähige Zufahrt und entsprechende Lagerfläche kostenlos zur Verfügung stehen. Die angelieferten Bauteile werden mit einer Abladevorrichtung vom Transportfahrzeug auf eine daneben befindliche Lagerfläche gesetzt. Der Entladevorgang muss ohne Unterbrechungen und Wartezeiten möglich sein.

(3) Sollten die Anlieferungs- und Abladevoraussetzungen bei Anlieferung der jeweiligen Teillieferung nicht erfüllt sein, muss der Besteller unverzüglich und auf eigene Kosten für Abhilfe sorgen. Für sämtliche hierdurch verursachten Mehrkosten des Lieferanten haftet der Besteller verschuldensunabhängig.

(4) Die Anlieferung der Bauteile erfolgt auf Paletten, welche die nachfolgenden Anforderungen erfüllen:

Verpackungs- und Anlieferungsmodalitäten (Sortierung etc.) festlegen!

(5) Die einzelnen Bauteile sind wie folgt zu kennzeichnen:

.....

(6) Zu allen Lieferungen hat die Lieferantin Lieferpapiere zu übergeben. Diese müssen folgende Angaben enthalten:

.....

.....

.....

§ 6 Annahme der Leistung

(1) Bei Anlieferung der Bauteile erfolgt eine umfassende Kontrolle, erforderlichenfalls auch unter Zuhilfenahme von (labor-)technischen und sonstigen Hilfsmitteln, der gelieferten Bauteile auf Vollständigkeit, Unversehrtheit und Übereinstimmung mit den vertraglich geschuldeten Qualitätsanforderungen durch den Besteller.

(2) Die Kontrolle erfolgt unverzüglich nach Anlieferung der Bauteile. Werden von dem Besteller hierbei Mängel festgestellt, ist der Besteller verpflichtet diese innerhalb von drei Tagen nach Ablieferung der Bauteile dem Lieferanten schriftlich anzuzeigen.

(3) Unterlässt der Besteller die Anzeige, gilt die Lieferung als genehmigt.

(4) Im Falle des Zuganges einer berechtigten Mängelanzeige nach Abs. 2 bei dem Lieferanten, wird dieser kostenlos Ersatz für die bemängelten Bauteile liefern.

(5) Bis zum Ablauf der nach Abs. 2 bestimmten Frist ist der Besteller nicht berechtigt, die gelieferten Bauteile zu eigenen Zwecken zu verwenden und insbesondere in das Bauwerk einzubauen. Bei der Vereinbarung der Liefertermine ist hierauf Rücksicht zu nehmen.

§ 7 Eigentumsvorbehalt

Bis zur vollständigen Bezahlung der Bauteile bleiben diese im Eigentum des Lieferanten. Im Falle des Einbaues der Bauteile durch den Besteller in das Bauwerk tritt der Besteller seine Vergütungsforderungen gegen seinen Auftraggeber i. H. d. Wertes der jeweiligen Teillieferung an den Lieferanten ab. Der Lieferant nimmt die Abtretung an.

§ 8 Gewährleistung

(1) Die Gewährleistungszeit beträgt 4 Jahre und beginnt mit Ablieferung der jeweiligen Bauteile.

(2) Die Gewährleistung richtet sich nach den Bestimmungen der VOB/B mit der Besonderheit, dass anstelle des Zeitpunktes der Abnahme der Zeitpunkt der Ablieferung tritt.

(3) Der Lieferant haftet ausdrücklich nicht für Transport-, Wege-, Material- und Arbeitskosten sowie sämtliche Kosten und Folgekosten, die durch den Aus- und Wiedereinbau der von ihm gelieferten Bauteile entstehen, soweit der Besteller oder ein von ihm beauftragter Drittunternehmer diese vertragswidrig eingebaut hat oder die Bauteile i.S.d. § 6 des Vertrages als genehmigt gelten.

(4) Der Lieferantin haftet ferner nicht für Beschädigungen an Leistungen Dritter, welche durch die mangelhafte Leistung des Lieferanten verursacht werden, soweit der Besteller die Bauteile unter Verstoß gegen § 6 des Vertrages einbaut.

§ 9 Produkthaftpflichtversicherung

Der Lieferant ist verpflichtet, vor Beginn der Lieferung den Abschluss einer Produkthaftpflichtversicherung mit den nachfolgenden Mindestdeckungssummen für die Dauer des Vertrages nachzuweisen:

Personenschäden ..... €

Sachschäden ..... €

Vermögensschäden ..... €

Die Kosten hierfür trägt der Besteller.

§ 10 Gerichtsstand

Als Gerichtsstand für sämtliche Verpflichtungen aus diesem Vertrag wird der Sitz des Lieferanten vereinbart.

§ 11 Schriftformklausel/Salvatorische Klausel

(1) Alle Änderungen und Ergänzungen dieses Vertrages bedürfen der Schriftform.

(2) Sollte eine Bestimmung dieses Vertrages unwirksam sein oder werden, so wird die Wirksamkeit der übrigen Bestimmungen hierdurch nicht berührt. Die Parteien sind gehalten, die unwirksame Bestimmung durch eine wirksame Bestimmung zu ersetzten, mit der das wirtschaftlich und vertraglich gewollte Ergebnis am Besten erreicht wird.

.....

Ort, Datum

....

(Bestellerin)   (Lieferantin)

e) Anmerkungen zum Werklieferungsvertrag aus Sicht der Lieferantin

Präambel

269

Hinsichtlich der einführenden Darstellung des Vertragsgegenstandes aus Sicht des Lieferanten wird zunächst auf die Ausführungen im Vertragsmuster aus Sicht des Bestellers verwiesen.

Im Gegensatz dazu kommt der ausdrücklichen Darstellung des Vertragszweckes aus Sicht des Lieferanten nur untergeordnete Bedeutung zu, da der Lieferant an der Vereinbarung von verbindlichen Vertragsterminen nur ein geringes Interesse haben wird. Insbesondere wird er die Einhaltung dieser Vertragspflichten nicht an eine Vertragsstrafe knüpfen wollen.

270 Zu § 1 Gegenstand des Vertrages

Auch diesbezüglich wird auf die Ausführungen in dem voranstehenden Vertragsmuster verwiesen.

Besonders hinzuweisen ist jedoch darauf, dass in § 1 Abs. 2 innerhalb der Rangfolgeregelung das Angebot des Lieferanten nunmehr an erster Stelle genannt wird, so dass dieses im Rahmen der Bestimmung des Vertragsinhaltes vorrangig zu berücksichtigen wäre.

Ebenso werden in Abs. 3 diesmal die Allgemeinen Geschäftsbedingungen des Bestellers ausgeschlossen.

271 Zu § 2 Leistungsumfang

In § 2 werden wiederum die individuellen Leistungspflichten des Lieferanten konkret geregelt.

Dies kann im Vertrag selbst oder durch Bezugnahme auf externe Dokumente erfolgen.

Nicht mehr enthalten ist an dieser Stelle jedoch die Beweislastverteilung hinsichtlich der Mangelhaftigkeit der gelieferten Bauteile. Damit gelten hinsichtlich der Beweislastverteilung die allgemeinen Regelungen, wonach der Lieferant bis zur Ablieferung der jeweiligen Bauteile für deren Mangelfreiheit beweispflichtig ist. Nach Ablieferung dreht sich diese Beweislastverteilung zu seinen Gunsten. Bei einem Verbrauchsgüterkauf ist zusätzlich die Regelung des § 477 BGB zu beachten, welcher jedoch unabdingbar ist.

Der Lieferant ist jedoch weiterhin verpflichtet, eine entsprechende Dokumentation zu übergeben, da es nur so dem Besteller möglich sein wird, die Mangelfreiheit der jeweiligen Bauteile zu überprüfen.

Schließlich ist daran zu denken, dass bei Vereinbarung der VOB/B dem Besteller gem. § 1 Abs. 3 VOB/B und § 1 Abs. 4 VOB/B einseitige Leistungsbestimmungsrechte eingeräumt werden, mit dessen Ausübung er den vereinbarten Leistungsumfang nachträglich verändern kann.

Der Umfang dieser Leistungsbestimmungsrechte wird in der Rechtsprechung nicht einheitlich beurteilt; ebenso ist die Wirksamkeit dieser Rechte im Rahmen der AGB-Kontrolle bislang nicht abschließend geklärt (vgl. hierzu Ulbrich, Leistungsbestimmungsrechte in einem künftigen deutschen Bauvertragsrecht vor dem Hintergrund, der Funktion und der Grenzen von §§ 1 Nr. 3 und Nr. 4 VOB/B; Thode in Juris-Praxis Report, Urteilsanmerkung zu BGH, Urt. v. 24.07.2008 – VII ZR 55/07; grundlegend hierzu Thode, Nachträge wegen gestörten Bauablaufs im VOB/B-Vertrag – Eine kritische Bestandsaufnahme, ZfBR 2004, 214 ff. ders., Änderungsbefugnis des Bauherrn in § 1 Nr. 3 VOB/B – Anwendungsvoraussetzungen und Reichweite, BauR 2008, 155 ff.; Althaus, Änderung des Bauentwurfs und nicht vereinbarte Leistungen: Überlegungen zum Verhältnis § 1 Nr. 3 und Nr. 4 Satz 1 VOB/B in ZfBR 2007, 411 ff.; ders., Notwendige Nachtragsleistungen beim Vertrag nach VOB/B, BauR 2008, 167 ff.; Kniffka/Jansen/v. Rintelen, ibr-online-Kommentar Bauvertragsrecht, Stand 12.05.2017, § 631 BGB, Rn. 829 ff. mit weiteren Verweisen). Insbesondere bei dem Leistungsbestimmungsrecht gem. § 1 Abs. 3 VOB/B ist der Inhalt und Umfang derart unbestimmt, dass es hierüber regelmäßig zu Streitigkeiten zwischen den Parteien kommen wird.

Vor dem Hintergrund der Neuregelung des § 650b BGB wird sich die Diskussion um die Wirksamkeit des § 1 Abs. 3 VOB/B aber auch des § 1 Abs. 4 S. 1 VOB/B noch weiter verschärfen.

Es empfiehlt sich daher aus Sicht des Lieferanten dieses Recht des Bestellers von vornherein auszuschließen, da den Parteien ohnehin der Weg einer einvernehmlichen Vertragsänderung offensteht. Hierbei hätte der Lieferant eine wesentlich bessere Verhandlungsposition und könnte seine Interessen (Ausführungsfristverlängerung, Mehrkosten etc.) besser vertreten.

Bei dem Leistungsbestimmungsrecht gem. § 1 Abs. 4 S. 1 VOB/B ist dessen Inhalt und Reichweite im Wortlaut und durch die Rechtsprechung deutlicher definiert.

Insbesondere besteht es nur insoweit, wie die zusätzlichen Leistungen für den Werkerfolg erforderlich sind. Diesen Werkerfolg schuldet der Lieferant – auch wenn ein Werklieferungsvertrag über individuell hergestellte Bauteile grundsätzlich dem Kaufvertragsrecht unterliegt –, so dass das Leistungsbestimmungsrecht i.S.d. § 1 Abs. 4 VOB/B nur verhältnismäßig gering in die Vertragsfreiheit des Lieferanten eingreift.

Zudem kann durch die Ausübung des Leistungsbestimmungsrechts i.S.d. § 1 Abs. 4 S. 1 VOB/B vor Herstellung der Bauteile teilweise der Eintritt eines größeren Schadens vermieden werden, so dass die Ausübung dieses Rechts durch den Besteller auch im Interesse des Lieferanten liegen kann.

Der Lieferant muss sich daher genau überlegen, ob er dieses Recht des Bestellers ebenfalls ausschließen will. Im voranstehenden Vertragsmuster wurde jedenfalls aus den oben angeführten Gründen darauf verzichtet.

Zu § 3 Vergütung 272

Hinsichtlich der Vergütung werden in dem Vertragsmuster wiederum zwei Alternativen angeboten.

Einmal eine Abrechnung der Lieferleistung nach vertraglichen Einheitspreisen und konkretem Aufwand. Daneben ist auch wiederum die Vereinbarung eines Pauschalfestpreises möglich. Die jeweils günstige Variante muss im konkreten Fall der Lieferant beurteilen.

Als wesentlicher Unterschied zum Vertragsmuster aus Sicht des Bestellers ist nunmehr in Abs. 2 eine Materialpreisgleitklausel enthalten, durch welche es ermöglicht werden soll, bei einer Steigerung der Materialpreise während der Vertragslaufzeit die jeweiligen Einheitspreise an diese Veränderung anzupassen.

Selbstverständlich ist hier auch die Vereinbarung einer anderen Klausel, beispielsweise die Preisberichtigungsklausel der ECE-Liefer- und Montagebedingungen der Europäischen Wirtschaftskommission der Vereinten Nationen oder aber die Stoffpreisgleitklausel Stahl im einheitlichen Formblatt-EFB-StGL-319, möglich.

Zur Vermeidung späterer Streitigkeiten sollte man darüber hinaus bereits im Vertrag die entsprechenden marktüblichen Materialpreise zum Zeitpunkt des Vertragsschlusses festlegen bzw. hierzu auf eine gemeinsam erstellte Aufstellung im Vertrag verweisen bzw. diese einseitig von dem Besteller vorgeben zu lassen und nach dem Schema in der Stoffpreisgleitklausel Stahl entsprechend anzupassen.

Eventuell wäre auch daran zu denken, die Auftragskalkulation des Lieferanten dem Besteller in einem verschlossenen Umschlag zu übergeben, um die konkreten Auswirkungen einer Materialpreiserhöhung nachzuvollziehen und die entsprechende Vergütungsanpassung vorzunehmen zu können.

In jedem Fall ist die Materialpreisgleitklausel so konkret wie möglich zu gestalten, da ansonsten erhebliche Bedenken hinsichtlich der Wirksamkeit dieser Klausel bestehen (vgl. hierzu BGH, Urt. v. 29.04.2008 – KZR 2/07 = NJW 2008, 2171; BGH, Urt. v. 21.09.2005 – VIII ZR 38/05 = IBR 2006, 1080; DB 2005, 2813; MDR 2006, 194 [Ls.]; NJW-RR 2005, 1717; NJW 2006, 688; WM 2005, 2335; ZMR 2005, 940; Urt. v. 06.12.1984 – VII ZR 227/83 = NJW 1985, 855 ff.; Urt. v. 19.12.1974 – VII ZR 174/72 = BauR 1975, 274; Urt. v. 16.01.1985 – VIII ZR 153/83; OLG Düsseldorf, Urt. v. 24.11.1981 – 23 U 109/81 = BauR 1983, 470; OLG Köln, Urt. v. 18.02.1994 – 19 U 216/93 = BauR 1995, 112; NJW-RR 1994, 1109; OLGR 1994, 107;

IBR 1994, 273). Darüber hinaus ist § 309 Nr. 1 BGB zu beachten. Ggf. kann es zur Wirksamkeit derartiger Materialpreisgleitklauseln in Allgemeinen Geschäftsbedingungen erforderlich sein, dass auch Kostensenkungen von dieser Klausel mitumfasst werden (vgl. hierzu, OLG Köln Urt. v. 18.02.1994 – 19 U 216/93 = BauR 1995, 112; NJW-RR 1994, 1109; OLGR 1994, 107; IBR 1994, 273).

Schließlich wurde in Abs. 4 eine Abschlagszahlungsregelung aufgenommen, wonach der Lieferant berechtigt ist, Abschlagszahlungen für die jeweilige Teillieferung zu verlangen. Der Wert der jeweiligen Teillieferung ist durch eine prüffähige Abschlagsrechnung nachzuweisen, wonach der Anspruch auf Abschlagszahlung 21 Tage nach Zugang der Rechnung fällig wird.

Alternativ ist auch wiederum die Vereinbarung eines Zahlungsplanes möglich, in welchem beispielsweise der Lieferant von seiner »Vorleistungspflicht« befreit wird und bereits bei Abschluss des Vertrages einen Teil der Vergütung erhält (Unter formaljuristischen Gesichtspunkten besteht bei einem Werklieferungs-/Kaufvertrag keine Vorleistungspflicht des Lieferanten wie bei einem Werkvertrag, sondern der Kaufpreis ist gem. § 271 BGB mit Unterzeichnung des Werklieferungsvertrages fällig. Allerdings steht diesem fälligen Anspruch des Lieferanten bis zur Übergabe des Bauteils die Einrede des § 320 BGB entgegen, so dass der Zahlungsanspruch nur Zug um Zug gegen Ablieferung des Bauteils zu erfüllen ist, so dass der Lieferant zumindest hinsichtlich seiner Herstellungsverpflichtung als vorleistungspflichtig bezeichnet werden kann).

Die Vereinbarung von Abschlagszahlungen oder eines Zahlungsplanes ist trotz der Änderungen des § 632a BGB im Rahmen des Gesetztes zur Reform des Bauvertragsrechtes und zur Änderung der kaufrechtlichen Mängelhaftung zwingend erforderlich.

Zwar wurde hierdurch die missglückte Formulierung im Rahmen des FoSiG, wonach ein Anspruch auf Abschlagszahlung nur in der Höhe bestand, in der der Besteller durch die Leistung des Bauunternehmers einen Wertzuwachs erhält, beseitigt.

Das Abstellen auf den Wertzuwachs für den Besteller war in vielen Fällen problematisch, da der tatsächliche Wertzuwachs in einigen Fällen nur schwer zu ermitteln sein wird, aber auch vollkommen unklar war, ob hierunter auch die reine Arbeitszeit des Lieferanten zur Herstellung des Werkes zu subsummieren ist, da diese dem Besteller nicht zuwächst. Ähnliche Probleme ergaben sich, wenn ein Gebäude im Rahmen eines Erbbaurechtes errichtet wird. Schließlich konnte der Besteller Abschlagszahlungen wegen wesentlicher Mängel verweigern, wodurch weiteres Konfiktpotential bereits in der Neuregelung des § 632a BGB angelegt war.

Schließlich wurde durch die Normierung des Anspruches auf Abschlagszahlungen in § 632a BGB ein gesetzliches Leitbild geschaffen, an dem sich Allgemeine Geschäftsbedingungen – auch die in diesem Vertragsmuster und die in § 16 Abs. 1 VOB/B enthaltene Regelung – messen lassen mussten. Eine häufig in Verträgen anzutreffende Regelung, wonach Abschlagszahlungen nur in Höhe von 95 % oder 90 % der tatsächlich erbrachten Leistungen geleistet werden, war daher bei Vetrágen, an denen ein Verbraucher beteiligt ist, bedenklich.

Viel bedeutsamer ist jedoch, dass bei einem Werklieferungsvertrag i.S.d. § 650 BGB, auch im Falle der Lieferung herzustellender, nicht vertretbarer Sachen, die Abschlagszahlungsregelung des § 632a BGB überhaupt keine Anwendung findet und in den ausschließlich anzuwendenden kaufrechtlichen Vorschriften ein Anspruch auf Abschlagszahlungen nicht vorgesehen ist.

Damit besteht ein einredefreier Zahlungsanspruch der Lieferantin frühestens mit Ablieferung des Bauteils am vereinbarten Lieferort. Sollte die Lieferantin bereits zuvor, beispielsweise für den benötigten Materialeinkauf oder aus Bonitätsgründen des Bestellers, einen Teil der vereinbarten Vergütung beanspruchen wollen, muss dies in einem individuellen Zahlungsplan ausdrücklich festgelegt werden, da gesetzlich hierauf keinerlei Anspruch besteht.

Auch die im Vertragsmuster enthaltene Abschlagszahlungsregelung stellt hierauf nicht ab, sondern dient allein der Klarstellung des Umfanges eines Zahlungsanspruches bei Teillieferungen.

Die Regelung hinsichtlich der Fälligkeit des Schlusszahlungsanspruches in Abs. 5 wurde an die Regelung zur Fälligkeit von Abschlagszahlungen angepasst.

Zu § 4 Vertragstermine 273

Aus Sicht des Lieferanten ist die Vereinbarung konkreter Vertragstermine nicht unbedingt wünschenswert, dürfte jedoch bei den Vertragsverhandlungen nicht zu vermeiden sein.

Die Möglichkeit der einseitigen Vorgabe verbindlicher Vertragstermine, wie noch in dem Vertragsmuster aus Sicht des Bestellers geschehen, ist jedoch für den Lieferanten vollkommen inakzeptabel, da er hierdurch einen Großteil seiner Dispositionsfreiheit aus der Hand geben würde. Hierdurch können ihm enorme Mehrkosten bei der Herstellung und Lieferung der Bauteile entstehen, welche nicht mehr zu kalkulieren wären.

Zwischentermine sollten daher in jedem Fall gemeinsam ausgehandelt werden. In diesen Verhandlungen kann der Lieferant seine Interessen (wie z.B. Vorlaufzeiten, Auslastung usw.) im ausreichenden Maße in die Verhandlungen einbringen.

Zu § 5 Lieferbedingungen 274

Bei den Verpackungs- und Anlieferungsmodalitäten ist es für den Lieferanten insbesondere von Bedeutung, dass er dieser Verpflichtung ungehindert bzw. ungestört nachkommen kann.

Aus diesem Grunde ist in Abs. 2 des Vertragsmusters geregelt, unter welchen Voraussetzungen die Anlieferung der Bauteile im Rahmen der kalkulierten Preise möglich ist.

Sollten diese Voraussetzungen bei der jeweiligen Anlieferung nicht vorliegen, bestimmt Abs. 3, dass der Besteller unverzüglich und auf eigene Kosten Ersatzmöglichkeiten für das Abladen der Bauteile zu sorgen hat.

Wichtig ist die Aufnahme einer entsprechenden Haftungsklausel, wie in Absatz 2 Satz 3 geschehen, da der Besteller zumeist nicht Einfluss auf sämtliche störenden Faktoren haben wird, und er daher nicht jede Störung im Rahmen des Schadensersatzes zu vertreten hat. Die Wirksamkeit dieser Regelung in Allgemeinen Geschäftsbedingungen ist jedoch kritisch zu beurteilen.

Zu § 6 Annahme der Leistung 275

Die Rügeobliegenheit des Bestellers wurde unter § 6 des Vertragsmusters im Gegensatz zum Vertragsmuster aus der Sicht des Bestellers wesentlich verschärft (In dieser Form dürfte die Regelung allerdings als Allgemeine Geschäftsbedingung unzulässig sein, vgl. etwa BGH, Urt. v. 19.06.1991 – VIII ZR 149/90 = NJW 1991, 2633; Koller/Roth-Roth, HGB-Kommentar, 7. Aufl. 2011, § 377 HGB, Rn. 31 ff.; Baumbach/Hopt-Hopt, HGB-Kommentar, 33. Aufl. 2008, § 377 HGB, Rn. 56 ff.; MüKo/Grunewald, 2. Aufl. 2007 § 377 HGB, Rn. 108 ff.; Graf v. Westphalen, Vertragsrecht und AGB-Klauselwerke, Kapitel 7, Rn. 22 ff.; Steinmann in BB 1993, 873 ff.; Lehmann in BB 1990, 1849 ff.).

Insbesondere wird der Besteller verpflichtet, die jeweils angelieferten Bauteile nahezu vollumfänglich zu überprüfen, so dass in einem nahen zeitlichen Zusammenhang zum Zeitpunkt der Ablieferung für den Lieferanten größtenteils feststeht, ob die gelieferten Bauteile von dem Besteller akzeptiert werden.

Umgekehrt dürfte das Vorhandensein von versteckten Mängeln im Sinne des § 377 ff. HGB nahezu ausgeschlossen sein. Eine ausdrückliche Rügepflicht für versteckte Mängel wurde daher nicht in das Vertragsmuster aufgenommen. Die Rügepflicht für versteckte Mängel bleibt jedoch nach wie vor gemäß § 377 HGB bestehen.

Mit Ablieferung der jeweiligen Bauteile geht damit auch die Leistungsgefahr auf den Besteller über, wodurch der Umfang der Haftung des Lieferanten wesentlich begrenzt wird.

Schließlich empfiehlt sich auch die Aufnahme der Regelung unter Absatz 5, wonach der Besteller bis zum Ablauf der Rügefrist nicht berechtigt ist, die entsprechenden Bauteile in das Bauwerk einzubauen. Hierdurch werden enorme Mehrkosten für den Ein- und Ausbau eventuell mangelhafter Bauteile vermieden.

Schließlich wäre auch an einen noch umfassenderen Haftungsausschluss zugunsten des Lieferanten zu denken. Auf die Aufnahme einer derartigen Klausel wurde in dem voranstehenden Vertragsmuster jedoch bewusst verzichtet, da zum einen bereits durch die enthaltenen Reglungen die Haftung des Lieferanten enorm eingegrenzt wird, zum anderen aber auch zu bezweifeln ist, ob ein weitergehender Haftungsausschluss überhaupt beim Auftraggeber durchgesetzt werden kann.

276 **Zu § 7 Eigentumsvorbehalt**

Unabhängig von dem Übergang der Leistungsgefahr ist die Übertragung des Eigentums zu sehen. Dieses verliert der Lieferant regelmäßig mit Einbau der Bauteile in das entsprechende Bauwerk, so dass es erforderlich ist, dass sich der Lieferant das Eigentum bis zur vollständigen Bezahlung des Bauteils vorbehält und im Falle des Einbaus die Vergütungsansprüche des Bestellers gegenüber seinem Auftraggeber abgetreten bekommt. Hier sind auch anderweitige Regelungen in Abhängigkeit von dem zu liefernden Bauteil denkbar.

277 **Zu § 8 Gewährleistung**

Im Unterschied zum Werklieferungsvertragsmuster aus Sicht des Bestellers beginnt die Gewährleistung in diesem Vertragsmuster mit Ablieferung der jeweiligen Bauteile am Bestimmungsort.

Dies führt zwar dazu, dass für das jeweilige Bauteil eine unterschiedliche Gewährleistungsfrist beginnt. Aus Sicht des Lieferanten ist dies jedoch ein nicht ungewolltes Ergebnis, da im Falle des Beginns der Gewährleistung erst mit Abnahme der Gesamtleistung eine erhebliche Ausdehnung der Gewährleistungszeit für die zuerst angelieferten Bauteile eintritt.

Unter Abs. 3 und Abs. 4 ist sodann ein Haftungsausschluss enthalten, soweit der Besteller mangelhafte Bauteile unter Verstoß gegen seine Obliegenheiten in § 6 einbauen lässt. Ob dieser aufgrund der Neuregelung unter § 309 a) Nr. 8 b) cc) BGB wirksam ist, wird vom Autor kritisch beurteilt. Nachdem dieser jedoch auf einen Verstoß gegen die Wartefrist des Bestellers begrenzt ist, ist eine unangemessene Benachteiligung zumindest nicht evident.

Auch an dieser Stelle wäre an einen weitergehenden Haftungsausschluss zugunsten des Lieferanten zu denken. Hierauf wurde jedoch aus den zuvor dargestellten Gründen bewusst verzichtet.

278 **Zu § 9 Produkthaftpflichtversicherung**

Der Abschluss einer Produkthaftpflicht empfiehlt sich auch aus Sicht des Lieferanten. Im Unterschied zu der Version dieser Vertragsklausel aus Sicht des Bestellers trägt hier der Besteller die Kosten für die Versicherung.

279 **Zu § 10 Gerichtsstand**

Als Gerichtsstand empfiehlt es sich selbstverständlich in diesem Fall den Sitz des Lieferanten zu vereinbaren.

280 **Zu § 11 Schriftformklausel/Salvatorische Klausel**

vgl. hierzu bereits oben c)

281 **Sonstige Hinweise**

Besonders hingewiesen wird darauf, dass in dem Werklieferungsvertragsmuster aus Sicht des Lieferanten selbstverständlich keine Vertragsstrafenregelung enthalten ist, da diese nachteilig für den Lieferanten ist.

Ebenso wurde keine besondere Abnahmeverpflichtung seitens des Bestellers in den Vertrag aufgenommen, da dies zu einem verzögerten Gefahrübergang und zu einer längeren Gewährleistungszeit hinsichtlich einzelner Teillieferung im Vergleich zu der gesetzlichen Regelung führen würde.

Auch die Übergabeverpflichtung von Vertragserfüllungs- und Gewährleistungsbürgschaften ist aus Sicht des Lieferanten nicht unbedingt wünschenswert, so dass auf die Aufnahme einer derartigen Vertragsklausel verzichtet wurde.

Es ist jedoch zu beachten, dass der Lieferant keine Sicherheiten nach § 650d BGB bzw. § 650e BGB verlangen kann, da diese Regelungen auf einen Werklieferungsvertrag i.S.d. § 650 BGB keine Anwendung finden. Die Vereinbarung von gegenseitigen Sicherheiten ist daher im Einzelfall zu prüfen.

In diesem Zusammenhang ist darauf hinzuweisen, dass auch nach der Änderung durch das Gesetztes zur Reform des Bauvertragsrechtes und zur Änderung der kaufrechtlichen Mängelhaftung der Bauunternehmer einen Anspruch auf eine Sicherheit nach § 650e BGB hat. Dies hat für den Bauunternehmer zahlreiche Vorteile, von denen die wichtigsten nachfolgend kurz zusammenfassen werden:

— Der Anspruch auf Leistung einer Sicherheit kann im Rahmen eines Urkundenprozesses geltend gemacht werden, wodurch erheblich kürzere Verfahrenslaufzeiten zu erwarten sind.
— Nach Ablauf der zur Übergabe einer Sicherheit gesetzten Frist hat der Bauunternehmer gemäß § 887 ZPO in Verbindung mit § 264 BGB analog das Recht, anstelle der Sicherheit Geld zum Zwecke der Hinterlegung gemäß § 232 BGB pfänden zu lassen.
— Ebenso steht ihm nach Ablauf der zur Übergabe einer Sicherheit gesetzten Frist das Recht zu, die weitere Ausführung seiner Leistung gemäß § 273 BGB zu verweigern oder den Vertrag zu kündigen.
— Aufgrund des nach Fristablauf bestehenden Zurückbehaltungsrechtes des Bauunternehmers gerät der Auftraggeber in Annahmeverzug mit der Nacherfüllung gemäß § 298 BGB, so dass die Vollstreckung eines bloßen Zug-um-Zug-Titels auf Werklohn auch ohne Nacherfüllung möglich ist, vgl. § 274 Abs. 2 BGB.
— Besonders hervorzuheben ist, dass durch die Ausgestaltung des § 650e BGB als Anspruch des Bauunternehmers diese Sicherheit im Falle der Insolvenz des Auftraggebers eine kongruente Deckung im Sinne des § 130 Insolvenzordnung (InsO) darstellt, welche nur unter erschwerten Bedingungen vom Insolvenzverwalter angefochten werden kann.

Vor der Neuregelung des § 648a BGB durch das FoSiG hatte der Bauunternehmer keinen Anspruch auf die Stellung einer derartigen Sicherheit, so dass die vom Bauherrn übergebene Sicherheit eine inkongruente Deckung im Sinne des § 131 InsO dargestellt hatte, welche unter den erleichterten Bedingungen des § 131 InsO vom Insolvenzverwalter anfechtbar war.

Schließlich sind auch nach dem Gesetztes zur Reform des Bauvertragsrechtes und zur Änderung der kaufrechtlichen Mängelhaftung weiterhin Gegenansprüche des Auftraggebers unbeachtlich, soweit diese nicht unstreitig oder rechtskräftig festgestellt sind. Auch die Abrechnungserleichterung für den Bauunternehmer in Absatz 5, wonach vermutet wird, dass dem Unternehmer für den noch nicht erbrachten Teil der Werkleistung im Falle der Kündigung ein Anspruch in Höhe von 5 % des auf den noch nicht erbrachten Teil der Werkleistung entfallenden Teils der vereinbarten Vergütung zusteht, wurde beibehalten.

Sämtliche voranstehenden Vorteile des § 650e BGB kommen der Lieferantin kraft Gesetz nicht zu Gute. **Sollte der Lieferant also Bedenken bezüglich der Liquidität des Bestellers hegen, wäre die vertragliche Vereinbarung einer entsprechenden Zahlungssicherheit zwingend erforderlich.**

Im voranstehenden Vertragsmuster wurde bewusst auf die Aufnahme einer derartigen Regelung verzichtet, da sich der Bestellerin hierauf im Regelfall nur bei Vereinbarung und Übergabe entsprechender Vertragserfüllungs- und Gewährleistungssicherheiten des Lieferanten einlassen wird.

Dies liegt wiederum nicht unbedingt im Interesse des Lieferanten. Die Aufnahme einer vertraglichen Regelung hinsichtlich einer Zahlungssicherheit ist daher individuell abzuwägen.

Ebenso wurde auf die Aufnahme eines Abtretungsverbotes hinsichtlich der Vergütungsforderung und des Einsatzes von Nachunternehmern verzichtet, so dass es hier bei den allgemeinen Regelungen bleibt. Danach ist die Vergütungsforderung grundsätzlich abtretbar.

Der Einsatz von Nachunternehmern richtet sich bei wirksamer Einbeziehung der VOB/B nach § 4 Abs. 8 VOB/B. Im Übrigen ist die Leistung grundsätzlich im eigenen Betrieb zu erbringen.

Auch die Kündigungsmöglichkeiten des Bestellers wurden gegenüber dem anderen Vertragsmuster weitergehend begrenzt. Auch hier verbleibt es bei den allgemeinen Regelungen im BGB bzw. der VOB/B.

Weiter ist auf § 434 Abs. 1 Satz 3 BGB sowie § 434 Abs. 2 Satz 2 BGB hinzuweisen.

Gem. § 434 Abs. 1 S. 3 BGB haftet der Lieferant auch für Eigenschaften des Baustoffs, die der Besteller nach öffentlichen Äußerungen des Lieferanten, des Herstellers (§ 4 Produkthaftungsgesetz) oder seines Gehilfen in der Werbung oder bei Kennzichnung über bestimmte Eigenschaften der Sache erwarten kann. Bedeutung erlangt diese Haftungsregelung für den Baustoffhandel vor allem bei Qualitätskennzeichnungen, soweit hierbei auf DIN-Normen Bezug genommen wird. In diesem Fall verpflichtet eine derartige Kennzeichnung auch dazu, die entsprechenden DIN-Normen einzuhalten (vgl. zur Haftung des Baustofflieferanten und der anderen Beteiligten bei Werklieferungsverträgen ausführlich Englert/Motzke/Wirth-Wirth, Baukommentar, 2. Aufl. 2009, Anhang 1, Rn. 3 ff.).

Ebenso liegt nach § 434 Abs. 2 Satz 2 BGB ein Sachmangel bei einer zur Montage bestimmten Sache vor, wenn die Montageanleitung fehlerhaft ist, es sei denn die Sache ist fehlerfrei montiert worden. Ob diese ebenfalls im Rahmen Umsetzung der Verbrauchsgüterkaufrichtlinie neu aufgenommene und als IKEA-Paragraph bezeichnete Haftungsregelung auch auf einen Sachverhalt anwendbar ist, in welchem zwar nicht die Sache selbst zur Montage bzw. zum Zusammenbau bestimmt ist, diese aber in ein Bauwerk »montiert« wird, beispielsweise durch Einbau oder Verarbeitung, ist derzeit vollkommen ungeklärt und gab bislang offenbar wenig Anlass zu einer wissenschaftlichen Auseinandersetzung in Literatur und Rechtsprechung.

Sollte dies jedoch der Fall sein, was nach Auffassung des Unterzeichners nicht von vornherein ausgeschlossen erscheint, würden auch fehlerhafte oder von DIN-Normen abweichende Verarbeitungshinweise der Hersteller zu den gelieferten Bauteilen bzw. beweglichen Sachen verschuldensunabhängig zu entsprechenden Gewährleistungsansprüchen des Bestellers gegen den Zwischenhändler führen. Diese enorme Haftungsausdehnung wäre ebenfalls zwingend, im Rahmen des bei Allgemeinen Geschäftsbedingungen Zulässigen, durch entsprechende Vertragsklauseln auszuschließen, zumindest aber zu begrenzen.

Schließlich wurde auf die Aufnahme entsprechender Widerrufsbelehrungen gem. § 650k BGB verzichtet, da diese Regelung ebenfalls nicht auf Werklieferungsverträge Anwendung findet.

C. Architekten- und Ingenieurverträge

1. Architektenvertrag aus Auftragnehmersicht

a) Vorbemerkung

Im Folgenden werden vier Muster-Architektenverträge vorgestellt: Zwei auf einen »Vollarchitekturauftrag« (Leistungsphasen 1–9 nach § 34 HOAI) gerichtete Vertragsmuster (Rdn. 2 und Rdn. 24) sowie zwei lediglich die Objektüberwachung (Leistungsphase 9 nach § 34 HOAI) betreffende Vertragsmuster (Rdn. 48 und Rdn. 61). Reine Objektüberwachungsverträge sind in der Praxis durchaus nicht unüblich. Aus Sicht des Auftraggebers sprechen Gründe dafür, mit den Leistungen der Objektüberwachung ein anderes, auf diese Leistungen spezialisiertes Büro zu beauftragen als mit den übrigen Architektenleistungen, insbesondere den Planungsleistungen.

Der reine »Objektüberwachungsvertrag« lässt sich nicht lediglich durch Streichungen aus dem »Vollarchitekturvertrag« ableiten. Vielmehr weist er einige Besonderheiten auf, die es ratsam erscheinen ließen, hierfür eigene Muster anzubieten. Insbesondere ergibt sich eine Besonderheit aus dem Umstand, dass der Auftragnehmer beim »Objektüberwachungsvertrag« das Bauwerk nicht auf der Grundlage eigener, sondern auf der Grundlage von Planungs- und Ausschreibungsleistungen Dritter entstehen lässt, die er seiner eigenen Leistungserbringung zugrunde legt. Ein zentrales Problem des auf die Objektüberwachung beschränkten Vertrages ist daher, inwieweit der Auftragnehmer auch bei diesem Vertrag dennoch auch für die ihm vorgegebenen Planungs- und Ausschreibungsergebnisse haftet oder inwieweit er sich darauf verlassen darf, dass diese schon vorliegenden Leistungen fehlerfrei sind. Der Auftragnehmer wird daran interessiert sein, seine Haftung in diesem Punkte möglichst zu beschränken, etwa in dem Umfang, in dem der planende Architekt (ebenfalls eingeschränkt) für die von ihm in seine Planung zu integrierenden Planungsleistungen der Fachplaner haftet. Darüber hinaus weist der reine Objektüberwachungsvertrag auch honorarrechtliche Besonderheiten auf (vgl. § 9 Abs. 3, § 11 Abs. 3 und 4 HOAI).

Beide Vertragsmuster sind doppelt, nämlich zum einen aus »Auftragnehmersicht«, zum anderen aus »Auftraggebersicht« erstellt. Alle Muster wurden dennoch mit dem Anspruch verfasst, faire und im Rahmen von Vertragsverhandlungen gut begründbare Regelungen zu enthalten. Einseitige, den Vertragspartner »übervorteilende« Regelungen sollen in den Mustern vermieden werden – ebenso, wie sie auch in der Realität vermieden werden sollten. Der Vertragspartner ist eben das, was das Wort aussagt (nämlich ein Partner), und kein Gegner, den es zu schädigen gilt. Das ändert aber natürlich nichts daran, dass die Interessen der Vertragspartner nicht völlig identisch sind, sondern in vielen Fragen auch divergieren. Das rechtfertigt weiterhin den grundsätzlichen Ansatz, die Muster jeweils aus der Sicht des Auftraggebers und aus der Sicht des Auftragnehmers zu erstellen. Die Erfahrung zeigt, dass es für beide Vertragsparteien sinnvoll und richtig ist, gegenläufige Interessen bereits bei den Vertragsverhandlungen möglichst konkret zu identifizieren und zu benennen und nicht etwa hinter bewusst nebulösen Formulierungen zu »verbergen«. Wenn beide Seiten dann bereit sind, ihre Anliegen und Interessen rational zu begründen und die Argumente des Vertragspartners nachzuvollziehen, sind die Aussichten, zu einem tatsächlichen Interessen*ausgleich* zu kommen, selbstverständlich sehr viel besser, als wenn die wirklichen Absichten und Interessen der Parteien bei den Vertragsverhandlungen geheim gehalten wurden und sich erst in einem späteren Konfliktfall offenbaren.

Die zwischenzeitlich von der Europäischen Kommission gegen die Bundesrepublik Deutschland erhobene Klage beim Europäischen Gerichtshof (EuGH) wegen der Mindest- und Höchstsätze der HOAI hat die Überarbeitung der Muster für die Neuauflage nicht beeinflusst. Zum einen ist der Ausgang des Verfahrens unklar (jedenfalls das OLG Naumburg [Urt. v. 13.04.2017 – 1 U 48/11, IBR 2017, 378, 442 und 1018] geht trotz dieses Klageverfahrens davon aus, dass die preisrechtlich zwingende Vorgabe von Mindest- und Höchstsätzen durch die HOAI europarechtskonform ist), zum anderen führt dieses Verfahren nicht zur Aussetzung anhängiger Honorarstreitigkeiten, bei denen um Mindest- und Höchstsätze gestritten wird (OLG Naumburg a.a.O.). Auch im Falle eines Erfolges des Klageverfahrens vor dem EuGH hätte dies keinen rückwirkenden Einfluss auf anhängige Zivilrechtsstreitigkeiten (OLG Naumburg a.a.O.). Schließlich ist anzunehmen, dass auch im Falle eines Klageerfolges der Kommission die HOAI nicht einfach »verschwinden« würde. Die Klage richtet sich ja nicht gegen die HOAI »als Ganzes«, sondern gegen ihren zwingenden preisrechtlichen Charakter. Daher ist anzunehmen, dass die Bedeutung der HOAI im Falle eines Klageerfolges zwar geringer würde, in der Praxis aber weiterhin häufig (z.B. von öffentlichen Auftraggebern) Honorarvereinbarungen auf der Grundlage der HOAI getroffen würden, was ja selbstverständlich auch zulässig bliebe. Die HOAI dürfte ferner auch dann, wenn sie als zwingendes Preisrecht europarechtswidrig sein sollte, Bedeutung als »taxmäßige Vergütung« im Sinne von § 632 Abs. 2 BGB behalten.

Die Muster gehen schließlich grundsätzlich weiterhin von der verbreiteten Praxis aus, auch hinsichtlich der vom Auftragnehmer zu erbringenden Leistungen auf die Leistungsbilder der HOAI zu verweisen. Dies wird zwar häufig kritisiert, entspricht aber, wie gesagt, dennoch nach wie vor einer gängigen Praxis, die jedenfalls in den Fällen, in denen die Abrechnung »HOAI-gemäß« erfolgen muss oder soll, auch durchaus nachvollziehbar ist. Denn es ist in diesen Fällen natürlich vorteilhaft, wenn die Beschreibung der zu erbringenden und der abzurechnenden Leistungen deckungsgleich ist. Selbstverständlich sind die Muster aber auch (mit entsprechenden Modifikationen) verwendbar, wenn eine von den Leistungsbildern der HOAI abweichende Leistungsbeschreibung gewählt werden soll.

Inhaltliche Überarbeitungen der Muster sind für die Neuauflage vor allem im Hinblick auf das zum 01.01.2018 in Kraft tretende Gesetz zur Reform des Bauvertragsrechts, zur Änderung der kaufrechtlichen Mängelhaftung, zur Stärkung des zivilprozessualen Rechtsschutzes und zum maschinellen Siegel im Grundbuch- und Schiffsregisterverfahren vom 28.04.2017 (BGBl. I 2017, S. 969) erfolgt. Die Muster beziehen sich in der Neuauflage auf die ab dem 01.01.2018 geltende Rechtslage. Das BGB enthält dann erstmalig auch eine gesetzliche Grundlage für den Architekten- und Ingenieurvertrag (§§ 650p–650t BGB). Das Gesetz verweist in § 650q Abs. 1 auf die Bestimmungen des allgemeinen Werkvertragsrechts (§§ 631 ff.) sowie auf die meisten Bestimmungen der ebenfalls neuen Regelungen zum Bauvertrag (§§ 650a bis 650h), enthält darüber hinaus aber in den §§ 650q Abs. 2, 650r–650t Sonderbestimmungen nur für den Architekten- und Ingenieurvertrag. Eine Vielzahl von Auslegungsfragen zu den neuen gesetzlichen Bestimmungen werden sich erst im Laufe der nächsten Jahre bzw. (wie wohl ohne Übertreibung gesagt werden kann) Jahrzehnte klären lassen. Die Vertragspraxis kann diese Klärungen aber nicht abwarten, sondern sollte (und muss) sich auf die neue Rechtslage sofort einstellen. Sinnvoll dürfte es sein, die Verträge der »Struktur« der neuen Bestimmungen anzupassen und den so gesetzten Rahmen in einer den Bedürfnissen des jeweiligen Vertragsverhältnisses entsprechenden Weise vertragsautonom »auszufüllen«. Von besonderer Bedeutung werden bei der Anpassung der bisher verwendeten Vertragsmuster an die neue Rechtslage die gesetzliche Definition des gesetzlichen Leitbildes (§ 650p) einschließlich der Einführung der »Zielfindungsphase« (§ 650p Abs. 2), die Bestimmungen zu Änderungen des Vertrages und Änderungsanordnungen (§ 650q Abs. 1 i.V.m. § 650b) sowie zu Vergütungsfolgen von Änderungsanordnungen (§ 650q Abs. 2 mit einem subsidiären Verweis auf § 650c), das Sonderkündigungsrecht nach § 650r und der nunmehr gesetzlich begründete Anspruch auf Teilabnahme nicht nach der Leistungsphase 8, sondern nach der letzten Abnahme von Bauleistungen (§ 650s) sein. Mit den folgenden Mustern wird ein erster Versuch unternommen, sich dieser Aufgabe zu stellen.

Die nachfolgenden Literaturangaben erheben keinen Anspruch auf Vollständigkeit. Umfassendere Übersichten zur architektenrechtlichen Literatur sind schnell zu finden. Das Literaturverzeichnis enthält auch Hinweise auf angekündigte Neuerscheinungen (Neuauflagen und neu angekündigte Werke) im Hinblick auf das neue Bauvertragsrecht:

Fuchs/Berger/Seifert, Beck'scher HOAI- und Architektenrechts-Kommentar 2016; *Dammert/Lenkeit/Oberhauser/Pause/Stretz,* Das neue Bauvertragsrecht, 2017; *Gsell/Krüger/Lorenz/Mayer,* Kommentar zum Werkvertragsrecht (Erscheinen für 2018 angekündigt); Heinlein/Hilka, HOAI – Kommentar, 2014; *Kleine-Möller/Merl/Glöckner,* Handbuch des privaten Baurechts, 5. Aufl. 2014 (Neuauflage für 2018 angekündigt); *Kniffka/Koeble,* Kompendium des Baurechts, 4. Aufl. 2014 (Neuauflage für 2018 angekündigt); *Korbion/Mantscheff/Vygen,* HOAI – Kommentar, 9. Aufl. 2016; *Langen/Berger,* Kommentar zum neuen Bauvertragsrecht (Erscheinen für 2017 angekündigt*); Leupertz/Preussner/Sienz,* Das neue Bauvertragsrecht, Kommentar zu §§ 650a–650v BGB (Erscheinen für 2018 angekündigt); *Locher/Koeble/Frik,* HOAI – Kommentar, 13. Aufl. 2017; *Löffelmann/Fleischmann,* Architektenrecht, Honorar und Haftung, 6. Aufl. 2012; *Messerschmidt/Niemöller/Preussner,* HOAI – Kommentar, 1. Aufl. 2015; *Messerschmidt/Voit,* Privates Baurecht, Kommentar zu §§ 631 ff. BGB, 2. Aufl. 2012 (Neuauflage für 2018 angekündigt); *Morlock/Meurer,* Die HOAI in der Praxis, 9. Aufl. 2014; *Preussner,* Architektenrecht, 1. Aufl. 2013 (Neuauflage für 2017 angekündigt); *Pott/Dahlhoff/Kniffka/Rath,* Kommentar zur HOAI, 9. Aufl. 2011; *Roquette/Otto,* Vertragsbuch Privates Baurecht, 2. Aufl. 2011 (Neuauflage für 2018 angekündigt); *Scholtissek,* HOAI – Kommentar, 2. Aufl. 2014; *Thode/Wirth/Kuffer,* Praxishandbuch Architektenrecht, 2. Aufl. 2016; *Weber/Siemon,* Die neue HOAI 2013 mit Synopse HOAI 2009 und 2013; *Werner/Pastor,* Der Bauprozess, 15. Aufl. 2015 (Neuauflage für 2018 angekündigt).

b) Vollarchitekturvertrag aus Auftragnehmersicht

Zwischen

1.

[Name/Bezeichnung]

[Anschrift]

– Auftraggeber –

und

2.

[Name/Bezeichnung]

[Anschrift]

– Auftragnehmer –

wird folgender Architektenvertrag (Objektplanung Gebäude) geschlossen:

§ 1 Vertragsgegenstand; Planungsziele

(1) Gegenstand dieses Vertrages sind Architektenleistungen für Gebäude.

(2) Die Architektenleistungen sind für folgendes Bauvorhaben zu erbringen: *[Bezeichnung des Bauvorhabens unter Verwendung der Begriffsbezeichnungen des § 2 Abs. 2 bis 6 HOAI: Neubauten, Wiederaufbauten, Erweiterungsbauten, Umbauten, Modernisierungen, Instandsetzungen, Instandhaltungen]*

auf folgendem Grundstück *[Adresse, Grundbuchbezeichnung, eingetragener Eigentümer]*

Das Bauvorhaben betrifft *[Anzahl ergänzen]* Gebäude *[Bezeichnung des oder der Gebäude, auf die sich das Bauvorhaben bezieht, gegebenenfalls auch Bezeichnung weiterer Objekte im honorarrechtlichen Sinne, vgl. § 2 Abs. 1 HOAI, auf die sich das Bauvorhaben und der durch diesen Vertrag zu erteilende Auftrag beziehen]*

(3) Die Zielvorstellungen des Auftraggebers zum Zeitpunkt des Vertragsschlusses (Planungs- und Überwachungsziele im Sinne von § 650p Abs. 2 BGB) werden wie folgt definiert:
– Zielvorstellungen im Hinblick auf die vorgesehene Nutzung
– Zielvorstellungen im Hinblick auf die Ausnutzung des Baugrundstücks

- Zielvorstellungen im Hinblick auf die Gestaltung und Qualitäts- und Ausbaustandards
- Zielvorstellungen im Hinblick auf die technische Ausstattung
- Zielvorstellungen im Hinblick Standards betreffend Energieeffizienz, Schallschutz etc.
- Zielvorstellungen in wirtschaftlicher Hinsicht (insbesondere Kosten)
- Sonstige Zielvorstellungen
.....

Ergänzend wird zu den Planungszielen auf die diesem Vertrag als Anlage 1 beigefügte Bau- und Qualitätsbeschreibung verwiesen.

(4) Die Zielvorstellungen werden nach dem in § 15 dieses Vertrages festgelegten Verfahren regelmäßig fortgeschrieben.

§ 2 Vertragsbestandteile und -grundlagen

(1) Der Inhalt der zwischen den Parteien getroffenen vertraglichen Vereinbarungen ergibt sich aus diesem Vertrag einschließlich seiner Anlagen. Ergänzende oder abweichende mündliche Vereinbarungen sind nicht getroffen worden. Etwaige Widersprüche der Vertragsbestandteile sind im Wege der Auslegung aufzulösen. Sollten dennoch Widersprüche verbleiben, soll die speziellere Bestimmung Vorrang vor der allgemeineren haben. Ergibt sich auch dann keine Geltungsreihenfolge, soll die jüngere Bestimmung Vorrang vor der älteren haben. Folgende Anlagen werden Vertragsbestandteil:

Anlage 1: Bau- und Qualitätsbeschreibung

Anlage 2: Bodengutachten des ..... vom .....

Anlage 3: Kalkulation der vorgesehenen Bausumme

Anlage 4: Terminplan

Anlage 5: Honorarberechnung

Anlage 6: Tabelle zur Bewertung von Grundleistungen

Anlage 7: Adjudikationsvereinbarung nebst Adjudikationsordnung XYZ

Anlage 8: Schiedsgerichtsvereinbarung nebst Schiedsgerichtsordnung XYZ

(2) Grundlagen des Vertragsverhältnisses sind im Übrigen:
1. Die für das Bauvorhaben relevanten öffentlich-rechtlichen Bestimmungen
2. Die Honorarordnung für Architekten und Ingenieure (HOAI) in der bei Vertragsschluss geltenden Fassung, dies allerdings mit der Einschränkung, die sich aus § 11 Abs. 5.7 ergibt
3. Die Bestimmungen des Bürgerlichen Gesetzbuches, insbesondere diejenigen über den Architekten- und Ingenieurvertrag (§§ 650p ff. i.V.m. §§ 631 ff. und §§ 650a ff. BGB)

§ 3 Beauftragung

(1) Der Auftraggeber beauftragt den Auftragnehmer nach Maßgabe dieses Vertrages mit der Erbringung von Architektenleistungen, die dem Leistungsbild Objektplanung für Gebäude im Sinne von § 34 HOAI i.V.m. Anlage 10 zur HOAI, Leistungsphasen 1–9 zuzurechnen sind. Die Parteien sind sich darüber einig, dass die Beauftragung des Auftragnehmers erst mit Abschluss dieses Vertrages zustande kommt, eine vorherige mündliche Beauftragung also nicht erfolgt ist.

(2) Die Beauftragung erfolgt stufenweise, wobei die Stufen wie folgt festgelegt werden:

Stufe A: bis zur Genehmigungsplanung einschließlich (Leistungsphasen 1–4 nach § 34 HOAI)

Stufe B: bis zur Mitwirkung bei der Vergabe einschließlich (Leistungsphasen 5–7 nach § 34 HOAI)

Stufe C: Objektüberwachung (Leistungsphase 8 nach § 34 HOAI)

Stufe D: Objektbetreuung (Leistungsphase 9 nach § 34 HOAI)

(3) Beauftragt werden zunächst nur die Leistungen der Stufe A. Entschließt der Auftraggeber sich zur Durchführung der weiteren Stufen, hat der Auftragnehmer Anspruch auf Beauftragung, sofern der Auftraggeber keinen wichtigen, in der Person des Auftragnehmers liegenden Grund geltend machen kann, der ihn zur Vertragskündigung aus wichtigem Grund berechtigen würde,

wenn der Auftragnehmer von vorneherein mit der entsprechenden Leistungsstufe beauftragt wäre. Die Beauftragung einer weiteren Stufe kann längstens sechs Monate nach Abschluss der zuletzt beauftragten Stufe erfolgen; länger muss der Auftragnehmer seine Leistungsbereitschaft nicht aufrechterhalten.

(4) Schon jetzt wird der Auftragnehmer mit folgenden Besonderen Leistungen beauftragt:

.....

Für den Fall der Beauftragung des Auftragnehmers mit weiteren Beauftragungsstufen behält der Auftraggeber sich die Beauftragung folgender Besonderer Leistungen vor:

.....

(5) Schon jetzt wird der Auftragnehmer mit folgenden Beratungsleistungen gemäß Anlage 1 zur HOAI beauftragt:

.....

Für den Fall der Beauftragung des Auftragnehmers mit weiteren Beauftragungsstufen behält der Auftraggeber sich die Beauftragung folgender Beratungsleistungen vor:

.....

§ 4 Leistungspflicht des Auftragnehmers

(1) Die Parteien sind sich darüber einig, dass die wesentlichen Planungs- und Überwachungsziele durch die in § 1 Abs. 3 benannten Zielvorstellungen hinreichend definiert sind, so dass eine Zielfindungsphase im Sinne von § 650p Abs. 2 BGB entfällt.

Alternativ:

Die Parteien sind sich darüber einig, dass die wesentlichen Planungs- und Überwachungsziele durch die in § 1 Abs. 3 benannten Zielvorstellungen noch nicht hinreichend definiert sind, so dass die Beauftragung des Auftragnehmers gemäß § 650p Abs. 2 BGB zunächst darauf gerichtet ist, aufbauend auf den bereits – allerdings rudimentär – vorhandenen Zielvorstellungen des Auftraggebers eine Planungsgrundlage zur Ermittlung dieser Ziele zu erstellen. Die Erarbeitung dieser Planungsgrundlage in Abstimmung mit dem Auftraggeber ist Bestandteil der Beauftragungsstufe 1.

(2) Mit Abschluss dieses Vertrages verpflichtet sich der Auftragnehmer gemäß § 650q Abs. 1 BGB, nach näherer Maßgabe dieses Vertrages diejenigen Leistungen zu erbringen, die nach dem jeweiligen Stand der Planung und Ausführung erforderlich sind, um die zwischen den Parteien vereinbarten – und gegebenenfalls nach Vertragsschluss weiter entwickelten – Planungs- und Überwachungsziele zu erreichen. Der Auftragnehmer übernimmt damit allerdings keine Garantie oder sonstige verschuldensunabhängige Haftung dafür, dass die Zielvorstellungen in vollem Umfang verwirklicht werden können. Der Auftragnehmer verpflichtet sich, seine Leistungen so zu erbringen, dass die definierten und fortgeschriebenen Zielvorstellungen in bestmöglicher Weise verwirklicht werden können. Des Weiteren verpflichtet sich der Auftragnehmer, den Auftraggeber umgehend und umfassend zu unterrichten, sobald erkennbar wird, dass die Verwirklichung von Zielvorstellungen – gleich aus welchem Grund – gefährdet ist. Schadensersatzansprüche des Auftraggebers wegen des Nichterreichens von Zielvorstellungen setzen ein Verschulden auf Seiten des Auftragnehmers voraus. Sofern Um- oder Mehrfachplanungen erforderlich werden, um durch diesen Vertrag definierte bzw. fortgeschriebene Zielvorstellungen einhalten zu können, gelten hierfür die Bestimmungen dieses Vertrages (§§ 6 und 12).

(3) Unter Berücksichtigung der vereinbarten Planungs- und Überwachungsziele besteht der Leistungserfolg, auf dessen Erzielung der Auftragnehmer seine Leistungen zu erbringen hat:
– Für die Beauftragungsstufe A in der Erstellung einer dauerhaft genehmigungsfähigen, den bei Vertragsschluss festgelegten und gegebenenfalls nach Vertragsschluss fortgeschriebenen Planungszielen bestmöglich entsprechenden Planung sowie der Zusammenstellung vollständiger Vorlagen, sofern nach den einschlägigen öffentlich-rechtlichen Vorschriften Genehmigungen oder Zustimmungen erforderlich sind.

Alternativ:

Für die Beauftragungsstufe A zunächst in der Erstellung einer mit dem Auftraggeber abgestimmten Planungsgrundlage im Sinne von § 650p Abs. 2 BGB, und nach Zustimmung des Auftraggebers zu der Planungsgrundlage in der Erstellung einer dauerhaft genehmigungsfähigen, den bei Vertragsschluss festgelegten und gegebenenfalls nach Vertragsschluss fortgeschriebenen Planungszielen bestmöglich entsprechenden Planung sowie der Zusammenstellung vollständiger Vorlagen, sofern nach den einschlägigen öffentlich-rechtlichen Vorschriften Genehmigungen oder Zustimmungen erforderlich sind. Die Planungsgrundlage muss Festlegungen zu allen in § 1 Abs. 3 benannten Zielvorstellungen enthalten.

- *Für die Beauftragungsstufe B in der Zusammenstellung der vollständigen und fehlerfreien Vergabeunterlagen im Sinne von § 8 VOB/A – wobei Bauverträge und diesen zugrunde zu legende Vertragsbedingungen durch den Auftraggeber oder durch einen von diesem zu beauftragenden Dritten zu erstellen und durch den Auftragnehmer nur zusammenzustellen sind – sowie in der Erstellung einer begründeten und nachvollziehbaren Vergabeempfehlung an den Auftraggeber als Ergebnis der Prüfung und Wertung der Angebote und der Dokumentation des Vergabeverfahrens*
- *Für die Beauftragungsstufe C in dem Entstehenlassen eines plangerechten, mit den maßgeblichen Bestimmungen des öffentlichen Rechts übereinstimmenden, technisch und wirtschaftlich mangelfreien Bauwerks bis zur Überwachung der bei Abnahme festgestellten Mängel*
- *Für die Beauftragungsstufe D verzichten die Parteien auf die Beschreibung eines werkvertraglichen Gesamterfolges*

(4) Zur Erzielung der vorstehend beschriebenen Ziele hat der Auftragnehmer sämtliche Grundleistungen der beauftragten Leistungsphasen nach § 34 HOAI i.V.m. der Anlage 10 zur HOAI zu erbringen, dies allerdings nur insoweit, als es zur Erreichung der vereinbarten Ziele tatsächlich erforderlich ist.

Alternativ (für den Fall, dass der Auftrag zunächst auf die Erstellung einer Planungsgrundlage im Sinne von § 650p Abs. 2 BGB – »Zielfindungsphase« – gerichtet ist):

Die Parteien sind sich darüber einig, dass zur Erarbeitung der Planungsgrundlage im Sinne von § 650p Abs. 2 BGB im einzelnen folgende Leistungen zu erbringen sind:

Bedarfsplanung im Sinne der DIN 18205 als benannte besondere Leistung der Leistungsphase 1;

Grundleistungen der Leistungsphase 1;

Grundleistungen der Leistungsphase 2 mit Ausnahme der Grundleistung c) und der Grundleistung g). An die Stelle der Grundleistung c) treten skizzenhafte, nicht notwendiger Weise maßstabsgerechte Darstellungen nach Erfordernis. An die Stelle der Grundleistung g) tritt eine überschlägige Kostenschätzung, bei der auf die Bedarfsplanung zurückgegriffen oder auf Referenzobjekte verwiesen werden kann.

Zur Grundleistung c) der Leistungsphase 7 des Leistungsbildes Objektplanung Gebäude (»Nachtragsprüfung«) vereinbaren die Vertragsparteien Folgendes: Hat der Auftragnehmer die Gründe, die zu dem Nachtrag geführt haben, selbst zu vertreten, steht ihm für die Nachtragsprüfung eine zusätzliche Vergütung nicht zu. Andernfalls steht dem Auftragnehmer hierfür ein Vergütungsanspruch unter den Voraussetzungen der Bestimmungen dieses Vertrages zu.

Soweit in den in Bezug genommenen Grundleistungen neben der Integration auch die Koordination der Leistungen anderer fachlich Beteiligter genannt ist, verstehen die Vertragsparteien den Begriff der Koordination in dem Sinn und in dem Umfang, der sich aus § 7 dieses Vertrages ergibt.

(5) Hiervon unabhängig schuldet der Auftragnehmer auf jeden Fall die Erbringung folgender Teilleistungen im Sinne selbständiger Einzelerfolge:
- In allen Beauftragungsstufen: Kostenermittlungen; im Einzelnen sind zu erbringen die Kostenschätzung nach DIN 276 Fassung 2008 im Rahmen der Vorplanung, die Kostenberechnung nach DIN 276 Fassung 2008 im Rahmen der Entwurfsplanung, die Ermittlung der Kosten durch vom Auftragnehmer bepreiste Leistungsverzeichnisse im Rahmen der Vorbereitung der Vergabe, und die Kostenfeststellung nach DIN 276 Fassung 2008 im Rahmen der Objektüberwachung.

- In der Beauftragungsstufe A: zeichnerische Darstellung der Entwurfsplanung und Objektbeschreibung; Zusammenfassung, schriftliche Erläuterung und Dokumentation der Ergebnisse am Ende der Leistungsphasen 1–3
- In der Beauftragungsstufe C: Schriftliche Dokumentation des Bauablaufs, z.B. in Form eines Bautagebuches sowie Übergabe des Objekts einschließlich Zusammenstellung und Übergabe der erforderlichen Unterlagen, z.B. Bedienungsunterlagen, Prüfprotokolle; systematische Zusammenstellung der Dokumentation, zeichnerischen Darstellungen und rechnerischen Ergebnisse des Objekts
- In der Beauftragungsstufe D: Objektbegehung zur Mängelfeststellung vor Ablauf der Verjährungsfristen der Gewährleistungsansprüche gegenüber den bauausführenden Unternehmen.

Die vorstehend ausdrücklich benannten Einzelleistungen schuldet der Auftragnehmer unabhängig davon, ob sie zur Erreichung der vereinbarten Planungs- und Überwachungsziele erforderlich sind. Weitere Einzelleistungen schuldet er nicht unabhängig der Notwendigkeit zur Erzielung der vereinbarten Planungs- und Überwachungsziele.

(6) Folgende Leistungen hat der Auftragnehmer keinesfalls zu erbringen, und zwar auch dann nicht, wenn sie zur Erzielung des geschuldeten Gesamterfolges erforderlich sind:
- Leistungen, die anderen Leistungsbildern der HOAI als den beauftragten zuzurechnen sind (einschließlich der Leistungsbilder der »Beratungsleistungen« nach Anlage 1 zur HOAI und der Projektsteuerung im Sinne von § 31 HOAI 1996),
- Leistungen, die nach den einschlägigen gesetzlichen Bestimmungen den Angehörigen der rechts- und steuerberatenden Berufe vorbehalten sind; hierzu gehört insbesondere die Ausarbeitung von Bauverträgen;
- Beratungstätigkeiten im Zusammenhang mit einer möglichen Förderung des Bauvorhabens.

Darüber hinaus werden folgende Grundleistungen von der Beauftragung ausgenommen:

.....

(7) Der Auftragnehmer hat seine Leistungen entsprechend den anerkannten Regeln der Technik sowie in Übereinstimmung mit den einschlägigen Bestimmungen des öffentlichen Rechts und den ihm bekannten (fortgeschriebenen) Zielvorstellungen des Auftraggebers zu erbringen. Der Auftraggeber hat seine Leistungen außerdem in möglichst wirtschaftlicher Weise zu erbringen. Dies bedeutet insbesondere, dass sämtliche Leistungen im Rahmen der sonstigen Vorgaben und Zielvorstellungen des Auftraggebers sowie des technisch und rechtlich Möglichen mit dem Ziel größtmöglicher Kosteneinsparung sowohl bei der Errichtung des Bauvorhabens als auch bei der späteren Nutzung zu erbringen sind.

Entstehen Widersprüche zwischen verschiedenen Zielvorstellungen des Auftraggebers, zwischen den Zielvorstellungen des Auftraggebers und den anerkannten Regeln der Technik oder aber zwischen den anerkannten Regeln der Technik und dem (neuesten) Stand der Technik bzw. der Wissenschaft, hat der Auftragnehmer den Auftraggeber entsprechend aufzuklären und zu unterrichten sowie Entscheidungshilfen zu geben und Entscheidungsalternativen zu formulieren. Die Entscheidung ist dann durch den Auftraggeber zu treffen. Die vom Auftraggeber vorgegebenen (fortgeschriebenen) Zielvorstellungen sind nur insoweit für den Auftragnehmer verbindlich, als sie in sich widerspruchsfrei sind und auch nicht im Widerspruch zu den anerkannten Regeln der Technik bzw. zu zwingenden öffentlich rechtlichen Bestimmungen stehen.

(8) Der Auftragnehmer erbringt die ihm übertragenen Leistungen in eigener Person oder durch fest angestellte oder freie Mitarbeiter seines Büros. Die Beauftragung von Unterbeauftragten hat er dem Auftraggeber unverzüglich anzuzeigen. Der Auftraggeber ist berechtigt, der Beauftragung von Unterbeauftragten unverzüglich zu widersprechen, sofern der Widerspruch aus einem wichtigen, in der Person des vorgesehenen Unterbeauftragten liegenden Grund gerechtfertigt ist.

§ 5 Bevollmächtigung des Auftragnehmers

(1) Der Auftraggeber bevollmächtigt den Auftragnehmer – für den Fall der Beauftragung mit den Leistungen der Leistungsstufe C – im Zusammenhang mit der Erbringung seiner Leistungen mit der Vornahme folgender Handlungen bzw. Abgabe folgender Erklärungen:
- technische Abnahmen
- Entgegennahme und Abzeichnung von Stundenlohnnachweisen

- Erteilung von Weisungen auf der Baustelle (§ 4 Abs. 1 Nr. 3 VOB/B)
- Mängelrügen
- Entgegennahme von Angeboten und Schlussrechnungen
- Entgegennahme von Erklärungen ausführender Firmen (z.B. Bedenkenanmeldungen, Behinderungsanzeigen, Mehrkostenanmeldungen)
- Aufnahme eines gemeinsamen Aufmaßes mit den ausführenden Firmen.

(2) Finanzielle Verpflichtungen für den Auftraggeber darf der Auftragnehmer nur eingehen, wenn Gefahr in Verzug besteht und das Einverständnis der Auftraggeber nicht rechtzeitig zu erlangen ist.

(3) Eine weitergehende Vollmacht wird dem Auftragnehmer mit diesem Vertrag nicht erteilt. Spätere hierüber hinaus gehende Vollmachten können nur schriftlich erteilt werden (§ 125 BGB).

§ 6 Änderungsbegehren und Änderungsanordnung des Auftraggebers; Änderungsvereinbarungen

(1) Für Änderungsvereinbarungen und Änderungsanordnungen des Auftraggebers gilt § 650q Abs. 1 BGB i.V.m. § 650b BGB mit den nachfolgenden Modifikationen:

(2) Das Änderungsbegehren des Auftraggebers kann sich auch auf die Art der Ausführung der Leistungen, insbesondere in zeitlicher Hinsicht beziehen. Solchen Änderungsbegehren muss der Auftragnehmer nur folgen, wenn schwerwiegende Gründe vorliegen und bei der Abwägung der beiderseitigen Interessen die Interessen des Auftraggebers an der Anordnung deutlich überwiegen.

(3) Die Befolgung von Änderungsbegehren des Auftraggebers im Sinne von § 650b Abs. 1 Nr. 1, die mit einer Änderung der vereinbarten Planungs- und Überwachungsziele verbunden sind (nicht notwendige Änderungen) ist für den Auftragnehmer insbesondere dann unzumutbar,
- wenn sich die Planung auf ein anderes Grundstück beziehen soll;
- wenn sich durch die vom Auftraggeber begehrte Änderung der Charakter des Gebäudes insgesamt so verändern würde, dass die Identität des Gebäudes nicht mehr gewahrt wäre;
- wenn sich die Befolgung eines Änderungsbegehrens für den Auftragnehmer unter Berücksichtigung seiner Urheberpersönlichkeitsrechte als unzumutbar darstellen würde;
- wenn der Nutzungszweck des Gebäudes grundlegend verändert würde;
- wenn der Auftraggeber von vorneherein endgültig und ernsthaft die Zahlung einer dem Auftragnehmer für die zusätzlich zu erbringenden Planungsleistungen zustehenden zusätzlichen Vergütung oder die Mitwirkung an einer entsprechenden, den zusätzlichen Vergütungsanspruch des Auftragnehmers umfassenden Nachtragsvereinbarung verweigert;
- wenn das Büro des Auftragnehmers auf die Ausführung der geänderten Leistungen nicht eingerichtet ist;
- wenn betriebsinterne Umstände im Büro des Auftragnehmers (z.B. eine besonders hohe Auslastung des Büros) entgegenstehen; der Auftragnehmer ist dann nicht verpflichtet, weitere Mitarbeiter einzustellen bzw. Unteraufträge zu erteilen.

(4) Beide Parteien können jederzeit nach Eingang des Änderungsbegehrens des Auftraggebers eine vorläufige Klärung der Verpflichtung des Auftragnehmers, dem Begehren des Auftraggebers Folge zu leisten, im Wege des Adjudikationsverfahrens nach § 20 herbeiführen, ohne die Frist des § 650b Abs. 2 BGB abwarten zu müssen.

.....

§ 7 Hinzuziehung und Koordination anderer Beteiligter

(1) Folgende Sonderfachleute bzw. anderen an der Planung sowie Ausführung und Überwachung der Ausführung des Bauvorhabens Beteiligten sind vom Auftraggeber bereits neben dem Auftragnehmer beauftragt worden:

.....

(2) Darüber hinaus sollen noch mindestens folgende weiteren Sonderfachleute bzw. anderen an der Planung sowie Ausführung und Überwachung der Ausführung des Bauvorhabens Beteiligte beauftragt werden:

.....

(3) Sollte sich nach Abschluss dieses Vertrages die Notwendigkeit des Einsatzes weiterer Fachplaner oder sonstiger Fachleute (z.B. von Sachverständigen) ergeben, hat der Auftragnehmer den Auftraggeber hierauf hinzuweisen und diesen erforderlichenfalls darüber hinaus auch bei der Auswahl zu beraten.

(4) Die Beauftragung der Fachplaner und sonstiger Fachleute erfolgt ausschließlich durch den Auftraggeber selbst.

(5) Der Auftragnehmer ist zur Koordination und zur Integration der Leistungen anderer fachlich Beteiligter in folgendem Umfang verpflichtet:
– Der Auftragnehmer muss die Leistungen anderer fachlich Beteiligter in sinnvoller Weise in seine eigenen Leistungen integrieren; er muss daher die Beiträge anderer fachlich Beteiligter mit den von ihm durch seine Ausbildung und seine Berufstätigkeit erworbenen bzw. von ihm zu erwartenden Kenntnissen und praktischen Erfahrungen daraufhin überprüfen, ob diese offenkundige Fehler und/oder Unvollständigkeiten aufweisen. In diesem Fall muss er den Auftraggeber unverzüglich entsprechend unterrichten. Eine darüber hinaus gehende Pflicht zur fachlichen Prüfung der Beiträge anderer Beteiligter trifft den Auftragnehmer nicht.
– Der Auftragnehmer muss die Leistungen der anderen fachlich Beteiligten in zeitlicher Hinsicht in der Weise in seine eigene zeitliche Planung integrieren, dass er seine eigenen Leistungen fristgerecht erbringen kann. Er muss daher die anderen Beteiligten darauf hinweisen, bis zu welchem Zeitpunkt deren Beiträge spätestens vorliegen müssen. Liegen diese Beiträge nicht termingerecht vor, muss er den Auftraggeber hierauf hinweisen.
– Der Auftragnehmer muss die übrigen fachlich Beteiligten vollständig und umfassend unterrichten und ihnen vollständige, sachlich richtige und widerspruchsfreie Unterlagen, insbesondere Planungen zukommen lassen.

(6) Weitergehende Überprüfungs- bzw. Koordinierungspflichten treffen den Auftragnehmer nicht. Er hat weder – wie ein Generalplaner – für Fehler anderer fachlich Beteiligter entsprechend § 278 BGB wie für eigene Fehler einzustehen noch – wie ein Projektsteuerer – eine »übergeordnete Koordination« für das Bauvorhaben zu übernehmen.

§ 8 Allgemeine Pflichten von Auftraggeber und Auftragnehmer

(1) Über die durch diesen Vertrag begründeten Verpflichtungen, insbesondere zu einer mängelfreien Leistungserbringung und umfassender Information sowie Beratung des Auftraggebers hinaus verpflichtet der Auftragnehmer sich allgemein, Weisungen und Anordnungen des Auftraggebers zu beachten und bei seiner Leistungserbringung so weit wie möglich umzusetzen. Dies gilt aber nur hinsichtlich von Anordnungen und Weisungen, die entweder der Auftraggeber in Person selbst, oder aber durch einen von ihm ausdrücklich hierzu bevollmächtigten Vertreter erteilt.

(2) Ist die Befolgung von Anordnungen und Weisungen des Auftraggebers mit einer Vertragsänderung im Hinblick auf die vereinbarten Planungs- und Überwachungsziele oder die zur Erreichung dieser Ziele im Einzelnen zu erbringenden Leistungen verbunden, ist der Auftragnehmer hierzu nur nach Maßgabe der Regelungen in § 6 dieses Vertrages verpflichtet. Im Übrigen endet die Pflicht des Auftragnehmers, Weisungen des Auftraggebers Folge zu leisten, wenn die Weisungen des Auftraggebers gegen öffentlich-rechtliche oder sonstige gesetzliche Bestimmungen verstoßen oder ihre Befolgung mit einer Gefahr für Leib und Leben verbunden wäre. In diesen Fällen kann der Auftragnehmer sich auf die Weisung auch nicht zu seiner Entlastung berufen.

(3) Hat der Auftragnehmer Bedenken gegen Weisungen oder Vorgaben des Auftraggebers, muss er den Auftraggeber hierauf umgehend schriftlich hinweisen und seine Bedenken begründen (z.B. Widerspruch zu anerkannten Regeln der Technik, Widerspruch zu Zielvorgaben des Auftraggebers). In diesem Fall muss (und darf) der Auftragnehmer der Weisung/Vorgabe des Auftraggebers nur dann folgen, wenn dieser daran trotz der vom Auftragnehmer vorgebrachten Bedenken festhält. In diesem Fall ist der Auftragnehmer von jeder Haftung frei. Weist der Auftragnehmer demgegenüber auf Bedenken nicht hin oder unterlässt er die bei Anwendung des in § 3 dieses Vertrages definierten Maßstabes erforderliche Prüfung, kann er sich zu seiner Entlastung nicht auf die Weisung/Vorgabe des Auftraggebers berufen. Die vorstehend in Absatz 2 ent-

haltene Regelung zu den Grenzen der Verpflichtung des Auftragnehmers, Weisungen des Auftraggebers Folge zu leisten, bleibt hiervon unberührt.

(4) Der Auftraggeber verpflichtet sich, die Planung und Durchführung des Bauvorhabens zu fördern, soweit dies in seinen Kräften steht. Insbesondere verpflichtet er sich, anstehende Entscheidungen kurzfristig zu treffen und die notwendigen Sonderfachleute nach entsprechender Beratung durch den Auftragnehmer zu beauftragen.

(5) Der Auftraggeber erteilt dem Auftragnehmer alle zur Vertragsdurchführung und Abrechnung erforderlichen Auskünfte und übergibt entsprechende Unterlagen. Folgende Unterlagen sind dem Auftragnehmer bereits umgehend nach Vertragsschluss, spätestens innerhalb einer Frist von einer Woche ab Vertragsschluss zu übergeben:

.....

(6) Der Auftraggeber verpflichtet sich auch dem Auftragnehmer gegenüber, die Leistungen der ausführenden Unternehmen abzunehmen, sobald die Voraussetzungen hierfür erfüllt sind.

(7) Schließlich verpflichtet sich der Auftraggeber, an der Fortschreibung der Zielvorstellungen und der Abstimmung von Planungsständen einschließlich der Freigabe von Plänen entsprechend § 15 dieses Vertrages mitzuwirken.

§ 9 Baukosten

(1) Der Auftragnehmer ist verpflichtet, seine Leistungen so zu erbringen, insbesondere so zu planen, dass der vertraglich vorgesehene und während der Projektverwirklichung fortgeschriebene Kostenrahmen eingehalten werden kann. Der Auftragnehmer übernimmt damit allerdings keine Garantie oder sonstige verschuldensunabhängige Haftung für die Einhaltung des Kostenrahmens. Wird für den Auftragnehmer erkennbar, dass der Kostenrahmen voraussichtlich überschritten wird, z.B. wegen gestiegener Baukosten oder wegen einer Unvereinbarkeit sonstiger Vorgaben des Auftraggebers mit dem Kostenziel, ist der Auftragnehmer verpflichtet, den Auftraggeber hierüber umgehend und umfassend zu unterrichten und Einsparungsvorschläge zu unterbreiten, die geeignet sind, die Einhaltung des vorgesehenen Kostenrahmens sicherzustellen.

(2) Nach näherer Maßgabe der Festlegungen in § 3 dieses Vertrags zum Umfang der vom Auftragnehmer geschuldeten Leistungen ist dieser zur Kostenermittlung, zur Fortschreibung der Kostenermittlung, und zur Kostenkontrolle verpflichtet.

§ 10 Fristen

(1) Der Auftragnehmer ist verpflichtet, seine Leistungen so zu erbringen, insbesondere so zu planen, dass die vertraglich vereinbarten und während der Projektverwirklichung fortgeschriebenen Zielvorstellungen der Parteien hinsichtlich der zeitlichen Abfolge und Fertigstellung des Bauvorhabens nach Möglichkeit eingehalten werden können. Die Zielvorstellungen der Vertragsparteien zum Zeitpunkt der Beauftragung des Auftragnehmers ergibt sich aus dem als Anlage 4 beigefügten Terminplan. Wird für den Auftragnehmer erkennbar, dass der vorgesehene Bauablauf nicht eingehalten werden kann, z.B. wegen unvorhergesehener äußerer Umstände oder wegen Anordnungen des Auftraggebers, z.B. solchen, die Planungsänderungen erforderlich machen, ist der Auftragnehmer verpflichtet, den Auftraggeber hierüber umgehend und umfassend zu unterrichten.

(2) Nach näherer Maßgabe der Festlegungen in § 3 dieses Vertrags zum Umfang der vom Auftragnehmer geschuldeten Leistung ist dieser zur Fortschreibung der Terminplanung und zur Terminkontrolle verpflichtet.

(3) Glaubt sich der Auftragnehmer in der ordnungsgemäßen Ausführung der Leistung behindert, so hat er dies dem Auftraggeber unverzüglich schriftlich anzuzeigen. Unterlässt er die Anzeige, so hat er nur dann Anspruch auf Berücksichtigung der hindernden Umstände, wenn dem Auftraggeber die Tatsache und deren hindernde Wirkung bekannt waren.

§ 11 Honorar

(1) Die Parteien treffen die aus den nachfolgenden Bestimmungen sich ergebende Honorarvereinbarung.

(2) Für sämtliche nach diesem Vertrag von ihm – gegebenenfalls nach späterer Beauftragung der jeweiligen Beauftragungsstufe – zu erbringenden Leistungen mit Ausnahme der bereits mit Abschluss dieses Vertrages oder gegebenenfalls mit späterem »Abruf« einer weiteren Beauftragungsstufe - beauftragten Besonderen Leistungen (hierzu nachfolgend Absatz 6) und »Beratungsleistungen« (hierzu nachfolgend Absatz 7) erhält der Auftragnehmer ein Pauschalhonorar in Höhe von

..... € netto zuzüglich Mehrwertsteuer in der jeweils maßgeblichen gesetzlichen Höhe (zur Zeit 19 %). Das Gesamtpauschalhonorar setzt sich aus folgenden Teilpauschalen zusammen:

..... € netto für die Leistungen der Stufe A

..... € netto für die Leistungen der Stufe B

..... € netto für die Leistungen der Stufe C

..... € netto für die Leistungen der Stufe D

Die vereinbarten (Teil-)pauschalhonorare verringern sich nur dann, wenn der Auftragnehmer solche Teilleistungen nicht erbringt, die nach diesem Vertrag im Sinne selbständiger Teilerfolge geschuldet sind.

Mögliche zusätzliche Vergütungsansprüche unter dem Gesichtspunkt der Unterbrechung bzw. Verzögerung der Leistungserbringung oder der Vertragsänderung bzw. Änderungsanordnung bleiben hiervon unberührt. Nebenkosten sind mit der vereinbarten Gesamtpauschale nicht abgegolten. Diese sind gesondert abzurechnen (Absatz 11).

(3) Die Vertragsparteien gehen davon aus, dass die hier getroffene Honorarvereinbarung wirksam ist. Ihnen ist jedoch bewusst, dass die Honorarvereinbarung entgegen dieser Annahme unwirksam sein, also z.B. zu einer unzulässigen Unterschreitung der Mindestsätze bzw. zu einer unzulässigen Überschreitung der Höchstsätze der einschlägigen Honorartafel der HOAI führen könnte.

(4) Diese Pauschalhonorarvereinbarung ist auf der Grundlage der diesem Vertrag als Anlage 5 beigefügten Honorarberechnung ermittelt worden. Sie beruht auf folgender gemeinsamen Vorstellung der Parteien (Geschäftsgrundlage im Sinne von § 313 BGB):

Die Parteien gehen davon aus, dass die anrechenbaren Kosten ca. ..... € betragen werden; dabei handelt es sich nicht um eine Kostenschätzung des Auftragnehmers, sondern um eine ausschließlich zum Zwecke der Honorarvereinbarung aufgestellte Annahme auf Grund von Erfahrungssätzen, nicht auf Grund einer auf das Bauvorhaben bezogenen Planung. Die nach § 4 Abs. 3 HOAI bei der Ermittlung der anrechenbaren Kosten angemessen zu berücksichtigende, vorhandene und mit zu verarbeitende Bausubstanz ist ausweislich der als Anlage 5 diesem Vertrag beigefügten Honorarermittlung mit ..... € bewertet worden.

Die Voraussetzungen für die Anwendung der Grundsätze über den Wegfall bzw. die Änderung der Geschäftsgrundlage sind gegeben, wenn die mit dem Kenntnisstand zum Zeitpunkt der Geltendmachung des Anspruchs auf Anpassung der Honorarvereinbarung ermittelten bzw. prognostizierten anrechenbaren Kosten die vorstehend genannten, der Ermittlung der Honorarpauschale zugrunde gelegten Kosten um mehr als 20% übersteigen oder unterschreiten. Bei der Ermittlung der anrechenbaren Kosten ist die mitzuverarbeitende vorhandene Bausubstanz zu berücksichtigen. Für die Berechnung gilt Abs. 5.2 entsprechend. Sind Über- oder Unterschreitungen der prognostizierten Kosten von einer der Vertragsparteien zu vertreten, kann diese sich zu ihren Gunsten hierauf nicht berufen.

(5) Für den Fall, dass die Geschäftsgrundlage bei Zugrundelegung der vorstehend festgelegten Kriterien in relevanter Weise berührt ist, vereinbaren die Parteien eine Honorierung der vom Auftragnehmer erbrachten Leistungen nach den Honorarermittlungsgrundlagen der HOAI mit den aus den nachfolgenden Bestimmungen sich ergebenden Modifikationen. Mit den nachfolgenden Festlegungen machen die Vertragsparteien zugleich von dem ihnen insoweit zustehenden Beurteilungsspielraum Gebrauch.

(5.1) Die anrechenbaren Kosten (§ 4 Abs. 1 HOAI) sind auf der Grundlage der Kostenberechnung zu ermitteln (§ 6 Abs. 1 Nr. 1 HOAI), wobei eine vollständige und mängelfreie Planung zugrunde zu legen ist. Erhöhen sich die Kosten durch die Vervollständigung einer zunächst unvollständigen Planung oder durch Beseitigung von Mängeln einer zunächst mängelbehafteten Planung, erhöhen sich auch die anrechenbaren Kosten entsprechend, soweit es sich um Kosten handelt, die auch bei einer von vornherein vollständigen und mängelfreien Planung angefallen wären.

(5.2) Die Vertragsparteien sind sich darüber einig, dass bei der Ermittlung der anrechenbaren Kosten mitzuverarbeitende Bausubstanz gemäß § 2 Abs. 7 HOAI zu berücksichtigen ist. Zu Umfang und Wert der mitzuverarbeitenden Bausubstanz treffen die Vertragsparteien folgende Vereinbarung nach § 4 Abs. 3 HOAI:

(5.2.1) Unter dem Umfang der mitzuverarbeitenden Bausubstanz verstehen die Vertragsparteien den »mitzuverarbeitenden« Teil des zu planenden Objekts (im Sinne von § 2 Abs. 7 HOAI). Die Parteien gehen zum Zeitpunkt des Abschlusses dieses Vertrages davon aus, dass folgende Bauteile im Sinne von § 2 Abs. 7 HOAI mit zu verarbeiten sind:

.....

Daraus ergibt sich folgende vorläufige Bewertung des Umfangs der mitzuverarbeitenden Bausubstanz (Massen bzw. Volumen):

.....

Die endgültige Festlegung erfolgt auf der Grundlage des Planungsstandes zum Zeitpunkt der Kostenberechnung nach DIN 276. § 12 Abs. 4 dieses Vertrages in Verbindung mit § 10 Abs. 1 HOAI ist entsprechend anzuwenden, sofern sich nach Erstellung der Kostenberechnung aufgrund dann angestellter weiterer Untersuchungen der Bausubstanz ergibt, dass mitzuverarbeitende Bausubstanz tatsächlich in größerem Umfang zu berücksichtigen ist als zum Zeitpunkt der Kostenberechnung angenommen.

(5.2.2) Zum Wert der mitzuverarbeitenden Bausubstanz vereinbaren die Vertragsparteien, dass dieser auf der Grundlage des nach den anerkannten Regeln der Technik zu berechnenden Neubauwertes ermittelt werden soll. Die vorläufige Bewertung (zum Zeitpunkt des Abschlusses dieses Vertrages) ergibt sich insoweit aus Anlage 5 zu diesem Vertrag (Honorarberechnung). Die endgültige Festlegung erfolgt auf der Grundlage des Planungsstandes zum Zeitpunkt der Kostenberechnung nach DIN 276.

Der Neubauwert ist mit Rücksicht auf den Erhaltungszustand der mitzuverarbeitenden Bausubstanz zu vermindern (»Zustandsfaktor«). Zum Zustandsfaktor vereinbaren die Vertragsparteien, dass der zuvor ermittelte Neubauwert um ..... % zu vermindern ist. Ergibt sich aus der Kostenberechnung, dass die anrechenbaren Kosten im Sinne von § 4 Abs. 1 HOAI, soweit es sich um Kosten handelt, die für die Erhaltung der Bausubstanz aufgewendet werden, den Minderungsbetrag übersteigen, der sich aus der Anwendung des vorstehend festgelegten Zustandsfaktors ergibt, wird die Anwendung des Zustandsfaktors dadurch ersetzt, dass die für die Erhaltung der Bausubstanz aufgewendeten anrechenbaren Kosten vom Neubauwert abgezogen werden.

Der um den Zustandsfaktor bzw. um die für die Erhaltung der Bausubstanz aufgewendeten anrechenbaren Kosten im Sinne von § 4 Abs. 1 HOAI verminderte Neubauwert wird des Weiteren um einen Leistungsfaktor reduziert, mit dem berücksichtigt wird, dass das Maß der »Mitverarbeitung« der vorhandenen Bausubstanz in den verschiedenen Leistungsphasen, mit denen der Auftragnehmer durch diesen Vertrag beauftragt wird, unterschiedlich ist. Den Leistungsfaktor legen die Parteien wie folgt fest:

Leistungsphasen 1–6: 0,9

Leistungsphase 7: 0,3

Leistungsphase 8: 0,6

Leistungsphase 9: 0,5

(5.3) Die prozentuale Bewertung der beauftragten und abzurechnenden Leistungsphasen (prozentualer Anteil des HOAI-gemäß ermittelten Gesamthonorars) ergibt sich aus § 34 Abs. 3 HOAI, unabhängig davon, ob sämtliche Grundleistungen der jeweiligen Leistungsphase tatsächlich zu erbringen waren.

(5.4) Das Bauvorhaben wird der Honorarzone ..... zugeordnet. Es wird folgender Honorarsatz vereinbart: ..... % der Differenz von Mindest- und Höchstsatz über dem Mindestsatz.

(5.5) Zur Anwendung von § 11 HOAI vereinbaren die Vertragsparteien Folgendes:

Bei den Gebäuden ..... und ..... handelt es sich um Gebäude mit weitgehend vergleichbaren Planungsbedingungen derselben Honorarzone, die im zeitlichen und örtlichen Zusammenhang als Teil einer Gesamtmaßnahme geplant und errichtet werden, so dass nach § 11 Abs. 2 HOAI die anrechenbaren Kosten dieser Objekte zu addieren sind.

Die Gebäude ..... und ..... sind im Wesentlichen gleichartig. Da sie außerdem im zeitlichen und örtlichen Zusammenhang unter gleichen baulichen Verhältnissen geplant und errichtet werden sollen, ist § 11 Abs. 3 HOAI anzuwenden.

(5.6) Im Hinblick auf den Schwierigkeitsgrad der Leistung wird ein Zuschlag gem. § 6 Abs. 2 i.V.m. § 36 Abs. 1 HOAI in Höhe von ..... % vereinbart.

(5.7) Das Honorar ist grundsätzlich auf der Grundlage der zur Zeit des Abschlusses dieses Vertrages gültigen Fassung der HOAI zu berechnen. Tritt nach Abschluss des Vertrages eine Novellierung der Verordnung in Kraft, ist das Honorar nach der novellierten Fassung der Verordnung zu berechnen, sofern die Anwendung der novellierten Fassung im Ergebnis zu einem höheren Honorar führt. Ansonsten bleibt es bei der Honorarberechnung nach der zum Zeitpunkt des Vertragsschlusses geltenden Fassung der HOAI.

(6) Für die bereits mit Abschluss dieses Vertrages vereinbarten Besonderen Leistungen werden folgende Honorare vereinbart:

.....

Für die bereits bei Abschluss dieses Vertrages für den Fall der Beauftragung weiterer Beauftragungsstufen vereinbarten Besonderen Leistungen werden folgende Honorare vereinbart:

.....

(7) Für die bereits mit Abschluss dieses Vertrages vereinbarten Beratungsleistungen werden folgende Honorare vereinbart:

.....

Für die bereits bei Abschluss dieses Vertrages für den Fall der Beauftragung weiterer Beauftragungsstufen vereinbarten Beratungsleistungen werden folgende Honorare vereinbart:

.....

(8) Soweit der Auftragnehmer auf Grund späterer Beauftragung durch den Auftraggeber Besondere Leistungen oder Beratungsleistungen im Sinne der Anlage 1 zur HOAI zu erbringen hat, die durch das hier vereinbarte Honorar nicht abgegolten sind, muss er diese Leistungen nur auf der Grundlage einer schriftlichen Vereinbarung ausführen, die auch das ihm hierfür zustehende Honorar einschließen muss. Kommt eine derartige Vereinbarung nicht zustande, sind die entsprechenden Leistungen, soweit sie beauftragt werden, nach Zeitaufwand gemäß Absatz 9 abzurechnen.

(9) Sofern Leistungen nach Zeitaufwand abzurechnen sind, werden folgende Stundensätze vereinbart:
1. Für den geschäftsführenden Gesellschafter des Auftragnehmers: ..... €
2. Für Mitarbeiter, die technische oder wirtschaftliche Aufgaben erfüllen, sofern sie nicht unter Nr. 1 fallen: ..... €
3. Für technische Zeichner und sonstige Mitarbeiter mit vergleichbaren Qualifikationen, die technische oder wirtschaftliche Aufgaben erfüllen: ..... €

(10) Kommt es aufgrund der Leistungen des Auftragnehmers unter Ausschöpfung technisch-wirtschaftlicher oder umweltverträglicher Lösungsmöglichkeiten zu einer wesentlichen Kostensenkung ohne Verminderung des vertraglich festgelegten Standards, wird ein Erfolgshonorar gem. § 7 Abs. 6 S. 1 und 2 HOAI vereinbart. Eine wesentliche Kostensenkung ist nur dann gegeben, wenn die tatsächlichen Kosten der Kostengruppe 300 und (anteilig nach den Grundsätzen des § 33 Abs. 2 HOAI) der Kostengruppe 400 nach DIN 276 (2008) die bei Abschluss dieses Vertrages prognostizierten Kosten zu den entsprechenden Kostengruppen um mehr als 10% unterschreiten. Das Erfolgshonorar wird in der Weise vereinbart, dass sich das vereinbarte Honorar um denselben Prozentsatz erhöht, um den die tatsächlichen Kosten die prognostizierten Kosten unterschreiten, maximal allerdings um 20 %.

(11) Sämtliche Nebenkosten im Sinne von § 14 Abs. 2 HOAI werden pauschal abgerechnet, und zwar mit X % des Gesamthonorars (netto). Übersteigen die tatsächlichen Nebenkosten die Pauschale um mehr als 20%, ist die Auftragnehmer berechtigt, statt der Pauschale die tatsächlich entstandenen Nebenkosten auf Einzelnachweis abzurechnen. Der Auftragnehmer ist berechtigt, Abschlagszahlungen auf die Nebenkostenpauschale zu verlangen. Er darf diese gemeinsam mit seinen Abschlagsrechnungen geltend machen, und zwar in Höhe von 5% des Betrages der jeweiligen Abschlagsrechnung (netto).

§ 12 Honorar bei Änderungsanordnungen sowie bei Projektverzögerungen und -unterbrechungen

(1) Die stufenweise Fortentwicklung und Durcharbeitung der Planung innerhalb einer bestimmten Leistungsstufe (Planungsoptimierung) einschließlich der Erarbeitung von Alternativen wird nicht vergütet, soweit die Planungsleistung Bestandteil der Grundleistungen der jeweiligen Leistungsphase ist, und solange die Grenzen der Zumutbarkeit für den Auftragnehmer nicht überschritten sind. Letzteres ist insbesondere dann der Fall, wenn innerhalb einer noch nicht abgeschlossenen Leistungsphase eine bereits erbrachte Teilleistung (z.B. ein erstellter Plan) auf Veranlassung des Auftraggebers und aus einem nicht vom Auftragnehmer zu vertretenden Grund mehr als zwei Mal neu erstellt werden muss bzw. mehr als zwei Alternativplanungen erstellt werden müssen. Die weiteren Änderungen sind dann nach den nachfolgenden Grundsätzen der Vertragsänderung zu vergüten. Im Gegensatz zu Planungsoptimierungen sind geänderte Leistungen gesondert zu vergüten, wenn sie auf Änderungsvereinbarungen im Sinne von § 650q Abs. 1 i.V.m. § 650b Abs. 1 BGB oder auf einer Änderungsanordnung des Auftraggebers im Sinne von § 650q Abs. 1 i.V.m. § 650b Abs. 2 BGB beruhen. Änderungsvereinbarungen im Sinne von § 650q Abs. 1 i.V.m. § 650b Abs. 1 BGB sollen eine Vereinbarung über die Vergütungsanpassung infolge der Änderung umfassen. Der Anspruch auf Vergütungsanpassung nach Maßgabe der folgenden Regelungen besteht aber unabhängig vom Zustandekommen einer solchen Vereinbarung.

(2) Für Änderungsleistungen, bei denen es sich nicht um Grundleistungen oder um Teile von Grundleistungen der HOAI – einschließlich der Grundleistungen der Leistungsbilder der Anlage 1 zur HOAI – handelt, gilt § 11 Abs. 9 dieses Vertrages, sofern die Parteien keine andere Vereinbarung treffen.

(3) Für Änderungsleistungen, bei denen es sich um Grundleistungen oder um Teile von Grundleistungen der HOAI – einschließlich der Grundleistungen der Leistungsbilder der Anlage 1 zur HOAI – handelt, gilt:

§ 10 HOAI ist auch im Falle einer Änderungsanordnung des Auftraggebers im Sinne von § 650q Abs. 1 i.V.m. § 650b Abs. 2 BGB anwendbar. Sind die Gründe für die Änderungsanordnung vom Auftragnehmer zu vertreten, kann er eine Honorarerhöhung nach § 10 HOAI nur geltend machen, wenn es zu der wiederholten Erbringung von Grundleistungen bzw. zu der Erhöhung der anrechenbaren Kosten auch ohne den vom Auftragnehmer zu vertretenden Umstand gekommen wäre.

(3.1) Sind bereits erbrachte Grundleistungen ganz oder teilweise erneut zu erbringen, gilt § 10 Abs. 2 HOAI mit folgenden Maßgaben:

§ 10 Abs. 2 HOAI gilt unabhängig davon, ob sich die anrechenbaren Kosten verändern oder gleich bleiben.

Maßgeblich für die Ermittlung des anteilig zu berechnenden Honorars für wiederholt erbrachte Grundleistungen nach § 10 Abs. 2 sind § 8 Abs. 2 HOAI sowie die diesem Vertrag als Anlage 6 beigefügte Tabelle zur Grundleistungsbewertung. Ist von den wiederholt zu erbringenden Leistungen nur ein Teilbereich des Bauvorhabens betroffen, ist – sofern die Parteien nicht vor Ausführung der geänderten Leistung schriftlich etwas anderes vereinbaren – das anteilige Honorar im Sinne von § 10 Abs. 2 i.V.m. § 8 Abs. 2 HOAI bezogen auf die anrechenbaren Kosten für den von der Wiederholungsleistung betroffenen Teilbereich des Bauvorhabens zu ermitteln.

(3.2) Ändern sich die anrechenbaren Kosten, gilt § 10 Abs. 1 HOAI mit folgenden Maßgaben:

Die Honoraranpassung nach § 10 Abs. 1 HOAI kann neben einer Honoraranpassung nach § 10 Abs. 2 HOAI geltend gemacht werden.

Verringern sich die anrechenbaren Kosten, bleibt ein etwaiger Anspruch des Auftragnehmers nach § 649 BGB von § 10 Abs. 1 HOAI unberührt.

(4) Tritt aus einem nicht vom Auftragnehmer zu vertretenden Grunde eine Unterbrechung des Projektes von mindestens drei Monaten ein, ohne dass die weitere Leistungserbringung dauernd unmöglich wird, ist der Auftragnehmer berechtigt, die bis dahin erbrachten Leistungen vertragsgemäß abzurechnen, sowie außerdem Erstattung derjenigen Kosten zu verlangen, die dem Auftragnehmer bereits entstanden und in der Vergütung des noch nicht ausgeführten Teils der Leistung enthalten sind. Dauert die Unterbrechung dann weitere drei Monate an, ist der Auftragnehmer berechtigt, den Vertrag aus wichtigem Grunde zu kündigen und nach den Grundsätzen des § 19 dieses Vertrages abzurechnen.

(5) Unabhängig von der vorstehenden Bestimmung in Absatz 4 gilt: Wird eine der in Anlage 4 zu diesem Vertrag genannten Einzelzeiträume aus nicht vom Auftragnehmer zu vertretenden Gründen um mehr als 20% (Toleranz) überschritten, ist hierdurch die Geschäftsgrundlage der mit diesem Vertrag getroffenen Pauschalhonorarvereinbarung in relevanter Weise berührt. Die Parteien sind in diesem Fall verpflichtet, über eine angemessene Erhöhung des Honorars für die entsprechenden Leistungen zu verhandeln. Erzielen sie keine Einigung, so erhöht sich das Honorar des Auftragnehmers für die entsprechenden Leistungen im gleichen Verhältnis wie der tatsächliche Zeitraum zu dem vorgesehenen und um die Toleranz erweiterten Zeitraum. Mindestens hat der Auftragnehmer Anspruch auf Erstattung seiner nachgewiesenen Mehrkosten. Der Anspruch auf Anpassung der Vergütung nach den Grundsätzen der Änderung der Geschäftsgrundlage bzw. auf Erstattung von Mehrkosten besteht nicht, sofern der Auftragnehmer die Bauzeitverlängerung selbst zu vertreten hat.

§ 13 Abrechnung; Aufrechnungsverbot

(1) Der Auftragnehmer ist verpflichtet, prüfbar abzurechnen. Soweit die Abrechnung unter Berufung auf die vereinbarte Pauschale erfolgt, genügt für die Prüfbarkeit die Bezugnahme auf diese Pauschale. Bei Abschlagsrechnungen genügt die Bezugnahme auf die Honorarberechnung (Anlage 5). Soweit Leistungen bestimmter Leistungsphasen teilweise erbracht sind, genügt es im Rahmen von Abschlagsrechnungen, wenn der erreichte Bearbeitungsstand plausibel dargelegt ist. Ein lückenloser Nachweis ist nicht erforderlich.

(2) Der Auftragnehmer ist berechtigt, Abschlagsrechnungen in monatlichem Abstand, erstmalig zum ....., unabhängig hiervon aber jeweils nach Abschluss einer Leistungsphase zu erstellen. Ferner ist der Auftragnehmer im Fall des § 12 Absatz 4 berechtigt, eine Abschlagsrechnung zu erstellen. Zur Erstellung einer Teilschlussrechnung ist der Auftragnehmer berechtigt, sofern ihm nach § 17 Abs. 2 dieses Vertrages ein Anspruch auf Teilabnahme zusteht.

(3) Gegenüber fälligen Honoraransprüchen des Auftragnehmers kann der Auftraggeber nur mit einem unstreitigen, anerkannten oder rechtskräftig festgestellten Zahlungsanspruch die Aufrechnung erklären. Dies gilt nicht hinsichtlich solcher Ansprüche des Auftraggebers, die mit dem Honoraranspruch in einem synallagmatischen Verhältnis stehen; letzteres trifft insbesondere auf die Werklohnforderung des Auftragnehmers und Forderungen des Auftraggebers, die aus dessen Anspruch auf mängelfreie Erfüllung abgeleitet werden, zu.

Soweit danach der Auftraggeber die Aufrechnung nicht wirksam erklären könnte, ist er auch hinsichtlich der Ausübung eines Zurückbehaltungsrechts in gleicher Weise beschränkt. Ein etwaiges

Zurückbehaltungsrecht des Auftraggebers im Hinblick auf einen Anspruch gegen den Auftragnehmer, der auf Erfüllung bzw. Nacherfüllung der Leistungspflichten des Auftragnehmers gerichtet ist, ist hiervon nicht berührt.

§ 14 Urheberrecht

Die Parteien sind sich darüber einig, dass die vom Auftragnehmer erbrachten Leistungen urheberrechtlich geschützt sind. Hierzu vereinbaren die Parteien:

(1) Das Veröffentlichungsrecht hinsichtlich der Planung und des Bauwerks (z.B. durch Abdruck in Fachzeitschriften oder durch Aushängen in Ausstellungen) steht sowohl dem Auftraggeber als auch dem Auftragnehmer zu. Derartigen Veröffentlichungen kann die andere Vertragspartei nur aus wichtigem Grunde widersprechen. Bei Veröffentlichungen durch den Auftraggeber hat der Auftragnehmer Anspruch darauf, als Planverfasser namentlich genannt zu werden. Ist das Bauwerk abweichend von den Plänen des Auftragnehmers errichtet worden oder ist das Bauwerk nachträglich verändert worden, darf der Auftragnehmer bei Veröffentlichungen durch den Auftraggeber seiner namentlichen Erwähnung widersprechen.

(2) Auf Verlangen des Auftragnehmers hat der Auftraggeber am Bauwerk eine Tafel mit dem Namen des Auftragnehmers anzubringen. Ist das Bauwerk abweichend von den Plänen des Auftragnehmers errichtet worden oder ist das Bauwerk nachträglich ohne Einverständnis des Auftragnehmers verändert worden, darf dieser einer entsprechenden Kennzeichnung am Bauwerk widersprechen.

(3) Der Auftraggeber ist grundsätzlich berechtigt, das Bauwerk abweichend von den Plänen des Auftragnehmers zu errichten bzw. das Bauwerk nachträglich zu ändern. Er muss die Änderungsabsicht aber dem Auftragnehmer gegenüber rechtzeitig ankündigen und ihm Gelegenheit zur Stellungnahme geben. Auf Verlangen des Auftragnehmers ist er mit den für die Durchführung der Änderungen erforderlichen Architektenleistungen zu beauftragen, sofern nicht berechtigte Interessen des Auftraggebers entgegenstehen. Diese sind, wenn der Auftragnehmer sich hierauf berufen will, von ihm substantiiert darzulegen. Der Auftraggeber ist berechtigt, beabsichtigten Änderungen zu widersprechen, wenn bei einer Gesamtabwägung der Interessen beider Seiten den gestalterischen Interessen des Auftragnehmers der Vorrang zukommt. Entstellende Änderungen muss er in keinem Fall dulden.

(4) Ein Vervielfältigungsrecht wird auf den Auftraggeber nicht übertragen. Er darf das Bauvorhaben also nicht in (nahezu) identischer Weise wiederholen. Unzulässig sind auch solche Werkvervielfältigungen, die zwar Abweichungen aufweisen, aber aufgrund der verbleibenden Übereinstimmungen der eigenschöpferischen charakteristischen Elemente zu einem übereinstimmenden geistig-ästhetischen Gesamteindruck führen.

(5) Endet der Auftrag des Auftragnehmers vor Vollendung des Bauwerks, ist der Auftragnehmer verpflichtet, dem Auftraggeber das Nutzungsrecht (Nachbaurecht) einzuräumen, um ihm die Fertigstellung des Bauwerks zu ermöglichen.

(6) Ein gesonderter Honoraranspruch für die Übertragung der Nutzungsrechte steht dem Auftragnehmer nicht zu.

(7) Die unveräußerlichen Urheberpersönlichkeitsrechte sind von den vorstehenden Regelungen nicht berührt.

§ 15 Dokumentation des Planungs- und Bauablaufs

(1) Der Auftragnehmer erstellt monatliche Berichte, mit denen er den Bearbeitungsstand schriftlich dokumentiert und zusammenfasst. Mit der Erstellung dieser Berichte erfüllt der Auftragnehmer zugleich die Grundleistung »Zusammenfassen, Erläutern und Dokumentieren der Ergebnisse« der Leistungsphasen 1–3. Dabei ist insbesondere darzustellen, wie sich der erreichte Bearbeitungsstand zu den vereinbarten und gegebenenfalls fortgeschriebenen Planungs- und Überwachungszielen (§ 650p BGB, §§ 1 Abs. 3; 4 dieses Vertrages) verhält.

(2) Dem schriftlichen Bericht sind mindestens folgende Unterlagen beizufügen, soweit diese Unterlagen dem Auftraggeber nicht bereits zuvor übergeben worden sind:
a) Die in der jeweiligen Leistungsphase zu erbringende Kostenermittlung;

b) Hinsichtlich der Leistungsphasen 2–5: Planlisten; die entsprechenden Pläne sind auf Verlangen des Auftraggebers ebenfalls zu übergeben;
c) Hinsichtlich der Leistungsphase 6: Eine Aufstellung der vom Auftragnehmer erstellten Leistungsbeschreibungen/Leistungsverzeichnisse sowie der Vergabeunterlagen; auf Verlangen des Auftraggebers sind die Leistungsbeschreibungen/Leistungsverzeichnisse und Vergabeunterlagen selbst ebenfalls vorzulegen;
d) Hinsichtlich der Leistungsphase 7: Der Preisspiegel sowie eine Aufstellung der vom Auftragnehmer eingeholten Angebote; auf Verlangen des Auftraggebers sind die eingeholten Angebote ebenfalls vorzulegen;
e) Hinsichtlich der Leistungsphase 8: Die systematische Zusammenstellung der zeichnerischen Darstellungen und rechnerischen Ergebnisse des Objektes, die Auflistung der Gewährleistungsfristen sowie (auf Verlangen des Auftraggebers) die Dokumentation des Bauablaufs (z.B. Bautagebuch), ferner eine Aufstellung, aus der sich die vom Auftragnehmer erstellten Terminpläne, die gemeinsam mit den ausführenden Firmen durchgeführten Aufmaße und Abnahmen, sowie die behördlichen Abnahmen ergeben müssen; auf Verlangen des Auftraggebers sind auch die entsprechenden Unterlagen selbst vorzulegen; zu übergeben ist außerdem eine Übersicht über den Schriftverkehr mit den ausführenden Firmen, soweit dieser die von den Firmen einzuhaltenden Termine (also z.B. Mahnungen, Behinderungsanzeigen, Reaktionen auf Behinderungsanzeigen etc.), die Qualität der erbrachten Bauleistungen (also z.B. Mängelrügeschreiben, Bedenkenanmeldungen, Reaktionen auf Mängelrügeschreiben bzw. Bedenkenanmeldungen) bzw. den Umfang der von den Firmen zu erbringenden Leistungen (also z.B. Nachtragsangebote, Nachtragsvereinbarungen) betrifft; auf Verlangen des Auftraggebers sind auch die entsprechenden Unterlagen selbst zu übergeben.
f) Hinsichtlich der Leistungsphase 9: Eine Aufstellung, aus der sich die durchgeführten Objektbegehungen sowie die Freigaben von Sicherheitsleistungen ergeben müssen; auf Verlangen des Auftraggebers sind die der Aufstellung entsprechenden Unterlagen ebenfalls vorzulegen.

(3) Der Auftragnehmer darf für seine weitere Leistungserbringung den durch seinen schriftlichen Bericht dokumentierten Projektstand als mit dem Auftraggeber abgestimmt zugrunde legen, sofern der Auftraggeber nicht innerhalb einer Frist von drei Werktagen, gerechnet ab Zugang des Berichts (einschließlich der Anlagen) mindestens in Textform (§ 126b BGB) widerspricht. Diese Frist ist auf das berechtigte, mindestens in Textform (§ 126b BGB) geäußerte Verlangen des Auftraggebers angemessen – maximal auf 12 Werktage – zu verlängern, sofern aus nicht vom Auftraggeber selbst zu vertretenden Gründen eine schnellere Prüfung nicht möglich ist.

(4) Der Auftragnehmer ist verpflichtet, an den vom Auftraggeber oder von anderen Planungsbeteiligten oder den beauftragten Fachfirmen anberaumten (Bau-, Planungs- und Koordinations-)Besprechungen teilzunehmen. Er hat den Auftraggeber über von anderen Projektbeteiligten anberaumte Besprechungen zu informieren und auf dessen Verlangen darüber Niederschriften in einem dem Besprechungsinhalt angemessenen Umfang anzufertigen und diese dem Auftraggeber unverzüglich zu übermitteln.

(5) Der Auftragnehmer ist zudem verpflichtet, den Auftraggeber über alle bei der Durchführung seiner Aufgaben wesentlichen Angelegenheiten unverzüglich schriftlich zu unterrichten. Diese Pflicht erlischt nicht mit der Vertragsbeendigung.

(6) Der Auftragnehmer hat die von ihm angefertigten zeichnerischen Unterlagen bis zur Freigabe durch den Auftraggeber als »Vorabzug« zu kennzeichnen. Die vom Auftraggeber freigegebenen zeichnerischen Unterlagen hat der Auftragnehmer als »Entwurfsverfasser« oder »Planverfasser«, die übrigen Unterlagen als »Verfasser« zu unterzeichnen.

§ 16 Unterlagen

(1) Vor Vertragsbeendigung hat der Auftragnehmer dem Auftraggeber die in § 15 dieses Vertrages im Einzelnen genannten Unterlagen zu übergeben. Nach Beendigung des Vertrages sind dem Auftraggeber darüber hinaus auch alle weiteren Unterlagen zu übergeben, die für die Fortsetzung des Bauvorhabens bzw. die Bewirtschaftung des Objektes erforderlich sind.

(2) Soweit eine Digitalisierung möglich ist, hat der Auftragnehmer dem Auftraggeber die Unterlagen in digitalisierter Form zu übergeben. Pläne sind dem Auftraggeber jeweils dreifach auf Papier und digital als CAD-Datei (dwg- oder dxf-Format) zur Verfügung zu stellen.

(3) Gegenüber dem Anspruch des Auftraggebers auf Übergabe von Unterlagen steht dem Auftragnehmer ein Zurückbehaltungsrecht nicht zu, soweit er noch Leistungen nach diesem Vertrag zu erbringen hat und hinsichtlich dieser Leistungen seine Vorleistungspflicht besteht.

(4) Soweit Unterlagen nicht an den Auftraggeber herauszugeben sind, ist der Auftragnehmer berechtigt, diese Unterlagen 10 Jahre nach vollständiger Leistungserbringung zu vernichten.

§ 17 Abnahme

(1) Nach vollständiger Leistungserbringung hat der Auftragnehmer Anspruch auf eine förmliche Abnahme.

(2) Darüber hinaus steht dem Auftragnehmer ein Anspruch auf eine förmliche Abnahme nach Abschluss jeder Beauftragungsstufe zu. Wird der Auftragnehmer mit den Leistungen weiterer Beauftragungsstufen beauftragt, gilt die Abnahme der vorangegangenen Beauftragungsstufe als Teilabnahme. Ferner steht dem Auftragnehmer der gesetzliche Anspruch nach § 650s BGB auf förmliche Teilabnahme nach der Abnahme der letzten für das Bauvorhaben zu erbringenden Bauleistung zu.

§ 18 Haftung, Versicherung und Verjährung

(1) Die Haftung des Auftragnehmers ergibt sich aus den gesetzlichen Bestimmungen mit den nachfolgenden Modifikationen.

(2) Die Haftung für anfängliches Unvermögen, grobe Fahrlässigkeit, das Fehlen zugesicherter Eigenschaften, Arglist und die Verletzung des Körpers sowie der Gesundheit ist nicht beschränkt. Für sonstige Schäden (Sach- und Vermögensschäden) wird die Haftung für Fälle der leichten Fahrlässigkeit der Höhe nach auf folgende Haftungssumme beschränkt: .....

Nach ausführlicher Erörterung sehen die Vertragsparteien eine Beschränkung der Haftungssumme in diesem Umfang im Hinblick auf die konkreten Haftungsrisiken als angemessen an. Dabei sind folgende Erwägungen maßgeblich gewesen: .....

(3) Haftet der Auftragnehmer für einen von ihm schuldhaft verursachten Mangel bzw. Schaden gesamtschuldnerisch neben einem anderen an dem Bauvorhaben Beteiligten, insbesondere einer ausführenden Firma, kann er verlangen, dass der Auftraggeber zunächst vorrangig den anderen Beteiligten in dem (durch den Auftragnehmer in plausibler Weise darzulegenden) Umfang in Anspruch nimmt, in dem dieser im internen Gesamtschuldnerverhältnis haftet. Diese Verpflichtung ist auf die ernsthafte außergerichtliche Inanspruchnahme, mindestens auf eine schriftliche Aufforderung zur Mängelbeseitigung bzw. Nacherfüllung, verbunden mit einer angemessenen Fristsetzung, beschränkt.

(4) Beabsichtigt der Auftraggeber, einen Mangel oder Schaden am Bauwerk, für den ein Mangel der vom Auftragnehmer erbrachten Leistungen (mit-)verantwortlich ist, zu beseitigen oder beseitigen zu lassen, muss der Auftraggeber dem Auftragnehmer Gelegenheit geben, sich an der Schadens- bzw. Mangelbeseitigung in der Weise zu beteiligen, dass er – sofern er mit den entsprechenden Leistungen beauftragt war – die zur Mängel- bzw. Schadensbeseitigung erforderlichen Planungs- bzw. Ausschreibungsleistungen erbringt oder aber die Mängelbeseitigungsarbeiten überwacht. Wenn und solange der Auftraggeber dem Auftragnehmer diese Möglichkeit nicht einräumt, und wenn und solange der Auftragnehmer zur Erbringung dieser Leistungen bereit und in der Lage ist, steht dem Auftragnehmer gegen einen etwaigen Schadensersatz-, Minderungs-, Kostenerstattungs- oder Kostenvorschussanspruch des Auftraggebers ein Zurückbehaltungsrecht in Höhe der in dem geltend gemachten Anspruch enthaltenen Kosten für die zur Mängel- bzw. Schadensbeseitigung erforderlichen Planungs-, Ausschreibungs- und Überwachungskosten zu.

(5) Der Auftragnehmer ist verpflichtet, eine Berufshaftpflichtversicherung nachzuweisen. Die Deckungssummen dieser Versicherungen müssen mindestens betragen:

..., eine Sicherungsüber-... ...ung Dritter), müssen Sie hier regeln, **inwieweit diese Laufzeit alle Pfändungsmaßnahmen und Abtretungen ruhen und nach vollständiger Erfüllung des Plans wegfallen**. Auch können Sie regeln, ob und in welchem Umfang die **Mithaftung anderer Personen** (z. B. Bürgen) entfallen soll.

Wenn gegen Sie die Zwangsvollstreckung betrieben wird und das Gericht im Anschluss an Ihren Insolvenzantrag die **Zwangsvollstreckung vorläufig einstellt**, sollten Sie hier auch regeln, ob die vorläufig nicht an die Gläubiger ausgezahlten Pfändungsbeträge beim Zustandekommen des Schuldenbereinigungsplans an die Pfändungsgläubiger ausgekehrt oder im Rahmen des Zahlungsplans anteilig an die Gläubiger verteilt werden sollen.

Ob und in welchem Umfang Sie darüber hinaus **ergänzende Regelungen** in Ihren Schuldenbereinigungsplan aufnehmen, ist Ihnen überlassen. Über die vielfältigen Gestaltungsmöglichkeiten kann Sie die Person oder Stelle beraten, die den außergerichtlichen Schuldenbereinigungsversuch begleitet hat. In Betracht kommen insbesondere **Verschlechterungs- oder Besserungsklauseln**, die einerseits Sie bei einer Verschlechterung Ihrer wirtschaftlichen Situation davor schützen, Ihre Zahlungsverpflichtungen aus dem Plan

Überschuss.

1.850,40
  439,—
─────────
2.289,40

2 × 1112

+ Beweislast

NN ⇒ 261,30 €
        10,—
      ─────
      17130
       53,40
      ─────
      22475

an 455,52

Anlage 7 A
(Schuldenbereinigungsplan für das gerichtliche Verfahren
Besonderer Teil – Musterplan mit flexiblen Raten)

71 Der **Musterplan mit flexiblen Raten** ist für die Fälle gedacht, in denen Sie Ihren Gläubigern keine festen Raten anbieten können oder wollen. Die Grundlage für die Berechnung der flexiblen Raten bildet dabei der **pfändbare Teil Ihres Einkommens**. Sie können Ihren Gläubigern **zusätzlich zu dem pfändbaren Einkommensteil** auch noch einen **Teil Ihres unpfändbaren Einkommens** anbieten oder bestimmen, dass Ihnen nach einer gewissen Laufzeit des Plans ein Teil des pfändbaren Einkommens verbleiben soll. Wenn der von Ihnen angebotene Zahlbetrag nicht dem jeweils pfändbaren Teil Ihres Einkommens entsprechen soll, müssen Sie dies in einer Ergänzenden Regelung (Anlage 7 B) ▢ **72** eindeutig bestimmen.

Bitte geben Sie beim flexiblen Plan zunächst Ihre **Gesamtverschuldung** (die Summe aller Forderungen Ihrer Gläubiger aus dem Gläubiger- und Forderungsverzeichnis) sowie den **derzeit pfändbaren Teil Ihres Einkommens** an.

Für die Durchführung des Plans besonders wichtig ist die Angabe der **Gesamtlaufzeit des Plans**, der **Zahlungsweise** und des **Beginns der Laufzeit**. Wenn diese Angaben für alle Gläubiger in gleicher Weise gelten, machen Sie die Angaben bitte **nur in der** hierfür vorgesehenen **allgemein gültigen Rubrik „Zahlungsweise und Fälligkeit"**. Nur wenn für einzelne Gläubiger unterschiedliche Regelungen gelten sollen, müssen Sie die Spalte „Zahlungsweise und Fälligkeit" für diese Gläubiger ausfüllen.

Bitte beachten Sie bei der **Bestimmung des Beginns der Laufzeit**, dass Sie Zahlungen erst aufnehmen können, wenn das Gericht die **Annahme des Schuldenbereinigungsplans festgestellt** hat. Es empfiehlt sich daher, für den Beginn der Laufzeit keinen festen Zeitpunkt, sondern **eine auf die Annahme des Schuldenbereinigungsplans bezogene Regelung** vorzusehen (z. B. „moratlich zum 3. Werktag, erstmals in dem auf die Feststellung der Annahme des Schuldenbereinigungsplans folgenden Monat").

Geben Sie in dem nachfolgenden Zahlungsplan nach der **lfd Nr** aus dem Allgemeinen Teil des Schuldenbereinigungsplans ▢ **69** und der **Kurzbezeichnung des Gläubigers** bitte zunächst an, ob die Forderung des Gläubigers **gesichert ist** (z. B. durch eine Lohnabtretung, eine Sicherungsübereignung, ein Pfandrecht oder eine Bürgschaft oder Mithaftung Dritter). Wenn dies der Fall ist, **müssen Sie in den Ergänzenden Regelungen (Anlage 7 B)** ▢ **72** regeln, **inwieweit diese Sicherungsrechte von dem Plan berührt werden**.

Sodann sind die **Forderungen des Gläubigers**, wie im Gläubiger- und Forderungsverzeichnis ▢ **65** erläutert, **jeweils nach Hauptforderung, Zinsen und Kosten aufgeschlüsselt** anzugeben. Die Aufschlüsselung dient hier zur Information der übrigen Gläubiger, denen das Gläubiger- und Forderungsverzeichnis nicht zugestellt wird.

Aus Gründen der Einheitlichkeit und Übersichtlichkeit sind auch im Schuldenbereinigungsplan **mehrere Forderungen eines Gläubigers** getrennt aufzuführen. Auch kann der **Anteil des Gläubigers am Zahlbetrag** bei mehreren Hauptforderungen eines Gläubigers unterschiedlich sein (etwa wegen nur teilweise bestehender Sicherungsrechte oder bei einer Forderung, deren Berechtigung Sie nicht oder nur teilweise anerkennen)

Anlage 7 B
(Schuldenbereinigungsplan für das gerichtliche Verfahren
Besonderer Teil – Ergänzende Regelungen)

72 Wenn Forderungen der Gläubiger gesichert sind

- Für Personenschäden: ..... €
- Für sonstige Schäden: ..... €

Der Betrag muss je Versicherungsjahr .....fach zur Verfügung stehen.

(6) Sämtliche Ansprüche des Auftraggebers gegen den Auftragnehmer verjähren, ebenso wie sämtliche Ansprüche des Auftragnehmers gegen den Auftraggeber, innerhalb der gesetzlichen Fristen. Sofern Teilabnahmen erfolgen, ist für etwaige Mängelansprüche des Auftraggebers der Zeitpunkt der Teilabnahme für den Beginn der Verjährung hinsichtlich der bis zu diesem Zeitpunkt erbrachten Leistungen maßgeblich.

§ 19 Vorzeitige Vertragsbeendigung

(1) Auftragnehmer und Auftraggeber sind zur Kündigung dieses Vertrages aus wichtigem Grunde berechtigt (§ 648a BGB). Das Recht des Auftraggebers zur ordentlichen Vertragskündigung sowie gegebenenfalls das Sonderkündigungsrecht beider Vertragsparteien nach § 650r BGB bleiben daneben unberührt.

(2) Ein wichtiger Kündigungsgrund liegt für den Auftraggeber insbesondere dann vor, wenn
- er seine Bauabsicht für das geplante Objekt nachhaltig aufgegeben hat;
- das Vertrauensverhältnis zwischen den Parteien auf Grund nach Vertragsschluss eingetretener Umstände erheblich gestört ist oder andere Umstände vorliegen, auf Grund derer ein Festhalten des Auftraggebers am Vertrag nicht mehr zugemutet werden kann;
- der Auftragnehmer seine Zahlungen eingestellt hat, die Eröffnung des Insolvenzverfahrens über sein Vermögen beantragt hat oder die Leistungsfähigkeit des Auftragnehmers aus anderen Gründen so beeinträchtigt ist, dass ein Vertrauen in seine Fähigkeit zur vertragsgerechten Erfüllung nicht mehr besteht.

(3) Ein wichtiger Grund zur Kündigung durch den Auftragnehmer liegt insbesondere dann vor, wenn
- der Auftraggeber eine ihm obliegende Leistung unterlässt und dadurch der Auftragnehmer wesentlich behindert ist, seine Leistung vertragsgemäß auszuführen;
- der Auftraggeber mit einer fälligen Zahlung oder auf andere Weise mit einer erheblichen Vertragspflicht in Verzug gerät;
- das Vertrauensverhältnis zwischen den Parteien aus anderen, nach Vertragsschluss eingetretenen Gründen so erheblich gestört ist, dass dem Auftragnehmer ein Festhalten an dem Vertrag nicht mehr zugemutet werden kann.

(4) Sowohl die vom Auftraggeber als auch die vom Auftragnehmer erklärte Kündigung bedarf der Schriftform (§ 650h BGB). Die Kündigung aus wichtigem Grunde ist erst zulässig, wenn der kündigende Vertragspartner dem anderen Vertragspartner zuvor ohne Erfolg schriftlich eine angemessene Frist zur Vertragserfüllung gesetzt und erklärt hat, dass er nach fruchtlosem Ablauf der Frist den Vertrag kündigen werde. Das gilt nicht, wenn der Vertragspartner die Vertragserfüllung schon zuvor endgültig und ernsthaft verweigert hat, so dass eine Fristsetzung eine sinnlose Förmlichkeit darstellen würde.

(5) Angemessen im Sinne von § 648a BGB i.V.m. § 314 Abs. 3 BGB ist in der Regel eine Frist von 14 Tagen.

(6) Im Falle der ordentlichen Vertragskündigung durch den Auftraggeber sowie im Falle der einvernehmlichen Vertragsaufhebung (ohne dass die Vertragsaufhebung aus einem vom Auftragnehmer zu vertretenden Grunde veranlasst worden wäre) behält der Auftragnehmer den Anspruch auf das vertragliche Honorar auch für die infolge der vorzeitigen Vertragsbeendigung nicht mehr erbrachten Leistungen. Er muss sich jedoch dasjenige anrechnen lassen, was er infolge der Aufhebung des Vertrags an Aufwendungen erspart, sowie außerdem auch dasjenige, was er durch anderweitige Verwendung seiner Arbeitskraft erwirbt oder zu erwerben böswillig unterlässt (»anderweitiger Erwerb«). Dies gilt auch im Falle einer Kündigung bzw. einvernehmlichen Vertragsaufhebung aus einem wichtigen, aber nicht vom Auftragnehmer zu vertretenden Grund durch den Auftraggeber.

Die ersparten Aufwendungen werden mit 40% des Honorars der noch nicht erbrachten Leistungen festgelegt, sofern nicht der Auftraggeber höhere oder der Auftragnehmer geringere Ersparnisse nachweist. »Anderweitiger Erwerb« ist von der vorstehenden Pauschalierung nicht mit umfasst und daher in jedem Fall konkret darzulegen.

(7) Macht der Auftragnehmer nach einer von ihm ausgesprochenen Kündigung aus wichtigem Grunde (§ 648a BGB) Schadensersatz geltend (§ 648a Abs. 6 BGB), gilt für die Berechnung des Schadensersatzanspruchs Abs. 6 entsprechend.

(8) Im Falle einer Vertragsbeendigung auf Grund einer vom Auftraggeber ausgesprochenen Kündigung aus einem wichtigen, vom Auftragnehmer zu vertretenden Grund hat der Auftragnehmer lediglich Anspruch auf Vergütung der bis zu diesem Zeitpunkt erbrachten Leistungen.

§ 20 Streitbeilegung

(1) Entstehen bei der Durchführung und Abwicklung dieses Vertrages Meinungsverschiedenheiten zwischen den Vertragspartnern, werden die Parteien zunächst versuchen, den Streit auf gütlichem Wege beizulegen. Streitfragen berechtigen die Parteien nur insoweit, ihre Mitwirkung an der Vertragserfüllung einzustellen, als ihnen auf Grund vertraglicher oder gesetzlicher Vorschriften ein Zurückbehaltungsrecht zusteht.

(2) Sofern die Voraussetzungen einer Gerichtsstandsvereinbarung nach § 38 Abs. 1 Satz 2 ZPO vorliegen, ist Wahlgerichtsstand auch der Ort, an dem die tatsächlichen Bauleistungen im Schwerpunkt ausgeführt werden. Sind nur Planungsleistungen Gegenstand des Auftrages, ist Wahlgerichtsstand auch der Geschäftssitz des Auftragnehmers.

(3) Die Vertragsparteien treffen für alle Streitigkeiten aus und im Zusammenhang mit diesem Vertragsverhältnis die als Anlage 7 beigefügte Adjudikationsvereinbarung zur projektbegleitenden außergerichtlichen Beilegung solcher Streitigkeiten.

(4) Die Vertragsparteien treffen für alle gerichtlichen Streitigkeiten aus und im Zusammenhang mit diesem Vertragsverhältnis die als Anlage 8 beigefügte Schiedsgerichtsvereinbarung unter Ausschluss des ordentlichen Rechtsweges.

§ 21 Schlussbestimmungen

(1) Mündliche Nebenabreden sind nicht getroffen worden. Änderungen und Ergänzungen des Vertrages bedürfen der Schriftform.

(2) Sollten Bestimmungen dieses Vertrages, eine künftig in ihn aufgenommene Bestimmung oder ein wesentlicher Teil dieses Vertrags ganz oder teilweise nichtig, unwirksam oder undurchführbar sein oder werden oder sollte dieser Vertrag lückenhaft sein, so soll dies die Wirksamkeit der übrigen Bestimmungen dieses Vertrages nicht berühren. Anstelle der nichtigen oder unwirksamen Bestimmung werden die Parteien in diesem Falle eine wirksame Bestimmung vereinbaren, die dem Sinn und Zweck der unwirksamen Bestimmung, insbesondere dem, was die Parteien wirtschaftlich beabsichtigt hatten, entspricht oder ihm am nächsten kommt. Im Falle von Lücken werden die Parteien eine Vertragsergänzung vereinbaren, die dem entspricht, was nach Sinn und Zweck dieses Vertrages vereinbart worden wäre, hätten die Vertragsparteien die Angelegenheit von vorneherein bei Abschluss des Vertrages bedacht.

c) Erläuterungen

Zum Rubrum

3 Auf die genaue Bezeichnung der Vertragsparteien, insbesondere die Klärung der Rechtsformen (z.B. Einzelperson, Gesellschaft bürgerlichen Rechts, Personengesellschaft, Kapitalgesellschaft) und der Vertretungsverhältnisse sollte mehr Sorgfalt verwendet werden, als dies in der Praxis häufig geschieht. Gegebenenfalls sollten aktuelle Handelsregisterauszüge besorgt werden. Die Kommunalgesetze vieler Bundesländer enthalten Sonderregelungen (Beschränkung der Vertretungsmacht der handelnden Personen in der Gestalt besonderer »Formvorschriften«), die im Falle der Beauftragung durch öffentliche Auftraggeber ebenfalls zu beachten sind.

Zu § 1 (Vertragsgegenstand)

Absatz 1: Hier sollen Angaben zum »Objekt« im Sinne von § 2 Abs. 1 HOAI erfolgen. Auf die dortige Begriffsdefinition wird verwiesen. Das Muster geht von einem Vertrag für Objektplanung Gebäude aus. Betrifft der Auftrag mehrere Gebäude, soll das hier ebenfalls angegeben werden.

Absatz 2: Das Grundstück, auf das sich die Baumaßnahme bezieht, sollte möglichst genau (grundbuchlich) bezeichnet werden, ferner die Baumaßnahme unter Berücksichtigung der in § 2 Abs. 2–6 HOAI enthaltenen Begriffsbestimmungen (Neubau, Wiederaufbau, Erweiterungsbau, Umbau, Modernisierung, Instandsetzung, Instandhaltung). Beispiel: »Umbau eines vorhandenen Mehrfamilienhauses zu einem Bürohaus mit 4 überdachten Kfz-Abstellplätzen«.

Absatz 3: Verträge (spätestens) ab dem 01.01.2018 sollten in ihrer grundsätzlichen Struktur auf das von diesem Zeitpunkt an geltende gesetzliche Bauvertragsrecht (siehe hierzu auch die Einleitung) Bezug nehmen. Das gesetzliche Leitbild des Architekten- und Ingenieurvertrages ergibt sich aus § 650p BGB n.F. Danach ist die Festlegung der »wesentlichen Planungs- und Überwachungsziele« als die entscheidende »Schnittstelle« des Vertrags anzusehen. Liegen diese wesentlichen Planungs- und Überwachungsziele zum Zeitpunkt des Vertragsschlusses noch nicht fest, ist der Vertrag nach § 650p Abs. 2 BGB in einer »Zielfindungsphase« zunächst auf die Erarbeitung und Abstimmung der Planungs- und Überwachungsziele gerichtet. Die vereinbarten »Planungs- und Überwachungsziele« definieren den (im Sinne des »funktionalen Herstellungsbegriffs« der Rechtsprechung – vgl. hierzu zusammenfassend Kniffka, in: Kniffka/Koeble, Kompendium des Baurechts, Teil 6, Rn. 18 ff. –) vereinbarten Werkerfolg. Im Hinblick auf die gesetzliche Neuregelung ist es – mehr noch als schon bisher – von entscheidender Bedeutung, bei Vertragsschluss die »Planungs- und Überwachungsziele« zu definieren, soweit dies zu diesem Zeitpunkt bereits möglich ist. Darauf sollte, entgegen einer allerdings leider weiter sehr verbreiteten Praxis, das größte Gewicht bei der Vertragsgestaltung überhaupt gelegt werden. Daran entscheidet sich dann, ob – nach der Beurteilung der Vertragsparteien, denen diese Einschätzung in erster Linie obliegen muss – die wesentlichen Planungs- und Überwachungsziele im Sinne von § 650p Abs. 2 BGB bereits festliegen oder erst in einer »Zielfindungsphase« erarbeitet werden müssen (siehe dazu weiter unten § 4).

Auch unabhängig von der gesetzlichen Neuregelung war es allerdings auch schon bisher für beide Vertragsparteien, auch für den Architekten, wichtig, die Zielvorstellungen schon bei Vertragsschluss möglichst genau zu bestimmen. Der Architekt ist ohnehin verpflichtet, die Zielvorstellungen des Auftraggebers, insbesondere auch in wirtschaftlicher Hinsicht, möglichst frühzeitig und möglichst genau zu ermitteln (vgl. zu Kostenvorgaben des Auftraggebers BGH, Urt. v. 21.03.2013, VII ZR 230/11; KG Urt. v. 08.05.2014 – 27 U 50/13 –, IBR 2016, 651). Dazu, welche rechtliche Bedeutung den vereinbarten Planungs- und Überwachungszielen zukommt, siehe weiter unten zu § 4.

Zielvorstellungen können z.B. hinsichtlich des wirtschaftlichen Investitionszieles, der vorgesehenen Nutzung, der Ausnutzung des vorgegebenen Baugrundstückes (z.B. Baumassen), der gestalterischen Aspekte (Qualitäts- und Ausbaustandards), aber auch hinsichtlich von Kosten und Terminen und gegebenenfalls hinsichtlich weiterer Zielvorstellungen (z.B. besonderen Sicherheitsanforderungen etc.) definiert werden. Auch der Verweis auf eine Anlage kommt in Betracht.

Absatz 4: Auch zwischen den Parteien einvernehmlich festgelegte Planungs- und Überwachungsziele sind im »dynamischen« Planungsprozess zu entwickeln und erforderlichenfalls auch anzupassen bzw. zu ändern. In diesem Muster (§ 15) ist vorgesehen, dass die Parteien für die Weiterentwicklung und Ausdifferenzierung der Planung ein Verfahren vereinbaren. Der Gesetzgeber geht in § 650p Abs. 1 BGB davon aus, dass »die nach dem jeweiligen Stand der Planung und Ausführung« erforderlichen Leistungen zu erbringen sind. Damit soll der mit dem Schlagwort von der Planung als einem »dynamischen Prozess« angesprochenen Besonderheit des Architekten- und Ingenieurvertrages Rechnung getragen werden. Es ist im Einzelfall zu entscheiden, ob es sich um eine bloße Weiterentwicklung der Projektziele im Rahmen der beauftragten Grundleistungen oder um eine Vertragsänderung handelt (vgl. § 650q Abs. 1 i.V.m § 650a BGB; §§ 6 und 12 dieses Vertragsmusters).

Zu § 2 (Vertragsgrundlagen)

5 Die Bezugnahme auf Anlagen ist häufig sinnvoll; es muss aber auf jeden Fall sichergestellt werden, dass die Anlagen genau bezeichnet werden und dass sie auch tatsächlich beiden Vertragsparteien bekannt sind. Nach Möglichkeit sollten die Anlagen dem Vertrag beigefügt werden, soweit dies nicht wegen des Umfangs der Anlagen unpraktisch ist. Rangfolgeklauseln kommt praktisch keine allzu große Bedeutung zu, sollten trotzdem aber nicht »vergessen« werden. Die Rechtsprechung insbesondere des BGH geht davon aus, dass die Auslegung des Vertrages einschließlich sämtlicher Anlagen im Sinne eines »sinnvollen Ganzen« Vorrang vor Rangfolgeklauseln hat (vgl. beispielhaft BGH, Urt. v. 05.12.2002, VII ZR 342/01, BauR 2003, 388). Die im Muster vorgesehenen Anlagen sind selbstverständlich nur beispielhaft.

Der Verweis auf die HOAI in der bei Vertragsschluss geltenden Fassung entspricht dem Prinzip des § 57 HOAI 2013 (und des § 55 HOAI 2009 sowie § 103 HOAI a.F.). Abweichende Regelungen sind denkbar; vgl. hierzu im Muster weiter unten § 11 Abs. 5.7.

Zu § 3 (Beauftragung)

6 **Absatz 1:** Die Klarstellung, dass der Auftrag erst mit Abschluss des schriftlichen Vertrages erteilt wird, der Auftrag also nicht bereits zuvor mündlich erteilt wurde, kann dann sinnvoll sein, wenn sich z.B. Vertragsverhandlungen über einen längeren Zeitraum hinziehen und bereits Leistungen erbracht werden, dies aber nicht auf der Grundlage einer bereits erfolgten Beauftragung, sondern in Erwartung des Vertragsschlusses, weil für die preisgebundenen Leistungen weiterhin gilt, dass Honorarvereinbarungen nur wirksam sind, wenn sie einerseits schriftlich, andererseits aber auch bei Vertragsschluss getroffen werden. An der – rechtspolitisch höchst zweifelhaften – zeitlichen Voraussetzung »bei Auftragserteilung« hat der Verordnungsgeber festgehalten (§ 7 Abs. 1 HOAI). Erfolgt also zunächst eine mündliche Beauftragung und wird erst danach die schriftliche Honorarvereinbarung getroffen, ist diese schon deshalb unwirksam. Ob der Zusatz sinnvoll ist oder nicht, hängt aber selbstverständlich auch immer von der jeweiligen Interessenlage im konkreten Einzelfall ab.

Absatz 2: Die stufenweise Beauftragung ist sehr verbreitet und daher in diesem Muster zugrunde gelegt. Der Auftraggeber reduziert auf diese Weise das Risiko ordentlicher Vertragskündigungen (§ 649 BGB jetziger Fassung bzw. § 648 BGB in der Fassung ab 01.01.2018), zu denen er sich ansonsten unter Umständen aus wirtschaftlichen Gründen veranlasst sehen könnte, wenn er z.B. ein Bauvorhaben nicht fortführen möchte. Für den Fall, dass zum Zeitpunkt der Auftragserteilung die »wesentlichen Planungs- und Überwachungsziele« noch nicht feststehen (§ 650p Abs. 2 BGB), hat der Gesetzgeber jetzt im gesetzlichen Leitbild des Architekten- und Ingenieurvertrages das Sonderkündigungsrecht nach § 650r BGB vorgesehen, das es dem Auftraggeber – unter Umständen aber auch dem Auftragnehmer – ermöglicht, nach Vorlage der »Planungsgrundlagen« den Vertrag zu kündigen, ohne die Rechtsfolgen des § 648 BGB n.F. auszulösen.

Absatz 3: Zu regeln ist insbesondere, ob der Auftragnehmer einen Anspruch auf Beauftragung mit weiteren Beauftragungsstufen hat, wenn diese überhaupt in Auftrag gegeben werden, und wie lange der Auftragnehmer seine Leistungsbereitschaft aufrecht erhalten muss, wenn ein zeitlicher Abstand zwischen dem Abschluss einer Beauftragungsstufe und der Beauftragung der nächsten Stufe entsteht. Im Muster ist – was im Interesse des Auftragnehmers liegt, aber eher »atypisch« ist – vorgesehen, dass ein Anspruch des Auftragnehmers auf Weiterbeauftragung bestehen soll. Das ist erfahrungsgemäß in vielen Fällen nicht durchzusetzen. Es sollte dann aber zumindest (wie in dem Muster ebenfalls vorgesehen) sichergestellt werden, dass der Auftragnehmer nicht auf unabsehbare Zeitdauer leistungsbereit sein muss. In besonderer Weise bedenklich (aus Auftragnehmersicht) sind in diesem Zusammenhang insbesondere auch Klauseln, die es dem Auftraggeber – anders als im vorliegenden Muster – ermöglichen, jeweils nur Teile einer Leistungsstufe – beschränkt auf einzelne Leistungsphasen bzw. Teile von Leistungsphasen oder aber beschränkt auf Bauabschnitte – abzurufen (Kombination stufen- und abschnittsweiser Beauftragung). Gerade in diesen Fällen sollte darauf geachtet werden, (zusätzlich) eine zeitliche Begrenzung in den Vertrag aufzunehmen, aus der sich ergibt, wie viele Monate nach Vertragsschluss letztmalig Leistungen aufgrund der stufenweisen Beauftragung beauftragt werden dürfen.

Absatz 4: Die in der bis 2009 geltenden Fassung der HOAI vorgesehenen Regelungen zu den Besonderen Leistungen sind entfallen. Daran hat auch die HOAI 2013 festgehalten. Anders als in der HAOI 2009 sind die Besonderen Leistungen zu den Leistungsbildern der Objekt- und Fachplanung zwar nicht mehr in einer eigenen Anlage (Anlage 2 zur HOAI 2009) enthalten, sondern jetzt wieder Bestandteil der Anlagen zu den jeweiligen Leistungsbildern. Unverändert geblieben ist aber, dass die Aufführung Besonderer Leistungen in der HOAI rechtlich keinerlei Bedeutung mehr hat. Für Besondere Leistungen gilt das Preisrecht der HOAI nicht; Honorare können frei vereinbart werden.

Absatz 5: Als »Beratungsleistungen« bezeichnet die HOAI seit 2009 bestimmte Leistungsbilder, die aus dem verbindlichen Preisrecht der HOAI ausgegliedert wurden und jetzt in der »unverbindlichen« Anlage 1 zur HOAI enthalten sind. Für diese Leistungsbilder gibt es daher kein verbindliches Preisrecht mehr. Hieran hat der Verordnungsgeber mit der HOAI 2013 festgehalten, auch wenn diese Entscheidung rechtspolitisch stark umstritten ist. Grundlegend geändert hat sich durch die HOAI 2013 hinsichtlich der sogenannten Beratungsleistungen die Bezeichnung der Leistungsbilder, deren Systematik und Aufteilung in Leistungsphasen sowie die Beschreibung der Grundleistungen.

Zu § 4 (Leistungspflicht des Auftragnehmers)

Absatz 1: Die Parteien müssen entscheiden, ob die in § 1 definierten Zielvorstellungen aus ihrer Sicht ausreichend sind, um im Sinne von § 650p Abs. 2 BGB die »wesentlichen Planungs- und Überwachungsziele« zu definieren. Dabei wird den Parteien zumindest ein weiter Beurteilungsspielraum einzuräumen sein. Aus dem Gesetzeswortlaut ergeben sich kaum Anhaltspunkte für eine genauere Definition des Begriffs der »wesentlichen Planungs- und Überwachungsziele«. Auch der Begründung ist hierzu kaum etwas zu entnehmen, so dass davon auszugehen ist, dass die Vertragsparteien die Grenze jedenfalls im Bereich zwischen der Bedarfsplanung im Sinne der DIN 18205 (»Leistungsphase 0«) und den Leistungsphasen 1 und 2 ziehen können. Der alternative Formulierungsvorschlag versteht sich insofern selbstverständlich nur beispielhaft.

7

Absatz 2: Der Architektenvertrag wird bekanntlich allgemein als Werkvertrag qualifiziert (ständige Rechtsprechung des BGH, beginnend mit dem Urt. v. 26.11.1959 – VII ZR 21/58 –, NJW 1960, 431; vgl. im Übrigen nur die zusammenfassende Darstellung in Werner/Pastor Rn. 675 ff.). Diese – keineswegs selbstverständliche und »naturgegebene« – Qualifizierung des Architekten- und Ingenieurvertrages wird nun erstmalig durch den Gesetzgeber grundsätzlich bestätigt. Auf der anderen Seite erkennt der Gesetzgeber auch an, dass Besonderheiten des Architekten- und Ingenieurvertrages gegenüber dem »normalen« Werkvertrag und auch gegenüber dem Bauvertrag bestehen. Wie der gesetzlichen Systematik zu entnehmen ist, werden Bauverträge uneingeschränkt als Werkverträge qualifiziert (als Kapitel 2 – Bauvertrag – des Untertitels 1 – Werkvertragsrecht – des Titels 9 – Werkvertrag und ähnliche Verträge), der Architekten- und Ingenieurvertrag demgegenüber als »werkvertragsähnlicher Vertrag« (Untertitel 2 – Architektenvertrag und Ingenieurvertrag – des Titels 9 – Werkvertrag und ähnliche Verträge). Wie andere Werkverträge auch ist der Architekten- und Ingenieurvertrag daher auf die Erzielung eines – primär funktional bestimmten – Werkerfolges gerichtet. Dieser wird durch die vereinbarten »Planungs- und Überwachungsziele« (vgl. § 650p BGB) bestimmt. Durch die Formulierung in § 650p Abs. 1 BGB, die das Muster übernimmt, wird aber als Besonderheit des Architekten- und Ingenieurvertrages zum Ausdruck gebracht, dass eine »unbedingte« Verpflichtung des Auftragnehmers auf die Verwirklichung des vereinbarten funktionalen Erfolges hier nicht möglich ist. Die vom Gesetz in § 650p Abs. 1 BGB verwendete Formulierung dürfte so zu verstehen sein, dass betont werden soll, dass Inhalt der Verpflichtung des Auftragnehmers nicht die Erzielung des Erfolges »per se« ist, sondern die Erbringung der zur Erzielung erforderlichen Leistungen. Sieht man also als angestrebten Leistungserfolg der Leistungsphase 8 das »Entstehenlassen des mängelfreien Werks« an (vgl. beispielhaft Kniffka ibrOK BauVertrR/Jansen/von Rintelen, 17. Ed. 12.5.2017, BGB § 631 Rn. 1038–1039), bedeutet dies, dass die Leistung des Architekten auch dann mängelfrei sein kann, wenn im Ergebnis das (Bau-)werk nicht mängelfrei entsteht, sofern der Auftragnehmer alle (seinerseits) zum »Entstehenlassen des mängelfreien Werks« erforderlichen Leistungen erbracht hat. Dieses Verständnis der gesetzlichen Neuregelung ist dem Muster zugrunde gelegt worden. Aus Sicht und im Interesse des Auftragnehmers wird klargestellt, dass der Auftragnehmer für die Verwirklichung der vereinbarten Ziele nicht verschuldensunabhängig einsteht. Garantien sind schon mangels Versicherbarkeit des Risikos zu vermeiden. (Die fehlende Versicherbarkeit ist bei der Baukostengarantie schon eine Folge des Ausschlusses von Erfüllungsansprüchen, vgl. Ziffer 1.2 Absatz 1 AHB 2004, § 4 I Ziffer 6 Abs. 3 AHB 1999). Solche selbständigen Garantieversprechen stellen eine seltene Ausnahme dar und sind nur dann anzunehmen, wenn dies unzweifelhaft von den Vertragsparteien gewollt war (vgl. OLG Köln, Beschl. v. 27.06.2016 – 19 U 203/15 –, IBR 2017, 439). Beschaffenheitsvereinbarungen (in dem Sinne, dass nicht nur die zur Verwirklichung des Ziels erforderlichen Leistungen, sondern die Verwirklichung des Ziels selbst geschuldet ist), sind aus Planersicht jedenfalls insofern nachteilig, als sie zu verschuldensunabhängigen Nachbesserungspflichten (z.B. Umplanungen ohne gesonderte Vergütung) führen können. Darüber hinaus ist die Frage der Versicherbarkeit zweifelhaft und in jedem Einzelfall neu zu prüfen und zu beantworten, vgl. den Ausschlustatbestand »Überschreitung von Vor- und Kostenanschlägen«, Ziffer 4.2 BBR/Arch. Das soll durch die hier vorgeschlagene Formulierung vermieden werden. Auch die Beschaffenheitsvereinbarung muss sich in der Regel aus dem (schriftlichen) Vertrag selbst ergeben, da für den schriftlich fixierten Vertragsinhalt die Vermutung der Vollständigkeit und Richtigkeit spricht (vgl. OLG Saarbrücken, Urt. v. 25.05.2004, 4 U 589/03, IBR 2005, 691).

Absatz 3: Mit den vorstehenden Maßgaben soll der letztlich zu erzielende Erfolg (»Gesamterfolg«) im Vertrag definiert werden, und zwar im Falle der stufenweisen Beauftragung für jede Beauftragungsstufe gesondert. Für die Beauftragungsstufe D (Leistungsphase 9) ist in dem Muster allerdings auf die Festlegung eines »werkvertraglichen Gesamterfolges« verzichtet worden, nachdem die bisherige zentrale Grundleistung der Leistungsphase 9 – die Überwachung der Beseitigung von Gewährleistungsmängeln – durch die HOAI 2013 gestrichen und durch die Grundleistung »Fachliche Bewertung der innerhalb der Verjährungsfristen für Gewährleistungsansprüche festgestellten Mängel …« ersetzt wurde (vgl. Anlage 10 zur HOAI, Leistungsphase 9, Grundleistung a). Soll diese Leistung dennoch vom Auftragnehmer erbracht werden, muss sie als Besondere Leistung beauftragt werden. Entsprechendes gilt auch für weitere Leistungen, die in der HOAI 2013 keine Grundleistungen mehr darstellen, insbesondere den Kostenanschlag nach DIN 276.

Absatz 4: Hier werden die jedenfalls regelmäßig zur Erzielung des Gesamterfolges erforderlichen einzelnen Leistungsschritte beschrieben, wobei in dem Entwurf ausdrücklich vorgesehen ist, dass diese einzelnen Leistungsschritte nicht unbedingt geschuldet sein sollen, sondern nur insoweit, als dies zur Erzielung des Gesamterfolges erforderlich ist. Wenn HOAI-gemäß abzurechnen ist und (wirksam) nichts anderes vereinbart wurde, dürfte diese Regelung zu einer anteiligen Honorarminderung nach § 8 Abs. 2 HOAI führen, sofern sich herausstellt, dass nicht alle Grundleistungen erforderlich sind und daher auch nicht alle Grundleistungen erbracht werden. Im Muster (§ 11 Abs. 5.3) ist allerdings vorgesehen, dass diese Honorarminderung nicht eintreten soll. Dies stellt eine Honorarvereinbarung dar, die im Rahmen der allgemeinen Bestimmung des § 7 Abs. 1 HOAI wirksam ist, also dann, wenn sie schriftlich bei Auftragserteilung zustande kommt und im Ergebnis zu einem Honorar führt, das zwischen Mindest- und Höchstsatz liegt. Im Rahmen der zur Wirksamkeitsprüfung durchzuführenden Mindest- und Höchstsatzberechnung ist § 8 Abs. 2 HOAI zu beachten. Auch wenn die HOAI lediglich Preisrecht enthält, nicht dagegen den Inhalt und den Umfang der Leistungspflichten des Architekten definiert (grundlegend in diesem Sinne insbesondere BGH, Urt. v. 24.10.1996, VII ZR 283/95, BauR 1997, 154), ist die Bezugnahme auf die Grundleistungen und die Besonderen Leistungen der HOAI im Vertrag doch zulässig. Als Alternative kommt z.B. die Aufstellung eines eigenen Leistungsverzeichnisses in Betracht. Es könnte dann wie folgt formuliert werden: »Zur Erzielung des vorstehend beschriebenen Gesamterfolges hat der Auftragnehmer im Einzelnen die sich aus der als Anlage 2 diesem Vertrag beigefügten detaillierten Leistungsbeschreibung ergebenden Leistungsschritte zu erbringen, allerdings nur insoweit, als dies zur Erzielung des Gesamterfolges tatsächlich erforderlich ist.«

Sofern bei Beauftragung »wesentliche Planungs- und Überwachungsziele« noch nicht feststehen und diese daher gemäß § 650p Abs. 2 BGB in einer »Planungsgrundlage« erarbeitet werden müssen (»Zielfindungsphase«), müssen die insoweit zu erbringenden Leistungen vertraglich definiert werden. Hierzu enthält weder das BGB noch die HOAI Vorgaben. Die im Muster enthaltene Regelung ist daher nur beispielhaft zu verstehen.

Das Muster reagiert auf Änderungen der Leistungsbilder durch die HOAI 2013, hier insbesondere die Grundleistung »Nachtragsprüfung«, deren Bedeutung sehr unklar ist. Einzelheiten können hier nicht dargestellt werden (vgl. beispielhaft Weber/Siemon S. 408 ff.; Seifert/Fuchs in Fuchs/Berger/Seifert, HOAI – Kommentar Rn. 255 ff. zu § 34 HOAI). Durch die hier vorgesehene Regelung soll erreicht werden, dass dem Auftragnehmer im Ergebnis die Möglichkeit erhalten bleibt, für die Nachtragsprüfung unter dem Gesichtspunkt der Wiederholungsleistung eine zusätzliche Vergütung jedenfalls immer dann zu beanspruchen, wenn die Gründe, die zu dem Nachtrag geführt haben, nicht von ihm selbst zu vertreten sind, sondern vom Auftraggeber veranlasst wurden. Eine weitere besonders kritische Änderung des Leistungsbildes Gebäudeplanung durch die HOAI 2013 ergibt sich daraus, dass die bisherige Leistung »Integration« der Leistungen anderer fachlich Beteiligter in die eigene Planungsleistung ergänzt wurde um die »Koordination«. Hierzu finden sich – im Interesse des Auftragnehmers einschränkende – Regelungsvorschläge in § 7.

Absatz 5: Auf der Grundlage des Urteils des BGH vom 24. 06. 2004, VII ZR 259/02, BauR 2004, 1640, wird zwischen dem werkvertraglichen Gesamterfolg und hiervon unabhängigen, auf jeden Fall zu verwirklichenden »Einzelerfolgen« unterschieden. Es sollte im Vertrag genau festgelegt werden, welche Einzelleistungen der Auftragnehmer auf jeden Fall zu erbringen hat, also unabhängig davon, ob sie im konkreten Fall zur Erzielung des Gesamterfolges tatsächlich erforderlich sind. Als »Maximalposition« (aus Sicht des Auftragnehmers) wäre anzustreben, dass Grundleistungen überhaupt nicht im Sinne selbständiger Einzelerfolge geschuldet werden sollen. Dies ist sachlich aber kaum gerechtfertigt und oft nicht durchzusetzen und daher im vorliegenden Muster auch nicht vorgesehen worden. Das Muster ist hinsichtlich der Auflistung der Einzelerfolge natürlich nur beispielhaft zu verstehen.

Absatz 6: Eine Negativabgrenzung wie in Absatz 6 vorgesehen sollte in den Vertrag aufgenommen werden, um der in der Praxis häufig zu beobachtenden »uferlosen« Erweiterung der Leistungspflichten des Architekten entgegenzuwirken. Wichtig ist dabei insbesondere die Abgrenzung zur Rechtsberatung, zumal diese für Architekten und Ingenieure mit kaum sicher zu beherrschenden Haftungsrisiken verbunden ist, sowie zur Projektsteuerung. Problematisch ist insbesondere die Frage, ob und gegebenenfalls in welchem Umfang der Auftragnehmer zur Vorbereitung von Bauverträgen verpflichtet ist. Ohne nähere vertragliche Regelung dürfte, wenn im Übrigen zur Beschreibung des Umfangs der Leistungspflicht des Auftragnehmers auf die Grundleistungen der HOAI verwiesen wird, davon auszugehen sein, dass die »Zusammenstellung der Vergabe- und Vertragsunterlagen« geschuldet ist (Grundleistung f der Leistungsphase 6 sowie Grundleistung f der Leistungsphase 7 nach Anlage 10 zur HOAI), wobei Vertragsbedingungen Bestandteil dieser Unterlagen sind (in Anlehnung an § 8 VOB/A). Die Grenze zur unerlaubten Rechtsberatung wäre aber überschritten, würde vom Architekten mehr verlangt als die Einbeziehung von allgemein zugänglichen Standardverträgen (vgl. Koeble, in Kniffka/Koeble, Kompendium des Baurechts, Teil 12 Rn. 732). Die Abgrenzung zur Projektsteuerung ist dadurch besonders »akut« geworden, dass die Überarbeitung der Leistungsbilder durch die HOAI 2013 dazu geführt hat, dass Leistungspflichten des Auftragnehmers, die gewissermaßen im »Grenzbereich« zur Projektsteuerung angesiedelt sind (insbesondere Kostenkontrolle, vgl. Grundleistung g) zur Leistungsphase 2; Grundleistung e) zur Leistungsphase 6; Grundleistung g) zur Leistungsphase 7; Terminplanung, vgl. Grundleistung h) zur Leistungsphase 2; Grundleistung f) zur Leistungsphase 3; Grundleistung d) zur Leistungsphase 5, Grundleistung d) zur Leistungsphase 8; Koordination, vgl. Grundleistung e) zur Leistungsphase 2, Grundleistung b) zur Leistungsphase 3), Grundleistung c) zur Leistungsphase 5) stark betont wurden.

Die HOAI 2013 enthält darüber hinaus einige auch inhaltlich in dem Sinne vollständig neue Grundleistungen, so dass die Bezugnahme auf die Grundleistungen dazu führt, dass bei im Übrigen gleicher Vertragsgestaltung der Leistungsinhalt bei einem Vertrag auf der Grundlage der Geltung der HOAI 2013 ein anderer ist als bei einem Vertrag auf der Grundlage der HOAI 2009. Zu nennen sind in diesem Zusammenhang insbesondere das Erstellen der Vergabevorschläge und die Dokumentation des Vergabeverfahrens (Grundleistung 7 e), das Aufstellen eines Vergabeterminplans (Grundleistung 6 a), das Ermitteln der Kosten auf Grundlage vom Planer bepreister Leistungsverzeichnisse (Grundleistung 6 a) und die fachliche Bewertung der Gewährleistungsmängel (Grundleistung 9 a). Wenn diese Grundleistungen vom Auftragnehmer nicht (sondern z.B. von einem Dritten) erbracht werden sollen, sollten sie hier ebenfalls ausdrücklich vom Leistungsumfang des Auftragnehmers ausgenommen werden. Zum Teil ersetzen die neuen Grundleistungen bisherige Grundleistungen, die durch die HOAI 2013 entfallen sind (z.B. Kostenanschlag; Überwachung der Beseitigung von Gewährleistungsmängeln). Wenn diese Leistungen vom Auftragnehmer erbracht werden sollen, müssen sie als Besondere Leistungen ausdrücklich beauftragt werden.

Absatz 7: Der Maßstab für die Leistungserbringung sollte klar definiert werden. Häufig werden durchaus unterschiedliche Maßstäbe (anerkannte Regeln der Technik, Stand der Technik, Stand der Wissenschaft) unterschiedslos miteinander vermengt. Das führt zumindest zu Unklarheiten (wenn nicht zu Widersprüchen) und sollte daher vermieden werden.

Zu § 5 (Bevollmächtigung des Auftragnehmers)

8   Die Vollmacht umfasst nach dem Muster insbesondere nicht (jedenfalls soweit kein Fall des Absatzes 2 vorliegt) die Erklärung der rechtsgeschäftlichen Abnahme, das Anerkenntnis von Rechnungen etc., den Abschluss von Verträgen mit ausführenden Firmen, anderen Planungsbeteiligten etc., die nachträgliche Änderung solcher Verträge, Änderungen des Bauentwurfes und sonstige Anordnungen, die sich nach § 2 Abs. 5 VOB/B auf den Preis auswirken, die Beauftragung von Stundenlohnarbeiten, die Erteilung von Zusatzaufträgen gemäß §§ 1 Abs. 4, 2 Abs. 6 VOB/B, oder den Verzicht auf Ansprüche.

Zu § 6 (Änderungsbegehren und Änderungsanordnung des Auftraggebers)

9   **Absatz 1:** Für Vertragsänderungen (Änderungen der vom Auftragnehmer geschuldeten Leistungen) enthält das Gesetz nunmehr in § 650b eine Regelung, auf die in § 650q Abs. 1 für den Architekten- und Ingenieurvertrag verwiesen wird. Das Muster modifiziert diese Regelungen nur in einigen Beziehungen. Der Gesetzgeber hat sich in § 650b für ein »Mischsystem« aus dem dem BGB eigenen »Konsensualprinzip« (Vertragsänderungen grundsätzlich nur auf der Grundlage einer Einigung der Parteien möglich) und dem »Anordnungsprinzip« der VOB/B (Vertragsänderungen aufgrund einseitiger Anordnungen des Auftraggebers möglich) entschieden. Demnach kann der Auftraggeber eine Änderung nicht sofort anordnen, sondern muss zunächst ein »Änderungsbegehren« an den Auftragnehmer richten. Dieser hat sodann ein Nachtragsangebot (einschließlich der Vergütungsfolgen) zu erstellen, über das die Parteien verhandeln sollen. Erst wenn 30 Tage (nach dem Gesetzeswortlaut handelt es sich um eine starre Frist) nach dem Änderungsbegehren noch keine Einigung zustande gekommen ist, kann der Auftraggeber die Änderung anordnen. Der Gesetzgeber unterscheidet im Übrigen (anders als die VOB/B in § 1 Abs. 3 und 4) nicht zwischen geänderten und zusätzlichen Leistungen, sondern zwischen »notwendigen« und »nicht notwendigen« Änderungen. Notwendig sind Änderungen des vereinbarten »Leistungsprogramms« (das wären hier die vereinbarten Einzelleistungen nach § 4 Abs. 4 und 5), die zur Ver-

wirklichung des vereinbarten Leistungserfolges (d.h. hier die vereinbarten »Planungs- und Überwachungsziele«) notwendig sind. Nicht notwendig sind Änderungen im Hinblick auf eine vom Auftraggeber gewünschte Änderung der vereinbarten Planungs- und Überwachungsziele.

Absatz 2: Das Gesetz erstreckt den in § 650b vorgesehenen Mechanismus zur Vertragsänderung nicht auf »bauumständliche« Änderungen (insbesondere in zeitlicher Hinsicht). Im Muster ist vorgesehen, die entsprechende Regelung, die noch im Referentenentwurf des Justizministeriums (www.unifr.ch/ius/assets/files/Institus/IST_Baurecht/files/RefE_Revorm-Bauvertragsrecht.pdf) enthalten war, zu übernehmen.

Absatz 3: Nach § 650b Abs. 1 BGB kann der Auftragnehmer ein »Änderungsbegehren« des Auftraggebers wegen Unzumutbarkeit nur bei »nicht notwendigen« Änderungen zurückweisen, bei »notwendigen« Änderungen demgegenüber nur unter den äußerst selten vorliegenden Voraussetzungen des § 275 Abs. 2 und 3 BGB. Das Muster enthält eine beispielhafte Auflistung von Fällen, in denen die Befolgung »nicht notwendiger« Änderungen für den Auftragnehmer unzumutbar ist.

Absatz 4: Ein erhebliches Problem der gesetzlichen Neuregelung in § 650b BGB besteht darin, dass das Gesetz erst nach Ablauf einer Frist von 30 Tagen – gerechnet ab Zugang des Änderungsbegehrens beim Auftragnehmer – dem Auftraggeber das Recht einräumt, die Änderung (einseitig) anzuordnen. Das ist natürlich in vielen Fällen ein viel zu langer Zeitraum, zumal der Mechanismus für jedes Änderungsbegehren erneut ausgelöst wird. Für den Bauvertrag eröffnet § 650d BGB im Falle eines Streites über die Berechtigung eines Änderungsbegehrens (oder einer nachfolgenden Änderungsanordnung) die Möglichkeit, diese Frage im Wege der Einstweiligen Verfügung zu klären, indem § 650d BGB bestimmt, dass in diesen Fällen für die Beantragung der Einstweiligen Verfügung die Darlegung des Verfügungsanspruches genügt und ein Verfügungsgrund nicht darzulegen ist. Unglücklicherweise ist dem Gesetzgeber offenkundig insofern ein Redaktionsversehen unterlaufen, als § 650q Abs. 1 § 650d bei den auf den Architekten- und Bauingenieurvertrag anwendbaren Vorschriften des Bauvertragsrechts nicht nennt. Das Muster möchte diese Probleme dadurch lösen, dass die Möglichkeit eröffnet wird, schon vor Ablauf der 30-Tages-Frist die Frage der Berechtigung des Änderungsbegehrens im Wege eines vereinbarten Adjudikationsverfahrens (vorläufig) zu klären. Es ist zu erwarten (jedenfalls aber zu hoffen), dass die gesetzlichen Regelungen in den §§ 650a bis c auch dazu führen werden, dass in verstärktem Maße von Möglichkeiten der außergerichtlichen Streitbeilegung Gebrauch gemacht wird (vgl. dazu auch § 20 des Musters und die entsprechenden Anmerkungen).

Zu § 7 (Hinzuziehung und Koordination anderer Beteiligter)

Absatz 1: Die zum Zeitpunkt des Abschlusses des Vertrages bereits beauftragten anderen fachlich Beteiligten sollten hier informatorisch aufgeführt werden.

Absatz 2: Hier sollen diejenigen sonstigen fachlich Beteiligten angeführt werden, von denen bereits zum Zeitpunkt des Vertragsschlusses absehbar ist, dass ihre Beauftragung erforderlich werden wird, die aber noch nicht vertraglich gebunden sind und gegebenenfalls auch namentlich noch nicht feststehen.

Absatz 5: Somit keine umfassende Überprüfungspflicht hinsichtlich der Leistungen der Fachplaner. Dies entspricht auch der Rechtsprechung. So hat der BGH im Urt. v. 19.12.1996 (VII ZR 233/95, BauR 1997, 488) festgestellt, dass der Architekt/Ingenieur für Fehler anderer nur haftet, wenn der Fehler auf seinen unzureichenden Vorgaben beruht, wenn er einen unzuverlässigen Fachplaner/Sonderfachmann/Sachverständigen ausgewählt hat oder wenn er Fehler der Leistungen des Dritten übersieht, die auch nach den von ihm zu erwartenden Kenntnissen hätten erkannt werden müssen. Die inhaltliche Begrenzung des Begriffs der Koordination und insbesondere die Abgrenzung zu der projektumfassenden Koordination des Projektsteuerers ist insbesondere wichtig, nachdem der Verordnungsgeber mit der HOAI 2013 in einer ganzen Reihe von Grundleistungen die Pflicht des Gebäudeplaners zur Koordination ausdrücklich benannt hat (vgl. Grundleistung e) zur Leistungsphase 2, Grundleistung b) zur Leistungsphase 3), Grundleistung c) zur Leistungsphase 5).

Zu § 8 (Allgemeine Pflichten von Auftraggeber und Auftragnehmer)

11 **Absatz 1:** Das Weisungsrecht des Auftraggebers besteht nur in dem Rahmen der vereinbarten Planungs- und Überwachungsziele (vgl. § 1 Abs. 3 und § 4 Abs. 1 des Musters) sowie der Vereinbarungen zu den zur Verwirklichung dieser Ziele zu erbringenden Leistungen (vgl. § 4 Abs. 4 und 5 des Musters; siehe hierzu auch die folgende Anmerkung). Regelungsbedürftig ist insbesondere, durch wen das Weisungsrecht des Auftraggebers ausgeübt werden soll (nur durch den Auftraggeber in Person, durch von diesem ausdrücklich bevollmächtigte Vertreter, oder auch durch sonstige Beteiligte, z.B. Projektsteuerer).

Absatz 2: Die Bestimmungen über Änderungsbegehren und Änderungsanordnung (§ 6 des Musters) haben Vorrang.

Der bloße Verstoß von Weisungen/Anordnungen des Auftraggebers gegen anerkannte Regeln der Technik führt noch nicht notwendigerweise zur Unwirksamkeit bzw. Unbeachtlichkeit der Weisung. Insoweit gilt vielmehr der nachfolgende Absatz 3.

Absatz 3: Regelung in Anlehnung an §§ 4 Abs. 3, 13 Abs. 3 VOB/B. Sie hat für den Auftraggeber den Vorteil, dass die Prüf- und Hinweispflicht des Auftragnehmers ausdrücklich normiert wird, für den Auftragnehmer demgegenüber, dass er auf diesem Wege die Haftungsbefreiung erlangen kann.

Absatz 5: Es empfiehlt sich, schon bei Vertragsschluss die vom Auftraggeber zur Verfügung zu stellenden Unterlagen so weit wie möglich zu benennen.

Absatz 6: Der Architekt hat ein eigenes Interesse daran, dass der Auftraggeber gegenüber den ausführenden Firmen die Abnahme nicht grundlos verweigert (schon um eine sinnvolle Begrenzung der eigenen Leistungspflicht zu erreichen). Diesem Interesse trägt die hier vorgeschlagene Regelung Rechnung.

Zu § 9 (Baukosten)

12 Wie weiter oben schon dargelegt, sind Kostengarantien durch den Architekten unbedingt zu vermeiden. Gegen die Vereinbarung von Kostenbudgets bzw. Kostenobergrenzen im Sinne von »Beschaffenheitsvereinbarungen« wird sich der Auftragnehmer nach Möglichkeit ebenfalls zur Wehr zu setzen versuchen, auch wenn dieser Versuch sicherlich nicht in allen Fällen erfolgreich sein wird. Das Muster verwendet auch den Begriff der »Beschaffenheitsvereinbarung« nicht, sondern stellt allgemein darauf ab, dass der Auftragnehmer keine verschuldensunabhängige Haftung für die Erreichung von Kostenzielen übernimmt. Gegen die Festlegung von Zielvorstellungen im Sinne einer (bloßen) Konkretisierung der Planungs- und sonstigen Leistungspflichten des Architekten ist grundsätzlich nichts einzuwenden. Im Gegenteil hat die damit verbundene Dokumentation des vom Auftraggeber bei Vertragsschluss wirklich Gewollten für den Architekten auch Vorteile, insbesondere bei der Abwehr von Ansprüchen des Auftraggebers unter dem Gesichtspunkt der Kostenüberschreitung. Die HOAI 2013 hat die Verpflichtung des Gebäudeplaners zur Erbringung von Leistungen im Zusammenhang mit der Kostenkontrolle deutlicher als bisher hervorgehoben (vgl. Grundleistung g) zur Leistungsphase 2; Grundleistung e) zur Leistungsphase 6; Grundleistung g) zur Leistungsphase 7).

Zu § 10 (Fristen)

13 **Absatz 1:** Es gilt das vorstehend zu den Baukosten Gesagte entsprechend (vgl. zur Terminplanung jetzt Grundleistung h) zur Leistungsphase 2; Grundleistung f) zur Leistungsphase 3; Grundleistung d) zur Leistungsphase 5, Grundleistung d) zur Leistungsphase 8).

Absatz 3: Regelung in Anlehnung an § 6 Absätze 1 und 2 VOB/B. Die Verpflichtung, Behinderungen unverzüglich anzuzeigen, hat auch für den Architekten Vorteile, weil er sich auf diese

1. Architektenvertrag aus Auftragnehmersicht C.

Weise zu einer von vorne herein möglichst vollständigen und umfassenden Dokumentation des Projektablaufes auch in zeitlicher Hinsicht »genötigt« sieht.

Zu § 11 (Honorar)

Absatz 1: Sofern überhaupt eine Honorarvereinbarung getroffen werden soll. Die Parteien können es stattdessen aber auch bei einer HOAI-gemäßen Abrechnung (auf Basis der Mindestsätze) belassen. Dann kann z.B. wie folgt formuliert werden. »Die Vertragsparteien verzichten darauf, eine Honorarvereinbarung zu treffen. Das Bauvorhaben soll entsprechend den Abrechnungsregeln der HOAI abgerechnet werden«.

14

Absatz 2: Natürlich sind auch andere Honorarvereinbarungen möglich. So kann eine Abrechnung auf der Grundlage der Abrechnungssystematik der HOAI vereinbart werden, so dass dann lediglich Vereinbarungen in diesem Rahmen getroffen werden (z.B. zur Honorarzone, zum Honorarsatz, zu Umbau- oder sonstigen Zuschlägen etc.). Des Weiteren kommen z.B. »Mischsysteme« von Honorarvereinbarungen in Betracht, z.B.: »Für die Erarbeitung des Bauantrags einschließlich der hierfür noch erforderlichen restlichen Planungsleistungen erhält der AN ein Pauschalhonorar in Höhe von ... €. Für die weiteren nach diesem Vertrag zu erbringenden Leistungen erhält der AN ein Honorar, das nach den Honorarermittlungsgrundlagen der HOAI mit den aus den nachfolgenden Bestimmungen sich ergebenden Modifikationen zu berechnen ist.« Grundsätzlich ist – in den durch § 7 Abs. 1 HOAI gezogenen Grenzen – jede Form von Honorarvereinbarung möglich und zulässig, da die HOAI »verbindliches Preisrecht« nicht in dem Sinne enthält, dass eine bestimmte Abrechnungssystematik zwingend vorgeschrieben wäre. Klargestellt wird, dass sich die vereinbarten (Teil-)pauschalen nicht »automatisch« reduzieren, wenn Einzelleistungen (insbesondere Grundleistungen) nicht erbracht werden, sondern dass diese Rechtsfolge nur dann eintritt, wenn Einzelleistungen, die im Sinne »selbständiger Teilerfolge« vereinbart wurden, nicht erbracht wurden. Für die hier vorgesehene Pauschalhonorarvereinbarung ist das aber im Grunde genommen selbstverständlich, weil § 8 Abs. 2 HOAI nicht gilt (sondern nur bei einer Kontroll-Höchstsatzberechnung zu berücksichtigen wäre).

Absatz 3: Durch eine solche Regelung im Vertrag dürfte für den Auftraggeber in der Regel die Grundlage dafür entzogen sein, sich später gegen eine HOAI-gemäße Abrechnung auf Mindestsatzbasis mit dem Argument zur Wehr zu setzen, er habe berechtigter Weise auf die Wirksamkeit der Vereinbarung vertraut. Zwar gilt seit der grundlegenden Entscheidung des BGH vom 22.05.1997, VII ZR 290/95, BauR 1997, 677, dass die Berufung des Auftragnehmers auf die Unwirksamkeit einer von ihm geschlossenen Honorarvereinbarung ein treuwidriges, und damit unzulässiges Verhalten darstellen kann. Dies ist jedoch nur ganz ausnahmsweise der Fall. Zu den Voraussetzungen im Einzelnen vgl. ausführlich z.B. Kniffka/Koeble, Kompendium des Baurechts, Teil 12 Rn. 429 ff.

Absatz 4: (Zumindest) im Falle der Vereinbarung eines Pauschalhonorars empfiehlt sich die Festlegung der »Geschäftsgrundlage« (im Sinne von § 313 BGB) für die Vereinbarung, um die Voraussetzung dafür zu schaffen, gegebenenfalls zu einem späteren Zeitpunkt die Anpassung der Honorarvereinbarung an veränderte tatsächliche Voraussetzungen verlangen zu können. Selbstverständlich kann die Geschäftsgrundlage (zusätzlich oder alternativ) auch in anderer Weise definiert werden, z.B.: »Schließlich gehen die Parteien gemeinsam davon aus, dass die beiden Gebäude hinsichtlich äußerer Gestaltung, Nutzung und Grundrissen im Wesentlichen gleich sein werden, und dass das gesamte Bauvorhaben ohne wesentliche Unterbrechungen »in einem Zuge« geplant und realisiert werden kann.«

Wenn vertraglich die Geschäftsgrundlage einer getroffenen Honorarvereinbarung festgelegt wird, sollte zugleich auch bestimmt werden, unter welchen Voraussetzungen diese Geschäftsgrundlage durch veränderte Umstände so maßgeblich berührt ist, dass eine Anpassung der Vereinbarung zu erfolgen hat. In dem im vorstehenden Absatz gebildeten Alternativfall könnte dann zusätzlich z.B.

formuliert werden: »Schließlich sind die Voraussetzungen für die Anwendung der Grundsätze über den Wegfall bzw. die Änderung der Geschäftsgrundlage auch dann gegeben, wenn auf Grund von Planungsänderungen die beiden Gebäude hinsichtlich äußerer Gestaltung, Nutzung oder Grundrissen nicht mehr im Wesentlichen gleich sind.«

Absatz 5: Schließlich sollte vertraglich die Art und Weise der Anpassung der Honorarvereinbarung im Falle einer relevanten Berührung der Geschäftsgrundlage vereinbart werden. Dabei kommen selbstverständlich gegenüber dem hier gemachten Vorschlag abweichende Vertragsgestaltungen in Betracht. Jedenfalls im Rahmen der allgemeinen Vorschriften über die Wirksamkeit von Honorarvereinbarungen (insbesondere § 7 Abs. 1 HOAI) sind auch solche Geschäftsgrundlagenvereinbarungen zulässig. Daneben sollte aber auch klargestellt werden, dass die Vertragsparteien mit den von ihnen getroffenen Festlegungen »Beurteilungsspielräume« ausnutzen wollen, die ihnen von der Rechtsprechung eingeräumt werden (vgl. BGH BauR 2004, 354 für die Honorarzonenzuordnung; KG, BauR 2005, 1371 und OLG Düsseldorf, BauR 2007, 1286 für die prozentuale Bewertung von Grundleistungen; LG München I, BauR 2010, 666 zur Frage, ob ein oder mehrere Objekte abzurechnen sind (also getrennte Abrechnung oder Kumulation der anrechenbaren Kosten).

Absatz 5.1: Die HOAI in den Fassungen von 2013 und 2009 beruhen bekanntlich auf dem Grundsatz der »Entkoppelung« der anrechenbaren Kosten von den tatsächlichen Baukosten (»Baukostenberechnungsmodell«) Dem wird mit der hier vorgesehenen Regelung Rechnung getragen. Abweichende Regelungen sind (in den allgemeinen Grenzen des § 7 Abs. 1 HOAI) ebenfalls denkbar. Allerdings wird klargestellt, dass Grundlage der Honorarberechnung die »zutreffende« Kostenberechnung, also die auf der Grundlage einer vollständigen und mängelfreien Planung erstellte Kostenberechnung sein soll.

Absatz 5.2: Mitzuverarbeitende vorhandene Bausubstanz ist nach der HOAI 2013 – dort § 4 Abs. 3 – wieder »angemessen« zu berücksichtigen, während sie nach HOAI 2009 bei der Ermittlung der anrechenbaren Kosten nicht mehr zu berücksichtigen war, da § 10 Abs. 3 a HOAI 1996 durch die HOAI 2009 ersatzlos gestrichen worden war. Das Muster enthält einen Vorschlag für eine Vereinbarung im Sinne von § 4 Abs. 3 HOAI. Einzelheiten können hier aus Platzgründen nicht näher erläutert werden (vgl. z.B. die Darstellung bei Weber/Siemon, S. 422 ff.)

Absatz 5.3: Die hier vorgeschlagene Regelung führt zur »Abbedingung« des § 8 Abs. 2 bei der HOAI-gemäßen Abrechnung. Als Honorarvereinbarung ist dies in den Grenzen, die sich aus § 7 Abs. 1 HOAI ergeben, zulässig.

Absatz 5.4: Die Vereinbarung des Honorarsatzes ist zwischen Mindest- und Höchstsatz zulässig, ohne dass es hierfür einer Begründung bedürfte. Für die Einordnung in die »zutreffende« Honorarzone gelten § 5 HOAI und die jeweiligen besonderen Bestimmungen des betroffenen Leistungsbildes (z.B. § 35 Abs. 2–4 HOAI i.V.m. der Objektliste der Anlage 10). Den Vertragsparteien steht insoweit jedoch ein erheblicher Beurteilungsspielraum zu (vgl. BGH BauR 2004, 345).

Absatz 5.5: Kommt nur in Betracht, sofern der Auftrag mehrere Objekte (für den vorliegenden Vertrag also: Gebäude) umfasst. Insbesondere wegen der auch durch die HOAI 2013 nicht wesentlich klarer gewordenen Bedeutung von § 11 Abs. 2 (§ 11 Abs. 1 Satz 2 HOAI 2009) und des Verhältnisses zu § 11 Abs. 3 (§ 11 Abs. 2 HOAI 2009) ist in allen Fällen, in denen mehrere Objekte vorhanden sind, dringend zu empfehlen, Regelungen dazu aufzunehmen, ob nach § 11 Abs. 1, § 11 Abs. 2, oder § 11 Abs. 3 abgerechnet werden soll. Es ist anzunehmen, dass die Rechtsprechung den Parteien auch insoweit einen weit reichenden Beurteilungsspielraum zubilligen wird (vgl. in diesem Sinne schon LG München I, BauR 2010, 666).

Absatz 5.6: Der Verordnungsgeber der HOAI 2009 wollte die Streichung des § 10 Abs. 3a HOAI 1996 dadurch kompensieren, dass er stattdessen in § 35 HOAI 2009 die Möglichkeit eröffnete, Umbauzuschläge bis zu 80 % zu vereinbaren. Wurde nichts vereinbart, galt nach HOAI 2009 bereits ab Honorarzone II ein Umbauzuschlag von 20 % als vereinbart. Wenig überraschender Weise hat sich herausgestellt, dass sich die »Zuschlagslösung« der HOAI 2009 in dem Sinne »nicht bewährt« hat, dass die Honorarminderungen durch den Wegfall der mitzuverarbeitenden Bausubstanz durch die Zuschlagslösung bei weitem nicht kompensiert werden konnten. Die HOAI 2013 hat daher eine vollständige Abkehr von der »Zuschlagslösung« vollzogen. »Umbau« ist jetzt wieder nur der *wesentliche* Eingriff in Bestand oder Konstruktion (§ 2 Abs. 5 HOAI); der fiktive Umbauzuschlag von 20 %, wenn nichts anderes vereinbart ist – der ausdrücklich nicht als »Mindestzuschlag« gedacht ist – gilt wieder erst ab Honorarzone III, und der »Höchstzuschlag« – dessen rechtliche Bedeutung im Rahmen der Höchstsatzberechnung allerdings auch noch nicht wirklich geklärt ist – beträgt wieder – für das Leistungsbild Gebäude – 33 % »bei durchschnittlichem Schwierigkeitsgrad« (vgl. § 36 Abs. 1 HOAI).

Absatz 5.7: Satz 1 entspricht der Grundregel des § 57 HOAI 2013 (und ebenso § 55 HOAI 2009 sowie § 103 HOAI 1996), die aber – in den Grenzen des § 7 Abs. 1 HOAI – abdingbar ist (wie hier vorgesehen). Im Falle einer Novellierung der HOAI, die – wie im Falle der HOAI 2009, aber teilweise auch der HOAI 2013 geschehen, zu einer in weiten Teilen geänderten Systematik der Abrechnung führt, ist es allerdings sehr zweifelhaft, eine Abweichung vom Grundsatz des § 57 HOAI vorzusehen, weil dies zum einen zu kaum überwindbaren Abrechnungsstreitigkeiten, zum anderen aber auch im Ergebnis gerade nicht zu einer Honorarerhöhung, sondern zu einer Honorarminderung führen kann.

Daneben sind selbstverständlich noch weitere Modifikationen der HOAI-gemäßen Abrechnung denkbar, z.B.:

> »Gemäß § 12 HOAI wird für die von der Auftragnehmerin zu erbringenden Leistungen der Bauüberwachung (Leistungsphase 8) ein Honorar von 48% des vollen Honorars vereinbart. Die Vergütung der Leistungen sonstiger Leistungsphasen nach § 34 HOAI bleibt hiervon unberührt.« (Bei Instandhaltungen und Instandsetzungen.)

> »Für die als Einzelleistung in Auftrag gegebene Entwurfsplanung (Leistungsphase 3 nach § 34 HOAI, Anlage 10 zur HOAI) wird gemäß § 9 Abs. 1 Nr. 2 HOAI ein Honorar in Höhe von 22 % des Gesamthonorars vereinbart.«

Absatz 6: Wie bereits dargelegt, sieht die HOAI 2013 – insoweit in gleicher Weise wie die HOAI 2009 – für die Besonderen Leistungen keinerlei preisrechtlichen Bindungen mehr vor. Honorare können insoweit daher frei vereinbart werden.

Absatz 7: Für die sogenannten Beratungsleistungen (Anlage 1 zur HOAI) gilt das gleiche wie für die Besonderen Leistungen (vgl. vorstehende Anmerkung).

Absatz 8: Die Situation des Architekten hat sich allerdings durch die HOAI 2009 insofern verbessert, als § 5 Abs. 4 HOAI 1996 abgeschafft wurde, der die Vergütung der Besonderen Leistung von einer schriftlichen Honorarvereinbarung abhängig machte. Kommt keine Honorarvereinbarung zustande, erhält der Auftragnehmer also seitdem die übliche Vergütung im Sinne von § 632 Abs. 2 BGB. An dieser Rechtslage hat sich durch die HOAI 2013 nichts geändert.

Absatz 9: Die HOAI enthält keine Bestimmungen zu Zeithonoraren mehr; diese können also frei vereinbart werden (soweit es sich um preisgebundene Leistungen handelt, allerdings nur in den Grenzen von § 7 Abs. 1 HOAI).

Absatz 10: Der Anwendungsbereich des Erfolgshonorars sollte durch § 7 Abs. 7 HOAI 2009 (§ 7 Abs. 6 HOAI 2013) erweitert werden. In der Praxis hat sich das nicht feststellen lassen. Daran wird sich wohl auch durch die HOAI 2013 nichts ändern. Von der Vereinbarung eines – jedenfalls aus Sicht des Auftragnehmers – in mehrfacher Hinsicht problematischen »Malushonorars« ist hier abgesehen worden.

Absatz 11: Die Abrechnung auf der Grundlage einer Nebenkostenpauschale hat für den Auftragnehmer den erheblichen Vorteil, dass die häufig schwierige Abrechnung auf Basis von Einzelkostennachweisen vermieden wird. Auf der anderen Seite kann sich erweisen, dass die Pauschale unzureichend ist. Für diesen Fall ist hier die Möglichkeit vorgesehen, stattdessen auf eine Abrechnung auf der Basis von Einzelnachweisen überzugehen.

Zu § 12 (Honorar bei Änderungsanordnungen sowie bei Projektverzögerungen und -unterbrechungen)

15 **Absatz 1:** Siehe die Grundleistung »Erarbeiten der Vorplanung, Untersuchen, Darstellen und Bewerten von Varianten nach gleichen Anforderungen ...« der Leistungsphase 2 nach § 34 HOAI, Anlage 10 zur HOAI.

Eine Regelung zur Eingrenzung der Pflicht des Auftragnehmers zur Erstellung von »Varianten nach gleichen Anforderungen«, wie im vorliegenden Muster vorgesehen, ist aus Sicht des Auftragnehmers empfehlenswert, da die HOAI offen lässt, in welchem Umfang Planungsvarianten vom Grundleistungshonorar umfasst sind (vgl. Rath, in Pott/Dahlhoff/Kniffka/Rath, HOAI – Kommentar, Rn. 21 zu § 33).

Das Kriterium für die Abgrenzung von (nicht gesondert vergütungsfähigen) Planungsoptimierungen und (gesondert zu vergütenden) Planungsänderungen (vgl. hierzu beispielhaft OLG Düsseldorf, Urt. v. 26.10.2007, 5 U 100/02, BauR 2007, 1270) ergibt sich nunmehr aus dem BGB. Immer dann, wenn einer geänderten (oder zusätzlichen – dies macht keinen Unterschied, denn der Gesetzgeber hat sich in § 650b BGB gegen diese Differenzierung entschieden) Leistung eine Änderungsvereinbarung im Sinne von § 650b Abs. 1 BGB oder eine Änderungsanordnung im Sinne von § 650b Abs. 2 BGB zugrunde liegt, ist diese Leistung zusätzlich zu vergüten. Auf andere Kriterien (z.B. das der Wesentlichkeit) kommt es danach nicht mehr an. Sind Änderungen nicht »wesentlich«, rechtfertigt dies, dass auch die Vergütung nur unwesentlich anzupassen ist; nicht aber, dass sie unverändert bleiben soll.

Absatz 2: Für die Vergütungsanpassung im Falle von Änderungsanordnungen im Sinne von § 650p Abs. 1 i.V.m. § 650a Abs. 2 BGB enthält das Gesetz in § 650p Abs. 2 BGB eine Sonderregelung (im Vergleich zu der entsprechenden Regelung zum Bauvertrag in § 650c BGB). Für Leistungen, die dem »Anwendungsbereich der HOAI« unterfallen, soll demnach das Honorar für die geänderte Leistung nach den Bestimmungen der HOAI ermittelt werden. In dem Muster wird vorgeschlagen, im Vertrag klarzustellen, dass »Leistungen, die dem Anwendungsbereich der HOAI unterfallen«, die in der HOAI geregelten Grundleistungen, und zwar einschließlich der »Beratungsleistungen« (Anlage 1 zur HOAI) sind. Für alle anderen Änderungsleistungen ist das Honorar nach § 650p Abs. 2 BGB frei vereinbar. Nur wenn eine solche Vereinbarung nicht zustande kommt, gilt § 650c BGB entsprechend. Das Muster enthält eine solche Vereinbarung im Sinne von § 650p Abs. 2 BGB, und zwar in der Weise, dass nach Zeitaufwand abzurechnen ist, wenn die Vertragsparteien nichts anderes vereinbaren.

Absatz 3: Für Änderungsleistungen, die dem Anwendungsbereich der HOAI unterfallen, sieht § 650q Abs. 2 BGB eine Honorarermittlung nach den Bestimmungen der HOAI vor. Die Gesetzesbegründung hat allerdings – etwas überraschender Weise – offen gelassen, ob diese Verweisung auch (!) für § 10 HOAI gilt. Überraschend ist das insofern, als durch die HOAI 2013 § 10 gerade zur zentralen Vorschrift für alle Fälle der Änderungsleistungen geworden ist. Durch das Muster soll daher klargestellt werden, dass § 10 HOAI »auch« (richtiger eigentlich: gerade) im Fall von Änderungsanordnungen des Auftraggebers im Sinne von § 650q Abs. 1 i.V.m. § 650b Abs. 2 BGB anwendbar ist. § 10 Abs. 1 HOAI betrifft den Fall, dass sich infolge der Änderung die anrechenbaren Kosten verändern, § 10 Abs. 2 HOAI den Fall der wiederholten Grundleistungserbringung, der sich auf die prozentuale Bewertung der erbrachten Leistungen auswirkt. Das Muster enthält einen Regelungsvorschlag zu der in mehrerer Hinsicht problematisch formulierten Vorschrift des § 10 HOAI, die zudem in Abs. 2 auch die letztlich entscheidende Frage, wie der zusätzliche Honoraranspruch zu berechnen ist, offen lässt. Zu § 10 Abs. 2 wird klargestellt, dass –

entgegen dem missverständlichen Wortlaut der Verordnung – der Absatz nicht nur dann gilt, wenn sich die anrechenbaren Kosten *nicht* verändern, sondern *unabhängig* davon, ob sie sich verändern. Ferner enthält das Muster den (für den Auftragnehmer eher günstigen) Berechnungsweg, das zusätzliche Honorar nach den anrechenbaren Kosten der Änderungsleistung zu ermitteln. Abs. 3.2 des Musters betrifft die »Fortschreibung« der Kostenbeschreibung, die grundsätzlich nach dem »Kostenberechnungsmodell« für alle Leistungsphasen maßgeblich bleiben soll für den Fall, dass sich die anrechenbaren Kosten aufgrund von Leistungsänderungen auf Veranlassung des Auftraggebers ändern. In der HOAI 2013 ist dies in § 10 Abs. 1 geregelt. Auch diese Vorschrift enthält aber Unklarheiten. Führen »Änderungsanordnungen« des Auftraggebers zu Verringerungen der anrechenbaren Kosten, kann eine (Teil-)kündigung zugrunde liegen. Die Rechtsfolgen ergeben sich dann aus § 649 BGB in der bis zum 31.12.2017 geltenden Fassung (entspricht § 648 BGB n.F.). Das wollte die HOAI 2013 wohl nicht (und könnte sie wohl aufgrund der Ermächtigungsgrundlage auch gar nicht) abbedingen. Das soll durch den letzten Satz in Absatz 4 klargestellt werden.

Absatz 4: Die Problematik der Unterbrechung war in § 21 HOAI 1996 nur ganz lückenhaft und inhaltlich äußerst unbefriedigend geregelt (vgl. beispielhaft die Darstellung der Problematik bei Rath, in Pott/Dahlhoff/Kniffka/Rath, HOAI – Kommentar, 8. Aufl. 2006, zu § 21). Durch die HOAI 2009 ist die Bestimmung ersatzlos gestrichen – und durch die HOAI 2013 auch nicht wieder eingeführt – worden, wodurch vertragliche Regelungen noch wichtiger geworden sind. Die hier vorgeschlagene Regelung ist an § 6 Abs. 7 VOB/B angelehnt, geht hierüber allerdings auch im Interesse des Auftragnehmers hinaus.

Absatz 5: Der Fall der (bloßen) Verzögerung ist in der HOAI gar nicht geregelt, so dass sich hierzu eine vertragliche Vereinbarung in besonderer Weise empfiehlt. In Anlehnung an die neuere Rechtsprechung des BGH, Urt. v. 10.05.2007, VII ZR 288/05, BauR 2007, 1592 = IBR 2007, 492 mit Anm. Steiner, wird die Problematik hier als eine solche der Geschäftsgrundlage behandelt.

Zu § 13 (Abrechnung, Aufrechnungsverbot)

Absatz 1: Die prüfbare Abrechnung ist nach § 15 Abs. 1 HOAI 2013 weiterhin die zentrale Voraussetzung für die Fälligkeit des Vergütungsanspruchs des Auftragnehmers aus der Schlussrechnung, nunmehr allerdings ausdrücklich ergänzt um die Abnahme, die bisher als Fälligkeitsvoraussetzung jedenfalls nicht genannt war. Dem ist der Gesetzgeber nunmehr in § 650g Abs. 4 allgemein für den Bauvertrag und in § 650q Abs. 1 i.V.m. § 650 Abs. 4 für den Architekten- und Ingenieurvertrag gefolgt. Vertragliche Präzisierungen der Anforderungen an die Prüfbarkeit der Abrechnung sind wünschenswert. 16

Absatz 2: § 15 Abs. 2 HOAI bestimmt lediglich, dass Abschlagszahlungen »in angemessenen zeitlichen Abständen für nachgewiesene Leistungen gefordert« werden dürfen. Als Alternative zu der hier vorgeschlagenen Präzisierung kommt auch der Verweis auf einen Zahlungsplan in Betracht.

Absatz 3: Die Einschränkung des Aufrechnungsverbotes in der Weise, dass dieses nicht für die Aufrechnung mit Gegenansprüchen gilt, die in einem »engen synallagmatischen Verhältnis« zu dem Honoraranspruch stehen, entspricht der Rechtsprechung des BGH (grundlegend Urt. v. 23.06.2005, VII ZR 197/03, BauR 2005, 1477). Ein Aufrechnungsverbot ohne eine entsprechende Einschränkung ist demgegenüber unwirksam (vgl. BGH, Urt. v. 07.04.2011 – VII ZR 209/07, IBR 2011, 340). Dies mindert den Wert des Aufrechnungsverbotes in ganz erheblicher Weise. Insbesondere kann dem Auftraggeber in keinem Fall die Möglichkeit der Aufrechnung mit Gegenansprüchen genommen werden, die unmittelbar im Zusammenhang mit einer Mangelhaftigkeit der Leistung des Architekten stehen.

Zu § 14 (Urheberrecht)

Ob Urheberrecht überhaupt besteht oder nicht – im Wesentlichen eine Frage der »künstlerischen Gestaltungshöhe« –, entzieht sich grundsätzlich der vertraglichen Vereinbarung. Dennoch dürfte 17 auch insoweit den Vertragsparteien zumindest ein gewisser »Beurteilungsspielraum« zustehen, so dass es sinnvoll sein kann, im Vertrag – wie hier vorgesehen – die Einigkeit der Parteien über das Bestehen von Urheberrechtsschutz zu dokumentieren. Zu der urheberrechtlichen Schutzfähigkeit von Werken der Baukunst vgl. beispielhaft BGH, Urt. v. 19.03.2008, I ZR 166/05, IBR 2008, 582).

Absatz 5: Damit dürfte klargestellt und vertraglich dokumentiert sein, dass dieses Nutzungsrecht, dem im Falle einer vorzeitigen Vertragsbeendigung wirtschaftlich eine sehr große Bedeutung zukommen kann, mit Vertragsschluss noch nicht übertragen ist. Der Architekt kann dann nach Vertragsbeendigung die Übertragung von dem Ausgleich seiner berechtigten Zahlungsansprüche abhängig machen. Üblicherweise werden die Nutzungsrechte bereits mit Vertragsschluss übertragen. Dies liegt natürlich im Interesse des Auftraggebers. Es wird dann z.B. wie folgt formuliert: »Die Übertragung der Nutzungsrechte entsprechend dem vorstehenden Absatz erfolgt bereits mit Abschluss dieses Vertrages.«

Absatz 6: Übliche, aber nicht zwingende Regelung. Eine Alternative könnte z.B. sein: »Die Honorierung der Auftragnehmerin für die Übertragung des Nutzungsrechts erfolgt in der Weise, dass das ihr zustehende Honorar nicht nach Mindest-, sondern nach Mittelsätzen berechnet wird.«

Absatz 7 stellt bloß eine Klarstellung dar.

Zu § 15 (Dokumentation des Planungs- und Bauablaufes)

18 **Absätze 1 und 2:** Selbstverständlich kann auch ein anderer Berichtsrhythmus vereinbart werden. Da die Bearbeitung von Bauvorhaben – insbesondere von Bauvorhaben im Bestand – häufig nicht in der Weise erfolgt, dass »idealtypisch« eine Leistungsphase nach der anderen »abgearbeitet« wird, ist hier ein monatlicher Berichtsrhythmus – unabhängig vom Abschluss bestimmter Leistungsphasen – vorgesehen.

Eine so detaillierte Regelung zur Dokumentation des Planungs- und Bauablaufes wie im vorliegenden Muster vorgesehen mag mit einem gewissen »bürokratischen Aufwand« verbunden sein. Sie hat aber den Vorteil, dass auf dieser Grundlage die auch aus Sicht des Auftragnehmers sowohl für die Durchsetzung eigener Ansprüche als auch für die Abwehr von Ansprüchen des Auftraggebers äußerst wichtige Dokumentation sichergestellt werden kann.

Die systematische Zusammenstellung der zeichnerischen Darstellungen und rechnerischen Ergebnisse des Objektes ist nach HOAI 2013 nunmehr Grundleistung der Leistungsphase 8 (statt wie bisher Grundleistung der Leistungsphase 9).

Absatz 3: Dies ist – aus der Sicht der Interessen des Architekten – der eigentliche Kern der Regelung, auch wenn gegen die Wirksamkeit in Allgemeinen Geschäftsbedingungen des Auftragnehmers Bedenken bestehen können.

Zu § 16 (Unterlagen)

19 **Absatz 3:** Häufig wird undifferenziert formuliert, dass an Unterlagen kein Zurückbehaltungsrecht des Auftragnehmers bestehe (vgl. OLG Hamm, Urt. v. 20.08.1999, 25 U 88/99, BauR 2000, 295; OLG Köln, Beschl. v. 11.10.1997, 11 W 21/97, BauR 1998, 1117). Demgegenüber soll durch die hier vorgeschlagene Regelung klargestellt werden, dass dies nur insoweit gilt, als der Auftragnehmer noch vertragliche Leistungen zu erbringen und hinsichtlich dieser Leistungen vorleistungspflichtig ist.

Zu § 17 (Abnahme)

20 **Absatz 1:** Die Abnahme der Werkleistung des Architekten stellte bis zum Inkrafttreten der HOAI 2013 – wegen der Sonderregelung in § 8 Abs. 1 HOAI 1996 bzw. § 15 Abs. 1 HOAI 2009 – nach überwiegender Auffassung lediglich keine Voraussetzung für die Fälligkeit der Schlusszahlung dar. Das hat sich durch § 15 Abs. 1 HOAI 2013 grundsätzlich geändert; danach ist die Abnahme als Fälligkeitsvoraussetzung nunmehr ausdrücklich genannt. Im Übrigen hatte schon bis-

her die Abnahme auch für den Architektenvertrag die gleiche Bedeutung wie allgemein im Werkvertragsrecht, also insbesondere für den Beginn der Verjährung, die Umkehr der Darlegungs- und Beweislast etc. (vgl. Koeble, in Kniffka/Koeble, Kompendium des Baurechts, Teil 12 Rn. 567 f. m.w.N.). Nunmehr ist auch gesetzlich (durch § 650q Abs. 1 i.V.m. § 650g Abs. 4 BGB) klargestellt, dass die Abnahme die Fälligkeitsvoraussetzung auch für Architektenhonoraransprüche ist. Neben der hier vorgeschlagenen vertraglichen Regelung kommt es selbstverständlich entscheidend darauf an, den Anspruch auf die Abnahme dann auch geltend zu machen und durchzusetzen (gegebenenfalls durch Fristsetzung nach § 640 Abs. 1 Satz 3 2 BGB jetziger Fassung bzw. – nach dem ab dem 01.01.2018 geltenden Recht: § 640 Abs. 2 BGB – »fiktive Abnahme«).

Absatz 2: Durch § 650s BGB hat der Gesetzgeber nunmehr einen gesetzlichen Anspruch auf eine Teilabnahme nach der Abnahme der letzten für das Bauvorhaben zu erbringenden Bauleistung begründet. Diese gesetzliche Regelung ist für den Auftragnehmer günstiger als die bisher übliche Teilabnahme nach der Leistungsphase 8, da die Leistungen der Leistungsphase 8 über die letzte Abnahme von Bauleistungen hinausgeht. Weitergehende Teilabnahmen – wie in dem Muster vorgesehen – sind insbesondere in Fällen der stufenweisen Beauftragung sinnvoll, wenn unter Umständen erhebliche zeitliche Abstände zwischen den verschiedenen Beauftragungsstufen entstehen können.

Zu § 18 (Haftung, Versicherung und Verjährung)

Absatz 1: Die Regelungen dieses Paragraphen gelten für Ansprüche vor Abnahme und nach Abnahme in gleicher Weise. Dass dem Auftraggeber die Mängelrechte des § 634 BGB erst ab Abnahme zustehen, er vorher somit auf die allgemeinen Leistungsstörungsrechte verwiesen ist, hat der BGH inzwischen für den Bauvertrag entschieden (Urt. v. 19.01.2017 – VII ZR 301/13, IBR 2017, 186). Für den Architekten- und Ingenieurvertrag kann nichts anderes gelten.

Absatz 2: Die Wirksamkeit der hier vorgesehenen Haftungsbegrenzung der Höhe nach ist selbst dann durchaus kritisch, wenn die Klausel, wie im Muster vorgesehen, auf Fälle leichter Fahrlässigkeit beschränkt werden soll. Jedenfalls in Allgemeinen Geschäftsbedingungen des Auftragnehmers wäre eine Haftungsbegrenzungsklausel, die auch Fälle der groben Fahrlässigkeit mit einschließen würde, von vornherein unwirksam. Dies ergibt sich bereits aus § 309 Nr. 7 BGB. Im Übrigen ist die Begrenzung in den durch § 307 Nr. 2 BGB gezogenen Grenzen wirksam, also dann, wenn die Haftung auf eine »angemessene« Höchstsumme begrenzt wird. Unangemessen ist die Begrenzung, wenn durch sie die vertragstypisch vorhersehbaren Schäden nicht mehr abgedeckt sind (vgl. Koeble, in Kniffka/Koeble, Kompendium des Baurechts, Teil 12 Rn. 762 f. mit weiteren Nachweisen). Unzulässig dürfte es daher sein, die Haftung ganz einfach entsprechend der Höchstsumme der Haftpflichtversicherung zu begrenzen. Denn der Umfang des Versicherungsschutzes des Auftragnehmers weist keinen Bezug zu den »vertragstypisch vorhersehbaren Schäden« auf. Die Höchstgrenze der Haftung sollte individuell begründet werden, und zwar auf der Grundlage einer Risikoeinschätzung, nicht einfach unter Verweis auf den Umfang des Versicherungsschutzes. Es sollte außerdem – wie im Muster vorgesehen – eine Differenzierung zwischen Sach- und Vermögensschäden einerseits, sowie Personenschäden andererseits vorgenommen werden.

Absatz 3: Auch »Subsidiaritätsklauseln«, wie in Absatz 3 vorgesehen, sind durchaus umstritten. In der hier vorgeschlagenen stark abgemilderten Form sollte die Klausel aber auch in Allgemeinen Geschäftsbedingungen des Auftragnehmers wirksam sein (vgl. Kniffka/Koeble, Kompendium des Baurechts Teil 12, Rn. 761 mit zahlreichen weiteren Nachweisen). Nach der ab dem 01.01.2018 geltenden Rechtslage enthält auch das BGB eine – allerdings sehr begrenzte – Einschränkung der vollen gesamtschuldnerischen Haftung des Architekten neben dem mangelhaft leistenden Bauunternehmen (in § 650t BGB). Diese Einschränkung gilt allerdings nur im Verhältnis des bauüberwachenden Architekten zum bauausführenden Unternehmen, und räumt dem bauüberwachenden Architekten lediglich ein Leistungsverweigerungsrecht ein, solange der Bauherr das bauausführende Unternehmen nicht außervertraglich zur Mängelbeseitigung innerhalb einer angemessenen Frist aufgefordert hat.

Absatz 4: Hintergrund der Klausel ist die Problematik der Rechtsprechung, nach der im Architektenhaftpflichtrecht dem Auftragnehmer kein Nacherfüllungsanspruch mehr zustehen soll, sobald sich der Mangel bereits als Schaden im Bauwerk »realisiert« hat (vgl. beispielhaft BGH, Urt. v. 16.02.2017 – VII ZR 242/13 -, IBR 2017, 204). Unwirksam ist nach der zitierten Entscheidung des BGH die von einem Architekten als Allgemeine Geschäftsbedingung gestellte Vertragsbestimmung: »*Wird der Architekt wegen eines Schadens am Bauwerk auf Schadensersatz in Geld in Anspruch genommen, kann er vom Bauherrn verlangen, dass ihm die Beseitigung des Schadens übertragen wird.*« In der hier vorgeschlagenen sehr reduzierten Fassung dürften diese Wirksamkeitsbedenken aber nicht bestehen. Denn hier beansprucht der Auftragnehmer kein Selbsteintrittsrecht hinsichtlich eines eingetretenen Schadens (in voller Höhe), sondern nur hinsichtlich des in dem vom Auftraggeber geltend gemachten Anspruch enthaltenen Teilbetrags, der der eigenen Leistungspflicht des Auftragnehmers entspricht. Ohnehin ist fraglich, ob dem Auftragnehmer nicht zumindest hinsichtlich der zugrunde liegenden Planungsfehler auch nach »Realisierung« des Baumangels noch ein Nacherfüllungsanspruch zusteht (so z.B. Miernik, BauR 2013, 155).

Absatz 6: Der letzte Satz dient lediglich der Klarstellung.

Zu § 19 (Vorzeitige Vertragsbeendigung)

22 **Absatz 1:** Das (schon bisher von der Rechtsprechung anerkannte) Kündigungsrecht beider Vertragsparteien aus wichtigem Grunde ist ab dem 01.01.2018 gesetzlich in § 648a BGB geregelt. Daneben ist künftig das Sonderkündigungsrecht beider Parteien nach § 650r BGB zu beachten.

Absätze 2 und 3: Zum Kündigungsrecht aus wichtigem Grund stellt das Gesetz ab 01.01.2018 in § 648a BGB nur den allgemeinen Grundsatz auf, verzichtet aber darauf, wichtige Kündigungsgründe beispielhaft zu benennen. Dies hätte insbesondere Gelegenheit gegeben, die seit langem bestehende Ungewissheit, ob eine Kündigung wegen Zahlungseinstellung bzw. Eigeninsolvenzantrag des Vertragspartners zulässig ist, verbindlich zu klären. Allerdings hat der BGH zwischenzeitlich durch Urt. v. 07.04.2016 – VII ZR 56/15 – (NJW 2016, 944) diesen Streit für § 8 Abs. 2 VOB/B jedenfalls im Hinblick auf den Kündigungsgrund »Eigeninsolvenzantrag« in der Weise entschieden, dass die Klausel auch unter Berücksichtigung des Wahlrechts des Insolvenzverwalters wirksam ist.

Absatz 4: Das Schriftformerfordernis ergibt sich ab 01.01.2018 für alle Kündigungen von Bauverträgen sowie von Architekten- und Ingenieurverträgen aus § 650h BGB bzw. aus § 650p Abs. 1 BGB i.V.m. § 650h BGB. Gesetzlich verankert ist ab dem 01.01.2018 auch der Grundsatz, dass die Kündigung aus wichtigem Grund erst nach angemessener Fristsetzung zulässig ist. Dies ergibt sich dann aus dem Verweis in § 648a BGB auf § 314 Abs. 2 BGB.

Absatz 5: § 648a BGB verweist zudem auf § 314 Abs. 3 BGB. Gründe für eine Vertragskündigung aus wichtigem Grund können nicht für einen späteren Gebrauch »aufgehoben« werden.

Absatz 6: In der hier vorgeschlagenen Fassung dürfte die Pauschalierung der ersparten Aufwendungen trotz der Rechtsprechung des BGH, Urt. v. 10.10.1996, VII ZR 250/94, zu früher verwendeten Vertragsklauseln weiterhin zulässig sein. Zum einen lässt sie die Möglichkeit für beide Vertragsparteien offen den Nachweis zu führen, dass die tatsächlich ersparten Aufwendungen höher oder niedriger seien. Zum anderen bezieht sie sich ausschließlich auf die ersparten Aufwendungen, während der Auftragnehmer in jedem Fall konkret darzulegen hat, was er anderweitig erworben oder zu erwerben böswillig unterlassen hat. Durch das Forderungssicherungsgesetz ist § 649 BGB zum 01.01.2009 in der Weise geändert worden, dass nunmehr eine Vermutung dafür besteht, dass der verbleibende Anspruch des Auftragnehmers 5 % desjenigen Honorars beträgt, der ihm bei Erbringung der entsprechenden Leistungen zugestanden hätte. Dies dürfte grundsätzlich nicht gegen, sondern eher für die Zulässigkeit einer Pauschalierung des Anspruchs sprechen. Die hier vorgeschlagene Pauschalierung weicht zwar zu Gunsten des Auftragnehmers erheblich von der durch die Neufassung des § 649 BGB begründete Vermutungsregel ab. Auch dies dürfte aber zulässig sein, weil das Gesetz insoweit ja nur eine *Vermutung* ausspricht, und den Anspruch nicht nach oben begrenzt. Für den Architektenvertrag dürfte erfahrungsgemäß die hier vorgeschlagene Pauschalierung der Realität näher kommen als eine Pauschalierung bei 5 %. Ein Verstoß gegen ein gesetzliches Leitbild kann darin nicht gesehen werden.

Absatz 7: Siehe § 648a Abs. 5 und 6 BGB in der ab dem 01.01.2018 geltenden Fassung. Danach kann der Auftragnehmer zwar auch im Falle einer von ihm ausgesprochenen Vertragskündigung aus wichtigem Grunde eine Vergütung nur für die bis zur Kündigung erbrachten Leistungen verlangen. Er kann daneben aber Schadensersatz verlangen. Erfolgt die Kündigung aufgrund einer Vertragspflichtverletzung des Auftraggebers, kann der Auftragnehmer verlangen, im Wege des Schadensersatzes so gestellt zu werden, wie er ohne das den Schadensersatzanspruch begründende Verhalten des Auftraggebers stünde. Das führt im Ergebnis zur gleichen Rechtsfolge wie die ordentliche Vertragskündigung des Auftraggebers. Deshalb ist hier der Verweis auf Absatz 6 gerechtfertigt.

Zu § 20 (Streitbeilegung)

Insbesondere im Hinblick auf die Regelungen der §§ 650b–d BGB dürfte es künftig noch in weit stärkerem Maße als bisher empfehlenswert sein, Vereinbarungen zur außergerichtlichen Streitbeilegung zu treffen, insbesondere auch zu einer baubegleitenden Adjudikation. Hierzu sei auf die Ausführungen und das Muster in diesem Buch unter D. 10 verwiesen. Die Adjudikationsvereinbarung sollte mit einer Schiedsgerichtsvereinbarung verbunden werden (siehe das Kapitel D. 9 in diesem Buch).

2. Vollarchitekturvertrag aus Auftraggebersicht

a) Muster Architektenvertrag aus Auftraggebersicht

Zwischen

1.

[Name/Bezeichnung; Anschrift]

– Auftraggeber –

und

2.

[Name/Bezeichnung; Anschrift]

– Auftragnehmer –

wird folgender Architektenvertrag (Objektplanung Gebäude) geschlossen:

§ 1 Vertragsgegenstand; Planungsziele

(1) Gegenstand dieses Vertrages sind Architektenleistungen für Gebäude.

(2) Die Architektenleistungen sind für folgendes Bauvorhaben zu erbringen: [Bezeichnung des Bauvorhabens unter Verwendung der Begriffsbezeichnungen des § 2 Abs. 2 - 6 HOAI: Neubauten, Wiederaufbauten, Erweiterungsbauten, Umbauten, Modernisierungen, Instandsetzungen, Instandhaltungen]

auf folgendem Grundstück [Adresse, Grundbuchbezeichnung, eingetragener Eigentümer]

Das Bauvorhaben umfasst [*Anzahl ergänzen*] Gebäude [*Bezeichnung der Zahl der Gebäude und gegebenenfalls weiterer Objekte im Sinne der HOAI, auf den der Auftrag sich bezieht*]

(3) Die Zielvorstellungen des Auftraggebers zum Zeitpunkt des Vertragsschlusses (Planungs- und Überwachungsziele im Sinne von § 650p Abs. 2 BGB) werden wie folgt definiert:
– Zielvorstellungen im Hinblick auf die vorgesehene Nutzung
– Zielvorstellungen im Hinblick auf die Ausnutzung des Baugrundstücks

- Zielvorstellungen im Hinblick auf die Gestaltung und Qualitäts- und Ausbaustandards
- Zielvorstellungen im Hinblick auf die technische Ausstattung
- Zielvorstellungen im Hinblick auf Standards betreffend Energieeffizienz, Schallschutz etc.
- Zielvorstellungen in wirtschaftlicher Hinsicht (insbesondere Kosten)
- Sonstige Zielvorstellungen

Ergänzend wird zu den Planungszielen auf die diesem Vertrag als Anlage 1 beigefügte Bau- und Qualitätsbeschreibung verwiesen.

(4) Die Zielvorstellungen werden nach dem in § 15 dieses Vertrages festgelegten Verfahren regelmäßig fortgeschrieben.

§ 2 Vertragsbestandteile und -grundlagen

(1) Der Inhalt der zwischen den Parteien getroffenen vertraglichen Vereinbarungen ergibt sich aus diesem Vertrag einschließlich seiner Anlagen. Ergänzende oder abweichende mündliche Vereinbarungen sind nicht getroffen worden. Etwaige Widersprüche der Vertragsbestandteile sind im Wege der Auslegung aufzulösen. Sollten dennoch Widersprüche verbleiben, soll die speziellere Bestimmung Vorrang vor der allgemeineren haben. Ergibt sich auch dann keine Geltungsreihenfolge, soll die jüngere Bestimmung Vorrang vor der älteren haben. Folgende Anlagen werden Vertragsbestandteil:

Anlage 1: Bau- und Qualitätsbeschreibung

Anlage 2: Bodengutachten des ..... vom .....

Anlage 3: Kalkulation der vorgesehenen Bausumme

Anlage 4: Terminplan

Anlage 5: Honorarberechnung

Anlage 6: Tabelle zur Bewertung von Grundleistungen

Anlage 7: Adjudikationsvereinbarung nebst Adjudikationsordnung XYZ

Anlage 8: Schiedsgerichtsvereinbarung nebst Schiedsgerichtsordnung XYZ

Grundlagen des Vertragsverhältnisses sind im Übrigen:
1. Die für das Bauvorhaben relevanten öffentlich-rechtlichen Bestimmungen
2. Die Honorarordnung für Architekten und Ingenieure (HOAI) in der bei Vertragsschluss geltenden Fassung
3. Die Bestimmungen des Bürgerlichen Gesetzbuches, insbesondere diejenigen über den Architekten- und Ingenieurvertrag (§§ 650p ff. i.V.m. §§ 631 ff. und §§ 650a ff. BGB).

§ 3 Beauftragung

(1) Der Auftraggeber beauftragt den Auftragnehmer nach Maßgabe dieses Vertrages mit der Erbringung von Architektenleistungen, die dem Leistungsbild Objektplanung für Gebäude im Sinne von § 34 HOAI i.V.m. Anlage 10 zur HOAI, Leistungsphasen 1–9 zuzurechnen sind. Die Parteien sind sich darüber einig, dass die Beauftragung des Auftragnehmers erst mit Abschluss dieses Vertrages zustande kommt, eine vorherige mündliche Beauftragung also nicht erfolgt ist.

(2) Die Beauftragung erfolgt stufenweise, wobei die Stufen wie folgt festgelegt werden:

Stufe A: bis zur Genehmigungsplanung einschließlich (Leistungsphasen 1–4 nach § 34 HOAI)

Stufe B: bis zur Mitwirkung bei der Vergabe einschließlich (Leistungsphasen 5–7 nach § 34 HOAI)

Stufe C: Objektüberwachung (Leistungsphase 8 nach § 34 HOAI)

Stufe D: Objektbetreuung (Leistungsphase 9 nach § 34 HOAI)

(3) Beauftragt werden zunächst nur die Leistungen der Stufe A. Der Auftraggeber behält sich die Beauftragung weiterer Leistungsstufen – auch teil- und abschnittsweise – vor. Der Auftragnehmer hat keinen Anspruch auf Beauftragung mit den Leistungen weiterer Auftragsstufen. Er verpflichtet sich, auch die über die Leistungsstufe A hinausgehenden Leistungen nach den Bedingungen

dieses Vertrages zu erbringen, sofern diese Leistungen durch den Auftraggeber beauftragt werden. Diese Bindung entfällt für Leistungen, die nicht spätestens ..... Monate nach Abschluss dieses Vertrages beauftragt werden. Aus Projektverzögerungen, die allein auf die stufenweise Beauftragung zurückzuführen sind, kann der Auftragnehmer einen zusätzlichen Vergütungs- oder sonstigen Zahlungsanspruch nicht herleiten.

(4) Schon jetzt wird der Auftragnehmer mit folgenden Besonderen Leistungen beauftragt:

.....

Für den Fall der Beauftragung des Auftragnehmers mit weiteren Beauftragungsstufen behält der Auftraggeber sich die Beauftragung folgender Besonderer Leistungen vor:

.....

(5) Schon jetzt wird der Auftragnehmer mit folgenden Beratungsleistungen gemäß Anlage 1 zur HOAI beauftragt:

.....

Für den Fall der Beauftragung des Auftragnehmers mit weiteren Beauftragungsstufen behält der Auftraggeber sich die Beauftragung folgender Beratungsleistungen vor:

.....

§ 4 Leistungspflicht des Auftragnehmers

(1) Die Parteien sind sich darüber einig, dass die wesentlichen Planungs- und Überwachungsziele durch die in § 1 Abs. 3 benannten Zielvorstellungen hinreichend definiert sind, so dass eine Zielfindungsphase im Sinne von § 650p Abs. 2 BGB entfällt.

Alternativ:

Die Parteien sind sich darüber einig, dass die wesentlichen Planungs- und Überwachungsziele durch die in § 1 Abs. 3 benannten Zielvorstellungen noch nicht hinreichend definiert sind, so dass die Beauftragung des Auftragnehmers gemäß § 650p Abs. 2 BGB zunächst darauf gerichtet ist, aufbauend auf den bereits – allerdings rudimentär – vorhandenen Zielvorstellungen des Auftraggebers eine Planungsgrundlage zur Ermittlung dieser Ziele zu erstellen. Die Erarbeitung dieser Planungsgrundlage in Abstimmung mit dem Auftraggeber ist Bestandteil der Beauftragungsstufe 1.

(2) Mit Abschluss dieses Vertrages verpflichtet sich der Auftragnehmer gemäß § 650q Abs. 1 BGB, nach näherer Maßgabe dieses Vertrages diejenigen Leistungen zu erbringen, die nach dem jeweiligen Stand der Planung und Ausführung erforderlich sind, um die zwischen den Parteien vereinbarten – und gegebenenfalls nach Vertragsschluss weiterentwickelten – Planungs- und Überwachungsziele zu erreichen.

(3) Unter Berücksichtigung der vereinbarten Planungs- und Überwachungsziele besteht der Leistungserfolg, auf dessen Erzielung der Auftragnehmer seine Leistungen zu erbringen hat:
– Für die Beauftragungsstufe A in der Erstellung einer dauerhaft genehmigungsfähigen, den bei Vertragsschluss festgelegten und gegebenenfalls nach Vertragsschluss fortgeschriebenen Beschaffenheitsvereinbarungen und sonstigen Vorgaben des Auftraggebers entsprechenden, mängelfreien Planung sowie der Zusammenstellung vollständiger Vorlagen, sofern nach den einschlägigen öffentlich-rechtlichen Vorschriften Genehmigungen oder Zustimmungen erforderlich sind.

Alternativ:

Für die Beauftragungsstufe A zunächst in der Erstellung einer mit dem Auftraggeber abgestimmten Planungsgrundlage im Sinne von § 650p Abs. 2 BGB, und nach Zustimmung des Auftraggebers zur Planungsgrundlage in der Erstellung einer dauerhaft genehmigungsfähigen, den bei Vertragsschluss festgelegten und gegebenenfalls nach Vertragsschluss fortgeschriebenen Planungszielen bestmöglich entsprechenden Planung sowie der Zusammenstellung vollständiger Unterlagen, sofern nach den einschlägigen öffentlich-rechtlichen Vorschriften Genehmigungen oder Zustimmungen erforderlich sind. Die Planungsgrundlage muss Festlegungen zu allen in § 1 Abs. 3 benannten Zielvorstellungen enthalten.

- Für die Beauftragungsstufe B in der Zusammenstellung der vollständigen und fehlerfreien Vergabeunterlagen im Sinne von § 8 VOB/A sowie in der Erstellung einer begründeten und nachvollziehbaren Vergabeempfehlung an den Auftraggeber als Ergebnis der Prüfung und Wertung der Angebote und der Dokumentation des Vergabeverfahrens.
- Für die Beauftragungsstufe C im Entstehenlassen eines plangerechten, technisch und wirtschaftlich mangelfreien Bauwerks bis zur Überwachung der bei Abnahme festgestellten Mängel und der systematischen Zusammenstellung der Dokumentation, zeichnerischen Darstellung und rechnerischen Ergebnisse des Objekts.
- Für die Beauftragungsstufe D in der Überwachung der Beseitigung von Mängeln, die innerhalb der mit den bauausführenden Unternehmen vereinbarten Gewährleistungsfristen aufgetreten sind.

(4) Zur Erreichung der vorstehend beschriebenen Planungs- und Überwachungsziele hat der Auftragnehmer sämtliche Grundleistungen der beauftragten Leistungsphasen nach § 34 HOAI i.V.m. der Anlage 10 zur HOAI zu erbringen, und zwar unabhängig davon, ob sie im Einzelfall zur Erzielung des Gesamterfolges erforderlich sind oder nicht.

Alternativ (für den Fall, dass der Auftrag zunächst auf die Erstellung einer Planungsgrundlage im Sinne von § 650p Abs. 2 BGB – »Zielfindungsphase« – gerichtet ist):

Die Parteien sind sich darüber einig, dass zur Erarbeitung der Planungsgrundlage im Sinne von § 650p Abs. 2 BGB im einzelnen folgende Leistungen zu erbringen sind:

Bedarfsplanung im Sinne der DIN 18205 als benannte besondere Leistung der Leistungsphase 1;

Grundleistungen der Leistungsphase 1;

Grundleistungen der Leistungsphase 2 mit Ausnahme der Grundleistung c) und der Grundleistung g). An die Stelle der Grundleistung c) treten skizzenhafte, nicht notwendiger Weise maßstabsgerechte Darstellungen nach Erfordernis. An die Stelle der Grundleistung g) tritt eine überschlägige Kosteneinschätzung, bei der auf die Bedarfsplanung zurückgegriffen oder auf Referenzobjekte verwiesen werden kann.

Zur Grundleistung c) der Leistungsphase 7 vereinbaren die Vertragsparteien: Die Nachtragsprüfung ist auch dann nicht gesondert zu vergütende Grundleistung, wenn andernfalls die Voraussetzungen des § 10 Abs. 2 HOAI erfüllt wären.

Soweit über die in dem vorstehenden Absatz 2 beschriebenen Einzelleistungen hinaus weitere Leistungen zur Erzielung des geschuldeten Gesamterfolges erforderlich werden, sind auch diese in den Grenzen, die sich aus dem nachfolgenden Absatz ergeben, vom Auftragnehmer zu erbringen. Ein zusätzlicher Vergütungsanspruch für geänderte Leistungen steht dem Auftragnehmer nur insoweit zu, als sich dies aus den Bestimmungen dieses Vertrages ergibt (§ 12).

(5) Folgende Leistungen hat der Auftragnehmer keinesfalls zu erbringen, und zwar auch dann nicht, wenn sie zur Erzielung des geschuldeten Gesamterfolges erforderlich sind:
- Leistungen, die anderen Leistungsbildern der HOAI als den beauftragten zuzurechnen sind (einschließlich der Leistungsbilder der »Beratungsleistungen« nach Anlage 1 zur HOAI und der Projektsteuerung im Sinne von § 31 HOAI 1996)
- Leistungen, die nach den einschlägigen gesetzlichen Bestimmungen den Angehörigen der rechts- und steuerberatenden Berufe vorbehalten sind; hierzu gehört insbesondere die Ausarbeitung von Bauverträgen mit Ausnahme der Zur-Verfügung-Stellung allgemein zugänglicher Standard-Musterverträge;
- Beratungstätigkeiten im Zusammenhang mit einer möglichen Förderung des Bauvorhabens.

Darüber hinaus werden folgende Grundleistungen nach Anlage 10 zur HOAI von der Beauftragung ausdrücklich ausgenommen:

.....

(6) Der Auftragnehmer hat seine Leistungen entsprechend den anerkannten Regeln der Technik sowie in Übereinstimmung mit den einschlägigen Bestimmungen des öffentlichen Rechts und der ihm bekannten (fortgeschriebenen) Zielvorstellungen des Auftraggebers zu erbringen. Der Auf-

traggeber hat seine Leistungen außerdem in möglichst wirtschaftlicher Weise zu erbringen. Dies bedeutet insbesondere, dass sämtliche Leistungen im Rahmen der sonstigen Vorgaben und Zielvorstellungen des Auftraggebers sowie des technisch und rechtlich Möglichen mit dem Ziel größtmöglicher Kosteneinsparung sowohl bei der Errichtung des Bauvorhabens, als auch bei der späteren Nutzung zu erbringen sind.

Entstehen Widersprüche zwischen verschiedenen Zielvorstellungen des Auftraggebers, zwischen den Zielvorstellungen des Auftraggebers und den anerkannten Regeln der Technik oder aber zwischen den anerkannten Regeln der Technik und dem (neuesten) Stand der Technik bzw. der Wissenschaft, hat der Auftragnehmer den Auftraggeber entsprechend aufzuklären und zu unterrichten sowie Entscheidungshilfen zu geben und Entscheidungsalternativen zu formulieren. Die Entscheidung ist dann durch den Auftraggeber zu treffen. Die vom Auftraggeber vorgegebenen (fortgeschriebenen) Zielvorstellungen sind nur insoweit für den Auftragnehmer verbindlich, als sie in sich widerspruchsfrei sind und auch nicht im Widerspruch zu den anerkannten Regeln der Technik bzw. zu zwingenden öffentlich rechtlichen Bestimmungen stehen.

(7) Der Auftragnehmer ist verpflichtet, die ihm übertragenen Leistungen in eigener Person oder durch fest angestellte Mitarbeiter seines Büros zu erbringen. Die Beauftragung von freien Mitarbeitern hat er dem Auftraggeber unverzüglich anzuzeigen. Der Auftraggeber ist berechtigt, der Beauftragung von Unterbeauftragten unverzüglich zu widersprechen, sofern der Widerspruch aus wichtigem Grunde gerechtfertigt ist. Die Beauftragung von Unterbeauftragten bedarf in jedem Fall der vorherigen, schriftlichen Zustimmung des Auftraggebers.

§ 5 Bevollmächtigung des Auftragnehmers

(1) Der Auftraggeber bevollmächtigt den Auftragnehmer im Zusammenhang mit der Erbringung seiner Leistungen mit der Vornahme folgender Handlungen bzw. Abgabe folgender Erklärungen:
- technische Abnahmen
- Entgegennahme und Abzeichnung von Stundenlohnnachweisen
- Erteilung von Weisungen auf der Baustelle (§ 4 Abs. 1 Nr. 3 VOB/B)
- Mängelrügen
- Entgegennahme von Angeboten und Schlussrechnungen
- Entgegennahme von Erklärungen ausführender Firmen (z.B. Bedenkenanmeldungen, Behinderungsanzeigen, Mehrkostenanmeldungen)
- Aufnahme eines gemeinsamen Aufmaßes mit den ausführenden Firmen.

(2) Finanzielle Verpflichtungen für den Auftraggeber darf der Auftragnehmer nur eingehen, wenn Gefahr in Verzug besteht und das Einverständnis des Auftraggebers nicht rechtzeitig zu erlangen ist.

(3) Eine weitergehende Vollmacht wird dem Auftragnehmer mit diesem Vertrag nicht erteilt. Spätere hierüber hinaus gehende Vollmachten können nur schriftlich erteilt werden (§ 125 BGB).

§ 6 Änderungsbegehren und Änderungsanordnung des Auftraggebers; Änderungsvereinbarungen

(1) Für Änderungsvereinbarungen und Änderungsanordnungen des Auftraggebers sowie Änderungsvereinbarungen gilt § 650q Abs. 1 BGB i.V.m. § 650b BGB mit den nachfolgenden Modifikationen:

(2) Das Änderungsbegehren des Auftraggebers kann sich auch auf die Art der Ausführung der Leistungen, insbesondere in zeitlicher Hinsicht beziehen.

(3) Die Befolgung von Änderungsbegehren des Auftraggebers im Sinne von § 650b Abs. 1 Nr. 1, die mit einer Änderung der vereinbarten Planungs- und Überwachungsziele verbunden sind (nicht notwendige Änderungen) ist für den Auftragnehmer insbesondere dann unzumutbar,
- wenn sich die Planung auf ein anderes Grundstück beziehen soll;
- wenn sich durch die vom Auftraggeber begehrte Änderung der Charakter des Gebäudes insgesamt so verändern würde, dass die Identität des Gebäudes nicht mehr gewahrt wäre;
- wenn sich die Befolgung eines Änderungsbegehrens für den Auftragnehmer unter Berücksichtigung seiner Urheberpersönlichkeitsrechte als unzumutbar darstellen würde;
- wenn der Nutzungszweck des Gebäudes grundlegend verändert würde;

- wenn der Auftraggeber von vorneherein endgültig und ernsthaft die Zahlung einer dem Auftragnehmer für die zusätzlich zu erbringenden Planungsleistungen zustehenden zusätzlichen Vergütung oder die Mitwirkung an einer entsprechenden, den zusätzlichen Vergütungsanspruch des Auftragnehmers umfassenden Nachtragsvereinbarung verweigert;
- wenn das Büro des Auftragnehmers auf die Ausführung der geänderten Leistungen nicht eingerichtet ist;
- wenn betriebsinterne Umstände im Büro des Auftragnehmers (z.B. eine besonders hohe Auslastung des Büros) entgegenstehen; der Auftragnehmer ist dann aber verpflichtet, weitere Mitarbeiter einzustellen bzw. Unteraufträge zu erteilen, soweit ihm dies nicht im Einzelfall aus besonderen Gründen unzumutbar ist.

(4) Beide Parteien können jederzeit nach Eingang des Änderungsbegehrens des Auftraggebers eine vorläufige Klärung der Verpflichtung des Auftragnehmers, dem Begehren des Auftraggebers Folge zu leisten, im Wege des Adjudikationsverfahrens nach § 20 herbeiführen, ohne die Frist des § 650b Abs. 2 BGB abwarten zu müssen.

§ 7 Hinzuziehung und Koordination anderer Beteiligter

(1) Folgende Sonderfachleute bzw. anderen an der Planung sowie Ausführung und Überwachung der Ausführung des Bauvorhabens Beteiligten sind vom Auftraggeber bereits neben dem Auftragnehmer beauftragt worden:

.....

(2) Darüber hinaus sollen noch mindestens folgende weiteren Sonderfachleute bzw. anderen an der Planung sowie Ausführung und Überwachung der Ausführung des Bauvorhabens Beteiligte beauftragt werden:

.....

(3) Sollte sich nach Abschluss dieses Vertrages die Notwendigkeit des Einsatzes weiterer Fachplaner oder sonstiger Fachleute (z.B. von Sachverständigen) ergeben, hat der Auftragnehmer den Auftraggeber hierauf hinzuweisen, und ihn bei der Auswahl zu beraten.

(4) Die Beauftragung der Fachplaner und sonstiger Fachleute erfolgt ausschließlich durch den Auftraggeber selbst.

(5) Der Auftragnehmer muss bei seiner Planung die Leistungen anderer fachlich Beteiligter berücksichtigen, in fachlicher und zeitlicher Hinsicht koordinieren und in seine Planung in sinnvoller Weise integrieren. Die Pflicht zur Koordination umfasst insbesondere eine inhaltliche Überprüfung auf offenkundige bzw. für den Auftragnehmer erkennbare Fehler und/oder Unvollständigkeiten, die zeitliche Koordinierung im Hinblick auf die fristgerechte Erbringung der eigenen Leistungen, sowie die fachliche Koordination, insbesondere die rechtzeitige, sachlich zutreffende und vollständige Unterrichtung der sonstigen fachlich Beteiligten.

§ 8 Allgemeine Pflichten von Auftraggeber und Auftragnehmer

(1) Über die durch diesen Vertrag begründeten Verpflichtungen, insbesondere zu einer mängelfreien Leistungserbringung und umfassender Information sowie Beratung des Auftraggebers hinaus verpflichtet der Auftragnehmer sich allgemein, Weisungen und Anordnungen des Auftraggebers zu beachten und bei seiner Leistungserbringung umzusetzen. Dies gilt aber nur hinsichtlich von Anordnungen und Weisungen, die entweder der Auftraggeber in Person selbst, oder aber durch einen von ihm ausdrücklich hierzu bevollmächtigten Vertreter erteilt.

(2) Ist die Befolgung von Anordnungen und Weisungen des Auftraggebers mit einer Vertragsänderung im Hinblick auf die vereinbarten Planungs- und Überwachungsziele oder der zur Erreichung dieser Ziele im Einzelnen zu erbringenden Leistungen verbunden, ist der Auftragnehmer hierzu nur nach Maßgabe der Regelungen in § 6 dieses Vertrages verpflichtet. Im Übrigen endet die Pflicht des Auftragnehmers, Weisungen des Auftraggebers Folge zu leisten, wenn die Weisungen des Auftraggebers gegen öffentlich-rechtliche oder sonstige gesetzliche Bestimmungen verstoßen oder ihre Befolgung mit einer Gefahr für Leib und Leben verbunden wäre. In diesen Fällen kann der Auftragnehmer sich auf die Weisung auch nicht zu seiner Entlastung berufen.

(3) Hat der Auftragnehmer Bedenken gegen Weisungen oder Vorgaben des Auftraggebers, muss er den Auftraggeber hierauf umgehend schriftlich hinweisen und seine Bedenken begründen (z.B. Widerspruch zu anerkannten Regeln der Technik, Widerspruch zu Zielvorgaben des Auftraggebers). In diesem Fall muss (und darf) der Auftragnehmer der Weisung/Vorgabe des Auftraggebers nur dann folgen, wenn dieser daran trotz der vom Auftragnehmer vorgebrachten Bedenken festhält. In diesem Fall ist der Auftragnehmer von jeder Haftung frei. Weist der Auftragnehmer demgegenüber auf Bedenken nicht hin, oder unterlässt er die bei Anwendung des in § 3 dieses Vertrages definierten Maßstabes erforderliche Prüfung, kann er sich zu seiner Entlastung nicht auf die Weisung/Vorgabe des Auftraggebers berufen. Die vorstehend in Absatz 2 enthaltene Regelung zu den Grenzen der Verpflichtung des Auftragnehmers, Weisungen des Auftraggebers Folge zu leisten, bleibt hiervon unberührt.

(4) Der Auftraggeber verpflichtet sich, die Planung und Durchführung des Bauvorhabens zu fördern, soweit dies in seinen Kräften steht. Insbesondere verpflichtet er sich, anstehende Entscheidungen kurzfristig zu treffen und die notwendigen Sonderfachleute nach entsprechender Beratung durch den Auftragnehmer zu beauftragen.

(5) Der Auftraggeber erteilt dem Auftragnehmer alle zur Vertragsdurchführung und Abrechnung erforderlichen Auskünfte und übergibt entsprechende Unterlagen. Folgende Unterlagen sind dem Auftragnehmer bereits umgehend nach Vertragsschluss, spätestens innerhalb einer Frist von einer Woche ab Vertragsschluss zu übergeben:

.....

(6) Schließlich verpflichtet sich der Auftraggeber, an der Fortschreibung der Zielvorstellungen und der Abstimmung von Planungsständen einschließlich der Freigabe von Plänen entsprechend § 15 dieses Vertrages mitzuwirken.

§ 9 Baukosten

(1) Der Auftragnehmer ist verpflichtet, seine Leistungen so zu erbringen, insbesondere so zu planen, dass der vertraglich vorgesehene und während der Projektverwirklichung fortgeschriebene Kostenrahmen eingehalten werden kann. Der Kostenrahmen ist im Sinne einer vertraglichen Beschaffenheit (§ 633 Abs. 2 BGB) vereinbart. Wird für den Auftragnehmer erkennbar, dass der Kostenrahmen voraussichtlich überschritten wird, z.B. wegen gestiegener Baukosten oder wegen einer Unvereinbarkeit sonstiger Vorgaben des Auftraggebers mit dem Kostenziel, ist der Auftragnehmer verpflichtet, den Auftraggeber hierüber umgehend und umfassend zu unterrichten und Einsparungsvorschläge zu unterbreiten, die geeignet sind, die Einhaltung des vorgesehenen Kostenrahmens sicherzustellen.

(2) Nach näherer Maßgabe der Festlegungen in § 3 dieses Vertrags zum Umfang der vom Auftragnehmer geschuldeten Leistungen ist dieser zur Kostenermittlung, zur Fortschreibung der Kostenermittlung, und zur Kostenkontrolle verpflichtet.

§ 10 Fristen

(1) Der Auftragnehmer ist verpflichtet, seine Leistungen so zu erbringen, insbesondere so zu planen, dass die vertraglich vereinbarte und während der Projektverwirklichung fortgeschriebene Zielvorstellung des Auftraggebers hinsichtlich der zeitlichen Abfolge des Bauvorhabens eingehalten wird. Die Zielvorstellung des Auftraggebers in zeitlicher Hinsicht ist Bestandteil der vereinbarten Planungs- und Überwachungsziele im Sinne von § 650p BGB. Wird für den Auftragnehmer erkennbar, dass der vorgesehene Bauablauf nicht eingehalten werden kann, z.B. wegen unvorhergesehener äußerer Umstände oder wegen Anordnungen des Auftraggebers, z.B. solchen, die Planungsänderungen erforderlich machen, ist der Auftragnehmer verpflichtet, den Auftraggeber hierüber umgehend und umfassend zu unterrichten.

(2) Nach näherer Maßgabe der Festlegungen in § 3 dieses Vertrags zum Umfang der vom Auftragnehmer geschuldeten Leistung ist dieser zur Fortschreibung der Terminplanung und zur Terminkontrolle verpflichtet.

(3) Glaubt sich der Auftragnehmer in der ordnungsgemäßen Ausführung der Leistung behindert, so hat er dies dem Auftraggeber unverzüglich schriftlich anzuzeigen. Unterlässt er die Anzeige, so hat er nur dann Anspruch auf Berücksichtigung der hindernden Umstände, wenn dem Auftraggeber die Tatsache und deren hindernde Wirkung bekannt waren. Darüber hinaus kann der Auftragnehmer sich auf Behinderungsumstände nur dann berufen, wenn diese aus dem Risikobereich des Auftraggebers stammen oder durch höhere Gewalt oder andere für den Auftragnehmer unabwendbare Umstände verursacht waren.

§ 11 Honorar

(1) Die Parteien treffen die aus den nachfolgenden Bestimmungen sich ergebende Honorarvereinbarung.

(2) Für sämtliche nach diesem Vertrag (vgl. § 4) von ihm – gegebenenfalls nach späterer Beauftragung der jeweiligen Beauftragungsstufe – zu erbringenden Leistungen mit Ausnahme der bereits mit Abschluss dieses Vertrages oder gegebenenfalls mit späterem »Abruf« einer weiteren Beauftragungsstufe - beauftragten Besonderen Leistungen (hierzu nachfolgend Absatz 5) und der bereits mit Abschluss dieses Vertrages beauftragten »Beratungsleistungen« (hierzu nachfolgend Absatz 6) erhält der Auftragnehmer ein Pauschalhonorar in Höhe von

..... € **netto** zuzüglich Mehrwertsteuer in der jeweils maßgeblichen gesetzlichen Höhe (zur Zeit 19 %). Das Gesamtpauschalhonorar setzt sich aus folgenden Teilpauschalen zusammen:

..... € **netto** für die Leistungen der Stufe A

..... € **netto** für die Leistungen der Stufe B

..... € **netto** für die Leistungen der Stufe C

..... € **netto** für die Leistungen der Stufe D

Mögliche zusätzliche Vergütungsansprüche unter dem Gesichtspunkt der Unterbrechung bzw. Verzögerung der Leistungserbringung oder der Vertragsänderung bzw. Änderungsanordnung bleiben hiervon unberührt. Nebenkosten sind mit der vereinbarten Gesamtpauschale nicht abgegolten. Diese sind gesondert abzurechnen (Absatz 10).

(3) Die Vertragsparteien gehen davon aus, dass die hier getroffene Honorarvereinbarung wirksam ist.

(4) Diese Pauschalhonorarvereinbarung ist auf der Grundlage der diesem Vertrag als Anlage 5 beigefügten Honorarberechnung ermittelt worden. Die darin enthaltenen Annahmen stellen aber keine gemeinsame Geschäftsgrundlage im Sinne von § 313 BGB dar.

Alternative zu Absätzen 2 – 4

(2) Die Parteien vereinbaren eine Honorierung der vom Auftragnehmer erbrachten Leistungen mit Ausnahme der bereits mit Abschluss dieses Vertrages beauftragten Besonderen Leistungen (hierzu nachfolgend Absatz 6) und der bereits mit Abschluss dieses Vertrages beauftragten »Beratungsleistungen« (hierzu nachfolgend Absatz 7) nach den Honorarermittlungsgrundlagen der HOAI mit den aus den nachfolgenden Bestimmungen sich ergebenden Modifikationen.

(2.1) Die anrechenbaren Kosten (§ 4 Abs.1 HOAI) sind auf der Grundlage der Kostenberechnung zu ermitteln (§ 6 Abs. 1 Nr. 1 HOAI), wobei der vereinbarte Kostenrahmen (für die Kosten der Kostengruppe 300 und – anteilig nach dem Grundsatz des § 32 Abs. 2 HOAI – der Kostengruppe 400 nach DIN 276) auch insoweit die Grenze für die zugrunde zu legenden anrechenbaren Kosten darstellt.

(2.2) Die Vertragsparteien sind sich darüber einig, dass bei der Ermittlung der anrechenbaren Kosten mitzuverarbeitende Bausubstanz gemäß § 2 Abs. 7 HOAI zu berücksichtigen ist. Zu Umfang und Wert der mitzuverarbeitenden Bausubstanz treffen die Vertragsparteien folgende Vereinbarung nach § 4 Abs. 3 HOAI:

(2.2.1) Unter dem Umfang der mitzuverarbeitenden Bausubstanz verstehen die Vertragsparteien den »mitzuverarbeitenden« Teil des zu planenden Objekts (im Sinne von § 2 Abs. 7 HOAI). Die

Parteien gehen zum Zeitpunkt des Abschlusses dieses Vertrages davon aus, dass folgende Bauteile im Sinne von § 2 Abs. 7 HOAI mit zu verarbeiten sind:

.....

Daraus ergibt sich folgende vorläufige Bewertung des Umfangs der mitzuverarbeitenden Bausubstanz (Massen bzw. Volumen):

.....

Die endgültige Festlegung erfolgt auf der Grundlage des Planungsstandes zum Zeitpunkt der Kostenberechnung nach DIN 276,

(2.2.2) Zum Wert der mitzuverarbeitenden Bausubstanz vereinbaren die Vertragsparteien, dass dieser auf der Grundlage des nach den anerkannten Regeln der Technik festzustellenden Neubauwertes ermittelt werden soll. Die vorläufige Bewertung (zum Zeitpunkt des Abschlusses dieses Vertrages) ergibt sich insoweit aus Anlage 5 zu diesem Vertrag (Honorarberechnung). Die endgültige Festlegung erfolgt auf der Grundlage des Planungsstandes zum Zeitpunkt der Kostenberechnung nach DIN 276.

Der Neubauwert ist mit Rücksicht auf den Erhaltungszustand der mitzuverarbeitenden Bausubstanz zu vermindern (»Zustandsfaktor«). Zum Zustandsfaktor vereinbaren die Vertragsparteien, dass der zuvor ermittelte Neubauwert um ..... % zu vermindern ist. Ergibt sich aus der Kostenberechnung, dass die anrechenbaren Kosten im Sinne von § 4 Abs. 1 HOAI, soweit es sich um Kosten handelt, die für die Erhaltung der Bausubstanz aufgewendet werden, den Minderungsbetrag übersteigen, der sich aus der Anwendung des vorstehend festgelegten Zustandsfaktors ergibt, wird die Anwendung des Zustandsfaktors dadurch ersetzt, dass die für die Erhaltung der Bausubstanz aufgewendeten anrechenbaren Kosten vom Neubauwert abgezogen werden.

Der um den Zustandsfaktor bzw. um die für die Erhaltung der Bausubstanz aufgewendeten anrechenbaren Kosten im Sinne von § 4 Abs. 1 HOAI verminderte Neubauwert wird des Weiteren um einen Leistungsfaktor reduziert, mit dem berücksichtigt wird, dass das Maß der »Mitverarbeitung« der vorhandenen Bausubstanz in den verschiedenen Leistungsphasen, mit denen der Auftragnehmer durch diesen Vertrag beauftragt wird, unterschiedlich ist. Den Leistungsfaktor legen die Parteien wie folgt fest:

Leistungsphasen 1 - 6:	.....	0,9
Leistungsphase 7:	.....	0.3
Leistungsphase 8:	.....	0,6
Leistungsphase 9:	.....	0,5

(2.3) Die prozentuale Bewertung der beauftragten Leistungen ergibt sich aus § 34 HOAI i.V.m. § 8 Abs. 2 HOAI. Die Anwendung von § 8 Abs. 2 HOAI wird durch die als Anlage 6 diesem Vertrag beigefügte Bewertungstabelle präzisiert.

(2.4) Das Bauvorhaben wird der Honorarzone ..... zugeordnet. Es wird folgender Honorarsatz vereinbart: ..... % der Differenz von Mindest- und Höchstsatz über dem Mindestsatz.

(2.5.) Zur Anwendung von § 11 HOAI vereinbaren die Vertragsparteien Folgendes:

Bei den Gebäuden ..... und ..... handelt es sich um Gebäude mit weitgehend vergleichbaren Planungsbedingungen derselben Honorarzone, die im zeitlichen und örtlichen Zusammenhang als Teil einer Gesamtmaßnahme geplant und errichtet werden, so dass nach § 11 Abs. 2 HOAI die anrechenbaren Kosten dieser Objekte zu addieren sind.

Die Objekte ..... und ..... sind im Wesentlichen gleichartig. Da sie außerdem im zeitlichen und örtlichen Zusammenhang unter gleichen baulichen Verhältnissen geplant und errichtet werden sollen, ist § 11 Abs. 3 HOAI anzuwenden.

(2.6) Im Hinblick auf den deutlich unterdurchschnittlichen, geringen Schwierigkeitsgrad der Leistung wird der Zuschlag gem. § 6 Abs. 2 i.V.m. § 36 Abs. 1 HOAI mit 0 % vereinbart.

(2.7) Das Honorar ist auf der Grundlage der zur Zeit des Abschlusses dieses Vertrages gültigen Fassung der HOAI zu berechnen.

(5) Für die bereits mit Abschluss dieses Vertrages vereinbarten Besonderen Leistungen werden folgende Honorare vereinbart:

.....

Für die bereits bei Abschluss dieses Vertrages für den Fall der Beauftragung weiterer Beauftragungsstufen vereinbarten Besonderen Leistungen werden folgende Honorare vereinbart:

.....

(6) Für die bereits mit Abschluss dieses Vertrages vereinbarten Beratungsleistungen werden folgende Honorare vereinbart:

.....

Für die bereits bei Abschluss dieses Vertrages für den Fall der Beauftragung weiterer Beauftragungsstufen vereinbarten Beratungsleistungen werden folgende Honorare vereinbart:

.....

(7) Soweit der Auftragnehmer auf Grund späterer Beauftragung durch den Auftraggeber Besondere Leistungen oder Beratungsleistungen im Sinne der Anlage 1 zur HOAI zu erbringen hat, die durch das hier vereinbarte Honorar nicht abgegolten sind, muss er diese Leistungen auch dann erbringen, wenn eine Einigung über die Höhe des Vergütungsanspruches nicht zustande kommt.

(8) Sofern Leistungen nach Zeitaufwand abzurechnen sind, werden folgende Stundensätze vereinbart:
1. Für den geschäftsführenden Gesellschafter des Auftragnehmers: ..... €
2. Für Mitarbeiter, die technische oder wirtschaftliche Aufgaben erfüllen, sofern sie nicht unter Nr. 1 fallen: ..... €
3. Für technische Zeichner und sonstige Mitarbeiter mit vergleichbaren Qualifikationen, die technische oder wirtschaftliche Aufgaben erfüllen: ..... €

(9) Wird das in § 1 Abs. 3 dieses Vertrages (im Sinne einer vereinbarten Beschaffenheit, § 633 Abs. 2 BGB) vereinbarte Kostenlimit aus Gründen, die vom Auftragnehmer zu vertreten sind, um mehr als 10 % überschritten, vermindert sich der Vergütungsanspruch des Auftragnehmers um denselben Prozentsatz, um den die tatsächlichen Kosten das vereinbarte Kostenlimit zuzüglich 10 % überschreiten, maximal um 5 % (Malus-Honorar nach § 7 Abs. 6 S.3 HOAI). Die Geltendmachung eines hierüber hinausgehenden Schadensersatzanspruches bleibt dem Auftraggeber vorbehalten.

(10) Sämtliche Nebenkosten im Sinne von § 14 Abs. 2 HOAI werden pauschal abgerechnet, und zwar mit X % des Gesamthonorars (netto). Der Auftragnehmer ist nicht berechtigt, statt der Pauschale die tatsächlich entstandenen Nebenkosten auf Einzelnachweis abzurechnen. Der Auftragnehmer ist berechtigt, Abschlagszahlungen auf die Nebenkostenpauschale zu verlangen. Er darf diese gemeinsam mit seinen Abschlagsrechnungen geltend machen, und zwar in Höhe von 5% des Betrages der jeweiligen Abschlagsrechnung (netto).

§ 12 Honorar bei Um- und Mehrfachplanungsleistungen sowie bei Projektverzögerungen und -unterbrechungen

(1) Die stufenweise Fortentwicklung und Durcharbeitung der Planung innerhalb einer bestimmten Leistungsstufe (Planungsoptimierung) einschließlich der Erarbeitung von Alternativen wird nicht vergütet, soweit die Planungsleistung Bestandteil der Grundleistungen der jeweiligen Leistungsphase ist. Im Gegensatz zu Planungsoptimierungen sind geänderte Leistungen gesondert zu vergüten, wenn sie auf Änderungsvereinbarungen im Sinne von § 650q Abs. 1 i.V.m. § 650b Abs. 1 BGB oder auf einer Änderungsanordnung des Auftraggebers im Sinne von § 650q Abs. 1 i.V.m. § 650b Abs. 2 BGB beruhen. Änderungsvereinbarungen im Sinne von § 650q Abs. 1 i.V.m. § 650b Abs 1 BGB sollen eine Vereinbarung über die Vergütungsanpassung infolge der Änderung umfassen. Der Anspruch auf Vergütungsanpassung nach Maßgabe der folgenden Regelungen besteht aber unabhängig vom Zustandekommen einer solchen Vereinbarung.

(2) Für Änderungsleistungen im Sinne von § 650b Abs. 1 Nr. 1 BGB (nicht notwendige Änderungen), bei denen es sich nicht um Grundleistungen oder um Teile von Grundleistungen der HOAI handelt, gilt § 11 Abs. 8 dieses Vertrages, sofern die Parteien keine andere Vereinbarung treffen.

(3) Für Änderungsleistungen im Sinne von § 650b Abs. 1 Nr. 1 BGB (nicht notwendige Änderungen), bei denen es sich um Grundleistungen oder um Teile von Grundleistungen der HOAI – einschließlich der Leistungsbilder der Anlage 1 zur HOAI – handelt, gilt:

§ 10 HOAI ist auch im Falle einer Änderungsanordnung des Auftraggebers im Sinne von § 650q Abs. 1 i.V.m. § 650b Abs. 2 BGB anwendbar. Sind die Gründe für die Änderungsanordnung vom Auftragnehmer zu vertreten, kann er eine Honorarerhöhung nach § 10 HOAI nur geltend machen, wenn es zu der wiederholten Erbringung von Grundleistungen bzw. zu der Erhöhung der anrechenbaren Kosten auch ohne den vom Auftragnehmer zu vertretenden Umstand gekommen wäre.

(3.1) Sind bereits erbrachte Grundleistungen ganz oder teilweise erneut zu erbringen, gilt § 10 Abs. 2 HOAI mit folgenden Maßgaben:

§ 10 Abs. 2 HOAI gilt unabhängig davon, ob sich die anrechenbaren Kosten verändern oder gleich bleiben.

Maßgeblich für die Ermittlung des anteilig zu berechnenden Honorars für wiederholt erbrachte Grundleistungen nach § 10 Abs. 2 sind § 8 Abs. 2 HOAI sowie die diesem Vertrag als Anlage 6 beigefügte Tabelle zur Grundleistungsbewertung. Ist von den wiederholt zu erbringenden Leistungen nur ein Teilbereich des Bauvorhabens betroffen, ist – sofern die Parteien nicht vor Ausführung der geänderten Leistung schriftlich etwas anderes vereinbaren – das anteilige Honorar im Sinne von § 10 Abs. 2 i.V.m. § 8 Abs. 2 HOAI bezogen auf die anrechenbaren Kosten für das Gesamtobjekt, also nicht nur für den von der Änderungsleistung betroffenen Teilbereich des Bauvorhabens zu ermitteln. Die Bewertung des anteiligen Honorars für die Wiederholungsleistung (§ 8 Abs. 2 HOAI) ist entsprechend dem Verhältnis der anrechenbaren Kosten des von der Widerholungsleistung betroffenen Teilbereichs zu den anrechenbaren Kosten des Gesamtobjekts zu reduzieren.

(3.2) Ändern sich die anrechenbaren Kosten, gilt § 10 Abs. 1 HOAI mit folgenden Maßgaben:

Die Honoraranpassung nach § 10 Abs. 1 HOAI kann neben einer Honoraranpassung nach § 10 Abs. 2 HOAI geltend gemacht werden.

Verringern sich die anrechenbaren Kosten, bleibt ein etwaiger Anspruch der Auftragnehmerin nach § 649 BGB von § 10 Abs. 1 HOAI unberührt.

(4) Für Änderungsleistungen im Sinne von § 650b Abs. 1 Nr. 2 BGB (notwendige Änderungen) gelten die Absätze 2 und 3 nur dann und insoweit, als die Gründe, die die Änderung notwendig machen, auf einer vertraglichen oder vorvertraglichen Pflicht- bzw. Obliegenheitsverletzung des Auftraggebers beruhen, oder wenn die Notwendigkeit der Änderung bei Vertragsschluss für den Auftraggeber erkennbar war. Dies gilt auch für etwaige Beschleunigungsmaßnahmen, die erforderlich werden, um eine Zielvorstellung in zeitlicher Hinsicht (im Sinne von § 650p BGB) erreichen zu können. Liegen die genannten Voraussetzungen nicht vor, liegt das Risiko notwendiger Änderungen, um die vereinbarten Planungs- und Überwachungsziele einzuhalten, beim Auftragnehmer.

(5) Aus Unterbrechungen und Verzögerungen des Projektes kann der Auftragnehmer nur unter den Voraussetzungen eines entsprechenden gesetzlichen Anspruchs (z.B. §§ 280 ff.; 286 ff.; 642 BGB) Ansprüche herleiten.

§ 13 Abrechnung

(1) Der Auftragnehmer ist verpflichtet, prüfbar abzurechnen.

(2) Der Auftragnehmer ist berechtigt, nach Abschluss jeder Leistungsphase eine Abschlagsrechnung zu erstellen.

§ 14 Urheberrecht

Soweit die vom Auftragnehmer erbrachten Leistungen urheberrechtlich geschützt sind, vereinbaren die Parteien:

(1) Das Veröffentlichungsrecht hinsichtlich der Planung und des Bauwerks (z.B. durch Abdruck in Fachzeitschriften oder durch Aushängen in Ausstellungen) steht sowohl dem Auftraggeber als auch dem Auftragnehmer zu. Derartigen Veröffentlichungen kann die andere Vertragspartei nur aus wichtigem Grunde widersprechen. Bei Veröffentlichungen durch den Auftraggeber hat der Auftragnehmer Anspruch darauf, als Planverfasser namentlich genannt zu werden. Ist das Bauwerk abweichend von den Plänen des Auftragnehmers errichtet worden, oder ist das Bauwerk nachträglich verändert worden, darf der Auftragnehmer bei Veröffentlichungen durch den Auftraggeber seiner namentlichen Erwähnung widersprechen.

(2) Auf Verlangen des Auftragnehmers hat der Auftraggeber am Bauwerk eine Tafel mit dem Namen des Auftragnehmers anzubringen. Ist das Bauwerk abweichend von den Plänen des Auftragnehmers errichtet worden oder ist das Bauwerk nachträglich verändert worden, darf der Auftragnehmer einer entsprechenden Kennzeichnung am Bauwerk widersprechen.

(3) Der Auftraggeber ist grundsätzlich berechtigt, das Bauwerk abweichend von den Plänen des Auftragnehmers zu errichten bzw. das Bauwerk nachträglich zu ändern. Er muss die Änderungsabsicht aber dem Auftragnehmer gegenüber rechtzeitig ankündigen und ihm Gelegenheit zur Stellungnahme geben. Entstellende Änderungen muss der Auftragnehmer jedoch in keinem Fall dulden.

(4) Ein Vervielfältigungsrecht wird auf den Auftraggeber nicht übertragen. Er darf das Bauvorhaben also nicht in (nahezu) identischer Weise wiederholen. Unzulässig sind auch solche Werkvervielfältigungen, die zwar Abweichungen aufweisen, aber aufgrund der verbleibenden Übereinstimmungen der eigenschöpferischen charakteristischen Elemente zu einem übereinstimmenden geistig- ästhetischen Gesamteindruck führen.

(5) Für den Fall, dass der Auftrag des Auftragnehmers vor Vollendung des Bauwerks endet, räumt der Auftragnehmer dem Auftraggeber schon jetzt das Nutzungsrecht (Nachbaurecht) ein, um ihm die Fertigstellung des Bauwerks zu ermöglichen.

(6) Ein gesonderter Honoraranspruch für die Übertragung der Nutzungsrechte steht dem Auftragnehmer nicht zu.

(7) Die unveräußerlichen Urheberpersönlichkeitsrechte sind von den vorstehenden Regelungen nicht berührt.

§ 15 Dokumentation des Planungs- und Bauablaufs

(1) Der Auftragnehmer erstellt monatliche Berichte, mit denen er den Bearbeitungsstand schriftlich dokumentiert und zusammenfasst. Dabei ist insbesondere darzustellen, wie sich der erreichte Bearbeitungsstand zu den vereinbarten und gegebenenfalls fortgeschriebenen Planungs- und Überwachungszielen (§ 650p BGB, §§ 1 Abs. 3; 4 dieses Vertrages) verhält.

Zusätzlich zu und unabhängig von diesen monatlichen Berichten ist, soweit die entsprechenden Leistungen beauftragt sind, der Auftragnehmer verpflichtet, zum Abschluss der Leistungsphasen 1 – 3 die Ergebnisse zusammenzufassen, zu erläutern und zu dokumentieren.

(2) Dem schriftlichen Bericht sind mindestens folgende Unterlagen beizufügen, soweit diese Unterlagen dem Auftraggeber nicht bereits zuvor übergeben worden sind:
a) Die in der jeweiligen Leistungsphase zu erbringende Kostenermittlung;
b) Hinsichtlich der Leistungsphasen 2–5: Planlisten; die entsprechenden Pläne sind auf Verlangen des Auftraggebers ebenfalls zu übergeben;
c) Hinsichtlich der Leistungsphase 6: Eine Aufstellung der vom Auftragnehmer erstellten Leistungsbeschreibungen/Leistungsverzeichnisse sowie der Vergabeunterlagen; auf Verlangen des Auftraggebers sind die Leistungsbeschreibungen/Leistungsverzeichnisse und Vergabeunterlagen selbst ebenfalls vorzulegen;
d) Hinsichtlich der Leistungsphase 7: Der Preisspiegel sowie eine Aufstellung der vom Auftragnehmer eingeholten Angebote; auf Verlangen des Auftraggebers sind die eingeholten An-

gebote entsprechend der vom Auftragnehmer zu erstellenden Aufstellung ebenfalls vorzulegen;

e) Hinsichtlich der Leistungsphase 8: Die systematische Zusammenstellung der zeichnerischen Darstellungen und rechnerischen Ergebnisse des Objektes, die Auflistung der Gewährleistungsfristen sowie (auf Verlangen des Auftraggebers) die Dokumentation des Bauablaufs (z.B. Bautagebuch), ferner eine Aufstellung, aus der sich die vom Auftragnehmer erstellten Terminpläne, die gemeinsam mit den ausführenden Firmen durchgeführten Aufmaße und Abnahmen, sowie die behördlichen Abnahmen ergeben müssen; auf Verlangen des Auftraggebers sind auch die entsprechenden Unterlagen selbst vorzulegen; zu übergeben ist außerdem eine Übersicht über den Schriftverkehr mit den ausführenden Firmen, soweit dieser die von den Firmen einzuhaltenden Termine (also z.B. Mahnungen, Behinderungsanzeigen, Reaktionen auf Behinderungsanzeigen etc.), die Qualität der erbrachten Bauleistungen (also z.B. Mängelrügeschreiben, Bedenkenanmeldungen, Reaktionen auf Mängelrügeschreiben bzw. Bedenkenanmeldungen), bzw. den Umfang der von den Firmen zu erbringenden Leistungen (also z.B. Nachtragsangebote, Nachtragsvereinbarungen) betrifft; auf Verlangen des Auftraggebers sind auch die entsprechenden Unterlagen selbst zu übergeben.

f) Hinsichtlich der Leistungsphase 9: Eine Aufstellung, aus der sich die durchgeführten Objektbegehungen sowie die Freigaben von Sicherheitsleistungen ergeben müssen; auf Verlangen des Auftraggebers sind die der Aufstellung entsprechenden Unterlagen ebenfalls vorzulegen.

(3) Der Auftragnehmer ist verpflichtet, an den vom Auftraggeber oder von anderen Planungsbeteiligten oder den beauftragten Fachfirmen anberaumten (Bau-, Planungs- und Koordinations-)Besprechungen teilzunehmen. Die Ergebnisse hat der Auftragnehmer in seine Pläne oder Planungsleistungen aufzunehmen bzw. einzuarbeiten. Er hat den Auftraggeber über von anderen Projektbeteiligten anberaumte Besprechungen zu informieren und auf dessen Verlangen darüber Niederschriften in einem dem Besprechungsinhalt angemessenen Umfang anzufertigen und diese dem Auftraggeber unverzüglich zu übermitteln.

(4) Der Auftragnehmer ist zudem verpflichtet, den Auftraggeber über alle bei der Durchführung seiner Aufgaben wesentlichen Angelegenheiten unverzüglich schriftlich zu unterrichten. Diese Pflicht erlischt nicht mit der Vertragsbeendigung.

(5) Der Auftragnehmer hat die von ihm angefertigten zeichnerischen Unterlagen bis zur Freigabe durch den Auftraggeber als »Vorabzug« zu kennzeichnen. Die von dem Auftraggeber freigegebenen zeichnerischen Unterlagen hat der Auftragnehmer als »Entwurfsverfasser« oder »Planverfasser«, die übrigen Unterlagen als »Verfasser« zu unterzeichnen.

§ 16 Unterlagen

(1) Vor Vertragsbeendigung hat der Auftragnehmer dem Auftraggeber die in § 15 dieses Vertrages im Einzelnen genannten Unterlagen zu übergeben. Nach Beendigung des Vertrages sind dem Auftraggeber darüber hinaus auch alle weiteren Unterlagen zu übergeben, die für die Fortsetzung des Bauvorhabens bzw. die Bewirtschaftung des Objektes erforderlich sind.

(2) Soweit eine Digitalisierung möglich ist, hat der Auftragnehmer dem Auftraggeber die Unterlagen in digitalisierter Form zu übergeben. Pläne sind dem Auftraggeber jeweils dreifach auf Papier und digital als CAD-Datei (dwg- oder dxf-Format) zur Verfügung zu stellen.

(3) Gegenüber dem Anspruch des Auftraggebers auf Übergabe von Unterlagen steht dem Auftragnehmer ein Zurückbehaltungsrecht nicht zu. Der Auftragnehmer ist insoweit vorleistungspflichtig.

(4) Soweit Unterlagen nicht an den Auftraggeber herauszugeben sind, ist der Auftragnehmer berechtigt, diese Unterlagen 10 Jahre nach vollständiger Leistungserbringung zu vernichten.

§ 17 Abnahme

Nach vollständiger Leistungserbringung hat der Auftragnehmer Anspruch auf eine förmliche Abnahme. Der gesetzliche Anspruch auf Teilabnahme gemäß § 650s BGB bleibt unberührt.

§ 18 Haftung, Versicherung und Verjährung

(1) Die Haftung des Auftragnehmers ergibt sich aus den gesetzlichen Bestimmungen

(2) Der Auftragnehmer ist verpflichtet, eine Berufshaftpflichtversicherung nachzuweisen. Die Deckungssummen dieser Versicherungen müssen mindestens betragen:
- Für Personenschäden: ..... €
- Für sonstige Schäden: ..... €

Der Betrag muss je Versicherungsjahr .....fach zur Verfügung stehen.

(3) Sämtliche Ansprüche des Auftraggebers gegen den Auftragnehmer verjähren, ebenso wie sämtliche Ansprüche der Auftragnehmer gegen die Auftraggeber, innerhalb der gesetzlichen Fristen.

§ 19 Vorzeitige Vertragsbeendigung

(1) Auftragnehmer und Auftraggeber sind zur Kündigung dieses Vertrages aus wichtigem Grunde berechtigt. Das Recht des Auftraggebers zur ordentlichen Vertragskündigung sowie gegebenenfalls das Sonderkündigungsrecht beider Vertragsparteien nach § 650r BGB bleiben daneben unberührt.

(2) Ein wichtiger Kündigungsgrund liegt für den Auftraggeber insbesondere dann vor, wenn
- er seine Bauabsicht für das geplante Objekt nachhaltig aufgegeben hat;
- das Vertrauensverhältnis zwischen den Parteien auf Grund nach Vertragsschluss eingetretener Umstände erheblich gestört ist, oder andere Umstände vorliegen, auf Grund derer ein Festhalten des Auftraggebers am Vertrag nicht mehr zugemutet werden kann;
- der Auftragnehmer seine Zahlungen eingestellt hat, die Eröffnung des Insolvenzverfahrens über sein Vermögen beantragt hat, oder die Leistungsfähigkeit des Auftragnehmers aus anderen Gründen so beeinträchtigt ist, dass ein Vertrauen in seine Fähigkeit oder seine Bereitschaft zur vertragsgerechten Erfüllung nicht mehr besteht.

(3) Ein wichtiger Grund zur Kündigung durch den Auftragnehmer liegt insbesondere dann vor, wenn
- der Auftraggeber eine ihm obliegende Leistung unterlässt und dadurch den Auftragnehmer wesentlich behindert, seine Leistung vertragsgemäß auszuführen;
- der Auftraggeber mit einer fälligen Zahlung oder auf andere Weise mit einer erheblichen Vertragspflicht in Verzug gerät;
- das Vertrauensverhältnis zwischen den Parteien aus anderen, nach Vertragsschluss eingetretenen Gründen so erheblich gestört ist, dass dem Auftragnehmer ein Festhalten an dem Vertrag nicht mehr zugemutet werden kann.

(4) Sowohl die von dem Auftraggeber, als auch die von dem Auftragnehmer erklärte Kündigung bedarf der Schriftform. Die Kündigung aus wichtigem Grunde ist erst zulässig, wenn der kündigende Vertragspartner dem anderen Vertragspartner zuvor ohne Erfolg schriftlich eine angemessene Frist zur Vertragserfüllung gesetzt und erklärt hat, dass er nach fruchtlosem Ablauf der Frist den Vertrag kündigen werde. Das gilt nicht, wenn der Vertragspartner die Vertragserfüllung schon zuvor endgültig und ernsthaft verweigert hat, so dass eine Fristsetzung eine sinnlose Förmlichkeit darstellen würde.

(5) Angemessen im Sinne von § 648a BGB i.V.m. § 314 Abs. 3 BGB ist in der Regel eine Frist von 14 Tagen.

(6) Im Falle der ordentlichen Vertragskündigung durch den Auftraggeber sowie im Falle der einvernehmlichen Vertragsaufhebung (ohne dass die Vertragsaufhebung aus einem vom Auftragnehmer zu vertretenden Grunde veranlasst worden wäre), behält der Auftragnehmer den Anspruch auf das vertragliche Honorar auch für die infolge der vorzeitigen Vertragsbeendigung nicht mehr erbrachten Leistungen. Er muss sich jedoch dasjenige anrechnen lassen, was er infolge der Aufhebung des Vertrags an Aufwendungen erspart, sowie außerdem auch dasjenige, was er durch anderweitige Verwendung seiner Arbeitskraft erwirbt oder zu erwerben böswillig unterlässt (»anderweitiger Erwerb«).

Die ersparten Aufwendungen werden mit 95 % des Honorars der noch nicht erbrachten Leistungen festgelegt, sofern nicht der Auftraggeber höhere, oder der Auftragnehmer geringere Ersparnisse nachweist. Anderweitiger Erwerb ist von dieser Pauschalierung nicht umfasst und zusätzlich zu berücksichtigen.

(7) Im Falle einer Vertragsbeendigung durch eine vom Auftraggeber ausgesprochenen Kündigung oder eine einvernehmliche Vertragsaufhebung aus einem wichtigen, vom Auftragnehmer zu vertretenden Grund hat der Auftragnehmer lediglich Anspruch auf Vergütung der bis zu diesem Zeitpunkt erbrachten Leistungen, soweit die erbrachten Leistungen für den Auftraggeber zumutbarer Weise verwertbar sind. Sofern ein Anspruch des Auftraggebers dem Auftragnehmer gegenüber auf Schadensersatz und/oder auf Mehrkostenerstattung besteht, ist der Auftraggeber berechtigt, mit diesem Anspruch die Aufrechnung gegenüber dem Vergütungsanspruch des Auftragnehmers zu erklären.

(8) In allen sonstigen Fällen der Vertragsbeendigung (Kündigung bzw. einvernehmliche Vertragsaufhebung aus wichtigem Grunde durch den Auftragnehmer, sowie Kündigung bzw. einvernehmliche Vertragsaufhebung aus einem wichtigen, aber nicht vom Auftragnehmer zu vertretenden Grund durch den Auftraggeber) hat der Auftragnehmer Anspruch auf Vergütung der bis zur Kündigung erbrachten Leistungen. Daneben bestehende gesetzliche Ansprüche (z.B Anspruch aus § 642 BGB; Schadensersatzanspruch gem. § 648 Abs. 6 BGB) bleiben unberührt.

§ 20 Streitbeilegung

(1) Entstehen bei der Durchführung und Abwicklung dieses Vertrages Meinungsverschiedenheiten zwischen den Vertragspartnern, werden die Parteien zunächst versuchen, den Streit auf gütlichem Wege beizulegen. Streitfragen berechtigen die Parteien nur insoweit, ihre Mitwirkung an der Vertragserfüllung einzustellen, als ihnen auf Grund vertraglicher oder gesetzlicher Vorschriften ein Zurückbehaltungsrecht zusteht.

(2) Sofern die Voraussetzungen einer Gerichtsstandsvereinbarung nach § 38 Abs. 1 Satz 2 ZPO vorliegen, ist Wahlgerichtsstand auch der Ort, an dem die tatsächlichen Bauleistungen im Schwerpunkt ausgeführt werden.

(3) Die Vertragsparteien treffen für alle Streitigkeiten aus und im Zusammenhang mit diesem Vertragsverhältnis die als Anlage 7 beigefügte Adjudikationsvereinbarung zur projektbegleitenden außergerichtlichen Beilegung solcher Streitigkeiten.

(4) Die Vertragsparteien treffen für alle gerichtlichen Streitigkeiten aus und im Zusammenhang mit diesem Vertragsverhältnis die als Anlage 8 beigefügte Schiedsgerichtsvereinbarung unter Ausschluss des ordentlichen Rechtsweges.

§ 21 Schlussbestimmungen

(1) Mündliche Nebenabreden sind nicht getroffen worden. Änderungen und Ergänzungen des Vertrages bedürfen der Schriftform.

(2) Sollten Bestimmungen dieses Vertrages, eine künftig in ihn aufgenommene Bestimmung oder ein wesentlicher Teil dieses Vertrags ganz oder teilweise unwirksam oder undurchführbar sein oder werden, oder sollte dieser Vertrag lückenhaft sein, so soll dies die Wirksamkeit der übrigen Bestimmungen dieses Vertrages nicht berühren. Anstelle der unwirksamen Bestimmung werden die Parteien in diesem Falle eine wirksame Bestimmung vereinbaren, die dem Sinn und Zweck der unwirksamen Bestimmung, insbesondere dem, was die Parteien wirtschaftlich beabsichtigt hatten, entspricht oder ihm am nächsten kommt. Im Falle von Lücken werden die Parteien eine Vertragsergänzung vereinbaren, die dem entspricht, was nach Sinn und Zweck dieses Vertrages vereinbart worden wäre, hätten die Vertragsparteien die Angelegenheit von vorne herein bei Abschluss des Vertrages bedacht.

(3) Entstehen bei der Durchführung und Abwicklung dieses Vertrages Meinungsverschiedenheiten zwischen den Vertragspartnern, werden die Parteien zunächst versuchen, den Streit auf gütlichem Wege beizulegen. Streitfragen berechtigen die Parteien nur insoweit, ihre Mitwirkung an der Vertragserfüllung einzustellen, als ihnen auf Grund vertraglicher oder gesetzlicher Vorschriften ein Zurückbehaltungsrecht zusteht.

b) Anmerkungen

25 Die folgenden Anmerkungen beschränken sich im Wesentlichen auf die Abweichungen von dem Formular C.1. Im Übrigen ist daher auf die Anmerkungen dort zu verweisen.

Zum Rubrum

26 Zur Bezeichnung der Vertragsparteien und der Vertretungsverhältnisse siehe Formular C.1., Anmerkungen zum Rubrum.

Zu § 1 (Vertragsgegenstand; Planungsziele)

27 **Absatz 1:** Zur Angabe der Objekte (im Sinne von § 2 Abs. 1 HOAI) vgl. Formular C.1., Anmerkung zu § 1 Abs. 1

Absatz 2: Das Grundstück, auf das sich die Baumaßnahme bezieht, sollte möglichst genau (grundbuchlich) bezeichnet werden, ferner die Baumaßnahme unter Berücksichtigung der in § 2 Abs. 2–6 HOAI enthaltenen Begriffsbestimmungen (Neubau, Wiederaufbau, Erweiterungsbau, Umbau, Modernisierung, Instandsetzung, Instandhaltung). Beispiel: »Umbau eines vorhandenen Mehrfamilienhauses zu einem Bürohaus mit 4 überdachten Kfz-Abstellplätzen«.

Absatz 3: Allgemein zu den »Planungs- und Überwachungszielen« im Sinne von § 650q und deren rechtlicher Bedeutung siehe Formular C.1. Anm. zu § 1 Abs. 3. Im Gegensatz zu dem dortigen Formular wird hier eine Festlegung in der Weise, dass der Auftragnehmer für die Einhaltung der Zielvorstellungen keine verschuldensunabhängige Haftung übernimmt, vermieden. Im Interesse des Auftraggebers steht hier die Erzielung des funktionalen Leistungserfolges (gegenüber den zur Erzielung dieses Erfolges aus der Sicht zum Zeitpunkt des Abschlusses des Vertrages zu erbringenden Leistungen) stärker im Vordergrund, was sich insbesondere darin auswirkt, dass nach dem vorliegenden Vertrag der Anspruch des Auftragnehmers auf gesonderte Vergütung für sogenannte »notwendige Änderungsleistungen« im Sinne von § 650b Abs. 1 Nr. 2 BGB stark eingeschränkt werden soll. Garantien sollten allerdings auch aus Sicht des Auftraggebers schon mangels Versicherbarkeit des Risikos vermieden werden.

Zu § 2 (Vertragsbestandteile und -grundlagen)

28 Zur Bezugnahme auf Anlagen und der (eingeschränkten) Bedeutung von Rangfolgeklauseln siehe Formular C.1. Anmerkung zu § 2.

Im Auftraggeberinteresse ist hier (anders als im Formular C.1.) eine vom Grundsatz des § 57 HOAI abweichende Regelung nicht vorgesehen.

Zu § 3 (Beauftragung)

29 **Absatz 1:** Siehe hierzu Formular C.1. Anmerkung zu § 3 Abs. 1.

Absatz 2: Wie bereits dargelegt (Formular B.1.1, Anmerkung zu § 3 Abs. 2) liegt die stufenweise Beauftragung hauptsächlich im Interesse des Auftraggebers. Sie ist daher auch hier vorgesehen.

Absatz 3: Abweichend vom Formular C.1. ist hier im Interesse des Auftraggebers vorgesehen, dass der Auftragnehmer keinen Anspruch auf Beauftragung mit den Leistungen weiterer Leistungsstufen hat, dass der Auftraggeber sich auch vorbehält, weitere Leistungsstufen teil- und abschnittsweise in Auftrag zu geben, und dass der Auftragnehmer aus Projektverzögerungen, die sich (ausschließlich) aus der stufenweisen Beauftragung ergeben, keinen zusätzlichen Zahlungsanspruch herleiten kann. In Allgemeinen Geschäftsbedingungen des Auftraggebers dürfte allerdings eine Regelung, die letztlich zu einer zeitlich unbefristeten Bindung des Auftragnehmers hinsichtlich der weiteren, mit Vertragsschluss noch nicht beauftragten Leistungen führen würde, unwirksam sein. Daher ist hier eine zeitliche Befristung in der Weise vorgesehen worden, dass die Bindung des Auftragnehmers nach Ablauf eines vertraglich zu definierenden Zeitraums nach Auftragserteilung hinsichtlich der zu diesem Zeitpunkt noch nicht beauftragten Leistungen endet.

Absatz 4: Zur freien Vereinbarkeit des Honorars für Besondere Leistungen nach der HOAI 2013 (ebenso wie schon nach HOAI 2009) siehe Formular C.1. Anmerkung zu § 3 Abs. 4.

Absatz 5: Zur freien Vereinbarkeit des Honorars für »Beratungsleistungen« – d.h. die in der Anlage 1 zur HOAI erfassten Leistungsbilder – nach HOAI 2013 (ebenso wie schon nach HOAI 2009) siehe Formular C.1. Anmerkung zu § 3 Abs. 5.

Zu § 4 (Leistungspflicht des Auftragnehmers)

Absatz 1 und Absatz 2: Siehe hierzu Formular C.1. Anmerkungen zu § 4 Abs. 1 und Abs. 2.

30

Absatz 3: Abweichend vom Formular C.1. ist hier auch für die Beauftragungsstufe D (Leistungsphase 9) ein »werkvertraglicher Gesamterfolg« definiert worden. Dem liegt als Annahme zugrunde, dass die bisherige, durch die HOAI 2013 gestrichene Grundleistung der Leistungsphase 9 »Überwachung der Beseitigung von Gewährleistungsmängeln« als besondere Leistung vereinbart wird. Die Definition des »Gesamterfolgs« weicht insofern von der Beschreibung der Grundleistung in Anlage 11 zur HOAI 2009, Leistungsphase 9, Grundleistung d), ab, als dort vorausgesetzt war, dass die Pflicht zur Überwachung der Beseitigung von Mängeln nur hinsichtlich solcher Mängel besteht, die »längstens bis zum Ablauf von vier Jahren seit Abnahme der Bauleistungen aufgetreten sind.«

Absatz 4: Zur Problematik siehe auch Formular C.1. Anmerkung zu § 4 Abs. 2. Hier ist eine »Maximalposition« im Interesse des Auftraggebers zugrunde gelegt worden, und zwar in der Weise, dass sämtliche zur Beschreibung des Leistungsinhaltes in Bezug genommenen Grundleistungen unabhängig davon geschuldet sein sollen, ob sie im Einzelfall zur Erzielung des vertraglich geschuldeten »Gesamterfolges« nötig waren oder nicht. Ist die Maximalposition nicht durchsetzbar, sollten beide Vertragsparteien im Rahmen der Vertragsverhandlungen anhand des Grundleistungskataloges festlegen, welche Leistungen »unbedingt« zu erbringen sind, und welche nur »falls erforderlich«. Eine solche Abgrenzung ist auch im Formular C.1. vorgesehen, auf das daher insoweit verwiesen werden kann.

Abweichend zum Formular C.1. ist hier zur Grundleistung c) der Leistungsphase 7 vorgesehen, dass die Nachtragsprüfung auch dann – nicht gesondert zu vergütende – Grundleistung ist, wenn ohne die Zuordnung zur Grundleistung die Voraussetzungen des § 10 Abs. 2 HOAI vorliegen würden.

Abweichend vom Formular C.1. ist außerdem vorgesehen, dass im Vertrag nicht genannte Einzelleistungen, von denen sich erweist, dass sie zur Erreichung des geschuldeten Gesamterfolges erforderlich sind, nur ausnahmsweise gesondert zu vergüten sind, sofern sich ein entsprechender Anspruch aus den Bestimmungen des Vertrages ergibt (vgl. § 12 Abs. 4).

Absatz 5: Allgemein zum Sinn einer derartigen »Negativabgrenzung« Formular C.1., Anmerkung zu § 5 Abs. 5. Es liegt auch nicht im (wohl verstandenen) Interesse des Auftraggebers, den Auftragnehmer in den Bereich der (möglicherweise sogar unzulässigen) Rechtsberatung zu drängen. Deshalb ist diese Abgrenzung auch im vorliegenden Formular vorgesehen, allerdings mit der Einschränkung, dass der Auftragnehmer jedenfalls verpflichtet ist, allgemein zugängliche Standard-Musterverträge zur Verfügung zu stellen (als Bestandteil der Vertragsunterlagen, vgl. §§ 7, 8 Abs. 3 bis 6 VOB/A).

Absatz 6: Vgl. zu der Bezugnahme auf die »anerkannten Regeln der Technik« Formular C.1. Anmerkung zu § 4 Abs. 6.

Absatz 7: Im Vergleich zum Formular C.1. ist hier die Möglichkeit des Auftragnehmers, freie Mitarbeiter bzw. Unterbeauftragte erforderlichenfalls auch gegen den Willen des Auftraggebers einzusetzen, stark einschränkend geregelt worden.

Zu § 5 (Bevollmächtigung des Auftraggebers)

31 Siehe hierzu die Erläuterung in Formular C.1. zu § 5.

Zu § 6 (Änderungsbegehren nund Änderungsanordnung des Auftraggebers; Änderungsvereinbarungen)

32 Siehe hierzu die Anmerkungen in Formular C.1. zu § 6. Im Unterschied zu dem dortigen Formular sind die Einschränkungen zu dem Änderungsbegehren des Auftraggebers im Hinblick auf die Art der Ausführung der Leistungen (insbesondere in zeitlicher Hinsicht) aus dem Referentenentwurf nicht übernommen worden. Es gelten somit die allgemeinen Regeln, die sich aus § 650b BGB ergeben: Gegen ein Beschleunigungsbegehren des Auftraggebers, das notwendig ist, um – im Sinne des § 650p – verbindlich vereinbarte Terminvorgaben einzuhalten, kann der Auftragnehmer in aller Regel den Unzumutbarkeitseinwand nicht erheben. Bei – im Sinne von § 650b BGB – »nicht notwendigen« Beschleunigungsbegehren kann der Auftragnehmer den Unzumutbarkeitseinwand in gleicher Weise wie bei anderen nicht notwendigen Änderungsbegehren erheben.

Zu § 7 (Hinzuziehung und Koordination anderer Beteiligter)

33 Gegenüber dem Formular C.1. ist die Pflicht des Auftraggebers zur Koordination der anderen fachlich Beteiligten stärker betont und weniger eindeutig eingeschränkt worden; inhaltlich ist die Abweichung aber nicht so gravierend. Auch in einem primär am Auftraggeberinteresse ausgerichteten Vertragsmuster wäre eine Regelung, durch die der Auftragnehmer zu einer umfassenden Koordination (wie ein Projektsteuerer) und zu einer umfassenden fachlichen Überprüfung der Leistung anderer fachlicher Beteiligter (mit der Konsequenz, dass der Auftragnehmer im Ergebnis für diese Leistungen in gleicher Weise wie ein Generalplaner wie für eigene Leistungen einstehen müsste) verpflichtet werden sollte, sowohl in tatsächlicher als auch in rechtlicher Hinsicht (jedenfalls in Allgemeinen Geschäftsbedingungen des Auftraggebers) zumindest sehr bedenklich. Auf solche Versuche sollte auch der Auftraggeber verzichten.

Zu § 8 (Allgemeine Pflichten von Auftraggeber und Auftragnehmer)

34 **Absatz 2:** Vgl. hierzu die Erläuterung in Formular C.1. Anmerkung zu § 8 Abs. 2

Absatz 3: Vgl. hierzu die Erläuterung in Formular C.1. Anmerkung zu § 8 Abs. 3.

Zu § 9 (Baukosten)

35 Im Unterschied zum Formular C.1. ist hier vorausgesetzt, dass ein Kostenrahmen im Sinne einer vertraglich vereinbarten Beschaffenheit (§ 633 Abs. 2 BGB) vereinbart wird.

Zu § 10 (Fristen)

36 Im Unterschied zum Formular C.1. wird klargestellt, dass die Zielvorstellungen des Auftraggebers vereinbarte Planungs- bzw. Überwachungsziele im Sinne von § 650p BGB geworden sind. Folglich sind nach diesem Muster Beschleunigungsmaßnahmen, die zur Einhaltung einer in diesem Sinne vereinbarten Terminvorgabe erforderlich sind, nur in Ausnahmefällen zusätzlich zu vergüten (siehe § 12 Abs. 4).

Zu § 11 (Honorar)

37 **Absatz 3:** Im Unterschied zum Formular C.1. ist hier keine Erklärung aufgenommen worden, nach der den Parteien bewusst ist, dass die getroffene Honorarvereinbarung zu einer unzulässigen Mindestsatzunter- bzw. Höchstsatzüberschreitung führen könnte. Zum Hintergrund siehe Formular C.1. Anmerkung zu § 11 Abs. 3. Im Gegenteil ist die hier verwendete Formulierung geeignet, ein Indiz (mehr allerdings auch nicht) dafür zu sein, dass der Auftraggeber auf die Wirksamkeit der Pauschalhonorarvereinbarung tatsächlich vertraut hat (im Fall eines späteren Streites darüber, ob die Berufung des Auftragnehmers auf die Unwirksamkeit der Honorarvereinbarung ausnahmsweise gegen Treu und Glauben verstößt).

2. Vollarchitekturvertrag aus Auftraggebersicht

Absatz 4: Im Gegensatz zur Sichtweise des Auftragnehmers (siehe hierzu Formular C.1.) ist der Auftraggeber daran interessiert klarzustellen, dass die Annahmen, auf denen die Berechnung eines vereinbarten Pauschalhonorars beruhen, keine gemeinsame Geschäftsgrundlage darstellen, sondern dass beide Parteien das Risiko tragen sollen, dass die Annahmen der Honorarberechnung für sie ungünstig sind.

Absatz 2 (alternativ): Selbstverständlich kommt auch aus Sicht des Auftraggebers nicht nur eine Pauschalhonorarvereinbarung, sondern auch eine Honorarvereinbarung auf der Grundlage der HOAI (Vereinbarung zu den Honorarberechnungsparametern der HOAI) in Betracht.

Absatz 2.1 (alternativ): Dies entspricht auch der – allerdings umstrittenen – Rechtsprechung des BGH, siehe Urt. v. 23.01.2003, VII ZR 362/01, BauR 2003, 566 und zuletzt Urt. v. 06.10.2016 – VII ZR 185/13, NZBau 2017, 46.

Absatz 2.2 (alternativ): Die hier vorgeschlagene Regelung zur vorhandenen und mitzuverarbeitenden Bausubstanz entspricht derjenigen im Formular C.1.; ihrer Struktur nach kann die Regelung in dem Vertrag aus der Sichtweise des Auftraggebers derjenigen in dem Vertrag aus der Sichtweise des Auftragnehmers entsprechen. Es kann daher auf die Anmerkungen zu Formular C.1. zu § 5, Abs. 5.2 verwiesen werden.

Absatz 2.3 (alternativ): Anders als im Formular B.1.1 wird § 8 Abs. 2 HOAI hier nicht »abbedungen«. Das bedeutet, dass – soweit bestimmte Grundleistungen von der Beauftragung ausgenommen wurden – das Honorar bei HOAI-gemäßer Berechnung anteilig zu kürzen ist.

Absatz 2.4 (alternativ): Siehe Formular C.1. Anmerkung zu Abs. 5.3.

Absatz 2.5 (alternativ): Siehe Formular C.1. Anmerkung zu Abs. 5.4.

Absatz 2.6 (alternativ): Vgl. zunächst allgemein Formular C.1. Anmerkung zu Abs. 5.5. Durch die amtliche Begründung zu § 6 HOAI 2013 ist klargestellt worden, dass die Regelung zum »fiktiven« Umbauzuschlag von 20 % (wenn nichts anderes vereinbart ist) nicht zugleich im Sinne eines »Mindestzuschlags« gemeint ist, dass also die Parteien nicht gehindert sein sollen, auch geringere Zuschläge als 20 % (schriftlich) zu vereinbaren. Damit dürfte sich diese schon für die HOAI 2009 überwiegend vertretene Auffassung dort ebenfalls durchsetzen. Rechtlich bedarf es an sich keiner Begründung für die Vereinbarung eines geringeren Zuschlags als 20 % (im Formular: 0 %).

Absatz 2.7 (alternativ): Anders als bei dem Formular C.1. (vgl. dort Anmerkung zu Abs. 5.6) soll es hier ohne Einschränkungen bei dem Grundsatz des § 57 HOAI bleiben.

Absatz 5: Siehe Formular C.1. Anmerkung zu § 11 Abs. 6.

Absatz 6: Siehe Formular C.1. Anmerkungen zu § 11 Abs. 7

Absatz 7: Vom Formular C.1. abweichende Regelung. Kommt keine Honorarvereinbarung zustande, erhält der Auftragnehmer jetzt die übliche Vergütung im Sinne von § 632 Abs. 2 BGB. Im übrigen bleibt das Recht des Auftragnehmers unberührt, eine zumindest vorläufige Regelung herbeizuführen, z.B. auf dem Wege eines Adjudikationsverfahrens, wie es im vorliegenden Formular vorgesehen ist (vgl. § 20). Unter Umständen hat der Auftragnehmer auch die Möglichkeit, eine Einstweilige Verfügung zu beantragen (siehe § 650d BGB). Allerdings verweist § 650q Abs. 1 BGB nicht auf § 650d; dabei handelt es sich aber wohl um ein bloßes Redaktionsversehen.

Absatz 8: Vgl. die Erläuterungen zu Formular C.1. Anmerkung zu § 11 Abs. 9.

Absatz 9: Durch die HOAI 2009 ist (in § 7 Absatz 7 Satz 2) die Möglichkeit der Vereinbarung eines »Malus-Honorars« neu eingeführt worden. Mit der HOAI 2013 hat der Verordnungsgeber an dem »Malus-Honorar« festgehalten (jetzt § 7 Absatz 6 Satz 3). Der Verordnungsgeber verlangt jetzt sowohl für das Malus-Honorar selbst als auch für die maßgeblichen »anrechenbaren Kosten« eine schriftliche Vereinbarung. Der Anwendungsbereich und die Wirksamkeit der Bestimmung sind allerdings weiterhin sehr zweifelhaft. In der Praxis hat sich die Malus-Vereinbarung weitgehend nicht durchgesetzt. Um etwaigen Wirksamkeitsbedenken zuvorzukommen, ist die Klausel hier ausdrücklich verschuldensabhängig ausgestaltet worden (da es sich der Sache nach wohl um eine Vertragsstrafenvereinbarung handeln dürfte). Außerdem ist sie so ausgestaltet worden, dass eine »Wesentlichkeitsschwelle« überschritten sein muss, bevor das »Malus-Honorar« eingreift.

Absatz 10: Die Abrechnung der Nebenkosten auf der Grundlage einer Nebenkostenpauschale ist allgemein üblich und daher hier auch für den Vertrag aus Sicht des Auftraggeberinteresses vorgesehen. Abweichend vom Muster B.1.1 soll hier aber auch der Auftragnehmer nicht die Möglichkeit haben, die Nebenkosten alternativ auf der Grundlage eines Einzelkostennachweises abzurechnen.

Zu § 12 (Honorar bei Änderungsanordnungen des Auftraggebers sowie bei Projektverzögerungen und -unterbrechungen)

38 **Absatz 1:** Die im Formular C.1. (siehe dort § 12 Abs. 1 mit Anmerkung) vorgesehenen Einschränkungen hinsichtlich der Verpflichtung zur Erstellung von Alternativplanungen (soweit diese »dem Grunde nach« von der jeweiligen Grundleistung abgedeckt sind) sind im vorliegenden Formular aus Sicht des Interesses des Auftraggebers nicht übernommen worden. Im Übrigen ist die Regelung in diesem Punkt nicht abweichend vom Muster C.1., siehe dort auch die Erläuterung zu § 12 Abs. 1. Eine Begrenzung oder gar der Ausschluss des zusätzlichen Vergütungsanspruchs des Auftragnehmers auch in diesen Fällen wäre sachlich nicht zu rechtfertigen und wohl auch unwirksam.

Absatz 2 und 3: Die Regelungen entsprechen weitgehend denjenigen im Formular C.1., allerdings hier ausdrücklich nur bezogen auf »nicht notwendige« Änderungsleistungen im Sinne von § 650b Abs. 1 Nr. 1 BGB. Abweichend geregelt ist hier allerdings die Berechnung des zusätzlichen Honorars für die Um- bzw. Mehrfachplanungsleistungen nach § 10 Abs. 2 HOAI. Infolge des degressiven Verlaufes der Honorartabellen führt das hier vorgesehene Modell der Honorarberechnung im Ergebnis zu geringeren Honoraren als das im Muster C.1., § 12 Abs. 3 vorgesehene Berechnungsverfahren.

Absatz 4: Eine abweichende Regelung ist vorgesehen für die »notwendigen« Änderungsleistungen im Sinne von § 650b Abs. 1 Nr. 2 BGB, d.h. für solche Änderungen, die notwendig sind, um vereinbarte Planungs- und Überwachungsziele im Sinne von § 650p BGB zu erreichen. Hier soll das Vergütungsrisiko grundsätzlich beim Auftragnehmer liegen. Einen zusätzlichen Vergütungsanspruch für notwendige Änderungsleistungen kann der Auftragnehmer demnach nur unter den in Abs. 4 geregelten Voraussetzungen geltend machen. Hauptsächlich muss er danach darlegen, dass der Auftraggeber die Notwendigkeit dieser Änderungsleistungen schon zum Zeitpunkt des Vertragsschlusses hätte vorhersehen müssen.

Absatz 5: Auf die im Formular C.1. vorgesehenen, im Auftragnehmerinteresse liegenden Vereinbarungen zu den Folgen von Projektunterbrechungen und -verzögerungen ist hier verzichtet worden. Gesetzliche Ansprüche, z.B. aus § 642 BGB, können – jedenfalls in Allgemeinen Geschäftsbedingungen des Auftraggebers – aber nicht wirksam ausgeschlossen werden.

Zu § 13 (Abrechnung)

39 Anders als im Formular C.1. ist ein Aufrechnungsverbot hier nicht enthalten. Zu der ohnehin allerdings auch nur noch sehr geringen Bedeutung des Aufrechnungsverbotes siehe Formular C.1. Anmerkung zu § 13.

Die im Formular C.1. enthaltenen Einschränkungen hinsichtlich der Anforderungen an die Prüfbarkeit von Abschlagsrechnungen sind in das vorliegende Formular nicht aufgenommen worden, da sie ausschließlich im Interesse des Auftragnehmers liegen.

Gegenüber dem Formular C.1. ist die Regelung auftraggeberfreundlicher ausgestaltet worden. Insbesondere ist die Möglichkeit der Teilschlussrechnung nach Abschluss der Leistungsphase 8 (bei einer die Leistungsphase 9 einschließenden Beauftragung) nicht übernommen worden. Zu dem im Muster nicht abbedungenen und wohl auch nicht abdingbaren Anspruch auf Teilnahme nach § 650s siehe die Anmerkung zu § 17.

Zu § 14 (Urheberrecht)

Absatz 3: Hier enthält das vorliegende Formular gegenüber dem Formular C.1. insbesondere insofern eine Abweichung, als nicht vorgesehen ist, dass dem Auftragnehmer Gelegenheit gegeben werden muss, Änderungen selbst zu planen.

Absatz 5: Anders als im Formular C.1. (siehe dort Anmerkung zu § 14 Abs. 5) ist hier ausdrücklich klargestellt, dass nicht lediglich ein Anspruch des Auftraggebers auf Übertragung des Nachbaurechtes besteht, sondern dass dieses schon mit Abschluss des Vertrages übertragen wird.

Absatz 6: Siehe hierzu die Anmerkung in Formular C.1. Anmerkung zu § 14 Abs. 6.

Zu § 15 (Dokumentation des Planungs- und Bauablaufes)

Das Verfahren liegt im Interesse beider Parteien und ist daher auch für das vorliegende Muster vorgesehen. Aus dem Formular C.1. nicht übernommen ist allerdings die (im Interesse des Auftragnehmers liegende) Fiktion der »Abstimmung« des Planungsstandes (dort Absatz 3). Im Übrigen ist auf die Anmerkungen zu § 15 im Formular C.1. zu verweisen.

Zu § 16 (Unterlagen)

Abweichend vom Formular C.1. ist klargestellt, dass der Auftragnehmer die Herausgabe von Unterlagen auch nicht mit dem Argument verweigern kann, er sei nicht mehr vorleistungspflichtig gewesen.

Zu § 17 (Abnahmen)

Teilabnahmen sind hier, anders als im Formular C.1, nicht vorgesehen. Allerdings soll es bei dem gesetzlichen Anspruch auf Teilabnahme nach Abnahme der letzten Bauleistung (§ 650s BGB) bleiben, dieser also nicht abbedungen werden. In vorformulierten Vertragsbedingungen dürfte die Wirksamkeit einer solchen Abbedingung auch zumindest höchst fraglich sein.

Zu § 18 (Haftung, Versicherung und Verjährung)

Die im Formular C.1. vorgesehenen Haftungsbegrenzungen (die allerdings auch ohnehin keine allzu große praktische Bedeutung haben, weil die Möglichkeiten einer zulässigen Haftungsbegrenzung jedenfalls in Allgemeinen Geschäftsbedingungen des Auftragnehmers begrenzt sind) sind nicht übernommen worden.

Teilabnahmen sind hier (anders als im Formular C.1.) nicht vorgesehen; daher entfällt hier auch der Hinweis auf die gesonderte Verjährungsfrist der Mängelansprüche für die bis zur Teilabnahme erbrachten Leistungen. Dessen ungeachtet beginnt mit der Teilabnahme nach § 650s BGB, die durch das Muster nicht ausgeschlossen wird (s. Anmerkung zu § 17), eine eigene Verjährungsfrist für die bis dahin erbrachten Leistungen.

Zu § 19 (Vorzeitige Vertragsbeendigung)

Allgemein siehe die Erläuterungen zu Formular C.1. § 19. Die ersparten Aufwendungen sind hier allerdings pauschal mit 95 % (statt mit 40 %, wie in Formular C.1.) angesetzt worden, vgl. hierzu auch § 649 S. 3 BGB.

Zu § 20 (Streitbeilegung)

Siehe die Anmerkungen zu Formular C.1. § 20.

3. Architektenvertrag betreffend Leistungen der Objektüberwachung aus Auftragnehmersicht

a) Vorbemerkung

47 Zu den Gründen, aus denen der Objektüberwachungsvertrag hier als eigener »Vertragstyp« mit zwei Formularen (aus Sicht des Auftragnehmers und aus Sicht des Auftraggebers) dargestellt wird, vgl. die Ausführungen in der Einleitung zum Kapitel C.1.

b) Architektenvertrag (Objektüberwachung) aus Auftragnehmersicht

48 **Architektenvertrag (Objektüberwachung)**

Zwischen

1.

[Name/Bezeichnung; Anschrift]

– Auftraggeber –

und

2.

[Name/Bezeichnung; Anschrift]

– Auftragnehmer –

wird folgender Architektenvertrag (Objektplanung – Objektüberwachung - Gebäude) geschlossen:

§ 1 Vertragsgegenstand

(1) Gegenstand dieses Vertrages sind Architektenleistungen (Leistungen der Objektüberwachung im Sinne der Leistungsphase 8 des § 34 HOAI i.V.m. Anlage 10 zur HOAI) für Gebäude.

(2) Die Architektenleistungen sind für folgendes Bauvorhaben zu erbringen: *[Bezeichnung des Bauvorhabens unter Verwendung der Begriffsbezeichnungen des § 2 Abs. 2 - 6 HOAI – Neubauten, Wiederaufbauten, Erweiterungsbauten, Umbauten, Modernisierungen, Instandsetzungen, Instandhaltungen]*

auf folgendem Grundstück *[Adresse, Grundbuchbezeichnung, eingetragener Eigentümer]*

Das Bauvorhaben betrifft ..... Gebäude *[Bezeichnung des oder der Gebäude, auf die sich das Bauvorhaben bezieht, gegebenenfalls auch Bezeichnung weiterer Objekte im honorarrechtlichen Sinne, vgl. § 2 Abs. 1 HOAI, auf die sich das Bauvorhaben und der durch diesen Vertrag zu erteilende Auftrag bezieht.]*

(3) Die Überwachungsziele im Sinne von § 650p Abs. 2 BGB ergeben sich aus den als Anlage 1 beigefügten Unterlagen (Genehmigungen, Plänen, Ausschreibungsunterlagen), aus der als Anlage 2 beigefügten Bau- und Qualitätsbeschreibung, sowie aus den Anlagen 3 (Kostenermittlung) und 4 (Terminplan).

(4) Die Zielvorstellungen werden nach dem in § 15 dieses Vertrages festgelegten Verfahren regelmäßig fortgeschrieben.

§ 2 Vertragsgrundlagen

(1) Der Inhalt der zwischen den Parteien getroffenen vertraglichen Vereinbarungen ergibt sich aus diesem Vertrag einschließlich seiner Anlagen. Ergänzende oder abweichende mündliche Vereinbarungen sind nicht getroffen worden. Etwaige Widersprüche der Vertragsbestandteile sind im Wege der Auslegung aufzulösen. Sollten dennoch Widersprüche verbleiben, soll die speziellere Bestimmung Vorrang vor der allgemeineren haben. Ergibt sich auch dann keine Geltungsreihen-

folge, soll die jüngere Bestimmung Vorrang vor der älteren haben. Folgende Anlagen werden Vertragsbestandteil:

Anlage 1: Genehmigungen, Planungsunterlagen, Gutachten etc. *[näher konkretisieren]*

Anlage 2: Bau- und Qualitätsbeschreibung

Anlage 3: Kostenermittlung *[z.B. Kostenanschlag bzw. bepreiste Leistungsverzeichnisse]*

Anlage 4: Terminplan

Anlage 5: Honorarberechnung

Anlage 6: Tabelle zur Bewertung von Grundleistungen

Anlage 7: Adjudikationsvereinbarung nebst Adjudikationsordnung XYZ

Anlage 8: Schiedsgerichtsvereinbarung nebst Schiedsgerichtsordnung XYZ

(2) Grundlagen des Vertragsverhältnisses sind im Übrigen:
1. Die für das Bauvorhaben relevanten öffentlich-rechtlichen Bestimmungen
2. Die Honorarordnung für Architekten und Ingenieure (HOAI) in der bei Vertragsschluss geltenden Fassung
3. Die Bestimmungen des Bürgerlichen Gesetzbuches, insbesondere diejenigen über den Architekten- und Ingenieurvertrag (§§ 650p ff. i.V.m. §§ 631 ff. und §§ 650a ff. BGB).

§ 3 Beauftragung

(1) Der Auftraggeber beauftragt den Auftragnehmer nach Maßgabe dieses Vertrages mit der Erbringung von Architektenleistungen, die dem Leistungsbild Objektplanung für Gebäude im Sinne von § 34 HOAI i.V.m. Anlage 10 zur HOAI, Leistungsphase 8 zuzurechnen sind. Die Parteien sind sich darüber einig, dass die Beauftragung des Auftragnehmers erst mit Abschluss dieses Vertrages zustande kommt, eine vorherige mündliche Beauftragung also nicht erfolgt ist.

(2) Schon jetzt wird der Auftragnehmer mit folgenden Besonderen Leistungen beauftragt:

.....

(3) Schon jetzt wird der Auftragnehmer mit folgenden Beratungsleistungen gemäß Anlage 1 zur HOAI beauftragt:

.....

§ 4 Leistungspflicht des Auftragnehmers

(1) Mit Abschluss dieses Vertrages verpflichtet sich der Auftragnehmer gemäß § 650q Abs. 1 BGB, nach näherer Maßgabe dieses Vertrages diejenigen Leistungen zu erbringen, die nach dem jeweiligen Stand der Planung und Ausführung erforderlich sind, um die zwischen den Parteien vereinbarten – und gegebenenfalls nach Vertragsschluss weiterentwickelten – Überwachungsziele zu erreichen. Der Auftragnehmer übernimmt damit allerdings keine Garantie oder sonstige verschuldensunabhängige Haftung dafür, dass die Zielvorstellungen in vollem Umfang verwirklicht werden können. Der Auftragnehmer verpflichtet sich, seine Leistungen so zu erbringen, dass die definierten und fortgeschriebenen Zielvorstellungen in bestmöglicher Weise verwirklicht werden können. Des Weiteren verpflichtet sich der Auftragnehmer, den Auftraggeber umgehend und umfassend zu unterrichten, sobald erkennbar wird, dass die Verwirklichung von Zielvorstellungen – gleich aus welchem Grund – gefährdet ist. Schadensersatzansprüche des Auftraggebers wegen des Nichterreichens von Zielvorstellungen setzen ein Verschulden auf Seiten des Auftragnehmers voraus. Sofern Leistungsänderungen bzw. zusätzliche Leistungen erforderlich werden, um durch diesen Vertrag definierte bzw. fortgeschriebene Zielvorstellungen einhalten zu können, gelten hierfür die Bestimmungen dieses Vertrages (§§ 6 und 12).

(2) Unter Berücksichtigung der vereinbarten Überwachungsziele besteht der Leistungserfolg, auf dessen Erzielung der Auftragnehmer seine Leistungen auszurichten hat, in dem Entstehenlassen eines plangerechten, mit den maßgeblichen Bestimmungen des öffentlichen Rechts übereinstimmenden, technisch und wirtschaftlich mangelfreien Bauwerks bis zur Überwachung der bei Abnahme festgestellten Mängel.

(3) Zur Erzielung der vorstehend beschriebenen Ziele hat der Auftragnehmer sämtliche Grundleistungen der beauftragten Leistungsphase 8 nach § 34 HOAI i.V.m. der Anlage 10 zur HOAI zu erbringen, dies allerdings nur insoweit, als es zur Erzielung der vereinbarten Ziele tatsächlich erforderlich ist.

(4) Hiervon unabhängig schuldet der Auftragnehmer auf jeden Fall die Erbringung folgender Teilleistungen im Sinne selbständiger Einzelerfolge:
- Aufstellen, Fortschreiben und Überwachen eines Zeitplanes (Balkendiagramm)
- Dokumentation des Bauablaufes (z.B. durch Führen eines Bautagebuches) sowie Übergabe des Objekts einschließlich Zusammenstellung und Übergabe der erforderlichen Unterlagen, z.B. Bedienungsunterlagen, Prüfprotokolle
- Organisation der Abnahme der Bauleistungen unter Mitwirkung anderer an der Planung fachlich Beteiligter unter Feststellung von Mängeln
- Rechnungsprüfung
- Kostenfeststellung nach DIN 276 (2008)
- Systematische Zusammenstellung der Dokumentation, zeichnerischen Darstellungen und rechnerischen Ergebnisse des Objekts.

(4) Die vorstehend ausdrücklich benannten Einzelleistungen schuldet der Auftragnehmer unabhängig davon, ob sie zur Erreichung der vereinbarten Planungs- und Überwachungsziele erforderlich sind. Weitere Einzelleistungen schuldet er nicht unabhängig von der Notwendigkeit zur Erzielung der vereinbarten Planungs- und Überwachungsziele.

(5) Folgende Leistungen hat der Auftragnehmer keinesfalls zu erbringen, und zwar auch dann nicht, wenn sie zur Erzielung des geschuldeten Gesamterfolges erforderlich sind:
- Leistungen, die anderen Leistungsbildern der HOAI als dem beauftragten zuzurechnen sind (einschließlich der Leistungsbilder der »Beratungsleistungen« nach Anlage 1 zur HOAI und der Projektsteuerung im Sinne von § 31 HOAI 1996)
- Leistungen, die nach den einschlägigen gesetzlichen Bestimmungen den Angehörigen der rechts- und steuerberatenden Berufe vorbehalten sind
- Beratungstätigkeiten im Zusammenhang mit einer möglichen Förderung des Bauvorhabens.

Darüber hinaus werden folgende Grundleistungen von der Beauftragung ausgenommen:

.....

(6) Grundlage der Leistungserbringung durch den Auftragnehmer sind insbesondere die bereits zum Zeitpunkt der Auftragserteilung vorliegenden Planungsergebnisse (Anlage 1 zu diesem Vertrag). Der Auftragnehmer darf bei Erbringung der von ihm geschuldeten Leistungen grundsätzlich davon ausgehen, dass die vorliegenden Planungsergebnisse den Zielvorstellungen des Auftraggebers und den anerkannten Regeln der Technik entsprechen, und dass es sich um eine dauerhaft genehmigungsfähige Planung handelt, die mit allen einschlägigen Bestimmungen des öffentlichen Rechts übereinstimmt. Darüber hinaus darf der Auftragnehmer auch davon ausgehen, dass die vorliegenden Planungsergebnisse in möglichst wirtschaftlicher Weise erstellt wurden. Dies bedeutet insbesondere, dass sämtliche Leistungen im Rahmen der sonstigen Vorgaben und Zielstellungen des Auftraggebers sowie des technisch und rechtlich Möglichen mit dem Ziel größtmöglicher Kosteneinsparung sowohl bei der Errichtung des Bauvorhabens, als auch bei der späteren Nutzung erbracht wurden. Den Auftragnehmer trifft insoweit keine umfassende Pflicht zur Überprüfung der der Auftragserteilung zugrunde liegenden Planungsergebnisse. Er ist allerdings verpflichtet, die Planungsergebnisse, bevor er diese seiner weiteren Leistungserbringung zugrunde legt, auf Plausibilität, Widerspruchsfreiheit und Vollständigkeit zu überprüfen. Ergibt sich aus dieser Plausibilitätskontrolle – ohne weitergehende Überprüfungen oder Recherchen –, dass die Planungsergebnisse den Zielvorstellungen des Auftraggebers oder den anerkannten Regeln der Technik nicht entsprechen, oder dass es sich nicht um eine dauerhaft genehmigungsfähige Planung handelt, die mit allen einschlägigen Bestimmungen des öffentlichen Rechts übereinstimmt, oder dass bei der zugrunde gelegten Planung gegen Grundsätze der Wirtschaftlichkeit der Planung verstoßen wurde, muss er den Auftraggeber hierauf unverzüglich hinweisen und die weiteren Entscheidungen des Auftraggebers abwarten.

(7) Der Auftragnehmer hat seine Leistungen entsprechend den anerkannten Regeln der Technik sowie in Übereinstimmung mit den einschlägigen Bestimmungen des öffentlichen Rechts sowie

der ihm bekannten (fortgeschriebenen) Zielvorstellungen des Auftraggebers zu erbringen. Der Auftragnehmer hat seine Leistungen außerdem in möglichst wirtschaftlicher Weise zu erbringen. Dies bedeutet insbesondere, dass sämtliche Leistungen im Rahmen der sonstigen Vorgaben und Zielvorstellungen des Auftraggebers sowie des technisch und rechtlich Möglichen mit dem Ziel größtmöglicher Kosteneinsparung sowohl bei der Errichtung des Bauvorhabens als auch bei der späteren Nutzung zu erbringen sind.

Entstehen Widersprüche zwischen verschiedenen Zielvorstellungen des Auftraggebers, zwischen den Zielvorstellungen des Auftraggebers und den anerkannten Regeln der Technik, oder aber zwischen den anerkannten Regeln der Technik und dem (neuesten) Stand der Technik bzw. der Wissenschaft, hat der Auftragnehmer den Auftraggeber entsprechend aufzuklären und zu unterrichten sowie Entscheidungshilfen zu geben und Entscheidungsalternativen zu formulieren. Die Entscheidung ist dann durch den Auftraggeber zu treffen. Die vom Auftraggeber vorgegebenen (fortgeschriebenen) Zielvorstellungen sind nur insoweit für den Auftragnehmer verbindlich, als sie in sich widerspruchsfrei sind und auch nicht im Widerspruch zu den anerkannten Regeln der Technik bzw. zu zwingenden öffentlich-rechtlichen Bestimmungen stehen.

(8) Der Auftragnehmer erbringt die ihm übertragenen Leistungen in eigener Person oder durch fest angestellte oder freie Mitarbeiter seines Büros. Die Beauftragung von Unterbeauftragten hat er dem Auftraggeber unverzüglich anzuzeigen. Der Auftraggeber ist berechtigt, der Beauftragung von Unterbeauftragten unverzüglich zu widersprechen, sofern der Widerspruch aus einem wichtigen, in der Person des vorgesehenen Unterbeauftragten liegenden Grunde gerechtfertigt ist.

§ 5 Bevollmächtigung des Auftragnehmers

(1) Der Auftraggeber bevollmächtigt den Auftragnehmer im Zusammenhang mit der Erbringung seiner Leistungen mit der Vornahme folgender Handlungen bzw. Abgabe folgender Erklärungen:
- technische Abnahme
- Entgegennahme und Abzeichnung von Stundenlohnnachweisen
- Erteilung von Weisungen auf der Baustelle (§ 4 Abs. 1 Nr. 3 VOB/B)
- Mängelrügen
- Entgegennahme von Angeboten und Schlussrechnungen
- Entgegennahme von Erklärungen ausführender Firmen (z.B. Bedenkenanmeldungen, Behinderungsanzeigen, Mehrkostenanmeldungen)
- Aufnahme eines gemeinsamen Aufmaßes mit den ausführenden Firmen.

(2) Finanzielle Verpflichtungen für den Auftraggeber darf der Auftragnehmer nur eingehen, wenn Gefahr in Verzug besteht und das Einverständnis des Auftraggebers nicht rechtzeitig zu erlangen ist.

(3) Eine weitergehende Vollmacht wird dem Auftragnehmer mit diesem Vertrag nicht erteilt. Spätere hierüber hinaus gehende Vollmachten können nur schriftlich erteilt werden (§ 125 BGB).

§ 6 Änderungsbegehren und Änderungsanordnung des Auftraggebers; Änderungsvereinbarungen

(1) Für Änderungsvereinbarungen und Änderungsanordnungen des Auftraggebers gilt § 650q Abs. 1 BGB i.V.m. § 650b BGB mit den nachfolgenden Modifikationen:

(2) Das Änderungsbegehren des Auftraggebers kann sich auch auf die Art der Ausführung der Leistungen, insbesondere in zeitlicher Hinsicht beziehen. Solchen Änderungsbegehren muss der Auftragnehmer nur folgen, wenn schwerwiegende Gründe vorliegen und bei der Abwägung der beiderseitigen Interessen die Interessen des Auftraggebers an der Anordnung deutlich überwiegen.

(3) Die Befolgung von Änderungsbegehren des Auftraggebers im Sinne von § 650b Abs. 1 Nr. 1, die mit einer Änderung der vereinbarten Überwachungsziele verbunden sind (nicht notwendige Änderungen) ist für den Auftragnehmer insbesondere dann unzumutbar,
- wenn der Auftraggeber von vorneherein endgültig und ernsthaft die Zahlung einer dem Auftragnehmer für die zusätzlich zu erbringenden Überwachungsleistungen zustehenden zusätzlichen Vergütung oder die Mitwirkung an einer entsprechenden, den zusätzlichen Vergütungsanspruch des Auftragnehmers umfassenden Nachtragsvereinbarung verweigert;

- wenn betriebsinterne Umstände im Büro des Auftragnehmers (z.B. eine besonders hohe Auslastung des Büros) entgegenstehen; der Auftragnehmer ist dann nicht verpflichtet, weitere Mitarbeiter einzustellen bzw. Unteraufträge zu erteilen.

(4) Beide Parteien können jederzeit nach Eingang des Änderungsbegehrens des Auftraggebers eine vorläufige Klärung der Verpflichtung des Auftragnehmers, dem Begehren des Auftraggebers Folge zu leisten, im Wege des Adjudikationsverfahrens nach § 20 herbeiführen, ohne die Frist des § 650b Abs. 2 BGB abwarten zu müssen.

§ 7 Hinzuziehung und Koordination anderer Beteiligter

(1) Folgende Sonderfachleute bzw. anderen an der Planung sowie Ausführung und Überwachung der Ausführung des Bauvorhabens Beteiligten sind vom Auftraggeber bereits neben dem Auftragnehmer beauftragt worden:

.....

(2) Der Auftragnehmer ist zur Koordination der Leistungen anderer fachlich Beteiligter in folgendem Umfang verpflichtet:
- Der Auftragnehmer muss die Beiträge anderer fachlich Beteiligter mit den von ihm durch seine Ausbildung und seine Berufstätigkeit erworbenen bzw. von ihm zu erwartenden Kenntnissen und praktischen Erfahrungen daraufhin überprüfen, ob diese offenkundige Fehler und/oder Unvollständigkeiten aufweisen. In diesem Fall muss er den Auftraggeber unverzüglich entsprechend unterrichten. Eine darüber hinaus gehende Pflicht zur fachlichen Prüfung der Beiträge anderer Beteiligter trifft den Auftragnehmer nicht.
- Der Auftragnehmer muss die Leistungen der anderen fachlich Beteiligten in zeitlicher Hinsicht in der Weise mit seiner eigenen zeitlichen Planung koordinieren, dass er seine eigenen Leistungen fristgerecht erbringen kann. Er muss daher die anderen Beteiligten darauf hinweisen, bis zu welchem Zeitpunkt deren Beiträge spätestens vorliegen müssen. Liegen diese Beiträge nicht termingerecht vor, muss er den Auftraggeber hierauf hinweisen.
- Der Auftragnehmer muss die übrigen fachlich Beteiligten vollständig und umfassend unterrichten und ihnen vollständige, sachlich richtige und widerspruchsfreie Informationen und Unterlagen zukommen lassen.

(3) Weitergehende Überprüfungs- bzw. Koordinierungspflichten treffen den Auftragnehmer nicht. Er hat weder – wie ein Generalplaner – für Fehler anderer fachlich Beteiligter entsprechend § 278 BGB wie für eigene Fehler einzustehen, noch – wie ein Projektsteuerer – eine »übergeordnete Koordination« für das Bauvorhaben zu übernehmen.

§ 8 Allgemeine Pflichten von Auftraggeber und Auftragnehmer

(1) Über die durch diesen Vertrag begründeten Verpflichtungen, insbesondere zu einer mängelfreien Leistungserbringung und umfassender Information sowie Beratung des Auftraggebers hinaus verpflichtet der Auftragnehmer sich allgemein, Weisungen und Anordnungen des Auftraggebers zu beachten und bei seiner Leistungserbringung so weit wie möglich umzusetzen. Dies gilt aber nur hinsichtlich von Anordnungen und Weisungen, die entweder der Auftraggeber in Person selbst, oder aber durch einen von ihm ausdrücklich hierzu bevollmächtigten Vertreter erteilt.

(2) Ist die Befolgung von Anordnungen und Weisungen des Auftraggebers mit einer Vertragsänderung im Hinblick auf die vereinbarten Überwachungsziele oder die zur Erreichung dieser Ziele im Einzelnen zu erbringenden Leistungen verbunden, ist der Auftragnehmer hierzu nur nach Maßgabe der Regelungen in § 6 dieses Vertrages verpflichtet. Im Übrigen endet die Pflicht des Auftragnehmers, Weisungen des Auftraggebers Folge zu leisten, wenn die Weisungen des Auftraggebers gegen öffentlich-rechtliche oder sonstige gesetzliche Bestimmungen verstoßen oder ihre Befolgung mit einer Gefahr für Leib und Leben verbunden wäre. In diesen Fällen kann der Auftragnehmer sich auf die Weisung auch nicht zu seiner Entlastung berufen.

(3) Hat der Auftragnehmer Bedenken gegen Weisungen oder Vorgaben des Auftraggebers, muss er den Auftraggeber hierauf umgehend schriftlich hinweisen und seine Bedenken begründen (z.B.

Widerspruch zu anerkannten Regeln der Technik, Widerspruch zu Zielvorgaben des Auftraggebers). In diesem Fall muss (und darf) der Auftragnehmer der Weisung/Vorgabe des Auftraggebers nur dann folgen, wenn dieser daran trotz der vom Auftragnehmer vorgebrachten Bedenken festhält. In diesem Fall ist der Auftragnehmer von jeder Haftung frei. Weist der Auftragnehmer demgegenüber auf Bedenken nicht hin, oder unterlässt er die bei Anwendung des in § 3 dieses Vertrages definierten Maßstabes erforderliche Prüfung, kann er sich zu seiner Entlastung nicht auf die Weisung/Vorgabe des Auftraggebers berufen. Die vorstehend in Absatz 2 enthaltene Regelung zu den Grenzen der Verpflichtung des Auftragnehmers, Weisungen des Auftraggebers Folge zu leisten, bleibt hiervon unberührt. Die vorstehenden Regelungen betreffen nicht die bereits erstellten und diesem Vertrag zugrunde gelegten Planungsergebnisse. Insoweit geht die Regelung in § 4 Abs. 6 dieses Vertrages vor.

(4) Der Auftraggeber verpflichtet sich, die Durchführung des Bauvorhabens zu fördern, soweit dies in seinen Kräften steht. Insbesondere verpflichtet er sich, anstehende Entscheidungen kurzfristig zu treffen.

(5) Der Auftraggeber erteilt dem Auftragnehmer alle zur Vertragsdurchführung und Abrechnung erforderlichen Auskünfte und übergibt entsprechende Unterlagen. Folgende Unterlagen sind dem Auftragnehmer bereits umgehend nach Vertragsschluss, spätestens innerhalb einer Frist von einer Woche ab Vertragsschluss zu übergeben:

.....

(6) Der Auftraggeber verpflichtet sich auch dem Auftragnehmer gegenüber, die Leistungen der ausführenden Unternehmen abzunehmen, sobald die Voraussetzungen hierfür erfüllt sind.

§ 9 Baukosten

(1) Der Auftragnehmer übernimmt keine Garantie oder sonstige verschuldensunabhängige Haftung für die Einhaltung des vereinbarten Kostenziels. Wird für den Auftragnehmer erkennbar, dass der Kostenrahmen voraussichtlich überschritten wird, z.B. wegen gestiegener Baukosten, wegen Änderungsbegehren, Änderungsanordnungen oder sonstigen Weisungen des Auftraggebers oder wegen einer im Laufe der Bauausführung erkennbar werdenden Fehlerhaftigkeit bzw. Unvollständigkeit der der Auftragserteilung zugrunde gelegten Planungsergebnisse (Anlage 1 zu diesem Vertrag), ist der Auftragnehmer verpflichtet, den Auftraggeber hierüber umgehend und umfassend zu unterrichten und Einsparungsvorschläge zu unterbreiten, die geeignet sind, die Einhaltung des vorgesehenen Kostenrahmens sicherzustellen. Planungsleistungen muss der Auftragnehmer insoweit nicht erbringen.

(2) Nach näherer Maßgabe der Festlegungen in § 3 dieses Vertrags zum Umfang der vom Auftragnehmer geschuldeten Leistungen ist dieser zur Kostenermittlung, zur Fortschreibung der Kostenermittlung, und zur Kostenkontrolle verpflichtet.

§ 10 Fristen

(1) Der Auftragnehmer ist verpflichtet, seine Leistungen so zu erbringen, dass die vertraglich vereinbarte und während der Projektverwirklichung fortgeschriebene Zielvorstellung des Auftraggebers hinsichtlich der zeitlichen Abfolge des Bauvorhabens und dessen Fertigstellung nach Möglichkeit eingehalten wird. Er übernimmt damit aber keine Garantie oder sonstige verschuldensunabhängige Haftung für die Einhaltung des vereinbarten Kostenziels. Wird für den Auftragnehmer erkennbar, dass der vorgesehene Bauablauf nicht eingehalten werden kann, z.B. wegen unvorhergesehener äußerer Umstände oder wegen Anordnungen des Auftraggebers, z.B. solchen, die Planungsänderungen erforderlich machen, ist der Auftragnehmer verpflichtet, den Auftraggeber hierüber umgehend und umfassend zu unterrichten.

(2) Nach näherer Maßgabe der Festlegungen in § 3 dieses Vertrags zum Umfang der vom Auftragnehmer geschuldeten Leistung ist dieser zur Fortschreibung der Terminplanung und Fristenkontrolle verpflichtet.

(3) Glaubt sich der Auftragnehmer in der ordnungsgemäßen Ausführung der Leistung behindert, so hat er dies dem Auftraggeber unverzüglich schriftlich anzuzeigen. Unterlässt er die Anzeige, so hat er nur dann Anspruch auf Berücksichtigung der hindernden Umstände, wenn dem Auftrag-

geber die Tatsache und deren hindernde Wirkung bekannt waren. Darüber hinaus kann der Auftragnehmer sich auf Behinderungsumstände nur dann berufen, wenn diese aus dem Risikobereich des Auftraggebers stammen oder durch höhere Gewalt oder andere für den Auftragnehmer unabwendbare Umstände verursacht waren.

§ 11 Honorar

(1) Die Parteien treffen die aus den nachfolgenden Bestimmungen sich ergebende Honorarvereinbarung.

(2) Für sämtliche nach diesem Vertrag (vgl. § 4) von ihm zu erbringenden Leistungen mit Ausnahme der bereits mit Abschluss dieses Vertrages beauftragten Besonderen Leistungen (hierzu nachfolgend Absatz 5) und der bereits mit Abschluss dieses Vertrages beauftragten »Beratungsleistungen« (hierzu nachfolgend Absatz 6) erhält der Auftragnehmer ein Pauschalhonorar in Höhe von

..... **€ netto** zuzüglich Mehrwertsteuer in der jeweils maßgeblichen gesetzlichen Höhe (zur Zeit 19 %).

Mögliche zusätzliche Vergütungsansprüche unter dem Gesichtspunkt der Unterbrechung bzw. Verzögerung der Leistungserbringung oder der Vertragsänderung bzw. Änderungsanordnung bleiben hiervon unberührt. Nebenkosten sind mit der vereinbarten Gesamtpauschale nicht abgegolten. Diese sind gesondert abzurechnen (Absatz 10).

(3) Die Vertragsparteien gehen davon aus, dass die hier auf der Grundlage der diesem Vertrag als Anlage 5 beigefügten Honorarberechnung getroffene Honorarvereinbarung wirksam ist. Ihnen ist jedoch bewusst, dass die Honorarvereinbarung entgegen dieser Annahme unwirksam sein, also z.B. zu einer unzulässigen Unterschreitung der Mindestsätze bzw. zu einer unzulässigen Überschreitung der einschlägigen Honorartafel der HOAI führen könnte.

(4) Für den Fall, dass die vorstehende Pauschalhonorarvereinbarung unwirksam sein sollte, treffen die Parteien die aus den nachfolgenden Bestimmungen sich ergebende Honorarvereinbarung.

(4.1) Die vom Auftragnehmer nach diesem Vertrag zu erbringenden Leistungen werden HOAI – gemäß mit den aus den nachfolgenden Bestimmungen sich ergebenden Modifikationen vergütet. Mit den nachfolgenden Festlegungen machen die Vertragsparteien zugleich von dem ihnen im Rahmen der HOAI-gemäßen Abrechnung zustehenden Beurteilungsspielraum Gebrauch.

(4.1.1) Die anrechenbaren Kosten (§ 4 Abs. 1 HOAI) sind auf der Grundlage der Kostenberechnung zu ermitteln (§ 6 Abs. 1 Nr. 1 HOAI), wobei eine vollständige und mängelfreie Planung zugrunde zu legen ist. Erhöhen sich die Kosten gegenüber der ursprünglichen Kostenberechnung durch die Vervollständigung einer zunächst unvollständigen Planung oder durch Beseitigung von Mängeln einer zunächst mängelbehafteten Planung, erhöhen sich auch die anrechenbaren Kosten entsprechend. Der Auftraggeber stellt dem Auftragnehmer die Kostenberechnung zur Verfügung.

(4.1.2) Die Vertragsparteien sind sich darüber einig, dass bei der Ermittlung der anrechenbaren Kosten mitzuverarbeitende Bausubstanz gemäß § 2 Abs. 7 HOAI zu berücksichtigen ist. Zu Umfang und Wert der mitzuverarbeitenden Bausubstanz treffen die Vertragsparteien folgende Vereinbarung nach § 4 Abs. 3 HOAI:

(4.1.2.1) Unter dem Umfang der mitzuverarbeitenden Bausubstanz verstehen die Vertragsparteien den »mitzuverarbeitenden« Teil des zu planenden Objekts (im Sinne von § 2 Abs. 7 HOAI). Die Parteien gehen zum Zeitpunkt des Abschlusses dieses Vertrages davon aus, dass folgende Bauteile im Sinne von § 2 Abs. 7 HOAI mit zu verarbeiten sind:

.....

Daraus ergibt sich folgende vorläufige Bewertung des Umfangs der mitzuverarbeitenden Bausubstanz (Massen bzw. Volumen):

.....

Dieser Bewertung liegt die Kostenberechnung nach DIN 276 zum Zeitpunkt des Abschlusses dieses Vertrages zugrunde. Die endgültige Bewertung erfolgt auf der Grundlage der gegebenenfalls in unmittelbarer oder entsprechender Anwendung des § 10 Abs. 1 HOAI fortzuschreibenden Kostenberechnung. § 10 Abs. 1 HOAI ist entsprechend anwendbar, sofern sich nach Abschluss dieses Vertrages aufgrund dann angestellter weiterer Untersuchungen der Bausubstanz ergibt, dass mitzuverarbeitende Bausubstanz tatsächlich in größerem Umfang zu berücksichtigen ist als zum Zeitpunkt des Vertragsschlusses angenommen.

(4.1.2.2) Zum Wert der mitzuverarbeitenden Bausubstanz vereinbaren die Vertragsparteien, dass dieser auf der Grundlage des nach den anerkannten Regeln der Technik zu berechnenden Neubauwertes ermittelt werden soll. Die vorläufige Bewertung (zum Zeitpunkt des Abschlusses dieses Vertrages) ergibt sich insoweit aus Anlage 5 zu diesem Vertrag (Honorarberechnung). Die endgültige Bewertung erfolgt auch insoweit auf der Grundlage der gegebenenfalls in unmittelbarer oder entsprechender Anwendung von § 10 Abs. 1 HOAI fortzuschreibenden Kostenberechnung.

Der Neubauwert ist mit Rücksicht auf den Erhaltungszustand der mitzuverarbeitenden Bausubstanz zu vermindern (»Zustandsfaktor«). Zum Zustandsfaktor vereinbaren die Vertragsparteien, dass der zuvor ermittelte Neubauwert um ..... % zu vermindern ist. Ergibt sich aus der gegebenenfalls gemäß oder entsprechend § 10 Abs. 1 HOAI fortzuschreibenden Kostenberechnung, dass die anrechenbaren Kosten im Sinne von § 4 Abs. 1 HOAI, soweit es sich um Kosten handelt, die für die Erhaltung der Bausubstanz aufgewendet werden, den Minderungsbetrag übersteigen, der sich aus der Anwendung des vorstehend festgelegten Zustandsfaktors ergibt, wird die Anwendung des Zustandsfaktors dadurch ersetzt, dass die für die Erhaltung der Bausubstanz aufgewendeten anrechenbaren Kosten vom Neubauwert abgezogen werden.

Der um den Zustandsfaktor bzw. um die für die Erhaltung der Bausubstanz aufgewendeten anrechenbaren Kosten im Sinne von § 4 Abs. 1 HOAI verminderte Neubauwert wird des Weiteren um einen Leistungsfaktor reduziert, mit dem berücksichtigt wird, dass das Maß der »Mitverarbeitung« der vorhandenen Bausubstanz in den verschiedenen Leistungsphasen, mit denen der Auftragnehmer durch diesen Vertrag beauftragt wird, unterschiedlich ist. Den Leistungsfaktor legen die Parteien für die hier beauftragte Leistungsphase 8 mit 0,6 fest.

(4.1.3) Die durch diesen Vertrag beauftragten Leistungen der Leistungsphase 8 werden gemäß § 34 Abs. 2 in Verbindung mit § 9 Abs. 3 HOAI mit 41 % des Gesamthonorars bewertet.

(4.1.4) Das Bauvorhaben wird der Honorarzone ..... zugeordnet. Es wird folgender Honorarsatz vereinbart: ..... % der Differenz von Mindest- und Höchstsatz über dem Mindestsatz.

(4.1.5.) Zur Anwendung von § 11 HOAI vereinbaren die Vertragsparteien Folgendes:

Bei den Gebäuden ..... und ..... handelt es sich um Gebäude mit weitgehend vergleichbaren Planungsbedingungen derselben Honorarzone, die im zeitlichen und örtlichen Zusammenhang als Teil einer Gesamtmaßnahme geplant und errichtet werden. Um den andernfalls entstehenden Wertungswiderspruch zu § 11 Abs. 3 HOAI aufzulösen, vereinbaren die Parteien, dass entgegen § 11 Abs. 2 HOAI die anrechenbaren Kosten dieser Objekte nicht zu addieren sind, sondern eine getrennte Berechnung erfolgt (ohne Wiederholungsminderung).

Die Gebäude ..... und ..... sind im Wesentlichen gleichartig. Da sie außerdem im zeitlichen und örtlichen Zusammenhang unter gleichen baulichen Verhältnissen geplant und errichtet werden sollen, ist § 11 Abs. 3 HOAI anzuwenden. Da danach die Wiederholungsminderung auf die hier allein beauftragten Leistungen der Leistungsphase 8 nicht anzuwenden ist, ist das Honorar für die im Wesentlichen gleichartigen Gebäude im Ergebnis getrennt zu ermitteln und jeweils ungemindert zu berechnen.

(4.1.6) Im Hinblick auf den Schwierigkeitsgrad der Leistung wird ein Zuschlag gem. § 6 Abs. 2 i.V.m. 36 Abs. 1 HOAI in Höhe von ..... % vereinbart.

(4.1.7) Das Honorar ist grundsätzlich auf der Grundlage der zur Zeit des Abschlusses dieses Vertrages gültigen Fassung der HOAI zu berechnen. Tritt nach Abschluss des Vertrages eine Novellierung der Verordnung in Kraft, ist das Honorar nach der novellierten Fassung der Verordnung zu berechnen, sofern die Anwendung der novellierten Fassung im Ergebnis zu einem höheren Honorar führt. Ansonsten bleibt es bei der Honorarberechnung nach der zum Zeitpunkt des Vertragsschlusses geltenden Fassung der HOAI.

(5) Für die bereits mit Abschluss dieses Vertrages vereinbarten Besonderen Leistungen werden folgende Honorare vereinbart:

.....

(6) Für die bereits mit Abschluss dieses Vertrages vereinbarten Beratungsleistungen werden folgende Honorare vereinbart:

.....

(7) Soweit der Auftragnehmer auf Grund späterer Beauftragung durch den Auftraggeber Besondere Leistungen oder Beratungsleistungen im Sinne der Anlage 1 zur HOAI zu erbringen hat, die durch das hier vereinbarte Honorar nicht abgegolten sind, muss er diese Leistungen nur auf der Grundlage einer schriftlichen Vereinbarung ausführen, die auch das ihm hierfür zustehende Honorar einschließen muss. Kommt eine derartige Vergütungsvereinbarung nicht zustande, sind die entsprechenden Leistungen nach Zeitaufwand gemäß Absatz 8 abzurechnen.

(8) Sofern Leistungen nach Zeitaufwand abzurechnen sind, werden folgende Stundensätze vereinbart:
1. Für den geschäftsführenden Gesellschafter des Auftragnehmers: ..... €
2. Für Mitarbeiter, die technische oder wirtschaftliche Aufgaben erfüllen, sofern sie nicht unter Nr. 1 fallen: ..... €
3. Für technische Zeichner und sonstige Mitarbeiter mit vergleichbaren Qualifikationen, die technische oder wirtschaftliche Aufgaben erfüllen: ..... €

(9) Kommt es aufgrund der Leistungen des Auftragnehmers unter Ausschöpfung technisch-wirtschaftlicher oder umweltverträglicher Lösungsmöglichkeiten zu einer wesentlichen Kostensenkung ohne Verminderung des vertraglich festgelegten Standards, wird ein Erfolgshonorar gem. § 7 Abs. 6 S. 1 und 2 HOAI vereinbart. Eine wesentliche Kostensenkung ist nur dann gegeben, wenn die tatsächlichen Kosten der Kostengruppe 300 sowie – anteilig nach den Grundsätzen des § 33 Abs. 2 HOAI – der Kostengruppe 400 nach DIN 276 (2008) die bei Abschluss dieses Vertrages prognostizierten Kosten zu den entsprechenden Kostengruppen um mehr als 10% unterschreiten. Das Erfolgshonorar wird in der Weise vereinbart, dass sich das vereinbarte Honorar um denselben Prozentsatz erhöht, um den die tatsächlichen Kosten die prognostizierten Kosten unterschreiten, maximal allerdings um 20 %.

(10) Sämtliche Nebenkosten im Sinne von § 14 Abs. 2 HOAI werden pauschal abgerechnet, und zwar mit X % des Gesamthonorars (netto). Übersteigen die tatsächlichen Nebenkosten die Pauschale um mehr als 20%, ist der Auftragnehmer berechtigt, statt der Pauschale die tatsächlich entstandenen Nebenkosten auf Einzelnachweis abzurechnen. Der Auftragnehmer ist berechtigt, Abschlagszahlungen auf die Nebenkostenpauschale zu verlangen. Er darf diese gemeinsam mit seinen Abschlagsrechnungen geltend machen, und zwar in Höhe von X % des Betrages der jeweiligen Abschlagsrechnung (netto).

§ 12 Honorar bei Änderungsanordnungen sowie bei Projektverzögerungen und -unterbrechungen

(1) Leistungsänderungen, die auf Änderungsvereinbarungen im Sinne von § 650q Abs. 1 i.V.m. § 650b Abs. 1 BGB oder auf einer Änderungsanordnung des Auftraggebers im Sinne von § 650q Abs. 1 i.V.m. § 650b Abs. 2 BGB beruhen, sind nach näherer Maßgabe der folgenden Bestimmungen gesondert zu honorieren. Änderungsvereinbarungen im Sinne von § 650q Abs. 1 i.V.m. § 650b Abs. 1 BGB sollen eine Vereinbarung über die Vergütungsanpassung infolge der Änderung umfassen. Der Anspruch auf Vergütungsanpassung nach Maßgabe der folgenden Regelungen besteht aber unabhängig vom Zustandekommen einer solchen Vereinbarung.

(2) Für Änderungsleistungen, bei denen es sich nicht um Grundleistungen oder um Teile von Grundleistungen der HOAI – einschließlich der Grundleistungen der Leistungsbilder der Anlage 1 zur HOAI – handelt, gilt § 11 Abs. 8 dieses Vertrages, sofern die Parteien keine andere Vereinbarung treffen.

(3) Für Änderungsleistungen, bei denen es sich um Grundleistungen oder um Teile von Grundleistungen der HOAI – einschließlich der Grundleistungen der Leistungsbilder der Anlage 1 zur HOAI – handelt, gilt:

§ 10 HOAI ist auch im Falle einer Änderungsanordnung des Auftraggebers im Sinne von § 650q Abs. 1 i.V.m. § 650b Abs. 2 BGB anwendbar. Sind die Gründe für die Änderungsanordnung vom Auftragnehmer zu vertreten, kann er eine Honorarerhöhung nach § 10 HOAI nur geltend machen, wenn es zu der wiederholten Erbringung von Grundleistungen bzw. zu der Erhöhung der anrechenbaren Kosten auch ohne den vom Auftragnehmer zu vertretenden Umstand gekommen wäre.

(3.1) Sind bereits erbrachte Grundleistungen ganz oder teilweise erneut zu erbringen, gilt § 10 Abs. 2 HOAI mit folgenden Maßgaben:

§ 10 Abs. 2 HOAI gilt unabhängig davon, ob sich die anrechenbaren Kosten verändern oder gleich bleiben.

Maßgeblich für die Ermittlung des anteilig zu berechnenden Honorars für wiederholt erbrachte Grundleistungen nach § 10 Abs. 2 sind § 8 Abs. 2 HOAI sowie die diesem Vertrag als Anlage 6 beigefügte Tabelle zur Grundleistungsbewertung. Ist von den wiederholt zu erbringenden Leistungen nur ein Teilbereich des Bauvorhabens betroffen, ist – sofern die Parteien nicht vor Ausführung der geänderten Leistung schriftlich etwas anderes vereinbaren – das anteilige Honorar im Sinne von § 10 Abs. 2 i.V.m. § 8 Abs. 2 HOAI bezogen auf die anrechenbaren Kosten für den von der Wiederholungsleistung betroffenen Teilbereich des Bauvorhabens zu ermitteln.

(3.2) Ändern sich die anrechenbaren Kosten, gilt § 10 Abs. 1 HOAI mit folgenden Maßgaben:

Die Honoraranpassung nach § 10 Abs. 1 HOAI kann neben einer Honoraranpassung nach § 10 Abs. 2 HOAI geltend gemacht werden.

Verringern sich die anrechenbaren Kosten, bleibt ein etwaiger Anspruch der Auftragnehmerin nach § 649 BGB von § 10 Abs. 1 HOAI unberührt.

(4) Tritt aus einem nicht vom Auftragnehmer zu vertretenden Grunde eine Unterbrechung des Projektes von mindestens drei Monaten ein, ohne dass die weitere Leistungserbringung dauernd unmöglich wird, ist der Auftragnehmer berechtigt, die bis dahin erbrachten Leistungen vertragsgemäß abzurechnen, sowie außerdem Erstattung derjenigen Kosten zu verlangen, die dem Auftragnehmer bereits entstanden und in der Vergütung des noch nicht ausgeführten Teils der Leistung enthalten sind. Dauert die Unterbrechung dann weitere drei Monate an, ist der Auftragnehmer berechtigt, den Vertrag aus wichtigem Grunde zu kündigen und nach den Grundsätzen des § 19 dieses Vertrages abzurechnen.

(5) Unabhängig von der vorstehenden Bestimmung in Absatz 4 gilt: Wird eine der in Anlage 4 zu diesem Vertrag genannten Einzelzeiträume aus nicht vom Auftragnehmer zu vertretenden Gründen um mehr als 20% (Toleranz) überschritten, ist hierdurch die Geschäftsgrundlage der mit diesem Vertrag getroffenen Pauschalhonorarvereinbarung in relevanter Weise berührt. Die Parteien sind in diesem Fall verpflichtet, über eine angemessene Erhöhung des Honorars für die entsprechenden Leistungen zu verhandeln. Erzielen sie keine Einigung, so erhöht sich das Honorar des Auftragnehmers für die entsprechenden Leistungen im gleichen Verhältnis wie der tatsächliche Zeitraum zu dem vorgesehenen und um die Toleranz erweiterten Zeitraum. Mindestens hat der Auftragnehmer Anspruch auf Erstattung seiner nachgewiesenen Mehrkosten. Der Anspruch auf Anpassung der Vergütung nach den Grundsätzen der Änderung der Geschäftsgrundlage bzw. auf Erstattung von Mehrkosten besteht nicht, sofern der Auftragnehmer die Bauzeitverlängerung selbst zu vertreten hat.

§ 13 Abrechnung; Aufrechnungsverbot

(1) Der Auftragnehmer ist verpflichtet, prüfbar abzurechnen. Bei Abschlagsrechnungen genügt es, wenn der erreichte Bearbeitungsstand plausibel dargelegt ist. Ein lückenloser Nachweis ist nicht erforderlich. Der Auftragnehmer ist berechtigt, mindestens im Abstand von einem Monat Abschlagsrechnungen zu erstellen, erstmalig zum .....

(2) Gegenüber fälligen Honoraransprüchen des Auftragnehmers kann der Auftraggeber nur mit einem unstreitigen, anerkannten oder rechtskräftig festgestellten Zahlungsanspruch die Aufrechnung erklären. Dies gilt nicht hinsichtlich solcher Ansprüche des Auftraggebers, die mit dem Honoraranspruch in einem synallagmatischen Verhältnis stehen; letzteres trifft insbesondere auf

Werklohnforderung des Auftragnehmers und Forderungen des Auftraggebers, die aus dessen Anspruch auf mängelfreie Erfüllung abgeleitet werden, zu.

Soweit danach der Auftraggeber die Aufrechnung nicht wirksam erklären könnte, ist er auch hinsichtlich der Ausübung eines Zurückbehaltungsrechts in gleicher Weise beschränkt. Ein etwaiges Zurückbehaltungsrecht des Auftraggebers im Hinblick auf einen Anspruch gegen den Auftragnehmer, der auf Erfüllung bzw. Nacherfüllung der Leistungspflicht des Auftragnehmers gerichtet ist, ist hiervon nicht berührt.

§ 14 Dokumentation des Planungs- und Bauablaufs

(1) Der Auftragnehmer erstellt monatliche Berichte, mit denen er den Bearbeitungsstand schriftlich dokumentiert und zusammenfasst. Dabei ist insbesondere darzustellen, wie sich der erreichte Bearbeitungsstand zu den vereinbarten und gegebenenfalls fortgeschriebenen Überwachungszielen (§ 650p BGB, §§ 1 Abs. 3; 4 dieses Vertrages) verhält.

(2) Dem schriftlichen Bericht sind mindestens folgende Unterlagen beizufügen, soweit diese Unterlagen zum Zeitpunkt der Berichterstattung schon erstellt werden können und dem Auftraggeber nicht bereits zuvor übergeben worden sind:
a) Die Kostenfeststellung
b) Die systematische Zusammenstellung der zeichnerischen Darstellungen und rechnerischen Ergebnisse des Objekts, die Auflistung der Gewährleistungsfristen sowie (auf Verlangen des Auftraggebers) das Bautagebuch, ferner eine Aufstellung, aus der sich die vom Auftragnehmer erstellten Terminpläne, die gemeinsam mit den ausführenden Firmen durchgeführten Aufmaße und Abnahmen, sowie die behördlichen Abnahmen ergeben müssen; auf Verlangen des Auftraggebers sind auch die entsprechenden Unterlagen selbst vorzulegen; zu übergeben ist außerdem eine Übersicht über den Schriftverkehr mit den ausführenden Firmen, soweit dieser die von den Firmen einzuhaltenden Termine (also z.B. Mahnungen, Behinderungsanzeigen, Reaktionen auf Behinderungsanzeigen etc.), die Qualität der erbrachten Bauleistungen (also z.B. Mängelrügeschreiben, Bedenkenanmeldungen, Reaktionen auf Mängelrügeschreiben bzw. Bedenkenanmeldungen), bzw. den Umfang der von den Firmen zu erbringenden Leistungen (also z.B. Nachtragsangebote, Nachtragsvereinbarungen) betrifft; auf Verlangen des Auftraggebers sind auch die entsprechenden Unterlagen selbst zu übergeben.

(3) Der Auftragnehmer ist verpflichtet, an den vom Auftraggeber oder von anderen Planungsbeteiligten oder den beauftragten Fachfirmen anberaumten (Bau-, Planungs- und Koordinations-) Besprechungen teilzunehmen. Er hat den Auftraggeber über von anderen Projektbeteiligten anberaumte Besprechungen zu informieren und auf dessen Verlangen darüber Niederschriften in einem dem Besprechungsinhalt angemessenen Umfang anzufertigen und diese dem Auftraggeber unverzüglich zu übermitteln.

(4) Der Auftragnehmer ist zudem verpflichtet, den Auftraggeber über alle bei der Durchführung seiner Aufgaben wesentlichen Angelegenheiten unverzüglich schriftlich zu unterrichten. Diese Pflicht erlischt nicht mit der Vertragsbeendigung.

§ 15 Unterlagen

(1) Vor Vertragsbeendigung hat der Auftragnehmer dem Auftraggeber die in § 14 dieses Vertrages im Einzelnen genannten Unterlagen zu übergeben. Nach Beendigung des Vertrages sind dem Auftraggeber darüber hinaus auch alle weiteren Unterlagen zu übergeben, die für die Fortsetzung des Bauvorhabens bzw. die Bewirtschaftung des Objektes erforderlich sind.

(2) Gegenüber dem Anspruch des Auftraggebers auf Übergabe von Unterlagen steht dem Auftragnehmer ein Zurückbehaltungsrecht nicht zu, soweit er vorleistungspflichtig ist.

(3) Soweit Unterlagen nicht an den Auftraggeber herauszugeben sind, ist der Auftragnehmer berechtigt, diese Unterlagen 10 Jahre nach vollständiger Leistungserbringung zu vernichten.

§ 16 Abnahme

(1) Nach vollständiger Leistungserbringung hat der Auftragnehmer Anspruch auf eine förmliche Abnahme.

(2) Ferner steht dem Auftragnehmer der gesetzliche Anspruch nach § 650s BGB auf förmliche Teilabnahme nach der Abnahme der letzten für das Bauvorhaben zu erbringenden Bauleistung zu.

§ 17 Haftung, Versicherung und Verjährung

(1) Die Haftung des Auftragnehmers ergibt sich aus den gesetzlichen Bestimmungen mit den nachfolgenden Modifikationen.

(2) Die Haftung für anfängliches Unvermögen, grobe Fahrlässigkeit, das Fehlen zugesicherter Eigenschaften, Arglist und die Verletzung des Körpers sowie der Gesundheit ist nicht beschränkt. Für sonstige Schäden (Sach- und Vermögensschäden) wird die Haftung für Fälle der leichten Fahrlässigkeit der Höhe nach auf folgende Haftungssumme beschränkt: .....

Nach ausführlicher Erörterung sehen die Vertragsparteien eine Beschränkung der Haftungssumme in diesem Umfang im Hinblick auf die konkreten Haftungsrisiken als angemessen an. Dabei sind folgende Erwägungen maßgeblich gewesen: .....

(3) Haftet der Auftragnehmer für einen von ihm schuldhaft verursachten Mangel bzw. Schaden gesamtschuldnerisch neben einem anderen an dem Bauvorhaben Beteiligten, insbesondere einer ausführenden Firma, kann er verlangen, dass der Auftraggeber zunächst vorrangig den anderen Beteiligten in dem (durch den Auftragnehmer in plausibler Weise darzulegenden) Umfang in Anspruch nimmt, in dem dieser im internen Gesamtschuldnerverhältnis haftet. Diese Verpflichtung ist auf die ernsthafte außergerichtliche Inanspruchnahme, mindestens auf eine schriftliche Aufforderung zur Mängelbeseitigung bzw. Nacherfüllung, verbunden mit einer angemessenen Fristsetzung, beschränkt.

(4) Beabsichtigt der Auftraggeber, einen Mangel oder Schaden am Bauwerk, für den ein Mangel der vom Auftragnehmer erbrachten Leistungen (mit-)verantwortlich ist, zu beseitigen oder beseitigen zu lassen, muss der Auftraggeber dem Auftragnehmer Gelegenheit geben, sich an der Schadens- bzw. Mangelbeseitigung in der Weise zu beteiligen, dass er die Mängelbeseitigungsarbeiten überwacht. Wenn und solange der Auftraggeber dem Auftragnehmer diese Möglichkeit nicht einräumt, und wenn und solange der Auftragnehmer zur Erbringung dieser Leistungen bereit und in der Lage ist, steht dem Auftragnehmer gegen einen etwaigen Schadensersatz-, Minderungs-, Kostenerstattungs- oder Kostenvorschussanspruch des Auftraggebers ein Zurückbehaltungsrecht in Höhe der in dem geltend gemachten Anspruch enthaltenen Kosten für die zur Mängel- bzw. Schadensbeseitigung erforderlichen Überwachungskosten zu.

(5) Der Auftragnehmer ist verpflichtet, eine Berufshaftpflichtversicherung nachzuweisen. Die Deckungssummen dieser Versicherungen müssen mindestens betragen:
– Für Personenschäden: ..... €
– Für sonstige Schäden: ..... €

Der Betrag muss je Versicherungsjahr .....fach zur Verfügung stehen.

(6) Sämtliche Ansprüche des Auftraggebers gegen den Auftragnehmer verjähren, ebenso wie sämtliche Ansprüche des Auftragnehmers gegen den Auftraggeber, innerhalb der gesetzlichen Fristen. Sofern Teilabnahmen erfolgen, ist für etwaige Mängelansprüche des Auftraggebers der Zeitpunkt der Teilabnahme für den Beginn der Verjährung hinsichtlich der bis zu diesem Zeitpunkt erbrachten Leistungen maßgeblich.

§ 18 Vorzeitige Vertragsbeendigung

(1) Auftragnehmer und Auftraggeber sind zur Kündigung dieses Vertrages aus wichtigem Grunde berechtigt (§ 648a BGB). Das Recht des Auftraggebers zur ordentlichen Vertragskündigung bleibt daneben unberührt.

(2) Ein wichtiger Kündigungsgrund liegt für den Auftraggeber insbesondere dann vor, wenn
– er seine Bauabsicht für das geplante Objekt nachhaltig aufgegeben hat;
– das Vertrauensverhältnis zwischen den Parteien auf Grund nach Vertragsschluss eingetretener Umstände erheblich gestört ist, oder andere Umstände vorliegen, auf Grund derer ein Festhalten des Auftraggebers am Vertrag nicht mehr zugemutet werden kann;

- der Auftragnehmer seine Zahlungen eingestellt hat, die Eröffnung des Insolvenzverfahrens über sein Vermögen beantragt hat, oder die Leistungsfähigkeit des Auftragnehmers aus anderen Gründen so beeinträchtigt ist, dass ein Vertrauen in seine Fähigkeit zur vertragsgerechten Erfüllung nicht mehr besteht.

(3) Ein wichtiger Grund zur Kündigung durch den Auftragnehmer liegt insbesondere dann vor, wenn
- der Auftraggeber eine ihm obliegende Leistung unterlässt und dadurch der Auftragnehmer wesentlich behindert ist, seine Leistung vertragsgemäß auszuführen;
- der Auftraggeber mit einer fälligen Zahlung oder auf andere Weise mit einer erheblichen Vertragspflicht in Verzug gerät;
- das Vertrauensverhältnis zwischen den Parteien aus anderen, nach Vertragsschluss eingetretenen Gründen so erheblich gestört ist, dass dem Auftragnehmer ein Festhalten an dem Vertrag nicht mehr zugemutet werden kann.

(4) Sowohl die vom Auftraggeber, als auch die vom Auftragnehmer erklärte Kündigung bedarf der Schriftform (§ 650h BGB). Die Kündigung aus wichtigem Grunde ist erst zulässig, wenn der kündigende Vertragspartner dem anderen Vertragspartner zuvor ohne Erfolg schriftlich eine angemessene Frist zur Vertragserfüllung gesetzt und erklärt hat, dass er nach fruchtlosem Ablauf der Frist den Vertrag kündigen werde. Das gilt nicht, wenn der Vertragspartner die Vertragserfüllung schon zuvor endgültig und ernsthaft verweigert hat, so dass eine Fristsetzung eine sinnlose Förmlichkeit darstellen würde.

(5) Angemessen im Sinne von § 648a BGB i.V.m. § 314 Abs. 3 BGB ist in der Regel eine Frist von 14 Tagen.

(6) Im Falle der ordentlichen Vertragskündigung durch den Auftraggeber sowie im Falle der einvernehmlichen Vertragsaufhebung (ohne dass die Vertragsaufhebung aus einem vom Auftragnehmer zu vertretenden Grunde veranlasst worden wäre) behält der Auftragnehmer den Anspruch auf das vertragliche Honorar auch für die infolge der vorzeitigen Vertragsbeendigung nicht mehr erbrachten Leistungen. Er muss sich jedoch dasjenige anrechnen lassen, was er infolge der Aufhebung des Vertrags an Aufwendungen erspart, sowie außerdem auch dasjenige, was er durch anderweitige Verwendung seiner Arbeitskraft erwirbt oder zu erwerben böswillig unterlässt (»anderweitiger Erwerb«). Dies gilt auch im Falle einer Kündigung bzw. einvernehmlichen Vertragsaufhebung aus einem wichtigen, aber nicht vom Auftragnehmer zu vertretenden Grund durch den Auftraggeber.

Die ersparten Aufwendungen werden mit 40% des Honorars der noch nicht erbrachten Leistungen festgelegt, sofern nicht der Auftraggeber höhere, oder der Auftragnehmer geringere Ersparnisse nachweist. »Anderweitiger Erwerb« ist von der vorstehenden Pauschalierung nicht mit umfasst und daher in jedem Fall konkret darzulegen.

(7) Macht der Auftragnehmer nach einer von ihm ausgesprochenen Kündigung aus wichtigem Grunde (§ 648a BGB) Schadensersatz geltend (§ 648a Abs. 6 BGB), gilt für die Berechnung des Schadensersatzanspruchs Abs. 6 entsprechend.

(8) Im Falle einer Vertragsbeendigung auf Grund einer vom Auftraggeber ausgesprochenen Kündigung aus einem wichtigen, vom Auftragnehmer zu vertretenden Grund hat der Auftragnehmer lediglich Anspruch auf Vergütung der bis zu diesem Zeitpunkt erbrachten Leistungen.

§ 19 Streitbeilegung

(1) Entstehen bei der Durchführung und Abwicklung dieses Vertrages Meinungsverschiedenheiten zwischen den Vertragspartnern, werden die Parteien zunächst versuchen, den Streit auf gütlichem Wege beizulegen. Streitfragen berechtigen die Parteien nur insoweit, ihre Mitwirkung an der Vertragserfüllung einzustellen, als ihnen auf Grund vertraglicher oder gesetzlicher Vorschriften ein Zurückbehaltungsrecht zusteht.

(2) Sofern die Voraussetzungen einer Gerichtsstandsvereinbarung nach § 38 Abs. 1 Satz 2 ZPO vorliegen, ist Wahlgerichtsstand auch der Ort, an dem die tatsächlichen Bauleistungen im Schwerpunkt ausgeführt werden.

(3) Die Vertragsparteien treffen für alle Streitigkeiten aus und im Zusammenhang mit diesem Vertragsverhältnis die als Anlage 7 beigefügte Adjudikationsvereinbarung zur projektbegleitenden außergerichtlichen Beilegung solcher Streitigkeiten.

(4) Die Vertragsparteien treffen für alle gerichtlichen Streitigkeiten aus und im Zusammenhang mit diesem Vertragsverhältnis die als Anlage 8 beigefügte Schiedsgerichtsvereinbarung unter Ausschluss des ordentlichen Rechtsweges.

§ 20 Schlussbestimmungen

(1) Mündliche Nebenabreden sind nicht getroffen worden. Änderungen und Ergänzungen des Vertrages bedürfen der Schriftform.

(2) Sollten Bestimmungen dieses Vertrages, eine künftig in ihn aufgenommene Bestimmung oder ein wesentlicher Teil dieses Vertrags ganz oder teilweise unwirksam oder undurchführbar sein oder werden, oder sollte dieser Vertrag lückenhaft sein, so soll dies die Wirksamkeit der übrigen Bestimmungen dieses Vertrages nicht berühren. Anstelle der unwirksamen Bestimmung werden die Parteien in diesem Falle eine wirksame Bestimmung vereinbaren, die dem Sinn und Zweck der unwirksamen Bestimmung, insbesondere dem, was die Parteien wirtschaftlich beabsichtigt hatten, entspricht oder ihm am nächsten kommt. Im Falle von Lücken werden die Parteien eine Vertragsergänzung vereinbaren, die dem entspricht, was nach Sinn und Zweck dieses Vertrages vereinbart worden wäre, hätten die Vertragsparteien die Angelegenheit von vorne herein bei Abschluss des Vertrages bedacht.

c) Erläuterungen

Die folgenden Anmerkungen beschränken sich auf *Ergänzungen* zu den Anmerkungen zu Formular C.1., auf die daher im Übrigen zu verweisen ist. 49

Zu § 1

Absatz 3: Für den reinen Objektüberwachungsvertrag stellt sich – anders als für den »Vollarchitekturvertrag« – nicht die Frage, ob noch wesentliche Planungs- und Überwachungsziele im Sinne von § 650p BGB zu erarbeiten sind, so dass ein Vertragsschluss unter Einschluss der »Zielfindungsphase« nach § 650p Abs. 2 BGB nicht in Betracht kommt. »Gesetzliches Leitbild« dieses Vertrages ist ausschließlich § 650p Abs. 1 BGB. 50

Zu § 2

Das Muster geht auch für den Objektüberwachungsvertrag davon aus, dass eine Adjudikationsvereinbarung und eine Schiedsgerichtsvereinbarung getroffen werden (Anlagen 7 und 8; vgl. im Übrigen § 19 des Musters). Im Hinblick insbesondere auf die zum 01.01.2018 in Kraft tretenden Regelungen der § 650 b) – d) erhalten derartige Vereinbarungen künftig eine noch größere Bedeutung als bisher. 51

Zu § 4

Absatz 6: Durch die hier vorgeschlagene Regelung wird einerseits vermieden, dass der ausschließlich mit Leistungen der Objektüberwachung beauftragte Architekt dennoch in vollem Umfang auch für die von ihm selbst gar nicht erbrachten Planungsleistungen verantwortlich gemacht werden kann, ohne hierfür ein gesondertes Honorar beanspruchen zu können. Andererseits kann er die bei Auftragserteilung zugrunde gelegten Planungs- und Ausschreibungsergebnisse nicht »blind« übernehmen. Er muss sie jedenfalls auf Plausibilität, Widerspruchsfreiheit und Vollständigkeit überprüfen. Ergeben sich hieraus Beanstandungen, muss er den Auftraggeber hierauf hinweisen. Der Auftraggeber muss sodann die erforderlichen Entscheidungen treffen. Gegebenenfalls muss er den planenden Architekten mit den notwendigen Umplanungs- bzw. Nachbesserungsarbeiten beauftragen. Entsprechendes gilt bei offenkundigen Fehlern der vorgelegten Planung, die der objektüberwachende Architekt aufgrund der von ihm zu erwartenden Sachkunde ohne weite- 52 res (d.h. ohne eingehende Überprüfung und Recherche) erkennen muss. Auch solche Fehler darf er nicht einfach übernehmen, sondern muss den Auftraggeber hierauf aufmerksam machen.

Zu § 6

53 Die zusätzlichen Planungs- bzw. Ausschreibungsleistungen selbst sind von dem lediglich mit den Aufgaben der Objektüberwachung beauftragten Architekten nicht zu erbringen; regelungsbedürftig ist aber der hiermit auch für diesen Architekten verbundene Mehraufwand. Auch insoweit gelten ab dem 01.01.2018 die neuen gesetzlichen Bestimmungen des § 650q i.V.m. §§ 650b und 650c BGB. Die für den »Vollarchitekturvertrag« vorgeschlagenen Bestimmungen sind hier daher nur angepasst worden. Im Interesse an schnellen, vorläufigen Klärungen – das hinsichtlich von Änderungsanordnungen und deren Vergütungsfolgen in besonderer Weise besteht – ist auch hier die Etablierung eines Adjudikationsverfahrens sinnvoll (vgl. § 19), um insbesondere nicht an die starre 30-Tagesfrist des § 650b BGB gebunden zu sein.

Zu § 8

54 Absatz 3: Im Rahmen der hier geregelten »Prüf- und Hinweispflicht« (in Anlehnung an § 4 Abs. 3 VOB/B) trifft den Auftragnehmer nur eine eingeschränkte Überprüfungspflicht (auf Plausibilität, offenkundige Fehler, Vollständigkeit und Widerspruchsfreiheit).

Zu § 9

55 Absatz 1: Der letzte Satz dient der Klarstellung. Die Hinweispflicht des Auftragnehmers darf nicht so weit gehen, dass ihm auf diesem Umweg eine eigene Pflicht zur Erbringung von Planungsleistungen zugewiesen wird.

Zu § 10

56 Im vorliegenden Muster ist vorgesehen, dass die »Überwachungsziele« im Sinne von § 650p Abs. 2 BGB auch durch einen Terminplan bestimmt werden, der als Anlage 4 beigefügt werden sollen. Auch insoweit soll der Auftragnehmer aber keine verschuldensunabhängige Haftung übernehmen. Nach § 650p Abs. 1 BGB – dessen Wortlaut § 4 Abs. 1 des Musters aufgreift – ist die Leistungspflicht des Auftragnehmers darauf gerichtet, alle Leistungen zu erbringen, die erforderlich sind, um die Einhaltung des Terminplans zu erreichen. Erbringt der Auftragnehmer alle seinerseits erforderlichen Leistungshandlungen, hat er – obwohl im Ergebnis der vereinbarte »Erfolg« insoweit nicht eingetreten ist – seine Leistungen dennoch mängelfrei erfüllt.

Zu § 11

57 Absatz 3: Abweichend von Formular C.1. ist hier nicht vorgesehen, dass die Honorarermittlung eine Geschäftsgrundlagenvereinbarung enthalten soll. Bei dem lediglich auf die Objektüberwachung gerichteten Vertrag sollten die Honorarermittlungsgrundlagen weitgehend feststehen. Hinsichtlich des Ausführungszeitraums enthält allerdings § 12 Abs. 5 eine eigene Geschäftsgrundlagenvereinbarung.

Absatz 4: Vorgesehen ist hier eine (modifizierte) Honorarvereinbarung, die »zum Zuge« kommen soll, falls sich herausstellen sollte, dass – entgegen der Annahme der Vertragsparteien – die primär getroffene Pauschalhonorarvereinbarung unwirksam ist. Auch dies ist natürlich nur als ein beispielhafter Vorschlag zu verstehen. Eine Vielzahl abweichender Honorarvereinbarungen (z.B. modifizierte HOAI-gemäße Abrechnung ohne Pauschalhonorarvereinbarung; Geschäftsgrundlagenvereinbarungen) sind selbstverständlich auch für dieses Muster denkbar.

Absatz 4.1.5: Zwischen § 11 Abs. 2 und § 11 Abs. 3 HOAI besteht insofern ein unaufgeklärter, vom Verordnungsgeber wohl auch nicht bemerkter Wertungswiderspruch, als bei einer Beauftragung – wie in dem hier zugrunde gelegten Fall – nur mit Leistungen der Leistungsphase 8 (oder aber auch bei einer Beauftragung mit Leistungen ab Leistungsphase 7) bei einer exakt am Wortlaut orientierten Auslegung die Abrechnung nach § 11 Abs. 3 (bei im wesentlichen gleichen Gebäuden) zu einem höheren Honorar führen würde als die Abrechnung nach § 11 Abs. 2 (bei lediglich vergleichbaren Objekten). Da dieser Wertungswiderspruch im Ergebnis kaum hinzunehmen ist, werden in diesem und in dem nachfolgenden Muster C.2. Vorschläge für eine Auflösung des Widerspruchs in die eine oder in die andere Richtung unterbreitet.

Zu § 12

Absatz 5: Das Muster geht hier davon aus, dass der in den Vertrag einzubeziehende Terminplan Einzelfristen enthält. Sofern nur eine Frist für die Gesamtfertigstellung des Bauvorhabens vereinbart wird, ist die Regelung entsprechend anzupassen.

Nach § 13

Auf Regelungen zum Urheberrecht wie im Vertragsmuster C.1., dort § 14, kann hier verzichtet werden, da ein Urheberrechtsschutz für reine Bauüberwachungsleistungen nicht in Betracht kommt.

Zu § 16

Auch bei einer auf die Objektüberwachung beschränkten Beauftragung sollte im Interesse des Auftragnehmers der gesetzliche Anspruch auf Teilabnahme nach der letzten Abnahme von Bauleistungen (§ 650s BGB) nicht abbedungen werden. Im Einzelfall kann ein erheblicher Zeitraum zwischen der letzten Abnahme von Bauleistungen und dem Abschluss der Leistungsphase 8 liegen.

4. Architektenvertrag (Objektüberwachung) aus Auftraggebersicht

a) Muster Architektenvertrag (Objektüberwachung) aus Auftraggebersicht

Zwischen

1.

[Name/Bezeichnung; Anschrift]

– Auftraggeber –

und

2.

[Name/Bezeichnung; Anschrift]

– Auftragnehmer –

wird folgender Architektenvertrag (Objektplanung – Objektüberwachung – Gebäude) geschlossen:

§ 1 Vertragsgegenstand

(1) Gegenstand dieses Vertrages sind Architektenleistungen (Objektüberwachung) für Gebäude im Sinne der Leistungsphase 8 des § 34 HOAI i.V.m. Anlage 10 zur HOAI.

(2) Die Architektenleistungen sind für folgendes Bauvorhaben zu erbringen: *[Bezeichnung des Bauvorhabens unter Verwendung der Begriffsbezeichnungen des § 2 Abs. 2–6 HOAI – Neubauten, Wiederaufbauten, Erweiterungsbauten, Umbauten, Modernisierungen, Instandsetzungen, Instandhaltungen]*

auf folgendem Grundstück *[Adresse, Grundbuchbezeichnung, eingetragener Eigentümer]*

Das Bauvorhaben betrifft ..... Gebäude *[Bezeichnung des oder der Gebäude, auf die sich das Bauvorhaben bezieht, gegebenenfalls auch Bezeichnung weiterer Objekte im honorarrechtlichen Sinne, vgl. § 2 Abs. 1 HOAI, auf die sich das Bauvorhaben und der durch diesen Vertrag zu erteilende Auftrag bezieht.]*

(3) Die Überwachungsziele im Sinne von § 650p Abs. 2 BGB ergeben sich aus den als Anlage 1 beigefügten Unterlagen (Genehmigungen, Plänen, Ausschreibungsunterlagen), aus der als Anlage 2 beigefügten Bau- und Qualitätsbeschreibung, sowie aus den Anlagen 3 (Kostenermittlung) und 4 (Terminplan).

§ 2 Vertragsgrundlagen

(1) Der Inhalt der zwischen den Parteien getroffenen vertraglichen Vereinbarungen ergibt sich aus diesem Vertrag einschließlich seiner Anlagen. Ergänzende oder abweichende mündliche Vereinbarungen sind nicht getroffen worden. Etwaige Widersprüche der Vertragsbestandteile sind im Wege der Auslegung aufzulösen. Sollten dennoch Widersprüche verbleiben, soll die speziellere Bestimmung Vorrang vor der allgemeineren haben. Ergibt sich auch dann keine Geltungsreihenfolge, soll die jüngere Bestimmung Vorrang vor der älteren haben. Folgende Anlagen werden Vertragsbestandteil:

Anlage 1: Genehmigungen, Planungsunterlagen, Gutachten etc. *[näher konkretisieren]*

Anlage 2: Bau- und Qualitätsbeschreibung

Anlage 3: Kostenermittlung *[z.B. Kostenanschlag bzw. bepreiste Leistungsverzeichnisse]*

Anlage 4: Terminplan

Anlage 5: Honorarberechnung

Anlage 6: Tabelle zur Bewertung von Grundleistungen

Anlage 7: Adjudikationsvereinbarung nebst Adjudikationsordnung XYZ

Anlage 8: Schiedsgerichtsvereinbarung nebst Schiedsgerichtsordnung XYZ

(2) Grundlagen des Vertragsverhältnisses sind im Übrigen:
1. Die für das Bauvorhaben relevanten öffentlich-rechtlichen Bestimmungen
2. Die Honorarordnung für Architekten und Ingenieure (HOAI) in der bei Vertragsschluss geltenden Fassung
3. Die Bestimmungen des Bürgerlichen Gesetzbuches, insbesondere diejenigen über den Architekten- und Ingenieurvertrag (§§ 650p ff. i.V.m. §§ 631 ff. und §§ 650a ff. BGB).

§ 3 Beauftragung

(1) Der Auftraggeber beauftragt den Auftragnehmer nach Maßgabe dieses Vertrages mit der Erbringung von Architektenleistungen, die dem Leistungsbild Objektplanung für Gebäude im Sinne von § 34 HOAI i.V.m. Anlage 10 zur HOAI, Leistungsphase 8 zuzurechnen sind. Die Parteien sind sich darüber einig, dass die Beauftragung des Auftragnehmers erst mit Abschluss dieses Vertrages zustande kommt, eine vorherige mündliche Beauftragung also nicht erfolgt ist.

(2) Schon jetzt wird der Auftragnehmer mit folgenden Besonderen Leistungen beauftragt:

.....

(5) Schon jetzt wird der Auftragnehmer mit folgenden Beratungsleistungen gemäß Anlage 1 zur HOAI beauftragt:

.....

§ 4 Leistungspflicht des Auftragnehmers

(1) Mit Abschluss dieses Vertrages verpflichtet sich der Auftragnehmer gemäß § 650q Abs. 1 BGB, nach näherer Maßgabe dieses Vertrages diejenigen Leistungen zu erbringen, die nach dem jeweiligen Stand der Planung und Ausführung erforderlich sind, um die zwischen den Parteien vereinbarten – und gegebenenfalls nach Vertragsschluss weiter entwickelten – Überwachungsziele zu erreichen. Diese Überwachungsziele stellen die zwischen den Parteien getroffene werkvertragliche Beschaffenheitsvereinbarung dar. Schadensersatzansprüche des Auftraggebers wegen des Nichterreichens von Zielvorstellungen setzen jedoch ein Verschulden auf Seiten des Auftragnehmers voraus Der Auftragnehmer verpflichtet sich, den Auftraggeber umgehend und umfas-

send zu unterrichten, sobald erkennbar wird, dass die Verwirklichung von Zielvorstellungen – gleich aus welchem Grund – gefährdet ist.

(2) Unter Berücksichtigung der vereinbarten Planungs- und Überwachungsziele besteht der vom Auftragnehmer geschuldete Leistungserfolg in dem Entstehenlassen eines plangerechten, mit den maßgeblichen Bestimmungen des öffentlichen Rechts übereinstimmenden, technisch und wirtschaftlich mangelfreien Bauwerks einschließlich der Überwachung der bei Abnahme festgestellten Mängel.

(3) Zur Erzielung der vorstehend beschriebenen Ziele hat der Auftragnehmer sämtliche Grundleistungen der beauftragten Leistungsphase 8 nach § 34 HOAI i.V.m. der Anlage 10 zur HOAI zu erbringen, und zwar unabhängig davon, inwieweit dies zur Erzielung der vereinbarten Ziele tatsächlich erforderlich ist.

(4) Folgende Leistungen hat der Auftragnehmer keinesfalls zu erbringen, und zwar auch dann nicht, wenn sie zur Erzielung des geschuldeten Gesamterfolges erforderlich sind:
– Leistungen, die anderen Leistungsbildern der HOAI als dem beauftragten zuzurechnen sind (einschließlich der »Beratungsleistungen« nach Anlage 1 zur HOAI und der Projektsteuerung im Sinne von § 31 HOAI 1996)
– Leistungen, die nach den einschlägigen gesetzlichen Bestimmungen den Angehörigen der rechts- und steuerberatenden Berufe vorbehalten sind;
– Beratungstätigkeiten im Zusammenhang mit einer möglichen Förderung des Bauvorhabens.

(5) Der Auftragnehmer hat seine Leistungen entsprechend den anerkannten Regeln der Technik sowie in Übereinstimmung mit den einschlägigen Bestimmungen des öffentlichen Rechts sowie der ihm bekannten (fortgeschriebenen) Zielvorstellungen des Auftraggebers zu erbringen. Der Auftraggeber hat seine Leistungen außerdem in möglichst wirtschaftlicher Weise zu erbringen. Dies bedeutet insbesondere, dass sämtliche Leistungen im Rahmen der sonstigen Vorgaben und Zielvorstellungen des Auftraggebers sowie des technisch und rechtlich Möglichen mit dem Ziel größtmöglicher Kosteneinsparung sowohl bei der Errichtung des Bauvorhabens, als auch bei der späteren Nutzung zu erbringen sind.

Entstehen Widersprüche zwischen verschiedenen Zielvorstellungen des Auftraggebers, zwischen den Zielvorstellungen des Auftraggebers und den anerkannten Regeln der Technik oder aber zwischen den anerkannten Regeln der Technik und dem (neuesten) Stand der Technik bzw. der Wissenschaft, hat der Auftragnehmer den Auftraggeber entsprechend aufzuklären und zu unterrichten sowie Entscheidungshilfen zu geben und Entscheidungsalternativen zu formulieren. Die Entscheidung ist dann durch den Auftraggeber zu treffen. Die vom Auftraggeber vorgegebenen (fortgeschriebenen) Zielvorstellungen sind nur insoweit für den Auftragnehmer verbindlich, als sie in sich widerspruchsfrei sind und auch nicht im Widerspruch zu den anerkannten Regeln der Technik bzw. zu zwingenden öffentlich rechtlichen Bestimmungen stehen.

(6) Diese Verpflichtung des Auftragnehmers besteht ungeachtet des beiden Vertragsparteien bekannten Umstandes, dass Grundlage der Leistungserbringung die bereits zum Zeitpunkt der Auftragserteilung vorliegenden Planungsergebnisse (Anlage 1 zu diesem Vertrag) sind. Diese darf der Auftragnehmer nicht unkritisch übernehmen; vielmehr muss er die zugrunde zu legenden Planungsergebnisse entsprechend prüfen. Führt die Prüfung zu dem Ergebnis, dass vorliegende Planungen, gemessen an dem vorstehend bestimmten Maßstab für die Leistungserbringung des Auftragnehmers, ungeeignet sind, muss der Auftragnehmer den Auftraggeber hierauf aufmerksam machen.

(7) Der Auftragnehmer ist verpflichtet, die ihm übertragenen Leistungen in eigener Person oder durch fest angestellte Mitarbeiter seines Büros zu erbringen. Die Beauftragung von freien Mitarbeitern hat er dem Auftraggeber unverzüglich anzuzeigen. Der Auftraggeber ist berechtigt, der Beauftragung von freien Mitarbeitern unverzüglich zu widersprechen, sofern der Widerspruch aus wichtigem Grunde gerechtfertigt ist. Die Beauftragung von Unterbeauftragten bedarf in jedem Fall der vorherigen, schriftlichen Zustimmung des Auftraggebers.

§ 5 Bevollmächtigung des Auftragnehmers

(1) Der Auftraggeber bevollmächtigt den Auftragnehmer im Zusammenhang mit der Erbringung seiner Leistungen mit der Vornahme folgender Handlungen bzw. Abgabe folgender Erklärungen:

- technische Abnahme
- Entgegennahme und Abzeichnung von Stundenlohnnachweisen
- Erteilung von Weisungen auf der Baustelle (§ 4 Abs. 1 Nr. 3 VOB/B)
- Mängelrügen
- Entgegennahme von Angeboten und Schlussrechnungen
- Entgegennahme von Erklärungen ausführender Firmen (z.B. Bedenkenanmeldungen, Behinderungsanzeigen, Mehrkostenanmeldungen)
- Aufnahme eines gemeinsamen Aufmaßes mit den ausführenden Firmen.

(2) Finanzielle Verpflichtungen für den Auftraggeber darf der Auftragnehmer nur eingehen, wenn Gefahr in Verzug besteht und das Einverständnis des Auftraggebers nicht rechtzeitig zu erlangen ist.

(3) Eine weitergehende Vollmacht wird dem Auftragnehmer mit diesem Vertrag nicht erteilt. Spätere hierüber hinaus gehende Vollmachten können nur schriftlich erteilt werden (§ 125 BGB).

§ 6 Änderungsbegehren und Änderungsanordnung des Auftraggebers; Änderungsvereinbarungen

(1) Für Änderungsvereinbarungen und Änderungsanordnungen des Auftraggebers gilt § 650q Abs. 1 BGB i.V.m. § 650b BGB mit den nachfolgenden Modifikationen:

(2) Das Änderungsbegehren des Auftraggebers kann sich auch auf die Art der Ausführung der Leistungen, insbesondere in zeitlicher Hinsicht beziehen.

(3) Die Befolgung von Änderungsbegehren des Auftraggebers im Sinne von § 650b Abs. 1 Nr. 1, die mit einer Änderung der vereinbarten Überwachungsziele verbunden sind (nicht notwendige Änderungen) ist für den Auftragnehmer insbesondere dann unzumutbar,
- wenn der Auftraggeber von vorneherein endgültig und ernsthaft die Zahlung einer dem Auftragnehmer für die zusätzlich zu erbringenden Überwachungsleistungen zustehenden zusätzlichen Vergütung oder die Mitwirkung an einer entsprechenden, den zusätzlichen Vergütungsanspruch des Auftragnehmers umfassenden Nachtragsvereinbarung verweigert;
- wenn betriebsinterne Umstände im Büro des Auftragnehmers (z.B. eine besonders hohe Auslastung des Büros) entgegenstehen; der Auftragnehmer ist dann nicht verpflichtet, weitere Mitarbeiter einzustellen bzw. Unteraufträge zu erteilen.

(4) Beide Parteien können jederzeit nach Eingang des Änderungsbegehrens des Auftraggebers eine vorläufige Klärung der Verpflichtung des Auftragnehmers, dem Begehren des Auftraggebers Folge zu leisten, im Wege des Adjudikationsverfahrens nach § 20 herbeiführen, ohne die Frist des § 650b Abs. 2 BGB abwarten zu müssen.

§ 7 Hinzuziehung und Koordination anderer Beteiligter

Folgende Sonderfachleute bzw. anderen an der Planung sowie Ausführung und Überwachung der Ausführung des Bauvorhabens Beteiligten sind vom Auftraggeber bereits neben dem Auftragnehmer beauftragt worden:

.....

§ 8 Allgemeine Pflichten von Auftraggeber und Auftragnehmer

(1) Über die durch diesen Vertrag begründeten Verpflichtungen, insbesondere zu einer mängelfreien Leistungserbringung und umfassender Information sowie Beratung des Auftraggebers hinaus verpflichtet der Auftragnehmer sich allgemein, Weisungen und Anordnungen des Auftraggebers zu beachten und bei seiner Leistungserbringung umzusetzen. Dies gilt aber nur hinsichtlich von Anordnungen und Weisungen, die entweder der Auftraggeber in Person selbst, oder aber durch einen von ihm ausdrücklich hierzu bevollmächtigten Vertreter erteilt.

(2) Die Pflicht des Auftragnehmers, Weisungen des Auftraggebers Folge zu leisten, endet, wenn die Weisungen des Auftraggebers gegen öffentlich-rechtliche oder sonstige gesetzliche Bestimmungen verstoßen oder ihre Befolgung mit einer Gefahr für Leib und Leben verbunden wären. In diesen Fällen kann der Auftragnehmer sich auf die Weisung auch nicht zu seiner Entlastung berufen.

(3) Hat der Auftragnehmer Bedenken gegen Weisungen oder Vorgaben des Auftraggebers, muss er den Auftraggeber hierauf umgehend schriftlich hinweisen und seine Bedenken begründen (z.B. Widerspruch zu anerkannten Regeln der Technik, Widerspruch zu Zielvorgaben des Auftraggebers). In diesem Fall muss (und darf) der Auftragnehmer der Weisung/Vorgabe des Auftraggebers nur dann folgen, wenn dieser daran trotz der vom Auftragnehmer vorgebrachten Bedenken festhält. In diesem Fall ist der Auftragnehmer von jeder Haftung frei. Weist der Auftragnehmer demgegenüber auf Bedenken nicht hin, oder unterlässt er die bei Anwendung des in § 3 dieses Vertrages definierten Maßstabes erforderliche Prüfung, kann er sich zu seiner Entlastung nicht auf die Weisung/Vorgabe des Auftraggebers berufen. Die vorstehend in Absatz 2 enthaltene Regelung zu den Grenzen der Verpflichtung des Auftragnehmers, Weisungen des Auftraggebers Folge zu leisten, bleibt hiervon unberührt. Die vorstehenden Regelungen betreffen nicht die bereits erstellten und diesem Vertrag zugrunde gelegten Planungsergebnisse. Insoweit geht die Regelung in § 4 Abs. 6 dieses Vertrages vor.

(4) Der Auftraggeber verpflichtet sich, die Durchführung des Bauvorhabens zu fördern, soweit dies in seinen Kräften steht. Insbesondere verpflichtet er sich, anstehende Entscheidungen kurzfristig zu treffen.

(5) Der Auftraggeber erteilt dem Auftragnehmer alle zur Vertragsdurchführung und Abrechnung erforderlichen Auskünfte und übergibt entsprechende Unterlagen. Folgende Unterlagen sind dem Auftragnehmer bereits umgehend nach Vertragsschluss, spätestens innerhalb einer Frist von einer Woche ab Vertragsschluss zu übergeben:

.....

§ 9 Baukosten

(1) Auch das vereinbarte Baukostenbudget (Anlage 3 zum Vertrag) stellt eine vereinbarte Beschaffenheit im werkvertraglichen Sinn dar. Wird für den Auftragnehmer erkennbar, dass der Kostenrahmen voraussichtlich überschritten wird, z.B. wegen gestiegener Baukosten, wegen Anordnungen des Auftraggebers oder wegen einer im Laufe der Bauausführung erkennbar werdenden Fehlerhaftigkeit bzw. Unvollständigkeit der der Auftragserteilung zugrunde gelegten Planungsergebnisse (Anlage 1 zu diesem Vertrag), ist der Auftragnehmer verpflichtet, den Auftraggeber hierüber umgehend und umfassend zu unterrichten und Einsparungsvorschläge zu unterbreiten, die geeignet sind, die Einhaltung des vorgesehenen Kostenrahmens sicherzustellen.

(2) Nach näherer Maßgabe der Festlegungen in § 3 dieses Vertrags zum Umfang der vom Auftragnehmer geschuldeten Leistungen ist dieser zur Kostenermittlung, zur Fortschreibung der Kostenermittlung, und zur Kostenkontrolle verpflichtet.

§ 10 Fristen

(1) Der Auftragnehmer ist verpflichtet, seine Leistungen so zu erbringen, dass die vertraglich vereinbarte und während der Projektverwirklichung fortgeschriebene Zielvorstellung des Auftraggebers hinsichtlich der zeitlichen Abfolge des Bauvorhabens eingehalten wird. Wird für den Auftragnehmer erkennbar, dass der vorgesehene Bauablauf nicht eingehalten werden kann, z.B. wegen unvorhergesehener äußerer Umstände oder wegen Anordnungen des Auftraggebers, z.B. solchen, die Planungsänderungen erforderlich machen, ist der Auftragnehmer verpflichtet, den Auftraggeber hierüber umgehend und umfassend zu unterrichten.

(2) Nach näherer Maßgabe der Festlegungen in § 3 dieses Vertrags zum Umfang der vom Auftragnehmer geschuldeten Leistung ist dieser zur Fortschreibung der Terminplanung und Terminkontrolle verpflichtet.

(3) Glaubt sich der Auftragnehmer in der ordnungsgemäßen Ausführung der Leistung behindert, so hat er dies dem Auftraggeber unverzüglich schriftlich anzuzeigen. Unterlässt er die Anzeige, so hat er nur dann Anspruch auf Berücksichtigung der hindernden Umstände, wenn dem Auftraggeber die Tatsache und deren hindernde Wirkung bekannt waren. Darüber hinaus kann der Auftragnehmer sich auf Behinderungsumstände nur dann berufen, wenn diese aus dem Risikobereich des Auftraggebers stammen oder durch höhere Gewalt oder andere für den Auftragnehmer unabwendbare Umstände verursacht werden.

§ 11 Honorar

(1) Die Parteien treffen die aus den nachfolgenden Bestimmungen sich ergebende Honorarvereinbarung.

(2) Für sämtliche nach diesem Vertrag (vgl. § 4) von ihm zu erbringenden Leistungen mit Ausnahme der bereits mit Abschluss dieses Vertrages beauftragten Besonderen Leistungen (hierzu nachfolgend Absatz 5) und der bereits mit Abschluss dieses Vertrages beauftragten »Beratungsleistungen« (hierzu nachfolgend Absatz 6) erhält der Auftragnehmer ein Pauschalhonorar in Höhe von

..... € netto zuzüglich Mehrwertsteuer in der jeweils maßgeblichen gesetzlichen Höhe (zurzeit 19 %).

Mögliche zusätzliche Vergütungsansprüche unter dem Gesichtspunkt der Unterbrechung bzw. Verzögerung der Leistungserbringung oder der Vertragsänderung bzw. Änderungsanordnung bleiben hiervon unberührt. Nebenkosten sind mit der vereinbarten Gesamtpauschale nicht abgegolten. Diese sind gesondert abzurechnen (Absatz 10).

(3) Die Vertragsparteien gehen davon aus, dass die hier auf der Grundlage der diesem Vertrag als Anlage 5 beigefügten Honorarberechnung getroffene Honorarvereinbarung wirksam ist. Ihnen ist jedoch bewusst, dass die Honorarvereinbarung entgegen dieser Annahme unwirksam sein, also z.B. zu einer unzulässigen Unterschreitung der Mindestsätze bzw. zu einer unzulässigen Überschreitung der einschlägigen Honorartafel der HOAI führen könnte.

(4) Für den Fall, dass die vorstehende Pauschalhonorarvereinbarung unwirksam sein sollte, treffen die Parteien die aus den nachfolgenden Bestimmungen sich ergebende Honorarvereinbarung.

(4.1) Die vom Auftragnehmer nach diesem Vertrag zu erbringenden Leistungen werden HOAI-gemäß mit den aus den nachfolgenden Bestimmungen sich ergebenden Modifikationen vergütet. Mit den nachfolgenden Festlegungen machen die Vertragsparteien zugleich von dem ihnen im Rahmen der HOAI-gemäßen Abrechnung zustehenden Beurteilungsspielraum Gebrauch.

(4.1.1) Die anrechenbaren Kosten (§ 4 Abs. 1 HOAI) sind auf der Grundlage der Kostenberechnung zu ermitteln (§ 6 Abs. 1 Nr. 1 HOAI), wobei eine vollständige und mängelfreie Planung zugrunde zu legen ist. Erhöhen sich die Kosten gegenüber der ursprünglichen Kostenberechnung durch die Vervollständigung einer zunächst unvollständigen Planung oder durch Beseitigung von Mängeln einer zunächst mängelbehafteten Planung, erhöhen sich auch die anrechenbaren Kosten entsprechend. Der Auftraggeber stellt dem Auftragnehmer die Kostenberechnung zur Verfügung.

(4.1.2) Die Vertragsparteien sind sich darüber einig, dass bei der Ermittlung der anrechenbaren Kosten mitzuverarbeitende Bausubstanz gemäß § 2 Abs. 7 HOAI zu berücksichtigen ist. Zu Umfang und Wert der mitzuverarbeitenden Bausubstanz treffen die Vertragsparteien folgende Vereinbarung nach § 4 Abs. 3 HOAI:

(4.1.2.1) Unter dem Umfang der mitzuverarbeitenden Bausubstanz verstehen die Vertragsparteien den »mitzuverarbeitenden« Teil des zu planenden Objekts (im Sinne von § 2 Abs. 7 HOAI). Die Parteien gehen zum Zeitpunkt des Abschlusses dieses Vertrages davon aus, dass folgende Bauteile im Sinne von § 2 Abs. 7 HOAI mit zu verarbeiten sind:

.....

Daraus ergibt sich folgende vorläufige Bewertung des Umfangs der mitzuverarbeitenden Bausubstanz (Massen bzw. Volumen):

.....

Dieser Bewertung liegt die Kostenberechnung nach DIN 276 zum Zeitpunkt des Abschlusses dieses Vertrages zugrunde. Die endgültige Bewertung erfolgt auf der Grundlage der gegebenenfalls in unmittelbarer oder entsprechender Anwendung des § 10 Abs. 1 HOAI fortzuschreibenden Kostenberechnung. § 10 Abs. 1 HOAI ist entsprechend anwendbar, sofern sich nach Abschluss dieses Vertrages aufgrund dann angestellter weiterer Untersuchungen der Bausubstanz ergibt, dass mitzuverarbeitende Bausubstanz tatsächlich in größerem Umfang zu berücksichtigen ist als zum Zeitpunkt des Vertragsschlusses angenommen.

(4.1.2.2) Zum Wert der mitzuverarbeitenden Bausubstanz vereinbaren die Vertragsparteien, dass dieser auf der Grundlage des nach den anerkannten Regeln der Technik zu berechnenden Neubauwertes ermittelt werden soll. Die vorläufige Bewertung (zum Zeitpunkt des Abschlusses dieses Vertrages) ergibt sich insoweit aus Anlage 5 zu diesem Vertrag (Honorarberechnung). Die endgültige Bewertung erfolgt auch insoweit auf der Grundlage der gegebenenfalls in unmittelbarer oder entsprechender Anwendung von § 10 Abs. 1 HOAI fortzuschreibenden Kostenberechnung.

Der Neubauwert ist mit Rücksicht auf den Erhaltungszustand der mitzuverarbeitenden Bausubstanz zu vermindern (»Zustandsfaktor«). Zum Zustandsfaktor vereinbaren die Vertragsparteien, dass der zuvor ermittelte Neubauwert um ..... % zu vermindern ist. Ergibt sich aus der gegebenenfalls gemäß oder entsprechend § 10 Abs. 1 HOAI fortzuschreibenden Kostenberechnung, dass die anrechenbaren Kosten im Sinne von § 4 Abs. 1 HOAI, soweit es sich um Kosten handelt, die für die Erhaltung der Bausubstanz aufgewendet werden, den Minderungsbetrag übersteigen, der sich aus der Anwendung des vorstehend festgelegten Zustandsfaktors ergibt, wird die Anwendung des Zustandsfaktors dadurch ersetzt, dass die für die Erhaltung der Bausubstanz aufgewendeten anrechenbaren Kosten vom Neubauwert abgezogen werden.

Der um den Zustandsfaktor bzw. um die für die Erhaltung der Bausubstanz aufgewendeten anrechenbaren Kosten im Sinne von § 4 Abs. 1 HOAI verminderte Neubauwert wird des Weiteren um einen Leistungsfaktor reduziert, mit dem berücksichtigt wird, dass das Maß der »Mitverarbeitung« der vorhandenen Bausubstanz in den verschiedenen Leistungsphasen, mit denen der Auftragnehmer durch diesen Vertrag beauftragt wird, unterschiedlich ist. Den Leistungsfaktor legen die Parteien für die hier beauftragte Leistungsphase 8 mit 0,6 fest.

(4.1.3) Die durch diesen Vertrag beauftragten Leistungen der Leistungsphase 8 werden gemäß § 34 Abs. 2 in Verbindung mit § 9 Abs. 3 HOAI mit 41 % des Gesamthonorars bewertet.

(4.1.4) Das Bauvorhaben wird der Honorarzone ..... zugeordnet. Es wird folgender Honorarsatz vereinbart: ..... % der Differenz von Mindest- und Höchstsatz über dem Mindestsatz.

(4.1.5) Zur Anwendung von § 11 HOAI vereinbaren die Vertragsparteien Folgendes:

Bei den Gebäuden ..... und ..... handelt es sich um Gebäude mit weitgehend vergleichbaren Planungsbedingungen derselben Honorarzone, die im zeitlichen und örtlichen Zusammenhang als Teil einer Gesamtmaßnahme geplant und errichtet werden. Um den Wertungswiderspruch zwischen § 11 Abs. 2 und § 11 Abs. 3 HOAI aufzulösen, vereinbaren die Parteien, dass die Abrechnung nach § 11 Abs. 2 HOAI erfolgen und § 11 Abs. 3 insoweit keine Anwendung finden soll.

Die Gebäude ..... und ..... sind im Wesentlichen gleichartig. Da sie außerdem im zeitlichen und örtlichen Zusammenhang unter gleichen baulichen Verhältnissen geplant und errichtet werden sollen, ist § 11 Abs. 3 HOAI anzuwenden. Da danach die Wiederholungsminderung auf die hier allein beauftragten Leistungen der Leistungsphase 8 nicht anzuwenden ist, ist das Honorar für die im Wesentlichen gleichartigen Gebäude im Ergebnis getrennt zu ermitteln und jeweils ungemindert zu berechnen.

(4.1.6) Im Hinblick auf den Schwierigkeitsgrad der Leistung wird ein Zuschlag gem. § 6 Abs. 2 i.V.m. 36 Abs. 1 HOAI in Höhe von ..... % vereinbart.

(4.1.7) Das Honorar ist auf der Grundlage der zur Zeit des Abschlusses dieses Vertrages gültigen Fassung der HOAI zu berechnen.

(5) Für die bereits mit Abschluss dieses Vertrages vereinbarten Besonderen Leistungen werden folgende Honorare vereinbart:

.....

(6) Für die bereits mit Abschluss dieses Vertrages vereinbarten Beratungsleistungen werden folgende Honorare vereinbart:

.....

(7) Soweit der Auftragnehmer auf Grund späterer Beauftragung durch den Auftraggeber Besondere Leistungen oder Beratungsleistungen im Sinne der Anlage 1 zur HOAI zu erbringen hat, die durch das hier vereinbarte Honorar nicht abgegolten sind, muss er diese Leistungen nur auf der

Grundlage einer schriftlichen Vereinbarung ausführen, die auch das ihm hierfür zustehende Honorar einschließen muss. Kommt eine derartige Vereinbarung nicht zustande, sind die entsprechenden Leistungen nach Zeitaufwand gemäß Absatz 8 abzurechnen.

(8) Sofern Leistungen nach Zeitaufwand abzurechnen sind, werden folgende Stundensätze vereinbart:
1. Für den geschäftsführenden Gesellschafter des Auftragnehmers: ..... €
2. Für Mitarbeiter, die technische oder wirtschaftliche Aufgaben erfüllen, sofern sie nicht unter Nr. 1 fallen: ..... €
3. Für technische Zeichner und sonstige Mitarbeiter mit vergleichbaren Qualifikationen, die technische oder wirtschaftliche Aufgaben erfüllen: ..... €

(9) Kommt es aufgrund der Leistungen des Auftragnehmers unter Ausschöpfung technisch-wirtschaftlicher oder umweltverträglicher Lösungsmöglichkeiten zu einer wesentlichen Kostensenkung ohne Verminderung des vertraglich festgelegten Standards, wird ein Erfolgshonorar gem. § 7 Abs. 6 S. 1 und 2 HOAI vereinbart. Eine wesentliche Kostensenkung ist nur dann gegeben, wenn die tatsächlichen Kosten der Kostengruppe 300 sowie – anteilig nach den Grundsätzen des § 33 Abs. 2 HOAI – der Kostengruppe 400 nach DIN 276 (2008) die bei Abschluss dieses Vertrages prognostizierten Kosten zu den entsprechenden Kostengruppen um mehr als 10% unterschreiten. Das Erfolgshonorar wird in der Weise vereinbart, dass sich das vereinbarte Honorar um denselben Prozentsatz erhöht, um den die tatsächlichen Kosten die prognostizierten Kosten unterschreiten, maximal allerdings um 20 %.

(10) Sämtliche Nebenkosten im Sinne von § 14 Abs. 2 HOAI werden pauschal abgerechnet, und zwar mit X % des Gesamthonorars (netto). Übersteigen die tatsächlichen Nebenkosten die Pauschale um mehr als 20%, ist der Auftragnehmer berechtigt, statt der Pauschale die tatsächlich entstandenen Nebenkosten auf Einzelnachweis abzurechnen. Der Auftragnehmer ist berechtigt, Abschlagszahlungen auf die Nebenkostenpauschale zu verlangen. Er darf diese gemeinsam mit seinen Abschlagsrechnungen geltend machen, und zwar in Höhe von X % des Betrages der jeweiligen Abschlagsrechnung (netto).

§ 12 Honorar bei Änderungsanordnungen sowie bei Projektverzögerungen und -unterbrechungen

(1) Leistungsänderungen, die auf Änderungsvereinbarungen im Sinne von § 650q Abs. 1 i.V.m. § 650b Abs. 1 BGB oder auf einer Änderungsanordnung des Auftraggebers im Sinne von § 650q Abs. 1 i.V.m. § 650b Abs. 2 BGB beruhen, sind nach näherer Maßgabe der folgenden Bestimmungen gesondert zu honorieren. Änderungsvereinbarungen im Sinne von § 650q Abs. 1 i.V.m. § 650b Abs. 1 BGB sollen eine Vereinbarung über die Vergütungsanpassung infolge der Änderung umfassen. Der Anspruch auf Vergütungsanpassung nach Maßgabe der folgenden Regelungen besteht aber unabhängig vom Zustandekommen einer solchen Vereinbarung.

(2) Für Änderungsleistungen, bei denen es sich nicht um Grundleistungen oder um Teile von Grundleistungen der HOAI – einschließlich der Grundleistungen der Leistungsbilder der Anlage 1 zur HOAI – handelt, gilt § 11 Abs. 8 dieses Vertrages, sofern die Parteien keine andere Vereinbarung treffen.

(3) Für Änderungsleistungen, bei denen es sich um Grundleistungen oder um Teile von Grundleistungen der HOAI – einschließlich der Grundleistungen der Leistungsbilder der Anlage 1 zur HOAI – handelt, gilt:

§ 10 HOAI ist auch im Falle einer Änderungsanordnung des Auftraggebers im Sinne von § 650q Abs. 1 i.V.m. § 650b Abs. 2 BGB anwendbar. Sind die Gründe für die Änderungsanordnung vom Auftragnehmer zu vertreten, kann er eine Honorarerhöhung nach § 10 HOAI nur geltend machen, wenn es zu der wiederholten Erbringung von Grundleistungen bzw. zu der Erhöhung der anrechenbaren Kosten auch ohne den vom Auftragnehmer zu vertretenden Umstand gekommen wäre.

(3.1) Sind bereits erbrachte Grundleistungen ganz oder teilweise erneut zu erbringen, gilt § 10 Abs. 2 HOAI mit folgenden Maßgaben:

§ 10 Abs. 2 HOAI gilt unabhängig davon, ob sich die anrechenbaren Kosten verändern oder gleich bleiben.

Maßgeblich für die Ermittlung des anteilig zu berechnenden Honorars für wiederholt erbrachte Grundleistungen nach § 10 Abs. 2 sind § 8 Abs. 2 HOAI sowie die diesem Vertrag als Anlage 6 beigefügte Tabelle zur Grundleistungsbewertung. Ist von den wiederholt zu erbringenden Leistungen nur ein Teilbereich des Bauvorhabens betroffen, ist – sofern die Parteien nicht vor Ausführung der geänderten Leistung schriftlich etwas anderes vereinbaren – das anteilige Honorar im Sinne von § 10 Abs. 2 i.V.m. § 8 Abs. 2 HOAI bezogen auf die anrechenbaren Kosten für das Gesamtprojekt, also nicht nur für den von der Änderungsleistung betroffenen Teilbereich des Bauvorhabens zu ermitteln. Die Bewertung des anteiligen Honorars für die Wiederholungsleistung (§ 8 Abs. 2 HOAI) ist entsprechend dem Verhältnis der anrechenbaren Kosten des von der Wiederholungsleistung betroffenen Teilbereichs zu den anrechenbaren Kosten des Gesamtobjekts zu reduzieren.

(3.2) Ändern sich die anrechenbaren Kosten, gilt § 10 Abs. 1 HOAI mit folgenden Maßgaben:

Die Honoraranpassung nach § 10 Abs. 1 HOAI kann neben einer Honoraranpassung nach § 10 Abs. 2 HOAI geltend gemacht werden.

Verringern sich die anrechenbaren Kosten, bleibt ein etwaiger Anspruch der Auftragnehmerin nach § 649 BGB von § 10 Abs. 1 HOAI unberührt.

(4) Für Änderungsleistungen im Sinne von § 650b Abs. 1 Nr. 2 BGB (notwendige Änderungen) gelten die Absätze 2 und 3 nur dann und insoweit, als die Gründe, die die Änderung notwendig machen, auf einer vertraglichen oder vorvertraglichen Pflicht- bzw. Obliegenheitsverletzung des Auftraggebers beruhen, oder wenn die Notwendigkeit der Änderung für den Auftraggeber bei Vertragsschluss erkennbar war. Dies gilt auch für etwaige Beschleunigungsmaßnahmen, die erforderlich werden, um eine Zielvorstellung in zeitlicher Hinsicht (im Sinne von § 650p BGB) erreichen zu können. Liegen die genannten Voraussetzungen nicht vor, liegt das Risiko notwendiger Änderungen, um die vereinbarten Planungs- und Überwachungsziele einzuhalten, beim Auftragnehmer.

§ 13 Abrechnung

Für die Fälligkeit von Vergütungsansprüchen des Auftragnehmers gilt § 15 HOAI.

§ 14 Dokumentation des Planungs- und Bauablaufs

(1) Der Auftragnehmer erstellt monatliche Berichte, mit denen er den Bearbeitungsstand schriftlich dokumentiert und zusammenfasst. Dabei ist insbesondere darzustellen, wie sich der erreichte Bearbeitungsstand zu den vereinbarten und gegebenenfalls fortgeschriebenen Überwachungszielen (§ 650p BGB, §§ 1 Abs. 3; 4 dieses Vertrages) verhält.

(2) Dem schriftlichen Bericht sind mindestens folgende Unterlagen beizufügen, soweit diese Unterlagen zum Zeitpunkt der Berichterstattung schon erstellt werden können und dem Auftraggeber nicht bereits zuvor übergeben worden sind:
a) Die Kostenfeststellung
b) Die systematische Zusammenstellung der zeichnerischen Darstellungen und rechnerischen Ergebnisse des Objekts, die Auflistung der Gewährleistungsfristen sowie (auf Verlangen des Auftraggebers) das Bautagebuch, ferner eine Aufstellung, aus der sich die vom Auftragnehmer erstellten Terminpläne, die gemeinsam mit den ausführenden Firmen durchgeführten Aufmaße und Abnahmen, sowie die behördlichen Abnahmen ergeben müssen; auf Verlangen des Auftraggebers sind auch die entsprechenden Unterlagen selbst vorzulegen; zu übergeben ist außerdem eine Übersicht über den Schriftverkehr mit den ausführenden Firmen, soweit dieser die von den Firmen einzuhaltenden Termine (also z.B. Mahnungen, Behinderungsanzeigen, Reaktionen auf Behinderungsanzeigen etc.), die Qualität der erbrachten Bauleistungen (also z.B. Mängelrügeschreiben, Bedenkenanmeldungen, Reaktionen auf Mängelrügeschreiben bzw. Bedenkenanmeldungen), bzw. den Umfang der von den Firmen zu erbringenden Leistungen (also z.B. Nachtragsangebote, Nachtragsvereinbarungen) betrifft; auf Verlangen des Auftraggebers sind auch die entsprechenden Unterlagen selbst zu übergeben.

(3) Der Auftragnehmer ist verpflichtet, an den vom Auftraggeber oder von anderen Planungsbeteiligten oder den beauftragten Fachfirmen anberaumten (Bau-, Planungs- und Koordinations-) Besprechungen teilzunehmen. Die Ergebnisse hat der Auftragnehmer in seine Pläne oder Planungsleistungen aufzunehmen bzw. einzuarbeiten. Er hat den Auftraggeber über von anderen Projektbeteiligten anberaumte Besprechungen zu informieren und auf deren Verlangen darüber Niederschriften in einem dem Besprechungsinhalt angemessenen Umfang anzufertigen und diese dem Auftraggeber unverzüglich zu übermitteln.

(4) Der Auftragnehmer ist zudem verpflichtet, den Auftraggeber über alle bei der Durchführung seiner Aufgaben wesentlichen Angelegenheiten unverzüglich schriftlich zu unterrichten. Diese Pflicht erlischt nicht mit der Vertragsbeendigung.

§ 15 Unterlagen

(1) Vor Vertragsbeendigung hat der Auftragnehmer dem Auftraggeber die in § 14 dieses Vertrages im Einzelnen genannten Unterlagen zu übergeben. Nach Beendigung des Vertrages sind dem Auftraggeber darüber hinaus auch alle weiteren Unterlagen zu übergeben, die für die Fortsetzung des Bauvorhabens bzw. die Bewirtschaftung des Objektes erforderlich sind.

(2) Gegenüber dem Anspruch des Auftraggebers auf Übergabe von Unterlagen steht dem Auftragnehmer ein Zurückbehaltungsrecht nicht zu. Der Auftragnehmer ist hinsichtlich der Verpflichtung zur Übergabe der Unterlagen vorleistungspflichtig.

(3) Soweit Unterlagen nicht an den Auftraggeber herauszugeben sind, ist der Auftragnehmer berechtigt, diese Unterlagen 10 Jahre nach vollständiger Leistungserbringung zu vernichten.

§ 16 Abnahme

Nach vollständiger Leistungserbringung hat der Auftragnehmer Anspruch auf eine förmliche Abnahme. Der Anspruch auf Teilabnahme nach § 650s BGB wird abbedungen.

§ 17 Haftung, Versicherung und Verjährung

(1) Die Haftung des Auftragnehmers ergibt sich aus den gesetzlichen Bestimmungen.

(2) Der Auftragnehmer ist verpflichtet, eine Berufshaftpflichtversicherung nachzuweisen. Die Deckungssummen dieser Versicherungen müssen mindestens betragen:
– Für Personenschäden: ..... €
– Für sonstige Schäden: ..... €

Der Betrag muss je Versicherungsjahr .....fach zur Verfügung stehen.

(3) Sämtliche Ansprüche des Auftraggebers gegen den Auftragnehmer verjähren, ebenso wie sämtliche Ansprüche des Auftragnehmers gegen den Auftraggeber, innerhalb der gesetzlichen Fristen.

§ 18 Vorzeitige Vertragsbeendigung

(1) Auftragnehmer und Auftraggeber sind zur Kündigung dieses Vertrages aus wichtigem Grunde berechtigt (§ 648a BGB). Das Recht des Auftraggebers zur ordentlichen Vertragskündigung bleibt daneben unberührt.

(2) Ein wichtiger Kündigungsgrund liegt für den Auftraggeber insbesondere dann vor, wenn
– er seine Bauabsicht für das geplante Objekt nachhaltig aufgegeben hat;
– das Vertrauensverhältnis zwischen den Parteien auf Grund nach Vertragsschluss eingetretener Umstände erheblich gestört ist, oder andere Umstände vorliegen, auf Grund derer ein Festhalten des Auftraggebers am Vertrag nicht mehr zugemutet werden kann;
– der Auftragnehmer seine Zahlungen eingestellt hat, die Eröffnung des Insolvenzverfahrens über sein Vermögen beantragt hat, oder die Leistungsfähigkeit des Auftragnehmers aus anderen Gründen so beeinträchtigt ist, dass ein Vertrauen in seine Fähigkeit oder seine Bereitschaft zur vertragsgerechten Erfüllung nicht mehr besteht.

(3) Ein wichtiger Grund zur Kündigung durch den Auftragnehmer liegt insbesondere dann vor, wenn

- der Auftraggeber eine ihm obliegende Leistung unterlässt und dadurch den Auftragnehmer wesentlich behindert, seine Leistung vertragsgemäß auszuführen;
- der Auftraggeber mit einer fälligen Zahlung oder auf andere Weise mit einer erheblichen Vertragspflicht in Verzug gerät;
- das Vertrauensverhältnis zwischen den Parteien aus anderen, nach Vertragsschluss eingetretenen Gründen so erheblich gestört ist, dass dem Auftragnehmer ein Festhalten an dem Vertrag nicht mehr zugemutet werden kann.

(4) Sowohl die von dem Auftraggeber, als auch die von dem Auftragnehmer erklärte Kündigung bedarf der Schriftform. Die Kündigung aus wichtigem Grunde ist erst zulässig, wenn der kündigende Vertragspartner dem anderen Vertragspartner zuvor ohne Erfolg schriftlich eine angemessene Frist zur Vertragserfüllung gesetzt und erklärt hat, dass er nach fruchtlosem Ablauf der Frist den Vertrag kündigen werde. Das gilt nicht, wenn der Vertragspartner die Vertragserfüllung schon zuvor endgültig und ernsthaft verweigert hat, so dass eine Fristsetzung eine sinnlose Förmlichkeit darstellen würde.

(5) Angemessen im Sinne von § 648a BGB i.V.m. § 314 Abs. 3 BGB ist in der Regel eine Frist von 14 Tagen.

(6) Im Falle der ordentlichen Vertragskündigung durch den Auftraggeber sowie im Falle der einvernehmlichen Vertragsaufhebung (ohne dass die Vertragsaufhebung aus einem vom Auftragnehmer zu vertretenden Grunde veranlasst worden wäre), behält der Auftragnehmer den Anspruch auf das vertragliche Honorar auch für die infolge der vorzeitigen Vertragsbeendigung nicht mehr erbrachten Leistungen. Er muss sich jedoch dasjenige anrechnen lassen, was er infolge der Aufhebung des Vertrags an Aufwendungen erspart, sowie außerdem auch dasjenige, was er durch anderweitige Verwendung seiner Arbeitskraft erwirbt oder zu erwerben böswillig unterlässt (»anderweitiger Erwerb«).

Die ersparten Aufwendungen werden mit 95 % des Honorars der noch nicht erbrachten Leistungen festgelegt, sofern nicht der Auftraggeber höhere oder der Auftragnehmer geringere Ersparnisse nachweist. Anderweitiger Erwerb ist von dieser Pauschalierung nicht umfasst und zusätzlich zu berücksichtigen.

(7) Im Falle einer Vertragsbeendigung durch eine vom Auftraggeber ausgesprochenen Kündigung oder eine einvernehmliche Vertragsaufhebung aus einem wichtigen, vom Auftragnehmer zu vertretenden Grund hat der Auftragnehmer lediglich Anspruch auf Vergütung der bis zu diesem Zeitpunkt erbrachten Leistungen, soweit die erbrachten Leistungen für den Auftraggeber zumutbarer Weise verwertbar sind. Sofern ein Anspruch des Auftraggebers dem Auftragnehmer gegenüber auf Schadensersatz und/oder auf Mehrkostenerstattung besteht, ist der Auftraggeber berechtigt, mit diesem Anspruch die Aufrechnung gegenüber dem Vergütungsanspruch des Auftragnehmers zu erklären.

(8) In allen sonstigen Fällen der Vertragsbeendigung (Kündigung bzw. einvernehmliche Vertragsaufhebung aus wichtigem Grunde durch den Auftragnehmer, sowie Kündigung bzw. einvernehmliche Vertragsaufhebung aus einem wichtigen, aber nicht vom Auftragnehmer zu vertretenden Grund durch den Auftraggeber) hat der Auftragnehmer Anspruch auf Vergütung der bis zur Kündigung erbrachten Leistungen. Daneben bestehende gesetzliche Ansprüche (z.B Anspruch aus § 642 BGB; Schadensersatzanspruch gem. § 648 Abs. 6 BGB) bleiben unberührt.

§ 19 Streitbeilegung

(1) Entstehen bei der Durchführung und Abwicklung dieses Vertrages Meinungsverschiedenheiten zwischen den Vertragspartnern, werden die Parteien zunächst versuchen, den Streit auf gütlichem Wege beizulegen. Streitfragen berechtigen die Parteien nur insoweit, ihre Mitwirkung an der Vertragserfüllung einzustellen, als ihnen auf Grund vertraglicher oder gesetzlicher Vorschriften ein Zurückbehaltungsrecht zusteht.

(2) Sofern die Voraussetzungen einer Gerichtsstandsvereinbarung nach § 38 Abs. 1 Satz 2 ZPO vorliegen, ist Wahlgerichtsstand auch der Ort, an dem die tatsächlichen Bauleistungen im Schwerpunkt ausgeführt werden. Sind nur Planungsleistungen Gegenstand des Auftrages, ist Wahlgerichtsstand auch der Geschäftssitz des Auftraggebers

(3) Die Vertragsparteien treffen für alle Streitigkeiten aus und im Zusammenhang mit diesem Vertragsverhältnis die als Anlage 7 beigefügte Adjudikationsvereinbarung zur projektbegleitenden außergerichtlichen Beilegung solcher Streitigkeiten.

(4) Die Vertragsparteien treffen für alle gerichtlichen Streitigkeiten aus und im Zusammenhang mit diesem Vertragsverhältnis die als Anlage 8 beigefügte Schiedsgerichtsvereinbarung unter Ausschluss des ordentlichen Rechtsweges.

§ 20 Schlussbestimmungen

(1) Mündliche Nebenabreden sind nicht getroffen worden. Änderungen und Ergänzungen des Vertrages bedürfen der Schriftform.

(2) Sollten Bestimmungen dieses Vertrages, eine künftig in ihn aufgenommene Bestimmung oder ein wesentlicher Teil dieses Vertrags ganz oder teilweise unwirksam oder undurchführbar sein oder werden, oder sollte dieser Vertrag lückenhaft sein, so soll dies die Wirksamkeit der übrigen Bestimmungen dieses Vertrages nicht berühren. Anstelle der unwirksamen Bestimmung werden die Parteien in diesem Falle eine wirksame Bestimmung vereinbaren, die dem Sinn und Zweck der unwirksamen Bestimmung, insbesondere dem, was die Parteien wirtschaftlich beabsichtigt hatten, entspricht oder ihm am nächsten kommt. Im Falle von Lücken werden die Parteien eine Vertragsergänzung vereinbaren, die dem entspricht, was nach Sinn und Zweck dieses Vertrages vereinbart worden wäre, hätten die Vertragsparteien die Angelegenheit von vorne herein bei Abschluss des Vertrages bedacht.

(3) Entstehen bei der Durchführung und Abwicklung dieses Vertrages Meinungsverschiedenheiten zwischen den Vertragspartnern, werden die Parteien zunächst versuchen, den Streit auf gütlichem Wege beizulegen. Streitfragen berechtigen die Parteien nur insoweit, ihre Mitwirkung an der Vertragserfüllung einzustellen, als ihnen auf Grund vertraglicher oder gesetzlicher Vorschriften ein Zurückbehaltungsrecht zusteht.

(4) Sofern die Voraussetzungen einer Gerichtsstandsvereinbarung nach § 38 Abs. 1 Satz 2 ZPO vorliegen, ist Wahlgerichtsstand auch der Ort, an dem die tatsächlichen Bauleistungen im Schwerpunkt ausgeführt werden.

b) Anmerkungen

62 In diesem Muster ist in § 17 der gesetzliche Anspruch auf Teilabnahme nach § 650s BGB abbedungen worden. In einem ausschließlich die Objektüberwachung betreffenden Vertrag dürfte dies keinen AGB-rechtlichen Bedenken unterliegen. Im Übrigen kann auf Anmerkungen zu diesem Formular verzichtet werden. Es kann auf die Anmerkungen zu den Formularen C.1., C.2. und C.3. verwiesen werden.

5. Fachplanerverträge (Tragwerksplanung und Technische Ausrüstung)

a) Vorbemerkung

63 Die nachfolgend vorgestellten Muster für Fachplanerverträge (Tragwerksplanung und Technische Ausrüstung) bauen auf den Formularverträgen »Vollarchitekturvertrag« (weiter oben unter C.1.) auf. Auf die dortigen Anmerkungen und Erläuterungen ist daher zu verweisen, auch hinsichtlich der Literaturangaben. Im Unterschied zu den Architektenvertragsmustern (C.1. und C.2.) ist hier darauf verzichtet worden, jeweils zwei Muster (aus Auftragnehmer- und aus Auftraggebersicht) vorzulegen. Vielmehr soll der Versuch unternommen werden, für die verschiedenen im Rahmen der Vertragsgestaltung sich stellenden Fragen jeweils eine sachgerechte, die Interessen beider Vertragsparteien angemessen berücksichtigende Lösung vorzuschlagen. Die Muster enthalten an einigen Stellen durch Kursivsatz hervorgehobene optionale Regelungsvorschläge.

Den neu gefassten Mustern liegt (wie schon in der Vorauflage) die HOAI 2013 zugrunde. Neben Änderungen des »Paragraphenteils« der Verordnung sind auch in den Leistungsbildern »Tragwerksplanung« und »Technische Ausrüstung« die Leistungsbilder überarbeitet worden. Defizite in der »Leistungsbeschreibung«, die in der 2. Auflage insbesondere für das Leistungsbild Tragwerksplanung bemängelt wurden, bestehen aber fort. Nach wie vor sind Leistungen, auf die in der Praxis in vielen Fällen zutreffen dürfte, dass sie »zur ordnungsgemäßen Erfüllung eines Auftrags im Allgemeinen erforderlich sind« (§ 3 Abs. 2 S. 1 HOAI), im Grundleistungskatalog dennoch nicht erfasst (z.B. statische Planung von Unterfangungsarbeiten, statische Planung nicht tragender Teile des Ausbaus, Objektüberwachung in statischer Hinsicht). Dennoch liegt den Mustern die in der Praxis weiterhin gängige Regelungstechnik zugrunde, hinsichtlich der vom Auftragnehmer zu erbringenden Leistungen auf den Grundleistungskatalog des jeweiligen Leistungsbildes zu verweisen. Es ist dann erforderlich, die Leistungspflichten des Auftragnehmers nicht hierauf zu beschränken, sondern zum einen den Katalog von »Einzelleistungen« um besondere Leistungen zu ergänzen, deren Notwendigkeit schon bei Vertragsschluss abzusehen ist, und zum anderen den »Gesamterfolg« zu definieren, durch den der Umfang der vom Auftragnehmer zu erbringenden Leistungen vorrangig bestimmt ist.

Inhaltliche Überarbeitungen auch der Fachplanerverträge sind für die Neuauflage vor allem im Hinblick auf das zum 01.01.2018 in Kraft tretende Gesetz zur Reform des Bauvertragsrechts, zur Änderung der kaufrechtlichen Mängelhaftung, zur Stärkung des zivilprozessualen Rechtsschutzes und zum maschinellen Siegel im Grundbuch- und Schiffsregisterverfahren vom 28.04.2017 (BGBl. I 2017, S. 969) erfolgt. Die Muster beziehen sich in der Neuauflage auf die ab dem 01.01.2018 geltende Rechtslage. Im Einzelnen ist hierzu auf die Einleitung zum Kapitel C. 1 zu verweisen.

b) Muster Fachplanervertrag Tragwerksplanung

Zwischen

1.

[*Name/Bezeichnung; Anschrift*]

– Auftraggeber –

und

2.

[*Name/Bezeichnung; Anschrift*]

– Auftragnehmer –

wird folgender

Fachplanervertrag (Tragwerksplanung)

geschlossen:

§ 1 Vertragsgegenstand; Planungsziele

(1) Gegenstand dieses Vertrages sind Leistungen der Tragwerksplanung für [*Gebäude und/oder Ingenieurbauwerke*].

(2) Die Fachplanungsleistungen sind für folgendes Bauvorhaben zu erbringen: [*Bezeichnung des Bauvorhabens unter Verwendung der Begriffsbezeichnungen des § 2 Abs. 2 bis 6 HOAI: Neubauten, Wiederaufbauten, Erweiterungsbauten, Umbauten, Modernisierungen, Instandsetzungen, Instandhaltungen*]

auf folgendem Grundstück [*Adresse, Grundbuchbezeichnung, eingetragener Eigentümer*]

Das Bauvorhaben betrifft [*Anzahl ergänzen*] Objekte [*Bezeichnung des oder der Gebäude und/oder Ingenieurbauwerke, auf die sich das Bauvorhaben und der durch diesen Vertrag zu erteilende Auftrag beziehen*]

(3) Die Zielvorstellungen des Auftraggebers zum Zeitpunkt des Vertragsschlusses (Planungs- und Überwachungsziele im Sinne von § 650p Abs. 2 BGB) werden wie folgt definiert:

Ergänzend wird zu den Planungszielen auf die diesem Vertrag als Anlage 1 beigefügte Bau- und Qualitätsbeschreibung verwiesen.

(4) Die Zielvorstellungen werden nach dem in § 13 dieses Vertrages festgelegten Verfahren regelmäßig fortgeschrieben.

§ 2 Vertragsbestandteile und -grundlagen

(1) Der Inhalt der zwischen den Parteien getroffenen vertraglichen Vereinbarungen ergibt sich aus diesem Vertrag einschließlich seiner Anlagen. Ergänzende oder abweichende mündliche Vereinbarungen sind nicht getroffen worden. Etwaige Widersprüche der Vertragsbestandteile sind im Wege der Auslegung aufzulösen. Sollten dennoch Widersprüche verbleiben, soll die speziellere Bestimmung Vorrang vor der allgemeineren haben. Ergibt sich auch dann keine Geltungsreihenfolge, soll die jüngere Bestimmung Vorrang vor der älteren haben. Folgende Anlagen werden Vertragsbestandteil:

Anlage 1: Bau- und Qualitätsbeschreibung

Anlage 2: Vorhandene Planungen und Gutachten etc. [*näher bezeichnen*]

Anlage 3: Kalkulation der vorgesehenen Bausumme

Anlage 4: Terminplan

Anlage 5: Honorarberechnung

Anlage 6: Tabelle zur Bewertung von Grundleistungen

Anlage 7: Adjudikationsvereinbarung nebst Adjudikationsordnung XYZ

Anlage 8: Schiedsgerichtsvereinbarung nebst Schiedsgerichtsordnung XYZ

(2) Grundlagen des Vertragsverhältnisses sind im Übrigen:
1. Die für das Bauvorhaben relevanten öffentlich-rechtlichen Bestimmungen
2. Die Honorarordnung für Architekten und Ingenieure (HOAI) in der bei Vertragsschluss geltenden Fassung
3. Die Bestimmungen des Bürgerlichen Gesetzbuches, insbesondere diejenigen über den Architekten- und Ingenieurvertrag (§§ 650p ff i.V.m. §§ 631 ff. und 650a ff. BGB)

§ 3 Beauftragung

(1) Der Auftraggeber beauftragt den Auftragnehmer nach Maßgabe dieses Vertrages mit der Erbringung von Fachplanungsleistungen, die dem Leistungsbild Tragwerksplanung im Sinne von §§ 49 ff. HOAI i.V.m. Anlage 14 zur HOAI, Leistungsphasen 1–6 zuzurechnen sind. Die Parteien sind sich darüber einig, dass die Beauftragung des Auftragnehmers erst mit Abschluss dieses Vertrages zustande kommt, eine vorherige mündliche Beauftragung also nicht erfolgt ist.

(2) Die Beauftragung erfolgt stufenweise, wobei die Stufen wie folgt festgelegt werden:

Stufe A: bis zur Genehmigungsplanung einschließlich (Leistungsphasen 1–4 nach § 51 HOAI)

Stufe B: bis zur Vorbereitung bei der Vergabe einschließlich (Leistungsphasen 5–6 nach § 51 HOAI)

Stufe C: Objektüberwachung (Besondere Leistung)

(3) Beauftragt werden zunächst nur die Leistungen der Stufe A. Der Auftraggeber behält sich die Beauftragung weiterer Leistungsstufen vor. Der Auftragnehmer hat keinen Anspruch auf Beauftragung mit den Leistungen weiterer Leistungsstufen. Er verpflichtet sich, auch die über die Leistungsstufe A hinausgehenden Leistungen nach den Bedingungen dieses Vertrages zu erbringen, sofern diese Leistungen durch den Auftraggeber beauftragt werden. Diese Bindung entfällt für Leistungen, die nicht spätestens ..... Monate nach Abschluss dieses Vertrages beauftragt werden. Aus Projektverzögerungen, die allein auf die stufenweise Beauftragung zurückzuführen sind,

kann der Auftragnehmer einen zusätzlichen Vergütungs- oder sonstigen Zahlungsanspruch nicht herleiten.

(4) Schon jetzt wird der Auftragnehmer mit folgenden Besonderen Leistungen beauftragt:

.....

(5) Schon jetzt wird der Auftragnehmer mit folgenden Beratungsleistungen gemäß Anlage 1 zur HOAI beauftragt:

.....

§ 4 Leistungspflicht des Auftragnehmers

(1) Die Parteien sind sich darüber einig, dass die wesentlichen Planungs- und Überwachungsziele durch die in § 1 Abs. 3 benannten Zielvorstellungen hinreichend definiert sind, so dass eine Zielfindungsphase im Sinne von § 650p Abs. 2 BGB entfällt.

Alternativ:

Die Parteien sind sich darüber einig, dass die wesentlichen Planungs- und Überwachungsziele durch die in § 1 Abs. 3 benannten Zielvorstellungen noch nicht hinreichend definiert sind, so dass die Beauftragung des Auftragnehmers gemäß § 650p Abs. 2 BGB zunächst darauf gerichtet ist, aufbauend auf den bereits – allerdings rudimentär – vorhandenen Zielvorstellungen des Auftraggebers die seitens der Tragwerksplanung erforderlichen Beiträge zu der durch den Objektplaner Gebäude [bzw. Ingenieurbauwerke] zu erstellenden Planungsgrundlage zu leisten. Die Mitwirkung bei der Erarbeitung dieser Planungsgrundlage – in Abstimmung mit dem Auftraggeber und dem Objektplaner – ist Bestandteil der Beauftragungsstufe 1.

(2) Mit Abschluss dieses Vertrages verpflichtet sich der Auftragnehmer gemäß § 650q Abs. 1 BGB, nach Maßgabe dieses Vertrages diejenigen Leistungen zu erbringen, die nach dem jeweiligen Stand der Planung und Ausführung erforderlich sind, um die zwischen den Parteien vereinbarten – und gegebenenfalls nach Vertragsschluss weiter entwickelten – Planungs- und Überwachungsziele zu erreichen.

(3) Unter Berücksichtigung der vereinbarten Planungs- und Überwachungsziele besteht der Leistungserfolg, auf dessen Erzielung der Auftragnehmer seine Leistungen auszurichten hat:
- Für die Beauftragungsstufe A in der Erstellung einer dauerhaft genehmigungsfähigen, den bei Vertragsschluss festgelegten und gegebenenfalls nach Vertragsschluss fortgeschriebenen Planungszielen – auch in wirtschaftlicher Hinsicht – bestmöglich entsprechenden statischen Planung (statische Berechnung und Positionspläne) sowie der Zusammenstellung vollständiger Vorlagen, sofern nach den einschlägigen öffentlich-rechtlichen Vorschriften Genehmigungen oder Zustimmungen erforderlich sind.

Alternativ:
- *Für die Beauftragungsstufe A in der Mitwirkung an der Erstellung einer mit dem Auftraggeber abgestimmten Planungsgrundlage im Sinne von § 650p Abs. 2 BGB durch den Objektplaner - wobei sich die Mitwirkungspflicht des Auftragnehmers auf die Belange der Tragwerksplanung bezieht und beschränkt - und nach Zustimmung einer dauerhaft genehmigungsfähigen, den bei Vertragsschluss festgelegten und gegebenenfalls nach Vertragsschluss fortgeschriebenen Planungszielen – auch in wirtschaftlicher Hinsicht – bestmöglich entsprechenden statischen Planung (statische Berechnung und Positionspläne) sowie der Zusammenstellung vollständiger Vorlagen, sofern nach den einschlägigen öffentlich-rechtlichen Vorschriften Genehmigungen oder Zustimmungen erforderlich sind.*
- *Für die Beauftragungsstufe B in der Erstellung und Übergabe vollständiger Planungs- und Ausschreibungsunterlagen an den Objektplaner, so dass der Objektplaner diese Unterlagen in die von ihm zu erstellenden vollständigen und fehlerfreien Vergabeunterlagen im Sinne von § 7 VOB/A integrieren kann. Diese Unterlagen umfassen die Ausführungsplanung mit allen für die Standsicherheit und Gebrauchstauglichkeit erforderlichen Angaben (insbesondere Schal- und Bewehrungspläne), Mengenermittlungen und erforderlichen Zuarbeiten für die Erstellung der Leistungsbeschreibung.*
- *Für die Beauftragungsstufe C verzichten die Vertragsparteien auf die Bestimmung eines werkvertraglichen Gesamterfolges. In der Beauftragungsstufe C wirkt der Auftragnehmer in Ab-*

stimmung mit und auf Anforderung des Objektplaners an der Überwachung der Entstehung eines plangerechten, mit den maßgeblichen Bestimmungen des öffentlichen Rechts übereinstimmenden, technisch und wirtschaftlich mangelfreien Bauwerks mit, wobei sich die Mitwirkungspflicht des Auftragnehmers auf die Belange der Tragwerksplanung bezieht und beschränkt.

(4) Zur Erzielung der vorstehend beschriebenen Planungs- und Überwachungsziele hat der Auftragnehmer sämtliche Grundleistungen der beauftragten Leistungsphasen nach § 51 HOAI i.V.m. der Anlage 14 zur HOAI zu erbringen, soweit diese Grundleistungen nicht durch diesen Vertrag von der Leistungspflicht des Auftragnehmers ausdrücklich ausgenommen sind.

Alternativ (für den Fall, dass der Auftrag zunächst auf die Erstellung einer Planungsgrundlage im Sinne von § 650p Abs. 2 BGB – Zielfindungsphase – gerichtet ist):

Die Parteien sind sich darüber einig, dass zur Mitwirkung an der Erarbeitung der Planungsgrundlage im Sinne von § 650p Abs. 2 BGB – im Einzelnen folgende Leistungen zu erbringen sind:
- Mitwirken an der vom Objektplaner zu erstellenden Bedarfsplanung im Sinne der DIN 18205 soweit erforderlich und auf Anforderung des Objektplaners (besondere Leistung);
- Grundleistungen der Leistungsphase 1 ohne die Grundleistung c) (Zusammenfassen, Erläutern und Dokumentieren der Ergebnisse);
- Grundleistungen der Leistungsphase 2 ohne die Grundleistung f) (Zusammenfassen, Erläutern und Dokumentieren der Ergebnisse); die Grundleistung d) (Mitwirken bei Vorverhandlungen mit Behörden und anderen an der Planung fachlich Beteiligten über die Genehmigungsfähigkeit) ist nur nach konkreten Erfordernissen zu erbringen; hinsichtlich der Grundleistung e) (Mitwirken bei der Kostenschätzung und bei der Terminplanung) tritt an die Stelle der Kostenschätzung eine überschlägige Kosteneinschätzung, bei der auf die Bedarfsplanung zurückgegriffen oder auf Referenzobjekte verwiesen werden kann.

(5) Folgende Grundleistungen der Leistungsphasen 3–6 hat der Auftragnehmer nur dann und nur in dem Umfang zu erbringen, in dem dies zur Erzielung der vereinbarten Planungs- und Überwachungsziele erforderlich ist:

.....

Im Übrigen schuldet der Auftragnehmer die Grundleistungen der beauftragten Leistungsphasen nach § 51 HOAI i.V.m. der Anlage 14 zur HOAI im Sinne »selbständiger Einzelerfolge«, das heißt unabhängig davon, ob sie zur Erreichung des Gesamterfolges im konkreten Fall erforderlich sind oder nicht.

(6) Folgende Leistungen hat der Auftragnehmer keinesfalls zu erbringen, und zwar auch dann nicht, wenn sie zur Erzielung des geschuldeten Gesamterfolges erforderlich sind:
- Leistungen, die anderen Leistungsbildern der HOAI als den beauftragten zuzurechnen sind;
- Leistungen, die nach den einschlägigen gesetzlichen Bestimmungen den Angehörigen der rechts- und steuerberatenden Berufe vorbehalten sind; hierzu gehört insbesondere die Ausarbeitung von Bauverträgen;
- Beratungstätigkeiten im Zusammenhang mit einer möglichen Förderung des Bauvorhabens.

(7) Der Auftragnehmer hat seine Leistungen entsprechend den anerkannten Regeln der Technik sowie in Übereinstimmung mit den einschlägigen Bestimmungen des öffentlichen Rechts und den ihm bekannten (fortgeschriebenen) Zielvorstellungen des Auftraggebers zu erbringen. Der Auftragnehmer hat seine Leistungen außerdem in möglichst wirtschaftlicher Weise zu erbringen. Dies bedeutet insbesondere, dass sämtliche Leistungen im Rahmen der sonstigen Vorgaben und Zielvorstellungen des Auftraggebers sowie des technisch und rechtlich Möglichen mit dem Ziel größtmöglicher Kosteneinsparung sowohl bei der Errichtung des Bauvorhabens als auch bei der späteren Nutzung zu erbringen sind.

Entstehen Widersprüche zwischen verschiedenen Zielvorstellungen des Auftraggebers, zwischen den Zielvorstellungen des Auftraggebers und den anerkannten Regeln der Technik oder aber zwischen den anerkannten Regeln der Technik und dem (neuesten) Stand der Technik bzw. der Wissenschaft, hat der Auftragnehmer den Objektplaner und den Auftraggeber entsprechend aufzuklären und zu unterrichten sowie Entscheidungshilfen zu geben und Entscheidungsalternativen zu formulieren. Die Entscheidung ist dann durch den Auftraggeber zu treffen. Die vom Auftraggeber vorgegebenen (fortgeschriebenen) Zielvorstellungen sind nur insoweit für den Auftragnehmer verbindlich, als sie in sich widerspruchsfrei sind und auch nicht im Widerspruch zu den anerkannten Regeln der Technik bzw. zu zwingenden öffentlich-rechtlichen Bestimmungen stehen.

(8) Der Auftragnehmer erbringt die ihm übertragenen Leistungen in eigener Person oder durch fest angestellte oder freie Mitarbeiter seines Büros. Die Beauftragung von Unterbeauftragten hat er dem Auftraggeber unverzüglich anzuzeigen. Der Auftraggeber ist berechtigt, der Beauftragung von Unterbeauftragten unverzüglich zu widersprechen, sofern der Widerspruch aus wichtigem, in der Person des vorgesehenen Unterbeauftragten liegenden Grund gerechtfertigt ist.

§ 5 Änderungsbegehren und Änderungsanordnung des Auftraggebers; Änderungsvereinbarungen

(1) Für Änderungsvereinbarungen und Änderungsanordnungen des Auftraggebers gilt § 650q Abs. 1 BGB i.V.m. § 650b BGB mit nachfolgenden Modifikationen:

(2) Das Änderungsbegehren des Auftraggebers kann sich auch auf die Art der Ausführung der Leistung, insbesondere in zeitlicher Hinsicht, beziehen. Solchen Änderungsbegehren muss der Auftragnehmer nur folgen, wenn schwerwiegende Gründe vorliegen und bei der Abwägung der beiderseitigen Interessen die Interessen des Auftraggebers an der Anordnung deutlich überwiegen.

(3) Die Befolgung von Änderungsbegehren des Auftraggebers im Sinne von § 650b Abs. 1 Nr. 1 BGB, die mit einer Änderung der vereinbarten Planungs- und Überwachungsziele verbunden sind (nicht notwendige Änderungen) ist für den Auftragnehmer insbesondere dann unzumutbar,
- wenn sich die Planung auf ein anderes Grundstück beziehen soll;
- wenn sich durch die vom Auftraggeber begehrte Änderung der Charakter des Gebäudes/Ingenieurbauwerks insgesamt so verändert würde, dass die Identität des Gebäudes nicht mehr gewahrt wäre;
- wenn der Nutzungszweck des Gebäudes/Ingenieurbauwerks grundlegend verändert würde;
- wenn der Auftraggeber von vorneherein endgültig und ernsthaft die Zahlung einer dem Auftragnehmer für die zusätzlich zu erbringenden Leistungen zustehenden zusätzlichen Vergütung oder die Mitwirkung an einer entsprechenden, den zusätzlichen Vergütungsanspruch des Auftragnehmers umfassenden Nachtragsvereinbarung verweigert;
- wenn das Büro des Auftragnehmers auf die Ausführung der geänderten Leistungen nicht eingerichtet ist;
- wenn betriebsinterne Umstände im Büro des Auftragnehmers (z.B. eine besonders hohe Auslastung des Büros) entgegenstehen; der Auftragnehmer ist dann nicht verpflichtet, weitere Mitarbeiter einzustellen bzw. Unteraufträge zu erteilen.

(4) Beide Parteien können jederzeit nach Eingang des Änderungsbegehrens des Auftraggebers eine vorläufige Klärung der Verpflichtung des Auftragnehmers, dem Begehren des Auftraggebers Folge zu leisten, im Wege des Adjudikationsverfahrens nach § 19 herbeiführen, ohne die Frist des § 650b Abs. 2 BGB abwarten zu müssen.

§ 6 Andere fachlich Beteiligte

(1) Als Objektplaner (»Leitplaner«) hat der Auftraggeber für das Bauvorhaben beauftragt:
.....

(2) Darüber hinaus sind neben dem Auftragnehmer folgende Sonderfachleute bzw. anderen an der Planung sowie Ausführung und Überwachung der Ausführung des Bauvorhabens Beteiligten vom Auftraggeber bereits beauftragt worden:
- .....
- .....

(3) Schließlich sollen noch mindestens folgende weiteren Sonderfachleute bzw. anderen an der Planung sowie Ausführung und Überwachung der Ausführung des Bauvorhabens Beteiligte beauftragt werden:
- .....
- .....

(4) Sollte sich nach Abschluss dieses Vertrages die Notwendigkeit des Einsatzes weiterer Fachplaner oder sonstiger Fachleute (z.B. von Sachverständigen) ergeben, hat der Auftragnehmer den Objektplaner und den Auftraggeber hierauf hinzuweisen und erforderlichenfalls darüber hinaus auch bei der Auswahl zu beraten.

(5) Die Beauftragung der Fachplaner und sonstiger Fachleute erfolgt ausschließlich durch den Auftraggeber selbst.

(6) Die Koordination und Integration der Leistungen anderer fachlich Beteiligter ist Aufgabe des für das Bauvorhaben beauftragten Objektplaners. Der Auftragnehmer hat hieran in dem nachfolgend beschriebenen Umfang mitzuwirken:
- Der Auftragnehmer muss die Beiträge anderer fachlich Beteiligter einschließlich derjenigen des Objektplaners, die ihm in der Regel durch den Objektplaner zur Verfügung gestellt werden, mit den von ihm durch seine Ausbildung und seine Berufstätigkeit erworbenen bzw. von ihm zu erwartenden Kenntnissen und praktischen Erfahrungen darauf hin überprüfen, ob diese offenkundige Fehler und/oder Unvollständigkeiten aufweisen. In diesem Fall muss er den Objektplaner und erforderlichenfalls auch den Auftraggeber unverzüglich entsprechend unterrichten. Eine darüber hinaus gehende Pflicht zur fachlichen Prüfung der Beiträge anderer Beteiligter trifft den Auftragnehmer nicht.
- Der Auftragnehmer muss den Objektplaner und gegebenenfalls andere fachlich Beteiligte darauf hinweisen, bis zu welchem Zeitpunkt die Beiträge anderer fachlich Beteiligter einschließlich derjenigen des Objektplaners spätestens vorliegen müssen, damit er selber in der Lage ist, seine Leistungen fristgerecht zu erbringen. Liegen diese Beiträge nicht termingerecht vor, muss er den Objektplaner und gegebenenfalls den Auftraggeber hierauf hinweisen.
- Der Auftragnehmer muss den Objektplaner und die übrigen fachlich Beteiligten vollständig und umfassend unterrichten und ihnen vollständige, sachlich richtige und widerspruchsfreie Unterlagen sowie Planungen zukommen lassen.

§ 7 Allgemeine Pflichten von Auftraggeber und Auftragnehmer

(1) Über die durch diesen Vertrag begründeten Verpflichtungen – insbesondere zu einer mängelfreien Leistungserbringung und umfassenden Information sowie Beratung des Auftraggebers – hinaus verpflichtet der Auftragnehmer sich allgemein, Weisungen und Anordnungen des Auftraggebers zu beachten und bei seiner Leistungserbringung so weit wie möglich umzusetzen. Dies gilt aber nur hinsichtlich von Anordnungen und Weisungen, die der Auftraggeber entweder in Person selbst oder aber durch einen von ihm ausdrücklich hierzu bevollmächtigten Vertreter (z.B. Objektplaner, soweit dieser entsprechend bevollmächtigt wurde) erteilt.

(2) Ist die Befolgung von Anordnungen und Weisungen des Auftraggebers oder eines von ihm bevollmächtigten Vertreters mit einer Vertragsänderung im Hinblick auf die vereinbarten Planungs- und Überwachungsziele oder die zur Erreichung dieser Ziele im Einzelnen zu erbringenden Leistungen verbunden, ist der Auftragnehmer hierzu nur nach Maßgabe der Regelungen in § 5 dieses Vertrages verpflichtet. Im Übrigen endet die Pflicht des Auftragnehmers, Weisungen des Auftraggebers Folge zu leisten, wenn die Weisungen des Auftraggebers gegen öffentlich-rechtliche oder sonstige gesetzliche Bestimmungen verstoßen oder ihre Befolgung mit einer Gefahr für Leib und Leben verbunden wäre. In diesen Fällen kann der Auftragnehmer sich auf die Weisung auch nicht zu seiner Entlastung berufen.

(3) Hat der Auftragnehmer Bedenken gegen Weisungen oder Vorgaben des Auftraggebers oder des Objektplaners, muss er den Objektplaner und den Auftraggeber hierauf umgehend schriftlich hinweisen und seine Bedenken begründen (z.B. Widerspruch zu anerkannten Regeln der Technik, Widerspruch zu Zielvorgaben des Auftraggebers). In diesem Fall muss (und darf) der Auftragnehmer der Weisung/Vorgabe des Auftraggebers nur dann folgen, wenn dieser daran trotz der vom Auftragnehmer vorgebrachten Bedenken festhält. Der Auftragnehmer ist dann von jeder Haftung frei. Weist der Auftragnehmer demgegenüber auf Bedenken nicht hin oder unterlässt er die bei Anwendung des in § 3 dieses Vertrages definierten Maßstabes erforderliche Prüfung, kann er sich zu seiner Entlastung nicht auf die Weisung/Vorgabe des Auftraggebers berufen. Die vorstehend in Absatz 2 enthaltene Regelung zu den Grenzen der Verpflichtung des Auftragnehmers, Weisungen des Auftraggebers Folge zu leisten, bleibt hiervon unberührt.

(4) Der Auftraggeber verpflichtet sich, die Planung und Durchführung des Bauvorhabens zu fördern, soweit dies in seinen Kräften steht. Insbesondere verpflichtet er sich, anstehende Entscheidungen kurzfristig zu treffen und die notwendigen Sonderfachleute nach entsprechender Beratung durch den Auftragnehmer zu beauftragen.

(5) Der Auftraggeber erteilt dem Auftragnehmer alle zur Vertragsdurchführung und Abrechnung erforderlichen Auskünfte und übergibt entsprechende Unterlagen. Folgende Unterlagen sind dem Auftragnehmer bereits umgehend nach Vertragsschluss, spätestens innerhalb einer Frist von einer Woche ab Vertragsschluss zu übergeben:

.....

(6) Soweit der Auftragnehmer mit besonderen Leistungen im Zusammenhang mit der Objektüberwachung beauftragt wird, verpflichtet der Auftraggeber sich auch dem Auftragnehmer gegenüber, die Leistungen der ausführenden Unternehmen abzunehmen, sobald die Voraussetzungen hierfür erfüllt sind.

(7) Schließlich verpflichtet sich der Auftraggeber, an der Fortschreibung der Zielvorstellung und der Abstimmung von Planungsständen einschließlich der Freigabe von Plänen entsprechend § 14 dieses Vertrages mitzuwirken.

§ 8 Baukosten

(1) Der Auftragnehmer ist verpflichtet, seine Leistungen so zu erbringen, insbesondere so zu planen, dass der vertraglich vorgesehene und während der Projektverwirklichung fortgeschriebene Kostenrahmen eingehalten werden kann, soweit sich dieser auf Baukosten bezieht, für die der Auftragnehmer Leistungen erbringt. Der Auftragnehmer übernimmt damit allerdings keine (verschuldensunabhängige) Garantie für die Einhaltung des Kostenrahmens. Wird für den Auftragnehmer erkennbar, dass der Kostenrahmen voraussichtlich überschritten wird, z.B. wegen gestiegener Baukosten oder wegen einer Unvereinbarkeit sonstiger Vorgaben des Auftraggebers mit dem Kostenziel, ist der Auftragnehmer verpflichtet, den Objektplaner und den Auftraggeber hierüber umgehend und umfassend zu unterrichten und Einsparungsvorschläge zu unterbreiten, die geeignet sind, die Einhaltung des vorgesehenen Kostenrahmens sicherzustellen. Darüber hinaus ist der Auftragnehmer auch verpflichtet, gegebenenfalls erforderlich werdende zusätzliche bzw. ganz oder teilweise wiederholt zu erbringende Planungs- und sonstige Leistungen zu erbringen. Unter den Voraussetzungen des § 11 dieses Vertrages in Verbindung mit § 10 HOAI steht dem Auftragnehmer hierfür aber ein zusätzlicher Vergütungsanspruch zu.

(2) Nach näherer Maßgabe der Festlegungen in § 3 dieses Vertrags zum Umfang der vom Auftragnehmer geschuldeten Leistungen ist dieser zur Mitwirkung an der Kostenermittlung, der Fortschreibung der Kostenermittlung und der Kostenkontrolle verpflichtet.

§ 9 Fristen

(1) Der Auftragnehmer ist verpflichtet, seine Leistungen so zu erbringen – insbesondere so zu planen –, dass die vertraglich vereinbarte und während der Projektverwirklichung fortgeschriebene Zielvorstellung der Parteien hinsichtlich der zeitlichen Abfolge des Bauvorhabens nach Möglichkeit eingehalten werden können. Die Zielvorstellungen der Parteien zum Zeitpunkt der Beauftragung des Auftragnehmers ergeben sich aus dem als Anlage 4 beigefügten Terminplan. Wird für den Auftragnehmer erkennbar, dass der vorgesehene Bauablauf nicht eingehalten werden kann – z.B. wegen unvorhergesehener äußerer Umstände oder wegen Anordnungen des Auftraggebers, z.B. solchen, die Planungsänderungen erforderlich machen –, ist der Auftragnehmer verpflichtet, den Objektplaner und erforderlichenfalls den Auftraggeber hierüber umgehend und umfassend zu unterrichten.

(2) Nach näherer Maßgabe der Festlegungen in § 3 dieses Vertrags zum Umfang der vom Auftragnehmer geschuldeten Leistung ist dieser zur Mitwirkung an der Terminplanung und deren Fortschreibung sowie an der Terminkontrolle verpflichtet.

(3) Glaubt sich der Auftragnehmer in der ordnungsgemäßen Ausführung der Leistung behindert, so hat er dies unverzüglich schriftlich dem Objektplaner sowie dem Auftraggeber selbst anzuzei-

gen. Unterlässt er die Anzeige, so hat er nur dann Anspruch auf Berücksichtigung der hindernden Umstände, wenn dem Auftraggeber die Tatsache und deren hindernde Wirkung bekannt waren.

§ 10 Honorar

(1) Die Parteien treffen die aus den nachfolgenden Bestimmungen sich ergebende Honorarvereinbarung.

(2) Die Vertragsparteien vereinbaren eine Honorierung der vom Auftragnehmer erbrachten Leistungen nach den Honorarermittlungsgrundlagen der HOAI mit den aus den nachfolgenden Bestimmungen sich ergebenden Modifikationen. Mit den nachfolgenden Festlegungen machen die Vertragsparteien zugleich von dem ihnen insoweit zustehenden Beurteilungsspielraum Gebrauch.

(2.1) Die anrechenbaren Kosten (§ 4 Abs. 1 HOAI) sind auf der Grundlage der vom Objektplaner zu erstellenden Kostenberechnung zu ermitteln (§ 6 Abs. 1 Nr. 1 HOAI), wobei eine vollständige und mängelfreie Planung zugrunde zu legen ist. Erhöhen sich die Kosten durch die Vervollständigung einer zunächst unvollständigen Planung oder durch Beseitigung von Mängeln einer zunächst mängelbehafteten Planung, erhöhen sich auch die anrechenbaren Kosten entsprechend, soweit es sich um Kosten handelt, die auch bei einer von vorneherein vollständigen und mängelfreien Planung angefallen wären. Der Auftraggeber verpflichtet sich, dem Auftragnehmer die Kostenberechnung und gegebenenfalls eine korrigierte bzw. fortgeschriebene Kostenberechnung umgehend zur Verfügung zu stellen.

Gegebenenfalls: Die Vertragsparteien sind sich darüber einig, dass das Gebäude ..... einen hohen Anteil an Kosten der Gründung und der Tragkonstruktion aufweist. Sie vereinbaren daher nach § 50 Abs. 2 HOAI, dass die anrechenbaren Kosten nicht nach § 50 Abs. 1 HOAI, sondern nach § 50 Abs. 3 HOAI zu ermitteln sind.

Gegebenenfalls: Die Vertragsparteien vereinbaren nach § 50 Abs. 5 HOAI, dass folgende weitere, von § 50 Abs. 1–3 HOAI nicht erfassten Kosten zu ..... % den anrechenbaren Kosten hinzuzurechnen sind, weil der Auftragnehmer hierfür ebenfalls Leistungen der Tragwerksplanung zu erbringen hat:

.....

(2.2) Die Vertragsparteien sind sich darüber einig, dass bei der Ermittlung der anrechenbaren Kosten mitzuverarbeitende Bausubstanz gemäß § 2 Abs. 7 HOAI zu berücksichtigen ist. Zu Umfang und Wert der mitzuverarbeitenden Bausubstanz treffen die Vertragsparteien folgende Vereinbarung nach § 4 Abs. 3 HOAI:

(2.2.1) Unter dem Umfang der mitzuverarbeitenden Bausubstanz verstehen die Vertragsparteien den »mitzuverarbeitenden« Teil des zu planenden Objekts (im Sinne von § 2 Abs. 7 HOAI). Die Parteien gehen zum Zeitpunkt des Abschlusses dieses Vertrages davon aus, dass folgende Bauteile im Sinne von § 2 Abs. 7 HOAI mitzuverarbeiten sind:

.....

Daraus ergibt sich folgende vorläufige Bewertung des Umfangs der mitzuverarbeitenden Bausubstanz (Massen bzw. Volumen):

.....

Die endgültige Festlegung erfolgt auf der Grundlage des Planungsstandes zum Zeitpunkt der Kostenberechnung nach DIN 276. § 11 Abs. 4 dieses Vertrages in Verbindung mit § 10 Abs. 1 HOAI ist entsprechend anzuwenden, sofern sich nach Erstellung der Kostenberechnung aufgrund dann angestellter weiterer Untersuchungen der Bausubstanz ergibt, dass mitzuverarbeitende Bausubstanz tatsächlich in größerem Umfang zu berücksichtigen ist als zum Zeitpunkt der Kostenberechnung angenommen.

(2.2.2) Zum Wert der mitzuverarbeitenden Bausubstanz vereinbaren die Vertragsparteien, dass dieser auf der Grundlage des nach den anerkannten Regeln der Technik zu berechnenden Neubauwertes ermittelt werden soll. Die vorläufige Bewertung (zum Zeitpunkt des Abschlusses dieses Vertrages) ergibt sich insoweit aus Anlage 5 zu diesem Vertrag (Honorarberechnung). Die endgültige Festlegung erfolgt auf der Grundlage des Planungsstandes zum Zeitpunkt der Kostenberechnung nach DIN 276.

Der Neubauwert ist mit Rücksicht auf den Erhaltungszustand der mitzuverarbeitenden Bausubstanz zu vermindern (»Zustandsfaktor«). Zum Zustandsfaktor vereinbaren die Vertragsparteien, dass der zuvor ermittelte Neubauwert um ..... % zu vermindern ist. Ergibt sich aus der Kostenberechnung, dass die anrechenbaren Kosten im Sinne von § 4 Abs. 1 HOAI – soweit es sich um Kosten handelt, die für die Erhaltung der Bausubstanz aufgewendet werden – den Minderungsbetrag übersteigen, der sich aus der Anwendung des vorstehend festgelegten Zustandsfaktors ergibt, wird die Anwendung des Zustandsfaktors dadurch ersetzt, dass die für die Erhaltung der Bausubstanz aufgewendeten anrechenbaren Kosten vom Neubauwert abgezogen werden.

Der um den Zustandsfaktor bzw. um die für die Erhaltung der Bausubstanz aufgewendeten anrechenbaren Kosten im Sinne von § 4 Abs. 1 HOAI verminderte Neubauwert wird des Weiteren um einen Leistungsfaktor reduziert, mit dem berücksichtigt wird, dass das Maß der »Mitverarbeitung« der vorhandenen Bausubstanz in den verschiedenen Leistungsphasen, mit denen der Auftragnehmer durch diesen Vertrag beauftragt wird, unterschiedlich ist. Den Leistungsfaktor legen die Parteien wie folgt fest:

Leistungsphasen 1, 3 und 4:	0,9
Leistungsphase 2:	1,0
Leistungsphasen 5 und 6:	0,5

(2.3) Die prozentuale Bewertung der beauftragten und abzurechnenden Leistungsphasen (prozentualer Anteil des HOAI-gemäß ermittelten Gesamthonorars) ergibt sich aus § 51 Abs. 1 HOAI.

Gegebenenfalls: Die prozentuale Bewertung der beauftragten und abzurechnenden Leistungsphasen (prozentualer Anteil des HOAI-gemäß ermittelten Gesamthonorars) ergibt sich aus § 51 Abs. 1 HOAI, sowie – da nicht alle Grundleistungen der Leistungsphasen, die Gegenstand des vorliegenden Auftrags sind, beauftragt wurden – aus § 8 Abs. 2 HOAI i.V.m. der als Anlage 6 diesem Vertrag beigefügten Tabelle zur Bewertung von Grundleistungen. Daraus ergibt sich insgesamt folgende Bewertung:

.....

Gegebenenfalls: Die Leistungsphase 5 wird gem. § 51 Abs. 3 mit 20 % bewertet, weil nur Schalpläne in Auftrag gegeben wurden.

Gegebenenfalls: Die Leistungsphase 5 wird, da nach übereinstimmender Bewertung der Vertragsparteien eine sehr enge Bewehrung erforderlich ist, gem. § 51 Abs. 4 HOAI mit 44 % bewertet.

(2.4) Das Bauvorhaben wird der Honorarzone ..... zugeordnet. Es wird folgender Honorarsatz vereinbart: ..... % der Differenz von Mindest- und Höchstsatz über dem Mindestsatz.

(2.5) Zur Anwendung von § 11 HOAI vereinbaren die Vertragsparteien Folgendes:

Bei den Tragwerken für die Objekte (Gebäude und/oder Ingenieurbauwerke) ..... handelt es sich um Tragwerke mit weitgehend vergleichbaren Planungsbedingungen derselben Honorarzone, die im zeitlichen und örtlichen Zusammenhang als Teil einer Gesamtmaßnahme geplant und errichtet werden, so dass nach § 11 Abs. 2 HOAI die anrechenbaren Kosten dieser Objekte zu addieren sind.

Die Tragwerke für die Objekte (Gebäude und/oder Ingenieurbauwerke) ..... sind im Wesentlichen gleich. Da sie außerdem im zeitlichen und örtlichen Zusammenhang unter gleichen baulichen Verhältnissen geplant und errichtet werden sollen, ist § 11 Abs. 3 HOAI anzuwenden.

(2.6) Im Hinblick auf den Schwierigkeitsgrad der Leistung wird ein Zuschlag gem. § 6 Abs. 2 i.V.m. § 52 Abs. 4 HOAI in Höhe von ..... % vereinbart.

(2.7) Das Honorar ist grundsätzlich auf der Grundlage der zur Zeit des Abschlusses dieses Vertrages gültigen Fassung der HOAI zu berechnen. Tritt nach Abschluss des Vertrages eine Novellierung der Verordnung in Kraft, ist das Honorar nach der novellierten Fassung der Verordnung zu berechnen, sofern die Anwendung der novellierten Fassung im Ergebnis zu einem höheren Honorar führt. Ansonsten bleibt es bei der Honorarberechnung nach der HOAI in der zum Zeitpunkt der vertraglichen Beauftragung geltenden Fassung.

(3) Für die bereits mit Abschluss dieses Vertrages vereinbarten Besonderen Leistungen werden folgende Honorare vereinbart:

.....

(4) Für die bereits mit Abschluss dieses Vertrages vereinbarten Beratungsleistungen werden folgende Honorare vereinbart:

.....

(5) Stellt sich nach Auftragserteilung heraus, dass zur Erzielung des vereinbarten werkvertraglichen Gesamterfolges über die beauftragten Einzelleistungen hinaus weitere Grundleistungen oder besondere Leistungen erforderlich werden, hat der Auftragnehmer den Auftraggeber hierüber umgehend zu unterrichten. Die Parteien sollen vor Ausführung der weiteren Leistungen hierzu eine Honorarvereinbarung treffen. Kommt eine solche Einigung nicht zustande, sind zusätzliche Grundleistungen nach den Grundsätzen des vorstehenden Absatzes 2, zusätzliche besondere Leistungen nach Zeitaufwand gemäß Absatz 7 abzurechnen.

(6) Soweit der Auftragnehmer auf Grund späterer Beauftragung durch den Auftraggeber besondere Leistungen oder Beratungsleistungen im Sinne der Anlage 1 zur HOAI zu erbringen hat, die durch das hier vereinbarte Honorar nicht abgegolten sind, muss er diese Leistungen nur aufgrund einer ausdrücklichen und schriftlichen Beauftragung durch den Auftraggeber erbringen. Die Parteien sollen hierzu vor Ausführung der Leistungen eine schriftliche Honorarvereinbarung treffen. Kommt eine derartige Vereinbarung nicht zustande, sind die entsprechenden Leistungen, soweit sie beauftragt werden, nach Zeitaufwand gemäß Absatz 7 abzurechnen.

(7) Sofern Leistungen nach Zeitaufwand abzurechnen sind, werden folgende Stundensätze vereinbart:
1. Für den geschäftsführenden Gesellschafter des Auftragnehmers: ..... €
2. Für Mitarbeiter, die technische oder wirtschaftliche Aufgaben erfüllen, sofern sie nicht unter Nr. 1 fallen: ..... €
3. Für technische Zeichner und sonstige Mitarbeiter mit vergleichbaren Qualifikationen, die technische oder wirtschaftliche Aufgaben erfüllen: ..... €

(8) Kommt es aufgrund der Leistungen des Auftragnehmers unter Ausschöpfung technisch-wirtschaftlicher oder umweltverträglicher Lösungsmöglichkeiten zu einer wesentlichen Kostensenkung ohne Verminderung des vertraglich festgelegten Standards, wird ein Erfolgshonorar gem. § 7 Abs. 6 S. 1 und 2 HOAI vereinbart. Eine wesentliche Kostensenkung ist nur dann gegeben, wenn die tatsächlichen Kosten der Kostengruppe 300 und der Kostengruppe 400 nach DIN 276 (2008) die bei Abschluss dieses Vertrages prognostizierten Kosten zu den entsprechenden Kostengruppen um mehr als 10 % unterschreiten. Das Erfolgshonorar wird in der Weise vereinbart, dass sich das vereinbarte Honorar um denselben Prozentsatz erhöht, um den die tatsächlichen Kosten die prognostizierten Kosten unterschreiten, maximal allerdings um 20 %.

(9) Wird die in § 1 Abs. 3 dieses Vertrages vereinbarte Kostengrenze aus Gründen, die vom Auftragnehmer zu vertreten sind, um mehr als 10 % überschritten, vermindert sich der Vergütungsanspruch des Auftragnehmers um denselben Prozentsatz, um den die tatsächlichen Kosten die vereinbarte Kostengrenze überschreiten (abzüglich 10 %), maximal aber um 5 % (Malus-Honorar nach § 7 Abs. 6 S. 3 HOAI).

(10) Sämtliche Nebenkosten im Sinne von § 14 Abs. 2 HOAI werden pauschal abgerechnet, und zwar mit 5 % des Gesamthonorars (netto). Übersteigen die tatsächlichen Nebenkosten die Pauschale um mehr als 20 %, ist die Auftragnehmer berechtigt, statt der Pauschale die tatsächlich entstandenen Nebenkosten auf Einzelnachweis abzurechnen. Der Auftragnehmer ist berechtigt, Abschlagszahlungen auf die Nebenkostenpauschale zu verlangen. Er darf diese gemeinsam mit seinen Abschlagsrechnungen geltend machen, und zwar in Höhe von 5 % des Betrages der jeweiligen Abschlagsrechnung (netto).

§ 11 Honorar bei Änderungsanordnungen sowie bei Projektverzögerungen und -unterbrechungen

(1) Die stufenweise Fortentwicklung und Durcharbeitung der Planung innerhalb einer bestimmten Leistungsstufe (Planungsoptimierung) einschließlich der Erarbeitung von Alternativen wird nicht vergütet, soweit die Planungsleistung Bestandteil der Grundleistungen der jeweiligen Leistungsphase ist und solange die Grenzen der Zumutbarkeit für den Auftragnehmer nicht überschritten sind. Die Grenzen der Zumutbarkeit sind insbesondere dann überschritten, wenn innerhalb einer noch nicht abgeschlossenen Leistungsphase eine bereits erbrachte Teilleistung (z.B. eine bereits erbrachte Grundleistung) auf Veranlassung des Auftraggebers und aus einem nicht vom Auftragnehmer zu vertretenden Grund mehr als zwei Mal neu erstellt werden muss bzw. mehr als zwei Alternativplanungen erstellt werden müssen. Die weiteren Änderungen sind dann nach den nachfolgenden Grundsätzen der Vertragsänderung zu vergüten. Im Gegensatz zu Planungsoptimierungen sind geänderte Leistungen gesondert zu vergüten, wenn sie auf einer Änderungsvereinbarung im Sinne von § 650q Abs. 1 i.V.m. § 650b Abs. 1 BGB oder auf einer Änderungsanordnung des Auftraggebers im Sinne von § 650q Abs. 1 i.V.m. § 650b Abs. 2 beruhen. Änderungsvereinbarungen im Sinne von § 650q Abs. 1 i.V.m. § 650b Abs. 1 BGB sollen eine Vereinbarung über die Vergütungsanpassung infolge der Änderung umfassen. Der Anspruch auf Vergütungsanpassung nach Maßgabe der folgenden Regelungen besteht aber unabhängig vom Zustandekommen einer solchen Vereinbarung.

(2) Für Änderungsleistungen, bei denen es sich nicht um Grundleistungen oder Teile von Grundleistungen der HOAI – einschließlich der Grundleistungen der Leistungsbilder der Anlage 1 zur HOAI handelt, gilt § § 11 Abs. 9 dieses Vertrages, sofern die Parteien keine andere Vereinbarung treffen.

(3) Für Änderungsleistungen, bei denen es sich um Grundleistungen oder um Teile von Grundleistungen der HOAI – einschließlich der Grundleistungen der Leistungsbilder der Anlage 1 zur HOAI – handelt, gilt:

§ 10 HOAI ist auch im Falle einer Änderungsanordnung des Auftraggebers im Sinne von § 650q Abs. 1 i.V.m. § 650b Abs. 2 BGB anwendbar. Sind die Gründe für die Änderungsanordnung vom Auftragnehmer zu vertreten, kann er eine Honorarerhöhung nach § 10 HOAI nur geltend machen, wenn es zu der wiederholten Erbringung von Grundleistungen bzw. zu der Erhöhung der anrechenbaren Kosten auch ohne den vom Auftragnehmer zu vertretenden Umstand gekommen wäre.

(3.1) Sind bereits erbrachte Grundleistungen ganz oder teilweise erneut zu erbringen, gilt § 10 Abs. 2 HOAI mit folgenden Maßgaben:

§ 10 Abs. 2 HOAI gilt unabhängig davon, ob sich die anrechenbaren Kosten verändern oder gleich bleiben.

Maßgeblich für die Ermittlung des anteilig zu berechnenden Honorars für wiederholt erbrachte Grundleistungen nach § 10 Abs. 2 sind § 8 Abs. 2 HOAI sowie die diesem Vertrag als Anlage 6 beigefügte Tabelle zur Grundleistungsbewertung. Ist von den wiederholt zu erbringenden Leistungen nur ein Teilbereich des Bauvorhabens betroffen, ist – sofern die Parteien nicht vor Ausführung der geänderten Leistung schriftlich etwas anderes vereinbaren – das anteilige Honorar im Sinne von § 10 Abs. 2 i.V.m. § 8 Abs. 2 HOAI bezogen auf die anrechenbaren Kosten für den von der Wiederholungsleistung betroffenen Teilbereich des Bauvorhabens zu ermitteln.

(3.2) Ändern sich die anrechenbaren Kosten, gilt § 10 Abs. 1 HOAI mit folgenden Maßgaben:

Verringern sich die anrechenbaren Kosten, bleibt ein etwaiger Anspruch der Auftragnehmerin nach § 649 BGB von § 10 Abs. 1 HOAI unberührt.

(4) Tritt aus einem nicht vom Auftragnehmer zu vertretenden Grunde eine Unterbrechung des Projektes von mindestens drei Monaten ein, ohne dass die weitere Leistungserbringung dauernd unmöglich wird, ist der Auftragnehmer berechtigt, die bis dahin erbrachten Leistungen vertragsgemäß abzurechnen, sowie außerdem Erstattung derjenigen Kosten zu verlangen, die dem Auftragnehmer bereits entstanden und in der Vergütung des noch nicht ausgeführten Teils der Leistung enthalten sind. Dauert die Unterbrechung dann weitere drei Monate an, ist der Auftrag-

nehmer berechtigt, den Vertrag aus wichtigem Grunde zu kündigen und nach den Grundsätzen des § 17 dieses Vertrages abzurechnen.

(5) Unabhängig von der vorstehenden Bestimmung in Absatz 4 gilt: Wird eine der in Anlage 4 zu diesem Vertrag genannten Einzelzeiträume aus nicht vom Auftragnehmer zu vertretenden Gründen um mehr als 20 % (Toleranz) überschritten, ist hierdurch die Geschäftsgrundlage der mit diesem Vertrag getroffenen Honorarvereinbarung in relevanter Weise berührt. Die Parteien sind in diesem Fall verpflichtet, über eine angemessene Erhöhung des Honorars für die entsprechenden Leistungen zu verhandeln. Erzielen sie keine Einigung, so hat der Auftragnehmer Anspruch auf Erstattung seiner nachgewiesenen Mehrkosten. Der Anspruch auf Anpassung der Vergütung nach den Grundsätzen der Änderung der Geschäftsgrundlage bzw. auf Erstattung von Mehrkosten besteht nicht, sofern der Auftragnehmer die Bauzeitverlängerung selbst zu vertreten hat.

§ 12 Abrechnung; Aufrechnungsverbot

(1) Der Auftragnehmer ist verpflichtet, prüfbar abzurechnen. Soweit Leistungen bestimmter Leistungsphasen teilweise erbracht sind, genügt es im Rahmen von Abschlagsrechnungen, wenn der erreichte Bearbeitungsstand plausibel dargelegt ist. Ein lückenloser Nachweis ist nicht erforderlich.

(2) Der Auftragnehmer ist berechtigt, monatliche Abschlagsrechnungen, jeweils zum Ende eines Monats, erstmalig zum ....., zu stellen. Unabhängig hiervon ist er berechtigt, nach Abschluss einer Leistungsphase eine Abschlagsrechnung zu erstellen. Darüber hinaus ist der Auftragnehmer im Fall des § 11 Absatz 4 berechtigt, eine Abschlagsrechnung zu erstellen.

(3) Gegenüber fälligen Honoraransprüchen des Auftragnehmers kann der Auftraggeber nur mit einem unstreitigen, anerkannten oder rechtskräftig festgestellten Zahlungsanspruch die Aufrechnung erklären. Dies gilt nicht hinsichtlich solcher Ansprüche des Auftraggebers, die mit dem Honoraranspruch in einem synallagmatischen Verhältnis stehen; letzteres trifft insbesondere auf Werklohnforderung des Auftragnehmers und Forderungen des Auftraggebers, die aus dessen Anspruch auf mängelfreie Erfüllung abgeleitet werden, zu.

Soweit danach der Auftraggeber die Aufrechnung nicht wirksam erklären könnte, ist er auch hinsichtlich der Ausübung eines Zurückbehaltungsrechts in gleicher Weise beschränkt. Ein etwaiges Zurückbehaltungsrecht des Auftraggebers im Hinblick auf einen Anspruch gegen den Auftragnehmer, der auf Erfüllung bzw. Nacherfüllung der Leistungspflicht des Auftragnehmers gerichtet ist) ist hiervon nicht berührt.

§ 13 Dokumentation des Planungs- und Bauablaufs

(1) Der Auftragnehmer erstellt monatliche Berichte, mit denen er den Bearbeitungsstand schriftlich dokumentiert und zusammenfasst. Mit der Erstellung dieser Berichte erfüllt der Auftragnehmer zugleich die Grundleistung »Zusammenfassen, Erläutern und Dokumentieren der Ergebnisse« der Leistungsphasen 1–3. Dabei ist insbesondere darzustellen, wie sich der erreichte Bearbeitungsstand zu den vereinbarten und gegebenenfalls fortgeschriebenen Planungs- und Überwachungszielen (§ 650p BGB, §§ 1 Abs. 3; 4 dieses Vertrages) verhält.

(2) Dem schriftlichen Bericht sind mindestens folgende Unterlagen beizufügen, soweit diese Unterlagen dem Auftraggeber nicht bereits zuvor übergeben worden sind:
a) Hinsichtlich der Leistungsphase 3: Tragwerkslösung in Form des konstruktiven Entwurfs mit zeichnerischer Darstellung; überschlägige statische Berechnung und Bemessung; grundlegende Festlegungen der konstruktiven Details und Hauptabmessungen des Tragwerks; überschlägige Ermittlung der Betonstahlmengen, Stahlmengen bzw. Holzmengen;
b) hinsichtlich der Leistungsphase 5: Eine Auflistung der erstellten Pläne (insbesondere Schal- und Bewehrungspläne) sowie der ergänzenden Stahl- und Stücklisten; auf Verlangen des Auftraggebers sind die Pläne und Listen ebenfalls vorzulegen;
c) hinsichtlich der Leistungsphase 6: Übersicht über die vom Auftragnehmer angestellten Mengenermittlungen; auf Verlangen des Auftraggebers sind die Mengenermittlungen selbst ebenfalls vorzulegen.

(3) Der Auftragnehmer darf für seine weiteren Planungen davon ausgehen, dass der durch seinen schriftlichen Bericht dokumentierte Projektstand mit dem Auftraggeber abgestimmt ist, sofern

dieser nicht innerhalb einer Frist von drei Werktagen, gerechnet ab Zugang des Berichts (einschließlich der Anlagen), mindestens in Textform (§ 126b BGB) widerspricht. Diese Frist ist auf das berechtigte, mindestens in Textform (§ 126 BGB) geäußerte Verlangen des Auftraggebers angemessen – maximal auf 12 Werktage – zu verlängern, sofern aus nicht vom Auftraggeber selbst zu vertretenden Gründen eine schnellere Prüfung nicht möglich ist.

(4) Der Auftragnehmer ist verpflichtet, an den vom Auftraggeber oder von anderen Planungsbeteiligten, insbesondere dem Objektplaner, oder den beauftragten Fachfirmen anberaumten (Bau-, Planungs- und Koordinations-)Besprechungen teilzunehmen. Er hat den Auftraggeber über von anderen Projektbeteiligten anberaumte Besprechungen zu informieren und auf dessen Verlangen darüber Niederschriften in einem dem Besprechungsinhalt angemessenen Umfang anzufertigen und diese dem Auftraggeber unverzüglich zu übermitteln.

(5) Der Auftragnehmer ist zudem verpflichtet, den Auftraggeber über alle bei der Durchführung seiner Aufgaben wesentlichen Angelegenheiten unverzüglich schriftlich zu unterrichten. Diese Pflicht erlischt nicht mit der Vertragsbeendigung.

(6) Der Auftragnehmer hat die von ihm angefertigten zeichnerischen Unterlagen bis zur Freigabe durch den Auftraggeber als »Vorabzug« zu kennzeichnen. Die vom Auftraggeber freigegebenen zeichnerischen Unterlagen hat der Auftragnehmer als »Entwurfsverfasser« oder »Planverfasser«, die übrigen Unterlagen als »Verfasser« zu unterzeichnen.

§ 14 Unterlagen

(1) Spätestens mit Vertragsbeendigung hat der Auftragnehmer dem Auftraggeber die in § 13 dieses Vertrages im Einzelnen genannten Unterlagen zu übergeben, soweit dies nicht bereits vorher, insbesondere im Rahmen der monatlichen Berichte, geschehen ist. Nach Beendigung des Vertrages sind dem Auftraggeber darüber hinaus auch alle weiteren Unterlagen zu übergeben, die für die Fortsetzung des Bauvorhabens bzw. die Bewirtschaftung des Objektes erforderlich sind.

(2) Soweit eine Digitalisierung möglich ist, hat der Auftragnehmer dem Auftraggeber die Unterlagen in digitalisierter Form zu übergeben. Pläne sind dem Auftraggeber jeweils dreifach auf Papier und digital als CAD-Datei (dwg- oder dxf-Format) zur Verfügung zu stellen.

(3) Gegenüber dem Anspruch des Auftraggebers auf Übergabe von Unterlagen steht dem Auftragnehmer ein Zurückbehaltungsrecht nicht zu, soweit er noch Leistungen nach dem Vertrag zu erbringen hat.

(4) Soweit Unterlagen nicht an den Auftraggeber herauszugeben sind, ist der Auftragnehmer berechtigt, diese Unterlagen 10 Jahre nach vollständiger Leistungserbringung zu vernichten.

§ 15 Abnahme

(1) Nach vollständiger Leistungserbringung hat der Auftragnehmer Anspruch auf eine förmliche Abnahme.

(2) Darüber hinaus steht dem Auftragnehmer ein Anspruch auf eine förmliche Teilabnahme nach Abschluss einer Beauftragungsstufe zu, sofern nicht zum Zeitpunkt des Abnahmeverlangens die Leistungen der nachfolgenden Beauftragungsstufe bereits in Auftrag gegeben wurden.

§ 16 Haftung, Versicherung und Verjährung

(1) Die Haftung des Auftragnehmers ergibt sich aus den gesetzlichen Bestimmungen mit den nachfolgenden Modifikationen.

(2) Die Haftung für anfängliches Unvermögen, grobe Fahrlässigkeit, das Fehlen zugesicherter Eigenschaften, Arglist und die Verletzung des Körpers sowie der Gesundheit ist nicht beschränkt. Für sonstige Schäden (Sach- und Vermögensschäden) beschränkt sich die Haftung für Fälle der leichten Fahrlässigkeit der Höhe nach auf folgende Haftungssumme: ..... €

Nach ausführlicher Erörterung sehen die Vertragsparteien eine Beschränkung der Haftungssumme in diesem Umfang im Hinblick auf die konkreten Haftungsrisiken als angemessen an. Dabei sind folgende Erwägungen maßgeblich gewesen: .....

(3) Haftet der Auftragnehmer für einen von ihm schuldhaft verursachten Mangel bzw. Schaden gesamtschuldnerisch neben einem anderen an dem Bauvorhaben Beteiligten, insbesondere einer ausführenden Firma, kann er verlangen, dass der Auftraggeber zunächst vorrangig den anderen Beteiligten in Anspruch nimmt. Diese Verpflichtung ist auf die ernsthafte außergerichtliche Inanspruchnahme – mindestens auf eine schriftliche Aufforderung zur Mängelbeseitigung bzw. Nacherfüllung, verbunden mit einer angemessenen Fristsetzung – beschränkt.

(4) Beabsichtigt der Auftraggeber, einen Mangel oder Schaden am Bauwerk, für den ein Mangel der vom Auftragnehmer erbrachten Leistungen (mit-)verantwortlich ist, zu beseitigen oder beseitigen zu lassen, muss der Auftraggeber dem Auftragnehmer Gelegenheit geben, sich an der Schadens- bzw. Mängelbeseitigung in der Weise zu beteiligen, dass er die hierzu erforderlichen Leistungen der Tragwerksplanung selbst erbringt. Wenn und solange der Auftraggeber dem Auftragnehmer diese Möglichkeit nicht einräumt, und wenn und solange der Auftragnehmer zur Erbringung dieser Leistungen bereit und in der Lage ist, steht dem Auftragnehmer gegen einen etwaigen Schadensersatz-, Minderungs-, Kostenerstattungs- oder Kostenvorschussanspruch des Auftraggebers ein Zurückbehaltungsrecht in Höhe der in dem geltend gemachten Anspruch enthaltenen Kosten für die zur Mängel- bzw. Schadensbeseitigung erforderlichen Leistungen der Tragwerksplanung zu.

(5) Der Auftragnehmer ist verpflichtet, eine Berufshaftpflichtversicherung nachzuweisen. Die Deckungssummen dieser Versicherungen müssen mindestens betragen:
- Für Personenschäden: ..... €
- Für sonstige Schäden: ..... €

Der Betrag muss je Versicherungsjahr .....-fach zur Verfügung stehen.

(6) Sämtliche Ansprüche des Auftraggebers gegen den Auftragnehmer verjähren, ebenso wie sämtliche Ansprüche des Auftragnehmers gegen den Auftraggeber, innerhalb der gesetzlichen Fristen. Sofern Teilabnahmen erfolgen, ist für etwaige Mängelansprüche des Auftraggebers der Zeitpunkt der Teilabnahme für den Beginn der Verjährung hinsichtlich der bis zu diesem Zeitpunkt erbrachten Leistungen maßgeblich.

§ 17 Vorzeitige Vertragsbeendigung

(1) Auftragnehmer und Auftraggeber sind zur Kündigung dieses Vertrages aus wichtigem Grunde berechtigt (§ 648a BGB). Das Recht des Auftraggebers zur ordentlichen Vertragskündigung bleibt daneben unberührt.

(2) Ein wichtiger Kündigungsgrund liegt für den Auftraggeber insbesondere dann vor, wenn
- er seine Bauabsicht für das geplante Objekt nachhaltig aufgegeben hat;
- das Vertrauensverhältnis zwischen den Parteien auf Grund nach Vertragsschluss eingetretener Umstände erheblich gestört ist oder andere Umstände vorliegen, auf Grund derer dem Auftraggeber ein Festhalten am Vertrag nicht mehr zugemutet werden kann;
- der Auftragnehmer seine Zahlungen eingestellt hat, die Eröffnung des Insolvenzverfahrens über sein Vermögen beantragt hat oder die Leistungsfähigkeit des Auftragnehmers aus anderen Gründen so beeinträchtigt ist, dass ein Vertrauen auf seine Fähigkeit zur vertragsgerechten Erfüllung nicht mehr besteht.

(3) Ein wichtiger Grund zur Kündigung durch den Auftragnehmer liegt insbesondere dann vor, wenn
- der Auftraggeber eine ihm obliegende Leistung unterlässt und dadurch der Auftragnehmer wesentlich behindert ist, seine Leistung vertragsgemäß auszuführen;
- der Auftraggeber mit einer fälligen Zahlung oder auf andere Weise mit einer erheblichen Vertragspflicht in Verzug gerät;
- das Vertrauensverhältnis zwischen den Parteien aus anderen, nach Vertragsschluss eingetretenen Gründen so erheblich gestört ist, dass dem Auftragnehmer ein Festhalten an dem Vertrag nicht mehr zugemutet werden kann.

(4) Sowohl die vom Auftraggeber als auch die vom Auftragnehmer erklärte Kündigung bedarf der Schriftform (§ 650h BGB). Die Kündigung aus wichtigem Grunde ist erst zulässig, wenn der kündigende Vertragspartner dem anderen Vertragspartner zuvor ohne Erfolg schriftlich eine angemessene Frist zur Vertragserfüllung gesetzt und erklärt hat, dass er nach fruchtlosem Ablauf der Frist

den Vertrag kündigen werde. Das gilt nicht, wenn der Vertragspartner die Vertragserfüllung schon zuvor endgültig und ernsthaft verweigert hat, so dass eine Fristsetzung eine sinnlose Förmlichkeit darstellen würde.

(5) Angemessen im Sinne von § 648a BGB i.V.m. § 314 BGB ist in der Regel eine Frist von 14 Tagen.

(6) Im Falle der ordentlichen Vertragskündigung durch den Auftraggeber sowie im Falle der einvernehmlichen Vertragsaufhebung (ohne dass die Vertragsaufhebung aus einem vom Auftragnehmer zu vertretenden Grunde veranlasst worden wäre) behält der Auftragnehmer den Anspruch auf das vertragliche Honorar auch für die infolge der vorzeitigen Vertragsbeendigung nicht mehr erbrachten Leistungen. Er muss sich jedoch dasjenige anrechnen lassen, was er infolge der Aufhebung des Vertrags an Aufwendungen erspart, sowie außerdem auch dasjenige, was er durch anderweitige Verwendung seiner Arbeitskraft erwirbt oder zu erwerben böswillig unterlässt (»anderweitiger Erwerb«). Dies gilt auch im Falle einer Kündigung bzw. einvernehmlichen Vertragsaufhebung aus einem wichtigen, aber nicht vom Auftragnehmer zu vertretenden Grund durch den Auftraggeber.

Die ersparten Aufwendungen werden mit 40 % des Honorars der noch nicht erbrachten Leistungen festgelegt, sofern nicht der Auftraggeber höhere oder der Auftragnehmer geringere Ersparnisse nachweist. »Anderweitiger Erwerb« ist von der vorstehenden Pauschalierung nicht mit umfasst und daher in jedem Fall konkret darzulegen.

(7) Macht der Auftragnehmer nach einer von ihm ausgesprochenen Kündigung aus wichtigem Grunde (§ 648a BGB) Schadensersatz geltend (§ 648a Abs. 6 BGB), gilt für die Berechnung des Schadensersatzanspruchs Abs. 6 entsprechend.

(8) Im Falle einer Vertragsbeendigung auf Grund einer vom Auftraggeber ausgesprochenen Kündigung bzw. einer einvernehmlichen Vertragsaufhebung aus einem wichtigen, vom Auftragnehmer zu vertretenden Grund hat der Auftragnehmer lediglich Anspruch auf Vergütung der bis zu diesem Zeitpunkt erbrachten Leistungen.

§ 18 Streitbeilegung

(1) Entstehen bei der Durchführung und Abwicklung dieses Vertrages Meinungsverschiedenheiten zwischen den Vertragspartnern, werden die Parteien zunächst versuchen, den Streit auf gütlichem Wege beizulegen. Streitfragen berechtigen die Parteien nur insoweit, ihre Mitwirkung an der Vertragserfüllung einzustellen, als ihnen auf Grund vertraglicher oder gesetzlicher Vorschriften ein Zurückbehaltungsrecht zusteht.

(2) Sofern die Voraussetzungen einer Gerichtsstandsvereinbarung nach § 38 Abs. 1 Satz 2 ZPO vorliegen, wird als Wahlgerichtsstand der Geschäftssitz des Auftraggebers vereinbart.

(3) Die Vertragsparteien treffen für alle Streitigkeiten aus und im Zusammenhang mit diesem Vertragsverhältnis die als Anlage 7 beigefügte Adjudikationsvereinbarung zur projektbegleitenden außergerichtlichen Beilegung solcher Streitigkeiten.

(4) Die Vertragsparteien treffen für alle gerichtlichen Streitigkeiten aus und im Zusammenhang mit diesem Vertragsverhältnis die als Anlage 8 beigefügte Schiedsgerichtsvereinbarung unter Ausschluss des ordentlichen Rechtsweges.

§ 19 Schlussbestimmungen

(1) Mündliche Nebenabreden sind nicht getroffen worden. Änderungen und Ergänzungen des Vertrages bedürfen der Schriftform.

(2) Sollten Bestimmungen dieses Vertrages, eine künftig in ihn aufgenommene Bestimmung oder ein wesentlicher Teil dieses Vertrags ganz oder teilweise nichtig, unwirksam oder undurchführbar sein oder werden oder sollte dieser Vertrag lückenhaft sein, so soll dies die Wirksamkeit der übrigen Bestimmungen dieses Vertrages nicht berühren. Anstelle der nichtigen oder unwirksamen Bestimmung werden die Parteien in diesem Falle eine wirksame Bestimmung vereinbaren, die dem Sinn und Zweck der unwirksamen Bestimmung, insbesondere dem, was die Parteien wirtschaftlich beabsichtigt hatten, entspricht oder ihm am nächsten kommt. Im Falle von Lücken wer-

den die Parteien eine Vertragsergänzung vereinbaren, die dem entspricht, was nach Sinn und Zweck dieses Vertrages vereinbart worden wäre, hätten die Vertragsparteien die Angelegenheit von vorne herein bei Abschluss des Vertrages bedacht.

c) Erläuterungen

65 Zum Rubrum

Auf die genaue Bezeichnung der Vertragsparteien, insbesondere die Klärung der Rechtsformen (z.B. Einzelperson, Gesellschaft bürgerlichen Rechts, Personengesellschaft, Kapitalgesellschaft) und der Vertretungsverhältnisse, sollte mehr Sorgfalt verwendet werden, als dies in der Praxis häufig geschieht. Gegebenenfalls sollten aktuelle Handelsregisterauszüge besorgt werden. Die Kommunalgesetze vieler Bundesländer enthalten Sonderregelungen (Beschränkung der Vertretungsmacht der handelnden Personen in der Gestalt besonderer »Formvorschriften«), die im Falle der Beauftragung durch öffentliche Auftraggeber ebenfalls zu beachten sind.

66 Zu § 1 (Vertragsgegenstand)

Absatz 1: Tragwerke sind honorarrechtliche Objekte im Sinne von § 2 Abs. 1 S. 2 HOAI. Sie werden für Gebäude oder Ingenieurbauwerke (Objekte im Sinne von § 2 Abs. 1 S. 1 HOAI) erbracht. Das soll in Absatz 1 klargestellt werden. Auf die dortige Begriffsdefinition wird verwiesen. Betrifft der Auftrag Tragwerke für mehrere Gebäude oder Ingenieurbauwerke, soll das hier ebenfalls angegeben werden.

Absatz 2: Das Grundstück, auf das sich die Baumaßnahme bezieht, sollte möglichst genau (grundbuchlich) bezeichnet werden, ferner die Baumaßnahme unter Berücksichtigung der in § 2 Abs. 2–6 HOAI enthaltenen Begriffsbestimmungen (Neubau, Wiederaufbau, Erweiterungsbau, Umbau, Modernisierung, Instandsetzung, Instandhaltung). Betrifft der Auftrag Tragwerke für mehrere Gebäude bzw. Ingenieurbauwerke, ist entsprechend zu differenzieren. Dies ist insbesondere auch für die Berechnung des HOAI-gemäß zu berechnenden Honorars von Bedeutung.

Absatz 3: Verträge (spätestens) ab dem 01.01.2018 sollten in ihrer grundsätzlichen Struktur auf das von diesem Zeitpunkt an geltende gesetzliche Bauvertragsrecht (siehe hierzu auch die Einleitung) Bezug nehmen. Das gesetzliche Leitbild des Architekten- und Ingenieurvertrages ergibt sich aus § 650p BGB n.F. Danach ist die Festlegung der »wesentlichen Planungs- und Überwachungsziele« als die entscheidende »Schnittstelle« des Vertrags anzusehen. Liegen diese wesentlichen Planungs- und Überwachungsziele zum Zeitpunkt des Vertragsschlusses noch nicht fest, ist der Vertrag nach § 650p Abs. 2 BGB in einer »Zielfindungsphase« zunächst auf die Erarbeitung und Abstimmung der Planungs- und Überwachungsziele gerichtet. Die vereinbarten »Planungs- und Überwachungsziele« definieren den (im Sinne des »funktionalen Herstellungsbegriffs« der Rechtsprechung – vgl. hierzu zusammenfassend Kniffka, in: Kniffka/Koeble, Kompendium des Baurechts, Teil 6, Rn. 18 ff.) vereinbarten Werkerfolg. Im Hinblick auf die gesetzliche Neuregelung ist es – mehr noch als schon bisher – von entscheidender Bedeutung, bei Vertragsschluss die »Planungs- und Überwachungsziele« zu definieren, soweit dies zu diesem Zeitpunkt bereits möglich ist. Darauf sollte, entgegen einer allerdings leider weiter sehr verbreiteten Praxis, das größte Gewicht bei der Vertragsgestaltung überhaupt gelegt werden. Daran entscheidet sich dann, ob – nach der Beurteilung der Vertragsparteien, denen diese Einschätzung in erster Linie obliegen muss – die wesentlichen Planungs- und Überwachungsziele im Sinne von § 650p Abs. 2 BGB bereits festliegen oder erst in einer »Zielfindungsphase« erarbeitet werden müssen (siehe dazu weiter unten zu § 4). Dies alles gilt nicht nur für den Vertrag mit dem Objektplaner, sondern auch für den Vertrag mit dem Fachplaner. Allerdings geht das Muster davon aus, dass eine isolierte »Planungsgrundlage« im Sinne von § 650p Abs. 2 BGB nur für den Fachplaner nicht sinnvoll ist, sondern dass die Planungsgrundlage – als Ergebnis der Erarbeitung der »wesentlichen Planungs- und Überwachungsziele« – durch den Objektplaner unter Einbeziehung schon in diesem Planungsstadium erforderlicher Beiträge der Fachplaner erstellt wird. Der Fachplaner hat dann hieran mitzuwirken.

Auch unabhängig von der gesetzlichen Neuregelung war es allerdings auch schon bisher für beide Vertragsparteien, auch für den Fachplaner, wichtig, die Zielvorstellungen schon bei Vertragsschluss möglichst genau zu bestimmen. Auch der Tragwerksplaner muss von Anfang an die Zielvorstellungen des Auftraggebers – insbesondere auch in wirtschaftlicher Hinsicht – ermitteln und bei seiner Planung berücksichtigen.

Zielvorstellungen sollten insbesondere hinsichtlich des wirtschaftlichen Investitionsziels, der vorgesehenen Nutzung, der gestalterischen Aspekte (Qualitäts- und Ausbaustandards), soweit für die Tragwerksplanung von Relevanz, aber auch hinsichtlich von Kosten und Terminen und gegebenenfalls hinsichtlich weiterer Zielvorstellungen (z.B. besonderen Sicherheitsanforderungen etc.) definiert werden.

Absatz 4: Auch zwischen den Parteien einvernehmlich festgelegte Planungs- und Überwachungsziele sind im »dynamischen« Planungsprozess zu entwickeln und erforderlichenfalls auch anzupassen bzw. zu ändern. In diesem Muster (§ 14) ist vorgesehen, dass die Parteien für die Weiterentwicklung und Ausdifferenzierung der Planung ein Verfahren vereinbaren. Der Gesetzgeber geht in § 650p Abs. 1 BGB davon aus, dass »die nach dem jeweiligen Stand der Planung und Ausführung« erforderlichen Leistungen zu erbringen sind. Auch dies gilt nicht nur für den Architekten-, sondern auch für den Ingenieur- (Fachplaner-) Vertrag. Damit soll der mit dem Schlagwort von der Planung als einem »dynamischen Prozess« angesprochenen Besonderheit des Architekten- und Ingenieurvertrages Rechnung getragen werden. Es ist im Einzelfall zu entscheiden, ob es sich um eine bloße Weiterentwicklung der Projektziele im Rahmen der beauftragten Grundleistungen, oder um eine Vertragsänderung handelt (vgl. § 650q Abs. 1 i.V.m § 650a BGB; §§ 6 und 12 dieses Vertragsmusters).

Zu § 2 (Vertragsgrundlagen)

67

Die Bezugnahme auf Anlagen ist häufig sinnvoll; es muss aber auf jeden Fall sichergestellt werden, dass die Anlagen genau bezeichnet werden und dass sie auch tatsächlich beiden Vertragsparteien bekannt sind. Nach Möglichkeit sollten die Anlagen dem Vertrag beigefügt werden, soweit dies nicht wegen des Umfangs der Anlagen unpraktisch ist. Rangfolgeklauseln kommt praktisch keine allzu große Bedeutung zu, sie sollten trotzdem aber nicht »vergessen« werden. Die Rechtsprechung insbesondere des BGH geht davon aus, dass die Auslegung des Vertrages einschließlich sämtlicher Anlagen im Sinne eines »sinnvollen Ganzen« Vorrang vor Rangfolgeklauseln hat (vgl. beispielhaft BGH, Urt. v. 05.12.2002, VII ZR 342/01, BauR 2003, 388). Die im Muster vorgesehenen Anlagen sind selbstverständlich nur beispielhaft.

Der Verweis auf die HOAI in der bei Vertragsschluss geltenden Fassung entspricht dem Prinzip des § 57 HOAI 2013 (und des § 55 HOAI 2009 sowie § 103 HOAI a.F.). Abweichende Regelungen sind denkbar; vgl. hierzu im Muster weiter unten § 10 Abs. 2.7.

Zu § 3 (Beauftragung)

68

Absatz 1: Die Klarstellung, dass der Auftrag erst mit Abschluss des schriftlichen Vertrages erteilt wird, der Auftrag also nicht bereits zuvor mündlich erteilt wurde, kann dann sinnvoll sein, wenn sich z.B. Vertragsverhandlungen über einen längeren Zeitraum hinziehen und bereits Leistungen erbracht werden, dies aber nicht auf der Grundlage einer bereits erfolgten Beauftragung, sondern in Erwartung des Vertragsschlusses, weil für die preisgebundenen Leistungen weiterhin gilt, dass Honorarvereinbarungen nur wirksam sind, wenn sie einerseits schriftlich, andererseits aber auch bei Vertragsschluss getroffen werden. An der – rechtspolitisch höchst zweifelhaften – zeitlichen Voraussetzung »bei Auftragserteilung« hat der Verordnungsgeber festgehalten (§ 7 Abs. 1 HOAI). Erfolgt also zunächst eine mündliche Beauftragung und wird erst danach die schriftliche Honorarvereinbarung getroffen, ist diese schon deshalb unwirksam. Ob der Zusatz sinnvoll ist oder nicht, hängt aber selbstverständlich auch immer von der jeweiligen Interessenlage im konkreten Einzelfall ab.

Absatz 2: Die stufenweise Beauftragung ist sehr verbreitet und daher in diesem Muster zugrunde gelegt. Der Auftraggeber reduziert auf diese Weise das Risiko ordentlicher Vertragskündigungen (§ 649 BGB jetziger Fassung bzw. § 648 BGB in der Fassung ab 01.01.2018), zu denen er sich ansonsten unter Umständen aus wirtschaftlichen Gründen veranlasst sehen könnte, wenn er z.B. ein Bauvorhaben nicht fortführen möchte. Leistungen der Objektüberwachung sind im Leistungsbild Tragwerksplanung ausschließlich als besondere Leistungen geregelt. Im Muster ist vorgesehen, dass solche Leistungen (als besondere Leistungen) beauftragt werden sollen. Für den Fall, dass zum Zeitpunkt der Auftragserteilung die »wesentlichen Planungs- und Überwachungsziele« noch nicht feststehen (§ 650p Abs. 2 BGB) hat der Gesetzgeber jetzt im gesetzlichen Leitbild des Architekten- und Ingenieurvertrages das Sonderkündigungsrecht nach § 650r BGB vorgesehen, das es dem Auftraggeber – unter Umständen aber auch dem Auftragnehmer – ermöglicht, nach Vorlage der »Planungsgrundlagen« den Vertrag zu kündigen, ohne die Rechtsfolgen des § 648 BGB n.F. auszulösen.

Absatz 3: Zu regeln ist insbesondere, ob der Auftragnehmer einen Anspruch auf Beauftragung mit weiteren Beauftragungsstufen hat, wenn diese überhaupt in Auftrag gegeben werden, und wie lange der Auftragnehmer seine Leistungsbereitschaft aufrecht erhalten muss, wenn ein zeitlicher Abstand zwischen dem Abschluss einer Beauftragungsstufe und der Beauftragung der nächsten Stufe entsteht. Im Muster ist – was dem Regelfall der stufenweisen Beauftragung entspricht – vorgesehen, dass ein Anspruch des Auftragnehmers auf Weiterbeauftragung nicht besteht. Um im Interesse des Auftragnehmers zu vermeiden, dass dieser auf praktisch unabsehbare Zeitdauer seine Leistungsbereitschaft aufrecht erhalten muss, ist insbesondere auf eine ebenfalls häufig anzutreffende Vertragsgestaltung verzichtet worden, die es dem Auftraggeber ermöglicht, jeweils nur Teile einer Leistungsstufe abzurufen bzw. die stufenweise Beauftragung mit einer (bau-)abschnittsweisen Beauftragung zu kombinieren. Außerdem ist vorgesehen, dass der letzte Abruf einer Leistungsstufe durch den Auftraggeber innerhalb einer im Vertrag festzulegenden Frist ab Vertragsschluss erfolgt sein muss. Andernfalls muss der Auftragnehmer seine Leistungsbereitschaft dann nicht länger aufrechterhalten.

Absatz 4: Die in den bis 2009 geltenden Fassungen der HOAI vorgesehenen Regelungen zu den besonderen Leistungen sind entfallen. Daran hat auch die HOAI 2013 festgehalten. Anders als in der HAOI 2009 sind die besonderen Leistungen zu den Leistungsbildern der Objekt- und Fachplanung zwar nicht mehr in einer eigenen Anlage (Anlage 2 zur HOAI 2009) enthalten, sondern jetzt wieder Bestandteil der Anlagen zu den jeweiligen Leistungsbildern. Unverändert geblieben ist aber, dass die Aufführung Besonderer Leistungen in der HOAI rechtlich keinerlei Bedeutung mehr hat. Für besondere Leistungen gilt das Preisrecht der HOAI nicht; Honorare können frei vereinbart werden. In Betracht kommen hier Leistungen der Objektüberwachung, sofern diese schon mit Abschluss des Vertrages beauftragt werden sollen (anders als bei der hier zugrunde gelegten stufenweisen Beauftragung); vgl. hierzu auch die benannten Besonderen Leistungen zur Leistungsphase 8 in der Anlage 14 zur HOAI. Weitere Beispiele für besondere Leistungen, die schon mit Vertragsschluss beauftragt werden können, sind z.B. die Überprüfung der Werk- und Montagepläne der ausführenden Firmen auf Übereinstimmung mit der Ausführungsplanung, statische Leistungen im Zusammenhang mit Baubehelfen während der Ausführung, mit Sicherungsmaßnahmen während der Ausführung (z.B. Unterfangung) oder mit nicht tragenden Teilen des Ausbaus.

Absatz 5: Als »Beratungsleistungen« bezeichnet die HOAI seit 2009 bestimmte Leistungsbilder, die aus dem verbindlichen Preisrecht der HOAI ausgegliedert wurden und jetzt in der »unverbindlichen« Anlage 1 zur HOAI enthalten sind. Für diese Leistungsbilder gibt es daher kein verbindliches Preisrecht mehr. Hieran hat der Verordnungsgeber mit der HOAI 2013 festgehalten, auch wenn diese Entscheidung rechtspolitisch stark umstritten ist. Grundlegend geändert hat sich durch die HOAI 2013 hinsichtlich der sogenannten Beratungsleistungen die Bezeichnung der

5. Fachplanervertrag Tragwerksplanung C.

Leistungsbilder, deren Systematik und Aufteilung in Leistungsphasen sowie die Beschreibung der Grundleistungen. In Betracht kommt z.B. die Beauftragung des Tragwerkplaners mit Leistungen zum Wärmeschutz und zur Energiebilanzierung oder mit Leistungen des Leistungsbildes Bauakustik.

Zu § 4 (Leistungspflicht des Auftragnehmers) 69

Absatz 1: Die Parteien müssen entscheiden, ob die in § 1 definierten Zielvorstellungen aus ihrer Sicht ausreichend sind, um im Sinne von § 650p Abs. 2 BGB die »wesentlichen Planungs- und Überwachungsziele« zu definieren. Dabei wird den Parteien zumindest ein weiter Beurteilungsspielraum einzuräumen sein. Aus dem Gesetzeswortlaut ergeben sich kaum Anhaltspunkte für eine genauere Definition des Begriffs der »wesentlichen Planungs- und Überwachungsziele«. Auch der Begründung ist hierzu kaum etwas zu entnehmen, so dass davon auszugehen ist, dass die Vertragsparteien die Grenze jedenfalls im Bereich zwischen der Bedarfsplanung im Sinne der DIN 18205 (»Leistungsphase 0«) und den Leistungsphasen 1 und 2 ziehen können. Der alternative Formulierungsvorschlag versteht sich insofern selbstverständlich nur beispielhaft. Wie bereits weiter oben dargelegt, geht das Muster allerdings davon aus, dass die Planungsgrundlage im Sinne von § 650p Abs. 2 BGB sinnvoller Weise nur vom Objektplaner erstellt werden kann, zu der der Tragwerksplaner dann die aus Sicht seines Fachgebietes erforderlichen Beiträge zu leisten hat.

Absatz 2: Der Architekten- und Ingenieurvertrag wird bekanntlich allgemein als Werkvertrag qualifiziert (ständige Rechtsprechung des BGH, beginnend mit dem Urt. v. 26.11.1959 – VII ZR 21/58 –, NJW 1960, 431; vgl. im Übrigen nur die zusammenfassende Darstellung in Werner/Pastor Rn. 675 ff.). Diese – keineswegs selbstverständliche und »naturgegebene« – Qualifizierung des Architekten- und Ingenieurvertrages wird nun erstmalig durch den Gesetzgeber grundsätzlich bestätigt. Auf der anderen Seite erkennt der Gesetzgeber auch an, dass Besonderheiten des Architekten- und Ingenieurvertrages gegenüber dem »normalen« Werkvertrag, und auch gegenüber dem Bauvertrag bestehen. Wie der gesetzlichen Systematik zu entnehmen ist, werden Bauverträge uneingeschränkt als Werkverträge qualifiziert (als Kapitel 2 – Bauvertrag – des Untertitels 1 – Werkvertragsrecht – des Titels 9 – Werkvertrag und ähnliche Verträge), der Architekten- und Ingenieurvertrag demgegenüber als »werkvertragsähnlicher Vertrag« (Untertitel 2 – Architektenvertrag und Ingenieurvertrag – des Titels 9 – Werkvertrag und ähnliche Verträge). Wie andere Werkverträge auch ist der Architekten- und Ingenieurvertrag daher auf die Erzielung eines – primär funktional bestimmten – Werkerfolges gerichtet. Dieser wird durch die vereinbarten »Planungs- und Überwachungsziele« (vgl. § 650p BGB) bestimmt. Durch die Formulierung in § 650p Abs. 1 BGB, die das Muster übernimmt, wird aber als Besonderheit des Architekten- und Ingenieurvertrages zum Ausdruck gebracht, dass eine »unbedingte« Verpflichtung des Auftragnehmers auf die Verwirklichung des vereinbarten funktionalen Erfolges hier nicht möglich ist. Die vom Gesetz in § 650p Abs. 1 BGB verwendete Formulierung dürfte so zu verstehen sein, dass betont werden soll, dass Inhalt der Verpflichtung des Auftragnehmers nicht die Erzielung des Erfolges »per se« ist, sondern die Erbringung der zur Erzielung der erforderlichen Leistungen. Dieses Verständnis der gesetzlichen Neuregelung ist dem Muster zugrunde gelegt worden.

Absatz 3: Mit den vorstehenden Maßgaben soll im Vertrag der letztlich zu erzielende Erfolg (»Gesamterfolg«) im Vertrag definiert werden, und zwar im Falle der stufenweisen Beauftragung für jede Beauftragungsstufe gesondert. Für die Beauftragungsstufe C ist in dem Muster allerdings auf die Festlegung eines »werkvertraglichen Gesamterfolges« verzichtet worden, weil sich insoweit – bezogen auf die Tragwerksplanung – ein werkvertraglicher »Gesamterfolg« sinnvoller Weise kaum definieren lässt. An der Objektüberwachung kann der Tragwerksplaner nur im Sinne einer Beauftragung mit besonderen Leistungen beteiligt werden.

Absatz 4 und Absatz 5: Auf der Grundlage des Urteils des BGH vom 24.06.2004 – VII ZR 259/02 –, IBR 2004, 1640, wird zwischen dem werkvertraglichen Gesamterfolg und hiervon unabhängigen, auf jeden Fall zu verwirklichenden »Einzelerfolgen« unterschieden. Es ist daher wichtig, im Vertrag festzulegen, welche Einzelleistungen der Auftragnehmer auf jeden Fall zu erbringen hat, also unabhängig davon, ob sie im konkreten Fall zur Erzielung des Gesamterfolges tatsächlich erforderlich sind. Dem vorliegenden Muster liegt – beispielhaft – zugrunde, dass grundsätzlich alle beauftragten Grundleistungen »selbständige Teilerfolge« darstellen sollen, und dass von dieser Regel nur bestimmte – dann im Vertrag einzeln aufzuführende – Grundleistungen ausgenommen werden sollen. Selbstverständlich kommen andere Regelungen in Betracht. Als »Maximalposition« (aus Sicht des Auftragnehmers) wäre anzustreben, dass Grundleistungen überhaupt nicht im Sinne selbständiger Einzelerfolge geschuldet werden sollen. Es kommt auch in Betracht, nur einzelne, besonders wichtige Grundleistungen als selbständige Einzelerfolge zu definieren.

Absatz 6: Eine Negativabgrenzung, wie in Absatz 5 vorgesehen, sollte in den Vertrag aufgenommen werden, um der in der Praxis häufig zu beobachtenden »uferlosen« Erweiterung der Leistungspflichten des Auftragnehmers entgegenzuwirken. Dies ist allerdings für den Objektplaner von größerer Bedeutung als für den Fachplaner (vgl. daher auch die Anmerkung zu § 4 Absatz 5 im Formular C.1.).

Absatz 7: Der Maßstab für die Leistungserbringung sollte klar definiert werden. Häufig werden durchaus unterschiedliche Maßstäbe (anerkannte Regeln der Technik, Stand der Technik, Stand der Wissenschaft) unterschiedslos miteinander vermengt. Das führt zumindest zu Unklarheiten (wenn nicht zu Widersprüchen) und sollte daher vermieden werden.

70 **Vor § 5** Auf die in den Objektplanerverträgen (vgl. Muster C.1.–C.4.) vorgesehene Regelung zur Bevollmächtigung des Auftragnehmers ist hier verzichtet worden, da die Erteilung einer rechtsgeschäftlichen Vollmacht an den Fachplaner sinnvoller Weise kaum in Betracht kommen kann.

71 **Zu § 5 (Änderungsbegehren und Änderungsanordnung des Auftraggebers)**

Absatz 1: Für Vertragsänderungen (Änderungen der vom Auftragnehmer geschuldeten Leistungen) enthält das Gesetz nunmehr in § 650b eine Regelung, auf die in § 650q Abs. 1 für den Architekten- und Ingenieurvertrag verwiesen wird. Das Muster modifiziert diese Regelungen nur in einigen Beziehungen. Der Gesetzgeber hat sich in § 650b für ein »Mischsystem« aus dem dem BGB eigenen »Konsensualprinzip« (Vertragsänderungen grundsätzlich nur auf der Grundlage einer Einigung der Parteien möglich) und dem »Anordnungsprinzip« der VOB/B (Vertragsänderungen aufgrund einseitiger Anordnungen des Auftraggebers möglich) entschieden. Demnach kann der Auftraggeber eine Änderung nicht sofort anordnen, sondern muss zunächst ein »Änderungsbegehren« an den Auftragnehmer richten. Dieser hat sodann ein Nachtragsangebot (einschließlich der Vergütungsfolgen) zu erstellen, über das die Parteien verhandeln sollen. Erst wenn 30 Tage (nach dem Gesetzeswortlaut handelt es sich um eine starre Frist) nach dem Änderungsbegehren noch keine Einigung zustande gekommen ist, kann der Auftraggeber die Änderung anordnen. Der Gesetzgeber unterscheidet im Übrigen (anders als die VOB/B in § 1 Abs. 3 und 4) nicht zwischen geänderten und zusätzlichen Leistungen, sondern zwischen »notwendigen« und »nicht notwendigen« Änderungen. Notwendig sind Änderungen des vereinbarten »Leistungsprogramms« (das wären hier die vereinbarten Einzelleistungen nach § 4 Abs. 5), die zur Verwirklichung des vereinbarten Leistungserfolges (d.h. hier die vereinbarten »Planungs- und Überwachungsziele«) notwendig sind. Nicht notwendig sind Änderungen im Hinblick auf eine vom Auftraggeber gewünschte Änderung der vereinbarten Planungs- und Überwachungsziele.

Absatz 2: Das Gesetz erstreckt den in § 650b vorgesehenen Mechanismus zur Vertragsänderung nicht auf »bauumständliche« Änderungen (insbesondere in zeitlicher Hinsicht). Im Muster ist vorgesehen, die entsprechende Regelung, die noch im Referentenentwurf des Justizministeriums (www.unifr.ch/ius/assets/files/Institus/IST_Baurecht/files/RefE_Revorm-Bauvertragsrecht.pdf) enthalten war, zu übernehmen.

Absatz 3: Nach § 650b Abs. 1 BGB kann der Auftragnehmer ein »Änderungsbegehren« des Auftraggebers wegen Unzumutbarkeit nur bei »nicht notwendigen« Änderungen zurückweisen, bei »notwendigen« Änderungen demgegenüber nur unter den äußerst selten vorliegenden Voraussetzungen des § 275 Abs. 2 und 3 BGB. Das Muster enthält eine beispielhafte Auflistung von Fällen, in denen die Befolgung »nicht notwendiger« Änderungen für den Auftragnehmer unzumutbar ist.

Absatz 4: Ein erhebliches Problem der gesetzlichen Neuregelung in § 650b BGB besteht darin, dass das Gesetz erst nach Ablauf einer Frist von 30 Tagen – gerechnet ab Zugang des Änderungsbegehrens beim Auftragnehmer – dem Auftraggeber das Recht einräumt, die Änderung (einseitig) anzuordnen. Das ist natürlich in vielen Fällen ein viel zu langer Zeitraum, zumal der Mechanismus für jedes Änderungsbegehren erneut ausgelöst wird. Für den Bauvertrag eröffnet § 650d BGB im Falle eines Streites über die Berechtigung eines Änderungsbegehrens (oder einer nachfolgenden Änderungsanordnung) die Möglichkeit, diese Frage im Wege der Einstweiligen Verfügung zu klären, indem § 650d BGB bestimmt, dass in diesen Fällen für die Beantragung der Einstweiligen Verfügung die Darlegung des Verfügungsanspruches genügt und ein Verfügungsgrund nicht darzulegen ist. Unglücklicherweise ist dem Gesetzgeber offenkundig insofern ein Redaktionsversehen unterlaufen, als § 650q Abs. 1 den § 650d bei den auf den Architekten- und Bauingenieurvertrag anwendbaren Vorschriften des Bauvertragsrechts nicht nennt. Das Muster möchte diese Probleme dadurch lösen, dass die Möglichkeit eröffnet wird, schon vor Ablauf der 30-Tages-Frist die Frage der Berechtigung des Änderungsbegehrens im Wege eines vereinbarten Adjudikationsverfahrens (vorläufig) zu klären. Es ist zu erwarten (jedenfalls aber zu hoffen), dass die gesetzlichen Regelungen in den §§ 650a bis c auch dazu führen werden, dass in verstärktem Maße von Möglichkeiten der außergerichtlichen Streitbeilegung Gebrauch gemacht wird (vgl. dazu auch § 18 des Musters und die entsprechenden Anmerkungen).

Zu § 6 (Andere fachlich Beteiligte) 72

Absatz 1: Der Fachplaner muss sich hauptsächlich mit dem Objektplaner (Gebäude und/oder Ingenieurbauwerke) abstimmen. Der Objektplaner des Objekts, für das die Leistungen der Tragwerksplanung zu erbringen sind, wird auch als »Leitplaner« bezeichnet.

Absatz 2: Die zum Zeitpunkt des Abschlusses des Vertrages bereits beauftragten anderen fachlich Beteiligten sollten hier informatorisch aufgeführt werden.

Absatz 3: Hier sollen diejenigen sonstigen fachlich Beteiligten angeführt werden, von denen bereits zum Zeitpunkt des Vertragsschlusses absehbar ist, dass ihre Beauftragung erforderlich werden wird, die aber noch nicht vertraglich gebunden sind und gegebenenfalls auch noch nicht namentlich feststehen.

Absatz 6: Die Koordination und Integration der Leistungen verschiedener Projektbeteiligter ist primär Aufgabe des Objektplaners. Der Fachplaner muss hierbei jedoch mitwirken. Diese Mitwirkungspflichten sollen in diesem Absatz konkretisiert werden.

Zu § 7 (Allgemeine Pflichten von Auftraggeber und Auftragnehmer) 73

Absatz 1: Regelungsbedürftig ist insbesondere, wem das Weisungsrecht des Auftraggebers zustehen soll (nur dem Auftraggeber in Person, von diesem ausdrücklich bevollmächtigten Vertretern, sonstigen Beteiligten, z.B. dem Projektsteuerer). In Betracht kommt im Hinblick auf den Fachplaner insbesondere ein Weisungsrecht zugunsten seines »Leitplaners« (Objektplaners).

Absatz 2: Die Bestimmungen über Änderungsvereinbarungen und Änderungsanordnungen haben Vorrang.

Der bloße Verstoß von Weisungen/Anordnungen des Auftraggebers gegen anerkannte Regeln der Technik führt noch nicht notwendigerweise zur Unwirksamkeit bzw. Unbeachtlichkeit der Weisung. Insoweit gilt vielmehr der nachfolgende Absatz 3.

Absatz 3: Regelung in Anlehnung an §§ 4 Abs. 3, 13 Abs. 3 VOB/B. Sie hat für den Auftraggeber den Vorteil, dass die Prüf- und Hinweispflicht des Auftragnehmers ausdrücklich normiert wird, für den Auftragnehmer demgegenüber, dass er auf diesem Wege die Haftungsbefreiung erlangen kann.

Absatz 5: Es empfiehlt sich, schon bei Vertragsschluss die vom Auftraggeber zur Verfügung zu stellenden Unterlagen so weit wie möglich zu benennen.

Absatz 6: Auch der Tragwerksplaner hat – sofern er mit Leistungen im Zusammenhang mit der Objektüberwachung beauftragt wird – ein eigenes Interesse daran, dass der Auftraggeber gegenüber den ausführenden Firmen die Abnahme nicht grundlos verweigert (schon um eine sinnvolle Begrenzung der eigenen Leistungspflicht zu erreichen). Diesem Interesse trägt die hier vorgeschlagene Regelung Rechnung.

74 **Zu § 8 (Baukosten)**

Wie weiter oben schon dargelegt, sind Kostengarantien durch den Fachplaner ebenso wie durch den Objektplaner unbedingt zu vermeiden. Gegen die Vereinbarung von Kostenbudgets bzw. Kostenobergrenzen im Sinne von »Beschaffenheitsvereinbarungen« wird sich der Auftragnehmer nach Möglichkeit zur Wehr zu setzen versuchen, auch wenn dieser Versuch sicherlich nicht in allen Fällen erfolgreich sein wird. Gegen die Festlegung von Zielvorstellungen im Sinne einer (bloßen) Konkretisierung der Planungs- und sonstigen Leistungspflichten des Auftragnehmers ist grundsätzlich nichts einzuwenden. Im Gegenteil hat die damit verbundene Dokumentation des vom Auftraggeber bei Vertragsschluss wirklich Gewollten für den Auftragnehmer auch Vorteile, insbesondere bei der Abwehr von Ansprüchen des Auftraggebers unter dem Gesichtspunkt der Kostenüberschreitung. Die HOAI 2013 hat die Verpflichtung zur Erbringung von Leistungen im Zusammenhang mit der Kostenkontrolle insbesondere für die Leistungsbilder der Objektplanung deutlicher als bisher hervorgehoben (vgl. Formular C.1., Anmerkung zu § 9).

75 **Zu § 9 (Fristen)**

Absatz 1: Es gilt das vorstehend zu den Baukosten Gesagte entsprechend (vgl. im Hinblick auf Änderungen der Leistungsbilder durch die HOAI 2013 Formular C.1., Anmerkung zu § 10 Abs. 1).

Absatz 3: Regelung in Anlehnung an § 6 Absätze 1 und 2 VOB/B. Die Verpflichtung, Behinderungen unverzüglich anzuzeigen, hat auch für den Auftragnehmer Vorteile, weil er sich auf diese Weise zu einer von vorne herein möglichst vollständigen und umfassenden Dokumentation des Projektablaufes auch in zeitlicher Hinsicht »genötigt« sieht.

76 **Zu § 10 (Honorar)**

Absatz 1: Sofern überhaupt eine Honorarvereinbarung getroffen werden soll. Die Parteien können es stattdessen aber auch bei einer HOAI-gemäßen Abrechnung (auf Basis der Mindestsätze) belassen. Dann kann z.B. wie folgt formuliert werden. »*Die Vertragsparteien verzichten darauf, eine Honorarvereinbarung zu treffen. Das Bauvorhaben soll entsprechend den Abrechnungsregeln der HOAI abgerechnet werden*«.

Absatz 2: Natürlich sind auch andere Honorarvereinbarungen möglich (z.B. eine Pauschalhonorarvereinbarung, gegebenenfalls in Kombination mit einer Vereinbarung zur Geschäftsgrundlage, vgl. hierzu das Formular C.1.). Im vorliegenden Muster ist eine Abrechnung auf der Grundlage der Abrechnungssystematik der HOAI vorgesehen, so dass dann lediglich Vereinbarungen in diesem Rahmen getroffen werden (z.B. zur Honorarzone, zum Honorarsatz, zu Umbau- oder sonstigen Zuschlägen etc.). Des Weiteren kommen »Mischsysteme« von Honorarvereinbarungen in Betracht, z.B.: »*Für die Erarbeitung der Genehmigungsplanung erhält der Auftragnehmer ein Pauschalhonorar in Höhe von ... €. Für die weiteren nach diesem Vertrag zu erbringenden Leistungen erhält er ein Honorar, das nach den Honorarermittlungsgrundlagen der HOAI mit den aus den nachfolgenden Bestimmungen sich ergebenden Modifikationen zu berechnen ist.*«. Grundsätzlich ist – in den durch § 7 Abs. 1 HOAI gezogenen Grenzen – jede Form von Honorarvereinbarung möglich und zulässig, da die HOAI »verbindliches Preisrecht« nicht in dem Sinne enthält, dass eine bestimmte Abrechnungssystematik zwingend vorgeschrieben wäre. Im Rahmen einer Honorarvereinbarung der hier vorgesehenen Art (HOAI-gemäße Abrechnung mit Vereinbarungen zu den einzelnen

»Honorarberechnungsparametern«) empfiehlt sich eine Klarstellung, dass die Vertragsparteien mit den von ihnen getroffenen Festlegungen »Beurteilungsspielräume« ausnutzen wollen, die ihnen von der Rechtsprechung eingeräumt werden (vgl. BGH, BauR 2004, 354 für die Honorarzonenzuordnung; KG, BauR 2005, 1371 und OLG Düsseldorf, BauR 2007, 1286 für die prozentuale Bewertung von Grundleistungen; LG München I, BauR 2010, 666 zur Frage, ob ein oder mehrere Objekte abzurechnen sind, also getrennte Abrechnung oder Kumulation der anrechenbaren Kosten richtig ist).

Absatz 2.1: Die HOAI in den Fassungen von 2013 und 2009 beruht auf dem Grundsatz der »Entkoppelung« der anrechenbaren Kosten von den tatsächlichen Baukosten (»Baukostenberechnungsmodell«). Dem wird mit der hier vorgesehenen Regelung Rechnung getragen. Abweichende Regelungen sind (in den allgemeinen Grenzen des § 7 Abs. 1 HOAI) ebenfalls denkbar. Allerdings wird klargestellt, dass Grundlage der Honorarberechnung die »zutreffende« Kostenberechnung, also die auf der Grundlage einer vollständigen und mängelfreien Planung erstellte Kostenberechnung sein soll. Der Fachplaner erstellt die Kostenberechnung nicht selber; dies geschieht vielmehr durch den jeweiligen Objektplaner. Der Fachplaner hat daher einen entsprechenden Auskunftsanspruch gegen den Auftraggeber. Dem trägt das Muster in Absatz 2.1 Rechnung. Das Muster enthält außerdem einen optionalen Regelungsvorschlag, sofern die dort genannten Voraussetzungen vorliegen.

Absatz 2.2: Mitzuverarbeitende vorhandene Bausubstanz ist nach der HOAI 2013 – dort § 4 Abs. 3 – »angemessen« zu berücksichtigen, während sie nach HOAI 2009 bei der Ermittlung der anrechenbaren Kosten nicht mehr zu berücksichtigen war, da § 10 Abs. 3 a HOAI 1996 durch die HOAI 2009 ersatzlos gestrichen worden war.

Das Muster enthält einen Vorschlag für eine Vereinbarung im Sinne von § 4 Abs. 3 HOAI. Einzelheiten können hier aus Platzgründen nicht näher erläutert werden (vgl. z.B. die Darstellung bei Weber/Siemon, S. 422 ff.).

Absatz 2.3: Anders als z.B. im Formular C.1. (vgl. dort Anmerkung zu § 12 Abs. 5.3) ist hier eine »Abbedingung« des § 8 Abs. 2 bei der HOAI-gemäßen Abrechnung nicht vorgesehen. Vorgesehen sind zusätzlich einige optionale Regelungen, die in Betracht kommen, sofern die dort jeweils genannten Voraussetzungen vorliegen.

Absatz 2.4: Die Vereinbarung des Honorarsatzes ist zwischen Mindest- und Höchstsatz zulässig, ohne dass es hierfür einer Begründung bedürfte. Für die Einordnung in die »zutreffende« Honorarzone gelten § 5 HOAI 2013 und die jeweiligen besonderen Bestimmungen des betroffenen Leistungsbildes (z.B. § 52 Abs. 2–4 HOAI i.V.m. der Objektliste der Anlage 14). Den Vertragsparteien steht insoweit jedoch ein erheblicher Beurteilungsspielraum zu (vgl. BGH, BauR 2004, 345).

Absatz 2.5: Kommt nur in Betracht, sofern der Auftrag Tragwerke für mehrere Objekte (Gebäude und/oder Ingenieurbauwerke) umfasst. Insbesondere wegen der auch durch die HOAI 2013 nicht wesentlich klarer gewordenen Bedeutung von § 11 Abs. 2 (§ 11 Abs. 1 Satz 2 HOAI 2009) und des Verhältnisses zu § 11 Abs. 3 (§ 11 Abs. 2 HOAI 2009) ist in allen Fällen, in denen mehrere Objekte vorhanden sind, dringend zu empfehlen, Regelungen dazu aufzunehmen, ob nach § 11 Abs. 1, § 11 Abs. 2 oder § 11 Abs. 3 abgerechnet werden soll. Es ist anzunehmen, dass die Rechtsprechung den Parteien insoweit einen weit reichenden Beurteilungsspielraum zubilligen wird (vgl. in diesem Sinne schon LG München I, BauR 2010, 666).

Absatz 2.6: § 52 Abs. 2 ermöglicht »bei« durchschnittlichem Schwierigkeitsgrad einen Umbau- und Modernisierungszuschlag bis zu 50 %.

Absatz 2.7: Satz 1 entspricht der Grundregel des § 57 HOAI 2013 (und ebenso § 55 HOAI 2009 sowie § 103 HOAI 1996, die aber – in den Grenzen des § 7 Abs. 1 HOAI – abdingbar ist, wie hier vorgesehen). Im Falle einer Novellierung der HOAI, die – wie im Falle der HOAI 2009, aber teilweise auch der HOAI 2013 geschehen – zu einer in weiten Teilen geänderten Systematik der

Abrechnung führt, ist es allerdings sehr zweifelhaft, eine Abweichung vom Grundsatz des § 57 HOAI in dem Sinne vorzusehen, dass im Falle einer Novellierung der HOAI während der Vertragsdurchführung die HOAI in der novellierten Fassung gelten soll, weil dies zum einen zu kaum überwindbaren Abrechnungsstreitigkeiten, zum anderen aber auch im Ergebnis gerade nicht zu einer Honorarerhöhung, sondern zu einer Honorarminderung führen kann.

Die vorgeschlagene Regelung ist in diesem Punkt allerdings deutlich »auftragnehmerfreundlich«. Alternativ kommt natürlich in Betracht, es ganz einfach bei § 57 HOAI zu belassen.

Absatz 3: Wie bereits dargelegt, sieht die HOAI 2013 – insoweit in gleicher Weise wie die HOAI 2009 – für die besonderen Leistungen keinerlei preisrechtliche Bindungen mehr vor. Honorare können insoweit daher frei vereinbart werden.

Absatz 4: Für die sogenannten Beratungsleistungen (Anlage 1 zur HOAI) gilt das Gleiche wie für die besonderen Leistungen (vgl. vorstehende Anmerkung).

Absatz 5 und 6: Die Situation der Architekten und Ingenieure hat sich allerdings durch die HOAI 2009 insofern verbessert, als § 5 Abs. 4 HOAI 1996 abgeschafft wurde, der die Vergütung der Besonderen Leistung von einer schriftlichen Honorarvereinbarung abhängig machte. Kommt keine Honorarvereinbarung zustande, erhält der Auftragnehmer also seitdem die übliche Vergütung im Sinne von § 632 Abs. 2 BGB. An dieser Rechtslage hat sich durch die HOAI 2013 nichts geändert.

Absatz 7: Die HOAI enthält keine Bestimmungen zu Zeithonoraren mehr; diese können also frei vereinbart werden (soweit es sich um preisgebundene Leistungen handelt, allerdings nur in den Grenzen von § 7 Abs. 1 HOAI).

Absatz 8: Der Anwendungsbereich des Erfolgshonorars sollte durch § 7 Abs. 7 HOAI 2009 (§ 7 Abs. 6 HOAI 2013) erweitert werden. In der Praxis hat sich das nicht feststellen lassen. Daran wird sich wohl auch durch die HOAI 2013 nichts ändern.

Absatz 9: Auch das hier ebenfalls vorgesehene »Malushonorar« hat keine große praktische Bedeutung erlangt. Es sollte, um etwaigen AGB-rechtlichen Bedenken zu begegnen, auf jeden Fall verschuldensabhängig formuliert werden.

Absatz 10: Die Abrechnung auf der Grundlage einer Nebenkostenpauschale hat für den Auftragnehmer den erheblichen Vorteil, dass die häufig schwierige Abrechnung auf Basis von Einzelkostennachweisen vermieden wird. Auf der anderen Seite kann sich erweisen, dass die Pauschale unzureichend ist. Für diesen Fall ist hier die Möglichkeit vorgesehen, stattdessen auf eine Abrechnung auf der Basis von Einzelnachweisen überzugehen.

77 **Zu § 11 (Honorar bei Änderungsanordnungen sowie bei Projektverzögerungen und -unterbrechungen)**

Absatz 1: Eine Regelung zur Eingrenzung der Pflicht des Auftragnehmers zur Erstellung von Varianten zur »Untersuchung der Lösungsmöglichkeiten des Tragwerkes unter gleichen Objektbedingungen«, wie im vorliegenden Muster vorgesehen, ist aus Sicht des Auftragnehmers empfehlenswert, da die HOAI offen lässt, in welchem Umfang Planungsvarianten vom Grundleistungshonorar umfasst sind, soweit solche Varianten überhaupt zur Grundleistung gehören. (vgl. Rath, in: Pott/Dahlhoff/Kniffka/Rath, HOAI-Kommentar, § 33 Rn. 21).

Das Kriterium für die Abgrenzung von (nicht gesondert vergütungsfähigen) Planungsoptimierungen und (gesondert zu vergütenden) Planungsänderungen (vgl. hierzu beispielhaft OLG Düsseldorf, Urt. v. 26.10.2007, 5 U 100/02, BauR 2007, 1270) ergibt sich nunmehr aus dem BGB. Immer dann, wenn einer geänderten (oder zusätzlichen – dies macht keinen Unterschied, denn der Gesetzgeber hat sich in § 650b BGB gegen diese Differenzierung entschieden) Leistung eine Änderungsvereinbarung im Sinne von § 650b Abs. 1 BGB oder eine Änderungsanordnung im Sinne von § 650b Abs. 2 BGB zugrunde liegt, ist diese Leistung zusätzlich zu vergüten. Auf andere Kriterien (z.B. das der Wesentlichkeit) kommt es danach nicht mehr an. Sind Änderungen nicht »wesentlich«, rechtfertigt dies, dass auch die Vergütung nur unwesentlich anzupassen ist; nicht aber, dass sie unverändert bleiben soll.

Absatz 2: Für die Vergütungsanpassung im Falle von Änderungsanordnungen im Sinne von § 650p Abs. 1 i.V.m. § 650a Abs. 2 BGB enthält das Gesetz in § 650p Abs. 2 BGB eine Sonderregelung (im Vergleich zu der entsprechenden Regelung zum Bauvertrag in § 650c BGB). Für Leistungen, die dem »Anwendungsbereich der HOAI« unterfallen, soll demnach das Honorar für die geänderte Leistung nach den Bestimmungen der HOAI ermittelt werden. In dem Muster wird vorgeschlagen, im Vertrag klarzustellen, dass »Leistungen, die dem Anwendungsbereich der HOAI unterfallen«, die in der HOAI geregelten Grundleistungen, und zwar einschließlich der »Beratungsleistungen« (Anlage 1 zur HOAI) sind. Für alle anderen Änderungsleistungen ist das Honorar nach § 650p Abs. 2 BGB frei vereinbar. Nur wenn eine solche Vereinbarung nicht zustande kommt, gilt § 650c BGB entsprechend. Das Muster enthält eine solche Vereinbarung im Sinne von § 650p Abs. 2 BGB, und zwar in der Weise, dass nach Zeitaufwand abzurechnen ist, wenn die Vertragsparteien nichts anderes vereinbaren.

Absatz 3: Für Änderungsleistungen, die dem Anwendungsbereich der HOAI unterfallen, sieht § 650q Abs. 2 BGB eine Honorarermittlung nach den Bestimmungen der HOAI vor. Die Gesetzesbegründung hat allerdings – etwas überraschender Weise – offen gelassen, ob diese Verweisung auch (!) für § 10 HOAI gilt. Überraschend ist das insofern, als durch die HOAI 2013 § 10 gerade zur zentralen Vorschrift für alle Fälle der Änderungsleistungen geworden ist. Durch das Muster soll daher klargestellt werden, dass § 10 HOAI »auch« (richtiger eigentlich: gerade) im Fall von Änderungsanordnungen des Auftraggebers im Sinne von § 650q Abs. 1 i.V.m. § 650b Abs. 2 BGB anwendbar ist. § 10 Abs. 1 HOAI betrifft den Fall, dass sich infolge der Änderung die anrechenbaren Kosten verändern, § 10 Abs. 2 HOAI den Fall der wiederholten Grundleistungserbringung, der sich auf die prozentuale Bewertung der erbrachten Leistungen auswirkt. Das Muster enthält einen Regelungsvorschlag zu der in mehrerer Hinsicht problematisch formulierten Vorschrift des § 10 HOAI, die zudem in Abs. 2 auch die letztlich entscheidende Frage, wie der zusätzliche Honoraranspruch zu berechnen ist, offen lässt. Zu § 10 Abs. 2 wird klargestellt, dass – entgegen dem missverständlichen Wortlaut der Verordnung – der Absatz nicht nur dann gilt, wenn sich die anrechenbaren Kosten nicht verändern, sondern unabhängig davon, ob sie sich verändern. Ferner enthält das Muster den (für den Auftragnehmer eher günstigen) Berechnungsweg, das zusätzliche Honorar nach den anrechenbaren Kosten der Änderungsleistung zu ermitteln. Abs. 3.2 des Musters betrifft die »Fortschreibung« der Kostenbeschreibung, die grundsätzlich nach dem »Kostenberechnungsmodell« für alle Leistungsphasen maßgeblich bleiben soll, für den Fall, dass sich die anrechenbaren Kosten aufgrund von Leistungsänderungen auf Veranlassung des Auftraggebers ändern. In der HOAI 2013 ist dies in § 10 Abs. 1 geregelt. Auch diese Vorschrift enthält aber Unklarheiten. Führen »Änderungsanordnungen« des Auftraggebers zur Verringerung der anrechenbaren Kosten, kann eine (Teil-)kündigung zugrunde liegen. Die Rechtsfolgen ergeben sich dann aus § 649 BGB (jetziger Fassung, d.h. § 648 BGB in der ab dem 01.01.2018 geltenden Fassung des BGB). Das wollte die HOAI 2013 vermutlich nicht (und könnte sie wohl aufgrund der Ermächtigungsgrundlage auch gar nicht) abbedingen. Das soll durch den letzten Satz in Absatz 4 klargestellt werden.

Absatz 5: Die Problematik der Unterbrechung war in § 21 HOAI 1996 nur ganz lückenhaft und inhaltlich äußerst unbefriedigend geregelt (vgl. beispielhaft die Darstellung der Problematik bei Rath, in: Pott/Dahlhoff/Kniffka/Rath, HOAI-Kommentar, 8. Aufl. 2006, § 21). Durch die HOAI 2009 ist die Bestimmung ersatzlos gestrichen – und durch die HOAI 2013 auch nicht wieder eingeführt – worden, wodurch vertragliche Regelungen noch wichtiger geworden sind. Die hier vorgeschlagene Regelung ist an § 6 Abs. 7 VOB/B angelehnt, geht hierüber allerdings auch im Interesse des Auftragnehmers hinaus.

Abs. 6: Der Fall der (bloßen) Verzögerung ist in der HOAI gar nicht geregelt, so dass sich hierzu eine vertragliche Vereinbarung in besonderer Weise empfiehlt. In Anlehnung an die neuere Rechtsprechung des BGH, Urt. v. 10.05.2007, VII ZR 288/05, BauR 2007, 1592 = IBR 2007, 492 (mit Anm. Steiner) wird die Problematik hier als eine solche der Geschäftsgrundlage behandelt.

78   **Zu § 12 (Abrechnung, Aufrechnungsverbot)**

Absatz 1: Die prüfbare Abrechnung ist nach § 15 Abs. 1 HOAI 2013 weiterhin die zentrale Voraussetzung für die Fälligkeit des Vergütungsanspruchs des Auftragnehmers aus der Schlussrechnung, nunmehr allerdings ausdrücklich ergänzt um die Abnahme, die bisher als Fälligkeitsvoraussetzung jedenfalls nicht genannt war. Dem ist der Gesetzgeber nunmehr in § 650g Abs. 4 allgemein für den Bauvertrag und in § 650q Abs. 1 i.V.m. § 650g Abs. 4 BGB für den Architekten- und Ingenieurvertrag gefolgt. Vertragliche Präzisierungen der Anforderungen an die Prüfbarkeit der Abrechnung sind wünschenswert.

Absatz 2: § 15 Abs. 2 HOAI bestimmt lediglich, dass Abschlagszahlungen »in angemessenen zeitlichen Abständen für nachgewiesene Leistungen gefordert« werden dürfen. Als Alternative zu der hier vorgeschlagenen Präzisierung kommt auch der Verweis auf einen Zahlungsplan in Betracht.

Absatz 3: Die Einschränkung des Aufrechnungsverbotes in der Weise, dass dieses nicht für die Aufrechnung mit Gegenansprüchen gilt, die in einem »engen synallagmatischen Verhältnis« zu dem Honoraranspruch stehen, entspricht der Rechtsprechung des BGH (grundlegend Urt. v. 23.06.2005, VII ZR 197/03, BauR 2005, 1477). Ein Aufrechnungsverbot ohne eine entsprechende Einschränkung ist demgegenüber unwirksam (vgl. BGH, Urt. v. 07.04.2011, VII ZR 209/07, IBR 2011, 340). Dies mindert den Wert des Aufrechnungsverbotes in ganz erheblicher Weise. Insbesondere kann dem Auftraggeber in keinem Fall die Möglichkeit der Aufrechnung mit Gegenansprüchen genommen werden, die unmittelbar im Zusammenhang mit einer Mangelhaftigkeit der Leistung des Architekten stehen.

79   **Vor § 13** Auf eine Regelung zum Urheberrecht ist hier verzichtet worden, da Urheberrechtsschutz für Tragwerksplanungen praktisch nicht in Betracht kommt.

80   **Zu § 13 (Dokumentation des Planungs- und Bauablaufes)**

Absatz 1 und 2: Selbstverständlich kann auch ein anderer Berichtsrhythmus vereinbart werden. Da die Bearbeitung von Bauvorhaben – insbesondere von Bauvorhaben im Bestand – häufig nicht in der Weise erfolgt, dass »idealtypisch« eine Leistungsphase nach der anderen »abgearbeitet« wird, ist hier ein monatlicher Berichtsrhythmus – unabhängig vom Abschluss bestimmter Leistungsphasen – vorgesehen.

Eine so detaillierte Regelung zur Dokumentation des Planungs- und Bauablaufes wie im vorliegenden Muster vorgesehen mag mit einem gewissen »bürokratischen Aufwand« verbunden sein. Sie hat aber den Vorteil, dass auf dieser Grundlage die auch aus Sicht des Auftragnehmers sowohl für die Durchsetzung eigener Ansprüche als auch für die Abwehr von Ansprüchen des Auftraggebers äußerst wichtige Dokumentation sichergestellt werden kann.

Absatz 3: Dies ist – aus der Sicht der Interessen des Architekten – der eigentliche Kern der Regelung, auch wenn gegen die Wirksamkeit in Allgemeinen Geschäftsbedingungen des Auftragnehmers Bedenken bestehen können.

81   **Zu § 14 (Unterlagen)**

Absatz 3: Häufig wird undifferenziert formuliert, dass an Unterlagen kein Zurückbehaltungsrecht des Auftragnehmers bestehe (vgl. OLG Hamm, Urt. v. 20.08.1999, 25 U 88/99, BauR 2000, 295; OLG Köln, Beschl. v. 11.10.1997, 11 W 21/97, BauR 1998, 1117). Demgegenüber soll durch die hier vorgeschlagene Regelung klargestellt werden, dass dies nur insoweit gilt, solange der Auftragnehmer noch seinerseits Leistungen aus dem Vertrag zu erbringen hat.

5. Fachplanervertrag Tragwerksplanung

Zu § 15 (Abnahme)

Absatz 1: Die Abnahme der Werkleistung des Architekten und Fachplaners stellte bis zum Inkrafttreten der HOAI 2013 – wegen der Sonderregelung in § 8 Abs. 1 HOAI 1996 bzw. § 15 Abs. 1 HOAI 2009 – nach überwiegender Auffassung keine Voraussetzung für die Fälligkeit der Schlusszahlung dar. Das hat sich durch § 15 Abs. 1 HOAI 2013 grundsätzlich geändert; danach ist die Abnahme als Fälligkeitsvoraussetzung nunmehr ausdrücklich genannt. Im Übrigen hatte schon bisher die Abnahme auch für den Architektenvertrag die gleiche Bedeutung wie allgemein im Werkvertragsrecht, also insbesondere für den Beginn der Verjährung, die Umkehr der Darlegungs- und Beweislast etc. (vgl. Koeble, in Kniffka/Koeble, Kompendium des Baurechts, Teil 12 Rn. 567 f. m. w. N.). Nunmehr ist auch gesetzlich (durch § 650q Abs. 1 i.V.m. § 650q Abs. 4 BGB) klargestellt, dass die Abnahme auch für die Honoraransprüche der Architekten und Ingenieure Fälligkeitsvoraussetzung ist. Neben der hier vorgeschlagenen vertraglichen Regelung kommt es selbstverständlich entscheidend darauf an, den Anspruch auf die Abnahme dann auch geltend zu machen und durchzusetzen (gegebenenfalls durch Fristsetzung nach § 640 Abs.1 Satz 3 BGB jetziger Fassung bzw. – nach dem ab dem 01.01.2018 geltenden Recht: § 640 Abs. 2 BGB – »fiktive Abnahme«).

Absatz 2: Die Vereinbarung von Teilabnahmen ist in Fällen der stufenweisen Beauftragung von Bedeutung, wenn unter Umständen erhebliche zeitliche Abstände zwischen den verschiedenen Beauftragungsstufen entstehen können. Der ab dem 01.01.2018 bestehende gesetzliche Anspruch auf Teilabnahme nach der letzten für das Bauvorhaben zu erbringenden Bauleistung ist für den Tragwerksplaner nicht relevant, da seine Leistungspflichten (abgesehen von möglicherweise zu beauftragenden besonderen Leistungen) mit Abschluss der Leistungsphase 6 enden.

Zu § 16 (Haftung, Versicherung und Verjährung)

Absatz 1: Die Regelungen dieses Paragraphen gelten für Ansprüche vor Abnahme und nach Abnahme in gleicher Weise. Dass dem Auftraggeber die Mängelrechte des § 634 BGB erst ab Abnahme zustehen, er vorher somit auf die allgemeinen Leistungsstörungsrechte verwiesen ist, hat der BGH inzwischen für den Bauvertrag entschieden (Urt. v. 19.01.2017 – VII ZR 301/13, IBR 2017, 186). Für den Architekten- und Ingenieurvertrag kann nichts anderes gelten.

Absatz 2: Die Wirksamkeit der hier vorgesehenen Haftungsbegrenzung der Höhe nach ist selbst dann durchaus kritisch, wenn die Klausel, wie im Muster vorgesehen, auf Fälle leichter Fahrlässigkeit beschränkt werden soll. Jedenfalls in Allgemeinen Geschäftsbedingungen des Auftragnehmers wäre eine Haftungsbegrenzungsklausel, die auch Fälle der groben Fahrlässigkeit mit einschließen würde, von vornherein unwirksam. Dies ergibt sich bereits aus § 309 Nr. 7 BGB. Im Übrigen ist die Begrenzung in den durch § 307 Nr. 2 BGB gezogenen Grenzen wirksam, also dann, wenn die Haftung auf eine »angemessene« Höchstsumme begrenzt wird. Unangemessen ist die Begrenzung, wenn durch sie die vertragstypisch vorhersehbaren Schäden nicht mehr abgedeckt sind (vgl. Koeble, in: Kniffka/Koeble, Kompendium des Baurechts, Teil 12 Rn. 762 f. mit weiteren Nachweisen). Unzulässig dürfte es daher sein, die Haftung ganz einfach entsprechend der Höchstsumme der Haftpflichtversicherung zu begrenzen. Denn der Umfang des Versicherungsschutzes des Auftragnehmers weist keinen Bezug zu den »vertragstypisch vorhersehbaren Schäden« auf. Die Höchstgrenze der Haftung sollte individuell begründet werden, und zwar auf der Grundlage einer Risikoeinschätzung, nicht einfach unter Verweis auf den Umfang des Versicherungsschutzes. Es sollte außerdem – wie im Muster vorgesehen – eine Differenzierung zwischen Sach- und Vermögensschäden einerseits, sowie Personenschäden andererseits vorgenommen werden.

Absatz 3: Auch »Subsidiaritätsklauseln«, wie in Absatz 3 vorgesehen, sind durchaus umstritten. In der hier vorgeschlagenen stark abgemilderten Form sollte die Klausel aber auch in Allgemeinen Geschäftsbedingungen des Auftragnehmers wirksam sein (vgl. Kniffka/Koeble, Kompendium des Baurechts Teil 12, Rn. 761 mit zahlreichen weiteren Nachweisen). Nach der ab dem 01.01.2018 geltenden Rechtslage enthält auch das BGB eine – allerdings sehr begrenzte – Einschränkung der vollen gesamtschuldnerischen Haftung des Architekten neben dem mangelhaft leistenden Bauunternehmen (in § 650t BGB). Diese Einschränkung gilt allerdings nur im Verhältnis des bauüberwachenden Architekten zum bauausführenden Unternehmen, und räumt dem bauüberwachenden Architekten lediglich ein Leistungsverweigerungsrecht ein, solange der Bauherr das bauausführende Unternehmen nicht außervertraglich zur Mängelbeseitigung innerhalb einer angemessenen Frist aufgefordert hat. Für den Tragwerksplaner ist sie daher irrelevant.

Absatz 4: Hintergrund der Klausel ist die problematische Rechtsprechung, nach der im Architektenhaftpflichtrecht dem Auftragnehmer kein Nacherfüllungsanspruch mehr zustehen soll, sobald sich der Mangel bereits als Schaden im Bauwerk »realisiert« hat (vgl. beispielhaft BGH, Urt. v. 16.02.2017 – VII ZR 242/13 –, IBR 2017, 204). Unwirksam ist nach der zitierten Entscheidung des BGH die von einem Architekten als Allgemeine Geschäftsbedingung gestellte Vertragsbestimmung: »Wird der Architekt wegen eines Schadens am Bauwerk auf Schadensersatz in Geld in Anspruch genommen, kann er vom Bauherrn verlangen, dass ihm die Beseitigung des Schadens übertragen wird.« In der hier vorgeschlagenen sehr reduzierten Fassung dürften diese Wirksamkeitsbedenken aber nicht bestehen. Denn hier beansprucht der Auftragnehmer kein Selbsteintrittsrecht hinsichtlich eines eingetretenen Schadens (in voller Höhe), sondern nur hinsichtlich des in dem vom Auftraggeber geltend gemachten Anspruch enthaltenen Teilbetrags, der der eigenen Leistungspflicht des Auftragnehmers entspricht. Ohnehin ist fraglich, ob dem Auftragnehmer nicht zumindest hinsichtlich der zugrunde liegenden Planungsfehler auch nach »Realisierung« des Baumangels noch ein Nacherfüllungsanspruch zusteht (so z.B. Miernik, BauR 2013, 155).

Absatz 6: Der letzte Satz dient lediglich der Klarstellung.

84   **Zu § 17 (Vorzeitige Vertragsbeendigung)**

Absatz 1: Das (schon bisher von der Rechtsprechung anerkannte) Kündigungsrecht beider Vertragsparteien aus wichtigem Grunde ist ab dem 01.01.2018 gesetzlich in § 648a BGB geregelt. Daneben ist künftig das Sonderkündigungsrecht beider Parteien nach § 650r BGB zu beachten.

Absatz 2 und 3: Zum Kündigungsrecht aus wichtigem Grund stellt das Gesetz ab 01.01.2018 in § 648a BGB nur den allgemeinen Grundsatz auf, verzichtet aber darauf, wichtige Kündigungsgründe beispielhaft zu benennen. Dies hätte insbesondere Gelegenheit gegeben, die seit langem bestehende Ungewissheit, ob eine Kündigung wegen Zahlungseinstellung bzw. Eigeninsolvenzantrag des Vertragspartners zulässig ist, verbindlich zu klären. Allerdings hat der BGH zwischenzeitlich durch Urt. v. 07.04.2016 – VII ZR 56/15 – (NJW 2016, 944) diesen Streit für § 8 Abs. 2 VOB/B jedenfalls im Hinblick auf den Kündigungsgrund »Eigeninsolvenzantrag« in der Weise entschieden, dass die Klausel auch unter Berücksichtigung des Wahlrechts des Insolvenzverwalters wirksam ist.

Absatz 4: Das Schriftformerfordernis ergibt sich ab 01.01.2018 für alle Kündigungen von Bauverträgen sowie von Architekten- und Ingenieurverträgen aus § 650h BGB bzw. aus § 650p Abs. 1 BGB i.V.m. § 650h BGB. Gesetzlich verankert ist ab dem 01.01.2018 auch der Grundsatz, dass die Kündigung aus wichtigem Grund erst nach angemessener Fristsetzung zulässig ist. Dies ergibt sich dann aus dem Verweis in § 648a BGB auf § 314 Abs. 2 BGB.

Absatz 5: § 648a BGB verweist zudem auf § 314 Abs. 3 BGB. Gründe für eine Vertragskündigung aus wichtigem Grund können nicht für einen späteren Gebrauch »aufgehoben« werden.

Absatz 5: In der hier vorgeschlagenen Fassung dürfte die Pauschalierung der ersparten Aufwendungen trotz der Rechtsprechung des BGH, Urt. v. 10.10.1996, VII ZR 250/94, zu früher verwendeten Vertragsklauseln weiterhin zulässig sein. Zum einen lässt sie die Möglichkeit für beide Vertragsparteien offen den Nachweis zu führen, dass die tatsächlich ersparten Aufwendungen höher oder niedriger seien. Zum anderen bezieht sie sich ausschließlich auf die ersparten Aufwendungen, während der Auftragnehmer in jedem Fall konkret darzulegen hat, was er anderweitig erworben oder zu erwerben böswillig unterlassen hat. Durch das Forderungssicherungsgesetz ist § 649 BGB zum 01.01.2009 in der Weise geändert worden, dass nunmehr eine Vermutung dafür besteht, dass der verbleibende Anspruch des Auftragnehmers 5 % desjenigen Honorars beträgt, der ihm bei Erbringung der entsprechenden Leistungen zugestanden hätte. Dies dürfte grundsätzlich nicht gegen, sondern eher für die Zulässigkeit einer Pauschalierung des Anspruchs sprechen. Die hier vorgeschlagene Pauschalierung weicht zwar zu Gunsten des Auftragnehmers erheblich von der durch die Neufassung des § 649 BGB begründeten Vermutungsregel ab. Auch dies dürfte aber zulässig sein, weil das Gesetz insoweit ja nur eine *Vermutung* ausspricht, und den Anspruch nicht nach oben begrenzt. Für den Architektenvertrag dürfte erfahrungsgemäß die hier vorgeschlagene Pauschalierung der Realität näher kommen als eine Pauschalierung bei 5 %. Ein Verstoß gegen ein gesetzliches Leitbild kann darin nicht gesehen werden.

Absatz 7: Siehe § 648a Abs. 5 und 6 BGB in der ab dem 01.01.2018 geltenden Fassung. Danach kann der Auftragnehmer zwar auch im Falle einer von ihm ausgesprochenen Vertragskündigung aus wichtigem Grunde eine Vergütung nur für die bis zur Kündigung erbrachten Leistungen verlangen. Er kann daneben aber Schadensersatz verlangen. Erfolgt die Kündigung aufgrund einer Vertragspflichtverletzung des Auftraggebers, kann der Auftragnehmer verlangen, im Wege des Schadensersatzes so gestellt zu werden, wie er ohne das den Schadensersatzanspruch begründende Verhalten des Auftraggebers stünde. Das führt im Ergebnis zur gleichen Rechtsfolge wie die ordentliche Vertragskündigung des Auftraggebers. Deshalb ist hier der Verweis auf Absatz 6 gerechtfertigt.

Zu § 18 (Streitbeilegung)

Insbesondere im Hinblick auf die Regelungen der §§ 650b–d BGB dürfte es künftig noch in weit stärkerem Maße als bisher empfehlenswert sein, Vereinbarungen zur außergerichtlichen Streitbeilegung zu treffen, insbesondere auch zu einer baubegleitenden Adjudikation. Hierzu sei auf die Ausführungen und das Muster in diesem Buch unter D. 10 verwiesen. Die Adjudikationsvereinbarung sollte mit einer Schiedsgerichtsvereinbarung verbunden werden (siehe das Kapitel D. 9 in diesem Buch).

6. Fachplanervertrag Technische Ausrüstung

a) Muster

Zwischen

1.

[*Name/Bezeichnung; Anschrift*]

– Auftraggeber –

und

2.

[*Name/Bezeichnung; Anschrift*]

– Auftragnehmer –

wird folgender

Fachplanervertrag (Technische Ausrüstung)

geschlossen:

§ 1 Vertragsgegenstand

(1) Gegenstand dieses Vertrages sind Leistungen der Technischen Ausrüstung für [*Gebäude, Ingenieurbauwerke, Verkehrsanlagen und/oder Freianlagen*].

(2) Die Fachplanungsleistungen sind für folgendes Bauvorhaben zu erbringen: [*Bezeichnung des Bauvorhabens unter Verwendung der Begriffsbezeichnungen des § 2 Abs. 2–6 HOAI: Neubauten,*

Wiederaufbauten, Erweiterungsbauten, Umbauten, Modernisierungen, Instandsetzungen, Instandhaltungen]

auf folgendem Grundstück [*Adresse, Grundbuchbezeichnung, eingetragener Eigentümer*]

Die Leistungen sind für folgende Objekte und für folgende Anlagengruppen zu erbringen:

......

(3) Die Zielvorstellungen des Auftraggebers zum Zeitpunkt des Vertragsschlusses (Planungs- und Überwachungsziele im Sinne von § 650p Abs. 2 BGB) werden wie folgt definiert:

......

Ergänzend wird zu den Planungs- und Überwachungszielen auf die diesem Vertrag als Anlage 1 beigefügte Bau- und Qualitätsbeschreibung verwiesen.

(4) Die Zielvorstellungen werden nach dem in § 13 dieses Vertrages festgelegten Verfahren regelmäßig fortgeschrieben.

§ 2 Vertragsbestandteile und -grundlagen

(1) Der Inhalt der zwischen den Parteien getroffenen vertraglichen Vereinbarungen ergibt sich aus diesem Vertrag einschließlich seiner Anlagen. Ergänzende oder abweichende mündliche Vereinbarungen sind nicht getroffen worden. Etwaige Widersprüche der Vertragsbestandteile sind im Wege der Auslegung aufzulösen. Sollten dennoch Widersprüche verbleiben, soll die speziellere Bestimmung Vorrang vor der allgemeineren haben. Ergibt sich auch dann keine Geltungsreihenfolge, soll die jüngere Bestimmung Vorrang vor der älteren haben. Folgende Anlagen werden Vertragsbestandteil:

Anlage 1: Bau- und Qualitätsbeschreibung

Anlage 2: Vorhandene Planungen und Gutachten etc. [*näher bezeichnen*]

Anlage 3: Kalkulation der vorgesehenen Bausumme

Anlage 4: Terminplan

Anlage 5: Honorarberechnung

Anlage 6: Tabelle zur Bewertung von Grundleistungen

Anlage 7: Adjudikationsvereinbarung nebst Adjudikationsordnung XYZ

Anlage 8: Schiedsgerichtsvereinbarung nebst Schiedsgerichtsordnung XYZ

(2) Grundlagen des Vertragsverhältnisses sind im Übrigen:
1. Die für das Bauvorhaben relevanten öffentlich-rechtlichen Bestimmungen
2. Die Honorarordnung für Architekten und Ingenieure (HOAI) in der bei Vertragsschluss geltenden Fassung
3. Die Bestimmungen des Bürgerlichen Gesetzbuches, insbesondere diejenigen über den Architekten- und Ingenieurvertrag (§§ 650p ff. i.V.m. §§ 631 ff. und 650a ff. BGB)

§ 3 Beauftragung

(1) Der Auftraggeber beauftragt den Auftragnehmer nach Maßgabe dieses Vertrages mit der Erbringung von Fachplanungsleistungen, die dem Leistungsbild Technische Ausrüstung im Sinne von §§ 53 ff. HOAI i.V.m. Anlage 15 zur HOAI, Leistungsphasen 1–9 zuzurechnen sind. Die Parteien sind sich darüber einig, dass die Beauftragung des Auftragnehmers erst mit Abschluss dieses Vertrages zustande kommt, eine vorherige mündliche Beauftragung also nicht erfolgt ist.

(2) Die Beauftragung erfolgt stufenweise, wobei die Stufen wie folgt festgelegt werden:

Stufe A: bis zur Genehmigungsplanung einschließlich (Leistungsphasen 1–4 nach § 55 HOAI)

Stufe B: bis zur Mitwirkung bei der Vergabe einschließlich (Leistungsphasen 5–7 nach § 55 HOAI)

Stufe C: Objektüberwachung (Leistungsphase 8 nach § 55 HOAI)

Stufe D: Objektbetreuung (Leistungsphase 9 nach § 55 HOAI)

(3) Beauftragt werden zunächst nur die Leistungen der Stufe A. Der Auftraggeber behält sich die Beauftragung weiterer Leistungsstufen vor. Der Auftragnehmer hat keinen Anspruch auf Beauftragung mit den Leistungen weiterer Leistungsstufen. Er verpflichtet sich, auch die über die Leistungsstufe A hinausgehenden Leistungen nach den Bedingungen dieses Vertrages zu erbringen, sofern diese Leistungen durch den Auftraggeber beauftragt werden. Diese Bindung entfällt für Leistungen, die nicht spätestens ..... Monate nach Abschluss dieses Vertrages beauftragt werden. Aus Projektverzögerungen, die allein auf die stufenweise Beauftragung zurückzuführen sind, kann der Auftragnehmer einen zusätzlichen Vergütungs- oder sonstigen Zahlungsanspruch nicht herleiten.

(4) Schon jetzt wird der Auftragnehmer mit folgenden besonderen Leistungen beauftragt:

.....

Für den Fall der Beauftragung des Auftragnehmers mit weiteren Beauftragungsstufen behält der Auftraggeber sich die Beauftragung folgender besonderer Leistungen vor:

.....

(5) Schon jetzt wird der Auftragnehmer mit folgenden Beratungsleistungen gemäß Anlage 1 zur HOAI beauftragt:

.....

Für den Fall der Beauftragung des Auftragnehmers mit weiteren Beauftragungsstufen behält der Auftraggeber sich die Beauftragung folgender Beratungsleistungen vor:

.....

§ 4 Leistungspflicht des Auftragnehmers

(1) Die Parteien sind sich darüber einig, dass die wesentlichen Planungs- und Überwachungsziele durch die in § 1 Abs. 3 benannten Zielvorstellungen hinreichend definiert sind, so dass eine Zielfindungsphase im Sinne von § 650p Abs. 2 BGB entfällt.

Alternativ:

Die Parteien sind sich darüber einig, dass die wesentlichen Planungs- und Überwachungsziele durch die in § 1 Abs. 3 benannten Zielvorstellungen noch nicht hinreichend definiert sind, so dass die Beauftragung des Auftragnehmers gemäß § 650p Abs. 2 BGB zunächst darauf gerichtet ist, aufbauend auf den bereits – allerdings rudimentär – vorhandenen Zielvorstellungen des Auftraggebers die seitens der Planung der Technischen Ausrüstung erforderlichen Beiträge zu der durch den Objektplaner Gebäude [bzw. Ingenieurbauwerke] zu erstellenden Planungsgrundlage zu leisten. Die Mitwirkung bei der Erarbeitung dieser Planungsgrundlage – in Abstimmung mit dem Auftraggeber und dem Objektplaner – ist Bestandteil der Beauftragungsstufe 1.

(2) Mit Abschluss dieses Vertrages verpflichtet sich der Auftragnehmer gemäß § 650q Abs. 1 BGB, nach Maßgabe dieses Vertrages diejenigen Leistungen zu erbringen, die nach dem jeweiligen Stand der Planung und Ausführung erforderlich sind, um die zwischen den Parteien vereinbarten – und gegebenenfalls nach Vertragsschluss weiter entwickelten – Planungs- und Überwachungsziele zu erreichen.

(3) Unter Berücksichtigung der vereinbarten Planungs- und Überwachungsziele besteht der Leistungserfolg, auf dessen Erzielung der Auftragnehmer seine Leistungen auszurichten hat:
– Für die Beauftragungsstufe A in der Erstellung einer dauerhaft genehmigungsfähigen, den bei Vertragsschluss festgelegten und gegebenenfalls nach Vertragsschluss fortgeschriebenen Planungszielen – auch in wirtschaftlicher Hinsicht – bestmöglich entsprechenden Planung (Technische Ausrüstung) sowie der Zusammenstellung vollständiger Vorlagen, sofern nach den einschlägigen öffentlich-rechtlichen Vorschriften Genehmigungen oder Zustimmungen erforderlich sind.

Alternativ:
- Für die Beauftragungsstufe A in der Mitwirkung bei der Erstellung einer mit dem Auftraggeber abgestimmten Planungsgrundlage im Sinne von § 650p Abs. 2 BGB durch den Objektplaner - wobei sich die Mitwirkungspflicht des Auftragnehmers auf die Belange der Planung der Technischen Ausrüstung bezieht und beschränkt - und nach Zustimmung einer dauerhaft genehmigungsfähigen, den bei Vertragsschluss festgelegten und gegebenenfalls nach Vertragsschluss fortgeschriebenen Planungszielen – auch in wirtschaftlicher Hinsicht – bestmöglich entsprechenden Planung (Technische Ausrüstung) sowie der Zusammenstellung vollständiger Vorlagen, sofern nach den einschlägigen öffentlich-rechtlichen Vorschriften Genehmigungen oder Zustimmungen erforderlich sind.
- Für die Beauftragungsstufe B in der Zusammenstellung der vollständigen und fehlerfreien Vergabeunterlagen im Sinne von § 7 VOB/A für die Gewerke der Technischen Ausrüstung – wobei Bauverträge und diesen zugrunde legende Vertragsbedingungen durch den Auftraggeber oder einen von diesem zu beauftragenden Dritten zu erstellen und durch den Auftragnehmer nur zusammenzustellen sind – sowie in der Erstellung einer begründeten und nachvollziehbaren Vergabeempfehlung an den Auftraggeber als Ergebnis der Prüfung und Wertung der Angebote und der Dokumentation des Vergabeverfahrens (jeweils für die Gewerke der Technischen Ausrüstung).
- Für die Beauftragungsstufe C in der Überwachung der Entstehung eines plangerechten, mit den maßgeblichen Bestimmungen des öffentlichen Rechts übereinstimmenden, technisch und wirtschaftlich mangelfreien Bauwerks bis zur Überwachung der bei Abnahme festgestellten Mängel (jeweils bezogen auf die Gewerke der Technischen Ausrüstung).
- Für die Beauftragungsstufe D verzichten die Parteien auf die Beschreibung eines werkvertraglichen Gesamterfolges.

(4) Zur Erzielung des vorstehend beschriebenen Planungs- und Überwachungsziele hat der Auftragnehmer sämtliche Grundleistungen der beauftragten Leistungsphasen nach § 55 HOAI i.V.m. der Anlage 15 zur HOAI zu erbringen, soweit diese Grundleistungen nicht durch diesen Vertrag von der Leistungspflicht des Auftragnehmers ausdrücklich ausgenommen sind.

Alternativ (für den Fall, dass der Auftrag zunächst auf die Erstellung einer Planungsgrundlage im Sinne von § 650p Abs. 2 BGB – Zielfindungsphase – gerichtet ist):

Die Parteien sind sich darüber einig, dass zur Mitwirkung an der Erarbeitung der Planungsgrundlage im Sinne von § 650p Abs. 2 BGB im Einzelnen folgende Leistungen zu erbringen sind:
- *Mitwirken an der vom Objektplaner zu erstellenden Bedarfsplanung im Sinne der DIN 18205 soweit erforderlich und auf Anforderung des Objektplaners (besondere Leistung);*
- *Grundleistungen der Leistungsphase 1 ohne die Grundleistung c) (Zusammenfassen, Erläutern und Dokumentieren der Ergebnisse);*
- *Grundleistungen der Leistungsphase 2 ohne die Grundleistung g) (Zusammenfassen, Erläutern und Dokumentieren der Ergebnisse); die Grundleistung e) (Vorverhandlungen mit Behörden über die Genehmigungsfähigkeit und mit den zu beteiligenden Stellen zur Infrastruktur) ist nur nach konkreten Erfordernissen zu erbringen; hinsichtlich der Grundleistung f) (Kostenschätzung nach DIN 276 – 2. Ebene – und Terminplanung) tritt an die Stelle der Kostenschätzung eine überschlägige Kosteneinschätzung, bei der auf die Bedarfsplanung zurückgegriffen oder auf Referenzobjekte verwiesen werden kann.*

(5) Folgende Grundleistungen der Leistungsphasen 3 - 9 hat der Auftragnehmer nur dann und nur in dem Umfang zu erbringen, in dem dies zur Erzielung der vereinbarten Planungs- und Überwachungsziele erforderlich ist:

.....

Im Übrigen schuldet der Auftragnehmer die Grundleistungen der beauftragten Leistungsphasen nach § 55 HOAI i.V.m. der Anlage 15 zur HOAI im Sinne »selbständiger Einzelerfolge«, das heißt unabhängig davon, ob sie zur Erreichung des Gesamterfolges im konkreten Fall erforderlich sind oder nicht.

(6) Folgende Leistungen hat der Auftragnehmer keinesfalls zu erbringen, und zwar auch dann nicht, wenn sie zur Erzielung des geschuldeten Gesamterfolges erforderlich sind:
- Leistungen, die anderen Leistungsbildern der HOAI als den beauftragten zuzurechnen sind;

- Leistungen, die nach den einschlägigen gesetzlichen Bestimmungen den Angehörigen der rechts- und steuerberatenden Berufe vorbehalten sind; hierzu gehört insbesondere die Ausarbeitung von Bauverträgen;
- Beratungstätigkeiten im Zusammenhang mit einer möglichen Förderung des Bauvorhabens.

(7) Der Auftragnehmer hat seine Leistungen entsprechend den anerkannten Regeln der Technik sowie in Übereinstimmung mit den einschlägigen Bestimmungen des öffentlichen Rechts und den ihm bekannten (fortgeschriebenen) Zielvorstellungen des Auftraggebers zu erbringen. Der Auftragnehmer hat seine Leistungen außerdem in möglichst wirtschaftlicher Weise zu erbringen. Dies bedeutet insbesondere, dass sämtliche Leistungen im Rahmen der sonstigen Vorgaben und Zielvorstellungen des Auftraggebers sowie des technisch und rechtlich Möglichen mit dem Ziel größtmöglicher Kosteneinsparung sowohl bei der Herstellung der Technischen Anlagen als auch bei deren späteren Nutzung zu erbringen sind.

Entstehen Widersprüche zwischen verschiedenen Zielvorstellungen des Auftraggebers, zwischen den Zielvorstellungen des Auftraggebers und den anerkannten Regeln der Technik oder aber zwischen den anerkannten Regeln der Technik und dem (neuesten) Stand der Technik bzw. der Wissenschaft, hat der Auftragnehmer den Objektplaner und den Auftraggeber entsprechend aufzuklären und zu unterrichten sowie Entscheidungshilfen zu geben und Entscheidungsalternativen zu formulieren. Die Entscheidung ist dann durch den Auftraggeber zu treffen. Die vom Auftraggeber vorgegebenen (fortgeschriebenen) Zielvorstellungen sind nur insoweit für den Auftragnehmer verbindlich, als sie in sich widerspruchsfrei sind und auch nicht im Widerspruch zu den anerkannten Regeln der Technik bzw. zu zwingenden öffentlich-rechtlichen Bestimmungen stehen.

(8) Der Auftragnehmer ist verpflichtet, die ihm übertragenen Leistungen in eigener Person oder durch fest angestellte oder freie Mitarbeiter seines Büros zu erbringen. Die Beauftragung von Unterbeauftragten hat er dem Auftraggeber unverzüglich anzuzeigen. Der Auftraggeber ist berechtigt, der Beauftragung von Unterbeauftragten unverzüglich zu widersprechen, sofern der Widerspruch aus wichtigem Grunde gerechtfertigt ist.

§ 5 Bevollmächtigung des Auftragnehmers

(1) Der Auftraggeber bevollmächtigt den Auftragnehmer – für den Fall der Beauftragung mit den Leistungen der Leistungsstufe C – im Zusammenhang mit der Erbringung seiner Leistungen mit der Vornahme folgender Handlungen bzw. Abgabe folgender Erklärungen, jeweils bezogen auf die Leistungen des Leistungsbildes Technische Ausrüstung, und gegebenenfalls beschränkt auf die Mitwirkung bei den vom Objektplaner vorgenommenen Handlungen bzw. abgegebenen Erklärungen:
- technische Abnahmen
- Entgegennahme und Abzeichnung von Stundenlohnnachweisen
- Erteilung von Weisungen auf der Baustelle (§ 4 Abs. 1 Nr. 3 VOB/B)
- Mängelrügen
- Entgegennahme von Angeboten und Schlussrechnungen
- Entgegennahme von Erklärungen ausführender Firmen (z.B. Bedenkenanmeldungen, Behinderungsanzeigen, Mehrkostenanmeldungen)
- Aufnahme eines gemeinsamen Aufmaßes mit den ausführenden Firmen.

(2) Finanzielle Verpflichtungen für den Auftraggeber darf der Auftragnehmer nur eingehen, wenn Gefahr in Verzug besteht und das Einverständnis der Auftraggeber nicht rechtzeitig zu erlangen ist.

(3) Eine weitergehende Vollmacht wird dem Auftragnehmer mit diesem Vertrag nicht erteilt. Spätere hierüber hinaus gehende Vollmachten können nur schriftlich erteilt werden (§ 125 BGB).

§ 6 Änderungsbegehren und Änderungsanordnung des Auftraggebers; Änderungsvereinbarungen

(1) Für Änderungsvereinbarungen und Änderungsanordnungen des Auftraggebers gilt § 650q Abs. 1 BGB i.V.m. § 650b BGB mit nachfolgenden Modifikationen:

(2) Das Änderungsbegehren des Auftraggebers kann sich auch auf die Art der Ausführung der Leistung, insbesondere in zeitlicher Hinsicht, beziehen. Solchen Änderungsbegehren muss der

Auftragnehmer nur folgen, wenn schwerwiegende Gründe vorliegen und bei der Abwägung der beiderseitigen Interessen die Interessen des Auftraggebers an der Anordnung deutlich überwiegen.

(3) Die Befolgung von Änderungsbegehren des Auftraggebers im Sinne von § 650b Abs. 1 Nr. 1 BGB, die mit einer Änderung der vereinbarten Planungs- und Überwachungsziele verbunden sind (nicht notwendige Änderungen) ist für den Auftragnehmer insbesondere dann unzumutbar,
- wenn sich die Planung auf ein anderes Grundstück beziehen soll;
- wenn durch die vom Auftraggeber begehrte Änderung der Charakter des Gebäudes/Ingenieurbauwerks insgesamt so verändert würde, dass die Identität des Gebäudes nicht mehr gewahrt wäre;
- wenn der Nutzungszweck des Gebäudes/Ingenieurbauwerks grundlegend verändert würde;
- wenn der Auftraggeber von vorneherein endgültig und ernsthaft die Zahlung einer dem Auftragnehmer für die zusätzlich zu erbringenden Leistungen zustehenden zusätzlichen Vergütung oder die Mitwirkung an einer entsprechenden, den zusätzlichen Vergütungsanspruch des Auftragnehmers umfassenden Nachtragsvereinbarung verweigert;
- wenn das Büro des Auftragnehmers auf die Ausführung der geänderten Leistungen nicht eingerichtet ist;
- wenn betriebsinterne Umstände im Büro des Auftragnehmers (z.B. eine besonders hohe Auslastung des Büros) entgegenstehen; der Auftragnehmer ist dann nicht verpflichtet, weitere Mitarbeiter einzustellen bzw. Unteraufträge zu erteilen.

(4) Beide Parteien können jederzeit nach Eingang des Änderungsbegehrens des Auftraggebers eine vorläufige Klärung der Verpflichtung des Auftragnehmers, dem Begehren des Auftraggebers Folge zu leisten, im Wege des Adjudikationsverfahrens nach § 19 herbeiführen, ohne die Frist des § 650b Abs. 2 BGB abwarten zu müssen.

§ 7 Mitwirkung mit anderen fachlich Beteiligten

(1) Als Objektplaner (»Leitplaner«) hat der Auftraggeber für das Bauvorhaben beauftragt:

.....

(2) Darüber hinaus sind neben dem Auftragnehmer folgende Sonderfachleute bzw. anderen an der Planung sowie Ausführung und Überwachung der Ausführung des Bauvorhabens Beteiligten vom Auftraggeber bereits beauftragt worden:

.....

(3) Schließlich sollen noch mindestens folgende weiteren Sonderfachleute bzw. anderen an der Planung sowie Ausführung und Überwachung der Ausführung des Bauvorhabens Beteiligte beauftragt werden:

.....

(4) Sollte sich nach Abschluss dieses Vertrages die Notwendigkeit des Einsatzes weiterer Fachplaner oder sonstiger Fachleute (z.B. von Sachverständigen) ergeben, hat der Auftragnehmer den Objektplaner und den Auftraggeber hierauf hinzuweisen und erforderlichenfalls darüber hinaus auch bei der Auswahl zu beraten.

(5) Die Beauftragung der Fachplaner und sonstiger Fachleute erfolgt ausschließlich durch den Auftraggeber selbst.

(6) Die Koordination und Integration der Leistungen anderer fachlich Beteiligter ist Aufgabe des für das Bauvorhaben beauftragten Objektplaners. Der Auftragnehmer hat hieran in dem nachfolgend beschriebenen Umfang mitzuwirken:
- Der Auftragnehmer muss die Beiträge anderer fachlich Beteiligter einschließlich derjenigen des Objektplaners, die ihm in der Regel durch den Objektplaner zur Verfügung gestellt werden, mit den von ihm durch seine Ausbildung und seine Berufstätigkeit erworbenen bzw. von ihm zu erwartenden Kenntnissen und praktischen Erfahrungen daraufhin überprüfen, ob diese offenkundige Fehler und/oder Unvollständigkeiten aufweisen. In diesem Fall muss er den Objektplaner und erforderlichenfalls auch den Auftraggeber unverzüglich entsprechend unter-

richten. Eine darüber hinaus gehende Pflicht zur fachlichen Prüfung der Beiträge anderer Beteiligter trifft den Auftragnehmer nicht.
- Der Auftragnehmer muss den Objektplaner und gegebenenfalls andere fachlich Beteiligte darauf hinweisen, bis zu welchem Zeitpunkt die Beiträge anderer fachlich Beteiligter einschließlich derjenigen des Objektplaners spätestens vorliegen müssen, damit er selber in der Lage ist, seine Leistungen fristgerecht zu erbringen. Liegen diese Beiträge nicht termingerecht vor, muss er den Objektplaner und gegebenenfalls den Auftraggeber hierauf hinweisen.
- Der Auftragnehmer muss den Objektplaner und die übrigen fachlich Beteiligten vollständig und umfassend unterrichten und ihnen vollständige, sachlich richtige und widerspruchsfreie Unterlagen sowie Planungen zukommen lassen.

§ 8 Allgemeine Pflichten von Auftraggeber und Auftragnehmer

(1) Über die durch diesen Vertrag begründeten Verpflichtungen, insbesondere zu einer mängelfreien Leistungserbringung und umfassender Information sowie Beratung des Auftraggebers hinaus verpflichtet der Auftragnehmer sich allgemein, Weisungen und Anordnungen des Auftraggebers zu beachten und bei seiner Leistungserbringung so weit wie möglich umzusetzen. Dies gilt aber nur hinsichtlich von Anordnungen und Weisungen, die der Auftraggeber entweder in Person selbst oder aber durch einen von ihm ausdrücklich hierzu bevollmächtigten Vertreter (z.B. Objektplaner, soweit dieser entsprechend bevollmächtigt wurde) erteilt.

(2) Ist die Befolgung von Anordnungen und Weisungen des Auftraggebers oder eines von ihm bevollmächtigten Vertreters mit einer Vertragsänderung im Hinblick auf die vereinbarten Planungs- und Überwachungsziele oder die zur Erreichung dieser Ziele im Einzelnen zu erbringenden Leistungen verbunden, ist der Auftragnehmer hierzu nur nach Maßgabe der Regelungen in § 5 dieses Vertrages verpflichtet. Im Übrigen endet die Pflicht des Auftragnehmers, Weisungen des Auftraggebers Folge zu leisten, wenn die Weisungen des Auftraggebers gegen öffentlich-rechtliche oder sonstige gesetzliche Bestimmungen verstoßen oder ihre Befolgung mit einer Gefahr für Leib und Leben verbunden wäre. In diesen Fällen kann der Auftragnehmer sich auf die Weisung auch nicht zu seiner Entlastung berufen.

(3) Hat der Auftragnehmer Bedenken gegen Weisungen oder Vorgaben des Auftraggebers oder des Objektplaners, muss er den Objektplaner und den Auftraggeber hierauf umgehend schriftlich hinweisen und seine Bedenken begründen (z.B. Widerspruch zu anerkannten Regeln der Technik, Widerspruch zu Zielvorgaben des Auftraggebers). In diesem Fall muss (und darf) der Auftragnehmer der Weisung/Vorgabe des Auftraggebers nur dann folgen, wenn dieser daran trotz der vom Auftragnehmer vorgebrachten Bedenken festhält. Der Auftragnehmer ist dann von jeder Haftung frei. Weist der Auftragnehmer demgegenüber auf Bedenken nicht hin oder unterlässt er die bei Anwendung des in § 3 dieses Vertrages definierten Maßstabes erforderliche Prüfung, kann er sich zu seiner Entlastung nicht auf die Weisung/Vorgabe des Auftraggebers berufen. Die vorstehend in Absatz 2 enthaltene Regelung zu den Grenzen der Verpflichtung des Auftragnehmers, Weisungen des Auftraggebers Folge zu leisten, bleibt hiervon unberührt.

(4) Der Auftraggeber verpflichtet sich, die Planung und Durchführung des Bauvorhabens zu fördern, soweit dies in seinen Kräften steht. Insbesondere verpflichtet er sich, anstehende Entscheidungen kurzfristig zu treffen und die notwendigen Sonderfachleute nach entsprechender Beratung durch den Auftragnehmer zu beauftragen.

(5) Der Auftraggeber erteilt dem Auftragnehmer alle zur Vertragsdurchführung und Abrechnung erforderlichen Auskünfte und übergibt entsprechende Unterlagen. Folgende Unterlagen sind dem Auftragnehmer bereits umgehend nach Vertragsschluss, spätestens innerhalb einer Frist von einer Woche ab Vertragsschluss zu übergeben:

.....

(6) Soweit der Auftragnehmer mit den Leistungen der Objektüberwachung beauftragt wird, verpflichtet der Auftraggeber sich auch dem Auftragnehmer gegenüber, die Leistungen der ausführenden Unternehmen abzunehmen, sobald die Voraussetzungen hierfür erfüllt sind.

(7) Schließlich verpflichtet sich der Auftraggeber, an der Fortschreibung der Zielvorstellung und der Abstimmung von Planungsständen einschließlich der Freigabe von Plänen entsprechend § 13 dieses Vertrages mitzuwirken.

§ 9 Baukosten

(1) Der Auftragnehmer ist verpflichtet, seine Leistungen so zu erbringen – insbesondere so zu planen –, dass der vertraglich vorgesehene und während der Projektverwirklichung fortgeschriebene Kostenrahmen eingehalten werden kann, soweit sich dieser auf Baukosten bezieht, für die der Auftragnehmer Leistungen erbringt. Der Auftragnehmer übernimmt damit allerdings keine (verschuldensunabhängige) Garantie für die Einhaltung des Kostenrahmens. Wird für den Auftragnehmer erkennbar, dass der Kostenrahmen voraussichtlich überschritten wird, z.B. wegen gestiegener Baukosten oder wegen einer Unvereinbarkeit sonstiger Vorgaben des Auftraggebers mit dem Kostenziel, ist der Auftragnehmer verpflichtet, den Objektplaner und den Auftraggeber hierüber umgehend und umfassend zu unterrichten und Einsparungsvorschläge zu unterbreiten, die geeignet sind, die Einhaltung des vorgesehenen Kostenrahmens sicherzustellen. Darüber hinaus ist der Auftragnehmer auch verpflichtet, gegebenenfalls erforderlich werdende zusätzliche bzw. ganz oder teilweise wiederholt zu erbringende Planungs- und sonstige Leistungen zu erbringen. Unter den Voraussetzungen des § 11 dieses Vertrages in Verbindung mit § 10 HOAI steht dem Auftragnehmer hierfür aber ein zusätzlicher Vergütungsanspruch zu.

(2) Nach näherer Maßgabe der Festlegungen in § 3 dieses Vertrags zum Umfang der vom Auftragnehmer geschuldeten Leistungen ist dieser zur Kostenermittlung, der Fortschreibung der Kostenermittlung, und zur Kostenkontrolle – bezogen auf die Kosten der Gewerke der Technischen Ausrüstung – verpflichtet.

§ 10 Fristen

(1) Der Auftragnehmer ist verpflichtet, seine Leistungen so zu erbringen – insbesondere so zu planen –, dass die vertraglich vereinbarten und während der Projektverwirklichung fortgeschriebenen Zielvorstellungen der Parteien hinsichtlich der zeitlichen Abfolge des Bauvorhabens nach Möglichkeit eingehalten werden können. Die Zielvorstellungen der Parteien zum Zeitpunkt der Beauftragung des Auftragnehmers ergeben sich aus dem als Anlage 4 beigefügten Terminplan. Wird für den Auftragnehmer erkennbar, dass der vorgesehene Bauablauf nicht eingehalten werden kann, z.B. wegen unvorhergesehener äußerer Umstände oder wegen Anordnungen des Auftraggebers, z.B. solcher, die Planungsänderungen erforderlich machen, ist der Auftragnehmer verpflichtet, den Objektplaner und erforderlichenfalls den Auftraggeber hierüber umgehend und umfassend zu unterrichten.

(2) Nach näherer Maßgabe der Festlegungen in § 3 dieses Vertrags zum Umfang der vom Auftragnehmer geschuldeten Leistung ist dieser zur Terminplanung und deren Fortschreibung sowie Terminkontrolle – bezogen auf die Gewerke der Technischen Ausrüstung – verpflichtet.

(3) Glaubt sich der Auftragnehmer in der ordnungsgemäßen Ausführung der Leistung behindert, so hat er dies unverzüglich schriftlich dem Objektplaner sowie dem Auftraggeber selbst anzuzeigen. Unterlässt er die Anzeige, so hat er nur dann Anspruch auf Berücksichtigung der hindernden Umstände, wenn dem Auftraggeber die Tatsache und deren hindernde Wirkung bekannt waren. Darüber hinaus kann der Auftragnehmer sich auf Behinderungsumstände nur dann berufen, wenn diese aus dem Risikobereich des Auftraggebers stammen oder durch höhere Gewalt oder andere für den Auftragnehmer unabwendbare Umstände verursacht waren.

§ 11 Honorar

(1) Die Parteien treffen die aus den nachfolgenden Bestimmungen sich ergebende Honorarvereinbarung.

(2) Die Vertragsparteien vereinbaren eine Honorierung der vom Auftragnehmer erbrachten Leistungen nach den Honorarermittlungsgrundlagen der HOAI mit den aus den nachfolgenden Bestimmungen sich ergebenden Modifikationen. Mit den nachfolgenden Festlegungen machen die Vertragsparteien zugleich von dem ihnen insoweit zustehenden Beurteilungsspielraum Gebrauch.

(2.1) Die anrechenbaren Kosten (§ 4 Abs. 1 HOAI) sind auf der Grundlage der vom Auftragnehmer für die Technischen Anlagen zu erstellenden Kostenberechnung zu ermitteln (§ 6 Abs. 1 Nr. 1 HOAI), wobei eine vollständige und mängelfreie Planung zugrunde zu legen ist. Erhöhen sich die Kosten durch die Vervollständigung einer zunächst unvollständigen Planung oder durch Beseitigung von Mängeln einer zunächst mängelbehafteten Planung, erhöhen sich auch die anrechen-

6. Fachplanervertrag Technische Ausrüstung

baren Kosten entsprechend, soweit es sich um Kosten handelt, die auch bei einer von vornherein vollständigen und mängelfreien Planung angefallen wären.

Gegebenenfalls: Die Vertragsparteien sind sich darüber einig, dass Kosten für die nichtöffentliche Erschließung und/oder Kosten für Technische Anlagen in Außenanlagen nach § 54 Abs. 4 HOAI anrechenbar sind.

Gegebenenfalls: Die Vertragsparteien sind sich darüber einig, dass Teile der Technischen Ausrüstung in Baukonstruktionen ausgeführt werden, so dass die Kosten hierfür nach Maßgabe der folgenden Festlegungen teilweise gemäß § 54 Abs. 5 HOAI anzurechnen sind:

.....

(2.2) Die Vertragsparteien sind sich darüber einig, dass bei der Ermittlung der anrechenbaren Kosten mitzuverarbeitende Bausubstanz gemäß § 2 Abs. 7 HOAI zu berücksichtigen ist. Zu Umfang und Wert der mitzuverarbeitenden Bausubstanz treffen die Vertragsparteien folgende Vereinbarung nach § 4 Abs. 3 HOAI:

(2.2.1) Unter dem Umfang der mitzuverarbeitenden Bausubstanz verstehen die Vertragsparteien den »mitzuverarbeitenden« Teil des zu planenden Objekts (im Sinne von § 2 Abs. 7 HOAI). Die Parteien gehen zum Zeitpunkt des Abschlusses dieses Vertrages davon aus, dass folgende Bauteile im Sinne von § 2 Abs. 7 HOAI mitzuverarbeiten sind:
- .....
- .....

Daraus ergibt sich folgende vorläufige Bewertung des Umfangs der mitzuverarbeitenden Bausubstanz (Massen bzw. Volumen):

.....

Die endgültige Festlegung erfolgt auf der Grundlage des Planungsstandes zum Zeitpunkt der Kostenberechnung nach DIN 276. § 11 Abs. 4 dieses Vertrages in Verbindung mit § 10 Abs. 1 HOAI ist entsprechend anzuwenden, sofern sich nach Erstellung der Kostenberechnung aufgrund dann angestellter weiterer Untersuchungen der Bausubstanz ergibt, dass mitzuverarbeitende Bausubstanz tatsächlich in größerem Umfang zu berücksichtigen ist als zum Zeitpunkt der Kostenberechnung angenommen.

(2.2.2) Zum Wert der mitzuverarbeitenden Bausubstanz vereinbaren die Vertragsparteien, dass dieser auf der Grundlage des nach den anerkannten Regeln der Technik zu berechnenden Neubauwertes ermittelt werden soll. Die vorläufige Bewertung (zum Zeitpunkt des Abschlusses dieses Vertrages) ergibt sich insoweit aus Anlage 5 zu diesem Vertrag (Honorarberechnung). Die endgültige Festlegung erfolgt auf der Grundlage des Planungsstandes zum Zeitpunkt der Kostenberechnung nach DIN 276.

Der Neubauwert ist mit Rücksicht auf den Erhaltungszustand der mitzuverarbeitenden Bausubstanz zu vermindern (»Zustandsfaktor«). Zum Zustandsfaktor vereinbaren die Vertragsparteien, dass der zuvor ermittelte Neubauwert um ..... % zu vermindern ist. Ergibt sich aus der Kostenberechnung, dass die anrechenbaren Kosten im Sinne von § 4 Abs. 1 HOAI – soweit es sich um Kosten handelt, die für die Erhaltung der Bausubstanz aufgewendet werden – den Minderungsbetrag übersteigen, der sich aus der Anwendung des vorstehend festgelegten Zustandsfaktors ergibt, wird die Anwendung des Zustandsfaktors dadurch ersetzt, dass die für die Erhaltung der Bausubstanz aufgewendeten anrechenbaren Kosten vom Neubauwert abgezogen werden.

Der um den Zustandsfaktor bzw. um die für die Erhaltung der Bausubstanz aufgewendeten anrechenbaren Kosten im Sinne von § 4 Abs. 1 HOAI verminderte Neubauwert wird des Weiteren um einen Leistungsfaktor reduziert, mit dem berücksichtigt wird, dass das Maß der »Mitverarbeitung« der vorhandenen Bausubstanz in den verschiedenen Leistungsphasen, mit denen der Auftragnehmer durch diesen Vertrag beauftragt wird, unterschiedlich ist. Den Leistungsfaktor legen die Parteien wie folgt fest:

Leistungsphase 1:	0,9
Leistungsphasen 2 und 4:	1,0
Leistungsphasen 3 und 7:	0,8

Leistungsphasen 5 und 9:	0,6
Leistungsphase 6:	0,7
Leistungsphase 8:	0,5

(2.3) Die prozentuale Bewertung der beauftragten und abzurechnenden Leistungsphasen (prozentualer Anteil des HOAI-gemäß ermittelten Gesamthonorars) ergibt sich aus § 55 Abs. 1 HOAI.

Gegebenenfalls: Die prozentuale Bewertung der beauftragten und abzurechnenden Leistungsphasen (prozentualer Anteil des HOAI-gemäß ermittelten Gesamthonorars) ergibt sich aus § 55 Abs. 1 HOAI, sowie – da nicht alle Grundleistungen der Leistungsphasen, die Gegenstand des vorliegenden Auftrags sind, beauftragt wurden – aus § 8 Abs. 2 HOAI i.V.m. der als Anlage 6 diesem Vertrag beigefügten Tabelle zur Bewertung von Grundleistungen. Daraus ergibt sich insgesamt folgende Bewertung:

.....

(2.4) Das Bauvorhaben wird der Honorarzone ..... zugeordnet. Es wird folgender Honorarsatz vereinbart: ..... % der Differenz von Mindest- und Höchstsatz über dem Mindestsatz.

(2.5) Zur Anwendung von §§ 54 und 11 HOAI vereinbaren die Vertragsparteien Folgendes:

Bei folgenden Technischen Anlagen für folgende Objekte im Sinne von § 2 Abs. 1 Nr. 1 HOAI handelt es sich im Sinne von § 54 Abs. 2 HOAI um Anlagen, die unter funktionalen und technischen Kriterien eine Einheit bilden, so dass die Kosten der Anlagen jeder Anlagengruppe zu addieren sind.

.....

Folgende Anlagen sind im Wesentlichen gleich. Da sie außerdem unter weitgehend vergleichbaren Bedingungen für im Wesentlichen gleiche Objekte im Sinne von § 2 Abs. 1 S. 1 HOAI geplant werden, ist gemäß § 54 Abs. 3 HOAI die Rechtsfolge des § 11 Abs. 3 HOAI anzuwenden:

.....

(2.6) Im Hinblick auf den Schwierigkeitsgrad der Leistung wird ein Zuschlag gem. § 6 Abs. 2 i.V.m. § 56 Abs. 5 HOAI in Höhe von ..... % vereinbart.

(2.7) Das Honorar ist grundsätzlich auf der Grundlage der zur Zeit des Abschlusses dieses Vertrages gültigen Fassung der HOAI zu berechnen. Tritt nach Abschluss des Vertrages eine Novellierung der Verordnung in Kraft ist das Honorar nach der novellierten Fassung der Verordnung zu berechnen, sofern die Anwendung der novellierten Fassung im Ergebnis zu einem höheren Honorar führt. Ansonsten bleibt es bei der Honorarberechnung nach der HOAI in der zum Zeitpunkt der vertraglichen Beauftragung geltenden Fassung.

(3) Für die bereits mit Abschluss dieses Vertrages vereinbarten Besonderen Leistungen werden folgende Honorare vereinbart:

.....

Für die bereits bei Abschluss dieses Vertrages für den Fall der Beauftragung weiterer Beauftragungsstufen vereinbarten Besonderen Leistungen werden folgende Honorare vereinbart:

.....

(4) Für die bereits mit Abschluss dieses Vertrages vereinbarten Beratungsleistungen werden folgende Honorare vereinbart:

.....

Für die bereits bei Abschluss dieses Vertrages für den Fall der Beauftragung weiterer Beauftragungsstufen vereinbarten Beratungsleistungen werden folgende Honorare vereinbart:

.....

(5) Stellt sich nach Auftragserteilung heraus, dass zur Erzielung des vereinbarten werkvertraglichen Gesamterfolges über die beauftragten Einzelleistungen hinaus weitere Grundleistungen

oder Besondere Leistungen erforderlich werden, hat der Auftragnehmer den Auftraggeber hierüber umgehend zu unterrichten. Die Parteien sollen vor Ausführung der weiteren Leistungen hierzu eine Honorarvereinbarung treffen. Kommt eine solche Einigung nicht zustande, sind zusätzliche Grundleistungen nach den Grundsätzen des vorstehenden Absatzes 2, zusätzliche Besondere Leistungen nach Zeitaufwand gemäß Absatz 7 abzurechnen.

(6) Soweit der Auftragnehmer auf Grund späterer Beauftragung durch den Auftraggeber besondere Leistungen oder Beratungsleistungen im Sinne der Anlage 1 zur HOAI zu erbringen hat, die durch das hier vereinbarte Honorar nicht abgegolten sind, muss er diese Leistungen nur aufgrund einer ausdrücklichen und schriftlichen Beauftragung durch den Auftraggeber erbringen. Die Parteien sollen hierzu vor Ausführung der Leistungen eine schriftliche Honorarvereinbarung treffen. Kommt eine derartige Vereinbarung nicht zustande, sind die entsprechenden Leistungen, soweit sie beauftragt werden, nach Zeitaufwand gemäß Absatz 7 abzurechnen.

(7) Sofern Leistungen nach Zeitaufwand abzurechnen sind, werden folgende Stundensätze vereinbart:
1. Für den geschäftsführenden Gesellschafter des Auftragnehmers: ..... €
2. Für Mitarbeiter, die technische oder wirtschaftliche Aufgaben erfüllen, sofern sie nicht unter Nr. 1 fallen: ..... €
3. Für technische Zeichner und sonstige Mitarbeiter mit vergleichbaren Qualifikationen, die technische oder wirtschaftliche Aufgaben erfüllen: ..... €

(8) Kommt es aufgrund der Leistungen des Auftragnehmers unter Ausschöpfung technisch-wirtschaftlicher oder umweltverträglicher Lösungsmöglichkeiten zu einer wesentlichen Kostensenkung ohne Verminderung des vertraglich festgelegten Standards, wird ein Erfolgshonorar gem. § 7 Abs. 6 S. 1 und 2 HOAI vereinbart. Eine wesentliche Kostensenkung ist nur dann gegeben, wenn die tatsächlichen Kosten der Kostengruppen 400 nach DIN 276 (2008) die bei Abschluss dieses Vertrages prognostizierten Kosten zu den entsprechenden Kostengruppen um mehr als 10 % unterschreiten. Das Erfolgshonorar wird in der Weise vereinbart, dass sich das vereinbarte Honorar um denselben Prozentsatz erhöht, um den die tatsächlichen Kosten die prognostizierten Kosten unterschreiten, maximal allerdings um 20 %.

(9) Wird die in § 1 Abs. 3 dieses Vertrages vereinbarte Kostengrenze – bezogen ausschließlich auf die Kosten der Kostengruppen 400 – aus Gründen, die vom Auftragnehmer zu vertreten sind, um mehr als 10 % überschritten, vermindert sich der Vergütungsanspruch des Auftragnehmers um denselben Prozentsatz, um den die tatsächlichen Kosten die vereinbarte Kostengrenze überschreiten (abzüglich 10 %), maximal aber um 5 % (Malus-Honorar nach § 7 Abs. 6 S.3 HOAI).

(10) Sämtliche Nebenkosten im Sinne von § 14 Abs. 2 HOAI werden pauschal abgerechnet, und zwar mit ..... % des Gesamthonorars (netto). Übersteigen die tatsächlichen Nebenkosten die Pauschale um mehr als 20 %, ist der Auftragnehmer berechtigt, statt der Pauschale die tatsächlich entstandenen Nebenkosten auf Einzelnachweis abzurechnen. Der Auftragnehmer ist berechtigt, Abschlagszahlungen auf die Nebenkostenpauschale zu verlangen. Er darf diese gemeinsam mit seinen Abschlagsrechnungen geltend machen, und zwar in Höhe von ..... % des Betrages der jeweiligen Abschlagsrechnung (netto).

§ 12 Honorar bei Änderungsvereinbarungen sowie bei Projektverzögerungen und -unterbrechungen

(1) Die stufenweise Fortentwicklung und Durcharbeitung der Planung innerhalb einer bestimmten Leistungsstufe (Planungsoptimierung) einschließlich der Erarbeitung von Alternativen wird nicht vergütet, soweit die Planungsleistung Bestandteil der Grundleistungen der jeweiligen Leistungsphase ist und solange die Grenzen der Zumutbarkeit für den Auftragnehmer nicht überschritten sind. Sie sind insbesondere dann überschritten, wenn innerhalb einer noch nicht abgeschlossenen Leistungsphase eine bereits erbrachte Teilleistung (z.B. ein erstellter Plan) auf Veranlassung des Auftraggebers und aus einem nicht vom Auftragnehmer zu vertretenden Grund mehr als zwei Mal neu erstellt werden muss bzw. mehr als zwei Alternativplanungen erstellt werden müssen. Die weiteren Änderungen sind dann nach den nachfolgenden Grundsätzen der Planungsänderung bzw. Mehrfachplanung zu vergüten. Im Gegensatz zu Planungsoptimierungen sind geänderte Leistungen gesondert zu vergüten, wenn sie auf einer Änderungsvereinbarung im Sinne von § 650q Abs. 1 i.V.m. § 650b Abs. 1 BGB oder auf einer Änderungsanordnung des Auftraggebers

im Sinne von § 650q Abs. 1 i.V.m. § 650b Abs. 2 beruhen. Änderungsvereinbarungen im Sinne von § 650q Abs. 1 i.V.m. § 650b Abs. 1 BGB sollen eine Vereinbarung über die Vergütungsanpassung infolge der Änderung umfassen. Der Anspruch auf Vergütungsanpassung nach Maßgabe der folgenden Regelungen besteht aber unabhängig vom Zustandekommen einer solchen Vereinbarung.

(2) Für Änderungsleistungen, bei denen es sich nicht um Grundleistungen oder Teile von Grundleistungen der HOAI – einschließlich der Grundleistungen der Leistungsbilder der Anlage 1 zur HOAI – handelt, gilt § 11 Abs. 7 dieses Vertrages, sofern die Parteien keine andere Vereinbarung treffen.

(3) Für Änderungsleistungen, bei denen es sich um Grundleistungen oder um Teile von Grundleistungen der HOAI – einschließlich der Grundleistungen der Leistungsbilder der Anlage 1 zur HOAI – handelt, gilt:

§ 10 HOAI ist auch im Falle einer Änderungsanordnung des Auftraggebers im Sinne von § 650q Abs. 1 i.V.m. § 650b Abs. 2 BGB anwendbar. Sind die Gründe für die Änderungsanordnung vom Auftragnehmer zu vertreten, kann er eine Honorarerhöhung nach § 10 HOAI nur geltend machen, wenn es zu der wiederholten Erbringung von Grundleistungen bzw. zu der Erhöhung der anrechenbaren Kosten auch ohne den vom Auftragnehmer zu vertretenden Umstand gekommen wäre.

(3.1) Sind bereits erbrachte Grundleistungen ganz oder teilweise erneut zu erbringen, gilt § 10 Abs. 2 HOAI mit folgenden Maßgaben:

§ 10 Abs. 2 HOAI gilt unabhängig davon, ob sich die anrechenbaren Kosten verändern oder gleich bleiben.

Maßgeblich für die Ermittlung des anteilig zu berechnenden Honorars für wiederholt erbrachte Grundleistungen nach § 10 Abs. 2 sind § 8 Abs. 2 HOAI sowie die diesem Vertrag als Anlage 6 beigefügte Tabelle zur Grundleistungsbewertung. Ist von den wiederholt zu erbringenden Leistungen nur ein Teilbereich des Bauvorhabens betroffen, ist – sofern die Parteien nicht vor Ausführung der geänderten Leistung schriftlich etwas anderes vereinbaren – das anteilige Honorar im Sinne von § 10 Abs. 2 i.V.m. § 8 Abs. 2 HOAI bezogen auf die anrechenbaren Kosten für den von der Wiederholungsleistung betroffenen Teilbereich des Bauvorhabens zu ermitteln.

(3.2) Ändern sich die anrechenbaren Kosten, gilt § 10 Abs. 1 HOAI mit folgenden Maßgaben:

Verringern sich die anrechenbaren Kosten, bleibt ein etwaiger Anspruch der Auftragnehmerin nach § 649 BGB von § 10 Abs. 1 HOAI unberührt.

(4) Tritt aus einem nicht vom Auftragnehmer zu vertretenden Grunde eine Unterbrechung des Projektes von mindestens drei Monaten ein, ohne dass die weitere Leistungserbringung dauernd unmöglich wird, ist der Auftragnehmer berechtigt, die bis dahin erbrachten Leistungen vertragsgemäß abzurechnen sowie außerdem Erstattung derjenigen Kosten zu verlangen, die dem Auftragnehmer bereits entstanden und in der Vergütung des noch nicht ausgeführten Teils der Leistung enthalten sind. Dauert die Unterbrechung dann weitere drei Monate an, ist der Auftragnehmer berechtigt, den Vertrag aus wichtigem Grunde zu kündigen und nach den Grundsätzen des § 17 dieses Vertrages abzurechnen.

(5) Unabhängig von der vorstehenden Bestimmung in Absatz 4 gilt: Wird eine der in Anlage 4 zu diesem Vertrag genannten Einzelzeiträume aus nicht vom Auftragnehmer zu vertretenden Gründen um mehr als 20 % (Toleranz) überschritten, ist hierdurch die Geschäftsgrundlage der mit diesem Vertrag getroffenen Pauschalhonorarvereinbarung in relevanter Weise berührt. Die Parteien sind in diesem Fall verpflichtet, über eine angemessene Erhöhung des Honorars für die entsprechenden Leistungen zu verhandeln. Erzielen sie keine Einigung, so hat der Auftragnehmer Anspruch auf Erstattung seiner nachgewiesenen Mehrkosten. Der Anspruch auf Anpassung der Vergütung nach den Grundsätzen der Änderung der Geschäftsgrundlage bzw. auf Erstattung von Mehrkosten besteht nicht, sofern der Auftragnehmer die Bauzeitverlängerung selbst zu vertreten hat.

§ 13 Abrechnung; Aufrechnungsverbot

(1) Der Auftragnehmer ist verpflichtet, prüfbar abzurechnen. Soweit die Abrechnung unter Berufung auf die vereinbarte Pauschale erfolgt, genügt für die Prüfbarkeit die Bezugnahme auf diese Pauschale. Bei Abschlagsrechnungen genügt die Bezugnahme auf die Honorarberechnung (Anlage 5 zu diesem Vertrag). Soweit Leistungen bestimmter Leistungsphasen teilweise erbracht sind, genügt es im Rahmen von Abschlagsrechnungen, wenn der erreichte Bearbeitungsstand plausibel dargelegt ist. Ein lückenloser Nachweis ist nicht erforderlich.

(2) Der Auftragnehmer ist berechtigt, monatliche Abschlagsrechnungen, jeweils zum Ende eines Monats, erstmals zum ....., zu stellen. Unabhängig hiervon ist er berechtigt, nach Abschluss einer Leistungsphase eine Abschlagsrechnung zu erstellen. Darüber hinaus ist der Auftragnehmer im Fall des § 11 Absatz 4 berechtigt, eine Abschlagsrechnung zu erstellen. Teilschlussrechnungen darf der Auftragnehmer in den Fällen legen, in denen ihm nach § 15 Abs. 2 dieses Vertrages ein Anspruch auf Teilabnahme zusteht.

(3) Gegenüber fälligen Honoraransprüchen des Auftragnehmers kann der Auftraggeber nur mit einem unstreitigen, anerkannten oder rechtskräftig festgestellten Zahlungsanspruch die Aufrechnung erklären. Dies gilt nicht hinsichtlich solcher Ansprüche des Auftraggebers, die zu dem Honoraranspruch in einem synallagmatischen Verhältnis stehen; letzteres trifft insbesondere auf die Werklohnforderung des Auftragnehmers und Forderungen des Auftraggebers zu, die aus dessen Anspruch auf mängelfreie Erfüllung abgeleitet werden.

Soweit der Auftraggeber demnach die Aufrechnung nicht wirksam erklären könnte, ist er auch hinsichtlich der Ausübung eines Zurückbehaltungsrechts in gleicher Weise beschränkt. Ein etwaiges Zurückbehaltungsrecht des Auftraggebers im Hinblick auf einen Anspruch gegen den Auftragnehmer, der nicht auf Zahlung, sondern auf die Erfüllung oder Nacherfüllung gerichtet ist, ist hiervon nicht berührt.

§ 14 Dokumentation des Planungs- und Bauablaufs

(1) Der Auftragnehmer erstellt monatliche Berichte, mit denen er den Bearbeitungsstand schriftlich dokumentiert und zusammenfasst. Mit der Erstellung dieser Berichte erfüllt der Auftragnehmer zugleich die Grundleistung »Zusammenfassen, Erläutern und Dokumentieren der Ergebnisse« der Leistungsphasen 1–3. Dabei ist insbesondere darzustellen, wie sich der erreichte Bearbeitungsstand zu den vereinbarten und gegebenenfalls fortgeschriebenen Planungs- und Überwachungszielen (§ 650p BGB, §§ 1 Abs. 3; 4 dieses Vertrages) verhält.

(2) Dem schriftlichen Bericht sind – jeweils bezogen ausschließlich auf den Leistungsbereich der Technischen Ausrüstung – mindestens folgende Unterlagen beizufügen, soweit diese Unterlagen dem Auftraggeber nicht bereits zuvor übergeben worden sind:
a) Die in der jeweiligen Leistungsphase zu erbringende Kostenermittlung;
b) hinsichtlich der Leistungsphasen 2–5: Planlisten; die entsprechenden Pläne sind auf Verlangen des Auftraggebers ebenfalls zu übergeben;
c) hinsichtlich der Leistungsphase 6: Eine Aufstellung der vom Auftragnehmer erstellten Leistungsbeschreibungen/Leistungsverzeichnisse sowie der Vergabeunterlagen; auf Verlangen des Auftraggebers sind die Leistungsbeschreibungen/Leistungsverzeichnisse und Vergabeunterlagen selbst ebenfalls vorzulegen;
d) hinsichtlich der Leistungsphase 7: Der Preisspiegel sowie eine Aufstellung der vom Auftragnehmer eingeholten Angebote; auf Verlangen des Auftraggebers sind die eingeholten Angebote ebenfalls vorzulegen;
e) hinsichtlich der Leistungsphase 8: Die Auflistung der Gewährleistungsfristen sowie (auf Verlangen des Auftraggebers) die Dokumentation des Bauablaufs (z.B. Bautagebuch), ferner eine Aufstellung, aus der sich die vom Auftragnehmer erstellten Terminpläne, die gemeinsam mit den ausführenden Firmen durchgeführten Aufmaße und Abnahmen sowie die behördlichen Abnahmen ergeben müssen; auf Verlangen des Auftraggebers sind auch die entsprechenden Unterlagen selbst vorzulegen; zu übergeben ist außerdem eine Übersicht über den Schriftverkehr mit den ausführenden Firmen, soweit dieser die von den Firmen einzuhaltenden Termine (also z.B. Mahnungen, Behinderungsanzeigen, Reaktionen auf Behinderungsanzeigen etc.), die Qualität der erbrachten Bauleistungen (also z.B. Mängelrügeschreiben, Bedenkenanmeldungen, Reaktionen auf Mängelrügeschreiben bzw. Bedenkenanmeldungen) bzw. den Um-

fang der von den Firmen zu erbringenden Leistungen (also z.B. Nachtragsangebote, Nachtragsvereinbarungen) betrifft; auf Verlangen des Auftraggebers sind auch die entsprechenden Unterlagen selbst zu übergeben;

f) hinsichtlich der Leistungsphase 9: Die systematische Zusammenstellung der zeichnerischen Darstellungen und rechnerischen Ergebnisse des Objekts sowie ferner eine Aufstellung, aus der sich die durchgeführten Objektbegehungen sowie die Freigaben von Sicherheitsleistungen ergeben müssen; auf Verlangen des Auftraggebers sind die der Aufstellung entsprechenden Unterlagen ebenfalls vorzulegen.

(3) Der Auftragnehmer darf für seine weiteren Planungen davon ausgehen, dass der durch seinen schriftlichen Bericht dokumentierte Planungsstand mit dem Auftraggeber abgestimmt ist, sofern dieser nicht innerhalb einer Frist von drei Werktagen, gerechnet ab Zugang des Berichts (einschließlich der Anlagen), mindestens in Textform (§ 126b BGB) widerspricht. Diese Frist ist auf das berechtigte, mindestens in Textform (§ 126b BGB) geäußerte Verlangen des Auftraggebers angemessen – maximal auf 12 Werktage – zu verlängern, sofern aus nicht vom Auftraggeber selbst zu vertretenden Gründen eine schnellere Prüfung nicht möglich ist.

(4) Der Auftragnehmer ist verpflichtet, an den vom Auftraggeber oder von anderen Planungsbeteiligten, insbesondere dem Objektplaner, oder den beauftragten Fachfirmen anberaumten (Bau-, Planungs- und Koordinations-)Besprechungen teilzunehmen. Er hat den Auftraggeber über von anderen Projektbeteiligten anberaumte Besprechungen zu informieren und auf dessen Verlangen darüber Niederschriften in einem dem Besprechungsinhalt angemessenen Umfang anzufertigen und diese dem Auftraggeber unverzüglich zu übermitteln.

(5) Der Auftragnehmer ist zudem verpflichtet, den Auftraggeber über alle bei der Durchführung seiner Aufgaben wesentlichen Angelegenheiten unverzüglich schriftlich zu unterrichten. Diese Pflicht erlischt nicht mit der Vertragsbeendigung.

(6) Der Auftragnehmer hat die von ihm angefertigten zeichnerischen Unterlagen bis zur Freigabe durch den Auftraggeber als »Vorabzug« zu kennzeichnen. Die vom Auftraggeber freigegebenen zeichnerischen Unterlagen hat der Auftragnehmer als »Entwurfsverfasser« oder »Planverfasser«, die übrigen Unterlagen als »Verfasser« zu unterzeichnen.

§ 15 Unterlagen

(1) Spätestens mit Vertragsbeendigung hat der Auftragnehmer dem Auftraggeber die in § 13 dieses Vertrages im Einzelnen genannten Unterlagen zu übergeben, soweit dies nicht bereits vorher, insbesondere im Rahmen der monatlichen Berichte, geschehen ist. Nach Beendigung des Vertrages sind dem Auftraggeber darüber hinaus auch alle weiteren Unterlagen zu übergeben, die für die Fortsetzung des Bauvorhabens bzw. die Bewirtschaftung des Objektes erforderlich sind.

(2) Soweit eine Digitalisierung möglich ist, hat der Auftragnehmer dem Auftraggeber die Unterlagen in digitalisierter Form zu übergeben. Pläne sind dem Auftraggeber jeweils dreifach auf Papier und digital als CAD-Datei (dwg- oder dxf-Format) zur Verfügung zu stellen.

(3) Gegenüber dem Anspruch des Auftraggebers auf Übergabe von Unterlagen steht dem Auftragnehmer ein Zurückbehaltungsrecht nicht zu, soweit er noch Leistungen nach dem Vertrag zu erbringen hat.

(4) Soweit Unterlagen nicht an den Auftraggeber herauszugeben sind, ist der Auftragnehmer berechtigt, diese Unterlagen 10 Jahre nach vollständiger Leistungserbringung zu vernichten.

§ 16 Abnahme

(1) Nach vollständiger Leistungserbringung hat der Auftragnehmer Anspruch auf eine förmliche Abnahme.

(2) Darüber hinaus steht dem Auftragnehmer ein Anspruch auf eine förmliche Teilabnahme nach Abschluss einer Beauftragungsstufe zu, sofern nicht zum Zeitpunkt des Abnahmeverlangens die Leistungen der nachfolgenden Beauftragungsstufe bereits in Auftrag gegeben wurden.

Ferner steht dem Auftragnehmer der gesetzliche Anspruch nach § 650s BGB auf förmliche Teilabnahme nach der Abnahme der letzten für das Bauvorhaben zu erbringenden Bauleistung zu.

§ 17 Haftung, Versicherung und Verjährung

(1) Die Haftung des Auftragnehmers ergibt sich aus den gesetzlichen Bestimmungen mit den nachfolgenden Modifikationen.

(2) Die Haftung für anfängliches Unvermögen, grobe Fahrlässigkeit, das Fehlen zugesicherter Eigenschaften, Arglist und die Verletzung des Körpers sowie der Gesundheit ist nicht beschränkt. Für sonstige Schäden (Sach- und Vermögensschäden) beschränkt sich die Haftung für Fälle der leichten Fahrlässigkeit der Höhe nach auf folgende Haftungssumme:

..... €

Nach ausführlicher Erörterung sehen die Vertragsparteien eine Beschränkung der Haftungssumme in diesem Umfang im Hinblick auf die konkreten Haftungsrisiken als angemessen an. Dabei sind folgende Erwägungen maßgeblich gewesen:
- .....
- .....
- .....

(3) Haftet der Auftragnehmer für einen von ihm schuldhaft verursachten Mangel bzw. Schaden gesamtschuldnerisch neben einem anderen an dem Bauvorhaben Beteiligten, insbesondere einer ausführenden Firma, kann er verlangen, dass der Auftraggeber zunächst vorrangig den anderen Beteiligten in Anspruch nimmt. Diese Verpflichtung ist auf die ernsthafte außergerichtliche Inanspruchnahme – mindestens auf eine schriftliche Aufforderung zur Mängelbeseitigung bzw. Nacherfüllung, verbunden mit einer angemessenen Fristsetzung – beschränkt.

(4) Beabsichtigt der Auftraggeber, einen Mangel oder Schaden am Bauwerk, für den ein Mangel der vom Auftragnehmer erbrachten Leistungen (mit-)verantwortlich ist, zu beseitigen oder beseitigen zu lassen, muss der Auftraggeber dem Auftragnehmer Gelegenheit geben, sich an der Schadens- bzw. Mängelbeseitigung in der Weise zu beteiligen, dass er die hierzu erforderlichen Leistungen der Tragwerksplanung selbst erbringt. Wenn und solange der Auftraggeber dem Auftragnehmer diese Möglichkeit nicht einräumt, und wenn und solange der Auftragnehmer zur Erbringung dieser Leistungen bereit und in der Lage ist, steht dem Auftragnehmer gegen einen etwaigen Schadensersatz-, Minderungs-, Kostenerstattungs- oder Kostenvorschussanspruch des Auftraggebers ein Zurückbehaltungsrecht in Höhe der in dem geltend gemachten Anspruch enthaltenen Kosten für die zur Mängel- bzw. Schadensbeseitigung erforderlichen Leistungen der Tragwerksplanung zu.

(5) Der Auftragnehmer ist verpflichtet, eine Berufshaftpflichtversicherung nachzuweisen. Die Deckungssummen dieser Versicherungen müssen mindestens betragen:
- Für Personenschäden: ..... €
- Für sonstige Schäden: ..... €

Der Betrag muss je Versicherungsjahr .....-fach zur Verfügung stehen.

(6) Sämtliche Ansprüche des Auftraggebers gegen den Auftragnehmer verjähren, ebenso wie sämtliche Ansprüche des Auftragnehmers gegen den Auftraggeber, innerhalb der gesetzlichen Fristen. Sofern Teilabnahmen erfolgen, ist für etwaige Mängelansprüche des Auftraggebers der Zeitpunkt der Teilabnahme für den Beginn der Verjährung hinsichtlich der bis zu diesem Zeitpunkt erbrachten Leistungen maßgeblich.

§ 18 Vorzeitige Vertragsbeendigung

(1) Auftragnehmer und Auftraggeber sind zur Kündigung dieses Vertrages aus wichtigem Grunde berechtigt (§ 648a BGB). Das Recht des Auftraggebers zur ordentlichen Vertragskündigung sowie gegebenenfalls das Sonderkündigungsrecht nach § 650r BGB bleiben daneben unberührt.

(2) Ein wichtiger Kündigungsgrund liegt für den Auftraggeber insbesondere dann vor, wenn
- er seine Bauabsicht für das geplante Objekt nachhaltig aufgegeben hat;
- das Vertrauensverhältnis zwischen den Parteien auf Grund nach Vertragsschluss eingetretener Umstände erheblich gestört ist oder andere Umstände vorliegen, auf Grund deren dem Auftraggeber ein Festhalten am Vertrag nicht mehr zugemutet werden kann;

– der Auftragnehmer seine Zahlungen eingestellt hat, die Eröffnung des Insolvenzverfahrens über sein Vermögen beantragt hat oder die Leistungsfähigkeit des Auftragnehmers aus anderen Gründen so beeinträchtigt ist, dass ein Vertrauen auf seine Fähigkeit zur vertragsgerechten Erfüllung nicht mehr besteht.

(3) Ein wichtiger Grund zur Kündigung durch den Auftragnehmer liegt insbesondere dann vor, wenn
– der Auftraggeber eine ihm obliegende Leistung unterlässt und dadurch der Auftragnehmer wesentlich behindert ist, seine Leistung vertragsgemäß auszuführen;
– der Auftraggeber mit einer fälligen Zahlung oder auf andere Weise mit einer erheblichen Vertragspflicht in Verzug gerät;
– das Vertrauensverhältnis zwischen den Parteien aus anderen, nach Vertragsschluss eingetretenen Gründen so erheblich gestört ist, dass dem Auftragnehmer ein Festhalten an dem Vertrag nicht mehr zugemutet werden kann.

(4) Sowohl die vom Auftraggeber als auch die vom Auftragnehmer erklärte Kündigung bedarf der Schriftform (§ 650h BGB). Die Kündigung aus wichtigem Grunde ist erst zulässig, wenn der kündigende Vertragspartner dem anderen Vertragspartner zuvor ohne Erfolg schriftlich eine angemessene Frist zur Vertragserfüllung gesetzt und erklärt hat, dass er nach fruchtlosem Ablauf der Frist den Vertrag kündigen werde. Das gilt nicht, wenn der Vertragspartner die Vertragserfüllung schon zuvor endgültig und ernsthaft verweigert hat, so dass eine Fristsetzung eine sinnlose Förmlichkeit darstellen würde.

(5) Angemessen im Sinne von § 648a BGB i.V.m. § 314 BGB ist in der Regel eine Frist von 14 Tagen.

(6) Im Falle der ordentlichen Vertragskündigung durch den Auftraggeber sowie im Falle der einvernehmlichen Vertragsaufhebung (ohne dass die Vertragsaufhebung aus einem vom Auftragnehmer zu vertretenden Grunde veranlasst worden wäre) behält der Auftragnehmer den Anspruch auf das vertragliche Honorar auch für die infolge der vorzeitigen Vertragsbeendigung nicht mehr erbrachten Leistungen. Er muss sich jedoch dasjenige anrechnen lassen, was er infolge der Aufhebung des Vertrags an Aufwendungen erspart, sowie außerdem auch dasjenige, was er durch anderweitige Verwendung seiner Arbeitskraft erwirbt oder zu erwerben böswillig unterlässt (»anderweitiger Erwerb«). Das gilt auch im Falle einer Kündigung bzw. einvernehmlichen Vertragsaufhebung aus einem wichtigen, aber nicht vom Auftragnehmer zu vertretenden Grund durch den Auftraggeber.

Die ersparten Aufwendungen werden mit 40 % des Honorars der noch nicht erbrachten Leistungen festgelegt, sofern nicht der Auftraggeber höhere oder der Auftragnehmer geringere Ersparnisse nachweist. »Anderweitiger Erwerb« ist von der vorstehenden Pauschalierung nicht mit umfasst und daher in jedem Fall konkret darzulegen.

(7) Macht der Auftragnehmer nach einer von ihm ausgesprochenen Kündigung aus wichtigem Grunde (§ 648a BGB) Schadensersatz geltend (§ 648a Abs. 6 BGB) gilt für die Berechnung des Schadensersatzanspruchs Abs. 6 entsprechend.

(8) Im Falle einer Vertragsbeendigung auf Grund einer vom Auftraggeber ausgesprochenen Kündigung bzw. einvernehmlichen Vertragsaufhebung aus einem wichtigen, vom Auftragnehmer zu vertretenden Grund hat der Auftragnehmer lediglich Anspruch auf Vergütung der bis zu diesem Zeitpunkt erbrachten Leistungen.

§ 19 Streitbeilegung

(1) Entstehen bei der Durchführung und Abwicklung dieses Vertrages Meinungsverschiedenheiten zwischen den Vertragspartnern, werden die Parteien zunächst versuchen, den Streit auf gütlichem Wege beizulegen. Streitfragen berechtigen die Parteien nur insoweit, ihre Mitwirkung an der Vertragserfüllung einzustellen, als ihnen auf Grund vertraglicher oder gesetzlicher Vorschriften ein Zurückbehaltungsrecht zusteht.

(2) Sofern die Voraussetzungen einer Gerichtsstandsvereinbarung nach § 38 Abs. 1 Satz 2 ZPO vorliegen, ist Wahlgerichtsstand auch der Ort, an dem die tatsächlichen Bauleistungen im Schwer-

punkt ausgeführt werden. Sind nur Planungsleistungen Gegenstand des Auftrages, ist Wahlgerichtsstand auch der Geschäftssitz des Auftraggebers

(3) Die Vertragsparteien treffen für alle Streitigkeiten aus und im Zusammenhang mit diesem Vertragsverhältnis die als Anlage 7 beigefügte Adjudikationsvereinbarung zur projektbegleitenden außergerichtlichen Beilegung solcher Streitigkeiten.

(4) Die Vertragsparteien treffen für alle gerichtlichen Streitigkeiten aus und im Zusammenhang mit diesem Vertragsverhältnis die als Anlage 8 beigefügte Schiedsgerichtsvereinbarung unter Ausschluss des ordentlichen Rechtsweges.

§ 20 Schlussbestimmungen

(1) Mündliche Nebenabreden sind nicht getroffen worden. Änderungen und Ergänzungen des Vertrages bedürfen der Schriftform.

(2) Sollten Bestimmungen dieses Vertrages, eine künftig in ihn aufgenommene Bestimmung oder ein wesentlicher Teil dieses Vertrags ganz oder teilweise nichtig, unwirksam oder undurchführbar sein oder werden oder sollte dieser Vertrag lückenhaft sein, so soll dies die Wirksamkeit der übrigen Bestimmungen dieses Vertrages nicht berühren. Anstelle der nichtigen oder unwirksamen Bestimmung werden die Parteien in diesem Falle eine wirksame Bestimmung vereinbaren, die dem Sinn und Zweck der unwirksamen Bestimmung – insbesondere dem, was die Parteien wirtschaftlich beabsichtigt hatten – entspricht oder ihm am nächsten kommt. Im Falle von Lücken werden die Parteien eine Vertragsergänzung vereinbaren, die dem entspricht, was nach Sinn und Zweck dieses Vertrages vereinbart worden wäre, hätten die Vertragsparteien die Angelegenheit von vornherein bei Abschluss des Vertrages bedacht.

b) Erläuterungen

Die folgenden Anmerkungen beschränken sich auf Ergänzungen zu den Anmerkungen zu Formular C.5., auf die daher im Übrigen zu verweisen ist. 86

Zu § 1 (Vertragsgegenstand) 87

Absatz 1: Anlagen der Technischen Ausrüstung sind honorarrechtliche Objekte im Sinne von § 2 Abs. 1 S. 2 HOAI. Sie werden für Objekte im Sinne von § 2 Abs. 1 S. 1 HOAI erbracht (Gebäude, Ingenieurbauwerke, Verkehrsanlagen, Freianlagen). Das soll in Absatz 1 klargestellt werden. Auf die dortige Begriffsdefinition wird verwiesen. Betrifft der Auftrag Technische Anlagen für mehrere Objekte im Sinne von § 2 Abs. 1 S. 1, soll das hier ebenfalls angegeben werden.

Zu § 3 (Beauftragung) 88

Absatz 2: Anders als im Muster »Tragwerksplanung« ist hier eine Beauftragung des Auftragnehmers unter Einschluss der Leistungen der Leistungsphasen 7–9 vorgesehen; zum Leistungsbild Tragwerksplanung enthält die HOAI demgegenüber keine Grundleistungen in den Leistungsphasen 7–9.

Zu § 4 (Leistungspflicht des Auftragnehmers) 89

Absatz 1: Für die Beauftragungsstufe D (Leistungsphase 9) ist in dem Muster auf die Festlegung eines »werkvertraglichen Gesamterfolges« verzichtet worden, da durch die HOAI 2013 die bisherige »zentrale« Grundleistung der Leistungsphase 9 (Überwachen der Beseitigung von Gewährleistungsmängeln) entfallen und durch die bloße »fachliche Bewertung« von Gewährleistungsmängeln ersetzt worden ist. Es ist daher kaum noch sinnvoll möglich, einen »werkvertraglichen Gesamterfolg« für die Leistungsphase 9 zu definieren.

Zu § 5 (Bevollmächtigung des Auftraggebers) 90

Im Gegensatz zum Muster Tragwerksplanung ist für das vorliegende Muster eine Regelung zur Bevollmächtigung vorgesehen, da eine solche Bevollmächtigung hier jedenfalls im Rahmen der Bearbeitung der Leistungsphase 8 in Betracht kommen kann.

91 **Zu § 7 (Andere Beteiligte)**

Absatz 1: Als »Leitplaner« kommen hier die Objektplaner Gebäude, Ingenieurbauwerke, Verkehrsanlagen oder Freianlagen in Betracht.

92 **Zu § 11 (Honorar)**

Absatz 2.5: Kommt nur in Betracht, sofern der Auftrag mehrere Technische Anlagen bzw. Technische Anlagen für mehrere Objekte im Sinne von § 2 Abs. 1 S. 1 HOAI umfasst. Insbesondere wegen der auch durch die HOAI 2013 nicht wesentlich klarer gewordenen Regelung (§ 54 HOAI als Spezialregelung zu § 11, die in Abs. 3 allerdings auch auf § 11 Abs. 3 HOAI verweist) ist in allen Fällen, in denen mehrere Technische Anlagen bzw. mehrere Objekte im Sinne von § 2 Abs. 1 S. 1 HOAI vorhanden sind, für die Leistungen des Leistungsbildes Technische Ausrüstung zu erbringen sind, dringend zu empfehlen, Regelungen dazu aufzunehmen, ob nach § 52 Abs. 1, § 52 Abs. 2 und/oder nach § 52 Abs. 3 i.V.m. § 11 Abs. 3 HOAI abgerechnet werden soll. Es ist anzunehmen, dass die Rechtsprechung den Parteien insoweit einen weit reichenden Beurteilungsspielraum zubilligen wird.

Absatz 2.6: § 56 Abs. 5 ermöglicht »bei« durchschnittlichem Schwierigkeitsgrad einen Umbau- und Modernisierungszuschlag bis zu 50 %.

93 **Zu § 16 (Abnahme)**

Absatz 2: Im Gegensatz zu dem Muster zur Tragwerksplanung hat für das Leistungsbild Technische Ausrüstung die Teilabnahme nach § 650s BGB – d.h. nach Abnahme der letzten Bauleistung – eine eigene Bedeutung.

7. Architekten-Ingenieur-ARGE-Vertrag

a) Vorbemerkung

94 Die Zusammenarbeit von Architekten/Ingenieuren ist fast ohne jede Ausnahme immer auf Leistungsgewerke bezogen. Meistens handelt es sich um Kooperationen zwischen Fachingenieuren auf verschiedenen Gebieten oder aber zwischen Fachingenieuren und Architekten. Hinzu kommt, dass die typischerweise bei einer Bauarbeitsgemeinschaft anzutreffende Leistungsüberschneidung nicht stattfinden wird, da die Leistungsgrenzen der verschiedenen Fachleistungen der Ingenieure untereinander wie aber auch die des Architekten nach seinem Leistungsbild im Wege einer Vollarchitektur zu den Leistungen der Fachingenieure sich nicht überlappen. Sie ergänzen sich vielmehr gegenseitig. Dies unterlegt, dass die Ingenieurarbeitsgemeinschaft letztendlich den Charakter eines Konsortialvertrages hat.

Leistungsabgrenzungen sind daher nicht mit großen Problemen behaftet. In der Regel kommt hinzu, dass bei Arbeitsgemeinschaftspartnern jeder jeweils auf seinem Fachgebiet dere Ansprechpartner des Auftraggebers ist. Nur in wenigen Fällen ist dies nicht durchsetzbar. Dann sollte man die Regelung III. des oben dargestellten Konsortialvertrages (siehe Kap. B. 11.) wählen.

Auch bezüglich Angebot und Abschluss des Vertrages sowie der Aufteilung und Lieferung der Leistungen untereinander bestehen, wie bereits ausgeführt, selten Probleme. Wenn sie befürchtet werden, sollte man IV. und V. des Konsortialvertrages (siehe Kap. B. 11.), wie er hier vorgeschlagen worden ist, übernehmen.

Ebenfalls selten gibt es Probleme bei der Haftung der Konsorten untereinander sowie beim Ausscheiden von Konsorten, so dass in Bezug auf die Leistungserbringung der Architekten und Ingenieure eine so detaillierte Regelung wie bei einer Bau-ARGE kaum notwendig sein wird.

b) Muster Ingenieurarbeitsgemeinschaftsvertrag

Arbeitsgemeinschaftsvertrag

zwischen

.....

und

.....

Präambel

Von ..... (Auftraggeber) haben Fa. ..... sowie Fa. ..... den Auftrag der Fachplanung/Auftrag zur Durchführung folgender Leistungen ..... für das (BV) ..... in ..... erhalten.

Dies vorausgeschickt, schließen die Parteien folgende Vereinbarung.

1. Fa. ..... und Fa. ..... wickeln den erteilten Auftrag in Form einer Arbeitsgemeinschaft ab.
2. In der Kopie des zum Auftrag gehörenden Leistungsverzeichnisses ist angegeben, welche Leistungen Fa. ..... und welche Leistungen Fa. ..... erbringen werden. Diese Kopie ist als Anlage 1 dieser Vereinbarung beigefügt.
3. Jede Partei trägt die Kosten für die von ihr zu erbringenden Leistungen selbst.
4. Gegenüber dem Auftraggeber und dessen Erfüllungsgehilfen tritt jede Partei für ihre eigenen Leistungen auf. Keiner der Parteien wird Entscheidungen zu Lasten der anderen Partei ohne deren Zustimmung treffen.
5. Wenn möglich, soll erreicht werden, dass jede Partei gegenüber dem Auftraggeber nur für ihre Leistungen haftet. Anderenfalls haften die Parteien gegenüber dem Auftraggeber gesamtschuldnerisch, wobei im Innenverhältnis Satz 1 der Ziffer 5 gilt.
6. Zusätzliche und geänderte Leistungen erbringt diejenige Partei, deren Leistung betroffen ist.
7. Für gegenseitige Behinderungen ist jeweils die Partei verantwortlich, die diese Behinderung zu vertreten hat.
8. Bei Behinderungen, die vom Auftraggeber zu vertreten sind, ist diejenige Partei anspruchsberechtigt, deren Leistungsteil betroffen ist.
9. Jede Partei rechnet ihren Liefer- und Leistungsanteil getrennt von der anderen Partei gegenüber dem Auftraggeber ab, soweit dieser diesem Vorgehen zustimmt. Sollte dies nicht möglich sein, wird aus den Rechnungen der Parteien eine Gesamtrechnung eingeschrieben, und zwar als Arbeitsgemeinschaft ..... . Es wird ein entsprechendes Konto eingerichtet. Die internen Rechnungen der Parteien werden nach Eingang der Gelder entsprechend den geleisteten Zahlungen des Auftraggebers ausgeglichen.
10. Jede Partei versichert ihre Leistungen selbst.
11. Jede Partei zahlt für ihre Leistungen die anfallenden Steuern. Die Parteien gehen davon aus, dass diese Arbeitsgemeinschaft nicht steuerpflichtig ist.
12. Die Parteien gewähren sich gegenseitig unentgeltlich und unbegrenzt das jeweilige Nutzungsrecht an ihren Urheberrechten. Sie sind jeweils auch berechtigt, das jeweilige Unentgeltliche Nutzungsrecht an den Auftraggeber zu übertragen.
13. Diese Arbeitsgemeinschaft endet spätestens mit dem Ende der Gewährleistungsfrist.
14. Gerichtsstand ist ..... .
15. Auf den Vertrag, sein Zustandekommen und seine Abwicklung ist deutsches Recht anzuwenden.

....

Ort, Datum   Ort, Datum

....

Firma   Firma

8. Generalplanervertrag

a) Vorbemerkung

96 Das Wesen des Generalplanervertrages besteht darin, dass der Generalplaner sich gegenüber dem Bauherrn dazu verpflichtet, sämtliche oder zumindest die wesentlichen Planungs- und Bauüberwachungsleistungen aus einer Hand zu erbringen. Weil der Generalplaner das hierfür notwendige Know-how in der Regel zumindest teilweise extern einkaufen muss, wird dieser entsprechende Subplanerverträge vergeben. Dem Bauherrn wird hierdurch die gesonderte, eigene Beauftragung der Sonderfachleute erspart. Der Generalplaner nimmt ihm auf diese Weise einen erheblichen Teil des zeitaufwändigen Vertragsmanagements ab. Im Konfliktfall wird dem Bauherrn zudem der Streit über Verursachungsbeiträge erspart. Er kann sich einfach beim Generalplaner schadlos halten. Die Ermittlung der Verursachungsbeiträge wird auf den Planer verlagert. Dieser muss überlegen, welchen Sonderfachmann er im Regresswege in Anspruch nimmt.

Weil der Generalplaner sowohl Verpflichtungen gegenüber dem Bauherrn als auch gegenüber den Subplanern eingeht, hat er eine janusköpfige Position. Er muss in beide Richtungen auf die Wahrnehmung seiner Interessen achten. Dies macht die Vertragsgestaltung schwierig und fehleranfällig. Von Bedeutung ist insbesondere der Umstand, dass der Vertrag sich in den meisten Fällen an einer Inhaltskontrolle gemäß § 307 BGB messen lassen muss (vgl. zu dem weiten Anwendungsbereich des AGB-Rechts und den hohen Anforderungen an einen Individualvereinbarung: BGH, Urt. v. 14.04.2005, VI ZR 56/04 = BauR 2005, 1154; BGH, Urt. v. 19.05.2005, III ZR 437/04 = NJW 2005, 2543; BGH, Urt. v. 09.03.2006, VII ZR 268/04 = IBR 2006, 271; BGH, Urt. v. 24.11.2005, VII ZR 87/04 = WM 2006, 247; BGH, Urt. v. 27.11.2003, VII ZR 53/03 = BauR 2004, 488; OLG Köln, Urt. v. 19.01.2005, 11 U 4/00).

Im Folgenden werden sowohl ein Vertragsmuster für den Auftraggeber als auch ein Vertragsmuster für den Auftragnehmer vorgestellt. Soweit sich die Formulare für Auftraggeber und Auftragnehmer entsprechen, finden sich allgemeingültige Praxishinweise in den Anmerkungen zum Auftraggeber-Formular. Die Praxishinweise für das Auftragnehmer-Formular befassen sich ausschließlich mit den Besonderheiten dieses Formulars. Beiden Vertragsmustern liegt die HOAI vom 10.07.2013 zugrunde.

b) Muster Generalplanervertrag (aus Sicht des Auftraggebers)

97

Die

..... GmbH,

vertreten durch den Geschäftsführer .....,

..... straße 5,

..... stadt

(im Folgenden Bauherrin genannt)

schließt mit der

Planungsgesellschaft ..... GmbH,

vertreten durch den Geschäftsführer .....,

..... straße,

..... stadt

(im Folgenden Planerin genannt)

den folgenden Generalplanervertrag ab.

8. Generalplanervertrag (aus Sicht des AG)   C.

§ 1 Vorbemerkung

Die Bauherrin ist Eigentümerin des Grundstücks Flur ....., Flurstück ....., Gemarkung ..... in ..... . Das an der ..... straße Nr. ..... gelegene und ..... m² große Grundstück ist eingetragen im Grundbuch von ....., Blatt ..... .

Die Bauherrin beabsichtigt, auf dem vorgenannten Grundstück ein achtstöckiges Bürogebäude zu errichten. Eine Entwurfsplanung nebst Kostenberechnung ist bereits durch das Architekturbüro ..... angefertigt worden. Auf der Grundlage dieser Entwurfsplanung ist am ..... ein positiver Bauvorbescheid der Stadt ..... ergangen. Sowohl die Entwurfsplanung als auch der Bauvorbescheid sind die Grundlage für die Leistungen, mit denen die Planerin beauftragt wird.

Das Objekt soll insgesamt hochwertig ausgestattet werden und den Bedürfnissen anspruchsvoller Mieter genügen. Im achten Stockwerk ist eine Großküche und ein Speisesaal mit einer Größe von ..... qm vorgesehen. Bestandteil des Gebäudes wird eine Tiefgarage mit mindestens ..... Stellplätzen sein. Als Hauptmieter des Objekts hat sich bereits die ..... AG verpflichtet, die die Stockwerke drei bis acht übernehmen wird. Weil ein Mietvertrag mit der ..... AG bereits abgeschlossen ist, ist die zeitnahe Fertigstellung der Baumaßnahme von größter Wichtigkeit. Die Vertragsparteien gehen von einer Bauzeit von ..... Monaten aus.

§ 2 Vertragsbestandteile

Vertragsbestandteil werden in folgender Reihenfolge
1. Die Bestimmungen dieses Vertrages
2. Der Bauvorbescheid der Stadt ..... vom ....., *Anlage I* zu diesem Vertrag
3. Die Entwurfsplanung des Architekturbüro ..... vom ..... einschließlich der zugehörigen Kostenberechnung, *Anlage II* zu diesem Vertrag
4. Das Bodengutachten des Ingenieurbüros ..... vom ....., *Anlage III* zu diesem Vertrag
5. Der Planungsterminplan vom ....., *Anlage IV* zu diesem Vertrag
6. Der Zahlungsplan vom ....., *Anlage V* zu diesem Vertrag
7. Das Projekthandbuch, *Anlage VI* zu diesem Vertrag
8. Vorläufige Honorarermittlung, *Anlage VII* zu diesem Vertrag
9. Die öffentlich-rechtlichen und privatrechtlichen Vorschriften betreffend der Errichtung des Bauvorhabens, insbesondere die Bauplanungs- und bauordnungsrechtlichen Bestimmungen

Bei Widersprüchen und Unklarheiten gelten die Vertragsbestandteile in der Reihenfolge, in der sie aufgeführt sind.

§ 3 Leistungspflichten der Planerin

Die Bauherrin überträgt der Planerin alle Planungs- und Überwachungsleistungen, die für die mangelfreie Entstehung des in den Anlagen zu diesem Vertrag beschriebenen Gebäudes notwendig sind. Die Planerin hat eine technisch und wirtschaftlich einwandfreie Planung zu erbringen und die Leistungen der Unternehmer sorgfältig zu überwachen. Die Planerin wird alle notwendigen Leistungen ausführen, die zur Herbeiführung dieses Gesamtplanungserfolges erforderlich sind.

In jedem Fall wird die Planerin zumindest die nachfolgend aufgeführten Teilleistungen aus den Leistungen der Objektplanung, der Tragwerksplanung, der technischen Gebäudeausrüstung und der ..... erbringen. Die Planerin schuldet die genannten Teilleistungen als selbstständigen Teilerfolg.

§ 3.1 Die Leistungen bei Gebäuden und Innenräume, Teil 3 Abschnitt 1 der HOAI.

Von den in Teil 3 Abschnitt 1 der HOAI genannten Leistungen wird die Planerin zumindest die folgenden in § 34 i.V.m. Anlage 10 HOAI aufgeführten Leistungen erbringen:
– LP 4 Genehmigungsplanung:
– .....
– LP 5 Ausführungsplanung:
– Ausführungs-, Detail- und Konstruktionszeichnungen nach Art und Größe des Objekts im erforderlichen Umfang und Detaillierungsgrad unter Berücksichtigung aller fachspezifischen An-

forderungen, zum Beispiel bei Gebäuden im Maßstab 1:50 bis 1:1, zum Beispiel bei Innenräumen im Maßstab 1:20 bis 1:1.
- .....
- LP 6 Vorbereitung der Vergabe:
- .....
- LP 7 Mitwirkung bei der Vergabe:
- Vergleichen der Ausschreibungsergebnisse mit den vom Planer bepreisten Leistungsverzeichnissen oder der Kostenberechnung
- .....
- LP 8 Objektüberwachung (Bauüberwachung):
- .....
- Kostenfeststellung, z.B. nach DIN 276
- Auflisten der Verjährungsfristen für Mängelansprüche
- .....
- LP 9 Objektbetreuung und Dokumentation
- .....

§ 3.2 Die Leistungen bei Freianlagen, Teil 3 Abschnitt 2 der HOAI.

Von den in Teil 3 Abschnitt 2 der HOAI genannten Leistungen wird die Planerin zumindest die folgenden in § 39 i.V.m. Anlage 11 HOAI aufgeführten Leistungen erbringen:
- LP 4 Genehmigungsplanung:
- .....
- LP 5 Ausführungsplanung:
- Erstellen von Plänen oder Beschreibungen, je nach Art des Bauvorhabens zum Beispiel im Maßstab 1:300 bis 1:50
- .....
- LP 6 Vorbereitung der Vergabe:
- .....
- LP 7 Mitwirkung bei der Vergabe:
- .....
- Kostenkontrolle durch Vergleiche der Ausschreibungsergebnisse mit den vom Planer bepreisten Leistungsverzeichnissen.
- .....
- LP 8 Objektüberwachung (Bauüberwachung):
- Kostenfeststellung, z.B. nach DIN 276
- Auflisten der Verjährungsfristen für Mängelansprüche
- .....
- LP 9 Objektbetreuung und Dokumentation
- .....

§ 3.3 Die Leistungen bei der Tragwerksplanung, Teil 4 Abschnitt 1 der HOAI.

Von den in Teil 4 Abschnitt 1 der HOAI genannten Leistungen wird die Planerin zumindest die folgenden in § 51 i.V.m. Anlage 14 HOAI aufgeführten Leistungen erbringen:
- LP 4 Genehmigungsplanung:
- .....
- LP 5 Ausführungsplanung:
- .....
- LP 6 Vorbereitung der Vergabe:
- .....

§ 3.4 Die Leistungen bei der Technischen Ausrüstung, Teil 4 Abschnitt 2 der HOAI.

Von den in Teil 4 Abschnitt 2 der HOAI genannten Leistungen wird die Planerin zumindest die folgenden in § 55 i.V.m. Anlage 15 HOAI aufgeführten Leistungen erbringen:
- LP 4 Genehmigungsplanung
- .....

8. Generalplanervertrag (aus Sicht des AG)

- LP 5 Ausführungsplanung
- .....
- LP 6 Vorbereitung der Vergabe
- .....
- LP 7 Mitwirken bei der Vergabe
- .....
- LP 8 Objektüberwachung (Bauüberwachung)
- .....

§ 3.5 Die Leistungen der .....

§ 3.6 Besondere Leistungen

Ferner wird die Planerin mindestens die nachfolgend aufgeführten Besonderen Leistungen erbringen:
1. .....
2. .....
3. .....

Auch die Erbringung der Besonderen Leistungen wird als selbstständiger Teilerfolg geschuldet.

§ 3.7 Zu übergebende Unterlagen

Die Planerin wird der Bauherrin die nachfolgend aufgeführten Unterlagen kostenfrei in Papierform und in elektronischer Form übergeben. Die Unterlagen müssen spätestens mit Fertigstellung des Objekts übergeben werden, es sei denn, der Planungsterminplan (*Anlage IV*) sieht einen früheren Zeitpunkt vor.
1. Sämtliche Genehmigungs-, Ausführungs-, Montage- und Detailpläne
2. Bestands- und Revisionsunterlagen
3. Schal- und Bewehrungspläne
4. .....

Dateien in elektronischer Form müssen im ..... -format vorliegen.

§ 4 Subplaner

Die Planerin wird sämtliche Leistungen der Objektplanung (§ 3.1 dieses Vertrages) selbst durchführen. Wegen der übrigen Leistungen ist die Planerin ausdrücklich dazu berechtigt, Subplaner zu beauftragen und die Leistungen durch diese erbringen zu lassen. Hiervon bleiben die Pflichten der Planerin gegenüber der Bauherrin unberührt.

Sollte die Planerin Subplaner für die vorbenannten Leistungen beauftragen wollen, wird sie dies der Bauherrin zuvor und unter Benennung des Subplaners anzeigen. Die Bauherrin kann innerhalb von 5 Werktagen der Beauftragung des Subplaners schriftlich widersprechen, wenn hierfür ein wichtiger Grund vorliegt. Ein wichtiger Grund liegt insbesondere dann vor, wenn die Beauftragung des konkreten Subplaners für die Bauherrin nicht zumutbar ist, beispielsweise weil der Bauherrin der Subplaner als unzuverlässig bekannt ist. Die Frist beginnt mit Zugang der Anzeige zu laufen und kann nur durch rechtzeitigen Zugang des Widerspruchs bei der Planerin gewahrt werden. Der Widerspruch muss eine Begründung enthalten. Durch den Widerspruch bleibt es der Planerin unbenommen, einen anderen Subplaner zu beauftragen. Dann gilt das Vorgesagte entsprechend.

§ 5 Projektsteuerungsleistungen

Projektsteuerungsleistungen erbringt die Planerin nicht. Hiermit hat die Bauherrin die ..... GmbH beauftragt. Deren Aufgaben und Befugnisse ergeben sich aus dem Projekthandbuch, *Anlage VI* zu diesem Vertrag.

§ 6 Vollmacht der Planerin

Die Planerin wird ausdrücklich nicht dazu bevollmächtigt, rechtsgeschäftliche Erklärungen im Namen der Bauherrin abzugeben. Eine Vollmacht wird nicht erteilt. Sämtliche kostenauslösenden

Maßnahmen sind vorher mit der Bauherrin abzustimmen. Diese behält sich vor, im Einzelfall eine Vollmacht zu erteilen. Diese bedarf zu ihrer Wirksamkeit der Schriftform, § 125 BGB.

§ 7 Baukosten

Die Bauherrin hat für die Baumaßnahme ein Maximal-Gesamtbudget einschließlich aller Bau- und Planungsleistungen in Höhe von ..... einkalkuliert. Diese Kalkulation beruht auf der Kostenberechnung des Architekturbüros ....., *Anlage II*. Dieses Budget ist unbedingt einzuhalten. Keinesfalls darf der vorgenannte Betrag überschritten werden. Die Planerin erklärt ausdrücklich, dass sie eine Garantie im Sinne eines Haftungsversprechens für die Einhaltung des Maximal-Gesamtbudgets übernimmt. Im Falle der Überschreitung der garantierten Kosten wird die Planerin den Mehrbetrag an die Bauherrin erstatten.

Wenn die Bauherrin eine Änderung der Planung anordnet und hierdurch Mehr- oder Minderkosten entstehen, ändert sich das von der Planerin einzuhaltende Maximal-Gesamtbudget automatisch um den Mehr- oder Minderkostenbetrag. Eine Erhöhung des einzuhaltenden Maximal-Gesamtbudgets setzt voraus, dass die Planerin ihre Beratungspflichten aus § 9 dieses Vertrages ordnungsgemäß erfüllt hat. § 313 BGB bleibt unberührt.

§ 8 Prüfung und Freigabe von Plänen

Die Planerin wird der Bauherrin sämtliche Pläne in Papierform und in elektronischer Form übergeben. Pläne in elektronischer Form müssen auf einem dauerhaften Datenträger in dem Dateiformat ..... vorgelegt werden.

Die Bauherrin wird die Pläne in einer angemessenen Frist prüfen und sich über die Freigabe erklären. In der Regel beträgt die angemessene Frist 14 Kalendertage. Wenn die Bauherrin sich 14 Kalendertage nach Zugang der Pläne nicht geäußert hat, gelten die hereingereichten Pläne als genehmigt. Wenn die Bauherrin länger als 14 Tage für die Prüfung der Pläne benötigt, wird sie dies der Planerin unverzüglich und innerhalb der vorgenannten Frist mitteilen. Aus der Mitteilung muss hervorgehen, wann die Prüfung der Pläne abgeschlossen sein wird. Nach Ablauf dieser genannten Frist gilt § 8 Abs. 2 Satz 3 des Vertrages. Eine Genehmigung bzw. Freigabe der Pläne ändert nichts daran, dass allein die Planerin die Verantwortung für die Mangelfreiheit der Pläne trägt.

§ 9 Änderung der Planung; Anordnungsrechte der Bauherrin

Die Bauherrin darf anordnen, dass auch solche Planungsleistungen nachträglich zu ändern sind, die bereits fertig gestellt waren. Planungsleistungen sind in diesem Sinne fertig gestellt, wenn die Bauherrin durch ihr Verhalten (beispielsweise durch Freigabe oder Zeitablauf, § 8) zu erkennen gegeben hat, dass die Leistung bestimmungsgemäß verwendet werden kann. Eine Änderungsanordnung im Sinne dieser Regelung liegt nicht vor, wenn und soweit Planleistungen geändert und/oder optimiert werden, die noch nicht zur bestimmungsgemäßen Verwendung freigegeben worden sind. Solche Anpassungs- und/oder Optimierungsleistungen sind Bestandteil der Leistungspflichten der Planerin im Sinne von § 3 dieses Vertrages.

Im Vorfeld einer beabsichtigten Änderungsanordnung wird die Planerin die Bauherrin auf deren Wunsch hin unverzüglich und umfassend über alle für diese entscheidungserheblichen Umstände beraten. Insbesondere wird die Planerin mitteilen, ob und in welchem Umfang Mehr- bzw. Minderkosten entstehen, wie sich die beabsichtigte Änderung auf die Bauzeit auswirkt und welche Gewerke bzw. Planungsleistungen von der beabsichtigten Änderungsanordnung betroffen sind. Die Bauherrin wird der Planerin innerhalb einer angemessenen Entscheidungsfrist ihre Entscheidung mitteilen.

§ 10 Honorierung der Planerin

Die Honorierung der Planerin richtet sich nach den Vorschriften der HOAI und ergänzend nach diesem Vertrag.

Bauherrin und Planerin sind sich darüber einig, dass die Leistungen der Planerin durch die Zahlung der in den jeweiligen Honorartafeln enthaltenen Mindestsätze vergütet werden.

§ 10.1 Anrechenbare Kosten

Grundlage der anrechenbaren Kosten des Objekts für beauftragte Leistungen der Teile 3 und 4 der HOAI ist die nach DIN 276 in der Fassung vom Dezember 2008 (DIN 276-1: 2008-12) erfolgte Kostenberechnung des Architekturbüros ....., *Anlage II*.

Die Bauherrin wird der Planerin zu jeder Zeit alle Informationen zur Verfügung stellen, die erforderlich sind, um die Kostenberechnung überprüfen zu können. Die Planerin hat einen Anspruch auf zeitweise Überlassung der Originalbelege.

§ 10.2 Nebenkosten

Nebenkosten gemäß § 14 HOAI werden nicht erstattet, § 14 Abs. 1 Satz 2 HOAI.

§ 10.3 Zeithonorar

Werden Leistungen der Planerin nach Zeitaufwand berechnet, so kann für jede Stunde folgender Betrag berechnet werden:
1. Für die Architekten ..... €
2. Für Mitarbeiter, die technische oder wirtschaftliche Aufgaben erfüllen und nicht unter Nr. 3 fallen ..... €
3. Für Technische Zeichner und sonstige Mitarbeiter mit vergleichbarer Qualifikation, die technische oder wirtschaftliche Aufgaben erfüllen ..... €

§ 10.4 Honorierung Besonderer Leistungen

Die unter § 3.6 Nr. (.....) genannten Besonderen Leistungen werden pauschal auf der Basis des geschätzten Zeitaufwandes honoriert. Aus der vorläufigen Honorarermittlung (Anlage VII) ergibt sich, welcher Zeitaufwand für die jeweiligen Besonderen Leistungen voraussichtlich anfallen wird. Auf der Basis dieser Schätzung und der unter § 10.3 dieses Vertrages vereinbarten Stundensätze wird ein Festbetrag als Pauschalfestpreis vereinbart. Die unter § 3.6 vereinbarten Besonderen Leistungen werden daher wie folgt vergütet:

1. Besondere Leistung: .....   Pauschalfestpreis: .....
2. Besondere Leistung: .....   Pauschalfestpreis: .....
3. Besondere Leistung: .....   Pauschalfestpreis: .....

Wenn später zusätzliche Besondere Leistungen beauftragt werden, wird die Planerin hierfür ein Pauschalfesthonorar auf der Basis des geschätzten Zeitaufwandes anbieten.

§ 10.5 Vorläufige Schätzung des Honorars

Auf der Grundlage des bisher beauftragten Leistungsumfangs und der Kostenberechnung (Anlage II) sowie der Pauschalfesthonorare für die Besonderen Leistungen wird das Honorar der Planerin voraussichtlich

..... € netto zzgl. Umsatzsteuer und Nebenkosten

betragen.

Die Zusammensetzung dieses Betrages ergibt sich aus der vorläufigen Honorarermittlung der Planerin, Anlage VII.

§ 10.6 Auswirkungen einer Planänderung auf das Honorar

Wenn die Bauherrin von ihrem Recht zur Anordnung von Änderungen gem. § 9 Gebrauch macht, richtet sich die Honorierung hierfür nach der Regelung in § 650q i.V.m. § 650c BGB.

§ 11 Abnahme

Für die Abnahme gelten die gesetzlichen Vorschriften sowie § 15 Abs. 1 HOAI.

§ 12 Haftung

Die Haftung der Planerin richtet sich nach den gesetzlichen Vorschriften.

§ 13 Vertragsfristen

Die Bauherrin beabsichtigt, das zu errichtende Gebäude vollständig zu vermieten. Die ..... AG hat bereits einen Vertrag über die Anmietung der Etagen drei bis acht mit der Bauherrin abgeschlossen. In diesem Vertrag hat die Bauherrin sich dazu verpflichtet, die Mieträume der ..... AG bis zum ..... zur Verfügung zu stellen. Aus diesem Grund hat die rechtzeitige Fertigstellung der Maßnahme höchste Priorität. Die Planerin wird daher alle Anstrengungen unternehmen, um ihre Verpflichtungen termingerecht zu erfüllen.

§ 13.1 Fristen

Der Planungsterminplan (Anlage IV des Vertrages) regelt, zu welcher Zeit die dort genannten Unterlagen vollständig vorliegen müssen. Die in dem Planungsterminplan hierfür genanten Fristen sind Vertragsfristen. Mit Ablauf der Fristen gerät die Planerin ohne Mahnung in Verzug.

§ 13.2 Bedeutung von Planungsänderungen

Wenn die Bauherrin von ihrem Änderungsrecht nach § 9 dieses Vertrages Gebrauch macht, verlängern sich die in § 13.1 genannten Vertragsfristen automatisch um den Zeitraum, der für die Umsetzung der Änderung erforderlich ist. In diesem Fall wird die Planerin den Planungsterminplan unverzüglich fortschreiben und der Bauherrin den geänderten Planungsterminplan zur Verfügung stellen.

§ 14 Kündigung

Der Vertrag kann von der Bauherrin jederzeit durch freie Kündigung beendet werden, § 648 BGB.

Darüber hinaus sind beide Vertragsparteien zu jeder Zeit dazu berechtigt, das Vertragsverhältnis aus wichtigem Grund zu kündigen, § 648a BGB. Ein Kündigungsgrund in diesem Sinne kann insbesondere dann vorliegen, wenn der andere Vertragspartner
1. trotz Abmahnung wiederholt und/oder dauerhaft gegen wichtige Vertragspflichten verstößt und dem anderen Teil ein Schaden hieraus entsteht oder zu entstehen droht,
2. einen solchen einmaligen Verstoß vorsätzlich begeht oder
3. seine Zahlungen auf berechtigte Forderungen einstellt oder wenn das Insolvenzverfahren eröffnet wird.

Die Kündigung aus wichtigem Grund bedarf zu ihrer Wirksamkeit der Schriftform. Der Grund für die Kündigung soll in dem Kündigungsschreiben genannt werden.

§ 15 Baubesprechungen

In dem Projekthandbuch (Anlage VI) ist geregelt, dass in regelmäßigen Abständen Baubesprechungen stattfinden werden. Wenn die Planerin Subplaner einsetzt, wird sie dafür Sorge tragen, dass diese bei den Baubesprechungen vertreten sind.

§ 16 Versicherung

Die Planerin ist bei der ..... haftpflichtversichert. Die Versicherungsschein-Nr. lautet ..... . Die vertragsgegenständliche Generalplanermaßnahme ist von dem Versicherungsschutz gedeckt. Folgende Deckungssummen sind vereinbart:
− Für Personenschäden: ..... €
− Für Vermögensschaden: ..... €

Die Planerin verpflichtet sich, die Versicherung während der gesamten Zeit der Zusammenarbeit und des Gewährleistungszeitraumes aufrecht zu erhalten. Änderungen wird die Planerin der Bauherrin unverzüglich mitteilen.

8. Generalplanervertrag (aus Sicht des AG) C.

§ 17 Schlussbestimmungen

Planerin und Bauherrin bekennen sich ausdrücklich zur wechselseitigen Kooperation. Sollten Konflikte zwischen den Vertragspartnern entstehen, verpflichten sich Bauherrin und Planerin dazu, diese Konflikte schnellstmöglich beizulegen und nach Möglichkeit zumindest eine Interimsvereinbarung zu treffen. Die termingerechte Fertigstellung der Baumaßnahme hat oberste Priorität.

Änderungen dieses Vertrages oder seiner Anlagen bedürfen der Schriftform. Dies gilt auch für eine Änderung des Schriftformerfordernisses. Mündliche Nebenabreden bestehen nicht.

Als Gerichtsstand wird ..... vereinbart.

Sollte eine der vorgenannten Bestimmungen unwirksam sein oder sich als unwirksam herausstellen oder unwirksam werden, wird der restliche Vertragsinhalt im Übrigen hiervon nicht berührt. Die Parteien werden unverzüglich an einer entsprechend neuen, wirksamen Bestimmung wechselseitig mitarbeiten.

.....

Unterschriften

c) Erläuterungen

Zu § 1. Es ist zweckmäßig, das Grundstück, auf dem das Bauwerk errichtet werden soll, so genau wie möglich zu bezeichnen. Die Angabe über die Eigentumsverhältnisse stellt für den Planer zudem sicher, dass er ggf. die Eintragung einer Bauhandwerkersicherungshypothek gemäß § 648 BGB erreichen kann. Die Eintragung einer solchen Hypothek ist für einen Generalplaner unter der Voraussetzung möglich, dass seine Planungsleistungen dem Wert des Grundstücks zugutekommen. Dann hat er einen Anspruch auf die Einräumung einer solchen Hypothek. 98

Zudem ist es empfehlenswert, das zu erstellende Objekt in der Vorbemerkung zu umschreiben. Weil die Planung einer Baumaßnahme ein dynamischer Vorgang ist, gewinnen die Details erst im Laufe des Planungsprozesses genauere Konturen. Wenn und soweit der Bauherr bestimmte Mindestanforderungen vorgeben möchte, kann dies in den Vorbemerkungen dargestellt werden. Es dürfte zweckmäßig sein, wenn der Bauherr seine Vorstellungen in dem Vertrag fixiert, damit Bauherr und Planer die Sicherheit haben, dass sie von gleichen Mindestplanungszielen ausgehen. Dies ist besonders für den Generalplaner wichtig, der Subplaner beauftragen möchte. Missverständnisse im Vertragsverhältnis Bauherr-Generalplaner über den Mindestplanungserfolg pflanzen sich beinahe zwangsläufig auch in das Vertragsverhältnis Generalplaner-Subplaner fort. Konflikte sind dann nahezu unausweichlich.

Zu § 2. Auf die Definition der Vertragsbestandteile ist allergrößte Sorgfalt zu verwenden. Diese bestimmen ganz maßgeblich die Anforderungen, die an die Leistungen des Generalplaners gestellt werden. Der Auftraggeber gibt dem Planer an dieser Stelle vor, von welchen Voraussetzungen dieser ausgehen soll. Es ist zu empfehlen, die Vertragsbestandteile so genau wie möglich zu bezeichnen und diese nach Möglichkeit als Anlage zum Vertrag zu nehmen. Wenn die Anlagen in Papierform beigefügt werden, sollten diese durch die Vertragsbeteiligten gemeinsam paginiert und parafiert werden. Dies beugt Missverständnissen und Manipulationen vor. 99

Das Vertragsformular geht von einer gestuften Beauftragung aus, bei der die Entwurfsplanung nebst Kostenberechnung durch ein anderes Architekturbüro angefertigt worden ist. In einem solchen Fall muss der Generalplaner unbedingt darauf achten, dass er sich nicht auf die Richtigkeit der von einem anderen Architekturbüro hergestellten Entwurfsplanung verlassen darf. Es ist nämlich die ureigenste Aufgabe eines Planers, die Planungs- bzw. Überwachungsaufgaben so zu erfüllen, dass ein mangelfreies Gebäude entsteht. Es ist bereits mehrfach entschieden worden, dass ein Architekt, der ausschließlich mit der Bauüberwachung beauftragt worden ist, dem Bauherrn nicht entgegenhalten kann, dass die von einem anderen Architekten angefertigte Planung mangelhaft ist. Vielmehr muss der bauleitende Architekt die ihm zur Verfügung gestellten Pläne auf ihre

Richtigkeit hin überprüfen (vgl. OLG Karlsruhe BauR 2003, 1921, 1923; OLG Düsseldorf BauR 1998, 582; OLG Köln BauR 1997, 505 sowie Werner/Pastor, Der Bauprozess, 13. Aufl., 2011, Rn. 2498 ff.). Nichts anderes dürfte für den Fall gelten, dass ein Planer mit der Genehmigungs- und Ausführungsplanung beauftragt wird und der Bauherr eine anderweitig erstellte Entwurfsplanung beistellt. Maßgeblich ist, dass der Planer eine eigenständige Verpflichtung übernommen hat, eine mangelfreie Genehmigungs- und Ausführungsplanung zu erstellen. Insofern haftet er für den von ihm versprochenen Erfolg. Im Falle einer Stufenbeauftragung ist der später beauftragte Planer mithin gehalten, die vom Bauherrn beigestellte Planung sorgfältig auf ihre Richtigkeit und Vollständigkeit hin zu überprüfen. Da sich die Honorierung des später beauftragten Planers seit der Einführung des Kostenberechnungsmodells mit der HOAI 2009 an der Kostenberechnung des Vorplaners orientiert, hat der nachgeschaltete Planer eine höhere Motivation, die Entwurfsplanung und insbesondere die erstellte Kostenberechnung zu überprüfen. Hierzu erfolgen weitere Ausführungen bei der Anmerkung zu § 10.1.

100 **Zu § 3.1 bis § 3.5.** Ein Planer schuldet als Werkerfolg eine technisch und wirtschaftlich einwandfreie Planung mit einem Leistungseinsatz, der auf die Verwirklichung der Planung in einem mangelfreien Bauwerk gerichtet ist (OLG Köln BauR 1988, 241). In der HOAI ist keineswegs der Umfang der zu erbringenden Planungsleistungen geregelt. Die HOAI enthält einzig und allein Preisrecht. Geregelt ist dort lediglich, wie hoch die Vergütung ist, die der Planer beanspruchen darf (BGH BauR 1999, 197). In der Praxis wird die durch den Planer zu erbringende Leistung häufig dadurch beschrieben, dass auf die in den einschlägigen Leistungsbildern aufgeführten Leistungen verwiesen wird. Bei den Leistungsbildern der Objektplanung im Sinne der §§ 33 (Gebäude und raumbildende Ausbauten), 38 (Freianlagen), 42 (Ingenieurbauwerke), 46 (Verkehrsanlagen) HOAI wird beispielsweise oftmals vereinbart, dass der Planer die Leistungsphasen 1 bis 9 zu erbringen hat. Dies führt nach der Rechtsprechung des BGH (BauR 2004, 1960) dazu, dass die in den Leistungsphasen genannten Teilleistungen als selbständiger Teilerfolg geschuldet werden. Wenn diese Teilleistungen nicht erbracht werden, darf der Auftraggeber das Honorar mindern.

Der pauschale Verweis auf die Leistungsphasen der Leistungsbilder ist aus der Sicht des Auftraggebers meistens nicht zu empfehlen. Der Bauherr muss darauf achten, dass eine maßgeschneiderte Lösung für seine Bedürfnisse gefunden wird. Er sollte sich sorgfältig überlegen, ob überhaupt und ggf. welche Teilleistungen er seinem Planer als selbständigen Teilerfolg abfordert. Insbesondere dann, wenn neben einem Generalplaner noch ein Projektsteuerer beauftragt wird, ist besonderes Augenmerk auf eine saubere Schnittstellenabgrenzung zu richten. Beispielsweise kann die Kostenkontrolle sowohl durch den Projektsteuerer als auch durch den Generalplaner erfolgen. Wenn der Generalplaner bestimmte Teilleistungen ausdrücklich übertragen bekommen hat und diese Leistungen ausführt, muss der Bauherr hierfür ein entsprechendes Honorar zahlen. Dies gilt auch dann, wenn der Bauherr kein Interesse daran hat, dass diese Leistungen durch den Generalplaner ausgeführt werden, weil sie beispielsweise schon dem Projektsteuerer übertragen worden sind. Aus Kostengründen sollte der Auftraggeber daher grundsätzlich sparsam mit der ausdrücklichen Abforderung von Teilleistungen umgehen, denn diese werden durch den Planer kostenpflichtig erbracht, egal ob sie für den Bauherrn von Wert sind oder nicht. Der Auftraggeber sollte im Sinne einer Kostenersparnis also nur diejenigen Teilleistungen ausdrücklich als Teilerfolg einfordern, an deren Erbringung er ein besonderes Interesse hat. Dies muss im Einzelfall sorgfältig geprüft werden. Wenn der Auftraggeber kein ausdrückliches Interesse an einer Teilleistung hat, sollte er die Leistungen des Generalplaners nur funktional beschreiben. Wenn aber z.B. eine Schnittstellenabgrenzung zu anderen Beteiligten erfolgen muss, sollten Teilleistungen konkret zugewiesen werden. Die in dem Vertragsmuster aufgeführten Leistungen haben in jedem Fall nur Beispielscharakter.

In dem Muster für den Auftraggeber ist – anders als bei dem Muster für den Auftragnehmer – die Leistungsphase 9 aus den §§ 35, 40 jeweils i.V.m. Anlage 10 bzw. 11 HOAI übertragen worden. Dies kann für den Auftraggeber vorteilhaft sein, denn er erhält für ein überschaubares Honorar eine erhebliche Verlängerung der Gewährleistungszeit (vgl. z.B. Locher/Koeble/Frik, Kommentar zur HOAI, § 33 Rn. 275). Hieran hat sich auch dadurch nichts geändert, dass seit dem Inkrafttreten der HOAI 2013 die Teilleistung »Überwachen der Mängelbeseitigung innerhalb der Verjährungsfristen« zur Besonderen Leistung geworden ist. Die Länge der Gewährleistungsfrist ergibt sich daraus, dass der Planer wegen der Teilleistung b) an einer Objektbegehung zur Mangelfeststellung vor Ablauf der Verjährungsfristen teilnehmen muss.

Zu § 3.6. Die Besonderen Leistungen sind in der HOAI 2013 in den jeweiligen Anlagen zu finden. Anders als bei der HOAI 2009 ist der Verordnungsgeber nun jedoch dazu übergegangen, die exemplarisch aufgezählten Besonderen Leistungen bei den jeweiligen Leistungsbildern zu beschreiben. Auch unter dem Regime der HOAI 2013 sind die Besonderen Leistungen nicht abschließend aufgezählt, § 3 Abs. 3 Satz 1 HOAI. 101

Auch bei der ausdrücklichen Abforderung von Besonderen Leistungen gilt allerdings das zuvor Gesagte. Der Auftraggeber muss sich sehr genau überlegen, ob er ausdrücklich die Erbringung einer solchen Leistung fordert. Aus Kostengründen sollte der Auftraggeber eine solche Regelung nur dann in den Vertrag aufnehmen, wenn er ein Interesse daran hat, dass eine bestimmte Besondere Leistung (wie beispielsweise eine Bauvoranfrage oder die Stellung eines Antrages auf Bewilligung öffentlicher Mittel) auch tatsächlich erbracht wird. Wenn und soweit die Bauherrin dem Generalplaner Besondere Leistungen unbedingt übertragen will, sollte dies aus Klarstellungsgründen ausdrücklich vereinbart werden. Dies ist für den Auftraggeber wichtig, damit er ggf. Schnittstellen zu anderen Beteiligten bestimmen kann. Schnittstellen können insbesondere gegenüber dem Projektsteuerer entstehen; auch dieser kann beispielsweise mit der Mitwirkung bei der Kreditbeschaffung oder dem Aufstellen eines Zeit- und Organisationsplanes beauftragt werden. Wenn Besondere Leistungen nicht ausdrücklich gefordert werden, bedeutet dies keineswegs automatisch, dass der Generalplaner solche Leistungen nicht zu erbringen hat. Die Unterteilung in Leistungen und Besondere Leistungen hat nur honorarrechtliche Bedeutung. Wenn das Fehlen einer Besonderen Leistung zu einem Werkmangel führt, kann sich der Planer nicht darauf berufen, er habe mangels einer dahingehenden Vereinbarung eine notwendige Besondere Leistung nicht erbringen müssen. Wegen der Einzelheiten wird auf die Anmerkung zu § 3.6 für das Auftragnehmer-Formular verwiesen.

Zu § 4. Grundsätzlich sollte es einem Generalplaner gestattet sein, für die Erfüllung seiner Aufgaben Subplaner einzuschalten. In aller Regel kann der Generalplaner nicht alle Planungsleistungen selbst erbringen, weil ihm die Fachkunde hierfür fehlen wird. Die Verantwortlichkeit des Generalplaners gegenüber dem Bauherren wird hierdurch allerdings in keiner Weise berührt, weshalb der Planer im eigenen Interesse große Sorgfalt bei der Auswahl seiner Subplaner walten lassen sollte. Mangels eigener Fachkunde wird ein Generalplaner die Leistungen seiner Subplaner nicht auf ihre Richtigkeit hin überprüfen können. Er muss sich darauf verlassen können, dass die Leistungen seiner Subplaner ordnungsgemäß sind. Er kann sich gegenüber dem Bauherren nicht damit entlasten, dass er einen Fehler seines Subplaners mangels eigener Fachkunde nicht habe erkennen können. Der Planer haftet für Verschulden seiner Subplaner wie für eigenes Verschulden, § 278 BGB. 102

Aus der Sicht des Bauherren ist allerdings trotz der uneingeschränkten Verantwortung des Generalplaners für seine Subplaner ein gewisses Mitspracherecht wünschenswert (so auch Heiermann/Franke/Knipp, B 2. Teil II. 1, S. 324, 333). Dieser wird ein Interesse daran haben, die Beauftragung eines missliebigen und ihm als unzuverlässig bekannten Subplaners zu unterbinden. Die Einflussnahme des Bauherren sollte grundsätzlich in seinem Interesse nicht so weit gehen, dass gar die Beauftragung eines bestimmten Subplaners vorgeschlagen wird. In diesem Fall wird ihn unter Umständen ein Auswahlverschulden und damit eine Mitverantwortung für Fehler der ausgewählten Subplaner treffen (Heiermann/Franke/Knipp B 2. Teil II. 1, S. 324, 333; Roquette/Otto, S. 137, Rn. 49). Vor diesem Hintergrund dürfte die hier vorgeschlagene Regelung einen angemessenen Kompromiss darstellen. Dies ist jedoch im konkreten Einzelfall zu prüfen. Der Auftraggeber kann durchaus auch ein Interesse daran haben, dass der Generalplaner bestimmte

Subplaner beauftragt, etwa weil diese bereits mit der Entwurfs- und Genehmigungsplanung befasst waren. Dies sollte der Auftraggeber indes sorgfältig abwägen.

103 **Zu § 5.** Bei komplexen Baumaßnahmen ist es zu empfehlen, ein Projekthandbuch anfertigen zu lassen. Diese Aufgabe kann beispielsweise durch den Projektsteuerer erfüllt werden.

Aus dem Projekthandbuch sollte sich insbesondere ergeben, mit welchen Vollmachten die Mitarbeiter der jeweiligen Vertragsparteien ausgestattet sind. Auch dies hilft, spätere Konflikte zu vermeiden. Hier sollten von Beginn an klare Verhältnisse geschaffen werden. Zudem sollte das Projekthandbuch die Schnittstellenabgrenzung zwischen den Baubeteiligten enthalten. Auch sollte dort z.B. geregelt werden, in welchen Abständen Baubesprechungen stattfinden, wer an diesen Baubesprechungen teilnimmt und wo diese erfolgen.

104 **Zu § 6.** In der Praxis gibt es immer wieder Konflikte, weil Planer, aber auch Bauherren und Unternehmer, der Meinung sind, dass Architekten mit einer umfangreichen Vollmacht ausgestattet sind. Nicht selten kommt es vor, dass Planer (insbesondere wenn sie mit der Bauüberwachung beauftragt sind) Änderungsanordnungen gegenüber Unternehmern aussprechen, ohne dies zuvor mit dem Bauherrn im Einzelnen abgestimmt zu haben. Geradezu ein Klassiker ist auch die Freigabe von Stundenlohnarbeiten bzw. die Unterzeichnung von Tagesrapporten.

Grundsätzlich ist ein Architekt ohne eine ausdrückliche Vollmacht nicht dazu berechtigt, den Bauherrn rechtsgeschäftlich zu vertreten (Quack, BauR 1995, 441; OLG Düsseldorf BauR 2000, 1878 und NJW-RR 1996, 1485; a.A. BGH NJW 1960, 859; OLG Stuttgart NJW 1966, 1461; für geringfügige Zusatzaufträge BGH BauR 1975, 358 und BGH BauR 1989, 314, 316). Beispielsweise darf ein Architekt ohne ausdrückliche Vollmachtserteilung keine Stundenlohnzettel anerkennen, eine rechtsgeschäftliche Abnahme erklären oder Zusatz- oder Änderungsaufträge erteilen (vgl. Werner/Pastor, Rn. 1341 ff.). Eine originäre Vollmacht steht dem Planer allenfalls im technischen Bereich zu. Beispielsweise darf der Planer eine technische Abnahme erklären. Als Faustformel kann man sich merken, dass die Vollmacht des Planers dort aufhört, wo die Geldbörse des Bauherrn beginnt. Zur Vermeidung unnötiger Konflikte dürfte es zweckmäßig sein, auf das Fehlen einer weitergehenden Vollmacht ausdrücklich hinzuweisen. Insbesondere ist es ratsam, die Erteilung einer Vollmacht für den Einzelfall von der Schriftform abhängig zu machen. All dies dient dazu, den Bauherrn – aber auch den Generalplaner – vor unerwünschten Überraschungen zu bewahren. In diesem Zusammenhang sollte der Bauherr strengstens darauf achten, dass er seinen Planer an der kurzen Leine hält und dieser nicht entgegen der vertraglichen Regelung Aufträge für den Bauherrn erteilt. Wenn der Bauherr dies hinnimmt, gerät er in Gefahr, an eine Anscheins- bzw. Duldungsvollmacht gebunden zu sein.

105 **Zu § 7.** Bauherren haben naturgemäß ein erhebliches Bedürfnis nach Kostensicherheit. Die Überschreitung des Budgets kann gravierende Folgen haben, bis hin zum völligen finanziellen Ruin. Das Vertragsmuster für den Auftraggeber sieht deswegen ausdrücklich die Abgabe einer Kostengarantie vor. Die Abgabe einer solchen Garantieerklärung hat sehr weitreichende Folgen für die Planerin. Wenn das Maximal-Gesamtbudget überschritten wird, muss die Planerin hierfür einstehen, und zwar ohne Rücksicht auf Verschulden. Die Abgabe einer solchen sehr weitreichenden Haftungserklärung ist der Ausnahmefall und dürfte selten durchsetzbar sein. Der Generalplaner muss sich unbedingt vor Augen führen, dass seine Berufshaftpflichtversicherung für etwaige hieraus resultierenden Kosten und Schäden nicht einstehen wird (Wirth in Korbion/Mantscheff/Vygen, Einf. Rn. 271). Zudem dürfte die Abgabe einer solchen Haftungserklärung gegen das Standesrecht der Architektenschaft verstoßen, was indes nichts an der zivilrechtlichen Wirksamkeit einer Erklärung ändert (Wirth in Korbion/Mantscheff/Vygen, a.a.O.). Die hier vorgeschlagene Klausel könnte wegen der weitreichenden Folgen für den Planer an der Grenze zur ungemessenen Benachteiligung nach § 307 BGB liegen. Deswegen sollte der Bauherr versuchen, diese Klausel nachweisbar individuell auszuhandeln. Der Generalplaner muss sich mithin sehr genau überlegen, ob er ein so weitgehendes Risiko übernehmen kann und will. Hierbei muss er insbesondere bedenken, dass die Einhaltung der Kosten auch von den Leistungen der Subplaner abhängen. Eine

weniger riskante Alternative, die zudem dem Bedürfnis des Bauherren nach Kostensicherheit Rechnung trägt, ist die Vereinbarung eines Kostenlimits. Eine entsprechende Formulierung findet sich im Vertragsmuster für den Auftragnehmer.

Der zweite Absatz von § 7 enthält ein Korrektiv für den Fall, dass der Bauherr eine Planungsänderung anordnet. Es kann dem Planer nicht zugemutet werden, für eine Baukostenüberschreitung zu haften, wenn diese auf einem Änderungswunsch des Bauherrn beruht. Die Übernahme der Kostengarantie wäre anderenfalls ein für den Planer vollkommen unkalkulierbares Risiko. Der Hinweis auf § 313 BGB ist deklaratorischer Natur. Die Grundsätze der Störung der Geschäftsgrundlage gelten ohnehin.

Zu § 8. Der Freigabe der Pläne durch den Bauherrn kommt in Generalplanerverträgen hohe Bedeutung zu. Dies steht in engem Zusammenhang mit dem Recht des Auftraggebers, Änderungsanordnungen auszusprechen, vgl. § 9 und § 10.6 sowie § 13.2 Wenn der Auftragnehmer seine Planung auf Wunsch des Auftraggebers ändert bzw. optimiert, fällt hierfür kein gesondertes Honorar an. Die Optimierung der Pläne ist Bestandteil der Grundleistungen. Etwas anderes gilt jedoch dann, wenn der Auftraggeber z.B. durch Freigabe zu verstehen gegeben hat, dass ein Plan aus seiner Sicht fertig ist. Dann hat der Planer seine Verpflichtungen erfüllt. Das Vertragsverhältnis beschränkt sich auf diesen Plan. Wenn der Auftraggeber dann später eine Abänderung des bereits fertig gestellten Planes verlangt, erwächst dem Auftragnehmer hieraus ein gesonderter Honoraranspruch. Der Generalplaner muss deswegen dafür Sorge tragen, dass er die Pläne seiner Subunternehmer nicht frei gibt, bevor er selbst eine Freigabe durch den Bauherrn erhalten hat. Andernfalls besteht die Gefahr, dass der Generalplaner den Subplaner für eine Planungsänderung bezahlen muss, ohne dass der Generalplaner wiederum von seinem Auftraggeber ein zusätzliches Honorar erhält.

106

Dieses Vertragsformular sieht vor, dass der Auftraggeber die Pläne innerhalb einer angemessenen Frist, in der Regel 14 Kalendertage, prüfen muss. Die Festlegung einer starren Prüfungsfrist kann mitunter problematisch sein, denn bei komplexen Bauvorhaben wird der Auftraggeber nicht immer gewährleisten können, dass eine Vielzahl von hereingereichten Plänen innerhalb der fest vereinbarten Frist prüfen kann. Es darf nicht verkannt werden, dass mit der hier vorgeschlagenen Regelung gewisse Unsicherheiten verbunden sind. Allerdings dürfte eine flexible Handhabung der Prüfungsfristen den wechselseitigen Bedürfnissen entsprechen, wenn der Auftraggeber sich unverzüglich festlegen muss, wann er die hereingereichten Pläne geprüft haben wird.

Zu § 9. Die Planung einer Baumaßnahme ist ein dynamischer Prozess, dem stetige Fortentwicklungen und Änderungen immanent sind (vgl. z.B. Budde in Thode/Wirth/Kuffer, § 23 Rn. 41 sowie Motzke, BauR 1994, S. 570 ff.). Nur in einem ständigen Dialog, der sich in wiederholten Änderungen und Anpassungen niederschlägt, lässt sich das Planungsziel zur beiderseitigen Zufriedenheit erreichen (vgl. z.B. Budde in Thode/Wirth/Kuffer, § 23 Rn. 41). Die Optimierung der Planung ist Bestandteil der Leistungen, ohne dass dem Planer hierfür ein gesondertes Honorar zustehen würde (hierzu ausführlich Motzke, BauR 1994, 570 ff.). Eine Änderung der Planung in diesem Sinne liegt daher nur dann vor, wenn hiermit die Umgestaltung einer Planung verbunden ist, die zuvor Gestalt angenommen hatte. Dies ist z.B. dann der Fall, wenn der Bauherr eine Planungsleistung als Erfüllung angenommen hat. Dies kann im Einzelfall möglicherweise dann angenommen werden, wenn der Bauherr Pläne freigegeben hat. Wenn sich die Planung noch in der Entwicklung befindet, scheidet eine Änderungsanordnung aus (siehe hierzu ausführlich Motzke, a.a.O.). Ob der eine oder der andere Fall vorliegt, ist eine Frage des Einzelfalls und insbesondere davon abhängig, welche konkrete Leistung betroffen ist. Wenn der Vertrag zwischen Generalplaner und Bauherr eine Änderungsbefugnis des Bauherrn vorsieht, muss der Generalplaner eine entsprechende Änderungsbefugnis auch in die Verträge mit seinen Subplanern aufnehmen. Andernfalls läuft er Gefahr, seine Verpflichtung gegenüber dem Bauherrn nicht erfüllen zu können.

107

Mit Inkrafttreten des Gesetzes zur Reform des Bauvertragsrechts wurde erstmals eine gesetzliche Regelung zu den Änderungsbefugnissen des Bauherrn in das Gesetz aufgenommen. Die vertragliche Regelung konkretisiert in diesem Zusammenhang die Beratungspflichten des Planers. Eine Änderungsanordnung im Sinne von § 9 des Vertrages setzt ebenfalls voraus, dass die zu planende Baumaßnahme identisch bleibt. Wenn der Bauherr beispielsweise »anordnet«, dass statt eines Bürogebäudes ein Hotel gebaut werden soll, wäre dies keine Änderungsanordnung im Sinne dieses Vertrages. Vielmehr läge ein vollständig neuer Planungsauftrag vor, der ein gänzlich neues Rechtsverhältnis zwischen Bauherr und Planer begründen würde (OLG Düsseldorf, Urt. v. 22.03.1994; Thode/Wirth/Kuffer, § 23 Rn. 41).

Zu den Vergütungsfolgen einer Änderungsanordnung siehe § 10.6 Zu den Folgen für die Vertragsfristen siehe § 13.2.

108 **Zu § 10.1.** Der Allgemeine Teil der HOAI 2013 enthält allgemeingültige Regelungen zur Ermittlung der Honorare, siehe § 4 ff. HOAI. Maßgebend für die Berechnung des Honorars sind hiernach vor allem die anrechenbaren Kosten. § 6 HOAI sieht dabei zur Bestimmung der anrechenbaren Kosten zwei Modelle vor. Welche Kostengruppen ganz konkret zu den honorarrechtlich relevanten Kosten zählen, ist dann im jeweiligen Besonderen Teil der HOAI (also bei den Spezialvorschriften, die die jeweiligen Leistungsbilder beschreiben) geregelt.

§ 6 Abs. 1 HOAI enthält das auch im vorliegenden Vertragsmuster verwandte »Kostenberechnungsmodell«. Nach der HOAI-Novelle soll die Honorarermittlung von den tatsächlichen Baukosten abgekoppelt sein. Grundsätzlich orientiert sich die Honorarermittlung deswegen nunmehr allein an der Kostenberechnung. Die anrechenbaren Kosten sind nicht mehr den nachfolgenden Kostenermittlungen (also dem Kostenanschlag und der Kostenfeststellung) zu entnehmen. Dies gilt auch dann, wenn – wie im Vertragsmuster – eine stufenweise Beauftragung vorliegt. Das Vertragsmuster sieht vor, dass die Planerin erst ab der Leistungsphase 4 mit dem Projekt befasst wird. Zu diesem Zeitpunkt ist die Kostenberechnung durch das mit der Entwurfsplanung vorbefasste Architekturbüro bereits erfolgt. Gleichwohl gilt diese Kostenberechnung auch für die Honorarermittlung der Planerin (Locher/Koeble/Frik, § 6 Rn. 14, Wirth in Korbion/Mantscheff/Vygen, § 6 n.F.). Die einmal erstellte Kostenberechnung ist für das konkrete Objekt maßgebend, auch wenn sie bei arbeitsteiliger Beauftragung von einem anderen Planer erstellt wurde (Locher/Koeble/Frik, a.a.O.). Hiervon unberührt bleiben natürlich die Pflichten des Planers zur Kostenkontrolle.

Es stellt sich jedoch die Frage, welche Rechte nachgeschaltete Planer haben, wenn die Kostenberechnung des Vorplaners mangelhaft ist. Zunächst einmal ist der nachgeschaltete Planer verpflichtet, die Leistungen des vorherigen Planers zu prüfen. Dazu gehört im Falle einer Beauftragung im Sinne des Vertragsmusters auch die Kostenberechnung des Architekturbüros. Die Planerin treffen insofern die üblichen in der Anmerkung zu § 2 bereits erwähnten Kontroll- und Hinweispflichten hinsichtlich der Vorgewerke. Da die Kostenberechnung des ersten Architekturbüros für das Honorar der Planerin maßgeblich ist, wird die Planerin ein besonderes Interesse an deren Überprüfung haben. Zur gründlichen Prüfung der Kostenberechnung eines Vorplaners ist der nachgeschalteten Planerin eindringlich zu raten (Kalte/Wiesner [DIB 2010, 55, 57]). Entdeckt diese Mängel, sind diese dem Auftraggeber anzuzeigen (Kalte/Wiesner, DIB 2010, 55, 57). Nur der Auftraggeber hat ein Vertragsverhältnis zum Vorplaner. Er hat diesen auf die Mängel hinzuweisen. Der Vorplaner kann seine Mängel beseitigen und wird hieran ein ureigenstes Interesse haben, da die Kostenberechnung auch für seine Vergütung maßgeblich ist (vgl. hierzu und zu der Problematik insgesamt: Kalte/Wiesner, DIB 2010, 55 [57]; Locher/Koeble/Frik, § 6 Rn. 21 ff.; Wirth in Korbion/Mantscheff/Vygen, § 6 n.F.).

Damit der Generalplaner überhaupt dazu in der Lage ist, die Kostenberechnung des Erstplaners zu prüfen, muss der Bauherr ihm gegebenenfalls weitere Informationen zur Verfügung stellen. Hierzu wird der Bauherr – der sich die notwendigen Informationen von dem Erstplaner beschaffen muss – spätestens aufgrund der Kooperationspflicht in Verbindung mit der Mindestsatzgarantie verpflichtet sein. Vorsorglich ist in § 10.1 klargestellt, dass der Bauherr dem Generalplaner die notwendigen Informationen erteilen muss.

8. Generalplanervertrag (aus Sicht des AG)   C.

Daneben sieht § 6 Abs. 2 HOAI das »Baukostenvereinbarungsmodell« vor, nach dem die Vertragsparteien eine Vereinbarung über die anrechenbaren Kosten als Honorargrundlage treffen können. Voraussetzung hierfür ist dem Gesetzeswortlaut folgend, dass zum Zeitpunkt der Beauftragung noch keine Planungen als Voraussetzung für eine Kostenberechnung oder Kostenschätzung vorliegen. Diese Situation besteht in der dem Vertragsmuster zugrundeliegenden Konstellation, in der bereits die Kostenberechnung des Architekturbüros vorliegt, nicht. Ohnehin hat der BGH die Regelung in § 6 Abs. 2 für verfassungswidrig erklärt (Urteil des BGH vom 24.04.2014, VII ZR 164/13, IBR 2014, 352, 353), so dass das Baukostenvereinbarungsmodell für die Praxis bedeutungslos sein dürfte. Der Vollständigkeit halber sei diese Regelung indes erwähnt (näheres zum Baukostenvereinbarungsmodell bei Locher/Koeble/Frik, § 6 Rn. 39 ff.).

Zu § 10.2. Nebenkosten sind prinzipiell auch ohne ausdrückliche Vereinbarung zu erstatten. Wenn nichts anderes vereinbart ist, findet eine Abrechnung nach Einzelnachweis statt, § 14 Abs. 3 S. 2 HOAI. Bei Auftragserteilung kann allerdings auch vereinbart werden, dass die Nebenkosten pauschal oder sogar gar nicht abgegolten werden, § 14 Abs. 1 S.; § 14 Abs. 3 S. 1 HOAI. Im Interesse der Kostensicherheit wird zugunsten des Auftraggebers vorgeschlagen, auf eine Kostenerstattung gänzlich zu verzichten. Eine entsprechende Vereinbarung muss bereits bei Auftragserteilung abgeschlossen werden, § 14 Abs. 1 Satz 1 HOAI.

109

Zu § 10.3. Die Vereinbarung von Zeithonoraren ist nach der HOAI 2013 zulässig, soweit Honorare frei vereinbart werden können. Die Vorschrift des § 6 HOAI a.F. wurde ersatzlos gestrichen. Dies bedeutet nicht etwa, dass Stundenhonorare gar nicht mehr vereinbart werden können. Vielmehr können Stundensätze nunmehr vollkommen frei verhandelt und vereinbart werden. Im Vertragsmuster orientiert sich die Aufzählung der Personengruppen, für die Stundensätze festgelegt werden, weiterhin an § 6 HOAI a.F. Selbst wenn der Vertrag zunächst keine Abrechnung auf Stundenbasis vorsieht, könnten später weitere Leistungen vereinbart werden, die als Zeithonorar abgerechnet werden. Dies könnte beispielsweise der Fall sein, wenn später zusätzliche Besondere Leistungen vereinbart werden. Für diesen Fall ist es aus der Sicht des Auftraggebers sinnvoll, die Höhe der Stundensätze bereits im Vorfeld festzulegen. Andernfalls kann der Auftraggeber in eine Zwangslage geraten. Weil der Auftraggeber nicht mehr auf den Generalplaner verzichten kann, kann der Planer den Preis für die weitere Leistung nahezu beliebig diktieren. Dies wird durch eine frühzeitige Festschreibung der Stundensätze vermieden. Zudem erhält auch der Generalplaner Kostensicherheit, die ihn in die Lage versetzt, die Stundenhonorare mit seinen Subplanern frühzeitig festzuschreiben. Unterlässt er das, kann der Generalplaner im Verhältnis zu seinen Subplanern in eine ähnliche Zwangslage geraten. Insgesamt sollte der Planer zudem beim Abschluss der Verträge mit seinen Subplanern darauf achten, dass er diesen zumindest keine höheren Stundensätze verspricht, als er selbst bei seinem Auftraggeber durchsetzen kann.

110

Zu § 10.4. Das Honorar für Besondere Leistungen kann nunmehr in jeder Hinsicht frei vereinbart werden, § 3 Abs. 3 Satz 2 HOAI. Die Parteien können daher jeden Abrechnungsmodus vereinbaren, der ihnen sinnvoll erscheint. Aus der Sicht des Auftraggebers dürfte es sich anbieten, für die Besonderen Leistungen einen Pauschalfestbetrag auf der Basis des geschätzten Zeitaufwandes zu vereinbaren. Die Vereinbarung eines Pauschalfestbetrages führt zu Kostensicherheit. Wenn der Pauschalfestbetrag auf der Basis des geschätzten Zeitaufwandes und der vereinbarten Stundensätze ermittelt wird, ist die Honorarhöhe transparent und leichter verhandelbar, als wenn ein Pauschalbetrag ohne Begründung vereinbart wird. Der Auftraggeber hat im Rahmen der Vertragsverhandlungen dann die Möglichkeit, auf die Stundensätze und den Umfang des geschätzten Zeitaufwandes Einfluss zu nehmen und so auch die Vergütung der Besonderen Leistungen hierüber mitzubestimmen.

111

Wenn die Vertragsparteien keine Vereinbarung über die Honorierung der Besonderen Leistungen treffen, muss die übliche Vergütung gezahlt werden, § 632 Abs. 2 BGB (Locher/Koeble/Frik, § 3 Rn. 18).

Bröker   435

112 Zu § 10.5. Nach dem Kostenberechnungsmodell wird das Planerhonorar allein auf der Grundlage der Kostenberechnung ermittelt. Dies führt zu einem erheblichen Zugewinn an Kostensicherheit für den Auftraggeber. Die tatsächliche Kostenentwicklung spielt für die Höhe des Planerhonorars keine Rolle mehr. Weil zur Zeit der Beauftragung der Planerin bereits eine Kostenberechnung vorliegt, steht das Honorar der Planerin eigentlich fest. Allerdings darf nicht übersehen werden, dass sich Planungsänderungen – die zu einer Änderung der anrechenbaren Kosten führen – auf die Kostenberechnung auswirken. Dies ist nun seit Inkrafttreten der HOAI 2013 ausdrücklich in § 10 Abs. HOAI geregelt.

113 Zu § 10.6. Unter § 9 ist dargelegt worden, in welchen Fällen eine Änderungsleistung vorliegt. § 10.6 regelt die Vergütungspflicht.

Unter dem Regime der HOAI 2009 galt folgendes:

Die Erstellung mehrerer Vorentwurfs- oder Entwurfsplanungen war in § 10 HOAI geregelt. Wenn der Planer auf Veranlassung des Bauherrn mehrere solcher Planungen nach grundsätzlich verschiedenen Anforderungen anfertigte, erhielt er zunächst das volle Honorar für die vollständige Vorentwurfs- oder Entwurfsplanung. Für jede weitere Vorentwurfs- oder Entwurfsplanung erhielt er die anteiligen Prozentsätze. Grundsätzlich verschiedene Anforderungen im Sinne von § 10 HOAI lagen vor, wenn eine erneute geistige Leistung verlangt wurde, weil die Grundzüge der Planung tangiert sind, so z.B. wenn eine wenigstens in Teilen neue planerische Konzeption im Sinne einer raumübergreifenden Neukonstruktion erforderlich wurde (Boettcher, BauR 2000, 793; OLG Köln BauR 1995, 576). Nicht ausreichend war es, wenn der Bauherr im Laufe der Planung neue Vorstellungen über die Nutzung und Gestaltung einzelner Bauteile entwickelte (Boettcher, a.a.O.). Als Anhaltspunkt für die Praxis konnte die Frage dienen, ob der Architekt aus sachlichen Gründen gezwungen war (und nicht nur aus Gründen der Zweckmäßigkeit oder der Übersichtlichkeit), die Pläne zum zweiten Mal neu anzufertigen (Boettcher, BauR 2000, 793; Korbion/Mantscheff/Vygen, § 20 a.F. Rn. 13). Weil dieser Sachverhalt in § 10 HOAI geregelt war, bedurfte es im Vertrag keiner speziellen, weiteren Regelung.

§ 10 HOAI regelte allerdings nicht andere Fälle, in denen eine Umplanung stattfindet (Locher/Koeble/Frik, § 10 Rn. 26). Für die übrigen Fälle einer Planungsänderung dürfte § 3 Abs. 2 Satz 2 HOAI n.F. maßgebend gewesen sein (Locher/Koeble/Frik, Einl. 32, § 10 Rn. 18 u. § 3 Rn. 12 ff.). Es dürfte sich bei sonstigen Planungsänderungen um »andere Leistungen« gehandelt haben. Andere Leistungen waren also nach freier Vereinbarung zu vergüten. Ein solcher Fall lag beispielsweise vor, wenn der Bauherr geringfügigere Änderungen anordnete, die nicht gravierend in das bisherige Konzept eingriffen. Das könnte gegeben sein, wenn der Bauherr sich z.B. dazu entschließt, den Eingangsbereich eines Bürogebäudes umzugestalten, wenn eine andere Anordnung der Funktionsräume gewünscht wird etc.(Locher/Koeble/Frick, § 10 Rn. 10). Den Streit, ob Planänderungen immer Besondere Leistungen seien oder es sich um wiederholt erbrachte Grundleistungen handelt, hat der BGH zur HOAI 1996 entschieden (BGH BauR 2007, 1761; vgl. zu alledem Locher/Koeble/Frik, § 10 Rn. 13 m.w.N.). Er sah darin erneute Leistungen, die unter den vertraglichen Voraussetzungen gesondert zu vergüten seien (Locher/Koeble/Frik, a.a.O.). Diese Rechtsprechung ist aufgrund der HOAI 2009 nunmehr überholt. Nach der HOAI 2009 dürfte eine Andere Leistung im Sinne der HOAI 2009 vorgelegen haben. Daher konnte das Honorar für Planungsänderungen frei vereinbart werden.

Nicht ausdrücklich in der HOAI 2009 geregelt war allerdings die Auswirkungen der Planungsänderung auf die Kostenberechnung. Nach der wohl überwiegenden Auffassung muss die Kostenberechnung nach einer Planungsänderung angepasst werden. Für die künftigen Leistungen ist dann die angepasste Kostenberechnung zugrunde zu legen. Dies war in der HOAI 2009 nicht ausdrücklich geregelt, ergab sich aber letztlich aus dem Mindestsatzcharakter der HOAI. Dieser gebietet es, dass dem Planerhonorar eine Kostenberechnung zugrunde gelegt werden muss, die den aktuellen Planungsstand widerspiegelt. Zur Klarstellung sah das Muster aus der Vorauflage zur HOAI 2009 eine entsprechende Formulierung vor.

Mit dem Inkrafttreten der HOAI 2013 hat sich die Situation grundlegend geändert. § 10 a.F. HOAI ist entfallen, ebenso § 3 Abs. 2 Satz 2 HOAI a.F. Nunmehr sind die Regelungen zur Honorierung von Planungsänderungen in § 10 HOAI 2013 konzentriert. § 10 Abs. 1 regelt den Fall, dass eine Planungsänderung sich auf die Kosten auswirkt. Für diesen Fall ordnet die HOAI an, dass die Honorarberechnungsgrundlage für die Grundleistungen, die infolge des veränderten Leistungsumfangs erbracht werden, durch schriftlich Vereinbarung anzupassen sind. Dies bedeutet, dass die Planungsänderung eine Zäsur darstellt. Alle bis zur Planungsänderung ausgeführten Leistungen müssen nach der bis dahin gültigen Kostenberechnung abgerechnet werden. Alle Leistungen, die infolge der Planungsänderung erbracht werden (also auch Wiederholungsleistungen, die für die Umsetzung der Planungsänderung erforderlich werden), sind nach der neuen Kostenberechnung abzurechnen – die nach dem Wortlaut der HOAI schriftlich vereinbart werden muss. § 10 Abs. 2 HOAI 2013 regelt den Fall, dass eine Wiederholungsleistung erforderlich wird, ohne dass sich die anrechenbaren Kosten ändern. Für diesen Fall steht dem Planer nur das anteilige Wiederholungshonorar zu. Beide Regelungen setzen allerdings voraus, dass Auftraggeber und Auftragnehmer sich darauf einigen, dass eine Planungsänderung umgesetzt werden soll. In der amtlichen Begründung zur HOAI 2013 heisst es hierzu, dass klargestellt werden soll, dass der Auftraggeber kein einseitiges Anordnungsrecht habe, sondern dass die Änderung der Planung der Zustimmung des Planers bedürfe. Wenn die Regelungen in § 10 HOAI 2013 tatsächlich so zu verstehen wären, müssen erhebliche Bedenken gegen die Verfassungsmäßigkeit der Regelung angemeldet werden. Der Sache nach würde dies bedeuten, dass § 10 eine vertragsrechtliche Regelung beinhaltet. Dies wäre indes mit der der HOAI zugrunde liegenden Ermächtigungsgrundlage nicht vereinbar.

Zu § 11. Die Abnahme ist allein für den Planer vorteilhaft. Daher wird auf eine differenzierte Regelung in dem Vertragsmuster für den Auftraggeber verzichtet.

114

Zu § 13. Oftmals drohen erhebliche Schäden, wenn eine Baumaßnahme nicht rechtzeitig fertig gestellt wird. Wenn infolge der Verzögerung beispielsweise der Ankermieter abspringt, kann dies den wirtschaftlichen Erfolg des Projekts insgesamt gefährden. Deshalb ist es in jedem Fall zweckmäßig, in einem Planungsterminplan festzulegen, zu welcher Zeit bestimmte Planungsstadien abgeschlossen sein müssen. Diese Fristen sollten als Vertragsfristen vereinbart werden. Bei der Erstellung des Planungsterminplans sollte in jedem Fall darauf geachtet werden, dass die notwendigen Planvorlaufzeiten berücksichtigt werden.

115

Probleme bei der Einhaltung der Planlieferterminpläne ergeben sich oftmals dann, wenn der Bauherr von seiner Änderungsbefugnis Gebrauch macht. In diesem Fall muss dem Generalplaner Gelegenheit gegeben werden, die Pläne anzupassen. Die Vertragsfristen müssen sich entsprechend ändern. Hier ist die Kreativität der Vertragsparteien gefragt. Die hier vorgeschlagene Regelung orientiert sich an § 6 VOB/B. Der Generalplaner muss darauf achten, dass er eine entsprechende Regelung im Verhältnis zu seinen Subplanern vereinbart.

Zu § 14. Gem. § 648 BGB ist es dem Auftraggeber jederzeit möglich, das Vertragsverhältnis mit dem Auftragnehmer zu lösen. Dies führt dazu, dass der Auftragnehmer die vereinbarte Vergütung verlangen darf, sich jedoch ersparte Aufwendungen abziehen lassen muss. In § 648 BGB gibt es eine Vermutung dafür, dass dem Unternehmer 5 % der auf den noch nicht erbrachten Teil der Werkleistung entfallenden vereinbarten Vergütung zustehen. Diese Vermutungsregelung ist in ihrer Höhe wohl eher auf ausführende Unternehmer als auf Planer zugeschnitten. Die ersparten Aufwendungen stellen sich bei ausführenden Unternehmern anders dar als bei Planungsbüros.

116

Von § 648 BGB nicht erfasst ist die Möglichkeit einer außerordentlichen Kündigung durch eine der Vertragsparteien. Mit der Einführung des § 648a BGB n.F. ist die Frage, ob eine außerordentliche Kündigung bei Bauverträgen möglich ist (vgl. hierzu z.B. Boldt, NZBau 2002, 655 ff. und Voit, BauR 2002, 1776; Lang, BauR 2006, 1956 sowie Werner/Pastor, Rn. 1752) durch den Gesetzgeber geklärt worden. Die unter § 14 aufgeführten Kündigungsgründe sind nicht abschließend. Im Einzelfall kann es erforderlich sein, weitere besondere Gründe für eine außerordentliche Kündigung in den Vertrag aufzunehmen.

117 **Zu § 16.** Der Generalplaner muss beachten, dass er vor dem Abschluss eines Generalplanervertrages mit seiner Haftpflichtversicherung klären muss, ob seine Versicherungspolice auch Generalplanermaßnahmen umfasst. Solche Maßnahmen sind wegen der damit verbundenen Haftungsrisiken häufig ausgeschlossen. Dann ist es erforderlich eine Einzelfallversicherung abzuschließen.

9. Generalplanervertrag

a) Muster Generalplanervertrag (aus Sicht des Auftragnehmers)

118 Die

..... GmbH,

vertreten durch den Geschäftsführer .....,

..... straße 5,

..... stadt

(im Folgenden Bauherrin genannt)

schließt mit der

Planungsgesellschaft ..... GmbH,

vertreten durch den Geschäftsführer .....,

..... straße,

..... stadt

(im Folgenden Planerin genannt)

den folgenden Generalplanervertrag ab.

§ 1 Vorbemerkung

Die Bauherrin ist Eigentümerin des Grundstücks Flur ....., Flurstück ....., Gemarkung ..... in ..... Das an der ..... straße Nr. ..... gelegene und ..... m² große Grundstück ist eingetragen im Grundbuch von ....., Blatt ..... .

Die Bauherrin beabsichtigt, auf dem vorgenannten Grundstück ein achtstöckiges Bürogebäude zu errichten. Eine Entwurfsplanung nebst Kostenberechnung ist bereits durch das Architekturbüro ..... angefertigt worden. Auf der Grundlage dieser Entwurfsplanung ist am ..... ein positiver Bauvorbescheid der Stadt ..... ergangen. Sowohl die Entwurfsplanung als auch der Bauvorbescheid sind die Grundlage für die Leistungen, mit denen die Planerin beauftragt wird.

Das Objekt soll insgesamt hochwertig ausgestattet werden und den Bedürfnissen anspruchsvoller Mieter genügen. Im achten Stockwerk ist eine Großküche und ein Speisesaal mit einer Größe von ..... qm vorgesehen. Bestandteil des Gebäudes wird eine Tiefgarage mit mindestens ..... Stellplätzen sein. Als Hauptmieter des Objekts hat sich bereits die ..... AG verpflichtet, die die Stockwerke drei bis acht übernehmen wird. Weil ein Mietvertrag mit der ..... AG bereits abgeschlossen ist, ist die zeitnahe Fertigstellung der Baumaßnahme von größter Wichtigkeit. Die Vertragsparteien gehen von einer Bauzeit von ..... Monaten aus.

§ 2 Vertragsbestandteile

Vertragsbestandteil werden in folgender Reihenfolge
1. Die Bestimmungen dieses Vertrages
2. Der Bauvorbescheid der Stadt ..... vom ....., *Anlage I* zu diesem Vertrag
3. Die Entwurfsplanung des Architekturbüro ..... vom ..... einschließlich der zugehörigen Kostenberechnung, *Anlage II* zu diesem Vertrag

4. Das Bodengutachten des Ingenieurbüros ..... vom ....., *Anlage III* zu diesem Vertrag
5. Der Planungsterminplan vom ....., *Anlage IV* zu diesem Vertrag
6. Der Zahlungsplan vom ....., *Anlage V* zu diesem Vertrag
7. Das Projekthandbuch, *Anlage VI* zu diesem Vertrag
8. Vorläufige Honorarermittlung, *Anlage VII* zu diesem Vertrag
9. Die öffentlich-rechtlichen und privatrechtlichen Vorschriften betreffend der Errichtung des Bauvorhabens, insbesondere die Bauplanungs- und bauordnungsrechtlichen Bestimmungen

Bei Widersprüchen und Unklarheiten gelten die Vertragsbestandteile in der Reihenfolge, in der sie aufgeführt sind.

§ 3 Leistungspflichten der Planerin

Die Bauherrin überträgt der Planerin alle Planungs- und Überwachungsleistungen, die für die mangelfreie Entstehung des in den Anlagen zu diesem Vertrag beschriebenen Gebäudes notwendig sind. Die Planerin hat eine technisch und wirtschaftlich einwandfreie Planung zu erbringen und die Leistungen der Unternehmer sorgfältig zu überwachen. Die Planerin wird alle notwendigen Leistungen ausführen, die zur Herbeiführung dieses Gesamtplanungserfolges erforderlich sind.

In diesem Fall wird die Planerin zumindest die nachfolgend aufgeführten Teilleistungen aus den Grundleistungen der Objektplanung, der Tragwerksplanung, der technischen Gebäudeausrüstung und der ..... erbringen. Die Planerin schuldet die genannten Teilleistungen als selbstständigen Teilerfolg.

§ 3.1 Die Leistungen bei Gebäuden und Innenräumen, Teil 3 Abschnitt 1 der HOAI.

Von den in Teil 3 Abschnitt 1 der HOAI genannten Leistungen wird die Planerin zumindest die folgenden in § 34 i.V.m. Anlage 10 HOAI aufgeführten Leistungen erbringen:
- LP 4 Genehmigungsplanung:
- .....
- LP 5 Ausführungsplanung:
- Ausführungs-, Detail- und Konstruktionszeichnungen nach Art und Größe des Objekts im erforderlichen Umfang und Detaillierungsgrad unter Berücksichtigung aller fachspezifischen Anforderungen, zum Beispiel bei Gebäuden im Maßstab 1:50 bis 1:1, zum Beispiel bei Innenräumen im Maßstab 1:20 bis 1:1.
- .....
- LP 6 Vorbereitung der Vergabe:
- .....
- LP 7 Mitwirkung bei der Vergabe:
- Vergleichen der Ausschreibungsergebnisse mit den vom Planer bepreisten Leistungsverzeichnissen oder der Kostenberechnung
- .....
- LP 8 Objektüberwachung (Bauüberwachung):
- .....
- Kostenfeststellung, z.B. nach DIN 276
- Auflisten der Verjährungsfristen für Mängelansprüche
- .....
- LP 9 Objektbetreuung und Dokumentation
- .....

§ 3.2 Die Leistungen bei Freianlagen, Teil 3 Abschnitt 2 der HOAI.

Von den in Teil 3 Abschnitt 2 der HOAI genannten Leistungen wird die Planerin zumindest die folgenden in § 39 i.V.m. Anlage 11 HOAI aufgeführten Leistungen erbringen:
- LP 4 Genehmigungsplanung:
- .....
- LP 5 Ausführungsplanung:
- Erstellen von Plänen oder Beschreibungen, je nach Art des Bauvorhabens zum Beispiel im Maßstab 1:300 bis 1:50

- .....
- LP 6 Vorbereitung der Vergabe:
- .....
- LP 7 Mitwirkung bei der Vergabe:
- .....
- Kostenkontrolle durch Vergleiche der Ausschreibungsergebnisse mit den vom Planer bepreisten Leistungsverzeichnissen.
- .....
- LP 8 Objektüberwachung (Bauüberwachung):
- Kostenfeststellung, z.B. nach DIN 276
- Auflisten der Verjährungsfristen für Mängelansprüche
- .....
- LP 9 Objektbetreuung und Dokumentation
- .....

§ 3.3 Die Leistungen bei der Tragwerksplanung, Teil 4 Abschnitt 1 der HOAI.

Von den in Teil 4 Abschnitt 1 der HOAI genannten Leistungen wird die Planerin zumindest die folgenden in § 51 i.V.m. Anlage 14 HOAI aufgeführten Leistungen erbringen:
- LP 4 Genehmigungsplanung:
- .....
- LP 5 Ausführungsplanung:
- .....
- LP 6 Vorbereitung der Vergabe:
- .....

§ 3.4 Die Leistungen bei der Technischen Ausrüstung, Teil 4 Abschnitt 2 der HOAI.

Von den in Teil 4 Abschnitt 2 der HOAI genannten Leistungen wird die Planerin zumindest die folgenden in § 55 i.V.m. Anlage 15 HOAI aufgeführten Leistungen erbringen:
- LP 4 Genehmigungsplanung
- .....
- LP 5 Ausführungsplanung
- .....
- LP 6 Vorbereitung der Vergabe
- .....
- LP 7 Mitwirken bei der Vergabe
- .....
- LP 8 Objektüberwachung (Bauüberwachung)
- .....

§ 3.5 Die Leistungen der .....

§ 3.6 Besondere Leistungen

Ferner wird die Planerin mindestens die nachfolgend aufgeführten Besonderen Leistungen erbringen:
1. .....
2. .....
3. .....

Auch die Erbringung der Besonderen Leistungen werden als selbstständiger Teilerfolg geschuldet.

§ 4 Subplaner

Die Planerin wird sämtliche Leistungen der Objektplanung selbst durchführen. Wegen der übrigen Leistungen ist die Planerin ausdrücklich dazu berechtigt, Subplaner zu beauftragen und die Leistungen durch diese erbringen zu lassen. Hiervon bleiben die Pflichten der Planerin gegenüber der Bauherrin unberührt.

§ 5 Projektsteuerungsleistungen

Projektsteuerungsleistungen erbringt die Planerin nicht. Hiermit hat die Bauherrin die ..... GmbH beauftragt. Deren Aufgaben und Befugnisse ergeben sich aus dem Projekthandbuch, *Anlage VI* zu diesem Vertrag.

§ 6 Vollmacht der Planerin

Die Planerin wird ausdrücklich nicht dazu bevollmächtigt, rechtsgeschäftliche Erklärungen im Namen der Bauherrin abzugeben. Eine Vollmacht wird nicht erteilt. Sämtliche kostenauslösenden Maßnahmen sind vorher mit der Bauherrin abzustimmen. Diese behält sich vor, im Einzelfall eine Vollmacht zu erteilen. Diese bedarf zu ihrer Wirksamkeit der Schriftform, § 125 BGB.

§ 7 Baukosten

Die Bauherrin hat für die Baumaßnahme ein Maximal-Gesamtbudget einschließlich aller Bau- und Planungsleistungen in Höhe von ..... einkalkuliert. Die Kalkulation beruht auf der Kostenberechnung des Architekturbüros ....., *Anlage II*. Dieses Budget darf nicht überschritten werden. Die Planerin verspricht, das Maximal-Gesamtbudget als Kostenlimit einzuhalten. Die Planerin wird die Bauherrin zudem ständig über die Entwicklung der Baukosten informiert halten. Zu diesem Zweck wird die Planerin eine sorgfältige, alle Gewerke umfassende und ständig aktualisierte Kostenermittlung durchführen. Wenn zu befürchten ist, dass die Gesamtkosten das Maximal-Gesamtbudget erreichen, wird die Planerin dies der Bauherrin unverzüglich mitteilen. Die Planerin wird der Bauherrin unverzüglich Vorschläge zur Kosteneinsparung unterbreiten.

Wenn die Bauherrin eine Änderung der Planung anordnet und hierdurch Mehrkosten entstehen, erhöht sich das einzuhaltende Kostenlimit automatisch um den Mehrkostenbetrag. Wenn eine solche Änderungsanordnung zu Minderkosten führt, wird das einzuhaltende Kostenlimit automatisch entsprechend reduziert. § 313 BGB bleibt unberührt.

§ 8 Prüfung und Freigabe von Plänen

Die Planerin wird der Bauherrin sämtliche Pläne in Papierform und in elektronischer Form übergeben. Der Zeitpunkt der Übergabe richtet sich nach dem Planungsterminplan, *Anlage IV*. Pläne in elektronischer Form müssen auf einem dauerhaften Datenträger in dem Dateiformat ..... vorgelegt werden.

Die Bauherrin wird die Pläne in einer Frist von 14 Kalendertagen prüfen und sich über die Freigabe erklären. Wenn die Bauherrin sich 14 Kalendertage nach Zugang der Pläne nicht geäußert hat, gelten die hereingereichten Pläne als genehmigt. Wenn die Bauherrin länger als 14 Tage für die Prüfung der Pläne benötigt, wird sie dies der Planerin unverzüglich mitteilen. Aus der Mitteilung muss hervorgehen, wann die Prüfung der Pläne abgeschlossen sein wird. Nach Ablauf dieser genannten Frist gilt § 8 Abs. 2 Satz 3 des Vertrages.

§ 9 Änderung der Planung; Anordnungsrechte der Bauherrin

Die Bauherrin darf anordnen, dass auch solche Pläne nachträglich zu ändern sind, die bereits fertig gestellt waren. Pläne sind in diesem Sinne fertig gestellt, wenn die Bauherrin durch ihr Verhalten (beispielsweise durch Freigabe oder Zeitablauf, § 8) zu erkennen gegeben hat, dass der Plan bestimmungsgemäß verwendet werden kann. Eine Änderungsanordnung im Sinne dieser Regelung liegt nicht vor, wenn und soweit Pläne geändert und/oder optimiert werden, die noch nicht zur bestimmungsgemäßen Verwendung freigegeben worden sind. Solche Anpassungs- und/oder Optimierungsleistungen sind Bestandteil der Leistungspflichten der Planerin im Sinne von § 3 dieses Vertrages.

Im Vorfeld einer beabsichtigten Änderungsanordnung wird die Planerin die Bauherrin auf deren Wunsch hin unverzüglich und umfassend über alle für diese entscheidungserheblichen Umstände beraten. Insbesondere wird die Planerin mitteilen, ob und in welchem Umfang Mehr- bzw. Minderkosten entstehen, wie sich die beabsichtigte Änderung auf die Bauzeit auswirkt und welche Gewerke bzw. Pläne von der beabsichtigten Änderungsanordnung betroffen sind. Die Bauherrin wird der Planerin innerhalb einer angemessenen Entscheidungsfrist ihre Entscheidung mitteilen.

§ 10 Honorierung der Planerin

Die Honorierung der Planerin richtet sich nach den Vorschriften der HOAI 2013.

Bauherrin und Planerin sind sich darüber einig, dass die Leistungen der Planerin durch die Zahlung der in den jeweiligen Honorartafeln enthaltenen Mittelsätze vergütet werden.

§ 10.1 Ermittlung der anrechenbaren Kosten

Die Planerin wird die jeweils anrechenbaren Kosten unter Zugrundelegung der Kostenermittlungsarten nach DIN 276 in der Fassung vom Dezember 2008 (DIN 276-1: 2008-12) ermitteln. Die Bauherrin wird der Planerin zu jeder Zeit alle Informationen zur Verfügung stellen, die erforderlich sind, um die anrechenbaren Kosten ermitteln zu können. Die Planerin hat einen Anspruch auf zeitweise Überlassung der Originalbelege.

§ 10.2 Nebenkosten

Nebenkosten werden nach Maßgabe von § 14 HOAI erstattet. Es wird vereinbart, dass die Nebenkosten nach Einzelnachweis abzurechnen sind.

§ 10.3 Zeithonorar

Werden Leistungen der Planerin nach Zeitaufwand berechnet, so kann für jede Stunde folgender Betrag berechnet werden:
1. Für die Architekten ..... €
2. Für Mitarbeiter, die technische oder wirtschaftliche Aufgaben erfüllen und nicht unter Nr. 3 fallen ..... €
3. Für Technische Zeichner und sonstige Mitarbeiter mit vergleichbarer Qualifikation, die technische oder wirtschaftliche Aufgaben erfüllen ..... €

§ 10.4 Honorierung Besonderer Leistungen

Die unter § 3.6 Nr. ..... genannten Besonderen Leistungen der Anlage 2 zur HOAI sind mit den entsprechenden Leistungen der jeweiligen Leistungsbilder ..... vergleichbar. Deswegen wird für diese Leistungen ein Pauschalhonorar berechnet, dass ..... % des Honorars für die Leistung ..... entspricht.

Wenn nach Abschluss des Vertrags zusätzliche Besondere Leistungen beauftragt werden, erhält die Planerin auch für diese Leistungen ein Pauschalhonorar, das gesondert ausgehandelt werden wird. Wenn eine Einigung über die Höhe des Pauschalhonorars nicht herbeigeführt werden kann, erhält die Planerin den nachgewiesenen Zeitaufwand vergütet.

§ 10.5 Vorläufige Schätzung des Honorars

Auf der Grundlage des bisher beauftragten Leistungsumfangs und der Kostenberechnung (Anlage II) sowie der Honorare für die Besonderen Leistungen wird das Honorar der Planerin voraussichtlich

..... € netto zzgl. Umsatzsteuer und Nebenkosten

betragen.

Die Zusammensetzung dieses Betrages ergibt sich aus der vorläufigen Honorarermittlung der Planerin, *Anlage VII*. Das tatsächliche Honorar wird nach den Regeln der HOAI bestimmt.

§ 10.6 Auswirkungen einer Planänderung auf das Honorar

Wenn die Bauherrin von ihrem Recht zur Anordnung von Änderungen gem. § 9 Gebrauch macht, richtet sich die Honorierung hierfür nach der Regelung in § 650q i.V.m. § 650c BGB.

§ 10.7 Bonushonorar

Wird das Kostenlimit des § 7 unterschritten, erhält die Planerin 25 % des Differenzbetrages als Bonushonorar, wenn die Unterschreitung des Budgets kausal auf der Ausschöpfung technisch-wirtschaftlicher oder umweltverträglicher Lösungsmöglichkeiten beruht und eine Verminderung des festgelegten Standards dadurch nicht erfolgt. Die Höhe des Bonushonorars beträgt maximal 20 % des vereinbarten Honorars.

alternativ:

Werden die in der Kostenberechnung des Architekturbüros ....., (Anlage II), veranschlagten anrechenbaren Kosten der Kostengruppe 430 (Lufttechnische Anlagen) unterschritten und beruht die Unterschreitung kausal auf der Ausschöpfung technisch-wirtschaftlicher oder umweltverträglicher Lösungsmöglichkeiten bei gleichzeitiger Beibehaltung des festgelegten Standards, so erhält die Planerin 50 % des Differenzbetrages als Bonushonorar. Die Höhe des Bonushonorars beträgt maximal 20 % des vereinbarten Honorars.

§ 11 Abnahme

Die Planerin hat einen Anspruch auf Abnahme. Nach Fertigstellung der Baumaßnahme kann die Planerin die Durchführung einer förmlichen Abnahme der bis dahin erbrachten Leistungen verlangen. In diesem Fall werden Bauherrin und Planerin das Objekt gemeinsam besichtigen und hierüber ein Protokoll führen, das von beiden Vertragsparteien zu unterschreiben ist. Die Planerin ist dazu berechtigt, die von ihr beauftragten Subplaner hinzuzuziehen. Beide Parteien sind dazu berechtigt, sich durch einen Sachverständigen ihrer Wahl begleiten und beraten zu lassen.

Spätestens bei der Abnahme werden der Bauherrin folgende Unterlagen in Papierform und in elektronischer Form übergeben:
1. Sämtliche Ausführungs-, Montage- und Detailpläne
2. Bestands- und Revisionsunterlagen
3. Schal- und Bewehrungspläne
4. .....

Dateien in elektronischer Form müssen im ..... -format vorliegen.

§ 12 Haftung

Die Haftung der Planerin richtet sich nach den gesetzlichen Vorschriften.

Der Bauherrin ist bekannt, dass die Planerin voraussichtlich Subplaner einsetzen wird. Ferner ist der Bauherrin bewusst, dass die Gewährleistungsansprüche der Planerin gegenüber ihren Subplanern möglicherweise zu einem früheren Zeitpunkt der Verjährung unterliegen werden als die Ansprüche der Bauherrin gegenüber der Planerin. Deswegen verpflichtet sich die Bauherrin gegenüber der Planerin dazu, jeden ihr bekannten Mangel unverzüglich anzuzeigen.

§ 13 Vertragsfristen

Die Bauherrin beabsichtigt, das zu errichtende Gebäude vollständig zu vermieten. Die ..... AG hat bereits einen Vertrag über die Anmietung der Etagen drei bis acht mit der Bauherrin abgeschlossen. In diesem Vertrag hat die Bauherrin sich dazu verpflichtet, die Mieträume der ..... AG bis zum ..... zur Verfügung zu stellen. Aus diesem Grund hat die rechtzeitige Fertigstellung der Maßnahme höchste Priorität. Die Planerin wird daher alle Anstrengungen unternehmen, um ihre Verpflichtungen termingerecht zu erfüllen.

§ 13.1 Fristen

Der Planungsterminplan (Anlage IV des Vertrages) regelt, zu welcher Zeit die Genehmigungsplanung und die Ausführungsplanung vollständig vorliegen muss. Die in dem Planungsterminplan hierfür genannten Fristen sind Vertragsfristen. Mit Ablauf der Fristen gerät die Planerin ohne Mahnung in Verzug.

§ 13.2 Bedeutung von Planungsänderungen

Wenn die Bauherrin von ihrem Änderungsrecht nach § 9 dieses Vertrages Gebrauch macht, verlängern sich die in § 13.1 genannten Vertragsfristen automatisch um den Zeitraum, der für die Umsetzung der Änderung erforderlich ist. In diesem Fall wird die Planerin den Planungsterminplan unverzüglich fortschreiben und der Bauherrin den geänderten Planungsterminplan zur Verfügung stellen. Entsprechendes gilt für den Fall, dass die Bauherrin die hereingereichten Pläne nicht innerhalb von 14 Kalendertagen prüfen kann oder diese nicht nach Ablauf von 14 Kalendertagen als genehmigt gelten, § 8 dieses Vertrages. Wenn dies zu einer Verzögerung im Planungsablauf führt, werden die Vertragsfristen und der Planungsterminplan ebenfalls fortgeschrieben.

§ 14 Kündigung

Der Vertrag kann von der Bauherrin jederzeit durch freie Kündigung beendet werden, § 648 BGB.

Darüber hinaus sind beide Vertragsparteien zu jeder Zeit dazu berechtigt, das Vertragsverhältnis aus wichtigem Grund zu kündigen, § 648a BGB. Ein Kündigungsgrund in diesem Sinne kann insbesondere dann vorliegen, wenn der andere Vertragspartner
1. trotz Abmahnung wiederholt und/oder dauerhaft gegen wichtige Vertragspflichten verstößt und dem anderen Teil ein Schaden hieraus entsteht oder zu entstehen droht,
2. einen solchen einmaligen Verstoß vorsätzlich begeht oder
3. seine Zahlungen auf berechtigte Forderungen einstellt oder wenn das Insolvenzverfahren eröffnet wird.

Die Kündigung aus wichtigem Grund bedarf zu ihrer Wirksamkeit der Schriftform. Der Grund für die Kündigung soll in dem Kündigungsschreiben genannt werden.

§ 15 Baubesprechungen

In dem Projekthandbuch (Anlage VI) ist geregelt, dass in regelmäßigen Abständen Baubesprechungen stattfinden werden. Wenn die Planerin Subplaner einsetzt, wird sie dafür Sorge tragen, dass diese bei den Baubesprechungen vertreten sind.

§ 16 Versicherung

Die Planerin ist bei der ..... haftpflichtversichert. Die Versicherungsschein-Nr. lautet ..... Die vertragsgegenständliche Generalplanermaßnahme ist von dem Versicherungsschutz gedeckt. Folgende Deckungssummen sind vereinbart:
– Für Personenschäden: .....
– Für Vermögensschaden: .....

Die Planerin verpflichtet sich, die Versicherung während der gesamten Zeit der Zusammenarbeit und des Gewährleistungszeitraumes aufrecht zu erhalten. Änderungen wird die Planerin der Bauherrin unverzüglich mitteilen.

§ 17 Schlussbestimmungen

Planerin und Bauherrin bekennen sich ausdrücklich zur wechselseitigen Kooperation. Sollten Konflikte zwischen den Vertragspartnern entstehen, verpflichten sich Bauherrin und Planerin dazu, diese Konflikte schnellstmöglich beizulegen und nach Möglichkeit zumindest eine Interimsvereinbarung zu treffen. Die termingerechte Fertigstellung der Baumaßnahme hat oberste Priorität.

Änderungen dieses Vertrages oder seiner Anlagen bedürfen der Schriftform. Dies gilt auch für eine Änderung des Schriftformerfordernisses. Mündliche Nebenabreden bestehen nicht.

Als Gerichtsstand wird ..... vereinbart.

Sollte eine der vorgenannten Bestimmungen unwirksam sein oder sich als unwirksam herausstellen oder unwirksam werden, wird der restliche Vertragsinhalt im Übrigen hiervon nicht berührt. Die Parteien werden unverzüglich an einer entsprechend neuen, wirksamen Bestimmung wechselseitig mitarbeiten.

.....

Unterschriften

b) Erläuterungen

Zu § 3.1 bis 3.5. Anders als der Auftraggeber hat der Planer ein Interesse daran, möglichst viele zu erbringende Leistungen in den Vertrag hineinzuschreiben. Wenn der Planer die aufgeführten Leistungen tatsächlich erbringt – wozu er dann allerdings auch vertraglich verpflichtet ist – hat er einen Honoraranspruch erworben. Dann kommt es nicht darauf an, ob der Bauherr an der Erbringung der Leistung ein Interesse hat oder nicht.

119

Zu § 3.6. Der Auftragnehmer sollte sich am besten vor Abschluss des Vertrages sehr genau überlegen, ob es für ein mangelfreies Planungsergebnis notwendig ist, Besondere Leistungen zu erbringen. Wenn dies der Fall ist, sollte der Planer auf eine entsprechende Regelung im Vertrag Wert legen. Er hat insbesondere zu beachten, dass die in der HOAI vorgenommene Unterteilung zwischen Leistung (vor der HOAI-Novelle: Grundleistung) und Besonderer Leistung nur honorarrechtliche Bedeutung hat (vgl. z.B. Thode/Wirth/Kuffer, § 21 Rn. 26). Ob der Planer die Erbringung von Besonderen Leistungen schuldet, ist hingegen eine Frage, die sich nach der getroffenen Vereinbarung richtet. Der Planer kann sich jedenfalls nicht darauf berufen, dass er nur die in der HOAI enumerativ aufgezählten Leistungen schulde (vgl. BGH BauR 1997, 154). Der von dem Planer geschuldete werkvertragliche Erfolg lässt sich nicht allein als die Summe von abschließend enumerativ aufgeführten Leistungen beschreiben (BGH, a.a.O.). Der Generalplaner schuldet nicht einzelne Tätigkeiten, sondern die Herbeiführung eines Gesamtplanungserfolgs. Hierzu kann es auch gehören, dass Besondere Leistungen erbracht werden müssen. Wenn der Planer eine Besondere Leistung zur Herbeiführung des werkvertraglichen Erfolges zu erbringen hat, muss er in eigenem Interesse zu Beweiszwecken dafür Sorge tragen, dass eine schriftliche Beauftragung nachweisbar ist. Eine Honorarvereinbarung ist für eine Vergütung beauftragter Besonderer Leistungen nicht zwingend notwendig. Die Vergütung Besonderer Leistungen ist preisrechtlich nicht mehr verbindlich geregelt. Liegt keine Honorarvereinbarung vor, kann der Auftragnehmer die übliche Vergütung im Sinne von § 632 Abs. 2 BGB verlangen (Locher/Koeble/Frik, § 3 Rn. 18). Er kann z.B. übliche Stundensätze abrechnen oder eine Pauschale in Ansatz bringen, wenn die konkrete Leistung üblicherweise zum Pauschalpreis vergeben wird. Auch kann im Nachhinein, also nach Beauftragung, noch eine Honorarvereinbarung getroffen werden. Die Planerin hat allerdings die Beweislast dafür, dass eine Besondere Leistung beauftragt wurde.

120

Zu § 4. In dem Vertragsmuster für den Auftragnehmer ist kein Mitspracherecht des Bauherrn bei der Auswahl der Subplaner enthalten. Der Generalplaner hat regelmäßig ein erhebliches Interesse daran, allein die Subplaner seiner Wahl zu beauftragen. Schließlich trägt er auch im Verhältnis zum Bauherren die Verantwortung für deren Leistungen.

121

Zu § 7. Anders als bei dem Vertragsmuster für den Auftraggeber ist hier vorgeschlagen worden, ein Kostenlimit zu vereinbaren. Wegen der hohen Bedeutung der Kostensicherheit wird kaum ein Bauherr bereit sein, auf eine solche Klausel zu verzichten. Etwas anderes kann in der Praxis möglicherweise dann durchgesetzt werden, wenn der Bauherr aus anderen Gründen Kostensicherheit hat, beispielsweise weil er einen Generalunternehmer auf der Basis eines Pauschalpreises beauftragt hat.

122

In jedem Fall muss sich der Planer aber darüber im Klaren sein, dass die Vereinbarung eines Kostenlimits für ihn verbindlich ist. Wird der vereinbarte Betrag überschritten, ist sein Werk mangelhaft. Dies kann unter Umständen Schadensersatzansprüche nach sich ziehen. Die Mehrkosten für die Baumaßnahme stellen meistens jedoch keinen ersatzfähigen Schaden dar, weil der Bauherr häufig einen Gegenwert erwirbt (Locher/Koeble/Frik, Einl. Rn. 177). Dies ist jedoch Frage des Einzelfalls. Allerdings kommt es in Betracht, etwaige Finanzierungsmehrkosten als Schaden geltend zu machen (Locher/Koeble/Frik, a.a.O.; OLG Köln NJW-RR 1994, 981; BGH BauR 1994, 268). Daher muss der Planer davor gewarnt werden, die Vereinbarung eines Kostenlimits auf die leichte Schulter zu nehmen.

Anders als das Formular für den Auftraggeber enthält diese Version in § 7 keinen Hinweis auf die Beratungspflichten aus § 9. Auch wenn die Erhöhung des Kostenlimits in diesem Formular nicht ausdrücklich davon abhängt, dass der Planer seine Beratungspflichten erfüllt hat, sollte der Planer diese Pflichten in jedem Fall sorgsam erfüllen. Anderenfalls setzt er sich möglicherweise Schadensersatzansprüchen aus.

123 Zu § 8. Anders als in dem Muster für den Auftraggeber ist hier vorgesehen, dass der Bauherr die hereingereichten Pläne innerhalb einer starren Frist von 14 Kalendertagen zu prüfen hat. Dies bedeutet für den Generalplaner ein erhöhtes Maß an Planungssicherheit. Für den Bauherren bedeutet dies allerdings, dass er unbedingt ausreichend Kapazitäten vorhalten muss, um ggf. auch eine größere Anzahl von Plänen in der knappen Frist prüfen zu können.

124 Zu § 10. Anders als bei dem Formular für den Auftraggeber wird hier vorgeschlagen, die Leistungen der Generalplanerin mit den Mittelsätzen zu vergüten. Diese Vereinbarung stellt eine Honorarvereinbarung gem. § 7 HOAI dar und muss daher den dort aufgestellten Anforderungen genügen. Insbesondere das Merkmal »bei Auftragserteilung« bereitet in der Praxis besondere Schwierigkeiten, weil dieser Begriff von der Rechtsprechung sehr eng verstanden wird (vgl. Locher/Koeble/Frik, § 7 Rn. 29; Groß, BauR 1980, 9 ff.; OLG Düsseldorf NJW-RR 1995, 1361; Korbion/Mantscheff/Vygen, § 4 a.F. Rn. 24). Gleichwohl kommt es in der Praxis vor, dass sich die Vertragsparteien auch an eine unwirksame Honorarvereinbarung halten.

Aus wirtschaftlicher Sicht ist ein Generalplaner in besonderem Maße darauf angewiesen, ein höheres Honorar als die in der HOAI vorgesehenen Mindestsätze zu erhalten. Mit der Durchführung einer Generalplanermaßnahme sind ganz erhebliche Risiken verbunden, die über die Durchführung einzelner Planungsaufträge hinausgehen. Beispielsweise trägt der Generalplaner ein doppeltes Insolvenzrisiko. Wenn der Auftraggeber in Insolvenz gerät, muss der Generalplaner seine Subplaner bezahlen, obwohl er selbst kein Geld von seinem Auftraggeber erhält. Wenn ein Subplaner in Insolvenz gerät, muss der Generalplaner möglicherweise einen zweiten Subplaner bezahlen, ohne hierfür von seinem Auftraggeber ein gesondertes Honorar verlangen zu können. Zudem ist eine Generalplanermaßnahme auch mit erhöhten Haftungsrisiken verbunden, weil der Generalplaner die Definition der Schnittstellen zwischen den verschiedenen Sonderfachleuten übernimmt. Diese zusätzlichen Risiken sollten durch ein erhöhtes Honorar ausgeglichen werden. Ein weiteres ganz erhebliches Haftungsrisiko ergibt sich daraus, dass der Generalplaner sogar für die Richtigkeit der vom Bauherrn beigestellten Planungen haften muss, vgl. oben, B.5c) Anmerkung zu § 2. Der mit der Prüfung dieser Unterlagen verbundene Aufwand sollte nach Möglichkeit honoriert werden.

In der Praxis geschieht dies häufig dadurch, dass der Generalplaner mit dem Bauherrn die Zahlung eines Generalplanerzuschlages in der Größenordnung von 5 % bis 10 % vereinbart. Auch dies dürfte jedoch eine Honorarvereinbarung im Sinne von § 7 Abs. 1 HOAI darstellen (vgl. Enaux/Bröker, Rechtshandbuch des ganzheitlichen Bauens, S. 15 f.; a.A. Werner/Pastor, Rn. 857; Locher/Koeble/Frik, Einl. Rn. 370). Wenn ein Honorar oberhalb der Mindestsätze gegenüber dem Bauherrn nicht durchsetzbar ist, wird von Generalplanern immer wieder der Versuch unternommen, die Subplaner unter die Mindestsätze zu drücken. Dies ist wenig erfolgversprechend, denn auch im Verhältnis Subplaner-Generalplaner gilt die Mindestsatzgarantie der HOAI (Enaux/Bröker, a.a.O., S. 17 ff.; Locher/Koeble/Frik, Einl. Rn. 369; a.A. Werner/Pastor, Rn. 858). Ein Unterschreiten der Mindestsätze führt grundsätzlich zur Unwirksamkeit der Honorarvereinbarung. Im schlimmsten Fall muss der Generalplaner damit rechnen, dass es dem Subplaner gelingt, die Mindestsätze der HOAI mit Erfolg gerichtlich durchzusetzen.

125 Zu § 10.2. Nebenkosten sind prinzipiell auch ohne ausdrückliche Vereinbarung zu erstatten. Wenn nichts anderes vereinbart ist, findet eine Abrechnung nach Einzelnachweis statt, § 14 Abs. 3 HOAI. Bei Auftragserteilung kann allerdings auch vereinbart werden, dass die Nebenkosten pauschal oder sogar gar nicht abgegolten werden, § 14 Abs. 1 S. 2; § 14 Abs. 3 S. 1 HOAI. Von der Vereinbarung einer pauschalen Abrechnungsweise ist dem Generalplaner allerdings ab-

zuraten. Eine entsprechende Vereinbarung muss bereits bei Auftragserteilung abgeschlossen werden. Zu dieser Zeit kann die Höhe der zu erwartenden Nebenkosten naturgemäß nur schwer vorhergesehen werden (vgl. Korbion/Mantscheff/Vygen, § 7a.F. Rn. 14 HOAI). Bereits aus diesem Grunde ist die Vereinbarung einer Pauschale aus der Sicht des Planers unzweckmäßig. Für einen Generalplaner gilt dies in noch stärkerem Maße. Wenn es dem Planer nicht gelingt, mit seinen Subplanern eine Nebenkostenpauschale zu vereinbaren, die in die mit dem Bauherrn vereinbarte Pauschale passt oder wenn der Generalplaner mit den Subplanern sogar nach Einzelnachweis abrechnet, kann die Vereinbarung einer Pauschale im Verhältnis Bauherr – Generalplaner schnell zu einem Verlustgeschäft für die Planerseite werden.

Zu 10.4. Für die Vergütung Besonderer Leistungen sieht das Vertragsmuster für Auftragnehmer ein Pauschalhonorar vor. Die Besonderen Leistungen werden als prozentualer Anteil des Honorars für die entsprechende Leistung vergütet. Zwar mag auf den ersten Blick eine Vergütung nach Stundensätzen für den Auftragnehmer verlockend sein. Die Vereinbarung des Stundensatzes bildet für den Auftraggeber anlässlich der Vertragsverhandlungen indes eine bessere »Stellschraube« zur Einflussnahme auf die Vergütung. Die Transparenz einer Vergütung nach Stundensatz und geschätztem Zeitaufwand ist für den Auftraggeber weitaus höher als die prozentuale Vergütung. Im Übrigen der Generalplaner immer das Verhältnis zu seinen Subplanern im Auge behalten. Er muss darauf achten, dass die gegenüber dem Auftraggeber durchsetzbaren Honorare ausreichend sind, damit der Generalplaner seine Subplaner bezahlen kann. **126**

Zu § 10.7. Das Vertragsmuster für Auftragnehmer enthält noch eine Regelung über die Gewährung eines Bonushonorars. Die Möglichkeit einer derartigen Regelung sieht § 7 Abs. 6 S. 1 HOAI ausdrücklich vor. Die Vereinbarung eines solchen Bonushonorars bedarf der Schriftform, kann allerdings auch nach Vertragsschluss noch getroffen werden. Als Vergleichsgrundlage für die tatsächlichen Kosten ist in dem Vertragsmuster das in § 7 des Vertrages vereinbarte Kostenlimit gewählt worden. Dieses wiederum orientiert sich an der Kostenberechnung. Fehlt eine Vereinbarung der Kostenbasis dürfte die Kostenschätzung maßgebend sein (vgl. Locher/Koeble/Frik, § 7 Rn. 170 ff.). **127**

Zu beachten ist, dass ein Bonushonorar nicht für eine bloße Planoptimierung verlangt werden kann. Der Architekt ist nämlich ohnehin dazu verpflichtet, den vereinbarten Standard und das vereinbarte Leistungsziel möglichst kostengünstig und wirtschaftlich herbeizuführen (Oppler, FS für Koeble, S. 445, 452). Der Architekt ist dazu verpflichtet, eine möglichst wirtschaftliche Planung anzufertigen. Die Herbeiführung einer solchen wirtschaftlichen Planung ist daher eigentlich kein Vorgang, der ein Bonushonorar rechtfertigen würde. Es muss eine Optimierung vorliegen, die über dieses gewöhnliche Maß hinausgeht und die Anforderungen des § 7 Abs. 6 S. 1 HOAI, die Nutzung technisch-wissenschaftlicher oder umweltverträglicher Lösungen, einhält. Gerade in der Konstellation der gestuften Beauftragung mehrerer Planer bietet sich die Regelung eines Bonushonorars an. Eine über das gewöhnliche Maß hinausgehende Optimierung dürfte dann vorliegen, wenn der nachgeschaltete Planer die Entwurfsplanung des Vorplaners überarbeitet und im Hinblick auf den vereinbarten Standard wesentlich verbessert. Grundsätzlich hat der nachgeschaltete Planer die Entwurfsplanung eines vorherigen Planers auf Fehler zu überprüfen. Eine Optimierung dieser Planung geht jedoch über diese grundsätzlich bestehende Prüfpflicht voraus.

Die Bonushonorarregelung ist in der Grundversion des Vertragsmusters allgemein gehalten. Alternativ besteht auch die Möglichkeit, die Bonusregelung auf vertraglich konkret umschriebene Einzelerfolge zu beziehen (hierzu Oppler, FS für Koeble, S. 445, 452). Zu diesem Zweck ist in das Vertragsmuster noch eine Alternativversion der Bonusregelung eingearbeitet. Der Bonus wird nach dieser Alternative »gewerkebezogen« gewährt. Der Planer verdient sich den Bonus, wenn es zu einer Kostenreduktion hinsichtlich der Gewerke einer Kostengruppe der DIN 276 kommt. Auftraggeber und Auftragnehmer können hier durchaus mehrere Boni für mehrere Erfolge vereinbaren, wobei allerdings die Obergrenze des § 7 Abs. 6 HOAI zu beachten ist (hierzu Oppler, FS für Koeble, S. 445, 453).

128 Zu § 11. Seit der HOAI 2013 ist die Abnahme Fälligkeitsvoraussetzung für das Planerhonorar. In der Praxis wird sich für die Planer voraussichtlich wenig ändern, da unabhängig von der Abnahme Abschlagszahlungen in Höhe des erbrachten Leistungsstandes verlangt werden können. Aber auch aus anderen Gründen ist die Abnahme durchaus wichtig für den Planer. Die Abnahme setzt den Lauf der Verjährungsfrist in Gang, markiert den Zeitpunkt des Gefahrüberganges und führt zu einer Beweislastumkehr, so dass fortan der Auftraggeber die Mangelhaftigkeit der Werkleistung beweisen muss. Deshalb ist der Planer gut beraten, eine förmliche Abnahme von dem Auftraggeber einzufordern. Dies hat den Vorteil, dass der Zeitpunkt der Abnahme rechtssicher bestimmbar ist.

Im Verhältnis zu seinen Subplanern muss der Generalplaner im Auge behalten, dass deren Leistungen möglicherweise zu einem früheren Zeitpunkt abgenommen werden müssen. Es ist in allgemeinen Geschäftsbedingungen nicht wirksam möglich, die Abnahme der Subplanerleistungen von der Abnahme im Verhältnis Bauherr-Generalplaner abhängig zu machen. Umso wichtiger ist es für den Generalplaner, eine möglichst frühzeitige Abnahme seiner eigenen Leistungen herbeizuführen.

Das Vertragsmuster sieht eine Abnahme nach Fertigstellung des Objekts vor. Dies ist nicht zuletzt deswegen möglich, weil in diesem Vertragsmuster keine Leistungen der Leistungsphase 9 übertragen worden sind, so dass die Leistungen des Generalplaners mit der Durchführung der Bauaufsicht auch tatsächlich weitgehend beendet sind. Sollte im Einzelfall beispielsweise die Rechnungsprüfung als Teil der Leistungsphase 8 noch nicht beendet sein, wäre die förmliche Abnahme zumindest als Teilabnahme der bis dahin erbrachten Leistungen zu verstehen. Wenn die Leistungsphase 9 beauftragt werden soll, ist der Generalplaner gut beraten, zumindest eine Teilabnahme nach Leistungsphase 8 herbeizuführen.

129 Zu § 12. Unter § 11 ist ausgeführt worden, dass im Verhältnis Generalplaner-Subplaner die Abnahme zu einem früheren Zeitpunkt stattfindet als im Verhältnis Bauherr-Generalplaner. Dies führt dazu, dass die Gewährleistungsfristen der Subplaner zu einem früheren Zeitpunkt enden. Im ungünstigsten Fall bedeutet dies, dass der Generalplaner gegenüber dem Bauherrn schadensersatzpflichtig ist, ohne dass der Generalplaner diesen Schaden bei dem verantwortlichen Subplaner regressieren kann, weil die Mängelansprüche in diesem Verhältnis bereits der Verjährung unterliegen. Deswegen sollte der Bauherr dazu verpflichtet werden, erkannte Mängel möglichst unverzüglich dem Generalplaner anzuzeigen, damit der Generalplaner ggfs. rechtzeitig verjährungsunterbrechende Maßnahmen ergreifen kann. Sollte der Bauherr schuldhaft hiergegen verstoßen, kann der Planer u.U. Schadensersatz gemäß §§ 282, 280 Abs. 1 i.V.m. § 241 Abs. 2 BGB verlangen.

130 Zu § 13.2. Korrespondierend mit der Vereinbarung der starren Prüfungsfristen in § 8 des Vertrages wird vorgeschlagen, einen Anpassungsmodus für die Vertragsfristen zu vereinbaren, wenn der Bauherr die Verlängerungsoption in Anspruch nimmt. Wenn der Bauherr rechtzeitig ankündigt, dass er die Pläne nicht innerhalb von 14 Kalendertagen wird prüfen können, werden die Planliefertermine verschoben, wenn und soweit die Erstellung der nachfolgenden Pläne hierdurch verzögert wird.

10. Projektsteuerungsvertrag

a) Einleitung

131 Der Projektsteuerungsvertrag unterscheidet sich vom Projektmanagementvertrag im Wesentlichen dadurch, dass dem Auftragnehmer in ihm keine Aufgaben der Projektleitung übertragen werden. Angesichts der im Übrigen gegebenen inhaltlichen Übereinstimmung erscheint es nicht sinnvoll, den nachfolgenden Mustern für einen Projektmanagementvertrag ein eigenständiges Projektsteuerungsvertragsmuster an die Seite zu stellen. Im Folgenden soll vielmehr zunächst das Leistungsbild

der Projektsteuerung – in Abgrenzung zum Projektmanagement, zum Projektcontrolling und zu Planungsleistungen – definiert werden (ausführlich werden die verschiedenen Einsatzformen u.a. dargestellt von: Eschenbruch, Projektmanagement und Projektsteuerung, 4. Aufl., Kap. 1.3 und 1.4; Eschenbruch/Leicht, in: Kuffer/Wirth, Handbuch des Fachanwalts Bau- und Architektenrecht, 5. Aufl., 6. Kap., C.II [Rn. 2 ff.]; Eschenbruch, in: Wirth, Handbuch der Vertragsgestaltung, Vertragsabwicklung und Prozessführung im privaten und öffentlichen Baurecht, Erstes Buch, Privates Baurecht, IX. Teil, 1. Abschnitt, A. III.; Heiermann/Franke/Knipp, Baubegleitende Rechtsberatung, 2.Teil, B.IV.1., 5. und 6). Im Anschluss hieran wird dargestellt, in welchen Punkten der Projektmanagementvertrag modifiziert werden muss, um einen »reinen« Projektsteuerungsvertrag zu erhalten. Bezugspunkt ist hierbei das unter D. 1. dargestellte Muster für einen Projektmanagementvertrag des Auftraggebers.

aa) Der Begriff Projektsteuerung

Die im Zusammenhang mit der Übernahme von klassischen Auftraggeberaufgaben bei Bauvorhaben gebräuchlichen Begriffe – Projektmanagement, Projektleitung, Projektsteuerung, Projekt- bzw. Baucontrolling etc. – werden nicht immer klar voneinander abgegrenzt und entsprechend ihrer mittlerweile – zumindest in der Theorie – weitgehend übereinstimmend angenommenen Bedeutung angewendet. Das ist in der Praxis dann unproblematisch, wenn sich aus der vertraglichen Vereinbarung ungeachtet der verwendeten Begriffe eindeutig ergibt, welche Leistungen der Auftragnehmer erbringen soll und welche Kompetenzen ihm hierbei eingeräumt werden. Fehlt jedoch eine solche klare Leistungsbeschreibung, müssen die Leistungspflichten des Auftragnehmers im Wege der Auslegung ermittelt werden. Dabei kann sich der Leistungsinhalt gegebenenfalls auch aus dem üblichen Verständnis der verwendeten Begriffe ergeben.

132

Der Begriff der Projektsteuerung wurde vom Gesetzgeber schon im Jahr 1977 mit der Aufnahme des Leistungsbildes Projektsteuerung in § 31 HOAI a.F. definiert:

> »Leistungen der Projektsteuerung werden von Auftragnehmern erbracht, wenn sie Funktionen des Auftraggebers bei der Steuerung von Projekten mit mehreren Fachbereichen übernehmen.«

Diese Definition, die vor allem die Abgrenzung zu den klassischen Planungsleistungen der HOAI im Auge hat (Eschenbruch, in: Wirth, Handbuch der Vertragsgestaltung, Vertragsabwicklung und Prozessführung im privaten und öffentlichen Baurecht, Erstes Buch, Privates Baurecht, IX. Teil, 1. Abschnitt, A.III Rn. 4; vgl. auch Schill, Der Projektsteuerungsvertrag, S. 8 ff. zur Problematik des Leistungsbildes des § 31 a.F. im Gefüge der HOAI), lässt jedoch offen, ob und in welchem Umfang der Projektsteuerer auch Entscheidungen anstelle des Auftraggebers treffen darf bzw. soll. Die AHO-Fachkommission »Projektsteuerung« hat diese Frage bei ihrer ersten Konkretisierung des Leistungsbildes im Jahr 1996 (Ausschuss der Verbände und Kammern der Ingenieure und Architekten für die Honorarordnung e.V. [AHO], AHO-Fachkommission Projektsteuerung, Untersuchungen zum Leistungsbild des § 31 HOAI und zur Honorierung für die Projektsteuerung, Nr. 9 der Schriftenreihe des AHO) dann restriktiv in dem Sinne beantwortet, dass der Projektsteuerer lediglich Auftraggeberaufgaben in beratender »Stabsfunktion« wahrnimmt und keine eigenen Entscheidungsbefugnisse besitzt (Eschenbruch, in: Wirth, Handbuch der Vertragsgestaltung, Vertragsabwicklung und Prozessführung im privaten und öffentlichen Baurecht, Erstes Buch, Privates Baurecht, IX. Teil, 1. Abschnitt, A.III Rn. 8).

Dieses Verständnis hat sich weitgehend durchgesetzt. Die Projektsteuerung hat danach eine rein beratende, unterstützende Funktion. Der Projektsteuerer nimmt dem Auftraggeber Organisations-, Dokumentations-, Koordinations-, Steuerungs- und Kontrolltätigkeiten ab und bereitet anstehende Entscheidungen für ihn vor (Eschenbruch, Projektmanagement und Projektsteuerung, 4. Aufl., Kap. 1.4.1.1, Rn. 315; Rodewoldt, in Roquette/Otto, Vertragsbuch Privates Baurecht, 2. Aufl., B.IV., Einleitung Rn. 3; Heiermann/Franke/Knipp, Baubegleitende Rechtsberatung, 2.Teil, B.IV.5., S. 393). Er trifft jedoch keine Entscheidungen selbst. Vielmehr behält der Bauherr den bestimmenden Einfluss auf das Projekt, indem er weiterhin die Leitung des Projektes mit Entscheidungs- und Durchsetzungskompetenz ausübt.

bb) Abgrenzung zum Projektmanagement

133 Unter dem Begriff Projektmanagement wird die **um die Projektleitung ergänzte Projektsteuerung** verstanden (statt vieler: Eschenbruch/Leicht, in: Kuffer/Wirth, Handbuch des Fachanwalts Bau- und Architektenrecht, 5. Aufl., 6. Kap., C.II.5 (Rn. 6)). Mit der teilweisen oder vollständigen Übertragung der Projektleitung geht die Entscheidungs- und Durchsetzungskompetenz auf den Auftragnehmer über (In den vollständig überarbeiteten Untersuchungen der AHO-Fachkommission aus dem Jahr 2009 (Projektmanagementleistungen in der Bau- und Immobilienwirtschaft, Nr. 9 AHO Schriftenreihe, 4. Aufl. 2014) findet sich in § 1 der von der Kommission entwickelten Leistungs- und Honorarordnung eine diesem Verständnis entsprechende Unterscheidung:

§ 1 Anwendungsbereich

...

(2) Projektmanagementleistungen sind entsprechend DIN 69901-5:2009-01 alle (technisch-wirtschaftlichen) Führungsaufgaben, -organisationen, -techniken und -mittel für die Initiierung, Definition, Planung, Steuerung und den Abschluss von Projekten. Projektmanagementleistungen im Sinne dieser Leistungs- und Honorarordnung setzen sich aus Leistungen der Projektleitung und der Projektsteuerung zusammen.

(3) Leistungen der Projektsteuerung sind Unterstützungsleistungen des Auftragnehmers (Projektsteuerers) für einen Bauherrn (Auftraggeber) bei der Realisierung von Projekten in beratender Funktion (Stabsfunktion), wie sie in § 2 näher beschrieben sind.

(4) Leistungen der Projektleitung sind Unterstützungsleistungen des Auftragsnehmers (Projektmanagers) für den Bauherrn (Auftraggeber) bei der Realisierung eines Projekts in Organisations-, Entscheidungs- und Durchsetzungsfunktion (Linienfunktion), wie sie in § 3 definiert sind.

Entsprechend steigt seine Verantwortung für den Projekterfolg. Der Projektmanager kann im Rahmen der Steuerung des Projektes direkt in Entscheidungsprozesse des Bauherrn eingreifen bzw. Entscheidungen autonom treffen und durchsetzen.

Zentrale Aufgaben der Projektleitung, die auf den Auftragnehmer delegiert werden können, sind unter anderem (vgl. auch das Leistungsbild in § 3 »Projektleitung« der Leistungs- und Honorarordnung der AHO-Fachkommission Projektsteuerung/Projektmanagement, Nr. 9 der Schriftenreihe des AHO, 4. Aufl., und bei Eschenbruch, in: Wirth, Handbuch der Vertragsgestaltung, Vertragsabwicklung und Prozessführung im privaten und öffentlichen Baurecht, Erstes Buch, Privates Baurecht, IX. Teil, 1. Abschnitt, A.III Rn. 12, S. 1299):

- das rechtzeitige Herbeiführen bzw. Treffen erforderlicher Entscheidungen in planerischer Hinsicht (Funktion, Konstruktion, Standard und Gestaltung) ebenso wie in Bezug auf Qualität, Kosten und Termine,
- das Aufstellen von Organisationsplänen, von Terminplänen, eines Finanzierungskonzeptes,
- das Durchsetzen erforderlicher Maßnahmen zur Erreichung der Projektziele,
- das Herbeiführen der erforderlichen öffentlich-rechtlichen Voraussetzungen,
- das Konfliktmanagement zwischen den Beteiligten,
- das Führen von (Vertrags-) Verhandlungen mit Bindungswirkung für den Auftraggeber,
- die Leitung von Besprechungen auf Entscheidungsebene,
- die Wahrnehmung projektbezogener Repräsentationspflichten

In welchem Umfang der Auftraggeber Leitungsfunktionen an den Auftragnehmer abgibt, steht in seiner freien Entscheidung. Inwieweit eine solche Übertragung sinnvoll ist, hängt von den Rahmenbedingungen des Einzelfalles ab, insbesondere den Projektzielen/Interessen des Bauherrn sowie den Kapazitäten und Kompetenzen auf Seiten des Auftraggebers (Die Notwendigkeit einer Anpassung an die konkreten Gegebenheiten betonen u.a. auch Eschenbruch, in: Wirth, Handbuch der Vertragsgestaltung, Vertragsabwicklung und Prozessführung im privaten und öffentlichen Baurecht, Erstes Buch, Privates Baurecht, IX. Teil, 1. Abschnitt, A. III Rn. 17, S. 1302 sowie Rodewoldt, in Roquette/Otto, Vertragsbuch Privates Baurecht, 2. Aufl., B. IV. Rn. 18).

cc) Abgrenzung zum Projektcontrolling

Von einem Projektcontrolling wird in der Regel dann gesprochen, wenn der Auftraggeber einen Generalplaner und einen Generalunternehmer oder insgesamt einen Generalübernehmer (sog. Kumulativleistungsträger) eingeschaltet hat. Hierdurch hat er bereits einen großen Teil der Projektmanagementaufgaben auf seine Auftragnehmer verlagert. Als Aufgabenfeld für einen externen Projektbegleiter verbleibt in diesem Fall aus Sicht des Auftraggebers nur die Koordinierung der beauftragten Kumulativleistungsträger, also die übergeordnete Projektablaufplanung und die Kontrolle und Steuerung in Bezug auf Qualität, Kosten und Termine (Rodewoldt, in Roquette/Otto, Vertragsbuch Privates Baurecht, 2. Aufl., B. IV. Rn. 3; auch als »Generalunternehmercontrolling« bezeichnet, Eschenbruch, in: Wirth, Handbuch der Vertragsgestaltung, Vertragsabwicklung und Prozessführung im privaten und öffentlichen Baurecht, Erstes Buch, Privates Baurecht, IX. Teil, 1. Abschnitt, A. III. Rn. 13, S. 1300; Eschenbruch/Leicht, in: Kuffer/Wirth, Handbuch des Fachanwalts Bau- und Architektenrecht, 5. Aufl., 6. Kap. C II 6 [Rn. 7]). Das Leistungsbild des Projektcontrollers ist daher im Vergleich zum Projektsteuerer auf wenige Steuerungs- und Kontrollaufgaben reduziert. 134

dd) Abgrenzung zu Planungsleistungen

Die Abgrenzung zwischen Projektsteuerungsleistungen und der Tätigkeit von Planern (Hierzu ausführlich etwa: Schill, Der Projektsteuerungsvertrag, S. 31 ff.; Seifert, in: Korbion/Mantscheff/Vygen, HOAI, 7. Aufl., § 31 Rn. 3, 4 und 8 ff.) ist relativ unproblematisch, soweit es um planerische Tätigkeiten im engen Sinn (die Funktion, Konstruktion, Standard und Gestaltung betreffen) einerseits und Kontrollaufgaben andererseits geht. 135

Erstere liegen in der alleinigen Verantwortung der Planer. Der Projektsteuerer kann in der Regel lediglich – in Abstimmung mit dem Auftraggeber – Planungsziele vorgeben und deren Einhaltung überwachen. Die planerische Umsetzung aber findet im Bereich der Objekt- und Fachplanung statt.

Kontrollaufgaben nehmen beide Projektbeteiligten jeweils auf ihrer »Ebene« wahr, wobei die des Projektsteuerers übergeordnet ist. Er übt für den Bauherrn auch die Kontrolle über die projektbeteiligten Planer aus, indem er die Planungsleistungen auf ihre Übereinstimmung mit den Projektzielen hin prüft.

Zu Überschneidungen (vgl. hierzu auch Seifert, in: Korbion/Mantscheff/Vygen, HOAI, 7. Aufl., § 31 Rn. 10; Heiermann/Franke/Knipp, Baubegleitende Rechtsberatung, 2.Teil, B.IV.2., S. 376; Schill, Der Projektsteuerungsvertrag, S. 31 ff.) kann es allerdings bei Koordinierungsleistungen kommen, zu denen auch der Objektplaner nach den weithin verwendeten Leistungsbildern der HOAI verpflichtet wird. So zählen zu den in Anlage 10 zur HOAI 2013 aufgeführten Grundleistungen des Objektplaners (§ 33 HOAI 2013) in mehreren Leistungsphasen unter anderem die »Koordination und Integration« der Leistungen anderer an der Planung fachlich Beteiligter«. Die »Koordination« neben der Integration wurde erst mit der HOAI 2013 eingeführt. Hiermit ist allerdings wohl keine inhaltliche Erweiterung der bisherigen Integrationspflicht verbunden, sondern lediglich deren Präzisierung. Denn eine Integration der Leistungen anderer an der Planung fachlich Beteiligter setzt notwendig – und damit auch schon nach der HOAI in früheren Fassungen – voraus, dass der Objektplaner zum einen sicherstellt, dass die Planungsleistungen anderer Planer mit seiner Planung abgestimmt sind (weshalb er diese den Fachplanern rechtzeitig zur Verfügung stellen muss), und zum anderen, dass er die Leistungen der anderen an der Planung Beteiligten rechtzeitig erhält. Integration bedeutet damit notwendig auch vorausschauende Koordination. Eine sinnvolle Abgrenzung zur Tätigkeit des Projektsteuerers sollte sich deshalb daran orientieren, dass der Planer Koordinierungsleistungen nach den Leistungsbildern der HOAI nur insoweit zu erbringen hat, wie es für eine ordnungsgemäße Erfüllung der von ihm geschuldeten Planungsleistung (und damit auch der Integration der Planungen anderer an der Planung Beteiligter) erforderlich ist. Die auf das Gesamtprojekt bezogene Koordinierung und ggf. eingreifende Steuerung obliegt hingegen dem Projektsteuerer.

Nach den Leistungsbildern der HOAI 2013 ist der Planer, wie schon in der Vergangenheit, zur Kostenermittlung und Kostenkontrolle verpflichtet. Mit der HOAI 2013 hat sich dies im Hinblick auf die Abgrenzung zur Tätigkeit des Projektsteuerers nicht geändert, insbesondere treffen den Planer hier nicht weitergehende Pflichten. Die Grundleistungen der Kostenermittlung und -kontrolle (in den Leistungsphasen 2, 3, 6 und 8) stehen neben einer Kostenverfolgung durch den Projektsteuerer. Auch hier liegt eine sinnvolle Abgrenzung darin, dass der Projektsteuerer die Ermittlungen des Planers noch einmal überprüft, vor allem aber selbst eine umfassende übergeordnete Kostenplanung und -verfolgung für das Gesamtprojekt durchführt. Sicher nicht sinnvoll wäre es schließlich, wenn der Bauherr den Planer trotz Einschaltung eines Projektsteuerers auch mit den Besonderen Leistungen »Aufstellen von vergleichenden Kostenübersichten unter Auswertung der Beiträge anderer an der Planung fachlich Beteiligter« und vor allem »Aufstellen, Überwachen und Fortschreiben von differenzierten Kostenplänen« beauftragt, denn dann wäre unvermeidlich eine Überschneidung mit der üblichen Kostenverfolgung durch den Projektsteuerer gegeben.

Im Bereich der Terminplanung ist zusätzlich zur Verpflichtung des Planers zum »Aufstellen, Fortschreiben und Überwachen eines Terminplans« während der Objektüberwachung (Lph 8) mit der HOAI 2013 auch das »Erstellen und Fortschreiben von Terminplänen« bereits ab der Vorentwurfsplanung (Leistungsbild Objektplanung) bzw. ab der Entwurfsplanung (Leistungsbilder Ingenieurbauwerke und Verkehrsanlagen) ausdrücklich als Grundleistung hinzugekommen. Auch das stellt jedoch keine Ausweitung der Leistungspflichten des Planers dar, die nun in den Bereich der Projektsteuerung hineinreichen würden. Denn der Planer ist in der Regel vertraglich auch auf das Planungsziel »Einhaltung eines bestimmten Fertigstellungstermins« verpflichtet; Dieses Planungsziel zu erreichen ist aber ohne eine frühzeitig durchgeführte und in der Folge fortgeschriebene und verfeinerte Terminplanung nicht möglich. Und mehr schuldet der Planer auch nach den neu hinzugekommen Grundleistungen nicht, die deshalb nur klarstellenden Charakter haben. Etwas anderes gilt allerdings für die Grundleistung »Aufstellen eines Vergabeterminplans« im Zuge der Vorbereitung der Vergabe (Lph 6). Diese neue Grundleistung führt zu einem echten Mehraufwand für den Planer und greift gleichzeitig in den klassischen Tätigkeitsbereich des Projektsteuerers ein.

Eine sinnvolle Abgrenzung zur Tätigkeit des Projektsteuerers lässt sich danach in der Weise finden, dass der Projektsteuerer die Terminpläne und -einhaltung sämtlicher Projektbeteiligten während der gesamten Projektdurchführung überprüft und ggf. nach Abstimmung mit dem Bauherrn steuernd eingreift. Hinzu kommt die umfassende übergeordnete Terminplanung und -verfolgung für das Gesamtprojekt. Hinsichtlich der Aufstellung eines Vergabeterminplans sollte der Auftraggeber entweder das Leistungsbild des Planers um die entsprechende Grundleistung reduzieren oder die Tätigkeit des Projektsteuerers auf die Überprüfung des vom Planer erstellten Vergabeterminplans beschränken. Gleiches gilt auch für die Besondere Leistung »Aufstellen, Überwachen und Fortschreiben von differenzierten Zeitplänen«. Will der Bauherr den Planer hiermit trotz Einschaltung eines Projektsteuerers beauftragen, muss er, um eine Doppelbeauftragung zu vermeiden, das Leistungsspektrum des Projektsteuerers entsprechend begrenzen.

Die Tatsache, dass seit der Aufnahme des Leistungsbildes der Projektsteuerung in die HOAI zahlreiche im Vergleich zu § 31 HOAI a.F. weitaus differenziertere Leistungsbilder für die Projektsteuerung entwickelt wurden – zu nennen seien hier nur die von der AHO-Fachkommission in den Jahren 1996 und 2004 erarbeiteten Leistungsbilder (S. Anm. 3 und 7; einen Überblick über die gängigen Leistungsbilder gibt Eschenbruch, in: Eschenbruch, Projektmanagement und Projektsteuerung, 4. Aufl., Anhang 1, Rn. 2687 ff.), ist nicht zuletzt dem Umstand geschuldet, dass das Leistungsbild des § 31 HOAI a.F. eine klare Abgrenzung zu den Leistungen insbesondere des Objektplaners nicht zulässt. Wegen des unklaren Leistungsbildes hat die Bundesregierung im Rahmen der HOAI-Novelle 2009 auf eine Regelung zur Projektsteuerung gänzlich verzichtet (BR-Drucks. 353/09 vom 30.04.2009 [S. 153 f.]).

Um Überschneidungen und Doppelbeauftragungen auszuschließen, sollte bei der Vertragsgestaltung deshalb auf eines der differenzierteren Leistungsbilder (als auf den Einzelfall anzupassende Grundlage) zurückgegriffen werden. (Die AHO-Fachkommission Projektmanagement/Projektsteuerung hat das Leistungsbild mit der 4. Auflage von Heft Nr. 9 an die HOAI 2013 angepasst.).

ee) Praxis

Die Übergänge zwischen Projektcontrolling, Projektsteuerung und Projektmanagement sind in der Praxis fließend. Der Auftraggeber muss im Einzelfall anhand der Rahmenbedingungen entscheiden, welche Bauherren-Aufgaben mit welchen Kompetenzen er sinnvoller Weise delegiert. Es verbietet sich deshalb von vornherein, starre (Vertrags-) Muster anzuwenden. Vielmehr sollte der Auftraggeber das Leistungsspektrum des Projektsteuerers bzw. -managers für das konkrete Projekt klar definieren. Hierbei hat er auch auf die Schnittstellen zu den Leistungen anderer Projektbeteiligter zu achten, um Doppelbeauftragungen und damit Doppelhonorierungen und Kompetenzkonflikte auszuschließen.

ff) Vertragsgestaltung

Die Leistungen der Projektleitung mit Entscheidungs- und Durchsetzungskompetenzen können in den Projektmanagementvertrag aufgenommen werden, indem neben den allgemeinen Rechten und Pflichten der Projektsteuerung ein zusätzliches separates Leistungsbild »Projektleitung« aufgenommen wird. Ebenso gut ist es möglich, die Einzelleistungen der Projektleitung direkt in die einzelnen Projektstufen des Leistungsbildes der Projektsteuerung zu integrieren.

Das Muster für einen Projektmanagementvertrag in Kapitel D. 1 geht den zweiten Weg. Will man aus ihm einen reinen Projektsteuerungsvertrag machen, muss man ihn somit um die Elemente der Projektleitung »bereinigen«, soweit die einzelnen Vertragsbestimmungen solche enthalten.

Im Einzelnen sind deshalb folgende kursiv und fett gedruckte Stellen zu streichen bzw. durch die Sätze gemäß der jeweiligen Maßnahme zu ersetzen:

b) Erstellung eines Projektsteuerungsvertrages aus einem Projektmanagementvertrag gemäß Kap. D.1.

(Nur die kursiven Sätze sind von Änderungen betroffen, der übrige Vertrag gem. D.1. bleibt bestehen)

§ 1 Vertragsgegenstand

2. Beauftragte Leistungen, Zielvorgaben

»AG überträgt dem AN nach Maßgabe der nachstehenden Vereinbarungen *das gesamte Projektmanagement (Projektleitung einschließlich Entscheidungsbefugnis – soweit nicht ausdrücklich dem AG vorbehalten – und* die Projektsteuerung gemäß .....«

Maßnahme: streichen

§ 2 Leistungen des AN

1. Leistungsverpflichtung des AN

» ..... geschuldet werden. *Darüber hinaus wird der AN den Abschluss ggf. noch anhängiger, das Projekt betreffende Verwaltungsverfahren herbeiführen oder solche durchführen, soweit sie zur Realisierung des Projektziels erforderlich sind.*

Maßnahme: streichen

.....

Der AN führt die ihm übertragenen Leistungen in eigener Verantwortung aus *und unterliegt keinem Weisungs- oder Direktionsrecht des AG, soweit sich dieser nicht vertraglich ausdrücklich etwas anderes vorbehält* (vgl. § 1 Nr. 2 und Anlage 2).«

Maßnahme: streichen; im Projektsteuerungsvertrag würde man grundsätzlich die umgekehrte Regel-Ausnahme-Systematik wählen, nämlich dass der AN nur dann weisungsfrei handeln darf, wenn ihm dieses Recht ausdrücklich vertraglich eingeräumt wurde.

.....

Im Rahmen der Projektleitung werden von dem AN folgende Aufgabenbereiche wahrgenommen, es sei denn, der AG behält sich diese selbst vor (vgl. Anlage 2):
- *Vorgabe der Projektziele*
- *Herbeiführen bzw. Treffen der erforderlichen Entscheidungen*
- *Durchsetzung der erforderlichen Maßnahmen*
- *Abschluss und Vollzug der Projektbezogenen Verträge*
- *Herbeiführung aller erforderlichen Einwilligungen, Genehmigungen und Erlaubnisse*
- *Führung de Baubuchhaltung*
- *Sicherstellung der Projektfinanzierung*
- *.....*

Maßnahme: streichen

2. Optimierungsziele

»Dem AN ist bekannt, dass alle Projektbeteiligten auf die nachfolgend genannten Optimierungsziele zu achten und auf diese hinzuwirken verpflichtet sind. *Der AN wird Soll-Daten den übrigen Projektbeteiligten vorgeben, diese kontrollieren und steuern. Zur Vorgabe der Soll-Daten gehören Planen, Ermitteln, Überprüfen, Festlegen und Vorgehen* ..... «

Maßnahme: Hier kann stattdessen die Formulierung: »*Der AN wird die Vorgabe der Soll-Daten durch den AG vorbereiten und deren Einhaltung kontrollieren und steuern.*« gewählt werden.

3. Sonderfachleute

»Der AN *leitet*, koordiniert und steuert ..... «

Maßnahme: streichen

§ 4 Zusammenarbeit mit Beteiligten

2. Anregungen und Anordnungen

» ..... Einvernehmen herzustellen. *Gelingt dies nicht, ist der AN zunächst berechtigt wider der Anregung oder Anordnung des AG zu handeln, soweit der AN für die betroffenen Handlungsbereiche im Hinblick auf die Projektrealisierung die Verantwortung trägt.*«

Maßnahme: Hier kann stattdessen die Formulierung: »*Gelingt dies nicht, hat der AN die Anordnungen des AG auszuführen.*« gewählt werden.

§ 8 Haftung und Gewährleistung

1. Anwendung des Werkvertragsrechts

»..... Er haftet für die Vollständigkeit und sachliche Richtigkeit aller von ihm zu erbringenden Leistungen und Unterlagen *sowie dafür, dass durch seine Leistungen die in den Vertragsunterlagen zum GU-Vertrag genannten Qualitäts-, Kosten- und Terminziele erreicht werden* .....«

Maßnahme: streichen

2. Betriebs- und Haftpflichtversicherung

» ..... Durch Vorlage einer Bestätigung seiner Versicherung hat der AN nachzuweisen, dass die Haftpflichtversicherung auch Schäden mit erfasst, die wegen fehlerhafter *Kosten- und Terminplanung und* Kosten- und Terminsteuerung verursacht wurden.«

Maßnahme: streichen, es sei denn, der Projektsteuerer wurde ausnahmsweise auch mit der Kosten- und Terminplanung beauftragt

Bei der Leistungsbeschreibung in Anlage 2 zum Projektmanagementvertrag müssen die Teilleistungen der Projektleitung nicht vollständig gestrichen werden, weil dem Projektsteuerer die Entscheidungs- und Durchsetzungskompetenz fehlt; vielmehr ist es auch hier durchaus im Interesse des Auftraggebers, wenn der Projektsteuer ihn bei seinen Entscheidungen unterstützt. In der Regel sind die entsprechenden Teilleistungen deshalb lediglich mit dem Zusatz »*Mitwirkung bei der* ..... « zu versehen. Konkret betrifft das folgende Teilleistungen des Leistungsbildes:

Anlage 2   Leistungsbeschreibung

(.....)

Der AN übernimmt *das komplette Projektmanagement* für das von dem AG zu errichtende Objekt ..... gemäß Anlage 1 (Projektbeschreibung).

Maßnahme: stattdessen: »*die Projektsteuerung*«

Der AN führt in eigener Verantwortung sämtliche ihm übertragenen Leistungen aus *und unterliegt keinem Weisungs- und Direktionsrecht seitens des AG*. Gemäß § 2 wird vom AN *sowohl die Projektleitung als auch* die Projektsteuerung erbracht.

Maßnahme: streichen

»Im Rahmen *des Projektmanagements* werden ..... «

Maßnahme: stattdessen: »*der Projektsteuerung*«

Die von dem AN wahrzunehmenden Aufgaben *des Projektmanagements* werden in 5 Stufen .....

Maßnahme: stattdessen: »*der Projektsteuerung*«

1.   Stufe: Projektvorbereitung

I.   Organisation/Information .....

– *Erarbeitung/Konkretisierung und Vorgabe der Projektziele* hinsichtlich .....

Maßnahme: stattdessen: »*Mitwirkung bei der Erarbeitung bzw. Konkretisierung der Projektziele*«

– *Klärung* der öffentlich-rechtlichen Genehmigungsfähigkeit des Projektziels

Maßnahme: stattdessen: »*Mitwirkung bei der Klärung* der ..... «

– *Beendigung* laufender Verwaltungsverfahren und *Einleitung* noch nicht .....

Maßnahme: stattdessen: »*Mitwirkung bei der Beendigung* laufender Verwaltungsverfahren und *der Einleitung* ..... «

– *Regelung* aller Grundstücks- .....

Maßnahme: stattdessen: »*Mitwirkung bei der Regelung* ..... «

II.   Qualitäten und Quantitäten

– *Erarbeitung und Treffen von Entscheidungen* im Rahmen .....

Maßnahme: stattdessen: »*Erarbeitung von Entscheidungsvorschlägen* ..... «

– *Ermittlung* des Raum-, Flächen- und Anlagebedarfs und *Festlegung* .....

Maßnahme: stattdessen: »*Mitwirkung bei der Ermittlung* des ..... und *bei der Festlegung* ..... «

– *Erstellung* und *Überarbeitung* des Nutzerbedarfprogramms

Maßnahme: stattdessen: »*Mitwirkung bei der Erstellung* und *bei der Überarbeitung* ..... «

III. Kosten und Finanzierung

– *Erstellung* von Kosten- und Terminplänen .....

Maßnahme: stattdessen: »*Mitwirkung bei der Erstellung* von ..... «

– *Ermittlung* und *Beantragung* von Investitionsmitteln

Maßnahme: stattdessen: »*Mitwirkung bei der Ermittlung* und *bei der* Beantragung ..... «

V. Verträge und Versicherungen

– *Erarbeitung und Abschluss* der Planerverträge (*Bestimmung* der Vertragsinhalte .....)

Maßnahme: stattdessen: »*Mitwirkung bei der Vorbereitung der Planerverträge* (*bezüglich* der Vertragsinhalte .....) *und Teilnahme an den Vertragsverhandlungen*«

– *Erarbeitung* des GU-Vertrages in .....

Maßnahme: stattdessen: »*Mitwirkung bei der Erarbeitung* ..... «

– *Erarbeitung* sämtlicher übrigen Verträge .....

Maßnahme: stattdessen: »*Mitwirkung bei der Erarbeitung* ..... «

2. Stufe: Planung

I. Organisation/Information .....

– *Durchführung* von Genehmigungsverfahren .....

Maßnahme: stattdessen: »*Mitwirkung bei der Durchführung* von ..... «

– Überwachung der Leistungserfüllung der Planer und Projektbeteiligten und *Durchsetzen* der Vertragspflichten

Maßnahme: stattdessen: »und *Mitwirkung bei der Durchsetzung* von ..... «

– *Beauftragung* von Sonderfachleuten

Maßnahme: stattdessen: »*Beratung über den Einsatz* von Sonderfachleuten«

II. Qualitäten und Quantitäten

– *Festlegung* der Qualitätsstandards in .....

Maßnahme: stattdessen: »*Mitwirkung bei der Festlegung* ..... «

– *Erarbeiten* von Leitdetails .....

Maßnahme: stattdessen: »*Mitwirkung bei der Erarbeitung* von ..... «

– *Herbeiführung* aller erforderlichen Einwilligungen .....

Maßnahme: stattdessen: »*Mitwirkung bei der Herbeiführung* ..... «

III. Kosten und Finanzierung

– *Prüfung* und *Freigabe* von Rechnungen der Planer, Berater und Gutachter .....

Maßnahme: stattdessen: »*Empfehlung hinsichtlich der Freigabe* von ..... «

V. Verträge und Versicherungen

– *Umsetzung* eines Versicherungskonzeptes .....

Maßnahme: stattdessen: »*Mitwirkung bei der Umsetzung* eines Versicherungskonzeptes ..... «

– *Durchsetzung* von Vertragspflichten .....

Maßnahme: stattdessen: »*Mitwirkung bei der Durchsetzung* von ..... «

3. Stufe: Ausführungsvorbereitung

I. Organisation/Information .....

– *Vorbereitung* der Bauverträge hinsichtlich .....

Maßnahme: stattdessen: »*Mitwirkung bei der Vorbereitung* ..... «

II. Qualitäten und Quantitäten

– *Beurteilung* von Sondervorschlägen

Maßnahme: stattdessen: »*Mitwirkung bei der Beurteilung* ..... «

IV. Termine, Kapazitäten und Logistik

– *Aufstellen und Abstimmen* der Detailablaufplanung einschließlich Ausarbeitung von Vertragsfristen und Vertragsterminen für die Ausführung sowie Festlegung von Planlieferfristen

Maßnahme: stattdessen: »*Mitwirkung beim Aufstellen und Abstimmen der Detailablaufplanung einschließlich der Ausarbeitung von Vertragsfristen und Vertragsterminen für die Ausführung sowie bei der Festlegung von Planlieferfristen*«

IV. Verträge und Versicherungen

– *Vergabeverhandlungen*

Maßnahme: stattdessen: »*Mitwirkung bei der Durchführung von Vergabeverhandlungen*«

4. Stufe: Ausführung

II. Qualitäten und Quantitäten

– *Bearbeitung* von Änderungsvorschlägen

Maßnahme: stattdessen: »*Beratung des AG hinsichtlich der Bearbeitung* ..... «

III. Kosten und Finanzierung

– *Abruf* bewilligter Fördermittel .....

Maßnahme: stattdessen: »*Mitwirkung beim Abruf* ..... «

– *Abruf* der einzelnen Finanzierungsmittel .....

Maßnahme: stattdessen: »*Mitwirkung beim Abruf* ..... «

IV. Termine, Kapazitäten und Logistik

– *Fälligstellen* und *Inverzugsetzung* .....

Maßnahme: stattdessen: »*Mitwirkung beim Fälligstellen* und *beim Inverzugsetzen* ..... «

V. Verträge und Versicherungen

– *Geltendmachung* von Ansprüchen .....

Maßnahme: stattdessen: »*Mitwirkung bei der Geltendmachung* ..... «

– *Ermittlung* eines neuen Vertragsterminplans und *Durchsetzung* gegenüber .....

Maßnahme: stattdessen: »*Mitwirkung bei der Ermittlung* ..... und *der Durchsetzung* ..... «

- *Entscheidungen über die* Vergabe von Nachträgen

Maßnahme: stattdessen: »*Erarbeitung von Entscheidungsvorschlägen hinsichtlich der* Vergabe ..... «

- *Verhandeln sämtlicher Nachträge*

Maßnahme: stattdessen: »*Mitwirkung bei der Verhandlung von Nachträgen*«

- *Ausübung* von Gestaltungsrechten .....

Maßnahme: stattdessen: »*Mitwirkung bei der Ausübung* ..... «

- *Beauftragung* von Ersatzvornahmen .....

Maßnahme: stattdessen: »*Mitwirkung bei der Beauftragung* ..... «

- *Bewertung* der Mängel .....

Maßnahme: stattdessen: »*Mitwirkung bei der Bewertung* ..... «

5. Stufe: Projektabschluss

I. Organisation/Information .....

- *Durchführung* der Übergabe bzw. Inbetriebnahme/Nutzung .....

Maßnahme: stattdessen: »*Mitwirkung bei der Durchführung* ..... «

- *Durchführung* von technischen, rechtsgeschäftlichen .....

Maßnahme: stattdessen: »*Mitwirkung bei der Durchführung* ..... «

- *Aktualisierung* des Gebäude- und Raumbuchs .....

Maßnahme: stattdessen: »*Mitwirkung bei der Aktualisierung* ..... «

II. Kosten und Finanzierung

- Überprüfung der Rechnungsprüfungsergebnisse *und Freigabe* der Schlussrechnungssummen einschließlich der *Freigabe* von Einbehalten

Maßnahme: stattdessen: »Überprüfung der Rechnungsprüfungsergebnisse *sowie Empfehlung hinsichtlich der Freigabe* der Schlussrechnungssummen *und hinsichtlich der Freigabe* von Einbehalten«

- *Geltendmachung* und Durchsetzung von Vertragsstrafen

Maßnahme: stattdessen: »*Mitwirkung bei der Geltendmachung* und Durchsetzung ..... «

- *Freigabe* von Sicherheitsleistungen

Maßnahme: stattdessen: »*Mitwirkung bei der Freigabe* von ..... «

V. Verträge und Versicherungen

- *Abschluss* von Wartungs- und Energielieferungsverträgen

Maßnahme: stattdessen: »*Mitwirkung beim Abschluss* von ..... «

D. Sonstige Verträge

1. Projektmanagementvertrag

a) Vorbemerkung

Je größer und komplexer ein Bauprojekt ist, umso größer sind die Anforderungen auch an den Auftraggeber, das Projekt durch ein zielgerichtetes und umfassendes Management seiner Entscheidungen und Informationen, seiner Stellung als Projektherr zum Erfolg zu verhelfen. Den Kernbereich der Interessen des Auftraggebers beschreibt der BGH - für den Projektsteuerer – mit der Wahrung von Qualität, Terminen und Kosten (BGH, Urt. v. 02.09.1999, VII ZR 225/98, RZ 10 nach juris). Die Managementaufgaben werden größer, je mehr unterschiedliche Unternehmen zum Zwecke der Entwicklung und Errichtung zusammenarbeiten müssen und je knapper die Zeit ist. Ziel des Projektmanagementauftrages ist es, Managementaufgaben zu übertragen, wobei der Umfang der Übertragung dieser Aufgaben dadurch bestimmt wird, inwieweit Managementaufgaben von dem AG selbst erbracht werden (so schon: Eschenbruch/Leicht, in: Kuffer/Wirth, Handbuch des Fachanwalts Bau- und Architektenrecht, 4. Aufl. 2017, S. 857). Eine Beauftragung von Projektmanagementleistungen erfolgt dann, wenn eine einmalige Auftraggeberorganisation geschaffen wird, Ressourcenknappheit beim Auftraggeber vorliegt besonders komplexe Projekte vorliegen, bei denen eine Bündelung aller Projektmanagementaufgaben zweckmäßig erscheint sowie im Hinblick auf die Zusammenführung von Objektüberwachungskompetenzen bei Einsatz unterschiedlicher Fachplaner.

Projektmanagement ist die Summe der fachlichen Unterstützungsleistungen sowohl in technischer wie auch wirtschaftlicher Hinsicht bei der Abwicklung von Immobilien- und Bauprojekten (Eschenbruch/Leicht a.a.O., grundlegend: Eschenbruch, Projektmanagement und Projektsteuerung, 4. Aufl. 2015, S. 1 ff.; s.a. Projektmanagementleistungen in der Bau- und Immobilienwirtschaft, Nr. 9 AHO Schriftenreihe, 4. Aufl. 2014. Einschlägig sind die DIN 69901- 1 bis 5 aus dem Jahre 2009.). Hierbei wird der Begriff Projektmanagement als Oberbegriff für sämtliche fachliche Unterstützung bei der Realisierung eines Projektes verstanden. Projektmanagementfunktionen können inhaltlich Planungs-, Koordinierungs-, Steuerungs- und Kontrollfunktionen umfassen und erstrecken sich typischerweise auf die Handlungsfelder Organisation, Information, Koordination, Dokumentation sowie Qualitäten, Quantitäten, Kosten, Finanzierung, Termine, Kapazitäten, Verträge und Versicherungen (Eschenbruch/Leicht a.a.O. S. 857 f.). Das Projektmanagement umfasst sowohl die Projektleitung als auch die Projektsteuerung. Die Projektleitung ist regelmäßig mit Entscheidungsfunktionen ausgestattet, wohingegen die Projektsteuerung als Unterstützungsleistung für den AG angesehen wird und somit in erster Linie eine beratende Unterstützung darstellt (Eschenbruch/Leicht a.a.O. S. 858). Werden demnach Leistungen einschließlich der Projektleitung übertragen, geschieht dies durch einen entsprechenden Projektmanagementvertrag (Eschenbruch/Leicht a.a.O.). Werden dagegen nur beratende, entscheidungsvorbereitende Aufgaben an Dritte übertragen, so wird von einer Projektsteuerung gesprochen (Eschenbruch/Leicht a.a.O.).

Von der Projektleitung werden im wesentlichen Maßnahmen zur Sicherung der Projektgrundlagen und des Entscheidungsmanagements erfasst. Typische Aufgaben der Projektleitung sind Organisationsaufgaben, Entscheidungsmanagement, Vertragsmanagement, Grundstücks- und Genehmigungsmanagement, Nutzermanagement sowie Controlling.

Von der Projektsteuerung werden im Wesentlichen vorbereitende, beratende Unterstützungsaufgaben erfasst: Organisation, Koordination, Dokumentation, Qualitäten, Quantitäten, Kosten, Finanzierung, Termine und Kapazitäten. Diese Handlungsbereiche werden allerdings zeitlich in einzelne Projektstufen eingeteilt, wie Projektvorbereitung, Planung, Ausführungsvorbereitung, Ausführung und Projektabschluss. Durch diese Gliederung wird eine handlungsbereich- und stufenbezogene Beauftragung ermöglicht, die eine klare Abgrenzung einzelner Arbeitsbereiche zur Folge hat (Eschenbruch/Leicht a.a.O. S. 860 f.).

Die HOAI 2002 enthielt in § 31 eine Aufzählung von 8 (grob konturierten) Leistungsbildern und insbesondere die Festlegung, dass Honorare frei vereinbart werden können. Mit der HOAI 2009 wurde diese Vorschrift ersatzlos gestrichen. Die HOAI 2013 bringt für den (eigentlichen) Planer eine durch alle Leistungsphasen (LPh 2, 3, 5, 6 und 8) wiederholt zu erbringende Anpassungsplanung und deren Überwachung. Die nach bisherigem Verständnis einem Projektmanager zu übertragende Terminplanungs- und Kontrollverpflichtung liegt nun originär (auch) beim (Objekt)Planer. Da vom Objektplaner die Terminplanungs- und Kontrollverpflichtung quasi Eigenüberwachungsaufgaben postuliert, macht die Vergabe der Projektmanagementaufgaben auch als Überwachung des Planers an einen Dritten zur Erreichung einer Termin- und Kosten- sowie Qualitätssicherheit nach wie vor Sinn. Das Unterscheidungsmerkmal der Eigen- zur Fremdkontrolle könnte auch maßgebliches dafür sein, diese Projektmanagementaufgaben, die in der HOAI erwähnt sind, nicht deren Preisrecht zu unterstellen, obwohl jetzt der Grundleistungskatalog des (Objekt-) Planers jedenfalls vordergründig um Projektmanagementaufgaben erweitert worden ist. Ist die hier vertretene Auffassung richtig, dass die nachstehenden Projektmanagementaufgaben nicht dem Preisrecht der HOAI unterliegen, stehen der Vereinbarung von Pauschalhonoraren weiterhin keine Hindernisse entgegen.

In Reaktion auf die HOAI 2013 überarbeitete die AHO-Fachkommission »Projektsteuerung/Projektmanagement« in einer Leistungs-und Honorarordnung Projektmanagement in der bau- und Immobilienindustrie (LHP) das Leistungsbilder Projektsteuerung und Projektmanagement aus dem Jahre 2009 (veröffentlicht in der 3. Aufl. der AHO Schriftenreihe) zur 4. Aufl. 2014, Nr. 9 der Schriftenreihe. Über die fünf Handlungsbereiche A. Organisation, Information, Koordination und Dokumentation (übrige Handlungsbereiche einbeziehend), B. Qualitäten und Quantitäten, C. Kosten und Finanzierung, D. Termine, Kapazitäten und Logistik sowie E. Verträge und Versicherungen, werden jeweils fünf Projektstufen gebildet und diesen Grund- und besondere Leistungen zugeordnet (§ 2 LHP). Die Projektleitung als weiteres gesondertes Leistungsbild wird nur grob umschrieben mit jeweils möglichen Grundleistungen (§ 3 LHP). Ein Katalog von Grund- und besonderen Leistungen für das Projektmanagement findet sich dort explizit nicht. Wie in der Vorauflage wird hier zugrunde gelegt ein Leistungskatalog von *Knipp veröffentlicht in IBR-Online unter Mustertexte »Projektsteuerungsvertrag Anlage 1 Leistungsbeschreibung«*. Wegen der hohen Individualität von Bauprojekten ist darauf zu achten, dass ergänzend zu diesen Leistungsbildern die Erforderlichkeit der Beauftragung weiterer Leistungen oder ein Vorbehalt zugunsten des AG jeweils geprüft wird. Der im folgenden dargestellte Mustervertrag geht von einer Version für den AG aus. Sollte das Muster für einen Auftragnehmer (AN) verwandt werden, sind einige Textteile gegen eigene für den Auftragnehmer formulierte Textvarianten auszutauschen bzw. Teile des Textes ersatzlos zu streichen (vgl. **Variante-AN**).,

b) Muster Projektmanagementvertrag (Version für den Auftraggeber)

2

Projektmanagementvertrag

zwischen

.....

– nachfolgend AG genannt –

und

.....

– nachfolgend AN genannt –

1. Projektmanagementvertrag

Inhaltsverzeichnis:

§ 1 Vertragsgegenstand
    1. Baugrundstück, Projekt
    2. Beauftragte Leistungen, Zielvorgaben
    3. Vertragsbestandteile
    4. Sonstige Vorschriften

§ 2 Leistungen des AN
    1. Leistungsverpflichtung des AN
    2. Optimierungsziele
    3. Sonderfachleute
    4. Umplanungen
    5. Dokumentation
    6. Projektbüro

§ 3 Dauer der Beauftragung

§ 4 Zusammenarbeit mit Beteiligten
    1. Gegenseitige Information
    2. Anregungen und Anordnungen
    3. Besprechungen
    4. Zusammenarbeit mit Dritten

§ 5 Termine, Fristen, Leistungszeit
    1. Projekttermine
    2. Leistungszeit

§ 6 Vergütung
    1. Pauschalhonorar
    2. Honoraranpassung
    3. Nebenkosten
    4. Zahlungen
    5. Abtretung, Aufrechnung und Zurückbehaltungsrechte

§ 7 Pflichten des AN
    1. Einhaltung von Normen
    2. Persönliche Aufgabenerfüllung
    3. Abtretung von Rechten und Pflichten

§ 8 Haftung und Gewährleistung
    1. Anwendung des Werkvertragsrechts
    2. Betriebs- und Haftpflichtversicherung

§ 9 Abnahme

§ 10 Kündigung
    1. Kündigung aus wichtigem Grund
    2. Kündigungsfolgen
    3. Übergabe von Unterlagen und Dokumentation

§ 11 Urheberrecht
    1. Recht zur Nutzung
    2. Veröffentlichungen

§ 12 Geheimhaltung

§ 13 zusätzliche Vereinbarungen
    1. Schriftform
    2. Salvatorische Klausel
    3. Gerichtsstand

§ 1 Vertragsgegenstand

1. Baugrundstück, Projekt

Der AG beabsichtigt ..... (Projektbeschreibung gemäß Anlage 1).

Die Verwirklichung des Projektes erfolgt in mehreren Leistungsabschnitten durch verschiedene weitere AN. Die Leistungen dieser AN werden sich räumlich und zeitlich überschneiden.

Das Projekt beruht im Wesentlichen auf den bisherigen Planungen/Überlegungen des Architekturbüros ..... . Diese Planungen, wie sie im wesentlichen aus den in Anlage ..... zusammengestellten Unterlagen sowie den in der nachfolgenden Ziffer 3. aufgeführten Vertragsbestandteilen zu ersehen sind, sind dem AN bekannt. Der AN erklärt, dass er zu Erfüllung der ihm übertragenen Aufgaben nach dem bei Abschluss dieses Vertrages bestehenden Erkenntnisstand keine weiteren Informationen hinsichtlich dieser Planungen benötigt, mit Ausnahme der dem AN noch nicht vorliegenden und in Anlage ..... zusammengestellten Unterlagen.

Das Grundstück und seine Nachbarschaft sind dem AN bekannt.

2. Beauftragte Leistungen, Zielvorgaben

AG überträgt dem AN nach Maßgabe der nachstehenden Vereinbarungen das gesamte Projektmanagement (Projektleitung einschließlich Entscheidungsbefugnis – soweit nicht ausdrücklich dem AG vorbehalten – und die Projektsteuerung) gemäß der in der Anlage 2 beigefügten Leistungsbeschreibung unter Zugrundelegung der in § 2 näher dargelegten Leistungspflichten. Folgende Leistungen sind nicht Gegenstand der Beauftragung des AN: ..... .

3. Vertragsbestandteile

Nachrangig zum vorliegenden Vertragstext sind – soweit vorhanden und nicht vom AN noch zu erstellen – folgende Unterlagen Vertragsbestandteil (falls nicht vorhanden bitte streichen):

Leistungsbeschreibung .....

Kostenrahmen,

Terminpläne (Rahmenterminplan, Grobablaufplan, Bauablaufplan, Bauzeitenplan, Zahlungsplan .....)

Baugrundgutachten,

Bebauungsplan,

.....

Der AN verfügt über sämtliche dieser Unterlagen (mit Ausnahme noch nicht erteilter Genehmigungen und noch nicht abgeschlossener Vereinbarungen mit Dritten), auch soweit diese dem Vertragstext nicht als Anlagen beigefügt sind.

Variante AN:

Der letzte Halbsatz entfällt.

4. Sonstige Vorschriften

Sofern in diesem Vertrag keine besonderen Vereinbarungen getroffen sind, gelten die Regeln über das Werkvertragsrecht gemäß §§ 631 ff. BGB sowie die anerkannten Regeln der Technik zum Zeitpunkt der Abnahme. Die werkvertragliche Verantwortung für die Leistungen der Generalplaner Architektur und Technik bleibt unberührt.

§ 2 Leistungen des AN

1. Leistungsverpflichtung des AN

Der AN erfüllt die Aufgaben der in der Anlage 2 im Einzelnen dargestellten Leistungsbeschreibung in dem Rahmen und in dem Umfang, der sich aus dem jeweiligen Stand der Projektverwirklichung ergibt. Der AN hat alle Leistungen zu erbringen, die zur Erreichung des mängelfreien, termingerechten Vertragszwecks erforderlich sind, wobei der vorgegebene Kostenrahmen einzuhalten ist. Die in der Leistungsbeschreibung näher dargelegten Einzelleistungen sind nur beispielhaft zu verstehen und stellen kein abschließendes Leistungsprofil dar, so dass Leistungen, die nicht ausdrücklich beschrieben aber gleichwohl zur Realisierung des Vertragszwecks erforderlich sind, ebenfalls geschuldet werden. Darüber hinaus wird der AN den Abschluss ggf. noch anhängiger, das Projekt betreffende Verwaltungsverfahren herbeiführen oder solche durchführen, soweit sie zur Realisierung des Projektziels erforderlich sind. Bei Meinungsverschiedenheiten über den geschuldeten Leistungsumfang entscheidet der AG nach billigem Ermessen.

Variante AN:

Der letzte Satz entfällt.

Der AN führt die ihm übertragenen Leistungen in eigener Verantwortung aus und unterliegt keinem Weisungs- oder Direktionsrecht des AG, soweit sich dieser vertraglich nicht ausdrücklich etwas anderes vorbehält (vgl. § 1 Nr. 2 und Anlage 2). Der AN ist jedoch nicht berechtigt, für den AG Verträge abzuschließen, aufzuheben oder abzuändern, finanzielle Verpflichtungen für den AG einzugehen oder kostenerhöhende Maßnahmen anzuordnen. Der AN wird, soweit Mängelgefahren im Rahmen seiner beauftragten Leistungen erkennbar sind, auf Mängelvermeidung frühzeitig Einfluss nehmen. Der AN hat für eine vertragsgerechte Leistungserfüllung sämtlicher Projektbeteiligter, insbesondere der Planer, Fachplaner, Sonderfachleute, Berater und Baubeteiligten, sowie für eine Kontrolle aller planerischen und bauausführender Fachbereiche zur Erreichung des Projekt- und Vertragsziels Sorge zu tragen. Die dem AN vorgelegten Unterlagen und Leistungen des AG und anderer Projektbeteiligter entbinden ihn nicht von seiner eigenen Verpflichtung, diese selbstständig auf Richtigkeit und Vollständigkeit zu überprüfen.

Die Leistungen des AN werden in fünf Projekt- und Auftragsstufen unterteilt:

1. Stufe: Projektvorbereitung

2. Stufe: Planung

3. Stufe: Ausführungsvorbereitung

4. Stufe: Ausführung

5. Stufe: Projektabschluss

Im Rahmen der Projektleitung werden von dem AN folgende Aufgabenbereiche wahrgenommen, es sei denn, der AG behält sich diese selbst vor (vgl. Anlage 2):
– Vorgabe der Projektziele
– Herbeiführen bzw. Treffen der erforderlichen Entscheidungen
– Durchsetzung der erforderlichen Maßnahmen
– Abschluss und Vollzug der projektbezogenen Verträge
– Herbeiführung aller erforderlichen Einwilligungen, Genehmigungen und Erlaubnisse
– Führung der Baubuchhaltung
– Sicherstellung der Projektfinanzierung
– .....

Weiter werden von dem AN im Rahmen der Projektsteuerung folgende Aufgabenbereiche wahrgenommen:
– Organisation/Strukturierung (nur Stufe 1)
– Terminplanung, Terminsteuerung, Terminkontrolle
– Kostenplanung, Kostensteuerung, Kostenkontrolle
– Ausschreibung und Vergabe sowie Überwachung dieser
– Nachtragsmanagement
– Qualitätskontrolle
– Information des AG
– Beratung und Unterstützung des AG
– Dokumentation sowie Beweissicherung

2. Optimierungsziele

Dem AN ist bekannt, dass alle Projektbeteiligten auf die nachfolgend genannten Optimierungsziele zu achten und auf diese hinzuwirken verpflichtet sind. Der AN wird Soll-Daten den übrigen Projektbeteiligten vorgeben, diese kontrollieren und steuern. Zur Vorgabe der Soll-Daten gehören Planen, Ermitteln, Überprüfen, Festlegen und Vorgehen. Zur Kontrolle gehören Überprüfung, Vergleichen und Analysieren mit Soll-Ist Vergleich. Von der Steuerung werden erfasst die Vorlage einer Abweichungsanalyse, das Vorschlagen und Fortschreiben von Soll-Daten auf der Grundlage durchgeführter Anpassungs- und Steuerungsmaßnahmen.

Wenn für den AN im Rahmen seiner Aufgabenerfüllung erkennbar wird, dass diese Optimierungsziele nicht erreicht werden, ist der AN verpflichtet, den AG unverzüglich unter Angabe der ihm erkennbaren Gründe und unter Vorlage von in seinem Aufgabenbereich etwa gegebenen Lösungsmöglichkeiten darauf hinzuweisen. Der AG erhält zur Information monatlich einen Auszug aus der Kostenverfolgung (vgl. Nr. 5).

Einzelne Optimierungsziele sind:
- Die Unterschreitung des Budgets hinsichtlich der Baukosten (Anlage .....) um ..... %;
- die Zweckmäßigkeit und Wirtschaftlichkeit der baulichen Anlagen im Hinblick auf spätere Unterhaltungs- und Betriebskosten;
- die Verkürzung der geschätzten Bauzeit von ..... Monaten, gerechnet ab ..... .

3. Sonderfachleute

Der AN leitet, koordiniert und steuert die Sonderfachleute und Gutachter und berät den AG über die etwaige Notwendigkeit des Einsatzes von (weiteren) Sonderfachleuten und/oder Gutachtern.

4. Umplanungen

Soweit der AG Umplanungen beschließt, hat der AN diese Umplanungen unter Beibehaltung der in diesem Vertrag gemachten Vorgaben im Übrigen zu berücksichtigen. Soweit dadurch ein mehr als nur geringfügiger Mehraufwand für den AN entsteht, ist dieser Mehraufwand unter Berücksichtigung der für die Bestimmung des Pauschalhonorars nach § 6 Ziffer 1. maßgeblichen Kriterien gesondert zu vergüten.

5. Dokumentation

Die Dokumentation der Leistungen des AN wird gemäß den für die einzelnen Leistungen geltenden Normen ausgeführt. Der AN erstellt monatlich und zusätzlich nach Bedarf und Wahl des AG einen schriftlichen Bericht und eine Übersicht über den Leistungs-, Termin-, und Kostenstand sowie eine detaillierte Begründung für etwaige Soll-Ist-Abweichungen und schriftlichen Steuerungsmöglichkeiten. Entsprechendes gilt bei unerwarteten Entwicklungen.

Der AN ist verpflichtet ein Projektinformationssystem einzurichten und entsprechend dem jeweiligen Projektstand fortzuschreiben, welches so gestaltet ist, dass der AG jeder Zeit in der Lage ist, online auf alle Daten des Projektes zuzugreifen. Der AN wird die notwendige Hard- und Software bereithalten, die erforderlichen Abstimmungen herbeiführen und dem AG den unmittelbaren Zugang zu verschaffen.

6. Projektbüro

Der AG wird dem AN Flächen mit allen erforderlichen Medienzugängen zur Verfügung stellen, auf welchen der AN sich verpflichtet für die gesamte Projektdauer ein Büro auf seine Kosten zu unterhalten, welches täglich besetzt ist.

Variante AN:

6. Projektbüro

Der AG wird dem AN ein Büro mit allen erforderlichen Medienzugängen kostenfrei zur Verfügung stellen.

§ 3 Dauer der Beauftragung

Der AN wird zunächst mit sämtlichen Leistungen für die Stufe 1 gem. § 2 dieses Vertrages beauftragt. Alle weiteren Stufen werden ganz oder teilweise frei durch den AG schriftlich abgerufen. Dem AN steht kein Anspruch auf Abruf der weiteren Stufen zu.

Variante AN:

Ergänzend: Für den Fall, dass der AG nicht die weiteren Stufen abruft, erhält der AN pauschal ..... € für jede nicht abgerufene Stufe zum Ausgleich seiner Vorhaltekosten.

Der AN ist verpflichtet, die weiteren abgerufenen Leistungen zu erbringen, wenn der AG diese innerhalb von ..... Monaten nach Fertigstellung der vorhergehenden Stufe oder Leistung verlangt.

Der AN ist verpflichtet, den AG rechtzeitig zur Vermeidung von Verzögerungen über den Abruf weiterer Stufen oder Leistungen zu informieren.

§ 4 Zusammenarbeit mit Beteiligten

1. Gegenseitige Information

Der AN unterrichtet den AG monatlich schriftlich über den Inhalt und Ablauf seiner Leistungen und über alle bei der Durchführung seiner Leistungen wesentlichen Angelegenheiten sowie über sonstige ihm in diesem Rahmen bekannt werdenden Vorkommnisse, die die Projektinteressen des AG berühren. Der AG unterrichtet den AN über alle den Inhalt und Ablauf der Leistungen des AN berührenden Ereignisse, soweit diese außerhalb des Wahrnehmungsbereiches des AN liegen. AN hat Mitwirkungsleistungen des AG mit zu steuern.

2. Anregungen und Anordnungen

Anregungen oder Anordnungen des AG wird der AN prüfen. Hält der AN solche Anregungen oder Anordnungen für falsch, nicht sachdienlich oder unzweckmäßig, so wird er dies dem AG unter Darlegung der Gründe schriftlich mitteilen. Der AG und der AN werden sich bemühen insoweit Einvernehmen herzustellen. Gelingt dies nicht, ist der AN zunächst berechtigt wider der Anregung oder Anordnung des AG zu handeln, soweit der AN für die Betroffenen Handlungsbereiche im Hinblick auf die Projektrealisierung die Verantwortung trägt. Besteht allerdings der AG auf die Realisierung seiner Anordnung als Letztendscheidender so wird der AN von seiner Haftung frei, sollte die Anordnung für einen Schaden kausal werden.

3. Besprechungen

Dem AN obliegt die Vorbereitung, Durchführung und Dokumentation regelmäßiger Besprechungen mit den von dem AG beauftragten Unternehmen, Planern und Gutachtern. Von allen Besprechungen fertigt der AN, unabhängig von der Teilnahme des AGs an diesen Besprechungen, unverzüglich Niederschriften an und leitet sie dem AG sowie den sonst betroffenen Projektbeteiligten zu. Zu den Regelbesprechungen erstellt der AN wöchentliche Terminsberichte, aus denen in fortlaufender Aktualisierung des SOLL-IST-Vergleich der Bauzeit zu erkennen ist.

4. Zusammenarbeit mit Dritten

Der AN arbeitet mit den übrigen Projektbeteiligten wie den Generalplanern, den Fachingenieuren, den Bauunternehmen und sonstigen Beteiligten kooperativ zusammen. Er ist verpflichtet, seine Leistungen auf der Grundlage und in Abstimmung mit den Leistungen der anderen Beteiligten zu erbringen und diese in seine Leistungen einzubeziehen. Die Erfüllungshaftung des AN wird durch die Tätigkeit der übrigen Projektbeteiligten hinsichtlich der Richtigkeit und der Vollständigkeit seiner Leistung nicht – auch nicht teilweise – eingeschränkt.

§ 5 Termine, Fristen, Leistungszeit, Adressen

1. Projekttermine

Der geplante Ablauf der Projektverwirklichung in terminlicher Hinsicht ergibt sich aus der Aufstellung in Anlage ..... (falls nicht vom AN zu erstellen ist).

Der AN hat seine Leistungen so zu erbringen, dass die Projektverwirklichung innerhalb dieses Rahmens erfolgt und der geplante Projektablauf zu jedem Zeitpunkt wirksam gefördert wird. Der AN hält stets ausreichend Personal zur Verfügung, um diese Verpflichtung zu erfüllen. Falls erkennbar wird, dass der AN einzelnen Leistungen nicht zu dem gebotenen Termin fertigzustellen vermag, ist er verpflichtet, den AG hiervon unverzüglich schriftlich unter Angabe der Ursachen zu unterrichten und selbstständig alle zumutbaren Maßnahmen zu ergreifen, um eine rechtzeitige Erledigung der Arbeiten gleichwohl sicherzustellen (beispielsweise durch zusätzliche Leistungen und den Einsatz weiterer Mitarbeiter). Der AN ist in diesem Falle verpflichtet, seine Leistung in geänderter Abfolge zu erbringen, etwa damit verbundener Mehraufwand wird nicht vergütet.

Da bei Bauprojekten die Projektverwirklichung erfahrungsgemäß nicht vollständig planmäßig verläuft, wird eine der Größe des Projektes angemessene personelle und zeitliche Flexibilität auf Seiten des AN vorausgesetzt. Die Beauftragung des AN beruht wesentlich auch auf der Annahme der entsprechenden Leistungsfähigkeit des AN. Soweit Mehraufwand zu vergüten ist, soll die Vergütung nach denselben Kriterien bestimmt werden, die für die Vereinbarung des Pauschalhonorars nach § 6 Ziffer 1 maßgeblich waren.

2. Leistungszeit

Die voraussichtliche Leistungszeit hinsichtlich der einzelnen Leistungsstufen ist wie folgt zu erbringen:

1. Stufe von ..... bis .....

2. Stufe von ..... bis .....

3. Stufe von ..... bis .....

4. Stufe von ..... bis .....

5. Stufe von ..... bis .....

Die Termine hinsichtlich der Stufen 2. bis 5. werden einvernehmlich unter Beachtung des Projektablaufs, des Projektfortschrittes und der Projektdauer zwischen den Parteien festgelegt. Kommt keine einvernehmliche Terminfestlegung zu Stande, ist der AG berechtigt, die Termine nach billigem Ermessen zu bestimmen.

Kommt es zu Verzögerungen in der Leistungserbringung und im Projektablauf, so steht dem AN keine zusätzliche Vergütung zu, es denn, die Verzögerung ist nicht von dem AN zu vertreten sein und geht über ..... Monate nach der dem Bauzeitenplan zu Grunde liegenden Fertigstellung der Bauleistungen hinaus. Diese Leistungen werden nach Ablauf dieses Zeitraums monatlich pauschal vergütet (vgl. § 6 Nr. 2).

3. Adressen

Die Parteien vereinbaren, dass sämtliche projektbezogene Kommunikation – soweit dem jeweiligen Vertragspartner keine verbindliche neue Adresse mitgeteilt wird – über folgende Adressen zu erfolgen hat:

Für den AG: (Name und Anschrift des Projektverantwortlichen, ggf. für einzelne Aufgaben gesonderte Ansprechpartner)

Für den AN: (Name und Anschrift des Projektverantwortlichen, ggf. für einzelne Aufgaben gesonderte Ansprechpartner)

Sämtliche Kommunikation ist – soweit der AG nichts anderes verlangt und soweit dies dem AN zumutbar ist – über email abzuwickeln. Beauftragungen und Kündigungen haben schriftlich zu erfolgen.

§ 6 Vergütung

1. Pauschalhonorar

Das Honorar für den AN gemäß der in Projektstufe 1 übertragenen Leistungen beträgt als fest vereinbartes Pauschalhonorar ..... € (in Worten: .....) zzgl. der jeweils gültigen Mehrwertsteuer, soweit diese tatsächlich anfällt. Bei der Ermittlung dieses Pauschalhonorars gingen die Parteien von folgender Bemessungsgrundlage aus: (Gesamtkosten des Projektes, Zeiteinsatz, etc., ist in jedem Einzelfall näher festzulegen).

Der AN erhält für die Leistungen der
- Projektstufe 2 ein Pauschalhonorar in Höhe von ..... € zzgl. der jeweils gültigen Mehrwertsteuer
- Projektstufe 3 ein Pauschalhonorar in Höhe von ..... € zzgl. der jeweils gültigen Mehrwertsteuer
- Projektstufe 4 ein Pauschalhonorar in Höhe von ..... € zzgl. der jeweils gültigen Mehrwertsteuer
- Projektstufe 5 ein Pauschalhonorar in Höhe von ..... € zzgl. der jeweils gültigen Mehrwertsteuer

Gelingt es dem AN die in der jeweiligen Stufe veranschlagte Zeit zu unterschreiten, so erhält er für jeden Werktag, welchen das Projekt früher als geplant erbracht wird ..... € zzgl. der jeweils gültigen Mehrwertsteuer.

Gelingt es dem AN die in der jeweiligen Stufe veranschlagten Kosten zu unterschreiten, so erhält er ..... % der eingesparten Summe.

2. Honoraranpassung

Beansprucht der AN eine Zusatzvergütung, hat er dies mit der Angabe des Umfanges der zusätzlichen Leistung und der voraussichtlichen Höhe des geforderten Honorars dem AG zuvor schriftlich anzuzeigen und zu begründen. Vor Beginn dieser Leistung ist hierüber eine schriftliche Vereinbarung zu treffen. Kommt keine Vereinbarung über die Höhe der Vergütung zustande, ist der AN dennoch verpflichtet die Leistungen auszuführen. Der Anspruch auf die zusätzliche Vergütung wird hiervon nicht berührt. Es gelten mindestens die nachstehenden Stundensätze auf Nachweis.

Wird die vereinbarte Leistungszeit gemäß § 5 Ziffer 2 aus von dem AN nicht zu vertretenden Gründen überschritten, sind die ihm entstehenden Mehrkosten angemessen auszugleichen, Dabei gilt für einen Honoraranpassungsanspruch des AN folgendes:

für jeden vollendeten über die vereinbarte Leistungszeit hinausgehenden Monat der Leistungserbringung bis zum Abschluss der Leistungen wird eine zusätzliche Vergütung bei voller Beschäftigung im Projekt in folgender Höhe zugrunde gelegt:

für Frau ..... (Projektleiterin)	..... €/Monat
für alle sonstigen Ingenieure	..... €/Monat
für Sekretariatsmitarbeiter	..... €/Monat

Der Mehraufwand ist geordnet nachzuweisen. Die maximale Höhe einer gesamten Monatsrate nach dieser Regelung wird auf ..... € begrenzt. Dies gilt unabhängig davon, wie viele Mitarbeiter des AN für die Erbringung der Leistungen in dem jeweiligen Monat erforderlich sind. Ausgeschlossen von dieser Regelung bleiben Fristüberschreitungen aufgrund von Nachbegehungen. Soweit diese Nachbegehungen nach Ablauf der vereinbarten Leistungszeit erfolgen, wird ihretwegen das Honorar nicht angepasst.

Variante AN:

Wird die vereinbarte Leistungszeit gemäß § 5 Ziffer 2 aus von dem AN nicht zu vertretenden Gründen überschritten, so wird für jeden angefangenen, über die vereinbarte Leistungszeit hinausgehenden Monat der Leistungserbringung bis zum Abschluss der Leistungen eine zusätzliche Vergütung in folgender Höhe gezahlt:

für Frau ..... (Projektleiterin)	*..... €/Monat*
für alle sonstigen Ingenieure	*..... €/Monat*
für Sekretariatsmitarbeiter	*..... €/Monat*

Die maximale Höhe einer gesamten Monatsrate nach dieser Regelung wird auf ..... € begrenzt.

3. Nebenkosten

Sämtliche Nebenkosten sind mit dem unter Ziffer 1. und 2. vereinbarten Honorar abgegolten. Dies gilt nicht für die Kosten von Auslandsreisen, die der AN auf Anforderung des AG unternimmt. Diese werden auf Nachweis erstattet.

4. Zahlungen

Die unter Ziffer 1. vereinbarten Pauschalhonorare einschließlich der Nebenkosten werden entsprechend dem als Anlage ..... beigefügten Zahlungsplan fällig. Sämtliche Zahlungen erfolgen jedoch unter Abzug eines Einbehalts in Höhe von 5 % (fünf von Hundert) der jeweiligen Rechnungssumme. Die Zahlungen erfolgen jeweils innerhalb von ..... Banktagen nach Zugang der prüffähigen Teilhonorarrechnung. Die einbehaltenen Beträge werden mit der Zahlung auf die jeweilige (Teil-) Honorarschlussrechnung, nicht jedoch vor Übergabe der jeweiligen vollständigen Dokumentation gemäß der Vorgaben der Leistungsbeschreibung ausgezahlt.

Alternative: Von jeder Abschlagszahlung wird ein Einbehalt von 5 % vorgenommen, den der AN durch eine selbstschuldnerische, unwiderrufliche, unbefristete und unbedingte Bankbürgschaft, in der die Verpflichtung des Bürgen enthalten ist, auf das Recht der Hinterlegung zu verzichten, ablösen kann.

Sollte der AN vom AG eine Zahlungsbürgschaft nach § 650f BGB verlangen, so ist der AG berechtigt, eine selbstschuldnerische, unwiderrufliche, unbefristete und unbedingte Bankbürgschaft in Höhe von 5 % des Brutto-Pauschalhonorars zu verlangen, in der die Verpflichtung des Bürgen enthalten ist, auf das Recht der Hinterlegung zu verzichten. Dem AN steht bis zur Vorlage der Bürgschaft ein Leistungsverweigerungsrecht zu.

Die jeweilige (Teil-) Honorarschlussrechnung ist jeweils zwei Monate (Variante AN: *ein Monat*) nach der förmlichen Abnahme der Leistungen des AN und Erteilung der prüffähigen Schlussrechnung fällig.

5. Aufrechnung und Zurückbehaltungsrechte

Die gegenseitige Aufrechnung von Forderungen sowie die Geltendmachung von Zurückbehaltungsrechten wird wechselseitig insoweit ausgeschlossen, wie diese nicht den Vertragsgegenstand betreffen. Der AN ist nicht berechtigt, Forderungen gegen den AG ohne dessen Zustimmung an Dritte abzutreten oder zu verpfänden oder gegen Forderungen des AG mit Gegenforderungen aufzurechnen, die strittig und nicht rechtskräftig festgestellt sind.

Variante AN:

Letzter Halbsatz entfällt.

§ 7 Pflichten des AN

1. Einhaltung von Normen

Der AN erbringt seine vertraglichen Leistungen unter durchgängiger Beachtung der allgemein anerkannten Regeln der Technik, dem aktuellen Stand der Ingenieurwissenschaften und den gültigen baurechtlichen und öffentlich-rechtlichen Vorschriften, sowie des Grundsatzes der größtmöglichen Zweckmäßigkeit und Wirtschaftlichkeit auch hinsichtlich späterer Unterhaltungs- und Betriebskosten. Kaufmännische Leistungen sind mit der Sorgfalt eines ordentlichen Kaufmanns zu erbringen. Soweit im Einzelfall besondere Kenntnisse, Erfahrungen und Fähigkeiten des AN oder der für ihn ggf. tätigen Erfüllungsgehilfen nach allgemeinen Regeln einen strengeren Sorgfaltsmaßstab begründen, gilt dieser strengere Sorgfaltsmaßstab.

Variante AN:

Der letzte Satz entfällt.

2. Persönliche Aufgabenerfüllung

Der AN wird die ihm übertragenen Aufgaben ausschließlich mit eigenen Kräften erfüllen. Die Hinzuziehung externer Kräfte bedarf der vorherigen Zustimmung des AG. Der AN verpflichtet sich die von ihm benannten Mitarbeiter während der gesamten Dauer des Projektes hierfür einzusetzen. Die benannten Mitarbeiter dürfen nur mit der Zustimmung des AG ausgewechselt werden, es sei denn, sie kündigen ihre Tätigkeit für den AN.

Variante AN:

Die letzten beiden Sätze entfallen.

3. Abtretung von Rechten und Pflichten

Der AN ist nicht berechtigt, Rechte und Pflichten aus diesem Vertrag ohne vorherige Einwilligung des AG ganz oder teilweise auf Dritte zu übertragen.

§ 8 Haftung und Gewährleistung

1. Anwendung des Werkvertragsrechts

Die Haftung und Gewährleistung des AN gegenüber dem AG richtet sich – vorbehaltlich anderweitiger Feststellungen in diesem Vertrag – nach den gesetzlichen Bestimmungen der §§ 631 ff.

1. Projektmanagementvertrag

BGB. Der AN haftet insbesondere dafür, dass seine Leistungen den anerkannten Regeln der Technik und jeweils geltenden einschlägigen Rechtsvorschriften sowie den sonstigen, insbesondere den in § 7 Nr. 1 dieses Vertrages genannten Anforderungen entsprechen. Er haftet für die Vollständigkeit und sachliche Richtigkeit aller von ihm zu erbringenden Leistungen und Unterlagen sowie dafür, dass durch seine Leistungen die in den Vertragsunterlagen zum GU-Vertrag genannten Qualitäts-, Kosten- und Terminziele erreicht werden.

Variante AN:

Der AN trägt die volle Gewährleistung für die fehlerfreie, den allgemeinen Regeln der Technik entsprechende Leistung und der Sorgfalt eines gewissenhaften Berufsangehörigen.[1] Die Haftung des AN wird auf den Umfang der abgeschlossenen Haftpflichtversicherung begrenzt.

Die Anerkennung und Genehmigung von Leistungen und Unterlagen durch den AG oder durch von dem AG beauftragte Dritte befreit den AN nicht von seiner Haftung für die von ihm erbrachten Leistungen. Der AN haftet für einen von ihm verursachten Schaden unbeschränkt.

Variante AN:

Der letzte Satz entfällt. Statt dessen wird folgende Regelung aufgenommen: Der AN haftet für einen von ihm verursachten Schaden nur bis zur Höhe der jeweiligen Deckungssumme seiner Versicherung (vgl. Ziffer 2).

Die Gewährleistungsfrist beträgt fünf Jahre. Sie beginnt jeweils mit der Abnahme nach § 9. Eventuelle Teilabnahmen einzelner Stufen setzen den Lauf der Gewährleistungsfrist nicht in Gang, soweit weitere Stufen als die fertiggestellte bereits beauftragt sind oder beauftragt werden.

2. Betriebs- und Haftpflichtversicherung

Der AN verpflichtet sich zur Absicherung möglicher Gewährleistungs- und Schadensersatzansprüche des AG eine Berufshaftpflichtversicherung abzuschließen und den Vertragsabschluss innerhalb von zwei Wochen nach Unterzeichnung dieses Vertrages dem AG nachzuweisen. Die Versicherung ist während des gesamten Projektverlaufs aufrecht zu erhalten. Durch Vorlage einer Bestätigung seiner Versicherung hat der AN nachzuweisen, dass die Haftpflichtversicherung auch Schäden mit erfasst, die wegen fehlerhafter Kosten- und Terminplanung und Kosten- und Terminsteuerung verursacht wurden.

Die Deckungssumme der Versicherung muss mindestens bei

Personenschäden ..... € und bei

Sach- und Vermögensschäden ..... € betragen.

Bevor der AN den Nachweis der Versicherung nicht geführt hat, steht ihm kein Vergütungsanspruch zu.

§ 9 Abnahme

Für die einzelnen Stufen der Beauftragung erfolgen Teilabnahmen, die jeweils nach vollständiger Fertigstellung förmlich innerhalb von zwei Monaten im Rahmen einer Abschlussbesprechung abgenommen, sofern der AN dem AG die vollständige Fertigstellung schriftlich mitgeteilt und die vollständigen vertragsgerechten Leistungen dokumentiert hat. Stillschweigende und/oder konkludente Handlungen ersetzen die förmliche Abnahme nicht.

§ 10 Kündigung

1. Kündigung aus wichtigem Grund

Die Vertragsparteien können diesen Vertrag nur aus wichtigem Grund – ohne Einhaltung einer Kündigungsfrist – schriftlich kündigen. Ein wichtiger Grund für den AG liegt insbesondere vor, wenn:
– das Bauvorhaben oder Teile davon aus von dem AG nicht zu vertretenden Gründen nicht durchgeführt wird oder für einen Zeitraum von mehr als sechs Monaten nicht weitergeführt werden kann,

- der AN die in § 7 Ziffer 2 geregelten Pflichten zur persönlichen Aufgabenerfüllung nicht einhält,
- den Abschluss der unter § 8 Ziffer 2 näher dargelegten Versicherung nicht nachweist,

Variante AN:

Die letzten beiden Spiegelstriche entfallen.
- das Vertrauensverhältnis zum AN nachhaltig gestört ist, insbesondere der AN die Interessen des AG nicht gewissenhaft wahrgenommen hat und seine Vertragsfristen trotz mehrfacher Fristsetzung verletzt hat,
- der AN seine Zahlungen eingestellt hat oder die Eröffnung des Insolvenzverfahrens über sein Vermögen beantragt ist oder er die eidesstattliche Versicherung nach § 807 ZPO abgegeben hat.

2. Kündigungsfolgen

Wird seitens des AG aus wichtigen Grund gekündigt und hat der AG diesen nicht zu vertreten, so muss der AG nur die bis zum Zeitpunkt der Kündigung vertragsmäßig erbrachten, nachgewiesenen und verwertbaren Leistungen des AN vergüten. Etwaige Schadensersatzansprüche des AG bleiben unberührt. Der AG ist in diesem Falle berechtigt, die infolge der Kündigung entstandenen oder entstehenden Mehrkosten ersetzt zu verlangen und mit möglichen restlichen Honoraransprüchen die Aufrechnung zu erklären. Die Abrechnung der bis zum Zugang der Kündigung erbrachten Leistungen erfolgt auf der Grundlage der vom AN vorgelegten Unterlagen und Dokumentation. Kann kein Einvernehmen über den Leistungsstand erzielt werden, wird dieser durch den AG nach billigem Ermessen bestimmt.

Wird der Vertrag aus irgendeinem anderen Grund gekündigt, den der AN nicht zu vertreten hat, erhält der AN die vereinbarte Vergütung unter Abzug der ersparten Aufwendungen. Die ersparten Aufwendungen werden auf 70 % der auf die noch nicht erbrachten Leistungen entfallenden Vergütung festgelegt. Den Parteien bleibt der Nachweis höherer oder geringerer ersparter Aufwendungen vorbehalten.

Variante AN:

2. Kündigungsfolgen

Wird der Vertrag aus einem Grund in Ziffer 1) gekündigt, den der AN nicht zu vertreten hat, erhält der AN die vereinbarte Vergütung unter Abzug der ersparten Aufwendungen. Die ersparten Aufwendungen werden auf ..... % der auf die noch nicht erbrachten Leistungen entfallenden Vergütung festgelegt. Den Parteien bleibt der Nachweis höherer oder geringerer ersparter Aufwendungen vorbehalten.

Wird der Vertrag aus einem Grund gekündigt, den der AN zu vertreten hat, erhält dieser nur die Vergütung für die bis zur Kündigung geleistete Arbeit. Die Abrechnung der bis zum Zugang der Kündigung erbrachten Leistungen erfolgt auf der Grundlage der von dem AN vorgelegten Unterlagen und Dokumentation.

3. Übergabe von Unterlagen und Dokumentation

In jedem Fall einer Kündigung hat der AN, ohne dass Zurückbehaltungsansprüche geltend gemacht werden könnten,

Variante AN:

Zug um Zug gegen die Abgeltung der ihm noch zustehenden Ansprüche,

auf Anforderung des AG die Dokumentation entsprechend dem Stand der Leistungen zum Zeitpunkt der Kündigung zu erstellen und auszuhändigen und im Übrigen dem AG sämtliche sonst zur Fortsetzung des Projekts erforderlichen Arbeitsunterlagen zu übergeben. Ferner hat der AN seine Leistungen so abzuschließen, dass der AG die Leistungen ohne Schwierigkeiten übernehmen und die Weiterführung derselben durch einen Dritten veranlassen kann. Der AN hat dem AG den vollständigen Leistungsstand bis zum Zugang der Kündigung innerhalb von 14 Kalendertagen nach Zugang derselben durch Vorlage aller bereits erbrachten Leistungen und Unterlagen nachzuweisen und einen entsprechenden Statusabschlussbericht vorzulegen.

§ 11 Urheberrecht

1. Recht zur Nutzung

Der AG hat das Recht, die vom AN erbrachten Leistungen, soweit sie urheberrechtlichen Charakter haben, uneingeschränkt für das Projekt zu nutzen, insbesondere zu verändern, ohne das eine zusätzliche Vergütung anfällt. Dies gilt unabhängig davon, ob das Vertragsverhältnis fortbesteht oder vorzeitig beendet wird.

Der AN hat dem AG alle von ihm gefertigten Unterlagen auszuhändigen; sie werden Eigentum des AG. Dies gilt auch bei einer vorzeitigen Beendigung dieses Vertrages und der Fortführung des Vorhabens ohne Mitwirkung des AN. Der AG ist berechtigt alle von dem AN erbrachten Leistungen (Pläne, Berechnungen, sonstige Unterlagen, etc.) ohne Mitwirkung des AN zu nutzen, zu ändern oder zu ergänzen.

2. Veröffentlichungen

Eine Veröffentlichung oder Weitergabe von Unterlagen oder Dokumenten über das Projekt durch den AN bedarf der vorherigen Zustimmung des AG. Der AG ist zur Veröffentlichung oder Weitergabe von Unterlagen oder Dokumenten über das Projekt auch ohne Zustimmung des AN und ohne dessen Nennung berechtigt.

§ 12 Geheimhaltung

Der AN verpflichtet sich, alle ihm im Zusammenhang mit dem Projekt bekannt werdenden Daten des AG vertraulich zu behandeln.

§ 13 Zusätzliche Vereinbarungen

1. Schriftform

Änderungen und Abweichungen von diesem Vertrag bedürfen der schriftlichen Vereinbarung. Dies gilt auch für eine Abänderung des Schriftformerfordernisses.

2. Salvatorische Klausel

Sollten Bestimmungen dieses Vertrages unwirksam sein oder werden oder sollte der Vertrag eine Lücke enthalten, soll hierdurch die Gültigkeit der übrigen Bestimmungen nicht berührt werden. Anstelle der unwirksamen Bestimmungen oder zur Ausfüllung der Lücke soll eine angemessene Regelung gelten, deren wirtschaftlicher Erfolg – soweit rechtlich möglich – dem am nächsten kommt, was die Vertragschließenden gewollt haben oder nach dem Sinn und Zweck dieses Vertrages gewollt haben würden, sofern sie den Punkt bedacht hätten.

3. Gerichtsstand

Streitfälle berechtigen den AN nicht zur Einstellung seiner Arbeiten oder zur Zurückhaltung von Leistungen und Unterlagen.

Gerichtsstand für alle sich aus diesem Vertrag ergebenden Rechtsstreitigkeiten ist ..... .

.....

Unterschriften

Anlage 2 Leistungsbeschreibung

Die nachfolgende Leistungsbeschreibung entspricht im Wesentlichen der von Herrn RA Bernd Knipp, HFK Rechtsanwälte Heiermann Franke Knipp, Frankfurt am Main, verfassten und in IBR-Online unter Mustertexte »Projektsteuerungsvertrag Anlage 1 Leistungsbeschreibung« veröffentlichten Leistungsbeschreibung. Sie ist um einzelne Punkte und Überschriften aus Nr. 9 der AHO Schriftenreihe, 4. Aufl., Projektmanagementleistungen in der Bau- und Immobilienwirtschaft, § 2 (4) ergänzt. Sie ist nur als Anregung und Checkliste zu verstehen und erhebt keinen Anspruch auf Vollständigkeit. Sie kann je nach Projekt gekürzt oder erweitert werden.

Diese Aufzählung dient insbesondere der Abgrenzung des Leistungsumfanges, der von dem AN erbracht werden muss.

Folgende Handlungsbereiche werden von dem AG ausschließlich in seiner eigenen Verantwortung wahrgenommen: ....

Der AN übernimmt das komplette Projektmanagement für das von dem AG zu errichtende Objekt ..... gemäß Anlage 1 (Projektbeschreibung).

Der AN führt in eigener Verantwortung sämtliche ihm übertragenen Leistungen aus und unterliegt keinem Weisungs- und Direktionsrecht seitens des AG. Gemäß § 2 wird vom AN sowohl die Projektleitung wie auch die Projektsteuerung erbracht. Im Rahmen des Projektmanagements werden in Konkretisierung der in § 2 näher dargelegten Aufgabenbereiche nachstehende Tätigkeitsbereiche von dem AN erbracht, wobei diese Aufzählung nur beschreibenden und keinen abschließenden Charakter hat. Geschuldet werden die in der Projektbeschreibung und dem Generalunternehmervertrag niedergelegten Projektziele, speziell die dort festgelegten Qualitäts-, Kosten- und Terminziele.

Die von dem AN wahrzunehmenden Aufgaben des Projektmanagements werden in 5 Stufen (vgl. § 2 Ziffer 1) und folgende Tätigkeiten unterteilt:

1. **Stufe Projektvorbereitung**

I. Organisation/Information/Koordination/Dokumentation
- Erarbeitung/Konkretisierung und Vorgabe der Projektziele hinsichtlich der festzulegenden Qualitäten, der Kosten und der Termine
- Klärung der öffentlich-rechtlichen Genehmigungsfähigkeit des Projektziels
- Beendigung laufender Verwaltungsverfahren und Einleitung noch nicht begonnener Verfahren
- Berichterstattung hinsichtlich aller behördlicher Vorgaben und Verfahren
- Erstellung einer Projektorganisation
- Erstellung und Fortschreibung eines Organisations- und Projekthandbuchs
- Einrichtung eines Projektinformations- und Dokumentationssystems, auf welches der AG jederzeit online Zugriff nehmen kann,
- Erstellung eines Berichtswesens mit SOLL-IST-WIRD-Prognosen,
- Führen und Protokollieren von regelmäßigen Projektbesprechungen, einschließlich Einladung, Tagesordnung und Protokollen,
- Fortlaufende Information des AG, Klärung der Voraussetzungen für den Einsatz von Planern und anderen an der Projektabwicklung fachlich Beteiligten,
- Regelung aller Grundstücks- und Erschließungsangelegenheiten

II. Qualitäten und Quantitäten
- Erarbeitung und Treffen von Entscheidungen im Rahmen von Planungsfreigaben und Bemusterungen
- Ermittlung des Raum-, Flächen- und Anlagebedarfs sowie Festlegung von Anforderungen zum Standard und der Ausstattung, Zusammenstellung des Bau-, Raum- und Funktionsprogramms sowie des Qualitätsstandards in Abstimmung mit den anderen Projektbeteiligten,
- Erstellung und Überarbeitung des Nutzerbedarfsprogramms

III. Kosten und Finanzierung
- Erstellung von Kosten- und Terminplänen, einschließlich Ermittlung und Festlegung der Kosten – und Finanzierungsobergrenze, Überprüfung des Raumprogramms durch Kostenkennwerte
- Ermittlung und Beantragung von Investitionsmitteln
- Einrichtung der Projektbuchhaltung für den Mittelabfluss/Mittelzufluss
- Einrichten der projektspezifischen Kostenverfolgung

IV. Termine, Kapazitäten und Logistik

- Erstellung eines Generaltermin- und Ablaufplans für das Gesamtprojekt in Abstimmung mit sämtlichen Projektbeteiligten einschließlich der Darstellung der jeweiligen Abhängigkeiten,
- Ermittlung erforderlicher Kapazitäten und logistischer Einflussgrößen unter Berücksichtigung relevanter Standort- und Rahmenbedingungen

V. Verträge und Versicherungen

- Erarbeitung und Abschluss der Planerverträge Bestimmung der Vertragsinhalte wie Leistungsbeschreibung, Termine zur Planlieferung, Abhängigkeit zum Planungs- und Bauablauf, Zahlungspläne in Abstimmung mit der baubegleitenden Rechtsberatung
- Erarbeitung des GU-Vertrages in Abstimmung mit der baubegleitenden Rechtsberatung
- Erarbeitung sämtlicher übrigen Verträge einschließlich Versicherungen in Abstimmung mit der baubegleitenden Rechtsberatung

2. Stufe Planung

I. Organisation/Information/Koordination/Dokumentation

- Festlegung der Planbezeichnungen
- Dokumentation der projektbezogenen Plandaten im Projekthandbuch – Dokumentation der Planungsergebnisse und – alternativen
- Überwachung und Koordinierung der Planungsabläufe einschließlich Planumlaufverfahren
- Überwachung und Koordination von Planern, Sonderfachleuten, Gutachtern und sonstigen Projektbeteiligten zum Zwecke der Entscheidungsvorbereitung
- Durchführung von Genehmigungsverfahren (einschließlich Bauvoranfrage und Zulassungsverfahren)
- Überwachung der Leistungserfüllung der Planer und Projektbeteiligten und Durchsetzen der Vertragspflichten
- Führung und Protokollierung von Planungsbesprechungen
- Beauftragung von Sonderfachleuten
- Erfassung, Prüfung und Dokumentation des projektrelevanten Schriftverkehrs gegenüber den Planungs- und Projektbeteiligten

II. Qualitäten und Quantitäten

- Überprüfung der Planungsleistungen auf Einhaltung der Vorgaben des Raum- und Funktionsprogramms und der Qualität
- Herbeiführung von Vorplanungsvarianten zur Planungsoptimierung
- Kommentierung und Zusammenstellung der Planungsalternativen
- Festlegung der Qualitätsstandards in einem Raumbuch und/oder Pflichtenheft
- Aufstellung einer Bau- und Ausstattungsbeschreibung in Abstimmung mit dem AG und anderen Projektbeteiligten
- Bearbeitung von Mietersonderwünschen
- Erarbeitung von Leitdetails und Musterbeschreibungen
- Herbeiführung aller erforderlicher Einwilligungen, Genehmigungen und Erlaubnisse im Hinblick auf die Realisierung des Projektziels, insbesondere von den zuständigen Behörden, Nachbarn, Versorgungsträgern, etc.
- Erstellung eines monatlichen Statusberichts

III. Kosten und Finanzierung

- Überprüfung der Kostenschätzung und Kostenberechnung
- Eigene Kostenermittlung nach Kostenelementen einschließlich Vergleich mit den vorgelegten Kostenermittlungen zur Herbeiführung einer Kostenoptimierung
- Vorschlagen von Steuerungsmaßnahmen und Veranlassen erforderlicher Anpassungsmaßnahmen
- Zusammenstellen der voraussichtlichen Baunutzungskosten – Erstellung und Fortschreibung des Mittelabflussplans
- Prüfung und Freigabe von Rechnungen der Planer, Berater und Gutachter

IV. Termine, Kapazitäten und Logistik

- Erstellung der Grob- und Detailablaufplanung für die Planung
- Überwachung der Termine der Planer (z.B. Planlieferfristen) etc. einschließlich Durchführung von Steuerungsbesprechungen mit Darlegung der Terminabweichungen
- Erfassung der Ist-Termine einschließlich Aufstellen der Terminabweichungen und Ursachenerforschung mit Vorschlägen von Anpassungsmaßnahmen
- Aufstellen von Terminberichten mit Entscheidungsvorschlägen und/oder Erarbeitung von terminsichernden Maßnahmen
- Terminierung der Ausschreibung

V. Verträge und Versicherungen

- Umsetzung eines Versicherungskonzeptes für alle Projektbeteiligten
- Durchsetzung von Vertragspflichten gegenüber den Projektbeteiligten in Abstimmung mit der baubegleitenden Rechtsberatung

3. Stufe Ausführungsvorbereitung

I. Organisation/Information/Koordination/Dokumentation

- Vorbereitung der Bauverträge hinsichtlich der Vertragsinhalte, z.B. Prüfung der Leistungsbeschreibungen auf Plausibilität in technisch-wirtschaftlicher Hinsicht und auf Schnittstellen, Vorschlagen und Prüfen von Terminen, Zahlungen, Zahlungsplänen
- Erstellung von Text für die auszuarbeitenden Leistungsverzeichnisse und Leistungsbeschreibungen
- Überprüfung der aufgestellten Leistungsverzeichnisse und Leistungsbeschreibungen auf Plausibilität und Vollständigkeit
- Führen und Protokollieren von Ablaufbesprechungen der Ausführungsvorbereitung sowie Vorschlagen und Abstimmen von erforderlichen Anpassungsmaßnahmen
- Versand der Ausschreibungsunterlagen
- Zusammenstellen aller Vertragsunterlagen zu Auftrags-Leistungsverzeichnissen

II. Qualitäten und Quantitäten

- Überprüfung der Angebote und der von den anderen Projektbeteiligten vorgenommenen Auswertungen in technisch-wirtschaftlicher Hinsicht
- Überprüfung der Ausführungsplanung auf Einhaltung der Vorgaben aus der vorangegangenen Planungsphase und der vorgegebenen Projektziele
- Kontrolle der Leistungsverzeichnisse auf Übereinstimmung mit Qualitätsfestlegungen
- Beurteilung von Sondervorschlägen der Bieter

III. Kosten und Finanzierung

- Detaillierte Nacharbeitung besonders fehleranfälliger oder zur Kostenoptimierung besonders geeigneter Positionen
- Überprüfung der Angebote und Auswertung im Hinblick auf vorgegebene Kostenziele und Beurteilung der Angemessenheit der Preise
- technische und wirtschaftliche Beurteilung von Ausführungsalternativen und sonstigen Sondervorschlägen
- Überprüfung der Kostenanschläge der Planer etc. einschließlich Veranlassen erforderlicher Anpassungsmaßnahmen
- Kostenkontrolle zum Zeitpunkt der Ausschreibung und Vergabe
- Zusammenstellung der Baunutzungskosten (Betriebs- und Bauunterhaltungskosten, z.B. Energiekosten)
- Durchsicht der Leistungsverzeichnisse mit stichprobeweisem Mengenvergleich zwischen Leistungsverzeichnis und Kostenermittlung

IV. Termine, Kapazitäten und Logistik

- Aufstellen und Abstimmen der Detailablaufplanung einschließlich Ausarbeitung von Vertragsfristen und Vertragsterminen für die Ausführung sowie Festlegung von Planlieferfristen
- Kapazitätsplanung

V. Verträge und Versicherungen

- Vergabeverhandlungen

4. Stufe Ausführung

I. Organisation/Information/Koordination/Dokumentation

- Dokumentation der Nachtragsforderungen der Planer und ausführenden Unternehmer
- kontinuierliche Erfassung und Gegenüberstellung von veranschlagten Kosten, beauftragten Leistungen, erbrachten Leistungen eingereichten Rechnungen und geleisteten Zahlungen
- Durchführung regelmäßiger Koordinations- und Bauablaufgespräche mit den Projektbeteiligten einschließlich Vorbereitung, Dokumentation und Protokollierung sowie Verteilung der Protokolle
- Dokumentation der Mängel auf einem Datenbanksystem, welches der AG vorgegeben hat einschließlich digitaler Fotos
- Überwachung und Dokumentation der Leistungserfüllung der Planer und bauausführenden Unternehmer
- Prüfung und Dokumentation der Bearbeitung der Mängel

II. Qualitäten und Quantitäten

- Prüfung der Ausführungsqualität und von Ausführungsänderungen einschließlich Überprüfung der Qualitätsstandards nach Art und Umfang
- Veranlassen und Durchführen von Sonderkontrollen bei der Ausführung (z.B. durch Einschaltung von Sachverständigen und Prüfbehörden)
- Bearbeitung von Änderungsvorschlägen und Änderungsanordnungen und deren Folgen
- Einrichtung und Koordinierung eines Änderungsmanagements

III. Kosten und Finanzierung

- Koordination, Steuerung und Kontrolle der Ausführung in wirtschaftlicher Hinsicht (fortlaufende Kostenermittlung mit Kostenverlauf und Kostenfortschreibung)
- Prognose über zu erwartende Nachträge, Anpassung der Kostenverfolgung
- Prüfung der Nachtragsforderungen der Projektbeteiligten einschließlich Sachverhaltserforschung
- Prüfung der Nachtragsforderungen der Projektbeteiligten der Höhe nach in technischer und wirtschaftlicher Hinsicht
- Überwachung und Beurteilung der Nachtragsprüfungen der Planer und sonstigen Projektbeteiligten hinsichtlich der Nachträge der ausführenden Unternehmer
- Kontrolle von Nachtragsangeboten auf Erforderlichkeit in technischer und wirtschaftlicher Hinsicht
- Kontrolle der vertragsgerechten Kalkulation der Nachtragsangebote, insbesondere Nachvollziehen der vom Unternehmer vorgelegten oder vorzulegenden Kalkulation einschließlich Abgleich mit der unternehmerischen Urkalkulation
- Auswertung der Bauzeitverzögerungen bzw. Bauzeitüberschreitungen im Hinblick auf daraus resultierenden Baukosten
- Kontrollverpreisung durch Vergleich mit marktüblichen Konditionen, ggf. durch Einholen von Preisauskünften oder Alternativangeboten
- Kontrolle der Rechnungsprüfung durch die Objektüberwachung
- Kostensteuerung zur Einhaltung der Kostenziele
- Überprüfung der Kostenfeststellung der Objekt- und Fachplaner
- Abruf bewilligter Fördermittel einschließlich der Erstellung der dafür erforderlichen Dokumentation
- Abruf der einzelnen Finanzierungsmittel einschließlich der dafür erforderlichen Dokumentation

IV. Termine, Kapazitäten und Logistik

- Prüfung und Dokumentation von Ablaufstörungen bei der Ausführung und Veranlassen von Abhilfemaßnahmen zur Einhaltung der Terminziele einschließlich Kontrolle
- Fälligstellung und Inverzugsetzung der Projektbeteiligten bei drohenden oder eingetretenen Terminüberschreitungen
- Auswertung und Verteilung sowie Bearbeitung und Beurteilung von Mängel- und Behinderungsanzeigen der Projektbeteiligten
- Laufende Information des AGs über die ihm ggf. obliegenden Mitwirkungspflichten bei der Bauausführung einschließlich Herbeiführen der ggf. erforderlichen Mitwirkung des AGs
- Bewertung von Verzögerungen in terminlicher, technischer und wirtschaftlicher Hinsicht einschließlich Vorschlagen und Abstimmen von Anpassungsmaßnahmen bei Gefährdung von Projektzielen
- Kontrolle des Bauablaufs und Kontrolle der Planungsbeteiligten
- Überprüfung der Einhaltung der Ergebnisse der Baubesprechungen mit Erarbeitung und Durchsetzung von Maßnahmen im Rahmen projektspezifischer Aufgaben zur Vertragserfüllung durch die Projektbeteiligten

V. Verträge und Versicherungen

- Geltendmachung von Ansprüchen gegenüber anderen Projektbeteiligten und Dritten in Abstimmung mit der baubegleitenden Rechtsberatung
- Ermittlung eines neuen Vertragsterminplanes und Durchsetzung gegenüber den übrigen Projektbeteiligten
- Unterstützung der baubegleitenden Rechtsberatung, insbesondere Mitwirkung bei der Beurteilung von Nachtragsforderungen in rechtlicher Hinsicht in Abstimmung mit der baubegleitenden Rechtsberatung
- Entscheidungen über die Vergabe von Nachträgen in Abstimmung mit der baubegleitenden Rechtsberatung
- Verhandeln sämtlicher Nachträge in Abstimmung mit der baubegleitenden Rechtsberatung
- Anzeige von Leistungsstörungen, Aufforderung zur Vertragserfüllung, Mängelanzeigen etc. in Abstimmung mit der baubegleitenden Rechtsberatung
- Ausübung von Gestaltungsrechten bei nicht vertragsgemäßer Leistung Dritter in Abstimmung mit der baubegleitenden Rechtsberatung
- Beauftragung von Ersatzmaßnahmen unter Berücksichtigung der Projektziele in Abstimmung mit der baubegleitenden Rechtsberatung
- Bewertung der Mängel hinsichtlich Minderung und Zurückbehaltungsrechten in Abstimmung mit der baubegleitenden Rechtsberatung

5. Stufe Projektabschluss

I. Organisation/Information/Koordination/Dokumentation

- Durchführung der Übergabe bzw. Inbetriebnahme/Nutzung sowohl bezogen auf das Gesamtprojekt wie auch auf einzelne Leistungsbereiche
- Durchführung von technischen, rechtsgeschäftlichen und behördlichen Abnahmen
- Erfassen von Abnahmemängeln und deren Abarbeitung auf der Mängeldatenbank
- Systematische Zusammenstellung und Archivierung der Bauakten inkl. Projekt- und Organisationshandbuch und sonstiger Unterlagen
- Prüfung und Projektdokumentation der fachlich Beteiligten
- Zusammenstellen der wesentlichen Objektunterlagen in Form eines alle relevanten Projektdaten enthaltenden Projekthandbuchs in Ergänzung zur geschuldeten Dokumentation des Architekten
- Überprüfung der Schlussdokumentation der Planer und Fachplaner
- Abfordern von technischen Nachweisen und Gutachten
- Aktualisierung des Gebäude- und Raumbuchs zum Bestandsgebäuderaumbuch
- Zusammenfassung und Dokumentation aller Unterlagen und Projektdaten sowie Erstellung eines Projektabschlussberichtes

II. Qualitäten und Quantitäten

- Veranlassen der erforderlichen behördlichen Abnahmen, Endkontrollen und Funktionsprüfungen
- Prüfen der Gewährleistungsverzeichnisse

III. Kosten und Finanzierung

- Aktualisieren der Baunutzungskosten
- Abschluss der Projektbuchhaltung
- Überprüfung der Rechnungsprüfungsergebnisse und Freigabe der Schlussrechnungssummen einschließlich der Freigabe von Einbehalten
- Geltendmachung und Durchsetzung von Vertragsstrafen
- Freigabe von Sicherheitsleistungen
- Dokumentation der einzelnen Budgets mit Über- und Unterschreitungen der Kostenfeststellung im Vergleich zur Kostenberechnung
- Erstellen des Verwendungsnachweises
- Zusammenstellen der Kostenanteile aus der Kostenfeststellung nach den Anforderungen für den Verwendungsnachweis

IV. Termine, Kapazitäten und Logistik

- Ablaufplanung zur Übergabe und Inbetriebnahme/Nutzung
- Erstellen eines Gewährleistungskalenders

V. Verträge und Versicherungen

- Abschluss von Wartungs- und Energielieferungsverträge
- Mitwirkung bei der Verfolgung von gerichtlichen Ansprüchen des AGs gegenüber anderen Projektbeteiligten und Versicherungen

c) Erläuterungen

Im Hinblick auf die Vielgestaltigkeit des Projektmanagementvertrages ist es schwierig, ein Vertragsmuster zu erstellen. Wesentlicher Bestandteil des Projektmanagementvertrages sind die Leistungen, die dem AN übertragen werden und insbesondere dadurch bestimmt werden, wie viel Einfluss der AG selbst auf das Projekt nehmen will und wie umfangreich das Projekt selbst ist. Das Vertragsmuster kann demzufolge nur als Checkliste verwandt werden, welche auf die jeweils individuellen vertraglichen Voraussetzungen angepasst werden muss (Rodewoldt S. 176 Rn. 9 f.). Leistungen, die nicht erteilt werden sollen oder müssen sind zu streichen, Leistungen, die nicht in der Leistungsbeschreibung (Anlage 2) enthalten sind, sind entsprechend zu ergänzen.

Zum Rubrum des Vertrages.

Bei der Abfassung des Rubrums des Vertrages ist – wie immer – große Sorgfalt darauf zu legen, dass der richtige Vertragspartner benannt wird. Dies gilt insbesondere auch, soweit für die Umsetzung des Projekts auf AG-Seite ein gesonderter Projektträger auftreten soll. Ist dieser zum Zeitpunkt des Vertragsschlusses noch nicht existent, muss im Vertrag eine Klausel zur Übertragung der AG-Vertragsstellung eingefügt werden.

Zu § 1 Vertragsgegenstand.

Bei dem Projektmanagement handelt es sich um eine projektbezogene, eingegrenzte Steuerungsaufgabe, die einen Anfang und ein Ende hat. Der Projektmanagementvertrag ist regelmäßig als Werkvertrag einzustufen, da der AN Verpflichtungen im Rahmen umfassender technisch-wirtschaftlicher Steuerung bzw. Qualitätskontrolle übernimmt. Die erfolgsorientierten Aufgaben überwiegen, so dass diese den Vertrag prägen (vgl. BGH, Urt. v. 10.06.1999, VII ZR 215/98; OLG Hamburg IBR 2003, 487; OLG Dresden IBR 2003, 90; OLG Frankfurt IBR 2007, 317).

§ 1 dient der Beschreibung der Aufgabe des AN nach Art, Ort (Gebäude/Bauteil), Größe und Zeitraum. Es ist zu klären, ob sich die Leistung des AN auch auf Teile des Projektes beziehen soll, die außerhalb des Grundstücks liegen, wie bspw. Erschließungsanlagen, etc. Darüber hinaus wird auf die zum Zeitpunkt des Vertragsabschlusses bereits vorliegenden Arbeitsgrundlagen verwiesen und diese zum Gegenstand des Vertrages gemacht. Schließlich wird auf das Werkvertragsrecht des BGB sowie die anerkannten Regeln der Technik verwiesen, da das Preisrecht der HOAI nicht zur Anwendung kommt. Hinsichtlich der »anerkannten Regeln der Technik« ist zu berücksichtigen, dass DIN-Normen diesen unterzuordnen sind. Entsprechen die DIN-Normen nicht mehr dem neusten Stand der technischen Entwicklung sollen sie, insbesondere wenn es sich um die Anwendung neuer, als technisch einwandfrei anerkannter Bauweise und Baustoffe handelt, keine Gültigkeit mehr haben. Die anerkannten Regeln der Technik gehen auch dann den DIN-Normen vor, wenn Letztere unvollständig oder lückenhaft sind (S. zum Verhältnis der beiden Begriffe insbesondere Werner/Pastor, Der Bauprozess, 15. Aufl. 2015, Rn. 1968 ff.).

6 **Zu § 2 Leistungen des AN.**

Die in § 2 näher beschriebene Leistungsverpflichtung muss in engen Zusammenhang mit der Anlage 2 gesehen werden. Wichtig ist hier eine klare Abgrenzung zu den Aufgabenbereichen, die von dem AG selbst wahrgenommen werden. Die Abgrenzung der Leistungen, die von dem AG selbst und vom AN erbracht werden, dient der Konkretisierung der Leistungspflichten des AN und der Eingrenzung seiner Haftungsrisiken (Eschenbruch Rn. 2505). Weiter ist unbedingt zu regeln, dass der AN die Mitwirkungsleistungen des AG mit steuert. Der AN hat diese Leistungen mit einzuplanen, abzufordern und zu kontrollieren (Eschenbruch ebenda.). Die Realisierung seiner Leistung bleibt dann dem AG überlassen. Insoweit ist also in der Anlage 2 ausführlich und so exakt wie möglich mit aufzunehmen, was von dem AG erbracht wird. Zur Orientierung der möglicherweise anfallenden Aufgaben kann insbesondere das Leistungsbild Projektsteuerung in § 2 (4) LPH dienen.

Der Vertrag ist so aufgebaut, dass eine global-funktionale Leistungsbeschreibung dem Vertrag zugrunde gelegt wird und einzelne Projektphasen benannt werden. Den einzelnen Projektphasen sind dann exemplarisch Handlungsbereiche zugeordnet, die der Projektrealisierung dienen. Alternativ zu der global-funktionalen Leistungsbeschreibung kann man eine detaillierte Leistungsbeschreibung wählen, die zwar überwiegend ebenfalls funktional ist, inhaltlich aber die einzelnen Leistungen genau bestimmt und abgrenzt. Im Falle einer detaillierten Leistungsbeschreibung ist eine sogenannte Komplettheitsklausel mit aufzunehmen. Hierdurch wird sichergestellt, dass der AN auch sämtliche Leistungen erbringt, welche zur Realisierung des Projektziels notwendig sind. Komplettheitsklausel können in Rahmen von Allgemeinen Geschäftsbedingungen nur der Füllung von Lücken im Leistungsbild oder dessen Abrundung dienen, den Leistungsumfang des AN aber nicht so ausdehnen, dass der AN dadurch unangemessen benachteiligt wird. Bei Vorliegen einer detaillierten Leistungsbeschreibung hat eine Komplettheitsklausel nur geringe Wirkung, da sie dann eher eine Leistungserweiterung darstellt (Rodewoldt S. 179 Rn. 18). Aus Sicht des AN ist allerdings die Definition von Vertragszielen gefährlich, welche den werkvertraglichen Erfolg spezifizieren. Der AN sollte Vertragsziele von sich aus nur dann anbieten, wenn diese mit Incentives verbunden sind (Eschenbruch Rn. 1866).

Auf die Überlegungen der AHO-Fachkommission Projektsteuerung/Projektmanagement geht die Einteilung in Projektstufen und Handelsbereiche zurück, wie sie in § 2 näher dargestellt werden. Die Leistungsphasen der Projektsteuerung werden dabei an die entsprechenden Phasen der Objektplanung gem. 3415 i.V.m. Anlage 10 gekoppelt. Auf Vorschlag der AHO werden dann den einzelnen Projektstufen und Handlungsbereichen einzelne Tätigkeiten zugeordnet.

Wichtig ist, dass dem AN im Mustervertrag eine weitreichende Entscheidungsbefugnis eingeräumt wird, die sogar soweit geht, dass er wider der Anweisung des AG handeln kann. Das Letztentscheidungsrecht verbleibt aber bei dem AG. Sollte der AG dennoch auf der Durchführung seiner Anweisung bestehen, wird der AN von seiner Haftung frei, sollte die Anweisung kausal für einen Schaden sein. Der AN ist allerdings nicht Vertreter des AG und ist nicht befugt für den AG Verträge abzuschließen, aufzuheben oder abzuändern, finanzielle Verpflichtungen für den AG einzugehen oder kostenerhöhende Maßnahmen anzuordnen. Isofern ist regelmäßig eine Abstimmung mit der baubegleitenden Rechtsberatung erforderlich.

Zu § 3 Dauer der Beauftragung. 7

Hinsichtlich der Komplexität der von dem AN wahrzunehmenden Aufgaben empfiehlt es sich, die zu erbringende Leistung des AN in Stufen aufzuteilen und jeder Stufe die entsprechenden Aufgabenbereiche zuzuordnen (Eschenbruch Rn. 2509 ff.; Rodewoldt S. 181 Rn. 23 f.). Die Aufteilung in verschiedene Stufen ermöglicht es, dem AG die einzelnen Stufen gesondert zu beauftragen, so dass er – sollte es aus irgendwelchen Gründen nicht zur Realisierung des Projektes kommen – nur bedingt gebunden ist. Durch die stufenweise Beauftragung vermeidet der AG die unangenehmen werkvertraglichen Kündigungsfolgen des § 649 BGB. Kommt es nicht zur Durchführung des Projektes oder einzelner Teile des Projektes, so erspart der AG sich eine ordentliche Kündigung mit der Folge, dass er dem AN noch den restlichen Werklohn für die verbleibenden Stufen schuldet (Eschenbruch ebenda.). Der stufenweisen Beauftragung sollte eine sachliche Phasenbildung zu Grunde gelegt werden, wobei von einer Aufteilung in zu viele Stufen gewarnt werden muss, da der AN für die Beschäftigung seines qualifizierten Personals eine entsprechende Planungssicherheit braucht. (Eschenbruch ebenda; Rodewoldt S. 181 Rn. 24). Weiter ist zu berücksichtigen, dass ein häufiger Wechsel des AN keinen oder nur bedingt Sinn macht, da der neue AN eingearbeitet werden muss und so Zeit- und ggfs. auch Wissensverluste entstehen. Auch ist zu berücksichtigen, dass der Wechsel des AN Gewährleistungsprobleme auslösen kann. Wichtig ist, die Voraussetzungen für eine Anschlussbeauftrag klar zu definieren und keine zu lange Bindung des AN festzuschreiben, da diese gegen § 307 BGB verstoßen könnte (Eschenbruch ebenda.).

Zu § 5 Termine, Fristen und Leistungszeit. 8

Es dürfte ausreichend sein, einen Endtermin und zusätzlich einige wichtige Zwischentermine als Vertragstermine zu bestimmen. Die Vertragstermine sollten sich auf die Fertigstellung wichtiger Abschnitte des Projektes bzw. der Fertigstellung des Gesamtprojektes beziehen und als Vertragstermine auch bezeichnet werden (Rodewoldt S. 184 Rn. 35). Zwischentermine sind nur ausnahmsweise sinnvoll, wenn es um die Vorlage wichtiger abgrenzbarer Arbeitsergebnisse geht (Eschenbruch Rn. 2063). Bei Terminüberschreitungen mit einzelnen Leistungsergebnissen kommen Schadensersatzansprüche auf den AN zu, vorausgesetzt eine gesonderte Inverzugsetzung durch Mahnung erfolgte oder aber die Vertragsfrist war als Kalenderfrist bestimmt (Eschenbruch Rn. 1898).

Zu § 6 Vergütung. 9

Entsprechend der stufenweisen Beauftragung sieht der Vertrag auch eine stufenweise pauschale Vergütung vor. Werden sie von den Herstellkosten, von den Personaleinsatzplänen oder vom Wettbewerb abgleitet, sind die Ermittlungsgrundlagen im Vertrag genau festzuschreiben. Die Vergütung des AN richtet sich nicht nach der HOAI und kann frei vereinbart werden (vgl. zuletzt BGH IBR 2008, 336). Mit aufgenommen werden können sogenannte BONUS-MALUS-Regelungen, mit denen eine Kosten- und Termineinhaltung prämiert werden kann. Erfolgsorientierte Vergütungsvereinbarungen sind grundsätzlich zulässig. Wichtig ist, die Ermittlungsgrundlagen für die BONUS-MALUS-Regelung im Vertrag genau zu regeln. Einigen sich die Parteien über eine derartige Regelung und führt diese dann zu einer vermeintlichen Unausgewogenheit, so kann diese nicht mehr in einem Rechtsstreit korrigiert werden (BGH IBR 2008, 402). Da der AN in großem Maße Einfluss auf die Projektabwicklung besitzt, erscheint eine derartige Regelung im Mustervertrag sinnvoll.

Ebenfalls sinnvoll scheint die Regelung der Honoraranpassung bei unvorhergesehenen Leistungsverzögerungen zu sein, da gerade bei komplexen Projekten immer mit unvorhergesehenen Verzögerungen zu rechnen ist. Wird von vornherein die Berechnung der Mehrvergütung festgelegt, so ersparen sich beide Parteien für den Fall der unvorhergesehenen Verzögerung schwierige Verhandlungen oder gar rechtliche Auseinandersetzungen. Die Regelung in Allgemeinen Geschäftsbedingungen, die eine Änderung des Pauschalpreises bei Änderungsanordnung des AG von einer schriftlichen Honorarvereinbarung abhängig macht oder eine Vergütung nur für Mehrleistungen vorsieht, die einen entsprechenden Aufwand übersteigt, sind gemäß § 307 BGB unwirksam (Eschenbruch Rn. 2576).

Da die Vergütung für Werkleistungen gemäß § 641 BGB erst mit der Abnahme fällig wird, ist es gerade im Hinblick auf die Dauer des Projektes erforderlich, Abschlagszahlungen konkret zu vereinbaren. Hierbei sind die vertraglich festgelegten Fälligkeitstermine der einzelnen Abschlagszahlungen an die Fertigstellung bestimmter Planungs- oder Bauleistungen anzuknüpfen.

Der Mustervertrag sieht für Abschlagszahlungen einen Gewährleistungseinbehalt vor, der durch eine entsprechende Bürgschaft abgelöst werden kann. Sollte eine Haftpflichtversicherung bestehen, die auch sämtliche Leistungen des AN hinsichtlich eines Vermögensschadens mit abdeckt, so kann auf einen Gewährleistungseinbehalt verzichtet werden. Anders als bei Bauverträgen für Baumängel steht hier dem AG für Mängel die dem AG nachzuweisende Versicherung zur Verfügung.

Der AN ist in zahlreichen Fällen auf die Mitwirkung des AG angewiesen. Kommt der AG dieser nicht nach, ist der AN berechtigt seine Rechte aus § 642 BGB geltend zu machen und Entschädigung zu verlangen (Rodewoldt S. 197 Rn. 69; Eschenbruch Rn. 1710ff).

10 **Zu § 7 Pflichten des AN.**

Da der Erfolg des Projektmanagements oft von den persönlichen Kompetenzen der handelnden Personen abhängt, ist die persönliche Leistungserbringung des AN sowie seiner qualifizierten Mitarbeiter ausdrücklich zu sichern (Eschenbruch Rn. 2488 f.). Nach Auffassung des OLG Dresden soll bereits die Kündigung eines Mitarbeiters des AN ohne Benachrichtigung des AG, dem der AG besonderes Vertrauen entgegengebracht hat, zur fristlosen Kündigung berechtigen (OLG Dresden, Urt. v. 29.07.1999, 16 U 1687/98).

11 **Zu § 8 Haftung und Gewährleistung.**

Den AN trifft hier die volle Gewährleistung für sämtliche von ihm wahrgenommenen Leistungen. Der Vertrag sieht lediglich eine Haftungsbeschränkung für kaufmännische Leistungen dergestalt vor, dass für diese der AN nur mit der Sorgfalt eines ordentlichen Kaufmanns zu haften hat. Im Übrigen haftet der AN für den von ihm verursachten Schaden unbeschränkt. Eine Haftungsbeschränkung liegt aber im Interesse des AN, da auf Grund der Komplexität der Aufgaben große Risiken auf den AN zu kommen, die u.U. die Gefahr einer Existenzvernichtung mit sich bringen können. Der gängige Haftpflichtversicherungsschutz stellt nicht immer eine ausreichende Vorsorge dar. Alternativ könnte folgende Haftungsbeschränkung mit aufgenommen werden: Der AN trägt die volle Gewährleistung für die fehlerfreie, den allgemeinen Regeln der Technik entsprechende Leistung und die Sorgfalt eines gewissenhaften Berufsangehörigen (Eschenbruch Rn. 1955 f.). Die Haftung des AN wird auf den Umfang der abgeschlossenen Haftpflichtversicherung begrenzt.

Im Hinblick auf die abzuschließende Haftpflichtversicherung ist darauf hinzuweisen, dass die übliche Berufshaftpflichtversicherung keinen ausreichenden Deckungsschutz gewährt. Es sind vielmehr Sonderabreden zu treffen, die das Schadensrisiko aus der Überschreitung der im Projektmanagementvertrag vereinbarten Fristen und Terminen sowie aus der Überschreitung von Kostenanschlägen von vornherein mit versichern, da diese Kernbestandteile des Vertrages sind. (Eschenbruch Rn. 2631).

12 **Zu § 9 Abnahme.**

Als entscheidender Zeitpunkt für den Beginn der Gewährleistung, der Umkehr der Beweislast, der Verjährung und der Fälligkeit der Vergütung ist die Abnahme besonders regelungsbedürftig. Der Vertragstext sieht eine förmliche Abnahme der Projektmanagementleistung vor und schließt

2. Sicherheits- und Gesundheitsschutzkoordinator (SiGeKo) – Vertrag

eine stillschweigende und/oder konkludente Abnahme aus. Insbesondere bei größeren Projekten mit teilabnahmefähigen Bauabschnitten macht eine Teilabnahme Sinn.

Zu § 10 Kündigung.

13

Der Vertrag sieht mehrere wichtige Gründe vor, bei deren Vorliegen der AG das Vertragsverhältnis kündigen kann. Hervorzuheben ist der Kündigungsgrund, dass das Bauvorhaben oder Teile hiervon aus vom AG nicht zu vertretenden Gründen nicht durchgeführt werden kann. Nach der Rechtsprechung des BGH begründet der Vertrag über die Projektsteuerung ein besonderes Vertrauensverhältnis des AG zum AN (BGH IBR 2000, 37). Ein wichtiger Kündigungsgrund für den AG stellt die Illoyalität des AN dar, die den AG zur außerordentlichen Kündigung mit den damit verbunden Folgen berechtigt (OLG Karlsruhe, Urt. v. 19.04.2005, 17 U 217/04). Da der Projektmanagementvertrag als Werkvertrag anzusehen ist, kann der AG jederzeit gemäß § 648 BGB kündigen.

Soweit in den Kündigungsfolgen die ersparten Aufwendungen mit 70 % in Ansatz gebracht werden, ist darauf hinzuweisen, dass diese Regelung u.U. einer AGB-rechtlichen Überprüfung nicht standhalten wird. So wurde bereits in Verträgen, die dem AGB-Gesetz unterlagen bzw. den § 305 ff. BGB, eine Regelung als unwirksam betrachtet, die die ersparten Aufwendungen mit 60 % bezifferten (vgl. BGH BauR 1997, 156 zum Verhältnis 60:40 beim Architektenvertrag, vgl. auch Eschenbruch Rn. 1472). Wichtig ist, dass dem AG nicht der Nachweis genommen wird, dass die tatsächlich ersparten Aufwendungen höher sind als in der vertraglichen Regelung vorgesehen. Ist eine derartige Regelung nicht im Vertrag enthalten, ist die gesamte Regelung gemäß der § 305 ff. BGB unwirksam (OLG Frankfurt IBR 2007, 317).

Ordentliche Kündigungsgründe des AN sind in der Regel auszuschließen und beschränken sich in erster Linie auf die genannten (Version AN).

2. Sicherheits- und Gesundheitsschutzkoordinator (SiGeKo) – Vertrag

a) Vorbemerkung

Am 01.07.1998 ist die Baustellenverordnung – BaustellV – in Kraft getreten, die auf der Umsetzung der EG-Baustellensicherheitsrichtlinie des Jahres 1992 (92/57/EWG) beruht (BGBl. I, Seite 1283). Als Begründung für die EG-Baustellensicherheitsrichtlinie wurde heraus gearbeitet, dass Arbeitnehmer auf zeitlich begrenzten oder ortsveränderlichen Baustellen besonders großen Gefahren ausgesetzt seien, nachdem auf organisatorische Entscheidungen und schlechte Planung ein Großteil der Arbeitsunfälle zurück zu führen sei. Weiter wurde in der Begründung festgestellt, dass Fehler in der Koordinierung aufgrund gleichzeitiger oder aufeinander folgender Anwesenheit verschiedener Unternehmen zu einer weiteren Vielzahl von Arbeitsunfällen führt. Auch die Einhaltung von Mindestvorschriften des Arbeitsschutzes ist nach Auffassung der EG-Kommission unabdingbare Voraussetzung für Sicherheit- und Gesundheitsschutz auf der Baustelle. Aber auch Selbstständige, die auf derartigen Baustellen tätig werden, gefährden durch ihr nicht sicherheitsgerechtes Verhalten die Gesundheit anderer Arbeitnehmer.

14

Diese Gründe und der Zwang zur Umsetzung der Richtlinie in nationales Recht führten zum Erlass der Baustellenverordnung, die am 01.07.1998 in Kraft getreten ist. Die Umsetzung ist allerdings nur unzureichend gelungen.

Die aus nur 8 Paragraphen bestehende Baustellenverordnung regelt die Notwendigkeit der Bestellung eines Sicherheits- und Gesundheitskoordinators, die Erarbeitung eines Sicherheits- und Gesundheitsschutzplanes, die Vorankündigung von größeren Vorhaben bei der Behörde und die Erstellung von Unterlagen für spätere Wartungs-, Instandsetzungs- und Umbauarbeiten.

Die Baustellenverordnung richtet sich in erster Linie an die Bauherren und enthält damit eine wesentliche Neuerung, da die Bauherren nunmehr für die Einhaltung der Vorgaben der Baustellenverordnung verantwortlich gemacht werden.

Das erste Problem der Baustellenverordnung ist, dass kein einheitlich geregeltes Berufsbild des »Sicherheits- und Gesundheitsschutzkoordinators« vorhanden ist. Die Ausbildungs- und Prüfungsmöglichkeiten zum Sicherheits- und Gesundheitsschutzkoordinator sind sehr unterschiedlicher Natur, weshalb sich genaue vertragliche Regelungen zur Ausgestaltung der Tätigkeit des SiGeKo empfehlen. Die Umsetzung der Richtlinie ist auch insoweit nicht gelungen, als nach Art. 137 EGV die Normadressaten von derartigen EG-Richtlinien nur Arbeitgeber und Arbeitnehmer, nicht aber Bauherren sein können.

Ein wesentlicher Teil der Regelungen findet sich auch in dem »Gesetz über die Durchführung von Maßnahmen des Arbeitsschutzes zur Verbesserung der Sicherheit und des Gesundheitsschutzes der Beschäftigten bei der Arbeit« (Arbeitsschutzgesetz – ArbSchG). Dieses richtet sich allerdings im Wesentlichen an die Arbeitgeber und die Beschäftigten, nicht hingegen an die Bauherren, muss aber ergänzend herangezogen werden.

Weiter finden sich in den »Regeln zum Arbeitsschutz auf Baustellen« (RAB, BArbBl. Nr. 1/2001, Seite 77) die wichtigsten Regularien im Bereich der Anwendung.

Der Aufbau der Baustellenverordnung gestaltet sich wie folgt:

In § 1 sind Maßnahmen zur Verbesserung der Sicherheit auf der Baustelle bzw. des Bauvorhabens geregelt. In § 2 beginnt die Planungsphase mit den Grundsätzen des § 4 Arbeitsschutzgesetz und der Regelung der Vorankündigung sowie des SiGe-Planes. In § 3 finden sich die Bestellung des SiGe-Koordinators und dessen Pflichten. In § 4 ist geregelt, dass der Bauherr oder ein Dritter diese Tätigkeit ausüben muss. In den §§ 5 und 6 sind die Pflichten-Kataloge für Arbeitgeber, Unternehmer und Sonstige festgehalten, während in § 7 die Bußgeld- bzw. Strafvorschriften geregelt sind.

Große Schwierigkeit bereitet die Beantwortung der Frage, für welche Baustellen gem. § 2 BaustellV überhaupt ein SiGeKo zu bestellen ist. So heißt es in § 2 Abs. 2, dass für jede Baustelle, bei der

1. die voraussichtliche Dauer mehr als 30 Arbeitstage beträgt **und** auf der mehr als 20 Beschäftigte gleichzeitig tätig werden, **oder**
2. der Umfang der Arbeiten voraussichtlich 500 Personentage überschreitet

der zuständigen Behörde spätestens 2 Wochen vor Einrichtung der Baustelle eine Vorankündigung zu übermitteln ist. Weiter heißt es in § 3 Abs. 1, dass für Baustellen, auf denen Beschäftigte mehrerer Arbeitgeber tätig werden, ein oder mehrere **geeignete** Koordinatoren zu bestellen sind. Eine Übersicht über die derzeitig gültige Rechtslage ist als Anlage 1 beigefügt. Bei diesen Definitionen besteht eine gewisse Rechtsunsicherheit, da in § 2 hinsichtlich der Vorankündigung (Muster Anlage 2) einigermaßen klare Regularien vorgegeben sind, während in § 3 lediglich ausgesagt ist, dass der SiGeKo auf den Baustellen zu bestellen ist, auf denen Beschäftigte mehrerer Arbeitgeber tätig werden. Es ist unklar, ob dieses Tätigwerden sich als »gleichzeitiges« Tätigwerden definiert oder ob es sich hierbei um ein Tätigwerden »nacheinander« handelt. Der Sinn der Vorschrift soll wohl besagen, dass eine gegenseitige Gefährdung von Arbeitnehmern, die gleichzeitig oder überschneidend tätig werden, vom Bauherrn ausgeschlossen werden soll.

Zwischenzeitlich liegen hierzu eine Entscheidung des Europäischen Gerichtshofes aus dem Jahr 2010 und eine Entscheidung des Bayerischen Verwaltungsgerichtshofes aus dem Jahr 2013 vor (EUGH, Urt. v. 07.10.2010, Rs. C-224/09, BauR 2010, 2164; VGH Bayern, Beschl. v. 06.02.2013 – 22 CS 13.53). Der EUGH stellt klar, dass für jede Baustelle, auf der mehrere Unternehmen anwesend sein werden, ein SiGeKo bestellt werden muss. Ausnahmen hiervon gibt es nicht. Es spielt insofern keine Rolle, ob die Baustelle mit besonderen Gefahren verbunden ist oder eine Baugenehmigung nicht benötigt wird.

Die von mir in den ersten beiden Auflagen vertretene anderweitige Auslegung ist damit hinfällig und wird korrigiert. Es mangelt allerdings weiterhin an einer entsprechenden Umsetzung, da zwar der EUGH feststellen kann, dass die Richtlinie 92/57/EWG eine unbedingte Pflicht zur Bestellung eines SiGeKo enthält, diese Feststellung allerdings für den einzelnen Bauherrn sanktionslos bleibt, da nach ständiger EUGH-Rechtsprechung EU-Richtlinien keine Verpflichtungen für den Einzelnen begründen können. Die Umsetzung in nationales Recht bleibt abzuwarten.

Sinngemäß ähnlich legt der Bayer. VGH den Wortlaut des § 3 Abs. 1, Satz 1 BaustellenVO aus, wonach der Wortlaut der Vorschrift keine Einschränkung dahingehend enthält, dass mehrere Arbeitgeber »gleichzeitig« tätig sein müssten. Aus dem Wortlaut von § 2 Abs. 1 BaustellenVO ergäbe sich vielmehr, dass nacheinander auszuführende Arbeiten auch als gefahrenträchtig anzusehen seien, was bedeutet, dass eigentlich bei jeder Baustelle mit unterschiedlichen Gewerken Koordinierungspflichten mit allen Konsequenzen bestehen.

Es ist deshalb an der Zeit, dass die Bundesrepublik Deutschland die Umsetzung der EG-Baustellensicherheitsrichtlinie 92/57 korrekt vornimmt, nachdem dort sämtliche Regelungen in Art. 3 vorgegeben sind.

So findet sich in Art. 3 der Baustellensicherheitsrichtlinie im Abs. 1 die Regelung hinsichtlich der Bestellung des Sicherheits- und Gesundheitsschutzkoordinators, der auf einer Baustelle zu bestellen ist, auf der mehrere Unternehmen **anwesend sein werden«**. Die Formulierung »anwesend sein werden« führt zu der Auslegung, dass die Unternehmen nicht gleichzeitig anwesend sein müssen, sondern die gleichen Pflichten auch bei nacheinander erfolgender Tätigkeit anfallen.

Im Abs. 2 des Art. 3 ist sodann die Vorgabe für die Erstellung eines Sicherheits- und Gesundheitsschutzplanes geregelt, die ebenfalls so nicht in deutsches Recht umgesetzt wurde. Der Sicherheits- und Gesundheitsschutzplan ist nämlich nach Abs. 2 der Richtlinie immer dann grundsätzlich zu erstellen, wenn es sich um Arbeiten handelt, die mit besonderen Gefahren verbunden sind oder für die nach Abs. 3 eine Vorankündigung erforderlich ist. Von der Bestellung des Sicherheits- und Gesundheitsschutzkoordinators ist dies vollständig zu differenzieren.

In Art. 3 Abs. 3 ist weiter geregelt, dass die Vorankündigung bei Baustellen mit voraussichtlicher Dauer der Arbeiten von mehr als 30 Arbeitstagen oder mit einer Beschäftigung von mehr als 20 Arbeitnehmern gleichzeitig oder mit einem Gesamtumfang von 500 Manntagen erfolgen muss. In Verbindung mit Abs. 2 des Art. 3 ist in diesen Fällen sodann auch der Sicherheits- und Gesundheitsschutzplan zwingend zu erstellen.

Diese Regelungen der Richtlinie sind allerdings so nicht in deutsches Recht umgesetzt, weshalb sie zunächst keine unmittelbare Wirkung gegenüber Einzelnen begründen, weshalb man sich in der Bundesrepublik Deutschland nach der derzeit gültigen Baustellenverordnung zu richten hat. In ähnlicher Weise hat der Europäische Gerichtshof in seinem Urt. v. 25.07.2008 (C 504/06) entschieden.

Wenn deshalb gem. § 3 Abs. 1 BaustellV für Baustellen, auf denen Beschäftigte mehrerer Arbeitgeber (gleichzeitig) tätig werden, ein SiGeKo zu bestellen ist, so müssen dessen Aufgaben je nach Größe der Baustelle klar geregelt werden.

Die Aufgaben dieses SiGeKo richten sich nach § 3 Abs. 2 BaustellV, die wiederum in der Ziff. 1 auf § 2 Abs. 1 BaustellV verweist. In § 2 Abs. 1 BaustellV ist wiederum geregelt, dass bei der Planung der Ausführung eines Bauvorhabens, insbesondere bei der Einteilung der Arbeiten, die gleichzeitig oder nacheinander durchgeführt werden und bei der Bemessung der Ausführungszeiten für diese Arbeiten die Allgemeinen Grundsätze nach § 4 ArbSchG zu berücksichtigen sind. Im Zweifel wird das Merkmal »nacheinander« hier zulasten des Bauherrn so ausgelegt werden, dass auch der kleine Badumbau zum Anwendungsbereich gehört, bei welchem erst der Installateur und Elektriker mit der Grundinstallation, anschließend der Fliesenleger mit der Fliesenverlegung und anschließend wieder der Installateur und Elektriker mit der Endmontage tätig ist, obwohl jeder sein Gewerk völlig unabhängig voneinander abwickelt. Ein besonderes Gefahrenpotential bilden in diesem Zusammenhang z.B. die Arbeiten des Elektrikers an spannungsführenden Leitungen.

Völlig losgelöst hiervon ist die Frage der Vorankündigung, die in meinen Augen relativ klar geregelt ist. Die hier in § 2 Abs. 2 BauStellV genannten Kriterien dürften im Wesentlichen nicht auf das kleine Einfamilienhaus zutreffen, da dort selten 500 Personentage oder gleichzeitig mehr als 20 Beschäftigte zum Einsatz kommen werden. Gleiches gilt für die verschärften Anforderungen an den SiGe-Plan gem. § 3 Abs. 2 Ziff. 2 BauStellV.

In den Vertragsmustern wurden die Voraussetzungen, unter denen überhaupt ein Sicherheits- und Gesundheitsschutzkoordinator zu bestellen ist und ob eine Vorankündigung, sowie ein SiGe-Plan zu erstellen ist, nicht aufgenommen, da dies nicht in ein Vertragsmuster hinein gehört. Dies ist die grundsätzliche Frage der rechtlichen Prüfung, die vorab geklärt werden muss. Aus diesem Grunde sind insbesondere in dem Vertragsmuster aus der Sicht des Bauherrn sämtliche nach der Baustellenverordnung infrage kommenden Leistungen des SiGeKo aufgezählt, weshalb der Verwender bei der Benutzung eines derartigen Musters unabhängig von dem Muster klären muss, ob diese im Einzelnen aufgezählten Tätigkeiten auch tatsächlich baustellenbezogen notwendig und verlangt sind. Im Zweifel muss hier eine entsprechende rechtliche Klärung durchgeführt werden und nicht erforderliche Arbeiten u.U. heraus gestrichen werden. Letztendlich geht es bei der Aufzählung der Tätigkeiten auch um die Frage der Belastung des Bauherrn mit zusätzlichen Kosten. Aus diesem Grunde muss der Bauherr von seinem Rechtsanwalt darauf hingewiesen werden, dass mit größerem Umfang der Baustelle seine Haftung, (OLG Bamberg, Urt. v. 11.09.2002, 8 U 28/02, BauR 2003, 595; 2004, 549; OLG Celle, Urt. v. 03.03.2004, 9 U 208/03, BauR 2005, 1819) aber auch das hier vorgeschlagene Stundenhonorar entsprechend ansteigt.

Vergütungsrechtlich ist inzwischen entschieden, (OLG Celle, Beschl. v. 05.07.2004, 14 W 63/03, BauR 2004, 1649) dass die Vergütung des SiGeKo nicht nach der HOAI zu richten ist, (Quack, BauR 2002, 541 ff., Meyer, BauR 2006, 597 ff.) sondern danach geregelt werden kann, ob es sich um ein Werkvertragsverhältnis oder um ein Dienstvertragsverhältnis (OLG Köln, Urt. v. 08.06.2004, 22 U 212/03, BauR 2004, 1833) handelt. Aus diesem Grunde haben wir in erster Linie eine Stundenvergütung aufgenommen, die nach Auffassung des Verfassers auch durchaus sachgerecht und angemessen ist. Konkrete Richtlinien über die Höhe der Vergütung gibt es nicht. Die zum Teil falsch zitierte Entscheidung des OLG Celle (Beschl. v. 05.07.2004, 14 W 63/03, BauR 2004, 1649) weist auch lediglich den Kernsatz aus, dass eine geforderte Vergütung von 0,4 % der Nettobaukosten »im Rahmen des Üblichen liegt, jedenfalls aber nicht ohne weiteres darüber«. Mit dieser Maßgabe wurde der Fall zur Entscheidung zurück verwiesen und weitere Aufklärung gefordert.

Es obliegt deshalb der freien Entscheidung der Parteien, hier angemessene Stundensätze je nach Aufwand und Marktsituation zu vereinbaren.

Größere Schwierigkeiten bereiten die haftungsrechtlichen Entscheidungen OLG Bamberg, Urt. v. 11.09.2002, 8 U 28/02, BauR 2005, 595 und OLG Celle, Urt. v. 03.03.2004, 9 U 208/03 BauR 2005, 1819, bei denen zu beachten ist, dass ein »geeigneter« Koordinator zu bestellen ist. Weder die Baustellenverordnung noch die Baustellenrichtlinie haben Kriterien aufgestellt, die an die Fachkunde des Koordinators zu stellen sind. Qualifikationsnachweise werden nur in den RAB 30 aufgestellt. Diese Regeln zum Arbeitsschutz auf Baustellen (RAB) geben den Stand der Technik bezüglich Sicherheits- und Gesundheitsschutz auf Baustellen wieder. Sie wurden vom Ausschuss für Sicherheit und Gesundheitsschutz auf Baustellen aufgestellt und werden ständig der Entwicklung angepasst. Die RAB 30 tragen zwar derzeit noch immer den Stand vom 24.04.2001, jedoch dürfte auch hierfür die zu DIN-Normen und dem Stand der Technik ergangene BGH-Rechtsprechung (BGH, Urt. v. 14.05.1998, VII ZR 184/97, BauR 98, 872) einschlägig sein, wonach Normen nicht unbedingt den aktuellen Stand der Technik wiedergeben müssen. Diese können auch durchaus dahinter zurück bleiben, was wiederum zur eigenen Prüfungsverantwortung führt.

In den RAB 30 ist zunächst in der Ziff. 3 geregelt, welche Aufgaben der Koordinator während der Planung und Ausführung gem. §§ 3 Abs. 2 und 3 BaustellV auszuführen hat.

Diese Aufgaben sind in die Vordrucke eingearbeitet worden, da sich hieran nach Auffassung des Unterzeichners derzeit noch nichts geändert hat. Unter der Ziff. 4 findet sich sodann die Definition der »Geeignetheit«.

Dort ist geregelt, dass ein geeigneter Koordinator über ausreichende und einschlägige baufachliche Kenntnisse, arbeitsschutzfachliche Kenntnisse und Koordinatorenkenntnisse sowie berufliche Erfahrung in der Planung und/oder der Ausführung von Bauvorhaben verfügen muss, um die in § 3 Abs. 2 und 3 BaustellV genannten Aufgaben fachgerecht erledigen zu können. Es empfiehlt sich, diese Voraussetzungen im Detail durchzulesen, wenn man mit der Prüfung der Geeignetheit eines SiGeKo als Rechtsanwalt beschäftigt ist.

In den Anlagen A, B und C zu RAB 30 sind sodann die einzelnen geforderten Kenntnisse aufgezählt, über die ein Sicherheits- und Gesundheitskoordinator verfügen sollte. In der Anlage D zu RAB 30 sind Empfehlungen für Anforderungen an Lehrgangsträger der Fort- und Weiterbildung von Koordinatoren geregelt. Diese Anlagen A-C zu RAB 30 sind dem Text als Anlage beigefügt.

Es ist deshalb zunächst einmal Sache des Bauherrn, sich selbst von der Eignung des SiGeKo ein Bild zu machen. Hierbei sollten die o.g. Qualifikationskriterien zur Anwendung kommen. Vertraglich halte ich es für notwendig, dass der Koordinator zunächst einmal dem Bauherrn entsprechende Kenntnisse durch Übergabe von qualifizierten Unterlagen nachweist, damit kein Auswahlverschulden vorliegt.

Hier sollte bei der Ausfüllung der Vertragsmuster sehr sorgfältig vorgegangen werden, da letztendlich die Auswahl eines ungeeigneten SiGeKo dem Bauherrn Haftungsprobleme bereiten wird.

Hierzu ist es notwendig, dass der Koordinator zunächst einmal dem Bauherrn entsprechende Kenntnisse und die Durchführung entsprechender Maßnahmen nachweist, die berufliche Erfahrung in der Planung und Ausführung von Bauvorhaben belegen können, die unter die Baustellenverordnung fallen, sowie eine SiGeKo-Prüfung vorlegt. Weiter muss das Vertragsverhältnis so gestaltet sein, dass der SiGeKo auch in der Lage ist, die Baustelle nicht nur im Vorhinein planerisch zu beurteilen und entsprechend zu steuern, sondern auch die tatsächlichen Maßnahmen auf die Durchsetzbarkeit und Realisierung zu überprüfen. Dies bedeutet, dass ein SiGeKo nicht in großer Entfernung von der Baustelle angesiedelt sein darf, da ansonsten die ständige Kontrolle der Baustelle, die bei schwierigen Arbeiten notwendig sein wird, nicht gewährleistet ist. Weiter ist dem Bauherrn dringend zu empfehlen, dass er gerade in der Anfangsphase der Baustelle bei Terminen mit dem SiGeKo anwesend ist um zu überprüfen, ob dieser seine Aufgaben auch ordnungsgemäß ausführt bzw. ausführen kann.

Diese Maßnahmen sollten vom Bauherrn und vom SiGeKo zur eigenen Entlastung dokumentiert werden, da es erfahrungsgemäß nicht einfach ist, fehlende Nachweise im Nachhinein zu rekonstruieren.

b) Muster SiGeKo-Vertrag (aus Sicht des Bauherrn/Auftraggebers)

SiGeKo-Vertrag

zwischen

.....

Auftraggeber (genaue Bezeichnung)

D.   Sonstige Verträge

– im Folgenden AG genannt –

und

.....
Auftragnehmer (genaue Bezeichnung)

– im Folgenden AN genannt –

I. Gegenstand des Vertrages

Der Auftraggeber überträgt dem Auftragnehmer im Rahmen der Errichtung, Änderung oder Abbrucharbeiten folgenden Bauvorhabens

(genaue Projektbeschreibung):

zur wesentlichen Verbesserung von Sicherheit und Gesundheitsschutz der Beschäftigten auf Baustellen im Sinne der §§ 2, 3 Baustellenverordnung eigenverantwortlich

die unter III. im Einzelnen aufgelisteten Tätigkeiten.

II. Vertragsgrundlagen

Grundlagen dieses Vertrages sind in der nachstehenden Reihenfolge:
1. Die Bestimmung dieses Vertrages.
2. Die Verordnung über Sicherheit und Gesundheitsschutz auf Baustellen (BaustellV)
3. Die Vorschriften des Arbeitsschutzgesetzes (ArbSchG)
4. Die Regeln zum Arbeitsschutz auf Baustellen (RAB) in der jeweils gültigen Fassung
5. Berufsgenossenschaftliche Vorschriften
6. Die Bestimmungen über den Werkvertrag gemäß §§ 631 ff. BGB
7. Die Bestimmungen über den Dienstvertrag §§ 611 ff. BGB
8. Die dem AN vom AG übergebenen Bauunterlagen.

(Die folgenden Punkte sollten möglichst sorgfältig geprüft und aus Sicht des AG möglichst umfangreich vereinbart werden).

III. Leistungen des Auftragnehmers

(Nicht Zutreffendes streichen)

1. Planungsphase

1.1. Vorankündigung[1] – soweit erforderlich
- Vorankündigung erstellen
- Übermittlung an die zuständige Behörde
- Sichtbares Aufhängen der Vorankündigung auf der Baustelle
- (Witterungseinflüsse beachten)

1.2 Einbinden von Sicherheits- und Gesundheitsschutz in die Planung und das Organisationskonzept zur Bauausführung

1.2.1 Bestandsaufnahme/Analyse

Bauvorhabenbeschreibung, Genehmigungsplanung prüfen

eventuell Gutachten durchsehen, berücksichtigen
- Grundstück besichtigen,
- Feststellen von Einflüssen aus dem Baugrundstück und aus der Nachbarschaft
- Feststellen sicherheits- und gesundheitsschutzrelevanter Wechselwirkungen zwischen Arbeiten auf der Baustelle und anderen betrieblichen Tätigkeiten oder Einflüssen auf oder in der Nähe der Baustelle

1.2.2 Mitwirkung bei Erstellung der Baubeschreibung und Vergabeunterlagen

Einteilung der Arbeiten

Bemessung der Ausführungszeiten

2. Sicherheits- und Gesundheitsschutzkoordinator (SiGeKo) – Vertrag

1.2.3 Mitwirken bei der Prüfung der Angebote und der Vergabe

1.2.4 Beraten bei der Terminplanung

Abstimmung von Bauausführungszeiten

Vermeidung von Gefahren, die durch ein zeitliches Nebeneinander hervorgerufen werden können, Koordination der Handwerker
– ggf. auf Änderungen und Ergänzungen hinwirken

1.2.5 Werkplanung

Prüfung aus der Sicht von Sicherheit und Gesundheitsschutz

ggf. Anpassungen vornehmen oder veranlassen

1.2.6 Beraten und Hinwirken auf das Berücksichtigen der Sicherheits- und Gesundheitsschutzmaßnahmen bei

Planung der Baustelleneinrichtung

Erstellen des Baustelleneinrichtungsplans

Erstellen einer Baustellenordnung

1.2.7 Aufzeigen von Möglichkeiten zur Vermeidung von Sicherheits- und Gesundheitsrisiken

1.2.8 Bei Beauftragung mehrerer Koordinatoren ist eine gegenseitige Abstimmung durchzuführen

1.2.9 Koordinieren der Maßnahmen der Planungsbeteiligten im Hinblick auf Sicherheits- und Gesundheitsschutz
– bei der Einteilung der Arbeiten die gleichzeitig oder nacheinander durchgeführt werden
– bei der Bemessung und Festlegung der Ausführungszeiten/Bauzeitenplan

1.2.10 bei Beauftragung mehrerer Koordinatoren ist eine gegenseitige Abstimmung durchzuführen

1.3 Ausarbeiten eines Sicherheits- und Gesundheitsschutzplanes mit folgenden inhaltlichen Mindestanforderungen:

1.3.1 Ermitteln und Benennen der nach Gewerken gegliederten Arbeitsabläufe

1.3.2 Darstellen von möglichen Wechselwirkungen zwischen den nach Gewerken gegliederten Arbeitsabläufen, z.B. in Form von Bauzeitenplänen in Balkendiagrammen (Hochbau) oder Weg/Zeitdiagrammen (Tiefbau)

Ermittlung und Dokumentation aller gewerkbezogenen und gewerkübergreifenden Gefährdungen
– Bei der Ausführung eines Gewerks auftretende Gefährdungen:
– Absturzgefahr, Gefahr des Verschüttetwerdens, Arbeiten mit gesundheitsgefährdenden Stoffen
– Gewerkübergreifende Gefährdungen:
– Gegenseitige Gefährdungen durch örtliches und zeitliches Zusammentreffen mehrerer Gewerke
– Gefährdungen aus den örtlichen Gegebenheiten der Baustelle
– Gefährdungen durch Dritte, z.B. durch Nachbarbaustellen

1.3.3 Festlegung und Dokumentation der Maßnahmen, die zur Vermeidung bzw. Verringerung der ermittelten Gefährdungen notwendig sind, im Einzelnen:
– Benennung der den ausgewählten Maßnahmen zugeordneten Bestimmungen (evtl. Konkretisierung der anzuwendenden Arbeitsschutzbestimmungen)
– Hinweis auf Informations- und Arbeitsmaterialien zum Arbeits- und Gesundheitsschutz

1.3.4 Einarbeitung von Maßnahmen, die sich aus der allgemeinen Verkehrssicherungspflicht des Auftraggebers ergeben

1.3.5 Benennung der Unternehmer, die mit der Ausführung der vorgesehenen Arbeitsschutzmaßnahmen beauftragt werden sollen

1.3.6 Benennung der den gewählten Maßnahmen zugeordneten Unterlagen wie Leistungsverzeichnis, Pläne, Anweisungen, Montageanweisungen, Schutzmaßnahmen

1.3.7 Sicherheits- und Gesundheitsschutzplan zeichnerisch *und/oder* textlich darstellen (mündliche Anweisungen reichen nicht aus!)

1.3.8 Wesentliche Informationen aus dem Sicherheits- und Gesundheitsschutzplan sind ggf. zu übersetzen bzw. sind Bilder, Piktogramme bzw. arbeitsplatzbezogene Demonstrationen zu verwenden

1.3.9 Der Sicherheits- und Gesundheitsschutzplan ist vor Einrichtung der Baustelle zu erstellen

1.3.10 Der Sicherheits- und Gesundheitsschutzplan ist in geeigneter Weise auf der Baustelle den Verantwortlichen vorzustellen und in der jeweils gültigen Form zur Einsichtnahme zur Verfügung zu stellen

1.4. Unterlagen für mögliche spätere Arbeiten an der baulichen Anlage erstellen

1.4.1 Analyse der architektonischen und technischen Planung auf Sicherheits- und Gesundheitsschutzrisiken für spätere Arbeiten an der baulichen Anlage

1.4.2 Einordnen von Sicherheit und Gesundheitsschutz in ein Konzept für spätere Arbeiten an der baulichen Anlage

1.4.3 Beratung bei der Planung bleibender sicherheitstechnischer Einrichtungen für mögliche spätere Arbeiten

1.4.4 Zusammenstellen der Unterlagen mit den erforderlichen Angaben für die sichere und gesundheitsgerechte Durchführung dieser Arbeiten

2. Ausführungsphase

1. Vorankündigung
– Fortschreiben und Anpassen der Vorankündigung bei erheblichen Änderungen

2. Einbinden von Sicherheits- und Gesundheitsschutz bei der Ausführung einer baulichen Anlage

2.1 Aushängen der Vorankündigung und des Sicherheits- und Gesundheitsschutzplanes

2.2 Information und eingehende Erläuterung der Maßnahmen für Sicherheits- und Gesundheitsschutz gegenüber allen Baubeteiligten/Auftragnehmern (auch Nachunternehmern)

2.3 Koordinierung des Zusammenwirkens der bauausführenden Unternehmen hinsichtlich Sicherheits- und Gesundheitsschutz unter der Anwendung der allgemeinen Grundsätze nach § 4 ArbSchG

2.4 Beobachten der Einhaltung von Sicherheits- und Gesundheitsschutzmaßnahmen bei der Zusammenarbeit der bauausführenden Unternehmen im Rahmen der Objektüberwachung

2.5 Hinwirken auf die Einhaltung einer Baustellenordnung und eines Baustelleneinrichtungsplans (soweit vorhanden) hinsichtlich der Vermeidung gegenseitiger Gefährdungen

2.6 Koordinierung der Überwachung der ordnungsgemäßen Anwendung der Arbeitsverfahren durch die Arbeitgeber
– zum Beispiel durch Einfordern von Nachweisen
– Durchführung und Dokumentation von Kontrollen
– Bei Sicherheitsmängeln besondere Maßnahmen ergreifen

2.7 Teilnahme an Baustellenbesprechungen

2.8 Einladung zu und Durchführung von Baustellensicherheitsbegehungen

2.9 Dokumentation der Baustellensicherheitsbegehungen und Auswerten der Ergebnisse

3. Sicherheits- und Gesundheitsschutzplan

3.1 Fortschreiben und Anpassen des Sicherheits- und Gesundheitsschutzplanes bei erheblichen Änderungen im Bauverhalten

3.2 Bekanntmachen des Sicherheits- und Gesundheitsschutzplanes und Einführung der Baubeteiligten in den SiGePlan

3.3 Hinwirken auf Berücksichtigung des SiGePlans und die Umsetzung der erforderlichen Arbeitsschutzmaßnahmen

4. Unterlage für mögliche spätere Arbeiten

4.1 Fortführung und Fertigstellung der Unterlagen mit den erforderlichen Angaben für die sichere und gesundheitsgerechte Durchführung späterer Arbeiten

4.2 Dokumentation von Wartungshinweisen und Betriebsanleitungen

IV. Termine

1. Die Vorankündigung ist gemäß § 2 Abs. 2 BaustellV der zuständigen Behörde spätestens 2 Wochen vor Errichtung der Baustelle zu übermitteln.

2. Der Sicherheits- und Gesundheitsschutzplan hat jedenfalls im Zeitpunkt der Erstellung der Ausschreibungsunterlagen in ausreichender Anzahl vorzuliegen.

3. Die Unterlage für spätere Arbeiten am Bauwerk ist in ausreichender Anzahl bis spätestens ..... vorzulegen.

4. Der AN ist verpflichtet, wöchentlich zumindest zwei Baustellentermine wahrzunehmen, bei Bedarf auch täglich.

5. Falls der AN bei der Ausführungen von Arbeiten Mängel erkennt, ist er verpflichtet, umgehend verstärkte Kontrollen durchzuführen.

6. Bei wichtigen, kritischen Bauabschnitten ist der AN gehalten, über die vereinbarte Anzahl der Baustellentermine hinaus in eigener Verantwortung besonders sorgfältige weitere Kontrollen durchzuführen.

V. Pflichten des Auftraggebers

Der AG hat

1.1 für ein gefahrloses Betreten der Baustelle zu sorgen

1.2 Möglichkeiten zur Lagerung und Entsorgung der Arbeitsstoffe und Abfälle, insbesondere der Gefahrenstoffe zur Verfügung zu stellen, soweit dies nicht auf andere übertragen wurde.

2. Die Hinweise des AN und den Sicherheits- und Gesundheitsschutzplan zu berücksichtigen und insbesondere

2.1 geeignete Personen zu benennen und einzelne Aufgaben des Arbeitsschutzes nach Maßgaben des AN auf diese zu übertragen, soweit sich dies aus dem SiGePlan ergibt

2.2 sofortige Nachricht an AN bei Kenntnis von Nichteinhaltung der Maßnahmen zu übermitteln

VI. Fachliche Eignung

(Zutreffendes ankreuzen)

1. Der AN versichert über die erforderlichen Kenntnisse und Erfahrungen im Baufach und im Arbeitsschutz im Baubereich zu verfügen. Im Einzelnen:

1.1 Baufachliche Kenntnisse
– Fachkraft für Arbeitssicherheit oder
– nachweisbare Kenntnisse und Erfahrungen in der Anwendung der Arbeitsschutzvorschriften auf entsprechenden Baustellen

1.1.2 *alternativ*
– Fachkraft für Arbeitssicherheit oder *umfangreiche* nachweisbare Kenntnisse und Erfahrungen in der Anwendung der Arbeitsschutzvorschriften auf entsprechenden Baustellen

1.1.3 *alternativ*
– Fachkraft für Arbeitssicherheit oder umfassende Kenntnisse und Erfahrungen in der Anwendung der Arbeitsschutzvorschriften auf *Großbaustellen*

1.2 berufliche Erfahrungen
- Erfahrungen (mindestens 2 Jahre) in Planung und/oder Ausführung, je nach Koordinationsaufgabe

alternativ:
- Projektspezifische Erfahrungen (mindestens 3 Jahre in Planung und/oder Ausführung), je nach Koordinationsaufgabe
- Bauvorhabenbezogene Kenntnisse und Erfahrungen der speziellen, einem Koordinator nach Baustellenverordnung obliegenden Aufgaben, Tätigkeiten und Verpflichtungen

alternativ:
- Umfangreiche objektspezifische Erfahrungen (mindestens 5 Jahre in Planung und/oder Ausführung

1.3 spezielle Koordinatorenkenntnisse

Bauvorhabenbezogene Kenntnisse und Erfahrungen der speziellen, einem Koordinator nach Baustellenverordnung obliegenden Aufgaben, Tätigkeiten und Verpflichtungen

2. Der AN legt zum Nachweis seiner Kenntnisse und Erfahrungen unter Anwendung der Arbeitsschutzvorschriften bzw. Planung und/oder Ausführung folgende Nachweise vor:

2.1 Ausbildungszeugnis zur Fachkraft für Arbeitssicherheit

2.2 weitere Bescheinigungen über Aus- und Fortbildungen, im Einzelnen:

.....

2.3 Referenzen über bisher ausgeführte Tätigkeiten:

.....

2.4 Sonstige Nachweise:

.....

VII. Weisungen

Der AN ist berechtigt und verpflichtet, den auf der Baustelle beschäftigen Unternehmern und deren Mitarbeitern verbindliche Anordnungen zu erteilen.

Der Auftraggeber hat in den vertraglichen Regelungen mit den auf der Baustelle beschäftigten (Nach-)Unternehmern ausdrücklich die Vereinbarung aufgenommen, wonach der Unternehmer verpflichtet ist, den Weisungen des Auftragnehmers (Sicherheits- und Gesundheitsschutzkoordinator) Folge zu leisten und eine entsprechende Verpflichtung an seine Mitarbeiter weiterzugeben.

Der Auftragnehmer verpflichtet sich, für den Fall, dass die am Bau Beteiligten seine Hinweise nicht berücksichtigen, unverzüglich den Auftraggeber hierüber zu informieren.

Sofern die Weisungen des SiGeKo nicht befolgt werden, ist dieser erforderlichenfalls auch berechtigt, die auf der Baustelle Beschäftigten von der Baustelle zu verweisen, bzw. die Baustelle einzustellen.

Der Auftraggeber verpflichtet sich, auch insoweit eine entsprechende Regelung in den jeweiligen Vertrag zwischen dem Auftraggeber und dem Unternehmer aufzunehmen.

VIII. Haftung

1. Der Auftragnehmer haftet gegenüber dem Auftraggeber nach den Regeln des Werkvertragsrechts und des Deliktrechts.

2. Soweit der AG die unter Ziffer III in diesem Vertrag im Einzelnen genannten Verpflichtungen auf den AN überträgt, wird der AN bei der Durchführung dieser Maßnahme in eigener Verantwortung tätig.

3. Die Arbeitnehmer der mit dem AG vertraglich gebundenen Werkunternehmer zählen zum geschützten Personenkreis dieses Vertrages. Dieser Drittschutz des Vertrages gilt auch gegenüber den Subunternehmern und deren Arbeitnehmern.

IX. Haftpflichtversicherung des AN

Der Auftragnehmer muss eine Berufshaftpflichtversicherung während der gesamten Vertragszeit unterhalten und nachweisen. Er hat zu gewährleisten, dass zur Deckung eines Schadens aus dem Vertrag Versicherungsschutz in Höhe der unten genannten Deckungssumme besteht.

Der Auftragnehmer hat vor dem Nachweis des Versicherungsschutzes keinen Anspruch auf Leistungen des Auftraggebers. Der Auftraggeber kann Zahlungen vom Nachweis des Fortbestehens des Versicherungsschutzes abhängig machen.

Der Auftragnehmer ist zur unverzüglichen schriftlichen Anzeige verpflichtet, wenn und soweit Deckung in der vereinbarten Höhe nicht mehr besteht. Er ist in diesem Fall verpflichtet, unverzüglich durch Abschluss eines neuen Versicherungsvertrages Deckung in der vereinbarten Höhe für die gesamte Vertragszeit nachzuholen und nachzuweisen.

Die Deckungssumme der Berufshaftpflichtversicherung müssen mindestens betragen:
- für Personenschäden: € .....
- für sonstige Schäden: € .....

X. Vergütung

1. Die Vergütung des Auftragnehmers erfolgt nach dessen tatsächlichem, nachgewiesenem Zeitaufwand. Abschlagszahlungen können in angemessenen Abständen verlangt werden.

Als Stundensatz wird ..... € netto pro Stunde vereinbart. Angefangene Stunden werden anteilig berechnet. Hinzukommt die gesetzliche Mehrwertsteuer (Umsatzsteuer).

Darüber hinaus erhält der Auftragnehmer für die bei ihm für die Ausführungen seiner vertraglichen Verpflichtung angefallenen Fahrtkosten in Höhe von ..... € netto pro gefahrenen km vergütet.

Weitere Nebenkosten werden vom Auftragnehmer nicht geltend gemacht. Sie sind mit dem vereinbarten Stundensatz abgegolten.

Alternative:

Für die in diesem Vertrag vereinbarten Leistungen des Auftragnehmers erhält dieser eine Pauschale in Höhe von ..... €.

Mit dieser pauschalen Vergütung sind sämtliche Nebenkosten abgegolten.

Der Auftragnehmer ist berechtigt, nach Abschluss
- der Planungsphase (III.1) sowie
- der Leistungsphase (III.2)

jeweils vom vereinbarten Honorar anteilig einen Betrag in Höhe von ..... € in Rechnung zu stellen.

Nach Abschluss der Ausführungsphase und Erstellen der Dokumentation von Wartungshinweisen und Betriebsanleitungen ist der Auftragnehmer berechtigt, den verbleibenden Restbetrag des vereinbarten Honorars abzurechnen.

XI. Vertragsdauer und Kündigung

Der Vertrag wird für die Dauer der Planungsphase und/oder Ausführungsphase abgeschlossen.

Er beginnt am ..... und endet voraussichtlich im Monat ..... mit der Abnahme und Abnahme evtl. Mangelbeseitigungsmaßnahmen des Bauwerks.

Alternative falls lediglich die Planungsphase übertragen ist:

Er beginnt am ..... und endet nach der letzten Vergabe der Bauleistungen und der Übergabe der sicherheits- und gesundheitsschutzrelevanten Unterlagen an den Auftraggeber bzw. an den für die Ausführungsphase zuständigen Koordinator sowie dessen Einweisung, voraussichtlich im Monat ..... .

Beide Parteien können den Vertrag nur aus wichtigem Grund ohne Einhaltung einer Kündigungsfrist kündigen.

Kündigt der Auftraggeber aus einem Grund, den der Auftragnehmer zu vertreten hat, so kann der Auftragnehmer nur Vergütung für seine bis dahin vertragsgemäß erbrachten und nachgewiesenen Leistungen verlangen.

Mit Beendigung der Mangelbeseitigung und vertragsgemäßer Erfüllung der Tätigkeiten hat der AN einen Anspruch auf Abnahme seiner Leistungen.

XII. Herausgabeanspruch des AG

1. Der AN hat die zur Erfüllung des Vertrags angefertigten Unterlagen – Pläne, Zeichnungen, digitale Datenträger – dem AG zu übergeben und ihm das alleinige Eigentum und Verwertungsrecht daran zu verschaffen. Die dem AN überlassenen Unterlagen sind dem AG spätestens nach Erfüllung seines Auftrags zurückzugeben. Zurückbehaltungsrechte, die nicht auf diesem Vertragsverhältnis beruhen, werden ausgeschlossen.

2. Der AN hat dem AG auf Anforderung über seine Leistungen unverzüglich und ohne besondere Vergütung schriftliche Stellungnahmen abzugeben.

3. Der AN bewahrt die ihm zur Verfügung gestellten Unterlagen (Pläne, LV, Gutachten) sorgfältig auf und gibt sie nach Vertragsbeendigung ohne gesonderte Aufforderung dem AG zurück.

XIII. Schriftform, Streitigkeiten, Erfüllungsort

1. Erfüllungsort für sämtliche Leistungen des AN ist die Baustelle.

2. Änderungen und Ergänzungen des Vertrages bedürfen der Schriftform.

3. Für Streitigkeiten aus diesem Vertrag ist das Gericht zuständig, an dessen Ort die Baustelle liegt.

.....
Datum

....
Auftraggeber Auftragnehmer

16 Muster nach RAB 10 Anlage A am Ende der Vordrucke als Anlage.

3. Sicherheits- und Gesundheitsschutzkoordinator (SiGeKo) – Vertrag

a) Muster SiGeKo-Vertrag (aus Sicht des Auftragnehmers)

17
VERTRAG

zwischen

.....
Auftraggeber (genaue Bezeichnung)

– im Folgenden AG genannt –

und

.....
Auftragnehmer (genaue Bezeichnung)

– im Folgenden AN genannt –

3. Sicherheits- und Gesundheitsschutzkoordinator (SiGeKo) – Vertrag (aus Sicht des AN)   D.

I. Gegenstand des Vertrages

Der AG überträgt dem AN für die Errichtung, Änderung oder Abbrucharbeiten folgenden Bauvorhabens:

.....

(Genaue Projektbeschreibung)

.....

.....

zur wesentlichen Verbesserung von Sicherheit und Gesundheitsschutz der Beschäftigten auf Baustellen im Sinne der §§ 2, 3 BaustellV die unter III. im Einzelnen aufgelisteten Tätigkeiten.

II. Vertragsgrundlage

Grundlage dieses Vertrages ist die Verordnung über Sicherheit und Gesundheitsschutz auf Baustellen (BaustellV) in der bei Vertragsabschluss gültigen Fassung,

im Weiteren die Bestimmungen über den Dienstvertrag §§ 611 ff. BGB bzw. nachrangig den Werkvertrag gemäß §§ 631 ff. BGB sowie die dem AN vom AG übergebenen Bauunterlagen.

III. Leistungen des Auftragnehmers

Zutreffendes auswählen

1. Planungsphase

1.1	☐	Vorankündigung (soweit erforderlich)
–		Vorankündigung erstellen
–		Übermittlung an die zuständige Behörde
–		Sichtbares Aufhängen der Vorankündigung auf der Baustelle
1.2	☐	Einbinden von Sicherheits- und Gesundheitsschutz in die Planung und das Organisationskonzept zur Bauausführung
1.2.1	☐	Bestandsaufnahme/Analyse
		Bauvorhabenbeschreibung, Genehmigungsplanung prüfen eventuell Gutachten durchsehen, berücksichtigen
–		Grundstück besichtigen,
–		Feststellen von Einflüssen aus dem Baugrundstück und aus der Nachbarschaft
–		Feststellen sicherheits- und gesundheitsschutzrelevanter Wechselwirkungen zwischen Arbeiten auf der Baustelle und anderen betrieblichen Tätigkeiten oder Einflüssen auf oder in der Nähe der Baustelle
1.2.2	☐	Mitwirkung bei Erstellung der Baubeschreibung und Vergabeunterlagen
–		Einteilung der Arbeiten
–		Bemessung der Ausführungszeiten
1.2.3	☐	Mitwirken bei der Prüfung der Angebote und der Vergabe
1.2.4	☐	Beraten bei der Terminplanung
–		Abstimmung von Bauausführungszeiten
–		Vermeidung von Gefahren, die durch ein zeitliches Nebeneinander hervorgerufen werden können
–		ggf. auf Änderungen und Ergänzungen hinwirken

1.2.5	☐	Werkplanung Prüfung aus der Sicht von Sicherheit und Gesundheitsschutz ggf. Anpassungen vornehmen oder veranlassen
1.2.6	☐	Beraten und Hinwirken auf das Berücksichtigen der Sicherheits- und Gesundheitsschutzmaßnahmen bei
–		Planung der Baustelleneinrichtung
–		Erstellen des Baustelleneinrichtungsplans
–		Erstellen einer Baustellenordnung
1.2.7	☐	Aufzeigen von Möglichkeiten zur Vermeidung von Sicherheits- und Gesundheitsrisiken
1.2.8	☐	Koordinieren der Maßnahmen der Planungsbeteiligten im Hinblick auf
–		bei der Einteilung der Arbeiten die gleichzeitig oder nacheinander durchgeführt werden
–		bei der Bemessung der Ausführungszeiten für diese Arbeiten
–		bei Beauftragung mehrerer Koordinatoren ist eine gegenseitige Abstimmung durchzuführen
1.3		Ausarbeiten eines Sicherheits- und Gesundheitsschutzplanes mit folgenden inhaltlichen Mindestanforderungen:
1.3.1	☐	Ermitteln und Benennen der nach Gewerken gegliederten Arbeitsabläufe
1.3.2	☐	Darstellen von möglichen Wechselwirkungen zwischen den nach Gewerken gegliederten Arbeitsabläufen, z.B. in Form von Bauzeitenplänen bzw. Balkendiagrammen (Hochbau) oder Weg/Zeitdiagrammen (Tiefbau) Ermittlung und Dokumentation aller gewerkebezogenen und gewerkeübergreifenden Gefährdungen
–		Bei der Ausführung eines Gewerks auftretende Gefährdungen: Absturzgefahr, Gefahr des Verschüttet werdens, Arbeiten mit gesundheitsgefährdenden Stoffen
–		Gewerkeübergreifende Gefährdungen:
–		Gegenseitige Gefährdung durch örtliches und zeitliches Zusammentreffen mehrerer Gewerke
–		Gefährdung aus den örtlichen Gegebenheiten der Baustelle
–		Gefährdungen durch Dritte, z.B. durch Nachbarbaustellen
1.3.3	☐	Festlegung und Dokumentation der Maßnahmen, die zur Vermeidung bzw. Verringerung der ermittelten Gefährdungen notwendig sind, im Einzelnen:
–		Benennung der den ausgewählten Maßnahmen zugeordneten Bestimmungen (evt. Konkretisierung der anzuwendenden Arbeitsschutzbestimmungen)
–		Hinweis auf Informations- und Arbeitsmaterialien zum Arbeits- und Gesundheitsschutz
1.3.4	☐	Einarbeitung von Maßnahmen, die sich aus der allgemeinen Verkehrssicherungspflicht des Auftraggebers ergeben
1.3.5	☐	Benennung der Unternehmer, die mit der Ausführung der vorgesehenen Arbeitsschutzmaßnahmen beauftragt werden sollen
1.3.6	☐	Benennung der den gewählten Maßnahmen zugeordneten, mit geltenden Unterlagen, Leistungsverzeichnis, Pläne, Anweisungen, Montageanweisungen
1.3.7	☐	Sicherheits- und Gesundheitsschutzplan zeichnerisch und/oder textlich darstellen
1.3.8	☐	Wesentliche Informationen aus dem Sicherheits- und Gesundheitsschutzplan sind ggf. zu übersetzen bzw. sind Bilder, Piktogramme bzw. arbeitsplatzbezogene Demonstrationen zu verwenden

3. Sicherheits- und Gesundheitsschutzkoordinator (SiGeKo) – Vertrag (aus Sicht des AN) D.

1.3.9		Der Sicherheits- und Gesundheitsschutzplan ist vor Einrichtung der Baustelle zu erstellen
1.3.10		Der Sicherheits- und Gesundheitsschutzplan ist in geeigneter Weise auf der Baustelle den Verantwortlichen zur Einsichtnahme zur Verfügung zu stellen
1.4		Unterlage für mögliche spätere Arbeiten an der baulichen Anlage erstellen
1.4.1	☐	Analyse der architektonischen und technischen Planung auf Sicherheits- und Gesundheitsschutzrisiken für spätere Arbeiten an der baulichen Anlage
1.4.2	☐	Einordnen von Sicherheit und Gesundheitsschutz in ein Konzept für spätere Arbeiten an der baulichen Anlage
1.4.3	☐	Beratung bei der Planung bleibender sicherheitstechnischer Einrichtungen für mögliche spätere Arbeiten
1.4.4	☐	Zusammenstellen der Unterlagen mit den erforderlichen Angaben für die sichere und gesundheitsgerechte Durchführung dieser Arbeiten

2. Ausführungsphase

2.1.	☐	Vorankündigung (soweit erforderlich) Fortschreiben und Anpassen der Vorankündigung bei erheblichen Änderungen
2.2.		Einbinden von Sicherheits- und Gesundheitsschutz bei der Ausführung einer baulichen Anlage
2.2.1	☐	Aushängen der Vorankündigung und des Sicherheits- und Gesundheitsschutzplanes
2.2.2	☐	Information und eingehende Erläuterung der Maßnahmen für Sicherheits- und Gesundheitsschutz gegenüber allen Auftragnehmern (auch Nachunternehmern)
2.2.3	☐	Koordinierung des Zusammenwirkens der bauausführenden Unternehmen hinsichtlich Sicherheits- und Gesundheitsschutz unter der Anwendung der allgemeinen Grundsätze nach § 4 ArbSchG
2.2.4	☐	Beobachten der Einhaltung von Sicherheits- und Gesundheitsschutzmaßnahmen bei der Zusammenarbeit der bauausführenden Unternehmen
–		Objektüberwachung,
–		bei wichtigen, kritischen Bauabschnitten besondere Kontrolle
2.2.5	☐	Hinwirken auf die Einhaltung einer Baustellenordnung und eines Baustelleneinrichtungsplans (soweit vorhanden) hinsichtlich der Vermeidung gegenseitiger Gefährdungen
2.2.6	☐	Koordinierung der Überwachung der ordnungsgemäßen Anwendung der Arbeitsverfahren durch die Arbeitgeber zum Beispiel: Einfordern von Nachweisen
2.2.7	☐	Teilnahme an Baustellenbesprechungen
2.2.8	☐	Einladung zur Durchführung von Baustellensicherheitsbegehungen
2.2.9	☐	Dokumentation der Baustellensicherheitsbegehungen und Auswerten der Ergebnisse

3. Sicherheits- und Gesundheitsschutzplan

3.1	☐	Fortschreiben und Anpassen des Sicherheits- und Gesundheitsschutzplanes bei erheblichen Änderungen
3.2	☐	Bekanntmachen des Sicherheits- und Gesundheitsschutzplanes und Einführung der Baubeteiligten in den SiGePlan
3.3	☐	Hinwirken auf Berücksichtigung des SiGePlans und die Umsetzung der erforderlichen Arbeitsschutzmaßnahmen

4. Unterlage für mögliche spätere Arbeiten

4.1. Fortführung und Fertigstellung der Unterlage mit den erforderlichen Angaben für die sichere und gesundheitsgerechte Durchführung späterer Arbeiten

4.2. Dokumentation von Wartungshinweisen und Betriebsanleitungen

IV. Ausführungstermine

1. Die Vorankündigung ist gemäß § 2 Abs. 2 BaustellV der zuständigen Behörde spätestens 2 Wochen vor Errichtung der Baustelle zu übermitteln.
2. Der Sicherheits- und Gesundheitsschutzplan hat jedenfalls unmittelbar vor Einrichtung der Baustelle vorzuliegen. Der AG ist dafür verantwortlich, diesen Zeitpunkt dem AN rechtzeitig, spätestens *einen Monat* vor Einrichtung der Baustelle mitzuteilen.
3. Die Unterlagen für spätere Arbeiten am Bauwerk sind rechtzeitig vor Beginn der späteren Arbeiten vorzulegen.
4. Der AN wird in ausreichender Zahl Baustellentermine durchführen. Eine ständige Anwesenheit des AN auf der Baustelle ist nicht erforderlich.

V. Pflichten des Auftraggebers

1. Durch die Übertragung der unter Ziffer III. in diesem Vertrag genannten Pflichten auf den AN wird der AG von seiner Verantwortung zur Einhaltung der einschlägigen Unfallverhütungsvorschriften bzw. der sonstigen für den Arbeitsschutz und die Unfallverhütung geltenden Gesetze, Verordnungen, Richtlinien und Durchführungsanweisungen nicht befreit. Insbesondere. ist der AG verpflichtet,

1.1 für ein gefahrloses Betreten der Baustelle zu sorgen und die hierfür erforderlichen Arbeitsmittel instand zu halten

1.2 geeignete Vorkehrungen zur Lagerung und Entsorgung der Arbeitsstoffe und Abfälle, insbesondere der Gefahrenstoffe, zu treffen

1.3 die Ausführungszeiten für die Arbeiten unter Berücksichtigung der Gegebenheiten auf der Baustelle anzupassen

1.4 die erforderlichen Maßnahmen für die Zusammenarbeit zwischen Arbeitgebern und Unternehmern ohne Beschäftigte zu treffen

1.5 die erforderlichen Maßnahmen für Wechselwirkungen zwischen den Arbeiten auf der Baustelle und anderen betrieblichen Tätigkeit auf dem Gelände, auf dem oder in dessen Nähe die erst genannten Arbeiten ausgeführt werden, zu treffen.

2. Der AG hat die Hinweise des AN und den Sicherheits- und Gesundheitsschutzplan zu berücksichtigen, insbesondere

2.1 geeignete Personen zu benennen und einzelnen Aufgaben des Arbeitsschutzes nach Maßgaben des AN auf diese zu übertragen

2.2 durch (stichprobenartige) Kontrolle sicherzustellen, dass die auf Dritte übertragenen Aufgaben ordnungsgemäß erledigt werden

2.3 bei Nichteinhaltung der vom AN im Einzelnen angeordneten Maßnahmen bzw. den im SiGePlan vorgesehenen Maßnahmen ist der AG verpflichtet, unverzüglich den AN zu benachrichtigen

3. Der AG ist verpflichtet, folgende Unterlagen dem AN zur Verfügung zu stellen:

3.1
- sämtliche Unterlagen zur Vor-, Entwurfs- und Werkplanung,
- die genehmigte Bauplanung
- evt. Genehmigungen nach Straßenverkehrs-, Wasser-, Gewerberecht
- Bauverträge mit sämtlichen Arbeitgebern der Baustelle

3. Sicherheits- und Gesundheitsschutzkoordinator (SiGeKo) – Vertrag (aus Sicht des AN) D.

3.2 Der AG ist verpflichtet, die unter Ziffer 3.1 aufgeführten Unterlagen frühzeitig, spätestens jedoch ..... *nach Vertragsunterzeichnung/vor Einrichtung der Baustelle* zur Verfügung

zu stellen

VI. Fachliche Eignung

(Zutreffendes auswählen)

Der Auftragnehmer versichert, über die erforderlichen Kenntnisse und Erfahrungen im Baufach und zum Arbeitsschutz im Baubereich zu verfügen.

Im Einzelnen:

1.1 Baufachliche Kenntnisse
- ☐ Fachkraft für Arbeitssicherheit oder
- ☐ nachweisbare Kenntnisse und Erfahrungen in der Anwendung der Arbeitsschutzvorschriften auf entsprechenden Baustellen
- ☐ *alternativ:* umfangreiche nachweisbare Kenntnisse und Erfahrungen in der Anwendung der Arbeitsschutzvorschriften auf entsprechenden Baustellen
- ☐ *alternativ*: Fachkraft für Arbeitssicherheit oder nachweisbare umfangreiche Kenntnisse und Erfahrungen in der Anwendung der Arbeitsschutzvorschriften auf Großbaustellen

1.2 berufliche Erfahrung
- ☐ Erfahrungen (ca. 2 Jahre) in Planung und/oder Ausführung je nach Koordinationsaufgabe
- ☐ *alternativ*: projektspezifische Erfahrungen (ca. 3 Jahre in Planung und/oder Ausführung)
- ☐ *alternativ:* umfangreiche objektspezifische Erfahrungen (ca. 5 Jahre in Planung und/oder Ausführung)

1.3 spezielle Koordinatorenkenntnisse
- ☐ Bauvorhaben bezogene Kenntnisse und Erfahrungen der speziellen, einem Koordinator nach Baustellenverordnung obliegenden Aufgaben, Tätigkeiten und Verpflichtungen

2. Der AN legt zum Nachweis seiner Kenntnisse und Erfahrungen unter Anwendung der Arbeitsschutzvorschriften bzw. Planung und/oder Ausführung entsprechende Nachweise vor.

VII. Weisungen

1. Der Auftragnehmer ist berechtigt, den auf der Baustelle beschäftigten Unternehmern verbindliche Anordnungen zu erteilen.
2. Der Auftraggeber verpflichtet sich, in den von ihm mit den einzelnen Unternehmern abgeschlossenen Werkverträgen eine Regelung aufzunehmen, wonach der Auftragnehmer (SiGeKo) gegenüber den einzelnen Unternehmern und deren Mitarbeitern zu ausdrücklichen Weisungen berechtigt ist und diese verpflichtet sind, den Weisungen des SiGeKo und dessen Hilfspersonen Folge zu leisten.
Der AN weist ausdrücklich daraufhin, dass er verpflichtet ist, bei fortdauernder Nichtberücksichtigung seiner Hinweise eine entsprechende Anzeige gegenüber der zuständigen Bauordnungs- und Arbeitsschutzbehörde zu erstatten.
3. Sofern die Weisungen des AN nicht befolgt werden, ist dieser berechtigt, den jeweiligen Beschäftigten von der Baustelle zu verweisen oder die Baustelle teilweise oder ganz einzustellen.
Der AG verpflichtet sich, eine entsprechende Vereinbarung in seine Verträge mit den Unternehmern aufzunehmen.

VIII. Haftung

1. Der AN haftet für seine Tätigkeit gegenüber dem AG nach den Regeln des Dienstvertragsrechts.
2. Eine Haftungsbegrenzung für Schäden aus der Verletzung von Leben, Körper und Gesundheit, Freiheit oder Eigentum oder sonstiger Rechte im Sinne des § 823 Abs. 1 BGB erfolgt ausdrücklich nicht.
Die Parteien sind sich darüber einig, dass für sonstige Schäden, die im Zusammenhang mit einer Tätigkeit des AN auftreten und die auf leichter Fahrlässigkeit beruhen, die Haftung zwischen AG und AN ausgeschlossen wird.
3. Soweit der AG die unter III. in diesem Vertrag im Einzelnen genannten Verpflichtungen auf den AN überträgt, wird der AN bei Durchführung dieser Maßnahmen in eigener Verantwortung tätig (vgl. § 4 BaustellV)
4. Der AG wird ausdrücklich darauf hingewiesen, dass er sich von seiner Verkehrssicherungspflicht auf der Baustelle nicht dadurch befreit, dass er den AN beauftragt hat. Der AG haftet nach § 278 BGB für das Verschulden des AN wie für eigenes Verschulden.

IX. Haftpflichtversicherung des AN

Der AN unterhält eine Berufshaftpflichtversicherung während der gesamten Vertragszeit und legt geeignete Nachweise vor.

Die Deckungssummen der Berufshaftpflichtversicherung betragen
– für Personenschäden: .....
– für sonstige Schäden: .....

X. Vergütung

Die Vergütung des Auftragnehmers erfolgt nach dessen tatsächlichem Zeitaufwand.

Als Stundensatz wird ..... € je angefangene Stunde vereinbart.

Darüber hinaus ist der Auftraggeber verpflichtet, die beim SiGeKo für die Ausführung seiner vertraglichen Verpflichtungen angefallenen Fahrtkosten in Höhe von ..... € netto pro gefahrenen Kilometer zu erstatten.

Im Hinblick auf die unter Ziff. III im Einzelnen dem AN übertragenen Leistungen wird davon ausgegangen, dass zumindest ..... Stunden anfallen werden, so dass ein Honorar in Höhe von ..... € unabhängig vom tatsächlichen Aufwand ohne Nachweis vereinbart wird. Der AN ist nur für den Fall verpflichtet, einen Stundennachweis vorzulegen, falls der abzurechnende Aufwand über das vereinbarte Mindesthonorar hinausgeht.

Hinzu kommt die gesetzliche Mehrwertsteuer (Umsatzsteuer).

Weitere Nebenkosten werden vom Auftragnehmer nach tatsächlichem Anfall abgerechnet. Sie sind mit dem vereinbarten Stundensatz nicht abgegolten.

Der AN ist berechtigt, in der Planungsphase nach Erstellen der Vorankündigung (III.1.1), des Sicherheits- und Gesundheitsschutzplans (III.1.3) und der Unterlage für spätere Arbeiten (III.1.4) sowie während der Ausführungsphase Zwischen-Abrechnungen für die jeweils bis dahin erbrachte Tätigkeit zu erteilen.

XI. Vertretung

Der Auftragnehmer ist berechtigt, die ihm unter Ziffer III dieses Vertrages übertragenen Leistungen an fachlich geeignete und befähigte Dritte nach eigener Auswahl zu übertragen. Eine weitere ausdrückliche Zustimmung des Auftraggebers ist nicht erforderlich.

XII. Vertragsdauer und Kündigung

1. Der Vertrag wird für die Dauer der Planungsphase und/oder Ausführungsphase abgeschlossen (nicht Zutreffendes streichen)
Er beginnt am ..... und endet voraussichtlich im Monat ..... mit der Abnahme des Bauwerks, die auch eine Abnahme der SiGeKo-Leistungen darstellt.

3. Sicherheits- und Gesundheitsschutzkoordinator (SiGeKo) – Vertrag (aus Sicht des AN)

Alternative falls lediglich Planungsphase übertragen:
Er beginnt am ..... und endet nach der letzten Vergabe der Bauleistungen und der Übergabe der sicherheits- und gesundheitsschutzrelevanten Unterlagen an den Auftraggeber bzw. an den für die Ausführungsphase zuständigen Koordinator sowie dessen Einweisung, voraussichtlich im Monat ..... . Mit Übergabe dieser Unterlagen hat eine Abnahme der SiGeKo-Leistungen zu erfolgen.

2. Beide Parteien können den Vertrag nur aus wichtigem Grund ohne Einhaltung einer Kündigungsfrist kündigen.
Kündigt der AG so behält der AN den Anspruch auf die ganze vertragliche Vergütung unter Abzug nachgewiesener ersparter Aufwendungen. In diesem Fall wird das unter Ziff XI angenommene Honorar zugrunde gelegt. Dies gilt entsprechend bei Kündigung des AN aus wichtigem Grund, den der AG zu vertreten hat.

XIII. Unterlagen

Der AN bewahrt die ihm zur Verfügung gestellten Unterlagen (Pläne, LV, Gutachten) sorgfältig auf und gibt sie nach Vertragsbeendigung dem AG zurück.

XIV. Schriftform, Streitigkeiten, Erfüllungsort

1. Erfüllungsort für die Leistungen des AN ist die Baustelle.
2. Änderungen und Ergänzungen des Vertrages bedürfen der Schriftform.
3. Für Streitigkeiten aus diesem Vertrag ist das Gericht zuständig, an dessen Ort die streitige Verpflichtung zu erfüllen ist.

.....

Datum

....

Auftraggeber   Auftragnehmer

b) Anlagen

ANLAGE 1

Muster gemäß RAB 31

Arbeitnehmer	Umfang und Art der Arbeiten	Vorankündigung	Koordination	SiGe-Plan	Untertage
eines Arbeitgebers	kleiner 31 Arbeitstage und 21 Beschäftigte oder 501 Personentage und gefährliche Arbeiten	nein	nein	nein	nein
eines Arbeitgebers	kleiner 31 Arbeitstage und 21 Beschäftigte oder 501 Personentage und gefährliche Arbeiten	nein	nein	nein	nein
eines Arbeitgebers	größer 30 Arbeitstage und 20 Beschäftigte oder 500 Personentage	ja	nein	nein	nein
eines Arbeitgebers	größer 30 Arbeitstage und 20 Beschäftigte oder 500 Personentage und gefährliche Arbeiten	ja	nein	nein	nein

mehrere Arbeitgeber	kleiner 31 Arbeitstage und 21 Beschäftigte oder 501 Personentage	nein	ja	nein	ja
mehrere Arbeitgeber	kleiner 31 Arbeitstage und 21 Beschäftigte oder 501 Personentage und gefährliche Arbeiten	nein	ja	ja	ja
mehrere Arbeitgeber	größer 30 Arbeitstage und 20 Beschäftigte oder 500 Personentage	ja	ja	ja	ja
mehrere Arbeitgeber	größer 30 Arbeitstage und 20 Beschäftigte oder 500 Personentage und gefährliche Arbeiten	ja	ja	ja	ja

ANLAGE 2

Muster gemäß Anlage A zu RAB 10

An

zuständige Behörde

Vorankündigung gemäß § 2 der Verordnung über Sicherheit und Gesundheitsschutz auf Baustellen (Baustellenverordnung – BaustellV)

1. Bezeichnung und Ort der Baustelle: Straße/Nr. PLZ/Ort:
2. Name und Anschrift des Bauherren: 3. Name und Anschrift des anstelle des Bauherren verantwortlichen Dritten:
4. Art des Bauvorhabens:
5. Koordinator(en) (sofern erforderlich) mit Anschrift und Telefon, ggf. Fax, E-Mail
    – für die Planung der Ausführung:
    – für die Ausführung des Bauvorhabens:
6. Voraussichtl. Beginn u. Ende der Arbeiten: 7. Voraussichtl. Höchstzahl der gleichzeitig Beschäftigten auf der Baustelle: .....
    von ..... bis .....
8. Voraussichtliche Zahl der Arbeitgeber: .....   9. Voraussichtl. Zahl der Unternehmer ohne Beschäftigte: .....
10. Bereits ausgewählte Arbeitgeber und Unternehmer ohne Beschäftigte:
    1.....
    2.....
    3.....
    4.....
    5.....
    6.....
    7.....
    8.....
    9.....
    10..... (weitere Angaben ggf. als Anlage)

.....	.....	.....
(Ort/Datum)	(Name)	(Unterschrift)

(Bauherr oder anstelle des Bauherrn verantwortlicher Dritter)

Verteiler:

1 × zuständige Behörde

1 × Baustellenaushang

1 × Bauherr

ANLAGE 3

Muster gemäß Anlage A zu RAB 30

Erforderliche Kenntnisse und Erfahrungen mit beispielhafter Zuordnung zu Planungs- und Baumaßnahmen

Die Anlage A zur RAB 30 gibt anhand von Beispielen Hinweise zur Qualifikation von Koordinatoren nach der Baustellenverordnung.

Stufe 1 Planungs- und Baumaßnahmen mit geringen bis mittleren sicherheitstechnischen Anforderungen

Die in Stufe 1 einzugruppierenden Bauwerke sind gekennzeichnet durch:
- geringe bis mittlere sicherheitstechnische Anforderungen,
- geringe organisatorische Anforderungen,
- geringe bauaufgabenspezifischen Anforderungen,
- geringe Anzahl Beschäftigter und
- geringe Anzahl gleichzeitig auf der Baustelle tätiger Arbeitgeber und Unternehmer ohne Beschäftigte.

Zu Stufe 1 gehören in der Regel keine Ingenieurbau- und Spezialtiefbaumaßnahmen und keine Baumaßnahmen mit besonders gefährlichen Arbeiten nach Anhang II Nr. 2, 3, 6, 7, 8, 9 und 10 der BaustellV.

Beispiele:
- Ein- und Mehrfamilienhäuser (kein Geschosswohnungsbau)
- Reihen- oder Doppelhäuser
- kleinere Verwaltungs- und Gewerbebauten
- einfache Erschließungsanlagen für Wohn- und Gewerbegebiete.

Erforderliche baufachliche Ausbildung:	mindestens Geprüfter Polier,[1] Meister oder Techniker
Erforderliche arbeitsschutzrechtliche Kenntnisse:	Nachweisbare Kenntnisse und Erfahrungen in der Anwendung der Arbeitsschutzvorschriften auf entsprechenden Baustellen oder Fachkraft für Arbeitssicherheit

Stufe 2 Alle anderen Planungs- und Baumaßnahmen

Anlage B
zur RAB 30

Arbeitsschutzfachliche Kenntnisse

Es kann davon ausgegangen werden, dass derjenige über die in Abschnitt 4.2 der RAB 30 geforderten arbeitsschutzfachlichen Kenntnisse verfügt, der eine Aus- oder Weiterbildung mit nachstehenden Inhalten erfolgreich abgeschlossen hat.

Die gesamte Aus- oder Weiterbildungsmaßnahme sollte für Personen, die über keine oder nur geringe Kenntnisse über Sicherheit und des Gesundheitsschutzes auf Baustellen verfügen, mindestens 32 Lehreinheiten [2] umfassen.

Übersicht über die wesentlichen Inhalte

1 Arbeitsschutzrecht und Arbeitsschutzsystem
– Europarechtliche Anforderungen
– Gliederung des deutschen Arbeitsschutzsystems
– Grundpflichten des Arbeitgebers/Unternehmers
– Arbeitsmedizinische und sicherheitstechnische Betreuung im Baubereich

1.1 Inhalte des Arbeitsschutzgesetzes
– Rechtliche Stellung des Arbeitsschutzgesetzes
– Adressaten und ihre Schutzverpflichtungen
– Allgemeine Grundsätze nach § 4 ArbSchG
– Beurteilung der Arbeitsbedingungen und zu treffende Schutzmaßnahmen
– Verpflichtung zur Zusammenarbeit mehrerer Arbeitgeber

1.2 Grundzüge der Rechtsverordnungen nach dem ArbSchG
– Baustellenverordnung
– Arbeitsstättenverordnung
– Arbeitsmittelbenutzungsverordnung
– PSA-Benutzungsverordnung
– Lastenhandhabungsverordnung
– Betriebssicherheitsverordnung

1.3 Vorschriften der Unfallversicherungsträger

2 Baustellenspezifische Unfall- und Gesundheitsgefährdungen und erforderliche Schutzmaßnahmen

2.1 Maßnahmen zur Sicherheit bei Erd- und Tiefbauarbeiten
– Einflüsse auf die Standsicherheit des Bodens
– Sicherungsanforderungen nach UVV und DIN 4124
– Gebäudesicherung im Bereich von Ausschachtungen, Gründungen und Unterfangungen (DIN 4123)
– Erdverlegte Leitungen und Anlagen

2.2 Gefährdung durch Absturz
– Absturzsicherungen
– Auffangeinrichtungen

- Arten, technische Ausführung und Absturzhöhen
- Persönliche Schutzausrüstungen gegen Absturz

2.3 Sicherer Einsatz von Gerüsten
- Gerüstarten und Einsatzbedingungen
- Arbeits- und Schutzgerüste (DIN 4420)
- Verantwortlichkeiten bei Aufbau und Nutzung von Gerüsten
- Brauchbarkeitsnachweis

2.4 Sicherer Einsatz von Leitern, Fahrgerüsten und Hebebühnen

2.5 Gefährdungen durch Elektrizität
- Schutzmaßnahmen gegen gefährliche Körperströme (Schutz gegen direktes und indirektes Berühren)
- Errichtung, Instandhaltung und Prüfungen elektrischer Anlagen und Betriebsmittel
- Sicherheit und Erkennbarkeit von Stromleitungen

2.6 Betrieblicher Brand- und Explosionsschutz
- Grundlagen der Brandentstehung
- Umgang mit explosions- und feuergefährlichen Stoffen
- Brandschutz- und Sicherheitskennzeichnung
- Bekämpfung von Entstehungsbränden

2.7 Gefährdungen durch Gefahrstoffe
- Grundzüge gefahrstoffrechtlicher Vorschriften (ChemG, GefStoffV, TRGS)
- Kennzeichnung, Lagerung und Entsorgung
- Grenzwerte
- Gefahrstoffinformationssysteme

2.8 Maßnahmen zur Sicherheit bei Montagearbeiten
- Allgemeine Grundsätze und Montageanweisung
- Fertigteiltransport, Lagerung und Lastförderung
- Standsicherheit, Zwischenbauzustände und Gefährdungen durch Absturz

2.9 Maßnahmen zur Sicherheit bei Abbruch- und Sanierungsarbeiten

2.10 Sicherer Personen- und Fahrzeugverkehr, sichere Baustellentransporte und Lagerung
- Arbeitsplätze und Verkehrswege
- Witterungseinflüsse (Winterbauverordnung)

2.11 Sicherer Einsatz von Maschinen und Geräten
- Arten und Einsatzbereiche von Maschinen und Geräten
- Prüfungen und Prüffristen für technische Arbeitsmittel
- Schutzmaßnahmen bei Lärm und Vibration

3 Einrichtungen der Ersten Hilfe

- Vorsorgemaßnahmen
- Rettungskette
- Sanitätsräume

4 Tagesunterkünfte, Waschräume, Toiletten und sonstige Einrichtungen

5 Persönliche Schutzausrüstungen

- Bewertung und Auswahl
- Bereitstellungs- und Benutzungspflicht

6 Arbeitszeitregelungen

- Rechtliche Regelungen (Arbeitszeitgesetz und tarifliche Regelungen zur Arbeitszeit)
- Ausnahmemöglichkeiten für Baubetriebe

Insbesondere bei gefährlichen Baumaßnahmen kann es erforderlich sein, dass sich der Koordinator besondere, erweiterte Kenntnisse aneignet.

Anlage C

zur RAB 30

Spezielle Koordinatorenkenntnisse

Es kann davon ausgegangen werden, dass derjenige über die in Abschnitt 4.3 der RAB 30 geforderten speziellen Koordinatorenkenntnisse verfügt, der eine Aus- oder Weiterbildung mit nachstehenden Inhalten erfolgreich abgeschlossen hat.

Die gesamte Aus- oder Weiterbildungsmaßnahme sollte für Personen, die über keine oder nur geringe spezielle Koordinatorenkenntnisse verfügen, mindestens 32 Lehreinheiten [3] umfassen.

Übersicht über die wesentlichen Inhalte

1 Die Baustellenverordnung

- Sinn und Zweck der BaustellV und Ihre Stellung im Arbeitsschutzsystem
- Anwendungsbereich der BaustellV
- Inhaltliche Anforderungen der BaustellV
- Aufgaben und Pflichten des Bauherrn oder des von ihm beauftragten Dritten
- Aufgaben und Pflichten des Koordinators
- Zweck und Inhalt der Vorankündigung

2 Koordinierung während der Planung der Ausführung

2.1 Aufgaben des Koordinators

2.2 Sicherheits- und Gesundheitsschutzplan
- Zweck und Inhalt des Sicherheits- und Gesundheitsschutzplanes
- Ausarbeitung von Sicherheits- und Gesundheitsschutzplänen für verschiedene Bauaufgaben
- Umgang mit Sicherheits- und Gesundheitsschutzplan, Bauzeitenplan, Baustelleneinrichtungsplan, Baustellenordnung, Baustellenver- und -entsorgungsregelungen

2.3 Unterlage für spätere Arbeiten an der baulichen Anlage
- Zweck und Inhalt der Unterlage
- Ausarbeitung der Unterlage für spätere Arbeiten für verschiedene bauliche Anlagen

3 Koordinierung während der Ausführung eines Bauvorhabens

3.1 Aufgaben des Koordinators

3.2 Instrumente für die Tätigkeit des Koordinators und deren Nutzung
- Informationssystem des Koordinators zur Unterrichtung der Arbeitgeber und der Beschäftigten auf der Baustelle
- Organisation von Sicherheitsbesprechungen und Baustellenbegehungen
- Umgang mit den während der Planung der Ausführung erstellten Plänen und Unterlagen
- Hinwirken auf das Umsetzen der Inhalte von Protokollen, Plänen und Konzepten während der Ausführung

3.3 Umgang mit Konfliktsituationen

4 Rechtliche Grundlagen

- Die rechtliche Stellung des Koordinators im Verhältnis zum Bauherrn und zu den am Bau Beteiligten
- Befugnisse des Koordinators
- Zivilrechtliche Beziehungen des Koordinators zu allen am Bau Beteiligten (Vertragstypen, Vertragsinhalte)
- Berücksichtigung der BaustellV in den vom Bauherrn abzuschließenden Verträgen
- Einschlägige Grundkenntnisse der VOB
- Auswirkungen unzureichender vertraglicher Regelungen und Ausschreibungsmängel, Grenzen vertraglicher Regelungen (§ 305 ff. BGB)

- Verantwortung und Haftung des Koordinators
- Sicherheitstechnische und arbeitsmedizinische Betreuung in den ausführenden Unternehmen.

(nicht besetzt) 19

1. Amtl. Anm: Nach der Verordnung über die Prüfung zum anerkannten Abschluss Geprüfter Po- 20
lier vom 20. Juni 1979, BGBl. S. 667.

2. Amtl. Anm.: Die Dauer einer Lehreinheit beträgt in der Regel 45 Minuten. 21

3. Amtl. Anm.: Die Dauer einer Lehreinheit beträgt in der Regel 45 Minuten. 22

4. Sachverständigenvertrag

a) Vorbemerkung

Bauen wird heutzutage immer komplexer, komplizierter und unübersichtlicher. Kaum ein Bau- 23
vorhaben kommt daher ohne Spezialisten aus, die aufgrund ihrer Ausbildung oder ihrer Erfahrung besondere, hoch spezielle Sachkunde auf bestimmten Gebieten haben. Dies nimmt auch im privaten Bereich stetig zu und ist längst nicht mehr nur auf Großbauvorhaben beschränkt; auch der private Bauherr bedient sich der Hilfe von Fachleuten, etwa bei der baubegleitenden Qualitätskontrolle, der Durchführung der Abnahme und gerade auch bei der Mangelfeststellung und der Mangeldokumentation. Hierzu werden in der Regel Sachverständige beauftragt, aufgrund ihrer Bedeutung für die Durchführung und Abwicklung eines Bauvorhabens lohnt sich ein genauer Blick auf die Rechtsgrundlagen, ebenso wie eine ausgewogene, faire und nachvollziehbare Vertragsgrundlage unabdingbare Voraussetzung für eine erfolgreiche Zusammenarbeit ist. Was ist nun ein »Sachverständiger«?

EuroExpert, die European Organisation for Expert Associations definiert den Begriff des Sachverständigen eher unjuristisch wie folgt (http://de.wikipedia.org/wiki/Sachverständiger [Stand 26.06.2017]):

»Der Sachverständige ist eine unabhängige integre Person, die auf einem oder mehreren bestimmten Gebieten über besondere Sachkunde sowie Erfahrung verfügt. Der Sachverständige trifft aufgrund eines Auftrages allgemeingültige Aussagen über einen ihm vorgelegten oder von ihm festgehaltenen Sachverhalt. Er besitzt ebenfalls die Fähigkeit, die Beurteilung dieses Sachverhaltes in Wort und Schrift nachvollziehbar darzustellen.«

Der Sachverständige ist, nach der juristischen Definition, ein Spezialist, der Fragen zu einem Sachgebiet umfassend beantworten kann und zudem Unabhängigkeit, Unparteilichkeit und Objektivität in einer Person vereint. Nach einer anderen Definition ist ein Sachverständiger im rechtlichen Sinne eine Person, die auf einem bestimmten Gebiet der Geistes- oder Naturwissenschaften, der Wirtschaft und der Technik oder eines anderen Sachbereichs überdurchschnittliche Kenntnisse und Erfahrungen hat und diese Sachkunde in Ausübung eines Gewerbes oder eines freien Berufes jedermann persönlich unparteiisch, unabhängig und objektiv zur Verfügung stellt (Ulrich, Der gerichtliche Sachverständige, 12. Aufl. [2006], 1. Abschnitt, A Rn. 1; Wappenhans, BauR 2003, 802, 807).

aa) Voraussetzungen der Tätigkeit als Sachverständiger

Voraussetzung für die persönliche Eignung als »Sachverständiger« ist daher ein entsprechendes 24
Hochschulstudium oder eine einschlägige mehrjährige Berufserfahrung, was gerade für handwerkliche Leistungen von Bedeutung ist. Die »besondere Sachkunde« ist damit Grundvoraussetzung für eine Tätigkeit als Sachverständiger. Den juristischen Rahmen bildet das Vertragsrecht. Bei der privaten Beauftragung eines Sachverständigen, sei es etwa für eine Wertermittlung oder für ein Schadensgutachten, bildet immer ein Vertragsverhältnis die Grundlage für die Tätigkeit des Sachverständigen. Auch in diesem Bereich empfiehlt es sich, dass zugrunde liegende Vertragsverhältnis

bb) Rechtsnatur eines Sachverständigenvertrags

25 Gerade die juristische Einordnung des Vertrages ist von besonderer Bedeutung, welche mittlerweile zwar geklärt ist, dennoch lohnt es sich, vor Vertragsschluss oder zumindest vor Beginn der Beratung sich dies noch einmal zu verdeutlichen. Grundsätzlich:

Es kommen zwei Vertragstypen in Betracht
- der Werkvertrag (§ 611 BGB) oder
- der Dienstvertrag (§ 631 BGB).

Die Einordnung als Dienstvertrag spielt praktisch eine nur untergeordnete Rolle und ist etwa denkbar, wenn die reine Tätigkeit der sachverständigen Person maßgeblich für den Auftrag ist. Dies kann etwa eine reine Zustandsfeststellung in Form einer Tatsachenfeststellung sein, die ohne eigene Wertung erfolgt. Diese Grenze ist freilich schnell überschritten. Maßstab ist die Erfolgsbezogenheit der Tätigkeit – hiervon ist schon bei der reinen baubegleitenden Qualitätskontrolle durch einen Sachverständigen auszugehen (vgl. BGH, Urt. v. 11.10.2001 – VII ZR 475/00, IBR 2002, 87). Hieraus ergibt sich das wesentliche Merkmal eines Werkvertrages: Es ist ein bestimmter Erfolg geschuldet. Für den Eintritt des Erfolges haftet der Sachverständige verschuldensunabhängig, zudem ist die Vergütungsfolge von dem Eintritt des Erfolges abhängig.

Die Bestimmung des Vertragstyps (Werk- oder Dienstvertrag) obliegt dabei nicht den Parteien, diesen steht kein Recht zu, einen Vertrag in einen bestimmten rechtlichen Rahmen aktiv einzuzuordnen. Zur Bestimmung des Vertragstyps ist der Inhalt des Vertrages von Bedeutung, nötigenfalls ist dieser durch Auslegung zu ermitteln und zu bewerten. Nach der »Schwerpunkttheorie« erfolgt die Einordnung anhand der Merkmale, die den rechtlichen Schwerpunkt des Vertragsverhältnisses bilden (BGH, Urt. v. 20.06.1999, Az. VII ZR 215/98, BauR 1999, 1317 = IBR 1999, 423).

cc) Besonderheiten eines Sachverständigenvertrags

26 Hierbei ist aber nicht zu vernachlässigen, dass der Sachverständigenvertrag in seiner Gesamtheit durchaus Besonderheiten aufweist, die landläufig nicht unmittelbar als werkvertragstypisch angesehen werden. Der Sachverständigenvertrag ist insoweit ein Vertrag eigener Art, der durch folgende besondere Aspekte geprägt wird:

- Der Sachverständige hat zunächst selbst zu prüfen, ob in seiner Person Hinderungsgründe für eine Beauftragung vorliegen. Dies können etwas fachliche Überforderung, Parteilichkeit durch persönliche Bindungen oder dergleichen sein.
- Den Auftragnehmer eines Sachverständigenvertrages treffen umfangreiche besondere nebenvertragliche Pflichten im Hinblick auf Verschwiegenheit, Information und Aufklärung und auch besondere Obhutspflichten aus einer Sachwalterstellung.
- Die besondere Fachkenntnis muss verständlich, objektiv und emotionslos vermittelt werden können. Dies setzt auch voraus, dass das Ergebnis des Auftrags logisch gegliedert und nachvollziehbar begründet ist.
- Der Sachverständige erbringt seine Leistung stets persönlich, wobei er sich von Hilfspersonen unterstützen lassen kann, was aber nichts an der persönlichen Verantwortlichkeit ändert.

dd) Vertragstypische Pflichten des Auftragnehmers

Zu den Hauptpflichten des Auftragnehmers im Rahmen des Sachverständigenvertrages gehört neben der rechtzeitigen Lieferung (§ 281 BGB) und der eigentlichen Herstellung des versprochenen Werkes (§ 631 Abs. 1 BGB) natürlich die ordnungsgemäße Erbringung der Leistung (§ 633 BGB). Hieraus folgt die Abnahmefähigkeit der Leistung und hieraus wiederum folgt erst der fällige Vergütungsanspruch des Sachverständigen, § 646 BGB.

27

Daher ist Voraussetzung der ordentlichen Leistungserbringung, dass das Werk des Sachverständigen, in der Regel ein Gutachten, frei von Sach- und Rechtsmängel ist, also die vereinbarte Beschaffenheit hat. Sollte eine bestimmte Beschaffenheit nicht vereinbart sein, was den Parteien bei Abschluss des Vertrages natürlich frei steht, ist das Gutachten frei von Sachmängeln, wenn es die für eine gewöhnliche Verwendung Beschaffenheit aufweist, die auch bei Gutachten gleicher Art üblich und zu erwarten ist.

Die Rechtzeitigkeit der Leistung hängt wieder zunächst von den vertraglichen Leistungen ab, sollten solche nicht getroffen worden sein, dann richtet sich die Zeit für die Gutachtenerstellung nach den Umständen des Einzelfalls, insbesondere nach Art und Beschaffenheit der Leistung, aber auch nach Zweck und Verkehrssitte.

ee) Vertragstypische Pflichten des Auftraggebers

Den Auftraggeber treffen freilich ebenso Pflichten aus dem Vertrag:

28

- Die Zahlung der vereinbarten Vergütung (§ 631 Abs. 1 HS 2 BGB)
- Die Abnahme der vertragsgemäß hergestellten Leistung (§ 640 BGB)

Zur Klarstellung ist kurz auszuführen, dass die Pflicht zur Zahlung der vereinbarten Vergütung schon mit Abschluss des Vertrages entsteht, die Vergütung aber erst mit der Abnahme der Leistung fällig wird (§§ 640, 641 BGB). Die Höhe der Vergütung richtet sich nach den Vereinbarungen, die die Parteien getroffen haben. Sollte ein Gegenstand des Vertrages in der Honorarordnung für Architekten und Ingenieure (HOAI) erfasst sein, gilt das hiernach zu ermittelnde Honorar als vereinbart. Im Übrigen gilt bei einer fehlenden ausdrücklichen Regelung in Bezug auf das Honorar die übliche Vergütung gemäß § 632 Abs. 2 BGB als vereinbart.

ff) Abnahme der Sachverständigenleistung

Die Leistungen eines Sachverständigen sind, wie jede andere im Rahmen eines Werkvertrags erbrachte Leistung, durch den Auftraggeber abzunehmen.

29

Mit der Abnahme, die nach der einschlägigen Definition als die Entgegennahme des Werks als im Wesentlichen vertragsgerecht erbracht anzusehen ist, wird nicht nur der Vergütungsanspruch fällig. Vielmehr endet das Erfüllungsstadium, der Erfüllungsanspruch des Auftraggebers erlischt. Es beginnt das Gewährleistungsstadium, der Erfüllungsanspruch wird abgelöst durch Nacherfüllungsansprüche bei einer Mangelhaftigkeit des Werks. Zudem beginnen die Verjährungsfristen gemäß § 634a Abs. 2 BGB und auch die Gefahr des zufälligen Untergangs oder der Verschlechterung des Werks nach § 644 BGB geht auf den Auftraggeber über.

gg) Grundsätzliches zum Zustandekommen eines Sachverständigenvertrags, Form und Haftung

Für das Zustandekommen eines Sachverständigenvertrages gelten die allgemeinen Vorschriften des Bürgerlichen Gesetzbuches in Bezug auf Angebot und Annahme. Eine besondere Form ist

30

Parviz

nicht vorgesehen, insbesondere ist auch der Abschluss eines Vertrages durch schlüssiges Verhalten möglich, gleichwohl der Abschluss eines schriftlichen Vertrages in jedem Fall anzuraten ist.

In der Praxis ist festzustellen, dass gerade der **schriftliche** Abschluss eines Sachverständigenvertrages im privaten Bereich vernachlässigt wird. Der vorliegende Beitrag soll daher als Vorschlag dienen, ein ausgewogenes Vertragswerk zu vereinbaren, um damit Rechtssicherheit für beide Parteien zu schaffen. Gerade die Beschreibung der Leistung und der Grund der Gutachtenerstattung sind im Hinblick auf die Herstellung einer abnahmefähigen Leistung von entscheidender Bedeutung; daher ist eine genau Beschreibung im Rahmen der Ausarbeitung des Vertrages unverzichtbar. Auch die Bestimmung der Schutzrichtung ist in diesem Zusammenhang zu erwähnen, hierdurch kann die Haftung des Sachverständigen entweder ausgeweitet oder eingegrenzt werden. Zu erwähnen sind hier etwa Gutachten mit Schutzwirkung zugunsten Dritter, wenn etwa für die Vertragsparteien erkennbar das zu erstattenden Gutachten eine Finanzierungsentscheidung eines Kreditinstituts beeinflusst. Denkbar ist dies vor allem in den Fällen, wenn der Gutachter den Auftrag erhält eine Wertermittlung durchzuführen und diese dem finanzierenden Kreditinstitut vorgelegt wird. Abgrenzungskriterium ist, ob der Sachverständige wusste, dass das Gutachten zur Vorlage bei einem Dritten gedacht war und dazu benutzt werden sollte (BGH, Urt. v. 09.07.2002, Az. X ZR 244/00, IBR 2002, 551; BGH, Urt. v. 20.04.2004 – X ZR 250/02, IBRRS 2004, 2104, BGH BauR 2005, 122).

Abzuraten ist von den so genannten Gefälligkeitsgutachten, die einzig und allein aus finanziellen Gründen angefertigt und leider immer wieder anzutreffen sind (vgl. BGH, Urt. v. 11.10.1996 – VII ZR 85/95, BauR 1996, 418 = IBR 1996, 202; OLG Köln, Urt. v. 28.09.2005 – 11 U 16/05, BauR 2006, 156 = IBR 2006, 38; OLG Karlsruhe, Urt. v. 23.12.2009 – 15 U 243/08; BGH, Beschl. v. 18.04.2002 – VII ZR 281/01). Solche Gutachten spiegeln eine de facto nicht vorliegende Objektivität des Sachverständigen wieder, die mit den eingangs erwähnten Grundpflichten der sachverständigen Person nicht in Einklang gebracht werden können. Zudem können hierdurch Schadenersatzansprüche (auch gegenüber Dritten) entstehen, die durch das Gutachten einen Schaden erlitten haben – von der strafrechtlichen Verantwortung ganz abgesehen.

Es ist nicht von der Hand zu weisen, dass in jedem Sachverständigenauftrag immer ein hohes Haftungspotential enthalten ist. Gerade im privaten Bereich ist das Haftungspotential, ohne ausgewogenes Vertragsverhältnis, unübersehbar. Ein Sachverständigenvertrag sollte daher zum einen Streitigkeiten zwischen den Parteien vermeiden, zum anderen vertragliche Regeln enthalten, wie ein möglicher Streit ausgeräumt werden kann. In jedem Fall soll durch eine vernünftige Vertragsgestaltung sichergestellt werden, dass der Auftraggeber eine ordnungsgemäße Leistung erhält und die Haftung des Sachverständigen übersehbar und in einem Rahmen gehalten wird, der tragbar ist, und der auch versichert ist.

Die Haftung des privat beauftragten Sachverständigen geht auch grundsätzlich weiter, als die Haftung eines gerichtlich bestellten Sachverständigen. Während zwischen dem gerichtlichen Sachverständigen und den Parteien keinerlei vertraglichen Beziehungen bestehen, der Sachverständige wird durch das Gericht kraft Hoheitsakt tätig, kommt zwischen Privatgutachter und Auftraggeber ein individueller Vertrag zustande. Während die Haftung des gerichtlichen Sachverständigen bei schuldhafter Nichteinlegung eines Rechtsmittels durch die geschädigte Partei nach § 839a Abs. 3 BGB entfällt, ist beim Privatgutachter die Haftung grundsätzlich nicht beschränkt (Morgenroth, Die Haftung des Bau- und Immobiliensachverständigen, DS 2010, 264, 266). Grundsätzlich kommt daher bei einem Gutachtachtervertrag in Form eines Werkvertrages neben der Haftung des Privatgutachters gem. §§ 633 ff. BGB, 823 ff. BGB (unerlaubte Handlung) und Schadensersatz über die Grundsätze des Vertrages zugunsten Dritter, insbesondere eine Haftung wegen vertraglicher Pflichtverletzung gem. §§ 280 ff. BGB in Betracht.

Die Frage, ob eine Pflichtverletzung vorliegt, ist maßgeblich an der werkvertraglichen Vereinbarung zwischen den Parteien zu beurteilen. Es ist von maßgeblicher Bedeutung eindeutig zu formulieren und zu dokumentieren, welchen Umfang eine Begutachtung haben soll – ist nicht konkretes vereinbart hat die Begutachtung »vollständig« zu sein; der Gutachter hat dann das Objekt auf alle denkbaren Mängel zu untersuchen (Morgenroth, a.a.O.; LG Hamburg, Urt. v. 05.12.2000, Az. 321 O 143/99, IBR 2001, 383). Die wirksamste Haftungsbegrenzung liegt daher schon in diesem Punkt: Eine präzise und vollständige Beschreibung des Auftrags, mit Aufnahme der geschuldeten Leistung und gegebenenfalls unter weiterer Aufnahme der ausgeschlossenen Leistungen und Bereiche.

Schließlich besteht natürlich die Möglichkeit, durch entsprechende vertragliche Vereinbarung, etwa die Haftung für leichte und mittlere Fahrlässigkeit auszuschließen. Zu beachten gilt hier aber, dass stets die AGB-rechtlichen Vorschriften bedacht werden müssen, da in aller Regel solche Haftungsausschlüsse nicht als individualvertraglich zu werten sein dürften. Eine umfassende Haftungsfreizeichnung für die Verletzung der Hauptleistungspflicht ist jedenfalls formularmäßig nicht möglich (vgl. BGH, Urt. v. 11.10.2001 – VII ZR 475/00, BGH BauR 2002, 315,317).

hh) Die HOAI und weitere Vorschriften

Nachdem die Rechtsnatur und das Zustandekommen des Sachverständigenvertrags geklärt sind, ist auf die weiteren relevanten Vorschriften hinzuweisen, die allerdings vornehmlich im Rahmen einer gerichtlichen Beauftragung eines Sachverständigen von Bedeutung sind. Der Privatauftrag eines Sachverständigen richtet sich – wie ausgeführt – in aller Regel nach den Bestimmungen des Bürgerlichen Gesetzbuches des Werkvertragsrechts. Die – etwa bei einem Gerichtsgutachten – weiter einschlägigen Regelungen der ZPO, StPO und des VwVfG spielen im Privatbereich, wenn überhaupt nur eine höchst untergeordnete Rolle. Daher gilt gerade im Privatbereich die dem deutschen Zivilrecht immanente Vertragsgestaltungsfreiheit, ebenso wie überhaupt Vertragsabschlussfreiheit gilt. Klarstellend ist allerdings anzumerken, dass – gleichsam gleichlaufend mit Architekten- und Ingenieurverträgen – insbesondere die »alte« HOAI zwar Regelungen für eine Gutachtenerstellung enthalten hat, diese allerdings nicht als normatives Leitbild für den Abschluss eines Sachverständigenvertrages heranzuziehen sind. Dies hat der Bundesgerichtshof (BGH Urt. v. 14.03.1996 – VII ZR 75/95, BauR 1996, 414), in Bezug auf die Architekten- und Ingenieurverträge schon im Jahr 1996 deutlich klargestellt, dies danach auch immer wieder bestätigt, dass die HOAI insgesamt keinerlei normativen Leitbilder für den Abschluss von Verträgen enthält. Es ist darüber hinaus in der Zwischenzeit, vor allem wohl durch die Arbeit von Herrn Prof. Dr. Reinhold Thode herrschende Meinung, dass zur Ausgestaltung von Architekten- und Ingenieurverträgen der Leistungsinhalt den Leistungskatalogen der Gebührentatbestände der HOAI loszulösen sind. Die HOAI ist und bleibt reines Preisrecht. Die HOAI 2013 enthält darüber keinerlei Regelungen mehr, wie Gutachten zu honorieren sind, da z.B. § 33 HOAI a.F. nicht mehr anwendbar ist.

Nichts anderes gilt für einen Sachverständigenvertrag. Der Sachverständige schuldet die ordnungsgemäße Erstattung eines Gutachtens, dies gemessen an allgemein zivilrechtlichen Vorschriften, nicht am Preisrecht der HOAI.

Das folgende Vertragsmuster hat sich in der Praxis bewährt und kann die Grundlage einer Zusammenarbeit bilden. Einige Punkte sind aber in der Rechtsprechung noch nicht abschließend geklärt, so dass für die Richtigkeit keine Gewähr geleistet werden kann. Zudem ist es zu empfehlen, die Entwicklung und den Stand der Rechtsprechung fortlaufend zu überprüfen und bei der individuellen Vertragsgestaltung zu berücksichtigen:

b) Muster Sachverständigenvertrag

Vertrag über Sachverständigenleistungen

– Erstattung Sachverständigengutachten –

Zwischen

.....

(Sachverständiger als Auftragnehmer)

und

.....

(Auftraggeber)

wird der folgende Vertrag über die Erstellung eines

Sachverständigengutachtens

geschlossen:

§ 1 Umfang und Gegenstand des Vertrages

Genaue Beschreibung, Umfang des Auftrages und des Objekts. Mit Abschluss des Vertrages versichert der Auftraggeber, dass er Eigentümer des Grundstückes ist oder vom Eigentümer zur Einholung des Gutachtens beauftragt oder ermächtigt worden ist.

.....

.....

.....

Die für die sachverständige Beurteilung notwendigen *weiteren Kriterien* sind als

– Anlage 1 –

geführt und ausdrücklicher Bestandteil des Vertrages.

Der Sachverständige erstattet seine gutachterliche Leistung unabhängig, unparteiisch, weisungsfrei und persönlich. Orts- und/oder Objektbegehungen nimmt der Sachverständige persönlich vor, wobei er sich vertreten lassen darf, wenn der Auftraggeber hierzu vorher sein Einverständnis erteilt hat und die persönliche Übernahme der Verantwortung für das Gutachten im Ganzen durch eine Vertretung nicht in Frage gestellt wird.

Der Sachverständige verpflichtet sich zur Verschwiegenheit Dritten gegenüber in allen Fragen, die das Gutachten betreffen oder die Information betreffen, die der Sachverständige im direkten Zusammenhang mit der Erstellung des Gutachtens erhalten hat.

§ 2 Besondere Leistungen des Sachverständigen

Leistungen des Sachverständigen, die über die zur Erreichung des Gutachtenszwecks notwendigen Leistungen hinausgehen, sind zu bezeichnen und konkret anzugeben.

.....

.....

.....

§ 3 Grund der Beauftragung und Verwendungszweck des Gutachtens

Das Gutachten ist ausschließlich zum vereinbarten Zweck zu verwenden und hierzu bestimmt. Eine darüber hinaus gehende Verwendung ist nur in den Fällen zulässig, in denen der Sachverständige seine Einwilligung schriftlich erteilt hat.

Daher ist der Zweck des Gutachtens möglichst genau zu beschreiben, etwa Verkauf an die Person XY, Auseinandersetzung der Erbengemeinschaft bestehend aus X1, X2 und X3 oder Vorbereitung der Geltendmachung von Schadenersatzansprüchen gegen die Person XY.

.....

.....

.....

§ 4 Ablieferung des Gutachtens

Der Sachverständige hat das Gutachten schnellstmöglichst, spätestens jedoch bis zum ..... zu erstatten.

Zu dem vereinbarten Termin ist das Gutachten zu übergeben oder zu übersenden. Der Sachverständige kommt mit der Ablieferung des Gutachtens nur in Verzug, wenn er die Fristüberschreitung zu vertreten hat. Die Parteien stellen klar, dass bei nicht zu vertretenden Hindernissen wie höhere Gewalt, Krankheit, Streik und Aussperrung kein Lieferverzug eintreten kann. Die Frist zur Erstattung des Gutachtens und zur Ablieferung verlängert sich entsprechend. Wird dem Sachverständigen durch von ihm nicht zu vertretende Umstände die Erstattung des Gutachtens unmöglich, wird er von der Erstattung frei. Der Sachverständige behält den Anspruch auf die vereinbarte Vergütung für den bereits erbrachten Teil seiner Tätigkeit.

§ 5 Vergütung

Der Sachverständige erhält eine angemessene Vergütung, die – sofern kein Pauschalhonorar vereinbart wird – aus einer Zeitvergütung und dem Ersatz der notwendigen Auslagen besteht.

1. Für die Leistungen des Sachverständigen wird als Vergütung vereinbart:

- ☐ Pauschalhonorar, einschließlich aller Nebenkosten, in Höhe von ..... €
   zzgl. der jeweiligen MwSt. in gesetzlicher Höhe, in Höhe von ..... €
   Gesamtbetrag ..... €
- ☐ Abrechnung auf Basis aufgewendeter Stunden
   Stundensatz des Sachverständigen ..... €
   zzgl. der jeweiligen MwSt. in gesetzlicher Höhe, in Höhe von ..... €
   Gesamtstundensatz

2. Reisezeiten werden mit einem Stundensatz von ..... €
berechnet.

3. Die Zahlung des Gesamthonorars ist bei Ablieferung des Gutachtens zahlbar.

Alternativ

Die Parteien vereinbaren folgende Honorarabschläge:

Basierend auf einer voraussichtlich benötigten, geschätzten Stundenzahl von ..... Stunden:

a) Bei Auftragserteilung: ..... €
b) Zwischenzahlungen gemäß folgendem Zahlungsplan:
   am .... €
   am .... €
   am .... €
   am .... €

Es ist sicherzustellen, dass die Gesamtsumme der Abschlagszahlungen 90 % des voraussichtlichen Gesamthonorars nicht überschreitet.

Die vereinbarte Vergütung wird schließlich fällig bei Abnahme (rügeloser Entgegennahme des Gutachtens durch den Auftraggeber) des Gutachtens und erfolgter Rechnungsstellung.

§ 6 Nebenkosten

In Bezug auf die für die Erstattung des Gutachtens notwendigen Nebenkosten werden folgende Preise vereinbart:

– Hilfspersonen ..... €/Stunde

- Reise-/Fahrtkosten ..... €/km
- Originalfotografien ..... €/Stück   für Gutachtenkopien ..... €/Stück
- Fotokopien f. Original ..... €/Stück   für Gutachtenkopien ..... €/Stück
- Schreibkosten f. Original ..... €/Seite   für Gutachtenkopien ..... €/Seite
- Auslagen Porto/Telefon   pauschal %   der Auftragsumme

Bei Fahrten über 15 km vom Dienstsitz des Sachverständigen werden die Fahrtzeiten nach tatsächlichem Zeitaufwand zusätzlich zum Gutachterhonorar berechnet, hierbei gelten die unter § 4 genannten Stundensätze.

Die Honorare und Nebenkosten sind umsatzsteuerpflichtig, daher wird die Mehrwertsteuer in der jeweiligen gesetzlichen Höhe zusätzlich berechnet. Das jeweils fällige Honorar ist spätestens innerhalb einer Woche auf das Bankkonto des Sachverständigen zu überweisen.

§ 7 Weitere Vereinbarungen

1. Dem Sachverständigen werden vom Auftraggeber die ihm bekannten, nicht eingetragenen, Lasten und Rechte mitgeteilt. Weiterhin werden sämtliche im Zusammenhang mit dem Denkmalschutz, Mietbindungen, Überbauten und/oder Altlasten – auch deren Verdacht – stehende Information mitgeteilt.

Grundsätzlich hat der Auftraggeber zu veranlassen, dass dem Sachverständigen alle zur Erreichung des Gutachtenzwecks notwendigen Unterlagen kostenfrei und zeitig zur Verfügung gestellt werden. Weiter ist der Sachverständige über wesentliche Änderungen im Zusammenhang mit dem Begutachtungsobjekt, während der laufenden Gutachtenerstellung, unverzüglich und unaufgefordert zu informieren.

2. Die folgenden Unterlagen werden dem Sachverständigen zur Erstattung des Gutachtens zur Verfügung gestellt:

.....

.....

3. Die vorbezeichneten Unterlagen werden nach Abschluss des Auftrags und vollständiger Zahlung der Vergütung an den Auftraggeber zurückgegeben.

4. Folgende Auskünfte wurden dem Sachverständigen erteilt, die für die Erstattung des Gutachtens von Bedeutung sind:

.....

.....

5. Der Auftraggeber wird dem Sachverständigen nachfolgende Unterlagen nachreichen und/oder fehlende Auskünfte einholen und diese an den Sachverständigen weitergeben:

.....

.....

6. Sondergutachter dürfen nur mit ausdrücklicher Genehmigung des Auftraggebers durch den Sachverständigen beauftragt werden, insofern dies mit einer Kostenfolge für den Auftraggeber verbunden ist. Zum jetzigen Zeitpunkt steht die Notwendigkeit der Beauftragung folgender Sondergutachter fest:

.....

.....

§ 8 Haftung, Verjährung

Die Haftung für durch leichte oder mittlere Fahrlässigkeit verursachte Schäden ist beschränkt, insofern nicht Leib und Leben, Körper und Gesundheit verletzt werden, und der Auftragnehmer nach gesetzlichen Bestimmungen hierfür schadenersatzpflichtig ist.

In Fällen leichter Fahrlässigkeit haftet daher der Auftragnehmer ausschließlich bei Verletzung vertragstypischer Pflichten und für – bei Vertragsabschluss – typische und vorhersehbare Schäden.

Die Haftung für arglistiges Verschweigen eines Mangels oder aus Übernahme einer Garantie bleibt hiervon ausdrücklich unberührt.

Schadensersatzansprüche verjähren nach 2 Jahren. Die Verjährungsfrist beginnt mit der Übergabe des Gutachtens.

§ 9 Gewährleistung

Bei Mängeln kann der Auftraggeber nur Nachbesserung des Gutachtens (»Nacherfüllung«) verlangen. Schlägt die Nachbesserung fehl, ist der Auftraggeber berechtigt, vom Vertrag zurückzutreten oder Herabsetzung der Vergütung (»Minderung«) zu verlangen.

§ 10 Kündigung

Die Parteien können den Vertrag jederzeit aus wichtigem Grund kündigen, diese Kündigung hat schriftlich zu erfolgen. Im Übrigen ist der Vertrag nicht kündbar.

§ 11 Vollmachten

Der Sachverständige und seine Mitarbeiter werden ausdrücklich bevollmächtigt, in amtliche Register zum Zwecke der Gutachtenerstellung Einblick zu nehmen und Auszüge zu erhalten. Ein Betretungsrecht zum Grundbesitz wird gewährt.

.....	.....
Ort/Datum	Ort/Datum
.....	.....
Auftraggeber	Sachverständiger

Besondere Eigentümervollmacht

Der Sachverständige und seine Mitarbeiter werden ausdrücklich bevollmächtigt, in amtliche Register zum Zwecke der Gutachtenerstellung Einblick zu nehmen und Auszüge zu erhalten. Ein Betretungsrecht zum Grundbesitz wird gewährt.

.....
Ort/Datum

.....
Unterschrift des Eigentümers

c) Erläuterungen

Die folgenden Anmerkungen zum Vertragsmuster verstehen sich als Ergänzung der Einleitung und sind jeweils auf den konkreten Einzelfall anzupassen.

aa) Allgemeiner Vertragsabschluss

Ein Sachverständigenvertrag sollte, selbstverständlich neben den eindeutigen Parteibezeichnungen, Regelungen, auf den folgenden Gebieten treffen:

– Gegenstand, Zweck und Umfang der Sachverständigentätigkeit
– Grundlagen, Unterlagen und Mitwirkungsverpflichtungen des Auftraggebers
– Honorar und die Fälligkeit, ggbfs. die Sicherung des Honoraranspruchs
– Haftung des Sachverständigen und Ausführungsfristen
– Kündigung des Vertrages, Zurückbehaltungsrechte und Aufrechnungen

Bei der Vertragsgestaltung ist schon bei der Vorüberlegung davon auszugehen, dass auf die Gutachtenerstellung das Werkvertragsrecht Anwendung findet. Es ist ein Erfolg in Form des vertraglich vereinbarten »Soll« geschuldet. Die zu vereinbarende Zweckbestimmung ist von zentraler Bedeutung.

Daher sind die Vorschriften der §§ 631 ff. BGB grundsätzlich auch auf die Erstattung eines Sachverständigengutachtens anwendbar.

Zur Abgrenzung ist hier kurz auszuführen, dass die Regelungen über den Dienstvertrag Anwendung finden können, wenn der Sachverständige bloße Beratungsaufgaben erfüllt. Weiter vom Werkvertrag abzugrenzen wäre auch eine entgeltliche Geschäftsbesorgung. Solche Geschäftsbesorgungsverträge spielen in der Praxis allerdings eine untergeordnete Rolle, so dass diese bei der hier zugrunde liegenden Betrachtung außen vor bleiben können.

bb) Gegenstand, Zweck und Umfang des Vertrages

35 Der Gutachtenersteller muss zusammen mit seinem Auftraggeber den Gegenstand seiner Beauftragung festlegen.

Es ist eine Konkretisierung der eigentlichen Tätigkeit notwendig, aus welcher Sinn und Zweck der Aufgabenstellung hervorgeht. Dies ist zum einen für den Gutachtenersteller für seine Arbeit allgemein notwendig, für den Auftraggeber daneben zur Beurteilung der ordnungsgemäßen Leistungserbringung von Bedeutung.

Das so genannte Vertrags-Soll ist demnach anhand einer detaillierten Beschreibung von Art und Zweck der Leistung zu fixieren. Allein hieran orientiert sich die Beurteilung der Abnahmefähigkeit der Leistung des Gutachtenstatters, ebenso wie sich hieran die Beurteilung der Mängelfreiheit messen lässt.

Mit der genauen Formulierung des Gutachtenauftrags steht und fällt das gesamte Vertragsverhältnis. Zum einen kann die Art der zu erbringenden Leistung positiv beschrieben werden, in anderen Fällen sollte zur Präzisierung des Auftragsinhalts durchaus auch negativ festgehalten werden, was gerade nicht vom Auftrag umfasst ist. Zudem sind die tatsächlichen Bedingungen festzulegen und auch eine Vereinbarung über die Intensität allfälliger Ortsbesichtigungen zu treffen. Der Umfang der eigenen Ermittlungen sollte definiert werden und es muss klargestellt werden, welche Tatsachen unter Umständen ungeprüft unterstellt werden können.

Natürlich ist daneben darauf zu achten, dass bei der Auftragsbeschreibung dem Gutachtenersteller keine Rechtsfragen zur Beantwortung vorgelegt werden, ebenso wie ein Allgemeinplatz (»Ist das Werk mangelhaft?«) entweder nicht bearbeitet werden kann, oder aber das Haftungsrisiko des Sachverständigen derart ausufert, dass von einer Übernahme des Auftrags unter solchen Voraussetzungen abgeraten werden müsste.

Daneben ist anzuraten, dass die Hintergründe, der Zweck des Gutachtens bei Vertragsabschluss schriftlich festgehalten werden.

Dies ist aus Gründen der dringend gebotenen, ansonsten unüberschaubaren, Dritthaftung nach § 311 Abs. 3 BGB dringend anzuraten. Eine solche wird nicht durch floskelartige Ausführungen etwa zum Urheberrecht auszuschalten sein.

cc) Unterlagen, Grundlagen und Mitwirkung des Auftraggebers

36 Es ist als Selbstverständlichkeit anzusehen, dass im Gutachten Bezug genommen wird auf die durch den Auftraggeber überreichten Unterlagen, mithin ausdrücklich klargestellt wird, auf welchen Grundlagen die Gutachtenerstattung basiert.

Sollte der Auftraggeber mündliche Auskünfte erteilt haben ist anzuraten, diese entweder in Form von Vermerken zum Gutachten zu nehmen oder im Gutachten selbst die mündlich erteilten Auskünfte auszuformulieren. Werden solche schon bei der Vertragsgestaltung erteilt, ist es anzuraten, dies auch mit in den Vertrag aufzunehmen. Dies kann auch bei einer nachträglich notwendig werdenden Auslegung hilfreich sein, etwa wenn Gegenstand und Zweck des Gutachtens nicht eindeutig formuliert wurden.

Die Aufnahme dieser Grundlagen und der möglicherweise zu erteilenden mündlichen Auskünfte in das eigentliche Gutachten sind ebenfalls aus der schon erwähnten Dritthaftung anzuraten.

Schließlich ist aus Gründen der gegebenenfalls notwendigen Auslegung und Beweisbarkeit im Vertrag festzuhalten, inwieweit der Auftraggeber zur Mitwirkung verpflichtet ist. Sollte schon absehbar sein, worin entsprechende Mitwirkungspflichten entstehen, sollten diese aufgezählt werden. Dies erlangt vor dem Hintergrund Bedeutung, als das § 642 BGB nicht automatisch durchsetzbare Vertragsgrundlage ist, vielmehr nur eine bloße Obliegenheit des Auftraggebers definiert.

dd) Durchführung und Grundlagen der Feststellungen und sachverständige Würdigung

Der Sachverständige hat die Grundlagen seiner Feststellungen im Gutachten genau zu bezeichnen. Im Vertrag ist daher aufzunehmen, welche Sachverhalte gegebenenfalls schon abgeschlossen sind und vom Sachverständigen unterstellt werden (müssen), welche Sachverhalte vom Sachverständigen selbst erarbeitet werden und Teilbereiche daraus.

37

Eigene Feststellungen bieten die beste Grundlage für eine sachverständige Würdigung, sind aber nicht immer zu treffen. Soll eine Begutachtung nicht mehr vorhandener Gegenstände, etwa anhand von Fotografien, Beschreibungen oder persönlichen Aussagen getroffen werden und ist dies schon bei Auftragserteilung absehbar, sollte hierzu eine vertragliche Regelung Einzug finden.

Haben nicht zerstörungsfreie Untersuchungen zu erfolgen empfiehlt es sich dies im Vertrag ebenfalls festzuhalten, gerade im Hinblick auf die Wiederherstellung des ursprünglichen Zustands. Gerade für den Fall, dass der Auftraggeber nicht Eigentümer der zu untersuchenden Gegenstände ist, ist der Eigentümer mit in den Vertrag einzubeziehen. In jedem Fall gilt es aber das Hausrecht des Eigentümers zu achten, ein Sachverständiger erhält kraft seines Auftrags keine besonderen Befugnisse, die den Eigentumsschutz beschränken könnten.

Es versteht sich von selbst, dass der Sachverständige auf einem aktuellen Wissensstand sein muss. Hierzu ist es auch notwendig, dass der Sachverständige bei der Beurteilung technischer Leistungen erkennen muss, welche technischen Kriterien den Rechtsbegriffen »mangelhaft« und »ordnungsgemäß« zuzuordnen sind. Die »allgemein anerkannten Regeln der Technik« müssen ebenso geläufig sein, wie der weitere Zusammenhang zwischen DIN-Normen, Stand der Technik und dem Stand von Wissenschaft und Technik. Die Grundlagen, auf denen das Gutachten fußt sind zweifelsfrei anzugeben, nur so kann der Zweck erreicht werden, Dritten zu ermöglichen, aufgrund des Gutachtens eine Überzeugung zu erlangen.

ee) Haftung und Ausführungsfristen

Bei der Vertragsgestaltung ist zu berücksichtigen, dass der Sachverständige vor allen Dingen sich einer Haftung aus dem Vertrag und einer Haftung aus unerlaubter Handlung gegenübergestellt sieht.

38

Nach § 633 Abs. 1 BGB ist ein Gutachten zu erstatten, welches frei von Sach- und Rechtsmängeln ist. Die zentralen Vorschriften diesbezüglich sind §§ 633, 634a BGB und §§ 823 und 826 BGB. Bei Vorliegen eines Mangels gem. § 633 Abs. 2 bzw. § 633 Abs. 3 BGB ist nunmehr die einheitliche Rechtsfolge in § 634 BGB normiert.

Praxisrelevant dürfte zunächst die Nacherfüllungsverpflichtung gem. § 635 BGB sein. Nacherfüllung kann nicht verlangt werden bei unverhältnismäßig hohen Kosten für den Unternehmer gem. § 635 Abs. 3 BGB bzw. kann die Nacherfüllung gem. § 636 Abs. 3 BGB abgelehnt werden, wenn diese fehlgeschlagen ist oder aber die Nacherfüllung für den Besteller unzumutbar ist.

Es ist an dieser Stelle ausdrücklich darauf hinzuweisen, dass nach der Rechtsprechung des Bundesgerichtshofs (BGH, Urt. v. 10.04.2008 VII ZR 214/06) die Grenze der »unverhältnismäßig hohen Kosten« sich nicht am Honorar für die Gutachtenerstattung messen lassen. Auch das OLG Oldenburg (OLG Oldenburg, 20.02.2007, Az. 12 U 57/96, IBR 2007, 300, Anm. Fischer) hat klar gestellt, dass kein Zweifel daran besteht, dass auch bei einer eingeschränkten Bauüberwachung für Pflichtverletzungen unabhängig von der Höhe des Honorars gehaftet wird. Der Umfang der Haftung richtet sich nach den mit dem Vertrag übernommenen Pflichten.

Nach Fristsetzung mit fruchtlosem Fristablauf zur Nacherfüllung stehen dem Auftraggeber/Besteller die folgenden Möglichkeiten zur Seite, falls die Nacherfüllung nicht erfolgreich war:

– Selbstvornahme
– Rücktritt
– Minderung
– Schadensersatz
– Aufwendungsersatz

Vielfach ist in der Praxis zu beobachten, dass die Haftung des Sachverständigen durch vorformulierte Klauseln beschränkt oder gar ausgeschlossen werden soll. Hierzu ist ganz klar anzumerken, dass aufgrund der allgemeinen zivilrechtlichen Regelungen entsprechende Haftungsbeschränkungen in aller Regel unwirksam sein dürften, da die an allgemeine Geschäftsbedingungen zu stellenden Anforderungen nicht erfüllt werden.

Es ist eine unübersehbare Materie, wie sich die Rechtsprechung zu Haftungsbeschränkung im Wege allgemeiner Geschäftsbedingungen entwickeln wird. An dieser Stelle die Wirksamkeit einer bestimmten Klausel vorhersagen zu wollen, wäre reine Spekulation.

Aus vorgenannten Gründen ist es daher sinnvoller die Haftung »überschaubar« zu machen, insbesondere durch eine genaue Aufnahme des Gutachtenauftrags, eine Konkretisierung des Gutachtenzwecks, sowie die dem Gutachten zugrunde liegenden Unterlagen festgehalten werden.

d) Erläuterungen zur Vertragsgestaltung

39 Bei der Vertragsgestaltung ist auf die folgenden Punkte ganz besonderes Augenmerk zu richten:

aa) Gegenstand

40 Wie schon ausgeführt muss der genaue Auftragsumfang möglichst genau bestimmt werden. Dies bedeutet aber auch bei Wertermittlungsgutachten, dass der Wertermittlungsstichtag konkret angegeben wird. Außerdem ob es sich um ein schriftliches, mündliches Gutachten oder um eine kurze gutachterliche Stellungnahme handelt.

Bei Wertermittlungen ist es ratsam anzugeben, ob der Versicherungswert ebenfalls ermittelt werden soll.

Es bietet sich in diesem Zusammenhang an, dass der Auftraggeber versichert, dass er Eigentümer oder Miteigentümer eines zu bewertenden Grundstücks ist, zu dem das Gutachten ausgeführt werden soll. In anderen Fällen sollte der Grundstückseigentümer vorher sein Einverständnis zur Ausführung des Gutachtens vorlegen.

bb) Zweck des Gutachtens

Der Zweck des Gutachtens kann stichpunktartig (etwa Beleihungen, Erbauseinandersetzungen, Verkaufsüberlegung, Einbringung in Stiftungen usw.) festgehalten werden. 41

Im Vertrag enthalten sein sollte der ausdrückliche Hinweis an den Auftraggeber, dass das ausgeführte Gutachten ausschließlich zum vereinbarten Zweck bestimmt ist und darüber hinausgehende Verwendung nur in den Fällen zulässig ist, wenn der Sachverständige seine Einwilligung dazu schriftlich erteilt hat.

cc) Honorar

Es ist zunächst zu prüfen, ob die Tätigkeit des Sachverständigen durch freie Vereinbarung honoriert werden kann oder ob etwa Leistungen erbracht werden, die unter die Gebührentatbestände der HOAI fallen. Bei der HOAI handelt es sich um zwingendes Preisrecht, welches zu beachten ist, wenn Leistungen im Rahmen der HOAI erbracht werden. Allerdings ist die »neue« HOAI 2013 lediglich dann verbindlich, wenn tatsächlich Architekten- und Ingenieurleistungen erbracht werden, dies können Planungsleistungen oder Überwachungsleistungen sein. Bei einer reinen Schadensfeststellung ist die HOAI beispielsweise nicht anwendbar, anders aber etwa bei der begleitenden Objektüberwachung, die eine Abrechnung nach der HOAI unter Beachtung der anrechenbaren Kosten vorsieht. Eine abweichende Vereinbarung des Honorars ist dennoch denkbar, auch sind die Stundensätze frei verhandelbar. Entscheiden ist nur, dass »unter dem Strich« das angerechnete Honorar sich im Rahmen der Mindest- und Höchstsätze der HOAI befindet, was aus § 7 Abs. 1 HOAI folgt (BGH, Urt. v. 17.04.2009, Az. VII ZR 164/07, IBR 2009, 335, BauR 2009, 1162). 42

Bei Wertermittlungen, die für mehrere Stichtage erfolgt sind, sollte ebenfalls vereinbart werden, dass die Honorierung der ersten Wertermittlung gemäß dem vereinbarten Honorarsatz für sämtliche Wertermittlungen gelten sollen. Für eine zweite Wertermittlung desselben Objekts – zu einem anderen Wertermittlungsstichtag – könnte etwa eine Prozentangabe des Honorars vereinbart und angegeben sein, und ob es sich hierbei um den gleichen Zustand oder ob ein wesentlichen Zustandsunterschied zur Grundlage dient.

Sollten die für eine sachverständige Beurteilung erforderlichen Unterlagen nicht durch den Auftraggeber bereitgestellt werden (können) und vom Sachverständigen erst beschafft und/oder hergestellt werden müssen, besteht die Möglichkeit dies durch zusätzliche Vereinbarungen im Sachverständigenvertrag als Zusatzleistung zu definieren, die neben dem eigentlichen Honorar nach Zeitaufwand abgerechnet werden können. Hierbei ist darauf zu achten, dass der Stundensatz für eine Sachverständigenstunde bzw. die Stundensätze für Hilfskräfte ebenfalls im Vertrag angegeben werden.

Gegebenenfalls bietet es sich an, im Vertrag zu vereinbaren, dass aus Kostengründen vom Sachverständigen nur telefonische Auskünfte über den Inhalt öffentlicher Register eingeholt werden können.

dd) Nebenkosten, Mehrwertsteuer usw.

Nebenkosten und Auslagen sind, sofern sie erforderlich sind, in der Höhe der tatsächlichen Aufwendungen zu erstatten. Diese vertragliche Regelung empfiehlt sich uneingeschränkt. 43

Es bietet sich an, die für Gerichtsgutachten geltende Regelung § 7 Abs. 2 JVEG zu übernehmen, mithin für zu erstellenden Kopien 0,50 EUR für die ersten 50 Seiten zu vereinbaren und 0,15 EUR für jede weitere Seite. Eine Regelung in Bezug auf die Fahrtkosten mit 0,30 EUR je gefahrenen PKW-Kilometer ist ebenso sinnvoll, wie eine Kostenpauschale pro angefertigtem Foto festzulegen.

Weiter ist es anzuraten im Sachverständigenvertrag festzulegen wie viele Mehrausfertigungen des Gutachtens im Honorar enthalten sind, ebenso wie zusätzlich notwendig werdende Mehrausfertigungen abgerechnet werden.

Der aufzunehmende Hinweis, dass auf alle Honorar und Nebenkosten die gesetzliche Mehrwertsteuer zusätzlich in Rechnung gestellt wird dürfte fast selbstverständlich sein. Ohne diesen Hinweis ist davon auszugehen, dass in den vereinbarten Preisen die Mehrwertsteuer enthalten ist und nicht zusätzlich zum vereinbarten Preis verlangt werden kann. Lediglich im Rahmen der Geltung der HOAI kann der Sachverständige in jedem Fall auch ohne zusätzliche Vereinbarung Mehrwertsteuer berechnen.

ee) Zahlungsvereinbarung

44 Bezüglich der zwischen den Parteien getroffenen Zahlungsvereinbarungen sind klare Regelungen zu treffen. Aus der Rechtsnatur des Werkvertrags folgt, dass ein Honoraranspruch grundsätzlich erst nach Abnahme fällig werden kann. Es empfiehlt sich schriftlich zu fixieren, unter welchen Voraussetzungen der Auftragnehmer Abschlagszahlungen verlangen kann und in welcher Höhe er dies tun kann.

ff) Haftpflichtversicherung

45 Es liegt im Sinne beider Parteien, dass der Gutachtenerstatter einen ausreichenden Haftpflichtversicherungsschutz abgeschlossen hatte. Die Deckungssummen sollten in den Vertrag aufgenommen werden. In Einzelfällen muss die Möglichkeit in Betracht gezogen werden, eine höhere Haftungssumme zu vereinbaren. Regelungen über die dann zusätzlich anfallende Versicherungsprämie bieten sich im Wege der Parteivereinbarung an.

Je nach Begutachtungsauftrag kann es sinnvoll sein, dem Sachverständigen oder seinen Mitarbeitern Vollmacht zu erteilen in amtliche Register zum Zwecke der Gutachtenerstellung über den Grundbesitz Einblick zu nehmen, ebenso die für die Gutachtenerstellung notwendigen Kopien anzufertigen sowie das Grundstück zu betreten. Ebenso sollten gegebenenfalls Vollmachten erteilt werden Innenfotos des Bewertungsobjekts im Rahmen der Objektbesichtigung anzufertigen.

e) Kurzbeauftragung einer Sachverständigenleistung

46 Nicht alle Aufträge an einen Sachverständigen erfordern einen Vertrag, wie er oben dargestellt ist. Unter Berücksichtigung der wirtschaftlichen Dimensionen kann es unter Umständen tunlich sein, eine Beauftragung »in Kurzfassung« niederzulegen, um wenigstens die grundlegenden Eckpunkte der Vertragsbeziehungen dokumentiert zu haben.

47 **Muster Vertrag über Sachverständigenleistungen**
– Kurzbeauftragung –

Zwischen

.....

(Sachverständiger als Auftragnehmer)

und

.....

(Auftraggeber)

wird der folgende Vertrag über Sachverständigenleistungen geschlossen:

§ 1 Umfang und Gegenstand des Vertrages

.....

.....

§ 2 Besondere Leistungen des Sachverständigen

.....

.....

§ 3 Grund der Beauftragung und Verwendungszweck des Gutachtens

.....

.....

§ 4 Vergütung

Für die Leistungen des Sachverständigen wird als Vergütung vereinbart:

- ☐ Pauschalhonorar, einschließlich aller Nebenkosten, in Höhe von ..... €
  zzgl. der jeweiligen MwSt. in gesetzlicher Höhe, in Höhe von ..... €
  Gesamtbetrag ..... €
- ☐ Abrechnung auf Basis aufgewendeter Stunden
  Stundensatz des Sachverständigen ..... €
  zzgl. der jeweiligen MwSt. in gesetzlicher Höhe, in Höhe von
  Gesamtstundensatz ..... €

§ 5 Nebenkosten

In Bezug auf die für die Erstattung des Gutachtens notwendigen Nebenkosten werden folgende Preise vereinbart:

- Hilfspersonen ..... €/Stunde
- Reise-/Fahrtkosten ..... €/km
- Originalfotografien ..... €/Stück   für Gutachtenkopien ..... €/Stück
- Fotokopien f. Original ..... €/Stück   für Gutachtenkopien ..... €/Stück
- Schreibkosten f. Original ..... €/Seite   für Gutachtenkopien ..... €/Seite
- Auslagen Porto/Telefon pauschal % der Auftragsumme

§ 6 Sonstige Vereinbarungen

.....

.....

....

Ort/Datum   Ort/Datum

....

Auftraggeber   Sachverständiger

f) Wertermittlungsgutachten

Ein weiteres Betätigungsfeld der Sachverständigen ist die Wertermittlung von Grundstücken und Gebäuden. Dieses für den Sachverständigen in hohem Maße haftungsträchtige Gebiet wird im

Hinblick auf die Vertragsgestaltung bisweilen stiefmütterlich behandelt. Auch auf diesem Gebiet gilt, dass die wirksamste Haftungsbeschränkung eine genaue Beschreibung der Aufgabe und des Zwecks des Gutachtens darstellt. Die vorgenannten Anmerkungen gelten entsprechen:

49

Muster Vertrag über Sachverständigenleistungen
– Wertermittlungsgutachten –

Zwischen

.....

(Sachverständiger als Auftragnehmer)

und

.....

(Auftraggeber)

wird der folgende Vertrag über die Erstellung eines Wertermittlungsgutachtens geschlossen:

§ 1 Umfang und Gegenstand des Vertrages

Eine genaue Beschreibung des Umfangs des Auftrages, des Objekts und des Wertermittlungsstichtages ist erforderlich. Mit Abschluss des Vertrages versichert der Auftraggeber, dass er Eigentümer des zu bewertenden Grundstückes ist oder vom Eigentümer zur Einholung des Gutachtens beauftragt oder ermächtigt worden ist.

§ 2 Besondere Leistungen des Sachverständigen

Leistungen des Sachverständigen, die über die zur Erstattung eines Wertermittlungsgutachtens hinausgehen, sind zu bezeichnen und konkret anzugeben.

§ 3 Grund der Beauftragung und Verwendungszweck des Gutachtens

Das Gutachten ist ausschließlich zum vereinbarten Zweck zu verwenden und hierzu bestimmt. Eine darüber hinaus gehende Verwendung ist nur in den Fällen zulässig, in denen der Sachverständige seine Einwilligung schriftlich erteilt hat.

Daher ist der Zweck des Gutachtens möglichst genau zu beschreiben, etwa Verkauf an die Person XY, Auseinandersetzung der Erbengemeinschaft bestehend aus X1, X2 und X3 oder Kreditverhandlungen und Beleihung durch die Bank XY.

§ 4 Vergütung

Die Leistungen des Sachverständigen werden gemäß § 34 HOAI als Grundhonorar honoriert:
- § 34 HOAI, Normalstufe, Mittelsatz
- § 34 Abs. 5 Ziffer 1 HOAI, Schwierigkeitsstufe, Mittelsatz

Sollten verschiedene Stichtage für die Wertermittlung ausschlaggebend sein, so erfolgt die Honorierung der ersten Wertermittlung gemäß vorgenanntem Satz. Die zweite und/oder die folgenden Wertermittlungen für dasselbe Objekt werden mit

..... % des Honorars für das Erstgutachten

honoriert. Die prozentuale Honorierung hat sich zwischen 40 % für den gleichen Zustand und 70 % bei wesentlichen Zustandsunterschieden zu bewegen.

Die Parteien sind sich im Klaren, dass für die ordnungsgemäße Erstattung eines Wertermittlungsgutachtens schriftliche Unterlagen zur Verfügung stehen müssen, in welche der Gutachter Einsicht nehmen kann. Diese sind grundsätzlich vom Auftraggeber zur Verfügung zu stellen und in diesem Vertrag näher bezeichnet.

Für den Fall, dass erforderliche Unterlagen nicht vom Auftraggeber zur Verfügung gestellt werden oder werden können und daher vom Gutachter beschafft und/oder angefertigt werden müssen, vereinbaren die Parteien die Honorierung dieser Zusatzleistungen nach Zeitaufwand mit folgenden Stundensätzen:

Sachverständiger ..... €/Stunde

Hilfspersonen ..... €/Stunde

Vom Auftraggeber sind grundsätzlich die folgenden Unterlagen zur Verwendung durch den Gutachter diesem zur Verfügung zu stellen:
- Aktueller Grundbuchauszug
- Aktuelle Katasterkarte
- Genehmigungsplanung, Bauzeichnungen, Grundrisse und Schnitte
- Wohnflächenberechnung, Berechnung des umbauten Raums
- Bei Mietobjekten: Mietvertrags- und Mietertragszusammenstellung

Der Gutachter wird, soweit möglich, den Inhalt öffentlicher Register und Verzeichnisse durch telefonische Ruckfrage feststellen, dies aus Kostengründen. Hierzu erteilt der Auftraggeber ausdrücklich sein Einverständnis.

Als Höchstgrenze des Honorars – ohne Nebenkosten – gilt in jedem Fall der Höchstsatz der Schwierigkeitsstufe der Honorartafel zu § 34 Abs. 1 HOAI. Diese wird in Anlage zum Vertrag geführt und liegt den Parteien vor.

Für den Fall, dass der Wert des Grundstücks weniger als 25.565,– € betragen sollte, so vereinbaren die Parteien, dass das Honorar nach dem Wert von 25.565,– € bestimmt wird.

Für den Fall, dass sich der Wert des Grundstücks auf mehr als 25.564.594,– € belaufen sollte, wird als Honorar das Honorar gemäß § 34 HOAI nach einem Objektwert von 25.564.594,– €, zuzüglich unter Berücksichtigung der Honorarentwicklung bei steigenden Objektwerten, vereinbart.

Sonstige Vereinbarungen des Vertrages bleiben im Fall der vorstehenden besonderen Honorarvereinbarung davon unberührt.

§ 5 Nebenkosten

In Bezug auf die für die Erstattung des Gutachtens notwendigen Nebenkosten werden folgende Preise vereinbart:

- Hilfspersonen ..... €/Stunde
- Reise-/Fahrtkosten ..... €/km
- Originalfotografien ..... €/Stück   für Gutachtenkopien   ..... €/Stück
- Fotokopien f. Original ..... €/Stück   für Gutachtenkopien   ..... €/Stück
- Schreibkosten f. Original ..... €/Seite   für Gutachtenkopien   ..... €/Seite
- Auslagen Porto/Telefon pauschal % der Auftragsumme

Bei Fahrten über 15 km vom Dienstsitz des Sachverständigen werden die Fahrzeiten nach tatsächlichem Zeitaufwand zusätzlich zum Gutachterhonorar berechnet, hierbei gelten unter § 4 genannten Stundensätze.

Die Honorare und Nebenkosten sind umsatzsteuerpflichtig, daher wird die Mehrwertsteuer in der jeweiligen gesetzlichen Höhe zusätzlich berechnet.

§ 6 Weitere Vereinbarungen

Dem Sachverständigen werden vom Auftraggeber die ihm bekannten, nicht eingetragenen, Lasten und Rechte mitgeteilt. Weiterhin werden sämtliche im Zusammenhang mit dem Denkmalschutz, Mietbindungen, Überbauten und/oder Altlasten – auch deren Verdacht – stehende Information mitgeteilt. Sollten vorgenannte Information nicht mitgeteilt werden, kann der Sachverständige davon ausgehen, dass in dieser Hinsicht keinerlei Besonderheiten des Grundstücks bestehen.

Weiterhin kann der Sachverständige davon ausgehen, dass gemäß der vorgelegten und genehmigten Pläne gebaut worden ist und bei der Wertermittlung die Rechtmäßigkeit der Gebäude unterstellt werden kann.

Nicht offensichtliche und nicht mitgeteilte Baumängel bleiben bei der Wertermittlung außer Betracht. Der Sachverständige ist nicht beauftragt hinsichtlich der vorgenannten Punkte eigene Nachforschungen anzustellen und/oder Untersuchungen in Auftrag zu geben.

.....

.....

§ 7 Haftung

Die Haftung für leicht fahrlässig verursachte Schäden ist beschränkt, insofern nicht Leib und Leben, Körper und Gesundheit verletzt werden, und der Auftragnehmer nach gesetzlichen Bestimmungen hierfür schadenersatzpflichtig ist.

In Fällen leichter Fahrlässigkeit haftet daher der Auftragnehmer ausschließlich bei Verletzung vertragstypischer Pflichten und für – bei Vertragsabschluss – typische und vorhersehbare Schäden.

Die Haftung für arglistiges Verschweigen eines Mangels oder aus Übernahme einer Garantie bleibt hiervon ausdrücklich unberührt.

§ 8 Vollmachten

Der Sachverständige und seine Mitarbeiter werden ausdrücklich bevollmächtigt, in amtliche Register zum Zwecke der Gutachtenerstellung Einblick zu nehmen und Auszüge zu erhalten. Ein Betretungsrecht zum Grundbesitz wird gewährt.

.....	.....
Ort/Datum	Ort/Datum
.....	.....
Auftraggeber	Sachverständiger

Besondere Eigentümervollmacht

Der Sachverständige und seine Mitarbeiter werden ausdrücklich bevollmächtigt, in amtliche Register zum Zwecke der Gutachtenerstellung Einblick zu nehmen und Auszüge zu erhalten. Ein Betretungsrecht zum Grundbesitz wird gewährt.

.....

Ort/Datum

.....

Unterschrift des Eigentümers

g) Erläuterungen

50 Erstattung privat veranlasster Sachverständigenkosten:

Private Gutachten sind im Prozess regelmäßig als Parteivortrag (»qualifizierter Sachvortrag«) zu werten (BGH, Urt. v. 20.09.2002, NJW-RR 03, 69; BGH, Urt. v. 24.02.2005, BauR 2005, 861). Die Hinzuziehung Dritter zur Durchführung einer Klage wird grundsätzlich nicht als »zur zweckentsprechenden Rechtsverfolgung bzw. -verteidigung« notwendig erachtet und die Kosten sind daher auch nicht zu erstatten (OLG Köln, 16.07.2004, IBR 2004, 663).

Allerdings können die Kosten eines vorprozessual eingeholten Privatgutachtens dann als notwendig im Sinne des § 91 Abs. 1 ZPO angesehen werden, wenn eine verständige und wirtschaftlich vernünftige Partei die Beauftragung des Privatgutachters ex ante als sachdienlich ansehen durfte

(OLG Naumburg, 10.05.2000, BauR 2001, 132; OLG Bamberg, 27.03.2006, Az. 3 W 43/06, IBR 2006, 529).

Natürlich muss das Gutachten unmittelbar durch das in dem bestimmten späteren Rechtsstreit verfolgte Rechtschutzziel veranlasst sein. Es muss also ein sachlicher Zusammenhang bestehen, was im Ergebnis bedeutet, dass schon bei Gutachtenbeauftragung fest stehen muss, dass ein Prozess geführt wird (OLG Köln, 14.06.1995, BauR 1995, 881). Zur Abgrenzung muss zumindest ein enger zeitlicher Zusammenhang bestehen, der zumindest vorliegen soll, wenn vor Beauftragung des Sachverständigen sich der Rechtsstreit abzeichnet und dann bis Klageerhebung nicht mehr als 3 Monate vergehen (OLG Zweibrücken, 29.01.2004, BauR 2004, 1491). Nicht prozessbezogen sind etwa die im Laufe der Abwicklung eines Vertragsverhältnisses angefallenen Kosten für einen Privatgutachter, sofern Gegenstand der Beauftragung die Beurteilung der Notwendigkeit und der Umfang von Nachbesserungsarbeiten ist (OLG Koblenz, 08.11.1995, BauR 1996, 583). Aufgrund der Symptomrechtsprechung des Bundesgerichtshofs muss ein Bauherr nur die Symptome eines Mangels beschreiben, es bedarf diesbezüglich also keines Privatgutachters, um die näheren Umstände zu ermitteln, da die Mängel umfänglich im Prozess geltend gemacht werden können (OLG Düsseldorf, 12.04.2001, IBR 2001, 343). Auch die »allgemein Prüfung« wer für einen Mangel verantwortlich sein kann stellt keine unmittelbar prozessbezogene Aufwendung dar (OLG Koblenz, 14.03.2001, BauR 2002, 1131).

Allerdings stellt es einen notwendige Aufwendung dar, wenn ohne die Einholung eines Privatgutachtens – etwa aufgrund des komplexen Stoffes oder der komplizierten technischen Zusammenhänge – die Führung des Prozesses schlechterdings unmöglich wäre, da nicht sachgerecht vorgetragen werden kann (OLG Stuttgart, 13.11.2001, BauR 2002, 665; OLG Hamburg, 01.12.2005, OLGR 2006, 344). Schließlich ist es nach der neueren Rechtsprechung notwendig, dass das Privatgutachten in den Prozess eingeführt wurde. Die Erstattungsfähigkeit von Aufwendungen setzt diesbezüglich voraus, dass das Gutachten vorgelegt wird. Es genügt nach Ansicht des OVG Lüneburg nicht, wenn der Inhalt der fachlichen Stellungnahme eines Dritten in den Beteiligtenvortrag eingearbeitet wird und für das Gericht und die übrigen Prozessbeteiligten nicht hinreichend deutlich erkennbar ist, dass bestimmt Ausführen in den (anwaltlichen) Schriftsätzen eine vom fachlichen Beistand verantwortete Stellungnahme darstellen (OVG Lüneburg, Beschl. v. 02.12.2009, Az. 12 OA 129/08, DS 2010, 38 ff.).

Die Höhe der erstattungsfähigen Aufwendungen hat sich nach früherer Ansicht an den Sätzen des JVEG orientiert. Hier ist allerdings eine Entwicklung zu verzeichnen, dass sich die erstattungsfähigen Kosten nicht mehr nach diesen Sätzen richten sollen, sondern vielmehr nach den in der Privatwirtschaft üblichen Beträgen. Das OLG Schleswig etwa geht davon aus, dass die Kosten für ein binnenprozessual eingeholtes Gutachten im Kostenfestsetzungsverfahren dem Grunde nach erstattungsfähig ist, sobald für die Beauftragung ein konkreter und prozessbezogener Anlass bestand und die Ausführungen des Sachverständigen den Verlauf des Rechtsstreits beeinflusst haben. Ihre Höhe richtet sich nach den in der Privatwirtschaft üblichen Beträgen, sie orientiert sich nicht an den »gedeckelten« Wertangaben des JVEG (OLG Schleswig, Beschl. v. 25.08.2008, Az. 9 W 52/08, DS 2009, 195 f.).

Freilich bedarf der ordnungsgemäßen Darstellung der Notwendigkeit der Aufwendungen für den Sachverständigen im Kostenfestsetzungsverfahren. Es bedarf insbesondere substantiierter Ausführungen dazu, dass zum einen die Kosten tatsächlich entstanden sind und zum anderen in der konkreten Höhe notwendig waren. In der Regel ist daher die Nachweisführung durch eine detaillierte Rechnung des Sachverständigen zu führen, aus der der Umfang seiner Tätigkeit nachvollziehbar hervorgeht (OLG Celle, Beschl. v. 25.07.2008, Az. 2 W 148/08, BauR 2009, 285 und Anm. Schwenker, IBR 2009, 182).

Der Prozessbevollmächtigte der Partei, die zur Dokumentation von Mängeln und/oder zur Vorbereitung einer Klage einen Sachverständigen mit der Erstellung eines Gutachtens beauftragen möchte, ist gut beraten, die Erstattungsfähigkeit der Kosten in einem sich anschließenden Prozess zu prüfen und seine Partei über den Umstand, dass nicht in jedem eine Kostenerstattung als gesichert angesehen werden kann, umfassend zu belehren und aufzuklären.

Einen anderen Aspekt spiegelt die Erstattungsfähigkeit der Sachverständigenkosten als weitergehende Kosten über § 13 Abs. 5 Nr. 2 VOB/B dar. Hiernach sind die Sachverständigenkosten auch erstattungsfähig, wenn deren Verauslagung erforderlich war (Schliemann in: Leinenmann, VOB/B, 6. Aufl. [2016], § 13 Rn. 256; BGH, Urt. v. 13.09.2001, Az. VII ZR 392/00, BauR 2002, 86, 87; OLG Düsseldorf, Urt. v. 27.04.2010 – 21 U 122/09). Eine Erstattungsfähigkeit dürfte, für den Fall des Vorliegens der einzelnen Voraussetzungen, auch über § 13 Abs. 7 VOB/B gegeben sein (Schliemann a.a.O.).

Außerhalb des Kostenfestsetzungsverfahrens, auf materiell-rechtlicher Ebene, stellen daher Sachverständigenkosten durchaus einen ersatzfähigen Schaden dar, wenn die Einschaltung eines Sachverständigen notwendig war, damit sich der Vertragspartner über die Situation der vorhandenen Mängel und der Prognose der noch zu erwartenden Mängel, ein umfassendes und nachvollziehbares Bild zu verschaffen. Die Möglichkeit der Einleitung eines selbständigen Beweisverfahrens steht dem auch nicht entgegen (Schliemann a.a.O.; OLG Düsseldorf, BauR 2010, 232, 234).

5. Energieberatervertrag

a) Vorbemerkung

51 Spätestens seit Unterzeichnung des Kyoto-Protokolls am 11.12.1997 und seiner Ratifizierung in der Bundesrepublik am 26.04.2002 (BGBl 2002 II, S. 966–997) ist die Einsparung von Energie mehr als ein bloßer Programmsatz der Politik. Mit der Ratifizierung des Kyoto-Protokolls hatte sich die Bundesrepublik Deutschland verpflichtet, den Ausstoß von Treibhausgasen bis Ende des Jahres 2012 um 21 % zu reduzieren. Die Europäische Union hat das Kyoto-Protokoll am 29.04.1998 unterzeichnet, am 25.04.2002 durch den Rat genehmigt (Entscheidung des Rates 2002/358/EG, EG ABl 2003 L 130, S. 1 ff.) und am 16.12.2002 dann die Richtlinie 2002/91/EG (EU ABl 2003 L 1, S. 65 ff.) über die Gesamtenergieeffizienz von Gebäuden (Gesamtenergieeffizienzrichtlinie) erlassen. Mit der Neufassung des Energieeinsparungsgesetzes im September 2005 (BGBl. 2005 I, S. 2684, zuletzt geändert durch Gesetz vom 04.07.2013, BGBl. 2013 I, S. 2197) wurde die Gesamtenergieeffizienzrichtlinie umgesetzt und der vorgesehene Energieausweis in der Bundesrepublik Deutschland eingeführt (§ 5a EnEG), seine inhaltliche Ausgestaltung allerdings einer Rechtsverordnung vorbehalten. Diese wurde mit der Energieeinsparverordnung (EnEV 2007) vom 24.07.2007 eingeführt und ist am 01.10.2007 in Kraft getreten (§ 31 EnEV, BGBl. 2007 I, S. 1519 ff.). Die EnEV 2007 wurde im Zuge der Umsetzung der sog. Merseberger Beschlüsse der Bundesregierung am 23.08.2007 durch die EnEV 2009 abgelöst. Durch die Neufassung der Gesamtenergieeffizienzrichtlinie (RL 2010/31/EU, EU ABl 2010 L 153, S. 13 ff.) durch die Europäischen Union wurde eine erneute Anpassung der EnEV erforderlich. Obwohl die Richtlinie bis spätestens 09.07.2012 umzusetzen war (Art. 28 RL 2010/31/EU), erfolgte die Anpassung der EnEV erst Ende 2013 und trat als EnEV 2014 am 01.05.2014 in Kraft (BGBl. 2013 I, S. 3051 ff.).

Im Übereinkommen von Paris vom 12. Dezember 2015 wurde inzwischen die Begrenzung des Anstiegs der globalen Durchschnittstemperatur auf deutlich unter 2 °C über dem vorindustriellen Niveau, wenn möglich auf 1,5 °C, als Ziel festgelegt. Diese für die Bundesrepublik Deutschland völkerrechtlich verbindliche Vorgabe wurde im Klimaschutzplan 2050 (verabschiedet am 14. November 2016, veröffentlicht auf den Seiten des Bundesministeriums für Umwelt, Naturschutz, Bau und Reaktorsicherheit, www.bmub.bund.de) aufgegriffen. Angestrebt wird u.a. ein nahezu klimaneutraler Gebäudebestand bis zum Jahre 2050. Zentral ist die schrittweise Weiterentwicklung der energetischen Standards für Neubau und Bestand bei umfangreichen Sanierungen. Darüber hinaus gilt es, die Förderung auf Heizsysteme zu konzentrieren, die auf erneuerbaren Energien beruhen.

Bereits mit der EnEV 2007 wurde für praktisch alle Gebäude in der Bundesrepublik Deutschland der Energieausweis eingeführt, unabhängig davon, ob das Gebäude bereits errichtet, noch im Bau befindlich oder erst geplant ist. Die EnEV 2009 verschärfte den zulässigen Primärenergiebedarf sowohl beim Neubau als auch bei der Sanierung. Das Anforderungsniveau an den Jahresprimärenergiebedarf wurde um rund 30 % erhöht, d.h. die energetischen Anforderungen wurden durchschnittlich um 30 % erhöht. Darüber hinaus wurden mit der EnEV 2009 gegenüber der EnEV 2007 weiteren Nachrüstpflichten eingeführt, z.B. die Dämmung bisher ungedämmter oberster Geschossdecken und die Pflicht zur Nachrüstung von Klimaanlagen mit selbstständig wirkenden Einrichtungen der Be- und Entfeuchtung etc. Die Verpflichtung sog. Nachtspeicherheizungen, d.h. elektrische Heizanlagen, bis 2019 außer Betrieb zu nehmen (§ 10a EnEV 2009), wurde mit der EnEV 2014 wieder verworfen, die Regelung ist weggefallen. Zudem wurde mit der EnEV 2009 auch für den Wohnungsbau die Referenzmethode eingeführt, d.h. der maximal erlaubte jährliche Primärenergiebedarf für das neue oder sanierte Objekt wird anhand eines virtuellen Referenzbaus ermittelt. Die EnEV 2014 sieht weiter verschärfend vor, dass ab 01.01.2016 der Primärenergiebedarf um weitere 25% abgesenkt werden muss.

Bereits mit der EnEV 2007 (vgl. § 29 Abs. 1 und 2 EnEV 2007) wurde bestimmt, dass Wohngebäude, die vor 1965 errichtet wurden, im Falle des Verkaufs über einen Energieausweis verfügen müssen. Für alle übrigen Gebäude wurde die Notwendigkeit des Energieausweises zum 01.01.2009 eingeführt. Mit der EnEV 2014 wurde die Bedeutung des Energieausweises erhöht, da seither bereits in Immobilienanzeigen über die Art des vorhandenen Ausweises (Energiebedarfs- oder -verbrauchsausweis), den Wert des Energiebedarfs bzw. -verbrauchs, den hauptsächlich genutzten Energieträger und bei Wohngebäuden über das Baujahr sowie die Energieeffizienzklasse zu informieren ist (§ 16a EnEV 2014).

Mit der Einführung des Energieausweises hat sich gleichzeitig ein neues Tätigkeitsfeld für alle am Bau beteiligten Unternehmer ergeben: Die Energieberatung. Gem. § 27 Abs. 2 Nr. 9 EnEV 2014 darf der Energieausweis für ein bestehendes Objekt nur ausgestellt werden, wenn der Aussteller über die in § 21 EnEV 2014 geregelte Ausstellungsberechtigung verfügt. Nicht zuletzt die Einführung des Energieausweises mit der EnEV 2007 und die in § 21 Abs. 2 Nr. 2a) EnEV in Verbindung mit Anlage 11 geregelte Notwendigkeit der Fortbildung, um den Energieausweis ausstellen zu dürfen, haben den Energieberatungsmarkt geschaffen bzw. revolutioniert. Nachdem das Bundesamt für Wirtschaft und Ausfuhrkontrolle die »Richtlinie über die Förderung der Beratung zur sparsamen und rationellen Energieverwendung in den Wohngebäuden vor Ort – Vor-Ort-Beratung –« erlassen hat (erstmals zur EnEV 2007, zuletzt angepasst im Oktober 2014, BAnz AT 12.11.2014 B2) und die Energieberatung fördert, ist mit einem Weiterwachsen des Marktes der Energieberatung zu rechnen. Das Förderprogramm ist derzeit bis zum 31.12.2019 befristet, 6.8 der Richtlinie. Nach der Richtlinie des Bundesamtes für Wirtschaft- und Ausfuhrkontrolle gibt es auch die Möglichkeit einer Registrierung als Vor-Ort-Energieberater (www.bafa.de). Mit der Verpflichtung, in Immobilienanzeigen bestimmte Angaben zum Energiebedarf bzw. –verbrauch zu machen und der Einführung von zwingenden Stichprobenkontrollen durch die Länder (§ 26d EnEV 2014), wird die Energieberatung weiter in den Fokus der Öffentlichkeit gelangen und den Energieausweisen eine größere Bedeutung zukommen. Aussagekräftig ist freilich nur der am Bedarf orientierte Energieausweis, da der Verbrauch zu stark vom Grad der Nutzung abhängt (vgl. ausführlich Hegner, Energieausweise für die Praxis, 3. Aufl., S. 69 ff.). Für neu errichtete Wohngebäude ist daher der Energieausweis grundsätzlich auf der Grundlage des Energiebedarfs zu erstellen, § 17 Abs. 2 S. 1 i.V.m. § 16 Abs. 1 EnEV 2014. Zudem ist gem. § 17 Abs. 2 EnEV 2014 bei Bestandbauten, die vor 1977 errichtet wurden (wobei die Regelung nach ihrem Wortlaut Objekte meint, für die die Baugenehmigung vor dem 01.11.1977 beantragt wurde, § 17 Abs. 2 S. 2 EnEV 2014.) und weniger als fünf Wohneinheiten haben, der Energieausweis nach Verbrauch nicht mehr zulässig.

Die bloße Ausstellung eines Energieausweises ist letzten Endes allerdings keine Energieberatung im Sinne eines optimierten Bauwerks, sondern genügt lediglich den Anforderungen an die Einhaltung einer Ordnungsvorschrift. Gem. § 27 Abs. 2 Nr. 3 – 5 EnEV 2014 handelt ordnungswidrig, wer den geforderten Energieausweis nicht gem. § 16 Abs. 1 bzw. 2 EnEV bei Errichtung, Veräußerung oder Vermietung, Verpachtung oder Leasing übergibt bzw. vorlegt. Der hier vorgestellte Energieberatungsvertrag ist weiter gefasst und soll eine nachhaltige energetische Optimierung erreichen. Der Energieausweis nach der EnEV 2014 ist im Rahmen der Energieberatung im Grunde ein reines »Abfallprodukt«, da er sich im Wesentlichen auf die Erfassung des Bestandes beschränkt und im Übrigen nur allgemein gehaltene Modernisierungsempfehlungen (vgl. § 20 EnEV) beinhaltet. Im Rahmen der eigentlichen Energieberatung geht es demgegenüber um die konkrete objektbezogene Optimierung des Energiebedarfs mit dem Ziel, diesen nachhaltig zu senken.

Der Energieberatungsvertrag ist kein Dienstvertrag, auch wenn dies häufig – insbesondere bei im Internet kursierenden Vertragsmustern – zu lesen ist. Tatsächlich war er nach der bis zum 31.12.2017 geltenden Rechtslage als Werkvertrag einzuordnen (vgl. Kamphausen, BauR 2006, 1208, 1211; Rauch, in: Dirk, Energieeinsparverordnung, 6. Aufl., S. 86 f.). Geschuldet werden als Erfolg eine umfassende und korrekte Bestandsanalyse mit Energieausweis und konkrete objektbezogene umsetzbare Optimierungsvorschläge. Wie der Architekt ist der Energieberater verpflichtet, im Rahmen seiner Vorschläge darauf zu achten, dass die Umsetzung möglich ist und etwa erforderliche Genehmigungen erteilt werden (können). Nach dem ab dem 01.01.2018 geltenden Bauvertragsrecht handelt es sich um einen Architekten- und Ingenieurvertrag gem. § 650p BGB. Dies gilt auch dann, wenn der Energieplaner lediglich mit Planungsleistungen beauftragt wird, nicht aber mit Überwachungsleistungen. Zwar ist in dem Gesetzeswortlaut in § 650p Abs. 1, Abs. 2 BGB von Planungs- und Überwachungszielen die Rede. Insoweit ist allerdings anerkannt, dass auch die Beauftragung nur mit einer der beiden Tätigkeiten für die Annahme eines Architekten- und Ingenieurvertrag gem. § 650p BGB ausreicht (Dannert, in: Dannert/Lenkeit/Oberhauser/Pause/Stretz, Das neue Bauvertragsrecht, § 4 Rn. 14).

Das nachstehende Vertragsmuster betrifft die Energieberatung für die Optimierung der Energiebilanz eines Bestandsgebäudes. Im Rahmen eines Neubauvorhabens kann davon ausgegangen werden, dass die Energieberatung nicht notwendig ist, da bereits der planende Architekt und die ausführenden Unternehmen die Standards der EnEV und der weiteren technischen Regelungen beachten müssen. Andernfalls wäre die Planung des Architekten mangelhaft, da sie gegen die öffentlich-rechtlichen Bestimmungen der EnEV verstoßen würde (vgl. BGH, Urt. v. 27.09.2001 – VII ZR 391/99 = BauR 2002, 114; OLG Düsseldorf, Urt. v. 23.10.2015 – 22 U 57/15; OLG Brandenburg, Urt. v. 02.10.2008 – 12 U 92/08 Vogel BauR 2009, 1196, 1201 und 1203 f. m.w.N.; Rauch a.a.O., S. 74 f.; a.A. wohl Löffelmann/Fleischmann, ArchitektenR, 6. Aufl., Rn. 113, wonach der Architekt keine Energieplanung schuldet). Anders ist dies bei der Überlegung, einen Bestandsbau energetisch zu optimieren bzw. bei Modernisierungsmaßnahmen. Hier bedarf es einerseits der fundierten Analyse des Bestandes und andererseits der genauen Kenntnis seiner Optimierungsmöglichkeiten, d.h. die Möglichkeit nachträglicher Verbesserungen der Energiebilanz. Zudem ist die genaue Kenntnis der EnEV erforderlich, da diese bei Modernisierungsmaßnahmen ab einem bestimmten Ausmaß die Einhaltung des Neubauniveaus für die betroffenen Bauteile fordert (vgl. Leineweber, BauR 2008, 252, 256 m.w.N.).

Für die Vergütung hat die HOAI 2013 Änderungen erbracht. Zwar ist die Energieberatung weiterhin nicht im gem. § 3 Abs. 1 S. HOAI verbindlichen Teil der HOAI, d.h. den Anlagen 2 bis 4 zur HOAI, geregelt. Deshalb können die Honorare nach wie vor völlig frei vereinbart werden (Locher/Koebele/Frik, HOAI, 12. Aufl. 2014, Anlage 1.2 Rn. 1). In der HOAI 2009 hatte sich die Darstellung des Leistungsbildes »Thermische Bauphysik« (= Anlage 1.2 der HOAI 2009) noch an der durch die EnEV außer Kraft gesetzten Wärmeschutzverordnung orientiert. In der HOAI 2013 wurde dies umfassend überarbeitet (Rath/Voigt/Diercks-Oppler, HOAI, 10. Aufl. S. 683). In Anlage 1.2.2 wurde ein neues, auf die Vorgaben der EnEV abgestimmtes Leistungsbild eingeführt (vgl. Locher/Koebele/Frik, HOAI, 12. Aufl., Anlage 1.2 Rn. 2). Die Anlage 1.2 definiert nun neun Leistungsphasen, wobei sowohl mit dem Tabellenhonorar der Anlage 1.2.3. abgegoltene Grundleistungen aufgeführt werden als auch besondere Leistungen, die einer zusätzlichen Honorierung bedürfen (Rath/Voigt/Diercks-Oppler, HOAI, 10. Aufl. S. 684).

Die Anlage 1.2 der HOAI 2013 geht grundsätzlich von neu zu errichtenden Gebäuden aus. Bestandsaufnahmen an bestehenden Gebäuden werden als besondere Leistung definiert (LPH 1 Grundlagenermittlung, Besondere Leistungen). Gerade bei Bestandsgebäuden ist die Einhaltung der erforderlichen energetischen Standards mit größeren Anforderungen verbunden. Deshalb müssen gerade bei der Modernisierung von Bestandsgebäuden detaillierte vertragliche Regelungen getroffen werden. Im Ergebnis kann deshalb in diesen Fällen für die Definition des Leistungsbildes nicht pauschal auf Anlage 1.2.2 Abs. 2 der HOAI abgestellt werden, sondern es ist eine detaillierte, am tatsächlichen Bedarf orientierte, vertragliche Vereinbarung erforderlich. Dem folgt das nachfolgende Vertragsmuster.

b) Muster Energieberatervertrag

Vertrag über

Energieberatungsleistungen

– Bestandsgebäude –

52

zwischen

.....

Eigentümer/Bauherr/Mieter/Pächter als Auftraggeber

und

.....

als Energieberater

Präambel

Der Auftraggeber beabsichtigt die energetische Optimierung seines Wohngebäudes gelegen in ..... . Zu diesem Zweck soll eine Energieberatung erfolgen, die die Analyse des Ist-Zustandes zum Inhalt hat und Optimierungsmöglichkeiten aufzeigen soll mit dem Ziel, den Energiebedarf (Heizwärme, Warmwasser, Strom u.ä.) des Objektes nachhaltig zu verbessern. Daher schließen die Parteien nachfolgenden Vertrag:

§ 1 Vertragsgegenstand und -bestandteile

(1) Gegenstand des Vertrages sind Energieberaterleistungen zum Zwecke der Optimierung des Energiebedarfs des in der Präambel genannten Objektes und zwar durch
– eine Analyse des Bestandes und
– objektbezogene Optimierungsvorschläge mit Kostenanalyse und Hinweisen zu Fördermöglichkeiten.

(2) Neben diesem an erster Rangstelle stehenden Vertrag gelten als ergänzend zu berücksichtigende Vertragsbestandteile folgende dem Energieberater bekannte und diesem Vertrag als Anlagen 1 bis ..... beigefügte Unterlagen:

.....

.....

Der Energieberater hat sämtliche Unterlagen und Pläne, die diesem Vertrag als Anlagen beigefügt sind, auf Plausibilität geprüft. Er haftet nicht für etwaige Fehler in den Anlagen mit Ausnahme von erkennbaren Fehlern, soweit darauf Mängel seiner Leistung basieren. In diesem Fall erfolgt keine Zurechnung des Fehlers an den Auftraggeber gemäß § 254 BGB aufgrund ganzem oder teilweisem Mitverschulden.

(3) Daneben gelten die Bestimmungen der §§ 650p ff. BGB (Architekten- und Ingenieurvertrag).

§ 2 Leistungsumfang und -pflichten des Energieberaters

(1) Der Energieberater verpflichtet sich, die nachfolgend in Abs. 2 bis 4 einzeln aufgelisteten Leistungen für den in § 1 Abs. 1 genannten Vertragsgegenstand zu erbringen. Alle Leistungen des Energieberaters müssen dem Stand der Technik, dem Grundsatz der Wirtschaftlichkeit und den öffentlich-rechtlichen Bestimmungen einschließlich aller für das Vorhaben maßgeblichen technischen Regelwerke entsprechen. Künftige gesetzliche Anforderungen, die bei Abnahme (unten § 4) noch nicht in Kraft getreten sind, sind ebenfalls zu beachten, wenn ihre künftige Geltung zu diesem Zeitpunkt bereits bekannt ist.

Folgende Ziele verfolgt der Auftraggeber mit der Einschaltung des Energieberaters, die der Energieberater ebenso wie die nachstehenden Vorgaben zwingend zu beachten hat:

.....

.....

Die Nichtbeachtung der vorstehenden Zielsetzungen und Vorgaben stellt einen Mangel der Leistung des Energieberaters dar.

(2) Im Rahmen der schriftlich vorzulegenden *Bestandsanalyse* wird der Energieberater die vorhandenen technischen Anlagen (z.B. Heizung, Klimaanlage, Warmwasser) und die bauliche Beschaffenheit des Objektes erfassen. Zu diesem Zweck wird der Energieberater nach einer Begehung vor Ort
- die *Ist-Daten des Gebäudes* aufnehmen durch
  - eine Gebäudebeschreibung (Lage, Baujahr, Bauweise und Nutzung) mit Hinweisen auf bauliche Besonderheiten inklusive einer fotografischen Darstellung aller Gebäudeaußenseiten/-flächen,
  - die Darstellung der Anzahl von Wohneinheiten und deren Bewohnern sowie beheizbarer weiterer Flächen (insb. im Keller- und Dachbereich),
  - die Feststellung und Auflistung der seit Errichtung des Objektes getätigten wärmetechnischen Investitionen,
  - die wärmeschutztechnische Einstufung der wärmeübertragenden Umfassungsflächen (Gebäudehülle) entsprechend den anerkannten Regeln der Technik bzw. den energieeinsparrechtlichen Bestimmungen (z.B. EnEV 2014) und
  - die Ermittlung des Gebäudevolumens.
- die *Ist-Daten der Heizungsanlage* festhalten, d.h.
  - die Grunddaten (Typ, Baujahr, Nennleistung, Nutzungsgrad, Brennstoffart mit den bisherigen anlagentechnischen Investitionen),
  - die wesentlichen Daten zum Heizkessel und dem Verteilsystem einschl. der Daten im Schornsteinfegerprotokoll (1. BImSchV) und
  - den Heizenergieverbrauch und -kosten über drei Heizperioden (zur Mittelwertbildung) unter Angabe aktueller Energiepreise.
- die *Ist-Daten der Warmwasserversorgung* dokumentieren, d.h.
  - die Art der Warmwasserbereitung und des Systems,
  - die Größe des Warmwasser-Speichers mit Hinweisen auf Zirkulationsleitungen und -pumpen sowie
  - offensichtliche Schwachstellen.

Im Rahmen der Bestandsanalyse wird der Energieberater darüber hinaus den Energieausweis gem. §§ 16 ff. Energieeinsparverordnung (EnEV) nach dem Energiebedarf (§ 18 EnEV) erstellen und einen Vergleich zwischen dem nach den Vorgaben der EnEV errechneten Bedarf und dem tatsächlichen gemittelten Energieverbrauch (witterungskorrigiert) durchführen. Sich ergebende Unterschiede sind darzustellen und zu begründen. Auf etwaige Nachrüstpflichten nach der EnEV ist gesondert hinzuweisen.

(3) Auf Basis der Bestandsanalyse wird der Energieberater konkrete, objektbezogene und umsetzbare sowie genehmigungsfähige *Optimierungsvorschläge* ausarbeiten und diese schriftlich in einem Bericht für den Auftraggeber zusammenfassen. Dabei wird der Energieberater Vorschläge ausarbeiten

- zur energetischen Verbesserung der Gebäudehülle (inklusive Wärmebrücken), der Minderung der Lüftungswärmeverluste und zu Verbesserungsmöglichkeiten des bestehenden Heizungssystems einschließlich der bestehenden Warmwasserbereitung und
- zu Nutzungsmöglichkeiten erneuerbarer bzw. alternativer Energieträger (z.B. Solarenergie, Erdwärme, Biomasse etc.).

Für seine Optimierungsvorschläge verpflichtet sich der Energieberater, eine *Kostenanalyse* vorzunehmen, aus der sich die Investitionskosten mit den dann zu erwartenden niedrigeren Energiekosten einerseits und andererseits die Energiekosten des Bestands ergeben. Im Rahmen der Kostenanalyse ist vom Energieberater auch auf zu erwartende Investitionskosten für den Bestand (z.B. aufgrund von Nachrüstpflichten nach der EnEV, z.B. § 10 EnEV) ohne Berücksichtigung der Optimierung hinzuweisen. Der Energieberater wird auch die Amortisationszeit seiner Optimierungsvorschläge darstellen, wobei der Wirtschaftlichkeitsvergleich zum unveränderten Bestand in einer Form zu erfolgen hat, die dem Auftraggeber ermöglicht, die Wirtschaftlichkeit selbst zu beurteilen, z.B. um die Berechnung mit veränderten Energiepreisen vorzunehmen. In der Kostenanalyse sind die am Ort des Objektes üblichen Marktpreise und Fördermöglichkeiten der Optimierungsvorschläge zu berücksichtigen.

(4) Sollte sich im Rahmen der Vor-Ort-Begehung oder bei der Erarbeitung der Optimierungsvorschläge der Bedarf weiterer Untersuchungen des Bestandes (z.B. Blower-Door-Test oder Thermographie etc.) ergeben, ist der Energieberater verpflichtet, dem Auftraggeber den Untersuchungsbedarf schriftlich anzuzeigen. Nach oder mit der Anzeige hat der Energieberater dem Auftraggeber zudem ein Angebot für die Ausführung der zusätzlichen Untersuchung zu unterbreiten, aus dem sich auch der Grund der Notwendigkeit der Untersuchung ergibt. Der Energieberater ist zur Ausführung der zusätzlichen Untersuchung erst berechtigt, wenn ihn der Auftraggeber hierzu beauftragt hat.

(5) Der Energieberater ist nur – soweit er ausdrücklich schriftlich dazu bevollmächtigt ist – berechtigt, den Auftraggeber zu vertreten. Der Energieberater hat ausschließlich die Interessen des Auftraggebers zu vertreten und darf keine Unternehmer- und Lieferanteninteressen wahrnehmen. Zuwiderhandlungen stellen einen wichtigen Grund zur Kündigung, den der Energieberater zu vertreten hat, dar. Etwaige Schadensersatzansprüche bleiben davon unberührt.

§ 3 Pflichten des Auftraggebers

(1) Der Auftraggeber ist verpflichtet, dem Energieberater die erforderlichen Unterlagen (Pläne, Gutachten etc.) auszuhändigen, sobald diese in seinem Besitz sind bzw. in seinen Besitz gelangen. Namentlich hat der Auftraggeber dem Energieberater noch folgende Unterlagen auszuhändigen:

.....

.....

Der Auftraggeber ist insbesondere verpflichtet, anstehende Fragen des Energieberaters unverzüglich zu beantworten.

(2) Der Auftraggeber wird dem Energieberater die Untersuchung vor Ort ermöglichen. Insbesondere stellt der Auftraggeber sicher, dass das Objekt vollständig zugänglich ist. Für den Fall, dass Bauteilöffnungen erforderlich werden, wird der Auftraggeber dem Energieberater entsprechend sachkundiges Personal beistellen und etwa erforderliche Zustimmungen einholen.

(3) Dem Auftraggeber verbleiben unabhängig von den Leistungen des Energieberaters die öffentlich-rechtlichen Pflichten des Eigentümers und Bauherren, insbesondere gem. § 26 EnEV 2009, EnEG, BImschV, HeizkesselVO.

§ 4 Abnahme

Die Abnahme der Leistung des Energieberaters erfolgt nach Ablauf einer Prüfungszeit des Auftraggebers für die Optimierungsvorschläge des Energieberaters. Die Prüfungszeit wird festgelegt auf zwei Wochen. Nach Ablauf der Prüfungszeit hat die Abnahme förmlich zu erfolgen durch schriftliche Erklärung des Auftraggebers auf die Aufforderung durch den Energieberater. Für die Abnahme gelten im übrigen die §§ 650q Abs. 1 i.V.m. 640, 650g BGB.

§ 5 Vergütung

(1) Der Energieberater erhält für die nach § 2 dieses Vertrages übertragenen

Leistungen ein Pauschalhonorar in Höhe von	€
zzgl. der jeweiligen Mehrwertsteuer in gesetzlicher Höhe, d.h.	€ .....
also einen Bruttobetrag in Höhe von	€ .....

Alternative:

Der Energieberater erhält für die nach § 2 dieses Vertrages übertragene

Leistungen ein Honorar entsprechend den von ihm aufgewendeten Stunden, die er schriftlich nachzuweisen hat. Der Stundensatz beträgt	€ .....
zzgl. der Mehrwertsteuer in gesetzlicher Höhe,	€ .....
mithin insgesamt pro Stunde	€ .....

(2) Die Zahlung des Gesamthonorars erfolgt nach Abnahme der Leistungen und Vorlage einer entsprechenden Abrechnung.

Alternativ:

Die Parteien verabreden, dass der Energieberater berechtigt ist, nach Ausführung der Bestandsanalyse für seine bis dahin erbrachten Leistungen eine Abschlagsrechnung in Höhe der Hälfte des vereinbarten Gesamthonorars/entsprechend der von ihm bis zu diesem Zeitpunkt aufgewendeten Stunden zu stellen.

(3) Etwaige Nebenkosten sind mit den vereinbarten Honorarsätzen abgegolten. Eine gesonderte Erstattung wird ausgeschlossen.

Alternativ:

Sämtliche Nebenkosten (also Fahrtkosten, Kopie- und Vervielfältigungskosten sowie Schreibkosten) werden mit x % des vereinbarten Honorars pauschaliert.

§ 6 Haftung

(1) Gewährleistungs- bzw. Mängel- und Schadenersatzansprüche des Auftraggebers richten sich nach den gesetzlichen Vorschriften, insbesondere dem Werkvertragsrecht (§§ 631 ff. BGB).

(2) Die Haftung des Energieberaters für die Richtigkeit und Vollständigkeit seiner Leistungen wird durch die Anregungen, Anordnungen oder Zustimmung des Auftraggebers nicht eingeschränkt. § 254 BGB (Mitverschulden) bleibt unberührt.

§ 7 Kündigung des Vertrages

(1) Der Auftraggeber kann den Vertrag jederzeit gem. § 649 BGB und aus wichtigem Grund kündigen. Die Kündigung ist schriftlich zu erklären.

Ein wichtiger Kündigungsgrund liegt insbesondere vor, wenn der Energieberater die Regelung des § 2 Abs. 5 dieses Vertrages, Tätigkeit ausschließlich im Interesse des Auftraggebers, verletzt. Ein wichtiger Kündigungsgrund liegt des Weiteren vor, wenn der Energieberater seine Zahlungen eingestellt hat, das Insolvenzverfahren über sein Vermögen beantragt oder die Leistungsfähigkeit aus anderen Gründen so beeinträchtigt ist, dass ein Vertrauen des Auftraggebers in die weitere vertragsgerechte Erfüllung nicht mehr bestehen kann.

(2) Der Energieberater kann den Vertrag kündigen,
- wenn der Auftraggeber eine ihm obliegende Mitwirkungshandlung unterlässt und dadurch den Energieberater außer Stande setzt, die Leistung auszuführen (Annahmeverzug nach § 293 ff. BGB);
- wenn der Auftraggeber eine fällige Zahlung nicht leistet oder sonst in Schuldnerverzug gerät.

Die Kündigung ist schriftlich zu erklären. Die Kündigung ist erst zulässig, wenn der Energieberater dem Auftraggeber ohne Erfolg eine angemessene Frist zur Vertragserfüllung gesetzt und erklärt hat, dass er nach fruchtlosem Ablauf der Frist den Vertrag kündigen werde.

§ 8 Schlussbestimmungen

(1) Erfüllungsort für alle sich aus diesem Vertrag ergebenden Ansprüche ist der Ort des zu optimierenden Objektes.

(2) Änderungen und Ergänzungen dieses Vertrages bedürfen zu ihrer Rechtswirksamkeit der Schriftform. Die Aufhebung dieses Schriftformerfordernisses kann ebenfalls nur schriftlich erfolgen.

(3) Sollten Bestimmungen dieses Vertrages rechtsunwirksam sein oder sollte sich in diesem Vertrag eine Lücke herausstellen, wird hierdurch die Gültigkeit der übrigen Bestimmungen dieses Vertrages nicht berührt. Anstelle der unwirksamen Bestimmungen oder zur Ausfüllung der Lücke soll eine dem Willen beider Parteien entsprechende, angemessene und rechtlich zulässige Regelung treten, die den Zweck der unwirksamen Regelungen wirtschaftlich am nächsten kommt.

.....	.....
Ort, Datum	Ort, Datum
.....	.....
Auftraggeber	Energieberater

c) Erläuterungen

Besonderes Augenmerk ist seitens des Energieberaters auf die konkrete Bezeichnung des Auftraggebers zu richten. Ist beispielsweise der Mieter Auftraggeber der Energieberatung, dann sollte der Energieberater sicherstellen, dass der vermietende Eigentümer mit den Maßnahmen einverstanden ist, insbesondere soweit Bauteilöffnungen erforderlich werden (vgl. zu mietrechtlichen Besonderheiten im Zusammenhang mit der EnEV 2007, Stangl, ZMR 2008, 1 ff.). Handelt es sich bei dem Auftraggeber um eine Wohnungseigentümergemeinschaft oder einen Hausverwalter, sollte der Energieberater den Ermächtigungsbeschluss der Eigentümergemeinschaft zu seiner Beauftragung dem Vertrag als Anlage beifügen und bei allen Optimierungsvorschlägen berücksichtigen, dass möglicherweise der Bereich einer ohne besonderen Beschluss der Eigentümergemeinschaft zulässigen Instandhaltungsmaßnahme verlassen wird (vgl. Einzelheiten ausführlich bei Leineweber, BauR 2008, 414, 418). Besonders vorsichtig ist die Tätigkeit des Energieberaters dann auszuführen, wenn der Auftraggeber lediglich ein Sondereigentümer ist. Hier muss der Energieberater berücksichtigen, dass seine Vorschläge zur Optimierung wegen Eingriffen in das Gemeinschaftseigentum, sei es auch lediglich optischer Natur, nicht umsetzbar sein könnten. Dies wäre nach der hier vorgesehenen Vertragsgestaltung ein Mangel der Leistung des Energieberaters. 53

Zur Präambel. 54

Es empfiehlt sich, den Vertrag mit einer Präambel einzuleiten, in der die Absichten und Motive beider Parteien, die mit dem Vertrag verfolgt werden, beschrieben sind. Im Streitfall würden die in der Präambel genannten Zielsetzungen des Vertrages zumindest als Auslegungshilfe für die eigentlichen Regelungen dienen (vgl. BGH, Urt. v. 21.09.2005 – XII ZR 66/03 = NJW 2006, 899 ff. m.w.N., der klarstellt, dass in einer Präambel auch verbindliche Zusicherungen enthalten sein können). Daher kann (und sollte) in der Präambel all das Aufnahme finden, was die Parteien anderweitig nicht regeln können bzw. was sich nicht regeln lässt, da es sich um bloße Motive handelt.

Zu § 1 Vertragsgegenstand und -bestandteile. 55

In Absatz 1, Gegenstand der Beauftragung, könnte auch eine zweistufige Beauftragung geregelt werden (vgl. ausführlich zu den Vor- und Nachteilen der stufenweisen Beauftragung Werner,

BauR 1992, 695 ff.; Elsner, Bauverträge gestalten, 2. Aufl., Rn. 18 ff.). Die erste Stufe wäre dann lediglich die Bestandsanalyse. Erst nach gesonderter Weiterbeauftragung würden dann in der zweiten Stufe die Optimierungsvorschläge abgerufen werden. Eine zweistufige Beauftragung ist z.B. empfehlenswert, wenn vom Zustand des Bestandes die Frage abhängt, ob der Erhalt des Objektes überhaupt lohnt oder der Erwerb des Objektes von der Einhaltung bestimmter Standards abhängig gemacht wird. § 1 Abs. 1 müsste dann wie folgt ergänzt werden:

Zunächst überträgt der Auftraggeber dem Energieberater nur die erste Phase (Bestandsanalyse) und behält sich als Option die Beauftragung der weiteren Phase (Optimierungsoption) vor. Der Energieberater wird im Falle der schriftlich zu erfolgenden Weiterbeauftragung auch die zweite Phase (Optimierungsphase) übernehmen.

Selbstverständlich kann der Vertragsgegenstand mit dem Phasenmodell auch ausgedehnt werden auf eine baubegleitende Energieberatung, wenn die Optimierungsvorschläge umgesetzt werden. Dies dürfte ohnehin sinnvoll sein um die auf die Analyse des Energieberaters abgestimmte Umsetzung zu gewährleisten. Am Ende der baubegleitenden Energieberatung empfiehlt sich dann – gleichsam als Erfolgskontrolle – eine erneute Bestandsfeststellung.

In Absatz 2 sind die als Vertragsbestandteile definierten Unterlagen aufzulisten. Folgende Unterlagen, auf deren Basis die Bestandsanalyse erfolgt, sollte der Energieberater in jedem Fall vom Auftraggeber erhalten:

— Baugenehmigung nebst den hierzu eingereichten Plänen,
— geführten Wärmeschutznachweis entsprechend dem Baualter (1977, 1984, 1995 bzw. Mindestwärmeschutz bei Baujahr vor 1977),
— Wartungsprotokolle der technischen Anlagen,
— Kaminkehrer-Messprotokolle und
— Belege (Planungen, Angebote, Rechnungen) über etwaige Umbaumaßnahmen.

Fehlen diese oder Teile dieser Unterlagen, ist der Aufwand bei der Bestandsanalyse umfangreicher, da dann z.B. eigene Aufmaße erforderlich werden.

Von einem Verzicht, vorhandene Unterlagen dem Vertrag beizufügen, kann nur dringend abgeraten werden. Im Streitfall bleibt regelmäßig unklar, welche Unterlagen tatsächlich vorlagen. Daher sollte auf die Auflistung der Anlagen und ihre Beifügung zum Vertragswerk besonderes Augenmerk gelegt werden. Die Anlagen sind vom Energieberater – vor Vertragsabschluss – auf Plausibilität zu prüfen. Übersieht er dabei einen erkennbaren Fehler, haftet er bei Ausführung des Vertrages für die sich daraus ergebenden Auswirkungen. Das Mitverschulden des Auftraggebers wird klarstellend ausgeschlossen, obwohl er dem Energieberater die (fehlerhaften und schadensursächlichen) Unterlagen übergeben hat. Dies belastet den Energieberater auch nicht unbillig, da er im Gegensatz zum Auftraggeber in der Regel die Fachkenntnis hat, den Wert der Unterlagen einzuschätzen. Außerdem sind die Unterlagenersteller nicht Erfüllungsgehilfen des Auftraggebers gegenüber dem Energieberater, so dass der Ausschluss des Mitverschuldens gerechtfertigt ist (vgl. Roquette/Otto-Stapenhorst, 2. Aufl., Generalplanervertrag, Rn. 15 m.w.N.). Die streitige Problematik zwischen planendem und bauleitenden Architekt ist anders gestaltet, da der Energieberater kein bauleitender Planer ist, sondern eher ein »Neuplaner« (vgl. zum Streitstand Werner/Pastor, Der Bauprozess, 15. Aufl., Rn. 2498 ff.; Kirberger, BauR 2006, 239 ff.). Werden die Anlagen erst mit Vertragsschluss übergeben, oder ist vor Vertragsschluss schon zeitlich keine seriöse Prüfung möglich, ist die entsprechende Passage in Absatz 2 umzuformulieren wie folgt:

Der Energieberater wird sämtliche Unterlagen und Pläne, die diesem Vertrag als Anlagen beigefügt sind, auf Plausibilität prüfen. Er haftet nicht für etwaige Fehler in den Anlagen mit Ausnahme von erkennbaren Fehlern, soweit darauf Mängel seiner Leistung basieren. In diesem Fall erfolgt keine Zurechnung des Fehlers an den Auftraggeber gemäß § 254 BGB als Ganzes oder teilweises Mitverschulden.

Nach der hier vertretenen Auffassung ist der Energieberatervertrag ein Architekten- und Ingenieurvertrag gem. §§ 650p ff. BGB (s. oben Rdn. 51). Die ausdrückliche Klarstellung in § 1 Abs. 3 ist für die Praxis dennoch sinnvoll.

Zu § 2 Leistungsumfang und -pflichten des Energieberaters. 56

Kernstück jedes Vertragswerkes ist die Definition der (von beiden Seiten) zu erbringenden Leistungen. Problematisch ist bei Planungsverträgen, zu denen der Energieberatungsvertrag zumindest hinsichtlich der Optimierungsvorschläge im weitesten Sinne gehört, der Umstand, dass beide Vertragspartner noch keine konkreten Vorstellungen von den umzusetzenden Maßnahmen haben. Der Energieberater kennt den Bestand noch nicht und kann dementsprechend auch nicht abschätzen, welche Optimierungsvorschläge überhaupt in Betracht kommen. Der Auftraggeber hat regelmäßig lediglich eine Zielvorstellung, zu deren Umsetzung es der Kompetenz des Beraters bedarf. Das vom Ausschuss der Verbände und Kammern der Ingenieure und Architekten für Honorarordnungen vorgeschlagene Leistungsbild sieht demgegenüber entsprechend der Regelungen in der HOAI vor, dass der Energieberater die Aufgabenstellung klärt und die Anforderungen festlegt (vgl. Leistungen nach der EnEV 2007, Schriftenreihe AHO Nr. 23, S. 6). Damit seine Zielvorstellungen wunschgemäß umgesetzt werden, müssen sie bei der Definition der Leistungen des Energieberaters genannt werden. D.h. bei der Definition des Leistungsumfanges, sollte neben der allgemeinen Beschreibung und Optimierung des Energiebedarfs auch festgelegt werden, welchen konkreten Anforderungen die Maßnahme genügen muss, z.B.:

– Mindestgrad der geplanten Optimierung (z.B. Passivhausstandard, Neubau-Niveau nach EnEV 2014),
– Kostenobergrenze/-budget oder -rahmen für etwaige Investitionen zur Optimierung,
– Terminvorgaben,
– Gestalterische Vorgaben (z.B. bei den Fassaden) und
– Qualitätsstandards etc.

Um zu verhindern, dass die konkret genannten Anforderungen nicht bloße Programmsätze bleiben, sondern aus ihnen auch Rechte abgeleitet werden können, muss ihre Einhaltung dem Energieberater verpflichtend auferlegt werden (vgl. zur ähnlichen Problematik bei Architekten Neumeister, in: Kuffer/Wirth, Handbuch des Fachanwalts für Bau- und ArchitektenR, 5. Aufl., Seite 1074 Rn. 142 ff.; Thierau/Schmidt, in: Thode/Wirth/Kuffer Praxishandbuch Architektenrecht, 2. Aufl., § 9 Rn. 5 ff. jeweils m.w.N.; BGH, Urt. v. 23.01.1997 – VII ZR 171/05 zur Baukostenüberschreitung). D.h. die Erreichung der genannten Anforderungen muss als Hauptpflicht im Vertrag definiert werden, wie dies in Absatz 1 vorgesehen ist. Dort sind die entsprechenden Anforderungen zu ergänzen.

Wenn in Absatz 1 des § 2 bestimmt ist, dass der Stand der Technik anstelle der Regeln der Technik einzuhalten ist, wird der Entwicklung im Energiesparsektor Rechnung getragen. Die anerkannten Regeln der Technik hinken dem Stand der Technik regelmäßig hinterher, weil zur Regel erst werden kann, was sich zuvor als Stand der Technik durchgesetzt hat. Im auf die Zukunft gerichteten Bereich der Energieberatung sollte die Leistung des Energieberaters sich daher nicht (nur) am Maßstab der Regeln der Technik messen lassen (vgl. zu den Begrifflichkeiten Seibel BauR 2004, 266). Zudem wird im Muster die Pflicht des Planers ausdrücklich betont (vgl. Rauch, in: Dirk, Energieeinsparverordnung, 6. Aufl., S. 88 f), den Bauherren ggf. auch auf erst künftige, zu erwartende Änderungen der EnEV hinzuweisen.

Zu beachten ist auch, dass die Landesbauordnungen teilweise Regelungen zum Wärmeschutz und Energieverbrauch enthalten (z.B. Art. 13 Abs. 1 BayBO; § 18 Abs. 1 LBauO NRW), weshalb sich im Einzelfall eine Konkretisierung der im Muster lediglich allgemein in Bezug genommenen öffentlich-rechtlichen Bestimmungen empfehlen kann.

In Absatz 2 ist als Teil der Bestandsanalyse lediglich eine Vor-Ort-Begehung genannt. Ob zusätzlich ein Blower-Door-Test gem. DIN EN 13829 zur Feststellung der Luftdichtigkeit, eine thermographische Untersuchung mit der die Wärmeverteilung bzw. -verluste sichtbar gemacht werden oder Bauteilöffnungen durchgeführt werden, hängt einerseits von den zur Verfügung stehenden Unterlagen und dem Zustand des Objektes ab. Auf der anderen Seite handelt es sich bei diesen Untersuchungsmethoden um Spezialleistungen, die nicht jeder Energieberater ausführen kann. Außerdem verursachen sie nicht unerhebliche Mehrkosten, so dass sie nicht als Standardleistungen einer Energieberatung angesehen werden können. Sollte ihre Ausführung Bestandteil der Energieberatung sein, genügt ihre Anfügung in Absatz 2 nach dem Hinweis auf die Vor-Ort-Begehung:

…

Zu diesem Zweck wird der Energieberater nach einer Begehung vor Ort, Durchführung eines Blower-Door-Tests und thermografischer Untersuchung,

*– die **Ist-Daten des Gebäudes** …*

Sollte sich erst im Rahmen der Vor-Ort-Begehung herausstellen, dass weitere Untersuchungen erforderlich sind, muss der Energieberater seinen Auftraggeber darauf hinweisen und einen Zusatzauftrag gem. Absatz 4 abfordern.

Bei den nach Absatz 3 zu unterbreitenden Optimierungsvorschlägen ist klarstellend vermerkt, dass die Optimierungsvorschläge umsetzbar und genehmigungsfähig sein müssen. Nur umsetzbare und genehmigungsfähige Optimierungsvorschläge sind mangelfrei. So kann z.B. ein Optimierungsvorschlag nicht umsetzbar sein, wenn zur energetischen Verbesserung eine Außendämmung vorgeschlagen wird, diese aber zu einem vom Nachbarn nicht geduldeten Überbau führt oder Abstandsflächen verletzt werden (vgl. ausführlich Nelskamp, BauR 2010, 1129).

57 **Zu § 3 Pflichten des Auftraggebers.**

Bei den Pflichten des Auftraggebers ist vorgesehen, dass etwaige Unterlagen, die bei Vertragsschluss noch nicht vorliegen, nachträglich ausgehändigt werden. Dies kann beispielsweise für Planzeichnungen gelten, die noch vom den Umbau planenden Architekten zu erstellen sind. Auch Revisionszeichnungen, die beispielsweise beim Anlagenbetreiber befindlich sind, sollten hier aufgelistet werden, wenn ihre Vorlage möglich ist.

In Absatz 2 ist vorgesehen, dass der Auftraggeber für den Fall, dass Bauteilöffnungen erforderlich werden, entsprechend sachkundiges Personal beistellen und etwa erforderliche Zustimmungen einholen muss. Der Energieberater sollte darauf verzichten, selbst Bauteilöffnungen vorzunehmen, insbesondere bei Mehrparteienhäusern, da regelmäßig weder die Kosten noch die Auswirkungen übersehbar sind.

Schließlich ist in Absatz 3 klargestellt, dass dem Auftraggeber die Pflichten, die ihm nach gesetzlichen Bestimmungen ohnehin obliegen, bleiben und nicht auf den Energieberater übergehen.

58 **Zu § 4 Abnahme.**

Die Abnahme der Leistung des Energieberaters sollte in jedem Fall geregelt werden, da der Zeitpunkt der Abnahme maßgeblich für den Beginn der Verjährungsfristen ist. Zudem ist die Abnahme Voraussetzung für die Fälligkeit des Werklohnes. Zur Vermeidung von Rechtsunsicherheiten wird noch einmal klargestellt, dass für die rechtlichen Einzelheiten die Bestimmungen über die Abnahme für den Architekten- und Ingenieurvertrag gelten (s. oben Rdn. 55 am Ende).

Da der Auftraggeber das Ergebnis der Energieberatung zumindest selbstständig prüfen können sollte, ist eine Regelung, wonach die Abnahme mit Übernahme des Berichts erfolgt, nicht sinnvoll. Anstelle der hier vorgesehenen förmlichen Abnahme, ließe sich alternativ auch eine konkludente Abnahme regeln oder zumindest ein Abnahmegespräch, in dem beispielsweise offene Fragen des Auftraggebers geklärt werden könnten. Die Regelung könnte wie folgt lauten:

Nach Ablauf der Prüfungszeit erfolgt die Abnahme in einem Abnahmegespräch, über das ein Ergebnisprotokoll verfasst wird. Auf das Abnahmegespräch kann der Auftraggeber durch schriftliche Erklärung der Abnahme verzichten.

Zu § 5 Vergütung. 59

Wie in der Einleitung bereits ausgeführt, kann die Vergütung frei vereinbart werden. Im vorstehenden Muster sind die beiden Alternativen, Pauschalhonorar oder Zeithonorar aufgezeigt. Auf die Honorarregelung in Anlage 1.2 der HOAI 2013 (dort 1.2.3 Abs. 2) wird dagegen bewusst nicht abgestellt. Das Leistungsbild der Anlage 1.2 der HOAI 2013 geht grundsätzlich von einem Neubauvorhaben aus, da die Bestandsaufnahme bestehender Gebäude als Besondere Leistung definiert ist (1.2.2 Leistungsbild Bauphysik, Abs. 2, LPH 1 Grundlagenermittlung). Der vorliegende Vertrag hat dagegen ein Bestandsgebäude zum Gegenstand.

Falls die Zahlung von Abschlägen durch den Energieberater gewünscht wird, was bei großen Bestandsbauten sicher sinnvoll ist, muss dies gesondert vereinbart werden. Die Regelung des § 632a BGB, dass Abschlagszahlungen für in sich geschlossene Teile des Werkes verlangt werden können, wird beispielsweise bei der Energieberatung für die Modernisierung eines Wohnblockes oder eines Bürokomplexes nicht wirklich helfen, da von einer abgeschlossenen Leistung wohl erst nach Vorlage der vollständigen Bestandsanalyse gesprochen werden kann. Denkbar ist in solchen Fällen, auf zeitabschnittsweise Abschlagszahlungen abzustellen.

Zu § 6 Haftung. 60

Die Regelung zur Haftung hat lediglich klarstellenden Charakter. Vor dem Hintergrund, dass Haftungsbeschränkungen nach den Regelungen der §§ 305 ff. BGB regelmäßig problematisch sind, kann ihre Umsetzung allenfalls durch Individualabrede erfolgen.

Der Energieberater muss sich ohnehin bewusst sein, dass seine Haftung über das konkrete Vertragsverhältnis hinausreichen dürfte, wenn er z.B. auch den Energieausweis ausstellt. Dieser ist ersichtlich zur Vorlage gegenüber einem Dritten, dem Käufer oder Mieter, gedacht. Daher ist es gerechtfertigt, die Haftung des Ausstellers auch gegenüber diesen Dritten zu bejahen (vgl. Schlarmann/Maroldt, BauR 2009, 32, 40 m.w.N., a.A. jedoch nun OLG Koblenz, Urt. v. 4.8.2016, 1 U 136/16 = MDR 2016, 1199). Ein etwaiger Haftungsausschluss im Verhältnis der Vertragsparteien wäre dann ohnehin obsolet. Gleiches dürfte gelten, wenn der Energieberater hinzugezogen wird, um das Objekt für die Vermarktung zu sanieren und sich die umgesetzte Optimierung nicht realisiert. Ob der Dritte Regressansprüche durchsetzen kann, hängt dann davon ab, ob die Tätigkeit entscheidend für den Erwerb oder die Anmietung des Objektes war.

Zu § 7 Kündigung des Vertrages. 61

Bei der Regelung zur Kündigung des Vertrages ist im Grunde nur interessant, dass die Tätigkeit des Energieberaters für einen Lieferanten, bzw. seine Verquickung mit Lieferanteninteressen einen Grund zur Kündigung aus wichtigem Grund darstellen. Entscheidend für den Auftraggeber ist die Unabhängigkeit seines Energieberaters von Interessen Dritter. Die Bedeutung der Unabhängigkeit des Beraters von Interessen Dritter sollte eigentlich eine Selbstverständlichkeit sein. Die Praxis sieht leider anders aus, weshalb beispielsweise im Rahmen der öffentlichen Auftragsvergabe die unabhängige Leistungsausübung als Grundsatz der Vergabe freiberuflicher Leistungen besonders geregelt wurde (§ 73 Abs. 3 VgV).

Sollte sich herausstellen, dass der Energieberater weniger die Interessen seines Auftraggebers, als die eines Lieferanten verfolgt, dann muss die Konsequenz sein, dass dem Energieberater aus wichtigem Grund gekündigt werden kann. Dies regelt § 7 des Mustervertrages.

Zu § 8 Schlussbestimmungen. 62

Bei den Schlussbestimmungen handelt es sich um die üblichen Standards, die keiner ergänzenden Erläuterung bedürfen.

6. Außergerichtliche Streitbeilegung und Schiedsgerichtsverfahren bzw. Adjudikation

Vorbemerkung »ADR-Verfahren«

63 »Eine zunächst streitig Problemlage durch eine einverständliche Lösung zu bewältigen, ist auch in einem Rechtsstaat grundsätzlich vorzugswürdig gegenüber einer richterlichen Streitentscheidung« (BVerfG NJW RR 2007, 1073). In den letzten Jahren wird in Europa – und verstärkt auch in Deutschland – daran gearbeitet, durch Instrumente außergerichtlicher Streitbeilegung staatliche Gerichte zu entlasten und den Parteien abseits der staatlichen Gerichtsbarkeit Möglichkeiten zu geben, Konflikte privatautonom schnell und kostengünstig beizulegen.

Die Wirtschaftsmediation wurde im Wesentlichen als Alternative zum gerichtlichen bzw. schiedsgerichtlichen Prozess in den Vereinigten Staaten entwickelt. Zwischenzeitlich hat die Wirtschaftsmediation auch in Europa Einzug gehalten – in Bausachen hat sich bereits seit nunmehr weit über 10 Jahren das Modell der »Adjudication« im englischen Rechtssystem etabliert, welches verbindlicher Teil des dortigen Verfahrensrechtes geworden und dem ordentlichen Gerichtsverfahren vorgeschaltet ist. Es gibt in Deutschland Bestrebungen, ein solches Verfahren ebenfalls gesetzlich zu verankern – zaghafte Versuche der verbindlichen Verankerung eines vorgeschalteten Verfahrens zur außergerichtlichen Streitbeilegung sind bisher im Ansatz stecken geblieben, so auch bei der Einfügung des § 18 Nr. 3 VOB/B (2006) durch den deutschen Vergabe- und Vertragsausschuss. Auch wird der gesetzgeberische Wille, die Mediation als ein mögliches Verfahren auch in der Zivilprozessordnung umzusetzen immer mehr beachtet. Gerichte bieten zunehmend die gerichtsnahe Mediation im Rahmen des Prozesses an, wobei der gesetzliche Richter im Einverständnis der Parteien an den Mediator abgibt, der wiederum selbst Richter ist. Das zuständige Gericht regt eine Mediation an – das Verfahren mündet dann in eine Mediationsvereinbarung – anderenfalls wird das Verfahren streitig fortgesetzt. Die gerichtsnahe Mediation ist zwischenzeitlich etabliert. Weiter hat der Bundesgesetzgeber durch § 15a EG ZPO den Ländern Möglichkeiten eröffnet, bestimmten Zivilverfahren eine obligatorische Streitschlichtung voranzustellen. In Ländern, in denen von dieser Möglichkeit Gebrauch gemacht wurde, muss man jedoch erkennen, dass diese Schlichtungsverfahren weder von den Rechtsuchenden noch von der Anwaltschaft angenommen werden – vielmehr wird die obligatorische Streitschlichtung bei Zahlungsansprüchen durch Mahnverfahren oder Klageerweiterung umgangen.

Ausgehend von der europäischen Rechtsentwicklung wurde die Regelungsbedürftigkeit der Mediation als außergerichtliches Verfahren in Deutschland erkannt und zwischenzeitlich in Gesetzesform gegossen.

Am 21.05.2008 haben das europäische Parlament und der Rat der europäischen Union die Richtlinie 2008/52/EG über bestimmte Aspekte der Mediation in Zivil- und Handelssachen erlassen (Abl EU Nr. L 136 vom 24.05.2008).

Das Ziel der europäischen Mediationsrichtlinie ist die Erleichterung des Zugangs zur alternativen Streitbeilegung (ADR) und die Förderung der gütlichen Lösung von Konflikten. Erreicht werden sollen diese Ziele durch einen harmonisierten Rechtsrahmen, der Rechtssicherheit und ein ausgewogenes Verhältnis zwischen Mediation und Gerichtsverfahren garantieren soll – weiter durch Maßnahmen zur Qualitätssicherung und durch eine stärkere Vernetzung von Gerichts- und Mediationsverfahren. Mit der rechtlichen Institutionalisierung der Mediation folgt die EU einem Trend, der als Ausprägung der ADR-Bewegung nicht nur in den europäischen Staaten, sondern weltweit wahrzunehmen ist. Die Mediationsrichtlinie selbst hat wiederum erhebliche Auswirkung auf das Recht und die Praxis der Mediation in Europa. Wesentlicher Kern der europäischen Richtlinie sind die Vorschriften zum Vertraulichkeitsschutz, zur Hemmung der Verjährung und zur Vollstreckung von Mediationsvergleichen. Die Richtlinie löst jedoch für den deutschen Gesetzgeber nur marginalen Handlungsbedarf aus. Zum Einen steht nach überwiegender Ansicht dem gewerblich tätigen Mediator gemäß § 383 Abs. 1 Nr. 6 ZPO sowieso ein Zeugnisverweige-

6. Außergerichtliche Streitbeilegung und Schiedsgerichtsverfahren bzw. Adjudikation D.

rungsrecht zu – hier besteht also Regelungsbedarf nur dort, wo Personen nur gelegentlich als Mediatoren tätig sind und sich nicht Kraft Gesetzes auf eine berufliche Schweigepflicht zurückziehen können. Auch ist das deutsche Verjährungsrecht mediationsfreundlich, da § 203 S. 1 BGB eine Hemmung der Verjährung bei schwebenden Verhandlungen vorsieht, die durch eine dreimonatige Ablaufhemmung (§ 203 S. 2 BGB) ergänzt wird. Die Mediation als drittunterstützte Verhandlung wird von der Vorschrift unproblematisch erfasst, so dass diesbezüglich kein Regelungsbedarf besteht. Auch hinsichtlich der Vollstreckbarkeitserklärung von Mediationsvergleichen ist dieses nach deutschem Recht unproblematisch. Was das Verhältnis zu laufenden Gerichtsverfahren betrifft, so besteht hier eine prozessuale Vergleichsförderungspflicht gemäß § 278 Abs. 1 ZPO. Allerdings sollte der deutsche Gesetzgeber die gerichtsinterne Mediation auf eine tragfähige Grundlage stellen. § 278 Abs. 5 S. 1 ZPO, wonach das Gericht die Parteien für die Güteverhandlung vor einem beauftragten oder ersuchten Richter verweisen kann, passt hier nicht. Dementsprechend wäre § 278 Abs. 5 S. 1 ZPO dahingehend zu ergänzen, dass das Gericht die Parteien für die Güteverhandlung nicht nur vor einem beauftragten oder ersuchten, sondern auch vor einen als Mediator tätigen Richter verweisen kann. In § 278 Abs. 5 S. 2 ZPO empfiehlt es sich wiederum, die außergerichtliche Mediation explizit neben der außergerichtlichen Streitschlichtung in die Vorschrift aufzunehmen bzw. beide Verfahren unter dem Überbegriff »außergerichtliche Streitbeilegung« zusammenzufassen (Eidenmüller/Prause NJW 2008, 2738 bis 2743).

Was die Qualifizierung bzw. Regulierung des Marktzuganges betrifft, so ist diese Frage sensibel. Auf dem Gebiet des privaten Baurechtes und Architektenrechtes wurde beispielsweise durch die Schlichter- und Schiedsrichterliste nach SO-Bau ein Schlichterpool geschaffen, der nicht nur aus ausgewiesenen Baurechtsfachleuten besteht, die über hinreichend praktische Erfahrung verfügen, sondern auch mit der Eintragung ein Nachweis einer speziellen Schlichterausbildung verbunden ist. Bei Mediatoren wiederum existieren eine unübersichtliche Bandbreite von selbst ernannten oder geprüften Mediatoren, so dass es hier sehr viel schwieriger sein dürfte »die Spreu vom Weizen zu trennen«. Hier kann man nur hoffen, dass sich der Markt als taugliches Regulierungsinstrument erweist – gesetzliche Regelungen hinsichtlich der Qualifizierung jedoch bedingen mangelnde Flexibilität durch unnötige Marktzutrittsschranken und Einführung überspannter Ausbildungsstandards, die ebenfalls nicht gewährleisten können, inwieweit ein Mediator tatsächlich geeignet ist. Es bleibt einer nationalen Regelung vorbehalten, konkrete Maßstäbe zu setzen. Ein erster Schritt ist die gesetzliche Normierung durch das Mediationsgesetz. Sobald die Bezeichnung »zertifizierter Mediator« durch Verordnung geregelt ist, wird sich das Vertrauen in die Qualität der Mediation auch erhöhen.

Parallel hierzu existieren vertragliche Lösungen unter unterschiedlichen Bezeichnungen, die unter dem Übergriff »ADR-Verfahren« (Alternative Dispute Resolution) zusammengefasst werden. Dies ist eine Sammelbezeichnung für eine Vielzahl unterschiedlicher außergerichtlicher Verfahren, in denen ein neutraler Dritter eingeschaltet wird ohne (vollständige) abschließende Entscheidungsgewalt (Siehe Grieger in Kuffer/Wirth, Handbuch des Fachanwalts Bau- und Architektenrecht, 8. Kapitel, »Außergerichtliche Streitbeilegung«, S. 1018 ff.).

Die geläufigsten ADR-Verfahren sind »Mediation« und »Schlichtung« sowie »Adjudikation« und das Schiedsgutachten. Während der Begriff Schlichtung den Baubeteiligten in Deutschland seit geraumer Zeit bekannt ist, ist die Mediation ein Verfahren, welches sich vorwiegend in anderen Rechtsgebieten – so zum Beispiel im Familienrecht und Arbeitsrecht – durchgesetzt hat. Vielfach bestehen Abgrenzungsprobleme zwischen den beiden ADR-Verfahren – teilweise werden die beiden Verfahrensbezeichnungen auch synonym verwandt. Dogmatisch und systematisch besteht jedoch ein gewichtiger Unterschied. Bei der Mediation handelt es sich um ein strukturiertes, außergerichtliches Verfahren, in dem ein besonders geschulter neutraler Dritter versucht, gemeinsam mit den Konfliktparteien eine Einigung zu erarbeiten. Die Parteien übertragen die Verantwortung für eine Konfliktlösung nicht etwa an einen Dritten – hier den Mediator –, sondern tragen die Verantwortung selbst. Aufgabe des Dritten ist die Gestaltung und die Begleitung des Prozesses, um die Voraussetzungen für konstruktive, interessenorientierte Lösungen zu schaffen oder zu verbessern. Es handelt sich hierbei um ein prozess- bzw. autonomieorientiertes, außergerichtliches Einigungsinstrument.

Vergleichsweise jung im vielstimmigen Chor der ADR-Verfahren ist die aus dem angelsächsischen Rechtsraum stammende Adjudikation, die derzeit auch in Deutschland bei Großprojekten immer mehr Akzeptanz gewinnt und als alternatives, außergerichtliches Streitbeilegungsinstrument nach den verschiedensten Verfahrensordnungen bei Meinungsverschiedenheiten im Bereich des Baurechts privatautonom vereinbart und angewendet werden kann. Während Mediation und Schlichtung den Konsensgedanken und die vermittelnde Tätigkeit eines Mediators/Schlichters zwischen den streitenden Parteien in den Vordergrund stellt, steht am Ende eines Adjudikationsverfahrens eine vorläufig bindende Entscheidung eines neutralen Dritten – hier des Adjudikators. Eine wünschenswerte gesetzliche, verbindliche Regelung des Verfahrens – vorgeschaltet zum ordentlichen Gerichtsverfahren – und eine Verankerung in der Zivilprozessordnung steht grundsätzlich noch aus, hat jedoch ihren Niederschlag gefunden in der DIS-Verfahrensordnung für Adjudikation (DIS-AVO), in Kraft seit dem 01.07.2010. In dieser Verfahrensordnung der DIS ist vorgesehen, dass der neutrale Dritte bereits zu Projektbeginn – und damit bevor eine Streitigkeit entstanden ist – langfristig für die Dauer des Projekts benannt wird. Es wird ein Dispute-Adjudikation-Bord (abgekürzt: DAB) gebildet, das international eine gewisse Bedeutung vor allem bei Baugroßprojekten erlangt hat. Die Reformkommission Bau von Großprojekten des Bundesministeriums für Verkehr und digitale Infrastruktur hat sich in ihrem Endbericht von 2015 dafür ausgesprochen, bei Infrastrukturprojekten verstärkt auf ADR zu setzen und erwähnt hierbei ausdrücklich die Adjudikation. Die DIS bietet mit der DIS-AVO ein Verfahren an, bei dem sie – vor allem in der Anfangsphase – administrative Unterstützung leistet. Voraussetzung für die Einsetzung eines DAB nach der DIS-AVO ist eine entsprechende Vereinbarung der Parteien (siehe Walz, das ADR-Formularbuch, 2. Aufl. 2017, Kapitel 27, Rn. 92 – 93).

In Deutschland ist zwischenzeitlich das Mediationsgesetz am 26.07.2012 in Kraft getreten.

In diesem Gesetz zur Förderung der Mediation und anderer Verfahren der außergerichtlichen Konfliktbeilegung wird in § 5 Abs. 2 der zertifizierte Mediator eingeführt. Als solcher darf sich bezeichnen, wer eine Ausbildung zum Mediator entsprechend der noch zu erlassenden Rechtsverordnung absolviert hat. Diese Rechtsverordnung soll Bestimmungen über die Inhalte und den Umgang der Aus- und Fortbildung, Anforderungen an Lehrkräfte und die Art der Zertifizierung beinhalten. Wie sich der Gesetzgeber dieses in etwa vorstellt, konnte der Beschlussempfehlung und dem Bericht des Rechtsausschusses zu dem Gesetzentwurf der Bundesregierung entnommen werden. Seit Februar 2014 liegt der Entwurf der Rechtsverordnung vor. Der Verordnungsentwurf sieht vor, dass sich »zertifizierter Mediator« nennen kann, wer über eine Ausbildung verfügt, die insgesamt mindestens 120 Zeitstunden umfasst und inhaltlich den Ausbildungsanforderungen des Katalogs aus der Anlage zu der Verordnung entspricht. Hat der Mediator eine solche Ausbildung bei einer nach § 7 der Verordnung geeigneten Ausbildungseinrichtung absolviert und verfügt er über die Grundqualifikationen »berufsqualifizierender Abschluss« und »zweijährige praktische berufliche Tätigkeit«, so darf er sich »zertifizierter Mediator« nennen. Ihm obliegt es dann, sich regelmäßig fortzubilden, und zwar innerhalb von zwei Jahren im Umfang von 20 Zeitstunden. Außerdem hat der zertifizierte Mediator regelmäßig Mediationsverfahren durchzuführen, und zwar innerhalb von 2 Jahren mindestens 4 Mediationsverfahren als Mediator oder Ko-Mediator. Nach der Begründung ist ausdrücklich beabsichtigt, kein »behördliches Zulassungssystem oder eine behördliche Kontrolle der Ausbildung einzurichten«. Es besteht nach der Begründung zu dem Verordnungsentwurf den interessierten Kreisen frei, sich auf eigene Initiative auf ein privatrechtliches »Gütesiegel« für solche Ausbildungen zu einigen, die den festgelegten Anforderungen entsprechen. Die beteiligten Verbände hatten Gelegenheit bis April 2014 zu dem Verordnungsentwurf Stellung zu nehmen (Fiebig in BRAK-Mitteilungen 2/2014 S. 76).

Am 01.09.2017 trat die neue Verordnung über die Aus- und Fortbildung von zertifizierten Mediatoren in Kraft (ZMediatAubV). Diese Verordnung soll die Qualität von Mediationsleitungen und das Vertrauen in die Mediationsverfahren stärken. Bereits im Vorfeld bestehen Bedenken, ob die Verordnung dieser Anforderung gerecht wird. So wird ausgeführt, sie leite das Vertrauen potentieller Verfahrensnutzer sogar eher in die Irre, weil sie eine Prüfung der Fähigkeiten von Mediatoren suggeriert, die es nach der Verordnung tatsächlich nicht gibt. Der zertifizierte Mediator in der nun vom Verordnungsgeber gewählten Form wird insofern als mögliche Fehlentwicklung gesehen. Fällt der zertifizierte Mediator als Qualitätssiegel jedoch aus, bleibt immerhin bei einer Qualitätskontrolle, die auch in der Vergangenheit stets funktioniert hat: Wer sich eine Mediation leisten kann und sich bewusst für dieses Verfahren entscheidet, wählt seinen Mediator schon bisher in der Regel nach Empfehlung mit Blick auf dessen anderweitige Reputation aus. Wenn der Gesetzgeber und die Gerichte das Mediationsverfahren darüber hinaus stärken wollen, sollten sie ihr Augenmerk eher darauf richten, dass die Parteien eines Rechtsstreits vor Erhebung der Klage sorgfältig abwägen, ob nicht ein konsensorientiertes Verfahren ihre Interessen besser verwirklicht (Eidenmüller/Fries, AnwBl 2017, 23-24).

7. Schlichtung/Mediation

a) Vorbemerkung

Mediation ist ein Verfahren der Streitbehandlung, bei der die Parteien auf freiwilliger Basis in strukturierten Verhandlungen mit Hilfe eines Dritten eine einvernehmliche Lösung ihres Konfliktes anstreben. Prägende Strukturprinzipien sind die Verhandlung der Parteien, ihre Unterstützung durch den Mediator, die Freiwilligkeit des Verfahrens, die fehlende Streitentscheidungsbefugnis des allparteilichen Dritten sowie die Vertraulichkeit des Verfahrens (Ortloff, Mediation – Regelungsbedarf?, NJW 2008, 2544).

64

Typisch für die Schlichtung ist – in Abgrenzung zur Mediation –, dass die Parteien einem Dritten den Sach- und Streitstand schildern und der Dritte – hier der Schlichter – dann seine persönliche Bewertung mitteilt – entweder zunächst in Form eines Einigungsvorschlags oder mit seinem abschließenden Schlichterspruch. Der Schlichterspruch ist nicht bindend und stellt lediglich eine Empfehlung dar. Abhängig von der Qualität der Begründung des Schlichterspruches und der fachlichen Qualifikation und Autorität des Schlichters kann jedoch der Schlichterspruch für beide Parteien eine faktische Bindungswirkung haben (Greger/Stubbe, Schiedsgutachten, § 1 Rn. 23).

Je nach Naturell und Qualifikation des Dritten, dem Verfahrensgang und der Intention der Parteien sind jedoch die Grenzen zwischen den beiden ADR-Verfahren fließend. Oft geht ein Verfahren, welches als Mediation begonnen hat, als Schlichtungsverfahren zu Ende, beispielsweise dann, wenn die Parteien eines Mediationsverfahrens letztendlich – und im Rahmen ihrer Entscheidungsgewalt – den Mediator bitten, einen Einigungsvorschlag zu unterbreiten. Nachstehend werden daher die Begriffe »Mediation« und »Schlichtung« auch synonym verwandt, ohne die Unterschiede des Verfahrens zu verkennen.

Mediation und Schlichtung haben die einvernehmliche Lösung eines Streits zwischen zwei oder mehr Parteien zum Ziel. Die einvernehmliche Streitbeilegung unter Baubeteiligten entspricht der vom BGH den Bauvertragsparteien auferlegten Verpflichtung zur kooperativen Abwicklung eines Bauvorhabens (Kooperationspflicht; BGH NJW 2000, 807). Der augenfälligste Unterschied zum Gerichtsverfahren besteht darin, dass allein die Parteien befugt sind, den Streit zu entscheiden. In beiden Verfahren wird der Streit allein durch eine Parteivereinbarung beigelegt. Der Mediator/Schlichter erhält – im Gegensatz zum Richter oder Schiedsrichter – nicht die Befugnis, einen Streit durch Urteil bzw. Schiedsspruch zu entscheiden. Ein Mediationsverfahren bzw. Schlichtungsverfahren ist ein freiwilliges Verfahren und setzt bei den Parteien eine grundsätzliche Bereitschaft zur gütlichen Beilegung der Differenzen voraus. Das Verfahren funktioniert dadurch, dass die Parteien mit Hilfe des Mediators bzw. Schlichters die beiderseitigen Ausgangssituationen, die den Streit bedingen, und die wirtschaftlichen und rechtlichen Grundlagen des Streits aufarbeiten und hierauf aufbauend nach Lösungen suchen. Die Klärung der Problemstellung und das Herausarbeiten der Interessen der Parteien sind wesentliche Elemente des außergerichtlichen Konsensverfahrens. Da die Parteien und nicht der Mediator entscheiden, bedarf es keiner Beweise und keiner Rechtsauslegung. Das Mediations-/Schlichtungsverfahren ist an keine rechtlichen Entscheidungsvorgaben gebunden und auch vom Mediationsgegenstand her frei und offen für alle zusätzlichen Aspekte, die den Interessen der Parteien dienen und die diese mit einbeziehen wollen. Es lebt vom Gebot der Fairness – jede Partei kann das Verfahren jederzeit abbrechen und den ordentlichen Gerichtsweg bzw. – falls eine entsprechende Vereinbarung existiert – den Weg zum Schiedsgericht wählen, so dass jede Partei daran interessiert ist, sich fair und professionell zu verhalten, um das außergerichtliche Verfahren nicht zum Scheitern zu bringen. Dazu trägt auch der Schlichter bzw. Mediator bei, der keinerlei bindende Entscheidungskompetenz hat. Somit erliegt der Schlichter bzw. Mediator auch nicht der Versuchung, eine der Parteien vom »richtigen« Standpunkt überzeugen zu müssen. Die Parteien selbst wiederum brauchen keine für sie nachteilige Entscheidung zu befürchten bzw. werden auch nicht in einen unter Umständen ungünstigen Vergleich gedrängt. Nur die Parteien selbst entscheiden, ob und zu welchen Bedingungen sie sich mit der anderen Partei einigen wollen.

Die Mediation bzw. Schlichtung ist ein mündliches Verfahren. Es gibt – anders als im gerichtlichen Prozess – nicht notwendigerweise Schriftsätze. Grundsätzlich sind beide Streitparteien bei allen Gesprächen zugegen, wobei es möglich ist, dass sich die Parteien von einem Rechtsanwalt begleiten lassen – dies ist jedoch oft nicht einmal erforderlich. Alle »Entscheider« sitzen an einem Tisch – die Entscheidungen werden nicht aus der Ferne getroffen. Erst wird der Streitstoff dem Mediator bzw. Schlichter bekannt gegeben, und es wird gemeinsam mit dem Mediator/Schlichter geprüft, ob die Mediation bzw. Schlichtung für diesen Streit ein geeignetes Verfahren ist. In der folgenden Mediationssitzung oder in mehreren Sitzungen wird der Streitstoff dann aufgearbeitet, strukturiert, besprochen und eine mögliche Einigung ausgehandelt. Die Einigungsbemühungen enden entweder dadurch, dass eine Partei oder der Mediator bzw. Schlichter das Verfahren abbricht, oder dadurch, dass die Parteien einen Vertrag zur Beilegung der aufgetretenen Streitigkeiten schließen.

Allein die streitenden Parteien entscheiden, wie und mit welcher Vereinbarung sie den Streit beenden. Kein Dritter, auch nicht der Schlichter bzw. Mediator, entscheidet inhaltlich über den Streit. Die Parteien sprechen unmittelbar miteinander. Wenn Rechtsanwälte an den Verhandlungen beteiligt sind, beraten sie die Parteien lediglich während des Verfahrens und geben ihnen die notwendige Rechtssicherheit zum Abschluss eines etwaigen Vertrages. Die Parteien und Rechtsanwälte brauchen im Verfahren nicht zu versuchen, den Schlichter bzw. Mediator zu überzeugen, da er ja nicht über den Streit entscheidet. Der Schlichter/Mediator hilft den Parteien lediglich, ihre Standpunkte wechselseitig zu erklären, damit sie möglichst in die Lage versetzt werden, selbst miteinander eine Lösung des Streits zu erarbeiten. Die Parteien stehen im Vordergrund. Der Mediator bzw. Schlichter gibt lediglich Empfehlungen zum Gang des Verfahrens und stellt den Parteien als baurechtlich versierter Dritter und ausgebildeter Mediator/Schlichter seine Erfahrung und Rechtskenntnisse bei Bedarf zur Verfügung.

Die Grenzen zur Mediationsfähigkeit des Konfliktes werden durch vertragliche Dispositionsbefugnis der Parteien markiert. Daraus folgt, dass ein Mediationsverfahren zumindest auf den ersten Blick nur dann sinnvoll ist, wenn der Konflikt der Parteien rechtlich überhaupt durch einen Vergleich beigelegt werden kann. Eine faktische Grenze der Mediation kann auch aus der mangelnden Bereitschaft der Parteien resultieren, sich auf das Verfahren einzulassen, dass das Mediationsgesetz ein freiwilliges Verfahren ist. Niemand kann gezwungen werden, sich zu einigen und niemand kann gezwungen werden, mit auf eine Einigung hinzuwirken, d.h. »einigungsbereit« zu sein. Schließlich kann sich auch die mangelnde Qualifikation des Mediators als faktisches Hemmnis für ein Mediationsverfahren erweisen (Behme, rechtliche Grenzen der Konfliktlösung durch Mediation, AnwBl 2017, 16-22).

b) Muster Schlichtungs-/Mediationsvertrag

Herr/Frau/Firma

.....

.....

und

Herr/Frau/Firma

.....

.....

nachfolgend Parteien genannt,

schließen mit

Herr/Frau

.....

.....

nachfolgend Schlichter/Mediator genannt

folgenden

Schlichter-/Mediationsvertrag

I. Schlichtungsgegenstand

Die Parteien verpflichten sich, alle Streitigkeiten aus dem Vertrag vom ..... unter Ausschluss des ordentlichen Rechtswegs unter Mitwirkung des Schlichters/Mediators zügig außergerichtlich beizulegen (Grundlage hierfür ist die Schlichtungs-/Mediationsordnung ....., welche Bestandteil des Vertrages wird).

II. Beauftragung/Auftragsumfang/Bevollmächtigung

1.) Die Parteien beauftragen den Schlichter/Mediator, auf Antrag einer der Parteien ein Schlichtungs-/Mediationsverfahren mit dem Ziel einer gütlichen Einigung durchzuführen.

2.) Ferner beauftragen die Parteien den Schlichter/Mediator, auf schriftlichen Antrag einer der Parteien die Begutachtung durch einen Sachverständigen anzuordnen, insbesondere zur Feststellung
- des Zustandes des Bauwerkes einschließlich der Ermittlung des Bautenstandes,
- der Ursache eines Schadens, eines Baumangels, einer Behinderung oder Bauverzögerung bzw. die Verantwortlichkeit für einen Schaden, für einen Baumangel bzw. eine Behinderung oder Bauverzögerung,
- des Aufwandes für die Beseitigung des Schadens oder des Baumangels oder der Kosten, die durch die Behinderung oder Bauverzögerung entstanden sind ..... .

3.) Die Parteien bevollmächtigen den Schlichter/Mediator, zu diesem Zweck Sachverständige auf Kosten der Parteien zu beauftragen. Die Höhe der Kosten soll vorab mit den Parteien abgestimmt werden.

III. Verfahrensprinzipien

1.) Der Schlichter/Mediator ist verantwortlich für ein faires Verfahren, in dem die Interessen der Parteien Berücksichtigung finden. Er ist allparteilich, zu Verschwiegenheit verpflichtet und hat keine Streitentscheidungskompetenz.

2.) Den Parteien obliegt es, im Rahmen ihrer eigenen Verantwortung an dem Verfahren konstruktiv teilzunehmen.

3.) Alle Beteiligten sind verpflichtet, während des Verfahrens bekannt gewordene Informationen weder ganz noch teilweise an nicht am Verfahren beteiligte Dritte weiterzugeben und/oder zugänglich zu machen. Zulässig ist eine Weitergabe an einen Rechtsanwalt der Beteiligten, der insoweit der anwaltlichen Schweigepflicht unterliegt.

4.) Während des Mediations-/Schlichtungsverfahrens und nach dessen Beendigung darf der Schlichter/Mediator keine der Parteien beraten oder vertreten, soweit Verfahrensgegenstände berührt sind. Die Parteien sind verpflichtet, den Schlichter/Mediator insoweit auch nicht als Zeugen oder Sachverständigen in einem anschließenden Verfahren zu benennen.

5.) Das Schlichtungs-/Mediationsverfahren ist nicht öffentlich. Den Ort des Verfahrens bestimmt der Schlichter/Mediator nach Anhörung der Parteien.

IV. Pflichten des Schlichters/Mediators

1.) Der Schlichter/Mediator verpflichtet sich gegenüber den Parteien zur Unparteilichkeit, Unabhängigkeit und umfassenden Verschwiegenheit.

2.) Der Schlichter/Mediator sichert zu, dass er zur zügigen Durchführung des Verfahrens in der Lage ist. Kann der Schlichter/Mediator sein Amt nicht wahrnehmen, teilt er dies den Parteien unverzüglich mit.

V. Verjährung

1.) Bis zur Beendigung des Schlichtungs-/Mediationsverfahrens ist die Verjährung der streitgegenständlichen Ansprüche gemäß §§ 203, 205 BGB gehemmt.

2.) Mit dem Abschluss der Vereinbarung über die Durchführung der Schlichtung/Mediation verzichten die Parteien bis zur Beendigung des Schlichtungs-/Mediationsverfahrens auf die Anrufung eines ordentlichen Gerichtes oder Schiedsgerichtes oder anderweitigen Schlichters. Ausgenommen hiervon sind einstweilige Rechtsschutzmaßnahmen, ähnliche Eilverfahren sowie selbstständige Beweissicherungsverfahren.

VI. Haftung

Der Schlichter/Mediator hat den Parteien etwaige Schäden zu ersetzen, die er durch vorsätzliche oder grob fahrlässige Nichterfüllung seiner Pflichten oder vorsätzliche oder grob fahrlässige Verzögerung des Schlichtungs-/Mediationsvereinbarung oder isolierten Beweisverfahrens verursacht.

VII. Vorzeitige Vertragsbeendigung

Parteien und Schlichter/Mediator können den Vertrag jederzeit kündigen. Der Schlichter/Mediator darf jedoch nur dann kündigen, wenn gewährleistet ist, dass die Parteien ihn rechtzeitig durch eine andere geeignete Person als Schlichter ersetzen können, es sei denn, dass ein wichtiger Grund für die unzeitige Kündigung vorliegt. Kündigt der Schlichter/Mediator ohne wichtigen Grund zur Unzeit, so hat er den Parteien gemäß Ziffer VI der Vereinbarung den daraus erwachsenden Schaden zu ersetzen.

VIII. Honorar

1.) Das Honorar des Schlichters/Mediators richtet sich nach Zeitaufwand im Zusammenhang mit dem Verfahren. Der Nachweis der angefallenen Stunden erfolgt durch Zeitaufschrieb des Schlichters/Mediators. Das Honorar beträgt ..... € je angefangener Stunde zzgl. der Mehrwertsteuer in gesetzlicher Höhe.

2.) Für die Bereitschaft, im Bedarfsfalle tätig zu werden, erhält der Schlichter/Mediator ein Honorar von ..... € zuzüglich Mehrwertsteuer in gesetzlicher Höhe, welches mit Vertragsunterzeichnung fällig wird; wird er als Schlichter/Mediator tätig, wird dieses Honorar auf das weiter anfallende Honorar angerechnet.

3.) Die Parteien tragen alle notwendigen Auslagen des Schlichters/Mediators sowie die durch Anhörung von Zeugen und Sachverständigen, die Einholung von Gutachten und sonstigen Auskünften entstehenden Kosten. Der Schlichter/Mediator kann in jedem Stadium des Verfahrens zur Deckung der voraussichtlichen Kosten und Auslagen von den Parteien angemessene Vorschüsse anfordern.

4.) Die Parteien haften gegenüber dem Schlichter/Mediator hinsichtlich Honorar, Kosten und Auslagen als Gesamtschuldner.

IX. Schriftform

Nebenabreden zu diesem Schlichtungs-/Mediationsvertrag bestehen nicht. Die Aufhebung oder Änderung des Schlichtungs-/Mediationsvertrages bedarf genauso der Schriftform, wie die Änderung oder Aufhebung dieser Formvorschrift.

X. Teilnichtigkeit

Sollte eine Regelung dieses Schlichtungs-/Mediationsvertrages nichtig sein oder werden, so tritt an diese Stelle eine Klausel, die dem Parteiwillen am Nächsten kommt. Beide Parteien verpflichten sich, möglichst die Gültigkeit des Schlichtungs-/Mediationsvertrages zu gewährleisten.

.....
Ort, Datum

....
Parteien   Schlichter/Mediator

c) Erläuterungen

Zur Parteienbezeichnung.

66

Auf die Benennung des Antragsgegners ist größte Sorgfalt zu verwenden. Insbesondere bei Bauvorhaben mit General- und Subunternehmern sind die Vertragsverhältnisse zu beachten. Besteht nur ein Vertragsverhältnis zwischen dem Auftraggeber und einem Generalunternehmer, so sind die Subunternehmer nicht Partei des Schlichter- bzw. Mediationsvertrages und können nicht ohne Weiteres eingebunden werden. Ist die Einbeziehung gewünscht, muss dies von Anfang an und bereits bei Vertragsschluss zwischen dem Generalunternehmer und dem Subunternehmer durch eine entsprechende Schieds- oder Mediationsklausel im Bauvertrag geregelt werden.

Sinnvoll ist, sich bereits bei Abschluss eines Schlichtungs- bzw. Mediationsvertrages auf einen geeigneten Schlichter bzw. Mediator zu einigen. Je nach Gegenstand des Schlichtungs- und Mediationsvertrages eignet sich als Schlichter entweder ein Bausachverständiger – die andere Möglichkeit ist, einen Juristen als Mediator bzw. Schlichter zu betrauen. Inzwischen existieren von den verschiedensten Anbietern Ausbildungen zum Mediator – viele Juristen führen einen solchen Titel als Zusatzbezeichnung. Besonders auf die Baupraxis zugeschnitten ist z.B. die Fortbildung für Juristen als Schlichter nach der SO-Bau. Die ARGE-Baurecht beim Deutschen Anwaltverein e.V. führt eine entsprechende Liste von zugelassenen Schlichtern – nach OLG-Bezirken aufgeschlüsselt –, so dass für jede Region ein geeigneter Schlichter nach der SO-Bau zur Verfügung steht. Selbstverständlich kann man sich auch durch den örtlichen Anwaltverein oder unter Umständen vom Präsidenten des Landgerichtes bzw. Oberlandesgerichtes einen geeigneten Juristen benennen lassen.

Zu I. Schlichtungsgegenstand.

67

Die Bezeichnung des Schlichtungsgegenstandes muss zweifelsfrei sein. Ist ein schriftlicher Vertrag geschlossen, so ist dieser unzweideutig (Gewerk, Vertragsdatum etc.) zu bezeichnen. Grundsätzlich ist die Frage, wie weit sich der Geltungsbereich einer solchen Schlichtungs- und Mediationsvereinbarung erstrecken soll, Sache der Parteivereinbarung. Eine Schlichtungs- und Mediationsvereinbarung kann sich auch auf eine länger andauernde Zusammenarbeit zwischen den Parteien beziehen und sich auf verschiedene, gemeinsame Bauvorhaben erstrecken.

Hier empfiehlt es sich, auf bereits bekannte und praxiserprobte Verfahrensordnungen zurückzugreifen, die Gegenstand des Vertrags werden sollten. Den Vorzug sollten hier Verfahrensordnungen erhalten, die speziell auf die Erfordernisse der Baupraxis zugeschnitten sind. Exemplarisch seien hier folgende Verfahrensordnungen genannt:

– Schlichtungs- und Schiedsordnung für Baustreitigkeiten (SO-Bau) der ARGE Baurecht, Arbeitsgemeinschaft für Bau- und Immobilienrecht im Deutschen Anwaltverein e.V.,
– Schlichtungsordnung der Deutschen Institution für Schiedsgerichtsbarkeit e.V. (DIS)
– Mediationsordnung für Bausachen (MedO Bau)
– SL Bau der Deutschen Gesellschaft für Baurecht e.V. und des Deutschen Beton- und Bautechnik Verein e.V.

Legt man eine Schlichtungs- und Mediationsordnung zu Grunde, so ist bei Abfassung des Schlichtungs-/Mediationsvertrages darauf zu achten, dass sich die dortigen Regelungen nicht mit den Regelungen der einbezogenen Schlichtungs- und Mediationsordnung widersprechen. Im Zweifelsfall ist auch bei Verwendung einer Schlichtungs- bzw. Mediationsordnung auf die von den jeweiligen Verfassern vorbereiteten Schlichtungs-/Mediationsverträge unabgeändert zurückzugreifen.

68 **Zu II. Beauftragung.**

Die Möglichkeiten für den Schlichter, bei bautechnischen Sachverhalten geeignete Sachverständige hinzuziehen, sollte im Schlichter- bzw. Mediationsvertrag vorgesehen sein, um späteren Streit unter den Parteien hierüber zu vermeiden. Die Abklärung eines bautechnischen Sachverhaltes durch einen unabhängigen Sachverständigen fördert zumeist nachfolgend die Einigungsbereitschaft, und die Gutachten bilden eine belastbare und fundierte Grundlage für die anschließenden Gespräche zwischen den Parteien über eine mögliche Einigung.

Grundsätzlich tragen die Parteien die Kosten des vom Schlichter/Mediators zugezogenen Sachverständigen gesamtschuldnerisch. Nachdem es sich bei dem Schlichtungs-/Mediationsverfahren um ein freiwilliges Verfahren handelt, sollte jedoch hinsichtlich der Kosten vorab mit den Parteien Einvernehmen erzielt werden.

69 **Zu III. Verfahrensprinzipien.**

Die Vereinbarung eines Zeithonorars für die Tätigkeit des Schlichters/Mediators ist üblich und empfiehlt sich. Hinsichtlich der Höhe eines angemessenen Zeithonorars können bei der Rechtsanwaltskammer Erkundigungen einzogen werden. Die Vereinbarung eines Zeithonorars ist einigungsfördernd, da diese Vereinbarung der Tendenz entgegenwirkt, Probleme zu zerreden. Ein gewisses zeitliches Korsett ist durch den Umstand vorgegeben, dass die Kosten des Mediators von beiden Parteien gesamtschuldnerisch getragen werden, die »Uhr« also für beide Parteien läuft. Was die Mediation betrifft, so ist in § 34 RVG ein gesonderter Gebührentatbestand für den Anwalt als Mediator aufgeführt. Bei der Mediatorentätigkeit handelt es sich um anwaltliche Tätigkeit im Sinne des § 1 Abs. 1 RVG. Das RVG legt den Parteien einer solchen Vereinbarung nahe, eine Gebührenvereinbarung nach § 2 RVG zu treffen – mithin vorgenannte Zeithonorarvereinbarung.

70 **Zu VIII. Honorar.**

Die Bereitschaft, im Bedarfsfalle als Schlichter bzw. Mediator tätig zu werden, sollte durch eine Pauschale honoriert werden. Diese sichert zu, dass der Schlichter/Mediator im Streitfalle auch sofort tätig wird und zur Verfügung steht – unter Umständen unter Hintanstellung anderer, honorarträchtiger Verpflichtungen, um die Schlichtung/Mediation auch zeitnah, rasch und effizient durchführen zu können.

Nachdem es sich um ein freiwilliges, von beiden Parteien eingeleitetes Verfahren zur gütlichen Beilegung aufgetretener Differenzen handelt, ist die gesamtschuldnerische Einstandspflicht für die Kosten des Schlichtungs- bzw. Mediationsverfahrens sachgerecht. Nachdem beide Parteien als Gesamtschuldner für die Kosten einzustehen haben, ist auch gewährleistet, dass beide Parteien das

Verfahren, wenn es einmal eingeleitet ist, mit eigenem Interesse begleiten und vorantreiben. Im Rahmen einer Einigung können abweichende Kostentragungspflichten vereinbart werden. In einer Schlichtungs- bzw. Mediationsvereinbarung kann auch dann abschließend die Kostentragungspflicht des Mediationsverfahrens geregelt bzw. können die Kosten gegebenenfalls gequotelt werden.

8. Schiedsgutachtervertrag

a) Vorbemerkung

Besonders auf die Baupraxis zugeschnitten ist auch ein weiteres ADR-Verfahren – nämlich das Schiedsgutachten, dessen Ergebnis sich die Parteien als verbindlich unterwerfen können – jedoch nicht müssen. Beim klassischen Schiedsgutachten fußt die konfliktlösende Wirkung zwar auf der Verbindlichkeitsabrede der Parteien. Sie unterwerfen sich im Verhältnis zueinander der sachverständigen Feststellung des Gutachters. Das Schiedsgutachten gehört jedoch zu den ADR-Verfahren, dass sich in einem wesentlichen Punkt vom Schiedsgerichtsverfahren unterscheidet – dieses ist auf die Entscheidung und Lösung eines Rechtsstreites insgesamt gerichtet, während das Schiedsgutachten lediglich Teilaspekte einer Streitigkeit verbindlich abklärt, die dann einer späteren Entscheidung bzw. einvernehmlichen Lösung zu Grunde gelegt werden können. Die Möglichkeit, einem Dritten die Bestimmung einer Leistung bzw. Feststellung von bautechnischen Gegebenheiten zu überlassen, ist Teil der Vertragsfreiheit. Die selbstbestimmte, außergerichtliche Streitbeilegung auf Grundlage eines Schiedsgutachtens eignet sich insbesondere für solche Streitigkeiten, in denen primär bautechnische und weniger baurechtliche Fragen Auslöser der aufgetretenen Differenzen sind.

71

Die Rechtsgrundlage für die abschließende Regelung eines materiell rechtlichen Vertragsverhältnisses zwischen den Vertragsparteien durch ein Schiedsgutachten findet sich in den §§ 317, 319 BGB. Hieraus folgt, dass sich die Parteien durch vertragliche Abrede dem Ergebnis des Schiedsgutachtens unterwerfen. Das Schiedsgutachten ist nur dann gerichtlich anfechtbar, wenn es offensichtlich falsch oder unbillig ist. Die schiedsgutachterliche Tätigkeit setzt das Zustandekommen von zwei Verträgen voraus, nämlich zum einen der Schiedsgutachtenvertrag zwischen den Parteien untereinander (Schiedsgutachtenabrede oder Schiedsgutachtenklausel) und zum anderen der Schiedsgutachtervertrag zwischen den Parteien und dem Sachverständigen (Schiedsgutachtervertrag), die jedoch auch in einer gemeinsamen Vertragsurkunde zusammengefasst werden können. Als Gegenstand eines Schiedsgutachtens kommen praktisch alle Gebiete in Frage, die sich durch einen Sachverständigen begutachten, bewerten bzw. entscheiden lassen. Ein Schiedsgutachter kann immer dann zum Zug kommen, wenn es sich um Fragen der Auslegung des Leistungsumfangs bei einem Bau- oder Anlagenbauvertrag, der Prüfung von Rechnungen auf Üblichkeit, Angemessenheit und Richtigkeit sowie der Berechtigung von Mehrvergütungsansprüchen, der Feststellung von Mängeln und deren Bewertung, Bestimmung einer angemessenen Minderung bzw. Feststellung der notwendigen Mängelbeseitigungsmaßnahmen und der dafür erforderlichen Kosten sowie der Feststellung des Bautenstandes bei Kündigung, Baustillstand oder Insolvenz handelt. Auch bietet sich das Schiedsgutachten für Zwischenfeststellungen an, die während des Bauablaufs zur Beseitigung und Vermeidung von Störungen getroffen werden müssen (Koeble, BauR 2007, 1116).

Grundlegend ist der Schiedsgutachtenvertrag oder eine entsprechende Schiedsgutachterklausel im Werkvertrag zwischen den Parteien, an dem der Sachverständige nicht beteiligt ist. Dieser Vertrag oder diese Klausel wird von den Parteien selbst geschlossen und ist darauf gerichtet, im Falle auftretender Streitigkeiten, Meinungsverschiedenheiten oder auch nur Unsicherheiten im Zusammenhang mit einem bestehenden Vertragsverhältnis ein Schiedsgutachten in Auftrag zu geben. Ein solcher Schiedsgutachtenvertrag sollte von den Parteien und Baubeteiligten bereits bei Vertragsschluss – oft auch lediglich als Klausel im Vertrag – mit aufgenommen werden, mithin weit

von Pezold

vor dem Zeitpunkt, an dem Streit absehbar ist. Aber auch nach dem tatsächlichen Auftreten von Unstimmigkeiten in bautechnischer Hinsicht kann ein Schiedsgutachtenvertrag noch geschlossen werden, sogar dann, wenn ein Rechtsstreit bereits gerichtlich anhängig ist. Für eine solche vertragliche Vereinbarung existiert keine Formvorschrift. Man sollte jedoch eine entsprechende Klausel schriftlich verankern, um Klarheit und Rechtssicherheit zu haben.

Ein Schiedsgutachtenvertrag zwischen den Parteien sollte möglichst eine vollständige und umfassende Regelung enthalten. Die Parteien sollen in einer Klausel zum Ausdruck bringen, dass sie über Streitfragen oder Unklarheiten durch ein Schiedsgutachten entscheiden lassen wollen und sich der Bindungswirkung des Schiedsgutachtens unterwerfen. Auch sollte der konkrete Anlass bzw. Zeitpunkt für die Beauftragung eines Schiedsgutachters vereinbart werden – es sollte auch festgelegt werden, dass beide Parteien den Schiedsgutachter gemeinsam beauftragen. Schließlich ist festzulegen, welche Qualifikation der Schiedsgutachter haben soll und wer ihn auswählt und benennt oder ob die Auswahl von einem Dritten vorgenommen werden soll. Sinnvoll bei komplexeren Bauvorhaben ist, dass man sich bereits im Bauvertrag auf die Person des Schiedsgutachters einigt, der dann baubegleitend tätig werden kann. Sinnvoll sind auch Regelungen dahingehend, wie der Ablauf einer Begutachtung gestaltet werden soll und welche Aufgaben der Schiedsgutachter hat. Schließlich muss die Vereinbarung eine Regelung enthalten, zu welchen Anteilen die Kosten für das Schiedsgutachten von der jeweiligen Partei getragen werden.

Zweiter Schritt ist dann der Vertrag zwischen den Parteien und dem Schiedsgutachter. Nur durch einen Vertrag wird der Schiedsgutachter verpflichtet – nicht schon durch die Ernennung. Bei dem Schiedsgutachtervertrag selbst handelt es sich um einen Werkvertrag. Er sollte nach Möglichkeit schriftlich abgeschlossen werden.

Sofern sich nichts anderes aus den Regelungen ergibt, haften die Auftraggeber des Schiedsgutachtens gegenüber dem Sachverständigen gesamtschuldnerisch für den Honoraranspruch des Schiedsgutachters gemäß §§ 427, 421 BGB. Welchen Anteil am Honorar letztlich die Parteien im Innenverhältnis untereinander zu tragen haben, sollte dann ebenfalls im Schiedsgutachtenvertrag geregelt sein.

Sobald das Schiedsgutachten vorliegt, sind die Parteien grundsätzlich frei darin, die dortigen Feststellungen zur Grundlage einer Einigung zu machen oder – unter Missachtung der schiedsgutachterlichen Feststellungen – eine anderweitige Regelung zu treffen. Solange jedoch eine Partei am Ergebnis des Schiedsgutachtens festhält, bleibt dessen Bindungswirkung auch für die andere Partei bestehen. Bei der Entscheidung, ob eine Streitbeilegung mittels Schiedsgutachten erwogen wird, müssen die Vorteile den Nachteilen gegenüber gestellt werden. Ein Vorteil des Schiedsgutachtens ist, dass es als ADR-Verfahren nicht so formalisiert ist. Darüber hinaus ist es zeitsparender als ein selbstständiges Beweissicherungsverfahren vor Gericht, da man durch Vereinbarung eines Zeitkorsetts die sachverständige Begutachtung beschleunigen kann und Gerichte nicht beteiligt sind. Die Kostentragung richtet sich nach dem Verhältnis des Obsiegens und Unterliegens, und die Bindungswirkung/die Verwertbarkeit ist vergleichbar der eines im selbstständigen Beweissicherungsverfahren eingeholten gerichtlichen Sachverständigengutachtens, da das Gericht später an die Feststellung des Schiedsgutachtens gebunden ist. Auch tritt Verjährungshemmung gemäß § 205 BGB ein.

Wesentliche Nachteile des Schiedsgutachtens sind die meist höheren Kosten für einen Schiedsgutachter, da er meist nicht auf Grundlage der üblichen, gerichtlichen Sachverständigenentschädigung (ZSEG) arbeitet, sondern das Honorar frei vereinbart wird. Ein offenbar unrichtiges oder unbilliges Schiedsgutachten ist schlicht nicht verwertbar – die gutachterlichen Feststellungen sind im Nachhinein aber auch nicht korrigierbar. Auch ist eine nachträgliche Einbeziehung Dritter durch eine Partei nicht möglich. Unter Umständen schwierig gestaltet sich die Vereinbarung einer Schiedsgutachtenerstellung, da sämtliche Beteiligte zustimmen müssen. Die fehlenden verfahrensrechtlichen Regelungen haben den Vorteil, dass ein beschleunigtes Verfahren möglich ist und lästiger Formalismus entfällt – es ist jedoch beispielsweise nicht möglich, den Schiedsgutachter wegen der Besorgnis der Befangenheit abzulehnen, da die §§ 1036, 1037 ZPO nicht gelten. Schließlich ist oft schwierig, den Haftpflichtversicherer einzubinden, da sie meist »Entscheidungen« im Sinne des § 3 Ziff. II 1, I AHB verlangen.

Gesetzliche Regelungen über das Schiedsgutachterverfahren finden sich in deutschen Rechtssystemen als allgemeine Regelungen in den §§ 315 ff. BGB. Es existiert weiter das Gutachterverfahren nach § 18 Nr. 4 VOB/B sowie das selbstständige Beweisverfahren nach § 458 ff. ZPO. Eine gesetzliche Regelung zum Schiedsgutachterverfahren war vormals in § 641a BGB (Fertigstellungsbescheinigung) normiert, ist jedoch zwischenzeitlich durch das FoSiG vom 23.10.2008 zum 01.01.2009 weggefallen. Die Vorschrift gilt für ab dem 01.05.2000 bis zum 31.12.2008 abgeschlossene Verträge fort.

b) Muster Schiedsgutachtervertrag

Zwischen

dem öffentlich bestellten und vereidigten Sachverständigen

.....

Auftragnehmer

und

Herr/Frau/Firma

.....

.....

Auftraggeber zu 1.

Herr/Frau/Firma

.....

.....

Auftraggeber zu 2.

wird folgender Schiedsgutachtervertrag geschlossen:

I. Umfang der Begutachtung

Die Auftraggeber beauftragen den Sachverständigen, schiedsgutachterliche Feststellungen zu treffen. Folgende Fragen sind zwischen den Parteien streitig:
a) .....
b) .....
c) .....

Gegenstand des zu erstellenden Schiedsgutachtens sind ausschließlich die vorstehend aufgeführten, strittigen Punkte. Weitergehende Streitfragen können nur durch ausdrücklichen, schriftlichen Auftrag beider Auftraggeber zum erweiterten Gegenstand des Schiedsgutachtens gemacht werden.

II. Grundsätze der Gutachtenerstellung

1.) Der Schiedsgutachter trifft seine Feststellungen unabhängig, nach freiem Ermessen und unter Beachtung der anerkannten Regeln der Technik. Die Auftraggeber erkennen seine Feststellungen als für sich verbindlich an. Die Auftraggeber sind sich darüber einig, dass durch diesen Schiedsgutachtervertrag der Rechtsweg in der Weise ausgeschlossen wird, dass ein später in gleicher Sache angerufenes Gericht die schiedsgutachterlichen Feststellungen nur im Falle grober Unbilligkeit abändern kann.

2.) Dem Schiedsgutachter wird eine Bearbeitungszeit von ..... Wochen/Monaten, gerechnet vom Zeitpunkt des Eingangs der angeforderten Vorschussbeträge an, eingeräumt. Sie ist auf Wunsch des Schiedsgutachters bei Vorliegen besonderer Gründe um eine angemessene Nachfrist zu verlängern.

3.) Die Auftraggeber sind verpflichtet, dem Schiedsgutachter alle zur Begutachtung erforderlichen Unterlagen binnen einer Frist von zwei Wochen nach Anforderung durch den Sachverständigen vorzulegen. Die Auftraggeber sind gleich zu behandeln. Alle Urkunden, Schriftstücke oder sonstige Mitteilungen, die dem Schiedsgutachter von einer Partei vorgelegt werden, sind der anderen Partei zur Kenntnis zu bringen.

4.) Es obliegt sodann dem Schiedsgutachter, das Verfahren bis zur Erstellung des Schiedsgutachtens zu bestimmen. Der Schiedsgutachter kann Ortstermine, eine mündliche Besprechung mit den Parteien oder die Anforderung ergänzender Unterlagen anordnen. Hierbei ist beiden Auftraggebern angemessenes rechtliches Gehör zu gewähren und ausreichend Zeit einzuräumen, um Unterlagen vorzulegen. Bei der Anberaumung von Ortsterminen ist eine Ladungsfrist von zumindest zwei Wochen einzuhalten. Der Schiedsgutachter entscheidet, wann nach seiner Beurteilung Entscheidungsreife eingetreten ist.

5.) Der Schiedsgutachter wird Unterlagen und Informationen der Parteien, die er im Rahmen des Schiedsgutachtenverfahrens erhalten hat, vertraulich behandeln und nicht an Dritte weitergeben.

6.) Der Schiedsgutachter darf von den Auftraggebern nicht als Zeuge für Tatsachen benannt werden, die ihm während des Schiedsgutachtenverfahrens offenbart wurden.

7.) Der Schiedsgutachter verpflichtet sich gegenüber beiden Auftraggebern zur Unabhängigkeit und Unparteilichkeit.

III. Vergütung

1.) Der Schiedsgutachter erhält für seine Tätigkeit ein Honorar, welches sich wie folgt berechnet:

Die Vergütung des Schiedsgutachters erfolgt auf Stundenhonorarbasis:
a) Stundenverrechnungssatz pro angefangener Stunde ..... €
b) Ersatz der Kosten für eine Hilfskraft entsprechend den nachgewiesenen Auslagen ..... €

2.) Die voraussichtlich benötigte Anzahl der Stunden für die Erstellung

des Schiedsgutachtens beträgt ..... Std.

Der Nachweis der angefallenen Stunden erfolgt durch Zeitaufschrieb des Schiedsgutachters.

IV. Kosten- und Gebührenvorschuss

1.) Die zu III. gemachten Angaben stellen nur eine voraussichtliche und überschlägige Schätzung der Kosten und des Zeitaufwandes für die Erstellung des Schiedsgutachtens dar, auf die von den Auftraggebers je ..... € als Kostenvorschuss zu entrichten sind.

2.) Der Schiedsgutachter kann den Beginn oder die Fortsetzung seiner Tätigkeit von der Zahlung eines angemessenen Vorschuss entsprechend der Schätzung gemäß III. des Schiedsgutachtervertrages abhängig machen.

3.) Vorschusszahlungen haben die Auftraggeber je zur Hälfte zu tragen und werden anteilig vom Schiedsgutachter von beiden Auftraggebern angefordert. Zahlt eine der Parteien den Vorschuss nicht, kann die andere Partei die Vorschusszahlung übernehmen. Geschieht dies nicht, ist der Schiedsgutachter berechtigt, den Auftrag durch Kündigung zu beenden und über die bis dahin erbrachten Leistungen abzurechnen.

4.) Die eigenen Kosten (Bearbeitungskosten, Anwaltskosten) tragen die Auftraggeber jeweils selbst.

V. Gesamtschuldnerschaft und Kostenquote

Die Auftraggeber haften für die Vergütung und Auslagen des Schiedsgutachters einschließlich der auslagefähigen Kosten einer Hilfskraft als Gesamtschuldner.

Der Schiedsgutachter wird im Rahmen seines Gutachtens bestimmen, welchen Anteil die Auftraggeber im Innenverhältnis an den Gutachtenkosten zu tragen haben.

VI. Haftung des Sachverständigen

Der Auftragnehmer haftet nur für Vorsatz und grobe Fahrlässigkeit, also nicht im Falle leichter Fahrlässigkeit. Soweit der Auftragnehmer im Rahmen des von ihm zu erstattenden Gutachtens eine Rechtsfrage berührt oder im Zusammenhang mit diesem Auftrag einen Rechtsrat erteilt, wird die Haftung in dem von der Rechtsprechung zugelassenen Maße ausgeschlossen, weil die Klärung von Rechtsfragen nicht zu den Aufgaben des Sachverständigen gehört.

VII. Gerichtsstand und Erfüllungsort

Gerichtsstand und Erfüllungsort für diesen Schiedsgutachtervertrag ist der Geschäftssitz des Schiedsgutachters.

VIII. Schlussbestimmungen

Das Schiedsgutachten ist in ..... Exemplaren für jede Partei auszufertigen. Die Abrechnung der gutachterlichen Leistungen geht den Auftraggebern zeitgleich zu.

Der Auftraggeber darf die gutachterlichen Leistungen nur zu dem Zweck verwenden, für den sie bestimmt sind. Eine darüber hinaus gehende Verwendung, insbesondere die Weitergabe an Dritte, ist unzulässig, wenn der Sachverständige nicht zuvor befragt und seine Einwilligung dazu gegeben hat. Gleiches gilt für eine Textveränderung bzw. einer auszugsweise Verwendung.

Sollte eine Regelung dieses Schiedsgutachtervertrages nichtig sein oder werden, so tritt an diese Stelle eine Klausel, die dem Parteiwillen am Nächsten kommt. Alle Vertragsparteien verpflichten sich, möglichst die Gültigkeit des Schiedsgutachtervertrages zu gewährleisten.

.....

Ort, Datum

.....

Schiedsgutachter)

....

Auftraggeber zu 1.)   Auftraggeber zu 2.)

c) Erläuterungen

Zu I. Umfang der Begutachtung.

73

Die hier an den Schiedsgutachter zu stellenden Fragen müssen mit größter Sorgfalt und unter Umständen unter Hinzuziehung bautechnischen Sachverstandes formuliert werden. Wirksam ist eine Schiedsgutachtenvereinbarung dann, wenn sie bestimmt genug ist. Dies bezieht sich auf die beteiligten Parteien, die durch das Schiedsgutachten zu klärenden Fragen und auf die Person des Gutachters bzw. die der Gutachter bestimmt wird. Das Schiedsgutachten soll zur erschöpfenden Erledigung der aufgetretenen – primär bautechnischen – Fragen dienen. Das Schiedsgutachten kann sich jedoch nur auf den Inhalt der gestellten Fragen beziehen – auch nur hinsichtlich der hier beschriebenen Mängel bzw. diesbezüglichen Fragen an den Sachverständigen erstrecken sich die Auswirkungen der Einleitung eines schiedsgutachterlichen Verfahrens auf die Verjährung bzw. die streitbeilegende Wirkung. Grundsätzlich ist die Hinzuziehung eines Schiedsgutachters auch in AGB vereinbar, jedoch ist die gesonderte, vertragliche Regelung vorzuziehen. So hat der BGH für Fertighausverträge entschieden, dass eine Schiedsgutachtenklausel in einem solchen Vertrag den Erwerber unangemessen im Sinne von § 307 Abs. 2 Nr. 2 BGB benachteiligt (BGH BauR 1992, 223).

Auch eine Schiedsgutachtervereinbarung in einem Bauvertrag über die schlüsselfertige Errichtung eines Einfamilienhauses ist unwirksam (OLG Köln VersR 1992, 498). Für den Bauträgervertrag gilt Entsprechendes, obwohl es sich um einen notariellen Vertrag handelt (OLG Düsseldorf BauR 1994, 128). Eine solche Klausel in einem Bauträgervertrag – sofern dieser die Errichtung eines Geschäftshauses betrifft – ist dagegen wirksam (BGH BauR 2004, 488). Das Gebot der Bestimmtheit im Schiedsgutachtervertrag ist auch deshalb so wesentlich, da die Vereinbarung eines Schiedsgutachtens auch die Hemmung der Verjährung betrifft, die in § 204 Abs. 1 Nr. 8 BGB geregelt ist. Die Hemmungswirkung tritt ab Beginn des vereinbarten Begutachtungsverfahrens ein und endet mit der Vorlage des Gutachtens, woran sich noch die 6-monatige Ablaufhemmung anschließt. Dies gilt jedoch nur für den im Schiedsgutachtervertrag abgesteckten Umfang der Begutachtung und erstreckt sich nur auf die zu begutachtenden Sachverhalte.

74 Zu II. Grundsätze der Gutachtenerstellung.

Das Gebot der Unabhängigkeit ist bei der Bestimmung eines geeigneten Schiedsgutachters entscheidend. Dies insbesondere deshalb, weil es sich beim Schiedsgutachtervertrag um einen materiell rechtlichen Feststellungsvertrag und nicht um einen Prozessvertrag handelt. Deshalb sind nach herrschender Meinung die Bestimmungen über die Ablehnung wegen Befangenheit auf den Vertrag nicht analog anwendbar.

Dem Schiedsgutachter sollte hier – in Absprache mit dem Sachverständigen – durchaus ein straffes zeitliches Korsett vorgegeben werden, damit der Vorteil dieses ADR-Verfahrens nicht verloren geht – nämlich zeitnah zu einer für beide Parteien verbindlichen Entscheidungsgrundlage zu kommen. Je nach Komplexität der sachverständig zu beurteilenden Probleme ist eine realistische Bearbeitungszeit in Abstimmung mit dem Schiedsgutachter zu bestimmen.

Die Verbindlichkeit der Feststellungen sollte auf jeden Fall im Schiedsgutachtervertrag vereinbart werden. Dies ist wesentlicher Sinn der Vereinbarung eines Schiedsgutachtens, das ja der Streitvermeidung bzw. abschließenden Streitlösung dienen soll. Beide Parteien müssen sich konkret dem schiedsgutachterlichen Ergebnis unterwerfen, und dieses muss Bindungswirkung entfalten, sofern es der außergerichtlichen Streitbeilegung dienen soll.

Bei Subunternehmereinsatz sind diese in geeigneter Weise gesondert zu verpflichten, sich der Bindungswirkung des Schiedsgutachters zu unterwerfen, um eine umfassende Streitbeilegung zu gewährleisten.

75 Zu III. Vergütung.

Die Vergütung des Schiedsgutachters ist – mit Ausnahme der Wertermittlung nach § 34 HOAI – grundsätzlich frei vereinbar. Fehlt eine Vereinbarung, dürfte als übliche Vergütung ein Zeithonorar zu berechnen sein, wobei die Stundensätze des § 6 HOAI nicht zu Grunde gelegt werden können.

Angemessene Stundensätze können sich an dem ZSEG orientieren. Je spezieller das Fachgebiet ist, zu deren sachverständigen Beurteilung ein Sachverständiger benötigt wird, umso eher ist es jedoch gerechtfertigt, Stundensätze zu vereinbaren, die über den entsprechenden, erstattungsfähigen Sätzen liegen. Beide Parteien haben ein Interesse daran, dass ein möglichst hochqualifizierter und spezialisierter Schiedsgutachter sich der Beweisfragen kompetent und schnell annimmt.

76 Zu IV. Kosten- und Gebührenvorschuss.

Der Vorschuss soll das voraussichtlich anfallende Honorar gemäß Stundenschätzung nach III. 2.) abdecken. Wenn das Gutachten wider Erwarten deutlich mehr Zeit in Anspruch nimmt und es daher zu einer wesentlichen Kostenüberschreitung kommt, besteht für den Sachverständigen die Pflicht, beide Parteien hierüber rechtzeitig zu informieren. Als »Daumenwert« hat sich – auch in der Rechtsprechung – herausgebildet, dass eine Kostenüberschreitung von mehr als 20 bis 25 % als wesentlich bezeichnet werden kann. Wird diese Schwelle überschritten, ist eine Unterrichtung beider Parteien durch den Schiedsgutachter unbedingt erforderlich.

Auch hier haften die Parteien grundsätzlich für die im schiedsgutachterlichen Verfahren entstehenden Kosten gesamtschuldnerisch und haben daher auch den Vorschuss hälftig zu tragen.

Zu V. Gesamtschuldnerschaft und Kostenquote.

77

Damit das schiedsgutachterliche Verfahren auch den gewünschten Zweck – nämlich eine Gesamtbereinigung zwischen den Parteien – erfüllen kann, empfiehlt es sich, den Sachverständigen über die Kostenquote im Schiedsgutachten entscheiden zu lassen. Die Kostenquote orientiert sich am Verhältnis der bestätigten Mängel zu den Mängeln, die sich als nicht vorliegend erwiesen haben.

9. Schiedsgerichtliches Verfahren

a) Einleitung

Bei dem schiedsgerichtlichen Verfahren handelt es sich nicht um ein ADR-Verfahren, da hier zwar ein neutraler Dritter eingeschaltet wird – jedoch mit abschließender Entscheidungsgewalt. Diese Möglichkeit der Streitentscheidung als Alternative zu einer Entscheidung vor einem staatlichen Gericht kann auch mit den vorgenannten ADR-Verfahren kombiniert werden – insbesondere ist eine Regelung dahingehend denkbar und auch praktikabel, dass einem Schlichtungs- bzw. Mediationsverfahren als nächste Stufe – sofern die Parteien sich hier nicht einigen können – ein schiedsgerichtliches Verfahren folgt.

78

Die Überlastung der Zivilgerichte, der Mangel an speziellen »Baukammern« an Landgerichten in ländlichen Regionen, die zunehmend erforderliche Spezialisierung bei der Bewältigung der rechtlichen und technischen Materie, ausufernde und nur noch schwer zu kalkulierende Verfahrensdauer und Verfahrenskosten in baurechtlichen Auseinandersetzungen sowie das Vordringen der aus dem angelsächsischen Rechtssystem stammenden »Mediation« in das deutsche Rechtssystem haben dazu geführt, dass sich auch der Baurechtler und die Baubeteiligten zunehmend mit dem Phänomen der außergerichtlichen Streitbeilegung auseinandersetzen müssen, so zum Beispiel Mediation und Schlichtung und die Schiedsgerichtsbarkeit. Dies ist nicht nur eine vorübergehende Modeerscheinung, sondern vom Gesetzgeber zur Entlastung der staatlichen Gerichtsbarkeit politisch gewollt. Der Gesetzgeber hat in letzter Zeit durch Neufassung des 10. Buchs der ZPO diesem politischen Willen Rechnung getragen und die »außergerichtliche« Schiedsgerichtsbarkeit in den §§ 1025–1065 ZPO ausführlich geregelt. Zwischenzeitlich bestehen gegen die Zulassung der Schiedsgerichtsbarkeit als Alternative zur staatlichen Gerichtsbarkeit und die Gleichstellung eines Schiedsspruchs mit einem rechtskräftigen Urteil eines staatlichen Gerichtes auch keine verfassungsrechtlichen Bedenken mehr. Wenn die Baubeteiligten einen Streit auch durch einen Vergleich regeln können, können sie sich auch darauf verständigen, eine privatautonome Entscheidung zu treffen, die an die Stelle einer solchen vergleichsweisen Einigung tritt.

Baubeteiligte bei größeren Bauvorhaben nutzen dieses Instrument schon länger und auch erfolgreich – insbesondere bei Bauvorhaben mit Auslandsbezug, bei dem durch die Verbindung zu anderen Rechtssystemen die »Schwellenangst« für alternative Methoden der Streitbeilegung – weg von staatlichen Gerichten – geringer zu sein scheint.

In Deutschland besteht insbesondere bei Bauherren, Architekten und Handwerkern und der mittelständischen Bauwirtschaft noch eine gewisse Scheu, sich auf ein Einigungsinstrument außerhalb staatlich reglementierter Gerichtsbarkeit einzulassen, obwohl die Schlichtung in Bausachen bzw. die Entscheidung von Baustreitigkeiten durch Schiedsgerichte überwiegende Vorteile hat:

Baustreitigkeiten eignen sich insbesondere für Schiedsverfahren, da die Lösung von baurechtlichen Auseinandersetzungen Spezial-Kenntnisse auf dem Gebiet des Baurechtes sowohl bei den Parteivertretern als auch bei den berufenen Richtern erfordern. Auch setzt das Auftreten in baurechtlichen Auseinandersetzungen neben dem rechtlichen auch bautechnischen Sachverstand, der nicht Gegenstand der juristischen Ausbildung ist, voraus.

Auf Anwaltsseite hat man hier mit der Einführung des »Fachanwalts für Bau- und Architektenrecht« reagiert. Örtliche Gerichte werden jedoch – sofern spezielle Baukammern und Bausenate nicht eingerichtet sind – den fachspezifischen Anforderungen oft nur unzureichend gerecht, da es an baurechtlicher und bautechnischer Fortbildung mangelt. So werden Baurechtsstreitigkeiten an Landgerichten, die über keine speziellen Baukammern und Bausenate verfügen, nicht selten nur zögerlich entschieden und auf die lange Bank geschoben, da eine Entscheidung in Bausachen zeitaufwendiges Aktenstudium und intensive Befassung und ein Einarbeiten in tatsächlicher und rechtlicher Hinsicht erfordert. Hinzu tritt das Studium und Verständnis umfangreicher und komplexer Sachverständigengutachten, die der Entscheidung zugrunde zu legen sind. Insofern drängt sich die außergerichtliche Streitbeilegung durch einen fachlich versierten Dritten oder die Entscheidung durch ein ebenso fachkundig besetztes Schiedsgericht in Baurechtsstreitigkeiten geradezu auf, zumal hier – anders als bei staatlichen Spruchkörpern – diese durch die Zivilprozessordnung weit weniger gebunden sind, und somit weit mehr Aspekte eines Baurechtsstreites mit einbezogen werden können und eine Einigung – so sie denn überhaupt möglich ist – zumeist in einer Instanz – im günstigen Falle in einem Termin – bewerkstelligt werden kann, so dass sich auch Kosten und der atmosphärische Schaden, der mit einem sich über Jahre erstreckenden Prozess vor staatlichen Gerichten oft einhergeht, vermieden werden kann und eine Fortsetzung der Zusammenarbeit der Baubeteiligten nach dem Schlichtungs- bzw. schiedsgerichtlichen Verfahren noch möglich ist.

Nicht zu unterschätzen ist auch, dass Öffentlichkeit in schlichtungs- und schiedsgerichtlichen Verfahren nicht zugelassen ist und ein Schiedsspruch gegenüber dem Urteil eines staatlichen Gerichtes den Vorteil hat, dass unter Umständen unliebsame Grundsatzentscheidungen staatlicher Gerichte vermieden werden. Auch die Vorteile einer außergerichtlichen Streitbeilegung im Hinblick auf die Verfahrensdauer und den Ausschluss der Öffentlichkeit sind beachtlich. In außergerichtlichen Beilegungsverfahren tätige Beteiligte wie Schiedsrichter, Schlichter und Sachverständige sind geheimhaltungspflichtig. Aus den Akten gelangt nichts an die Öffentlichkeit – auch nicht etwaige Betriebs- oder Geschäftsgeheimnisse. Die Verschwiegenheit und Vertraulichkeit sind wesentliche Vorteile außergerichtlicher Verfahren. Es tritt hinzu, dass entsprechende Sitzungen nicht unter Zeitdruck nachfolgender Termine stehen – alle Beteiligten können sich auf die Sach- und Rechtsfragen konzentrieren und in Ruhe an einer außergerichtlichen Regelung arbeiten. Sofern Baubeteiligte nunmehr sich auf ein solches Verfahren abseits staatlicher Gerichte einlassen, stehen inzwischen speziell für das Bauwesen zugeschnittene Schlichtungs- und Schiedsgerichtsordnungen zur Verfügung, die in der Lage sind, solche Verfahren auch privatautonom verbindlich und praxisnah zu regeln.

Jedoch gehen neben dem Umstand, dass für viele Baubeteiligte ein sich Einlassen auf ein Schlichtungs- bzw. Schiedsgerichtsverfahren einem sich Begeben auf unbekanntes Gelände gleichkommt, auch tatsächliche und nicht zu verschweigende Nachteile mit den Verfahren außergerichtlicher Streitbeilegung einher. So sind dem Baurecht geläufige Begriffe wie Streitverkündung, selbstständiges Beweissicherungsverfahren und Gesamtschuldnerschaft nicht ohne weiteres in das System außergerichtlicher Streitbeilegung zu integrieren, es sei denn es werden hierfür spezielle Regelungen in der Schlichtungs- bzw. Schiedsgerichtsabrede zwischen den Parteien getroffen. Solche Schlichtungs- bzw. Schiedsgerichtsvereinbarungen bedürfen, sofern man sich nicht auf speziell vorformulierte Verfahrensordnungen bezieht, äußerster Sorgfalt. Die Verjährungsunterbrechung selbstständiger Beweissicherungsverfahren gemäß § 485 ZPO ist nicht ohne weiteres auf ein für ein Schiedsvertrag vorgesehenes Beweissicherungsverfahren anwendbar, sofern ein Schiedsgericht hierfür zuständig ist. Auch bestehen Bedenken gegen die Bindungswirkung des Beweisergebnisses eines schiedsgerichtlichen Beweissicherungsverfahrens beim Schiedsgericht oder gar bei einem nachfolgenden ordentlichen, gerichtlichen Verfahren nach Scheitern des schiedsgerichtlichen Verfahrens. Weitere Probleme tauchen auf bei notwendiger Streitgenossenschaft, wenn nur ein Streitgenosse durch einen Schiedsvertrag bzw. durch eine schiedsgerichtliche Vereinbarung gebunden ist. Schließlich ist beispielsweise eine Vollstreckungsabwehrklage vor Schiedsgerichten nicht möglich, und die Vollstreckbarkeitserklärung eines Schiedsspruches bedarf wiederum eines gesonderten, in der ZPO geregelten Verfahrens, was oft zu Unsicherheiten bei den Parteien führt.

Auch bestehen schwer wegzudiskutierende Vorurteile hinsichtlich außergerichtlicher Verfahren. Es besteht der Verdacht, dass mit Mediations-, Schlichtungs- oder schiedsgerichtlichen Verfahren bindende Entscheidungen hinausgezögert werden bzw. dass die Probleme dort nur »zerredet« werden. Bei den zuletzt angesprochenen Phänomenen handelt es sich jedoch um Probleme, die sowohl bei alternativen Methoden der außergerichtlichen Streitbeilegung als auch bei Gerichtsverfahren auftreten und insofern für die außergerichtliche Streitbeilegung nicht typisch sind. Als Hemmschuh in der Praxis hat sich erwiesen, dass bisher die außergerichtliche Streitbeilegung bzw. alternative Verfahren zur Streitbeilegung dem deutschen Rechtssystem nicht so vertraut waren und sich die Beteiligten – so auch Anwälte – oft nicht auf sicherem Boden fühlen.

Richtig eingesetzt handelt es sich sowohl bei der Schlichtung als auch beim Schiedsgerichtsverfahren um insbesondere in Baustreitigkeiten taugliche Instrumente zur Verfahrensbeschleunigung, zur Versachlichung, zur Wahrung der Vertraulichkeit, zur Entscheidung mit bautechnischem und baurechtlichem Sachverstand, zur Eingrenzung von Kosten und Verfahrensdauer und zur Vermeidung von kostenaufwendigem Stillstand am Bau.

Das Verfahren ist in den meisten existierenden schiedsgerichtlichen Verfahrensordnungen dem ordentlichen Gerichtsverfahren nachgebildet und inzwischen auch zivilprozessual in den §§ 1025–1065 ZPO eingehend und ausführlich geregelt. Auf die einschlägige Kommentierung wird verwiesen.

Schiedsgerichtsordnungen verschiedener Anbieter haben das Prozessrecht verfeinert und speziell auf die Erfordernisse einer baurechtlichen Auseinandersetzung zugeschnitten. Hier empfiehlt es sich, sich bereits bei Bauvertragsabschluss auf eine Verfahrensordnung festzulegen, nach der dann im Streitfalle verfahren werden kann. Dies gibt allen Parteien von Anfang an Sicherheit bei Durchführung eines schiedsgerichtlichen Verfahrens, da eine Richtschnur existiert, an der man sich bei Durchführung des Verfahrens orientieren kann. Von der Benennung des oder der Schiedsrichter über die Einleitung des schiedsgerichtlichen Verfahrens bis zur Einbeziehung von Sachverständigen und Dritten ist hier praxiserprobt alles im Einzelnen geregelt.

b) Muster Schiedsgerichtsvereinbarung

Zwischen

..... (Auftraggeber)

und

..... (Auftragnehmer)

wird folgende

Schiedsgerichtsvereinbarung

getroffen.

I. Ausschluss des ordentlichen Rechtswegs

Alle Streitigkeiten zwischen Auftraggeber und Auftragnehmer im Zusammenhang mit dem Bauvertrag/Subunternehmervertrag/Generalunternehmervertrag vom ..... sollen unter Ausschluss des ordentlichen Rechtswegs durch ein Schiedsgericht (auf Grundlage der Schiedsgerichtsordnung .....) entschieden werden (beide Parteien vereinbaren, dass die Schiedsgerichtsordnung ..... Bestandteil der Schiedsgerichtsvereinbarung ist und dieser Vereinbarung zu Grunde liegt).

II. Schiedsrichter

1.) Für das Schiedsgerichtsverfahren wird ein Einzelschiedsgericht vereinbart.

Übersteigt der Streitwert den Betrag in Höhe von 500.000,00 €, so ist ein Dreierschiedsgericht (auf Grundlage der Schiedsgerichtsordnung .....) zu bilden.

2.) Als Einzelschiedsrichter wird Rechtsanwalt ..... benannt.

3.) Der Schiedsrichter hat sich mit Schreiben vom ..... bereit erklärt, das Schiedsrichteramt anzunehmen.

III. Schiedsrichterauftrag/Schiedsrichtervollmacht

1.) Beide Parteien beauftragen den Schiedsrichter, im schiedsgerichtlichen Verfahren tätig zu werden.

2.) Beide Parteien bevollmächtigen den Schiedsrichter, zur Beweisaufnahme Sachverständigen und Zeugen hinzuzuziehen und Gutachten bzw. Auskünfte einzuholen.

IV. Pflichten des Schiedsrichters

Der Schiedsrichter verpflichtet sich, gegenüber den Parteien zur Unparteilichkeit, Unabhängigkeit und umfassender Verschwiegenheit sowie zügiger Verfahrensabwicklung.

Der Schiedsrichter verpflichtet sich weiter, den Parteien sofort nach Beauftragung mitzuteilen, wenn er sein Amt nicht oder nicht sofort ausüben kann.

Der Schiedsrichter verpflichtet sich, beabsichtigte Maßnahmen und deren voraussichtliche Kosten – insbesondere im isolierten Beweisverfahren – mit den Parteien vorab zu besprechen und sie über die Kosten zu informieren.

V. Haftung des Schiedsrichters

Der Schiedsrichter haftet wie ein staatlicher Richter.

VI. Verfahren

1.) Auf das Schiedsgerichtsverfahren finden die Vorschriften des 10. Buchs der Zivilprozessordnung Anwendung, soweit die Parteien nicht nachfolgend etwas anderes vereinbaren.

2.) Ort des Schiedsgerichtsverfahrens gemäß § 1043 ZPO ist ..... .

3.) Im isolierten Beweisverfahren getroffene tatsächliche Feststellungen sind gemäß §§ 412, 493 ZPO bindend.

4.) Mit dem Zugang des Antrags auf Einleitung des isolierten Beweissicherungsverfahrens beim Schiedsgericht bzw. Antrag auf Durchführung eines schiedsgerichtlichen Verfahrens wird die Verjährung gehemmt.

VII. Einbeziehung Dritter

1.) Der Auftragnehmer wird, soweit dies sachgerecht und er hierzu tatsächlich und rechtlich in der Lage ist, seine Nachunternehmer verpflichten, sich ebenfalls dieser Schiedsgerichtsvereinbarung zu unterwerfen. Für den Fall der Streitverkündung sind sie zu verpflichten, dem Verfahren mit allen Interventionswirkungen nach § 68 ZPO beizutreten. Der Nachunternehmer soll diese Verpflichtung auch seinen Nachunternehmern mit der Verpflichtung zur Weitergabe auferlegen.

2.) Der Auftraggeber wird auch die sonstigen Baubeteiligten, soweit dies sachgerecht und tatsächlich rechtlich möglich ist, in diese Vereinbarung einbeziehen. Er soll wiederum jedem der sonstigen Baubeteiligten auferlegen, deren Nachunternehmer gemäß Absatz 1 in diese Vereinbarung einzubeziehen.

3.) Soweit für die Einbeziehung Dritter die Zustimmung der jeweils anderen Partei dieser Vereinbarung erforderlich ist, wird diese erteilt.

VIII. Vergütung des Schiedsrichters und Verfahrenskosten

1.) Die Vergütung des Schiedsrichters berechnet sich nach Zeitaufwand. Der Stundensatz beträgt ..... € pro Stunde zzgl. Mehrwertsteuer in gesetzlicher Höhe.

2.) Die Parteien tragen alle notwendigen Auslagen des Schiedsrichters sowie die durch Anhörung von sachkundigen Personen und Sachverständigen, die Einholung von Gutachten und sonstigen Auskünften entstehenden Kosten zu gleichen Teilen. Der Schiedsrichter wird auf Kosten und für Rechnung der Parteien tätig.

3.) Der Schiedsrichter kann in jedem Stadium des Verfahrens angemessene Vorschüsse anfordern. Für die Kosten haften die Parteien gegenüber dem Schiedsrichter als Gesamtschuldner.

4.) Der Nachweis der angefallenen Stunden erfolgt durch Zeitaufschrieb des Schiedsrichters/ Schiedsgerichts.

IX. Schriftform

Nebenabreden zu dieser Schiedsgerichtsvereinbarung bestehen nicht. Die Aufhebung oder Änderung der Schiedsgerichtsvereinbarung bedarf genauso der Schriftform, wie die Änderung oder Aufhebung dieser Formvorschrift.

X. Teilnichtigkeit

Sollte eine Regelung dieser Schiedsgerichtsvereinbarung nichtig sein oder werden, so tritt an diese Stelle eine Klausel, die dem Parteiwillen am Nächsten kommt. Beide Parteien verpflichten sich, möglichst die Gültigkeit der Schiedsgerichtsvereinbarung zu gewährleisten.

....., den .....

....

Auftraggeber   Auftragnehmer

c) Erläuterungen

Zu I. Ausschluss des ordentlichen Rechtswegs. 80

Größte Genauigkeit ist erforderlich. Der Vertrag muss unmissverständlich und eindeutig bezeichnet werden, damit der Gegenstand des Schiedsgerichtsverfahrens und die vertragliche Grundlage eindeutig definiert sind. Wurde der Bauvertrag nur mündlich geschlossen, so ist der Vertragsgegenstand so genau wie möglich zu bezeichnen.

Die Parteien sollten sich unbedingt auf eine Schiedsgerichtsordnung einigen, da eine solche Schiedsgerichtsordnung Verfahrensregelungen enthält, die zum einen die ZPO ergänzen und auf das konkrete Fachgebiet – hier Werkvertragsrecht – zuschneiden, zum anderen den Parteien von Anfang an Verfahrenssicherheit geben.

Für Baubeteiligte haben sich in den letzten Jahren von unterschiedlichen Anbietern entwickelte Schiedsgerichtsordnungen herausgebildet, die zum einen praxiserprobt sind, zum anderen sich speziell für Streitigkeiten auf dem Gebiet des Baurechts eignen. Hier seien exemplarisch – ohne Anspruch auf Vollständigkeit – einige benannt:

– Schiedsgerichtsordnung für das Bauwesen (einschließlich Anlagenbau) (SGO Bau) des Deutschen Beton- und Bautechnikverein e.V. und der Deutschen Gesellschaft für Baurecht e.V.
– Schiedsgerichtsordnung für Baustreitigkeiten (SO-Bau) der Arbeitsgemeinschaft für Bau- und Immobilienrecht im Deutschen Anwaltverein (ARGE Baurecht)
– Schiedsgerichtsordnung der Deutschen Institution für Schiedsgerichtsbarkeit e.V. (DIS)

Wird in einer Schiedsgerichtsvereinbarung auf eine Schiedsgerichtsordnung Bezug genommen, so ist genau darauf zu achten, dass sich die Regelungen der Schiedsgerichtsvereinbarung nicht mit der zu Grunde liegenden Schiedsgerichtsordnung widersprechen. Auch hier gibt es von den Verfassern der Schiedsgerichtsordnungen zumeist Formulierungsvorschläge für Schiedsgerichtsvereinbarungen, die dann auch zu Grunde gelegt werden sollten.

Zu II. Schiedsrichter. 81

In der Schiedsgerichtsbarkeit hat sich eine unterschiedliche Besetzung der Schiedsgerichte je nach »Streitwert des Verfahrens« eingebürgert. Dies ist auch sinnvoll, um der steigenden Verantwortung der Schiedsrichter bei wirtschaftlich erheblichen Streitwerten Rechnung zu tragen. Genaueres regeln die Schiedsgerichtsordnungen, die speziell auf das Schiedsgerichtsverfahren in Bausachen zugeschnitten sind.

Es empfiehlt sich, in einer Schiedsgerichtsvereinbarung vorab den Einzelschiedsrichter festzulegen. Dieser steht dann von Anfang an für ein mögliches schiedsgerichtliches Verfahren zur Verfügung, und es kann nicht mehr Streit über die Person des Schiedsrichters bestehen, obwohl unter den Parteien vielleicht alle anderen Punkte streitig sind. Was die Auswahl eines geeigneten Schiedsrichters betrifft, so ist bei im Wesentlichen bautechnischen Streitfragen grundsätzlich ein Sachverständiger hierfür geeignet – wenn es um eine Gemengelage aus rechtlichen und bautechnischen Problemen oder um schwerpunktmäßig juristische Probleme geht, sollte ein Rechtsanwalt mit der schiedsgerichtlichen Tätigkeit betraut werden. Hierbei sollte darauf geachtet werden, dass der Rechtsanwalt in schiedsgerichtlichen Verfahren erfahren ist – am besten noch eine besondere Fortbildung zum Schiedsrichter vorweisen kann. Beispielsweise existiert bei der ARGE-Baurecht im Deutschen Anwaltsverein e.V. eine Liste mit ausgebildeten Schlichtern und Schiedsrichtern, die nach OLG-Bezirken geordnet ist, so dass für jede Region in Deutschland ein geeigneter Schiedsrichter bestimmt werden kann.

Im Übrigen bestimmt sich die Bestellung eines Schiedsrichters – wenn nicht anders vereinbart – nach § 1035 ZPO.

82 **Zu IV. Pflichten des Schiedsrichters.**

Das sogenannte isolierte Beweisverfahren ist in der SO-Bau vorgesehen. Auf Antrag der Parteien gegenüber dem Schiedsgericht wird die Möglichkeit gegeben, baubegleitend den Schiedsrichter mit der Durchführung eines isolierten Beweisverfahrens zu beauftragen und somit Beweissicherung zu betreiben. Für das spätere oder parallele Schiedsgerichtsverfahren sind die dortigen Feststellungen gem. §§ 412, 493 ZPO bindend. Alles Nähere zu diesem speziellen Verfahren kann der SO-Bau entnommen werden.

83 **Zu VI. Verfahren.**

Das schiedsgerichtliche Verfahren ist letztlich nichts anderes als ein Verfahren entsprechend den Regeln der Zivilprozessordnung mit Klage und Klageerwiderung. Es haben sich lediglich einige Sonderregeln herausgebildet. Gerade im schiedsgerichtlichen Verfahren kommt der Regel des § 139 ZPO in entsprechender Anwendung besondere Bedeutung zu – das Schiedsgericht hat das Streitverhältnis umfassend zu erörtern, Klärungsbedarf zu beseitigen, auf rechtzeitige und geeignete Erklärung der Parteien hinzuwirken und unvollständige Angaben erforderlichenfalls zu ergänzen. Auch besteht im schiedsgerichtlichen Verfahren die Hinweispflicht des Schiedsgerichtes. Die Verfahrensbeendigung erfolgt entweder durch den Abschluss eines Vergleiches im Sinne des § 1053 ZPO oder – wenn die Parteien dies beantragen – mit einem Schiedsspruch mit vereinbarten Wortlaut gem. § 1053 Abs. 2 ZPO. Hinsichtlich der Aufhebung, Anerkennung und Vollstreckung eines Schiedsspruches wird auf §§ 1059 ff. ZPO verwiesen.

Die Anrufung des Schiedsgerichtes ist geeignet, den Eintritt der Verjährung mit Erhebung der Schiedsklage zu hemmen (§ 204 Abs. 1 Nr. 11 i.V.m. § 1044 BGB). Dies gilt auch für die Einleitung eines isolierten Beweisverfahrens entsprechend § 204 Abs. 1 Nr. 8 BGB. Für die Vollstreckung von Schiedssprüchen gelten die §§ 1060 ff. ZPO.

Auch der Ort eines Schiedsgerichtsverfahrens sollte vorab festgelegt werden – je mehr Verfahrenseckpunkte im Vorhinein festgelegt sind, desto eher wird vermieden, dass Formalien dazu benutzt werden, das schiedsgerichtliche Verfahren zu behindern. Fehlt es an einer Vereinbarung des Ortes für ein schiedsgerichtliches Verfahren, so richtet sich dessen Bestimmung nach § 1043 Abs. 1 und 2 ZPO.

10. Adjudikationsverfahren   D.

Zu VII. Einbeziehung Dritter.   84

Eine Abrechnungsregelung für die Tätigkeit im schiedsgerichtlichen Verfahren findet sich in der Gebührenordnung in § 36 RVG. Zur weitgehenden Vermeidung von Auseinandersetzungen ist eine Gebührenvereinbarung unter den Parteien ratsam. Auch hier wird man auf die Vereinbarung eines angemessenen Zeithonorars zurückgreifen, um zum Einen qualifizierte Schiedsrichter gewinnen zu können und zum Anderen einer schiedsgerichtlichen Vereinbarung ein gewisses zeitliches Korsett zu geben.

10. Adjudikationsverfahren

a) Vorbemerkung

In England hat sich in Bausachen seit mehr als 10 Jahren im Rechtssystem das Modell der »Adjudication« etabliert, welches nach dem dortigen Recht zwingend einem Gerichtsverfahren vorgeschaltet wird, wenn eine Partei dies wünscht. Die Adjudication ist ein summarisches Verfahren zur außergerichtlichen Lösung einer Baustreitigkeit, welches innerhalb eines engen Zeitgerüstes durchgeführt wird. Ein unparteischer Dritter – der Adjudikator – ist mit Amtsermittlungsbefugnissen ausgestattet und leitet das Verfahren unter Beachtung der Verfahrensrechte der Parteien. Er schließt – sofern keine gütliche Einigung zustande kommt – das Verfahren mit einer die Parteien zumindest vorläufig schuldrechtlich bindenden Entscheidung ab. Endgültig bindend wird die Entscheidung durch Vereinbarung der Parteien oder wenn diese nicht innerhalb einer bestimmten Frist »Einspruch« einlegen (siehe Schulze-Hagen, Plädoyer für die Adjudication in Deutschland, BauR 2007, 1950).   85

Nach einer lebhaften Diskussion unter Baurechtlern hat am 14.06.2008 der zweite Deutsche Baugerichtstag einstimmig eine gesetzliche Regelung zum sogenannten Adjudication-Verfahren empfohlen. Der Vorschlag des Deutschen Baugerichtstages sieht vor, dass das Verfahren außerhalb des Verbraucherbereiches für die Parteien zwingend sein soll, so dass sich die eine Partei auf Antrag der anderen Partei einem solchen Verfahren nicht entziehen kann. Es bleibt abzuwarten, ob der Deutsche Gesetzgeber dieser Empfehlung folgt. Solange eine gesetzliche Regelung aussteht, gibt es Bestrebungen, das Modell der »Adjudication« in vertraglicher Form als vorläufige, baubegleitende Streitentscheidung über »Dispute Adjudication Boards« zu etablieren (siehe Boldt, Vorläufige baubegleitende Streitentscheidung/Dispute Adjudication Boards in Deutschland).

Anlässlich des dritten Deutschen Baugerichtstages am 07./08.05.2010 wurden Empfehlungen an den Gesetzgeber herausgegeben. Im Rahmen des verfassungsrechtlichen Zulässigen sollte das Adjudikationsverfahren gesetzlich geregelt werden – möglichst in einem künftigen, gesetzlichen Bauvertragsrecht. Hierbei wurden die Maßgaben entwickelt, dass das Adjudikationsverfahren jederzeit bei Streitigkeiten aus Bau- und Architektenverträgen sowie aus Ingenieurverträgen anwendbar sein soll. Die Einleitung soll auf Antrag einer Partei erfolgen, wobei rechtliches Gehör zu gewähren ist. Der Adjudikator soll berechtigt sein, Maßnahmen zur Aufklärung des Sachverhaltes zu ergreifen – so zum Beispiel die Anordnung der Vorlage von Dokumenten. Es findet regelmäßig eine mündliche Verhandlung und ein Ortstermin statt. Die Entscheidung des Adjudikators soll vorläufig bindend sein, wobei der Adjudikator auf Antrag Sicherheitsleistung nach billigem Ermessen anordnen kann. Die Entscheidung des Adjudikators soll durch eine (Schieds-)Gerichtsentscheidung auflösbar sein (Abschlussverfahren). Die Kosten des Verfahrens sollen nach Obsiegen und Unterliegen gequotelt werden – eigene Kosten soll jede Partei selbst tragen. Der Adjudikator ist im Verfahren eine grundsätzlich ad hoc zu bestellende Einzelperson – mit Zustimmung der Parteien kann jedoch ein Co-Adjudikator hinzugezogen werden. Die Parteien können auch von vorneherein ein Gremium vereinbaren. Die Haftung des Adjudikators soll der Regelung des § 839a BGB entsprechen.

von Pezold

Der Deutsche Baugerichtstag hat flankierend in der ZPO ein Vollstreckungsanerkennungsverfahren empfohlen. Danach dürfe die Entscheidung des Adjudikators nur für vollstreckbar erklärt werden, wenn sich bei summarischer Prüfung keine offenbare Unrichtigkeit oder Unbilligkeit ergibt. Die Vollstreckbarkeit soll im Übrigen grundsätzlich nur gegen Sicherheitsleistung ausgesprochen werden. Weiter wurde als flankierende Regelung in der ZPO empfohlen, dass die Bindungswirkung offenbar unrichtiger oder unbilliger Entscheidungen in einem gerichtlichen Eilverfahren aufgehoben werden kann. Dem Gesetzgeber wird weiter empfohlen, das einstweilige Verfügungsverfahren gemäß § 925 ff. ZPO für bauwerkvertragliche Streitigkeiten weiterzuentwickeln (sog. Bauverfügung). In diesem Zusammenhang soll das Verbot der Vorwegnahme der Hauptsache für Streitigkeiten in Bauvertragssachen vor der Abnahme wegfallen. Regelungsbedarf wird bei der Definition der »wesentlichen Erschwerung« der Verwirklichung des Rechtes einer Partei in § 935 ZPO gesehen. Sie soll insbesondere im Falle eines Streits über die vereinbarte Ausführungsart einschließlich der Beseitigung behaupteter Mängel und eines Streits über die Vergütung behaupteter Nachtragsaufträge vorliegen. Was die Mindestqualifikationsanforderungen an einen Adjudikator betrifft, so soll neben nachgewiesener persönlicher Eignung ein überprüftes Fachwissen verlangt werden. Zur Erlangung der Qualifikationsanforderung soll es detaillierte Regelungen zur Adjudikatorenausbildung sowie ein Bestellungs- und Benennungsverfahren geben. Schließlich empfiehlt der Deutsche Baugerichtstag eine gemeinsame Adjudikationsordnung zur vertraglichen Vereinbarung nach Maßgabe der vorgeschlagenen gesetzlichen Regelung, soweit anwendbar, zu entwickeln. Schließlich sind die mit der Adjudikation beschäftigten Institutionen und die vorhandenen Regelwerke (AO-Bau/Entwurf, SL Bau, DIS-SchGO, u.a.) einzubeziehen. Auch wird empfohlen, kostenrelevante Regelungen zur Förderung außergerichtlicher Streitbeilegung zu schaffen.

Durch die lebhafte Diskussion unter Juristen wurden verschiedentliche Vorschläge erarbeitet, der Adjudikation in Deutschland eine Verfahrensordnung zu geben, die jedoch der Vereinbarung unter den Parteien bedarf. Hier ist vorrangig Rechtsanwältin Antje Boldt zu nennen, die in ihrem Buch »Vorläufige baubegleitende Streitentscheidung/Dispute Adjudication Boards in Deutschland« bereits Vorschläge für eine Parteivereinbarung für eine Verfahrensordnung bei Durchführung »Adjudication« unterbreitet. Aktuell setzen sich Rechtsanwalt Moritz Lemke (Hamburg) und Dipl.-Ing. Matthias Sundermeier (Dortmund) mit dem Thema auseinander und haben eine Adjudicationsordnung für Baustreitigkeiten im Einzelnen erarbeitet und kommentiert (BauR 2009, 741). Hiernach war es Anspruch der Verfasser, ein fertig bereitliegendes Regelungsmuster zur Praxisanwendung in der Bauwirtschaft zu formulieren, dass es den Bauvertragsparteien erlaubt, ihre Vertragswerke z.B. im Sinne des § 18 Nr. 3 VOB/B um adäquate Adjudikationsbestimmungen zu ergänzen, ohne diese umfassend individuell ausarbeiten zu müssen. »Gleichzeitig handele es sich bei der von ihnen entwickelten AO-Bau um eine Betaversion, deren Einzelregelung ausdrücklich zur Diskussion in der interessierten Fachöffentlichkeit gestellt werden und somit einen Beitrag für die weitere Etablierung des Adjudikationsmodells als innovatives und leistungsfähiges Verfahren zur außergerichtlichen Konfliktbewältigung leisten sollen«.

Bisher liegt die Verfahrensordnung der Deutschen Institution für Schiedsgerichtsbarkeit (DIS) e.V. für Adjudikation, gültig ab dem 01.07.2010, sowie die Streitlösungsordnung für das Bauwesen (SL Bau) der Deutschen Gesellschaft für Baurecht e.V. bzw. des Deutschen Beton- und Bautechnikverein e.V. vom 01.01.2010 mit Verfahrensordnungen für die Adjudikation – neben dem angesprochenen Entwurf einer AO-Bau – vor.

Die vorzitierten Bemühungen der Verfasser sind allesamt dankenswert und bringen die Diskussion auf den Weg hin zu einer Verankerung der Adjudikation ins deutsche Rechtssystem voran – sie können jedoch die Bemühungen, die Adjudikation in der ZPO systematisch und gesetzlich zu verankern, nicht ersetzen. Dies insbesondere deshalb nicht, da anderweitige Initiativen – beispielsweise die Einführung der SO-Bau durch die ARGE Baurecht – gezeigt haben, dass wesentlich für den Erfolg eines neuen Verfahrens zur außergerichtlichen Streitbeilegung die Marktakzeptanz ist. Der SO-Bau ist – trotz verfahrens- und kostenmäßiger Vorteile – der Erfolg am Markt bisher verwehrt verblieben, da die Baupraxis – so insbesondere der Mittelstand – mehr auf staatliche Urteile vertraute, als auf einer privatautonom vereinbarten, außergerichtlichen Möglichkeit der Einigung. Hier bestanden und bestehen noch heute Vorbehalte gegenüber der Person des Schlichters bzw. Schiedsrichters und der Rechtssicherheit im Verfahren bzw. Vollstreckungsfähigkeit der Titel – auch wenn diese tatsächlich nicht gerechtfertigt sein mögen.

Die Adjudikation wird nur dann Erfolg haben, wenn es gelingt, sie im deutschen Rechtssystem als Teil des ordentlichen Verfahrens zu etablieren, wenn die Adjudikatoren auf Grund von Ausbildung und Praxisbezug genügend Autorität haben und wenn die Verfahrensordnung bzw. die Regelungen in der ZPO so durchschaubar und einfach sind, dass die Baubeteiligten diese als reguläre Verfahrensstufe zur Anspruchsdurchsetzung akzeptieren.

Dabei ist die Adjudikation gerade für Baustreitigkeiten ein speziell zugeschnittenes, sehr flexibles Einigungsinstrument, welches ad hoc – einen aktuellen Streitgegenstand betreffend – vereinbart werden kann, aber auch baubegleitend über ein ganzes Bauvorhaben. Der Vorteil einer projektbegleitenden Adjudikation liegt darin, dass der Adjudikator bzw. die Adjudikatoren (als sogenanntes Dispute Adjudication Board [DAB]) das gesamte Bauvorhaben von Anfang an begleiten und bei aufkommenden Streitigkeiten während der Bauphase keine Einarbeitungszeit benötigen. Zudem können sie frühzeitig Konflikten begegnen und hierbei auf Besonderheiten bei den Parteien und auch bezüglich des Streitgegenstandes berücksichtigen. Der Baufortschritt wird durch eine schnelle Streitbeilegung nicht behindert. Zwar ist mit der Einrichtung einer projektbegleitenden Adjudikation finanzieller Aufwand verbunden – gerade jedoch bei bautechnisch komplexen oder sehr umfangreichen Bauvorhaben kann es Sinn machen, die Adjudikation baubegleitend einzusetzen, so dass man während der Baudurchführung hinsichtlich auftretender Streitpunkte zur schnellen und zumindest vorläufigen Entscheidung eines neutralen Adjudikators kommt, der das Projekt von Anfang an kennt.

Dispute Adjudication Boards sind – vor allem wegen der Grundvergütung der Adjudikatoren – mit gewissen Kosten verbunden. Hier kommen vor allem bei Großprojekten in Frage, soweit bei ihnen bereits bei Projektbeginn vorauszusehen ist, dass es eine gewisse Anzahl an Konflikten während der Projektabwicklung geben wird, die bilateral nicht (schnell) gelöst werden können, die im Interesse des Projekts aber möglichst schnell beigelegt werden müssen. Dies erklärt auch den bisherigen Hauptanwendungsbereich von DABs bei großen Infrastrukturprojekten (Walz, Das ADR-Formularbuch, Kapitel 27, Rn. 103).

Was die Adjudikation als privatautonome Vereinbarung zwischen den Parteien betrifft, so hält es der Verfasser für sinnvoll, wenn in kleineren bis mittleren Bauprojekten das Verfahren der privatautonomen Adjudikation mit dem Verfahren der Schlichtung nach der SO-Bau und anderen Mediationsverfahren im Baurecht zusammengeführt, einheitlich benannt und einheitlich geregelt wird. Ausnahmsweise tut hier Vielfalt nicht gut, sondern die einzelnen, entwickelten privatautonomen außergerichtlichen Mediations- und Schlichtungs- bzw. Adjudikationsverfahren stehen sich gegenseitig im Licht. Hier belebt nicht Konkurrenz das Geschäft, sondern hier schließt die Konkurrenz eine Marktakzeptanz aus.

Wenn es gelingen würde, die Adjudikation – genauso wie im englischen Rechtssystem – in das deutsche Rechtssystem zu implementieren – und zwar in der Zivilprozessordnung als notwendiger obligatorische Verfahrensschritt vor der gerichtlichen Geltendmachung baurechtlicher Ansprüche, so müssen die Adjudikatoren auch über entsprechende Qualifikationen verfügen. Hierbei genügt es nicht, reine Baufachleute und Sachverständige mit dem Amt zu betrauen, da neben bautechnischen Problemen nicht nur diese herausgearbeitet werden müssen – sie müssen auch rechtlich bewertet werden, um letztlich eine Entscheidungsgrundlage im Adjudikationsverfahren herauszuarbeiten, um zumindest eine vorläufig schuldrechtlich bindende Entscheidung zu finden, die dann auch später – zumindest in den Grundzügen – einer rechtlichen Überprüfung durch ein etwaig später angerufenes Gericht stand hält. Der Adjudikator sollte – genauso wie im englischen Rechtssystem – mit Amtsermittlungsbefugnissen ausgestattet sein.

Hierdurch engt sich der Kreis möglicher Adjudikatoren im Wesentlichen auf Volljuristen ein – dies müssen keine entsprechend befähigten Richter sein – dies können auch geeignete und fachlich spezialisierte Rechtsanwälte sein – so zum Beispiel Fachanwälte für Bau- und Architektenrecht bzw. Schlichter- und Schiedsrichter nach der SO-Bau. Bausachverständige wären zum Einen als Adjudikatoren mit der rechtlichen Einordnung der bautechnischen Sachverhalte überfordert – ihnen würde es zudem unter Umständen bei den Adressaten einer vorläufig bindenden Entscheidung auch an Autorität und Akzeptanz mangeln, da sie über keine juristische Vorbildung verfügen. Man könnte allenfalls darüber nachdenken, bei größeren Streitwerten dem Adjudikator – genauso wie bei der Schlichtung und Schiedsgerichtsbarkeit nach der SO-Bau – »Beisitzer« an die Hand zu geben, die dann durchaus Bausachverständige sein könnten. Auch dies müsste dann entsprechend in der ZPO verankert werden.

Kaum einer wird auf einen baurechtlichen Mandanten treffen, der nicht schon schlechte Erfahrung mit Verfahren in Bausachen vor ordentlichen Gerichten gemacht hat. Meistens sind die Verfahrensdauer und die Verfahrenskosten geeignet, jeden vernünftigen Baubeteiligten von zukünftigen Prozessen abzuhalten. Der Verfasser geht daher davon aus, dass es durchaus möglich ist, ein in der Zivilprozessordnung verankertes und der gerichtlichen Geltendmachung der Ansprüche vorgeschaltetes und verpflichtendes Adjudikationsverfahren bei den Beteiligten durchzusetzen, so dass es Teil der deutschen Rechtskultur werden könnte. Nur dann wird es sich bei den Baubeteiligten auch etablieren.

Inwieweit die Adjudikation in das deutsche Rechtssystem einpassen lassen wird, hängt nicht zuletzt auch davon ab, wie man diese mit unserer Verfassung in Einklang bringt. So hat man zwischenzeitlich im Bundesjustizministerium Bedenken gegen die Adjudikation, da die angeblich gegen den Justizgewährleistungsanspruch verstößt. Diese Einschätzung stützt sich auf das Rechtsgutachten zur verfassungsrechtlichen Zulässigkeit der Adjudikation in Bausachen des Prof. em. Dr. Dres. H.c. Hans-Jürgen Papier aus dem Mai 2013, welches der ehemalige Verfassungsrichter im Auftrag für die Fördergemeinschaft Adjudikationsgutachten erstellt hat (Papier, Rechtsgutachten zur verfassungsrechtlichen Zulässigkeit der Adjudikation in Bausachen, erstellt für die Fördergemeinschaft Adjudikationsgutachten im Mai 2013).

Seitens des Gesetzgebers wurde daher alternativ – um jegliche verfassungsrechtlichen Probleme zu vermeiden – ein neues Bauvertragsrecht mit einer »Bauverfügung« ins Gespräch gebracht. Dieses »neue Baurecht« ist zwischenzeitlich beschlossen und tritt zum 01.01.2018 in Kraft. Die ursprünglich von der Arbeitsgruppe Bauvertragsrecht vorgesehene »Bauverfügung« (Abschlussbericht S. 28 ff.) wurde abgelehnt. Im Ergebnis soll aber durch die Dringlichkeitsvermutung derselbe Effekt mit der einstweiligen Verfügung erzielt werden (Anordnungsrecht des Bestellers, § 650b BGB).

b) Muster Adjudikationsvereinbarung

86 Vereinbarung über die Durchführung eines Adjudikationsverfahrens zur Beilegung auftretender Streitigkeiten

zwischen

der/dem .....

(vollständiger Name, Vertretung, Adresse)

und

der/dem .....

(vollständiger Name, Vertretung, Adresse)

10. Adjudikationsverfahren

I. Vorbemerkung und maßgebliche Verfahrensordnung

Die Parteien vereinbaren hiermit, zur Beilegung von Streitigkeiten entsprechend Ziffer II dieser Vereinbarung ein (baubegleitendes) Adjudikationsverfahren nach der ..... Verfahrensordnung durchzuführen. Die ..... Verfahrensordnung in der derzeit gültigen und für die Vereinbarung maßgeblichen Fassung ist beigefügt und wird Vertragsbestandteil.

II. Gegenstand der Adjudikationsvereinbarung

Das Adjudikationsverfahren wird bei allen Streitigkeiten zwischen den Parteien im Zusammenhang mit dem Bauvertrag vom ....., betreffend das Bauvorhaben ..... durchgeführt.

III. Auswahl des Adjudikators/der Adjudikatoren

1) Die Parteien vereinbaren die Beauftragung von ..... als Einzeladjudikator
2) Dieser hat gemäß Adjudikatorendienstvertrag vom ..... seine Bereitschaft zur Übernahme des Amtes als Einzeladjudikator verbindlich erklärt. Auf den Adjudikatorendienstvertrag vom ..... wird ausdrücklich Bezug genommen – diese ist ebenfalls der Vereinbarung beigefügt und wird Bestandteil der Vereinbarung.

IV. Gerichtsverfahren und Verjährung der Ansprüche

1. Mit der Anrufung des Adjudikators wird die Verjährung der geltend gemachten Ansprüche bis zur Verfahrensbeendigung gehemmt.
2. Ferner vereinbaren die Parteien, dass während der Durchführung der Adjudikation bis zu deren Beendigung auf die Anrufung eines ordentlichen Gerichtes oder Schiedsgerichtes verzichtet wird. Ausgenommen hiervon sind Arrest (§§ 916 ff. ZPO), Einstweilige Verfügung (§§ 935 ff. ZPO) und das selbstständige Beweisverfahren (§§ 485 ff. ZPO).
3. Die Parteien vereinbaren weiter, dass laufende Gerichtsverfahren in Bezug auf die Streitigkeit, die Gegenstand der Adjudikation ist, während der Dauer der Adjudikation nicht weiter betrieben werden.

V. Benennung als Zeuge und Sachverständiger

Die Parteien vereinbaren, soweit Gegenstände der Adjudikation betroffen sind, den Adjudikator nicht als Zeugen oder Sachverständigen zu benennen.

VI. Adjudikationsentscheidung und ihre Wirkungen

Die Parteien erklären ausdrücklich, die diesbezüglichen Regelungen in der für verbindlich erklärten ..... Verfahrensordnung zur Kenntnis genommen zu haben.

VII. Anwaltsvergleich

Für den Fall, dass die Parteien anwaltlich vertreten sind, sollen sie eine streitbeendende Vereinbarung in der Form eines vollstreckbaren Anwaltsvergleiches (§ 796a ZPO) treffen.

VIII. Beendigung/Scheitern der Adjudikation

Für den Fall des Widerspruchs einer Partei gegen eine Adjudikationsentscheidung oder Beendigung des Adjudikationsverfahrens ohne Adjudikationsentscheidung vereinbaren die Parteien die umgehende Einleitung eines Schiedsgerichtsverfahrens nach der Schiedsgerichtsordnung ..... unter Ausschluss des ordentlichen Rechtswegs gemäß beigefügter Vereinbarung.

IX. Schlussbestimmung

Sollte eine Regelung dieser Adjudikationsvereinbarung nichtig sein oder werden, so tritt an diese Stelle eine Regelung, die dem Parteiwillen am nächsten kommt. Beide Parteien verpflichten sich, möglichst die Gültigkeit der Adjudikationsvereinbarung zu gewährleisten.

....., den .....

.....

Unterschrift

.....

Unterschrift

c) Erläuterungen

87 Zu I. »Vorbemerkung und maßgebliche Verfahrensordnung«.

Beim vorliegenden Formular wurde von der einfachsten Konstellation – von zwei Vertragsparteien – ausgegangen. Sollen Subunternehmer mit einbezogen werden, so sind diese in geeigneter Weise an die Adjudikationsvereinbarung mit zu binden bzw. mit einzubeziehen. Wesentlich ist auch die Einigung auf eine Verfahrensordnung. Die Bezugnahme auf eine Verfahrensordnung erspart einem Regelungsbedarf im Detail, weil in den Verfahrensordnungen viele Verfahrensdetails bereits geregelt sind. Zur Klarstellung ist die Verfahrensordnung dem Vertrag beizufügen und die Regelung der Verfahrensordnung zum Vertragsgegenstand zu machen. Darauf zu achten ist, dass nicht Regelungen der Adjudikationsvereinbarung der zu Grunde liegenden Verfahrensordnung widersprechen.

88 Zu II. »Gegenstand der Adjudikationsvereinbarung«.

Bei der Bezeichnung des Adjudikationsgegenstandes ist größte Sorgfalt zu verwenden. Entweder ist das Bauvorhaben so genau wie möglich zu bezeichnen oder der Bauvertrag konkret zu benennen (Vertragsdatum, Vertragsnummer, Gewerk, etc.). Durch die Anwendung besonderer Sorgfalt in diesem Punkt spart man sich später sinnlose Streitigkeiten über die Wirksamkeit der Adjudikationsvereinbarung für den streitigen Punkt. Es ist auch klarzustellen, ob die Adjudikation baubegleitend oder nur für bestimmte Streitfälle vereinbart werden soll.

89 Zu III. »Auswahl des Adjudikators/der Adjudikatoren«.

Zumeist wird es im Sinne einer schnellen Entscheidung und eines schlanken Verfahrens sinnvoll sein, einen Einzeladjudikator zu bestimmen, mit dem bereits im Vorfeld die Bereitschaft abzuklären ist, hier als Adjudikator tätig zu sein. Bei großen Streitwerten oder komplexen Bauvorhaben sowie bautechnisch umfangreichen Streitigkeiten mag auch ein Adjudikatorengremium eingesetzt werden – entsprechend den Regelungen für Schiedsgerichtsverfahren. Hier könnte man auch an Bausachverständige als mögliche Beisetzer denken. Dieses Gremium kann dann als sogenanntes Dispute Adjudication Board (DAB) fungieren.

Parallel zur Adjudikationsvereinbarung sollte bereits mit dem beabsichtigten Adjudikator, der seine Bereitschaft erklärt hat, ein Adjudikatorendienstvertrag geschlossen werden.

90 Zu IV. »Gerichtsverfahren und Verjährung der Ansprüche«.

Durch die Durchführung des Adjudikationsverfahrens dürfen den Parteien keine Rechtsnachteile – sowohl in materieller als auch in verfahrensrechtlicher Hinsicht – entstehen. Entsprechend ist während des Adjudikationsverfahrens klarzustellen, dass die Verjährung der streitgegenständlichen Ansprüche gehemmt ist – andererseits muss gewährleistet sein, dass während der Durchführung des Adjudikationsverfahrens die Parteien keine anderweitigen Verfahren zur Geltendmachung Ihrer Ansprüche einleiten bzw. weiterbetreiben.

91 Zu V. »Benennung als Zeuge und Sachverständiger«.

Um die Stellung des Adjudikators als neutraler Dritter herauszuheben, muss nicht nur gewährleistet sein, dass dieser während des Verfahrens unbefangen ist – es muss weiter gewährleistet sein, dass Kenntnisse, die der Adjudikator während des Verfahrens als Adjudikator erlangt, nicht später in einem streitigen Verfahren als Zeugenaussage in den Rechtsstreit eingeführt werden. Dies würde dazu führen, dass die Parteien im Adjudikationsverfahren Vorbehalte gegenüber einer offenen Verhandlungsführung hegen könnten, da sie befürchten müssten, später mit unter Umständen nachteiligen Zeugenaussagen konfrontiert zu werden.

Zu VI. »Adjudikationsentscheidung und ihre Wirkungen«. 92

Prozessökonomisch sinnvoll und unbedingt geboten ist die Vereinbarung einer Verbindlichkeit des Adjudikationsverfahrens und der zu Grunde gelegten Verfahrensordnung.

Zu VIII. »Beendigung/Scheitern der Adjudikation«. 93

Auch sollte gleich in der Adjudikationsvereinbarung geregelt werden, wie das Verfahren seinen Fortgang findet, wenn gegen die Adjudikationsentscheidung Widerspruch eingelegt wird oder das Adjudikationsverfahren ohne Entscheidung des Adjudikators beendet wird. Hier bietet sich die Überleitung in ein schiedsgerichtliches Verfahren an, um eine außergerichtliche Streitbeilegung trotz Scheiterns der Adjudikation zu ermöglichen (Papier, Rechtsgutachten zur verfassungsrechtlichen Zulässigkeit der Adjudikation in Bauschen, erstellt für die Fördergemeinschaft Adjudikationsgutachten im Mai 2013).

11. Adjudikatorendienstvertrag

a) Muster Adjudikationsdienstvertrag

..... 94

(nachfolgend »Adjudikator« genannt)

einerseits und

.....

vertreten durch .....

(nachfolgend »Auftraggeber« zu 1 genannt)

und

.....

vertreten durch .....

(nachfolgend »Auftragnehmer« zu 2 genannt)

(zusammen nachfolgend »Parteien« genannt)

andererseits

I Präambel

Auftraggeber und Auftragnehmer haben am ..... eine Adjudikationsvereinbarung (nachfolgend »Vereinbarung«) über den in Ziffer II der Adjudikationsvereinbarung bezeichneten Adjudikationsgegenstand getroffen. In dieser Vereinbarung ist zur Beilegung von Meinungsverschiedenheiten und Streitigkeiten die Durchführung eines Adjudikationsverfahrens nach der Verfahrensordnung ..... vereinbart. Die Verfahrensordnung in der aktuellen, für diesen Adjudikatorendienstvertrag geltenden Fassung ist in der Anlage dem Adjudikatorendienstvertrag beigefügt und wird Teil dieses Vertrages.

II Bestellung zum Adjudikator

Die Parteien sind sich darüber einig, dass Herr/Frau ..... gemäß der Vereinbarung nach der Verfahrensordnung ..... als Adjudikator tätig werden soll.

III Allgemeine Pflichten, Rechte und Erklärungen des Adjudikators

Der Adjudikator erklärt, dass er von jeder der Parteien unabhängig ist und verpflichtet sich zur Neutralität und Verschwiegenheit. Dem Adjudikator sind keine Tatsachen bekannt, die Zweifel an seiner Unparteilichkeit oder Unabhängigkeit wecken können.

Der Adjudikator erklärt, dass ihm keine Umstände bekannt sind, die zu einer nicht ausreichenden Verfügbarkeit seinerseits im Rahmen der Adjudikation führen würden. Er wird sich nach Kräften bemühen, für die Dauer dieses Vertrages eine ausreichende Verfügbarkeit sicherzustellen.

Der Adjudikator verpflichtet sich zur Erfüllung der sich für ihn aus der Adjudikationsvereinbarung der Parteien und der Verfahrensordnung ..... ergebenden Pflichten.

IV Vergütung des Adjudikators

Der Adjudikator erhält die sich aus § ..... der Verfahrensordnung ..... ergebenden Vergütung.

V Aufwendungsersatz

Der Adjudikator hat Anspruch auf Aufwendungsersatz gemäß § ..... der Verfahrensordnung ..... .

VI Anspruch auf Vorschüsse

Der Adjudikator hat Anspruch auf angemessene Vorschüsse gemäß § ..... der Verfahrensordnung ..... .

VII Vergütungsabrechnung und Nachweis von Aufwendungen des Adjudikators

Das Zeithonorar gemäß Ziffer IV des Adjudikatorendienstvertrages wird durch Zeitaufschrieb des Adjudikators abgerechnet, wobei Beginn, Art und Ende der Tätigkeit festgehalten werden. Für den Fall der Tätigkeit des Adjudikators außerhalb seiner Kanzleiräume/Geschäftsräume beginnt die Tätigkeit mit dem Zeitpunkt, an welchem der Adjudikator seine Kanzleiräume/Geschäftsräume verlässt und endet mit der Rückkehr. Aufwendungen und Auslagen des Adjudikators im Zusammenhang mit der Durchführung der Adjudikation werden nach entsprechendem Nachweis erstattet, wobei Aufwendungen erst ab einem Betrag in Höhe von ..... € durch Beifügung von Belegen nachzuweisen sind.

Die Abrechnung der Adjudikatorenvergütung erfolgt monatlich anhand eines Stundennachweises sowie unter Beifügung von Belegen.

Die Vergütung, Auslagen und Kosten werden von den Parteien zu gleichen Teilen getragen.

VIII Rechnungsstellung/Gesamtschuldnerische Haftung

Der Adjudikator stellt jeder Partei seine Ansprüche nach Ziffer IV – VII dieses Vertrages zur Hälfte in Rechnung. Sofern eine der Parteien diese Ansprüche ganz oder teilweise nicht erfüllt, haftet die andere Partei als Gesamtschuldner für diese Ansprüche.

IX Vertragslaufzeit und -beendigung

Die Laufzeit dieses Vertrages ergibt sich aus § ..... der Verfahrensordnung ..... .

Dieser Vertrag wird vorzeitig nur beendet gemäß § ..... der Verfahrensordnung ..... .

X Aktenaufbewahrung

Der Adjudikator ist nicht verpflichtet, die Akten nach Beendigung der Adjudikatorentätigkeit länger als 3 Jahre aufzubewahren.

XI Anwendbares Recht

Auf diesen Vertrag ist deutsches materielles Recht anzuwenden.

XII Streitbeilegung

Alle Streitigkeiten, die sich im Zusammenhang mit dem Adjudikatorendienstvertrag oder über seine Gültigkeit ergeben, werden nach § ..... der Verfahrensordnung ..... unter Ausschluss des ordentlichen Rechtsweges endgültig entschieden.

XIII Salvatorische Klausel

Sollte eine Regelung dieses Vertrages unwirksam sein, so berührt dies nicht die Wirksamkeit des Vertrages im Übrigen. Die unwirksame Regelung wird durch eine wirksame Regelung ersetzt, die der unwirksamen Regelung möglichst nahe kommt.

....., den .....

.....

Unterschrift Adjudikator

.....

Unterschrift Auftraggeber zu 1

.....

Unterschrift Auftragnehmer zu 2

b) Erläuterungen

Zu I »Präambel«. 95

Wichtig ist hier eine Verzahnung sowohl mit der Adjudikationsvereinbarung als auch mit der maßgeblichen, gewählten Verfahrensordnung. Hier darf zwischen Adjudikatorendienstvertrag und Adjudikationsvereinbarung kein Widerspruch auftreten. Die Regelungen der beiden Verträge und die Regelung der zu Grunde gelegten Verfahrensordnungen müssen aus einem Guss sein und sollten zu Beginn des Bauvorhabens vereinbart werden – also zu einem Zeitpunkt, wo noch Einigkeit zwischen den Vertragsparteien besteht. Diese ist meist bei auftretenden Streitigkeiten nicht mehr herzustellen und die Vereinbarung einer außergerichtlichen Streitbeilegung scheitert dann zumeist bereits an der Einigung auf eine Adjudikation unter Zugrundelegung einer bestimmten Verfahrensordnung bzw. an einer Festlegung eines beiderseits akzeptierten Adjudikators.

Zu II »Bestellung zum Adjudikator«. 96

Es sollte sich hier um zumindest einen Volljuristen handeln, dessen Autorität von beiden Parteien akzeptiert wird – der jedoch keiner der Parteien nahesteht. Bei Bauvorhaben größeren Umfangs oder bei bautechnisch komplexen Konstruktionen könnte es auch angezeigt sein, nicht nur einen Adjudikator zu bestimmen, sondern mehrere Adjudikatoren als sogenanntes Dispute Adjudication Board (DAB). In diesem Gremium können dann dem Juristen auch geeignete, für das streitgegenständliche Gewerk spezialisierte Sachverständige sitzen, die in der Sache unbefangen sind.

In dieser Ziffer soll auch geregelt werden, ob der Adjudikator baubegleitend oder nur im konkreten Streitfalle tätig sein soll. Hier sehen die meisten, bereits bestehenden Verfahrensordnungen Unterschiede in der Vergütung vor, die sich dann auch in Ziffer IV bis VII wiederspiegeln müssen.

Zu III »Allgemeine Pflichten, Rechte und Erklärungen des Adjudikators«. 97

Hier sollte zu Beginn der vertraglichen Zusammenarbeit noch einmal niedergelegt werden, dass die Parteien einen Adjudikator bestimmt haben, von dem beide ausgehen, dass er das Verfahren unabhängig begleiten kann und es sollte ebenfalls festgehalten werden, dass der Adjudikator selbst keine Gründe sieht, die ihn dem Vorwurf der Befangenheit aussetzen könnten. Auch sollte der Adjudikator versichern, zur Durchführung eines Adjudikationsverfahrens spontan bereit zu sein und auch kurzfristig genügend Zeit erübrigen zu können, um einen wesentlichen Verfahrensvorteil des Adjudikationsverfahrens zu gewährleisten – nämlich die Schnelligkeit – im Vergleich zu einem Gerichtsverfahren.

98 **Zu IV »Vergütung des Adjudikators«.**

Die Vergütung des Adjudikators oder der Adjudikatoren hat sich grundsätzlich nach den Regelungen der Bezug genommenen Verfahrensordnung zu richten. Von den dort vorgesehenen Stundensätzen sollte auch nicht abgewichen werden, um den Vorteil der Kostentransparenz beim Adjudikationsverfahren nicht zu verwässern.

99 **Zu V »Aufwendungsersatz«.**

Hier ist ebenfalls die Regelung in der vereinbarten Verfahrensordnung zu Grunde zu legen.

100 **Zu VI »Anspruch auf Vorschüsse«.**

Auch die Vorschussanforderung ist in Verfahrensordnungen niedergelegt und es ist an dieser Stelle sinnvoll, zu dokumentieren, dass das Verfahren im beiderseitigen Wunsch und Einvernehmen auf den Weg gebracht wird. Die Anforderung von Vorschüssen ist auch erforderlich, um die Verfahrenskosten auf jeden Fall abzudecken und nicht von der vorläufig bindenden Entscheidung des Adjudikators abhängig zu machen. Je nachdem, für wen die Adjudikationsentscheidung ungünstig ausfällt, ist unter Umständen dann nicht mehr bereit, sich an den Kosten zu beteiligen.

101 **Zu VII »Vergütungsabrechnung und Nachweis von Aufwendungen des Adjudikators«.**

Hier sollte grundsätzlich eine Regelung getroffen werden, wie der Adjudikator seinen Aufwand abrechnet. Bei Zeithonorar ist vorzugeben, dass der Adjudikator seinen Zeitaufwand nach eigenem Zeitaufschrieb abrechnet. Was sonstige Kosten betrifft, so sind diese – sofern nach der Verfahrensordnung erstattungsfähig – vom Adjudikator durch Vorlage geeigneter Belege abzurechnen. Es macht jedoch unter Umständen bei komplexeren Verfahren keinen Sinn, jede Auslage zu belegen. Es kann hier eine Wertgrenze vereinbart werden, ab der der Adjudikator den Nachweis durch einen geeigneten Beleg zu führen hat.

102 **Zu VIII »Rechnungsstellung/Gesamtschuldnerische Haftung«.**

Beim Adjudikationsverfahren handelt es sich um ein Konsensverfahren – jedoch mit vorläufig bindender Entscheidung des Adjudikators. Dem konsensualen Charakter der Vereinbarung entspricht die hälftige Kostentragung der Parteien.

103 **Zu IX »Vertragslaufzeit und -beendigung«.**

Auch diesbezüglich soll auf die einschlägigen Regelungen der Verfahrensordnung Bezug genommen werden, die zum Vertragsbestandteil geworden sind.

104 **Zu X »Aktenaufbewahrung«.**

Im Sinne eines schlanken Verfahrens sollte der Adjudikator nicht verpflichtet werden, Verfahrensakten zehn Jahre aufbewahren zu müssen. Hier bietet sich eine Aufbewahrungszeit von drei Jahren nach Abschluss des Verfahrens an, zumal beide Parteien jeweils über die Verfahrensunterlagen selbst verfügen.

105 **Zu XI »Anwendbares Recht«.**

Im vorliegenden Vertragsmuster wurde von einem Verfahren in Deutschland ausgegangen. Nachdem das Adjudikationsverfahren jedoch aus dem angelsächsischen Rechtsraum kommt und dort allgemein akzeptiert ist, bietet sich die Vereinbarung eines Adjudikationsverfahrens auch für ausländische Parteien mit Vertragsbeziehungen mit deutschen Parteien an. Nach dem Grundsatz der Vertragsfreiheit kann hier auch die Anwendung ausländischen Rechts vereinbart werden.

Zu XII »Streitbeilegung«.

Das Adjudikationsverfahren dient der – wenn auch nur vorläufigen – Streitbeilegung durch verbindliche Entscheidung des Adjudikators. Es muss daher die Verbindlichkeit festgelegt und diesbezüglich der ordentliche Rechtsweg vorerst ausgeschlossen werden.

(nicht besetzt)

12. Interimsvereinbarung

a) Vorbemerkung

Es gibt wohl kaum Bauvorhaben, bei denen es nicht bereits während der Ausführungsphase zu Meinungsverschiedenheiten zwischen Auftraggeber und Auftragnehmer kommt. In erster Linie handelt es sich dabei um Streitigkeiten über die Berechtigung von Nachtragsforderungen des Auftragnehmers, dem Grunde oder zumindest der Höhe nach. Fast ebenso häufig geraten die Parteien aber auch bei der Frage aneinander, ob der Auftragnehmer an der Ausführung seiner Arbeiten gehindert ist und inwieweit sich solche Behinderungen auf die vereinbarte Bauzeit auswirken. Zum Teil wird auch bereits vor Fertigstellung der Arbeiten darüber gestritten, ob Leistungen mangelhaft sind oder nicht.

Solche Streitigkeiten können den geordneten Bauablauf ernsthaft gefährden. Dem Bedürfnis nach einer kontinuierlichen Fortführung der Bautätigkeit trägt § 2 Abs. 5 und Abs. 6 Nr. 2 VOB/B dadurch Rechnung, dass eine Vereinbarung über die Preisänderung zwar vor Ausführung getroffen werden soll, dies jedoch nicht verpflichtend ist. Entstehen Meinungsverschiedenheiten zwischen den Vertragspartnern über die Berechtigung einer Nachtragsforderung oder die Höhe des Preises, sind die Parteien grundsätzlich verpflichtet, durch Verhandlungen eine einvernehmliche Beilegung der Meinungsverschiedenheit zu versuchen (BGH BauR 2000, 409 »Kooperationspflicht«).

Bestreitet der Auftraggeber die Berechtigung einer Nachtragsforderung und lehnt er Nachtragsverhandlungen ab, so steht dem Auftragnehmer das Recht zu, die Arbeiten einzustellen. Dem Auftragnehmer ist nicht zuzumuten, die Werkleistung in Kenntnis der Tatsache, dass er seinen Vergütungsanspruch nur mit gerichtlicher Hilfe wird durchsetzen können, als Vorleistung zu erbringen (OLG Düsseldorf BauR 2002, 484; BGH BauR 2004, 1613). Die Zurückweisung berechtigter Mehrkosten durch den Auftraggeber kann den Auftragnehmer zur Kündigung aus wichtigem Grund berechtigen (OLG Schleswig, Urt. v. 11.03.2011 – 5 U 123/08 – ibr-online).

Macht dagegen der Auftragnehmer den Baubeginn oder die Fortsetzung der Arbeiten davon abhängig, dass der Auftraggeber einen unberechtigten Nachtrag bzw. Mehrpreis anerkennt, liegt darin eine ernsthafte und endgültige Erfüllungsverweigerung, die den Auftraggeber zur Kündigung des Vertrages berechtigt (OLG Brandenburg BauR 2005 764).

Jedoch sind meist die Konstellationen nicht so eindeutig. Können sich die Parteien über Grund oder Höhe einer Nachtragsforderung nicht einigen, arbeitet der Auftragnehmer dennoch weiter ohne das ihm der Auftraggeber Abschläge auf die geltend gemachte zusätzliche Vergütung bezahlt, entstehen dem Auftragnehmer weitere Kosten und ihm fehlt entsprechend Liquidität. Stellt er die Arbeiten ein, reagiert der Auftraggeber hierauf eventuell mit einer Kündigung. Stellt sich in einer späteren gerichtlichen Auseinandersetzung heraus, dass die Nachtragsforderung unberechtigt war und die Kündigung des Auftraggebers zu recht erfolgte (vgl. KG BauR 2011, 1498), sieht sich der Auftragnehmer hohen Schadensersatzforderungen ausgesetzt. Kommt das Gericht zu dem Ergebnis, dass die Nachtragsforderung berechtigt war, ist von einer freien Kündigung des Auftraggebers auszugehen und der Auftragnehmer kann die so genannte »Kündigungsvergütung« nach § 648 BGB bzw. § 8 Abs. 1 VOB/B verlangen (OLG Jena BauR 2005, 1161). Auch kann eine eigentlich wegen der Verweigerung berechtigter Mehrkosten grundsätzlich mögliche Kündigung des Auftragnehmers im Einzelfall unverhältnismäßig sein und wiederum den Auftraggeber zur Kündigung aus wichtigem Grund berechtigen (OLG Schleswig, Urt. v. 11.03.2011 – 5 U 123/08 – ibr-online).

Von den verheerenden Auswirkungen auf den zeitlichen Bauablauf abgesehen, gehen also beide Parteien bei einer Eskalation der Verhandlungen erhebliche finanzielle Risiken ein.

Andererseits kann von den Parteien insbesondere unter dem Zeitdruck des laufenden Bauvorhabens häufig keine endgültige Einigung verlangt werden. Als Möglichkeit einer vorläufigen Beilegung solcher Streitigkeiten bietet sich eine Vereinbarung an, nach der Auftraggeber den Nachtrag ganz oder teilweise, mit oder ohne Sicherheit bezahlt, sich aber die Rückforderung in einem Prozess vorbehält. Der Streit wird damit auf eine spätere gerichtliche oder schiedsgerichtliche Entscheidung verlagert (Quack, ZfBR 2004, 211 ff.).

Eine solche Zwischenlösung, auch Interimsvereinbarung genannt, bietet nicht nur Gelegenheit sich vorläufig über streitige Nachträge zu einigen, sondern auch bereits endgültig getroffene Abreden über Nachträge und auch Bauzeitveränderungen schriftlich zu fixieren.

Eine solche Interimsvereinbarung kann auch Ergebnis eines außergerichtlichen Streitschlichtungsverfahrens, z.B. nach der SO-Bau, sein.

b) Muster Interimsvereinbarung

109   Zwischen

der Fa. ..... GmbH, vertreten durch den GF ....., ... straße 7, ... Bauherrenstadt

– Auftraggeber (AG) –

und

der Fa. ..... GmbH & Co. KG, vertreten durch ihre p. h. G.,

die ..... Verwaltungsgesellschaft mbH, diese wiederum vertreten durch

ihren Geschäftsführer ....., ... Straße 8, ... Bauhausen

– Auftragnehmer (AN) –

wird folgende

3. Zusatzvereinbarung zum Generalunternehmervertrag

»Hotel Fronhof« vom .....

geschlossen:

Die Parteien schlossen am ..... einen Generalunternehmervertrag über die schlüsselfertige Erstellung des Bauvorhabens »Hotel Fronhof« in ..... (im Folgenden »Hauptvertrag«). Weiterhin wurden am ..... eine 1. und am ..... eine 2. Zusatzvereinbarung zum Hauptvertrag geschlossen. Diese beiden Zusatzvereinbarungen werden hiermit einvernehmlich aufgehoben und fließen, soweit sie weiterbestehen sollen, in diese Vereinbarung ein.

Mit dieser 3. Zusatzvereinbarung wird der Generalunternehmervertrag zum Teil abgeändert. Die Parteien treffen weiterhin hiermit eine vorläufige Einigung über zwischen ihnen derzeit streitige Punkte des Vertragsverhältnisses.

1. Veränderung Pauschalfestpreis

1.1 Aufgrund von Nachbarwidersprüchen zur für das Bauvorhaben ergangenen Baugenehmigung und der dadurch ungeklärten Rechtslage hatte der AG am 20.12.2016 einen Baustopp verhängt. Nach Rücknahme der Widersprüche hob der AG am 27.01.2017 den Baustopp gegenüber dem AN wieder auf.

Zwischen den Parteien war als Fertigstellungstermin für die Leistungen des AN der 28.11.2017 vereinbart (vgl. Ziff. 6 des Hauptvertrages). Die Parteien haben sich darauf geeinigt, dass der AN stattdessen seine Leistungen nunmehr bis spätestens zum 31.12.2017 abnahmereif fertig zu stellen hat. Die in Ziff. 7.1 des Hauptvertrages vereinbarte Vertragsstrafenregelung gilt weiter, jedoch nunmehr bezogen auf diesen Termin, den 31.12.2017.

Als Gegenleistung erhält der AN zum abschließenden Ausgleich für die aus dem Baustopp resultierenden verzögerungsbedingten Mehrkosten und seine Beschleunigungsmaßnahmen zur Einhaltung des vereinbarten Termins einen zusätzlichen Betrag von 39.000 € zzgl. MwSt.

Darüber hinaus lobt der AG einseitig eine Beschleunigungsprämie in Höhe von 20.000 € zzgl. MwSt. aus, wenn der AN das Bauvorhaben bis zum 28.11.2017 fertig stellt und dieses zu diesem Datum abnahmefähig ist. Der AG übernimmt mit dem Aussetzen dieser Prämie keine weiteren Verpflichtungen gegenüber dem AG, als er nach den übrigen Vereinbarungen zwischen den Parteien bereits hat. Gelingt es dem AN nicht, gleich aus welchem Grund, seine Leistungen bis zu diesem Termin abnahmereif fertig zu stellen, erhält er die Beschleunigungsprämie nicht, es sei denn, dass das Nichteinhalten des Termins ausschließlich auf eine treuwidrige Bedingungsvereitelung des AG zurückzuführen ist.

1.2 Die Parteien sind uneinig, ob der AN die Ausrüstung der Hotelzimmer mit Fernsehern mit Flachbildschirmen oder lediglich mit konventioneller Röhrentechnik schuldet. Sie vereinbaren hiermit, dass der AN keine Fernsehgeräte für die Hotelzimmer zu liefern hat. Weiterhin zum Leistungsumfang gehören jedoch die sich aus den Bestandteilen des Hauptvertrages ergebenden Vorbereitungsmaßnahmen für die Ausrüstung der Hotelzimmer mit Fernsehgeräten schuldet (z.B. Wandhalterungen, Kabelanschlussbuchsen).

Wegen des Entfallens der Lieferung von Fernsehgeräten wird der im Hauptvertrag vereinbarte Pauschalpreis um netto 18.918,10 € reduziert.

1.3 Der Pauschalfestpreis berechnet sich damit nunmehr wie folgt

ursprünglich vereinbart:	6.000.000,00 €
zzgl. Mehrkosten Baustopp	39.000,00 €
abzgl. Entfall Fernseher	− 18.918,10 €
neuer Pauschalfestpreis	6.020.081,90 €

zzgl. gesetzlicher MwSt.

Bei Fertigstellung des Bauvorhabens bis spätestens zum 28.11.2017 kommt die ausgelobte Beschleunigungsprämie von 20.000 € zzgl. MwSt. hinzu.

1.4 Darüber hinaus sind folgende zusätzlich Leistungen des AN unstreitig vom AG mit der nachfolgend jeweils aufgeführten Vergütung aufgeführten beauftragt:

NA Nr. 2 vom ..... »erweiterte Ausstattung der Nasszellen«	15.725,91 €
NA Nr. 4 vom ..... »erweiterte Ausstattung des Wellnessbereichs«	4.139,43 €
NA Nr. 7 vom ..... »zusätzliche techn. Installation der Rezeption«	4.732,80 €

Die Beträge verstehen sich jeweils zuzüglich gesetzl. MwSt.

2. Interimsvereinbarung

2.1 Die Parteien sind uneinig über folgende Sachverhalte:

a.) Der AN hatte die Lüftungsanlage des Gebäudes bereits in Teilen fertig gestellt, musste dann jedoch aufgrund von Anordnungen des Prüfstatikers weitreichende Änderungen an der Konstruktion der Anlage vornehmen. Er ist der Auffassung, dass diese Änderungen deshalb erforderlich wurden, weil die ihm vor bzw. bei Vertragsschluss überlassenen Planungsunterlagen fehlerhaft waren, insbesondere falsche Angaben zu den durch die Lüftungsrohre auf die Tragwerkskonstruktion wirkenden Lasten enthielten. Der AN meint, der AG habe dies zu vertreten und ihm die aufgrund der Änderungen entstandenen Mehrkosten zu erstatten. Weiterhin habe er wegen des durch Auflagen der Baubehörde notwendigen Einbaus von Schalldämpfern für die Lüftungsanlagen einen Mehrvergütungsanspruch gegenüber dem AG.

D. Sonstige Verträge

Nach Auffassung des AN besteht hierfür folgender zusätzlicher Vergütungsanspruch:

(1) Änderung der Lüftung auf Haus 1	52.000 €
(2) verlängerte Vorhaltung von Rüstung, Kran usw.	15.000 €
(3) Änderung der Lüftung auf Haus 2	25.000 €
(4) Rückbau Trockenbau für Lüftung auf Häusern 1 und 2	7.900 €
(5) Beschleunigungskosten für schnelltrocknenden Estrich	20.000 €

jeweils zuzüglich gesetzl. MwSt.

Der AG bestreitet, dass ein solcher Anspruch des AN, gleich aus welchem Rechtsgrund besteht.

b.) Der AG ist der Auffassung, dass die Fenstervorhänge, die der AN für die Ausstattung der Räume zu liefern und zu montieren hat, gem. der funktionalen Leistungsbeschreibung des Architekturbüros ..... vom 17.07.2016 (Anlage 3 zum Hauptvertrag) in folgender Qualität geschuldet und mit dem Pauschalpreis abgegolten sind:

Beschreibung:

.....

Der AN meint hingegen, dass die in dem erwähnten Vertragsbestandteil gemachten Angaben nicht als besondere Vorgaben zur Erfüllung des Leistungssolls zu verstehen sind und er somit lediglich eine Qualität mittlerer Art und Güte schuldet.

Die Parteien sind sich einig, dass der AN die Vorhänge in der vom AG geforderten und oben beschriebenen Qualität liefern und montieren wird.

Der AN meint, für diese Art der Ausführung stehe ihm ein Mehrvergütungsanspruch in Höhe von 30.000 € zzgl. MwSt. zu. Dies bestreitet der AG.

c.) Der AN ist der Ansicht, dass der Einbau einer Schrankenanlage an der Tiefgarageneinund -ausfahrt des Hotels nicht zum von ihm geschuldeten Leistungsumfang gehört. Die gleiche Auffassung vertritt er bei der brandschutztechnischen F 90 – Verkleidung der Decken in den Fluren der einzelnen Etagen.

Die Parteien sind sich einig, dass der AN diese Leistungen dennoch ausführen wird.

Der AN meint, ihm stehen hierfür Mehrvergütungsansprüche für

(1) Lieferung und Montage der Schrankenanlage in Höhe von	3.000 €
(2) die Brandschutztechnische Verkleidung in Höhe von	7.000 €

jeweils zzgl. gesetzl. MwSt. zu.

Der AG hingegen ist der Auffassung, dass diese Leistungen im Rahmen des Pauschalvertrages bereits geschuldet und mit der Pauschalvergütung abgegolten sind.

2.2 Die Parteien sind sich einig, dass die Frage, ob ein Preisanpassungsanspruch des AN wegen der unter 2.1 geschilderten Sachverhalte besteht, zurückgestellt wird. Um weitere Streitigkeiten über die Berechtigung von Nachtragsforderungen bis zum Abschluss der Baumaßnahme zu vermeiden, zahlt der AG dem AN, ohne Anerkennung einer Rechtspflicht, zusätzlich zu den auf die für den Pauschalfestpreis zu zahlenden Abschläge, einen weiteren pauschalen Abschlag in Höhe von 190.000 € incl. MwSt.

Der AN stellt im Gegenzug eine selbstschuldnerische Bürgschaft eines in Deutschland ansässigen und zugelassenen Kreditinstituts oder Kreditversicherers über den Betrag von 190.000 €. Die Bürgschaftsurkunde muss die Erklärung des Bürgen enthalten, dass sie den AG für Ansprüche gegenüber dem AN auf Rückzahlung zuviel gezahlten Werklohns, insbesondere aus dieser Vereinbarung, sowie dessen Verzinsung, absichert.

Ansonsten muss die Bürgschaftsurkunde folgende Erklärung des Bürgen enthalten:
- Der Bürge übernimmt für den Auftragnehmer die selbstschuldnerische Bürgschaft nach deutschem Recht.

- Auf die Einrede der Vorausklage gemäß § 771 BGB wird verzichtet.
- Auf die Einrede der Aufrechenbarkeit gem. § 770 Abs. 2 BGB wird verzichtet, es sei denn die aufrechenbare Gegenforderung ist rechtskräftig festgestellt oder vom AG nicht bestritten.
- Die Hinterlegungsbefugnis des Bürgen ist ausgeschlossen.
- Die Bürgschaft ist unbefristet; sie erlischt mit der Rückgabe der Bürgschaftsurkunde.
- Der Anspruch des AG gegenüber dem Bürgen verjährt nicht vor der gesicherten Forderung, spätestens jedoch nach 30 Jahren.
- Ausschließlicher Gerichtsstand für alle Streitigkeiten aus dem Bürgschaftsvertrag ist der Ort des Bauvorhabens.

Die Bürgschaftsurkunde ist zurückzugeben, wenn die Parteien über die Berechtigung und die Höhe des zusätzlichen Anspruchs des AN eine Einigung erzielt haben oder hierüber rechtskräftig durch ein Gericht entschieden wurde und die aus der Einigung oder der gerichtliche Entscheidung ergebenden Rückforderungsansprüche des AG vom AN befriedigt wurden.

Der AG erstattet dem AN die Kosten der Bürgschaft in Höhe der Quote, in der nach Maßgabe der zwischen den Parteien später getroffenen Einigung oder der abschließenden gerichtlichen Entscheidung, die vom AN geforderte zusätzliche Vergütung im Verhältnis zum verbürgten Betrag berechtigt war.

2.3 Der in Ziff. 2.2 genannte Betrag ist fällig 21 Tage nach Zugang der Bürgschaft und einer vom AN an den AG gerichteten Abschlagsrechnung über den vereinbarten Betrag. Als Rechnungszweck muss sie ausweisen: Abschlagszahlung auf streitige Positionen gem. Vereinbarung vom ..... (Datum dieser Vereinbarung). Die Zahlung des AG erfolgt unter Ausschluss von Aufrechnung, Verrechnung, Minderung oder Zurückbehaltungsrechten.

2.4 Die Parteien werden sich bemühen, eine Einigung über den streitigen Preisanpassungsanspruch zu treffen, bevor die vom Auftragnehmer vertraglich geschuldete Leistung schlussgerechnet wird. Gelingt ihnen dies nicht bis zu dem Zeitpunkt, zudem der Auftragnehmer Schlussrechnung legen kann, wird der Auftragnehmer die ihm seiner Ansicht nach berechtigte Mehrforderung auch in die Schlussrechnung einstellen. Der vorläufig aufgrund dieser Vereinbarung gezahlte Betrag gilt in diesem Fall nicht als auf die Werkvergütung der weiteren, nicht in Ziff. 2 dieser Vereinbarung bezeichneten Leistungen gezahlt und verringert demgemäß nicht den offenen Betrag der Vergütung für diese anderen Leistungen.

2.5 Die Parteien sind sich einig, dass die Zahlungen des Auftraggebers auf die hier streitigen Mehrvergütungsforderungen unter dem Vorbehalt der Rückforderung stehen. Die Zahlungen stellen weder ein Anerkenntnis zum Grund, noch zur Höhe der Mehrvergütungsforderung dar; dies gilt auch dann, wenn der AG auf eine Schlussrechnung Zahlungen vornimmt, in die der AN die streitigen Mehrvergütungsforderungen eingestellt hat.

Einigen sich die Parteien auf einen geringeren, als den gem. Ziff. 2.2 genannten Betrag, zahlt der AN dem AG den sich dadurch ergebenden, zuviel gezahlten Betrag zurück.

Können sich die Parteien bis zur Fälligkeit der Schlussrechnung für die Leistungen des AN, nicht auf eine endgültige Höhe der Preisanpassung einigen, ist der tatsächlich zutreffend zu ermittelnde Mehrvergütungsanspruch gerichtlich festzustellen. Dies kann auch im Rahmen einer Zahlungsklage des AG auf Rückzahlung von zu viel an den AN gezahlten Werklohn erfolgen.

Die Beweislast für den Rückforderungsanspruch ist die Abrechnungsbeweislast; d.h., dass der AN seine Forderung und damit die Berechtigung und Höhe der von ihm beanspruchten Werkvergütung darlegen und beweisen muss.

Stellt das Gericht fest, dass der AN im Verhältnis zum vom AG tatsächlich geschuldeten Werklohn überzahlt ist, ist die Überzahlung mit 5 %-punkten über dem Basiszinssatz p.a. ab Erhalt der in Ziff. 2.2 genannten Zahlung vom AN zu verzinsen.

3. Weitergeltung des Hauptvertrages

Soweit in dieser Vereinbarung nichts Gegenteiliges geregelt ist, bleiben ansonsten die Bedingungen und Bestimmungen des Hauptvertrages weiter unverändert gültig.

Bauherrenstadt, den .....

....
Auftraggeber Auftragnehmer

c) Erläuterungen

110 Bei dem hier vorgestellten Vertragsmuster handelt es sich selbstverständlich lediglich um ein Beispiel dafür, was in einer Interimsvereinbarung geregelt werden kann. In diesem Mustertext wird von einem Generalunternehmervertrag mit Pauschalpreisabrede ausgegangen. Natürlich sind ähnliche Regelungen auch bei Verträgen über Einzelgewerke möglich und auch dann, wenn eine Vergütung auf Basis von Einheitspreisen erfolgt.

Streiten sich die Parteien auch darüber, ob eine Leistung des Auftragnehmers mangelhaft ist und ist eine Klärung zur zügigen Weiterführung der Arbeiten kurzfristig erforderlich, kann auch eine Schiedsgutachtervereinbarung in den Interimsvertrag integriert werden.

In der Präambel sollten die für das streitige Bauvorhaben bereits geschlossenen Verträge genau bezeichnet werden. Häufig wird der ursprüngliche Werkvertrag (Hauptvertrag) im Laufe gerade längerer Baumaßnahmen mehrmals in einzelnen Punkten abgeändert. Jeder dieser abänderten Verträge sollte es ermöglichen, die genaue Vertragschronologie nachzuverfolgen. Hilfreich ist dabei, wenn abändernde oder zusätzliche Vereinbarungen chronologisch durchnummeriert werden. Dies erleichtert es genau festzustellen, was zwischen den Parteien aktuell als verbindlich gilt.

111 **Zu 1. Erledigung von Teilpunkten.**

Wenn die Parteien bereits Verhandlungen führen, bietet es sich an, alle zurzeit streitigen Punkte auf den Tisch zu bringen. Werden dann bereits endgültige Vereinbarung getroffen, können diese im Wege eines Teilvergleichs schriftlich fixiert werden (vgl. Kniffka/Koeble, Kompendium, 1. Teil Rn. 58).

Im vorliegenden Beispiel geht es um Vereinbarungen zur Abänderung der Bauzeit und des Preises.

112 **Zu 1.1 Änderung des Fertigstellungstermins.**

Hier wird geregelt, dass aufgrund einer unstreitig eingetretenen Behinderung der Fertigstellungstermin um einen Monat nach hinten verschoben wird.

Vereinbaren die Parteien nachträglich neue Termine ist fraglich, ob die Vertragsstrafe auch für diese gelten soll. Nach einer Meinung soll die Vertragsstrafenvereinbarung in einem solchen Fall stillschweigend auf die neuen Termine übertragen werden (OLG Köln BauR 2001, 1105).

Eine andere Ansicht verlangt eine ausdrückliche Regelung (OLG Celle BauR 2004, 1307).

Um hier spätere Irritationen zu vermeiden, sollte dieses Thema besprochen und das entsprechende Ergebnis festgehalten werden. Im vorliegenden Beispiel einigen sich die Parteien darauf, dass die im Hauptvertrag vorgesehene Vertragsstrafenregelung auf den neu vereinbarten Fertigstellungstermin bezogen wird und weiter gilt.

Darüber hinaus hat im Beispielsfall der Auftraggeber eine »Beschleunigungsprämie« ausgesetzt, wenn der Auftragnehmer seine Leistungen einen Monat vor dem nunmehr vereinbarten Termin fertig stellt. Der Auftraggeber will damit aber nicht weitere Pflichten übernehmen, insbesondere will er vermeiden, dass er die Koordination der Planlieferungen oder der anderen ggf. beteiligten Unternehmen darauf abstellen muss, dass der Auftragnehmer die vorgezogene Frist einhalten kann. Er will die Prämie nur dann zahlen, wenn er auch tatsächlich in den Genuss der früheren Fertigstellung kommt.

Dies unterscheidet die Beschleunigungsprämie von einem höheren Werklohn, der bei Verzug des Auftragnehmers mit der vereinbarten Fertigstellungsfrist nur im Falle des Verschuldens des Auftragnehmers durch eine Vertragsstrafe verringert wird.

Deshalb wird hier die Prämie aufschiebend bedingt versprochen. Sie ist nur dann verdient, wenn die Bedingung tatsächlich eintritt, nämlich im Beispielsfall die Fertigstellung zum 28.11.2017. Das bedeutet, dass der Auftragnehmer die Prämie auch dann nicht verdient, wenn er den Termin aus Gründen, die er selbst nicht zu vertreten hat, nicht einhält. Auch vom Auftraggeber zu vertretende Behinderungen, die den Auftragnehmer daran hindern, den Termin einzuhalten, wirken nicht fristverlängernd, da dieser Termin keine Ausführungsfrist im Sinne des § 6 Abs. 2 VOB/B ist. Nur im Falle einer treuwidrigen Bedingungsvereitelung im Sinne von § 162 Abs. 1 BGB durch den Auftraggeber, könnte der Auftragnehmer trotz Nichteinhaltung des Termins die Beschleunigungsprämie verlangen. Dann wäre aber eine wirklich ursächliche Einwirkung auf den Bedingungseintritt durch den Auftraggeber erforderlich, der zudem einen objektiven Verstoß gegen Treu und Glauben darstellen müsste. Allerdings greift § 162 BGB nicht nur bei vorsätzlicher Vereitelung des Bedingungseintritts ein, sondern auch bei fahrlässigem Verhalten, wenn es sich um ein bewusst pflichtwidriges Eingreifen in den Gang der Ereignisse handelt und nur der Einfluss auf den Bedingungseintritt fahrlässig nicht bedacht wurde (Soergel/Wolf § 162 BGB Rn. 8).

Die ansonsten üblichen Behinderungstatbestände, wie vom Auftraggeber nicht veranlasste Verzögerungen bei Vorgewerken oder bei der Planlieferung, dürften nicht ausreichen.

Hier ist aber Vorsicht geboten. Eine solche Klausel eignet sich nur für individuell getroffene Vereinbarungen oder für vom Auftraggeber nach Vertragsschluss einseitig versprochene zusätzliche Prämien, zu denen er nach dem Bauvertrag nicht verpflichtet wäre. Wird sie in Allgemeinen Geschäftsbedingungen des Auftraggebers verwendet, vor allem bereits im anfänglichen Werkvertrag und nicht erst bei einer Einigung über die Verschiebung der Bauzeiten nach Vertragsschluss, stellt sie eine verkappte Vertragsstrafenregelung dar. Diese wäre aber unwirksam, da die Vertragsstrafe auch ohne Verschulden des Auftragnehmers und zudem in voller Höhe bereits nach einem Tag der Terminüberschreitung verwirkt wäre.

Zu 1.2 Einigung über den Leistungsinhalt. 113

Der Grund von Streitigkeiten bei Nachtragsforderungen ist häufig bereits die unterschiedliche Auffassung zwischen Auftraggeber und Auftragnehmer, was zum geschuldeten und mit der vereinbarten Vergütung abgegoltenen Leistungssoll gehört. Dies kann sowohl an einer unvollständigen Leistungsbeschreibung liegen, als auch an Widersprüchen unter den einzelnen Vertragsbestandteilen, z.B. dem Leistungsverzeichnis und den bei Vertragsschluss zugrunde gelegten Plänen.

Tritt ein solcher Dissens zu Tage, sollten die Parteien sich bemühen, die tatsächlich gewünschte bzw. geforderte Bauausführung ausreichend verbal zu beschreiben.

Zu 1.3 und 1.4 Preisanpassung. 114

Bei Änderungen des Bauentwurfs oder anderen Anordnungen des Auftraggebers sind nach § 2 Abs. 5 VOB/B die Vertragspreise anzupassen, bei zusätzlichen Leistungen im Sinne von § 2 Abs. 6 VOB/B sind neue Preise zu vereinbaren. In beiden Fällen sind bei der Ermittlung der neuen Preise die Grundlagen der vertraglich bereits vereinbarten Preise heranzuziehen. Dies gilt über § 2 Abs. 7 Nr. 2 VOB/B auch bei Pauschalverträgen entsprechend.

Im vorliegenden Beispiel, bei dem von einer Pauschalpreisvereinbarung ausgegangen wird, werden die Nachträge mit ihrem Gesamtpreis fixiert. Bei Einheitspreisverträgen bietet es sich an, eine Regelung nur über die Höhe der neuen Einheitspreise zu vereinbaren, wenn noch nicht feststeht, in welcher Menge die Ausführung erfolgt.

D. Sonstige Verträge

115 Zu 2. Interimsvereinbarung.

In diesem Abschnitt ist die eigentliche »Interimsvereinbarung« enthalten. Sie betrifft die Sachverhalte, die die Parteien noch nicht endgültig regeln, sondern einer später eventuell folgenden einvernehmlichen Lösung oder einer Entscheidung des Gerichts vorbehalten wollen.

116 Zu 2.1 Schilderung der streitigen Sachverhalte.

Die vom Auftragnehmer vorgebrachte Begründung für seine Nachtragsforderung sollte möglichst genau beschrieben werden. Dies erleichtert es, zu einem späteren Zeitpunkt eine Regelung zu finden, ohne nochmals die gesamte bereits bis zur Interimsvereinbarung geführte Diskussion wiederholen zu müssen. Auch wenn später gerichtliche Hilfe in Anspruch genommen wird, kann der Streit so auf die wesentlichen Punkte fokussiert werden.

Wesen von Nachtragsforderungen ist in der Regel, dass der Bauherr eine bestimmte Art bzw. einen bestimmten Umfang der Leistungserbringung fordert und der Auftragnehmer der Auffassung ist, dass dies nach der ursprünglichen vertraglichen Vereinbarung von ihm nicht geschuldet wird. In der Interimsvereinbarung soll daher dieser streitige Leistungsinhalt genau beschrieben werden, verbunden mit der Einigung der Parteien, dass der Auftragnehmer diese Leistungen, wie vom Auftragnehmer gefordert, ausführen wird. Damit wird klargestellt, dass diese Leistung vom Auftraggeber gefordert und auch beauftragt wurde. Einer späteren Einigung bzw. gerichtlichen Entscheidung bleibt dann nur noch vorbehalten zu klären, ob und ggf. in welcher Höhe der Auftragnehmer für die Leistung eine zusätzliche oder geänderte Vergütung fordern kann.

117 Zu 2.2 Höhe der vorläufigen Abschlagszahlung und Sicherheit.

Die Parteien legen sodann fest, welchen Betrag der Auftraggeber als Abschlag auf die streitigen Nachtragsforderungen bezahlt. Da der Auftraggeber sich (unten in Ziff. 2.5) die Rückforderung dieses Betrages vorbehält, hat er ein berechtigtes Interesse daran, dass der Auftragnehmer den möglichen Rückforderungsanspruch besichert. Eine Hinterlegung des Betrages würde zwar für beide Seiten eine ausreichende Sicherheit bedeuten, jedoch würde dem Auftragnehmer die in den meisten Fällen dringend benötigte Liquidität nicht zufließen. Die Parteien werden sich also im Regelfall auf eine Besicherung durch Bankbürgschaft einigen.

Hierbei ist zu beachten, dass die vom Auftragnehmer eventuell im Rahmen des Hauptvertrages bereits gestellte Erfüllungsbürgschaft diese Rückforderungsansprüche nicht abdeckt und zwar auch dann nicht, wenn nach dem Wortlaut der Erfüllungsbürgschaft ausdrücklich Ansprüche auf Erstattung von Überzahlungen besichert sind (OLG Jena, Urt. v. 20.12.2007 – 1 U 409/07 – OLGR Jena 2008, 326–328 = BauR 2008, 567 [nur red. Ls.]).

Die in einer Interimsvereinbarung vereinbarte Sonderzahlung wäre eine Risikoerweiterung für den Bürgen, die der Hauptschuldner nach Übernahme der Bürgschaft vornimmt. Nach § 767 Abs. 1 S. 3 BGB kann hierdurch die Verpflichtung des Bürgen nicht erweitert werden. In der zitierten Entscheidung des OLG Jena handelte es sich zwar um eine Interimsvereinbarung nach Schlussrechnungserteilung, dasselbe dürfte jedoch auch dann gelten, wenn die Interimsvereinbarung zu zusätzlichen Abschlagszahlungen führt.

Da die Bürgschaft mit Kosten für den Auftragnehmer verbunden ist, kann geregelt werden, dass der Auftraggeber deren Kosten erstattet und zwar in dem Verhältnis, in dem der Auftragnehmer mit seiner Ansicht über die Berechtigung der Forderung in der abschließenden Einigung oder der gerichtlichen Entscheidung obsiegt; z.B. 190.000 € streitig, 47.500,– € berechtigt, der Auftraggeber hat 25 % der Bürgschaftskosten zu erstatten.

118 Zu 2.3 Fälligkeit und Einwendungsausschluss.

Die zusätzliche Zahlung soll wie eine weitere Abschlagszahlung behandelt werden. Damit die Interimslösung aber ihr Ziel erreicht, muss sichergestellt werden, dass der Auftragnehmer auch die versprochene Zahlung und damit die benötigte Liquidität erhält. Aus diesem Grunde muss geregelt werden, dass die Zahlung unbedingt erfolgt und nicht wegen möglicher Einwendungen des Auftraggebers aufgerechnet oder zurückbehalten wird (vgl. auch Kniffka/Koeble, Kompendium, 1. Teil Rn. 57).

Zu 2.4 Keine Kürzung des weiteren Werklohns. 119

In dieser Klausel wird klargestellt, dass die Parteien den Streit auf eine spätere endgültige Einigung verschieben wollen. Die Interimsvereinbarung soll bis zur Schlussrechnung halten. Dies bedeutet, dass die vorläufig erfolgte Zahlung die übrigen Werklohnansprüche des Auftragnehmers weder bei Abschlagsforderungen, noch bei der Schlussrechnungsforderung mindert.

Zu 2.5 Keine Anerkenntniswirkung. 120

Da hier der vorläufigen Zahlung der Charakter einer Abschlagszahlung gegeben wird, ergibt sich bereits daraus, dass der Auftraggeber den Anspruch des Auftragnehmers nicht endgültig anerkennen will.

Abschlagszahlungen beinhalten grundsätzlich kein endgültiges Anerkenntnis des Vergütungsanspruchs durch den Auftraggeber (Ingenstau/Korbion/Locher, § 16 Abs. 1 VOB/B Rn. 8; BGH BauR 2004, 1940; OLG Frankfurt IBR 2010, 15).

Weiterhin gilt, dass wenn eine Leistung aufgrund des geschlossenen Vertrages bereits geschuldet und vergütet wird, der Auftragnehmer dieselbe Leistung aufgrund einer Nachtragsvereinbarung in der Regel nicht ein zweites Mal verlangen kann. Etwas anderes gilt nur dann, wenn der Auftraggeber in der Nachtragsvereinbarung eine gesonderte Vergütungspflicht selbständig anerkannt hat oder die Vertragsparteien sich gerade in Ansehung dieser Frage verglichen haben (BGH BauR 2005, 1317)

Dennoch ist leider zu beobachten, dass gerade Instanzgerichte dazu neigen, Nachgeben als »Anerkennen« zu bewerten (Quack, ZfBR 2004, 211 ff.).

Es sollte daher ausdrücklich in der Interimsvereinbarung klargestellt werden, dass es sich um eine vorläufige Zahlung ohne Anerkenntnis zu Grund und Höhe der Mehrvergütungsforderung handelt. Ebenso ist ausdrücklich festzuhalten, dass die Beweislast für den Rückforderungsanspruch nicht beim Auftraggeber liegt. Vielmehr hat der Auftragnehmer in Entsprechung der Abrechnungsbeweislast in einem späteren Prozess darzulegen und zu beweisen, dass ihm die höhere beanspruchte Werkvergütung zustand.

Die Parteien können zudem regeln, dass eine sich später herausstellende Überzahlung zu verzinsen ist.

13. Städtebauliche Verträge[1]

a) Vorbemerkung

Ein für alle denkbaren Fälle anwendbares Muster für den Städtebaulichen Vertrag ist nicht formulierbar. Hintergrund ist die Tatsache, dass sich bereits keine abschließende gesetzliche Regelung zu städtebaulichen Verträgen findet. Hinzu kommt die Vielzahl der möglichen Regelungsinhalte. Zwangsläufig muss ein Vertragsmuster für städtebauliche Verträge ein Leitfaden bleiben, der auf die konkret zu regelnden Inhalte abzustimmen und strukturell anzupassen ist. 121

Der städtebauliche Vertrag als Form des »Public private Partnership« hat als Grundgedanken das kooperative Zusammenwirken des Investors mit einer Kommune. Die durch diese Kooperation

---

1 Ich danke meinem werten Bürokollegen Herrn Rechtsanwalt Chowanietz für die Unterstützung bei der Überarbeitung des Kapitels für die 4. Auflage.

entstehenden Vorteile sind für beide Seiten Motivation, den städtebaulichen Vertrag als Vertragsform zu wählen:

Für die Stadt ist eine Angebotsplanung regelmäßig mit erheblichen Kosten und Risiken verbunden. Durch den städtebaulichen Vertrag eröffnet sich für sie die Möglichkeit, eine relativ kostengünstige oder sogar kostenneutrale Baulandentwicklung zu erreichen. Im Gegensatz dazu gibt es für den Investor bei einer Angebotsplanung der Stadt regelmäßig keinerlei Kosten-, Planungs- oder gar Terminsicherheit. Im Rahmen des städtebaulichen Vertrages werden für den Investor diese Risiken dadurch nahezu ausgeschlossen, dass er gemeinsam mit der Stadt »kooperativ« Planungs- und Kalkulationssicherheit erhält (näher dazu: *Burmeister*, Praxishandbuch Städtebauliche Verträge, 2. Aufl., 2005, Rn. 5 ff.). Im Ergebnis hat der städtebauliche Vertrag damit unmittelbare Vorteile sowohl für den Investor als auch für die handelnde Stadt.

Aufgrund der Vielzahl von Inhalten, die eine Stadt gemeinsam mit einem Investor in einem städtebaulichen Vertrag regeln kann, hat der Gesetzgeber keine abschließende Regelung des städtebaulichen Vertrages vorgenommen, sondern lediglich beispielhafte Regelungen aufgestellt. Die gesetzlichen Grundlagen des städtebaulichen Vertrages finden sich im Baugesetzbuch (BauGB). Zwei wesentliche Vertragstypen sind dort geregelt:

— Der (allgemeine) städtebauliche Vertrag, einschließl. Erschließungsvertrag, § 11 BauGB.
— Der (besondere) Durchführungsvertrag zum Vorhaben- und Erschließungsplan, § 12 BauGB.

Das im Folgenden dargestellte Vertragsbeispiel stellt einen Leitfaden für den Abschluss eines städtebaulichen Vertrages im Sinne des § 11 BauGB dar. Gemäß § 11 Abs. 1 BauGB können die Gemeinden städtebauliche Verträge schließen. Städtebaulich ist ein Vertrag nur, wenn er sich auf die Regelung des Städtebaurechts bezieht (Näher hierzu: Burmeister a.a.O. Rn. 20 ff.; Löhr, in: Battis/Krautzberger/Löhr, BauGB, 11. Aufl. 2009, § 11 Rn. 1 ff.). Der Abschluss eines reinen Werkvertrages z.B. die Beauftragung eines Bauunternehmers stellt damit genauso wenig einen städtebaulichen Vertrag dar, wie der Kauf eines Grundstücks durch die Gemeinde.

§ 11 Abs. 1 Satz 2 BauGB erfasst folgende Vertragsgegenstände:

— Die Vorbereitung oder Durchführung städtebaulicher Maßnahmen durch den Vertragspartner (Investor) auf eigene Kosten, wobei die Verantwortung der Gemeinde/Stadt für das gesetzlich vorgesehene Planaufstellungsverfahren unberührt bleibt. Dazu gehören insb. die Neuordnung von Grundstücksverhältnissen, die Bodensanierung sowie – früher in § 124 BauGB – Erschließungsverträge (§ 11 Abs. 1 Satz 2 Nr. 1 BauGB).
— Die Förderung und Sicherung der mit der Bauleitplanung verfolgten Ziele, insbesondere die Grundstücksnutzung (§ 11 Abs. 1 Satz 2 Nr. 2 BauGB).
— Die Übernahme von Kosten oder sonstigen Aufwendungen, die der Gemeinde für städtebauliche Maßnahmen entstehen oder entstanden sind und die Voraussetzung oder Folge des geplanten Vorhabens sind (§ 11 Abs. 1 Satz 2 Nr. 3 BauGB).
— Entsprechend den mit den städtebaulichen Planungen und Maßnahmen verfolgten Zielen und Zwecken die Nutzung von Netzen und Anlagen der Kraft-Wärme-Kopplung sowie von Solaranlagen für die Wärme-, Kälte- und Elektrizitätsversorgung (§ 11 Abs. 1 Satz 2 Nr. 4 BauGB).

Die Tatsache, dass diese Aufzählung nicht abschließend ist, wird in § 11 Abs. 1 Satz 2 BauGB durch das Wort »insbesondere« betont und in § 11 Abs. 4 BauGB nochmals ausdrücklich festgestellt: Die Zulässigkeit anderer städtebaulicher Verträge bleibt unberührt. Dabei kann für städtebauliche Verträge, deren Gegenstand nicht ausdrücklich normiert ist, auf § 56 VwVfG zurückgegriffen werden.

Die Haushaltslage vieler Städte und Gemeinden hat in den letzten Jahren dazu geführt, dass von dem Instrumentarium der städtebaulichen Verträge vermehrt Gebrauch gemacht wird. Häufig wird beim Abschluss städtebaulicher Verträge übersehen, dass sich Städte und Gemeinden keine hoheitlichen Entscheidungen »abkaufen« lassen dürfen.

In einer Grundsatzentscheidung vom 16.05.2000 hat das Bundesverwaltungsgericht (BVerwG) unter dem Aktenzeichen 4 C 4/99 – BVerwG 111, 162 ff. festgestellt, dass § 11 Abs. 1 Satz 2 Nr. 3 BauGB zwar den Gemeinden die Möglichkeit eröffnet, in städtebaulichen Verträgen mit Privaten die Übernahme von Kosten oder sonstigen Aufwendungen zu vereinbaren, die der Gemeinde für städtebauliche Maßnahmen entstehen oder entstanden sind. Das Gericht sieht derartige Verträge jedoch nur als zulässig an, wenn die Kosten in einem sachlichen Zusammenhang mit der Durchführung der jeweiligen Maßnahme stehen, d.h. Voraussetzung oder Folge dieser Maßnahme sind. Der Gemeinde ist es nicht gestattet, sich vom Bürger begehrte, hoheitliche Entscheidungen abkaufen zu lassen.

Das Verbot der Städte und Gemeinden, sich hoheitliche Entscheidungen abkaufen zu lassen, auf die der Investor oder Bürger einen Anspruch hat, wird als sogenanntes »Koppelungsverbot« bezeichnet. Beispielsweise ist einer Stadt verwehrt, sich Genehmigungen abkaufen zu lassen, die der Investor auch ohne Gegenleistung beanspruchen könnte.

Andererseits kann ein Investor eine Stadt oder Gemeinde nicht durch einen städtebaulichen Vertrag dahingehend binden, dass ihm als Gegenleistung für seine Initiative Planungsrechte verschafft werden. Einer Stadt oder Gemeinde ist es gemäß § 1 Abs. 3 Satz 2 BauGB nicht erlaubt, sich vertraglich zu verpflichten, einen Bebauungsplan aufzustellen oder zu ändern. Auf Investorenseite führt dies zu einer gewissen Unsicherheit, da der Investor bei Abschluss des städtebaulichen Vertrages davon ausgeht, dass die gewünschte Planung vorgenommen und notwendige Baugenehmigungen erteilt werden. Da sich die Stadt oder die Gemeinde einerseits nicht rechtlich bezüglich des Planungsrechts binden kann und andererseits der Investor darauf vertraut, die anvisierte Investition umsetzen zu können, stellt sich die Frage, welche Rechte dem Investor zustehen, wenn er das Planungsrecht in der gewünschten Form nicht erhält:

Von der Literatur und Rechtsprechung wird die Schaffung des Baurechts auch ohne ausdrückliche Vereinbarung im Vertragstext als Geschäftsgrundlage angesehen. Erhält der Investor also nicht das gewünschte Planungsrecht, ist aus seiner Sicht die »Geschäftsgrundlage« entfallen und der Investor kann sich auf den »Wegfall der Geschäftsgrundlage« berufen, was ihm aufgrund der fehlenden Anpassungsmöglichkeit des Vertrags die Möglichkeit eröffnet, vom Vertrag zurückzutreten, § 62 S. 2 VwVfG i.V.m. § 313 Abs. 3 BGB. Bei dem Investor verbleibt dann allerdings das Kostenrisiko für fehlgeschlagene Aufwendungen, z.B. für bereits erbrachte Planung- und Entwicklungskosten (Näheres: *Burmeister* a.a.O. Rn. 23 m.w.N.).

Neben den Einschränkungen aus § 54 VwVfG ergeben sich zusammenfassend folgende Grenzen bzw. Grundsätze städtebaulicher Verträge:

aa) Formbedürftigkeit

Nach § 11 Abs. 1 und Abs. 2 BauGB bedürfen städtebauliche Verträge grundsätzlich der Schriftform. Städtebauliche Verträge, die nicht von den in § 11 Abs. 1 BauGB aufgezählten Vertragsgegenständen erfasst sind, unterliegen als Austauschverträge nach § 56 VwVfG nach der Generalregelung des § 57 VwVfG ebenfalls der Schriftform. Da im Rahmen einer erforderlichen Erschließung sowie der Grundstücksneuordnung regelmäßig eine Verpflichtung zum Erwerb von Grundstücken enthalten ist, ist an eine notarielle Beurkundung gemäß § 311b Abs. 1 BGB zu denken. Dies gilt selbst dann, wenn z.B. der Erschließungsvertrag »lediglich« die Verpflichtung des Erschließungsträgers enthält, in einem gesonderten Vertrag die für die Erschließung notwendigen Flächen an die Gemeinde zu übertragen (Schleswig-Holsteinisches OVG, Beschl. v. 12.09.2007, 2 LA 107/06 – NJW 2008, 601).

122

Es bestehe zwischen dem Erschließungsvertrag und der Übertragung der Erschließungsflächen an die Gemeinde regelmäßig eine rechtliche Einheit, da die Überlassung der Erschließungsflächen ohne die vorangegangene Herstellung der Erschließungsanlagen jeglicher Veranlassung entbehre und für die Betroffenen nur in dieser Verknüpfung sinnvoll sei. Folge ist also die Infektion des gesamten Vertrages mit der Pflicht zur notariellen Beurkundung nach § 62 S. 2 VwVfG i.V.m. § 311b Abs. 1 BGB. Folge des Formverstoßes ist die Gesamtnichtigkeit des Vertrages nach § 62 S. 2 VwVfG i.V.m. § 125 BGB. Aus diesem Grund wird in Fachliteratur und Rechtsprechung stets von einem Aufteilen – meist aus Kostengründen – des Erschließungsvertrages in einen Übertragungsvertrag und einen Erschließungsvertrag dringend abgeraten (detaillierter Überblick: Thebille, Erschließungsverträge in der notariellen Praxis, DNotZ 2014, 333 – 349).

Neben der Nichtigkeit kann der Formverstoß dazu führen, dass die Grundstückskäufer im Einzelfall im Kaufpreis enthaltene Kosten für die Errichtung der Erschließungsanlagen vom Investor zurück verlangen können. Die Gemeinde wiederum kann nach Feststellung der Nichtigkeit des Vertrages verpflichtet sein, Erschließungsbeiträge von den Anliegern gemäß §§ 127ff BauGB zu erheben. Ist die Gemeinde wiederum verpflichtet, im Rahmen der Rückabwicklung des Vertrages Kosten an den Investor zu erstatten, entstehen dadurch Erschließungskosten i.S.v. § 124 ff. BauGB (VGH Baden-Württemberg, Urt. v. 27.01.2015, 2 S 1840/14).

bb) Vertretung

123 Die Gemeindeordnungen enthalten unterschiedliche Regelungen zur Vertretungsvollmacht der Bürgermeister. Deswegen ist dem Investor anzuraten, auf eine Genehmigung des Gemeinde- bzw. Stadtrats zu achten. In Fällen, in denen städtebauliche Verträge kreditähnliche Geschäfte enthalten, muss an eine Genehmigung des Vertrages durch die jeweils zuständige Aufsichtsbehörde gedacht werden.

cc) Vorabbindungsverbot

124 Gemäß § 1 Abs. 3 S. 1 BauGB besteht auf die Ausstellung von Bauleitplänen und städtebaulichen Satzungen kein Anspruch. Würde sich die Gemeinde vertraglich binden können, würde dies zu einem Abwägungsausfall oder Abwägungsdefizit, und damit regelmäßig zur Nichtigkeit des Bebauungsplans führen.

dd) Kopplungsverbot

125 Hat ein Vertragspartner auch ohne den städtebaulichen Vertrag einen Anspruch auf die von der Gemeinde zu erbringende Leistung, ist die Vereinbarung gemäß § 11 Abs. 2 S. 2 BauGB unzulässig (vgl. BVerwG, Urt. v. 16.05.2000, BVerwGE 111, 162; VGH München, Urt. v. 12.05.2004 – 20 N O4.329 und 20 NE 04.336, NVwZ-RR 2005, 781).

ee) Kausalitätsgebot

126 Den Folgekostenverträgen ist durch das Erfordernis der **Ursächlichkeit** Grenzen gesetzt. So hat das BVerwG entschieden, dass Folgekosten grundsätzlich von der Gemeinde zu tragen sind, wenn die Fachgesetze keine hoheitlichen Finanzierungsinstrumente bereitstellen. Das Erfordernis der Ursächlichkeit ergibt sich bereits aus § 56 Abs. 1 S. 2 VwVfG, wonach die Gegenleistung den gesamten Umständen nach angemessen sein muss und im sachlichen Zusammenhang mit der vertraglichen Leistung der Behörde zu stehen hat (Umfassend hierzu: BVerwG, Urt. v. 29.01.2009 – 4 C 15.07; vgl. auch BVerwG, Urt. v. 14.08.1992 – 8 C 18/90, NJW 1993, 1810). Zu beachten ist, dass das Kausalitätsgebot auch eine **zeitliche** Komponente besitzt. Die gemeindlichen Aufwendungen müssen in zeitlicher Nähe zum Vorhaben des Investors anfallen. Teilweise wird eine 5-Jahres-Grenze angenommen. Zutreffender ist wohl, dass sich die zeitliche Grenze nicht anhand einer starren Vorgabe, sondern im Lichte der Planung und der sich daraus ergebenden voraussichtlichen Realisierung des Vorhabens bestimmt (vgl. BVerwG, Urt. v. 29.01.2009 – 4 C 15.07).

ff) Angemessenheitsgebot

Gemäß der Vorgabe in § 56 Abs. 1 S. 2 VwVfG sowie § 11 Abs. 2 S. 1 BauGB müssen die vereinbarten Leistungen den gesamten Umständen nach angemessen sein. Aufgrund der Verpflichtung zur Berücksichtigung der »gesamten Umstände« kann diese Angemessenheit nur anhand des konkreten Einzelfalls beurteilt werden (vgl. zur Beurteilung der Angemessenheit: Bay. VGH, Urt. v. 18.12.2008 – 4 BV 07.3067).

gg) Verbot der Planungsgewinnabschöpfung

Außer im Umlegungsverfahren sowie bei städtebaulichen Sanierungs- und Entwicklungsmaßnahmen ist eine Abschöpfung des planungsbedingten Wertzuwachses im Zusammenhang mit der Baulandausweisung grundsätzlich unzulässig.

Bei Verstößen gegen die öffentlich-rechtlichen Schranken städtebaulicher Verträge ist die Nichtigkeit der entsprechenden Vereinbarung gemäß § 134 und § 138 BGB zu prüfen. Ein Vertrauensschutz zugunsten der Gemeinden scheidet in der Regel aus. Der Ausschluss einer Rückforderung bei Leistungen in Kenntnis der Nichtschuld im Sinne des § 814 BGB ist hierbei nicht anzuwenden. Auch eine Entreicherung nach § 818 Abs. 3 BGB scheidet für die Gemeinde als Körperschaft des öffentlichen Rechts aus.

Das nachfolgend dargestellte Beispiel betrifft die Entwicklung eines ehemaligen Zechengeländes. Die zu Grunde liegenden Flächen stehen teilweise im Eigentum des Investors, teilweise im Eigentum der Stadt und teilweise im Eigentum von Dritten. Gleichzeitig mit umfasst sind Rahmenregelungen betreffend Erschließungs- und Planungsleistungen. Es ist dabei zu berücksichtigen, dass ein Muster für städtebauliche Verträge weder einen Anspruch auf Vollständigkeit noch auf eine interessengerechte Umsetzung aller Belange im Einzelfall haben kann. Da die vertraglichen Vereinbarungen immer die Besonderheiten des Einzelfalls im Blick haben müssen, kann es sich vielmehr um ein bloßes Anschauungsbeispiel und einen groben Leitfaden handeln. Weitere Hinweise für die Vertragsgestaltung und andere Muster finden sich beispielsweise in Burmeister a.a.O., Rn. 304 ff.; Krautzberger, in: Ernst/Zinkahn/Krautzberger, BauGB, § 11 Rn. 165a m.w.N. und Grziwotz, Baulanderschließung, 2. Aufl. 2008.

b) Muster Städtebaulicher Vertrag

Städtebaulicher Vertrag und Erschließungsvertrag

zwischen

der Stadt X, vertreten durch den Bürgermeister, Herrn .....,

– nachstehend »Stadt« genannt –

und

der UP GmbH ....., vertreten durch die Geschäftsführer ....., ...

– nachstehend »Investorin« genannt –

Präambel

Die Parteien beabsichtigen, das Gelände der ehemaligen Zeche XYZ in ..... gemeinsam zu entwickeln und die brach liegenden Fläche einer Nachnutzung zuzuführen. Die Stadt ist daran interessiert, für die Fläche zeitnah eine attraktive Nachnutzung zu ermöglichen und eine umfassende Kostenübernahme durch die Investorin zu erreichen. Die Investorin kann nur dann einen Beitrag zur Flächenentwicklung leisten, wenn sie ihre Gewinnerzielungsabsicht realisieren kann.

Grundlage für die zu erarbeitenden Bebauungspläne ist der durch die Investorin gefertigte Rahmenplan für die Zeche XYZ (Anlage 1 zu diesem Vertrag). Die Parteien sind sich darüber einig, dass dieser Rahmenplan die Grundlage der weiteren Flächenentwicklung darstellt. Der Investorin ist bekannt, dass ein Anspruch auf Aufstellung eines Bebauungsplanes mit einem bestimmten Inhalt oder gegen den Willen der Stadt das Fortführen eines Planaufstellungsverfahren durch diesen Vertrag nicht begründet werden kann (§§ 1 Abs. III 2; 11 I 2 Nr. 1 BauGB).

Der Rahmenplan zeichnet sich durch folgende Strukturen aus: ..... .

Die Investorin trägt alle Planungs-, Bau- und Folgekosten nach Maßgabe dieser Vereinbarung, die für die Realisierung des Rahmenplans und der aus ihm abgeleiteten Bauleitplanung erforderlich sind.

Der vorliegende Vertrag regelt auch die erforderlichen Erschließungsmaßnahmen. Darüber hinausgehende Details und Maßnahmen sind in weiteren Erschließungsverträgen oder städtebaulichen Verträgen zu regeln.

Dieser Vertrag regelt in

Abschnitt I: Städtebauliche Planung und von den Parteien zu erbringenden Leistungen,

Abschnitt II: Erschließungsmaßnahmen auf den Grundstücken der Investorin,

Abschnitt III: Erschließungsmaßnahmen auf Drittgrundstücken und

Abschnitt IV: Sonstige Regelungen.

I. Städtebauliche Planung und von den Parteien zu erbringende Leistungen

§ 1 Plangebiet und Bauleitplanverfahren

(1) Das Gebiet des Rahmenplans ..... umfasst folgende Flächen im Eigentum der Investorin, der Stadt und Dritter:

Eigentümer	Gemarkung	Flur	Flurstück	Fläche

Soweit die Investorin noch nicht Eigentümerin der Flächen ist, kann sie bereits heute über diese Fläche verfügen. Dies beinhaltet auch das Recht zur Bebauung und Erschließung. Die Vertragspartner bringen ihre Flächen in das Projekt ein. Soweit Grundstücke Dritter betroffen sind, sind auch diese Gegenstand der Bauleitplanung.

(2) Zwischen den Vertragspartnern besteht Einigkeit, dass zur Entwicklung des ehemaligen Zechengebiets neben der Änderung des Flächennutzungsplanes mehrere Verfahren zur Aufstellung/ Änderung eines Bebauungsplans notwendig sind. Die Verantwortung für die Durchführung dieser Bauleitplanverfahren obliegt ausschließlich der Stadt. Die Parteien werden die notwendigen Planungsmaßnahmen in enger Abstimmung durchführen.

§ 2 Grundlagen der städtebaulichen Planung

(1) Maßgebend für die weitere städtebauliche Planung ist der städtebauliche Rahmenplan (Anlage 1 zu diesem Vertrag). Änderungen und/oder Ergänzungen des Rahmenplanes können nur einvernehmlich zwischen den Parteien festgelegt werden.

(2) Der zwischen den Parteien vereinbarte Rahmenplan bildet die Grundlage für die Bauleitplanung. Im Rahmen der Bauleitplanung soll der Flächennutzungsplan entsprechend dem Inhalt des Rahmenplans geändert werden. Im Rahmen von Angebotsbebauungsplänen wird die Stadt einvernehmlich mit der Investorin die Inhalte des Flächennutzungs- und des Rahmenplanes umsetzen. Über die Inhalte der Bebauungspläne und die Aufteilung des Gesamtgebietes werden sich die Parteien einvernehmlich abstimmen.

(3) Dieser Vertrag begründet keinen Anspruch auf die Aufstellung von Bauleitplänen und städtebaulichen Satzungen. Die kommunale Planungshoheit wird durch diesen Vertrag nicht eingeschränkt.

§ 3 Leistungen der Investorin im Rahmen der Bebauungsplanverfahren

(1) Die Investorin verpflichtet sich, zur Unterstützung der Stadt folgende Leistungen im Rahmen der Bauleitplanung durchzuführen:
a) Die technische Ausarbeitung der Entwürfe der Bebauungspläne einschließlich der jeweiligen Begründung sowie des Umweltberichtes gem. § 4b BauGB.
b) Die Bodensanierung entsprechend den Vorgaben des Bundesbodenschutzgesetzes.
c) Die technische Vorbereitung der öffentlichen Auslegung der Entwürfe der Bebauungspläne sowie der Bürgerbeteiligung gem. § 3 I und II BauGB (z.B. Vervielfältigung der Unterlagen).
d) Mitarbeit bei der Auswertung der Ergebnisse der nichtförmlichen Beteiligung der Öffentlichkeit und der Träger öffentlicher Belange i.S. der §§ 3 I, 4 I BauGB.
e) Mitarbeit bei der Auswertung der Ergebnisse der öffentlichen Auslegung des Planentwurfes gem. §§ 3 II; 4 II 2 BauGB. Die Kompetenz zur Durchführung der in § 1 VII BauGB vorgeschriebenen Abwägung liegt ausschließlich beim Rat der Stadt.

(2) Die Investorin beauftragt im eigenen Namen und auf eigene Rechnung die im Rahmen der Bauleitplanverfahren erforderlichen Fachgutachten (z.B. Vermessungsgutachten, Schallschutzgutachten, Untersuchungen gem. § 9 II BBodSchG, Landschaftspflegerischer Fachbeitrag usw.). Die Fachgutachten sind spätestens zur Beteiligung der Öffentlichkeit, der Behörden und sonstiger Träger öffentlicher Belange fertig zu stellen.

(3) Die Investorin wird unverzüglich nach Fertigstellung jeweils ein Exemplar der Fachgutachten der Stadt aushändigen. Die Stadt ist berechtigt, die Gutachten in gleicher Weise wie die Investorin zu verwenden. Soweit erforderlich, wird die Investorin die hierfür erforderlichen Zustimmungen bei den Gutachtern einholen.

(4) Weitere Kosten im Zusammenhang mit der Bauleitplanung übernimmt die Investorin nicht. Die Stadt trägt die im Zusammenhang mit diesem Vertrag bei ihr entstehenden Sach- und Personalkosten.

§ 4 Planunterlagen

(1) Die Investorin hat das Vorhaben in geeigneter planerischer Form auf der Grundlage des Katasterplans darzustellen. Für die Inhalte der Pläne sind die Zeichen der Planzeichenverordnung maßgeblich. Die Planunterlagen sollen folgende Bestandteile beinhalten:
a) Festsetzungsplan in der Regel im Maßstab 1:500 in farbiger Ausführung mindestens mit den Festsetzungen über die Art und das Maß der baulichen Nutzung, die bebaubaren Grundstücksflächen, die Bauweise, die örtlichen Verkehrsflächen und die Erschließungsanlagen (qualifizierter Bebauungsplan).
b) Begründung für jeden Bebauungsplan gem. § 2a S. 1 BauGB einschließlich Erarbeitung der Umweltprüfung und des Umweltberichts gem. § 2 IV BauGB als Bestandteil der Planbegründung.

(2) Die Pläne, die Begründung und die Fachgutachten sind in der notwendigen Anzahl (..... Exemplare) der Stadt vorzulegen. Auf Anforderung sind von der Investorin weitere Exemplare, maximal jedoch ..... Exemplare vorzulegen. Die Vorlagen zur Vervielfältigung für das Einholen von Stellungnahmen sonstiger Dienststellen sowie Verkleinerungen der Pläne, Foliendrucke o. ä. sind kostenlos bereitzustellen.

(3) Die Investorin stellt der Stadt zusätzlich sämtliche Unterlagen in digitaler Form in einem gängigen Datei-Format kostenfrei zur Verfügung.

§ 5 Verpflichtungen der Stadt

(1) Die Stadt verpflichtet sich zur zügigen und ordnungsgemäßen Durchführung des Bauleitplanverfahrens auf Grundlage der zwischen den Parteien geschlossene Abreden und Vereinbarungen. Die Stadt stellt sicher, dass gegen die Wirksamkeit der aufzustellenden Bebauungspläne keine rechtlichen Einwände bestehen.

(2) Die Stadt wird ihre kommunalen Gremien zeitnah informieren, in das Verfahren einbinden und die Beschlussfassung über die Änderung des Flächennutzungsplans sowie über die Bebauungspläne im Rat der Stadt vorantreiben.

II. Erschließungsmaßnahmen auf den Grundstücken der Investorin

§ 6 Übertragung der Erschließungslast

(1) Die Stadt überträgt gem. § 11Abs. 1 Satz 2 Nr. 1 BauGB die Erschließung auf die Investorin. Die Umgrenzung des Erschließungsgebietes ergibt sich aus dem als Anlage 2 zu diesem Vertrag beigefügten Plan (Erschließungsplan). Für die Art, den Umfang und die Ausführung der Erschließung sind folgende Unterlagen maßgebend:
a) Der zwischen den Parteien noch einvernehmlich abzustimmende Erschließungsplan mit den im Einzelnen zu bestimmenden Erschließungsanlagen auf der Grundlage des städtebaulichen Rahmenplans,
b) die sonstigen öffentlich-rechtlichen Genehmigungen und Erlaubnisse.

(2) Die Investorin verpflichtet sich zur Herstellung der Erschließungsanlagen auf eigene Rechnung.

§ 7 Herstellung der Anlagen

(1) Die Investorin erstellt im eigenen Namen und auf eigene Rechnung in Abstimmung mit der Stadt die Entwurfs- und Bauausführungspläne für die Erschließungsanlagen.

(2) Die Investorin verpflichtet sich, die im beigefügten Rahmenplan dargestellten Straßen und Wegeflächen sowie die Grünflächen in dem Umfang fertig zu stellen, der sich aus dem mit der Stadt noch abzustimmenden Erschließungsplan ergibt. Die Erschließungsanlagen sollen zeitlich entsprechend den Erfordernissen der voranschreitenden Bebauung hergestellt und spätestes bis zur weitgehenden Fertigstellung der anzuschließenden Bauten im Endausbau hergestellt sein.

(3) Die Erschließung nach diesem Vertrag umfasst die erstmalige Herstellung der öffentlichen Straßen, Wege und Plätze, einschließlich Fahrbahn, Parkflächen, Gehwege, Straßenentwässerung und Straßenbeleuchtung sowie die Herstellung der selbständigen öffentlichen Grünanlagen.

§ 8 Ausführung der Erschließungsarbeiten

(1) Die Parteien sind sich darüber einig, dass wegen des Eigentums der Investorin an den Grundstücken mit diesem Vertrag kein Vertrag über eine Baukonzession im Sinne von § 105 GWB abgeschlossen ist und die Investorin daher kein öffentlicher Auftraggeber im Sinne von § 99 Nr. 6 GWB ist.

(2) Die Investorin wird mit den auszuführenden Firmen vereinbaren, dass die folgenden Unterlagen in der zum Zeitpunkt der Vereinbarung mit den Firmen gültigen Fassung Vertragsgrundlage werden:
a) Die »Zusätzlichen technischen Vertragsbedingungen für die Ausführung von Entwässerungsarbeiten der Stadt« in der Fassung vom .....,
b) die »Zusätzlichen technischen Vertragsbedingungen für die Ausführungen von Straßenbauarbeiten der Stadt« in der Fassung vom .....,
c) die »Vergabe- und Vertragsordnung für Bauleistungen (VOB/B)«.

(3) Die Beschreibung der Leistungspositionen in technischer Hinsicht hat nach den Vorgaben der Stadt zu erfolgen, soweit hierdurch eine wirtschaftliche Umsetzung durch die Investorin möglich ist.

§ 9 Baudurchführung

(1) Der Beginn der Arbeiten ist der Stadt schriftlich eine Woche zuvor mitzuteilen.

(2) Die Investorin wird auf eigene Kosten durch ein von ihr beauftragtes Ingenieurbüro die Bauüberwachung durchführen lassen. Die Stadt oder ein von ihr beauftragter Dritter ist berechtigt, die ordnungsgemäße Ausführung der Arbeiten ebenfalls zu überwachen. Die hierdurch entstehenden Kosten trägt die Stadt.

(3) Für die Ausführung der Arbeiten darf die Investorin nur fachlich geeignete, leistungsfähige und zuverlässige Unternehmen einsetzen. Bei der Auftragsvergabe ist die Investorin an die Regelungen der §§ 97 ff. GWB, SektVO, VgV samt VOL/A, VOB/A und VOF gebunden, soweit die

Stadt bei der Vergabe an die Regelungen dieser Vorschriften gebunden wäre (vgl. *Würfel/Butt*, NVwZ 2003, 153).

(4) Die Investorin hat dafür Sorge zu tragen, dass die Versorgungseinrichtungen für das Erschließungsgebiet (z.B. für Telefon- und Antennenanschluss, Strom-, Gas- und Wasserleitungen) so rechtzeitig in die Verkehrsflächen verlegt werden, dass die Herstellung der Erschließungsanlagen nicht behindert wird. Ein Aufbruch fertig gestellter Anlagen soll vermieden werden. Die Verlegung von Kabeln muss zwingend unterirdisch erfolgen.

(5) Über die Herstellung der Wasser-, Energie- und Gasversorgungsanlagen hat die Investorin ggf. im Einvernehmen mit der Stadt besondere Verträge mit den zuständigen Versorgungsträgern abzuschließen.

(6) Die Investorin hat die Straßenbeleuchtung durch den zuständigen Versorgungsträger zu veranlassen.

§ 10 Verkehrssicherung

(1) Vom Beginn der Erschließungsarbeiten trifft die Investorin auf ihren Grundstücken die Verkehrssicherungspflicht. Die Investorin haftet bis zur Übernahme der Anlagen durch die Stadt für Schäden, die infolge der Erschließungsarbeiten verursacht werden. Dies gilt auch dann, wenn die Investorin die Haftung auf einen Dritten übertragen hat. Die Investorin stellt die Stadt insoweit von etwaigen Schadensersatzansprüchen Dritter frei.

(2) Bis zur Abnahme durch die Stadt hat die Investorin die Gefahr des zufälligen Untergangs oder der zufälligen Verschlechterung der in der Herstellung befindlichen Erschließungsanlage zu tragen.

§ 11 Abnahme

(1) Nach Fertigstellung der Baumaßnahme erfolgt eine Abnahme, die bei der Stadt schriftlich zu beantragen ist. Die Investorin hat das Recht auf Teilabnahmen nach Abschnitten und Einrichtungen, soweit und sobald die Teilabnahmefähigkeit besteht. Die Teilabnahmefähigkeit liegt insbesondere dann vor, wenn einzelne Teilleistungen (z.B. Kanalisation oder Fahrbahn) für einen Straßenabschnitt fertig gestellt sind. Ein Straßenabschnitt umfasst hierbei die Wegstrecke von einem Kreuzungs- oder Einmündungsbereich bis zum nächsten Kreuzungs- oder Einmündungsbereich.

(2) Die Investorin zeigt der Stadt die vertragsgemäße Herstellung der Anlagen oder Anlageabschnitte schriftlich an. Die Stadt setzt einen Abnahmetermin auf einen Tag innerhalb von zwei Wochen nach Eingang der Anzeige fest. Vor der Abnahme der Baumaßnahme hat die Investorin alle in dieser Vereinbarung genannten Nachweise und Unterlagen der Stadt vorzulegen.

(3) Die fertig gestellten Erschließungsanlagen oder Erschließungsanlagenteile werden bei einer gemeinsamen Abnahme mit der Stadt förmlich abgenommen. Über die Abnahme wird ein Protokoll gefertigt, welches von beiden Seiten unterzeichnet wird. Das Protokoll enthält den Umfang der abgenommenen Leistungen, die festgestellten Mängel, die Fristen, in denen die Mängel zu beheben sind, sowie den Termin für den Ablauf der Gewährleistungsfristen. Der Investorin ist es gestattet, in dem Abnahmetermin auch die Abnahme gegenüber dem bauausführenden Unternehmen vorzunehmen.

(4) Die Stadt übernimmt die Erschließungsanlagen, sofern keine wesentlichen Mängel festgestellt werden, mit dem Tag, der auf die Abnahme folgt. Mit der Übernahme gehen die Anlagen in den Besitz sowie in die Unterhaltungspflicht der Stadt über. Bei der Abnahme festgestellte geringfügige Mängel sind innerhalb von zwei Monaten nach dem Abnahmetermin zu beseitigen und die Beseitigung ist der Stadt schriftlich mitzuteilen. Danach findet innerhalb von 12 Werktagen eine förmliche Nachabnahme statt.

§ 12 Gewährleistung

(1) Die Investorin übernimmt die Gewähr, dass ihre Leistung zur Zeit der Abnahme durch die Stadt die vertraglich vereinbarten Voraussetzungen erfüllt und den anerkannten Regeln der Technik entspricht.

(2) Die Investorin wird mit den bauausführenden Unternehmen Verträge nach VOB/B abschließen. Die Gewährleistungsfrist wird auf fünf Jahre verlängert. Entsprechend der VOB/B wird sich die Investorin von den bauausführenden Unternehmen eine unbefristete selbstschuldnerische Gewährleistungsbürgschaft in Höhe von 5 % der jeweiligen Abrechnungssumme gem. § 17 VOB/B übergeben lassen. Die Investorin tritt ihre Gewährleistungsansprüche und ihre Ansprüche aus der Gewährleistungsbürgschaft mit der mängelfreien Abnahme bezüglich der einzelnen Erschließungsanlagen an die Stadt ab. Die Stadt nimmt diese bereits jetzt an und entlässt gleichzeitig die Investorin aus der Gewährleistungspflicht. Die Investorin überlässt im Anschluss an die Abnahme die Originale der Abrechnungen und der Aufträge der Stadt.

(3) Mit der Abnahme bestätigt die Stadt die Übernahme der ausgebauten Straße in ihre Verwaltung sowie die Übernahme der Unterhaltungs- und Verkehrssicherungspflicht sowie die Übernahme der Baulast für die Erschließungsanlagen.

§ 13 Übernahme der Erschließungsanlagen *(Die Klausel führt zur Infektion des gesamten Vertrages mit der Form des § 311b Abs. 1 BGB, vgl. Rdn. 122)*

(1) Im Anschluss an die Abnahme der Erschließungsanlagen übernimmt die Stadt diese kosten- und lastenfrei in ihren Besitz. Die Investorin wird die Erschließungsflächen nach mängelfreier Abnahme der Erschließungsanlagen aufgrund eines gesondert abzuschließenden notariellen Vertrages entsprechend der Anlage 3 (Notarvertrag) unentgeltlich-, kosten- und lastenfrei an die Stadt übereignen. Dabei besteht zwischen den Parteien Einigkeit darüber, dass die Flächen unter Ausschluss jeglicher Gewähr für Zustand und Beschaffenheit, insbesondere bezüglich Bodenverunreinigungen und Bergschäden jeglicher Art übertragen werden. Die Straßenschlussvermessung für die zu übertragenen Flächen wird von der Stadt durchgeführt. Die hierdurch entstehenden Kosten trägt die Stadt.

(2) Soweit die Stadt die für die Erschließung notwendigen Flächen nicht übernimmt, obwohl die Investorin die Erschließungsanlagen entsprechend dem Erschließungsvertrag hergestellt hat, verpflichtet sich die Stadt zum Ersatz der der Investorin hierdurch entstandenen Kosten sowie der hierdurch entstehenden weiteren Schäden auf Seiten der Investorin.

(3) Die Stadt bestätigt die Übernahme der Erschießungsanlagen in ihre Verkehrssicherung und Unterhaltung binnen einer Woche nach Abnahme schriftlich.

(4) Die Widmung der Straßen, Wege und Plätze erfolgt durch die Stadt. Die Investorin stimmt der entsprechenden Widmung bereits jetzt zu.

III. Erschließungsmaßnahmen auf Drittgrundstücken

§ 14 Baumaßnahmen der Stadt

(1) Die Stadt verpflichtet sich zur Durchführung folgender Leistungen:

……

(2) Die Stadt wird die ihr obliegenden Maßnahmen einvernehmlich und zügig in Abstimmung mit der Investorin durchführen. Sofern die Stadt die sofortige Kostenübernahme nicht wünscht, kann eine Vorfinanzierung durch die Investorin erfolgen. Die Einzelheiten bleiben einer gesonderten Vereinbarung vorbehalten, die ggfs. Anlage 4 zu diesem Vertrag wird.

IV. Sonstige Regelungen

§ 15 Allgemeine Pflichten der Parteien

(1) Die Investorin wird die Stadt über den jeweiligen Stand der Planung unterrichten und auf Verlangen auch sonst jede erbetene sachdienliche Auskunft zu den übertragenden Aufgaben erteilen.

(2) Die Investorin und die Stadt werden nicht für die Öffentlichkeit bestimmten Unterlagen und Daten, die die Stadt zur Durchführung der Maßnahmen verlangt, vertraulich behandeln und nur im gemeinsamen Einvernehmen an Dritte weitergeben.

(3) Solange die Investorin die in diesem Vertrag erwähnten Verpflichtungen noch nicht erfüllt hat, verpflichtet sie sich, eventuellen Rechtsnachfolgern ihre Verpflichtungen aus diesem Vertrag mit der Maßgabe aufzuerlegen, diese im Falle von weiteren Rechtsnachfolgern an diese Rechtsnachfolger entsprechend weiter zu geben. Die Investorin haftet der Stadt gegenüber insoweit als Gesamtschuldner für die Erfüllung des Vertrages neben einem etwaigen Rechtsnachfolger, sofern sie durch die Stadt nicht ausdrücklich aus der Haftung entlassen wird.

§ 16 Naturschutzrechtliche Ausgleichsmaßnahmen

(1) Die Investorin hat als Ausgleich für die zu erwartenden Eingriffe in Natur und Landschaft auf den im Bebauungsplan gekennzeichneten Flächen zum Ausgleich i.S.d. § 1a Abs. 3 BauGB spätestens bis ..... die im Gutachten des ..... vorgesehenen ökologischen Ausgleichsflächen und -maßnahmen (Anlage X) entsprechend den Auflagen der Genehmigungsbehörde vollständig auszubauen und zu bepflanzen. Sollten aus Witterungsgründen die Neupflanzungen im Bauplanungsgebiet nicht bis ..... möglich sein, sind diese spätestens in der ersten auf die Bezugsfertigkeit folgenden Pflanzperiode vorzunehmen.

(2) die Maßnahmen zum Ausgleich nach BauGB sind auf die Dauer von ..... Jahren zu erhalten. Die Investorin hat insbesondere nach erfolgter Neupflanzung die Entwicklungspflege der Erstpflanzung fachmännisch durchzuführen, diese Bepflanzungen auf Dauer am Standort zu belassen und alle notwendigen Pflege-, Nachpflanzungs- und Unterhaltungsmaßnahmen auf Dauer jeweils ordnungsgemäß vorzunehmen oder durch Dritte vornehmen zu lassen, so dass die Gestaltung nachhaltig erhalten bleibt.

(3) Zur Sicherung der vorgenannten Verpflichtungen unter (1) und (2) hat die Investorin spätestens bis Baubeginn die für die Gutachten des ..... vorgesehenen Ausgleichsflächen (Anlage X) zu Gunsten der Gemeinde eine entsprechende Reallast sowie eine beschränkt persönliche Dienstbarkeit zu bestellen, die unter anderem eine Betretungsrecht auf dem Grundstück für die Kompensationsmaßnahmen beinhalten muss.

(4) Die Investorin wird gemäß § 4c BauGB alle im Umweltbericht festgehaltenen Maßnahmen zur Überwachung der erheblichen Umweltauswirkungen auf eigene Kosten durchführen und den Gemeinden unverzüglich deren Ergebnisse samt Maßnahmendokumentation übergeben. Sollte sich daraus ergeben, dass insoweit eine Planungserforderlichkeit i.S. einer Planungspflicht i.S. von § 1 Abs. 3 BauGB mit Blick auf einen ausreichenden natur- und waldschutzrechtlichen Ausgleich besteht, trägt die Investorin die Kosten für Planung, Herstellung und Pflege etwaigen Ausgleichs.

§ 17 Beitragspflicht

Die Stadt erhebt bei zukünftigen Eigentümern der baulichen Anlagen keine Kanalanschlussbeiträge für die Niederschlags- und Schmutzwasserentwässerung nach § 8 KAG NRW. Ebenso wenig erhebt die Stadt für die Herstellung der Erschließungsanlage Erschließungsbeiträge im Sinne der §§ 127 ff. BauGB bei zukünftigen Eigentümern der baulichen Anlagen.

§ 18 Sicherheiten

(1) Zur Erfüllung ihrer Verpflichtungen aus diesem Vertrag hat die Investorin der Stadt Sicherheit durch Übergabe einer selbstschuldnerischen, unbedingten, unbefristeten und unwiderruflichen Bürgschaft eines deutschen oder EU-weit zugelassenen Kreditinstituts zu überreichen. Die Bürgschaft muss den Anforderungen des Musters entsprechen, welches als Anlage 5 diesem Vertrag beigefügt ist. Folgende einzelne Bürgschaften sind bis zur öffentlichen Auslegung des ersten für das Rahmenplangebiet erstellten Bebauungsplanes der Stadt zu übergeben.
a) Bankbürgschaft über ..... € für .....
b) Bankbürgschaft über ..... € für .....
c) Bankbürgschaft über ..... € für .....

(2) Die Stadt ist berechtigt, die durch Bankbürgschaft gesicherten Maßnahmen jeweils selbst durchzuführen, wenn die Investorin die Maßnahmen trotz angemessener Fristsetzung durch die Stadt nicht durchführt. Die Stadt ist weiterhin berechtigt, wegen der Kosten der Ersatzvornahme auf die Bürgschaften zurückzugreifen.

(3) Nach Durchführung der jeweiligen durch eine Bürgschaft abgesicherten Maßnahme ist die Stadt verpflichtet, die Bürgschaft unverzüglich an die Investorin zurückzugeben.

(4) Hat die Investorin wirksam ihr Rücktrittsrecht gemäß § 19 dieses Vertrages ausgeübt, sind die Bürgschaften unverzüglich durch die Stadt an die Investorin zurückzureichen.

§ 19 Rücktrittsrecht

(1) Für den Fall, dass innerhalb von drei Jahren nach Vertragsabschluss der Bebauungsplan bzw. die Bebauungspläne für das Vertragsgebiet nicht in Kraft getreten sind oder von dem vorliegenden Rahmenplan nicht unwesentlich abgewichen wird, ist die Investorin berechtigt, vom Vertrag zurückzutreten.

(2) Das Rücktrittsrecht besteht nicht, wenn lediglich unwesentliche Abweichungen vom Rahmenplan vorliegen. Hierbei sind unwesentlich alle Änderungen bzw. Anpassungen, die keine wirtschaftliche Auswirkung auf den Wert bzw. die Nutzung der Investorengrundstücke haben.

(3) Das Rücktrittsrecht kann nur innerhalb von sechs Wochen nach seiner Entstehung ausgeübt werden. Der Rücktritt erfordert zu seiner Wirksamkeit den fristgerechten Zugang der Rücktrittserklärung durch eingeschriebene Briefe bei der Stadt.

(4) Das Rücktrittsrecht erlischt im Zeitpunkt des Inkrafttretens des Bebauungsplanes, falls es bis zu diesem Zeitpunkt nicht bereits rechtswirksam ausgeübt wurde.

(5) Im Falle des berechtigten Rücktritts trägt die Stadt die auf Seiten der Investorin entstandenen Planungskosten. Weiterer Schadensersatz ist ausgeschlossen.

§ 20 Salvatorische Klausel

Sollte eine Bestimmung dieses Vertrages unwirksam und/oder undurchführbar sein oder werden, soll die Wirksamkeit der übrigen Bestimmungen des Vertrages hierdurch nicht berührt werden. Die unwirksame bzw. undurchführbare Bestimmung ist durch eine rechtlich wirksame Bestimmung zu ersetzen, die den mit der unwirksamen Regelung erstrebten rechtlichen und wirtschaftlichen Erfolg möglichst nahe kommen (siehe dazu BVerwG, Beschl. v. 29.10.2010 – 9 B 9.10, NVwZ 2011, 125). Dies gilt entsprechend im Falle einer Regelungslücke.

§ 21 Stadtratsbeschluss

Der Zustimmungsbeschluss des Stadtrates zu diesem städtebaulichen Vertrag ist dieser Urkunde als Anlage 6 in beglaubigter Abschrift beigefügt.

§ 22 Vertragsausfertigung

Dieser Vertrag wird in zweifacher Ausfertigung erstellt. Jede Vertragspartei erhält eine unterzeichnete Ausfertigung.

XY, den .....

für die Stadt

.....	.....
(Ort, Datum)	(Bürgermeister)

für die Investorin

.....	.....
(Ort, Datum)	(Unterschrift)

c) Erläuterungen

Zum Rubrum: 130

Wie bei allen Verträgen ist darauf zu achten, dass die Parteien richtig bezeichnet werden. Hierbei sind insbesondere auch die Vertretungsverhältnisse richtig darzustellen, d.h. beispielsweise die Vertretung der GmbH durch ihre Geschäftsführer und der Stadt durch ihre bevollmächtigten Organe. Sofern Abkürzungen für die Parteibezeichnung aufgenommen werden (beispielsweise »Stadt«) muss darauf geachtet werden, dass die Bezeichnung im Vertragstext durchgängig Verwendung findet. Wie bei allen vertraglichen Regelungen ist darauf zu achten, dass klare und eindeutige Begriffe Verwendung finden. Ein Begriff sollte hierbei nicht in unterschiedliche Sinnzusammenhänge und mit mehreren Bedeutungen verwendet werden. Auch ist zu prüfen, ob nach der jeweiligen Gemeindeordnung der Stadtrat dem Abschluss eines städtebaulichen Vertrags zustimmen muss.

Zur Präambel: 131

Dem Vertrag ist eine Präambel vorangestellt. Eine Präambel ist hilfreich, um die jeweiligen Ziele und Vorstellungen der Parteien vorab darzustellen. Dritten – beispielsweise einem Gericht im Streitfall – kann der Inhalt der Präambel als Auslegungshilfe für Unklarheiten im Vertrag dienen. Die Parteien sollten daher darauf achten, dass ihre Zielvorstellungen, Wünsche und Erwartungen in der Präambel bereits klar zum Ausdruck kommen.

Für einen außenstehenden Dritten wird aufgrund der Präambel ersichtlich, dass die Stadt zum einen keine finanzielle Mittel hat, um die brach liegenden Flächen zu bebauen und der Investor ein Interessen daran hat, nur im Rahmen einer wirtschaftlich sinnvollen Entwicklung tätig zu werden. Was für die Parteien Vertragsgrundlage und möglicherweise ein »Deal-Breaker« ist, ist von vorne herein klargestellt. Auch klargestellt ist, dass die Parteien Kenntnis davon haben, dass ein Anspruch des Investors auf einen Bebauungsplan oder auf bestimmte Festlegungen innerhalb des Plangebietes auf Grund der Regelung des § 1 Abs. 3 BauGB nicht besteht. Dieses vorangestellt, kann in der Präambel dann das zu beplanende bzw. das zu bebauende Gebiet näher beschrieben werden. Auch könnten Art und Maß der baulichen Nutzung, die überbaubaren Grundstücksflächen und die örtlichen Verkehrsflächen sowie die wesentlichen Erschließungsanlagen bereits grob skizziert werden.

Die Kostenübernahme durch den Investor ist ein berechtigtes Interesse der Stadt. Auch die Übernahme von Folgekosten ist regelmäßig Gegenstand eines städtebaulichen Vertrages, da beispielsweise durch die Mehransiedlung von Familien erhöhter Bedarf an Kindergartenplätzen und Schulen entsteht. Sofern durch den Ausbau oder Neubau von Schulen oder Kindergärten Mehrkosten durch die Maßnahmen des Investors auf Seiten der Stadt entstehen, kann die Stadt diese Kosten anteilig und ggf. zeitlich begrenzt, in einem städtebaulichen Vertrag auf den Investor umlegen. 132

Die Folgekostenvereinbarung ist in städtebaulichen Verträgen eine zwischen den Parteien viel diskutierte Frage. Die Städte haben ein erhebliches Interesse daran, möglichst weitgehende Folgekostenvereinbarungen zu treffen. Allerdings ist hierbei zu berücksichtigen, dass nur die Kosten auf den Investor übertragen werden können, die in ursächlichem Zusammenhang mit dem geplanten Vorhaben entstanden sein können. Die Kosten müssen ursächlich auf die Maßnahme zurückzuführen sein und hierbei in engem zeitlichen Zusammenhang mit diesen Maßnahmen stehen. Teilweise wird hierbei von einer »5-Jahres-Grenze« ausgegangen. Zutreffender ist wohl, die zeitliche Grenze nicht anhand einer starren Vorgabe, sondern im Lichte der Planung und der sich daraus ergebenden voraussichtlichen Realisierung des Vorhabens zu bestimmen (vgl. BVerwG, Urt. v. 29.01.2009 – 4 C 15.07). Die entstehenden Kosten müssen grundsätzlich ursächlich auf das Projekt des Investors rückführbar sein (vgl. hierzu Ziffer 5 der Einleitung). Grenzen des Ursachenzusammenhangs ergeben sich einerseits daraus, dass die Stadt oder Gemeinde nicht berechtigt ist, über eine Folgekostenregelung eigene Versäumnisse bei Infrastrukturmaßnahmen nachzuholen. Zudem darf sich die Stadt vom Investor nicht Einrichtungen vorfinanzieren lassen, die 133 zukünftigen Bedarf abdecken sollen, der unmittelbar durch die Investitionsmaßnahme nicht entsteht.

Als folgekostenfähige städtebauliche Maßnahmen können beispielhaft aufgezählt werden:
- Kindergärten und Grundschulen,
- öffentliche Spielplätze und Sportanlagen,
- Schwimmbäder und Freizeiteinrichtungen,
- Senioreneinrichtungen.

Unter Folgekostenverträge fallen nicht nur Vereinbarungen über die Erweiterung bestehender Einrichtungen, sondern auch deren Neuerrichtung. Hierfür muss aber zunächst der konkrete Bedarf durch die Stadt ermittelt und dargelegt werden, d.h. der Bevölkerungszuwachs und der hieraus zu erwartende Bedarf an den zur Verfügung zu stellenden Einrichtungen.

▶ Hinweis:

134 Eine Gliederung bzw. eine Darstellung der Struktur des Vertrags ist dann sinnvoll, wenn es sich – wie regelmäßig bei städtebaulichen Verträgen – um ein umfassenderes Vertragswerk handelt. Zumindest die Grobstruktur sollte daher von vorneherein deutlich gemacht werden.

135 Zu § 1 Abs. 1: Die Grundstücke können im Eigentum der Parteien oder auch im Eigentum von Dritten stehen. Regelmäßig wird aber der Investor Alleineigentümer des Grundbesitzes sein. Dann sollten nur der Grundbuchstand und die Belastungen aufgenommen werden.

Wenn die Investorin noch nicht Eigentümer aller Flächen ist, besteht für die Investorin somit die Verpflichtung, zunächst im Verhältnis zu Dritteigentümern die Verfügungsbefugnis zu erlangen und dann Eigentümerin der Grundstücke zu werden.

136 Zu § 1 Abs. 2: Die Parteien haben klargestellt, dass die Verantwortung für die Durchführung der Bauleitplanung der Stadt obliegt, jedoch in enger Abstimmung mit dem Investor erfolgen soll. Die Parteien stellen daher nochmals ihre Aufgabenverteilung und die Zielsetzung dar.

Werden öffentliche Verkehrsflächen durch den Investor im Rahmen eines Erschließungsvertrages hergestellt, lässt sich die Stadt regelmäßig den Anspruch auf Eigentumsübertragung dieser Flächen durch eine Auflassungsvormerkung gemäß § 883 BGB sichern. Häufig finden sich daher in einem städtebaulichen Vertrag Regelungen über Auflassungsvormerkungen.

137 Zu § 2: Der Investor hat regelmäßig ein starkes Interesse daran, dass die Bauleitplanung seinen wirtschaftlichen Anforderungen an das Projekt gerecht wird. Aus diesem Grunde sollte der Investor dafür sorgen, dass die Inhalte der Bauleitplanung mit der Stadt abgestimmt und entsprechende Vereinbarungen getroffen werden. Gemäß § 1 Abs. 3 Satz 2 BauGB besteht zwar kein Anspruch auf die Aufstellung von Bauleitplänen bzw. auf bestimmte Inhalte derselben. Auch kann ein solcher Anspruch durch Vertrag nicht begründet werden (§ 1 Abs. 3 Satz 2, 2. Halbsatz BauGB). Der Investor muss aber darauf hinwirken, dass nicht nur seinen wirtschaftlichen Interessen Rechnung getragen wird, sondern auch, dass die Geschäftsgrundlage zwischen den Parteien klar definiert ist: Wie oben dargestellt, kann der Investor nämlich lediglich über den Wegfall der Geschäftsgrundlage die Bindung an den Vertrag aufheben, wenn die Stadt seinen Wünschen bzw. wirtschaftlichen Möglichkeiten und Vorgaben nicht entspricht. Hierzu ist es aber zunächst erforderlich, dass die Geschäftsgrundlage zwischen den Parteien klar definiert ist.

Vorliegend haben die Parteien einen Rahmenplan entwickelt, der zwischen den Parteien als verbindlich anerkannt werden sollte. Auf Grundlage dieser abgestimmten Rahmenplanung sollten dann durch Änderung des Flächennutzungsplanes entsprechend der Struktur des Rahmenplanes einzelne Bebauungspläne aus dem Flächennutzungsplan entwickelt werden.

13. Städtebauliche Verträge

Es ist empfehlenswert, dass die Parteien ihre gemeinsamen Zielvorstellungen definieren. Hierfür bietet sich auch ein »letter of intent« an, in dem die gemeinsamen Zielsetzungen klar definiert werden. Vielfach leiden städtebauliche Verträge daran, dass konkrete Vorstellungen der Parteien nicht im Vorhinein ausreichend diskutiert und klargestellt wurden, so dass es im Nachhinein zu – vermeidbaren – Meinungsverschiedenheiten kommt.

Gegenstand der Vereinbarung kann ein sogenanntes »Einheimischenmodell« sein. »Einheimischenmodelle« bezeichnen Verträge zwischen Stadt bzw. Gemeinde und Investor, die bereits im Rahmen der Bauleitplanung sicherstellen sollen, dass bei der Bebauung neuer Grundstücke Ortsansässige bevorzugt werden. Da § 11 Abs. 1 Satz 2 Nr. 2 BauGB Gemeinden erlaubt, Verträge zur Deckung des Wohnbedarfs der ortsansässigen Bevölkerung abzuschließen, ist das sogenannte »Einheimischenmodell«, grundsätzlich zulässig (weiterführend dazu: Burmeister a.a.O. Rn. 115 ff. m.w.N.).

Zu § 3: Von besonderer Bedeutung ist die Regelung der Aufgabenverteilung im städtebaulichen Vertrag. Der Investor wird mit der städtebaulichen Planung und deren Ausarbeitung beauftragt. Hierzu gehört vielfach auch die Übernahme von Verfahrensschritten im Rahmen der Erstellung der Bebauungspläne. Denkbar wäre auch, dass der Investor nicht nur mit Teilaufgaben aus der Bauleitplanung beauftragt wird, sondern mit der umfassenden Ausarbeitung der Bebauungspläne im Entwurf, einschließlich der dazugehörigen Begründungen. Die Verantwortung für das Planaufstellungsverfahren verbleibt aber gemäß § 11 Abs. 2 Nr. 1 BauGB bei der Gemeinde. Zur Übernahme von Sach- und Personalkosten der Gemeinde durch den Investor in einem städtebaulichen Vertrag vgl. BVerwG, Urt. v. 25.11.2005 – 4 C 15.04, BauR 2006, 649.

138

Zu § 6: Grundsätzlich kann gemäß § 11 Abs. 1 Satz 2 Nr. 1 BauGB eine Stadt oder Gemeinde die Erschließung eines Baugebietes oder Grundstückes auf einen Dritten übertragen. Hinsicht der Person des Dritten hat des Bundesverwaltungsgericht mit Urt. v. 01.12.2010 (9 C 8.09 – BauR 2011, 945) entgegen der Auffassung mehrerer Obergerichte und der herrschenden Auffassung in der Literatur entschieden, dass eine gemeindliche Gesellschaft, die im mehrheitlichen oder Alleineigentum der Gemeinde steht, kein Dritter im vorgenannten Sinn ist und der Vertrag daher nichtig ist.

139

Die Übertragung erfolgt ebenfalls in einem städtebaulichen Vertrag, der wiederum – wie im vorliegenden Beispiel – Bestandteil eines städtebaulichen Vertrages oder ein selbstständiger städtebaulicher Vertrag sein kann. Die Stadt hat durch einen Erschließungsvertrag den Vorteil, dass sie erheblichen Eigenaufwand erspart. Im Vordergrund steht also auch hier die Kostenersparnis. Im Außenverhältnis verbleibt die Erschließungslast aber bei der Stadt. Sie wird lediglich im Innenverhältnis auf den Investor übertragen. Für den Investor hat der Erschließungsvertrag den Vorteil, dass er das Gebiet zügig selbst erschließen und die Erschließungskosten dann auf die einzelnen Grundstückserwerber der bebauten Flächen umlegen kann. Im Vordergrund steht für den Investor also die Kostensicherheit und auch die Beschleunigung: Dadurch, dass er selbst die Flächen erschließt, ist er in der Lage, die Maßnahmen selbst zu steuern und umzusetzen, was regelmäßig mit einem erheblichen Zeitvorteil verbunden ist.

Nach Errichtung der Erschließungsanlagen werden diese auf die Gemeinde unentgeltlich übertragen. Diese Übertragungspflicht wird bereits in den städtebaulichen Verträgen festgeschrieben. Dies ist auch vorliegend erfolgt (s.u.).

Zu § 7: Gemäß § 123 Abs. 1 BauGB ist es Aufgabe der Gemeinde, die Erschließung durchzuführen. Wie dargestellt, kann sie diese Aufgabe aber an Dritte übertragen. Der Investor sollte im Falle der Übernahme von Erschließungspflichten sorgfältig darauf achten, dass der Leistungsumfang klar definiert ist. Beispielsweise könnte eine Klausel auch wie folgt lauten:

140

»Der Investor verpflichtet sich zur Herstellung folgender öffentlicher Straßen, Wege und Plätze einschließlich der dazugehörigen Beleuchtung für das gesamte Vertragsgebiet sowie der erforderlichen Kanalisation. Damit schuldet er folgende Leistungen:

a) Straßen
b) Bürgersteige und Radwege
c) Beleuchtung
d) Straßenentwässerung und Kanalisation
e) Straßenbeschilderung
f) Grünanlagen einschließlich des Straßenbegleitgrüns.

Die Parteien vereinbaren, dass Grundlage die zwischen den Parteien einvernehmlich festgestellte Ausbauplanung (Anlage …) ist.«

141 **Zu § 8 Abs. 1:** Für das Vorliegen einer Baukonzession (zu Baukonzessionen vgl. Terwiesche, in: ders. [Hrsg.], Handbuch des Fachanwalts Verwaltungsrecht, 2009, Kap. 42 Rn. 133–140. Ebenso Hoffmann, in: H/dW, Handbuch öffentliches Baurecht, Kapitel P Rn. 191. Zutreffend auch Eschenbruch, in: Kulartz/Kus/Portz [Hrsg.], Kommentar zum GWB-Vergaberecht, 2. Aufl. 2009, § 98 Rn. 349: *»Aufgrund der Klarstellung … in § 99 Abs. 6 GWB wird grundsätzlich nicht davon auszugehen sein, dass alleine die einem Investor aufgrund seiner Eigentümerstellung zustehenden Möglichkeiten zur Veräußerung der von ihm errichteten Bauwerke bzw. aufgewerteten Grundstücke eine vergabepflichtige Konzession begründet. Wenn es also bei Investorenprojekten – wie üblich – an einer Gegenleistung des öffentlichen Auftraggebers fehlt, kann die fehlende Entgeltlichkeit nicht über die Konstruktion einer Konzession bejaht werden.«*) ist erforderlich, dass die Stadt und nicht der Vorhabenträger Eigentümer der Grundstücke ist, auf denen das Vorhaben und die Erschließungsmaßnahmen verwirklicht werden sollen. Das Eigentum des Vorhabenträgers schließt es aus, dass die Stadt ein Nutzungsrecht im Sinne von Art. 1 III Richtlinie 2004/18/EG; § 99 VI GWB überträgt (EuGH, Urt. v. 25.03.2010 – C-451/08, Helmut Müller, VergabeR 2010, 441 Nr. 72–74).

Häufig wird von den Städten und Gemeinden Wert darauf gelegt, ein Mitbestimmungsrecht bei der Auswahl des Ingenieurbüros zu haben. Es wird dann die Klausel aufgenommen, dass das Ingenieurbüro »im Einvernehmen mit der Stadt« ausgesucht werden soll. Folgende Problematik stellt sich aber in der Praxis: Wie wird das Einvernehmen über ein bestimmtes Ingenieurbüro hergestellt, wenn die Parteien unterschiedlicher Auffassung über die Qualität eines Ingenieurbüros sind? Im Ergebnis wird daher nach diesseitiger Auffassung davon abgeraten, derartige Klauseln aufzunehmen. Sollte das »Einvernehmen« von einer Stadt oder Gemeinde gefordert werden, empfiehlt es sich, eine Klausel aufzunehmen, die die Verweigerung des Einvernehmens definiert. Es bietet sich folgende Formulierung an:

»Der Investor wird im Einvernehmen mit der Stadt ein qualifiziertes Ingenieurbüro beauftragen. Die Stadt kann ihr Einvernehmen nur verweigern, wenn sachlich begründete Bedenken gegen die Qualität des Ingenieurbüros bestehen. Ein solcher Grund ist insbesondere gegeben, wenn die Stadt bereits aus anderen Projekten Kenntnis von der fehlenden Qualität des Ingenieurbüros hat«.

Es ist so definiert, wann das Einvernehmen verweigert werden kann und durch einen Beispielsfall konkretisiert, wie das Merkmal »sachlich begründete Bedenken« auszufüllen ist.

142 **Zu § 8 Abs. 2 und 3:** Die Städte und Gemeinden legen Wert darauf, dass bestimmte von ihnen vorgegebene technische Vertragsbedingungen und die Vergabe- und Vertragsordnung von Bauleistungen (VOB/B) Vertragsbestandteil werden. Dies bietet für die Städte die Gewähr, dass die Bauleistungen durch den Investor demjenigen Standard entsprechen, der sich auch außerhalb des Plangebietes findet und der bei den Städten und Gemeinden üblich ist. Im Übrigen legen zwingende Vergabeanweisungen diese Vorgehensweise auch fest.

Für den Investor bedeutet dies, dass er sich mit den technischen Vorgaben auseinander setzen und diese bei der Ausschreibung seiner Leistungen berücksichtigen muss. Ihn trifft die Pflicht, seinen Nachunternehmern die von der Stadt vorgegebenen technischen Vertragsbedingungen durchzureichen und darauf zu achten, dass auch die VOB/B vereinbart wird. Häufig stellt sich in der Praxis die Problematik, dass Verträge nicht im »Gleichklang« formuliert und abgeschlossen sind: Der Investor hat beispielsweise mit der Stadt bestimmte technischen Vertragsbedingungen vereinbart, diese Bedingungen jedoch nicht an seine Nachunternehmer weitergegeben. Dann steht der

Investor vor dem Problem, dass er Leistungen von seinen Nachunternehmern fordern muss, weil er diese Leistungen oder diese Qualität mit der Stadt vereinbart hat, jedoch der Nachunternehmer sich weigert, weil er keine entsprechende Vereinbarung mit dem Investor geschlossen hat. Um dieses Ergebnis zu vermeiden, müssen alle Vertragsinhalte aufeinander abgestimmt werden.

Zu § 9: Die Klauseln zur Baudurchführung sind häufig sehr umfangreich. Hintergrund ist die Tatsache, dass die Städte und Gemeinden versuchen, möglichst viel Einfluss auf die Baudurchführung zu nehmen, damit Materialien, Qualitäten und Verfahren bereits bei der Errichtung von Erschließungsanlagen überprüft werden können. Es findet sich in jedem Erschließungsvertrag eine Klausel, in der sich die Stadt Rechte bezüglich der Bauüberwachung einräumen lässt. 143

Neben der Bauüberwachung legt der Vertragspartner des Investors häufig Wert darauf, dass Stoffe und Bauteile zuvor besichtigt und von der Stadt freigegeben werden. Zudem wird gefordert, dass auf Wunsch der Stadt Proben von Materialien entnommen und in Prüflaboren getestet werden. Hierdurch versuchen die Städte und Gemeinden sicherzustellen, dass von vorne herein Mangelursachen ermittelt und Mängel vermieden werden können. Gerade bei Anlagen oder Anlagenteilen, die unterirdisch verlegt werden, hat der Investor damit zu rechnen, dass bei Abschluss einer entsprechenden Klausel Materialproben überprüft werden. Sollte die Stadt eine entsprechende Klausel im Vertrag wünschen, empfiehlt es sich für den Investor, eine Kostentragungspflicht mit in den Vertrag aufzunehmen: Für den Fall, dass die Materialien ordnungsgemäß sind und den anerkannten Regeln der Technik entsprechen, sollte eine Kostentragungspflicht der Stadt aufgenommen werden und im gegenteiligen Fall den Investor die Kostentragungspflicht treffen.

Zu § 10: Bis zur Übernahme der Erschließungsanlagen durch die Stadt wird grundsätzlich dem Investor die Verkehrssicherungspflicht auferlegt. Der hierzu aufgenommen Freistellungsanspruch der Stadt ist sehr weitgehend, worüber sich der Investor im Klaren sein muss. »Freistellung« bedeutet nämlich nicht nur beispielsweise das Leisten von Schadensersatz, sondern auch das Führen von Prozessen u. ä. Regelmäßig wird der Investor jedoch diese Klausel nicht im Verhandlungswege aus dem Vertrag herausnehmen können. 144

Dass der Investor bis zur Abnahme durch die Stadt die Gefahr des zufälligen Untergangs oder der zufälligen Verschlechterung der Erschließungsanlagen trägt, ergibt sich bereits aus den allgemeinen gesetzlichen Vorschriften. Insofern stellt Absatz 2 des genannten Paragraphen eine juristische Selbstverständlichkeit dar und dient lediglich der Klarstellung.

Zu § 11: Die Abnahme spielt eine wesentliche Rolle bei der Errichtung von Bauwerken. Sie führt nicht nur zu einer Umkehr der Beweislast, sondern setzt auch den Lauf der Gewährleistungsfrist in Gang. Weiterhin ist der Investor nach durchgeführter Abnahme nicht mehr in der Pflicht, Erschließungsanlagen neu herzustellen, wenn sie vor der Abnahme untergehen sollten. 145

Die Regelungen zur Abnahme sind daher in Erschließungsverträgen sorgfältig formuliert. Wie in der vorstehenden Klausel dargestellt, ist hierbei auch das Prozedere der Abnahme festgehalten und eine förmliche Abnahme vereinbart. Die förmliche Abnahme – durch Erstellung eines schriftlichen und beiden Seiten unterzeichneten Abnahmeprotokolls – ist im Interesse beider Seiten und sollte grundsätzlich nicht nur vereinbart, sondern auch durchgeführt werden. Das vorliegend geregelte Recht auf Teilabnahmen nach Abschnitten ist bei Erschließungsanlagen sinnvoll, da häufig Teilen von Bauwerken für Feststellungen am Ende der Gesamtarbeiten nicht mehr zur Verfügung stehen, da sie im Erdreich verlegt werden.

Sinnvoll ist auch eine Regelung, die eine Frist für eine Abarbeitung von festgestellten Mängeln beinhaltet. Bei »wesentlichen Mängeln« kann grundsätzlich die Abnahme verweigert werden. Häufig werden aber keine wesentlichen Mängel vorliegen, sondern geringfügige Mängel, die nicht zu einer Abnahmeverweigerung berechtigen. Hierfür sollte eine Frist im Vertrag vorgesehen werden, in der diese Mängel beseitigt werden und eine Nachabnahme durchzuführen ist.

Zu § 12: Der Hersteller baulicher Anlagen hat grundsätzlich dafür einzustehen, dass seine Leistung den anerkannten Regeln der Technik und Baukunst entspricht. Hierbei stellen die anerkann- 146 ten Regeln der Technik lediglich den zu erfüllenden Mindeststandard dar. Absatz 1 regelt daher eine juristische Selbstverständlichkeit.

Von besonderer Bedeutung ist aber die Regelung über die Gewährleistungsfrist und die Abtretung von Gewährleistungsansprüchen. Die VOB/B lässt es zu, dass die Gewährleistungsfristen auf fünf Jahre verlängert werden. Auch diesbezüglich muss der Investor darauf achten, dass in seinen Verträgen mit den Nachunternehmern ebenfalls eine mindestens fünfjährige Gewährleistungsfrist vereinbart wird. Vorliegend ist geregelt dass der Investor aus seiner Gewährleistungspflicht entlassen wird, sobald die Gewährleistungsansprüche und die Gewährleistungsbürgschaften an die Stadt abgetreten sind. Ob eine derartige Regelung von dem Investor durchgesetzt werden kann, ist Verhandlungssache. Häufig wird die Stadt nicht damit einverstanden sein, sich die Gewährleistungsansprüche abtreten zu lassen, sondern möchte den Investor alleine als Anspruchsgegner für Gewährleistungsansprüche behalten.

147 Zu § 13: Die Erschließungsflächen sind gem. § 62 S. 2 VwVfG i.V.m. § 311b BGB durch notariellen Vertrag auf die Stadt zu übertragen. Die Form gilt dann jedoch für den gesamten Erschließungsvertrag (vgl. Rdn. 122), da das formbedürftige Grundstücksgeschäft den gesamten Erschließungsvertrag mit der Formbedürftigkeit infiziert. Regelmäßig nach Übereignung übernimmt die Stadt die Anlagen in ihre Baulast, da dies Voraussetzung für die Widmung der öffentlichen Straßen nach den Landesstraßengesetzen ist. Es ist für den Investor empfehlenswert, in diesem Zusammenhang einen Gewährleistungsausschluss für die Beschaffenheit des Untergrundes aufzunehmen.

Die Stadt macht regelmäßig die Übernahme der Erschließungsflächen und Erschließungsanlagen von Voraussetzungen abhängig. Hierzu gehören vielfach die Übergabe aller technischen Unterlagen (Pläne, Schlussrechnungen, Bescheinigungen über Schlussvermessen usw.). Im konkreten Fall ist die Straßenschlussvermessung als Pflicht der Stadt in den Vertrag aufgenommen. Die Städte und Gemeinden legen aber häufig Wert darauf, dass der Investor die Schlussvermessung durchführt und die hierdurch entstehenden Kosten trägt. Die Pflichten- und Kostenverteilung ist auch insoweit Verhandlungssache zwischen den Parteien.

148 Zu § 14: Der zunächst aufgenommenen Verpflichtung des Investors, bestimmte Erschließungsmaßnahmen im Plangebiet umzusetzen, folgt im Vertrag ein Pflichtenkatalog für die Stadt. Vornehmlich geht es um den Anschluss des Plangebiets an den öffentlichen Verkehrsraum, sowie an die Kläranlage. Um den Vertrag nicht zu überfrachten, sind die Einzelheiten, insbesondere auch Fragen der Finanzierung, einer besonderen Vereinbarung vorbehalten. Diese Vorgehensweise empfiehlt sich immer dann, wenn noch nicht abschließend alle Fragen des Projektes geklärt sind, jedoch die wesentlichen Grundzüge feststehen und daher die Umsetzung der grundsätzlichen Vertragsinhalte möglich ist. Details sollten dann in eine separate Vereinbarung aufgenommen werden. Es ist darauf zu achten, dass diese Vereinbarung Anlage zum städtebaulichen Vertrag wird. Zudem muss Wert darauf gelegt werden, dass sich Inhalte von zusätzlichen Vereinbarungen nicht in Widerspruch zu den Inhalten des abgeschlossenen städtebaulichen Vertrages setzen.

149 Zu § 16: Naturschutzrechtliche Ausgleichsmaßnahmen sind bei größeren Projekten entsprechend den naturschutzrechtlichen Vorschriften des § 1a Abs. 3 BauGB durchzuführen. Können diese Maßnahmen nicht auf dem Grundstück selbst umgesetzt werden, müssen diese Maßnahmen auf außerhalb des Planungsgebietes gelegenen Flächen erfolgen, § 1a Abs. 3 S. 3 BauGB.

Die Stadt ist insbesondere bei kleineren Gemeinde nicht in der Lage, über die Ausgleichsmaßnahmen alleine zu entscheiden. Die zuständigen Umweltschutzbehörden werden als Träger öffentlicher Belange spätestens im Rahmen der Bauleitplanung beteiligt. Regelmäßig werden deren sachverständige Stellungnahmen Grundlage der erforderlichen Ausgleichsplanung. Aus diesem Grunde wurde bereits in der Präambel (s.o.) klargestellt, dass – sollten die zuständigen Behörden anders entscheiden – sich die Stadt und die Investorin gegenseitig unterstützen, die gemeinsam von der Investorin und der Stadt beabsichtigten Ausgleichsmaßnahmen durchzusetzen.

Zu § 17. Aufgrund der Tatsache, dass die Investorin die Erschließungsanlage erstellt und die hierfür erforderlichen Kosten trägt, verzichtet die Stadt in dem Muster im Gegenzug auf die Erhebung von Kanalanschlussbeiträgen. Mangels Erschließungsaufwand für die Gemeinde können Erschließungsbeiträge von den Anliegern nicht erhoben werden. Häufig werden jedoch Kanalanschlussbeiträge von der Stadt oder Gemeinde festgesetzt oder in dem städtebaulichen Vertrag entsprechende Ablösungsvereinbarungen dafür getroffen.

150

Zu § 18: Die Sicherung von Pflichten im Rahmen eines städtebaulichen Vertrages ist gesetzlich nicht geregelt. Die Städte und Gemeinden haben aber ein erhöhtes Sicherungsbedürfnis, da sie bei Ausfall des Investors Dritte mit der Durchführung von Maßnahmen beauftragen müssen und so Kosten entstehen. Bankbürgschaften sind zur Abdeckung dieses Risikos das klassische Sicherungsmittel bei Zahlungsverpflichtungen. Ist der Investor beispielsweise zahlungsunfähig oder entstehen Ersatzvornahmekosten, ist das Risiko durch eine Bankbürgschaft ausreichend abgedeckt. Regelmäßig werden Bürgschaften in der Form der unbefristeten selbstschuldnerischen Bankbürgschaft zwischen den Parteien vereinbart. Zudem wird die Einrede der Vorausklage ausgeschlossen. Regelmäßig werden Vertragserfüllungsbürgschaften als auch Gewährleistungsbürgschaften vereinbart. Die Gewährleistungsbürgschaft ist hierbei häufiges Sicherungsmittel im Rahmen des Erschließungsvertrages. Für die Dauer der Gewährleistungszeit ab Abnahme der Erschließungsanlage werden meist 5 % der Schlussrechnungssumme vereinbart. Letztendlich stellen die Bürgschaften ein erhebliches Druckmittel auf den Investor dar, alle Maßnahmen nicht nur ordnungsgemäß, sondern überhaupt durchzuführen, da ansonsten ein Rückgriff auf die Bürgschaften droht.

151

Zu § 19: Das Rücktrittsrecht dient den Interessen des Investors. Wie dargestellt, hat der Investor keinen Anspruch auf Bebauungspläne mit bestimmten Inhalten. Er ist insofern »rechtlos« und kann die Stadt nicht auf den Erlass bestimmter Bebauungspläne verklagen. Er hat daher ein Interesse, dass seine wirtschaftlichen Planungen und Möglichkeiten anderweitig Berücksichtigung finden.

152

Meist wird daher ein Rücktrittsrecht für den Fall vereinbart, dass Bebauungspläne innerhalb eines bestimmten Zeitraumes nicht in Kraft treten oder von bestimmten zwischen den Parteien zuvor fixierten Planungsvoraussetzungen wesentlich abgewichen wird.

Vorliegend verpflichtet sich die Stadt, die auf Seiten der Investorin entstandenen Planungskosten im Falle des Rücktrittes zu erstatten. Dies ist ein Ausnahmefall. Üblich ist die Regelung, dass jede Seite im Falle des Rücktritts die bei ihr entstandenen Kosten selbst trägt.

Zu § 20 bis § 21: Städtebauliche Verträge sind grundsätzlich schriftlich abzuschließen, § 11 Abs. 3 BauGB, wenn nicht wegen eines verbundenen Grundstücksgeschäft die notarielle Beurkundung erforderlich ist (vgl. Rdn. 122). Das Schriftformerfordernis verlangt, dass nicht nur die Inhalte des städtebaulichen Vertrages schriftlich festgehalten werden, sondern auch die Unterschriften mit dem Gesamtvertrag zu einer einheitlichen Urkunde verbunden sind. Keinesfalls sollte daher nach den Unterschriften noch Text aufgenommen werden.

153

Da städtebauliche Verträge mit Städten oder Gemeinden abgeschlossen werden, ist darauf zu achten, dass auf dieser Seite die befugten und vertretungsberechtigten Personen handeln. Wer jeweils befugt ist, einen städtebaulichen Vertrag zu unterzeichnen, ergibt sich aus den kommunalrechtlichen Vorschriften, die jeweils von Bundesland zu Bundesland unterschiedlich sind. Häufig ist zur Unterzeichnung der Bürgermeister berechtigt. Im Einzelfall muss dies aber an Hand des Kommunalgesetzes des jeweiligen Bundeslandes geprüft werden. Der Investor sollte sich aber immer den entsprechenden Gemeinderat-/oder Bauausschussbeschluss vorlegen lassen. Vorliegend ist in § 22 die Aufnahme des Stadtratsbeschlusses ausdrücklich im Vertrag festgehalten worden.

Der Investor kann nach überwiegender Rechtsprechung nicht darauf vertrauen, dass derjenige, der von Seiten der Stadt oder Gemeinde die Urkunde unterzeichnet hat, auch vertretungsbefugt ist. Insofern besteht keinerlei »Gutglaubensschutz«. Der Investor ist daher immer gut beraten, wenn er sich über die Vertretungsverhältnisse vorab ausreichend kundig macht.

14. Anlagenbauvertrag

a) Einführung

154 Publikationen zum »Recht des Anlagenbaus« sind nach wie vor selten zu finden. Ausschlaggebend sind u.a. die Komplexität und Vielfältigkeit des Anlagenbaus sowie die damit verbundene Schwierigkeit, die Thematik umfassend und abschließend zu erfassen. Hinzukommt, dass gerade der Anlagenbau in der täglichen Praxis (selbst) eines Baujuristen eher selten vorkommt.

Noch seltener als Publikationen sind Gerichtsentscheidungen. Dies liegt zum Teil an der Gestaltung eines Anlagenbauvertrages, die nur wenig Raum für »gerichtliches« Streitpotential lässt. Darüber hinaus beinhalten Gerichtsverfahren zusätzliche Risiken, z.B. weil die Rechtsprechung die Rechte und Pflichten der Parteien – abhängig vom Schwerpunkt des Vertrages – entweder nach Kaufrecht oder nach Werkvertragsrecht beurteilt. Ungeachtet dessen wird gerade der Bereich des Anlagenbaus in außerordentlichem Maße von wirtschaftlichen Interessen dominiert. Streitigkeiten müssen daher schnell und unkompliziert gelöst werden – Gerichtsverfahren mit ihrer jahrelangen Dauer und ihrem oft nicht zu prognostizierenden Ausgang sind daher meist hinderlich und wirtschaftlich uninteressant.

Vor diesem Hintergrund bestehen gerade im Anlagenbau bei so manchem Thema Unklarheiten und Unsicherheiten. Ein gutes Beispiel hierfür ist die Verwirrung und Unruhe, die sich in der Branche wegen der (durch die Schuldrechtsreform) neu eingeführten Vorschriften zur Garantie nach §§ 444 und 639 BGB und des darin normierten Verbots von Haftungsbeschränkungen ausbreitete und sich erst nach einer Gesetzesänderung legte. Es liegt auf der Hand, dass der Vertragsgestaltung im Bereich des Anlagenbaus eine besondere Bedeutung zukommt.

b) Begriff des Anlagenbaus

155 Der Begriff des Anlagenbaus ist nicht juristisch definiert, sondern ein »außerrechtlicher Sammelbegriff« (Ralph Schumann, Neuere Entwicklungen im Vertragsrecht des Anlagenbaus, BauR 2005, 293, 294). Unter den Begriff »Anlagenbau« lassen sich sowohl industrielle Großanlagen als auch kleine, ggf. sogar in Serie gefertigte Einheiten subsumieren. Bei letzteren »Anlagen« richten sich die Rechte und Pflichten der Vertragsparteien nach den kaufvertraglichen Bestimmungen, weil die synallagmatischen Leistungspflichten aus der Eigentums- und Besitzverschaffungspflicht auf der einen und der Zahlung des Kaufpreises auf der anderen Seite bestehen (BGH, Urt. v. 22.07.1998 – VIII ZR 220/97, BauR 1999, 39; Lotz, Die Rechtsnatur des Anlagenvertrages und seine Besonderheiten, BauR 2011, 746, 746). Derartige Kaufverträge sind nicht Gegenstand des »klassischen« Anlagenbaus; gemeint sind vielmehr Verträge über individuelle und meist industrielle Großanlagen, auf die regelmäßig Werkvertragsrecht anzuwenden ist. Die Rechtsfolgen, die aus der unterschiedlichen, vertragstypologischen Einordnung resultieren, sind zum Teil erheblich und eine klare Grenze ist nicht vorhanden.

c) Internationale Bezüge

156 Gerade beim Anlagenbau sind internationale Bezüge regelmäßig vorzufinden. Weltweit, vor allem aber im angelsächsischen Raum wird bei der Vertragsgestaltung auf die verschiedenen FIDIC-Vertragsmuster zurückgegriffen. Hierbei handelt es sich um spezifische, auf den Bausektor zugeschnittene Regelungen der *Fédération Internationale des Ingénieurs Conseils* (»Internationale Vereinigung beratender Ingenieure«). Während bei Bauverträgen häufig auf das Red Book zurückgegriffen wird, sind im Anlagenbau vor allem die Vertragsmuster des Yellow Book und Silver Book von besonderer Relevanz. Weitere Muster, wie beispielsweise die Regelungen der *Economic Commission for Europe* (»UN-Wirtschaftskommission für Europa«) oder auch der *Organisme des Liason des Industries Métalliques Européenes* (»Vereinigung der Maschinen, Elektronik, Elektrotechnik und Me-

14. Anlagenbauvertrag

tall verarbeitenden Industrie«) sind dagegen im Anlagenbau weniger verbreitet. Dies ist vor allem darauf zurückzuführen, dass die jeweiligen Regelungen entweder zu allgemein und kompromissorientiert (ECE) oder zu auftragnehmerfreundlich (ORGALIME) gestaltet sind (Hilgers/Kaminsky, Anlagenbau im In- und Ausland, Rn. 54 f.).

Die folgenden Ausführungen beschränken sich weitgehend auf die Grundlagen und Probleme des nationalen Anlagenbaus, insbesondere auf die Unterschiede zwischen den kaufrechtlichen und werkvertraglichen Regelungen des BGB. Darüber hinaus ist die Bedeutung der VOB/B auch im Anlagenbau nicht zu unterschätzen (Mahnken, Die VOB/B als Regelungsmodell für Anlagenbauverträge? Teil 1 bis 3, BauR 2016, 557, BauR 2016, 725, BauR 2016, 918; Roquette/Fußy, A Different Kind of Animal BauR 2017, 342); hinsichtlich der diesbezüglichen Einzelheiten kann aber weitgehend auf die einschlägige Rechtsprechung und Literatur verwiesen werden.

d) Rechtsnatur des Anlagenbauvertrages

Der Anlagenbauvertrag ist im deutschen Recht nicht geregelt; aufgrund seiner unterschiedlichen Erscheinungsformen und Leistungsinhalte (Teilaufträge im Rahmen eines Großprojekts, Umbau- oder Modernisierungsaufträge bestehender Anlagen, Errichtung neuer Anlagen etc.) lässt er sich einem konkreten Vertragstyp des deutschen Rechts auch nicht eindeutig zuordnen. Darüber hinaus beinhaltet ein Anlagenbauvertrag in aller Regel sehr unterschiedliche Leistungspflichten, die insbesondere werk-, kauf- und dienstvertraglicher Natur sowie zudem unterschiedlich stark ausgeprägt sein können. 157

aa) Vertrag sui generis

Aufgrund dieser »Gemengelage« wird der Anlagenbauvertrag zum Teil als gemischter Vertrag in Form eines Typenverschmelzungs- oder Typenkombinationsvertrag qualifiziert. Der Anlagenbauvertrag enthält aber nicht nur Elemente bekannter Vertragstypen und er entspricht diesen auch nicht vollständig (vgl. zu den »besonderen« Elementen eines Anlagenbauvertrages z.B. Lotz, BauR 2011, 746 ff.). So beinhaltet der Anlagenbauvertrag häufig einen sehr langen Leistungszeitraum. Auch der Koordinierungs- und Steuerungsaufwand des Anlagenbauers, der z.B. für das Zusammenfügen einzelner Anlagengruppen oder sogar einzelner Anlagen zu einer funktionierenden Gesamtanlage erforderlich ist, geht über entsprechende Leistungen eines (reinen) Bauvertrages oft deutlich hinaus. Ungeachtet dessen ist die geschuldete Leistung beim Anlagenbauvertrag zwar auch über eine Leistungsbeschreibung, meistens aber wesentlich durch ein bestimmtes Produktziel bzw. bestimmte Leistungsparameter der Anlage definiert. Zudem obliegen den Parteien bei der Abwicklung des Anlagenbauvertrages erhöhte Kooperationspflichten (vgl. hierzu: Ralph Schuhmann, Kooperationspflichten des Anlagenvertrages: Rechtliche Substanz und praktische Konsequenzen, BauR 2003, 162 ff.). 158

Nach alledem mag der Anlagenbauvertrag zwar auch Elemente anderer Vertragstypen enthalten; er ist aber aufgrund seines auch und vor allem spezifischen, eigenen Regelungsgehaltes soweit von den klassischen Vertragstypen entfernt, dass er als Vertrag sui generis zu qualifizieren ist (Lotz, a.a.O, ordnet den Anlagenbauvertrag als »atypischen Vertrag« ein, meint aber offensichtlich eine Sonderform des atypischen Vertrages, den Vertrag sui generis). Bei derartigen Vertragstypen ist das Rechtsverhältnis zwischen den Vertragsparteien grundsätzlich nur nach den vereinbarten Regelungen sowie nach dem allgemeinen Schuldrecht zu beurteilen. Nur im Einzelfall kann ergänzend das Recht des jeweils passenden Vertragstyps herangezogen werden. Hierzu muss der jeweils »passende« Vertragstyp zunächst ermittelt werden, wobei die Rechtsprechung nach dem Charakter, d.h. nach dem Schwerpunkt des zugrunde liegenden Vertrages differenziert (BGH, Urt. v. 03.03.2004 – VIII ZR 76/03, BauR 2004, 995; Urt. v. 22.07.1998 – VII ZR 220/97, BauR 1999, 39; Urt. v. 24.11.1976 – VIII ZR 137/75, NJW 1977, 379). Auf diese Weise wurde z.B. die Herstellung einer kompletten Schotteraufbereitungsanlage als Werkvertrag

(BGH, Urt. v. 10.06.2010 – Xa ZR 3/07, NZBau 2010, 558), die Lieferung einer vollständigen Siloanlage in Einzelteilen als Werklieferungsvertrag (auf den die kaufrechtlichen Bestimmungen anzuwenden sind; BGH, Urt. v. 23.07.2009 – VII ZR 151/08, BauR 2009, 1581), die Lieferung und Montage einer serienproduzierten Anlage als Kaufvertrag (BGH, Urt. v. 03.03.2004 – VIII ZR 76/03, BauR 2004, 995; Urt. v. 22.07.1998 – VII ZR 220/97, BauR 1999, 39) eingestuft.

Mit den §§ 650a BGB ff. werden erstmals spezielle Regelungen zum Bauvertrag (= »Vertrag über die Herstellung, die Wiederherstellung, die Beseitigung oder den Umbau eines Bauwerks, einer Außenanlage oder eines Teils davon«) ins BGB aufgenommen. Diese werden auch im Zusammenhang mit Anlagenbauverträgen zu berücksichtigen sein. Wie und in welchem Umfang die Rechtsprechung Anlagenbauverträge dabei in Abgrenzung zum Kaufvertrag unter die neuen Vorschriften subsumiert, bleibt abzuwarten.

bb) Sonderproblem: § 651 BGB

159 Gerade im Anlagenbau spielt die (mit der Schuldrechtsreform) eingeführte Neufassung des § 651 BGB a.F. eine wichtige Rolle. Nach § 650 Satz 1 BGB finden auf einen Vertrag, der die Lieferung herzustellender oder zu erzeugender beweglicher Sachen zum Gegenstand hat, die Vorschriften über den Kauf Anwendung. Handelt es sich um eine nicht vertretbare Sache im vorgenannten Sinne, sind darüber hinaus die §§ 642, 643, 645, 649 und 650 BGB die §§ 642, 643, 645, 648 und 649 BGB mit der Maßgabe anzuwenden, dass an die Stelle der Abnahme der nach den §§ 446 und 447 BGB maßgebliche Zeitpunkt tritt, § 650 Satz 3 BGB. Aus § 650 BGB folgt, dass die Vorschriften des Kaufrechts auch auf Bauleistungen (Herstellung und Lieferung von Fertigteilen für ein Haus oder von Bauteilen für eine Anlage) anwendbar sein können; weitere Probleme ergeben sich, wenn nicht nur die Herstellung und Lieferung, sondern darüber hinaus Montageleistungen zu erbringen sind. In der Literatur wurde daher auf verschiedene Art und Weise versucht, den Anwendungsbereich des § 651 BGB einzuschränken (Eine übersichtliche Darstellung unter Berücksichtigung der aktuellen Rechtsprechung findet sich bei Popescu, Der Anwendungsbereich des § 651 BGB im Lichte der BGH- und EuGH-Rechtsprechung, BauR 2010, 1485 ff. Zu den Problemen, die sich aus der unterschiedlichen Einordnung ergeben, vgl. Voit, Die Bedeutung des § 651 BGB im Baurecht nach der Schuldrechtsmodernisierung, BauR 2009, 369 ff.). Der BGH ist diesen Bemühungen – namentlich für die Lieferung von herzustellenden Bau- und Anlagenteilen an einen Unternehmer – deutlich entgegengetreten:

> »Der Einordnung als bewegliche Sache im Sinne des § 651 BGB steht nicht entgegen, dass die Anlagenteile dazu bestimmt waren, zu einer Anlage zusammengesetzt und dann auf einem Grundstück fest installiert zu werden. Maßgeblich ist, ob die Sachen zum Zeitpunkt der Lieferung beweglich sind. (…) Verträge, die allein die Lieferung von herzustellenden Bau- oder Anlagenteilen zum Gegenstand haben, sind gemäß § 651 BGB nach Kaufrecht zu beurteilen. (…) Insoweit erwogen wird, die Lieferung herzustellender beweglicher Sachen nicht nach Kauf-, sondern nach Werkvertragsrecht zu beurteilen, wenn sie zum Einbau in Bauwerke bestimmt sind (…), kann dem nicht näher getreten werden. Für eine solche, sich an der Zweckbestimmung der beweglichen Sache orientierende Einschränkung, ergeben sich weder nach nationalem deutschem Recht noch nach der Verbrauchsgüterkaufrichtlinie Anhaltspunkte.« (BGH, Urt. v. 23.07.2009 – VII ZR 151/08, BauR 2009, 1581).

Aus den weiteren Ausführungen des Bundesgerichtshofs ergibt sich, dass § 651 BGB auch anwendbar ist, wenn der Unternehmer neben der Lieferung der herzustellenden Sache weitere, prinzipiell dem Werkvertragsrecht unterliegende Leistungen schuldet. Eine Ausnahme ist nur gerechtfertigt, wenn diese weiteren Leistungen so dominieren, dass sie den Schwerpunkt des Vertrages bilden (BGH, a.a.O.).

cc) Zusammenfassung

160 Vor diesem Hintergrund können die Rechte und Pflichten der Parteien eines Anlagenbauvertrages sowohl nach Kaufrecht als auch nach Werkvertragsrecht zu beurteilen sein; die jeweiligen Rechts-

folgen divergieren teils erheblich. Praktische Bedeutung erlangte die Differenzierung zuletzt für Gewährleistungsansprüche aus der Lieferung und Montage von Photovoltaik-Anlagen. Werden solche Anlagen auf dem Dach eines bestehenden Objekts montiert, sind sie nach Ansicht des Bundesgerichtshofs mangels eigener Verbindung mit dem Erdboden kein Bauwerk und werden auch nicht für das Bauwerk genutzt. Die Gewährleistungsansprüche von Dach-Photovoltaik-Anlagen verjähren daher nicht in fünf, sondern gemäß § 438 Abs. 1 Nr. 3 BGB in zwei Jahren (BGH, Urt. v. 09.10.2013 – VIII ZR 318/12, IBR 2014, 110). Weitere Schwierigkeiten können sich ergeben, wenn nicht nur nach den gesetzlichen Regelungen zu differenzieren, sondern Besondere Vertragsbedingungen (VOB/B, VOB/C, ZTV etc.) zu berücksichtigen sind. Es liegt daher nahe, dass klare vertragliche Regelungen bezüglich aller wesentlichen Vertragsinhalte dringend erforderlich und zu empfehlen sind.

e) Vertragsparteien und typische »Einsatzformen«

Neben den direkten Vertragsparteien, dem »Besteller« der Anlage und dem »herstellenden« Auftragnehmer, ist an der Abwicklung eines Anlagenbauvertrages häufig auch ein »beratender Ingenieur« bzw. ein entsprechendes Ingenieurbüro beteiligt. Der beratende Ingenieur steht meist auf Seiten des Auftraggebers und unterstützt diesen bei der Anbahnung und Abwicklung des Anlagenbauvertrages. Der beratende Ingenieur »im Lager« des Auftraggebers ist vermutlich auf die Gestaltung der FIDIC-Muster zurückzuführen; allerdings gehen die Befugnisse des dort vorgesehenen Ingenieurs meist deutlich weiter (vgl. insoweit unten Internationale Verträge). Die hier bestehende Lage ist durchaus vergleichbar mit den Planungs- und Ingenieurbüros, die ein Auftraggeber bei größeren Bauvorhaben zur »Überwachung« der Leistungen des Auftragnehmers hinzuzieht. Bei der Gestaltung eines Anlagenbauvertrages ist auch an die gewünschten Befugnisse des Ingenieurs (Anordnungen, Rechnungsprüfungen etc.) zu denken.

161

Mögliche »Einsatzformen« des Auftragnehmers sind zunächst die beiden klassischen Varianten des Generalübernehmers und des Generalunternehmers. Der Generalunternehmer verpflichtet sich gegenüber dem Besteller, alle zur Herstellung der Anlage erforderlichen Leistungen zu erbringen; er führt diese aber nicht vollständig im eigenen Betrieb, sondern zum Teil durch Nachunternehmer aus. Gleiches gilt für den Generalübernehmer, der im Gegensatz zum Generalunternehmer allerdings überhaupt keine Leistungen selbst ausführt (Eschenbruch/Leicht, in: Kuffer/Wirth, Handbuch des Fachanwalts Bau- und Architektenrecht, S. 853 und 855 f.). Gerade bei größeren oder technischen Anlagen treten auf Auftragnehmerseite auch mehrere Unternehmen auf, die sich in Form einer Arbeitsgemeinschaft (ARGE) oder eines Konsortiums zusammengeschlossen haben und dem Besteller aus rechtlicher Sicht als »ein« Auftragnehmer gegenüberstehen. Auf diese Weise tragen die beteiligten Unternehmen den Besonderheiten des Projekts Rechnung, indem sie bspw. die jeweils vorhandenen Spezialkenntnisse bündeln und als »Paket« anbieten sowie die wirtschaftlichen Risiken auf mehrere Beteiligte verlagern.

Die Leistungen eines Konsortiums (ausführlich zum Konsortium im Anlagenbau: Jacob/Brauns, Der Industrieanlagen-Konsortialvertrag) gehen über den Leistungsumfang einer ARGE häufig hinaus. Neben den eigentlichen Bau- und Koordinierungsleistungen übernimmt das Konsortium auch umfangreiche Planungs-, Montage- und ggf. sogar Finanzierungsleistungen; es ist daher gerade im Anlagenbau häufiger zu finden. Ein weiterer Unterschied besteht in der Art der Leistungserbringung: Die ARGE arbeitet gemeinschaftlich; Personal, Geräte, Materialien etc. werden als Gesellschafteranteile in die ARGE eingebracht. Das Konsortium geht dagegen arbeitsteilig vor, d.h. jeder Konsorte ist grundsätzlich nur für seine eigenen Leistungen verantwortlich. Je nach Ausgestaltung des Konsortialvertrages unterscheidet man zwischen einem Außen- und einem Innenkonsortium. Beim Außenkonsortium schließt der Besteller den Vertrag mit der Gesamtheit der Konsorten, beim Innenkonsortium hingegen nur mit einem Auftragnehmer, der zur gemeinsamen Vertragserfüllung Verträge mit anderen Unternehmen abschließt (Bärwaldt, in: Beck'sches Handbuch der Personengesellschaften, § 17 Rn. 11).

Die bislang umstrittene Frage, ob ARGE und Konsortium als Gesellschaft bürgerlichen Rechts im Sinne des § 705 BGB oder als offene Handelsgesellschaft im Sinne des § 105 HGB zu qualifizieren sind, dürfte entschieden sein. Nach Ansicht des BGH bedarf es für die Qualifizierung als offene Handelsgesellschaft und somit als Kaufmann »sicherer Anhaltspunkte«, die jedenfalls bei einer »normalen« ARGE nicht ersichtlich sind (BGH, Urt. v. 21.01.2009 – Xa ARZ 273/08, IBR, 2009, 211; so nun auch: KG, Urt. v. 08.06.2010 – 1 W 255/10, BauR 2010, 1642). ARGE und Konsortium haben meist einen nur projektbezogenen Zweck – hier: die Realisierung einer bestimmten Anlage – und üben daher keine auf Dauer angelegte gewerbliche Tätigkeit aus; in diesem Fall sind sie nicht als offene Handelsgesellschaft, sondern Gesellschaft bürgerlichen Rechts zu qualifizieren (a.A. LG Frankfurt/Main, Beschl. v. 23.04.2012 – 2-31 O 261/11, IBR 2012, 1251). Gleichwohl sollen sich zumindest für eine aus zwei Vollkaufleuten bestehende ARGE kaufmännische Rechte und Pflichten ergeben können: Namentlich der Zweck der Untersuchungs- und Rügeobliegenheit des § 377 HGB soll dessen Anwendbarkeit rechtfertigen, auch wenn die ARGE »nur« als GbR zu qualifizieren ist (OLG Brandenburg, Urt. v. 22.02.2012 – 4 U 69/11, IBR 2012, 264). Die weitere Entwicklung bleibt abzuwarten.

f) Typische Vertragsgestaltung und Vertragsinhalte

162 Der Anlagenbauvertrag beinhaltet als wesentliche Leistungspflicht des Auftragnehmers die Errichtung einer funktionstüchtigen Anlage gegen Bezahlung der insoweit vereinbarten Vergütung. Darüber hinaus hat der Auftragnehmer in aller Regel zahlreiche weitere, unterschiedlich gewichtige Leistungen zu erbringen (Planungen, Lieferungen, Einstellung und Einweisung in die Anlage, Wartungen etc.) und der Besteller auch insoweit eine Vergütung zu entrichten. Neben dem klassischen Anlagenbauvertrag, der regelmäßig aus der »schlüsselfertigen« Errichtung der Anlage – ggf. nebst den insoweit erforderlichen Planungsleistungen – und Übergabe an den Besteller besteht (turnkey-Vertrag), finden sich vor allem auch Vertragsmodelle, bei denen der Auftragnehmer die Anlage finanziert, errichtet, einen gewissen Zeitraum betreibt und ggf. danach an den Besteller übergibt (Build-Operate-Transfer-Vertrag).

Ungeachtet des jeweiligen Vertragsmodells besteht das eigentliche »Werk«, das der Auftragnehmer aufgrund des Anlagenbauvertrages schuldet, in der vertraglich definierten Funktionstüchtigkeit bzw. Leistungsfähigkeit der Anlage. Der Auftragnehmer schuldet regelmäßig alle Leistungen, die erforderlich sind, um diesen Erfolg zu erreichen. Die Anlage selbst ist nur »Mittel zum Zweck« (so zutreffend: Lotz, BauR 2011, 746, 750). In Anlagenbauverträgen finden sich daher häufig sog. Komplettheitsklauseln, die dem Auftragnehmer nicht nur Bau-, sondern z.B. auch Entwicklungs- und Konstruktionsleistungen aufbürden. In diesem Zusammenhang ist zu beachten, dass der Auftragnehmer den Besteller bzw. den Betreiber in die Lage versetzen muss, die Anlage bestimmungsgemäß zu betreiben; hierzu kann es auch erforderlich sein, dass der Auftragnehmer den Besteller in den Betrieb der Anlage einweist oder ihm die zum Betrieb und zur Wartung erforderlichen Unterlagen erstellt und zur Verfügung stellt (BGH, Urt. v. 18.02.2003 – X ZR 245/00, BauR 2004, 337; Urt. v. 29.06.1993 – X ZR 60/92, BauR 1993, 633). Darüber hinaus muss die Anlage häufig programmiert, eingestellt oder auf andere Weise eingerichtet werden. Bei all diesen Leistungen kann es sich sogar um Hauptpflichten des Auftragnehmers handeln, wenn sie für eine bestimmungsgemäße Nutzung der Anlage erforderlich sind (BGH, a.a.O.).

Welche Leistungen im Einzelfall zu erbringen sind und ob es sich insoweit um Haupt- oder Nebenpflichten handelt, müssen (und sollten) die Parteien bei Vertragsabschluss möglichst genau definieren. Im Anlagenbau stoßen die Parteien hier auf ein tatsächliches Problem, weil das genaue Leistungssoll bei Vertragsabschluss häufig noch gar nicht feststeht; vielmehr kristallisiert es sich – nicht zuletzt wegen noch zu leistender Entwicklungsarbeit, aufeinander abzustimmender Technik und Anlagenteile, aber auch aufgrund der Komplexität der Projekte – meistens erst während der Ausführung heraus. Anders als im klassischen Bauvertrag findet sich daher in der direkten Vertragsbeziehung zwischen dem Besteller und dem Auftragnehmer nur selten eine detaillierte Leistungsbeschreibung mit Leistungsverzeichnis. Wesentlich häufiger besteht der Anlagenbauvertrag aus einem Grundgerüst, in dem die wesentlichen Leistungsinhalte sowie Rechte und Pflichten im Übrigen geregelt sind, und aus einer funktionalen Leistungsbeschreibung, in der das eigentliche Leistungssoll anhand von Plänen, Konstruktionszeichnungen, technischen Parametern, Leistungswerten, Mustern etc. definiert wird.

Aufgrund dieser Gestaltungsform ergeben sich nicht selten Probleme in Form von Unklarheiten oder Widersprüchen zwischen den einzelnen Vertragsinhalten; es sollte daher vertraglich auch geregelt werden, in welcher Rangfolge die jeweiligen Vertragsinhalte gelten bzw. anzuwenden sind. Andernfalls sind die Vertragsbestimmungen nach §§ 133, 157 BGB auszulegen, d.h. es ist – ausgehend von einem objektiven Empfängerhorizont und unter Berücksichtigung sowohl des Wortlauts als auch der Begleitumstände, der Verkehrssitte und den Parteiinteressen – der wirkliche Wille der Parteien zu ermitteln. Dabei sind der Wortlaut des Vertrages sowie dessen Sinn und Zweck angemessen zu berücksichtigen (Ellenberger, in: Palandt, Bürgerliches Gesetzbuch, 76. Aufl., § 133, Rn. 9 ff.).

Das gilt für Hauptleistungspflichten ebenso wie für Nebenpflichten des Auftragnehmers; letztere können vor allem beim Anlagenbauvertrag in mannigfaltiger Art und Weise bestehen. Zu nennen sind insbesondere die Prüfung von Unterlagen, die Einhaltung baurechtlicher Bestimmungen, der Abschluss von Versicherungen sowie – abhängig von der vertraglichen Ausgestaltung als Haupt- oder Nebenpflicht – ggf. auch die Wartung und Instandsetzung der Anlage (vgl. die Auflistung von Hilgers/Kaminsky, Anlagenbau im In- und Ausland, Rn. 74 f.). Darüber hinaus obliegen dem Auftragnehmer Beratungs- und Aufklärungspflichten, deren Umfang sich nach dem konkreten Leistungssoll, aber auch nach den Kenntnissen des Bestellers richtet. Einen unerfahrenen Besteller hat der Auftragnehmer gerade bei neuartigen, noch unerprobten Techniken umfassend über alle Nachteile und Risiken der geplanten Anlage zu informieren (BGH, Urt. v. 24.09.1992 – VII ZR 213/91, BauR 1993, 79; Urt. v. 09.07.1987 – VII ZR 208/86, BauR 1987, 681). Auch wenn es sich »nur« um Nebenpflichten handelt, kann ihnen gerade beim Anlagenbauvertrag durchaus eine wesentliche, nicht zu unterschätzende Bedeutung zukommen.

g) Vertragsmodelle

Bereits aus den vorstehenden Ausführungen geht hervor, dass es gerade beim Anlagenbau wichtig ist, auf der einen Seite ein möglichst detailliertes und allumfassendes, zugleich aber handhabbares Vertragswerk und vor allem eine solche Leistungsbeschreibung zu erstellen. Auf der anderen Seite sind selbstverständlich auch die Vergütungs- und Mitwirkungspflichten des Bestellers einer Regelung zuzuführen. Haben die Parteien eine Vergütung nicht vereinbart, kann der Unternehmer beim Werkvertrag die übliche Vergütung beanspruchen, vgl. § 632 BGB; im Kaufrecht fehlt eine vergleichbare Regelung.

163

Je nach Interessenlage haben sich im Anlagenbau verschiedene Vertragsmodelle durchgesetzt. Während der (bei Bauverträgen die Regel darstellende) Einheitspreisvertrag kaum verwendet wird, erfreut sich der sog. »Global-Pauschalvertrag« großer Beliebtheit. Beim Global-Pauschalvertrag wird das Leistungssoll des Auftragnehmers im Wesentlichen nur durch den Zweck der Anlage und die einzuhaltenden Anforderungen bzw. die zu erreichenden Leistungsparameter definiert. Neben den Bauleistungen werden dem Auftragnehmer häufig auch (mehr oder weniger umfangreiche) Planungs- und Entwicklungsleistungen übertragen (Hilgers/Kaminsky, Anlagenbau im In- und Ausland, Rn. 38 f., 62 ff.; Würfele, in: Kuffer/Wirth, Handbuch des Fachanwalts Bau- und Architektenrecht, S. 384 ff.). Bei einem solchermaßen »definierten« Leistungssoll übernimmt der Auftragnehmer grundsätzlich alle Leistungen, die zur schlüsselfertigen Herstellung und vertragskonformen Inbetriebnahme der Anlage erforderlich sind. Sind die hierfür konkret zu erbringenden Leistungen nicht bestimmt, muss und darf der Auftragnehmer sie gemäß § 315 BGB nach billigem Ermessen bestimmen (Leinemann, in: Leinemann, VOB/B, 6. Aufl., § 2 Rn. 605 f.). Für seine Leistungen erhält der Auftragnehmer eine pauschalierte Vergütung. Mit dieser Vergütung sind grundsätzlich alle Leistungen abgegolten, die erforderlich sind, um die Anlage vertragskonform herzustellen. Dies bedeutet aber nicht zwingend, dass die Vergütungspauschale alle Leistungen des Auftragnehmers umfasst. Der BGH hat dies – klar und prägnant – wie folgt formuliert:

> »Für die Abgrenzung, welche Arbeiten von der vertraglich vereinbarten Leistung erfasst sind und welche Leistungen zusätzlich zu vergüten sind, kommt es auf den Inhalt der Leistungsbeschreibung an. Welche Leistungen durch die Leistungsbeschreibung erfasst sind, ist durch Auslegung der vertraglichen Vereinbarung der Parteien zu ermitteln, §§ 133, 157 BGB. Dabei sind das gesamte Vertragswerk und dessen Begleitumstände zu Grunde zu legen. Neben dem Wortlaut der Ausschreibung sind die Umstände des Einzelfalls, unter anderem die konkreten Verhältnisse des Bauwerks zu berücksichtigen. Fordert der Auftraggeber ein funktionales Angebot des Auftragnehmers zur Erstellung einer technischen Anlage für ein Bauwerk unter Vorlage der von ihm bis zu diesem Zeitpunkt erstellten Bauwerksplanung, so wird diese grundsätzlich Gegenstand des Angebots des Auftragnehmers. Das bedeutet, dass die Bauwerksplanung die für die Technik zu erbringenden Leistungen bestimmt. Soweit nach Vertragsschluss vom Auftraggeber angeordnete Änderungen der Bauwerksplanungen Änderungen der technischen Leistung zur Folge haben, ist das als Änderung des Bauentwurfs anzusehen, § 1 Nr. 3 VOB/B, und kann zu einem geänderten Vergütungsanspruch des Auftragnehmers führen, § 2 Nr. 5 VOB/B.« (BGH, Urt. v. 13.03.2008 – VII ZR 194/06, BauR 2008, 1131, mit Anmerkung von Leinemann).

Ist die VOB/B vertraglich vereinbart worden, finden diese Grundsätze unmittelbare Anwendung, ansonsten sind sie auf den Anlagenbauvertrag durchaus übertragbar. Von der vereinbarten Vergütung sind daher nicht alle, sondern nur die vertraglich vereinbarten Leistungen umfasst. Sind die Regelungen der VOB/B nicht anwendbar, kann die Vergütung ggf. nach § 313 BGB im Falle einer Störung der Geschäftsgrundlage oder auch nach § 242 BGB aufgrund der allgemeinen Rechtsgrundsätze, die sich in den §§ 2 Abs. 4 bis 8 VOB/B niedergeschlagen haben, in Betracht kommen (Werner/Pastor, Der Bauprozess, 15. Aufl., Rn. 1544). Ein Anordnungsrecht des Bestellers ist nunmehr auch in § 650b BGB vorgesehen, dem eine obligatorische Verhandlungsphase vorgeschaltet ist. Zur Bestimmung des aus der Anordnung folgenden Vergütungsanspruchs sieht § 650c BGB weitere Regelungen vor (eine Übersicht zum Gesetzgebungsverfahren findet sich bei Althaus, BauR 2017, 412). Wie das Anordnungsrecht in der Praxis gehandhabt werden wird, bleibt abzuwarten.

Eine Sonderform des Global-Pauschalvertrages stellt der sog. GMP-Vertrag (»Guaranteed Maximum Price«) dar (zum GMP-Vertrag: Werner/Pastor, Der Bauprozess, 15. Aufl., Rn. 1562; Iris Oberhäuser, Der Bauvertrag mit GMP-Abrede – Struktur und Vertragsgestaltung, BauR 2000, 1397; Biebelheimer/Wazlawik, Der GMP-Vertrag – Versuch einer rechtlichen Einordnung, BauR 2001, 1639). Beim GMP-Vertrag vereinbaren die Parteien einen Höchstpreis, der bei Ausführung der vertraglich vereinbarten Leistungen nicht überschritten werden darf. Anders als der Name vermuten lässt, beinhaltet der GMP-Vertrag aber kein Garantieversprechen des Auftragnehmers; auch beim GMP-Vertrag können nämlich insbesondere Nachtragsleistungen zu Preissteigerungen führen (Leinemann, in: Leinemann, VOB/B, 6. Aufl., § 2 Rn. 592 ff.). Sinnvoll ist ein GMP-Vertrag vor allem, wenn der Besteller noch keine oder nur geringfügige Planungen erstellt hat und/oder auf das Know-How des Auftragnehmers in besonderem Maße angewiesen ist. Um den hiermit verbundenen Besonderheiten Rechnung zu tragen, ist der GMP-Vertrag häufig in zwei Phasen bzw. Teile aufgeteilt; der erste Teil betrifft die Planung und Entwicklung und der zweite Teil die eigentliche Ausführung. Um den GMP-Vertrag erfolgreich durchzuführen, müssen die Vertragsparteien besonders vertrauensvoll und kooperativ zusammenarbeiten: So werden etwaige Nachunternehmer häufig gemeinsam ausgesucht und die tatsächlichen Baukosten sind für beide Vertragsparteien transparent; letzteres auch, weil etwaige Kostenersparnisse häufig prozentual an den Auftraggeber weitergegeben werden.

Im Anlagenbau seltener vorzufinden ist eine Abwandlung des Pauschalvertrages, der sog. Detailpauschalvertrag. Bei einem Detailpauschalvertrag existiert ein vollständiges Leistungsverzeichnis, in dem die auszuführenden Leistungen konkret aufgelistet und mit Mengenangaben versehen sind. Dieses Leistungsverzeichnis ist vom Auftragnehmer (zunächst) mit Einheitspreisen zu versehen;

der sich hieraus ergebende Gesamtangebotspreis wird – bspw. durch Verhandlungen, Nachlässe oder dergleichen – anschließend als Pauschalpreis gestaltet. Darüber hinaus finden sich auch Detailpauschalverträge, bei denen die Leistung selbst zwar benannt, die auszuführenden Mengen aber nur vage umschrieben werden (»ca.«).

Einheitspreis-, Selbstkostenerstattungs- und Stundenlohnverträge kommen im Anlagenbau selten bis gar nicht vor, weil das eigentliche Leistungssoll bei Vertragsschluss selten bekannt ist und die vorgenannten Vertragsmodelle für den Besteller daher mit einem erhöhten Kostenrisiko verbunden sind. Der Besteller hat daher ein großes Interesse daran, vertraglich nur die Leistungsparameter der Anlage oder auch gewisse Eckpunkte festzulegen; wie der Auftragnehmer dieses Ziel erreicht, ist meist von untergeordneter Bedeutung und wird dem Auftragnehmer überlassen. Es kann aber auch Leistungsbereiche geben, in denen der Besteller einen konkreten Leistungsumfang beauftragen möchte, bspw. im Bereich der Wartung und Instandhaltung. In diesem Fall wird der betroffene Bereich nicht selten von der Pauschalierung ausgenommen und einer eigenen vertraglichen Regelung zugeführt. Die vorgenannten Vertragsmodelle kommen daher immer wieder auch in Mischformen vor. Es ist Aufgabe des beratenden Rechtsanwalts, für den konkreten Einzelfall nicht nur ein Vertragsmodell zu wählen, sondern hieraus ein maßgeschneidertes Vertragswerk zu erstellen – gerade im Anlagenbau ist dies essentiell.

h) Abnahme

Auch beim Anlagenbau stellt die Übergabe bzw. Abnahme der Anlage eine entscheidende Zäsur bei der Abwicklung des Vertrages dar. Allerdings hat sich hier ein eigene »Abnahmeprozedur« entwickelt, der die Abnahme bzw. Übergabe im kaufvertraglichen und die Abnahme im werkvertraglichen Sinne nicht gerecht werden.

164

Um die konkreten Anforderungen an die »Abnahme« und ihre Rechtsfolgen beurteilen zu können, ist – vorbehaltlich vertraglicher Regelungen – zunächst zu untersuchen, welchem Vertragstyp der konkrete Anlagenvertrag am ehesten entspricht. Sind die Bestimmungen des Kaufrechts – entweder direkt oder im Falle des § 651 BGB § 650 BGB entsprechend – anwendbar, ist der Besteller nach § 433 Abs. 2 BGB verpflichtet, die Sache abzunehmen. Im Werkvertragsrecht ergibt sich die Abnahmepflicht aus § 640 Abs. 1 Satz 1 BGB. Voraussetzung sowohl der kaufrechtlichen als auch der werkvertraglichen Abnahme ist, dass sich die Sache bzw. das Werk in einem vertragskonformen Zustand befindet. Neben der Sache bzw. dem Werk selbst kann gerade im Anlagenbau auch die Übergabe von Unterlagen (Betriebsanleitungen, Einweisungen, Bescheinigungen etc.) als Hauptpflicht in Frage kommen; in diesem Fall kann die Abnahme unter Umständen allein wegen fehlender Unterlagen verweigert werden (BGH, Urt. v. 18.02.2003 – X ZR 245/00, BauR 2004, 337; Urt. v. 29.06.1993 – X ZR 60/92, BauR 1993, 633). Ist die Übergabe von Unterlagen dagegen nur als Nebenpflicht zu qualifizieren, kommt zwar keine Abnahmeverweigerung, wohl aber ein Leistungsverweigerungsrecht des Bestellers/Käufers in Betracht (OLG Stuttgart, Urt. v. 25.01.2010 – 10 U 119/09, BauR 2010, 1642; OLG Köln, Urt. v. 06.08.1999 – 19 U 176/98, NZBau 2000, 78).

Die kaufrechtliche »Abnahme« ist der tatsächliche Vorgang, durch den der Käufer den Besitz an der gekauften, ihm bereitgestellten und sich in vertragskonformen Zustand befindlichen Sache vom Verkäufer übernimmt; sie ist folglich ein reiner Realakt (Weidenkaff, in: Palandt, BGB, 76. Aufl., § 433, Rn. 43 f.). Im Gegensatz hierzu besteht die werkvertragliche Abnahme (neben einem Realakt) auch aus einer rechtsgeschäftlichen Erklärung: »Abnehmen« im Sinne des § 640 Abs. 1 Satz 1 BGB bedeutet die körperliche Hinnahme im Rahmen der Besitzübertragung, verbunden mit der Anerkennung bzw. Billigung des Werkes als in der Hauptsache vertragsgemäße Leistung (Weidenkaff, in: Palandt, BGB, 76. Aufl., § 640, Rn. 3). Unterschiede bestehen auch im Hinblick auf die Fälligkeit der Forderungen; während der Kaufpreis (vorbehaltlich einer anderen Vereinbarung) bereits mit Abschluss des Kaufvertrages (Zug-um-Zug gegen Übergabe der Kaufsache) fällig wird, wird die Werklohnforderung erst bei Abnahme fällig, vgl. § 641 Abs. 1 Satz 1

BGB. Schließlich ist der Übergang vom Erfüllungs- ins Gewährleistungsstadium beim Werkvertrag von der Abnahme abhängig; im Kaufrecht hat der Verkäufer dagegen den gesamten Vertrag zu erfüllen, bis er dem Käufer die verkaufte Sache (in mangelfreiem Zustand) übergeben und ihm das Eigentum an der Sache verschafft hat (BGH, Urt. v. 30.10.1998 – V ZR 367/97, NJW-RR 1999, 346). Der Übergang der Leistungs- und Vergütungsgefahr ist beim Werkvertrag an die Abnahme und beim Kaufvertrag an die Übergabe der Sache (§ 446 BGB) gekoppelt. Allerdings gelten beim Kaufvertrag Besonderheiten, wenn es sich um einen sog. Versendungskauf handelt; hier geht die Gefahr bereits mit der Übergabe der Sache an die mit der Versendung beauftragte Person über, vgl. § 447 BGB. Ist das Kaufrecht anwendbar, sind regelmäßig auch die besonderen Untersuchungs- und Rügepflichten nach § 377 HGB zu beachten; dies gilt nach § 381 Abs. 2 HGB auch im Falle des § 651 BGB § 650 BGB (hierzu ausführlich: Winz/Scheef, Die Rügepflicht im Anlagenbau, BauR 2013, 655). Eine ähnliche Regelung findet sich auch im Werkvertragsrecht: Hier verliert der Besteller seine Gewährleistungsrechte für ihm bekannte, aber im Rahmen der Abnahme nicht vorbehaltene Mängel, vgl. § 640 Abs. 3 BGB.

Ungeachtet der vorgenannten Unterschiede und Gemeinsamkeiten ist weder die kaufrechtliche noch die werkvertragliche Abnahme geeignet, die Besonderheiten der Abnahme im Anlagenbau zu erfassen. Im Anlagenbau existiert nämlich regelmäßig eine mehrstufige Abnahmeprozedur, die nach dem Schema Montageende – Inbetriebnahme – Probebetrieb – Abnahme verläuft und über einen längeren Zeitraum andauert (Hilgers/Kaminsky, Anlagenbau im In- und Ausland, Rn. 454 ff.; Lotz, BauR 2011, 746, 750 f. ausführlich Illies, Der Abnahmeprozess im Anlagenbau, BauR 2011, 421 ff.). Von einer »abgenommenen« Leistung wird man frühestens sprechen können, wenn insbesondere der Probebetrieb erfolgreich beendet wurde (BGH, Urt. v. 16.11.1993 – X ZR 7/92, BauR 1994, 242; Illies, BauR 2011, 421, 421 f.). Im Gegensatz hierzu gehen sowohl die kaufrechtliche als auch die werkvertragliche Abnahme von einem punktuellen Vorgang aus. Hilgers/Buscher empfehlen daher vollkommen zu Recht, die konkret gewünschten Abnahmemodalitäten einer exakten vertraglichen Regelung zuzuführen (Hilgers/Kaminsky, Anlagenbau im In- und Ausland, Rn. 455).

i) Gewährleistung

165 Alle Anlagen unterliegen einer besonderen Beanspruchung, leiden unter teils erheblichem Verschleiß und bergen eine gewisse Anfälligkeit; sie bedürfen daher stetiger Inspektion, Wartung und ggf. auch Instandsetzung. Gleichzeitig ist ihre Funktionstüchtigkeit für den Auftraggeber essentiell, nicht zuletzt weil Einschränkungen oder gar Ausfälle (neben den Reparaturkosten) zu ganz erheblichen Vermögensfolgeschäden führen können. Vor diesem Hintergrund bietet sich im Hinblick auf die Gewährleistung ein regelrechtes Spannungsfeld: Während der Auftraggeber an einer möglichst umfassenden und langen Gewährleistung bzw. Haftung des Auftragnehmers interessiert ist, will der Auftragnehmer sich möglichst weitgehend von seinen Gewährleistungs- und Haftungspflichten freizeichnen. In Anlagenbauverträgen finden sich daher in aller Regel vertragliche Vereinbarungen, mit denen die Parteien die diesbezüglichen gesetzlichen Regelungen modifizieren. Häufig werden die Gewährleistungsregelungen individuell ausgehandelt, gerade weil die konkret abzusichernden Risiken bei nahezu jeder Anlage unterschiedlicher Natur sind. Um diese Besonderheiten zu erfassen, wird die Haftung des Anlagenbauers häufig an bestimmte Leistungsparameter der Anlage gekoppelt; nicht selten finden sich auch individuelle Regelungen für einzelne Bereiche, Baugruppen und Teile einer Anlage.

aa) (Grundsätzliche) Gewährleistungsregeln nach Kauf- und Werkvertragsrecht

166 Ohne anderweitige Vereinbarung ergeben sich die Rechte und Pflichten der Parteien aus den (seit der Schuldrechtsreform weitgehend identischen) kauf- oder werkvertraglichen Regelungen des

BGB. Der Verkäufer hat dem Käufer die Sache, der Unternehmer hat dem Besteller das Werk frei von Sach- und Rechtsmängeln zu verschaffen, vgl. § 433 Abs. 1 Satz 2 und § 633 Abs. 1 BGB. Sach- und Rechtsmängel richten sich im Kaufrecht nach §§ 434 und 435 BGB, im Werkvertragsrecht nach § 633 BGB. Die Gefahr des zufälligen Untergangs oder der zufälligen Verschlechterung geht im Kaufrecht nach § 446 Abs. 1 Satz 1 BGB grundsätzlich mit Übergabe der Sache an den Käufer bzw. im Werkvertragsrecht nach § 644 Abs. 1 Satz 1 BGB mit der Abnahme auf den Besteller über. Besonderheiten ergeben sich insbesondere bei der Versendung der Sache/des Werkes auf Verlangen des Käufers/Bestellers nach einem anderen Ort als dem Erfüllungsort; hier geht die Gefahr bereits mit Übergabe der Sache bzw. des Werkes an die zur Ausführung der Versendung bestimmte Person über, vgl. § 447 Abs. 1 BGB und § 644 Abs. 2 BGB. Im Falle eines Mangels besteht sowohl nach Kauf- als auch nach Werkvertragsrecht grundsätzlich ein Anspruch auf Nacherfüllung; allerdings kann im Kaufrecht der Käufer, im Werkvertragsrecht der Unternehmer die Art der Nacherfüllung wählen, vgl. §§ 439 und 635 BGB.

Mit dem »neuen Bauvertragsrecht« wird der Umfang der Gewährleistung bei Mängeln der Kaufsache erweitert und damit letztlich an die Haftung des Werkunternehmers gegenüber dem Besteller angeglichen. Gemäß § 439 Abs. 3 BGB ist der Verkäufer nun auch im unternehmerischen Geschäftsverkehr im Rahmen der Nacherfüllung verpflichtet, nach seiner Wahl entweder selbst den erforderlichen Ausbau der mangelhaften und den Einbau der nachgebesserten oder gelieferten mangelfreien Sache vorzunehmen oder dem Käufer die hierfür erforderlichen Aufwendungen zu ersetzen. Auf diese Weise soll die überwiegend als ungerecht empfundene Benachteiligung des Werkunternehmers, der im Rahmen der Nacherfüllung wegen des Einbaus eines mangelhaften Produkts in der Regel auch die Kosten für dessen Ausbau und den Einbau einer mangelfreien Sache tragen muss, aufgehoben werden, indem dieser nunmehr seinerseits den Verkäufer wegen der Ein- und Ausbaukosten in Anspruch nehmen kann, auch wenn der Verkäufer die Mangelhaftigkeit der Sache nicht zu vertreten hat und daher ein Schadensersatzanspruch nach § 280 BGB nicht gegeben ist (vgl. BT-Drs. 18/8486, S. 39). Ebenfalls neu eingeführt wurde § 309 Nr. 8 lit. b) cc) BGB, wonach in Allgemeinen Geschäftsbedingungen nicht von § 439 Abs. 3 BGB abgewichen werden darf. In dem Bewusstsein, dass dieser zunächst nur für Verbraucherverträge gilt, hat der Gesetzgeber aber bereits in der Gesetzesbegründung dahin argumentiert, dass von einer Verbotsnorm gem. § 309 BGB nach der ständigen Rechtsprechung des BGH regelmäßig eine Indizwirkung für eine unangemessene Benachteiligung des Unternehmers ausgehe (BT-Drucks. 18/8486, S. 47). Derzeit dürfte daher davon auszugehen sein, dass auch im unternehmerischen Geschäftsverkehr ein Ausschluss der erweiterten Verkäuferhaftung eine unangemessene Benachteiligung des gewerblichen Käufers gemäß § 307 BGB darstellt.

Ergänzt wird § 439 Abs. 3 BGB durch § 445a BGB, der die Möglichkeit eines Lieferantenregresses bis hin zum verantwortlichen Produkthersteller vorsieht. Dies ändert im unternehmerischen Geschäftsverkehr jedoch nichts daran, dass der gewerbliche Käufer seiner Untersuchungs- und Rügeobliegenheit gemäß § 377 HGB zu genügen hat, um seine kaufrechtlichen Mängelansprüche nicht zu verlieren. Gerade in der Lieferantenkette und auf Großbaustellen, bei denen Materialien angeliefert und zunächst gelagert werden, ist zu beachten, dass Mängel, die sich erst später beim Einbau durch den jeweiligen Werkunternehmer zeigen, die Rügeobliegenheit gemäß § 377 Abs. 3 HGB auslösen, die eine unverzügliche Anzeige des Mangels verlangt, um Mängelansprüche nicht zu verlieren (Langen, Erweiterte Hersteller- und Lieferantenhaftung nach neuem Recht, BauR 2017, 333).

bb) Gewährleistungsfristen

Elementare Unterschiede bestehen für den Beginn und die Dauer der Gewährleistungsfristen. Beim Kaufvertrag beginnt die Verjährung bereits mit Ablieferung der Sache, beim Werkvertrag erst mit der Abnahme des Werkes, vgl. § 438 Abs. 1 und 2 sowie § 634a Abs. 1 und 2 BGB. Die Länge der Gewährleistungsfrist richtet sich maßgeblich danach, ob die Anlage als Bauwerk oder als be-

167

wegliche Sache zu qualifizieren ist (vgl. hierzu auch die obigen Ausführungen zur beweglichen Sache im Sinne des § 651 BGB). Nach der Rechtsprechung des Bundesgerichtshofs ist ein Bauwerk eine unbewegliche, durch Verwendung von Arbeit und Material in Verbindung mit dem Erdboden hergestellte Sache. Erfasst wird nicht nur das Bauwerk als Ganzes, sondern auch die Herstellung einzelner Bauteile und Bauglieder für das Bauwerk (BGH, Urt. v. 20.05.2003 – X ZR 57/02, BauR 2003, 1391; Urt. v. 12.03.1986 – VIII ZR 332/84, NJW 1986, 1927; Urt. v. 16.09.1971 – VII ZR 5/70, NJW 1971, 2219). Technische Anlagen können daher als Bauwerk einzuordnen sein, wenn die

> »Anlage selbst (als ganzes) nach ihrer Beschaffenheit als Bauwerk anzusehen ist, wie es etwa bei einer Förderanlage für die Automobilproduktion für möglich gehalten worden ist (BGH, Urt. v. 03.12.1998 – VII ZR 109/97, NJW 1999, 2434), zum anderen, wenn die Anlage Bauteil oder Bauglied einer Sache ist, die ihrerseits die Kriterien eines Bauwerks erfüllt, wie es nach der Rechtsprechung bei einer Steuerungsanlage einer Hängebahn der Fall sein kann (BGH, Urt. v. 20.02.1997 – VII ZR 288/94, NJW 1997, 1982), und schließlich, wenn die Sache, deren Teil oder Glied die Anlage ist, zwar nicht selbst als Bauwerk angesehen werden kann, ihrerseits aber Bauteil oder Bauglied eines Bauwerks ist.« (BGH, Urt. v. 20.05.2003 – X ZR 57/02, BauR 2003, 1391).

Erfasst werden sowohl Leistungen an neuen Bauwerken als auch Leistungen an bestehenden Bauwerken; letztere jedoch nur, wenn sie – wie z.B. eine grundlegende Erneuerung – von wesentlicher Bedeutung für das Bauwerk sind (BGH, Urt. v. 03.12.1998 – VII ZR 109/97, BauR 1999, 272; Urt. v. 22.09.1984 – VII ZR 360/82, BauR 1984, 64; OLG Köln, Urt. v. 20.01.2010 – 11 U 3/10, BauR 2010, 1089; OLG Düsseldorf, Urt. v. 29.06.2001 – 22 U 218/00, BauR 2002, 103). Handelt es sich nach vorgenannten Kriterien um ein Bauwerk, verjähren die in § 437 Nr. 1 und 3 BGB sowie die in § 634 Nr. 1, 2 und 4 BGB bezeichneten Ansprüche in fünf Jahren, im Übrigen richtet sich die Verjährung nach den weiteren Vorschriften der §§ 438 und 634a BGB, vgl. §§ 438 Abs. 1 Nr. 2 und 634a Abs. 1 Nr. 2 BGB. Zudem ist § 445b BGB für die Verjährung von Rückgriffsansprüchen in der Lieferkette zu beachten.

cc) Sonderproblem: Garantie

168 Ein weiteres Problem ergibt sich für den Anlagenbau aus den gesetzlichen Bestimmungen zur Garantie nach §§ 444 und 639 BGB. Aufgrund des bereits erwähnten Spannungsfeldes zwischen der Leistungsfähigkeit der Anlage auf der einen Seite und einer beschränkten Haftung auf der anderen Seite, enthält der Anlagenbauvertrag häufig »garantierte« oder »zugesicherte« Leistungsparameter, bei deren Nichterreichen der Besteller zu bestimmten Preisabschlägen berechtigt ist, sog. »technische Pönale«. Nach der Schuldrechtsreform wurden solche Vereinbarungen problematisch, weil die vereinbarten Preisabschläge letztlich eine Haftungsbeschränkung bedeuten und der Auftragnehmer sich auf eine solche nach §§ 444 und 639 BGB nicht berufen kann, »wenn« – so der ursprüngliche Wortlaut der vorgenannten Normen – er für die Beschaffenheit der Sache bzw. des Werkes eine Garantie übernommen hatte. Die Problematik hat sich inzwischen aber entschärft, weil der Gesetzgeber das Wort »wenn« durch das Wort »soweit« ersetzt hat und hiermit zum Ausdruck bringen wollte, dass eine Haftungsbeschränkung auch bei einer Garantie zulässig sein kann, *soweit* sie dem Garantieversprechen nicht widerspricht. Vor diesem Hintergrund kann eine Haftungsbeschränkung im Rahmen einer technischen Pönale zulässig sein, wenn die vertraglichen Vereinbarungen als selbständige Garantie zu qualifizieren sind; darüber hinaus kann sie im Falle einer unselbständigen Garantie zulässig sein, wenn über die gesetzlichen Ansprüche hinaus Rechte gewährt werden (vgl. Schuhmann, Neuere Entwicklungen im Vertragsrecht des Anlagenbaus, BauR 2005, 293 ff.; Michaelis de Vasconcellos, Garantien in der Praxis des Anlagenvertrages und das neue Schuldrecht: Ein unauflöslicher oder nur ein scheinbarer Konflikt?, NZBau 2003, 121 ff.; Schuhmann, Die technische Pönale unter dem Regime des neuen § 639 BGB, NZBau 2003, 602 ff.).

Dass die vorgenannte Problematik für die Praxis vor allem im Hinblick auf Vermögensfolgeschäden von allerhöchster Bedeutung ist, hat der BGH jüngst verdeutlicht: Er entschied,

»dass im Werkvertragsrecht der zu ersetzende Schaden in der Mangelhaftigkeit des Werkes liegt (vgl. BGHZ 59, 365, 366; BGH, Urt. v. 10.04.2003 – VII ZR 251/02; NJW-RR 2003, 878, 879). Zu seinem Ausgleich ist der Betrag zu leisten, der zur Herstellung eines mangelfreien Werks und zum Ausgleich eines dem Besteller entgangenen Gewinns erforderlich ist; Kosten, die durch einen hierzu erforderlichen Stillstand der Anlage ausgelöst werden, gehören nach der gesetzlichen Regelung zu dem zu berücksichtigenden Aufwand und fließen damit in die Berechnung des Schadensersatzanspruchs ein.« (BGH, Urt. v. 10.06.2010 – Xa ZR 3/07, NZBau 2010, 558).

j) Haftungsbeschränkungen

In Anlagenbauverträgen finden sich daher in aller Regel besondere Bestimmungen zur Haftung des Auftragnehmers und ihrem konkreten Umfang (vgl. hierzu ausführlich: Burkhard Lotz, Haftungsbeschränkungen in Anlagenverträgen, ZfBR 2003, 424 ff.). Dabei kommt der Versicherbarkeit der Risiken oft entscheidende Bedeutung zu. Ungeachtet dessen lassen sich die vertraglichen Vereinbarungen zur Haftung des Auftragnehmers im Wesentlichen in zwei Gruppen unterteilen, von denen die erste Gruppe die Haftung vor und die zweite Gruppe die Haftung nach der Abnahme betrifft. Vor Abnahme haftet der Auftragnehmer – neben dem zufälligen Untergang der Sache bzw. des Werkes – vor allem für die rechtzeitige Fertigstellung der Anlage. Im Zusammenhang mit der Abnahme bzw. der Abnahmereife einer Anlage kommt den vorstehenden Ausführungen zur technischen Pönale eine besondere Bedeutung zu; insbesondere die (noch) zulässigen Toleranzen, aber auch die hiermit einhergehenden Abzüge von der Vergütung sind meistens vertraglich geregelt. Zudem ist die Gesamthaftung des Auftragnehmers regelmäßig beschränkt und eine Haftung insbesondere für Mangelfolgeschäden gänzlich ausgeschlossen.

169

Auch wenn weite Teile eines Anlagenbauvertrages einzelfallbezogene und im Einzelnen ausgehandelte Bestimmungen beinhalten, sollten die vorhandenen Haftungsbeschränkungen stets auf eine mögliche Unwirksamkeit nach den AGB-rechtlichen Bestimmungen der §§ 305 ff. BGB überprüft werden. Dabei ist insbesondere zu beachten, dass auch einzelne Bestimmungen im Rahmen eines im Übrigen (vollständig) individualisierten Vertrages als Allgemeine Geschäftsbedingung qualifiziert werden können; auf den Umfang oder das Erscheinungsbild der betroffenen Regelung kommt es nämlich nicht an, vgl. § 305 Abs. 1 Satz 2 BGB. Handelt es sich um Vertragsbedingungen im Sinne des § 305 Abs. 1 Satz 1 BGB, ist die Anwendung der AGB-rechtlichen Bestimmungen daher nur zu verneinen, wenn die betroffene Regelung von den Parteien im Einzelnen ausgehandelt wurde. »Aushandeln« bedeutet mehr als »verhandeln«; die Rechtsprechung stellt insoweit strenge Anforderungen (so zuletzt: BGH, Urt. v. 14.04.2005 – VII ZR 56/04, BauR 2005, 1154; Urt. v. 23.01.2003 – VII ZR 210/01, BauR 2003, 870; Urt. v. 03.11.1999 – VIII ZR 269/98, NJW 2000, 1110; OLG Düsseldorf, Urt. v. 06.04.2006 – 5 U 115/05, IBR 2008, 439 [Nichtzulassungsbeschwerde zurückgewiesen: BGH, Beschl. v. 24.04.2008 – VII ZR 102/06]).

k) Vorzeitige Beendigung des Anlagenbauvertrages

Unter welchen Voraussetzungen der Anlagenbauvertrag von den Parteien (frei oder aus wichtigem Grund) vorzeitig beendet werden kann, wird meistens im Vertrag selbst detailliert geregelt. Diese Regelungen entsprechen zum Teil den gesetzlichen Kündigungstatbeständen des Werkvertragsrechts und der VOB/B. Neben den Tatbeständen, die eine Kündigung rechtfertigen, sollten die Parteien aber auch die Frage der Abrechnung des Vertrages im Kündigungsfall regeln. Insbesondere beim Pauschalvertrag ergeben sich hier regelmäßig Probleme, weil der Auftragnehmer die erbrachten von den nicht erbrachten Leistungen abzugrenzen hat und hierfür die Gesamtleistung in Einzelleistungen aufgeteilt und diese Einzelleistungen bewertet, ggf. sogar nachträglich kalkuliert werden müssen (BGH, Urt. v. 18.04.2002 – VII ZR 164/01, BauR 2002, 867; OLG Frankfurt, Urt. v. 06.04.2009 – 25 U 78/06, IBR 2010, 316; OLG Düsseldorf, Urt. v. 14.11.2008 –

170

22 U 69/08, BauR 2010, 88 [Nichtzulassungsbeschwerde zurückgewiesen: BGH, Beschl. v. 10.09.2009 – VII ZR 253/08]).

aa) (Freie) Kündigung des Auftraggebers nach § 649 BGB

171 Das freie Kündigungsrecht des Auftraggebers nach § 649 BGB – für den Auftragnehmer fehlt es an einer entsprechenden Regelung – wird im Anlagenbau nicht zuletzt aufgrund des Auftragsvolumens häufig ausgeschlossen oder zumindest beschränkt. Soll eine entsprechende Regelung in den Vertrag aufgenommen werden, ist sie individualvertraglich zulässig, in Allgemeinen Geschäftsbedingungen aber grundsätzlich unwirksam (BGH, Urt. v. 08.07.1999 – VII ZR 237/98, BauR 1999, 1294; Werner/Pastor, Der Bauprozess, 15. Aufl., Rn. 1739, m.w.N.). Fehlt es an einer entsprechenden Vereinbarung, kann der Auftraggeber den Vertrag bis zur Vollendung des Werkes jederzeit kündigen, vgl. § 649 Satz 1 BGB. Im Falle einer freien Kündigung ist der Unternehmer berechtigt, die vereinbarte Vergütung zu verlangen; er muss sich jedoch die ersparten Aufwendungen und den (auch böswillig unterlassenen) anderweitigen Erwerb anrechnen lassen, vgl. § 649 Satz 2 BGB. Die Abrechnung des Vertrages hat grundsätzlich nach den obigen Ausführungen zu erfolgen. Dabei kann dem Unternehmer die Vermutung des § 649 Satz 3 BGB zu Gute kommen, nach der ihm grundsätzlich 5 % der auf den noch nicht erbrachten Teil der Werkleistung entfallenden vereinbarten Vergütung zustehen; eine höhere Vergütung ist vom Auftragnehmer darzulegen und zu beweisen.

bb) Kündigung des Auftragnehmers nach § 643 i.V.m. § 642 BGB

172 Ist der Anlagenbauvertrag als Werkvertrag zu qualifizieren, kann der Auftragnehmer den Vertrag nach § 643 in Verbindung mit § 642 BGB kündigen. Dies setzt voraus, dass der Besteller ihm obliegende Mitwirkungshandlungen nicht erfüllt und der Auftragnehmer ihm zur Nachholung der Handlung fruchtlos eine angemessene Frist gesetzt hat. Mit der Fristsetzung muss zudem die Erklärung verbunden werden, dass der Auftragnehmer den Vertrag mit fruchtlosem Ablauf der Frist kündigt, vgl. § 643 Satz 1 BGB. Zu beachten ist, dass der Vertrag als aufgehoben gilt, wenn die gesetzte Frist fruchtlos verstrichen ist, vgl. § 643 Satz 2 BGB. Wird der Anlagenbauvertrag auf diese Weise beendet, kann der Auftragnehmer für die erbrachten Leistungen die vereinbarte Vergütung und darüber hinaus eine angemessene Entschädigung verlangen (Werner/Pastor, Der Bauprozess, 15. Aufl., Rn. 1770). Darüber hinaus steht dem Unternehmer ein Anspruch auf Ersatz etwaiger, in der Vergütung nicht enthaltener Auslagen zu, vgl. § 645 Abs. 1 und 2 BGB.

cc) Kündigung des Auftragnehmers nach § 648a Abs. 5 BGB

173 Gem. § 650f BGB (§ 648a BGB a.F.) kann der Auftragnehmer den Vertrag auch kündigen, wenn er dem Besteller erfolglos eine angemessene Frist zur Leistung einer Sicherheit nach 650f Abs. 1 BGB gesetzt hat. Der Vergütungsanspruch des Unternehmers entspricht demjenigen im Falle einer freien Kündigung des Auftraggebers nach § 649 BGB; insoweit wird auf die obigen Ausführungen verwiesen.

dd) Kündigung aus wichtigem Grund

174 Ungeachtet dessen kann der Anlagenbauvertrag sowohl vom Auftraggeber als auch vom Auftragnehmer aus wichtigem Grund gekündigt werden. Diese Möglichkeit war vor der Schuldrechtsreform trotz fehlender gesetzlicher Regelung und variierender dogmatischer Herleitung anerkannt (für eine Entwicklung als Richterrecht: Kniffka/Koeble, Kompendium des Baurechts, 3. Aufl., 7. Teil, Rn. 20; für eine Ableitung aus dem Rechtsgedanken des § 242 BGB in Verbindung mit §§ 649, 643 BGB: Werner/Pastor, Der Bauprozess, 14. Aufl., Rn. 1752, m.w.N.; für eine Ableitung aus dem Rechtsgedanken des § 314 BGB: Kniffka/Schmitz, ibr-online-Kommentar Bauver-

tragsrecht, Stand 20.05.2014, § 649, Rn. 12, und wohl auch Hilgers/Kaminsky, Anlagenbau im In- und Ausland, Rn. 483 ff.), wurde nach der Schuldrechtsreform aber zunehmend angegriffen (Sienz, Die Neuregelungen im Werkvertragsrecht nach dem Schuldrechtsmodernisierungsgesetz, BauR 2002, 181, 194 f.; Boldt, Die Kündigung des Bauvertrages aus wichtigem Grund nach neuem Recht, NZBau 2002, 655 ff.; Voit, Die außerordentliche Kündigung des Werkvertrages durch den Besteller, BauR 2002, 1776 ff.; Kraus, Da wird sich noch mancher die Augen reiben ... Die 6 augenfälligsten Negativauswirkungen der Schuldrechtsreform auf das private Baurecht, BauR 2002, 524, 527). Die vorgetragenen Einwände greifen im Ergebnis aber nicht, sodass es bei der bisherigen Rechtslage bleibt (OLG Brandenburg, Urt. v. 13.01.2011 – 12 U 129/09, IBR 2011, 134 [auch zu den möglichen dogmatischen Lösungen]; OLG Frankfurt, Urt. v. 12.12.2008 – 24 U 14/08, IBR 2011, 223 [Nichtzulassungsbeschwerde zurückgewiesen: BGH, Beschl. v. 28.10.2010 – VII ZR 11/09]; OLG Naumburg, Urt. v. 17.07.2007 – 9 U 164, BauR 2010, 1641 [Nichtzulassungsbeschwerde zurückgewiesen: BGH, Beschl. v. 08.07.2010 – VII ZR 158/07]; OLG Koblenz, Urt. v. 08.03.2007 – 5 U 877/06, IBR 2010, 153 [Nichtzulassungsbeschwerde zurückgewiesen: BGH, Beschl. v. 10.12.2009 – VII ZR 65/07]; Kniffka/Schmitz, ibr-online-Kommentar Bauvertragsrecht, Stand 20.05.2014, § 649, Rn. 10 ff.; Werner/Pastor, Der Bauprozess, 14. Aufl., Rn. 1752). Danach ist der Bauvertrag und insbesondere auch der Anlagenbauvertrag aus wichtigem Grund kündbar, wenn der kündigenden Vertragspartei die Fortführung des Vertrages aufgrund eines Verhaltens der anderen Partei nicht mehr zumutbar ist; das ist insbesondere anzunehmen, wenn die andere Partei den Vertrag so erheblich verletzt, dass das Vertrauensverhältnis nachhaltig gestört oder die Erreichung des Vertragszwecks erheblich gefährdet ist (BGH, Urt. v. 23.05.1996 – VII ZR 140/95, BauR 1996, 704; Urt. v. 25.03.1993 – X ZR 17/92, BauR 1993, 469; Urt. v. 30.06.1983 – VII ZR 293/82, BauR 1983, 459). Für Vertragsschlüsse ab dem 01.01.2018 ist das Recht zur Kündigung aus wichtigem Grund sowie die Möglichkeit der Teilkündigung nunmehr in § 648a BGB ausdrücklich gesetzlich geregelt.

Kündigt der Besteller den Vertrag aus wichtigem Grund, kann der Unternehmer grundsätzlich die vereinbarte Vergütung für die erbrachten Leistungen verlangen; etwas anderes gilt, wenn die erbrachten Leistungen für den Besteller wertlos sind (BGH, Urt. v. 25.03.1993 – X ZR 17/92, BauR 1993, 46; Werner/Pastor, Der Bauprozess, 14. Aufl., Rn. 1755). Wird der Vertrag durch den Unternehmer aus wichtigem Grund gekündigt, kann er zunächst die vereinbarte Vergütung für die erbrachten Leistungen beanspruchen; darüber hinaus steht ihm ein Schadensersatzanspruch zu, der in der Regel aus der Vergütung für die nicht erbrachten Leistungen abzüglich ersparter Aufwendungen und anderweitigem Erwerb oder böswillig unterlassenem Erwerb besteht (Werner/Pastor, Der Bauprozess, 15. Aufl., Rn. 1770 und 1778; Oberhauser, in: Kuffer/Wirth, Handbuch des Fachanwalts Bau- und Architektenrecht, Seite 694 und 697 f.).

ee) Weitere Möglichkeiten der Vertragsbeendigung

Neben den vorgenannten Möglichkeiten, den Vertrag vorzeitig zu beenden, kommen ggf. auch die Kündigungsrechte nach §§ 8 und 9 VOB/B in Betracht. Möglich ist auch eine vorzeitige Beendigung des Vertrages durch Rücktritt nach § 323 BGB und durch Anfechtung nach § 119 oder § 123 BGB (hierzu ausführlich: Hilgers/Kaminsky, Anlagenbau im In- und Ausland, Rn. 516 ff.). Selbstverständlich steht den Parteien auch eine einvernehmliche Beendigung des Anlagenbauvertrages frei.

l) Sicherheiten für die Vertragsparteien

Aufgrund des Volumens, das ein Anlagenbauvertrag regelmäßig erreicht, haben die Parteien ein gesteigertes Interesse an der Absicherung ihrer »Investitionen«. Das Risiko des Auftragnehmers wird meistens durch einen vereinbarten, an dem Stand der Leistungen ausgerichteten Zahlungsplan gemildert. Darüber hinaus stehen dem Auftragnehmer die Sicherungshypothek nach § 650e BGB (§ 648 BGB a.F.) und, sofern die Anlage nicht von einem öffentlichen Auftraggeber beauftragt wurde, die Bauhandwerkersicherung nach § 650f BGB (§ 648a BGB a.F.) als »echte« Sicherungsmittel zur Verfügung. Auch findet sich in Anlagenbauverträgen nicht selten ein Eigentumsvorbehalt, kraft dessen das Eigentum an der Anlage erst mit vollständiger Bezahlung des vereinbarten Preises auf den Besteller übergeht. Derartige Eigentumsvorbehalte bieten jedoch insbesondere im Insolvenzfall nur eine unzureichende Sicherheit, weil der Auftragnehmer sein Eigentum an den Anlagenteilen durch Verbindung mit dem Grundstück, auf dem die Anlage errichtet wird, verlieren kann, vgl. §§ 946, 94 BGB (vgl. zu den diesbezüglichen Besonderheiten und Unsicherheiten Lotz, Der Eigentumsvorbehalt im Baurecht, insbesondere im Anlagenvertrag, BauR 2011, 590 ff.). Der Besteller sichert sich dagegen vornehmlich durch Versicherungen, Bürgschaften (Vorauszahlungs-, Erfüllungs- und Gewährleistungsbürgschaften) und Garantiezusagen ab. Fordert der Auftraggeber solche Sicherheiten, kann die Zulässigkeit entsprechender Verlangen auch unter AGB-rechtlichen Aspekten problematisch sein. Im Übrigen kann weitestgehend auf die Rechtsprechung und Literatur zu Bauverträgen zurückgegriffen werden.

15. Internationale Verträge

a) Einführung

177 Grenzüberschreitende Verträge bergen nicht zu unterschätzende Risiken, und zwar sowohl für die handelnden Parteien als auch für den beratenden Rechtsanwalt. Es ist daher für beide Parteien unerlässlich, die notwendigen Vereinbarungen abhängig vom Gegenstand des Vertrages, des ausländischen Vertragspartners, den Besonderheiten des anzuwendenden Rechtssystems und auch der Effektivität der ggf. anzurufenden Justiz zu treffen. Die Parteien, insbesondere aber der beratende Rechtsanwalt, muss daher nicht nur Kenntnisse des Kollisionsrechts, sondern vor allem genaue Kenntnisse des jeweils einschlägigen materiellen und prozessualen Rechts haben.

Dieser Beitrag beschäftigt sich mit den wesentlichen Eckpunkten, die bei der Anbahnung und Abwicklung von internationalen Verträgen zu beachten sind. Er soll darüber hinaus den Blick für diejenigen Probleme öffnen, die sich auf internationaler Ebene aus national unproblematischen Regelungsinhalten ergeben können.

aa) Probleme auf internationaler Ebene

178 Sobald sich Vertragspartner aus verschiedenen Ländern gegenüber stehen, unterliegen die Verträge unterschiedlichen Rechtsordnungen und Rechtsanforderungen. Bereits die Regelungen zur Vertragsanbahnung können gänzlich anders als im nationalen Recht gestaltet sein; auch für das Recht der Allgemeinen Geschäftsbedingungen, insbesondere für ihr Einbeziehen in den Vertrag und die Anforderungen an ihre Wirksamkeit, gelten auf internationaler Ebene erhebliche Besonderheiten. Gleiches für Gewährleistungsregelungen und die Fälligkeit der Werklohnansprüche. Festzuhalten ist, dass grenzüberschreitende Verträge immer spezifische Fragen aufwerfen, die schon zu Beginn der Vertragsverhandlungen zu analysieren und zu beachten sind.

bb) Gerichtsstandsvereinbarungen

179 Ein Beispiel mag die folgende Betrachtung sozusagen als leuchtende Warnung einleiten:

Haben die Parteien keine Gerichtsstandsvereinbarung getroffen haben, kann dies durchaus zum faktischen Anspruchsverlust führen. In diesem Fall besteht nämlich die Gefahr, im Ausland verklagt zu werden oder dort eigene Ansprüche durchsetzen zu müssen. Hierfür bedarf es in aller Regel eines ausländischen Rechtsanwalts, der neben dem ausländischen Recht auch Kenntnisse des nationalen Rechts vorweisen und sich zudem mit seinem Mandanten ausreichend verständigen kann. Um »böse Überraschungen« zu vermeiden, sollte insbesondere diesen besonderen Umständen bereits bei der Vertragsanbahnung Rechnung getragen werden. Ein besonderes Augenmerk gilt dabei aus rechtlicher Sicht einer ggf. unbekannten, materiellen und prozessualen Rechtslage sowie aus wirtschaftlicher Sicht dem mit einem etwaigen Prozess verbundenen Kostenrisiko. Hinzu kommt, dass die Personaldecke der Justiz in einigen Ländern keine Entscheidung eines Rechtsstreits in einem überschaubaren Zeitrahmen erlaubt.

Richtet sich die Zuständigkeit eines Gerichts nach den kollisionsrechtlichen Regelungen, kann hinzukommen, dass die anzuwendende Rechtsordnung selbst dem zuständigen Gericht unbekannt ist. Um überhaupt eine Entscheidung treffen zu können, kann der erkennende Richter auch ein Gutachten über die Rechtslage einholen – die hiermit verbundenen Risiken können das ohnehin bestehende Prozess- und Kostenrisiko exponential erhöhen.

Eine ordentliche Gerichtsstandsvereinbarung mit ausdrücklicher Wahl des anzuwenden Rechts ist damit Kardinalspflicht auf dem Weg zu einem »internationalen Vertrag«.

cc) Sicherheiten

Eine weitere Kardinalspflicht besteht darin, Sicherheiten für die Erfüllung des Vertrages und die Gewährleistung zu vereinbaren. Die Notwendigkeit »einfach« zu handhabender Sicherheiten folgt bereits aus den eingeschränkten Zwangsvollstreckungsmöglichkeiten gegenüber ausländischen Vertragspartnern; auch bei der Zwangsvollstreckung stellen sich die bereits angesprochenen Probleme und Unwägbarkeiten. 180

Die Ausgestaltung der Sicherheiten ist elementar von der Wahl des Gerichtsstands bzw. des anwendbaren Rechts abhängig. Beispielsweise das »Recht der Bürgschaften« ist in anderen Rechtsordnungen anders als im deutschen Recht geregelt. Fehlt es an einer eindeutigen Regelung, kann über die Kollisionsvorschriften das Recht eines Landes anwendbar sein, in dem etwa das Kreditinstitut als Bürgschaftsgeber seinen Sitz hat. Allein die Anwendbarkeit einer anderen als der gewollten Rechtsordnung kann dazu führen, dass der Sicherungsnehmer und Bürgschaftsgläubiger eine deutlich niedrigere Sicherheit erhält, als er nach deutschem Recht gewollt und vereinbart hat. Zudem sollte insbesondere im Hinblick auf die eine Bürgschaft ausstellende Bank darauf geachtet werden, dass ein international anerkanntes (mindestens »AA« nach S&P-Standard entsprechendes) Rating vorliegt. Ungeachtet dessen zeigt sich in der Praxis, dass sichernde Banken mit Hauptsitz in einem westlichen Land weniger Probleme bei der Durchsetzung von Bürgschaftsansprüchen bereiten. Es empfiehlt sich zusehends vorher zu ermitteln, wie die entsprechenden (ausländischen) Banken im jeweiligen Erfüllungsland agieren und welche Maßstäbe an die Bedienung von Sicherheit angelegt werden.

Eine durchaus sinnvolle Sicherheit stellt auch die Patronatserklärung (parent company warranty) dar. Mit einer Patronatserklärung wird das durch den Vertrag übernommene Risiko besser einschätzbar. Darüber hinaus sind Versicherungen zur Absicherung von wesentlichen, bspw. für die Erbringung des Werkerfolgs zwingend notwendigen Lieferungen zu nennen. Als Absicherung vertraglich vereinbarter Abschlagszahlungen kommen z.B. Vorauszahlungsbürgschaften (down payment bonds) in Betracht.

Ungeachtet der zur Verfügung stehenden bzw. gewählten Sicherheiten sollte vertraglich stets geregelt werden, wann die jeweilige Sicherheit vorzulegen bzw. nachzuweisen ist. Es kann sich insoweit durchaus anbieten, den Vertragsschluss selbst von der Vorlage bzw. dem Nachweis abhängig zu machen. »Nachzureichende« Sicherheiten geraten schnell in Vergessenheit bzw. müssen zunächst erfolgreich eingefordert werden.

b) Materielles Recht

Zunächst ist die internationale Zuständigkeit der deutschen oder ausländischen Gerichte zu klären und anschließend die Frage nach dem auf den Vertrag anzuwendendem Recht zu beantworten. In einem nächsten Schritt ist zu prüfen, wie das international zuständige Gericht das auf den 181

Vertrag anwendbare Recht nach den nationalen Kollisionsrechten bestimmt. Hierbei spielen die vertraglichen Regelungen und die Prüfung der internationalen Zuständigkeit eine wichtigere Rolle, als die eigentliche Frage des anwendbaren Rechts. Es ist zu betonen, dass die Frage, welches materielle Recht zur Anwendung kommt, nicht erst für den Fall Bedeutung erlangt, wenn es zwischen den Parteien zur gerichtlichen Auseinandersetzung kommt. Dem Internationalen Privatrecht ist nicht immer eine unmittelbare Rechtsfolge zu entnehmen; es sind vielmehr Verweisungsnormen heranzuziehen, die auf die Rechtsordnung eines Staates verweisen, aus der dann die Rechtsfolge abgeleitet werden kann.

Durch die Regelungen des Internationalen Privatrechts wird immer auf eine Gesamtrechtsordnung eines Staates Bezug genommen, so dass auch die eigenen IPR-Regelungen des »Bezugsstaats« beachtet werden müssen. Einer Rechtsunsicherheit durch Rückverweisungsregelungen in einem fremden Rechtssystem kann nach deutschen IPR mit den Regelungen des Art. 4 Abs. 1 EGBGB begegnet werden, da in diesem Fall die deutschen Rechtsnormen Anwendung finden.

aa) Bestrebungen zu einem »einheitlichen Recht«

182 In Deutschland und Europa ist den Bestrebungen nach einem möglichst einheitlichen Recht durch die Kollisionsnormen des EGBGB, der Rom I und Rom II Verordnungen Rechnung getragen. Darüber hinaus sind bi- und multinationale Verträge in Form von Staatsverträgen geschlossen, nach welchen die Kollisionsregelungen vereinfacht sind oder direkt materielles Recht geregelt ist.

Ein solches »einheitliches materielles Recht« gibt es für das Bau- und Architektenrecht bisher leider nicht. Dennoch können die Parteien eines Bauvertrags etwa mit dem CISG (United Nations Convention on Contracts for the International Sale of Goods) in Berührung kommen. Hierunter sind beispielsweise Werklieferungsverträge und Kaufverträge über Baustoffe zu fassen, nicht aber der reine Werkvertrag. Weitergehende internationale Regelwerke, die vereinheitlicht Bauvertragsrecht regeln, existieren (noch) nicht.

bb) Nationales Kollisionsrecht und EG-Verordnungen

183 Aufgrund der Tatsache, dass kein multinational vereinheitlichtes Recht für internationale Bau- und Architektenverträge existiert, muss auf das EGBGB als nationales Kollisionsrecht zurückgegriffen werden. Dieses ist allerdings nur dann anwendbar,

> »soweit nicht unmittelbar anwendbare Regelungen der Europäischen Gemeinschaft in ihrer jeweils geltenden Fassung (…) maßgeblich sind.«

In Betracht zu ziehen sind hier insbesondere die Rom I und Rom II Verordnungen, nach welchen die bis dahin einschlägigen Regelungen des EGBGB überwiegend verdrängt sind.

aaa) Rom I

184 Die Verordnung (EG) Nr. 593/2008 des Europäischen Parlaments und des Rates vom 17.06.2008 über das auf vertragliche Schuldverhältnisse anzuwendende Recht (Rom I) wurde mit dem Ziel erlassen, einen Raum der Freiheit, der Sicherheit und des Rechts zu erhalten und weiterzuentwickeln. Teil dieses Ziels ist auch das reibungslose Funktionieren des Binnenmarkts. Weiter wird mit Rom I angestrebt, den Ausgang von Rechtsstreitigkeiten vorhersehbar zu machen und die Sicherheit in Bezug auf das anzuwendende Recht sowie den freien Verkehr gerichtlicher Entscheidungen zu fördern, indem die in den Mitgliedstaaten geltenden Kollisionsnormen dasselbe Recht bestimmen, unabhängig davon, in welchem Staat der Anspruch geltend gemacht wird (Kuffer/Wirth, Handbuch des Fachanwalts Bau- und Architektenrecht, 3. Aufl., 9. Kapitel, C., Rn. 6 ff.).

Auf nach dem 17.12.2009 geschlossene Bauverträge findet daher die Rom I Verordnung Anwendung, die ansonsten nur auf vertragliche Schuldverhältnisse in Zivil- und Handelssachen Anwendung finden würde. Ausgeschlossen sind allerdings Schuldverhältnisse aus Verhandlungen vor Abschluss eines Vertrages.

Der räumliche Geltungsbereich umfasst das Gebiet der Mitgliedsstaaten der EU, ausgenommen Dänemark (Verordnung [EG] Nr. 593/2008, ABl. Nr. L 177/6 vom 04.07.2008, S. 6 ff.). Inhaltlich ist durch die Rom I Verordnung das Europäische Schuldvertragsübereinkommen (EVÜ) aus dem Jahre 1980 in Gemeinschaftsrecht überführt worden.

Nach der Verordnung bleibt der Grundsatz der freien Rechtswahl weitestgehend erhalten. Eine Einschränkung erfolgt hier nur, wenn »schwächere Parteien« wie etwa Verbraucher an dem Vertrag beteiligt sind. Hierdurch bleibt der Grundsatz der Privatautonomie ebenfalls gewahrt. Lediglich für den Fall eines vermuteten Über-Unterordnungsverhältnisses, bei der Beteiligung eines Verbrauchers, kommt die für die vermeintlich schwächere Partei günstigere Vorschrift zur Anwendung, selbst wenn ein anderes Recht vereinbart worden ist und dieses eine solche Privilegierung nicht vorsieht.

Eine Wahl des anzuwendenden Rechts hat nach den Vorschriften der Rom I Verordnung entweder vor Vertragsschluss zur erfolgen, ist aber auch noch danach möglich oder muss sich eindeutig aus den Bestimmungen des Vertrages oder den Umständen des Einzelfalls ergeben. Jederzeit möglich ist eine einvernehmliche Änderung der Rechtswahl, wobei dann allerdings sowohl die Formgültigkeit des Vertrages als auch etwaige Rechte Dritter von einer solchen Änderung unberührt bleiben.

Für den Fall, dass von den Parteien selbst keine Rechtswahl getroffen wurde, bestimmt Art. 4 der Verordnung, dass bei Werkverträgen das Recht des Staates maßgeblich ist, in dem derjenige Vertragspartner seinen gewöhnlichen Aufenthalt hat, in dem die nach dem Vertrag geschuldete Leistung zu erbringen ist. Etwas anderes gilt allerdings, wenn der Vertrag nach den Umständen des Einzelfalls eine offensichtlich engere Verbindung zu einem anderen Staat aufweist; in diesem Fall ist das Recht desjenigen Staates maßgeblich, zu dem die engere Bindung besteht (Kuffer/Wirth, a.a.O., Rn. 9).

Diese Regelungen zum Werkvertragsrecht stehen im Kontext eines Katalogs einzelner Vertragstypen und orientieren sich durchgehend an dem Prinzip der charakteristischen Leistung. Grundsätzlich gilt hiernach bei Kauf-, Dienstleistungs- und Immobilienverträgen das Recht des gewöhnlichen Aufenthalts des Verkäufers/Dienstleisters bzw. der Ort der Immobilie. Auch der gewöhnliche Aufenthalt von Gesellschaften und juristischen Personen wird in Art. 19 der Verordnung definiert und bestimmt sich nach dem Ort der Hauptverwaltung. Bei natürlichen Personen, die in Ausübung ihrer beruflichen Tätigkeit handeln, wird der Ort der Hauptniederlassung als Ort des gewöhnlichen Aufenthalts bestimmt. Zweigniederlassungen, Agenturen oder dergleichen können den Ort des gewöhnlichen Aufenthalts ebenfalls bestimmen, wenn diese sich für die Vertragserfüllung verantwortlich zeichnen.

Eine Einschränkung erfolgt, wie oben schon angedeutet, für den Fall, dass ein Verbraucher an dem Vertrag beteiligt ist. Gleichwohl dies in der reinen Baupraxis einen untergeordneten Fall darstellt, da in der Regel bei internationalen Bauverträgen keine Verbraucher mitwirken, ist der Vollständigkeit halber auf Art. 6 der Verordnung hinzuweisen.

Für den Fall der Beteiligung eines Verbrauchers, der als natürliche Person definiert ist, die zu einem Zweck tätig ist, der nicht mit ihrer beruflichen oder gewerblichen Tätigkeit zusammenhängt, ist das Recht des Staates anwendbar, in dem der Verbraucher seinen gewöhnlichen Aufenthalt hat, sofern der Unternehmer seine berufliche oder gewerbliche Tätigkeit in diesem Staat ausübt oder auch auf diesen Staat ausrichtet und der Vertrag in den Bereich der Tätigkeit fällt. Ungeachtet dessen besteht auch bei einem Verbrauchervertrag die Möglichkeit der freien Rechtswahl, sofern hierdurch dem Verbraucher nicht der Schutz entzogen wird, der ihm nach dem, ohne diese Rechtswahl, anzuwendendem Recht unabdingbar zustünde (Kuffer/Wirth, Rn. 11).

Die in der Rom I Verordnung enthalten Regelungen wirken sich daher auf sämtliche Aspekte internationaler Bau- und Architektenverträge aus; das Zustandekommen, die Einbeziehung von AGB, die Ausführung der werkvertraglichen Pflichten und die Mängelrechte werden hierdurch ebenso geregelt wie etwa Fragen der Verjährung oder der Nichtigkeit von einzelnen Passagen oder des Vertrages im Ganzen.

Formerfordernisse finden darüber hinaus ihre Regelung in Art. 11 der Verordnung. Erfüllung und Mängelrechte werden durch Art. 12 der Verordnung konkretisiert; insoweit ist das Recht des Staates anzuwenden, in welchem die Erfüllung zu erfolgen hat.

Schließlich ist in Art. 25 der Verordnung das Verhältnis zu internationalen Übereinkommen geregelt. Die Anwendung von internationalen Übereinkommen, denen ein oder mehrere Mitgliedsstaaten zum Zeitpunkt der Annahme der Rom I Verordnung angehören und die Kollisionsnormen für vertragliche Schuldverhältnisse enthalten, werden durch die Rom I Verordnung nicht tangiert (Kuffer/Wirth, Rn. 13). Bereits eingegangene internationale Verpflichtungen der Mitgliedsstaaten sollen hierdurch nicht erschwert oder unmöglich gemacht werden, so dass eine absolute Vorrangstellung der Regelungen der Rom I Verordnung nur für die Mitgliedsstaaten maßgeblich ist.

bbb) Rom II

185 Durch die Rom II Verordnung ist vereinheitlichendes Kollisionsrecht für außervertragliche Schuldverhältnisse geschaffen worden (Verordnung [EG] Nr. 864/2007, ABl. L 199/49 vom 31.07.2007, S. 40 ff.).

Bedeutung im internationalen Bauvertragsrecht erlangt diese Verordnung insbesondere bei Fragen der Vertragsanbahnung, ohne dass zwischen den Parteien schon ein schuldrechtlicher Vertrag geschlossen worden wäre. Dies kann etwa von Bedeutung sein bei der notwendigen Durchsetzung von Ansprüchen aus unerlaubter Handlung. In Art. 4 der Rom II Verordnung ist geregelt, dass für solche Fälle das Recht des Staats Anwendung findet, in welchem der Schadenseintritt erfolgt. Etwas anderes gilt nur dann, wenn die betreffenden Parteien zum Zeitpunkt des Eintritts des Schadens ihren gemeinsamen gewöhnlichen Aufenthalt in einem Staat haben, dessen Recht in diesem Fall Geltung beansprucht. Allerdings besteht auch nach der Rom II Verordnung jederzeit die Möglichkeit, dass das Recht eines Staates Anwendung findet, zu welchem die Parteien bzw. der Vertrag ein engeres Verhältnis haben. Die freie Rechtswahl wird gleichwohl hierdurch nicht eingeschränkt. Es bleibt den Vertragsparteien unbenommen ein bestimmtes Recht zu vereinbaren, nach welchem die außervertraglichen Schuldverhältnisse abzuwickeln sind.

In jedem Fall ist Voraussetzung nach Art. 14 der Rom II Verordnung, dass die Rechtswahl ausdrücklich erfolgt oder sich mit hinreichender Sicherheit aus dem Vertrag ergibt, ohne dass dabei Rechte Dritter beeinflusst werden. Die Grenze bildet freilich das zwingende Gemeinschaftsrecht, von welchem auch durch eine Vereinbarung des anzuwendenden Rechts nicht abgewichen werden kann.

Eine Sonderstellung nimmt Art. 11 der Rom II Verordnung ein, diese legt für die Fälle der Geschäftsführung ohne Auftrag fest, dass das Recht des Staats anzuwenden ist, dem ein schon zwischen den Parteien bestehender Vertrag unterliegt. Die Frage nach dem anzuwendenden Recht für die Beurteilung einer unerlaubten Handlung kann anhand dieses Kriteriums ebenfalls beantwortet werden. Lassen sich diesbezüglich keine Anhaltspunkte finden und besteht auch kein gemeinsamer gewöhnlicher Aufenthalt in einem Staat, dann ist das Recht des Staates anzuwenden, in dem die Geschäftsführung erfolgt ist (Kuffer/Wirth, a.a.O., Rn. 17).

15. Internationale Verträge — D.

Schließlich ist in Bezug auf das Verschulden bei Vertragsverhandlungen Art. 12 der Rom II Verordnung zu konsultieren. Es ist das Recht des Vertrages anzuwenden, der geschlossen worden ist bzw. geschlossen werden sollte. Kann hiernach eine eindeutige Bestimmung nicht vorgenommen werden, gilt wieder, dass das Recht des Staates Anwendung findet, in welchem der Schaden eingetreten ist oder aber das Recht des Staates findet Anwendung, in welchem die Parteien einen gemeinsamen, gewöhnlichen Aufenthalt haben oder das Recht des Staates kommt zur Anwendung, welches eine engere Verbindung zu den schuldrechtlichen Regelungen hat.

ccc) EGBGB

Die beiden Rom Verordnungen haben die Bedeutung des EGBGB für internationale Vertragsbeziehungen sehr weitgehend eingeschränkt. Das EGBGB kommt nur noch in den Fällen zur Anwendung, wenn eine entsprechende Verordnung oder ein einschlägiger Staatsvertrag nicht zur Verfügung steht. Bis zum 16.12.2009 waren die Regelungen des EGBGB über vertragliche Schuldverhältnisse in den Art. 27–37 EGBGB enthalten, und wurden nach Inkrafttreten der Rom I Verordnung am 17.12.2009 aufgehoben. Auf Verträge, die vor dem 17.12.2009 geschlossen wurden bleibt das EGBGB in dieser Fassung allerdings nach wie vor anwendbar (Kuffer/Wirth, a.a.O., Rn. 20).

186

Der Verbraucherschutz, vormals in Art. 29a EGBGB angesiedelt, ist nach dem 17.12.2009 in dem Art. 46b EGBGB geregelt und besagt für »besondere Gebiete«, dass das Recht des Mitgliedsstaates der EU über den Verbraucherschutz Anwendung findet, mit welchem der Vertrag in einem engen Zusammenhang steht, wenn der Vertrag aufgrund einer Rechtswahl der Parteien nicht dem Recht eines Mitgliedsstaat der EU oder eines anderen Vertragsstaates des Abkommens über den Europäischen Wirtschaftsraum unterliegt. Dies gilt gleichwohl bei einer ausdrücklichen, anderen Rechtswahl.

Den vormaligen Regelungen des EGBGB in Bezug auf mögliche Ansprüche aus ungerechtfertigter Bereicherung, Geschäftsführung ohne Auftrag oder den Regelung über außervertragliche Schuldverhältnisse ist mit Inkrafttreten der Rom I und II Verordnungen ebenfalls der Boden entzogen worden.

cc) Standardisierte internationale Verträge, FIDIC-Verträge

Ebenso wie im Deutschen Recht gibt es im Internationalen Recht Bestrebungen nach einer Vereinheitlichung des Rechts, zugeschnitten auf die besonderen Anforderungen des Baurechts. Dies führte im Deutschen Recht zur Schaffung der VOB/B, die in vielen anderen Ländern ähnliche Bedingungswerke an ihrer Seite weiß. Gerade auch für die internationale Zusammenarbeit von Vertragspartnern wurde ein Bedingungswerk geschaffen, welches eine herausgehobene Stellung einnimmt, die FIDIC-Bedingungen (Fédération Internationale des Ingénieur-Conseils = Internationale Vereinigung beratender Ingenieure). Diesem Verband gehören mittlerweile 97 Verbände an, in Deutschland ist dies der Verband Beratender Ingenieure (VBI e.V.).

187

aaa) Entstehung und die verschiedenen FIDIC Books

Die heute geläufigen FIDIC-Bedingungen gehen im Wesentlichen auf die grundlegende Überarbeitung der schon seit 1957 veröffentlichten Richtlinien der FIDIC zurück. Es entstand eine ganze FIDIC-Vertragsfamilie, bestehend im Überblick aus dem **Red Book** (Conditions of Contract for Construction for Building and Engineering Works Designed by the Employer – herkömmliche Bauvorhaben mit einer Planung durch den Auftraggeber), dem **Yellow Book** (Conditions of Contract for Plant and Design-Build for Electrical and Mechanical Plant and for Building and Engineering Works Designed by the Contractor – Ausführung und Planung durch den Auf-

188

Parviz 613

tragnehmer), und dem **Silver Book** (Conditions of Contract for EPC/Turnkey Projects – wie das Yellow Book, allerdings ohne die Funktion des »engineers«).

Das **White Book** (Client/Consultant Model Services Agreement – Verhältnis zwischen Ingenieur und Auftraggeber), das **Gold Book** (Conditions of Contract for Design, Build and Operate Projects – komplexe Vertragskonstellationen, die neben dem Bau auch den Betrieb der Anlage umfassen) sowie das **Blue Book** (Form of Contract for Dredging and Reclamation Works - für Nassbagger - und Landgewinnungsarbeiten) sind anhand der Verkaufzahlen nicht so weit verbreitet. Insbesondere Red und Yellow Book stellen in der Praxis die bei weitem größte Gruppe der verwendeten Vertragsbedingungen dar (Hilgers/Kaminsky in: Leinemann, VOB/B, 6. Aufl. [2016], FIDIC, Rn. 6.).

Art und Umfang der Darstellung kann sich vorliegend nur auf einen Überblick beziehen und soll die Punkte herausstellen, die bei der Beratung zu einem FIDIC-Vertrag zu Beginn im Vordergrund stehen und einer eingehenden Erörterung bedürfen.

bbb) Rechtsverständnis der FIDIC-Regelungen

189 Zum besseren Verständnis des Aufbaus eines FIDIC-Vertrages ist herauszustellen, dass die Bedingungen der FIDIC allein schon aufgrund ihrer Herkunft im Lichte des englischen Common Laws zu verstehen sind (Hilgers/Kaminsky in: Leinemann, VOB/B, 6. Aufl. [2016], FIDIC, Rn. 12).

Hieraus folgen der besondere Umfang der Vertragswerke und die umfangreich enthaltenen Definitionen, da dies im Common Law nicht durch kodifizierte Gesetze geleistet werden kann, und auf vertraglicher Ebene zu kompensieren ist.

ccc) FIDIC-Regelungen als Allgemeines Geschäftsbedingungen

190 Die Rechtsnatur und die damit verbundenen Rechtsfolgen sind Gegenstand der Diskussion. Einigkeit besteht insoweit, als dass es sich bei den FIDIC Regelungswerken nicht um Handelsbräuche oder internationale Konventionen handelt, an die sich die Vertragsparteien grundsätzlich gebunden fühlen (Hilgers/Kaminsky, in: Leinemann, VOB/B, FIDIC, Rn. 10; Mallmann, Bau- und Anlagenbauvertrag nach den FIDIC-Standardbedingungen, 2002, 39, 55), diese sind vielmehr ausdrücklich zu vereinbarende (Hilgers/Kaminsky, in: Leinemann, VOB/B, FIDIC, Rn. 8) Allgemeine Geschäftsbedingungen, mit der daraus resultierenden Frage, ob eine Inhaltskontrolle nach nationalem Recht anhand der §§ 305 ff. BGB in Deutschland stattfinden hat. Diese Frage ist für den Fall zu bejahen, in dem das Vertragsstatut deutschem Recht unterliegt, so dass die Generalklausel des § 307 BGB als Maßstab heranzuziehen sein wird (Hilgers/Kaminsky, in: Leinemann, VOB/B, FIDIC, Rn. 13). Ohne letztlich die Frage beantworten zu können, ob die FIDIC-Bedingungen im Ganzen überhaupt einer Inhaltskontrolle zu unterziehen sind (ähnlich zu der entsprechend privilegierten VOB/B, wenn sie im Ganzen vereinbart ist und ein Verbraucher nicht beteiligt ist), hat der Bundesgerichtshof entschieden, dass das inländische Interesse an einem funktionierenden Verbraucherschutz dem Streben nach internationaler Rechtssicherheit vorgehe und es daher der Zweck des AGB-Rechts gebietet, auch weltweit verwendete Klauseln einer gerichtlichen Kontrolle zu unterziehen (Hilgers/Kaminsky, in: Leinemann, VOB/B, FIDIC, Rn. 16; BGHZ 86, 284).

Vorgenannte Rechtsprechung des Bundesgerichtshofs betraf zwar ein Rechtsverhältnis, an welchem ein Verbraucher beteiligt war, dennoch wird die Notwendigkeit des Schutzes eines Unternehmers etwa vor unangemessener Benachteiligung durch Allgemeine Geschäftsbedingungen nicht von der Hand zu weisen sein, sodass grundsätzlich - die Anwendbarkeit deutschen Rechts vorausgesetzt – auch die FIDIC-Bedingungen einer AGB-rechtlichen Inhaltskontrolle unterliegen (Hilgers/Kaminsky, in: Leinemann, VOB/B, FIDIC, Rn. 16; Schmidt, in: Ulmer/Brandner/Hensen, AGB-Recht, Kommentar zu den §§ 305-310 BGB und zum UKlaG, 10. Aufl. [2006], Anh.

§ 305 BGB, Rn. 31). Hierin spielt auch der Umstand, dass die FIDIC-Bedingungen, auch wenn in ihnen eine ausdrückliche Rechtswahl regelmäßig vorgesehen ist, derart umfangreich und detailliert sind, dass der Rückgriff auf nationales materielles Recht stark reduziert wird. Zahlreiche international tätige institutionelle Auftraggeber bevorzugen die Verwendung der FIDIC-Regelungen bei der Ausgestaltung der von ihnen verwendeten Vertragswerke. So empfiehlt etwa auch die Weltbank die Verwendung der FIDIC-Bestimmungen für die Durchführung von internationalen Großbauvorhaben und verwendet diese selbst in ihren eigenen Vertragsmustern (Brück, in: Vertragsbuch Privates Baurecht, 2. Aufl., F.II, Rn. 103).

Ohne auf nationales Recht oder auf das von den Parteien vereinbarte Recht zurück zu greifen, kommen in der Regel aber auch anhand der FIDIC-Bestimmungen geschlossene Verträge nicht aus, so dass die Frage der Wirksamkeit anhand der AGB-rechtlichen Bestimmungen zu beurteilen sein wird. Auch für die Frage der Auslegung der Bestimmungen sind die AGB-rechtlichen Maßstäbe heranzuziehen (Hök, Handbuch des internationalen und ausländischen Baurechts, Berlin 2005, § 18 Rn. 139). Vernünftige Gründe, warum die Inhaltskontrolle auch für Verträge geschlossen nach den FIDIC-Bedingungen bei einem deutschen Vertragsstatut nicht eröffnet sein sollte, finden sich nicht. Über das Argument, dass die FIDIC-Bedingungen ein ausgewogenes Klauselwerk darstellen, wird sich der Rückgriff auf die zur VOB/B in Bezug auf die Inhaltskontrolle ergangene Rechtsprechung rechtfertigen lassen; zumindest solange von einem deutschen Vertragsstatut ausgegangen werden kann.

ddd) Vertragsbeteiligte eines FIDIC-Vertrages

Die Vertragsbeteiligten eines FIDIC-Vertrages (Red und Yellow Book) sind in der Regel der **Employer**, der **Contractor** und der **Engineer**. Der Employer entspricht dabei dem Auftraggeber, der Contractor dem Auftragnehmer. Lediglich der Engineer ist ein Vertragsbeteiligter, der keine Entsprechung im herkömmlichen deutschen Recht hat (Hilgers/Kaminsky, in: Leinemann, VOB/B, FIDIC, Rn. 67).

191

In den FIDIC-Bedingungen kommt dem Engineer nach dem Yellow Book eine wichtige Funktion bei der Projektrealisierung sowie der Vertragsadministration zu. Obwohl der Bauvertrag ein zweiseitiger Vertrag zwischen dem Employer und dem Contractor ist, lässt sich der Bauvertrag nach dem Grundverständnis der FIDIC nicht ohne den Engineer umsetzen bzw. vollziehen. Denn hat neben den Aufgaben der technischen Kompetenzen, der Freigabe von Subunternehmern und Materialien und Ähnlichem die Aufgabe zu bewältigen, durch Anordnungen und sonstige Festlegungen (determinations), Uneinigkeiten zwischen den Parteien zu beenden und hierdurch den Fortgang des Projekts sicherzustellen. (Hilgers/Kaminsky, in: Leinemann, VOB/B, FIDIC, Rn. 68)

Folglich kommt dem Engineer eine stark hervorgehobene Doppelstellung zu. Er übernimmt die Aufgabe des Vertreters des AG, ohne dabei Mitarbeiter des AG oder mit diesem verbundener Unternehmen zu sein, und soll zugleich fairer Interessenvermittler zwischen Employer und Contractor sein. (Hilgers, in: Leinemann, VOB/B, FIDIC, Rn. 52)

Der Engineer ist nicht selbst Partei des Bau- oder Anlagenbauvertrages. Vielmehr wird er vom Employer aufgrund eines gesonderten Vertrages beauftragt. In der Folge ist er vertraglich dem Employer gegenüber verantwortlich. Seine Rechte und Pflichten zum Eingriff in das Vertragsverhältnis zwischen dem Employer und dem Contractor ergeben sich hingegen ausschließlich aus dem zwischen diesen beiden Vertragsparteien geschlossenen Bauvertrag. Während der Bauvertrag zwischen Employer und Contractor das rechtliche »Können« des Engineer festlegt, muss sich sein »Dürfen« hingegen aus seinem Vertrag mit dem Employer und einer gegebenenfalls gesondert ausgestellten Vollmacht ergeben. (Hilgers/Kaminsky, in: Leinemann, VOB/B, FIDIC, Rn. 69)

Das FIDIC Yellow Book setzt einen Engineer voraus, der unabhängig und unparteiisch agieren kann und muss, da er seine Festlegungen gem. Ziffer 3.5 fair und unter Berücksichtigung aller relevanten Umstände treffen soll. In der Praxis zeigt sich hingegen oft, dass der Engineer dem Employer im Zweifel näher steht, was sicherlich in dem Umstand begründet liegt, dass der Employer selbst die juristische oder natürliche Person bestimmt, die die Aufgabe des Engineer übernimmt, der Engineer vertraglich an den Employer gebunden ist und dementsprechend auch von ihm seine Vergütung erhält. Oftmals wird die systemgerechte Vertragsadministration weiter dadurch erschwert, dass der Employer einen eigenen Mitarbeiter als Engineer bestimmt. Eine weitere Verschärfung dieser Administration findet durch Zustimmungsvorbehalte statt, die der Employer bspw. in Besonderen Vertragsbedingungen (Particular Conditions) gem. Ziffer 3.1 vorgeben kann. (Hilgers/Kaminsky, in: Leinemann, VOB/B, FIDIC, Rn. 70, 71)

Die Positionierung des Engineer ist allerdings gerade wegen zu befürchtender Interessenkonflikte nicht unumstritten (Hilgers, in: Leinemann, VOB/B, FIDIC, Rn. 52, mit weiteren Nennungen zum Stand der Diskussion über die Doppelstellung des Engineers). Der Streit wird auch dadurch beflügelt, da der Engineer nicht Vertragspartei ist und gerade durch eigene Handlungen Konfliktpotential zwischen Auftraggeber und Auftragnehmer schaffen kann, zu dessen Lösung er dann berufen sein soll. Entscheidend spielt hier auch hinein, dass der Engineer in aller Regel durch den Auftraggeber bezahlt wird und schon aus diesem Grund Zweifel an seiner Unparteilichkeit aufkommen, die nicht leicht zu zerstreuen sind.

Grundsätzlich wird von der FIDIC der Abschluss eines eigenen Vertrages zwischen Auftraggeber und Engineer unter Vereinbarung des White Books empfohlen, um auch dieses komplexe Rechtsverhältnis auf vertraglich nachvollziehbare Grundlagen zu stellen. Auf dem Weg zu einer wirklich unabhängigen und die Interessen beider Parteien wahrenden Institution wäre es ein erster Schritt, wenn sich Employer und Contractor im Verhandlungswege darauf verständigen könnten, dass zumindest die Vergütung des Engineers von beiden Parteien gemeinsam getragen wird. Der im Grunde wünschenswerte Gedanke der Adjudikation auf der Baustelle könnte dadurch ein Stück realistischer werden.

Aufgrund der zuvor beschriebenen Beauftragung des Engineer durch den Employer, handelt der Engineer gem. § 278 BGB als Erfüllungsgehilfe des Employer, indem die zu erfüllenden Pflichten des Engineer gegenüber dem Contractor als Pflichten des Employer angesehen werden, die der Engineer für den Employer erfüllt (Hilgers/Kaminsky, in: Leinemann, VOB/B, FIDIC, Rn. 72). Demzufolge handelt der Engineer, soweit er im Rahmen seiner Projektmanagementaufgabe tätig wird, im Namen des Employer. Schließlich haftet daher der Employer dem Contractor für die Verletzung vertraglicher Pflichten durch den Engineer (Hilgers/Kaminsky, in: Leinemann, VOB/B, FIDIC, Rn. 72). In Betracht kommen folgende vertragliche Ansprüche des Contractor:

— Ziffer 16.1 Abs. 1: Leistungseinstellung bei unterlassener Zertifizierung des Interim Payment Certificate
— Ziffer 16.1 Abs. 4: Bauzeitverlängerung und Kostenersatz infolge der Leistungseinstellung
— Ziffer 16.2, insbesondere lit. b und d: Kündigung

Zudem ist davon auszugehen das die Pflicht des Employer gem. Ziffer 3.1 Abs. 1 S. 1 einen Engineer zu bestellen eine dauerhafte Hauptpflicht darstellt. Verletzt er diese Pflicht, etwa dadurch, dass er es unterlässt, rechtzeitig einen Engineer zu bestimmen oder bei dessen Ausfall unverzüglich einen neuen zu bestimmen, kann der Contractor vertragliche Ansprüche wegen Behinderung geltend machen, indem in der Folge beispielsweise keine ohne Engineer keine Subunternehmer gem. Ziffer 4.4 lit b oder Material eingesetzt werden können (vgl. Mallmann, in: Bau- und Anlagenbauvertrag nach den FIDIC-Standardbedingungen, 2002, S. 116; Hilgers/Kaminsky, in: Leinemann, VOB/B, FIDIC, Rn. 73). Darüber hinaus kann dem Contractor ein Kündigungsrecht gem. Ziffer 16.2 Abs. 1 zustehen vgl. Mallmann, in: Bau- und Anlagenbauvertrag nach den FIDIC-Standardbedingungen, 2002, S. 117; Hilgers/Kaminsky, in: Leinemann, VOB/B, FIDIC, Rn. 73) .

eee) Abschluss eines Vertrages unter Geltung der FIDIC-Regelungen

Zusätzliche zu den deutschen Äquivalenten des Angebots und der Annahme kommt es bei einem FIDIC-Vertrag, unter Beachtung der jeweiligen nationalen Rechtsvorschriften erst zu einer in Kraft Setzung des Vertrages durch einen gesonderten Akt.

192

Die Abgabe des Angebots erfolgt in der Regel durch den Letter of Tender, der ein verbindliches Angebot unter Angabe eines vorläufigen Vertragspreises darstellt, der mit dem Letter of Acceptance als formale Annahmeerklärung angenommen werden kann. Schließlich tritt der Vertrag in Kraft durch das Contract Agreement, welches als Vertragsurkunde abschließend durch die Parteien unterzeichnet wird.

Daneben sehen die FIDIC-Regelungen weitergehende Vertragsbestandteile vor, die im Wesentlichen auch nach deutscher Rechtsordnung zu einem Bauvertrag gehören (Aufstellung nach Hilgers/Kaminsky, in: Leinemann, VOB/B, FIDIC, Rn. 141, dort mit einer ausführlichen Aufstellung der Vertraglichen Pflichten der Parteien):

Letter of Tender	Angebotsschreiben
Letter of Acceptance	Annahmeerklärung
Contract Agreement	Vertragsurkunde
Addenda	Anhang
Conditions of Contract	Vertragsbedingungen
General Conditions	Allgemeine Bedingungen
Particular Conditions	Besondere Bedingungen
Specification	Leistungsbeschreibung
Drawings	Pläne und Zeichnungen
Schedules	Listen und Tabellen

Weitere herauszustellende Abweichungen sehen die FIDIC-Regelungen in Bezug auf die Bauzeit vor, insbesondere ist in Ziffer 8.3 des FIDIC Red Books geregelt, dass der Auftragnehmer innerhalb von 28 Tagen nach Baubeginnsanzeige einen Zeitplan zu erstellen hat und diesen dem Engineer übergeben muss, der ständig dem tatsächlichen Bauablauf anzupassen und entsprechend zu aktualisieren ist.

Die Regelungen des FIDIC Red Books in Bezug auf die Ansprüche auf Bauzeitverlängerung sind in Ziffer 8.4 deutlich ausführlicher geregelt als etwa in der VOB/B, zudem ist durch die Formulierung nichts zu einem möglicherweise nach dem jeweiligen Vertragsstatut notwendigen Verschulden der Bauzeitverlängerung gesagt. Dies ist daher durch entsprechende vertragliche Regelung zu konkretisieren (vgl. zu den umfangreichen Verzögerungstatbeständen die ausführliche Kommentierung von Hilgers/Kaminsky, in: Leinemann, VOB/B, FIDIC, Rn. 267-312).

Das Erfüllungsstadium eines Bauvertrages nach den FIDIC-Regelungen endet in der Regel mit dem Taking Over, der Bauwerksübernahme. Dies entspricht gleichwohl nicht der rechtsgeschäftlichen Abnahme nach deutschem Recht, vielmehr stellen die FIDIC-Regelungen weitere Anforderungen, wie etwa sogenannte Fertigstellungstest vor der Durchführung des Taking Overs (Test on Completion). Das Taking Over stellt eine Art vorläufiger Abnahme dar, die endgültig erst am Ende der Defects Notification Period erfolgt, die regelmäßig ein Jahr beträgt und auf Antrag auf bis zu zwei Jahre verlängert werden kann.

Zum Zeitpunkt des Taking Over hat die Leistung des Auftragnehmers nach VOB/B-Standard daher zumindest Abnahmereife aufzuweisen, nach Ablauf der Defects Notification Period beginnt dann auch erst die eigentliche Mängelgewährleistung. Die Abnahme findet am ehesten eine Entsprechung durch die FIDIC-Regelungen in Bezug auf das Perfomance Certificate, welches ausschließlich die Annahme der Arbeiten (Acceptance of the Work) bewirken soll. Dieses ist gleichwohl Voraussetzung für die Fälligkeit der Schlusszahlung (vgl. Ziffer 14.11) (Hilgers/Kaminsky, in: Leinemann, VOB/B, FIDIC, Rn. 319, 340 ff.).

Schließlich sind im FIDIC Red Book umfangreiche Regelungen zur Mangelverantwortlichkeit (Defects Liability), zu Aufmaß und Aufmaßbewertung (Measurement and Evaluation), zur Preisanpassung bei Massen- oder Leistungsänderung (Variations and Adjustment), zu Stundenlohnarbeiten sowie zur Zahlung enthalten. Daneben sind auch die Kündigungstatbestände der freien Kündigung und der Kündigung aus besonderem Grund mit ihren Rechtsfolgen geregelt, ebenso wie Regelungen zu Risiko und Haftung, geistigem Eigentum, Versicherungen, Höherer Gewalt und vor allem zur Streitbeilegung (Dispute and Arbitration) ausführlich enthalten sind (im Ganzen: Hilgers/Kaminsky, in: Leinemann, VOB/B, FIDIC, Rn. 332-468).

fff) Frei verhandelte Verträge

193 Selbstverständlich ist es den Vertragsparteien unbenommen vollständig von der FIDIC losgelöste Verträge zu verhandeln und zu schließen. Für den Fall, dass die vertraglichen Regelungen völlig frei ausgehandelt werden, sind die Vertragswerke sehr umfangreich. Diese werden im Vergleich zu FIDIC-Verträgen ungleich umfangreicher, da über die vertraglichen Regelungen im internationalen Bereich, vor dem Hintergrund des Rechtsverständnisses des angelsächsischen Common Laws, sämtliche notwendigen Regelungen in den Vertrag aufgenommen werden müssen und eine entsprechende Bezugnahme auf die FIDIC-Regelungen nicht zu einer Reduzierung des Umfangs führt.

Je nach Art des Bauvorhabens kann die nachfolgende Gliederung als eine Art Checkliste fungieren, über welche Punkte eine vertragliche Regelung angezeigt sein kann. Dabei ist natürlich das Vertragsstatut und die nach diesem Recht ergangenen Rechtsprechung zu berücksichtigen. Einen Anspruch auf Vollständigkeit erhebt die Gliederung nicht:

c) Muster Gliederung eines frei verhandelten internationalen Anlagenbauvertrags

194 General Conditions

Part I

Subject Matter of Contract

1. Conditions Precedent
2. Scope of Work

   Scope of Work

   Owner Supplied Information

   Rely Upon Information
3. Time for Commencement and Completion
4. Contractor's obligations

   Performance of the Works

   Government Approvals

   Laws

   Industrial Relations

   Utilities

   Consumables

   Operation Manual, Maintenance Manual, Commisioning Manual

Spare Parts
Training
Quality Assurance Plan
Occupational health, safety ans environmental requirements
Effect of Approval and Compliance
Project Management Plan
Import/Export obligations
Record keeping
5. Owner's obligations
General
Access to and possession of the Site
Government Approvals
Owner's personnel
Owner supplied materials and utilities
Independent Certifiert

Part II

Payment

6. Contract Price
7. Terms of Payment
Payments
Request for Payment
Payments withheld
Final Payment
Set off
Default interest
8. Security
Issuance of Security
Advanced Payment Guarantee
Bank guarantees
Expiry of Bonds
Parent company guarantee
Owner's Letter of Credit
9. Taxes
Responsibility to pay Taxes
Exemptions and concessions

Part III

Intellectual Property
10. Licensed Technology

11. Intellectual Property right
    Ownership of IP Rights
    Intellectual property and indemnity
    Assignement and Sub-licenses
    Survival of Obligations
12. Confidential Information

Part IV
Performance of the Work

13. Representatives
    Owner's Representatives
    Contractor's Representatives
    Site Manager
14. Contractor's organistation
    Organisation chart
    Key personnel
    Use of local labour
    Replacement of persons
15. Program and progress
    Program
    Progress reports
    Revised Program
    Progress of the Works
16. Subcontracts
    Subcontracting
    Responsibility
    Terms of subcontracts
    Warranties from Subcontractors
    No restriction
17. Design and Engineering
    Design and Engineering
    Approval/Review of Documents by the Owner
18. Procurrement
    Transportation
    Custom clearance
    Procedures
19. Construction
    Setting out/supervision/labour
    Construction Equipment
    Work of other Contractors
    Emergency work

Site clearance
Site security and lighting
Things of value or of Heritage and significance
Protection of Antiquities
20. Tests and Inspections
21. Mechanical Completion, Pre-Commissioning and Commissioning
Mechanical Completion
Pre-Commissioning
Commissioning
22. Performance Tests and Provisional Acceptance

Part V

Warranties, Guarantees and Liabilities

23. General Representations ans Warranties
24. Warranties
Contractor's warranties
Manufacturer's warranties
25. Completion Guarantees
26. Performance Guarantee
Performance Guarantees
Minimum Performance Guarantees
27. Defects Liability Period
28. Final Acceptance
29. Liability
Owner's Liability
Consequential loss
Contractor's Liability

Part VI

Risk Distribution

30. Transfer of ownership and risk
31. Care of Works
32. Indemnities
Contractor's Indemnity of Owner
Survival
33. Insurance
Insurance to be effected by the Owner and Contractor
Insurance claim procedures
34. Site conditions
35. Force Majeure
Force majeure

Performance Excused
Notice of Force majeure
Period of Force majeure Suspension or Delay
Certain Obligation not excused
Owner may Recommend Contractor to Take Action
Change in Work Form
Contractor's Remedies
Duty to Avoid

Part VII

Variation in Contract Elements

36. Variations
    General
    Detailed particulars
    Payment Basis
    Reduction of Date for Provisional Acceptance for Variations
    Conditions precedent
    Exclusive rights
    Normal Design Development
    Variation Dispute
37. Extension of Time
    Notice
    Causes of Delay
    Extension of Time
    Reasonable endeavours
    Conditions precedent
    Concurrent delays
    Acceleration
    Adjustment
38. Delay costs
39. Suspension
40. Termination

Part VIII

Financing

41. Assignment
42. Financing

Part IX

Dispute resolution
Application procedure

       Discussion between parties
       Expert determination
       Selection of Expert
       Rules for Expert determination
       Expert finding
       Release and Indemnity
       Cost of Expert determination
       Reference to Arbitration
       Location and Language
       Number of Arbitrators
       Award and Enforcement
       Compliance with Obligations
       Confidentially
       Survival

Part X

Miscellaneous

Part XI

Contract and Interpretation

43.   Contract Documents

44.   Interpretation

45.   Definitions

Appendix and Forms

E. Arbeitsverträge

I. Einführung

1 Der Fachanwalt für Bau- und Architektenrecht berät und betreut seine baurechtlichen Mandanten oft auch in anderen Rechtsgebieten. Das Arbeitsrecht spielt immer wieder eine Rolle. Im fachlichen Geltungsbereich der Baufirmen gibt es sowohl im Bauhaupt- wie auch im Baunebengewerbe allgemeinverbindliche Tarifverträge, die automatisch, ohne Bezugnahme im Arbeitsvertrag oder ohne dass die Arbeitsvertragsparteien tarifgebunden sind, gelten. Zu den derzeit gültigen allgemeinverbindlichen Tarifverträge s. unten Rdn. 182. Eine Tarifsammlung für die Bauwirtschaft findet sich in der beim Elsner Verlag erschienenen »Tarifsammlung für die Bauwirtschaft«.

Arbeitsverträge zu gestalten ist derzeit nicht ganz einfach. Das Bundesarbeitsgericht (BAG) überprüft seit geraumer Zeit die verschiedensten Vertragsklauseln anhand des Rechts der allgemeinen Geschäftsbedingungen, die seit dem 01.01.2002 auf Arbeitsverträge anwendbar sind. Die nachstehenden Muster berücksichtigen die neueste Rechtsprechung. Nicht alle Vertragsklauseln wurden jedoch bereits vom (BAG) überprüft, so dass nicht ausgeschlossen werden kann, dass die eine oder andere Klausel, die bislang als wirksam gilt, vom BAG gekippt wird.

Bei Anwendung der hier abgedruckten Muster muss unbedingt beachtet werden, dass es sich um Grundkonzepte handelt, die auf die jeweilige Situation angepasst werden müssen. Es ist zu empfehlen, die jeweiligen Erläuterungen zu lesen. Es ist nicht möglich, in diesem Buch alle arbeitsrechtlichen Konstellationen zu berücksichtigen. Bei speziellen arbeitsrechtlichen Themen sei auf einschlägige arbeitsrechtliche Formularbücher verwiesen. In diesem Beitrag geht es darum, die für die Baubranche typischen arbeitsrechtlichen Aspekte herauszuarbeiten. Da es sich hier um ein Formularbuch handelt, wurde nur kurz die Problematik angerissen. Bei speziellen Problemen müssen die einschlägigen Kommentare herangezogen werden.

Auf zwei wichtige Gesetze, das Arbeitnehmerentsendegesetz und das Arbeitnehmerüberlassungsgesetz und auf das Urlaubsrecht in der Baubranche wird gesondert hingewiesen.

II. Einstellung eines Arbeitnehmers

1. Muster Innerbetriebliche Stellenausschreibung[1]

2 a) Angestellte/r
z.B. Arbeitsgebiet:
Bauleiter/in
Voraussetzung:
Abgeschlossenes Bauingenieurstudium (FH). Mehrjährige Berufserfahrung. EDV-Kenntnisse und sicherer Umgang mit dem PC
Arbeitsbeginn: .....
Ansprechpartner: Geschäftsleitung
b) gewerbliche/r Arbeitnehmer/in
z.B. Arbeitsgebiet:
Maurer/in, auch auf auswärtigen Baustellen, Montagearbeiten
Voraussetzung:
Abgeschlossene Berufsausbildung zum/zur Maurer/in mit Erfahrung
Arbeitsbeginn: .....
Ansprechpartner: Montageleiter

---

1 Nach § 93 BetrVG kann der Betriebsrat eine innerbetriebliche Stellenausschreibung verlangen.

2. Muster Einladung zum Vorstellungsgespräch[2]

a) Mit Kostenübernahme

Betrifft: Ihre Bewerbung vom .....

Sehr geehrte(r) Frau/Herr,

Wir nehmen Bezug auf Ihre Bewerbung vom ..... und würden uns freuen, Sie persönlich kennenzulernen. Wir schlagen als Termin für ein Vorstellungsgespräch den ..... (Datum) um ..... Uhr in unserem Haus vor.

Bitte melden Sie sich bei Frau/Herrn ..... .

Sollten Sie diesen Termin nicht wahrnehmen können, bitten wir Sie, einen anderen Termin zu vereinbaren.

Die Ihnen entstehenden Kosten erstatten wir mit ..... Cent pro gefahrenen Kilometer bzw. die Kosten eines ..... -Klasse-Tickets der deutschen Bahn.

Mit freundlichen Grüßen

b) Ohne Kostenübernahme

Sehr geehrte(r) Frau/Herr,

vielen Dank für Ihre Bewerbung auf die Stelle als ..... .

Da Sie in die engere Auswahl gekommen sind, bitten wir Sie, mit Frau/Herrn ..... unter der Telefonnummer ..... einen Vorstellungstermin zu vereinbaren.

Die Ihnen entstehenden Kosten können wir allerdings nicht übernehmen.

Mit freundlichen Grüßen

3. Muster Einstellungsfragebogen[3]

a) Muster

Ausführlicher Einstellungsfragebogen:

Ich bewerbe mich um die Einstellung als ..... .

Angaben des Bewerbers zur Person:

Vorname, Nachname:

Geburtsdatum:

Geburtsort:

Wohnort:

Straße/Haus-Nr.

Staatsangehörigkeit:

---

[2] Bei der Einladung zu einem Vorstellungsgespräch durch die Firma müssen dem Bewerber die Vorstellungskosten (Fahrtkosten, ggf. Verpflegungs- und Übernachtungskosten, aber keine Vergütung für einen beim alten Arbeitgeber genommenen Urlaubstag), bezahlt werden, es sei denn, dem Bewerber wird vorher mitgeteilt, dass eine Erstattung nicht erfolgt.

[3] Sofern es sich um eine Einstellung im Geltungsbereich des Bauhauptgewerbes handelt, ist gemäß § 2 des BRTV der im Anhang zum Tarifvertrag beigefügte Einstellungsbogen zu verwenden, wobei die Frage nach der Schwerbehinderung seit Geltung des Allgemeinen Gleichbehandlungsgesetzes nicht mehr zulässig ist. Diese Frage ist erst nach einer Beschäftigung von mehr als sechs Monaten zulässig.

Bei Ausländern:

Aufenthaltserlaubnis gültig bis: ..... (nur bei Nicht-EU Staatsangehörige)

Arbeitsgenehmigung gültig bis: ..... (nur bei Nicht-EU Staatsangehörige)

Familienstand:

Kinder:

Ausbildung:

Schulbildung: .....

Hochschulstudium: .....

Berufsausbildung: .....

Bei welcher Firma gelernt: .....

welche Abschlussprüfung: .....

Fremdsprachenkenntnisse: .....

Besonderen Kenntnisse und Fähigkeiten: .....

Führerschein: ..... Klasse: .....

Sind Sie in ungekündigter/gekündigter Stellung? .....

Sind Sie arbeitslos? Wenn ja, seit wann? .....

Waren Sie bereits früher in unserer Firma, oder einem unserer Rechtsvorgänger als Arbeitnehmer beschäftigt? .....

Persönliche Verhältnisse des Bewerbers/sonstiges: .....

Leiden Sie an einer chronischen Erkrankung, weshalb Sie die Arbeiten nicht oder nur eingeschränkt verrichten können? .....

Sind Sie bereit, sich auf Kosten der Firma ärztlich untersuchen zu lassen? .....

Entbinden Sie den Arzt von seiner Schweigepflicht? .....

Sind Sie vorbestraft oder schwebt gegen Sie ein Ermittlungsverfahren wegen eines Delikts, im Bereich der vorgesehenen Tätigkeit? .....

Liegen Pfändungen vor? .....

Falls ja, durch wen und in welcher Höhe? .....

Haben Sie Ihr Arbeitsentgelt verpfändet oder im Voraus abgetreten? .....

Haben Sie für das laufende Kalenderjahr bereits bei einem früheren Arbeitgeber Urlaub gehabt? Wenn Ja, wie viel Tage?[1] .....

Wann können Sie Ihre Arbeit aufnehmen? .....

Unterliegen Sie Wettbewerbsbeschränkungen? .....

Wenn ja, welchen? .....

Bankverbindung

Kontonummer: .....

Bankleitzahl: .....

Kreditinstitut: ..... .

Bitte bei einer Einstellung folgende Arbeitspapiere und sonstige Bescheinigungen vorlegen:

Lohnsteuerkarte für das Jahr .....

Sozialversicherungsausweis

Versicherungsnachweisheft der Rentenversicherung

Meldeschein/Arbeitnehmerkontoauszug der ULAK

Unterlagen für vermögenswirksame Leistungen

Unterlagen für betriebliche Altersversorgung (z.B. tarifliche Zusatzrente)

Nachweis über Krankenkassenzugehörigkeit

Schwerbehindertenausweis[2]

Bescheinigungen über Ihre abgeschlossene Ausbildung/Fortbildung/Weiterbildung

Aufenthaltserlaubnis/Arbeitserlaubnis (nur bei Nicht-EU Ausländern).

.....

Ort, den

.....

Unterschrift des Arbeitnehmers

b) Erläuterungen

1. Hat der Arbeitnehmer beim Vorarbeitgeber schon seinen kompletten Jahresurlaub genommen, besteht beim neuen Arbeitgeber kein Urlaubsanspruch für den Rest des Jahres. Bzgl. der Besonderheiten in der Baubranche siehe h).

2. Die Frage nach der Schwerbehinderung ist seit Geltung des AGG nicht mehr zulässig.

III. Arbeitsverträge

1. Muster unbefristeter Arbeitsvertrag unter Bezugnahme auf einen Tarifvertrag[4]

Arbeitsvertrag

zwischen

(genaue Firmenbezeichnung und Adresse,

sowie Vertretungsverhältnisse)

– nachstehend »Arbeitgeber« genannt –

und

(genauer Name, Vorname, Adresse und Geburtsdatum)

– nachstehend »Arbeitnehmer/in« genannt –

---

4 Bevor man zu diesem Arbeitsvertragsmuster greift, müssen einige Vorfragen geklärt sein. Es muss geklärt werden, welcher Tarifvertrag Anwendung findet. Nur beispielhaft sei der BRTV erwähnt. Da der Bundesrahmentarifvertrag für das Baugewerbe (BRTV) für allgemeinverbindlich erklärt worden ist, muss er zwingend beachtet werden. Deswegen ist zunächst zu überprüfen, ob er auf das Arbeitsverhältnis Anwendung finden kann: Der räumliche Anwendungsbereich ist nach § 1 Abs. 1 BRTV das gesamte Gebiet der Bundesrepublik Deutschland, ohne Ausnahmen. Ist der Anwendungsbereich eröffnet, findet der BRTV Anwendung und die Gestaltungsmöglichkeiten sind eingeschränkt, da Abweichungen vom BRTV nur dort möglich sind, wo der BRTV keine Regelung enthält oder eine individualrechtliche Regelung ausdrücklich zulässt, wie z.B. bei befristeten Arbeitsverhältnissen. Greift der BRTV nicht ein, muss überprüft werden, ob ein anderer allgemeinverbindlicher Tarifvertrag gilt, oder ggf. Tarifbindung besteht. Ob der betriebliche Geltungsbereich eröffnet ist, muss anhand von § 1 Abs. 2 BRTV geprüft werden. Es hat eine Subsumtion unter die Abschnitte I bis VI zu erfolgen.

§ 1 Beginn des Arbeitsverhältnisses/Tätigkeit des/der Arbeitnehmers/in

1.1. Der/die Arbeitnehmer/in wird ab ..... für den Betrieb in ..... als ..... eingestellt. Zum Arbeitsbereich des/der Arbeitnehmer/in gehören folgende Tätigkeiten: ..... .

1.2. Der/die Arbeitnehmer/in hat seine/ihre Tätigkeiten nach Maßgabe der Gesetze und den Weisungen des Arbeitgebers und seiner Dienstvorgesetzten auszuüben.

1.3. Der Arbeitgeber ist berechtigt, dem/der Arbeitnehmer/in, auch an einem anderen Ort, eine andere oder zusätzliche, seiner Vorbildung oder seinen Fähigkeiten entsprechende zumutbare gleichwertige Tätigkeit zu übertragen.

§ 2 Arbeitszeit

Die wöchentliche Arbeitszeit richtet sich nach dem ..... Tarifvertrag und beträgt derzeit ..... Stunden pro Woche.

Der/die Arbeitnehmer/in ist verpflichtet, im Rahmen der tarifvertraglichen und gesetzlichen Bestimmungen Nacht-/Wechselschicht-/Sonntagsarbeit und vorübergehend Mehr- und Überarbeit zu leisten.

Ein Anspruch auf Ausgleich von Mehrarbeit besteht nur, wenn die Arbeitsstunden angeordnet oder vereinbart oder aufgrund dringender betrieblicher Interessen erforderlich wurden. In diesem Fall hat der/die Arbeitnehmer/in Beginn und Ende der Mehrarbeit spätestens am nächsten Tag dem Arbeitgeber schriftlich anzuzeigen und bestätigen zu lassen.

§ 3 Arbeitsvergütung

3.1. Der/die Arbeitnehmerin erhält ein monatliches Bruttogehalt in Höhe von ..... Euro/einen Stundenlohn von Euro ..... nach der Lohngruppe/ ..... des Gehalts/Lohntarifvertrages ..... (genaue Bezeichnung der Tarifverträge).[1]

3.2. Gratifikationen oder Sonderzahlungen des Arbeitgebers, die über tariflichvertragliche Ansprüche hinausgehen, sind freiwillige Leistungen und begründen auch bei wiederholter Gewährung keinen Rechtsanspruch für die Zukunft. Beträgt die Sonderzahlung mehr als 105 Euro aber weniger als ein Bruttomonatsentgelt, ist der/die Arbeitnehmer/in zur Rückzahlung verpflichtet, wenn er/sie aus von ihm/ihr zu vertretenen[2] Gründen oder Eigenkündigung vor Ablauf von drei Monaten nach der Auszahlung der Sonderzahlung aus dem Arbeitsverhältnis ausscheidet. Bei einer Sonderzahlung von einem oder mehr als einem Bruttomonatsmonatsentgelt beträgt die Bindungsfrist sechs Monate.

§ 4 Urlaub

Der/die Arbeitnehmer/in hat Anspruch auf Tarifurlaub, derzeit ..... Tage.

§ 5 Arbeitsunfähigkeit

Der/die Arbeitnehmer/in ist verpflichtet, dem Arbeitgeber jede Dienstverhinderung und deren voraussichtliche Dauer unverzüglich anzuzeigen. Bei anstehenden Terminssachen hat der/die Arbeitnehmer/in auf vordringlich zu erledigende Arbeiten hinzuweisen.

Ist der/die Arbeitnehmer/in arbeitsunfähig erkrankt und dauert die Arbeitsunfähigkeit länger als drei Kalendertage,[3] hat der/die Arbeitnehmer/in eine ärztliche Arbeitsunfähigkeitsbescheinigung spätestens am darauffolgenden Arbeitstag vorzulegen, die auch die voraussichtliche Dauer der Arbeitsunfähigkeit zu beinhalten hat.

§ 6 Stillschweigensklausel[4]

6.1 Der/die Arbeitnehmer/in verpflichtet sich, über alle Betriebs- und Geschäftsgeheimnisse und ihm/ihr während der Vertragsdauer bekannt gewordenen betrieblichen Vorgänge während der Dauer und auch nach der Beendigung des Arbeitsverhältnisses Stillschweigen zu bewahren. Die Geheimhaltungsverpflichtung bezieht die Betriebs- und Geschäftsgeheimnisse und alle sonstigen vertraulichen Angelegenheiten und Vorgänge des gesamten Unternehmens ein, die dem/der Arbeitnehmer/in im Rahmen des Arbeitsverhältnisses bekannt werden.

Der Ausdruck »Betriebs- und/oder Geschäftsgeheimnisse« umfasst dabei alle geschäftlichen, betrieblichen und technischen Kenntnisse, Angelegenheiten, Vorgänge und Informationen, die nur einem beschränkten Personenkreis zugänglich sind und nach dem Willen des Arbeitgebers nicht der Allgemeinheit bekannt werden sollen.

6.2. Die betrieblichen Sicherheitsbestimmungen sind zu beachten. Vertraulich und geheim zu haltende Schriftstücke, Zeichnungen, Modelle usw. sind unter dem vorgeschriebenen Verschluss zu halten.

§ 7 Ende des Arbeitsverhältnisses

Es gelten die tarifvertraglichen Kündigungsfristen.

Der Arbeitgeber ist berechtigt, nach Ausspruch einer Kündigung den/die Arbeitnehmer/in bis zum Ablauf der Kündigungsfrist unter Fortzahlung der Vergütung von der Arbeitsleistung freizustellen.

Das Arbeitsverhältnis endet auch, ohne dass es einer Kündigung bedarf, mit Erreichen der Altersgrenze, die in den Bestimmungen über die gesetzliche Rentenversicherung für die Gewährung der Regelaltersrente maßgebend ist. Es endet in jedem Fall mit Ablauf des Monats, in dem der/die Arbeitnehmer/in gesetzliche Altersrente bezieht.[5]

§ 8 Abtretung und Verpfändung des Arbeitseinkommens

8.1. Der/die Arbeitnehmer/in darf seine Vergütungsansprüche an Dritte nur nach vorheriger schriftlicher Zustimmung des Arbeitgebers verpfänden oder abtreten. Die Zustimmung darf nur aus sachlichen Gründen verweigert werden.

8.2. Die Kosten, die dem Arbeitgeber durch die Bearbeitung von Pfändungen, Verpfändungen und Abtretungen der Vergütungsansprüche des/der Arbeitnehmers/in entstehen, trägt der/die Arbeitnehmer/in. Sie werden pauschaliert mit Euro 3,00 je Pfändung, Abtretung und Verpfändung sowie gegebenenfalls zusätzlich Euro 1,50 für jedes Schreiben sowie Euro 0,50 pro Überweisung. Der Arbeitgeber kann höhere Kosten geltend machen, wenn diese entstanden sind.

§ 9 Nebenbeschäftigung

Jede Nebentätigkeit, gleichgültig ob sie entgeltlich oder unentgeltlich ausgeübt wird, bedarf der vorherigen Zustimmung des Arbeitgebers.

§ 10 Geschenke

Jegliche Annahme von Geschenken, Vergünstigungen in offener oder versteckter Form von dritter Seite, insbesondere von Kunden oder sonstigen Vertragspartnern des Arbeitgebers sind dem/der Arbeitnehmer/in untersagt. Jeder derartige Versuch ist sofort dem Arbeitgeber zu melden.[6]

Ausgenommen von dieser Regelung sind geringfügige Geschenke bis zu einem Wert von Euro 5,00 im Einzelfall.

§ 11 Schwarzarbeit

Der/die Arbeitnehmer/in darf keine Schwarzarbeit leisten. Bei einem Verstoß hiergegen ist der Arbeitgeber berechtigt, außerordentlich und fristlos zu kündigen.[7]

§ 12 Rückzahlung zuviel erhaltener Leistungen

Hat der/die Arbeitnehmer/in Entgelt oder sonstige Geldleistungen vom Arbeitgeber zuviel erhalten, kann er/sie sich auf den Wegfall der Bereicherung nicht berufen, wenn die rechtsgrundlose Überzahlung so offensichtlich war, dass der/die Arbeitnehmer/in dies hätte erkennen müssen, oder wenn die Überzahlung auf Umständen beruhte, die der/die Arbeitnehmer/in zu vertreten hat.

§ 13 Zurückbehaltung

Alle, den Arbeitgeber und seine Interessen berührenden Briefe sind ohne Rücksicht auf den Adressaten ebenso wie alle sonstigen Geschäftssachen, Zeichnungen, Pläne, Notizen, Bücher, Muster, Modelle, Werkzeuge, Material usw., die im alleinigen Eigentum des Arbeitgebers stehen, sind auch bei Bestehen eines etwaigen Besitzrechts des/der Arbeitnehmers/in nach erfolgter Aufforderung bzw. nach Beendigung des Arbeitsverhältnisses unverzüglich zurückzugeben. Zurückbehaltungsrechte sind ausgeschlossen.

§ 14 Tarifverträge[8]

Variante 1:

Auf das Arbeitsverhältnis finden die für den Betrieb des Arbeitgebers jeweils einschlägigen Tarifverträge in der jeweils gültigen Fassung Anwendung. Derzeit sind dies ..... (genaue Bezeichnung)

Variante 2:

Auf das Arbeitsverhältnis findet der Bundesrahmentarifvertrag für das Baugewerbe (BRTV) in der jeweils gültigen Fassung Anwendung.

Darüber hinaus gelten folgende Tarifverträge in ihrer jeweils gültigen Fassung: Tarifvertrag über das Sozialkassenverfahren im Baugewerbe (VTV)

Tarifvertrag zur Regelung der Mindestlöhne im Baugewerbe im Gebiet der Bundesrepublik Deutschland (TV Mindestlohn)

Tarifvertrag über die Gewährung vermögenswirksamer Leistungen zugunsten der gewerblichen Arbeitnehmer im Baugewerbe (TV Vermb/Arb)

Der Arbeitnehmer wird auf die tarifvertraglichen Ausschlussfristen gem. § 15 des BRTV hingewiesen.[9]

Variante 3:

a) Es gelten die Tarifverträge, an die der Arbeitgeber derzeit tarifgebunden ist (§ 3 Abs. 1 TVG), in ihrer jeweils gültigen Fassung. Das sind derzeit die ..... (genaue Bezeichnung).

Diese Abrede gilt, weil und solange der Arbeitgeber tarifgebunden ist. Sie bezweckt die Gleichstellung nicht organisierter mit organisierten Arbeitnehmern.

b) Endet die Tarifbindung des Arbeitgebers, finden die Bestimmungen der in Bezug genommenen Tarifverträge mit dem Inhalt Anwendung, den sie bei Ende der Tarifbindung des Arbeitgebers haben; der/die Arbeitnehmer/in hat keinen Anspruch auf Weitergabe ihrer künftiger Tarifänderungen. Der Arbeitgeber wird dem/der Arbeitnehmer/in mitteilen, wenn seine Tarifbindung endet.[10]

Variante 4:

Es gilt der Tarifvertrag in seiner Fassung vom ..... (genau bezeichnen) Der/die Arbeitnehmer/in hat keinen Anspruch auf Weitergabe künftiger Änderungen.[11]

§ 15 Bundesdatenschutzgesetz

Der/die Arbeitnehmer/in erklärt sein/ihr Einverständnis, dass personenbezogene Daten im Zusammenhang mit dem Arbeitsverhältnis gespeichert werden.

§ 16 Nebenabreden und Vertragsänderungen

Änderungen und Ergänzungen des Vertrages bedürfen zu ihrer Wirksamkeit der Schriftform. Dies gilt auch für Änderungen dieser Schriftformklausel selbst. Ausgeschlossen sind damit insbesondere Vertragsänderungen durch betriebliche Übung. Das vorstehende Schriftformerfordernis findet keine Anwendung bei Abreden, die nach Vertragsschluss unmittelbar zwischen den Parteien mündlich getroffen werden.[12]

Mündliche Nebenabreden sind im Zeitpunkt der Unterschrift unter diesen Vertrag nicht getroffen.

§ 17 Vertragsaushändigung

Die Parteien bestätigen mit ihrer Unterschrift unter diesen Vertrag, eine schriftliche Ausfertigung erhalten zu haben.

§ 18 Schlussbestimmungen

Sollten einzelne Bestimmungen dieses Vertrages unwirksam sein oder werden oder sollten sich in diesem Vertrag Lücken ergeben, soll hierdurch die Gültigkeit der übrigen Bestimmungen des Vertrages nicht berührt werden. Die Parteien verpflichten sich in diesem Fall, unverzüglich die unwirksame Bestimmung durch eine ihr wirtschaftlich möglichst nahe kommende, rechtlich zulässige Bestimmung zu ersetzen.

(Ort), den .....   (Ort), den .....

....

Unterschrift Arbeitgeber   Unterschrift Arbeitnehmer/in

1. Die Eingruppierung muss objektiv richtig sein, wenn nicht, hat der Arbeitnehmer Anspruch auf die richtige Eingruppierung.

Freiwillige **monatliche** Zulagen sind nach BAG nicht mehr zulässig, nur widerrufliche Zulagen. Hier sind die Widerrufsgründe dezidert, transparent und widerspruchsfrei in den Vertrag aufzunehmen, BAG vom 30.07.2008, 10 AZR 459/07(www.bundesarbeitsgericht.de); BAG vom 25.04.2007, DB 2007, 1757.

1a. Trotz dieser Regelung sollte der Arbeitgeber bei einer zusätzlichen Leistung auf die Freiwilligkeit der Zahlung nochmals hinweisen.

2. Eine Rückzahlungsvereinbarung ist nur zulässig bei Eigenkündigung des Arbeitnehmers oder wenn er sein Ausscheiden zu vertreten hat, BAG vom 11.04.2006, Az: 9 AZR 610/05, NJW 2006, 3083.

3. Der Arbeitgeber ist auch berechtigt, die AU-Bescheinigung früher zu verlangen, § 5 EntgeltfortzG.

4. Bei untergeordneten Tätigkeiten kann die Stillschweigensklausel gekürzt werden.

5. Wenn in einem Tarifvertrag nichts geregelt ist, endet das Arbeitsverhältnis nicht automatisch mit dem Beginn der Altersrente. Findet das Kündigungsschutzgesetz Anwendung, braucht der Arbeitgeber einen Kündigungsgrund, wobei ein solcher nicht das Alter des Arbeitnehmers ist.

6. Vorteilsannahme kann einen wichtigen Grund zur Kündigung darstellen, ggf. auch ohne vorherige Abmahnung.

7. Bei nachgewiesener Schwarzarbeit ist der Arbeitgeber berechtigt, fristlos, ohne vorherige Abmahnung, zu kündigen, wenn nicht ganz besondere Umstände zugunsten des Arbeitnehmers gegeben sind.

8. Es ist genau zu prüfen welche Tarifverträge automatisch auf das Arbeitsverhältnis Anwendung finden (für allgemeinverbindlich erklärte Tarifverträge/Arbeitgeber und Arbeitnehmer sind Mitglied von Verbänden bzw. Gewerkschaften, die einen Tarifvertrag abgeschlossen haben). Darüber hinaus können individualrechtlich weitere Tarifverträge eingebunden werden. Diese Bezugnahmeklausel in Variante 1 stellt immer auf den jeweils gültigen Tarifvertrag ab, bei einem Tarifwechsel ändert sich mit dieser »Jeweiligklausel« auch der Tarifvertrag, BAG 4 AZR 652/05 NZA 2007, 96; 4 AZR 793/07 vom 22.10.2008.

9. Dieser Hinweis ist zwar nicht nötig, wenn ein Tarifvertrag in Bezug genommen wurde, trägt aber zur Klarheit bei und führt dazu, dass der Arbeitnehmer sich aus keinem Gesichtspunkt darauf berufen kann, dass er von den Ausschlussfristen nichts gewusst hat.

19 10. Bezugnahmeklauseln dienten tarifgebundenen Arbeitgebern dazu, organisierte und nicht organisierte Arbeitnehmer gleichzustellen. Durch Rechtsprechungsänderung muss der Arbeitgeber, will er Tarifänderungen nicht mehr weitergeben, wenn seine Tarifgebundenheit entfällt, dies klar und konkret in den Vertrag aufnehmen.

20 11. Diese Klausel ist nicht dynamisch und macht nur Sinn, wenn ein Tarifvertrag in Bezug genommen wird, an den der Arbeitgeber nicht kollektivrechtlich gebunden ist. Ob in diesem Fall überhaupt ein Tarifvertrag in Bezug genommen werden sollte, ist zu prüfen.

21 12. Ohne diese Einschränkung sind die bislang zulässigen Klauseln (doppelte Schriftform) nicht mehr wirksam, weil sie zu weit gehen, BAG vom 20.05.2008- 9 AZR 382/07.

Früher wurde die doppelte Schriftformklausel für zulässig erachtet, um auch spätere mündliche Abreden auszuschließen. Wegen § 305b BGB geht nunmehr aber eine ausdrückliche mündliche Abrede dem Schriftformerfordernis vor. Daher ist die gesamte Schriftformklausel unwirksam, wenn nach einer Schriftformklausel in einem Formularvertrag auch nach Vertragsabschluss getroffene mündliche Abmachungen mit umfassend zur Vertretung des Verwenders der AGB-berechtigten Personen unwirksam sein sollten. In diesem Fall wird eine unangemessene Benachteiligung des Vertragspartners vom BAG angenommen (BAG BB 2008, 2242).

2. Muster Arbeitsvertrag ohne Bezugnahme auf einen Tarifvertrag[5]

22 **Arbeitsvertrag**

zwischen

der Firma, (genaue Firmenbezeichnung und Adresse sowie Vertretungsverhältnisse)

– nachstehend »Arbeitgeber« genannt –

und

(genauer Name, Vorname, Adresse und Geburtsdatum)

– nachstehend »Arbeitnehmer/in« genannt –

kommt folgender Arbeitsvertrag zustande:

§ 1 Beginn und Ende des Arbeitsverhältnisses

1.1. Das Arbeitsverhältnis beginnt am ..... und endet, ohne dass es einer Kündigung bedarf, mit Erreichen der Altersgrenze, die in den Bestimmungen über die gesetzliche Rentenversicherung für die Gewährung der Regelaltersrente maßgebend ist, mit Ablauf des Monats, in dem der/die Arbeitnehmer/in gesetzliche Altersrente bezieht.[1]

1.2. Im Fall der Feststellung der vollen Erwerbsminderung endet das Arbeitsverhältnis mit Ablauf des Monats, in dem der Bescheid durch den zuständigen Sozialversicherungsträger zugestellt wird. Das Arbeitsverhältnis endet mit Ablauf des dem Rentenbeginn vorhergehenden Tages, sofern die Rente wegen voller Erwerbsminderung erst nach der Zustellung des Rentenbescheids be-

---

5 Achtung. Tarifverträge als Ganzes unterliegen nicht der sog. AGB-Kontrolle, wohl aber wenn im Arbeitsvertrag nur teilweise auf tarifvertragliche Regelungen Bezug genommen wird. Deshalb sollte man dies vermeiden. Keinesfalls ist zu empfehlen, sich an einen Tarifvertrag »anzulehnen«. Ist der Arbeitgeber Mitglied im Arbeitgeberverband und der Arbeitnehmer Gewerkschaftsmitglied und haben diese Verbände einen Tarifvertrag abgeschlossen, sind die Arbeitsvertragsparteien an die Tarifverträge gebunden und dürfen nicht von den Regelungen zum Nachteil des Arbeitnehmers abweichen. Auch wenn der tarifgebundene Arbeitgeber nicht weiß, dass der Arbeitnehmer in der Gewerkschaft und damit tarifgebunden ist, sind arbeitsvertragliche Vereinbarungen ungültig, die zum Nachteil des Arbeitnehmers vom Tarifvertrag abweichen. Es gelten automatisch die tariflichen Regelungen, es gilt das Günstigkeitsprinzip. Wenn der Arbeitnehmer seine Tarifgebundenheit nachweist (und der Arbeitgeber auch tarifgebunden ist), muss der Tarifvertrag ab sofort angewendet werden. Für die Vergangenheit greifen aber die tarifvertraglichen Ausschlussfristen.

ginnt. Die Gewährung einer Rente auf Zeit führt nicht zur Beendigung des Arbeitsverhältnisses. In diesem Fall ruht das Arbeitsverhältnis mit allen Rechten und Pflichten bis zum Ablauf der Bewilligung der Zeitrente.

1.3. Die ersten 6 Monate des Arbeitsverhältnisses gelten als Probezeit. Während der Probezeit ist das Arbeitsverhältnis beiderseits mit einer Frist von 2 Wochen kündbar.

1.4. Nach Ablauf der Probezeit gelten für den/die Arbeitnehmer/in die gesetzlichen Kündigungsfristen. Die Kündigung hat schriftlich zu erfolgen.[2] Die verlängerten gesetzlichen Kündigungsfristen gemäß § 622 II BGB gelten für beide Vertragsparteien.

§ 2 Vertragsstrafe bei Nichtantritt

2.1. Tritt der Arbeitnehmer das Arbeitsverhältnis schuldhaft vertragswidrig nicht an, verpflichtet er sich zur Zahlung einer Vertragsstrafe in Höhe der auf einen Zeitraum von 2 Wochen entfallenden festen Vergütung (§ 5 Vergütung).

2.2. Der Arbeitgeber ist berechtigt, nach den gesetzlichen Bestimmungen einen weitergehenden Schaden geltend zu machen. Auf den insgesamt entstandenen Schaden ist dann die Vertragsstrafe anzurechnen.[3]

§ 3 Tätigkeit

3.1 Der/die Arbeitnehmer/in wird ab ..... für den Betrieb in ..... als ..... eingestellt. Zum Arbeitsbereich des/der Arbeitnehmers/in gehören folgende Tätigkeiten: ..... .

3.2. Der/die Arbeitnehmer/in hat seine Tätigkeiten nach Maßgabe der Gesetze und den Weisungen des Arbeitgebers und seiner Dienstvorgesetzten auszuüben.

3.3. Der Arbeitgeber ist berechtigt, dem/der Arbeitnehmer/in, auch an einem anderen Ort eine andere oder zusätzliche, seiner Vorbildung oder seinen Fähigkeiten entsprechende zumutbare gleichwertige Tätigkeit zu übertragen.

§ 4 Arbeitszeit

4.1. Die individuelle wöchentliche Arbeitszeit beträgt ..... Stunden. Diese kann gleichmäßig oder ungleichmäßig verteilt werden. Der/die Arbeitnehmer/in ist verpflichtet, bei Bedarf Schicht- und Nachtarbeit zu leisten. Auf Anordnung des Arbeitgebers ist Mehrarbeit zu leisten, soweit das nach dem Arbeitszeitgesetz zulässig ist.[4]

4.2. Der Beginn, das Ende und die Aufteilung der täglichen Arbeitszeit und der Pausen richten sich nach den betrieblichen Gegebenheiten. Pausen gelten nicht als Arbeitszeit.

4.3. Der Arbeitgeber hat das Recht, Kurzarbeit anzuordnen, wenn die Voraussetzungen für die Gewährung von Kurzarbeitergeld erfüllt sind. Der Arbeitgeber hat eine Ankündigungsfrist von 2 Wochen einzuhalten.[5] § 87 BetrVG bleibt unberührt.[6]

§ 5 Vergütung

5.1. Das monatliche Entgelt beträgt ..... Euro brutto und ist jeweils am dritten Werktag des folgenden Monats fällig. Das Entgelt wird bargeldlos auf das vom/von der Arbeitnehmer/in benannte Konto überwiesen.

5.2. Mit dem vorgenannten Entgelt sind bis ..... Überstunden pro Monat abgegolten. Dies sind vom monatlichen Entgelt ..... € brutto.[7] Der Arbeitgeber kann die über ..... Stunden pro Woche hinausgehenden Stunden ausbezahlen, aber auch durch Gewährung von entsprechender Freistellung unter Weiterzahlung der Vergütung innerhalb von ..... abgelten.

5.3. Die Gewährung von Urlaubs-, Weihnachtsgeld oder sonstigen Sonderleistungen ist eine freiwillige Leistung und begründet auch bei wiederholter Gewährung keinen Rechtsanspruch für die Zukunft.[8]

Beträgt eine Sonderzahlung mehr als 105 Euro, aber weniger als ein Bruttomonatsentgelt, ist der/die Arbeitnehmer/in zur Rückzahlung verpflichtet, wenn er/sie aus einem von ihm/ihr zu vertretenden Gründen oder durch Eigenkündigung[9] vor Ablauf von drei Monaten nach der Auszahlung

Leschnig

der Sonderzahlung aus dem Arbeitsverhältnis ausscheidet. Bei einer Sonderzahlung von einem oder mehr als einem Bruttomonatsentgelt beträgt die Bindungsfrist sechs Monate.

5.4. § 616 BGB (Vorübergehende Verhinderung) wird von den Parteien abbedungen und gilt daher für dieses Arbeitsverhältnis nicht.[10]

§ 6 Entgeltverpfändung und Abtretung

Verpfändung oder Abtretung von Forderungen aus dem Arbeitsverhältnis sind ausgeschlossen und dem Arbeitgeber gegenüber unwirksam. Zur Deckung der Kosten für die Bearbeitung anfallender Pfändungen werden 3 % des jeweils einbehaltenen und an den Gläubiger abgeführten Betrages berechnet. Dieser Anspruch gilt jeweils als vor der Gehaltszahlung entstanden.

§ 7 Arbeitsverhinderung

Der/die Arbeitnehmer/in ist verpflichtet, jede Arbeitsverhinderung und ihre voraussichtliche Dauer unverzüglich dem Arbeitgeber anzuzeigen. Er/Sie hat hierbei auf die Bearbeitung von Termin- und Fristsachen hinzuweisen.

§ 8 Arbeitsunfähigkeit

8.1. Der/Die Arbeitnehmer/in ist verpflichtet, dem Arbeitgeber die Arbeitsunfähigkeit und deren voraussichtliche Dauer unverzüglich mitzuteilen.

8.2. Der/Die Arbeitnehmer/in hat dem Arbeitgeber eine ärztliche Bescheinigung über die bestehende Arbeitsunfähigkeit sowie deren voraussichtliche Dauer bereits für den ersten Tag der Arbeitsunfähigkeit vorzulegen.[11]

Dauert die Arbeitsunfähigkeit länger als in der Arbeitsunfähigkeitsbescheinigung angegeben, ist der/die Arbeitnehmer/in verpflichtet, unverzüglich eine Folgebescheinigung einzureichen.

Bestehen auf Seiten des Arbeitgebers durch Tatsachen begründete Zweifel hinsichtlich der Arbeitsfähigkeit oder der Arbeitsunfähigkeit des/der Arbeitnehmer/in, ist der Arbeitgeber berechtigt, die Vornahme einer ärztlichen Untersuchung zu verlangen. Im Hinblick darauf befreit der/die Arbeitnehmer/in den Arzt bereits heute von seiner Schweigepflicht. Die Kosten der Untersuchung sind durch den Arbeitgeber zu tragen.

Bei Arbeitsunfähigkeit infolge Krankheit besteht gemäß § 3 EntgeltfortzahlungsG ein Anspruch auf Entgeltfortzahlung auf sechs Wochen.

§ 9 Erholungsurlaub

9.1. Der Arbeitnehmer hat Anspruch auf den gesetzlichen Mindesturlaub gemäß § 3 Abs. 1 BurlG von 20 Tagen/Jahr. Ist die individuelle regelmäßige wöchentliche Arbeitszeit auf mehr oder weniger als 5 Tage je Kalenderwoche – ggf. auch im Durchschnitt mehrerer Kalenderwochen – verteilt, so erhöht oder verringert sich die Zahl der Urlaubstage gemäß Satz 1 entsprechend (d.h. 1 Arbeitstag/Woche: 4 Urlaubstage/Jahr; 2 Arbeitstage/Woche: 8 Urlaubstage/Jahr; 3 Arbeitstage/Woche: 12 Urlaubstage/Jahr; 4 Arbeitstage/Woche: 16 Urlaubstage/Jahr; 6 Arbeitstage/Woche: 24 Urlaubstage/Jahr).

9.2. Der Arbeitgeber gewährt den Arbeitnehmer unter Zugrundelegung einer __-Tage-Woche zusätzlich einen Urlaubsanspruch von __ Tagen/Jahr. Für diesen zusätzlichen Urlaub gilt abweichend von den rechtlichen Vorgaben für den gesetzlichen Mindesturlaub, dass der Urlaubsanspruch nach Ablauf des Übertragungszeitraums gem. § 7 Abs. 3 BUrlG (31.03. des Folgejahres) auch dann verfällt, wenn der Urlaub bis dahin wegen Arbeitsunfähigkeit nicht genommen werden kann.

9.3. Anspruch auf 1/12 des Jahresurlaubes besteht für jeden vollen Monat der Beschäftigung im Eintrittsjahr. Bei einem Ausscheiden des Arbeitnehmers in der zweiten Jahreshälfte ist der Arbeitgeber berechtigt, den Urlaub anteilig zu kürzen, wobei der Mindesturlaub nach dem BUrlG zu beachten ist.

9.4. Mit der Erteilung von Urlaub wird bis zu dessen vollständiger Erfüllung zunächst der gesetzliche Mindesturlaubsanspruch eingebracht.

9.5. Im Übrigen gelten die gesetzlichen Bestimmungen.[12]

§ 10 Verschwiegenheitspflicht / Rückgabepflicht von Unterlagen

10.1 Der/die Arbeitnehmer/in verpflichtet sich, über alle Betriebs- und Geschäftsgeheimnisse und ihm während der Vertragsdauer bekannt gewordenen betrieblichen Vorgänge während der Dauer und auch nach der Beendigung des Arbeitsverhältnisses Stillschweigen zu bewahren. Die Geheimhaltungsverpflichtung bezieht die Betriebs- und Geschäftsgeheimnisse und alle sonstigen vertraulichen Angelegenheiten und Vorgänge des gesamten Unternehmens ein, die dem/der Arbeitnehmer/in im Rahmen des Arbeitsverhältnisses bekannt werden.

Der Ausdruck »Betriebs- und/oder Geschäftsgeheimnisse« umfasst dabei alle geschäftlichen, betrieblichen und technischen Kenntnisse, Angelegenheiten, Vorgänge und Informationen, die nur einem beschränkten Personenkreis zugänglich sind und nach dem Willen der Arbeitgeber nicht der Allgemeinheit bekannt werden sollen.

10.2. Alle den Arbeitgeber und seine Interessen berührenden Briefe ohne Rücksicht auf den Adressaten ebenso wie alle sonstigen im Eigentum des Arbeitgebers stehenden Geschäftsstücke, Zeichnungen, Notizen, Bücher, Muster, Modelle, Werkzeuge, Material usw. sind nach Aufforderung bzw. nach Beendigung des Arbeitsverhältnisses unaufgefordert zurückzugeben. Dies gilt auch für digital gespeicherte Unterlagen, die nachdem sie dem Arbeitgeber zur Verfügung gestellt wurden, auf dem privaten Rechner / Laptop / Handy des/der Arbeitnehmers/in unwiederbringlich zu löschen sind. Zurückbehaltungsrechte sind ausgeschlossen.

10.3. Die betrieblichen Sicherheitsbestimmungen sind zu beachten. Vertraulich und geheim zu haltende Schriftstücke, Zeichnungen, Modelle usw. sind unter dem vorgeschriebenen Verschluss zu halten.

§ 11 Diensterfindungen

Für die Behandlung von Diensterfindungen gelten die gesetzlichen Bestimmungen.

§ 12 Nebentätigkeiten

Eine anderweitige Tätigkeit – entgeltlicher oder unentgeltlicher Art – ist dem/der Arbeitnehmer/in nur nach vorheriger schriftlicher Zustimmung des Arbeitgebers gestattet. Die Zustimmung ist zu erteilen, wenn der/die Arbeitnehmer/in dem Arbeitgeber schriftlich die beabsichtigte Tätigkeit aufzeigt (Art, Ort und Dauer) und sachliche Gründe ihrer Aufnahme nicht entgegenstehen. Zustimmungsfrei sind ehrenamtliche, karitative, konfessionelle oder politische Tätigkeiten, die nicht auf Erwerbserzielung gerichtet sind und die Vertragstätigkeit nicht beeinträchtigen. Der/die Arbeitnehmer/in hat die Tätigkeiten unverzüglich vor Aufnahme dem Arbeitgeber anzuzeigen.

§ 13 Schriftformerfordernis

Änderungen und Ergänzungen des Vertrages bedürfen zu ihrer Wirksamkeit der Schriftform. Dies gilt auch für Änderungen dieser Schriftformklausel selbst. Ausgeschlossen sind damit insbesondere Vertragsänderungen durch betriebliche Übung. Das vorstehende Schriftformerfordernis findet keine Anwendung bei Abreden, die nach Vertragsschluss unmittelbar zwischen den Parteien mündlich getroffen werden.[13]

Mündliche Nebenabreden sind im Zeitpunkt der Unterschrift unter diesen Vertrag nicht getroffen.

§ 14 Mitteilungspflichten

Der/Die Arbeitnehmer/in ist verpflichtet, sämtliche Änderungen seiner/ihrer persönlichen Umstände, die für das Arbeitsverhältnis relevant sind, dem Arbeitgeber unverzüglich mitzuteilen. Hierzu zählen insbesondere die Änderung der Anschrift, Änderungen der Lohnsteuergrundlagen (z.B. Steuerklasse, Kinderfreibeträge, etc.) oder die Änderung von Unterhaltsverpflichtungen (z.B. Geburt eines Kindes, Beendigung der Ausbildung eines Kindes, etc.).

§ 15 Verfall- / Ausschlussfristen[14]

15.1. Alle beiderseitigen Ansprüche aus dem Arbeitsverhältnis verfallen, wenn sie nicht innerhalb von drei Monaten nach Fälligkeit gegenüber der anderen Vertragspartei in Textform geltend gemacht werden.

15.2. Lehnt die Gegenpartei den Anspruch in Textform ab oder erklärt sie sich nicht innerhalb eines Monats nach Geltendmachung des Anspruchs, so verfällt dieser, wenn er nicht innerhalb von drei Monaten nach der Ablehnung oder dem Fristablauf gerichtlich geltend gemacht wird.

15.3. Die Ausschlussfrist nach Absatz 1 und 2 erfasst nicht Ansprüche des Arbeitnehmers auf einen gesetzlich vorgeschriebenen Mindestlohn bzw. auf nach dem Arbeitnehmerentsendegesetz bindende Mindestarbeitsbedingungen.

§ 16 Salvatorische Klausel

Sollte eine Bestimmung des Vertrages ganz oder teilweise unwirksam sein oder werden, oder sollte sich in diesem Vertrag eine Lücke herausstellen, so berührt das die Wirksamkeit des Vertrages im Übrigen nicht. Die Parteien verpflichten sich, unverzüglich die unwirksame Bestimmung durch eine ihr wirtschaftlich möglichst nahe kommende, rechtlich zulässige Bestimmung zu ersetzen.

§ 17 Vertragsaushändigung

Die Vertragsparteien bestätigen durch ihre Unterschrift, je eine schriftliche Ausfertigung dieses Vertrages erhalten zu haben.

(Ort), den .....   (Ort), den .....

....

Unterschrift Arbeitgeber   Unterschrift Arbeitnehmer/in

23 1. Da ein Arbeitsverhältnis nicht automatisch mit der Verrentung endet, sollte diese Klausel verwendet werden. Das Rentenalter selbst stellt keinen Kündigungsgrund i.S.d. Kündigungsschutzgesetzes dar.

24 2. Eine mündliche Kündigung ist unwirksam § 623 BGB.

25 3. Vertragsstrafen sind im Arbeitsverhältnis zwar grundsätzlich zulässig. Jedoch sind auf die formulamäßige Ausgestaltung die §§ 305–309 BGB voll anwendbar. Lediglich nach § 310 Abs. 4 Satz 2, Halbsatz 1 BGB sind die im Arbeitsrecht geltenden Besonderheiten angemessen zu berücksichtigen. Eine Vertragsstrafe darf den Arbeitnehmer daher nicht unangemessen benachteiligen (§ 307 Abs. 1 Satz 1 BGB). Die Bestimmung muss daher klar und verständlich sein und zwar nicht nur im Hinblick auf die zu leistende Strafe, sondern auch in der Kenntlichmachung der die Strafe auslösenden Pflichtverletzung (BAG NZA 2006, 37). Zudem muss die Höhe der Vertragsstrafe angemessen sein; insbesondere im Fall des Nichteintritts der Arbeit begrenzt die Rechtsprechung des BAG die Höhe bis zur Vergütung zur möglichen Kündigung, hier also 2 Wochen (BAG AP Nr. 3 zu § 309 BGB).

26 4. Die höchstzulässige Arbeitszeit des Arbeitzeitgesetzes ist zu beachten, siehe ArbzG.

27 5. Kurzarbeit kann nicht einseitig angeordnet werden.

28 6. Der Betriebsrat hat ein Mitbestimmungsrecht.

29 7. Es ist nicht mehr zulässig, eine Vereinbarung zu schließen, wonach mit der Vergütung sämtliche Überstunden abgegolten sind. Eine angemessene Anzahl von Überstunden kann mit dem Gehalt abgegolten werden. Denkbar ist auch, eine Überstundenpauschale zu vereinbaren, BAG v. 28.09.2005, BB 2006, 327. Im Zuge des ebenfalls vom BAG bei der AGB-Prüfung angenommenen Transparenzgebotes empfiehlt es sich aber, stets den genauen Betrag in Bezug auf die abgegoltenen Überstunden anzugeben.

8. Eine freiwillige Leistung kann nicht mehr als monatliche Zulage vereinbart werden, hier wäre eine widerrufliche Zulage zu vereinbaren, wobei die Widerrufsgründe dezidert aufgeführt werden müssen, BAG vom 30.07.2008, 10 AZR 459/07 (www.bundesarbeitsgericht.de), BAG 25.04.2007, BB 2007, 1757. Der Arbeitgeber sollte auf jeden Fall bei Gewährung der zusätzlichen Leistungen nochmals auf die Freiwilligkeit hinweisen.

Eine Sonderzahlung darf nicht gleichzeitig als freiwillig und jederzeit widerrufbar deklariert werden, BAG 30.07.2008, 10 AZR 606/07(www.bundesarbeitsgericht.de).

9. Siehe E.III.1. Anmerkung 2.

10. Wenn § 616 BGB abbedungen wird, braucht der Arbeitgeber keine Entgeltleistungen im Falle kurzzeitiger Verhinderung zu bezahlen, z.B. bei Kindererkrankung oder bei Pflege eines nahen Angehörigen.

11. Ist möglich, zu vereinbaren; nach § 5 EntgeltfortzahlungsG ist der Regelfall die Vorlage der ärztlichen Bescheinigung am Arbeitstag nach dem dritten Krankheitstag.

12. Nach Erfüllung der Wartezeit und bei einem Ausscheiden aus dem Arbeitsverhältnis in der zweiten Jahreshälfte hat der Arbeitnehmer einen gesetzlichen Anspruch auf den **vollen** Jahresurlaub, wobei Doppelurlaubsansprüche ausgeschlossen sind und dies ein Grund dafür ist, weshalb ein neuer Arbeitgeber sich immer eine Urlaubsbescheinigung vom vorherigen Arbeitgeber geben lassen sollte. Hinsichtlich des gesetzlichen Mindesturlaubsanspruchs von 24 Werktagen ist eine anteilige Kürzung nicht zulässig. Anteilig gekürzt werden kann aber der darüber hinausgehende Urlaubsanspruch. Krankheitsbedingt nicht genommener Urlaub verfällt erst 15 Monate nach dem Urlaubsjahr. Anders, wenn der Urlaub über die Urlaubskasse läuft, wenn der entsprechende Tarifvertrag Anwendung findet.

13. siehe E.III.1. Anmerkung 12.

14. BAG 28.09.2005, NZA 2006, 149. Wenn ein Tarifvertrag Anwendung findet, sollte auf die dortigen Ausschlussfristen verwiesen werden.

3. Muster unbefristeter Arbeitsvertrag mit einem Prokuristen/leitenden Angestellten (das Arbeitsverhältnis hat bereits bestanden)

Arbeitsvertrag

zwischen

(genaue Firmenbezeichnung und Adresse sowie die Vertretungsverhältnisse)

– nachstehend »Arbeitgeber« genannt –

und

(genauer Name, Vorname, Anschrift und Geburtsdatum)

– nachstehend »Arbeitnehmer/in« genannt –

kommt folgender Arbeitsvertrag zustande:

§ 1 Beginn und Ende des Arbeitsverhältnisses

1.1. Die Parteien stehen seit dem ..... in einem Arbeitsverhältnis. Der/die Arbeitnehmer/in hat zum ..... Prokura erhalten und den Bereich ..... übernommen. Aus diesem Grunde regeln die Parteien ihre Rechtsbeziehungen neu. Der nachfolgende Vertrag ersetzt alle bisher bestehenden schriftlichen und mündlichen Absprachen.

1.2. Das Arbeitsverhältnis endet, ohne dass es einer Kündigung bedarf, mit Erreichen der Altersgrenze,[1] die in den Bestimmungen über die gesetzliche Rentenversicherung für die Gewährung der Regelaltersrente maßgebend ist. Es endet in jedem Fall mit Ablauf des Monats, in dem der/die Arbeitnehmer/in gesetzliche Altersrente bezieht.

1.3. Im Fall der Feststellung der vollen Erwerbsminderung endet das Arbeitsverhältnis mit Ablauf des Monats, in dem der Bescheid durch den zuständigen Sozialversicherungsträger zugestellt wird. Das Arbeitsverhältnis endet mit Ablauf des dem Rentenbeginn vorhergehenden Tages, sofern die Rente wegen voller Erwerbsminderung erst nach der Zustellung des Rentenbescheids beginnt. Die Gewährung einer Rente auf Zeit führt nicht zur Beendigung des Arbeitsverhältnisses. In diesem Fall ruht das Arbeitsverhältnis mit allen Rechten und Pflichten bis zum Ablauf der Bewilligung der Zeitrente.

1.4. Das Arbeitsverhältnis kann beidseits mit einer Frist von ..... (oft drei oder sechs) Monaten zum Monatsende gekündigt werden. Für den/die Arbeitnehmer/in gelten die selben verlängerten gesetzlichen Kündigungsfristen wie für den Arbeitgeber. Die Kündigung hat schriftlich zu erfolgen.[2]

1.5. Im Falle der Kündigung des Arbeitsverhältnisses ist der Arbeitgeber berechtigt, den/die Arbeitnehmer/in unter Fortzahlung der Vergütung von der Erbringung der Arbeitsleistung freizustellen. Diese Freistellung erfolgt unter Anrechnung der dem/die Arbeitnehmer/in noch zustehenden Urlaubs- sowie eventueller Freizeitansprüche.

§ 2 Tätigkeit

2.1. Der/die Arbeitnehmer/in wird als Leiter ..... beschäftigt.

2.2. Der/die Arbeitnehmer/in erhält Prokura. Inhalt und Grenzen der Prokura ergeben sich aus der Bestellung sowie dem Gesellschaftsvertrag.

2.3. Er/Sie verpflichtet sich zu sorgfältiger und gewissenhafter Ausführung der ihm/ihr übertragenen Arbeiten und zur Befolgung der ihm/ihr seitens des Arbeitgebers erteilten Anweisungen.

2.4. Der Arbeitgeber hat das Recht, den/die Arbeitnehmer/in kurzfristig oder dauerhaft eine andere den Fähigkeiten und Kenntnissen entsprechende gleichwertige Tätigkeit, auch an einem anderen Ort zuzuweisen. Die Zuweisung hat keinen Einfluss auf die Höhe der Vergütung.

§ 3 Arbeitszeit

3.1. Eine individuelle Arbeitszeit wird nicht vereinbart. Die Parteien gehen davon aus, dass der/die Arbeitnehmer/in die ihm/ihr übertragenen Aufgaben in der gesetzlich zulässigen Wochenarbeitszeit erledigen kann. Der/die Arbeitnehmer/in ist bei der Gestaltung der Arbeitszeit frei.[3]

3.2. Der/die Arbeitnehmer/in gilt als Prokurist und aufgrund seiner Stellung im Betrieb als leitender Angestellter im Sinne des BetrVG und des Arbeitszeitgesetzes.[4]

§ 4 Vergütung

4.1. Das monatliche Entgelt beträgt ..... Euro brutto und ist jeweils am dritten Werktag des folgenden Monats fällig. Das Entgelt wird bargeldlos auf das vom/von der Arbeitnehmer/in benannte Konto überwiesen.

4.2. Der/die Arbeitnehmer/in erhält mit der Bezahlung der Novembervergütung ein 13. Monatsgehalt.

4.3. Darüber hinaus[5] geleistete Sondervergütungen sind stets freiwillig. Es entsteht auch bei wiederholter vorbehaltsloser Bezahlung kein Rechtsanspruch hierauf.

4.4. Beträgt die Sonderzahlung mehr als 105 Euro aber weniger als ein Bruttogehalt, ist der/die Arbeitnehmer/in zur Rückzahlung verpflichtet, wenn er/sie aus von ihm/ihr zu vertretenden Gründen oder durch Eigenkündigung[6] vor Ablauf von drei Monaten nach Auszahlung der Sonderzahlung aus dem Arbeitsverhältnis ausscheidet.

Bei einer Sonderzahlung von einem oder mehr als einem Bruttogehalt beträgt die Bindungsfrist sechs Monate.

4.5. Der Arbeitgeber stellt dem/der Arbeitnehmer/in im Rahmen der geltenden Dienstwagenordnung für seine/ihre Tätigkeit einen Dienstwagen zur Verfügung, der auch privat genutzt werden darf. Der hieraus resultierende geldwerte Vorteil wird entsprechend den steuerlichen Bestimmungen und den Regelungen der Dienstwagenordnung festgelegt. Der/die Arbeitnehmer/in trägt die auf diesen geldwerten Vorteil entfallende Lohnsteuer. Bei Beendigung des Anstellungsverhältnisses oder bei einer Freistellung ist der Dienstwagen mit Kfz-Papieren, Schlüsseln usw. an den Arbeitgeber zurückzugeben; ein Zurückbehaltungsrecht steht dem/der Arbeitnehmer/in insoweit nicht zu. Die Einzelheiten regelt der abgeschlossene Dienstwagenvertrag.[7]

4. Der/die Arbeitnehmer/in bleibt weiterhin in der Gruppen-Unfallversicherung bei der ..... Versicherung mit folgenden Deckungssummen versichert:[8]

Todesfall: ..... EURO

Invaliditätsfall: ..... EURO

Tagegeld: ..... EURO

Unfall-Krankenhaus-Tagegeld: ..... EURO

Genesungsgeld: ..... EURO

Die Verpflichtung zur Vergütung der Versicherungsbeiträge endet mit dem Tag der Beendigung des Anstellungsverhältnisses. Soweit diese Beiträge als geldwerter Vorteil zu versteuern sind, trägt die hierauf entfallene Lohnsteuer der/die Arbeitnehmer/in.

§ 5 Entgeltverpfändung und Abtretung

Verpfändung oder Abtretung von Forderungen aus dem Arbeitsverhältnis sind ausgeschlossen und dem Arbeitgeber gegenüber unwirksam. Zur Deckung der Kosten für die Bearbeitung anfallender Pfändungen werden 3 % des jeweils einbehaltenen und an den Gläubiger abgeführten Betrages berechnet. Dieser Anspruch gilt jeweils als vor der Gehaltszahlung entstanden. Soweit entstanden, kann der Arbeitgeber höhere Kosten verlangen.

§ 6 Arbeitsverhinderung

Der/die Arbeitnehmer/in ist verpflichtet, jede Arbeitsverhinderung und ihre voraussichtliche Dauer unverzüglich dem Arbeitgeber anzuzeigen. Er/Sie hat hierbei auf die Bearbeitung von Termin- und Fristsachen hinzuweisen.

§ 7 Arbeitsunfähigkeit

7.1. Der/die Arbeitnehmer/in ist verpflichtet, dem Arbeitgeber die Arbeitsunfähigkeit und deren voraussichtliche Dauer unverzüglich mitzuteilen.

7.2. Arbeitsunfähigkeit

Dauert die Arbeitsunfähigkeit länger als drei Kalendertage, hat der/die Arbeitnehmer/in eine ärztliche Arbeitsunfähigkeitsbescheinigung spätestens am darauf folgenden Arbeitstag vorzulegen, die auch die voraussichtliche Dauer der Arbeitunfähigkeit zu beinhalten hat.[9]

§ 8 Erholungsurlaub

8.1. Der Arbeitnehmer hat Anspruch auf den gesetzlichen Mindesturlaub gemäß § 3 Abs. 1 BurlG von 20 Tagen/Jahr. Ist die individuelle regelmäßige wöchentliche Arbeitszeit auf mehr oder weniger als 5 Tage je Kalenderwoche – ggf. auch im Durchschnitt mehrerer Kalenderwochen – verteilt, so erhöht oder verringert sich die Zahl der Urlaubstage gemäß Satz 1 entsprechend (d.h. 1 Arbeitstag/Woche: 4 Urlaubstage/Jahr; 2 Arbeitstage/Woche: 8 Urlaubstage/Jahr; 3 Arbeitstage/Woche: 12 Urlaubstage/Jahr; 4 Arbeitstage/Woche: 16 Urlaubstage/Jahr; 6 Arbeitstage/Woche: 24 Urlaubstage/Jahr).

8.2. Der Arbeitgeber gewährt den Arbeitnehmer unter Zugrundelegung einer __-Tage-Woche zusätzlich einen Urlaubsanspruch von __ Tagen/Jahr. Für diesen zusätzlichen Urlaub gilt abweichend von den rechtlichen Vorgaben für den gesetzlichen Mindesturlaub, dass der Urlaubsanspruch nach Ablauf des Übertragungszeitraums gem. § 7 Abs. 3 BUrlG (31.03. des Folgejahres) auch dann verfällt, wenn der Urlaub bis dahin wegen Arbeitsunfähigkeit nicht genommen werden kann.

8.3. Anspruch auf 1/12 des Jahresurlaubes besteht für jeden vollen Monat der Beschäftigung im Eintrittsjahr. Bei einem Ausscheiden des Arbeitnehmers in der zweiten Jahreshälfte ist der Arbeitgeber berechtigt, den Urlaub anteilig zu kürzen, wobei der Mindesturlaub nach dem BUrlG zu beachten ist.

8.4. Mit der Erteilung von Urlaub wird bis zu dessen vollständiger Erfüllung zunächst der gesetzliche Mindesturlaubsanspruch eingebracht.

8.5. Im Übrigen gelten die gesetzlichen Bestimmungen.[10]

§ 9 Verschwiegenheitspflicht / Rückgabepflicht von Unterlagen

9.1 Der/die Arbeitnehmer/in verpflichtet sich, über alle Betriebs- und Geschäftsgeheimnisse und ihm/ihr während der Vertragsdauer bekannt gewordenen betrieblichen Vorgänge während der Dauer und auch nach der Beendigung des Arbeitsverhältnisses Stillschweigen zu bewahren. Die Geheimhaltungsverpflichtung bezieht die Betriebs- und Geschäftsgeheimnisse und alle sonstigen vertraulichen Angelegenheiten und Vorgänge des gesamten Unternehmens ein, die dem/der Arbeitnehmer/in im Rahmen des Arbeitsverhältnisses bekannt werden.

Der Ausdruck »Betriebs- und/oder Geschäftsgeheimnisse« umfasst dabei alle geschäftlichen, betrieblichen und technischen Kenntnisse, Angelegenheiten, Vorgänge und Informationen, die nur einem beschränkten Personenkreis zugänglich sind und nach dem Willen des Arbeitgebers nicht der Allgemeinheit bekannt werden sollen.

9.2. Alle den Arbeitgeber und seine Interessen berührenden Briefe ohne Rücksicht auf den Adressaten ebenso wie alle sonstigen im Eigentum des Arbeitgebers stehenden Geschäftsstücke, Zeichnungen, Notizen, Bücher, Muster, Modelle, Werkzeuge, Material usw. sind nach Aufforderung bzw. nach Beendigung des Arbeitsverhältnisses unaufgefordert zurückzugeben. Dies gilt auch für digital gespeicherte Unterlagen, die nachdem sie dem Arbeitgeber zur Verfügung gestellt wurden, auf dem privaten Rechner / Laptop / Handy des/der Arbeitnehmers/in unwiederbringlich zu löschen sind. Zurückbehaltungsrechte sind ausgeschlossen.

9.3. Die betrieblichen Sicherheitsbestimmungen sind zu beachten; vertraulich und geheim zu haltende Schriftstücke, Zeichnungen, Modelle usw. sind unter dem vorgeschriebenen Verschluss zu halten.

§ 10 Diensterfindungen

Für die Behandlung von Diensterfindungen gelten die gesetzlichen Bestimmungen.

§ 11 Nebentätigkeiten

Eine anderweitige Tätigkeit – entgeltlicher oder unentgeltlicher Art – ist dem/der Arbeitnehmer/in nur nach vorheriger schriftlicher Zustimmung des Arbeitgebers gestattet. Die Zustimmung ist zu erteilen, wenn der/die Arbeitnehmer/in dem Arbeitgeber schriftlich die beabsichtigte Tätigkeit aufzeigt (Art, Ort und Dauer) und sachliche Gründe ihrer Aufnahme nicht entgegenstehen. Zustimmungsfrei sind ehrenamtliche, karitative, konfessionelle oder politische Tätigkeiten, die nicht auf Erwerbserzielung gerichtet sind und die Vertragtätigkeit nicht beeinträchtigen. Der/die Arbeitnehmer/in hat die Tätigkeiten unverzüglich vor Aufnahme dem Arbeitgeber anzuzeigen.

§ 12 Schriftformerfordernis

Änderungen und Ergänzungen des Vertrages bedürfen zu ihrer Wirksamkeit der Schriftform. Dies gilt auch für Änderungen dieser Schriftformklausel selbst. Ausgeschlossen sind damit insbesondere Vertragsänderungen durch betriebliche Übung. Das vorstehende Schriftformerfordernis findet keine Anwendung bei Abreden, die nach Vertragsschluss unmittelbar zwischen den Parteien mündlich getroffen werden.[11]

Mündliche Nebenabreden sind im Zeitpunkt der Unterschrift unter diesen Vertrag nicht getroffen.

§ 13 Mitteilungspflichten

Der/die Arbeitnehmer/in ist verpflichtet, sämtliche Änderungen seiner/ihrer persönlichen Umstände, die für das Arbeitsverhältnis relevant sind, dem Arbeitgeber unverzüglich mitzuteilen. Hierzu zählen insbesondere die Änderung der Anschrift, Änderungen der Lohnsteuergrundlagen (z.B. Steuerklasse, Kinderfreibeträge, etc.) oder die Änderung von Unterhaltsverpflichtungen (z.B. Geburt eines Kindes, Beendigung der Ausbildung eines Kindes, etc.).

§ 14 Verfall- / Ausschlussfristen[12]

14.1. Alle beiderseitigen Ansprüche aus dem Arbeitsverhältnis verfallen, wenn sie nicht innerhalb von drei Monaten nach Fälligkeit gegenüber der anderen Vertragspartei in Textform geltend gemacht werden.

14.2. Lehnt die Gegenpartei den Anspruch in Textform ab oder erklärt sie sich nicht innerhalb eines Monats nach Geltendmachung des Anspruchs, so verfällt dieser, wenn er nicht innerhalb von drei Monaten nach der Ablehnung oder dem Fristablauf gerichtlich geltend gemacht wird.

14.3. Die Ausschlussfrist nach Absatz 1 und 2 erfasst nicht Ansprüche des Arbeitnehmers auf einen gesetzlich vorgeschriebenen Mindestlohn bzw. auf nach dem Arbeitnehmerentsendegesetz bindende Mindestarbeitsbedingungen.

§ 15 Salvatorische Klausel

Sollte eine Bestimmung des Vertrages ganz oder teilweise unwirksam sein oder werden, oder sollte sich in diesem Vertrag eine Lücke herausstellen, so berührt das die Wirksamkeit des Vertrages im Übrigen nicht. In diesem Falle verpflichten sich die Parteien unverzüglich die unwirksame Bestimmung durch eine ihr wirtschaftlich möglichst nahe kommende, rechtlich zulässige Bestimmung zu ersetzen.

§ 16 Vertragsaushändigung

Die Vertragsparteien bestätigen durch ihre Unterschrift, je eine schriftliche Ausfertigung dieses Vertrages erhalten zu haben.

(Ort), den .....   (Ort), den .....

....

Unterschrift Arbeitgeber   Unterschrift Arbeitnehmer/in

---

1. Siehe E.III.1. Anmerkung 5.   38

2. Eine mündliche Kündigung ist gemäß § 623 BGB unwirksam.   39

3. Bei einer sog. Vertrauensarbeitszeit vereinbaren die Parteien keine feste wöchentliche Arbeitszeit. Es wird vom Arbeitnehmer erwartet, dass er die zugewiesene Arbeit leistet, u.U. auch mit einer über das übliche hinausgehende Arbeitszeit z.B. 48 Wochenstunden. Würde der Arbeitnehmer in der Lage sein, die Arbeit auch in kürzerer Zeit z.B. in 30 Stunden zu verrichten, müsste der Arbeitgeber dies akzeptieren und könnte das Gehalt auch nicht kürzen.   40

4. Als leitenden Angestellten i.S.d. BetrVG nimmt der Arbeitnehmer nicht an Betriebsratswahlen teil. Er hat aber vollen Kündigungsschutz. Zum Unterschied zwischen einem leit. Angestellten i.S.v. § 5 BetrVG und § 14 KSchG siehe die einschlägigen arbeitsrechtlichen Kommentare.   41

5. Nicht zulässig ist es, in einer Klausel des Vertrages eine Gratifikation zuzusagen und an einer anderen Stelle diese unter einen Freiwilligkeitsvorbehalt zu stellen. Es wäre also nicht zulässig, unter 4.3. zu vereinbaren, dass das unter 4.2. zugesagte 13. Monatsgehalt eine freiwillige Leistung ist.   42

6. Siehe E.III.1. Anmerkung 2.   43

7. Siehe Dienstwagenüberlassungsvereinbarung III 8 b).   44

45 8. Ist bei leitenden Angestellten üblich, aber nicht verpflichtend.

46 9. Der Arbeitgeber ist auch berechtigt, die AU-Bescheinigung früher zu verlangen, § 5 EntgeltfortzG.

47 10. Siehe E.III.2. Anmerkung 12.

48 11. siehe E.III.1. Anmerkung 12.

49 12. Siehe E.III.2. Anmerkung 14.

4. Muster Befristete Arbeitsverträge[6] (mit Sachgrund,[7] das Muster kann auch für eine Befristung ohne Sachgrund herangezogen werden)

50 Zwischen

(genaue Firmenbezeichnung und Adresse sowie Vertretungsverhältnisse)

– nachstehend »Arbeitgeber« genannt –

und

(genauer Name, Vorname, Adresse und Geburtsdatum)

– nachstehend »Arbeitnehmer/in« genannt –

§ 1 Beginn und Befristung des Arbeitsverhältnisses

1.1. Das Arbeitsverhältnis beginnt am ..... .

1.2. Es endet am ..... automatisch, ohne dass es einer Kündigung bedarf.

1.3. Es wird eine Probezeit von ..... Monaten vereinbart. Während dieser Probezeit kann das Arbeitsverhältnis beiderseits mit einer Kündigungsfrist von zwei Wochen gekündigt werden.[1]

§ 2 Tätigkeit und Aufgabengebiete

Der/die Arbeitnehmer/in ist als ..... eingestellt. Der Arbeitgeber behält sich vor, den/die Arbeitnehmer/in an einem anderen Ort oder in einem anderen Betrieb des Unternehmens einzusetzen oder ihm/ihr zusätzliche oder andere seiner/ihrer Vorbildung oder Fähigkeiten entsprechende zumutbare gleichwertige Tätigkeiten zu übertragen.

---

6 Die von Gesetzgeber sehr weite Wirksamkeitsvoraussetzung für eine Befristung ohne Sachgrund, dass der Arbeitnehmer zuvor noch niemals beim Arbeitgeber beschäftigt gewesen ist, ist von der Rechtsprechung (BAG vom 06.04.2011) entschärft worden. Demnach liegt eine »bereits Zuvorbeschäftigung« im Sinne des § 14 Abs. 2 S. 1 TzBfG nicht vor, wenn ein früheres Arbeitsverhältnis mehr als drei Jahre zurückliegt. Die weitere Entwicklung der Rechtsprechung an diesem Punkt bleibt aber abzuwarten. Der Gesetzgeber wollte in diesem Fall – wie im Koalitionsvertrag angekündigt – tätig werden und eine Untergrenze von einem Jahr für ein Zuvorarbeitsverhältnis einführen. Dies ist bislang aber noch nicht geschehen. Folgendes ist bei der Befristung ohne Sachgrund ebenfalls zu beachten: Die sachgrundlose Befristung darf insgesamt zwei Jahre nicht überschreiten. In diesen zwei Jahren ist eine dreimalige Verlängerung des Ausgangsvertrages möglich. Die Befristungsvereinbarung muss schriftlich erfolgen und zwar vor Arbeitsaufnahme. Bei der schriftlichen Verlängerung darf nichts am Ursprungsvertrag verändert werden. Der Verlängerungsvertrag muss spätestens am letzten Arbeitstag unterschrieben werden. Es ist zu spät, wenn der Verlängerungsvertrag vor Dienstantritt am nächsten Tag unterzeichnet wird (BAG 22.10.2003, NZA 2004, 1275, BAG 16.03.2005, NZA 2005, 923).

7 Zur Wirksamkeit der Befristung bedarf es der Schriftform der Befristungsabrede. Da kein Zitierzwang besteht, kann dieses Muster für einen befristeten Arbeitsvertrag mit oder ohne Sachgrund verwendet werden. **Achtung!** Bei einer **Zweckbefristung** ist es Wirksamkeitsvoraussetzung, den Befristungsgrund im Vertrag schriftlich aufzunehmen, BAG 21.12.2005, NZA 2006, 1275.

§ 3 Arbeitszeit

3.1. Die regelmäßige wöchentliche Arbeitszeit beträgt ..... Stunden.

3.2. Beginn und Ende der täglichen Arbeitszeit und der Pausen richten sich nach den betrieblichen Belangen. Die Arbeit ist bei Bedarf auch samstags zu leisten.

3.3. Der/die Arbeitnehmer/in ist verpflichtet, Mehr- und Überarbeit abzuleisten, soweit dies gesetzlich zulässig ist.[2]

§ 4 Bezüge

4.1. Mit dem vorgenannten Entgelt sind bis ..... Überstunden pro Monat abgegolten. Dies sind vom monatlichen Entgelt ..... € brutto.[3] Der Arbeitgeber kann die über ..... Stunden pro Woche hinausgehenden Stunden ausbezahlen, aber auch durch Gewährung von entsprechender Freistellung unter Weiterzahlung der Vergütung innerhalb von ..... abgelten.

4.2. Die Zahlung von Gratifikationen (z.B. Urlaubs- und Weihnachtsgeld), Prämien und sonstigen Leistungen liegt im freien Ermessen des Arbeitgebers und begründet keinen Rechtsanspruch, auch wenn die Zahlung wiederholt und ohne ausdrücklichen Vorbehalt der Freiwilligkeit erfolgt.[4]

Beträgt die Sonderzahlung mehr als 105 Euro, aber weniger als ein Bruttogehalt, ist der/die Arbeitnehmer/in zur Rückzahlung verpflichtet, wenn er/sie aus von ihm/ihr zu vertretenden Gründen oder durch Eigenkündigung[5] vor Ablauf von drei Monaten nach Auszahlung der Sonderzahlung aus dem Arbeitsverhältnis ausscheidet.

Bei einer Sonderzahlung von einem oder mehr als einem Bruttogehalt beträgt die Bindungsfrist sechs Monate.

§ 5 Verschwiegenheitspflicht / Rückgabepflicht von Unterlagen

5.1. Der/die Arbeitnehmer/in verpflichtet sich, über alle Betriebs- und Geschäftsgeheimnisse und ihm/ihr während der Vertragsdauer bekannt gewordenen betrieblichen Vorgänge während der Dauer und auch nach der Beendigung des Arbeitsverhältnisses Stillschweigen zu bewahren. Die Geheimhaltungsverpflichtung bezieht die Betriebs- und Geschäftsgeheimnisse und alle sonstigen vertraulichen Angelegenheiten und Vorgänge des gesamten Unternehmens ein, die dem/der Arbeitnehmer/in im Rahmen des Arbeitsverhältnisses bekannt werden.

Der Ausdruck »Betriebs- und/oder Geschäftsgeheimnisse« umfasst dabei alle geschäftlichen, betrieblichen und technischen Kenntnisse, Angelegenheiten, Vorgänge und Informationen, die nur einem beschränkten Personenkreis zugänglich sind und nach dem Willen des Arbeitgebers nicht der Allgemeinheit bekannt werden sollen.

5.2. Alle den Arbeitgeber und seine Interessen berührenden Briefe ohne Rücksicht auf den Adressaten ebenso wie alle sonstigen im Eigentum des Arbeitgebers stehenden Geschäftsstücke, Zeichnungen, Notizen, Bücher, Muster, Modelle, Werkzeuge, Material usw. sind nach Aufforderung bzw. nach Beendigung des Arbeitsverhältnisses unaufgefordert zurückzugeben. Dies gilt auch für digital gespeicherte Unterlagen, die nachdem sie dem Arbeitgeber zur Verfügung gestellt wurden, auf dem privaten Rechner / Laptop / Handy des/der Arbeitnehmers/in unwiederbringlich zu löschen sind. Zurückbehaltungsrechte sind ausgeschlossen.

5.3. Die betrieblichen Sicherheitsbestimmungen sind zu beachten; vertraulich und geheim zu haltende Schriftstücke, Zeichnungen, Modelle usw. sind unter dem vorgeschriebenen Verschluss zu halten.

§ 6 Arbeitsverhinderung

6.1. Der/die Arbeitnehmer/in ist verpflichtet, jede Arbeitsverhinderung unverzüglich anzuzeigen. Im Falle der Arbeitsunfähigkeit ist bis spätestens zum dritten Kalendertag eine ärztliche Arbeitsunfähigkeitsbescheinigung vorzulegen.[6] Im Falle der weiteren Erkrankung ist die Fortsetzungsbescheinigung innerhalb von drei Tagen vorzulegen.

6.2. Die Gehaltsfortzahlung im Krankheitsfall richtet sich nach den gesetzlichen Vorschriften.

6.3. Bei ausstehenden Terminsachen hat der/die Arbeitnehmer/in auf vordringlich zu erledigende Arbeiten hinzuweisen.

§ 7 Urlaub

7.1. Der Arbeitnehmer hat Anspruch auf den gesetzlichen Mindesturlaub gemäß § 3 Abs. 1 BurlG von 20 Tagen/Jahr. Ist die individuelle regelmäßige wöchentliche Arbeitszeit auf mehr oder weniger als 5 Tage je Kalenderwoche – ggf. auch im Durchschnitt mehrerer Kalenderwochen – verteilt, so erhöht oder verringert sich die Zahl der Urlaubstage gemäß Satz 1 entsprechend (d.h. 1 Arbeitstag/Woche: 4 Urlaubstage/Jahr; 2 Arbeitstage/Woche: 8 Urlaubstage/Jahr; 3 Arbeitstage/Woche: 12 Urlaubstage/Jahr; 4 Arbeitstage/Woche: 16 Urlaubstage/Jahr; 6 Arbeitstage/Woche: 24 Urlaubstage/Jahr).

7.2. Der Arbeitgeber gewährt den Arbeitnehmer unter Zugrundelegung einer __-Tage-Woche zusätzlich einen Urlaubsanspruch von __ Tagen/Jahr. Für diesen zusätzlichen Urlaub gilt abweichend von den rechtlichen Vorgaben für den gesetzlichen Mindesturlaub, dass der Urlaubsanspruch nach Ablauf des Übertragungszeitraums gem. § 7 Abs. 3 BUrlG (31.03. des Folgejahres) auch dann verfällt, wenn der Urlaub bis dahin wegen Arbeitsunfähigkeit nicht genommen werden kann.

7.3. Anspruch auf 1/12 des Jahresurlaubes besteht für jeden vollen Monat der Beschäftigung im Eintrittsjahr. Bei einem Ausscheiden des Arbeitnehmers in der zweiten Jahreshälfte ist der Arbeitgeber berechtigt, den Urlaub anteilig zu kürzen, wobei der Mindesturlaub nach dem BUrlG zu beachten ist.

7.4. Mit der Erteilung von Urlaub wird bis zu dessen vollständiger Erfüllung zunächst der gesetzliche Mindesturlaubsanspruch eingebracht.

7.5. Im Übrigen gelten die gesetzlichen Bestimmungen.

§ 8 Nebentätigkeit

Nebentätigkeiten dürfen nur nach vorheriger schriftlicher Genehmigung des Arbeitgeber ausgeübt werden.

§ 9 Beendigung des Arbeitsverhältnisses

9.1. Das Arbeitsverhältnis ist von beiden Seiten unter Einhaltung der jeweiligen geltenden gesetzlichen Kündigungsfristen kündbar.[8]

9.2. Jede gesetzliche Verlängerung der Kündigungsfrist zugunsten des/der Arbeitnehmers/in gilt auch zugunsten des Arbeitgebers.

9.3. Im Falle der Kündigung des Arbeitsverhältnisses ist der Arbeitgeber berechtigt, den/die Arbeitnehmer/in unter Fortzahlung der Vergütung von der Erbringung der Arbeitsleistung freizustellen. Diese Freistellung erfolgt unter Anrechnung der dem/der Arbeitnehmer/in noch zustehenden Urlaubs- sowie eventueller Freizeitansprüche.

9.4. Das Arbeitsverhältnis[9] endet auch, ohne dass es einer Kündigung bedarf, mit Erreichen der Altersgrenze, die in den Bestimmungen über die gesetzliche Rentenversicherung für die Gewährung der Regelaltersrente maßgebend ist. Es endet in jedem Fall mit Ablauf des Monats, in dem der/die Arbeitnehmer/in gesetzliche Altersrente bezieht.[10]

9.5. Im Falle der Feststellung der vollen Erwerbsminderung endet das Arbeitsverhältnis automatisch mit Ablauf des Monats, in dem der Bescheid durch den zuständigen Sozialversicherungsträger zugestellt wird. Das Arbeitsverhältnis endet mit Ablauf des dem Rentenbeginn vorhergehenden Tages, sofern die Rente wegen voller Erwerbsminderung erst nach der Zustellung des Rentenbescheids beginnt. Die Gewährung einer Rente auf Zeit führt nicht zur Beendigung des Arbeitsverhältnisses. In diesem Fall ruht das Arbeitsverhältnis mit allen Rechten und Pflichten bis zum Ablauf der Bewilligung der Zeitrente.

§ 10 Verfall- / Ausschlussfristen[11]

10.1. Alle beiderseitigen Ansprüche aus dem Arbeitsverhältnis verfallen, wenn sie nicht innerhalb von drei Monaten nach Fälligkeit gegenüber der anderen Vertragspartei in Textform geltend gemacht werden.

10.2. Lehnt die Gegenpartei den Anspruch in Textform ab oder erklärt sie sich nicht innerhalb eines Monats nach Geltendmachung des Anspruchs, so verfällt dieser, wenn er nicht innerhalb von drei Monaten nach der Ablehnung oder dem Fristablauf gerichtlich geltend gemacht wird.

10.3. Die Ausschlussfrist nach Absatz 1 und 2 erfasst nicht Ansprüche des Arbeitnehmers auf einen gesetzlich vorgeschriebenen Mindestlohn bzw. auf nach dem Arbeitnehmerentsendegesetz bindende Mindestarbeitsbedingungen.

§ 11 Sonstiges

Zur Aufrechterhaltung ungekürzter Ansprüche auf Arbeitslosengeld ist der/die Arbeitnehmer/in verpflichtet, sich drei Monate vor Ablauf der Befristung persönlich bei der Agentur für Arbeit arbeitssuchend zu melden.[12]

§ 12 Vertragsform/Schriftform

12.1. Änderungen und Ergänzungen des Vertrages bedürfen zu ihrer Wirksamkeit der Schriftform. Dies gilt auch für Änderungen dieser Schriftformklausel selbst. Ausgeschlossen sind damit insbesondere Vertragsänderungen durch betriebliche Übung. Das vorstehende Schriftformerfordernis findet keine Anwendung bei Abreden, die nach Vertragsschluss unmittelbar zwischen den Parteien mündlich getroffen werden.[13]

Mündliche Nebenabreden sind im Zeitpunkt der Unterschrift unter diesen Vertrag nicht getroffen.

12.2. Sind einzelne Bestimmungen dieses Vertrags unwirksam, so wird hierdurch die Wirksamkeit des Vertrags im Übrigen nicht berührt. In diesem Fall verpflichten sich die Parteien, unverzüglich die unrichtige Bestimmung durch eine ihr wirtschaftlich möglichst nahe kommende, rechtlich zulässige Bestimmung zu ersetzen.

(Ort), den .....   (Ort), den .....

....

(Arbeitgeber)   (Arbeitnehmer/in)

---

1. Um einen befristeten Vertrag ordentlich kündigen zu können, ist es erforderlich, eine ordentliche Kündigungsmöglichkeit in den befristeten Vertrag aufzunehmen.

2. Siehe E.III.2. Anmerkung 7.

3. Es ist nicht mehr zulässig, eine Vereinbarung zu schließen, wonach mit der Vergütung sämtliche Überstunden abgegolten sind. Eine angemessene Anzahl von Überstunden kann mit dem Gehalt abgegolten werden. Denkbar ist auch, eine Überstundenpauschale zu vereinbaren, BAG v. 28.09.2005, BB 2006, 327. Im Zuge des ebenfalls vom BAG bei der AGB-Prüfung angenommenen Transparenzgebotes empfiehlt es sich aber, stets den genauen Betrag in Bezug auf die abgegoltenen Überstunden anzugeben.

4. Siehe E.III.2. Anmerkung 8.

5. Siehe E.III.1. Anmerkung 2.

6. Die AU-Bescheinigung kann nach § 5 EntgeltfortzG auch früher verlangt werden.

7. Siehe E.III.2. Anmerkung 12.

8. Siehe E.III.4. Anmerkung 3.

59 9. Wenn das Arbeitsverhältnis unbefristet fortgesetzt wird, schließen die Parteien häufig keinen neuen Arbeitsvertrag ab. Nach § 15 Abs. 5 TzBfG wird der Vertrag auf unbestimmte Zeit verlängert, wenn er über den Ablauf der Befristung fortgesetzt wird. Deshalb sollte auch der befristete Vertrag möglichst vollständig sein und ein automatisches Ausscheiden im Rentenfall beinhalten.

60 10. Siehe E.III.1. Anmerkung 5.

61 11. Siehe E.III.2. Anmerkung 14.

62 12. Der Arbeitnehmer ist verpflichtet, sich spätestens drei Monate vor Ablauf der Befristung bei der Agentur für Arbeit arbeitsuchend zu melden.

63 13. Siehe E.III.1. Anmerkung 12.

5. Muster Zweckbefristeter Arbeitsvertrag mit sachlichem Grund[8]

64 **§ 1 Befristung**

Das Arbeitsverhältnis ist befristet für die Dauer der (z.B. Erkrankung des Mitarbeiters .....), längstens aber bis zum ....

Es endet daher mit Zweckerreichung, bzw. spätestens am ....., ohne dass es einer Kündigung bedarf.

§ 2 Kündigung[1]

Die ersten ..... Monate gelten als Probezeit. Das Arbeitsverhältnis kann von beiden Seiten während der Probezeit mit zwei Wochen, danach mit einer Frist von vier Wochen zum 15. oder Ende eines Kalendermonats gekündigt werden.

§§ 3 ff. (siehe befristeter Arbeitsvertrag allgemein)

(Ort), den .....   (Ort), den .....

....

Unterschrift Arbeitgeber   Unterschrift Arbeitnehmer/in

Mitteilung der Zweckerreichung nach § 15 Abs. 2 TzBfG

Sehr geehrte(r) Herr/Frau .....,

am ..... wurden Sie für die Dauer der (z.B. Elternzeit von Frau .....) eingestellt. Der Zweck ist nunmehr erreicht, da die Arbeitnehmerin nach Ende der Elternzeit ihre Tätigkeit wieder aufnimmt. Ihr Arbeitsverhältnis endet daher mit Ablauf des ..... (zwei Wochen).[2] Der Fortsetzung des Arbeitsverhältnisses widersprechen wir vorsorglich.

Mit freundlichen Grüßen

(Unterschrift)

65 1. Siehe E.III.4. Anmerkung 3.

66 2. Ein zweckbefristetes Arbeitsverhältnis endet gemäß § 15 TzBfG mit Erreichen des Zwecks, frühestens jedoch zwei Wochen nach Zugang der schriftlichen Unterrichtung des Arbeitnehmers von der Zweckerreichung.

---

8 Bei einer Zweckbefristung ist der Befristungsgrund im Arbeitsvertrag schriftlich zu fixieren. Man sollte aber auf jeden Fall ein Beendigungsdatum mit aufnehmen, um nicht in ein unbefristetes Arbeitsverhältnis zu gelangen, wenn der erkrankte Arbeitnehmer z.B. durch Verrentung oder Tod ausscheidet. Ist der Arbeitnehmer bei Fristablauf noch krank, kann ein neuer zweckbefristeter Vertrag abgeschlossen werden.

6. Muster Arbeitsvertrag für geringfügig Beschäftigte

Teilzeitarbeitsvertrag für geringfügige Beschäftigung

zwischen

(genaue Firmenbezeichnung, Adresse sowie Vertretungsverhältnisse)

– nachfolgend »Arbeitgeber« genannt –

und

(genauer Name, Vorname, Adresse und Geburtsdatum)

– nachfolgend »Arbeitnehmer/in« genannt –

§ 1 Geringfügige Beschäftigung

Der/die Arbeitnehmer/in wird für eine geringfügige Beschäftigung im Sinne von § 8 Abs. 1 Nr. 1 des 4. Sozialgesetzbuchs eingestellt.

Der Arbeitgeber führt die anfallenden Sozialversicherungsbeiträge ab, derzeit ist die Knappschaft für den Einzug zuständig. Das Arbeitsentgelt wird nach den derzeit geltenden Bestimmungen nicht versteuert.[1]

Der/die Arbeitnehmer/in versichert, dass er/sie in keiner weiteren geringfügigen Beschäftigung i.S.v § 8 Abs. 1 Nr. 1 SGB des 4. Sozialgesetzbuches steht.[2]

Er/Sie ist verpflichtet, vor Arbeitsaufnahme mitzuteilen, wenn sie einer anderweitigen Beschäftigung nachgehen will. Er/sie muss den Arbeitgeber über den Inhalt dieser Beschäftigungsverhältnisse informieren, soweit der Arbeitgeber, insbesondere zur Erfüllung seiner melde- und beitragsrechtlichen Verpflichtungen, diese Informationen benötigt.

Der/die Arbeitnehmer/in wurde darauf hingewiesen, dass er/sie nach § 5 Abs. 2 SGB VI auf die Versicherungsfreiheit in der gesetzlichen Rentenversicherung durch schriftliche Erklärung gegenüber dem Arbeitgeber verzichten kann.

Der/die Arbeitnehmer/in wählt hiermit die Versicherungsfreiheit.[3]

§ 2 Beginn und Art der Tätigkeit

Der/die Arbeitnehmer/in wird ab dem ..... als ..... . im Betrieb ..... tätig.

§ 3 Arbeitszeit

Die regelmäßige *monatliche*[4] Arbeitszeit beträgt ohne Pausen ..... Stunden.

Die Arbeitszeit richtet sich nach dem Bedarf und vorheriger Absprache und liegt in der Regel ..... .[5]

Eventuell anfallende Mehrarbeit wird ausschließlich durch Freizeitnahme abgegolten.

Der Arbeitnehmer muss Beginn, Ende und Dauer der tatsächlichen täglichen Arbeitszeit aufzeichnen und dem Arbeitgeber die Aufzeichnungen spätestens innerhalb von einer Woche übergeben.[5a]

§ 4 Vergütung

Die monatliche Vergütung beträgt Euro 450,00.

Anspruch auf Weihnachtsgeld und sonstige Sonderzahlungen besteht nicht.[6]

§ 5 Urlaub

Der Urlaub beträgt 24 Werktage je Kalenderjahr.[7]

§ 6 Beendigung des Arbeitsverhältnisses[8]

Es gelten die gesetzlichen Kündigungsfristen.

§ 7 Arbeitsverhinderung, Arbeitsunfähigkeit[9]

Jede Arbeitsverhinderung ist, sobald sie dem/der Arbeitnehmer/in bekannt ist, dem Arbeitgeber unter Angabe der Gründe und der voraussichtlichen Dauer sowie ggf. der Adresse eines vom Wohnsitz abweichenden Aufenthaltsortes unverzüglich mitzuteilen. Gleiches gilt, wenn sich die Arbeitsverhinderung verlängert.

Im Falle der Arbeitsunfähigkeit hat der/die Arbeitnehmer/in außerdem auch die hierfür geltenden besonderen gesetzlichen Mitteilungs- und Nachweispflichten zu erfüllen.

Solange der/die Arbeitnehmer/in seinen/ihren Mitteilungs- und Nachweispflichten nicht nachkommt, ist der Arbeitgeber berechtigt, die Fortzahlung des Arbeitsentgeltes zu verweigern.

§ 8 Verschwiegenheitspflichten

Der/die Arbeitnehmer/in hat über die ihm/ihr zur Kenntnis gelangenden Angelegenheiten des Arbeitgebers Stillschweigen zu bewahren, soweit es sich um Betriebs- und Geschäftsgeheimnisse handelt. Dies gilt auch für solche Tatsachen, die der Arbeitgeber als vertraulich bezeichnet oder bei denen aus den Umständen ersichtlich ist, dass sie gegenüber Dritten nicht offenbart werden dürfen.

§ 9 Abtretung und Verpfändung

Die Abtretung oder Verpfändung von Gehaltsansprüchen an Dritte ist dem/der Arbeitnehmer/in nicht gestattet.

§ 10 Persönliche Daten

Änderungen persönlicher Daten, die für das Arbeitsverhältnis von Bedeutung sein können, insbesondere Änderungen der Anschrift und des Familienstandes, sind unverzüglich mitzuteilen.

§ 11 Geltung von Tarifverträgen

Auf das Arbeitsverhältnis finden ausdrücklich keine Tarifverträge Anwendung.

§ 12 Verfall- / Ausschlussfristen[10]

12.1. Alle beiderseitigen Ansprüche aus dem Arbeitsverhältnis verfallen, wenn sie nicht innerhalb von drei Monaten nach Fälligkeit gegenüber der anderen Vertragspartei in Textform geltend gemacht werden.

12.2. Lehnt die Gegenpartei den Anspruch in Textform ab oder erklärt sie sich nicht innerhalb eines Monats nach Geltendmachung des Anspruchs, so verfällt dieser, wenn er nicht innerhalb von drei Monaten nach der Ablehnung oder dem Fristablauf gerichtlich geltend gemacht wird.

12.3. Die Ausschlussfrist nach Absatz 1 und 2 erfasst nicht Ansprüche des Arbeitnehmers auf einen gesetzlich vorgeschriebenen Mindestlohn bzw. auf nach dem Arbeitnehmerentsendegesetz bindende Mindestarbeitsbedingungen.

§ 13 Vertragsänderungen

Änderungen und Ergänzungen des Vertrages bedürfen zu ihrer Wirksamkeit der Schriftform. Dies gilt auch für Änderungen dieser Schriftformklausel selbst. Ausgeschlossen sind damit insbesondere Vertragsänderungen durch betriebliche Übung. Das vorstehende Schriftformerfordernis findet keine Anwendung bei Abreden, die nach Vertragsschluss unmittelbar zwischen den Parteien mündlich getroffen werden.[11]

Mündliche Nebenabreden sind im Zeitpunkt der Unterschrift unter diesen Vertrag nicht getroffen.

§ 14 Teilunwirksamkeit

Sollten einzelne Bestimmungen dieses Vertrages unwirksam sein, wird hierdurch die Wirksamkeit des übrigen Vertrages nicht berührt.

(Ort), den .....   (Ort), den .....

....

Unterschrift Arbeitgeber   Unterschrift Arbeitnehmer/in

1. Die Höchstverdienstgrenze beträgt 450,00 Euro, daneben kann ein **sozialversicherungspflichtiges** Beschäftigungsverhältnis ausgeübt werden. 68

2. Wäre dies der Fall, würden beide geringfügigen Beschäftigungsverhältnisse zusammengezählt und ggf. sozialversicherungspflichtig. 69

3. Wenn der Arbeitnehmer keine Arbeitnehmerbeiträge abführen lässt, sind die Arbeitgeberbeiträge für ihn verloren. Für seinen Rentenanspruch zählen die Beiträge nur, wenn auch der Arbeitnehmeranteil abgeführt wird. Der Arbeitnehmer hat ein Wahlrecht. 70

4. Auch hier kann natürlich eine Wochenarbeitszeit vereinbart werden. Eine Monatsarbeitszeit ist dann sinnvoll, wenn die wöchentliche Arbeitszeit variiert. Hierbei ist zu beachten, dass der Mindestlohn (2017: 8,87 €) nicht unterschritten werden darf. 71

5. § 12 TzBfG »Arbeit auf Abruf« ist zu beachten: Ist eine wöchentliche und tägliche Arbeitszeit nicht vereinbart, gilt eine wöchentliche Arbeitszeit von 10 Stunden. Der Arbeitnehmer ist mindestens drei Stunden hintereinander zu beschäftigen. 72

5a. Nach § 17 Abs. 1 Mindestlohngesetz ist der Arbeitgeber verpflichtet, Beginn, Ende und Dauer der täglichen Arbeitszeit von geringfügig Beschäftigten (sog. Minijobber) spätestens bis zum Ablauf des siebten auf den Tag der Arbeitsleistung folgenden Kalendertages aufzuzeichnen und diese Aufzeichnungen mindestens 2 Jahre beginnend ab dem für die Aufzeichnung maßgeblichen Zeitpunkt aufzubewahren. Diese Aufzeichnungspflicht kann auf den Arbeitnehmer übertragen werden. Die Aufzeichnungen der geringfügig Beschäftigten müssen die Arbeitgeber gemäß § 17 Abs. 2 S. 1 Mindestlohngesetz für die Kontrolle der Einhaltung der Zahlung des Mindestlohns für die gesamte Dauer der tatsächlichen Beschäftigung der Arbeitnehmer, insgesamt jedoch nicht länger als 2 Jahre, bereithalten. Ein Verstoß gegen die Pflichten kann als ordnungswidrig kann mit einer Geldbuße von bis zu 30.000 EUR gearbeitet werden. Für geringfügig Beschäftigte in **Privathaushalten** gilt diese **Aufzeichnungs- und Aufbewahrungspflicht** jedoch **nicht**. 73

6. Die Zahlung eines Weihnachtsgeldes würde dazu führen, dass die Geringverdienergrenze überschritten würde und die gesamte Vergütung sozialversicherungspflichtig wäre. Besteht ein tarifvertraglicher Anspruch auf eine Sonderzahlung führt dies dazu, dass diese hinzugerechnet wird, selbst wenn der Arbeitgeber die Sonderzahlung nicht leistet. Hier muss die Grundvergütung so herabgesetzt werden, dass aufs Jahr gesehen die 450,00 Euro nicht überschritten werden. 74

7. Auch hier liegt ein ganz normales Arbeitsverhältnis vor, der Arbeitnehmer hat Anspruch auf Urlaub. Als Werktage zählen die Tage Montag bis Samstag, auch wenn der Arbeitnehmer nicht an allen Tagen arbeitet. **Beispiel:** arbeitet der Arbeitnehmer einen Tag pro Woche, hat er vier Arbeitstage pro Jahr Urlaub= vier Wochen. 75

8. Auch bei einem geringfügigem Arbeitsverhältnis ist eine schriftliche Kündigung auszusprechen, wenn es enden soll. 76

9. Der Arbeitnehmer hat Anspruch auf Entgeltfortzahlung im Krankheitsfall. 77

10. Siehe E.III.2. Anmerkung 14. 78

79 11. Ohne diese Einschränkung sind die bislang zulässigen Klauseln (doppelte Schriftform) nicht mehr wirksam, weil sie zu weit gehen, BAG vom 20.05.2008- 9 AZR 382/07.

Früher wurde die doppelte Schriftformklausel für zulässig erachtet, um auch spätere mündliche Abreden auszuschließen. Wegen § 305b BGB geht nunmehr aber eine ausdrückliche mündliche Abrede dem Schriftformerfordernis vor. Daher ist die gesamte Schriftformklausel unwirksam, wenn nach einer Schriftformklausel in einem Formularvertrag auch nach Vertragsabschluss getroffene mündliche Abmachungen mit umfassend zur Vertretung des Verwenders der AGB-berechtigten Personen unwirksam sein sollten. In diesem Fall wird eine unangemessene Benachteiligung des Vertragspartners vom BAG angenommen (BAG BB 2008, 2242).

7. Besondere Arbeitsbedingungen

a) Muster nachvertragliches Wettbewerbsverbot

80 1. Dem/der Arbeitnehmer/in ist es nicht gestattet für die Dauer von ..... (max. zwei Jahren) nach Ende des Arbeitsverhältnisses, selbständig, unselbständig oder in sonstiger Weise für ein Unternehmen tätig zu werden, das mit dem Arbeitgeber in direktem oder indirektem Wettbewerb steht. Ebenso ist es dem/der Arbeitnehmer/in untersagt, ein derartiges Unternehmen während der Laufzeit des nachvertraglichen Wettbewerbsverbots zu errichten und zu erwerben. Außerdem darf er sich hieran weder unmittelbar noch mittelbar beteiligen.

Das nachvertragliche Wettbewerbsverbot erstreckt sich räumlich auf ..... .

2. Der Arbeitgeber ist verpflichtet für die Dauer des Wettbewerbsverbots an den/die Arbeitnehmer/in eine Karenzentschädigung zu bezahlen, die für jedes Jahr des Verbots die Hälfte der von dem/der Arbeitnehmer/in zuletzt bezogenen vertragsgemäßen Leistungen[1] beträgt.

3. Der/die Arbeitnehmer/in muss sich auf die Karenzentschädigung gemäß § 74c HGB anderweitigen Verdienst anrechnen lassen.

Er/sie ist verpflichtet, dem Arbeitgeber jeweils am Monatsende die Höhe des anderweitigen Verdienstes mitzuteilen. Auf Verlangen des Arbeitgebers sind die Angaben zu belegen.

4. Verstößt der/die Arbeitnehmer/in gegen das nachvertragliche Wettbewerbsverbot, ist er/sie verpflichtet, für jeden Verstoß Euro ..... Vertragsstrafe zu bezahlen. Im Fall eines Dauerverstoßes wird die Vertragsstrafe für jeden angefangenen Monat neu verwirkt. Der Arbeitgeber ist berechtigt, einen darüber hinausgehenden Schaden geltend zu machen.

5. Das nachvertragliche Wettbewerbsverbot gilt auch mit einem Rechtsnachfolger des Betriebs, insbesondere geht es bei einem Betriebsübergang auf den Erwerber über. Der/die Arbeitnehmer/in ist mit dem Übergang der Rechte aus dieser Vereinbarung auf den Rechtsnachfolger einverstanden.

6. Das nachvertragliche Wettbewerbsverbot tritt nicht in Kraft, wenn der/die Arbeitnehmer/in bei seinem/ihrem Ausscheiden das 65. Lebensjahr vollendet oder das Arbeitsverhältnis weniger als ein Jahr bestanden hat.[2]

7. Im Übrigen gelten die Vorschriften der §§ 74 ff. HGB.

(Ort), den .....   (Ort), den .....

....

Unterschrift Arbeitgeber   Unterschrift Arbeitnehmer/in

Der/die Arbeitnehmer/in bestätigt, eine vom Arbeitgeber unterschriebene vollständige Abschrift dieser Vereinbarung erhalten zu haben.

.....

Unterschrift Arbeitnehmer/in

1. Beträgt die Karenzentschädigung weniger als die Hälfte der Vergütung, ist das nachvertragliche Wettbewerbsverbot unverbindlich, d.h. der Arbeitnehmer hat ein Wahlrecht, ob er das nachvertragliche Wettbewerbsverbot zu den vereinbarten Konditionen akzeptiert oder sich lossagt. Hier ist es geboten, Fachliteratur zu Rate zu ziehen.

2. Falls das nachvertragliche Wettbewerbsverbot für den Arbeitgeber nach Vollendung des 65. Lebensjahres oder wegen kurzer Laufzeit nicht interessant ist.

3. Wegen § 309 Nr. 10 BGB ist diese Klausel umstritten.

b) Muster Dienstwagenüberlassungsvereinbarung

Dienstwagenüberlassung

zwischen

(genaue Firmenbezeichnung, Adresse und Vertretungsverhältnisse)

– nachfolgend »Arbeitgeber« genannt –

und

(Name, Vorname, Anschrift und Geburtsdatum)

– nachfolgend »Arbeitnehmer/in« genannt –

wird folgender Vertrag geschlossen:

§ 1 Überlassung/Privatnutzung

1.1. Der Arbeitgeber stellt dem/der Arbeitgeber/in einen Firmenwagen zur dienstlichen und privaten Nutzung zur Verfügung.

1.2. Die Überlassung des Firmenwagens an Dritte ist unzulässig. Ausgenommen davon sind Familienangehörige. Der/die Arbeitnehmer/in haftet für jeden Schaden, der bei einer unzulässigen Überlassung des Fahrzeugs an Dritte, sei es am Fahrzeug selbst oder im Zusammenhang mit der Kraftfahrzeugbenutzung, entsteht.

1.3. Dritte Personen, insbesondere Kunden und Geschäftsfreunde, dürfen nur mitgenommen werden, wenn hierfür ein betriebliches Interesse besteht.

§ 2 Fahrzeugwahl/Beschaffung

Der Firmenwagen wird vom Arbeitgeber beschafft. Der Arbeitgeber ist bei der Auswahl des Fahrzeugs frei.

Variante:

Der Arbeitgeber beschafft einen Firmenwagen der Mittelklasse, z.B. Audi A6

§ 3 Rechte Dritter

Der/die Arbeitnehmer/in muss den Firmenwagen von Rechten Dritter freihalten, er darf ihn insbesondere weder verkaufen, verpfänden, verschenken, vermieten, verleihen oder zur Sicherheit übereignen. Entwendung, Beschädigung oder Verlust sind unverzüglich der Polizei anzuzeigen und dem Arbeitgeber mitzuteilen. Der Arbeitgeber verständigt die Versicherung.

§ 4 Benutzung des Firmenwagens

4.1. Der/die Arbeitnehmer/in ist für die Einhaltung der Vorschriften des Straßenverkehrsgesetzes (StVG), der Straßenverkehrsordnung (StVO) und der Straßenverkehrszulassungsordnung (StVZO) verantwortlich. Er hat insbesondere dafür zu sorgen, dass
– das Fahrzeug sachgemäß und schonend behandelt und gepflegt wird,
– es stets in betriebs- und verkehrssicherem Zustand erhalten wird,

- die vom Hersteller vorgeschriebenen und empfohlenen Wartungsdienste pünktlich bei einer autorisierten Vertragswerkstatt durchgeführt werden und
- Auffälligkeiten am Fahrzeug dem Arbeitgeber gemeldet werden.

4.2. Der/die Arbeitnehmer/in und gegebenenfalls der das Fahrzeug mitbenutzende Familienangehörige müssen im Besitz einer für dieses Fahrzeug gültigen Fahrerlaubnis sein. Änderungen, Einschränkungen und Entzug der Fahrerlaubnis sind dem Arbeitgeber unverzüglich mitzuteilen. Bei – auch vorübergehendem – Entzug der Fahrerlaubnis ist das Fahrzeug an den Arbeitgeber zurückzugeben.

4.3. Geldstrafen und Bußgelder hat der/die Arbeitnehmer/in bzw. der Fahrer zu tragen.

§ 5 Reparaturen

5.1. Notwendige Reparaturen werden durch Abteilung ..... des Arbeitgeber koordiniert und beauftragt.

5.2. Dringende Reparaturaufträge während Dienstreisen und Privatfahrten können von dem/der Arbeitnehmer/in nach Freigabe durch den Arbeitgeber beauftragt werden.

§ 6 Unfallschäden

6.1. Unfallschäden sind unverzüglich dem Arbeitgeber zu melden. Der/die Arbeitnehmer/in ist verpflichtet, bei jedem Unfallereignis die Polizei zur Protokollierung des Schadensfalles hinzuzuziehen. Schuldanerkenntnisse dürfen auf keinen Fall abgegeben werden.

§ 7 Versicherungen

Für das Fahrzeug wurde durch den Arbeitgeber eine Kraftfahrzeug-Haftpflichtversicherung und eine Vollkaskoversicherung mit einer Selbstbeteiligung in Höhe von ..... € pro Schadensfall abgeschlossen.

§ 8 Haftung

8.1. Verschuldet der/die Arbeitnehmer/in einen Unfall auf einer Dienst- oder Privatfahrt und hat er dabei weder vorsätzlich noch grob fahrlässig gehandelt, haftet er in Höhe der Selbstbeteiligung der Vollkaskoversicherung gemäß § 7 Absatz 1. Bei vorsätzlicher oder grob fahrlässiger Schadensverursachung haftet der/die Arbeitnehmer/in vollumfänglich.

8.2. Der/die Arbeitnehmer/in haftet dem Arbeitgeber in vollem Umfang für Schäden am Fahrzeug, die durch gewaltsame oder unsachgemäße Behandlung entstehen (z.B. Motorschäden wegen ungenügenden Ölstandes) oder Schäden, die wegen seines/ihres Verhaltens von der Versicherung nicht gedeckt sind (z.B. Trunkenheit am Steuer, Fahren ohne Führerschein etc.).

§ 9 Kosten

9.1. Die laufenden Betriebskosten (Kraftstoff, Öl, Reifenersatz und Wagenpflege) sowie die Kosten für Wartung und Reparaturen trägt der Arbeitgeber.

9.2. Der Arbeitgeber unterhält eine Tankkarte, mit der an den entsprechenden Tank- und Serviceeinrichtungen die Aufwendungen für Treibstoff, Öl und Wagenpflege zu begleichen sind. Sonstige Aufwendungen sind von dem/der Arbeitnehmer/in zunächst zu begleichen und einmal monatlich mit der Reisekostenabrechnung geltend zu machen. Satz 2 gilt auch, wenn in Ausnahmefällen oder bei Auslandsfahrten die Tankkarte nicht eingesetzt werden kann. Die Nutzung der Firmen-Kreditkarte ist ebenfalls möglich. Treibstoffkosten für Privatfahrten trägt der/die Arbeitnehmer/in selbst. Die Privatkilometer sind im Fahrtenbuch und in der Reisekostenabrechnung zu vermerken.

9.3. Alle Rechnungen, die vom Arbeitgeber zu regulieren sind, müssen auf den Arbeitgeber ausgestellt sein. Werkstattrechnungen sind direkt an den Arbeitgeber zu senden.

§ 10 Steuern

10.1. Die private Nutzungsmöglichkeit des Firmenfahrzeugs stellt einen steuerpflichtigen geldwerten Vorteil dar, der von dem/der Arbeitnehmer/in zu tragen ist.

10.2. Die Versteuerung richtet sich nach den jeweils geltenden steuerlichen Vorschriften. Der Arbeitgeber wendet zur Ermittlung des geldwerten Vorteils die vom Gesetzgeber zugelassenen Methoden an. Diese lauten derzeit:

a) 1 % des (auf volle 100 € abgerundeten) Brutto-Listenpreises zuzüglich Kosten für Sonderausstattung und Mehrwertsteuer.
0,03 % des Brutto-Listenpreises mal Anzahl der Entfernungskilometer (= einfache Wegstrecke) zwischen Wohnung und Arbeitsstätte. Ein Wohnungswechsel ist dem Arbeitgeber umgehend mitzuteilen, unter Angabe der Entfernungskilometer zur Arbeitsstätte.

b) Fahrtenbuch-Methode, detaillierte Ermittlung und Dokumentation der Fahrzeugkosten zur Ermittlung der Kosten je Kilometer.
Detaillierte Aufzeichnung getrennt nach Dienstfahrten, Privatfahrten sowie Fahrten Wohnung – Arbeitsstätte in einem zugelassenen Fahrtenbuch.
Den steuerpflichtigen Bezügen des Mitarbeiters werden als geldwerter Vorteil die mit dem Formular »Berechnung Dienstwagen« Fahrtenbuch-Methode 2007 ermittelten Kosten pro Monat zugeschlagen.

Für diese Dienstwagenvereinbarung wird die Variante ..... angewendet.

§ 11 Beendigung der Überlassung

11.1. Die Gebrauchsüberlassung ist an das bestehende Arbeitsverhältnis gebunden und endet somit automatisch mit der Beendigung des Arbeitsvertrages.

11.2.
a) Die Firma behält sich vor, bei Vorliegen eines sachlichen Grundes die Rückgabe des Fahrzeugs zu verlangen.[1] Als sachliche Gründe kommen insbesondere in Betracht,
 – die Erkrankung des/der Arbeitnehmers/in ....., soweit diese über den gesetzlichen Entgeltfortzahlungszeitrum hinausgeht;
 – der Ausspruch der Kündigung;
 – die Freistellung des/der Arbeitnehmers/in .....
Die Rückgabepflicht gilt nur, sofern der geldwerte Vorteil des Dienstwagens weniger als 25 % der Gesamtvergütung des/der Arbeitnehmers/in ..... ausmacht.

b) Im Fall eines Rückgabeverlangens ist das Fahrzeug am darauf folgenden Arbeitstag am Sitz des Arbeitgebers mit allen Papieren und Schlüsseln an einen Bevollmächtigten des Arbeitgebers zu übergeben.

c) Ein Zurückbehaltungsrecht des/der Arbeitnehmers/in ..... ist ausgeschlossen.

§ 12 Schlussbestimmungen

12.1. Dieser Vertrag ist Bestandteil des Arbeitsvertrages vom ..... und endet mit diesem.

12.2. Änderungen und Ergänzungen bedürfen zu ihrer Wirksamkeit der Schriftform.

(Ort), den .....   (Ort), den .....

....

Unterschrift Arbeitgeber   Unterschrift Arbeitnehmer/in

---

1. Es handelt sich bei der Dienstwagenüberlassung zu privaten Zwecken um ein Gehaltsbestandteil, so dass eine solche einseitige Regelung ohne Nutzungsentschädigung nicht unproblematisch ist, da man dem Arbeitnehmer einseitig einen Vergütungsbestandteil entzieht. Es ist daher nicht ausgeschlossen, dass das BAG eine derartige Klausel für unzulässig ansieht, BAG 19.12.2006, DB 2007, 1253.

c) Muster Vertragsstrafe

86 a) Nimmt der/die Arbeitnehmer/in die Arbeit nicht oder verspätet auf, löst er/sie das Arbeitsverhältnis ohne Einhaltung der Kündigungsfrist auf oder veranlasst er/sie die Beendigung des Anstellungsverhältnisses durch den Arbeitgeber, so hat er/sie dem Arbeitgeber eine Vertragsstrafe zu zahlen.

b) Für den Fall des Nichtantritts der Arbeit beträgt die Vertragsstrafe das Bruttoarbeitsentgelt, welches der/die Arbeitnehmer/in bei Einhaltung der Mindestkündigungsfrist erhalten hätte.[1]

c) Für den Fall der verspäteten Arbeitsaufnahme beträgt die Vertragsstrafe für jeden Tag der verspäteten Arbeitsaufnahme das auf einen Tag entfallende Bruttoentgelt. Maximal beträgt die Vertragsstrafe das Bruttoarbeitsentgelt, welches der/die Arbeitnehmer/in ..... bei Einhaltung der Mindestkündigungsfrist erhalten hätte.

d) Für den Fall der vorsätzlich oder fahrlässigen Auflösung des Arbeitsverhältnisses ohne Einhaltung der Kündigungsfrist oder der von dem/der Arbeitnehmer/in veranlassten Beendigung des Anstellungsverhältnisses durch den Arbeitgeber beträgt die Vertragsstrafe ein monatliches Bruttoarbeitsentgelt. Maximal beträgt die Vertragsstrafe jedoch das Bruttoarbeitsentgelt, welches der/die Arbeitnehmer/in bei Einhaltung der Mindestkündigungsfrist erhalten hätte.

e) Dem Arbeitgeber bleibt die Geltendmachung eines weitergehenden Schadens vorbehalten.

87 1. Eine höhere Vertragsstrafe ist in diesem Fall nicht angemessen (BAG v. 04.03.2004, NZA 2004, 727).

IV. Verträge, mit Personen, die keine Arbeitnehmer sind

1. Freier Mitarbeitervertrag

a) Vorbemerkung

88 Der »echte« freie Mitarbeiter ist kein Arbeitnehmer, d.h. er hat keinen Kündigungsschutz, keine Urlaubsansprüche, keine Entgeltfortzahlungsansprüche im Krankheitsfall, es besteht keine Sozialversicherungspflicht. Es ist daher sehr wichtig, dass es sich nicht um ein verdecktes Arbeitsverhältnis handelt, mit der Pflicht zur Nachzahlung von Sozialversicherungsbeiträgen usw. Die Verwendung eines schriftlichen Formularvertrages für einen freien Mitarbeiter bedeutet noch lange nicht, dass auch tatsächlich ein freies Mitarbeiterverhältnis vorliegt. Die tatsächliche Durchführung des Vertragsverhältnisses ist von Bedeutung. Folgendes spricht für ein freies Mitarbeiterverhältnis: der freie Mitarbeiter ist hinsichtlich der zeitlichen Lage seiner Arbeitszeit frei. Er ist nicht in die Arbeitsorganisation des Auftraggebers eingebunden. Er ist nicht weisungsgebunden. Er ist bzgl. des Ortes, an dem er seine Dienstleistung erbringt, frei. Er ist nicht verpflichtet, die Leistung selbst zu erbringen. Er trägt sein unternehmerisches Risiko selbst. Er benutzt seine eigenen Arbeitsmittel. Er tritt am Markt als Selbständiger auf.

Es müssen zwar nicht alle Kriterien gegeben sein, wenn jedoch z.B. Weisungsgebundenheit vorliegt, oder mehrere Kriterien nicht erfüllt sind, wird es kritisch. Zu empfehlen ist auch, während der Vertragslaufzeit regelmäßige Überprüfungen durchzuführen, damit die Parteien nicht in ein Arbeitsverhältnis hineinrutschen.

Es fragt sich, ob für Architektenleistungen die Preisverordnung der HOAI gilt. Das ist dann der Fall, wenn es sich um einen Werkvertrag über Architekten- oder Ingenieursleistungen handelt, d.h. wenn z.B. ein selbständig tätiger Architekt oder Ingenieur für einen anderen Architekten/Ingenieur Architekten- oder Ingenieurleistungen als Subunternehmer erbringt. In diesem Fall darf von der HOAI nicht nach unten abgewichen werden. Hiervon abzugrenzen ist der echte freie Mitarbeitervertrag, der nicht unter die HOAI fällt. Diese Abgrenzung ist sehr schwierig, da der freie Mitarbeiter einerseits nicht Subunternehmer, andererseits aber auch nicht Arbeitnehmer sein darf. Es ist daher davor zu warnen, einen Werkvertrag als freien Mitarbeitervertrag zu deklarieren.

Da von der Preisbindung der HOAI nicht nach unten abgewichen werden darf, müsste nachgezahlt werden, wenn sich herausstellt, dass kein Freier-Mitarbeitervertrag vorliegt, sondern ein Werkvertrag.

b) Muster Rahmenvertrag

zwischen

(genaue Firmenbezeichnung, Adresse und Vertretungsverhältnisse)

– nachfolgend »Auftraggeber« genannt –

und

(Name, Vorname, Adresse und Geburtsdatum)

– nachfolgend »freier Mitarbeiter« genannt –

§ 1 Vertragsgegenstand

Gegenstand des Rahmenvertrages ist die Festlegung der allgemeinen Bestimmungen in der Zusammenarbeit zwischen dem Auftraggeber und dem freien Mitarbeiter.

Die Übernahme eines konkreten Auftrages durch den freien Mitarbeiter erfolgt durch Abschluss eines gesonderten Vertrages (schriftlich oder mündlich).

Regelungen im Einzelvertrag können den Umfang des Rahmenvertrages nur mit Geltung für den jeweiligen Auftrag beschränken oder erweitern.

Ein Anspruch des freien Mitarbeiters auf Erteilung von Aufträgen aufgrund dieses Rahmenvertrages besteht nicht. Ebenso wenig besteht eine Verpflichtung des freien Mitarbeiters, angebotene Aufträge zu übernehmen.

§ 2 Inhalt der Zusammenarbeit

Der freie Mitarbeiter erbringt seine Leistungen in selbständiger Verantwortung. Nach vorheriger Zustimmung des Auftraggebers ist er berechtigt, eigene Mitarbeiter einzuschalten. Mitarbeiter im Sinne dieses Rahmenvertrages sind alle natürlichen oder juristischen Personen, derer sich der freie Mitarbeiter zur Erfüllung seiner Verpflichtungen gegenüber dem Auftraggeber bedient.

Der freie Mitarbeiter tritt in kein Arbeitsverhältnis zum Auftraggeber. Die Parteien haben auf ausdrücklichen Wunsch des freien Mitarbeiters kein Arbeitsverhältnis begründet. Ziel ist es, dem freien Mitarbeiter die volle Entscheidungsfreiheit bei der Verwertung seiner Arbeitskraft zu belassen und ihm zu ermöglichen, auch für andere Auftraggeber tätig zu sein. Deshalb beabsichtigen die Parteien nicht, eine persönliche, wirtschaftliche oder soziale Abhängigkeit zu begründen.

Der freie Mitarbeiter unterliegt bei der Durchführung der ihm übertragenen Tätigkeiten keinen Weisungen. Ebenso wenig steht dem Auftraggeber gegenüber Angestellten oder Unterauftragnehmern des freien Mitarbeiters ein Weisungsrecht zu. Des Weiteren hat der freie Mitarbeiter kein Weisungsrecht gegenüber den Angestellten des Auftraggebers.

Der freie Mitarbeiter übt seine Tätigkeit in seinen eigenen Räumlichkeiten aus. Sofern der freie Mitarbeiter die Aufträge im Betrieb des Auftraggebers ausführt, werden ihm nach vorheriger Absprache die erforderlichen betrieblichen Einrichtungen zur Verfügung gestellt.

Der freie Mitarbeiter ist berechtigt, Ort, Arbeitszeit und Arbeitsablauf selbst zu bestimmen. Er wird jedoch die mit den Kunden des Auftraggebers getroffenen Vereinbarungen oder die bei den Kunden des Auftraggebers gegebenen Verhältnisse insoweit berücksichtigen, als es die Realisierung der Gesamtzielsetzung des Auftrages erfordert.

Wenn der freie Mitarbeiter die übermittelten Informationen und Wünsche nicht für ausreichend spezifiziert hält, wird er den Auftraggeber unverzüglich informieren.

§ 3 Leistungsumfang

Zu den Aufgaben des freien Mitarbeiters gehört ..... .

§ 4 Vergütung

Mit der im Einzelvertrag vereinbarten Vergütung sind alle vom freien Mitarbeiter zu erbringenden Leistungen abgegolten.

Die Vergütung beträgt ..... (z.B. 25 € pro Stunde)

Der Auftraggeber schuldet nur Vergütung für die tatsächlich erbrachten Leistungen.

Der freie Mitarbeiter erstellt eine Rechnung und weist die MwSt. gesondert aus.

Der freie Mitarbeiter übernimmt ausdrücklich alle Verpflichtungen für seine Krankenversicherung, Rentenversicherung, Betriebshaftpflichtversicherung etc. sowie die Versteuerung seiner Honorare und stellt den Auftraggeber von allen Ansprüchen Dritter in diesen Belangen frei.

§ 5 Krankheit/Urlaub

Dem freien Mitarbeiter steht kein Vergütungsanspruch zu, wenn er infolge von Krankheit oder sonstiger Verhinderung an der ihm obliegenden Leistungserbringung nach diesem Vertrag verhindert ist. Der freie Mitarbeiter hat keinen Urlaubsanspruch.

§ 6 Geheimhaltung

Der freie Mitarbeiter hat alle im Rahmen seiner Tätigkeit bekannt gewordenen oder zugänglich gemachten vertraulichen Informationen des Auftraggebers und seiner Kunden auch über das Ende dieses Rahmenvertrages hinaus unbefristet geheim zu halten, soweit keine andere Regelung vereinbart wurde.

Als vertraulich gelten alle Informationen über die früheren, derzeitigen und künftigen geschäftlichen Tätigkeiten des Auftraggebers, soweit diese Informationen nicht veröffentlicht sind oder dem freien Mitarbeiter nicht bereits ohne die Verpflichtung zur Geheimhaltung bekannt wurden.

Als vertraulich gelten auch im Rahmen dieses Vertrages getroffenen Vereinbarungen und erbrachten Leistungen. Auch der Inhalt dieses Rahmenvertrages sowie die Einzelverträge unterliegen der Geheimhaltung.

§ 7 Datenschutz

Der freie Mitarbeiter ist verpflichtet, alle personenbezogenen Daten, die ihm zur Kenntnis gelangen, weder außerhalb der Zweckbindung des jeweiligen Auftrages zu verarbeiten, noch sie bekannt zu geben, zugänglich zu machen oder sonst zu nutzen. Diese Verpflichtung besteht auch bei Beendigung der Tätigkeit im Rahmen dieses Vertrages unbefristet fort.

Bei der Behandlung von Informationen und Daten wird der freie Mitarbeiter im Übrigen die Auflagen des Auftraggebers beachten.

§ 8 Haftung und Gewährleistung

Sollte der Auftraggeber aufgrund von Leistungen, die vom freien Mitarbeiter erbracht wurden, in Haftung genommen werden, verpflichtet sich der freie Mitarbeiter gegenüber dem Auftraggeber, diesen von derlei Haftung freizustellen.

§ 9 Beendigung dieses Vertrages / Herausgabe von Unterlagen

Dieser Rahmenvertrag kann von beiden Vertragsparteien mit einer dreimonatigen Frist zum Monatsende gekündigt werden.

Nach Beendigung dieses Vertrages hat der freie Mitarbeiter dem Auftraggeber sämtliche in seinem Besitz befindlichen fertigen und unfertigen Werke, die im Rahmen der Zusammenarbeit geschaffen worden sind, sowie alle vom Auftraggeber erhaltenen Unterlagen zu übergeben. Dies gilt auch für digital gespeicherte Daten. Der freie Mitarbeiter ist verpflichtet, nach Übermittlung der Daten an den Auftraggeber diese auf seinem Rechner, Laptop, Handy unwiederbringlich zu löschen.

§ 10 Ergänzende Bestimmungen

Der freie Mitarbeiter ist nicht berechtigt, ohne schriftliche Einwilligung vom Auftraggeber Rechte und Pflichten aus diesem Vertrag und den gemäß dieses Vertrags abgeschlossenen Einzelverträge ganz oder teilweise auf Dritte zu übertragen. Er ist insbesondere nicht berechtigt, seine Forderungen gegen den Auftraggeber an Dritte abzutreten.

Änderungen dieses Vertrages bedürfen der Schriftform. Auf das Schriftformerfordernis kann nur schriftlich verzichtet werden. Soweit in diesem Vertrag keine abweichenden Regelungen getroffen sind, gelten die allgemeinen gesetzlichen Bestimmungen.

Als Gerichtsstand ist ..... vereinbart.

Ist eine der Bestimmungen des Vertrages nichtig, so bleibt der Vertrag im Übrigen bestehen. Der freie Mitarbeiter und der Auftraggeber verpflichten sich jedoch, unverzüglich die nichtige Bestimmung durch eine ihr wirtschaftlich möglichst nahe kommende, rechtlich zulässige Bestimmung zu ersetzen.

(Ort), den .....   (Ort), den .....

....
Unterschrift Auftraggeber   Unterschrift freier Mitarbeiter

2. Muster Geschäftsführervertrag

Geschäftsführerdienstvertrag   90

zwischen

(genaue Firmenbezeichnung, Adresse und Vertretungsverhältnisse)

– nachfolgend »Gesellschaft« genannt –

und

(Name, Vorname, Adresse und Geburtsdatum)

– nachfolgend »Geschäftsführer« genannt –

Vorbemerkung:

Herr/Frau ist in unserem Unternehmen seit ..... als ..... . tätig.

Er/sie ..... wurde durch Beschluss der Gesellschafterversammlung vom ..... ab ..... zum Geschäftsführer der Gesellschaft bestellt. Dieser Vertrag ersetzt alle bisherigen Arbeitsverträge der Parteien vom ....., ... und ..... . Diese verlieren mit Unterzeichnung des Geschäftsführerdienstvertrages ihre Gültigkeit.[1]

§ 1 Vertretung

1.1. Der Geschäftsführer vertritt die Gesellschaft allein.

Variante:

Der Geschäftsführer vertritt die Gesellschaft zusammen mit einem anderen Geschäftsführer oder einem Prokuristen.

Variante[2]

Der Geschäftsführer vertritt die Gesellschaft allein. Er ist von den Beschränkungen des § 181 BGB befreit.

1.2. Die Gesellschaft kann die Vertretungsbefugnis jederzeit ändern.

§ 2 Geschäftsführung

2.1. Der Geschäftsführer führt die Gesellschaft.

2.2. Die Gesellschaft kann jederzeit weitere Geschäftsführer bestellen. Die Gesellschafterversammlung ist berechtigt, die Zuständigkeiten des Geschäftsführers zu ändern.

2.3. Der Geschäftsführer leitet derzeit den ..... Geschäftsbereich der Gesellschaft nach Maßgabe der Gesetze, dieses Vertrages, des Gesellschaftsvertrages, einer etwaigen Geschäftsordnung für die Geschäftsführung in ihrer jeweils gültigen Fassung sowie den Bestimmungen der Gesellschafter. Die Gesellschaft ist berechtigt, ihm andere Aufgaben zuzuweisen, auch wenn sie mit einem Ortswechsel verbunden sind.

Variante:

Der Geschäftsführer ist für folgende Bereiche zuständig ..... . Die Änderung des Tätigkeitsbereichs und des Arbeitsorts bedarf der Zustimmung des Geschäftsführers.

2.4. Der Geschäftsführer wird auf Verlangen der Gesellschafterversammlung auch in verbundenen Unternehmen als Geschäftsführer tätig sein; eine gesonderte Vergütung erfolgt hierfür nicht. Die Tätigkeit ist mit der Vergütung gemäß § 4 abgegolten.

2.5. Der Geschäftsführer[3] bedarf für alle Geschäfte und Maßnahmen, die über den gewöhnlichen Geschäftsbetrieb der Gesellschaft hinausgehen, der ausdrücklichen vorherigen Zustimmung der Gesellschafter. Hierzu zählen insbesondere:
- Veräußerung und Stilllegung des Betriebs der Gesellschaft oder wesentlicher Teile hiervon;
- Errichtung von Zweigniederlassungen;
- Erwerb oder Veräußerung anderer Unternehmen oder Beteiligungen der Gesellschaft;
- Erwerb, Veräußerung und Belastung von Grundstücken und grundstücksgleichen Rechten sowie die Verpflichtung zur Vornahme derartiger Rechtsgeschäfte;
- Übernahme von Bürgschaften und Garantien sowie Übernahme von Wechselverbindlichkeiten jeder Art;
- Inanspruchnahme oder Gewährung von Krediten oder Sicherheitsleistungen jeglicher Art, die Euro ..... übersteigen oder die nicht geschäftsüblich sind;
- Abschluss, Änderung oder Aufhebung von Verträgen, die die Gesellschaft im Einzelfall mit mehr als Euro ..... belasten;
- Einstellung, Beförderung und Entlassung leitender Angestellter i.S.v. § 5 Abs. 3 und 4 BetrVG und von Verwandten
- Erteilung und Widerruf von Prokuren und Handlungsvollmachten;
- Erteilung von Versorgungszusagen jeder Art.

Die Geschäfte und Maßnahmen, deren Ausführung der vorherigen Zustimmung der Gesellschafter bedürfen, können jederzeit durch Beschluss der Gesellschafterversammlung erweitert oder eingeschränkt werden.

2.6. Der Geschäftsführer hat die Gesellschaft mit der Sorgfalt eines ordentlichen Kaufmanns zu führen. Er haftet gegenüber der Gesellschaft für Vorsatz und Fahrlässigkeit. § 43 Abs. 3 GmbHG bleibt unberührt.

Variante

Er haftet der Gesellschaft gegenüber nur für Vorsatz und grobe Fahrlässigkeit. § 43 Abs. 3 GmbHG bleibt unberührt.

§ 3 Vertragsdauer[4]

3.1. Der Vertrag beginnt am ..... und wird auf ..... Jahr(e) geschlossen. Er verlängert sich jeweils um ..... Jahr(e), wenn er nicht mit einer Frist von ..... Monaten vor Vertragsende gekündigt wird.

Variante:

Der Vertrag wird auf unbestimmte Zeit geschlossen. Er kann von beiden Parteien nur aus wichtigem Grund außerordentlich gekündigt werden.[5]

Variante:[6]

Der Vertrag beginnt am ..... . Er ist unbefristet und kann von beiden Parteien mit einer Frist von ..... zum Monats-/Jahresende gekündigt werden.

3.2. Der Vertrag endet ohne Kündigung am Ende des Monats, in dem der Geschäftsführer die Regelaltersgrenze in der gesetzlichen Rentenversicherung erreicht oder seine volle Erwerbsminderung festgestellt wird.

3.3. Der Vertrag ist jederzeit aus wichtigem Grund fristlos kündbar.[7]

Ein wichtiger Grund liegt für die Gesellschaft insbesondere vor, wenn .....

oder der Geschäftsführer gegen die ihm im Innenverhältnis auferlegten Beschränkungen der Geschäftsführung (insbesondere nach § 2.5.) verstößt. Ein wichtiger Grund für den Geschäftsführer liegt insbesondere vor, wenn die Mehrheit der Geschäftsanteile an Personen außerhalb des bisherigen Gesellschafterkreises veräußert wird.

3.4. Die Bestellung zum Geschäftsführer kann jederzeit durch Beschluss der Gesellschafterversammlung widerrufen werden (Abberufung).

3.5. Jede Kündigung/Abberufung bedarf der Schriftform.

3.6. Eine Kündigung des Geschäftsführers ist gegenüber dem Gesellschafter mit der höchsten Kapitalbeteiligung an der Gesellschaft zu erklären.

Variante:

Die Kündigung des Geschäftsführers ist gegenüber dem weiteren Geschäftsführer zu erklären, soweit ein solcher nicht bestellt ist, gegenüber dem Vorsitzenden der Gesellschafterversammlung.

3.7. Nach Kündigung dieses Vertrages, gleich durch welche Partei, ist die Gesellschaft berechtigt, den Geschäftsführer jederzeit von seiner Verpflichtung zur Dienstleistung für die Gesellschaft gegen Fortzahlung der Vergütung freizustellen.

Es gilt für die Zeit der Freistellung § 615 Satz 2 BGB.

§ 4 Vergütung

4.1. Die Vergütung für die Tätigkeit des Geschäftsführers setzt sich zusammen aus

einem festen Jahresgehalt von Euro ....., zahlbar in monatlichen Teilbeträgen von Euro ..... jeweils am Monatsende;

und

aus einer Tantieme, die sich wie folgt berechnet: ..... .

Die Tantieme wird einen Monat nach Feststellung des Jahresabschlusses durch die Gesellschafterversammlung fällig.

Der Anspruch auf Tantieme besteht nur für die Dauer der Organstellung.

4.2. Eventuelle Mehr-, Sonn- und Feiertagsarbeit ist mit diesen Bezügen abgegolten.

4.3. Die Vergütung ist bei unterjährigem Eintritt oder Ausscheiden zeitanteilig zu zahlen.

§ 5 Fortzahlung der Bezüge

5.1. Wird der Geschäftsführer durch Arbeitsunfähigkeit infolge Krankheit oder einem anderen von ihm nicht zu vertretenden Grund an der Erbringung seiner vertraglichen Leistung verhindert, so werden ihm die Bezüge nach § 4.1..... (z.B. drei/sechs) Monate, längstens aber bis zur Beendigung des Dienstverhältnisses weitergezahlt.

Der Geschäftsführer muss sich auf diese Zahlungen anrechnen lassen, was er von Kassen oder Versicherungen an Krankengeld, Krankentagegeld oder Rente erhält, soweit die Leistungen nicht ausschließlich auf seinen Beiträgen beruhen.

5.2. Der Geschäftsführer tritt bereits jetzt etwaige Ansprüche an die Gesellschaft ab, die ihm gegenüber Dritten wegen der Arbeitsunfähigkeit zustehen. Die Abtretung ist begrenzt auf die Höhe der nach Abs. 1 geleisteten oder zu leistenden Zahlungen.

5.3. Stirbt der Geschäftsführer während der Dauer dieses Vertrages, so haben seine Witwe und seine unterhaltsberechtigten Kinder als Gesamtgläubiger Anspruch auf Fortzahlung des Gehaltes gemäß § 4 Abs. 1 für den Sterbemonat und die drei folgenden Monate. Hinterlässt der Geschäftsführer weder Witwe noch unterhaltsberechtigte Kinder, so besteht kein Anspruch gem. Satz 1.

§ 6 Versicherungen

6.1. Die Gesellschaft schließt für die Dauer dieses Vertrages zu Gunsten des Geschäftsführers eine Unfallversicherung für Berufsunfälle und Unfälle des täglichen Lebens mit Deckungssummen von Euro ..... für den Todesfall und Euro ..... für den Invaliditätsfall ab.

6.2. Die Gesellschaft schließt für den Geschäftsführer eine Vermögensschaden-Haftpflichtversicherung mit einer Deckungssumme von Euro ..... . (i.W.....) je Schadensfall für den Fall ab, dass er wegen einer bei Ausübung seiner Tätigkeit begangenen Pflichtverletzung von einem Dritten oder der Gesellschaft auf Grund gesetzlicher Haftpflichtbestimmungen für einen Vermögensschaden in Anspruch genommen wird.

§ 7 Versorgungszusage[8]

Die Gesellschaft schließt zum Zwecke der Alters-, Erwerbsminderungs- und Hinterbliebenenversorgung auf das Leben des Geschäftsführers eine Lebensversicherung mit einer Versicherungssumme von Euro ..... ab, die mit Vollendung des 65. Lebensjahres, bei Eintritt (evtl.: teilweiser Erwerbsminderung gem. § 43 Abs. 1 SGB VI oder) voller Erwerbsminderung gem. § 43 Abs. 2 SGB VI oder dem Tod des Geschäftsführers zur Zahlung fällig wird.

Die Versicherungsprämien werden für die Dauer dieses Anstellungsvertrages von der Gesellschaft zusätzlich zur Vergütung gemäß § 4 gezahlt. Sie sind steuerpflichtige Vergütung, werden jedoch in der gesetzlich zulässigen Höhe pauschal versteuert.

Unwiderruflich bezugsberechtigt aus der Versicherung sollen im Erlebensfall der Geschäftsführer, im Todesfall die von ihm bestimmten Personen oder bei Fehlen einer solchen Bestimmung seine Erben sein. Das unwiderrufliche Bezugsrecht kann nicht beliehen, abgetreten oder verpfändet werden.

Scheidet der Geschäftsführer vor Erreichen der Regelaltersgrenze in der gesetzlichen Rentenversicherung aus den Diensten der Gesellschaft aus, ohne dass eine teilweise oder volle Erwerbsminderung vorliegt, so wird die Gesellschaft die Versicherung mit allen Rechten und Pflichten auf den Geschäftsführer übertragen, sofern der Geschäftsführer zum Zeitpunkt seines Ausscheidens eine mindestens 5-jährige Dienstzeit bei der Gesellschaft erfüllt hat.

Im Übrigen gelten die Bestimmungen der §§ 1 ff. BetrAVG.

Variante:[9]

Der Geschäftsführer erhält eine Pension und Versorgung nach Maßgabe folgender Regelungen: ..... .

(die Versorgungszusage muss die Bemessungsgrundlage genau angeben).

§ 8 Spesen

8.1. Reisekosten und sonstige Aufwendungen, die dem Geschäftsführer in der Ausübung seiner Aufgaben im Rahmen dieses Vertrages entstehen, werden ihm nach den jeweiligen internen Richtlinien der Gesellschaft erstattet.

Variante:

Reisekosten und sonstige Aufwendungen, die dem Geschäftsführer in der Ausübung seiner Aufgaben im Rahmen dieses Vertrages entstehen, werden ihm gegen Beleg nach den steuerlich zulässigen Höchstsätzen erstattet.

8.2. Soweit sich der Geschäftsführer bei seinen geschäftlichen Reisen öffentlicher Verkehrsmittel bedient, ist er berechtigt, die ..... Klasse zu benutzen.

8.3. Die Gesellschaft trägt die Kosten für ein dienstliches Mobiltelefon mit den dazugehörigen Vertrags-, Geräte- und Gesprächskosten. Der Geschäftsführer darf das Mobiltelefon in angemessenem Umfang auch privat nutzen.

§ 9 Dienstfahrzeug

Die Gesellschaft stellt dem Geschäftsführer für seine Tätigkeit im Rahmen dieses Vertrages einen Pkw gemäß den jeweiligen internen Richtlinien der Gesellschaft zur Verfügung. Der Geschäftsführer darf den Pkw auch privat nutzen. Die Einkommensteuer auf den Geldwertvorteil der Privatnutzung trägt der Geschäftsführer.

Variante:

Es gilt der von den Parteien abgeschlossene Dienstwagenüberlassungsvertrag (III 2 eine Anpassung auf den Geschäftsführer ist erforderlich).

§ 10 Arbeitszeit

Der Geschäftsführer stellt seine gesamte Arbeitskraft uneingeschränkt der Gesellschaft zur Verfügung.

§ 11 Nebentätigkeit

Jede Nebentätigkeit, gleichgültig ob entgeltlich oder unentgeltlich, bedarf der vorherigen Zustimmung der Gesellschafter.

§ 12 Urlaub

12.1. Der Geschäftsführer hat Anspruch auf einen bezahlten Jahresurlaub von 30 Arbeitstagen. Der Urlaub ist unter Berücksichtigung der Belange der Gesellschaft im Einvernehmen mit den anderen Geschäftsführern festzulegen.

12.2. Der Geschäftsführer wird dafür sorgen, dass er auch im Urlaub erreichbar ist.

§ 13 Wettbewerbsverbot

Dem Geschäftsführer ist es untersagt, während der Dauer dieses Vertrages in selbständiger, unselbständiger oder sonstiger Weise für ein Unternehmen tätig zu werden, welches mit der Gesellschaft in direktem oder indirektem Wettbewerb steht oder mit einem Wettbewerbsunternehmen i.S.v. § 15 AktG verbunden ist. In gleicher Weise ist es dem Geschäftsführer untersagt, während der Dauer dieses Vertrages ein solches Unternehmen zu errichten, zu erwerben oder sich hieran unmittelbar oder mittelbar zu beteiligen, es sei denn, der Anteilsbesitz ermöglicht keinen Einfluss auf die Organe des betreffenden Unternehmens. Das Wettbewerbsverbot gilt auch zu Gunsten von mit der Gesellschaft i.S.v. § 15 AktG verbundenen Unternehmen.

§ 14 Nachvertragliches Wettbewerbsverbot[10]

14.1. Der Geschäftsführer verpflichtet sich, für die Dauer von .....[11] Monaten nach Beendigung dieses Vertrages nicht in selbständiger, unselbständiger oder sonstiger Weise für ein Unternehmen tätig zu werden, welches mit der Gesellschaft in direktem oder indirektem Wettbewerb steht oder mit einem Wettbewerbsunternehmen i.S.v. § 15 AktG verbunden ist. In gleicher Weise ist es dem Geschäftsführer untersagt, während dieser Zeit ein solches Unternehmen zu errichten, zu erwerben oder sich hieran unmittelbar oder mittelbar zu beteiligen, es sei denn, der Anteilsbesitz ermöglicht keinen Einfluss auf die Organe des betreffenden Unternehmens. Das Wettbewerbsverbot gilt auch zu Gunsten von mit der Gesellschaft i.S.v. § 15 AktG verbundenen Unternehmen. Das Wettbewerbsverbot erstreckt sich räumlich auf ..... .

14.2. Die Gesellschaft verpflichtet sich, dem Geschäftsführer für die Dauer des Wettbewerbsverbots eine Karenzentschädigung von 50 % der von dem Geschäftsführer im Durchschnitt der letzten zwölf Monate bezogenen Vergütung nach § 4.1 zu zahlen. Die Karenzentschädigung wird fällig am Schluss eines jeden Monats. Auf sie wird alles angerechnet, was der Geschäftsführer durch anderweitige Verwertung seiner Arbeitskraft erwirbt oder zu erwerben böswillig unterlässt, soweit die Karenzentschädigung und die Einkünfte das zuletzt bezogene Monatsgehalt nach § 4.1 übersteigen. Die Entschädigung wird auf laufende Leistungen aus der Versorgungszusage gem. § 7 angerechnet.

14.3. Der Geschäftsführer verpflichtet sich, während der Dauer des Wettbewerbsverbots auf Verlangen Auskunft über die Höhe seiner Bezüge zu geben und die Anschrift seines jeweiligen Dienstgebers/Arbeitgebers mitzuteilen. Am Schluss eines Kalenderjahres ist er verpflichtet, seine etwaige Lohnsteuerkarte vorzulegen.

14.4. Für jeden Fall des schuldhaften Verstoßes gegen das Wettbewerbsverbot zahlt der Geschäftsführer der Gesellschaft eine Vertragsstrafe in Höhe des letzten Monatsgehaltes vor seinem Ausscheiden aus den Diensten der Gesellschaft. Bei einem andauernden Wettbewerbsverstoß wird die Vertragsstrafe für jeden angefangenen Monat neu verwirkt. Ansprüche der Gesellschaft auf Ersatz darüber hinausgehenden Schadens bleiben unberührt.

14.5. Das Wettbewerbsverbot tritt nicht in Kraft, wenn bei seinem Ausscheiden der Geschäftsführer das ..... Lebensjahr vollendet oder das Anstellungsverhältnis weniger als ein Jahr bestanden hat.

14.6. Die Gesellschaft kann jederzeit auf das Wettbewerbsverbot verzichten. In diesem Fall endet die Frist zur Zahlung der Karenzentschädigung mit Ablauf von .....[12] Monaten nach der Verzichtserklärung.

14.7. Im Übrigen gelten die Vorschriften der §§ 74 ff. HGB entsprechend.

§ 15 Geheimhaltung

Der Geschäftsführer verpflichtet sich, über alle ihm während seiner Tätigkeit zur Kenntnis gelangten vertraulichen geschäftlichen Angelegenheiten der Gesellschaft oder deren Geschäftspartner, insbesondere über Geschäfts- und Betriebsgeheimnisse, Entwicklungsarbeiten, Konstruktionen, Planungen und Kundenbeziehungen Stillschweigen zu bewahren und diese Informationen weder für sich noch für Dritte zu verwenden. Solche Angelegenheiten dürfen unbefugten Personen außerhalb und innerhalb des Unternehmens nicht zugänglich gemacht werden. Die Verpflichtung gilt auch nach Beendigung des Dienstverhältnisses.

§ 16 Rückgabe von Unterlagen

Der Geschäftsführer hat bei seinem Ausscheiden alle Unterlagen, Urkunden, Aufzeichnungen, Notizen, Entwürfe oder hiervon gefertigte Durchschriften oder Kopien, gleich auf welchem Datenträger, unaufgefordert an die Gesellschaft zurückzugeben. Dies gilt auch für digital gespeicherte Unterlagen, die nachdem sie der Gesellschaft zur Verfügung gestellt wurden, auf dem privaten Rechner / Laptop / Handy des Geschäftsführers unwiederbringlich zu löschen sind. Ihm steht an diesen Unterlagen kein Zurückbehaltungsrecht gegenüber der Gesellschaft zu.

§ 17 Verfallfristen

Alle beiderseitigen Ansprüche aus dem Dienst- und Organverhältnis verfallen, wenn sie nicht innerhalb von drei Monaten nach Fälligkeit gegenüber der anderen Vertragspartei in Textform geltend gemacht werden.

§ 18 Schlussbestimmungen

Vertragsänderungen bedürfen eines Gesellschafterbeschlusses sowie der Schriftform. Die elektronische Form ist ausgeschlossen. Mündliche Vereinbarungen über die Aufhebung der Schriftform sind nichtig.

§ 19 Salvatorische Klausel

Sollten einzelne Bestimmungen dieses Vertrages ganz oder teilweise unwirksam sein oder werden oder sollte sich in diesem Vertrag eine Lücke befinden, so verpflichten sich die Gesellschaft und der Geschäftsführer unverzüglich die unwirksame Bestimmung durch eine ihr wirtschaftlich möglichst nahe kommende, rechtlich zulässige Bestimmung zu ersetzen.

(Ort), den	(Ort), den .....
.....	.....
Unterschrift Gesellschaft	Unterschrift Geschäftsführer

1. Nach früherer Rechtsprechung ruhte ein zuvor bestandenes Arbeitsverhältnis für die Dauer des Geschäftsführerdienstvertrages nur und lebte inklusive Kündigungsschutz bei Beendigung der Geschäftsführertätigkeit wieder auf, wenn die Parteien nichts Gegenteiliges geregelt hatten. Diese Rechtsprechung hat das BAG zwar mit der Entscheidung vom 19.07.2007, 6 AZR 774/06, NJW 2007, 3228 aufgegeben und vertritt die Auffassung, dass mit dem Abschluss eines schriftlichen Geschäftsführervertrags der Arbeitsvertrag einvernehmlich aufgehoben ist, trotzdem kann nicht schaden, frühere Arbeitsverträge ausdrücklich und schriftlich zu beenden. 91

2. Sollte nur dem Gesellschaftergeschäftsführer vorbehalten bleiben. 92

3. Der Geschäftsführer vertritt die Gesellschaft nach außen und innen. Eine Beschränkung von Kompetenzen im Innenverhältnis ist üblich, in welcher Weise er beschränkt wird, bestimmen die Gesellschafter. Die Regelungen hier sind daher nicht abschließend. 93

4. Der Geschäftsführer hat keinen Kündigungsschutz, er kann sich durch eine lange Laufzeit ohne ordentliche Kündigungsmöglichkeit absichern. 94

5. Eine derartige Vereinbarung bietet für den Geschäftsführer den größtmöglichen Schutz, ist aber für die Gesellschaft sehr nachteilig. Die Gesellschaft benötigt immer einen wichtigen Grund zur Kündigung, während der Geschäftsführer gemäß § 624 BGB nach fünf Jahren mit einer Frist von sechs Monaten kündigen kann. 95

6. Diese Variante bietet den geringsten Schutz für den Geschäftsführer. Da kein Kündigungsschutz besteht, kann der Geschäftsführer gegen eine ordentliche Kündigung nicht vorgehen, wenn alle Formalien eingehalten wurden. 96

7. Eine außerordentliche Kündigung kann nicht ausgeschlossen werden. 97

8. Freiwillige Leistung des Unternehmens. Beim Fremdgeschäftsführer gilt das BetrAVG uneingeschränkt. Die Lebensversicherung wird mit Ende des Vertrages übertragen; es besteht keine Unklarheit über die Höhe der Belastung der Gesellschaft. 98

9. Eine Pensionszusage kann für die Gesellschaft sehr teuer werden. Vor allem kann nicht berechnet werden, wie hoch die Belastung der Gesellschaft sein wird. Es sind Rückstellungen zu bilden. Es sollte daher sehr gut überlegt werden ob und wenn ja in welcher Höhe eine Pensionszusage erteilt wird. 99

10. Aufgrund der hohen finanziellen Belastung sollte ein nachvertragliches Wettbewerbsverbot mit Karenzentschädigung gut überlegt werden, siehe auch E. III.1. Eine Anpassung auf den Geschäftsführer wäre erforderlich. 100

11. Die Bindungsdauer darf 24 Monate nicht überschreiten. 101

12. Bei einem Arbeitnehmer beträgt die Frist ein Jahr, beim Geschäftsführer können wohl sechs Monate vereinbart werden, bzw. die Dauer der Kündigungsfrist. 102

V. Anträge des Arbeitgebers an Behörden

1. Antrag des Arbeitgebers beim Integrationsamt

a) Muster Antrag an das Integrationsamt auf Zustimmung zur Kündigung eines schwerbehinderten/gleichgestellten Menschen[9]

103 An das Integrationsamt

Betrifft: Antrag auf Ausspruch einer fristlosen Kündigung[1] des Arbeitsverhältnisses der Schwerbehinderten .....

Sehr geehrte Damen und Herren,

unter Vorlage einer Vollmacht zeigen wir die anwaltliche Vertretung der Firma ..... an und beantragen die Zustimmung zur fristlosen Kündigung der Arbeitnehmerin ....., geboren am ..... Frau ..... ist verheiratet und hat ein minderjähriges unterhaltsberechtigtes Kind. Frau ..... ist seit ..... bei unserer Mandantschaft als Bürokraft beschäftigt.

Vor ca. einem Jahr hat Frau ..... mitgeteilt, dass sie schwerbehindert ist mit 50 % MdE. Sie hat uns den Schwerbehindertenausweis vorgelegt.

Beabsichtigt ist eine Verdachtskündigung[2]

Vor einer Woche, am 08.09 ....., wurde sie bei einer routinemäßigen Taschenkontrolle, die mit dem Betriebsrat abgestimmt war, beim Verlassen des Büros aufgefordert, ihre Tasche zu öffnen. Darin fand sich ein Laptop unserer Mandantschaft im Wert von 1000,– Euro.

Frau ..... hat in der Anhörung vom ..... angegeben, sie habe den Laptop mitgenommen, weil sie zu Hause noch einige Büroarbeiten erledigen wollte. Diese Einlassung ist jedoch nicht glaubhaft. Kein Büroangestellter arbeitet zu Hause, denn eine sinnvolle Arbeit ist nur an dem EDV-System unserer Mandantschaft möglich. Außerdem hat Frau ..... keine Arbeitsrückstände, so dass der begründete Verdacht besteht, dass Frau ..... den Laptop entwenden wollte.

Der Betriebsrat ist am ..... gemäß § 102 BetrVG zur außerordentlichen Kündigung von Frau ..... angehört worden. Er hat der beabsichtigten Kündigung nicht zugestimmt, weil er der Auffassung ist, dass die Verdachtsmomente für eine Verdachtskündigung nicht ausreichen würden. Die Stellungnahme des Betriebsrats fügen wir in Kopie bei.

Wir bitten um Zustimmung zu einer fristlosen Kündigung.

Unsere Mandantschaft beschäftigt insgesamt 500 Arbeitnehmer und Arbeitnehmerinnen, davon sind 10 als schwerbehindert anerkannt.

Die Stellungnahme der Schwerbehindertenvertretung ist als Anlage beigefügt.

.....

(Unterschrift)

104 1. Es muss ein wichtiger Kündigungsgrund vorliegen. Der Antrag beim muss spätestens zwei Wochen nachdem der Kündigungsberechtigte Kenntnis vom Kündigungsgrund erlangt hat, beim Integrationsamt eingehen.

105 2. Vor Ausspruch einer Verdachtskündigung ist der Arbeitnehmer zu den konkreten Verdachtsmomenten anzuhören.

106 3. Anhörungspflicht einer etwaigen Schwerbehindertenvertretung; § 95 II 3 SGB IX.

---

[9] Kündigungsvoraussetzung bei einem schwerbehinderten Menschen, der länger als sechs Monate beim Arbeitgeber beschäftigt ist, ist die vorherige Zustimmung des Integrationsamtes. Antragsvordrucke können in der Regel von der Internetseite der Behörde heruntergeladen werden.

b) Muster Widerspruch gegen die Ablehnung des Integrationsamtes

An das Integrationsamt

– Widerspruchsstelle –

In Sachen

..... / ..... (Az.....)

legen wir gegen den Bescheid des Integrationsamtes vom .....

Widerspruch

ein. Die Entscheidung ist uns am ..... zugestellt worden. Eine Kopie der Entscheidung ist beigefügt.

Begründung:

Das Integrationsamt hat den Antrag auf Zustimmung zur fristlosen Kündigung abgelehnt, obwohl der Kündigungsgrund nicht im Zusammenhang mit der Schwerbehinderung steht. Die Prüfung, ob die Kündigungsgründe für eine außerordentliche Kündigung ausreichen, müssen aber dem Arbeitsgericht vorbehalten sein (§ 91 Abs. 4 SGB IX).[1] Das Integrationsamt hat den Sachverhalt nicht zutreffend gewürdigt. Folgende Aspekte sind noch zu berücksichtigen ..... .

.....

(Unterschrift)

1. Die Behörde soll zustimmen, wenn der Kündigungsgrund nichts mit der Schwerbehinderung zu tun hat. Bei offensichtlicher Unwirksamkeit wird die Behörde hiervon abweichen und die Zustimmung verweigern.

2. Muster Antrag auf Zustimmung zur Kündigung während der Elternzeit[10]

An das Landesamt für Arbeitsschutz und technische Sicherheit

(bzw. an das Gewerbeaufsichtsamt, je nachdem, wo die Behörde angesiedelt ist)

Betrifft: Antrag auf Zustimmung zur ordentlichen Kündigung der ..... (Name, Vorname, Geburtsdatum, Familienstand, Anschrift)

Sehr geehrte Damen und Herren,

wir beabsichtigen, Frau ..... ordentlich zu kündigen. Wir bitten Sie um Ihre Zustimmung gem. § 18 Abs. 1 Satz 2 und 3 BEEG[1] und begründen dies wie folgt:

Frau ..... ist bei uns als ..... seit ..... beschäftigt. Sie verdient zurzeit Euro ..... brutto/monatlich. Das Arbeitsverhältnis soll aus dringenden betrieblichen Gründen zum ..... gekündigt werden.

Frau ..... ist seit dem ..... und noch bis zum ..... in Elternzeit.

Am ..... wurde die unternehmerische Entscheidung getroffen, den einzigen Betrieb in ..... stillzulegen. Alle Arbeitnehmer werden spätestens zu diesem Zeitpunkt entlassen. Eine Weiterbeschäftigungsmöglichkeit besteht nicht.

Gemäß § 2 Abs. 1 Nr. 1 der Allgemeinen Verwaltungsvorschrift zum Kündigungsschutz bei Elternzeit liegt ein »besonderer Fall« i.S.v. § 18 Abs. 1 Satz 2 BEEG vor. Wir bitten daher, der beabsichtigten Kündigung zuzustimmen.

Mit freundlichen Grüßen

---

10 Kann auch beim Antrag auf Zustimmung zur Kündigung während der Schwangerschaft bzw. Mutterschutzes nach den dortigen Bestimmungen ähnlich gestellt werden.

110 1. Nicht nur die außerordentliche Kündigung kann Gegenstand eines Zustimmungsverfahrens sein. Liegen dringende betriebliche Kündigungsgründe vor und kommt aus keinem Gesichtspunkt eine Weiterbeschäftigung in Frage, wird die Zustimmung erteilt. Diese Verfahren dauern manchmal längere Zeit.

3. Anzeigepflichtige Massenentlassung

a) Vorbemerkung

111 Die Voraussetzungen sind in § 17 KSchG geregelt. Liegen sie vor, ist **Wirksamkeitsvoraussetzung** für betriebsbedingte Kündigungen, dass zuvor eine Massenentlassungsanzeige bei der Bundesagentur für Arbeit erstattet wird. Es müssen alle Unterlagen eingereicht worden, und das Konsultationsverfahren mit dem Betriebsrat abgeschlossen sein.

Entsprechende Formulare sind abrufbar unter www.arbeitsagentur.de

b) Muster Unterrichtung des Betriebsrats bei einer anzeigepflichtigen Massenentlassung nach § 17 KSchG

112 Sehr geehrte/r .....,

wir hatten Ihnen bereits mitgeteilt, dass es finanziell um die Firma ..... ausgesprochen schlecht steht. Um eine Insolvenz zu vermeiden, haben wir die unternehmerische Entscheidung (anbei) getroffen, die Betriebsabteilungen Maler, Putz/Trockenbau der Abteilung »Ausbau« stillzulegen.

Wenn wir eine derartige Maßnahme nicht treffen würden, wäre der Bestand aller Arbeitsverhältnisse in Gefahr.

Wir beabsichtigen ..... Arbeitnehmer zu kündigen und zwar in folgenden Berufsgruppen:

..... Maler

..... Verputzer/Trockenbauer

..... Bauleiter

..... Verwaltungsangestellte

In der Regel sind bei uns insgesamt ..... Arbeitnehmer und ..... Auszubildende beschäftigt in folgenden Berufsgruppen, und zwar wie folgt:

..... Arbeitnehmer als Maler

..... Arbeitnehmer als Verputzer, davon 1 auch Trockenbauer

..... Arbeitnehmer als Gerüstbauer

..... Bauleiter

..... Gärtner

..... Verwaltungsangestellte

..... Auszubildende Maler

..... Arbeitnehmer im Bereich Denkmal (ohne Bauleiter)

Die Auszubildenden sollen ihre Ausbildung bei uns beenden.

Die Entlassungen der Arbeitnehmer sollen in der Zeit vom ..... bis ..... vorgenommen werden.

Die vorgesehenen Kriterien für die Auswahl der zu entlassenden Arbeitnehmer ergeben sich aus Folgendem:

Die gewerblichen Arbeitnehmer der Gruppen Maler, Putz/Trockenbau sind mit den gewerblichen Arbeitnehmern der Abteilung Gerüstbau und der Gruppe Denkmalpflege nicht vergleichbar. Dies betrifft auch die Bauleiter. Bei den Verwaltungsangestellten verdrängt der/die Betriebsrat/Betriebsrätin ..... .

Auf ein Sekretariat wird in Zukunft verzichtet.

Der Arbeitsplatz als Controller entfällt ersatzlos; eine Vergleichbarkeit des Mitarbeiters mit anderen Verwaltungsangestellten ist nicht gegeben.

Die für die Berechnung etwaiger Abfindungen vorgesehenen Kriterien sind die Betriebszugehörigkeit, das Lebensalter, die Unterhaltspflichten sowie eine etwaige Schwerbehinderung.

Wir bitten um entsprechende Stellungnahme.

Mit freundlichen Grüßen

.....

Unterschrift

VI. Vorbereitung einer Kündigung

1. Anwendbarkeit des Kündigungsschutzgesetzes

Der Arbeitgeber beschäftigt **mehr als 10 Arbeitnehmer ohne die Azubis (seit 01.01.2004, vorher mehr als 5 Arbeitnehmer).**

▶ **Beispiel:**

Am 31.12.2003 waren die Arbeitnehmer A, B, C, D, E, F in Vollzeit tätig. 20017 sind A, B, C, D, E, F, G, H in Vollzeit tätig. Die Arbeitnehmer A – F haben Kündigungsschutz, die Arbeitnehmer G + H nicht. Scheidet einer der Arbeitnehmer A – F aus, fällt keiner der Arbeitnehmer mehr unter das KSchG.

Die Arbeitnehmer müssen nach *§ 23 KSchG*, im Betrieb des Arbeitgebers **regelmäßig** beschäftigt sein. **Teilzeitkräfte** werden wie folgt gezählt:

1 bis einschließlich **20** Wochenstunden als **0,5** Arbeitnehmer,

21 bis einschließlich **30** Wochenstunden als **0,75** Arbeitnehmer und

ab **31** Wochenstunden **1,0** Arbeitnehmer (hinter der Zahl mehr als 10 Arbeitnehmer können sich daher 21 Arbeitnehmer befinden, nämlich 21 AN zu je 0,5 AN = 10,5 AN).

Befristet beschäftigte Arbeitnehmer werden mitgezählt, wenn es sich nicht nur um eine vorübergehende Beschäftigung handelt. Zu den Arbeitnehmern zählen auch die **leitenden Angestellten**.

Weitere Voraussetzung:

Die Beschäftigungsdauer des Arbeitnehmers beträgt **mindestens 6 Monate und einen Tag** bei Zugang der Kündigung.

Das Arbeitsverhältnis des Arbeitnehmers in dem selben Betrieb oder Unternehmen muss **bei Zugang der Kündigung** daher ohne Unterbrechung **länger als sechs Monate** bestanden haben, § 1 KSchG.

2. Anforderungen an eine Kündigung

a) Bei einer betriebsbedingten Kündigung

aa) Betrieblich veranlasste Gründe

114 Sie sind verursacht durch außer- oder innerbetriebliche Umstände. Zum Beispiel Auftragsmangel, Umsatzrückgang, Rationalisierungsmaßnahmen.

– Unternehmerische Entscheidung – ganz wichtig (sollte der Arbeitgeber vor Ausspruch einer betriebsbedingten Kündigung immer treffen).

Der Arbeitgeber ist gezwungen, eine unternehmerische Entscheidung zu fällen, um dem veränderten Arbeitsbedarf Rechnung zu tragen. Diese Entscheidung ist in der Regel nicht justiziabel. Sie ist nur darauf zu überprüfen, ob sie allenfalls offenbar unsachlich, unvernünftig oder willkürlich ist (z.B. Arbeitgeber meldet den LKW, den der Arbeitnehmer fährt ab und kündigt. Nach der Kündigung meldet er ihn wieder an und stellt jemand anderes ein).

Die Kündigung des Arbeitnehmers selbst ist in diesem Zusammenhang nicht die unternehmerische Entscheidung, die der gerichtlichen Überprüfung entzogen ist. Vielmehr versteht man unter der unternehmerischen Entscheidung die Maßnahme des Arbeitgebers, mit der er die Struktur seines Betriebes, den Betriebsablauf oder das Produktionsziel verändert. Dies könnte die Einschränkung der Produktion, die Stilllegung eines Teils oder des gesamten Betriebes sein.

Durch die unternehmerische Entscheidung muss der Arbeitsplatz oder die Arbeitsplätze wegfallen. Die Entlassung der betroffenen Arbeitnehmer muss aber aus dringenden betrieblichen Bedürfnissen notwendig sein. Das bedeutet, dass die Kündigungen unvermeidbar sein müssen. Für die betroffenen Arbeitnehmer dürfen im Betrieb auch keine anderen freien, gleichwertigen Arbeitsplätze vorhanden sein, wo man sie hin versetzen könnte. Es darf auch kein geringwertiger Arbeitsplatz frei sein. Wäre dies der Fall müsste eine Änderungskündigung ausgesprochen werden.

bb) Soziale Auswahl

115 Der Arbeitgeber muss zusätzlich eine Sozialauswahl einhalten. Denn eine betriebsbedingte Kündigung ist trotz Vorliegen von dringenden betrieblichen Erfordernissen unwirksam, wenn der Arbeitgeber bei der Auswahl der zu kündigenden Arbeitnehmer soziale Gesichtspunkte nicht oder nicht ausreichend berücksichtigt hat, d.h. er muss dem Arbeitnehmer zuerst kündigen, der am wenigsten schutzwürdig ist. Bei den Sozialdaten zu berücksichtigen sind:

1) Betriebszugehörigkeit
2) Lebensalter
3) Unterhaltspflichten
4) Schwerbehinderung

vergleichbare Arbeitnehmer: Schlosser werden mit Schlossern und Hilfskräfte mit Hilfskräften verglichen

b) Bei einer personenbedingten Kündigung

aa) Krankheit

116 Personenbedingte Gründe sind regelmäßig solche, die auf den persönlichen Eigenschaften und Fähigkeiten des Arbeitnehmers beruhen. Hierzu zählen insbesondere die Kündigungen aus Anlass von Erkrankungen des Arbeitnehmers. Dabei muss unterschieden werden, ob wegen häufiger Kurzerkrankungen oder einer lang anhaltenden Krankheit gekündigt werden soll.

Häufige Kurzerkrankungen

Nach der Rechtsprechung des BAG erfolgt die Prüfung der Sozialwidrigkeit in drei Stufen:

1) Es muss eine sog. **negative Zukunftsprognose** gegeben sein, d.h. es muss auch in Zukunft mit häufigen Fehlzeiten zu rechnen sein.
2) Die prognostizierten Fehlzeiten müssen zu einer **erheblichen Beeinträchtigung der betrieblichen Interessen** führen. Dazu gehören u.a. auch erhebliche Lohnfortzahlungskosten. Die Beeinträchtigungen müssen im Prozess konkret dargelegt werden.
3) Es muss eine **Interessensabwägung** vorgenommen werden, ob die Beeinträchtigungen aufgrund der Besonderheit des Einzelfalls noch vom Arbeitgeber hinzunehmen sind (evtl. muss der Arbeitgeber noch Überbrückungsmaßnahmen durchführen).

Langanhaltende Erkrankung

Es muss eine lang anhaltende Krankheit in der Vergangenheit vorliegen, und es muss ungewiss sein, wann der Arbeitnehmer wieder arbeitsfähig ist (d.h. die Wiederherstellung muss objektiv nicht absehbar sein).

Was unter lang anhaltend zu verstehen ist, ergibt sich aus der bisherigen Dauer des Arbeitsverhältnisses. Je länger ein Arbeitsverhältnis schon gedauert hat, je länger darf der Arbeitnehmer krank sein.

Es muss zum Zeitpunkt des Zugangs der Kündigung ungewiss sein, wann der Arbeitnehmer wieder gesund sein wird (nach Meinung des BAG darf in den **nächsten 24 Monaten** nicht wieder mit der Genesung gerechnet werden).

Bei derart langen Erkrankungen brauchen Betriebsstörungen nicht extra dargestellt zu werden.

Der Arbeitgeber muss aber prüfen, ob er einen leidensgerechten Arbeitsplatz schaffen kann.

Sowohl bei einer Kündigung wegen häufiger Kurzerkrankungen als auch wegen einer langanhaltenden Erkrankung ist dem Arbeitgeber dringend anzuraten, vor Ausspruch der Kündigung gemäß § 84 II SGB IX (gilt auch für nicht schwerbehinderte Menschen) ein betriebliches Eingliederungsmanagement durchzuführen. Fehlt es hieran, verschlechtern sich die Prozesschancen für den Arbeitgeber erheblich.

bb) Mangelnde Leistungsfähigkeit

Kann ebenfalls ein personenbedingter Grund sein. Eine solche Kündigung ist nur sehr schwer zu begründen. Fortgeschrittenes Alter und dadurch bedingte Abnahme der Leistungsfähigkeit wird nur in großen Ausnahmefällen eine Kündigung rechtfertigen (Ultima-Ratio-Prinzip).

c) bei einer verhaltensbedingten Kündigung

aa) Verschuldete Gründe

Verhaltensbedingte Kündigungsgründe sind solche, die vom Arbeitnehmer zu vertreten sind.

Häufig beruhen sie auf Vertragsverletzungen, dienstlichem oder außerdienstlichem Verhalten, etc.

bb) Vorherige Abmahnung

Schlechtleistung oder häufiges Zuspätkommen rechtfertigen aber erst dann eine Kündigung, wenn der Arbeitnehmer zunächst auf sein Fehlverhalten vom Arbeitgeber hingewiesen wurde und für den Wiederholungsfall mit der Kündigung gedroht wurde (Abmahnung).

122 Inhalt der Abmahnung

Eine Abmahnung braucht weder als solche bezeichnet werden, noch bedarf sie irgendeiner Formvorschrift. Ein Betriebsrat ist bei Erteilung der Abmahnung nicht zu beteiligen. Für den Arbeitnehmer muss lediglich erkennbar sein, dass sein bestimmtes Fehlverhalten vom Arbeitgeber nicht (mehr) hingenommen wird und Gefahr für den Bestand des Arbeitsverhältnisses droht. Obwohl das Wort Kündigung nicht ausdrücklich gewählt werden muss ist zu empfehlen, konkret mit der Kündigung zu drohen.

Der Zeitpunkt des Verstoßes muss so genau wie möglich angegeben werden, also mit Datum und Uhrzeit. Wenn es möglich ist, sollte auch noch der Ort genannt werden. Die Sachverhaltsschilderung muss präzise sein. Wenn es auf wörtliche Aussagen ankommt, sollten diese soweit wie möglich zitiert werden. Zu empfehlen ist auch die Nennung von Zeugen.

Die Abmahnung hat Warnfunktion. Der Arbeitgeber muss deutlich machen, dass er einen derartigen Pflichtverstoß in Zukunft nicht hinnehmen wird. Für ähnliche wiederholte Pflichtverletzungen sollte die Kündigung angedroht werden.

Der Arbeitnehmer ist nicht verpflichtet, gegen eine Abmahnung gerichtlich vorzugehen. Er kann auch noch nach Ausspruch der Kündigung die zuvor erklärte Abmahnung im Kündigungsprozess angehen.

Wenn der Arbeitgeber ein Fehlverhalten des Arbeitnehmers »nur« abmahnt, dann kann er wegen des abgemahnten Verstoßes nicht mehr kündigen.

123 Beweisbarkeit

Obwohl auch eine **mündliche** Abmahnung rechtswirksam ist, sollte sie auf jeden Fall zu Beweiszwecken in Schriftform erfolgen. Für jeden Pflichtverstoß sollte eine gesonderte Abmahnung ausgestellt werden, also nicht mehrere Sachverhalte in ein Schreiben aufnehmen. Stellt sich nämlich später heraus, dass eine der Abmahnungen unzutreffend war, dann wären sämtliche Abmahnungen unwirksam.

Es können auch mehrere Abmahnungen am selben Tag ausgesprochen werden.

124 Verwirkung einer Abmahnung

Liegen viele Abmahnungen wegen derselben Pflichtverletzungsart vor, und wurde nicht mit einer Kündigung reagiert, ist die Warnfunktion dieser Abmahnungen geschwächt. Deswegen sollte bei einer erneuten Abmahnung wegen eines gleichgelagerten Verstoßes deutlich gemacht werden, dass es sich hierbei um die letzte Abmahnung wegen dieser Pflichtverletzungsart handelt und eine Kündigung zwingend im Wiederholungsfall ausgesprochen wird.

125 zeitlicher Bestand einer Abmahnung

Eine Abmahnung hat nicht auf Dauer Bestand. Der Arbeitnehmer hat einen einklagbaren Anspruch auf Entfernung der Abmahnung aus der Personalakte, wenn er sich einen längeren Zeitraum einwandfrei verhalten hat. Es lässt sich – und sei es auch nur für den Regelfall – keine bestimmte Frist aufstellen. Vielmehr kann der Zeitraum bis zur Entfernung aus der Personalakte nur aufgrund aller Umstände des Einzelfalles beurteilt werden. Maßgeblich hierfür sind die Art der Verfehlung des Arbeitnehmers und des Verhaltens des Arbeitgebers im Anschluss an die Abmahnung. Insbesondere kann es nach einer längeren Zeit einwandfreier Führung des Arbeitnehmers dem Arbeitgeber verwehrt sein, sich auf früher abgemahnte Pflichtverstöße des Arbeitnehmers zu berufen.

Als allgemeine Faustregel für eine Frist kann ein Zeitraum von ca. 2 Jahren dienen.

cc) Muster Abmahnung wegen Zuspätkommens

Sie sind am ..... erst um 7.30 Uhr zur Arbeit erschienen, obwohl Arbeitsbeginn 7.00 Uhr ist. Wir fordern Sie auf, in Zukunft pünktlich um 7.00 Uhr zur Arbeit zu erscheinen.

Sollten Sie noch mal zu spät kommen, behalten wir uns die Kündigung des Arbeitsverhältnisses vor.

Eine Ausfertigung dieser Abmahnung wird zu Ihrer Personalakte genommen.

....., den .....

.....

Unterschrift Arbeitgeber (Name, Funktion)

Empfangsbestätigung:

Hiermit bestätige ich den Erhalt der Abmahnung am .....

.....

Unterschrift Arbeitnehmer

126

dd) Muster allerletzte Abmahnung

Sehr geehrte(r) Frau/Herr .....,

am ..... hatten Sie sich arbeitsunfähig krank gemeldet. Sie wären verpflichtet gewesen, Ihre Arbeitsunfähigkeitsbescheinigung am ..... vorzulegen. Dieser Verpflichtung sind Sie nicht nachgekommen, denn Sie haben die Arbeitsunfähigkeitsbescheinigung erst am ..... vorgelegt.

Seit dem ..... haben Sie ..... ähnliche Abmahnungen erhalten.

Wir weisen ausdrücklich darauf hin, dass wir bei einer weiteren Pflichtverletzung, wie bereits abgemahnt, keine weitere Abmahnung mehr aussprechen werden. Wir werden in diesem Fall das Arbeitsverhältnis definitiv, ggf. fristlos, kündigen.

127

d) Anhörung des Betriebsrats vor Ausspruch einer Kündigung

aa) Vorbemerkung

Nach § 102 BetrVG ist der Betriebsrat ausnahmslos vor jeder Kündigung anzuhören. Eine Kündigung ohne vorherige Anhörung des Betriebsrats ist unwirksam. Gleiches gilt nach der Rspr. des BAG, wenn der Betriebsrat nicht ordnungsgemäß angehört wurde.

128

Spezielle Formvorschriften bestehen nicht, d.h., die Unterrichtung kann schriftlich oder mündlich erfolgen.

Das Verfahren sieht vor, dass dem Betriebsrat (z. Hd. der/des dem Vorsitzenden) vom Arbeitgeber die zur Kündigung führenden Gründe so ausführlich mitgeteilt werden müssen, dass sich der Betriebsrat ohne weitere Nachforschungen ein abschließendes Bild machen kann. Pauschale, schlagwortartige oder stichwortartige Bezeichnungen der Kündigungsgründe reichen nicht aus.

Dies gilt auch bei Kündigungen in den ersten sechs Monaten, wenn der Arbeitnehmer noch keinen Kündigungsschutz hat. Hier genügt es, wenn der Arbeitgeber die für ihn maßgebenden Kündigungsgründe pauschal umschreibt, wenn konkrete Tatsachen für die subjektive Motivation, zu kündigen, nicht vorliegen.

Der Betriebsrat soll, muss den betreffenden Arbeitnehmer aber nicht anhören.

Der Betriebsrat hat bei der ordentlichen Kündigung eine Überlegungsfrist von einer Woche. Bei einer außerordentlichen Kündigung beträgt die Frist drei Tage.

Unternimmt der Betriebsrat in dieser Frist nichts, so wird seine Zustimmung fingiert (Ausnahme: Kündigungen nach § 15 KSchG. Hier muss der Betriebsrat ausdrücklich zustimmen. Schweigen gilt hier als Zustimmungsverweigerung).

Ansonsten kann sich der Betriebsrat wie folgt äußern:

– Er kann ausdrücklich zustimmen.
– Er kann Bedenken äußern.
– Er kann der Kündigung ausdrücklich widersprechen.

Der Widerspruch ist aber nur dann beachtlich, wenn der Betriebsrat § 102 III BetrVG einhält und seine Widerspruchsgründe **schriftlich** mitteilt. Dem Arbeitgeber bleibt es unbenommen, die Kündigung zu erklären. Er muss dem Arbeitnehmer mit dem Kündigungsschreiben den Widerspruch des Betriebsrats aushändigen. Bei einem formgerechten Widerspruch kann der betreffende Arbeitnehmer, der Kündigungsschutzklage erhoben hat, innerhalb der Kündigungsfrist verlangen, dass er **über die Kündigungsfrist hinaus** bis zum rechtskräftigen Abschluss des Kündigungsschutzprozesses weiterbeschäftigt werden muss, § 102 V BetrVG.

Das Kündigungsschreiben darf erst dann den Machtbereich des Arbeitgebers verlassen, wenn die Wochen- oder Drei-Tagefrist abgelaufen ist oder eine abschließende Erklärung des Betriebsrats vorliegt. Hat der Arbeitgeber die Kündigung vor Ablauf der vorstehenden Fristen bzw. der abschließenden Erklärung des Betriebsrats abgeschickt, so ist dieser Mangel auch nicht durch eine nachträgliche Zustimmung des Betriebsrats heilbar.

Wenn die Anhörung des Betriebsrats **gänzlich unterblieben** ist oder **nicht ordnungsgemäß** durchgeführt wurde, so ist die Kündigung nach § **102 Abs. 1 S. 3 BetrVG** unwirksam.

Davon muss aber unterschieden werden hinsichtlich solcher Mängel, die in den **Zuständigkeitsbereich** des Betriebsrats fallen. Sie berühren die Wirksamkeit der Kündigung nicht, selbst wenn der Arbeitgeber bei Ausspruch der Kündigung hierüber Kenntnis hatte.

bb) Muster Beispiel für eine Betriebsratsanhörung gemäß § 102 BetrVG

129 An den Betriebsrat

z. Hd. Frau Betriebsratsvorsitzende .....

Die Unternehmensleitung beabsichtigt, die/den Arbeitnehmerin/Arbeitnehmer

Name, Vorname:

Personalnummer: geb. am: ..... wohnhaft in;

Familienstand: Steuerklasse: Schwerbehinderung: ja/nein

Beschäftigt seit: Unterhaltspflichtige Personen lt. Steuerkarte:

nach Abschluss des Anhörungsverfahrens, unter Einhaltung der für ihn/sie gültigen Kündigungsfrist von

..... Monaten zum Monatsende ordentlich zum ..... zu kündigen.

Begründung:

Die Geschäftsleitung hat am ..... beschlossen, die

Betriebsabteilungen Maler, Putz/Trockenbau stillzulegen.

Die Einzelheiten entnehmen Sie der beigefügten unternehmerischen Entscheidung der Firma vom ....., die wir ausdrücklich zum Gegenstand dieser Betriebsratsanhörung machen.

Es entfallen daher sämtliche Arbeitsplätze im Bereich Maler, Putz/Trockenbau. Hiervon ist auch der/die oben genannte Arbeitnehmer/in betroffen, da er/sie als Maler-/in in der Betriebsabteilung Maler, Putz/Trockenbau tätig ist.

Einen anderweitigen freien Arbeitsplatz haben wir nicht, so dass eine Weiterbeschäftigung nicht möglich ist.

Wir haben eine betriebsbezogene Sozialauswahl durchgeführt.

Es wurde allen vergleichbaren Mitarbeitern-/innen, aufgrund der oben genannten unternehmerischen Entscheidung, gekündigt. Eine Vergleichbarkeit des/der Arbeitnehmers/in mit den Arbeitnehmern/-innen der verbleibenden Betriebsabteilungen Gerüstbau, Denkmal und Verwaltung ist nicht gegeben. Es werden daher alle Maler, mit Ausnahme der Kirchenmaler und Stuckateure entlassen.

Der Bereich Kirchenmalerei wird zwar nicht aufgegeben, unsere zwei Kirchenmaler, die gleichzeitig Stuckateure sind, haben eine spezielle Zusatzausbildung, die zwei Jahre dauert, so dass es nicht möglich ist, sich diese Kenntnisse innerhalb angemessener Zeit zu erwerben. Sie verfügen über spezielle Kenntnisse, die in diesem Bereich unverzichtbar sind und über die die von der Kündigung betroffenen Arbeitnehmer/innen nicht verfügen.

Der/Die Mitarbeiter/-in ist zudem auf der im Interessenausgleich vereinbarten Namensliste[1] aufgeführt.

Als Anlage übersenden wir die Listen der Namen und Sozialdaten aller Arbeitnehmer/-innen und nehmen Bezug auf den mit Ihnen abgeschlossenen Interessenausgleich, der Ihnen vorliegt.

Wir bitten Sie, eine Stellungnahme zur beabsichtigten ordentlichen betriebsbedingten Kündigung abzugeben.

(Ort), den .....

.....

Unterschrift Arbeitgeber

1. Sollte ein Betriebsrat vorhanden sein und liegt eine Betriebsänderung vor (§ 111 BetrVG), ist mit dem Betriebsrat der Abschluss eines Interessenausgleichs zu versuchen. Vereinbaren die Betriebsparteien hierbei eine Namensliste, wird vermutet, dass dringende betriebsbedingte Gründe für die Kündigung gegeben sind. Die soziale Auswahl kann in diesem Fall nur auf grobe Fehlerhaftigkeit überprüft werden.

cc) Muster Stellungnahme des Betriebsrats

Der Betriebsrat hat das Anhörungsschreiben am ..... erhalten und zur Kenntnis genommen.

Das Anhörungsverfahren gemäß § 102 BetrVG wird für abgeschlossen erklärt.

☐ Der Betriebsrat stimmt der beabsichtigten Kündigung zu.

☐ Der Betriebsrat erhebt gegen die beabsichtigte Kündigung Widerspruch.

Die Gründe sind auf einem Beiblatt aufgeführt.

☐ Der Betriebsrat wird keine weiteren Erklärungen hierzu abgeben.

.....

Ort, Datum

.....

Unterschrift Betriebsratsvorsitzende/r

VII. Kündigungen

1. Muster Fristgerechte ordentliche Kündigung[11]

132 Frau/Herrn .....

Kündigung[1]

Hiermit kündigen wird das Arbeitsverhältnis unter Einhaltung der tariflichen (oder vertraglichen oder gesetzlichen) Kündigungsfrist fristgerecht zum ..... bzw. zum nächstmöglichen Termin.[2]

Freistellung

Sie werden hiermit von der Erbringung der Arbeitsleistung bis zum Ablauf der Kündigungsfrist unwiderruflich freigestellt.[3]

Wir gewähren in dieser Zeit zunächst den Ihnen zustehenden Urlaub von ..... bis zum ....., danach erfolgt Überstundenausgleich. Wir behalten uns vor, anderweitigen Verdienst anzurechnen.

Sie sind verpflichtet sich unverzüglich nach Erhalt dieser Kündigung, bzw. spätestens drei Monate vor Beendigung des Arbeitsverhältnisses bei der Bundesagentur für Arbeit persönlich als arbeitssuchend zu melden. Unabhängig davon sind Sie verpflichtet, selbst nach einer neuen Arbeitsstelle zu suchen.[4]

.....

Unterschrift Arbeitgeber

Muster Empfangsbestätigung:[5]

Hiermit bestätige ich den Erhalt der Kündigung am ..... .[6]

.....

Unterschrift Arbeitnehmer

133 1. Die Kündigung muss vom Kündigungsberechtigten unterschrieben sein. Der Arbeitnehmer muss auch beweisbar wissen, dass der Unterzeichner zur Kündigung berechtigt ist oder es muss eine Originalvollmacht beigefügt werden, die die Kündigungsberechtigung ausweist. Andernfalls droht eine Zurückweisung mit der Folge, dass die Kündigung unwirksam ist und wiederholt werden muss, was zu Zeitverzögerungen oder Schlimmerem führt. Bei einer Kündigung durch den Geschäftsführer ist zu prüfen, ob dieser alleinvertretungsberechtigt ist. Ist dies nicht der Fall, müssen die unterzeichnen, die zusammen vertretungsbefugt sind. Bei einer Gesellschaft bürgerlichen Rechtes sollten alle Gesellschafter die Kündigung unterschreiben, damit die Kündigung wirksam ist. Im Arbeitsvertrag kann aber geregelt werden, dass jeder Gesellschafter allein zur Kündigung berechtigt ist.

134 2. Die Kündigungsfrist ist nach den tariflichen Regelungen zu berechnen, wenn ein Tarifvertrag auf das Arbeitsverhältnis Anwendung findet, andernfalls nach den gesetzlichen Normen im BGB oder nach der im Arbeitsvertrag vereinbarten Frist. Ein Fehler in der Fristberechnung führt nicht zur Unwirksamkeit der Kündigung, sondern zu dem Beendigungstermin, der richtigerweise anzusetzen gewesen wäre. Eine Begründung der Kündigung ist nicht erforderlich. Nur bei der fristlosen Kündigung eines Berufsausbildungsverhältnisses nach der Probezeit ist eine Begründung als Wirksamkeitsvoraussetzung notwendig. Verlangt der Arbeitnehmer nach § 1 Abs. 3 Satz 1 KSchG Auskunft über die Gründe zur sozialen Auswahl, kann die Auskunft später gegeben werden. Aus

---

11 Jede Kündigung bedarf der Schriftform. Eine mündliche Kündigung ist unwirksam, § 623 BGB. Die Kündigung sollte auf Firmenbriefpapier ausgestellt sein. Sie muss klar erkennen lassen, wer unterschrieben hat. Der Name sollte ausgeschrieben werden, damit auch für den Arbeitnehmer eindeutig ist, wer seine Kündigung unterschrieben hat. Das Beendigungsdatum immer angeben. Es besteht ansonsten die Möglichkeit, dass die Kündigung aus formellen Gründen unwirksam ist.

taktischen Gründen sollte nur dann eine Begründung angegeben werden, wenn aufgrund einer Begründung nicht mit einer Kündigungsschutzklage zu rechnen ist.

3. Eine **einseitige** unwiderrufliche Freistellung durch den Arbeitgeber benachteiligt den Arbeitnehmer sozialversicherungspflichtig nicht. 135

4. Dieser Hinweis sollte gegeben werden, fehlt er, hat dieser Umstand aber keine weitere Auswirkung. 136

5. Der Arbeitgeber ist darlegungs- und beweispflichtig für den Zugang der Kündigung. 137

6. Ein besonderes Problem bereitet oft die Zustellung der Kündigung. Die beste Möglichkeit ist die persönliche Aushändigung im Betrieb. Sollte dieser Weg nicht möglich sein, ist die Zustellung mit Boten die nächst beste Methode. Dabei sollte der Bote aber den Inhalt des Schreibens, also die Kündigung kennen und sich den Empfang quittieren lassen. Trifft der Bote den Arbeitnehmer nicht an, so sollte ein weiterer Versuch zu einem späteren Zeitpunkt erfolgen. Fehlt die Zeit hierzu, kann die Kündigung in den Briefkasten eingeworfen werden, sofern der Name am Briefkasten steht. Normalerweise gilt die Zustellung dann am nächsten Tag als erfolgt. Abzuraten ist von einem normalen Brief oder ein Einschreiben mit Rückschein. Hier ist es möglich, dass der Arbeitnehmer den Zugang vereiteln kann. Möglich ist ein Einwurfeinschreiben, sofern Adresse und Namen hinreichend bekannt und am Briefkasten angegeben sind. Eine relativ sichere Methode ist auch die Zustellung mit Gerichtsvollzieher, wenn gleich sie zeitaufwendig ist. Bei der Gerichtsvollzieherverteilerstelle des Amtsgerichtes kann der für den Ort der Zustellung zuständige Gerichtsvollzieher erfragt werden. Diesem müssen dann zwei Originalkündigungen übergeben werden, von denen eine dann mit Zustellnachweis zurückkommt. Wann dies aber der Fall ist, ist unklar, sodass keine exakte Fristenkontrolle möglich ist. Erfolgreich kann diese Methode ebenfalls nur dann sein, wenn das Namensschild am Briefkasten ausreichend bezeichnet ist. 138

2. Betriebsbedingte Kündigung mit Abfindung nach § 1a KSchG

Sofern es sich um eine betriebsbedingte Kündigung handelt, kann auch nach § 1a KSchG vorgegangen werden: 139

Muster: 140

Frau/Herrn .....

Kündigung

Hiermit kündigen wir das Arbeitsverhältnis unter Einhaltung der tariflichen (oder vertraglichen oder gesetzlichen) Kündigungsfrist aus dringenden betriebsbedingten Gründen ordentlich zum ..... bzw. zum nächstmöglichen Termin.

Sofern Sie die dreiwöchige Klagefrist[1] verstreichen lassen und keine Kündigungsschutzklage erheben, verpflichten wir uns, gemäß § 1a KSchG eine Abfindung für den Verlust des Arbeitsplatzes zu bezahlen. Die Höhe der Abfindung beträgt 0,5 Bruttomonatsverdienste für jedes Jahr des Bestehens des Arbeitsverhältnisses. Zeiträume von mehr als sechs Monaten werden bei der Ermittlung der Dauer des Arbeitsverhältnisses auf ein volles Jahr aufgerundet. Danach ermittelt sich für Sie eine Abfindung in Höhe von ..... €.

.....

(Unterschrift)

Variante:

Frau/Herrn .....

Kündigung

Hiermit kündigen wir das Arbeitsverhältnis aus dringenden betriebsbedingten Gründen fristgerecht zum ..... und zahlen Ihnen für den Fall, dass Sie die dreiwöchige Klagefrist verstreichen lassen und keine Kündigungsschutzklage erheben, als Abfindung für den Verlust des Arbeitsplatzes ..... Euro.

141 1. Klagt der Arbeitnehmer ist das Abfindungsangebot erloschen.

142 2. Wird dem Arbeitnehmer eine niedrigere Abfindung als im § 1a KSchG vorgesehen, angeboten und erhebt der Arbeitnehmer keine Kündigungsschutzklage, steht ihm nur die niedrigere Abfindung zu BAG vom 10.07.2008, 2 AZR 209/07 (www.bundesarbeitsgericht.de).

3. Muster Änderungskündigung

143 Frau/Herrn .....

Kündigung

Hiermit kündigen wir das Arbeitsverhältnis fristgerecht zum .....

Wir bieten Ihnen an, nach Ablauf der Kündigungsfrist zu folgenden geänderten Bedingungen weiterzuarbeiten:

(z.B.) Reduzierung der Arbeitszeit von 40 auf 20 Stunden pro Woche und entsprechender Reduzierung der Vergütung um 50 %.[1]

Ansonsten bleibt Ihr Arbeitsvertrag unverändert.

Bitte teilen Sie uns innerhalb von drei Wochen mit, ob Sie mit den geänderten Arbeitsbedingungen einverstanden sind.

144 1. Die geänderten Arbeitsbedingungen müssen allesamt sozial gerechtfertigt sein. Würde man hier noch einen Vertragsbestandteil ohne soziale Rechtfertigung ändern, wäre die gesamte Änderungskündigung unwirksam.

4. Muster Außerordentliche Kündigung eines Arbeitnehmers

145 Frau/Herrn .....

Außerordentliche Kündigung

Hiermit kündigen wird das Arbeitsverhältnis außerordentlich und fristlos.[1]

Muster Variante:[2]

Hiermit kündigen wir das Arbeitsverhältnis außerordentlich mit sozialer Auslauffrist, die der ordentlichen Kündigungsfrist entspricht zum ..... .

146 1. Eine Begründung muss auch bei einer fristlosen Kündigung nicht gegeben werden, sie ist aber nach § 626 Abs. 2 Satz 3 BGB auf Verlangen zu erteilen. Ein Verstoß hiergegen macht die Kündigung nicht unwirksam, es entsteht aber ein Schadensersatzanspruch. Dieser ist aber wohl auf die Rechtsverteidigungskosten beschränkt, wenn ein Prozess für den Arbeitnehmer verloren geht.

147 2. Sofern ein Arbeitnehmer z.B. tariflich unkündbar ist, kann der Arbeitgeber nicht mehr ordentlich kündigen. Liegt jedoch ein Kündigungsgrund vor, kommt eine außerordentliche Kündigung mit Auslauffrist in Betracht. Beispiel: Der Arbeitgeber schließt den einzigen Betrieb, den er hat.

5. Muster außerordentliche Kündigung eines Azubi nach Ablauf der Probezeit[12]

Frau/Herrn .....

Außerordentliche Kündigung

Hiermit kündigen wir das Ausbildungsverhältnis außerordentlich und fristlos, weil Sie (Ihr Sohn)[1] am ..... dem Meister ins Gesicht geschlagen haben (hat).

.....

Unterschrift Arbeitgeber

1. Beim minderjährigen Azubi muss die Kündigung gegenüber den gesetzlichen Vertretern erfolgen.

VIII. Aufhebungsvertrag

1. Muster des Vertrages

Aufhebungsvertrag[1] bzw. Abwicklungsvertrag

(wenn der Vereinbarung eine Kündigung zugrunde liegt).

zwischen

(genaue Firmenbezeichnung und Adresse sowie Vertretungsverhältnisse)

– nachstehend »Arbeitgeber« genannt –

und

(genauer Name, Vorname, Adresse und Geburtsdatum)

– nachstehend »Arbeitnehmer/in« genannt –

1. Aufhebung des Arbeitsverhältnisses

Der zwischen den Parteien am ..... geschlossenen Arbeitsvertrag wird hiermit unter Einhaltung der Kündigungsfrist[2] einvernehmlich[3] auf Veranlassung des Arbeitgebers, zum ..... aufgehoben.

Variante:

Das Arbeitsverhältnis wird unter Einhaltung der Kündigungsfrist, zur Vermeidung einer ansonsten unumgänglichen Kündigung aus dringenden betriebsbedingten Gründen, zum ..... beendet.[4]

Variante (Abwicklungsvertrag):

Die Parteien sind sich darüber einig, das das zwischen ihnen bestehende Arbeitsverhältnis aufgrund ordentlicher betriebsbedingter Arbeitgeberkündigung vom ..... am ..... endet.[5]

2. Vergütung

Bis zum Beendigungstermin wird der Arbeitgeber die vertragliche Vergütung ordnungsgemäß abrechnen und die sich ergebende Nettovergütung auszahlen.

3. Freistellung

Der/die Arbeitnehmer/in wird ab sofort, gegen Fortzahlung der Vergütung von der Erbringung der Arbeitsleistung bis zum Ende des Arbeitsverhältnisses[6] widerruflich freigestellt. Der/die Ar-

---

12 **Achtung:** Nach Ablauf der Probezeit kann ein Ausbildungsverhältnis vom Ausbilder nur außerordentlich gekündigt werden. Hier besteht Begründungszwang, d.h., eine ohne Begründung ausgesprochene Kündigung ist unwirksam.

beitnehmer/in steht für Auskünfte, Rückfragen und für Sonderfälle weiterhin zur Verfügung. Der Resturlaub wird vom ..... bis ..... gewährt. Überstundenausgleich erfolgt in der Zeit von ..... bis zum ..... . Der Arbeitgeber behält sich vor, anderweitigen Verdienst anzurechnen.

Variante:

Der/die Arbeitnehmer/in wird unter Einbringung des noch ausstehenden Urlaubs und eventueller Überstunden unwiderruflich von der Erbringung der Arbeitsleistung freigestellt. Zu Beginn der Freistellung wird Urlaub vom ..... bis ..... gewährt, danach erfolgt etwaiger Überstundenausgleich.

Variante:

Der/die Arbeitnehmer/in wird sofort (oder ab .....) (oder bleibt) bis zum Ende des Arbeitsverhältnisses unter Fortzahlung der vertragsgemäßen Vergütung freigestellt. Die Freistellung erfolgt zunächst unwiderruflich unter Anrechnung aller Urlaubsansprüche und Zeitguthaben. Danach ist die Freistellung widerruflich. Für die Zeit der widerruflichen Freistellung behält sich der Arbeitgeber vor, den/die Arbeitnehmer/in ganz oder teilweise an den Arbeitsplatz zurückzurufen und ist berechtigt, anderweitigen Verdienst gemäß § 615 S. 2 BGB anzurechnen.

Variante: Urlaub

Die Parteien sind sich darüber einig, dass der/die Arbeitnehmer/in seinen/ihren gesamten Urlaub in Natur eingebracht hat.[8]

4. Gewinnbeteiligung

Der/die Arbeitnehmer/in hat Anspruch auf eine Gewinnbeteiligung für das laufenden Geschäftsjahr in Höhe von ..... % des Jahresgewinns, wobei diese wegen des unterjährigen Ausscheidens mit ..... /12 gezahlt wird. Sie ist fällig nach Ende des laufenden Geschäftsjahres und Feststellung der Handelsbilanz.

Variante:

Der/die Arbeitnehmer/in hat Anspruch auf eine Gewinnbeteiligung. Diese wird pauschal mit Euro ..... abgegolten.

5. Vorzeitiges Ausscheiden aus dem Arbeitsverhältnis

Der/die Arbeitnehmer/in kann das Arbeitsverhältnis durch schriftliche Erklärung mit einer Frist von zwei Wochen zum Monatsende vorzeitig beenden. Zusätzlich zur vereinbarten Abfindung gemäß Ziffer 5 dieses Vertrages erhält der/die Arbeitnehmer/in die durch die vorzeitige Beendigung freiwerdende Bruttovergütung (Arbeitnehmerbrutto) in voller Höhe (oder in Höhe von ..... % der Arbeitnehmerbruttovergütung). Die Gesamtabfindung wird im Zeitpunkt der vorzeitigen Beendigung des Arbeitsverhältnisses fällig.

6. Abfindung

Der/die Arbeitnehmer/in erhält eine Abfindung in Höhe von ..... brutto[9] für den Verlust des Arbeitsplatzes. Die Abfindung ist mit dem rechtlichen Ende des Arbeitsverhältnisses zur Zahlung fällig (ggf.: und ist bereits jetzt entstanden und damit vererblich[10]).

7. Gratifikation

Der/die Arbeitnehmer/in erhält am ..... die vertraglich zugesagte Gratifikation ungekürzt (oder zu ..... /12.)

8. Dienstwagen

Der/die Arbeitnehmer/in gibt den ihm/ihr überlassenen Dienstwagen nebst Schlüssel, Fahrzeugpapiere und Tankkarte am ..... an den Arbeitgeber zurück. Bis dahin kann er/sie den Dienstwagen weiterhin privat nutzen. Die Treibstoffkosten für die Privatnutzung des PKW bezahlt der/die Arbeitnehmer/in selbst.

9. Darlehen

Der Arbeitgeber hat dem/der Arbeitnehmer/in ein Darlehen in Höhe von Euro ..... gewährt. Es stehen mit Beendigung des Arbeitsverhältnisses noch Euro ..... zur Rückzahlung offen. Der/die Arbeitnehmer/in zahlt dieses Darlehen wie folgt zurück ..... .

10. Nachvertragliches Wettbewerbsverbot

Die Parteien heben das nachvertragliche Wettbewerbsverbot entschädigungsfrei auf.

Variante:

Das nachvertragliche Wettbewerbsverbot bleibt bestehen. Der/die Arbeitnehmer/in wird am ..... bei der Firma ..... seine Arbeit aufnehmen. Diese Tätigkeit verstößt nicht gegen das nachvertragliche Wettbewerbsverbot.

11. Altersversorgung (wenn eine unverfallbare Anwartschaft besteht)

Die Parteien sind sich einig, dass dem/der Arbeitnehmer/in eine unverfallbare Anwartschaft auf eine betriebliche Altersversorgung zusteht. Die Höhe der Anwartschaft wir der Arbeitgeber dem/der Arbeitnehmer/in noch mitteilen.

Variante:

Die Parteien sind sich einig, dass dem/der Arbeitnehmer/in keine Ansprüche aus einer betrieblichen Altersversorgung erworben hat.

Variante:

Der Arbeitgeber wird die für den/die Arbeitnehmer/in abgeschlossene Versicherung ..... bei der Versicherungsgesellschaft ..... Versicherungsschein-Nr.: ..... auf den/die Arbeitnehmer/in übertragen und die dafür notwendigen Erklärungen abgeben.

12. Zeugnis

Der Arbeitgeber wird dem/der Arbeitnehmer/in ein Zeugnis entsprechend des beigefügten Entwurfes[11] mit dem Datum der Beendigung des Arbeitsverhältnisses binnen einer Woche nach dem Ende des Arbeitsverhältnisses übermitteln. Sofern es der/die Arbeitnehmer/in wünscht, wird ein Zwischenzeugnis mit entsprechendem Inhalt erstellt, wobei die für ein Zwischenzeugnis erforderlichen Passagen angepasst werden.

Variante:[12]

Der Arbeitgeber wird dem/der Arbeitnehmer/in ein Zeugnis ausstellen, das sich auf Dauer und Art des Arbeitsverhältnisses sowie Leistung und Führung erstreckt und es binnen einer Woche nach dem Ende des Arbeitsverhältnisses übermitteln. Sofern es der/die Arbeitnehmer/in wünscht, wird ein Zwischenzeugnis mit entsprechendem Inhalt erstellt.

Variante:[13]

Der Arbeitgeber wird dem/der Arbeitnehmer/in ein Zeugnis mit einer (sehr) guten Gesamtbeurteilung ausstellen, das sich auf Art und Dauer sowie Führung und Leistung im Arbeitsverhältnisses erstreckt.

13. Rückgabe von Unterlagen

Der/die Arbeitnehmer/in wird bis zum ..... sämtliche in seinem/ihren Besitz befindlichen Geschäftsunterlagen, Arbeitsmaterialien und sonstige dem Arbeitgeber gehörende Gegenstände kostenfrei zurückbringen.

14. Stillschweigen nach Ende des Arbeitsverhältnisses

Der/die Arbeitnehmer verpflichtet sich, auch nach Ende des Arbeitsverhältnisses, Stillschweigen über alle Betriebsinterna, Geschäftsgeheimnisse und betriebliche Vorgänge, die ihm/ihr während des Arbeitsverhältnisses bekannt geworden sind, Stillschweigen zu bewahren. Es handelt sich hierbei um alle geschäftlichen, betrieblichen und technische Kenntnisse, Angelegenheiten und

Vorgänge und Informationen, die nur einem beschränkten Personenkreis zugänglich sind und nach dem Willen des Arbeitgebers nicht der Allgemeinheit bekannt werden sollen.

15. Klageverfahren

Der/die Arbeitnehmer/in wird die beim Arbeitsgericht/Landesarbeitsgericht anhängige Klage mit dem Aktenzeichen ..... unverzüglich nach Unterzeichnung dieser Vereinbarung zurücknehmen. Die Kosten des Rechtsstreits und dieser Vereinbarung werden gegeneinander aufgehoben.

16. Abgeltung

Mit Erfüllung dieser Vereinbarung sind sämtliche gegenseitigen Ansprüche der Parteien aus dem Arbeitsverhältnis und anlässlich dessen Beendigung abgegolten und erledigt, gleich ob bekannt oder unbekannt.[14]

151 1. Es muss nicht jeder Punkt zwingend geregelt werden. Es können aber auch noch weitere Aspekte von Bedeutung sein, wie z.B.:

– Beteiligungen
– Dienstwohnung
– Schadensersatzforderungen.

152 2. Eine Verkürzung der Kündigungsfristen führt zu einem Nachteil für den Arbeitnehmer, da sein Anspruch auf Arbeitslosengeld ruht.

153 3. Hier droht dem Arbeitnehmer eine Sperrzeit.

154 5. Siehe Dienstanweisung der Bundesagentur für Arbeit.

155 6. Eine Freistellung im Aufhebungsvertrag führt nicht zu sozialversicherungsrechtlichen Nachteilen für den Arbeitnehmer. Es muss aber der noch offen stehende Urlaub zu einem genau bestimmten Zeitpunkt gewährt werden. Erfolgt lediglich eine widerrufliche Freistellung unter Anrechnung noch offenen Urlaubs, kann der Arbeitnehmer später seinen Urlaub trotzdem als Urlaubsabgeltung verlangen.

156 7. Es handelt sich bei dieser Klausel um einen sogenannten Tatsachenvergleich, der zulässig ist. Ein **Verzicht** auf Urlaubsansprüche ist dagegen erst nach Ende des Arbeitsverhältnisses möglich.

157 8. Die Abfindung ist zu versteuern, ist aber sozialversicherungsfrei.

158 9. Wurde eine Vererblichkeit nicht vereinbart und verstirbt der Arbeitnehmer vor Ende des Arbeitsverhältnisses, bzw. vor Fälligkeit der Abfindung, haben die Erben keinen Anspruch auf die Abfindung.

159 10. Mit einer Einigung über den Zeugnisinhalt erspart man sich spätere Streitigkeiten.

160 11. Diese Variante lässt die Beurteilung noch völlig offen.

161 12. Oft kann aus Zeitgründen der Zeugnistext noch nicht erstellt werden. Mit dieser Formulierung wird bereits im Aufhebungsvertrag die Notenstufe festgelegt, siehe hier unter K.

162 13. **Achtung:** Erledigungsklauseln sind weitreichend.

Es ist wichtig zu prüfen, ob noch Ansprüche offen stehen, zum Beispiel Arbeitgeberdarlehen, Wettbewerbsverbote etc. Es ist zu empfehlen, bezüglich solcher Punkte eine konkrete Einigung zu treffen, sei es dass z.B. das nachvertragliche Wettbewerbsverbot konkret aufgehoben wird, sei es dass es fortbesteht.

2. Dienstanweisung der Agentur für Arbeit zur Vermeidung einer Sperrzeit beim Abwicklungsvertrag[13]

1.2.1.1 Wichtiger Grund bei Eigenlösung des Beschäftigungsverhältnisses und gleichzeitig drohender Arbeitgeberkündigung

(1) Hat der Arbeitslose das Beschäftigungsverhältnis beendet, weil ihm andernfalls eine arbeitgeberseitige Kündigung drohte, liegt allein darin kein wichtiger Grund.

(2) Ein wichtiger Grund für den Abschluss eines Aufhebungsvertrages oder für eine Eigenkündigung liegt vor, wenn

– eine Kündigung durch den Arbeitgeber mit Bestimmtheit in Aussicht gestellt worden ist,
– die drohende Arbeitgeberkündigung auf betriebliche oder personenbezogene (nicht aber verhaltensbedingte) Gründe gestützt würde,
– die Arbeitgeberkündigung zu demselben Zeitpunkt, zu dem das Beschäftigungsverhältnis geendet hat, oder früher wirksam geworden wäre; bei einer einvernehmlichen Freistellung ist das Ende des Arbeitsverhältnisses maßgebend, wenn bis dahin Arbeitsentgelt gezahlt wird,
– im Falle der Arbeitgeberkündigung die Kündigungsfrist eingehalten würde,
– der Arbeitnehmer nicht unkündbar war

1. eine Abfindung von bis zu 0,5 Monatsgehältern für jedes Jahr des Arbeitsverhältnisses an den Arbeitnehmer gezahlt wird (in Anlehnung an § 1a KSchG). In diesem Fall kommt es nicht darauf an, ob die drohende Arbeitgeberkündigung rechtmäßig ist,

oder die Voraussetzungen der Spiegelstriche 1 – 5 erfüllt sind und

2. der Arbeitslose

a) objektive Nachteile aus einer arbeitgeberseitigen Kündigung für sein berufliches Fortkommen vermieden hat;

oder

b) sonstige Gründe darlegt, aus denen er objektiv Nachteile aus einer arbeitgeberseitigen Kündigung befürchten musste. Solche Gründe können Vergünstigungen sein, auf die im Falle der Kündigung kein Anspruch bestanden hätte. Solche Vergünstigungen sind z.B. Abfindungen, die höher sind als 0,5 Monatsgehälter pro Beschäftigungsjahr und auf die ohne Abschluss des Aufhebungsvertrages kein Anspruch bestanden hätte (z.B. eine um 10 % höhere Abfindung als bei einer Arbeitgeberkündigung).

In den Fallgestaltungen nach den Nrn. 2a) und 2b) kommt es darauf an, dass die drohende Kündigung rechtmäßig wäre.

IX. Das Urlaubsverfahren in der Bauwirtschaft

Das Urlaubsverfahren in der Bauwirtschaft unterscheidet sich in wesentlichen Punkten vom Bundesurlaubsgesetz und findet seine tarifliche Regelung in § 8 des Bundesrahmentarifvertrages für das Baugewerbe (BRTV). Die gesetzliche Grundlage dafür, dass Tarifvertragsparteien eine vom Bundesurlaubsgesetz abweichende anderweitige tarifvertragliche Regelung treffen können, ergibt sich aus § 13 Abs. 2 Bundesurlaubsgesetz. Zuständig ist die SOKA-Bau. Sie prüft Mindestlöhne und erstattet dem Arbeitgeber die an den Arbeitnehmer ausgezahlte Urlaubsvergütung, auch wenn der Urlaubsanspruch im vorherigen Beschäftigungsverhältnis erworben wurde. Allerdings müssen die Arbeitgeber nicht unerhebliche Beträge in die SOKA-Bau einzahlen.

---

13 Nach § 144 SGB III kann der Arbeitnehmer in eine Sperrzeit von bis zu 12 Wochen beim Arbeitslosengeld fallen, wenn er ohne wichtigen Grund sein Beschäftigungsverhältnis beendet hat. Der gesamte Anspruch auf Arbeitslosengeld wird aber insgesamt um 25 % gekürzt. Deswegen ist die Dienstanweisung der Bundesagentur für Arbeit wichtig.

Die SOKA-Bau wird auch im Auftrag der gemeinnützigen Urlaubskasse des Bayerischen Baugewerbes e.V. (UKB) tätig.

Wenn der Arbeitnehmer aus dem Baugewerbe ausscheidet, kann er unter bestimmten Voraussetzungen eine Urlaubsabgeltung erhalten, ggf. sogar dann, wenn der Urlaubsanspruch verfallen ist. Die SOKA-Bau führt auch das Urlaubsverfahren für entsandte Arbeitnehmer aus dem europäischen Ausland nach Deutschland aus und auch für deren ausländische Arbeitgeber. Hier ist die Grundlage das Arbeitnehmerentsendegesetz. Urlaubsansprüche, die der Arbeitnehmer in Baubetrieben in Berlin, im übrigen Bundesgebiet und während einer Entsendung nach Deutschland erwirbt, werden zusammengerechnet. Die Ansprüche aus dem Berliner Baugewerbe werden durch die Sozialkasse des Berliner Baugewerbes bescheinigt und von SOKA-Bau in das Arbeitnehmerkonto übernommen.

Maßgeblich für den Urlaubsanspruch ist die Dauer der Beschäftigung in allen Betrieben des Baugewerbes während des Urlaubsjahres. Weil die Arbeitnehmer im Baugewerbe häufig ihre Arbeitsstelle wechseln, ist hier eine besondere Regelung erfolgt. Im Baugewerbe werden die einzelnen Arbeitsverhältnisse zusammengefasst und nicht zwischen den verschiedenen Arbeitsverhältnissen differenziert. Der Arbeitnehmer erwirbt einen Anspruch auf einen Urlaubstag, wenn er eine bestimmte Anzahl von Beschäftigungstagen im Baugewerbe tätig war. Der Urlaubsanspruch für ein komplettes Jahr beträgt 30 Tage.

Der Arbeitnehmer erhält eine Urlaubsvergütung, die mit einem Prozentsatz aus dem Bruttolohn errechnet wird.

Im Urlaubsjahr erworbene aber nicht gewährte Urlaubstage werden auf das gesamte nächste Jahr übertragen. Einzelheiten können unter **www.soka-bau.de** abgefragt werden.

X. Das Arbeitnehmer-Entsendegesetz

1. Allgemeines

165 Das Arbeitnehmerentsendegesetz soll sicherstellen, dass ausländische Arbeitnehmer, die grenzüberschreitend nach Deutschland entsandt sind, nicht zu deutlich niedrigeren Arbeitsbedingungen als die deutschen Arbeitnehmer arbeiten dürfen. Wettbewerbsvorteile ausländischer Bauunternehmen sollen damit unterbunden werden.

Das Arbeitnehmerentsendegesetzes beinhaltet die zwingende Anordnung der in der deutschen Bauwirtschaft und dem Gebäudereinigerhandwerk tarifvertraglich geregelten besonders wettbewerbsrelevanten Mindestarbeitsbedingungen (Lohn und Urlaub) in Fällen grenzüberschreitender Arbeitnehmerentsendung ins Ausland.

Durch das Entsendegesetz sollen Verschlechterungen der wirtschaftlichen Situation in der deutschen Bauwirtschaft vermieden werden. Im Bereich der Bauwirtschaft gibt es einen Mindestlohn, ab 01.01.2015 mit einigen Ausnahmen in allen Branchen.

Unter bestimmten Voraussetzungen ist die Einbeziehung ausländischer Arbeitgeber in das deutsche Sozialkassenverfahren (Urlaubskassenverfahren) vorgesehen. Außerdem besteht ein Kontrollsystem bezüglich der Einhaltung der im Arbeitnehmerentsendegesetz enthaltenen Bestimmungen.

2. Anwendungsbereich des Arbeitnehmer-Entsendegesetzes[14]

166 Das **Arbeitnehmer-Entsendegesetz** (AEntG) vom 20. April 2009 ist ein Gesetz, auf dessen Grundlage in Deutschland in bestimmten Branchen Mindeststandards für Arbeitsbedingungen festgelegt

---

14 Entnommen aus Wikipedia: http://de.wikipedia.org/wiki/Arbeitnehmer-Entsendegesetz http://creativecommons.org/licenses/by-sa/2.0/de/.

werden können. Es hat das AEntG vom 26. Februar 1996 (BGBl. I, S. 227) abgelöst. Ursprüngliches Ziel der Gesetzgebung war die Festschreibung zwingender Arbeitsbedingungen für Arbeitnehmer, die von im Ausland ansässigen Arbeitgebern zur grenzüberschreitenden Erbringung von Dienstleistungen, insbesondere im Bauhaupt- und Baunebengewerbe, nach Deutschland entsandt werden. Daneben bietet das Gesetz aber auch eine rechtliche Möglichkeit, über die Gruppe der aus dem Ausland entsandten Arbeitnehmer hinaus auch für alle im Inland tätigen Arbeitnehmer Mindestarbeitsbedingungen zur Geltung zu bringen.

Die zwingenden Arbeitsbedingungen müssen in einem nach § 5 Tarifvertragsgesetz (TVG) allgemeinverbindlichen oder durch Rechtsverordnung des Bundesministeriums für Arbeit und Soziales aufgrund des AEntG dazu erklärten Tarifvertrag festgelegt worden sein.

Die zwingenden Arbeitsbedingungen beziehen sich insbesondere auf Lohn (Mindestlohn), Urlaubsanspruch, Arbeits- und Gesundheitsschutz und Bedingungen für die Überlassung von Arbeitskräften.

Gegenwärtig (Stand 01.01.2017) gibt es zwingende Arbeitsbedingungen in den Bereichen:
— Abfallwirtschaft einschließlich Straßenreinigung und Winterdienst
— Aus- und Weiterbildungsdienstleistungen
— Baugewerbe
— Dachdeckerhandwerk
— Elektrohandwerk
— Fleischwirtschaft
— Gebäudereinigung
— Gerüstbauerhandwerk
— Land- und Forstwirtschaft einschließlich Gartenbau
— Maler- und Lackiererhandwerk
— Pflegebranche
— Steinmetz- und Steinbildhauerhandwerk
— Textil- und Bekleidungsindustrie
— Wäschereidienstleistungen im Objektkundengeschäft
— Geld- und Wertdienste

Ein Branchen-Mindestlohn ist verbindlich für:
— alle Arbeitgeber mit Sitz in Deutschland und ihre im Geltungsbereich des Tarifvertrags beschäftigten Arbeitnehmer,
— alle Arbeitgeber mit Sitz im Ausland und ihre in Deutschland im Geltungsbereich des Tarifvertrags beschäftigen Arbeitnehmer
— alle Verleih-Arbeitgeber und Leiharbeitnehmer, wenn der Entleiher den Leiharbeitnehmer mit Tätigkeiten beschäftigt, die in den Geltungsbereich des Tarifvertrags fallen.

Das deutsche Arbeitnehmer-Entsendegesetz war bereits vor dem Erlass der europäischen Richtlinie 96/71/EG über die Entsendung von Arbeitnehmern verabschiedet worden und wurde 1998 an die europarechtlichen Vorgaben angepasst. Es ist allerdings umstritten, ob durch das AEntG die Richtlinie in dem gebotenen Umfang in nationales deutsches Recht umgesetzt worden ist, weil der Geltungsbereich des AEntG nur auf wenige Branchen beschränkt ist.

Änderungen durch die Neufassung des Arbeitnehmer-Entsendegesetzes 2009:

Durch die am 24. April 2009 in Kraft getretene Neufassung des AEntG wurde das zuvor mehrfach geänderte Gesetz wieder übersichtlicher gestaltet. Neu ist, dass sich künftig zunächst ein Tarifausschuss mit einem Antrag von Branchen zu befassen hat, die erstmals die Aufnahme in das Gesetz zur Etablierung verbindlicher Branchen-Mindestlöhne anstreben (§ 7 Abs. 5 AEntG 2009). Im Unterschied zum AEntG 1996 darf ein Tarifvertrag nur dann durch eine Rechtsverordnung aufgrund des Arbeitnehmer-Entsendegesetz für allgemeinverbindlich erklärt werden, wenn hieran ein öffentliches Interesse besteht (§ 7 Abs. 1 Satz 2 AEntG 2009). Wegen der zunehmenden Differenzierung der Tariflandschaft muss der Verordnungsgeber für den Fall konkurrierender Tarifverträge berücksichtigen, ob der Tarifvertrag repräsentativ ist. Dabei ist insbesondere auf die Zahl der jeweils tarifgebundenen Arbeitgeber und der bei ihnen beschäftigten Arbeitnehmer sowie die Zahl der jeweils tarifgebundenen Mitglieder der tarifvertragsschließenden Gewerkschaft abzustellen (§ 7 Abs. 2 AEntG 2009). Liegen mehrere Anträge auf Allgemeinverbindlicherklärung vor, so müssen die widerstreitenden Grundrechtsinteressen der verschiedenen Tarifvertragsparteien zu einem schonenden Ausgleich gebracht werden (§ 7 Abs. 3 AEntG 2009).

Eine besondere Regelung wurde für die Pflegebranche getroffen. Dazu gehören Betriebe oder selbstständige Betriebsabteilungen aus dem Bereich der ambulanten, teilstationären oder stationären Pflege sowie der ambulanten Krankenpflege, nicht aber Krankenhäuser und Einrichtungen für Behinderte. In der Pflegebranche sind im großen Umfang kirchliche Arbeitgeber aktiv, die sich keinem Tarifvertrag unterwerfen wollen, da sie darin einen Eingriff in ihr Selbstbestimmungsrecht sehen und die deshalb besondere kirchenarbeitsrechtliche Regelungen geschaffen haben. Um dem gerecht zu werden, wurde eine sogenannte Kommissionslösung erdacht (§ 12 AEntG 2009). In einer paritätisch besetzten Kommission, die auf Antrag einer Tarifvertragspartei oder der kirchlichen Dienstgeber- oder der Dienstnehmerseite errichtet wird, können Mindestarbeitsbedingungen vereinbart werden, die dann per Rechtsverordnung für die gesamte Pflegebranche verbindlich werden können. In der Kommission sind neben den nicht-kirchlichen Pflege-Arbeitgebern und den für die Pflegebranche tarifzuständigen Gewerkschaften auch die kirchlichen Pflege-Arbeitgeber (Dienstgeber) und die Arbeitnehmer aus dem kirchlichen Bereich (Dienstnehmer) jeweils mit zwei Mitgliedern vertreten.

Die Kommission ist nur beschlussfähig, wenn alle Mitglieder anwesend oder vertreten sind. Aufgrund der in § 12 Abs. 5 AEntG vorgeschriebenen Abstimmungsmodalitäten kann im Ergebnis jede der vier beteiligten Seiten einen Beschluss und damit einem Mindestlohn verhindern, wenn beide Kommissionsmitglieder der Seite gegen einen Beschlussvorschlag stimmen. Stimmt ein Mitglied einer Seite dafür, das andere dagegen, so müssen die Mitglieder der anderen Seiten jeweils geschlossen für einen Vorschlag stimmen, damit ein Beschluss zustande kommt. Ein Kommissionsbeschluss kommt dadurch beispielsweise nur zustande, wenn er mindestens von drei Vierteln aller Mitglieder aus dem Bereich der Kirchen, also der kirchlichen Arbeitgeber und der kirchlichen Arbeitnehmer mitgetragen wird.

3. Mindestlöhne im Sinne des Arbeitnehmer-Entsendegesetzes und des Tarifvertragsgesetzes (Stand 01.06.2017)

167   Bundesministerium für Arbeit und Soziales

Mindestlöhne im Sinne des Arbeitnehmer-Entsendegesetzes und nach dem Tarifvertragsgesetz

– Stand 1. Januar 2017 –

I. Mindestlöhne im Sinne des Arbeitnehmer-Entsendegesetzes

Aus- und Weiterbildungsdienstleistungen nach dem Zweiten oder Dritten Buch Sozialgesetzbuch (3. Rechtsverordnung) Laufzeit: 1. Januar 2016 bis 31. Dezember 2017 Fundstelle: Bundesanzeiger vom 22. Dezember 2015 (BAnz AT 22.12.2015 V2)		
Geltungsbereich	ab 01.01.2016	ab 01.01.2017
West mit Berlin	14,00 €	14,60 €
Ost	13,50 €	

[1] Arbeitnehmer im pädagogischen Bereich sind mit der Aus- und Weiterbildung, Vermittlung oder Betreuung von Teilnehmern betraut.

3. Mindestlöhne im Sinne des Arbeitnehmer-Entsendegesetzes und des Tarifvertragsgesetzes

Maler- und Lackiererhandwerk (8. Rechtsverordnung)
Laufzeit: 1. August 2014 bis 30. April 2017
Fundstelle: Bundesanzeiger vom 18. Juli 2014 (BAnz AT 18.07.2014 V1)

Geltungsbereich	ab	Lohngruppe ungelernte Arbeitnehmer	Lohngruppe gelernte Arbeitnehmer
West	01.08.2014	9,90 €	12,50 €
	01.05.2015	10,00 €	12,80 €
	01.05.2016	10,10 €	13,10 €
Berlin	01.08.2014	9,90 €	12,30 €
	01.05.2015	10,00 €	12,60 €
	01.05.2016	10,10 €	12,90 €
Ost	01.08.2014	9,90 €	10,50 €
	01.05.2015	10,00 €	10,90 €
	01.05.2016	10,10 €	11,30 €

Baugewerbe (9. Rechtsverordnung)
Laufzeit: 1. Januar 2014 bis 31. Dezember 2017
Fundstelle: Bundesanzeiger vom 16. Oktober 2013 (BAnz AT 18.10.2013 V1)

Geltungsbereich	ab	Mindestlohn I[1]	Mindestlohn II[2]
West	01.01.2014	11,10 €	13,95 €
	01.01.2015	11,15 €	14,20 €
	01.01.2016	11,25 €	14,45 €
	01.01.2017	11,30 €	14,70 €
Berlin	01.01.2014	11,10 €	13,80 €
	01.01.2015	11,15 €	14,05 €
	01.01.2016	11,25 €	14,30 €
	01.01.2017	11,30 €	14,55 €
Ost		einheitlicher Mindestlohn	
	01.01.2014	10,50 €	
	01.01.2015	10,75 €	
	01.01.2016	11,05 €	
	01.01.2017	11,30 €	

[1] einfache Bau- und Montagearbeiten

[2] fachlich begrenzte Arbeiten

Gerüstbauerhandwerk (3. Rechtsverordnung)
Laufzeit: 1. Mai 2016 bis 30. April 2018
Fundstelle: Bundesanzeiger vom 29. April 2016 (BAnz AT 29.04.2016 V1)

Geltungsbereich	ab	einheitlicher Mindestlohn
Bundesgebiet	01.05.2016	10,70 €
	01.05.2017	11,00 €

Dachdeckerhandwerk (8. Rechtsverordnung)
Laufzeit: 1. Januar 2016 bis 31. Dezember 2017
Fundstelle: Bundesanzeiger vom 22. Dezember 2015 (BAnz AT 22.12.2015 V1)

Geltungsbereich	ab	einheitlicher Mindestlohn
Bundesgebiet	01.01.2016	12,05 €
	01.01.2017	12,25 €

Pflegebranche (2. Rechtsverordnung)
Laufzeit: 1. Januar 2015 bis 31. Oktober 2017
Fundstelle: Bundesanzeiger vom 28. November 2014 (BAnz AT 28.11.2014 V1)

Geltungsbereich	ab	einheitlicher Mindestlohn
West mit Berlin	01.01.2015	9,40 €
	01.01.2016	9,75 €
	01.01.2017	10,20 €
Ost	01.01.2015	8,65 €
	01.01.2016	9,00 €
	01.01.2017	9,50 €

Waschereidienstleistungen im Objektkundengeschäft (2. Rechtsverordnung)
Laufzeit: 1. Februar 2014 bis 30. September 2017
Fundstelle: Bundesanzeiger vom 31. Januar 2014 (BAnz AT 31.01.2014 V1)

Geltungsbereich	ab	einheitlicher Mindestlohn
West	01.02.2014	8,25 €
	01.10.2014	8,50 €
	01.07.2016	8,75 €
Ost mit Berlin	01.02.2014	7,50 €
	01.10.2014	8,00 €
	01.07.2016	8,75 €

3. Mindestlöhne im Sinne des Arbeitnehmer-Entsendegesetzes und des Tarifvertragsgesetzes   E.

Fleischwirtschaft (1. Rechtsverordnung)		
Laufzeit: 1. August 2014 bis 31. Dezember 2017		
Fundstelle: Bundesanzeiger vom 31. Juli 2014 (BAnz AT 31. Juli 2014 V1)		
Geltungsbereich	ab	einheitlicher Mindestlohn
Bundesgebiet	01.08.2014	7,75 €
	01.12.2014	8,00 €
	01.10.2015	8,60 €
	01.12.2016	8,75 €

Land- und Forstwirtschaft sowie Gartenbau (1. Rechtsverordnung)		
Laufzeit: 1. Januar 2015 bis 31. Dezember 2017		
Fundstelle: Bundesanzeiger vom 19. Dezember 2014 (BAnz AT 19.12.2014 V1)		
Geltungsbereich	ab	einheitlicher Mindestlohn
West	01.01.2015	7,40 €
	01.01.2016	8,00 €
	01.01.2017	8,60 €
	01.11.2017	9,10 €
Ost mit Berlin	01.01.2015	7,20 €
	01.01.2016	7,90 €
	01.01.2017	8,60 €
	01.11.2017	9,10 €

Gebäudereinigung (6. Rechtsverordnung)			
Laufzeit: 1. März 2016 bis 31. Dezember 2017			
Fundstelle: Bundesanzeiger vom 29. Februar (BAnz AT 29.02.2016 V1)			
Geltungsbereich	ab	Lohngruppe 1[1]	Lohngruppe 6[2]
West mit Berlin	01.03.2016	9,80 €	12,98 €
	01.01.2017	10,00 €	13,25 €
Ost	01.03.2016	8,70 €	11,10 €
	01.01.2017	9,05 €	11,53 €

[1] u.a. Innen- und Unterhaltsreinigungsarbeiten

[2] u.a. Glas- und Fassadenreinigung

Elektrohandwerke (Allgemeinverbindlicherklärung)
Laufzeit: 1. August 2016 bis 31. Dezember 2019
Fundstelle: Bundesanzeiger vom 28. Juli 2016 (BAnz AT 28.07.2016 B2)

Geltungsbereich	ab	einheitlicher Mindestlohn
West	01.08.2016	10,35 €
	01.01.2017	10,65 €
Ost mit Berlin	01.08.2016	9,85 €
	01.01.2017	10,40 €
Bundesgebiet	01.01.2018	10,95 €
	01.01.2019	11,40 €

Textil- und Bekleidungsindustrie (2. Rechtsverordnung)
Laufzeit: 1. Dezember 2015 bis 31. Dezember 2017
Fundstelle: Bundesanzeiger vom 30. November 2015 (BAnz AT 30.11.2015 V1)

Geltungsbereich	ab	einheitlicher Mindestlohn
West mit Berlin (West)	01.01.2015	8,50 €
	01.01.2016	8,50 €
	01.11.2016	8,50 €
	01.01.2017	gesetzl. Mindestlohn (8,84 €)
Ost mit Berlin (Ost)	01.01.2015	7,50 €
	01.01.2016	8,25 €
	01.11.2016	8,75 €
	01.01.2017	gesetzl. Mindestlohn (8,84 €)

Steinmetz- und Steinbildhauerhandwerk (2. Rechtsverordnung)
Laufzeit: 1. November 2015 bis 30. April 2019
Fundstelle: Bundesanzeiger vom 30. Oktober 2015 (BAnz AT 30.10.2015 V1)

Geltungsbereich	ab	einheitlicher Mindestlohn
West mit Berlin	01.11.2015	11,30 €
	01.05.2016	11,35 €
	01.05.2017	11,40 €
Ost	01.11.2015	10,90 €
	01.05.2016	11,00 €
	01.05.2017	11,20 €
Bundesgebiet	01.05.2018	11,40 €

4. Generalunternehmerhaftung

Abfallwirtschaft (7. Rechtsverordnung) Laufzeit: 1. Oktober 2015 bis 31. März 2017 Fundstelle: Bundesanzeiger vom 28. September 2015 (BAnz AT 30. September 2015 V1)		
Geltungsbereich	ab	einheitlicher Mindestlohn
Bundesgebiet	01.10.2015	8,94 €
	01.01.2016	9,10 €

II. Lohnuntergrenze nach dem Arbeitnehmerüberlassungsgesetz

Die Zweite Verordnung über eine Lohnuntergrenze in der Arbeitnehmerüberlassung ist am 31. Dezember 2016 außer Kraft getreten.

III. Mindestlöhne nach dem Tarifvertragsgesetz

Schornsteinfegerhandwerk (Allgemeinverbindlicherklärung) Laufzeit: 1. Januar 2016 bis 31. Dezember 2017 Fundstelle: Bundesanzeiger vom 2. Mai 2016 (BAnz AT 02.05.2016 B3)		
Geltungsbereich	ab	einheitlicher Mindestlohn
Bundeseinheitlich	01.01.2016	12,95 €

▶ Hinweis:

Diese Übersicht stellt lediglich eine Arbeitshilfe dar.

Eine Haftung für die Inhaltliche Richtigkeit kann nicht übernommen werden

4. Generalunternehmerhaftung

Eine maßgebliche Vorschrift des Arbeitnehmerentsendegesetzes ist § 14 AEntG:

» Ein Unternehmer, der einen anderen Unternehmer mit der Erbringung von Werk- oder Dienstleistungen beauftragt, haftet für die Verpflichtungen dieses Unternehmers, eines Nachunternehmers oder eines von dem Unternehmer oder einem Nachunternehmer beauftragten Verleihers zur Zahlung des Mindestentgelts an Arbeitnehmer oder Arbeitnehmerinnen oder zur Zahlung von Beiträgen an eine gemeinsame Einrichtung der Tarifvertragsparteien nach § 8 wie ein Bürge, der auf die Einrede der Vorausklage verzichtet hat. Das Mindestentgelt im Sinne des Satzes 1 umfasst nur den Betrag, der nach Abzug der Steuern und der Beiträge zur Sozialversicherung und zur Arbeitsförderung oder entsprechender Aufwendungen zur sozialen Sicherung an Arbeitnehmer oder Arbeitnehmerinnen auszuzahlen ist (Nettoentgelt).«

§ 1a beinhaltet eine verschuldensunabhängige Generalunternehmerhaftung für das Nettomindestentgelt und die Sozialkassenbeiträge. Gehaftet wird gegenüber dem Arbeitnehmer und den gemeinsamen Einrichtungen. Der Generalunternehmer haftet wie ein selbstschuldnerischer Bürge für die Verbindlichkeiten seines Sub- oder dessen Nachunternehmer oder Verleiher (Kettenhaftung). Er haftet gegenüber dem Arbeitnehmer und/oder der Urlaubskasse. Es kommt nicht auf ein Verschulden des Generalunternehmers an. Die Haftung ist begrenzt auf die Zahlung des Mindestentgelts, auch wenn dem Arbeitnehmer ein höherer Lohnanspruch zusteht. Erfasst ist das Nettoentgelt. Nicht erfasst sind Ansprüche auf Annahmeverzugslohn oder Verzugszinsen wegen verspäteter Lohnzahlung. Auch besteht kein Anspruch auf Entgeltfortzahlung im Krankheitsfall.

Die Hauptforderung darf noch nicht verjährt oder verfallen sein. Gemäß § 2 TV Mindestlohn verfallen Mindestlohnansprüche von Arbeitnehmern in den Lohngruppen 1 und 2 abweichend von § 15 BRTV Bau sechs Monate nach Fälligkeit. Gemäß § 25 Abs. 1 S. 1 VTV beträgt die Verfallfrist für Ansprüche der Urlaubskasse gegen den Arbeitgeber vier Jahre nach Fälligkeit.

Eine Reduzierung des Haftungsrisikos könnte herbeigeführt werden, indem sich der Generalunternehmer eine Unbedenklichkeitsbescheinigung bei der für den Subunternehmer zuständigen Urlaubskasse einholt. Ein Haftungsausschluss innerhalb der Unternehmerkette ist unzulässig, da es sich hierbei um einen Vertrag zu Lasten Dritter handelt.

Der Generalunternehmer könnte auch wegen seiner möglichen Forderungen nach § 14 zunächst durch Einbehaltung von Entgeltbestandteilen Werklohn vertraglich absichern. Er kann vom Subunternehmer Ausfallgarantien oder Bankbürgschaften verlangen. Als weitere Möglichkeit zur Reduzierung des Haftungsrisikos des Generalunternehmers kommen eine Verpflichtungserklärung des Subunternehmers bezüglich der Einhaltung der Mindestarbeitsbedingungen, eine Haftungsfreistellungserklärung des Subunternehmers, ferner ein Zustimmungsvorbehalt für die Beauftragung von Nachunternehmen sowie die Erweiterungen von Sicherheitsleistungen in Betracht.

Der Generalunternehmer haftet ebenso für die Zahlung von Beiträgen an die Einrichtung der Tarifvertragsparteien,

- die SOKA-Bau,
- Urlaubs- und Lohnausgleichskasse der Bauwirtschaft (ULAK)
- Zusatzversorgungskasse des Baugewerbes VVaG (ZVK)

Weiterhin besteht auch eine Bürgenhaftung nach § 28e Abs. 3a SGB IV und nach § 150 SGB VII. Es gibt zwar eine Exkulpationsmöglichkeit nach § 28e Abs. 3b SGB IV, doch erscheint diese nicht ausreichend. Auch die Regelung in § 28e Abs. 3d SGB IV, wonach erst ab einem geschätzten Gesamtwert aller für ein Bauwerk in Auftrag gegebenen Bauleistungen von 500.000,– € die Bürgenhaftung eintritt, befreit nur unerheblich vom Risiko.

Wird der Auftraggeber als Bürge in Anspruch genommen, geht die Forderung gegen den Auftragnehmer auf ihn über, doch dies hilft nicht viel, da der Auftragnehmer meist insolvent ist oder er nicht mehr habhaft gemacht werden kann. Daher ist es sinnvoll den Bürgeninanspruchnahmefall gesondert abzusichern. Diese Absicherung kann durch eine Bürgschaft geschehen von der hier ein Muster als Vorschlag abgedruckt ist.

Die SOKA-Bau hat gemeinsam mit den Tarifvertragsparteien 2005 ein so genanntes Frühwarnsystem für Hauptunternehmer eingerichtet mit dem Ziel, diese vor einer Haftung für Beitragsrückstände der Nachunternehmer nach § 14 zu schützen.

Hierzu ist es erforderlich, dass die SOKA-Bau zur Auskunftserteilung gegenüber dem Hauptunternehmer bevollmächtigt wird. Liegt diese Auskunftsvollmacht vor, erhält der Hauptunternehmer monatlich eine Bescheinigung, aus der sich die vom Nachunternehmer gemeldeten Arbeitnehmer, bezogen auf den angegebenen Zeitraum bzw. die genannte Baustelle ergeben. Außerdem wird bescheinigt, ob die damit verbundenen Beiträge gezahlt sind oder noch Beitragsrückstände bestehen. Der Hauptunternehmer wird zeitnah informiert und kann so schnell reagieren. Damit minimiert sich sein Risiko, für Beitragsrückstände des Nachunternehmers gemäß § 14 haftbar gemacht zu werden.

5. Muster Haftungsbeschränkung durch Bürgenhaftung

169   Bürgschaft[1]

(genaue Firmenbezeichnung und Adresse, sowie Vertretungsverhältnisse)

– nachstehend »Auftraggeber« genannt –

und

(genauer Name, Vorname, Adresse und Geburtsdatum)

– nachstehend »Auftragnehmer« genannt –

haben einen Vertrag über die Erbringung von Bauleistungen bezüglich des Gewerkes für das Projekt ..... unter dem .....

abgeschlossen.

Der Auftragnehmer ist danach zur Einhaltung folgender Zahlungen verpflichtet:
- zur Zahlung des Mindestlohnes nach den tarifvertraglichen Regelungen
- zur Zahlung von Beiträgen an die gemeinsame Einrichtung der Tarifvertragsparteien zur Zahlung der Gesamtsozialversicherungsbeiträge
- zur Zahlung der gesetzlichen Unfallversicherungsbeiträge

Der Auftraggeber haftet für die Verpflichtungen des Auftragnehmers aus vorbenannten Zahlungsverpflichtungen den Einzugsstellen gegenüber wie ein Bürge.

Der Auftragnehmer ist verpflichtet dem Auftraggeber zur Absicherung der Ansprüche für die Fälle der Inanspruchnahme als Bürge eine Bürgschaft zu stellen.

Dies vorausgeschickt, übernehmen wir hiermit gegenüber dem Auftraggeber die Bürgschaft für die ordnungsgemäße und rechtzeitige Zahlung der obigen Leistungen (Hauptschuld) bis zu einem Höchstbetrag in Höhe von ..... €.

Wir verzichten auf die Einrede der Anfechtung, der Aufrechnung und der Vorausklage gemäß §§ 770, 771 BGB. Wir können uns nicht durch Hinterlegung der Bürgschaftssumme von der Zahlungspflicht befreien. Wir können aus dieser Bürgschaft nur auf Zahlung von Geld in Anspruch genommen werden. Es handelt sich um eine unbefristete Bürgschaft, die mit der Rückgabe an uns erlischt.

....., den .....

.....

Unterschrift Bürge

1. Achtung:

Die Bürgschaft muss natürlich von einem tauglichen Bürgen abgegeben werden. Es empfiehlt sich hier eine Großbank oder Sparkasse auf dem Gebiet der Bundesrepublik Deutschland.

Eine weitere Problematik ist die Höhe der Bürgschaft. Es hilft hier nur eine Schätzung. Man sollte das Lohnvolumen für den Auftrag abgrenzen und hieraus die Sozialabgaben bemessen. Dann ist es sinnvoll einen Sicherungsaufschlag von 50 % vorzunehmen. Es wird nicht verkannt, dass hier ein nennenswerter Betrag zusammenkommen kann und der Auftragnehmer evtl. nicht in der Lage, ist eine Bürgschaft zu stellen.

Man kann mit Freigabeerklärungen über Teilbeträge der Bürgschaftssumme arbeiten, wenn gesichert ist, dass der Auftragnehmer die Beiträge ordnungsgemäß abgeführt hat. Hierzu ist eine Nachfrage bei der SOKA – Bau oder bei den Sozialversicherungsträgern erforderlich. Es ist zu empfehlen, sich vom Auftragnehmer eine entsprechende Vollmacht erteilen zu lassen.

2. Verpflichtung zur Bürgschaftsstellung.

Im Vertragsverhältnis mit dem Auftragnehmer muss eine entsprechende Verpflichtung zur Bürgschaftsstellung enthalten sein. Hierzu folgender Formulierungsvorschlag: Der Auftragnehmer ist verpflichtet dem Auftraggeber bis spätestens … eine Bürgschaft einer Großbank oder Sparkasse auf dem Gebiet der Bundesrepublik Deutschland gemäß anliegendem Muster zu übergeben. Erfolgt die Bürgschaftsübergabe nicht termingerecht, so ist der Auftraggeber berechtigt den Vertrag mit sofortiger Wirkung entschädigungsfrei zu kündigen.

XI. Arbeitnehmerüberlassung

Leiharbeit wird vom Gesetzgeber als eine Möglichkeit zur Bekämpfung der Massenarbeitslosigkeit angesehen. Arbeitgeber, die als Verleiher Dritten (Entleihern) Arbeitnehmer (Leiharbeitnehmer) im Rahmen ihrer wirtschaftlichen Tätigkeit zur Arbeitsleistung überlassen wollen, bedürfen der **Erlaubnis**, § 1 Abs. 1 S. 1 AÜG.

Allerdings nimmt § 1 AÜG einige Fallgestaltungen ausdrücklich von der Erlaubnispflicht des Abs. 1 S. 1 aus:

173 Abordnungen zu ARGE

Abs. 1a legt fest, dass die Abordnung von Arbeitnehmern zwischen Mitgliedern einer ARGE im Geltungsbereich bestimmter Tarifverträge keine gewerbliche Arbeitnehmerüberlassung darstellt und somit nicht erlaubnispflichtig ist. Diese ARGE sind insbesondere in der Bauwirtschaft anzutreffen. Abs. 1a S. 2 dehnt diese Privilegierung auch auf Arbeitgeber aus EG-Mitgliedstaaten aus. Von einer Erlaubnispflicht grundsätzlich erfasst sind sowohl rein nationale Sachverhalte, als auch alle Fälle, in denen ein deutscher oder ausländischer Verleiher grenzüberschreitende Arbeitnehmerüberlassung nach Deutschland hinein oder aus Deutschland heraus betreiben will.

Ist die gewerbsmäßige Arbeitnehmerüberlassung auch in dem betroffenen ausländischen Staat besonderen gewerberechtlichen Regelungen und Erlaubnispflichten unterworfen, müssen bei grenzüberschreitenden Sachverhalten auch die dort geltenden gewerberechtlichen Bestimmungen und eine ggf. bestehende Erlaubnispflicht beachtet werden. Es handelt sich hierbei um ein sog. doppeltes Zulässigkeitserfordernis.

Eine Abordnung zu einer Arbeitsgemeinschaft im Sinne von § 1 Abs. 1a AÜG liegt vor, wenn die Arbeitsgemeinschaft zur Herstellung eines Werkes gegründet wurde.

Die Abordnung muss daher zu einer ARGE erfolgen, deren Zweck die Herstellung eines konkreten Werkes ist. Die beteiligten Unternehmen schließen einen entsprechenden Vertrag, wobei die Rechtsform der ARGE nicht entscheidend ist. In der Praxis wird häufig eine Gesellschaft bürgerlichen Rechts (GbR) vorliegen. Eine bloße tatsächliche Zusammenarbeit der verschiedenen Arbeitgeber, beispielsweise durch die wechselseitige Überlassung von Baumaschinen usw. reicht jedoch nicht aus. Nicht ausreichend ist auch die Form der Zusammenarbeit als Joint Venture Unternehmen.

Die Mitglieder der ARGE müssen zur selbständigen Erbringung von Vertragsleistungen verpflichtet sein. Es sind hierbei die Leistungspflichten gegenüber dem Auftraggeber der ARGE gemeint. Die von den einzelnen Mitgliedsunternehmen geschuldeten Teilleistungen müssen in eigener Verantwortung erbracht werden. Deswegen ist vom Geltungsbereich des § 1 Abs. 1a kein Unternehmen erfasst, dessen Verpflichtung nur in der Überlassung von Arbeitnehmern an einzelne ARGE-Unternehmen besteht. Auch muss eine Mitgliedschaft in der ARGE gegeben sein. Es genügt hierbei kein Auftrags- oder Kooperationsverhältnis.

Eine Abordnung von Arbeitnehmern im Sinne von § 1 Abs. 1a liegt dann vor, wenn das Arbeitsverhältnis des Arbeitnehmers zu seinem Arbeitgeber in vollem Umfang bestehen bleibt und der Arbeitnehmer lediglich vorübergehend bei der ARGE eingesetzt wird. Voraussetzung ist weiterhin, dass die Tarifverträge desselben Wirtschaftszweiges gelten. Damit soll die Umgehung geltenden Tarifrechts verhindert werden.

Nicht erforderlich ist, dass für sämtliche Mitglieder der ARGE derselbe Tarifvertrag gilt. Maßgeblich ist vielmehr, dass die anzuwendenden Tarifverträge demselben Wirtschaftszweig zuzuordnen sind. Der Begriff Wirtschaftszweig richtet sich nach den Satzungen der Tarifvertragsparteien und ist weit zu verstehen. Möglich ist daher, dass ein Mitglied der ARGE dem Bauhaupt- und ein anderes Mitglied dem Baunebengewerbe angehört.

Allerdings ist es nicht zulässig, wenn bei einem Mitglied z.B. der Tarifvertrag der Metallindustrie gilt. Bei Mischbetrieben gilt das Überwiegens-Prinzip.

Die Geltung der Tarifverträge kann sich aus der Mitgliedschaft im Arbeitgeberverband, einer Allgemeinverbindlichkeitserklärung oder aber auch daraus ergeben, dass die Arbeitsvertragsparteien den Tarifvertrag einzelvertraglich mit dem abzuordnenden Arbeitnehmer vereinbart haben. Die Tarifgeltung muss für alle Mitglieder der ARGE bestehen. Daher entfällt die gesetzliche Fiktion, soweit die beschriebene Tarifgeltung auch nur bei einem Einzelmitglied der ARGE nicht besteht. Für ausländische ARGE-Mitglieder aus einem EWR-Mitgliedsstaat wird allerdings auf die Tarifgeltung verzichtet. Die übrigen Voraussetzungen des § 1 Abs. 1a S. 1 gilt es jedoch auch für die ausländischen ARGE-Mitglieder zu beachten. Liegen die Voraussetzungen des § 1 Abs. 1a vor, so wird unwiderleglich vermutet, dass die Abordnung zur ARGE keine erlaubnispflichtige Arbeitnehmerüberlassung darstellt. Einer Erlaubnis bedürfen die abgeordneten Unternehmen folglich nicht. Ebenfalls nicht zur Anwendung kommen sonstige Vorschriften, die an das Vorliegen von Arbeitnehmerüberlassung anknüpfen, wie beispielsweise sozialversicherungs- und steuerrechtliche Vorschriften.

Kleinbetriebsklausel 174

§ 1a AÜG ermöglicht es Kleinbetrieben, zur Erhaltung von Arbeitsplätzen unter bestimmten Voraussetzungen, Arbeitnehmer auch ohne Erlaubnis der Bundesagentur für Arbeit zu überlassen, sofern die Arbeitnehmerüberlassung zuvor ordnungsgemäß angezeigt wurde. Nach § 1a Abs. 1 bedarf es dann keiner Erlaubnis, wenn der Arbeitgeber weniger als 50 Arbeitnehmer beschäftigt und er zur Vermeidung von Kurzarbeit oder Entlassungen an einen anderen Arbeitgeber einen Arbeitnehmer, der nicht zum Zweck der Überlassung eingestellt und beschäftigt wird, bis zur Dauer von 12 Monaten überlässt, wenn er die Überlassung vorher schriftlich bei der Bundesagentur für Arbeit angezeigt hat.

Maßgeblich ist die Größe des Unternehmens, nicht die des Betriebs. Es ist bei der Ermittlung der Beschäftigtenzahl auf den Zeitpunkt der Überlassung abzustellen. Mitzuzählen sind Arbeiter, Angestellte, Auszubildende, Heimarbeiter, Teilzeitkräfte und geringfügig Beschäftigte.

Diese Privilegierung gilt allerdings nicht für solche Arbeitgeber, die bereits eine Erlaubnis zur gewerblichen Arbeitnehmerüberlassung haben.

Die mehrfache Überlassung desselben Arbeitnehmers bis zur Höchstdauer von 12 Monaten ist zulässig, wenn jeder einzelne Fall der Bundesagentur für Arbeit angezeigt wird.

Wenn der 12-Monats-Zeitraum bei mehrfacher Überlassung überschritten wird, kann dies zulässig sein, wenn für jeden über die 12 Monate hinausgehenden Einsatz erneut die Voraussetzungen des Abs. 1 vorliegen und diese außerdem auch noch auf neu eintretenden Umständen beruhen. Die Voraussetzungen für § 1a Abs. 1 AÜG sind jedoch als neu zu überprüfen. Unerheblich ist für die Berechnung des 12-Monats-Zeitraums die gleichzeitige oder aufeinander folgende Überlassung verschiedener Arbeitnehmer.

Einschränkung im Baugewerbe 175

Für den Bereich des Baugewerbes ist § 1b AÜG relevant, denn hier gibt es im Baugewerbe Einschränkungen. Unzulässig sind danach Arbeitnehmerüberlassungen in Betrieben des Baugewerbes für Arbeiten, die üblicherweise von Arbeitern verrichtet werden. Es muss sich dabei um Tätigkeiten handeln, die üblicherweise von gewerblichen Arbeitnehmern verrichtet werden. Daher fallen solche Arbeiten nicht unter das Verbot, die üblicherweise durch Angestellte erledigt werden. Auch gilt das Verbot nur für die Arbeitnehmerüberlassung in Betriebe des Baugewerbes. Eine Überlassung aus einem Baubetrieb heraus in einen Betrieb einer **anderen Branche** ist daher nicht von § 1b AÜG erfasst.

Hierdurch wird die gewerbliche Arbeitnehmerüberlassung in Betrieben des Baugewerbes stark eingeschränkt. Sie ist nur unter den engen Voraussetzungen des § 1b S. 2 zulässig.

Eine Arbeitnehmerüberlassung ist danach gestattet, wenn in einem allgemeinverbindlich erklärten Tarifvertrag dies vorgesehen ist oder der verleihende Betrieb seit mindestens drei Jahren von denselben Rahmen- und Sozialkassentarifverträgen erfasst wird. Beide an der Arbeitnehmerüberlassung beteiligten Betriebe müssen von einem allgemeinverbindlich erklärten Tarifvertrag erfasst sein, der die Arbeitnehmerüberlassung gestattet. Es muss sich allerdings nicht um ein und denselben Tarifvertrag handeln. Wenn beide Tarifverträge ausdrücklich bestimmen, dass Arbeitnehmerüberlassung in Betrieben des Baugewerbes zulässig ist, können die geltenden Tarifverträge sogar hinsichtlich des fachlichen Geltungsbereichs voneinander abweichen. Wenn der verleihende Betrieb seit mindestens drei Jahren vom selben Rahmen- und Sozialkassentarifvertrag erfasst ist, ist ebenfalls eine Ausnahme möglich.

Voraussetzung ist allerdings, dass der verleihende und der aufnehmende Betrieb dem Baugewerbe gemäß § 1a Abs. 1 S. 1 AÜG zuzuordnen ist. Die zweite Ausnahme ist daher für reine Verleihfirmen nicht anwendbar und zwar selbst dann nicht, wenn sie überwiegend Arbeitnehmer aus dem Baubereich beschäftigen. Die Geltung des Tarifvertrages kann aufgrund Tarifbindung des Verleihers oder Allgemeinverbindlichkeitserklärung beruhen. In diesem Fall genügen einzelvertragliche Bezugnahmeklauseln im individuellen Arbeitsvertrag nicht.

Um den Missbrauch von Leiharbeit zu verhindern und die rechtliche Stellung von Leiharbeitnehmern zu stärken, wurde das AÜG mit Wirkung zum 01.04.2017 reformiert. Die wichtigsten Änderungen stellen sich wie folgt dar:

– Einführung einer Höchstüberlassungsdauer von 18 Monaten pro Leiharbeitnehmer, § 1 Abs. 1b AÜG: Dies bedeutet, dass auch weiterhin ein Stammarbeitsplatz dauerhaft mit Leiharbeitnehmern besetzt werden kann; nur nach 18 Monaten muss der Leiharbeitnehmer ausgetauscht werden.
– Einführung einer Kennzeichnungs- und Konkretisierungspflicht, § 1 Abs. 1 S. 5 und 6 AÜG: Die Arbeitnehmerüberlassung muss künftig im Vertrag ausdrücklich als solche bezeichnet werden. Auch muss die Person des Leiharbeitnehmers im Vertrag genannt sein. Hierdurch hat der Gesetzgeber den Arbeitgebern die Möglichkeit genommen, durch eine »Vorratserlaubnis« die negativen Folgen abzuwenden, die im Falle eines fehlgeschlagenen Werk- oder Dienstvertrages eingreifen.
– Leiharbeitnehmer haben künftig bereits nach neun Monaten einen Anspruch auf Zahlung desselben Entgelts, das ein vergleichbarer Stammarbeitnehmer im Entleiherbetrieb erhält, § 8 Abs. 1 AÜG. Eine Ausnahme hiervon ist nur noch in begrenzten Fällen möglich, wobei als Höchstgrenze ein Zeitraum von 15 Monaten vorgesehen ist, § 8 Abs. 4 S. 2 AÜG.

Ein Verstoß gegen die beiden erstgenannten Neuerungen hat die Unwirksamkeit des Arbeitsvertrages zum Verleiher zur Folge. Es wird stattdessen ein Arbeitsvertrag zum Entleiher fingiert, §§ 9, 10 AÜG, wobei jedoch der betroffene Arbeitnehmer die Möglichkeit hat, durch eine sog. Festhaltenserklärung sein altes Arbeitsverhältnis bei seinem bisherigen Arbeitgeber unverändert fortzusetzen.

XII. Zeugnisse

1. Muster Einfaches Zeugnis[15]

176 Zeugnis

Herr/Frau ....., geboren am ..... in ....., war vom ..... bis zum ..... in unserem Unternehmen als Maler und Lackierer tätig.

Herr/Frau hat folgende Aufgaben verrichtet:

---

15 Ein einfaches Zeugnis wird ausgestellt, wenn das Arbeitsverhältnis nur kurze Zeit angedauert hat und der Arbeitgeber Führung und Leistung des Arbeitnehmers noch nicht beurteilen kann oder wenn das qualifizierte Zeugnis so schlecht ausfallen würde, dass der Arbeitnehmer nichts damit anfangen kann.

2. Qualifiziertes Zeugnis

- Prüfung von Oberflächen und Untergründen aus verschiedenen Putzen, Beton, Metall, ...; entsprechende Vorbehandlung z.B. Abwaschen, Altanstriche entfernen, ...
- Farben ansetzen, mischen und abtönen
- Beschichtungen von Hand bzw. mit Maschinen auf verschiedenen Untergrundmaterialien z.B. Perlholz und Putz auftragen
- Spann-, Klebe- und Tapezierarbeiten, einschließlich des Verlegens von .....
- Lackieren von Möbeln, Fensterrahmen und Türen
- Anbringungen von Verbund- und Wärmedämmsystemen an Fassaden
- ..... (weitere Tätigkeitsbeschreibungen)

Das Arbeitsverhältnis endete am .....

Für den weiteren Lebensweg wünschen wir Herrn/Frau ..... für die berufliche wie persönliche Zukunft alles Gute.[1]

(Ort), den .....

.....

(Unterschrift)

1. Das einfache Zeugnis enthält nur eine Tätigkeitsbeschreibung und gibt über die Dauer des Arbeitsverhältnisses Auskunft.

2. Muster Qualifiziertes Zeugnis[16]

Zeugnis

Herr/Frau ....., geboren am ..... in ..... war vom ..... bis zum ..... in unserem Unternehmen als Maurer tätig.

Er/Sie wurde bei der Errichtung von Ein- und Mehrfamilienhäusern eingesetzt. Er/Sie betonierte Fundamente und setzte Decken und Zwischenwände ein. Zu seinen/ihren Aufgaben gehörte auch das Verputzen von Mauerwerk sowie im Rahmen von Instandsetzungs- und Sanierungsarbeiten die Reparatur der entsprechenden Schäden. Darüber hinaus lernte er/sie Hilfskräfte in den oben genannten Bereichen ein. Er/Sie arbeitete stets erfolgreich nach den Plänen des Architekten und Bauleiters.

Herr/Frau ..... erledigte seine/ihre Aufgaben mit großem Engagement und persönlichem Einsatz. Er/Sie verfügt über vielseitige und umfassende Fachkenntnisse, die er/sie jederzeit zielgerichtet und sicher in der Praxis einsetzte.

Herr/Frau ..... erledigte seine/ihre Aufgaben sehr ordentlich, schnell und gewissenhaft. Die ihm/ihr übertragenen Aufgaben hat er/sie stets zu unserer vollen Zufriedenheit erledigt.

Das Verhalten von Herrn/Frau ..... war vorbildlich. Bei Vorgesetzten, Kollegen und Kunden war er/sie sehr geschätzt.

Herr/Frau ..... verlässt unser Unternehmen mit dem heutigen Tag auf einen Wunsch.

Wir bedauern seinen/ihren Entschluss sehr, danken ihm/ihr für seine/ihre wertvollen Dienste und wünschen ihm/ihr für seine/ihre berufliche wie persönliche Zukunft alles Gute und weiterhin viel Erfolg.

(Ort), den .....

.....

Unterschrift

---

16 Das qualifizierte Zeugnis gibt Auskunft über die Leistungen des Arbeitnehmers und sein Führungsverhalten.

3. Muster Ausbildungszeugnis

179 Herr/Frau ....., geboren am ..... in ..... ist in der Zeit vom ..... bis zum ..... in unserem Unternehmen zum Schreiner ausgebildet worden.

Der Gang der betrieblichen Ausbildung ist an der Ausbildungsordnung vom ..... ausgerichtet, so dass Herr/Frau ..... über die einschlägigen Kenntnisse und Fertigkeiten eines Schreiners verfügt und heute vielseitig einsetzbar ist.

Zur Ergänzung der täglichen Praxis hat Herr/Frau ..... den Unterricht in der Fachklasse der Schreiner ..... besucht und die Ausbildung erfolgreich abgeschlossen.

Wir haben Herrn/Frau ..... in allen unseren Abteilungen eingesetzt. Er/Sie erwarb sich dort erste Erfahrungen im Holzzuschnitt und war betraut mit der Erledigung aller anfallenden Hobel-, Fräs- und Schleifarbeiten. Er/Sie lernte auch schnell individuelle Kundenwünsche zu erledigen. Zudem ist er/sie seit dem dritten Lehrjahr mit auf Montage und hier überwiegend im Bereich unserer Holzfensterbauabteilung eingesetzt. Hier ist er/sie für den Aufriss der Fenster, den Zuschnitt der Fensterrahmen und auch für Glaserarbeiten verantwortlich.

Herr/Frau ..... zeichnete sich von Beginn der Ausbildung an durch große Gewissenhaftigkeit und Fleiß aus. Sein/Ihr Leistungswille war vorbildlich. Bei den praktischen Arbeiten ging er/sie planvoll und überlegt vor. Herr/Frau ..... erwies sich als sehr interessierte/r Auszubildende/r, dessen/deren Leistungen immer gut war. Er/Sie war zuvorkommend und hilfsbereit. Er/Sie verhielt sich in den Betriebsabteilungen in jeder Hinsicht einwandfrei. Seine/Ihre Ausbildungszeit beendete Herr/Frau ..... erfolgreich mit der Abschlussprüfung vor dem Prüfungsausschuss der Industrie und Handelskammer. Hierüber wurde ihm/ihr bereits ein gesondertes Zeugnis ausgestellt. Herr/Frau ..... wird nach der Ausbildung eine Weiterqualifizierung durchführen. Wir wünschen ihm/ihr hierfür und für den weiteren Lebensweg alles Gute.

(Ort), den .....

.....

Unterschrift

4. Zeugnissprache

a) Leistungsbeurteilung

180

Mit seinen Leistungen waren wir in jeder Hinsicht sehr zufrieden.	Note 1
Der Arbeitnehmer hat die ihm übertragenen Aufgaben stets zu unserer vollen Zufriedenheit erledigt.	Note 2
Der Mitarbeiter hat die ihm übertragenen Arbeiten zu unserer vollen Zufriedenheit erledigt.	Note 3
Er hat die Arbeiten zu unserer Zufriedenheit erledigt.	Note 4
Mit seinen Leistungen waren wir im Großen und Ganzen zufrieden.	Note 5
Er hat versucht, zu unserer Zufriedenheit zu arbeiten.	Note 6

b) Führungsbeurteilung

war immer vorbildlich	Note 1	**181**
war vorbildlich	Note 2	
war stets einwandfrei/korrekt	Note 3	
war einwandfrei/korrekt	Note 3+	
ohne Tadel	Note 4	
gab zu keiner Klage Anlass	Note 5	
wegen seines/ihres freundlichen Auftretens wurde Herr/Frau … im Großen und Ganzen akzeptiert	Note 6	

XIII. Allgemeinverbindliche Tarifverträge im Baugewerbe

Die allgemeinverbindlichen Tarifverträge (Stand 01.01.2014) sind abrufbar unter: **182**
http://sh-nordwest.dgb.de/++co++39659e3a-a05d-11e3-b444-52540023ef1a

F. Prozessuale Muster

1. Werklohnklage

a) Vorbemerkung

1 Für eine ordnungsgemäße Klageschrift ist es gemäß § 253 Abs. 2 Nr. 2 ZPO erforderlich, dass neben einem bestimmten Antrag auch der Gegenstand und der Grund des erhobenen Anspruchs hinreichend konkret angegeben werden, um den Beklagten über Grund und Höhe der Forderung so weit in Kenntnis zu setzen, dass er seine Verteidigung entsprechend einrichten und substantiiert erwidern kann, ihm also die Möglichkeit zum qualifizierten Bestreiten gegeben wird.

Um diese Voraussetzungen eines schlüssigen Klagevortrags zu erfüllen, muss eine Werklohnklage die substantiierte Behauptung enthalten, dass

– ein wirksamer Bauvertrag zwischen den Parteien geschlossen wurde,
– unter Darlegung der erbrachten Leistungen (vgl. z.B. aktuell OLG Stuttgart, Urt. v. 10.05.2016 – 10 U 51/15, IBR 2017, 182) eine genau bezifferte Vergütung/Werklohnforderung verdient wurde und
– in Anbetracht des Grundsatzes der Vorleistungspflicht im Werkvertragsrecht die Werklohnforderung fällig ist, also insbesondere die Werkleistung abgenommen wurde, soweit keine Abschlagszahlung verlangt wird.

Im Hinblick auf diese Substantiierungspflichten gilt der Grundsatz, dass keine übersteigerten Anforderungen gestellt werden dürfen und ein weiterer konkretisierender Vortrag erst nach entsprechendem Bestreiten des Beklagten im Rahmen der Replik zu erfolgen hat.

Dies darf aber andererseits nicht zu der in der Praxis zunehmend zu beobachtenden Tendenz führen, dass sich der klägerische Vortrag auf die Behauptung einer pauschal bezifferten Gesamtforderungssumme beschränkt und für die konkrete Zusammensetzung und Berechnung dieser Gesamtforderung auf die in Anlage beigefügten Aufmaßlisten und Rechnung/Rechnungen verweist.

In diesem Zusammenhang wird des Öfteren das Urteil des BGH vom 17.07.2003 – I ZR 295/00, zitiert, in dem die Schlüssigkeit des Klagevortrags durch die ausdrückliche Bezugnahme auf die beigefügte Anlage bejaht wurde.

Dabei stellte der BGH heraus, dass es nicht darauf ankomme, ob der maßgebende Lebenssachverhalt bereits in der Klageschrift vollständig beschrieben worden sei. Vielmehr sei es – entsprechend dem Zweck der Klageerhebung, dem Schuldner den Willen des Gläubigers zur Durchsetzung seiner Forderungen zu verdeutlichen – im Allgemeinen ausreichend, wenn der Anspruch als solcher identifizierbar sei. Die gebotene Individualisierung der Klagegründe könne grundsätzlich auch durch eine konkrete Bezugnahme auf andere Schriftstücke erfolgen.

Der BGH erläuterte jedoch bereits in dieser Entscheidung, dass die Gerichte nicht dazu verpflichtet seien, umfangreiche ungeordnete Anlagenkonvolute von sich aus durchzuarbeiten, um so die erhobenen Ansprüche zu konkretisieren. Dem gegenüber betonte er den Ausnahmecharakter des vorliegenden Streitfalls, wonach die in Bezug genommene Anlage lediglich aus einem Blatt bestand, sie somit aus sich heraus verständlich war und dem Tatrichter keine unzumutbare Sucharbeit abverlangte.

Mit Beschl. v. 12.12.2013 – IX ZR 299/12 bestätigte der BGH auch nochmals, dass es nicht Aufgabe des Gerichts sei, »den entscheidungserheblichen Sachverhalt aus den Schriftsätzen, einer aus sechs Seiten bestehenden Tabelle und einem 221 Seiten umfassenden Anlagenkonvolut zusammenzusuchen«. Ein schlüssiger Vortrag könne nicht durch die Vorlage von Rechnungen und dem Akteninhalt aus verwaltungsgerichtlichen Verfahren ersetzt werden.

Somit macht die BGH-Rechtsprechung deutlich, dass die bloße Bezugnahme auf eine erläuternde Anlage lediglich dann einen entsprechenden Klagevortrag entbehrlich macht, wenn es sich um einen überschaubaren, einfachen Sachverhalt bzw. in werkvertraglicher Hinsicht um wenige Rechnungspositionen handelt.

Solche überschaubaren Sachverhalte werden im Rahmen von Werklohnklagen aus Bauverträgen jedoch eher die Ausnahme darstellen, wo es um eine Vielzahl von Einzelleistungen geht, deren Abrechnungen nebst dazugehörigen Aufmaßlisten und Plänen meistens ein viele Seiten umfassendes, für Laien oft schwer verständliches Anlagenkonvolut darstellen. Um somit einerseits unnötige Diskussionen und die Einwände der Beklagtenseite, dass die bloße Bezugnahme auf Anlagen für einen schlüssigen Klagevortrag nicht ausreiche und ein qualifiziertes Bestreiten daher nicht möglich sei, zu vermeiden und andererseits dem Gericht eine bessere Übersicht zu ermöglichen, empfiehlt es sich grundsätzlich, im Rahmen des Klagevortrags die erbrachten Leistungen, auf deren Grundlage sich die Klageforderung errechnet, konkret im Einzelnen aufzulisten.

Ergänzend wird auf die Ausführungen von Ulbrich in »Handbuch des Fachanwalts Bau- und Architektenrecht, 13. Kapitel, A.« verwiesen.

Vom prozessualen Aufbau können die BGB-Werklohnklage und die VOB/B-Schlussrechnungsklage im Wesentlichen gleich strukturiert werden, so dass nachfolgend ein einheitliches Prozessmuster für beide Vertragssituationen dargestellt wird, welches auf etwaig zu beachtende Besonderheiten des einen oder anderen Vertragstypus punktuell an entsprechender Stelle eingeht.

Dabei ist zu beachten, dass durch das neue Bauvertragsrecht (Inkrafttreten: 01.01.2018) die bisher bestehenden erheblichen Unterschiede zwischen einem BGB-Bauvertrag und einem VOB/B-Vertrag deutlich verringert worden sind. Es bleibt abzuwarten, wie sich dieses neue Regelwerk der §§ 650a ff. BGB künftig auf die Anwendung der VOB/B-Klauseln im Detail auswirken wird.

Aufgrund der bisher fehlenden Rechtsanwendungspraxis bezüglich des neuen BGB-Baurechts sowie im Hinblick darauf, dass in den kommenden Jahren noch eine Vielzahl von Verträgen nach der alten Rechtslage streitgegenständlich sein dürfte, wird nachfolgend uneingeschränkt auf das VOB/B-Regelwerk Bezug genommen.

b) Muster einer Werklohnklage nach Fertigstellung der beauftragten Arbeiten

An das

Landgericht X

– Kammer für Handelssachen – (alternativ Baukammer, soweit vorhanden)

Adresse

KLAGE

In Sachen

Rohbau GmbH & Co. KG

Adresse

vertr. d. d. persönlich haftende Gesellschafterin Bau Verwaltungs-GmbH, diese wiederum vertreten durch den Komplementärgeschäftsführer XY, ebenda

– Klägerin –

– Prozessbev.:

gegen

Wohnbau GmbH,

Adresse

vertr. durch den Geschäftsführer Z, ebenda

– Beklagte –

– anwaltlich noch nicht vertreten –

wegen Restwerklohnforderung

vorläufiger Streitwert:

zeigen wir an, dass wir die Klägerin vertreten. Namens und im Auftrag der Klägerin erheben wir hiermit unter gleichzeitiger Einzahlung der Gerichtskosten i.H.v. ..... €

Klage

zum örtlich und sachlich zuständigen Landgericht X mit folgenden

Anträgen:
1. Die Beklagte wird verurteilt, an die Klägerin einen Betrag i.H.v. ..... € nebst Zinsen i.H.v. 9 %-Punkten über dem Basiszinssatz hieraus seit dem ..... zu bezahlen.
2. Die Beklagte wird weiterhin verurteilt, Rechtsanwaltskosten aus vorgerichtlicher Tätigkeit i.H.v. ..... € an die Klägerin zu bezahlen.

Wir regen die Anordnung eines schriftlichen Vorverfahrens an. Im Falle der Anordnung eines schriftlichen Vorverfahrens stellen wir folgende Anträge:
a) bei nicht rechtzeitiger Verteidigungsanzeige den Erlass eines Versäumnisurteils nach § 331 III ZPO;
b) uns gemäß § 317 II ZPO eine vollstreckbare Ausfertigung des erlassenen Versäumnis- bzw. Anerkenntnisurteils zu erteilen;
c) die Bestätigung als Europäischer Vollstreckungstitel zu erteilen.

Begründung:

Die Klägerin fordert aus der Schlussrechnung eines VOB/B- (bzw. BGB-) Einheitspreis- (bzw. Pauschalpreis-) Vertrages über die Erbringung von Rohbauarbeiten zur Errichtung eines Mehrfamilienhauses auf dem Anwesen, Adresse, eine Restvergütung in Höhe von ..... €.

I. Vorvertragliche Grundlagen

Die Beklagte forderte die Klägerin am ..... zur Abgabe eines Angebots über die Erbringung von Rohbauarbeiten bezüglich des Bauvorhabens »Errichtung eines Mehrfamilienhauses, Adresse« auf. Unter Zugrundelegung des auftraggeberseitigen Leistungsverzeichnisses und der dazugehörigen Vertragsbedingungen gab die Klägerin ein vorläufiges Angebot (bzw. Pauschalangebot) über netto/brutto ..... € ab.

Beweis: Angebot der Klägerin vom ..... in Kopie

– Anlagenkonvolut K1 –

Eventuell:

Über dieses Angebot fand am ..... ein Verhandlungsgespräch statt, in welchem noch folgende zusätzliche/ergänzende/abändernde Vereinbarungen getroffen wurden:

(z.B. Festlegungen über Vertrags- und Ausführungszeiten, Skonti, Nachlässe, Preisänderungen, Pauschalierungen)

Beweis: Verhandlungsprotokoll vom ..... in Kopie

– Anlage K2 –

II. Vertragsabschluss und zusätzlich beauftragte Nachtragsleistungen

Über das Angebot der Klägerin sowie das Verhandlungsprotokoll wurde sodann am ..... ein Bauvertrag über eine vorläufige Auftragssumme von ..... (bzw. zu einem Pauschalpreis) von ..... € geschlossen.

1. Werklohnklage

Eventuell:

Dabei wurde die Geltung der VOB/B in der zum Vertragsschluss gültigen Fassung zwischen den Parteien vereinbart.

Beweis: Bauvertrag vom ..... in Kopie

– Anlage K3 –

Neben den im vertraglichen Leistungsverzeichnis vorgesehenen Leistungen wurden nachträglich von der Beklagten zusätzliche/geänderte Arbeiten angeordnet/beauftragt bzw. wurden nachträglich zusätzliche/geänderte Leistungen erforderlich. Diesbezüglich erstellte die Klägerin unter Anzeige der Mehrkosten entsprechende Nachtragsangebote, aus denen sich die konkreten, zusätzlich geforderten/erforderlichen bzw. geänderten Leistungen ergeben. Im Einzelnen handelt es sich um folgende Nachtragsleistungen:

Nachtragsposition	Leistungsbeschreibung	Vordersatz	EP

Beweis: Nachtragsangebote Nr. 1 – x der Klägerin in Kopie

– Anlagenkonvolut K4 –

Eventuell:

Nachtragsbeauftragungen Nr. 1 – x der Beklagten in Kopie
bzw. (bei fehlender Einigung)
Schriftliche Änderungsanordnungen Nr. 1 - x der Beklagten in Kopie

– Anlagenkonvolut K5 –

Eventuell:

Benennung von Zeugen für Anordnungen/Beauftragungen zusätzlicher/geänderter Leistungen bei fehlenden schriftlichen Änderungsanordnungen/Nachtragsbeauftragungen

Sollte das Gericht bezüglich der zusätzlichen/geänderten Leistungen einen weitergehenden Vortrag für erforderlich erachten, wird um entsprechenden gerichtlichen Hinweis gebeten.[1]

III. Erbrachte Leistungen

Gemäß den vertraglichen Vereinbarungen wurden von der Klägerin alle Arbeiten einschließlich der beauftragten Nachtragsleistungen den Regeln der Technik entsprechend im Zeitraum von ..... bis ..... mangelfrei durchgeführt und abnahmereif fertig gestellt.

Dabei wurden im Einzelnen folgende Leistungen erbracht[2]:

LV-Position/Nachtragsposition	Leistungsbeschreibung	Menge

Die vorgenannten erbrachten Mengen wurden von der Klägerin rechnerisch korrekt ermittelt.

Beweis: Aufmaßblätter/Aufmaßprotokolle und Regieberichte in Kopie

– Anlagenkonvolut K6 –

Sachverständigengutachten

Zeugnis des/der Herrn/Frau ....., zu laden über die Klägerin

IV. Abnahme

Mit Schreiben vom ..... zeigte die Klägerin die Fertigstellung sämtlicher beauftragter Arbeiten an und forderte die Beklagte zur Durchführung der Abnahme bis zum ..... auf, die am ..... vorgenommen wurde.

Beweis: Schreiben der Klägerin vom ..... in Kopie

– Anlage K7 –

Abnahmeprotokoll vom ..... in Kopie

– Anlage K8 –

Die bei diesem Abnahmetermin festgestellten Mängel wurden von der Klägerin innerhalb kürzester Zeit/fristgerecht beseitigt.

Beweis: Zeugnis des/der Herrn/Frau ....., zu laden über die Klägerin

Sachverständigengutachten

Eventuell:

Nachabnahmeprotokoll vom ..... in Kopie

– Anlage K9 –

Die Vertragsleistungen sowie die zusätzlich beauftragten Arbeiten wurden somit von der Klägerin vollständig, fachgerecht und mangelfrei erbracht.[3]

V. Schlussrechnung[4]

Bei einem Einheitspreisvertrag:

Nach Abnahme der Arbeiten übermittelte die Klägerin der Beklagten am ..... die prüffähige Schlussrechnung Nr. ..... unter Beifügung der entsprechenden Aufmaßblätter/Aufmaßprotokolle und Regieberichte. Diese Schlussrechnung endete mit einem Gesamtrechnungsbetrag von netto ..... €, demnach brutto ..... €.

Beweis: Schlussrechnung Nr. ..... vom ..... in Kopie

– Anlage K10 –

Aufmaßblätter/Aufmaßprotokolle und Regieberichte in Kopie

– bereits als Anlagenkonvolut K6 vorgelegt –

Die Rechnungssumme wurde rechnerisch korrekt unter Multiplikation der unter Ziffer III. aufgezeigten erbrachten Mengen mit den vertraglich vereinbarten Einheitspreisen bzw. den ordnungsgemäß kalkulierten Nachtragspreisen ermittelt.

Bei einem Pauschalpreisvertrag:

Nach Abnahme der Arbeiten übermittelte die Klägerin der Beklagten am ..... die Schlussrechnung Nr. ..... in Höhe des vereinbarten Pauschalpreises von brutto ..... €.

Beweis: Schlussrechnung Nr. ..... vom ..... in Kopie

– Anlage K10 –

Zusätzlich bei einem VOB/B-Vertrag: Die Beklagte ließ die Prüffrist gemäß § 16 Abs. 3 Nr. 1 VOB/B ungenutzt verstreichen. Die Schlussrechnungsforderung ist somit fällig.

Eventuell (unter Einhaltung der Fristen gemäß § 650g Abs. 4 Satz 3 BGB, § 16 Abs. 3 Nr. 1 VOB/B):

Von der Beklagten wurde zu Unrecht die Schlussrechnung als nicht prüffähig moniert und eine Rechnungsprüfung verweigert. Entgegen der Auffassung der Beklagten ist die Schlussrechnung der Klägerin prüffähig, entsprechend den Positionen des Leistungsverzeichnisses aufgestellt und richtig.

Beweis: Sachverständigengutachten

Zusätzlich bei einem VOB/B-Vertrag: Da die Beklagte zu Unrecht die Prüfung der Schlussrechnung verweigert hat und die Prüffrist gemäß § 16 Abs. 3 Nr. 1 VOB/B ungenutzt verstreichen ließ, ist die Schlussrechnungsforderung somit fällig.

Eventuell:

Bei einem VOB/B-Vertrag: Von der Beklagten wurden die Rechnung geprüft und am ..... an die Klägerin zurückgeschickt. Da die Rechnungssumme zu Unrecht erheblich gekürzt worden war, erklärte die Klägerin mit Schreiben vom ..... den Vorbehalt gegen die Bewertung ihrer Rechnungen und versah diesen Vorbehalt mit jeweils entsprechenden Begründungen/Nachberechnungen. Zudem mahnte sie die Begleichung der nachberechneten offenen Restforderungen unter Fristsetzung zum ..... an.

Beweis: Rechnungsprüfung vom ..... in Kopie

   – Anlage K11 –

   Vorbehaltsschreiben zzgl. Nachberechnungen vom ..... in Kopie

   – Anlage K12 –

bzw. bei einem BGB-Bauvertrag: Von der Beklagten wurden die Rechnung geprüft und am ..... an die Klägerin zurückgeschickt. Da die Rechnungssumme zu Unrecht erheblich gekürzt worden war, mahnte die Klägerin die offenen Restforderungen unter Fristsetzung zum ..... an.

Beweis: Rechnungsprüfung vom ..... in Kopie

– Anlage K11 –

Mahnschreiben vom ..... in Kopie

– Anlage K12 –

Eventuell bei berechtigten/anerkannten Rechnungskürzungen bzw. Rechnungskorrekturen (s.u. unter Erläuterungen die Nr. 5, Rdn. 7):

Von der Klägerin wurden folgende, im Rahmen der Rechnungsprüfung von der Beklagten vorgenommene Korrekturen akzeptiert:

LV-Position / Nachtragsposition	Korrigierte Menge

Die Korrekturen der vorgenannten LV-/Nachtragspositionen wurden bereits bei der Darstellung der unter Ziffer III. aufgezeigten Leistungen berücksichtigt. Alle anderen LV-Positionen wurden im Rahmen der Schlussrechnung mengenmäßig wie unter Ziffer III. angegeben korrekt erfasst, so dass unter Zugrundelegung der Vertragspreise bzw. der ordnungsgemäß ermittelten Nachtragspreise und der unter Ziffer III. aufgezeigten erbrachten Mengen von der Klägerin im Rahmen der Schlussrechnung für die durchgeführten Arbeiten somit berechtigt ..... € abgerechnet und geltend gemacht wurden. Sollte das Gericht bezüglich der Ermittlung des korrigierten Schlussrechnungsbetrags einen weitergehenden Vortrag für erforderlich erachten, wird um entsprechenden gerichtlichen Hinweis gebeten.

VI. Klageforderung

Die Klageforderung in Höhe von ..... € errechnet sich wie folgt:

Wie soeben aufgezeigt, wurden von der Klägerin berechtigt brutto ..... € gegenüber der Beklagten abgerechnet. Unter Abzug der hierauf zum Rechnungsstellungszeitpunkt bereits geleisteten Abschlagszahlungen von insgesamt brutto ..... € wurden im Rahmen der Schlussrechnung noch die restlichen brutto ..... € von der Beklagten angefordert.

Beweis: Schlussrechnung Nr. ..... vom ..... in Kopie,

— bereits als Anlage K10 vorgelegt —

Auf den offenen Forderungsbetrag aus der Schlussrechnung Nr. ..... zahlte die Beklagte am ..... lediglich einen Teilbetrag von brutto ..... €, nachdem sie mit klägerischem Mahnschreiben vom ..... nochmals zur Zahlung der Schlussrechnungsforderung aufgefordert worden war.

Beweis: Mahnschreiben der Klägerin vom ..... in Kopie

— Anlage K13 —

Demnach ist noch eine klägerische Restforderung von

..... € − ..... € = brutto ..... €

nach wie vor zur Zahlung offen. Dies entspricht der Klageforderung.

VII. Verzug

Wie bereits dargestellt, hatte die Klägerin mit Mahnschreiben vom ..... die Begleichung der offenen Restwerklohnforderung aus der Schlussrechnung bis zum ..... angemahnt.

Beweis: Mahnschreiben der Klägerin vom ..... in Kopie

— bereits als Anlage K13 vorgelegt —

Da die Beklagte hierauf nur eine Teilzahlung leistete, befindet sich die Beklagte mit der Begleichung des offenen Restwerklohns spätestens seit dem ..... in Verzug.

Die Klägerin ist somit berechtigt, Verzugszinsen gemäß § 286 Abs. 1, § 288 Abs. 2, § 247 BGB (BGB-Vertrag) bzw. gemäß § 16 Abs. 5 Nr. 3 VOB/B, § 288 Abs. 2, § 247 BGB (VOB/B-Vertrag) zu fordern.

VIII. Außergerichtliche Anwaltskosten

Darüber hinaus ist die Beklagte dazu verpflichtet, der Klägerin die für ihre außergerichtliche Interessenwahrnehmung angefallenen Rechtsanwaltskosten zu erstatten.

Für die außergerichtliche Interessenvertretung der Klägerin sind Rechtsanwaltsgebühren i.H.v. ..... € nebst der Auslagenpauschale von 20,00 € angefallen.

Beweis: Kostenrechnung in Kopie

— Anlage K14 —

Die außergerichtliche Interessenvertretung der Klägerin gegenüber der Beklagten fand statt, nachdem die Beklagte spätestens am ..... in Verzug geraten war.

Beweis: Anwaltliches Schreiben vom ..... in Kopie

— Anlage K15 —

Die Geschäftsgebühr i.H.v. ..... € nebst der Auslagenpauschale von 20,00 € ist daher von der Beklagten als Verzugsschaden an die Klägerin zu erstatten.

Bezüglich der Geltendmachung der vollen Geschäftsgebühr wird auf § 15a RVG hingewiesen.

Dieser Gebührenerstattungsanspruch erhöht den Streitwert nicht, da gem. § 43 Abs. 1 GKG bei der Geltendmachung von Kosten als Nebenforderung keine Erhöhung des Streitwerts eintritt (BGH Beschl. v. 30.01.2007, Az.: X ZB 7/06).

Die Klage ist vollumfänglich begründet.

Rechtsanwälte[6]

c) Erläuterungen

1. Für einen schlüssigen Klagevortrag reicht die Behauptung, dass konkrete geänderte/zusätzliche Leistungen angeordnet/beauftragt/erforderlich wurden und hierfür die vereinbarten bzw. ordnungsgemäß kalkulierten Nachtragspreise anzusetzen sind. Es sollte abgewartet werden, ob und inwieweit der Beklagte bei Fehlen einer Einigung (vgl. § 650b Abs. 1 BGB/§ 2 Abs. 5 Satz 2, Abs. 6 Nr. 2 Satz 2 VOB/B) die Nachtragspositionen im Rahmen der Klageerwiderung bestreitet. Im Rahmen der Replik wäre dann gegebenenfalls ergänzend auszuführen,

– dass die Nachtragsleistungen nicht vom ursprünglichen Vertragsinhalt erfasst waren,
– bei Fehlen schriftlicher Anordnungen gemäß § 650b Abs. 2 BGB, wann die Nachtragsleistungen von wem angeordnet wurden bzw. weswegen sie erforderlich wurden,
– ob die Mehrkosten/Maßnahmen vor Ausführung angezeigt wurden (vgl. § 650b Abs. 1 Satz 2 BGB/§ 2 Abs. 6 Nr. 1 Satz 2 VOB/B),
– dass die Nachtragspreise aus den Vertragspreisen kalkuliert wurden bzw. ortsüblich und angemessen sind, wofür der Sachverständigenbeweis anzubieten wäre. Nach der neuen Rechtslage ist dabei auch auf das Regelwerk des § 650c BGB zu achten.

Dem alten BGB-Werkvertragsrecht war das Nachtragsreglement der VOB/B fremd, so dass vom ursprünglichen Vertragsinhalt nicht erfasste Leistungen jeweils separat nachträglich vereinbart werden mussten und nicht einseitig vom Auftraggeber angeordnet werden durften. Da der Klagevortrag jedoch von der einvernehmlichen Durchführung der zusätzlichen/geänderten Leistungen ausgeht, ist die im Klagemuster enthaltene Formulierung auch grundsätzlich für einen BGB-Werkvertrag nach der alten Rechtslage geeignet. Die vorgenannten Überlegungen erübrigen sich in Zukunft, da das neue BGB-Bauvertragsrecht gemäß §§ 650b ff. BGB dem Besteller nun ebenfalls ein nachträgliches Anordnungsrecht einräumt.

Sollten die Nachtragsleistungen auf Stundenlohnbasis erbracht werden, wären die konkret auf Regie zu erbringenden Leistungen ohne Vordersätze und Einheitspreise zu benennen und sodann entsprechend zur Stundenlohnvereinbarung vorzutragen, (vgl. § 2 Abs. 10, § 15 VOB/B).

2. Bei einem Detailpauschalvertrag entfallen konsequenterweise die konkreten Mengenangaben bezüglich der pauschalierten LV-Positionen.

Bei einem Globalpauschalvertrag ist es ausreichend, wenn die Erbringung der von der Pauschale erfassten Hauptleistungen/Gewerke und die Erreichung des vereinbarten Werkerfolgs dargelegt werden. Ein Eingehen auf die hierzu erforderlichen einzelnen Leistungsschritte ist zumindest im Rahmen der Klageschrift nicht erforderlich.

3. Für den Fall, dass kein Abnahmetermin durchgeführt bzw. keine Abnahme erklärt wurde, wäre bei entsprechender Fristsetzung durch die Klägerin auf die Abnahmefiktion des § 640 Abs. 2 BGB abzustellen. Fehlt es an einer solchen Fristsetzung oder am erforderlichen Hinweis gemäß § 640 Abs. 2 Satz 2 BGB, müssten die Umstände einer konkludenten Abnahme dargestellt werden.

Im Fall eines VOB/B-Vertrags wäre bei fehlender Vereinbarung einer förmlichen Abnahme zudem an die Möglichkeit einer Abnahmefiktion gemäß § 12 Abs. 5 VOB/B zu denken, falls der Bauherr nicht Verbraucher ist.

4. Für einen BGB-Bauvertrag i. S. d. § 650a BGB ist gemäß § 650g Abs. 4 Nr. 2 BGB nunmehr das Vorliegen einer prüffähigen Schlussrechnung neben der Abnahme Fälligkeitsvoraussetzung. Dies war bisher nur bei einem VOB/B-Vertrag gemäß § 14 Abs. 1, § 16 Abs. 3 Nr. 1 VOB/B der Fall. Der Eintritt der Fälligkeit ist jedoch nach wie vor unterschiedlich geregelt. Während beim BGB-Bauvertrag die Erteilung einer prüffähigen Schlussrechnung genügt, tritt beim VOB/B-Ver-

trag die Fälligkeit erst nach der Schlussrechnungsprüfung bzw. nach Ablauf der Prüffrist ein, § 16 Abs. 3 Nr. 1 Satz 1 VOB/B.

Die Schlussrechnung kann zwar noch im Laufe des Prozesses und sogar noch in 2. Instanz nachgereicht werden, jedoch entfallen dann etwaig geltend gemachte Schadenersatzansprüche aus Verzug, also insbesondere Verzugszinsen und der Ersatz der außergerichtlichen Anwaltskosten.

Für einen BGB-Bauvertrag nach alter Rechtslage ist die Vorlage einer Schlussrechnung für den Eintritt der Fälligkeit nicht zwingend erforderlich. Da jedoch der gewerbliche Auftragnehmer regelmäßig Rechnungen über seine Leistungen erstellen wird, empfiehlt es sich schon zum Zweck der Nachvollziehbarkeit der Werklohnermittlung, diese Rechnungen dem Gericht auch vorzulegen.

7   5. Sollten Rechnungskürzungen bzw. Rechnungskorrekturen von der Klägerin akzeptiert worden sein, also die als erbracht vorgetragenen Mengen von den in der Schlussrechnung enthaltenen Mengen abweichen, wäre hierauf konkret hinzuweisen. Dies könnte, wie im Muster vorgesehen, bereits unter dem Gliederungspunkt »Schlussrechnung« bei der Darstellung einer etwaigen Rechnungsprüfung oder unter dem Gliederungspunkt »Klageforderung« thematisiert werden.

8   6. Sollten bereits Gegenforderungen oder Mängelbehauptungen bekannt sein, ist es eine stilistische Frage, ob man bereits im Rahmen des Klagevortrags darauf eingeht und gleichsam der Gegenseite »den Wind aus den Segeln nehmen« möchte. Grundsätzlich ist es jedoch Aufgabe des Beklagten, seine Gegenpositionen zu formulieren und in den Prozess einzubringen. Für einen schlüssigen Klagevortrag ist daher das Aufgreifen von Gegenforderungen nicht erforderlich. Allein mit der Erhebung der Klage und der Bezifferung der Klageforderung gibt man ausreichend zu verstehen, dass man etwaige Gegenforderungen als unberechtigt ansieht.

d) Klage auf Abschlagszahlungen

9   Vor Fertigstellung der Arbeiten können fällige Abschlagszahlungen separat eingeklagt werden.

Bei einem VOB/B-Vertrag ist gemäß § 14 Abs. 1, § 16 Abs. 1 VOB/B und bei einem BGB-Werkvertrag gemäß § 632a Abs. 1 Satz 5 BGB die Vorlage einer prüffähigen Abschlagsrechnung Fälligkeitsvoraussetzung, so dass das soeben aufgezeigte Muster mit der Maßgabe verwendet werden kann, dass der Gliederungspunkt »Abnahme« sowie Ausführungen zur abnahmereifen Fertigstellung der Vertragsleistungen konsequenterweise entfallen und der Gliederungspunkt »Schlussrechnung« als »Abschlagsrechnung« zu bezeichnen ist.

Da der Anspruch auf Abschlagszahlung gemäß § 16 Abs. 1 Nr. 1 VOB/B bzw. § 632a BGB a.F. nur für vertragsgemäß erbrachte Leistungen besteht, muss auch bei der Geltendmachung einer Abschlagszahlung vorgetragen werden, dass die von der Abschlagsrechnung erfassten Leistungen den Regeln der Technik entsprechend und mangelfrei durchgeführt wurden. Dies dürfte nach der neuen Fassung von § 632a BGB für den substantiierten Klagevortrag bei einem BGB-Bauvertrag nicht mehr erforderlich sein, da in § 632a Abs. 1 Satz 1 BGB die vertragsgemäße Erbringung gerade nicht mehr als Anspruchsvoraussetzung gefordert wird, sondern stattdessen in Satz 2 ein Leistungsverweigerungsrecht des Bestellers bei nicht vertragsgemäß erbrachten Leistungen vorgesehen ist.

Gemäß § 632a BGB a.F. muss bei einem BGB-Werkvertrag nach alter Rechtslage der Sachvortrag noch zusätzliche Informationen über den »Wertzuwachs« enthalten, um einen Anspruch auf Abschlagszahlung zu begründen.

Bezüglich des Fälligkeitseintritts ist dahingehend zu differenzieren, dass die prüffähige Abschlagsrechnung bei einem BGB-Bauvertrag mangels anders lautender Regelung **sofort**, bei einem VOB/B-Vertrag jedoch gemäß § 16 Abs. 1 Nr. 3 VOB/B erst binnen 21 Tagen nach Zugang der Rechnung fällig wird. Im neuen BGB-Bauvertragsrecht ist gemäß § 650c Abs. 3 BGB nunmehr ergänzend geregelt, dass 80 % der in einem Nachtragsangebot genannten Vergütung mittels Abschlagszahlung eingefordert werden dürfen, falls es zu keiner Einigung über die Nachtragsvergütung kommt. Bei einem Verbraucherbauvertrag ist auf die 90%-Regelung des § 650m Abs. 1 BGB zu achten.

Das Einklagen fälliger Abschlagszahlungen ist nicht mehr möglich, wenn die Arbeiten im Wesentlichen fertig gestellt wurden und die sogenannte »Schlussrechnungsreife« eingetreten ist.

e) Werklohnklage bei einem teilgekündigten Pauschalvertrag

Nicht selten kommt es zur Fallkonstellation, dass die Vertragsdurchführung vorzeitig durch Kündigung beendet wird. Dabei ist selbstverständlich, dass der Auftragnehmer für die bis zum Kündigungszeitpunkt erbrachten Leistungen die vertraglich vereinbarte Vergütung (vgl. § 648a Abs. 5 BGB) verlangen kann. Im Fall der freien Kündigung gemäß § 8 Abs. 1 VOB/B, § 648 BGB ist der Auftragnehmer zudem berechtigt, für die kündigungsbedingt entfallenen Teilleistungen die vertraglich vereinbarte Vergütung abzüglich ersparter Aufwendung zu fordern.

10

Dabei bereitet die Abgrenzung des Vergütungsanspruchs für die erbrachten Leistungen im Verhältnis zu den entfallenen Leistungen im Rahmen eines teilgekündigten Pauschalvertrags besondere Schwierigkeiten.

Im Falle eines teilgekündigten Pauschalvertrags fordert der BGH für einen schlüssigen Klagevortrag, dass der Auftragnehmer zunächst die erbrachten Leistungen darlegen und von dem nicht ausgeführten Teil abgrenzen muss. Sodann ist die Höhe der Vergütung für die erbrachten Leistungen nach dem Verhältnis des Wertes dieser Leistungen zum Wert der nach dem Pauschalvertrag geschuldeten Gesamtleistung zu errechnen. Daher müssen das Verhältnis der bewirkten Leistung zur vereinbarten Gesamtleistung und das Verhältnis des Preisansatzes für die Teilleistungen zum Pauschalpreis dargelegt werden. Soweit zur Bewertung der erbrachten Leistungen Anhaltspunkte aus der Zeit vor dem Vertragsschluss nicht vorliegen, muss der Auftragnehmer im Nachhinein im Einzelnen darlegen, wie die erbrachten Leistungen unter Beibehaltung des Preisniveaus zu bewerten sind, damit der Auftraggeber sich sachgerecht verteidigen kann. Im Fall der freien Kündigung muss der Auftragnehmer in einem zweiten Schritt die nicht erbrachten Leistungen abrechnen und dazu vortragen, welche Aufwendungen er insoweit erspart hat und ggf. welchen anderweitigen Erwerb er sich anrechnen lassen muss (BGH, Urt. v. 29.06.1995 – VII ZR 184/94, BauR 1995, 691; BGH, Urt. v. 04.07.1996 – VII ZR 227/93, BauR 1996, 846; BGH, Urt. v. 06.03.1997 – VII ZR 47/96, BauR 1997, 643; BGH, Urt. v. 04.05.2000 – VII ZR 53/99, BauR 2000, 1182; BGH, Urt. v. 18.04.2002 – VII ZR 164/01, BauR 2002, 1403). Die 5%-Pauschale des § 648 Satz 3 BGB erleichtert nur diesen zweiten Schritt und entbindet nicht von der Abgrenzung zwischen erbrachten und nicht erbrachten Leistungen und der Ermittlung der jeweiligen Vergütungsanteile.

Lediglich in Fällen, in denen zum Zeitpunkt der Vertragskündigung nur noch geringfügige Leistungen zu erbringen sind, ist eine vereinfachte Ermittlung des Vergütungsanspruchs dergestalt möglich, dass die gekündigten Leistungen bewertet und vom Gesamtpreis abgezogen werden. Dabei wurde die Grenze der Geringfügigkeit von der Rechtsprechung bisher angenommen, wenn der Umfang der noch zu erbringenden Leistungen bei 2–4 % des Auftragsvolumens liegt (OLG Hamm, Urt. v. 10.01.2006 – 24 U 94/05, NZBau 2006, 576; OLG Celle, Urt. v. 04.01.2007 – 13 U 244/05, BauR 2008, 100, 133).

Nachfolgend findet sich ein Klagemuster nach den Anforderungen des BGH ohne Berücksichtigung der vorgenannten, ausnahmsweise zulässigen vereinfachten Vergütungsberechnung.

f) Muster Klage bei teilgekündigten Pauschalvertrag

11 An das

Landgericht X

Adresse

KLAGE

In Sachen

Fertighaus GmbH

Adresse

vertr. durch den Geschäftsführer W.

– Klägerin –

– Prozessbev.:

gegen

1. Herrn S.

Adresse

– Beklagter zu 1) –

2. Frau S.

Adresse

– Beklagte zu 2) –

– anwaltlich noch nicht vertreten –

wegen Restwerklohnforderung

vorläufiger Streitwert:

zeigen wir an, dass wir die Klägerin vertreten. Namens und im Auftrag der Klägerin erheben wir hiermit unter gleichzeitiger Einzahlung der Gerichtskosten i.H.v. ..... €

Klage

zum örtlich und sachlich zuständigen Landgericht X mit folgenden

Anträgen:

1. Die Beklagten werden gesamtschuldnerisch verurteilt, an die Klägerin einen Betrag i.H.v. ..... € nebst Zinsen i.H.v. 5 %-Punkten über dem Basiszinssatz hieraus seit dem ..... zu bezahlen.
2. Die Beklagten werden weiterhin gesamtschuldnerisch verurteilt, Rechtsanwaltskosten aus vorgerichtlicher Tätigkeit i.H.v. ..... € an die Klägerin zu bezahlen.

Wir regen die Anordnung eines schriftlichen Vorverfahrens an. Im Falle der Anordnung eines schriftlichen Vorverfahrens stellen wir folgende Anträge:
a) bei nicht rechtzeitiger Verteidigungsanzeige den Erlass eines Versäumnisurteils nach § 331 III ZPO;
b) uns gemäß § 317 II ZPO eine vollstreckbare Ausfertigung des erlassenen Versäumnis- bzw. Anerkenntnisurteils zu erteilen;
c) die Bestätigung als Europäischer Vollstreckungstitel zu erteilen.

Begründung:

Die Klägerin fordert aus der Schlussrechnung eines vorzeitig gekündigten BGB-Pauschalvertrags über die schlüsselfertige Errichtung eines Dreifamilienwohnhauses auf dem Grundstück der Beklagten, Adresse, eine Restvergütung in Höhe von ..... €.

1. Werklohnklage

F.

I. Vorvertragliche Grundlagen

Die Klägerin unterbreitete den Beklagten das aus der Anlage ersichtliche Angebot über die schlüsselfertige Errichtung eines Dreifamilienwohnhauses auf dem Anwesen ....., welches mit einem Pauschalpreis in Höhe von 450.000,00 € endete. Grundlage des Festpreisangebots waren die Zeichnungen/Pläne sowie die von der Klägerin erstellte Bauleistungsbeschreibung vom .....

Beweis: Angebot vom ..... nebst Baubeschreibung in Kopie

– Anlagenkonvolut K1 –

II. Vertragsabschluss

Auf das Angebot der Klägerin wurden sodann von den Beklagten am ..... der Auftrag erteilt und der Pauschalpreis von 450.000,00 € bestätigt.

Beweis: Auftragserteilung der Beklagten vom ..... in Kopie

– Anlage K2 –

III. Bauverlauf und vorzeitig gekündigter Vertrag

Die vereinbarten Bauarbeiten wurden am ..... begonnen.

Nachdem der Rohbau fertig gestellt worden war, wurde der Bauvertrag vom ..... allerdings durch die Beklagten vorzeitig mit Schreiben vom ..... gekündigt.

Beweis: Schreiben der Beklagten vom ..... in Kopie

– Anlage K3 –

Eventuell:

Sollte der Auftraggeber Kündigungsgründe genannt haben, ist hier zu thematisieren, inwiefern diese Gründe keine außerordentliche Kündigung rechtfertigen, so dass die Kündigungserklärung in eine freie Kündigung gemäß § 648 BGB umzudeuten ist.

IV. Bis zur Kündigung erbrachte Leistungen

Bis zur Kündigung am ..... hatte die Klägerin durch ihren Subunternehmer U die Rohbauarbeiten komplett erstellen lassen.

Beweis: Zeugnis des Subunternehmers U

V. Abnahme der erbrachten Leistungen[1]

Am ..... wurde zwischen den Parteien bezüglich der bis zur Kündigung erbrachten Rohbauleistungen eine Abnahmebegehung durchgeführt, wobei die Beklagten die Abnahme erklärten.

Beweis: Abnahmeprotokoll vom ..... in Kopie

– Anlage K4 –

VI. Berechnung der Gesamtvergütungsforderung

Der Klägerin steht ein Gesamtvergütungsanspruch in Höhe von brutto 222.974,80 € zu.

Dieser errechnet sich wie folgt:

1. Zusammensetzung des Pauschalpreises

Bei einer vorzeitigen freien Kündigung stehen dem Unternehmer einerseits ein Vergütungsanspruch für die bis zur Kündigung erbrachten Leistungen und andererseits ein Restvergütungsanspruch für die gekündigten Leistungen gemäß § 648 BGB zu. Um bei einem Pauschalvertrag diese Vergütungsansprüche korrekt voneinander abzugrenzen und zu ermitteln, ist der Pauschalpreis in Einzelpositionen aufzugliedern.

Für die jeweiligen Teilgewerke hatte die Klägerin Subunternehmerverträge zu folgenden Preisen abgeschlossen bzw. entsprechende Angebote vorliegen:

Rohbauarbeiten	brutto	€	155.000,00
Zimmereiarbeiten	brutto	€	7.000,00
Dachflächen, Balkondämmung, Spenglerei	brutto	€	20.000,00
Elektroinstallation	brutto	€	19.000,00
Heizungs- und Sanitärinstallation	brutto	€	46.000,00
Außen- und Innenputz, Trockenbau Decke	brutto	€	39.000,00
Fenster, Fensterbänke	brutto	€	18.000,00
Türen	brutto	€	12.000,00
Estrich KG bis DG	brutto	€	7.000,00
Fußbodenbeläge – Laminat	brutto	€	10.000,00
Fliesenarbeiten	brutto	€	23.000,00
Schlosserarbeiten, Treppen-/Balkongeländer	brutto	€	19.000,00
Summe	*brutto*	*€*	*375.000,00*

Bei ungestörter Vertragsdurchführung wären der Klägerin somit Eigenkosten in Höhe von brutto 375.000,00 € entstanden.

Beweis: Nachunternehmerverträge und Angebote in Kopie

– Anlagenkonvolut K5 –

Aus dem Verhältnis zwischen der vereinbarten Pauschalvergütung von 450.000,00 € und den klägerischen Eigenkosten in Höhe von 375.000,00 € errechnet sich ein durchschnittlicher Zuschlag der Klägerin von 20 % auf die jeweiligen Eigenkosten.

Unter Berücksichtigung dieses Zuschlags von 20 % auf die Eigenkosten setzt sich der Pauschalpreis von brutto 450.000,00 € demnach rechnerisch wie folgt zusammen:

Rohbauarbeiten	brutto	€	186.000,00
Zimmereiarbeiten	brutto	€	8.400,00
Dachflächen, Balkondämmung, Spenglerei	brutto	€	24.000,00
Elektroinstallation	brutto	€	22.800,00
Heizungs- und Sanitärinstallation	brutto	€	55.200,00
Außen- und Innenputz, Trockenbau Decke	brutto	€	46.800,00
Fenster, Fensterbänke	brutto	€	21.600,00
Türen	brutto	€	14.400,00
Estrich KG bis DG	brutto	€	8.400,00
Fußbodenbeläge – Laminat	brutto	€	12.000,00
Fliesenarbeiten	brutto	€	27.600,00
Schlosserarbeiten, Treppen-/Balkongeländer	brutto	€	22.800,00
Summe	*brutto*	*€*	*450.000,00*

2. Vergütungsanspruch aus erbrachten Leistungen

Wie bereits unter Ziffer III. ausgeführt, hatte die die Klägerin bis zur Kündigung am ..... die Rohbauarbeiten komplett hergestellt.

Gemäß der soeben dargelegten Pauschalpreiszusammensetzung entfällt vom Gesamtpauschalpreis auf das Gewerk Rohbau ein Teilvergütungsbetrag in Höhe von brutto 186.000,00 €.

3. Vergütungsanspruch aus gekündigten Leistungen

Gemäß § 648 Satz 2 BGB ist die Klägerin aufgrund der freien Kündigung der Beklagten berechtigt, die vereinbarte Vergütung für die gekündigten Leistungen abzüglich der durch die Kündigung ersparten Aufwendungen zu verlangen.

Abzüglich des Vergütungsanspruchs für die erbrachten Rohbauarbeiten in Höhe von brutto 186.000,00 € beträgt der klägerische Vergütungsanspruch für die teilgekündigten Leistungen

450.000,00 € – 186.000,00 € = 264.000,00 €.

Aufgrund der vorzeitigen Kündigung ersparte sich die Klägerin folgende Subunternehmerkosten:

Zimmereiarbeiten	brutto €	7.000,00
Dachflächen, Balkondämmung, Spenglerei	brutto €	20.000,00
Elektroinstallation	brutto €	19.000,00
Heizungs- und Sanitärinstallation	brutto €	46.000,00
Außen- und Innenputz, Trockenbau Decke	brutto €	39.000,00
Fenster, Fensterbänke	brutto €	18.000,00
Türen	brutto €	12.000,00
Estrich KG bis DG	brutto €	7.000,00
Fußbodenbeläge – Laminat	brutto €	10.000,00
Fliesenarbeiten	brutto €	23.000,00
Schlosserarbeiten, Treppen-/Balkongeländer	brutto €	19.000,00
Summe	*brutto €*	*220.000,00*

Beweis: Nachunternehmerverträge und Angebote in Kopie

– bereits als Anlagenkonvolut K5 vorgelegt –

Der Bruttodifferenz beläuft sich demnach auf

264.000,00 € – 220.000,00 € = *44.000,00 €*.

Da der Restvergütungsanspruch nach § 648 BGB nach herrschender Meinung nicht der Umsatzsteuerpflicht unterfällt, steht der Klägerin der Nettorestvergütungsanspruch in Höhe von

44.000,00 € : 1,19 = *36.974,80 €* zu.

Ergänzend ist anzumerken, dass die Klägerin aufgrund der Kündigung weder einen zusätzlichen Auftrag abschließen noch einen bereits erteilten Auftrag vorziehen konnte.

Zum Zeitpunkt der Kündigung war die Klägerin mit der Durchführung von lediglich einem weiteren Bauvorhaben in vergleichbarer Größenordnung beschäftigt. Die Klägerin verfügt über Kapazitäten zur gleichzeitigen Durchführung von bis zu vier Objekten in der Größenordnung des streitgegenständlichen Bauvorhabens, so dass zum Kündigungszeitpunkt eine Auslastung der Klägerin von lediglich 50 % vorlag.

Beweis: unter Verwahrung gegen die Beweislast:

Zeugnis des/der Herrn/Frau ....., zu laden über die Klägerin

Diesbezüglich wird auf die herrschende Rechtsprechung verwiesen, wonach ein Füllauftrag nur dann vorliegen kann, wenn ein Unternehmen voll oder zumindest im Grenzbereich von 100 % ausgelastet ist, so dass es den weiteren Auftrag ohne die Kündigung nicht hätte annehmen können (vgl. OLG Hamm Urt. v. 20.11.2003 – 24 U 195/01).

4. Gesamtvergütungsanspruch

Der Gesamtvergütungsanspruch der Klägerin beläuft sich demnach auf

186.000,00 € + 36.974,80 € = *222.974,80 €*.

VII. Schlussrechnung und Klageforderung

Nach Abnahme der bis zur Kündigung erbrachten Arbeiten übermittelte die Klägerin den Beklagten am ..... die Schlussrechnung Nr. ..... über den vorgenannten Gesamtrechnungsbetrag brutto 222.974,80 €. Unter Abzug der hierauf zum Rechnungsstellungszeitpunkt bereits geleisteten Abschlagszahlungen von insgesamt brutto ..... € wurden im Rahmen der Schlussrechnung noch die restlichen brutto ..... € von den Beklagten angefordert.

Beweis: Schlussrechnung Nr. ..... vom ..... in Kopie,

– Anlage K6 –

Da die Beklagten trotz mehrfacher Aufforderungen keine weiteren Zahlungen leisteten, steht die vorgenannte Restforderung aus der Schlussrechnung weiterhin zur Zahlung offen.

Dies entspricht der Klageforderung.

VIII. Verzug

Mit Mahnschreiben vom ..... wurde von der Klägerin erstmals die Zahlung der offenen Restforderung aus der Schlussrechnung bis zum ..... angemahnt.

Beweis: Mahnschreiben der Klägerin vom ..... in Kopie

– Anlage K7 –

Da die Beklagten die ihnen gesetzte Zahlungsfrist fruchtlos verstreichen ließen, befinden sich die Beklagten mit der Zahlung der Klageforderung spätestens seit dem ..... in Verzug.

Die Klägerin ist somit berechtigt, Verzugszinsen gemäß § 286 Abs. 1, § 288 Abs. 1, § 247 BGB zu fordern.

IX. Außergerichtliche Anwaltskosten

Darüber hinaus sind die Beklagten dazu verpflichtet, der Klägerin die für ihre außergerichtliche Interessenwahrnehmung angefallenen Rechtsanwaltskosten zu erstatten.

Für die außergerichtliche Interessenvertretung der Klägerin sind Rechtsanwaltsgebühren i.H.v. ..... € nebst der Auslagenpauschale von 20,00 € angefallen.

Beweis: Kostenrechnung in Kopie

– Anlage K8 –

Die außergerichtliche Interessenvertretung der Klägerin gegenüber den Beklagten fand statt, nachdem die Beklagten spätestens am ..... in Verzug geraten waren.

Beweis: Anwaltliches Schreiben vom ..... in Kopie

– Anlage K9 –

Die Geschäftsgebühr i.H.v. ..... € nebst der Auslagenpauschale von 20,00 € ist daher von den Beklagten als Verzugsschaden an die Klägerin zu erstatten.

Bezüglich der Geltendmachung der vollen Geschäftsgebühr wird auf § 15a RVG hingewiesen.

Dieser Gebührenerstattungsanspruch erhöht den Streitwert nicht, da gem. § 43 Abs. 1 GKG bei der Geltendmachung von Kosten als Nebenforderung keine Erhöhung des Streitwerts eintritt (BGH Beschl. v. 30.01.2007, Az.: X ZB 7/06).

Die Klage ist vollumfänglich begründet.

Rechtsanwälte

g) Erläuterungen

Mittlerweile ist nach gefestigter Rechtsprechung auch bei teilgekündigten Verträgen für die Fälligkeit des Vergütungsanspruchs bezüglich der bis zur Kündigung erbrachten Leistungen die Abnahme erforderlich.

2. Honorarklage eines Architekten

a) Vorbemerkung

Eine Klage auf Zahlung von Architektenhonorar gehört für viele Rechtsanwälte nicht zu ihren »Lieblingsbeschäftigungen«. Dies mag daran liegen, dass die Honorarberechnungen nach der HOAI auf den ersten Blick nicht leicht zu verstehen sind und deswegen einer erhöhten Aufmerksamkeit sowie Überprüfung bedürfen. Wohl auch aus diesem Grund stellen die Gerichte nach wie vor recht hohe Anforderungen an eine ordnungsgemäße Abrechnung des Architekten und an den schlüssigen Vortrag des Rechtsanwalts. Ungeachtet dessen steht dem Auftraggeber eine durchaus beachtliche »Palette« möglicher Einwendungen zur Verfügung, um die Honorarklage des Architekten (ganz oder teilweise) scheitern zu lassen. Im Streitfalle kommen oft auch Probleme tatsächlicher Natur hinzu, bspw. weil die Parteien die Einzelheiten ihrer Geschäftsbeziehung nicht oder nicht mit der wünschenswerten Klarheit vertraglich geregelt haben.

Vor diesem Hintergrund bietet die Honorarklage eines Architekten vor allem ein spannendes Betätigungsfeld, bei dem man sich häufig auf unvorhersehbare Situationen einstellen und entsprechend agieren muss. Das folgende Muster einer Honorarklage und die zugehörigen Anmerkungen können und sollen dabei als Anregung dienen.

b) Muster Honorarklage eines Architekten[1]

Landgericht[1] .....

Klage

des Architekten .....,

– Kläger –

Prozessbevollmächtigte: .....

gegen

die Eheleute ....., wohnhaft in .....,

– Beklagte –[2]

wegen: Honorar aus Architektenvertrag

Streitwert: EUR .....

Wir bestellen uns für den Kläger und bitten um

Anberaumung eines Termins zur mündlichen Verhandlung.

Im Termin werden wir beantragen:

Die Beklagten werden verurteilt, an den Kläger einen Betrag in Höhe von EUR ..... nebst Zinsen hieraus in Höhe von ..... Prozentpunkten über dem jeweiligen Basiszinssatz seit dem ..... zu zahlen.

---

[1] Siehe unten Anmerkungen zur HOAI.

Bei Vorliegen der gesetzlichen Voraussetzungen beantragen wir ferner,

ein Versäumnisurteil nach § 331 ZPO zu erlassen.

Begründung:[3]

Der Kläger ist Architekt und mit den Beklagten über einen Architektenvertrag verbunden. Nachdem der Kläger einen Teil seiner Leistungen vertragsgemäß erbracht hatte, kündigten die Beklagten den noch zu erbringenden Teil des Architektenvertrages frei. Anschließend nahmen die Beklagten die bereits erbrachten Leistungen ab und der Kläger übermittelte ihnen seine prüffähige Honorarschlussrechnung. Eine Bezahlung des darin ausgewiesenen Honoraranspruchs in Höhe von EUR ..... lehnen die Beklagten ab, weil dem Kläger nach ihrer Ansicht ein Honorar nur für die bereits erbrachten, nicht aber für die kündigungsbedingt nicht mehr erbrachten Leistungen zustehe. Diese Begründung hält einer rechtlichen Überprüfung jedoch nicht stand. Dem Kläger steht der abgerechnete Honoraranspruch in voller Höhe zu.

I. Sachverhalt

Im September 2016 kontaktierten die Beklagten den Kläger, um sich hinsichtlich des Neubaus eines umweltfreundlichen Einfamilienhauses zu informieren. Nach mehreren Informationsgesprächen[4] schlossen die Parteien am 20.11.2016[5] einen schriftlichen Architektenvertrag[6].

Beweis: Architektenvertrag vom 20.11.2016 als Anlage K ..... .

Ausweislich dieses Vertrages wurde der Kläger mit den Leistungsinhalten der Leistungsphasen 1 bis 9 gem. § 34 HOAI beauftragt. Den konkreten Leistungsumfang des Klägers innerhalb der jeweiligen Leistungsphase haben die Parteien durch eine Bezugnahme auf die Grundleistungen der Anlage 10.1 zur HOAI definiert: Mithin sollte der Kläger sämtliche der dort genannten Grundleistungen erbringen, soweit sie das Leistungsbild Gebäude und Innenräume betreffen.

Beweis: wie vor

Darüber hinaus hatte der Kläger auch einige Besondere Leistungen zu erbringen. Hierbei handelte es sich im Wesentlichen um ..... Der konkrete Inhalt der vertraglich vereinbarten Besonderen Leistungen geht aus § ..... des Architektenvertrages hervor.[7]

Beweis: wie vor

Für die Leistungen des Klägers haben die Parteien gemäß § ..... des Architektenvertrages eine Honorarvereinbarung getroffen.[8] [9] Ausweislich dieser Honorarvereinbarung haben die Parteien die Honorarzone[10] ..... und als Honorarsatz den ..... vereinbart. Im Hinblick auf die anrechenbaren Kosten[11] [12] haben die Parteien eine sog. Baukostenvereinbarung[13] getroffen, vgl. § ..... des Architektenvertrages. Diese Baukostenvereinbarung sieht vor, dass das Honorar des Klägers auf Grundlage anrechenbarer Kosten in Höhe von EUR ..... zu berechnen ist. Zur Ermittlung der Baukosten hat der Kläger auf die anrechenbaren Kosten vergleichbarer Projekte zurückgegriffen und diese um die Baukosten, die aus den konkreten Wünschen der Beklagten voraussichtlich resultieren, modifiziert. Die Baukosten, die sich aus den konkreten Wünschen der Beklagten voraussichtlich ergeben, hat der Kläger anhand von Herstellerpreisen und Erfahrungswerten aus anderen Projekten ermittelt.

Beweis: 1. wie vor

2. Liste mit Referenzobjekten nebst Preisen als Anlage K .....

3. Preislisten als Anlage K .....

Für die vom Kläger zu erbringenden Besonderen Leistungen[14] [15] haben die Parteien eine Pauschale in Höhe von EUR ..... vereinbart. Eine Pauschale haben die Parteien auch für die Nebenkosten im Sinne des § 14 Abs. 2 HOAI vereinbart, und zwar in Höhe von EUR ..... .

Beweis: Architektenvertrag vom 20.11.2013 als Anlage K ..... .

Über die Zwischenergebnisse seiner Leistungen – insbesondere über die eingearbeiteten »Änderungswünsche«[16] [17] der Beklagten – hat der Kläger fortlaufend informiert. Nachdem der Kläger auch die ihm übertragenen Leistungen der Leistungsphase 3 vertragskonform erbracht hatte, entschieden sich die Beklagten jedoch plötzlich, von dem geplanten Einfamilienhaus Abstand zu nehmen und stattdessen eine klassische Altbauwohnung zu erwerben. Dieser Entschluss und die darauf basierende Kündigung[18] [19] des bestehenden Architektenvertrages wurden dem Kläger zunächst in einem persönlichen Gespräch am ..... mitgeteilt und anschließend mit Schreiben vom ..... bestätigt. Mit dem vorgenannten Schreiben baten die Beklagten zugleich um Abrechnung der »erbrachten Leistungen«.

Beweis: Schreiben der Beklagten vom ..... als Anlage K ..... .

Hieraufhin bat der Kläger zunächst um Abnahme der erbrachten Leistungen, die am ..... von den Beklagten erklärt wurde.

Beweis: Abnahmeprotokoll vom ..... als Anlage K ..... .

Sodann fertigte der Kläger seine Schlussrechnung und übermittelte sie den Beklagten mit Schreiben vom ....., bei den Beklagten eingegangen am ..... .[20]

Beweis: Schlussrechnung des Klägers vom ..... nebst zugehörigem Anschreiben und Rückschein als Anlage K ..... .

Die Schlussrechnung weist ein Gesamthonorar in Höhe von EUR ..... aus. Das Gesamthonorar besteht aus dem Honorar für die vertragskonform erbrachten Leistungen[21] in Höhe von EUR ..... einerseits sowie dem Resthonorar für die nicht erbrachten Leistungen in Höhe von EUR ..... andererseits. Bei der Ermittlung des Resthonorars für die nicht erbrachten Leistungen hat der Kläger die ersparten Aufwendungen bereits berücksichtigt. Berücksichtigt wurde auch das Honorar, das der Kläger aufgrund eines anderen, nach Beendigung des vorliegenden Architektenvertrages abgeschlossenen Planungsauftrags erzielen konnte.

Beweis: wie vor

Die Schlussrechnung ist prüfbar.[22] Ungeachtet dessen haben die Beklagten entsprechende Einwendungen bislang nicht erhoben.

Beweis: Sachverständigengutachten

Die Beklagten haben lediglich den Honoraranteil für die erbrachten Leistungen gezahlt. Eine Bezahlung des Honoraranteils, der auf die nicht erbrachten Leistungen entfällt, haben die Beklagten mit der Begründung abgelehnt, für nicht erbrachte Leistungen könne der Kläger kein Honorar beanspruchen.

Beweis: Schreiben der Beklagten vom ..... als Anlage K ..... .

Mit Schreiben vom ..... hat der Kläger den Beklagten für die Bezahlung seines restlichen Honorars in Höhe von EUR ..... eine Nachfrist bis zum ..... gesetzt.

Beweis: Schreiben des Klägers vom ..... als Anlage K ..... .

Eine Reaktion der Beklagten blieb aus.

II. Rechtliche Würdigung

Der Kläger kann von den Beklagten restliches Architektenhonorar in Höhe der geltend gemachten EUR ..... verlangen.

Das Landgericht ..... ist örtlich zuständig. Nachdem das Bauvorhaben nicht realisiert wurde, scheidet der besondere Gerichtsstand des Erfüllungsorts am Ort des Bauwerks in ..... aus. Die örtliche Zuständigkeit richtet sich daher allein nach dem allgemeinen Gerichtsstand der Beklagten; dieser ist ..... .

Der Anspruch des Klägers folgt aus der freien Kündigung des Architektenvertrages durch die Beklagten. Im Falle der freien Kündigung steht dem Kläger die vereinbarte Vergütung abzüglich der ersparten Aufwendungen und des anderweitigen Erwerbs zu, § 649 BGB. Nachdem die Beklagten die bereits erbrachten Leistungen abgenommen hatten, ermittelte der Kläger auf Basis dieser gesetzlichen Regelung und unter Berücksichtigung der getroffenen Honorarvereinbarung den geltend gemachten Honoraranspruch und rechnete ihn mit seiner Schlussrechnung vom ..... prüfbar[23] ab.

Die von den Parteien bei Auftragserteilung schriftlich getroffene Honorarvereinbarung ist wirksam. Die vereinbarte Honorarzone ..... im Sinne des § 5 Abs. 1 HOAI wurde nach § 5 Abs. 3 HOAI anhand der objektiven Bewertungsmerkmale des § 35 Abs. 2 HOAI und der Regelbeispiele in der Objektliste der Anlage 10.2 zur HOAI zutreffend ermittelt. ..... Nach alledem ist das von den Beklagten in Auftrag gegebene Objekt der Honorarzone ..... zuzuordnen.

Beweis: Sachverständigengutachten

Der von den Parteien vereinbarte Honorarsatz ist nach § 7 Abs. 1 HOAI zulässig, weil er im Rahmen der durch die HOAI vorgegebenen Mindest- und Höchstsätze liegt.

Beweis: wie vor

Auch die Voraussetzungen, die § 6 Abs. 3 HOAI an eine wirksame Baukostenvereinbarung stellt, liegen vor. Zum Zeitpunkt der Beauftragung lagen noch keine Planungen als Voraussetzung für eine Kostenschätzung oder Kostenberechnung vor. Wie bereits ausgeführt, sind die vereinbarten Baukosten nachprüfbar, weil sie anhand von Referenzobjekten, Preislisten und Erfahrungswerten des Klägers ermittelt wurden.

Beweis: wie vor

Darüber hinaus berücksichtigt die Schlussrechnung des Klägers die Anforderungen, die an eine prüfbare Schlussrechnung im Falle einer freien Kündigung durch den Auftraggeber zu stellen sind. Sie besteht aus zwei Teilen, von denen der erste Teil die Honorarberechnung für die vertragskonform erbrachten Leistungen und der zweite Teil die Honorarberechnung für die kündigungsbedingt nicht erbrachten Leistungen enthält. Im zweiten Teil der Schlussrechnung hat der Kläger zudem die ersparten Aufwendungen und den anderweitigen Erwerb detailliert angegeben und anschließend bei dem Honorar für die nicht erbrachten Leistungen in Abzug gebracht.

Beweis: wie vor

Nach alledem ist die Schlussrechnung des Klägers prüfbar. Nach erklärter Abnahme und Übermittlung an die Beklagten wurde die Schlussrechnung am ..... fällig, § 15 Abs. 1 HOAI.

Auf die Schlussrechnung des Klägers haben die Beklagten nur den Honoraranteil für die erbrachten Leistungen gezahlt und einen Ausgleich im Übrigen zu Unrecht abgelehnt. Der Einwand der Beklagten, dem Kläger stehe für nicht erbrachte Leistungen keine Vergütung zu, greift nicht durch. Die Beklagten verkennen die Rechtsfolge ihrer freien Kündigung; anders als die Beklagten meinen, führt eine freie Kündigung dazu, dass der Kläger die volle Vergütung abzüglich der ersparten Aufwendungen und des anderweitigen Erwerbs beanspruchen kann – nichts anderes begehrt der Kläger.

Nachdem die Beklagten auch die ihnen gesetzte Nachfrist fruchtlos haben verstreichen lassen, befinden sie sich seit dem ..... in Verzug. Der Kläger kann daher auch Verzugszinsen in Höhe von ..... Prozentpunkten über dem Basiszinssatz verlangen, §§ 286 Abs. 1, 288 Abs. 1 BGB.

Beglaubigte und einfache Abschrift sind beigefügt.

.....

Rechtsanwalt

c) Erläuterungen

aa) Vorbemerkungen

15 Die HOAI wurde in den Jahren 2009 und 2013 umfangreich verändert. Noch immer finden sich daher Sachverhalte, auf welche die HOAI in unterschiedlichen Fassungen anzuwenden ist. Die unterschiedlichen Fassungen werden daher kurz vorgestellt (zu ihrem Anwendungsbereich vgl. die Ausführungen zu Ziffer 5).

2. Honorarklage eines Architekten F.

aaa) zur HOAI 2002

Die HOAI 2002 war ein komplexes, bürokratisches Regelwerk, was bereits ihr in 15 Teile gegliederter Aufbau und ihr Umfang von mehr als 100 Paragraphen verdeutlicht: Neben dem (kleinen) Teil Allgemeiner Vorschriften (Teil I), gab es 13 weitere Teile, in denen die denkbaren Leistungen der Architekten und Ingenieure detailliert geregelt waren (Teil II: Gebäude, Freianlagen und raumbildende Ausbauten; Teil III: Zusätzliche Leistungen; Teil IV: Gutachten und Wertermittlungen; Teil V: Städtebau; Teil VI: Landschaftsplanung; Teil VII: Ingenieurbauwerke und Verkehrsanlagen; Teil VIIa: Verkehrsplanung; Teil VIII: Tragwerksplanung; Teil IX: Technische Ausrüstung; Teil X: Thermische Bauphysik; Teil XI: Schallschutz und Raumakustik; Teil XII: Bodenmechanik, Erd- und Grundbau; Teil XIII: Vermessungstechnik).

16

bbb) zur HOAI 2009

Demgegenüber wirkte die HOAI 2009 deutlich gestrafft: Tatsächlich hat sich die Anzahl der Paragraphen (fast), nicht aber der Inhalt der Verordnung halbiert. Dieser »Kunstgriff« wurde erreicht, indem weite Teile der HOAI 2002 in die Anlagen der HOAI 2009 verlagert wurden. Dies gilt für die Beratungsleistungen (Anlage 1), die Besonderen Leistungen (Anlage 2), die Objektlisten zur Bestimmung der Honorarzonen (Anlage 3) und die Leistungen zu den jeweiligen Leistungsbildern (Anlagen 4 bis 14). Mit Ausnahme der Objektlisten sind die Inhalte der Anlagen allerdings unverbindliche Empfehlungen, wodurch – so der Wille des Verordnungsgebers – den Parteien vor allem der erforderliche »Freiraum zur Vertragsgestaltung« gewährt, gleichzeitig aber auch ein »Orientierungsgeländer« vermittelt werden soll (BT-Drucks. 395/09, S. 1 und S. 143). Die HOAI 2009 enthielt einen deutlich gewachsenen Teil 1 mit Allgemeinen Vorschriften (§§ 1 bis 16 HOAI 2009). Vorschriften zur Flächenplanung fanden sich in Teil 2, und zwar für die Bauleitplanung in Abschnitt 1 (§§ 17 bis 21 HOAI 2009) und für die Landschaftsplanung in Abschnitt 2 (§§ 22 bis 31 HOAI 2009). Die Objektplanung war in Teil 3 geregelt (Abschnitt 1: Gebäude und raumbildende Ausbauten (§§ 32 bis 36 HOAI 2009), Abschnitt 2: Freianlagen (§§ 37 bis 39 HOAI 2009), Abschnitt 3: Ingenieurbauwerke (§§ 40 bis 43 HOAI 2009) und Abschnitt 4: Verkehrsanlagen (§§ 44 bis 47 HOAI 2009). Teil 4 der HOAI 2009 enthielt Vorgaben für die Fachplanung, und zwar in Abschnitt 1 für die Tragwerksplanung (§§ 48 bis 50 HOAI 2009) und in Abschnitt 2 für die Technische Ausrüstung (§§ 51 bis 54 HOAI 2009).

17

Der Anwendungsbereich der HOAI 2009 war auf Büros mit Sitz im Inland beschränkt. Darüber hinaus entfielen die Preisvorgaben für Beratungsleistungen (thermische Bauphysik, Schallschutz, Raumakustik, Bodenmechanik und vermessungstechnische Leistungen). Mindest- und Höchstsätze sowie die Honorarzonen blieben dagegen erhalten und auf die Einführung neuer Leistungsbilder wurde verzichtet. Allerdings wurden die Honorare durch die Einführung eines Baukostenberechnungsmodells und einer (alternativen) Baukostenvereinbarung von der tatsächlichen Bausumme abgekoppelt. Ungeachtet dessen konnten Kostenveränderungen das Honorar beeinflussen, wenn eine sog. Bonus-Malus-Regelung vereinbart wurde. Schließlich wurden die Tafelwerte selbst um 10 % angehoben.

Verbindlich geregelt waren nach § 3 Abs. 1 HOAI 2009 die Honorare für Leistungen in den Teilen 2 bis 4 der HOAI 2009. Unverbindliche Honorarregelungen fanden sich dagegen für Beratungsleistungen (Anlage 1) und für Besondere Leistungen (Anlage 2), vgl. § 3 Abs. 3 HOAI. Fehlte es an einer Honorarvereinbarung, konnte der Architekt daher für Besondere Leistungen – einen zivilrechtlichen Vergütungsanspruch vorausgesetzt – die übliche Vergütung beanspruchen. Frei vereinbar war das Honorar ferner, wenn die ermittelten anrechenbaren Kosten, Werte oder Verrechnungseinheiten außerhalb der Tafelwerte der HOAI 2009 lagen, vgl. § 7 Abs. 2 HOAI 2009. Bis zur HOAI 2009 war dies nur der Fall, wenn die Tafelwerte überschritten wurden.

ccc) zur HOAI 2013

18 Im Gegensatz zur HOAI 2009 beinhaltet die HOAI 2013 keine »neue« HOAI, wohl aber einige einschneidende Veränderungen (vgl. hierzu im Einzelnen: Koeble/Zahn, Die neue HOAI 2013, oder Werner/Siegburg, BauR 2013, 1499). Neben einer erneuten Erhöhung der Honorare wurde vor allem der Inhalt der Leistungsbilder sowohl bei den (wieder eingeführten) Grundleistungen als auch bei den Besonderen Leistungen erheblich verändert. Berücksichtigt wurden insbesondere Aspekte der Nachhaltigkeit sowie des Klima- und Umweltschutzes, aber auch die besondere Bedeutung der Kosten und Termine. Als wesentliche Neuerungen des Leistungsbildes Gebäudeplanung sind die Ortsbesichtigung (LPH 1), die wesentlich umfangreiche Koordination von Schnittstellen (LPH 3, 5, 6 und 7), das Überprüfen von Montageplänen (LPH 5), die Dokumentation des Bauablaufs (LPH 8) sowie die fachliche Bewertung von Mängeln (LPH 9) zu nennen.

Im Bereich der Kostenplanung wurden sowohl die Grundleistungen als auch die Besonderen Leistungen erheblich erweitert. Bei den Grundleistungen ist z.B. der Vergleich der Kostenschätzung mit den finanziellen Rahmenbedingungen in der LPH 2 oder auch das Ermitteln der Kosten auf Grundlage des vom Planer bepreisten Leistungsverzeichnisses in der LPH 6 hinzugekommen. Die Besonderen Leistungen sehen nun Wirtschaftlichkeitsuntersuchungen in den LPH 1 bis 3 und 9, das Aufstellen eines Finanzierungsplanes oder das Mitwirken bei der Kredit- und Fördermittelbeschaffung in der LPH 2 vor. In diesem Zusammenhang sollte immer auch ein Blick auf den Umfang der Berufshaftpflichtversicherung gerichtet werden, weil dort z.B Ansprüche aus der Vermittlung von Geld-, Kredit-, Grundstücks- oder ähnlichen Geschäften sowie aus der Vertretung bei solchen Geschäften häufig vom Versicherungsschutz ausgeschlossen sind.

Nach der HOAI 2013 ist bereits in der LPH 2 ein Terminplan zu erstellen, der in den LPH 3, 5 und 8 fortzuschreiben bzw. zu überwachen ist. In die LPH 6 wurde zudem das Erstellen eines Vergabeterminplans neu aufgenommen. Auch bei diesen Leistungen ergibt sich ein erhöhtes Haftungsrisiko für den Planer, vor allem weil frühzeitig aufgestellte Terminpläne im Verlauf des Bauvorhabens oft verändert werden müssen. Von besonderer Bedeutung ist hier, dass der Planer als Planungsleistung ein funktionstüchtiges System schuldet und deshalb selbst bei einem detaillierten Leistungsprogramm eine funktionale Betrachtungsweise geboten ist (vgl. OLG Celle, Urt. v. 17.01.2013 – 16 U 94/11, IBR 2013, 3289). Die Terminplanung muss daher nicht nur bei isolierter Betrachtung, sondern unter Berücksichtigung aller Rahmenbedingungen »machbar und realistisch« sein.

Neuerdings setzt die Fälligkeit des Honoraranspruchs nicht nur eine prüffähige Schlussrechnung, sondern auch eine Abnahme der geschuldeten Leistungen voraus, vgl. § 15 HOAI. Ob die Rechtsprechung an die Abnahme von Planungsleistungen auch weiterhin geringere Anforderungen (als z.B: bei Bauverträgen) stellt, bleibt abzuwarten. Jedenfalls wird für eine Abnahme die bloße Entgegennahme der Planungsleistungen oder der bloße Bezug des geplanten (und realisierten) Objekts auch zukünftig nicht ausreichen. Erforderlich ist vielmehr, dass sich aus dem Verhalten des Bestellers ein Wille zur Abnahme – gleich, ob ausdrücklich oder konkludent – entnehmen lässt.

Im Übrigen ging mit der Veränderung der Leistungsbilder eine Neubewertung der einzelnen Leistungsphasen, eine vollständige Neuberechnung der Honorartafeln und eine Aktualisierung der Objektlisten einher. Erstmals sieht die HOAI 2013 eine Honorierung von Änderungsleistungen vor. Darüber hinaus wurde der Umbauzuschlag wieder eingeführt; er gilt nun auch für Freianlagen und Innenräume. Das Honorar für Grundleistungen richtet sich (1) für die Leistungsbilder des Teils 2 der HOAI nach Flächengrößen und für die Leistungsbilder der Teile 3 und 4 der HOAI nach den anrechenbaren Kosten des Objekts auf Grundlage der Kostenberechnung oder, wenn diese noch nicht vorliegt, auf der Grundlage der Kostenschätzung, (2) nach dem Leistungsbild, (3) nach der Honorarzone und (4) nach der dazugehörigen Honorartafel. Die anrechenbaren Kosten sind nach allgemein anerkannten Regeln der Technik oder nach Verwaltungsvorschriften (Kostenvorschriften) auf der Grundlage ortsüblicher Preise zu ermitteln.

bb) Zu 1. Gerichtsstand

Für die Honorarklage des Architekten kommen zunächst die allgemeinen Gerichtsstände der ZPO, insbesondere derjenige des Wohnsitzes (§ 13 ZPO) und des Sitzes einer juristischen Person (§ 17 ZPO) in Betracht. Darüber hinaus sollte geprüft werden, ob der Besondere Gerichtsstand des Erfüllungsorts (§ 29 ZPO) für den Architekten vorteilhaft ist. Insoweit kommt auch der Ort des Bauwerks in Betracht, wenn der Architekt hier wesentliche Leistungen erbracht hat, beide Vertragsparteien an diesem Ort als Erfüllungsort ein Interesse haben und die Durchführung eines etwaigen Rechtsstreits in der Nähe des Bauwerks sachgerecht ist. Das ist zu bejahen, wenn der Architekt mit der Planung und der Bauüberwachung beauftragt wurde (BGH, Urt. v. 07.12.2000 – VII ZR 404/99, BauR 2001, 979; OLG Celle, Beschl. v. 16.01.2009 – 14 W 53/08, IBR 2009, 177; Locher/Koeble/Frik, Kommentar zur HOAI, § 1, Rn. 36. Zöller, ZPO, 31. Aufl., § 29, Rn. 25 [Architektenvertrag]). Ist der Architekt nur mit der Bauüberwachung beauftragt, kann unter Berücksichtigung der vorgenannten Aspekte nichts anderes gelten (LG Kaiserslautern, Urt. v. 10.03.2006 – 2 O 423/03, IBR 2006, 369; Locher/Koeble/Frik, Kommentar zur HOAI, § 1, Rn. 36; Werner/Pastor, Der Bauprozess, Rn. 420 f.).

19

Hiervon zu trennen sind die Fälle, in denen das Bauvorhaben entweder nicht realisiert oder der Architekt nur mit Planungsleistungen beauftragt wird. Im ersten Fall kommt der Ort des Bauwerks als Erfüllungsort (und in der Folge der Ort des Bauwerks als Gerichtstand für eine Honorarklage des Architekten) unstreitig nicht in Betracht (LG Ellwangen, Beschl. v. 18.11.2009 – 10 O 132/09; IBR 2010, 428; Locher/Koeble/Frik, Kommentar zur HOAI, § 1, Rn. 36; Werner/Pastor, Der Bauprozess, Rn. 421; Kniffka/Koeble, Kompendium des Baurechts, 12. Teil, Rn. 624 f.). Im zweiten Fall wird die Frage, ob der Ort des Bauwerks als Erfüllungsort (und in der Folge als Gerichtstand für eine Honorarklage des Architekten) in Betracht kommt, unterschiedlich beurteilt (bejahend bei Realisierung des Bauvorhabens: Locher/Koeble/Frik, Kommentar zur HOAI, § 1, Rn. 36; Werner/Pastor, Der Bauprozess, Rn. 421; Kniffka/Koeble, Kompendium des Baurechts, 12. Teil, Rn. 624 f. Grundsätzlich verneinend: KG, Urt. v. 28.04.1998 – 21 U 8396/97, BauR 1999, 940; LG Ellwangen, Beschl. v. 18.11.2009 – 10 O 132/09, IBR 2010, 428). Richtigerweise ist diese Frage nicht generell, sondern im konkreten Einzelfall zu beurteilen; dabei ist entscheidend, wo der Schwerpunkt der Leistungserbringung liegt, ob die Parteien ein Interesse am Ort des Bauwerks als Erfüllungsort haben und ob dieser Erfüllungsort sachgerecht ist (BGH, Urt. v. 07.12.2000 – VII ZR 404/99, BauR 2001, 979; Beschl. v. 05.12.1985 – 1 AZR 737/85, BauR 1986, 241; OLG Köln, Beschl. v. 12.05.2010 – 8 W 34/10, BauR 2010, 1112). Die Realisierung des Bauvorhabens kann ein Indiz, aber nicht (allein) ausschlaggebend sein. Im Zweifel sollte der allgemeine Gerichtstand des Honorarschuldners gewählt werden.

Ungeachtet dessen ergeben sich bei der Wahl des richtigen Gerichtsstandes nicht selten Probleme aus Gerichtstandvereinbarungen. Gerichtstandvereinbarungen sind in Architektenverträgen nämlich regelmäßig unwirksam, weil nur Vollkaufleute einen von den gesetzlichen Regelungen abweichenden Gerichtstand vereinbaren dürfen, vgl. §§ 29 Abs. 2, 38 Abs. 1 ZPO, und Architekten in der Regel keine Vollkaufleute sind (Locher/Koeble/Frik, Kommentar zur HOAI, § 1, Rn. 38; Korbion/Mantscheff/Vygen, HOAI, § 15, Rn. 65).

cc) Zu 2. Vertragspartner

Beim Architektenvertrag ergeben sich bereits bei der Frage des richtigen Vertragspartners nicht selten Probleme. Diese Probleme resultieren häufig aus der Beteiligung mehrerer Personen als Auftraggeber, aus einer unklaren Bezeichnung der Parteien oder einem nicht von allen »Auftraggebern« unterzeichnetem Vertrag. Wer tatsächlich Vertragspartner des Architekten ist, muss dann durch Auslegung ermittelt werden. Dies gilt insbesondere im Hinblick auf eine mögliche gesamtschuldnerische Haftung der Beteiligten, wie es bspw. bei Ehegatten, sog. »Bauherrenmodellen« oder generell einer Gesellschaft bürgerlichen Rechts der Fall sein kann. Nicht zuletzt um die Erfolgsaussichten einer ggf. erforderlichen Zwangsvollstreckung zu erhöhen, wird es sich regelmäßig

20

anbieten, eine Honorarklage nicht nur gegen einzelne Vertragspartner (oder die Gesellschaft), sondern gegen alle in Betracht kommenden Anspruchsgegner zu richten.

dd) Zu 3. Vortrag zur Anspruchsgrundlage

21 Eine schlüssige Klage auf Zahlung von Architektenhonorar setzt stets voraus, dass der Abschluss eines Architektenvertrages sowie die Höhe und Fälligkeit des geltend gemachten Honorars (ggf. nebst zugrunde liegender Honorarvereinbarung) dargelegt wird. In diesem Zusammenhang ist zu beachten, dass die Fälligkeit nach § 15 HOAI neben einer prüffähigen Honorarschlussrechnung nun auch die Abnahme der geschuldeten Leistungen voraussetzt. An dieser Stelle ist auf die modifizierte Abnahmefiktion in § 640 BGB hinzuweisen, die mit Inkrafttreten des neuen Bauvertragsrechts am 01.01.2018 Geltung erlangt und die auch für Architekten- und Ingenieurverträge uneingeschränkt gilt (Locher/Koeble/Frik, Kommentar zur HOAI, Einleitung, Rn. 140 ff.). Ob und, bejahendenfalls, inwieweit darüber hinaus zu weiteren Einzelheiten vorzutragen ist, richtet sich nach den Besonderheiten des Einzelfalls.

ee) Zu 4. »Akquisitionsleistungen«

22 Gerade bei Architekten geht dem eigentlichen Vertragsabschluss regelmäßig eine sog. Akquisitionsphase voraus. Vor diesem Hintergrund streiten die Parteien häufig über den Vertragsabschluss selbst oder dessen zeitlichen Zusammenhang mit einer etwaigen Honorarvereinbarung. Dabei geht es letztlich um die Frage, ob bzw. bis zu welchem Zeitpunkt die Leistungen des Architekten (vertragslose und somit vergütungsfreie) »Akquisitionsleistungen« oder (zu vergütende) Vertragsleistungen darstellen. In diesen Fällen ist durch Auslegung nach §§ 133, 157 BGB zu ermitteln, ob und, bejahendenfalls, ab wann dem Verhalten der Parteien ein Rechtsbindungswillen entnommen werden kann (BGH, Urt. v. 29.02.1996 – VII ZR 90/94, BauR 1996, 250, und BauR 1996, 570; OLG Düsseldorf, Urt. v. 22.01.2008 – 23 U 88/07, IBR 2008, 392; OLG Frankfurt/Main, Urt. v. 20.09.2005 – 22 U 210/02, BauR 2006, 1922). Die Grenze ist fließend und es muss nicht selten auf Indizien zurückgegriffen werden. Die ohnehin bestehenden Unsicherheiten werden verstärkt, weil in der Rechtsprechung eine umfangreiche und zum Teil uneinheitliche Kasuistik besteht (für eine Darstellung der diesbezüglichen Einzelheiten ist an dieser Stelle leider kein Raum. Detaillierte Ausführungen, jeweils nebst Nachweisen aus der Rechtsprechung, finden sich bspw. bei Kniffka/Koeble, Kompendium des Baurechts, 12. Teil, Rn. 13 ff., und bei Kuffer/Wirth, Handbuch des Fachanwalts Bau- und Architektenrecht, S. 1051 f.). Indizien können sich bspw. aus der Beantwortung folgender Fragen ergeben: Auf wessen Initiative ist der Architekt tätig geworden? Wie groß sind Leistungs- und Auftragsvolumen? Wie sicher ist die Realisierung des Bauvorhabens? Wurden die Leistungen des Architekten vom »Auftraggeber« entgegengenommen oder sogar verwertet? Hat der Auftraggeber Abschlagszahlungen geleistet? Die Tatsachen und Indizien, die einen Vertragsschluss begründen (können), müssen und sollten vom Architekten möglichst substantiiert vorgetragen werden.

ff) Zu 5. Anwendungsbereich der HOAI 2002, 2009 und 2013

23 Wie bereits erwähnt, findet sich noch immer eine ganze Reihe von Sachverhalten, die nach der HOAI 2009 oder 2013 zu beurteilen sind. Die HOAI 2009 wurde am 17.08.2009 verkündet und trat am Tag nach ihrer Verkündung in Kraft. Gleichzeitig trat die bis dahin geltende HOAI 2002 außer Kraft, vgl. § 56 HOAI 2009. Nachdem die HOAI in ihrer aktuellen Fassung am 16.07.2013 verkündet wurde, trat sie gemäß § 58 HOAI am 17.07.2013 in Kraft und die HOAI 2009 gleichzeitig außer Kraft. Auf Leistungen, die vor Inkrafttreten der HOAI 2009 vereinbart wurden, bleiben die Vorschriften der HOAI 2002 (vgl. § 55 HOAI 2009), auf Grundleistungen, die vor dem Inkrafttreten der HOAI 2013 vereinbart wurden, bleiben die Vorschriften der HOAI 2009 anwendbar (vgl. § 57 HOAI). Ungeachtet dieses von der HOAI in ihrer jeweiligen Fassung

vorgegebenen Anwendungsbereichs können die Parteien jedoch vereinbaren, dass sich das Honorar nach einer bestimmten HOAI richtet. Eine solche Vereinbarung ist wirksam, wenn sich das Honorar nach der vereinbarten HOAI innerhalb der Mindest- und Höchstsätze der gesetzlich anzuwendenden HOAI befindet (BGH, Urt. v. 16.12.2004 – VII ZR 16/03, IBR 2005, 213). Die Prüffähigkeit der Schlussrechnung setzt in diesem Fall voraus, dass die Anforderungen der »vereinbarten« HOAI eingehalten werden.

Fallen nicht alle Stufen eines Stufenvertrages in den Anwendungsbereich derselben HOAI-Fassung, war umstritten, welche HOAI-Fassung auf die jeweilige Stufe anzuwenden ist. Die Antwort auf diese Frage gibt nicht die HOAI, sondern das allgemeine Vertragsrecht: Maßgeblich ist diejenige HOAI-Fassung, die zum Zeitpunkt des (jeweiligen) Vertragsschlusses gilt. Der Stufenvertrag unterteilt die insgesamt zu erbringenden Leistungen nämlich in verschiedene Stufen, für welche der Planer bei Abschluss des Stufenvertrages jeweils ein verbindliches Angebot abgibt. Von diesen Angeboten nimmt der Auftraggeber in aller Regel nur einen Teil sofort an; die übrigen Angebote werden, je nach Bedarf, erst im Nachhinein abgerufen bzw. – aus rechtlicher Sicht – angenommen. Mit anderen Worten: Der Stufenvertrag begründet selbst noch keine vertragliche Vereinbarung der später beauftragten Leistungen, sondern legt nur bestimmte Einzelheiten künftig abzuschließender Verträge fest (BGH, Urt. v. 30.04.1992 – VII ZR 159/91, BauR 1992, 531). Die vertragliche Vereinbarung über die jeweilige Stufe steht folglich unter der aufschiebenden Bedingung ihres Abrufes bzw. ihrer Beauftragung (BGH, Urt. v. 18.12.2008 – VII ZR 189/06, BauR 2009, 523; Urt. v. 27.11.2008 – VII ZR 211/07, BauR 2009, 264; Locher/Koeble/Frik, Kommentar zur HOAI, § 57, Rn. 3). Auf die jeweilige Stufe ist daher die zum Zeitpunkt ihres konkreten Abrufs bzw. ihrer konkreten Beauftragung geltende HOAI-Fassung anzuwenden (BGH, Urt. v. 18.12.2014 – VII ZR 350/13, BauR 2015, 689; OLG Koblenz, Urt. v. 06.12.2013 – 10 U 344/13, BauR 2014, 862; zu den abrechnungstechnischen Schwierigkeiten, die sich hieraus ergeben OLG Koblenz, Urt. v. 03.08.2016 – 10 U 344/13 [nicht rechtskräftig, BGH VII ZR 217/16]; Averhaus, NZBau 2009, 473, Locher/Koeble/Frik, Kommentar zur HOAI, § 57, Rn. 3; Werner/Pastor, Der Bauprozess, Rn. 611; a.A.: Jochem, Jahrbuch BauR 2010, 291, Messerschmidt, NZBau 2009, 568). In entsprechenden Konstellationen sind mögliche Auswirkungen nicht nur auf das Honorar, sondern auch auf den Leistungsumfang zu beachten etwa, weil zu erbringenden Leistungen durch eine Bezugnahme auf die HOAI definiert wurden.

Sachlich ist die HOAI anwendbar, wenn das Objekt und die hierfür zu erbringenden Leistungen in der HOAI erfasst sind. Der personelle Anwendungsbereich der HOAI wird nicht berufsstandbezogen, sondern leistungsbezogen definiert. Die HOAI gilt daher für natürliche und juristische Personen unter der Voraussetzung, dass sie Architekten- und Ingenieuraufgaben erbringen, die in der HOAI beschrieben sind (BGH, Urt. v. 18.05.2000 – VII ZR 125/99, BauR 2000, 1512; Urt. v. 22.05.1997 – VII ZR 290/95, BauR 1997, 677; Werner/Pastor, Der Bauprozess, Rn. 612 ff.; Locher/Koeble/Frik, Kommentar zur HOAI, § 1, Rn. 17 ff.). Ausschlaggebend ist, ob der Schwerpunkt des Leistungssolls aus Leistungen nach der HOAI besteht. Dies ist bei einem sog. »Paketanbieter«, d.h. einem Anbieter, der neben oder zusammen mit Bauleistungen auch Architekten- oder Ingenieurleistungen erbringt, grundsätzlich zu verneinen (BGH, Urt. v. 18.05.2000 – VII ZR 125/99, BauR 2000, 1512; Locher/Koeble/Frik, Kommentar zur HOAI, § 1, Rn. 11 f.; Werner/Pastor, Der Bauprozess, Rn. 612 ff.). Anders kann es sich jedoch verhalten, wenn ein Paketanbieter Leistungen, die in der HOAI geregelt sind, erbringt (OLG Oldenburg, Urt. v. 19.09.2001 – 2 U 170/01, BauR 2002, 332). Anwendbar ist die HOAI auch bei Verträgen zwischen Architekten und Ingenieuren, insbesondere bei Verträgen zwischen einem Generalplaner und seinen Subplanern (OLG Koblenz, Urt. v. 07.09.2004 – 3 U 1235/02, BauR 2006, 551 [Nichtzulassungsbeschwerde zurückgewiesen: BGH, Beschl. v. 10.11.2005 – VII ZR 238/04], Locher/Koeble/Frik, Kommentar zur HOAI, § 1, Rn. 21, m.w.N.). Dies gilt grundsätzlich auch im Falle einer Arbeitsgemeinschaft unter Architekten und Ingenieuren, wobei es allerdings auf die konkrete Ausgestaltung des Vertragsverhältnisses zwischen den Mitgliedern der Arbeitsgemeinschaft ankommt (zu den diesbezüglichen Einzelheiten vgl. Kniffka/Koeble, Kompendium des Baurechts, 12. Teil, Rn. 230).

Die HOAI 2002 war für deutsche und ausländische Personen anwendbar, sofern das Bauvorhaben im Inland lag (BGH, Urt. v. 27.02.2003 – VII ZR 169/02, BauR 2003, 749; Urt. v. 07.12.2000 – VII ZR 404/99, BauR 2001, 979; Kniffka/Koeble, Kompendium des Baurechts, 12. Teil, Rn. 238). Seit der HOAI 2009 ist ihr Anwendungsbereich auf Auftragnehmer mit Sitz im Inland, die ihre Leistungen vom Inland aus erbringen, beschränkt, § 1 HOAI (zu den zahlreichen Streitfragen vgl. Werner/Pastor, Der Bauprozess, Rn. 620 ff., sowie Locher/Koeble/Frik, Kommentar zur HOAI, § 1, Rn. 28 ff.; zu den verfassungsrechtlichen Bedenken vgl. Averhaus, Die neue HOAI 2009, NZBau 2009, 473).

gg) Zu 6. Architektenvertrag

24 Der (»klassische«) Architektenvertrag ist in aller Regel als gemischter Vertrag mit überwiegend werkvertraglichen, ggf. aber auch dienstvertraglichen Regelungen zu qualifizieren (BGH, Urt. v. 26.01.1959 – VII ZR 129/58, BGHZ 31, 224; Urt. v. 07.03.1974 – VII ZR 217/72, NJW 1974, 898; Urt. v. 22.10.1981 – VII ZR 310/79, NJW 1982, 438; ausführlich: Thode/Wirth/Kuffer, Praxishandbuch Architektenrecht, Aufl. 2016, § 4 Rn. 1, 6 f.). Durch das Gesetz zur Reform des Werkvertragsrechts wurde der Architekten- und Ingenieurvertrag nunmehr klarstellend dem Werkvertragsrecht zugeordnet (§§ 650o bis 650s BGB). Eine Definition des Architekten- und Ingenieurvertrags ist in § 650o BGB aufgenommen worden.

Das Zustandekommen eines Architektenvertrages setzt weiterhin grundsätzlich nur eine Einigung über den Vertragsgegenstand sowie die Art und den Umfang der vom Architekten zu erbringenden Leistung, nicht aber eine Einigung über die Vergütung voraus, vgl. §§ 631 und 632 BGB (BGH, Urt. v. 05.06.1997 – VII ZR 124/96, BauR 1997, 1060; OLG München, Urt. v. 15.04.2008 – 9 U 4609/07, BauR 2009, 1461; OLG Hamburg, Urt. v. 21.12.2007 – 10 U 1/07, IBR 2009, 719 (Nichtzulassungsbeschwerde zurückgewiesen: BGH, Beschl. v. 07.05.2009 – VII ZR 228/08). Zudem kann ein Architektenvertrag – anders als eine etwaige Honorarvereinbarung, vgl. § 7 Abs. 1 HOAI – meist formfrei abgeschlossen werden und insbesondere durch ein kaufmännisches Bestätigungsschreiben (BGH, Urt. v. 27.01.2011 – VII ZR 186/09, BauR 2011, 669; OLG Brandenburg, Urt. v. 24.06.2009 – 5 U 137/08, BauR 2009, 1484; OLG Koblenz, Urt. v. 26.06.2006 – 12 U 685/05, BauR 2007, 1109; KG, Urt. v. 30.11.1999 – 7 U 9422/98 (Revision nicht angenommen: BGH, Beschl. v. 05.07.2001 – VII ZR 26/00), IBR 2001, 550; Kniffka/Koeble, Kompendium des Baurechts, 12. Teil, Rn. 39 ff.) oder sogar konkludent (OLG Celle, Urt. v. 07.03.2011 – 14 U 7/11, BauR 2011, 1190; OLG Hamm, Urt. v. 23.04.2010 – 19 U 12/08, BauR 2010, 1782; OLG Schleswig, Urt. v. 06.01.2009 – 3 U 29/07, BauR 2009, 996; Kniffka/Koeble, Kompendium des Baurechts, 12. Teil, Rn. 14, Werner/Pastor, Der Bauprozess, Rn. 624 ff.; Locher/Koeble/Frik, Kommentar zur HOAI, Einleitung, Rn. 47 ff.) zustande kommen.

Sowohl für den Vertragsabschluss als auch für eine etwaige Vergütungsvereinbarung ist grundsätzlich der Architekt darlegungs- und beweisbelastet (BGH, Urt. v. 05.06.1997 – VII ZR 124/96, BauR 1997, 1060; OLG Celle, Urt. v. 07.03.2011 – 14 U 7/11, BauR 2011, 1190, Urt. v. 02.03.2011 – 14 U 140/10, IBR 2011, 276; OLG München, Urt. v. 15.04.2008 – 9 U 4609/07, BauR 2009, 1461; OLG Düsseldorf, Urt. v. 19.04.2007 – 5 U 113/06, BauR 2008, 142 (Nichtzulassungsbeschwerde zurückgewiesen: BGH, Beschl. v. 25.10.2007 – VII ZR 83/07). Haben die Parteien keine Vergütungsvereinbarung getroffen und beansprucht der Architekt ein Honorar nach § 632 Abs. 1 BGB, muss er die Umstände darlegen und beweisen, nach denen die Erbringung der Architektenleistungen nur gegen eine Vergütung zu erwarten war; dabei kommt ihm in einem gewissen Umfang zugute, dass Architekten »üblicherweise« nur gegen eine Vergütung tätig werden (BGH, Urt. v. 24.06.1999 – VII ZR 196/98, BauR 1999, 1319; Urt. v. 09.04.1987 – VII ZR 266/86, BauR 1987, 454; OLG Celle, Urt. v. 04.05.2011 – 14 U 167/10 (abrufbar über ibr-online); OLG Köln, Urt. v. 25.01.2006 – 11 U 57/03 IBR 2007, 141, (Nichtzulassungsbeschwerde zurückgewiesen: BGH, Beschl. v. 23.11.2006 – VII ZR 32/06); Kniffka/Koeble, Kompendium des Baurechts, 12. Teil, Rn. 16).

aaa) Unverbindlichkeit und Kostenlosigkeit

Häufig behaupten Auftraggeber, der Architekt hätte seine Leistungen unverbindlich oder kostenlos erbringen sollen. In diesem Fall ist zunächst zu prüfen, was tatsächlich gemeint ist; die Adjektive »unverbindlich« und »kostenlos« haben nämlich keineswegs die gleiche Bedeutung (OLG Köln, Urt. v. 05.02.1993 – 19 U 117/92, IBR 1993, 161; OLG Düsseldorf, Urt. v. 05.06.1992 – 22 U 251/91, BauR 1993, 108; Locher/Koeble/Frik, Kommentar zur HOAI, Einleitung, Rn. 60, Korbion/Mantscheff/Vygen, HOAI, § 1, Rn. 32). Ungeachtet dessen sind diese Umstände vom Auftraggeber darzulegen und zu beweisen. 25

bbb) Aufschiebende Bedingungen

In der Praxis steht der Architektenvertrag, vor allem aber die Vergütungspflicht, nicht selten unter einer aufschiebenden Bedingung. Solche Bedingungen sind, auch wenn sie die Vergütung betreffen, grundsätzlich nach Bürgerlichem Recht zu beurteilen und formlos möglich; die HOAI greift erst, wenn ein Vergütungsanspruch dem Grunde nach gegeben ist (Kniffka/Koeble, Kompendium des Baurechts, 12. Teil, Rn. 31). Beruft sich der Auftraggeber darauf, der Vertrag sei unter einer aufschiebenden Bedingung geschlossen worden, trägt – im ersten Moment überraschend – der Architekt die Darlegungs- und Beweislast für einen unbedingten Vertragsschluss (OLG München, Urt. v. 15.04.2008 – 9 U 4609/07, BauR 2009, 1461; Koeble, Probleme des Gerichtsstands sowie der Darlegungs- und Beweislast im Architektenhonorarprozess, BauR 1997, 191, 193; Locher/Koeble/Frik, Kommentar zur HOAI, Einleitung, Rn. 65 und 75 ff.). Diese Verteilung der Darlegungs- und Beweislast wird auch als »Leugnungstheorie« bezeichnet und liegt darin begründet, dass die aufschiebende Bedingung grundsätzlich keine Einwendung ist, sondern mit ihr bereits die Wirksamkeit des Vertragsschlusses geleugnet wird (BGH, Urt. v. 28.06.2005 – XI ZR 3/04, BGH-Report 2005, 1618; Urt. v. 10.06.2002 – II ZR 68/00, NJW 2002, 2862; Urt. v. 17.10.1984 – VIII ZR 181/83, NJW 1985, 497). 26

ccc) Stufenweise Beauftragung

Gerade Verträge mit öffentlichen Auftraggebern sehen häufig eine stufenweise Beauftragung des Architekten vor. In diesen Fällen gibt der Architekt für den vollen Leistungsumfang ein Angebot ab, dass der Auftraggeber »in Stufen« annehmen kann (OLG Dresden, Urt. v. 15.04.1999 – 9 U 3211/98, IBR 2001, 26 [Revision nicht angenommen: BGH, Beschl. v. 26.10.2000 – VII ZR 173/99]; Werner/Pastor, Der Bauprozess, Rn. 694 f., 802. Zu den rechtlichen Problemen, insbesondere im Hinblick auf die Wirksamkeit entsprechender Klauseln: Kniffka/Koeble, Kompendium des Baurechts, 12. Teil, Rn. 57 ff.). Die Parteien schließen folglich mehrere Verträge, für welche die übrigen Vereinbarungen jeweils gelten (z.B. Schriftform); ein Anspruch des Architekten auf »Weiterbeauftragung« besteht regelmäßig nicht. Von einer stufenweisen Beauftragung ist das »Abrufen« einzelner Leistungsstufen zu unterscheiden; hier wird der vertragliche Leistungsumfang von vornherein festgelegt und nur die Fälligkeit der jeweiligen Leistungen vom Abruf des Auftraggebers abhängig gemacht (Werner/Pastor, Der Bauprozess, Rn. 802). 27

ddd) Unwirksamkeit des Vertrages

Bevor aus einem Architektenvertrag Honoraransprüche geltend gemacht werden, sollte stets dessen Wirksamkeit überprüft werden. Dabei ist (auch heute noch) zunächst an das sog. »Kopplungsverbot« gemäß Art. 10 § 3 Satz 1 MRVG zu denken: danach ist eine Vereinbarung unwirksam, durch die der Erwerber eines Grundstücks sich im Zusammenhang mit dem Erwerb 28 verpflichtet, bei der Planung oder Ausführung eines Bauwerks auf dem Grundstück Leistungen eines bestimmten Ingenieurs oder Architekten in Anspruch zu nehmen (das Kopplungsverbot kommt in der Praxis nach wie vor häufig vor, wird aber inzwischen zu Recht weitgehend kritisch betrachtet, *Pauly*, Das Koppelungsverbot des Art. 10 § 3 MRVG – ein alter Zopf muss weichen, BauR 2006, 769 ff.; *Werner*, BauR 2006, 1602 ff.; Empfehlungen des 1. Deutschen Baugerichtstages, BauR 2006, 1615 ff.; Vygen, Gedanken zur Novellierung der HOAI, BauR 2008, 730 ff.; Christiansen-Geiss, Neue Tendenzen in der Rechtsprechung zu Art. 10 § 3 MRVG, BauR 2009, 421 ff. Der BGH hat die bisher vertretene, weite Auslegung von Art. 10 § 3 MRVG inzwischen aufgegeben (BGH, Urt. v. 25.09.2008 – VII ZR 174/07, BauR 2008, 2059), einen Verstoß gegen das Grundgesetz aber auch verneint (BGH, Urt. v. 22.07.2010 – VII ZR 144/09, BauR 2010, 1772). In Betracht kommt aber auch eine Anfechtung des Architektenvertrages wegen arglistiger Täuschung über die Architekteneigenschaft oder ein Widerruf im Falle eines Haustürgeschäfts (vgl. Kniffka/Koeble, Kompendium des Baurechts, 12. Teil, Rn. 64).

Zudem kann sich eine Unwirksamkeit des Architektenvertrages ergeben, wenn die Parteien gesetzliche oder vereinbarte Formerfordernisse nicht beachtet haben. Gerade bei Verträgen mit öffentlichen Auftraggebern, Kirchen oder Genossenschaften ergeben sich spezielle Vertretungsregelungen und die Schriftform, regelmäßig aus landes-, kirchen- oder genossenschaftsrechtlichen Regelungen (vgl. zu den Einzelheiten: Locher/Koeble/Frik, Kommentar zur HOAI, Einleitung, Rn. 95 ff., und Korbion/Mantscheff/Vygen, HOAI, Einführung, Rn. 191 ff.). Sind einschlägige Bestimmungen vorhanden, gelten sie in aller Regel nicht nur für den Abschluss des Architektenvertrages selbst, sondern auch für etwaige Änderungs- und/oder Ergänzungsvereinbarungen.

Ist der Architektenvertrag unwirksam, können sich Ansprüche des Architekten aus Geschäftsführung ohne Auftrag, aber auch aus Bereicherungsrecht ergeben (BGH, Urt. v. 04.04.2002 – VII ZR 26/01, BauR 2002, 1245; Urt. v. 30.09.1993 – VII ZR 178/91, BauR 1994, 110; Urt. v. 23.06.1994 – VII ZR 167/93, BauR 1994, 651; Locher/Koeble/Frik, Kommentar zur HOAI, Einleitung, Rn. 105; Korbion/Mantscheff/Vygen, HOAI, Einführung, Rn. 192).

hh) Zu 7. Darlegung des konkreten Leistungsumfangs

29 Seitdem es die Vermutung für eine sog. »Vollarchitektur« nicht mehr gibt, (BGH, Urt. v. 04.10.1979 – VII ZR 319/78, BauR 1980, 84; Kniffka/Koeble, Kompendium des Baurechts, 12. Teil, Rn. 49) muss der Leistungsumfang des Architekten konkret vorgetragen werden. Den Architekten trifft – auch im Rahmen einer negativen Feststellungsklage – grundsätzlich die uneingeschränkte Darlegungs- und Beweislast für Art und Umfang der vereinbarten Architektenleistungen. Da ein individueller Willensentschluss des Bauherrn fraglich ist, kann er sich dabei regelmäßig nicht auf eine Anscheinsvermutung für einen bestimmten Auftragsumfang, insbesondere nicht in Bezug auf einen Auftrag zur Vollarchitektur, stützen (OLG Düsseldorf, Urt. v. 01.07.2016 – 22 U 22/16, IBR 2017, 323).

Hier ergeben sich in der Praxis immer wieder Probleme, insbesondere weil es an konkreten Parteivereinbarungen fehlt. Dieser Umstand ist häufig auf die Dynamik des Planungsprozesses und die hiermit verbundenen Schwierigkeiten einer klaren Definition des Leistungsumfangs bei Vertragsabschluss zurückzuführen. Die Parteien bedienen sich (wohl auch aus diesem Grund) regelmäßig einer Bezugnahme auf die HOAI bzw. auf die dort genannten Leistungsbilder, Leistungsphasen oder auch einzelne Leistungen. Eine solche Bezugnahme definiert die vertraglich geschuldeten Leistungen nicht eindeutig, weshalb der geschuldete Leistungsumfang auch in diesen Fällen häufig durch Auslegung zu ermitteln ist. Dabei ist stets zu beachten, dass sich Inhalt und Umfang der geschuldeten Leistungen grundsätzlich nicht nach der HOAI, sondern nach dem Vertragsrecht des BGB bzw. den Vereinbarungen der Parteien richten (BGH, Urt. v. 21.06.2004 – VII ZR 259/02, BauR 2004, 1640; Kniffka/Koeble, Kompendium des Baurechts, 12. Teil, Rn. 47). Wurden nur die Leistungen einer bestimmten Leistungsphase nach der HOAI beauftragt, sind die (erforderlichen, aber nicht beauftragten) Leistungen vorangehender Leistungsphasen daher keineswegs zwingender Vertragsbestandteil und müssen in diesem Fall auch nicht vergütet werden (BGH, Urt. v. 06.12.2007 – VII ZR 157/06, BauR 2008, 543 [für den Architektenvertrag]; Urt. v. 23.11.2006 – VII ZR 110/05, BauR 2007, 571 [für den Ingenieurvertrag]; a.A.: Kniffka/Koeble, Kompendium des Baurechts, 12. Teil, Rn. 50). Ansprüche des Architekten können sich in diesem Fall aber aus Geschäftsführung ohne Auftrag oder Bereicherungsrecht ergeben (BGH, Urt. v. 04.04.2002 – VII ZR 26/01, BauR 2002, 1245; Urt. v. 30.09.1993 – VII ZR 178/91, BauR 1994, 110; Urt. v. 23.06.1994 – VII ZR 167/93, BauR 1994, 651. Locher/Koeble/Frik, Kommentar zur HOAI, Einleitung, Rn. 105; Korbion/Mantscheff/Vygen, HOAI, Einführung, Rn. 192).

Auch § 650o BGB regelt zunächst nur, dass der Architekt verpflichtet ist, »die Leistungen zu erbringen, die nach dem jeweiligen Stand der Planung und Ausführung des Bauwerks erforderlich sind, um die zwischen den Parteien vereinbarten Planungs- und Überwachungsziele zu erreichen. Inwieweit diese Definition des Architekten- und Ingenieurvertrags tatsächlich Auswirkungen auf den Inhalt des Vertrages haben kann, bleibt abzuwarten (Locher/Koeble/Frik, Kommentar zur HOAI, Einleitung, Rn. 39 ff.)

ii) Zu 8. Honorarvereinbarung

Die HOAI geht davon aus, dass die Vertragsparteien (auch) über das Honorar des Architekten eine Vereinbarung treffen. Grundsätzlich hat eine solche Honorarvereinbarung schriftlich und bei Auftragserteilung zu erfolgen; darüber hinaus muss das vereinbarte Honorar im Rahmen der durch die HOAI festgesetzten Mindest- und Höchstsätze liegen, vgl. § 7 Abs. 1 HOAI. 30

aaa) Innerhalb der Mindest- und Höchstsätze

Die Mindestsätze können nur in Ausnahmefällen unterschritten und die Höchstsätze dürfen nur bei außergewöhnlichen oder ungewöhnlich lange dauernden Grundleistungen überschritten werden, vgl. § 7 Abs. 3 und 4 HOAI; auch in diesen Fällen ist eine schriftliche Vereinbarung bei Auftragserteilung erforderlich (Werner/Pastor, Der Bauprozess, Rn. 733). Die vorgenannten Ausführungen galten nach § 15 HOAI 2002 auch für Besondere Leistungen; inzwischen kann das Honorar jedoch auch insoweit frei vereinbart werden, vgl. § 3 Abs. 3 HOAI. Ebenso verhält es sich hinsichtlich des Honorars für Beratungsleistungen, vgl. § 3 Abs. 1 Satz 2 HOAI. Gleiches gilt nach § 7 Abs. 2 HOAI, wenn die ermittelten anrechenbaren Kosten oder Flächen außerhalb der Tafelwerte der HOAI liegen. 31

bbb) Unmittelbare und mittelbare Verstöße

Ob ein Verstoß gegen das Preisrecht unmittelbar oder mittelbar erfolgt, ist irrelevant; insbesondere eine Überschreitung der Höchstsätze liegt daher auch vor, wenn die Bemessungsgrundlagen der Honorarberechnung nicht eingehalten werden und dies mittelbar zu einer Überschreitung der Höchstsätze führt (z.B. höhere Honorarzone oder höhere anrechenbare Kosten) (Werner/Pastor, Der Bauprozess, Rn. 775). Irrelevant ist auch, ob die Parteien sich des Verstoßes bewusst waren; es kommt allein darauf an, ob objektiv gegen das Preisrecht der HOAI verstoßen wurde. 32

ccc) Im Übrigen freie Vereinbarung

Unter Berücksichtigung dieser Vorgaben können die Parteien die Honorierung »frei« gestalten. Zulässig ist insbesondere eine Honorierung nach Aufwand/Zeit, sofern eine solche Vereinbarung schriftlich bei Auftragserteilung erfolgt und das daraus resultierende Honorar innerhalb der Mindest- und Höchstsätze liegt (BGH, Urt. v. 17.04.2009 – VII ZR 164/07, BauR 2009, 1162). Nachdem § 6 HOAI 2002 ersatzlos entfallen ist, kann auch die Höhe des Stundenhonorars frei 33 vereinbart werden. Im Falle einer Honorarvereinbarung nach Zeitaufwand muss der Architekt grundsätzlich nur vortragen, wie viele Stunden für die Erbringung der Vertragsleistung mit welchen Stundensätzen angefallen sind (BGH, a.a.O, unter Verweis auf die allgemeine Regel, nach welcher der Kläger die seinen Anspruch begründenden Tatsachen darzulegen und zu beweisen hat [vgl. BGH, Urt. v. 01.02.2000 – X ZR 198/97, BauR 2000, 1196; Urt. v. 14.01.1991 – II ZR 190/89, BGHZ 113, 222]). Allerdings begründet eine Stundenlohnvergütung eine vertragliche Nebenpflicht zur wirtschaftlichen Betriebsführung und dem Besteller muss eine Überprüfung der Wirtschaftlichkeit möglich sein. Ist dies nicht ohne Weiteres der Fall, trägt der Architekt eine sekundäre Darlegungslast, d.h. er muss zu Art und Inhalt der nach Zeitaufwand abgerechneten Leistungen jedenfalls soviel vortragen, dass dem für die Unwirtschaftlichkeit der Leistungsausführung darlegungs- und beweisbelasteten Besteller eine sachgerechte Rechtswahrung ermöglicht wird (BGH, Urt. v. 17.04.2009 – VII ZR 164/07, BauR 2009, 1162).

ddd) Schriftform

34 Die einzuhaltende Schriftform ergibt sich aus § 126 BGB. Danach muss die Urkunde grundsätzlich von dem Aussteller eigenhändig durch Namensunterschrift unterzeichnet werden und (bei einem Vertrag) die Unterzeichnung der Parteien auf derselben Urkunde erfolgen, vgl. § 126 Abs. 1 und 2 BGB. Die Schriftform ist daher nicht gewahrt (und die Honorarvereinbarung unwirksam), wenn der Architekt ein Angebot abgibt und der Auftraggeber dieses in einem gesonderten Schreiben annimmt (BGH, Urt. v. 28.10.1993 – VII ZR 192/92, BauR 1994, 131; OLG Düsseldorf, Urt. v. 28.03.2008 – I-22 U 2/08, BauR 2010, 482; Werner/Pastor, Der Bauprozess, Rn. 787 f.). Im Honorarprozess des Architekten ist zu beachten, dass die Berufung auf das Schriftformerfordernis ggf. gegen Treu und Glauben verstoßen kann (Werner/Pastor, Der Bauprozess, Rn. 794, m.w.N.).

eee) Bei Auftragserteilung

35 Darüber hinaus muss die Honorarvereinbarung bei Auftragserteilung, d.h. bei Abschluss des Architektenvertrages, erfolgen (BGH, Urt. v. 16.12.2004 – VII ZR 16/03, BauR 2005, 735; Urt. v. 06.05.1985 – VII ZR 320/84, BauR 1985, 582). »Bei Auftragserteilung« ist nach h.M. eng auszulegen, d.h. die Honorarvereinbarung muss entweder vor oder zumindest zeitgleich mit Abschluss des Architektenvertrages getroffen werden (BGH, Urt. v. 27.11.2008 – VII ZR 211/07, BauR 2009, 264; Urt. v. 16.12.2004 – VII ZR 16/03, BauR 2005, 735, Kniffka/Koeble, Kompendium des Baurechts, 12. Teil, Rn. 365, 407 ff.; Locher/Koeble/Frik, Kommentar zur HOAI, § 7, Rn. 57; Werner/Pastor, Der Bauprozess, Rn. 805; a.A.: OLG Braunschweig, Urt. v. 24.08.2006 – 8 U 154/05, BauR 2007, 903). Eine Honorarvereinbarung, die nach Abschluss des Architektenvertrages getroffen wird, ist stets unwirksam (h.M.; a.A.: Werner/Pastor, Der Bauprozess, Rn. 805, der eine gewisse »Großzügigkeit« bei der Bemessung des zeitlichen Zusammenhangs fordert). Eine Besonderheit gilt für die Fälle einer stufenweisen und abschnittsweisen Beauftragung des Architekten: Hier hat der BGH inzwischen entschieden, dass eine schriftlich getroffene Honorarvereinbarung über später zu erbringende Leistungen mit dem Abruf der Leistungen bzw. mit dem Eintritt der vereinbarten Bedingung wirksam wird und deshalb »bei Auftragserteilung« getroffen wurde (BGH, Urt. v. 27.11.2008 – VII ZR 211/07, BauR 2009, 264; Urt. v. 18.12.2008 – VII ZR 189/06, BauR 2009, 523). Haben die Parteien eine Honorarvereinbarung getroffen, können sie diese nach h.M. vor Beendigung des Architektenvertrages nicht ändern; eine entsprechende Vereinbarung ist unwirksam (BGH, Urt. v. 27.02.2003 – VII ZR 169/02, BauR 2003, 748; Urt. v. 21.01.1988 – VII ZR 239/86, BauR 1988, 364; a.A.: Locher/Koeble/Frik, Kommentar zur HOAI, § 7, Rn. 74). Allerdings gibt es seit der HOAI 2009 einige Ausnahmen, so z.B. nach §§ 3 Abs. 2 Satz 2 und 7 Abs. 5 HOAI 2009 oder nun nach §§ 7 Abs. 6 und 10 Abs. 1 HOAI. Auch die Vereinbarung eines Umbau- und Modernisierungszuschlags muss schriftlich, aber wohl nicht zwingend bereits bei Auftragserteilung erfolgen, vgl. § 35 HOAI 2009

2. Honorarklage eines Architekten F.

sowie § 6 Abs. 2 HOAI (Locher/Koeble/Frik, Kommentar zur HOAI, § 6, Rn. 55 [ebenso in der Vorauflage zu § 35 HOAI 2009, Rn. 18]; ebenso zu § 24 HOAI 2002: BGH, Urt. v. 27.11.2008 – VII ZR 211/07, BauR 2009, 264; Korbion/Mantscheff/Vygen, HOAI, 7. Aufl., § 24, Rn. 11; Locher/Koeble/Frik, Kommentar zur HOAI, 9. Aufl., § 24, Rn. 16; a.A. offensichtlich der Verordnungsgeber, vgl. BT-Drucks. 334/13, S. 157).

fff) Prozessuales

Eine (wirksam getroffene) Honorarvereinbarung ist vom Architekten darzulegen und zu beweisen. Gelingt dieser Nachweis nicht, richtet sich das Honorar nach den Mindestsätzen gemäß § 7 Abs. 1 HOAI, vgl. § 7 Abs. 5 HOAI. Gleiches gilt, wenn die Parteien ein Honorar zwar vereinbart haben, die Vereinbarung aber unwirksam ist. Dass das Honorar innerhalb der von der HOAI vorgegebenen Mindest- und Höchstsätze liegt, ist lediglich eine Voraussetzung für die Wirksamkeit einer Honorarvereinbarung und keine Anspruchsvoraussetzung für die Vergütung des Architekten. Der Architekt ist daher nicht gehindert, ein die Mindestsätze unterschreitendes Honorar geltend zu machen, wenn die Preisvereinbarung unwirksam ist und er den Mindestsatz fordern könnte (BGH, Urt. v. 13.01.2005 – VII ZR 353/03, BauR 2005, 739; Urt. v. 13.09.2001 – VII ZR 380/00, BauR 2001, 1926). Ein Verstoß gegen die preisrechtlichen Vorgaben der HOAI muss von demjenigen dargelegt und bewiesen werden, der sich hierauf beruft (BGH, Urt. v. 13.09.2001 – VII ZR 380/00, BauR 2001, 1926; Locher/Koeble/Frik, Kommentar zur HOAI, § 7, Rn. 131). 36

jj) Zu 9. Grundzüge der Honorarermittlung

Das Honorar wird nach der jeweils anzuwendenden Fassung der HOAI unterschiedlich berechnet. 37

aaa) nach der HOAI 2002

Die HOAI 2002 enthielt in den einzelnen Leistungsbildern weitgehend identische Vorschriften zur Ermittlung des Honorars. Die (nachfolgend skizzierte) Honorarermittlung bei Gebäuden, raumbildenden Ausbauten und Freianlagen ist daher weitgehend exemplarisch. 38

Nach § 10 Abs. 1 HOAI 2002 richtete sich das Honorar für Grundleistungen bei Gebäuden, Freianlagen und raumbildenden Ausbauten nach den anrechenbaren Kosten des Objekts, der Honorarzone, der das Objekt angehört, sowie bei Gebäuden und raumbildenden Ausbauten nach der Honorartafel in § 16 HOAI 2002 und bei Freianlagen nach der Honorartafel in § 17 HOAI 2002. Die anrechenbaren Kosten waren nach den Kostenermittlungsarten der DIN 276 (Fassung April 1981) zu ermitteln, und zwar für die Leistungsphasen 1 bis 4 nach der Kostenberechnung, für die Leistungsphasen 5 bis 7 nach dem Kostenanschlag und für die Leistungsphasen 8 und 9 nach der Kostenfeststellung, vgl. § 10 Abs. 2 HOAI 2002. Für Gebäude ergaben sich Vorgaben für die Ermittlung der richtigen Honorarzone aus den §§ 11 und 12 HOAI 2002 und das Honorar selbst war der Honorartafel des § 16 HOAI 2002 zu entnehmen. Sodann waren die erbrachten Leistungen zu bewerten; für das Leistungsbild der Objektplanung bspw. anhand der Zusammensetzung des Leistungsbildes und der Bewertung der Grundleistungen nach § 15 Abs. 1 und 2 HOAI 2002.

bbb) nach der HOAI 2009

Nach der HOAI 2009 richtete sich das Honorar für die Leistungsbilder der Teile 3 und 4 nach den anrechenbaren Kosten des Objekts auf der Grundlage der Kostenberechnung oder, sofern diese (noch) nicht vorliegt, auf der Grundlage der Kostenschätzung, und für die Leistungsbilder des 39

Teils 2, nach Flächengrößen oder Verrechnungseinheiten. Im Übrigen richtete sich das Honorar grundsätzlich nach dem Leistungsbild, der Honorarzone und der dazugehörigen Honorartafel, vgl. § 6 Abs. 1 HOAI 2009.

ccc) nach der HOAI 2013

40 Nach § 6 Abs. 1 HOAI richtet sich das Honorar für Grundleistungen (1) für die Leistungsbilder des Teils 2 nach der Größe der Fläche und für die Leistungen der Teile 3 und 4 nach den anrechenbaren Kosten des Objekts auf Grundlage der Kostenberechnung oder, sofern keine Kostenberechnung vorliegt, auf der Grundlage der Kostenschätzung. Honorare für Leistungen bei Umbauten und Modernisierungen gemäß § 2 Abs. 5 und 6 HOAI sind nach den anrechenbaren Kosten, der Honorarzone, welcher der Umbau oder die Modernisierung in sinngemäßer Anwendung der Bewertungsmerkmale zuzuordnen ist, nach den Leistungsphasen, der Honorartafel und dem Umbau- oder Modernisierungszuschlag auf das Honorar. Hinsichtlich der weiteren Einzelheiten wird auf die folgenden Anmerkungen verwiesen.

kk) Zu 10. Ermittlung der Honorarzone

41 Die Honorarzonen der jeweiligen Leistungsbilder sind in § 5 Abs. 1 und 2 HOAI genannt. Nach § 5 Abs. 3 HOAI sind die Honorarzonen anhand der Bewertungsmerkmale in den Honorarregelungen der jeweiligen Leistungsbilder der Teile 2 bis 4 zu ermitteln und ist die Zurechnung zu den einzelnen Honorarzonen nach Maßgabe der Bewertungsmerkmale und ggf. der Bewertungspunkte sowie unter Berücksichtigung der Regelbeispiele in den Objektlisten der Anlagen der HOAI vorzunehmen. Aufgrund des Wortlauts der Regelung kommt den Objektlisten keine abschließende, sondern nur eine beispielhafte Bedeutung zu. Für die Einordnung des Objekts in die jeweilige Honorarzone sind daher die Bewertungsmerkmale des einschlägigen Leistungsbildes (Teile 2 bis 4 der HOAI, für Gebäude bspw. § 35 Abs. 2 HOAI) ausschlaggebend. Wird der Architekt im Rahmen eines Gesamtobjekts nur mit einzelnen Teilleistungen beauftragt, ist die Honorarzone nicht anhand des Gesamtobjekts, sondern anhand der Teilleistungen zu bestimmen (BGH, Urt. v. 11.12.2008 – VII ZR 235/06, BauR 2009, 521).

Es steht den Parteien grundsätzlich frei, eine Honorarzone zu vereinbaren. Allerdings muss die vereinbarte Honorarzone objektiv zutreffend sein, sodass eine entsprechende Vereinbarung letztlich nur deklaratorischen Charakter hat. Bei der Bestimmung der Honorarzone steht den Parteien aber (immerhin) ein gewisser Beurteilungsspielraum zu (so bereits [zur alten HOAI]: BGH, Urt. v. 13.11.2003 – VII ZR 362/02, BauR 2004, 354; vgl. zur neuen HOAI: Werner/Pastor, Der Bauprozess, Rn. 909 ff.). Überschreiten die Parteien den ihnen zustehenden Beurteilungsspielraum, kann dies auch zu einer (unwirksamen) Unterschreitung der Mindestsätze führen (BGH, a.a.O.). Haben die Parteien eine zu hohe Honorarzone vereinbart, kommt eine Überschreitung der Höchstsätze allerdings nur in Betracht, wenn zugleich die Höchstsätze der richtigen Honorarzone überschritten werden (Werner/Pastor, Der Bauprozess, Rn. 912 f.); in diesem Fall ist die Honorarvereinbarung nicht insgesamt nichtig, sondern insoweit aufrechtzuerhalten, als die nach der HOAI zulässige Höchstvergütung nicht überschritten wird (BGH, Urt. v. 11.10.2007 – VII ZR 25/06, BauR 2007, 2081; Urt. v. 09.11.1989 – VII ZR 252/88, BauR 1990, 239).

ll) Zu 11. Anrechenbare Kosten

42 Die anrechenbaren Kosten sind gemäß § 4 Abs. 1 Satz 2 HOAI »*nach fachlich anerkannten Regeln der Technik oder nach Verwaltungsvorschriften (Kostenvorschriften) auf der Grundlage ortsüblicher Preise zu ermitteln*«. § 2 Nr. 12 HOAI 2009 definierte den Begriff der »fachlich allgemein anerkannten Regeln der Technik« als schriftlich fixierte technische Festlegungen für Verfahren, die

nach herrschender Auffassung der beteiligten Fachleute, Verbraucher und der öffentlichen Hand geeignet sind, die Ermittlung der anrechenbaren Kosten nach dieser Verordnung zu ermöglichen, und die sich in der Praxis allgemein bewährt haben oder deren Bewährung nach herrschender Auffassung in überschaubarer Zeit bevorsteht. Nach der HOAI 2009 reichten daher auch solche Regeln, deren Bewährung noch *bevorsteht*, während die Rechtsprechung grundsätzlich bereits *anerkannte* Regeln verlangt (OLG Hamm, Urt. v. 18.04.1996 – 17 U 112, 95, BauR 1997, 309; *Schliemann*, in: Leinemann, VOB/B, § 13, Rn. 27 ff.). § 2 Nr. 12 HOAI 2009 wurde mit der HOAI 2013 jedoch ersatzlos gestrichen, sodass insoweit keine Unterschiede mehr bestehen.

Für die Ermittlung der anrechenbaren Kosten war die DIN 276 bislang durchaus in unterschiedlichen Fassungen anwendbar. Diese Problematik ist auf die Dynamik der DIN 276 und die »hinkende« (sowie zudem nicht einheitliche) Aktualisierung der statischen Verweise in der HOAI zurückzuführen. Offensichtlich wollte der Verordnungsgeber die hiermit einhergehenden Unklarheiten und Unannehmlichkeiten bei der Honorarermittlung beseitigen, denn seit der HOAI 2009 erklärt § 4 Abs. 1 Satz 3 HOAI die DIN 276 in der Fassung vom Dezember 2008 (276-01:2008-12) für anwendbar, wenn die HOAI auf die DIN 276 Bezug nimmt. Allerdings wird auch diese Neuregelung in der Literatur bereits zunehmend problematisiert und es bleibt abzuwarten, ob sie Bestand hat (eine übersichtliche Darstellung findet sich bei Werner/Pastor, Der Bauprozess, Rn. 978, oder auch bei Locher/Koeble/Frik, Kommentar zur HOAI, § 4, Rn. 11 ff.). Auftragnehmern ist derzeit zu empfehlen, von der DIN 276 Gebrauch zu machen, auch wenn es nach der neuen HOAI andere Möglichkeiten gibt, die anrechenbaren Kosten zu ermitteln (ausführlich: Kuffer/Wirth, Handbuch des Fachanwalts Bau- und Architektenrecht, S. 1211, Rn. 30 ff.).

Für die anrechenbaren Kosten trägt der Architekt die Darlegungs- und Beweislast. Die Klage ist schlüssig, wenn die anrechenbaren Kosten angegeben werden; weiterer Vortrag zu den anrechenbaren Kosten, insbesondere deren nähere Aufgliederung, ist grundsätzlich erst erforderlich, wenn der Auftraggeber die anrechenbaren Kosten mit konkretem Gegenvortrag in Frage stellt (BGH, Urt. v. 02.05.2002 – VII ZR 481/00, BauR 2002, 1421; Urt. v. 24.10.1991 – VII ZR 81/90, BauR 1992, 265). Unabhängig von dieser prozessualen Notwendigkeit sollten die anrechenbaren Kosten und ihre Zusammensetzung vorprozessual unbedingt überprüft werden, und zwar nicht nur um prozessuale Nachteile, sondern auch um etwaige Haftungstatbestände des Rechtsanwalts von vornherein zu vermeiden.

Kann der Architekt – z.B., weil ihm die entsprechenden Unterlagen nicht zur Verfügung stehen – die anrechenbaren Kosten nicht oder nicht vollständig darlegen, kommt zunächst ein (per Klage durchsetzbarer) Anspruch auf Auskunft (BGH, Urt. v. 27.10.1994 – VII ZR 217/93, BauR 1995, 126; Urt. v. 10.12.1987 – I ZR 198/85, BauR 1988, 361; KG, Urt. v. 21.12.2006 – 27 U 182/05, BauR 2007, 1439; OLG Düsseldorf, Urt. v. 22.03.1996 – 22 U 219/95, BauR 1996, 742; Werner/Pastor, Der Bauprozess, Rn. 980), Einsichtnahme oder auch Herausgabe der Unterlagen gegenüber dem Auftraggeber in Betracht (eingehend: Kniffka/Koeble, Kompendium des Baurechts, 12. Teil, Rn. 304 ff., m.w.N.). Stellt der Auftraggeber dem Architekten die erforderlichen Unterlagen auf entsprechendes Verlangen nicht oder nicht vollständig zur Verfügung, genügt der Architekt seiner Darlegungslast, wenn er die anrechenbaren Kosten auf Basis der ihm zur Verfügung stehenden Informationen gewissenhaft schätzt und eine hierauf basierende Abrechnung erstellt; weiterer Vortrag ist erst erforderlich, wenn der Auftraggeber die Schätzungen des Architekten substantiiert bestritten hat (BGH, Urt. v. 27.10.1994 – VII ZR 217/93, BauR 1995, 126; OLG Düsseldorf, Urt. v. 14.05.2009 – 5 U 131/08, BauR 2010, 241; OLG Celle, Urt. v. 18.04.2007 – 14 U 87/06, IBR 2007, 435; Werner/Pastor, Der Bauprozess, Rn. 980).

mm) Zu 12. Anrechenbare Kosten beim Bauen im Bestand

Nach § 10 Abs. 3a HOAI 2002 war die technisch oder gestalterisch beim Bauen im Bestand mitverarbeitete Bausubstanz bei der Ermittlung der anrechenbaren Kosten angemessen zu berücksichtigen. Diese Regelung wurde nicht in die HOAI 2009 übernommen, sodass die vorhandene Bausubstanz bei der Ermittlung der anrechenbaren Kosten auf den ersten Blick nicht mehr zu berücksichtigen war. Zur HOAI 2009 wurde in der Literatur jedoch vertreten, die vorhandene Bausubstanz sei über § 4 Abs. 2 Nr. 4 HOAI 2009 bei den anrechenbaren Kosten zu berücksichtigen (Scholtissek, HOAI 2009 – Neue Vergütungsregelungen für Architekten und Ingenieure, NJW 2009, 3057; Prause, Neues Recht – neuer Vertrag, DAB Heft 9/2009, Seite 32, Korbion/Mantscheff/Vygen, HOAI, Aktualisierungsband zur 7. Aufl., § 4, S. 39 ff.) Nach der mittlerweile h. M. ist jedenfalls vom Grundsatz her die wiederverwendete Bausubstanz bei den anrechenbaren Kosten für die HOAI 2009 nicht mehr zu berücksichtigen (Locher/Koeble/Frik, Kommentar zur HOAI, § 4, Rn. 52 ff. m. w. N.; Averhaus, NZBau 2009, 473, 477; Werner/Pastor, Der Bauprozess, Rn. 990).

Für Leistungen bei Umbauten und Modernisierungen hielt die HOAI 2002 diverse Regelungen parat. Diese Regelungen wurden in § 35 HOAI 2009 zusammengefasst. § 35 HOAI 2009 gilt über Verweisungen auch für Leistungen bei Ingenieurbauwerken (§ 42 Abs. 2 HOAI 2009), bei Verkehrsanlagen (§ 46 Abs. 3 HOAI 2009), der Tragwerksplanung (§ 49 Abs. 3 HOAI 2009) und der Technischen Ausrüstung (§ 53 Abs. 3 HOAI 2009). Nach § 35 Abs. 1 HOAI 2009 konnte für Leistungen bei Umbauten und Modernisierungen für Objekte ein Zuschlag von bis zu 80 % vereinbart werden. Umbauten waren nach § 2 Abs. 6 HOAI 2009 Umgestaltungen eines vorhandenen Objekts mit Eingriffen in die Konstruktion oder den Bestand. Der Begriff der Umbauten war folglich weiter gefasst als bisher, weil es (anders als nach § 3 Abs. 5 HOAI 2002) keines wesentlichen Eingriffs mehr bedurfte. Die Erhöhung des Zuschlags auf bis zu 80 % kann gegenüber den bisher zulässigen Zuschlägen eine spürbare Steigerung bedeuten. Voraussetzung eines entsprechenden Anspruchs ist allerdings auch hier eine schriftliche Vereinbarung, ohne die lediglich der Mindestzuschlag von 20 % verlangt werden kann. Der Mindestzuschlag selbst konnte nach der HOAI 2009 – abgesehen von der Technischen Ausrüstung – bereits ab der Honorarzone II beansprucht werden.

Gelegentlich sind Vertragsmuster zu finden, die einen Umbauzuschlag von unter 20 % beinhalten. Zwar ließ der Wortlaut des § 35 Abs. 1 Satz 1 HOAI 2009 eine solche Vereinbarung offensichtlich zu (»bis zu 80 %«); ihre Unzulässigkeit ergab sich jedoch aus § 35 Abs. 1 Satz 2 HOAI 2009: Danach betrug der Mindestsatz selbst bei fehlender Vereinbarung 20 % (ebenso: Locher/Koeble/Frik, Kommentar zur HOAI, 11. Aufl., § 35, Rn. 14).

In der aktuellen HOAI-Fassung sind Vorschriften über das Bauen im Bestand an verschiedenen Stellen zu finden. § 2 Nr. 7 HOAI definiert den Begriff der »mitzuverarbeitenden Bausubstanz« als den Teil des zu planenden Objekts, der bereits durch Bauleistungen hergestellt ist und durch die Planungs- oder Überwachungsleistungen technisch oder gestalterisch mitverarbeitet wird. Der Umfang der mitzuverarbeitenden Bausubstanz ist seit der HOAI 2013 wieder bei den anrechenbaren Kosten zu berücksichtigen, § 4 Abs. 3 HOAI. Der Anspruch auf einen Umbau- und Modernisierungszuschlag wird durch § 6 Abs. 2 HOAI begründet, wo auch die Grundsätze für die Ermittlung des diesbezüglichen Honorars geregelt sind. Weitere Einzelheiten finden sich in den einzelnen Leistungsbildern (z.B. für Gebäude und Innenräume in § 36 HOAI).

nn) Zu 13. Baukostenvereinbarung

44 Abweichend von der Honorarermittlung auf Grundlage der anrechenbaren Kosten gemäß § 6 Abs. 1 HOAI kann das Honorar seit der HOAI 2009 auch auf Grundlage der anrechenbaren Kosten einer sogenannten Baukostenvereinbarung ermittelt werden, vgl. § 6 Abs. 2 HOAI 2009 sowie § 6 Abs. 3 HOAI. Insoweit ist allerdings bereits an dieser Stelle darauf hinzuweisen, dass der BGH § 6 Abs. 2 HOAI inzwischen für unwirksam erklärt hat, weil sie von der Ermächtigungsgrundlage in Art. 10 §§ 1, 2 MRVG nicht gedeckt ist. Ausschlaggebend sei, dass die Parteien nach dieser Vorschrift auch zu niedrige anrechenbare Kosten vereinbaren und auf diese Weise die Mindestsätze in unzulässiger Weise, d.h. ohne Vorliegen eines Ausnahmefalls, unterschreiten

könnten (BGH, Urt. v. 24.04.2014 – VII ZR 164/13, IBR 2014, 353). Es ist davon auszugehen, dass der gleichlautende § 6 Abs. 3 HOAI ebenfalls unwirksam ist.

Sollte dies nicht der Fall sein, muss eine Baukostenvereinbarung schriftlich vereinbart werden; sie ist auch noch nach Auftragserteilung zulässig (Averhaus, NZBau 2009, 473, Preussner, BauR 2010, 340; Werner/Pastor, Der Bauprozess, Rn. 993; Korbion/Mantscheff/Vygen, HOAI, § 6, Rn. 45; noch: Locher/Koeble/Frik, Kommentar zur HOAI, 12. Aufl., § 6, Rn. 60). Voraussetzung ist nur, dass zum Zeitpunkt der Vereinbarung noch keine Planungen als Voraussetzung für eine Kostenschätzung oder Kostenberechnung vorliegen dürfen. Gegenstand einer Baukostenvereinbarung sind die Baukosten. Was unter dem Begriff der Baukosten zu verstehen ist, wird von der HOAI nicht definiert und ist unklar (Seifert, Zum Referentenentwurf für eine Neufassung der HOAI aus sachverständiger Sicht, BauR 2008, 904; Locher/Koeble/Frik, Kommentar zur HOAI, § 6, Rn. 58 f.; Korbion/Mantscheff/Vygen, HOAI, Aktualisierungsband zur 7. Aufl., § 6). Aus § 6 Abs. 2 HOAI geht aber zumindest hervor, dass der Begriff der Baukosten nicht die anrechenbaren Kosten meint; letztere werden nämlich (auch im Falle einer Baukostenvereinbarung) erst auf Basis der vereinbarten Baukosten nach den Vorschriften der HOAI ermittelt. Ist die Bedeutung des Begriffs auch im konkreten Fall unklar, muss der tatsächliche Wille der Parteien im Streitfall durch Auslegung ermittelt werden.

Treffen die Parteien eine Baukostenvereinbarung, forderte § 6 Abs. 2 Satz 2 HOAI 2009 bzw. fordert § 6 Abs. 3 Satz 2 HOAI, dass die vereinbarten Baukosten nachprüfbar sind. Dies soll bspw. bei einer Baukostenermittlung anhand von vergleichbaren Referenzprojekten der Fall sein. In der Praxis dürfte diese Forderung den Anwendungsbereich der Baukostenvereinbarung erheblich einschränken – ohne Planungen dürften die angesetzten Baukosten kaum nachprüfbar sein; liegen Planungen vor, ist eine Baukostenvereinbarung nicht mehr zulässig. Ungeachtet dessen werden insbesondere Verbraucher den Inhalt einer Baukostenvereinbarung mangels Fachkunde regelmäßig nicht überprüfen können. Es ist daher davon auszugehen, dass die Wirksamkeit solcher Vereinbarungen im Honorarprozess verstärkt thematisiert wird.

Weitere Streitigkeiten können sich an der Schnittstelle von Objekt- und Fachplanern oder auch dem Generalplaner und seinen Subplanern ergeben, insbesondere wenn die vertraglichen Vereinbarungen nicht identisch gestaltet sind. Für den Architekten können sich zudem Probleme aus haftungsrechtlicher Sicht ergeben, wenn die Baukostenvereinbarung als Beschaffenheitsvereinbarung angesehen wird und die darin vereinbarten Kosten überschritten werden. Zudem sind im Zusammenhang mit einer Baukostenvereinbarung stets auch die Bonus-Malus-Regelungen des § 7 Abs. 7 HOAI 2009 bzw. § 7 Abs. 6 HOAI zu beachten. Zu den weiteren Einzelheiten einer Baukostenvereinbarung und den zahlreichen offenen Fragen, vgl. z.B. Locher/Koeble/Frik, Kommentar zur HOAI, § 6, Rn. 56 ff., Averhaus, NZBau 2009, 473, 476; Koeble, BauR 2008, 894, 896 f.; Werner/Pastor, Der Bauprozess, Rn. 991 ff.).

oo) Zu 14. Besondere Leistungen nach der HOAI 2002

Neben den Grundleistungen wurden in der HOAI 2002 auch Besondere Leistungen von den preisrechtlichen Regelungen erfasst. Dies galt zumindest für die Besonderen Leistungen nach § 5 Abs. 4 und 5 HOAI 2002, mithin für Besondere Leistungen, die zu den Grundleistungen hinzutreten, und für Besondere Leistungen, die ganz oder teilweise an die Stelle von Grundleistungen treten.

Für Besondere Leistungen nach § 5 Abs. 4 HOAI 2002 durfte ein Honorar nur berechnet werden, wenn die Leistungen im Verhältnis zu den Grundleistungen einen nicht unwesentlichen Arbeits- und Zeitaufwand verursachen und das Honorar schriftlich vereinbart wurde. Es handelt sich um echte Anspruchsvoraussetzungen, die zudem kumulativ vorliegen müssen; liegt eine der beiden Voraussetzungen nicht vor, entfällt die Vergütungspflicht sogar vollständig, weil es an einer § 4 Abs. 4 HOAI 2002 vergleichbaren Vorschrift fehlt (BGH, Urt. v. 24.11.1988 – VII ZR

313/87, BauR 1989, 222; Korbion/Mantscheff/Vygen, HOAI, 7. Aufl., § 5, Rn. 66). Zu beachten ist allerdings, dass zumindest die fehlende Schriftform geheilt werden kann, weil das Honorar nach § 5 Abs. 4 HOAI 2002 nicht bei Auftragserteilung vereinbart werden muss (Korbion/Mantscheff/Vygen, HOAI, 7. Aufl., § 5, Rn. 66).

Nach § 5 Abs. 5 HOAI 2002 ist für Besondere Leistungen, die ganz oder teilweise an die Stelle von Grundleistungen treten, ein Honorar zu berechnen, dass dem Honorar für die ersetzten Grundleistungen entspricht. Besondere Honorierungsvoraussetzungen (vgl. § 5 Abs. 4 HOAI 2002) fehlen, sodass das Honorar ohne Weiteres berechnet werden kann. Dies ist konsequent, denn es handelt sich hier um Besondere Leistungen, die die Grundleistungen ersetzen und für die sich das Honorar nach dem Honorar der ersetzten Grundleistung richtet.

Denkbar waren darüber hinaus auch sog. »isolierte« oder »eigenständige« Besondere Leistungen; hierbei handelt es sich um Besondere Leistungen, die ohne einen Verbund mit Grundleistungen der HOAI beauftragt werden (Löffelmann/Fleischmann, Architektenrecht, Rn. 37 f.; Pott/Dahlhoff/Kniffka, HOAI, § 5, Rn. 14; Korbion/Mantscheff/Vygen, HOAI, 7. Aufl., § 5, Rn. 55). Auf diese Fallgruppe der isoliert beauftragten Besonderen Leistungen findet das Preisrecht der HOAI keine Anwendung (BGH, Urt. v. 25.03.1999 – VII ZR 397/97, BauR 1999, 1195; Urt. v. 05.06.1997 – VII ZR 124/96, BauR 1997, 1060; Kniffka/Koeble, Kompendium des Baurechts, 12. Teil, Rn. 336; Korbion/Mantscheff/Vygen, HOAI, 7. Aufl., § 5, Rn. 55; Locher/Koeble/Frik, Kommentar zur HOAI, 9. Aufl., § 5, Rn. 35).

Macht der Architekt ein Honorar für besondere Leistungen geltend, trägt er zunächst die volle Darlegungs- und Beweislast für alle anspruchsbegründenden Umstände. Gleiches gilt auch für die korrekte Abrechnung der Besonderen Leistung, d.h. für den jeweils gewählten Abrechnungsmodus und die darin enthaltenen Abrechnungseinheiten (BGH, Urt. v. 24.11.1988 – VII ZR 313/87, BauR 1989, 222).

pp) Zu 15. Besondere Leistungen seit der HOAI 2009

46 Seit der HOAI 2009 ist das Honorar für Besondere Leistungen nicht mehr verbindlich geregelt; es kann daher frei vereinbart werden, vgl. § 3 Abs. 3 HOAI. Wurde ein Auftrag erteilt, fehlt es aber an einer Honorarvereinbarung, ist – anders als bisher – in der Regel die übliche Vergütung als vereinbart anzusehen, vgl. § 632 BGB. Dabei sollte allerdings nicht vergessen werden, dass ein Anspruch auf die übliche Vergütung nach § 632 Abs. 2 BGB voraussetzt, dass die Leistung des Architekten den Umständen nach nur gegen eine Vergütung zu erwarten war, vgl. § 632 Abs. 1 BGB. Diese Umstände hat der Architekt darzulegen und zu beweisen (BGH, Urt. v. 24.06.1999 – VII ZR 196/98, BauR 1999, 1319; Urt. v. 09.04.1987 – VII ZR 266/86, BauR 1987, 454; OLG Celle, Urt. v. 04.05.2011 – 14 U 167/10; OLG Köln, Urt. v. 25.01.2006 – 11 U 57/03, (Nichtzulassungsbeschwerde zurückgewiesen: BGH, Beschl. v. 23.11.2006 – VII ZR 32/06). In der Praxis können hier insbesondere die bereits dargelegten Abgrenzungsprobleme zur Akquisitionsleistung eine Rolle spielen.

Grundleistungen können keine Besonderen Leistungen sein, vgl. § 3 Abs. 2 HOAI. Besondere Leistungen werden durch die Regelungen des § 3 HOAI sowie die Definition der Grundleistungen in Anlage 10 bis 15 der HOAI von den Grundleistungen abgegrenzt. Alles, was nicht Grundleistung ist, kann grundsätzlich Besondere Leistung sein. Besondere Leistungen stehen immer in irgendeinem Zusammenhang mit der Errichtung des Objekts; es muss sich nicht um typische, berufsbezogene Leistungen handeln. Im Übrigen spielt die Abgrenzung zu anderen Zusatzleistungen in der Praxis keine erhebliche Rolle, weil es auch insoweit keiner schriftlichen Honorarvereinbarung als Anspruchsvoraussetzung bedarf (Locher/Koeble/Frik, Kommentar zur HOAI, § 3, Rn. 14 ff.).

qq) Zu 16. »Abweichungen« vom Vertragsinhalt

Im Falle von Veränderungen des ursprünglich vereinbarten Leistungsumfangs hielt die HOAI 2009 vor allem zwei neue Vorschriften parat. Nach § 3 Abs. 2 Satz 2 HOAI 2009 waren »andere Leistungen«, die durch eine Änderung des Leistungsziels, des Leistungsumfangs, einer Änderung des Leistungsablaufs oder anderer Anordnungen des Auftraggebers erforderlich werden, von den Leistungsbildern nicht erfasst und gesondert frei zu vereinbaren und zu vergüten. Aus dem Wortlaut geht zunächst hervor, dass es nur um solche Veränderungen geht, die der Sphäre des Auftraggebers zuzuordnen sind bzw. von ihm veranlasst wurden (Locher/Koeble/Frik, Kommentar zur HOAI, 11. Aufl., § 3, Rn. 15. Werner/Pastor, Der Bauprozess, Rn. 1017). Darüber hinaus ergab sich aus § 3 Abs. 2 Satz 1 HOAI 2009, dass mit dem Begriff der »anderen Leistung« solche Leistungen gemeint sind, die nicht bereits im Allgemeinen zur ordnungsgemäßen Erfüllung des Auftrags erforderlich sind.

47

Mit dieser Abgrenzung war indes nichts gewonnen: Es stellte sich nämlich die Frage, ob § 3 Abs. 2 Satz 2 HOAI 2009 nur Leistungen erfasst, die in den Leistungsbildern nicht geregelt werden, oder ob auch solche Leistungen erfasst werden, die zwar in den Leistungsbildern geregelt sind, zur Erfüllung des ursprünglichen Vertragsinhalts aber nicht erforderlich waren. Im Kern geht es folglich darum, ob nur diejenigen Leistungen, die zur ordnungsgemäßen Erfüllung des Vertrages erforderlich waren, dem Preisrecht der HOAI unterliegen und für die übrigen (z.B. wiederholte Leistungen) ein Honorar frei vereinbart werden kann. Jedenfalls ließ der Wortlaut des § 3 Abs. 2 Satz 2 HOAI 2009 eine solche Auslegung zu, (Korbion/Mantscheff/Vygen, HOAI, Aktualisierungsband zur 7. Aufl., § 3, Seite 32; Locher/Koeble/Frik, Kommentar zur HOAI, 11. Aufl., § 3, Rn. 15) andererseits könnte das Preisrecht der HOAI von den Vertragsparteien auf diese Weise leicht umgangen werden (Werner/Pastor, Der Bauprozess, Rn. 1017).

Ungeachtet dessen wurde zum Teil angenommen, aus § 3 Abs. 2 Satz 2 HOAI 2009 könne ein Anordnungsrecht des Auftraggebers gefolgert werden (Werner/Pastor, Der Bauprozess, Rn. 1012). Dies ist abzulehnen, weil die HOAI als preisrechtliche Verordnung nur die Rechtsfolgen zivilrechtlich bestehender Ansprüche regelt, ein materielles Anordnungsrecht aber nicht begründen kann. Darüber hinaus sprach § 3 Abs. 2 Satz 2 HOAI 2009 nicht von »angeordneten«, sondern von »gesondert zu vereinbarenden« anderen Leistungen, d.h. es war von einer einseitigen Anordnungsbefugnis, wie sie § 1 Nr. 3 VOB/B beinhaltet, gerade nicht die Rede.

Neben § 3 Abs. 2 Satz 2 HOAI 2009 hielt die HOAI 2009 mit § 7 Abs. 5 HOAI 2009 eine weitere Anspruchsgrundlage für die Anpassung des Honorars parat. Anspruchsvoraussetzung war allerdings, dass die Parteien überhaupt eine dem Honorar zugrunde liegende Vereinbarung getroffen haben. Wenn dies zu bejahen war, gewährte § 7 Abs. 5 HOAI 2009 den Parteien einen Anspruch auf Anpassung des Honorars, wenn sich der beauftragte Leistungsumfang auf Veranlassung des Auftraggebers während der Laufzeit des Vertrages mit der Folge von Änderungen der anrechenbaren Kosten, Werten oder Verrechnungseinheiten veränderte. Die Vorschrift galt sowohl für Reduzierungen als auch für Erweiterungen des ursprünglichen Leistungsumfangs.

Zu beachten ist, dass – auch wenn die übrigen Voraussetzungen des § 7 Abs. 5 HOAI 2009 vorlagen – nicht jedwede Änderung des ursprünglichen Leistungssolls zu einer Anpassung des Honorars berechtigte. Nach allgemeiner Ansicht ist der Planungsprozess nämlich ein dynamischer Vorgang, dem gewisse Optimierungsleistungen quasi immanent sind. Eine Anpassung des Honorars konnte daher erst verlangt werden, wenn die Änderungen einen gewissen, einzelfallabhängigen Umfang erreicht hatten. Wenn dies der Fall war (und auch die übrigen Voraussetzungen des § 7 Abs. 5 HOAI 2009 vorlagen), konnte die schriftliche Vereinbarung über die Anpassung des Honorars jederzeit erfolgen (Werner/Pastor, Der Bauprozess, Rn. 1019).

Die Berechnung des Honorars bei vertraglichen Veränderungen des Leistungsumfangs ist nunmehr in § 10 HOAI geregelt. Nach § 10 Abs. 1 HOAI ist die Honorarberechnungsgrundlage für die Grundleistungen, die infolge des veränderten Leistungsumfangs zu erbringen sind, anzupassen, wenn sich die Vertragsparteien während der Laufzeit des Vertrages darauf einigen, dass der Umfang der beauftragten Leistungen geändert wird, und sich dadurch die anrechenbaren Kosten oder Flächen ändern. Einigen sich die Parteien über die Wiederholung von Grundleistungen, ohne dass sich dadurch die anrechenbaren Kosten oder Flächen ändern, ist das Honorar für diese Grundleistungen entsprechend ihrem Anteil an der jeweiligen Leistungsphase schriftlich zu vereinbaren, vgl. § 10 Abs. 2 HOAI. Beide Vorschriften durchbrechen den Grundsatz, dass eine einmal getroffene Honorarvereinbarung erst nach Beendigung der Leistung geändert werden können. Ob sich diese Vorschriften in der Praxis bewähren, bleibt abzuwarten.

Das neue Bauvertragsrecht sieht nun erstmals ein Anordnungsrecht des Bestellers im BGB vor (§ 650b BGB), das über § 650p BGB auch für Architekten- und Ingenieurverträge gilt. § 650p Abs. 2 BGB enthält ergänzend eine Spezialregelung zur Vergütungsanpassung für Architekten- und Ingenieurverträge. Danach gelten die Entgeltberechnungsregeln der HOAI, wenn und soweit infolge der Anordnung zu erbringende oder entfallende Leistungen von deren Anwendungsbereich erfasst werden. Auch hier wird im Ergebnis § 10 HOAI anzuwenden sein, (vgl. Locher/Koeble/Frik, Kommentar zur HOAI, § 10, Rn. 43 ff.).

Nach den allgemeinen Regeln zur Darlegungs- und Beweislast hat grundsätzlich derjenige, der mit einem bestimmten Sachverhalt eine für ihn günstige Rechtsfolge verbindet, die tatsächlichen Voraussetzungen darzulegen und zu beweisen. Dies gilt auch im Falle von Vertragsänderungen, d.h. Inhalt und Umfang der behaupteten Vertragsänderung sind von demjenigen darzulegen und zu beweisen, der aus der Vertragsänderung Rechte herleiten will (BGH, Urt. v. 11.10.1994 – X ZR 30/93, BauR 1995, 92; Werner/Pastor, Der Bauprozess, Rn. 1025). Vorliegend wird dies regelmäßig der Architekt sein, jedenfalls wenn er eine Erhöhung des Honorars beansprucht.

rr) Zu 17. Bauzeitverlängerung

48 Die HOAI regelt die Honorarfrage im Falle einer (vom Auftragnehmer nicht zu vertretenden) Bauzeitverlängerung nach wie vor unzureichend. Nachdem die (ohnehin nur rudimentären) Regelungen der §§ 4a Satz 3 und 21 HOAI 2002 nicht in die HOAI 2009 übernommen wurden und sich durch die HOAI 2013 nichts geändert hat, beinhaltet die HOAI mit § 7 Abs. 4 HOAI nur noch eine einzige Regelung, die die Bauzeit betrifft. Danach dürfen die in der HOAI festgesetzten Höchstsätze nur bei außergewöhnlichen oder ungewöhnlich lange dauernden Grundleistungen überschritten werden. Die hiernach mögliche Überschreitung der Höchstsätze bedarf jedoch einer schriftlichen Vereinbarung, die nach herrschender Meinung bereits bei Auftragserteilung getroffen werden muss (BGH, Urt. v. 30.09.2004 – VII ZR 456/01, BauR 2005, 118; Werner/Pastor, Der Bauprozess, Rn. 1032 ff.; a.A. Locher/Koeble/Frik, Kommentar zur HOAI, § 7, Rn. 152, m.w.N.). In der Folge erfasst § 7 Abs. 4 HOAI Fälle, in denen sich die Parteien bei Auftragserteilung keine Gedanken über die Bauzeit gemacht haben, nicht.

Gerade diese Fälle sind aber die in der Praxis problematischen Fälle. Ohne eine entsprechende Vereinbarung kann jedoch eine Anpassung des Honorars – selbst dies ist nicht unumstritten (vgl. die Darstellung bei Werner/Pastor, Der Bauprozess, Rn. 1032 ff.) – über die Grundsätze der gestörten Geschäftsgrundlage (§ 313 BGB) in Betracht kommen (BGH, Urt. v. 10.05.2007 – VII ZR 288/05, BauR 2007, 1592; Urt. v. 30.09.2004 – VII ZR 456/01, BauR 2005, 118; Werner/Pastor, Der Bauprozess, Rn. 1032). Nach Ansicht des BGH kommt die Bauzeit grundsätzlich als Geschäftsgrundlage in Betracht; allerdings handelt es sich bei der Bauzeit um ein Risiko, dass sowohl das BGB als auch die HOAI dem Auftragnehmer aufbürdet. Dieses Risiko muss der Auftragnehmer bei Vertragsabschluss in die Preiskalkulation einbeziehen, jedenfalls soweit eine realistische Einschätzung möglich ist. Absehbare Überschreitungen durchschnittlicher Bauzeiten können daher kalkuliert und vertraglich geregelt werden; sie rechtfertigen folglich keine Anpassung des Honorars. Anders kann es sich dagegen im Falle einer bei Vertragsabschluss nicht vorhersehbaren Bauzeitverlängerung verhalten (BGH, a.a.O.).

Auch wenn ein Anspruch auf Honoraranpassung bei unvorhersehbaren Bauzeitverlängerungen dem Grunde nach anerkannt ist, ist hiermit nicht viel gewonnen. Eine Störung der Geschäftsgrundlage setzt nämlich stets voraus, dass der betroffene Umstand überhaupt Geschäftsgrundlage des Vertrages geworden ist. Dies wiederum bedeutet im Ergebnis nichts anderes, als dass die Parteien einerseits den Umstand selbst und andererseits die (Vergütungs-)Folge im Falle einer Abweichung regeln müssen – genau darüber haben sich die Parteien bei Vertragsabschluss aber regelmäßig keine Gedanken gemacht, sodass sich für den Architekten ein (nur über § 242 BGB, d.h. in aller Regel nicht aufzulösender) »Teufelskreis« ergibt. Hilfreich ist letztlich nur eine sehr präzise und eindeutige Vereinbarung (zu den möglichen Inhalten und ihren Risiken, vgl. Werner/Pastor, Der Bauprozess, Rn. 1034 ff.).

Prozessual ist auch hier zu beachten, dass dem Architekten die volle Darlegungs- und Beweislast für die geltend gemachten Ansprüche obliegt. Die Anforderungen an den Vortrag des Architekten sind stets einzelfallbezogen, was insbesondere die unterschiedlichen Entscheidungen der Rechtsprechung sowohl zum Anspruchsgrund als auch zur Anspruchshöhe und dem jeweils erforderlichen Vortrag belegen (vgl. KG, Urt. v. 31.03.2009 – 21 U 165/06, BauR 2009, 1189; OLG Düsseldorf, Urt. v. 26.10.2006 – 5 U 100/02, BauR 2007, 764; OLG Dresden, Urt. v. 04.08.2005 – 9 U 738/04, IBR 2007, 142; KG, Urt. v. 15.03.2005 – 27 U 399/03, BauR 2007, 160; OLG Celle, Urt. v. 27.02.2003 – 14 U 31/01, BauR 2003, 1248; OLG Brandenburg, Urt. v. 16.12.1999 – 12 U 34/99, BauR 2001, 1772 [Revision nicht angenommen: BGH, Beschl. v. 23.05.2001 – VII ZR 50/00]; OLG Karlsruhe, Urt. v. 28.11.1996 – 9 U 188/95, IBR 1999, 171 [Revision nicht angenommen: BGH, Beschl. v. 20.08.1998 – VII ZR 10/97]; OLG Köln, Urt. v. 11.07.1989 – 22 U 303/88, BauR 1990, 762).

ss) Zu 18. Honorar bei freier Kündigung

Bis zur Beendigung des Werkes kann der Auftraggeber den Architektenvertrag jederzeit frei kündigen, vgl. § 648 BGB. In diesem Fall steht dem Architekten die vereinbarte Gesamtvergütung zu, er muss sich jedoch anrechnen lassen, was er durch die Aufhebung des Vertrages an Aufwendungen erspart oder anderweitig erworben (oder böswillig zu erwerben unterlassen) hat. Eine prüffähige Schlussrechnung des Architekten setzt in diesem Fall eine zweigeteilte Schlussrechnung voraus. Das Honorar für die erbrachten Leistungen und das Resthonorar für die nicht erbrachten Leistungen abzüglich der ersparten Aufwendungen und des anderweitigen Erwerbs sind getrennt voneinander zu ermitteln und aufzugliedern (BGH, Urt. v. 27.11.2003 – VII ZR 288/02, BauR 2004, 316; Urt. v. 30.09.1999 – VII ZR 206/98, BauR 2000, 126; Urt. v. 04.12.1997 – VII ZR 187/96, BauR 1998, 357; Urt. v. 09.06.1994 – VII ZR 87/93, BauR 1994, 655; Werner/Pastor, Der Bauprozess, Rn. 1120 ff.). Probleme ergeben sich regelmäßig, wenn die Leistungsphasen nicht vollständig, sondern nur einzelne Teilleistungen erbracht wurden; hier müssen die jeweiligen Teilleistungen in vorgenannter Weise dargelegt, bewertet und abgerechnet werden (BGH, Urt. v. 13.01.2005 – VII ZR 353/03, BauR 2005, 739; Urt. v. 27.11.2003 – VII ZR 288/02, BauR 2004, 316; Urt. v. 09.06.1994 – VII ZR 87/93, BauR 1994, 655; OLG Frankfurt, Urt. v. 03.05.2007 – 12 U 255/04, IBR 2010, 338 [Nichtzulassungsbeschwerde zurückgewiesen: BGH, Beschl. v. 04.03.2010 – VII ZR 107/07]; OLG Brandenburg, Urt. v. 28.02.2007 – 12 U 230/06, IBR 2007, 1083). Für die Bewertung der Teilleistungen können die einschlägigen Bewertungstabellen herangezogen werden, die vom Architekten im Einzelfall vorzunehmende Bewertung aber nicht ersetzen (z.B. Siemon, Zur Bewertung der Einzelleistungen in den Leistungsphasen nach HOAI, BauR 2006, 905; Locher/Koeble/Frik, Kommentar zur HOAI, Anhang 3: Tabellen zur Bewertung von Teilgrundleistungen; Pott/Dahlhoff/Kniffka, HOAI, § 15). Für die Abrechnung eines Pauschalhonorars gilt nichts anderes (BGH, Urt. v. 13.01.2005 – VII ZR 353/03, BauR 2005, 739).

Bei der Darlegung der ersparten Aufwendungen kann dem Architekten die Vermutung des § 648 S. 2 BGB zugute kommen. Danach stehen dem Architekten grundsätzlich 5 % der auf den noch nicht erbrachten Teil der Werkleistung entfallenden vereinbarten Vergütung zu. Vertragsklauseln, die dem Architekten eine höhere Pauschale zugestehen, sind nicht nur problematisch, sondern regelmäßig sogar unwirksam. Dies gilt namentlich für die bekannten 40:60-Klauseln, die die Gesamtvergütung für die kündigungsbedingt nicht erbrachten Leistungen pauschal in 40 % ersparte Aufwendungen und 60 % Honorar unterteilen. Die Unwirksamkeit folgt zunächst aus § 309 Nr. 5 lit. b) BGB, wenn dem Auftraggeber die Möglichkeit eines Gegenbeweises sowohl für die Höhe der ersparten Aufwendungen als auch für die Höhe des anderweitigen Erwerbs nicht gewährt wird (Zu § 11 Nr. 5 lit. b) AGBG: BGH, Urt. v. 21.12.2000 – VII ZR 467/99, BauR 2000, 1867, und BauR 2001, 666; Urt. v. 28.10.1999 – VII ZR 326/98, BauR 1999, 1189, und BauR 2000, 430; Urt. v. 30.09.1999 – VII ZR 206/98, BauR 2000, 126; Urt. v. 19.02.1998 – VII ZR 207/96, BauR 1998, 866, und BauR 1998, 1710; Urt. v. 04.12.1997 – VII ZR 187/96, BauR 1998, 357; Urt. v. 10.10.1996 – VII ZR 250/94, BauR 1997, 156; Urt. v. 08.02.1996 – VII ZR 219/94, BauR 1996, 144 und 412; anders noch: BGH, Urt. v. 06.06.1966 – VII ZR 136/65, und Urt. v. 05.12.1968 – VII ZR 127/66 und 128/66, NJW 1969, 419). Entsprechende Klauseln sind darüber hinaus auch nach § 308 Nr. 7 lit. a) und b) BGB unwirksam, weil sie dem Verwender eine unangemessen hohe Vergütung oder einen unangemessen hohen Ersatz von Aufwendungen gewähren können (Zu § 10 Nr. 7 lit. a) und b) AGBG: BGH, Urt. v. 21.12.2000 – VII ZR 467/99, BauR 2000, 1867, und BauR 2001, 666; Urt. v. 10.10.1996 – VII ZR 250/94, BauR 1996, 386, und BauR 1997, 156). Liegt eine solche Klausel vor, ist stets zu überprüfen, welche Vertragspartei sie verwendet hat. Der Verwender einer Allgemeinen Geschäftsbedingung kann sich nämlich auf ihre Unwirksamkeit nicht berufen, sodass es bspw. dem verwendenden Architekten verwehrt ist, höhere Aufwendungen geltend zu machen als sich aus der vereinbarten (unwirksamen) Klausel ergeben (BGH, Urt. v. 28.10.1999 – VII ZR 326/98, BauR 1999, 1189; Urt. v. 30.09.1999 – VII ZR 206/98, BauR 2000, 126; Urt. v. 04.12.1997 – VII ZR 187/96, BauR 1998, 357).

Für die erbrachten Leistungen, deren Mangelfreiheit und die insoweit beanspruchte Vergütung trägt der Architekt die volle Darlegungs- und Beweislast; darüber hinaus hat er die ersparten Aufwendungen (im Rahmen der ihm hier »nur« obliegenden Erstdarlegungslast) zumindest schlüssig darzulegen (BGH, Urt. v. 21.12.2000 – VII ZR 467/99, BauR 2001, 666; Urt. v. 28.10.1999 – VII ZR 326/98, BauR 1999, 1189, Urt. v. 21.12.1995 – VII ZR 198/94, BauR 1996, 382; Kniffka/Koeble, Kompendium des Baurechts, 12. Teil, Rn. 137 ff.). Behauptet der Auftraggeber höhere ersparte Aufwendungen bzw. unterlassenen anderweitigen Erwerb, hat er die diesbezüglichen Umstände darzulegen und zu beweisen (BGH, Urt. v. 21.12.1995 – VII ZR 198/94, BauR 1996, 382; Urt. v. 05.05.1992 – X ZR 133/90, NJW-RR 1992, 1078; OLG Frankfurt, Urt. v. 07.12.2005 – 13 U 91/94, BauR 2008, 550; Werner/Pastor, Der Bauprozess, Rn. 1135). Zu beachten ist weiter, dass der Vergütungsanteil, der auf die nicht erbrachten Leistungen entfällt, Entschädigungscharakter hat und somit als Bemessungsgrundlage für die Umsatzsteuer nicht in Betracht kommt (BGH, Urt. v. 22.11.2007 – VII ZR 83/05, BauR 2008, 506 [unter Bezugnahme auf die Auslegung der Umsatzsteuerrichtlinie durch den EuGH, Urt. v. 18.07.2007 – Rs. C-277/05]).

tt) Zu 19. Honorar bei außerordentlicher Kündigung

50 Auch der Architektenvertrag kann von beiden Parteien aus wichtigem Grund gekündigt werden (OLG Brandenburg, Urt. v. 13.01.2011 – 12 U 129/09, IBR 2011, 134 [auch zu den möglichen dogmatischen Lösungen]; OLG Frankfurt, Urt. v. 12.12.2008 – 24 U 14/08, IBR 2011, 223 [Nichtzulassungsbeschwerde zurückgewiesen: BGH, Beschl. v. 28.10.2010 – VII ZR 11/09]; OLG Naumburg, Urt. v. 17.07.2007 – 9 U 164, BauR 2010, 1641 [Nichtzulassungsbeschwerde zurückgewiesen: BGH, Beschl. v. 08.07.2010 – VII ZR 158/07]; OLG Koblenz, Urt. v. 08.03.2007 – 5 U 877/06, IBR 2010, 153 [Nichtzulassungsbeschwerde zurückgewiesen: BGH, Beschl. v. 10.12.2009 – VII ZR 65/07]; Kniffka/Koeble, Kompendium des Baurechts, 12. Teil, Rn. 157; Werner/Pastor, Der Bauprozess, Rn. 1142; a.A.: Kraus, Da wird sich noch mancher die Augen reiben ... Die 6 augenfälligsten Negativauswirkungen der Schuldrechtsreform auf das pri-

vate Baurecht, BauR 2002, 524, 527; Sienz, Die Neuregelungen im Werkvertragsrecht nach dem Schuldrechtsmodernisierungsgesetz, BauR 2002, 181, 194 f.; Boldt, Die Kündigung des Bauvertrages aus wichtigem Grund nach neuem Recht, NZBau 2002, 655 ff.). Für Vertragsschlüsse ab dem 01.01.2018 ist das Recht zur Kündigung aus wichtigem Grund sowie die Möglichkeit der Teilkündigung in § 648a BGB ausdrücklich gesetzlich geregelt. Maßgeblicher Zeitpunkt für das Vorliegen des wichtigen Grundes ist der Zeitpunkt der Kündigung (BGH, Urt. v. 26.03.2008 – X ZR 70/06, NJW-RR 2008, 1155). Den zur Kündigung berechtigenden wichtigen Grund hat derjenige darzulegen und zu beweisen, der sich auf ihn beruft.

Im Falle einer Kündigung durch den Auftraggeber ist danach zu differenzieren, ob der wichtige Grund aus der Sphäre des Auftraggebers oder des Architekten stammt. Dabei ist nicht zu fragen, wer den wichtigen Grund i.S.d. § 276 BGB »zu vertreten« hat, sondern aus wessen Risikosphäre der wichtige Grund stammt (BGH, a.a.O, Werner/Pastor, Der Bauprozess, Rn. 1146). Stammt der wichtige Grund aus der Sphäre des Auftraggebers, steht dem Architekten für die (vertragskonform) erbrachten Leistungen grundsätzlich die volle Vergütung und für die (kündigungsbedingt) nicht erbrachten Leistungen die vereinbarte Vergütung abzüglich der ersparten Aufwendungen und des anderweitigen Erwerbs zu (BGH, Urt. v. 27.10.1998 – X ZR 116/97, BauR 1999, 361; Urt. v. 05.06.1997 – VII ZR 124/96, BauR 1997, 1060; Werner/Pastor, Der Bauprozess, Rn. 1144; Kniffka/Koeble, Kompendium des Baurechts, 12. Teil, Rn. 159). Insoweit kann auf die Ausführungen zur Abrechnung im Falle der freien Kündigung verwiesen werden.

Als wichtige Kündigungsgründe aus der Sphäre des Architekten kommen grundsätzlich nur solche in Betracht, die eine weitere Zusammenarbeit mit dem Architekten für den Auftraggeber unmöglich machen (Kniffka/Koeble, Kompendium des Baurechts, 12. Teil, Rn. 160; Werner/Pastor, Der Bauprozess, Rn. 1152, mit zahlreichen Fallbeispielen aus der Rechtsprechung). Liegt ein solcher Grund vor, kann der Architekt für die erbrachten Leistungen die vereinbarte Vergütung verlangen; die Mangelfreiheit seiner Leistungen hat er darzulegen und zu beweisen. Allerdings kann der Auftraggeber einwenden, dass die (vertragskonform erbrachten) Leistungen des Architekten für ihn nicht brauchbar sind oder ihre Verwertung für ihn nicht zumutbar ist. Genügt der Auftraggeber der ihm insoweit obliegenden Darlegungs- und Beweislast, kann der Architekt auch für die vertragskonform erbrachten Leistungen eine Vergütung nicht beanspruchen (BGH, Urt. v. 05.06.1997 – VII ZR 124/06, BauR 1997, 1060; Urt. v. 25.03.1993 – X ZR 17/92, NJW 1993, 1972; Urt. v. 09.12.1971 – VII ZR 211/69, BauR 1972, 185; Kniffka/Koeble, Kompendium des Baurechts, 12. Teil, Rn. 164).

Der Architekt kann den Vertrag nicht frei, sondern nur aus wichtigem Grund kündigen, weil es an einer § 649 BGB § 648 BGB entsprechenden Regelung für den Architekten fehlt. Als wichtige Gründe kommen auch hier nur schwerwiegende, ein Festhalten am Vertrag unzumutbar machende Gründe in Betracht. Die Rechtsfolgen einer Kündigung aus wichtigem Grund durch den Architekten richten sich danach, ob der Auftraggeber den wichtigen Grund zu vertreten hat oder nicht.

Hat der Auftraggeber den wichtigen Grund nicht zu vertreten, steht dem Architekten für die noch nicht erbrachten Leistungen keine Vergütung zu; für die erbrachten Leistungen kann er in der Regel den Anteil seines Honorars verlangen, der seinen tatsächlich erbrachten Leistungen entspricht. Hat der Auftraggeber den wichtigen Grund zu vertreten, kann der Architekt das volle Honorar abzüglich der ersparten Aufwendungen und des anderweitigen Erwerbs beanspruchen (BGH, Urt. v. 05.06.1997 – VII ZR 124/06, BauR 1997, 1060; Urt. v. 10.05.1990 – VII ZR 45/89, BauR 1990, 632. Kniffka/Koeble, Kompendium des Baurechts, 12. Teil, Rn. 172; Werner/Pastor, Der Bauprozess, Rn. 1148, und unter Rn. 1150 mit zahlreichen Fallbeispielen für wichtige Kündigungsgründe des Architekten).

Hinzuweisen ist an dieser Stelle auf das Sonderkündigungsrecht gemäß § 650q BGB. Danach kann der Besteller den Vertrag nach der sog. Zielfindungsphase (vgl. § 650o Abs. 2 BGB n.F.) kündigen. Wie dieser Zeitpunkt konkret zu bestimmen ist, wird allerdings nicht geregelt und mag im Einzelfall ähnliche Schwierigkeiten bereiten wie die Abgrenzung der »Akquisitionsphase« vom eigentlichen Vertragsschluss (hierzu Locher/Koeble/Frik, Kommentar zur HOAI, Einleitung, Rn. 268 ff. m. w. N.). Spiegelbildlich zum Kündigungsrecht des Bestellers sieht § 650q Abs. 2 BGB ein Sonderkündigungsrecht des Architekten vor. Übt eine Vertragspartei ihr Kündigungsrecht aus, ist der Unternehmer gemäß § 650q Abs. 3 BGB nur berechtigt, die Vergütung zu verlangen, die auf die bis zur Kündigung erbrachten Leistungen entfällt.

uu) Zu 20. Fälligkeit des Honoraranspruchs

51 Soweit vertraglich nichts anderes vereinbart ist, genügte es für die Fälligkeit des Honorars sowohl nach § 8 HOAI 2002 als auch nach § 15 Abs. 1 HOAI 2009, dass die Leistung vertragsgemäß erbracht und eine prüffähige Honorarschlussrechnung überreicht wurde. Das vertragsgemäße Erbringen der Leistungen reicht seit der HOAI 2013 nicht mehr aus, erforderlich ist nun auch eine Abnahme, vgl. § 15 Abs. 1 HOAI. Freilich setzt die Abnahme voraus, dass die Leistungen im Wesentlichen vertragsgemäß erbracht wurden. Ungeachtet dessen unterliegt sie keinem Formzwang, d.h. sie kann ausdrücklich in mündlicher oder schriftlicher Form, aber auch konkludent durch schlüssiges Verhalten erfolgen. Hinsichtlich der weiteren Einzelheiten wird auf die folgenden Ausführungen verwiesen.

vv) Zu 21. Vertragsgemäß erbrachte Leistung

52 Voraussetzung für die Fälligkeit bzw. für die Abnahme ist eine vertragsgemäß erbrachte Leistung. Der Architekt hat insoweit das Leistungssoll, d.h. in der Regel die beauftragten Leistungsbilder, Leistungsphasen und Grundleistungen, sowie die ordnungsgemäße Ausführung (und seit der HOAI 2013 auch die Abnahme) vorzutragen. Dies gilt auch im Falle der Kündigung des Architektenvertrages für die bereits abnahmefähig erbrachten Leistungen (BGH, Urt. v. 09.06.1994 – VII ZR 87/93, BauR 1994, 655). Ein Honoraranspruch des Architekten kann sich auch im Falle nicht abgenommener Leistungen ergeben, wenn es der Abnahme nicht mehr bedarf (BGH, Urt. v. 22.09.2005 – VII ZR 117/03, NJW 2005, 3574; Urt. v. 10.10.2002 – VII ZR 315/01, BauR 2003, 88; Urt. v. 16.05.2002 – VII ZR 479/00, BauR 2002, 1399; Urt. v. 23.11.1978 – VII ZR 29/78, BauR 1979, 152).

Fälligkeitsprobleme aufgrund (noch) nicht vertragsgemäß erbrachter Leistungen ergeben sich in der Praxis regelmäßig aus einer Übertragung der Leistungsphase 9 (Objektbetreuung und Dokumentation), weil diese Leistungen in der Regel erst nach der (ordnungsgemäßen) »Objektbegehung zur Mängelfeststellung vor Ablauf der Gewährleistungsfrist« des zugehörigen Bauvertrages abnahmefähig sind und die hieraus resultierenden Vergütungsansprüche erst im Anschluss fällig werden können. Regelmäßig wird der Architekt in diesen Fällen zunächst eine Abschlagsrechnung stellen müssen, ggf. aber auch eine Teilschlussrechnung stellen können (vgl. Kniffka/Koeble, Kompendium des Baurechts, 12. Teil, Rn. 303 ff.).

ww) Zu 22. Prüffähigkeit der Honorarschlussrechnung

53 Darüber hinaus muss der Architekt eine prüffähige Honorarschlussrechnung (oder Teilschlussrechnung) überreichen, und zwar auch, wenn der Vertrag vorzeitig beendet wurde (BGH, Urt. v. 27.11.2003 – VII ZR 288/02, BauR 2004, 316; Urt. v. 11.11.1999 – VII ZR 73/99, BauR 2000, 589; Koeble, Die Prüfbarkeit der Honorarrechnung des Architekten und der Ingenieure, BauR 2000, 785). Die Anforderungen an die Prüfbarkeit einer Architektenschlussrechnung sind nicht (mehr) allzu hoch anzusetzen. Der Bundesgerichtshof hat wiederholt entschieden, dass die Prüfbarkeit kein »Selbstzweck« ist; er hat insbesondere verdeutlicht, dass sich die Anforderungen aus den Informations- und Kontrollinteressen des Auftraggebers ergeben und diese die Anforderungen an die Prüfbarkeit bestimmen und zugleich begrenzen (BGH, Urt. v. 18.06.1998 – VII ZR

189/97, BauR 1998, 1108; Urt. v. 18.09.1997 – VII ZR 300/96, BauR 1997, 1065). Prüfbar ist eine Schlussrechnung insbesondere, wenn der Auftraggeber überprüfen kann, ob auf der Grundlage der vertraglichen Vereinbarungen zutreffend abgerechnet worden ist; dafür muss die Schlussrechnung diejenigen Angaben enthalten, die nach dem geschlossenen Vertrag und der HOAI objektiv unverzichtbar sind, um die sachliche und rechnerische Überprüfung des Honorars zu ermöglichen (BGH, Urt. v. 27.11.2003 – VII ZR 288/02, BauR 2004, 316).

Im Falle einer Abrechnung nach der HOAI 2002 sind z.B. bei einem Honorar für Grundleistungen bei Gebäuden, Freianlagen und raumbildenden Ausbauten gemäß § 10 HOAI 2002 Angaben erforderlich zu den (unter Zugrundelegung der Kostenermittlungsarten der DIN 276 in der Fassung vom April 1981) ermittelten anrechenbaren Kosten des Objekts, zum Umfang der Leistung und deren Bewertung, zur Honorarzone, der das Objekt angehört, sowie zum (nach dem anwendbaren Honorarsatz) berechneten Tafelwert nach §§ 16 oder 17 HOAI a.F. (BGH, a.a.O.; OLG Düsseldorf, Urt. v. 14.05.2009 – 5 U 131/06, BauR 2010, 241;). Aufgrund der maßgeblichen Bedeutung der anrechenbaren Kosten muss der Architekt bei seiner Abrechnung das System der jeweiligen Kostenermittlung beachten; nach der HOAI 2002 bedeutete dies, dass die anrechenbaren Kosten für die Leistungsphasen 1 bis 4 nach der Kostenrechnung, für die Leistungsphasen 5 bis 7 nach dem Kostenanschlag und für die Leistungsphasen 8 und 9 nach der Kostenfeststellung ermittelt werden mussten, vgl. § 10 Abs. 2 HOAI 2002.

Seit der HOAI 2009 kommt es dagegen für alle Leistungsphasen nur noch auf die Kostenberechnung oder, sofern diese (noch) nicht vorliegt, auf die Kostenschätzung an, vgl. § 6 Abs. 1 HOAI; nach § 4 Abs. 1 Satz 2 HOAI sind die anrechenbaren Kosten nunmehr »*nach allgemein anerkannten Regeln der Technik oder nach Verwaltungsvorschriften (Kostenvorschriften) auf der Grundlage ortsüblicher Preise zu ermitteln*«. Darüber hinaus bestimmt § 4 Abs. 1 Satz 3 HOAI, dass die DIN 276 in der Fassung vom Dezember 2008 (276-01:2008-12) bei der Ermittlung der anrechenbaren Kosten zugrunde zu legen ist, wenn die (neue) HOAI auf die DIN 276 Bezug nimmt. Die DIN 276-01 ist daher nur noch eine Möglichkeit, um die anrechenbaren Kosten zu ermitteln (Ausführlich: Kuffer/Wirth, Handbuch des Fachanwalts Bau- und Architektenrecht, S. 1279, Rn. 232).

xx) Zu 23. Fälligkeit trotz fehlender Prüffähigkeit

Der (die Fälligkeit der Schlussrechnung verhindernde) Einwand der fehlenden Prüffähigkeit steht dem Auftraggeber nicht unbeschränkt, sondern nur im Rahmen von Treu und Glauben zu. In Anlehnung an die Prüffrist des § 16 Abs. 3 Nr. 1 VOB/B hat der Auftraggeber den Einwand der fehlenden Prüffähigkeit zunächst innerhalb von zwei Monaten ab Übergabe der Schlussrechnung zu erheben (BGH, Urt. v. 22.04.2010 – VII ZR 48/07, BauR 2010, 1249; Urt. v. 27.11.2003 – VII ZR 288/02, BauR 2004, 316). Inhaltlich bilden die Kontroll- und Informationsinteressen des Auftraggebers den Rahmen, innerhalb dessen der Einwand der fehlenden Prüffähigkeit zulässig ist. Beruft sich der Auftraggeber auf die fehlende Prüffähigkeit, obwohl er des ihm durch die Prüffähigkeit garantierten Schutzes nicht bedarf, handelt er rechtsmissbräuchlich (BGH, Urt. v. 27.11.2003 – VII ZR 288/02, BauR 2004, 316 [fehlende Angaben sind reine Förmelei]; Urt. v. 11.11.2001 – VII ZR 168/00, BauR 2002, 486 [tatsächlich geprüfte Rechnung]; Urt. v. 18.09.1997 – VII ZR 300/96, BauR 1997, 1065 [unbestrittene sachliche und rechnerische Richtigkeit]; Urt. v. 25.11.1999 – VII ZR 388/97, BauR 2000, 591 [fehlende, aber nicht bezweifelte anrechenbare Kosten]; Urt. v. 08.10.1998 – VII ZR 296/97, BauR 1999, 63 [fehlerhafte, aber für den AG prüfbare Rechnung]). Ungeachtet dessen bedarf der (rechtzeitig und zulässigerweise erhobene) Einwand der fehlenden Prüffähigkeit einer gewissen Substanz. Die Einwendungen des Auftraggebers müssen den Architekt in die Lage versetzen, die fehlenden Anforderungen an die Prüffähigkeit nachzuholen, d.h. der Auftraggeber muss die Teile der Rechnung und die Gründe bezeichnen, die nach seiner Ansicht zu dem Mangel der fehlenden Prüffähigkeit führen. Darüber hinaus muss der Architekt erkennen können, dass sein Auftraggeber die Rechnung aufgrund ihrer

54

fehlenden Prüffähigkeit inhaltlich nicht geprüft hat und auch nicht prüfen wird (BGH, Urt. v. 22.04.2010 – VII ZR 48/07, BauR 2010, 1249; Urt. v. 27.11.2003 – VII ZR 288/02, BauR 2004, 316).

Ist der Auftraggeber mit dem Einwand der fehlenden Prüffähigkeit ausgeschlossen oder ist dieser Einwand rechtsmissbräuchlich, kann die Schlussrechnung des Architekten fällig werden, obwohl sie objektiv nicht prüffähig ist. Hieraus ergeben sich für den Architekten im Honorarprozess nicht nur Vorteile. Zwar führt eine nicht prüffähige Schlussrechnung grundsätzlich »nur« dazu, dass die Klage als »derzeit unbegründet« abgewiesen wird (BGH, Urt. v. 27.01.2011 – VII ZR 41/10, IBR 2011, 188; Urt. v. 11.02.1999 – VII ZR 399/97, BauR 1999, 635). Auch kann der Architekt in diesen Fällen unter Umständen eine neue Schlussrechnung stellen und anschließend aus dieser klagen. Stellt sich aber erst im Prozess heraus, dass die Schlussrechnung nicht prüfbar ist, fehlt es an der Schlüssigkeit der Klage, so dass diese nicht mehr als derzeit unbegründet, sondern endgültig abzuweisen ist (BGH, Urt. v. 27.01.2011 – VII ZR 41/10, IBR 2011, 188; Urt. v. 23.09.2004 – VII ZR 173/03, BauR 2004, 1937).

Der Prozessvertreter des Architekten sollte darauf achten, dass er auch eine nicht prüffähige Schlussrechnung durch seinen Vortrag prüffähig und somit die Klage schlüssig gestalten kann. Für die Beurteilung, ob eine Forderung berechtigt ist, ist nämlich nicht nur die Schlussrechnung des Architekten, sondern der gesamte Vortrag im Rechtsstreit heranzuziehen; hierzu gehören nicht nur die prozessual überreichten Rechnungen, sondern auch die Prozessunterlagen, wie z.B. erläuternde Schriftsätze nebst zugehöriger Unterlagen (BGH, Urt. v. 22.04.2010 – VII ZR 48/07, BauR 2010, 1249, m.w.N. [vgl. amtl. Randziffer 38]). Auch eine neue Schlussrechnung ist grundsätzlich nicht ausgeschlossen, jedoch kann sie neuen, prozessual ggf. nicht mehr zu berücksichtigenden Vortrag enthalten (BGH, Urt. v. 27.01.2011 – VII ZR 41/10, IBR 2011, 188).

3. Vorschussklage für Mängelbeseitigungskosten

a) Muster Vorschussklage

55 Landgericht H .....

– Kammer für Handelssachen –

.....

.....

Vorab per Fax: .....

Datum: .....

Unser Zeichen: .....

KLAGE

In dem Rechtsstreit

der Firma xy GmbH & Co. KG, gesetzlich vertr. d. d. x GmbH, ebenda, diese wiederum gesetzlich vertr. d. d. Geschäftsführer ....., ebenda,

Klägerin,

Prozessbevollmächtigte: W Rechtsanwälte, ...

gegen

Herrn AB, handelnd unter der Firma Z Haus- und Gebäudetechnik, ...,

Beklagter,

wegen: Forderung, Kostenvorschuss

vorläufiger Streitwert: € 21.620,94.

3. Vorschussklage für Mängelbeseitigungskosten F.

Namens und in Vollmacht der Klägerin erheben wir Klage und werden beantragen,
1. den Beklagten zu verurteilen, an die Klägerin € 10.000,00 Kostenvorschuss zu zahlen;
2. den Beklagten zu verurteilen, an die Klägerin € 11.620,94 nebst Zinsen in Höhe von 5 Prozentpunkten über dem Basiszinssatz seit dem 19.06.2009 sowie die außergerichtlichen Anwaltskosten in Höhe von € 1.023,16 zu zahlen;
3. es wird festgestellt, dass der Beklagte verpflichtet ist, der Klägerin die über € 10.000,00 hinausgehenden notwendigen Kosten der Herstellung der Wasserdichtigkeit des Klimageräts zu erstatten, das auf dem Dach des höher liegenden Gebäudeteils des Objekts H, installiert wurde;
4. der Beklagte trägt die Kosten des Rechtsstreits;
5. gegen den Beklagten im Falle des § 331 Abs. 3 i.V.m. § 276 Abs. 1 ZPO ein Versäumnisurteil sowie bei Vorliegen der gesetzlichen Voraussetzungen ein Anerkenntnisurteil ohne mündliche Verhandlung zu erlassen.

Begründung:

I. Sachverhalt

Im Auftrag der K Holding hat die Klägerin im Jahre 2004 als Generalunternehmerin Baumaßnahmen am Objekt H durchgeführt. Der Beklagte war als Subunternehmer der Klägerin u.a. mit der Installation von Klimageräten auf dem Dach des o.b. Objekts beauftragt.

Nach Abnahme des Objekts wurden Mängel an der vom Beklagten installierten Klimaanlage festgestellt, die der Beklagte bislang nicht beseitigt hat. Mit dieser Klage verlangt die Klägerin nunmehr einen Kostenvorschuss für die Mängelbeseitigungsmaßnahmen. Darüber hinaus nimmt sie den Beklagten auf Ersatz der ihr im Zusammenhang mit den Mängeln an der Klimaanlage entstanden Kosten in Anspruch.

Im Einzelnen:

1. Im Jahre 2004 wurde die Klägerin von der K Holding mit der Planung und Errichtung des Objekts H beauftragt. Hierbei handelte es sich um den Neubau einer Werkstatt mit Bürotrakt.

Unter dem 29.07.2004 beauftragte die Klägerin den Beklagten mit der Installation der Heizungs-, Lüftungs- und Sanitäranlangen sowie der Druckluft- und Feuerlöschtechnik in dem o.b. Objekt zu einem Pauschalpreis i.H.v. € 142.000,00.

Beweis: Vertrag und Verhandlungsprotokoll vom 29.07.2004, (*Anlage K 1*).

Bestandteil des Vertrages waren die Ausschreibungsunterlagen für die Gewerke Heizung, Sanitär, Lüftung, bestehend u.a. aus dem Raumbuch »Heizung Sanitär Lüftung« und einer Qualitäts-/Funktional-/Ausstattungsbeschreibung für die Gewerke Heizung, Sanitär und Lüftung.

Beweis: Leistungsbeschreibung für die Gewerke Heizung, Sanitär und Lüftung, (*Anlagenkonvolut K 2*).

2. Das streitgegenständliche mangelhafte Klimagerät wurde auf dem Dach des höher liegenden Gebäudeteiles des Objekts montiert. Das Klimagerät bezog der Beklagte von einem Fachunternehmen, der Firma AR aus T.

Zum Aufbau der Klimageräte auf das Dach wurde die Dachhaut, die aus einer ca. 15 cm dicken Dämmschicht bestand, entlang des Klimagerätes entfernt. In die frei gelegte Aussparung in der Dachhaut wurde ein Hartholzkranz eingelassen. Der Beklagte hat dann auf diesem Hartholzkranz das Klimagerät installiert. Anschließend wurde die Dachhaut wieder verschlossen und an das Klimagerät angearbeitet.
1. Zeugnis des Mitarbeiters der Klägerin, Herrn ....., zu laden über die Klägerin;
2. Zeugnis des Privatgutachters Herrn J;
3. Sachverständigengutachten.

Bedenken gegen die Art der Ausführung oder gegen eine angeblich fehlerhafte Leistung des beauftragten Dachdeckers äußerte der Beklagte im Rahmen der Installation des Klimagerätes nicht.

Beweis: Zeugnis des Mitarbeiters der Klägerin, Herrn ....., zu b.b.

3. Die Abnahme erfolge am 06.12.2004.

Am 28.12.2004 erteilte der Beklagte Schlussrechnung.

Mitte des Jahres 2007 wurde ein Wassereintritt im Personalraum im Obergeschoss des höher liegenden Gebäudeteils unterhalb des Klimagerätes festgestellt.

Daraufhin hat die Klägerin den Beklagten mit Schreiben vom 04.07.2007 zur Beseitigung der Mängel am Klimagerät aufgefordert.

Beweis: Schreiben vom 04.07.2007, (*Anlage K 3*).

4. Nachdem zwischen den Parteien Streit über die Ursächlichkeit des Mangels entstand, gab die Klägerin unter dem 19.11.2007 beim öffentlich bestellten und vereidigten Sachverständigen für Dach-, Wand- und Abdichtungstechnik, Herrn M J, ein Gutachten in Auftrag, um die genaue Schadensursache für den Wassereintritt in den Personalräumen zu ermitteln.

Beweis: Gutachten des Herrn J vom 23.11.2007, (*Anlage K 4*).

Die Ausführungen des Sachverständigen J im Gutachten vom 23.11.2007 macht sich die Klägerin zu Eigen. Die Klägerin nimmt ausdrücklich auf das Gutachten vom 23.11.2007 Bezug und macht dies vollumfänglich zum Gegenstand des eigenen Tatsachenvortrags.

4.1 Der Sachverständige J hat am 29.11.2007 unter Beisein der Parteien eine 1. Ortsbesichtigung durchgeführt. In diesem Termin wurde das Klimagerät zunächst provisorisch abgedeckt, um festzustellen, ob die Undichtigkeiten im Bereich der Dachabdichtung oder des Klimagerätes zu suchen waren.
1. Gutachten des Herrn J vom 23.11.2007, (*Anlage K 4*);
2. Zeugnis des Privatgutachters Herrn J, b.b.

4.2 Der 2. Ortsbesichtigungstermin erfolgte ebenfalls unter Beisein der Parteien am 18.04.2008. Zur Feststellung der Mängelursachen wurden zunächst die an dem Klimagerät angebrachten Abschlussbleche im Übergang zwischen dem Klimagerät und der Dacheindichtung demontiert.

In diesem Zusammenhang konnte der Sachverständige feststellen, dass keine weitergehende Dichtung im Übergangsbereich zwischen dem Klimagerät und der Dacheindichtung eingebaut wurde, weshalb Wasser ungehindert in die Konstruktion eindringen konnte (S. 6 des Gutachtens vom 23.11.2007).
1. Gutachten des Herrn J vom 23.11.2007, (*Anlage K 4*);
2. Zeugnis des Privatgutachters Herrn J, b.b.;
3. Sachverständigengutachten.

Nach Demontage der Sockeldämmung wurde erkennbar, dass in dem Bereich auch erhebliche Wasserlaufspuren vorhanden waren.
1. wie vor.
2. wie vor.
3. wie vor.

Im Bereich der Attika nahm der Sachverständige ebenfalls eine Probeöffnung vor, wobei festgestellt werden konnte, dass die Undichtigkeit nur unter der Dampfsperre vorhanden war, das Schichtenpaket in sich war jedoch trocken. Der gleiche Befund ließ sich auch bei der Probeöffnung im Bereich des Klimageräts feststellen (S. 8 des Gutachtens vom 23.11.2007).
1. wie vor.
2. wie vor.
3. wie vor.

Des Weiteren erfolgte eine Probeöffnung vor der Schadstelle. Auch in diesem Bereich war das Dachschichtenpaket komplett trocken und funktionsfähig.
1. wie vor.
2. wie vor.
3. wie vor.

Anschließend wurde das Klimagerät im Bereich der Verbindungen geöffnet. Im Gutachten auf S. 8 heißt es hierzu:

3. Vorschussklage für Mängelbeseitigungskosten

»Auf dem Klimagerät befindet sich eine waagerechte Abdeckung. Die Bleche dieser waagerechten Abdeckung sind durch eine einfache Umkantung verbunden. Hier ist keine ordnungsgemäße Falzung vorgesehen. Dichtbänder oder ähnliche fehlen völlig. Seitlich durch die Falze wurde eine Verschraubung vorgesehen. Nach Demontage des Abdeckbleches kann eindeutig festgestellt werden, dass Wasser unter diese Abdeckung gelangt und durch die Fugen der Lüftungskanäle in die Konstruktion eindringt. Ob dies die Ursache der Undichtigkeit ist, kann nicht geprüft werden. Die senkrechten Stoßverbinder des Lüftungsgerätes sind ebenfalls max. regensicher und nicht wasserdicht. Hier kann bei waagerechtem Schlagregen Wasser eindringen. Die Verfalzung der Abdeckungen, die zum Schutz des Klimagerätes angebracht sind, sind mit dieser Detaillierung nicht wasserdicht herzustellen«.
1. wie vor.
2. wie vor.
3. wie vor.

Der Sachverständige J gelangt zur folgenden Bewertung:

»Das in diesem Dachteil eingebaute Klimagerät ist in die Dacheindichtung integriert. Bei einer solchen Detaillierung muss man sich darüber im Klaren sein, dass das komplette Lüftungsgerät den gleichen Anspruch erfüllen muss, wie die Dacheindichtung; nämlich eine Wasserdichtigkeit. Erfüllt das Klimagerät diesen Anspruch nicht, so kommt es durch die integrierte Lösung zu Wassereintritten, die sich unterhalb der Dampfsperre verteilen und unkontrolliert aus der Konstruktion austreten können.

Es wurde eindeutig festgestellt, dass die **unteren Tropfprofile** als Übergang zwischen Klimagerät und Dach-, Wandanschluss nicht **nach den allgemeinen anerkannten Regeln der Technik hergestellt wurden**. Hier kann bei extremen Regenfällen Wasser in die Konstruktion eindringen.

Die **obere Abdeckung** wurde ebenfalls auf einfache Art und Weise gefalzt. Eine solche Falzung erfüllt den **Anspruch auf Dichtigkeit** nicht. Inwieweit durch die anderen Fugen senkrecht und waagerecht des Klimagerätes Wasser bei Schlagregen eindringen kann, kann ohne komplette Demontage nicht geprüft werden. Diesen Umstand halte ich jedoch für sehr wahrscheinlich, da es sich um Steck-/Schraubverbindungen handelt, die ebenfalls nicht den Anspruch auf eine 100-%ige Dichtigkeit erfüllen können«.
1. wie vor.
2. wie vor.
3. wie vor.

Ferner führte der Sachverständige aus:

»Diese Dichtigkeit des Klimageräts ist jedoch für die Funktionsfähigkeit des Dachschichtenpaktes von fundamentaler Bedeutung. Versagt das Klimagerät im Bereich der Dichtung, kann das Wasser ungehindert in das Dachschichtenpaket eindringen.

Indiz, dass das Klimagerät für die Undichtigkeiten verantwortlich ist, ist dass das Wasser an beiden Probeöffnungen unterhalb der Dampfsperre eindringt. Dieser Umstand tritt nur unmittelbar am und unterhalb des Klimageräts auf. Oberhalb des Klimagerätes war der Dachaufbau trocken«.

Als Mangelbeseitigungsmaßnahmen schlug der Sachverständige vor:

»Im Bereich des Klimagerätes muss eine weit gehende Überarbeitung stattfinden. Ich persönlich favorisiere den kompletten Neueinbau des Klimagerätes und das Aufbringen einer schrägen Abdeckung im oberen Bereich mit mindestens 10 %, so dass hier im Doppelstehfalzsystem eine wasserdichte Verbindung hergestellt werden kann«.
1. wie vor.
2. wie vor.
3. wie vor.

Alternativ besteht die Möglichkeit einer kompletten Einhausung der Lüftungsgeräte. Hierfür werden voraussichtlich Kosten in Höhe von € 10.000,00 anfallen. Diesen Betrag fordert die Beklagte zunächst als Kostenvorschuss an.

Sollte ein vom Gericht bestellter Sachverständiger zu dem Ergebnis gelangen, dass eine ordnungsgemäße und nachhaltige Mangelbeseitigung nur durch den Neueinbau des Klimagerätes zu erzielen ist, behält sich die Klägerin vor, die Kostenvorschussklage entsprechend zu erhöhen.

5. Mit Schreiben vom 26.05.2008 forderte die Klägerin den Beklagten ein weiteres Mal zur Mangelbeseitigung bis zum 13.06.2008 auf. Zugleich machte sie gegenüber dem Beklagten die Kosten für die Erstellung des Gutachtens i.H.v. € 5.261,74 netto (siehe Rechnung vom 29.04.2008) zzgl. der Kosten für die durch die Begutachtung bedingte Instandsetzung der Dachflächen in Höhe von € 798,50 netto (siehe Kostenschätzung vom 30.03.2008) geltend.

Beweis: Schreiben der Klägerin vom 26.05.2008 nebst Rechnung des Sachverständigen J vom 29.04.2008 und Kostenschätzung vom 30.04.2008, (*Anlage K 5*).

Mit Schreiben vom 04.06.2008 lehnte der Beklagte seine Einstandspflicht für die Mängel jedoch weiterhin ab und machte die ausführende Dachdeckerfirma für den Mangel verantwortlich.

Beweis: Schreiben des Beklagten vom 04.06.2008, (*Anlage K 6*).

6. Am 22.08.2008 fand eine Besprechung zwischen den Parteien im Beisein des Sachverständigen J sowie eines Vertreters der Firma AR statt, die das Klimagerät seinerzeit geliefert hat.

In diesem Rahmen legte die Firma AR ein Schreiben des Herstellers des Klimageräts vor, aus dem hervorgeht, dass das Gerät als Dacheindichtung nicht geeignet ist. Aus dem Gespräch mit dem Beklagten und der Firma AR ergab sich ferner, dass der Beklagte schon während der Verlegung erkannt habe, dass die Leistungen innerhalb des Gerätes (gemeint ist die Abdichtung unterhalb des Gerätes) nicht mehr ordnungsgemäß hergestellt wurden.
1. Besprechungsprotokoll vom 25.08.2008 zur Besprechung vom 22.08.2008, (*Anlage K 7*);
2. Zeugnis des Mitarbeiters der Klägerin, Herrn ....., zu laden über die Klägerin;
3. Zeugnis des Herrn J, b.b.

Mit diesem Kenntnisstand, den der Beklagte beim Einbau des Klimagerätes gehabt hatte, hätte er nach Ansicht des Sachverständigen J den Einbau nicht ohne entsprechende Bedenkenhinweise durchführen dürfen, weil die Dachabdichtung unterhalb des Klimagerätes nach der Montage des Klimagerätes nicht mehr beigearbeitet werden konnte.
1. wie vor.
2. wie vor.
3. wie vor.

Die Gesprächsinhalte bestätigte die Firma AR mit Schreiben vom 28.11.2008 und erklärte:

»Die von uns gelieferten Lüftungsgeräte wurden in wetterfester Ausführung angeboten und auch so bestellt und geliefert. Diese Ausführung schließt keineswegs eine absolute wasserdichte Ausführung ein, sondern bedeutet, dass diese Geräte für die Aufstellung im Freien geeignet seien«.

Beweis: Schreiben der Fa. AR vom 28.11.2008, (*Anlage K 8*).

7. Der Beklagte hielt auch im Weiteren an seiner Auffassung fest, wonach die Mangelursache in einer schlecht erstellten Abdichtung und damit im Verantwortungsbereich der Dachdeckerfirma liege. Seine Auffassung legte er erneut im Schreiben vom 29.12.2008 sowie im Schreiben vom 05.05.2009 dar.

Beweis: Schreiben des Beklagten vom 05.05.2009, (*Anlage K 9*).

Daraufhin legte die Klägerin dem Sachverständigen J das Schreiben des Beklagten vom 05.05.2009 zur Stellungnahme vor. In seiner E-Mail vom 18.05.2009 erklärte der Sachverständige noch einmal ausdrücklich:

»Der Dachdecker hat nichts mit dem Klimagerät bzw. dem Schaden zu tun. Die Eindichtung ist okay. Das Gerät ist nicht dicht und die am Gerät befindlichen Tropfleisten sind ebenfalls nicht regensicher.«

Beweis: E-Mail des Sachverständigen J vom 18.05.2009, (*Anlage K 10*).

8. Aufgrund des mangelhaften Einbaus des Klimagerätes sind der Klägerin neben den bereits erwähnten Sachverständigenkosten i.H.v. € 5.261,74 netto (Anlage K 5) sowie der Kosten für die

3. Vorschussklage für Mängelbeseitigungskosten F.

Instandsetzung der Dachflächen in Höhe von € 798,50 netto (Anlage K 5) noch weitere erstattungsfähige Kosten entstanden.

8.1 Für die Wahrnehmung von vier Besprechungs-/Ortsterminen, einschließlich der Fahrtkosten und der Nachbereitung der Termine sind insgesamt Kosten i.H.v. € 3.579,90 entstanden.

Die Kosten gliedern sich wie folgt auf:

a) Für die Teilnahme ihres Mitarbeiters, Herrn ....., an den diversen Ortsterminen zur Schadensfeststellung sind folgende Kosten entstanden:

Aufgrund der Teilnahme des Herrn ..... am Ortstermin vom 29.11.2007 sind insgesamt 6 Zeitstunden (einschließlich Fahrtzeiten) angefallen, die die Klägerin mit einem Stundensatz in Höhe von € 65,00 angesetzt hat. Die aufgeführten Stunden sind tatsächlich angefallen. Der Stundensatz entspricht dem Stundensatz eines qualifizierten Ingenieurs und ist ortsüblich und angemessen. Für die Teilnahme am Termin sind folglich Kosten i.H.v. € 390,00 angefallen.
1. Zeugnis des Mitarbeiters der Klägerin, Herrn ....., b.b;
2. Sachverständigengutachten.

Anschließend musste der Mitarbeiter, Herr ....., zur Nachbearbeitung des Ortstermins noch weitere 4 Zeitstunden aufwenden, für die die Klägerin jedoch lediglich einen Stundensatz i.H.v. € 40,00 zugrunde gelegt hat. Für die Nachbearbeitung sind Kosten i.H.v. € 160,00 angefallen. Auch diese Stundensätze sind ortsüblich und angemessen.
1. Zeugnis des Mitarbeiters der Klägerin, Herrn ....., b.b;
2. Sachverständigengutachten.

Die Hin- und Rückfahrtstrecke von der Niederlassung der Klägerin zur Baustelle in Hamburg betrug insgesamt 670 km. Die Klägerin hat hier einen Betrag i.H.v. € 0,43 pro Fahrkilometer angesetzt. Insgesamt sind hier Kosten i.H.v. € 288,10 angefallen.
1. wie vor.
2. wie vor.

b) Für die Teilnahme am 2. Ortstermin vom 18.04.2008 sind insgesamt 7 Zeitstunden angefallen. Die Klägerin hat hier einen Stundensatz i.H.v. € 65,00 angesetzt. Die aufgeführten Stunden sind tatsächlich angefallen. Der Stundensatz entspricht dem Stundensatz eines qualifizierten Ingenieurs und ist ortsüblich und angemessen. Insgesamt sind ihr hierfür Kosten i.H.v. € 455,00 entstanden.
1. wie vor.
2. wie vor.

Für die Nacharbeitung sind wiederum 4 Zeitstunden á € 40,00 mit insgesamt € 160,00 zu veranschlagen. Auch diese Stundensätze sind ortsüblich und angemessen.
1. wie vor.
2. wie vor.

Die Hin- und Rückfahrt betrug 670 km, die die Klägerin mit € 0,43 je km berechnet hat, so dass hier Kosten i.H.v. € 288,10 entstanden sind.
1. wie vor.
2. wie vor.

c) Am 24.04.2008 fand ein weiterer Begutachtungstermin am Bauvorhaben in H statt, in dem der Mitarbeiter der Klägerin, Herr ....., wahrgenommen hat. Für diesen Termin sind einschließlich Fahrtzeiten insgesamt 7,5 Zeitstunden angefallen. Bei einem anzusetzenden Stundensatz von € 65,00 sind der Klägerin daher Kosten i.H.v. € 487,50 entstanden. Die aufgeführten Stunden sind tatsächlich angefallen. Der Stundensatz entspricht dem Stundensatz eines qualifizierten Ingenieurs und ist ortsüblich und angemessen.
1. wie vor.
2. wie vor.

Für die Nachbereitung des Termins vom 24.04.2008 sind wiederum 4 Zeitstunden á € 40,00 abgefallen. Insgesamt ist hier ein Betrag i.H.v. € 160,00 anzusetzen. Auch diese Stundensätze sind ortsüblich und angemessen.

1. wie vor.
2. wie vor.

Hier sind wiederum sind 670,00 Fahrtkilometer angefallen, die die Klägerin mit € 0,43 je km berechnet hat, so dass hier weitere Kosten i.H.v. € 288,10 entstanden sind.
1. wie vor.
2. wie vor.

d) Die Teilnahme am Besprechungstermin vom 22.08.2008 durch den Mitarbeiter der Klägerin, Herrn ....., hat insgesamt 7,5 Zeitstunden in Anspruch genommen. Bei einem anzusetzenden Stundensatz von € 65,00, sind somit Kosten i.H.v. € 487,50 entstanden. Die aufgeführten Stunden sind tatsächlich angefallen. Der Stundensatz entspricht dem Stundensatz eines qualifizierten Ingenieurs und ist ortsüblich und angemessen.
1. wie vor.
2. wie vor.

Für die Fahrtkilometer sind weitere Kosten i.H.v. € 288,10 und für die Nachbereitung des Besprechungstermins weitere 4 Zeitstunden á € 40,00, insgesamt € 160,00 anzusetzen.
1. wie vor.
2. wie vor.

8.2 Nachdem die Bauherren der Klägerin Mitte des Jahres 2007 den Wassereintritt im Personalraum im Obergeschoss angezeigt hatten, mussten Servicemitarbeiter der Klägerin eine provisorische Abdichtung der Schadstelle vornehmen. Hierdurch sind Kosten i.H.v. insgesamt € 936,90 entstanden, die sich wie folgt zusammensetzen:

Für die provisorische Störungsbeseitigung sind insgesamt 10 Zeitstunden angefallen. Die Arbeitsstunde eines Servicetechnikers hat die Klägerin mit einem Stundensatz i.H.v. € 43,00 berechnet. An Arbeitszeiten inkl. An- und Abfahrtszeiten sind somit Kosten i.H.v. insgesamt € 430,00 entstanden. Die Kosten sind ortsüblich und angemessen.
1. wie vor.
2. wie vor.

Für die provisorische Schadensbeseitigung hat die Klägerin diverse Kleinmaterialien benötigt, die sie pauschal mit einem Betrag von € 150,00 ansetzt.
1. wie vor.
2. wie vor.

An Fahrtkilometern sind insgesamt 830 km angefallen, die mit einer Pauschale von € 0,43 je km berechnet wurden. Hierdurch sind weitere Kosten von € 356,90 entstanden.
1. wie vor.
2. wie vor.

8.3 Für den Austausch der durch die Undichtigkeiten beschädigten Deckenplatten sind der Klägerin weitere Kosten i.H.v. insgesamt € 1.043,90 entstanden, die sich wie folgt aufschlüsseln:

Die Kosten für die neue Deckenplatte betrugen insgesamt € 171,24 netto.
1. Rechnung der Firma ..... vom 24.11.2008 (*Anlage K 11*);
2. Zeugnis des Herrn ....., b.b.

Den Austausch der beschädigten Deckenplatte hat die Klägerin durch ihre eigenen Servicemitarbeiter ausführen lassen. Hierfür benötigten die Servicemitarbeiter inkl. An- und Abfahrtszeit insgesamt 12 Stunden. Der Stundensatz eines Servicemitarbeiters beträgt insgesamt € 43,00, so dass hier insgesamt Kosten i.H.v. € 516,00 anzusetzen sind. Die Kosten sind ortsüblich und angemessen.
1. Zeugnis des Herrn ....., b.b.;
2. Sachverständigengutachten.

An Fahrtkilometern sind insgesamt 830 km angefallen, die mit einer Pauschale von € 0,43 je km berechnet wurden. Hierdurch sind weitere Kosten von € 356,90 entstanden.
1. wie vor.
2. wie vor.

3. Vorschussklage für Mängelbeseitigungskosten   F.

9. Letztmalig wurde der Beklagte mit Schreiben der Prozessbevollmächtigten der Klägerin vom 24.04.2009 angeschrieben und unter Darlegung der Sach- und Rechtslage zur Mangelbeseitigung bis zum 18.06.2009 und zum Ausgleich der oben aufgeführten Kosten aufgefordert.

Beweis: Schreiben der Prozessbevollmächtigten vom 24.05.2009, (*Anlage K 12*).

Die geforderten Mängelbeseitigungsarbeiten sowie die Zahlung der entstandenen Kosten lehnte der Beklagte mit Schreiben vom 09.06.2009 abermals ab. In diesem Schreiben behauptet der Beklagte auch, dass die Lüftungsgeräte nur für einen freien Aufbau auf der Dachfläche vorgesehen waren und nicht die Funktion des Gebäudedaches ersetzten durften.

In dem Schreiben heißt es:

»Die Lüftungsgeräte sind von der Firma AR als wetterfest angeboten, geliefert, aufgestellt und ordnungsgemäß installiert worden.

Firma xy und S als Fachplaner haben dieses Angebot so akzeptiert und in Auftrag gegeben«.

Beweis: Schreiben des Beklagten vom 09.06.2009, (*Anlage K 13*).

Die Ausführungen des Beklagten belegen, dass lediglich ein wetterfestes Gerät bestellt und geliefert worden ist. Soweit der Beklagte jedoch vorträgt, dies sei von der Klägerin so akzeptiert und in Auftrag gegeben worden, ist dies unzutreffend und wird ausdrücklich bestritten. Dem Beklagten oblag die Ausführungsplanung und Detaillierung der einzubauenden Geräte.

Da die zur Mängelbeseitigung gesetzte Frist fruchtlos abgelaufen ist, wird die Klägerin ein Drittunternehmen mit der Durchführung der geforderten Arbeiten beauftragen und nimmt dem Beklagten insoweit auf Kostenvorschuss in Anspruch.

II. Rechtliche Würdigung

1. Der Klägerin steht gem. § 13 Abs. 5 Nr. 2 VOB/B i.V.m. § 637 Abs. 3 BGB ein Anspruch auf Zahlung eines Kostenvorschusses in Höhe von € 10.000,00 für die geforderten Mängelbeseitigungsarbeiten zu.

Mit Vertrag vom 29.07.2004, in welchem die Parteien die Geltung der VOB/B vereinbarten, wurde der Beklagte mit der Installation einer Lüftungsanlage auf dem Objekt H von der Klägerin beauftragt. Die von dem Beklagten erbrachten Leistungen sind mangelhaft, weshalb der Beklagte gemäß § 13 Abs. 5 Nr. 1, Nr. 2 VOB/B für die Mängel haftet.

Es liegen sowohl Planungs- als auch Konstruktions- bzw. Bauausführungsfehler vor, die vom Beklagten zu vertreten sind. Die Leistungen des Beklagten waren in folgenden Punkten vertragswidrig:

a) Der Sachverständige J hat im Gutachten vom 23.11.2007 festgestellt, dass das von dem Beklagten eingebaute Lüftungsgerät die Anforderungen an eine Wasserdichtigkeit nicht erfüllt.

Bei der vorgesehenen Art der Ausführung musste die Wasserdichtigkeit des Geräts aber zwingend erfüllt sein. Diesbezüglich verweisen wir auf die Ausführungen des Sachverständigen J auf S. 9 seines Gutachtens (Anlage K 4). Dort stellt der Sachverständige ausdrücklich fest, dass, sofern das im Dachteil eingebaute Klimagerät in die Dacheindichtung integriert ist, das komplette Lüftungsgerät den gleichen Anspruch erfüllen muss wie die Dacheindichtung; nämlich eine Wasserdichtigkeit. Erfüllt das Klimagerät diesen Anspruch nicht, so kommt es durch die integrierte Lösung zu Wassereintritten, die sich unterhalb der Dampfsperre verteilen und unkontrolliert aus der Konstruktion austreten können.

Aufgrund folgender Ausführungs- und Konstruktionsfehler war jedoch die Wasserdichtigkeit des Geräts nicht gegeben:

Zunächst hat der Sachverständige J bei der Demontage der Abschlussbleche im Übergang zwischen dem Klimagerät und der Dacheindichtung festgestellt, dass keine weitergehende Dichtung in diesen Bereichen eingebaut wurde. Aus diesem Grunde kann Wasser ungehindert in die Konstruktion eindringen. Nach Demontage der Sockeldämmung waren in diesem Bereich erhebliche Wasserlaufspuren deutlich erkennbar (S. 6 des Gutachtens vom 23.11.2007).

Wie der Sachverständige J festgestellt hat, war die obere waagerechte Abdeckung des Klimageräts lediglich durch eine einfache Umkantung verbunden. An diesen Stellen fehlt eine ordnungsgemäße Falzung. Ebenso fehlen die notwendigen Dichtbänder vollständig (S. 8 des Gutachtens vom 23.11.2007). Nach Demontage des Abdeckblechs konnte eindeutig festgestellt werden, dass Wasser unter diese Abdeckung gelangt und durch die Fuge der Lüftungskanäle in die Konstruktion eingedrungen ist.

Überdies hat der Sachverständige J festgestellt, dass die senkrechten Stoßverbinder des Lüftungsgerätes ebenfalls max. regensicher und nicht wasserdicht sind (S. 8 des Gutachtens vom 23.11.2007).

Des Weiteren stellte der Sachverständige J fest, dass die unteren Tropfprofile, die den Übergang zwischen Klimagerät und Dach-Wand-Anschluss bilden, nicht nach den anerkannten Regeln der Technik hergestellt wurden.

b) Aufgrund der Feststellungen des Sachverständigen J und der eigenen Aussage des Beklagten bleibt zu konstatieren, dass neben den Konstruktions- und Ausführungsfehlern auch Planungsfehler des Beklagten vorliegen.

Dem Beklagten oblag die Ausführung der Lüftungsanlage auf Grundlage einer funktionalen Leistungsbeschreibung. Gemäß Ziffer 2.03 der Leistungsbeschreibung für das Gewerk Heizung, Sanitär und Lüftung (Anlage K 2) hatte der Beklagte die Ausführungsplanung und zugleich die Detaillierung der einzubauenden Klimageräte vorzunehmen.

Folglich hatte der Beklagte schon bei der Planung und Auswahl des Klimagerätes die an das Gerät gestellten technischen und funktionsbedingten Anforderungen zu berücksichtigen. Ihm war bekannt, dass das Klimagerät in die Dachhaut integriert und dabei die Dachhaut an den für das Klimagerät vorgesehenen Plätzen entfernt werden musste.

Bei einer derartigen Ausführung muss das Gerät jedoch die Funktion der Gebäudedachhaut erfüllen und wasserdicht sein, wie der Sachverständige J auf Seite 8 seines Gutachtens ausgeführt hat.

Insoweit liegt bereits ein Planungsfehler vor, da der Beklagte den Einbau eines nicht wasserdichten Klimagerätes vorgesehen hat. Nach den eigenen Ausführungen des Beklagten ist unstreitig, dass der Beklagte kein wasserdichtes Klimagerät bestellt und eingebaut hat (K 12). Diese Tatsache wird auch durch das Schreiben der Fa. AR vom 28.11.2007 (Anlage K 8) bestätigt, wonach die eingebauten Klimageräte lediglich in wetterfester Ausführung bestellt und geliefert worden seien. Folglich hätte das von dem Beklagten auf dem Dach eingebaute Klimagerät nicht eingesetzt werden dürfen.

c) Die Einlassung des Beklagten, die Undichtigkeiten seien auf unfachmännische Dachdeckerarbeiten zurückzuführen, hat der Sachverständige J widerlegt und in seiner E-Mail vom 18.05.2009 (Anlage K 10) nochmals ausdrücklich darauf hingewiesen, dass die Dachdeckerarbeiten mit dem Klimagerät bzw. dem Schaden nichts zu tun hätten und die Eindichtungen in Ordnung seien.

Soweit der Beklagte vorträgt, die Dachfläche unter den Klimageräten sei nicht bzw. nicht ordnungsgemäß abgedichtet, ist dieser Einwand unerheblich. In diesem Fall haftet der Beklagte für den Mangel, der auf die Beschaffenheit der Vorleistung eines anderen Unternehmers zurückzuführen ist, nach § 13 Abs. 5 Nr. 3 VOB/B, weil er insoweit die ihm obliegenden Prüf- und Hinweispflichten gemäß § 4 Abs. 3 VOB/B verletzt hat. Als Fachunternehmern trifft den Beklagten dabei eine erhöhte Prüfungsverpflichtung (Merkens in: Kapellmann/Messerschmidt, 5. Aufl. 2015, VOB/B § 4 Rn. 74).

Nach eigenem Bekunden hat der Beklagte festgestellt, dass eine Abdichtung unterhalb des Gerätes nicht ordnungsgemäß hergestellt war. Gleichwohl hat der Beklagte auf der Vorunternehmerleistung des Dachdeckers ein Klimagerät eingebaut, dass, wie er wusste, nicht wasserdicht, sondern allenfalls wetterfest war, und zudem nur für einen freien Aufbau auf der Dachfläche vorgesehen war und keine Dachfunktion erfüllen durfte. Sofern die Abdichtung unter dem Gerät jedoch nicht ausreichend war, hätte der Beklagte ohne eine entsprechende Bedenkenmitteilung ein wasserundichtes Klimagerät nicht einbauen dürfen.

Das war erforderlich, denn wie der Sachverständige J im Schreiben vom 25.08.2008 (Anlage K 7) festgestellt hat, konnte die Dachabdichtung im bzw. unterhalb des Klimageräts nach der Montage des Klimagerätes nicht mehr beigearbeitet werden, sodass mit der konkreten Art der Ausführung eine Wasserdichtigkeit nach Abschluss der Montage nicht mehr herzustellen war.

In dem Fall wäre der Beklagte zwingend verpflichtet gewesen, die Klägerin auf die mit der konkreten Art der Ausführung einhergehenden Gefahren hinzuweisen und Bedenken gegen die Art der Ausführung anzumelden, sodass eine Verletzung seiner Prüf- und Hinweispflichten zu konstatieren bleibt.

2. Darüber hinaus steht der Klägerin ein Anspruch auf Erstattung der ihr entstandenen Sachverständigenkosten und Kosten für die durch die Begutachtung bedingte Instandsetzung der Dachflächen in Höhe von € 6.060,24 gem. § 13 Abs. 7 Nr. 3 S. 1 VOB/B zu. Kosten für Privatgutachten, die vom Auftraggeber aufgewendet werden mussten, um Schäden am Bauwerk festzustellen und abzuklären, welche Maßnahmen zur Schadensbeseitigung erforderlich sind, sind erstattungsfähige Mangelfolgeschäden (Weyer, in: Kapellmann/Messerschmidt, 5. Aufl. 2015, VOB/B § 13 Rn. 433, OLG Nürnberg, BauR 2006, 148).

3. Ebenso hat die Klägerin einen Schadensersatzanspruch gem. § 13 Abs. 7 Nr. 3 S. 1 VOB/B auf Erstattung der Kosten, die ihr aufgrund der Teilnahme ihres Mitarbeiters, Herrn ....., an den Orts- und Besprechungsterminen zu Schadensbegutachtung und Aufklärung entstanden sind. Hierbei handelt es sich um einen Betrag i.H.v. insgesamt € 3.579,90.

Als Mangelfolgeschäden sind ebenfalls die Kosten erstattungsfähig, die der Klägerin durch den Einsatz ihres Servicepersonals zur provisorischen Schadensbeseitigung und zum Austausch der Deckenplatten entstanden sind. Hierbei handelt es sich zum einen um den Betrag von € 936,90 sowie um einen Betrag von € 1.043,90.

4. Die Anwaltskosten für die außergerichtliche Tätigkeit in Höhe € 1.023,16 hat der Beklagte ebenfalls als Mangelfolgeschäden sowie aus Verzug zu erstatten.

Rechtsanwalt

Fachanwalt für Bau- und Architektenrecht

b) Erläuterungen

aa) Gerichtsstand

In Bausachen ist gemäß § 29 ZPO der Gerichtsstand des Erfüllungsortes zu wählen. Sind beide Parteien Kaufleute, ist gemäß § 96 Abs. 1 GVG die Klage bei der Kammer für Handelssachen anhängig zu machen.

bb) Antrag

In der vorliegenden Klage ist zum einen ein Kostenvorschuss geltend gemacht worden, zum anderen ein Schadensersatzanspruch sowie ein Feststellungsanspruch. Liegen Mängel vor, kann der Auftraggeber auf Kosten des Unternehmers die Mängelbeseitigung durchführen lassen. Hierzu kann er die Arbeiten entweder selbst oder durch Dritte vornehmen. Voraussetzung ist, dass eine zur Mangelbeseitigung gesetzte Frist ergebnislos verstrichen ist. Dieses Recht des Auftraggebers folgt beim BGB-Bauvertrag aus § 634 Nr. 2 i.V.m. § 637 BGB. Beim VOB/B-Bauvertrag folgt dieses Recht aus § 13 Abs. 5 Nr. 2 VOB/B.

Dem Auftraggeber steht ein Vorschussanspruch auch dann zu, wenn vor Abnahme eine gesetzte Frist zur Nacherfüllung fruchtlos verstreicht und dem Auftragnehmer der Auftrag entzogen wird (§ 4 Abs. 7 i.V.m. § 8 Abs. 3 VOB/B). Beim BGB-Werkvertrag ist vor Abnahme die Geltendmachung eines Kostenvorschusses nach Rechtsprechung des BGH indes nur noch in bestimmten Fällen möglich (BGH, BauR 2017, 879).

Zu beachten ist, dass der Kostenvorschussanspruch nur dann durchsetzbar ist, wenn der Auftraggeber noch Nacherfüllung gemäß § 635 BGB verlangt: Ist die Leistung vorbehaltlos abgenommen worden oder hat der Auftraggeber die Fristsetzung mit dem Hinweis verbunden, dass er nach Ablauf die Nacherfüllung durch den Auftragnehmer ablehne, so kann er nur noch Schadensersatz verlangen. Eine Kostenvorschussklage ist nicht mehr möglich. Würde sie dennoch erhoben, hätte das Gericht gemäß § 139 ZPO hierauf hinzuweisen. Die Klage wäre danach auf Schadensersatz umzustellen.

Der Auftraggeber kann entsprechend § 637 Abs. 3 BGB einen Vorschuss auf die für die Beseitigung des Mangels oder der Mängel erforderlichen Aufwendungen verlangen. Hierbei wird der Auftraggeber häufig vor dem Problem stehen, dass er die Mängelbeseitigungskosten nicht vorab feststellen kann. Nicht in jedem Falle ist es ihm möglich oder zumutbar, zuvor ein Gutachten einzuholen, welches mit weiteren, teilweise nicht unerheblichen Kosten, verbunden ist. Aus diesem Grund ist es möglich, dass der Auftraggeber die Kosten der zu erwartenden Mängelbeseitigung schätzt. Hierbei kann er auch die Kosten der Vorbereitung und der Nacharbeiten durch einen Schätzbetrag festlegen. Hilfreich ist es, wenn beispielsweise Angebote eingeholt werden, die dann der Kostenvorschussklage als Anlage beigefügt sind. Ansonsten besteht die Gefahr, dass der Auftraggeber die Mängelbeseitigungskosten zu niedrig einschätzt.

Für den vorgenannten Fall ist der Prozessanwalt gut beraten, den Vorschussantrag mit einem Feststellungsantrag zu verbinden. Nach der wohl herrschenden Auffassung des BGH ist dies zwar nicht zwingend geboten. Fallen aber die mit dem Vorschussanspruch geltend gemachten Kosten erheblich höher aus, kann dies in den unteren Instanzen zu Diskussionen über den Umfang der Hemmung der Verjährung führen. Dieser Diskussion wird mit dem Feststellungsantrag vorgebeugt.

Sofern auf Vorschuss geklagt wird, ist festzuhalten, dass der Anspruch auf Mängelbeseitigungskosten insgesamt in der Verjährung gehemmt ist. Dies gilt auch dann, wenn er höher als beantragt ausfällt (näher dazu: Werner/Pastor, Der Bauprozess, 15. Aufl. 2015, Rn. 2125 f.).

Vor Erhebung der Kostenvorschussklage sollte der Prozessbevollmächtigte prüfen, für welche Mängel Kostenvorschuss verlangt wird. Nach der »Symptomrechtsprechung« des BGH (BGH, BauR 1998, 632; BGH, BauR 1997, 1065 und 1029) ist der Mangel »seinem äußeren Erscheinungsbild« nach zu beschreiben. Nicht nur die Aufforderung zur Mängelbeseitigung sollte dieser Rechtsprechung gerecht, sondern auch im Rahmen der Kostenvorschussklage genau überlegt werden, ob für alle oder ggf. für welche Mängel Kostenvorschuss verlangt wird. Für diese Mängel tritt dann im Kostenvorschussprozess Hemmung der Verjährung ein.

Sofern der Auftraggeber die Arbeiten am Bauwerk nicht ruhen lassen kann, bis die Beweiserhebung über den Mangel ggf. in einem Kostenvorschussprozess abgeschlossen ist, ist ihm anzuraten, ein Sachverständigengutachten einzuholen. Dies ist auch vorliegend durch die Klagepartei geschehen.

Das von einer Partei vorgelegte Privatgutachten ist als substantiierter/qualifizierter Parteivortrag zu behandeln, mit dem sich das Gericht auseinandersetzen muss. Das Privatgutachten kann also nicht unbeachtet gelassen werden (BGH, NJW 1992, 1459; BGH, NJW 1998, 135; Kniffka/Koeble, Kompendium des Baurechts, 4. Aufl. 2014, 2. Teil Rn. 13 m.w.N.). Darüber hinaus kann der Sachverständige als »sachverständiger Zeuge« über Tatsachen gehört werden, die er im Rahmen seiner Begutachtung festgestellt hat (Kniffka/Koeble, Kompendium des Baurechts, 4. Aufl. 2014, 2. Teil Rn. 13).

Die Untergerichte neigen dazu, bei Bestreiten des klägerischen Vortrages, der mit einem Privatgutachten belegt wird, sofort ein gerichtliches Gutachten einzuholen. Dem sollte durch den Prozessanwalt mit den oben dargestellten Meinungen entgegengetreten werden, sofern dieser Sachverständige aufgrund der Tatsache, dass der Mangel zwischenzeitlich beseitigt und ggf. die mangelhafte und nachgebesserte Stelle bereits überbaut wurde, keine Feststellungen mehr treffen könnte.

cc) Abrechnung des Vorschusses

Ein Vorschussurteil kann den Betrag des Vorschusses nicht endgültig feststellen. Dies ist bedingt durch den Charakter des Vorschusses als »vorläufigem Betrag«. Folglich ist der Vorschuss nach Durchführung der Mängelbeseitigungsarbeiten abzurechnen. Hierbei muss der Auftraggeber konkret nachweisen, für welche Leistungen er die dann geltend gemachten Beträge begehrt. An der Geltendmachung eines höheren Betrages als in der Kostenvorschussklage beantragt, ist er, wie dargestellt, nicht gehindert. Der Auftragnehmer hat aber das Recht, von dem Auftraggeber umfassend über die Mängelbeseitigungskosten und die Mängelbeseitigungsmaßnahmen informiert zu werden. Der Auftragnehmer kann diese Information einklagen (Werner/Pastor, Der Bauprozess, 15. Aufl. 2015, Rn. 2132).

dd) Schadensersatz

Soweit der Auftraggeber Schäden bereits beziffern kann, wie in der vorliegenden Klage geschehen, ist dies in der Klage entsprechend gesondert zu beantragen. Vorschuss und Schadensersatz betreffen jeweils einen anderen Streitgegenstand. Folglich würde auch in einem Wechsel von einem Vorschuss zu einem Schadensersatzanspruch eine Klageänderung liegen (BGH, BauR 1998, 369; OLG Köln, BauR 2002, 826).

ee) Zinsen

Wird der Kostenvorschuss für die Mängelbeseitigung eingeklagt, ist dieser gemäß § 288 Abs. 1 BGB mit einem Zinssatz von 5 % über dem Basiszinssatz zu verzinsen. Ein höherer Zinssatz wäre nicht zulässig, weil es sich nicht um eine Entgeltforderung handelt.

4. Schadensersatzklage nach § 4 Abs. 7 i.V.m § 8 Abs. 3 VOB/B

a) Vorbemerkung

§ 4 Abs. 7 VOB/B regelt mehrere Ansprüche des Auftraggebers. Die Besonderheit gegenüber den gesetzlichen Regelungen des Werkvertrages im BGB ist, dass für diese Ansprüche keine Abnahme erforderlich ist, denn Anknüpfungspunkt ist eine während der Ausführung, also in der Erfüllungsphase, als mangelhaft oder vertragswidrig erkannte Leistung.

Gerade diese fehlende Anknüpfung an die Abnahme hat zuletzt an Bedeutung gewonnen, nachdem der BGH in seinem Urt. v. 19.01.2017 (BGH NJW 2017, 8) den lange schwelenden Streit über Mängelrechte vor der Abnahme entschieden und deren Bestehen verneint hat. Die Geltendmachung der Mängelrechte vor Abnahme kommt im BGB-Werkvertrag – so die Entscheidung des BGH – damit nur noch in Ausnahmefällen (so z.B. bei Vorliegen eines Abrechnungsverhältnisses) in Betracht.

Im VOB/B-Vertrag hingegen regelt § 4 Abs. 7 Satz 1 VOB/B eindeutig den Anspruch des Auftraggebers darauf, dass der Auftragnehmer bereits vor Abnahme als mangelhaft erkannte Leistungen auf eigene Kosten durch mangelfreie ersetzt (Ersetzungsanspruch). Dieser Anspruch steht neben dem ohnehin bestehenden Erfüllungsanspruch auf mangelfreie Leistungserbringung (Kapellmann/Messerschmidt, § 4 VOB/B Rn. 160). Der Anspruch umfasst diejenigen Fallgestaltungen, in denen eine mangelhafte oder vertragswidrige Leistungserbringung vorliegt oder mangelhafte/vertragswidrige Bauteile gemäß § 4 Abs. 6 VOB/B eingebaut werden.

§ 4 Abs. 7 Satz 2 VOB/B knüpft an die Voraussetzungen des § 4 Abs. 7 Satz 1 VOB/B an und statuiert ein Schadensersatzanspruch des Auftraggebers für den Fall, dass der Auftragnehmer den Mangel oder die Vertragswidrigkeit zu vertreten hat. Ersatzfähig sind solche Schäden/Nachteile, die dem Auftraggeber durch die Schlechtleistung entstehen, soweit sie nach der Nacherfüllung noch verbleiben (Heiermann/Riedl/Rusam, § 4 VOB/B Rn. 98), es sind damit verschiedenste Schadenspositionen denkbar, wie entgangener Gewinn, Schäden aus Bauzeitverlängerung (z.B. Finanzierungsmehrkosten) und in Ausnahmefällen Fremdnachbesserungskosten (BGH NZBau 2000, 421). Der Schadensersatzanspruch aus § 4 Abs. 7 Satz 2 VOB/B tritt dabei neben den Ersetzungsanspruch aus § 4 Abs. 7 Satz 1 VOB/B (Franke/Kemper/Zanner/Grünhagen-Keller, § 4 VOB/B Rn. 260), da er den Schutz von Rechtsgütern des Auftraggebers neben dem Erfüllungsinteresse bezweckt.

§ 4 Abs. 7 Satz 3 VOB/B (i.V.m. § 8 Abs. 3 VOB/B) eröffnet dem Auftraggeber schließlich die Möglichkeit, dem Auftragnehmer nach erfolglos verstrichener Frist zur Beseitigung der Mängel (§ 4 Abs. 7 Satz 1 VOB/B) unter Kündigungsandrohung den Auftrag zu entziehen und den noch nicht vollendeten Teil der Leistung zu Lasten des Auftragnehmers durch einen Dritten ausführen zu lassen sowie Ersatz der Kosten zu verlangen. Diese Regelung ist abschließend und schließt eine (analoge) Anwendung von § 637 Abs. 1 BGB oder § 13 Abs. 5 Nr. 2 VOB/B aus (BGH BauR 1986, 573).

Zu beachten ist, dass die nicht erledigten Schadenersatzansprüche des Auftraggebers aus § 4 Abs. 7 VOB/B sich mit Abnahme in Gewährleistungsansprüche gemäß § 13 VOB/B umwandeln (BGH BauR 1982, 277).

Dieselbe Rechtsfolge wie § 4 Abs. 7 Satz 3 VOB/B, nämlich einen Mehrkostenerstattungsanspruch hat auch § 5 Abs. 4 VOB/B zur Folge. Dies ist dann der Fall, wenn der Auftragnehmer den Beginn der Ausführung verzögert, er mit der Vollendung in Verzug gerät oder Arbeitskräfte und Arbeitsmittel derart unzureichend zur Verfügung stellt, dass Ausführungsfristen offenbar nicht eingehalten werden können. Voraussetzung in allen drei Varianten ist der Verzug des Auftragnehmers mit seiner Leistungserbringung. Entweder befindet sich der Auftragnehmer in Verzug mit einer Vertragsfrist gemäß § 5 Abs. 1 VOB/B, sodass eine Mahnung ggf. entbehrlich ist, oder er befindet sich mit einer Nicht-Vertragsfrist in Verzug, so dass eine »doppelte« Mahnung erforderlich ist. Die erste Mahnung dient dem Fälligstellen der Leistung, die zweite Mahnung inkl. Kündigungsandrohung führt den Verzug herbei.

Das vorliegende Muster kann dabei im Wesentlichen auf die Fallkonstellation des § 5 Abs. 4 VOB/B übertragen werden.

b) Muster: Schadensersatzklage nach § 4 Abs. 7 i.V.m § 8 Abs. 3 VOB/B

62   Landgericht ....., den .....

Klage

In Sachen

....., ...

– Kläger –

Prozessbevollmächtigter: ....., ...

gegen

....., ...

– Beklagte –

wegen Mehrkostenerstattung und Schadensersatz

vorläufiger Streitwert: EUR .....

Namens und in Vollmacht des Klägers erheben wir unter gleichzeitiger Einzahlung eines Gerichtskostenvorschusses in Höhe von EUR ..... durch Gerichtsstempel Klage zum örtlichen und sachlich zuständigen Landgericht ..... mit folgenden

Anträgen:

I. Die Beklagte wird verurteilt, an den Kläger EUR ..... nebst 5 Prozentpunkten über dem Basiszinssatz hieraus seit dem ..... zu bezahlen.
II. Die Beklagte trägt die Kosten des Rechtsstreits.

Wir regen die Anordnung eines schriftlichen Vorverfahrens an. Im Falle der Durchführung eines schriftlichen Vorverfahrens stellen wir

folgende **Anträge**:
– bei nicht rechtzeitiger Verteidigungsanzeige den Erlass eines Versäumnisurteils gemäß § 331 III ZPO;
– gemäß § 317 II ZPO eine vollstreckbare Ausfertigung des erlassenen Versäumnis- bzw. Anerkenntnisurteils zu erteilen.

Ein Versuch der außergerichtlichen Konfliktbeilegung im Sinne des § 253 Abs. 3 Nr. 1 ZPO ist der Klageerhebung nicht vorausgegangen. Die außergerichtliche Verweigerungshaltung der Beklagten belegt, dass ein solches Verfahren keine Aussicht auf Erfolg hat und nur zu einer dem Kläger unzumutbaren Verzögerung führen würde.

Gegen eine Übertragung der Entscheidung auf den Einzelrichter bestehen seitens des Klägers keine Bedenken.

Begründung:

1. Sachverhalt

Der Kläger schloss mit der Beklagten am ..... einen Vertrag über die Erbringung von Badinstallationsarbeiten in dem im Eigentum des Klägers stehenden dreigeschossigen Objekts ....., in .....

Der Auftrag der Beklagten umfasste den Austausch der Badarmaturen in drei Badezimmern und der Wasserleitungen in den drei Stockwerken. Das Auftragsvolumen betrug EUR ....., wovon EUR..... auf den Einbau der Badarmaturen entfallen sollte. Dem Vertrag liegt die VOB/B im Ganzen zugrunde.

Beweis: Schriftliche Auftragserteilung vom ....., anbei in Fotokopie als

- *Anlage K 1 -*

Angebot der Beklagten nebst Leistungsverzeichnis vom ....., anbei in Fotokopie als

- *Anlage K 2-*

Die Beklagte begann in der Zeit ab dem .....mit der Ausführung der Arbeiten. Dabei wurden zuerst die alten Wasserrohre in den Stockwerken 1 und 2 durch neue ersetzt.

Beweis: Tätigkeitsbericht vom ....., anbei in Fotokopie, als

- *Anlage K 3-*

Tätigkeitsbericht vom ....., anbei in Fotokopie, als

- *Anlage K 4 -*

Nachdem die neuen Leitungen (teilweise) eingesetzt waren, wurden die Wände durch die Beklagte verputzt. Anschließend wurden die Wände in den Badezimmern (2. Und 2. Stockwerk) am ..... durch die Fliesenleger ..... GmbH auf einer Höhe von 1,40 m gefliest.

Beweis: Rechnung der Fliesenleger..... GmbH vom ....., anbei in Fotokopie als

- *Anlage K 5 -*

Zeugnis des Herrn .....,
zu laden über die Fliesenleger
..... GmbH, ...

Bereits am frühen Morgen des ..... musste der Kläger aber feststellen, dass es in dem Bereich der neu verlegten Wasserleitungen zu ganz erheblichen Durchfeuchtungen der Wände gekommen war. Weitere Durchfeuchtungen drohten, sodass Eile geboten war.

Beweis: Fotografien des Wasserschadens vom ....., anbei in Fotokopie als

- Anlage K 6 -

Zeugnis des Herrn ....., zu laden über die Rohre ..... GmbH, ...

Um weitere Schäden zu vermeiden, war der Kläger gezwungen, sofort das Wasser abzustellen. Nach einem kurzen Telefonat mit der Beklagten, in welchem diese jede Verantwortlichkeit für den Feuchtigkeitsaustritt von sich wies, übermittelte der Kläger der Beklagten noch am ..... mittels Telefax eine schriftliche Aufforderung, die vorhandenen Mängel an den verlegten Rohren umgehend, spätestens jedoch bis zum ..... zu beseitigen, anderenfalls werde er ihr den Auftrag entziehen.

Beweis: Fax des Klägers an die Beklagte vom ....., anbei in Fotokopie als

- Anlage K 7 -

Die Beklagte weigerte sich allerdings, die erforderlichen Arbeiten durchzuführen, sie behauptete weiterhin, für die betroffenen Mängel nicht verantwortlich zu sein. Der Vertrag wurde daher nach Ablauf der gesetzten Frist durch den Kläger mit vorab per Fax übermitteltem Schreiben vom ....., gekündigt.

Beweis: Schreiben des Klägers vom ..... nebst Faxbericht vom selben Tage, anbei in Fotokopie als

- Anlage K 8 -

Nach Kündigung wurde die Rohre ..... GmbH am ..... mit der Behebung des Schadens und der Ausführung von Restleistungen (Rohrerneuerung im dritten Geschoss und Armatureneinbau) beauftragt, nachdem der Kläger aus zwei von ihm in der Zwischenzeit eingeholten Angeboten das Günstigste ausgewählt hatte.

Beweis: Schriftliche Beauftragung der Rohre ..... GmbH vom ....., anbei in Fotokopie als

- Anlage K 9-

Angebot der Rohre ..... GmbH vom ..... nebst Leistungsbeschreibung, anbei in Fotokopie als

- Anlage K 10 -

Konkurrenzangebot der Rohrverlegung ..... GmbH vom ....., anbei in Fotokopie als

- Anlage K 11 -

Um die Beseitigung des Mangels zu ermöglichen, mussten die Wände erneut aufgebrochen werden. Hierzu war auch die Entfernung der erst kurz zuvor neu verlegten Fliesen notwendig, die wegen feuchtigkeitsbedingter Abplatzungen bereits schwer beschädigt waren. Bei Ausbau der durch die Beklagten verlegten Rohre mussten der Kläger und die zugezogene Rohre ..... GmbH feststellen, dass die Abdichtung der Rohre unzureichend und entgegen den anerkannten Regeln der Technik durchgeführt worden war, was die alleinige Ursache für den erheblichen Wasseraustritt war. Die bis dahin von der Beklagten ausgeführten Leistungen sind unbrauchbar.

Beweis: Fotografien des Schadens vom ....., anbei in Fotokopie als

-Anlage K 12 -

Zeugnis des Herrn ....., zu laden über die Rohre ..... GmbH, ...

Inaugenscheinnahme der ausgebauten Rohre

Sachverständigengutachten

4. Schadensersatzklage nach § 4 Abs. 7 i.V.m § 8 Abs. 3 VOB/B

Die Rohre..... GmbH führte in der Folgezeit alle erforderlichen Restleistungen aus. Die Fliesen mussten durch die Fliesenleger..... GmbH erneut verlegt werden.

Dem Kläger sind durch die schuldhaft mangelhafte Leistung der Beklagten folgende Schäden/ Mehrkosten entstanden:

2. Schaden/Mehrkosten

a) Kosten für die Neuverlegung der Rohre, Trocknung der Wand sowie Armatureneinbau durch die Rohre ..... GmbH in Höhe von EUR ..... Hierin ist ein Betrag in Höhe von EUR ..... für den Armatureneinbau enthalten. Die Rohrneuverlegung umfasst einen Betrag von EUR ..... Der restliche Betrag in Höhe von EUR ..... entfällt auf die Trocknung der durchfeuchteten Wände.

Beweis: Rechnung der Rohre ..... GmbH vom ....., anbei in Fotokopie als

- Anlage K 14 -

b) Kosten für die erneute Verlegung der Fliesen durch die Fliesenleger ..... GmbH in Höhe von EUR .....

Beweis: Rechnung der Fliesenleger .....GmbH vom ....., anbei in Fotokopie als

- Anlage K 15 -

Die abgerechneten Arbeiten sind tatsächlich ausgeführt und vom Kläger bezahlt worden.

Die abgerechneten Preise sind ortsüblich und angemessen.

Beweis: Sachverständigengutachten

Der Abrechnung der dem Kläger zusätzlich entstandenen Mehrkosten und Schäden wurde der Beklagten mit Schreiben vom ..... übersandt. Zur Zahlung wurde der Beklagten in vorgenanntem Schreiben eine Frist bis zum ..... gesetzt.

Beweis: Schreiben des Klägers vom ....., anbei in Fotokopie als

- Anlage K 16 -

Eine Zahlung ist bis zum heutigen Tag nicht erfolgt. Die Beklagte hat ihre Leistungen bislang nicht abgerechnet.

Klage ist daher geboten.

3. Rechtliche Würdigung

Die zulässige Klage ist auch begründet. Dem Kläger stehen die gegen die Beklagte geltend gemachten Ansprüche sowohl dem Grunde als auch der Höhe nach zu.
a) Zwischen den Parteien wurde ein VOB/B-Werkvertrag über die Erneuerung der Wasserleitungen und Badarmaturen in dem Objekt ....., in ..... geschlossen.
b) Die Beklagte ist dem Kläger zur Erstattung der diesem entstandenen (Mehr-)Kosten und Schäden gemäß §§ 4 Abs. 7 Satz 3, 8 Abs. 3 Nr. 2 VOB/B, § 4 Abs. 7 Satz 2 VOB/B verpflichtet. Obwohl die Beklagte den Austausch der Wasserrohre bereits durchgeführt hat, liegt keine, auch keine Teilabnahme durch den Kläger vor, insoweit ist also auf § 4 Abs. 7 VOB/B abzustellen.
c) Es hat sich schon während der Ausführung der von der Beklagten geschuldeten Leistungen gezeigt, dass diese mangelhaft bzw. vertragswidrig sind. Bei der Verlegung von Wasserleitungen ist die Dichtigkeit dieser als Beschaffenheitsvereinbarung zu werten. Zumindest eignet sich eine undichte Wasserleitung jedoch nicht zum vertragsgemäßen Gebrauch, da sich eine undichte Leistung nicht zum Führen von Wasser eignet. Ein Sachmangel liegt damit ganz offensichtlich vor. Diesen Mangel hat die Beklagte verschuldet. Ein Verschulden ihrer Angestellten hat sie sich dabei in jedem Fall über § 278 BGB zurechnen zu lassen.
d) Mit dem Fax vom ..... hat der Kläger der Beklagten eine angemessene Frist gesetzt, den Mangel zu beheben. Die Frist war mit ..... Tagen ausreichend bemessen.
Eine fristgemäße Abhilfe durch die Beklagte ist nicht erfolgt.

e) Infolge des fruchtlosen Ablaufs der Mangelbeseitigungsfrist war der Kläger gemäß § 4 Abs. 7 Satz 3 VOB/B berechtigt, der Beklagten den Auftrag gemäß § 8 Abs. 3 Nr. 1 VOB/B aus wichtigem Grund zu entziehen.
Die Auftragsentziehung wurde der Beklagten Schreiben vom ..... in der § 8 Abs. 5 VOB/B (§§ 126, 127 Abs. 2 BGB) entsprechenden Form zur Kenntnis gebracht.
Die Beklagte schuldet deshalb im Rahmen von § 8 Abs. 3 Nr. 2 VOB/B Schadensersatz für kündigungsbedingte Mehrkosten der Fertigstellung. Die dargelegten Mehrkosten sind zu ersetzen. Da die Beklagte die mangelhaften Leistungen schuldhaft verursacht hat, ist die weiterhin gemäß § 4 Abs. 7 S. 2 VOB/B verpflichtet, dem Kläger die weitergehenden Schäden zu ersetzen, die diesem durch die Schlechtleistung entstanden sind.

f) Für die ursprünglich von der Beklagten geschuldeten Leistungen sind dem Kläger folgende Mehrkosten entstanden:
Rohrverlegung:
EUR ..... (Kosten des Drittunternehmers) abzüglich EUR..... (ursprüngliche Vergütung der Beklagten) = EUR .....
Die Kosten für Leistungen der Rohre ..... GmbH sind den vorgelegten Rechnungen zu entnehmen. Diese Beträge sind voll in Ansatz zu bringen, da die abgerechneten Arbeiten ausschließlich Mangelbeseitigungs- und Restleistungen darstellen.
Die Betrage in Höhe EUR ..... (ursprüngliche Vergütung der Beklagten) stellt den der Beklagten kündigungsbedingt nicht mehr zu zahlenden Vergütungsanteil dar.
Diese Kosten sind dem Kläger nach der ordnungsgemäßen Entziehung des Auftrags als Mehrkosten gemäß §§ 4 Abs. 7 i.V.m 8 Abs. 3 Nr. 2 VOB/B zu ersetzen.

g) Die Kosten in Höhe EUR ..... für die erneute Fliesenverlegung hat die Beklagte gemäß § 4 Abs. 7 Satz 2 VOB/B zu ersetzen, da sie den Mangel schuldhaft verursacht hat und dem Kläger daraus die geltend gemachten Schäden entstanden sind. Die Leistungen der Fliesenleger .....GmbH (erneute Fliesenlegung) wären im Falle der ordnungsgemäßen Leistung der Beklagten nicht erforderlich und damit nicht von dem Kläger zu vergüten gewesen. Sie sind damit kausal auf die mangelhafte Leistung der Beklagten zurückzuführen und von dieser zu ersetzen.

h) Die Pflicht zur Verzinsung folgt aus §§ 291, 288 Abs. 1 Satz 1 BGB.
Die Beklagte ist folglich antragsgemäß zu verurteilen.

Unterschrift RA .....

c) Erläuterungen

63 Soll-Angaben gem. § 253 Abs. 3 ZPO:

Bereits in der Klageschrift sollten die in § 253 Abs. 3 ZPO genannten Angaben, u.a. die Information des Gerichts über einen vorangegangenen außergerichtlichen Konfliktlösungsversuch, mitgeteilt werden. Durch das Fehlen dieser Angaben wir die Klageerhebung zwar nicht unzulässig, etwaige Nachfragen des Gerichts können aber zu Verzögerungen führen, was die Vorwirkung des § 167 ZPO gefährden kann (Musielak/Voit, § 253 ZPO Rn. 36).

Zu Ziffer 1:

Anspruchsbegründend für die Rechtsfolgen des § 4 Abs. 7 VOB/B ist grundsätzlich das Erkennen einer Leistung als mangelhaft oder vertragswidrig schon vor Abnahme.

Der Auftraggeber muss dem Auftragnehmer eine angemessene Frist zur Beseitigung der mangelhaften Leistungen setzen. Die Angemessenheit ist grundsätzlich nach Art und Umfang des zu behebenden Mangels und der zur Beseitigung erforderlichen Arbeiten zu beurteilen (Ingenstau/Korbion, § 4 Abs. 7 VOB/B Rn. 43). Bei der Angemessenheit handelt es sich daher regelmäßig um eine Einzelfallfrage. Eine zu kurz bemessene Frist setzt aber eine angemessene Frist in Gang (BGH NZBau 2003, 149), deren fruchtloser Ablauf aber vor der Kündigung zwingend abzuwarten ist (KG, Urt. v. 13.06.2017 – 21 U 24/15 [nicht rechtskräftig]).

4. Schadensersatzklage nach § 4 Abs. 7 i.V.m § 8 Abs. 3 VOB/B

In möglichen Ausnahmefällen kann es für den Auftraggeber aber unzumutbar sein, diese Voraussetzung einzuhalten, die Fristsetzung ist dann ausnahmsweise entbehrlich (Nicklisch/Weick/Jansen/Seibel, § 4 VOB/B Rn. 140). Ein solcher Fall ist beispielsweise bei endgültiger Leistungsverweigerung des Auftragnehmers gegeben (BGH BauR 2000, 1479).

Die Ankündigung der Auftragsentziehung (zusammen mit der Aufforderung zur Mangelbeseitigung und Fristsetzung) bedarf keiner bestimmten Form, aus Beweiszwecken ist aber dringend zur Schriftform zu raten. Weiterhin hat der Auftraggeber die Ankündigung der Auftragsentziehung klar und deutlich zu formulieren. Die Wiedergabe des VOB/B-Wortlauts ist dabei nicht zwingend, soweit der klare Wille des Auftraggebers zum Ausdruck kommt (BGH BauR 1983, 258).

Das Kündigungsrecht des Auftraggeber besteht bei Nichtbeachtung bzw. beachtlicher Überschreitung der Frist oder wenn der Auftragnehmer einen untauglichen Mangelbeseitigungsversuch unternimmt (Ingenstau/Korbion, § 4 Abs. 7 VOB/B Rn. 56). Aufgrund der Erfolgshaftung des Auftragnehmers muss die Fristsäumnis nicht von diesem verschuldet sein, wobei das Kündigungsrecht des Auftraggebers bei nur geringfügiger Fristüberschreitung nach Treu und Glauben ausgeschlossen sein kann (Heiermann/Riedl/Rusam, § 4 VOB/B Rn. 112).

Zwischen Ablauf der Frist und der Kündigungserklärung muss aber ein enger zeitlicher Zusammenhang bestehen, da anderenfalls der Auftragnehmer infolge des Zeitablaufs ggf. darauf vertrauen darf, dass der Auftraggeber von einer Kündigung abrückt. Die Kündigung ist – anders als deren Androhung – gemäß § 8 Abs. 5 VOB/B schriftlich zu erklären. Die Voraussetzungen der Kündigung nach §§ 4 Abs. 7 Satz 3 i.V.m. 8 Abs. 3 VOB/B sind zwingend einzuhalten, anderenfalls könnte die Kündigung als freie Kündigung im Sinne des § 8 Abs. 1 VOB/B ausgelegt werden.

Die Vergütung des Auftragnehmers für bereits erbrachte Leistungen ist vom Auftragnehmer nach Abnahme prüfbar abzurechnen (BGH NJW 2006, 2475), was § 8 Abs. 7 VOB/B zu entnehmen ist. Der Werklohnanspruch des Auftragnehmers für erbrachte Leistungen und etwaige Ansprüche des Auftraggebers (Erstattungsanspruch in Höhe der Mehrkosten der Fertigstellung sowie sonstige Schadenersatzansprüche) stehen sich dabei aufrechenbar und nicht lediglich als Verrechnungsposition gegenüber (BGH NJW 2005, 2771).

Zu Ziffer 2:

64

Der Mehrkostenerstattungsanspruch des kündigenden Auftraggebers (gem. §§ 4 Abs. 7 Satz 3 i.V.m. 8 Abs. 3 VOB/B) besteht in Höhe der Differenz zwischen der mit dem Auftragnehmer vereinbarten Vergütung für die infolge der Kündigung nicht mehr erbrachten Leistung und der für diese Leistung erforderlichen tatsächlichen Kosten der Ersatzvornahme (BGH NJW 2000, 1116). Die dem Auftragnehmer ursprünglich für den noch auszuführenden Teil der Leistung geschuldete Vergütung muss folglich bei der Schadensberechnung von den Kosten des Drittunternehmers in Abzug gebracht werden. Auch von dem Anspruch umfasst – und damit in die tatsächlichen Ersatzvornahmekosten einzurechnen – sind Mängelbeseitigungskosten für die bis zur Kündigung erbrachten (Teil-) Leistungen (BGH NJW-RR 1989, 849). Solange die Fertigstellung noch nicht erfolgt ist, steht dem Auftraggeber ein entsprechender Kostenvorschussanspruch zu, der gegebenenfalls zu schätzen ist (BGH NJW-RR 1989, 849).

Ersatzfähig können auch solche Kosten sein, die für Maßnahmen entstanden sind, die sich im Nachhinein als nicht erforderlich darstellen, wenn ein vernünftiger, wirtschaftlich denkender Bauherr diese im Zeitpunkt der Beauftragung des Dritten für angemessen halten durfte (BGH NJW 2013, 1528).

Der Auftraggeber trägt im Rahmen des Mehrkosten-Erstattungsanspruchs die Darlegungs- und Beweislast sowohl für die Ersatzvornahme, die tatsächlich entstandenen Ersatzvornahmekosten, die nicht mehr an den Auftragnehmer zu zahlende Vergütung als auch für die Berechnung der Differenz (BGH BauR 2000, 571).

Diese Abrechnung kann sich, gerade bei komplexen Baumaßnahmen, sehr schwierig erweist. Der Auftraggeber hat bei der Abrechnung vor allem die berechtigten Kontroll- und Informationsinteressen des Auftragnehmers zu berücksichtigen und muss diesen in die Lage versetzen, nachvollziehen zu können, welche konkreten Leistungen ausgeführt wurden und ob es zu Leistungsänderungen (Mehr-/Mindermengen, zusätzliche und geänderte Leistungen, etc.) gekommen ist (BGH NZBau 2000, 131; OLG Celle BauR 2006, 117).

Um diese Abrechnung – und deren Darstellung im prozessualen Vortrag – zu erleichtern, ist dem Auftraggeber zu raten, bei dem Vertrag mit dem Drittunternehmer das Leistungssoll, den Vertragstyp und die gewählte Vergütungsart unverändert zu belassen (Ingenstau/Korbion, § 8 Abs. 3 VOB/B Rn. 36).

Da den Auftraggeber bei der Vergabe der Drittunternehmerleistungen eine Schadensminderungspflicht gemäß § 254 Abs. 2 BGB trifft (Franke/Kemper/Zanner/Grünhagen-Keller, § 8 VOB/B Rn. 71), ist es dem Auftraggeber daneben zuzumuten, mehrere Angebote einzuholen, um die entstehenden Kosten möglichst gering zu halten. Die Abrechnung der Mehrkosten hat gemäß § 8 Abs. 3 Nr. 4 VOB/B binnen 12 Werktagen nach Abrechnung mit dem Dritten zu erfolgen.

65 Neben dem Mehrkostenerstattungsanspruch aus §§ 4 Abs. 7 i.V.m. 8 Abs. 3 Nr. 2 VOB/B kann der Auftraggeber seine weiteren Schäden ersetzt verlangen wie sich aus § 8 Abs. 3 Nr. 2 Satz 1 VOB/B ergibt, diese sind aber deutlich von den Mehrkosten für die Fertigstellung abzugrenzen.

Denkbar sind hier beispielsweise Schadensersatzansprüchen aus schuldhaft vertragswidriger oder mangelhafter Leistung gem. § 4 Abs. 7 Satz 2 VOB/B. Dieser Anspruch umfasst regelmäßig sämtliche Schäden, die adäquat kausal auf den Mangel oder die Vertragswidrigkeit der betroffenen Leistung zurückzuführen sind, wie etwa die Wiederbeschaffung von durch die mangelhafte Leistung beschädigter Bauteile (BGH BauR 1978, 306), Verzugsschäden, Rechtsverfolgungskosten, entgangener Gewinn und entgangene Gebrauchsvorteile (BGH [GS] Beschl. v. 09.07.1986 – GSZ 1/86).

Den Auftraggeber trifft bei der Geltendmachung eines solchen Schadens die Beweislast für die Entstehung und die Höhe des Schadens. Weiterhin hat der Auftraggeber den kausalen Zusammenhang zwischen dem Schaden und dem Mangel bzw. der Vertragswidrigkeit der Leistung darzulegen, auch etwaige Verzugsvoraussetzungen sind von ihm zu beweisen. Den Auftragnehmer hingegen trifft die Beweislast für die Mangelfreiheit seiner Leistung und/oder fehlendes Verschulden eines Mangels und gegebenenfalls für die Rechtzeitigkeit einer Beseitigung (Ingenstau/Korbion, § 4 Abs. 7 VOB/B Rn. 40).

5. Schadensersatzklage nach § 13 Abs. 7 VOB/B

a) Vorbemerkung

66 Die VOB/B sieht im Hinblick auf das Schadensersatzrecht einige Abweichungen zu den gesetzlichen Regelungen des BGB vor. Dabei verdrängt § 13 Abs. 7 VOB/B die gesetzliche Schadensersatzregelung des § 634 Nr. 4 BGB (Nicklisch/Weick/Jansen/Seibel, § 13 VOB/B Rn. 9).

Allen Schadenersatzansprüchen des § 13 Abs. 7 VOB/B ist dabei gemeinsam, dass eine Mangel der Werkleistung vorliegt, die Fristsetzung zur Nacherfüllung erfolglos war und den Auftragnehmer ein Verschulden trifft, wobei er sich gemäß § 10 Abs. 1 VOB/B i.V.m. § 278 BGB das Verschulden seiner Vertreter und Erfüllungsgehilfen zurechnen lassen muss (Ingenstau/Korbion, § 13 Abs. 7 VOB/B Rn. 27 ff.).

67 Die Systematik der Norm stellt sich wie folgt dar:

§ 13 Abs. 7 Nr. 1 VOB/B regelt die Haftung des Auftragnehmers für Schäden von Leben, Körper und Gesundheit infolge schuldhafter verursachter Mängel. Erforderlich ist dabei eine haftungs-

5. Schadensersatzklage nach § 13 Abs. 7 VOB/B

begründende Kausalität zwischen dem vom Auftragnehmer verschuldeten Mangel und der qualifizierten Rechtsgutverletzung. Ausreichend kann bereits ein Mitverschulden des Auftragnehmers oder ein Verstoß gegen Prüf- und Hinweispflichten gem. § 4 Abs. 3 VOB/B sein. Von der Haftung erfasst sind sämtliche Schäden, die durch die Rechtsgutverletzung verursacht wurden. Unter den Schutzbereich fällt grundsätzlich zwar nur der Auftraggeber, umfasst sind aber auch solche Fallgestaltungen, in denen dieser von einem Dritten aufgrund mangelbedingter Schäden an den betroffenen Rechtsgütern in Anspruch genommen wird.

Gemäß § 13 Abs. 7 Nr. 2 VOB/B haftet der Auftragnehmer zudem für alle infolge von vorsätzlich oder grob fahrlässig verursachten Mängeln entstandenen Schäden. Der Auftragnehmer haftet folglich für erhöhtem Verschulden bei der Mangelverursachung über die in § 13 Abs. 7 Nr. 1 VOB/B bezeichneten besonderen Rechtsgutverletzungen hinaus. Grobe Fahrlässigkeit liegt immer dann vor, wenn die im Verkehr erforderliche Sorgfalt in ungewöhnlich hohem Maße dadurch verletzt wurde, dass ganz naheliegende Überlegungen nicht angestellt oder beiseitegeschoben wurden und dasjenige unbeachtet geblieben ist, was sich im gebotenen Fall jedem aufgedrängt hätte (BGH NJW 1992, 316).

Für die nicht unter Abs. 1 oder 2 fallenden Schäden ist der auffälligste Unterschied zu den gesetzlichen Regelungen des BGB die Differenzierung zwischen »Schäden an der baulichen Anlage« gemäß § 13 Abs. 7 Nr. 3 Satz 1 VOB/B und »darüber hinausgehenden Schäden« gemäß § 13 Abs. 7 Nr. 3 Satz 2 VOB/B (MüKo-Busche, § 634 BGB Rn. 104), welche nur unter zusätzlichen Voraussetzungen ersatzfähig sind. Eine derartige Unterscheidung findet sich in § 634 Nr. 4 BGB nicht. 68

Die Anspruchsgrundlage des § 13 Abs. 7 Nr. 3 Satz 1 VOB/B (Bauwerksschäden; sog. kleiner Schadenersatz nach VOB/B) unterscheidet sich von den anderen Schadensersatzansprüchen in § 13 Abs. 7 Nr. 1 und Nr. 2 VOB/B weiterhin dadurch, dass der vom Auftragnehmer verschuldete Mangel wesentlich sein und zu einer erheblichen Beeinträchtigung der Gebrauchstauglichkeit führen muss.

Für beide Anspruchsvoraussetzungen bestehen jedoch kaum feste Beurteilungskriterien, sodass es regelmäßig auf die Einzelfallbetrachtung ankommt, in welche sowohl objektive als auch subjektive Kriterien einzubeziehen sind. Inhaltlich ist der Anspruch auf die Kompensation solcher Schäden gerichtet, die – trotz Nacherfüllung oder Minderung – an der baulichen Anlage (durch den Mangel) entstanden sind.

§ 13 Abs. 7 Nr. 3 Satz 2 VOB/B (Folgeschäden; sog. großer Schadenersatz nach VOB/B), betrifft die weitergehenden Schadensersatzpflicht des Auftragnehmers, welche bei einem qualifizierten Mangel im Sinne des § 13 Abs. 7 Nr. 3 Satz 1 VOB/B unter den zusätzlichen, alternativen Voraussetzungen des § 13 Abs. 7 Nr. 3 Satz 2 lit. a) bis c) VOB/B eingreift. Umfasst sind hiervon regelmäßig die sogenannten entfernten Mangelfolgeschäden, insbesondere Vermögensverluste, wie entgangener Gewinn, Verzögerungsschäden oder erhöhte Zinsaufwendungen. 69

Zu beachten ist, dass der Schadensersatz nach § 13 Abs. 7 Nr. 3 Satz 1 und 2 VOB/B nicht identisch ist mit dem Schadensersatzanspruch aus § 634 Abs. 4 BGB ist. Insbesondere die Reichweite des »großen Schadensersatzes« im BGB, bei welchem der Auftraggeber so zu stellen ist, wie wenn der Vertrag nicht geschlossen wäre, unterscheidet sich von der Rechtsfolge der VOB/B-Regelung. Der sog. »große Schadenersatz« nach VOB/B umfasst die unmittelbaren Bauwerksschäden und die Mangelfolgeschäden. Demgegenüber kann der BGB-Auftraggeber (Zug um Zug gegen Rückübertragung des Bauobjekts) Rückzahlung des Kaufpreises sowie Erstattung nutzloser Aufwendungen verlangen (vgl. hierzu Ingenstau/Korbion, § 13 Abs. 7 VOB/B Rn. 64 ff.).

Neben den Ansprüchen aus § 13 Abs. 7 VOB/B bleiben die allgemeinen BGB-Regeln der §§ 280 ff. BGB immer dann anwendbar, wenn die Schadensursache nicht in einer mangelhaften Werkleistung liegt (Messerschmidt/Voit, Privates Baurecht, § 13 VOB/B Rn. 49 ff.).

b) Muster: Schadensersatzklage nach § 13 Abs. 7 VOB/B

70   Landgericht ....., den .....

Klage

In Sachen

....., ...

– Kläger –

Prozessbevollmächtigter: ....., ...

gegen

....., ...

– Beklagte –

wegen Schadensersatz

<u>vorläufiger Streitwert:</u> EUR .....

Namens und in Vollmacht des Klägers erheben wir unter gleichzeitiger Einzahlung von EUR ..... Gerichtskosten durch ..... Klage zum örtlichen und sachlich zuständigen Landgericht ..... mit folgenden

Anträgen:

I. Die Beklagte wird verurteilt, an den Kläger EUR ..... nebst 5 Prozentpunkten über dem Basiszinssatz hieraus seit dem ..... zu bezahlen.
II. Es wird festgestellt, dass die Beklagte verpflichtet ist, dem Kläger den weiteren Schaden zu ersetzen, der diesem infolge der fehlenden Sturmsicherung der Dachziegel an dem Gebäude ....., in ..... entstanden ist.
III. Die Beklagte trägt die Kosten des Rechtsstreits.

Wir regen die Anordnung eines schriftlichen Vorverfahrens an. Im Falle der Durchführung eines schriftlichen Vorverfahrens **beantragen** wir:
- bei nicht rechtzeitiger Verteidigungsanzeige den Erlass eines Versäumnisurteils nach § 331 III ZPO;
- gemäß § 317 II ZPO eine vollstreckbare Ausfertigung des erlassenen Versäumnis- bzw. Anerkenntnisurteils zu erteilen.

Ein Versuch der außergerichtlichen Konfliktbeilegung im Sinne des § 253 Abs. 3 Nr. 1 ZPO ist der Klageerhebung nicht vorausgegangen. Die außergerichtliche Verweigerungshaltung der Beklagten belegt, dass ein solches Verfahren keine Aussicht auf Erfolg hat und nur zu einer dem Kläger unzumutbaren Verzögerung führen würde.

Gegen eine Übertragung der Entscheidung auf den Einzelrichter bestehen seitens des Klägers keine Bedenken.

Begründung:

1. Sachverhalt

Der Kläger hat die Beklagte am ..... als Generalunternehmer mit der Errichtung eines Einfamilienhauses in der ....., in ..... beauftragt. Die Parteien haben unter § 8.2 des Vertrages die Einbeziehung der VOB/B vereinbart.

5. Schadensersatzklage nach § 13 Abs. 7 VOB/B

Beweis: Bauvertrag vom ....., anbei in Fotokopie als

- Anlage K 1 -

Grundlage des Vertrages ist unter anderem das Angebot der Beklagten vom ....., welches ein ausführliches Leistungsverzeichnis enthielt.

Beweis: Angebot der Beklagten vom ..... nebst Leistungsverzeichnis, anbei in Fotokopie als

- Anlage K 2 -

Dieses Angebot ist samt Leistungsverzeichnis gemäß § 8.1 des Vertrages vom ..... Vertragsbestandteil geworden.

Beweis: Bauvertrag vom ....., bereits vorgelegt als

Anlage K 1 -

Für die Ausführung der Dachabdeckung sieht das Leistungsverzeichnis unter Pos.05.01.01. ausdrücklich eine Sturmsicherung (Verklammerung) der einzelnen Dachplatten vor.

Beweis: Angebot der Beklagten vom ..... nebst Leistungsverzeichnis, bereits vorgelegt als

- Anlage K 2 -

Dies war vom Kläger ausdrücklich so gewünscht, da sich das errichtete Haus in einer Windschneise befindet und die vorhandenen Windlasten eine solche Sturmsicherung erforderlich machen.

Beweis: Sachverständigengutachten

Das Gebäude wurde von der Beklagten in der Zeit ab dem ..... errichtet und vom Kläger am ..... abgenommen.

Beweis: Abnahmeprotokoll vom ....., anbei in Fotokopie als

- Anlage K 3 -

Das Haus wurde anschließend vom Kläger, seiner Frau und den gemeinsamen Kindern bezogen. Der vertraglich vereinbarte Werklohn ist vollständig bezahlt worden.

Infolge eines Sturms am ..... musste der Kläger feststellen, dass bei der Bauausführung eine ausreichende Fixierung der Dachziegel, wie gemäß Pos. 05.01.01 des Leistungsverzeichnisses (Anlage K 2) geschuldet, von der Beklagten nicht ordnungsgemäß und nach den anerkannten Regeln der Technik ausgeführt wurde.

Beweis: Gutachten des Sachverständigen ..... vom ....., anbei in Fotokopie als

- Anlage K 4 -

Einvernahme des Sachverständigen

....., zu laden über ....., ...

Die im Gutachten des Sachverständigen ..... (Anlage K 4) enthaltenen Ausführungen sind inhaltlich zutreffend.

Beweis: Sachverständigengutachten

Durch die enormen Windstärken wurden erhebliche Teile des Daches abgedeckt, so dass ca. die Hälfte der verbauten Platten vom Dach geweht wurde.

Beweis: Fotografien der Dachplatten vom ....., anbei in Fotokopie als

- Anlagenkonvolut K 5 -

Zeugnis des Herrn ..... zu laden über die Spengler ..... GmbH, ..., ...

Sachverständigengutachten

Da es aufgrund des schlechten Wetters zum Schutz vor eindringender Feuchtigkeit notwendig war, das Dach möglichst schnell neu und vor allem vertragsgemäß einzudecken, forderte der Kläger die Beklagte, mit Schreiben vom ..... unter Fristsetzung bis zum ..... auf, die mangelhafte Dacheindeckung vertragsgemäß herzustellen.

Beweis: Schreiben des Klägers vom ....., anbei in Fotokopie als

- Anlage K 6 -

Die Beklagte weigerte sich allerdings, die erforderlichen Arbeiten durchzuführen, sie behauptete, für die betroffenen Mängel nicht verantwortlich zu sein.

Deshalb beauftragte der Kläger nach Ablauf der gesetzten Frist die Spengler ..... GmbH mit den notwendigen Arbeiten.

Beweis: Schriftlicher Auftrag an die Spengler ..... GmbH vom ....., anbei in Fotokopie als

- Anlage K 7 -

Es ist nicht auszuschließen, dass bereits ein Feuchtigkeitseintritt infolge der zeitweisen Abdeckung und der später aufgetretenen Regenfälle erfolgt ist. Eine genaue Feststellung eines etwaigen Schadens (z.B erst später erkennbare Schimmelbildung) kann erst nach weiteren Untersuchungen getroffen werden.

Beweis: Gutachten des Sachverständigen ..... vom ....., bereits vorgelegt als

- Anlage K 4 -

Einvernahme des Sachverständigen ....., zu laden über ....., ...

Sachverständigengutachten

Da die ursprünglichen Dachziegel teilweise lose auf dem Dach lagen, bestand in der Zeit direkt nach dem Sturm rund um das Gebäude eine erhebliche Gefahr durch lose, möglicherweise herabfallende Dachziegel. Aufgrund dieser Umstände, die das Haus unbewohnbar machten, bezogen der Kläger und seine Familie vom ..... bis ..... zwei Doppelzimmer im Hotel ..... in .....

Beweis: Rechnung des Hotels ....., ..., in ....., vom ....., anbei in Fotokopie als

- Anlage K 8 -

Durch die schuldhaft nicht vertragsgemäß erbrachten Arbeiten der Beklagten entstanden dem Kläger folgende Schäden:

2. Schaden

a) Schäden am Gebäude

Kosten für die fachgerechte Neueindeckung des Daches des streitgegenständlichen Gebäudes mit Sturmsicherung in Höhe von EUR ..... Die Arbeiten wurden von der Spengler ..... GmbH in der Zeit zwischen dem ..... und dem ..... erbracht und vom Kläger bezahlt.

Beweis: Rechnung der Spengler ..... GmbH vom ....., anbei in Fotokopie als

- Anlage K 9 -

b) Sonstige Schäden

Kosten für die Unterkunft der Familie des Klägers im Hotel ..... für den Zeitraum vom ..... bis ..... in Höhe von EUR .....

Beweis: Hotelrechnung des Hotels ....., bereits vorgelegt als

- Anlage K 8 -

Kosten des Sachverständigen ..... für die Erstellung des Gutachtens vom ..... in Höhe von EUR .....

Beweis: Kostennote des Sachverständigen ..... vom ....., anbei in Fotokopie als

- *Anlage K 10* -

Die Rechnungsbeträge wurden vom Kläger vollständig bezahlt. Die jeweils abgerechneten Preise sind ortsüblich und angemessen.

Beweis: Sachverständigengutachten

Der Aufwand war jeweils notwendig und ist tatsächlich angefallen.

Beweis: Sachverständigengutachten

Mit Schreiben vom ..... hat der Kläger die Beklagte unter Fristsetzung zum ..... zur Zahlung des Gesamtschadens aufgefordert.

Beweis: Schreiben des Klägers vom ....., anbei in Fotokopie als

- *Anlage K 11* -

Eine Reaktion oder Zahlung der Beklagten ist nicht erfolgt.

Klage ist daher geboten.

3) Rechtliche Bewertung

Die zulässige Klage ist auch begründet. Dem Kläger stehen die gegen die Beklagte geltend gemachten Ansprüche sowohl dem Grunde als auch der Höhe nach zu.

Die Parteien haben einen Werkvertrag über die Errichtung eines Einfamilienhauses geschlossen, die VOB/B ist Vertragsbestandteil.

Die Beklagte hat dem Kläger wegen ihrer Schlechtleistung den gesamten oben aufgeführten Schaden zu ersetzen. Dabei ist auf § 13 VOB/B abzustellen, da die Abnahme am ..... erfolgt ist.

a) Die Kosten, die dem Kläger durch die erforderliche Neueindeckung des Daches entstanden sind, stellen einen gemäß § 13 Abs. 7 Nr. 3 Satz 1 VOB/B ersatzfähigen Schaden dar. Denn bei dem entstandenen Schaden handelt es sich um einen Schaden an der baulichen Anlage, deren Errichtung die Beklagte schuldete.

b) Durch die mangelhafte Fixierung der Dachziegel wurde ein Großteil des Daches abgedeckt. Dies stellt einen wesentlichen Mangel dar, der die Gebrauchsfähigkeit des Daches erheblich beeinträchtigt. Diesen Mangel hat die Beklagte verschuldet, da die vertraglich erforderliche Verklammerung der Dachziegel mangelhaft ausgeführt wurde. Ein Verschulden der Beklagten liegt vor. Das Handeln ihrer etwaigen Erfüllungsgehilfen muss sich die Beklagte entsprechend § 278 BGB zurechnen lassen.

c) Die übrigen dem Kläger entstandenen Kosten sind Schadenspositionen, die die Beklagte gemäß § 13 Abs. 7 Nr. 3 Satz 2 lit. b) VOB/B zu ersetzen hat.
Der Mangel der erbrachten Leistung lag gerade in dem Fehlen einer vertraglich vereinbarten Beschaffenheit. Der Beklagten wurde schon im vorvertraglichen Kontakt mitgeteilt, dass eine ordnungsgemäße Fixierung der Dachziegel gewünscht und erforderlich ist. Dieser Punkt wurde auch in das Leistungsverzeichnis *Anlage K 2* aufgenommen, welches entsprechend § 8.1 des Vertrages vom ..... *Anlage K 1* Vertragsbestandteil ist und folglich eine vereinbarte Beschaffenheit darstellt.

d) Die Beklagte hat deshalb auch die weitergehenden Schäden des Klägers zu ersetzen, die nicht in einem Schaden an der baulichen Anlage liegen.
Die Einholung eines Sachverständigengutachtens ist bei einem technischen Laien, wie dem Kläger, anerkanntermaßen zur weiteren Rechtsverfolgung erforderlich und damit erstattungsfähig.
Auch die für die zeitweise Unterbringung in einem Hotel entstandene Kosten sind dem Kläger von der Beklagten zu ersetzen, da diese bei ordnungsgemäßer Leistungserbringung nicht entstanden wären.

e) Die Pflicht zur Verzinsung der Hauptforderung folgt aus §§ 291, 288 Abs. 1 BGB seit dem .....

f) Wie der Sachverständige ..... in seinem Gutachten festgestellt hat, ist es nicht auszuschließen, dass bereits Feuchtigkeit in die Bausubstanz eingetreten ist und hieraus weitere Schäden entstehen.
Eine genaue Feststellung eines etwaigen Schadens und dadurch erforderlicher Mangelbeseitigungsmaßnahmen kann jedoch erst nach weiterem Zeitablauf und weiteren Untersuchungen getroffen werden.
Da somit eine abschließende Bezifferung des Schadensersatzanspruches derzeit nicht möglich ist, besteht das für den Klageantrag zu 2.) erforderliche Feststellungsinteresse im Sinne des § 256 ZPO.

Die Beklagte ist folglich antragsgemäß zu verurteilen.

Unterschrift RA .....

c) Erläuterungen

71 Soll-Angaben gem. § 253 Abs. 3 ZPO:

Bereits in der Klageschrift sollten die in § 253 Abs. 3 ZPO genannten Angaben, u.a. die Information des Gerichts über einen vorangegangenen außergerichtlichen Konfliktlösungsversuch, mitgeteilt werden. Durch das Fehlen dieser Angaben wir die Klageerhebung zwar nicht unzulässig, etwaige Nachfragen des Gerichts können aber zu Verzögerungen führen, was die Vorwirkung des § 167 ZPO gefährden kann (Musielak/Voit, § 253 ZPO Rn. 36).

72 Zu Ziffer 1:

Der Schadensersatzanspruch setzt zwingend das Vorliegen eines Mangels der Werkleistung voraus. Für die Schadenersatzansprüche gemäß § 13 Abs. 7 Nr. 3 Satz 1 und Satz 2 VOB/B ist zudem erforderlich, dass es sich um einen wesentlichen Mangel handelt, der zu einer erheblichen Beeinträchtigung der Gebrauchstauglichkeit führt. Die Voraussetzung des Vorliegens eines wesentlichen Mangels dient dazu, geringfügige und daher unwesentliche Mängel aus dem Anwendungsbereich des Schadensersatzanspruchs herauszunehmen (Kapellmann/Messerschmidt-Weyer, § 13 VOB/B Rn. 346). Bei lediglich optischen Mängeln ist zu überlegen, diese als unwesentlich anzusehen. Dies gilt allerdings nicht, wenn hierdurch der Verkauf oder die Vermietung erschwert werden (OLG Celle IBR 2003, 15).

Die Gebrauchsfähigkeit ist nicht nur beeinträchtigt, wenn die Anlage nicht oder nur eingeschränkt nutzbar ist. Auch ein eventueller merkantiler Minderwert ist bei dieser Bewertung zu berücksichtigen (BGH BauR 2003, 535). Denn eine minderwertigere Ausführungsart als die geschuldete oder erforderliche kann in den betroffenen Verkehrskreisen unter Umständen zu einer geringeren wirtschaftlichen Verwertbarkeit führen.

Der Schadensersatzanspruch setzt weiterhin grundsätzlich eine Mangelbeseitigungsaufforderung des Auftraggebers gemäß § 13 Abs. 5 Satz 2 VOB/B voraus. In besonders eilbedürftigen (Ausnahme-) Fällen kann der Auftraggeber zur sofortigen Mangelbeseitigung berechtigt sein (OLG Düsseldorf IBR 1993, 277). Auch der allgemeine Schadensersatz nach dem BGB erfordert regelmäßig ein vorheriges Verlangen der Nacherfüllung mit Fristsetzung und fruchtlosen Fristablauf.

Weiterhin hat die Rechtsprechung, geltend für den VOB/B- und den BGB-Vertrag, Fallgruppen entwickelt, in denen eine Fristsetzung entbehrlich ist, so etwas bei einer endgültigen Erfüllungsverweigerung (BGH BauR 2009, 976), bei Gefahr in Verzug (OLG Düsseldorf, NJW-RR 1993, 477) oder anderen besonderen Umständen, die dem Auftraggeber eine Mangelbeseitigung durch den Auftragnehmer unzumutbar machen. Da die Entbehrlichkeit im Streitfall vom Auftraggeber zu beweisen ist und die Rechtsprechung zumeist hohe Anforderungen stellt, sollte – wenn möglich – eine Fristsetzung nur in absoluten Ausnahmefällen unterbleiben.

Die Beweislast für die Voraussetzungen des § 13 Abs. 7 VOB/B trägt grundsätzlich der Auftraggeber, er hat daher die Pflichtverletzung, den Schaden und die Kausalität zwischen Pflichtverletzung und Schaden darzulegen und zu beweisen. Gerade bei der in Bauprozessen häufigen Konstellation einer Schadensverursachung durch mehrere Beteiligte (als Gesamtschuldner) sind die Voraussetzungen für jeden einzelnen Beteiligten nachzuweisen.

Der Unternehmer hingegen trägt die Darlegungs- und Beweislast für ein fehlendes Vertretenmüssen der Pflichtverletzung (OLG Bamberg, Urt. v. 13.03.2009 – 6 U 27/08).

Zu Ziffer 2a: 73

Bei Schäden am Gebäude handelt es sich um Schäden an der baulichen Anlage gemäß § 13 Abs. 7 Nr. 3 Satz 1 VOB/B. Der Begriff der baulichen Anlage umfasst dabei nicht ausschließlich die vom Auftragnehmer geschuldete Bauleistung im engeren Sinn, sondern die gesamte bauliche Anlage, in deren Bereich der Auftragnehmer tätig wird. Die betroffenen Schäden müssen damit nicht zwingend an der »eigenen« Leistung des Auftragnehmers entstanden sein, sondern sind auch an Bauteilen außerhalb seines Leistungssolls denkbar.

Unter die Schäden, die nach dieser Anspruchsgrundlage ersatzfähig sind, fallen solche Schäden, die in besonders engem Zusammenhang mit dem Bauwerk stehen, so etwa unter anderem die notwendigen Mangelbeseitigungskosten (BGH BauR 2003, 123), Mietausfälle (BGH BauR 2003, 1900; Werner/Pastor-Pastor, Der Bauprozess, Rn. 2253) oder auch der merkantile Minderwert (BGH NJW 1971, 615), welcher auch noch nach ordnungsgemäßer Mangelbeseitigung verbleiben kann (OLG Stuttgart IBR 2011, 133). Ausschlaggebend ist hier im Wesentlichen der Zusammenhang des Schadens mit der baulichen Anlage (OLG Hamm BauR 1984, 524).

Sofern der Auftraggeber den Ersatz (voraussichtlicher) Nacherfüllungskosten verlangt, ist bei nicht vorsteuerabzugsberechtigten Auftraggebern die Umsatzsteuer nur ersatzfähig, sofern die Reparaturen tatsächlich durchgeführt worden sind und hierauf Umsatzsteuer angefallen ist (BGH NJW 2010, 3085).

Zu Ziffer 2b: 74

Der sogenannte große Schadensersatzanspruch nach § 13 Abs. 7 Nr. 3 Satz 2 VOB/B erfasst über den Anspruch aus Satz 1 hinaus auch alle entfernteren und mittelbaren Mangelfolgeschäden. Der gemäß § 13 Abs. 7 Nr. 3 Satz 1 VOB/B notwendige Zusammenhang zwischen dem Schaden und der baulichen Anlage ist dabei gerade nicht erforderlich.

Die Schäden müssen sich allerdings aus dem Werkmangel ergeben. Als solche entferntere Schäden gelten insbesondere solche, die an Rechtsgütern des Auftraggebers oder an solchen Dritter auftreten und keinen engen örtlichen oder zeitlichen Zusammenhang zu dem mangelhaften Werk haben (BGH NJW 1986, 922). Als ersatzfähige Schäden sieht die Rechtsprechung beispielsweise Folgendes an: Wasserschäden an Möbeln wegen fehlerhaft verlegter Wasserrohre (BGH BauR 1980, 572), Schäden an Nachbargrundstücken (BGH NJW 1989, 1922) oder Beschädigungen an den Einrichtungsgegenständen in dem Gebäude (BGH NJW-RR 1988, 532).

Für den Ersatz solcher Schäden muss mindestens eine der zusätzlichen (alternativen) Voraussetzungen des § 13 Abs. 7 Nr. 3 Satz 2 VOB/B gegeben sein.

Ein Beruhen des Mangels auf einem Verstoß gegen die anerkannten Regeln der Technik (§ 13 75 Abs. 7 Nr. 3 Satz 2 lit. a) VOB/B) erfordert einen kausalen Zusammenhang zwischen dem Verstoß gegen die anerkannten Regeln der Technik und dem Mangel sowie zwischen dem Mangel und dem Schaden. Obwohl nicht ausdrücklich als Anspruchsvoraussetzung benannt, muss gleichwohl ein Verschulden des Auftragnehmers vorliegen (Ingenstau/Korbion, § 13 Abs. 7 VOB/B Rn. 165 ff.).

Das Fehlen einer vertraglich vereinbarten Beschaffenheit gemäß § 13 Abs. 7 Nr. 3 Satz 2 lit. b) VOB/B entspricht inhaltlich § 633 Abs. 2 Satz 1 BGB und liegt immer dann vor, wenn der Auftraggeber vertraglich vereinbarte Absprachen nicht einhält. Eine Beschaffenheitsvereinbarung kann auf verschiedene Weise abgeschlossen werden. Abzustellen ist also auf das von den Parteien Vereinbarte, dies kann ausdrücklich, stillschweigend oder aufgrund eines Bestätigungsschreibens erfolgen. Relevant sind in diesem Zusammenhang vor allem die Vertragsgrundlagen, wie Leistungsverzeichnisse, Verhandlungsprotokolle oder die Baugenehmigung.

Ein Anspruch aus § 13 Abs. 7 Nr. 3 Satz 2 VOB/B kann daneben dann bestehen, wenn der Auftragnehmer den Mangel durch Versicherung seiner gesetzlichen Haftpflicht abgedeckt hat oder hätte abgedeckt können (lit c). Sinn und Zweck der Regelung ist, die Haftungsbeschränkung des Nr. 3 S. 1 nicht den Haftpflichtversicherern zu Gute kommen zu lassen und dem Auftragnehmer, der keine Risikovorsorge betreibt, ein höheres Haftungsrisiko aufzuerlegen (Nicklisch/Weick/Jansen/Seibel, § 13 VOB/B Rn. 450-452).

76 **Zu Ziffer 3f:**

Ein Feststellungsantrag kann erforderlich sein soweit die Forderung noch nicht abschließend bezifferbar ist, etwa bei der Vorschussklage oder wenn die Schadensentwicklung noch nicht abgeschlossen ist (BGH NJW-RR 1997, 339). Gerade bei geschätzten Mangelbeseitigungskosten soll so ein unzumutbares Prozessrisiko für den schätzenden Auftraggeber vermieden werden (Kniffka/Koeble, Kompendium des Baurechts, 4. Aufl., 15. Teil Rn. 7).

Weiterhin ist ein Feststellungsinteresse auch dann zu bejahen, wenn die Erstreckung auf weitere Schäden zur Hemmung der Verjährung erforderlich ist (BGH NJW 2003, 1450; BGH NJW 1991, 2707).

6. Streitverkündung

a) Vorbemerkung

77 Das in der Zivilprozessordnung geregelte gerichtliche Verfahren kennt als Regelverfahren allein das kontradiktorische Verfahren zwischen zwei Parteien. Gegenstand ist das Rechtsverhältnis zwischen dem Kläger und dem Beklagten und nur insoweit ergeht eine rechtskräftige Entscheidung.

Der Gesetzgeber hat gesehen, dass viele Lebensvorgänge komplexer sind, dass an ihnen etliche Akteure mit unterschiedlichen Interessen beteiligt sind und zwischen den Beteiligten vielfältige vertikale und horizontale Verflechtungen bestehen, dass nicht jede Auseinandersetzung auf ein Zwei-Parteien-Verhältnis zurückgeführt werden kann. Es besteht deshalb die Notwendigkeit, Dritte in ein Verfahren einzubeziehen, um für einen einheitlichen Lebenssachverhalt widersprüchliche Ergebnisse zu vermeiden und diese weiteren Beteiligten an ein einmal gefundenes Ergebnis zu binden.

Dies geschieht durch die Streitverkündung, die in den §§ 72 ff. ZPO geregelt ist und die es einer Partei eines Rechtsstreits erlaubt, einen Dritten in das anhängige Verfahren einzubeziehen. Die Streitverkündung regelt das Zusammentreffen verschiedener Rechtsverhältnisse, die sich auf einen bestimmten Lebenssachverhalt beziehen. Sie verhindert, dass dieselbe Tatsache in unterschiedlichen Verfahren unterschiedlich beurteilt wird, dass aus einem und demselben Tatsachenkomplex trotz Identität der Fragen unterschiedliche Antworten gegeben und unterschiedliche Rechtsfolgen abgeleitet werden. Die Streitverkündung ist ein »in erster Linie den Interessen des Streitverkünders dienender prozessualer Behelf, der dazu bestimmt ist, verschiedene Beurteilungen desselben Tatbestandes zu vermeiden, d.h. den Streitverkünder durch die Bindungswirkung gemäß §§ 74, 68 ZPO vor dem Risiko zu bewahren, dass er wegen der materiell-rechtlichen Verknüpfung der im Vor- und Folgeprozess geltend gemachten bzw. geltend zu machenden Ansprüche mehrere Prozesse führen muss, dabei aber Gefahr läuft, alle zu verlieren, obwohl er zumindest einen gewinnen müsste« (BGH»Urt. v. 08.12.2011 IX ZR 204/09 BauR 2012, 675 = NJW 2012, 674)).

Sie ermöglicht einem Dritten die Einflussnahme auf einen zwischen anderen Parteien anhängigen

Prozess durch die Unterstützung einer Partei, wenn sich die Entscheidung auf seine Rechtsstellung auswirken kann; die Beteiligung eines Dritter und seine Schilderung des Sachverhaltes kann die Aufklärung wesentlich verbessern (BGH, Urt. v. 05.12.1996 – VII ZR 108/95, BGHZ 134, 190 = BauR 1997, 347 = NJW 1997, 859).

Insbesondere im Baurecht besteht die Notwendigkeit, Dritte an ein in einem ersten Verfahren gefundenes Verfahrensergebnis zu binden. Die Erstellung eines Bauwerkes erfolgt arbeitsteilig durch eine Vielzahl von Beteiligten auf verschiedenen Ebenen, die ineinander verflochten und untereinander verbunden sind. An der Planung sind mehrere Sonderfachleute beteiligt, u.a. der Gebäudeplaner, der Tragwerksplaner, der Fachingenieur für die technische Ausrüstung, der Bodengutachter, der Vermesser und weitere Sonderfachleute. Die Ausführung erfolgt durch eine Vielzahl von Unternehmen, deren Leistungen teils nebeneinander erbracht werden, teils aufeinander aufbauen. Mängel sind häufig nicht eindeutig zuzuordnen. Ihre Ursache kann entweder in der Planung oder in der Ausführung oder sowohl in der Planung als auch in der Ausführung liegen. Um zu verhindern, dass ein und derselbe Mangel in unterschiedlichen Verfahren unterschiedlich beurteilt wird, ist es erforderlich, andere am Bau Beteiligte in einen Rechtsstreit einzubeziehen und an ein im ersten Prozess gefundenes Ergebnis auch für Folgeprozesse zu binden. Eine Streitverkündung muss der Rechtsanwalt, wenn er nicht gegen seine anwaltlichen Verpflichtungen verstoßen will, seinem Mandanten als den sichersten Weg bei Fallgestaltungen, in denen die alternative Haftung eines Dritten oder eine Schadloshaltung bei einem Dritten in Betracht kommen kann, empfehlen, z. B: bei Zweifeln aus tatsächlichen oder rechtlichen Gründen, wer eigentlich passivlegitimiert ist (BGH, Urt. v. 16.09.2010 – IX ZR 203/08, NJW 2010, 3576).

Das folgende Muster geht von einem Feuchtigkeitsschaden in einem Keller aus. Auf Anraten des planenden, aber nicht mit der Überwachung beauftragten Architekten verklagt der Bauherr die Bauunternehmung mit der Begründung, bei der Erstellung der Abdichtung sei ihr ein Ausführungsfehler unterlaufen; diese verteidigt sich damit, dass ihre Ausführung der Planung entsprochen habe und dass die Feuchtigkeitserscheinung auf einem von ihr nicht zu erkennenden Planungsfehler des Architekten beruhe.

b) Muster einer Streitverkündung

An das

Landgericht Musterstadt

In Sachen

des Bauherrn Franz Mustermann, Musterstraße 3, in Musterstadt,

– Klägers –

Prozessbevollmächtigte: Rechtsanwälte Schlaumeier pp.

gegen

die Firma Bauunternehmung Kellerbau GmbH, Baustraße 5 in Baustadt

– Beklagte –

Prozessbevollmächtigte: Rechtsanwälte Baumüller pp.

verkünden wir, die Rechtsanwälte Schlaumeier pp, namens und mit Vollmacht des Klägers dem

Architekten Fritz Planungskünstler, Planstraße 2, in Musterstadt

hiermit den Streit mit der Aufforderung,

dem Rechtsstreit auf Seiten des Klägers beizutreten.

Zur Begründung der Streitverkündung wird folgendes vorgetragen:

Der Kläger hat auf dem ihm gehörenden Grundstück Musterstraße 3 in Musterstadt im Jahre 2015 ein Einfamilienhaus errichtet. Mit den Planungsleistungen bis einschließlich der Ausführungsplanung hat er den Streitverkündeten, den Architekten Planungskünstler, durch schriftlichen Architektenvertrag vom 01.02.2015, der als *Anlage 1* beigefügt wird, beauftragt. Die Bauausführung bis zur schlüsselfertigen Herstellung hat der Kläger durch schriftlichen Vertrag vom 01.05.2015, der als *Anlage 2* überreicht wird, der Beklagten als Generalunternehmerin übertragen. Das Bauvorhaben wurde im Herbst 2015 fertig gestellt. Die Abnahme der Leistungen der Generalunternehmerin erfolgte am 15.11.2015, wie aus dem als *Anlage 3* überreichten Abnahmeprotokoll hervorgeht. Der Kläger ist mit seiner Familie am 01.12.2015 in das Haus eingezogen.

Nach ergiebigen Regenfällen in den ersten Dezembertagen 2015 zeigte sich an der zur Straße hin gelegenen östlichen, erdberührten Wand des Heizungskellers des neu errichteten Hauses eine ca. 1 qm große kreisförmige Stelle mittig, die nass wurde; die Nässe verschwand nicht, sondern verstärkte sich; im weiteren Verlauf bildeten sich sogar Pfützen auf dem Kellerboden.

Der mit der Planung einschließlich der Ausführungsplanung beauftragte Architekt Planungskünstler, der Streitverkündete, führt die aufgetretenen Feuchtigkeitserscheinungen auf eine mangelhafte Ausführung der Dickbeschichtung zurück. Er selbst habe alles richtig geplant; nach den Bodenverhältnissen sei davon auszugehen gewesen, dass lediglich nichtstauendes Sickerwasser auftreten und dass deshalb eine Dickbeschichtung mit 3mm Auftragsstärke ausreichen würde. Wenn es zu Feuchtigkeitserscheinungen käme, dann nur deshalb, weil die Beklagte die Dickbeschichtung an der Stelle, an der Feuchtigkeit auftrete, nicht ordnungsgemäß und nicht in der erforderlichen Stärke aufgebracht habe. Der Kläger ist dem gefolgt und hat mit dieser Begründung die Beklagte als ausführende Generalunternehmerin in Anspruch genommen.

Die Beklagte verteidigt sich damit, dass sie die ausgeschriebene Dickbeschichtung entsprechend der Ausführungsplanung ordnungsgemäß ausgeführt habe, dass die Feuchtigkeitsschäden darauf beruhten, dass tatsächlich aufstauendes Sickerwasser, das eine Dickbeschichtung in zwei Lagen mit Gewebeeinbettung erfordert hätte, auftreten würde. Es liege somit ein Planungsfehler, den er nicht habe erkennen können, vor.

Für den Fall, dass die Feuchtigkeitserscheinungen nicht auf einem von der Beklagten zu vertretenden Ausführungsfehler, sondern entsprechend der Behauptung der Beklagten auf einem Planungsfehler des Architekten beruhen, weil dieser die Art der Beanspruchung fehlerhaft angesetzt und dementsprechend eine nicht ausreichende Bauwerksabdichtung geplant hat, wird der Kläger bei dem Streitverkündeten, bei dem Architekten Planungskünstler, Regress nehmen und sich bei ihm schadlos halten.

Wegen des Sach- und Streitstandes im Einzelnen verweisen wir auf die Klagebegründung und die Klageerwiderung, die als *Anlagen 3 und 4* beigefügt sind. Das Landgericht hat Termin zur mündlichen Verhandlung auf den

> Donnerstag, den 20. Oktober 2016, 09.00 Uhr Sitzungssaal 5 des Landgerichtsgebäudes Musterstadt, Gerichtsstraße 1

anberaumt. Zur Vorbereitung des Termins hat das Landgericht das persönliche Erscheinen der Parteien angeordnet, den Streitverkündeten als Zeugen geladen und den Sachverständigen Kundig beauftragt, ein Gutachten zu der Frage zu erstatten, worauf die Feuchtigkeitserscheinungen in der östlichen Wand des Heizungskellers zurückzuführen sind und welche Kosten zur Abdichtung anfallen; Ablichtungen der Ladung und der Ladungsverfügung mit den terminsvorbereitenden Anordnungen werden als *Anlagen 5 und 6* überreicht. Im Übrigen wird der Streitverkündete auf sein Recht zur Akteneinsicht verwiesen.

Das Gericht wird gebeten, diesen Schriftsatz mit der Streitverkündung dem Streitverkündeten zuzustellen und dem Kläger zu unseren Händen über den Zeitpunkt der Zustellung zu unterrichten.

Rechtsanwalt

c) Erläuterungen

79   1. Die Art und Weise, wie der Streit verkündet wird, ergibt sich aus § 73 ZPO »Form der Streitverkündung«. Danach hat der Streitverkünder zum Zwecke der Streitverkündung einen Schrift-

satz einzureichen, in dem der Grund der Streitverkündung und die Lage des Rechtsstreits anzugeben sind. Das Rechtsverhältnis, aus dem sich der Anspruch auf Gewährleistung oder Schadloshaltung ergeben soll, ist hinreichend zu individualisieren. Der Dritte muss zur Wahrung seines Anspruchs auf rechtliches Gehör mit der Zustellung der Streitverkündungsschrift diejenigen Informationen erhalten, die er für seine Entscheidung benötigt, ob und auf welcher Seite er dem Rechtsstreit beitreten soll. Die Zulässigkeit der Streitverkündung ist grundsätzlich nicht im Erstprozess, in dem der Streit verkündet wird, sondern erst im Folgeverfahren zwischen dem Streitverkünder und dem Streitverkündungsempfänger zu prüfen (BGH, Beschl. v. 08.02.2011 VI ZB 31/09 BGHZ 188, 193 = NJW 2011, 1078).

a.) Dieser dem Dritten nach § 73 S. 3 ZPO zuzustellende Schriftsatz ist ein »bestimmender Schriftsatz«, durch den eine für das Verfahren wesentliche Prozesshandlung vollzogen wird und an dessen Einreichung oder Zustellung vom Gesetz besondere verfahrensrechtliche Folgen geknüpft werden; durch die Streitverkündung sollen prozessuale und materiell-rechtliche Wirkungen ausgelöst werden, erhält ein Dritter die Möglichkeit, sich an dem Verfahren zu beteiligen (BGH, Urt. v. 04.10.1984 – VII ZR 342/83, BGHZ 92, 251 = BauR 1985, 97 = NJW 1985, 328). In prozessualer Hinsicht führt die zulässige Streitverkündung im Folgeprozess zur Bindung des Richters an das Ergebnis des Vorverfahrens. Dadurch wird vermieden, dass über ein- und denselben Sachverhalt in verschiedenen Verfahren unterschiedliche Entscheidungen ergehen. In materiell-rechtlicher Hinsicht führt die zulässige Streitverkündung nach § 204 Abs. 1 Nr. 6 BGB zur Hemmung der in der Streitverkündungsschrift näher bezeichneten Ansprüche. Eine sofortige Beschwerde des Dritten gegen die Zustellung der Streitverkündungsschrift ist unzulässig (OLG Frankfurt, Beschl. v. 05.02.2013 3 W 69/12 BauR 2013, 828 = IBR 2013, 1340 mit Anm. Schwenker).

Der Schriftsatz zur Streitverkündung muss die Anforderungen des § 130 ZPO erfüllen und – im Anwaltsprozess von einem Rechtsanwalt – unterschrieben werden. Die Schriftlichkeit soll gewährleisten, dass dem Schriftstück der Inhalt der Erklärung, die abgegeben werden soll, und die Person, die den Inhalt verantwortet, hinreichend zuverlässig entnommen werden können.

Notwendiger Inhalt der Streitverkündung

– die Erklärung, dass der Streit verkündet wird, und zwar muss die Erklärung unbedingt sein, da die Streitverkündung als Prozesshandlung wegen der mit ihr verbundenen Interventionswirkung bedingungsfeindlich ist (BGH, Urt. v. 19.10.1989 – IX ZR 83/88, NJW-RR 1989, 766).
– die Angabe des Grundes der Streitverkündung, d.h. des Rechtsverhältnisses nach Beteiligten und Gegenstand des Anspruches, aus dem der Rückgriffanspruch gegen den Dritten oder der Anspruch des Dritten gegen den Streitverkünder hervorgehen soll. Dieses Rechtsverhältnis muss unter Angabe der tatsächlichen Grundlagen so genau bezeichnet sein, dass der Dritte – gegebenenfalls nach Einsicht in die Prozessakten – prüfen kann, ob es für ihn angebracht ist, dem Rechtsstreit beizutreten (BGH, Urt. v. 06.12.2007 – IX ZR 143/06, BGHZ 175, 1 = BauR 2008, 71 = NJW 2008, 519; BGH, Urt. v. 08.12.2011 – IX ZR 204/09 BauR 2012, 675 = NJW 2012, 674). Eine Konkretisierung des Anspruches der Höhe nach ist nicht erforderlich (BGH, Urt. v. 21.02.2002 – IX ZR 127/00, NJW 2002, 1414 BGH, Urt. v. 08.12.2011 IX ZR 204/09 BauR 2012, 675 = NJW 2012, 159 = IBR 2012, 238 mit Anm. Elzer).
Die Beifügung von Kopien von Schriftsätzen des Prozesses genügt den Anforderungen nur, wenn sich aus ihnen klar und eindeutig ergibt, weshalb im Falle des Unterliegens Ansprüche auf Gewährleistung oder Schadloshaltung gegen den Streitverkündeten in Betracht kommen können (BGH, Urt. v. 16.06.2000 – LwZR 13/99, WM 2000, 1764; vgl. auch Seibel – Müssen einer Streitverkündungsschrift zur Angabe der Lage des Rechtsstreits Ablichtungen aus Gerichtsakten beigefügt werden -, BauR 2014, 456 ff.).
Werden im Laufe des Verfahrens neue Ansprüche eingeführt, sei es infolge einer Abtretung, sei es durch neue Berühmung, werden z.B. neue Mängel behauptet und daraus im Wege der Klageerweiterung weitere Ansprüche abgeleitet, dann ist deshalb eine neue Streitverkündung aus-

zusprechen. Der Streitverkündungsempfänger muss informiert werden, ob er auch wegen des neuen Anspruchs unter Umständen in Regress genommen werden soll, und entscheiden, ob auch insoweit ein Beitritt erforderlich wird.
– die Bezeichnung der Lage des Rechtsstreits.
Der Streitverkündungsempfänger soll beurteilen können, ob und inwieweit sein Beitritt zum Verfahren noch sinnvoll ist, ob er den Streitverkünder noch unterstützen kann und welche Einflussmöglichkeiten ihm überhaupt verblieben sind (BGH, Urt. v. 08.12.2011 – IX ZR 204/09 BauR 2012, 675 = NJW 2012, 674). Wenn z.B. die Streitverkündung erst nach der letzten mündlichen Verhandlung oder sogar erst während des Verfahrens über die Nichtzulassungsbeschwerde ausgebracht wird, kommt ergänzender Tatsachenvortrag nicht mehr in Betracht. Deshalb sind Angaben zu den Parteien, zu dem Streitgegenstand und zu dem konkreten Verfahrensstadium, z.B. zur Terminierung, zu den terminsvorbereitenden Anordnungen, Beweisbeschlüssen, Beweisaufnahmen, Gutachten usw. erforderlich.

b.) Voraussetzung für eine wirksame Streitverkündung ist weiter, dass ein gerichtliches Verfahren zumindest anhängig ist, also die Klage eingereicht ist. Auf die Rechtshängigkeit kommt es demgegenüber im Interesse der Rechtsklarheit nicht an. Ansonsten würden die Wirkungen, insbesondere die Wirkung der Verjährungsunterbrechung von dem Zufall abhängen, wann die Klage zugestellt wird (BGH, Urt. v. 04.10.1984 – VII ZR 342/83, BGHZ 92, 251 = BauR 1985, 97 = NJW 1985, 328).

Die Streitverkündung kann bis zur rechtskräftigen Entscheidung oder anderweitigen Erledigung des Verfahrens ausgebracht werden, auch noch in einem Verfahren über die Beschwerde gegen die Nichtzulassung der Revision (BGH, Urt. v. 12.11.2009 – VII ZR 152/08, BauR 2010, 416).

c.) Dem gerichtlichen Verfahren ist das selbstständige Beweisverfahren gleichgestellt.

Nach dem BGH (Urt. v. 05.12.1996 – VII ZR 108/95, BGHZ 134, 190 = BauR 1997, 347 = NJW 1997, 859) ist die Streitverkündung im selbständigen Beweisverfahren zulässig. Zwar fehlt eine ausdrückliche gesetzliche Regelung; zwar ist das selbständige Beweisverfahren kein kontradiktorisches Verfahren, kein Rechtsstreit im Sinne des § 72 ZPO. Der BGH a.a.O. schließt die Lücke durch eine entsprechende Anwendung und verweist zur Begründung darauf, dass das seit 1991 geltende Recht Prozesse vermeiden, mindestens aber den Gang der Verfahren erleichtern und beschleunigen wolle. Insbesondere sollen nicht mehrfache Beweisaufnahmen wegen des gleichen Gegenstandes mit möglicherweise unterschiedlichen Ergebnissen durchgeführt werden müssen. Dies legt es nach dem BGH a.a.O. nahe, die Streitverkündung im selbständigen Beweisverfahren zuzulassen.

Auch im selbständigen Beweisverfahren ist der Schriftsatz mit der Streitverkündung ein bestimmender Schriftsatz. Er muss deshalb, um die beabsichtigten Wirkungen herbeizuführen, förmlich entsprechend § 73 S. 2 ZPO zugestellt werden. Ob in einem selbständigen Beweisverfahren, das vor dem Landgericht geführt wird, die Partei, die nach § 486 Abs. 4 ZPO den Antrag auf Durchführung des selbständigen Beweisverfahrens vor der Geschäftsstelle zu Protokoll erklären und das Verfahren somit ohne Anwalt einleiten kann, selbst eine wirksame Streitverkündung ausbringen kann oder ob die Streitverkündung dem Anwaltszwang unterliegt, ist streitig. Nach Ansicht des BGH (BGHZ 194, 68 = BauR 2012, 1676 = NJW 2012, 2810) sind Erklärungen im selbständigen Beweisverfahren als Prozesshandlungen zu werten und unterliegen dementsprechend den Prozesshandlungsvoraussetzungen einschließlich der Postulationsfähigkeit. Da im Verfahren vor dem Landgericht nach § 78 ZPO Anwaltszwang besteht, hat dies zur Folge, dass auch in einem vor dem Landgericht geführten selbständigen Beweisverfahren die Streitverkündung dem Anwaltszwang unterliegt. So auch Greis (Zum Anwaltszwang im selbständigen Beweisverfahren nach §§ 485 ff. ZPO bei Erklärung der Streitverkündung, IBR 2015, 1000 – nur online) sowie Sturmberg (Beweissicherung in der anwaltlichen Praxis, IBR-online A 2), während nach Zöller/Vollkommer (ZPO, 31. Aufl. 2016, § 73 Rn. 2, Baumbach-Lauterbach-Hartmann, ZPO,

75. Aufl. 2017 Anm. 1 m.w.N.), die dies aber nicht näher begründen, kein Anwaltszwang bestehen soll.

Das rechtliche Interesse des Streitverkündungsempfängers an einem Beitritt ist wie sonst auch zu prüfen, insbesondere dann wenn dieser nicht dem Streitverkünder, sondern dessen Gegner beitritt, und zwar gegebenenfalls in einem Zwischenstreit nach § 71 ZPO. Der Begriff des rechtlichen Interesses im Sinne des § 66 ZPO ist zwar weit auszulegen Jedoch reicht ein rein wirtschaftliches oder tatsächliches Interesse für die Zulässigkeit der Nebenintervention nicht aus. Für ein rechtliches Interesse muss der Nebenintervenient zu der unterstützten Partei oder dem Gegenstand des selbständigen Beweisverfahrens in einem Rechtsverhältnis stehen, auf welches das Ergebnis der stattfindenden zulässigen Beweiserhebung unmittelbar oder mittelbar rechtlich einwirkt. Die bloße Möglichkeit, dass ein Gutachten später nach § 411a ZPO in ein Verfahren eingeführt werden könnte, reicht nicht (BGH, Beschl. v. 18.11.2015 VII ZB 57/12, BauR 2016, 703 = NJW 2016, 1018). Über die Kosten des im selbständigen Beweisverfahren beigetretenen Streithelfers kann im selbständigen Beweisverfahren nicht entschieden werden, wenn der Antragsteller ein Hauptsacheverfahren einleitet; dann wird über dessen Kosten erst im nachfolgenden Hauptsacheverfahren analog § 101 Abs. 1 ZPO entschieden (BGH, Beschl. v. 23.07.2009 – VII ZB 3/07, NJW 2009, 3240; OLG Köln, Beschl. v. 03.02.2010 – 16 W 6/10, BauR 2010, 1643).

2. Nach § 72 ZPO setzt die Streitverkündung voraus, dass auf Seiten des Streitverkünders ein Streitverkündungsgrund besteht. Dies ist bei Anspruchsgegnerschaft gegeben, wenn nämlich der Streitverkünder im Fall des Unterliegens im Vorprozess in einem Folgeprozess einen Anspruch gegen den Streitverkündeten auf Gewährleistung oder Schadloshaltung (einen Anspruch aus Vertrag oder Gesetz: Schadloshaltung = Regressanspruch) erheben zu können glaubt oder den Anspruch eines Dritten besorgt. Über den Wortlaut des § 72 ZPO hinaus ist eine Streitverkündung auch dann zulässig, wenn der vermeintliche Anspruch gegen den Dritten mit dem im Erstprozess geltend gemachten Anspruch in einem Verhältnis der wechselseitigen Ausschließung (Alternativverhältnis), das auch aus tatsächlichen Gründen bestehen kann und bei dem eine rechtliche Alternativität nicht gegeben sein muss, steht (BGH, Urt. v. 18.12.2014 VII ZR 102/14 BGHZ 204, 12 = BauR 2015, 705 = NJW 2015, 559).

a.) Dabei muss der Streitverkündungsempfänger Dritter sein, darf also an dem rechtshängigen Rechtsstreit weder als Kläger noch als Beklagter beteiligt sein; die Parteien können als Erster oder Zweiter des Verfahrens nicht zugleich Dritte sein (BGH, Beschl. v. 08.02.2011 – VI ZB 31/09, NJW 2011, 1078).

aa) Einfache Streitgenossen, also nach der Legaldefinition des § 60 ZPO »mehrere Personen, die gemeinschaftlich klagen oder verklagt werden, wenn gleichartige und auf einem im Wesentlichen gleichartigen tatsächlichen und rechtlichen Grund beruhende Ansprüche oder Verpflichtungen den Gegenstand des Rechtsstreits bilden« sind jedoch im Verhältnis untereinander Dritte, auch wenn sie an demselben Rechtsstreit beteiligt sind. Eine Streitverkündung des Klägers gegen den jeweils anderen Streitgenossen ist deshalb zulässig (BGH, Urt. v. 13.12.1952 – III ZR 72/52, BGHZ 8, 72).

▶ Beispiel:

Der Bauherr verklagt sowohl Architekt als auch Bauunternehmer wegen eines Baumangels. Er behauptet, der Mangel beruhe auf einem Planungsfehler und/oder Ausführungs-/Aufsichtsfehler. Der Architekt und Bauunternehmer sind als Beklagte einfache Streitgenossen und damit im Verhältnis zum Kläger (der praktisch in einem Prozess zwei Verfahren betreibt) jeweils Dritte. Der Kläger kann deshalb wie in dem Fall, in dem er zwei getrennte Klagen erhoben hätte, jeweils dem anderen Beklagten den Streit verkünden und ihn an das Ergebnis binden. Er muss dies auch, da er sonst Gefahr läuft, gegen beide zu verlieren, gegen den Bauunternehmer in der ersten Instanz, weil das erstinstanzliche Gericht einen Ausführungsfehler verneint und einen Planungsfehler annimmt, gegen den Architekten in der zweiten Instanz, weil diese einen Planungsfehler verneint und von einem Ausführungsfehler ausgeht. Dies bedeutet, dass der in der ersten Instanz unterlegene Architekt sowohl im eigenen Namen, soweit das Gericht ausgehend von einem Planungsfehler ihn verurteilt hat, als auch als Streithelfer des Kläger, dessen Klage gegen den Bauunternehmer wegen Verneinung eines Ausführungsfehlers abgewiesen worden ist, Berufung einlegen muss, letzteres, weil sonst wegen der Bindungswirkung aufgrund der Entscheidung im Verhältnis zwischen Kläger und Bauunternehmer feststünde, dass der Baumangel auf einem Planungsfehler beruhte.

bb) Wegen der Versuche in der Vergangenheit, durch Streitverkündungen gegen einen gerichtlich bestellten Sachverständigen den Verlauf der Beweisaufnahme zu beeinflussen und um eine neue Begutachtung durch einen neuen Sachverständigen zu erreichen (vgl. zu dieser Problematik BGH, Beschl. v. 27.07.2006 – VII ZB 16/06, BGHZ 168, 380 = BauR 2006, 1780 = NJW 2006, 3214 sowie BGH, Beschl. v. 26.04.2007 – VII ZB 18/06, BauR 2007, 1605 = NJW-RR 2007, 1293: Die Streitverkündung gegenüber einem gerichtlichen Sachverständigen zur Vorbereitung von Haftungsansprüchen gegen diesen aus angeblich fehlerhafter, im selben Rechtsstreit erbrachter Gutachterleistung ist unzulässig), hat der Gesetzgeber in § 72 Abs. 2 ZPO die Möglichkeit der Streitverkündung eingeschränkt und klargestellt, dass das Gericht und ein vom Gericht ernannter Sachverständiger nicht Dritte sind und dass § 73 S. 2 ZPO, wonach die Streitverkündungsschrift dem Dritten zuzustellen und dem Gegner des Streitverkünders in Abschrift mitzuteilen ist, keine Anwendung findet. Der gerichtlich ernannte Sachverständige ist nicht Dritter, sondern Gehilfe des Gerichts, der wie das Gericht zur Neutralität verpflichtet ist, unter Umständen auch wie ein Richter abgelehnt werden kann.

Eine ausdehnende Auslegung oder analoge Anwendung dieser Vorschrift auf andere Verfahrensbeteiligte wie gegnerische Prozessbevollmächtigte kommt nicht in Betracht. Der gegnerische Prozessbevollmächtigte kann »Dritter« im Sinne des § 72 Abs. 1 ZPO sein (BGH, Beschl. v. 08.02.2011 – VI ZB 31/09, BGHZ 188, 193, NJW 2011, 1078).

b.) Voraussetzung für die Streitverkündung ist weiter, dass der Streitverkünder im Fall eines ungünstigen Ausgangs des Prozesses gegen den Dritten einen Anspruch auf Gewährleistung oder Schadloshaltung hat, dass also der Dritte als Streitverkündungsempfänger anstelle des zunächst in Anspruch Genommenen einzustehen hat, sei es aus der Sicht des Klägers bei erfolgloser Klage alternativ zum Beklagten, sei es aus der Sicht des Beklagten bei erfolgreicher Klage als derjenige, der als tatsächlicher Urheber die Verbindlichkeit zu übernehmen hat.

Alternative Schuldnerschaft ist zu bejahen, wenn entweder der Prozessgegner oder der Dritte haftet, z.B. bei Mängelansprüchen (entweder haftet der Architekt oder der Unternehmer; entweder haftet der Estrichleger oder der Fliesenleger) oder im Fall der alternativen Vertragspartnerschaft; entweder haftet der wirksam Vertretene oder der Handelnde, der den Vertrag ohne erkennbaren Willen abschließt, im fremden Namen aufzutreten, § 164 Abs. 2 BGB (BGH, Urt. v. 08.10.1981 – VII ZR 341/80, NJW 1982, 281).

Ein Anspruch auf Schadloshaltung ist gegeben, wenn der Beklagte für den Fall des für ihn negativen Ausgangs des Rechtsstreits gegen den Dritten einen Rückgriffanspruch auf Schadloshaltung hat, z.B. auf Grund einer abgestuften Haftung gegen seinen Subunternehmer, der als sein Vertragspartner die Leistung tatsächlich erbracht hat, oder bei gleichrangiger Haftung, weil z.B. die am Bau Beteiligten eine Zweckgemeinschaft, die darauf gerichtet ist, ein- und dieselbe Bauleistung zu erbringen, bilden und ein Gesamtschuldverhältnis gegeben ist als Freistellungs-/Ausgleichsanspruch nach § 426 BGB gegen den anderen Gesamtschuldner; da im Innenverhältnis der andere Gesamtschuldner alternativ haftet, ist die Streitverkündung zwischen Gesamtschuldnern möglich (BGH, Urt. v. 07.05.2015 VII ZR 104/14, BauR 2015, 1360 = NJW-RR 2015, 1058.

c.) Daneben ist die Streitverkündung möglich, wenn es sich um die Besorgung des Anspruches eines Dritten handelt. Die Streitverkündung dient in diesem Fall der Abwehr drohender Drittansprüche bei eigener Verpflichtung auf Zahlung oder Schadensersatz. Der Streitverkünder führt aufgrund einer rechtsgeschäftlichen oder gesetzlichen Verpflichtung über ein Recht des Streitverkündeten – also über ein fremdes Recht – einen Prozess, und zwar entweder im eigenen Interesse oder im fremden Interesse z.B. bei der Drittschadensliquidation.

Dies ist der Fall, wenn der Generalunternehmer seinen Subunternehmer wegen eines ihm drohenden Schadensersatzanspruches auf Freistellung in Anspruch nimmt und gleichzeitig seinem Auftraggeber den Streit verkündet. Oder: Der Subunternehmer klagt gegen den Generalunternehmer auf Zahlung des restlichen Werklohnes; der Generalunternehmer verteidigt sich mit Gegenansprüchen wegen Baumängeln (z.B. mit Vorschussansprüchen, Zurückbehaltungsrechten usw.).

§ 72 ZPO ist weit auszulegen. Durch die Streitverkündung sollen unterschiedliche Beurteilungen desselben Sachverhaltes vermieden und soll dem Streitverkündeten Gelegenheit zur Unterstützung einer der Hauptparteien gegeben werden. Für die Möglichkeit einer Streitverkündung kommt es nicht darauf an, in welchem der jeweils gegebenen Verhältnisse ein Prozess zuerst geführt wird, ob der Streitverkünder im Vorverfahren die Rolle des Klägers oder des Beklagten einnimmt (BGH, Urt. v. 11.02.2009 XII ZR 114/06 BGHZ 179, 361 = NJW 2009, 1588). Es genügt deshalb, dass Vorprozess und drohender Folgeprozess auf dasselbe wirtschaftliche Ziel gerichtet sind. Der Streitverkünder besorgt deshalb immer dann den Anspruch eines Dritten, wenn ihm im Falle des Unterliegens im Prozess eine von ihm selbst zu tragende Schadensersatzpflicht droht (BGH, Urt. v. 14.11.1991 – I ZR 236/89, BGHZ 116, 95 = NJW 1992, 1698; OLG Düsseldorf, Urt. v. 09.11.2004 – 21 U 229/03, BauR 2005, 605). Deshalb kann der Generalunternehmer in seinem Prozess mit seinem Subunternehmer seinem Auftraggeber den Streit verkünden, damit der Sachverhalt einheitlich beurteilt wird und der Auftraggeber an ein für den Generalunternehmer negatives Ergebnis – wenn z.B. eingewandte Mängelansprüche verneint werden – gebunden ist.

Jedoch ist nach § 72 Abs. 1 ZPO eine Streitverkündung zur Sicherung etwaiger Regressansprüche Dritter gegen den Streitverkündungsempfänger unzulässig. Rückgriffsansprüche verfahrensfremder Dritter gegen den Streitverkündungsempfänger sind kein Streitverkündungsgrund; etwas anderes kann möglicherweise gelten, wenn bereits im Ausgangsprozess über ein fremdes Recht im Weg der Prozessstandschaft gestritten wird (OLG München, Urt. v. 29.05.2012 9 U 3324/11, BauR 2012, 1682).

d.) Demgegenüber ist eine Streitverkündung bei einer kumulativen Schuldnerschaft des Prozessgegners und des Streitverkündeten unzulässig.

Eine kumulative Schuldnerschaft des Prozessgegners und des Streitverkündeten ist gegeben, wenn beide dem Streitverkünder als Gesamtschuldner haften. Wegen eines Baumangels können sowohl der Architekt als auch der Unternehmer haften, der Architekten wegen eines Aufsichtsfehlers, der Unternehmer wegen eines Ausführungsfehlers. Beide haften als Gesamtschuldner, sodass für den Bauherrn, der den Architekten verklagt hat, die Streitverkündung an den Unternehmer unzulässig wäre (BGH, Urt. v. 06.05.1982, VII ZR 172/81, BauR 1982, 516; BGH, Urt. v. 18.04.2002, VII ZR 70/01, NJW-RR 2002, 1175). Bei kumulativer Schuldnerschaft bleibt dem Dritten, dem Unternehmer, für eine Unterstützung des Streitverkünders kein Raum; der Streitverkündete kann den Streitverkünder ohne Leugnung seiner eigenen Interessen nicht unterstützen. Denn wenn dem Streitverkündungsgegner vorgeworfen wird, für den Schaden gemeinsam mit dem Architekten, dem eine Verletzung seiner Bauaufsichtspflicht vorgeworfen wird, verantwortlich sein, kann er dem Vortrag des Streitverkünders nur entgegen treten und den Anspruch leugnen; dies darf er als Streithelfer des Streitverkünders aber nicht. Zu sehen ist, dass eine Streitverkündung zwischen Gesamtschuldnern zulässig ist, da Ausgleichsansprüche unter Gesamtschuldnern Ansprüche auf Schadloshaltung im Sinne des § 72 ZPO sind (BGH, Urt. v. 07.05.2015 VII ZR 104/14 BauR 2015, 1360 = NJW-RR 2015, 1058).

Bei der Frage, ob alternative Schuldnerschaft oder kumulative Schuldnerschaft gegeben ist, ist die subjektive Sicht des Streitverkünders maßgebend, während es ohne Belang ist, welchen Ausgang der Rechtsstreit nimmt (BGH, Urt. v. 22.12.1977, VII ZR 94/76, BauR 1978, 149 = NJW 1978, 643). Aus Sicht des Streitverkünders reicht es aus, dass der Anspruch auf Beseitigung eines Gesamtschadens gerichtet ist. Kann der Kläger zur Zeit der Streitverkündung mit der Möglichkeit rechnen, dass ihm nicht der Beklagte, sondern nur der Streitverkündete haftet, kann er also eine alternative Schuldnerschaft annehmen, so steht der Zulässigkeit der Streitverkündung nicht entgegen, dass zu diesem Zeitpunkt für einen Teil des im Vorprozess geltend gemachten Anspruches statt einer alternativen auch eine kumulative Haftung in Betracht kommt (OLG Düsseldorf, Urt. v. 05.02.2013, 21 U 48/12, BauR 2013, 1149).

▶ **Beispiel:**

Ein Bauherr beauftragt den Architekten sowohl mit der Planung als auch mit der Überwachung der Errichtung des Bauvorhabens. Wegen eines Baumangels nimmt der Bauherr den ausführenden Unternehmer in Anspruch und verkündet dem Architekten den Streit. Zwar haften Architekt und Unternehmer gesamtschuldnerisch, also kumulativ, wenn der Mangel nur auf einer fehlerhaften Bauausführung beruht. Der Architekt schuldete die Bauaufsicht, der Unternehmer die mangelfreie Ausführung; ein Mitverschulden des Architekten bei der Aufsicht braucht sich der Bauherr nicht anrechnen zu lassen. Dementsprechend haften beide voll. Wenn der Bauunternehmer sich aber mit einem Planungsfehler, für den der Architekt allein einzustehen hat, verteidigt, ist eine alternative Haftung gegeben. Zwar ist auch bei Planungsfehlern eine kumulative Haftung denkbar, wenn der Bauunternehmer seiner Prüf- und Hinweispflichten nicht nachgekommen ist und eine erkennbar fehlerhafte Planung vertragswidrig ausführt. Der Bauherr muss jedoch damit rechnen, dass das Planungsverschulden des Architekten sich nach § 254 BGB anspruchsmindernd auswirkt und deswegen der Bauunternehmer trotz Verstoßes gegen Prüf- und Hinweispflichten nur mit einer Quote haftet

81 3. Nach § 70 ZPO erfolgt der Beitritt durch die Einreichung eines Schriftsatzes bei dem Prozessgericht und, wenn er mit der Einlegung eines Rechtsmittels verbunden ist, durch Einreichung eines Schriftsatzes bei dem Rechtsmittelgericht. (siehe auch Weingart, Die Nebenintervention – ein missverstandenes Instrument, insbesondere nach vorausgegangener Streitverkündung, BauR 2016, 1692). Der Schriftsatz ist beiden Parteien zuzustellen und muss enthalten:

— die Bezeichnung der Parteien und des Rechtsstreits,
— die bestimmte Angabe des Interesses,
   Das rechtliche Interesse des Dritten an einem Beitritt auf Seiten des Streitverkünders wird durch die Streitverkündung allein nicht begründet. Zwar ergibt sich in den meisten Fällen das rechtliche Interesse aus dem Inhalt der Streitverkündungsschrift, dem dort dargelegten Rechtsverhältnis und dem angekündigten Regress. Das rechtliche Interesse des Dritten an einem Beitritt auf Seiten des Streitverkünders wird deshalb nur bei besonderem Anlass geprüft. Ein solcher Anlass ist gegeben, wenn der Streitverkündungsempfänger lediglich ein wirtschaftliches oder tatsächliches Interesse am Ausgang des Rechtsstreites hat, aber, weil ein bestimmtes Rechtsverhältnis zum Streitverkünder, auf das die Entscheidung im Vorprozess einwirkt, nicht besteht, kein rechtliches Interesse. Die Möglichkeit, dass ein Urteil in einem ersten Verfahren, einem Pilotverfahren für den nachfolgenden Prozess Präjudizwirkung hat und angenommen werden kann, dass sich andere Gerichte in nachfolgenden Verfahren daran orientieren, reicht nicht aus, um ein rechtliches Interesse zu begründen (BGH, Beschl. v. 18.11.2015 VII ZB 57/12 BauR 2016, 703 = NJW 2016, 1810; BGH, Beschl. v. 10.02.2011 – I ZB 63/09, NJW-RR 2011, 907 = IBR 2011, 382 mit Anm. Schwenker zur Unzulässigkeit der Nebenintervention von »Parallelverwendern« inhaltsgleicher Allgemeiner Geschäftsbedingungen, dessen auf Unterlassung verklagter Verwender den anderen Verwendern den Streitverkündet hat).
   Erfolgt der Beitritt des Dritten nicht auf Seiten des Streitverkünders, sondern auf der Seite des Gegners des Streitverkünders, muss das rechtliche Interesse an einem Beitritt auf Seiten des Gegners begründet werden.

Wird (z.B. v. Streitverkünder oder dessen Streithelfern) gerügt, dass der Dritte nicht auf Seiten des Streitverkünders, sondern auf Seiten des Gegners des Streitverkünders dem Rechtsstreit beitritt, dann kommt es zu einem Zwischenstreit über die Nebenintervention nach § 71 ZPO. Zu prüfen ist das rechtliche Interesse an einem Beitritt auf Seiten des Gegners des Streitverkünders. Dieses Interesse ist weit auszulegen und zu bejahen, wenn der Nebenintervenient zu der unterstützten Partei oder zu dem Gegenstand des Rechtsstreites in einem Rechtsverhältnis steht, auf das die Entscheidung unmittelbar oder auch nur mittelbar rechtlich einwirkt (BGH, Beschl. v. 18.11.2015 VII ZB 2/15, BauR 2015, 705 = NJW 2016, 1020). Die Entscheidung ergeht durch ein Zwischenurteil, gegen das nach § 71 Abs. 2 ZPO die sofortige Beschwerde stattfindet (BGH, Beschl. v. 17.07.2012 II ZR 216/10 ZIR 2013, 117 = IBR 2013, 1061 mit Anm. Schwenker). Kostengesichtspunkte, d.h. durch den Beitritt auf der »richtigen Seite« einen Kostenerstattungsanspruch zu erhalten, begründen kein Interesse an einem Beitritt und reichen für die Zulässigkeit des Beitritts nicht aus (OLG München, Beschl. v. 19.03.2003, 13 U 4063/02, BauR 2003, 1438).
– die Erklärung des Beitritts.
Da die Beitrittserklärung eine Prozesshandlung ist und die allgemeinen Vorschriften über die vorbereitenden Schriftsätze gelten, muss im Anwaltsprozess der Beitritt durch einen Rechtsanwalt erklärt werden. Sie muss so bestimmt sein, dass das Verfahren, in welchem der Beitritt erfolgen soll und der Umfang des Beitritts festgestellt werden können. Sie muss an das Prozessgericht gerichtet sein, also an das Gericht, bei dem der Rechtsstreit anhängig ist. Die Nebenintervention kann nach § 66 Abs. 2 ZPO in jeder Lage des Rechtsstreits bis zur rechtskräftigen Entscheidung, auch in Verbindung mit der Einlegung eines Rechtsmittels, erfolgen. In der Regel geschieht der Beitritt durch einen kurzen Schriftsatz:

In Sachen

82

Mustermann ./. Kellerbau

Az. ..... O 220/10 LG Musterstadt

zeigen wir an, dass wir den Architekten Fritz Planungskünstler vertreten.

Der Kläger hat dem Architekten Planungskünstler den Streit verkündet. Namens und mit Vollmacht des Architekten Planungskünstler erklären wir, dass wir dem Rechtsstreit auf Seiten des Klägers beitreten.

Wir schließen uns den Anträgen des Klägers an.

Ergänzend zum Vortrag des Klägers führen wir für den Streithelfer noch folgendes aus:

Rechtsanwalt

Der Beitritt kann mit der Einlegung eines Rechtsmittels verbunden werden. Der Dritte hat zu erklären, dass er beitritt. Er hat klarzustellen, auf welcher Seite dies geschieht und dass er als Streithelfer der bezeichneten Partei die Berufung einlegt. Die Einlegung der Berufung für die unterlegene Partei ist in der Regel eine Unterstützungshandlung und kann als Streithilfe verstanden werden. Wenn unsicher ist, für wen und auf welcher Seite das Rechtsmittel eingelegt wird, kann die Einlegung des Rechtsmittels nicht als wirksamer Beitritt aufgefasst werden (vgl. zum Beitritt durch Rechtsmitteleinlegung des Streitverkündeten BGH, Urt. v. 10.03.1994 – IX ZR 152/93, NJW 1994, 1537).

4. Die Wirkungen der Streitverkündung ergeben sich aus § 74 ZPO. Es handelt sich zum einen um die prozessualen Wirkungen des § 68 ZPO, nämlich die Interventionswirkungen, zum anderen um die materiell-rechtliche Wirkung der Verjährungshemmung nach § 204 Abs. 1 Nr. 6 BGB.

83

a) Prozessuale Interventionswirkung

Die Zulässigkeit wird in der Regel nicht im Erstprozess, in dem der Streit verkündet worden ist, sondern im Folgeverfahren zwischen dem Streitverkünder und dem Streitverkündungsempfänger geprüft (BGH, Beschl. v. 08.02.2011 – VI ZB 31/09 = NJW 2011, 1078). Zu unterscheiden ist jedoch, ob der Streitverkündete beigetreten ist oder nicht.

aa) Bei einem Beitritt des Dritten bestimmt sich sein Verhältnis zu den Prozessparteien gemäß § 74 Abs. 1 ZPO nach den Grundsätzen der Nebenintervention des § 66 ZPO. Die Zulässigkeit der Streitverkündung wird im Folgeprozess nicht mehr geprüft, so dass auch die unzulässige Streitverkündung die Interventionswirkung des § 68 ZPO auslöst (BGH, Urt. v. 06.12.2007 – IX ZR 143/06 BGHZ 175, 1 = BauR 2008, 711 = NJW 2008, 519).

Der Streitverkündete wird im Hauptverfahren hinzugezogen und erhält die Rechtsstellung eines Nebenintervenienten. Als Nebenintervenient kann er Prozesshandlungen vornehmen, soweit die von ihm unterstützte Partei sie selbst vornehmen könnte. Er kann vortragen, Tatsachen behaupten oder bestreiten, Beweisanträge stellen, selbst den Streit verkünden, Rechtsmittel einlegen, Ablehnungsanträge stellen usw.

Der Nebenintervenient muss jedoch nach § 67 ZPO den Rechtsstreit in der Lage annehmen, in der er sich zur Zeit seines Beitritts befindet und darf sich mit seinen Erklärungen und Prozesshandlungen nicht in Widerspruch zur Hauptpartei setzen. Der Streithelfer ist nicht selbst Partei, sondern unterstützt lediglich die Hauptpartei, der er beigetreten ist; er ist nur Gehilfe. Er verfolgt zwar eigene Interessen, jedoch nicht unmittelbar, sondern nur mittelbar dadurch, dass er Rechtsschutz für fremde Interessen in Anspruch nimmt (vgl. Weingart, Die Nebenintervention – ein missverstandenes Instrument, insbesondere nach vorausgegangener Streitverkündung BauR 2016, 1692).

(1) Der Streithelfer kann selbstständig Rechtsmittel einlegen, jedoch nur innerhalb der für die Hauptpartei laufenden Fristen (BGH, Urt. v. 15.06.1989 – VII ZR 227/88, BauR 1989, 642 = NJW 1990, 190). Es kommt nicht darauf an, ob und wann dem Streithelfer das anzufechtende Urteil zugestellt worden ist. Der Streithelfer, der Berufung einlegen will, muss deshalb kontrollieren, wann der Hauptpartei das Urteil zugestellt worden ist.

Die Berufungen der Partei und ihre Streithelfer sind als einheitliche Rechtsmittel anzunehmen (BGH a.a.O; BGH, Beschl. v. 24.01.2006 – VI ZB 49/05, NJW-RR 2006, 644). Nimmt die Partei ihr Rechtsmittel zurück, erhält das Rechtsmittel des Streithelfers eigenständige Bedeutung, es sei denn § 67 ZPO greift ein, wonach die Erklärungen und Handlungen des Streithelfers mit Erklärungen und Handlungen der Partei nicht in Widerspruch stehen dürfen. Ein Rechtsmittel kann deshalb durch den Streithelfer weder eingelegt noch durchgeführt werden, wenn die Hauptpartei das Rechtsmittel ausdrücklich nicht will. Aus dem Umstand, dass die Hauptpartei ihr Rechtsmittel zurück nimmt, kann allein nicht gefolgert werden, dass die Hauptpartei mit dem Rechtsmittel des Streithelfers nicht einverstanden ist, insbesondere dann nicht, wenn es in dem Schriftsatz mit der Zurücknahme der Berufung der Hauptpartei heißt, dass im Hinblick auf »die Berufung des Streithelfers« um die Zustellung aller Gerichtsbeschlüsse und Schriftsätze gebeten wird; das Rechtsmittel des Streithelfers bleibt zulässig (BGH, Urt. v. 21.05.1987 – VII ZR 296/86, BauR 1987, 594 = NJW 1988, 712). Anders verhält es sich, wenn die Partei mit der Rücknahme zweifelsfrei der Fortführung des Verfahrens widerspricht, weil sie sich z.B. mit dem Prozessgegner geeinigt hat; dann ist das Rechtsmittel des Streithelfers unzulässig (BGH, Beschl. v. 10.11.1988 – VII ZB 8/88, BauR 1989, 114 = NJW 1989, 1357).

(2) Die Ablehnung des vom Gericht beauftragten Sachverständigen durch den Streithelfer ist ausgeschlossen, wenn sie in Widerspruch zum Vorbringen der von ihm unter-stützten Hauptpartei steht (OLG Dresden, Beschl. v. 25.06.2004 – 13 W 719/04, IBR 2004, 468).

(3) So ist Vorbringen des Streithelfers zur Angemessenheit der Werklohnforderung und zur Mangelfreiheit des Werkes nicht zu berücksichtigen, wenn es in Widerspruch zu dem Vorbringen der

von ihm unterstützten Partei steht. Ebenso wird ein Streithelfer nicht damit gehört, die Messungen des gerichtlichen Sachverständigen seien unrichtig, wenn die von ihm unterstützte Partei ausdrücklich erklärt, die Messungen seien richtig (OLG Karlsruhe, Urt. v. 07.11.2001 – 7 U 87/97, BauR 2003).

(4) Der Streithelfer kann selbstständig die Einrede der Verjährung erheben.

bb) Ohne Beitritt nimmt der Streitverkündungsempfänger nicht am Verfahren teil und kann den Streitverkündenden nicht unterstützen; er kann keine Prozesshandlungen vornehmen und das Verfahren nicht beeinflussen. Das Verfahren wird nach § 74 Abs. 2 ZPO ohne Rücksicht auf ihn fortgesetzt. Tritt der Streitverkündungsempfänger auf der Gegenseite bei, ist dies wie ein unterlassener Beitritt auf Seiten des Streitverkünders zu werten. Andererseits kommt es im Verhältnis zur unterstützten Partei zur Interventionswirkung.

cc) Ob der Beitritt erfolgt oder nicht: die Rechtsfolgen der zulässigen Streitverkündung ergeben sich aus § 68 ZPO. Nach § 74 Abs. 1 ZPO bestimmt sich bei einem Beitritt das Verhältnis des Streithelfers zu den Parteien nach den Grundsätzen der Nebenintervention. Nach § 74 Abs. 3 ZPO sind ohne Beitritt die Vorschriften des § 68 ZPO anzuwenden mit der Maßgabe, dass statt der Zeit des Beitritts die Zeit entscheidet, zu welcher der Beitritt infolge der Streitverkündung möglich wäre.

Danach wird der Nebenintervenient im Verhältnis zu der Hauptpartei nicht mit der Behauptung gehört, der Rechtsstreit, wie er dem Richter vorgelegen habe, sei unrichtig entschieden; er wird mit der Behauptung, dass die Hauptpartei den Rechtsstreit mangelhaft geführt habe, nur insoweit gehört, als er durch die Lage des Rechtsstreits zur Zeit seines Beitritts oder durch Erklärung und Handlung der Hauptpartei verhindert worden ist, Angriffs- oder Verteidigungsmittel geltend zu machen, oder als Angriffs- oder Verteidigungsmittel, die ihm unbekannt waren, von der Hauptpartei absichtlich oder durch grobes Verschulden nicht geltend gemacht worden sind. Der Streitverkündete, sei er beigetreten oder nicht, muss sämtliche tatsächlichen und rechtlichen Grundlagen gegen sich gelten lassen, auf denen das im Vorverfahren ergangene Urteil beruht.

(1) Der Streitverkündeten wird mit dem Einwand der unrichtigen richterlichen Streitentscheidung nicht gehört, selbst wenn sie auf einer fehlerhaften Gesetzesauslegung beruhen und im Widerspruch zur Rechtsprechung stehen sollte. Dabei bezieht sich die Bindungswirkung nicht nur auf den Inhalt der Entscheidung, also auf das festgestellte Rechtsverhältnis oder die angesprochene Rechtsfolge, sondern zusätzlich auf alle tatsächlichen und rechtlichen Grundlagen der Entscheidungsgründe, auch die die Entscheidung tragenden Feststellungen, die das erste Gericht getroffen hat (BGH, Beschl. v. 27.11.2003 – V ZB 43/03, BGHZ 157, 97).

Die Bindungswirkung bezieht sich aber nur auf die notwendigen Feststellungen, auf denen das Urteil beruht, nicht auf solche, die das erste Gericht bei Erschöpfung des Sachvortrages und zutreffender rechtlicher Beurteilung nicht hätte zu treffen brauchen, also nicht auf so genannte überschießende Feststellungen. Maßgebend für die Antwort auf die Frage, ob eine Feststellung überschießend ist, also ob sie für die Entscheidung im ersten Urteil überflüssig ist, ist nicht die Sicht des Erstgerichts. Es kommt vielmehr darauf an, worauf die Entscheidung des Erstprozesses objektiv nach zutreffender Würdigung beruht (BGH a.a.O).

(2) Der Streitverkündete wird im Folgeprozess nur mit dem Einwand der mangelhaften Prozessführung gem. § 68 S. 2 ZPO gehört, soweit er keinen Einfluss mehr auf den Ausgang des Verfahrens nehmen konnte.

Die Bindungswirkung wird begrenzt durch die Einflussmöglichkeiten des Dritten auf das Vorverfahren. Sie ist also nicht gegeben, wenn und soweit der Dritte eigene Interessen nicht zur Geltung bringen konnte, weil er sich damit in Widerspruch zum Vortrag der Hauptpartei gesetzt hätte (BGH, Urt. v. 08.10.1981 – VII ZR 341/80, NJW 1982, 281). Dies ist zum Beispiel der Fall, wenn im Vorverfahren zwischen den Parteien unstreitig ist, dass ein Dritter bestellt hat und nur über die Frage gestritten wird, ob der Dritte Vollmacht hatte oder nicht. Wird die Klage wegen nicht nachgewiesener Vollmacht abgewiesen, dann kann sich der Dritte im Folgeprozess noch darauf berufen, dass er nicht gehandelt und keinen Auftrag erteilt habe. Dies war nämlich im Vorverfahren unstreitig und die Verteidigung, nicht gehandelt und keinen Auftrag erteilt zu haben, hätte in offenem Widerspruch zum unstreitigen Vortrag gestanden.

Beruht die Entscheidung im Vorprozess auf einem »non liquet«, dann bezieht sich die Bindungswirkung nur auf die Nichtbeweisbarkeit der entsprechenden Tatsache, nicht auf die daraus für das Ergebnis gezogene Schlussfolgerung, dass die Tatsache zu Lasten des Beweispflichtigen nicht festgestellt werden kann. Ansonsten würde es zu einer nicht gerechtfertigten Verschiebung der Beweislast zu Lasten des Streitverkündeten kommen. Wem die Feststellung, dass die Tatfrage im Vorprozess nicht zu klären war, im Folgeprozess zum Nachteil gereicht, hängt von der Beweislastverteilung im Folgeprozess ab. Ist der Streitverkündete im Folgeprozess beweispflichtig, muss er sich die Nichtbeweisbarkeit entgegen halten lassen. Ist er im Folgeprozess nicht beweispflichtig, geht es nicht zu seinen Lasten, dass im Vorprozess nur aufgrund einer anderen Beweislastverteilung die streitige Tatsache nicht festgestellt worden ist; der Streitverkündete hätte im Vorprozess nicht die Möglichkeit gehabt, die positive Bejahung oder Verneinung der Tatfrage zu erzwingen, wenn schon aufgrund der Beweislastverteilung die Nichterweislichkeit zur Entscheidung genügte (BGH, Urt. v. 09.11.1982 – VI ZR 293/79, BGHZ 85, 252 = NJW 1983, 820). Durch eine Entscheidung aufgrund der Beweislast steht nämlich nicht die logische Alternative der nicht festgestellten Tatsache fest.

Dementsprechend ist z.B. bei Vertretungsfällen zunächst Klage gegen den Vertretenen zu erheben mit Streitverkündung an den Handelnden, den Vertreter, während ein umgekehrtes Vorgehen fehlerhaft ist. Im Verfahren gegen den Vertretenen wird geklärt, ob ein wirksames Handeln im fremden Namen und damit eine wirksame Vertretung vorlag. Verneint das Gericht den Anspruch gegen den Vertretenen, weil der Kläger die Bevollmächtigung des Vertreters nicht hat beweisen können, dann steht die Nichtbeweisbarkeit eines wirksamen Vertreterhandels fest. Im Folgeprozess gegen den Vertreter hat dieser nach § 164 Abs. 2 BGB die Beweislast für ein Handeln in fremdem Namen und für seine Bevollmächtigung. Da in Folge der Interventionswirkung feststeht, dass dies nicht beweisbar ist, wird der Vertreter mit der Behauptung, er habe wirksam als Vertreter gehandelt, nicht mehr gehört. Wird umgekehrt zunächst der Vertreter, z.B. wegen Handelns ohne Vertretungsmacht, in Anspruch genommen, ist eine Bindungswirkung nicht gegeben, wenn die Klage aus Beweislastgründen abgewiesen wird; mit der Abweisung des Urteils gegen den vollmachtlosen Vertreter steht nämlich nicht fest, dass er auch Vollmacht gehabt hat.

dd) Die Bindungswirkung der im Vorverfahren festgestellten Rechtsverhältnisse geht weiter als die Rechtskraftwirkung einer Teilklage. Die Teilklage wirkt nur soweit, wie sie erhoben worden ist. Wird der Rest in einem weiteren Verfahren geltend gemacht, kann es zu unterschiedlichen Entscheidungen kommen. Bei sogenannten Pilotverfahren, in denen aus Kostengründen zunächst nur ein Teilbetrag geltend gemacht wird, kommt es durchaus zu unterschiedlichen Ergebnissen, sei es, weil sich die Besetzung der Richterbank geändert hat, sei es, dass sich die Rechtsprechung geändert hat, sei es, dass Beweismittel verloren gegangen sind. Eine Bindung kann nur durch eine Zwischenfeststellungsklage nach § 256 Abs. 2 ZPO erreicht werden. Die Bindungswirkung der Streitverkündung geht demgegenüber auch bei einer Teilklage über den eigentlichen Gegenstand hinaus und erfasst das gesamte Rechtsverhältnis (BGH, Urt. v. 08.12.2011 IX ZR 204/09 BauR 2012, 675 = NJW 2012, 159 = IBR 2012, 238 mit Anm. Elzer).

ee) Gebunden ist nur der Streitverkündete, nicht die Hauptpartei; die Streitverkündung als prozessualer Behelf dient in erster Linie den Interessen des Streitverkünders, nicht den Interessen des Streitverkündeten; den Interessen des Streitverkündeten ist genügt, wenn er Gelegenheit erhält, die Hauptpartei zu unterstützen (BGH, Urt. v. 16.01.1997 – I ZR 208/94, NJW 1997, 2385).

ff) Eine Bindungswirkung tritt ebenfalls nicht im Verhältnis zum Prozessgegner des Streitverkünders ein; sie ist beschränkt auf den Dritten, dem der Streit verkündet wurde.

Gegenüber dem früheren Prozessgegner der Partei, die den Streit verkündet hat, kann der Dritte ohne Einschränkungen einwenden, der Vorprozess sei falsch entschieden (BGH, Urt. v. 10.10.1989 – XI ZR 11/89, NJW-RR 1990, 121). Eine Bindungswirkung tritt ebenfalls nicht ein, wenn im Folgeprozess Tatsachen abweichend vom Vorprozess unstreitig sind oder aufgrund entsprechender Parteivereinbarung unstreitig werden. Ebenfalls entfalten die Gründe eines erstinstanzlichen Urteils, wenn die Streitverkündung erst nach Abschluss der ersten Instanz erfolgt ist und das Urteil durch Rücknahme der Berufung rechtskräftig wird, keine Bindungswirkung; der Streitverkündete war nicht in der Lage, auf das erstinstanzliche Urteil Einfluss zu nehmen.

Voraussetzung für die Interventionswirkung ist, dass der Rechtsstreit durch Urteil entschieden wird. Wir der Rechtsstreit verglichen, so ist § 68 ZPO nicht anwendbar.

b) Neben den prozessualen Wirkungen ist die materiell-rechtliche Wirkung zu berücksichtigen. Nach § 204 Abs. 1 Nr. 6 BGB führt die Zustellung der Streitverkündung als Maßnahme der Rechtsverfolgung zur Hemmung der Verjährung (vgl. Ulrich, Zur Reichweite der Streitverkündung BauR 2013, 9-24).

aa) Die Verjährung wird nur durch eine zulässige Streitverkündung, und zwar des Berechtigten (KG, Urt. v. 21.11.2008 – 7 U 16/08, BauR 2009, 863, OLG Dresden, Urt. v. 02.06.2010 13 U 1660/09 BauR 2011, 1377) gehemmt.

Diese den Ablauf der Verjährungsfrist hemmende Wirkung tritt bereits mit dem Eingang der Streitverkündungsschrift bei Gericht ein, wie sich aus § 167 ZPO ergibt, und zwar auch dann wenn die Zustellung vor Ablauf der Verjährungsfrist erfolgte; in der Zeit zwischen Eingang der Streitverkündung bei Gericht und der Zustellung der Streitverkündungsschrift an den Dritten ist die Verjährungsfrist bereits gehemmt, so dass diese Zeit bei der Antwort auf die Frage, ob die Verjährungsfrist abgelaufen ist oder nicht, nicht berücksichtigt wird, sich die Frist um diese Zeit verlängert (BGH, Urt. v. 17.12.2009 – IX ZR 4/08, NJW 2010, 856).

Voraussetzung für die verjährungshemmende Wirkung ist, dass die Streitverkündung zulässig ist und dass der Streitverkündungsgrund hinreichend dargelegt wird. Die Streitverkündungsschrift muss das Rechtsverhältnis unter Angabe der tatsächlichen Grundlagen so genau angeben, dass der Streitverkündete die Sach- und Rechtslage überschlägig überprüfen kann und eine hinreichende Grundlage für seine Entscheidung, ob er beitreten soll oder nicht, hat (BGH, Urt. v. 06.12.2007 – IX ZR 143/06, BGHZ 175, 1 = BauR 2008, 71 = NJW 2008, 519; BGH, Urt. v. 12.11.2009 IX ZR 152, 08, BauR 2010, 460; BGH, Urt. v. v. 08.12.2011 IX ZR 204/09 BauR 2012, 159 = NJW 2012 674). Den Konkretisierungserfordernissen ist genügt, wenn in der Streitverkündungsschrift der Anspruchsgrund in ausreichendem Maße bezeichnet wird. Zu berücksichtigen sind der Inhalt der Streitverkündungsschrift, der Inhalt der gewechselten Schriftsätze sowie sonst in Bezug genommene Anlagen. Die Streitverkündungsschrift ist wie jede andere Prozesshandlung auch auszulegen. Neben dem Wortlaut und der objektiven Erklärungsbedeutung kommt es auf den wirklichen Willen der Partei an. Zu beachten ist der Grundsatz, dass im Zweifel dasjenige gewollt ist, was nach den Maßstäben der Rechtsordnung vernünftig ist und der wohlverstandenen Interessenlage entspricht (BGH, Urt. v. 02.02.2017 VII ZR 261/14, BauR 2017, 915). Es sollten die Mängel und die daraus jeweils abzuleitenden Ansprüche so genau bezeichnet werden, dass kein Zweifel darüber bestehen kann, wegen welcher Mängel der Streitverkünder den Streitverkündungsempfänger in welcher Weise in Anspruch nehmen will (OLG Hamm, Urt. v. 18.01.2010 24 U 19/10, IBR 2011, 183 mit Anm. Schwenker). Dies bedeutet, dass dann, wenn im Laufe eines Verfahrens Mängelansprüche nachgeschoben werden, die Streitverkündung zu wiederholen ist; der Streitverkündungsempfänger muss bei jedem neuen Mängelanspruch entscheiden können, ob er beitritt oder nicht. Der Höhe nach braucht der Anspruch nicht konkretisiert werden (BGH, Urt. v. 21.02.2002 – IX ZR 27/00, NJW 2002, 1414). Werden lediglich Kopien von Schriftsätzen des Prozesses beigefügt, so genügt dies nur, wenn sich daraus klar und eindeutig ergibt, weshalb im Falle des Unterliegens

Ansprüche auf Gewährleistung und Schadloshaltung gegen den Streitverkündeten in Betracht kommen.

bb) Auf die Verjährungsproblematik ist in besonderen Fallgestaltungen sorgfältig zu achten und die Hemmung der Verjährung rechtzeitig herbeizuführen, gegebenenfalls durch eine Streitverkündung.

Die Verjährungsproblematik stellt sich vor allem bei einem Freistellungs- oder Ausgleichsanspruch aus § 426 Abs. 1 BGB. Dieser entsteht als selbständiger Anspruch bereits mit der Begründung der Gesamtschuld (vgl. Kniffka, Gesamtschuldnerausgleich im Baurecht, BauR 2005, 274, 286), nicht erst mit der Befriedigung des Gläubigers und unterliegt der Regelverjährung des § 195 BGB von 3 Jahren beginnend nach § 199 BGB mit dem Schluss des Jahres, in dem der Anspruch entstanden ist und Kenntnis von den anspruchsbegründenden Umständen und der Person des Schuldners besteht.

Bei Ausführungsfehlern, für die der Objektüberwacher wegen unzureichender Überwachung in Anspruch genommen wird, beginnt die Verjährung des Ausgleichsanspruch schon in dem Zeitpunkt, in dem der Architekt, der den ausführenden Unternehmer kennt, ernsthaft mit der Möglichkeit seiner Inanspruchnahme rechnen musste, also in dem Zeitpunkt, in dem der Architekt von dem Bauherrn auf den Ausführungsfehler, mit dem der Überwachungsfehler korrespondiert, hingewiesen wurde.

cc) Die verjährungshemmende Wirkungen der Streitverkündung tritt nicht ein, wenn und soweit auch vom Standpunkt der streitverkündenden Partei der der Streitverkündung zugrunde liegende vermeintliche Anspruch durch den Ausgang des Rechtsstreits nicht beeinflusst werden kann.

dd) Nach § 204 Abs. 2 BGB endet die materiell-rechtliche Wirkung der Hemmung der Verjährung 6 Monate nach der rechtskräftigen Entscheidung oder anderweitigen Beendigung des eingeleiteten Verfahrens. Da die Verjährungsfrist nur noch gehemmt wird, ist genau zu prüfen, welche Zeit bereits abgelaufen ist, welche noch zur Verfügung steht. Im Extremfall kann nur noch eine Zeit von 6 Monaten, der Nachfrist und einen Tag, wenn die Streitverkündung einen Tag vor Ablauf der Verjährung ausgebracht ist, zur Verfügung stehen.

ee) Die materiell-rechtliche Wirkung der Streitverkündung, nämlich die Hemmung der Verjährung, ist unabhängig davon, ob auch die prozessualen Nebeninterventionswirkungen eintreten können. Deswegen tritt die verjährungshemmende Wirkung der Streitverkündung im Rechtsstreit über die Höhe der Ersatzverpflichtung auch dann ein, wenn der Feststellungsprozess bereits rechtskräftig entschieden ist oder wenn die Streitverkündung erst im Verfahren der Beschwerde gegen die Nichtzulassungsbeschwerde der Revision erklärt wird (BGH, Urt. v. 10.10.1978, VI ZR 115/77, BauR 1979, 255 = NJW 1979, 264; BGH, Urt. v. 12.11.2009, IX ZR 152/08, BauR 2010, 416).

84   5. Streitwert und Kosten. Der Streitwert der Nebenintervention stimmt, wenn der Streithelfer im Prozess die gleichen Interessen wie die von ihm unterstützte Partei hat und die gleichen Anträge wie die von ihm unterstützte Partei stellt, mit dem Streitwert der Hauptsache überein. Beschränkt der Streithelfers den Beitritt auf bestimmte Streitgegenstände, dann beschränkt sich das Interesse des Streithelfers am Obsiegen der unterstützenden Partei auch nur auf diesen Teilkomplex. Der Wert der Nebenintervention entspricht dem Wert der Mängelbeseitigungskosten, zu denen der Beitritt erfolgt ist (OLG München, Beschl. v. 31.01.2011 – 28 W 2759/10 = BauR 2011, 1369; OLG Hamm, Beschl. v. 04.05.2011 – 20 W 4/11).

Wie der Wert der Streithilfe zu bemessen ist, wenn das Interesse des Streithelfers am Beitritt hinter dem Interesse des Streitverkünders zurückbleibt, der Streithelfer sich trotzdem den Anträgen der Hauptpartei in vollem Umfang anschließt, ist streitig. Beispiel: Der Bauherr verklagt den Generalunternehmer wegen verschiedener Mängel auf insgesamt 100.000,00 €. Der Generalunternehmer verkündet dem Handwerker 1, auf dessen Gewerk nur Mangelansprüche in Höhe von 10.000,00 € entfallen, den Streit. Der Handwerker 1 tritt bei und schließt sich den Anträgen des Generalunternehmers in vollem Umfang an, obwohl sein Interesse auf 10.000,00 € begrenzt ist. Nach der einen Meinung ist bei einem uneingeschränkten Beitritt der Wert der Hauptsache anzusetzen (so u.a. OLG München, Beschl. v.29.01.2010 13 W 634/10, BauR 2010, 942; OLG Hamm, Beschl. v. 16.01.2007 – 27 W 86/06, OLGR 2007, 607, OLG Stuttgart, Beschl. v. 20.09.2012 1 W 43/12 IBR 2013, 1054 mit Anm. Weyers). Nach anderer Auffassung wird der Streitwert der Nebenintervention durch das Interesse des Streithelfers am Ausgang des Verfahrens begrenzt; der Streithelfer unterstützt die Partei nur insoweit, als ein eigenes Interesse betroffen ist (so u.a. OLG München, Beschl. v. 23.12.2016 28 W 2118, 16 IBR 2017 m. Anm. Wenkebach; OLG Köln, Beschl. v. 12.03.2004, 11 W 13/04, OLGR Köln 2004, 201, OLG München, Beschl. v. 09.11.2009 – 28 W 1975/09, IBR 2010, 191 mit Anm. Müller-Stoy m.w.N., OLG Köln, Beschl. v. 30.03.2012 16 W 30/11 und BGH III ZR 256/10).

Nach § 101 ZPO sind die durch die eine Nebenintervention verursachten Kosten dem Gegner der Partei aufzuerlegen, soweit dieser nach den Vorschriften der §§ 91 ff. ZPO die Kosten des Rechtsstreits zu tragen hat.

Beim Vergleich ist für den Streithelfer die zwischen den Parteien getroffene Kostenregelung maßgebend, auch wenn die Parteien die Kosten der Streithilfe ausdrücklich ausgenommen haben. Bei einer Kostenteilung oder Kostenquote zwischen den Parteien hat der Gegner der Parteien, die der Streithelfer unterstützt hat, die Hälfte oder die entsprechende Quote der außergerichtlichen Kosten des Streithelfers zu tragen. Bei Kostenaufhebung steht dem Streithelfer ein Kostenerstattungsanspruch nicht zu (BGH, Beschl. v. 03.04.2003, V ZB 44/02, BGHZ 154, 351 = NJW 2003, 1948). Wenn nämlich die Kosten gegeneinander aufgehoben worden sind, bedeutet dies nach § 92 ZPO, dass jede Partei die Gerichtskosten zur Hälfte und ihre eigenen Kosten selbst zu tragen hat, der Partei ein Kostenerstattungsanspruch gegen den Gegner nicht zusteht. Der Streithelfer kann nicht besser gestellt sein.

7. Selbständiges Beweisverfahren

a) Vorbemerkung

Das selbstständige Beweisverfahren, geregelt in der ZPO in den §§ 485–494a ZPO, auch historisch Beweissicherungsverfahren genannt, soll durch eine vorgezogene Beweissicherung Prozesse vermeiden, die Beweisaufnahme beschleunigen und zugleich die Verjährung hemmen.

85

Während Abs. 1 des § 485 ZPO auf den ersten Blick einen weiteren Anwendungsbereich hat (nämlich während oder außerhalb eines Streitverfahrens) und mehrere zulässige Beweismittel (nämlich Augenscheinseinnahme, Zeugenvernehmung und Sachverständigengutachten, es fehlen also nur von den fünf Beweismitteln der ZPO der Urkundenbeweis und die Parteivernehmung, diese sind unzulässig (OLG Saarbrücken, Beschl. v. 02.10.2007 – 5 W 112/07 – OLG Report Saarbrücken 2008, 26), führen doch die beiden weiteren Zulässigkeitsvoraussetzungen, nämlich dass entweder der Gegner zustimmt oder zu besorgen ist, dass das Beweismittel verloren geht oder seine Benutzung erschwert wird, dazu, dass Abs. 2 des § 485 ZPO zum Regelfall geworden ist. Nur dieser soll vorliegend näher beleuchtet werden.

§ 485 Abs. 2 ZPO lautet:

»Ist ein Rechtsstreit noch nicht anhängig, kann eine Partei die schriftliche Begutachtung durch einen Sachverständigen beantragen, wenn sie ein rechtliches Interesse daran hat, dass

1. der Zustand einer Person oder der Zustand oder Wert einer Sache,
2. die Ursache eines Personenschadens, Sachschadens oder Sachmangels,
3. der Aufwand für die Beseitigung eines Personenschadens, Sachschadens oder Sachmangels

festgestellt wird. Ein rechtliches Interesse ist anzunehmen, wenn die Feststellung der Vermeidung eines Rechtsstreits dienen kann.«

Damit dient das selbständige Beweisverfahren sowohl der (eventuell erforderlichen) Vorbereitung eines Bauprozesses, wie auch dessen Vermeidung (Prütting/Gehrlein-Ulrich, ZPO, 3. Aufl. 2011, § 485 Rn. 3) und der Vereinfachung (Werner/Pastor, Der Bauprozess, 13. Aufl. 2011, Rn. 1; Messerschmidt/Voit-Koenen, Privates Baurecht, 2. Aufl. 2011, S vor Rn. 106), da es zulässig ist, auch wenn ein Rechtsstreit noch nicht anhängig ist. In der Praxis hat sich herausgestellt, dass dieses gesetzgeberische Ziel einer Prozessvermeidung durchaus erreicht wird in mehr als der Hälfte aller Fälle. Vor diesem Hintergrund werden die Anforderungen an die Darlegung des rechtlichen Interesses sehr niedrig gehalten.

b) Muster Antrag gem. § 485 Abs. 2 ZPO

86   An das Landgericht

– Baukammer –

Straße

Ort

Antrag auf Einleitung eines selbstständigen Beweisverfahrens gemäß § 485 Abs. 2 ZPO

der Eheleute/der Firma .....

– Antragsteller –

Verfahrensbevollmächtigte: Rechtsanwälte .....

gegen

1. Firma .....

– Antragsgegnerin zu 1) –

2. Architekturbüro .....

– Antragsgegner zu 2) –

Namens und im Auftrag der Antragsteller beantragen wir, zur Sicherung des Beweises gemäß § 485 Abs. 2 ZPO ohne mündliche Verhandlung anzuordnen, dass Beweis über die ..... Mängel am Bauvorhaben Wohngebäude/Geschäftsgebäude/ ..... in der ..... Straße in PLZ ..... durch Einholung eines schriftlichen Sachverständigengutachtens erhoben werden soll. Die Beweiserhebung soll sich dabei vor allem auf folgende Fragen erstrecken:
1. Welcher Art sind ..... (Mangelsymptom wiedergeben) am Bauvorhaben Wohngebäude/Geschäftsgebäude/ ..... in der ..... Straße in PLZ ..... ? Welchen Umfang haben sie? Insbesondere: (Nähere Konkretisierung der Mangelerscheinungen)
2. Worauf sind die ..... (Mangelsymptome wiedergeben) zurückzuführen? Bzw.: Welches sind die Ursachen für die ..... (Mangelsymptome wiedergeben)? Liegt ein Verstoß gegen die anerkannten Regeln der Technik vor?
3. Handelt es sich um einen planerischen und/oder einen handwerklichen Fehler? Gegebenenfalls: Welcher handwerkliche Mangel liegt vor? Welcher Planungsfehler liegt vor? War der Planungsfehler für den Handwerker erkennbar? Welcher Bauüberwachungsfehler liegt vor?
4. Welche Maßnahmen sind erforderlich, um die Mängel sach- und fachgerecht zu beheben? Wie viel Zeit werden diese Maßnahmen in Anspruch nehmen? Ist während der Durchführung eine Nutzung der Räumlichkeiten oder Teilen hiervon möglich?
5. Welche Kosten fallen für eine fachgerechte Beseitigung der Mängel an? Wie setzen sich diese im Einzelnen zusammen einschließlich Nacharbeiten und Entsorgungskosten? Gegebenenfalls: Welche Sowieso-Kosten sind hierin beinhaltet?
6. Welche Kosten fallen bei einer gegebenenfalls erforderlichen Räumung der betroffenen Räumlichkeiten an? Insbesondere: Kann das Mobiliar in anderen Teilen des Gebäudes zwischengelagert werden, oder bedarf es einer externen Auslagerung?
7. Welcher Minderungsbetrag ist angemessen, falls eine Mangelbeseitigung nicht oder nur mit unverhältnismäßigem, wirtschaftlich nicht vertretbarem Aufwand oder nicht vollständig möglich ist?

Es wird angeregt, einen von der Industrie- und Handelskammer öffentlich bestellten und vereidigten Sachverständigen für ..... (Schäden an Gebäuden oder ein Spezialthema) zu beauftragen. Alternativ: Als Sachverständiger wird vorgeschlagen .....

Ein Kostenvorschuss für den Sachverständigen in Höhe von 2.000 € wird nach Bekanntgabe des Aktenzeichens bei der Gerichtskasse eingezahlt werden.

Ferner wird beantragt, diesen Antrag den Antragsgegnern förmlich zuzustellen, den Zeitpunkt der Zustellung gemäß § 169 ZPO zu bescheinigen und eine Kopie der Zustellungsurkunde dem Unterzeichner zu übermitteln.

Begründung:

1. Die Antragsteller sind ..... (Bauherren/Auftraggeber/Nachbarn) des Bauvorhabens Wohngebäude/Geschäftsgebäude/ ..... in der ..... Straße in PLZ ..... Sie haben mit der Antragsgegnerin zu 1) einen Werkvertrag abgeschlossen (über die Errichtung/die Ausführung des Gewerks .....) .

Glaubhaftmachung: Bauvertrag vom ..... als Anlage Ast 1

Mit dem Antragsgegner zu 2) haben sie einen Architektenvertrag über die Vollarchitektur (Planung, Ausschreibung und Bauüberwachung) geschlossen.

Glaubhaftmachung: Architektenvertrag vom ..... als Anlage Ast 2

2. Am Gebäude zeigen sich folgende Mangelerscheinungen: ..... (Möglichst genaue Beschreibung nach Umfang, Etage, Ort, Himmelsrichtung).

Glaubhaftmachung: Lichtbilder in Anlage Ast 3

Die Antragsgegnerin zu 1) hat die Beseitigung der Mängel bislang abgelehnt mit der Begründung .....

Glaubhaftmachung: Schriftverkehr in Anlage Ast 4

Auch der Antragsgegner zu 2) sieht sich nicht in der Verantwortung, weder in planerischer Hinsicht, noch aufgrund mangelhafter Bauüberwachung.

Glaubhaftmachung: Schriftverkehr in Anlage Ast 5

3. Die geschilderten Baumängel liegen jedoch sowohl im Verantwortungsbereich der ausführenden Firma, als auch des planenden und bauleitenden Architekturbüros. Dies wird sich aus dem einzuholenden Sachverständigengutachten ergeben. Insoweit steht zu erwarten, dass sich die Antragsgegner von den kompetenten Ausführungen eines Sachverständigen überzeugen lassen, so dass das Beweissicherungsverfahren geeignet sein wird, einen Rechtsstreit zu vermeiden. Dieser ist bislang noch nicht anhängig.

4. Um das Gebäude vor weiteren Schäden zu bewahren, müssen kurzfristig die vom Sachverständigen sodann für erforderlich gehaltenen Mangelbeseitigungsmaßnahmen ergriffen werden. Es steht zu befürchten, dass das Objekt ganz oder teilweise während der Sanierung nicht genutzt werden kann. Vor diesem Hintergrund möge der Sachverständige auch mitteilen, welche Schutz- und Bewegungsmaßnahmen aus seiner Sicht erforderlich sind. Ferner möge er mitteilen, mit welcher Sanierungsdauer zu rechnen ist, damit die Antragsteller sich hierauf einrichten können und außerdem von den Antragsgegnern den erforderlichen Kostenvorschuss (zum Beispiel für ein Hotel/Möbeleinlagerung) anfordern können.

5. Wenn und soweit aus Sicht des Sachverständigen trotz vollständiger Mangelbeseitigung ein Minderwert verbleibt als »Makel« eines sanierten Gebäudes, möge er in technischer Hinsicht einen Minderungsbetrag ermitteln (zum Beispiel geringerer Wiederverkaufswert).

6. Die Antragsteller schätzen die insgesamt erforderlich werdenden Sanierungskosten auf ..... Euro. Daher ist das angerufene Gericht als Gericht der Hauptsache zuständig.

7. Zur weiteren Glaubhaftmachung überreichen wir eine die tatsächlichen Angaben in der Antragsschrift bestätigende eidesstattliche Erklärung der Antragsteller.

Rechtsanwalt

c) Erläuterungen

aa) Zuständigkeit

87 Ist ein Rechtsstreit noch nicht anhängig (Fall des § 485 Abs. 2 ZPO), so ist gemäß § 486 Abs. 2 ZPO der Antrag bei dem Gericht zu stellen, das nach dem Vortrag des Antragstellers zur Entscheidung in der Hauptsache berufen wäre. In Bausachen greift hier regelmäßig der besondere Gerichtsstand des Erfüllungsortes (§ 29 ZPO), also der Ort des Bauvorhabens (BGH, Beschl. v. 05.12.1985 – I ARZ 737/85 – BauR 1986, 214 = NJW 1986, 935 = ZfBR 1986, 80). Liegt hingegen die VOB/B zu Grunde, dann greift deren Zuständigkeitsregelung in § 18 Abs. 1 S. 1, der Sitz der für die Prozessvertretung des AG zuständigen Stelle. Diese Regelung gilt nicht für Verträge mit Privaten (BGH, Urt. v. 18.04.1985 – VII ZR 359/83 – BGHZ 94, 151 = BauR 185, 475 = NJW 1985, 2090 = ZfBR 1985, 180; Beschl. v. 29.01.2009 – VII ZB 79/08 – BauR 2009, 1001 = NZBau 2009, 309 = ZfBR 2009, 353 = NJW 2009, 1974), im übrigen wird sie jedoch selbst dann als wirksam angesehen, wenn die VOB/B nicht als Ganzes Vertragsgegenstand geworden ist (Kniffka/Koeble, Kompendium des Baurechts, 4. Aufl. 2014, 2. Teil Rn. 51).

Auch die wirksame Vereinbarung einer Schiedsgerichts- bzw. Schiedsgutachterabrede steht der Einleitung eines selbständigen Beweisverfahrens nicht entgegen (OLG Karlsruhe, Beschl. v. 17.08.2015 – 9 W 30/15 –, NZBau 2015, 775; weitere Nachweise bei Prütting/Gehrlein-Ulrich, § 485 Rn. 4; Messerschmidt/Voit-Koenen, Privates Baurecht, 2. Aufl. 2011, S Rn. 113), jedenfalls solange das Schiedsgericht noch nicht konstituiert ist bzw. das Schiedsgutachten noch nicht eingeholt ist, und zwar wegen des Eilcharakters des selbständigen Beweisverfahrens.

Um die sachliche Zuständigkeit prüfen zu können, ob also das Amtsgericht oder das Landgericht zuständig ist, bedarf es daher einer groben Abschätzung der voraussichtlichen Mangelbeseitigungskosten, da diese regelmäßig den Gegenstandswert darstellen (ohne den Druckzuschlag des § 641 Abs. 3 BGB, es sei denn, Antragsteller ist der Werkunternehmer, der wissen will, welche Maßnahmen er ergreifen muss, um zu seinem restlichen Werklohn zu kommen, OLG Celle, Beschl. v. 29.03.2010 – 6 W 50/10 – MDR 2010, 1014).

bb) Antragserfordernis

88 Zur Einleitung eines selbstständigen Beweisverfahrens bedarf es eines Antrages (das Gutachten wird also nicht von Amts wegen eingeholt). Hieraus resultiert auch die Bezeichnung Antragsteller und Antragsgegner. Der Antrag muss schriftlich erfolgen, kann aber auch zu Protokoll der Geschäftsstelle erklärt werden (§ 486 Abs. 4 ZPO). In Verbindung mit § 129a ZPO ergibt sich, dass dieser Antrag zu Protokoll eines jeden, also auch eines unzuständigen Amtsgerichts gestellt werden darf (Prütting/Gehrlein-Ulrich, § 486 Rn. 10). Ferner ergibt sich im Zusammenspiel mit § 78 Abs. 3 ZPO, dass für den Antrag grundsätzlich kein Anwaltszwang besteht. Diese Befreiung betrifft das gesamte sich daran anschließende Verfahren mit Ausnahme einer eventuellen mündlichen Verhandlung (z.B. gem. § 492 Abs. 3 ZPO). In der Regel wird über den Antrag ohne mündliche Verhandlung entschieden (§ 490 Abs. 1 ZPO).

cc) Antragsinhalt

89 Der Antrag muss nach § 487 ZPO enthalten:

1. die Bezeichnung des Gegners;
2. die Bezeichnung der Tatsachen, über die Beweis erhoben werden soll;
3. die Benennung der Zeugen oder die Bezeichnung der übrigen nach § 485 ZPO zulässigen Beweismittel;
4. die Glaubhaftmachung der Tatsachen, die die Zulässigkeit des selbständigen Beweisverfahrens und die Zuständigkeit des Gerichts begründen sollen.

Im Hinblick auf die Verwertung der Ergebnisse im Hauptprozess (§ 493 ZPO) müssen die Parteiangaben so genau sein, wie bei einem Klagerubrum. Es ist auch möglich, einzelne Mangelbehauptungen verschiedenen Antragsgegnern in unterschiedlicher Art und Weise zuzuordnen, also bereits in der Antragsschrift – sei es bei den Beweisanträgen, sei es in der Begründung – klarzustellen und zu differenzieren, dass nicht jeder Antragsgegner bezüglich sämtlicher Mängel verantwortlich gemacht wird. Dies kann große Bedeutung haben auf den jeweiligen Streitwert eines jeden Antragsgegners und damit letztlich auf die Kosten (und die Kostenerstattungspflicht). Allerdings ist im Hinblick auf die verjährungshemmende Wirkung (§ 204 Abs. 1 Nr. 7 BGB) sorgfältig zu überlegen, ob die Prognose, wer für welchen Mangel verantwortlich gehalten wird, zutreffend ist, denn die insoweit in der Antragsschrift getroffene Festlegung ist bindend (bis zu einer eventuellen Erweiterung des Beweisverfahrens).

Fällt eine der beiden Parteien in Insolvenz, so hat dies entgegen des Wortlautes des § 240 ZPO keine verfahrensunterbrechende Wirkung (BGH, Urt. v. 11.12.2003 – VII ZB 14/03 – BauR 2004, 531 = NZBau 2004, 156 = ZfBR 2004, 268 = NJW 2004, 1388; Kniffka/Koeble, 2. Teil Rn. 83). Begründet wird dies mit Sinn und Zweck des selbständigen Beweisverfahrens (Beschleunigungs- und Konzentrationswirkung) und damit, dass das selbständige Beweisverfahren keinen Vollstreckungstitel schafft, sondern lediglich Tatsachen feststellt.

Die Bezeichnung der Tatsachen, über die Beweis erhoben werden soll, führt wieder zu § 485 Abs. 2 ZPO. Dieser wurde bereits eingangs zitiert. Sinnvoll ist es, die korrekte Adressangabe des zu untersuchenden Objektes anzugeben sowohl im Vorspann des Beweisantrages, wie auch nochmals in dessen Ziffer 1. Denn die Beschlusstechnik des Gerichts besteht häufig darin, den Einleitungssatz nicht wiederzugeben, sondern nur die einzelnen Ziffern zum Zwecke der Einfügung in einen Gerichtsbeschluss zu markieren. Wenn dann der Sachverständige sich nur den Beweisbeschluss ansieht, der keine präzise Benennung des Bauobjektes enthält, fährt er beim Ortstermin zum falschen Objekt (zum Beispiel zur Mietwohnung der antragstellenden Bauherren statt zum noch nicht bezugsfertigen verfahrensgegenständlichen Rohbau).

Dem Beweis zugängliche Tatsachen sind konkrete, nach Zeit und Raum bestimmte, der Vergangenheit oder Gegenwart angehörende Geschehnisse oder Zustände der Außenwelt oder des menschlichen Lebens (Prütting/Gehrlein-Ulrich, § 487 Rn. 3). Hierbei hilft die Symptom-Rechtsprechung des BGH, wonach bei Mängeln nur das äußere Erscheinungsbild beschrieben werden muss (sehr instruktive Beispiele bei Kniffka/Koeble, 2. Teil Rn. 91). Hierbei genügt die Verwendung der Frageform, allerdings darf sie nicht auf Ausforschung ausgerichtet sein (ganz allgemein: »Welche Mängel liegen vor?« wäre unzulässig), sondern es muss konkret gefragt werden nach dem Vorhandensein oder Nichtvorhandensein gewisser Eigenschaften, Mangelsymptome etc., so dass grundsätzlich der Sachverständige mit »Ja« oder »Nein« antworten kann. Ursachen(-vermutungen) sollten von Antragstellerseite nicht vorgebracht werden, sind jedoch sogar unschädlich (BGH, Urt. v. 03.12.1998 – VII ZR 405/97 – BauR 1999, 391 = ZfBR 1999, 135).

Als Zustand einer Sache gilt auch die fachtechnische Einordnung einer Bauleistung als den anerkannten Regeln der Technik widersprechend oder genügend, dies ist also keine Rechtsfrage, sondern zunächst eine Sachverständigenfrage (OLG München, Beschl. v. 06.05.1993 – 27 W 101/92 – BauR 1994, 275; Prütting/Gehrlein-Ulrich, § 485 Rn. 21). Zwar ist die Mangelhaftigkeit letzten Endes eine Rechtsfrage; in den meisten Fällen muss jedoch zuvor geklärt werden, ob unter technischen Gesichtspunkten ein Mangel vorliegt (Kniffka/Koeble, 2. Teil Rn. 93). Häufig bedarf es auch eines Abgleichs Bausoll/Bauist seitens des Sachverständigen, also einer Auslegung der Vertragsunterlagen. Auch hier liegt ein Grenzbereich zu juristischen Fragen vor, der jedoch im Bauprozess unumgänglich ist, zumal Vertragsunterlagen stets nach dem objektiven Empfängerhorizont auszulegen sind (BGH, Beschl. v. 07.01.2014 – X ZB 15/13 -, VergabeR 2014, 149 = NZBau 2014, 185 = ZfBR 2014, 278), und dieser kann vom juristischen des Richters durchaus abweichen. Daher wird sogar die Frage nach einer fehlerhaften Ausschreibung als zulässig erachtet, weil der Sachverständige dann zum Beispiel Eigenschaften eines fehlerhaften Produkts oder seine Eignung untersuchen kann, so dass hierin die Frage nach einem Planungsfehler versteckt ist (OLG Jena, Beschl. v. 15.08.2001 – 8 W 314/01 – BauR 2001, 1945).

Die Frage nach den Ursachen eines Mangels ist zwangsläufig auf eine gewisse Ausforschung ausgerichtet. Im Lichte der Symptomrechtsprechung gilt, dass je allgemeiner die Symptome beschrieben sind, um so umfassender werden die in Betracht kommenden Ursachen vom Beweisverfahren erfasst (und damit auch von den prozessualen Wirkungen wie insbesondere der Hemmung der Verjährung) (sehr instruktiv BGH Urt. v. 03.07.1997 – VII ZR 210/96 – BauR 1997, 1029 = ZfBR 1997, 297 und für den Architektenvertrag Urt. v. 18.09.1997 – VII ZR 300/96 – BGHZ 146, 342 = BauR 1997, 1065 = NJW 1998, 135 = ZfBR 1998, 25; Urt. v. 08.05.2003 – VII ZR 407/01 – BauR 2003, 1247 = NZBau 2003, 501 = ZfBR 2003, 559). Ebenso muss es zulässig sein, nach der technischen Verantwortlichkeit unter mehreren Beteiligten zu fragen (OLG Köln, Beschl. v. 06.12.2004 – 15 W 59/04 – BauR 2005, 752; OLG Frankfurt, Beschl. v. 05.09.1994 – 22 W 46/94 – BauR 1995, 275) sowie nach der Festlegung der Quote der Verursachung aus technischer Sicht (OLG München, Beschl. v. 12.09.1997 – 28 W 2066/97 – BauR 1998, 363; Enaux, Jahrbuch Baurecht, 1999, S. 162) und nach der Differenzierung und Abgrenzung zwischen bauausführenden Handwerkern und Architekten/Ingenieuren als Planer oder Bauüberwacher (OLG Frankfurt, Beschl. v. 29.06.2000 – 25 W 134/99 – BauR 2000, 1370; Kniffka/Koeble, 2. Teil Rn. 97).

Da die Frage nach der Verletzung einer Hinweispflicht eine reine Rechtsfrage ist, kann als technische Vorfrage nur geklärt werden, ob ein eventueller Planungsfehler für den ausführenden Unternehmer/Handwerker erkennbar war.

Zum Aufwand für die Beseitigung der Mängel gehören nicht nur die erforderlichen Maßnahmen, sondern auch der Kostenaufwand (Scholtissek, BauR 2000, 1118). Hierbei kann es zur Vermeidung späterer Streitigkeiten sinnvoll sein, von Anfang an die Frage nach Sowieso-Kosten zu stellen (Kniffka/Koeble, 2. Teil Rn. 99). Zu den Kosten gehören aber auch Einlagerungskosten für Möbel oder Umzugskosten nebst Unterbringung in einem Hotel oder einer Ferienwohnung für den Fall, dass sich die Sanierungsmaßnahmen nur bei geräumtem und unbewohntem Objekt durchführen lassen. Um den Sachverständigen überhaupt auf diese Idee zu bringen, empfiehlt es sich, schon in den Beweisanträgen präzise danach zu fragen sowie nach der Dauer der Sanierungsarbeiten und auch nach Entsorgungskosten oder Nacharbeiten (vgl. OLG Köln, Beschl. v. 04.02.2002 – 17 W 24/02 – BauR 2002, 1120; OLG Koblenz, Beschl. v. 15.08.2003 – 3 W 531/03 – OLG Report Koblenz 2004, 77).

Gleiches gilt für die finanzwirksamen Fragen, wie hoch ein Minderwert ist, wenn eine Mängelbeseitigung unverhältnismäßig oder nicht möglich ist (OLG Hamm, Beschl. v. 16.09.2002 – 17 W 30/02 – NZBau 2003, 37), oder welcher merkantile Minderwert aufgrund von Gebäudeschäden verbleibt (OLG Schleswig, Beschl. v. 07.10.1999 – 16 W 190/99 – OLG Report Schleswig 2000, 61; KG, Beschl. v. 15.02.1999 – 25 W 6893/98 – KG Report Berlin 1999, 396 = NJW-RR 2000, 513). Hierbei kann der Sachverständige sich dann der Multifaktoren- oder Zielbaummethode bedienen (Ulrich, Der gerichtliche Sachverständige. Ein Handbuch für die Praxis, 12. Aufl. 2007, Rn. 577; ders., Selbstständiges Beweisverfahren mit Sachverständigen, 2. Aufl. 2008, Teil 3 Rn. 24) oder der Nutzwertanalyse (OLG Bamberg, Urt. v. 04.04.2005 – 4 U 95/04 – BauR 2006, 2061; OLG Zweibrücken, Urt. v. 25.04.2005 – 7 U 53/04 – BauR 2006, 690), wobei der konkrete Umfang der Minderung letztlich eine Rechtsfrage darstellt (Prütting/Gehrlein-Ulrich, § 485 Rn. 21.).

Unzulässig sind Fragen z.B. nach entgangenem Gewinn (BGH, Beschl. v. 27.11.2013 – III ZB 38/13 -, NJW-RR 2014, 180). Andererseits muss nicht gewährleistet sein (als Zulässigkeitserfordernis), dass nicht unter Umständen nach Abschluss des selbständigen Beweisverfahrens noch weitere, nur in einem eventuellen Hauptsacheprozess aufklärungsfähige Fragen offenbleiben, mithin die Vermeidung eines Rechtsstreits nicht ganz sicher ist (BGH, Beschl. v. 24.09.2013 – VI ZB 12/13 -, BGHZ 198, 237 = NJW 2013, 1342).

Als Beweismittel im Falle des § 485 Abs. 2 ZPO bleibt nur das Sachverständigengutachten. Hier steht es dem Antragsteller frei, ob er einen konkreten Vorschlag zu einem Sachverständigen unterbreitet, oder aber ob er den (zeitlich längeren) Weg wählt, dass die Akte an die zuständige IHK (oder Architektenkammer, Handwerkskammer etc.) versandt wird, um Vorschläge zu unterbreiten. Die Entscheidung zur Auswahl des Sachverständigen trifft das Gericht (§ 404 Abs. 1 S. 1 ZPO), nur wenn sich die Parteien über bestimmte Personen als Sachverständige einigen, muss das Gericht dieser Entscheidung folgen (§ 404 Abs. 4 ZPO).

Die Tatsachen sind im Einzelnen glaubhaft zu machen. In der Regel ergeben sich sämtliche relevanten Tatsachen (Belegenheit des Ortes für die Zuständigkeit, Vertragspartner) aus Verträgen, im Schriftverkehr und den Lichtbildern. Daher ist es nur in den seltensten Fällen erforderlich, zusätzlich noch eine eidesstattliche Erklärung der Antragsteller vorzulegen, wobei diese Bezug nehmen kann auf die Darstellungen im Antrag (Prütting/Gehrlein-Ulrich, § 487 Rn. 5). Gleichwohl ist es immer wieder anzutreffen, dass seitens des Gerichts eine eidesstattliche Erklärung als zwingend erforderlich angesehen wird (entgegen § 294 Abs. 1 ZPO, wonach alle Beweismittel zur Glaubhaftmachung zulässig sind, »auch« eine Versicherung an Eides statt), so dass wiederum zur Vermeidung von zeitlichen Verzögerungen diese sogleich vorbereitet und mit eingereicht werden sollte.

dd) Kostenvorschuss

Mit der Ankündigung, nach Bekanntgabe des Aktenzeichens einen Kostenvorschuss (§ 402 ZPO in Verbindung mit § 379 ZPO sowie § 17 GKG) einzuzahlen, kann die Durchführung des Beweisverfahrens beschleunigt werden, weil dann – bis der Richter die Akte auf dem Tisch hat, jedenfalls bis die Antragsgegner sich im Rahmen der Gewährung rechtlichen Gehörs Art. 103 GG, wobei ihnen genügend Zeit eingeräumt werden muss, eine schriftliche Stellungnahme abzugeben (OLG Karlsruhe, Beschl. v. 03.08.1982 – 7 W 20/82 –, BauR 1983, 188), geäußert haben – der Vorschuss zur Akte gelangt ist, so dass das Zeit raubende Procedere mit Versendung von Gerichtsrechnungen und Kontrolle des Eingangs der Zahlung unterbleiben kann.

90

ee) Zustellung/Hemmung der Verjährung

Für die Hemmung der Verjährung (§ 204 Abs. 1 Ziff. 4 BGB) kommt es auf die (demnächstige, § 167 ZPO) Zustellung des Antrages an. Um also den Beginn der Frist berechnen zu können, muss kontrolliert werden, ob tatsächlich förmlich zugestellt worden ist. Hierzu bedarf es eines Antrags nach § 169 ZPO. Zwar kann auch eine formlose Zustellung hemmen aufgrund der Heilungsvorschrift des § 189 ZPO (BGH, Urt. v. 27.01.2011 – VII ZR 186/09 – BauR 2011, 669 = NZBau 2011, 354 = ZfBR 2011, 354 = NJW 2011, 1965), allerdings muss der Antrag tatsächlich zugegangen sein, und dies wird im Zweifel vom Antragsteller zu beweisen sein.

91

ff) Beendigung des Verfahrens

Die durch ein selbständiges Beweisverfahren bewirkte Hemmung dauert gemäß § 204 Abs. 2 S. 1 BGB an bis 6 Monate nach Beendigung des Verfahrens (es wird also dem Antragsteller eine lange Überlegungsfrist eingeräumt, ob er als Konsequenz aus dem Beweisverfahren weitere Schritte einleitet; tritt er sofort in Verhandlungen mit den Beteiligten ein, verlängert sich ohnehin der Hemmungszeitraum). Eine förmliche Beendigung des selbständigen Beweisverfahrens ist jedoch im Gesetz nicht vorgesehen. Daher ist ein selbständiges Beweisverfahren dann beendet, wenn die Beweissicherung sachlich erledigt ist. Erfolgte sie durch ein schriftliches Sachverständigengutachten, dann ist mit dessen Übersendung an die Parteien das Verfahren beendet, wenn weder das Gericht nach § 411 Abs. 4 S. 2 ZPO eine Frist zur Stellungnahme gesetzt hat, noch die Parteien innerhalb eines angemessenen Zeitraums Einwendungen dagegen oder das Gutachten betreffende Anträge oder Ergänzungsfragen mitgeteilt haben. In den letztgenannten Fällen endet die Hem-

92

mung erst zu einem späteren Zeitpunkt. Insgesamt lässt sich damit die Beendigung des Verfahrens erst bei rückschauender Betrachtung beurteilen (BGH, Urt. v. 28.10.2010 – VII ZR 172/09 – BauR 2011, 287 = NZBau 2011, 156 = ZfBR 2011, 134 = NJW 2011, 594; BGH, Beschl. v. 24.03.2009 – VII ZR 200/08 – BauR 2009, 979 = NZBau 2009, 598 = ZfBR 2009, 459). Ferner kann sich ein unterschiedlicher Lauf der Verjährung hinsichtlich verschiedener Mängel eines Bauvorhabens ergeben, wenn nur bezüglich einiger Mängel entsprechende Ergänzungsfragen gestellt werden (BGH, Urt. v. 03.12.1992 – VII ZR 86/92 – BGHZ 120, 329 = BauR 1993, 221 = ZfBR 1993, 114 = NJW 1993, 851; OLG München, Urt. v. 13.02.2007 – 9 U 4100/06 – BauR 2007, 1095 = NZBau 2007, 375; OLG Dresden, Beschl. v. 27.11.2008 – 9 U 1128/08 – BauR 2009, 551) – eine sehr haftungsträchtige Rechtsprechung.

Dem Antragsgegner steht das Recht zu, Gegenanträge zu stellen, auch der Antragsteller kann später Ergänzungsfragen an den Sachverständigen richten (§ 411 Abs. 4 ZPO). Ferner ist auf Antrag der Sachverständige zur mündlichen Erläuterung seines Gutachtens zu laden, § 411 Abs. 3 ZPO. Dies gilt auch dann, wenn nicht im Sinne von § 492 Abs. 3 ZPO eine Einigung zu erwarten ist, so dass ein Vergleich gerichtlich protokolliert werden könnte (BGH, Beschl. v. 13.09.2005 – VI ZB 84/04 – BGHZ 164, 94 = NZBau 2005, 688). Dann allerdings greift der Anwaltszwang bei Verfahren vor den Landgerichten.

gg) Verwertung im Hauptsacheprozess/Präklusion

93 Werden Einwendungen nicht rechtzeitig vorgebracht, so ist der Betreffende in einem späteren Hauptsacheprozess mit seinen Einwendungen präkludiert (BGH, Urt. v. 11.06.2010 – V ZR 85/09 –, BauR 2010, 1585 = NZBau 2010, 679 = NJW 2010, 2873). Allerdings ist Wirkung dieser Präklusion keineswegs eine Bindungswirkung des Gutachtens in einem späteren Hauptsacheprozess; denn nach pflichtgemäßem Ermessen kann es für das Gericht geboten sein, insbesondere bei Zweifeln oder Unvollständigkeit einer Begutachtung, die Beweisaufnahme fortzusetzen, zu wiederholen oder den Sachverständigen mündlich anzuhören. Anlass für derartige Maßnahmen können dann auch präkludierte Einwendungen der Parteien sein (Gartz, BauR 2011, 906 ff. m.w.N.).

hh) Kosten des Verfahrens

94 Das selbständige Beweisverfahren kennt nur eine Kostenerstattung zu Gunsten des Antragsgegners (wobei der Antragsteller zum Antragsgegner wird, wenn der Antragsgegner seinerseits Beweisanträge gestellt hat, so dass für diesen Fall auch der [Haupt-]Antragsteller antragsbefugt ist, Zöller-Herget, ZPO, 31. Aufl., § 494a ZPO Rn. 3). Dies hat seinen rechtspolitischen Hintergrund darin, dass im Rahmen des selbständigen Beweisverfahrens der Richter keine Rechtsfragen klärt, mithin letztlich nicht entscheidet, ob zurecht das Verfahren eingeleitet wurde, ob es »erfolgreich« war. Glaubt der Antragsteller, Ansprüche realisieren zu können, dann muss er den Hauptsacheprozess führen, andernfalls muss er dem Antragsgegner dessen Kosten erstatten.

Zu dieser Entscheidung kann er auf Antrag gemäß § 494a ZPO vom Antragsgegner »gezwungen« werden. Das Gericht setzt dann dem Antragsteller eine Frist zur Erhebung der Hauptsacheklage. Kommt der Antragsteller dem nicht nach (weil er vielleicht eingesehen hat, dass er aus dem Ergebnis des selbständigen Beweisverfahrens keine entsprechenden Ansprüche herleiten kann), dann spricht das Gericht nach Fristablauf gemäß § 494a Abs. 2 ZPO aus, dass der Antragsteller die dem Antragsgegner entstandenen Kosten zu tragen hat. Dieses Kostenfestsetzungsverfahren wird allerdings unterbrochen für den Fall der Insolvenz einer Partei (BGH, Beschl. v. 23.03.2011 – VII ZB 128/09 – BauR 2011, 1199 = NJW 2011, 1679).

Auch im Falle einer Rücknahme des Antrags hat der Antragsteller nach § 269 Abs. 3 S. 2 ZPO die Kosten des Verfahrens zu tragen, ebenso bei einseitiger Erledigungserklärung (die der Antragsrücknahme gleichgestellt ist) (BGH, Beschl. v. 14.10.2004 – VII ZB 23/03 –, BauR 2005, 133 =

NZBau 2005, 42 = ZfBR 2005, 174; v. 10.03.2005 – VII ZB 1/04 –, BauR 2005, 1056 = NZBau 2005, 396).

Eine Kostenentscheidung gemäß § 91a ZPO bei übereinstimmenden Erledigungserklärungen kommt hingegen nicht in Betracht; eine einseitige Erledigungserklärung im selbständigen Beweisverfahren ist unzulässig, ist jedoch regelmäßig als Antragsrücknahme aufzufassen mit der Kostenfolge entsprechend § 269 Abs. 3 Satz 2 ZPO, wenn nach dem Willen des Antragstellers das selbständige Beweisverfahren endgültig beendet sein soll (BGH, Beschl. v. 24.02.2011 – VII ZB 108/08 – BauR 2011, 1045 = NZBau 2011, 355; v. 07.12.2010 – VIII ZB 14/10 –, BauR 2011, 714 jeweils m.w.N.).

Eine Kostenentscheidung zulasten des Antragstellers kann im selbstständigen Beweisverfahren auch dann ergehen, wenn der Antrag als unzulässig zurückgewiesen wird (BGH, Beschl. v. 24.02.2011 – VII ZB 108/08 – BauR 2011, 1045 = NZBau 2011, 355; v. 07.12.2010 – VIII ZB 14/10 –, BauR 2011, 714).

Dem steht es gleich, wenn der Antragsteller das Beweisverfahren nicht weiter betreibt, insbesondere wenn er einen angeforderten Auslagenvorschuss, von dessen Einzahlung das Gericht die Beweiserhebung abhängig gemacht hat, trotz Erinnerung seitens des Gerichts nicht einzahlt (BGH, Beschl. v. 14.12.2016 – VII ZB 29/16 –, BauR 2017, 591 = NJW 2017, 1399).

Erhebt der Antragsteller Hauptsacheklage (es genügt ein Mahnbescheidsantrag [OLG Karlsruhe, Beschl. v. 07.03.2008 – 19 W 4/08 – BauR 2008, 1350 = NZBau 2009, 38; OLG Schleswig, Beschl. v. 09.03.2006 – 116 W 25/06 – IBR 2006, 308]), dann gehören die Kosten des vorausgegangenen selbstständigen Beweisverfahrens auch insofern zu den Kosten des Hauptsacheverfahrens, wenn dessen Streitgegenstand und der Gegenstand des selbständigen Beweisverfahrens nur teilweise identisch sind (BGH, Beschl. v. 10.01.2007 – XII ZB 231/05 – BauR 2007, 747 und 1094 = NZBau 2007, 1282). In Betracht kommt auch eine Verwertung des Ergebnisses des selbständigen Beweisverfahrens durch eine Aufrechnungserklärung im Prozess (BGH, Beschl. v. 25.08.2005 – VII ZB 35/04 – BauR 2005, 1799 = NZBau 2005, 687 = ZfBR 2006, 26) oder die Erhebung einer Widerklage (BGH, Beschl. v. 92.05.2003 – VII ZB 30/02 – BauR 2003, 1255 = NZBau 2003, 500; OLG Saarbrücken, Beschl. v. 12.03.2008 – 4 W 312/07 – OLG Report Saarbrücken 2008, 534). Eine geteilte Kostenentscheidung kommt insoweit nicht in Betracht, also differenziert nach dem Obsiegen bezogen auf den Gegenstand des Beweisverfahrens einerseits und die übrigen im Hauptsacheprozess anhängig gemachten Fragen andererseits. Diesbezüglich ist das Ergebnis nicht anders, als wenn die Beweisaufnahme nur im Hauptsacheprozess durchgeführt worden wäre. Allerdings wird hier eine Anwendung des § 96 ZPO in Betracht zu ziehen sein (BGH, Beschl. v. 09.02.2006 – VII ZB 59/05 – BauR 2006, 865 = NZBau 2006, 374 = ZfBR 2006, 348; Beschl. v. 24.06.2004 – VII ZB 34/03 – BauR 2004, 1487 = NZBau 2005, 44 = ZfBR 2004, 788).

Hat der Antragsgegner zwischenzeitlich die Mängel beseitigt und stellt dann gleichwohl Antrag gemäß § 494a ZPO, dann verbleibt dem Antragsteller als mögliche Klageform eine auf Feststellung, dass der Antragsgegner zur Beseitigung der Mängel verpflichtet war, gerichtete Klage (BGH, Beschl. v. 12.02.2004 – V ZB 57/03 – BauR 2004, 1181; Beschl. v. 01.07.2004 – V ZB 66/03 – BGH Report 2004, 1522 = NJW-RR 2004, 1580).

Der Antrag gem. § 494a ZPO unterliegt dem Anwaltszwang (str., Zöller-Herget, ZPO, § 494a ZPO Rn. 6 mwN).

ii) Streitverkündung

Entgegen des Wortlautes des § 72 Abs. 1 ZPO, der die Zulässigkeit einer Streitverkündung im Rechtsstreit regelt, hat der BGH nach Sinn und Zweck des selbständigen Beweisverfahrens (welches schließlich einen Rechtsstreit vermeiden soll) entschieden, dass aus Gründen der Beschleu-

95

nigungs- und Konzentrationswirkung eine Streitverkündung zulässig ist (BGH, Urt. v. 05.12.1996 – VII ZR 108/95 – BGHZ 134, 190 = BauR 1997, 347 = ZfBR 1997, 148 = NJW 1997, 859). Auch hierdurch wird die Verjährung gehemmt (§ 204 Abs. 1 Nr. 6 BGB). Die Streitverkündung bewirkt, dass das eingeholte Sachverständigengutachten im Folgeprozess gegen den Streitverkündeten ebenfalls mit Bindungswirkung als Beweismittel benutzt werden kann (BGH, Urt. v. 02.10.1997 – VII ZR 30/97 – BauR 1998, 172 = ZfBR 1998, 26). Die Beitrittserklärung eines Nebenintervenienten in einem beim Landgericht anhängigen selbständigen Beweisverfahren unterliegt nicht dem Anwaltszwang, insoweit ist er den Parteien gleichgestellt (BGH, Beschl. v. 12.07.2012 – VII ZB 9/12 – BGHZ 194, 68 = NJW 2012, 2810 = BauR 2012, 1676 = NZBau 2012, 563 = ZfBR 2012, 752).

Der Streitverkündete kann selbst dann Kostenerstattung erhalten, wenn er im späteren Hauptsacheverfahren nicht beigetreten ist (BGH, Beschl. v. 19.12.2013 – VII ZB 11/12 – BauR 2014, 584 = ZfBR 2014, 251; v. 05.12.2013 – VII ZB 15/12 -, BauR 2014, 293 = NJW 2014, 581 = NZBau 2014, 225 = ZfBR 2014, 249).

Allerdings kann auch im selbstständigen Beweisverfahren ein Beitritt des Nebenintervenienten unzulässig sein; denn wie in einem Hauptsacheprozess hat er entsprechend § 66 Abs. 1 ZPO ein rechtliches Interesse am Obsiegen derjenigen Partei, welcher er beitritt, glaubhaft zu machen. Der Begriff des rechtlichen Interesses ist zwar nach ständiger Rechtsprechung des BGH weit auszulegen (vgl. BGH, Beschl. v. 10.02.2011 – I ZB 63/09 –, NJW-RR 2011, 907; v. 17.01.2006 – X ZR 236/01, BGHZ 166, 18), allerdings ist aufgrund der Besonderheiten des selbständigen Beweisverfahrens nicht auf ein sogenanntes »Obsiegen« in einem gedachten Hauptsacheprozess abzustellen, dies schon deshalb, weil gar nicht feststeht, mit welchen Anträgen ein solches Hauptsacheverfahren eventuell durchgeführt werden würde. Ein Antragsteller »obsiegt« in einem selbstständigen Beweisverfahren vielmehr dann, wenn die von ihm behaupteten Mängel und deren Verursachung durch den Antragsgegner festgestellt werden. Nach dieser Maßgabe muss dann gegebenenfalls entsprechend § 71 ZPO in einem Zwischenstreit durch Beschluss (und nicht durch Urteil, wie es § 71 ZPO eigentlich vorsieht) entschieden werden (BGH, Beschl. v. 18.11.2015 – VII ZB 57/12 –, BauR 2016, 703 = NZBau 2016, 158 und VII ZB 2/15 –, BauR 2016, 705 = NZBau 2016, 156).

8. § 650e BGB – Sicherungshypothek des Bauunternehmers

a) Vorbemerkung

96 Ein Bauvertrag bietet für beide Parteien hohe Risiken, die üblicherweise durch Sicherheiten begrenzt werden. Die Sicherheiten zugunsten des Bauherrn (Vertragserfüllungssicherheit, Mängelsicherheit, ggf. Vorauszahlungssicherheit) sind gesetzlich nicht geregelt, werden aber regelmäßig vertraglich vereinbart; die VOB/B enthält in § 17 flankierende Regelungen für den Fall, dass solche Sicherheiten vereinbart worden sind. Sicherheiten zugunsten des Unternehmers werden vertraglich häufig außer Acht gelassen; daher enthält das Gesetz zwei Möglichkeiten der Forderungssicherung für den Bauunternehmer, nämlich die Sicherungshypothek nach § 650e BGB und die Bauhandwerkersicherung nach § 650f BGB (dazu nachfolgender Abschnitt F.13).

Da die VOB/B für die Sicherheiten des Unternehmers überhaupt keine Regelungen enthält (und damit auch keine, welche die gesetzlichen Regelungen modifizieren würden), gelten die §§ 650e, 650f BGB im VOB-Vertrag uneingeschränkt ebenfalls (Für § 648 BGB a.F.: OLG Brandenburg, BauR 2003, 578; für § 648a BGB a.F.: BGH BauR 2009, 1152).

aa) Verhältnis der beiden gesetzlichen Sicherungsrechte zueinander

97 Die Sicherheiten aus § 650e BGB und aus § 650f BGB stehen dem Unternehmer zunächst einmal nebeneinander zur Verfügung. In § 650f Abs. 4 BGB ist zwar geregelt, dass der Anspruch auf

Einräumung der Sicherungshypothek nach § 650e Abs. 1 BGB ausgeschlossen ist, soweit der Unternehmer bereits eine Sicherheit nach § 650f Abs. 1 oder 2 BGB erlangt hat. Er hat jedoch die Möglichkeiten, beide Sicherheiten parallel zu verfolgen, solange er noch nicht ausreichend gesichert ist (Werner/Pastor, Rn. 317 m.w.N.). Eine Regelung für den umgekehrten Fall – also, dass der Unternehmer bereits eine Sicherungshypothek nach § 650e BGB erlangt hat –, findet sich im Gesetz nicht. Da der Unternehmer aber kein Sicherungsbedürfnis mehr hat, soweit er durch die Hypothek geschützt ist, wird er insoweit auch keine anderweitige Sicherheit nach § 650f BGB mehr fordern können; das gilt jedenfalls dann, wenn die Sicherungshypothek an ausreichend günstiger Rangstelle eingetragen werden konnte (OLG Dresden, BauR 2008, 1161; Einzelheiten bei Werner/Pastor, Rn. 317 f.).

Die Zielrichtung und das Sicherungsobjekt der beiden Sicherungsmittel unterscheiden sich:

– In Form der Sicherungshypothek soll der Unternehmer Sicherheit für die Leistungen erhalten, die zu einer Werterhöhung des Grundstücks geführt haben (BGH BauR 1984, 413; OLG Düsseldorf, BauR 1972, 1863); im Regelfall geht es also um die bereits erbrachten Leistungen (Werner/Pastor, Rn. 224). Die Sicherung erfolgt durch die Belastung des Baugrundstücks.
– Die Sicherheit nach § 650f BGB hingegen soll den Ausgleich für das Vorleistungsrisiko (Einzelheiten bei Werner/Pastor, Rn. 326 ff.) darstellen; es wird daher der gesamte Vergütungsanspruch des Unternehmers abgesichert, soweit er noch nicht erfüllt ist; erfasst ist damit also auch oder sogar insbesondere die Vergütung für die noch nicht erbrachten Leistungen. Sicherungsobjekt sind hier die Finanzierungsmittel des Bestellers.

Wegen dieser unterschiedlichen Zielrichtungen ist durchaus denkbar, dass der Besteller berechtigt beide Sicherungsmittel nebeneinander geltend macht. Die Vergütung für die bereits erbrachten Leistungen könnte durch eine Sicherungshypothek abgesichert werden; für die dann noch ungesicherten Ansprüche für (noch) nicht erbrachte Leistungen kommt weiterhin die Sicherheit nach § 650f BGB in Frage.

bb) Abdingbarkeit

Im Gegensatz zu § 650f BGB ist der Anspruch aus § 650e BGB grundsätzlich abdingbar; er kann also in individualvertraglichen Vereinbarungen eingeschränkt oder ganz ausgeschlossen werden (KG, BauR 2010, 1099). In Allgemeinen Geschäftsbedingungen wird dies jedoch im Regelfall nicht möglich sein, da vom gesetzlichen Leitbild abgewichen wird (BGH BauR 1984, 413; OLG Celle, BauR 2001, 834). Dies kann u.U. anders zu beurteilen sein, wenn der Vertrag einen angemessenen Ausgleich dafür vorsieht (BGH BauR 1984, 413; OLG Celle, BauR 2001, 834); der Verweis auf § 650f BGB reicht allerdings nicht aus (OLG Karlsruhe, BauR 1997, 486), da das Gesetz dem Unternehmer die beiden Möglichkeiten nebeneinander zur Verfügung stellen wollte.

98

cc) Praktische Handhabung, taktische Überlegungen

Für die Wirksamkeit der Sicherungshypothek ist grundsätzlich die Einigung der Parteien darüber sowie die Eintragung ins Grundbuch erforderlich (§ 873 BGB). Die Eintragungsbewilligung muss dabei in notariell beglaubigter Form erfolgen (§§ 19, 29, 39 GBO). Die Rangsicherung durch eine Vormerkung ist möglich. Beides lässt sich natürlich am schnellsten einvernehmlich erreichen.

99

Sofern der Besteller die Eintragung der Sicherungshypothek jedoch – was der Regelfall sein wird – nicht freiwillig bewilligt, muss der Anspruch gerichtlich durchgesetzt werden; dabei ersetzt das (vorläufig vollstreckbare) Urteil die Bewilligung. Weil es in den meisten Fällen auch um die Rangwahrung oder die Sicherung des Anspruchs vor einem Verkauf des Grundstücks geht, die Durchsetzung des Rechts also eilbedürftig ist, ist regelmäßig die Eintragung einer **Vormerkung im Wege** der einstweiligen Verfügung der sinnvolle Weg. Zu ihrer Wirksamkeit muss die einstweilige Verfügung fristgerecht **vollzogen** (also die Vormerkung eingetragen) und **zugestellt** werden. Oftmals reicht die Vormerkung auch schon aus, um den Besteller zu einer Zahlung zu bewegen und damit die tatsächliche Eintragung der Sicherungshypothek obsolet zu machen.

Falls nicht, ist anschließend der Anspruch auf Eintragung der Sicherungshypothek (an der durch die Vormerkung gesicherten Rangstelle) im **Klageverfahren** durchzusetzen. Der Antragsgegner kann die Erhebung der Hauptsacheklage nach den §§ 936, 926 Abs. 1 ZPO erzwingen; das Gericht setzt auf Antrag eine Frist für die Erhebung der Hauptsacheklage.

Taktisch hat die Sicherungshypothek den Vorteil, dass schon allein die Eintragung der Vormerkung für den gewerblichen Besteller, der das Objekt weiterverkaufen will und u.U. zur lastenfreien Eigentumsübertragung verpflichtet ist, sehr unangenehm ist. Die Vormerkung lässt sich also ggf. hervorragend als Druckmittel (so auch Werner/Pastor, Rn. 183 u. 187) für die eigentlich erstrebte Zahlung einsetzen. Außerdem ist das einstweilige Verfügungsverfahren relativ einfach und schnell. Auf der anderen Seite lassen sich nur die Ansprüche für bereits erbrachte Leistungen sichern, und es kann aufgrund der Finanzierung des Bauvorhabens durchaus sein, dass die Hypothek in Wahrheit wegen vorrangiger Rechte der Finanzierungsinstitute nicht werthaltig ist.

Befürchtet der Bauherr die Eintragung einer Vormerkung, sollte er darüber nachdenken, eine **Schutzschrift** zu hinterlegen (dazu nachfolgender Abschnitt F.12). Außerdem hat er die Möglichkeit, dem Unternehmer eine Sicherheit nach § 650f BGB zu übergeben, was gem. dessen Abs. 4 zum Ausschluss des Anspruchs aus § 650e BGB führt. Hat der Unternehmer die Vormerkung bereits erlangt, kann dem Bauherrn ein Austauschrecht nach § 939 ZPO zustehen (LG Hamburg, IBR 2010, 1057 [Schliemann]; KG, IBR 2010, 335 [Schulze-Hagen]).

b) Muster Antrag auf Eintragung einer Vormerkung für eine Bauhandwerkersicherungshypothek im Wege der einstweiligen Verfügung

100 Landgericht Düsseldorf

.....

Düsseldorf

Antrag auf Erlass einer
einstweiligen Verfügung

des Architekten ....., München

– Antragsteller –

Prozessbevollmächtigte: Rechtsanwälte ....., München

gegen

XY Grundstücksgesellschaft mbH, vertreten durch den Geschäftsführer, ..., Hamburg

– Antragsgegnerin –

wegen: Eintragung einer Vormerkung für eine Bauhandwerkersicherungshypothek nach § 650e BGB

vorläufiger Streitwert: 30.000,– EUR

Namens und in Vollmacht des Antragstellers *beantragen* wir, im Wege der einstweiligen Verfügung und wegen der Eilbedürftigkeit ohne mündliche Verhandlung
1. die Eintragung einer Vormerkung zugunsten des Antragstellers zur Sicherung des Anspruchs auf Einräumung einer Sicherungshypothek über 60.000,00 EUR zzgl. Zinsen hieraus i.H.v. 8 Prozentpunkten über dem Basiszins seit dem 30.12.2010 sowie voraussichtlicher Kosten i.H.v. ..... EUR in das Grundbuch von Düsseldorf, Blatt ....., Flurstück ....., anzuordnen;

2. das Grundbuchamt gem. § 941 ZPO unmittelbar um die Eintragung der Vormerkung zu ersuchen und den Antragsteller über den Eingang des Ersuchens zu informieren.

Sollte das Gericht Umstände sehen, die eine mündliche Verhandlung erforderlich machen oder der Verfügung ansonsten entgegenstehen könnten, bitten wir um telefonische Kontaktaufnahme.

Begründung:

Der Antragsteller hat mit einer Projekt XY GmbH einen Architektenvertrag über Leistungen der Leistungsphasen 1 bis 5 aus § 33 HOAI hinsichtlich eines Objektes geschlossen, das derzeit auf dem im Antrag zu 1) bezeichneten, der Antragsgegnerin gehörigen Grundstück errichtet wird. Aus diesem noch laufenden Vertragsverhältnis stehen dem Antragsteller aktuell fällige Honoraransprüche i.H.v. 60.000,– EUR zu, die bisher ohne triftige Begründung nicht gezahlt werden.

Der Antragsteller möchte daher von seinem Recht aus den §§ 650q Abs. 1, 650e BGB Gebrauch machen und hinsichtlich dieses Anspruches eine Sicherungshypothek eintragen lassen. Da dem Antragsteller bekannt ist, dass der Verkauf des Grundstücks kurz bevorsteht, ist die Sicherung des Anspruchs durch schnellstmögliche Eintragung einer Vormerkung angezeigt.

I. Zuständigkeit des Landgerichts Düsseldorf

Das Landgericht Düsseldorf ist zuständig gemäß den §§ 937 Abs. 1, 26 ZPO, da das Bauvorhaben, das Gegenstand des Architektenvertrags ist, im Bezirk des Landgerichts Düsseldorf, auf dem im Antrag zu 1) bezeichneten Grundstück, errichtet wird.

II. Sachverhalt

1. Das im Antrag zu 1) näher bezeichnete Grundstück gehört der Antragsgegnerin.

Glaubhaftmachung: beglaubigter Grundbuchauszug, Anlage Ast 1

Der Geschäftsführer und einzige Gesellschafter der Antragsgegnerin ist zugleich auch Geschäftsführer und Hauptgesellschafter der Projekt XY GmbH, also der Auftraggeberin des Antragstellers.

Glaubhaftmachung: beglaubigte Kopie des Handelsregisterauszugs, Anlage Ast 2

Auf diesem Grundstück wird aktuell das von dem Antragsteller geplante Büro- und Geschäftshaus errichtet; die Arbeiten haben bereits begonnen.

2. Die Projekt XY GmbH hat den Antragsteller mit der Erbringung der Planungsleistungen gemäß den Leistungsphasen 1 bis 5 aus § 33 HOAI für das Objekt ..... beauftragt.

Glaubhaftmachung: beglaubigte Kopie des Vertrags vom ....., Anlage Ast 3

Gem. § 4 dieses Vertrages steht dem Antragsteller ein Honorar von insgesamt ..... EUR zu; in § 5 ist geregelt, dass er berechtigt ist, Abschlagszahlungen nach dem vereinbarten und dem Vertrag beigefügten Zahlungsplan zu verlangen.
1. wie vor
2. beglaubigte Kopie des Zahlungsplans, Anlage Ast 4

Der Antragsteller hat entsprechend diesen vertraglichen Vereinbarungen die ersten Teilbeträge nach dem Zahlungsplan abgerechnet; er hat drei Abschlagsrechnungen über je 20.000,– EUR gestellt; insgesamt also über 60.000,– EUR.

Glaubhaftmachung: beglaubigte Kopien der Rechnungen vom ....., vom ..... und vom ....., Anlagenkonvolut Ast 5

Die Projekt XY GmbH hat gegen diese Rechnung keinerlei Einwendungen erhoben, jedoch bislang schlicht nicht gezahlt. Dem Antragsteller sind auch sonst keine Einwendungen bekannt; die abgerechneten Leistungen hat der Antragsteller vollständig erbracht.

Glaubhaftmachung: eidesstattliche Versicherung des Antragstellers, Anlage Ast 6

Die offenstehenden Rechnungen sind mehrfach, zuletzt mit Schreiben des Antragstellers vom 20.12.2010 unter Fristsetzung bis zum 29.12.2010, angemahnt worden.

Glaubhaftmachung: beglaubigte Kopie des Schreibens vom 20.12.2010, Anlage Ast 7

4. Eine anderweitige Sicherheit, z.B. nach § 650f BGB, liegt dem Antragsteller nicht vor.

III. Rechtliche Würdigung

Der Antragsteller hat Anspruch auf die Eintragung der erstrebten Vormerkung nach den §§ 935 ZPO und 650q Abs. 1, 650e Abs. 1, 883 Abs. 1, 885 Abs. 1 BGB.

1. Dem Antragsteller steht gem. § 650e BGB eine Sicherungshypothek in der geltend gemachten Höhe an dem im Antrag zu 1) bezeichneten Grundstück zu.

a) Gemäß § 650q Abs. 1 BGB gilt § 650e BGB auch für Architekten- und Ingenieurverträge. Ein solcher ist hier geschlossen worden, denn der Antragsteller ist mit der Erbringung von Leistungen beauftragt worden, die erforderlich sind, um das zwischen den Parteien vereinbarte Planungsziel - Erstellen einer Ausführungsplanung - zu erreichen (vgl. § 650p Abs. 1 BGB). Der Antragsteller hat (was unstreitig bleiben dürfte) Planungsleistungen für das Objekt erbracht, die sich durch den Beginn mit der Baumaßnahme auch bereits im Bauwerk manifestiert und damit den Wert des Grundstücks erhöht haben. Damit gehört der Antragsteller zum von § 650e BGB geschützten Personenkreis, weshalb er grundsätzlich Anspruch auf Einräumung einer Sicherungshypothek hat.

b) Dass die Antragsgegnerin zwar Eigentümerin des betroffenen Grundstücks, aber nicht identisch mit der Auftraggeberin des Antragstellers ist, ist im konkreten Fall unschädlich.

Nach der höchstrichterlichen Rechtsprechung kann ein Anspruch auf Sicherheit gemäß § 650e BGB auch dann bestehen, wenn Grundstückseigentümer und Auftraggeber auseinanderfallen. Das Identitätserfordernis muss nach Treu und Glauben jedenfalls dann zurücktreten, wenn die förmliche Verschiedenheit dazu führen würde, dass dem Leistenden eine ihm redlicherweise zustehende Sicherheit vorenthalten bleibt. Von der Rechtsprechung ist dies vor allem anerkannt, wenn der Grundstückseigentümer den tatsächlichen Vorteil aus der erbrachten Werkleistung zieht.

So liegt der Fall auch hier: Das Grundstück der Antragsgegnerin hat durch die erbrachten Leistungen einen Wertzuwachs erhalten, den diese durch die anstehende Veräußerung zu ihren eigenen Gunsten nutzen will. Die Leistungen, welche der Antragsteller formell für die Projekt XY GmbH erbringt, fließen also im Ergebnis der Antragsgegnerin zu. Es wäre daher nicht gerechtfertigt, ihm die Sicherheit an dem Grundstück nicht zuzusprechen.

c) Neben der eigentlichen Forderung stehen dem Antragsteller auch die gesetzlichen Verzugszinsen zu. Zudem sind ihm im Zusammenhang mit der berechtigten Sicherung der Forderung nach § 650e BGB bereits Kosten entstanden bzw. es werden ihm noch Kosten entstehen, die ebenfalls abgesichert werden können. Diese berechnen sich wie folgt:
- voraussichtliche Anwalts- und Gerichtsgebühren des Verfügungsverfahrens: (Gebührenberechnung)
- voraussichtliche Anwalts- und Gerichtskosten des Vollzugs der einstweiligen Verfügung: (Gebührenberechnung)

2. Ein Verfügungsgrund muss nicht dargelegt oder glaubhaft gemacht werden; § 885 BGB.

Die Angelegenheit ist jedoch besonders eilbedürftig, da die Antragsgegnerin nach den Informationen des Antragstellers das Grundstück kurzfristig zu verkaufen beabsichtigt, bzw. bereits verkauft hat. Mit der Eigentumsübertragung würde der Anspruch des Antragstellers aus § 650e BGB zunichte gemacht, denn damit würde die grundsätzlich erforderliche Identität von Grundstückseigentümer und Auftraggeber endgültig entfallen. Aus diesem Grund sollte die beantragte Verfügung ohne mündliche Verhandlung erlassen werden, da damit zu rechnen ist, dass die Antragsgegnerin, sofern sie durch die Anberaumung eines Termins von der beabsichtigten Vormerkung erfährt, das Grundstück anderweitig belastet; der Überraschungseffekt ist also für den Erfolg der Maßnahme entscheidend.

Diese Eilbedürftigkeit rechtfertigt auch den Antrag, dass das Gericht gem. § 941 ZPO unmittelbar das Grundbuchamt um die Eintragung der Vormerkung ersucht.

Beglaubigte und einfache Abschrift anbei.

(Unterschrift)

Rechtsanwalt

c) Erläuterungen

Wie einleitend bereits erwähnt, ist die Geltendmachung des Rechts aus § 650e BGB meist mit Eilbedürftigkeit verbunden, um z.B. einen werthaltigen Rang zu erlangen oder einer Veräußerung des Grundstücks zuvorzukommen. Daher ist die einstweilige Verfügung regelmäßig das probate Mittel zur Anspruchssicherung.

aa) Zu den Anträgen

Das Grundstück ist möglichst genau zu bezeichnen, so dass die Verfügung auch unproblematisch vollzogen werden kann. Es ist sinnvoll, im Antrag bei der Höhe der erstrebten Vormerkung zwischen der eigentlichen Forderung und den Kosten zu unterscheiden, da die Kosten nicht streitwertrelevant sind. Die (voraussichtlichen) Kosten der Rechtsverfolgung für die Eintragung der Vormerkung können mit gesichert werden (Palandt/Sprau, § 648, Rn. 4).

Der Antrag, dass das Gericht das Grundbuchamt gem. § 941 ZPO unmittelbar um die Eintragung ersuchen soll, ist auf jeden Fall empfehlenswert, denn der Zeitpunkt des Einganges des Antrags beim Grundbuchamt ist entscheidend für den Rang. Das Ersuchen ist jedoch kein Muss (Zöller/Vollkommer, § 941, Rn. 1), sondern die Entscheidung darüber steht im Ermessen des Gerichts. In der Praxis wird dies von den Gerichten unterschiedlich gehandhabt. Oftmals wollen sich die entscheidenden Gerichte mit der Vollziehung nicht mehr befassen; dann ist der Antrag ans Grundbuchamt vom Antragsteller selbst zu stellen (siehe nachfolgendes Muster in Abschnitt F.9).

Wichtig ist, dass die einstweilige Verfügung innerhalb eines Monats nach Zustellung (bei Entscheidung durch Beschluss) bzw. nach Verkündung (bei Entscheidung durch Urteil) vollzogen werden muss, § 936, 929 Abs. 2 ZPO. Das heißt, dass innerhalb dieser Frist der Antrag auf Eintragung der Vormerkung beim Grundbuchamt gestellt werden muss, sofern dies nicht das Gericht in Form des Ersuchens erledigt hat. Die Vollziehung kann (was sinnvoll ist, um den Überraschungseffekt zu wahren) vor der Zustellung an den Antragsgegner erfolgen. Für die Wirksamkeit der Vollziehung muss jedoch die Verfügung im Parteibetrieb dem Antragsgegner innerhalb einer Woche nach der Vollziehung, aber vor Ablauf der Monatsfrist, zugestellt werden, §§ 936, 929 Abs. 3 ZPO. Die Zustellung im Parteibetrieb ist auch dann erforderlich, wenn die Verfügung im Fall der Entscheidung durch Urteil bereits von Amts wegen zugestellt worden ist (Zöller/Vollkommer, § 929, Rn. 12 u. 16). Für die Zustellung muss der Antragsteller auch dann selber sorgen, wenn das Gericht das Ersuchen um Eintragung an das Grundbuchamt übernommen hat; in diesem Fall setzt der Eingang des Ersuchens des Gerichts beim Grundbuchamt die Wochenfrist des § 929 Abs. 3 ZPO in Gang (Zöller/Vollkommer, § 941, Rn. 2).

bb) Zum Streitwert

Da die erstrebte Vormerkung »weniger« ist als das Vollrecht, liegt der Streitwert niedriger als der Wert der zu sichernden Forderung. Von einem festen Wert kann man dabei zwar nicht ausgehen, da es auf die Umstände des Einzelfalls ankommt. In der Regel kann man jedoch 1/3 des Wertes der zu sichernden Forderung ansetzen (Werner/Pastor, Rn. 312 m.w.N.); der im Beispiel angesetzte Bruchteil von 1/2 ist eher das Maximum (vgl. Schneider/Herget/Onderka, Rn. 2005 ff.). Die Nebenforderungen bleiben unberücksichtigt, §§ 4 Abs. 1 ZPO, 43 Abs. 1 GKG.

cc) Zur Zuständigkeit

104 Sachlich und örtlich zuständig ist grundsätzlich das Gericht der Hauptsache, §§ 937 Abs. 1, 943 ZPO, also das Gericht, das für die Eintragung der durch die Vormerkung gesicherte Sicherungshypothek zuständig wäre. Dazu kommen in Frage: Der allgemeine Gerichtsstand des Sitzes des Bestellers, § 12 ZPO (siehe auch § 18 Abs. 1 VOB/B), der dingliche Gerichtsstand für persönliche Klagen (OLG Braunschweig, OLGZ 74, 211), § 26 ZPO (nicht der ausschließliche Gerichtsstand nach § 24 ZPO!) oder der Gerichtsstand des Erfüllungsortes, § 29 ZPO. Außerdem kommt nach § 942 Abs. 2 ZPO noch das Amtsgericht der belegenen Sache in Frage. Meist empfiehlt es sich, jedenfalls einen der Gerichtsstände am Ort des Grundstücks zu wählen, weil dann auch die Nähe zum zuständigen Grundbuchamt gegeben ist.

dd) Zum Sachvortrag

105 Grundsätzlich hat der Antragsteller alle Tatsachen darzulegen und glaubhaft zu machen, die den zu sichernden Anspruch begründen. Dazu gehören vor allem:

– Die Tatsache, dass das Grundstück, an welchem das Recht bestellt werden soll, dem Antragsgegner gehört. Möglich sind allerdings auch die Bestellung der Sicherungshypothek und damit die Eintragung der Vormerkung an einem Erbbaurecht oder einem Wohnungseigentumsanteil.
– Die vertraglichen Vereinbarungen (Bauvertrag, Verbraucherbauvertrag, Architekten- oder Ingenieurvertrag!), aufgrund derer die Ansprüche geltend gemacht werden.
– Die Höhe der zu sichernden Forderung.

Obwohl der Umstand, dass der Antragsteller keine Sicherung nach § 650f BGB erlangt hat – was gem. dessen Abs. 4 den Anspruch auf Einräumung der Sicherungshypothek ausschließen würde – eine vom Antragsgegner darzulegende Einwendung darstellt, empfiehlt es sich, hierzu schon im Antrag vorzutragen, so dass dem Gericht keine Zweifel kommen, die in einer mündlichen Verhandlung zu klären wären.

Zu beachten ist, dass zur Glaubhaftmachung gem. § 294 Abs. 2 ZPO nur präsente Beweismittel statthaft sind. Das heißt für den (neben der eidesstattlichen Versicherung) sicherlich am meisten genutzten Urkundenbeweis, dass eine normale Kopie nicht ausreicht, sondern die Urkunden entweder im Original vorgelegt werden müssen (wohl nicht empfehlenswert) oder in beglaubigter Kopie (Zöller/Geimer, § 420, Rn. 2); anders als im regulären Klageverfahren bestehen die Gerichte oftmals darauf, weshalb man sich die Arbeit des Beglaubigens der Kopien lieber direkt machen sollte.

ee) Zu den rechtlichen Grundlagen

106 **Berechtigter** des Anspruchs aus § 650e BGB ist zunächst einmal jeder Unternehmer eines Bauvertrags. Das heißt nach der Legaldefinition aus § 650a BGB, dass es sich um einen Vertrag über die Herstellung, die Wiederherstellung, die Beseitigung oder dem Umbau eines Bauwerks, einer Außenanlage oder eines Teils davon handeln muss (Abs. 1) bzw. um eine tiefgreifende Maßnahme der Instandhaltung nach Abs. 2. Über die Verweisung in § 650q Abs. 1 BGB findet § 650e BGB aber auch Anwendung auf Architekten- und Ingenieurverträge gem. § 650p BGB. § 650e BGB gilt auch im Rahmen von Verbraucherbauverträgen nach § 650i BGB. Nicht anwendbar hingegen ist die Regelung bei Werklieferverträgen i.S.v. § 650 BGB und im Bauträgervertrag (siehe § 650u Abs. 2 BGB).

Der Anspruch auf Eintragung der Sicherungshypothek folgt dem **Prinzip der Werterhöhung**; d.h., es wird die Vergütung für Leistungen des Unternehmers abgesichert, die zu einer Werterhöhung des Grundstücks führen und sich zumindest teilweise darin schon niedergeschlagen haben

(OLG Hamm, BauR 1999, 776; OLG Düsseldorf, BauR 1972, 1863; KG, BauR 1971, 265); mit der Bauleistung muss daher bereits begonnen sein. Für (Neu-) Bauleistungen ist das unproblematisch. Problematischer sind Sanierungsarbeiten, bei denen nach der Rechtsprechung zu unterscheiden ist, ob es sich um reine Ausbesserungsarbeiten handelt, welche den Wert lediglich erhalten, oder um umfassende Sanierungs-/Modernisierungsmaßnahmen, die zu einer Erhöhung des Wertes führen. Ebenso problematisch ist die Abgrenzung von Abbruch- und ähnlichen Vorbereitungsarbeiten (Zu den Einzelheiten ausführlich: Werner/Pastor, Rn. 202 ff.). Zu differenzieren ist auch bei Architektenleistungen: Während die Vollarchitektur mittlerweile unproblematisch als werterhöhend anerkannt ist, sind z.B. Planungsleistungen, die noch keine Umsetzung gefunden haben, problematisch (Einzelheiten bei Werner/Pastor, Rn. 212, m.w.N.). Es ist in solchen Fällen immer eine Einzelfallprüfung erforderlich, um zu klären, ob sich die Leistungen auf den Wert des Grundstücks ausgewirkt haben.

Sicherbar ist der Teil der Leistung, der auch tatsächlich zur Werterhöhung geführt hat. Das Werterhöhungsprinzip hat erhebliche Auswirkungen:

– Die zu sichernde Forderung muss nicht fällig sein (BGH, BauR 1977, 208; OLG Düsseldorf, BauR 1976, 211), denn auch die Leistungen, welche der noch nicht fälligen Forderung zugrunde liegen, haben bereits zu einer Werterhöhung geführt. Auf die Abnahme der Leistungen oder die Übergabe einer prüfbaren Schlussrechnung nach § 16 VOB/B kommt es folglich auch nicht an (OLG Brandenburg, BauR 2003, 578). Da die Vereinbarung eines Sicherheitsbehaltes nach der herrschenden Meinung lediglich die entsprechende Fälligkeit hinausschiebt (Z.B. BGH BauR 1979, 525), ist ein solcher Einbehalt bei der Berechnung des zu sichernden Anspruchs nicht in Abzug zu bringen (BGH NZBau 2000, 198).
– Mängelansprüche des Bestellers mindern den sicherbaren Betrag, da dem Besteller insoweit die Einrede des nichterfüllten Vertrags (§ 320 Abs. 1 BGB) zusteht (BGH BauR 1977, 208). Allerdings erfolgt diese Minderung nur in einfacher Höhe, also ohne den Druckzuschlag (OLG Stuttgart, BauR 2005, 1047) aus § 641 Abs. 3 BGB, da es nicht um das Leistungsverweigerungsrecht des Besteller geht, sondern darum, dass das Grundstück in Höhe der (einfachen) Mangelbeseitigungskosten keinen Wertzuwachs erfahren hat.
– Grundsätzlich kann nur Vergütung für erbrachte Leistungen berücksichtigt werden; problematisch sind also insbesondere Schadensersatzansprüche wie z.B. aus § 6 Abs. 6 VOB/B (Gegen eine Einbeziehung: OLG Jena, BauR 1999, 179; dafür aber Werner/Pastor, Rn. 228) oder aus Verzug (BGH NJW 1974, 1761); ferner sind Entschädigungsansprüche aus § 642 BGB streitig sowie die Behandlung von Vergütung für nicht erbrachte Leistungen nach § 650e S. 2 BGB bzw. nach § 8 Abs. 1 Nr. 2 VOB/B (Dafür: BGH NJW 1969, 419; OLG Düsseldorf, BauR 2004, 549; OLG Naumburg, BauR 1998, 1105; Birkenkämper, Jahrbuch Baurecht 2006, 1, 8 ff.; dagegen: OLG Brandenburg, BauR 2003, 578; OLG Jena, BauR 1999, 179).

Verpflichteter des Anspruchs ist der Besteller der werkvertraglichen Leistungen, der zugleich Eigentümer des zu belastenden Grundstücks sein muss. Das Erfordernis der **Identität** zwischen Eigentümer und Vertragspartner ist eng zu sehen (OLG Celle, BauR 2000, 101; a.A. KG, BauR 1999, 921); wirtschaftliche Identität reicht regelmäßig nicht aus (BGH BauR 1988, 88; OLG Celle, BauR 2000, 101). Ausnahmen werden nur in Fällen zugelassen, in welchen der Unternehmer ansonsten unbillig benachteiligt oder die Vorschrift entgegen Treu und Glauben umgangen würde (ausführlich: Werner/Pastor, Rn. 253 ff.). Das ist in der Praxis vor allem dann der Fall, wenn (wie im Muster) der Besteller den Grundstückseigentümer wirtschaftlich beherrscht und die Leistungen des Unternehmers tatsächlich dem Eigentümer zugutekommen (BGH BauR 1988, 88; OLG Hamm, NZBau 2008, 118; OLG Düsseldorf, BauR 2007, 1590; OLG Celle BauR 2001, 834).

Sicherungsobjekt ist grundsätzlich »das Baugrundstück«. Bezieht sich die Bauleistung auf mehrere Grundstücke, die aber allesamt im Eigentum des Bestellers stehen, hat der Unternehmer die Wahl, ob er an jedem dieser Grundstücke eine Sicherungshypothek in voller Höhe verlangt oder aber eine Gesamthypothek nach § 1132 Abs. 1 BGB eintragen lässt (BGH BauR 2000, 1083).

Eine Teilung des Grundstücks nach der Auftragserteilung nützt dem Besteller nichts, denn der Anspruch des Unternehmers bezieht sich auch auf den abgetrennten Teil (OLG Köln, NW 1976, 211). Wird das Grundstück nach Eintragung der Vormerkung aber vor Eintragung der Sicherungshypothek weiterveräußert, hat der Unternehmer Anspruch gegen den Erwerber auf Zustimmung zur Eintragung der Hypothek nach § 888 BGB, auch wenn die gesicherten Ansprüche noch streitig sind (OLG Frankfurt, IBR 2007, 250 [Lichtenberg]).

Die Sicherungshypothek kann grundsätzlich auch an Erbbaurechten bestellt werden (BGH BauR 1984, 413). Gleiches gilt für Wohnungseigentumseinheiten (im Einzelnen Werner/Pastor, Rn. 247), deren Eigentümer der Besteller ist.

Eine **Aufforderung** zur Bewilligung der Vormerkung ist im Übrigen **nicht** erforderlich und auch nicht empfehlenswert, da sie den Überraschungseffekt zunichtemachen würde.

ff) Zum Verfügungsgrund

107 Der Verfügungsgrund – also die Gefahr, dass die Verwirklichung des Rechts durch die Veränderung des bestehenden Zustands vereitelt oder zumindest erschwert wird – muss im Fall der Eintragung einer Vormerkung nicht gesondert dargelegt werden (BGH BauR 1984, 413), sondern wird gesetzlich vermutet, § 885 Abs. 1 S. 2 BGB. Da die Vermutung aber widerleglich ist (OLG Hamm, BauR 2004, 872; OLG Celle, BauR 2003, 1439), empfiehlt es sich dennoch, Darlegungen zur Dringlichkeit in die Antragsbegründung aufzunehmen.

Diese Ausführungen können – wie im Beispiel – zugleich auch zur Begründung des Antrags benutzt werden, ohne mündliche Verhandlung zu entscheiden. Nach dem Gesetz ist nämlich die Entscheidung nach mündlicher Verhandlung der Regelfall (Zöller/Vollkommer, § 937, Rn. 2) (§ 937 Abs. 2 ZPO); daher ist eine besondere Dringlichkeit darzulegen. Weil es bei der Eintragung der Vormerkung u.a. um die Rangwahrung geht, ist der Überraschungseffekt wichtig, so dass regelmäßig die erforderliche Dringlichkeit gegeben ist (OLG Karlsruhe, NJW-RR 1987, 1206; Zöller/Vollkommer, § 937, Rn. 2).

9. Isolierter Antrag auf Eintragung der Vormerkung

a) Muster

108 Amtsgericht Düsseldorf

– Grundbuchamt –

.....

Düsseldorf

                    Antrag auf Eintragung einer Vormerkung

des Architekten ....., München

                                       – Antragsteller –

Prozessbevollmächtigte: Rechtsanwälte ....., München

gegen

XY Grundstücksgesellschaft mbH, vertreten durch den Geschäftsführer, ..., Hamburg

                    – Antragsgegnerin und Grundstückseigentümerin –

wegen: Eintragung einer Vormerkung

Namens und in Vollmacht des Antragstellers beantragen wir,

    die in der einstweiligen Verfügung des Landgerichts Düsseldorf vom ..... angeordnete Vormerkung zugunsten des Antragstellers zur Sicherung des Anspruchs auf Einräumung einer Sicherungshypothek über 60.000,00 EUR zzgl. Zinsen hieraus i.H.v. 8 Prozentpunkten über dem Basiszins seit dem 30.12.2010 sowie voraussichtlicher Kosten i.H.v. ..... EUR in das Grundbuch von Düsseldorf, Blatt ....., Flurstück ....., einzutragen und den Antragsteller über die erfolgte Eintragung zu benachrichtigen.

Eine Ausfertigung der einstweiligen Verfügung vom ..... ist beigefügt.

(Unterschrift)

Rechtsanwalt

b) Erläuterungen

Wie bereits in den Anmerkungen zum Muster »Antrag auf Eintragung einer Vormerkung« (Abschnitt F.8) erwähnt, ist im Rahmen des Antrags auf Erlass der einstweiligen Verfügung meist auch der Antrag sinnvoll, dass das Gericht das Grundbuchamt um Eintragung der Vormerkung ersucht (§ 941 ZPO). Die Entscheidung darüber steht jedoch im freien Ermessen des Gerichts (Zöller/Vollkommer, § 941, Rn. 1), und in der Praxis kommen die Gerichte dem oft nicht nach. Dann muss sich der Antragsteller um die Vollziehung selber kümmern und unter Vorlage einer Ausfertigung der einstweiligen Verfügung den Antrag auf Eintragung beim Grundbuchamt stellen. Da auch für die Zustellung eine Ausfertigung erforderlich ist, sollte man sich mehrere Ausfertigungen geben lassen, die vom Gericht auch unproblematisch erteilt werden.

Die einstweilige Verfügung muss **innerhalb eines Monats vollzogen werden**, § 936, 929 Abs. 2 ZPO, sonst ist die Verfügung unheilbar unwirksam (BGH, NJW 1991, 496). Die Monatsfrist beginnt bei der Entscheidung durch Beschluss mit dessen Zustellung bzw. Abholung, im Fall der Entscheidung durch Urteil mit dessen Verkündung (nicht erst mit der Zustellung!). Das heißt, dass innerhalb dieser Frist der Antrag auf Eintragung der Vormerkung beim Amtsgericht – Grundbuchamt – eingegangen sein muss. Es kommt nicht darauf an, ob der Antrag auch bereits dem für die Bearbeitung zuständigen Mitarbeiter beim Grundbuchamt vorgelegt wurde; das wurde bis zu einer Entscheidung des BGH vom 01.02.2001 (VersR 2002, 462) nahezu einhellig anders gesehen. Der Eingang per Telefax reicht aus, um die Frist zu wahren (BGH, VersR 2002, 462).

Die Vollziehung kann vor der Zustellung an den Antragsgegner erfolgen, was meist auch sinnvoll ist, um den Überraschungseffekt zu wahren.

Für die Wirksamkeit der Vollziehung muss jedoch die Verfügung im Parteibetrieb dem Antragsgegner **innerhalb einer Woche** nach der Vollziehung, aber vor Ablauf der Monatsfrist, **zugestellt** werden, §§ 936, 929 Abs. 3 ZPO; siehe dazu das nachfolgende Muster. Wichtig ist also, dass **beide** Fristen eingehalten werden.

10. Antrag auf Zustellung der einstweiligen Verfügung

a) Muster

Amtsgericht Düsseldorf
– Gerichtsvollzieherverteilerstelle –

.....

Düsseldorf

Antrag auf Zustellung einer einstweiligen Verfügung

an die XY Grundstücksgesellschaft mbH, (Adresse), Hamburg

Namens und in Vollmacht des Antragstellers beantragen wir die schnellstmögliche Zustellung der einstweiligen Verfügung des Landgerichts Düsseldorf vom ....., Az. ....., an die vorbenannte Antragsgegnerin.

Die Vollziehung der einstweiligen Verfügung ist bereits am ..... erfolgt, so dass die Wochenfrist für die Zustellung aus § 929 Abs. 3 ZPO am ..... abläuft. Die Zustellung ist daher besonders eilbedürftig. Sollte eine fristwahrende Zustellung durch den zuständigen Gerichtsvollzieher nicht mehr oder nur mit Risiko möglich sein, bitten wir um die unverzügliche Weitergabe an den Eilgerichtsvollzieher.

Eine Ausfertigung sowie eine beglaubigte Kopie der einstweiligen Verfügung vom ..... sind beigefügt.

(Unterschrift)

Rechtsanwalt

b) Erläuterungen

111 Damit die einstweilige Verfügung sowie die ggf. auf deren Basis eingetragene Vormerkung ihre Wirksamkeit behalten, muss die Verfügung zwingend dem Antragsgegner **im Parteibetrieb** zugestellt werden. Wichtig: Die Zustellung im Parteibetrieb ist auch dann erforderlich, wenn die Verfügung im Fall der Entscheidung durch Urteil bereits von Amts wegen zugestellt worden ist bzw. zugestellt wird (Zöller/Vollkommer, § 929, Rn. 12 u. 16).

Die Zustellung muss spätestens eine Woche nach Vollziehung der einstweiligen Verfügung erfolgen, § 929 Abs. 3 ZPO. Das heißt also, dass eine Ausfertigung der Verfügung den Antragsgegner innerhalb einer Woche nach Eingang des Antrags auf Eintragung der Vormerkung beim Grundbuchamt erreicht haben muss. Da bei der Zustellung per Einschreiben nicht nachgewiesen werden kann, welches Schriftstück konkret zugestellt wurde, empfiehlt sich – wie im Muster – die Zustellung per Gerichtsvollzieher. Ist der Antragsgegner bereits anwaltlich vertreten, ist hinsichtlich der grundsätzlich möglichen Zustellung von Anwalt zu Anwalt mit Empfangsbestätigung an (§§ 171 S. 1 oder 172 ZPO) dennoch Vorsicht geboten. Zum einen ist dabei sorgfältig zu prüfen, ob der Anwalt auch genau für das Verfügungsverfahren bevollmächtigt ist. Zum anderen ist jedenfalls derzeit noch streitig, ob der Anwalt nicht standesrechtlich berechtigt oder gar verpflichtet ist, die Annahme eines für seinen Mandanten nachteiligen Dokuments zu verweigern.

Um die Wochenfrist nicht zu versäumen, sollte die Zustellung am besten zeitgleich mit der Eintragung beantragt werden; daher sind ggf. mehrere Ausfertigungen der Verfügung erforderlich, die man aber problemlos (bei manchen Gerichten sogar unaufgefordert) erhält; eine beglaubigte Abschrift reicht ggf. auch aus (Zöller/Vollkommer, § 929, Rn. 13).

Für die Zustellung muss der Antragsteller auch dann selber sorgen, wenn das Gericht das Ersuchen um Eintragung an das Grundbuchamt übernommen hat; in diesem Fall setzt der Eingang des Ersuchens des Gerichts beim Grundbuchamt die Wochenfrist des § 929 Abs. 3 ZPO in Gang (Zöller/Vollkommer, § 941, Rn. 2). Daher ist wichtig, zu erfahren, wann das Ersuchen beim Grundbuchamt eingegangen ist (siehe dazu den Antrag im Muster »Antrag auf Eintragung einer Vormerkung«, unter F.8).

11. Hauptsacheklage auf Bewilligung einer Bauhandwerkersicherungshypothek (verbunden mit der Werklohnklage)

a) Muster

Landgericht Düsseldorf

.....

Düsseldorf

Klage

der Bauunternehmung ABC GmbH, vertreten durch den Geschäftsführer, ..., München

– Klägerin –

Prozessbevollmächtigte: Rechtsanwälte ....., München

gegen

XY Grundstücksgesellschaft mbH, vertreten durch den Geschäftsführer, ..., Hamburg

– Beklagte –

wegen: Bewilligung der Eintragung einer Bauhandwerkersicherungshypothek nach § 650e BGB und Zahlung von Werklohn

vorläufiger Streitwert: 235.000,– EUR

Namens und in Vollmacht des Antragstellers erheben wir die vorliegende Klage; wir werden in der mündlichen Verhandlung *beantragen*,

1. die Beklagte zu verurteilen, unter rangwahrender Ausnutzung der aufgrund der einstweiligen Verfügung des erkennenden Gerichts vom ....., Az. ....., eingetragenen Vormerkung die Eintragung einer Sicherungshypothek über 120.000,00 EUR zzgl. Zinsen hieraus i.H.v. 8 Prozentpunkten über dem Basiszins seit dem 30.12.2010 sowie zzgl. Kosten i.H.v. ..... EUR in das Grundbuch von Düsseldorf, Blatt ....., Flurstück ....., zu bewilligen. Die Hypothek sichert die Forderung des Antragstellers aus der Schlussrechnung vom ..... zum Bauvertrag zwischen den Parteien vom .....;
2. die Beklagte zu verurteilen, an die Klägerin einen Betrag von 115.000,– EUR zzgl. Zinsen hieraus i.H.v. 8 Prozentpunkten über dem Basiszins seit dem 30.12.2010 zu zahlen, Zug-um-Zug gegen Übergaben einer Löschungsbewilligung hinsichtlich der entsprechenden Belastung des im Antrag zu 1) beschriebenen Grundstücks;

Für den Fall der Fristversäumnis im schriftlichen Vorverfahren beantragen wir vorsorglich unter Berufung auf § 331 Abs. 3 ZPO bereits jetzt,

die Beklagte durch Versäumnisurteil ohne mündliche Verhandlung zu verurteilen.

Begründung:

Die Parteien sind durch einen Bauvertrag verbunden, aus welchem der Klägerin ein restlicher Vergütungsanspruch von 125.000,- EUR zusteht, wovon 115.000,- EUR fällig sind. Zur Sicherung dieses Anspruchs hat die Klägerin bereits im Wege der einstweiligen Verfügung die Eintragung einer Vormerkung für eine Bauhandwerkersicherungshypothek nach § 650e BGB erlangt. Nunmehr erstrebt sie die Eintragung der Sicherungshypothek sowie die Zahlung des Werklohnanspruchs.

I. Zuständigkeit des Landgerichts Düsseldorf

Das Landgericht Düsseldorf ist örtlich zuständig gemäß § 29 ZPO, da das streitgegenständliche Bauvorhaben im Bezirk des Landgerichts Düsseldorf, auf dem im Antrag zu 1) bezeichneten Grundstück, errichtet wurde.

II. Sachverhalt

1. Das im Antrag zu 1) näher bezeichnete Grundstück steht im alleinigen Eigentum der Beklagten.

Beweis: beglaubigter Grundbuchauszug, Anlage K 1

Die Beklagte hat die Klägerin mit den Rohbauarbeiten eines Mehrfamilienhauses auf diesem Grundstück beauftragt; der Leistungsumfang ergibt sich aus dem Leistungsverzeichnis, welches Vertragsbestandteil ist. Laut den vertraglichen Vereinbarungen soll u.a. die VOB/B in der Fassung von 2009 Anwendung finden. Für die Leistungen der Klägerin wurde eine Pauschalvergütung von 425.000,– EUR (brutto) vereinbart.

Beweis: Kopie des Bauvertrags vom ....., Anlage K 2

Kopie des Leistungsverzeichnisses, Anlage K 3

2. Die Klägerin hat die ihr übertragenen Leistungen im Zeitraum vom ..... bis zum ..... erbracht; die Beklagte hat die Abnahme der Leistungen der Klägerin unter dem ..... erklärt.

Beweis: Kopie des Abnahmeprotokolls vom ....., Anlage K 4

In der Anlage zum Abnahmeprotokoll sind Restmängel aufgelistet, deren Beseitigung sich die Beklagte im Rahmen der Abnahme vorbehalten hat. Diese Mängel sind in der Zwischenzeit zum größten Teil beseitigt, wie der Architekt der Beklagten mit Schreiben vom ..... bestätigt hat. Übrig sind nur noch die Mängel mit den Nummern ....., welche die Klägerin erst beseitigen kann, wenn die Außentemperaturen dies zulassen.

Beweis: Schreiben des Architekten vom ....., Anlage K 5

Für die Beseitigung dieser wenigen Restmängel ist ein Aufwand von maximal 5.000,– EUR erforderlich und angemessen.

Beweis: Gutachten des von der Klägerin beauftragten Sachverständigen, Anlage K 6

3. Die Beklagte hat auf die Abschlagsrechnung der Klägerin insgesamt 300.000,– EUR gezahlt, was sicherlich unstreitig bleiben wird. Unter dem ..... hat die Klägerin Ihre Schlussrechnung erstellt, die mit einem offenen Betrag von 125.000,– EUR endete.

Beweis: Kopie der Schlussrechnung vom ....., Anlage K 7

Die Schlussrechnung wurde der Beklagten am selben Tag persönlich übergeben, was diese auf dem Doppel des Deckblattes quittiert hat.

Beweis: Kopie des Deckblattes mit Quittung, Anlage K 8

4. Nach Erhalt der Schlussrechnung hat die Beklagte sich nicht mehr gerührt, auch nicht auf die Mahnung der Klägerin, die am ..... und damit mehr als zwei Monate nach Übergabe der Schlussrechnung erfolgte. In der Mahnung (welche der Beklagten per Fax am selben Tag zugegangen ist) hat die Klägerin eine Nachfrist zur Zahlung des restlichen Betrages bis zum 29.12.2010 gesetzt.

Beweis: Kopie des Mahnschreibens, Anlage K 9

Nachdem auch darauf keine Reaktion der Beklagten erfolgte, erwirkte die Klägerin beim erkennenden Gericht unter dem Az. ..... eine einstweilige Verfügung zur Eintragung einer Vormerkung für die Bauhandwerkersicherungshypothek.

Beweis: Kopie des Beschlusses des LG Düsseldorf

Beiziehung der Akten

Die einstweilige Verfügung ist vollzogen; die Vormerkung ist seit dem ..... eingetragen. Im Anschluss hat die Klägerin die Beklagte unter Hinweis auf die Vormerkung und unter Fristsetzung zur Bewilligung der Eintragung der Sicherungshypothek aufgefordert.

Beweis: Kopie des Schreibens der Klägerin, Anlage K 10

Die Beklagte hat sich hierauf wiederum nicht gerührt.

5. Eine anderweitige Sicherheit hat der Antragsteller nicht erlangt, vor allem keine nach § 650f BGB.

III. Rechtliche Würdigung

Der Antragsteller hat Anspruch auf die Eintragung der Bauhandwerkersicherungshypothek nach § 650e Abs. 1 BGB sowie Zahlung des offenen Werklohns.

1. Die Klägerin hat die Rohbauarbeiten an dem Bauvorhaben erbracht. Somit handelt es sich bei dem zugrundeliegenden Vertragsverhältnis unzweifelhaft um einen Bauvertrag i. S. v. § 650a BGB, so dass die Klägerin Berechtigte des Anspruchs auf Eintragung der Sicherungshypothek ist.

Die Beklagte ist die Eigentümerin des Grundstücks, auf welchem das Bauwerk errichtet wurde, sowie zugleich Besteller der Leistungen der Klägerin. Die erforderliche Identität zwischen Grundstückseigentümer und Besteller ist also gegeben, so dass die Beklagte die Verpflichtete des Sicherungsanspruchs ist.

2. Der Sicherungsanspruch besteht auch in der geltend gemachten Höhe.

a) Die Klägerin kann Sicherheit in Höhe des Teils der Vergütung für die von ihr erbrachten Leistungen verlangen, der nach Abzug der Abschlagszahlungen noch offen geblieben ist. Rechnerisch beträgt der restliche Vergütungsanspruch der Klägerin aus der Schlussrechnung (wie dargelegt) noch 125.000,– EUR. In Höhe der voraussichtlichen Beseitigungskosten der verbliebenen Mängel – hier also i.H.v. 5.000,– EUR – hat das Grundstück jedoch keine Werterhöhung erfahren, so dass die Klägerin diesen Betrag in Abzug gebracht hat. Der Druckzuschlag aus § 641 Abs. 3 BGB ist allerdings für die Berechnung der Sicherheit nicht zu berücksichtigen, da dieser lediglich für das Leistungsverweigerungsrecht des Bestellers, nicht aber für die Werterhöhung des Grundstücks von Bedeutung ist. Sonstige Gegenansprüche sind nicht geltend gemacht und nicht bekannt.

Es verbleiben somit als sicherbarer Anspruch die geltend gemachten 120.000,– EUR. Dieser Anspruch ist identisch mit dem durch die Vormerkung gesicherten.

b) Neben der eigentlichen Forderung stehen dem Antragsteller auch die gesetzlichen Verzugszinsen zu. Zudem sind ihm im Zusammenhang mit der berechtigten Sicherung der Forderung nach § 650e BGB bereits Kosten entstanden. Auch diese Kosten und Zinsen können durch die Hypothek gesichert werden.

c) Sinn der im Wege der einstweiligen Verfügung erlangten Vormerkung war u.a. die Wahrung des Rangs. Die mit der Vormerkung gesicherten Ansprüche sind mit den im Antrag zu 1) geltend gemachten Ansprüchen identisch; weitere Zahlungen wurden seit Eintragung der Vormerkung nicht geleistet. Die Hypothek ist also an entsprechender Stelle einzutragen.

d) Andere Sicherheiten, welche dem Anspruch entgegenstehen könnten, stehen der Klägerin nicht zur Verfügung.

3. Die Klägerin hat daneben auch Anspruch auf Zahlung des Werklohns i.H.v. 115.000,– EUR.

Wie oben bereits erläutert, besteht aus der Schlussrechnung der Klägerin grundsätzlich ein offener Werklohnanspruch von 125.000,– EUR. Dem stehen die Mängelrechte der Beklagten entgegen; hierbei ist das Leistungsverweigerungsrecht in doppelter Höhe (§ 641 Abs. 3 BGB) zu berücksichtigen. Zu zahlen sind somit 115.000,– EUR.

Der Schlusszahlungsanspruch ist auch fällig, nachdem die Prüffrist aus § 16 Abs. 3 Nr. 1 VOB/B abgelaufen ist.

Beglaubigte und einfache Abschrift anbei.

(Unterschrift)

Rechtsanwalt

b) Erläuterungen

113 Da das Klageverfahren regelmäßig (zu) lange dauert und zudem der Grundstückseigentümer frühzeitig vorgewarnt würde und somit anderweitige Belastungen oder Verfügungen über das Grundstück herbeiführen könnte, beginnt die Geltendmachung der Rechte aus § 650e BGB im Grunde immer mit der Eintragung einer Vormerkung im Wege der einstweiligen Verfügung. Das Klagemuster setzt daher ein solches Verfahren und die Eintragung der Vormerkung voraus und schließt daran an. Der Unternehmer kann u.U. gezwungen sein, ein solches Klageverfahren einzuleiten, denn das Gericht setzt auf Antrag des Antragsgegners aus dem einstweiligen Verfügungsverfahren nach den §§ 936, 926 Abs. 1 ZPO eine Frist für die Erhebung der Hauptsacheklage. Diese Hauptsacheklage ist dann nicht etwa die Zahlungsklage (a.A. OLG Frankfurt, BauR 2002, 1435), sondern die Klage auf Eintragung der Sicherungshypothek (OLG Celle, BauR 2004, 696; OLG Frankfurt, BauR 1984, 535; OLG Düsseldorf, NJW-RR 1986, 322), die aber mit der Zahlungsklage verbunden werden kann.

aa) Zu den Anträgen

114 Es handelt sich um eine Leistungsklage, gerichtet auf die Bewilligung der Eintragung. Das Urteil ersetzt die Eintragungsbewilligung des Grundstückseigentümers, § 894 ZPO. Wichtig ist, dass im Antrag auf die rangwahrende Ausnutzung der bereits eingetragenen Vormerkung hingewiesen wird (LG Berlin, BauR 1987, 358; KG, BauR 1987, 359; LG Frankfurt, Rpfleger 1977, 301).

Die Klage auf Eintragung der Sicherungshypothek kann – wie hier – verbunden werden mit der Klage auf Zahlung des Werklohnanspruchs (siehe auch Werner/Pastor, Rn. 295). Das ist sinnvoll, da die Berechtigung des Werklohnanspruchs ohnehin inzident geprüft werden muss. Erst recht ist die Verbindung sinnvoll, wenn es (auch) um die Hemmung der Verjährung geht. Die Klage auf Eintragung der Hypothek hemmt die Verjährung des gesicherten Werklohnanspruchs nicht; daher wäre bei dessen Verjährung die Vormerkung oder Hypothek ggf. wieder zu entfernen. Vorsicht ist allerdings geboten, wenn der zu sichernde Anspruch noch nicht fällig ist (was keine Voraussetzung für das Sicherungsrecht aus § 650e BGB ist); dann wäre der Zahlungsantrag (noch) unbegründet und dementsprechend abzuweisen.

bb) Zum Streitwert

115 Der Streitwert der Klage auf Eintragung der Bauhandwerkersicherungshypothek richtet sich nach dem (ggf. geschätzten) Wert der zu sichernden Forderung (vgl. Schneider/Herget/Onderka, Rn. 1505). Die Nebenforderungen bleiben unberücksichtigt (LG Tübingen, BauR 1984, 309), §§ 4 Abs. 1 ZPO, 43 Abs. 1 GKG.

Für den Fall der Verbindung der Klage auf Bewilligung der Eintragung und der Werklohnklage ist streitig, ob sich der Streitwert erhöht (OLG Düsseldorf, NZBau 2005, 697; OLG München, BauR 2000, 927; OLG Düsseldorf, BauR 1997, 356) oder nur der Wert der Werklohnforderung zu berücksichtigen ist (OLG Nürnberg, MDR 2003, 1382; OLG Stuttgart, BauR 2003, 131; OLG Köln, DB 1974, 429). Sofern man der (m.E. überzeugenderen) Ansicht folgt, dass es zu einer Streitwerterhöhung kommt, ist wiederum streitig, in welcher Höhe, wobei man – wie im Beispiel – mit guten Argumenten den vollen Wert auch für die Hypothek annehmen kann (Im Einzelnen: Werner/Pastor, Rn. 313).

cc) Zur Zuständigkeit

116 Für die örtliche Zuständigkeit kommen in Frage: Der allgemeine Gerichtstand des Sitzes des Bestellers, § 12 ZPO (siehe auch § 18 Abs. 1 VOB/B), der dingliche Gerichtstand für persönliche Klagen (OLG Braunschweig, OLGZ 74, 211), § 26 ZPO (nicht der ausschließliche Gerichts-

stand nach § 24 ZPO!) oder der Gerichtsstand des Erfüllungsortes, § 29 ZPO. Meist empfiehlt es sich, einen der Gerichtsstände am Ort des Grundstücks zu wählen, weil dann auch die Nähe zum zuständigen Grundbuchamt gegeben ist. Die sachliche Zuständigkeit richtet sich nach dem Streitwert, § 23 GVG.

dd) Zum Sachvortrag

Die Vormerkung wurde aufgrund eines summarischen Verfahrens und unter Glaubhaftmachung der Tatsachen angeordnet; nun schließt sich ein reguläres Klageverfahren an, in welchem der Vollbeweis zu erbringen ist. Daher kann sich der Antragsteller nicht schlicht auf das Verfügungsverfahren beziehen, sondern hat alle Tatsachen darzulegen und unter Beweis zu stellen, die den zu sichernden Anspruch begründen. Dazu gehören vor allem: 117

- Die Tatsache, dass das Grundstück, an welchem das Recht bestellt werden soll, dem Antragsgegner gehört. Möglich ist allerdings auch die Bestellung der Sicherungshypothek und (entsprechend der eingetragenen Vormerkung) an einem Erbbaurecht oder einem Wohnungseigentumsanteil.
- Die vertraglichen Vereinbarungen (Bauvertrag, Verbraucherbauvertrag, Architekten- oder Ingenieurvertrag!), aufgrund derer die Ansprüche geltend gemacht werden.
- Die Höhe der zu sichernden Forderung und die Angabe, dass diese (zumindest teilweise) identisch mit der durch die Vormerkung gesicherten Forderung ist.
- Die Angaben zur Vormerkung.

Die Tatsache, dass dem Kläger keine andere Sicherung zur Verfügung steht, vor allem keine nach § 650f BGB (siehe dessen Abs. 4), ist m.E. eine von der Gegenseite zu beweisende Einwendung. Wenn es aber tatsächlich so ist, spricht nichts dagegen, den Vortrag direkt um diese Information zu ergänzen.

ee) Zu den rechtlichen Grundlagen

Zu den rechtlichen Grundlagen verweisen wir zunächst auf die Anmerkungen zum Muster »Antrag auf Eintragung einer Vormerkung« (s. unter F.8). 118

Die vorgerichtliche Aufforderung zur Bewilligung der Eintragung ist dringend zu empfehlen, um zu verhindern, dass der Unternehmer aufgrund eines sofortigen Anerkenntnisses des Bestellers die Kosten des Verfahrens zu tragen hat.

Zu beachten ist, dass der Rang der Vormerkung nur ausgenutzt werden kann, wenn die gesicherte Forderung grundsätzlich identisch geblieben ist. Eine in der Zwischenzeit erfolgte Teilzahlung ist diesbezüglich unschädlich; sie verringert lediglich die Höhe des Anspruchs, der aber an rangbereiter Stelle eingetragen werden kann. Problematisch ist hingegen z.B. der Übergang von einer durch die Vormerkung gesicherten Forderung aus einer Abschlagsrechnung zur Schlussrechnungsforderung. Problematisch ist auch der Fall, dass der Besteller zwischenzeitlich auf die gesicherte Abschlagsrechnung gezahlt hat, nun aber Ansprüche aus einer neuen Abschlagsrechnung offen sind. Wegen der strengen Akzessorietät der Vormerkung kann diese hinsichtlich der neuen Forderungen den Rang nicht sichern (BGH, BauR 2001, 1783).

12. Schutzschrift gegen eine einstweilige Verfügung auf Eintragung einer Vormerkung

a) Muster

119 Landgericht Düsseldorf

.....

Düsseldorf

Schutzschrift

in dem möglichen einstweiligen Verfügungsverfahren

des Architekten ....., München

– möglicher Antragsteller –

gegen

XY Grundstücksgesellschaft mbH, vertreten durch den Geschäftsführer, ..., Hamburg

– mögliche Antragsgegnerin –

Prozessbevollmächtigte: Rechtsanwälte ....., Hamburg

wegen   Eintragung einer Vormerkung für eine Bauhandwerkersicherungshypothek nach § 650e BGB

Namens und in Vollmacht der möglichen Antragsgegnerin hinterlegen wir diese Schutzschrift und *beantragen*,
1. den Antrag auf Erlass einer einstweiligen Verfügung auf Eintragung einer Vormerkung zur Sicherung des Anspruchs des möglichen Antragstellers auf Einräumung einer Sicherungshypothek zurückzuweisen;
2. hilfsweise: über den Antrag auf Erlass einer einstweiligen Verfügung des möglichen Antragstellers nicht ohne mündliche Verhandlung zu entscheiden;
3. dem möglichen Antragsteller die Kosten des Verfahrens nebst den Kosten für die Hinterlegung dieser Schutzschrift aufzuerlegen.

Diese Schutzschrift soll *nicht* zugestellt werden, bevor nicht die erwartete einstweilige Verfügung tatsächlich beantragt wird.

Begründung:

Der mögliche Antragsteller (im Folgenden nur noch: Antragsteller) hat mit einer Projekt XY GmbH einen Architektenvertrag über Leistungen der Leistungsphasen 1 bis 5 aus § 33 HOAI geschlossen. Aus diesem Vertragsverhältnis behauptet der Antragsteller Honoraransprüche i.H.v. 60.000,– EUR. Er hat bereits angedroht, diese »im Eilverfahren« durchzusetzen, so dass die mögliche Antragsgegnerin (im Folgenden nur noch: Antragsgegnerin) befürchtet, dass der Antragsteller eine Vormerkung für eine Sicherungshypothek nach § 650e BGB an dem Baugrundstück, welches im Eigentum der Antragsgegnerin steht, eintragen lassen möchte, was für die Antragsgegnerin fatale wirtschaftliche Folgen hätte.

I. Sachverhalt

1. Die Antragsgegnerin ist Eigentümerin des im Grundbuch von Düsseldorf, Blatt ....., Flurstück ....., eingetragenen Baugrundstücks.

Glaubhaftmachung: beglaubigte Kopie des Grundbuchauszugs, Anlage Ag 1

2. Nicht die Antragsgegnerin, sondern eine von dieser verschiedene Projekt XY GmbH hat den Antragsteller mit der Erbringung der Planungsleistungen gemäß den Leistungsphasen 1 bis 5 aus § 33 HOAI für das Objekt ..... beauftragt.

Glaubhaftmachung: beglaubigte Kopie des Vertrags vom ....., Anlage Ag 2

3. Grundsätzlich steht dem Antragsteller aufgrund von § 4 dieses Vertrages ein Honorar von insgesamt ..... EUR zu; in § 5 ist geregelt, dass er berechtigt ist, Abschlagszahlungen nach dem vereinbarten und dem Vertrag beigefügten Zahlungsplan zu verlangen.

Glaubhaftmachung: wie vor

Der Antragsteller hat zwar Abschlagsrechnungen gestellt, die formell dem Zahlungsplan entsprechen, und er hat diese Rechnung auch angemahnt. Wie sich inzwischen herausgestellt hat, sind die bisherigen Leistungen des Antragstellers jedoch unbrauchbar, da die Kosten des von ihm geplanten Bauwerks das vereinbarte Budget bei weitem übersteigen würden. Das ist zwischen den Parteien schon mehrfach besprochen worden.

Glaubhaftmachung: eidesstattliche Versicherung des Geschäftsführers der Antragsgegnerin, Anlage Ag 3

Mit Schreiben des Unterzeichners vom heutigen Tag wurde der Antragsteller unter Fristsetzung zur Nachbesserung aufgefordert und es wurde die Kündigung angedroht.

Glaubhaftmachung: beglaubigte Kopie unseres Schreibens, Anlage Ag 4

Da die Antragsgegnerin unter Zeitdruck steht, hat sie vorsorglich schon ein Angebot eines anderen Architekturbüros für die Nachbesserung und Fertigstellung der Leistungen des Antragstellers eingeholt. Dieses Angebot entspricht nicht nur dem mit dem Antragsteller vereinbarten Honorar, es übersteigt dieses sogar.

Glaubhaftmachung: beglaubigte Kopie des Angebotes, Anlage Ag 5

4. Die Antragsgegnerin steht in konkreten Verhandlungen für den Verkauf des Objektes. Der Erfolg dieser Verhandlungen wäre gefährdet, würde auf einmal eine Vormerkung für eine Zwangssicherungshypothek eingetragen.

Glaubhaftmachung: eidesstattliche Versicherung des Geschäftsführers der Antragsgegnerin, bereits vorgelegt als Anlage Ag 3

5. Zugleich mit dem Schreiben, welches u.a. die Kündigungsandrohung enthält, hat die Antragsgegnerin dem Antragsteller vorsorglich eine Bürgschaft nach § 650f BGB in voller Höhe des vertraglich vereinbarten, noch nicht bezahlten Honoraranspruchs zukommen lassen.

Glaubhaftmachung: beglaubigte Kopie unseres Schreibens, bereits vorgelegt als Anlage Ag 4
anwaltliche Versicherung des Unterzeichners

Sobald uns der Zugangsnachweis zu diesem Schreiben vorliegt, reichen wir diesen nach.

II. rechtliche Würdigung

Ein Anspruch des Antragstellers auf Eintragung einer Sicherungshypothek nach § 650e BGB besteht aus mehreren Gründen nicht:

1. § 650e BGB setzt zwingend voraus, dass der Auftraggeber des Werkunternehmers und der Grundstückseigentümer identisch sind. Das ist hier ganz offensichtlich nicht der Fall. Die Antragsgegnerin ist eine andere juristische Person als die Auftraggeberin des Antragstellers. Schon aus diesem einfachen Grund scheidet der Anspruch aus § 650e BGB aus.

2. Dem Antragsteller steht darüber hinaus auch kein offener Honoraranspruch zu. Da seine Leistungen massiv mängelbehaftet sind und die Kosten der Mängelbeseitigung voraussichtlich seinen Honoraranspruch übersteigen werden, steht einem eventuell bislang erworbenen Honoraranspruch die Einrede des nicht erfüllten Vertrags entgegen; eine Zahlung kann er in dieser Situation nicht verlangen.

Sobald die ihm zur Nachbesserung gesetzte Frist abgelaufen ist, wird die Antragsgegnerin zudem die Kündigung aussprechen; dann steht dem Honoraranspruch des Antragstellers der Mehrkostenanspruch der Antragsgegnerin gegenüber, so dass demnächst die Aufrechnung erklärt werden kann.

3. Sobald der Antragsteller die Sicherheit nach § 650f BGB erhalten hat – was voraussichtlich morgen der Fall sein wird – hat er keine Anspruch mehr auf die Eintragung der Sicherungshypothek oder einer Vormerkung dazu, § 650f Abs. 4 BGB. Der zu erwartende Antrag ist dann auf jeden Fall unbegründet.

4. Die Nachteile, welche der Antragsgegnerin drohen, sollte eine einstweilige Verfügung erlassen werden, sind ganz erheblich. Möglicherweise scheitern die Verkaufsverhandlungen, wenn der Käufer feststellen muss, dass eine Zwangssicherungshypothek eingetragen wird. Ob sich später ein anderer Käufer zu gleichen Konditionen finden lässt, ist nicht abzusehen.

Sollte das Gericht nicht schon aufgrund der obigen Ausführungen davon überzeugt sein, dass kein Anspruch des Antragstellers auf Eintragung einer Sicherungshypothek oder der Vormerkung dazu besteht, müsste zur Vermeidung dieser Nachteile zumindest mündlich verhandelt werden.

(Unterschrift)

Rechtsanwalt

b) Anmerkungen

120 Die im Gesetz nicht vorgesehen Schutzschrift wurde ursprünglich im Wettbewerbsrecht entwickelt, ist aber auch für alle anderen Bereiche anerkannt (Einzelheiten bei Zöller/Vollkommer, § 937, Rn. 4) und hat auch im Baurecht Bedeutung erlangt (Werner/Pastor, Rn. 339 f.). Die Eintragung einer Vormerkung für die Sicherungshypothek kann für den gewerblichen Bauherrn, welcher u.U. verpflichtet ist, seinen Käufern lastenfreien Erwerb zu ermöglichen, zu ganz erheblichen Nachteilen führen. Daher empfiehlt sich in solchen Fällen die Hinterlegung einer Schutzschrift, jedenfalls sobald Verdachtsmomente dafür auftauchen, dass einer der Werkvertragspartner eine Vormerkung erwirken könnte.

aa) Zum anzurufenden Gericht

121 Die Schutzschrift ist sinnvollerweise bei allen Gerichten zu hinterlegen, welche für den Antrag auf Eintragung der Vormerkung im Wege der einstweiligen Verfügung in Frage kommen. Da hierfür sachlich und örtlich grundsätzlich das Gericht der Hauptsache zuständig ist (§§ 937 Abs. 1, 943 ZPO), also das Gericht, das auch für die Eintragung der durch die Vormerkung gesicherte Sicherungshypothek zuständig wäre, kommen in Frage: Der allgemeine Gerichtsstand des Sitzes des Bestellers, § 12 ZPO (siehe auch § 18 Abs. 1 VOB/B), der dingliche Gerichtsstand für persönliche Klagen (OLG Braunschweig, OLGZ 74, 211), § 26 ZPO (nicht der ausschließliche Gerichtsstand nach § 24 ZPO!) oder der Gerichtsstand des Erfüllungsortes, § 29 ZPO. Außerdem kommt nach § 942 Abs. 2 ZPO noch das Amtsgericht der belegenen Sache in Betracht.

Der Ersteller der Schutzschrift muss auch erwägen, ob der mögliche Antragsteller je nach Streitwert nicht auch die Möglichkeit hat, zwischen Amts- und Landgerichten zu wählen.

bb) Zu den Anträgen

122 Ziel der Schutzschrift ist in erster Linie, den Erlass der einstweiligen Verfügung zu verhindern (Antrag 1 im Muster). Jedenfalls aber soll dem Antragsteller der Überraschungseffekt genommen werden, weshalb hilfsweise die Anberaumung eines Termins zur mündlichen Verhandlung zu erstreben ist (Antrag 2 im Muster).

Die Kosten der Schutzschrift (für die übrigens kein Anwaltszwang besteht) sind nicht erstattungsfähig, sofern der befürchtete Antrag auf Eintragung der Vormerkung nicht erfolgt. Mit Hinterlegung der Schutzschrift entfällt zudem die Möglichkeit, dem Antragsteller durch sofortiges Anerkenntnis die Kosten des Verfügungsverfahrens auferlegen zu lassen (Werner/Pastor, Rn. 308). Wird aber der Verfügungsantrag zurückgewiesen oder zurückgenommen, nachdem die Schutzschrift eingegangen ist, sind die Kosten erstattungsfähig. Im Fall der Entscheidung nach mündlicher Verhandlung handelt es sich ohnehin um Kosten des Verfahrens, die mit der Verfahrensgebühr abgegolten sind (Einzelheiten bei Zöller/Vollkommer, § 937, Rn. 5).

cc) Zum Sachvortrag und zu den rechtlichen Grundlagen

Die Darlegungen in der Schutzschrift stellen im Grunde das Spiegelbild der Anspruchsvoraussetzungen für den Antrag auf Eintragung der Vormerkung dar. Insbesondere kommen also als Darlegungen, die einem Erlass der einstweiligen Verfügung entgegenstehen können, in Frage:

123

- Keine Identität zwischen Grundstückseigentümer und Vertragspartner.
- Kein Anspruch aus einem Bauvertrag, Verbraucherbauvertrag oder Architekten-/Ingenieurvertrag (sondern aus einem Bauträger-, Werkliefer-, Dienst-, Kaufvertrag ...).
- Die angeblich zu besichernde Forderung besteht nicht oder jedenfalls nicht in der geltend gemachten Höhe.
- Der Forderung stehen erhebliche Einwendungen entgegen. Vor allen Dingen kommt die Mängeleinrede in Frage (wobei allerdings nur der einfache Betrag zu berücksichtigen ist).
- Es handelt sich um nicht sicherbare Ansprüche (streitig vor allen Dingen bei Schadensersatz aus § 6 Abs. 6 VOB/B oder Ansprüchen für nicht erbrachte Leistungen nach Vertragskündigung).
- Der mögliche Antragsteller hat bereits eine Sicherheit nach § 650f BGB erlangt; diese schließt gem. dessen Abs. 4 die Geltendmachung der Sicherungshypothek aus.

Wegen der Einzelheiten verweisen wir auf das Muster »Antrag auf Eintragung einer Vormerkung« (Abschnitt F.8).

Auch im Rahmen der Schutzschrift sind die erheblichen Behauptungen glaubhaft zu machen. Zur Glaubhaftmachung sind gem. § 294 Abs. 2 ZPO nur präsente Beweismittel statthaft. Das heißt für den (neben der eidesstattlichen Versicherung) sicherlich am meisten genutzten Urkundenbeweis, dass eine normale Kopie nicht ausreicht, sondern die Urkunden entweder im Original vorgelegt werden müssen (wohl nicht empfehlenswert) oder in beglaubigter Kopie (Zöller/Geimer, § 420, Rn. 1); anders als im regulären Klageverfahren bestehen die Gerichte oftmals darauf.

Die Vermutung für das Vorliegen der Dringlichkeit aus § 885 Abs. 1 S. 2 BGB ist zwar grundsätzlich widerleglich (OLG Hamm, BauR 2004, 872); dies ist aber nur in wenigen Ausnahmefällen möglich (vgl. OLG Celle, BauR 2003, 1439; OLG Düsseldorf, BauR 2000, 921). Daher ist es meist sinnvoller, die erheblichen Nachteile für den Antragsgegner darzulegen, um so zumindest zu erreichen, dass nicht ohne mündliche Verhandlung entschieden wird.

13. § 650f BGB – Bauhandwerkersicherung

a) Vorbemerkung

Die Bauhandwerkersicherung nach § 650f BGB wurde als § 648a BGB a.F. durch das Bauhandwerkersicherungsgesetz mit Wirkung zum 01.05.1993 in das Gesetz eingeführt und sollte dem Unternehmer eine zusätzliche, gegenüber § 650e BGB (§ 648 BGB a.F.) verbesserte, und von dem Baugrundstück unabhängige Sicherheit bieten. Die Regelung wurde zuletzt mit Wirkung zum 01.01.2009 durch das Forderungssicherungsgesetz grundlegend überarbeitet. Dabei wurden die folgenden wesentlichen Änderungen eingeführt (die Auflistung ist nicht vollständig):

124

- Das Recht auf die Sicherheit wurde als einklagbarer Anspruch ausgestaltet.
- Die Nachfrist als Voraussetzung für das Leistungsverweigerungsrecht ist entfallen.
- Anders als nach der Altfassung, die noch auf § 643 S. 2 BGB verwies, endet das Vertragsverhältnis nicht automatisch mit Fristablauf, sondern die Kündigung muss ausdrücklich ausgesprochen werden.

– Zudem ist klargestellt, dass der Anspruch grundsätzlich auch nach der Abnahme besteht.

Wegen der erheblichen Änderungen ist in der Praxis immer darauf zu achten, welche Fassung auf das jeweilige Vertragsverhältnis Anwendung findet (Art. 229 § 1 Abs. 2 und § 19 Abs. 1 EGBGB).

Die Änderungen durch das Gesetz zur Reform des Bauvertragsrechts zum 01.01.2018 hingegen sind im Wesentlichen redaktioneller Art. Insbesondere entfällt wegen der Neupositionierung im Bauvertragsrecht (verbunden mit der neuen Nummerierung) die Notwendigkeit, den Begriff des Bauunternehmers zu definieren, so dass die Einleitung von Abs. 1 S. 2 entsprechend vereinfacht werden konnte.

Genau wie § 650e BGB gilt § 650f BGB uneingeschränkt auch im VOB-Werkvertrag (BGH, BauR 2009, 1152).

aa) Verhältnis der beiden gesetzlichen Sicherungsrechte zueinander

125 Die Sicherheiten aus § 650e BGB und aus § 650f BGB stehen dem Unternehmer zunächst einmal nebeneinander zur Verfügung. In § 650f Abs. 4 BGB ist zwar geregelt, dass der Anspruch auf Einräumung der Sicherungshypothek nach § 650e Abs. 1 BGB ausgeschlossen ist, soweit der Unternehmer bereits eine Sicherheit nach § 650f Abs. 1 oder 2 BGB erlangt hat. Er hat jedoch die Möglichkeiten, beide Sicherheiten parallel zu verfolgen, solange er noch nicht ausreichend gesichert ist (Werner/Pastor, Rn. 317 m.w.N.). Eine Regelung für den umgekehrten Fall – also, dass der Unternehmer bereits eine Sicherungshypothek nach § 650e BGB erlangt hat –, findet sich im Gesetz nicht. Da der Unternehmer aber kein Sicherungsbedürfnis mehr hat, soweit er durch die Hypothek geschützt ist, wird er insoweit auch keine anderweitige Sicherheit nach § 650f BGB mehr fordern können; das gilt jedenfalls dann, wenn die Sicherungshypothek an ausreichend günstiger Rangstelle eingetragen werden konnte (OLG Dresden, BauR 2008, 1161; Einzelheiten bei Werner/Pastor, Rn. 317 f.).

Die Zielrichtung und das Sicherungsobjekt der beiden Sicherungsmittel unterscheiden sich:

– In Form der Sicherungshypothek soll der Unternehmer Sicherheit für die Leistungen erhalten, die zu einer Werterhöhung des Grundstücks geführt haben (BGH, BauR 1984, 413; OLG Düsseldorf, BauR 1972, 1863); im Regelfall geht es also um die bereits erbrachten Leistungen (Werner/Pastor, Rn. 224). Die Sicherung erfolgt durch die Belastung des Baugrundstücks.
– Die Sicherheit nach § 650f BGB hingegen soll den Ausgleich für das Vorleistungsrisiko (Einzelheiten bei Werner/Pastor, Rn. 326 ff.) darstellen; es wird daher der gesamte Vergütungsanspruch des Unternehmers abgesichert, soweit er noch nicht erfüllt ist; erfasst ist damit also auch oder sogar insbesondere die Vergütung für die noch nicht erbrachten Leistungen. Sicherungsobjekt sind hier die Finanzierungsmittel des Bestellers.

Wegen dieser unterschiedlichen Zielrichtungen ist durchaus denkbar, dass der Besteller berechtigt beide Sicherungsmittel nebeneinander geltend macht. Die Vergütung für die bereits erbrachten Leistungen könnte durch eine Sicherungshypothek abgesichert werden; für die dann noch ungesicherten Ansprüche für (noch) nicht erbrachte Leistungen kommt weiterhin die Sicherheit nach § 650f BGB in Frage.

bb) Sicherungsmittel

126 Der Besteller kann die Sicherheit zunächst in Form aller nach § 232 BGB vorgesehener Sicherungsmittel stellen. Hinzu kommen gem. § 650f Abs. 2 BGB noch die Möglichkeiten einer Sicherung durch eine Garantie oder ein sonstiges Zahlungsversprechen eines qualifizierten Kreditinstituts oder -versicherers. Die eigentlich gem. § 232 Abs. 2 BGB nur subsidiär vorgesehene Bürgschaft ist jedoch praktisch der Regelfall.

Der Besteller hat die Wahl zwischen den Sicherungsmitteln (Palandt/Sprau, § 648a, Rn. 10 a.E.).

cc) Rechtsfolgen

Nach fruchtlosem Ablauf einer angemessenen Frist hat der Unternehmer die Wahl unter vier möglichen Rechtsfolgen: Er kann die Arbeiten einstellen (Leistungsverweigerung, Abs. 5 S. 1, erste Alternative) oder den Vertrag mit gesonderter Erklärung, jedoch ohne Nachfristsetzung kündigen (zweite Alternative). Er kann aber auch weiterarbeiten und die Sicherheit einklagen. Oder er hat die Möglichkeit, zunächst die Arbeiten einzustellen und parallel dazu die Sicherheit einzuklagen. 127

Die Rechtsfolgen müssen (nach der aktuellen Fassung der Vorschrift) nicht angedroht werden. Sowohl die Einstellung der Arbeiten (Leistungsverweigerung) als auch die Kündigung des Vertrags können ohne Androhung und ohne Nachfrist erfolgen.

dd) Unabdingbarkeit

Gem. § 650f Abs. 7 BGB sind die Regelungen aus den Abs. 1 bis 5 unabdingbar. Auch Umgehungsversuche wie z.B. der Verzicht im Rahmen des Vertragsschlusses (BGH, BauR 2001, 386) oder die Verknüpfung mit der Verpflichtung des Unternehmers, eine entsprechende Sicherheit zu stellen (Kniffka, BauR 2007, 246), sind in aller Regel unwirksam. 128

ee) Praktische Handhabung/taktische Überlegungen

Der Unternehmer kann die Sicherheit im Grunde sofort nach Abschluss des Vertrages verlangen; dieses Recht besteht bis zur vollständigen Befriedigung seiner Ansprüche (soweit von § 650f BGB erfasst) fort. Ob er seine Leistung schon vollständig erbracht hat oder die Abnahme erklärt wurde, ist gleichgültig. Auch auf die Leistungsbereitschaft des Unternehmers kommt es nach der aktuellen Fassung der Vorschrift nicht mehr an (für die ältere Fassung aber BGH, NJW-RR 2008, 31); allerdings würde der Unternehmer missbräuchlich handeln, wenn er die Sicherheit verlangt, obwohl er zur Erbringung noch offener Restleistungen nicht bereit oder in der Lage ist (Palandt/Sprau, § 648a, Rn. 13). 129

Taktisch sind die Rechtsfolgen aus Abs. 5 – Recht zur Leistungsverweigerung oder Kündigung nach Ablauf einer angemessenen Frist – erheblich bedeutender als die Möglichkeit, die Sicherheit klageweise zu erlangen. Im richtigen Zeitpunkt eingesetzt, kann der Unternehmer durch die Drohung mit der Einstellung der Arbeiten oder der berechtigten Kündigung des Vertrags einen enormen Druck auf den Besteller ausüben. Ist es in der Zusammenarbeit schon so weit gekommen, dass er auf Stellung der Sicherheit klagen muss, bietet es sich meist eher an, den Vertrag zu kündigen und unmittelbar die Vergütung einzuklagen, zumal die Berechtigung der Werklohnforderung im Rahmen des Verfahrens ohnehin inzident zu prüfen ist.

Die Tatsache, dass der Unternehmer gem. § 650f Abs. 3 S. 1 BGB die Kosten der Sicherheit bis zu 2 % p.A. übernehmen muss, wird ihn – wenn es einmal soweit gekommen ist – nicht vom Verlangen der Sicherheit abhalten.

ff) Zwangsvollstreckung aus einem Urteil auf Stellung der Sicherheit

Hat man ein entsprechendes Urteil erlangt, fragt sich, wie hieraus nun im Fall der Nichtleistung vollstreckt werden kann. Das ist grundsätzlich möglich nach § 887 ZPO, da es sich bei der Stellung der Sicherheit um eine vertretbare Handlung handelt (Zöller/Stöber, § 887, Rn. 3, Stichwort »Sicherheitsleistung«, m.w.N.). Auch das Wahlrecht des Bestellers steht der Vollstreckung nicht entgegen, denn der Unternehmer kann die Art der Sicherheit bestimmen (Analogie zu § 264 Abs. 1 Hs. 1 BGB), solange der Besteller nach Vorliegen des Titels sein Wahlrecht noch nicht ausgeübt hat. Der Unternehmer kann daher z.B. den Anspruch auf Übergabe einer Bürgschaft voll- 130 strecken. Nach § 887 Abs. 2 ZPO kann der Gläubiger (hier also der Unternehmer) zugleich auch einen Vorschuss für die mit der Stellung des Sicherheit verbundenen Kosten verlangen.

Die Probleme der Zwangsvollstreckung liegen eher im tatsächlichen Bereich, denn z.B. für die Erlangung einer Bürgschaft müsste sich ein Dritter (eine Bank, eine Versicherung) finden, der bereit ist, in dieser Situation die Bürgschaft zu stellen.

b) Muster Aufforderung zur Leistung einer Sicherheit nach § 650f BGB

131 Projekt XY GmbH

.....

Hamburg

Per Einschreiben/Rückschein

BV: Müllerstr. 7, München

Hier: Leistung einer Sicherheit nach § 650f BGB

Sehr geehrte Damen und Herren,

die Bauunternehmung ABC GmbH hat uns hinsichtlich des o.a. Bauvorhabens mandatiert; ordnungsgemäße Bevollmächtigung wird anwaltlich versichert.

Laut § 4 des Bauvertrags vom ..... zwischen unseren Parteien ist für die Leistungen des Hauptvertrags eine Vergütung von 112.000,– EUR vereinbart. Zwischenzeitlich haben Sie zudem die Nachtragsangebote 1 und 2 unserer Mandantschaft beauftragt, so dass sich ein zusätzlicher Vergütungsanspruch von 28.000,– EUR ergibt. Insgesamt steht unserer Mandantschaft also eine Vergütung von 140.000,– EUR aus dem Vertrag zu, auf die Sie bislang 40.000,– EUR gezahlt haben. Es ist folglich noch ein Betrag von 100.000,– EUR unbezahlt.

Nachdem Sie auf die 3. und 4. Abschlagsrechnung unserer Mandantin keine Zahlungen mehr erbracht haben, möchte diese vorsorglich von ihrem Recht auf Übergabe einer Sicherheit nach § 650f BGB Gebrauch machen. Vor diesem Hintergrund fordern wir Sie hiermit auf, bis spätestens (Frist von ca. 10 bis 14 Tagen) eine taugliche Sicherheit nach Ihrer Wahl i.H.v. 110.000,– EUR zu leisten. Sollten Sie sich für eine Bürgschaft entscheiden, übergeben Sie diese bitte zu unseren Händen. Der Betrag ermittelt sich aus dem oben dargelegten noch offenen Vergütungsanspruch, zzgl. pauschal 10 % für eventuelle Nebenforderungen (§ 650f Abs. 1 S. 1 BGB).

Sollten Sie die Sicherheit nicht fristgerecht stellen, behält sich unsere Mandantin die Geltendmachung ihrer Rechte aus § 650f Abs. 5 BGB vor; das betrifft insbesondere das Recht auf Einstellung der Arbeiten oder die Kündigung des Vertrags.

Mit freundlichen Grüßen

(Unterschrift)

Rechtsanwalt

c) Erläuterungen

132 Das Muster geht von der Anwendbarkeit der aktuellen Fassung des § 650f BGB aus, also davon, dass der zugrunde liegende Vertrag nach dem 01.01.2009 geschlossen wurde.

aa) Berechtigter, Verpflichteter

133 **Berechtigter** des Sicherungsanspruchs aus § 650f BGB ist – insoweit ähnlich wie bei § 650e BGB – der Unternehmer eines Bauvertrags. Das heißt nach der Legaldefinition aus § 650a BGB, dass es sich um einen Vertrag über die Herstellung, die Wiederherstellung, die Beseitigung oder dem Umbau eines Bauwerks, einer Außenanlage oder eines Teils davon handeln muss (Abs. 1)

bzw. um eine tiefgreifende Maßnahme der Instandhaltung nach Abs. 2. Über die Verweisung in § 650q Abs. 1 BGB findet § 650e BGB aber auch Anwendung auf Architekten- und Ingenieurverträge gem. § 650p BGB. Ob die Rechtsprechung aus der Zeit vor der Reform des Bauvertragsrechts Gültigkeit behalten wird, wonach vom Anwendungsbereich solche Arbeiten nicht erfasst sind, die der Errichtung des Bauwerks so weit vorgeordnet sind, dass sie dieser nicht mehr zugeordnet werden können; das sind z.B. isolierte Abbruch- oder Rodungsarbeiten (BGH, NJW-RR 2005, 750) oder die isoliert beauftragte Beseitigung von Altlasten (BGH, BauR 2005, 1019), das wird sich erst mit der Zeit zeigen. § 650f BGB findet grundsätzlich auch im Bauträgervertrag Anwendung (siehe § 650u Abs. 1 BGB), sofern der Besteller kein Verbraucher ist.

Verpflichtet ist jeder Besteller eines Bauvertrags. Da dieser nicht Eigentümer des Baugrundstücks sein muss, kommt auch der Haupt- oder der Generalunternehmer als Auftraggeber des Nachunternehmers in Frage. Leistungen aus Werklieferungs-, Dienstleistungs- und Kaufverträgen etc. können hingegen – wie bei § 650e BGB – nicht gesichert werden (Werner/Pastor, Rn. 320 m.w.N.).

Ausgenommen vom Kreis der Verpflichteten (und damit **privilegiert**) sind gem. § 650f Abs. 6 BGB juristische Personen des öffentlichen Rechts, öffentlich-rechtliches Sondervermögen sowie Verbraucher, für welche der Vertrag einen Verbraucherbauvertrag oder einen Bauträgervertrag darstellt.

bb) Sicherbare Ansprüche, Höhe der Sicherheit

Sicherbar sind alle noch nicht bezahlten Ansprüche des Unternehmers, die dem Vergütungsbereich zuzuordnen sind; dazu gehören vor allem auch Vergütungsansprüche aus Zusatzaufträgen (also auch aus angeordneten [Kniffka, BauR 2007, 246] oder »beauftragten« Nachträgen). Ob die zugrunde liegenden Leistungen bereits erbracht sind oder nicht, ist irrelevant (BGH, BauR 2001, 386); ebenso ist ohne Bedeutung, ob die Ansprüche in Rechnung gestellt sind oder nicht. Es kommt lediglich darauf an, welcher Anteil der Vergütung – z.B. aufgrund von Abschlagszahlungen (OLG Karlsruhe, BauR 1996, 556) – bereits bezahlt und welcher noch offen ist.

134

Zu den abgesicherten Ansprüchen gehören auch solche, die **an die Stelle der Vergütung treten**, § 650f Abs. 1 S. 2 BGB. Das trifft jedenfalls auf Ansprüche aus § 648 S. 2 BGB bzw. § 8 Abs. 1 VOB/B zu, ebenso wohl auf Ansprüche aus § 6 Abs. 6 oder 2 Abs. 8 VOB/B (Werner/Pastor, Rn. 328 m.w.N.). Zweifelhaft soll sein, ob Entschädigungsansprüche nach §§ 642 (dafür Leinemann, NJW 2008, 3745; Werner/Pastor, Rn. 328 m.w.N.), 643 oder 645 Abs. 1 BGB darunter fallen. Nicht erfasst sein sollen Ansprüche aus den §§ 812 ff. BGB und aus Geschäftsführung ohne Auftrag (Palandt/Sprau, § 648a, Rn. 15), was aber auch nicht überzeugt (Werner/Pastor, Rn. 328).

Ob auch § 650f BGB dem Prinzip der Werterhöhung (vgl. die Ausführungen zu § 650e BGB) unterliegt, ist streitig. Nach der wohl herrschenden Meinung soll durch die Vorschrift jedoch das **Vorleistungsrisiko** des Unternehmers abgesichert werden, so dass es auf eine Werterhöhung des Baugrundstücks nicht ankommt (Scholtissek, NZBau 2009, 91 m.w.N.; a.A. OLG Köln, BauR 2000, 1874). Folgt man dieser Auffassung, dann sind z.B. auch bloße Renovierungsarbeiten begünstigt sowie reine Planungsleistungen, die (noch) keinen Niederschlag in dem Bauwerk gefunden haben (OLG Düsseldorf, BauR 2005, 416).

Anders als bei § 650e BGB (siehe dort), mindern **Mängelansprüche** des Bestellers den Anspruch nicht, solange der Unternehmer noch rechtlich und tatsächlich in der Lage und bereit ist, die Mängel zu beseitigen (BGH, BauR 2003, 693; BGH, BauR 2001, 386; OLG Karlsruhe, BauR 1996, 556); solange kann er nämlich die Vergütung noch verdienen. Das ändert sich erst dann, wenn sich diese Ansprüche in einen unstreitigen geldwerten Anspruch des Bestellers umgewandelt haben, mit welchem er aufrechnen kann (Minderung, Schadensersatz, Vorschuss; BGH, BauR 2001, 386; OLG Karlsruhe, BauR 1996, 556). Allerdings sind aufrechenbare Gegenansprüche auch nur zu berücksichtigen, wenn sie unstreitig oder rechtskräftig festgestellt sind (§ 650f Abs. 1 S. 4 BGB), was bei Mängelansprüchen meist nicht der Fall sein wird.

Angeblich soll Voraussetzung für die im Gesetz festgelegte Pauschale von 10 % für **Nebenkosten** sein, dass diese dem Grunde nach angefallen sind (Palandt/Sprau, § 648a, Rn. 14 unter Berufung auf OLG Frankfurt, BauR 2007, 1430). Das überzeugt nicht, denn durch die Pauschale soll gerade gewährleistet sein, dass durch die Sicherheit auch noch nicht vorhersehbare Ansprüche wie z.B. Verzugszinsen o. ä. abgesichert sind (wie hier Schmitz, IBR 2008, 214; wohl auch Werner/Pastor, Rn. 326). M.E. ist daher zu den Nebenkosten kein besonderer Vortrag erforderlich, sondern die Erhöhung um 10 % ergibt sich ohne Weiteres aus dem Gesetz.

cc) Aufforderung und Fristsetzung

135 Der Besteller muss die Sicherheit nicht von sich aus stellen, sondern der Unternehmer muss ihn dazu **auffordern**. Für das grundsätzliche Entstehen des Anspruchs ist dabei keine Fristsetzung erforderlich (§ 650f Abs. 1 S. 1 BGB). Allerdings geht es meist um die Herbeiführung der Rechtsfolgen aus Abs. 5, und diese sind an den Ablauf einer **angemessenen Frist** geknüpft; schon allein deshalb empfiehlt sich die Fristsetzung. Welche Frist angemessen ist, hängt von den Umständen des Einzelfalls ab (BGH, BauR 2005, 1009), u.a. von der Frage, ob es sich um einen großen Auftraggeber oder einen kleinen Gewerbetreibenden handelt (OLG Dresden, BauR 2006, 1318). Dabei kann unterstellt werden, dass der Besteller über ausreichende Bonität verfügt. Unter dieser Voraussetzung muss die Frist jedenfalls ausreichen, um z.B. die Kontaktaufnahme mit einer bürgenden Bank, die dortige Bearbeitungszeit und die Versandwege zu ermöglichen. Je nach Einzelfall sind Fristen von ein bis drei Wochen angemessen. Eine unangemessen kurze Fristsetzung ist jedoch nicht gegenstandslos, sondern setzt eine angemessene Frist in Gang (BGH, BauR 2005, 1009).

In der Aufforderung zur Stellung der Sicherheit ist die beanspruchte **Höhe der Sicherheit** nachvollziehbar darzulegen; ist die Feststellung der korrekten Höhe für den Besteller nur mit unzumutbarem Aufwand möglich, ist die Aufforderung ausnahmsweise unwirksam (OLG Hamm, NZBau 2004, 445). Eine eventuelle Zuvielforderung schadet allerdings im Regelfall nicht, sondern bewirkt die Aufforderung hinsichtlich der objektiv berechtigten Höhe (BGH, BauR 2001, 386; OLG Dresden, BauR 2006, 1318).

Obwohl die Rechtsfolgen nach der aktuellen Fassung der Vorschrift nicht angedroht werden müssen, empfiehlt sich dennoch ein Hinweis, um dem Besteller die Ernsthaftigkeit der Aufforderung klarzumachen.

dd) Art der Sicherheitsleistung, Wahlrecht

136 Da der Besteller die Wahl zwischen den Sicherungsmitteln hat (Palandt/Sprau, § 648a, Rn. 10 a.E.), sollte in der Aufforderung keine bestimmte Sicherheit vorgegeben werden, auch wenn die Bürgschaft die absolut übliche ist.

d) Muster Klage auf Stellung einer Sicherheit nach § 650f BGB

137 Landgericht München I

.....

München

Klage

der Bauunternehmung ABC GmbH, vertreten durch den Geschäftsführer, ..., München

– Klägerin –

Prozessbevollmächtigte: Rechtsanwälte ....., München

gegen

Projekt XY GmbH, vertreten durch den Geschäftsführer, ..., Hamburg

– Beklagte –

wegen: Stellung einer Bauhandwerkersicherung nach § 650f BGB

vorläufiger Streitwert: 110.000,– EUR

Namens und in Vollmacht des Antragstellers erheben wir die vorliegende Klage; wir werden in der mündlichen Verhandlung *beantragen*,

> die Beklagte zu verurteilen, der Klägerin nach Wahl der Beklagten eine der gem. § 650f BGB i.V.m. § 232 ff. BGB tauglichen Sicherheiten i.H.v. 110.000,– EUR zur Absicherung der offenen Vergütungsansprüche aus dem Bauvertrag vom ..... zu stellen.

Für den Fall der Fristversäumnis im schriftlichen Vorverfahren *beantragen* wir vorsorglich unter Berufung auf § 331 Abs. 3 ZPO bereits jetzt,

> die Beklagte durch Versäumnisurteil ohne mündliche Verhandlung zu verurteilen.

Begründung:

Die Parteien sind durch einen Bauvertrag verbunden, aus welchem der Klägerin ein restlicher Vergütungsanspruch von 100.000,– EUR zusteht. Die Klägerin hat vorgerichtlich eine Sicherung nach § 650f BGB für diesen Anspruch verlangt, aber nicht erhalten.

I. Zuständigkeit des Landgerichts München I

Das Landgericht München I ist zuständig gemäß § 29 ZPO, da das streitgegenständliche Bauvorhaben in der Müllerstr. 7, München, und damit im Bezirk des Landgerichts München I errichtet wird.

II. Sachverhalt

1. Mit Bauvertrag vom ..... hat die Beklagte die Klägerin mit der Durchführung der Entwässerungsarbeiten für das Objekt Müllerstr. 7, München beauftragt. Es wurde eine Vergütung von 112.000,– EUR vereinbart. Die VOB/B in der Fassung von 2016 soll Anwendung finden.

Beweis: Kopie des Bauvertrags vom ....., Anlage K 1

Mit Schreiben vom ..... hat die Beklagte die beiden Nachtragsangebote 1 und 2 der Klägerin beauftragt.

Beweis: Kopie des Schreibens der Beklagten vom ....., Anlage K 2

Der Vergütungsanspruch der Klägerin hat sich infolgedessen um 28.000,– EUR auf insgesamt 140.000,– EUR erhöht.

2. Die Beklagte hat auf die 1. und 2. Abschlagsrechnung der Klägerin jeweils 20.000,– EUR gezahlt. Auf die 3. und 4. Abschlagsrechnung erfolgte keine Zahlung mehr. Damit verbleibt also ein noch offener Vergütungsanspruch von 100.000,– EUR.

3. Nachdem keine Zahlungen mehr erfolgten, hat die Klägerin die Beklagte durch den Unterzeichner unter Fristsetzung zur Übergabe einer geeigneten Sicherheit auffordern lassen.

Beweis: Kopie des Schreibens des Unterzeichners vom ....., Anlage K 3

Es erfolgte keine fristgerechte Stellung einer Sicherheit. Stattdessen teilte die Beklagte mit Schreiben vom ..... mit, sie habe aus einem anderen Bauvorhaben einen Schadensersatzanspruch gegenüber der Klägerin i.H.v. mindestens 100.000,– EUR, mit welchem sie gegenüber den bereits fälligen Ansprüchen der Klägerin die Aufrechnung erkläre; auch die zukünftigen Abschlagsrechnungen der Klägerin würden in Form der Aufrechnung mit dieser Forderung beglichen werden, so dass es einen offenen Vergütungsanspruch nicht gebe.

Beweis: Kopie des Schreibens der Beklagten vom ....., Anlage K 4

Die Klägerin hat mit Schreiben des Unterzeichners vom ..... erläutert, dass der angebliche Schadensersatz nicht besteht, aber auch nichts an der Verpflichtung zur Stellung der Sicherheit ändern würde. Bis zur Übergabe einer Sicherheit werde die Klägerin die Leistungen einstellen, was sie auch getan hat.

Beweis: Kopie des Schreibens des Unterzeichners vom ....., Anlage K 5

III. Rechtliche Würdigung

Die Klägerin hat Anspruch auf die begehrte Sicherheit nach § 650f BGB.

1. Die Parteien haben unzweifelhaft einen Bauvertrag geschlossen, so dass die Klägerin zum Kreis der Berechtigten gehört. Nach den vertraglichen Vereinbarungen inklusive der Zusatzvereinbarungen steht der Klägerin eine noch nicht gezahlte Vergütung von 100.000,– EUR zu. Da gem. § 650f Abs. 1 S. 1 BGB noch 10 % für Nebenkosten hinzuzurechnen sind, hat die Klägerin Anspruch auf eine Sicherheit i.H.v. 110.000,– EUR.

2. Die angeblichen Gegenansprüche schmälern den Anspruch der Klägerin auf die Sicherheit nicht, völlig unabhängig davon, ob diese Ansprüche tatsächlich bestehen oder nicht. Denn gem. § 650f Abs. 1 S. 4 BGB sind nur solche aufrechenbaren Ansprüche zu berücksichtigen, die unstreitig oder rechtskräftig festgestellt sind.

3. Sofern sich die Beklagte auf Ziff. 12.1 des Bauvertrags berufen will, wonach die Anwendung von § 650f BGB ausgeschlossen ist, ist schon jetzt darauf hinzuweisen, dass diese Klausel wegen des unabdingbaren Charakters der gesetzlichen Vorschrift – siehe § 650f Abs. 7 BGB – unwirksam ist.

(Unterschrift)

Rechtsanwalt

e) Erläuterungen

138 Das Muster geht von der Anwendbarkeit der aktuellen Fassung des § 650f BGB aus, also davon, dass der zugrunde liegende Vertrag nach dem 01.01.2009 geschlossen wurde. Ein einklagbares Recht auf die Sicherheit wurde erst mit der letzten inhaltlichen Überarbeitung der Vorschrift eingefügt. Die Praxis hat davon bisher nicht viel Gebrauch gemacht, da es meist in erster Linie um die Herbeiführung der Folgen aus § 650f Abs. 5 BGB geht. Nach Aufforderung und fruchtlosem Fristablauf bietet sich eher die Werklohnklage an, zumal die Berechtigung der Werklohnforderung im Rahmen der Klage auf Stellung der Sicherheit ohnehin inzident zu prüfen ist.

Die schnelle Durchsetzung des Sicherungsanspruchs im Wege einer Urkundsklage scheitert bedauerlicherweise wohl daran, dass es sich nicht um einen der in § 592 S. 1 ZPO vorgegebenen Streitgegenstände (Zahlung oder Leistung vertretbarer Sachen bzw. Wertpapiere) handelt (Zöller/Greger, § 592, Rn. 1).

aa) Zu den Anträgen

139 Der Besteller hat die Wahl unter den nach § 650f BGB tauglichen Sicherheiten (Palandt/Sprau, § 648a, Rn. 10 a.E.). Daher kann der Antrag nicht auf die Leistungen einer bestimmten Sicherheit gerichtet sein, sondern muss die Wahlmöglichkeiten offen halten, wozu auf die Möglichkeiten aus den §§ 232 ff. und 650f Abs. 2 BGB abzustellen ist (LG Nürnberg-Fürth, BauR 2010, 952).

bb) Zum Streitwert

140 Der Streitwert richtet sich nach der Höhe der zu sichernden Forderung (Zöller/Herget, § 6, Rn. 8). Die Pauschale von 10 % für die Nebenforderungen (§ 650f Abs. 1 S. 1 BGB a.E.) wird

dabei dem Vergütungsanspruch hinzugesetzt (Palandt/Sprau, § 648a, Rn. 16.). Da sich dadurch die zu sichernde Forderung erhöht, wirkt sich die Pauschale m.E. – anders als z.B. Verfahrenskosten oder Verzugszinsen – auf den Streitwert aus.

cc) Zur Zuständigkeit

Für die örtliche Zuständigkeit kommen in Frage: Der allgemeine Gerichtstand des Sitzes des Bestellers, § 12 ZPO (siehe auch § 18 Abs. 1 VOB/B) oder der Gerichtsstand des Erfüllungsortes, § 29 ZPO, der nach der Rechtsprechung des BGH regelmäßig für die beiderseitigen Verpflichtungen aus dem Bauvertrag der Ort des Bauvorhabens ist (BGH, BauR 1986, 241); das gilt also auch für die Verpflichtung zur Zahlung des Werklohns (OLG Dresden, BauR 2004, 1670; kritisch: LG München II, BauR 2004, 725) sowie zur Leistung der Sicherheit. 141

dd) Zum Sachvortrag und den rechtlichen Grundlagen

Der Unternehmer hat grundsätzlich alle anspruchsbegründenden Tatsachen darzulegen und zu beweisen, also vor allen Dingen: 142

- Die Eigenschaft des Klägers als Unternehmer eines Bauwerks.
- Die bauvertragliche Beziehung zwischen den Parteien.
- Die Höhe des zu sichernden Anspruchs.
- Die Aufforderung zur Stellung der Sicherheit.

Da es sich bei der Privilegierung nach Abs. 6 um eine Ausnahmevorschrift handelt (OLG Jena, BauR 2008, 536), ist die entsprechende Eigenschaft des Bestellers (juristische Person des öffentlichen Rechts, öffentlich-rechtliches Sondervermögen oder Verbraucher) m.E. als Einwendung vom Besteller darzulegen und zu beweisen.

Im Übrigen darf auf die Ausführungen zum Muster »Aufforderung zur Stellung der Sicherheit« verwiesen werden.

14. Berufungsschrift

a) Vorbemerkung zum Berufungsverfahren

Die nachfolgenden Schriftsatzmuster stellen Vorschläge zur Erstellung von den im Berufungsverfahren regelmäßig benötigten Schriftsätzen 143

- Berufungsschrift
- Berufungsbegründung
- Berufungserwiderung
- Anschlussberufung
- Stellungnahme zum Hinweis nach § 522 Abs. 2 S. 2 ZPO

dar, die den teilweise hohen formellen und inhaltlich Anforderungen der Zivilprozessordnung und der hierzu ergangenen Rechtsprechung Rechnung tragen und – soweit erforderlich – die jeweiligen gesetzlichen Voraussetzungen in einer schematischen Struktur darstellen, um einzelfallbezogen eine berufungsspezifische Aufbereitung des Sachverhalts und der Rechtsfragen zu ermöglichen.

Soweit in den Mustern exemplarische Ausführungen tatsächlicher oder rechtlicher Art teilweise stark verkürzt enthalten sind, ist dies dem Erhalt der Übersichtlichkeit geschuldet.

Das Muster einer **Berufungsschrift** (F.14.) beschränkt sich auf die Zurverfügungstellung der formellen Anforderungen an eine wirksame Berufungsschrift.

Im Bau- und Architektenprozess regelmäßig unproblematisch, systematisch diesem Muster vorgelagert und daher in den Anmerkungen nicht erörtert, ist die Zulässigkeitsvoraussetzung der Statthaftigkeit der Berufung nach § 511 ZPO.

Die Berufung findet gemäß § 511 Abs. 1 ZPO gegen die im ersten Rechtszug erlassenen Endurteile, § 300 ZPO (Prütting/Gehrlein-Lemke, ZPO, 9. Aufl. 2017, § 511 Rn. 1 f. und Schumann/Kramer, Die Berufung in Zivilsachen, 7. Aufl., S. 18 f.). Zudem ist die Berufung nach § 511 Abs. 2 ZPO nur zulässig ist, wenn der Wert des Beschwerdegegenstandes 600 € übersteigt oder das Gericht des ersten Rechtszugs die Berufung zugelassen hat (Prütting/Gehrlein-Lemke, ZPO, 9. Aufl., § 511 Rn. 15 f., 37 f.).

Die **Berufungsbegründungsschrift (F.15.)** als Kernstück des Berufungsverfahrens weist im Bau- und Architektenprozess keine prozessualen Besonderheiten gegenüber anderen Rechtsgebieten auf und kann daher nach § 513 Abs. 1 ZPO nur auf die gesetzlich Berufungsgründe der entscheidungserheblichen Rechtsverletzung nach § 546 ZPO, der unrichtigen und/oder unvollständigen Tatsachenfeststellung nach §§ 529 Abs. 1 Nr. 1 2. HS ZPO und/oder neue Angriffs- und Verteidigungsmittel nach §§ 529 Abs. 1 Nr. 2, 531 Abs. 2 ZPO gestützt werden.

Dabei ist die Berufung nach den Änderungen der Zivilprozessordnung durch das am 01.02.2002 in Kraft getretenen Gesetz zur Reform des Zivilprozesses vom 27.07.2001 (BGBl I, S. 1887) »nicht mehr vollwertige zweite Tatsacheninstanz, sondern dient in erster Linie der Überprüfung des erstinstanzlichen Urteils auf korrekte Anwendung des materiellen Rechts sowie auf Richtigkeit und Vollständigkeit der getroffenen Feststellungen und Beseitigung etwaiger Fehler (BGH, Urt. v. 24.11.2009, VII ZR 31/09 = BauR 2010, 493)«, wobei das Berufungsgericht wegen § 529 Abs. 1 Nr. 1 1. HS ZPO in tatsächlicher Hinsicht grundsätzlich seiner Verhandlung und Entscheidung die vom Gericht des ersten Rechtszugs festgestellten Tatsachen zu Grunde zu legen hat und nur ausnahmsweise unter den Voraussetzungen der §§ 529 Abs. 1 Nr. 1 2. HS, Nr. 2 in Verbindung mit § 531 Abs. 2 S. 1 ZPO neue Tatsachen berücksichtigen darf.

Neben der Überprüfung des erstinstanzlichen Urteils auf Rechtsverletzungen im Sinne der §§ 513 Abs. 1 1. Alt. i.V.m. mit § 546 Abs. 1 ZPO, also Fehler bei der Anwendung, Auslegung und Subsumtion von Rechtsnormen, liegt im Bau- und Architektenprozess der Schwerpunkt der berufungsgerichtlichen Überprüfung und damit auch des im Berufungsverfahren tätigen Prozessanwalts in der sorgfältigen Überprüfung des erstinstanzlichen Prozessstoffs im Hinblick auf die im angefochtenen Urteil festgestellten Tatsachen (vergleiche dazu Werner/Pastor, Der Bauprozess, 15. Aufl., Rn. 593 f. und Motzke/Bauer/Seewald, Prozesse in Bausachen, 2. Aufl., § 4 Rn. 550f. m.w.N.), deren Erörterung in tatsächlicher und rechtlicher Hinsicht jedoch den begrenzten Rahmen eines prozessualen Schriftsatzmusters bei weitem sprengt, so dass sich das entsprechende Muster einer Berufungsbegründung auf eine schematische Struktur beschränkt, anhand derer im Einzelfall die detaillierte Aufarbeitung des erstinstanzlichen Prozessstoffes erfolgen kann.

Auch und gerade aufgrund des Umstandes, dass das Berufungsverfahren nicht mehr vollwertige zweite Tatsacheninstanz ist, sondern im Berufungsverfahren vielmehr eine Bindungswirkung an den erstinstanzlichen Urteil gegebenenfalls unzutreffenden dargestellten Tatbestandes droht, kommt dessen Überprüfung und damit erforderlichenfalls einem form- und fristgerechter Antrag auf **Tatbestandsberichtigung nach § 320 ZPO** (vergleiche dazu Doukoff, zivilrechtliche Berufung, 5. Aufl., Rn. 135 ff. mit zahlreichen weiteren Nachweisen und Motzke/Bauer/Seewald, Prozesse in Bausachen, 2. Aufl., § 4 Rn. 536) zentrale Bedeutung zu.

Denn ohne Tatbestandsberichtigungsantrag kann mit der Berufung, auch mit der Behauptung eines Verfahrensfehlers nach §§ 513 Abs. 1, 546, 529 Abs. 2 ZPO, eine Tatbestandsberichtigung nicht bewirkt werden (ständige Rechtsprechung, zuletzt BGH, Urt. v. 16.12.2010, Az. 1 ZR 161/08 = NJW 2011, 1513).

14. Berufungsschrift

Bezüglich der Verteidigung des Berufungsbeklagten durch **Berufungserwiderung** (F.16.) und **Anschlussberufung** (F.17.) wird hinsichtlich der formellen und inhaltlichen Anforderungen an Schriftsätze auf die entsprechenden Anmerkungen zu den einzelnen Mustern verwiesen.

Das Muster einer **Stellungnahme zu einem Hinweis nach § 522 Abs. 2 S. 2 ZPO** (F.18.) enthält den exemplarischen Versuch – in geeigneten Fällen - unter dem Gesichtspunkt der grundsätzlichen Bedeutung der Rechtssache und Bezugnahme auf die diesbezügliche Rechtsprechung des Bundesverfassungsgerichts und des Bundesgerichtshofs, die unerfreuliche Beendigung des Berufungsverfahrens durch einen Zurückweisungsbeschluss nach § 522 Abs. 2 S. 1 ZPO zu verhindern.

Dabei ist bei Zurückweisungsbeschlüssen mit einer Beschwer von mehr als 20.000,00 € das am 27. Oktober 2011 in Kraft getretene Gesetz zur Änderung des § 522 der Zivilprozessordnung vom 21. Oktober 2011 (BGBl. I, 2082), welches in diesen Fällen mit § 522 Abs. 3 n.F. i.V.m. § 26 Nr. 8 EGZPO die Nichtzulassungsbeschwerde nach § 544 ZPO zum Bundesgerichtshof eröffnet, zu berücksichtigen.

b) Muster Berufungsschrift

Landgericht/Oberlandesgericht [1]

-Zivilkammer/Zivilsenat –

Adresse

(vorab) per Telefax: Telefax-Nummer [2]

Berufung

In dem Rechtsstreit

Name, ggf. gesetzlicher Vertreter, Anschrift

– Kläger(in) und Berufungskläger(in) [3] –

oder

– Beklagte(r) und Berufungskläger(in) –

Prozessbevollmächtigte: Rechtsanwälte Name, Anschrift

gegen

Name, ggf. gesetzlicher Vertreter, Anschrift

– Beklagte(r) und Berufungsbeklagte(r) –

oder

– Kläger(in) und Berufungsbeklagte(r)

Prozessbevollmächtigte [4]: Rechtsanwälte Name, Anschrift

wegen ..... [5]

legen wir namens und in Vollmacht des Berufungsklägers gegen das Urteil des Amtsgerichts/Landgerichts Ort vom Verkündungsdatum, Az: Aktenzeichen [6], zugestellt am ..... [7],

Berufung [8]

ein.

Die Berufungsanträge und die Berufungsbegründung bleiben einem gesonderten Schriftsatz vorbehalten [9].

Eine beglaubigte Abschrift des angefochtenen Urteils [10] sowie eine/zwei ..... beglaubigte Abschriften [11] der Berufungsschrift sind beigefügt.

Eigenhändige Unterschrift [12]

Rechtsanwalt

c) Erläuterungen

145 **Anm. 1 Zuständiges Landgericht/Oberlandesgericht.**

Gemäß § 519 Abs. 1 ZPO wird die Berufung durch Einreichung der Berufungsschrift beim Berufungsgericht eingelegt.

Die Zivilkammern der Landgerichte sind nach § 72 Abs. 1 GVG die Berufungs- und Beschwerdegerichte in den vor den Amtsgericht verhandelten bürgerlichen Rechtsstreitigkeiten, soweit nicht gemäß § 119 Abs. 1 Nr. 1 GVG (Familiensachen, Angelegenheiten der freiwilligen Gerichtsbarkeit) die Zuständigkeit der Oberlandesgerichte als Beschwerdegericht begründet ist.

In wohnungseigentumsrechtlichen Streitigkeiten nach § 43 Nr. 1 bis 4 und 6 WEG ergibt sich die aus § 72 Abs. 2 GVG ersichtliche, teilweise landesrechtlich nach § 72 Abs. 2 S. 2 GVG nochmals modifizierte Ausnahme hinsichtlich der örtlichen Zuständigkeit des Landgerichts am Sitz des Oberlandesgerichts als Berufungs- und Beschwerdegericht für derartige Streitigkeiten im Bezirk des Oberlandesgerichts.

Die Oberlandesgerichte sind nach § 119 Abs. 1 Nr. 2 GVG zuständig für die Verhandlung und Entscheidung über die Rechtsmittel der Berufung und der Beschwerde gegen Entscheidungen der Landgerichte.

Das jeweils örtlich und sachlich zuständige Berufungsgericht ist sorgfältig zu ermitteln und in die Berufungsschrift unter zutreffender Angabe der Gerichtsbezeichnung sowie der vollständigen postalischen Anschrift aufzunehmen.

Ein unzuständig angegangenes Gericht ist nicht verpflichtet, »die Partei innerhalb der Rechtsmittelfrist telefonisch oder per Telefax auf die fehlerhafte Einlegung des Rechtsmittels hinzuweisen (BVerfG, Beschl. v. 03.01.2001, 1 BvR 2147/00 = NJW = NJW 2001, 1343)«.

Ebenso wenig besteht eine Fürsorgepflicht »des für die Rechtsmitteleinlegung unzuständigen und vorher mit der Sache noch nicht befassten Gerichts, durch Hinweise oder geeignete Maßnahmen eine Fristversäumung des Rechtsmittelführers zu verhindern. Ein etwaiges Verschulden der Partei oder ihres Prozessbevollmächtigten wirkt sich nur dann nicht mehr aus, wenn die fristgerechte Weiterleitung an das zuständige Rechtsmittelgericht im ordentlichen Geschäftsgang ohne weiteres erwartet werden kann (BGH, Beschl. v. 15.06.2004, VI ZB 75/03 = NJW-RR 2004, 1655)«.

Soweit durch Rechtsverordnung der Landesregierung nach § 116 Abs. 2 GVG außerhalb des Sitzes des Oberlandesgerichts so genannte »auswärtige Senate« gebildet wurden (derzeit: OLG München in Augsburg, OLG Karlsruhe in Freiburg und OLG Frankfurt a.M. in Kassel und Darmstadt), sind diese Außensenate Teil des Stammgerichts, mit der Folge, dass die Berufung fristwahrend auch beim Stammgericht eingelegt werden kann (BGH, Urt. v. 18.10.1966, VI ZB 13/66).

146 **Anm. 2.**

Soweit eine fristausschöpfende Übermittlung der Berufungsschrift im »letzten Moment« (s. dazu Baumbach/Hartmann, ZPO, 75. Aufl., § 233 Rn. 164) per Telefax in Aussicht genommen ist, gelten erhöhte Sorgfaltsanforderungen, da mit Störungen der Übertragung gerechnet werden muss, so dass es empfehlenswert ist, zu Zeiten eine weitere (alternative) Telefaxnummer des Berufungsgerichts in Erfahrung zu bringen (vgl. dazu auch instruktiv KG, Beschl. v. 03.03.2017, Az. 6 U 130/16).

Bei der Übermittlung fristwahrender Schriftsätze per Telefax sind an den Anwalt erhöhte Anforderungen zu stellen (BGH, Beschl. v. 06.04.2011, Az. XII ZB 701/10, ibr-online). So gehört zur Ausgangskontrolle von per Telefax zu übermittelnden fristgebundenen Schriftsätzen neben der Anordnung des Rechtsanwalts, dass die Frist im Fristenkalender nach Übermittlung des Telefaxes erst dann gestrichen werden darf, wenn anhand des Sendeberichts und gegebenenfalls des Inhalts der Akte geprüft worden ist, ob die Übermittlung vollständig und an den richtigen Empfänger erfolgt ist (BGH, Beschl. v. 10.08.2016, Az. VII ZB 17/16, und zuletzt BGH, Beschl. v. 12.04.2016, Az. VI ZB 7/15; OLG Stuttgart, Beschl. v. 15.07.2015, Az. 2 U 39/15).

Demgegenüber können die aus den »technischen Gegebenheiten dieses Kommunikationsmittels herrührenden besonderen Risiken«, »im Besonderen Störungen des Empfangsgerätes«, die in der »Sphäre des Gerichts« liegen, soweit sie die entscheidende Ursache für die Fristversäumung darstellen, nicht auf den »Nutzer abgewälzt werde«, so dass Wiedereinsetzung geboten ist (BGH, Beschl. v. 12.04.2016, Az. VI ZB 7/15; BGH, Beschl. v. 11.01.2011, Az. VIII ZB 44/10).

Eine Wiedereinsetzung kommt jedenfalls dann nicht in Betracht, wenn das Telefax tatsächlich nicht oder an eine falsche Telefaxnummer (OLG Frankfurt, Beschl. v. 26.04.2016, Az. 6 U 42/16) gesendet worden ist und der Anwalt bei der Versendung von Schriftsätzen per Telefax keine organisatorische Vorkehrungen (Ausgangskontrolle) getroffen hat, dass durch Überprüfung des Sendeberichts die tatsächliche Übermittlung des Schriftsatzes sichergestellt wird (vergleiche dazu BGH, Beschl. v. 12.06.2012, VI ZB 54/11 = IBR 2012,745 und zuletzt BGH, Beschl. v. 27.11.2013, III ZB 46/13 = IBR 2014, 126).

Anm. 3.

147

Aus der Berufungsschrift muss über die in § 519 Abs. 2 ZPO genannten Voraussetzungen hinaus bis zum Ablauf der Rechtsmittelfrist eindeutig zu erkennen sein, wer Berufungskläger und wer Berufungsbeklagter ist, wobei die Rechtsprechung insoweit strenge Anforderungen stellt (vergleiche dazu zuletzt KG, Beschl. v. 11.05.2016, Az. 21 U 26/16; BGH, Beschl. v. 22.09.2009, VI ZB 76/08, m.w.N. zur höchstrichterlichen Rechtsprechung), jedoch eine Ermittlung der Parteirollen im Wege der Auslegung unter Zuhilfenahme sonstiger vor Ablaufs der Berufungsfrist vorhandener Unterlagen, so insbesondere der nach § 519 Abs. 3 ZPO beizufügenden Abschrift des angefochtenen Urteils, zulässt (vergleiche dazu jüngst BGH, Beschl. v. 24.07.2013, XII ZB 56/13 = IBR 2013,1261 nur online).

Gleichwohl ist insbesondere dann, wenn mehrere Kläger und oder Beklagte im erstinstanzlichen Verfahren beteiligt waren, besondere Sorgfalt bei der zutreffenden Bezeichnung der Parteirollen geboten.

Neben den Hauptparteien des erstinstanzlichen Verfahrens kann Berufungskläger auch ein Streitgenosse nach §§ 59 ff. ZPO, ein streitgenössischer Nebenintervenient nach § 69, der Streithelfer, insbesondere aber auch der bloße Streitverkündungsempfänger sein.

Insoweit ist die selbstständige Berufungseinlegung möglich und gegebenenfalls auch erforderlich, da im Falle der Rücknahme der Berufung des Klägers gegen ein klageabweisendes Urteil die Fortsetzung des Berufungsverfahrens durch ein Streithelfer, der selbst kein Rechtsmittel eingelegt hat, auch dann nicht in Betracht kommt, wenn dieser Streithelfer gemäß § 69 ZPO als Streitgenosse der Hauptpartei gilt (BGH, Beschl. v. 16.12.2010, Xa ZR 110/08).

Unbedingt zu beachten ist, dass der Streithelfer Berufung oder sonstige Rechtsmittel nur so lange wirksam einlegen kann, wie die Rechtsmittelfrist für die Hauptpartei läuft, wobei es für die Berechnung der Rechtsmittelfrist auf die Zustellung bei der Hauptpartei und nicht beim Streithelfer ankommt (vgl. dazu BGH, Beschl. v. 24.05.2012, VII ZR 24/11 = IBR 2012,620 und zuletzt BGH, Beschl. v. 20.08.2013, XI ZB 2/12 = IBR 2013, 721).

148 Anm. 4.

Der Berufungsschriftsatz ist nach §§ 521 Abs. 1 ZPO i.V.m. § 172 Abs. 1, Abs. 2 S. 1 ZPO dem Prozessbevollmächtigten des Gegners im ersten Rechtszuges zuzustellen, soweit sich nicht – was praktisch kaum möglich ist – vor Einreichung der Berufungsschrift bereits ein abweichender Prozessbevollmächtigter der Gegenseite für den höheren Rechtszug bestellt hat.

Nicht erforderlich ist danach jedenfalls die häufig anzutreffende Angabe »Prozessbevollmächtigter erster Instanz«.

149 Anm. 5.

Die Kurzbezeichnung des Streitgegenstands, etwa »wegen restlicher Werklohnforderung/Vorschuss/Schadensersatz aus Bauvertrag«, ist zwar formell nicht erforderlich, jedoch aufgrund der bei zahlreichen Berufungsgerichten geschaffenen Sonderzuständigkeiten, insbesondere in Gestalt von »Bausenaten« bei den Oberlandesgerichten, empfehlenswert.

150 Anm. 6.

Nach § 519 Abs. 2 Nr. 1 ZPO muss die Berufungsschrift die Bezeichnung des Urteils, gegen das die Berufung gerichtet wird, enthalten.

Hierzu ist nach allgemeiner Auffassung das Gericht 1. Instanz sowie das angefochtene Urteil nach Verkündungsdatum und Aktenzeichen genau zu bezeichnen (st. Rspr., vgl. BGH, Beschl. v. 11.01.2006, XII ZB 27/04 = NJW 2006, 1003 m.w.N.).

In jedem Falle ist für die Zulässigkeit der Berufung erforderlich, dass das Berufungsgericht innerhalb der Berufungsfrist in der Lage ist, »sich aus den vorhandenen Unterlagen«, regelmäßig also anhand der Berufungsschrift und der nach § 519 Abs. 3 ZPO beizufügenden Abschrift des angefochtenen Urteils, »Gewissheit über die Identität des angefochtenen Urteils zu verschaffen.« Soweit dies nicht fristgerecht möglich ist, ist die Berufung nach § 522 Abs. 1 S. 2 ZPO als unzulässig zu verwerfen.

151 Anm. 7.

Umstritten ist, ob in der Berufungsschrift das Datums der Zustellung des Urteils beim erstinstanzlichen Prozessbevollmächtigten, welches sich aus der in der anwaltlichen Handakte befindlichen Kopie des an das erstinstanzliche Gericht zurückgereichten Empfangsbekenntnisses § 174 ZPO ergibt, aufzuführen ist (vgl. dazu Doukoff, Zivilrechtliche Berufung, 5. Aufl., 2013, Rn. 679 mit zahlreichen Nachweisen zum Streitstand).

In jedem Falle ist die Angabe des (zutreffenden, aus dem Empfangsbekenntnis übernommenen) Zustellungsdatums im Berufungsschriftsatz unschädlich.

Von entscheidender Bedeutung ist die Zustellung des in vollständiger Form abgefassten Urteils für die Berechnung der Berufungsfrist.

Diese beträgt gemäß § 517 ZPO einen Monat, ist eine Notfrist und beginnt mit der Zustellung einer Ausfertigung des in vollständiger Form abgefassten Urteils (vgl. dazu zuletzt BGH, Beschl. v. 09.06.2010, XII ZB 132/09), spätestens aber mit dem Ablauf von 5 Monaten nach der Verkündung. Ein Urteil, das nicht binnen 5 Monaten nach Verkündung schriftlich niedergelegt, von den Richtern besonders unterschrieben und der Geschäftsstelle übergeben worden ist, gilt als nicht mit Gründen versehen und ist deshalb von der Rechtsmittelinstanz aufzuheben (vergleiche dazu BGH, Urt. v. 28.09.2011, IV ZR 110/09 = IBR 2011,1459 nur online).

Der Zustellungszeitpunkt ergibt sich aus dem gemäß § 174 Abs. 1, Abs. 4 ZPO durch Unterzeichnung des Empfangsbekenntnisses durch den Prozessbevollmächtigten dokumentierten Zeitpunkt (Datum).

Die Berechnung der Berufungsfrist folgt nach § 222 Abs. 1 ZPO aus den §§ 187 Abs. 1, 188 Abs. 2. 1. Alt. BGB unter besonderer Berücksichtigung der §§ 222 Abs. 2 ZPO und 188 Abs. 3 BGB und des Umstandes, dass die Berufungsfrist einem Monat und nicht 4 Wochen beträgt.

> Die Berufungsfrist beginnt für den Streithelfer, der im ersten Rechtszug nicht beigetreten ist, nicht erst mit der Zustellung an den Streithelfer oder 5 Monate nach der Verkündung des Urteils, sondern mit der Zustellung des Urteils an die Hauptpartei (BGH, Beschl. v. 16.07.2010, II ZB 12/09).

Im Falle der fehlenden oder unwirksamen Zustellung beginnt die einmonatige Berufungsfrist fünf Monate nach Verkündung des Urteils.

Anm. 8. 152

Nach § 519 Abs. 2 Nr. 2 ZPO muss die Berufungsschrift die Erklärung enthalten, dass gegen das im Umfange vorstehender Anm. 7 bezeichnete Urteil Berufung eingelegt wird.

Die Einlegung der Berufung muss unbedingt erfolgen, da sie als Prozesshandlung grundsätzlich bedingungsfeindlich ist (vgl. dazu die st. Rspr. bereits BGH, Beschl. v. 20.11.1951, IV ZB 68/51 = BGHZ 4, 54 und zuletzt BGH, Beschl. v. 07.11.2006, VI ZB 70/05).

Grundsätzlich muss die Berufungsschrift keine Anträge erhalten, wie sich im Umkehrschluss aus § 520 Abs. 3 S. 2 Nr. 1 ZPO ergibt.

Demgemäß muss auch der Umfang der Berufung im Zeitpunkt der Einreichung des Berufungsschriftsatzes beim Berufungsgericht nicht feststehen.

Anm. 9. 153

Wie sich aus § 520 Abs. 1 ZPO ergibt, ist die Berufung zu begründen, wobei die Berufungsbegründung und die Stellung der Berufungsanträge gemäß § 520 Abs. 3 ZPO erst mit dem Berufungsbegründungsschriftsatz binnen der Berufungsfrist des §§ 520 Abs. 2 ZPO erfolgen muss.

Der Hinweis in der Berufungsschrift, dass die Berufungsanträge und die Berufungsbegründung einem gesonderten Schriftsatz vorbehalten bleiben, ist danach nicht erforderlich, aber üblich.

Es entspricht – zumal in umfangreichen Bauprozessen – der weit überwiegenden Praxis, dass die Stellung der Berufungsanträge und die Berufungsbegründung, gesondert im Berufungsbegründungsschriftsatz nach regelmäßig gemäß § 520 Abs. 2 S. 2 und 3 ZPO verlängerter Berufungsbegründungsfrist erfolgt.

Anm. 10. 154

Nach § 519 Abs. 3 ZPO soll dem Berufungsgericht mit der Berufungsschrift eine Ausfertigung oder beglaubigte Abschrift des angefochtenen Urteils vorgelegt werden.

Zwar handelt es sich hierbei lediglich um eine Sollvorschrift, mit der Folge, dass ein Verstoß gegen die Vorlage einer Abschrift des angefochtenen Urteils nicht zur Unzulässigkeit der Berufung führt.

Jedoch empfiehlt es sich in jedem Falle der Berufungsschrift eine beglaubigte Abschrift des angefochtenen Urteils beizufügen, da das Berufungsgericht nach ständiger Rechtsprechung des Bundesgerichtshofs (vgl. zuletzt BGH, Beschl. v. 06.12.2006, IV ZB 20/06; BGH, Beschl. v. 09.04.2008, VIII ZB 58/06; BGH, Beschl. v. 20.09.2009, VI ZB 76/08) bei Unklarheiten der Berufungsschrift, etwa im Hinblick auf die Parteirollen oder die Bezeichnung des angefochtenen Urteils, zur Auslegung sämtliche ihm im Zeitpunkt des Ablaufs der Berufungsfrist vorliegenden Unterlagen, somit in erster Linie die Abschrift des angefochtenen Urteils, heranzuziehen hat.

Anm. 11. 155

Die Beifügung von jeweils einer beglaubigten Abschrift der Berufungsschrift für jeden gegnerischen Anwalt sowie eine einfache Abschrift für die Gegenpartei ist unter Berücksichtigung der

Zustellung der Berufungsschrift von Amts wegen durch das Gericht nach §§ 521 Abs. 1, 166 Abs. 2 ZPO an den (die) Gegner gemäß § 172 Abs. 2 ZPO geboten.

156 **Anm. 12.**

Die Berufungsschrift muss gemäß § 519 Abs. 4 ZPO in Verbindung mit § 130 Nr. 6 ZPO von einem im Zeitpunkt der Unterzeichnung nach § 78 Abs. 1 S. 1 ZPO postulationsfähigen Rechtsanwalt eigenhändig unterzeichnet werden.

Ein aus unleserlichen Zeichen bestehende Schriftzug am Ende einer Berufungsschrift stellt jedenfalls dann eine Unterschrift im Sinne des § 130 Nr. 6 ZPO dar, wenn seine individuellen, charakteristischen Merkmale die Wiedergabe eines Namens erkennen lassen und aufgrund einer Gesamtwürdigung aller dem Berufungsgericht der Ablauf der Berufungsfrist zu Verfügung stehenden Umstände die Identifizierung des Ausstellers ermöglichen (vergleiche dazu zuletzt BGH, Beschl. v. 09.07.2015, Az. V ZB 205/14; BGH, Beschl. v. 26.04.2012, VII ZB 43/10 = IBR 2012,428 und zuletzt BGH, Beschl. v. 03.03.2015, V ZB 71/14; BGH, Beschl. v. 11.04.2013, VII ZB 43/12 = IBR 2013, 507 zur Wiedereinsetzung in den vorigen Stand, wenn ein den Anforderungen an eine Unterschrift nicht genügender Schriftzug längere Zeit hingenommen und später nicht als Unterschrift anerkannt wird). Soweit die Berufungseinlegung durch ein »herkömmliches Telefax« erfolgen soll, bedarf es grundsätzlich der eigenhändigen Unterschrift des Rechtsanwalts auf der Sendevorlage (BVerfG, Beschl. v. 18.04.2007, 1 BvR 110/07 = NJW 2007, 3117; BGH, Beschl. v. 10.10.2006, XI ZB 40/05). Die aus einem Blankoexemplar ausgeschnittene und auf die Telefaxvorlage der Berufungsschrift geklebte Unterschrift des Prozessbevollmächtigten einer Partei erfüllt nicht die an eine eigenhändige Unterschrift (BGH, Beschl. v. 27.08.2015, Az. III ZB 37/14).

Die Unterzeichnung eines bestimmenden Schriftsatzes mit »i.A.« genügt grundsätzlich den Anforderungen für die Übernahme der Verantwortung im Sinne des § 130 Nr. 6 ZPO nicht (vergleiche dazu BGH, Beschl. v. 20.06.2012, IV ZB 18/11 = IBR 2012, 619 und LG Berlin, Urt. v. 24.09.2014, Az. 65 S 64/14); die Unterzeichnung mit »i.V.« durch den unterbevollmächtigten Rechtsanwalt kann demgegenüber ausreichen (vergleiche dazu BGH, Beschl. v. 26.04.2012, VII ZB 83/10 = NJW-RR 2012, 1139).

Beim so genannten Computerfax (unmittelbar aus dem Computer als Textdatei übermitteltes Telefax) ist eine eingescannte Unterschrift für bestimmende Schriftsätze zur Formwahrung ausreichend (vgl. dazu zuletzt BGH, Beschl. v. 18.03.2015, Az. XII ZB 424/14 und zuvor GmS-OBG, Beschl. v. 05.04.2000, GmS-OGB 1/98 = NJW 2000, 2340; BGH, Beschl. v. 15.07.2008, X ZB 8/08 = BGH NJW 2008, 2649).

15. Berufungsbegründungsschrift

a) Muster

157 Landgericht/Oberlandesgericht

– Zivilkammer/Zivilsenat –

Adresse

(vorab) per Telefax: Telefax-Nummer

Berufungsbegründung [1]

In dem Berufungsrechtsstreit

Kurzparteibezeichnung des Berufungsgerichts

Az. des Berufungsgerichts

der Name, ggf. gesetzlicher Vertreter, Anschrift

– Klägerin und Berufungsklägerin –

Prozessbevollmächtigte: Rechtsanwälte Name, Anschrift

gegen

Name, ggf. gesetzlicher Vertreter, Anschrift

– Beklagte und Berufungsbeklagte –

Prozessbevollmächtigte: Rechtsanwälte Name, Anschrift

wegen Werklohnforderung aus Bauvertrag

begründen [2] wir namens und in Vollmacht der Klägerin die mit Schriftsatz vom Datum Berufungsschrift eingelegte Berufung gegen das Urteil des Amtsgerichts/Landgerichts .....Ort..... vom Verkündungsdatum, Az: Aktenzeichen, mit folgenden

Anträgen [3]:

1. Unter Abänderung des Urteils des Amtsgerichts/Landgerichts ..... vom ..... , Az. ..... , wird die Beklagte verurteilt, an die Klägerin ..... € zuzüglich Zinsen hieraus i.H.v. 8 Prozentpunkte am über dem jeweiligen Basiszinssatz seit dem ..... zu bezahlen [4].
2. Die Zwangsvollstreckung aus dem Urteil des Amtsgericht/Landgericht ..... vom ..... , Az. ..... , wird bis zur Entscheidung über die Berufung ohne Sicherheitsleistung/gegen Sicherheitsleistung in Höhe von ..... Euro einstweilen eingestellt [5].
3. Hilfsweise wird – für den Fall des Unterliegens – beantragt, die Revision zuzulassen [6].

(Beschwer: ..... [7])

Der besondere Umfang in tatsächlicher und die besondere Schwierigkeit der Angelegenheit in rechtlicher Hinsicht sowie deren grundsätzliche Bedeutung steht einer Entscheidung der Sache durch den Einzelrichter entgegen [8].

Begründung:

Die Klägerin verfolgt im Berufungsverfahren die von ihr in erster Instanz geltend gemachten Werklohnansprüche ..... vollumfänglich weiter, nachdem das Landgericht im angefochtenen Urteil die Klage aus mehreren Gründen rechtsfehlerhaft abgewiesen hat [9].

Gerügt wird zunächst die Verletzung materiellen Rechts nach §§ 520 Abs. 3 S. 2 ZPO i.V.m. §§ 513 Abs. 1 1. Alt, 546 ZPO, soweit das das Landgericht rechtsirrig zu dem Ergebnis gelangt ist, die Annahme der Nachtragsangebote hätte auf Grundlage des ursprünglich zwischen den Parteien geschlossenen Werkvertrages der Schriftform bedurft, obgleich ..... (vergleiche dazu nachfolgend sub II.1.) [10].

Weiterhin wird die nach §§ 520 Abs. 3 S. 2 Nr. 3 ZPO i.V.m. §§ 513 Abs. 1 2. Alt, 529 Abs. 1 Nr. 1 ZPO die unrichtige Tatsachenfeststellung im erstinstanzlichen Urteil gerügt, die eine erneute Feststellung gebietet, da das Landgericht tatsächlich streitigen Sachvortrag der Beklagten unter Übergehung eines Beweisantrages der Klägerin seiner Entscheidung zu Grunde gelegt hat, nachdem ..... (vergleiche dazu nachfolgend sub II.2.) [11].

Schließlich wird die Berufung auch auf neue Angriffsmittel gestützt, ... (vergleiche dazu nachfolgend sub II.3.) [12].

I. Erstinstanzliches Urteil und Verfahren [13]

Der Berufung liegt folgendes erstinstanzliche Verfahren zu Grunde:

1. Angefochtenes Urteil

Im hier entscheidungserheblichen Zusammenhang hat das Landgericht im angefochtenen Urteil wie folgt ausgeführt:

a) Tatbestand

Im Tatbestand hat das Landgericht (vgl. s. ..... des Urteils) ausgeführt, die Parteien hätte am ..... »einen Werkvertrag über die Erbringung von Abbrucharbeiten durch die Klägerin an der Liegenschaft der Beklagten in ..... zu einem Pauschalpreis von ..... €« geschlossen, wobei sich die von der Klägerin zu erbringenden Leistungen aus dem Leistungsverzeichnis vom ..... (Anlage .....) ergäbe und in § ..... des Vertrages unter der Überschrift Vertragsergänzungen vereinbart worden sei, dass Ergänzungen des Vertrages der Schriftform bedürfen.

b) Entscheidungsgründe

In den Entscheidungsgründen des angefochtenen Urteils hat das Landgericht die Klage mit der Begründung abgewiesen, einerseits fehle »es bereits am Zu-Stande-Kommen wirksamer Nachtragsverträge, ... «.

Andererseits bestünden die geltend gemachten »Werklohnforderungen der Klägerin auch deshalb nicht, ... «.

2. Schriftsätze

In der Klageschrift vom ..... hat die Klägerin unter Beweisantritt vorgetragen, dass streitgegenständlichen Leistungen nicht im ursprünglichen Leistungsverzeichnis enthalten gewesen seien, ...

Im Klageerwiderungsschriftsatz vom ..... hat die Beklagte diesen Vortrag bestritten und unter Bezugnahme auf ein in Kopie vorgelegtes Privatgutachten vorgetragen, die jetzt streitgegenständlichen Leistungen der Klägerin seien bereits im ursprünglichen Leistungsverzeichnis enthalten gewesen .....

Im Schriftsatz vom ..... hatte die Klägerin dies unter substantiierter Auseinandersetzung mit dem von der Beklagten vorgelegten Privatgutachten bestritten und zum Beweis der Tatsache, dass die streitgegenständlichen Leistungen nicht im ursprünglichen Leistungsverzeichnis enthalten gewesen sen und daher auch nicht von dem von der Beklagten an die Klägern bezahlten Pauschalpreis abgegolten sein, die Einholung eines Sachverständigengutachtens beantragt.

3. Verfügungen/Protokolle

Mit Verfügung vom ..... hat das Landgericht die Beklagte darauf hingewiesen, dass .....

4. Protokolle

Im Protokoll der mündlichen Verhandlung vom ..... ist festgehalten: » ..... «.

II. Berufungsgründe

Die Berufung wird auf folgende Berufungsgründe gestützt:

1. Entscheidungserhebliche Rechtsverletzung, §§ 513 Abs. 1 1. Alt., 546 ZPO [14]

Es wird die Verletzung materiellen Rechts gerügt, wie folgt:

a) Urteil

Das Landgericht hat die Klage mit der Begründung abgewiesen, über den zwischen den Parteien geschlossenen, ursprünglichen Werkvertrag hinausgehende Verträge über die Erbringung von weiteren Leistungen auf Grundlage von Nachtragsangeboten der Klägerin seien unter Berücksichtigung der in § ..... des Vertrages enthaltenen Schriftformklausel schon deshalb nicht zustande gekommen, weil es jeweils an einer schriftlichen Annahme seitens der Beklagten gefehlt hätte.

Wie sich aus dem Tatbestand des angefochtenen Urteils (.....) ergibt, hatten die Beklagte die Klägerin jedoch unstreitig bereits am ..... , also vor Übermittlung der Nachtragsangebot der Klägerin bezüglich der streitgegenständlichen Arbeiten, mündlich mit den im ursprünglichen Vertrag hinausgehenden Abbrucharbeiten beauftragt und – ohne das schriftliche Nachtragsangebot der Klägerin bestätigt zu haben – auf die dahingehende Nachtragsrechnung vom ..... unverzüglich Zahlung geleistet.

b) Rechtsverletzung

Unter Berücksichtigung dessen wird die Verletzung materiellen Rechts gerügt.

Das Landgericht ist im angefochtenen Urteil rechtsfehlerhaft zu dem Ergebnis gelangt ist, die Nachtragsangebote der Klägerin hätten der schriftlichen Annahme durch die Beklagte bedurft, so dass es für die von der Klägerin geltend gemachten Zahlungsansprüche bereits an einem wirksamen Vertragsschluss fehle.

Dabei verkennt das Landgericht, dass Klauseln, wie die in §. ..... Vertrages vom ..... , wonach Vertragsergänzungen zu ihrer Wirksamkeit der Schriftform bedürfen, nach der einschlägigen Rechtsprechung (vergleiche dazu zur st. Rspr. nur BGH .....) stillschweigend, z.B. durch Abschluss eines mündlichen Änderungsvertrages aufgehoben werden können (.....)

Ein eben solcher mündlicher Änderungsvertrag liegt indessen in der mündlichen Beauftragung der Klägerin durch die Beklagte am ..... , auch unter Berücksichtigung des Umstandes, dass die Beklagte die Nachtragsrechnung vom ..... unverzüglich und rügelos bezahlt hat (.....)

c) Ursächlichkeit

Bei zutreffender rechtlicher Würdigung hätte das Landgericht im angefochtenen Urteil mithin zu einem wirksamen Vertragsschluss zwischen den Parteien über die streitgegenständlichen Nachträge kommen und die Beklagte antragsgemäß verurteilen müssen, so dass das angefochtene Urteil auch auf dieser fehlerhaften Rechtsanwendung beruht (.....)

2. Unrichtige und/oder unvollständige Tatsachenfeststellung, §§ 513 Abs. 1 2. Alt., 529 Abs. 1 Nr. 1 ZPO [15]

Weiterhin wird die unrichtige Tatsachenfeststellung im angefochten Urteil gerügt:

a) Festgestellte Tatsachen im ersten Rechtszug

Das Landgericht ist im angefochtenen Urteil rechtsfehlerhaft zu dem Ergebnis gelangt, die von der Klägerin geltend gemachten Zahlungsansprüche bestünden auch insoweit nicht, als sie von der ursprünglich zwischen den Parteien vereinbarten Leistung umfasst gewesen sei.

b) Konkrete Anhaltspunkte, die Zweifel an der Richtigkeit/Vollständigkeit der Tatsachenfeststellung begründen

Zu diesem Ergebnis ist das Landgericht gelangt, obgleich die Klägerin in der Klageschrift vom ..... unter Beweisantritt in Gestalt der Einholung eines Sachverständigengutachtens vorgetragen hat, dass die streitgegenständlichen Leistungen nicht von dem ursprünglichen Werkvertrag umfasst waren, da Abbrucharbeiten an den Fundamenten der Gebäude ..... im Leistungsverzeichnis vom ..... nicht in dem Umfange enthalten waren, wie sie im Zuge der Bauarbeiten als er tatsächlich erforderlich herausgestellt haben und die Beklagte im Klageerwiderungsschriftsatz vom ..... diesen Vortrag der Klägerin bestritten und gegenbeweislich das von ihr eingeholten Privatgutachtens vom ..... , wonach die streitgegenständlichen Arbeiten im ursprünglichen Leistungsverzeichnis enthalten gewesen seien, vorgelegt hat.

Die Klägerin hat hierauf mit Schriftsatz vom ..... den Vortrag der Beklagten, die streitgegenständlichen Arbeiten seien im ursprünglichen Leistungsverzeichnis enthalten gewesen, ihrerseits wiederum unter substantiierter Auseinandersetzung mit den offensichtlichen Unrichtigkeiten des Privatgutachtens bestritten und nochmals auf den Sachvortrag und Beweisantritt aus der Klageschrift vom ..... hingewiesen.

Gleichwohl hat das Landgericht im angefochtenen Urteil ohne Erwähnung des Beweisantritts der Klägerin geschweige denn einer Begründung, warum es diesem Beweisantrag nicht nachgekommen ist, die Klage mit der Begründung abgewiesen, die streitgegenständlichen Arbeiten seien von der ursprünglich zwischen den Parteien getroffenen vertraglichen Vereinbarung über den Leistungsumfang umfasst gewesen, (.....).

Das Landgericht hat daher seiner Entscheidung fehlerhaft tatsächlich streitigen Sachvortrag zugrunde gelegt und gleichzeitig, ohne jede Begründung, einen entscheidungserheblichen Beweisantrag der Klägerin übergangen, so dass ernsthafte Zweifel an der Richtigkeit der erstinstanzlichen Tatsachenfeststellungen bestehen.

c) Gebotensein neuer Feststellungen

Da davon auszugehen ist, dass die schon im erstinstanzlichen Verfahren gebotene Beweiserhebung durch Einholung eines Sachverständigengutachtens zum Umfang der im ursprünglichen Leistungsverzeichnis enthaltenen Abbrucharbeiten hätte erfolgen müssen und insoweit zweifellos die konkrete Möglichkeit eines anderen Beweisergebnisses besteht, ist eine erneute – vorliegend sogar erstmalige – Feststellung dieser entscheidungserheblichen Tatsache durch das Berufungsgericht geboten.

3. Neue Angriffs- oder Verteidigungsmittel, §§ 513 Abs. 1 2. Alt., 529 Abs. 1 Nr. 2, 531 Abs. 2 S. 1 ZPO [16]

(.....).

III. Bezugnahme auf den erstinstanzlichen Vortrag [17]

Ergänzend wird auf den gesamten erstinstanzlichen Vortrag der Klägerin, insbesondere den erstinstanzlichen Tatsachenvortrag nebst Beweisantritten in den Schriftsätzen vom ..... sowie die Rechtsausführungen im Schriftsatz vom ..... Bezug genommen.

IV. Antrag auf einstweilige Einstellung der Zwangsvollstreckung

Die Begründetheit des Antrags auf einstweilige Einstellung der Zwangsvollstreckung aus dem angefochtenen Urteil ergibt sich vorliegend unter Berücksichtigung der vorstehenden Ausführungen aus den weit überwiegenden Erfolgsaussichten des vorliegenden Berufungsverfahrens (.....).

V. Revisionszulassungsantrag [18]

Die Zulassung der Revision wird beantragt, da die Rechtssache nach § 543 Abs. 2 S. 1 Nr. 1 ZPO grundsätzliche Bedeutung hat/nach § 541 Abs. 2 S. 1 Nr. 2 ZPO die Fortbildung des Rechts oder die Sicherung einer einheitlichen Rechtsprechung eine Entscheidung des Revisionsgerichts erfordert (.....).

VI. § 139 ZPO [19]

Für den Fall, dass die Klägerin einen Gesichtspunkt übersehen oder für unerheblich gehalten haben sollte, den der Senat für erheblich hält oder anders beurteilt, wird höflichst um entsprechenden Hinweis nach § 139 ZPO gebeten.

Eigenhändige Unterschrift [20]

Rechtsanwalt

b) Erläuterungen

Anm. 1.

Nach § 520 Abs. 2 S. 1 ZPO beträgt die Berufungsbegründungsfrist zwei Monate und beginnt mit der Zustellung des in vollständiger Form abgefassten Urteils, spätestens aber mit Ablauf von 5 Monaten nach der Verkündung (zur Fristberechnung siehe bereits oben F.14. Anm. 7).

Zu beachten ist, dass die Berufungsbegründungsfrist zwei Monate ab Zustellung des Urteils (Datum des Empfangsbekenntnis des Prozessbevollmächtigten) beträgt, wobei für den Fall, dass bei der Berechnung des Endes der Berufungsfrist § 222 Abs. 2 ZPO zur Anwendung gekommen ist, die Berufungsbegründungsfrist nicht einen Monat nach Ablauf der Berufungsfrist endet (Beispiel: Zustellung erstinstanzliches Urteil am 12.05.2017, Ende Berufungsfrist 14.06.2017, Ende Berufungsbegründungsfrist 12.07.2017).

In umfangreichen Bauprozessen wird der Anwalt des Berufungsklägers aufgrund des Umfangs der zur Vorbereitung des Berufungsbegründungsschriftsatzes zu sichtender und unter berufungsrechtlichen Gesichtspunkten zu bewertenden Unterlagen häufig nicht in der Lage sein, den Berufungsbegründungsschriftsatz binnen der Berufungsbegründungsfrist zu fertigen und an das Berufungsgericht zu übermitteln, so dass es regelmäßig zu einem oder mehreren **Anträgen auf Verlängerung der Berufungsbegründungsfrist** kommt. Das Berufungsgericht kann und wird regelmäßig auf Antrag des Berufungsführers ohne Einwilligung des Gegners die Berufungsbegründungsfrist um bis zu einem Monat verlängern, wenn der Antrag auf erhebliche Gründe im Sinne des § 520 Abs. 3 ZPO gestützt wird, wobei beim ersten Verlegungsantrag keine hohen Anforderungen gestellt werden dürfen (vgl. dazu zuletzt BGH, Beschl. v. 09.05.2017, Az. VIII ZB 69/16 m.w.N.); weitere Verlängerungen bedürfen nach § 520 Abs. 2 S. 1 ZPO der Einwilligung des Gegners.

Nach Stellung eines Antrags auf Verlängerung der Berufungsbegründungsfrist muss der Anwalt durch geeignete Organisationsmaßnahmen sicherstellen, dass im Falle des Ausbleibens eine Reaktion des Gerichts noch vor Ablauf der Frist, deren Verlängerung beantragt wurde, beim Gericht Nachfrage gehalten wird, ob und in welchem Umfang dem Antrag stattgegeben wurde); andernfalls wird spätestens zu dem Zeitpunkt, zu dem hypothetisch eine klärende Antwort auf die Nachfrage erfolgt wäre, die Monatsfrist des § 234 Abs. 1 S. 2 ZPO in Gang gesetzt (BGH, Beschl. v. 13.10.2011, VII ZR 29/11 = IBR 2012,113.

Für eine (zweite) Verlängerung der Berufungsbegründungsfrist reicht es nicht aus, im Fristverlängerungsantrag auf laufende Vergleichsverhandlungen hinzuweisen, um die nach § 520 Abs. 2 S. 2 ZPO notwendige Einwilligung des Gegners darzutun (BGH, Beschl. v. 26.07.2012, III ZB 57/11 = NJW-RR 2012, 1462). Soweit nach dem Wortlaut der Verfügung, mit der die Berufungsbegründungsfrist verlängert worden ist, Unklarheiten und begründete Zweifel über den Umfang der Verlängerung bestehen, ist das Vertrauen des Antragstellers in eine antragsgemäße Verlängerung nicht geschützt (BGH, Beschl. v. 28.05.2013, VI ZB 6/13 = NJW 2013, 2821).

Soweit die Berufung nicht fristgemäß begründet worden ist, kann aus dem Umstand, dass das Berufungsgericht dennoch über die Berufung sachlich entschieden hat, eine stillschweigende Verlängerung der Berufungsbegründungsfrist nicht abgeleitet werden (vgl. dazu BGH, Beschl. v. 06.06.2013, VII ZR 254/12 = IBR 2013, 506); ein nach Fristablauf gestellter Antrag auf Verlängerung der Berufungsfrist ist wegen der dann schon eingetretene Rechtskraft wirkungslos (st. Rspr., zuletzt BGH, Beschl. v. 28.10.2009, IV ZB 10/09 = NJW-RR 2010, 998).

Anm. 2.

159

Nach § 520 Abs. 1 ZPO muss der Berufungskläger die Berufung begründen, wobei sich die inhaltlichen Anforderungen aus § 520 Abs. 3 S. 2 ZPO ergeben.

Danach muss die Berufungsbegründung zunächst gemäß § 520 Abs. 3 S. 2 Nr. 1 ZPO die »Berufungsanträge« enthalten (dazu nachfolgende Anm. 4).

Weiterhin muss die Berufungsbegründung nach § 520 Abs. 3 S. 2 Nr. 2 bis 4 ZPO mindestens einen der gesetzlich vorgesehenen Berufungsgründe, also den Berufungsgrund der entscheidungserheblichen Rechtsverletzung nach §§ 513 Abs. 1 1. Alt., 546 ZPO, 520 Abs. 3 S. 2 Nr. 2 ZPO (s. dazu nachfolgend Anm. 14.), der unrichtige und/oder unvollständige Tatsachenfeststellung nach §§ 513 Abs. 1 2. Alt., 529 Abs. 1 Nr. 1 ZPO, 520 Abs. 3 S. 2 Nr. 3 ZPO (s. dazu nachfolgend Anm. 15.) und/oder der neuen Angriffs- oder Verteidigungsmittel §§ 513 Abs. 1 2. Alt., 529 Abs. 1 Nr. 2 ZPO, 531 Abs. 2 S. 1 ZPO, 520 Abs. 3 S. 2 Nr. 4 ZPO (s. dazu nachfolgend Anm. 16.) nachvollziehbar darlegen.

Die in § 520 Abs. 3 S. 2 Nr. 2 ZPO »bezeichneten Anforderungen sind gewahrt, wenn die Berufungsbegründung erkennen lässt, aus welchen tatsächlichen und rechtlichen Gründen der Berufungskläger das angefochtene Urteil für unrichtig hält und zur Darlegung der Fehlerhaftigkeit die Umstände mitteilt, die das Urteil aus Sicht des Rechtsmittelführers in Frage stellen (st. Rspr. etwa BGH, Beschl. v. 31.08.2010, VIII ZB 13/10, zuvor Beschl. v. 27.05.2008, XI ZB 41/06 = NJW-RR 2008, 1308 und schon Urt. v. 08.06.2005, Az. XII ZR 75/04 = NJW 2006, 142)«.

Grundsätzlich muss die Berufungsbegründung auf den Streitfall zugeschnitten sein, wobei es nicht ausreicht, die Auffassung des Erstgerichts mit formularmäßigen Sätzen oder allgemeinen Redewendung zu rügen oder lediglich auf das Vorbringen erster Instanz zu verweisen (BGH, Beschl. v. 23.10. 2012, XI ZB 25/11 = IBR 2013,59).

In den vergangenen Jahren ist in der diesbezüglichen Rechtsprechung des Bundesgerichtshofs eine weitere Reduzierung der Anforderungen an die Berufungsbegründung für die Zulässigkeit der Berufung zu verzeichnen (BGH, Beschl. v. 11.03.2014, VI ZB 22/13 = IBR 2014, 2742 nur online und BGH, Beschl. v. 06.12.2011, II ZB 21/10 = MDR 2012, 244). Danach ist die Berufung insgesamt zulässig, »wenn die Berufungsbegründung »immerhin« zu einem Streitpunkt eine § 520 Abs. 3 S. 2 Nr. 2 ZPO genügende Begründung enthält und die bezeichneten Umstände geeignet sind, der angegriffenen Entscheidung insgesamt die Grundlage zu entziehen, ohne dass es darauf ankäme, ob dieser Angriff begründet ist und ob die Berufungsbegründung weitere Rügen zu rechtlichen oder tatsächlichen Gesichtspunkten enthält, auf die das angefochtene Urteil gar nicht gestützt wurde (BGH, Beschl. v. 06.12.2011, II ZB 21/10 = MDR 2012, 244)«.

160 **Anm. 3.**

Nach der Legaldefinition des § 520 Abs. 3 S. 2 Nr. 1 ZPO muss die Berufungsbegründung die Erklärung, inwieweit das Urteil angefochten wird (Anfechtungserklärung) und welche Änderungen des Urteils beantragt werden, also den Berufungsantrag in der Sache (Sachantrag) enthalten (vgl. dazu zuletzt BGH, Beschl. v. 31.08.2010, VIII ZB 13/10).

Das Berufungsgericht ist gemäß § 528 ZPO an die Berufungsanträge gebunden. Nach § 528 S. 2 ZPO darf das Berufungsgericht einerseits das angefochtene Urteil nur insoweit abändern, als dies vom Berufungskläger beantragt ist. Einerseits darf es danach nicht mehr zusprechen, als beantragt ist (Verbot der reformatio in melius), andererseits aber – außer in Fällen der Anschlussberufung nach § 524 ZPO – auch das angefochtene Urteil nicht zum Nachteil des Berufungsklägers »verschlechtern« (Verbot der reformatio in peius) (Prütting/Gehrlein, ZPO, 9. Aufl. 2017, § 528 Rn. 11, 12).

161 **Anm. 4.**

Regelmäßig hat das Berufungsgericht gemäß § 538 Abs. 1 ZPO die notwendigen Beweise zu erheben und in der Sache selbst zu entscheiden (hierzu zuletzt BGH, Urt. v. 14.05.2013, VI ZR 325/11 = IBR 2013,1283 nur online), also das angefochtene Urteil im Falle des Erfolgs der Berufung nach § 528 S. 2 ZPO begrenzt durch die Berufungsanträge abzuändern, oder kann (!) ausnahmsweise unter den Voraussetzungen des § 538 Abs. 2 ZPO das angefochtenen Urteil ohne eigene Sachentscheidung aufheben und an das Gericht des ersten Rechtszuges zurückverweisen.

In Abhängigkeit vom Inhalt des erstinstanzlichen Urteils und der Stellung des Berufungsklägers in erstinstanzlichen Verfahren kommen danach exemplarisch folgende Formulierungen des Sachantrags in Betracht:

(1) Berufungskläger war erstinstanzlich Kläger, Klage wurde insgesamt abgewiesen:
– s. Muster –

(2) Berufungskläger war erstinstanzlich Kläger, Klage wurde teilweise abgewiesen:
»Unter Abänderung des Urteils des Amtsgerichts/Landgerichts ... vom ..., Az. ..., wird die Beklagte verurteilt, an die Klägerin weitere ... Euro zuzüglich Zinsen ... zu bezahlen.«

(3) Berufungskläger war erstinstanzlich Beklagter, Klage wurde vollumfänglich stattgegeben:
»Unter Abänderung des Urteils des Amtsgerichts/Landgerichts ... vom ..., Az. ..., wird die Klage abgewiesen.«

(4) Berufungskläger war erstinstanzlich Beklagter, Klage wurde vollumfänglich stattgegeben, Beklagter begehrt teilweise Abweisung:
»Unter Abänderung des Urteils des Amtsgerichts/Landgerichts ... vom ..., Az. ..., die Klage abzuweisen, soweit der Beklagte zur Bezahlung eines über ... Euro hinausgehenden Betrages verurteilt worden ist.«

(5) Antrag auf Aufhebung und Zurückverweisung nach § 538 Abs. 2 ZPO:
»*Das Urteil des Amtsgerichts/Landgerichts ... vom ..., Az. ..., wird einschließlich des Verfahrens aufgehoben und zur erneuten Verhandlung und Entscheidung an das Amtsgericht/Landgericht zurückverwiesen.*«

Im Übrigen ist der Berufungsantrag jeweils individuell unter Berücksichtigung des Berufungsziels und der üblichen Tenorierungen zu formulieren (weitere Formulierungsvorschläge bei Steinert/ Theede/Knop, Zivilprozess, 9. Aufl., Kap. 11, Rn. 58 f. und Eichele/Hirtz/Oberheim, Berufung im Zivilprozess, 4. Aufl., S. 446 ff. jeweils m.w.N.).

Anm. 5.

162

Wie sich aus §§ 719 Abs. 1 S. 1, 707 Abs. 1 ZPO ergibt, kann und sollte der Berufungskläger, insbesondere soweit es sich beim Berufungskläger um den in erster Instanz unterlegenen Beklagten handelt, beim Berufungsgericht im Berufungsbegründungsschriftsatz Antrag auf einstweilige Einstellung der Zwangsvollstreckung stellen.

Die Stellung eines derartigen Antrages schon in der Berufungsschrift ist zwar möglich, jedoch kann das Berufungsgericht über den Einstellungsantrag erst nach Vorliegen der Berufungsbegründung entscheiden, da die im Rahmen der Entscheidung über den Antrag gebotene Interessenabwägung (vgl. dazu Zöller/Herget, ZPO, 30. Aufl., § 719 Rn. 2 m.w.N.) von der hinreichenden Erfolgsaussicht der Berufung abhängt, welche wiederum erst nach Vorliegen der Berufungsbegründung beurteilt werden kann.

Anm. 6.

163

Gemäß § 543 Abs. 1 Nr. 1 ZPO entscheidet das Berufungsgericht im Urteil von Amts wegen über die Zulassung der Revision.

Diese ist gemäß § 543 Abs. 2 ZPO zuzulassen, wenn die Rechtssache grundsätzliche Bedeutung hat oder die Fortbildung des Rechts oder die Sicherung einer einheitlichen Rechtsprechung eine Entscheidung des Revisionsgerichts erfordert (vgl. dazu Prütting/Gehrlein, ZPO, 9. Aufl., § 543 Rn. 10 ff. m.w.N.).

Ob Antrag auf Zulassung der Revision gestellt wird respektive ein Revisionszulassungsgrund vorliegt, ist im Einzelfall sorgfältig anhand der einschlägigen Rechtsprechung zu überprüfen und gegebenenfalls in der Berufungsbegründung im Einzelnen darzulegen.

Anm. 7.

164

Die Angabe des Wertes des Beschwerdegegenstandes soll nach § 520 Abs. 4 Nr. 1 ZPO dann erfolgen, wenn der Beschwerdegegenstand nicht in einer bestimmten Geldsumme besteht und von ihm die Zulässigkeit der Berufung abhängt, was in der Praxis praktisch nicht vorkommen dürfte.

Denn gemäß § 511 Abs. 2 ZPO ist die Berufung nur zulässig, wenn der Wert des Beschwerdegegenstandes 600 € übersteigt oder das Gericht des ersten Rechtszugs die Berufung im Urteil zugelassen hat.

Sollte ausnahmsweise einmal ein Fall des §§ 520 Abs. 4 Nr. 1 ZPO vorliegen, ist der Wert des Beschwerdegegenstandes nach §§ 511 Abs. 3, 294 ZPO glaubhaft zu machen.

Nachdem es sich bei § 520 Abs. 4 ZPO eine bloße Sollvorschrift handelt, berührt das Fehlen dieser Angabe die Zulässigkeit der Berufung nicht.

Anm. 8.

165

Nach § 520 Abs. 4 Nr. 2 ZPO **soll** der Berufungsbegründungsschriftsatz zu eine Äußerung dazu enthalten, ob einer Entscheidung der Sache durch den Einzelrichter Gründe entgegenstehen, die im Berufungsverfahren indessen ohnehin nur beim kumulativen (!) Vorliegen der Voraussetzungen des §§ 526 Abs. 1 ZPO in Betracht kommt.

166 Anm. 9, 10, 11, 12.

Nicht erforderlich, jedoch insbesondere bei umfangreichen Berufungsbegründungen empfehlenswert erscheint es, die nachfolgenden Ausführungen zur Berufungsbegründung kurz in einer »Einleitung« darzustellen.

Selbstverständlich ist es ausreichend, die Berufungsbegründung auf einen der gesetzlichen Berufungsgründe, überwiegend wohl den Berufungsgrund der Rechtsverletzung (Verletzung materiellen oder formellen Rechts) nach §§ 513 Abs. 1 1. Alt., 546, 520 Abs. 3 S. 2 Nr. 2 ZPO zu stützen.

Soweit die Berufung auch auf die weiteren Berufungsgründe der unrichtigen Tatsachenfeststellung oder ausnahmsweise der neuen Angriffs- oder Verteidigungsmittel gestützt wird, erscheint auch ein dahingehender Einleitungssatz empfehlenswert.

167 Anm. 13.

Die hier vorgeschlagenen Darstellung des erstinstanzlichen Prozessstoffes, also des Urteils – welches dem Berufungsgericht ebenso wie die gesamte erstinstanzliche Verfahrensakte vorliegt – nach Tatbestand und Entscheidungsgründen, ggf. des Inhalts der aus Sicht des Berufungsklägers entscheidungserheblichen erstinstanzlichen Schriftsätze, der gerichtlichen Verfügungen und erstinstanzlicher Verhandlungsprotokolle, ist nur insoweit empfehlenswert, als hierauf in den Ausführungen zu den Berufungsgründen Bezug genommen, also insoweit hierunter subsumiert wird.

Soweit die Berufung »nur« auf eine Verletzung materiellen Rechts gestützt wird, die sich – anderes als etwa das Übergehen eines Beweisantrages ohne Erwähnung im Urteil, welches nur unter Bezugnahme auf Schriftsätze bzw. Protokoll dargestellt werden kann – ohne weiteres durch Bezugnahme auf das erstinstanzliche Urteil ergibt, ist die hier vorgeschlagenen Darstellung des erstinstanzlichen Verfahren entbehrlich und die Erörterung unter dem entsprechenden Berufungsgrund möglich und ausreichend.

168 **Anm. 14 Berufungsgrund der entscheidungserheblichen Rechtsverletzung**

Die Berufung kann zunächst darauf gestützt werden, dass die Entscheidung auf einer Verletzung des Rechts nach § 513 Abs. 1 1. Alt. ZPO i.V.m. § 546 ZPO beruhe, wozu gemäß § 520 Abs. 3 S. 2 Nr. 2 ZPO die Bezeichnung derjenigen Umstände, aus denen sich die Rechtsverletzung und deren Erheblichkeit für die angefochtene Entscheidung ergibt, erforderlich ist.

Im Muster ist in Anlehnung an die vom BGH aufgestellten inhaltlichen Anforderungen an eine Berufungsbegründung nach § 520 Abs. 3 S. 2 Nr. 2 ZPO exemplarisch und verkürzt eine dreistufige Begründungsstruktur (angefochtenes Urteil – Rechtsverletzung – Ursächlichkeit) dargestellt.

Nach § 546 ZPO ist das Recht verletzt, wenn eine Rechtsnorm nicht oder nicht richtig angewendet worden ist.

Unter den Begriff der Rechtsnormen in diesem Sinne fällt das gesamte Bundes- und Landesrecht in Gestalt von Verfassungs-, Gesetzes- und Verordnungsrecht, einschließlich des Gewohnheitsrechts sowie das Recht der Europäischen Gemeinschaft(en) und das Völkerrecht (Zöller/Heßler, ZPO, 31. Aufl., § 545 Rn. 2 f.).

Eine fehlerhafte Rechtsanwendung kommt in Gestalt von Subsumtions- und Interpretationsfehlern, aber auch der Nichtanwendung von Rechtsvorschriften bzw. der fehlerhaften Anwendung von nicht anwendbaren Rechtsvorschriften und von Ermessensfehler in Betracht (etwa im Rahmen der Schätzung nach §§ 253, 287 ZPO (OLG Köln, Urt. v. 09.10.2007, 15 U 105/07 = VersR 2008, 364).

Die Rechtsverletzung in Gestalt der Nichtanwendung oder nicht richtigen Anwendung einer Rechtsnorm kann sowohl in einem Verstoß gegen verfahrensrechtliche Vorschriften (vgl. dazu ausführlich Doukoff, Zivilrechtliche Berufung, 5. Aufl. 2013, S. 110ff. mit zahlreichen Nachweisen), als auch in der fehlerhafter Anwendung des materiellen Rechts bestehen.

Angesichts dessen, dass der Bundesgerichtshof in seiner jüngeren Rechtsprechung verstärkt Hinweispflichten aus § 139 ZPO postuliert (vgl. dazu nachfolgende Anm. 19) ergibt sich im Berufungsverfahren ein stetig sich ausweitendes Anwendungsfeld für die Rüge von Rechtsverletzungen wegen Verstößen des Erstgerichts gegen die Erörterungs-, Frage- und Hinweispflichten des § 139 **Abs. 1 bis 3 ZPO**, wobei in der Berufungsbegründung im Einzelnen dargelegt werden muss, was bei einem erfolgten Hinweis vorgetragen worden wäre (vgl. dazu Doukoff, zivilrechtliche Berufung, 5. Aufl., S. 251 f. m. w.N.). Nachdem gemäß § 139 Abs. 4 S. 2 ZPO die Erteilung rechtlicher Hinweis nur durch den Inhalt der Akten bewiesen werden kann und daher kein Beweis dazu erhoben werden darf, ob die Vorinstanz ein Hinweis erteilt hat (BGH, Beschl. v. 30.06.2011, IX ZR 35/10 = IBR 2011,1272 nur online), gilt – abgesehen von dem regelmäßig wohl nicht zu führenden Nachweis der Fälschung nach § 139 Abs. 4 S. 3 ZPO - ein Hinweis, der in den Gerichtsakten nicht hinreichend dokumentiert ist, als nicht erteilt.

Im Hinblick auf die zur Berufungsbegründung erforderlichen *Rechtsausführungen* ist zu beachten, dass der Berufungsanwalt »mit Rücksicht auf die auch bei Richtern nur unvollkommene menschliche Erkenntnisvermögen und die niemals auszuschließende Möglichkeit eines Irrtums« bei Meidung eigener Anwaltshaftung verpflichtet ist, »nach Kräften dem Aufkommen von Irrtümern und Versehen des Gerichts entgegenzuwirken«, in dem er das Berufungsgericht etwa auf einschlägige Entscheidungen des Bundesgerichtshofs hinweist (BGH, Urt. v. 18.12.2008, Az. IX ZR 179/09).

Wie sich aus § 529 Abs. 2 S. 2 ZPO ergibt, prüft das Berufungsgericht das angefochtene Urteil unabhängig von entsprechenden Berufungsrügen des Berufungsklägers hinsichtlich sämtlicher in Betracht kommender entscheidungserheblicher Verletzungen materiellen Rechts, während Verfahrensmängeln, die nicht von Amts wegen zu berücksichtigen sind, nach § 529 Abs. 2 S. 1 ZPO durch das Berufungsgericht nur insoweit geprüft werden, als diese vom Berufungskläger gerügt worden sind (BGH, Urt. v. 18.12.2012, 10 ZR 3/12 = IBRRS 2013, 0450 und zuvor bereits BGH Urt. v. 12.03.2004, V ZR 257/03 = BauR 2004, 1175).

Zu beachten ist, dass in Fällen, »in denen die Abweisung einer Klage auf mehrere voneinander unabhängige, selbstständige tragende rechtliche Erwägungen gestützt worden ist, die Berufungsbegründung jede tragende Erwägung angreifen muss, da andernfalls das Rechtsmittel unzulässig ist« (BGH, Beschl. v. 15.06.2011, XII ZB 5 72/10 = IBRRS 2011, 2574 und BGH, Beschl. v. 28.01.2014, III ZB 32/13 = juris).

Unabhängig von der Frage, ob die Verletzung materiell-rechtlicher oder verfahrensrechtlicher Normen gerügt wird, ist der Berufungsgrund der Rechtsverletzung nach §§ 513 Abs. 1 1. Alt., 546 ZPO nur dann gegeben, wenn das angefochtene Urteil auf dieser Rechtsverletzung »beruht«, also für die angefochtene Entscheidung kausal war.

Dies ist bei der fehlerhaften Anwendung materiellen Rechts der Fall, wenn die fehlerfreie Rechtsanwendung zu einem dem Berufungsführer günstigeren Urteil geführt hätte, soweit Verfahrensfehler gerügt werden, ist es ausreichend, wenn das Gericht ohne den Verfahrensfehler möglicherweise zu einem anderen Ergebnis gekommen wäre (Zöller/Heßler, ZPO, 31. Aufl., § 513 Rn. 5). Die Ursächlichkeit wird bei den in § 547 ZPO aufgeführten absoluten Revisionsgründe, die zugleich wesentliche Verfahrensmängel im berufungsrechtlichen Sinne darstellen, unwiderlegbar vermutet (BGH, Urt. v. 29.03.2000, VIII ZR 2 97/98 zu § 547 Nr. 5 ZPO).

Anm. 15 Berufungsgrund der unrichtigen und/oder unvollständigen Tatsachenfeststellung. 169

Die Berufung kann nach §§ 513 Abs. 1 2. Alt., 529 Abs. 1 Nr. 1 ZPO auch darauf gestützt werden, dass konkrete Anhaltspunkte gegeben sind, die Zweifel an der Richtigkeit oder Vollständigkeit der entscheidungserheblichen Feststellungen begründen und deshalb erneute Feststellung geboten sind.

Dies stellt eine Ausnahme von dem mit § 529 Abs. 1 Nr. 1 1. HS ZPO im Zuge des ZPO-Reformgesetzes (Gesetz zur Reform der Zivilprozessordnung v. 27.07.2001, BGBl. l, S. 1887) mit der Konzentration der Tatsachenfeststellung im erstinstanzlichen Verfahren (BGH, Beschl. v. 24.11.2009, VII ZR 31/09 = BauR 2010, 493) eingeführten Grundsatz dar, dass das Berufungsgericht seiner Verhandlung und Entscheidung die vom Gericht des ersten Rechtszugs fehlerfrei gewonnenen Erkenntnisse zugrunde zu legen hat, soweit eben nicht – ausnahmsweise – im Sinne dieses Berufungsgrundes konkrete Anhaltspunkte Zweifel hieran begründen und deshalb erneute Feststellung durch das Berufungsgericht gebieten.

Denn das Berufungsverfahren hat durch das ZPO-Reformgesetz einen »Funktionswechsel« dahin erfahren, dass es nicht mehr eine »vollwertige zweite Tatsacheninstanz« darstellt, sondern »in erster Linie der Überprüfung des erstinstanzlichen Urteils auf korrekte Anwendung des materiellen Rechts sowie auf Richtigkeit und Vollständigkeit der getroffenen Feststellung und Beseitigung etwaiger Fehler (BGH, Beschl. v. 24.11.2009, VII ZR 31/09 = BauR 2010, 493)« dient.

Im Muster ist in Anlehnung an die gesetzlichen Tatbestandsvoraussetzungen des § 529 Abs. 1 Nr. 1 ZPO, die kumulativ vorliegen müssen, exemplarisch und verkürzt eine dreistufige Begründungsstruktur (festgestellte Tatsachen im ersten Rechtszug – Konkrete Anhaltspunkte, die Zweifel an der Richtigkeit/Vollständigkeit der Tatsachenfeststellungen begründen – Gebotensein neuer Feststellungen) dargestellt.

Es liegt in der »Natur der Bausachen«, dass dieser Berufungsgrund der unrichtig und/oder unvollständigen Tatsachenfeststellung der erfolgversprechendste ist (so Werner/Pastor, 15. Aufl., Rn. 594).

An die Darlegung der unrichtigen oder unvollständigen Tatsachenfeststellung werden in der Rechtsprechung keine besonderen formalen Anforderungen gestellt; zur Darlegung der Fehlerhaftigkeit ist lediglich die Mitteilung der Umstände erforderlich, die das Urteil aus Sicht des Berufungsführers in Frage stellen (BGH, Beschl. v. 10.09.2009, VII ZB 21/08 zu § 520 Abs. 3 S. 2 Nr. 3 ZPO).

Nach der Rechtsprechung des Bundesgerichtshofs hat das Berufungsgericht, unabhängig von entsprechenden Berufungsrügen des Berufungsklägers, die im erstinstanzlichen Urteil festgestellten Tatsachen im Sinne § 529 Abs. 1 Nr. 1. 2. Alt. ZPO auf konkrete Anhaltspunkte die Zweifel an der Vollständigkeit und Richtigkeit der entscheidungserheblichen Feststellungen begründen, von Amts wegen zu überprüfen (BGH, Urt. v. 12.03.2004, V ZR 257/03 hat = BauR 2004, 1175).

Gleichwohl ist aber eine substanzielle inhaltliche Auseinandersetzung mit den Tatsachenfeststellungen im angefochtenen Urteil geboten.

Konkrete Anhaltspunkte für Zweifel an der Richtigkeit oder Vollständigkeit der Tatsachenfeststellung im angefochtenen Urteil können sich beispielsweise aus dem Fehlverständnis des Vortrags der Parteien (Zugrundelegung von nicht vorgetragenen Tatsachen, fehlerhafter Wertung eines Vorbringens als unstreitig bzw. eines zugestandenen Vorbringens als streitig usw.), aus Fehlern bei der Beweiserhebung (Übergehen von Beweisanträgen, unzulässigen Nachkommen eines Ausforschungsbeweises Einholung eines Sachverständigenbeweises trotz fehlender Anknüpfungstatsachen) oder bei der Beweiswürdigung (zu Unrecht angenommene Glaubwürdigkeit eines Zeugen) und der Verletzung des Anspruchs auf rechtliches Gehör ergeben (vgl. dazu im einzelnen Doukoff, a.a.O., S. 91 f. mit zahlreichen Nachweisen aus der Rechtsprechung).

Nach zutreffender Auffassung handelt es sich bei der Verkennung der Beweislast um eine falsche Anwendung materiellen Rechts, der dem Berufungsgrund der entscheidungserheblichen Rechtsverletzung nach §§ 513 Abs. 1 1. Alt., 546 ZPO unterfällt (BGH, Urt. v. 31.05.1995, VIII ZR 193/94 = NJW 1995, 3258).

Konkreter Anhaltspunkt im Sinne des § 129 Abs. 1 Nr. 1 2. HS ZPO ist »jeder objektivierbare rechtliche oder tatsächliche Einwand gegen die erstinstanzlichen Feststellungen«. »Bloß subjektive

Zweifel, lediglich abstrakte Erwägungen oder Vermutungen der Unrichtigkeit ohne greifbare Anhaltspunkte« sind nicht ausreichend (BGH, Urt. v. 08.06.2004, VI ZR 230/03 = BGHZ 159, 254).

Zweifel an der Vollständigkeit und Richtigkeit der entscheidungserheblichen Feststellungen des Erstgerichts sind bereits dann begründet, »wenn das Berufungsgericht aufgrund konkreter Anhaltspunkte in einer rational nachvollziehbaren Weise zu vernünftigen Zweifeln kommt, d.h., zu Bedenken, die so gewichtig sind, dass sie nicht ohne weiteres von der Hand gewiesen werden können (BGH, a.a.O.).«

Schließlich ist eine erneute Feststellung durch das Berufungsgericht geboten, wenn »die konkrete Möglichkeit eines anderen Beweisergebnisses besteht (BGH, a.a.O.).«

Anm. 16 Berufungsgrund der neue Angriffs- und Verteidigungsmittel.

170

Die Berufung kann schließlich nach §§ 513 Abs. 1 2. Alt., 529 Abs. 1 Nr. 2, 531 Abs. 2 S. 1 ZPO auch auf neue Angriffs- und/oder Verteidigungsmittel gestützt werden.

Dabei sind im Rahmen der Berufungsbegründung gemäß § 520 Abs. 3 S. 2 Nr. 4 ZPO die neuen Angriffs- und Verteidigungsmittel sowie die Tatsachen, aufgrund derer diese neuen Angriffs- und Verteidigungsmittel nach § 531 Abs. 2 ZPO zuzulassen sind, zu bezeichnen.

Die für die Anwendung des §§ 531 Abs. 2 S. 1 Nr. 1 ZPO erforderlichen Voraussetzungen, dass die Rechtsansicht des Gerichts des 1. Rechtszugs den Sachvortrag der Partei mitbeeinflusst hat, ist schon dann erfüllt, wenn dieses die Partei durch seine Prozessleitung oder seine erkennbar rechtliche Beurteilung des Streitverhältnis davon abgehalten hat, zu bestimmten Gesichtspunkten (weiter) vorzutragen. Hierfür genügt es, dass das erstinstanzliche Gericht durch das Unterlassen von Hinweisen den Eindruck erweckt, weiterer Vortrag sei aus seiner Sicht nicht erforderlich (BGH, Urt. v. 31.12.2011, VIII ZR 166/11= IMR 2012,125).

Aufgrund der geringen Praxisrelevanz dieses Berufungsgrundes, jedenfalls im Bau- und Architektenprozess, wird im vorstehenden Muster von einem Formulierungsvorschlag abgesehen und im Bedarfsfall auf die einschlägige Literatur (vgl. hierzu etwa Schumann/Kramer, Die Berufung in Zivilsachen, 7. Aufl. 2007, S. 184 f. und insbesondere Doukoff, a.a.O., S. 156 f. mit zahlreichen Nachweisen) und Rechtsprechung verwiesen.

Anm. 17.

171

Die Bezugnahme auf den erstinstanzlichen Tatsachenvortrag nebst Beweisantritten ist zulässig und insbesondere dann geboten, wenn das Ausgangsgericht diesen Sachvortrag rechtsfehlerhaft für unerheblich gehalten bzw. Beweisantritte übergangen hat und die Berufung gerade auch auf diesen Fehler gestützt wird (BGH, Beschl. v. 19.06.2013, VII ZR 188/11 = IBR 2013, 1264 nur online und zuvor BGH, Beschl. v. 26.07.2007, VII ZR 197/06 = NJW 2007, 3070, wonach eine Bezugnahme auf den erstinstanzlichen, vom Erstgericht für unerheblich angesehen Sachvortrag nicht ausdrücklich erforderlich ist, sondern auch inzidenter erfolgen kann, wenn sich die Berufungsbegründung hierauf stützt).

Eine globale Bezugnahme auf das Vorbringen erster Instanz reicht indessen nicht aus, »das Berufungsgericht von Verfassungs wegen zu verpflichten, den gesamten erstinstanzlichen Vortrag des Berufungsklägers auf seine Bedeutsamkeit für das zweitinstanzliche Verfahren hin zu überprüfen (BVerfG, Beschl. v. 02.01.1995, 1 BvR 2 34/94 = NJW-RR 1995, 828).«

Erforderlich ist danach in jedem Falle die konkrete Bezugnahme auf einzelne erstinstanzliche Schriftsätze (vgl. dazu aber schon das vorstehende Muster und Anm. 13, dort wird die Darstellung entscheidungserhebliche Ausführungen in den erstinstanzlichen Schriftsätzen vorgeschlagen).

172 **Anm. 18 Revisionszulassungsantrag.**

Über den Antrag auf Zulassung der Revision ist vom Berufungsgericht gemäß § 543 Abs. 2 S. 1 ZPO von Amts wegen zu entscheiden.

Grundsätzlich ist die Revision zuzulassen, wenn einer der Zulassungsgründe des § 543 Abs. 2 S. 1 ZPO gegeben ist, die Rechtssache also ein grundsätzliche Bedeutung hat (§ 543 Abs. 1 Nr. 1 ZPO) oder die Fortbildung des Rechts oder die Sicherung einer einheitlichen Rechtsprechung eine Entscheidung des Revisionsgerichts erfordert (§ 543 Abs. 1 Nr. 2 ZPO).

Vergleiche zu den Revisionsgründen im Einzelnen etwa Prütting/Gehrlein, ZPO, § 543 Rn. 11 f.

Soweit ein Revisionsgrund vorliegt, was bereits in der Berufungsbegründung durch entsprechenden Vortrag vorbereitet werden sollte, erscheint der Antrag auf Zulassung der Revision empfehlenswert, da der Bundesgerichtshof an die Revisionszulassung durch das Berufungsgericht gebunden ist und damit sowohl das Zulässigkeitserfordernis der Beschwer von mehr als 20.000,00 € nach dem noch bis einschließlich 31.12.2018 gültigen § 26 Nr. 8 EGZPO, als auch die übrigen Probleme des Nichtzulassungsbeschwerdeverfahren nach § 544 ZPO entfallen.

173 **Anm. 19 § 139 ZPO.**

Die Bitte um richterliche Hinweise des Berufungsgerichts nach § 139 ZPO ist selbstverständlich in keiner Weise erforderlich, jedoch aufgrund des Umstandes, dass der Bundesgerichtshof in seiner jüngsten Rechtsprechung verstärkt Hinweispflichten aus § 139 ZPO (vergleiche dazu zuletzt BGH, Beschl. v. 10.03.2011, VII ZR 40/10 = NJW-RR 2011, 742 und zuvor Beschl. v. 30.09.2010, V ZB 173/10 NDR 2010, 1483 sowie Beschl. v. 23.04.2009, IX ZR 95/06 = NJW RR 2010, 70), insbesondere bauprozessuale Hinweispflichten des Berufungsgerichts (vgl. dazu BGH, Urt. v. 28.09.2006, VII ZR 103/05 = BauR 2007, 110, zur Hinweispflicht des Berufungsgerichts auf fehlende Prüfbarkeit der Schlussrechnung, und BGH, Urt. v. 13.07.2006, VII ZR 68/05 = BauR 2006, 1735) postuliert hat, jedenfalls naheliegend.

174 **Anm. 20 Eigenhändige Unterschrift.**

Vgl. hierzu schon oben (Anm. 12 zum Muster F.14. Berufungsschrift)

16. Berufungserwiderung

a) Muster

175 Landgericht/Oberlandesgericht

-Zivilkammer/Zivilsenat –

Adresse

Berufungserwiderung [1]

In dem Berufungsrechtsstreit

Kurzparteibezeichnung des Berufungsgerichts

Az. S/U des Berufungsgerichts

der Name, ggf. gesetzlicher Vertreter, Anschrift

– Klägerin und Berufungsklägerin –

Prozessbevollmächtigte: Rechtsanwälte Name, Anschrift

gegen

Name, ggf. gesetzlicher Vertreter, Anschrift

– Beklagte und Berufungsbeklagte –

16. Berufungserwiderung

Prozessbevollmächtigte: Rechtsanwälte Name, Anschrift

zeigen wir an, dass wir die Beklagte/Berufungsbeklagte im Berufungsverfahren vertreten.

Namens und in Vollmacht der Beklagten erwidern wir auf die von der Klägerin mit Schriftsatz vom Datum Berufungsschrift eingelegte und Schriftsatz vom Datum Berufungsbegründungsschriftsatz begründete Berufung der Klägerin gegen das Urteil des Amtsgerichts/Landgerichts Ort vom Verkündungsdatum, Az: Aktenzeichen, mit folgenden

Anträgen [2]:

1. Die Berufung der Klägerin gegen das Urteil des Amtsgerichts/Landgerichts ..... vom ..... , Az. ..... , wird zurückgewiesen [3].
   Hilfsweise, für den Fall des Unterliegens:
2. Der Klägerin wird gestattet, die Vollstreckung durch Sicherheitsleistung oder Hinterlegung abzuwenden [4].
3. Die Revision wird zugelassen [5].

Begründung [6]:

Die zulässige [7] Berufung der Klägerin ist unbegründet und daher zurückzuweisen.

Das Landgericht hat die Klage rechtsfehlerfrei abgewiesen, so dass das angefochtenen Urteil (dazu nach folgend sub I.) vollumfänglich aufrecht zu erhalten ist.

Das Landgericht hat bei seiner Entscheidung weder materielles Recht verletzt (dazu nachfolgend sub II.1), noch Tatsachen unrichtig festgestellt, (dazu nachfolgend sub II.2.), so dass vorliegend keiner der von der Klägerin bemühten Berufungsgründe gegeben ist.

I. Erstinstanzliches Urteil und Verfahren [8]

1. Angefochtenes Urteil

Zutreffend hat das Landgericht im angefochtenen Urteil wie folgt ausgeführt:
a) Tatbestand (.....)
b) Entscheidungsgründe (.....)

2. Entgegen bzw. ergänzend zu den Darstellung der Klägerin zum erstinstanzlichen Verfahren in der Berufungsbegründung vom ..... (dort S. .....) ist im vorliegenden Zusammenhang noch von Bedeutung, ...

II. Berufungsgründe [9]

Die Berufung kann entgegen der Auffassung der Klägerin im vorliegenden Verfahren weder auf den Berufungsgrund der entscheidungserheblichen Rechtsverletzung, noch auf den Berufungsgrund der unrichtigen Tatsachenfeststellung gestützt werden:

1. Keine Entscheidungserhebliche Rechtsverletzung, §§ 513 Abs. 1 1. Alt., 546 ZPO

Materielles Recht ist im angefochtenen Urteil ersichtlich nicht, insbesondere nicht in entscheidungserheblicher Weise verletzt:

a) Urteil

Das Landgericht hat die Klage mit der zutreffenden Begründung abgewiesen, (.....)

b) Rechtsverletzung

Entgegen der Auffassung der Berufungsklägerin ..... ist diese Begründung der Klageabweisung rechtsfehlerfrei und ohne Verletzung materiellen Rechts ist erfolgt.

Wie sich aus der einschlägigen Rechtsprechung des Bundesgerichtshofes (vgl. dazu nur .....) ergibt, (.....).

2. Unrichtige und/oder unvollständige Tatsachenfeststellung, §§ 513 Abs. 1 2. Alt., 529 Abs. 1 Nr. 1 ZPO [15]

Ebenso wenig kann die Berufung auf unrichtige Tatsachenfeststellung im angefochten Urteil, die erneute Feststellungen, etwa die Einholung eines Sachverständigengutachtens, erforderlichen machen würden, gestützt werden.

Entgegen der Auffassung der Klägerin hat das Landgericht seiner Entscheidung weder fehlerhaft tatsächlich streitigen Sachvortrag zugrunde gelegt, noch auf unzulässige Weise einen Beweisantritt der Klägerin übergangen.

a) Festgestellte Tatsachen im ersten Rechtszug

Das Landgericht ist im angefochtenen Urteil zutreffend zu dem Ergebnis gelangt, (.....).

b) Richtigkeit und Vollständigkeit der Tatsachenfeststellung

Abweichen von der Auffassung der Klägerin ist das Landgericht vorliegend unter Berücksichtigung des Parteivortrages in den Schriftsätzen vom ..... in tatsächlicher Hinsicht rechtsfehlerfrei zu dem Ergebnis gelangt, angen, dass die streitgegenständlichen Leistungen vom ursprünglichen Werkvertrag umfasst waren, da (.....).

Insbesondere bedurfte es danach keiner Beweiserhebung durch Einholung eines Sachverständigengutachtens (.....).

c) Keine Zweifel und kein Erfordernis neuer Feststellungen

Zweifel an der Richtigkeit der erstinstanzlichen Tatsachenfeststellungen bestehen daher nicht, so dass der Senat seiner Entscheidung gem. § 529 Abs. 1 Nr. 1 1. HS ZPO die vom Landgericht zutreffend festgestellten Tatsachen zugrunde zu legen hat, ohne dass erneute Feststellungen geboten wären.

III. Bezugnahme auf den erstinstanzlichen Vortrag [10]

(.....)

IV. Vollstreckungsschutzantrag nach § 712 ZPO

Im Falle des Unterliegens würde die Vollstreckung des streitgegenständlichen Anspruchs der Klägerin gegen den Beklagten einen für diesen nicht zu ersetzenden Nachteil Sinne des § 712 Abs. 1 ZPO bringen, da .....

V. Revisionszulassungsantrag [11]

(.....)

VI. § 139 ZPO [12]

(.....)

Eigenhändige Unterschrift [13]

Rechtsanwalt

b) Erläuterungen

176 Anm. 1.

Nach § 521 Abs. 1 ZPO sind die Berufungsschrift und die Berufungsbegründungsschrift der Gegenpartei zuzustellen, wobei das Berufungsgericht gem. § 521 Abs. 1 S. 1 ZPO der Gegenpartei eine Frist zur schriftlichen Berufungserwiderung setzen kann, für die gemäß § 521 Abs. 2 S. 1 ZPO wiederum § 277 ZPO gilt, mit der Folge, dass im Falle der Versäumung der Berufungserwiderungsfrist eine Präklusion nach § 296 Abs. 1 ZPO in Betracht kommt.

Die Berufungserwiderungsfrist wird im Regelfall großzügig bemessen und kann unter den Voraussetzungen des § 224 Abs. 2 ZPO verlängert werden.

Anm. 2. 177

Zwar gelten für die Berufungserwiderung nicht die strengen formellen und inhaltlichen Voraussetzungen des § 520 Abs. 3 S. 2 Nr. 2 ZPO, jedoch sind auch in der Berufungserwiderung Anträge zu stellen.

Hierbei handelt es sich regelmäßig mindestens um einen Sachantrag und gegebenenfalls weitere Anträge, wie etwa Anträge auf Gewährung von Prozesskostenhilfe oder hilfsweise – im Falle des Unterliegens – auf Vollstreckungsschutz und Revisionszulassung.

Anm. 3. 178

Der Sachantrag orientiert sich an den üblichen Tenorierungen des Berufungsgerichts.

Soweit die Berufung aus Sicht des Berufungsbeklagten unzulässig sein sollte, kann entsprechend §§ 522 Abs. 1 S. 2 ZPO beantragt werden:

»*Die Berufung der Klägerin gegen das Urteil des Landgerichts vom ... wird verworfen.*«

Zu weiteren Sachanträgen bzw. Tenorierungen vergleiche Steinert/Theede/Knop, Zivilprozess, 9. Aufl. 2011, S. 515 ff. und Eichele/Hirtz/Oberheim, Berufung im Zivilprozess, 4. Aufl., S. 446 ff. jeweils m.w.N.

Anm. 4. 179

Vergleiche dazu § 712 ZPO.

Anm. 5. 180

Vergleiche dazu Muster F.15. Berufungsbegründung, Anm. 6.

Anm. 6. 181

Anders als für die Berufungsbegründung nach § 520 Abs. 3 S. 2 ZPO bestehen für die Berufungsbegründung keine formellen oder inhaltlichen Mindestvoraussetzungen mit Ausnahme dessen, dass aufgrund des bestehenden Anwaltszwangs die Berufungserwiderung von einem im Zeitpunkt der Unterzeichnung nach § 78 Abs. 1 S. 1 ZPO postulationsfähigen Rechtsanwalt eigenhändig unterzeichnet werden muss.

Nachdem keine gesetzlichen Voraussetzungen für den Inhalt der Berufungserwiderung bestehen, erschöpfen sich die Obliegenheiten des Berufungsbeklagten gemäß § 521 Abs. 2 S. 2 in Verbindung mit § 277 Abs. 1 ZPO darin, »seine Verteidigungsmittel insoweit vorzubringen, als es nach der Prozesslage einer sorgfältigen und auf Förderung des Verfahrens bedachten Prozessführung entspricht. Danach darf er sich in erster Linie darauf beschränken, die zu seinen Gunsten ergangene Entscheidung zu verteidigen und neue Angriffsmittel des Berufungsbeklagten abzuwehren (BVerfG, Beschl. v. 23.07.1999, 2 BvR 7 62/98 = NJW 2000, 131 unter Bezugnahme auf BGH, Urt. v. 13.03.1981, I ZR 65/79 = NJW 1982, 581)«.

Der Berufungsbeklagte darf sich also »in seiner Berufungserwiderung auf die Verteidigung des erstinstanzlichen Urteils beschränken. Eine Regelung, die es ihm auferlegen würde, erstinstanzliches Vorbringen zu wiederholen oder jedenfalls in Bezug zu nehmen, existiert nicht (BGH, Beschl. v. 18.11.2009, IV ZR 69/07 = IBR 2010, 121)«.

Gleichwohl erscheint es gerade unter Berücksichtigung von §§ 521 Abs. 2 i.V.m. 277 Abs. 1 ZPO geboten, im Berufungserwiderungsschriftsatz nicht nur das erstinstanzliche Urteil durch entsprechende Hervorhebung dessen vollumfänglicher Richtigkeit zu verteidigen, sondern detailliert in rechtlicher und gegebenenfalls tatsächlicher Hinsicht zur Berufungsbegründung des Berufungsklägers, insbesondere also den Ausführungen des Berufungsklägers zu den einzelnen Berufungsgründen Stellung zu nehmen.

Hierzu bietet es sich zum Erhalt der Übersichtlichkeit an, die Struktur der Berufungserwiderung an der Gliederung der Berufungsbegründung zu orientieren (so auch Steinert/Theede/Knopp, Zivilprozess, S. 504), soweit diese – wie häufig jedoch nicht – aus sich heraus verständlich ist.

182 Anm. 7.

Soweit Zweifel im Sinne des § 522 Abs. 1 S. 1 ZPO dahin bestehen, ob die Berufung an sich statthaft und ob sie in der gesetzlichen Form und Frist eingelegt und begründet ist, also an der Zulässigkeit der Berufung in formeller (z.B. Einhaltung der Berufungsfrist, zuständiges Gericht o.ä.) und inhaltlicher (z.B. Berufungsanträge, Berufungsgründe) Hinsicht, kann selbstverständlich auch die Unzulässigkeit der Berufung gerügt und ein entsprechender Verwerfungsantrag nach § 522 Abs. 1 S. 2 ZPO gestellt werden.

183 Anm. 8.

Ausführungen zum erstinstanzlichen Verfahren und Urteil sind unter dem Gesichtspunkt der oben genannten »Verteidigung des erstinstanzlichen Urteils« insbesondere dann veranlasst, wenn sich aus Sicht des Berufungsbeklagten insoweit Abweichungen von der Darstellung des Berufungsklägers in der Berufungsbegründung ergeben.

184 Anm. 9.

Es erscheint geboten, sich im Rahmen der Berufungserwiderung detailliert mit den Ausführungen des Berufungsklägers in der Berufungsbegründung zu den einzelnen Berufungsgründen, entsprechend der inhaltlichen Struktur der Berufungsgründe (siehe dazu Muster Berufungsbegründung Anm. 14. und 15.) auseinanderzusetzen und das Nichtvorliegen der Berufungsgründe vorliegenden Zusammenhang insbesondere auch durch entsprechende Rechtsprechungszitate substantiiert darzulegen.

185 Anm. 10.

Vgl. dazu Muster F.15. Berufungsbegründung, Anm. 17.

186 Anm. 11.

Vgl. dazu Muster F.15. Berufungsbegründung, Anm. 18.

187 Anm. 12.

Vgl. dazu Muster F.15. Berufungsbegründung, Anm. 19.

188 Anm. 13.

Vgl. dazu Muster F.14. Berufungsschrift, Anm. 20.

17. Anschlussberufung

a) Muster

Landgericht/Oberlandesgericht
-Zivilkammer/Zivilsenat –
Adresse

Anschlussberufung ¹

In dem Berufungsrechtsstreit
Kurzparteibezeichnung des Berufungsgerichts
Az. S/U des Berufungsgerichts

der Name, ggf. gesetzlicher Vertreter, Anschrift

– Klägerin und Berufungsklägerin –

Prozessbevollmächtigte: Rechtsanwälte Name, Anschrift

gegen

Name, ggf. gesetzlicher Vertreter, Anschrift

– Beklagte und Berufungsbeklagte –

Prozessbevollmächtigte: Rechtsanwälte Name, Anschrift

wegen Werklohnforderung aus Bauvertrag

legen wir namens und in Vollmacht der Klägerin und Berufungsbeklagten gegen das Urteil des Amtsgerichts/Landgerichts Ort vom Verkündungsdatum, Az: Aktenzeichen,

Anschlussberufung

ein mit folgenden Anträgen ²:
1. Die Berufung der Beklagten gegen das Urteil des Amtsgerichts/Landgerichts ..... vom ..... , Az. ..... , wird zurückgewiesen ³.
2. Auf die Anschlussberufung wird das Urteil des Amtsgerichts/Landgerichts ..... vom ..... , Az. ..... , abgeändert und die Beklagte verurteilt, an die Klägerin weitere ..... € zuzüglich Zinsen hieraus i.H.v. 8 Prozentpunkte am über dem jeweiligen Basiszinssatz seit dem ..... zu bezahlen ⁴.
3. Hilfsweise – für den Fall des Unterliegens – wird beantragt, die Revision zuzulassen ⁵.

Begründung:

Die Klägerin verfolgt im Berufungsverfahren – neben der in der Berufungserwiderung vom ..... beantragten und begründeten Zurückweisung der von der Beklagten gegen ihre teilweise Verurteilung erhobenen Berufung – im Wege der Anschlussberufung die von der Klägerin in erster Instanz geltend gemachten Werklohnansprüche weiter, soweit diese vom Landgericht im angefochtenen Urteil teilweise rechtsfehlerhaft abgewiesen worden sind.

I. Erstinstanzliches Urteil und Verfahren

(.....)

II. Anschlussberufungsgründe ⁶

Die Anschlussberufung wird gem. §§ 524 Abs. 3, 520 Abs. 3 S. 2 ZPO auf folgende Berufungsgründe gestützt:
1. Entscheidungserhebliche Rechtsverletzung, §§ 513 Abs. 1 1. Alt., 546 ZPO
   Es wird die Verletzung materiellen Rechts gerügt, wie folgt: (.....)

2. **Unrichtige und/oder unvollständige Tatsachenfeststellung, §§ 513 Abs. 1 2. Alt., 529 Abs. 1 Nr. 1 ZPO**
Weiterhin wird die unrichtige Tatsachenfestellung im angefochten Urteil gerügt:

(.....)

III. Bezugnahme auf den erstinstanzlichen Vortrag und die Berufungserwiderung

Ergänzend wird auf den gesamten erstinstanzlichen Vortrag der Klägerin, (.....) sowie die Ausführungen im Berufungserwiderungsschriftsatz der Klägerin vom ..... genommen.

IV. Revisionszulassungsantrag [7]

(.....)

V. § 139 ZPO [8]

(.....)

Eigenhändige Unterschrift [9]

Rechtsanwalt

b) Erläuterungen

190 Anm. 1.

Neben der Möglichkeit im Rahmen der gesetzlichen Vorgaben, insbesondere der Berufungsfrist nach § 517 ZPO, selbst Berufung einzulegen, kann sich der Berufungsbeklagte (und auch der auf seiner Seite beigetretene Streithelfer) unter den in § 524 ZPO genannten Voraussetzungen der Hauptberufung der anderen Partei(en) im Wege der Anschlussberufung anschließen.

Bei der Anschlussberufung handelt es sich nicht um ein »eigenes Rechtsmittel, sondern nur um einen Antrag innerhalb des vom Prozessgegner eingelegten Rechtsmittels (st. Rspr. zuletzt BGHZ, Beschl. v. 26.01.2005, XII ZB 163/04 = NJW-RR 2005, 727)«, der dem Anschlussberufungskläger »die Möglichkeit eröffnet, im Rahmen der fremden Berufung auch einen angriffsweise wirkenden Antrag zu stellen (BGH, Urt. v. 22.04.1982, VII ZR 160/81 = BGHZ 83, 371)«.

Nach § 524 Abs. 1 S. 2 ZPO erfolgt die Anschließung durch Einreichung der Berufungsanschlussschrift, also dem Anschlussberufungsschriftsatz beim Berufungsgericht.

An die Zulässigkeit der Anschlussberufung werden geringere gesetzliche Anforderungen als an die Hauptberufung gestellt.

Gemäß § 524 Abs. 2 S. 1 ZPO ist die Anschließung auch statthaft, wenn der Berufungsbeklagte auf die Berufung verzichtet hat oder die Berufungsfrist verstrichen ist.

Die Anschlussberufung ist jedoch nach § 524 Abs. 2 S. 2 ZPO längstens bis zum Ablauf der dem Berufungsbeklagten nach §§ 521 Abs. 2 i.V.m. 277 ZPO gesetzten, gegebenenfalls verlängerten Frist zur Berufungserwiderung zulässig. Diese Frist gilt jedoch nach § 524 Abs. 2 S. 3 ZPO dann nicht, wenn die Anschließung eine Verurteilung zu künftig fällig werdenden, wiederkehrenden Leistungen nach § 323 ZPO zum Gegenstand hat. In diesen Fällen ist die Anschließung an eine gegnerische Berufung bis zum Schluss der letzten mündlichen Verhandlung möglich (BGH, Urt. v. 28.01.2009, XII ZR 119/07).

Schließlich bedarf es nach herrschender Meinung für die Anschlussberufung keiner, insbesondere keine den Beschwerdewert des §§ 511 Abs. 2 Nr. 1 ZPO übersteigende Beschwer des Anschlussberufungsklägers (st. Rspr., vgl. dazu zuletzt BGH, Beschl. v. 29.03.2011, VIII ZB 25/10 = ibr-online, zuvor BGH, Urt. v. 07.12.2007, V ZR 210/06 m.w.N.).

So können Gegenstand einer Anschlussberufung z.B. eine Klageänderungen oder Klageerweiterung, eine Widerklage, Übergang von Feststellungsansprüchen zu Zahlungsansprüchen und die bloße Anfechtung einer Kostenentscheidung sein (vgl. dazu im einzelnen Doukoff, Zivilrechtliche Berufung, 5. Aufl., S. 299 ff. mit zahlreichen Nachweisen aus der Rspr. und Eichele/Hirtz/Oberheim, Berufung im Zivilprozess, 4. Aufl., S. 295 ff.), naheliegenderweise aber Fälle des teilweisen Obsiegen und teilweisen Unterliegens beider Parteien sein, in denen – wie im Muster – auf die Berufung des teilweise zur Zahlung verurteilten Beklagten die Anschlussberufung des Klägers darauf gerichtet ist, neben der Zurückweisung der Berufung des Beklagten, eine über die erstinstanzliche teilweise Verurteilung des Beklagten hinausgehende vollständige Verurteilung zu erreichen.

Demgegenüber verliert die Anschlussberufung gemäß § 524 Abs. 4 ZPO ihre Wirkung, wenn die Berufung zurückgenommen, verworfen oder durch Beschluss zurückgewiesen wird.

Jedoch kann eine Anschlussberufung, die die Anforderungen an eine eigenständigen Berufung erfüllt, nach Verwerfung der Hauptberufung als unzulässig wegen Nichterreichen des Beschwerdewerts, im Wege der Auslegung von Prozesserklärungen, bei denen der Grundsatz gilt, »dass im Zweifel dasjenige gewollt ist, was nach den Maßstäben der Rechtsordnung vernünftig ist und der wohlverstandenen Interessenlage entspricht«, als eigenständiges, zulässiges Rechtsmittel der Berufung zu werten sein (BGH, Beschl. v. 29.03.2011, VIII ZB 25/10 = ibr-online).

Anm. 2. 191

Nach § 524 Abs. 3 S. 1 und S. 2 ZPO finden die Vorschriften des § 519 Abs. 2, 4 und § 520 Abs. 3 ZPO entsprechende Anwendung, so dass der Anschlussberufungsschriftsatz in entsprechender Anwendung des §§ 519 Abs. 2 ZPO die Bezeichnung des Urteils, gegen das die Anschlussberufung gerichtet wird, sowie die Erklärung, dass gegen dieses Urteil Anschlussberufung eingelegt wird, enthalten muss.

Anm. 3. 192

Dieser Sachantrag ist unter Berücksichtigung dessen, dass regelmäßig ein entsprechender Antrag bereits im Berufungserwiderungsschriftsatz enthalten ist, soweit diese nicht in einem Schriftsatz mit der Berufungsanschlussschrift erfolgt, nicht zwingend erforderlich, jedoch schon allein aus Gründen der Übersichtlichkeit empfehlenswert.

Anm. 4. 193

Hierbei handelt es sich um den eigentlich Anschlussberufungsantrag, der nach § 524 Abs. 3 S. 2 i.V.m. § 520 Abs. 3 S. 2 Nr. 1 ZPO zwingend erforderlich ist und im Falle des Fehlens zur Unzulässigkeit der Anschlussberufung und deren Verwerfung führt.

Anm. 5. 194

Vergleiche dazu Muster F.15. Berufungsbegründung Anm. 6.

Anm. 6. 195

Die Anschlussberufung muss in der Anschlussschrift gemäß § 524 Abs. 3 S. 1 ZPO begründet werden, wobei gemäß § 524 Abs. 3 S. 2 i.V.m. § 520 Abs. 3 S. 2 ZPO die Berufungsbegründung zu den Anschlussberufungsgründen des § 520 Abs. 3 S. 2 Nr. 2 bis 4 ZPO denselben inhaltlichen Anforderungen genügen muss, wie die Berufungsbegründung, so dass insoweit auf die Ausführungen zum Muster F.15. Berufungsbegründung, Anm. 14 f. verwiesen wird.

Anm. 7. 196

Vgl. dazu Muster F.15. Berufungsbegründung, Anm. 18.

Anm. 8. 197

Vgl. dazu Muster F.15. Berufungsbegründung, Anm. 19.

Anm. 9.

198 Vgl. dazu Muster F.14. Berufungsschrift, Anm. 20.

18. Stellungnahme zu Hinweis nach § 522 Abs. 2 S. 2 ZPO

a) Muster

199 Landgericht/Oberlandesgericht

– Zivilkammer/Zivilsenat –

Adresse

Stellungnahme zum Hinweisbeschluss nach § 522 Abs. 2 S. 2 ZPO[1]

In dem Berufungsrechtsstreit

Kurzparteibezeichnung des Berufungsgerichts

Az. des Berufungsgerichts

der Name, ggf. gesetzlicher Vertreter, Anschrift

– Klägerin und Berufungsklägerin –

Prozessbevollmächtigte: Rechtsanwälte Name, Anschrift

gegen

Name, ggf. gesetzlicher Vertreter, Anschrift

– Beklagte und Berufungsbeklagte –

Prozessbevollmächtigte: Rechtsanwälte Name, Anschrift

nehmen wir namens der Klägerin zur Hinweisverfügung der Kammer/des Senats vom ..... wie folgt Stellung:

I.

In der Hinweisverfügung vom ..... hat die Kammer/der Senat auf folgendes hingewiesen:
1. Die Berufung hätte keine Aussicht auf Erfolg, da (.....)
2. Zudem hätte die Rechtssache auch keine grundsätzliche Bedeutung (.....)
3. Schließlich erfordere auch die Fortbildung des Rechts oder die Sicherung einer einheitlichen Rechtsprechung eine Entscheidung des Berufungsgericht nicht, (.....)

II.

Diesen Auffassungen kann sich die Klägerin nicht anzuschließen[2]:

1. Zunächst vermag die Klägerin der Rechtsauffassung des Senats, die Berufung hätte keine Aussicht auf Erfolg, nicht zu folgen, (.....).

2. Unabhängig davon ist die Klägerin der Auffassung, dass die von dem Senat in Aussicht genommene Zurückweisung der Berufung durch Beschluss nach § 522 Abs. 2 S. 1 ZPO jedenfalls daran scheitert, dass die Rechtssache grundsätzliche Bedeutung hat, so dass die Voraussetzung des §§ 522 Abs. 2 S. 1 Nr. 2 ZPO nicht gegeben ist.

Nach der Rechtsprechung sowohl des Bundesverfassungsgerichts als auch des Bundesgerichtshofs kommt einer Sache im Sinne des § 522 Abs. 2 Nr. 2 ZPO grundsätzliche Bedeutung dann zu, »wenn sie eine klärungsbedürftige und klärungsfähige Rechtsfrage aufwirft, die sich in einer unbestimmten Vielzahl weiterer Fälle stellen kann und deshalb das abstrakte Interesse der Allgemeinheit an der einheitlichen Entwicklung und Handhabung des Rechts berührt. Die Klärungsfähigkeit einer Rechtsfrage setzt die Revisibilität des anzuwendenden Rechts nach § 545 Abs. 1 ZPO voraus. Klärungsbedürftig sind solche Rechtsfragen, deren Beantwortung zweifelhaft ist oder zu den unterschiedlichen Auffassungen vertreten werden und die noch nicht oder nicht hinreichend höchstrichterlich geklärt sind (vgl. dazu zuletzt BVerfG, Beschl. v. 25. März 2010, 1 BvR 882/09 m.w.N.).«

Vorliegend ist für die Entscheidung des Senats eine in diesem Sinne klärungsbedürftige und klärungsfähige Rechtsfrage entscheidungserheblich.

Denn im vorliegenden Rechtsstreit geht es um die grundsätzliche Frage, ob (.....)

Unter Berücksichtigung dieser Umstände, ist die vom Senat in Hinweisbeschluss in zum Ausdruck gebrachte Verneinung der Voraussetzungen des § 542 Abs. 2 S. 1 Nr. 2 ZPO sachlich nicht zu rechtfertigend, sondern vielmehr von der grundsätzlichen Bedeutung der Rechtssache auszugehen, so dass im vorliegenden Rechtsstreit eine Entscheidung durch Beschluss nach § 522 Abs. 2 S. 1 ZPO nicht in Betracht kommt.

III.

Es wird daher beantragt, gemäß § 523 Abs. 1 S. 2 ZPO unverzüglich Termin zur mündlichen Verhandlung zu bestimmen.

IV.

Höchst vorsorglich wird beantragt, der Klägerin zu gestatten, die Vollstreckung durch Sicherheitsleistung oder Hinterlegung abzuwenden[3].

Eigenhändige Unterschrift

Rechtsanwalt

b) Erläuterungen

Anm. 1

200

Nach § 522 Abs. 2 ZPO weist das Berufungsgericht die zulässige (ansonsten hat es die Berufung ohnehin von Amts wegen durch Beschluss nach § 522 Abs. 1 S. 2 ZPO zu verwerfen) Berufung durch einstimmigen Beschluss unverzüglich zurück, wenn es davon überzeugt ist, dass die Berufung – **kumulativ** – keinen Aussicht auf Erfolg hat, die Rechtssache keine grundsätzliche Bedeutung hat **und** die Fortbildung des Rechts oder die Sicherung einer einheitlichen Rechtsprechung eine Entscheidung des Berufungsgerichts nicht erfordert.

Gemäß § 522 Abs. 2 S. 2 hat das Berufungsgericht vor Zurückweisung der Berufung durch Beschluss nach § 522 Abs. 2 S. 1 ZPO die Parteien auf die beabsichtigte Zurückweisung der Berufung und die Gründe hierfür hinzuweisen (Hinweisbeschluss) und den Berufungsführer binnen einer zu bestimmenden Frist Gelegenheit zur Stellungnahme zu geben.

Gegenüber der bis zum 26. Oktober 2011 geltenden Rechtslage, wonach Beschlüsse nach § 522 Abs. 2 S. 1 ZPO gemäß § 522 Abs. 3 ZPO in der bis zu diesem Tage geltenden Fassung nicht anfechtbar waren, ergibt sich aufgrund des am 27. Oktober 2011 in Kraft getretene Gesetzes zur Änderung des § 522 der Zivilprozessordnung vom 21. Oktober 2011 (BGBl. I, 2082), dass nach § 522 Abs. 3 n.F. i.V.m. § 26 Nr. 8 EGZPO, neuerlich befristet bis zum 31. Dezember 2018, die Nichtzulassungsbeschwerde nach § 544 ZPO eröffnet ist, wenn die Beschwer des Zurückweisungsbeschlusses 20.000,00 € übersteigt. Bei einer Beschwer von unter 20.000,00 € verbleibt es, derzeit ebenfalls befristet bis zum 31. Dezember 2018, bei dessen Unanfechtbarkeit.

In jedem Falle ergibt sich für den Prozessbevollmächtigten des Berufungsklägers bei Eingang des Hinweisbeschlusses und dem damit für den Mandanten absehbar unerfreulichen Ende des Berufungsverfahrens, das zwingende Erfordernis, die Gründe des Hinweisbeschlusses unter Berücksichtigung des Berufungsvortrages kritisch auf etwaige Angriffspunkte zu überprüfen und kurzfristig in Abstimmung mit dem Mandanten zu entscheiden, ob – insbesondere bei einer im Bauprozess regelmäßig selten gegebenen Beschwer von unter 20.000,00 € – auch aus Kostengründen eine Rücknahme der Berufung in Betracht kommt oder eine substantielle Stellungnahme zum Hinweisbeschluss abgegeben werden kann.

Dabei ist der Hinweisbeschluss sorgfältig darauf zu überprüfen, ob nach den vom Berufungsgericht dargelegten Gründen die Voraussetzungen des §§ 522 Abs. 2 S. 1 ZPO tatsächlich allesamt kumulativ gegeben sind.

Anm. 2

201 Neben Ausführungen zum Nichtvorliegen der Voraussetzungen des § 522 Abs. 2 S. 1 Nr. 1 und Nr. 3 ZPO kann unter Berücksichtigung der jüngeren Rechtsprechung des Bundesverfassungsgerichts zur Verletzung des Gebots effektiven Rechtsschutzes durch Zurückweisung einer Berufung bei umstrittenen und höchstrichterlich nicht geklärt Rechtsfragen im Sinne des § 522 Abs. 2 S. 1 Nr. 2 ZPO (BVerfG, Beschl. v. 25.03.2010, 1 BvR 882/09 = WM 2010, 794; Beschl. v. 04.11.2008, 1 BvR 2587/06 = NJW 2009, 572) in geeigneten Fällen am Nichtvorliegen dieser negativen Voraussetzung, also des Vorliegens der grundsätzlichen Bedeutung der Rechtssache angeknüpft und auf diesem Weg versucht werden, den Erlass des Zurückweisungsbeschlusses zu verhindern und das Gericht nach § 523 Abs. 1 ZPO zur Terminierung der Berufungsverhandlung zu veranlassen.

Die Zurückweisung der Berufung durch Beschluss nach § 522 Abs. 2 S. 1 ZPO kann auch nicht dadurch verhindert werden, dass der in erster Instanz unterlegene Beklagte Berufung einlegt und erstmals im Berufungsverfahren Widerklage erhebt (vergleiche dazu BGH, Urt. v. 24.11.2013, III ZR 403/12 = NJW 2014, 151 unter entsprechender Anwendung des § 524 Abs. 4 ZPO).

Anm. 3

202 Darüber hinaus **muss** der Stellungnahmeschriftsatz des Berufungsklägers zum Hinweisbeschluss mit einem Vollstreckungsschutzantrag nach § 712 ZPO versehen werden, da ansonsten eine Einstellung der Zwangsvollstreckung durch das Revisionsgericht nicht in Betracht kommt (vergleiche dazu BGH, Beschl. v. 20.03.2012, Az. 5 ZR 275/11 = NJW 2012, 1292 = IBR 2012,1095 nur online).

Bei einer 20.000,00 € überschreitenden Beschwer des Berufungsklägers besteht schließlich nach Vorliegen des Hinweisbeschlusses darüber hinaus für den Prozessbevollmächtigten begründeter Anlass, den Mandanten auf die Möglichkeit der Nichtzulassungsbeschwerde nach § 522 Abs. 3 i.V.m. § 544 ZPO zum Bundesgerichtshof, die hierfür erforderliche Bestellung eines beim Revisionsgericht zugelassenen Prozessbevollmächtigten sowie gegebenenfalls das naheliegende Erfordernis der Abstimmung der Stellungnahme zum Hinweisbeschluss mit dem Revisionsanwalt hinzuweisen.

Stichwortverzeichnis

Die Buchstaben verweisen auf das entsprechende Kapitel, die Ziffern auf die Randnummer innerhalb des Kapitels.

Abfindung
– Kündigung E 139
Abmahnung
– Allerletzte E 127
– Kündigung E 121
– Wg. Zuspätkommen E 126
Abnahme
– Architektenvertrag (Auftragnehmersicht) C 20
– Durch Fertigstellungsanzeige A 43
– Energieberatervertrag D 52
– Fachplanervertrag C 82
– Generalplanervertrag (Sicht AG) C 97, 104
– Generalplanervertrag (Sicht AN) C 118, 128
– Generalübernehmervertrag B 122
– Generalunternehmervertrag B 93
– Nachunternehmer B 151
– Projektmanagementvertrag (AG) D 2, 9
– Sachverständigenleistung D 29
– Sachverständigenvertrag D 32
– SiGeKo-Vertrag (aus Sicht AG) D 15
– SiGeKo-Vertrag (aus Sicht AN) D 17
– Subunternehmervertrag B 166
– Werklieferungsvertrag B 251
– Werklieferungsvertrag (Sicht Besteller) B 255
– Werklieferungsvertrag (Sicht Lieferant) B 268, 277
Abnahmeprotokoll A 15
Abnahmeverlangen A 45
Abnahmeverweigerung
– Nach § 12 Abs. 3 VOB/B A 17
Abrechnung
– Architektenvertrag (Auftragnehmersicht) C 16
Abschlagsrechnung
– Fehlende Prüffähigkeit A 13
Abschlagszahlung
– Klage auf F 9
– Mahnung A 35
Abschmelzungsklausel B 211
Adjudikation
– Beendigung D 93
Adjudikationsvereinbarung D 86
Adjudikationsverfahren D 85
Adjudikator
– Auswahl D 89
– Vergütung D 101
Adjudikatorendienstvertrag D 94
ADR Verfahren D 63
Akquisitionsleistung
– Architekt F 22, 48
Allgemeine Geschäftsbedingungen B 13, 57

– Generalunternehmervertrag B 93
– Subunternehmervertrag B 148
– Werklieferungsvertrag (Sicht Besteller) B 253
– Werklieferungsvertrag (Sicht Lieferant) B 272
Allgemeinverbindliche Tarifverträge E 182
Änderungsanordnung B 72
– Generalplanervertrag (Sicht AG) C 107
– Generalplanervertrag (Sicht AN) C 118
– Honorar, Fachplanervertrag C 77
– Projektmanagementvertrag (AG) D 9
Änderungsanordnung des AG
– Fachplanervertrag C 71
Änderungsanordnung des AN
– Architektenvertrag C 9
Änderungsbefugnis B 22
– Generalplanervertrag (Sicht AG) C 107
Änderungskündigung E 143
Änderungsleistung
– Generalplanervertrag (Sicht AG) C 113
Anlagenbauvertrag D 154
– Abnahme D 164
– Beendigung D 170
– Gewährleistung D 165
– International D 194
– Sicherheiten D 176
Anordnungsbefugnis B 22
Anrechenbare Kosten
– HOAI F 42
Anschlussberufung F 189
Antrag auf Eintragung einer Vormerkung F 102
Antrag auf Zustellung EV F 110, 114
Arbeitnehmer-Entsendegesetz E 1, 165
– Mindestlöhne E 167
Arbeitnehmerüberlassung E 172
Arbeitsgemeinschaft B 4, 216, 242; C 94
– Arbeitnehmerüberlassung E 173
Arbeitsgemeinschaftsvertrag B 217; C 94
Arbeitsrecht E 1
Arbeitsvertrag E 1
– Geringfügig Beschäftigte E 67
– Ohne Bezugnahme auf Tarifvertrag E 22
– Prokurist E 37
– Unbefristet (Tarifvertrag) E 8
– Vertragsstrafe E 25, 86
– Zweckbefristet E 64
Arbeitsvertrag, befristet
– Mit Sachgrund E 50
Architekten-Ingenieur-ARGE-Vertrag C 94
Architektenhonorar F 13
Architektenvertrag F 24, 50

Stichwortverzeichnis

- Objektüberwachung (Auftraggebersicht) C 61
- Objektüberwachung (Auftragnehmersicht) C 47
- Subunternehmervertrag B 165

Architektenvertrag (Auftraggebersicht) C 24
- Honorar C 37
- Leistungspflicht des AN C 30
- Urheberrecht C 40

Architektenvertrag (Auftragnehmersicht) C 1–23
- Beauftragung C 6
- Fristen C 13
- Honorar C 14
- Leistungspflicht des AN C 7
- Vollmacht AN C 8

ARGE B 4, 216, 242, 249; C 94
- Haftungsbeschränkung B 228
- Konsortialvertrag B 248
- Liquidation B 240
- Nachunternehmer B 151

ARGE Baurecht
- Schiedsgerichtsvereinbarung D 80

Aufforderung und Fristsetzung F 135
Aufforderung zur Mangelbeseitigung A 47
Aufhebungsvertrag
- Arbeitsverhältnis E 150
- Erledigungsklausel E 162
- Freistellung E 155

Auflassung B 199, 201, 208
Aufrechnung
- Architektenvertrag (Auftragnehmersicht) C 16

Aufschiebende Bedingung
- Architektenvertrag F 26, 52

Auftragserteilung
- Architektenvertrag F 35

Auftragsleistungsverzeichnis B 2, 9
Auseinandersetzung B 4, 58, 199, 208, 217, 228
Ausführungsplanung B 10
Ausscheiden Gesellschafter
- ARGE B 239

Bauabzugssteuer B 2
Baubeschreibung
- Generalübernehmervertrag B 118
- Generalunternehmervertrag B 93
- SiGeKo-Vertrag (aus Sicht AG) D 15
- SiGeKo-Vertrag (aus Sicht AN) D 17

Baugenehmigung B 202
- Bauträgervertrag B 198
- Einheitspreisvertrag B 2
- Energieberatervertrag D 51
- Generalübernehmervertrag B 114, 115
- Generalunternehmervertrag B 93
- Kauf- und Bauherstellungsvertrag B 208, 211

Bauhandwerkersicherheit B 43
Bauhandwerkersicherung F 124 ff.
Bauhandwerkersicherungshypothek F 117
Bauherstellungsvertrag B 199, 208
Baukosten
- Architektenvertrag C 12

Baukostenvereinbarung F 44
Bauprodukte B 18
Bauregelliste B 18
Baustellenverordnung B 223; D 14
- Generalunternehmervertrag B 93
- Nachunternehmer B 151
- SiGeKo-Vertrag (aus Sicht AG) D 15
- SiGeKo-Vertrag (aus Sicht AN) D 17

Bauträgervertrag B 198, 200, 209
- Generalübernehmervertrag B 115
- Schiedsgutachtervertrag D 73

Bauwirtschaft
- Urlaub E 164

Bauzeitverlängerung
- Architektenvertrag F 48

Bedarfsposition B 2
Bedenkenanzeige A 31
Behinderungsanzeige A 33; B 2, 25
Beitritt
- Streitverkündung F 82

Belastungsvollmacht B 208
Berechtigter, Verpflichteter F 133
Berufung
- Zurückweisung F 199

Berufungsbegründungsschrift F 157
- Frist F 158
- Inhalt F 159

Berufungserwiderung F 175
Berufungsschrift F 143
- Frist F 146
- Unterzeichnung F 156
- Zuständigkeit F 145
- Zustellung F 148
- Zustellungsdatum F 151

Beschaffenheitsvereinbarung B 199, 208
Beschwerdegegenstand
- Berufungsbegründungsschrift F 164

Besichtigungsrecht B 199, 208
Besondere Leistungen (HOAI) F 45
Betriebsrat
- Anhörung gem. § 102 BetrVG E 129
- Stellungnahme E 131

Beurkundung B 200
Bezugsfertigkeit B 202
Bietergemeinschaft B 241
- Subunternehmervertrag B 148
- verbundene Unternehmen B 241
- Vergabeverfahren B 247

Bürgenhaftung E 169
Bürgschaft B 217, 236
- Bauträgervertrag B 198
- Generalunternehmervertrag B 93
- Interimsvereinbarung D 117
- Kauf- und Bauherstellungsvertrag B 208, 211
- Nachunternehmer B 151
- Projektmanagementvertrag (AG) D 2, 9
- Subunternehmervertrag B 168

Stichwortverzeichnis

- Werklieferungsvertrag B 251
- Werklieferungsvertrag (Sicht Besteller) B 262

Detailpauschalvertrag B 92
Dienstwagenüberlassungsvereinbarung E 84
Dokumentation
- Fachplanervertrag C 80

Eigentumswohnung B 198, 208, 209
Einheitspreis B 2, 15, 56, 69
Einheitspreisvertrag B 2, 9, 56
- Generalübernehmervertrag B 126
- Mengenüberschreitung A 28
- Mengenunterschreitung A 29

Einstellungsfragebogen E 5
Einstweilige Verfügung F 123
Einvernehmen B 18; D 68
- Generalübernehmervertrag B 117
- Projektmanagementvertrag (AG) D 2

Einzelgewerkvergabe B 1
Elternzeit
- Kündigung während E 109

Energieausweis
- Energieberatervertrag D 51, 52

Energieberatervertrag D 51
- Abnahme D 58
- Baugenehmigung D 55
- Energieausweis D 60
- Kündigung D 61
- Leistungsumfang D 56
- Vertragsbestandteile D 55 f.
- Zeithonorar D 59

Energieberatung D 51, 52, 53
Energieeinsparverordnung D 51
- Energieberatervertrag D 52

EnEV D 51, 53
- Energieberatervertrag D 52

Fachingenieurverträge C 63
Fachplanervertrag
- Dokumentation C 80
- Haftung C 83
- Vorzeitige Vertragsbeendigung C 84

Fachplanervertrag Technische Ausrüstung C 85
- Beauftragung C 88
- Honorar C 92
- Zielvorstellungen C 87

Fälligkeit (Honoraranspruch)
- Architektenvertrag F 51

Fälligkeit (Prüffähigkeit)
- Architektenvertrag F 54

Federführung
- ARGE B 224
- Bietergemeinschaft B 242, 243

Fehlende Prüffähigkeit
- Abschlags-, Schlussrechnung A 13

Fertigstellungsanzeige A 43
Fertigstellungsfrist B 26, 76, 201 f.

- Interimsvereinbarung D 112

FIDIC-Verträge D 187
Forderungssicherungsgesetz B 80, 198
- Generalübernehmervertrag B 139

Förmliche Abnahme B 34
Freie Vereinbarung
- Architektenvertrag F 33

Freier Mitarbeiter
- Rahmenvertrag E 89
- Vertrag E 88

Freistellungserklärung
- Einheitspreisvertrag (Sicht AG) B 2
- Generalunternehmervertrag B 93

Frist
- Berufungsbegründungsschrift F 158 ff.

Fristsetzung
- Angemessenheit F 63 ff.
- Entbehrlichkeit F 63, 72

Gebäudeausrüstung C 63
- Generalplanervertrag (Sicht AG) C 97
- Generalplanervertrag (Sicht AN) C 118

Gefahrtragung
- Generalübernehmervertrag B 144
- Generalunternehmervertrag B 93
- Nachunternehmer B 151
- Subunternehmervertrag B 169

Generalplanervertrag C 96
- Sicht Auftraggeber C 97
- Sicht Auftragnehmer C 118

Generalübernehmer B 113, 114
- Subunternehmervertrag B 148

Generalübernehmervertrag B 113, 114
- Form B 116
- Generalübernehmervertrag B 115
- Gewährleistung B 114
- Kündigung B 114 ff.
- Leistungsänderungen B 114
- Leistungsbeschreibung B 114
- Leistungsumfang B 114
- Tragwerksplanung B 114
- Verjährungsfrist B 114
- Versicherung B 114
- Vertragsbestandteile B 114
- Vertragserfüllungsbürgschaft B 114
- Vertragsstrafe B 114

Generalunternehmer
- Bauleistungsversicherung B 49
- Generalplanervertrag (Sicht AN) C 122
- Generalübernehmervertrag B 115
- Streitschlichtung D 66
- Subunternehmervertrag B 148

Generalunternehmerhaftung
- Arbeitnehmer-Entsendegesetz E 168

Generalunternehmervertrag B 1, 92, 93; D 79
- Abnahme B 105
- Abrechnung und Zahlung B 104
- Abtretung B 110

849

Stichwortverzeichnis

- Adjudikation B 112
- Aufrechnung B 110
- Ausführung der Leistung B 97
- Außergerichtliche Streitbeilegung B 112
- Behinderungsanzeige B 101
- Bürgschaft B 107
- Geänderte Leistungen B 98
- Gefahrtragung B 108
- Generalübernehmervertrag B 115
- Gewährleistungsbürgschaft B 93
- Haftung B 108
- Interimsvereinbarung D 109, 110
- Kündigung B 93, 109
- Leistungsänderungen B 93
- Leistungsbeschreibung B 93, 94
- Leistungsumfang B 93, 96
- Mägelsicherheit B 107
- Mängelansprüche B 106
- Nachunternehmer B 99
- Nachunternehmereinsatz B 88
- Nachunternehmervertrag B 93
- Projektmanagementvertrag (AG) D 2
- Sicherheit B 93
  - Einbehalt B 107
- Termine B 93, 101
- Urheberrecht B 93, 111
- Vergütung B 103
- Verjährungsfrist B 93
- Versicherungen B 93, 108
- Vertragsbestandteile B 93, 95
- Vertragserfüllungsbürgschaft B 93
- Vertragserfüllungssicherheit B 107
- Vertragsstrafe B 93, 102
- Vertretung B 100
- Vollmacht B 93
- Zurückbehaltungsrecht B 93
- Zusätzliche Leistungen B 98

Gerichtsstand
- Architektenvertrag F 45
- Honorarklage Architekt F 19 ff.

Gerichtsstandsvereinbarung
- Internationale Verträge D 179
- Werklieferungsvertrag (Sicht Besteller) B 262

Geringfügig Beschäftigte
- Arbeitsvertrag E 67

Geschäftsführervertrag E 90

Gesellschafter B 217, 219

Gestufte Beauftragung
- Generalplanervertrag (Sicht AG) C 99

Gewährleistung
- Einheitspreisvertrag B 2
- Nachunternehmer B 151
- Projektmanagementvertrag (AG) D 2 f., 11
- Subunternehmervertrag B 148 f., 167
- Werklieferungsvertrag (Sicht Besteller) B 259
- Werklieferungsvertrag (Sicht Lieferant) B 268, 277

Gewährleistungsbürgschaft B 43 ff., 86 ff.

- Generalübernehmervertrag B 142

Gleichgestellte Menschen
- Kündigung E 103

Globalpauschalvertrag B 92 f.
- Generalübernehmervertrag B 138 f.

Gutachtenerstellung
- Grundsätze D 72

Haftung
- Architektenvertrag (Auftragnehmersicht) C 21
- Fachplanervertrag C 83 ff.

Haftungsbeschränkung B 205
- ARGE B 228
- Projektmanagementvertrag (AG) D 11

Hauptsacheklage (Bauhandwerkersicherungshypothek) F 112 ff.

HOAI C 63; F 15, 23, 37, 49
- Sachverständigenvertrag D 31

Honorar
- Änderungsanordnung bei Fachplanervertrag C 77
- Architektenvertrag (Auftraggebersicht) C 37
- Architektenvertrag (Auftragnehmersicht) C 14
- Fachplanervertrag C 76
- Fachplanervertrag Technische Ausrüstung C 92

Honorar bei außerordentlicher Kündigung
- Architektenvertrag F 50

Honorar bei freier Kündigung
- Architektenvertrag F 49

Honorarklage
- Architekt F 14

Honorarzone
- Architektenleistung F 41 f.

Ingenieurarbeitsgemeinschaft C 94 f.

Integrationsamt
- Zustimmung E 103

Interimsvereinbarung
- Generalplanervertrag (Sicht AG) C 97
- Generalplanervertrag (Sicht AN) C 118

Internationale Verträge D 177
- Rom I, Rom II D 183

Kapazitätsrüge
- Nach § 5 Abs. 3 VOB/B A 7

Kauf- und Bauherstellungsvertrag B 199, 208

Kaufvertrag B 198, 202

Klage auf Stellung einer Sicherheit F 137

Klagevortrag
- Werklohnklage F 3

Kleinbetriebsklausel
- Arbeitnehmerüberlassung E 174

Komplettheitsklausel
- Generalübernehmervertrag B 124
- Projektmanagementvertrag (AG) D 6

Konsortialvertrag B 248
- Auseinandersetzung B 249
- Bürgschaft B 249

Stichwortverzeichnis

- Einvernehmen B 249
- Federführung B 249
- Gesellschafter B 249
- Kündigung B 249

Kostengarantie
- Generalplanervertrag (Sicht AG) C 105

Kostensicherheit
- Generalplanervertrag (Sicht AG) C 105
- Generalplanervertrag (Sicht AN) C 122

Kündigung
- Anhörung Betriebsrat E 128
- ARGE B 239
- Außerordentlich, zu Gunsten des Bestellers B 265
- Außerordentliche des AN E 145
- Azubi E 148
- Bauvertrag B 22
- Betriebsbedingt E 114, 139
- Bietergemeinschaft B 246
- Einheitspreisvertrag B 2
- Einheitspreisvertrag (Sicht AN) B 56
- Elternzeit E 109
- Energieberatervertrag D 52
- Generalplanervertrag (Sicht AG) C 97
- Generalplanervertrag (Sicht AN) C 118
- Generalübernehmervertrag B 116
- Interimsvereinbarung D 108
- Konsortialvertrag B 249
- Kündigungsandrohung F 63
- Mangelhaftigkeit F 61
- Nach § 8 Abs. 1 VOB/B A 11
- Nach § 8 Abs. 3 VOB/B A 9
- Nach § 9 VOB/B A 41
- Nachunternehmer B 151
- Ordentliche, fristgerecht E 132
- Personenbedingt E 116
- Projektmanagementvertrag (AG) D 2 ff., 7
- Schiedsgutachtervertrag D 71, 72
- Schriftform F 63
- SiGeKo-Vertrag (aus Sicht AG) D 15
- SiGeKo-Vertrag (aus Sicht AN) D 17
- Subunternehmervertrag B 170 ff.
- Verhaltensbedingt E 120
- Werklieferungsvertrag B 251
- Werklieferungsvertrag (Sicht Lieferant) B 281

Kündigungsschutzgesetz
- Anwendbarkeit E 113

Lastenfreistellung B 202

Leistungsänderungen
- Bauvertrag B 22
- Einheitspreisvertrag B 2
- Nachfrage zur Anordnung A 23
- Subunternehmervertrag B 159
- Werklieferungsvertrag (Sicht Lieferant) B 268

Leistungsbeschreibung
- Einheitspreisvertrag B 2
- Fachplanervertrag C 63

- Generalübernehmervertrag B 113, 115
- Interimsvereinbarung D 109, 113
- Projektmanagementvertrag (AG) D 2, 3
- Werklieferungsvertrag B 251
- Werklieferungsvertrag (Sicht Lieferant) B 268

Leistungsphasen
- Generalplanervertrag (Sicht AG) C 100
- Generalübernehmervertrag B 125
- Projektmanagementvertrag (AG) D 6

Leistungsumfang
- Architektenvertrag F 29
- Einheitspreisvertrag B 2
- Energieberatervertrag D 52
- Generalübernehmervertrag B 124
- Interimsvereinbarung D 109
- Konsortialvertrag B 249
- Projektmanagementvertrag (AG) D 2, 6
- Subunternehmervertrag B 157
- Werklieferungsvertrag (Sicht Besteller) B 254
- Werklieferungsvertrag (Sicht Lieferant) B 268, 271

Leistungsverzeichnis B 9

Lieferbedingungen
- Werklieferungsvertrag B 251
- Werklieferungsvertrag (Sicht Besteller) B 258
- Werklieferungsvertrag (Sicht Lieferant) B 268, 274

Mahnung
- Fällige Abschlagszahlungen A 35

Mängelbeseitigung B 2

Mangelbeseitigung
- Aufforderung zur A 47

Mangelbeseitigungspflicht
- Befreiung A 48
- Planungsfehler A 48

Mängelrüge
- Nach Abnahme (nach § 13 Abs. 5 VOB/B) A 19
- Vor Abnahme A 5

Massenentlassung E 111

Mediation D 63, 78

Mediationsvertrag D 65

Mehrkostenanzeige
- Für Auftragnehmer A 21

Mehrkostenerstattungsanspruch
- Des Auftraggebers F 63
- Nach § 4 Abs. 7 Satz 3 VOB/B F 61

Mengenüberschreitung
- Vereinbarung eines neuen Preises A 27

Mengenunterschreitung
- Vereinbarung eines neuen Preises A 29

Mindest- und Höchstsätze
- Architektenvertrag F 31

Mindestentgelt
- Arbeitnehmer-Erklärung B 152

Mindestlöhne
- Arbeitnehmer-Entsendegesetz E 167

Stichwortverzeichnis

Miteigentum B 208
Mitwirkung
– Nachfristsetzung A 39

Nachfristsetzung
– Mitwirkung oder Zahlung A 39
Nachtrag B 24, 75
– Interimsvereinbarung D 108
Nachtragsforderung
– Für Auftragnehmer A 25
Nachunternehmer
– Bedingungen für B 151 f.
Nachunternehmervertrag B 221
Nachvertragliches Wettbewerbsverbot
– Arbeitsvertrag E 80
Notar B 199, 208, 211

Objektüberwachung
– Einheitspreisvertrag B 2
– Generalplanervertrag (Sicht AG) C 97
– Generalplanervertrag (Sicht AN) C 118
– Projektmanagementvertrag (AG) D 2
– SiGeKo-Vertrag (aus Sicht AG) D 15
– SiGeKo-Vertrag (aus Sicht AN) D 17
Objektüberwachungsvertrag C 1

Pauschalvertrag
– Teilgekündigt, Klage F 11
Planfortschreibung
– Einheitspreisvertrag B 2
Planungsleistung
– Abgrenzung Projektsteuerungsvertrag C 135
– Generalplanervertrag (Sicht AG) C 107
Präambel
– Energieberatervertrag D 52
– Interimsvereinbarung D 110
– Werklieferungsvertrag (Sicht Besteller) B 252
– Werklieferungsvertrag (Sicht Lieferant) B 268, 269
Preisänderung
– Mengenüberschreitung A 27
– Mengenunterschreitung A 29 ff.
Preisanpassung B 2 f.
Projektcontrolling
– Abgrenzung Projektsteuerungsvertrag C 134 f.
Projektfinanzierung
– Projektmanagementvertrag (AG) D 2 f.
Projekthandbuch
– Generalplanervertrag (Sicht AG) C 97, 103
– Generalplanervertrag (Sicht AN) C 118
– Projektmanagementvertrag (AG) D 2
Projektmanagement D 1
– Projektmanagementvertrag (AG) D 2, 5
Projektmanagementvertrag D 1
– Abgrenzung Projektsteuerungsvertrag C 133
Projektsteuerungsvertrag C 131 f., 138 ff.
– Projektmanagementvertrag (AG) D 2 ff.

Projektverzögerung
– Honorar, Fachplanervertrag C 77
Prokurist
– Arbeitsvertrag E 37
Prüffähigkeit der Honorarschlussrechnung
– Architektenvertrag F 53

Rangfolgeregelung B 14
Rechtsverletzung, entscheidungserheblich
– Berufungsbegründungsschrift F 168

Sachmängel B 208
Sachverständigenkosten, privat veranlasst
– Erstattung D 50
Sachverständigenleistung
– Kurzbeauftragung D 46 ff., 47
Sachverständigenvertrag D 24, 32
– Haftung D 38
– Honorar D 42
– Vertragsabschluss D 34
– Vertragspflichten D 27
Sachverständiger D 23
Schadensersatzklage
– Ersetzungsanspruch F 61
– Mängelbeseitigungsaufforderung F 63, 72
– Mangelhaftigkeit F 72
– Nach § 13 Abs. 7 VOB/B F 66
– Nach § 8 Abs. 3 VOB/B F 61
– Schäden an der baulichen Anlage F 68, 73
Schiedsgerichtliches Verfahren
– Ablauf D 83
Schiedsgerichtsbarkeit D 67, 78, 80
Schiedsgerichtsordnung D 79, 80
Schiedsgerichtsvereinbarung D 79
Schiedsgutachten D 63, 71
Schiedsgutachtervertrag D 71
Schiedsrichter D 64, 78
Schiedsverfahren D 78
Schlichtung D 63, 78
Schlichtungsgegenstand D 67
Schlichtungsvertrag D 65 ff.
Schlussrechnung
– Fehlende Prüffähigkeit A 13
Schriftform
– Architektenvertrag F 34
Schutzschrift gegen EV F 119, 120, 121, 122, 123 ff.
Schwerbehinderung
– Kündigung E 103 ff.
Selbständiges Beweisverfahren F 85
– Antragserfordernis F 88
– Antragsinhalt F 89
– Beendigung des Verfahrens F 92
– Kosten des Verfahrens F 94
– Kostenvorschuss F 90
– Prüffähigkeit F 87 f.
– Schadensersatzklage F 95
– Streitverkündung F 95 ff.

Stichwortverzeichnis

- Verwertung im Hauptsacheprozess/Präklusion F 93
- Vorschussklage F 89
- Zuständigkeit F 87
- Zustellung/Hemmung der Verjährung F 91

Sicherbare Ansprüche F 134

Sicherheit
- Bietergemeinschaft B 246
- Einheitspreisvertrag B 1
- Generalplanervertrag (Sicht AG) C 98
- Generalübernehmervertrag B 139
- Interimsvereinbarung D 117
- Konsortialvertrag D 249
- Nachunternehmer B 151
- SiGeKo-Vertrag (aus Sicht AG) D 15
- SiGeKo-Vertrag (aus Sicht AN) D 17 ff.
- Subunternehmervertrag B 163
- Werklieferungsvertrag B 251
- Werklieferungsvertrag (Sicht Besteller) B 255
- Werklieferungsvertrag (Sicht Lieferant) B 281

Sicherheits- und Gesundheitsschutzkoordinator D 14

Sicherheitsleistung F 136
- Forderung, nach § 650f BGB A 37

Sicherungsabrede B 199 f.

Sicherungshypothek F 96 ff.

SiGeKo-Vertrag
- Sicht AG D 15
- Sicht AN D 17

Skonto B 2, 40, 56, 81

Sonderwunschleistungen B 210

Sperrzeit
- Agentur für Arbeit (Dienstanweisung zur Vermeidung) E 163

Städtebaulicher Vertrag D 121 ff., 129

Stellenausschreibung
- Innerbetrieblich E 2

Stellungnahme zu Hinweis nach § 522 Abs. 2 S. 2 ZPO F 199

Streitbeilegung D 63 ff., 71

Streitverkündung F 77 ff.
- Form F 79
- Selbständiges Beweisverfahren F 95
- Streitwert F 84

Streitwert F 103, 115, 140 f.

Stufenweise Beauftragung
- Architekt F 27

Subplaner
- Generalplanervertrag (Sicht AG) C 97
- Generalplanervertrag (Sicht AN) C 118 f.

Subsidiaritätsklausel
- Fachplanervertrag C 83

Subunternehmervertrag B 148, 154
- Schiedsgerichtsvereinbarung D 79
- Verhandlungsprotokoll B 149

Subunternehmervertrag, Verhandlungsprotokoll
- Abnahme B 149
- Baugenehmigung B 149

- Bürgschaft B 149
- Einheitspreisvertrag B 149
- Gefahrtragung B 149
- Kündigung B 149
- Leistungsänderungen B 149
- Leistungsbeschreibung B 149
- Leistungsumfang B 149
- Skonto B 149
- Urheberrecht B 149
- Versicherung B 149
- Vertragsbestandteile B 149
- Vertragserfüllungsbürgschaft B 149
- Vertragsstrafe B 149
- Werkvertrag B 149
- Zurückbehaltungsrecht B 149
- Zwischentermin B 149

Tarifverträge
- Baugewerbe E 182

Tatsachenfeststellung, unrichtige/unvollständige
- Berufungsbegründungsschrift F 169

Technische Gebäudeausrüstung C 63

Teilabnahme B 2

Teilkündigung
- Fälligkeit Vergütungsanspruch F 12
- Nach § 8 Abs. 3 VOB/B A 10

Teilleistung
- Generalplanervertrag (Sicht AG) C 100

Teilungserklärung B 198, 208

Termin
- Baubeginn B 76
- Interimsvereinbarung D 112
- Projektmanagementvertrag (AG) D 2

Tragwerksplanung C 63
- Generalplanervertrag (Sicht AG) C 97
- Generalplanervertrag (Sicht AN) C 118

Unmittelbare und mittelbare Verstöße
- Preisrecht F 32

Unverbindlichkeit und Kostenlosigkeit
- Architektenleistung F 25

Unwirksamkeit
- Architektenvertrag F 28, 54

Urheberrecht
- Architektenvertrag (Auftraggebersicht) C 40
- Architektenvertrag (Auftragnehmersicht) C 17 f.
- Projektmanagementvertrag (AG) D 2
- Subunternehmervertrag B 173

Urlaubsanspruch
- Arbeitnehmer E 34

Urlaubsverfahren
- Bauwirtschaft E 164 ff.

Verfügungsgrund F 107

Vergabeverfahren
- Bietergemeinschaft B 247

Vergütung
- Einheitspreisvertrag B 2

853

Stichwortverzeichnis

Vergütungsfolgen
– Generalplanervertrag (Sicht AG) C 107
Verhandlungsprotokoll B 7
Verjährungsfrist
– Einheitspreisvertrag B 2
– Einheitspreisvertrag (Sicht AN) B 33
– Generalplanervertrag (Sicht AN) C 128
– Subunternehmervertrag B 167
– Werklieferungsvertrag (Sicht Besteller) B 261
Versicherung
– Einheitspreisvertrag B 2
– Generalplanervertrag (Sicht AG) C 97
– Generalplanervertrag (Sicht AN) C 118
– Konsortialvertrag B 249
– Projektmanagementvertrag (AG) D 2, 9
– Subunternehmervertrag B 169
– Werklieferungsvertrag (Sicht Lieferant) B 278
Vertragsauslegung B 14
Vertragsbestandteile
– Energieberatervertrag D 52
– Generalplanervertrag (Sicht AG) C 97, 99
– Generalplanervertrag (Sicht AN) C 118
– Projektmanagementvertrag (AG) D 2
– Subunternehmervertrag B 156
– Werklieferungsvertrag B 251
– Werklieferungsvertrag (Sicht Besteller) B 253
– Werklieferungsvertrag (Sicht Lieferant) B 268
Vertragserfüllungsbürgschaft B 43
– Generalübernehmervertrag B 143
– Nachunternehmer B 151
– Werklieferungsvertrag B 251
– Werklieferungsvertrag (Sicht Besteller) B 262
Vertragsgemäß erbrachte Leistung
– Architektenvertrag F 52
Vertragspartner
– Honorarklage Architekt F 20
Vertragsstrafe
– Arbeitsvertrag E 86
– Bauträgervertrag B 199
– Einheitspreisvertrag B 2
– Interimsvereinbarung D 112
– Konsortialvertrag B 249
– Nachunternehmer B 151
– Subunternehmervertrag B 148, 163
– Werklieferungsvertrag B 251
– Werklieferungsvertrag (Sicht Besteller) B 257
– Werklieferungsvertrag (Sicht Lieferant) B 269
Vertragsstrafenhöhe B 30
Vertrauensarbeitszeit E 40
Verzug
– Einheitspreisvertrag B 31
Vollarchitekturauftrag C 1
– Auftraggebersicht C 24
– Auftragnehmersicht C 2
Vollmacht
– ARGE B 219
– Bauträger B 213
– Bauträgervertrag B 199

– Generalplanervertrag (Sicht AG) C 97, 104
– Generalplanervertrag (Sicht AN) C 118
– Kauf- und Bauherstellungsvertrag B 208
– Subunternehmervertrag B 161
Vormerkung (Bauhandwerkersicherungshypothek)
 F 100
Vormerkungseintrag F 108, 109, 123
Vorstellungsgespräch
– Einladung E 3
Vortrag zur Anspruchsgrundlage
– Honorarklage Architekt F 21
Vorzeitige Vertragsbeendigung
– Fachplanervertrag C 84

WEG-Verwalter-Vertrag B 208, 209
Werklieferungsvertrag B 250, 253, 269
– Sicht Bestellers B 251
– Sicht Lieferant B 268
Werklohnklage F 1
– Nach Fertigstellung F 2
– Teilgekündigter Pauschalvertrag F 10
Werkvertrag B 2, 56 ff., 211, 237, 253; D 51
– Generalübernehmervertrag B 115
– Interimsvereinbarung D 110
– Projektmanagementvertrag (AG) D 5
– SiGeKo-Vertrag (aus Sicht AG) D 15 ff.
– SiGeKo-Vertrag (aus Sicht AN) D 17
Wertermittlung
– Sachverständigenvertrag D 24
– Schiedsgutachtervertrag D 75 f.
Wertermittlungsgutachten D 48, 49

Zahlung
– Nachfristsetzung A 39
Zeithonorar
– Generalplanervertrag (Sicht AG) C 97
– Generalplanervertrag (Sicht AN) C 118
– Schiedsgutachtervertrag D 75
Zeithonorarvereinbarung D 69 f.
Zeugnis E 176
– Ausbildung E 179
– Beurteilung E 180
– Einfaches E 176
– Qualifiziertes E 178
Zulassung Bauprodukte B 18
Zurückbehaltungsrecht B 202
Zusätzliche Leistung
– Nachfrage zur Anordnung A 23
Zuständigkeit
– Einstweilige Verfügung F 104
– Hauptsacheklage F 116 ff.
– Klage auf Sicherheit F 141 ff.
Zwangsvollstreckung F 130 f.
Zwischentermin
– Einheitspreisvertrag B 2
– Projektmanagementvertrag (AG) D 8
– Werklieferungsvertrag B 251